KB211113

Holy Bible 초판 완역 성경

1611 KJV 바이블

Englishlo
영어로연구소

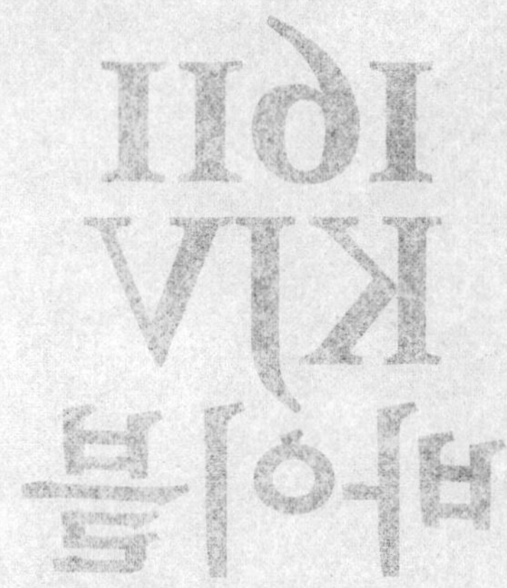

Note | 고유명사 한글표기 기준

· 하나님God: Only one God, 유일신 하나[님]
[Jehovah제호바(영어)] [Yehoshua여호수아(그리스 및 라틴어)] [Shua슈아(약어)]
· 주님: LOAD, Load 인간의 주인, 주인[님]
· 구원자: Christ크라이스트, Messiah머사야, 지저스 크라이스트Jesus Christ
· 모지스Moses: 쥬다이즘Judaism과 바이블을 믿는 종교계 Christianity의 최고 예언자
· 폴Paul: Jesus Christ 대행제자

a [애]: Adam 애덤 | [애이]: David 대이빋 | [어]: Abraham 애이브러햄 | [으] Satan 새이튼
e [에]: Esther 에스털 | [이]: Eve 이브; Jesus 지저스; Peter 핕어 | [으] Delilah 들라일라
o [아]: God 같; Lot 랕 | [으]: Edom 이듬; Samson 샘슨 | [어] Cannon 캐이넌; Aaron 애런
u [유]: Samuel 새뮤얼 | [어]: Darius 대리어스 | [우]: Jerusalem 저루살럼
ph [프]: Pharoah 풰로우; Joseph 조셒; Potiphar 팥어풔; Philemon 퓔리먼
th [쓰]: Ruth 루쓰; Bethel 베썰; Nazareth 내저레쓰; Sabbath 사배쓰, 사배쓰휴일

1611 KJV 바이블 소개
<홀리 바이블> 킹 재임스 버전

킹재임스 버전은, 영국 재임스 1세왕의 이름을 그대로 따른 것으로, 그가 위임하여 서기 1604년부터 영국에 새바이블을 번역하게 했다.

재임스왕이 '승인'한 새번역물은 그후 서기 1611년에 초판을 발행하여, 영국 내외의 교회에서 읽을 수 있게 했다. 이후 '승인판본'으로 알려지게 된 킹재임스 버전은, 1814년에 영어권 크리스천 사이에 표준책이 되었다.

킹재임스 버전은 현재 가장 정확한 영어 번역물 가운데 하나로 평가된다. 전문위원 54명의 번역인이 7년간 세심하게 노력하여 킹재임스 번역 프로젝트 계획을 완료했다.

번역 대부분에 시적 느낌의 산문형식을 두드러지게 하여, 확실한 리듬형식으로 흐르게 한 것으로 보인다. 이 책은 세계역사에서 가장 많이 발간된 책으로 알려져 있는데, 그만큼 문학과 문화에 상당히 중요한 영향을 미쳤다. 킹재임스 버전은 1억부 이상 출판된 것으로 추정된다.

초판 1611년 간행한 영어본은, 현대독자를 위해 개정한 1769년 새버전과 비교하여 뚜렷한 차이가 있다. 엘리자베스 여왕과 재임스 왕시대 사람이 사용하던 영어에 익숙하지 않은 사람은, 1611년 킹재임스 버전에 쓰인 서체 중 철자가 틀렸다고 오해하기 쉽다. 같은 식의 철자표기는, 당시 다른 서적 <베어울프 Beowulf>에서도 쓰였던 예를 들 수 있다.

널리 인정되는 바는, 킹재임스 버전이 영어에 중대한 영향을 미치게 되었고, 그로 인해 지금도 여전히 사람과 문화에 강한 감동을 주고 있다는 것이다.

*출처: *King James Version Bible - King James Version Online*

차례

증언

I 머리: 모지스의 가르침

II 가슴: 역사 및 지혜

III 허리: 예언

새증언

IV 다리: 지저스의 증언

1

증언

기원

처음에

1 처음에 **하나님**이 하늘과 땅을 창
조했다.
2 땅은 형태가 없이 텅 비어 있었고,
표면에 깊은 어두움이 있었다. 그
리고 **하나님**의 영혼이 물 표면에서
움직였다.
3 **하나님**이 말했다. "빛이 있게 하
자." 그러자 빛이 있었다.
4 **하나님**이 빛을 보니 좋았다. 그리
고 그 빛을 어두움에서 분리했다.
5 **하나님**은 빛을 낮이라고 부르고,
어둠을 밤이라고 불렀다. 그날 저
녁과 아침이 첫째 날이었다.
6 **하나님**이 말했다. "물 한가운데 허
공을 두어 물과 물이 나뉘게 하자."
7 그러면서 **하나님**이 허공을 만들어
허공 위에 있는 물로부터 허공 아
래에 있는 물을 분리시켰다. 그러
자 그렇게 되었다.
8 **하나님**은 그 허공을 하늘이라 불렀
다. 그날 저녁과 아침이 둘째 날이
었다.
9 **하나님**이 말했다. "하늘 아래 물이
한데 모이게 하여, 마른 땅이 나타
나게 하자." 그러자 그렇게 되었다.
10 **하나님**은 마른 땅을 육지라고 부르
고, 물이 모인 곳을 바다라고 불렀
다. **하나님**이 그것을 보니 좋았다.
11 **하나님**이 또 말했다. "땅에 풀이 자
라게 하고, 풀은 씨앗을 맺게 하여,
과일나무가 종류에 따라 그 자체
가 되는 씨앗을 가진 열매를 맺게
하자." 그러자 그렇게 되었다.
12 땅에는 풀이 자라고, 풀은 종류에
따라 씨앗을 맺었고, 나무는 종류
대로 그 자체가 되는 씨앗을 가진
열매를 맺었다. **하나님**은 그것이
좋다고 보았다.
13 그 저녁과 아침이 셋째 날이었다.
14 **하나님**이 말했다. "하늘의 창공에
밤과 낮을 구분하는 빛이 있게 하
여, 그것이 징조와 계절과 날과 해
가 되게 하자.
15 또 그것이 하늘의 창공에서 땅에
빛을 주도록 빛나게 하자." 그러자
그렇게 되었다.
16 **하나님**은 커다란 빛 두 개를 만들
어, 더 큰 빛은 낮을 주관하고, 작은
빛은 밤을 주관하게 하면서, 별들
도 만들었다.
17 **하나님**은 하늘의 창공에 두 빛을
두어 육지에 빛을 비추게 했고,
18 두 빛이 낮과 밤을 주관하여, 빛과

어둠을 구분하게 했다. **하나님**은
그것을 보고 만족했다.
19 그 저녁과 아침이 넷째 날이었다.
20 **하나님**이 말했다. "물을 충분히 주
어, 생명을 갖고 움직이는 생물과,
하늘의 열린 창공에서 나는 조류
를 번성하게 하자."
21 그러면서 **하나님**은 거대한 고래를
창조하고, 물 속에서 살아 움직이
는 생물도 만들며, 그곳에 물을 충
분히 주었고, 그들 종류에 따라, 날
개 달린 조류도 전부 창조했다. **하
나님**은 그것을 좋게 보았다.
22 그리고 **하나님**은 그들에게 복을 주
며 말했다. "열매를 많이 맺어 수를
늘리고, 바다에도 물을 가득 채우
고, 조류도 땅에서 번식하게 하자."
23 그 저녁과 아침이 다섯째 날이었
다.
24 **하나님**이 말했다. "땅이 살아 있는
생물을 낳게 하자. 가축과 기는 것
과 짐승을 종류대로 낳게 하자." 그
러자 그렇게 되었다.
25 **하나님**이 땅위의 짐승을 종류대로
만들었다. 가축도 종류대로, 땅위
에서 기는 것도 모두 종류대로 만
들었다. **하나님**은 그것을 좋다고
보았다.
26 **하나님**이 말했다. "우리의 모습을
닮은 인간을 만들자. 그리고 그들
이 바다의 물고기와, 공중의 새와,
땅위의 가축과, 땅위를 기는 짐승
모두를 지배하게 하자."
27 그리고 **하나님**은 자신의 형상에 따
라, **하나님**의 모습 그대로 사람이
되도록, 그들을 남자와 여자로 만
들었다.
28 **하나님**은 그들에게 복을 주고 말했
다. "자손을 많이 낳고 수를 늘려
지구를 채우며 땅을 경작해라. 또
바다의 물고기와, 공중의 새와, 땅
에서 움직이는 모든 생물을 지배
해라."
29 **하나님**이 말했다. "보라, 나는 땅위
에 씨를 맺는 모든 풀을 너에게 주
고, 씨를 맺어 열매가 달리는 나무
도 주어, 그것이 네게 음식이 되게
하겠다.
30 또한 땅위의 모든 짐승에게, 공중
의 모든 새에게, 생명이 있어 땅위
를 기는 모든 짐승에게도, 나는 모
든 푸른 풀을 먹이로 준다." 그러자
그렇게 되었다.
31 **하나님**은 자신이 만든 것을 보니,
모든 것이 참 좋았다. 그 저녁과 아
침이 여섯째 날이었다.

일곱째 날에 쉬다

2 이렇게 하늘과 땅이 완성되고,
그에 속하는 많은 것이 만들어
졌다.
2 **하나님**이 만드는 일을 끝낸 일곱째
날이 되자, 그가 하던 제작에서 7
일째 날 쉬었다.
3 **하나님**은 일곱째 날을 축복하고 그
날을 신성한 날로 정했다. 왜냐하

면 그날은 그가 창조하고 만드는
일에서 쉬었기 때문이었다.
4 이것은 하늘과 땅이 창조되던 당
시 기원의 족보이고, 그때 **하나님**
이 땅과 하늘을 만들었다.
5 그때는 땅에 식물이 있기 전, 들에
모든 풀이 자라기 전이었는데, 왜
냐하면 **주 하나님**이 땅에 비를 내리
게 하지 않았고, 땅을 경작할 사람
도 없었기 때문이었다.
6 그러다 땅으로부터 안개가 나와
땅의 표면을 모두 적셨다.
7 그리고 **주 하나님**이 땅의 흙먼지로
남자의 형태를 만들어, 그의 콧구
멍에 생명의 숨결을 불어넣자, 남
자가 살아 있는 영혼이 되었다.
8 **주 하나님**은 이든에덴 동쪽에 정원
을 꾸미고, 그곳에 자신이 만든 남
자를 두었다.
9 또 **주 하나님**은 온갖 나무가 땅에서
자라게 했는데, 그것은 보기에 즐
겁고 먹기에도 좋은 것이었다. 동
산 한가운데는 생명의 나무도 있
었는데, 그것은 선과 악을 깨닫게
하는 지식의 나무였다.
10 한편 강 하나가 이든에서 흘러나
와 동산에 물을 대었고, 강은 거기
서 갈라져 네 방향으로 흐르게 되
었다.
11 첫 번째 강 이름은 피슨파손, 비손으
로, 금이 있는 해빌라하윌라 땅 전체
를 감싸며 흐르는데,
12 그 땅의 금은 질이 좋고, 거기에 델
리엄브델리움 방향나무와 검은 오닉
스마노 원석도 있었다.
13 두 번째 강 이름은 기혼기혼이고, 그
것은 이씨오피아에티오피아 땅 전체
를 둘러싼다.
14 세 번째 강 이름은 히데켈티그리스이
고, 엇시리아아시리아 동쪽으로 흐르
며, 네 번째 강은 유프래이티스다.
15 그리고 **하나님**은 남자를 데려와서
이든동산에 두고 그곳을 가꾸고
지키게 했다.
16 **주 하나님**은 남자에게 명령하며 말
했다. "동산의 모든 나무는 네 마음
대로 먹어도 좋다.
17 하지만 너는 선악의 지식의 나무
를 먹으면 안 된다. 왜냐하면 네가
그것을 먹는 날, 그것으로 인해 너
는 반드시 죽을 것이다."
18 그러면서 **하나님**이 또 말했다. "남
자가 혼자 있으니 좋지 않다. 나는
그에게 맞는 조력자를 만들겠다."
19 **주 하나님**은 땅에서 온갖 들짐승과
공중의 새를 만든 다음, 그들을 애
덤아담한테 데려와, 그가 그들을 어
떻게 부르는지 보고자 했다. 그래
서 애덤이 살아 있는 생물을 부르
는 대로 그것이 그들 이름이 되었
다.
20 애덤은 모든 가축에게, 공중의 새
에게, 들의 짐승에게, 이름을 붙여
주었지만, 아직 자신에 맞는 조력
자는 발견하지 못했다.
21 그리고 **주 하나님**이 애덤에게 깊은

잠이 들게 하자, 그가 잠이 들었다.
그런 다음 **주님**은 그의 갈비뼈 중
하나를 빼내고, 대신 그곳을 살로
마무리했다.
22 **주 하나님**은 빼낸 갈비뼈로 여자를
만들어 남자에게 데려갔다.
23 그러자 애덤이 말했다. "이것은 나
의 뼈 중의 뼈이고, 내 살 중의 살
이다. 이제 그녀를 여자라고 부르
겠다. 왜냐하면 그녀는 남자의 것
으로 만들어졌기 때문이다."
24 그러므로 남자는 아버지와 어머니
를 떠나, 자신의 아내와 합쳐서 한
몸이 되는 것이다.
25 그 때 남자와 아내는 벌거벗고 있
었어도 부끄럽지 않았다.

이든동산에서 내보내다

3 당시 뱀은 **주 하나님**이 만든 들
에 사는 어떤 짐승보다 교활했
다. 그런 뱀이 여자에게 말했다.
"그렇지, **하나님**이 너희에게 동산
의 모든 나무 열매를 먹어서는 안
된다고 말했지?"
2 그러자 여자가 뱀에게 말했다. "우
리는 동산에 있는 나무의 열매를
먹을 수 있어.
3 하지만 동산 중앙에 있는 나무열
매에 대하여, **하나님**이 이렇게 말
했어. '너희는 그것을 먹지도 말고,
만져서도 안 된다'고 했고, 그러면
'너희는 죽게 된다'고 했어."
4 그러자 뱀이 여자에게 말했다. "너
희가 반드시 죽는 것은 아니야.
5 왜냐하면 **하나님**은 너희가 그것을
먹는 날, 너희의 눈이 뜬다는 것을
알기 때문이야. 너희는 신처럼 선
악을 구분하게 되는거야."
6 여자가 그 나무를 쳐다보니, 먹기
에 좋고 보기에도 즐겁고, 사람을
현명하게 만들어 줄 것 같아서, 열
매를 따서 먹고 남편에게도 주자,
그도 먹었다.
7 그러자 그들의 눈이 뜨여 자신들
이 벌거벗었다는 것을 알게 되어,
무화과 잎을 한데 꿰매어 앞가리
개를 만들었다.
8 그때 애덤과 아내는 그날의 싸늘
한 분위기 속에서, 동산에서 걷고
있는 **주 하나님**의 목소리를 듣고, **주
하나님** 앞에서 동산의 나무 속으로
자신들을 숨겼다.
9 **주 하나님**이 애덤을 부르며 말했다.
"너는 어디에 있지?"
10 애덤이 말했다. "동산에서 당신의
목소리를 들었어요. 그런데 벌거
벗었기 때문에 두려워서 몸을 숨
겼어요."
11 **하나님**이 말했다. "네가 벌거벗었
다고 누가 말했지? 먹어서는 안 된
다고 명령했던 그 나무열매를 먹
었니?"
12 남자가 말했다. "당신이 나와 있도
록 데려온 그녀가 나무열매를 주
어서 먹었어요."
13 **주 하나님**이 그녀에게 말했다. "네

가 대체 무슨 일을 한거냐?" 그녀
가 말했다. "뱀이 꾀어서 내가 먹었
어요."
14 그러자 **주 하나님**이 뱀에게 말했다.
"네가 이런 일을 했기 때문에, 너는
모든 가축과 들짐승 이상으로 저
주를 받아, 네 배를 땅에 대고 다니
며 일생동안 먼지를 먹어야 한다.
15 또 나는 너와 그녀 사이에 원한을
두고, 네 후손과 그녀 후손도 서로
증오심을 두어, 그들은 서로 네 머
리에 상처를 내고, 너는 사람의 발
뒤꿈치에 상처를 내게 될 것이다."
16 그는 그녀에게도 일렀다. "나는 네
임신의 고통을 크게 증가시킨다.
너는 괴로움 속에서 아이를 출산
하게 되고, 네 희망은 남편에게 있
게 되며, 그가 너를 지배할 것이
다."
17 그리고 애덤아담에게도 말했다. "너
는 네 아내 목소리에 귀를 기울여
나무열매를 먹었는데, 그것은 내
가 네게 명령하며, 절대 먹어서는
안 된다고 말한 것이기 때문에, 너
를 위한 이 땅이 저주를 받게 되었
다. 너는 평생 고생하며 힘들게 땅
에서 먹고 살아야 하는데,
18 네 앞 길에 가시와 엉겅퀴가 돋고,
벌판의 풀을 먹어야 할 것이다.
19 너는 땀에 젖은 얼굴로 빵을 먹게
되며, 땅으로 돌아갈 때까지 그럴
것이다. 너는 땅에서 가져온 흙이
기 때문에, 너는 먼지로 돌아가야
한다."
20 애덤이 자신의 아내 이름을 '이브
하와'라고 부른 이유는, 그녀가 모든
생명의 어머니였기 때문이다.
21 그런 다음 **주 하나님**은 애덤과 그의
아내에게 가죽으로 옷을 만들어
입혔다.
22 **주 하나님**이 말했다. "보라, 남자는
우리 중 하나와 똑같아져서 선악
을 알게 되었다. 그래서 이제 인간
이 손을 내밀어 생명의 나무를 따
서 먹고 영원히 살지 못하게 하겠
다."
23 그래서 **주 하나님**은 그를 이든동산
에서, 처음 가져왔던 땅으로 내보
냈다.
24 그는 인간을 내쫓고, 이든동산 동
쪽에 체럽커룹, 그룹천사들을 두고,
모든 것을 바꾸는 불타는 칼을 두
어, 생명의 나무에 이르는 길을 지
키게 했다.

캐인과 애이블

4 애덤은 아내 이브와 관계를 맺
었고, 그녀는 임신하여 캐인카인
을 낳고 말했다. "내가 **주님**으로부
터 사람을 얻었다."
2 그녀는 다시 동생 애이블아벨을 낳
았다. 애이블은 양치기였고, 캐인
은 땅을 경작하는 농부였다.
3 세월이 흘러 캐인은 **주님**에게 올릴
제물로 땅에서 수확한 곡물을 가
져왔다.

4 애이블 역시 자신의 가축이 낳은
첫째와 가축의 지방을 가져왔다.
그런데 **주님**은 애이블과 그의 제물
은 존중했지만,
5 캐인과 그의 제물은 존중하지 않
았다. 그래서 캐인은 몹시 화가 나
서 그의 얼굴빛이 변했다.
6 그러자 **주님**이 캐인에게 말했다.
"너는 왜 화를 내지? 어째서 네 얼
굴빛이 그렇게 변했지?
7 만약 네가 잘했다면 안 받아들여
졌겠니? 네가 잘못했다면, 죄가 문
앞에 놓여 있는 것이다. 네게는 욕
심이 있으니, 스스로 극복해야 한
다."
8 어느날 그들이 벌판에 있을 때,
캐인이 동생 애이블과 이야기를
하는 도중, 애이블에게 덤벼들어
그를 죽였다.
9 **주님**이 캐인에게 말했다. "네 동생
애이블은 어디에 있지?" 그가 말
했다. "나는 몰라요. 내가 동생을
돌보는 사람입니까?"
10 그러자 **주님**이 말했다. "도대체 무
슨 일을 한 거냐? 네 동생 피의 목
소리가 땅에서 내게 소리친다.
11 이제 너는 땅으로부터 저주를 받
을 것이다. 땅은 네 손에서 네 동생
피의 대가를 받으려고 입을 벌렸
다.
12 따라서 앞으로 네가 땅을 갈더라
도, 땅의 능력의 결과물도 내놓지
않을 것이다. 너는 땅에서 도망치
는 유랑자가 된다."
13 캐인이 **주님**에게 말했다. "나의 벌
이 견딜 수 없을 만큼 큽니다.
14 보세요, 당신은 이날 나를 이 땅에
서 쫓아냈어요. 나는 당신의 얼굴
로부터 숨어야 하고, 이 땅에서 도
망치는 유랑자가 되어야 하지요.
그러면 앞으로 모두가 나를 찾아
서 죽일 거예요."
15 **주님**이 캐인에게 말했다. "그렇다
면 캐인을 죽이는 자는 누구든 일
곱 배로 보복을 받게 될 것이다."
그러면서 **주님**은 캐인에게 표시를
해주어, 누구든 그를 찾아내어 살
해하지 못하게 했다.
16 캐인은 **주님** 앞에서 떠나 이든 동
쪽 노드놋 땅에서 살았다.
17 캐인은 아내와 관계를 맺고 이녹
을 낳았다. 그는 도시를 세우고, 아
들의 이름을 본떠 이녹에녹이라고
불렀다.
18 이녹에게 이랟이 태어났고, 이랟
은 메후재얼을 얻었고, 메후재얼
은 메쑤재얼을 낳았고, 메쑤재얼
은 라멕을 낳았다.
19 라멕은 아내를 두 명 두었는데, 한
사람은 애이다아다이고 다른 사람
은 질라칠라, 씰라였다.
20 애이다는 재벌야발을 낳았고, 그는
천막에서 살며 가축을 치는 사람
의 조상이 되었다.
21 그 동생의 이름은 쥬벌유발인데, 하
프와 올갠을 다루는 이들의 조상

이었다.
22 질라도 투벌캐인을 낳았는데, 그
는 황동과 쇠를 다루는 기술자의
교사였다. 투벌캐인의 여동생은
내아마였다.
23 라멕이 두 아내 애이다와 질라에
게 말했다. "내 말을 들어보라, 라
멕의 아내들아, 내 말에 귀를 기울
여라. 내가 내게 부상을 입힌 한 남
자와 나를 다치게 한 젊은이도 죽
였다.
24 만약 캐인이 7배로 보복당하면, 라
멕은 진정 77배가 될 것이다."
25 한편 애덤은 아내와 또 관계하여
아들을 낳아 세쓰라고 불렀다. 그
러자 그녀가 "**하나님**이 나에게 캐
인이 죽인 애이블을 대신하여 다른
후손을 지정해 주었다"고 말했다.
26 그리고 세쓰셋에게도 아들이 태어
났고, 그의 이름을 이노스에노스라
불렀다. 그때 사람들은 **주님**의 이
름을 부르기 시작했다.

애덤에서 노아까지

5 이것은 애덤아담 세대의 족보다.
하나님이 인간을 창조한 그날,
그는 **하나님**과 같은 모습으로 사람
을 만들었고,
2 남자와 여자를 창조하고 그들을
축복했다. 그리고 그들이 창조되
던 날 그들의 이름을 애덤이라고
불렀다.
3 그리고 애덤이 130년을 살았을 때,
자신을 닮은 아들 하나를 얻고 그
를 세쓰라고 불렀다.
4 애덤은 세쓰를 얻은 후 800년을 더
살면서 아들과 딸들을 낳았다.
5 따라서 애덤은 모두 930년을 살고
죽었다.
6 세쓰는 105년을 살았을 때 이노스
를 낳았고,
7 이노스를 낳은 후 807년을 더 살면
서 아들과 딸들을 얻었다.
8 그래서 세쓰는 모두 912년을 살다
가 죽었다.
9 이노스가 90년을 살았을 때 캐이
넌을 낳았고,
10 그 후 815년을 사는 동안 아들과
딸들이 생겨서,
11 이노스는 모두 905년을 살다 죽었
다.
12 캐이넌이 70년을 살았을 때 매허
리얼을 얻었고,
13 매허리얼을 낳은 후 840년을 살면
서 아들딸을 낳았다.
14 그래서 캐이넌은 모두 910년을 살
다 죽었다.
15 매허리얼이 65년을 살았을 때 재
레드를 얻었고,
16 매허리얼이 재레드를 낳은 후 830
년을 살면서 아들딸을 얻어서,
17 매허리얼은 모두 895년을 살다가
죽었다.
18 재레드가 162년 살았을 때 이녹을
낳았고,
19 재레드가 이녹을 낳은 후 800년을

살면서 아들딸을 낳았다.
20 재레드는 모두 962년을 살다 죽었
다.
21 이녹이 65년 살았을 때 메쑤셀라
를 얻었고,
22 이녹이 메쑤셀라를 낳고 **하나님**과
같이 걸으며 300년 동안 아들딸을
낳아서,
23 이녹의 생애는 모두 365년이었다.
24 이녹은 **하나님**과 함께 인생길을 걷
다가 사라졌는데, 그 이유는 **하나님**
이 그를 데려갔기 때문이었다.
25 메쑤셀라가 187년을 살았을 때 라
멕을 낳았다.
26 메쑤셀라가 라멕을 낳고 782년을
살며 아들딸을 낳았다.
27 그래서 메쑤셀라는 모두 969년을
살다 죽었다.
28 라멕은 182년을 살았을 때 아들 하
나를 낳았다.
29 그는 아들의 이름을 노아라고 부
르며 말했다. "이 사람이 우리에게
위안을 주게 될 것이다. 이는 **주님**
이 저주한 땅으로 인해 우리가 한
힘든 일과 수고에 대한 위로다."
30 그리고 라멕이 노아를 낳은 후 595
년을 살며 아들딸을 낳았고,
31 그래서 라멕의 생애는 777년을 살
고 죽었다.
32 그리고 노아는 500살이었을 때 쉠
셈, 햄함, 재이풰쓰야벳, 야펫를 낳았
다.

부패 증가와 방주

6 사람이 땅에서 번성하여 그들에
게 딸이 태어나기 시작했을 때,
2 **하나님**의 아들들이 선하고 아름다
운 사람의 딸을 보고, 그들이 고른
사람을 아내로 맞이했다.
3 그리고 **주님**이 말했다. "나의 영혼
이 언제나 사람과 함께 노력하는
것은 아니다. 그 이유는 인간은 신
체가 있기 때문이고, 이제 인간의
수명은 120년이 될 것이다."
4 당시에도 그 이후에도 지구에 거
인이 있었다. **하나님**의 아들들이
인간의 딸들에게 들어오면서, 딸
들이 그들에게 아이를 낳아 주자,
그들도 성인이 되어 힘이 세지고
명성을 얻는 사람들이 되었다.
5 그리고 **하나님**은 인간의 부정이 땅
에 점점 커지는 것도 보았다. 인간
의 마음속에서 생각하는 모든 상
상이 계속해서 좋지 못한 악행뿐
이었다.
6 그래서 **주님**은 땅에 인간을 만든
것을 후회했고, 그것이 그의 마음
을 슬프게 했다.
7 **주님**이 말했다. "나는 내가 창조한
인간을 이 땅에서 파멸시키겠다.
남자와 여자, 짐승과 기어다니는
것, 공중의 새까지 없애겠다. 왜냐
하면 내가 만든 그들이 나를 후회
하게 만들었기 때문이다."
8 그러나 노아는 **주님**의 눈에 들었
다.

9 이들은 노아의 세대다. 노아는 그
의 세대에서 정의롭고 완전한 사
람이었고, **하나님**과 함께 인생길을
걸으며 처신했다.
10 노아는 세 아들 셈, 햄, 재이풰쓰를
낳았다.
11 세상은 여전히 **하나님** 앞에서 부패
하며 폭력으로 가득 찼다.
12 **하나님**이 바라보니 그 땅이 부패해
서, 모든 사람이 땅에서 제멋대로
썩었다.
13 **하나님**이 노아에게 말했다. "내 앞
에 모든 육체의 끝이 와있다. 땅에
대해 말하자면, 인간에 의해 폭력
으로 가득 찼다. 따라서 이제 내가
땅에서 그들을 제거하겠다.
14 너는 고퍼나무전나무, 잣나무로 방주
를 만들어라. 방주 안에 방을 여럿
만들고, 방주 안팎에 피치수지를
발라야 한다.
15 이것은 네가 방주를 만드는 방법
이다. 방주의 길이는 300큐빝약
135m, 폭은 50큐빝약 22.5m, 높이는
30큐빝약 13.5m이 되어야 한다.
16 방주에 창 하나를 다는데, 위에서
1큐빝약 0.45m 내에 만들고, 방주의
문은 옆쪽에 내고, 아래층과 2층, 3
층이 되도록 만들어라.
17 보라, 나는, 심지어 그것을 만든 내
가 이 땅에 물로 홍수를 일으켜, 하
늘 아래 숨 쉬는 생명의 육체를 모
두 파괴하려고 한다. 그러면 지구
의 모든 것이 죽을 것이다.
18 그러나 나는 너와 계약을 맺겠다.
그래서 너는 방주 안으로 들어가
야 하는데, 너와 네 자식, 네 아내,
네 자식의 아내들도 너와 함께 들
어가야 한다.
19 육체가 있는 모든 생물은 종류마
다 둘씩 네가 방주 안으로 데려가
서, 너와 함께 살아남게 하되, 그들
은 암수여야 한다.
20 조류도 종류대로, 가축도 종류에
따라, 땅을 기는 짐승 모두 종류 별
로 둘씩, 데려 와서 그들이 살아남
게 해라.
21 너는 먹을 음식을 모두 갖다 모아
라. 그것은 너와 그들을 위한 식량
이 될 것이다."
22 그래서 노아는 **하나님**이 그에게 명
령한 그대로 했다.

노아와 홍수

7 **주님**이 노아에게 말했다. "너와
네 집안 모두 방주 안으로 들어
가라. 너에 대해 말하자면, 이 세대
에서 너만이 내 앞에서 올바르게
보인다.
2 너는 모든 깨끗한 동물 중에서 암
수 일곱 마리씩 데려오고, 깨끗하
지 않은 짐승 가운데서 암수 두 마
리씩 데려와야 한다.
3 공중을 나는 조류도 암수 일곱 마
리씩 데려와, 지상에서 후손이 살
아남게 해야 한다.
4 7일이 지나면, 나는 이 땅에 40일

낮과 밤 동안 비를 내려, 내가 만든
모든 살아 있는 생물을 땅에서 소
멸시킬 것이다."
5 그래서 노아는 **주님**이 명령한 모든
것에 따라 실행했다.
6 홍수가 땅을 덮었을 때 노아는 600
세였다.
7 노아가 자식과 아내와 자식의 아
내들과 함께 방주 속으로 들어간
것은, 홍수로 물이 범람했기 때문
이었다.
8 깨끗한 짐승과 깨끗하지 못한 짐
승, 조류와 땅위를 기는 모든 것 중
에서,
9 수컷과 암컷 둘씩, 노아에게 가서
방주 안으로 들어가며, **하나님**이
노아에게 명령한 대로 했다.
10 7일이 지나자, 홍수 물이 땅위를
덮쳤다.
11 노아의 나이 600세의 두 번째 달
17일 태양력 4월 중순이후 바로 그날, 크
고 깊은 샘이 모두 파괴되고 하늘
의 창이 열렸다.
12 그리고 비가 땅위에 40일 낮과 40
일 밤 동안 내렸다.
13 같은 날 노아는 아들 쉠과 햄과 재
이풰쓰, 아내, 며느리들과 함께 방
주 속으로 들어갔고,
14 짐승과 가축, 땅위를 기는 것, 가금
조류와 새도 종류대로 모두 들어
갔다.
15 생명의 숨을 쉬는 모든 육신이 둘
씩 노아에게 가서 방주 안으로 들
어갔다.
16 모든 생물의 암수가 방주 안에 들
어가서, **하나님**이 명령한 대로 하
자, **주님**은 그에게 방주의 문을 닫
게 했다.
17 땅위에 40일 동안 홍수가 계속되
고, 물이 불어 방주 위까지 차자, 방
주가 땅으로부터 위로 들렸다.
18 물이 불어나서 땅위에 엄청나게
넘치자, 방주가 수면 위로 떴다.
19 물이 땅위로 넘치도록 불어났고,
하늘 아래 있던 높은 언덕이 모두
물로 덮였다.
20 높이 15큐빝 약 6.75m 위로 물이 불어
나자, 산들도 덮였다.
21 땅위에서 움직이던 모든 생물, 즉
암수의 조류, 가축, 동물, 그리고 땅
위를 기는 짐승과 모든 사람이 죽
었다.
22 마른 땅에 있는 코로 숨을 쉬는 모
든 생명이 죽었다.
23 살아 있는 모든 것이 파괴되었다.
땅위에 있던 사람과 가축, 및 기는
짐승과 하늘의 조류가 파멸되고,
노아 그리고 방주 안에 함께 있던
것만 살아남았다.
24 물이 땅위를 150일 동안이나 점거
했다.

홍수가 진정되다

8 **하나님**은 노아를 기억하고, 방
주 안에 그와 함께 있던 살아 있
는 모든 생명과 가축을 기억하고,

땅위에 바람을 만들어 보내며 물
을 진정시켰다.
2 깊은 샘과 하늘의 창도 닫히고 하
늘에서 내리던 비도 잦아들었다.
3 물이 땅 속으로 계속 들어가서 150
일이 지난 뒤에 물이 줄었다.
4 방주는 일곱째 달 17일째까지 애
러랩산터키 위에 머물렀다.
5 물이 열째 달까지 계속 줄어들어,
열째 달 첫날에 산 정상이 보였다.
6 40일이 지나 노아가 자신이 만든
방주의 창을 열고,
7 까마귀를 내보냈더니, 까마귀는
땅에서 물이 마를 때까지 이리저
리 밖으로 다녔다.
8 또 땅위에 물이 줄었는지 알아 보
려고 비둘기 한 마리를 밖으로 내
보냈지만,
9 온 땅위에 물이 있어서, 비둘기는
발 디딜 곳을 찾지 못하고 그에게
돌아오자, 그는 손을 앞으로 내밀
어 비둘기를 잡아 방주 안으로 끌
어당겼다.
10 그는 7일 더 있다가, 다시 방주 밖
으로 그 비둘기를 내보냈다.
11 저녁에 비둘기가 돌아왔는데, 부
리에 올리브잎을 물고 있어서, 노
아는 물이 땅에서 없어졌음을 알
았다.
12 그는 7일 더 지난 다음 비둘기를
밖으로 내보냈는데, 비둘기는 다
시 돌아오지 않았다.
13 노아의 나이 601년 첫째 달 첫날태
양력 3월 중순 이후에 땅에서 물이 없어
져 말랐는데, 노아가 방주의 지붕
을 들어올리고 보니, 땅 표면이 말
라 있었다.
14 그리고 둘째 달 27일에태양력 4월 중순
이후 땅이 다 말랐다.
15 **하나님**이 노아에게 이렇게 말했다.
16 "너는 아내와, 네 자식과, 아들의
아내들을 데리고 방주 밖으로 나
가라.
17 너와 함께 살아 있는 모든 생물들,
곧 암수의 조류와 가축, 땅위를 기
는 모든 짐승을 밖으로 데려가서,
그들이 땅에서 충분히 번성하고
새끼를 많이 낳아 늘어나게 해라."
18 그래서 노아는 자식과 아내와 아
들의 아내들과 함께 밖으로 나갔
고,
19 모든 짐승과 기는 짐승과 조류와
땅위를 기는 생물은 무엇이든지
종류대로 방주 밖으로 나갔다.
20 그런 다음 노아는 **주님**에게 제단을
세우고, 깨끗한 짐승과 가금류를
잡아 제단에서 불에 구워 번제를
올렸다.
21 **주님**은 구수한 맛있는 냄새를 맡으
며, 마음속으로 말했다. "나는 인간
을 위하여 더 이상 땅을 저주하지
않겠다. 왜냐하면 사람 마음의 망
상이란 어리석음에서 비롯된 부정
이기 때문이다. 또한 앞서 내가 한
것처럼 살아 있는 것들을 파괴하
지 않겠다.

22 땅이 존재하는 한 파종과 수확, 덥
고 추운 여름과 겨울, 그리고 낮과
밤이 멈추지 않게 하겠다."

노아에게 약속

9 하나님이 노아와 아들들을 축복
하며 말했다. "자손을 많이 낳아
번성하고, 땅을 다시 채워라.
2 모든 땅의 짐승과 공중의 조류, 땅
위를 움직이는 생물, 바다의 물고
기들에게 너에 대한 두려움과 공
포를 두고, 네 손 안에 그들을 넘긴
다.
3 모든 살아 있는 생물과 너에게 주
는 푸른 풀도 너를 위한 양식이 될
것이다.
4 하지만 피가 있고 목숨이 붙어 있
는 고기를 산 채로 먹어서는 안 된
다.
5 그러면 정말로 모든 짐승이 네 목
숨을 빼앗고, 남이 네 목숨을 빼앗
게 하며, 사람의 형제가 네 목숨을
빼앗도록, 내가 네 생명의 피를 요
구하겠다.
6 하나님은 자신의 모습으로 사람을
만들었기 때문에, 사람의 피를 흘
리게 하는 자는 그 누구라도 다른
사람에 의해서 그 피를 흘려야 한
다.
7 너희는 자손을 많이 낳아 번성하
고, 땅위에 가득 차도록 수를 늘려
라."
8 하나님이 노아와 그와 함께 있는
아들들에게 말하며 일렀다.
9 "보라, 내가 너와 네 후손과 더불어
계약을 맺을 것이다.
10 방주 밖으로 나온 모든 것을 비롯
하여, 땅위의 모든 짐승에 이르기
까지, 너와 함께 있는 살아 있는
생물, 즉 조류와 가축, 땅위에 있는
모든 짐승과 함께 맺을 것이다.
11 나는 너와 약속을 맺는다. 더 이상
모든 육체를 물로 죽이지 않을 것
이고, 더 이상 홍수가 지구를 파괴
하는 일도 없을 것이다."
12 하나님이 말했다. "다음은 너와 함
께 있는 모든 살아 있는 생물과, 끊
임없이 이어지는 세대를 위해, 나
와 너 사이에 맺은 약속의 증거다.
13 내가 구름 속에 나의 무지개를 둘
것이니, 그것이 나와 땅 사이에 약
속의 증거다.
14 내가 땅위에 구름을 가져올 때, 구
름 속에서 무지개가 보이면,
15 나와 너 그리고 육체가 살아 있는
모든 생물 사이에 맺은 약속을 기
억할 것이다. 그것은 내가 더 이상
물이 모든 육신을 파괴하는 홍수
가 되게 하지 않겠다는 약속이다.
16 무지개가 구름 속에 있을 때면, 그
것을 보고 나 하나님과 땅위의 육
체가 있는 살아 있는 모든 생물 사
이에 맺은 영원한 계약을 기억하
겠다."
17 하나님이 노아에게 말했다. "이것
이 나와 땅위의 모든 생물 사이에

맺은 약속의 증거다."
18 방주에서 밖으로 나온 노아의 아
들들은 쉠셈, 햄함, 재이풰쓰야펫, 야벳
이고, 햄은 캐이넌가나안의 아버지
다.
19 이들이 노아의 세 아들이고, 그들
로부터 사람들이 온 땅에 퍼졌다.
20 노아는 농부가 되어 포도를 심었다.
21 그가 술을 마시고 취해 천막 안에
서 벗은 채 있었다.
22 캐이넌의 아버지 햄이 아버지의
알몸을 보았고, 밖으로 나가 두 형
제에게 말했다.
23 그러자 쉠셈과 재이풰쓰야펫, 야벳가
옷을 어깨에 메고 뒷걸음쳐 가서
아버지의 맨몸을 덮은 다음, 얼굴
을 뒤로 돌려서 아버지의 맨몸을
보지 않았다.
24 노아가 술에서 깨어나 어린 손자
가 자신에게 한 일을 알았다.
25 노아가 말했다. "캐이넌은 저주를
받았다. 그는 형제에게 종 중의 종
이 될 것이다."
26 노아가 또 말했다. "쉠에게 **주 하나
님**의 축복이 있을 것이고, 캐이넌
은 그의 종이 될 것이다.
27 **하나님**은 재이풰쓰를 더 번성시킬
것이고, 캐이넌이 종이 되게 하여
쉠의 천막에서 살게 할 것이다."
28 홍수 이후에 노아는 350년을 살았
다.
29 노아는 모두 950년을 살고 죽었다.

노아로부터 이어 내려온 부족

10 다음은 노아의 아들 쉠, 햄,
재이풰쓰의 세대다. 홍수 이
후에 그들이 자식을 낳았다.
2 재이풰쓰의 자식은 거머, 매이곡,
매대이, 재이븐, 투벌, 메쉑, 티래스
다.
3 거머의 자식은 애쉬케내즈, 리패
쓰, 토가마이다.
4 재이븐의 자식은 일라이샤, 탈쉬
시, 키팀, 도대님이다.
5 이들로부터 그들 땅에서 언어와
종족과 부족에 따라 소규모 이민
족 지역이 하나씩 분리되었다.
6 그리고 햄의 자식은 쿠쉬, 미즈래
임, 퓨트, 캐이넌이다.
7 쿠쉬의 자식은 세바, 해빌라, 샙타,
래아마, 샙테카이고, 래아마의 자
식은 쉐바와, 디댄이다.
8 쿠쉬구스, 에티오피아는 님로드니므롯를
낳았는데, 그는 지구에 처음 나타
난 힘센 사람이었다.
9 그는 **주님** 앞에서도 힘센 사냥꾼이
었다. 그래서 '**주님** 앞에서도 힘센
님로드 같은 사냥꾼'이라는 말까
지 전해진다.
10 님로드 왕국 초기에 배블, 이렉, 애
캐드, 캘네가 샤이나 땅에 있었다.
11 그는 그 땅을 나와 애슈로 가서, 닌
에버 제국과 리호보쓰, 캘라 도시
를 세웠고,
12 닌에버와 캘라 사이에 마찬가지로
큰 성곽 도시 레슨을 세웠다.

13 미즈래임은 루딤, 애너밈, 레해빔,
냅투힘을 낳았고,
14 패쓰루심, 캐스러힘필리스팀은 그들에
게서 나왔다, 캪토림을 낳았다.
15 캐이넌은 장남 사이든시돈과 헤쓰
혯, 히타이트를 낳아서,
16 제뷰스족, 애머리족, 걸거스족,
17 하이브족, 알크족, 신족,
18 알배드족, 제머리족, 해매쓰족 그
리고 그후에는 캐이넌 가계가 사
방으로 널리 퍼졌다.
19 캐이넌 사람의 국경선은 사이든에
서 거라로 가는 길로 가자까지였
고, 소듬으로 가면서, 거머라, 애드
마, 지보임을 지나 심지어 래샤까
지였다.
20 이들이 햄의 자식이다. 종족과 언
어에 따라 각기 그들 지방과 나라
에서 살았다.
21 쉠은 재이풰쓰의 큰형이고 에버
자손의 조상이다. 그에게서도 역
시 자손이 태어났다.
22 쉠의 자녀는 일램, 애슈, 알패새드,
루드, 애럼이다.
23 애럼의 자녀는 우즈, 헐, 게썰, 매쉬
다.
24 알패새드는 샐라를 낳고, 샐라는
에버를 낳았다.
25 에버에게 두 아들이 태어났는데,
하나는 그가 살아 있는 동안 땅이
나뉘었다고 해서 펠렉이라 하였
고, 동생의 이름은 족튼이었다.
26 족튼은 앨모댄을 낳았고, 쉐렢, 해
저매베쓰, 제라,
27 해도램, 우잘, 디클라,
28 오벌, 애비매얼, 쉐바,
29 오피어, 해빌라, 조뱁을 낳았는데,
이들 모두가 족튼의 자손이다.
30 그들이 거주하는 곳은 메샤에서부
터 당신이 세팔에 가는 길 동쪽 산
까지였다.
31 이들이 쉠의 자손이다. 가족과 언
어에 따라 각기 자신들의 지역과
부족별로 살았다.
32 이들이 노아 자식의 나라와 세대별
가계이고, 홍수 이후에 이들에 의
해 그 땅이 여러 나라로 나뉘었다.

배블 타워[언어혼란 탑]

11 그때 온 땅은 한 언어로 한 가
지 말을 했다.
2 그들이 동쪽에서 여행하다, 샤이
너시날, 신아르 평원을 발견하여 그곳
에 살았다.
3 그들은 서로에게 말했다. "자, 벽돌
을 만들어 제대로 굽자." 그러면서
그들은 돌을 벽돌로, 진흙을 모더석
회반죽으로 삼았다.
4 그들이 말했다. "도성을 건설하고
하늘에 닿는 탑을 쌓아, 우리의 이
름을 떨치며, 우리가 온 땅위에서
멀리 흩어지지 않게 하자."
5 그때 **주님**이 사람의 자손이 세운
도시와 탑을 보려고 내려왔다.
6 **주님**이 말했다. "보라, 민족이 하나
고, 모두 한 언어를 쓰면서 이런 일

을 시작하니, 이제 그들이 하려고
상상하는 것을 자제시킬 수 있는
것이 아무 것도 없을 것이다.
7 그러니 우리가 내려가서 그들의
언어를 혼란시키면, 서로의 말을
이해하지 못할 것이다."
8 그래서 **주님**이 그 땅에서 사람을
사방으로 흩어지게 하자, 그들은
도성 건설을 멈췄다.
9 그 이름을 배블바벨: 말의 혼란이라고
부르게 된 것은, **주님**이 지구의 언
어를 혼란시켰기 때문이고, **주님**이
그곳에서 사람을 사방 온 땅으로
흩어지게 했기 때문이다.
10 다음은 쉠셈 세대의 족보다. 쉠은
홍수 후 2년 100세에, 알패샏을 낳
았고,
11 쉠이 알패샏을 낳은 후 500년을 더
살며 아들딸을 낳았다.
12 알패샏은 35세에 샐라를 낳았고,
13 알패샏이 샐라를 낳은 후 403년을
더 살며 아들과 딸들을 낳았다.
14 샐라가 30세 때 에버를 낳았고,
15 샐라는 에버를 낳은 후 403년을 더
살며 아들딸을 낳았다.
16 에버는 34세 때 펠렉을 낳았고,
17 에버가 펠렉을 낳은 후 430년을 더
살며 아들딸을 낳았다.
18 펠렉이 30세에 루를 얻었고,
19 펠렉이 루를 낳은 후 209년을 더
살며 아들과 딸을 낳았다.
20 루는 32세 때 시럭을 낳았다.
21 루가 시럭을 낳은 후 207년을 더
살며 아들과 딸을 낳았다.
22 시럭이 30년을 살고 내이홀나호르, 나
홀을 낳았고,
23 시럭이 내이홀을 낳은 후 200년을
더 살며 아들딸을 낳았다.
24 내이홀은 29세에 테라데라를 낳았
고,
25 내이홀이 테라를 낳은 후 119년을
더 살며 아들과 딸을 낳았다.
26 그리고 테라가 70년을 살았을 때
애이브럼아브람, 내이홀나호르, 나홀, 해
랜하란을 낳았다.
27 이제 이들은 테라의 세대다. 테라
는 애이브럼, 내이홀, 해랜을 낳고,
해랜이 랕을 낳았다.
28 해랜은 아버지 테라에 앞서, 태어
난 땅 캘디스칼데아, 갈대아의 도시 우
르에서 죽었다.
29 애이브럼과 내이홀은 각자 아내를
맞이했는데, 애이브럼의 아내는
새래이사라이, 새래고, 내이홀의 아내
는 밀카밀가였다. 그녀는 해랜의 딸
이며, 해랜은 밀카와 이스카이스가
의 아버지이다.
30 하지만 새래이는 불임이어서 아이
가 없었다.
31 테라는 아들 애이브럼, 해랜의 아
들인 손자 랕, 며느리인 애이브럼
의 아내 새래이를 데리고 캘디스
의 도시 얼 밖으로 나가 캐이넌가나
안땅으로 가고자 나섰다. 그리고 그
들은 해랜 땅으로 들어가 그곳에
서 살았다.

32 테라의 생애는 250년이었고, 해랜
에서 죽었다.

애이브럼을 불러내다

12 **주님**이 애이브럼에게 말했
다. "네 고향을 떠나라. 그리
고 네 동족과 아버지의 집에서, 내
가 네게 보여 줄 땅으로 나가라.
2 나는 너를 위대한 민족으로 만들
고, 네 이름도 위대하게 만들며, 축
복받게 하겠다.
3 너를 축복하는 사람을 내가 축복
할 것이고, 너를 저주하는 자들을
저주할 것이며, 앞으로 네가 있을
땅의 모든 민족이 축복받게 하겠
다."
4 그래서 애이브럼은 **주님**이 말한 대
로 떠났고, 랕이 그와 함께 갔다. 애
이브럼이 해랜을 떠날 때 그는 75
세였다.
5 애이브럼은 아내 새래이와 조카
랕, 그리고 그들이 해랜에서 모은
재물과 사람들을 데리고 길을 떠
나, 캐이넌땅에 왔다.
6 애이브럼은 그 땅을 지나 쉬컴스켐,
세겜 지역 모레 평원까지 갔다. 당시
캐이넌 사람이 그 땅에 살고 있었
다.
7 **주님**이 애이브럼에게 나타나서 말
했다. "내가 이 땅을 네 후손에게
주겠다." 그래서 애이브럼은 자신
앞에 나타났던 **주님**에게 제단을 세
웠다.
8 그리고 그는 그곳에서 베썰베텔, 벧
엘 동쪽 산으로 옮겨 천막을 쳤는
데, 위치는 서쪽에 베썰이 있고 동
쪽은 아이 지역이었다. 그는 그곳
에도 **주님**에게 제단을 쌓고, **주님**의
이름을 불렀다.
9 그리고 애이브럼은 여행을 계속하
여 남쪽을 향해 갔다.
10 그 땅에 기근이 들자, 애이브럼은
그곳을 떠나 이집트로 들어갔다.
왜냐하면 그 땅에 기근이 심했기
때문이었다.
11 그가 이집트에 가까이 다가오자,
아내 새래이에게 말했다. "보라, 당
신은 보기에도 아름다운 여자라는
것을 내가 알고 있다.
12 그래서 이집트 사람이 당신을 보
게 되면, 당신이 나의 아내임을 알
고 나를 죽이고 당신은 살릴 것이
다.
13 그러니 내가 부탁하는데, 당신이
내 여동생이라고 말해 주면, 당신
을 위해서도 내가 무사할 수 있고,
내 목숨도 당신 덕에 살릴 수 있을
것이다."
14 그리고 애이브럼이 이집트에 들어
오자, 이집트 사람들이 애이브럼
의 아내가 매우 아름다웠기 때문
에 그녀를 쳐다보았다.
15 이집트왕의 왕자들도 그녀를 보
고, 풰로우파라오, 바로왕에게 추천하
자, 그녀는 풰로우왕의 집으로 가
게 되었다.

16 이집트왕이 그녀 때문에 애이브럼
을 극진히 대접하여, 애이브럼은
양과 황소, 남녀 종과, 암수 나귀와
낙타들을 갖게 되었다.
17 **주님**은 애이브럼의 아내 새래이 때
문에 풰로우와 그의 집안을 큰 전
염병 재난으로 괴롭혔다.
18 풰로우가 애이브럼을 불러 말했
다. "당신은 내게 무슨 일을 한 것
인가? 왜 당신은 그녀를 아내라고
말하지 않았나?
19 어째서 그녀가 여동생이라고 말했
나? 하마터면 내가 그녀를 아내로
삼을 뻔했다. 이제 당신 아내를 돌
보고, 그녀를 데리고 떠나라."
20 그러면서 이집트 풰로우왕이 신하
에게 명령하자, 그들은 애이브럼
과 그 아내와 그가 가진 모든 것을
밖으로 내보냈다.

애이브럼이 랕과 헤어지다

13 애이브럼은 아내와 자신의
모든 것을 가지고, 랕과 함께
이집트에서 남쪽으로 갔다.
2 애이브럼은 소와 은과 금을 많이
소유한 큰 부자였다.
3 애이브럼은 남쪽으로 여행하여 베
썰에 이르렀다. 그곳은 유랑 초기
에 자신의 천막이 있던 곳으로, 베
썰베텔, 벧엘과 아이 중간 지역이고,
4 그가 처음으로 제단을 만들고 **주님**
의 이름을 불렀던 장소다.
5 애이브럼과 함께 갔던 랕도 양떼
와 소떼와 천막을 소유했다.
6 그런데 그 땅에서 그들이 함께 살
수 없을 정도로, 그들의 재산이 대
단히 많았다.
7 애이브럼과 랕의 목자 사이에 갈
등이 있었고, 당시 그 땅에는 캐이
넌가나안족과 퍼리스프리스, 브리스족
도 살고 있었다.
8 애이브럼이 랕에게 말했다. "내가
부탁하는데, 우리 사이에 싸우지
말자. 또 서로의 목자들도 분쟁이
없게 하자. 우리는 집안 형제들이
기 때문이다.
9 네 앞이 온통 땅이 아니냐? 부탁하
는데, 내게서 독립하길 바란다. 네
가 왼쪽을 택하면 나는 오른쪽으
로 가고, 네가 오른쪽으로 떠나면
내가 왼쪽으로 가겠다."
10 그래서 랕이 눈을 들어 조든요르단,
요단 평원을 바라보니, 조알초아르, 소
알에 이르기까지 **주님**의 동산처럼,
풍요로운 이집트땅과 같이 곳곳에
물이 충분했다. 당시는 아직 **주님**
이 소듬소돔과 거머라고모라를 파괴
하기 전이었다.
11 랕은 조든평원을 선택하여 동쪽으
로 떠났고, 그들은 각자 헤어졌다.
12 애이브럼은 캐이넌땅에서 살았고,
랕은 평원의 도시에서 살다가 소
듬 방향에 천막을 쳤다.
13 하지만 소듬 사람들은 바르지 못
하고, **주님** 앞에 정도를 넘는 죄인
이었다.

14 랕이 애이브럼을 떠난 다음, **주님**
이 애이브럼에게 말했다. "이제 눈
을 들어 네가 있는 곳으로부터 북
쪽과 남쪽, 동쪽과 서쪽 방향을 보
아라.
15 네가 보는 모든 땅을 너와 네 후손
에게 영원히 줄 것이다.
16 내가 네 후손을 땅의 먼지처럼 많
이 만들 것이다. 사람이 지구의 먼
지를 셀 수 있다면, 네 후손도 그만
큼의 수가 될 것이다.
17 일어나서 땅위를 종횡으로 걸어
라. 그 땅을 너에게 주겠다."
18 그래서 애이브럼이 천막을 걷고
히브런헤브론에 있는 맘레마므레 평
원에 와서 살면서 **주님**에게 제단을
세웠다.

애이브럼이 랕을 구하다

14 샤이너왕 앰래펠, 엘래서왕
애리옥, 일럼왕 쉐도래오머,
이민족의 타이들왕의 시대에,
2 이들이 소듬왕 베라, 거머라왕 벌
샤, 애드마왕 쉬냅, 제보임왕 쉐미
버, 조알 땅 벨라왕과 전쟁을 했다.
3 이들 모두가 시딤 골짜기, 곧 사해
에서 함께 가세했다.
4 그들은 12년간 쉐도래오머왕을 섬
기다가, 13년째 되는 해에 반란을
일으켰다.
5 그리고 14년째 되는 해에 쉐도래
오머왕이 동맹국왕들과 함께 와
서, 애쉬터로쓰 캐내임 지역에서
리풰임족, 햄 지역의 쥬짐족, 쉐베
키러쌔임 지역의 에밈족을 치고,
6 세이어산에 있는 호리족과 황야
옆에 있는 엘패런한테까지 갔다.
7 그들이 돌아오면서 커데스 지역
엔미쉬팯에 와서, 애멀렉족 전역
과 해제존태머 지역에 살고 있던
애머리아모리족 역시 물리쳤다.
8 그러자 소듬, 거머라, 애드마, 제보
임, 조알의 벨라왕까지, 모두 5왕
이 연합하여 시딤 골짜기 전투에
나왔고,
9 일램왕 쉐도래오머, 이민족의 타
이들왕, 샤이너의 앰래펠왕, 엘래
서의 애리옥왕까지 모두 4왕에 맞
서 싸웠다.
10 시딤시띰, 싯딤 골짜기는 피의 진창으
로 가득 찼다. 소듬왕과 거머라왕
이 패하여 도망치다, 그곳에서 죽
었고, 살아 남은 자들은 산으로 도
망쳤다.
11 그들은 소듬과 거머라의 물건과
식량을 모두 빼앗아 떠났다.
12 또 그들은 소듬에 살던 애이브럼
동생의 아들 랕도 잡아가고, 그의
재산도 빼앗아 가버렸다.
13 거기서 도망친 어떤 사람이 와서,
히브리 사람 애이브럼에게 전해
주었다. 그는 에쉬콜의 형제이자
애너의 형제 애머리족으로, 맘레
평원에서 살고 있었는데, 이들은
애이브럼과 동맹을 맺고 있었기
때문이었다.

14 애이브럼은 가족이 포로로 붙잡혔
다는 말을 듣고, 그의 집에서 태어
나 훈련받은 318명의 종들을 무장
시켜 댄단 지역까지 그들을 쫓아갔
다.
15 그는 종들을 나누어서 밤에 공격
하여 그들을 치고, 드매스커스다메
섹 왼편에 있는 호바 지역까지 그
들을 추격했다.
16 그는 물건들을 모두 도로 가져왔
고, 조카 랕과 그의 물건도 되찾아,
부녀자들과 사람들을 다시 데려왔
다.
17 애이브럼아브람이 쉐도래오머와 그
와 함께 있던 왕들을 죽이고 돌아
오자, 소듬왕이 그를 만나러 왕의
계곡인 쉐베 계곡으로 갔다.
18 그리고 샐럼의 왕 멜치제덱이 빵
과 술을 가져왔다. 그는 가장 높은
하나님의 제사장이었다.
19 그가 애이브럼을 축하하며 말했
다. "가장 높은 하늘과 땅의 **주인 하
나님**의 애이브럼을 축복합니다.
20 그리고 적들을 당신의 손에 넘긴
지극히 높은 **하나님**을 찬양합니
다." 그리고 애이브럼은 그에게 모
든 것의 10분의 1을 주었다.
21 그러자 소듬왕이 애이브럼에게 말
했다. "그 사람들만 내게 주고, 재
물은 당신이 가지시오."
22 그러자 애이브럼이 소듬왕에게 말
했다. "나는 가장 높은 하늘과 땅의
주 하나님에게 손을 들어 맹세합니
다.
23 나는 실 한 올도, 신발끈 한 줄조차
갖지 않겠어요. 당신이 '내가 애이
브럼을 부자로 만들었다'고 말하
지 않도록 당신 것은 그 어떤 것도
갖지 않겠어요.
24 오직 제외할 것은, 젊은 사람들이
먹을 것과 나와 함께 간 애너, 에쉬
콜, 맘레의 몫만은 그들이 가져가
게 해주세요"라고 했다.

애이브럼에게 약속

15 그 일이 있은 뒤, 환상 속에서
주님의 음성이 애이브럼에게
들리며 이렇게 말했다. "애이브럼
아, 두려워 마라. 나는 너의 방패다.
그리고 너에게 대단히 큰 상을 주
겠다."
2 그러자 애이브럼이 **주 하나님**에게
말했다. "내게 무엇을 주려고요?
보세요, 나는 자식도 없고, 내 집에
서 일하는 드매스커스의 종 앨리
저엘리에제르, 엘리에셀밖에 없잖아요?"
3 애이브럼이 계속 말했다. "보다시
피, 당신이 내게 후손을 주지 않아
서, 내 집에서 태어난 단 한 명이
상속자이지요."
4 **주님**의 음성이 그에게 와서 말했
다. "보라, 그는 네 상속자가 아니
다. 대신 네 자신의 몸에서 나온 자
가 네 상속인이 될 것이다."
5 **주님**은 애이브럼을 데리고 밖으로
나와서 말했다. "이제 하늘을 보며

별들을 세어 봐라. 네가 별을 셀 수
있다면, 네 후손도 그렇게 될 것이
다."
6 그래서 애이브럼은 **주님**의 말을 믿
었고, **주님**은 그렇게 하는 그가 올
바르다고 생각했다.
7 그가 애이브럼에게 말했다. "나는
캘디스칼데아, 갈대아의 얼우르 지방 밖
으로 너를 데리고 나온 **주**로서, 네
게 이 땅을 상속해 주려고 한다."
8 그러자 애이브럼이 말했다. "**주 하
나님**, 내가 그것을 상속받는다는
것을 어떻게 알죠?"
9 그가 애이브럼에게 말했다. "내게
3년 된 암소와, 3년 된 암염소와, 3
년 된 숫양과, 산비둘기와 어린 집
비둘기를 각 한 마리씩 가져오너
라."
10 그래서 애이브럼이 모든 것을 **주님**
에게 가져간 다음, 그 가운데를 잘
라 각 조각을 서로 마주보게 놓았
고, 비둘기는 자르지 않았다.
11 새들이 제물로 올린 동물의 사체
위에 내려앉자, 애이브럼이 그들
을 멀리 쫓았다.
12 해가 저물 무렵 애이브럼에게 깊
은 잠이 쏟아지면서 거대한 암흑
의 두려움이 그를 엄습했다.
13 **주님**이 애이브럼에게 말했다. "다
음을 반드시 알아두어라. 네 후손
은 자신들 것이 아닌 낯선 땅에서
이방인으로 있으면서, 그들을 섬
겨야 하고, 그 땅 주인은 400년간
네 후손을 괴롭힐 것이다.
14 그러면 네 후손이 섬기는 나라를
내가 심판할 것이고, 그런 다음 후
손은 큰 재물을 가지고 밖으로 나
올 것이다.
15 그리고 너희는 평화롭게 네 조상
에게 돌아가고, 충분히 오래 잘 살
다가 묻힐 것이다.
16 대신 4세대째가 되어야 네 후손이
다시 이곳에 오게 된다. 이는 애머
리족의 죄가 아직 가득 찰 정도로
나쁘지 않기 때문이다."
17 해가 지고 어두워졌을 때, 연기 나
는 화로를 보니, 짐승 조각 사이를
지나가는 타는 불빛 하나가 있었
다.
18 그날 **주님**은 애이브럼과 약속하며
말했다. "나는 네 후손에게 이 땅을
주는데, 이집트 나일강부터 큰 강
유프레이디스 강까지,
19 켄족, 케니스족, 캐드먼족,
20 힡족, 퍼리스족, 리풰임족,
21 애머리족, 캐이넌족, 걸거스족, 제
뷰스족의 땅까지다."

새래이와 해이거

16 애이브럼의 아내 새래이사라
이, 사래는 남편에게 자녀를 낳
아 주지 못했고, 이집트인 여종 한
명을 두었는데, 이름은 해이거하가
르, 하갈였다.
2 새래이가 애이브럼에게 말했다.
"자, 보세요. **주님**은 내게 임신을 못

하게 했어요. 부탁하니 여종에게
가세요. 어쩌면 그녀한테서 자식
을 얻을 수 있을 거예요." 그래서
애이브럼은 새래이의 말을 들었
다.
3 새래이가 이집트 여종 해이거를
데려온 시기는, 애이브럼이 캐이
넌가나안에 거주한 지 10년이 지나
서였고, 남편에게 그녀를 아내로
주었다.
4 그가 해이거에게 가자, 그녀는 임
신했다. 해이거는 자신이 임신한
것을 알고서 여주인을 무시했다.
5 새래이사라이, 사래가 애이브럼에게
불만을 말했다. "나의 상심은 당신
에게 책임이 있어요. 여종을 당신
품에 주었더니, 자신이 임신한 것
을 알고 나를 무시해요. **주님**이 나
와 당신을 판단할 거에요."
6 그러자 애이브럼이 새래이에게 말
했다. "여종은 당신 손에 달렸으니
좋을 대로 해라." 그래서 새래이가
심하게 다루자, 여종이 여주인에
게서 도망쳤다.
7 **주님**의 사자가 황야의 샘 옆에서
그녀를 발견했다. 그 샘은 슈르수르,
술로 가는 길에 있었다.
8 그가 말했다. "새래이의 여종 해이
거야, 너는 어디서 왔느냐? 또 어
디로 가려고 하지?" 그러자 그녀
가 대답했다. "여주인 새래이한테
서 도망 중이에요."
9 **주님**의 사자가 그녀에게 말했다.
"여주인에게 돌아가서 네 자신을
그녀에게 굴복시켜라."
10 **주님**의 사자가 그녀에게 또 말했
다. "나는 네 후손을 넘치도록 불릴
것이다. 하도 많아서 셀 수도 없을
것이다."
11 그러면서 **주님**의 사자가 그녀에게
덧붙여 말했다. "보라, 너는 자식을
가졌다. 아들을 낳을 터이니, 그의
이름을 이쉬매얼이스마엘이라고 불
러라. 이는 **주님**이 네 고통을 들었
기 때문이다.
12 네 아들은 황야의 사람이 된다. 그
의 손은 모든 사람을 상대하고, 또
모든 사람이 그를 상대하게 될 것
이다. 그렇게 그는 모든 형제 앞에
서 살게 될 것이다."
13 그러자 그녀는 자신에게 이야기한
주님의 이름을 불렀다. "당신은 나
를 본 **하나님**이에요. 나 역시 이곳
에서 나를 본 그를 보았지요?"
14 그런 이유로 그 샘을 '빌라하이로
이브에르 라하이로이, 브엘라 해로이'라고
불렀다. 그곳은 커데쉬카데스, 가데스
와 비렌베렛 땅 사이에 있다.
15 그리고 해이거가 애이브럼의 아들
을 낳자, 애이브럼이 해이거가 낳
은 아들의 이름을 '이쉬매얼'이라
고 불렀다.
16 애이브럼은 해이거가 이쉬매얼을
낳아 주었을 때 86세였다.

애이브러햄과 할례 계약

17 애이브럼이 99세였을 때, **주**
님이 애이브럼에게 나타나서
말했다. "나는 전능한 **하나님**이다.
내 앞에서 인생길을 걸으며 너도
완전해져라.
2 나는 너와 계약을 맺고, 네 자손을
넘치도록 번성시키겠다."
3 그러자 애이브럼은 고개를 숙였
고, **하나님**은 그에게 말했다.
4 "보라, 나는 너와 약속을 하고, 너
를 많은 민족의 조상이 되게 하겠
다.
5 네 이름은 더 이상 애이브럼이 아
니고, 대신 애이브러햄아브라함이 네
이름이다. 왜냐하면 내가 너를 많
은 민족의 아버지로 만들었기 때문
이다.
6 그리고 나는 네 자손을 엄청나게
번창시켜서, 네게서 여러 민족이
나오고, 너로부터 많은 왕이 나오
게 할 것이다.
7 나는 나의 계약을 나와 너 사이에
맺고, 또 네 후손 세대 사이에 영원
한 계약으로 확정하여, 너와 네 후
손의 **하나님**이 되려는 것이다.
8 그래서 나는 너와 네 후손에게 네
가 이민족으로 있는 그 땅을 줄 것
이다. 캐이넌의 모든 땅을 영원한
소유로 주면서, 나는 그들의 **하나님**
이 될 것이다."
9 **하나님**이 또 애이브러햄에게 말했
다. "그러므로 너와 네 후손 세대들
은 나의 계약을 지켜야 한다.
10 이것이 나와 너 그리고 네 후손들
사이에 너희가 지켜야 하는 나의
계약이다. 너희 가운데 모든 남자
아이는 할례를 받아야 한다.
11 너희는 포피의 살을 잘라 내야 한
다. 이것이 너와 나 사이에 맺은 계
약의 증거표시가 될 것이다.
12 너희 가운데 8일 된 남아는 포피를
도려내야 한다. 너희 세대 중 모든
남아는 집에서 태어났든, 네 자손
이 아닌 이민족한테서 돈으로 사
왔든 할례를 해야 한다.
13 네 집에서 태어난 자, 네 돈으로 사
온 자 모두 반드시 포피를 잘라 내
라. 그래서 나의 계약은 영원한 약
속이 되어, 네 몸 가운데 증거표시
로 있어야 한다.
14 포피를 잘라 내지 않고 할례 받지
않은 사람의 자손은, 민족한테서
제거되어야 한다. 그는 나의 계약
을 파기한 것이다."
15 **하나님**이 또 애이브러햄에게 말했
다. "네 아내 새래이에 대해 말하자
면, 너는 그녀를 새래이라고 부르
는 대신 새라사라로 불러라.
16 내가 그녀를 축복하여, 너에게 아
들을 낳아 주게 하겠다. 그렇다. 나
는 그녀를 축복한다. 그래서 그녀
를 많은 민족의 어머니가 되게 하
여, 백성의 왕들이 그녀로부터 나
오게 하겠다."
17 그러자 애이브러햄이 자신의 얼굴

을 숙이고 웃으며 마음속으로 말
했다. "백 살 된 자한테서 아이가
태어난다고? 그리고 구십 살인 새
라가 아이를 낳는다고?"
18 그러면서 애이브러햄이 **하나님**에
게 말했다. "오! 이쉬매얼이나 당신
앞에서 잘 살게 해주세요."
19 **하나님**이 말했다. "실제로 네 아내
새라가 아들 하나를 낳을 것이다.
그러면 너는 그의 이름을 '아이직
이사악, 이삭: 웃음'이라고 불러야 한다.
그리고 나는 내 계약을 그와 그의
후손과도 영원히 맺을 것이다.
20 이쉬매얼에 대해서도, 내가 네 말
을 들었다. 그래서 나는 그에게 복
을 주어, 자손을 많이 낳아 크게 번
성하게 하고, 그가 열두 왕자를 낳
아 큰 나라를 만들게 하겠다.
21 그러나 나의 계약은 아이직과 맺
을 것이다. 그는 내년 이맘때 새라
가 낳아 줄 것이다."
22 그러면서 **하나님**은 애이브러햄과
이야기를 마치고 그로부터 떠났다.
23 애이브러햄은 아들 이쉬매얼과 자
신의 집에서 태어났거나 돈으로
산 모든 남자를 데려 왔다. 그리고
하나님이 그에게 말한 같은 날 그
들의 포피 살을 잘라 냈다.
24 애이브러햄이 포피 살을 제거했을
때 나이는 99세였다.
25 아들 이쉬매얼이 포피에 할례를
받은 나이는 열세 살이었다.
26 같은 날 애이브러햄과 아들 이쉬
매얼이 할례를 받았다.
27 그 집의 모든 남자가, 그 집에서 태
어나거나 이민족에게 돈으로 사온
모두, 그와 더불어 할례를 받았다.

애이브러햄이 소듬 중재

18 **주님**이 맘레마므레 평원에서
애이브러햄에게 나타났을
때, 그는 낮의 더위 속에 천막 문에
앉아 있었다.
2 그가 눈을 들어 바라보니, 세 사람
이 옆에 서 있었다. 그들을 보고 맞
이하려고 문에서 뛰어나가 땅에
자신의 머리를 숙여 인사하며,
3 말했다. "나의 주인님, 지금 내가
당신의 눈에서 호의를 받는다면,
당신의 종한테서 그냥 지나치지
마세요. 부탁해요.
4 물을 좀 가져올 터이니, 제발, 발도
씻고 나무 아래서 쉬어 주세요.
5 그러면 내가 빵도 조금 가져올게
요. 그리고 당신들 마음을 편히 쉰
다음 떠나세요. 왜냐하면 당신들
은 당신의 종한테 왔으니까요." 그
러자 그들이 말했다. "당신이 말한
대로 그렇게 합시다."
6 그래서 애이브러햄이 서둘러 천막
안으로 들어가서, 새라에게 말했
다. "어서 서둘러 고운 밀가루 3인
분량을 반죽하고 화로에 구워 캐
잌을 만들어라."
7 그러면서 애이브러햄은 소떼로 달
려가, 부드럽고 좋은 송아지 한 마

리를 끌고 와서, 젊은 종에게 주었
더니, 그가 서둘러 마련했다.
8 그는 버터와 우유와 종이 손질한
송아지 고기를 가져와서 그들 앞
에 차렸다. 그리고 자신은 나무 아
래 그들 옆에 서 있었고, 그들은 먹
었다.
9 그들이 그에게 말했다. "당신 아내
새라는 어디 있지요?" 그가 대답
했다. "저기, 천막 안에요."
10 그러자 그가 말했다. "나는 생명이
나올 때가 되면 반드시 당신에게
다시 오겠어요. 그리고 두고보세
요. 당신 아내 새라는 아들을 갖게
됩니다." 그러자 새라가 그의 뒤쪽
천막 안에서 그 소리를 들었다.
11 그때 애이브러햄아브라함과 새라사라
는 늙어서 몸이 상당히 굳어졌고,
새라는 여성기능이 중단된 상태였
다.
12 그래서 새라는 웃으며 혼잣말을
했다. "뻣뻣하게 굳은 이 나이에 남
편도 늙었는데 내가 기쁨을 누린
다고?"
13 그러자 **주님**이 애이브러햄에게 말
했다. "어째서 새라가 웃느냐, '이
나이에 정말 아이를 갖게 될까' 라
면서?
14 **주님**한테 어려워서 안 되는 일이
있을까? 정해진 때에 생명의 시간
이 되면, 나는 네게 돌아오겠다. 그
리고 새라는 아들을 갖게 될 것이
다."
15 그때 새라가 부인하며 말했다. "웃
은 게 아니에요." 그녀는 두려웠다.
그러자 그가 말했다. "아니다. 너는
웃었다."
16 그런 다음 세 남자가 일어나서 소
듬을 향해 바라보았고, 애이브러
햄은 그들이 가는 길을 배웅하려
고 함께 나갔다.
17 그러자 **주님**이 말했다. "내가 하려
는 일을 애이브러햄한테 감추겠
는가?
18 지구의 모든 나라가 애이브러햄이
위대하고 강한 나라가 되는 것을
보게 되고, 그로 인해 복을 받게 될
것이다.
19 나는 그가 자손과 가계에 명령하
여, 그들이 **주님**의 길을 지키게 할
것으로 안다. 그래서 **주님**이 애이
브러햄에게 말한 올바른 판단을
실천할 수 있을 것이다."
20 **주님**이 말했다. "소듬소돔과 거머라
고모라의 아우성이 큰 이유는, 그들
의 죄가 대단히 심각하기 때문이
다.
21 이제 내가 내려가서, 내게까지 들
려오는 저 소란에 따라, 그들이 다
함께 한 것인지 아닌지, 내가 보면
알게 될 것이다."
22 그리고 세 사람은 그곳에서 방향
을 돌려 소듬을 향해 갔고, 애이브
러햄은 **주님** 앞에 그대로 서 있었
다.
23 애이브러햄이 가까이 다가가서 말

했다. "당신은 또 다시 올바른 사람
을 악한과 함께 없애려 하나요?
24 만일 그 도시 안에 50명이 정직하
다면, 당신은 올바른 50명이 있는
장소를 구하지 않고 파괴합니까?
25 이런 식으로 의인을 악인과 같이
죽이는 것은 당신과 거리가 멀고,
또한 의인을 악인처럼 취급하는
것도 당신과 거리가 멀어요. 지구
의 모든 것을 판단하는 존재가 올
바르게 해야 되지 않겠습니까?"
26 그러자 **주님**이 말했다. "만약 내가
소듬 도성 안에서 정직한 사람 50
명을 찾으면, 그들을 위하여 그곳
전체를 구할 것이다."
27 그러자 애이브러햄아브라함이 대답
하며 말했다. "보세요. 먼지와 재에
불과한 내가 감히 **주인**님에게 말합
니다.
28 만일 거기에 올바른 사람 50명 중
다섯이 부족하면, 다섯이 모자란
다고 당신은 그 도시 전체를 파괴
합니까?" 그러자 그가 말했다. "만
약 내가 거기서 올바른 사람 45명
을 찾는다면, 그곳을 파괴하지 않
겠다."
29 그가 다시 그에게 말했다. "만일 거
기서 40명을 찾는다면요?" 그가
말했다. "나는 40명을 위해서 그렇
게 하지 않겠다."
30 그러자 그가 **주님**에게 말했다. "오,
주인님, 화내지 마세요. 또 내가 말
하는데, 만일 거기에서 30명을 찾
게 된다면요?" 그러자 그가 말했
다. "만약 내가 거기서 30명을 찾으
면 그렇게 하지 않겠다."
31 또 그가 말했다. "보세요. 지금 감
히 내가 **주인**님에게 말해요. 만약
거기서 20명을 찾는다면요?" 그가
말했다. "20명을 위해서 나는 그곳
을 파괴하지 않겠다."
32 그러자 그가 말했다. "오, **주님**, 화
내지 마세요. 한 번만 더 말하지요.
만약 거기서 10명을 발견하면요?"
그는 말했다. "10명을 위해서 그곳
을 파멸시키지 않겠다."
33 **주님**은 애이브러햄과 대화를 마치
자마자 떠났고, 애이브러햄은 자
신의 거처로 돌아갔다.

랕을 구하고 소듬 파괴

19 저녁에 두 천사가 소듬에 왔
다. 랕이 소듬 성문에 앉아 있
다가, 그들이 오는 것을 보고 맞이
하러 일어났다. 그리고 자신의 얼
굴을 땅에 숙이고 인사했다.
2 랕이 말했다. "보세요. 자, 나의 주
인님들, 부탁합니다. 이곳 당신 종
의 집으로 와서, 밤에 머물며 발을
씻고, 아침 일찍 일어나 당신들의
길을 가세요." 그러자 그들이 말했
다. "아니요. 우리는 밤 사이 거리
에 있겠어요."
3 랕이 그들에게 정중하게 권하자,
그들이 방향을 돌려 그의 집에 들
어왔다. 그가 음식을 마련하고, 무

효모빵을 구워주자 그들이 먹었
다.
4 하지만 그들이 눕기도 전에, 소듬
도성 마을 곳곳의 남자들이 노소
를 막론하고 집 주위를 둘러쌌다.
5 그들은 랕에게 말하며 요구했다.
"이 밤에 당신 집에 들어간 그 남자
들은 어디 있소? 그들을 우리에게
데려오시오. 우리가 그들이 누구
인지 알아보겠소."
6 랕이 문 밖으로 나가 뒤로 문을 닫
고,
7 그가 말했다. "부탁합니다, 형제님.
그렇게 심하게 대하지 마세요.
8 보세요. 자, 내게 남자와 관계한 적
이 없는 두 딸이 있어요. 부탁하니,
당신들에게 딸들을 데려올 테니
좋을 대로 하세요. 이 사람들에게
만은 아무것도 하지 마세요. 왜냐
하면 그들은 내 지붕 아래로 온 손
님이에요."
9 그러자 그들이 말했다. "물러나시
오." 그들이 다시 말했다. "여기에
머물려고 들어온 이가 이곳 심판
관이 되려고 할 거요. 자, 그들보다
당신을 더 험하게 다뤄야겠소." 사
람들은 그 사람 이상으로 랕에게
조차 심하게 화를 내며, 문을 부수
려고 다가왔다.
10 그때 그 남자들이 손을 뻗어 랕을
집안으로 끌어당기고 문을 닫았
다.
11 그런 다음 문 앞에 와 있던 사람들
을 쳐서, 작거나 크거나 모두 눈을
멀게 하여 문을 찾기도 어렵게 만
들었다.
12 그들이 랕에게 말했다. "여기 당신
곁에 누가 있나요? 사위나 아들딸
들, 그리고 도시 안에 당신이 가지
고 있는 것은 무엇이든 이곳 밖으
로 가져가세요.
13 우리는 이곳을 파괴할 겁니다. 그
들의 소란이 **주님** 앞에 너무나 커
졌기 때문이에요. 그래서 **주님**이
우리를 보내어 그곳을 파괴하는
겁니다."
14 랕이 가서 딸들과 결혼한 사위들
에게 말했다. "자네들은 일어나서
이곳을 떠나게. 왜냐하면 **주님**이
이 도시를 파괴하기 때문이네." 하
지만 사위들에게 그는 농담하는
사람처럼 보였다.
15 아침이 되자 사자들이 랕에게 재
촉하며 말했다. "일어나서 당신의
아내와 여기 있는 두 딸들을 데려
가세요. 이 도시의 부정 탓에 당신
이 희생되지 않도록 말이죠."
16 그가 꾸물거리자, 그들이 그의 손
과 아내의 손과, 두 딸의 손을 잡아
끌었다. **주님**이 그에게 큰 사랑을
주어 사자가 그들을 도시 밖으로
데려가게 했다.
17 사자들이 그들을 밖으로 멀리 데
려온 다음 말했다. "당신 목숨을 구
하기 위해 피하고, 뒤도 돌아 보지
말고, 평원에 머무르지도 말고, 산

으로 도망쳐서 희생되지 않게 하
세요."
18 그러자 랕이 그들에게 말했다. "오,
주인님, 그렇게 하지 않겠어요.
19 보세요. 당신의 종은 당신에게 호
의를 받았고, 당신은 내 목숨을 구
하도록 큰 사랑을 주었어요. 하지
만 나는 악이 나를 붙잡아 죽이지
않도록 산으로 도망칠 수 없어요.
20 보세요. 이 도성은 작기는 하지만,
도망하기에도 가까우니, 제발 나
를 이쪽으로 도망가게 해주세요.
[이 도성이 그다지 작은 것도 아니
잖아요?] 그러면 내 영혼이 살 거
예요."
21 그래서 그는 랕에게 말했다. "그러
면 이 도시를 완전히 파멸시키지
않고, 말한 대로 이 일에 관한 당신
의 생각을 받아들이겠소.
22 당신이 저쪽으로 갈 때까지 아무
것도 할 수 없으니, 서둘러서 저쪽
으로 피하시오." 그래서 그곳 이름
을 작은 도시 '조알초아르, 소알'이라
고 불렀다.
23 랕이 조알에 이르렀을 때 해가 땅
에서 떠올랐다.
24 그때 **주님**이 소듬소돔과 거머라고모
라에 하늘에서 비 오듯 유황과 불
을 쏟았다.
25 그는 도성과 평원, 주민과 땅위에
심은 모든 것을 뒤엎었다.
26 그런데 랕의 아내는 뒤를 돌아보
았기 때문에 소금기둥이 되었다.
27 애이브러햄아브라함이 아침 일찍 일
어나, 그가 **주님** 앞에 섰던 곳으로
갔다.
28 소듬과 거머라와 평원의 모든 땅
을 바라보니, 그 지역에서 화로처
럼 연기가 올랐다.
29 **하나님**은 평원의 여러 도시를 파괴
하면서, 애이브러햄을 기억했다.
그래서 그가 도시를 전복시키는
가운데 그 안에 살고 있던 랕을 밖
으로 보냈던 것이다.
30 랕은 조알에 머물기가 두려웠기
때문에 두 딸을 데리고 조알 밖 산
에 머물렀다. 그는 굴속에서 두 딸
과 함께 지냈다.
31 첫째 딸이 둘째에게 말했다. "우
리 아버지는 늙었고, 이 땅에는 관
습에 따라 우리에게 올 남자가 없
다.
32 그러니 아버지에게 술을 마시게
하여, 같이 누워 자야겠다. 그러면
우리가 아버지의 종족을 보존할
수 있을 것이다."
33 그날 밤, 그들은 아버지에게 술을
마시게 하고, 첫 딸이 들어가 아버
지와 누웠다. 그러나 아버지는 그
녀가 누웠을 때도 일어났을 때도
알지 못했다.
34 다음날 첫째가 둘째에게 말했다.
"어젯밤에 내가 아버지와 누워 잤
다. 오늘 밤도 그에게 술을 마시게
하고, 네가 들어가서 아버지의 씨
를 보존할 수 있도록 함께 누워 자

라.”
35 그래서 그들은 그날 밤에도 아버
지에게 술을 마시게 했고, 둘째가
가서 누워 잤다. 그는 그녀가 누웠
을 때도 일어났을 때도 인지하지
못했다.
36 그래서 랕의 두 딸에게 그들 아버
지의 자식이 생겼다.
37 첫째는 아들을 낳아 모앱이라고
불렀는데, 그가 바로 오늘날 모앱모압사람의 조상이다.
38 둘째 역시 아들을 낳고 이름을 벤
아미벤암미라고 불렀다. 그가 바로
이날까지 애먼암몬 자손의 조상이
다.

자궁이 치료되다

20 애이브러햄은 그곳에서 남쪽
으로 여행하여, 커데쉬카데스, 가데스와 슈르술 사이에 머물다 제라
에 갔다.
2 애이브러햄이 아내 새라사라를 여
동생이라고 말했으므로, 제라왕
애비멜렉아비멜렉이 사람을 보내 새
라를 데려왔다.
3 그날 밤 **하나님**이 애비멜렉의 꿈에
나타나서 말했다. “보라, 네가 그
여자를 데려왔으니, 너는 곧 죽은
자다. 왜냐하면 네가 데려온 그녀
는 한 남자의 아내이기 때문이다.”
4 애비멜렉은 그녀 가까이 가지 않
고 말했다. “주인님, 당신은 올바른
백성을 죽일 겁니까?
5 애이브러햄이 내게 그녀가 자기
여동생이라고 말하지 않았습니
까? 심지어 그녀도 스스로 그가 오
빠라고 말했고요. 나의 정직한 마
음과 결백한 손으로 이렇게 했어
요.”
6 **하나님**이 꿈에서 그에게 말했다.
“그렇다. 네가 정직한 마음으로 이
렇게 했음을 내가 안다. 나 역시 네
가 나에게 반하는 죄를 짓지 않도
록 너를 자제시켰고, 네가 그녀를
가까이하지 않도록 애썼다.
7 그러므로 이제 그에게 아내를 돌
려줘라. 그는 예언자이기 때문에
그가 너를 위해 기도하면, 네가 살
수 있을 것이다. 만약 그녀를 돌려
주지 않으면, 너와 네게 속한 모든
것이 다 죽는다는 것을 알아라.”
8 애비멜렉이 아침 일찍 일어나 신
하를 불러 모든 것을 말하자, 그들
이 몹시 두려워했다.
9 그리고 애비멜렉이 애이브러햄을
불러 말했다. “당신이 우리에게 무
슨 일을 한 건가? 또 나와 내 왕국
이 큰 죄를 짓도록 당신을 불쾌하
게 만든 것이 무언가? 당신은 내게
해서는 안 될 행동을 했다.”
10 애비멜렉이 또 애이브러햄에게 말
했다. “당신이 저지른 일이 무엇인
지 아는가?”
11 애이브러햄이 말했다. “이곳에서
는 확실히 **하나님**을 경외하지 않는
다는 생각이 들어서, 사람들이 내

아내를 얻고자 나를 죽일 것으로
생각했어요.
12 그렇기는 해도 그녀는 실제 내 여
동생이에요. 그녀는 내 아버지의
딸이지만 어머니의 딸은 아니어
서, 그녀가 내 아내가 되었어요.
13 **하나님**이 아버지의 집에서 나와 방
랑하게 했을 때, 내가 그녀에게, '당
신이 내게 베풀어 준 친절은 우리
가 어디를 가든 나에 대해 오빠라
고 한 점'이라고 말했어요."
14 그래서 애비멜렉은 양과 소, 남녀
종들을 애이브러햄에게 주고, 아
내 새라도 돌려주었다.
15 그러면서 애비멜렉이 말했다. "자,
내 땅이 당신 앞에 있으니, 마음대
로 그곳에서 살아라."
16 그리고 새라사라에게 그가 말했다.
"보라, 나는 당신 오빠에게 은 천냥
을 주었다. 자, 그것으로 그는 너와
함께 있는 모든 사람들이 너를 향
해 보내는 비난의 눈을 덮을 수 있
을 것이다. 이로써 그녀는 비난에
대한 대가를 다 치른 셈이다."
17 그런 다음 애이브러햄아브라함이 **하
나님**에게 기도하자, **하나님**이 애비
멜렉아비멜렉과 그의 아내와 여종들
이 자녀를 낳을 수 있게 치료해 주
었다.
18 **주님**이 재빨리 애비멜렉의 집에 있
는, 모든 사람의 자궁을 막은 이유
는 애이브러햄의 아내 새라 때문
이었다.

아이직 출생과 해이거 모자 퇴거

21

주님이 말한 대로, 그는 새라
를 방문했고, 새라에게 말한
대로 실행했다.
2 새라가 임신하여, **하나님**이 그에게
말한 때가 되자 늙은 애이브러햄
에게 아들을 낳아 주었다.
3 애이브러햄은 새라가 낳아 준 아
들을 아이직이사악, 이삭이라고 불렀
다.
4 그는 아들 아이직을 낳은 지 8일
만에, **하나님**이 명령한 대로 할례
를 했다.
5 아이직이 태어났을 때, 애이브러
햄은 백 살이었다.
6 새라가 말했다. "**하나님**이 나를 웃
게 했어요. 내게 들리는 모든 소리
가 웃음 같아요."
7 그리고 말했다. "누가 애이브러햄
에게 말했지, 새라가 아이에게 젖
을 준다고? 이제 내가 나이 든 그
에게 아들을 낳아 주었어요."
8 아이가 자라 젖을 떼자, 애이브러
햄은 아이직이 젖을 뗀 날, 큰 만찬
을 베풀었다.
9 새라는 이집트인 해이거하가르, 하갈
가 애이브러햄에게 낳아준 아들을
보며 무시했다.
10 그러면서 새라가 애이브러햄에게
말했다. "이 여종과 그녀의 아들을
내쫓으세요. 여종의 아들은 내 아
들 아이직과 같이 동등하게 후계
자가 되지 못해요."

11 애이브러햄은 그의 아들 때문에
매우 가슴이 아팠다.
12 그러자 **하나님**이 애이브러햄에게
말했다. "소년과 여종 때문에 슬퍼
하지 마라. 아이직이 네 후손이 될
것이라고 말한 새라의 목소리에
귀를 기울여라.
13 여종의 아들 역시 네 후손이기 때
문에 내가 한 민족을 만들 것이다."
14 애이브러햄이 아침 일찍 일어나
해이거에게 빵과 물병을 갖다 주
고, 그것을 그녀의 어깨에 메어
주며 아이와 함께 내보냈다. 그녀
는 나가서 비어쉬바브에르 세바, 브엘세
바 황야를 방랑했다.
15 병의 물이 다 없어지자, 그녀는 어
느 가지 많은 관목 아래에 아이를
버렸다.
16 그리고 저 너머로 가서 아이한테
서 돌아 앉았다. 활의 사정거리약
300m 정도로 상당히 떨어져서 그녀
가 말했다. "저 아이의 죽음을 보지
말자." 그녀는 아들을 등지고 앉아
목소리 높여 울었다.
17 **하나님**이 소년의 목소리를 들었다.
그래서 **하나님**의 사자가 하늘에서
해이거를 부르며 말했다. "해이거
야, 너는 무엇을 괴로워하지? **하나
님**이 저기 있는 소년의 목소리를
들었으니 두려워 마라.
18 일어나서 아이를 들어올려 네 손
에 안아라. 내가 그를 위대한 민족
으로 만들겠다."
19 그러면서 **하나님**은 그녀가 눈을 뜨
게 해주었다. 그녀는 우물을 발견
하고, 그곳으로 가서 병에 물을 채
워 아이에게 주었다.
20 **하나님**은 소년과 함께 있었다. 그
는 자라서 황야에 살면서 사수가
되었다.
21 그는 패런파란, 바란 황야에서 살았고
어머니가 이집트에서 아내를 데려
다 주었다.
22 그때 애비멜렉아비멜렉과 그의 군대
대장 피촐피콜, 비골이 애이브러햄에
게 말했다. "**하나님**은 당신이 어느
곳에 있든 당신과 함께 있다.
23 그러므로 이제 **하나님**의 이름을 걸
고, 여기서 당신이 나와 내 아들과
아들의 아들에게 거짓으로 대하지
않겠다고, 내게 맹세해라. 그리고
내가 당신에게 베푼 호의대로 당
신이 머문 이 땅에서 내게 대해야
한다."
24 애이브러햄이 말했다. "나는 맹세
하겠소."
25 그러면서 애비멜렉의 노예들이 폭
력으로 우물을 빼앗아 버린 일로
그를 나무랐다.
26 애비멜렉이 말했다. "누가 그렇게
했는지 알지 못한다. 당신이 내게
말하지도 않았고, 오늘까지 내가
들은 바도 없다."
27 애이브러햄이 양과 소들을 데려
와, 애비멜렉에게 주며, 둘은 계약
을 맺었다.

28 애이브러햄이 무리에서 새끼 암양
일곱 마리를 따로 앞에 두었다.
29 애비멜렉이 애이브러햄에게 물었
다. "무리 중에서 새끼 암양 일곱
마리를 앞에 둔 것은 무슨 의미인
가?"
30 그러자 그가 말했다. "새끼 암양 일
곱 마리를 내가 이 우물을 팠다는
증거로 삼읍시다."
31 따라서 두 사람이 그곳에서 맹세
했기 때문에, 그 장소를 '비어쉬바'
라고 불렀다.
32 그들은 비어쉬바에서 약속을 하고
나서, 애비멜렉과 그의 군대대장
피촐은 자리에서 일어나 필리스틴
블레셋 땅으로 되돌아갔다.
33 애이브러햄은 비어쉬바에 나무를
심고, 그곳에서 영원한 **주 하나님**의
이름을 불렀다.
34 애이브러햄은 필리스틴 땅에 오래
머물며 살았다.

애이브러햄 시험

22 그런 일 이후 **하나님**이 애이
브러햄을 시험하는 일이 있
었다. 그에게 말했다. "애이브러햄
아." 그가 대답했다. "네, 여기 있어
요."
2 그가 말했다. "이제 네 아들을 데려
오너라. 네가 가장 사랑하는 외아
들 아이직이사악, 이삭을 데리고 모리
아 땅으로 가라. 내가 네게 말하는
산 가운데에서 그를 태워 번제로
바쳐라."
3 애이브러햄은 아침 일찍 일어나
나귀에 안장을 올렸다. 그는 젊은
종 둘과 아들 아이직을 데리고, 번
제에 쓸 나무를 쪼개어 들고, **하나
님**이 말한 장소로 갔다.
4 애이브러햄이 셋째 날, 고개를 들
어 멀리 떨어진 그 장소를 보았다.
5 애이브러햄이 젊은 종들에게 말했
다. "너희는 여기서 나귀를 지켜라.
나와 이 아이는 저쪽에 가서 경배
하고 다시 돌아올 것이다."
6 애이브러햄이 번제에 쓸 나무를
아이직에게 지우고, 불과 칼을 손
에 들고 함께 갔다.
7 아이직이 그의 아버지 애이브러햄
에게 물었다. "아버지!" 애이브러
햄이 말했다. "왜 그러냐, 내 아들
아!" 그가 말했다. "보세요, 불과 나
무는 있는데 번제에 쓸 어린양은
어디 있죠?"
8 애이브러햄이 말했다. "내 아들아,
번제에 쓸 어린양은 **하나님**이 직접
줄 것이다." 그리고 둘이 함께 갔
다.
9 그들이 **하나님**이 말한 장소에 왔
다. 애이브러햄이 그곳에 나무를
가지런히 올려 제단을 쌓은 다음,
아들을 묶어 제단의 나무 위에 눕
혀 놓았다.
10 애이브러햄이 손을 내밀어 아들을
죽이려고 칼을 들었다.
11 그때 하늘에서 **주님**의 사자가 그

를 불렀다. "애이브러햄, 애이브러
햄!" 그가 대답했다. "네. 여기 있어
요."
12 그가 말했다. "그 아이에게 손도 대
지 말고, 아무 것도 해서는 안 된다.
너를 보니, **하나님**을 경외하여 하
나밖에 없는 네 아들마저 나에게
아끼지 않는 다는 것을 알게 되었
다."
13 애이브러햄이 고개를 뒤로 돌렸더
니, 숫양 한 마리가 덤불에 뿔이 걸
려 붙잡혀 있는 것을 보았다. 애이
브러햄이 가서 그 양을 붙잡아 아
들 대신 번제를 올렸다.
14 애이브러햄이 그 장소의 이름을
제호바지레야훼 이레, 여호와이레라고
불렀다. 오늘날까지 '**주님**의 산에
서 보인다'라고 전해진다.
15 **주님**의 사자가 하늘에서 애이브러
햄을 두 번째로 부르며 말했다.
16 "나 스스로 주의 이름으로 맹세한
다. 네가 이렇게 하나밖에 없는 네
아들마저 아끼지 않았으니,
17 네게 복을 주어 하늘의 별과 같이,
또 해변의 모래알 같이 네 종족을
늘리도록 내가 번성시킬 것이다.
적의 성문마다 네 자손이 차지할
것이다.
18 네가 내 목소리를 따랐으니, 네 후
손으로 말미암아 지구의 모든 민
족이 축복받을 것이다."
19 애이브러햄이 젊은 종들에게 돌아
와 함께 비어쉬바로 갔다. 그리고
그는 비어쉬바에서 살았다.
20 이런 일이 있은 뒤, 애이브러햄에
게 다음 소문이 들렸다. "밀카가 네
동생 내이홀나호르, 나홀에게, 자녀를
낳아 주었는데,
21 장남 후즈, 동생 버즈, 애램의 아버
지 케뮤얼,
22 체세드, 해이조, 필대쉬, 질래프, 베
듀얼을 낳았다"는 것이다.
23 베듀얼브투엘, 브두엘은 리베카레베카,
리브가를 낳았다. 자식 여덟 명을 밀
카가 애이브러햄의 동생 내이홀에
게 낳아 주었다.
24 내이홀의 첩 루마도 테바, 개이햄,
쌔해쉬, 매아카를 낳았다.

새라의 죽음과 매장지

23

새라의 생애는 127년이었다.
2 새라사라는 캐이넌가나안의 히브런헤
브런, 곧 킬재써바키르얏 아르바, 기럇 아르
밧에서 죽었고, 애이브러햄이 와서
새라를 애도하며 울었다.
3 애이브러햄이 죽은 자 앞에서 헤
쓰의 아들들에게 말했다.
4 "나는 이방인으로 당신들에게 머
물고 있어요. 내 앞의 죽은 자를 묻
을 수 있도록 당신들이 가진 매장
지를 내어주기 바래요."
5 헤쓰히타이트, 헷의 자손들이 애이브
러햄에게 대답했다.
6 "우리 말을 들어 보세요. 주인님,
당신은 우리 가운데 영향력 있는

지도자이지요. 우리의 매장지 중
에서 골라, 죽은 사람을 매장하세
요. 자기 매장지라고 당신을 거부
할 사람은 아무도 없을 터이니, 당
신은 죽은 사람을 묻을 수 있을 거
예요."
7 애이브러햄이 서서 그 땅 사람들
과 헤쓰의 자손에게 직접 머리를
숙여 인사했다.
8 그는 그들과 대화를 나누었다. "만
약 눈앞의 죽은 자를 장사하는 것
이 당신들의 마음이라면 내 말을
들어 주세요. 조할조하르, 소할의 자손
이프런에프런, 에브론에게 간청합니
다.
9 당신들이 소유한 땅 끝에 있는 맥
펠라막펠라, 막벨라 동굴을 내게 주었
으면 합니다. 충분한 돈을 받고 당
신들의 매장지를 우리 소유 묘지
로 넘겨주기를 말이죠."
10 헤쓰의 자손 가운데 함께 살고 있
던 힡히타이트, 햇부족 이프런이, 헤쓰
족 사람들이 보는 앞에서 심지어
성문 앞에 있는 사람 모두가 보는
앞에서, 애이브러햄아브라함에게 대
답했다.
11 "아니에요. 나의 주인님, 내 말을
들어 주세요. 당신에게 들과 거기
에 있는 동굴을 주겠어요. 나의 백
성 앞에서 그것을 건네니, 당신의
죽은 사람을 장사 지내세요."
12 애이브러햄이 그 땅의 사람들에게
머리를 숙여 인사했다.
13 그는 군중이 보는 앞에서 이프런
에게 말했다. "당신에게 부탁하니
들어 주세요. 만약 당신이 그것을
준다면, 그 땅에 대한 돈을 당신에
게 주겠어요. 당신이 받으면, 나의
죽은 자를 그곳에 묻겠어요."
14 이프런이 애이브러햄에게 대답했
다.
15 "나의 주인님, 내 말을 들어 주세
요. 그 땅은 은 400쉐클약 4.56Kg의
가치가 있어요. 하지만 나와 당신 사
이에 무슨 상관이 있나요? 그러니
당신의 죽은 사람을 묻어주세요."
16 애이브러햄이 이프런의 말을 듣
고, 그는 헤쓰의 자손이 보는 앞에
서, 이프런에게 상업용 통화로 그
가 말한 은 400쉐클약 4.56Kg을 달아
서 주었다.
17 맘레마므레 앞 맥펠라막펠라, 막벨라에
있는 이프런의 평원과 거기에 있
는 동굴, 그리고 평원 안에 있는 모
든 나무와 함께 주위 경계선을 명
확하게 그었다.
18 그리고 헤쓰 자손과 성곽 안의 모
든 사람 앞에서, 애이브러햄의 소
유로 확정 지었다.
19 그런 다음 애이브러햄이 아내 새
라를 맘레 앞 맥펠라 벌판의 동굴
에 묻었는데, 그곳이 바로 캐이넌가
나안땅 히브런헤브론이다.
20 벌판과 그 안에 있는 동굴은 헤
쓰 자손들에 의하여, 애이브러햄
이 매장할 소유지로 확실하게 정

했다.

아이직 아내 리베카 데려오기

24 애이브러햄이 나이가 들어
상당히 약해졌는데, **주님**은
그가 하는 일마다 복을 주었다.
2 애이브러햄이 집안의 모든 것을
관리하는 나이든 종에게 말했다.
"네게 부탁하니, 손을 내 넓적다리
아래에 넣어라.
3 나는 너에게 하늘과 땅의 **주 하나님**
을 두고 맹세를 시키려고 한다. 너
는 내 아들 아이직이사악, 이삭의 아내
감으로, 내가 사는 캐이넌 출신의
딸을 데려오지 말고,
4 내 고향 동족에게 가서 내 아들의
아내를 데려오너라."
5 종이 그에게 말했다. "만약 그녀가
나를 따라 이곳으로 오려 하지 않
으면, 다시 주인님 아들을 데리고
그곳으로 가야 하나요?"
6 애이브러햄이 그에게 말했다. "내
아들을 그쪽으로 다시 데려가지
않도록 주의해라.
7 내 친족의 땅과 아버지의 집에서
나를 데려온 하늘의 **주 하나님**이 내
게 맹세하며, 이 땅을 네 후손에게
줄 것이라고 말했으니, **주님**이 네
앞에 사자를 보낼 것이다. 너는 거
기서 내 아들의 아내를 데려와야
한다.
8 만약 그녀가 너를 따라오려 하지
않을 때는, 나와 맺는 이 맹세에서
너는 해제된다. 내 아들을 다시 그
쪽에 데려가는 것만은 하지 마라."
9 종이 주인 애이브러햄의 넓적다리
아래로 손을 넣고 그 일에 관해 그
에게 맹세했다.
10 종은 주인의 낙타 중 열 마리를 데
리고 떠났다. 주인의 재산 모두가
그의 손 안에 있었다. 그는 일어나
서 메소포태미아로 가서 내이홀의
도성에 닿았다.
11 여자들이 물을 길러 나오는 저녁
무렵에, 그는 성곽 밖 우물 옆에 낙
타의 무릎을 꿇렸다.
12 그리고 그가 말했다. "오, 나의 주
인 애이브러햄의 **주 하나님**, 나는
당신께 바랍니다. 내게 오늘을 편
히 보내게 해주고, 주인 애이브러
햄에게 사랑도 보여 주세요.
13 내가 우물 옆에 있다가 도성 사람
의 딸들이 물을 길러 나오면,
14 한 처녀에게 '당신의 항아리를 내
려놓고 물 한 모금 마실 수 있게 해
주세요'라고 하겠어요. 그러면 그
녀가 '드세요. 낙타에게도 마시게
하세요'라고 말하면, 바로 그녀가
당신의 종 아이직을 위해 당신이
정한 여자이기를 바랍니다. 그러
면 당신이 내 주인에게 보인 사랑
을 알아보겠어요."
15 그가 말을 마치기 전에 보니, 애이
브러햄아브라함의 동생 내이홀나호르,
나홀의 아내인 밀카의 아들 베듀얼
브투엘, 브두엘에게 태어난 리베카레베

카, 리브가가 물항아리를 어깨에 지고
나왔다.
16 그 소녀는 매우 예쁘고, 남자와 관
계를 맺지 않은 처녀였다. 그녀가
우물까지 내려와서 항아리를 채우
고 올라왔다.
17 종이 뛰어가서 그녀에게 말했다.
"당신 항아리의 물을 조금 마시도
록 부탁해요."
18 그녀가 말했다. "마셔요. 나의 주인
님." 그녀는 서둘러 항아리를 손에
서 내려놓고 그가 마시게 주었다.
19 그녀는 물을 다 마시게 하고 말했
다. "낙타가 실컷 마시도록 물을 더
길겠어요."
20 그녀는 물항아리를 급히 여물통에
비우고, 다시 우물로 가서 낙타가
마실 물을 길었다.
21 그녀를 보고 놀란 그는 잠자코, **주
님**이 여행을 순조롭게 만들 것인지
알고 싶었다.
22 낙타들이 물을 다 마시자, 그 남자
는 그녀에게 반 쉐클약 5.7g의 금귀
걸이 하나와 10쉐클약 114g의 금 팔
찌 두 개를 주며 말했다.
23 "당신은 누구의 딸입니까? 말해
주세요. 당신 아버지의 집에 우리
가 묵을 방이 있나요?"
24 그녀가 그에게 말했다. "나는 밀카
가 남편 내이홀에게 낳아 준 아들
베듀얼브투엘, 브두엘의 딸이에요."
25 그녀가 또 말했다. "우리는 짚과 여
물과 숙박할 방도 충분해요."

26 그 사람이 머리 숙여 **주님**에게 경
배했다.
27 그가 말했다. "나의 주인 애이브러
햄의 **주 하나님**, 감사합니다. 당신
은 나의 주인에게 사랑과 진심을
아끼지 않았어요. 그리고 **주님**이
내 여정 길을 내 주인의 형제 집으
로 이끌었어요."
28 그 소녀가 뛰어가서 어머니 집안
사람들에게 이 일을 전했다.
29 리베카에게는 오빠 래이번라반이
있었는데, 그가 그 사람을 만나러
우물까지 달려왔다.
30 그가 여동생의 귀걸이와 손 위의
팔찌를 보고, 또 종이 리베카레베카,
리브가에게 했다는 말을 듣고, 우물
가에 와서 보니, 그가 낙타 옆에 서
있었다.
31 그가 말했다. "어서 오세요. **주님**의
복을 받은 사람님!. 어째서 밖에 서
있나요? 내가 집과 낙타들이 있을
자리를 마련했어요."
32 그래서 종이 그 집으로 들어갔다.
오빠는 낙타의 짐을 풀고 짚과 여
물을 주고, 종과 그와 함께 온 사람
들에게 발을 씻도록 물을 주었다.
33 종 앞에 음식이 차려졌지만, 그가
말했다. "심부름을 말하기 전에는
먹지 않겠어요." 오빠가 말했다.
"이야기하세요."
34 그가 말했다. "나는 애이브러햄아브
라함의 종입니다.
35 **주님**은 나의 주인에게 큰 복을 주

어 그는 위대한 사람이 되었어요.
주님은 주인에게 양떼와 소떼, 금
과 은, 남종과 여종, 낙타와 나귀들
을 주었어요.
36 내 주인의 아내 새라가 나이가 들
어서 주인과의 사이에 아들 하나
를 낳았어요. 그래서 그 아들에게
주인이 가진 모든 것을 주었습니
다.
37 그런데 내 주인이 내게 맹세를 시
키며 일렀지요. '너는 내가 사는 캐
이넌땅 출신 딸들 가운데서 내 아
들의 아내를 데려와서는 안 된다.
38 내 아버지의 집, 내 친척에게 가서
며느리를 데려와라.'
39 그래서 나는 주인에게 '어쩌면 그
여자가 나를 따라오려 하지 않을
것입니다'라고 말했어요.
40 그러자 주인이 내게 이렇게 말했어
요. '내 인생 앞에 있는 **주님**이 사자
를 네게 보내 그 길을 순탄하게 할
것이다. 내 친척 중 내 아버지의 가
계에서 내 아들을 위해 아내를 데
려와야 한다.
41 네가 내 친척에게 갔을 때 너는 나
와의 맹세에서 풀려난다. 그들이
딸을 주지 않아도 내 서약에서 해
제된다'고 했어요.
42 내가 오늘 우물에 와서 말했죠. '오,
나의 주인 애이브러햄의 **주 하나님**.
만약 당신이 내가 가는 길을 성공
시킨다면,
43 내가 우물 옆에 서 있다가, 처녀가
물을 길으러 올 때, 그녀에게 항아
리 물을 조금 마시도록 부탁할 때,
44 그녀가 '당신이 마시면 낙타들을
위해 또 물을 길겠다'고 말하면, 바
로 그 여자가 **주님**이 정한 내 주인
의 아들을 위한 사람이 되게 해주
세요'라고 말이죠.
45 내가 마음속으로 말을 다하기도
전에 리베카가 항아리를 어깨에
매고 나타나서 우물에 와서 물을
길었어요. 그래서 나는 '물 좀 마시
게 해주세요'라고 부탁했지요.
46 그러자 그녀가 항아리를 어깨에서
얼른 내려놓고 말했어요. '드세요.
당신의 낙타 역시 마시게 하겠어
요.' 그래서 내가 물을 마셨고, 그녀
는 낙타에게도 마시게 했어요.
47 내가 그녀에게 물었어요. '당신은
누구의 딸입니까?' 그녀가 '밀카가
낳아 준, 내이홀의 아들 베듀얼의
딸이에요'라고 말했어요. 그래서
나는 그녀 귀에 귀걸이를 걸고 손
에 팔찌를 걸어 주었어요.
48 그리고 머리 숙여 **주님**에게 경배하
며, 나를 올바른 길로 이끌어서 주
인 형제의 딸을 그의 아들에게 데
려갈 수 있게 해준, 나의 주인 애이
브러햄의 **주 하나님**에게 감사했어
요.
49 만약 당신이 내 주인과 마찬가지로
친절하고 진심으로 대해 준다면
내게 말해 주고, 그렇지 않다면 내
가 오른쪽으로 가야 할지 왼쪽으

로 가야 할지 말해 주세요."
50 그러자 래이번과 베듀얼이 대답했
다. "이것은 **주님**으로부터 진행되
는 일이므로 우리가 당신에게 나
쁘다, 좋다 말할 수 없어요.
51 보세요. 리베카가 당신 앞에 있으
니 그녀를 데려가서 **주님**이 말한
대로 그녀가 당신 주인 아들의 아
내가 되게 하세요."
52 애이브러햄의 종이 그들의 말을
듣고, 땅에 스스로 머리를 숙이며
주님을 경배했다.
53 종이 금은 패물과 의복을 가져와,
리베카에게 주었고, 그녀의 오빠
와 어머니에게도 값진 물건을 주
었다.
54 종과 함께 온 사람들은 먹고 마시
고 그날 밤을 그곳에서 묵었다. 아
침에 모두 일어나자, 그가 말했다.
"나를 내 주인에게 보내 주세요."
55 그녀의 오빠와 어머니가 말했다.
"그 소녀를 며칠, 적어도 열흘이라
도 우리와 살게 해주세요. 그 뒤에
그녀가 가게 해주세요."
56 종이 그들에게 말했다. "나를 방해
하지 말아 주세요. **주님**이 나의 길
을 무난하게 했으니, 나를 주인에
게 보내 주세요."
57 그들이 말했다. "직접 말하도록 소
녀를 부르겠어요."
58 그들이 리베카레베카, 리브가를 불러
말했다. "너는 이 사람과 함께 가겠
느냐?" 그녀가 말했다. "가겠어요."
59 그들이 여동생 리베카와 그녀의
유모, 그리고 애이브러햄의 종과
그의 사람들을 떠나보냈다.
60 그들이 리베카를 축복하며 말했
다. "너는 우리의 자매다. 무수히
많은 자의 어머니가 되어라. 네 후
손이 그들을 미워하는 사람들의
성문을 차지하게 해라."
61 리베카와 그녀의 여종들이 일어나
낙타에 올라타 그 사람을 뒤따르
자, 종이 리베카를 데리고 길을 떠
났다.
62 한편 남쪽 지역에서 살고 있는 아
이직이 벨-라하이로이브에르 라하이로
이, 브엘라해로이 우물 길로 나왔다.
63 저녁 무렵에 아이직은 들판에 나
가 생각에 잠겨 있었다. 그가 눈을
들어 올려다보니 낙타들이 오고
있었다.
64 리베카도 눈을 들어 아이직이사악, 이
삭을 보자, 낙타에서 뛰어내렸다.
65 그녀가 그 종에게 말했다. "들판에
서 우리를 만나러 걸어오는 이는
누구죠?" 종이 말했다. "나의 주인
입니다." 그러자 그녀가 베일로 자
신을 가렸다.
66 종이 아이직에게 자신이 겪은 모
든 것을 말했다.
67 아이직이 리베카를 데리고 어머니
새라의 천막으로 들어갔다. 아이
직은 그녀를 아내로 맞아 사랑했
고, 어머니가 돌아간 뒤에 위안을
받았다.

애이브러햄 죽음 및 재이컵과 이소

25 애이브러햄아브라함이 새 아
내를 얻었는데, 그녀 이름은
케투라크투라, 그두라였다.
2 그녀는 그에게 짐란, 족션, 메댄, 미
디언, 이쉬백, 슈아를 낳아 주었다.
3 족션은 쉬바와 디댄을 낳았고, 디
댄의 자식은 애슈림, 레투쉼, 루밈
이었다.
4 미디언의 자식은 이파, 에퍼, 해녹,
어비다, 엘대아이다. 이들은 모두
케투라가 낳았다.
5 애이브러햄은 그가 가진 모든 것
을 아이직에게 주었다.
6 하지만 애이브러햄은 자신의 첩의
아들들에게 재산을 주며, 살아 있
는 동안 그들을 자기 아들 아이직
한테서 동쪽지역으로 내보냈다.
7 이렇게 애이브러햄은 175년의 생
애를 살았다.
8 그리고 애이브러햄은 나이가 충분
히 들도록 오래 살다가, 기운이 다
하여 죽은 다음, 조상에게 돌아갔
다.
9 아들 아이직과 이쉬매얼이 그를
맥펠라의 동굴에 묻었다. 그곳은
맘레 앞, 힡부족 조할의 아들 이프
런의 벌판에 있다.
10 애이브러햄이 헤쓰의 아들에게서
산 그 땅에 그와 아내 새라사라가 묻
혔다.
11 애이브러햄이 죽은 다음 **하나님**이
그의 아들 아이직에게 복을 주었
고, 아이직은 벨-라하이로이 우물
옆에서 살았다.
12 다음은 애이브러햄의 아들 이쉬매
얼의 세대다. 그는 새라의 종 이집
트인 해이거하가라, 하갈가 애이브러
햄에게 낳아 주었다.
13 이쉬매얼 자식의 이름은 세대별로
장남 네바조쓰, 케더, 애드비얼, 밉
샘,
14 미쉬마, 듀마, 매사,
15 해더, 테마, 제튜어, 내피쉬, 케데마
이다.
16 이것이 이쉬매얼 자식의 이름이고
각 마을과 성곽에 따른 이름으로,
그들 민족 별로 12대군의 이름이
기도 하다.
17 이쉬매얼은 137년을 살고, 기운이
다하여 죽은 다음 조상에게 갔다.
18 그들은 해빌라하윌라에서 엇시리아
쪽으로 가면서 이집트 앞의 슈르
지역까지 걸쳐서 살았다. 이쉬매
얼은 모든 형제 앞에서 죽었다.
19 다음은 애이브러햄의 아들 아이직
의 세대다. 애이브러햄은 아이직
을 낳았고,
20 아이직은 40세에 패더내럼파딴아람,
밧단아람의 시리아 사람 베듀얼의 딸
이며, 래이번의 여동생 리베카를
아내로 맞았다.
21 아이직이 아내를 위해 **주님**에게 간
청한 까닭은, 그의 아내가 불임이
었기 때문이었다. **주님**은 그의 간
청을 듣고 아내 리베카가 임신하

게 해주었다.
22 아이들이 그녀의 몸 안에서 서로
싸우자, 그녀가 말했다. “만약 그렇
다면 왜죠?” 그녀가 **주님**에게 물었
다.
23 **주님**이 그녀에게 말했다. “네 자궁
안에 두 민족이 있고, 두 부류의 백
성이 너의 배 속에서 갈라질 것이
다. 한 사람은 다른 사람보다 힘이
셀 것이고, 맏이가 동생을 섬길 것
이다.”
24 그녀가 출산할 날이 차서 보니, 자
궁 안에 쌍둥이가 있었다.
25 첫째는 털옷처럼 온통 붉은 털에
덮혀 나와서, 사람들이 이름을 이
소에사우, 에서라고 불렀다.
26 그 후 동생이 이소의 발뒤꿈치를
손으로 붙잡고 나와서, 그의 이름
을 재이컵야곱이라고 불렀다. 아이
직은 그녀가 자식을 낳았을 때 60
세였다.
27 소년들이 성장하여, 이소는 노련
한 사냥꾼으로 황야에서 살았고,
재이컵야곱은 평범한 사람으로서
천막에서 살았다.
28 아이직이사악, 이삭은 맏이의 사슴고
기를 먹었기 때문에 이소에사우, 에서
를 사랑했지만, 리베카레베카, 리브가
는 재이컵야곱을 사랑했다.
29 어느날 재이컵이 죽을 끓이는데,
이소가 벌판에서 돌아와 거의 기
절할 듯이 재이컵에게 말했다.
30 “제발, 붉은 죽 좀 먹게 해줘. 허기
로 기절할 정도야.” 그래서 그의 별
명이 이듬붉은 죽이 되었다.
31 재이컵이 말했다. “형 장자권을 오
늘 내게 팔면.”
32 이소가 말했다. “봐라, 지금 내가
죽어 가는데, 장자권이 무슨 소용
이 있겠냐?”
33 재이컵이 말했다. “그럼, 오늘 내게
맹세해.” 그래서 이소는 재이컵에
게 맹세하고 상속권을 그에게 팔
았다.
34 그러자 재이컵이 이소에게 빵과
렌틸 콩죽을 주었다. 그는 먹고 마
시고 일어나서 제 갈길을 갔다. 이
소는 이처럼 그의 상속권을 가벼
이 여겼다.

아이직과 우물

26 애이브러햄 시대에 첫 기근
이 있었지만, 그와 별도로 그
땅에 또 기근이 들었다. 그래서 아
이직이 필리스틴의 제라 지역까지
애비멜렉아비멜렉 왕한테 갔다.
2 그런데 **주님**이 그에게 나타나 말했
다. “이집트에 들어가지 말고, 내가
너희에게 말한 그 땅에서 살아라.
3 그 땅에서 머무르면, 내가 너와 함
께 있으면서 네게 복을 주겠다. 너
와 네 후손을 위하여 내가 이 나라
전체를 주며, 네 아버지 애이브러
햄에게 맹세한 그 약속을 실행하
려는 것이다.
4 그리고 나는 네 자손을 하늘의 별

과 같이 번성시켜, 네 후손에게 이
모든 나라를 줄 것이다. 그러면 네
후손으로 인해 지구의 모든 나라
가 축복받게 될 것이다.
5 왜냐하면 애이브러햄이 내 말을
따르며, 내 임무, 내 명령, 내 규정
과 내 법을 지켰기 때문이다."
6 그래서 아이직은 제라에서 살았
다.
7 그곳 사람들이 아내에 관해 그에
게 묻자 그가 말했다. "그녀는 내
여동생이다." 그는 그녀를 자기 아
내라고 말하기가 두려웠기 때문이
다. 그곳 사람들이 리베카 때문에
자신을 죽이지 않도록 그렇게 말
했는데, 왜냐하면 그녀는 보기에
아름다웠기 때문이다.
8 그가 그곳에 머문지 꽤 되었을 때,
필리스틴의 애비멜렉왕이 창밖을
내다보니, 아이직이 자신의 아내
리베카를 희롱하고 있었다.
9 애비멜렉이 아이직을 불러 말했
다. "보라, 그녀는 당신 아내가 확
실하다. 그런데 왜 그녀를 '내 여동
생'이라고 했나?" 그러자 아이직이
그에게 말했다. "내가 그녀 때문에
죽지 않기 위해서 그렇게 말했어
요."
10 애비멜렉이 말했다. "도대체 당신
이 우리에게 무슨 일을 한거냐? 백
성 중 하나가 가벼이 당신 아내와
잘 수도 있었다. 우리에게 죄를 짓
게 하려던 것이 틀림없다."
11 그리고 애비멜렉이 그의 모든 백성
에게 명령하며 일렀다. "이 사람과
그의 아내에게 손대는 자는 반드
시 죽음에 처한다."
12 그때 아이직은 그 땅에 씨를 뿌려
서, 그해에 백 배의 수확을 거두어
들였다. 그리고 **주님**은 그를 축복
했다.
13 아이직은 재산이 점점 더 불더니
마침내 큰 부자가 될 때까지 늘었
다.
14 그가 양떼와 소떼를 소유하고 노
예도 대단히 많이 축적했기 때문
에, 필리스틴 사람들이 그를 질투
했다.
15 그러면서 그들은 아이직의 아버지
애이브러햄 생전에 그의 종들이
파놓은 우물을, 사용하지 못하게
모두 막고 흙으로 메워버렸다.
16 애비멜렉이 아이직에게 말했다.
"우리한테서 떠나라. 당신으로 말
하자면 우리보다 훨씬 더 강하기
때문이다."
17 그래서 아이직은 그곳을 떠나 제
라 골짜기에 천막을 치고 그곳에
서 지냈다.
18 아이직은 물이 나오는 우물을 다
시 팠다. 그것은 아버지 애이브러
햄 시대에 팠던 곳으로, 필리스틴
이 애이브러햄 사후에 사용을 막
았었다. 그리고 아이직은 아버지
가 불렀던 여러 우물의 이름을 그
대로 불렀다.

19 아이직의 노예들이 골짜기를 파서
물이 샘솟는 우물 하나를 찾았다.
20 그러자 제라의 목자들이 아이직의
목자들과 실랑이를 벌이며, "이 물
은 우리 것"이라고 했다. 그래서 아
이직은 그들이 다퉜다는 의미로
그 이름을 에섹다툼의 우물이라고
불렀다.
21 그들이 다른 우물을 팠는데도 싸
웠기 때문에, 아이직은 그 우물 이
름을 싵나싸움 우물이라고 불렀다.
22 그는 그곳에서 옮겨 또 다른 우물
을 팠는데, 그것 때문에 그들이 싸
우지 않았으므로, 그 이름을 리호
보스르호봇라고 부르며 말했다. "이
제 **주님**이 우리를 위한 자리를 마
련해 주었으니, 우리는 이 땅에서
번성할 것이다."
23 그는 그곳에서 비어쉬바브에르 세바,
브엘세바까지 갔다.
24 그날 밤 **주님**이 그에게 나타나 말
했다. "나는 네 아버지 애이브러햄
아브라함의 **하나님**이다. 두려워 마라.
내가 너와 함께 있으면서 네게 복
을 주겠다. 그러니 나의 종 애이브
러햄을 위하여 네 자손을 번성해
라."
25 그래서 아이직이사악, 이삭은 그곳에
제단을 세우고 **주님**의 이름을 불렀
다. 그러면서 그곳에 텐트를 치고
아이직의 종들이 우물을 팠다.
26 그런 일이 있은 후 애비멜렉이 친
구 중 애후재쓰와 그의 군대대장
피촐과 함께 제라에서부터 아이직
한테 왔다.
27 그러자 아이직이 그들에게 말했
다. "당신들이 나를 싫어하여 쫓
아냈는데, 무엇 때문에 내게 왔나
요?"
28 그들이 대답했다. "우리는 **주님**이
당신과 함께 있다는 것을 분명히
알았다. 그래서 우리가 이렇게 말
했다. '이제 우리와 당신 사이에 맹
세하고, 당신과 함께 계약을 맺자'
고 했다.
29 그러면 당신이 우리를 헤치지 않
을 것이고, 우리도 당신을 건드리
지 않을 것이다. 우리가 당신에게
한대로, 당신을 편히 내보낸 것처
럼 말이다. 당신은 현재 **주님**의 축
복을 받은 사람이다."
30 그래서 아이직은 그들에게 만찬을
베풀었고, 그들은 먹고 마셨다.
31 그들은 아침 일찍 자리에서 일어
나 서로에게 맹세했고, 아이직은
그들을 평화롭게 떠나보냈다.
32 그날 아이직의 종들이 와서 판 우
물에 관해 전했다. "우리가 물을 발
견했어요."
33 그래서 그는 그 우물을 '쉬바시브아,
세바'라고 불렀는데, 이날까지 그 도
시 이름을 비어쉬바브에르 세바, 브엘세
바라고 한다.
34 이소는 마흔 살에 힡부족 비어리
의 딸 쥬디쓰를 아내로 맞이했고,
또 힡부족 일런의 딸 배쉬매쓰를

아내로 들였다.
35 그것이 아이직과 리베카레베카, 리브
가에게 마음의 근심이 되었다.

재이컵이 형의 복을 가로채다

27 아이직이 늙어 눈이 침침해
져 잘 볼 수 없었다. 그는 장
남 이소에사우, 에서를 불렀다. "내 아
들아." 장남이 아버지에게 말했다.
"보세요. 여기 있어요."
2 그가 말했다. "보라, 이제 나는 늙
어서 언제 죽을 지 모른다.
3 그래서 네게 부탁하는데, 네 무기
화살통과 활을 들고 들에 나가 사
슴을 잡아오너라.
4 그리고 내가 좋아하는 맛있는 음
식을 만들어 다오. 그러면 내가 그
것을 먹고, 내 영혼이 죽기 전에 네
게 복을 주도록 말이다."
5 리베카가 아이직이 장남 이소에게
하는 말을 들었다. 그리고 이소는
사슴을 사냥하여 가져오려고 들로
나갔다.
6 리베카가 아들 재이컵야곱에게 말
했다. "아버지가 네 형 이소에게 하
는 말을 들었는데,
7 사슴을 가지고 맛있는 음식을 만
들어 가져오면, 그것을 먹고 죽기
전에 **주님** 앞에서 형에게 복을 주
겠다고 하더라.
8 그러니 이제 내 아들아, 내가 네게
시키는 대로 내 의견에 따르거라.
9 지금 가축떼로 가서, 염소 가운데
좋은 새끼 염소 두 마리를 가져오
너라. 그러면 내가 그것을 네 아버
지를 위해 그가 좋아하는 대로 맛
있는 음식을 만들겠다.
10 그러면 너는 그것을 아버지에게
가져가야 한다. 그러면 그가 그것
을 먹고 죽기 전에 네게 복을 줄 것
이다."
11 그러자 재이컵이 어머니 리베카에
게 말했다. "보세요. 이소 형은 털
이 많은 사람이고, 나는 매끈해요.
12 아버지가 나를 만져 보면, 나는 그
를 속이는 자가 되어, 축복이 아니
라 저주를 받아요."
13 어머니가 그에게 말했다. "네 저주
는 내가 받겠다. 아들아, 너는 오직
내 의견에 복종만하고, 그것을 가
져오너라."
14 그래서 그가 나가서 염소들을 어
머니에게 데려왔고, 어머니는 아
버지가 좋아하는 대로 맛있는 음
식을 만들었다.
15 리베카는 집에 있던 장남 이소의
옷을 좋은 것으로 가져와서, 둘째
아들 재이컵에게 걸치고,
16 새끼 염소 가죽을 그의 손과 부드
러운 목 위에 얹었다.
17 그녀는 마련해 놓은 맛있는 음식
과 빵도 재이컵에게 주었다.
18 그가 아버지에게 가서 말했다. "아
버지!" 그가 말했다. "여기 있다. 내
아들아, 네가 누구냐?"
19 재이컵이 아버지에게 말했다. "장

남 이소에요. 당신이 시킨 대로 다
했어요. 부탁하는데요, 일어나 앉
아 나의 사슴고기를 드세요. 그리
고 아버지의 영혼이 내게 복을 주
게 하세요."
20 아이직이 아들에게 말했다. "그런
데 사슴을 어떻게 그렇게 빨리 찾
았지, 아들아?" 그가 대답했다. "왜
냐하면 당신의 **주 하나님**이 그것을
내게 가져왔어요."
21 아이직이 재이컵에게 말했다. "가
까이 오너라. 내 아들아, 네가 바로
내 아들 이소가 맞는지, 내가 만져
볼 수 있도록 말이다."
22 재이컵이 아버지 아이직에게 가까
이 갔다. 아이직은 그를 손으로 만
지며 말했다. "목소리는 재이컵인
데, 두 손은 이소의 것이다."
23 아이직은 그가 재이컵인지 알지
못했다. 왜냐하면 그의 손에 형 이
소의 손처럼 털이 있었다. 그래서
그는 그에게 복을 주었다.
24 아이직이 또 말했다. "네가 바로 내
아들 이소냐?" 재이컵이 말했다.
"네, 그래요."
25 그래서 아이직이 말했다. "그것을
내게 가까이 가져오너라. 내가 내
아들의 사슴고기를 먹으면, 내 영
혼이 네게 복을 빌어 줄 수 있을 것
이다." 그래서 재이컵이 아버지에
게 그것을 가까이 가져가자 그가
먹었고, 술도 가져가니 그가 마셨
다.
26 아버지 아이직이 그에게 말했다.
"내 아들아, 이제 가까이 와서 내게
입을 맞춰 주어라."
27 그래서 재이컵이 가까이 다가와
아이직에게 입을 맞추자, 그가 아
들의 옷 냄새를 맡았다. 그리고 그
를 축복하며 말했다. "내 아들의 냄
새가 **주님**이 축복한 들판의 냄새
그대로다.
28 따라서 **하나님**이 하늘의 이슬과,
땅의 비옥함과, 풍성한 곡식과 포
도주를 네게 줄 것이다.
29 사람들이 너를 섬기고, 민족들이
네게 고개 숙여 인사하고, 네 형제
의 주인이 되도록 만들 것이다. 네
어머니의 아들들이 네게 머리를
숙일 것이다. 너를 저주하는 자는
모두 저주받을 것이고, 너를 축복
하는 자는 축복받게 될 것이다."
30 아이직이사악, 이삭이 재이컵야곱에게
축복을 끝내자마자, 그는 여전히
두려워하면서 아버지 앞에서 나왔
다. 그때 형 이소에사우, 에서가 사냥
에서 돌아왔다.
31 이소도 맛좋은 음식을 만들어 아
버지에게 가져가서 말했다. "아버
지, 일어나서 아들의 사슴고기를
드시고 당신의 영혼으로 내게 복
을주세요."
32 아이직이 이소에게 말했다. "너는
누구냐?" 그가 말했다. "장남 이소
입니다."
33 아이직이 대단히 심하게 떨면서

말했다. "누구라고? 사슴을 잡아온
놈은 어디 있느냐? 그것을 가져와
서 네가 오기 전에 모두 먹었다. 그
를 축복했냐고? 그렇다. 그는 복을
받을 것이다."
34 아버지의 말을 들은 이소는 침통
해져서 격렬하게 울부짖으며 말했
다. "내게도 복을 주세요. 오, 내 아
버지."
35 아이직이 말했다. "동생이 와서 교
활하게 네 복을 가로챘다."
36 이소가 말했다. "그에게 재이컵이
라는 이름이 딱 맞지 않습니까? 그
는 이렇게 두 번이나 나를 속였어
요. 내 상속권을 빼앗았고, 이번에
는 내 복도 가로챘어요." 이소가 또
말했다. "당신은 내게 줄 복이 남아
있지 않나요?"
37 아이직이 대답하며 이소에게 말했
다. "보라, 나는 그를 너의 주인으
로 만들었다. 그의 모든 형제들을
그에게 종으로 주었고, 곡식과 포
도주도 떨어지지 않게 해주었다.
아들아, 그러니 네게 무엇을 해줄
게 있겠니?"
38 이소가 아버지에게 말했다. "아버
지는 축복이 하나만 있습니까? 내
게도 축복해 주세요. 아버지!" 그러
면서 이소가 소리 높여 울었다.
39 아버지 아이직이 이소에게 대답했
다. "보라, 네 거처는 좋은 땅이 되
지 못하고, 하늘의 이슬이 내리지
도 않을 것이다.
40 네 칼로 살아야 하며, 네 동생을 섬
겨야 한다. 네가 힘을 갖게 되면, 목
에 걸린 네 멍에를 스스로 떼어 낼
수 있을 것이다."
41 아버지가 재이컵에게 축복한 것
때문에 이소는 그를 증오했다. 이
소가 마음속으로 말했다. '아버지
의 장례날이 곧 임박했으니, 그때
재이컵을 죽여버리겠다.'
42 장남 이소의 이런 말이 리베카레베
카, 리브가에게 들렸다. 그녀는 사람
을 보내어 둘째 아들 재이컵을 불
러 말했다. "네 형 이소가 죽일 의
도로 네게 손을 대어 자신을 위로
하려고 한다.
43 그러니 아들아, 내 말을 따라라. 일
어나서 해랜하란에 있는 삼촌 래이
번라반에게 도망가라.
44 네 형의 분노가 사라질 때까지, 그
에게 며칠 머물거라.
45 형의 분노가 사라지고 네가 한 일
을 다 잊어버리면, 그때 내가 너를
거기서 데려오도록 사람을 보내겠
다. 왜 내가 하루에 너희 둘을 모두
잃어야 하겠니?"
46 리베카가 아이직에게 말했다. "해
쓰의 딸들며느리들 때문에 내 인생이
지쳤어요. 재이컵마저 이 땅 해쓰
의 딸 가운데 아내를 맞이하면, 이
미 지친 내 인생에 좋을 게 뭐가 있
겠어요?"

베썰에서 재이컵이 꿈을 꾸다

28 그래서 아이직이 재이컵을
불러 그를 축복하고 당부하
며 말했다.
"너는 캐이넌가나안 딸들 가운데에
서 아내를 맞이하지 마라.
2 일어나서 외할아버지 베듀얼브루엘,
브두엘의 집이 있는 패더내럼파딴아
람, 밧단아람으로 가서, 거기서 외삼촌
래이번의 딸 중에 아내를 골라라.
3 전능한 **하나님**이 네게 복을 주어,
자손을 많이 낳게 하고 번성시켜,
많은 백성이 네게서 나오게 할 것
이다.
4 애이브러햄에게 내린 축복을 너와
네 후손에게도 주어서, 이방인으
로 있는 이 땅, 곧 **하나님**이 애이브
러햄에게 준 이 땅을 네가 물려받
을 수 있을 것이다."
5 그렇게 아이직이 재이컵을 떠나보
냈고, 그는 패더내럼으로 가서, 시
리아 사람 베듀얼의 아들이자 재
이컵과 이소의 어머니 리베카의
오빠인 래이번한테 갔다.
6 이소가 보니, 아이직이 재이컵을
축복하고 그를 패더내럼에 보내면
서, 거기서 아내를 맞이 하게 하고,
복을 주며 당부하기를, 캐이넌의
딸 가운데서 아내를 맞이해서는
안 된다고 했다.
7 그리고 재이컵은 아버지와 어머니
에 순종하여 패더내럼으로 떠났
다.
8 이소는 캐이넌의 딸들이 아버지
마음에 들지 않았다는 것을 알고,
9 이쉬매얼에 가서 아내들을 맞이했
다. 그중 한 명은 애이브러햄의 아
들 이쉬매얼의 딸 네바조쓰의 여
동생 매할래쓰였다.
10 재이컵은 비어쉬바로부터 해랜하란
으로 갔다.
11 해가 지자 재이컵은 한 곳에 짐을
풀고 온밤을 머무르며, 돌 하나를
집어 베개 삼아 누워 잠을 잤다.
12 그리고 그가 꿈을 꾸며 보니, 사다
리가 땅위에 세워져 그 끝이 하늘
에 닿아 있었다. 그런데 **하나님**의
사자들이 그곳을 오르내리고 있
었다.
13 또 보니 **주님**이 그 위에 서서 말했
다. "나는 너의 조상 애이브러햄의
주 하나님이고, 아이직의 **하나님**이
다. 네가 누워 있는 그 땅을 너와
네 후손들에게 줄 것이다.
14 그리고 네 후손은 땅위의 흙먼지
처럼 많아져, 서쪽 멀리까지, 또 동
쪽으로, 북쪽으로, 남쪽까지 퍼질
것이다. 이 땅의 모든 집안이 너
와 네 후손으로 인해 축복받을 것
이다.
15 보라, 나는 너와 함께 있고, 네가 어
디로 가든 너를 지키며, 너를 이 땅
에 다시 데려 오겠다. 나는 네게 말
한 것을 다 이룰 때까지 너를 떠나
지 않겠다."
16 재이컵야곱이 잠에서 깨어나 말했

다. "**주님**이 이곳에 분명히 있는데
내가 알지 못했다."
17 그가 경외하며 또 말했다. "이곳이
얼마나 두려운 장소인가! 이곳은
다름 아닌 **하나님**의 집이고, 하늘
의 문이다."
18 재이컵은 아침 일찍 일어났다. 그
리고 베개로 삼았던 돌을 가져다
기둥을 세우고 그 위에 기름을 부
었다.
19 그리고 그곳의 이름을 베썰베텔, 벧엘
이라고 불렀다. 하지만 그 도시의
본래 이름은 러스였다.
20 재이컵이 맹세했다. "**하나님**이 나
와 함께 있고, 내가 가는 길마다 나
를 지켜 주고, 먹을 빵과 입을 의복
을 준다면,
21 나는 다시 아버지의 집으로 무사
히 돌아오겠어요. 그때 **주님**은 나
의 **하나님**이 될 겁니다.
22 그리고 내가 기둥으로 세운 이 돌
이 **하나님**의 집이 될 것입니다. 당
신이 내게 준 모든 것의 십분의 일
을 당신에게 반드시 내놓겠어요."

재이컵이 리아와 래이첼과 결혼

29 재이컵이 여행을 하여 동쪽
사람의 땅으로 들어왔다.
2 그가 들판의 우물을 바라보니, 우
물 옆에 양떼 세 무리가 누워 있었
다. 사람들은 그 우물에서 가축에
게 물을 먹였는데, 우물 입구에 큰
돌이 얹혀 있었다.
3 그곳에 가축떼가 모두 모이면, 그
들이 우물 입구의 큰 돌을 굴려서
양에게 물을 준 다음, 다시 돌을 제
자리에 얹어 두었다.
4 재이컵이 그들에게 말했다. "형제
님들, 당신들은 어디서 왔어요?"
그들이 말했다. "우리는 해랜에서
왔어요."
5 그가 그들에게 말했다. "당신들은
내이홀의 아들 래이번라반을 아세
요?" 그들이 말했다. "그를 알지
요."
6 그가 그들에게 또 말했다. "그는 잘
있나요?" 그들이 말했다. "잘 있어
요. 마침 그의 딸 래이철라헬이 양을
데리고 오네요."
7 재이컵이 그들에게 말했다. "아직
대낮이고 가축들이 함께 모일 때
도 아니니, 양에게 물을 먹이고 가
서 가축에게 풀을 더 먹이세요."
8 그들이 말했다. "우리는 그렇게 못
해요. 가축들이 모두 모이면 그들
이 우물 입구에서 돌을 굴려 옮겨
야, 양에게 물을 먹여요."
9 재이컵이 그들과 말하고 있는 사
이, 래이철이 아버지의 양을 데리
고 왔다. 그녀가 그 양들을 돌보기
때문이었다.
10 외삼촌 래이번의 딸 래이철과 양
들을 본 재이컵은, 우물로 다가가
서 입구의 돌을 굴려 외삼촌의 가
축들에게 물을 먹였다.
11 재이컵이 래이철에게 입을 맞추더

니 소리내어 울었다.
12 재이컵이 래이철에게 자신은 그녀
아버지의 조카가 되며, 리베카의
아들이라고 말하자, 그녀는 달려
가 아버지에게 전했다.
13 래이번이 여동생의 아들 재이컵의
이야기를 듣자, 달려와서 그를 만
나 껴안고 입을 맞추며 집으로 데
려갔다. 그는 래이번에게 모든 일
을 말했다.
14 래이번이 그에게 말했다. "자네는
명백한 내 혈육이다." 그래서 재이
컵은 그와 함께 한 달 동안 기거했
다.
15 래이번이 재이컵에게 말했다. "네
가 내 친척이더라도 무상으로 봉
사하면 되겠는가? 자네 품삯이 얼
마인지 말하게."
16 그리고 래이번에게는 두 딸이 있
었고, 큰아이 이름은 리아레아이고
작은 딸은 래이철이었다.
17 리아는 눈매가 부드러웠고, 래이
철은 아름답고 매력적이었다.
18 재이컵은 래이철을 사랑하여 래이
번에게 말했다. "래이철 때문에 당
신에게 7년간 봉사하겠어요."
19 래이번이 말했다. "다른 남자보다
자네에게 딸을 주는 것이 좋다. 나
와 더불어 살자."
20 그래서 재이컵은 래이철을 위해 7
년간 일했다. 그녀에 대한 사랑 때
문에 그에게 그 시간은 불과 며칠
인 것 같았다.
21 재이컵이 래이번에게 말했다. "내
가 날을 채웠으니, 그녀에게 가도
록 아내를 주세요."
22 래이번이 그곳 사람을 모두 모아
서 잔치를 베풀었다.
23 저녁이 되자, 래이번이 리아를 재
이컵에게 데려다 주었다. 그래서
재이컵이 그녀에게 들어갔다.
24 래이번라반은 그의 여종 질파실바를
딸 리아에게 몸종으로 주었다.
25 아침이 되어 보니, 그녀는 리아였
다. 그래서 래이번에게 말했다. "내
게 무슨 짓을 한 겁니까? 내가 래
이철라헬을 위해 일하지 않았나요?
무슨 까닭으로 나를 속였죠?"
26 그러자 래이번이 말했다. "이곳에
서는 첫째에 앞서 작은 딸을 주어
서는 안 되네.
27 신혼의 7일을 채우게. 자네가 나와
7년간 더 봉사하는 대가로 래이철
도 주겠네."
28 그래서 재이컵이 신혼의 7일을 채
우자, 래이번은 그에게 둘째 딸 래
이철도 아내로 주었다.
29 래이번은 그의 종 빌하를 딸 래이
철에게 몸종으로 주었다.
30 재이컵야곱은 래이철에게도 들어갔
는데, 래이철을 리아보다 더 사랑
했다. 그는 또 다시 7년을 더 그와
함께 일했다.
31 **주님**이 리아레아가 미움받는 것을
알고 그녀의 자궁은 열었지만, 래
이철은 불임이었다.

32 리아가 임신하여 아들을 낳았다.
그녀는 아들의 이름을 '루번르우벤:
아들'이라고 불렀다. 그러면서 그녀
가 이렇게 말했다. "**주님**이 분명 내
괴로움을 보았으니, 이제 남편이
나를 사랑할 것이다"라고 했다.
33 그녀는 다시 임신해서 아들을 낳
고 말했다. "**주님**이 내가 미움 받는
것을 들었기 때문에, 내게 이 아들
도 주었다." 그리고 그녀는 아들의
이름을 '시미언시메온, 시므온: 듣다'이
라고 불렀다.
34 그녀가 또 임신해서 아들을 낳고
말했다. "이제 내 남편이 나와 합칠
때다. 왜냐하면 내가 그에게 세 아
들을 낳아 주었기 때문이다." 그래
서 아들의 이름을 '리바이레위: 연합'
이라고 불렀다.
35 그녀가 다시 임신해서 아들을 낳
고 말했다. "이제 나는 **주님**을 찬양
할 것이다." 그래서 그녀는 아들의
이름을 '쥬다유다: 찬양'라고 부르면
서 임신이 끝났다.

재이컵의 가축 수 증가

30 래이철이 재이컵에게 자식을
낳아 줄 수 없음을 알고, 언니
를 질투하며 재이컵에게 말했다.
"내게도 자식을 주세요. 그렇지 않
으면 죽겠어요."
2 재이컵이 래이철에 대해 화를 내
며 말했다. "내가 네게서 자궁의 열
매를 막는 **하나님**의 대리인이냐?"
3 그녀가 말했다. "보세요, 나의 종
빌하에게 가세요. 그러면 그녀가
내 무릎에 아이를 낳아 주고, 나도
그녀를 통해 자식을 얻을 수 있어
요."
4 그녀가 재이컵에게 종 빌하를 아
내로 주자, 그가 그녀에게 들어갔
다.
5 빌하가 임신하여, 재이컵에게 아
들을 낳아 주었다.
6 래이철이 말했다. "**하나님**이 나를
생각하여, 내 목소리를 듣고, 아들
을 주었다." 그래서 그녀는 아들의
이름을 '댄단: 심판'이라고 불렀다.
7 래이철의 종 빌하가 다시 임신하
여, 재이컵에게 둘째 아들을 낳아
주었다.
8 래이철이 말했다. "나와 언니가 큰
싸움에서 맞붙어서, 내가 이겼다."
그녀는 아들의 이름을 '냎털라이납
달리: 이기다'라고 불렀다.
9 리아가 자신이 아이를 갖지 못한
다는 것을 알았을 때, 그녀의 종 질
파를 데려다 재이컵에게 아내로
주었다.
10 리아의 종 질파가 재이컵에게 아
들을 낳아 주었다.
11 리아가 말했다. "지원 군대가 온
다"라면서, 아들의 이름을 '개드가
드: 군대'라고 불렀다.
12 리아의 종 질파가 재이컵에게 둘
째 아들을 낳아 주었다.
13 리아가 말했다. "얼마나 행복한가!

딸들이 내게 복을 빌어 줄 것이다.”
그래서 그녀는 아들의 이름을 ‘애
셜아세르, 아셀: 행복’이라고 불렀다.
14 루번이 밀 추수기에 들에 나가 맨
드래이크를 발견하여, 엄마 리아
에게 가져왔다. 그러자 래이철이
리아에게 말했다. “부탁이야. 아들
이 갖다준 맨드래이크 향을 내게
도 줘.”
15 리아가 동생 래이철에게 말했다.
“내 남편을 빼앗은 것으로 부족해,
아들 루번의 맨드래이크마저 빼앗
으려 하니?” 래이철이 대답했다.
“언니 아들의 맨드래이크를 얻으
면, 재이컵이 밤에 언니와 자게 할
테야.”
16 재이컵이 저녁에 들로 나오자, 리
아가 나가서 그를 만나 말했다. “당
신은 내게 와야 해요. 내가 분명 아
들의 맨드래이크를 가지고 당신을
임대했어요.” 그래서 그날 밤에 그
가 그녀와 같이 잤다.
17 **하나님**이 리아의 말을 듣고, 그녀
가 임신하여 재이컵의 다섯째 아
들을 낳게 했다.
18 리아가 말했다. “**하나님**이 나에게
대가를 주었다. 왜냐하면 내 종을
남편에게 주었기 때문이다.” 그래
서 그녀는 아들의 이름을 ‘이써칼이
사카르, 잇사갈: 대가’이라고 불렀다.
19 리아가 다시 임신하여, 재이컵의
여섯째 아들을 낳았다.
20 리아레아가 말했다. “**하나님**이 내게
충분한 선물을 주었다. 이제 남편
은 나와 같이 살 것이다. 왜냐하면
내가 여섯째 아들을 낳아 주었기
때문이다.” 그녀는 아들의 이름을
‘제뷸런즈불룬, 스불론: 선물’이라고 불
렀다.
21 리아는 그 후에 딸을 낳았고, 딸의
이름을 ‘다이나디나’라고 불렀다.
22 **하나님**이 래이철라헬을 기억하고 그
녀의 소원에 귀를 기울여, 자궁을
열어 주었다.
23 래이철이 임신하여 아들을 낳고
말했다. “**하나님**이 내 결함을 없애
주었다.”
24 그녀는 아들의 이름을 ‘조셒요셉: 더
하다’이라고 부르며 말했다. “**주님**이
나에게 다른 아들을 더해줄 것이
다.”
25 래이철이 조셒을 낳았을 때, 재이
컵야곱이 래이번라반에게 말했다.
“고향의 내 나라로 가도록 보내 주
세요.
26 당신을 위해 일한 대가로 얻은 아
내들과 자식들을 내게 주어, 나를
보내 주세요. 당신에게 봉사한 나
의 노동을 잘 알테니까요.”
27 래이번이 재이컵에게 말했다. “내
가 자네 눈에 호의적이라면 있어
주길 부탁하네. 왜냐하면 **주님**이
자네를 위해서 내게 복을 주었다
는 것을 겪고서 알았기 때문이네.”
28 그가 이어 말했다. “자네 품삯을 정
하게. 내가 그것을 주지.”

29 재이컵이 그에게 말했다. "내가 얼
마나 당신을 위해 애썼는지, 또 내
가 당신의 가축과 함께 어떻게 지
냈는지, 당신은 알 겁니다."
30 "내가 오기 전에는 당신이 가진 것
이 적었는데, 이제는 늘어나 많아
졌지요. 내가 여기 온 이래 **주님**이
당신에게 복을 주었어요. 나는 언
제 내 집을 위해서 일할 수 있나
요?"
31 래이번이 말했다. "자네에게 무엇
을 주어야겠나?" 재이컵이 대답했
다. "아무것도 주지 마세요. 만약
꼭 그렇게 한다면, 다시 당신의 가
축들을 먹이고 키우게 해주세요.
32 오늘 당신의 가축들 사이를 돌아
다니며, 양 가운데 줄무늬나 점이
있는 것과 갈색 양들을 골라내고,
염소 중에서 점이 있거나 무늬 있
는 것들을 골라내지요. 그것들을
내가 품삯으로 받겠어요.
33 나중에 당신이 품삯을 줄 때가 되
면, 나의 정직성이 드러날 겁니다.
줄무늬나 점이 없는 염소나 갈색
이 아닌 양들은 모두 내가 훔친 것
이 될 테니까요."
34 래이번이 말했다. "알겠다. 자네 말
에 따라 그렇게 하겠네."
35 래이번은 그날 고리 무늬가 있거
나 점이 있는 숫염소와 줄무늬가
있거나 점이 있는 암 염소, 그리고
그 안에 흰색이 섞이거나 갈색인
양들을 모두 빼고, 온전한 것만 그
의 아들들에게 주었다.
36 래이번은 재이컵으로부터 3일 거
리를 두었고, 재이컵은 그의 남은
가축을 먹였다.
37 재이컵은 푸른 포플러나무와 개암
나무, 밤나무의 가지를 꺾어서, 나
무껍질을 벗겨 가지의 속 부분이
하얗게 드러나게 만들었다.
38 그는 껍질 벗긴 나뭇가지들을 가
축들이 물을 마시는 구유 안 홈통
에 두었다. 그렇게 하여 가축들이
물을 마시러 올 때 새끼를 갖게 했
다.
39 가축은 나뭇가지 앞에서 새끼를
배어 고리무늬와 줄무늬, 그리고
점무늬 가축들을 낳았다.
40 재이컵은 래이번의 가축 중에서
새끼 양을 따로 놓고, 고리 무늬와
갈색 가축을 마주보게 두었다. 자
기 가축을 따로 두어서, 래이번의
가축과 섞이지 않게 했다.
41 재이컵은 강한 가축이 새끼를 밸
때는 가축이 쳐다보는 구유의 홈
통에 가지를 놓아서, 언제나 그 가
지 사이에서 교미하게 했다.
42 하지만 약한 가축일 경우에는 가
지를 놓아두지 않았다. 그래서 약
한 것은 래이번의 것이 되고, 강한
것은 재이컵의 것이 되었다.
43 재이컵은 가축, 남종과 여종, 낙타
와 나귀들이 불어서 많이 갖게 되
었다.

래이번에게서 재이컵 도주

31 재이컵은 래이번의 아들들이
하는 말을 들었다. "재이컵이
우리 아버지의 것을 모두 가져가
고, 아버지가 가진 것으로 저렇게
모든 영광을 누리고 있다."
2 재이컵이 래이번의 표정을 살피
니, 자신에게 대하는 태도가 전과
달라 보였다.
3 **주님**이 재이컵에게 말했다. "네 아
버지의 땅, 네 혈연에게 돌아가라.
내가 너와 함께 있을 것이다."
4 재이컵이 사람을 보내어 래이철과
리아레아를 그의 가축 쪽 들판으로
불러서,
5 그들에게 말했다. "장인어른의 안
색을 보니, 나를 대하는 것이 전과
같지 않다. 하지만 내 아버지의 **하
나님**이 나와 함께 있어 주었다.
6 당신들은 내가 온갖 힘을 다해 장
인에게 봉사해 온 것을 잘 알 거다.
7 그런데 장인은 나를 속이고, 내 급
료를 열 번이나 바꿨지만, **하나님**
이 그가 나를 해치지 못하게 자제
시켰다.
8 래이번이 무늬가 있는 가축이 네
급료가 될 것이라고 말하면, 모든
가축이 무늬 있는 것을 낳았고, 그
가 고리무늬 가축이 네 대가가 될
것이라고 말하면, 그때는 모두 고
리무늬 가축이 태어났다.
9 이런 식으로 **하나님**이 장인의 가축
을 빼앗아서 내게 주었다.
10 가축이 새끼를 밸 때, 내가 꿈에서
보았는데, 암양 위로 오른 숫양들
이 고리무늬와 줄무늬와 갈색이더
라.
11 **하나님**의 사자가 꿈에서 내게 말했
다. '재이컵야곱아!' 그래서 내가 대
답했다. '네.'
12 그러자 그가 말했다. '이제 눈을 들
고 보면 네가 알 것이다. 가축 위로
오른 모든 숫양이 고리무늬와 줄
무늬와 갈색이다. 왜냐하면 래이
번라반이 네게 하는 모든 것을 내가
보았기 때문이다.
13 나는 네가 기둥에 기름을 바르며
맹세한 베썰베델, 벧엘의 **하나님**이다.
이제 일어나서 이 땅을 떠나 네 동
족이 있는 땅으로 돌아가라'고 했
다."
14 래이철라헬과 리아레아가 그에게 대
답했다. "아버지 집에 우리에 대한
지분이나 상속이 아직 있지 않나
요?
15 우리는 아버지에게 남으로 취급되
지 않았나요? 아버지는 우리를 팔
았고, 우리 돈도 모두 차지했어요.
16 **하나님**이 우리 아버지에게서 빼앗
은 재산은 모두 우리 것이고 우리
아이들 몫이에요. 그러니 이제 **하
나님**이 당신에게 말한 것이 무엇이
든 그렇게 하세요."
17 재이컵이 일어나서 아들들과 아내
들을 낙타 위에 앉히고,
18 그는 자신이 모은 가축과 재물을

가져갔다. 그것은 그가 패더내럼
에서 모은 것으로, 캐이넌땅의 아
버지 아이직에게 가기 위해서였
다.
19 래이번이 양털을 깎으러 나갔을
때, 래이철이 아버지의 신상들을
훔쳤다.
20 재이컵은 자신에게 달아나지 말라
고 일렀던 시리아인 래이번 몰래
달아났다.
21 재이컵은 그가 가진 모든 것을 가
지고 도망쳤고, 강을 건너 길리엇
산 쪽으로 갔다.
22 재이컵이 도망한 지 3일째 날에 래
이번에게 그 소식이 들렸다.
23 그는 사람들을 데리고 재이컵의
뒤를 7일 동안 추적하여, 길리엇
산에서 따라잡았다.
24 그날 밤에 **하나님**이 시리아 사람
래이번의 꿈에 나타나서 말했다.
"좋은 말이든, 나쁜 말이든 재이컵
에게 아무 말도 하지 않도록 주의
해라."
25 그리고 래이번이 재이컵을 따라잡
았다. 재이컵이 산에 천막을 치자,
래이번도 사람들과 길리엇 산에
천막을 쳤다.
26 래이번이 재이컵에게 말했다. "나
의 것을 몰래 훔치고 칼로 포로를
잡듯이 내 딸들을 데려가니, 어찌
이럴 수가 있느냐?
27 무엇 때문에 내 것을 모두 훔치고
말도 하지 않고 몰래 도망쳤나? 기
꺼이 노래 부르며 북을 치고 하프
를 켜며, 자네를 떠나보낼 수도 있
었는데?
28 자손과 딸들에게 내가 입도 못 맞
추게 하는가? 지금 자네는 이토록
어리석은 짓을 한 것이다.
29 내 힘으로 너를 해칠 수도 있다. 하
지만 어젯밤에 네 아버지의 **하나님**
이 나에게, '너는 재이컵에게 좋은
말이든 나쁜 말이든 아무 말도 하
지 않도록 주의하라'고 말했다.
30 아버지의 집을 떠난 뒤로 그리움
에 사무쳤기에 돌아갈 수밖에 없
었겠지만, 내 신상들은 왜 훔쳐 갔
나?
31 재이컵이 래이번에게 대답하며 말
했다. "말하면 장인어른이 당신 딸
들을 강제로 빼앗을까봐 두려웠기
때문이에요.
32 당신의 신상을 가진 자를 찾으면,
누구든 살려 두지 마세요. 당신의
것이 내게 있는지 우리 형제들 앞
에서 찾아보고, 있다면 그것을 가
져가세요." 재이컵은 래이철이 그
것을 훔친 것을 전혀 몰랐다.
33 래이번이 재이컵과 리아, 그리고
두 몸종의 천막에도 들어갔지만,
그것들을 찾지 못했다. 그런 다음
그가 리아의 천막을 나와서 래이
철의 텐트로 들어갔다.
34 래이철은 신상들을 낙타의 안장
밑에 숨겨 두고, 그 위에 앉아 있었
다. 래이번이 천막 구석구석을 찾

앖지만 찾지 못했다.
35 그녀가 아버지에게 말했다. "아버
지, 노여워 마세요. 나는 생리 때문
에 일어설 수 없어요." 그는 신상을
찾았지만 발견하지 못했다.
36 그러자 재이컵이 화가 나서 래이
번에게 따지며 말했다. "내가 폐를
끼친 게 뭐죠? 당신이 그토록 맹렬
히 추격하는 내 죄가 뭡니까?
37 내 물건을 전부 뒤졌는지만, 당신
집안 물건을 찾은 게 있나요? 여기
있는 나와 당신의 형제들이 우리
둘 사이에 판정을 내리도록 사람
들 앞에 내놔보세요.
38 내가 당신과 함께 있었던 20년 동
안, 당신의 암양과 암염소에게 새
끼를 유산시키지 않았고, 당신의
숫양들을 한 마리도 잡아먹지 않
았어요.
39 짐승에 찢긴 것은 당신에게 가져
가지 않았고, 낮에 도둑 맞았든 밤
에 도둑 맞았든, 당신이 그것을 내
게 책임지워서 내가 손실을 부담
했어요.
40 나는 가뭄이 나를 피폐시킨 날이
나, 추위에 시달리던 밤이나, 잠도
자지 못하고 그렇게 지냈어요.
41 그렇게 당신 집에서 20년이나 지
냈어요. 당신의 두 딸 때문에 14년
을, 가축 때문에 6년을 봉사했는
데, 당신은 내 품삯을 열 번이나 바
꿔버렸죠.
42 내 아버지의 **하나님**이자 애이브러
햄아브라함의 **하나님**, 아이직이사악, 이
삭이 경외하는 존재가 나와 함께
있지 않았다면, 당신은 틀림없이
나를 빈손으로 보냈겠죠. **하나님**은
나의 괴로움과 내 손의 노동을 보
고, 어젯밤 당신을 질책한 겁니다."
43 그러자 래이번라반이 재이컵야곱에
게 대답했다. "이 딸들은 내 딸이
고, 이 아이들은 내 자식이고, 이 가
축들은 내 가축들이고, 자네가 보
는 모든 것이 내 것이다. 내가 오늘
딸들과 그들이 낳은 자식들에게
무엇을 하겠나?
44 그러니 이제 우리 계약을 맺자. 그
것이 나와 자네 사이에 증거가 되
게 하자."
45 재이컵이 돌을 들어 기둥으로 세
웠다.
46 그러면서 재이컵이 사람들에게 말
했다. "돌을 모아라." 그러자 그들
이 돌을 가져와서 돌무더기를 만
들었고, 그들은 그 돌무더기 위에
서 음식을 먹었다.
47 그것을 래이번은 '제가새하두싸
여가르 사히두타, 여갈사히두다: 돌더미'라고
불렀고, 재이컵은 '갤리드갈엣, 갈르엣:
증거'라고 불렀다.
48 래이번이 말했다. "이 돌더미는 오
늘 나와 너 사이의 증거다. 그래서
그의 이름은 '갤리드' 증거가 되고,
49 또 '미즈파미츠파, 미스바' 지켜보는 자
이다." 그리고 그가 말했다. "이것
은 **주님**이 나와 너 우리가 서로 없

을 때 지켜보기 때문이다.
50 만약 자네가 내 딸들을 괴롭히거
나, 딸들 곁에 다른 아내들을 맞이
하면, 우리와 함께 지켜보는 사람
이 없더라도 나와 너 사이에는 **하
나님**이 증인이다."
51 래이번이 재이컵에게 말했다. "우
리 사이에 내가 세운 이 돌무더기
와 기둥을 보라,
52 이 돌무더기와 기둥이 증거다. 나
는 이 돌무더기를 넘어가지 않겠
다. 너도 나를 해치려고 이 돌무더
기와 기둥을 넘어와서는 안 된다."
53 "애이브러햄의 **하나님**이고 노아의
하나님, 그들 아버지의 **하나님**이 우
리 사이를 판결할 것입니다." 그러
면서 재이컵이 그의 아버지 아이
직에 대한 경외심을 걸고 맹세했
다.
54 그때 재이컵이 산 위에 제물을 올
려 제사를 지내고, 빵을 먹기 위해
그의 친족들을 불렀다. 그들은 빵
을 먹고 산 위에서 밤새 머물렀다.
55 이른 아침에 래이번이 일어나 그
의 자손과 딸들에게 입을 맞추고
복을 주고 떠나 자신의 거처로 돌
아갔다.

재이컵이 이소의 선물 준비

32 재이컵이 길을 가는데, **하나
님**의 사자가 그를 만났다.
2 재이컵이 그들을 보자 말했다. "이
것은 **하나님**의 군대다." 그리고 그
장소를 '**매하내임**마하나임'이라고 불
렀다.
3 재이컵이 자신보다 먼저 전언자들
을 이듬에돔 지역 세이어세이르, 세일
땅에 있는 형 이소에사우, 에서에게 보
냈다.
4 그는 전령에게 명령했다. "너희는
나의 **주인** 형님 이소에게 이렇게
말해야 한다. '당신의 종 재이컵의
말에 의하면, 나는 래이번과 함께
지내며 지금까지 거기서 머물렀
다.
5 그리고 나는 황소와 나귀들, 가축
들, 남녀 종들을 가지고 있다. 그리
고 나는 나의 주인 형님에게 은혜
를 받을 수 있기를 바란다는 말을
하러 전령을 보낸다'고 전해야 한
다."
6 그 후 전령들이 재이컵에게 돌아
와서 말했다. "당신의 형 이소에게
갔다 왔는데, 그 역시 당신을 만나
러 400명과 함께 오고 있어요."
7 그러자 재이컵은 대단히 무섭고
불안해져서, 함께 있는 사람과 양
떼와 소떼와 낙타들을 두 무리로
나누고 말했다.
8 "만약 이소가 한 무리에게 오면, 그
들과 싸우는 사이 다른 무리는 도
망쳐라."
9 재이컵이 또 말했다. "오, 나의 조
상 애이브러햄의 **하나님**, 내 아버
지 아이직의 **하나님**, 그리고 내게
말한 **주님**, '네 나라와, 네 동족에게

돌아가라. 내가 너와 같이 있을 것'
이라고 말했지요.
10 나는 당신의 종에게 보여 준 모든
사랑과 진실을 조금도 받을 자격
이 없어요. 예전에 나는 지팡이 하
나로 조든강을 건너 갔지만, 이제
는 두 무리가 되었어요.
11 당신한테 부탁해요. 형 이소의 손
에서 나를 구해 주세요. 내가 그를
두려워하고 있으니, 그가 와서 나
와 자식과 어머니들을 치지 않게
해주세요.
12 당신은 말했지요. '나는 반드시 네
게 좋은 일을 하고, 네 자손을 바다
의 모래처럼 셀 수 없이 번성시키
겠다'고 했어요."
13 그런 다음 재이컵은 그날 밤 그곳
에서 체류하며, 그의 손에 있는 것
중에서 이소 형을 위한 선물을 떼
어 놓았다.
14 암염소 200마리, 숫염소 20마리,
암양 200마리, 숫양 20마리,
15 젖을 먹이는 낙타 30마리와 새끼
낙타, 암소 40 마리와 수소 10마리,
암나귀 20마리와 새끼 나귀 10마
리였다.
16 그는 가축떼를 모는 종들에게 선
물을 건네며 말했다. "나보다 먼저
건너가서 가축떼와 떼 사이에 거
리를 두어라."
17 또 그는 선두에게 명령했다. "이소
를 만나면, 형이 너희에게 물을 것
이다. '너희는 누구냐? 어디로 가
느냐? 그리고 앞에 있는 이것은 누
구의 것이냐?'
18 그러면 너희는 대답해라. '그것은
당신의 종 재이컵야곱의 것이고, 그
의 주인님 이소에사우, 에서에게 선물
로 보낸 것이며, 그 역시 우리 뒤에
있어요'라고 해라."
19 그는 그렇게 두 번째, 세 번째와 뒤
따르는 무리 전체에게 명령했다.
"너희도 이소를 만나면 똑같이 말
해야 한다.
20 이어서 '당신의 종 재이컵이 우리
뒤에 있어요'라고 말해라." 그는 또
말했다. "내가 먼저 보내는 선물로
그를 진정시킨 다음 그의 얼굴을
보면, 어쩌면 그가 나를 받아들일
것이다."
21 그래서 선물이 먼저 갔고, 자신은
그날 밤 무리와 함께 묵었다.
22 밤에 재이컵이 일어나서 두 아내
와 두 여종, 아들 열한 명을 데리고
재복 여울을 건너보냈다.
23 그는 그들을 데려가 시내를 건너
게 하고, 그가 가지고 있던 것도 함
께 보냈다.
24 재이컵이 혼자 남아 거기서 그와
함께 있던 어떤 사람과 날이 밝도
록 씨름을 했다.
25 그 사람이 재이컵을 이기지 못한다
는 것을 깨닫고, 재이컵의 대퇴부
움푹한 곳을 치자, 재이컵은 씨름
하던 중 대퇴부의 관절이 삐었다.
26 그 사람이 말했다. "나를 보내 줘

라. 날이 밝고 있다." 재이컵이 말
했다. "나를 축복해 주지 않으면 너
를 보내지 않겠다."
27 그 사람이 그에게 물었다. "네 이름
이 무엇이냐?" 그가 말했다. "재이
컵이다."
28 그 사람이 말했다. "이제 네 이름은
재이컵이 아니라 '이즈리얼선민: 이스
라엘'이라고 불릴 것이다. 너는 **하나
님**과 사람들을 이길 힘을 가졌고,
그들과 싸워 이긴 지도자이기 때
문이다."
29 재이컵이 그 사람에게 물었다. "부
탁하는데, 당신의 이름을 말해 달
라." 그 사람이 말했다. "무엇 때문
에 내 이름을 묻는가?" 그러면서
그는 그곳에서 재이컵을 축복했
다.
30 재이컵이 그 장소를 '페니얼프니엘,
브니엘'이라고 부르며 말했다. "내가
하나님의 얼굴을 직접 보았는데,
내 목숨이 보존되었기 때문이다."
31 그가 페니얼을 지나갈 때, 해가 떠
올랐다. 그는 넓적다리에 마비가
와서 절뚝거렸다.
32 그래서 이즈리얼 후손은 오늘날까
지 고기를 먹을 때, 대퇴부의 움푹
한 부위에 있는 질긴 힘줄을 먹지
않는다. 왜냐하면 그가 재이컵 허
벅지의 힘줄을 건드렸기 때문이다.

재이컵과 이소의 재회

33 재이컵이 눈을 들어 바라보
자, 이소가 사람 400명과 함
께 왔다. 재이컵은 리아레아와 래이
철라헬과, 두 몸종에게 아이들을 나
누어 맡겼다.
2 그는 몸종들과 그 자녀들을 선두
에, 리아와 그녀 자식을 그 다음에,
래이철과 조셒요셉을 맨 뒤에 두었
다.
3 그는 앞으로 나가 형에게 가까이
갈 때까지 일곱 번이나 땅에 고개
숙여 절했다.
4 이소가 재이컵에게 달려와서 얼싸
안으며, 그의 목에 얼굴을 묻고 입
을 맞췄다. 그리고 함께 울었다.
5 이소가 눈을 들어 여자들과 아이
들을 바라보며 물었다. "너와 같이
있는 이들은 누구지?" 재이컵이
말했다. "**하나님**이 형님의 종에게
사랑으로 준 자식들이에요."
6 그러자 몸종과 자녀들이 가까이
다가와 머리 숙여 인사했다.
7 리아 역시 자녀들과 함께 다가와
인사했다. 그 다음 조셒과 래이철
이 가까이 와서, 고개 숙여 인사했
다.
8 이소가 말했다. "네가 이 가축무리
를 옆에 두고 나를 만나는 것은 무
슨 뜻이냐?" 재이컵이 말했다. "이
들은 나의 주인 형님에게 호의를
받으려는 겁니다."
9 이소가 말했다. "나는 충분하다. 동

생아, 네가 가져라."
10 재이컵이 말했다. "아니에요. 제발,
지금 내가 형님 마음에 든다면 이
선물을 받아 주세요. 마치 **하나님**
의 얼굴을 보듯 형의 얼굴을 보았
기 때문에, 바로 당신이 나의 기쁨
입니다.
11 부탁하니, 형님한테 가져온 나의
선물을 받아 주세요. **하나님**이 나
에게 호의를 주었고, 또 나는 충분
히 가지고 있기 때문이에요." 재이
컵이 재촉하자 이소가 받았다.
12 이소가 말했다. "우리 어서 가자.
내가 앞장서겠다."
13 그런데 재이컵이 그에게 말했다.
"나의 주인 형님은 나와 같이 있는
아이들이 연약하고 가축과 소떼가
아직 어리다는 것을 알지요. 만약
사람이 그들을 종일 심하게 몰면,
가축이 모두 죽을 거예요.
14 나의 주인 형님이 종인 나보다 먼
저 가세요. 그러면 나는 세이어 땅
의 형한테 갈 때까지 앞에 가는 소
들을 따라 자식들이 견딜 수 있도
록 천천히 이끌겠어요."
15 이소가 말했다. "나와 같이 온 몇
사람을 네게 남겨 두겠다." 그러자
재이컵이 말했다. "그럴 필요가 있
나요? 내가 나의 주인님께 호의를
받게 해주세요."
16 그날 이소는 자신의 세이어 땅으
로 돌아갔다.
17 재이컵은 수커쓰수콧, 숙곳로 가서,
집을 짓고 소떼를 위한 움막도 지
었다. 그리고 그곳의 이름을 '수커
쓰'라고 불렀다.
18 재이컵은 패더내럼파딴아람, 밧단아람
에서 나와서, 캐이넌땅의 쉬컴스켐,
세겜 도성 샤렘에 와서 그 도성 앞에
천막을 쳤다.
19 그는 천막을 쳤던 들판 한 구획을
쉬컴의 아버지인 해모하모르, 하몰의
자식들에게서 돈 백 냥을 주고 샀
다.
20 그리고 그는 그곳에 제단을 세우
고, 그것을 '엘레로에-이즈리얼엘
엘로헤-이스라엘'이라고 불렀다.

다이나 오염

34 리아레아가 재이컵야곱에게 낳
아준 딸 다이나디나가 그 지
역 여자들을 보러 나갔다.
2 그 나라 왕자 쉬컴은 하이브부족
해모하모르, 하몰의 아들인데, 다이나
를 보자 데려가 같이 자고 더럽혔
다.
3 그의 영혼이 재이컵의 딸 다이나
에게 끌려, 그 처녀를 사랑하며 다
정하게 말했다.
4 쉬컴이 그의 아버지 해모에게 말
했다. "이 처녀를 아내로 얻게 해주
세요."
5 재이컵은 쉬컴이 자신의 딸 다이
나를 더럽혔다는 소식을 들었다.
그때 재이컵의 자식은 들에서 소
떼와 함께 있었으므로, 그는 그들

이 돌아올 때까지 잠자코 있었다.
6 쉬컴의 아버지 해모가 이야기를
나누려고 재이컵에게 갔다.
7 재이컵의 아들들이 들에서 돌아와
그 이야기를 듣고, 개탄하며 크게
분노했다. 왜냐하면 그가 재이컵
의 딸을 범하는 일은, 이즈리얼한
테 해서는 안 되는 어리석은 짓이
었기 때문이었다.
8 해모가 그들과 함께 이야기했다.
"내 아들 쉬컴의 영혼이 당신의 딸
을 몹시 원해요. 제발, 그녀를 아들
의 아내로 주세요.
9 우리와 같이 혼인관계를 맺고, 당
신의 딸을 우리에게 주고 우리 딸
들도 데려가세요.
10 그리고 우리와 함께 삽시다. 이 땅
이 당신 앞에 있으니, 이곳에 살면
서 장사하고 재산을 모아보세요."
11 쉬컴도 다이나의 아버지와 형제들
에게 말했다. "당신들한테 호의를
받게 해주세요. 당신들이 말하는
것은 무엇이든 드리죠.
12 지참금과 선물을 얼마든지 요구하
세요. 당신이 말하는 대로 주겠어
요. 다만, 그 처녀를 아내로 삼을 수
있게만 해주세요."
13 재이컵의 아들들이 그와 그의 아
버지 해모에게 거짓으로 대답했
다. 왜냐하면 쉬컴이 여동생 다이
나를 오염시켰기 때문이었다.
14 재이컵의 아들들이 그들에게 말했
다. "우리는 할례 받지 않은 이민족
에게 여동생을 줄 수 없어요. 그것
은 우리에게 불명예가 되기 때문
이에요.
15 하지만 이렇게 하면 당신의 말에
동의하죠. 만약 당신네 남자들이
모두 우리처럼 할례를 받으면 말
이죠.
16 그러면 우리 딸을 당신에게 주고,
당신 딸들을 우리가 데려오고, 같
이 살며 한 민족이 될 겁니다.
17 하지만 만약 당신이 우리 말을 듣
지 않고 할례를 받지 않으면, 그때
는 우리의 딸을 데리고 가버릴 거
에요."
18 그들의 말에 해모와 아들 쉬컴이
기뻤다.
19 젊은이는 지체하지 않고 그렇게
하겠다고 했다. 왜냐하면 그는 재
이컵의 딸로 인해 즐거웠고, 아버
지 집의 누구보다도 더 영광스러
웠기 때문이었다.
20 해모와 아들 쉬컴이 도성의 문으
로 들어와 그들의 도시 남자들한
테 이야기했다.
21 "이들은 우리와 지내기에 편안해
요. 그러니, 그들을 이 땅에 살게 하
고, 도성 안에서 장사하게 합시다.
왜냐하면 이 땅은 충분히 크기 때
문이지요. 그들의 딸을 아내로 맞
이하고 또 그들에게 우리의 딸을
줍시다.
22 그들이 우리와 함께 살고 한 민족
이 되는데 동의하는 조건은 오직,

그들처럼 이곳 남자 모두 할례만
하면 됩니다.
23 그러면 그들의 가축과 물건, 짐승
모두가 우리의 것이 되지 않겠습
니까? 우리가 그들에게 동의만 해
주면 그들이 우리와 같이 살게 됩
니다."
24 성문에 있던 모든 사람들이 해모
와 그의 아들 쉬컴의 이야기를 귀
기울여 듣더니, 성문에 나간 모든
남자가 할례를 받았다.
25 셋째 날이 되어 그들이 고통스러
워하자, 재이컵의 아들 다이나의
오빠 시미언시메온, 시므온과 리바이레
위가, 칼을 들고 거침없이 그 성으
로 쳐들어가서 모든 남자들을 죽
였다.
26 그들은 해모와 아들 쉬컴도 칼로
죽이고, 다이나를 데려갔다.
27 재이컵의 아들들이 살인을 저지르
고 도시를 파괴해 버렸다. 왜냐하
면 그들이 여동생을 더럽혔기 때
문이었다.
28 재이컵의 두 아들은 성과 들에 있
던 해모부족의 양과 소, 나귀를 데
려갔고,
29 그들의 재산과 어린 자식들과 아
내들을 포획하고, 그 집안에 있던
것까지 모두 망쳐 놓았다.
30 재이컵이 시미언과 리바이에게 말
했다. "너희는 그 땅 사람들에게,
또 캐이넌과 퍼리스 사람들에게
내 평판을 나쁘게 만들어 나를 곤
란하게 했다. 그런데 나는 숫자가
적으니, 그들이 곧 나를 죽이고자
모일 것이다. 그러면 나와 내 집이
파괴될 것이다."
31 그들이 말했다. "그럼, 그가 여동생
을 매춘부처럼 다루어야 하나요?"

재이컵이 이즈리엘이 되다

35 **하나님**이 재이컵야곱에게 말
했다. "일어나 베썰베텔, 벧엘로
가서 살아라. 그리고 형 이소에사우,
에서에게서 도망 쳤을 때, 네게 나타
났던 **하나님**을 위해 그곳에 제단을
세워라."
2 그러자 재이컵이 가솔들 및 함께
있던 모든 사람에게 말했다. "너희
들이 가진 낯선 신상들을 치워라.
의복도 깨끗하게 갈아 입어라.
3 일어나 베썰로 가자. 나는 그곳에
하나님의 제단을 만들겠다. 그는
어려운 시기에 내게 답을 주고 내
가 가는 길에 함께 있었다."
4 사람들이 손에 든 다른 신상과 귀
에 건 귀걸이 모두를 재이컵에게
내놓자, 재이컵이 쉬컴스켐, 세겜에
있는 참나무 아래에 그것을 묻었
다.
5 그리고 그들이 떠났는데, 주위 여
러 도시에 **하나님**에 대한 두려움이
엄습하여, 아무도 재이컵의 아들
들을 추격하지 않았다.
6 그렇게 재이컵이 함께 있던 사람
과 함께 캐이넌가나안땅 러스, 즉 베

썰에 왔다.
7 그는 그곳에 제단을 세우고 그 장
소를 '엘베썰'이라고 불렀다. 왜냐
하면 형한테서 도망쳤을 때, 그곳
에서 **하나님**이 그에게 나타났기 때
문이었다.
8 그런데 리베카레베카, 리브가의 유모
데버라드보라가 죽어서, 그녀를 베
썰 아래쪽 참나무 밑에 묻고, 그 나
무 이름을 '앨런바쿠쓰알론바쿳, 알론
바굿'라고 불렀다.
9 재이컵이 패더내럼파딴아람, 밧단아람
밖으로 왔을 때, **하나님**이 다시 나
타나 그를 축복했다.
10 **하나님**이 재이컵에게 말했다. "네
이름이 재이컵이지만, 이제 더 이
상 재이컵이 아니고, 대신 이즈리
얼이스라엘이 네 이름이다." **하나님**은
그의 이름을 이즈리얼이라고 불렀
다.
11 **하나님**이 그에게 말했다. "나는 전
능한 **하나님**이다. 자손을 많이 낳
아 번성해라. 한 나라와 여러 종족
의 무리가 너로부터 나올 것이고,
왕들이 네게서 나올 것이다.
12 내가 애이브러햄아브라함과 아이직
이사악, 이삭에게 주겠다고 한 땅을 너
와 네 후손에게 주겠다."
13 그런 다음 **하나님**이 그와 이야기하
던 곳에서 떠나갔다.
14 재이컵은 그와 같이 말했던 장소
에 돌기둥을 세우고, 거기에 제물
로 포도주와 기름을 부었다.
15 재이컵은 **하나님**과 함께 이야기했
던 장소의 이름을 '베썰'이라고 불
렀다.
16 그들이 베썰에서 떠나, 이프래쓰에
프라타, 에브랏에서 조금 떨어진 곳에
도착했다. 그곳에서 래이철라헬에
게 진통이 왔는데 난산이었다.
17 그녀가 산통을 심하게 겪자, 산파
가 그녀에게 말했다. "두려워 마세
요. 당신은 이번에도 아들을 낳을
거예요."
18 그러나 그녀는 죽어 영혼이 떠났
다. 그래서 산파는 아기의 이름을
'베노니벤오니: 내 슬픔의 아들'이라고 불
렀지만, 아버지 재이컵은 그를 '벤
저민'내 오른팔이라고 불렀다.
19 래이철이 죽어서 이프래쓰, 곧 베
쓸레헴으로 가는 길에 묻혔다.
20 재이컵은 그 무덤 위에 기둥을 세
웠다. 그것이 오늘에 이르는 래이
철 무덤의 기둥이다.
21 이즈리얼이 여행을 떠나, 이다막달
에데르, 에델 탑 너머에 이르러 천막을
쳤다.
22 그런데 이즈리얼이 그 땅에 살고
있을 때, 루번이 아버지의 첩 빌하
와 누워 잤고, 그 소문을 이즈리얼
이 들었다. 이제 재이컵의 아들은
열두 명이다.
23 리아레아의 아들은 재이컵의 장남
루번과 시미언, 리바이, 쥬다, 이써
칼, 제뷸런이고,
24 래이철라헬의 아들은 조셒요셉과 벤

저민이고,
25 래이철의 몸종 빌하의 아들은 댄
과 냎털라이고,
26 리아의 몸종 질파실바의 아들은 개
드와 애셜이다. 이들은 모두 재이
컵이 패더내럼에서 얻은 자식이
다.
27 재이컵이 알바키르얏 아르바, 기럇 아르바
의 도성 맘레마므레로 가서 아버지
아이직에게 갔다. 그곳이 애이브
러햄과 아이직이 살던 히브런헤브론
이다.
28 그때 아이직의 나이는 180세였다.
29 아이직이 나이가 들어 숨을 거두
고 조상에게 돌아갔다. 그래서 그
의 아들 이소와 재이컵이 그를 묻
었다.

이소의 후손

36 다음은 별명이 '이듬에돔: 붉은
죽'인 이소의 세대다.
2 이소는 캐이넌의 딸들을 자신의
아내로 맞았다. 힡부족 일런의 딸
애이다, 하이브부족 지비언의 딸
인 애나의 딸 애홀리바마,
3 네바조쓰의 여동생 이쉬매얼의 딸
배쉬매쓰다.
4 애이다는 이소에게 엘리패즈를 낳
아 주었고, 배쉬매쓰는 루엘을 낳
았다.
5 애홀리바마는 제우쉬, 재아램, 코
라를 낳았다. 이들이 캐이넌땅에
서 태어난 이소의 자식이다.
6 이소는 아내들과 아들딸들 및 집
안 사람들을 데리고, 소떼와 짐승
들과 캐이넌땅에서 갖게 된 재물
을 모두 가지고, 동생 재이컵으로
부터 떠나 그 지방으로 들어갔다.
7 그들은 재산이 너무 많아서 함께
살 수 없었기 때문이었다. 그들이
외지인으로 살았던 그 땅은 그들
의 가축떼를 감당할 수 없었다.
8 그래서 이소, 곧 이듬은 세이어 산
에서 살았다.
9 다음은 세이어산 이듬부족의 아버
지인 이소의 세대족보다.
10 이소의 자식 이름은, 아내 애이다
가 낳아 준 엘리패즈, 아내 배쉬매
쓰가 낳아 준 루엘이다.
11 엘리패즈의 자식은 테먼, 오말, 제
포, 개탬, 케내즈이다.
12 팀나는 이소 아들 엘리패즈의 첩
으로 애멀렉을 낳아주었다. 이들
이 이소 아내 애이다의 자식이다.
13 루엘의 아들은 내이해쓰, 제라, 쉐
마, 미자로서, 이들이 이소 아내 배
쉬매쓰의 자식이다.
14 그리고 이들은 이소의 아내 지비언
의 딸인 애이다의 딸 애홀리바마의
자식이다. 그녀는 이소에게 제우
쉬, 재아램, 코라를 낳아 주었다.
15 다음은 이소 아들 가운데 족장들
이었다. 이소의 장남 엘리패즈의
자식은 테맨 족장, 오말 족장, 제포
족장, 케내즈 족장,
16 코라 족장, 개탬 족장, 애멀렉 족장

으로, 이들은 이듬 땅의 엘리패즈
한테서 나온 부족장들이고 애이다
의 자식이었다.
17 이소 아들 루엘의 아들은 내이해
쓰 족장, 제라 족장, 쉐마 족장, 미
자 족장이다. 이들은 이듬 땅의 루
엘한테서 나온 족장이고, 이소의
아내 배쉬매쓰의 자식이다.
18 이소의 아내 애홀리바마의 자식은
재우쉬 족장, 재아램 족장, 코라 족
장이다. 이들은 이소의 아내인 애
나의 딸 애홀리바마에게서 태어난
족장이었다.
19 다음은 이소, 곧 이듬의 아들이면
서, 그들의 족장이었다.
20 그 땅에 거주한 호리족 세이어의
자식은 로튼, 셔벌, 지비언, 애나,
21 디션, 에저, 디샨이다. 이들은 호리
부족 족장이고, 이듬 땅 세이어의
자손이다.
22 로튼의 자녀는 호리와 히멈이고,
로튼의 여동생이 팀나였다.
23 셔벌의 자녀들은 앨븐, 매너해쓰,
이벌, 쉬포, 오냄이다.
24 지비언의 자녀는 애자와 애나이
고, 애나는 아버지 지비언의 나귀
들에게 풀을 먹일 때, 황야에서 노
새를 발견했다.
25 애나의 자녀는 디션과 애홀리바마
인데, 애홀리바마는 애나의 딸이
다.
26 디션의 자녀는 헴든, 에쉬반, 이쓰
런, 체런이다.
27 에저의 자녀는 빌핸, 재아븐, 애이
컨이다.
28 디샨의 자녀는 우즈와 애런이다.
29 호리족 출신 족장은, 로튼 족장, 셔
벌 족장, 지비언 족장, 애나 족장,
30 디션 족장, 에저 족장, 디샨 족장이
다. 이들이 세이어 땅 족장들 가운
데 호리족 출신 족장들이다.
31 이들은 이듬 땅에서 지배했던 왕
으로서, 지명된 왕이 이즈리얼 자
손을 지배하기 전이었다.
32 비오의 아들 벨라가 이듬에서 지
배했고, 그의 도성 이름은 딘해바
였다.
33 벨라가 죽고, 보즈라의 제라의 아
들 조뱁이 대신 지배했다.
34 조뱁이 죽고, 테매니 땅의 후쉠이
그 대신 지배했다.
35 후쉠이 죽고, 모앱 들판에서 미디
언과 싸운 비댄의 아들 해댄이 대
신 지배했다. 그의 성곽 도시 이름
이 애이비쓰였다.
36 해댄이 죽고, 매스리카의 샘라가
대신 지배했다.
37 샘라가 죽고, 강 옆의 리호보스의
쏠이 대신 지배했다.
38 쏠이 죽고, 애크보의 아들 배이얼
해넌이 대신 지배했다.
39 아크보의 아들 배이얼해넌이 죽
고, 해다가 대신 지배했다. 그의 성
곽 이름은 '파우'였고, 메자합의 딸
매이트레드의 딸인 그의 아내는
이름은 메헤터벨이었다.

40 이소에게서 나온 족장을 종족과
사는 장소와 이름에 따라 나누면,
팀나 족장, 앨바 족장, 제세쓰 족장,
41 애홀리바마 족장, 일라 족장, 피넌
족장,
42 케내즈 족장, 테먼 족장, 밉자 족장,
43 맥디얼 족장, 아이램 족장이다. 이
들은 거주하는 소유지에 따른 이
들의 족장이고, 이소가 이들부족
의 조상이다.

조셒의 꿈

37 재이컵야곱은 아버지가 외지
인으로 머물던 캐이넌가나안
땅에서 살았다.
2 이들은 재이컵의 세대다. 열일곱
살 된 조셒요셉은 형제와 함께 양떼
에 풀을 먹였다. 그 아이는 아버지
의 아내 빌하래이철의 종와 질파리아의
종의 자식과 함께 있었는데, 조셒이
그들의 나쁜 짓을 아버지에게 알
렸다.
3 그런데 이즈리얼이 자녀 중 그를
가장 사랑한 이유는, 조셒을 늙어
서 얻었기 때문이었다. 그는 그 아
들에게 색색으로 화려한 옷을 만
들어 주었다.
4 형제는 아버지가 조셒을 가장 사
랑하는 것을 알고, 그가 미워서 편
히 말을 할 수 없었다.
5 조셒이 꿈을 꾸고 그것을 형제에
게 말했더니, 그들이 그를 더욱 미
워했다.
6 조셒이 형들에게 말했다. "내 꿈 이
야기를 들어 봐. 부탁해.
7 우리가 들에서 다발을 묶고 있는
데, 내 다발이 일어나서 똑바로 서
니까, 너희 다발들이 주위에 서더
니 내 다발에게 복종했어."
8 그러자 형제가 조셒에게 말했다.
"네가 정말로 우리를 다스린다고?
아니면 네가 우리를 다스리는 영
토를 가진다고?" 그들이 그의 꿈
과 말 때문에 그를 더욱 더 미워했
다.
9 조셒은 또 다른 꿈을 꾸고서, 그것
도 형제에게 말했다. "이것 봐. 또
꿈을 꾸었어. 보니까 해와 달과 열
한 개의 별이 내게 정중히 절을 했
어."
10 조셒이 그것을 아버지와 형제들한
테 말했다. 아버지는 그를 꾸짖으
며 말했다. "네가 꾸었다는 그 꿈이
대체 뭐냐? 나와 네 엄마와 형제가
이 땅에서 정말로 네게 머리를 숙
인다니?"
11 형제는 조셒을 시기했지만, 아버
지는 그 이야기를 마음에 두며 지
켜보았다.
12 형제가 아버지의 가축떼를 먹이러
쉬컴스켐, 세겜으로 갔다.
13 이즈리얼이 조셒에게 말했다. "형
제들이 가축을 먹이러 쉬컴에 가
지 않았니? 이제 너 역시 그들에게
보내겠다." 그가 말하자, 조셒이 대
답했다. "네."

14 아버지가 조셉에게 말했다. “네게
부탁한다. 가서 형들이 잘하고 있
는지, 또 가축떼가 잘 있는지 지켜
봐라. 그리고 다시 내게 말을 전하
거라.” 그렇게 조셉을 히브런헤브론
골짜기로 보냈고, 그는 쉬컴에 왔
다.
15 어떤 사람이 보니, 아이가 들판에
서 해메고 있었다. 그 사람이 조셉
에게 물었다. “너는 무엇을 찾고 있
지?”
16 조셉이 말했다. “형제를 찾아요. 그
들이 가축떼를 먹이러 어디로 갔
는지 알려 주세요.”
17 그 사람이 말했다. “그들은 이곳을
떠났다. 그들이 ‘우리 도쓴도탄, 도단
에 가자’라고 하는 말을 들었다.”
그래서 조셉이 형제를 뒤쫓아 가
서, 도쓴에서 그들을 발견했다.
18 형제는 저 멀리서 오는 조셉을 보
자, 가까이 다가오기 전에 그를 죽
일 음모를 꾸몄다.
19 그들이 서로에게 말했다. “저기 그
꿈쟁이가 온다.
20 그가 오면 우리가 죽여 버리자. 짐
승 잡는 구덩이에 던져 버린 다음,
이렇게 말하자. ‘어떤 나쁜 짐승이
그를 잡아먹었다’고 하자. 그리고
조셉의 꿈이 어떻게 될지 두고 보
자.”
21 루번르우벤이 이 말을 듣고 형제 손
에서 조셉을 구하려고 이렇게 말
했다. “우리, 그 아이를 죽이지 말
자.”
22 루번이 그들에게 말했다. “피를 흘
리지 말고, 대신 황야에 있는 구덩
이에 던져 넣고, 그에게 손대지 말
자.” 루번은 조셉을 형제의 손에서
구하여 아버지에게 보내 주고 싶
었다.
23 조셉이 형들에게 오자, 그들은 그
가 입고 있던 화려한 옷을 벗기고
빼앗아,
24 그를 구덩이로 데려가서 던졌다.
구덩이는 텅 비어 있었고, 안에는
물도 없었다.
25 그들이 앉아서 빵을 먹다가 눈을
치켜뜨고 보니, 이쉬매얼이스마엘 사
람 무리가 길리언길앗, 길르앗에서 오
고 있었다. 이집트로 가져 가는 향
신료와 진통 방향연고, 방부 고무
수지 향료를 실은 낙타와 함께 왔
다.
26 쥬다유다가 형제에게 말했다. “형제
를 죽이고 피를 숨겨서 우리가 얻
는 게 뭐지?
27 자, 조셉을 이쉬매얼 사람들에게
팔고, 그에게 손대지 말자. 왜냐하
면 그는 우리 형제고 혈육이다.” 그
래서 형제가 동의했다.
28 한편, 미디언 상인이 그곳을 지나
가면서, 조셉을 구덩이 밖으로 잡
아 끌어올려, 이쉬매얼 사람들에
게 은 20쉐클약 230g에 팔았다. 그리
고 그들은 조셉을 이집트로 데려
갔다.

29 그 후 루번이 구덩이로 다시 와보
니, 그곳에 조셒이 없었다. 그는 자
신의 옷을 찢었다.
30 루번은 형제에게 돌아가서 말했
다. "그 아이가 없다. 내가 뭘 어떻
게 해야 하나?"
31 그들이 조셒의 옷을 가져다가 새
끼 염소 한 마리를 죽여 그 피에 옷
을 담갔다.
32 그들은 색이 화려한 그 옷을 아버
지에게 가져가서 말했다. "우리가
이것을 발견했어요. 아버지! 아들
옷이 맞는지 살펴보세요."
33 그가 그것을 알아보고 말했다. "이
것은 내 아들의 옷이다. 나쁜 짐승
이 그를 집어삼켰구나! 조셒이 틀
림없이 조각조각 찢겼구나!"
34 재이컵야곱이 자신의 옷을 찢고, 가
슴 위에 거친 삼베를 두르고 아들
을 위해 오랫동안 슬퍼했다.
35 아들과 딸 모두가 그를 크게 위로
했다. 하지만 그는 위로 받기를 거
부하며 말했다. "무덤 속으로 안타
까운 내 아들에게 들어가겠다." 그
러면서 조셒의 아버지는 그를 위
해 울었다.
36 미디언 사람들은 이집트에서 퐡어
풔포티파르, 보디발에게 조셒을 팔았는
데, 그는 풰로우파라오, 바로왕의 관리
이자 경호대장이었다.

쥬다와 며느리 태이머

38 쥬다가 형제를 떠나, 하이라
히라라는 이름의 어떤 애덜램
아둘람부족에게 들어가게 되었을 때
의 일이었다.
2 쥬다는 거기서 캐이넌가나안부족의
슈아수아라는 사람의 딸을 보고, 맞
이하여 그녀에게 들어갔다.
3 그녀는 임신하여 아들을 낳았고,
쥬다는 아들의 이름을 이얼에르이
라고 불렀다.
4 그녀는 또 임신하여 아들을 낳았
고, 아들의 이름을 오넌이라고 불
렀다.
5 그녀가 다시 또 임신하여 아들을
낳아 이름을 쉴라셀라라고 불렀다.
그녀가 아들을 낳았을 때 쥬다는
췌집크집, 거십 땅에 있었다.
6 쥬다가 그의 장남 이얼을 위해 아
내를 맞이해 주었는데, 그녀의 이
름은 태이머타마르, 다말였다.
7 **주님**이 보기에 쥬다의 장남 이어가
부도덕했다. 그래서 **주님**이 그를
죽였다.
8 쥬다가 오넌에게 말했다. "형의 아
내에게 들어가라. 그녀와 결혼해
서 네 형의 씨를 키워 줘라."
9 오넌은 그 씨가 자신의 것이 되지
않는다는 것을 알았다. 그래서 형
의 아내에게 들어갔을 때, 자신의
씨를 땅에 쏟고 형에게 주지 않았
다.
10 그가 한 일은 **주님**을 못마땅하게

했고, 그 때문에 **주님**이 또 그를 죽
였다.
11 쥬다유다가 며느리 태이머에게 말
했다. "아들 쉴라셀라가 자랄 때까
지 아버지 집에서 과부로 남아 있
어라." 그는 어쩌면 형들처럼 쉴라
역시 죽지 않을까 염려해서 말했
다. 그래서 태이머는 자기 아버지
집에 가서 살았다.
12 세월이 흘러, 슈아의 딸 쥬다의 아
내가 죽었다. 쥬다는 마음의 위로
를 받고서, 애덜램아둘람부족 친구
하이라와 팀내스로 자신의 양털을
깎아주는 사람한테 갔다.
13 그런데 태이머에게 이런 말이 들
렸다. "보라, 네 시아버지가 팀내스
팀나, 딤나로 그의 양털을 깎아주는
사람한테 간다더라."
14 그녀는 입고 있던 과부 옷을 벗고,
베일로 얼굴을 가리고 몸을 감싸
고, 팀내스 가는 길 옆에 있는 공개
된 장소에 앉았다. 왜냐하면 쉴라
가 자랐는데도 자신을 그의 아내
로 주지 않았기 때문이다.
15 쥬다가 며느리를 보았는데 매춘부
라고 생각했다. 그녀가 얼굴을 가
렸기 때문이었다.
16 그는 길옆의 그녀를 향해 몸을 돌
려 말했다. "부탁한다. 내가 네게
들어가게 허락해줘라." [그녀가 자
신의 며느리인지 알지 못했기 때
문이었다.] 그러자 그녀가 말했다.
"당신이 내게 오면 무엇을 주나
요?"
17 그가 말했다. "양떼 중에서 새끼 한
마리를 네게 보내겠다." 그녀가 말
했다. "당신이 그것을 보낼 때까지
내게 증표를 주겠어요?"
18 그가 말했다. "무슨 증표를 줄까?"
그녀가 말했다. "당신의 인장과 팔
찌들, 손에 있는 지팡이요." 그는
그것을 주고 그녀에게 들어갔고,
그녀는 임신이 되었다.
19 그녀는 일어나 그곳을 떠난 다음,
베일을 벗어 두고 과부 옷을 입었
다.
20 쥬다는 친구 애덜램 사람 손에 새
끼를 보내어, 그녀에게서 증표를
돌려받고자 했는데, 친구는 그녀
를 찾지 못했다.
21 그래서 그곳 사람에게 물었다. "길
가에 있는 매춘 장소가 어딘가
요?" 그들이 말했다. "이곳에는 매
춘 장소가 없어요."
22 그는 쥬다에게 돌아와서 말했다.
"그녀를 찾을 수 없고, 사람들이 그
곳에 매춘 장소가 없다더라."
23 쥬다가 말했다. "내가 새끼를 보냈
는데, 그녀를 찾지 못했으니, 우리
가 수치스럽지 않도록 그녀가 증
표들을 갖게 놔두자."
24 그 후 3개월이 지나 쥬다에게 소문
이 들렸다. "당신 며느리 태이머가
매춘을 해서 아이까지 가졌다." 쥬
다가 말했다. "그녀를 앞으로 데려
와라. 불에 태워 죽이겠다."

25 그녀가 앞에 끌려오자, 시아버지
에게 물건을 보이며 말했다. "이것
들을 가진 사람의 아이를 가졌어
요." 그녀가 이어 말했다. "살펴봐
주세요. 부탁해요. 인장과 팔찌들,
그리고 지팡이가 누구의 것인지
요."
26 쥬다가 그것들을 알아보며 말했
다. "그녀가 나보다 더 올바르다.
내가 그녀에게 아들 쉴라를 주지
않았기 때문이다." 그런 다음 그는
더 이상 그녀를 보지 않았다.
27 태이머한테 진통이 와서 보니, 자
궁 안에 쌍둥이가 있었다.
28 그녀가 산통을 겪고 있을 때, 한 아
기가 손을 밖으로 내밀었다. 산파
가 그 손을 잡아 주홍 실을 묶고 말
했다. "이 아기가 첫째다."
29 그런데 아기가 손을 도로 끌어당
기면서, 동생이 먼저 나왔다. 산파
가 말했다. "어째서 네가 순서를 깨
는 거냐? 너는 위반했다." 그래서
동생의 이름이 '패레즈페레츠, 베레스'
다.
30 그 다음 손에 주홍 실이 묶인 형이
나왔다. 그래서 형의 이름은 '재라
제라, 세라'라고 불렀다.

조셒과 팥어풔의 아내

39 조셒요셉은 이집트로 끌려왔
다. 그리고 풰로우파라오, 바로
의 관리이자 경호대장 이집트인
팥어풔포티파르, 보디발가, 조셒을 그
곳에 끌고 간 이쉬매얼 사람들한
테서 샀다.
2 **주님**이 함께 있어 조셒은 운이 좋
은 사람이 되었다. 그는 그의 **주인**
이집트 사람의 집에 있었다.
3 그의 주인도 **주님**이 그와 함께 있
다는 것을 알았고, **주님**이 조셒이
무엇을 하든 성공하도록 만든다는
것도 알았다.
4 조셒이 주인의 호의를 알고, 주인
을 섬겼고, 주인은 그를 자신의 집
관리인으로 만들어, 자신이 가진
모든 것을 그에게 맡겼다.
5 그가 조셒을 집과 모든 재산의 관
리인으로 삼은 때부터, **주님**이 조
셒을 위해 이집트인의 집에 복을
주었다. 그래서 **주님**의 축복이 그
가 사는 집과 평야 모든 것에 있었
다.
6 주인은 모든 것을 조셒의 손에 맡
겼고, 자기가 먹는 빵 말고는 자신
이 가진 것을 알 필요도 없었다. 조
셒은 매력 있고 상당히 호감을 받
는 사람이었다.
7 그런데 주인의 아내가 조셒에게
추파를 던지며 말하는 일이 생겼
다. "나와 자자."
8 조셒요셉은 거절하며 주인의 아내
에게 말했다. "보세요, 주인은 내게
맡겨둔 이 집안 일들을 다 알지 못
해요. 그가 가진 모든 것을 내 손에
맡겼지요.
9 이 집안에는 나보다 더 큰 일을 하

는 자가 없고, 그가 내게 못하게 하
는 것이 없지만, 당신만은 아니죠.
왜냐하면 당신은 그의 아내이기
때문입니다. 그런데 어째서 내가
이토록 커다란 악행을 하여 **하나님**
에게 위배되는 죄를 지어야 하나
요?"
10 그녀가 조셉에게 날마다 이야기해
도, 그는 들으려 하지 않고 그녀와
동침하거나 같이 있으려고도 하지
않았다.
11 그러던 어느날 조셉이 일을 하려
고 집에 들어갔더니, 그때 집안의
남자 종은 아무도 없었다.
12 그녀가 조셉의 옷을 붙잡고 말했
다. "나와 같이 자자." 그래서 그는
옷을 그녀 손에 둔 채 도망쳐 버렸
다.
13 그녀는 조셉이 그의 옷을 자신의
손에 버려 두고 밖으로 도망친 것
을 알자,
14 집안 사람들을 불러 말했다. "보라,
주인어른이 데려온 히브리 놈이 우
리를 농락하려고 했고, 내게 와서
같이 자려고 했다. 그래서 내가 크
게 소리를 질렀다.
15 그랬더니 그는 내가 지르는 소리
를 듣고 내게 자기 옷을 둔 채 도망
쳐 버렸다."
16 그러면서 그녀는 남편이 집에 올
때까지 자기 옆에 조셉의 옷을 두
었다.
17 그리고 그녀는 이런 이야기를 그
에게 했다. "당신이 우리에게 데려
온 히브리 종이 와서 나를 농락하
는 일이 있었어요.
18 그런데 내가 목소리 높여 소리 지
르자, 그는 자기 옷을 내게 두고 도
망갔어요."
19 조셉의 주인이 자신의 종이 아내한
테 그렇게 했다는 말을 듣고 분노
가 폭발했다.
20 조셉의 주인은 그를 붙잡아 감옥에
넣었다. 그곳은 왕의 죄수를 감금
하는 장소였고, 그렇게 조셉은 감
옥에 들어갔다.
21 하지만 **주님**이 조셉과 함께 있어
그에게 자비를 베풀고, 그를 감옥
의 교도관 눈에 들도록 해주었다.
22 교도관이 조셉에게 교도소에 있는
모든 죄수들을 맡겼다. 그래서 그
는 그곳에서 그들이 무엇을 하든
모든 일을 처리하는 사람이 되었
다.
23 교도관은 아무것도 직접 신경을
쓰지 않았다. 왜냐하면 **주님**이 조
셉과 함께하면서, 그가 하는 모든
일을 순조롭게 이루어지도록 해주
었기 때문이었다.

조셉이 두 죄수의 꿈 해몽

40 이런 일이 있은 뒤, 이집트왕
의 주류 관리인과 제빵사가,
그들의 주인 이집트왕을 불쾌하게
만든 일이 있었다.
2 그래서 풰로우파라오, 바로는 두 관리,

주류 관리장과 제빵장에 대하여
격노했다.
3 그리고 이집트왕은 경호대장 집에
있는 감옥에 그들을 집어넣었다.
그곳은 조셒이 감금된 곳이었다.
4 경호대장은 조셒에게 그들을 맡겼
고, 조셒은 그들에게도 봉사하며
감옥에서 한동안 지냈다.
5 그들은 둘 다 하룻밤 사이 각자 꿈
을 꾸었는데, 감옥에 갇힌 이집트
왕의 주류 관리장과 제빵장의 해
석이 제 각각이었다.
6 조셒이 아침에 들어가서 보니 그
들의 기색이 우울했다.
7 조셒은 주인집 감옥에서 함께 지
내는 풰로우왕의 관리들에게 물었
다. "당신들은 오늘 왜 그렇게 슬퍼
보이죠?"
8 그들이 조셒에게 말했다. "우리
가 꿈을 꾸었는데 해석해 줄 사람
이 없다." 조셒이 그들에게 말했
다. "꿈 해몽은 **하나님**에 속한 일이
아닌가요? 나에게 꿈을 말해 보세
요."
9 주류 관리장이 자기가 꾼 꿈을 조
셒에게 말했다. "내 꿈에서 보니,
포도나무가 내 앞에 있었는데,
10 그 나무에 가지가 셋이 있었고 싹
이 돋는 듯하더니, 꽃이 만발하여
포도송이가 달려 잘 여문 포도를
맺었다.
11 내 손에 왕의 잔이 있었고, 나는 포
도를 따서 내가 들고 있던 풰로우
왕의 술잔에 눌러 짜서, 왕의 손에
그 잔을 주었다."
12 조셒이 그에게 말했다. "그 꿈의 해
석은 이렇습니다. 가지 셋은 3일을
뜻하는데,
13 사흘 안에 풰로우는 당신의 머리
를 지하에서 들어올려 원래 자리
로 복직시키고, 당신이 주류 관리
장이었을 때 하던 대로 잔을 왕의
손에 주게 되지요.
14 하지만 당신에게 모든 일이 잘 풀
릴 때, 나를 생각하고 친절을 베풀
어 주세요. 부탁해요, 풰로우에게
나의 이야기를 해서 이 집 밖으로
내보내 주세요.
15 사실 나는 히브리 땅에서 끌려온
사람이에요. 여기서 그들이 나를
지하 감옥에 넣을 만한 일은 아무
것도 하지 않았어요."
16 꿈 해석이 좋은 것을 알고서 제빵
장이 조셒에게 말했다. "나 역시 꿈
을 꾸었는데, 들어봐라. 내 머리 위
에 흰 바구니가 세 개 있었고,
17 가장 높은 바구니에 왕을 위한 구
운 음식이 있었는데, 새들이 머리
위 바구니에서 그것들을 다 먹어
버렸다."
18 조셒요셉가 대답했다. "그 꿈의 해
석은 이래요. 바구니 세 개는 3일
을 의미하죠.
19 하지만 사흘 안에 풰로우파라오, 바로
가 당신의 머리를 베어 내고, 당신
을 나무에 걸어 새들이 살을 먹게

할 것입니다."
20 사흘 뒤 퀘로우왕의 생일날이 되
었다. 그는 모든 신하들에게 잔치
를 베풀고, 신하 중 주류 관리장과
제빵장의 머리를 지하에서 들어올
렸다.
21 왕이 주류 관리장을 주류 담당관
으로 다시 복직시켜서, 그가 왕의
손에 잔을 주었다.
22 그러나 왕은 제빵장의 목을 매달
았다. 조셉이 그들에게 풀이해 준
대로였다.
23 그렇지만 주류 관리장은 조셉을
기억하지 못하고 잊어버렸다.

이집트 퀘로우왕의 꿈

41 그리고 2년이 거의 지날 무
렵, 퀘로우왕이 꿈을 꾸었다.
꿈에서 그는 강 옆에 서 있었다.
2 보기 좋게 살찐 암소 일곱 마리가
강에서 올라와, 풀밭에서 풀을 먹
고 있었다.
3 또 보니 흉하고 마른 다른 암소 일
곱 마리가 뒤이어 강에서 올라와
서, 강가의 다른 암소 옆에 섰다.
4 그러더니 흉하고 마른 암소가 보
기 좋은 살찐 암소 일곱 마리를 먹
어 치웠고, 그때 퀘로우가 깼다.
5 그는 또 잠이 들어 두 번째 꿈을 꿨
다. 꿈에서 일곱 개의 옥수수 이삭
이 한 줄기에서 나왔고, 알이 차 통
통해서 보기 좋았다.
6 또 보니 동풍을 맞은 마른 이삭 일
곱 개가 먼저 나온 이삭 뒤에 이어
서 달렸다.
7 마른 이삭 일곱 개가, 무성하고 속
이 찬 이삭 일곱 개를 먹어 치웠다.
퀘로우가 깨어 보니 꿈이었다.
8 아침이 되어 왕은 정신이 혼란스
러웠다. 그는 사람을 보내어 이집
트의 술사와 현자들을 모두 불렀
다. 왕이 그들에게 꿈을 말했지만,
해석해 줄 사람이 아무도 없었다.
9 그때 주류 관리장이 퀘로우에게
말했다. "제가 오늘 제 잘못을 기억
합니다.
10 퀘로우께서 신하들에게 화가 나서
나와 제빵장 둘 다 근위대장 집에
있는 감옥에 가뒀었죠.
11 그리고 나와 그가 한 날 꿈을 꾸었
는데, 각기 해석이 다른 꿈이었어
요.
12 그곳에 근위대장의 종 젊은 히브
리 사람이 우리와 함께 있었어요.
우리는 그에게 말했고, 그는 자신
이 해석한 꿈을 각자에게 풀이해
주었어요.
13 그가 우리에게 해석해 준 대로, 왕
은 나를 일에 복직시켰고 제빵장
은 목을 매달았어요."
14 그러자 퀘로우왕이 사람을 보내어
조셉을 불렀다. 사람들이 서둘러
조셉을 지하 감옥에서 데려왔고,
그는 면도하고 옷을 갈아입고 왕
에게 나왔다.
15 퀘로우가 조셉에게 말했다. "내가

꿈을 꾸었는데 그것을 풀이할 수
있는 사람이 아무도 없다. 그런데
꿈을 풀이하여 이해할 수 있다는
네 이야기를 들었다."
16 조셉이 풰로우에게 대답했다. "그
것은 내가 아니에요. **하나님**이 왕
에게 맞는 답을 주게 되지요."
17 풰로우가 조셉에게 말했다. "들어
봐라. 꿈에 나는 강둑에 서 있었다.
18 거기에 살찌고 보기 좋은 일곱 암
소가 강에서 나와 풀밭에서 풀을
뜯어먹었다.
19 또 보니, 다른 일곱 암소가 그 뒤에
나왔는데, 나쁜 정도로 말하자면
이집트땅 어느 곳에서도 본 적 없
을 만큼이었다.
20 빈약하고 보기 흉하고 마른 암소
가 첫 번째 일곱 마리 살찐 암소를
먹어 치웠다.
21 그들이 먹어 치웠는데도 살찐 소
를 먹었는지 알 수 없게 처음처럼
여전히 보기 흉했다. 그리고 내가
깼다.
22 또 내가 꿈에서 보았다. 보기 좋게
통통한 일곱 이삭이 한 줄기에서
나왔고,
23 또 보니, 동풍을 맞고 시들고 마른
일곱 이삭이 그 뒤로 달렸다.
24 그리고 마른 이삭이 통통한 일곱
이삭을 먹어 치웠다. 이 꿈을 술사
들에게 말했지만, 나에게 그것을
풀어 줄 수 있는 자가 없었다."
25 조셉이 풰로우에게 말했다. "왕의
꿈은 하나입니다. **하나님**이 그가
하려는 것을 풰로우왕에게 보여주
었어요.
26 일곱의 좋은 암소는 7년이고 일곱
의 좋은 이삭도 7년이니, 그 꿈은
하나입니다.
27 마르고 보기 흉한 일곱 암소는 첫
번에 이어서 오는 7년입니다. 동풍
맞은 속이 빈 일곱 이삭은 기근의
7년이 될 것입니다.
28 이것이 내가 왕에게 말할 수 있는
것입니다. **하나님**이 하려는 일을
풰로우왕에게 보인 것이죠.
29 보세요, 대단히 풍성한 7년이 이집
트 전역에 옵니다.
30 그리고 뒤이어 기근의 7년이 일어
납니다. 그러면 이집트의 풍요가
모두 잊히고, 기근이 이 땅을 집어
삼키지요.
31 이어지는 기근으로 말미암아 이
땅은 풍요를 알지 못할 거예요. 왜
냐하면 그것이 대단히 비참하기
때문입니다.
32 그런 까닭에 그 꿈이 풰로우왕에
게 두 번이나 중복되어 나타났어
요. **하나님**이 모든 상황을 만들었
고 그것을 곧 발생시킬 것이기 때
문입니다.
33 그러므로 이제 왕은 신중하고 현
명한 사람을 찾아내어, 그에게 이
집트땅 전역을 관리하게 하세요.
34 풰로우파라오, 바로는 이렇게 하세요.
그에게 땅을 관리할 관리들을 임

명하게 하고, 7년의 풍년 동안 이
집트땅 5분의 1 부분을 차지하게
하세요.
35 그들에게 앞으로 올 풍년의 모든
곡식을 모아서, 왕의 권한 아래 도
성 안에 두게 하십시오.
36 그 식량은 이집트땅에 앞으로 있
을 7년간의 기근에 대비하여 이 땅
에 비축되어야 해요. 그때 이곳이
굶어 죽지 않게 말이죠."
37 그것은 풰로우의 눈에도, 또 모든
신하의 마음에도 들었다.
38 풰로우가 신하에게 말했다. "우리
가 이처럼 **하나님**의 영혼을 가진
사람을 찾을 수 있을까?"
39 풰로우가 조셒요셉에게 말했다. "**하
나님**이 이 모든 것을 네게 보여 주
기 때문에, 너만큼 그토록 신중하
고 분별력 있는 현명한 자가 없다.
40 네가 내 집을 관리하고, 또 나의 모
든 백성을 네 말에 따라 다스리도
록 해라. 오직 이 왕좌만이 내가 너
보다 높다."
41 풰로우왕이 조셒에게 말했다. "보
라, 이집트땅 전부를 네게 넘긴다."
42 왕이 그의 손에서 반지를 빼내어
조셒요셉의 손에 끼워 주고, 고급 면
으로 만든 옷을 맞춰주고, 그의 목
에 금목걸이를 걸어 주었다.
43 왕이 자신의 2급 마차에 조셒을 타
게 하자, 신하들은 조셒 앞에서 외
쳤다. "무릎 꿇고 머리 숙여 절하
라." 그리고 왕은 그에게 이집트 전
역을 다스리게 했다.
44 왕이 조셒에게 말했다. "나는 풰로
우왕이다. 전 이집트땅에서 너의
명령 없이는 손이나 발을 드는 사
람이 아무도 없을 것이다."
45 풰로우가 조셒의 이름을 '잽내쓰
패니아'라고 불렀고, 그에게 온부
족의 제사장 포티페라보디베라의 딸
애세내쓰아스낫를 아내로 주었다.
그리고 조셒은 이집트 전역을 다
스렸다.
46 조셒이 이집트 풰로우왕 앞에 섰
을 때 30세였다. 그는 왕 앞에서 물
러나와, 이집트 전역을 두루 다녔
다.
47 7년동안 풍년이 들어 땅에서 많은
곡식이 생산되었다.
48 그는 이집트땅에서 7년 동안 생산
된 식량을 모두 모았고, 성곽 주위
의 들판에서 생된 곡식을 각 도성
마다 같은 식으로 쌓아 두었다.
49 조셒은 곡식을 바다의 모래처럼
대단히 많이 모았다. 너무 많아서
수를 셀 수 없어 그냥 내버려 둘 정
도였다.
50 기근이 오기 전 해에 조셒에게 두
아들이 태어났다. 온부족의 제사
장 포티풰라의 딸 애세내쓰가 그
에게 낳아 주었다.
51 조셒은 장남 이름을 머나서므나쎄, 므
낫세라고 부르며 말했다. "**하나님**이
내게 온갖 고생과 아버지 집에서
겪은 힘든 일들을 잊게 했기 때문

이다."
52 둘째의 이름을 이프리엄에프라암, 에
브라임이라고 불렀다. "**하나님**이 내
가 불행했던 이 땅에서 열매를 맺
게 했기 때문이다"라고 했다.
53 이집트땅에서 풍성했던 7년이 끝
났다.
54 조셒이 말한 대로 죽음의 7년이 오
기 시작했다. 모든 땅에 죽음이 가
득했지만, 이집트땅 전역에는 먹
을 것이 있었다.
55 이집트 전역이 굶주리게 되자 사
람들이 퀘로우에게 먹을 것을 달
라고 소리쳤고, 왕은 그들에게 말
했다. "조셒에게 가서, 그가 시키는
대로 해라."
56 전 지역에 기근이 덮치자 조셒이
창고를 열어 이집트 사람에게 팔
았다. 이집트땅에 기근이 극심했
다.
57 모든 나라가 조셒에게 곡식을 사
려고 이집트에 왔다. 기근이 온 땅
에 대단히 심했기 때문이다.

조셒 형제가 이집트로 가다

42 재이컵야곱이 이집트에 곡식
이 있다는 것을 알게 되자, 여
러 아들에게 말했다. "너희는 왜 서
로 보고만 있나?"
2 그가 말했다. "보라, 이집트에 곡식
이 있다고 들었다. 그곳에 가서 우
리를 위해 곡식을 사오너라. 그래
야 우리가 죽지 않고 살 수 있다."
3 그래서 조셒의 열 형제가 이집트
로 곡식을 사러 갔다.
4 하지만 재이컵은 조셒의 동생 벤
저민만은 형제들과 같이 보내지
않았다. 그가 말했다. "그에게 불행
이 닥치면 안 된다."
5 이즈리얼재이컵의 자식도 곡식을 사
러 그곳에 온 사람 중에 끼어있었
다. 기근이 캐이넌땅에도 있었기
때문이었다.
6 조셒은 그곳의 총리이면서, 그곳
백성들에게 곡식을 파는 사람이었
다. 조셒의 형제가 와서, 땅에 엎드
려 그에게 머리 숙여 절했다.
7 조셒은 형제를 알아보았지만, 모
르는 척하며 거칠게 말했다. "너희
는 어디에서 온 거냐?" 그들이 말
했다. "캐이넌가나안땅에서 식량을
사러 왔어요."
8 조셒요셉은 그의 형들을 알았지만,
그들은 그를 알아보지 못했다.
9 조셒은 그들에 대해 꾸었던 꿈을
기억하고, 그들에게 말했다. "너희
는 이 땅의 약점을 보려고 온 첩자
다."
10 그들이 그에게 말했다. "아닙니다.
우리의 주인님, 식량을 사러 당신
의 종들이 왔어요.
11 우리는 한 아버지의 자식으로, 정
직한 사람이에요. 당신의 종들은
간첩이 아니에요."
12 그가 그들에게 말했다. "아니다. 너
희는 이 땅의 약점을 보기 위해 온

거다."
13 그들이 말했다. "당신의 종들은 열
두 형제고, 캐이넌땅에 사는 자의
자식이에요. 막내는 아버지와 함
께 있고, 또 하나는 없어요."
14 조셒이 그들에게 말했다. "그것이
바로 내가 너희에게 첩자라고 말
하는 거다.
15 따라서 너희는 증명해야 한다. 퉤
로우파라오, 바로에 목숨을 걸고 너희
막냇동생이 이곳에 오지 않는다면
너희는 여기서 나가지 못한다.
16 너희 중 하나를 보내어 그에게 너
희 형제를 데려오게 하라. 그리고
너희는 감옥에 있어야 한다. 그러
면 너희 이야기가 진실인지 아닌
지 입증될 것이다. 그렇지 않으면
풰로우에 목숨을 걸고 맹세하는
데, 너희는 분명 첩자다."
17 그는 그들 모두를 사흘 동안 감방
에 함께 가두었다.
18 조셒은 사흘 만에 그들에게 말했
다. "내가 이렇게 하는 것은 살아
있는 **하나님**을 경외하기 때문이다.
19 만약 너희가 정직한 사람이면, 형
제 중 한 사람만 수용소 안에 구속
시키고, 나머지는 집안의 기근을
구하기 위해 곡식을 가지고 가라.
20 하지만 너희 막내를 데려와라. 그
러면 너희 말이 증명되어, 죽지 않
을 것이다." 그래서 그들이 그렇게
했다.
21 그들이 서로에게 말했다. "우리는
동생의 일로 죄를 지었다. 그가 우
리에게 간청했을 때, 그의 마음이
대단히 괴로웠을텐데, 보고도 듣
지 않았다. 그래서 이런 고통이 우
리에게 오는 것이다."
22 루번르우벤: 재이컵 장남이 그들에게 대
답했다. "너희에게 말하지 않았냐?
그 아이에 대해 죄를 짓지 말자고.
너희는 듣지 않았지? 보라, 그래서
결국 그 아이가 흘린 피의 대가를
치르는 것이다."
23 그들은 조셒이 그들을 안다는 것
을 알지 못했다. 왜냐하면 그가 통
역자를 통해 그들에게 말했기 때
문이다.
24 조셒은 그들에게서 몸을 돌려 울
고, 다시 몸을 되돌려 대화했다. 그
들 중 시미언시메온, 시므온: 재이컵과 리아
의 둘째 아들을 붙잡아서 그들이 보는
앞에서 감금했다.
25 그런 다음 조셒이 명령하여, 그들
의 자루에 곡식을 채우게 하고, 그
들의 돈을 각기 자루에 돌려주고,
길에서 먹을 양식을 챙겨 주었다.
조셒이 그들에게 그렇게 했다.
26 그들은 곡식을 가지고 자신의 나
귀에 올라타고 그곳을 떠났다.
27 형제 중 하나가 여관에서 나귀에
게 꼴을 주려고 자루를 열었을 때,
그는 자루 입구에 자기 돈이 그대
로 있는 것을 알아챘다.
28 그가 형제에게 말했다. "돈이 돌아
왔다. 보라, 자루 안에 그대로 있

다." 그들의 심장이 철렁 내려 앉았
고, 두려워서 서로에게 말했다. "**하**
나님이 우리에게 무슨 일을 한 것
인가?"
29 그들이 캐이넌땅으로 아버지 재이
컵야곱에게 왔다. 아버지께 그들에
게 일어난 모든 일을 말했다.
30 "그 땅의 주인님인 그가 우리에게
거칠게 말을 하면서 그 나라의 첩
자로 취급했어요.
31 우리는 그에게 우리는 진실한 사
람이고 간첩이 아니라고 말했죠.
32 우리는 한 아버지의 자식으로 열
두 형제인데, 하나는 없고 막내는
그날 캐이넌땅에 아버지와 함께
있다고 했어요.
33 그러자 그 나라의 주인님인 그가
우리에게 말했어요. '그렇다면 너
희가 진실한 사람인지 알아야겠
다. 너희 형제 중 하나를 여기 나와
같이 남기고, 나머지는 집안의 기
근을 구하러 식량을 가지고 가라.
34 그리고 너희 막내 형제를 데려와
라. 그러면 너희가 간첩이 아니고
진실한 사람임을 알게 되어, 형제
를 내줄 것이고, 너희는 이 땅에
서 거래를 하게 될 것' 이라고 했어
요."
35 그러면서 자루를 비우자, 그들의
돈뭉치가 각자의 자루 안에 있었
다. 그들과 아버지 모두가 돈뭉치
를 보자 두려웠다.
36 아버지 재이컵이 그들에게 말했
다. "너희가 내 자식들을 빼앗았다.
조셒이 없어졌고, 시미언도 없고,
너희는 이제 벤저민마저 데려가려
고 한다. 이 모든 것이 나를 불행하
게 한다."
37 루번이 아버지에게 말했다. "만약
내 손으로 그를 구해서 데려오지
못하면, 나의 두 아들을 죽이세요.
내가 아버지께 그를 데려오겠어
요."
38 아버지가 말했다. "내 아들을 너와
함께 가게 하지 않겠다. 왜냐하면
그의 형이 죽어, 혼자 남았다. 너희
와 가다가 만약 그에게 불행이 생
기면, 이 백발을 슬픔과 함께 무덤
으로 끌고 가는 것이다."

벤저민과 함께 이집트로 가다

43 기근이 그 땅에 극심했다.
2 그들이 이집트에서 가져온 곡식을
다 먹었을 즈음 아버지가 그들에
게 말했다. "다시 가서, 우리가 먹
을 식량을 조금 사오너라."
3 쥬다유다가 아버지에게 말했다. "그
사람은 엄숙하게 경고했어요. '네
동생이 같이 오지 않으면 너희는
내 얼굴을 보지 못한다'고 말이죠.
4 만약 아버지가 우리와 함께 동생을
보내면, 가서 식량을 사오겠어요.
5 하지만 동생이 가지 않으면, 우리
는 못 가요. 왜냐하면 그 남자가 우
리에게 '동생이 너희와 같이 오지

않으면, 너희는 내 얼굴을 보지 못
한다'고 했기 때문이에요."
6 이즈리얼이스라엘이 말했다. "어째서
너희는 이토록 나를 괴롭히느냐?
그 사람에게 동생이 또 있다는 말
까지 해서."
7 그들이 말했다. "그 남자가 우리 형
편과 우리 일가에 관해 꼬치꼬치
물었어요. '아버지는 아직 살아 계
신가? 또 다른 형제가 있는가?' 라
고. 그래서 우리는 묻는 말의 취지
에 따라 그에게 대답했어요. 그가
동생을 데려오라고 말할지 어떻게
확실히 알았겠어요?"
8 쥬다가 아버지 이즈리얼에게 말했
다. "그 아이를 저와 함께 보내면,
일어나 가겠어요. 그러면 우리 형
제 모두 아버지도 어린 것들도 죽
지 않고 살 수 있어요.
9 아버지가 절대 필요로 하는 그 아
이를 위해 내 손으로 확실하게 책
임 지겠어요. 만약 아이를 데려오
지 못하여 아버지 앞에 두지 못하
면, 그때 저를 영원히 책망하세요.
10 미적거리지 않았더라면, 우리는
분명 두 번이나 다녀왔을 거예요."
11 아버지 이즈리얼이 그들에게 말했
다. "반드시 그렇게 해야 한다면,
이렇게 해라. 짐 속에 이 땅에서 나
는 가장 좋은 열매를 그 사람에게
선물로 가져가고, 향유와 꿀 조금,
향신료와 몰약, 땅콩과 아몬드도
넣어라.
12 또한 돈을 두 배로 가져가라. 자루
입구에 담겨 돌아온 돈을 너희 손
으로 다시 가져가거라. 아마도 그
것은 실수였을 것이다.
13 또 동생도 데리고 일어나 다시 그
사람에게 가라.
14 **하나님**의 무한한 힘이 너희에게 자
비를 베풀 것이다. 그러면 그 사람
이 네 다른 형제와 벤저민을 보내
줄지 모르겠다. 만약 내 아이들을
잃는다면, 나는 모든 것을 빼앗기
는 자가 된다."
15 형제들이 선물과 두 배의 돈을 챙
겨 벤저민을 데리고, 일어나 이집
트로 가서 조셒요셉 앞에 섰다.
16 조셒이 그들과 같이 있는 벤저민
을 보자, 그의 집 관리인에게 말했
다. "이들을 집으로 데려가라. 가축
을 잡아 음식을 준비해라. 이들은
낮에 나와 함께 식사할 것이다."
17 그 사람은 조셒이 지시하는 대로
조셒의 집으로 형제들을 데려갔
다.
18 형제는 조셒의 집으로 가는 것이
두려워서 그들이 말했다. "처음에
우리가 가져갔다 자루에 돌아온
돈 때문에 우리를 처벌할 기회를
찾을지도 모른다. 노예로 삼고 나
귀까지 빼앗는 일이 우리에게 닥
칠 것이다."
19 형제가 조셒의 집사에게 가까이
가서 그 집 문앞에서 이야기했다.
20 "저, 관리인님, 우리가 처음에 식량

을 사러 왔었죠.
21 그때 이렇게 되었어요. 여관에 이
르러 자루를 열었더니, 우리 모두
의 돈이 액수 그대로 각자 자루 입
구에 있었어요. 그래서 우리가 그
것을 다시 가져왔어요.
22 식량을 살 돈은 따로 가지고 왔어
요. 누가 우리 자루에 돈을 넣었는
지 몰라요."
23 그러자 그가 말했다. "마음 편히 계
세요. 두려워 마세요. 당신의 **하나
님**, 당신 아버지의 **하나님**이 당신
자루에 보물을 주었겠죠. 나는 당
신들 돈을 받았습니다." 그러면서
그들에게 시미언시메온, 시므온을 데
려왔다.
24 그는 조셒의 집에 형제들을 데려가
물을 주어 그들이 발을 씻었고, 그
들의 나귀에게 여물도 주었다.
25 형제는 조셒이 낮에 올 때를 대비
하여 선물을 마련했다. 그들이 거
기서 식사하게 된다는 소리를 들
었기 때문이다.
26 조셒이 돌아왔을 때, 그 집에서 형
제는 준비한 선물을 주며 스스로
땅에 대고 엎드려 그에게 절을 했
다.
27 조셒이 형제들에게 안부를 묻고
나서 말했다. "너희가 말한 그 연로
한 아버지는 안녕 하신가? 여전히
살아 계신가?"
28 형제가 대답했다. "당신의 종 저희
아버지는 건강하고 아직 살아 계
세요." 그런 다음 그들은 머리 숙여
정중히 절하며 예를 올렸다.
29 조셒이 눈을 들어 자기 어머니의
아들 동생 벤저민을 보았다. 그리
고 말했다. "이 사람이 너희가 말했
던 막내인가?" 그가 말을 이었다.
"형제여, **하나님**의 축복이 네게 있
을 것이다."
30 조셒이 동생에 대한 마음이 복받
쳐서 황급히 울 장소를 찾아, 자신
의 방에 들어가 울었다.
31 그는 얼굴을 씻고 나와, 자신을 자
제하며 말했다. "음식을 준비해
라."
32 그들은 조셒 앞에 상을 따로 차리
고, 형제들에게 따로 차리고, 조셒
과 같이 먹는 이집트 사람을 위해
서도 따로 차렸다. 이집트 사람이
히브리인과 함께 음식을 먹지 않
는 이유는, 이집트인이 그것을 불
쾌하기 생각하기 때문이었다.
33 형제가 조셒 앞에 출생 순서대로
장남부터 어린 막내까지 차례로
앉았다. 형제들이 서로 이상하고
의아해서 놀랐다.
34 조셒요셉은 자기 앞 음식을 가져다
그들에게 보냈다. 하지만 벤저민
에게는 다른 사람보다 다섯 배를
더 주었다. 형제가 조셒과 함께 마
시며 즐거워했다.

은잔의 속임수

44 조셉이 집사에게 지시했다.
"그들 자루에 가져갈 수 있을
만큼 식량을 채워 줘라. 그들의 돈
도 각자 자루 입구에 넣어라.
2 그리고 가장 어린 막내의 자루 입
구에 내 은잔을 넣고, 또 그의 곡식
값 돈도 넣어 두어라." 그는 조셉이
한 말 그대로 했다.
3 아침이 밝자마자 그들과 그들 나
귀가 내보내졌다.
4 그들이 도성을 나가 아직 멀리 가
지 못했을 때, 조셉이 집사에게 말
했다. "일어나 그들 뒤를 쫓아라.
그들을 따라잡으면, 그들에게 이
렇게 말해라. '어째서 너희는 선을
악으로 갚았느냐?
5 그것은 나의 주인님이 마시고 또
성스런 점을 치는 데 쓰는 것이 아
니냐? 너희는 이런 못된 행동을 했
다'고 말해라."
6 집사가 그들을 따라잡고 그들에게
그대로 전했다.
7 형제가 집사에게 말했다. "나의 주
인님이 어째서 그런 말을 하나요?
하나님은 당신의 종들이 그렇게 하
지 못하게 합니다.
8 보세요. 자루 입구에서 찾아낸 그
돈은 우리가 캐이넌땅에서 당신에
게 다시 가져온 겁니다. 그런데 어
떻게 우리가 당신 **주인**님의 집에서
금과 은을 훔칩니까?
9 당신의 종들 중 누군가에게서 그
것이 발견되면 그 자를 죽이세요.
또한 우리도 나의 주인님의 노예
가 되지요."
10 집사가 말했다. "그러면 너희 말대
로 하자. 그것을 가진 자가 발견되
면 그는 내 종이 될 것이고, 너희는
아무 죄가 없을 것이다."
11 그런 다음 그들이 서둘러 모두 자
루를 땅에 내리고 각자 자루를 열
었다.
12 집사가 장남부터 시작해서 막내까
지 뒤지자, 잔이 벤저민의 자루에
서 발견되었다.
13 그러자 형제가 자기 옷을 찢고 각
자 나귀를 타고 도성으로 되돌아
갔다.
14 쥬다유다와 다른 형제가 조셉 집에
다시 왔다. 조셉이 아직 그곳에 있
었기 때문에 그들이 그 앞에서 땅
에 엎드렸다.
15 조셉이 그들에게 말했다. "너희는
어째서 이런 일을 저질렀느냐? 너
희는 내가 실제로 신성한 점을 치
는 사람인 줄 몰랐느냐?"
16 쥬다가 말했다. "나의 주인님에게
무슨 말을 할 수 있고, 우리가 무슨
말을 하겠어요? 또 우리 자신을 어
떻게 씻을 수 있나요? **하나님**이 당
신 종의 죄를 밝혔으니, 우리 모두
와 이 잔이 발견된 자 모두 주인님
의 종이 되겠습니다."
17 조셉이 말했다. "**하나님**은 내가 그
렇게 하는 것을 금지 하겠지만, 잔

이 발견된 자는 내 종이 될 것이다.
너희는 일어나서 편히 너희 아버
지에게 가라."
18 쥬다가 조셉에게 가까이 다가서며
말했다. "오, 나의 주인님, 당신의
종에게 한 마디만 하게 해주세요.
그리고 이 종에게 너무 화내지 말
아주세요. 당신으로 말하자면 풰
로우파라오, 바로왕과 동등한 존재죠.
19 당신이 종들에게 '너희 아버지가
있느냐? 다른 형제가 있느냐?'라
고 물었어요.
20 그래서 우리가 주인님 당신에게
'늙은 아버지가 계시고, 늙은 나이
에 얻은 어린 자식이 있는데, 그의
형은 죽었고, 그의 어머니의 아들
로 혼자만 남아 있어요. 아버지는
그를 사랑합니다'고 말했지요.
21 그러자 당신은 종들에게 '직접 그
를 볼 수 있도록 나에게 데려오라'
고 했어요.
22 우리가 당신께 말했어요. '그 아이
는 아버지를 떠날 수 없어요. 만약
그가 아버지를 떠난다면 아버지는
죽게 됩니다' 라고요.
23 그러자 당신이 또 말했어요. '너희
막내가 같이 오지 않으면, 너희는
더 이상 내 얼굴을 보지 못한다'고
요.
24 우리는 당신의 종 아버지에게 가
서, 당신의 이야기를 전했지요.
25 그런 다음 아버지가 '다시 가라. 그
리고 우리에게 식량을 조금 사오
너라'고 했어요.
26 그래서 우리가 '갈 수 없어요. 만약
막내가 함께 가면 가겠어요. 막내
가 함께 가지 않으면, 그의 얼굴을
보지 못하기 때문'이라고 말했어
요.
27 당신의 종 나의 아버지가 우리에
게 말했어요. '너희는 내게 두 아들
을 낳아 준 나의 아내를 안다.
28 한 아들은 내게서 떠났는데, 틀림
없이 갈기갈기 찢겨 죽었다. 그 후
그를 보지 못했다.
29 만약 너희가 내게서 이 아들도 데
려가 그마저 불행이 닥치면, 너희
는 이 백발을 비탄 속에 무덤으로
끌어내리는 것'이라고 했어요.
30 그렇기 때문에 내가 아버지에게
갔는데, 그 아이가 우리와 같이 없
으면, 아버지의 목숨이 그 아이의
생명에 묶여진 것을 보게 됩니다.
31 그 아이가 우리와 같이 보이지 않
으면, 아버지는 죽을 겁니다. 당신
의 종들은 당신의 종 우리 아버지
의 백발을 비탄 속에 무덤으로 끌
고 가는 겁니다.
32 당신의 종은 그 아이를 아버지에
게 데려가는 보증인이 되어 말했
어요. '만약 아이를 당신에게 데려
오지 못하면 그때는 아버지께 영
원히 책임을 지겠다'고요.
33 그렇기 때문에 제발 부탁해요. 그
아이 대신에 당신의 종을 내 **주인**
님의 노예로 머물게 해주세요. 그

리고 그 아이를 형들과 함께 가게
해주세요.
34 그 아이 없이 내가 어떻게 아버지
에게 갈 수 있겠습니까? 혹시라도
아버지에게 닥칠 불행을 보지 않
게 해주세요."

나는 조셉

45 조셉요셉은 옆에 서 있는 모든
사람 앞에서 자신을 주체할
수 없어 소리쳤다. "모든 사람은 내
게서 물러나라." 그래서 조셉이 형
제에게 자신을 알리는 동안 거기
에 그와 같이 있는 사람은 아무도
없었다.
2 그가 크게 울어서 이집트 사람도,
퀘로우파라오, 바로의 집 사람도 모두
들었다.
3 조셉이 형제들에게 말했다. "나는
조셉에요. 아버지는 아직 살아 계
세요?" 형제들은 그에게 대답할
수 없었다. 왜냐하면 그의 존재가
당혹스러웠기 때문이었다.
4 조셉이 형제에게 말했다. "제발 가
까이 와주세요." 그들이 가까이 다
가오자 그가 말했다. "나는 형들이
이집트에 팔았던 형들의 동생 조
셉이에요.
5 형들이 나를 이곳에 팔았다고 해
서 슬퍼하지 말고 자신들에게 화
내지도 마세요. 왜냐하면 **하나님**이
생명을 보존시키기 위해 나를 형
들보다 먼저 보냈기 때문이에요.
6 이 땅에 기근이 있은 지 두 해가 되
었어요. 아직 5년이 더 남아 있는
데, 그 동안에는 이삭도, 수확도 없
을 거예요.
7 **하나님**이 그 땅의 후손을 구하도록
형들보다 먼저 나를 보냈어요. 큰
구제로 형들의 생명을 지키라고
말이죠.
8 나를 이곳에 보낸 것은 당신들이
아니고 **하나님**입니다. **주님**이 나를
퀘로우왕에게 아버지와 같은 존재
가 되게 했고, 그 집의 관리장이 되
게 했고, 이집트 전역을 통치하는
총리가 되게 했어요.
9 당신들은 서둘러 아버지에게 가서
이렇게 전하세요. '당신 아들 조셉
은 **하나님**이 전 이집트의 통치자로
만들었으니, 지체 없이 내게 오라
고요.
10 당신은 고션땅에서 살게 될 것이
고, 당신과 자녀들, 그 자녀들의 자
녀들, 그리고 양떼와 소떼, 당신이
가진 모든 것이 나와 가까이 있게
될 것이며,
11 내가 당신들을 풍족하게 만들 겁
니다. 아직 5년간 지속될 기근으로
인해, 가족 모두와 당신이 가진 모
든 것에 가난이 오지 않도록 하겠
다'고 말이죠.
12 보세요. 당신들의 눈과 내 동생 벤
저민의 눈으로 보아 알 겁니다. 당
신들에게 나의 입으로 말하고 있
어요.

13 형님들은 아버지에게 전하세요.
이집트에서 내가 누리는 모든 영
광과 당신들이 본 모든 것을 말이
죠. 그리고 서둘러 아버지를 이곳
에 모셔 오세요."
14 그는 동생 벤저민의 목을 끌어안
고 울었고, 벤저민도 그의 목에 기
대어 울었다.
15 나아가 그는 모든 형제들에게 입
을 맞추고 울었다. 그런 다음 형들
과 함께 이야기했다.
16 조셒의 형제들이 왔다는 가슴 훈
훈한 소문이 풰로우의 집까지 들
려오자, 풰로우왕과 신하들의 마
음도 흐뭇해졌다.
17 풰로우가 조셒에게 말했다. "형제
들에게 이렇게 전해라. '너희는 가
축을 끌고 캐이넌가나안땅으로 가
라.
18 그리고 당신의 아버지와 가족들을
데리고 오면, 내가 이집트의 좋은
땅을 주어 너희는 이 땅의 기름진
것을 먹게 될 것이다.
19 이제 당신들은 이런 명령을 받았
다. 당신들의 어린 것과 아내를 위
해서 수레를 타고 이집트땅을 나
가서 아버지를 모셔 오너라.
20 또한 당신들의 물건에 미련을 두
지 마라. 왜냐하면 이집트땅의 좋
은 것이 모두 당신의 것이기 때문
이다.'"
21 그래서 이즈리얼의 자식들이 그렇
게 했다. 조셒이 풰로우의 명령에
따라 형들에게 수레를 주고, 가는
길에 먹을 양식도 주었다.
22 조셒이 그들 모두에게 각자 바꿔
입을 옷을 주었다. 벤저민에게만
은 은 삼백냥과 옷 다섯 벌을 더 주
었다.
23 조셒은 아버지에게 이런 것을 보
냈다. 이집트의 좋은 물건을 나귀
열 마리에 싣고, 암나귀 열 마리에
는 아버지를 위해 길에서 먹을 빵
과 곡식을 실어 보냈다.
24 조셒은 그렇게 형제들을 떠나 보
냈다. 헤어지면서 그가 형제들에
게 말했다. "가는 길에 낙오하지 말
고 또 만납시다."
25 그들이 이집트 밖으로 나와 캐이
넌땅으로 들어와서 아버지 재이컵
에게 왔다.
26 자식들이 아버지 재이컵에게 말했
다. "조셒이 아직 살아 있어요. 이
집트땅 전역의 총리예요." 재이컵
의 숨이 막히는 듯했다. 그들의 말
을 믿을 수 없기 때문이었다.
27 형제는 조셒이 그들에게 들려
준 모든 이야기를 전했다. 아버
지 재이컵은 조셒이 자신에게 보
낸 수레를 보고서야 제정신을 차
렸다.
28 이즈리얼이스라엘이 말했다. "이것
으로 충분하다. 내 아들 조셒요셉가
아직 살아 있다니! 내가 죽기 전에
그를 보러 가야겠다."

재이컵이 이집트로 가다

46 이즈리얼이 그가 가진 모든
것을 가지고 여행을 떠나 비
어쉬바브에르 세바, 브엘세바에 이르러,
아버지 아이직의 **하나님**에게 제물
을 올렸다.
2 밤에 **하나님**이 환상 속에서 이즈리
얼에게 말했다. "재이컵야곱, 재이
컵아." 그가 말했다. "네."
3 그가 말했다. "나는 **하나님**이다. 네
아버지의 **하나님**이다. 이집트로 가
는 것을 두려워 마라. 나는 거기서,
너를 위대한 민족으로 만들 것이
다.
4 나는 너와 함께 이집트로 갔다가,
너를 반드시 다시 데려 오겠다. 조
셒이 네 눈 위에 그의 손을 얹을 것
이다."
5 재이컵이 비어쉬바에서 일어섰다.
이즈리얼의 자식들은, 아버지 재
이컵과 함께, 또 어린 자식들과 아
내들을 풰로우가 그에게 보낸 수
레에 태웠다.
6 그들은 캐이넌가나안땅에서 얻은 가
축과 재물을 가지고 이집트에 들
어왔다. 재이컵이 모든 그의 자손
과 함께 왔다.
7 그의 자식과 아들의 아들들, 그의
딸과 아들의 딸들, 그의 자손 모두
가 재이컵을 이집트로 데려 갔다.
8 이집트에 들어온 이즈리얼의 자녀
명단은 이렇다. 우선 재이컵과 그
의 장남 루번이 있다.
9 루번의 아들은 해녹, 펠루, 히즈런,
카미이고,
10 시미언의 아들은 제뮤얼, 재민, 오
핸, 재킨, 조하이고, 셔울은 캐이넌
여자의 아들이다.
11 리바이의 아들은 거션, 코해쓰, 머
라리이다.
12 쥬다의 자식은 이얼과 오넌, 쉘라,
제라인데, 이얼과 오넌은 캐이넌
땅에서 죽었다. 풰레즈의 아들은
히즈런과 해멀이다.
13 이써칼의 아들은 톨라, 퓨바, 조브,
쉼런이다.
14 제뷸런의 아들은 세렌, 일런, 재리
얼이다.
15 이들이 리아가 패더내럼에서 재이
컵에게 낳아 준 딸 다이나와 더불
어 그녀의 자식이다. 리아의 아들
과 딸의 수는 모두 33명이다.
16 개드의 아들은 지퓌언과 해지, 슈
니, 이즈본, 에리, 애로디, 애레리
다.
17 애셜의 아들은 짐나와 이슈아, 이
수이, 베리아, 딸은 세라이고, 베리
아의 자식은 히버와 맬키얼이다.
18 이들은 래이번이 딸 리아에게 준
질파의 아들이다. 그녀가 재이컵
에게 낳아 준 이들은 16명에 달한
다.
19 재이컵의 아내 래이철의 아들은
조셒과 벤저민이다.
20 조셒에게 머나서와 이프리엄을 낳
아준 사람은 이집트땅의 온부족

제사장 포티풰라의 딸 애세내쓰였
다.
21 벤저민의 아들은 벨라, 베커, 애쉬
벨, 제라, 내아먼, 에히, 로쉬, 머핌,
허핌, 알드이다.
22 이들이 래이철이 재이컵에게 낳아
준 자식이다. 그 수는 모두 14명이
다.
23 댄의 아들은 허쉼이고,
24 냎털라이의 아들은 재지얼, 구니,
제저, 쉴렘이다.
25 이들은 래이번이 딸 래이철에게
준 빌라의 아들이다. 그녀는 재이
컵에게 이들을 낳아 주었고, 그 수
는 모두 7명이다.
26 함께 이집트에 들어온 재이컵의
몸에서 나온 사람은, 그 아들의 아
내들을 제외하고 모두 66명이다.
27 조셒이 이집트에서 낳은 아들은
두 명이다. 이집트에 들어온 재이
컵의 집안 사람수는 70명이다.
28 재이컵은 자기보다 먼저 쥬다를
조셒에게 보내 고션으로 이끌게
했다. 그리고 그들은 고션땅에 들
어왔다.
29 조셒은 수레를 준비시켜 아버지
이즈리얼을 만나러 고션으로 갔
다. 아버지에게 자신을 보이고, 그
의 목에 얼굴을 묻고 한동안 매달
려 울었다.
30 이즈리얼이 조셒에게 말했다. "네
가 아직 살아 있어, 네 얼굴을 봤기
때문에, 이제 나는 죽어도 좋다."
31 조셒이 아버지의 집에서 형제에게
말했다. "나는 가서 풰로우파라오, 바
로왕을 만나서 이렇게 말할 겁니다.
'캐이넌땅에 있던 나의 형제와 아
버지 가족이 왔는데,
32 그들은 목자들이라 생업으로 가축
을 먹여 왔고, 양떼와 소떼, 그리고
그들이 가진 모든 것을 데려왔다'
고 말하겠어요.
33 그러면 풰로우왕이 형들을 불러서
'당신의 직업이 무엇인가?' 라고
물을 겁니다.
34 그러면 이와 같이 말해야 해요. '당
신 종들의 생업은 어려서부터 지
금까지, 우리의 선조 때부터 가축
일이었습니다' 라고 하세요. 그러
면 '당신들은 고션땅에서 살아도
좋다'고 말할 거예요. 왜냐하면 이
집트 사람은 목자를 꺼리기 때문
이에요."

재이컵이 이집트 고션에 정착

47 그리고 조셒요셉가 와서 풰
로우파라오, 바로에게 말했다.
"아버지와 형제들, 그들의 양떼와
소떼와, 그들이 가진 모든 것이 캐
이넌가나안땅으로부터 와서 이곳 고
션고센 땅에 있어요."
2 그러면서 조셒은 형제 중 다섯 명
을 뽑아서 왕에게 보였다.
3 풰로우가 그의 형제에게 물었다.
"당신은 직업이 무엇인가?" 그들
이 왕에게 말했다. "당신의 종들은

모두 조상 대대로 목자입니다."
4 그리고 이어 왕에게 말했다. "우리
는 이 땅에 살기 위해 왔습니다. 왜
냐하면 캐이넌땅에 가뭄이 심하기
때문이에요. 당신의 종들은 가축
을 먹일 풀이 없었지요. 그러니 이
제 당신의 종들이 고션땅에서 살
도록 부탁합니다."
5 풰로우왕이 조셒에게 말했다. "당
신 아버지와 형제가 당신에게 왔
다.
6 이집트땅이 당신 앞에 있으니, 아
버지와 형제가 이 땅에서 가장 좋
은 고션에 살게 해라. 만약 그들 중
능력 있는 사람이 있으면, 그에게
내 가축을 관리하게 해라."
7 조셒이 아버지 재이컵야곱을 모셔
와서 풰로우 앞에 세웠다. 재이컵
이 풰로우왕에게 축복의 말을 했
다.
8 왕이 재이컵에게 물었다. "나이가
어떻게 됩니까?"
9 재이컵이 풰로우에게 말했다. "인
생길의 햇수가 130년입니다. 조상
의 생애만큼은 살지 못했지만, 살
아오면서 보잘것없고 험한 일들이
여러 해 있었지요."
10 재이컵이 풰로우에게 축복하고 왕
앞에서 물러났다.
11 조셒이 아버지와 형제가 살 곳을
정하여, 풰로우의 명령대로 이집
트에서 가장 좋은 땅, 곧 래머시스
의 땅을 소유하게 해주었다.
12 조셒이 아버지와 형제, 그리고 집
안 일가 모두에게 식구 수에 따라
먹을 것을 풍족하게 주었다.
13 기근이 너무도 심하여 어느 땅에
도 먹을 것이 없었다. 그로 인해 이
집트땅과 캐이넌땅 전역이 기근으
로 황폐해졌다.
14 조셒은 이집트땅과 캐이넌땅에서
돈을 모두 끌어 모았다. 왜냐하면
사람들이 곡식을 샀기 때문이었
고, 조셒은 그 돈을 풰로우 집으로
가져갔다.
15 이집트땅과 캐이넌땅에서 돈이 모
두 없어지자, 이집트 사람들이 조
셒에게 와서 말했다. "우리에게 먹
을 것을 주세요. 당신이 있는 이곳
에서 우리가 죽어야 하겠습니까?
돈이 말라 버렸어요."
16 조셒이 말했다. "가축을 가져오시
오. 돈이 없으니, 가축만큼 당신에
게 주겠소."
17 그들은 가축을 조셒에게 데려왔
고, 조셒은 말과 양, 소와 나귀 대신
에 그들에게 빵을 주었다. 그 해 내
내 받은 가축만큼 그들을 먹였다.
18 그 해가 지나고 두 번째 해에 사람
들이 조셒에게 와서 말했다. "나의
주인님 앞에 우리가 돈을 다 써 버
렸음을 감출 수가 없어요. 나의 주
인님께서 우리 가축떼 전부를 가
졌으니, 우리 몸과 땅 말고는 남은
게 없어요.
19 이제 당신의 눈앞에서 우리와 우

리 땅 모두 죽어야 합니까? 우리와
우리 땅을 빵만큼 사주세요. 우리
는 풰로우왕을 위해 종이 되어 섬
기겠어요. 씨앗을 주세요. 그러면
우리가 죽지 않고 살아날 것이며,
이 땅이 황폐화되지 않을 겁니다."
20 조셒이 풰로우를 위해 이집트 전
역의 땅을 사들였다. 기근이 이집
트를 덮쳐서, 이집트 사람들이 땅
을 모두 팔았기 때문이었다. 그래
서 모든 땅이 그의 것이 되었다.
21 조셒은 이집트 경계선 이쪽 끝에
서 저쪽 끝까지 도시에서 사람들
을 이주시켰다.
22 그는 오직 제사장의 땅만은 사지
않았다. 왜냐하면 제사장은 풰로
우가 녹祿으로 할당한 땅을 가지고
풰로우가 준 구역에서 먹고 살았
기 때문이다. 그래서 그들은 땅을
팔지 않았다.
23 그때 조셒이 사람들에게 말했다.
"보세요. 이날 풰로우를 위해 당신
과 당신의 땅을 샀습니다. 자, 여기
에 씨앗이 있으니, 그 땅에 뿌리시
오.
24 그것이 불어나면 당신은 그 5분의
1을 풰로우에게 바쳐야 하고, 5분
의 4는 당신들 몫이오. 들판의 씨
앗과 당신과 가족과 어린이가 먹
을 식량으로 쓰일 것이오."
25 그들이 말했다. "당신이 우리 목숨
을 구했어요. 우리가 당신께 호의
를 받는다면, 우리는 왕의 종이 되
겠습니다."
26 조셒은 그것을 오늘날까지 이어지
는 이집트의 토지법으로 만들었
다. 곧 풰로우에게 5분의 1을 바쳐
야 하는 법이다. 다만 제사장의 땅
만은 풰로우의 소유가 되지 않았
다.
27 이즈리얼이스라엘은 이집트땅 고션
지역에 살았다. 거기에서 재산을
소유하고 불려서 엄청나게 번성했
다.
28 재이컵이 이집트땅에서 17년 동안
살았으니, 그의 나이가 147세였다.
29 이즈리얼은 죽을 날이 가까워지자
아들 조셒을 불러 말했다. "이제 내
가 네게 호의를 받을 수 있다면, 부
탁하니 네 손을 내 넓적다리 아래
에 넣고, 나에게 온화한 진심으로
대하며, 나를 이집트에 매장하지
말거라.
30 나는 내 조상과 함께 눕겠다. 너는
나를 이집트 밖으로 데려가서 조
상의 매장지에 묻거라." 조셒요셉가
말했다. "당신이 말한 대로 하겠어
요."
31 이즈리얼이스라엘이 말했다. "내게
약속해라." 그래서 조셒이 그에게
맹세했고, 이즈리얼은 침대 위에
서 고개를 숙여 절했다.

재이컵이 이프리엄과 머나서 축복

48 그런 일이 있은 뒤 한 사람이
조셒에게 말했다. "보세요.

당신의 아버지가 아파요." 그는 두
아들, 머나서므나쎄, 므낫세와 이프리
엄에프라임, 에브라임을 데리고 함께 갔
다.
2 그리고 누군가 재이컵야곱에게 전
했다. "보세요. 당신의 아들 조셒이
왔어요." 그러자 이즈리얼이 기력
을 다해 침대 위에 일어나 앉았다.
3 재이컵이 조셒에게 말했다. "캐이
넌가나안땅의 러스에서 전능한 **하나
님**이 내게 나타나 복을 주었다.
4 그리고 내게 이렇게 말했다. '보라,
나는 네가 자손을 많이 낳아 번성
하게 하여, 너로부터 많은 백성이
나오게 하겠다. 또한 후손들에게
이 땅을 주어서 영원히 소유하도
록 하겠다'고 했다.
5 네 두 아들 이프리엄과 머나서는,
내가 이집트에 들어오기 전에 네
가 이 땅에서 낳았지만, 그들은 나
의 아들이다. 루번과 시미언처럼
내 아들이 될 것이다.
6 그들 다음으로 네가 낳은 자식은
네 자식이 될 것이다. 그래서 그들
형제의 이름도 네 형제들의 이름
과 함께 유산으로 불리게 될 것이
다.
7 나로 말하면, 패던에서 오는 도중
캐이넌땅에서 래이철이 내 곁에
서 죽었다. 그곳은 이프래쓰에 조
금 못 미치는 곳이었다. 그래서 나
는 그녀를 이프래쓰에프랏, 에브랏 가
는 길에 묻었다. 그곳이 베쓸레혬
이다."
8 이즈리얼이 조셒의 아들들을 바라
보며 말했다. "이들은 누구냐?"
9 조셒이 아버지에게 말했다. "**하나
님**이 이곳에서 제게 준 자식이에
요." 아버지가 말했다. "아이들을
내게 데려오너라. 내가 아이들에
게 복을 주겠다."
10 이때 이즈리얼은 나이가 들어 눈
이 침침해서 잘 볼 수 없었다. 조셒
이 아들들을 그에게 가까이 데려
갔고, 그는 그들에게 입을 맞추고
안아 주었다.
11 이즈리얼이 조셒에게 말했다. "네
얼굴을 보게 될 줄 생각도 못했는
데, 이렇게 **하나님**이 네 자식까지
보게 했다."
12 조셒이 아들들을 아버지의 무릎에
서 물러나게 하고, 스스로 땅에 얼
굴을 대고 절했다.
13 그리고 조셒이 둘을 데려와서, 이
프리엄의 오른손이 이즈리얼의 왼
쪽으로, 머나서의 왼손이 그의 오
른쪽에 위치하도록 가까이 데려갔
다.
14 이즈리얼이 오른손을 뻗어 차남
이프리엄의 머리 위에, 왼손을 머
나서의 머리 위에 놓았다. 머나서
가 첫째였는데, 그가 의도적으로
손을 바꾸어 내밀어 얹었다.
15 이즈리얼은 조셒에게 복을 주고
말했다. "이전에 나의 아버지 애이
브러햄과 아이직이 따르던 **하나님**!

긴 인생 동안 오늘날까지 나를 먹
여 준 **하나님**!
16 모든 악에서 나를 구해 준 사자들
이여! 이 아이들에게 복을 주세요.
나의 이름이 자손에게 불리게 하
고, 내 아버지 애이브러햄과 아이
직의 이름도 거명되게 하고, 자라
서 세상에 번성하게 해주세요."
17 조셒이 아버지가 오른손을 이프
리엄의 머리 위에 얹은 것을 알았
을 때, 마음이 불편했다. 그래서 아
버지의 손을 이프리엄의 머리에서
머나서의 머리로 옮기려고 잡았
다.
18 조셒이 아버지에게 말했다. "아버
지, 그게 아니고 이 아이가 첫째예
요. 첫째의 머리에 오른손을 얹어
야죠."
19 아버지가 거절하며 말했다. "나도
안다. 내 아들아, 그것을 알고 있
다. 그 역시 한 민족을 이룰 것이고
또 크게 될 것이다. 하지만 동생이
진실로 그보다 더 크게 되고, 그의
후손이 더 많은 민족을 이룰 것이
다."
20 재이컵이 그날 그들을 이런 말로
축복했다. "이즈리얼이 너희에게
복을 준다. **하나님**이 너희를 이프
리엄처럼 머나서같이 만들 것이
다. 또 이프리엄을 머나서보다 앞
에 세울 것이다."
21 이즈리얼이 조셒에게 말했다. "보
라, 나는 죽지만, **하나님**이 너희와
함께 있고 너희를 다시 조상의 땅
으로 데려갈 것이다.
22 더욱이 나는 형제 그 이상으로 네
게 한 몫을 더 주었다. 그것은 내가
칼과 화살로 애머리아모리족의 손에
서 가져온 것이었다."

재이컵이 자식에게 복을 주다

49 재이컵은 자식을 불러 말했
다. "남은 날에 앞으로 너희
에게 일어날 일을 이야기할 테니
함께 모여라.
2 너희들 모두 함께 모여라. 재이컵
의 아들들아, 들어라. 너희 아버지
이즈리얼에게 귀를 기울여라.
3 루번르우벤, 너는 나의 첫아들이고,
나의 힘의 시작이고 내 힘의 원천
이었다. 너는 권위의 정점이고, 힘
의 절정이다.
4 그런데 너는 물처럼 불안정하여
탁월하지 못할 것이다. 아비의 침
대에서 그것을 더럽혔기 때문이
다. 그는 내 잠자리에 올라갔다.
5 시미언시메온, 시므온과 리바이레위는
형제다. 그들이 있는 곳에 무자비
한 도구들이 있다.
6 오, 나의 영혼이여. 너는 그들이 모
의하는 곳에도 모이는 집회에도
가지 마라. 명예를 지켜라. 너희는
결합되지 못할 것이다. 왜냐하면
너희는 분노로 사람을 죽이고, 욕
심으로 벽을 허물었다.
7 그들의 분노가 격렬하고, 격노가

잔인했기에 저주받을 것이다. 나
는 재이컵 가운데 그들을 분열시
켜 이즈리얼 중에서 그들을 흩어
버릴 것이다.
8 쥬다유다, 너는 형제들이 칭찬할 사
람이다. 네 손은 적의 목에 있을 것
이고, 네 아비의 자녀들이 네 앞에
서 고개를 숙일 것이다.
9 쥬다는 먹이로부터 올라온 젊은
사자다. 나의 아들, 너는 올라가서
웅크린다. 그는 사자같이, 노련한
사자처럼 웅크려 자리를 잡는다.
누가 그 위로 뛰어오르겠는가?
10 왕위가 쥬다로부터 떠나지 않을
것이고, 입법자도 그의 발 사이에
서 떠나지 않을 것이다. 샤일로가
올 때까지 그에게 모든 백성이 복
종할 것이다.
11 포도덩굴에 그의 새끼 암망아지
를, 좋은 포도나무에 그의 새끼 숫
망아지를 묶어 놓고, 포도주에 겉
옷을, 포도즙에 그의 옷을 적셨다.
12 눈은 포도주로 붉어질 것이고, 이
는 우유로 하얗게 될 것이다.
13 제뷸런즈불룬, 스불론은 바다의 항구
에 살고, 그는 배의 항구가 된다. 그
의 경계는 사이든까지 이를 것이
다.
14 이써칼이사가르, 잇사갈은 두 짐 사이
에 웅크리고 앉은 힘센 나귀다.
15 그는 휴식이 좋았다는 것을 알았
다. 휴식이 즐거웠던 그 땅에, 짐을
나르는 그의 어깨를 숙이고, 감사
의 마음에 종이 되었다.
16 댄단은 이즈리얼이스라엘 민족의 하
나로서 그의 백성을 심판할 것이
다.
17 댄은 길가의 뱀이 되어, 오솔길의
독사가 되어, 말굽을 깨물어서 말
탄 기수가 뒤로 넘어질 것이다.
18 나는 당신의 구원을 기다렸어요.
오, **주님**!
19 개드가드, 갓는, 한 군대가 그를 정복
하지만, 그는 마지막에 승리할 것
이다.
20 애셜아세르, 아셀에게서 나온 그의 빵
은 기름질 것이고, 그는 왕실의 맛
있는 음식을 생산할 것이다.
21 냎털라이납달리는 방목에 풀린 사슴
이고, 그는 즐거운 소식을 전한다.
22 조셒요셉은 열매가 가득한 큰 가지
이다. 곧 우물 옆 열매 많은 가지와
같고, 그 가지들은 담장을 넘는다.
23 활 쏘는 사수들이 그를 몹시 슬프
게 했고, 그를 맞추며 미워했다.
24 하지만 그의 활은 늘 힘이 있었고
무기는 강하게 만들어졌다. 재이
컵야곱의 전능한 **하나님**의 손에서
만들어졌다. [재이컵이 목자가 된
그때부터 이즈리얼의 주춧돌이 된
그때부터 그렇게 만들어졌다.]
25 네 조상의 **하나님**이, 전능한 **하나님**
이 너를 도와 복을 베풀기 때문이
다. 위로 하늘의 복과 아래로 깊은
곳에 놓인 복을, 가슴의 복을, 자궁
의 복을 베풀 것이다.

26 네 아버지의 복이 내 조상의 복 이
상으로, 영원한 산의 가장 높은 경
지까지 우세하다. 조상이 형제와
헤어진 조셒 머리 위에, 그의 머리
위 왕관 위에 있을 것이다.
27 벤저민은 늑대 같은 포식자가 될
것이다. 그는 아침에 포획한 먹이
를 먹어 치우고, 밤에는 전리품을
나눌 것이다."
28 이들 모두가 이즈리얼의 열두 부
족이다. 이것이 아버지가 그들을
축복하면서 그들에게 말한 것이
다. 그는 각자의 복에 따라 그들을
축복해 주었다.
29 그는 그들에게 책임을 지우며 말
했다. "나는 내 민족에 합류하게 된
다. 힡부족 이프런의 들판에 있는
굴속에 내 조상들과 함께 나를 묻
어라.
30 그 굴은 캐이넌가나안땅 맘레 앞의
맥펠라막펠라 들판에 있다. 그것은
애이브러햄아브라함이 매장지로 쓰
려고 힡부족 이프런에프런, 에브론에
게서 들판과 함께 산 것이다.
31 거기에 그들이 애이브러햄과 아내
새라사라를 묻었고, 아이직이사악, 이
삭과 아내 리베카레베카, 리브가를 묻
었다. 나도 아내 리아를 묻었다.
32 그 안에 있는 벌판과 동굴은 헤쓰히
타이트, 헷의 자손한테서 매입한 것이
다."
33 재이컵이 아들들에게 모두 지시하
고 나서, 침대에 발을 모으고 숨을
거두어 조상에게 돌아갔다.

재이컵의 장례

50 조셒은 아버지의 얼굴에 엎
드려 울며, 그에게 입을 맞
췄다.
2 조셒이 그의 아버지를 방부처리할
의사인 그의 종들에게 명령하여,
그들이 이즈리얼을 미라로 만들었
다.
3 그를 방부처리하는 데 40일이 걸
렸고, 이집트 사람들이 그를 위해
70일간 추모했다.
4 아버지를 추모하는 기간이 지나
자, 조셒이 풰로우의 집에게 말했
다. "이제 내가 여러분에게 호의를
받았다면, 부탁하니, 풰로우파라오,
바로왕에게 이렇게 전해라.
5 내 아버지가 내게 맹세시켰다. '내
가 죽거든, 너희는 캐이넌땅에 나
를 위해 파놓은 무덤 안에 나를 묻
어야 한다'고. 그러니 내가 올라가
서 아버지를 묻어야겠다. 나는 다
시 돌아올 것이다."
6 풰로우가 말했다. "올라가서 네 아
버지가 네게 맹세시킨 대로 그를
매장하라."
7 조셒이 아버지를 매장하러 갔다.
그와 함께 풰로우의 신하와 그의
집안 원로들, 그리고 이집트땅의
지도자들이 모두 갔다.
8 조셒요셉 집안과 형제들, 아버지 집
안 모두가 갔다. 단지 어린아이들,

그리고 양떼와 소떼는 고션고센 땅
에 남았다.
9 그곳에 그와 함께 마차와 기병이
모두 갔다. 대단히 큰 행렬이었다.
10 그들이 조든 너머에 있는 애이탠아
탓, 아닷 탈곡장에 왔다. 그들은 대단
히 괴롭고 슬픈 추모를 했고, 그는
아버지를 7일간 애도했다.
11 그 땅에 살던 캐이넌 사람들이 애
이탠 벌판에서 그 장례식을 보자
그들이 말했다. "이집트인의 추모
가 대단히 슬프다." 그래서 조든 강
너머에 있는 그곳을 '애이블미즈
리엄'이라고 불렀다.
12 그의 아들들이 아버지가 그들에게
명한 그대로 했다.
13 그들이 재이컵을 캐이넌땅에 옮겨
맘레마므레 앞 맥펠라막펠라, 막벨라 들
판의 굴속에 묻었다. 그 굴은 애이
브러햄이 매장지로 쓰려고 힡부족
이프런에프런, 에브론에게 들판과 함
께 사둔 곳이다.
14 조셒은 이집트로 돌아왔다. 그와
그의 형제들과 아버지를 묻으러
갔던 모든 사람이 장사 지낸 다음
이집트로 돌아왔다.
15 조셒의 형제들이 아버지가 죽는
것을 보고 말했다. "조셒은 아마도
우리를 미워할 것이다. 분명히 우
리가 그에게 했던 모든 악행을 복
수할 것이다."
16 그러면서 그들이 조셒에게 전언자
를 보내 말했다. "아버지가 죽기 전
에 이렇게 명령했다.
17 너희는 조셒에게 이렇게 말해라.
'네 형제들이 네게 해를 끼쳤으나,
그들의 위반과 죄를 용서해라. 이
제 내가 너에게 부탁한다'고 전하
라 했다. 그러니 이제 우리들이 부
탁한다. 아버지 **하나님**의 종들이
저지른 범죄를 용서해 주기 바란
다." 그들이 조셒에게 말을 전하자
그가 울었다.
18 형제들 역시 조셒에게 와서 얼굴
을 앞에 엎드리며 말했다. "봐라,
우리는 너의 종들이다."
19 조셒이 그들에게 말했다. "두려워
마세요. **하나님**이 있는 곳에 내가
있지 않습니까?
20 형들은 나를 악으로 여겼지만, **하
나님**은 그것을 오늘날과 같이 많은
사람들을 살리기 위한 선의로 실
행했어요.
21 그러니 이제 두려워 마세요. 당신
들과 당신의 어린 자식들을 풍족
하게 돌보겠어요." 그리고 조셒은
그들의 마음을 편안하게 해주고
온화하게 말했다.
22 조셒은 그의 아버지 집안과 함께
이집트에 머물며, 110년을 살았다.
23 조셒이 세 번째 세대인 이프리엄
에프라임, 에브라임의 자녀들을 보았고,
머나서므나쎄, 므낫세의 아들 머키어마
키르, 마길의 자녀들 역시 조셒의 슬
하에서 컸다.
24 조셒이 형제들에게 말했다. "나는

죽는다. **하나님**은 반드시 너희를
찾고, 이 땅에서 그가 애이브러햄아
브라함과 아이직이사악, 이삭과 재이컵
에게 맹세한 땅으로 너희를 데려
갈 것이다."
25 조셒이 이즈리얼의 자손들에게 유
언했다. "**하나님**은 틀림없이 너희
를 찾을 것이다. 너희는 여기서 내
뼈를 가져가야 한다."
26 조셒은 110년을 살고 죽었다. 그들
이 그를 미라 처리했고, 그는 이집
트에서 입관되었다.

탈출

이집트가 이즈리얼 탄압

1 다음은 재이컵야곱과 함께 이집
트에 들어온 이즈리얼이스라엘
자손의 이름이다.
2 루번르우벤, 시미언시메온, 시므온, 리바
이레위, 쥬다유다,
3 이써칼이사카르, 잇사갈, 제뷰런즈불룬, 스
불론, 벤저민,
4 댄단, 냎털라이납달리, 개드가드, 갓, 애
셜아세르, 아셀이다.
5 재이컵의 몸에서 나온 사람 수는
모두 70명이고, 조셒요셉은 이미 이
집트에 있었다.
6 그리고 조셒과 그의 형제 세대가
모두 죽었다.
7 이즈리얼 자손은 자식을 많이 낳
아 수가 크게 늘면서 번성했고, 힘
도 강해져 이집트땅이 그들로 가
득 찼다.
8 이제 조셒을 알지 못하는 새로운
왕이 나타나 이집트를 다스렸다.
9 그는 백성에게 말했다. "보라, 이즈
리얼 자손이 우리보다 많고 힘이
더 세다.
10 자, 우리가 그들을 슬기롭게 다루
어 그들의 수가 늘지 않게 하자. 전
쟁이 발발했을 때, 그들이 적에 가
담하여 우리에게 맞서 싸울 테니,
그들을 이 땅에서 몰아내야 한다."
11 그런 명분으로 그들은 이즈리얼
사람을 관리할 감독을 정하고, 힘
든 노역으로 괴롭혔다. 그리고 그
들은 풰로우왕을 위해 주요 도시
피쏨피톰, 비돔과 래암시스라메세쓰, 라
암셋를 건설했다.
12 그런데 그들이 이즈리얼 자손을
괴롭히면 괴롭힐수록 오히려 번성
하고 점점 더 커지자, 이집트인은
그들 때문에 마음이 몹시 불편했
다.
13 그래서 이집트 사람은 이즈리얼
자손에게 아주 힘든 일을 시켰다.
14 이즈리얼은 진흙과 벽돌을 다루는
강제 노역으로 힘들게 살았고, 들
에서 하는 온갖 일도, 그들이 시키
는 일도, 모두 괴로움이었다.
15 그러자 이집트왕은 히브리 산파를
불러 일렀는데, 한 사람의 이름은
쉬프라시프라, 십브라이고 다른 사람
은 퓨아푸아, 부아였다.
16 이집트왕이 말했다. "너희가 히브
리 여자의 출산을 도울 때, 태어난
아기를 의자 위에 두고 보아, 아들
이면 죽이고 딸이면 살려라."

17 산파들은 **하나님**이 두려워서, 이집
트왕의 명령대로 하지 않고, 남자
아이의 목숨을 구해주었다.
18 이집트왕이 산파들을 불러 말했
다. "너희는 어째서 남자아이를 살
리는 거냐?"
19 그러자 산파들이 퀘로우왕에게 말
했다. "왜냐하면 히브리 여자는 이
집트 여자와 달리 건강해서, 산파
가 와서 돕기도 전에 혼자 아이를
낳았어요."
20 그렇게 **하나님**이 산파들을 잘 보살
피자, 그 백성은 수가 늘어 더욱 강
해졌다.
21 산파들이 **하나님**을 두려워했기 때
문에 **하나님**은 산파의 집안을 번성
시켜 주었다.
22 퀘로우가 그 백성에게 명령했다.
"너희는 앞으로 아들이 태어나면
모두 강에 던져 버리고, 딸은 살려
두어라."

모지스의 출생과 도주

2 리바이레위 집안의 한 남자가 리
바이 출신 딸을 아내로 삼았다.
2 그 여자가 임신하여 아들을 낳았
는데, 잘생긴 아기를 보며 3개월
동안 숨겼다.
3 그녀가 아들을 더 이상 숨길 수 없
게 되자, 갈대로 상자를 만들어 진
흙과 송진을 바른 다음, 아기를 그
안에 넣어 나일 강둑 옆 갈대밭에
놓아두었다.
4 아이의 누나가 떨어져 서서, 어떤
일이 일어날지 지켜보았다.
5 퀘로우파라오, 바로왕의 딸이 목욕하
러 강으로 내려왔고, 몸종도 강 옆
으로 걸어 내려왔다. 그녀가 갈대
사이의 상자를 보고 그것을 가져
오도록 종을 보냈다.
6 상자를 열자 아기가 울고 있었다.
그녀는 아기를 가여워하며 말했
다. "이 아기는 히브리 아기다."
7 그때 아기의 누나가 왕의 딸에게
말했다. "내가 가서, 당신을 위해
아기에게 젖을 줄 히브리 유모를
불러올까요?"
8 퀘로우 딸이 그녀에게 말했다. "가
서 데려오너라." 그래서 소녀가 가
서 아기의 엄마를 불러왔다.
9 왕의 딸이 그 여자에게 말했다. "나
를 위해 이 아이를 데려가 키워라.
너에게 급료를 주겠다." 그래서 그
여자는 아이를 데려가서 키웠다.
10 아이가 자라 유모가 퀘로우 딸에
게 데려가자, 왕의 딸은 아이를 아
들로 삼고 모지스모세라고 부르며
말했다. "내가 그를 물에서 건졌기
때문이다."
11 모지스가 성장한 다음 궁전 밖으
로 나가 동족에게 갔는데, 거기서
그들의 고생을 보았다. 그리고 그
는 어떤 이집트인이 동족 히브리
인 한 사람을 마구 때리는 것을 지
켜보게 되었다.
12 그는 주위를 둘러보고 아무도 없

는 것을 알자, 그 이집트인을 죽이
고 사막의 모래 속에 묻었다.
13 이튿날도 모지스가 궁전 밖으로
나갔는데, 히브리인 두 사람이 싸
우는 것을 보고, 그는 잘못한 사람
에게 말했다. "어째서 같은 동포를
때리는가?"
14 그러자 그가 말했다. "누가 너를 우
리의 지도자나 재판관으로 삼았
나? 네가 이집트인을 죽이더니 나
도 죽이려는 거냐?" 그러자 모지
스는 두려워져서 마음 속으로 말
했다. "그 일이 탄로난 게 틀림없
다."
15 퀘로우가 이 이야기를 듣고 모지
스를 죽이려고 찾았지만, 모지스
는 왕한테서 도망쳐서 미디언땅에
들어가 어느 우물가에 앉았다.
16 미디언의 한 제사장에게 딸이 일
곱 있었는데, 그들이 와서 물을 긷
고 아버지의 가축에게 물을 주려
고 물통을 채웠다.
17 그런데 목자들이 와서 그들을 쫓
아내자, 모지스가 일어나 그들을
도와 가축에게 물을 주었다.
18 딸들이 아버지 루엘르우엘에게 돌아
가자 그가 말했다. "오늘은 이렇게
일찍 오다니, 웬 일이냐?"
19 딸들이 말했다. "한 이집트 사람이
목자로부터 우리를 구해 주고, 우
리 대신 물도 넉넉히 길어서 가축
에게 먹였어요."
20 아버지가 딸들에게 말했다. "그가
어디에 있지? 그 사람을 내버려 두
고 오다니, 왜 그랬니? 불러서 음
식을 대접하자."
21 그후 모지스는 그 사람과 함께 사
는데 만족했고, 그는 모지스에게
딸 지포라치포라, 십보라를 주었다.
22 그녀가 그에게 아들을 낳아 주자,
그는 아들의 이름을 거셤게르솜이라
부르며 말했다. "그 의미는 내가 낯
선 땅에서 이방인이 되었기 때문
이다."
23 세월이 흘러 이집트왕이 죽었고,
이즈리얼 후손은 고역 때문에 한
숨을 쉬며 울었더니, 그들의 괴로
운 외침이 **하나님**에게 닿았다.
24 **하나님**이 그들의 신음소리를 듣고,
애이브러햄아브라함, 아이직이사악, 이
삭, 재이컵야곱과 맺은 약속을 기억
했다.
25 **하나님**은 이즈리얼 자손을 굽어보
며, 그들의 처지에 관심을 가졌다.

모지스가 불타는 숲을 보다

3 모지스모세는 미디언의 제사장
이자 장인 제쓰로이트로, 이드로의
가축을 먹였다. 그러다 그는 가축
을 이끌고 사막 뒤편으로 **하나님**의
호렙산까지 왔다.
2 **주님**의 사자가 풀숲 한가운데 불길
속에서 모지스에게 나타났다. 그
가 바라보니, 숲이 불에 타는데, 수
풀이 사라지지 않았다.
3 모지스가 말했다. "저쪽으로 가서,

어째서 숲이 불타지 않는지 이 놀
라운 광경을 봐야겠다."
4 주님은 그가 보려고 저쪽으로 방향
을 돌리는 것을 보자, **하나님**이 숲
한가운데서 그를 불러 말했다. "모
지스, 모지스야." 그가 말했다. "네,
여기 있어요."
5 그가 말했다. "이곳 가까이 다가서
지 마라. 그리고 네 발에서 신을 벗
어라. 왜냐하면 네가 서있는 곳은
신성한 땅이기 때문이다."
6 또 그가 말했다. "나는 네 조상의
하나님, 애이브러햄아브라함의 **하나
님**, 아이직이사악, 이삭의 **하나님**, 그리
고 재이컵야곱의 **하나님**이다." 그러
자 모지스가 얼굴을 가렸다. 왜냐
하면 **하나님**을 쳐다보기가 두려웠
기 때문이다.
7 **주님**이 말했다. "이집트에 있는 나
의 백성의 고통을 분명히 보았고,
그들에게 강제로 노역시키는 감독
때문에 울부짖는 소리도 들었다.
그들의 슬픔을 알기 때문에,
8 내가 내려가서 그들을 이집트 사
람의 손에서 구하여, 크고 좋은 땅
에, 젖과 꿀이 흐르는 땅에, 캐이넌
가나안부족, 힡히타이트, 헷부족, 애머리
아모리부족의 땅에, 퍼리즈프리즈, 브리
스부족, 하이브히위부족, 제뷰스여부
스부족의 땅으로 데려 가겠다.
9 지금 이즈리얼 자손의 울부짖음이
내게 들려왔고, 이집트인이 그들
을 탄압하는 억압의 모습도 보았
다.
10 이제 가라, 내가 너를 풰로우파라오,
바로에게 보내겠다. 그러면 네가 나
의 백성 이즈리얼 후손을 이집트
밖으로 데리고 나갈 수 있을 것이
다."
11 모지스가 **하나님**에게 말했다. "내
가 누구라고, 풰로우한테 가서 이
즈리얼 후손을 이집트 밖으로 데
려가야 합니까?"
12 그러자 그가 말했다. "반드시 나는
너와 함께 있을 것이다. 그리고 내
가 너를 보낸 표시는, 네가 이집트
에서 그 민족을 이끌고 나오는 것
으로 나타나고, 그런 다음 이 산 위
에서 **하나님**을 섬기게 될 것이다."
13 모지스가 **하나님**에게 말했다. "보
세요, 내가 이즈리얼 자손에게 나
타나서, '조상의 **하나님**이 너희에게
나를 보냈다'고 이야기하면, 그들
이 '그의 이름이 뭐냐?'고 물을 텐
데, 그들에게 뭐라고 말해야죠?"
14 **하나님**이 모지스에게 말했다. "나
는 바로 나, 본래 있던 존재다. 따라
서 너는 이즈리얼 자손에게 이렇
게 말해라. '**나**'라는 존재가 너희에
게 나를 보냈다고 전해라."
15 **하나님**이 다시 모지스에게 말했다.
"이즈리얼 자손에게 이렇게 말해
라. '너희 조상의 **주 하나님**이, 애이
브러햄의 **하나님**이, 아이직의 **하나
님**이, 재이컵의 **하나님**이 나를 너희
에게 보냈다'고 해라. 이것은 영원

한 **나**의 이름이고, 모든 세대가 **나**
를 기억할 이름이다.
16 가서 이즈리얼의 원로를 모두 모
아 이야기를 전해라. '너희 조상의
주 하나님이, 애이브러햄의 **하나님**
이, 아이직의 **하나님**이, 재이컵의
하나님이 네게 나타나서, 내가 분
명히 너희를 찾아왔고, 이집트에
서 너희에게 벌어지는 일을 보았
다'고 말이다.
17 그리고 **나**는 말한다. 내가 이집트
의 고통으로부터 너희를 이끌어,
캐이넌, 힡, 애머리, 퍼리즈, 하이
브, 제뷰스부족의 땅, 곧 젖과 꿀이
흐르는 땅으로 데려 가겠다.
18 그러면 그들이 네 목소리를 들을
것이다. 그리고 너는 이즈리얼 원
로와 함께 이집트왕에게 가서 이
렇게 말해라. '히브리의 **주 하나님**
이 우리를 만났다. 우리가 당신에
게 간청하는데, 우리를 가게 해달
라. 그러면 3일간 여행하여 황야까
지 가서, 우리의 **주 하나님**에게 제
사를 올릴 수 있다'고 전해라.
19 **나**는 이집트왕이 큰 힘을 쓰지 않
고는, 너희를 가게 하지 않을 것을
확신한다.
20 그래서 **내**가 손을 뻗어, **나**의 모든
경이로움이 일어나는 가운데 이집
트를 치면, 그때서야 그가 너희를
보내게 될 것이다.
21 한편 **나**는 이집트 사람의 눈에 이
백성을 향한 호감을 넣어주겠다.
그래서 너희가 떠날 때 빈손으로
가지 않게 하겠다.
22 그때 여자들이 이웃이나 함께 사
는 집 여주인에게 금은 보물과 의
복을 빌려 네 아들과 딸에게 입히
게 하겠다. 그러면서 너희가 이집
트인을 약탈하게 하겠다."

모지스가 이집트로 돌아오다

4 그러자 모지스모세가 대답하며
말했다. "하지만 보세요, 그들은
나를 믿지도 않고, 내 목소리에 귀
도 기울이지 않으며 말할 겁니다.
'**주님**이 네게 나타난 게 아니다' 라
고 하겠죠."
2 **주님**이 그에게 말했다. "네 손 안에
있는 것이 뭐지?" 그가 말했다. "지
팡이요."
3 **주님**이 말했다. "그것을 땅에 던져
라." 그가 땅위에 던졌더니 그것이
뱀이 되었다. 그러자 모지스가 그
앞에서 달아났다.
4 **주님**이 모지스에게 말했다. "네 손
을 앞으로 내밀어 그 꼬리를 잡아
라." 그래서 그가 손을 내밀어 잡았
더니, 손 안에서 그것이 지팡이가
되었다.
5 "그것으로 그들이 조상의 **주 하나**
님이, 애이브러햄과 아이직의 **하나**
님이, 재이컵의 **하나님**이 네게 나타
났다고 믿을 지 모르겠다."
6 또 **주님**이 그에게 말했다. "이제 손
을 품 안에 집어넣어라." 그래서 그

가 손을 가슴 속에 넣었다가 꺼내
보니, 손에 하얀 눈 같은 피부병이
생겼다.
7 그가 말했다. "손을 다시 품에 넣어
라." 그래서 그가 다시 가슴에 손을
넣었다 빼어 보니, 다른 피부처럼
돌아왔다.
8 "만약 그들이 너를 믿지 못하고, 첫
번째 기이한 현상에서도 네 말을
듣지 않으면, 나중의 현상에서 네
말을 믿게 될 것이다.
9 만약 그들이 두 현상을 다 믿지 못
하고, 네 목소리를 들으려 하지 않
거든, 너는 나일강의 물을 떠서 그
것을 마른 땅위에 부어라. 그러면
네가 강에서 떠낸 물이 마른 땅에
서 피로 변하게 하겠다."
10 모지스가 **주님**에게 말했다. "오, 나
의 **주인**님, 나는 말이 능숙한 웅변
가가 아닌데, 이전도 아니고, 당신
이 종에게 말하는 지금도 아닙니
다. 나는 말이 느리고 혀가 둔해
요."
11 그러자 **주님**이 그에게 말했다. "도
대체 누가 사람의 입을 만들었지?
아니면 누가 말 못하는 자, 듣지 못
하는 자, 보는 자, 못 보는 자를 만
들었지? **나, 주인**이 아니냐?
12 그러니 이제 가거라. 내가 네 입과
함께 하면서, 무슨 말을 할지 가르
쳐 주겠다."
13 그가 말했다. "오, 나의 **주인**님, 제
발 당신이 보내고자 하는 사람을
다른 자로 보내 주세요."
14 그러자 **주님**이 모지스한테 불같이
화를 내며 말했다. "리바이레위 집
안의 네 형 애런아론이 있지 않느
냐? 나는 그가 말을 잘한다는 것을
알고 있다. 지금 그가 너를 만나러
오는 중인데, 너를 보면 그도 진심
으로 기뻐할 거다.
15 네가 그에게 말하여, 그의 입에 말
을 집어넣으면, **나**는 네 입과 그의
입과 함께 하면서, 너희가 해야 할
일을 가르쳐 주겠다.
16 그러면 그는 사람들에게 너의 대
변인이면서, 네 입을 대신하는 자
가 되고, 너는 그에게 **하나님**을 대
신하는 자가 될 것이다.
17 네가 지팡이를 손에 잡고 그것으
로 기적을 실행하게 하겠다."
18 모지스가 돌아가서 장인 제쓰로이
트로, 이드로에게 말했다. "내가 가야
겠어요. 이집트에 있는 형제에게
돌아가도록 보내주세요. 그들이
아직 살아 있는지 봐야겠어요." 제
쓰로가 모지스에게 말했다. "맘 편
히 떠나게."
19 **주님**이 미디언에서 모지스에게 말
했다. "이집트로 돌아가라. 네 목숨
을 노리던 사람들이 모두 죽었다."
20 그래서 모지스가 아내와 아들들을
나귀에 태우고 이집트땅으로 돌아
왔다. 모지스는 손에 **하나님**의 지
팡이를 들고 있었다.
21 **주님**이 모지스에게 말했다. "이집

트로 들어가면, **내**가 네게 준 모든
기적을 풰로우 앞에서 보여라. 하
지만 **나**는 그의 마음을 고집스럽게
하여, 그 민족을 가도록 내버려 두
지 않게 하겠다.
22 너는 왕에게 **주님**의 말을 전해라.
'**주님** 말에 의하면, 이즈리얼 백성
은 **나**의 아들이자, **나**의 첫째다.
23 네게 말하는데, **내** 아들이 **나**를 섬
길 수 있도록 보내라. 만약 네가 보
내지 않으면, 보라, 네 아들, 심지어
네 첫째도 죽이겠다'고 전해라."
24 그가 가는 도중 여인숙에서, **주님**
이 모지스를 만나 죽이려고 했다.
25 그때 지포라치포라, 십보라가 뾰족한
칼을 들고 아들의 표피포피를 잘라
내어, 그것을 남편의 발치에 던지
며 말했다. "틀림없이 당신은 나에
게 피의 남편이에요."
26 그래서 **주님**이 모지스를 가게 했
다. 그러자 그녀가 말했다. "할례로
인해 당신은 내 피의 남편이 되었
어요."
27 **주님**이 애런에게 말했다. "모지스
를 만나러 황야로 가라." 그래서 그
가 가서 **하나님**의 산에서 모지스를
만나 입을 맞췄다.
28 모지스가 애런에게 **주님**이 자신을
보내는 이야기와, 명령한 기이한
현상을 모두 말했다.
29 그리고 모지스와 애런이 가서 이
즈리얼 자손의 원로를 모두 한데
모았다.
30 애런은 **주님**이 모지스에게 이야기
한 모든 내용을 전하며, 사람들 눈
앞에서 기적을 보였다.
31 그러자 사람들이 믿었다. **주님**이
이즈리얼 자손을 찾아와서 그들의
고통을 보았다고 말하자, 그들이
머리 숙여 경배했다.

이즈리얼은 벽돌을 만들어라

5 그런 다음 모지스모세와 애런
아론은 풰로우파라오, 바로한테 가
서 말했다. "이즈리얼의 **주 하나님**
의 말에 의하면, '**나**의 백성이 황야
에서 **내**게 제사를 지내도록 보내
라'고 했어요."
2 그러자 풰로우가 말했다. "**주님**이
누군데 내가 이즈리얼이스라엘을 보
내라는 **그**의 음성에 복종해야 하
지? 나는 **주님**도 모르고, 이즈리얼
을 보내지도 않겠다."
3 그들이 말했다. "히브리인의 **하나**
님을 우리가 만났어요. 부탁하는
데, 우리가 사막으로 3일간 가서
우리 **주 하나님**에게 희생제를 지내
도록 보내주세요. **그**가 우리를 전
염병이나 칼로 쓰러뜨리지 않게
말이죠."
4 이집트왕이 그들에게 말했다. "너
희 모지스와 애런은 무엇 때문에
사람들을 일하지 못하게 하는가?
너희가 맡은 일이나 해라."
5 풰로우가 또 말했다. "보라, 이 땅
에는 이즈리얼 백성이 많이 있다.

그런데 너희가 그들을 일도 못하
고 쉬게 만드는 것이다."
6 그날 퀘로우가 이즈리얼 백성의
작업반장과 관리들에게 명령했다.
7 "너희는 사람들에게 벽돌을 만드
는 데 쓰는 짚을, 더 이상 이전처럼
주지 말고, 그들 스스로 짚을 모아
오도록 시켜라.
8 그리고 그들이 지금까지 만들었던
벽돌 수만큼 똑같이 만들고, 수를
줄여서는 안 된다. 왜냐하면 그들
은 게으름을 부리며, '우리를 보내
어 우리의 **하나님**에게 제사를 지내
게 해달라'고 외치기 때문이다.
9 일하는 자에게 노동을 더 많이 시
켜서, 헛소리에 신경 쓰지 못하게
해라."
10 그러자 그들의 작업반장과 관리들
이 가서 그 민족에게 말했다. "퀘로
우왕의 말에 의하면, '나는 너희에
게 짚을 주지 않겠다'고 했다.
11 이제 너희는 짚이 있는 곳으로 가
서, 짚을 찾아 가져와라. 그렇다고
너희 일을 줄이면 안 된다."
12 그래서 그 민족은 이집트땅 멀리
까지 흩어져서, 짚을 대신할 곡식
그루터기를 모았다.
13 작업반장이 그들을 다그치며 말했
다. "짚이 있었을 때 하던 그대로
너희에게 날마다 부과된 작업량을
채워라."
14 퀘로우가 이즈리얼을 감독하도록
정해둔 이즈리얼의 작업반장들이
매를 맞으며 추궁당했다. "너희는
어째서 어제와 오늘 지금까지 해
온 대로 벽돌 분량을 채우지 못했
느냐?"
15 이즈리얼의 작업반장들이 퀘로우
앞에서 울며 말했다. "당신은 왜 당
신 종들을 이렇게 대합니까?
16 그들이 당신 종들에게 짚도 주지
않고 벽돌을 만들라고 합니다. 보
세요, 당신의 종들이 매를 맞고 있
는데, 잘못은 당신의 이집트 사람
에게 있어요."
17 그러나 그는 말했다. "너희는 게으
르고 게으르다. 그래서 너희가 **주
님**에게 제사한다고 보내 달라고 말
하는 거다.
18 가라. 그리고 일해라. 너희에게 짚
을 주지 않겠다. 그래도 너희는 정
해진 수대로 벽돌을 만들어야 한
다."
19 이즈리얼의 작업반장들은 자신들
이 어려운 상황에 처했음을 알았
다. "너희는 벽돌의 일일 분량을 줄
여서는 안 된다"는 말을 듣고서 비
로소 알게 되었다.
20 그들이 퀘로우한테서 물러나와 길
에서 모지스와 애런을 만나자,
21 그들한테 말했다. "**주님**은 당신을
보고 판단할 것이다. 당신들이 우
리의 구원자로 자처하자, 퀘로우
의 눈과 그의 신하 눈에 우리가 혐
오스러워져서, 손에 칼을 들고 우
리를 죽이려 한다."

22 그래서 모지스가 **주님**에게 되돌아
가서 말했다. "**주인**님, 어째서 **당신**
은 이 백성을 그토록 괴롭힙니까?
당신이 나를 보내는 이유가 뭐죠?
23 내가 **당신**의 이름으로 풰로우에게
말하러 간 다음부터, 그는 이 백성
에게 더욱 나쁘게 대하니, **당신**은
당신의 백성을 조금도 구하지 못했
어요."

모지스와 애런의 가계

6 그때 **주님**이 모지스모세에게 말
했다. "이제부터 너는 내가 풰
로우파라오, 바로에게 하게 될 일을 보
게 될 것이다. 강한 힘으로 풰로우
가 그들을 가게 하고, 강한 손이 그
의 땅 밖으로 그들을 내몰게 될 것
이다."
2 **하나님**이 모지스에게 말했다. "**나**
는 **주인**이다.
3 나는 애리브러햄아브라함에게, 아이
직이사악, 이삭에게, 재이컵야곱에게
전능한 **하나님**의 이름으로 나타났
다. 하지만 **나**는 '제호바'야훼의 이
름으로는 그들에게 알려져 있지
않았다.
4 또 **나**는 그들과 약속을 맺고 그들
에게 캐이넌가나안땅을 주려고 한
다. 그 땅은 그들이 이민족으로 돌
아다니던 곳이다.
5 그런데 **나**는 이집트의 노예로 속
박된 이즈리얼 자손의 신음소리를
듣고 서야, **나**의 약속을 기억했다.
6 그러니 이즈리얼 후손에게 말해
라. **나**는 **주님**이다. 너희를 이집트
인의 탄압에서 구해낼 것이다. 그
들의 속박에서 너희를 벗어나게
하고, 팔을 뻗어 위대한 결단으로
너희를 구해내겠다.
7 그래서 **나**는, 네가 한 민족을 내게
데려오게 하여, 너희에게 **하나님**이
되고자 하는 것이다. 그리고 너희
가 **내**가 너희의 **주인 하나님**임을 알
게 하는 것이다. **나**는 너희를 이집
트인의 속박으로부터 데려오게 된
다.
8 **나**는 그 땅에 너희를 데려오겠다.
그곳은 **내**가 맹세하며 애이브러햄
에게, 아이직에게, 재이컵에게 주
겠다고 했고, 그리고 그것을 너희
에게 유산으로 주겠다. **나**는 **주인**
이다."
9 그리고 모지스가 이즈리얼 후손에
게 그렇게 말했지만, 그들은 정신
적 고통과 잔혹한 속박 때문에 모
지스에게 귀를 기울이지 않았다.
10 그래서 **주님**이 모지스에게 이렇게
말했다.
11 "가서 이집트 풰로우왕에게, 이즈
리얼 후손을 그의 땅 밖으로 보내
라고 전해라."
12 그러자 모지스가 **주님** 앞에서 말했
다. "보세요. 이즈리얼 자손도 내게
귀를 기울이지 않는데, 어떻게 풰
로우가 입술이 할례되지 않아 자
유롭지 못한 내 말을 듣나요?"

13 그래서 **주님**은 모지스와 애런에게
대답하며, 이즈리얼 후손과 풰로
우에게 해야 할 임무를 주어, 이집
트 밖으로 그 후손을 데리고 나오
게 했다.
14 다음은 그 민족의 조상집안의 대
표다. 이즈리얼의 첫째 루번의 자
식은 해녹, 팰루, 히즈런, 카미이고,
이들이 루번의 가족이다.
15 시미언의 자식은 제뮤얼, 재민, 오
핸, 재킨, 조하, 그리고 캐이넌 여자
의 아들 셔울이고, 이들이 시미언
가족이다.
16 그들 세대 별로 리바이레위 자식의
이름은 거션, 코해쓰, 메래리이다.
리바이의 생애는 137년이었다.
17 거션의 자식은 그들 가족에 따라
립니, 쉬미이다.
18 코해쓰의 자식은 앰램, 이즈하, 히
브런, 우지엘이고, 코해쓰의 생애
는 133년이었다.
19 메래리의 자식은 매핼리, 무쉬이
고, 이들이 그들 세대에 따른 리바
이 가족이다.
20 앰램은 아버지의 여동생 조커벧을
아내로 맞이했는데, 그녀가 그에
게 애런과 모지스를 낳아주었다.
앰램의 생애는 137년이었다.
21 이즈하의 자식은 코라, 네펙, 지크
리이다.
22 우지엘의 자식은 미셜, 엘재팬, 지
쓰리이다.
23 애런은 애미내이댑의 딸이자 내애
션의 여동생 일리쉬바를 아내로
맞이했다. 그녀는 그에게 내이댑,
애비후, 일리저, 이써마를 낳아주
었다.
24 코라의 자식은 어씨어, 일캐나, 애
비애샙이고, 이들이 코해쓰 집안
의 가족이다.
25 애런의 아들 일리저는 푸티얼의
딸 중 하나를 아내로 맞이했고, 그
녀는 그에게 퓌네해스를 낳아 주
었다. 이들이 가족에 따른 리바이
부족 조상의 대표이다.
26 이들은 애런과 모지스의 가계로,
주님이 그들에게 말하여, 이집트
땅에서 이즈리얼 자손을 데려오게
한 군대 별 분류다.
27 이들은 이집트 풰로우왕에게 말하
여, 이집트에서 이즈리얼 후손을
데려 가겠다고 했던, 모지스와 애
런의 가계다.
28 **주님**이 이집트땅에서 모지스에게
말하던 그날,
29 **주님**이 모지스에게 한 말은, "**나**는
주인이다. 너는 이집트 풰로우왕에
게 **내**가 네게 말한 모든 것을 전해
라.
30 그러자 모지스는 **주님** 앞에서 말하
며, "보세요, 내 입술은 할례받지
못했는데, 어떻게 풰로우가 내게
귀를 기울이겠어요?" 라고 했다.

첫째 공포: 피

7 **주님**이 모세에게 말했다.
"보라, **나**는 퀘로우파라오, 바로에
게 너를 신과 같은 존재로 만들고,
네 형 애런아론은 너희 예언자가 되
게 하겠다.
2 네가 **나**의 명령을 모두 말하면, 네
형 애런이 퀘로우에게 전달하여,
그가 이즈리얼 자손을 그의 나라
밖으로 내보내게 하려는 것이다.
3 그리고 **나**는 퀘로우의 마음을 강화
시키며, **나**의 증거표시와 **나**의 경
이를 이집트땅에 여러 차례 되풀
이하겠다.
4 그렇지만 퀘로우는 네게 귀를 기
울이지 않을 것이다. 그것은 이집
트에 **나**의 손을 대어, **나**의 군대와
나의 백성 이즈리얼 후손을 이집트
밖으로 이끄는데 엄청난 판정을
내리겠다는 것이다.
5 그러면 이집트 사람은 그때 **내**가
주인이라는 것을 알게 될 것이다.
이집트에 **내** 손을 뻗어, 그들 가운
데서 이즈리얼 자손을 데려올 때
말이다."
6 그래서 모지스와 애런은 **주님**의 명
령에 따라 그대로 했다.
7 모지스가 80세, 애런이 83세였을
때, 그들이 퀘로우에게 이야기했
다.
8 그리고 **주님**이 모지스와 애런에게
이렇게 말했다.
9 "퀘로우가 네게 '기적을 보이라'고
말하면, 그때 네가 애런에게 '지팡
이를 들어 왕 앞에 던지라'고 명하
면, 그것이 뱀이 될 것이다."
10 그래서 모지스와 애런이 퀘로우한
테 가서 **주님**이 명령한 대로 했다.
그리고 애런이 지팡이를 들어 왕
과 신하 앞에 던지자, 그것이 뱀이
되었다.
11 그러자 퀘로우는 현자와 술사들을
불렀고, 이집트의 마법사들도 그
들의 마법으로 똑같이 했다.
12 그들이 각자 자신의 지팡이를 던
지자 그것이 뱀이 되었는데, 애런
의 지팡이가 그들을 삼켜버렸다.
13 **주님**은 퀘로우가 그들에게 귀를 기
울이지 않도록 그의 마음을 강하
게 만들며, 자신이 말한 대로 했다.
14 그리고 **주님**이 모지스에게 말했다.
"퀘로우의 마음이 강해져서 그 민
족이 가는 것을 거절하게 될 것이
다.
15 너는 아침에 왕에게 가라. 그가 나
일강으로 나가면, 너는 그가 오는
맞은편 강둑 옆에 서서, 뱀으로 변
했던 지팡이를 네 손에 들어라.
16 그런 다음 너는 그에게 이렇게 말
해야 한다. '히브리의 **주 하나님**이
나를 왕에게 보내어 전한 말은, **나**
의 백성을 내보내면, 그들이 황야
에서 **내**게 제사를 지낼 수 있게 된
다는 이야기였다. 그러나 보다시
피 지금까지 왕 당신은 들으려고
하지 않았다.

17 **주님**의 말에 따르면, '이것으로 너
는 **내**가 **주인**임을 알게 된다. 보라,
내 손 안의 지팡이로 강물 위를 치
면 그것이 피로 변할 것이다.
18 그러면 강 속 물고기가 죽고, 나일
강은 악취를 풍기며, 이집트인은
강물을 마시기가 역겨울 것이다'
라고 전해라."
19 또 **주님**이 모지스에게 말했다. "애
런에게 말하여, '지팡이를 들어 이
집트의 강과 하천, 시내와 호수, 물
웅덩이에 네 손을 뻗어라'고 지시
하면, 그것이 피로 변하고, 이집트
전역의 숲과 암반의 수맥 모두 피
가 될 것이다."
20 그래서 모지스와 애런은 **주님**이 명
령한 대로 했다. 그가 지팡이를 들
어올려 풰로우와 그의 신하 앞에
서 나일강 물을 쳤더니 강물이 온
통 피로 변했다.
21 그러자 강 속 물고기가 죽어서 악
취를 풍겼고, 이집트 사람은 강물
을 마실 수 없었는데, 이집트땅 전
역이 피였다.
22 그리고 이집트의 마술사도 그들의
마법으로 그렇게 했는데, 풰로우
마음은 굳어지며, **주님**이 말한 대
로 그는 그들에게 귀를 기울이지
않았다.
23 풰로우는 집으로 돌아갔고, 이 일
에 마음조차 두지 않았다.
24 이집트인이 모두가 물을 마시려고
강 주위를 팠는데, 이는 강물을 마
실 수 없었기 때문이었다.
25 **주님**이 강을 치고 7일이 지났다.

공포2 개구리, 3 이, 4 파리

8 **주님**이 모지스모세에게 말했다.
"풰로우파라오, 바로에게 가서 전
해라. **주님**의 말에 따르면, '**나**의 백
성들을 가게 하여, 그들이 **나**를 섬
길 수 있게 해라.
2 만약 네가 보내기를 거절하면, 보
라, 나는 개구리로 너의 모든 영토
를 치겠다.
3 그러면 강에 개구리가 넘쳐나서,
그것이 네 집안에, 침실에, 침대 위
에, 네 종의 집과 백성에게, 네 빵
굽는 화덕과 반죽통 안까지 오르
내릴 것이다.
4 개구리는 너와 네 백성과 신하 모
두한테 올라갈 것이다'라고 말해
라."
5 또 **주님**이 모지스에게 말했다. "애
런에게 일러, '지팡이를 잡고 네 손
을 하천과 강과 연못에 뻗어, 이집
트땅에 개구리가 나오게 하라'고
시켜라."
6 그래서 애런이 이집트의 모든 물
에 손을 뻗자, 개구리가 올라와서
이집트땅을 덮었다.
7 그리고 마술사들도 그들의 마법으
로 그렇게 하여, 이집트땅위에 개
구리를 불러왔다.
8 그때 왕이 모지스와 애런을 불러
말했다. "**주님**에게 간청하여, 나와

백성한테서 개구리를 없애라. 그
러면 내가 그 백성을 보내어 **주님**
에게 제사하게 하겠다."
9 그러자 모지스가 퀘로우에게 말했
다. "내게 영광이죠. 당신과 당신의
종, 당신의 백성을 위해, 당신과 당
신 집안에서 개구리를 없애, 그것
들이 강에만 있도록, 언제 간청할
까요?"
10 왕이 말했다. "내일 까지다." 그러
자 모지스가 말했다. "당신의 말에
따라 그렇게 될 겁니다. 당신은 우
리의 **주 하나님**과 같은 존재가 없다
는 것을 알게 될 겁니다.
11 개구리는 당신한테서, 당신의 집
에서, 당신의 신하에게서, 당신의
백성으로부터 없어지고, 오직 강
에만 남게 될 겁니다."
12 그리고 모지스와 애런이 퀘로우로
부터 물러난 다음, 모지스가 **주님**
에게 외쳤는데, 그것은 그가 퀘로
우한테 몰고 온 개구리 때문이었
다.
13 그러자 **주님**이 모지스의 말에 따라
개구리를 집과 마을과 들에서 죽
여 버렸다.
14 사람들이 죽은 개구리를 한데 모
아 무더기로 쌓자, 땅에 냄새가 진
동했다.
15 하지만 그 일이 진정되는 상황을
본 퀘로우는, 마음을 굳히며 **주님**
이 말한 대로 그들의 말에 귀를 기
울이지 않았다.
16 **주님**이 모지스에게 말했다. "애런
에게 말해라. 지팡이를 뻗어 땅의
먼지를 쳐서 모든 이집트 전역에
이가 들끓게 시켜라"
17 그래서 그들이 그렇게 했다. 애런
이 지팡이를 손에 들고 뻗어 땅의
먼지를 치자, 그것이 사람과 동물
한테서 이가 되었다. 그 땅의 모든
먼지가 이집트 전역에서 이가 되
었다.
18 마술사들이 그들의 마법으로 이가
되도록 해보았어도, 그들은 할 수
없었으므로, 사람과 동물에게 이
가 끓었다.
19 마법사들이 퀘로우에게 말했다.
"이는 **하나님**의 지시입니다." 그러
나 **주님**이 말한 대로 퀘로우는 마
음을 굳혀 그들 말을 듣지 않았다.
20 그리고 **주님**이 모지스에게 말했다.
"아침 일찍 일어나 퀘로우 앞에 서
라. 그가 나일강 쪽으로 나오면 그
에게 전해라. '**주님**의 말에 따라, **나**
의 백성을 보내어 **나**를 섬기게 하
라.
21 그 이외 만약 네가 **나**의 백성을 보
내지 않으면, 보라, 네게 파리떼를
보내겠다. 또 네 신하에게, 네 백성
에게 보내고, 네 집안에도, 이집트
사람의 집안에도 파리떼를 채우고
그들이 사는 땅에도 그럴 것이다.
22 그날 나의 백성이 사는 고션고센 땅
은 구분하여 파리떼가 없게 하겠
다. 마침내 너는 지구 한가운데서,

내가 **주인**이라는 것을 알게 될 것
이다.
23 그리고 나의 백성과 너희 백성을
구분하여 내일 이런 기이한 현상
을 발생시키겠다'고 퀘로우에게
전해라."
24 그리고 **주님**은 그렇게 했다. 견디
기 힘들 만큼 심한 파리떼가 퀘로
우의 집과 그의 신하의 집에도 이
집트 모든 곳에 왔다. 그 땅이 파리
떼로 더럽혀졌다.
25 그러자 퀘로우가 모지스와 애런을
불러 말했다. "너희는 나가서 이 땅
에서 너희 **하나님**에게 제사를 지내
라."
26 모지스가 말했다. "그렇게는 못해
요. 왜냐하면 우리가 **주 하나님**에게
제사하는 것을 이집트인이 혐오하
기 때문이지요. 보세요, 우리가 그
들 눈앞에서, 이집트인이 혐오하
는 제사를 올리면, 그들이 우리에
게 돌을 던지지 않을까요?
27 우리는 3일간 여행하여 황야로 가
서 우리의 **주 하나님**이 우리에게 명
령한 대로 해야 합니다."
28 퀘로우가 말했다. "나는 너희 **주 하
나님**에게 황야에서 제사를 올리도
록 너희를 보내겠다. 다만 너희는
너무 멀리 가지 말고 나를 위해 기
원해라."
29 모지스가 말했다. "보세요. 나는 당
신에게서 물러나 다음날 **주님**에게
간청하여, 왕과 그의 신하와 백성
한테서 파리떼가 떠나게 하지요.
그러나 퀘로우 당신은 다시 또 이
민족이 **주님**에게 제사를 올리러 가
지 못하도록 거짓으로 말하지 마
세요."
30 모지스가 퀘로우로부터 물러나와
주님에게 간청했다.
31 **주님**은 모지스의 말에 따라 왕, 그
의 신하, 그의 백성한테서 파리떼
를 없앴다. 그곳에는 파리가 하나
도 남지 않았다.
32 그런데 퀘로우는 이번에도 그의
마음을 고집스럽게 굳히며, 그 민
족을 보내지 않았다.

공포 5 가축병, 6 종기, 7 우박

9 **주님**이 모지스모세에게 말했다.
"퀘로우파라오, 바로에게 가서 말해
라. '히브리의 **주 하나님**에게 백성
이 **나**를 섬기도록 그들을 보내라.
2 만약 네가 그들을 보내지 않고 계
속 붙잡으면,
3 보라, **주님**의 손이 들에 있는 너희
가축, 곧 말, 나귀, 낙타, 황소, 양에
게 손을 대어, 그들에게 심한 가축
전염병이 있을 것이다.
4 그리고 **주님**은 이즈리얼이스라엘의
가축과 이집트의 가축을 구분하
여, 이즈리얼 자손의 것은 한 마리
도 죽이지 않을 것이다.
5 내일 **주님**이 이 땅에서 이 일을 하
겠다고 말하고 시간을 지정했다'
고 전해라."

6 이튿날 **주님**은 그 일을 실행했다.
이집트 가축은 모두 죽었지만, 이
즈리얼 자손의 가축은 하나도 죽
지 않았다.
7 풰로우가 사람을 보내어 살펴보
니, 이즈리얼 민족의 가축은 하나
도 죽지 않았다. 그래도 풰로우 마
음은 완강하여 그 백성을 보내지
않았다.
8 **주님**이 모지스와 애런아론에게 말
했다. "너희는 화로의 재를 한 움큼
가져가서, 모지스가 그것을 풰로
우 눈앞에서 하늘을 향해 뿌려라.
9 그것은 이집트땅 전체에 작은 먼
지를 일으키며, 사람과 동물에게
수포가 되어, 이집트땅 전역에 종
기로 발현될 것이다."
10 그래서 그들은 화로의 재를 가지
고 풰로우 앞에 서서, 모지스가 하
늘을 향해 그것을 뿌렸더니, 그것
은 사람과 동물에게 수포가 생겨
종기가 되었다.
11 마술사들은 종기 때문에 모지스
앞에 설 수 없었다. 왜냐하면 마술
사에게도, 이집트 사람 모두에게
도 종기가 생겼기 때문이다.
12 **주님**은 풰로우 마음을 고집스럽게
만들었고, 그는 그들 말을 듣지 않
았는데, **주님**이 모지스에게 말한
대로였다.
13 **주님**이 모지스에게 말했다. "아침
일찍 일어나 풰로우 앞에 서서 그
에게 말해라. 히브리의 **주 하나님**의
말에 따르면, '**나**의 백성을 보내어
나를 섬기게 해라.
14 **나**는 이번에 네 가슴 위에, 네 신하
위에, 네 백성 위에 전염병 재앙을
보내겠다. 그러면 너는 모든 땅위
에 나와 같은 존재가 아무도 없다
는 것을 알게 될 것이다.
15 이제 나는 내 손을 뻗어 악성 전염
병으로 너와 네 백성을 칠 것이다.
그러면 너는 땅에서 없어질 것이
다.
16 바로 이런 일을 일으키고자, 내가
너를 버티게 해주었다. 왜냐하면
네게 **나**의 힘을 보여서, **나**의 이름
이 전 지구 곳곳에 전파될 수 있도
록 하는 것이다.
17 **나**의 백성을 상대로 네 자신을 뽐
내고자 그들을 풀어주지 않는 것
인가?
18 보라, 내일 이맘 때 건국된 이래 지
금까지 이집트에서 한 번도 있어
본 적 없는, 그런 우박을 비가 퍼붓
듯 일으키겠다.
19 그러니 이제 보내라. 그리고 네 가
축과 네가 가진 들에 있는 모든 것
을 모아 들여라. 왜냐하면 모든 사
람과 들에 있는 짐승한테 우박이
퍼부어지면 죽기 때문에, 그들은
집에 데려가지 못하게 될 것'이라
고 전해라."
20 풰로우의 신하 가운데 **주님**의 말을
두려워한 자는 종과 가축을 집안
으로 피신시켰고,

21 **주님**의 말에 신경을 쓰지 않은 자
는 종과 가축을 들에 내버려 두었
다.
22 **주님**이 모지스에게 말했다. "네 손
을 하늘을 향해 앞으로 뻗어서 사
람 위에, 짐승 위에, 들의 모든 풀
위에, 이집트땅 전역에 우박이 떨
어지게 해라."
23 그래서 모지스가 지팡이를 하늘을
향해 뻗었다. 그러자 **주님**이 천둥
과 우박을 보내어, 땅위 전역에 불
이 번지게 했고, 또 이집트땅위에
우박을 쏟았다.
24 그 나라가 생긴 이래 이집트땅에
그와 같은 것이 있었던 적이 없는,
대단히 견디기 어려운 불이 섞인
우박이 내렸다.
25 우박이 이집트땅의 사람이나 짐
승, 들에 있는 모든 것을 모조리 강
타했다. 우박이 들의 풀을 치자, 벌
판의 나무가 모두 쓰러졌다.
26 이즈리얼 자손이 있는 고션고센 땅
만 우박이 없었다.
27 풰로우가 사람을 보내어 모지스와
애런을 불러 말했다. "이번에 내가
죄를 지었다. **주님**이 옳았고, 나와
나의 백성이 나빴다.
28 그러니 **주님**에게 [이것으로 충분하
니] 더는 강력한 천둥과 우박이 없
도록 간청해 달라. 그러면 내가 너
희를 가게 하고, 더 이상 지체하지
않게 하겠다."
29 그러자 모지스가 그에게 말했다.
"내가 이 도성을 나가자마자 **주님**
에게 손을 뻗으면, 천둥이 멈추고
더는 우박도 없을 거예요. 그러면
당신은 지구가 **주님**의 것임을 알게
될 겁니다.
30 그런데도 당신과 당신 신하는 여
전히 **주 하나님**을 두려워하지 않는
다는 것을 나도 알고 있어요."
31 그때 보리는 이삭을 맺고 아마는
꼬투리에 꽃이 달렸으므로, 아마
와 보리가 피해를 입었다.
32 하지만 밀과 호밀은 자라지 않았
기 때문에 피해를 입지 않았다.
33 그리고 모지스는 풰로우의 도성
밖으로 나가 **주님**에게 손을 뻗자,
천둥과 우박이 그치고 땅위에 비
가 퍼붓지 않았다.
34 풰로우왕은 비와 우박과 천둥이
그친 것을 알자, 그는 여전히 죄를
지으며 그와 그의 신하들이 고집
을 부렸다.
35 **주님**이 모지스를 통해 말한 대로,
풰로우는 완강하게 버티며 이즈리
얼 자손을 보내지 않았다.

공포 8 메뚜기, 공포 9 어둠

10 **주님**이 모지스모세에게 말했
다. "풰로우파라오, 바로에게 가
라. 이것은 내가 그와 그의 신하들
마음을 단단히 굳혀 그 앞에서 나
의 경이를 보이고자 하는 것이다.
2 그러면 너희가 네 아들과 그 아들
의 아들 귀에, 내가 이집트에서 실

행한 일과 그들 가운데 발생한 경
이를 말해줄 수 있고, 그러면 너희
는 내가 왜 **주인**이 되는지 알 수 있
을 것이다."
3 그래서 모지스와 애런이 퀘로우에
게 가서 말했다. "히브리의 **주 하나**
님의 말에 따르면, '얼마나 오래 네
가 내 앞에서 스스로 겸손해지기
를 거부할 거냐? 내 백성을 가게
하여 그들이 나를 섬기게 해라.
4 그러지 않고 네가 내 백성을 놓아
주길 거부하면, 나는 내일 네 영토
에 메뚜기를 보내겠다.
5 그것들은 땅을 뒤덮어 땅을 볼 수
있는 자가 하나도 없게 하고, 또 우
박을 피해 네게 남아 있는 나머지
곡식을 먹고, 너를 위해 들에서 자
란 모든 나무들을 먹을 것이다.
6 그것은 네 집과 네 신하의 집 전부,
이집트의 모든 집에 가득 들어차
게 되는데, 땅이 있던 날부터 이날
까지, 네 조상도 네 조상의 조상도
한 번도 본적이 없었던 메뚜기가
될 것'이라고 했어요." 그러면서 모
지스는 바로 몸을 돌려 퀘로우한
테서 나가버렸다.
7 그러자 퀘로우의 신하들이 왕에게
말했다. "언제까지 이 사람이 우리
를 덫으로 잡게 합니까? 그들을 보
내 그들의 **주 하나님**을 섬기게 합시
다. 당신은 이집트가 훼손되는 것
을 여전히 모르나요?"
8 그래서 모지스와 애런이 퀘로우에
게 다시 불려왔고, 그가 그들에게
말했다. "가서 너희 **주 하나님**을 섬
겨라. 그런데 가려는 사람이 누구
지?"
9 모지스가 대답했다. "우리는 어린
아이, 노인, 아들딸, 우리의 양떼 소
떼와 함께 가겠어요. 왜냐하면 **주**
님에게 제사를 지내야 하니까요."
10 그가 그들에게 말했다. "내가 너를
보내어, 그 **주님**이 너희와 함께 있
고, 네 어린이와 같이 있게 될 때,
잘 지켜봐라. 악이 네 앞에 도사리
고 있을 것이다.
11 그러면 안 되지. 그러니 이제 너희
남자만 가서 **주님**을 섬겨라. 너희는
제사를 바라는 것이다." 그래서 그
들은 퀘로우왕 앞에서 쫓겨났다.
12 **주님**이 모지스에게 말했다. "네 손
을 뻗어 이집트땅위로 메뚜기 떼
가 올라오게 하여, 땅에 있는 풀을
모조리 먹고, 심지어 우박에서 살
아남은 것마저 먹어 치우게 해라."
13 모지스가 이집트땅위로 지팡이를
뻗자, **주님**은 그날 밤 내내 동풍을
불렀고, 아침이 되자 동풍이 메뚜
기를 몰고 왔다.
14 메뚜기가 이집트땅위로 올라와서
영토 전역에 자리 잡았다. 그들은
대단히 끔찍했는데, 그런 메뚜기
떼는 이전에도 없었고 그 이후에
도 없었을 것이다.
15 그들이 온 땅을 덮어 캄캄해진 가
운데, 땅에 난 풀을 모두 먹었고, 우

박이 남긴 나무 열매도 모조리 먹
었다. 이집트땅을 통틀어 그곳 나
무의 푸른 것이나 들의 풀이나, 아
무것도 남은 것이 없었다.
16 그때 쾌로우가 급히 모지스와 애
런을 불러 말했다. "너의 **주 하나님**
에 맞서며 또 너에 대해 죄를 지었
다.
17 그러니 이제 용서해 줄 것을 부탁
한다. 나의 죄는 오직 이번 뿐이다.
따라서 너의 **주 하나님**에게 이 죽음
만은 없애 달라고 간청해주기 바
란다."
18 그래서 그는 쾌로우한테서 나가 **주**
님에게 간청했다.
19 그러자 **주님**은 강력한 서풍을 일으
켜, 메뚜기 떼를 날려서 홍해 바다
속에 던졌다. 이집트 영토 전역에
남은 메뚜기는 한 마리도 없었다.
20 그래도 **주님**은 왕의 마음을 강하게
만들어, 그가 이즈리얼 자손을 내
보내려 하지 않게 했다.
21 **주님**이 모지스에게 말했다. "네 손
을 하늘을 향해 뻗어서, 이집트땅
전체에 어둠이 내려앉게 할 뿐만
아니라, 심지어 어둠이 느껴질 수
있게 해라."
22 그래서 모지스는 하늘을 향해 손
을 앞으로 뻗었더니, 3일간 이집트
전역에 짙은 어둠이 깔렸다.
23 그들은 서로를 볼 수 없었고, 3일
동안 자신이 있는 곳에서 일어나
지도 못했다. 대신 이즈리얼 자손
모두가 사는 곳에는 빛이 있었다.
24 쾌로우가 모지스를 불러 말했다.
"너희는 가서 **주님**을 섬겨라. 단지
너희 양과 소는 그대로 둔 채, 어린
것들은 함께 데려가라."
25 모지스가 말했다. "당신이 우리에
게 희생제물과 불로 지내는 번제
제물도 주어야, 그것으로 우리의
주 하나님에게 제사할 수 있어요.
26 우리 소도 같이 가야 하고, 뒤에 남
겨둘 가축은 없어요. 그것으로 우
리의 **주 하나님**에게 제사 지내야 하
기 때문인데, 안 그러면 우리가 그
곳에 가서 무엇으로 **주님**에게 제사
할지 몰라요."
27 그러나 **주님**은 쾌로우의 마음을 더
욱 굳혔고, 그는 그들을 가게 하지
않았다.
26 왕이 모지스에게 말했다. "내게서
떠나, 네 자신을 조심해라. 너는 더
이상 내 얼굴을 못 본다. 네가 내
얼굴을 보는 날 너는 죽는다."
29 모지스가 말했다. "당신은 말을 잘
했어요. 나도 당신 얼굴을 다시는
보지 않을 겁니다."

마지막 공포에 대한 경고

11 **주님**이 모지스모세에게 말했
다. "내가 쾌로우파라오, 바로
와 이집트에 재앙을 한 번 더 보낸
후에야, 그는 너희를 보낼 것이다.
너희를 보낼 때, 그는 단번에 확실
하게 너희를 내몰 것이다.

2 이제 백성의 귀에 이야기해라. 모
두가 이웃의 남자와 여자에게 은
보석과 금보석을 빌리게 해라."
3 그러면서 **주님**은 그 민족을 이집트
인의 마음에 들게 해주었다. 게다
가 모지스는 이집트땅에서 대단히
위대한 인물이었고, 풰로우 신하
및 그 사람들 눈에도 그랬다.
4 모지스가 말했다. "**주님**의 말에 따
르면, '한밤중에 나는 이집트 한가
운데로 가겠다.
5 이집트땅의 모든 첫째는 죽게 된
다. 옥좌에 앉은 풰로우의 장남부
터, 심지어 방앗간 뒤에 있는 여종
의 장남이나 모든 짐승의 첫배까
지 그렇다.
6 이집트 방방곡곡에 엄청난 울부짖
음이 있을 것이다. 그와 같은 적은
이전에도 전혀 없었고, 그런 것은
더 이상도 없을 것이다.
7 그러나 이즈리얼 자손은 어느 누
구도, 사람이나 짐승에 대해서도,
개 한 마리조차 혀를 움직여 물지
못할 것이다. 너희는 **주님**이 이집
트인과 이즈리얼 사이에 어떻게
차이를 두는 지 알 수 있을 것이다.
8 그러면 너희 종 모두가 내게 와서
스스로 엎드려 머리 숙여 절하고
말하면서, '나가라. 너를 따르는 사
람 모두 나가라'고 하면, 그후 내가
떠날 것'이라고 했어요." 그렇게 전
한 다음 모지스는 몹시 화가 난 풰
로우한테서 나와버렸다.
9 **주님**은 모지스에게 말했다. "풰로
우는 네 말을 듣지 않을 것이다. 그
래서 나의 기적이 이집트땅에서
더 많이 벌어지는 것이다."
10 모지스와 애런아론이 이 모든 기적
을 풰로우 앞에서 실행했고, **주님**
은 풰로우의 마음을 단단히 굳혀
서, 그가 이즈리얼 자손을 자신의
땅에서 내보내지 않게 만들었다.

통과의식 가운데 대탈출

12 **주님**이 모지스와 애런에게
이집트땅에서 일렀다.
2 "이번 달은 너희에게 여러 달이 시
작되는 해의 첫 달이 된다.
3 너희는 이즈리얼이스라엘 전 공동체
에게 말해줘라. 이번 달 10일에 모
든 사람은 새끼 양을 한 마리씩 잡
는데, 조상의 가계 별로 한 집 당
한 마리씩이다.
4 만일 양을 먹기에 가족 수가 너무
적으면, 그와 이웃집을 합친 인원
수대로 잡아라. 모든 사람은 먹성
정도에 따라 양의 수를 계산해라.
5 너희 양 새끼는 흠이 없는 일년 된
수컷이어야 하고, 양이나 염소 중
골라야 한다.
6 그리고 너희는 그것을 그 달 14일
까지 갖고 있다가, 이즈리얼 공동
체 전체가 모인 가운데 저녁에 죽
여라.
7 사람들은 피를 받아 그것을 집의
좌우 문기둥과 상인방에 쳐서 바

르고 그 안에서 그것을 먹어라.
8 밤에 그 살코기를 먹는데, 불에 구
워서 무효모빵과 쓴 맛 채소와 함
께 먹어야 한다.
9 날것이나 물을 흠씬 먹은 것은 먹
지 말고, 불에 구워서 머리와 다리,
내장도 먹어라.
10 너희는 그것을 아침까지 남기지
않게 하는데, 아침까지 남은 것은
불에 태워라.
11 그리고 너희는 이런 식으로 먹어
야 한다. 허리에 띠를 두르고, 발에
신을 신고, 손에 지팡이를 들고, 그
것을 급히 먹어라. 이것이 '**주님**의
통과'이다. [무사히 지나간다는 '유
월절逾越節'의 의미이다.]
12 왜냐하면 나는 그날 밤에 이집트
땅을 지나가면서, 이집트땅에 있
는 첫째는 사람이나 짐승 모두 칠
것이며, 이집트의 모든 신을 상대
로 내가 처벌을 집행하기 때문이
다. 나는 **주인**이다.
13 그 피는 너희가 집안에 있다는 증
거가 되어, 내가 그 피를 보면 너희
를 지나쳐 통과하겠다. 그러면 내
가 이집트땅을 칠 때 재앙이 너를
파괴하지 않을 것이다.
14 그리고 이날은 너희에게 기념이
되어야 한다. 너희 세대 내내 그날
을 **주님**의 축일로 정하여, 너희는
영원한 규정으로 축일을 지켜야
한다.
15 너희는 7일간 무효모빵을 먹어야
하니, 아예 첫날부터 네 집에서 효
모를 치워버려라. 첫날부터 7일까
지 발효된 빵을 먹는 자는, 그가 누
구라 하더라도 이즈리얼한테서 제
거되어야 한다.
16 그리고 첫날에 신성한 집회를 하
고, 7일째 날에도 성스러운 모임이
있어야 한다. 그날 너희 가운데 할
수 있는 일이란, 각자 먹을 것을 마
련하는 일 외에 어떤 일도 해서는
안 된다.
17 너희는 무효모빵의 축일을 지켜야
한다. 바로 이날 나는 이집트땅에
서 너희 백성 군단을 데리고 나오
기 때문에, 너희는 이날을 너희 세
대들이 영원한 규정으로 지켜야
한다.
18 너희는 첫 달 14일 저녁부터 무효
모빵을 먹어야 하고, 21일 저녁까
지 그렇다.
19 7일 동안 너희 집에 누룩이 보이
지 않아야 한다. 발효된 빵을 먹는
자는 누구든지 이즈리얼의 공동체
모임에서 제거되어야 하고, 그가
이민족이든 그 땅에 태어난 자든
그렇다.
20 너희는 발효시키지 말고 빵을 먹
어야 한다. 너희가 거주하는 모든
곳에서 비발효빵을 먹어야 한다."
21 모지스가 이즈리얼의 모든 원로와
대군왕자를 불러 말했다. "가족 수
에 따라 양 한 마리를 끌어내어 그
통과 날에 잡아라.

22 부정을 막는 히솝풀 한 단을 가져
와서 그릇에 담긴 피 속에 담가라.
그 피로 상인방과 양쪽 문설주에
쳐서 바르고, 너희 중 누구도 아침
까지 자신의 집문 밖으로 나가면
안 된다.
23 왜냐하면 **주님**이 이집트인을 치기
위해 지나갈 때, **주님**이 상인방과
양쪽 문설주의 피를 보면 그 문을
지나쳐 통과하여, 너희를 죽이려
고 네 집에 들어오는 파괴자에게
당하지 않게 할 것이다.
24 그리고 너희는 이 모든 것을 너와
네 자손들이 영원한 명령으로 준
수해야 한다.
25 너희가 **주님**이 너희에게 한 약속에
따라 주게 될 그 땅으로 들어갈 때,
너희는 이 통과의식을 지켜야 한
다.
26 네 자손이 너희에게 '이런 식으로
올리는 의식은 무슨 의미인가요?'
라고 묻게 되면,
27 너희는 이렇게 전해야 한다. '그것
은 **주님**의 통과유월절에 대한 희생제
사다. **주님**이 이집트에서 이즈리얼
자손의 집을 그냥 지나쳐서, 이집
트인을 치면서, 우리의 집을 구했
다'고 대답해야 한다." 그러자 사람
들이 머리 숙여 경배했다.
28 그런 다음 이즈리얼 자손이 각자
되돌아 가서, **주님**이 모지스와 애
런에게 명령한 대로 그들이 그렇
게 했다.
29 한밤중에 **주님**이 이집트의 모든 첫
째를 쳤다. 왕좌에 앉은 퐈로우의
장남부터 지하감옥 포로의 장남까
지 그리고 가축의 모든 첫배를 죽
였다.
30 그러자 퐈로우와 신하들과 모든
이집트인이 밤에 일어나면서, 이
집트에 큰 울부짖음이 있었다. 왜
냐하면 사람이 죽지 않은 집이 하
나도 없었기 때문이었다.
31 그때 퐈로우가 모지스와 애런을
한 밤에 불러 말했다. "너와 이즈리
얼 자손은 모두 일어나, 나의 백성
한테서 떠나라. 너희가 말한 대로
가서 **주님**을 섬겨라.
32 또한 네 양떼와 소떼도 데리고, 네
말대로 가라. 그리고 내게도 복을
빌어주어라."
33 이집트 사람들은 서둘러 그 민족
을 그 땅 밖으로 내보내려고 재촉
했다. 왜냐하면 그들이 '우리는 모
두 죽은 자'라고 말했기 때문이다.
34 그 민족은 발효 전 반죽을 들고, 반
죽통을 천으로 어깨에 묶어 메고
갔다.
35 이즈리얼 자손은 모지스의 말을
따르며, 이집트인에게 은보석과,
금보석, 의복을 빌렸고,
36 **주님**은 이집트인의 눈에 그 민족에
대하여 호감을 갖게 해주었다. 그
래서 그들은 그들이 요구하는 것
들을 빌려주었고, 그들은 이집트
인으로부터 빼앗아 냈다.

37 이즈리얼 자손은 래머시스라메세쓰,
라암셋로부터 수커쓰수콧, 숙곳로 걸어
서 여행했는데, 아이들을 제외하
고 약 600,000명이나 되었다.
38 수많은 각양각색의 사람과 더불어
양과 소 등 엄청나게 많은 가축떼
가 떠났다.
39 그들은 이집트 밖으로 가져온 반
죽으로 무효모 과자를 구웠는데,
그것은 발효가 되지 않은 것이었
다. 왜냐하면 그들은 이집트 밖으
로 내몰렸기 때문에 지체할 수도
없었고, 그들을 위한 어떤 음식도
제대로 준비하지 못했기 때문이
다.
40 이즈리얼 자손이 이집트에서 살았
던 체류 기간은 430년이었다.
41 430년이 끝나는 바로 그 날, **주님**의
수많은 무리 군단 모두가 이집트
땅으로부터 나왔다.
42 이날은, **주님**이 이집트땅에서 그들
을 데려오기 위해 훨씬 더 유념을
많이 했던 밤이고, 이날은 이즈리
얼 모든 자손이 그들 세대에 보호
받았던 **주님**의 밤이다.
43 **주님**이 모지스와 애런에게 말했
다. "이것은 통과의식유월절의 규정
이다. 낯선 자가 그 빵을 먹으면 안
되지만,
44 돈을 주고 사온 종들은 할례를 하
면, 그 빵을 먹을 수 있다.
45 외국인과 그에 고용된 종은 그 빵
을 먹어서는 안 된다.
46 너희는 집안에서 그것을 먹어야
하고, 살코기를 집 밖으로 멀리 가
져가서는 안 되며, 고기 뼈를 부러
뜨려도 안 된다.
47 이즈리얼의 집회에 모인 모든 사
람은 그것을 지켜야 한다.
48 이민족이 너와 함께 머무르려 할
때는, 그도 **주님**에게 통과의식을
지켜야 한다. 그 남자들 모두 할례
를 받게 한 다음, 그를 가까이 오게
하고 그것을 지키게 하면, 그는 그
땅에 태어난 자와 똑같아진다. 이
는 할례 받지 않은 사람이 그 빵을
먹어서는 안 되기 때문이다.
49 본국 태생인 자와 너희에게 머무
는 이방인에게 법은 동일하다."
50 그래서 이즈리얼 자손 모두가 **주님**
이 모지스와 애런에게 지시한 대
로 그렇게 했다.
51 바로 그날, **주님**이 그들의 민족 군
단 별로, 이집트땅 밖으로 이즈리
얼 자손을 데리고 나왔다.

첫째의 봉헌과 무효모빵 축일

13 **주님**이 모지스모세에게 말했
다.
2 "최초로 세상에 나온 모든 것은 내
게 제물로 희생해라. 이즈리얼 자
손 가운데 처음 자궁을 열고 나온
것은 어떤 것이라도, 사람이든 짐
승이든 그것은 나의 것이다."
3 모지스가 사람들에게 말했다. "너
희는 이집트에서 노예로 살던 집에

서 나온 이날을 기억해라. 왜냐하
면 **주님**의 강한 손힘으로 그곳에서
너희를 데려왔기 때문이다. 따라서
발효빵을 먹어서는 안 된다.
4 너희가 나온 이날은 히브리력 첫
달 아비브월양력 3~4월경이다.
5 **주님**이 너희를 캐이넌가나안, 힡히타
이트, 헷, 애머리아모리, 하이브히위, 제
뷰스여부스부족의 땅으로 데려갈 때
가 있을 것이다. **주님**이 너희 조상
에게 맹세하며, 젖과 꿀이 흐르는
땅을 너희에게 주겠다고 했다. 그
래서 너희는 이달에 이 제사를 지
내야 한다.
6 너희는 7일간 비발효빵을 먹어야
하고, 일곱째 날은 **주님**의 축일이
되어야 한다.
7 무효모빵을 7일 동안 먹으면서, 너
희에게 발효된 빵이 보여서도 안
되고, 전 구역에서 부푼 빵이 있어
서도 안 된다.
8 너희는 아들에게 그날을 알려주며
말해라. '이것은 내가 이집트에서
나올 때 **주님**이 내게 했던 기적의
힘 때문에 이렇게 하는 것'이라고.
9 그리고 **주님**의 법은 네 손 위에서
증거표시로 남기고, 너의 눈과 눈
사이에도 표시하며 기억하여, **주님**
의 법이 너희 입에 남아 있게 해야
한다. 그 이유는 **주님**의 강한 손으
로 너희를 이집트 밖으로 데리고
나왔기 때문에 하는 것이다.
10 따라서 너희는 해마다 정해진 시
기에 이 명령을 지켜야 한다.
11 **주님**이 너희를 캐이넌땅으로 데려
갈 때, 그가 너와 너희 조상에게 약
속한 대로, 그 땅을 너희에게 줄 것
이다.
12 그러면 너는 모체를 열고 나온 것
과, 네가 소유한 짐승한테서 나온
모든 첫배를 구분하여, 수컷은 **주**
님의 것이 되도록 정해야 한다.
13 모든 나귀의 첫배는 양으로 대체
할 수 있는데, 만약 네가 대체하고
싶지 않으면, 나귀의 목을 잘라도
된다. 너희 자손 중 사람의 첫째는
모두 대체할 수 있다.
14 앞으로 너희 아들이 '이것이 무
엇?' 이냐고 묻는 날이 오면, 너희
는 그에게 이렇게 말해주어야 한
다. '**주님**의 강한 손으로 이집트의
노예로 살던 집에서 우리를 데려
왔다.
15 당시 풰로우왕이 우리를 놓아주기
를 강경하게 거절했을 때, **주님**이
이집트땅의 첫째로 태어난 것 중
사람의 첫째나 짐승의 첫배나 모
두 죽였다. 그래서 나는 모체에서
태어난 모든 것 중, 처음 나온 수컷
을 **주님**에게 희생하여 봉헌하지만,
나의 자식 중 첫째는 모두 대체한
다'고 대답해라.
16 그리고 이것은 너희 손위에 증거
표시로 있게 하고, 눈과 눈 사이 앞
이마에 표시를 해야 한다. 그것은
주님의 강한 손으로 인해 우리가

이집트에서 나온 것을 기억하는
것이다."
17 풰로우가 그 민족을 가게 했을 때,
하나님은 그들을 가까운 필리스틴
땅으로 이끌지 않았다. 그 이유는
하나님의 말에 의하면, "어쩌면 그
들이 전쟁을 만날 때, 후회하며 이
집트로 되돌아가지 않게 하려는
것"이었다고 했다.
18 대신 **하나님**은 그 민족을 홍해의
황야 길로 지나도록 이끌었고, 이
즈리얼 자손은 안장을 채우고 이
집트 밖으로 떠났다.
19 그리고 모지스가 조셒요셉의 뼈도
함께 가져갔다. 왜냐하면 조셒이
이즈리얼 자손에게 직접 맹세시키
며, "**하나님**은 반드시 너희를 찾을
것이다. 그러면 너희는 내 뼈도 함
께 가져가야 한다"고 일렀기 때문
이었다.
20 그들은 수커쓰수콧, 숙곳에서 길을 떠
나, 사막의 광야 끝에 있는 이쌤에
탐, 에담에 진영을 세웠다.
21 그리고 **주님**은 그들보다 앞서 가
며, 낮에는 구름기둥으로 그들의
길을 이끌고, 밤에는 불빛기둥으
로 그들에게 빛을 비추어 밤낮을
지내게 했다.
22 그는 낮에도 구름기둥을 없애지
않았고, 밤에도 백성들 앞에서 불
빛기둥을 거두지 않았다.

이즈리얼이 홍해를 건너다

14 **주님**이 모지스모세에게 말했
다.
2 "이즈리얼이스라엘 자손에게 전해라.
방향을 돌려 파하히로쓰피 하히롯, 비
하히롯 앞에 진영을 세우는데, 그곳
은 믹돌과 바다 사이 배이얼지펀바
알 츠폰, 바알스본 건너편으로, 너희는
그 바다 옆에서 야영하게 될 것이
다.
3 그러면 풰로우파라오, 바로가 이즈리
얼 자손에 대해 이렇게 말할 것이
다. '그들이 그곳 땅에 걸려들어 광
야가 그들을 가두어 버렸다'고.
4 그리고 나는 풰로우의 마음을 굳
혀, 백성을 추격하게 하겠다. 그러
면 나는 풰로우와 그의 모든 군대
위에서 명예를 얻게 되어, 이집트
인은 '내가 **주인**'임을 알 수 있을 것
이다." 그래서 그들이 그렇게 했다.
5 그 민족이 도망쳤다는 이야기가
이집트왕에게 들려오자, 풰로우와
신하의 마음이 변하여 그 민족에
반감이 생기면서, 그들이 말했다.
"우리를 섬기던 이즈리얼을 떠나
가게 하다니, 어쩌다 이렇게 되었
나?"
6 그러면서 풰로우가 전차를 준비하
여 자신의 백성을 데리고 나섰는
데,
7 그는 전차 600대를 선발하고, 이집
트 전차 전부를 동원하여, 전차마
다 지휘관을 두었다.

8 **주님**은 이집트 퀘로우왕의 마음을
강하게 굳혀, 이즈리얼 자손의 뒤
를 추격하게 했는데, 한편 이즈리
얼 자손은 손을 높이 들고 떠났다.
9 그런데 퀘로우의 말과, 전차와, 기
병과, 이집트인 군대가 그들을 추
격하여, 배이얼지펀 앞 파하히로
쓰 옆 바닷가에 야영 중인 그들을
따라잡았다.
10 퀘로우가 가까이 밀고 들어오는
동안, 이즈리얼 백성이 눈을 들어
이집트인이 자신들 뒤로 진격해
오는 것을 보자, 몹시 두려워져서
주님에게 부르짖었다.
11 그리고 사람들이 모지스에게 말했
다. "이집트에는 무덤이 없어서 우
리를 황야에서 죽게 데려왔나요?
어째서 우리를 이집트 밖으로 끌
어내 이 곤경에 빠뜨리죠?
12 이집트인의 종으로 살도록 내버려
두라고 우리가 당신에게 말하지
않았어요? 황야에서 죽는 것보다
는 이집트인을 섬기는 게 더 나았
어요."
13 그러자 모지스가 백성에게 말했
다. "너희는 두려워 말고 잠자코 서
서, **주님**이 오늘 보여줄 구원을 지
켜보자. 오늘 보는 이집트인을 영
원히 다시 보지 못하게 될 것이다.
14 **주님**이 너희를 위해 싸우면, 너희
는 무사할 것이다."
15 그리고 **주님**이 모지스에게 말했
다. "어째서 네가 내게 소리치는 거
냐? 이즈리얼 후손에게 앞으로 전
진하라고 전하고,
16 한편 너는 네 지팡이를 들고, 바다
위로 손을 뻗어 바다가 나뉘게 하
면, 이즈리얼 후손은 바다 한가운
데 마른 땅위를 가게 될 것이다.
17 보라, 나는 이집트인의 마음을 완
강하게 하여, 이즈리얼을 추격하
게 하겠다. 그래서 나는 퀘로우와
그의 모든 군대와 전차와 기병 위
에서 내 명예를 얻을 것이다.
18 이집트 사람이 내가 **주인**이라는 것
을 알게 하겠다. 그때 나는 퀘로우
와 그의 전차와 기병 위에서 나의
명예를 찾는다."
19 이즈리얼 진영에 앞서 가던 **하나님**
의 사자가 이동하여 그들 뒤로 가
자, 구름기둥이 이즈리얼의 전면
으로부터 그들의 뒤편에 서게 되
었다.
20 구름기둥이 이집트 진영과 이즈리
얼 진영 사이에 섰는데, 그것이 이
집트인에게는 먹구름과 어둠이 되
었지만, 이즈리얼한테는 밤을 비
추는 빛이 되었다. 그래서 밤 내내
한쪽이 다른 쪽으로 가까이 다가
갈 수 없었다.
21 그리고 모지스가 자신의 손을 바
다 위로 뻗어, **주님**이 강한 동풍을
일으켜 밤새도록 바다물을 물리
자, 마른 땅을 만들며, 물이 갈라졌
다.
22 이즈리얼 자손은 바다 중간 마른

땅을 걸었고, 물은 그들 오른쪽과
왼쪽에서 물벽이 되었다.
23 이집트인은 그들의 뒤를 추격하여
바다 한가운데로 들어갔고, 심지
어 훼로우의 모든 말과 전차와 기
병까지 그랬다.
24 아침이 되자, **주님**이 불기둥과 구
름기둥 사이에서 이집트 군대를
지켜보다가, 이집트 군대에 말씽
을 일으켰다.
25 그들의 전차바퀴가 빠져서 몰기
어려워지자, 이집트 사람이 말했
다. "우리, 이즈리얼 앞에서 도망
치자. 왜냐하면 **주님**이 이집트인을
상대로 그들 편에서 싸우고 있다."
26 다시 **주님**이 모지스에게 말했다.
"네 손을 바다 위로 뻗으면, 바닷물
이 이집트인 위로, 그들의 전차 위
로, 그들의 기병 위로 다시 오게 할
수 있을 것이다."
27 그래서 모지스가 바다 위로 손을
앞으로 뻗자, 바다는 아침에 보였
던 본래의 기세대로 돌아왔고, 이
런 상황에서 이집트인이 도망쳤지
만, **주님**이 바다 한가운데서 이집
트인을 덮쳤다.
28 물이 본래대로 되돌아와서, 전차
와 기병을 뒤덮고, 이즈리얼의 뒤
를 따라 바다로 들어온 훼로우의
군대를 모두 덮쳐서, 남은 사람이
하나도 없었다.
29 하지만 이즈리얼 자손은 바다 중
간의 마른 땅을 걸었고, 물은 그들
의 오른쪽과 왼쪽에 벽이 되었다.
30 그렇게 **주님**은 그날 이즈리얼을 이
집트의 손에서 구했고, 이즈리얼
은 해변가에 죽은 이집트인을 보
았다.
31 이즈리얼은 **주님**이 이집트인들에
게 가한 위대한 기적을 보았다. 그
러자 그 민족은 **주님**을 경외하며,
주님과 그의 종 모지스를 믿었다.

모지스와 미리엄이 노래하다

15 그때 모지스모세와 이즈리얼
이스라엘 자손이 **주님**을 이렇게
노래했다. "내가 **주님**을 노래하는
것은, 그가 명예로운 승리를 했기
때문이다. 그는 말과 기병을 바닷
속에 던졌다.
2 **주님**은 나의 힘이고 노래이며 나의
구원이 되었다. 그는 나의 **하나님**
이므로, 그를 위해 안식처를 마련
하겠다. 나는 나의 아버지의 **하나님**
인 그를 드높일 것이다.
3 **주님**은 전쟁의 용사이고, 인간의 **주
인**이 그의 이름이다.
4 그는 훼로우파라오, 바로의 마차와 군
대를 바다 속에 던졌고, 왕이 선발
한 지휘관 역시 홍해 바다에 빠뜨
렸다.
5 그러자 깊은 물이 그들을 덮어, 그
들은 돌처럼 바닥에 가라앉았다.
6 오 **주님**, 당신의 오른손은 놀라운
힘이 되어, 오 **주님**, 당신의 오른손
이 적을 조각내 버렸어요.

7 당신의 뛰어난 위대함으로 당신에
게 대항하려고 일어났던 저들을
전복시키며, 당신의 분노를 보내
어, 마치 풀포기처럼 저들을 집어
삼켰죠.
8 당신의 콧김으로 물이 한데 모이
게 하고, 넘실대는 물이 언덕처럼
높이 쌓이면서, 깊은 바다가 중간
에서 응결되어 굳어졌지요.
9 그러자 적이 말했죠. '추격하겠다,
따라잡겠다, 전리품을 나누겠다,
내 욕망을 그들에게서 만족시키겠
다, 칼을 뽑아 내 손으로 그들을 없
애겠다'고 말이죠.
10 그런데 당신이 바람을 일으키자,
바다가 그들을 덮어, 그들은 거센
바다에 끌려 가라앉았어요.
11 오 **주님**, 신 가운데 당신과 같은 존
재가 누구죠? 누가 당신과 같이 신
성한 영광과, 찬양할 두려움으로
놀라운 경이를 실행할까요?
12 당신이 오른손을 뻗자 땅이 저들
을 삼켰어요.
13 당신의 관대한 사랑 속에서 구한
백성을 이끌어, 그들을 당신의 힘
으로 신성한 안식처 성소로 안내
했어요.
14 사람들이 듣고 두려워했고, 팰레
스티나 주민이 슬픔에 사로잡히는
것은 당연하죠.
15 그때 이듬에돔의 족장들이 놀라고,
모앱모압의 힘센자들은 전율에 사
로잡히며, 캐이넌가나안 주민 모두
가 간이 녹아 사라지겠죠.
16 당신 군대의 위대함으로 인해 두
려운 공포가 그들에게 내려앉으
면, 그들은 돌처럼 굳어지게 될 텐
데, 오 **주님**, 당신이 이끌고 나온 그
민족이 다 지나갈 때까지 그렇겠
죠.
17 당신은 그들을 이끌어 당신 유산
의 산에 자리잡게 할 터인데, 그곳
은, 오 **주님**, 당신이 머물려고 만든
당신을 위한 자리이고, 오 **주님**, 그
성소는 당신의 손으로 세운 장소
죠.
18 **주님**은 영원히 다스리게 될 겁니
다.
19 풰로우의 말이 전차와 기병과 함
께 바다 속으로 들어가자, **주님**이
그들 위에 바닷물을 다시 오게 했
지만, 이즈리얼 자손은 바다 한가
운데 마른 땅을 지나갔지요."
20 그리고 애런아론의 여동생 예언자
미리엄미르얌이 손에 소북을 들자,
모든 여자들이 팀브럴소북을 들고
춤을 추며 따라 나왔다.
21 미리엄이 그들에게 응답했다. "당
신들은 **주님**을 노래하세요. 그는
영광스럽게 승리했다고, 말과 기
병을 바다 속에 던졌다고 말이죠."
22 그렇게 모지스가 홍해에서 이즈리
얼을 데려왔다. 그리고 그들은 슈
르수르 지역의 황야로 들어가 3일간
걸었지만, 물을 발견하지 못했다.
23 그들이 마라땅에 왔는데, 그곳의

물은 써서 마실 수 없었다. 그래서
그 이름을 '마라'라고 불렀다.
24 사람들이 모지스에게 투덜거리며
말했다. "우리가 무얼 마셔야 하
죠?"
25 그래서 모지스가 **주님**에게 외쳤고,
주님이 그에게 나무 하나를 보여주
어, 그가 그것을 물속에 던졌더니,
물을 마실 수 있게 되었다. 그곳에
서 **주님**은 그들을 위한 규정과 법
령을 만들고, 그들이 증명하도록
바라며,
26 말했다. "만약 너희의 **주 하나님**의
목소리를 열심히 듣고, 그의 눈에
옳은 일을 하고, 그의 명령에 귀를
기울이고, 그의 규정을 모두 지키
면, 나는 이집트인에게 보냈던 그
런 질병을 너희에게는 하나도 주
지 않겠다. 이는 내가 너희를 치료
하는 **주님**이기 때문이다."
27 그런 다음 그들이 일럼엘림에 왔는
데, 그곳에는 우물이 12정과, 대추
야자나무 70그루가 있었다. 그래
서 그들은 물 옆에 진영을 세웠다.

매나와 메추리

16 이즈리얼이스라엘 자손 전 공
동체가 일럼에서 여행하여
신 황야에 왔는데, 그곳은 일럼엘림
과 사이나이시나이, 시내 사이에 있는
지역으로, 이집트땅을 떠난 뒤 둘
째 달 15일이었다.
2 이즈리얼 자손 전 군중이 황야에
서 모지스모세와 애런아론에게 불평
했다.
3 이즈리얼 자손이 그들에게 말했
다. "차라리 이집트에서 **주 하나님**
의 힘에 죽었더라면 더 나았을 텐
데. 그때 우리는 고기 단지 옆에 앉
아 배불리 먹었는데. 당신이 이 군
중을 모두 굶겨 죽이려고 황야로
우리를 데려왔다."
4 그때 **주님**이 모지스에게 말했다.
"보라, 나는 너희를 위해 하늘에서
빵의 비를 내리겠다. 사람들은 날
마다 밖에 나가 일정 양을 주워야
한다. 그들이 내 법에 따라 처신하
는지 아닌지 시험해볼 수 있을 것
이다.
5 여섯째 날에는, 매일 거둬들인 양
의 두 배를 가져가도록 준비해야
한다."
6 그래서 모지스와 애런이 이즈리얼
자손 모두에게 말했다. "저녁 때가
되면, 너희는 **주님**이 너희를 이집
트에서 데리고 나왔다는 것을 알
게 될 것이다.
7 그리고 아침에는 **주님**의 경이를 보
게 될 것이다. 왜냐하면 **주님**이 자
신을 향한 너희 불평을 들었기 때
문이다. 대체 우리가 뭐라고, 너희
가 우리한테 투덜대나?"
8 그러면서 모지스가 말했다. "**주님**
은 너희에게 저녁에는 먹을 고기
를 주고, 아침에는 빵을 충분히 줄
것이다. **주님**이 자신을 향해 투덜

대는 너희 불평을 들었기 때문이
다. 우리가 뭔데? 당신들 불평은
우리가 아닌 **주님**을 향한 것이다."
9 모지스가 애런에게 말했다. "모든
이즈리얼 자손 공동체에게 말하
여, **주님** 앞에 가까이 오도록 전해
라. 그가 너희 불평을 들었기 때문
이다."
10 애런이 이즈리얼 전체에게 말하고
있을 때, 사람들이 광야 쪽을 바라
보자, **주님**의 찬란한 빛이 구름 속
에서 나타나는 일이 있었다.
11 그러면서 **주님**이 모지스에게 말했
다.
12 "내가 이즈리얼 자손의 불평을 들
었다. 그들에게 말해라. '저녁에 너
희는 고기를 먹고, 아침에는 빵으
로 채울 것이다. 그래서 내가 너희
의 **주 하나님**임을 너희가 알게 하겠
다'라고 전해라."
13 저녁 때가 되자, 메추라기 떼가 날
아와서 진영을 뒤덮었고, 아침에
는 무리 주위에 이슬이 내려앉았
다.
14 그리고 내린 이슬이 사라진 뒤 보
니, 사막 땅바닥에 작고 둥근 것이
놓여 있었는데, 마치 땅위에 앉은
흰 서리 같이 작았다.
15 이즈리얼 자손은 그것을 보고 무
엇인지 몰라서 서로 "매나"만나 라
고 이야기했다. 왜냐하면 그들은
그것이 무엇인지 알지 못했기 때
문이었다. 그래서 모지스가 그들
에게 말했다. "이것은 **주님**이 너희
가 먹도록 준 빵이다.
16 **주님**이 다음과 같이 지시했다. '모
든 사람은 각자 식성에 따라 1인당
1오마약 2.2L씩, 식구 수대로 주워라.
사람마다 그것을 자신의 막사로
가져가라'고 했다."
17 그래서 이즈리얼 자손이 그런 식
으로, 다소 많거나 더러 적게 주워
모았다.
18 그들이 매나를 1오마 정도씩 나누
어 주웠더니, 많이 가진 사람도 남
는 것이 없었고, 적게 가진 사람도
부족하지 않았다. 사람들은 각자
먹는 양에 따라 주워 모았다.
19 모지스가 말했다. "누구도 그것을
아침까지 남기지 마라."
20 그런데도 사람들은 모지스 말을
듣지 않고, 일부가 그것을 아침까
지 남겼더니, 거기에 벌레가 자라
악취가 나자 모지스가 그들에게
화를 냈다.
21 매일 아침 그들은 각자 먹을 만큼
주웠는데, 해가 점차 뜨거워지면
그것이 녹아 없어졌다.
22 6일째 날이 되어, 그들은 한 사람
에 2오마4.4L씩 두 배로 먹을 것을
주웠다고, 공동체의 각 대표들이
모지스에게 와서 보고했다.
23 그러자 모지스가 그들에게 말했
다. "이것은 **주님**이 말한 것이다. 내
일은 **주님**에게 편안하게 쉬는 신성
한 휴일이다. 그러니 오늘 너희는

빵을 굽고, 고기를 삶고, 아침까지
보관할 음식을 남겨라."
24 그래서 사람들이 모지스의 명령대
로 그것을 아침까지 놓아 두었는
데, 거기에는 상한 냄새도 없고 벌
레도 없었다.
25 모지스가 말했다. "오늘은 남은 것
을 먹자. 왜냐하면 오늘은 **주님**에
게 와서 편히 쉬는 사배쓰휴일이
므로, 들에서 먹을 것을 찾을 수 없
다.
26 너희는 6일 동안 그것을 모을 수
있지만, 사배쓰휴일 7일째 날에는
아무것도 없을 것이다."
27 몇 사람이 7일째에 그것을 주으러
밖에 나갔지만 아무것도 찾지 못
했다.
28 그러자 **주님**이 모지스에게 말했다.
"얼마나 더 나의 명령과 나의 법 지
키기를 거부하느냐?
29 보라, **주님**이 너희에게 휴일을 주
었으므로, 6일째 날에 이틀 분의
빵을 주었다. 7일째 날에는 모두가
각자의 처소에 머무르며, 누구도
나가지 않게 해라."
30 그래서 사람들이 7일째 날에 쉬었
다.
31 이즈리얼 집안에서는 그것을 '매
나'라고 불렀는데, 그것은 고수 열
매같이 희고, 맛은 꿀로 만든 웨이
퍼 과자와 비슷했다.
32 모지스가 말했다. "이것은 **주님**의
명령이다. '매나를 1오마2.2L 담아
서, 너희 후손을 위해 보관해라. 그
러면 내가 너희를 이집트에서 데
리고 나와 사막의 황야에서 너희
를 먹였던 그 빵을 후손이 볼 수 있
을 것'이라고 했다."
33 그러면서 모지스가 애런에게 말했
다. "항아리를 가져와서 그 안에 매
나 1오마2.2L를 채워, 그것을 **주님**
앞에 두고, 너희 세대를 위해 보관
해라."
34 **주님**이 모지스에게 명령한 대로,
애런이 그것을 증언대 앞에 두고
보관했다.
35 이즈리얼 자손은 40년간 매나를
먹었다. 그들은 사람이 사는 땅에
올 때까지 매나를 먹었고, 캐이넌가
나안땅의 경계선에 올 때까지 그랬
다.
36 지금 1오마는 1이파의 1/10약 2.2L
정도의 분량이다.

호렙 바위 물과 애멀렉 퇴치

17 이즈리얼이스라엘 자손 공동
체 전체가 신 사막의 황야를
떠나, **주님**의 명령대로 여행하여
레피딤르피딤, 르비딤에서 진영을 펼
쳤는데, 그곳에 백성이 마실 물이
없었다.
2 그러자 사람들이 모지스모세를 책
망했다. "마실 물을 주시오." 모지
스가 그들에게 말했다. "어째서 너
희는 나를 탓하나? 왜 **주님**을 시험
하는가?"

3 목이 마른 사람들은 그곳에서 물
때문에 모지스한테 불평하며 말했
다. "어째서 당신은 우리를 이집트
에서 데려와서, 우리와 자녀와 가
축을 갈증으로 죽이려 하나요?"
4 그래서 모지스가 **주님**에게 외쳤
다. "이 사람들에게 어떻게 해야 하
죠? 그들이 내게 돌을 던질 태세입
니다."
5 그러자 **주님**이 모지스에게 말했다.
"사람들한테 가서, 이즈리얼의 원
로를 함께 데리고, 네가 나일강을
쳤던 지팡이를 손에 들고 가거라.
6 보라, 나는 네 앞에서 호렙 바위 위
에 서 있을 터이니, 네가 지팡이로
바위를 쳐라. 그러면 바위에서 사
람이 마실 물이 나올 것이다." 그
래서 모지스가 이즈리얼 원로들이
보는 앞에서 그렇게 했다.
7 그래서 그는 그곳의 이름을 마사마
싸, 맛사 또는 메리바므리바 라고 불렀
다. 왜냐하면 이즈리얼 자손이 비
난하기도 했고, 또 그들이 '우리 가
운데 **주님**이 있느냐 없느냐'며, **주
님**을 시험했기 때문이었다.
8 그런데 애멀렉아말렉부족이 와서 이
즈리얼과 레피딤 땅에서 싸웠다.
9 그래서 모지스가 자슈아여호수아에
게 말했다. "사람들을 뽑아 데려가
서 애멀렉과 싸워라. 나는 내일 **하
나님**의 지팡이를 손에 쥐고 산언덕
정상에 서 있겠다."
10 그래서 자슈아는 모지스가 말한
대로 애멀렉과 싸웠고, 모지스와
애런아론과 허후르, 훌는 산언덕 정상
으로 갔다.
11 그리고 이런 일이 있었다. 모지스
가 손을 들어 올리면 이즈리얼이
우세했고, 손을 내리면 애멀렉이
이겼다.
12 하지만 모지스의 양손이 힘들어하
자, 그들이 돌을 가져와 아래에 놓
고 모지스를 앉히고, 애런과 허가
그의 손을 위로 잡고 있었는데, 한
사람은 이쪽에서 다른 하나는 저
쪽에서, 모지스의 양손을 위로 떠
받치며 해가 질 때까지 있었다.
13 그래서 자슈아여호수아는 애멀렉과
저들을 칼끝으로 무찔렀다.
14 **주님**이 모지스에게 말했다. "이것
을 기념으로 책에 기록하고, 자슈
아의 귀에도 자세히 설명해라. 왜
냐하면 나는 하늘 아래에서 애멀
렉의 기억을 완전히 없애려 하기
때문이다."
15 그래서 모지스는 제단을 세우고,
그 이름을 '제호바니시'주님은 나의 깃
발라고 부르며,
16 그가 이렇게 말했다. "왜냐하면 **주
님**은 애멀렉과 대대손손 영원히 싸
우겠다고 맹세했기 때문"이라고
했다.

모지스 장인 제쓰로의 조언

18 미디언의 제사장이며 모지
스모세의 장인 제쓰로이트로,

이드로가, **하나님**이 모지스와 이즈리
얼이스라엘을 위해 한 일, 곧 **주님**이
이집트 밖으로 데리고 나온 모든
이야기를 들었다.
2 그래서 모지스의 장인 제쓰로가,
모지스가 돌려보냈던 아내 지포라
치포라, 십보라와 두 아들을 데리고 왔
다.
3 그녀 아들 중 하나의 이름은 거셤게
르솜으로, 모지스가 '내가 외지에서
이방인으로 있었다'는 뜻으로 지
었고,
4 다른 아들 일리저엘리에제르, 엘리에셀
는 '나의 아버지의 **하나님**이 도와,
풰로우파라오, 바로의 칼로부터 나를
구했다'는 뜻으로 지었다.
5 모지스의 장인 제쓰로가 사위의
두 아들과 아내와 함께 황야의 사
막에 있는 그에게 왔는데, 그곳은
그가 **하나님**의 산에 진영을 펼친
곳이었다.
6 그가 모지스에게 말했다. "자네 장
인, 나 제쓰로가 자네 아내와 두 아
들과 함께 왔네."
7 그러자 모지스가 가서 장인을 만
나 경의를 표하며, 그에게 입을 맞
추고, 서로의 안부를 묻고, 함께 막
사 안으로 들어갔다.
8 모지스는 장인에게 **주님**이 이즈리
얼을 구하기 위해 풰로우와 이집
트인에게 한 일과, 여행 길에서 그
들에게 닥쳤던 어려움과, 또 **주님**
이 어떻게 자신들을 구했는지를
모두 말했다.
9 제쓰로는 **주님**이 이집트인 손에서
구하려고 이즈리얼에게 베푼 모든
큰 선행에 감동했다.
10 제쓰로가 말했다. "이집트인과 풰
로우왕의 손에서 자네를 구한 **주님**
에게 감사하고, 이집트인 아래에
서 이 백성을 구한 **주님**을 찬양하
네.
11 이제 나는 **주님**이 모든 신보다 위
대하다는 것을 알겠네. 그 일로 그
들은 이즈리얼 위에 **주님**이 존재한
다는 자부심을 갖게 되었을 테니
까 말이네."
12 모지스의 장인 제쓰로가 **하나님**을
위한 번제물과 희생물을 가져왔
고, 애런이 이즈리얼의 모든 원로
와 함께 와서, 모지스의 장인과 같
이 **하나님** 앞에서 빵을 먹었다.
13 다음날이 되자, 모지스가 앉아 사
람들을 판결했고, 사람들은 모지
스 옆에서 아침부터 저녁까지 서
있었다.
14 장인이 모지스가 사람들에게 하는
모든 것을 보고 말했다. "자네가 사
람들에게 하는 일은 무엇인가? 왜
자네만 혼자 앉아 있고, 모든 사람
이 아침부터 저녁까지 자네 옆에
서 있나?"
15 모지스가 장인에게 말했다. "사람
들이 **하나님**에게 묻기 위해 나에게
오기 때문이에요.
16 그들에게 문제가 생겨서 내게 오

면, 나는 양쪽 사이에서 재판을 하
고, 또 그들에게 **하나님**의 규정과
법도를 알려주지요."
17 모지스의 장인이 그에게 말했다.
"자네가 하는 방법은 좋지 않네.
18 자네나 함께 서 있는 사람 모두 지
치게 되네. 이 일은 자네에게 너무
힘들어서 혼자 할 수 없기 때문이
네.
19 이제 내 이야기를 들어 보게. 내가
자네에게 조언하면, **하나님**은 자네
와 함께 있을 것이네. 백성이 직접
하나님을 향하게 하면, 자네는 큰
사건을 **하나님**에게 가져갈 수 있
네.
20 또 자네는 그들에게 명령과 법도
를 가르치며, 그들이 걸어야 할 길
과 해야 할 일을 알려줘야 하네.
21 더하여 자네는 백성 가운데 능력
있는 사람을 준비하게. 곧 **하나님**
을 두려워하고, 진실하고, 욕심을
싫어하는 사람을 내세워, 수천의
지도자, 수백의 지도자, 50명의 지
도자, 10명의 지도자를 임명하게.
22 그들에게 언제나 백성을 재판하게
하게. 그리고 큰 사건이 있을 때는
자네에게 가져오게 하고, 작은 사
건은 그들이 판단하게 하게. 그러
면 그들이 자네와 함께 부담을 지
게 되니, 자네 일이 더 쉬워질 것이
네.
23 자네가 이런 식으로 일을 하면, **하
나님**이 자네에게 명령하는 것을,
자네도 견뎌 낼 수 있고, 모든 백성
역시 그들에게 약속된 곳으로 순
조롭게 갈 수 있네."
24 그래서 모지스가 장인의 말을 듣
고 그가 이야기한 대로 했다.
25 모지스는 이즈리얼 가운데 능력자
를 뽑고, 그들을 백성의 대표로 하
여, 수천의 지도자, 수백의 지도자,
50명의 지도자, 10명의 지도자로
각각 삼았다.
26 그들은 매번 백성을 판결하면서,
어려운 사건은 모지스에게 가져오
고, 작은 일은 자신들이 직접 재판
했다.
27 그런 다음 모지스가 장인을 보내
어, 장인은 자신의 땅으로 돌아갔
다.

사이나이 산에 내려오다

19 이집트 밖으로 나간 지 3개월
째 되는 날, 이즈리얼이스라엘
자손이 사이나이시나이, 시내 광야로
들어갔다.
2 그들은 레피딤르피딤, 르비딤에서 출
발하여, 사이나이 사막으로 들어
와, 광야에 진영을 펼치며, 이즈리
얼이 그 산 앞에서 야영했다.
3 모지스모세가 **하나님**에게 갔더니, **주
님**이 산에서 그를 불러 말했다. "너
는 재이컵 집안과 이즈리얼 자손
에게 이렇게 전해라.
4 '너희는 내가 이집트인에게 한 일
을 보았고, 내가 어떻게 독수리 날

개로 너희를 품고 데려왔는지 보
았다.
5 그러니 이제, 만약 너희가 내게 진
실로 복종하고 내 계약을 지키면,
너희는 모든 백성 이상으로 내게
특별히 귀중한 보물이 될 것이다.
왜냐하면 이 지구가 나의 것이기
때문이다.
6 너희는 내게 제사장의 왕국인 신
성한 나라가 되어야 한다'라고, 이
즈리얼 자손에게 전해라."
7 모지스가 와서 이즈리얼의 지도자
들을 불러, **주님**이 그에게 지시한
이야기 전부를 그들 앞에서 전했
다.
8 그러자 모두가 한결같이 대답했
다. "**주님**이 말한 것을 우리가 전부
하겠어요." 그래서 모지스가 **주님**
에게 사람들의 대답을 다시 전했
다.
9 **주님**이 모지스에게 말했다. "자, 내
가 짙은 구름 속에서 너에게 내려
오겠다. 그러면 내가 너와 대화할
때 백성들이 듣게 하여, 영원히 너
를 믿게 하려는 것이다." 그래서 모
지스는 **주님**에게 사람들의 말을 전
했다.
10 그리고 **주님**은 모지스에게 말했다.
"사람들에게 가서 오늘과 내일 자
신을 정화하며, 의복을 빨게 하여,
11 셋째 날을 대비시켜라. 왜냐하면
셋째 날 인간의 **주인**이 사이나이산
위로 백성의 눈앞에 내려올 것이
다.
12 너는 사람 주위에 경계를 정하고,
산 정상에 올라가지 않도록 주의
시키고, 그 경계선에 손을 대지 말
라고 당부해라. 누구든 산에 손을
대는 자는 반드시 죽게 된다.
13 거기에 손 하나조차 대면 안 되는
데, 그러는 자는 짐승이든 사람이
든 반드시 돌에 맞거나 활에 맞아
살아남지 못할 것이다. 트럼펱이
길게 울리면, 그들이 산까지 와야
한다."
14 그래서 모지스가 산에서 내려와
사람들에게 가서, 자신을 정화하
라고 했고, 그들은 자신의 옷을 빨
았다.
15 그가 사람들에게 말했다. "세 번째
날에 대비하여 아내에게 가지 마
라."
16 셋째 날 아침이 되자 천둥과 번개
가 치며, 산 위에 짙은 구름이 끼어
있는 가운데, 트럼펱 소리가 길게
들렸다. 그러자 진영 안에 있던 사
람이 모두 떨었다.
17 모지스가 **하나님**을 만나게 하려고
사람들을 진영 밖으로 데려가 산
기슭에 세웠다.
18 **주님**이 불 속에서 산으로 내려왔기
때문에, 사이나이산이 연기에 둘
러싸이더니, 화로의 연기처럼 위
로 치솟고, 산 전체가 크게 진동했
다.
19 트럼펱 소리가 길게 울리면서 점

점 더 커졌을 때, 모지스가 말했고,
하나님이 목소리로 그에게 대답했
다.
20 **주님**이 사이나이산 정상으로 내려
와 모지스를 그곳으로 부르자, 모
지스가 올라갔다.
21 **주님**이 모지스에게 말했다. "내려
가서 사람들에게 주의를 주고, 그
들이 나 **주인**을 보려고 밀고 올라
오지 않게 해라. 그러면 그들 중 다
수가 죽게 된다.
22 나, **주인**에게 가까이 오는 제사장
도 정화시켜라. **주인**이 그들을 해
치지 않게 해라."
23 그러자 모지스가 **주님**에게 말했다.
"사람들은 사이나이산에 올라올
수 없어요. 왜냐하면 당신이 우리
에게 지시하며, 산에 경계선을 정
하고 신성하게 유지하라고 일렀기
때문이에요."
24 **주님**이 그에게 말했다. "너는 내려
가서 애런아론을 데리고 올라오너
라. 하지만 사제와 사람들은 나, **주
인**에게 오려고 경계선을 넘으면 안
된다. **주인**이 그들을 해치지 않도
록 해라."
25 그래서 모지스가 사람들에게 내려
가서 말했다.

십계명

20 **하나님**이 이 모든 말을 했다.
2 "나는 이집트땅 노예의 집에서 너
희를 데리고 나온 너의 하나밖에
없는 **주인 하나님**이다.
3 내 앞에서 다른 신을 믿으면 안 된
다.
4 너희는 어떤 조각상도 만들면 안
되고, 하늘 위에 있는 것이나, 땅에
있는 것이나, 땅 아래 물 속에 있는
어떤 것과 유사한 것도 만들지 마
라.
5 그들에게 자신의 머리를 숙이거
나, 섬기지 마라. 왜냐하면 너희 **주
인**은 질투심이 많은 **하나님**이기 때
문에, 나를 싫어하는 자의 3대, 4대
에 이르기까지, 조상의 죄를 물으
러 방문하겠다.
6 그리고 나를 사랑하고 나의 명령
을 지킨 사람은 수천 대 후손까지
관대한 사랑을 보여주겠다.
7 너희 **주 하나님**의 이름을 하찮게 여
겨서는 안 된다. **주인**은 자신의 이
름을 가벼이 여기는 자를 죄가 없
다고 하지 않을 것이다.
8 사배쓰휴일을 기억하고 그날을 신
성하게 지켜라.
9 너희는 6일간 일하며, 맡은 일을
다해라.
10 하지만 7일째 날은 너의 **주인 하나
님**의 휴식일이다. 그날은 너와 아
들딸, 그리고 남종과 여종, 가축이
나 집안에 머무는 이민족조차 아
무 일도 해서는 안 된다.
11 왜냐하면 **주인**이 6일간 하늘과 땅,
바다와 그 안에 있는 모든 것을 만

든 다음, 7일째에 쉬었기 때문이
다. 그래서 너의 **주인**은 사배쓰휴
일을 축복하고 그날을 신성하게
했던 것이다.
12 네 아버지와 어머니를 존중해라.
그러면 너의 **주 하나님**이 네게 준
땅에서 네 생애가 오래 지속될 수
있을 것이다.
13 너는 살인하지 마라.
14 부정한 관계를 맺지 마라.
15 훔쳐서는 안 된다.
16 네 이웃에 대해 허위 증언을 하지
마라.
17 이웃집을 부러워하지 말고, 이웃
의 아내도, 그의 남종도, 여종도, 황
소도, 나귀도, 네 이웃의 어느 것도
탐내지 마라."
18 한편 모든 사람이 천둥과, 번개와,
나팔 소리와, 산의 연기를, 보았다.
사람들은 그것을 보면서 멀리 떨
어져 섰다.
19 그들이 모지스모세에게 말했다. "당
신이 우리에게 말해주면, 우리가
듣겠어요. 하지만 우리가 죽지 않
도록, **하나님**이 우리에게 직접 말
하지 않게 해주세요."
20 모지스가 사람들에게 말했다. "두
려워 마라. **하나님**은 너희에게 자
신의 존재를 증명하러 온 것이다.
그의 두려움을 너희 앞에 두어, 너
희가 죄를 짓지 않게 하려는 것이
다."
21 사람들은 멀리 떨어져 서 있었고,
모지스는 **하나님**이 있는 짙은 어둠
쪽으로 가까이 다가갔다.
22 **주님**이 모지스에게 말했다. "너는
이즈리얼 자손에게 말해라. '내가
하늘로부터 너와 말하는 것을 너
희가 보았다.
23 너희는 나를 은제 신으로 만들지
말고, 금제 신으로 만들어서도 안
된다.
24 너희는 나를 위해 흙으로 제단을
만들어라. 그리고 거기에 제물을
희생시켜, 불로 굽는 번제제물과,
평화제물과, 양과 소를 올려야 한
다. 나의 이름을 기록해두는 모든
장소에, 내가 내려와서 너희에게
복을 주겠다.
25 네가 돌로 나의 제단을 만들면, 다
듬은 돌로 쌓지 마라. 왜냐하면 네
가 거기에 도구를 대면 오염되기
때문이다.
26 너는 나의 제단을 밟고 올라가지
않게 하여, 제단에서 너의 맨몸이
보이지 않게 하라'고 전해라."

종에 관한 법

21 "이것은 네가 사람들 앞에서
정해야 할 재판기준이다.
2 만약 네가 히브리 종을 사면, 그는
6년간 일을 해야 하고, 7년째에는
조건 없이 자유롭게 나가게 된다.
3 만약 그가 혼자 왔다면 혼자 나가
고, 결혼한 상태였다면 아내도 함
께 나가야 한다.

4 만약 **주인**이 그에게 아내를 주어,
아들과 딸을 낳아 주었으면, 아내
와 자녀는 **주인**의 소유이므로, 그
는 혼자 나가야 한다.
5 그런데 종이, 나는 **주인**과 내 아내
와 자녀를 사랑하기 때문에 자유
를 찾아 떠나지 않겠다고 분명히
말하면,
6 그때 **주인**은 그를 재판관에게 데려
가서, 문이나 문설주에 그를 세우
고, 송곳으로 귀를 뚫어야 한다. 그
러면 그는 영원히 **주인**에게 봉사해
야 한다.
7 사람이 자기 딸을 여종으로 팔면,
그녀는 남종처럼 나가지 못한다.
8 여종이 혼인관계인 **주인**을 즐겁게
하지 못할 때, **주인**은 그녀를 돌려
보내고 상환받을 수 있어도, 그녀
를 다른 나라에 팔 수 있는 권한은
없는데, 이는 **주인**이 그녀에게 남
편으로서 불충실한 것으로 보는
것이다.
9 그가 여종을 아들에게 혼인관계로
줄 경우, 그는 그녀를 딸과 같이 대
해야 한다.
10 그가 아들에게 다른 아내를 얻어
준다 해도, 그녀에게 주는 음식과
의복 및 그녀에 대한 결혼의무를
줄여서는 안 된다.
11 그가 그녀에게 이 세 가지를 이행
하지 않으면, 그녀는 몸값에 대한
대가를 치르지 않아도 자유롭게
나갈 수 있다.

12 한 사람이 다른 사람을 때려서 죽
게 하면, 그를 반드시 죽음에 처해
야 한다.
13 만약 어떤 사람이 예기치 못한 어
려움에 처했어도, **하나님**이 손으로
구하고자 하면, 나는 너에게 그가
피할 곳을 지정해줄 것이다.
14 만약 한 사람이 뻔뻔하게 이웃에
게 가서 잔인하게 살해하면, 너는
나의 제단에서 그를 끌어내어 죽
여야 한다.
15 그의 아버지나 어머니를 죽이는
자는 반드시 죽음에 처해야 한다.
16 사람을 훔쳐서 팔거나 데리고 있
는 것이 발각된 자는 반드시 죽음
에 놓이게 된다.
17 아버지나 어머니를 저주하는 자는
반드시 죽어야 한다.
18 사람들이 같이 싸우다 하나가 다
른 사람을 돌이나 주먹으로 쳤는
데, 그가 죽지는 않았지만 못 일어
나는 경우,
19 그가 다시 일어나서 지팡이를 짚
고 밖으로 걸어가면, 때린 자는 죄
가 면제되지만, 다친 이의 시간 손
실을 배상하고 완전하게 치료해주
어야 한다.
20 사람이 남종이나 여종을 몽둥이로
쳐서 그 자리에서 죽으면, 그 사람
은 반드시 처벌받아야 한다.
21 그러나 그 종이 하루 이틀 더 살면
그는 처벌받지 않는다. 왜냐하면
종은 **주인**의 재산이기 때문이다.

22 사람들이 다투다가 임신한 여자
가 다쳤는데, 별다른 과실은 없지
만 태아가 유산되면, 그는 반드시
그녀 남편의 요구대로 처벌되어야
하고, 판사의 결정에 따라 배상해
야 한다.
23 그리고 어떤 불행이라도 뒤따르는
일이 발생하면, 너는 생명은 생명,
24 눈은 눈, 이는 이, 손은 손, 발은 발
로,
25 화상은 화상으로, 상처는 상처로,
매는 매로 갚아야 한다.
26 어떤 사람이 남종이나 여종의 눈
을 때려 시력을 잃으면, 눈 값으로
그를 자유롭게 보내주어야 한다.
27 어떤 사람이 남종이나 여종을 때
려서 이가 부러지면, 이 값 대신 그
를 보내야 한다.
28 어떤 황소가 남자나 여자를 뿔로
받아 죽이면, 반드시 황소를 돌로
죽이고, 그 고기는 먹지 않는다. 대
신 황소 **주인**은 죄가 면제된다.
29 황소가 이전에 뿔로 미는 습관이
있었고, **주인**이 그것을 알면서도,
안에 가두지 않아서 황소가 남자
나 여자를 죽였다면, 황소를 돌로
죽이고 **주인** 역시 죽게 해야 한다.
30 만약 **주인**에게 배상 금액이 정해지
면, 그에게 내려진 금액이 얼마라
하더라도 목숨 값을 주어야 한다.
31 황소가 아들이나 딸을 들이받으
면, 다음 판결에 따라 그를 처리해
야 한다.
32 황소가 남종이나 여종을 들이밀
면, 황소 **주인**은 종의 **주인**에게 은
30쉐클약 342g을 주고, 황소를 돌로
죽여야 한다.
33 사람이 구덩이를 파고, 열어 둔 채
덮지 않아서, 황소나 나귀가 그 안
으로 떨어지면,
34 구덩이를 판 사람이 가축 **주인**에게
돈으로 보상해주어야 하고, 죽은
짐승은 그의 것이 된다.
35 어떤 사람의 황소가 다른 사람의
황소를 다쳐서 죽게 하면, 그들은
살아 있는 황소를 팔아 돈도 나누
고 죽은 황소도 나누어야 한다.
36 또 황소가 과거에 뿔로 미는 습관
이 있는 것을 알면서도 **주인**이 황
소를 가두지 않았으면, 그는 반드
시 황소를 황소로 갚아야 하고 죽
은 것은 **주인**의 것이 된다."

보상에 관한 법

22 "만약 어떤 사람이 황소나
양을 훔쳐서 죽이거나 팔면,
그는 황소 한 마리에 황소 다섯 마
리, 양 한 마리에 양 네 마리로 갚
아야 한다.
2 도둑이 침입 도중 발각되어 맞아
죽을 경우, 때린 사람은 책임이 없
다.
3 만약 해가 떠 있는 동안 훔쳤다면,
그는 책임지고 충분한 보상을 해
야 한다. 만약 그가 가진 것이 없으
면 도둑질한 대가로 자신을 팔아

야 한다.
4 사람이 황소나, 나귀나, 양을 훔친
경우, 그것이 산 채로 발견되면, 그
는 두 배로 갚아야 한다.
5 어떤 사람이 밭이나 포도밭에서
풀을 먹이려고 가축을 풀었는데,
가축이 남의 밭에서 풀을 뜯으면,
자신의 밭에서 나는 가장 좋은 곡
식과 자신의 포도밭 중 가장 좋은
포도로 배상해야 한다.
6 만약 불이 덤불에 옮겨붙어서 곡
식 단이나, 추수 전 곡식이나, 밭이
다 타버린 경우에는, 불을 낸 자가
반드시 보상해야 한다.
7 어떤 사람이 돈이나 물건을 보관
해 달라고 이웃에게 맡겼는데, 그
집에서 도둑을 맞은 경우에, 훔친
도둑이 잡히면 그에게 두 배로 갚
게 한다.
8 도둑을 찾지 못하면, 집 **주인**은 재
판관에게 그를 데려 가서, 그가 이
웃 물건에 자신의 손을 댔는지 조
사받게 해야 한다.
9 어떤 사람이 잘못하여 황소나, 나
귀나, 양이나, 옷이나, 혹은 어떤 것
을 잃어버렸는데, 또 다른 사람이
그것을 자기 것이라고 주장하는
경우에는, 양쪽의 주장을 판사 앞
에 가져가야 한다. 그리고 판사가
유죄판결을 내린 사람은 이웃에게
두 배로 갚아야 한다.
10 한 사람이 이웃에게 나귀나, 황소
나, 양이나, 어떤 가축을 보관해 달
라고 맡겼더니, 그것이 죽거나 다
치거나 달아났는데 본 사람이 없
으면,
11 두 사람 사이에 맡은 자가 이웃의
물건에 손대지 않았음을 **주님**에게
선서하게 하고, 물건 **주인**은 그 선
서를 받아들여야 하고, 이웃은 그
것을 보상하지 않아도 된다.
12 만약 맡은 사람이 도둑을 맞았으
면, 그는 물건 **주인**에게 보상해야
한다.
13 만약 가축이 갈기갈기 찢긴 경우,
그것을 **주인**에게 증거로 가져가면,
그는 찢긴 가축에 대하여 보상하
지 않아도 된다.
14 사람이 이웃의 것을 빌렸는데 그
것이 다치거나 죽은 경우, **주인**이
함께 있지 않았다면, 빌린 사람은
반드시 그것을 보상해야 한다.
15 하지만 **주인**이 함께 있었으면, 빌
린 사람은 보상하지 않아도 되는
데, 세를 낸 짐승의 경우라면, 그 값
은 사용료에 있다.
16 어떤 사람이 혼인관계가 아닌 처
녀를 유혹하여 동침하면, 그는 반
드시 돈을 주고 그녀를 아내로 맞
아야 한다.
17 처녀의 아버지가 그에게 딸을 주
지 않으면, 그는 처녀의 지참금에
따라 돈으로 지불해 주어야 한다.
18 너는 마녀를 살려 두어서는 안 된
다.
19 짐승과 누운 자는 누구라도 반드

시 죽음에 처해야 한다.
20 **주님**만이 아닌 어떤 다른 신에게
제사하는 사람은 완전히 제거되어
야 한다.
21 너는 이방인을 괴롭히거나 억압하
면 안 된다. 왜냐하면 너희도 이집
트땅에서 이방인이었기 때문이다.
22 너희는 어느 과부나 아버지 없는
아이를 괴롭히면 안 된다.
23 네가 어떤 식이든 그들을 괴롭혀
서 그들이 나에게 소리치면, 나는
반드시 그들의 호소를 들을 것이
다.
24 나의 분노가 뜨겁게 달아올라 내
가 너를 칼로 죽이면, 네 아내는 과
부가 되고 네 자식은 아버지 없는
아이가 되는 것이다.
25 만약 네가 이웃의 가난한 나의 백
성에게 돈을 빌려줄 때, 그에게 대
금업자처럼 대하거나 높은 이자를
받으면 안 된다.
26 네가 이웃의 옷을 담보로 가져오
는 경우, 너는 그것을 해가 지기 전
까지 그에게 돌려주어야 한다.
27 그것이 유일한 덮을 것이고, 그의
몸을 가릴 옷이어서, 그가 '무엇을
입고 자야 하나?' 라고 내게 호소
하면 내가 그 말을 들을 것이다. 나
는 관대하기 때문이다.
28 너는 다른 여러 신을 욕하면 안 되
고, 백성의 통치자를 저주해도 안
된다.
29 너는 익은 과일의 첫 수확물과 포
도주의 첫 술 올리기를 미루면 안
되고, 너희 아들 가운데 장남은 나
에게 주어야 한다.
30 너는 네 황소와 염소도 마찬가지
다. 7일간 그의 어미와 함께 있게
한 다음, 8일째 날에 그것을 내게
주어야 한다.
31 너희는 내게 성스러운 사람이 되
어야 한다. 너희는 들짐승에 찢긴
고기를 먹으면 안 되고, 그것은 개
에게 던져주어야 한다."

사배쓰휴일과 축일 규정

23 "너는 거짓 이야기를 꺼내
지 말고, 악한 사람과 손잡고
잘못된 증언을 하지 마라.
2 너는 다수를 따라 잘못된 일을 하
면 안 되고, 소송에서 다수의 의견
에 따라 판결을 왜곡하는 증언을
해서도 안 되며,
3 가난한 사람의 소송사건이라고 그
를 편들어서도 안 된다.
4 만약 길을 잃은 적의 황소나 나귀
를 만나면, 너는 반드시 그것을 **주**
인에게 데려가 주어야 한다.
5 너를 싫어하는 사람의 나귀가 짐
에 눌려 쓰러진 것을 보면, 감정을
참고 반드시 나귀를 도와주어야
한다.
6 너는 약자의 소송사건에서 재판을
왜곡하면 안 된다.
7 그릇된 일을 멀리하고, 죄가 없거
나 올바른 자를 죽이지 마라. 왜냐

하면 나는 악한을 정당화시켜주지
않기 때문이다.
8 너는 뇌물을 받지 마라. 뇌물은 지
혜를 가려, 바른 말을 변질시키기
때문이다.
9 또 너는 외지인을 억압하지 마라.
왜냐하면 너희도 이집트땅에서 이
방인이었으므로, 이방인의 마음을
알기 때문이다.
10 너는 6년간 땅에 씨를 뿌리고, 그
곳의 곡식을 거두어라.
11 하지만 7년째에는 그 땅을 쉬게 내
버려 두어, 너희 백성 중 가난한 사
람이 먹게 하고, 그들이 남긴 것은
들짐승이 먹게 될 것이다. 이런 식
으로 포도밭과 올리브밭도 관리해
야 한다.
12 너는 6일간 할 일을 하고, 7일째 날
에는 쉬어야 한다. 그래야 네 황소
와 나귀도 쉬고, 여종의 아들과 외
지인도 기력을 회복할 것이다.
13 내가 네게 말한 모든 것을 신중히
지켜라. 다른 신의 이름을 부르지
말고, 네 입에서 그 소리가 들리게
하지도 마라.
14 한 해에 세 번씩 너는 나의 축일을
지켜야 한다.
15 너는 무효모빵의 축일을 지켜야
한다. [내가 지시한 대로, 첫 달 아
비브월의 정해진 때에 7일간 누룩
없는 빵을 먹어라. 왜냐하면 그때
너희가 이집트에서 나왔기 때문이
다. 누구도 내 앞에 빈 손으로 오면
안 된다.]
16 또 씨를 뿌린 노동의 첫 결실을 거
두는 "수확의 축일"맥추절麥秋節과,
그해 끝에 들농사를 거두어들이는
추수의 축일추수절秋收節을 지켜라.
그때 너는 들에서 네 노동의 결실
을 거두는 것이다.
17 한 해에 세 번 모든 남자는 **주 하나
님** 앞에 나와야 한다.
18 너는 나의 희생제물의 피를 발효
빵과 함께 올리면 안 되고, 나의 희
생물의 지방도 아침까지 남겨 두
지 마라.
19 네 땅에서 거둔 첫 수확물 중 가장
좋은 것을 너의 **주 하나님**의 집에
가져와야 하고, 또 너는 어미의 젖
에 새끼를 삶으면 안 된다.
20 보라, 나는 네 앞에 사자使者를 보내
어, 가는 길에서 너를 돌보며, 내가
마련한 그곳으로 데려가겠다.
21 그를 조심하고, 그의 목소리를 따
르며, 반항하지 마라. 왜냐하면 그
는 너의 반발을 용서하지 않기 때
문인데, 나의 이름이 사자에게 있
는 것이다.
22 하지만 네가 진심으로 그의 목소
리에 복종하며 내가 말한 것을 모
두 하면, 나는 네 적에게 적이 되어
주고, 너의 상대에게 대항할 맞수
가 되겠다.
23 나의 사자가 네 앞에 가면서, 너를
애머리아모리부족, 힡히타이트, 혯부족,
퍼리스프리즈, 브리스부족, 캐이넌가나

안부족, 하이브히위부족, 제뷰스여부
스부족이 있는 곳으로 데려갈 것이
다. 그리고 나는 그들을 제거할 것
이다.
24 너는 그들 신에게 머리를 숙이지
도 말고, 섬기지도 말고, 그들이 하
는 일을 따라하지 말며, 철저히 그
들을 전복시키고, 그들 신의 형상
을 완전히 파괴해라.
25 너희는 너희 **주 하나님**을 섬겨야 한
다. 그는 네게 빵과 물의 복을 내렸
다. 그리고 나는 앞으로 너희한테
서 질병을 없앨 것이다.
26 너희 땅 그곳에서는 유산하는 일
도 없고, 불임도 없고, 또 내가 너희
수명을 다 채워주겠다.
27 나는 너희에 앞서 나의 공포를 보
내어, 너희가 가게 될 땅에 사는 민
족을 모두 파멸시킬 것이다. 그래
서 나는 너희 적이 너희에게 등을
돌리고 도망가게 하겠다.
28 나는 너보다 앞서 말벌을 보내어,
하이브부족, 캐이넌부족, 힡부족을
몰아내겠다.
29 나는 그들을 너희 앞에서 1년간 완
전히 몰아내지 않을 텐데, 그것은
그 땅이 황폐해지지 않도록, 또 너
희에 비해 들짐승의 수가 더 불어
나지 않게 하는 것이다.
30 네 앞에서 그들을 조금씩 몰아내
어, 너희 숫자가 늘어나 그 땅을 물
려받을 때까지 그렇게 하겠다.
31 그리고 나는 너희 경계를 홍해에
서 필리스틴지중해 바다까지, 사막
에서 조든유프레이티스 강까지 정한
다. 그 땅 주민을 너희 손에 넘길
터이니, 너희는 눈앞에서 그들을
몰아내야 한다.
32 너는 그들과 그들의 신과 계약을
맺으면 안 된다.
33 그들이 너희 땅에서 살면 안 되는
이유는, 그들 탓에 너희가 죄를 저
지르지 않게 하는 것이다. 만약 너
희가 그들 신을 섬기면, 그것이 반
드시 너희에게 덫이 되기 때문이
다."

계약 및 증언판

24 **주님**이 모지스모세에게 말했
다. "너는 나 **주인**에게 올라
오고, 애런아론, 내이댑나답, 애비후아
비후와, 이즈리얼이스라엘 원로 70명
은 멀리 떨어져서 경배해라.
2 모지스 혼자 **주인** 가까이 와야 하
고, 그들은 가까이 오면 안 되며, 백
성이 함께 와도 안 된다."
3 모지스가 와서 백성에게 **주님**의 말
과 법을 모두 전하자, 모두가 한 목
소리로 대답했다. "**주님**의 말 전부
그대로 우리가 하겠어요."
4 모지스가 **주님**의 말 전부를 글로
적고, 아침 일찍 일어나 산기슭에
제단을 쌓고, 이즈리얼의 열 두 지
파支派부족 수대로 12개 기둥을 세
웠다.
5 그런 다음 그는 이즈리얼 자손 중

젊은 사람을 그곳에 보내어 번제
를 올리며, **주님**에게 황소 여러 마
리를 희생하여 평화제사를 지냈
다.
6 그리고 모지스는 피의 절반을 덜
어 그릇 몇개에 담고, 피의 절반은
제단 위에 뿌렸다.
7 그가 약속의 책을 들고 이즈리얼
자손 앞에서 읽었더니, 사람들이
말했다. "**주님**이 말한 전부를 우리
가 그대로 실천하며 따르겠어요."
8 그래서 모지스는 피를 들어 사람
들에게 뿌리며 말했다. "보라, 이것
은 계약의 피다. 이것으로 **주님**이
너희와 함께 이 말에 대한 계약을
맺은 것이다."
9 그리고 모지스, 애런, 내이댑, 애비
후와 이즈리얼 원로 70인이 올라
갔다.
10 그때 그들은 이즈리얼의 **하나님**을
보게 되었다. 그의 발 아래에는 청
옥 새퐈이어 돌이 깔려 있었는데,
그 영롱함이 마치 하늘의 본체 같
았다.
11 그는 이즈리얼 자손의 귀족들을
손대지 않았고, 그들은 **하나님**을
보았다. 그런 다음 먹고 마셨다.
12 **주님**이 모지스에게 말했다. "산으
로 내게 올라오면, 내가 네게 법과
명령을 적은 석판을 주겠다. 그것
으로 네가 사람들을 가르칠 수 있
을 것이다."
13 그래서 모지스가 일어나 그의 부
관 자슈아여호수아와 **하나님**의 산으
로 갔다.
14 그는 원로들에게 말했다. "너희는
우리가 다시 올 때까지 여기서 기
다려라. 보다시피 애런과 허가 너
희와 함께 있으니, 만약 어떤 사람
한테 무슨 일이 생기면, 그 사람을
그들에게 보내라."
15 그리고 모지스가 산에 오르자, 구
름이 산을 덮었다.
16 **주님**의 영광이 사이나이시나이, 시내
산 위에 머무르며, 구름이 6일간
산을 덮었다. 7일째에 그가 구름
속에서 모지스를 불렀다.
17 이즈리얼 자손의 눈에는, **주님**의
빛의 광경이 마치 산 정상에서 불
이 집어삼키는 듯 보였다.
18 모지스는 구름 한가운데로 갔고,
산에서 40일 낮과 40일 밤을 보냈
다.

증언상자, 자비의 자리, 탁자, 촛대

25 **주님**이 모지스에게 말했다.
2 "이즈리얼 자손한테 내게 예물을
가져오라고 전해라. 누구든 마음
으로 기꺼이 헌납하는 사람의 예
물을 받아야 한다.
3 너희가 백성에게 받게 될 예물은
이와 같다. 금, 은, 황동,
4 파란색, 자주색, 주홍색 실, 가는 아
마사, 염소털,
5 붉게 염색한 숫양 가죽, 오소리 가

죽, 아카시아종 싣팀나무,
6 등잔용 기름, 의식용 기름, 방향성
향료,
7 제례복 에퐈드와 가슴판에 박아
넣을 오닉스마노 검은 돌 및 여러 가
지 원석이다.
8 그들에게 내가 백성 가운데 머물
성소를 짓게 해라.
9 내가 너에게 보여주는 모든 도안
에 따라, 이동성전의 형태를 그대
로 짓고, 거기에 사용될 모든 기구
도 형태 그대로 똑같이 만들어라.
10 그리고 아카시아종 싣팀나무로
신성한 상자를 만드는데, 길이는
2.5큐빝약 1.12m, 너비는 1.5큐빝약
0.675m, 높이는 1.5큐빝약 0.675m이다.
11 너는 상자의 안팎을 순금으로 입
히고, 사방 주위에 크라운 테를 달
아 금으로 씌워야 한다.
12 또 거기에 매달 금고리 네 개를 주
조하여, 네 모서리마다 다는데, 고
리 두 개는 이쪽에, 나머지 고리 두
개는 다른 쪽에 달아라.
13 아카시아종 싣팀나무로 긴 막대
봉을 만들어 금으로 씌워라.
14 너는 나무봉을 상자 양 옆의 고리
에 끼워서, 사람이 운반할 수 있게
해라.
15 나무봉을 상자의 고리 안에 끼워
두는데, 상자에서 빠지지 않게 해
라.
16 그리고 너는 내가 줄 증언판을 상
자 속에 넣어 두어야 한다.
17 그리고 순금으로 된 '자비의 자리'
속죄석贖罪席를 길이 2.5큐빝약 1.12m,
너비 1.5큐빝약 0.675m으로 만들어
라.
18 금을 두드려서 체럽커룹, 그룹 천사
둘을 만들어, 자비의 자리 양쪽 끝
에 위치시켜라.
19 체럽천사 하나는 이쪽에, 다른 체
럽은 다른 끝에, 곧 자비의 자리 양
쪽 끝에 각각 하나씩 두어라.
20 체럽천사의 날개는 위로 펴서 자
비의 자리가 덮이게 하고, 그들 얼
굴은 자비의 자리 중앙을 향하여
서로 마주보게 해라.
21 그리고 자비의 자리를 나무상자
위에 얹는데, 네게 줄 증언판을 그
안에 넣어두어야 한다.
22 나는 거기서 너와 만나게 되는데,
자비의 자리에서 너와 대화를 나
누겠다. 그곳은 증언판이 들어 있
는 상자 위, 두 체럽천사 사이이다.
그리고 내가 너에게 줄 증언판은
이즈리얼 자손에게 명령하는 모든
것이 들어있다.
23 너는 또 싣팀나무로 길이 2큐빝약
0.9m에 너비 1큐빝약 0.45m, 높이 1.5
큐빝약 0.675m의 탁자를 만들어라.
24 그것을 순금으로 씌우고, 탁자 주
위에 금테를 둘러라.
25 탁자 둘레에 손바닥 너비의 턱을
만들고, 거기에도 금테를 둘러라.
26 그리고 금고리 네 개를 만들어서
탁자의 다리가 있는 네 모서리에

달아라.
27 그 턱에 탁자를 옮길 나무봉 위치
에 고리를 달아라.
28 너는 싣팀나무로 봉을 만들어 금
을 씌워 그것으로 탁자를 나를 수
있게 끼워 둬라.
29 거기에 놓을 접시, 숟가락, 식기, 잔
도 순금으로 만들어라.
30 그리고 내 앞 탁자 위에 언제나 진
열용 빵진설병陳設餠을 전시해 두어
야 한다.
31 그리고 순금을 두드려서 촛대를
만드는데, 촛대 자루와 가지, 장식
꽃받침, 장식꽃망울, 장식꽃도 만
들어라.
32 촛대 양쪽으로 가지 6개가 나오도
록 만드는데, 세 가지는 한쪽에서
나오고, 세 가지는 다른 쪽에서 나
오게 해라.
33 꽃망울과 꽃장식이 하나씩 달린
장식꽃받침 세 개를 각각 아몬드
모양으로 만들어 가지 하나에 달
고, 또 다른 가지에도 꽃망울과 꽃
장식이 하나씩 달린 꽃받침 세 개
를 아몬드 모양으로 만들어 달아
서, 이렇게 6개 가지가 촛대에서
나오게 만들어라. [한 가지에 아몬
드 형 꽃, 꽃망울, 꽃받침 조합이 세
개씩 달리게 한다.]
34 촛대 중심축에는 꽃망울과 꽃장식
이 딸린 아몬드 형 장식꽃받침 4개
를 달아라.
35 양쪽 두 가지 아래에 꽃망울 하나,
또 양쪽 두 가지 아래에 꽃망울 하
나, 또 양쪽 두 가지 아래에 꽃망울
하나씩 각각 두어, 촛대에서 6개
가지가 뻗어 나오게 해라.
36 그 꽃망울과 가지는 하나로 연결
되도록 모두 순금을 두드려서 만
들어라.
37 그리고 너는 등잔 7개를 만들어,
등잔에 불을 붙이고 앞에서 반대
편까지 빛을 비추게 해라.
38 거기에 심지용 가위와 촛농 접시
도 순금으로 만들어 두어라.
39 촛대와 딸린 도구들을 순금 1탤런
트34kg로 만들어라.
40 너는 내가 산에서 보여준 방법에
따라 그것들을 만들어 보여라."

이동형 성전

26 "나아가 너는 이동성전을 만
들어야 한다. 가는 아마사와
파란색, 자주색, 주홍색 실로, 체럽
커룹, 그룹 천사 문양을 정교하게 수
놓아서 휘장을 10폭 만들어라.
2 휘장 하나의 길이는 28큐빝약 12.6m
이고, 폭은 4큐빝약 1.8m인데, 모든
휘장은 동일한 치수가 되게 해라.
3 하나에 다른 하나를 이어 휘장 다
섯 폭을 한데 연결하고, 또 다른 휘
장 다섯 폭도 하나에 다른 하나를
이어 연결한다.
4 너는 연결하는 한 휘장의 끝단 가
두리에 청색 실로 고리를 만들고,
같은 식으로 두 번째 연결하는 또

다른 휘장 끝에도 고리를 만들어
라.
5 휘장 하나에 고리 50개를 만들고,
또 두 번째로 연결하는 휘장 끝에
도 고리 50개를 만들어서, 이쪽 고
리가 다른 쪽 고리를 붙잡아 연결
되도록 만들어라.
6 또 금갈고리 50개를 만들어 휘장
두 개를 한데 연결해라. 그것이 이
동성전의 막사가 된다.
7 그리고 막사 위를 가릴 덮개용으
로 염소털로 휘장 11폭을 만들어
라.
8 덮개로 쓸 휘장 하나의 길이는 30
큐빋약 13.5m이고, 폭은 4큐빋약 1.8m
이고, 휘장 11폭 모두 치수가 같아
야 한다.
9 너는 덮개용 휘장 다섯을 하나로
연결하고, 또 다른 휘장 여섯도 하
나로 연결하는데, 6번째 휘장은 막
사 전면에서 겹쳐지게 한다.
10 너는 덮개용 휘장 끝에 고리 50개
를 만들고, 연결된 다른 덮개용 휘
장 끝에도 고리 50개를 만들어라.
11 황동으로 갈고리 50개를 만들어,
고리에 걸어서 휘장을 하나가 되
도록 한데 연결해라.
12 막사를 덮고 남는 휘장 절반은, 막
사의 뒤편에 늘어뜨려라.
13 천막 휘장의 길이 중 남는 여분은,
한쪽 1큐빋약 0.45m과, 또 다른 쪽 1
큐빋약 0.45m인데, 그것을 천막 이쪽
과 저쪽 양쪽으로 늘어뜨려라.
14 너는 붉게 염색한 숫양가죽으로
막사의 덮개를 만들고, 오소리가
죽으로 그 위를 덧씌울 덮개를 만
들어라.
15 아카시아종 싣딤나무로 막사를 세
울 널판을 만들어라.
16 널판 길이는 10큐빋약 4.5m이고, 너
비는 1.5큐빋약 0.675m이다.
17 각 널판 끝에 촉꽂이를 2개씩 만들
어, 각각 차례대로 끼워지게 한다.
그렇게 이동성전에서 사용할 널판
을 만들어라.
18 그리고 너는 막사의 남쪽 방향에
세울 널판 20개를 만들어라.
19 널판 20개 아래에 받침 40개를 만
들어라. 각 널판 아래마다 촉꽂이
2개에 받침 2개씩, 다른 널판 아래
쪽도 촉꽂이 2개에 받침 2개씩을
만들어라.
20 막사의 북쪽 측면에도 널판 20개
를 세우는데,
21 각 널판마다 아래에 받침 2개씩,
다른 널판에도 받침 2개씩, 모두
은받침 40개를 만들어라.
22 너는 막사 서쪽에 세울 널판을 6개
만들어라.
23 막사 뒤편 양쪽 모서리에 사용할
널판 두 개를 만들어라.
24 모서리용 널판은 아래에서 겹쳐지
게 하고, 위에서도 겹쳐지도록 고
리 한 개에 끼워 고정하는 식으로
양쪽 모두 그렇게 해라. 이것은 천
막의 두 모서리용이다.

25 또 널판 여덟 개와 은받침 16개를
만들어라. 각 널판 아래에 은받침
2개씩, 다른 널판 밑에도 은받침 2
개씩 만들어라.
26 너는 막사 측면의 널판에 빗장용
으로 쓸 가로막대 5개를 아카시아
종 싣팀나무로 만들어라.
27 그리고 막사의 다른 측면의 널판
에 빗장으로 끼울 가로막대 5개를,
뒤편 서쪽 두 측면용으로 막사의
널판 옆에 끼울 가로막대 5개를 만
들어라.
28 측면의 널판 중간위치에 빗장으로
가로 지르는 가로막대는 이쪽 끝
에서 저쪽 끝까지 관통시켜라.
29 또 널판에 금을 입히고, 가로막대
위치에 매달 금고리를 만들어라.
30 너는 산에서 네게 보여준 형태대
로 이동용 성전을 세워라.
31 그리고 파란색, 자주색, 주홍색 실
로 가림막을 만들고, 그 위에 섬세
하게 꼬은 리넨 실로 정교하게 체
럽천사 문양을 수놓아라.
32 싣팀나무 기둥 4개에 금을 입혀,
그 위에 금갈고리를 달아, 은으로
만든 받침 4개 위에 세워서, 그 기
둥에 가림막을 매달아라.
33 너는 가림막을 갈고리에 걸고, 증
언판이 든 상자를 가림막 안쪽에
두어야 한다. 그러면 가림막이 성
소와 최고성소를 구분하게 될 것
이다.
34 증언판을 넣은 상자 위에 자비의
자리를 얹어, 최고성소 안에 두어
라.
35 성막 내부 가림막 밖에 탁자를 두
어야 하고, 탁자와 마주보는 남쪽
위치에 촛대를 두고, 북쪽에 탁자
를 놓아라.
36 그리고 너는 천막 문을 매달아야
한다. 파란색, 자주색, 주홍색 실과
가늘게 꼰 아마사로 수놓아 만든
휘장천으로 달아라.
37 그리고 휘장문을 매달기 위해, 싣
팀나무로 기둥 다섯 개를 만들어
금박을 입히고, 갈고리도 금으로
만들어, 그것을 끼울 받침 5개를
황동으로 주조해야 한다."

제단, 앞마당 및 등불의 지침

27 "너는 싣팀나무로 제단을 만
들어라. 이 제단은 길이와
너비가 5큐빝약 2.25m인 정사각형이
고, 높이는 3큐빝약 1.35m이다.
2 제단의 네 모서리 위에 뿔을 만들
어 다는데, 똑 같은 모양이 되어야
하고, 황동으로 입혀라.
3 너는 재를 받을 그릇, 삽, 대야, 고
기용 갈고리, 구이판 등, 모든 용기
를 황동으로 만들어라.
4 그리고 황동 격자 석쇠판을 만들
고, 그 석쇠 각 모서리에 청동제 고
리 4개를 만들어야 한다.
5 제단 아래쪽 공간의 중간 지점에
격자 석쇠판을 평평하게 놓아라.
6 너는 아카시아종 싣팀나무로 제단

에 사용할 나무봉을 만들어 황동
으로 입혀라.
7 나무봉을 제단 양 옆에 놓이게 하
는데, 그것을 고리에 끼워, 나를 수
있게 해라.
8 제단은 널판으로 속이 비게 만들
어라. 산에서 네게 보여준 대로 그
들이 만들게 해라.
9 너는 막사 남쪽 방향에 안마당을
만들고, 거기에 외벽용으로 한편
에 100큐빝약 45m 길이의 가는 아마
실로 짠 휘장천을 둘러라.
10 휘장천을 두르기 위한 기둥 20개
와 받침 20개는 황동으로 만들고,
기둥고리와 이음매는 은으로 만들
어라.
11 마찬가지로 북쪽에 대해서도 길이
가 100큐빝약 45m인 휘장천을 외벽
용으로 만들고, 기둥 20 개와 받침
20개는 황동으로, 기둥고리와 이
음매는 은으로 만들어라.
12 서쪽 안마당에 외벽용으로 너비
50큐빝약 22.5m의 휘장천을 둘러치
고, 거기에 기둥 10개와 받침 10개
가 있어야 한다.
13 동쪽 방향의 안마당 외벽용 휘장
너비도 50큐빝약 22.5m이 되어야
한다.
14 출입문 한쪽의 휘장천은 15큐빝약
6.75m이고, 기둥 3개와 받침이 3개
있어야 한다.
15 출입문의 다른 쪽은 15큐빝약 6.75m
휘장천과 기둥 3개, 그리고 받침 3
개가 있어야 한다.
16 안마당 문에는 파란색 실, 자주색
실, 주홍색 실, 가늘게 꼰 아마실로
수를 놓아 만든 20큐빝약 9m 천이
있어야 하고, 기둥이 4개, 받침 4개
가 있어야 한다.
17 마당 주변 기둥의 이음매와 갈고
리는 은으로, 받침은 황동으로 만
들어야 한다.
18 마당의 길이는 100큐빝약 45m이고
너비는 50큐빝약 22.5m이고, 거기
에 가는 실로 짠 아마포는 5큐빝
약 2.25m 높이이고, 받침은 황동으로
한다.
19 이동성전의 제례에 사용되는 용기
와 말뚝과, 안마당의 말뚝은, 전부
황동으로 만들어야 한다.
20 너는 이즈리얼 자손에게 조명용으
로 짠 순수한 올리브 기름을 가져
오게 하여, 등불이 언제나 켜 있게
해야 한다.
21 모임의 성막 내부에 있는 증언대
앞의 가림막 밖에, 애런과 그 아들
들은 저녁부터 아침까지 **주님** 앞
에 등불을 켜 놓도록 명령해라. 이
것은 이즈리얼 자손을 위하여 그
들 세대에 영원한 규정이 되어야
한다."

제례복 에파드

28 "너는 이즈리얼 자손 가운데
형 애런아론과 그 아들들, 곧
애런과 내이댑나답, 애비후아비후, 엘

리저엘아자르, 엘르아살, 이써마이타마르,
이다말를 데려와서 제사장의 임무로
나를 섬기게 해라.
2 너는 형 애런을 위하여 영광스럽
고 아름다우며 신성한 의복을 만
들어야 한다.
3 내가 지혜의 정신을 채워 준 슬기
로운 마음을 가진 사람 모두에게
말하여, 그들이 애런의 옷을 만들
어주고, 그를 신성하게 만들어, 제
사장으로서 나에게 봉사하게 해
라.
4 이것은 장인들이 만들 옷이다. 가
슴받이 흉판, 제례복, 로브 긴옷, 자
수 겉옷, 모자, 허리띠를, 네 형 애
런과 그의 아들들을 위한 신성한
의복으로 만들어서, 그가 제사장
으로서 나를 섬길 수 있게 해야 한
다.
5 그들은 금실, 파란색실, 자주색실,
주홍색실, 그리고 가는 아마사를
골라야 한다.
6 그러면 그들이 금실, 파란색실, 자
주색실, 주홍색실, 그리고 가는 아
마사를 가지고 섬세한 수공예법으
로 제례복을 만들 수 있을 것이다.
7 제례복에 어깨받이 두 개를 다는
데, 어깨받이 양쪽 끝이 제례복에
붙어 있도록 연결되어야 한다.
8 제례복 겉으로 매는 장식 허리띠
는, 금실, 파란색실, 자주색실, 주홍
색실, 그리고 가는 아마실로 동일
한 수공예 방법에 따라 만든다.
9 너는 검은 오닉스마노 돌두 개를 가
져와서 이즈리얼 자손의 이름을
새겨라.
10 돌 하나에 이름 여섯 개와 다른 돌
에 나머지 이름 여섯 개를 출생순
서에 따라 새겨라.
11 원석 세공사가 인장반지를 조각하
는 공법으로, 두 돌에 이즈리얼 자
손의 이름을 조각하고, 그것을 금
브로치 장식 안에 끼워 넣어라.
12 너는 두 돌을 제례복 에퐈드의 어
깨 위에 각각 달아라. 돌은 이즈리
얼 자손을 기념하기 위한 것으로,
주님 앞에서 애런이 양 어깨 위에
그 이름을 지녀서 기억하게 하는
것이다.
13 너는 금장식을 만드는데,
14 순금으로 두 줄을 꼬아서 땋은 금
줄을, 금브로치 장식 양끝에 매어
고정한다.
15 그리고 판결을 의미하는 흉판을
정교한 공예기법으로 만들어라.
제례복을 제작하는 방법대로, 금
실, 파란실, 자주실, 주홍실, 그리고
가는 아마실로 흉판을 만들어라.
16 그것은 정사각형으로 두 겹으로
하고, 길이와 너비가 각각 한 뼘 씩
이다.
17 너는 흉판 위에 다듬은 원석을 네
줄로 박아넣어라. 첫 줄은 사디어
스, 토파즈, 카벙클이다.
18 둘째 줄은 에머럴드, 사퐈이어, 다
이먼드이다.

19 셋째 줄은 리규어, 애것, 애머씨스
트이다.
20 넷째 줄은 베를, 오닉스, 재스퍼이
고, 그것들이 금테장식 안에 끼워
져야 한다.
21 그리고 원석들은 인장에 새겨 넣
는 방법으로, 이즈리얼의 열 두 자
손의 이름을 그대로 새겨 넣어서,
각 사람의 이름이 열 두 부족을 의
미하는 이름이 되어야 한다.
22 너는 흉판 양끝에 순금으로 사슬
을 꼬아 붙여야 한다.
23 흉판에 금으로 2개의 고리를 만들
고, 그것을 흉판 양끝에 달아라.
24 또한 금으로 꼬아 만든 사슬 두 개
를 흉판 양끝의 고리 두 개에 꿰어
달아라.
25 그리고 꼬아 만든 두 개의 사슬의
다른 쪽 양끝을 제례복의 어깨받
이에 있는 브로치 장식 두 개에 고
정시켜 매달아라.
26 금으로 고리 두 개를 만들어, 흉판
의 옆 가장자리 양쪽 끝에 다는데,
그곳은 제례복 안쪽과 겹치는 부
분이다.
27 너는 또 다른 금고리 2개를 만들어
서, 제례복 앞쪽 밑의 양쪽 옆면 위
에, 곧 제례복 장식 허리띠와 연결
되는 곳 위쪽에 달아라.
28 파란색 끈으로 제례복의 고리에
흉판 고리를 연결하되, 제례복의
장식허리띠 위쪽에 매어서, 흉판
이 제례복으로부터 늘어지지 않게
한다.
29 애런이 성소에 갈 때, 이즈리얼 자
손의 이름을 새긴 판결의 흉판을
가슴 위에 달아서, **주님** 앞에 영원
히 기념이 되게 해라.
30 너는 판결의 흉판 안에 빛과 진리
인 유럼우림과 써밈툼밈을 넣어, 애
런이 **주님** 앞에 나갈 때 그의 가슴
위에 있게 해라. 그렇게 하여 애런
은 **주님** 앞에서 이즈리얼 자손의
판결을 항상 그의 가슴에 지녀야
한다.
31 너는 제사의 예복을 모두 파란색
으로 만들어라.
32 에퐈드 제례복의 제일 위 한가운
데에는, 마치 쇠사슬 갑옷의 구멍
처럼 머리가 들어갈 구멍을 만들
고, 구멍이 헤져서 너덜거리지 않
도록 구멍 주위를 누벼서 마무리
해라.
33 그리고 옷의 밑단에 파란색, 자주
색, 주홍색 실로 석류열매를 수놓
아 만들어, 밑단 가장자리에 달아
라. 그것 사이사이에 금방울을 만
들어서,
34 금방울 하나, 석류 하나, 금방울 하
나, 석류 하나씩 교대로 예복 밑단
가장자리에 달아라.
35 그것은 애런이 제례행사를 하러
올 때, 성소의 **주님** 앞에 들어올 때
와 나갈 때, 그의 방울소리가 들리
게 하여, 그가 죽지 않게 하는 것이
다.

36 너는 순금으로 얇은 판을 만드는
데, 인장을 새기는 방법으로 그 위
에 '**주님에게 신성함**'이라는 글자를
새겨 넣어라.
37 그것을 파란 끈으로 마이터 모자
에 매달아 앞쪽에 위치시켜라.
38 그것을 애런의 이마에 두어, 그가
이즈리얼 자손이 신성하게 올리는
모든 성물에 관한 죄의 책임을 지
게 해라. 예물이 **주님** 앞에 받아들
여질 수 있도록 항상 그것이 그의
이마에 있어야 한다.
39 고운 아마실로 만든 코트에 수를
놓고, 가는 아마사로 마이터 모자
를 만들고, 수를 놓아 장식허리띠
를 만들어라.
40 애런의 아들들을 위하여 겉옷과,
허리띠, 그리고 끈을 묶는 보닛 모
자도 만들어 주어, 영광과 아름다
움을 상징하게 해라.
41 너는 네 형 애런과 형의 아들들에
게 예복을 입히고, 정화용 기름을
발라, 신성하게 정화하여, 그들이
제사장으로서 나에게 제례를 지내
게 해라.
42 너는 그들에게 맨몸을 가릴 짧은
바지를 리넨 아마포로 만들어 주
는데, 길이는 허리부터 넓적다리
까지 내려 오게 한다.
43 그것을 애런과 그 아들들에게 입
혀, 모임의 성막에 들어올 때나, 성
소 안에서 봉사하려고 제단 가까
이 올 때, 그들이 부정으로 인해 죽
지 않게 해라. 그것은 그와 그들 이
후 자손이 영원히 지킬 규정이 되
어야 한다."

제사장의 신성화

29 "이것은 네가 그들을 신성하
게 하여, 그들이 제사장으로
써 내게 제사를 지내게 해야 하는
내용이다. 흠이 없는 새끼 수송아
지 한 마리와 숫양 두 마리를 잡고,
2 비발효 빵과 기름으로 부드럽게
만든 부풀지 않은 케이크와, 기름
바른 부풀지 않은 웨이퍼 과자를
밀가루로 만들어라.
3 너는 그것을 한 바구니에 담아, 새
끼 수송아지와 두 숫양과 함께 바
구니를 가져오너라.
4 그리고 애런아론과 그의 아들들을
공동체의 막사 출입문에 데려가
서, 물로 씻게 해라.
5 그런 다음 예복을 가져와서, 애런
에게 겉옷과 제례복 밑에 입는 긴
옷 로브를 입히고, 제례복과 가슴
받이 흉판을 걸치게 한 다음, 제례
복의 장식허리띠를 매어 주어라.
6 머리에 마이터를 씌우고 그 위에
신성한 관을 얹어라.
7 너는 정화기름을 가져와 그의 머
리에 부어서 신성하게 구별해라.
8 그의 아들들을 데려와서 그들도
겉옷을 입혀라.
9 너는 애런과 그의 아들들에게 허
리띠를 매어 주고 보닛 모자를 씌

워라. 제사장의 업무가 그들에게
영원한 규정이 되어야 하기 때문
에, 애런과 그의 아들을 신성하게
해야 한다.
10 너는 새끼 수송아지 한 마리를 집
회의 성스러운 막사 앞에 끌고 와
서, 애런과 그의 아들들이 수송아
지 머리 위에 손을 얹게 해라.
11 그리고 공동체의 성막문 옆 **주님**
앞에서 그 수송아지를 죽여라.
12 너는 수송아지의 피를 받아 손가
락으로 제단 뿔에 바르고, 나머지
는 전부 제단 바닥에 쏟아부어라.
13 그리고 내장을 덮은 지방과 간 위
의 그물막과 두 콩팥과 그 위에 있
는 지방을 모두 떼어내어 제단에
서 태워라.
14 하지만 수송아지 고기와 가죽과
똥은 진영 밖에서 불에 태워야 한
다. 이것이 잘못에 대한 속죄제사
다.
15 너는 또 숫양 한 마리를 데려와서,
애런과 그의 아들이 숫양 머리 위
에 손을 얹게 하라.
16 그리고 그 숫양을 죽여 피를 받아
제단 주위에 뿌려라.
17 숫양은 여러 조각으로 자르고, 내
장과 다리를 씻어 조각과 머리와
함께 두어라.
18 너는 제단 위에서 양을 전부 불로
구워라. 이것은 **주인**에게 올리는
번제제사인데, 불로 만드는 맛있
는 냄새를 **주인**에게 올리는 제사
다.
19 그리고 다른 숫양을 데려와, 애런
과 그의 아들들이 숫양의 머리에
손을 얹게 해라.
20 그런 다음 그 숫양을 죽여 피를 받
아라. 그것을 애런의 오른쪽 귀 끝,
아들들의 오른쪽 귀 끝, 그들 오른
손의 엄지 위, 그들 오른쪽 엄지발
가락에 바르고, 그 피를 제단 주위
에 뿌려라.
21 너는 제단 위에 있는 피와 정화기
름을 가져와서, 애런과, 그의 예복
위에, 그의 아들들과, 아들들의 예
복 위에 뿌려라. 그렇게 하여 그와
그의 예복, 그의 아들들, 아들들의
의복을 신성하게 해야 한다.
22 역시 숫양의 지방과 엉덩잇살, 내
장을 덮고 있는 지방, 간 위를 덮고
있는 그물막, 양쪽 콩팥과 그 위에
있는 기름, 오른쪽 어깨살을 떼어
내라. 숫양은 신성한 봉헌의 제물
이다.
23 그리고 빵 한 개와 기름을 넣은 빵
한 개와 웨이퍼 과자 한 개를, **주님**
앞에 있는 비발효 빵이 든 바구니
에서 가져오고,
24 그것을 전부 애런과 그의 아들들
손에 들게 하여, **주님** 앞에서 흔드
는 요제搖祭의 제사를 지내야 한다.
25 너는 그것을 그들 손에서 넘겨받
아 번제제사로 제단 위에서 구우
면, **주님** 앞에 맛있는 냄새를 피우
게 된다. 이것이 **주님**에게 불로 하

는 번제화제火祭다.
26 너는 애런이 봉헌하는 숫양의 가
슴살을 가져와서, **주님** 앞에서 흔
드는 요제제사를 지내라. 다음은
네가 맡을 부분이다.
27 너는 흔드는 요제의 가슴살과 높
이 들어올리는 제사의 어깨살을
정화해야 한다. 이것은 흔들고 들
어올려 숫양을 신성하게 만드는
것이고, 심지어 애런과 그의 아들
들까지 신성하게 정화하는 것이
다.
28 이것은 이즈리얼 자손이 애런과
그의 아들들에게 영원한 규정으로
맡기는 임무다. 이것은 들어올리
는 제물인데, 이즈리얼 자손의 평
화제사의 희생물로서 들어올려야
하고, 마찬가지로 **주님**에게 들어
올리는 제물이 되어야 한다.
29 애런의 신성한 의복은 그의 뒤를
잇는 후손의 옷이 되도록, 정화기
름을 발라 그들을 신성하게 만들
어야 한다.
30 애런을 대신하여 제사장이 되
는 아들이, 7일간 그 의복을 입어
야 하는 때는, 신성한 이동성전에
들어와서 성소에서 제사를 지낼
때다.
31 그리고 너는 신성하게 정화된 숫
양을 가져와서, 성소에서 그 고기
를 삶아야 한다.
32 애런과 그의 아들들은 숫양 고기
를 먹는데, 공동체의 성막문 옆에
서 바구니 안에 든 빵과 먹어야 한
다.
33 그들이 먹어야 하는 것은, 보상속
죄가 되어 신성하게 정화된 것이
다. 하지만 외지인이 그것을 먹으
면 안 되는 이유는, 그것이 신성한
제물이기 때문이다.
34 신성하게 정화된 고기나 빵이라
도, 아침까지 남아 있는 것은, 불로
태우고 먹지 말아야 하는데, 그것
은 신성하기 때문이다.
35 내가 명령한 모든 것에 따라 애런
과 또 그의 아들들에게 그렇게 하
며, 너는 7일간 그들을 신성하게
만들어라.
36 너는 갚는 의미의 속죄제물로 어
린 수송아지를 매일 바쳐라. 네가
그것으로 속죄할 때, 제단을 청결
히 하고 제물에 기름을 바르고 정
화해야 한다.
37 너는 7일간 제단을 위한 보상속죄
를 하며 제단을 정화시켜라. 그러
면 그것은 가장 신성한 제단이 되
는데, 제단에 닿는 것은 어떤 것이
라 하더라도 신성해야 한다.
38 다음은 네가 제단에 올리는 것에
관한 것이다. 매일 계속해서 첫배
의 어린양 두 마리를 올려라.
39 어린양 하나는 아침에 올리고, 다
른 양은 저녁에 올려라.
40 양 한 마리에 으깨어 짠 기름 1/4힌
약 0.9L과, 밀가루 1/10힌약 2.2L을 섞
고, 또 마시는 제물로 포도주 1/4힌

약 0.9L을 올려라.
41 다른 양은 저녁에 올리는데, 아침
에 올리는 고기와 마시는 제물에
준해서 한다. 이것이 맛있는 냄새
로 **주님**에게 불로 만든 제물을 올
리는 제사다.
42 앞으로 이어지는 너희 세대 내내
번제가 계속되어야 한다. 장소는
공동체의 막사문 앞의 **주님** 앞이
고, 거기서 내가 너를 만나, 너희와
이야기하게 된다.
43 나는 그곳에서 이즈리얼 자손을
만나겠다. 그 이동성전은 나의 영
광으로 신성하게 정화될 것이다.
44 나는 사람이 집회를 하는 성막과
제단을 신성하게 만들고, 또 애런
과 그의 아들들 모두 제사장의 업
무로 내게 봉사하도록 정화시킬
것이다.
45 나는 이즈리얼 자손 가운데 있을
것이고, 내가 그들의 **하나님**이 되
겠다.
46 그러면 내가 이집트땅에서 그들을
데리고 나온, 그들의 **주 하나님**임을
알게 될 것이다. 나는 그들의 **주인
하나님**이다."

영혼에 대한 대가 봉헌

30 "너는 아카시아종 실팀나무
로 향을 피울 분향제단을
만들어라.
2 길이 1큐빝약 0.45m이고, 너비 1큐빝
약 0.45m인 정사각형으로 만들고, 높
이는 2큐빝약 0.9m이고, 뿔은 똑같아
야 한다.
3 너는 그것의 위쪽 사방 뿔에 순금
을 입히고, 가장자리에 금테를 둘
러라.
4 분향제단의 금테두리 아래쪽 두
모서리에 금고리 두 개를 만들어,
양쪽 옆에 달아라. 그것은 분향제
단을 나를 때 나무봉을 끼우는 곳
이다.
5 너는 싵팀나무로 봉을 만들어 금
으로 입혀라.
6 너는 가림막 앞에 분향제단을 두
어야 한다. 가림막은 증언상자 옆
에 있고, 증언상자 위에 자비의 자
리를 놓아라. 그곳에서 내가 너를
만나게 될 것이다.
7 애런아론은 매일 아침 분향제단 위
에 향기로운 향을 피워야 하는데,
그때마다 등잔을 관리하고 향을
피워라.
8 또 애런이 저녁에 등잔을 켤 때, 분
향제단에 향을 피워야 하고, 네 자
손 대대로 **주님** 앞에 영원히 향을
피워라.
9 그곳에 다른 향도, 번제물도, 곡식
제물도 넣지 말고, 음제飮祭 술도 부
어서는 안 된다.
10 애런은 일년에 한 번씩 분향제단
의 뿔 위에, 속죄의 피로 죄를 갚아
야 한다. 그는 일년에 한 번씩 자손
대대로 보상속죄를 해야 한다. 이
것은 **주님**에게 가장 성스러운 것이

다."
11 **주님**이 모지스모세에게 말했다.
12 "너는 이즈리얼 자손을 인구수대
로 계산하여, 그들이 모두 **주인**에
게 자신의 영혼에 대한 대가를 봉
헌해야 한다. 그래야 네가 그들의
수를 셀 때 그들 사이에 질병이 없
을 것이다.
13 이것은 그들이 내야 할 것으로, 수
가 세어진 사람은 모두 성소에서
쓰는 쉐클 단위로 반 쉐클약 5.7g이
다. [1쉐클은 20게라에 해당된다.]
1/2쉐클약 5.7g이 **주님**에게 주어야
할 영혼에 대한 대가다.
14 여기에 해당되는 사람은 20세 이
상으로 모두 **주인**에게 봉헌물을 내
놓아야 한다.
15 부자가 반 쉐클약 5.7g보다 더 내도
안 되고, 가난한 사람이 그보다 덜
내서도 안 된다. 자신의 영혼에 대
한 대가를 대속代贖대신속죄 하기 위
해 **주님**에게 제물을 내놓는 것이
다.
16 너는 이즈리얼 자손에게 속죄의
돈을 받아서, 그것을 모임의 이동
성전에서 제례를 지내는 용도로
사용해야 한다. 그러면 **주님**이 이
즈리얼 자손을 기억할 수 있게 되
어, 그것으로 너희 영혼에 대한 대
가가 되는 것이다."
17 **주님**이 모지스에게 말했다.
18 "너는 또 황동 대야와 받침다리도
만들어 거기서 씻도록 해라. 너는
그것을 성막과 제단 사이 위치에
두고 물을 담아라.
19 애런과 그의 아들들은 거기서 손
과 발을 씻어야 한다.
20 성스러운 막사에 들어갈 때, 물로
씻어 죽지 않게 해야 하고, 혹은 **주**
님에게 불로 지내는 번제를 지내러
제단 가까이 올 때도, 손과 발을 씻
어서 죽지 않게 해야 한다.
21 이처럼 그들이 손과 발을 씻어 죽
지 않게 하는 것은, 그와 그의 후손
에게도 대대로 영원한 규정이 되
어야 한다."
22 더 나아가 **주님**이 모지스에게 말했
다.
23 "너는 주향료를 선택해라. 순수한
방부고무수지 향료몰약 500쉐클약
5.7Kg, 향긋한 계피는 그 절반 250쉐
클약 2.85Kg, 향기로운 창포 250쉐클
약 2.85Kg,
24 캐시아 계피 500쉐클약 5.7Kg, 올리
브기름 1힌약 3.6L을 성소의 쉐클 무
게대로 가져와야 한다.
25 그것으로 향료제조법에 따라 신성
한 혼합물을 바르는 기름연고로
만들어라. 그것은 신성한 정화기
름이 될 것이다.
26 너는 정화기름으로 성막과 증언상
자,
27 탁자와 모든 용기, 촛대와 도구, 분
향제단,
28 번제제단, 그에 딸린 용기 일체, 대
야와 받침대를 일반과 구별하여

신성하게 정화해야 한다.
29 너는 그것을 가장 신성하게 만들
어야 하고, 그것에 닿는 어떤 것이
라도 신성한 것이어야 한다.
30 애런과 그의 아들들에게 정화기름
을 발라, 제사장으로서 나를 섬길
수 있도록 구별하여 신성하게 만
들어라.
31 '이것은 나에게 너희 자손 내내 신
성하게 구별하는 정화기름이 되어
야 한다'라고 이즈리얼 자손에게
전해야 한다.
32 그것을 사람의 살 위에 부어서는
안 되고, 그 합성법으로 유사한 다
른 것을 만들어도 안 된다. 그것은
성스러운 것으로 너희에게 신성한
것이 되어야 한다.
33 이와 유사한 것을 만드는 자나 그
것을 다른 사람에게 붓는 자는 누
구든지 그의 백성 가운데서 제거
되어야 한다."
34 **주님**이 모지스에게 말했다. "너는
향기로운 향료, 곧 스택티 향료燒合
香, 오니차 향료拿勘香, 갤버늄 향료風
刺香를 가져와라. 순수 유향수지乳香
樹脂와 함께 이 향료를 각각 같은 무
게로 섞어서 향수를 만들어라.
35 제조법에 따라 조제하는데, 알맞
게 한데 섞어 완전하고 신성하게
만들어라.
36 너는 그 중 극소량을 미세하게 빻
아서, 내가 너희를 만나게 될 성막
안의 증언대 앞에 두어라. 그것은
너희에게 가장 신성한 것이 될 것
이다.
37 네가 만드는 향은 그 제조법을 본
떠 사사로운 용도로 만들면 안 되
고, **주님**을 위한 신성한 것이 되도
록 해라.
38 누구든지 그 냄새를 맡으려고 유
사한 것을 만드는 자는 백성에게
서 제거되어야 한다."

베재리얼과 애홀리앱 세공사

31 **주님**이 모지스모세에게 말했
다.
2 "보라, 나는 쥬다유다 부족 허후르, 훌
의 아들, 우리의 아들 베재리얼브찰
엘, 브살렐을 불러서,
3 그에게 **하나님**의 영혼을 가득 채워
주었다. 곧 지혜와 이해, 지식, 그리
고 다방면의 재주를 그에게 채웠
다.
4 섬세한 작업을 고안하여 금과 은,
황동으로 세공하고,
5 온갖 재주로 원석을 가공하여 박
아 넣고, 나무를 조각하게 했다.
6 그리고 베재리얼과 함께, 나는 댄단
부족 애히서맥아히사막의 아들 애홀
리앱오홀리압에게도 주었고, 슬기로
운 마음을 가진 모든 사람의 마음
에도 지혜를 주어, 내가 네게 명령
한 모든 것을 만들 수 있게 했다.
7 그것은 성전막사, 증언상자, 그 위
에 얹는 자비의 자리, 성막의 모든
가구,

8 탁자와 용기, 순수한 촛대와 딸린
도구, 분향제단,
9 번제제단과 딸린 도구, 대야와 받
침다리와,
10 제례의복으로 제사장 애런을 위한
성의와, 그의 아들들의 옷을 제사
장이 임무로 제사할 때 입는 것이
고,
11 신성하게 구별하는 정화기름, 성
소를 위한 향긋한 향료이다. 내가
네게 명령한 내용대로 그들이 만
들게 해야 한다."
12 **주님**이 모지스모세에게 말했다.
13 "너는 이즈리얼 자손에게 전해라.
진심으로 나의 사배쓰휴일을 지켜
라. 약속을 지키는 것은, 나와 너와
너희 세대 사이에 증거가 되는 표
시이다. 그래서 너희는 내가 너희
를 신성하게 정화하는 **주님**이라는
것을 알 수 있게 하는 것이다.
14 따라서 너희는 사배쓰휴일을 지켜
야 한다. 그 날은 너희가 신성하게
정화되는 날이기 때문이다. 그것
을 무시하는 자는 반드시 죽게 되
고, 그날 일하는 자는 누구든지 자
신의 백성 가운데에서 제거될 것
이다.
15 6일간 일을 하지만 7일째는 쉬는
사배쓰휴일로, 나 **주인**을 위해 신
성하게 정화하는 날이다. 휴식일
에 무슨 일이라도 하는 자는 누구
나 틀림없이 죽게 될 것이다.
16 이즈리얼 자손은 어디에 있더라도
사배쓰휴일을 지키며, 대대손손
영원한 계약으로 휴일을 준수해야
한다.
17 이것은 나와 이즈리얼 자손 간의
영원한 증거표시다. 나 **주인**은 6일
동안 하늘과 땅을 만들고, 7일째
날은 쉬며 회복했다."
18 그러면서 그가 사이나이산 위에서
대화를 끝내고 모지스에게 준 것
은, **하나님**의 손으로 직접 쓴 2개의
증언석판이었다.

황금 송아지

32 모지스모세가 산에서 내려오
는 것이 늦어지자, 사람들이
한데 몰려들어 애런아론에게 말했
다. "일어나서 우리를 앞에서 이끌
고 갈 신을 만들어 주세요. 모지스
는 이집트에서 우리를 이끌어 냈
다는데, 그가 지금 어떻게 되어가
고 있는지 모르겠어요."
2 애런이 그들에게 말했다. "당신 아
내, 아들, 딸의 귀에 있는 금제 귀걸
이를 빼내서 내게 가져오세요."
3 그러자 모든 사람이 자기 귀에 있
는 금귀걸이를 빼내어 애런에게
가져왔다.
4 애런은 그가 사람들한테서 받은
것으로, 송아지 한 마리를 주조하
여 조각도구로 성형했다. 그러자
그들이 말했다. "이즈리얼이스라엘
아, 이것이 이집트땅에서 너희를
데려온 신이다" 라고 했다.

5 애런이 그것을 보고, 그 앞에 제단
을 세우고 선포했다. "내일이 **주님**
의 축일입니다."
6 그리고 사람들은 다음날 일찍 일
어나 번제를 올리고 평화제물을
가져와, 앉아서 먹고 마시고 일어
나 놀았다.
7 **주님**이 모지스에게 말했다. "가라.
내려가라. 네가 이집트땅에서 데
리고 나왔던 네 민족이 부패해버
렸다.
8 그들은 내가 명령한 길에서 빠르
게 이탈했다. 송아지를 녹여 만들
어 그것을 숭배하고 그 위에 제물
을 바치며, '이즈리얼아, 이것이 이
집트에서 너희를 이끌어 낸 너희
신'이라고 한다."
9 **주님**이 모지스에게 말했다. "나는
이 민족을 보았다. 보라, 이들은 목
이 뻣뻣한 고집스러운 민족이다.
10 그래서 이제 내 분노가 그들을 향
해 극도로 달아올랐으니, 그들을
제거하도록 나를 내버려 두어라.
그리고 나는 너를 위대한 민족으
로 만들겠다."
11 모지스가 그의 **주 하나님**에게 간청
하며 말했다. "**주님**, 어째서 당신 백
성을 향해 분노를 뜨겁게 달굽니
까? 그들은 당신의 위대한 힘과 능
력있는 손으로 이집트땅에서 이끌
고 나왔어요.
12 그러면 이집트 사람이 이렇게 말
하겠죠. '그가 그들을 잘못 이끌어
산에서 죽이고, 땅에서 소멸시키
려고 그들을 끌어내었나?' 라고 말
이죠. 당신의 격렬한 분노를 거두
고, 당신 백성을 향한 악의를 누그
러뜨려 주세요.
13 당신의 종 애이브러햄아브라함과 아
이직이사악, 이삭, 이즈리얼을 기억하
세요. 당신이 직접 그들과 맹세하
며, '나는 하늘의 별과 같이 네 자손
을 늘리고, 내가 말한 땅을 모두 네
후손에게 줄 것이며, 영원한 유산
이 되게 하겠다'고 말했어요."
14 그러자 **주님**이 그의 백성에게 하
려고 생각했던 악의를 누그러뜨렸
다.
15 모지스가 몸을 돌려 산에서 내려
왔는데, 두 개의 증언판을 들고 있
었다. 석판은 둘 다 양면에 글이 쓰
여 있었다.
16 그 석판은 **하나님**이 만든 것이고,
글은 **하나님**이 판 위에 새겨 써넣
은 것이었다.
17 자슈아여호수아가 사람들의 소란을
듣고, 모지스에게 말했다. "진영 안
에서 싸우는 소리가 들려요."
18 모지스가 말했다. "그것은 그들이
승리를 외치는 소리도 아니고, 패
하여 탄식하는 소리도 아니다. 대
신 그들의 노래소리가 내게 들린
다."
19 모지스가 진영에 가까이 왔을 때,
송아지와 춤추는 모습을 보더니,
화가 뜨겁게 달아올라, 들고 있던

석판을 내던지자, 산 밑에서 부서
져버렸다.
20 그는 그들이 만든 송아지를 가져
다 불에 태워 가루로 만든 다음 물
에 뿌리고, 그것을 이즈리얼 사람
에게 마시게 했다.
21 모지스가 애런에게 말했다. "대체
이 사람들이 당신에게 어떻게 했
기에, 당신이 그들에게 큰 죄를 짓
게 했나?"
22 그러자 애런이 말했다. "나의 주인
님, 너무 화내지 마세요. 그들이 늘
잘못을 저지른다는 것을 당신도
알잖아요.
23 그들은 내게 '우리를 앞에서 이끌
신을 만들어 달라. 이집트에서 우
리를 데리고 나온 모지스라는 사
람이 어떻게 되었는지 모르겠다'
고 했어요.
24 그래서 내가 그들에게, '금을 가진
누구든지 그것을 가져오라'라고
말하자, 그들이 금을 내게 주어, 불
로 주조하여, 이 송아지가 되었어
요."
25 모지스가 사람들의 민낯을 보게
되자, [애런이 그들의 적이 조소할
구실을 드러내 보였으므로,]
26 진영 입구에 서서 그가 말했다. "**주
님**편이 누구냐? 그는 나에게 와
라." 그러자 리바이 자손이 모두 스
스로 그에게 모여들었다.
27 그가 그들에게 말했다. "이즈리얼
의 **주 하나님**에 의하면, '모두가 옆
에 칼을 차고, 이 문에서 저 문까
지 진영의 안팎을 다니며 자기 형
제, 친구, 이웃 모두를 죽이라'고 했
다."
28 그래서 리바이 자손이 모지스가
한 말에 따라 그대로 했다. 그날 칼
에 쓰러진 사람은 약 3천 명이었
다.
29 모지스가 말했다. "오늘, 너희는 **주
님**에게 자신을 봉헌해라. 심지어
자신의 아들과, 형제까지 **주님**에게
봉헌해라. 그러면 **주님**이 이날 너
희에게 복을 줄 수 있을 것이다."
30 다음 날 모지스가 사람들에게 말
했다. "너희는 큰 죄를 지었다. 그
래서 이제 나는 **주님**에게 올라갈
것이다. 어쩌면 내가 너희 죄를 갚
을 수 있을지 모르겠다."
31 모지스가 **주님**에게 와서 말했다.
"오, 이 사람들이 큰 죄를 짓고, 금
으로 신을 만들었어요.
32 하지만 이제 당신이 그들의 죄를
용서해 주길... 만약 그렇지 않다
면, 제발, 당신이 쓴 당신의 책에서
내 이름을 빼 주세요."
33 **주님**이 모지스에게 말했다. "나를
거스르는 죄를 짓는 자는 누구든
지 내 책에서 제거될 것이다.
34 그러므로 이제 가라. 네가 사람들
을 이끌어, 내가 네게 말한 장소로
데려가라. 보라, 나의 사자가 네 앞
에 갈 것이다. 그렇지만 내가 너희
를 찾는 날, 그들의 죄를 물을 것이

다."
35 그리고 **주님**이 사람들을 질병으로
괴롭혔다. 왜냐하면 그들이 애런
에게 송아지를 만들게 했기 때문
이었다.

성막 안에서 대화

33 **주님**이 모지스모세에게 말했
다. "너와 네가 이집트땅에
서 데리고 나온 사람들 모두 여기
를 떠나, 내가 애이브러햄아브라함과
아이직이사악, 이삭, 재이컵야곱에게
맹세하며 너희 후손에게 주기로
한 그 땅으로 가라.
2 나는 너희 앞에 천사를 보내어 캐
이넌가나안 족, 애머리아모리 족, 힡히
타이트, 헷 족, 퍼리스프리즈, 브리스 족,
하이브히위 족, 제뷰스여부스 족을 몰
아내겠다.
3 젖과 꿀이 흐르는 땅으로 나는 너
희와 함께 가지 않겠다. 왜냐하면
너희는 목이 뻣뻣한 고집스러운
사람이므로, 내가 길에서 너희를
섬멸하지 않도록 하는 것이다."
4 그때 백성이 이 무서운 소식을 듣
고, 슬퍼서 아무도 신체에 장식을
달지 않았다.
5 **주님**이 모지스에게 말했다. "이즈
리얼 자손에게 말해라. '너희는 고
집 센 백성이어서, 내가 한 순간이
라도 너희 가운데로 가면 너희를
집어삼킬 것이다. 그러니 몸에서
장식을 떼어 내라. 그러면 내가 너
희에게 무엇을 해야 할지 알지 모
르겠다'고 전해라."
6 그래서 이즈리얼 자손이 호렙산
옆에서 몸의 장식을 스스로 떼어
냈다.
7 모지스가 성막을 진영 밖 멀리 떨
어진 곳에 펼치고, 그곳을 신성한
집회의 성전막사라고 불렀다. 그
리고 **주님**을 찾는 사람은 누구나
진영 밖에 있는 집회의 성막으로
가게 되었다.
8 그리고 모지스가 성막으로 들어가
자, 모두가 자신의 천막에서 일어
나 문에 서서, 그의 뒤를 바라보았
는데, 성막 안으로 들어갈 때까지
바라보았다.
9 모지스가 성막 안으로 들어갈 때,
구름기둥이 내려와서 성막의 출입
문에 멈춰 섰고, 그때 **주님**이 모지
스와 이야기했다.
10 사람들 모두가 성막문에 서 있는
구름기둥을 보며, 자신의 막사문
에 선 채 경배했다.
11 **주님**은 모지스와 얼굴을 마주보며
마치 친구에게 이야기하듯 말했
다. 모지스가 진영으로 돌아왔지
만, 눈의 아들, 그의 젊은 부관 자슈
아여호수아는 성막을 떠나지 않았다.
12 모지스가 **주님**에게 말했다. "보세
요. 당신이 내게 이 민족을 데려가
라고 하면서, 나와 더불어 누구를
보내려 하는지 알려 주지 않았어
요. 하지만 당신은 말했지요. '나는

네 이름을 알고 있고, 너 역시 내
눈에서 호의를 받았다'고 했죠.
13 그래서 이제 당신에게 부탁하는
데, 만약 내가 당신의 호의를 받았
다면, 당신의 길을 보여주세요. 그
러면 내가 당신을 알 수 있고, 당신
의 눈에서 호의를 발견할 수 있어
요. 그리고 이 민족이 당신의 백성
이라는 점을 생각해주세요."
14 그러자 그가 말했다. "나의 존재가
너와 함께 가면서 너를 편하게 해
주겠다."
15 모지스는 그에게 말했다. "만약 당
신의 존재가 나와 함께 가지 않으
면, 우리를 그곳에 데려가지 마세
요.
16 무엇으로 나와 당신 백성이 당신
한테서 호의를 받았는지 알게 될
까요? 당신이 우리와 같이 갈 때
그런 것이 아닌가요? 그래야 나와
우리 민족이 지구의 다른 사람과
구별되겠죠."
17 **주님**이 모지스에게 말했다. "네가
말한 것도 할 것이다. 왜냐하면 너
는 내 눈에서 호의를 받았고, 또 내
가 네 이름을 알게 되었기 때문이
다."
18 그러자 그가 말했다. "당신에게 간
청해요. 당신의 영광을 보여주세
요."
19 그가 말했다. "나는 네 앞에서 나의
모든 선행을 이루고, 네 앞에서 **주
인**의 이름을 선포하겠다. 나는, 관
대함을 주고 싶은 자에게 관대하
게 대하고, 사랑을 보여줄 사람에
게 큰 사랑을 보일 것이다."
20 그가 말했다. "너는 나의 얼굴을 볼
수 없다. 왜냐하면 나를 보고 살아
있는 사람이 없기 때문이다."
21 그러면서 **주님**이 말했다. "보라, 내
옆에 있는 한 곳에, 네가 그 바위
위에 서 있어라.
22 그러면 나의 영광이 지나가는 동
안, 내가 너를 그 바위 절벽에 두고,
손으로 너를 가렸다가,
23 지나가면 나의 손을 치우겠다. 그
러면 너는 내 등을 보겠지만, 내 얼
굴은 보지 못할 것이다."

새로운 증언석판

34 **주님**이 모지스모세에게 말했
다. "네가 석판 두 개를 처
음 것과 비슷하게 잘라 만들면, 네
가 부숴버린 첫 번째 석판에 있던
말들을 내가 다시 새 석판에 기록
하겠다.
2 아침에 준비하여 사이나이산에 올
라오너라. 그리고 산 정상에서 내
게 네 모습을 보여라.
3 너와 함께 사람이 오면 안 되고, 산
어느 곳에서도 누구라도 나타나면
안 되며, 양떼도 소떼도 이 산 앞에
서 풀을 먹이면 안 된다."
4 그래서 모지스가 첫 번째와 비슷
하게 석판 두 개를 잘라, 아침 일찍
일어나 손에 들고 **주님**의 명령대로

사이나이산에 올라갔다.
5 **주님**이 구름 속에 내려와 모지스와
함께 서서 **주님**의 이름을 선포했
다.
6 **주님**이 그의 앞을 지나가면서 선포
했다. "나 **주인**, **주 하나님**은 인정이
많고, 관대하고, 오래 참고, 정의와
진실이 풍부하다.
7 수천 사람을 위해 항상 관대한 사
랑을 유지하며, 부도덕과 위반과
범죄를 용서한다. 하지만 죄를 없
애 주는 것은 아니고, 아버지의 잘
못을 자녀에게 묻고, 그 자손의 후
손에게, 삼대와 사대까지 찾아 묻
겠다."
8 모지스가 급히 땅에 머리를 숙여
경배했다.
9 그리고 그가 말했다. "만약 지금 내
가 당신에게 호의를 받았다면, 오,
주인님, 부탁하는데, **주인**님이 우리
와 함께 가주세요. 왜냐하면 우리
는 목이 뻣뻣한 고집 센 백성이므
로, 우리의 잘못과 죄를 용서하며
당신의 유산을 받게 해주세요."
10 그러자 그가 말했다. "보라, 나는
계약을 맺는다. 모든 사람 앞에서
경이를 보이겠다. 그런 경이는 지
구에 있었던 적이 없었고, 어떤 나
라에서도 없었다. 모두가 **주인**의
업적을 보게 될 것이다. 그것은 너
와 함께 실행할 놀라운 일이 될 것
이다.
11 너는 이날 내가 말한 명령을 준수
해라. 보라, 나는 너에 앞서 캐이넌
가나안 족, 애머리아모리 족, 힡히타이트,
헷 족, 퍼리스프리즈, 브리스 족, 하이브
히위 족, 제뷰스여부스 족을 몰아내겠
다.
12 너는 네가 들어가는 그곳 땅의 거
주민과 약속하지 않도록 주의해
라. 그것이 너희에게 덫이 되지 않
게 하는 것이다.
13 대신 너희는 그들의 제단을 파괴
하고, 형상을 부수고, 수풀신을 잘
라라.
14 너희가 다른 신을 섬기면 안 되는
이유로, **주인**은 질투라는 이름을
가진, 질투의 **하나님**이기 때문이다.
15 너희는 그 땅 사람과 약속을 하면
안 된다. 그들이 자신들의 신을 따
르며 숭배하고 그들 신에게 제사
할 때, 어떤 사람이 너를 부르면 그
의 제물을 먹게 된다.
16 또 네 아들에게 그들 딸을 맞이해
주면, 그들 딸이 그들 신을 계속 따
르게 되고, 네 아들도 그들 신을 추
구하게 될 것이다.
17 너희는 주조한 신을 만들면 안 된
다.
18 비발효빵의 축일을 지켜야 하고,
내가 네게 명령한 대로 아비브월태
양력 3월 중순 이후 첫 달에 7일간 부풀
지 않은 빵을 먹어야 한다. 왜냐하
면 아비브월에 너희가 이집트에서
나왔기 때문이다.
19 네 가축 중 모체에서 나온 모든 맏

물은, 황소든 양이든 그것이 수컷
이면 나의 것이다.
20 하지만 나귀의 맏배는 어린양으로
대신 갚아라. 만약 네가 대신하고
싶지 않으면, 그 나귀의 목을 쳐도
된다. 네 아들 중 맏이는 다른 것
으로 갚을 수 있다. 누구도 내 앞에
빈손으로 오면 안 된다.
21 너는 6일간 일하고 7일째 날에는
쉬어야 한다. 이삭이 나오는 시기
와 수확기에도 쉬어야 한다.
22 너는 밀 생산 첫 수확절 주간과, 그
해 말에 추수절을 준수해라.
23 일년에 세번, 너희 모든 자손이 이
즈리얼의 **하나님**인, **주 하나님** 앞에
나와야 한다.
24 나는 네 앞에서 그 민족들을 쫓아
내어, 네 땅의 경계선을 넓히겠다.
그래서 네가 일년에 세 번씩 너희
주 하나님 앞에 모습을 보이러 나올
때, 어떤 사람도 너희 땅을 탐내지
못하게 하겠다.
25 너는 나의 제물의 피를 효모빵과
함께 올리면 안 되고, **주님**의 통과
축일유월절逾越節의 제물을 아침까지
남겨서도 안 된다.
26 너는 네 땅의 첫 수확물 중 가장 좋
은 것을 너희 **주 하나님**의 집에 가
져와야 한다. 너는 어미의 젖에 새
끼를 삶지 마라."
27 **주님**이 모지스에게 말했다. "너는
이 말을 기록해라. 왜냐하면 이런
취지에 따라 내가 너와 이즈리얼
민족과 약속을 맺었기 때문이다."
28 그리고 그는 **주님**과 함께 40일 낮
과 밤을 그곳에 있었는데, 그는 음
식도 먹지 않았고 물도 마시지 않
았다. 그리고 석판 위에 약속의 말
십계명을 적었다.
29 모지스가 손에 증언판 두 개를 들
고 사이나이산에서 내려왔는데,
그 산에서 내려올 때 모지스는, **주**
님과 이야기하는 동안 자기 얼굴에
서 빛이 나는 것을 알지 못했다.
30 애런과 이즈리얼 자손이 모지스를
보았다. 그의 얼굴 피부에서 빛이
나는 것을 보고, 사람들이 가까이
가기를 두려워했다.
31 모지스가 그들을 부르자, 애런과
대중의 모든 지도자들이 그에게
와서 대화했다.
32 곧 이어 이즈리얼 자손이 모두 가
까이 왔고, 사이나이산에서 **주님**이
말한 것을 전부 그들에게 계명으
로 주었다.
33 모지스는 그들과 이야기를 마칠
때까지 얼굴을 베일로 가렸다.
34 하지만 모지스가 **주님** 앞에 가서
말하고 다시 나올 때까지 베일을
벗었다. 그리고 그가 나와서 **주님**
이 명령한 것을 이즈리얼 자손에
게 말했다.
35 이즈리얼 자손은 빛이 나는 그의
얼굴을 보게 되기 때문에, 모지스
는 **주님**과 이야기하러 갈 때까지
다시 얼굴을 베일로 가렸다.

이동성전용 예물

35 모지스모세가 모든 이즈리얼
자손 군중을 한데 모아 전했
다. "이것이 **주님**이 명령한 말이다.
너희는 그것을 실천해야 한다.
2 6일간 일하지만, 7일째 날은 **주님**
이 휴식한 사배쓰휴일이므로 너희
에게 신성한 날이다. 그날 일하는
자는 누구든지 죽게 된다.
3 너희는 사배쓰휴일에 거처 어디든
불을 피우면 안 된다."
4 모지스가 모여든 이즈리얼 군중에
게 말했다. "이것은 **주님**이 명령한
내용이다.
5 너희 가운데 마음에서 우러난 사
람은 누구나 **주님**에게 예물을 가져
오는데, 그것은 금과 은과 황동과,
6 파란색, 자주색, 주홍색 실과 고운
아마사, 염소털과,
7 붉게 염색한 숫양 가죽, 오소리 가
죽, 아카시아종 싵팀나무와,
8 조명용 기름, 정화기름류와 방향
성 향료류 및,
9 제례복과 가슴받이에 매어달 오닉
스 돌과 원석 일체다.
10 너희 가운데 지혜로운 자는 모두
와서, **주님**이 명령한 여러 가지를
만들어라.
11 이동형 성전, 막사, 지붕 덮개와 부
속 갈고리, 널판, 가로막대, 기둥 및
받침을,
12 나무상자와 손잡이용 나무봉, 자
비의 자리와 함께 가림막을,
13 탁자와 손잡이용 나무봉, 탁자용
그릇 일체 및 전시용 빵을 만들어
라.
14 그리고 조명용 촛대와 부속용품
및 조명기름과 등잔을,
15 분향제단과 손잡이용 나무봉, 정
화기름, 방향성 향료 및 이동성전
출입구용 휘장을,
16 번제제단과, 딸린 격자형 석쇠판
과, 손잡이용 나무봉과, 대야와 받
침다리 및 용구 일체를,
17 안마당 휘장과 기둥, 부속 받침 및
안마당 출입문용 휘장을,
18 성소의 천막과 안마당용 말뚝 및
밧줄을 만들어라.
19 또 성소에서 제사장 애런아론이 입
을 신성한 수행용 제례복과, 제사
업무를 관리할 그의 아들의 의복
을 만들어라."
20 그러자 이즈리얼 자손 공동체 모
두가 모지스 앞에서 떠났다.
21 **주님**에 의해 의욕이 일어난 사람
과, 기꺼이 하겠다고 자원한 사람
이 모두 왔고, 공동체의 이동형 성
전을 건설하는 데 사용할 **주님**의
예물을 가져왔으며, 예배와 신성
한 의복제작을 위한 예물도 가져
왔다.
22 기꺼이 마음에서 우러난 남자와
여자들이 오면서, 팔찌, 귀걸이, 반
지, 테블릿과 여러 금보석을 가져
왔고, 제물을 제공하려는 모든 사
람이 **주님**에게 금을 내놓았다.

23 파란색, 자주색, 주홍색 실과 고운
아마사, 염소털, 붉게 염색한 숫양
가죽, 오소리 가죽을 갖고 있는 사
람이 모두 그것을 가져왔다.
24 **주님**에게 은과 황동을 제공하려는
사람도 모두 그것을 예물로 가져
왔고, 제사용구 제작용 싣팀나무
를 구한 사람도 그것을 가져왔다.
25 지혜로운 여자들은 손으로 실을
자아 만들어, 파란색, 자주색, 주홍
색 실과 고운 아마사 실을 가져왔
다.
26 마음이 감동한 슬기로운 여자는
염소털로 실을 자았다.
27 지도자들은 제례복과 가슴받이 흉
판용 오닉스 돌과 원석 일체와,
28 조명용 기름류, 정화기름류, 방향
성 향료류를 가져왔다.
29 이즈리얼 자손은 마음 기꺼이 **주님**
에게 예물을 가져왔는데, 남자와
여자들이, 스스로 마음에서 감동
하여, **주님**이 모지스의 손으로 만
들도록 명령한 작업 그대로 만들
수 있도록 가져왔다.
30 모지스가 이즈리얼 자손에게 말했
다. "보라, **주님**이 쥬다부족 중 허의
아들 우리의 아들 베재리얼의 이
름을 불렀다.
31 그리고 작업에 필요한 솜씨와 이
해와 지식과 여러 방법에 관한, **하**
나님의 영혼을 그에게 가득 채워주
었다.
32 그래서 정밀한 금세공물, 은세공
물, 황동세공물을 고안하여 만들
게 하며,
33 원석을 세공하여 박아넣어 고정시
키고, 나무를 조각하여 정교한 공
예작품을 만들게 했다.
34 그리고 **주님**이 그와 함께 댄단부족
애히서맥아히사막의 아들 애홀리앱
오홀리압에게 다른 사람을 가르칠 수
있는 능력도 주었다.
35 **주님**은 그들에게 지혜로운 마음을
가득 채워서 작업방법에 따라 여
러 가지를 만들게 했다. 조각일과
세공일, 파란색, 자주색, 주홍색 실
과 고운 아마사로 만드는 수공예
일과, 천을 짜는 일 및 다른 작업도
모두 하며, 정교한 작업까지 고안
하게 했다."

이동성전 제작

36 그래서 베재리얼브찰엘, 브살렐
과, 애홀리앱오홀리압과, 지혜
로운 사람이 만들었다. 그들은 **주**
인이 지혜와 이해를 집어넣어서 성
소의 예배용으로 사용할 모든 종
류의 작업을 어떤 방법으로 만들
지 알게 되었고, **주님**이 한 명령에
따라 만들었다.
2 모지스모세는 베재리얼과, 애홀리
앱과, 지혜로운 사람을 불렀고, 심
지어 마음으로부터 일을 하겠다는
의욕이 일어난 사람까지 모두 불
렀다.
3 그들은 모지스로부터 모든 예물을

받았는데, 그것은 이즈리얼 자손
이 성소의 제사를 위한 물품을 만
들도록 가져온 것이었다. 사람들
은 매일 아침 자진해서 예물을 가
져왔다.
4 성소의 일을 하러 온 모든 지혜로
운 사람은, 각기 자신의 직업에서
일하던 사람이 왔다.
5 그들이 모지스에게 말했다. "사람
들이 **주님**이 명령한 작업 제작에
필요 이상으로 예물을 많이 가져
와요."
6 그래서 모지스가 명령하여 그들이
진영 곳곳에 이렇게 선포하게 했
다. "남자든 여자든 성소의 예물을
더 이상 가져오지 마라." 그러자 사
람들이 헌납을 자제했다.
7 모인 물건은 그 작업을 하는데 충
분하도록 대단히 많았다.
8 성막 공사를 했던 사람 가운데 지
혜로운 재주가 있는 사람들이, 휘
장 10폭을 파란색, 자주색, 주홍색
실과 곱게 꼬아 만든 아마사로 만
들고, 체럽커룹, 그룹 천사들을 정교
하게 수놓았다.
9 휘장 하나의 길이는 28큐빝약 12.6m
이고 폭은 4큐빝약 1.8m이며, 휘장이
모두 같은 크기였다.
10 그는 휘장 다섯 폭을 하나에 다른
하나를 연결하고, 또 다른 다섯 폭
을 서로 연결했다.
11 그리고 휘장을 연결하는 가장자리
끝에 파란 고리를 만들고, 마찬가
지로 두 번째 연결에서도 다른 휘
장의 끝에 고리를 만들었다.
12 한 휘장에 고리 50개를 만들고, 두
번째의 연결 부위의 휘장 끝에 고
리 50개를 만들어서, 다른 휘장과
연결되게 했다.
13 그리고 금고리를 50개를 만들어,
고리로 휘장을 다른 하나에 연결
하여 하나의 천막이 되게 했다.
14 그는 이동성전 위를 덮을 덮개천
막용으로 염소털 휘장을 11폭 만
들었다.
15 염소털 휘장 한 폭은 길이가 30큐
빝약 13.5m이고, 너비는 4큐빝약 1.8m
이다. 염소털 휘장 11폭이 모두 같
은 치수다.
16 그는 염소 털 휘장 11폭 중에서 5
폭을 연결하고, 나머지 6폭을 각각
연결했다.
17 연결되는 휘장의 제일 끝에 고리
50개를 만들고, 또 두 번째 연결되
는 휘장의 끝에도 고리 50개를 만
들었다.
18 그리고 천막을 하나로 연결하려고
황동 걸쇠 50개를 만들었다.
19 그는 붉게 염색한 숫양 가죽으로
지붕 덮개용 천막을 만들었고, 그
것 위에 덧씌울 오소리 가죽 지붕
덮개도 만들었다.
20 아카시아종 싵팀나무로 성막에 세
울 널판을 만들었다.
21 널판은 길이가 10큐빝약 4.5m이고
너비가 1큐빝 반약 0.675m이다.

22 널판 끝에 장부촉을 두 개씩 같은
간격으로 만들어 붙였는데, 이동
성전에 사용할 널판을 전부 이런
식으로 만들었다.
23 남쪽 방향으로는 성막의 남쪽에
세울 널판을 20개 만들었다.
24 널판 20개 아래에 은으로 받침 40
개를 만들고, 널판 하나에 장부촉
2개와 받침 2 개, 다른 널판에도 장
부촉 2개와 받침 2개가 있도록 각
각 만들었다.
25 성막의 다른 방향 북쪽에 사용할
널판 20개를 만들었다.
26 은으로 40개 받침을 만들어서, 한
널판 아래에 받침 2개, 다른 널판
아래에 받침 2개씩 만들었다.
27 신성한 막사의 서쪽 편에 쓰려고
그가 널판을 6개 만들었다.
28 그리고 성막의 양쪽 모서리에 사
용할 널판 두 개를 만들었다.
29 고리 한 개에 그것의 아래쪽과 위
쪽을 각각 연결시켜, 양쪽 모서리
를 모두 그렇게 했다.
30 널판을 8개 만들어서, 널판마다 받
침을 2개씩 갖도록 은으로 받침을
16개 만들었다.
31 그는 싣팀나무로 이동성전 한쪽의
널판벽에 가로대 5개를,
32 다른 북쪽 널판벽에 가로대 5개를
만들고, 서쪽 방향으로 성막의 옆
쪽 벽 널판용 가로대 5 개를 만들
었다.
33 그리고 중간 가로대를 널판벽의
한쪽 끝에서 다른 쪽 끝까지 관통
하게 했다.
34 또 널판벽을 금으로 씌우고, 가로
대를 꿸 곳에 금고리를 만들고, 가
로대도 금으로 입혔다.
35 그는 파란색, 자주색, 주홍색 실과
곱게 꼰 아마사로 가림막을 만들
고, 거기에 체럽천사를 정교하게
수놓았다.
36 거기에 싣팀나무로 기둥 4개를 만
들어 금으로 씌웠다. 갈고리는 금
으로, 받침 4개는 은으로 주조했다.
37 그는 파란색, 자주색, 주홍색 실과
곱게 꼰 아마사로 수놓아서 출입
문용 휘장 천을 만들었다.
38 성막문을 가릴 천과 천을 걸 갈고
리가 달린 기둥 5개를 만들었고,
그 기둥머리와 이음매는 금으로
씌우고, 받침 5개는 황동으로 만들
었다.

증언상자, 자비의 자리, 탁자, 촛대, 분향제단 및 향료 제작

37 그리고 베재리얼브찰엘, 브살
렐이 싣팀나무로 상자를 만
들었는데, 길이 2.5큐빝약 1.12m, 너
비 1.5큐빝약 0.675m, 높이 1.5큐빝약
0.675m였다.
2 순금으로 그 안팎을 씌우고, 주위
에 금테를 둘렀다.
3 그는 금고리 4개를 주조하여 상자
의 네 모서리에 고정했다. 한 면에
2개, 다른 면에 2개씩 달았다.

4 십팀나무로 봉을 만들어 금으로
씌웠다.
5 그리고 상자 옆에 달린 고리에 나
무봉을 끼워서 상자를 나를 수 있
게 했다.
6 그는 자비의 자리를 길이 2.5큐빋약
1.12m, 너비 1.5큐빋약 0.675m으로 순
금으로 만들었다.
7 자비의 자리 양끝에 얹을 두 체럽커
룹, 그룹 천사를 금을 두드려 만들었
다.
8 자비의 자리 한쪽 끝에 체럽 하나
를, 다른 쪽 끝에 체럽 하나를 각
양쪽 끝에 두었다.
9 체럽천사의 날개를 높이 펼쳐 그
날개가 자비의 자리를 덮게 했고,
그들의 얼굴을 자비의 자리 중앙
으로 서로 마주보게 했다.
10 십팀나무 탁자를 길이 2큐빋약 0.9m,
너비 1큐빋약 0.45m, 높이 1.5큐빋약
0.675m로 만들었다.
11 그것을 순금으로 씌우고 주위에
금테를 둘렀다.
12 탁자 둘레에 손바닥 너비의 턱을
만들고 금테를 둘렀다.
13 또 고리 네 개를 금으로 주조하여,
다리가 붙어 있는 네 모서리에 달
았다.
14 탁자를 나를 나무봉을 끼울 곳 마
주보는 위치에 고리를 달았다.
15 그는 탁자를 나를 나무봉을 십팀
나무로 만들고, 금으로 입혔다.
16 또 탁자 위에 놓을 용구를 만들었
는데, 접시, 숟가락, 그릇들과 그것
들을 덮을 뚜껑도 순금으로 만들
었다.
17 그는 순금을 두드려 만드는 공법
으로 촛대를 만들었다. 촛대, 몸체,
촛대 가지, 장식꽃받침, 장식꽃망
울, 장식꽃을 똑같이 만들었다.
18 양쪽으로 가지 6개가 나가게 하되,
세 가지는 한쪽에서 나오고, 다른
세 가지는 다른 쪽으로 나오게 했
다.
19 한 가지에 장식꽃망울과 장식꽃이
하나씩 달린 장식꽃받침 세 개를
아몬드 모양으로 만들고, 다른 가
지에 장식꽃망울과 장식꽃이 하나
씩 달린 장식꽃받침 세 개를 아몬
드처럼 만들었다. 촛대에서 나온
여섯 가지가 모두 그랬다.
20 촛대에는 꽃망울과 장식꽃이 달린
아몬드 모양의 장식꽃받침 4개가
있었다.
21 촛대 몸체에서 양쪽 두 가지 아래
에 장식꽃망울 하나가, 또 양쪽 두
가지 아래에 장식꽃망울 하나가,
또 양쪽 두 가지 아래에 장식꽃망
울 하나가 나가는 식으로 여섯 가
지가 모두 같았다.
22 그들의 장식꽃망울과 가지는 동일
하게 모두 순금을 두드려서 만들
었다.
23 그는 등잔 일곱 개, 양초심지 가위
와 촛농접시를 순금으로 만들었
다.

24 순금 1 탤런트약 34.27㎏로 그가 용구
일체를 만들었다.
25 그는 싣팀나무로 길이는 1큐빋약
0.45m, 너비 1큐빋약 0.45m, 높이 2큐
빋약 0.9m의 정사각형 분향제단을
만들었고, 뿔도 동일하게 만들었
다.
26 그것의 위와 옆면, 뿔에 순금을 씌
웠고, 주위에 금테를 둘렀다.
27 그리고 고리 두 개를 금으로 만들
어 테두리 아래 두 모서리 양 옆에
붙여서, 그것을 나를 수 있는 나무
봉을 끼우게 했다.
28 그는 싣팀나무로 봉을 만들어 금
으로 씌웠다.
29 그리고 제약기법에 따라 신성한
정화기름과 향기롭고 순수한 향료
류를 만들었다.

번제제단, 대야, 안마당 및 부속품 제작

38 그는 싣팀나무로 번제제단
을 만들었다. 길이가 5큐빋
약 2.25m이고, 너비는 5큐빋약 2.25m인
정사각형으로, 높이는 3큐빋약 1.35m
이다.
2 그것의 네 귀퉁이 위에 동일한 뿔
을 만들었고, 번제제단을 황동으
로 입혔다.
3 제단용 용구로 단지, 삽, 대야, 고기
용 갈고리, 구이판 일체를 만들어,
황동을 입혔다.
4 그리고 번제제단용 동석쇠판을 만
들어 제단의 중간 아래쪽에 놓았
다.
5 동석쇠판의 끝부분 네 곳에 나무
봉을 끼울 장소로 고리 4개를 주조
하여 만들었다.
6 또 싣팀나무로 봉을 만들고 황동
으로 그것을 씌웠다.
7 제단 양 옆면의 고리에 나무봉을
끼워 나를 수 있게 했고, 제단을 널
판으로 속이 비게 만들었다.
8 대야와 받침다리를 황동으로 만들
었는데, 곧 성막의 문에 모인 여자
들의 거울을 이용했다
9 그는 안마당을 만들었다. 남쪽 방
향 안마당의 휘장은 곱게 꼰 아마
사로, 100큐빋 약 45m이다.
10 휘장의 기둥은 20개이고, 그 황동
받침도 20개이고, 기둥 갈고리와
이음매는 은이다.
11 북쪽의 휘장은 100큐빋약 45m이고,
휘장의 기둥은 20개이고, 황동 받
침도 20개이며, 기둥의 갈고리와
이음매는 은이다.
12 서쪽의 휘장은 50큐빋약 22.5m이고,
휘장의 기둥은 10개이고, 기둥 받
침은 10개이며, 기둥 갈고리와 이
음매는 은이다.
13 동쪽 방향의 동쪽 휘장도 50큐빋약
22.5m이다.
14 출입문 한쪽의 휘장이 15큐빋약
6.75m이고, 기둥이 3개이고 그 받침
이 3개다.
15 안마당의 다른 쪽 출입문은 이쪽
과 저쪽에 휘장이 15큐빋약 6.75m씩

이고, 그 기둥이 3개이고 받침도 3
개다.
16 안마당 주위를 둘러싼 모든 벽의
휘장은 가늘게 꼰 아마사로 만들
었다.
17 기둥의 받침은 황동이고 기둥의
갈고리와 이음매는 은이다. 기둥
머리는 은으로 입히고, 안마당의
모든 기둥은 은으로 이음매를 만
들었다.
18 안마당의 출입문 휘장은 파란색,
자주색, 주홍색 실과 곱게 꼰 아마
사로 수놓았고, 길이는 20큐빝약 9m
이고 너비는 안마당의 벽 휘장과
같이 5큐빝약 2.25m이다.
19 그 기둥은 4개이고, 황동으로 만든
받침이 4개이고, 갈고리는 은으로
만들고, 기둥머리와 이음매는 은
으로 입혔다.
20 이동성전과 안마당 주변의 모든
말뚝은 황동으로 만들었다.
21 다음은 증언대까지 갖춘 성스러
운 이동막사에 쓰인 품목이다. 모
지스의 명령에 따라 제사장 애런아
론의 아들 이써마이타마르, 이다말가 리
바이레위 사람의 봉사로 계산했다.
22 쥬다유다부족 허후르, 훌의 아들 우리
의 아들 베재리얼브찰엘, 브살렐이, **주
님**이 모지스에게 명령한 모든 것을
만들었다.
23 그와 함께 댄단부족 애히서맥아히사
막의 아들이고 조각공, 세공사, 자
수공예가인 애홀리앱오홀리압이, 파
란색, 자주색, 주홍색 실과 고운 아
마사로 만들었다.
24 성스러운 장소의 모든 작업에 사
용된 금은, 예물로 제공된 것으로
써, 성소의 금전 쉐클로 계산할 때
29탤런트 730쉐클약 1톤이었다.
25 사람들로부터 나왔다고 계산된 은
은 성소의 금전 쉐클 계산에 따라,
100탤런트 1,775 쉐클약 3.45톤이었
다.
26 사람들이 낸 돈은, 성소의 금전 쉐
클 계산에 따라 한 사람당 반 쉐
클씩이었고, 20세 이상 된 사람
603,550 명의 수가 계산되었다.
27 은 100탤런트약 3.43톤은 성소와 가
림막의 받침을 주조했고, 받침 1개
에 1탤런트씩 받침 100개에 100탤
런트약 3.43톤이 들었다.
28 그 중 은 1,775쉐클약 20.23Kg으로 기
둥 갈고리를 만들고, 기둥머리와
이음매를 씌웠다.
29 예물로 제공한 황동은 70탤런트
2,400쉐클약 2.43톤이었다.
30 그것으로 그가 성막문의 기둥 받
침, 황동제단, 제단의 동석쇠판과
용구 일체,
31 안마당 둘레의 기둥 받침, 안마당
출입문 기둥 받침, 성막과 안마당
둘레의 모든 말뚝을 만들었다.

제례복 제작

39 그리고 파란색, 자주색, 주
홍색 실로, 그들이 성스러운

장소에서 일을 할 때 입을 제례복
과, 애런을 위한 신성한 의복을, **주**
님이 모지스에게 명령한 대로 만들
었다.
2 그는 금실과 파란색, 자주색, 주홍
색 실과 곱게 꼰 아마사로 제례복
을 만들었다.
3 그들이 금을 두드려 얇은 판으로
만들고 그것을 금실로 재단하여,
파란색, 자주 색, 주홍색 실과 고운
아마사와 같이 정교하게 짰다.
4 그것으로 어깨띠를 만들어 양끝이
연결되게 했다.
5 제례복 위에 두를 장식 허리띠도
제례복을 작업한 것과 같이 했다.
주님이 모지스모세에게 명령한 대
로 금실과 파란색, 자주색, 주홍색
실, 곱게 꼰 아마사로 만들었다.
6 그들은 오닉스 원석을 깎아서, 인
장을 새기듯 이즈리얼 자손의 이
름을 새겨서, 세공한 금장식 안에
끼워 넣었다.
7 그리고 제례복의 어깨에 달아서
이즈리얼 자손을 기념하는 보석이
되도록 **주님**이 모지스에게 명령한
대로 했다.
8 그는 정교한 기법으로 가슴받이
흉판을 제례복 작업과 마찬가지로
금실과 파란색, 자주색, 주홍색 실,
곱게 꼰 아마사로 만들었다.
9 흉판은 길이가 한 뼘이고 너비가
한 뼘인 정사각형으로 두 겹이 되
게 만들었다.
10 그리고 원석을 네 줄로 고정시켰
다. 첫 줄은 사디어스, 토파즈, 카벙
클이다.
11 둘째 줄은 에머럴드, 사퐈이어, 다
이먼드다이아먼드이다.
12 셋째 줄은 리규어, 애것, 애머씨스
트이다.
13 넷째 줄은 베럴, 오닉스, 재스퍼이
고, 그것이 금장식 안에 끼워졌다.
14 원석은 이즈리얼 자손의 이름대
로, 곧 그들의 이름대로 열둘이다.
인장을 새기듯이 열 두 부족에 따
라 이름을 한 사람씩 새겼다.
15 그들이 가슴받이 끝에 끈을 순금
으로 둥글게 꼬아서 만들어 달았
다.
16 그리고 금장식 2개와 금고리 2개
를 만들어, 흉판 양쪽 끝에 고리 두
개를 달았다.
17 또 2개의 금줄을 꼬아서 두 고리
안에 끼워 가슴받이 끝에 달았다.
18 그 땋은 줄의 두 끝을 두 금장식 안
에 고정시켜서 제례복의 어깨띠
위에서 옷 앞쪽으로 두었다.
19 그리고 금고리 두 개를 만들어 흉
판의 양끝에 달아서, 제례복 안쪽
면의 가장자리 위에 그것들을 두
었다.
20 그들은 다른 금고리 두 개를 만들
어, 그것들을 앞쪽 제례복 밑의 양
쪽 옆면 위에, 곧 제례복 장식허리
띠와 연결되는 곳 위쪽에 달았다.
21 그들은 가슴받이 고리를 제례복의

고리에 파란색 끈으로 묶었다. **주
님**이 모지스에게 명령한 대로 그것
이 제례복 장식 허리띠 위쪽에 있
게 하여 흉판이 제례복에서 느슨
하지 않도록 묶었다.
22 제례복은 모두 파란색 실로 짜서
만들었다.
23 의복의 한가운데를, 쇠사슬 갑옷
의 머리 쪽 구멍처럼 구멍을 뚫고,
주위를 엮어서 너덜거리지 않게
했다.
24 그들이 옷 아래 단 끝에, 꼬아 만든
아마사로 파란색, 자주색, 주홍색
의 석류를 만들어 달았다.
25 그리고 순금으로 종을 만들어 옷
의 밑단 자락에 주위를 빙 둘러 석
류 사이에 달되,
26 **주님**이 모지스에게 명령한 대로,
제례복 밑단 자락의 주위를 돌아
가며, 종 하나, 석류 하나씩 각각 번
갈아 달았다.
27 그들은 고운 아마사로 애런과 그
의 아들들을 위해 수공예로 짜서
옷을 만들었다.
28 또 가는 아마사로 제례모자와 예
쁜 보닛모자, 짧은 면바지를 만들
었다.
29 파란색, 자주색, 주홍색의 가늘게
꼰 아마사로 자수 기법으로 허리
띠도 만들었다. **주님**이 모지스에게
명령한 대로였다.
30 또 순금 판으로 신성한 관을 만들
어서 거기에 인장에 새기듯 '**주님에
게 신성함**' 이라는 글자를 새겨 넣
었다.
31 그들은 **주님**이 모지스에게 명령한
대로 파란 끈으로 그 관을 제례모
자의 높은 곳에 고정해서 묶었다.
32 그렇게 하여 모임의 천막인 이동
성전의 모든 작업이 완료되었다.
이즈리얼 자손은 **주님**이 모지스에
게 명령한 모든 것에 따라서 그대
로 했다.
33 그들이 모지스에게 성막을 만들어
주었다. 그것은 천막과 거기에 딸
린 가구 일체, 걸쇠, 널판, 가로대,
기둥과 받침이며,
34 붉게 염색한 숫양의 가죽의 지붕
덮개, 오소리 가죽의 덮개, 가림막
이고,
35 증언판을 넣는 상자와 거기에 쓸
나무봉, 자비의 자리이며,
36 탁자와 그에 딸린 용구 일체, 전시
용 빵이다.
37 또 순서대로 정해진 등잔이 딸린
순금 촛대와 딸린 용구 일습, 조명
용 기름이며,
38 금제단, 정화기름, 방향용 향료, 성
막문 휘장이고,
39 청동제단과 황동 석쇠판, 나무봉,
딸린 도구 일체, 대야와 받침다리
이다.
40 그리고 안마당의 벽 휘장 그리고
기둥과 받침, 안마당 출입문 휘장,
밧줄과 말뚝, 성막의 일에 사용할
용구 일체이며,

41 신성한 장소에서 예배하는 제례의
복, 그리고 제사장 업무를 주관하
기 위한 제사장 애런아론의 신성한
옷과 그의 아들들의 옷이다.
42 **주님**이 모지스에게 명령한 모든 것
에 따라 이즈리얼 자손이 모든 작
업을 했다.
43 모지스가 모든 작업을 관장하고
보니, **주님**이 모지스에게 명령한
대로 그들이 그것을 완료했다. 그
렇게 완성하자, 모지스가 그들을
축복해 주었다.

이동성전 건립

40 **주님**이 모지스모세에게 말했
다.
2 "첫 달 첫날에 너는 공동체의 천막
인 이동성전을 건립해야 한다.
3 너는 그 안에 증언판이 든 상자를
넣고 가림막으로 그 증언상자를
가려라.
4 탁자를 가져와서 그것 위에 순서
대로 물건들을 가지런히 놓고, 촛
대를 가져와서 등잔에 불을 켜라.
5 그리고 증언판이 든 성스러운 상
자 앞에 금제 분향제단을 놓고, 성
막문에 휘장을 걸어라.
6 성막의 문 앞에 번제제단을 두어
라.
7 또 성막과 번제제단 사이에 대야
를 두고, 그 안에 물을 넣어라.
8 너는 주위에 안마당을 설치하고,
안마당 출입문에 휘장을 걸어라.
9 그리고 구별하는 정화기름을 가져
와서 성막과 그곳에 있는 모든 것
에 발라, 그것들과 그 안에서 사용
할 용구 일체도 신성하게 만들어
라. 그것은 성스러워야 한다.
10 너는 번제제단과 그에 딸린 용구
일습에 정화기름을 발라 신성하게
정화하여, 그 제단을 가장 신성한
제단이 되게 해라.
11 구별하는 정화기름을 대야와 그의
받침다리에 발라 정화시켜라.
12 애런아론과 그의 아들들을 성막의
문으로 데려와서 물로 씻게 해라.
13 애런에게 신성한 의복을 입히고
기름을 발라 정화시켜라. 그가 내
게 제사 일을 하게 하라.
14 또 그의 아들들을 데려와서 옷을
입게 하고,
15 그 아버지에게 한 그대로 그들이
내게 제사업무를 하도록 그들한테
정화기름을 발라라. 그들에게 기
름을 바르는 이유는, 일생동안 영
원히 성직을 맡게 된다는 것을 확
실하게 표시하는 것이다."
16 그래서 모지스는 **주님**이 명령한 모
든 것에 따라 그대로 했다.
17 둘째 해 첫달 첫날에 성막이 세워
졌다.
18 모지스가 기둥 받침을 고정하고,
거기에 널판을 세우고, 가로대를
얹고, 기둥을 세워서 성막을 건립
했다.
19 그는 천막을 성막 위로 넓게 펼치

고, 그것 위에 천막의 지붕 덮개를
얹었다. **주님**이 모지스에게 명령한
대로였다.
20 그리고 증언판을 상자 안에 넣고,
상자에 나무봉을 끼우고, 그 위에
자비의 자리를 얹었다.
21 또 상자를 이동성전 안으로 가져
와서, 가림막을 설치하여 증언판
이 든 상자를 가렸다. 모두 **주님**이
모지스에게 명령한 대로 했다.
22 탁자는 공동체 천막 내 가림막 밖
북쪽에 두었다.
23 그 위에 **주님**이 모지스에게 명령한
대로 **주님** 앞에 빵을 가지런히 진
열했다.
24 그리고 성막 안의 탁자 맞은편, 곧
성막 남쪽에 촛대를 놓았다.
25 그는 **주님**이 모지스에게 명령한 대
로 **주님** 앞 등잔에 불을 켰다.
26 성막 내부 가림막 앞에 금제단을
두고,
27 **주님**이 모지스에게 명령한 대로 그
안에 향을 피웠다.
28 그리고 성막의 출입문에 휘장을
설치했다.
29 그는 성막인 이동성전의 출입문
옆에 번제제단을 두었다. 그리고
주님이 모지스에게 명령한 대로 번
제제물과 곡물제물을 그 위에 올
렸다.
30 성막과 제단 사이에 대야를 두고,
거기에 물을 넣어 그것으로 씻을
수 있게 했다.
31 모지스와 애런과 그의 아들들이
그곳에서 손발을 씻었다.
32 그들이 성막 안에 들어갈 때와 제
단에 가까이 갈 때, **주님**이 모지스
에게 명령한 대로 씻었다.
33 그는 성막과 제단 주위에 안마당
을 마련하고, 출입문에 휘장을 설
치했다. 모지스가 그렇게 공사를
마쳤다.
34 그때 구름이 공동체 천막을 덮었
다. 그리고 **주님**의 영광이 성막을
채웠다.
35 모지스가 모임의 천막 안으로 들
어갈 수 없었던 이유는, 구름이 성
막을 덮어 **주님**의 빛이 성막을 채
웠기 때문이다.
36 성막 위에 드리운 구름이 걷히면,
이즈리얼 자손이 여행길을 떠났
다.
37 그리고 구름이 걷히지 않으면, 걷
힐 때까지 그들은 여행을 떠나지
않았다.
38 낮에는 **주님**의 구름이 이동성전 위
에 있고, 밤에는 불빛이 그 위에 있
는 것을, 이즈리얼 모두가 여행 내
내 눈으로 보았다.

입법

번제제사법

1 **주님**이 공동체의 이동성전에서
모지스모세를 불러 일렀다.
2 "이즈리얼 자손에게 전해라. 너희
중 어떤 사람이 **주님**에게 예물을
올리고자 하면, 소 또는 양 같은 가
축을 가져와야 한다.
3 그가 황소를 번제의 희생제물로
올리려면, 결함이 없는 수컷을 가
져오게 하고, 스스로 **주님**이 있는
공동체의 이동성전 문까지 데려와
야 한다.
4 그리고 자신의 손을 번제제물의
머리 위에 얹어서, 자기 죄를 갚기
위한 제물로 받아들여질 수 있게
해야 한다.
5 그가 **주님** 앞에서 황소를 죽이면,
애런의 아들 사제들은 피를 받아,
모임의 성막문 옆에 있는 제단 주
위에 뿌려야 한다.
6 그리고 번제물의 껍질을 벗겨 토
막으로 잘라야 한다.
7 제사장 애런아론의 아들은 제단에
불을 지피고, 불 위에 나무를 가지
런히 올리고,
8 애런의 아들 사제들이 토막 부위,
머리, 지방을 올리는데, 제단 안에
서 불에 타는 나무 위에 차례대로
놓아라.
9 하지만 짐승 내장과 다리는 물로
씻어야 하고, 제사장은 제단에서
전부 구워서 불로 하는 번제제물
을 만들어, **주님**에게 맛있는 냄새
를 올려야 한다.
10 만약 번제제물이 양이나 염소 같
은 가축이면, 흠이 없는 수컷을 가
져와야 한다.
11 그는 **주님** 앞의 북쪽 제단 옆에서
희생물을 죽이고, 애런의 아들 사
제가 제단 주위에 그 피를 뿌려야
한다.
12 그는 머리와 지방을 토막 내어 자
르고, 제사장은 제단 안에서 불에
타는 나무 위에 그것을 나란히 놓
아야 하고,
13 한편 내장과 다리를 물로 씻고, 제
사장은 그것을 모두 가져다 제단
에서 구워야 한다. 이것이 번제제
사로, **주님**에게 맛있는 향기를 내
기 위하여 희생물을 불로 만드는
방법이다.
14 만약 **주님**에게 올리는 번제제물이
조류라면, 산비둘기나 어린 비둘
기를 가져와야 한다.

15 제사장은 그것을 제단까지 가져
와, 머리를 비틀어 제단에서 굽고,
피는 제단 옆에 짜내 버린다.
16 모이주머니는 깃털과 함께 떼어,
제단 옆 동쪽 재를 모아두는 장소
옆에 던져라.
17 그가 날개를 뜯어내는데, 뿔뿔이
흩어지지 않게 하고, 제사장은 제
단 안의 불타는 나무 위에서 그것
을 구워야 한다. 이것이 희생제물
을 불로 만드는 번제제사로, **주님**
에게 맛있는 향기를 내는 것이다."

곡물제사법

2 "어떤 사람이 **주님**에게 곡식제
물을 올리고자 할 때, 제물은 고
운 밀가루로 한다. 그는 밀가루에
기름을 붓고, 유향 나무수지를 넣
어야 한다.
2 그리고 애런의 아들 사제에게 곡
식제물을 가져온 다음, 그는 기름
과 유향수지가 있는 밀가루에서
한 움큼을 덜어내고, 제사장이 그
것을 제단에서 태워 기념이 되게
하면, **주님**에게 맛있는 향기를 올
리기 위해 불로 만드는 제사가 된
다.
3 그리고 곡식제물의 나머지는 애런
과 그의 아들 몫이다. 불로 만드는
주님의 제물은 가장 신성한 것이
다.
4 만약 너희가 화덕에서 구운 음식
봉헌물을 가져온다면, 기름을 섞
은 고운 밀가루로 만든 효모가 없
는 케익이나, 효모로 부풀리지 않
은 웨이퍼 과자를 기름으로 발라
가져와야 한다.
5 너의 봉헌물이 팬에 구운 음식이
면, 그것은 효모가 없는 고운 밀가
루로 기름과 섞어 만든 것이어야
한다.
6 그것을 여러 조각으로 나누어 거
기에 기름을 부으면, 그것이 곡식
제물이다.
7 너의 봉헌물이 구이용 팬에서 구
워 만든 곡식제물이면, 그것을 고
운 밀가루로 기름을 넣어 만들어
야 한다.
8 너는 이렇게 만든 곡식제물을 **주님**
에게 가져와서, 그것을 제사장에
게 주면, 그가 제물을 제단으로 가
져가게 된다.
9 그러면 제사장은 거기에서 기념이
될 만큼 곡식제물을 덜어서 제단
에서 태워야 한다. 이것이 곡물을
불로 만들어, **주님**에게 맛있는 향
기를 올리는 곡물제사다.
10 곡식제물 중 남은 잔량은 애런과
그의 아들 몫이다. 그것은 불로 만
드는 **주님**의 제물 중 가장 신성한
것이다.
11 너희가 **주님**에게 가져오는 곡식제
물은 효모로 만들면 안 된다. 불로
만드는 **주님**의 제물은 효모나 꿀을
태우면 안 되기 때문이다.
12 너희는 첫 수확물을 **주님**의 봉헌물

로 올려야 하는데, 맛있는 향기가
나게 하려면, 제단에서 그냥 태우
지 마라.
13 모든 곡식제물의 봉헌물은 소금으
로 간을 하는데, 너희 **하나님**과 맺
은 약속의 제물에 부족하지 않도
록, 아끼지 말고 모든 제물에 소금
을 넣어라.
14 첫 수확한 곡물을 **주님**에게 올릴
경우, 너희는 첫 곡물의 푸른 이삭
은 불로 말리고, 모두 빻아서 올려
야 한다.
15 그리고 거기에 기름과 유향수지를
넣으면 그것이 곡식제물이다.
16 제사장은 빻은 곡물 일부를 그 안
에 든 기름과 유향수지와 함께 기
념으로 태워야 한다. 그것이 **주님**
에게 불로 만드는 곡물제사다."

평화제사법

3 "만약 어떤 사람이 친목을 위한
평화제사를 올리기 위하여 가축
을 봉헌물로 바치면, 그것이 수컷
이든 암컷이든 **주님** 앞에 결함이
없는 것을 올려야 한다.
2 그 사람은 봉헌물의 머리 위에 손
을 얹은 다음, 성막문에서 죽여야
하고, 애런의 아들 사제는 제단 주
위에 그 피를 뿌려야 한다.
3 그는 **주님**에게 불로 만든 평화제사
의 제물을 올려야 한다. 내장을 덮
거나 내장 위에 있는 지방과,
4 두 콩팥과 그 주위에 있는 지방과,
간의 그물막도 함께 떼어내야 한
다.
5 애런의 아들이 지방을 태울때는,
제단 안에서 불에 타고 있는 나무
위에 올려놓은 희생물 위에 지방
을 올려서 태워라. 그것이 **주님**에
게 맛있는 향기를 내기 위해 불로
만드는 제사다.
6 만약 평화제사의 봉헌물로 **주님**에
게 가축을 올리고자 하면, 수컷이
든 암컷이든 흠이 없는 것을 제공
해야 한다.
7 만약 사람이 제물로 양을 올리고
자 하면, **주님** 앞에 그것을 이렇게
올려야 한다.
8 그는 봉헌하는 양의 머리에 손을
얹은 다음, 모임의 성막 앞에서 잡
고, 애런의 아들이 제단 주위에 그
피를 뿌려야 한다.
9 그리고 **주님**에게 불로 만들어 올리
는 평화제사의 희생제물을 올려야
한다. 제물의 지방과 엉덩이살 전
체와, 등뼈 옆에 단단히 붙은 부위
는 제거하고, 내장을 덮거나 내장
에 있는 지방과,
10 콩팥 두 개와 둘레에 있는 지방과,
간의 그물막도 함께 떼어내야 한
다.
11 제사장은 제단에서 제물을 구워야
한다. 그것이 **주님**에게 불로 만드
는 제사 음식이다.
12 만약 봉헌물이 염소라면, 그것을
주님 앞에 올려야 한다.

13 그는 염소 머리에 손을 얹은 다음,
공동체 모임의 이동성전 앞에서
염소를 죽이면, 애런의 아들이 제
단 주위에 그 피를 뿌려야 한다.
14 그가 자신의 염소제물을 올리려
면, **주님**에게 불로 만드는 제물과
같은 방법으로 올려야 한다. 내장
을 덮거나 내장에 있는 지방 및,
15 두 신장과 주위 지방을 간의 그물
막과 함께 떼어내야 한다.
16 그리고 제사장은 제단에서 염소제
물을 구워야 한다. 그것이 맛있는
향기를 내기 위하여 불로 만드는
제사의 음식이며, 모든 지방은 **주**
님의 몫이다.
17 너희 전 세대는 사는 곳 어디서나
영원한 규정으로, 지방도 피도 먹
지 말아야 한다."

속죄제사법

4 **주님**이 모지스에게 말했다.
2 "이즈리얼 자손에게 전해라. 사람
이 무지해서, **주님**의 명령 중 해서
는 안 되는 것이나, 일부를 어기는
죄를 지은 경우,
3 만약 기름바른 사제가 죄를 지어
서, 그 결과 백성이 죄를 짓게 하면,
그는 자신의 죄를 정화하기 위한
속죄제물로, **주님**에게 결함이 없는
어린 수송아지를 가져오게 해라.
4 그는 **주님**이 있는 집회의 성막문까
지 수송아지를 끌고 와서, 자신의
손을 수송아지 머리에 얹은 다음,
주님 앞에서 죽여야 한다.
5 죄를 정화하는 기름을 부여받은
제사장이 수송아지의 피를 받아,
그것을 모임의 성막까지 가져간
다.
6 그 제사장은 피에 손가락을 담갔
다. 그 피를 성소의 가림막 앞 **주님**
앞에 일곱 차례 뿌려야 한다.
7 제사장은 공동체 성막 안에 있는
주님 앞의 분향제단 뿔에 피를 조
금 바른 다음, 수송아지 피는 집회
의 성막문 앞에 있는 번제제단 바
닥에 전부 부어야 한다.
8 그는 속죄제물용 수송아지로부터
지방을 모두 떼어내야 한다. 내장
을 덮거나 내장에 있는 지방과,
9 콩팥 두 개와 주위에 있는 지방과,
간의 그물막을 떼어내야 한다.
10 평화제사용 수송아지로부터 떼어
낸 것과 마찬가지로, 제사장은 떼
어낸 지방을 번제제단에서 태워야
한다.
11 그리고 수송아지 가죽, 살, 머리, 다
리, 내장, 똥까지,
12 수소 전체를 야영지 밖의 재를 버
리는 깨끗한 장소로 옮겨, 그곳에
서 불에 타는 나무 위에서 태워야
한다.
13 만약 이즈리얼의 전 공동체가 모
르고 죄를 지었고, 사람들 눈에도
띄지 않은 경우, 그것이 **주님**의 명
령 가운데 해서는 안되는 일 중 일

부만 어겼다 하더라도, 그것은 유
죄다.
14 사람들이 명령을 위반했고, 그것
이 죄가 되는 것을 알게 되면, 공동
체는 죄값으로 어린 수송아지를
제공하여, 그것을 집회의 성막 앞
으로 끌고 와야 한다.
15 공동체의 원로들이 **주님** 앞에서 수
송아지의 머리에 손을 얹은 다음,
주님 앞에서 죽여야 한다.
16 기름을 부여받고 죄를 정화하는
제사장은 수송아지 피를 모임의
성막으로 가져와서,
17 자신의 손가락을 피에 조금 담근
다음, 그것을 가림막 앞 **주님** 앞에
일곱번 뿌려야 한다.
18 또 제사장은 모임의 성막 안 **주님**
앞에 있는 제단 뿔에도 피를 조금
바르고, 성막 출입문 쪽에 있는 번
제제단의 바닥에 피를 모두 쏟아
부어야 한다.
19 제물의 지방을 모두 제거하여, 제
단에서 태워야 한다.
20 제사장은 수송아지를 속죄제물에
서 했던 대로 해야 한다. 그리고 제
사장이 그들을 위한 보상속죄를
하면, 그것으로 그들은 용서 받게
된다.
21 제사장은 수송아지를 진영 밖으로
옮겨, 그가 첫번째 수송아지를 태
운 것처럼 태워야 한다. 이것이 공
동체를 위한 속죄제사다.
22 어떤 지도자가 죄를 지었는데, 알
지 못한 채, 그의 **주 하나님**의 명령
가운데 해서는 안 되는 일을 무심
코 위반했다면, 그것은 유죄다.
23 하지만 그가 잘못을 깨달으면, 결
함이 없는 새끼 염소를 자신의 봉
헌물로 가져와야 한다.
24 그리고 염소 머리에 자신의 손을
얹은 다음, **주님** 앞의 번제물을 죽
이는 장소에서 그것을 죽여야 한
다. 이것이 속죄제사다.
25 제사장은 속죄제물의 피를 받아,
손가락으로 번제제단 뿔에 바르
고, 피를 번제제단 바닥에 쏟아버
려야 한다.
26 그리고 그는 평화제사의 희생물의
지방과 같이 제단에서 지방 전부
를 태워야 한다. 제사장이 자신의
죄처럼 그를 위한 보상속죄를 하
면, 그는 용서받게 된다.
27 만약 일반인 가운데 어떤 사람이
무심코 잘못했는데, 그것이 **주님**의
명령 중 해서는 안 되는 어느 것이
라도 위반하면, 그것은 유죄다.
28 그런데 그가 자신의 잘못을 깨달
으면, 그는 잘못의 대가로 흠이 없
는 암컷 새끼염소를 제물로 가져
와야 한다.
29 그리고 속죄제물의 머리에 자신의
손을 얹고, 번제 장소에서 제물을
죽여야 한다.
30 제사장은 그 피를 받아 손가락으
로 번제제단의 뿔에 바르고, 나머
지는 제단 바닥에 쏟아버려야 한다.

31 그리고 제물의 지방을 전부 제거
하는데, 평화제물에서 지방을 떼
어내는 방법대로 한다. 그리고 제
사장이 **주님**에게 맛있는 향기를 올
리기 위해 제단에서 제물을 태우
며, 그를 위한 보상속죄를 하면, 그
것으로 그는 용서받게 된다.
32 한편 그 사람이 속죄제물로 새끼
양을 가져오면, 결점이 없는 암컷
을 데려와야 한다.
33 그리고 자신의 손을 속죄제물 머
리에 얹고, 번제를 죽이는 장소에
서 속죄제물을 죽여야 한다.
34 제사장은 속죄제물의 피를 받아,
손가락으로 번제제단의 뿔에 바른
다음, 제단 바닥에 부어야 한다.
35 그리고 그는 새끼양의 지방을 평
화제사의 제물에서 떼어내는 방법
대로 제거하여, **주님**을 위해 불로
만드는 제물과 같이 제단에서 태
워야 한다. 그리고 제사장이 일반
인이 저지른 잘못을 위해 보상속
죄를 하면, 그것으로 그 사람은 용
서받게 된다."

면죄제사법

5 "다른 사람이 맹세를 어기며, 잘
못하는 죄를 보았거나 알면서,
사람이 그것을 말하지 않으면, 그
는 자신의 죄에 대한 책임을 져야
한다.
2 또는 한 사람이 불결한 것에 손을
대는 경우, 그것이 깨끗하지 못한
짐승의 사체이거나, 깨끗하지 않
은 기어다니는 짐승의 사체인데
도, 그것을 숨기면, 그 역시 깨끗하
지 못하고, 유죄다.
3 또는 사람이 부정한 사람과 접촉
하는 경우, 불결한 것이 무엇이든
그로 인해 그 사람도 오염되었고,
자신이 그것을 몰랐다 하더라도,
깨닫게 될 때, 그는 유죄가 된다.
4 또는 사람이 맹세하며, 자신의 입
으로 나쁜 일이든 좋은 일이든 약
속을 했는데, 그것을 모르고 있다
가, 불이행을 깨닫게 되면, 그는 그
중 어떤 경우라도 유죄다.
5 사람이 이런 사례 중 하나라도 유
죄라면, 그는 그런 사실에 대한 죄
를 지었다고 고백해야 한다.
6 그리고 그는 자신이 지은 죄에 대
한 대가로 **주님**에게 면죄제물을 가
져와야 한다. 면죄를 위한 속죄제
물용으로 가축의 암컷이나, 새끼
염소를 가져오면, 제사장이 그의
죄에 대하여 그를 위한 보상속죄
를 해야 한다.
7 만약 그가 새끼양을 가져올 수 없
다면, 자신이 저지른 죄의 면죄용
의 제물을 가져오는데, 산비둘기
두 마리나, 어린 집비둘기 두 마리
를 **주님**에게 가져오고, 하나는 속
죄제사용이고 다른 하나는 번제제
사용으로 쓴다.
8 그가 제물을 가져오면, 제사장은
먼저 속죄제물을 올려야 하는데,

제물의 목부터 머리를 비틀지만,
그것이 갈갈이 찢기지 않게 한다.
9 제사장은 속죄제물의 피를 제단의
옆에 뿌리고, 나머지 피는 제단 바
닥에 쏟아버린다. 이것이 속죄제
사다.
10 그리고 두 번째도 같은 방법으로
번제를 올려야 한다. 제사장은 그
의 죄에 대하여, 그를 위한 보상속
죄를 하면, 그것으로 그는 용서받
게 된다.
11 하지만 그가 산비둘기 두 마리나
집비둘기 두 마리를 가져올 수 없
으면, 죄를 지은 사람은 자신의 제
물로 고운 밀가루 1/10 에파2.2L를
속죄제물로 가져와야 한다. 그는
거기에 기름을 넣거나 어떤 유향
수지를 넣으면 안 된다. 그것은 속
죄제물이기 때문이다.
12 그가 제물을 가져오면, 제사장은
그 중에서 한 움큼을 집어서, 기억
될 수 있도록 제단에서 태워야 하
는데, **주님**에게 불로 만드는 방법
에 따른다. 이것이 속죄제사다.
13 제사장은 그를 위한 보상속죄를
하는데, 이것은 여러 가지 가운데
하나라도 지은 죄를 다루는 것으
로 이로써 그는 용서된다. 나머지
는 곡식제물와 마찬가지로 제사장
의 몫이다."
14 **주님**이 모지스에게 말했다.
15 "만약 한 사람이 **주님**의 성스러운
일 가운데 무지로 인해 **주님**에게
죄를 지으면, 대가를 가져오게 해
야 한다. 성소의 쉐클 기준, 은 쉐클
의 계산법 대로 계산하여, 가축 중
에서 흠이 없는 숫양을 면죄제사
용으로 가져오게 해야 한다.
16 그는 신성한 일 중 자신이 저지른
잘못에 대한 보상을 해야 하는데,
숫양에 1/5을 추가해야 하고, 제사
장에게 그것을 주면, 제사장은 죄
의 희생제물인 숫양으로 그를 위
한 보상속죄를 해야 한다. 그것으
로 그는 용서받게 된다.
17 만약 한 사람의 죄가, **주님**의 명령
에 의하여 해서는 안 되는 일 가운
데 어떤 잘못을 저지른 것이라면,
비록 그가 몰라서 저지른 일이라
하더라도, 그는 유죄가 되고 자신
의 죄에 책임을 져야 한다.
18 너의 계산법에 따라, 그는 면죄제
물용으로 가축 중에서 흠이 없는
숫양을 가져와야 한다. 제사장은
알지 못해서 저지른 그 사람의 무
지에 대하여 그를 위한 보상속죄
를 해야 한다. 그것으로 그는 용서
받는다.
19 그것이 **주님**에 반하여 그가 저지른
명백한 잘못에 대한 면죄제사다."

사제의 제사법

6 **주님**이 모지스에게 말했다.
2 "사람의 죄가, **주님**의 법을 위반하
거나, 지켜달라고 가져간 물건에

대해 이웃이나 동료에게 거짓말하
거나, 또는 폭력으로 물건을 빼앗
거나 이웃을 속이는 경우,
3 혹은 잃어버린 것을 알면서도 그
에 관해 거짓말하고 거짓 선서를
하는 경우, 이 모든 것 가운데 어떤
것이든 그 사람은 그것으로 죄를
지은 것이다.
4 따라서 지은 죄로 인해 그 사람은
유죄다. 그가 보상해야 하는 것은,
폭력으로 빼앗은 것, 속여서 얻은
것, 지켜 달라고 그에게 가져간 것,
그가 입수한 것이 잃어버린 물건
인 경우,
5 또는 거짓으로 맹세한 모든 경우
에, 그는 원래대로 똑같이 갚아야
하고, 거기에 1/5을 더 추가하여,
면죄제사 날에 피해자 본인에게
주어야 한다.
6 그는 **주님**에게 면죄제물을 가져오
는데, 양떼 가운데 흠이 없는 숫양
한 마리를 너희 계산법에 따라 면
죄제사용으로 제사장에게 가져와
야 한다.
7 그리고 제사장이 **주님** 앞에서 그를
위한 보상속죄를 하면, 그것으로
그의 위반행위 중 일부를 용서받
게 된다."
8 **주님**이 모지스에게 말했다.
9 "애런과 그의 아들에게 명령하여
'이것이 불로 하는 제사법'이라고
전해라. 이 번제제사는, 밤부터 아
침까지 제단에서 태워야 하기 때
문에, 제단의 불이 계속 타고 있어
야 한다.
10 제사장은 자신의 리넨아마 옷을
입고, 리넨 반바지를 입어야 하고,
제단에서 번제로 불에 태운 재를
꺼내, 제단 옆에 두어야 한다.
11 그리고 그의 옷을 벗고 다른 옷을
입고, 재를 진영 밖의 깨끗한 장소
로 옮겨야 한다.
12 제단에 불을 피워 타게 하며 꺼뜨
려서는 안 된다. 제사장은 매일 아
침 제단 안에 나무에 불을 붙이고,
그 위에 번제제물을 나란히 놓고,
그 위에 평화제물의 지방을 태워
야 한다.
13 불은 제단에서 언제나 타올라야
하고 꺼져서는 안 된다.
14 이것은 곡물제사법이다. 애런의
아들이 **주님** 앞에서 제단에 제물을
올려야 한다.
15 그는 기름과 유향수지가 모두 들
어 있는 곡식제물 중에서 밀가루
한 움큼을 가져와, 제단에서 태워
서, **주님**이 기억할 수 있도록 맛있
는 냄새를 만들어야 한다
16 그리고 나머지는 애런과 그의 아
들이 무효모빵으로 먹어야 하고,
성스러운 장소인 공동체의 이동성
전 안마당에서 먹어야 한다.
17 그것을 발효시켜 구우면 안 된다.
나는 불로 만드는 나의 제물을 그
들의 몫으로 주었다. 그것은 속죄
제물과 면죄제물처럼 가장 신성한

것이다.
18 애런의 자식 중 아들은 모두 그것
을 먹어야 한다. 이것은 **주님**에게
불로 하는 제사에 관하여 너희 세
대에 영원히 규정이 되어야 하고,
그것을 다루는 사람은 누구나 신
성해야 한다."
19 그리고 **주님**이 모지스에게 말했다.
20 "이것은 애런과 그의 아들들의 제
례인데, 그가 정화기름을 바르는
날 **주님**에게 제사를 지내야 한다.
곡식제물의 고운 밀가루 1/10에퐈
2.2L를, 절반은 아침에 나머지 절반
은 저녁에 끊임없이 이어서 올려
야 한다.
21 그것을 팬에 기름을 넣어 굽는데,
곡식제물을 여러 조각으로 나누어
가져와서, **주님**에게 맛있는 냄새를
올리도록 구워라.
22 정화기름을 바르고 구별된 그의
아들 사제들이 그를 대신하여 곡
식제물을 올려야 하고, 그것을 **주
님**에게 올리는 영원한 규정으로 정
하여 완전히 태워야 한다.
23 제사장을 위한 곡식제물은 모두
완전히 태워야 하고, 먹으면 안 된
다."
24 또 **주님**이 모지스에게 말했다.
25 "애런과 그의 아들들에게 전해라.
이것은 속죄제사법이다. 번제제물
을 죽이는 장소에서 **주님** 앞에서
속죄제물을 죽여야 하는데, 그것
은 가장 신성한 것이다.
26 죄의 대가로 올리는 제사장이 그
것을 먹게 되는데, 성스러운 장소
인 공동체 모임의 성막 안마당에
서 먹어야 한다.
27 음식이 닿는 것은 어떤 것이라도
신성해야 하고, 의복의 어느 곳이
라도 피가 뿌려지면, 피가 묻은 것
을 빨아야 한다.
28 하지만 안이 물에 젖은 토기 그릇
은 깨어버려야 하고, 만약 청동놋
쇠 단지가 물에 젖었으면 그것을
문질러 닦고 물로 헹궈라.
29 사제 가운데 남자는 모두 그것을
먹어라. 그것은 가장 성스러운 것
이다.
30 속죄제물이 아닌 것으로, 모임의
성막 안으로 가지고 들어온 짐승
은 어느 것이든, 그것으로 화합을
위하여 성소에서 불에 구워서 먹
어야 한다."

사제의 몫 관련법

7 "마찬가지로 이것은 면죄제사
법으로, 가장 신성한 것이다.
2 번제제물을 죽이는 장소에서 면죄
제물을 잡아야 하고, 제사장이 피
를 제단 주위에 뿌려야 한다.
3 그는 제물의 모든 지방, 엉덩이살,
내장을 덮고 있는 지방을 올리고,
4 양쪽 콩팥 및 주위에 있는 지방, 간
에 있는 그물막을 떼 내야 한다.
5 제사장은 그것을 제단에서 태워야
하는데, 이는 **주님**에게 불로 만드

는 제사를 지내기 위한 것이다. 이
것이 면죄제사다.
6 모든 사제는 그것을 신성한 장소
에서 먹어야 한다. 그것은 가장 신
성한 것이다.
7 속죄제사처럼 같은 방식으로 면죄
제사를 지내며, 그 법은 동일하다.
제물은 보상속죄의 제사를 지내는
제사장이 가져야 한다.
8 어떤 사람의 번제를 지내는 제사
장은 그 사람이 제공한 제물의 가
죽도 갖게 된다.
9 모든 곡식제물은 화덕에서 구운
것, 기름을 두른 구이팬이나 철판
에서 만든 것 전부, 그것을 제사한
사제의 몫이다.
10 곡식제물은 전부 기름을 섞어 말
려서, 애런의 아들 모두가 똑같은
몫으로 나누어 가져야 한다.
11 그리고 이것은 평화제사의 희생물
에 관한 법으로 사제가 **주님**에게
올려야 한다.
12 만약 어떤 사람이 감사의 의미로
제사를 지내려 하면, 기름을 섞고
부풀리지 않은 과자와, 기름 바른
비발효 웨이퍼 과자와, 고운 밀가
루에 기름을 섞고 기름으로 구워
서 만든 과자류를 감사제물로 제
공해야 한다.
13 과자 이외, 그 사람은 평화제사의
감사제물과 함께 이스트로 발효시
킨 빵을 선물용으로 제공해도 좋
다.
14 그 사람이 **주님**에게 들어올리는 용
도의 봉헌물 가운데 하나를 선물
로 가져오면, 그것은 평화제물의
피를 뿌리는 제사장의 몫이다.
15 감사용 평화제사의 제물로 사용한
고기는, 제사를 지낸 날 먹어야 하
고, 어떤 것도 아침까지 남기면 안
된다.
16 하지만 그가 제공하는 희생물이
맹세를 위한 것이거나 자발적 봉
헌이면, 그날 먹고 남은 것은 다음
날 먹어도 된다.
17 하지만 셋째 날에는 제물의 음식
잔여물을 불에 태워야 한다.
18 평화제사용 제물의 고기 중 어떤
것도 셋째 날까지 먹는 것은 허용
하면 안 되고, 그것을 가져온 사람
에게 되돌려 보내서도 안 된다. 그
것은 무례한 행위이고, 셋째 날 잔
여물을 먹는 자는 죄의 책임을 져
야 한다.
19 불결한 것에 닿은 음식물은 먹지
말고 불에 태워야 한다. 음식물로
말하자면 깨끗한 것을 먹어야 된
다.
20 하지만 **주님**에게 속하는 평화제사
용 제물을 먹는 자는, 깨끗하지 못
한 사람이 되고, 동족한테서 제거
되어야 한다.
21 더 나아가서 불결한 것을 만지는
사람은, 마찬가지로 깨끗하지 못
한 사람처럼, 깨끗하지 못한 짐승
처럼, 혐오감이 드는 불결한 물건

과 같아서, 그가 **주님**에게 속하는
평화제사용 제물의 고기를 먹으
면, 그의 백성으로부터 제거되어
야 한다."
22 **주님**이 모지스에게 말했다.
23 "이즈리얼 자손에게 전해라. 너희
는 소, 양, 염소의 지방은 어떤 방식
으로도 먹지 마라.
24 저절로 죽은 짐승 사체의 지방과,
찢겨 죽은 짐승의 지방은, 다른 용
도로 사용될 수 있을지 모르지만,
어떤 경우라도 너희가 그것을 먹
으면 안 된다.
25 사람이 **주님**에게 불로 만드는 제물
로 제공한 짐승의 지방을 먹는 자
는 누구든지, 그의 영혼까지 백성
한테서 제거되어야 한다.
26 또 너희는 어떤 경우라도 피를 먹
어서는 안 된다. 너희가 사는 곳의
가금류나 짐승의 피를 마시면 안
된다.
27 어떤 식이든 피를 먹는 사람은 누
구든지 그의 백성에게서 제거되어
야 한다."
28 또 **주님**이 모지스에게 말했다.
29 "이즈리얼 백성에게 전해라. **주님**
에게 평화제사용 제물을 제공하는
사람은, **주님**에게 자신의 평화제사
의 봉헌물을 가져와야 한다.
30 자신의 손으로 직접 **주님**에게 불로
만드는 제물을, 가슴살과 지방과
함께 가져와서, **주님** 앞에 요제로
흔들 수 있게 해야 한다.
31 제사장은 제단에서 지방을 태워야
하고, 가슴살은 애런과 그 아들들
의 것이다.
32 오른쪽 어깨살은 너희가 제사장에
게 주어, 너희를 위한 평화제사의
제물로 들어올리게 해야 한다.
33 애런의 아들 가운데, 평화제물의
피와 지방을 올리는 사람은, 자신
의 몫으로 오른쪽 어깨살을 가져
야 한다.
34 흔드는 요제용 가슴살과 들어올리
는 거제용 어깨살은, 내가 이즈리
얼 자손한테 평화제사의 제물로
받게 되기 때문에, 그것을 제사장
애런과 그의 아들들에게 주도록,
이즈리얼 자손 가운데 영원한 규
정으로 정해야 한다."
35 이것은 정화기름이 부여된 애런과
그의 아들들의 몫인데, 불로 만드
는 **주님**의 제물 중에서, **주님**이 그
들에게 제사장의 임무로 **주님**에게
제사하는 그날 주어야 한다.
36 그것은 **주님**이 이즈리얼 자손 가운
데 그들에게 주도록 명령했는데,
주님이 그들에게 구별하는 기름을
부여한 날, 전 세대를 통틀어 영원
한 규정이 되어야 한다고 말했다.
37 번제제물, 곡식제물, 속죄제물, 면
죄제물, 신성한 제사 및 평화제사
의 희생제물에 관한 법은,
38 **주님**이 모지스에게 사이나이 산에
서 지시한 것으로, 이즈리얼 자손
에게 명령하던 날, 사이나이 황야

에서, 그들이 **주님**에게 봉헌물을
올리게 했다.

애런과 아들의 봉헌

8 **주님**이 모지스에게 말했다.
2 "애런과 그 아들과 함께, 제례의복
과, 정화기름과, 속죄제물용 수송
아지 한 마리와, 숫양 두 마리와, 무
효모빵이 든 바구니 하나를 모두
가지고 가라.
3 너는 군중 모두를 공동체의 성막
문으로 모아라."
4 그래서 모지스가 **주님**이 명령한 대
로, 성막문으로 군중을 전부 모았
다.
5 모지스가 공동체에게 말했다. "이
것은 **주님**이 하도록 명령한 것이
다."
6 그러면서 모지스가 애런과 그 아
들들을 데려와서 물로 씻게 했다.
7 그는 애런에게 겉옷을 입히고, 허
리띠로 매고, 긴옷을 입히고, 제례
복을 걸쳐주고, 제례복 에퐈드에
장식허리띠를 매어, 그에게 묶어
고정시켰다.
8 모지스는 애런에게 가슴받이를 채
우고, 또 그 안에 유림빛과 써밈진리
을 넣어두었다.
9 모지스는 애런의 머리에 마이터
제례모자를 씌우고, 마이터 위쪽
그의 앞이마에 신성한 금판의 관
을 얹으며, **주님**이 모지스에게 명
령한 대로 했다.
10 모지스가 정화기름을 가져와서 성
막과 그 안에 있는 모든 것에 발라
정화시켰다.
11 그는 제단에 기름을 일곱 번 뿌리
고, 제단과 그에 딸린 모든 용기 및
대야와 받침다리에도 발라서 정화
시켰다.
12 모지스는 애런의 머리에 정화기름
을 부어서, 그를 정화시켰다.
13 모지스는 애런의 아들들을 데려
와, 겉옷을 입히고, 허리띠로 매고,
그들에게 보닛모자를 씌워 매어주
면서, **주님**이 모지스에게 명령한
대로 했다.
14 그가 속죄제물용 수송아지를 데려
오자, 그 머리 위에 애런과 그 아들
들이 손을 얹었다.
15 모지스는 그것을 죽여 피를 받아,
손가락으로 제단 주위 뿔에 발라
제단을 깨끗이 정화하고, 피는 제
단 바닥에 부어서, 그것으로 죄를
대신 하도록 달래며 신성하게 했
다.
16 모지스는 내장에 있는 지방, 간 위
의 그물막, 양쪽 신장과 그 지방을
가져와서 제단에서 불에 태웠다.
17 하지만 그는 수송아지의 가죽, 고
기, 똥을 성막 밖에서 불에 태우며,
주님이 모지스에게 명령한 대로 했
다.
18 그가 번제용 숫양을 가져오자, 애
런과 그의 아들들은 숫양 머리에

각자의 손을 얹었다.
19 모지스는 제물을 죽이고 제단 주
위에 그 피를 뿌렸다.
20 모지스는 숫양을 잘라 토막 내어,
머리, 조각, 지방을 불로 구웠다.
21 모지스는 내장과 다리를 물로 씻
고, 숫양을 전부 제단에서 불에 구
웠다. 번제제물은 **주님**에게 맛있는
냄새를 위해 불로 만들었다. **주님**
이 모지스에게 명령한 대로했다.
22 그는 다른 숫양을 봉헌물로 데려
왔고, 애런과 그 아들들이 숫양 머
리 위에 손을 얹었다.
23 모지스가 그것을 죽이고 피를 받
아, 애런의 오른쪽 귓불, 오른손 엄
지, 오른쪽 엄지 발가락에도 피를
발랐다.
24 모지스는 애런의 아들들을 데려와
그 피를 그들의 오른 귓불, 오른손
엄지, 오른쪽 엄지 발가락에 바르
고, 제단 주위에도 피를 뿌렸다.
25 그는 지방과 둔부살, 내장에 있는
모든 지방, 간 위의 그물막, 양쪽 신
장과 그 지방, 오른쪽 어깨살을 떼
내었다.
26 **주님** 앞에 있는 누룩이 없는 빵이
든 바구니에서 그는 부풀리지 않
은 과자 하나, 기름 바른 빵, 웨이퍼
과자를 하나씩 꺼내어, 지방과 오
른쪽 어깨살 위에 그것을 얹었다.
27 그리고 그는 애런과 아들들의 양
손에 전부 얹고, **주님** 앞에 요제를
위해 그것을 흔들게 했다.
28 모지스가 그들 손에서 제물을 받
아, 번제제단에서 태웠고, 그것들
은 맛있는 향기를 위해 봉헌되었
다. 그것이 **주님** 앞에 불로 만드는
제사다.
29 모지스는 가슴살을 가져와서, **주**
님 앞에서 숫양이 신성한 봉헌물이
될 수 있도록 요제로 흔들었다. 이
것은 **주님**이 모지스에게 명령한 대
로 모지스의 몫이다.
30 모지스가 정화기름과 제단에 있던
피를 가져와서, 애런과 그의 제례
복, 아들들과 그들 제례복 위에 뿌
려서, 애런과 그의 옷, 그 아들들과
그들 옷을 신성화시켰다.
31 모지스가 애런과 아들에게 말했
다. "모임의 성막문에서 고기를 삶
아라. 내가 애런과 아들들에게 명
령한 대로, 거기서 봉헌의 바구니
안에 있는 빵과 함께 먹어라.
32 나머지 고기와 빵은 너희가 불에
태워야 한다.
33 너희는 7일 동안 공동체의 성막문
밖에 나가면 안 되는데, 이는 너희
의 신성화 위임의식이 끝나는 날
까지 계속해야 하고, **주님**은 7일간
너희를 신성하게 만들게 될 것이
다."
34 그는 그날 **주님**이 너희를 위해 보
상속죄를 하도록 명령한 대로 그
렇게 했다.
35 "따라서 너희는 모임의 이동성전
문 안에서 7일 낮과 밤 동안 머물

려야 한다. 너희가 죽지 않도록 **주**
님의 임무를 지켜라. 왜냐하면 그
것이 내가 명령받은 바"라고 말했
다.
36 그렇게 애런과 그 아들은 모지스
를 통해 **주님**이 명령한 모든 것을
했다.

사제의 임무

9 여덟 번째 날, 모지스가 애런
과 그 아들들, 그리고 이즈리얼
의 원로를 불렀다.
2 그리고 그가 애런에게 말했다. "속
죄용 어린 송아지 한 마리와 번제
제물용 흠이 없는 숫양 한 마리를
데려와서 **주님** 앞에 제사해라.
3 그리고 네가 이즈리얼 자손에게
이르기를, '너희는 속죄제물로 어
린 염소 한 마리를 가져오고, 흠이
없는 첫배의 어린 송아지와 숫양
을 번제제물용으로 가져와라.
4 또한 수송아지와 숫양은 평화제물
용으로 한 마리씩, 그리고 기름을
섞은 곡식제물을 **주님** 앞에 제물로
가져오라'고 말해야 한다. 이날 **주**
님이 너희에게 출현할 것이다.
5 그러자 그들은 모지스가 명령한
것을 모임의 성막에 가져왔고, 공
동체 모두가 가까이 다가와서 **주님**
앞에 섰다.
6 모지스가 말했다. "이것은 너희가
해야 한다고 **주님**이 명령한 것이
다. 그러면 **주님**의 빛이 너희에게
나타날 것이다."
7 그리고 모지스가 애런에게 말했
다. "제단에 가서 너의 속죄물과 번
제물을 올리고, 네 자신을 위한 보
상속죄를 해라. 그리고 **주님**이 명
령한 대로 백성의 제물을 바치고
백성을 위한 보상속죄를 해라."
8 그래서 애런이 제단에 가서 자신
을 위한 속죄제물인 송아지를 죽
였다.
9 애런의 아들들이 그에게 피를 가
져오자, 그는 피에 손가락을 찍어
제단 뿔에 바른 다음, 나머지를 제
단 바닥에 쏟아버렸다.
10 하지만 **주님**이 모지스에게 명령한
대로 속죄제물의 지방, 콩팥, 간의
그물막은 제단에서 태웠다.
11 그리고 살과 가죽은 야영지 밖에
서 불로 태웠다.
12 애런이 번제제물을 죽였고, 애런
의 아들이 피를 가져와서 애런이
그것을 제단 주위에 뿌렸다.
13 아들들이 번제제물의 토막과 머리
를 애런에게 가져왔고, 그는 제단
에서 그것을 구웠다.
14 그는 내장과 다리를 씻고 번제제
사로 제단에서 그것을 구웠다.
15 애런은 백성이 가져온 백성을 위
한 속죄제물용 염소를 데려와서
죽이고, 죄에 대한 대가로 첫 번째
제물에서 했던 대로 그것을 올렸
다.
16 그는 번제제물을 가져와서 방법대

로 올려 제사했다.
17 그는 곡식제물을 가져와서 한 움
큼을 집어서 아침에 번제 희생물
옆에 있는 제단에서 태웠다.
18 애런은 백성을 위한 평화제사의
희생물이 되도록, 수송아지와 숫
양도 죽였다. 애런의 아들들이 그
에게 피를 가져오자, 그가 그것을
제단 주위에 뿌렸다.
19 애런이 수송아지와 숫양의 지방,
둔부살, 내장을 덮고 있는 지방, 신
장, 간을 덮고 있는 그물막 등을 떼
내고,
20 아들들이 가슴살 위에 지방을 놓
았으며, 애런은 제단에서 그것을
구웠다.
21 애런은 요제를 위해 가슴살과 오
른쪽 어깨살을 **주님** 앞에서 흔들었
다. 모지스가 명령한 대로 했다.
22 애런은 그의 손을 백성 쪽으로 들
어올려 그들을 축복한 다음, 속죄
제와 번제제와 평화제의 제사에서
내려왔다.
23 모지스와 애런이 모임의 성막 안
으로 들어갔다 나온 다음, 사람들
을 축복했다. 그러자 **주님**의 빛이
모든 백성에게 나타났다.
24 그때 **주님** 앞에서 불씨 하나가 나
오더니, 제단 위에 있는 번제제물
과 지방을 삼켰다. 모든 사람이 그
것을 보자 소리치며, 자신의 얼굴
을 숙였다.

허가받지 않은 불

10 애런아론의 아들 내이댑나답과
애비후아비후가 각자 자신의
향로를 들고, 그 안에 불을 피워 향
료를 넣은 다음, 그가 명령하지 않
은 다른 향불을 **주님** 앞에 올렸다.
2 그때 **주님**으로부터 불이 나와 그들
을 집어삼키자, 그들이 **주님** 앞에
서 죽었다.
3 모지스가 애런에게 말했다. "**주님**
은 이렇게 말했다. '나는 내게 가까
이 오는 사람을 신성하게 정화하
여, 모든 사람 앞에서 명예를 얻는
다'고 했다." 그래서 애런이 잠자코
있었다.
4 모지스가 애런의 아저씨 우지얼우
찌엘, 웃시엘의 아들들인 미셜미사엘과
엘자펀엘차판, 엘사반을 불러 말했다.
"가까이 와서, 너희 형제를 성소에
서 진영 밖으로 옮겨라."
5 그래서 그들은 가까이 가서, 옷을
입은 채인 그들을 진영 밖으로 옮
겨, 모지스가 말한 대로 했다.
6 모지스는 애런과 그의 아들들 일
리저엘아자르, 엘르아살와 이써마이타마
르, 이다말에게 말했다. "너희 머리를
드러내거나 옷을 찢지 마라. 이는
너희가 죽지 않게 하는 것이고, 분
노가 백성에게 미치지 않게 하는
것이다. 대신 너희 형제, 이즈리얼
전집안은 **주님**이 태운 불을 애도해
라.
7 그리고 너희는 공동체의 성막문을

나가지 않아서, 죽지 않게 해라. **주
님**의 기름이 너희에게 있어서 너희
가 정화되기 때문이다." 그래서 그
들은 모지스의 말에 따랐다
8 **주님**이 애런에게 말했다.
9 "너와 네 아들이 모임의 성막에 들
어올 때, 포도주도 강한 술도 마시
지 마라. 그래야 너희가 죽지 않는
다. 이것은 너희 세대를 통틀어 영
원한 규정이 되어야 한다.
10 너희는 신성함과 비신성함, 또 깨
끗함과 불결함에 차이를 두어야
한다.
11 너희는 이즈리얼 자녀에게 모든
규정을 가르칠 수 있게 해라. 그것
은 **주님**이 모지스를 통하여 그들에
게 말한 것이다."
12 그리고 모지스가 애런과 남아 있
는 그의 아들 일리저와 이써마에
게 말했다. "불로 만든 **주님**의 제물
중 남아 있는 곡식제물을 가져와
서 제단 옆에서 효모가 없는 그것
을 먹어라. 그것은 가장 신성한 것
이다.
13 그리고 신성한 장소에서 그것을
먹어라. 그것은 불로 만든 **주님**의
제물 중 너와 네 아들의 몫으로, 내
가 그렇게 명령받은 것이다.
14 흔든 가슴살과 들어올린 어깨살
은, 너와 네 아들딸들이 깨끗한 장
소에서 먹어야 한다. 제물은 너와
네 아들의 몫인데, 이즈리얼 자손
의 평화제사의 제물로부터 주어진
것이다.
15 들어올리는 어깨살과 흔드는 가슴
살은 아들들이, 불과 지방으로 만
든 제물과 함께 가져와, **주님** 앞에
서 요제로 흔들면, 그것은 너와 아
들의 몫이 된다. 이것은 **주님**이 명
령한 대로 영원한 규정이 되어야
한다."
16 그런데 모지스가 바삐 속죄제물인
염소를 살펴보니 그것이 타버렸
다. 그래서 그는 살아남은 애런의
아들들인 일리저와 이써마에게 화
를 내며 말했다.
17 "어째서 너희는 가장 신성한 것인
줄 알면서, 신성한 성소에서 속죄
제물을 먹지 않았나? **하나님**은 공
동체의 죄를 짊어지도록 너희에게
그것을 주어, **주님** 앞에서 그들을
위한 보상속죄가 되게 한 것이 아
닌가?
18 보라, 그것의 피도 성소 안으로 가
져오지 않았다. 너희는 내가 명령
한 대로 마땅히 그것을 성스러운
장소에서 먹어야 했다."
19 그러자 애런이 모지스에게 말했
다. "보세요, 이날 그들이 **주님** 앞
에서 속죄제사와 번제제사를 지냈
는데 내게 그런 일이 있었어요. 내
가 오늘 속죄제물을 먹었다면, 그
것이 **주님**의 눈에 받아들여졌을까
요?"
20 모지스는 그 말을 듣고 일리가 있
다고 생각했다.

먹을 수 있는 짐승

11 주님이 모지스와 애런에게
말했다.
2 "이즈리얼 자손에게 전해라. 이런
것이 땅의 모든 짐승 가운데 너희
가 먹어야 하는 짐승이다.
3 짐승 가운데 발굽이 갈라지고 발
이 쪼개지고 되새김으로 씹는 것
은 무엇이든 너희가 먹을 수 있다.
4 그렇지만 되새김만 하거나 발굽만
갈라진 것은 먹으면 안 된다. 낙타
의 경우처럼, 되새김을 하지만 발
굽이 갈라지지 않은 짐승은 너에
게 깨끗하지 못하기 때문이다.
5 토끼는 되새김을 하지만 발굽이
갈라지지 않았기 때문에 너에게
깨끗하지 못하다.
6 산토끼는 되새김을 하지만 발굽이
갈라지지 않았기 때문에 너에게
깨끗하지 못하다.
7 돼지는 발굽이 갈라져 있고 발이
쪼개져 있기는 하지만, 되새김을
하지 않아서 너에게 깨끗하지 못
하다.
8 너희는 그런 짐승의 살을 먹으면
안 되고, 사체를 만져도 안 된다. 그
것은 너희에게 깨끗하지 않다.
9 물 속에 있는 것 가운데 다음은 모
두 너희가 먹을 수 있다. 물과, 바다
와, 강에 있는 것 중 지느러미와 비
늘이 있는 것은 무엇이나 먹어도
좋다.
10 바다와 강물 속에서 움직이며 사
는 것 중 지느러미와 비늘이 없는
것은 너에게 혐오스러운 것이다.
11 그런 짐승은 혐오물과 같으므로,
너희는 그 살을 먹지 말고, 그 사체
는 혐오해야 한다.
12 물 속에 있으면서 지느러미도 비
늘도 없는 것은 무엇이든 너희가
혐오해야 한다.
13 가금류 가운데 너희는 다음을 혐
오하고, 먹으면 안 되는데, 이들은
혐오스러운 짐승이다. 이글독수리,
수염수리, 물수리,
14 대머리 콘돌독수리, 각종 솔개류,
15 모든 까마귀 종류,
16 부엉이, 야행성 매, 뻐꾸기, 각종 매
류,
17 작은 올빼미, 가마우지 물새, 큰 올
빼미,
18 백조, 펠리컨사다새, 물새, 지어이글
새독수리,
19 황새, 각종 백로 왜가리류, 댕기물
떼새, 박쥐다.
20 네 발로 천천히 걷는 조류는 모두
너희가 혐오해야 된다.
21 하지만 너희가 먹을 수 있는 것은,
날면서 네 발로 기고 그 위에 다리
가 있어, 땅위에서 뛰어다니는 종
류와,
22 다음과 같은 메뚜기 종류, 흰머리
메뚜기 종류, 딱정벌레 종류, 각종
여치류는 먹을 수 있다.
23 이외 날기도 하고 천천히 걷는 네
발 가진 것은 혐오해야 한다.

24 다음은 너에게 깨끗하지 못한 것
으로, 짐승 사체를 만진 사람은 누
구나 저녁까지 깨끗하지 못하다.
25 짐승 사체를 나른 자는 누구든지
자신의 옷을 빨아야 하고, 저녁 때
까지 깨끗하지 않다.
26 발굽이 갈라져 있어도 발이 나뉘
지 않았거나 되새김하지 않는 짐
승의 모든 사체는 네게 깨끗하지
않다. 그것을 만진 자는 모두 깨끗
하지 않다.
27 네 발로 가는 모든 짐승 가운데 발
톱이 있는 것은 무엇이나 너에게
깨끗하지 않다. 그 사체에 닿은 사
람은 저녁까지 깨끗하지 않다.
28 짐승 사체를 옮긴 자는 자신의 옷
을 빨아야 하며, 저녁 때까지 깨끗
하지 않다. 그들은 너에게 깨끗하
지 않다.
29 땅위를 기어다니는 것 가운데 다
음도 너희에게 깨끗하지 않다. 족
제비, 생쥐, 도마뱀류,
30 도마뱀붙이, 커밀리언카멜레온 도마
뱀, 달팽이, 두더지다.
31 기어다니는 모든 것 중 이런 것이
너희에게 깨끗하지 않고, 그것이
죽었는데 만진 사람은 누구나 저
녁까지 깨끗하지 않다.
32 죽은 짐승 중 어떤 것이라도 닿은
용기는 깨끗하지 못한데, 그릇의
재료가 나무든, 천이든, 가죽이든,
마麻든, 무엇으로 만들어졌든, 저녁
까지 깨끗하지 않고, 그릇을 물 속
에 담가 저녁까지 두면 깨끗해진
다.
33 흙으로 만든 토기는 그 안에 무엇
을 담았다 하더라도 깨끗하지 못
하므로, 깨뜨려야 한다.
34 먹을 수 있는 음식이 들어 있는 토
기그릇에 물이 들어가면 깨끗하지
못하고, 마실 수 있는 모든 것도 그
런 용기에 있는 것은 불결하다.
35 사체의 어느 부위라도 그것이 닿
은 용기는 깨끗하지 않다. 그것이
오븐화덕이든, 단지용 레인지화덕
이든, 그것을 부수어야 한다. 왜냐
하면 그것은 불결하므로 너희에게
깨끗하지 못하다.
36 비록 샘이나 웅덩이에 물이 많이
있어 깨끗하다 하더라도, 사체가
닿으면 깨끗하지 않다.
37 만약 사체의 어느 부위가 뿌릴 씨
위에 닿으면 그것은 괜찮다.
38 하지만 만약 씨 위에 물이 있고 사
체의 어느 부위가 그 위에 떨어지
면 그것은 깨끗하지 못하다.
39 만약 먹을 수 있는 어떤 짐승이 죽
었는데, 사체를 만졌다면, 만진 자
는 저녁 때까지 깨끗하지 못하다.
40 사체를 먹거나 사체를 옮긴 자는
옷을 빨아야 하고 저녁 때까지 깨
끗하지 못하다.
41 땅위를 기어다니는 모든 것은 혐
오감을 주므로 먹지 않아야 한다.
42 땅위를 기어다니는 것 중, 배로 가
는 것, 네 발로 가는 것, 더 많은 발

을 가진 것은, 무엇이든 먹으면 안
된다. 왜냐하면 그것은 혐오감이
들기 때문이다.
43 너희는 기어다니는 어떤 것과 더
불어 스스로 혐오스럽지 않아야
한다. 너희 자신을 그들과 마찬가
지로 오염시키지 마라. 그로 인해
너희가 더럽혀지면 안 된다.
44 나는 너희 **주 하나님**이므로, 너희는
자신을 신성하게 정화해야 한다.
그러면 너희는 신성해질 것이다.
왜냐하면 내가 신성하기 때문이
다. 너희는 땅위를 기어다니는 종
류로 인해 스스로 자신을 더럽히
면 안 된다.
45 왜냐하면 나는 너희의 **하나님**이 되
기 위해 너희를 이집트 밖으로 데
리고 나온 **주님**이기 때문이다. 그
래서 너희는 신성해져야 한다. 내
가 신성하기 때문이다.
46 이것은 짐승과 식용조류, 물 속에
서 움직이는 모든 생물, 땅위를 기
어다니는 모든 생물 가운데,
47 깨끗한 것과 깨끗하지 못한 것, 먹
을 수 있는 짐승과 먹을 수 없는 짐
승 사이에 차이를 두는 법이다."

산모의 정화법

12 **주님**이 모지스에게 말했다.
2 "이즈리얼 자손에게 말해라. 만약
여자가 임신하여 남자 아이를 낳
으면, 그녀는 7일간 깨끗하지 못하
다. 허약에 의한 별거기간 동안 그
녀의 신체가 온전하게 깨끗하다고
할 수 없다.
3 8일째에 남아의 포피 살을 할례해
야 한다.
4 그런데 그녀에게 출혈이 지속되
면, 33일간 더 정화해야 한다. 그녀
는 신성한 것을 만지지 말고, 정화
기간을 채울 때까지 성역에 가면
안 된다.
5 한편 그녀가 여아를 낳으면, 별거
기간에 따라 그녀는 2주일간 깨끗
하지 못하다. 그리고 출혈이 계속
되면, 66일간 정화해야 한다.
6 그녀가 아들이나 딸에 대한 정화
기간을 채우면, 그녀는 번제용으
로 1년된 숫양 한 마리를, 속죄용
으로 새끼 비둘기나 산비둘기 한
마리를, 모임의 성막문까지 제사
장에게 가져와야 한다.
7 **주님** 앞에 그것을 올리는 자가 그
녀를 위한 보상속죄 제사를 지내
야 하고, 그러면 그녀는 출혈에서
깨끗해진다. 이것은 아들이나 딸
을 낳은 산모를 위한 법이다.
8 만약 그녀가 숫양을 가져올 수 없
으면, 거북 또는 어린 비둘기 두 마
리를 가져와야 하는데, 하나는 번
제용이고 다른 하나는 속죄용이
다. 그리고 제사장이 그녀를 위한
보상속죄 제사를 지내면, 그녀는
깨끗하게 나을 것이다."

감염병 관리법

13 주님이 모지스와 애런에게 이
렇게 말했다.
2 "사람의 피부에 종기나, 부스럼이
나, 밝은 반점과 같은 피부감염병
이 나타나면, 그를 제사장 애런이
나 그의 아들 사제에게 데려가야
한다.
3 제사장은 그의 피부를 살펴보고,
그 부위의 털이 하얗게 변하고, 시
각적으로 정도가 깊으면 그것은
피부병이다. 그러면 제사장은 그
가 깨끗하지 않다고 말해야 한다.
4 만약 밝은 반점이 하얗고, 시각적
으로 피부에서 깊지 않고, 털이 희
게 변하지 않았으면, 제사장은 감
염병에 걸린 사람을 7일간 격리해
야 한다.
5 제사장은 7일간 그를 관찰해보고,
시각적으로 감염이 정지한 채 번
지지 않으면, 7일간 추가 격리를
해야 한다.
6 제사장은 7일만에 그를 다시 보아,
만약 감염 부위가 다소 검게 되어
확산되지 않으면, 그가 깨끗하다
고 선언해야 한다. 그것은 단순 부
스럼이므로 옷을 빨면 그는 깨끗
해진다.
7 그런데 제사장이 그를 깨끗하다고
본 뒤, 감염이 피부에 퍼지면, 그는
다시 제사장에게 보여야 한다.
8 제사장은 그것을 보고, 만약 감염
이 피부에 퍼지면, 깨끗하지 않다
고 선언해야 한다. 그것은 악성 감
염병이다.
9 사람에게 피부감염이 나타나면,
그를 제사장에게 데려가야 한다.
10 제사장은 그를 살펴보아, 만약 피
부가 종기처럼 하얗게 올라오며
털이 하얘지고, 종기에 생살이 빠
르게 나오면,
11 그것은 환부의 감염이 깊은 악성
이다. 따라서 제사장은 그가 불결
하다고 선언하는데, 그는 이미 불
결하기 때문에, 격리관찰을 하면
안 된다.
12 만약 감염이 피부 주위에 넓게 발
병되어, 제사장이 어디를 보나 그
의 머리부터 발끝까지 피부병이
전체 퍼져 있으면,
13 제사장은 판단을 해야 한다. 만약
감염이 그의 피부 전체를 덮었다
하더라도, 부위가 하얗게 변하면,
제사장은 그가 깨끗하다고 선언해
야 한다. 그는 나은 것이다.
14 그러나 그에게 생살이 보이면, 그
는 깨끗하지 못하다.
15 따라서 제사장은 생살을 보고, 그
가 불결하다고 선언해야 한다. 생
살은 깨끗하지 못하기 때문에 그
것은 피부감염병이다.
16 그런데 생살이 다시 하얗게 변하
면, 그는 제사장에게 와야 한다.
17 그리고 제사장은 그를 살펴보아,
만약 감염이 하얗게 변했으면, 그
의 감염이 깨끗하다고 말해야 한

다. 그는 나은 것이다.
18 또 피부에 생살이나 종기가 있다
가 나았는데,
19 그 부위에 흰 종기나 밝으면서 희
고 붉은 반점이 나타나면, 그것을
제사장에게 보여야 한다.
20 그러면 제사장이 그것을 보아, 부
위가 깊어 보이면서, 털이 하얘졌
으면, 제사장은 그가 깨끗하지 않
다고 선언해야 한다. 이것은 종기
에 발생된 피부감염병이다.
21 하지만 제사장이 관찰하여, 그 부
위의 털이 하얗지 않고, 깊지 않으
면서, 다소 검으면, 제사장은 그를
7일간 격리치료 해야 한다.
22 그런데 그것이 피부에 훨씬 넓게
퍼지면, 제사장은 그가 깨끗하지
않다고 선언해야 한다. 이것은 피
부감염병이다.
23 그런데 밝은 반점이 제자리에 있
으면서 퍼지지 않았으면, 그것은
종기가 곪아 연소 중이다. 따라서
제사장은 그가 깨끗하다고 선언해
야 한다.
24 또 어떤 피부부위가 심하게 곪았
고, 곪은 생살이 빠르게 하얘지며
밝은 반점이 다소 붉고 희면,
25 그때 제사장은 그 부위를 관찰하
여, 밝은 반점의 털이 하얗고, 시각
적으로 정도가 깊으면, 그것은 곪
은 종기에서 생긴 피부병이다. 따
라서 제사장은 그가 깨끗하지 않
다고 선언해야 한다. 이것은 피부
감염병이다.
26 그러나 제사장이 그것을 살펴볼
때, 밝은 반점에 흰털이 없고 부위
가 깊지 않으며 다소 검으면, 제사
장은 그를 7일간 격리한다.
27 그리고 7일만에 그를 관찰하여, 만
약 그것이 주위로 훨씬 넓게 퍼졌
으면, 제사장은 그가 깨끗하지 않
다고 선언해야 한다. 이것은 피부
감염병이다.
28 그런데 만약 밝은 반점이 제자리
에 있으면서 퍼지지 않고 다소 검
으면, 그것은 곪아 연소 중인 종기
다. 그러면 제사장은 그가 깨끗하
다고 선언해야 한다. 이것은 연소
중인 염증이기 때문이다.
29 남자나 여자가 머리 또는 턱수염
에 감염이 있으면,
30 제사장은 부위를 관찰해 보고, 만
약 그것이 보기에 피부 깊숙이 있
고, 노란 가는 털이 있으면, 제사장
은 그가 불결하다고 선언해야 한
다. 그것은 머리나 수염에 있는 건
성 부스럼 피부병이다.
31 제사장은 부스럼 딱지의 상태를
살펴서, 보기에 깊지 않고 털이 검
지 않으면, 그를 7일간 격리해야
한다.
32 일곱째 날, 제사장은 감염상태를
살피는데, 부스럼 딱지가 퍼지지
않고 거기에 노란 털이 없이 깊어
보이지 않을 경우,
33 그는 면도를 해도 되지만 부스럼

은 건들지 않게 하고, 제사장은 부
스럼 딱지가 있는 사람을 7 일간
더 격리해야 한다.
34 일곱째 날, 다시 제사장이 부스럼
딱지를 살펴서, 그것이 피부에 확
산되지 않고 깊지 않아 보이면, 제
사장은 그가 깨끗하다고 선언해야
하고, 그가 옷을 빨면 깨끗해진다.
35 하지만 그가 깨끗해진 다음, 피부
에 부스럼이 훨씬 더 퍼지면,
36 제사장은 그를 관찰하여, 부스럼
딱지가 피부에 퍼져 있고 노란 털
이 보이지 않으면, 그는 깨끗하지
못하다.
37 한편 부스럼 딱지가 보기에 정체
한 채 거기서 검은 털이 자라면, 그
부스럼은 치료되는 중이고, 그는
깨끗하다. 그러면 제사장은 그 사
람이 깨끗하다고 말해야 한다.
38 만약 남자나 여자가 피부에 밝은
반점이 있는데, 희고 번들거리는
반점이면,
39 제사장이 살펴서, 만약 그 부위 피
부에 밝은 반점이 거무스름한 흰
색이면, 그것은 피부에 자연 발생
으로 자란 주근깨 반점이고, 그는
깨끗하다.
40 자신의 머리에서 머리카락이 빠진
남자는 대머리이지만, 그는 깨끗
하다.
41 머리카락이 앞이마 쪽에서 빠진
남자는 앞이마 대머리지만 깨끗하
다.
42 만약 대머리나 앞이마 대머리에
붉고 흰 염증이 있으면, 그것은 대
머리 또는 앞이마에 생긴 피부병
이다.
43 제사장이 그것을 들여다보아, 피
부병에서 보이는 것처럼, 그의 대
머리나 앞이마에 희고 붉은 염증
이 올라오면,
44 그는 피부감염병이고, 깨끗하지
못하다. 제사장은 그가 완전히 불
결하다고 선언해야 한다. 그는 머
리에 감염이 생겼다.
45 피부감염병에 걸린 환자는 자신의
옷을 찢고, 머리를 풀고, 윗입술을
가리고 "불결하다, 불결하다"고 외
쳐야 한다.
46 감염병에 걸려 있는 동안 그는 자
신의 불결을 스스로 모독하며, 홀
로 진영 밖에서 지내야 한다.
47 의복 역시 곰팡이가 생긴 경우, 그
것이 모직이든 면직이든,
48 또 날실과 씨실로 짠 직물이든, 아
마사나 털로 짰든, 가죽이든, 가죽
종류로 만들어졌든,
49 옷이나 가죽이 푸르고 붉어질 때,
그것이 날실에 있든 씨실에 있든,
가죽 종류에 있든, 그것은 곰팡이
가 핀 것이므로, 제사장에게 보여
야 한다.
50 제사장은 그 상태를 살펴보고, 오
염된 것을 7일간 격리시켜야 한다.
51 7일째 그가 상태를 관찰해야 한
다. 만약 감염균이 옷에 퍼졌을 경

우, 날실과 씨실로 짠 직물이든, 아
마사나 털로 짰든, 가죽이든, 가죽
종류로 만든 것 중 어느 것에 있든,
그것은 감염균이 침투했으므로 깨
끗하지 않다.
52 따라서 그는 옷을 태워야 한다. 옷
이 날실과 씨실로 짠 직물이든, 모
직이든 면직이든, 어떤 가죽 종류
이든, 거기에 감염균이 침투했기
때문에 그것을 태워야 한다.
53 만약 제사장이 살펴보아, 감염균
이 옷에 퍼지지 않았고, 날실이든,
씨실이든, 어떤 가죽 종류이든, 퍼
지지 않았으면,
54 제사장은 사람에게 감염균이 있는
옷을 빨도록 명령하고, 7일 더 격
리해야 한다.
55 옷을 빤 다음, 제사장이 의복 상태
를 관찰하여, 곰팡이가 퍼지지 않
았어도, 색이 변하지 않았으면, 그
옷은 불결하다. 감염균이 옷의 안
에 있거나, 겉에 있거나 안쪽으로
침투한 것이기 때문에, 너는 그 옷
을 태워야 한다.
56 그리고 제사장은 옷을 빤 다음 살
펴보면서, 감염상태가 다소 검어
졌다면, 그 부위를 찢어내는데, 옷
이든, 가죽이든 날실과 씨실의 직
물에서 떼어내야 한다.
57 그것이 여전히 옷에 보이면, 날실
이든, 씨실이든, 어떤 가죽 종류이
든, 그것은 감염균이 퍼지고 있는
것이므로, 너는 감염균이 있는 것
을 불로 태워야 한다.
58 옷이 날실이든, 씨실이든, 가죽제
품 무엇이든, 너는 그것을 빨아야
한다. 만약 그 감염균이 옷에서 떨
어졌다면, 그것을 한 번 더 빨면, 깨
끗해질 것이다."
59 이것은 모직이든, 면직이든, 옷에
있는 감염균에 대한 관리법으로,
날실이나, 씨실이나, 가죽 어떤 것
이나 그것의 정결과 불결을 선언
해야 한다.

감염정화법

14

주님이 모지스에게 말했다.

2 "이것은 피부병에 걸린 사람이 정
화시기에 지켜야 할 방법으로, 그
를 제사장에게 데려가야 한다.
3 제사장은 진영 밖으로 나가 살펴
보고, 피부환자의 감염상태가 나
았으면,
4 제사장이 명령하여, 그가 깨끗이
정화되도록, 살아 있는 깨끗한 새
두 마리와, 시더나무와, 진홍색실
과, 히숍풀을 가져오게 하여,
5 제사장은 새 한 마리를 흐르는 물
위에서 토기 안에서 죽이라고 명
령한다.
6 그리고 그는 살아 있는 새를 붙잡
아, 시더나무와, 진홍색실과, 우슬
초 히숍풀과 함께 흐르는 물 위에
서 죽인 새의 피 속에 담가야 한다.
7 그리고 제사장은 환자가 피부병으

로부터 깨끗이 회복할 수 있도록,
그 사람에게 피를 7번 뿌린 다음,
깨끗하다고 선언하며, 살아 있는
새를 벌판으로 풀어주어야 한다.
8 한편 그는 정화되도록 자신의 옷
을 빨고, 머리카락을 전부 깎고, 몸
을 물로 씻은 다음, 진영 안으로 들
어오기 전에, 자신의 막사에서 멀
리 떨어져 7일간 머물러야 한다.
9 그렇게 7일째 날이 되면, 그는 자
신의 머리카락과, 턱수염과, 눈썹
과 신체의 털까지 모두 깎아야 하
고, 옷을 빨고, 물로 목욕을 하면,
그는 깨끗하게 정화된다.
10 8일째 날에, 그는 결함이 없는 숫
양 두 마리와, 결함이 없는 맏배 암
양 한 마리 및, 곡식제물용으로 기
름에 섞은 고운 밀가루 3/10 딜약 6.6
L만큼을, 기름 한 통약 0.3 L과 함께
가져와야 한다.
11 제사장은 깨끗하게 정화할 사람에
게 제물을 **주님**이 있는 모임의 성
막문 앞까지 가져오게 한다.
12 제사장은 숫양 한 마리를 잡아, 그
를 위한 면죄제물로 기름 한 통과
함께 올리면서, **주님** 앞에서 요제搖
祭로 그것을 흔들어라.
13 그는 속죄제물과 번제제물을 죽이
는 신성한 장소에서 숫양을 죽여
야 한다. 속죄제물이 제사장 몫인
것처럼 면죄제물도 그렇다. 그것
은 가장 신성한 것이다.
14 그리고 제사장은 면죄제물의 피를
조금 가져와서, 깨끗이 낫게 될 사
람의 오른쪽 귀 끝, 오른손 엄지 위,
오른쪽 엄지발가락에 바른다.
15 제사장은 기름을 조금 가져다, 자
신의 왼쪽 손바닥에 부어라.
16 그리고 오른쪽 손가락으로 왼손에
있는 기름을 찍어서 **주님** 앞에 기
름을 일곱 번 뿌려야 한다.
17 그의 왼손 안에 있는 기름 나머지
에서 깨끗해질 사람의 오른쪽 귀
끝, 오른손 엄지, 오른쪽 엄지발가
락에 있는 면죄제물의 피 위에 기
름을 발라야 한다.
18 손에 남은 기름은 깨끗하게 정화
될 사람의 머리에 바른 다음, **주님**
앞에서 그를 위한 보상속죄를 해
야 한다.
19 제사장은 속죄제물을 올리며, 그
가 불결로부터 정결해질 수 있도
록, 그를 위한 보상속죄의 제사를
지내고 난 뒤, 그는 번제제물을 죽
여야 한다.
20 그리고 번제제물과 곡식제물을 제
단 위에 올리고, 또 그를 위한 보상
속죄를 하고 나면, 그는 깨끗하게
정화된다.
21 만약 그가 가난해서 그만큼 구할
수 없다면, 자신의 보상속죄용으
로, 흔들어 올리는 면죄제사용으
로 숫양 한 마리와, 곡식제사용으
로 기름을 섞은 고운 밀가루 1/10
딜약 2.2L만큼을, 기름 1 통과 함께
가져와야 하지만,

22 그 대신 산비둘기나 어린 비둘기
중 두 마리를 가져올 수 있게 하는
데, 하나는 속죄용이고 다른 하나
는 번제용이다.
23 그는 8일째 날, 자신의 정결을 위
해 **주님** 앞 모임의 성막문까지 제
사장에게 그것을 가져와야 한다.
24 제사장은 면죄제물용 숫양과 기름
통을 가져와서, **주님** 앞에서 요제
로 흔들어야 한다.
25 그리고 면죄용 숫양을 죽여 피의
일부를 취해서, 깨끗해지고자 하
는 사람의 오른쪽 귀 끝, 오른손 엄
지, 오른쪽 엄지발가락에 바른다.
26 제사장은 자신의 왼쪽 손바닥에
기름을 붓고,
27 그것을 오른쪽 손가락으로 **주님** 앞
에 일곱 번 뿌려야 한다.
28 또 자신의 손에 있는 기름을 깨끗
하게 정화될 사람의 오른쪽 귓불,
오른손 엄지, 오른쪽 엄지발가락,
면죄제물의 피를 바른 위에 발라
야 한다.
29 제사장의 손 안에 있는 기름 나머
지는 **주님** 앞에서 보상속죄를 하여
깨끗해질 사람의 머리에 발라야
한다.
30 그런 다음 그는 자신이 가져올 수
있는 산비둘기나 어린 비둘기 중
하나를 올려야 한다.
31 그가 구할 수 있는 속죄용 하나와
번제용 다른 하나를 곡식제물과
함께 올려야 한다. 제사장은 **주님**
앞에 깨끗해질 수 있도록 그를 위
한 보상속죄 제사를 지내야 한다.
32 이것은 피부병에 감염되었는데 제
물을 가져올 능력이 없는 사람이
정화하는 방법이다."
33 그리고 **주님**이 모지스와 애런에게
말했다.
34 "내가 너희 소유로 주는 캐이넌 땅
에 너희가 들어갈 때, 나는 너희 소
유가 되는 땅에 있는 집을 피부병
으로 감염시킬 것이다.
35 따라서 집을 소유한 사람은 제사
장에게 와서 '집이 감염된 것 같다'
는 말을 해야 한다.
36 제사장은 명령하여, 감염을 살피
러 가기 전에 정화할 집을 비우게
한 다음 들어가야 한다.
37 그는 감염상태를 살펴서, 만약 벽
이 둥글고 우묵하게 들어가 있고,
푸르거나 붉은 감염흔적이 있으
면,
38 제사장은 그 집 문 밖으로 나가서,
7일간 그곳을 폐쇄해야 한다.
39 그리고 7일째에 다시 와서 보아,
만약 감염이 집안 벽에 퍼졌으면,
40 그는 그들에게 명령하여 감염된
돌을 제거하여, 도성 밖 오물 장소
에 버리게 해야 한다.
41 제사장은 그들에게 집의 안팎을
문질러 먼지를 떨어내어, 도성 밖
의 오물 장소에 버리게 해야 한다.
42 그들은 다른 돌을 가져다 돌을 뺀
곳에 끼워 넣고, 다른 진흙으로 집

에 회반죽을 칠해야 한다.
43 그런데 감염된 돌을 빼내고, 집을
문질러 털어내어 회반죽 칠을 새
로 한 다음, 감염이 다시 나타나면,
44 제사장이 다시 와보고, 감염이 집
안에 퍼졌으면, 곰팡이가 그 집에
침투한 것으로, 깨끗하지 못하다.
45 제사장은 그 집을 부수게 하여, 그
곳 돌과 목재와 진흙 모두를 도성
밖의 오물 장소로 옮겨야 한다.
46 게다가 집이 폐쇄된 동안, 안에 들
어간 자는 저녁까지 불결하다.
47 또한 그 집 안에서 눕거나 음식을
먹은 사람은 자신의 옷을 빨아야
한다.
48 제사장이 그 집에 들어가서 다시
관찰하고, 회칠을 한 이후 감염이
집안에 퍼지지 않았으면, 감염병
이 나았기 때문에, 그 집이 깨끗하
다고 선언해야 한다.
49 그는 그 집의 정화를 위하여, 새 두
마리와, 시더나무와, 진홍색실과,
히숍풀을 가져오게 한다.
50 그런 다음 그는 흐르는 물 위에서
토기에 넣은 새 한 마리를 죽여야
한다.
51 그리고 시더나무, 우슬초, 진홍색
실, 살아 있는 새를 가져와서, 흐르
는 물 위에서 죽인 새의 피 안에 그
것을 담근 다음, 그 집에 일곱 번
뿌려야 한다.
52 그는 집을 정화하는데, 새의 피와,
흐르는 물과, 살아 있는 새와, 시더
나무와, 히솝풀과, 진홍색실을 가
지고 깨끗하게 한다.
53 그런 다음 살아 있는 새를 도성 밖
벌판으로 보내어, 그 집을 위한 보
상속죄 제사를 지내야 한다. 그러
면 집이 깨끗하게 정화된다."
54 이것은 감염 관리법으로, 부스럼
딱지,
55 감염자의 옷과, 집의 감염과,
56 종기, 곰팡이피부병, 부스럼, 밝은 반점
등에 관련된 모든 종류의 관리법
이다.
57 이것은 언제 불결하고 언제 청결
한지 가르치기 위한 것으로, 감염
의 관리법이다.

불결관리법

15 주님이 모지스와 애런에게
말했다.
2 "이즈리얼 자손에게 전해라. 어떤
사람의 몸에서 고름이 나오면, 고
름으로 인해 그는 깨끗하지 못한
것이다.
3 이것은 고름 때문에 불결한 경우
로, 몸에서 고름이 나오든, 흐르던
고름이 멈추든, 그는 불결하다.
4 고름이 나오는 사람이 누웠던 침
대는 불결하고, 그가 앉았던 것은
모두 깨끗하지 않다.
5 그의 침대를 만진 사람은 누구든
지, 옷을 빨고, 물로 목욕해야 하며,
저녁까지 깨끗하지 못하다.
6 고름이 있는 자가 앉았던 장소 어

느 곳이나 앉은 적이 있는 사람은,
옷을 빨고, 목욕을 해야 하며, 저녁
까지 깨끗하지 못하다.
7 고름이 있는 자의 신체에 손을 댄
사람은, 옷을 빨고, 목욕을 해야 하
고, 저녁까지 깨끗하지 않다.
8 고름이 있는 자가 깨끗한 사람에
게 침을 뱉으면, 그는 자신의 옷을
빨고, 물로 자신을 씻어야 하며, 저
녁까지 깨끗하지 못하다.
9 고름이 있는 자가 올라탄 것은 모
두 깨끗하지 못하다.
10 불결한 사람의 밑에 있던 것 중 어
떤 것에 손을 댄 사람은 누구든지,
저녁까지 깨끗하지 못하다. 그런
것 중 어떤 것이라도 옮겼던 자는,
옷을 빨고, 목욕을 해야 하며, 저녁
때까지 깨끗하지 못하다.
11 고름이 있는 자를 만진 사람 중 누
구라도, 자신의 손을 물로 씻지 않
았다면, 그는 자신의 옷을 빨고, 목
욕해야 하며, 저녁 때까지 깨끗하
지 않은 것이다.
12 고름이 있는 자가 만진 토기그릇
은 깨뜨려 버리고, 나무그릇은 모
두 물로 씻어야 한다.
13 고름이 있는 자가 깨끗하게 나아
지면, 자신이 정화되는 7일을 헤아
려, 옷을 빨고, 흐르는 물에 몸을 씻
으면 깨끗해진다.
14 여덟째 날, 그는 산비둘기 또는 어
린 비둘기 두 마리를 **주님** 앞 모임
의 성막문까지 가져와서 제사장에
게 주어야 한다.
15 제사장은 그것으로 제사를 올리는
데, 하나는 속죄제물용으로, 다른
하나는 번제제물용이다. 제사장은
그 사람을 위하여 **주님** 앞에서 그
의 고름에 대한 보상속죄 제사를
지내야 한다.
16 만약 어떤 사람한테 성교의 정액
이 나오면, 그는 온몸을 물로 씻어
야 하고, 저녁 때까지 깨끗하지 않
다.
17 성교의 정액이 묻은 옷과 피부는,
물로 씻어야 하고, 저녁 때까지 깨
끗하지 못하다.
18 성교의 정액이 나온 자와 같이 누
웠던 여자 역시 물로 목욕해야 하
며, 저녁 때까지 깨끗하지 못하다.
19 만약 어떤 고름이 있는 여자의 경
우, 몸의 고름에 피가 있으면, 그녀
는 7일간 격리되어야 하고, 그녀에
게 닿은 사람은 누구든 저녁 때까
지 깨끗하지 못하다.
20 여자가 별거하는 동안, 그녀가 누
웠던 것은 무엇이나 불결하고, 그
녀가 앉았던 것 역시 모두 깨끗하
지 않다.
21 그녀의 침대를 만졌던 사람은 누
구든지 옷을 빨고, 자신을 씻어야
하며, 저녁 때까지 깨끗하지 못하
다.
22 그녀가 앉았던 것은 어떤 것이든
만진 사람은, 누구든지 옷을 빨고,
물로 씻어야 하며, 저녁 때까지 깨

끗하지 못하다.
23 그녀의 침대나 앉았던 것 위에 놓
였던 것은 무엇이든, 그것을 만진
사람은 저녁 때까지 깨끗하지 못
하다.
24 만약 어떤 남자가 그녀와 누웠는
데, 그녀의 분비물이 묻었으면, 그
는 7일간 깨끗하지 못하고, 그가
누웠던 침대의 모든 것도 깨끗하
지 않다.
25 만약 한 여자가 월경기간이 아니
거나 기간이 지났는데도 피가 섞
인 고름이 여러 날 나오면, 불결한
고름이 나오는 내내 월경의 별거
기간과 마찬가지로, 그녀는 깨끗
하지 않다.
26 그녀한테 고름이 나오는 동안 그
녀가 누웠거나 앉았던 모든 침구
류는, 월경기간의 불결만큼 똑같
이 깨끗하지 못하다.
27 그런 물건을 만진 사람은 누구나
깨끗하지 않으므로, 옷을 빨고, 물
로 자신을 씻어야 하고, 저녁 때까
지 깨끗하지 못하다.
28 그녀의 고름이 깨끗해져 가면, 날
짜를 세어 7일간 더 기다리고 나서
야 깨끗해질 것이다.
29 여덟째 날, 그녀는 산비둘기나 어
린 비둘기 두 마리를, 공동체 모임
의 성막문 앞까지 가져와서, 제사
장에게 주어야 한다.
30 제사장은 하나는 속죄용으로 다른
하나는 번제용으로 제사를 지내야
하고, **주님** 앞에서 고름으로 인해
불결해진 그녀를 위한 보상속죄를
해야 한다.
31 따라서 너희들 가운데 있는 나의
성전을 오염시킬 경우에, 자신의
불결로 인해 죽지 않도록 이즈리
얼 자손을 불결로부터 격리해야
한다."
32 이것은 고름이 있거나, 정액이 나
와 불결해진 사람에 대한 법이고,
33 또 분비물로 인해 아픈 여자와, 고
름이 나오는 남자와, 그런 남자나
여자나, 불결한 여자와 잠자리를
같이 한 남자가 지켜야 할 관리법
이다.

보상속죄법

16 **주님**이 모지스에게 말한 것
은, 애런의 두 아들이 **주님** 앞
에서 제례를 올리다 죽은 후였다.
2 **주님**이 모지스에게 말했다. "너의
형 애런에게 전해라. 그가 언제나
가림막 안쪽 성소에 있는 상자 위
의 자비의 자리에 오지 않게 해라.
그러면 그가 죽지 않는다. 이는 내
가 구름으로 자비의 자리에 나타
나기 때문이다.
3 그리고 애런은 속죄용 어린 수송
아지 한 마리와 번제용 숫양 한 마
리를 데리고 성소 안으로 들어와
야 한다.
4 그는 신성한 리넨 아마옷을 입어
야 하는데, 몸에 짧은 아마 바지를

입고, 아마 허리띠로 묶고, 아마 제
례모자까지 의복을 갖춰야 한다.
이것은 신성한 제례복이므로 물로
몸을 씻고 그렇게 옷을 입어라.
5 그는 이즈리얼 자손한테서 속죄용
새끼 염소 두 마리와, 번제용 숫양
한 마리를 가져와야 한다.
6 또 애런은 속죄용 수송아지를 올
리는데, 그것은 자신과 그의 집안
을 위한 보상속죄의 제사를 하는
것이다.
7 염소 두 마리는 **주님**이 있는 모임
의 성막문 앞까지 데려와야 한다.
8 애런은 두 마리 염소 중 제비 뽑기
하여, 하나는 **주님**을 위한 것으로,
다른 하나는 희생제물로 정해라.
9 그리고 **주님**의 것으로 뽑힌 염소를
데려와 속죄제물로 올려라.
10 하지만 희생제물로 뽑힌 염소는 **주
님** 앞에 산 채로 제공하여, 보상속
죄의 제사를 한 다음, 희생제물을
광야로 내보내야 한다.
11 애런은 자신의 속죄용 수송아지를
데려와서, 자신과 그의 집안을 위
해 보상속죄가 되도록 제사하고,
수송아지를 죽여야 한다.
12 그는 **주님** 앞 제단에서 불에 타는
숯으로 채운 향로를 가져와서, 잘
게 빻은 분향을 양손에 가득 쥐고,
그것을 가림막 안쪽으로 가져와야
한다.
13 그리고 **주님** 앞에서 향로의 불에
향료를 집어넣어, 향료연기가 증
언판 위에 있는 자비의 자리를 덮
을 수 있게 하면, 그가 죽지 않는다.
14 그는 수송아지 피를 가져와서, 자
신의 손가락으로 그것을 자비의
자리 동쪽 방향에 뿌리고, 또한 자
비의 자리 앞에도 손가락으로 일
곱 번 뿌려야 한다.
15 다음에 그는 백성을 위한 속죄용
염소를 죽여, 그 피를 가림막 안으
로 가져와서, 수송아지의 피를 가
지고 했던 대로, 자비의 자리 위와
앞에 염소 피를 뿌려야 한다.
16 또 그는 성소를 위한 보상속죄 제
사를 해야 한다. 왜냐하면 이즈리
얼 자손이 잘못한 모든 죄로 인해
부정하므로, 깨끗하지 못한 집단
이 있는 공동체의 성전을 위하여
제례를 지내야 한다.
17 그가 보상의 제사를 지내러 성소
안으로 들어갔다 나올 때까지 공
동체 성막 안에 다른 사람이 있으
면 안 되고, 자신과, 그의 집안과,
이즈리얼 자손 모두를 위하여 보
상속죄의 제사를 지내야 한다.
18 그리고 **주님** 앞 제단으로 가서, 그
것을 위한 보상의 제사를 하는데,
수송아지와 염소의 피를 각각 가
져다 제단 주위의 뿔에 발라라.
19 그는 손가락으로 일곱 번 제단 위
에 피를 뿌리고 정화하여, 이즈리
얼 자손의 부정을 신성하게 해라.
20 그런 다음 성소와, 공동체 모임의
이동성전과, 제단에서 용서를 구

하는 화해의 제사를 끝내면, 염소
를 산 채 내보내야 한다.
21 애런은 자신의 양손을 살아 있는
염소 머리에 얹어, 이즈리얼 자손
의 모든 잘못을 고백하고, 그들이
저지른 모든 위반을 고백하여, 죄
를 염소 머리에 올려서, 대리인의
손으로 염소를 벌판으로 내보내야
한다.
22 염소가 사람의 잘못을 모두 짊어
진 채, 아무도 살지 않는 곳으로 가
도록, 제사장이 염소를 볼모지 황
야로 보내야 한다.
23 애런은 공동체의 성전으로 와서,
성소로 들어갈 때 입었던 리넨 옷
을 벗어, 제례복을 그곳에 두어야
한다.
24 그리고 성소의 물로 몸을 씻고, 제
례복을 다시 입고 들어와서, 자신
과 백성을 위한 번제를 올리고, 자
신과 백성을 위한 보상속죄 제사
를 지내야 한다.
25 또 제단에서 속죄제물용 지방을
태워야 한다.
26 한편 희생제물용 염소를 풀어준
사람은 옷을 빨고, 물로 자신의 몸
을 씻은 다음, 진영 안으로 들어와
야 한다.
27 피를 가지고 성소에서 보상속죄
의 제사를 지냈던, 속죄용 수송아
지와 염소의 희생제물은 진영 밖
으로 옮겨, 그것의 가죽, 고기, 똥을
불에 태워야 한다.
28 그것을 태우는 사람은 자신의 옷
을 빨고, 물로 목욕한 다음, 진영 안
으로 들어와야 한다.
29 이것을 너희의 영원한 규정으로
정하여, 일곱 번째 달 10일태양력 9월
중순 이후이 되면, 금식으로 너희 영
혼에 고통을 주며, 일하지 않아야
하고, 이는 너희 민족이든, 함께 체
류하는 외국인이든 똑같다.
30 그날 제사장이 너희를 위한 보상
속죄 제사를 하여 너희를 깨끗하
게 하면, **주님** 앞에서 너희 잘못을
정화할 수 있을 것이다.
31 그날은 너희가 휴식하는 사배쓰휴
일이 되어야 하고, 너희는 영원한
규정으로 자신의 영혼에 고통을
주어야 한다.
32 정화기름을 부여받은 제사장은,
그의 아버지를 대신하여 제사장의
임무를 주관하려고 자신을 봉헌한
사람으로, 보상속죄 제사를 지내
야 하고, 신성한 의복과 동등한 리
넨 아마 옷을 입어야 한다.
33 그는 성소를 위한 보상속죄 제사
를 지내야 하고, 또 공동체 모임의
성막과 제단을 위한 보상속죄 제
사를 올려야 하며, 사제와 전 공동
체를 위한 보상속죄 제사를 해야
한다.
34 이것은 너희가 영원한 규정으로
정하여, 일년에 한 번씩 이즈리얼
자손을 위하여 그들의 죄에 대한
보상속죄 제사를 지내야 한다." 그

래서 모지스는 **주님**이 그에게 명령
한 대로 했다.

피는 생물의 생명

17 **주님**이 모지스에게 말했다.
2 "애런과, 그의 아들과, 이즈리얼 자
손에게 이것이 **주님**이 명령한 것이
라고 전해라.
3 이즈리얼집안 사람은 누구라도 진
영 안이나 밖에서 죽인 소, 새끼 양,
염소를,
4 **주님**이 있는 이동성전 문 앞에 제
물로 올리기 위해 가져오지 마라.
피에 대한 죄가 그 사람에게 돌아
가서, 그는 피를 흘리게 되고, 백성
으로부터 제거될 것이다.
5 이즈리얼 자손이 벌판에서 희생시
킨 제물을 **주님**의 공동체 성전 문
까지 제사장에게 가져오려고 하
면, 그것을 평화제사용으로 올려
야 한다.
6 제사장은 공동체의 성전 문 앞에
있는 **주님**의 제단에 그 피를 뿌리
고, **주님**에게 맛있는 향기를 올리
기 위하여 지방을 태워야 한다.
7 그들이 더 이상 외도하며 악마에
게 자신의 제물을 바치면 안 된다.
이것은 그들 세대 대대로 영원한
규정이 되어야 한다.
8 너는 사람들에게 다음을 말해야
한다. 이즈리얼집안 사람이나 너
희에게 기거하는 외국인이나 누구
라도 번제제물이나 희생제물을 올
려 제사를 지내야 한다.
9 공동체의 성막문 앞에 제물을 가
져와서 **주님**에게 올리지 않으면,
그 사람은 마찬가지로 백성에게서
제거되어야 한다.
10 이즈리얼집안이거나 너희 가운데
기거하는 외지 사람 누구든지, 어
떤 종류라도 피를 먹는 자가 있으
면, 나는 피를 먹는 자로부터 내 얼
굴을 돌려 외면하겠다." 그리고 그
는 그의 민족 가운데에서 마땅히
제거되어야 한다.
11 피 속에 생물의 생명이 있기 때문
이다. 나는 너희의 영혼을 위한 보
상속죄를 할 수 있도록, 너희가 제
단에 피를 뿌리게 했다. 영혼을 위
한 보상속죄를 할 수 있는 것이 피
이기 때문이다.
12 그래서 나는 이즈리얼 자손에게
이렇게 말한다. 너희는 누구도 피
를 먹지 말고, 너희에게 머무는 어
떤 외국인도 피를 먹으면 안 된다.
13 이즈리얼 자손이든, 너희에게 머
무는 이민족이든 누구든지, 먹을
수 있는 짐승이나 조류를 사냥해
서 잡으면, 생물의 피를 쏟아버리
고, 흙으로 덮어야 한다.
14 피는 모든 생물의 생명이므로, 생
물의 피가 곧 생명인 것이다. 따라
서 나는 이즈리얼 자손에게 말한
다. 너희는 어떤 종류의 생물의 피
도 먹지 마라. 모든 생물의 생명이

피이므로, 피를 먹는 자는 누구든
지 제거되어야 한다.
15 자연적으로 죽거나 다른 짐승에게
찢겨 죽은 짐승을 먹는 사람은 너
희 나라 사람이든, 외국인이든, 모
두 자신의 옷을 빨고 물로 몸을 씻
어야 하며 저녁까지 깨끗하지 않
다. 그 다음에 그는 깨끗해진다.
16 그러나 그가 옷도 빨지 않고 목욕
도 하지 않으면, 자기 죄를 책임져
야 한다."

부정금지법

18 **주님**이 모지스에게 말했다.
2 "이즈리얼 자손에게 전해라. 나는
너희의 **주 하나님**이다.
3 너희는, 이전에 살던 이집트땅에
서 한 행동 그대로 하면 안 되고,
또 내가 너희를 데려가는 캐이넌
땅 사람이 하는 행동도 하지 말고,
그들 관습을 따라 행동해서는 안
된다.
4 너희는 나의 정의를 따르고 나의
법령을 지키며 그 안에서 행동해
라. 나는 너희의 **주 하나님**이다.
5 따라서 너희는 나의 규정과 정의
를 지키며, 법대로 실천하며 살아
야 한다. 나는 **주님**이다.
6 너희 중 누구도 가까운 친척의 옷
을 벗기려고 다가가면 안 된다. 나
는 **주님**이다.
7 너의 아버지나 어머니의 옷을 벗
기면 안 된다. 그녀는 너의 어머니
이므로 네가 옷을 벗기면 안 된다.
8 네가 너의 아버지 아내의 옷을 벗
기면 안 된다. 그녀는 너의 아버지
의 사람이다.
9 집안에서 태어났든, 밖에서 태어
났든, 너의 아버지의 딸이나 너의
어머니의 딸인 너의 여동생의 옷
을 벗기면 안 된다.
10 너의 아들의 딸이나 너의 딸의 딸
도 마찬가지로 네가 옷을 벗기지
마라. 왜나하면 그들은 네 자신의
사람들이기 때문이다.
11 너의 아버지의 아내의 딸은 아버
지가 낳은 너의 여동생이므로, 너
는 그녀의 옷을 벗겨서는 안 된다.
12 너는 네 아버지의 여동생의 옷을
벗겨서는 안 된다. 그녀는 너의 아
버지의 가까운 가족이다.
13 너는 네 어머니의 여동생의 옷을
벗기면 안 된다. 그녀는 네 어머니
의 가까운 일가다.
14 너는 너의 아버지 형제의 아내에
게 접근하지도 말고 옷을 벗기지
도 마라. 그녀는 너의 숙모다.
15 너는 너의 며느리의 옷을 벗겨서
는 안 된다. 그녀는 네 아들의 아내
이므로 옷을 벗기면 안 된다.
16 너는 네 형제의 아내의 옷을 벗기
지 마라. 그는 네 형제의 사람이다.
17 너는 한 여자와 그녀 딸의 옷을 벗
겨서는 안 되고, 그녀 아들의 딸이
나 그녀의 딸의 딸도 안 된다. 그들

은 그녀의 가까운 가족이기 때문
에 그녀의 옷을 벗기면 안 된다. 그
것은 부정한 일이다.
18 네 아내의 여동생을 또 다른 아내
로 맞이하여 아내를 분노하게 하
면 안 되고, 또 아내가 살아 있는
동안 여동생의 옷을 벗겨서도 안
된다.
19 그리고 여자가 월경으로 깨끗하지
못한 상태에 있는 한, 네가 그녀의
옷을 벗기려고 접근하면 안 된다.
20 게다가 너는 네 이웃의 아내와 신
체적 동침을 하면 안 된다. 그녀로
인해 자신을 더럽히는 것이다.
21 너는 자식 가운데 어떤 자식도 몰
렉 신을 위해 불에 넣어서는 안 되
며, 네 **하나님**의 이름을 모독해서
도 안 된다. 나는 **주님**이다.
22 너는 여자와 눕는 것처럼, 남자와
누워서는 안 된다. 그것은 혐오행
위다.
23 너는 어떤 짐승도 함께 누워 스스
로 부정하게 만들면 안 되고, 어떤
여자도 짐승과 같이 누우면 안 된
다. 그것은 문란행위다.
24 이런 행위 가운데 어떤 것으로도
네 자신을 오염시키지 마라. 왜냐
하면 이 모든 민족이 오염되었기
때문에, 내가 너희에 앞서 쫓아내
는 것이다.
25 따라서 이 땅이 오염되면, 나는 죄
가 있는 그곳을 방문하게 되고, 그
러면 땅이 스스로 자신의 거주민
을 토해버리게 된다.
26 그러므로 너희는 나의 법규정과
나의 정의를 지켜야 하고, 그 가운
데 어떤 혐오행위도 해서는 안 된
다. 너의 민족 중 누구도 안 되고,
너희에게 머무는 어떤 외국인도
안 된다.
27 [네 앞에 있었던 그 땅 사람이 이
모든 혐오행위를 했기 때문에, 그
땅이 더럽혀졌다.]
28 너희 역시 땅을 더럽혀서, 그 땅이
너희를 뱉아내게 하지 마라. 네 앞
에 있었던 민족도 이로 인해 토해
내 버리는 것이다.
29 누구든 이런 혐오행동을 하면, 그
런 일을 저지르는 자의 영혼까지
자기 민족 가운데 제거되어야 하
는 것이다.
30 그러므로 너희는 나의 법령을 지
켜서, 이런 네 앞서 자행된 혐오스
러운 관습 중 어떤 행동도 저지르
지 않아야 하고, 그 속에서 자신을
오염시키지 않아야 한다. 나는 너
희 **주 하나님**이다."

이웃을 자신처럼

19

주님이 모지스에게 말했다.

2 "이즈리얼 자손 공동체 모두에게
전해라. 너희는 성스러워져야 한
다. 왜냐하면 너희 **주 하나님** 내가
신성하기 때문이다
3 너희는 모두 어머니와 아버지를

공경해야 하고, 나의 사배쓰휴일
을 지켜야 한다. 나는 너희의 **주 하
나님**이다.
4 너희는 우상에게 눈을 돌리지 말
고, 스스로 신을 빚어 만들지 마라.
나는 너희 **주 하나님**이다.
5 만약 너희가 **주님**에게 평화제사의
희생물을 제공하려면, 스스로 우
러나오는 마음에서 올려야 한다.
6 희생제물은 그것을 올리는 날과
다음 날에 먹어야 한다. 셋째 날까
지 남아 있는 것은 불에 태워야 한
다.
7 만약 셋째 날에 그것을 먹으면 불
결하므로 용납하면 안 된다.
8 따라서 그것을 먹는 사람은 모두
그에 대한 죄를 자신이 책임져야
한다. 그것은 **주님**의 신성한 성물
을 더럽히는 일이므로, 그런 사람
은 민족에게 제거당해야 한다.
9 너의 땅에서 생산된 농작물을 거
두어 들일 때, 밭의 구석구석까지
전부 거두지 말고, 수확물의 이삭
도 긁어모으지 마라.
10 또 네 포도밭의 이삭도 줍지 말고,
포도밭의 포도를 전부 긁어모으지
도 마라. 너는 그것을 가난한 사람
과 나그네를 위하여 남겨두어야
한다. 나는 너희 **주 하나님**이다.
11 너희는 훔치지 말고, 거짓으로 거
래하지 말며, 서로에게 거짓을 말
해도 안 된다.
12 너희는 나의 이름으로 거짓 맹세
를 하지 말고, 너희 **하나님**의 이름
을 모독해도 안 된다. 나는 **주님**이
다.
13 너는 네 이웃을 속이지 말고, 그를
강탈하지 말며, 고용자의 임금을
그날 밤과 아침까지 네가 갖고 있
으면 안 된다.
14 너는 듣지 못하는 자를 괴롭히지
말고, 보지 못하는 자의 앞에 장애
물을 두어서는 안 되며, 대신 너희
하나님을 두려워해야 한다. 나는 **주
님**이다.
15 너희는 판결에 불공정해서는 안
된다. 약자라고 편들면 안 되고, 힘
센자라고 눈치를 보아도 안 되며,
그 대신 네 이웃을 공정하게 판결
해야 한다.
16 너희는 남의 일을 입에 오르내려
며, 다른 사람에게 소문을 퍼뜨리
면 안 되고, 이웃의 희생을 모른 척
해도 안 된다. 나는 **주님**이다.
17 너는 네 형제를 마음으로부터 미
워하면 안 되고, 어떤 경우라도 네
이웃을 비난하여, 그에게 죄의 고
통을 주면 안 된다.
18 너는 복수를 하면 안 되고, 네 민족
의 자손을 상대로 원한을 품어도
안 되며, 대신 네 이웃을 자신처럼
사랑해야 한다. 나는 **주님**이다.
19 너희는 나의 규정을 지켜야 한다.
너는 네 가축의 성을 품종이 다른
것과 교배하면 안 되고, 밭에 씨앗
을 섞어 뿌려서도 안 되며, 면사와

모사를 섞어서 옷을 짜면 안 된다.
20 한 남자와 혼인관계인 여종과 동
침한 경우, 몸값을 전혀 상환도 하
지 않았고, 자유가 주어지지 않은
여종이면, 그녀는 벌을 받아야 하
지만, 그들을 죽게 하면 안 된다. 왜
냐하면 그녀는 자유인이 아니기
때문이다.
21 그 남자는 공동체의 성전문까지 **주**
님에게 죄를 면할 수 있도록, 면죄
제물로 숫양 한 마리를 가져와야
한다.
22 그러면 제사장은 그를 위하여 속
죄제사를 해야 하는데, 그가 저지
른 죄에 대하여 **주님** 앞에 면죄제
물용 숫양을 보상물로 한다. 그러
면 그가 지은 잘못을 용서받게 된
다.
23 너희가 그 땅에 들어갈 때, 식량을
위해 모든 종류의 나무를 심어야
한다. 그리고 너희는 그 열매를 할
례되지 않은 것으로 여기고, 3년간
할례되지 않은 채 그대로 두며, 먹
어서는 안 된다.
24 하지만 4년째 해가 되면, 그곳의
모든 열매는 **주님**에게 제공할 수
있는 신성한 것이 될 수 있을 것이
다.
25 다섯 번째 해에 너희는 그곳의 열
매를 먹을 수 있는데, 산출물이 점
점 더 늘어나게 될 것이다. 나는 너
희 **주 하나님**이다.
26 너희는 피가 있는 것은 어떤 것도
먹으면 안 되고, 마법을 사용해도
안 되며, 마법의 관습을 지켜서도
안 된다.
27 너는 머리 끝을 돌아가며 깎지 말
고, 네 턱수염 끝을 훼손해도 안 된
다.
28 너희는 죽으려고 신체 부위를 자
르면 안 되고, 문신을 그려도 안 된
다. 나는 **주님**이다.
29 너희 딸에게 매춘을 시켜서 매춘
부가 되게 하지 마라. 이 땅이 매춘
소로 전락하거나 불행이 가득 차
지 않게 해라.
30 너희는 나의 사배쓰를 지켜야 하
고, 나의 성소를 존중해야 한다. 나
는 **주님**이다.
31 무속신앙을 믿는 사람을 믿지 말
고, 마법사를 따르며 스스로 오염
되지 말아야 한다. 나는 너희의 **주**
하나님이다.
32 너희는 백발인 자 앞에서 일어나
야 하고, 나이든 얼굴을 존중하며,
너희 **하나님**을 경외해야 한다. 나
는 **주님**이다.
33 너희 땅에서 너와 함께 지내는 낯
선자를 괴롭히면 안 된다.
34 너와 함께 사는 외지인은 너희에
게 태어난 사람처럼 지내게 하며,
너희 자신처럼 그 사람을 사랑해
야 한다. 왜냐하면 너희도 이집트
땅에서 외국인이었기 때문이다.
나는 너희의 **주 하나님**이다.
35 너희가 계량할 때나 무게를 잴 때

나, 측정할 때, 부정직하게 결정하
면 안 된다.
36 정확한 천칭저울과, 정확한 체중
계와, 정확한 무게 및 정확한 액
체 무게를 힌액체측량도구으로 재어
야 한다. 이집트땅에서 너희를 이
끌고 나온 나는 너희의 **주 하나님**이
다.
37 따라서 너희는 나의 모든 규정을
지키고, 나의 모든 정의를 실천해
라. 나는 **주님**이다."

신성 유지

20 **주님**이 모지스에게 말했다.
2 "너는 다시 이즈리얼 자손에게 전
해라. 이즈리얼 자손이나 이즈리
얼에 거주하는 외국인 가운데, 몰
렉몰록신에게 자식을 바치는 자는,
반드시 죽음에 처하여 그 땅의 백
성이 돌로 쳐서 죽여야 한다.
3 내가 그런 사람에게서 얼굴을 돌
리면, 그는 자기 백성한테서 격리
될 것이다. 왜냐하면 자기 자식을
몰렉에게 주어, 나의 성소를 더럽
히며, 나의 신성한 이름을 모욕했
기 때문이다.
4 만약 그 땅 사람이 어떤 방법이든,
몰렉에게 자식을 주는 자를 보고
도 모른 척하며 죽이지 않으면,
5 나는 그 사람과 그의 가족으로부
터 내 얼굴을 돌려 그를 없애고, 그
를 따라 몰렉을 숭배하는 이탈행
위를 하는 모두를 그 민족 가운데
에서 제거하겠다.
6 무속신앙 같은 것과, 마법사를 따
르며 그들을 따라 외도하는 자가
있을 경우, 내가 그런 사람한테서
얼굴을 완전히 돌리면, 그는 자신
의 민족한테서 제거될 것이다.
7 따라서 네 자신을 스스로 정화하
여 신성을 유지해라. 왜냐하면 내
가 너희의 **주 하나님**이기 때문이다.
8 또 너희는 내 규정을 지키고 실천
해야 한다. 나는 너희를 정화하는
주님이다.
9 자기 아버지나 어머니를 저주하는
자는 모두 반드시 죽어야 한다. 그
는 자신의 부모를 저주했으므로,
피의 대가가 자신에게 돌아가게
하겠다.
10 타인의 아내와 간음한 사람과, 이
웃의 아내와 부정행위를 한 사람
도 마찬가지로, 간통한 남녀 모두
반드시 죽게 하겠다.
11 아버지의 아내와 같이 누운 자는
자신의 아버지 사람의 옷을 벗겼
으므로, 둘 다 반드시 죽어야 마땅
하다. 그들의 피의 대가는 자신들
한테 있다.
12 어떤 남자가 며느리와 같이 누우
면, 둘 다 반드시 죽게 된다. 그들이
문란을 자행한 탓에 그들의 피의
책임이 자신들한테 간다.
13 어떤 남자가 여자와 눕듯이, 남자
와 동침하면 두 사람 모두 혐오행

위로 인해 반드시 죽게 된다. 그들
피의 책임이 자신들한테 있다.
14 한 남자가 아내와 그녀 어머니를
둘 다 맞이하는 일은 나쁜 일이기
때문에, 그와 그들 모두를 불에 태
워 너희 가운데 불행이 없게 해야
한다.
15 한 사람이 짐승과 같이 누우면, 반
드시 그를 죽이고, 그 짐승도 죽여
라.
16 만약 한 여자가 어떤 짐승에게 다
가가 함께 누우면, 너는 그녀와 짐
승을 죽여라. 그들을 반드시 죽게
하여, 그들 피에 대한 책임을 자신
들한테 지워야 한다.
17 어떤 사람이 자신의 아버지의 딸
이나 어머니의 딸인 여동생을 맞
이하여, 그녀의 맨몸을 보거나 그
녀가 그의 맨몸을 보는 것은 나쁜
것이다. 그들은 그들 민족의 시야
에서 제거되어야 한다. 그는 자신
의 여동생의 옷을 벗겼으므로 자
신의 죄를 책임져야 한다.
18 한 남자가 월경 중인 여자와 누워
서 그녀의 옷을 벗기면, 그는 그녀
의 샘을 보는 것이고, 그녀 역시 자
신의 피의 원천을 드러낸 탓에, 둘
다 민족에서 제거되어야 한다.
19 자신의 어머니의 여동생이나 아버
지의 여동생의 옷을 벗기면 안 된
다. 그는 자신의 가까운 친척을 벗
겼으므로, 그들은 자신의 죄에 대
한 책임을 져야 한다.
20 만약 한 사람이 자기 숙부의 아내
와 누우면, 그는 숙부 사람의 옷을
벗겼으므로, 그들은 자신들의 죄
에 대한 책임을 져야 하고, 그들은
자식없이 죽게 될 것이다.
21 만약 어떤 사람이 그의 형제의 아
내를 맞이하면 그것은 부정행위
다. 그는 자기 형제에 속하는 사람
의 옷을 벗겼으므로, 그들은 자식
이 없게 하겠다.
22 너희는 모든 나의 규정과 판결을
지키며 실천해라. 그래야 내가 너
희가 살도록 데려갈 그 땅이 너희
를 쫓아내지 않는다.
23 너희는 내가 너에 앞서 쫓아낸 그
나라가 하던 방식으로 행동하면
안 된다. 그들이 모든 금지행위를
자행한 까닭에, 내가 그들을 증오
했다.
24 대신 나는 너희에게 말했다. '너희
는 그들 땅을 물려받게 된다. 내가
젖과 꿀이 흐르는 그 땅을 너희에
게 소유하도록 주겠다'고. 나는 너
희의 **주 하나님**으로서, 다른 민족으
로부터 너희를 구별했다.
25 따라서 너희는 깨끗한 짐승과 불
결한 짐승에 차이를 두고, 깨끗하
지 못한 조류와 깨끗한 조류를 분
간해야 한다. 너희는 자신의 영혼
을 짐승이나 조류로 혐오스럽게
만들어서는 안 되고, 내가 불결한
것으로 구분해준 땅을 기는 어떤
종류의 생물들로 혐오스러워지면

안 된다.
26 너희는 나에게 성스러워져야 한
다. 왜냐하면 **주님**인 내가 신성하
기 때문이고, 그래서 다른 민족과
너희를 구분한 것이다. 너희는 나
의 것이 되어야 한다.
27 무속신앙이나 마술사를 믿는 남자
또는 여자 역시, 반드시 돌로 쳐서
죽게 해야 한다. 피의 책임이 자신
들에게 돌아가게 하는 것이다."

사제법

21 **주님**이 모지스에게 말했다.
"애런의 아들 사제들에게 전
해라. 그의 민족 중 죽은자로 인해
사제가 오염되면 안 된다.
2 하지만 그의 가까운 가족 가운데
어머니, 아버지, 아들, 딸, 형제나,
3 남편이 없는 결혼 전 여동생으로
인해 사제가 오염될 수 있다.
4 그러나 사제는 민족의 대표가 되
기 때문에 세속적으로 더럽혀 스
스로 자신을 모독하면 안 된다.
5 사제들은 머리를 맨머리로 드러내
면 안 되고, 턱수염을 밀어도 안 되
며, 신체를 손상해도 안 된다.
6 사제는 자신의 **하나님**을 위해 신성
을 유지해야 하고, **하나님**의 이름
을 모욕하면 안 된다. 그들은 불로
주님의 제물을 만들고, **하나님**의 빵
도 만들어야 하기 때문에, 그들은
신성을 유지해야 한다.
7 그들은 매춘부나 세속적으로 부정
한 사람을 아내로 맞이하면 안 되
고, 남편으로부터 버림받은 여자
를 아내로 맞이하면 안 된다. 왜냐
하면 사제는 **하나님**에게 성스러운
사람이기 때문이다.
8 따라서 너희는 사제가 신성을 유
지하게 해주어야 한다. 그 이유는
그는 너희 **하나님**에게 빵을 올리므
로, 너희에게도 성스러운 사람이
다. 너희를 정화하는 **주님**으로서
내가 신성하기 때문이다.
9 어떤 제사장의 딸이 매음하며 자
신을 더럽히면, 아버지를 세속적
으로 타락시켰으므로 그녀를 불에
태워야 한다.
10 형제 가운데 대사제가 된 사람은,
머리에 정화기름을 바르고 봉헌되
어 제례복을 입은 자로서, 그는 머
리를 드러내지 말아야 하고 자신
의 옷을 찢어서도 안 된다.
11 사제는 어떤 시신에도 다가가면
안 되고, 자신의 아버지와 어머니
로 인해 스스로 오염되지 말아야
한다.
12 사제는 성소를 떠나지 말고, 그의
하나님의 성소를 모독해서도 안 된
다. 왜냐하면 그의 **하나님**의 정화
기름이 부여되어 만든 크라운 관
이 그의 머리 위에 있기 때문이다.
나는 **주님**이다.
13 그는 순결한 아내를 맞이해야 한
다.
14 미망인이나, 이혼녀나, 타락한 여

자나, 창녀를 맞이하지 말고, 대신
그는 자신의 백성 가운데 처녀를
아내로 맞이해야 한다.
15 그래서 민족 가운데 자신의 자손
을 모욕당하게 하면 안 된다. 내가
그를 신성하게 정화하는 **주님**이기
때문이다."
16 또 **주님**이 모지스에게 말했다.
17 "애런에게 전해라. 그의 자손 가운
데 결함이 있는 자는 누구라도, 그
의 **하나님**의 빵을 올리기 위해 접
근시키지 말아야 한다.
18 누구든 흠이 있는 사람은 다가오
면 안 된다. 눈이 보이지 않거나, 다
리를 절거나, 코가 납작하거나, 신
체 일부가 과도하게 크거나,
19 혹은 발이나 팔이 부러진 사람이
거나,
20 등이 굽거나, 난장이거나, 눈에 흠
이 있거나, 괴혈병이나, 피부병이
있거나, 고환이상자는 접근하면
안 된다.
21 제사장 애런의 자식에게 하나라도
흠이 있는 사람은 누구도 불로 만
드는 **주님**의 제물을 올리러 가까이
와서는 안 된다. 결함이 있는 사람
은 **하나님**의 빵을 올리려고 가까이
다가오지 말아야 한다.
22 그 사람은 **하나님**의 빵 가운데 최
고 성소와 성소에 있는 빵을 먹을
수 있다.
23 단지 그는 가림막 안으로 들어가
지 말고, 제단 가까이 가지 말아야
한다. 결함으로 인해 그가 나의 성
소를 오염시키면 안 된다. 나는 그
들을 신성하게 만드는 **주님**이기 때
문이다."
24 그래서 모지스가 애런과 그의 아
들들과 모든 이즈리얼 자손에게
그 이야기를 전했다.

성물 관련법

22

주님이 모지스에게 말했다.
2 "애런과 그 아들에게 말해라. 그들
은 이즈리얼 자손이 제공한 성스
러운 예물을 구별하고, 내게 헌납
한 성스러운 물건에 대해 나의 신
성한 이름을 모독하지 않게 해라.
나는 **주님**이다.
3 그들에게 전해라. 너희 세대 가운
데 너희 자손들은 누구든지, 이즈
리얼 자손이 **주님**에게 봉헌한 성물
에 접근하는 자가 불결하면, 그 사
람은 내 앞에서 제거될 것이다. 나
는 **주님**이다.
4 애런의 자식 중 누군가 피부에 감
염증이 있거나 고름이 흐르면, 정
결해질 때까지 성물을 먹지 말아
야 한다. 시신으로 인해 불결해진
것을 만진 자나, 정액이 흐르는 자
나,
5 혹은 불결해질 수 있는 기어다니
는 생물을 만진 자나, 깨끗하지 못
한 물건을 갖고 있어서 불결해질
수 있는 자나,

6 어떤 것이라도 만져서 불결해진
자는, 저녁까지 깨끗하지 않기 때
문에, 물로 몸을 씻지 않는 한 성물
을 먹어서는 안 된다.
7 해가 지면, 그는 깨끗해지고, 그 다
음에 신성한 성물을 먹어야 한다.
왜냐하면 그것은 그의 양식이기
때문이다.
8 저절로 죽었거나, 다른 짐승에게
찢긴 것을 먹어서 스스로 오염되
면 안 된다. 나는 **주님**이다.
9 따라서 그들은 나의 법령을 지켜
서, 그것으로 죄를 짓지 않도록 하
는데, 만약 그것을 가벼이 여기면
죽게 된다. **주님**인 내가 그들을 정
화시킬 것이다.
10 일반인이 신성한 성물을 먹으면
안 되고, 사제의 집에서 체류하거
나, 고용된 일꾼은 신성한 음식을
먹으면 안 된다.
11 하지만 사제가 돈으로 샀거나, 그
집에서 태어난 자는 신성한 음식
을 먹을 수 있다.
12 사제의 딸이 일반인과 결혼하면,
신성한 제물을 먹을 수 없다.
13 하지만 사제의 딸이 미망인이거
나, 이혼하거나, 아이가 없어서 어
릴 때처럼 아버지의 집에 돌아온
경우, 그녀는 아버지의 음식을 먹
을 수 있다. 하지만 낯선 사람은 그
것을 먹으면 안 된다.
14 만약 어떤 사람이 무심코 성물을
먹으면, 그가 먹은 신성한 음식과
함께, 그것의 1/5 부분을 더하여 제
사장에게 주어야 한다.
15 사제는 이즈리얼 자손이 **주님**에게
봉헌하는 신성한 예물을 경시하면
안 된다.
16 혹은 신성한 음식을 먹어서, 죄를
짓지 말아야 한다. 왜냐하면 나 **주**
님은 그들을 정화시키기 때문이
다."
17 **주님**이 모지스에게 말했다.
18 "애런과 그 아들과 이즈리얼 자손
에게 전해라. 이즈리얼집안 사람
이나 이즈리얼에 있는 외국인이,
봉헌물을 제공하는 경우, 자신의
맹세 목적이거나, 자유의지로 제
공하는 예물이거나, 그것을 **주님**에
게 번제제물로 올려야 한다.
19 너희는 자신의 의지에 따라 흠이
없는 수컷으로 소나 양이나 염소
중에서 올려야 한다.
20 하지만 결함이 있는 것은 무엇이
든 제공하면 안 된다. 그것은 너희
를 위하여 받아들일 수 없기 때문
이다.
21 **주님**에게 평화제사의 희생제물을
올리는 자는 누구나, 자신의 맹세
를 달성하든지, 자유의지로 소나
염소로 제사를 지내기 위하여, 제
물은 받아들여질 수 있도록 완전
하고 흠이 없어야 한다.
22 너희는 앞을 못 보거나, 사지가 부
러지거나, 불구이거나, 혹이 있거
나, 괴혈병이거나, 피부 부스럼이

있는 것을 올리면 안 되고, 그런 것
을 **주님**의 제단에서 번제제사의 제
물을 만들어도 안 된다.
23 수송아지나 숫양의 몸에 지나치게
크거나 결여된 부위가 있는 것은
어느 것이나, 자유의지용 제물로
올릴 수 있어도, 그것은 맹세용으
로 받아들여서는 안 된다.
24 너희는 타박상이 있거나, 저주받
은 것이나, 부러진 것이나, 잘린 것
을 **주님**에게 제물로 올리면 안 되
고, 너희 땅에서 그것을 어떤 제물
로 만들어도 안 된다.
25 너희는 외지인의 손으로 너희 **하나
님**의 빵을 올리게 해서는 안 된다.
그들의 부정과 결함이 그들에게
있기 때문에, 그들을 너희가 허락
하면 안 된다."
26 **주님**이 모지스에게 말했다.
27 "수송아지나 양이나 염소가 태어
나면, 7일간 어미 곁에 두어야 하
고, 8일째에 **주님**에게 불로 만드는
제물로 허용되어야 한다.
28 너희는 암소든, 암양이든, 하루에
어미와 새끼를 둘 다 함께 죽여서
는 안 된다.
29 너희가 **주님**에게 감사의 희생제물
을 올릴 경우에는, 자신의 의지로
그것을 제공해야 한다.
30 그것은 제사 당일에 먹어야 하고,
다음 날까지 남기지 말아야 한다.
나는 **주님**이다.
31 그러므로 너희는 나의 명령을 지
키고 실천해야 한다. 나는 **주님**이
다.
32 너희는 나의 성스러운 이름을 더
럽혀서는 안 된다. 나는 이즈리얼
자손 가운데에서 성스럽게 유지되
어야 한다. 나는 너희를 신성하게
하는 **주님**으로,
33 너희를 이집트땅에서 데려와서,
너희의 **하나님**이 되고자 한다. 나
는 **주님**이다."

축일 지정

23 **주님**이 모지스에게 말했다.
2 "이즈리얼 자손에게 전해라. **주님**
의 축일에 관하여, 너희는 나의 축
일을 성스러운 집회일로 선언해야
한다.
3 너희는 6일간 일하지만, 일곱 번째
날은 휴식하는 사배쓰휴일이자,
신성한 집회일이다. 그날은 일하
지 말고, 너희가 사는 모든 곳에서
주님의 사배쓰가 되어야 한다.
4 다음과 같은 **주님**의 축일은 신성한
집회일로서, 제 시기마다 축일을
알려야 한다.
5 첫 달 14일태양력 3월 중순경 저녁은 **주
님**의 통과축일유월절逾越節이다.
6 같은 달 15일은 **주님**의 무효모빵
축일이다. 7일간 너희는 발효되지
않은 빵을 먹어야 한다.
7 너희는 그 중 첫날 신성한 집회를
해야 하고, 그날 육체노동을 해서

는 안 된다.
8 너희는 7일 동안 **주님**에게 불로 만
드는 제사를 지내야 한다. 7일째
날도 신성한 집회일이므로, 그날
너희가 일을 하면 안 된다."
9 **주님**이 모지스에게 말했다.
10 "이즈리얼 자손에게 전해라. 내가
너희에게 줄 땅으로 너희가 들어
가게 되면, 생산물을 거둬들이게
될 것이다. 그때 너희는 수확물 중
첫 다발을 제사장에게 가져와야
한다.
11 그리고 사배쓰휴일 다음 날, 제사
장은 **주님** 앞에 곡식단을 흔들어
서, 너희가 받아들여질 수 있게 해
라. 사배쓰휴일 다음 날 제사장이
그것을 흔들어야 한다.
12 그리고 너희는 곡식단을 흔드는
그날, **주님**에게 번제제물로 1년 된
흠이 없는 숫양을 올려야 한다.
13 곡식제물은 기름을 섞은 고운 밀
가루 2/10딜약 4.4L만큼을, **주님**에게
불로 맛있는 냄새를 만들어 올리
고, 음료제물은 와인 1/4힌약 0.9L만
큼 올린다.
14 너희는 빵도, 볶은 곡식도, 날 곡식
도 먹으면 안 되는데, **하나님**에게
제물을 가져오는 날까지 그렇다.
그것은 너희가 사는 곳마다 너희
대대손손 영원한 규정이 되어야
한다.
15 너희는 사배쓰휴일 다음 날, 요제
로 흔드는 곡식단을 가져오는 그
날부터 날을 세어, 일곱 번째 사배
쓰휴일까지 채워라.
16 일곱 번째 사배쓰휴일 다음 날 저
녁까지, 너희는 50일을 헤아린 다
음, **주님**에게 새 곡식제물을 올려
야 한다.
17 너희가 사는 곳으로부터 2/10딜약
4.4L로 만든 요제용 빵 두 덩이를 가
져오는데, 고운 밀가루로 효모를
넣어 구워서 만들어라. 그것은 **주**
님에게 올리는 첫 농산물이다.
18 너희는 빵과 함께 1년 된 흠이 없
는 양 7 마리와, 어린 수송아지 한
마리와, 숫양 두 마리를 올리는데,
그것은 **주님**을 위한 번제제물용으
로, 곡식제물과 음료제물과 함께,
주님에게 맛있는 향기를 내기 위하
여 불로 만드는 제사를 지내야 한
다.
19 다음 너희는 속죄제물로 새끼 염
소 한 마리를, 평화제사의 제물로
1년 된 새끼 양 두 마리를 올려야
한다.
20 제사장은 **주님** 앞에 요제용으로 첫
곡식으로 만든 빵과 새끼 양 두 마
리를 흔들어야 한다. 제사장은 **주**
님에게 제물을 신성하게 해야 한
다.
21 너희는 그날을 신성한 집회일로
선포하고, 육체노동을 하지 말아
야 한다. 그것은 세대 내내 너희가
사는 모든 곳에서 영원한 규정이
되어야 한다.

22 땅의 농작물을 거두어 들일 때, 너
희 밭의 구석구석까지 깨끗하게
싹 쓸어 담지 말고, 이삭 줍기도 하
지 마라. 너희는 그것을 가난한 사
람과 나그네에게 남겨 두어야 한
다. 나는 너의 **주 하나님**이다."
23 **주님**이 모지스에게 말했다.
24 "이즈리얼 자손에게 전해라. 너희
는 일곱 번째 달 1일에 사배쓰휴일
을 지내며, 트럼필을 불어 신성한
집회를 기념해야 한다.
25 너희는 그날 육체노동을 하면 안
되고, **주님**에게 불로 만드는 제사
를 지내야 한다."
26 **주님**이 모지스에게 말했다.
27 "일곱 번째 달 10일 역시 보상속죄
하는 날이 되어야 한다. 그것은 너
희에게 신성한 집회일이다. 따라
서 너희는 금식으로 정신을 괴롭
히고, **주님**에게 불로 만드는 제사
를 지내야 한다.
28 너희는 그날 일을 하면 안 된다. 왜
냐하면 그날은 보상속죄의 날이므
로, 너의 **주 하나님** 앞에서 자신에
대한 보상속죄의 제사를 지내야
한다.
29 어떤 사람이든 그날 금식의 고통
을 감내하지 않으면, 그는 자신의
민족으로부터 제거되어야 한다
30 누구든지 그날 일을 하는 사람은,
민족 가운데에서 내가 파멸시킬
것이다.
31 너희는 무슨 일이든 일을 하지 마
라. 이것은 너희가 사는 모든 곳에
서 너의 세대 내내 영원한 규정이
되어야 한다.
32 그날은 너희에게 휴식하는 사배쓰
휴일이고, 그 달 9일째 날 저녁부
터 다음날 저녁까지 금식하며 너
희 영혼을 괴롭혀야 한다."
33 **주님**이 모지스에게 말했다.
34 "이즈리얼 자손에게 전해라. 일곱
번째 달 15일부터 7일간 **주님**의 이
동성전 축일이다.
35 첫날은 신성한 집회일이므로, 너
희는 그날 노동을 하면 안 된다.
36 너희는 7일간 **주님**에게 불로 만드
는 제사를 지내야 하고, 8일째 날
은 너희에게 신성한 집회일로, **주
님**에게 불로 만드는 제사를 지내야
한다. 그것은 진지한 모임이므로
너희는 그날 노동하지 말아야 한
다.
37 **주님**의 축일은 너희가 성스러운 집
회일로 선포하고, **주님**에게 불로
만드는 제사를 지내는데, 번제제
물, 곡식제물, 희생제물, 음료제물
등 모든 것을 제공한다.
38 이것은 **주님**의 사배쓰휴일 이외,
너희 예물 이외, 모든 맹세 이외, 자
유의사의 제물 외에, 너희가 **주님**
에게 올려야 한다.
39 일곱 번째 달 15일 역시, 너희가 땅
에서 나는 곡식을 거둬들일 때, **주
님**에게 7일간 축일을 지켜야 한다.
1일과 8일째 날이 사배쓰휴일이

다.
40 너희는 첫째 날에 아름다운 나무
의 굵은 가지를 가져오고, 야자나
무의 잔가지, 두꺼운 나무의 굵은
가지, 시냇가의 버드나무 가지를
가져와서, 7일간 너희 **주 하나님** 앞
에서 즐겁게 지내야 한다.
41 너희는 1년에 7일간 **주님**의 축일을
지켜야 한다. 이것은 너희 세대 대
대로 영원한 규정이 되어야 하는
데, 일곱 번째 달에 축일을 기념해
야 한다.
42 너희는 사막에서 7일간 지내야 한
다. 이즈리얼 민족이 태어난 막사
안에서 지내는 의미는,
43 너희 세대가 다음 세대에게 알리
는 것이다. 내가 이즈리얼 자손을
막사에서 살게 했고, 시기는 이집
트땅에서 그들을 데려와 사막에서
그렇게 했다. 나는 너의 **주 하나님**
이다."
44 그래서 모지스가 이즈리얼 자손에
게 **주님**의 축일을 선포했다.

등잔 규정

24 **주님**이 모지스에게 일렀다.

2 "이즈리얼 자손에게 명령해라. 네
게 조명용으로 짠 순 올리브 기름
을 가져오게 하여, 그것으로 등잔
에 불을 계속 밝혀 두어라.
3 공동체 모임의 성막 내 증언판의
가림막 밖에, 애런이 명령하여 저
녁부터 아침까지 **주님** 앞에 계속
밝히도록 해라. 그것은 너희 후손
에게 영원한 규정이 되어야 한다.
4 그는 **주님** 앞 촛대에 등잔이 언제
나 켜지도록 명령해야 한다.
5 너희는 고운 밀가루를 가져다, 그
것으로 케익과자 12개를 굽는데,
과자 하나는 2/10딜약 4.4L 정도로
만든다.
6 너는 그것을 두 줄로 한 줄에 6개
씩 **주님** 앞의 탁자 위에 놓아라.
7 너는 두 줄의 과자마다 순수 유향
조각을 얹어서, **주님**에게 불로 만
드는 제물이 기념될 수 있게 해라.
8 사배쓰휴일마다 영원한 약속으로,
이즈리얼 자손에게서 받은 과자를
그가 가지런히 차려야 한다.
9 그것은 애런과 그 아들의 몫으로,
그들은 성소에서 그것을 먹어야
한다. 그것은 영원한 규정에 의해
불로 만드는 **주님**의 제물로 그에게
가장 신성한 것이다."
10 한편, 이즈리얼 여자의 자식 중 아
버지가 이집트인의 아들 하나가
이즈리얼 자손 가운데 있었는데,
진영에서 이즈리얼 남자와 싸웠
다.
11 이즈리얼 여자의 아들이, **주님**의
이름을 모욕하고 저주했으므로,
사람들이 그를 모지스에게 데려
갔다. [어머니의 이름은 쉴러미쓰
로 댄부족출신 디브리의 딸이었
다.]

12 사람들은 그를 감옥에 가두고, **주**
님의 마음이 그들에게 보일 수 있
게 했다.
13 **주님**이 모지스에게 말했다.
14 "내 이름을 저주한 그를 진영 밖으
로 데려가서, 그의 모욕을 들은 모
두가 자신의 손을 그의 머리에 얹
은 다음, 전 공동체가 그를 돌로 죽
여라.
15 너는 이즈리얼 자손에게, '**하나님**
을 저주하는 자는 누구든지 자신
의 죄를 책임져야 한다'고 말해야
한다.
16 **주님**의 이름을 모독한 자는 반드
시 죽음에 처해야 하고, 모든 대중
은 돌로 그를 확실하게 죽여야 한
다. 외지인도 마찬가지로 그 땅에
서 태어난 자처럼, **주님**의 이름을
모욕하면 죽음에 처해야 한다.
17 사람을 죽인 자는 반드시 죽게 해
야 된다.
18 짐승을 죽인 자의 경우에는, 짐승
에는 짐승으로 보상하게 해라.
19 어떤 사람이 이웃에게 상해를 입
히면, 그가 했던 대로 그 자에게 갚
아야 한다.
20 상해에는 상해, 눈에는 눈, 이에는
이, 그가 타인에게 입힌 피해 그대
로 그 자에게 다시 갚아야 한다.
21 짐승을 죽인 자는 그것을 보상해
야 하고, 사람을 죽인 자는 죽여야
한다.
22 너희 나라 사람에게 법이 하나이
듯, 마찬가지로 외국인에게도 똑
같아야 한다. 나는 너의 **주 하나님**
이기 때문이다."
23 그래서 모지스가 이즈리얼 자손에
게 말했다. "사람들은 **하나님**을 저
주한 그를 진영 밖으로 데려 가서
돌로 죽여야 한다." 그러자 이즈리
얼 자손은 **주님**이 모지스에게 명령
한 대로 했다.

50주년 규정

25 **주님**이 사이나이 산에서 모
지스에게 말했다.
2 "이즈리얼 자손에게 전해라. 내가
너희에게 준 땅으로 들어간 다음,
너희는 그 땅에서 **주님**에게 사배쓰
휴일을 지켜야 한다.
3 너희는 6년간 밭에 씨를 뿌리고,
포도밭에 가지치기를 하며 그 열
매를 거두어라.
4 하지만 7년째가 되면, 그 땅의 사
배쓰휴식년이고, **주님**을 위한 사배
쓰이므로 땅을 쉬게 해야 한다. 너
희는 땅에 씨를 뿌려도 안 되고, 네
포도밭을 가꾸어도 안 된다.
5 자생하는 것을 네 곡물을 수확하
듯 거둬들이면 안 되고, 가꾸지 않
은 포도를 거두어도 안 된다. 왜냐
하면 1년 동안 땅이 쉬어야 하기
때문이다.
6 땅의 사배쓰 휴지기는 너를 위한
곡식을 산출해줄 것이다. 너와 네
남종과 여종, 네 고용인, 네게 기거

하는 외지인 모두를 위하여,
7 그리고 너희 땅에 있는 가축과 짐
승을 위하여 그곳에서 양식을 산
출하게 될 것이다.
8 그리고 너희는 사배쓰 해의 7년을
세는데, 7년씩 일곱 번이다. 사배
쓰 해의 일곱 번의 휴지기 기간은
너에게 49 년이 될 것이다.
9 다음 너는 일곱 번째 달 10일에 축
제의 소리로 트럼핕을 불어야 한
다. 그날에 보상속죄를 하며 너희
땅 전역에 트럼핕으로 환희의 소
리를 내야 한다.
10 너희는 50주년을 신성하게 지내
며, 온 땅 전역에 거기서 사는 모두
에게 자유를 선언해라. 그날은 너
희에게 기쁨의 축제가 되면서, 너
희는 종속되어 있는 사람 모두를
돌려보내어, 그들이 자신의 가족
에게 돌아가게 해야 한다.
11 네가 맞이할 '50주년 축제'의 해에
는, 씨를 뿌려도 안 되고, 그 땅에서
자생하는 것을 추수해도 안 되며,
네가 가꾸지 않은 포도밭의 포도
를 거두지 마라.
12 그 해는 축제의 해이므로, 너희에
게 성스러워야 한다. 너희는 밭에
서 자란 생산물을 먹어도 좋다.
13 축제의 해가 되면, 너희는 자신의
종속인을 모두 귀향시켜야 한다.
14 그리고 만약 네가 네 이웃에게 땅
을 팔거나, 네 이웃의 손에서 사야
한다면, 너희는 서로 압박하며 강
요하면 안 된다.
15 50주년 축제의 해 이후의 햇수에
따라, 너는 네 이웃으로부터 땅을
사야 하고, 그는 결실을 거둔 햇수
에 따라 너에게 팔아야 한다.
16 햇수가 많이 남아 있으면, 햇수대
로 그곳의 가격을 올리고, 햇수가
적게 남았으면 가격을 줄여야 한
다. 그 이유는 결실을 거둔 햇수대
로 그가 너에게 땅을 팔아야 하기
때문이다.
17 따라서 너희는 서로 압박하면 안
되고, 대신 **하나님**을 두려워해야
한다. 나는 너의 **주 하나님**이기 때
문이다.
18 그러므로 너희는 나의 규정을 실
행하고, 나의 정의를 지키며, 그것
을 실천해라. 그러면 너희는 그 땅
에서 편안하게 살 것이다.
19 그리고 땅이 자신의 생산물을 산
출하면, 너희는 충분히 먹게 되고,
거기서 편안하게 살 것이다.
20 어쩌면 너희는 이렇게, '우리는 7
년째 되는 해에 무엇을 먹지? 보다
시피, 우리가 씨를 뿌리지 못하고
생산물을 거두지 못하는데...' 라고
말하면,
21 그때 내가 여섯째 해에 너희에게
나의 축복을 명령하면, 땅은 3년
분의 곡식을 산출할 것이다.
22 너희는 8년째 해에 씨를 뿌리고,
여전히 9년째 해까지 묵은 곡식을
먹게 된다. 너희는 그 땅에서 곡식

이 나올 때까지 묵은 저장곡식을
먹어야 한다.
23 땅은 영원히 팔아서는 안 된다. 왜
냐하면 땅은 나의 것이고, 너희는
나그네이고, 나에게 잠시 온 체류
자이기 때문이다.
24 너희가 소유한 모든 땅에서 너희
는 땅의 원주인의 회수권을 보장해야
한다.
25 만약 네 동생이 점점 가난해져서,
자신이 소유한 땅의 일부를 팔았
는데, 만약 그의 친척 누군가가 그
것을 상환하면, 그 친척이 동생이
판 땅을 회수할 수 있다.
26 만약 그것을 아무도 대신 상환할
수 없으면, 스스로 그것을 상환할
수 있다.
27 그때 그는 그 땅을 매각한 햇수를
계산하여, 그가 땅을 판 사람에게
초과분을 되갚으면, 그는 다시 땅
을 자신의 소유로 되돌릴 수 있다.
28 하지만 그 사람이 땅을 돌려줄 수
없으면, 팔린 땅은 50주년까지 산
사람의 손에서 유지되고, 50주년
축제의 해에 땅의 계약이 해지되
어, 그는 자신의 소유권을 되찾을
수 있다.
29 만약 도성 안에서 살고 있는 어떤
사람이 집을 팔면, 그는 팔린 지 1
년 안에 상환할 수 있다. 1년 안에
그것을 되찾을 수 있다.
30 만약 1년 기간 내에 상환하지 못하
면, 도성 내에 있는 그 집은, 집을
매입한 사람이 대대로 영원히 소
유가 확정될 것이다. 그것은 50주
년이 되어도 해지되지 않는다.
31 하지만 그 주위에 벽이 없는 마을
의 집은, 그 지방의 벌판으로 간주
되고, 그것은 상환될 수 있으며, 그
들의 계약은 50주년에 해지된다.
32 그렇지만 리바이레위부족의 도성과
그들 소유의 도성 안의 집은, 리바
이부족이 언제든지 상환하여 되찾
을 수 있다.
33 어떤 사람이 리바이부족으로부터
매입한 경우, 팔린 집과 그의 소유
의 도성은 50주년이 되는 해에 계
약이 해지된다. 왜냐하면 리바이
부족의 도성 내 집은 이즈리얼 자
손 가운데 그들의 소유이기 때문
이다.
34 하지만 리바이의 도성의 근교의
벌판은 팔 수 없다. 왜냐하면 그것
은 영원한 그들의 소유이기 때문
이다.
35 만약 너와 함께 있는 사람이 점점
가난해져서 어렵게 되면, 너는 그
의 고통을 덜어주어야 한다. 그렇
다, 비록 그가 외지인이나 나그네
라 하더라도 괴로움을 덜어주면,
그는 너와 함께 살 수 있다.
36 너는 그에게 고액이자를 받거나
가진 것을 뺏지 말고, 너의 **하나님**
을 두려워해라. 네 형제가 너와 함
께 살 수 있게 해라.
37 너는 네 돈을 고리를 붙여서 주지

말고, 그에게 네 양식에 이자를 붙
여서 빌려주지 마라.
38 나는 너의 **주 하나님**으로, 너희를
이집트땅에서 데려와, 캐이넌 땅
을 너희에게 주고자 하고, 또 너희
하나님이 되려는 것이다.
39 만약 네 옆에서 사는 형제가 가난
해져서 네게 팔려왔다면, 너는 그
를 노예로 부리기 위해 강제로 일
을 시켜서는 안 된다.
40 대신 그는 고용된 일꾼이나 체류
자로서 너와 함께 있어야 하고, 50
주년이 되는 해까지 너에게 봉사
시킨 다음,
41 그때 너로부터 그를 보내야 하는
데, 그와 딸린 자녀 모두 조상의 고
향과 가족한테 돌려보내야 하고,
그는 돌아가야 한다.
42 그들은 나의 종으로, 내가 이집트
땅에서 데리고 나왔으므로, 그들
은 노예로 팔려서는 안 된다.
43 너는 그를 엄하게 다루지 말고, 너
의 **하나님**을 두려워해야 한다.
44 네가 갖게 될 여종과 남종은 모두
네 주위에 있는 이방인들 가운데
서 사야 한다.
45 또 너희 가운데 머무는 외국인 자
손 가운데 너희가 사람을 산 경우,
그리고 너희 땅에서 그들이 낳은
자녀가 너와 함께 그들의 가족 중
에서, 너희가 사람을 산 경우에는,
그들은 너의 소유가 되어야 한다.
46 너희는 후손을 위한 유산물로 그
들을 데려와서, 후손의 소유물로
상속하면, 그들은 영원히 네 노예
가 된다. 하지만 이즈리얼 자손인
네 형제에 대해 너희는 서로 심하
게 다루면 안 된다.
47 만약 나그네나 외지인이 네 옆에
서 부유해지고, 그 옆에 사는 네 형
제가 가난해져서, 네 이웃의 이민
족이나 체류자에게, 혹은 이방인
가족의 재산으로 자신을 팔게 되
면,
48 그가 팔린 후 그를 다시 상환해 올
수 있는데, 그의 형제 중 하나가 그
를 되찾아 올 수 있다.
49 그의 아저씨든 그의 아들이든 어
느 쪽이든 그를 상환할 수 있거나,
그의 가족 중 그와 가까운 누군가
가 그를 상환할 수 있다. 또는 그가
가능하면 스스로 상환할 수 있다.
50 그는 팔려왔던 해로부터 50주년이
되는 해까지 햇수를 계산하고, 몸
값은 햇수와 종으로 고용된 시기
에 따라 정해져야 한다.
51 만약 아직 여러 해가 남아 있으면,
사왔던 금액에서 그의 상환금액을
갚아야 한다.
52 만약 50주년이 되는 해까지 몇 년
밖에 남지 않은 경우에도, 해에 따
라 계산하여 상환금액을 다시 그
에게 주어야 한다.
53 그는 1년간 고용인으로서 그와 함
께 있어야 하며, 다른 사람이 그를
엄하게 다루면 안 된다.

54 만약 그가 이런 식으로 몇 년 내 상
환되지 않으면, 그와 그의 자녀는
모두 50주년에 계약이 해지된다.
55 이즈라엘 자손은 나의 종으로, 이
집트땅에서 내가 데려왔다. 나는
너희 **주 하나님**이다."

보상과 처벌

26 "너희는 우상을 만들지 말고,
형상을 조각하지 말고, 석제
신상을 세우지 말고, 너희 땅에 돌
조각상을 세워 절을 해도 안 된다.
왜냐하면 내가 너의 주인 **하나님**이
기 때문이다.
2 너희는 나의 사배쓰휴일을 지키
고, 나의 성소를 존중해야 한다. 나
는 **주님**이다.
3 너희가 나의 규정대로 행동하고,
나의 명령을 지키고 실천하면,
4 나는 너에게 계절에 따라 비를 내
려, 땅이 농산물을 생산하고, 들의
나무가 열매를 맺게 하겠다.
5 네 탈곡은 오래 이어져 파종기까
지 달하면, 너희는 빵을 먹고 만족
하며, 너희 땅에서 편안하게 살 것
이다.
6 그리고 내가 그 땅에 평화를 내려,
그곳에 누우면, 너희는 아무도 두
려워할 자가 없을 것이다. 또 내가
그 땅의 나쁜 짐승을 제거하여, 칼
이 너희 땅을 꿰뚫지 못하게 하겠
다.
7 너희가 적을 추격하면, 그들은 너
희 앞에서 칼에 쓰러지게 된다.
8 너희 다섯은 백을 추격하고, 너희
백은 만을 날려버려, 적이 네 앞에
서 칼에 쓰러질 것이다.
9 나는 너희를 존중한다. 그래서 인
간이 자손의 열매를 맺게 하고 수
를 늘리게 하며, 나의 약속을 너희
와 맺는다.
10 그러면 너희는 저장곡식을 먹게
되고, 새것으로 인해 묵은 것이 생
기게 될 것이다.
11 나는 너희 가운데 나의 성막을 세
우고, 나의 영혼은 너희를 싫어하
지 않을 것이다.
12 그래서 나는 너희 가운데를 걸으
며, 너희 **하나님**이 되고, 너희는 나
의 백성이 되는 것이다.
13 나는 너의 **주 하나님**으로서, 이집트
땅에서 너희를 데려와서, 너희가
그들의 노예가 되지 않게 했다. 나
는 너희를 결박한 멍에를 풀어 너
희를 똑바로 일으켜 세웠다.
14 그런데 만약 너희가 내 말을 듣지
않고, 모든 계명을 지키지 않으면,
15 그리고 너희가 나의 규정을 무시
하거나, 너희 영혼이 나의 정의를
무시하며, 나의 명령을 따르지 않
고, 대신 나의 계약을 파기하면,
16 나 역시 너희에게 이렇게 하겠다.
나는 너에 대하여 공포를 주어 집
어삼키고, 학질로 태우겠다. 그래
서 눈이 멀고 마음에 슬픔이 일게
하겠다. 너희가 씨를 뿌려도 보람

이 없는 것은, 너희 적이 그것을 먹
기 때문일 것이다.
17 그리고 내가 너희로부터 얼굴을
돌리면, 너희는 적 앞에서 살해당
하게 되고, 너를 미워하는 저들이
너희를 지배하면서, 너희는 추격
자가 없을 때까지 달아나야 할 것
이다.
18 만약 너희가 여전히 내 말을 경청
하지 않으면, 나는 너희 죄 이상으
로 일곱 배로 응징하겠다.
19 나는 너의 힘의 자존심을 꺾어버
리고, 너의 하늘을 쇠처럼 만들고,
너의 땅을 동으로 만들겠다.
20 그러면 너희 힘은 쓸모없이 소모
될 것이다. 그 이유는 땅도 농산물
을 산출하지 않고 나무도 열매를
맺지 않기 때문이다.
21 만약 너희가 내게 반항하고 내 말
을 듣지 않으면, 죄에 따라 너희에
게 더 큰 재앙을 7 번 보낼 것이다.
22 나는 또 너희 가운데 짐승을 보내
어, 네 자식을 빼앗고, 네 가축을 죽
이고, 네 민족 수를 줄이며, 너의 도
로를 파괴하겠다.
23 만약 내가 하는 이런 것으로도 너
희가 개선되지 않고 내게 반대로
나가면,
24 나 역시 너에 맞서 걸으며, 네 죄의
대가로 일곱 배만큼 처벌하겠다.
25 나는 네게 칼을 대어, 내 계약에 대
한 싸움에 복수하겠다. 너희가 도
성 안에 한데 모였을 때, 그 가운데
에 전염병을 보내면, 너희는 적의
손에 넘겨지게 될 것이다.
26 내가 너희 빵재료를 비우면, 여자
10명이 한 화덕에서 빵을 구워, 무
게에 따라 빵을 나누어 먹는다 해
도, 만족하지 못할 것이다.
27 만약 너희가 이 모든 것을 듣지 않
고 내게 반대로 행동하면,
28 나 역시 분노로 너에게 맞서 나가
겠다. 게다가 나는 네 죄를 7 배로
질책하겠다.
29 그러면 너희는 네 아들딸의 살을
먹어야 할 것이다.
30 나는 네가 사는 언덕을 파괴하고,
너희 형상을 절단하고, 네 시체를
너희 우상의 시체 위에 던지며, 나
의 영혼이 너를 싫어하게 될 것이
다.
31 나는 너희 도성을 허물어, 네 안식
처를 망가뜨리고, 너희가 올리는
맛있는 향기도 냄새 맡지 않겠다.
32 그리고 내가 그 땅을 파괴하면, 그
곳에 있던 너희 적이 그것에 경악
할 것이다.
33 내가 너희를 이교도 가운데 흩어
버려, 네 뒤에서 칼로 찌르게 하면,
너희 땅은 파멸되고, 네 도성은 폐
허가 될 것이다.
34 그때 그 땅은 황무지로 있는 한 휴
지기의 사배쓰를 즐길 것이고, 너
희가 적의 땅에 있는 한, 마찬가지
로 그 땅은 쉬면서 사배쓰를 즐길
것이다.

35 땅이 황폐되어 있는 동안 쉬게 되
는 이유는, 너희가 그 땅에서 사는
동안 너희 안식으로 인해 땅은 쉬
지 못했던 것이다.
36 너희 가운데 살아남은 자에 대하
여, 나는 적의 땅에 있는 그들 마음
에 공포를 보내어, 흔들리는 잎사
귀 소리조차 그들을 뒤쫓게 하면,
그들은 칼로부터 도망치듯 달아나
야 하고, 추격자가 없을 때까지 쓰
러질 것이다.
37 그들은 쫓는 자가 아무도 없을 때
까지, 칼 앞에서 서로가 서로 위에
쓰러져서, 마침내 너희는 적 앞에
설 힘마저 없게 될 것이다.
38 그러면 너희는 이교도 사이에서
파멸하고, 적의 땅이 너희를 먹어
치울 것이다.
39 너희 중 남은 자는 적의 땅에서 자
신의 죄를 후회하고, 조상의 죄 역
시 슬퍼하게 될 것이다.
40 만약 그들이 자신의 죄와, 조상의
죄는 물론, 내게 맞서 위반하며 저
지른 잘못과 내게 반대로 나아갔
던 잘못까지 고백하면,
41 나도 그들에게 맞서 걸으며, 그들
을 적의 땅으로 데려갔던 것인데,
만약 드러내지 못했던 그들의 마
음이 겸손해지고, 그래서 죄의 처
벌을 받아들이면,
42 그때 나는 재이컵과, 아이직이사악,
이삭과 맺은 나의 계약을 기억하고,
애이브러햄과 맺은 약속도 기억하
면서, 그 땅도 기억하겠다.
43 그 땅도 그들을 떠나보내고, 그들
없이 황폐되어 있는 동안 휴식의
사배쓰를 즐길 것이다. 그리고 그
들이 자신의 잘못에 대한 처벌을
받게 되는 이유는, 나의 정의를 무
시하고, 그들의 영혼이 나의 규정
을 싫어해서 비롯된 것이기 때문
일 것이다.
44 하지만 이 모든 것으로 인해 그들
이 적의 땅에 있게 되어도, 나는 그
들을 버리거나 싫어하여, 철저히
파괴시켜 나의 계약이 파기될 정
도까지는 하지 않겠다. 왜냐하면
나는 그들의 **주 하나님**이기 때문이
다.
45 대신 나는 그들을 위하여, 그들 조
상과 맺은 약속을 기억하겠다. 그
들은 내가 그들의 **하나님**이 되려고
이집트땅에서 이교도의 눈 앞에서
데려왔다. 나는 주인이다."
46 이것이 규정과 정의와 법이다. 그
것은 **주님**이 자신과 이즈리얼 자손
사이에 만든 것으로 사이나이 산
에서 모지스를 통해 이루어진 것
이다.

대가법

27

주님이 모지스에게 말했다.
2 "이즈리얼 자손에게 전해라. 한 사
람이 한 가지를 소원할 때, 사람은
너희 계산법에 따라 **주님**에게 대가

가 있어야 한다.
3 따라서 너희 계산은 20세부터 60
세 남자라면, 성소의 쉐클세켈, 세겔
로 은 50쉐클570g이 되어야 한다.
4 만약 여자라면, 너희 계산은 30쉐
클342g이 되어야 한다.
5 다섯 살에서 20세까지, 너희 계산
은 남자 20 쉐클228g이고, 여자 10
쉐클114g이다.
6 그리고 1개월에서 다섯 살까지는,
너희 계산으로 남아는 은 5쉐클57g
이고, 여아는 은 3쉐클34g이 된다.
7 또 60세부터 그 이상인 경우, 남자
라면 너희 계산은 15 쉐클171g이고,
여자면 10쉐클114g이다.
8 하지만 너희 계산보다 더 가난한
경우, 그는 제사장 앞에서 자신을
보여야 하고, 제사장은 평가를 하
는데, 그가 약속하는 능력에 따라
그에게 값을 매겨야 한다.
9 어떤 사람이 가져온 **주님**의 제물이
짐승이면, **주님**에게 그것을 주는
사람은 누구라도 성스러워져야 한
다.
10 그는 제물에 대하여, 좋은 것을 나
쁜 것으로, 나쁜 것을 좋은 것으로
변경하거나 바꾸면 안 되고, 짐승
을 짐승으로 바꿀 경우, 그것과 교
환할 짐승이 신성해야 한다.
11 만약 제물이 깨끗하지 못한 짐승
이면, 그것을 **주님**에게 희생제물로
올리지 말고, 제사장에게 그 짐승
을 보여야 한다.
12 그래서 제사장이 그것에 값을 매
기면, 그것이 좋든 나쁘든, 제사장
의 평가대로, 그 값이 되어야 한다.
13 그런데 그가 그것을 돈으로 상환
하려면, 너희 계산에 1/5을 추가해
야 한다.
14 어떤 사람이 자신의 집을 **주님**에게
신성하게 헌정하고자 하면, 제사
장은 그것이 좋은지 나쁜지 평가
하여, 제사장이 평가한 대로 그것
의 값이 된다.
15 그런데 그가 헌납한 집을 되찾고
자 하면, 그는 너희가 매긴 금액의
1/5을 추가하면, 그것이 그가 낼 금
액이 된다.
16 만약 한 사람이 자신이 소유한 밭
의 일부를 **주님**에게 헌납한다면,
그곳에 뿌리는 씨앗을 계산하여,
보리 씨앗 1호모호메르, 호멜: 220L의
경우, 은 값 50쉐클약 570g이다.
17 그가 50주년에 자신의 밭을 헌납
하면, 너희 계산에 따라 값을 정한
다.
18 그가 50주년이 지난 다음에 자신
의 밭을 헌납하면, 제사장은 그에
게 계산해주어야 하고, 돈은 다음
50주년까지 남은 햇수대로 계산을
줄여야 한다.
19 만약 밭을 헌납한 그가 어떻게든
그것을 되찾으려 한다면, 그가 계
산된 돈의 1/5을 추가하면, 그것은
그의 소유로 보증된다.
20 만약 그가 밭을 상환하지 않거나

다른 사람에게 팔 경우에는, 조금
도 돌려주어서는 안 된다.
21 대신 50주년에 토지의 권리가 해
지될 때, 그 밭은 **주님**에게 헌납한
성물이 되고, 그것은 제사장의 소
유가 된다.
22 만약 한 남자가 자신이 소유한 밭
이 아닌 구매한 밭을 **주님**에게 헌
납하면,
23 그때 제사장은 50주년까지 가치를
계산하여, 그가 그날 너희가 계산
한 금액을 **주님**에게 성물로 주어야
한다.
24 50주년에 그 밭을 산 사람에게 돌
려주어, 땅의 소유권을 가진 자에
게 주어야 한다.
25 모든 계산은 성소의 쉐클 기준에
따르고, 20게라 단위는 은 1쉐클약
11.4g이다.
26 짐승의 맏배는 오직 **주님**의 첫째가
되어야 한다. 누구도 그것을 희생
시키면 안 되고, 짐승이 황소든 양
이든 그것은 **주님**의 것이다.
27 만약 그것이 깨끗하지 못한 짐승
이면, 그는 계산법에 따라 상환하
되, 그것의 1/5을 더해야 하고, 혹
은 그것을 대납하지 못하면, 그것
을 계산대로 팔아야 한다.
28 어떤 경우에도 사람이 가진 것 중
주님에게 봉헌한 헌납물은, 팔거나
상환되면 안 되는데, 그것이 사람
이나, 짐승이나, 또 그의 소유 밭이
나, 팔거나 도로 물리면 안 된다. 모
든 봉헌물은 **주님**에게 가장 신성한
것이다.
29 사람이 헌납한 봉헌물 중 그 어떤
것도 도로 물려서는 안 된다. 그러
면 반드시 죽음을 맞이하게 된다.
30 땅의 십일조는 씨앗이든, 나무의
열매든, 그것은 **주님**의 것이므로,
그것은 **주님**에게 신성한 것이다.
31 만약 한 사람이 자신이 내야 하는
십일조의 모든 것을 물리고자 하
는 경우, 그는 거기에 그것의 1/5
만큼 더해야 한다.
32 소떼나, 양떼의 십일조에 관하여,
목자의 지팡이 아래를 통과한 것
은 무엇이든, 열 번째 것은 **주님**의
신성한 소유물이다.
33 그것이 좋든 나쁘든 그는 다시 찾
아도 안 되고 바꾸어도 안 된다. 만
약 그가 그것을 바꾸면, 그것과 교
환한 것은 둘 다 신성해야 하고, 그
것을 되돌려주어서는 안 된다."
34 이것은 **주님**이 사이나이산에서 이
즈리얼 자손을 위해 모지스에게
명령한 것이다.

인구조사

전쟁용사 집계

1 **주님**이 사이나이시나이, 시내 황야 한가운데, 공동체의 이동성전에서, 모지스모세에게 말한 시기는, 그들이 이집트를 나온 지 2년 지난 두 번째 달 첫날이었다.

2 "너희는 이즈리얼이스라엘 자손 전 공동체 수를 집계해라. 조상가문에 따라 가족 별로 모든 남자이름의 숫자를 조사해라.

3 20세부터 그 이상, 이즈리얼 중 전쟁에 나갈 수 있는 모두를, 너와 애런아론이 군대 별로 세어야 한다.

4 너와 더불어 모든 부족에서 각 한 사람이, 자기 조상가문의 대표로 있어야 한다.

5 이들은 너를 도울 사람의 이름이다. 루번부족에서 쉐듀어의 아들 일리저,

6 시미언부족에서 쥬리셔다이의 아들 셜루미얼,

7 쥬다부족에서 애미내댑의 아들 내이션,

8 이써칼부족 중 주얼의 아들 네써니얼,

9 제뷸런부족 중 헬런의 아들 일리앱,

10 조셒 아들 이프리엄부족 중 애미훋의 아들 일라이샤마, 그리고 머나서부족 중 페다저의 아들 거매리얼,

11 벤저민부족에서 기드오니의 아들 어바이든,

12 댄부족 중 애미셔다이의 아들 애하이저,

13 애셜부족 중 오크랜의 아들 패지얼,

14 개드부족 중 듀얼의 아들 일리어새프,

15 냎털라이부족 중 이넌의 아들 애하이라다."

16 이들은 공동체 가운데 널리 알려진, 조상 부족의 대군귀족으로, 이즈리얼 내 수천 명의 대표들이다.

17 모지스와 애런은 이름이 언급된 사람들을 데리고,

18 둘째 달 첫날에 함께 공동체의 집회를 했다. 그들은 가계족보를 신고했는데, 조상가문에 따라 이름 수대로 20세부터 그 이상의 인구를 조사한 것이다.

19 **주님**이 모지스에게 명령한 대로, 그는 사이나이 사막 벌판에서 사람 수를 세었다.

20 이즈리얼의 장남 루번자손은, 조
상가문에 따른 가족 세대별로, 설
문조사한 이름 수에 따르면, 20세
부터 그 이상 전쟁에 나갈 수 있는
남자로서,
21 루번부족에서 등록된 인원은 46,
500명이었다.
22 시미언의 자손은, 조상가문에 따
른 가족 세대별로, 설문조사한 이
름 수에 따르면, 20세부터 그 이상
전쟁에 나갈 수 있는 남자로서,
23 시미언부족에서 등록된 인원은
59,300명이었다.
24 개드의 자손은, 조상가문에 따른
가족 세대별로, 설문조사한 이름
수에 따르면, 20세부터 그 이상 전
쟁에 나갈 수 있는 남자로서,
25 개드의부족 중 등록된 인원은
45,650명이었다.
26 쥬다의 자손은, 조상가문에 따른
가족 세대별로, 설문조사한 이름
수에 따르면, 20세부터 그 이상 전
쟁에 나갈 수 있는 남자로서,
27 쥬다의 부족 중 등록된 인원은
74,600명이었다.
28 이써칼의 자손은, 조상가문에 따
른 가족 세대별로, 설문조사한 이
름 수에 따르면, 20세부터 그 이상
전쟁에 나갈 수 있는 남자로서,
29 이써칼의 부족 중 등록된 인원은
54,400명이었다.
30 제뷸런의 자손은, 조상가문에 따
른 가족 세대별로, 설문조사한 이
름 수에 따르면, 20세부터 그 이상
전쟁에 나갈 수 있는 남자로서,
31 제뷸런의 부족 중 등록된 인원은
57,400명이었다.
32 조셒의 자손은 다시 말해, 이프리
엄 자손은, 조상가문에 따른 가족
세대별로, 설문조사한 이름 수에
따르면, 20세부터 그 이상 전쟁에
나갈 수 있는 남자로서,
33 이프리엄부족 중 등록된 인원은
40,500명이었다.
34 머나서의 자손은, 조상가문에 따
른 가족 세대별로, 설문조사한 이
름 수에 따르면, 20세부터 그 이상
전쟁에 나갈 수 있는 남자로서,
35 머나서의 부족 중 등록된 인원은
32,200명이었다.
36 벤저민의 자손은, 조상가문에 따
른 가족 세대별로, 설문조사한 이
름 수에 따르면, 20세부터 그 이상
전쟁에 나갈 수 있는 남자로서,
37 벤저민의 부족 중 등록된 인원은
35,400명이었다.
38 댄의 자손은, 조상가문에 따른 가
족 세대별로, 설문조사한 이름 수
에 따르면, 20세부터 그 이상 전쟁
에 나갈 수 있는 남자로서,
39 댄의 부족 중 등록된 인원은 62,
700명이었다.
40 애셜의 자손은, 조상가문에 따른
가족 세대별로, 설문조사한 이름
수에 따르면, 20세부터 그 이상 전
쟁에 나갈 수 있는 남자로서,

41 애셜의 부족 중 등록된 인원은
41,500명이었다.
42 냎털라이의 자손은, 조상가문에
따른 가족 세대별로, 설문조사한
이름 수에 따르면, 20세부터 그 이
상 전쟁에 나갈 수 있는 남자로서,
43 냎털라이의 부족 중 등록된 인원
은 53,400명이었다.
44 이것이 모지스와, 애런이, 이즈리
얼 조상가문의 대군귀족 중 하나
씩, 각 12 대표와 함께 계산한 숫자
다.
45 그렇게 이즈리얼 자손 가운데 계
산된 숫자는, 조상가문에서 20세
부터 그 이상 나이의 전쟁에 나갈
수 있는 사람으로,
46 등록된 총인원은 603,550명이었
다.
47 그런데 그들의 조상 부족 가운데
리바이 가계출신은 집계하지 않았
다.
48 왜냐하면 **주님**이 모지스에게 다음
과 같이 일렀다.
49 "너는 리바이부족만은 이즈리얼
자손 가운데에서 세지도 말고, 집
계도 내지 마라.
50 대신 너는 리바이 가계에게 증거
의 이동성전에 관한 임무를 지정
하고, 그에 딸린 모든 용기와 그에
속하는 모든 물건을 맡겨야 한다.
그들은 성막과, 그곳의 모든 용구
를 옮기고, 관리하며, 성막 주위에
진영을 세워야 한다.
51 성전이 앞으로 전진할 때, 리바이
는 천막을 거두고, 성막을 펼 때면,
그들이 천막을 쳐야 한다. 가까이
다가오는 낯선자는 죽게 된다.
52 그리고 이즈리얼 자손은 그들의
텐트를 치는데, 모두 전 군대의 진
영 별, 소속 깃발 옆에 세워라.
53 하지만 리바이부족이 증거의 성
막 주위에 천막을 쳐야 하는 이유
는, 이즈리얼 자손 공동체에게 화
가 없게 하는 것이다. 리바이 가계
는 증거의 성막에 대한 책임을 져
야 한다."
54 그래서 이즈리얼 자손은 **주님**이 모
지스에게 명령한 대로 그대로 했
다.

진영 배치

2 **주님**이 모지스모세와 애런아론에
게 말했다.
2 "이즈리얼이스라엘 자손은 모두 조
상가문의 군기와 소속 깃발 옆에
천막을 치는데, 공동체의 성막에
서 멀리 떨어져서 세워야 한다.
3 해가 뜨는 동쪽 방향에 쥬다 진영
의 깃발을 세워, 부대 별로 야영하
고, 애미내댑의 아들 내이션이 대
장이 되어야 한다.
4 그의 부대 내 등록 대원은 74,600
명이었다.
5 그 옆에 이써칼부족이 진영을 세
워야 하고, 주얼의 아들 네써니얼
이 대장이 되어야 한다.

6 그의 부대 내 등록 대원은 54,400
명이었다.
7 다음에 제뷸런부족이 있고, 헬런
의 아들 일리앱이 대장이 되어야
한다.
8 그의 부대 내 등록 대원은 57,400
명이었다.
9 쥬다 진영에서 집계된 대원은 부
대 전체에서 186,400명이고, 이들
이 선두에 서게 된다.
10 남쪽에는 루번 진영의 깃발을 세
워, 부대 별로 야영하고, 대장은 쉐
듀어의 아들 일리저다.
11 그의 부대 내 등록 대원은 46,500
명이었다.
12 그 옆에 진을 치는 부대는 시미언
부족이어야 하고, 대장은 쥬리셔
다이의 아들 셜루미얼이다.
13 그의 부대 내 등록 대원은 59,300
명이었다.
14 다음에 개드부족이 있고, 대장은
루얼의 아들 일리어새프다.
15 그의 부대 내 등록 대원은 45,650
명이었다.
16 루번 진영에서 계산된 대원은 군
대 전체를 통틀어 151,450명이고,
이들이 두 번째 대열에서 출발한
다.
17 공동체의 이동성전은 야영지 한가
운데에서 리바이 캠프와 함께 출
발하고, 부대는 진영을 구축할 때
와 마찬가지로 전진해야 하고, 모
든 대원은 자신의 깃발 별로 제자
리에서 나가야 한다.
18 서쪽 방향에는 이프리엄 진영의
깃발을 세워, 부대 별로 야영하고,
대장은 애미훋의 아들 일라이샤마
다.
19 그의 부대 내 등록 대원은 40,500
명이었다.
20 그 옆에는 머나서의 부족이 있어
야 하고, 대장은 페다저의 아들 거
매리얼이다.
21 그의 부대 내 등록 대원은 32,200
명이었다.
22 다음에 벤저민부족이 있고, 대장
은 기드오니의 아들 어바이든이
되어야 한다.
23 그의 부대 내 등록 대원은 35,400
명이었다.
24 이프리엄 진영에서 계산된 전체
대원은 108,100명이고, 이들은 세
번째 대열로 출발한다.
25 댄 진영의 깃발은 군대의 북쪽에
위치하고, 대장은 애미셔다이의
아들 애하이저이다.
26 그의 부대 내 등록 대원은 62,700
명이었다.
27 그 옆에서 진을 치는 부대는 애셜
부족이고, 대장은 오크랜의 아들
패지얼이다.
28 그의 부대 내 등록 대원은 41,500
명이었다.
29 다음에 냎털라이부족이 있고, 대
장은 이넌의 아들 애하이라다.
30 그의 부대 내 등록 대원은 53,400

명이었다.
31 댄 진영에서 계산된 대원은 157,
600명이고, 그들은 깃발과 함께 맨
뒤 마지막 대열로 가게 된다."
32 이것은 조상가문에 따라 이즈리
얼 자손의 수를 조사한 것으로,
군대 전체를 통틀어 부대대원은
603,550명이었다.
33 하지만 리바이부족은 이즈리얼 자
손 가운데에서 계산되지 않았고,
주님이 모지스에게 명령한 대로 했
다.
34 이즈리얼 자손은 **주님**이 모지스에
게 명령한 대로 했다. 따라서 그들
은 자신의 깃발 옆에 진을 쳤고, 모
두가 조상가문에 따라 가족 별로
나아갔다.

리바이부족

3 이것은 **주님**이 사이나이시나이,
시내 산에서 모지스모세와 대화
하던 당시, 애런아론과 모지스의 세
대다.
2 이것은 애런 자손의 이름으로, 첫
째 아들 내이댑과 애비후, 일리저,
이써마이다.
3 이들 애런의 아들들은, 정화기름
을 부여받고 사제의 일을 주관하
도록, 봉헌된 제사장이었다.
4 내이댑나답과 애비후아비후는 **주님**
앞에서 죽었는데, 시기는 사이나
이의 광야에서 그들이 **주님** 앞에
다른 불을 올렸을 때였고, 그들은
자녀가 없었다. 그리고 일리저엘아
자르, 엘르아살와 이써마아타마르, 이다말
는 그들의 아버지 애런의 눈 앞에
서 사제 업무에 봉사했다.
5 **주님**이 모지스에게 말했다.
6 "리바이레위부족을 가까이 데려와,
그들이 제사장 애런을 도울 수 있
도록 시범을 보여라.
7 그들은 자신이 맡은 바를 잘 지키
며, 공동체의 성막 앞에서 전 군중
을 돌보고, 이동성전의 제사를 지
내게 된다.
8 그리고 성막의 모든 도구를 관리
하고, 이즈리얼 자손에 대한 책임
을 지고, 성막에서 제사 일을 하게
된다.
9 너는 리바이를 애런과 그의 아들
에게 데려다 주어라. 그들은 이즈
리얼 자손 중 전적으로 애런에게
주어진다.
10 네가 애런과 그의 아들을 지정하
면, 리바이는 그들의 사제 일에 대
기해야 한다. 낯선자가 가까이 다
가오면 죽게 될 것이다."
11 **주님**이 모지스에게 말했다.
12 "보라, 나는 이즈리얼 자손 중 리바
이를 선택하여, 이즈리얼의 모체
에서 나온 첫째 모두를 대신하게
한다. 그러므로 리바이는 나의 것
이 되어야 한다.
13 모든 장자는 내 것이므로, 내가 그
날 이집트의 첫째를 희생시킴으로
써, 이즈리얼의 사람과 짐승 모든

첫째를 나에게 신성하게 정화했던
것이다. 따라서 이즈리얼은 나의
것으로 존재해야 한다. 나는 **주님**
이다."
14 **주님**이 모지스에게 사이나이 광야
에서 말했다.
15 "리바이 자손의 수를 세어, 그들 조
상가문에 따라 가족 별로 모든 남
자는 1개월부터 그 이상의 수를 집
계해야 한다."
16 그래서 모지스가 **주님**이 명령한 말
그대로, 리바이 수를 세었다.
17 이것은 리바이 자손의 이름으로,
거션, 코해쓰, 메라리였다.
18 이것은 거션 아들의 가족 별 이름
으로, 립니, 쉬메이이다.
19 코해쓰 아들의 가족 별 이름은, 앰
램, 이제하, 히브런, 우지얼이다.
20 메라리 아들의 가족 별 이름은, 말
리, 무쉬이다. 이들이 리바이의 조
상가문에 따른 가족이다.
21 거션 가계에는 립니 족과 시메이
족이 있었고, 이들이 거손 가계의
가족이다.
22 집계된 사람 중 1개월부터 그 이상
되는 남자 수는 7,500명이었다.
23 거션 가계의 가족은 성막의 서쪽
뒤에 진을 쳐야 하고,
24 거션의 조상가문의 대표는 래얼의
아들 일리어새프가 된다.
25 공동체의 성막 내 거션 자손의 임
무는, 이동성전과 막사, 그것의 덮
개, 성막문의 휘장,
26 안마당 담장용 휘장, 성전 옆 제단
주위 안마당 출입문용 휘장, 거기
에 필요한 모든 밧줄이다.
27 코해쓰 가계는, 앰램부족의 가족,
이제하부족의 가족, 히브런부족의
가족, 우지얼부족의 가족이 있었
다.
28 집계된 1개월부터 그 이상 남자 수
는 8,600명으로 성소를 맡는다.
29 코해쓰 자손의 가족은, 성막 남쪽
에 진영을 세운다.
30 코해쓰 조상가문의 대표는 우지얼
아들 일리저팬이다.
31 그들의 임무는 상자, 탁자, 촛대, 제
단 및 그들이 제사하는 성소의 여
러 용구와, 휘장과, 그에 딸린 일체
다.
32 제사장 애런의 아들 일리저는, 리
바이부족대표들을 관리하는 감독
관이 되어, 성소의 임무를 지키도
록 그들을 감독한다.
33 메라리 가계는 말리부족의 가족
과, 머쉬부족의 가족이 있다.
34 집계된 1개월부터 그 이상 되는 남
자 수는 6,200명이었다.
35 메라리 가계에서 조상가문의 대표
는, 애비해얼의 아들 주리얼이고,
이들은 이동성전 북쪽에 진을 친
다.
36 메라리 자손의 보관임무는, 성막
의 담장용 널판, 가로막대와 기둥,
받침, 그에 딸린 모든 용구와, 사용
되는 전부,

37 안마당 주위 담장용 기둥, 받침, 말
뚝과 밧줄이다.
38 한편 공동체의 이동성전 앞 동쪽
방향에는, 모지스와 애런과 그 아
들들이 있으면서, 이즈리얼 자손
을 맡아 성소를 책임지고 지켜야
한다. 가까이 오는 이민족은 죽음
에 처해진다.
39 리바이부족의 집계는, 모지스와
애런이 **주님**의 명령에 따라 수를
세었고, 가족마다 1개월부터 그 이
상의 남자 수는 22,000명이었다.
40 **주님**이 모지스에게 말했다. "이즈
리얼 자손 중 1개월부터 그 이상
되는 장남의 숫자를 전부 세어, 이
름대로 수를 집계해라.
41 그리고 너는, 나에게 리바이를 데
려와야 한다. [나는 **주님**이다.] 그
들은 이즈리얼 자손의 첫째 대신
이고, 또 리바이의 가축 중 첫배는
이즈리얼 가축 가운데 모든 맏배
를 대신하는 것이다."
42 그래서 모지스가 **주님**의 명령대로,
이즈리얼 자손 가운데 모든 장남
의 수를 세었다.
43 이름으로 계산하여 1개월부터
그 이상 되는 모든 장남의 수는
22,273명이었다.
44 **주님**이 모지스에게 말했다.
45 "이즈리얼 자손 가운데 모든 장자
대신에 리바이를 선택하고, 리바
이 가축은 이즈리얼의 가축 대신
선택해라. 리바이는 나의 것이 되
어야 한다. 나는 **주님**이다.
46 그런데 대신 상환할 이즈리얼의
장남 수가 리바이부족보다 273명
더 많다.
47 따라서 조사된 수에 5쉐클씩 받되,
네가 성소의 쉐클세겔, 세겔 기준에
따라, 그들에게 받아내라. [쉐클은
20게라가 된다.]
48 너는 상환해야 하는 그들의 숫자
차이에 해당하는 돈을 애런과 그
의 아들에게 주어야 한다."
49 그래서 모지스가 상환금을 받았는
데, 그것은 이즈리얼이 리바이로
상환가능한 수보다 넘는 숫자만큼
이었다.
50 이즈리얼의 장남한테서 받은 돈은
1,365 쉐클로, 성소의 쉐클 기준을
따랐다.
51 그런 다음 모지스는 갚을 수 있도
록 이즈리얼의 돈을 애런과 그의
아들에게 주었다. **주님**이 모지스에
게 한 명령대로 **주님**의 말을 따랐
다.

리바이 임무

4 **주님**이 모지스와 애런에게 말했
다.
2 "리바이레위 자손 가운데 코해쓰크
핫, 고핫 자손을 조상 가문에 따라 가
족 별로 인원수를 조사하여,
3 30세 및 그 이상부터 50세까지 군
대에 들어가는 사람은 모두, 공동
체의 성막에서 일하게 해라.

4 이것은 코해쓰 자손이 공동체의
성막에서 봉사할 가장 신성한 일
에 관한 것이다.
5 진영이 앞으로 전진할 때가 되면,
애런과 그의 아들이 와서, 덮개 가
림막을 내린 다음, 그것으로 증언
의 상자를 덮어라.
6 오소리 가죽 덮개를 그 위에 얹고,
그 위에 파란색 전용 천을 펼쳐 덮
은 다음, 거기에 나무봉을 끼워 넣
어라.
7 전시용 빵의 탁자 위에 파란 천을
펼치고, 그 위에 접시, 숟가락, 대접
과, 그것의 뚜껑을 놓고 가려지도
록 감싸고, 전시용 빵도 그 안에 넣
어야 한다.
8 그 위에 주홍색 천을 펴서 씌운 다
음, 그것을 오소리 가죽 덮개로 덮
고, 거기에 나무봉을 끼워라.
9 파란 천을 가져와서, 등잔용 촛대,
등잔, 집게, 촛농접시, 기름 용기 및
그들이 사용하는 전부를 덮어 감
싸라.
10 그리고 그것과 모든 용기를 놓고
오소리 가죽 덮개로 덮어 그것을
가로막대 위에 올려 놓아라.
11 황금제단 위에 파란 천을 펼치고,
오소리 가죽 덮개로 덮고, 거기에
나무봉을 끼워라.
12 그리고 그들은 성소에서 제례할
때 사용하는 도구를 모두 가져다
파란 천 안에 넣고, 오소리 가죽 덮
개로 덮고, 가로막대 위에 그것들
을 올려 놓아라.
13 제단에서 재를 치우고, 그 위에 자
주색 천을 펼쳐서,
14 그 안에 제례를 지낼 때 사용하는
향로, 고기갈고리, 부삽, 대야, 제단
의 모든 용기를 올려 놓고, 그 위에
오소리 가죽 덮개를 펼쳐 덮고, 거
기에 나무봉을 끼워라.
15 애런과 그의 아들이 성소와 모든
용기를 감싸는 일을 끝내고, 진영
이 출발할 때면, 다음에 코해쓰 자
손이 그것을 짊어지러 와야 하는
데, 그들이 성물에 손이 닿지 않게
하여, 죽지 않도록 해야 한다. 이것
은 성막에서 코해쓰 자손이 담당
한다.
16 제사장 애런의 아들 일리저의 임
무에는, 조명용 기름, 분향, 일일 곡
식제물, 정화기름 및 이동용 성전
전체와, 내부의 모든 것과, 부속 용
기 일체에 대한 감독이다."
17 **주님**이 모지스와 애런에게 말했다.
18 "너희는 리바이 가운데서 코해쓰
가문의 부족을 제명되게 해서는
안 된다.
19 따라서 그들이 최고 성물에 다가
설 때, 죽지 않고 살 수 있도록, 애
런과 그의 아들이 안에 가서, 각자
에게 봉사와 맡을 일을 지정해 주
어라.
20 하지만 그들은 성물을 쌀 때, 보려
고 안으로 들어가지 말고, 그래서
죽지 않게 해라."

21 **주님**이 모지스에게 말했다.
22 "또한 거션게르손 자손 역시 조상가
문을 통틀어 가족 별로 수를 세어
라.
23 30세 및 그 이상부터 50세까지 집
계 내어라. 봉사대상에 들어가는
모두는, 공동체의 성막에서 일을
하게 된다.
24 이것은 거션 가문의 봉사와 임무
인데,
25 그들은 성막의 커튼과, 성막의 덮
개와, 그 위에 덮는 오소리 가죽 덮
개와, 공동체 성막의 출입문 휘장
과,
26 안마당의 휘장과, 안마당의 입구
문 휘장인데, 그것은 성막 옆쪽과
제단 주위에 있는 것이고, 밧줄과,
부속 도구 일체와, 제사를 지내기
위한 모든 것에 대해 그들이 봉사
해야 한다.
27 애런과 그의 아들이 지정하는 것
을, 거션 자손이 그들의 임무로 봉
사해야 한다. 너희는 그들에게 모
든 임무를 지정해 주어야 한다.
28 이것은 공동체의 성막에서 거션
자손의 가문이 할 일이다. 그들의
관리는 제사장 애런의 아들 이써
마의 손에 있다.
29 메라리므라리 자손에 대하여, 너는
그들의 조상가문에 따라 가족 별
로 수를 세어야 한다.
30 성막에서 봉사할 수 있는 30세 및
그 이상부터 50세까지, 모든 사람
의 수를 세고, 봉사의 대상인 각자
는 성막의 작업을 하게 된다.
31 이것은 공동체의 성막에서 봉사해
야 할 임무인데, 성막의 널판, 가로
막대, 기둥과 받침,
32 안마당 주위 기둥과 받침, 말뚝과
밧줄 및, 그것의 도구와 제사 관련
도구이다. 너희는 그들이 맡은 도
구를 이름으로 생각해 두어야 한
다.
33 이것은 메라리 자손 가족의 봉사
로, 성막에서 그들이 해야 할 일이
고, 제사장 애런의 아들 이써마의
손에서 관리한다."
34 그래서 모지스와 애런과 공동체의
대표가 코해쓰 자손의 조상가문에
따라 가족 별로 수를 세었는데,
35 30세 및 그 이상부터 50세까지, 성
막의 일을 위한 봉사가 가능한 사
람은,
36 가족 별로 집계된 인원은 2,750명
이었다.
37 이것은 코해쓰 가계에서 집계된
사람으로, 성막에서 봉사를 할 수
있는 전체를, 모지스와 애런이 **주
님**의 명령에 따라 모지스의 손으로
수를 계산하게 했던 것이다.
38 거션 자손에서 계산된 사람은, 조
상가문에 따른 가족을 통틀어,
39 30세 및 그 이상부터 50세까지, 성
막의 일을 위해 봉사에 해당되는
사람은,
40 모두 2,630명이었다.

41 이것은 거션 자손의 가계에서 계
산된 사람으로, 성막에서 봉사할
수 있는 모두를, **주님**의 명령에 따
라 모지스와 애런이 수를 집계했
다.
42 메라리 자손의 가계에서 계산된
사람은, 조상가문에 따른 가족 전
체로,
43 30세 및 그 이상부터 50세까지, 공
동체의 성막 일을 위한 봉사가 가
능한 수는,
44 모든 가족 별 집계는 3,200명이었
다.
45 이것은 메라리 자손의 가계에서
수가 계산된 사람으로, 모지스를
통하여 **주님**이 한 말에 따라 모지
스와 애런이 그들의 수를 세었다.
46 모지스와 애런과 이즈리얼 대표
가, 리바이 가운데에서 조상가문
에 따라 가족 별로 집계한 전체로,
47 30세 및 그 이상부터 50세까지, 성
막에서 봉사를 맡아 제사를 도울
수 있는 모두는,
48 전체 인원수가 8,580명이었다.
49 **주님**의 명령에 따라, 그들은 모지
스의 손에 의해 사람을 집계하며,
모두 봉사와 맡은 일에 따른 인원
수를 계산하며, **주님**이 모지스에게
명령한 대로 수행했다.

비행 정화

5 **주님**이 모지스모세에게 말했다.
2 "이즈리얼이스라엘 자손에게 명령해
라. 모든 피부가 감염되었거나, 고
름이 나거나, 시체로 불결해진 사
람은 누구든지 진영 밖에 두어야
한다.
3 남자나 여자 모두 진영 밖에 두어,
내가 있는 진영이 오염되지 않게
해라."
4 그래서 이즈리얼 자손이 그들을
진영 밖에 두어, **주님**이 모지스에
게 말한대로 했다.
5 **주님**이 모지스에게 말했다.
6 "이즈리얼 자손에게 말해라. 남자
나 여자가 **주님**을 위반하는 죄를
지으면, 그자는 유죄다.
7 그러면 그들은 잘못한 비행을 고
백하고, 자신의 위반을 원칙대로
배상해야 하며, 거기에 더하여 원
칙금액의 1/5을 추가하여 피해를
입힌 사람에게 주어야 한다.
8 하지만 만약 그 사람이 피해를 배
상받을 친척이 없으면, 위반자가
주님에게 배상하게 하여, 제사장에
게 주어야 하고, 별도로 보상속죄
용 숫양 한 마리로 그를 위한 보상
속죄 제사를 지내야 한다.
9 이즈리얼 자손이 제사장에게 가져
오는 신성한 제물은 모두 그의 것
이다.
10 모든 사람이 가져온 신성한 성물
은 제사장의 것으로, 누가 무엇을
주든 그의 것이다."
11 **주님**이 모지스에게 말했다.

12 “이즈리얼 자손에게 전해라. 만약
어떤 사람의 아내가 빗나가서 남
편과의 약속을 어기는 비행을 저
지르고,
13 그녀와 동침한 남자가 거짓말하며
그 일을 그녀 남편의 눈을 속이는
경우, 비밀로 유지되어도 그녀는
오염된 것이다. 거기에 그녀에 대
한 증인도 없고, 그녀가 어떤 식으
로도 들키지 않았다 해도,
14 남편에게 아내에 대한 질투심이
있으면 그녀는 더럽혀진 것이다.
또는 아내에 대한 질투심이 일어
났지만, 그녀가 오염되지 않았다
면,
15 남편은 아내를 제사장에게 데려가
면서, 그녀를 위한 제물로 보리곡
물 1/10이파2.2L를 가져가야 한다.
그는 제물에 기름을 붓지 말고, 거
기에 향료수지도 넣지 말아야 한
다. 왜냐하면 그것은 질투의 제물
로 부정행위를 상기하는 기억의
제물이기 때문이다.
16 그리고 제사장은 그녀를 가까이
데려와 **주님** 앞에 세워놓고,
17 토기에 성수를 가져오게 하고, 제
사장이 성막 바닥의 흙을 집어 물
에 넣어라.
18 제사장은 그녀를 **주님** 앞에 세우
고, 머리의 베일을 벗기고, 질투를
기억하는 질투의 제물에 그녀의
손을 얹게 한 다음, 제사장이 저주
를 부르는 쓴물을 손에 들고,
19 그녀에게 서약의 책임을 이렇게
말해야 한다. ‘만약 너와 동침한 남
자가 없고, 네가 남편 대신 다른 남
자에게 부정하게 가지 않았으면,
너는 저주의 쓴물에 대해 해가 없
다.
20 그런데 만약 네가 남편 대신 다른
남자에게 가서 자신을 더럽히고,
남편 이외 어떤 남자와 누웠다면,’
이라고 말하고,
21 제사장은 그녀에게 저주의 선서를
시키며 다음을 말하게 해야 한다.
‘**주님**은 너에게 저주를 내리고, 너
희 백성 앞에서 맹세시킬 때, **주님**
이 너의 내장을 썩게 하면, 네 복부
가 부풀 것이다.
22 따라서 저주를 부르는 이 물이 너
의 창자 속에 들어가면, 배를 부풀
려 네 내장넓적다리이 썩을 것이다’
라고 말을 마치면, 그녀는 ‘애이멘,
진심으로 동의한다’는 말을 해야
한다.
23 제사장은 두루마리 종이에 이 저
주를 기록하여, 쓴물에 담가, 저주
가 물에 스미게 한 다음,
24 그녀에게 저주를 야기하는 쓴물을
마시게 하여, 그녀의 몸 안에서 고
통이 되게 해야 한다.
25 제사장은 그녀의 손에서 질투의
제물을 받아, **주님** 앞에 흔드는 요
제제사를 하고, 제단에 그것을 올
려라.
26 제사장은 기억의 제물 중 기억이

되도록 한 움큼 집어서 제단에서
태워라. 그런 다음 그 여자가 그 물
을 마시게 해라.
27 제사장이 그녀에게 쓴물을 마시게
할 때, 만약 그녀가 남편을 배신하
는 비행을 저질러 오염되었다면,
저주의 물이 들어가 고통이 되어,
배가 부풀고 내장이 썩어서, 그녀
는 백성 사이에서 저주를 받게 된
다.
28 만약 그녀가 더럽혀지지 않고 깨
끗하면, 그녀는 무사히 자식을 잉
태하게 될 것이다.
29 이것이 아내가 외도하여 더럽혀질
경우, 혹은 아내에 대하여 남편에
게 질투심이 생길 경우에 대한 질
투의 법도다.
30 제사장은 **주님** 앞에 그녀를 세우고
그녀에게 이 모든 법을 실행해야
한다.
31 그러면 그 남자는 무죄가 되고, 그
여자는 자신의 죄를 책임져야 한
다."

내저린 서약

6 **주님**이 모지스에게 말했다.
2 "이즈리얼 자손에게 이렇게 전해
주어라. 남자든 여자든 내저린나지
르, 나실 서약을 하면, 자신을 일반인
과 구별하여 **주님** 앞에 스스로 헌
신해야 한다.
3 그 사람은 스스로 포도주와 독주
를 멀리하고, 와인식초나 독주의
신음료도 마시지 말고, 포도 증류
주도 안 되고, 생포도나 건포도도
먹지 마라.
4 그는 구별의 맹세기간에 포도나무
열매로 만든 것은 알맹이부터 껍
질까지 어떤 것도 먹으면 안 된다.
5 봉헌맹세를 하는 동안 그는 머리
를 면도하면 안 된다. **주님**에게 자
신을 구별하는 날짜를 다 채울 때
까지, 신성을 유지하며, 머리다발
이 자라게 내버려 두어야 한다.
6 **주님**에게 자신을 봉헌하기 위해 구
별하는 기간에 그는 시신에 가까
이 가면 안 된다.
7 자신의 가족이 죽은 경우, 아버지
나 어머니, 형제나 자매로 인해 자
신을 불결하게 만들면 안 된다. 왜
냐하면 **하나님**에 대한 그의 봉헌이
자신의 머리 위에 있기 때문이다.
8 그가 구별하는 기간에 그는 **주님**에
게 성스러워야 한다.
9 만약 어떤 사람이 그 옆에서 갑자
기 죽으면, 그는 자신이 봉헌하는
머리가 오염된 것이다. 그러면 그
는 정결기간 7일째에 자신의 머리
를 면도해야 한다.
10 그리고 8일째에 그는 산비둘기나
어린 집비둘기 두 마리를, 공동체
의 성막문까지 제사장에게 가져와
야 한다.
11 제사장은 둘 중 하나는 속죄용으
로, 또 다른 하나는 번제용으로 올

리면서, 죽음으로 인해 오염된 잘
못을 대신하는 보상속죄 제사를
지내야 한다. 그래서 바로 그날 그
의 머리를 성스럽게 정화해야 한
다.
12 그리고 그는 자신의 구별기간 동
안 **주님**에게 신성하게 봉헌해야 하
고, 전날 자신의 구별기간을 오염
시켜서 허비한 날을 대신하여 면
죄제물로 1년된 숫양을 가져와야
한다.
13 이것이 구별하여 봉헌하는 내저린
법이다. 구별기간이 다하면, 그를
공동체의 성막문으로 데려와야 한
다.
14 그는 **주님**에게 자신의 제물을 올리
는데, 번제용으로 흠이 없는 1년된
숫양 한 마리와, 속죄용으로 흠이
없는 1년 된 암양 한 마리와, 평화
용으로 흠이 없는 숫양 한 마리와,
15 또 한 바구니에 무효모빵, 기름 섞
은 고운 밀가루 과자, 부풀리지 않
은 웨이퍼 과자를 기름에 바른 것
과 함께, 곡식제물과 음료제물을
가져와야 한다.
16 그리고 제사장은 **주님** 앞에 그의
속죄제물과 번제제물을 올려야 한
다.
17 또 **주님**에게 평화제사의 제물로 숫
양을, 발효되지 않은 빵 바구니와
함께 올리고, 그의 곡식제물과 음
료제물도 올려라.
18 내저린 사람은 성막문 앞에서 그
의 구별의 의미로 머리를 깎고, 그
의 구별의 머리카락을 들어, 불 속
에 평화제사의 희생제물 아래 집
어넣어라.
19 제사장은 숫양의 설구워진 어깨살
을 가져오고, 바구니에서 무효모
과자 하나와, 부풀지 않은 웨이퍼
과자 하나를 가져와서, 그것을 구
별하는 봉헌의 머리를 깎은 다음,
내저린 사람의 양손에 올려라.
20 제사장은 **주님** 앞에 요제제사로 그
것을 흔들어야 한다. 흔든 가슴살
과 들어올리는 어깨살은 제사장의
몫으로 성스러운 것이다. 그런 다
음 내저린 사람은 포도주를 마실
수 있다.
21 이것은 내저린 사람이 맹세하며,
주님에게 자신의 구별봉헌을 위한
제물을 올리는 법이고, 그의 손에
얻게 되는 것은 별도로 한다. 그가
서약한 맹세대로, 그는 자신을 구
별하는 봉헌법을 따라야 한다."
22 **주님**이 모지스에게 말했다.
23 "애런과 그의 아들에게 전해라. 다
음과 같은 방식으로 너희는 이즈
리얼 자손을 축복해야 한다.
24 '**주님**은 너희에게 복을 주고 지켜
준다.
25 **주님**은 너희 얼굴에 빛이 나게 하
고, 너희에게 도움이 된다.
26 **주님**은 너희에게 얼굴을 들어 바라
보고, 너희에게 평화를 준다'고 전
해라.

27 그래서 제사장이 나의 이름을 이
즈리얼 자손에게 두게 해야 한다.
그러면 내가 그들을 축복하겠다."

이동성전 봉헌식

7 모지스가 이동성전을 완전히
세우던 날, 성막에 기름을 부어
정화하고, 그곳의 도구 일체와, 제
단 및 부속 용기 모두를, 기름을 바
르고 신성하게 정화했다.
2 이즈리얼이스라엘의 대군귀족은 조
상가문 부족의 대표이자 지도자들
인데, 각자 다스리던 부족에 대하
여 인구조사를 한 다음 봉헌했다.
3 그들은 **주님** 앞에 예물로, 포장마
차 6대와, 황소 12마리를, 마차는
대군귀족 두 사람 당 한 대씩, 각
한 사람 당 황소 한 마리씩 이동성
전 앞에 가져왔다.
4 **주님**이 모지스에게 말했다.
5 "그들이 공동체의 이동성전에서
제사를 지낼 수 있도록 제물을 가
져 오면, 너는 그것을 리바이부족
에게 주어, 사람마다 자신의 제례
에 따르게 해라."
6 그래서 모지스가 마차와 황소를
가져다, 리바이레위에게 주었다.
7 그는 마차 두 대와 황소 4마리를
거션 자손에게 주어, 그들의 제례
에 따르게 했다.
8 그리고 마차 4대와 황소 8마리를
메라리 자손에게 주어, 제사장 애
런의 아들 이써마의 관리 아래 그
들의 제례를 수행하게 했다.
9 하지만 코해쓰의 자손에게 그는
아무것도 주지 않았다. 왜냐하면
그들에게 맡겨진 성소의 봉사는
어깨에 짐을 져야 하는 일이기 때
문이었다.
10 대군귀족들은 제단에 기름을 바르
던 날, 봉헌식을 위하여 헌납했는
데, 그들은 제단 앞에 각각 자신의
제물을 올렸다.
11 **주님**이 모지스에게 말했다. "그들
은 정해진 날, 제단의 봉헌식을 위
하여 대군귀족마다 자신의 제물을
올려야 한다."
12 첫날 예물을 제공한 사람은 쥬다
부족 애미내댑의 아들 내이션이었
다.
13 그의 예물 중 은쟁반 하나는, 성소
의 쉐클세켈, 세겔기준으로 무게가
130쉐클이고, 은대접 하나는 70쉐
클이고, 둘 다 곡식제물용 고운 밀
가루가 기름과 섞여 가득 담겼다.
14 황금 10쉐클의 숟가락 하나에는
향료가 가득 들었다.
15 어린 수송아지 한 마리와, 숫양 한
마리와, 1년된 새끼양 한 마리는
번제제물용이었다.
16 어린 염소 한 마리는 속죄제물용
이고,
17 평화제사용 제물은 황소 2마리, 숫
양 5마리, 숫염소 5마리, 1년된 새
끼양 5마리였고, 이것은 애미내댑
의 아들 내이션의 예물이었다.

18 둘째 날은 이써칼의 대군귀족 주알의 아들 내쌔니얼이 제공했다.

19 그가 제공한 예물 중 은쟁반 하나는, 성소의 쉐클기준으로 무게가 130쉐클이고, 은대접 하나는 70쉐클이고, 둘 다 곡식제물용 고운 밀가루가 기름과 섞여 가득 담겼다.

20 황금 10쉐클의 숟가락 하나에 향료가 가득 들었다.

21 어린 수송아지 한 마리와, 숫양 한 마리와, 1년된 새끼양 한 마리는 번제제물용이었다.

22 어린 염소 한 마리는 속죄제물용이고,

23 평화제사용 제물은 황소 2마리, 숫양 5마리, 숫염소 5마리, 1년된 새끼양 5마리였고, 이것은 주알의 아들 내쌔니얼의 예물이었다.

24 셋째 날은 제뷸런 자손의 대군귀족 헬런의 아들 일리앱이 예물을 제공했다.

25 그의 예물 중 은쟁반 하나는, 성소의 쉐클기준으로 무게가 130쉐클이고, 은대접 하나는 70쉐클이고, 둘 다 곡식제물용 고운 밀가루가 기름과 섞여 가득 담겼다.

26 황금 10쉐클의 숟가락 하나에는
향료가 가득 들었다. 27 어린 수송
아지 한 마리와, 숫양 한 마리와, 1
년된 새끼양 한 마리는 번제제물
용이었다.

28 어린 염소 한 마리는 속죄제물용이고,

29 평화제사용 제물은 황소 2마리, 숫양 5마리, 숫염소 5마리, 1년된 새끼양 5마리였고, 이것은 헬런의 아들 일리앱의 예물이었다.

30 넷째 날은 루번 자손의 대군귀족 쉐드어의 아들 일리저가 예물을 제공했다.

31 그의 예물 중 은쟁반 하나는, 성소의 쉐클기준으로 무게가 130쉐클이고, 은대접 하나는 70쉐클이고, 둘 다 곡식제물용 고운 밀가루가 기름과 섞여 가득 담겼다.

32 황금 10쉐클의 숟가락 하나에는 향료가 가득 들었다.

33 어린 수송아지 한 마리와, 숫양 한 마리와, 1년된 새끼양 한 마리는 번제제물용이었다.

34 어린 염소 한 마리는 속죄제물용이고,

35 평화제사용 제물은 황소 2마리, 숫양 5마리, 숫염소 5마리, 1년된 새끼양 5마리였고, 이것은 쉐드어의 아들 일리저의 예물이었다.

36 다섯째 날은 시미언 자손의 대군귀족 쥬리셔다이의 아들 셜루미얼이 예물을 제공했다.

37 그의 예물 중 은쟁반 하나는, 성소의 쉐클기준으로 무게가 130쉐클이고, 은대접 하나는 70쉐클이고, 둘 다 곡식제물용 고운 밀가루가 기름과 섞여 가득 담겼다.

38 황금 10쉐클의 숟가락 하나에는 향료가 가득 들었다.

39 어린 수송아지 한 마리와, 숫양 한
마리와, 1년된 새끼양 한 마리는
번제제물용이었다.
40 어린 염소 한 마리는 속죄제물용
이고,
41 평화제사용 제물은 황소 2마리, 숫
양 5마리, 숫염소 5마리, 1년된 새
끼양 5마리였고, 이것은 쥬리셔다
이의 아들 셜루미얼의 예물이었다
42 여섯째 날은 개드 자손의 대군귀
족 듀얼의 아들 일리어새프가 예
물을 제공했다.
43 그의 예물 중 은쟁반 하나는, 성소
의 쉐클기준으로 무게가 130쉐클
이고, 은대접 하나는 70쉐클이고,
둘 다 곡식제물용 고운 밀가루가
기름과 섞여 가득 담겼다.
44 황금 10쉐클의 숟가락 하나에는
향료가 가득 들었다.
45 어린 수송아지 한 마리와, 숫양 한
마리와, 1년된 새끼양 한 마리는
번제제물용이었다.
46 어린 염소 한 마리는 속죄제물용
이고,
47 평화제사용 제물은 황소 2마리, 숫
양 5마리, 숫염소 5마리, 1년된 새
끼양 5마리였고, 이것은 듀얼의 아
들 일리어새프의 예물이었다.
48 일곱째 날은 이프리엄 자손의 대
군귀족 애미훋의 아들 일라이샤마
가 예물을 제공했다.
49 그의 예물 중 은쟁반 하나는, 성소
의 쉐클기준으로 무게가 130쉐클
이고, 은대접 하나는 70쉐클이고,
둘 다 곡식제물용 고운 밀가루가
기름과 섞여 가득 담겼다.
50 황금 10쉐클의 숟가락 하나에는
향료가 가득 들었다.
51 어린 수송아지 한 마리와, 숫양 한
마리와, 1년된 새끼양 한 마리는
번제제물용이었다.
52 어린 염소 한 마리는 속죄제물용
이고,
53 평화제사용 제물은 황소 2마리, 숫
양 5마리, 숫염소 5마리, 1년된 새
끼양 5마리였고, 이것은 애미훋의
아들 일라이샤마의 예물이었다.
54 여덟째 날은 머나서 자손의 대군
귀족 페대저의 아들 거매리얼이
예물을 제공했다.
55 그의 예물 중 은쟁반 하나는, 성소
의 쉐클기준으로 무게가 130쉐클
이고, 은대접 하나는 70쉐클이고,
둘 다 곡식제물용 고운 밀가루가
기름과 섞여 가득 담겼다.
56 황금 10쉐클의 숟가락 하나에는
향료가 가득 들었다.
57 어린 수송아지 한 마리와, 숫양 한
마리와, 1년된 새끼양 한 마리는
번제제물용이었다.
58 어린 염소 한 마리는 속죄제물용
이고,
59 평화제사용 제물은 황소 2마리, 숫
양 5마리, 숫염소 5마리, 1년된 새
끼양 5마리였고, 이것은 페대저의
아들 거매리얼의 예물이었다.

60 아홉째 날은 벤저민 자손의 대군
귀족 기드오니의 아들 어바이든이
예물을 제공했다.
61 그의 예물 중 은쟁반 하나는, 성소
의 쉐클기준으로 무게가 130쉐클
이고, 은대접 하나는 70쉐클이고,
둘 다 곡식제물용 고운 밀가루가
기름과 섞여 가득 담겼다.
62 황금 10쉐클의 숟가락 하나에는
향료가 가득 들었다.
63 어린 수송아지 한 마리와, 숫양 한
마리와, 1년된 새끼양 한 마리는
번제제물용이었다.
64 어린 염소 한 마리는 속죄제물용
이고,
65 평화제사용 제물은 황소 2마리, 숫
양 5마리, 숫염소 5마리, 1년된 새
끼양 5마리였고, 이것은 기드오니
의 아들 어바이든의 예물이었다.
66 열흘째 날은 댄 자손의 대군귀족
애미셔다이의 아들 애하이저가 예
물을 제공했다.
67 그의 예물 중 은쟁반 하나는, 성소
의 쉐클기준으로 무게가 130쉐클
이고, 은대접 하나는 70쉐클이고,
둘 다 곡식제물용 고운 밀가루가
기름과 섞여 가득 담겼다.
68 황금 10쉐클의 숟가락 하나에는
향료가 가득 들었다.
69 어린 수송아지 한 마리와, 숫양 한
마리와, 1년된 새끼양 한 마리는
번제제물용이었다.
70 어린 염소 한 마리는 속죄제물용
이고,
71 평화제사용 제물은 황소 2마리, 숫
양 5마리, 숫염소 5마리, 1년된 새
끼양 5마리였고, 이것은 애미셔다
이의 아들 애하이저의 예물이었
다.
72 열 하룻날은 애셜 자손의 대군귀
족 오크랜의 아들 패지얼이 예물
을 제공했다.
73 그의 예물 중 은쟁반 하나는, 성소
의 쉐클기준으로 무게가 130쉐클
이고, 은대접 하나는 70쉐클이고,
둘 다 곡식제물용 고운 밀가루가
기름과 섞여 가득 담겼다.
74 황금 10쉐클의 숟가락 하나에는
향료가 가득 들었다.
75 어린 수송아지 한 마리와, 숫양 한
마리와, 1년된 새끼양 한 마리는
번제제물용이었다.
76 어린 염소 한 마리는 속죄제물용
이고,
77 평화제사용 제물은 황소 2마리, 숫
양 5마리, 숫염소 5마리, 1년된 새
끼양 5마리였고, 이것은 오크랜의
아들 패지얼의 예물이었다.
78 열둘째 날은 냎털라이 자손의 대
군귀족 이난의 아들 애하이라가
예물을 제공했다.
79 그의 예물 중 은쟁반 하나는, 성소
의 쉐클기준으로 무게가 130쉐클
이고, 은대접 하나는 70쉐클이고,
둘 다 곡식제물용 고운 밀가루가
기름과 섞여 가득 담겼다.

80 황금 10쉐클의 숟가락 하나에는
향료가 가득 들었다.
81 어린 수송아지 한 마리와, 숫양 한
마리와, 1년된 새끼양 한 마리는
번제제물용이었다.
82 어린 염소 한 마리는 속죄제물용
이고,
83 평화제사용 제물은 황소 2마리, 숫
양 5마리, 숫염소 5마리, 1년된 새
끼양 5마리였고, 이것은 이난의 아
들 애하이라의 예물이었다.
84 이것은 제단에 기름을 바르던 날,
이즈리얼의 대군귀족들이 제공한
봉헌물로, 은접시 12개, 은대접12
개, 황금 숟가락이 12개였다.
85 각 은접시 무게는 130쉐클이고, 각
은대접은 70이어서, 은그릇 전체
무게는 성소 쉐클로 2,400쉐클이
었다.
86 황금 숟가락12개에 향료가 가득
들어 있었는데, 무게는 성소 쉐클
에 따라 각각 10쉐클씩 전체 120쉐
클이었다.
87 번제제물용으로 수송아지 12마리,
숫양 12마리, 1년된 새끼양 12마리
는 곡식제물과 함께 있었고, 속죄
제물용으로 새끼 염소가 12마리였
다.
88 평화제사의 제물은 수송아지 24마
리, 숫양 60마리, 숫염소 60마리, 1
년된 새끼 양 60마리였다. 이것은
제단에 기름을 바른 다음, 제단에
봉헌되었다.
89 그리고 모지스가 공동체의 성막으
로 들어가서 그에게 이야기하자,
그는 증언판이 있는 상자 위, 자비
의 자리 두 체럽천사 사이에서 자
신에게 말하는 목소리를 들었다.
그래서 그는 그에게 말했다.

리바이는 이즈리얼 제물

8 **주님**이 모지스에게 말했다.

2 "애런아론에게 '네가 등잔을 켤 때,
7개 등잔이 촛대 맞은편 너머까지
빛을 밝히라'고 전해라."
3 그래서 애런이 그렇게 했다. **주님**
이 모지스에게 명한대로, 그는 촛
대 맞은편 너머까지 등잔에 불을
밝혔다.
4 촛대 제작은 금으로 촛대자루와
장식꽃을 두드려 만들었는데, **주님**
이 모지스에게 보여준 모양대로,
모지스가 촛대를 만들었다.
5 **주님**이 모지스에게 말했다.
6 "이즈리얼 자손 가운데 리바이레위
부족을 데려와서, 깨끗하게 씻게
해라.
7 그리고 너는 정화되도록, 그들에
게 성수를 뿌리고, 몸의 털을 깎고,
옷을 빨게 하여, 깨끗하게 만들어
라.
8 그들에게 어린 수송아지를 곡식제
물과 기름 섞은 고운 밀가루도 함
께 가져오게 하고, 또 다른 어린 수
송아지는 속죄용으로 네가 데려와

야 한다.
9 너는 리바이부족을 공동체의 이동
성전 앞에 데려오고, 이즈리얼 전
체를 한데 모아라.
10 네가 리바이 자손을 **주님** 앞에 데
려오면, 이즈리얼 자손은 리바이
에게 자신들의 손을 얹어야 한다.
11 그리고 애런은 리바이부족을 이즈
리얼 자손의 제물로 **주님** 앞에 제
시하여, 그들이 **주님**의 제사를 수
행할 수 있게 해야 한다.
12 리바이가 그들의 양손을 수송아지
머리에 얹은 다음, 너는 하나는 속
죄제물로, 다른 하나는 번제제물
로 **주님**에게 올려, 리바이 출신을
위한 보상속죄 제사를 지내야 한
다.
13 너는 애런과 그의 아들에게 리바
이를 세워서, **주님** 앞에 그들을 제
물로 바쳐라.
14 네가 리바이를 이즈리얼 자손 가
운데에서 구별하면, 리바이는 나
의 것이 될 것이다.
15 그런 다음 리바이는 공동체의 성
막 일을 하러 들어 갈 수 있다. 너
는 그들을 정화하여 그들을 제물
로 올려라.
16 왜냐하면 그들은 이즈리얼 자손
가운데에서 전적으로 나에게 주어
진 사람들로서, 모체의 자궁을 열
고 나온 모두를 대신하고, 심지어
이즈리얼의 모든 첫째를 대신하
여, 내가 나에게 그들을 받았기 때
문이다.
17 모든 이즈리얼 자손의 첫째가 내
것인 이유는, 사람이든 짐승이든
이집트에서 모든 첫째를 치던 날,
내가 내 자신을 위해 첫째를 신성
하게 희생시켰다.
18 그리고 나는 이즈리얼 자손의 모
든 첫째를 위하여 대신 리바이를
선택했다.
19 따라서 나는 리바이족을 애런과
그의 아들에게 이즈리얼 민족 가
운데에서 선물로 주어, 성막에서
이즈리얼을 위한 봉사를 하고, 또
이즈리얼 자손을 위한 보상속죄의
제사를 지내도록 하여, 이즈리얼
자손이 성소로 다가올 때 그들에
게 해가 없게 하는 것이다."
20 그래서 모지스와, 애런과, 이즈리
얼 전 공동체는 리바이에 대하여,
주님이 모지스에게 명령한 대로 그
렇게 했다.
21 리바이부족은 깨끗하게 정화되고,
자신의 옷을 빤 다음, 애런이 **주님**
앞에 제물로 그들을 바쳤다. 또 애
런은 리바이를 정화하여 이즈리얼
을 위한 보상속죄의 제물로 만들
었다.
22 그 다음 리바이는 공동체 성막의
애런과 그의 아들 앞에 갔다. **주님**
이 리바이부족에 관해 모지스에게
명령한 대로 그들이 했다.
23 **주님**이 모지스에게 말했다.
24 "이것은 리바이부족에 관한 것이

다. 25세 및 그 이상부터 공동체 성
막의 제사일에 대기해야 한다.
25 50세부터는 제사일 대기가 중지되
고 더 이상 봉사하지 않아도 괜찮
다.
26 대신 성막 내 그들 형제와 함께 관
리하는 임무를 지키지만, 일을 하
지 않아도 좋다. 따라서 너는 리바
이에게 그들의 임무를 수행하게
해야 한다.

통과축일 규정

9 **주님**이 사이나이 광야에서 모
지스에게 이야기한 것은, 그들
이 이집트땅에서 나오고, 두 해가
지난 첫 달이었다.
2 "이즈리얼 자손은 지정된 날 통과
축일을 지키게 해라.
3 이번 달 14일 저녁에 너희는 정해
진 축일을 지켜야 하는데, 모든 의
식과 의례에 따라 지내야 한다."
4 그래서 모지스가 이즈리얼 자손에
게 통과축일을 지켜야 한다고 전
했다.
5 그리고 그들이 사이나이 황야에서
첫 달 14일 저녁에 통과축일을 지
켰다. **주님**이 모지스에게 명령한
대로 이즈리얼 자손이 모든 것을
했다.
6 그런데 일부 시신으로 오염된 사
람들이, 그날 통과축일을 지킬 수
없게 되자, 그날 모지스와 애런 앞
으로 왔다.
7 그 사람들이 말했다. "우리는 사람
의 시신으로 더럽혀져서 뒤로 물
러서 있어야 하는데, 그러면 우리
는 지정된 날, 이즈리얼 사이에서
주님의 제물을 올릴 수 없나요?"
8 모지스가 그들에게 말했다. "가만
히 있으면, 내가 **주님**이 너희에 관
해 명령하는 바를 들어보겠다."
9 그러자 **주님**이 모지스에게 말했다.
10 "이즈리얼 자손에게 전해라. 만약
너희나 후손 중 시신으로 인해 깨
끗하지 못하거나, 멀리 떨어져 여
행 중인 경우, 그래도 그는 **주님**에
게 통과축일 의례를 지켜야 한다.
11 그들은 둘째 달 14일 저녁에 축일
을 지키고, 무효모빵과 쓴나물과
같이 먹어라.
12 그들은 아침까지 음식을 남기지
말고, 뼈도 부러뜨리지 말고, 통과
축일 규정대로 지켜야 한다.
13 그러나 오염되지 않아서 깨끗하거
나 여행도 가지 않은 자가 통과축
일을 지키지 않으면, 그런 사람은
그 민족으로부터 제거되어야 한
다. 그가 지정일에 **주님**에게 제물
을 가져오지 않았으므로 자신의
죄에 대한 책임을 져야 한다.
14 만약 외국인이 너희 가운데 체류
중이면, 그는 **주님**의 통과축일을
지키며, 그 규정과 방법에 따라야
한다. 외국인이든 그 땅에서 태어
난 자든 너희는 같은 명령을 지켜
라."

15 이동성전이 세워지던 날 구름이
증언판이 있는 성막을 덮었고, 저
녁에는 성막 위에서 불빛처럼 보
이며 아침까지 있었다.
16 그렇게 언제나 낮에는 구름으로
감쌌고 밤에는 불빛으로 나타났
다.
17 그래서 구름이 성막으로부터 올라
간 다음, 이즈리얼 자손이 길을 떠
났고, 구름이 머무르는 곳에 그들
이 천막을 쳤다.
18 **주님**의 명령에 이즈리얼 자손이 여
행을 떠났고, **주님**의 명령으로 그
들이 텐트를 펼치며, 구름이 성막
위에 머무는 동안 쉬었다.
19 구름이 성막 위에 여러 날 머물면,
이즈리얼 자손은 **주님**의 임무를 지
키며 나아가지 않았다.
20 또 구름이 성막 위에 짧게 있으면,
주님의 명령대로 그들이 막사 안에
머물다, **주님**의 명령에 따라 여행
을 떠났다.
21 구름이 저녁부터 아침까지 머물
다, 아침에 걷히면, 그들이 길을 떠
났는데, 낮이든 밤이든 구름이 걷
히면 여행을 시작했다.
22 혹은 구름이 이틀이든, 한 달이든,
일년이든 성막 위에 머물면, 이즈
리얼은 자신의 텐트 안에 있으면
서 출발하지 않았고, 그것이 걷히
면 길을 떠났다.
23 **주님**의 명령에 천막에서 쉬었고,
주님의 명령으로 여행을 떠나면
서, 그들은 모지스의 손을 통해 전
해진 **주님**의 명령대로 **주님**에 대한
책임을 다했다.

사이나이에서 출발

10 **주님**이 모지스에게 말했다.
2 "트럼펕 2개를 전체 은으로 만들
면, 네가 공동체를 불러모으는 용
도로, 또 진영의 여정 출발용으로
사용할 수 있을 것이다.
3 나팔 두개를 불면, 공동체 전체가
스스로 너한테 성막문까지 집결하
게 해야 한다.
4 나팔을 하나만 불면, 각 수천 이즈
리얼의 대표인 대군귀족들이 네게
모여들게 해라.
5 너희가 경종을 울리면 그때 동쪽
에 있는 진영이 전진한다.
6 너희가 비상 나팔을 두 번 불면, 그
때 남쪽 진영이 출발행진을 시작
해야 한다. 나팔은 여정시작을 알
릴 때 경종을 울려야 한다.
7 한편 집단이 한데 모일 때는 나팔
을 불되, 짧은 경종소리를 내면 안
된다.
8 애런아론의 아들 사제들이 트럼펕
을 부는데, 그것은 너희 전 세대마
다 명령으로 계속되어야 한다.
9 만약 너희 땅에서 너희를 압박하
는 적을 상대로 전쟁이 나면, 그때
나팔로 경종을 울려야 한다. 그러
면 너희가 **주 하나님** 앞에 상기되

어, 적으로부터 구원을 받게 될 것
이다.
10 또한 너희가 기쁜 날에, 진지한 축
일에, 달의 시작일에도, 번제제물
과 평화제사의 희생물에 대하여
트럼핕을 불어, 너희 **하나님** 앞에
기념이 될 수 있게 해야 한다. 나는
너희의 **주 하나님**이다."
11 두 번째 해, 둘째 달 20일이 되자,
구름이 증언판이 있는 성막으로부
터 걷혔다.
12 그래서 이즈리얼 자손이 사이나이
황야에서 여행을 시작했고, 구름
이 패런파란, 바란 광야에서 쉬었다.
13 그들은 모지스를 통해 시킨 **주님**의
명령에 따라 첫 여정을 떠났다.
14 선두에 쥬다 자손 진영의 깃발이
부대 별로 있었고, 지휘관은 애미
내댑의 아들 내이션이었다.
15 이써칼 자손 부족의 부대 지휘관
은 주알의 아들 네쌔니얼이었다.
16 제뷸런 자손 부족의 부대 지휘관
은 헬런의 아들 일리앱이었다.
17 성막이 해체되자, 거션의 자손과
메라리 자손이 성막을 지고 앞으
로 나아갔다.
18 루번 진영의 깃발이 부대 별로 출
발했고, 지휘관은 쉐듀어의 아들
일리저였다.
19 시미언 자손 부족의 부대 지휘관
은 저루셔다이의 아들 셜루미얼이
었다.
20 개드 자손 부족의 부대 지휘관은
듀얼의 아들 일리어새프였다.
21 코해쓰부족이 성물을 지고 전진했
고, 다른 사람들은 그들이 도착하
기 전에 성막을 세웠다.
22 이프리엄 자손 진영의 깃발이 부
대 별로 전진했고, 지휘관은 애미
훋의 아들 일리셔마였다.
23 머나서 자손 부족의 부대 지휘관
은 페대저의 아들 거매리얼이었
다.
24 벤저민 자손 부족의 부대 지휘관
은 기드오니의 아들 어바이든이었
다.
25 전 진영의 후방에 위치한 댄 자손
진영의 깃발이 부대 별로 출발했
고, 지휘관은 애미셔다이의 아들
애하이저였다.
26 애셜 자손 부족의 부대 지휘관은
오크랜의 아들 패지얼이었다.
27 냎털라이 자손 부족의 부대 지휘
관은 이난의 아들 애하이라였다.
28 그렇게 이즈리얼 자손의 여정은
부대 별로 나아갔다.
29 모지스가 미디언 출신 장인 래규
얼의 아들 호뱁에게 말했다. "우리
는 **주님**이 말 한 장소로 떠난다. 나
는 그 땅을 너에게도 주겠다. 우리
에게 오너라. 우리가 너에게 선을
행하겠다. 왜냐하면 **주님**이 이즈리
얼에게 좋은 이야기를 해왔기 때
문이다."
30 그러자 그가 그에게 말했다. "나는
가지 않겠어요. 대신 나는 내 나라

내 동족에게 가겠어요."
31 모지스가 말했다. "우리를 떠나지
않기를 바란다. 우리가 황야에서
어떻게 막사를 치는지 아는 한, 너
는 우리의 눈이 되어 줄 수 있다.
32 네가 우리와 함께 가면, 그렇다, **주**
님이 우리에게 하는 선과 똑같은
것을 너에게도 베풀겠다."
33 그리고 그들은 **주님**의 산으로부터
떠나 3일간 여행했고, **주님**의 약속
의 상자도 3일 동안 그들 앞에서
가면서, 그들이 쉴 장소를 찾았다.
34 그리고 **주님**의 구름은 낮이 되어
그들이 캠프에서 나올 때 그들 위
에 있었다.
35 신성한 상자가 출발했을 때, 모지
스가 말했다. "**주님**, 일어나서, 당신
의 적을 흩어버리고, 당신을 싫어
하는 그들을 앞에서 달아나게 해
주세요."
36 그리고 상자가 쉴 때, 모지스가 말
했다. "오 **주님**, 수많은 수천의 이즈
리얼에게 돌아오세요."

메추리떼

11 백성이 불평할 때, **주님**이 그
소리를 듣고 못마땅하여 화
가 치솟았다. 그래서 **주님**의 불로
그들을 태우며 진영 끝까지 그들
을 집어삼켰다.
2 백성이 모지스에게 소리쳐서, 모
지스가 **주님**에게 애원하자 불이 꺼
졌다.
3 그가 그 장소를 태버라타브에라, 다베
라로 부른 것은, **주님**의 불이 그들
가운데서 탔기 때문이었다.
4 누구 할 것 없이 다수가 먹고 싶은
갈망에 빠져서, 이즈리얼 자손은
다시 슬퍼하며 말했다. "누가 우리
에게 먹을 고기를 줄까?
5 우리는 이집트에서 마음대로 먹던
물고기, 오이, 멜론, 양파, 파, 마늘
을 기억한다.
6 하지만 이제 우리 영혼은 말라버
리고, 눈 앞에 매나만나 이외에는 아
무것도 없다."
7 매나는 고수 씨앗처럼 생겼고 색
깔은 델리엄 색깔처럼 허옇다.
8 사람들이 주변에서 그것을 모아,
방아에 갈고 절구에 빻아 프라이
팬에 구어 과자로 만드는데, 그 맛
은 날기름 맛이다.
9 밤에 야영장에 이슬이 내렸을 때,
매나가 그 위에 떨어졌다.
10 모지스가 도처에서 가족마다 천막
문에서 모든 사람이 우는 소리를
들었다. 그런데 **주님**이 크게 화를
내자, 모지스 역시 언짢았다.
11 그래서 모지스가 **주님**에게 말했다.
"어째서 당신의 종인 나를 괴롭히
나요? 모든 백성의 짐을 내게 지우
며, 왜 내가 당신의 사랑을 받지 못
하게 합니까?
12 내가 이 모든 백성을 잉태라도 했
습니까? 내가 그들을 낳기라도 했
는지, 당신은 내게 젖먹이를 데리

고 양육하는 아빠처럼, '그들을 네
가슴에 품고 데려가서, 그들 조상
에게 맹세한 그 땅으로 가라' 하나
요?
13 이 모든 사람에게 줄 고기를 내가
어디서 얻어야 하나요? 그들이 내
게 먹을 고기를 달라며 흐느끼고
있어요.
14 나는 이 모든 사람을 혼자 감당할
수 없어요. 그것은 내게 너무 무겁
기 때문이에요.
15 그러니 제발 당신의 손으로 나를
죽여주세요. 내가 당신의 눈에서
호의를 받는다면, 이 비참함을 보
지 않게 해주세요."
16 **주님**이 모지스에게 말했다. "이즈
리얼의 원로 70명을 모으는데, 백
성의 원로로 알려진 사람과, 그들
을 감독할 관리를 공동체의 성막
으로 데려와서 너와 함께 서있어
라.
17 그러면 내가 너와 이야기하러 오
겠다. 그리고 너에게 있는 영혼을
그들에게도 두어, 그들이 너와 함
께 백성을 부담하면, 너 홀로 책임
지지 않아도 될 것이다.
18 너는 백성에게 전해라. 내일 자신
들을 정화하면 너희는 고기를 먹
게 된다. 너희가 **주님** 귀에 대고 울
며, '누가 우리에게 먹을 고기를 주
나? 그런 것들은 이집트에서 우리
에게 충분했는데'라고 말했다. 그
래서 **주님**이 너희에게 고기를 주
면, 너희는 먹게 될 것이다.
19 너희는 하루만 먹는 게 아니다. 이
틀도, 닷새도, 열흘도, 스무 날도 아
니다.
20 한달 내내 그것이 네 콧구멍에서
냄새가 나서 물릴 때까지다. 왜냐
하면 너희 가운데 있는 **주님**을 가
벼이 여기고, '왜 우리를 이집트에
서 데리고 나왔냐?'고 말하며, 그
앞에서 울었기 때문이다."
21 그러자 모지스가 말했다. "나하고
같이 있는 사람이 600,000 장정인
데, 당신이 '내가 그들에게 한달 내
내 먹을 고기를 주겠다'고 했어요.
22 그들을 먹이려고 있는 양떼와 소
떼를 다 잡는다고 넉넉한 가요? 아
니면 바다의 물고기를 모두 잡아
모으면 충분할까요?"
23 **주님**이 모지스에게 말했다. "**주님**
의 손이 그토록 짧더냐? 내 말대로
이루어질지 아닐지 너는 이제 보
게 될 것이다."
24 모지스가 밖으로 나가 사람들에게
주님의 말을 전했다. 그리고 백성
의 원로 70명을 모아 성막 주위에
세웠다.
25 **주님**이 구름으로 내려와, 그에게
말한 대로 그의 영혼을 들어 70 원
로에게 주었다. 그때 영혼이 그들
에게 내려앉자, 그들이 예언을 말
하며, 중단되지 않았다.
26 진영에 남아있던 두 사람, 엘대드
와 미대드에게 영혼이 내려앉았

다. 그들은 명단에 있었지만, 성막
으로 가지 않았는데, 그들도 캠프
에서 예언을 말했다.
27 그리고 한 젊은이가 달려와 모지
스에게 말했다. "엘대드와 미대드
가 진영 안에서 예언을 해요."
28 그때 자슈아여호수아는 눈의 아들이
자 모지스의 종이며 젊은이 중 하
나인데 대답하며 나섰다. "모지스,
나의 주인님, 그들을 금지시키세
요."
29 모지스가 그에게 말했다. "네가 나
를 위해 대신 질투하나? **하나님**은
주님의 사람 모두를 예언자가 되게
할 수 있고, 또 **주님**이 그들에게 자
신의 영혼을 집어넣을 수도 있다."
30 그러면서 모지스가 이즈리얼 원로
와 함께 진영 안으로 들어갔다.
31 그리고 **주님**으로부터 한 줄기 바람
이 나가더니, 바다에서 메추리떼
가 몰려와 야영장으로 떨어졌다.
이쪽도 하루 여행 분량만큼, 저쪽
도 하루 여행 분량만큼 진영주위
에 있었고, 땅에서 2큐빝0.9m 높이
만큼 쌓였다.
32 사람들은 종일 서서 밤까지, 다음
날에도 메추리를 끌어 모았다. 적
게 모은 사람이 10호머2,2Kg만큼이
었고, 각자 천막 주위에 멀리까지
펼쳐 늘어놓았다.
33 고기가 이 사이에 있는데도, 그것
을 씹기도 전에, **주님**의 분노가 백
성에 대해 불이 붙어서, **주님**이 대
단히 심한 전염병으로 사람들을
쳐버렸다.
34 그 장소 이름을 키브로쓰해터바라
고 부른 이유는, 그곳에 욕심이 지
나친 사람을 묻었기 때문이었다.
35 그리고 사람들은 키브로쓰해터바
에서 길을 떠나 해저로쓰로 가서
머물렀다.

미리엄과 애런의 항의

12 미리엄애런의 여동생과 애런이
모지스가 결혼한 이디오피아
여자로 인해 그에게 대들었다.
2 그들이 말했다. "**주님**은 정말 모지
스모세하고만 말해야 하나? 우리에
게는 말도 안하잖아?" 그리고 **주님**
이 그 소리를 들었다.
3 [모지스라는 사람은 땅위에 있는
어떤 사람보다 대단히 온화했다.]
4 **주님**이 갑자기 모지스, 애런아론, 미
리엄미리암에게 말했다. "너희 셋은
성막으로 나와라." 그래서 그들 셋
이 갔다.
5 **주님**이 구름기둥 속에서 내려와 성
막문에 서서 애런과 미리엄을 부
르자, 그들 둘이 앞으로 나왔다.
6 그가 말했다. "이제 내 말을 들어
라. 너희 중 예언자가 있으면, **주님**
내가 환상 속에서 그를 알아보고,
그의 꿈 속에서 말해주겠다.
7 나의 종 모지스는 그렇게 하지 않
는다. 그는 나의 집에서 헌신적인
충실한 사람이다.

8 그와 나는 분명하게 입에서 입으
로 말하고 어둠 속에서 말하지 않
는다. **주님** 같은 모습이 그에게서
보일 것이다. 그런데도 너희는 왜
나의 종 모지스에게 대들기를 두
려워하지 않는가?"
9 **주님**의 화가 그들에 대해 불이 붙
었고, 그는 떠났다.
10 구름이 성막으로부터 떠난 다음
보니, 미리엄의 피부에 눈처럼 하
얀 피부병이 생겼다. 애런이 미리
엄을 살피자, 그녀는 피부가 감염
되어 있었다.
11 애런이 모지스에게 말했다. "아아!
나의 주인님, 제발 간청하니, 우리
가 어리석어서 지은 죄로 우리에
게 죄를 내리지 말아주세요.
12 그녀를 죽은 사람처럼 그대로 내
버려 두지 마세요. 그녀의 피부가
어머니 자궁 밖으로 나왔을 때처
럼 절반쯤 상한 것 같아요."
13 그래서 모지스가 **주님**에게 외쳤다.
"그녀를 치료해주세요. 간청해요."
14 **주님**이 모지스에게 말했다. "그녀
아버지가 그녀 얼굴에 침을 뱉으
면 그녀가 7일간 창피를 당하지 않
겠나? 그러니 그녀를 7일간 진영
밖에 격리시키면, 그 다음에 그녀
는 사람들에게 다시 받아들여질
것이다."
15 그래서 미리엄은 진영으로부터 7
일간 격리되었고, 그녀가 다시 돌
아올 때까지 사람들은 길을 떠나
지 않았다.
16 그 후 사람들은 해저로쓰로부터
이동하여 패런 광야에 진영을 펼
쳤다.

캐이넌 정탐

13 **주님**이 모지스에게 말했다.
2 "너는 사람을 보내어, 내가 이즈리
얼 자손에게 줄 캐이넌가나안땅을
정탐시켜라. 그들 조상의 각 부족
중 대표 한 사람씩 보내라."
3 그래서 **주님**의 명령에 따라 모지스
가 패런파란, 바란 광야에서 사람을
보냈는데, 그들 모두 이즈리얼 자
손의 대표였다.
4 이것이 그들의 이름이었다. 루번
부족의 재커의 아들 셔무아,
5 시미언부족의 호리의 아들 쉐퍁,
6 쥬다부족의 제푸네의 아들 캐이
렙,
7 이써칼부족의 조셉의 아들 이걸,
8 이프리엄부족의 눈의 아들 오쉬
아,
9 벤저민부족의 래퓨의 아들 팰티,
10 제뷸런부족의 소다이의 아들 개디
얼,
11 조셉부족의, 다시 말해 머나서부
족의 수시의 아들 개디,
12 댄부족의 거맬리의 아들 애미얼,
13 애셜부족의 마이클의 아들 세써,
14 냎털라이부족의 봅시의 아들 나
비,

15 개드부족의 매카이의 아들 개유얼
이다.
16 이들은 모지스가 그 땅을 염탐하
러 보낸 사람의 이름이다. 모지스
가 눈 제호슈아의 아 들 오쉬아를
불렀다.
17 모지스가 캐이넌 땅을 감시하러
그들을 보내면서 말했다. "너희는
남쪽 길로 가다가 산으로 올라가
라.
18 그리고 그 땅이 어떤지, 그곳에 사
는 사람이 강한지, 약한지, 적은지,
많은지, 살펴라.
19 그들이 사는 땅이 좋은지, 나쁜지,
그들이 사는 도시가 천막인지, 혹
은 성곽인지,
20 그 땅이 기름진지, 말랐는지, 숲이
있는지, 없는지 보아라. 너희는 용
기를 내어, 그 땅의 열매를 가져오
너라. 지금은 포도가 제대로 여무
는 시기다."
21 그래서 그들은 올라가서, 해매쓰
로 가는 사람처럼 진 황야에서 레
홉르홉까지 그 땅을 정탐했다.
22 그들이 남쪽에서 올라가 히브런
으로 왔는데, 그곳은 아낙의 자손
애히맨, 쉬샤이, 탤마이가 있었다.
[지금 히브런은 이집트의 조앤보
다 7년 전에 세워졌다.]
23 그들이 애쉬컬에스콜, 에스골 계곡에
와서, 그곳의 포도 한 송이가 달린
가지 하나를 잘라, 막대 양끝 사이
에 매달고, 석류와 무화과도 가져
갔다.
24 그 장소를 애쉬컬 개울이라고 부
른 이유는, 이즈리얼 자손이 거기
에서 포도 송이를 잘랐기 때문이
었다.
25 그리고 그들은 40일간 그 땅을 살
핀 다음 돌아왔다.
26 그들이 갔다가 모지스와 애런과
이즈리얼 자손 공동체가 있는 패
런 광야 커데쉬카데스, 가데스로 돌아
와서, 그들과 모든 공동체에게 말
을 전하며, 그 땅의 열매를 보여주
었다.
27 그들이 그에게 말했다. "우리는 당
신이 보낸 그 땅에 갔는데, 그곳은
확실히 젖과 꿀이 흘렀고, 이것이
그곳 열매입니다.
28 하지만 그 땅에서 사는 사람은 힘
이 세고, 도시는 거대한 성벽이 있
고, 게다가 우리는 그곳에서 아낙
의 자손들을 보았어요.
29 애멀렉족아말렉이 그 땅 남쪽에 살
고, 힡 히타이트, 헷족과 제뷰스여부스
족, 애머리 아모리 족은 산지에서 살
며, 캐이넌가나안 족은 조든요단 연안
의 바다 옆에서 살고 있어요."
30 캐이렙칼렙, 갈렙이 모지스 앞에서 백
성을 진정시키고 말했다. "우리를
당장 보내어 차지하러 가게 해주
세요. 우리가 그곳을 충분히 정복
할 수 있으니까요."
31 하지만 그와 같이 갔던 사람들이
말했다. "우리는 그들과 싸우러 갈

수 없어요. 그들이 우리보다 더 강
하기 때문이에요."
32 그들이 정탐한 땅에 대한 좋지 않
은 보고를 이즈리얼 자손에게 가
져와서 말했다. "우리가 가서 그 땅
을 두루 살폈는데, 그곳은 주민을
먹일 수 있는 땅이고, 거기서 본 모
든 사람은 키가 큰 사람들이었어
요.
33 우리는 거기서 큰 사람을 보았는
데, 거인 출신의 아낙의 자손이고,
스스로 보기에도 우리는 메뚜기
같았고, 그들 눈에도 우리는 그랬
어요."

반발에 대한 40년 저주

14 전 공동체가 목소리 높여 소
리치며 밤까지 흐느꼈다.
2 모든 이즈리얼 자손이 모지스와
애런에게 중얼거리고 불평하며,
공동체 전체가 그들에게 항의했
다. "**하나님**이 이집트땅에서 우리
를 죽였더라면! 아니면 **하나님**이
황야에서 우리를 죽였더라면 좋았
을 텐데!
3 왜 **주님**이 우리를 이 땅에 데려와
서, 우리 아내와 자녀가 먹이감인
양 칼끝에 쓰러지게 하나? 우리가
이집트로 돌아가는 게 더 낫지 않
나?"
4 그러면서 그들은 서로에게 말했
다. "우리가 대장을 세워 이집트로
돌아가자."
5 모지스와 애런은 이즈리얼 자손
공동체 전체 앞에서 스스로 고개
를 떨구었다.
6 눈의 아들 자슈아여호수아와 캐이넌
가나안을 수색했던 사람 중 제푸네
의 아들 캐이렙카렙, 가렙이 자신들의
옷을 찢었다.
7 그리고 이즈리얼 자손 모두에게
말했다. "우리가 수색한 그 땅은 상
당히 좋은 땅이다.
8 만약 **주님**이 우리를 기쁘게 한다
면, 그는 우리를 그 땅에 데려가, 젖
과 꿀이 흐르는 그 땅을 우리에게
줄 것이다.
9 단지 당신들이 **주님**에 반항하지 말
고, 그 땅 사람에게 겁먹지 말아야
한다. 그들은 우리의 밥이고, 그들
의 방어력은 그들로부터 떠났다.
그리고 **주님**이 우리와 같이 있으
니, 저들을 두려워하지 마라."
10 그러나 모든 군중이 돌로 그들을
내리칠 기세였는데, **주님**의 영광이
공동체의 성막 모든 이즈리얼 자
손 앞에 나타났다.
11 그리고 **주님**이 모지스에게 말했다.
"얼마나 더 오래 백성이 내게 반발
할 것이냐? 나를 믿는데 얼마나 더
오래 걸려야 하나? 내가 그들 가운
데 모든 기적을 보이는데도 말이
다.
12 내가 전염병으로 저들을 치고, 유
산도 뺏은 다음, 너를 위대한 나라
로 만들어 저들보다 더 강하게 세

우겠다."
13 그러자 모지스가 **주님**에게 말했다.
"그러면 그 소리를 이집트인이 들
어요. [왜냐하면 당신이 이집트인
가운데에서 당신의 힘으로 이 백
성을 데려왔기 때문이에요.]
14 그리고 그들은 그 땅 주민에게 알
리며, 그들이 들은 대로, '**주님**이 백
성 가운데 있고, **주님**이 얼굴을 서
로 보았고, 당신이 구름으로 그들
위에 서서 앞장서서 가면서, 낮에
는 구름기둥으로, 밤에는 불빛기
둥이 된다'고 전할 거예요.
15 그런데 당신이 사람 하나를 죽이
듯 백성을 모두 죽이면, 당신의 명
성을 들은 나라들이 다음과 같이,
16 '**주님**이 맹세한 땅으로 백성을 데
려갈 수 없기 때문에, 황야에서 그
들을 죽였다'고 말하겠죠.
17 그러니 이제 내가 당신에게 제발,
나의 위대한 주인님의 능력을 자
신의 말에 따르도록 부탁해요. 다
음과 같이,
18 '**주님**은 오래 참고, 큰 사랑으로 죄
와 위반을 용서하며, 결코 죄를 청
산하려고, 3대나 4대 자손까지 조
상의 죄를 묻고자 찾지 않았다'고
했잖아요.
19 용서해주세요. 제발 부탁하는데,
이 백성의 죄를 당신의 커다란 자
비에 따르고, 당신이 이집트에서
지금까지 백성을 용서한 것처럼
용서해주세요."
20 **주님**이 말했다. "네 말에 따라 용서
했다.
21 하지만 내가 살아 있는 한 진실로,
전 지구는 **주님**의 영광으로 가득
찰 것이다.
22 왜냐하면 모두가 나의 영광과 나
의 사랑을 보았기 때문이다. 그 기
적은 내가 이집트에서, 황야에서
실행했고, 지금 열 번이나 나를 시
험하며, 내 목소리에 귀를 기울이
지 않으려고 하기 때문에,
23 반드시 그들은 내가 그들 조상에
게 맹세한 그 땅을 보지 못하게 하
고, 내게 도발한 어느 누구도 보여
주지 않겠다.
24 하지만 나의 종 캐이렙은 타인과
다른 영혼을 가지고, 나를 전적으
로 따랐으므로, 나는 그를 자신이
정탐하러 갔던 곳으로 데려가서,
그 후손이 땅을 소유하게 할 것이
다.
25 [당시 애멀렉족과 케이넌족은 그
계곡에 살고 있었다.] 내일부터 너
는 방향을 돌려, 홍해 옆길 광야로
들어가라."
26 **주님**이 또 모지스와 애런에게 말했
다.
27 "내게 불평하는 이 나쁜 집단을 얼
마나 오래 더 참아야 하나? 나는
이즈리얼 자손이 중얼거리며 투덜
대는 불평을 들었다.
28 그들에게 전해라. 내가 살아있는
한 진정으로, 너희가 내 귀에 말한

대로, 나도 너희에게 그렇게 하겠
다고 해라.
29 너희 시체가 이 광야에 쓰러질 것
이다. 숫자가 집계된 너희 총수, 20
세부터 그 이상 나에게 불평한 전
체가 쓰러진다.
30 의심할 바 없이 너희는 그 땅에 들
어가지 못한다. 그곳은 내가 너희
를 살게 하겠다고 맹세한 장소로,
제푸네의 아들 캐이렙과, 눈의 아
들 자슈아만 제외다.
31 대신 너희가 먹이감이 되었다고
불평했던 어린 것들은 데려가서,
너희가 무시한 그 땅을 그들이 알
게 하겠다.
32 그러나 너와 너희 시체는, 이 황야
에서 쓰러질 것이다.
33 너희 자손은 40년간 이 광야에서
방랑하게 하고, 너희 시체가 황야
에서 다 썩을 때까지 너희 외도의
죄를 짊어지게 하겠다.
34 너희가 그 땅을 염탐한 40일 날자
수에 따라, 하루를 한 해로 계산하
여, 너희 죄를 40년간 지워서, 너희
가 나의 약속을 어긴 것을 알게 하
겠다.
35 나 주는, 한데 모여 나에게 반발하
는 이 모든 악의 집단에게, 반드시
그렇게 하겠다고 말했다. 그들은
이 광야에서 소멸되어 죽을 것이
다."
36 그리고 모지스가 땅을 탐색하러
보냈던 사람들이 돌아와, 그 땅에
대해 중상하여 공동체가 그에게
반발하며 불평하게 만들었던 사람
들과,
37 심지어 그 땅에 대해 나쁜 보고를
가져왔던 사람들까지 **주님** 앞에서
전염병으로 죽었다.
38 하지만 눈의 아들 자슈아와, 그 땅
을 탐색하러 갔던 사람 중 제푸네
의 아들 캐이렙은 그대로 살아 있
었다.
39 모지스가 이것을 이즈리얼 자손
모두에게 전하자, 백성이 크게 애
도했다.
40 사람들이 아침 일찍 일어나, 산 정
상에 올라가서 말했다. "보라, 우리
는 여기 있다. 우리가 죄를 짓기는
했지만, **주님**이 약속한 장소로 갈
것이다."
41 그래서 모지스가 말했다. "어째서
너희는 **주님**의 명령을 위반하나?
그러나 그것은 성공하지 못할 것
이다.
42 가지 마라. 왜나하면 너희 가운데
주님이 없으므로, 너희는 적을 무
찌르지 못한다.
43 애멀렉족과 캐이넌족이 너희 앞에
있으니, 너희는 칼에 쓰러질 것이
다. 그 이유는 너희가 **주님**한테 외
면받아, **주님**이 너희와 함께 있지
않기 때문이다."
44 그런데도, 그들은 우쭐해져서 언
덕 위로 갔다. 그러나 **주님**의 약속
의 상자와 모지스는 진영을 떠나

지 않았다.
45 그때 애멀렉족이 언덕에 살던 캐
이넌족과 함께 내려와서 그들을
치면서, 심지어 호마까지 쫓아가
서 패배시켰다.

기억의 장식술

15

주님이 모지스에게 말했다.
2 "이즈리얼 자손에게 전해라. 너희
가 살도록 내가 주는 그 땅에 들어
갈 때,
3 너희는 **주님**에게 불로 지내는 제사
를 지내야 한다. 번제제물이나 맹
세수행용 대가물이나, 자유의사의
예물이나, 너희 정규축일의 제물
에 대하여, 소나 양으로 **주님**에게
맛있는 향기를 만들어라.
4 그리고 **주님**에게 제물을 올리는 사
람은, 곡식제물로 기름 1/4힌약 0.9L
을 섞은 밀가루 1/10딜약 2.2L을 올
려야 한다.
5 음료제물로 포도주 1/4힌약 0.9L을,
번제제물 또는 희생제물의 새끼양
한 마리와 함께 준비해야 한다.
6 혹은 너는 숫양 한 마리를, 곡식제
물로 기름 1/3힌약 1.2L이 섞인 밀가
루 2/10힌약 4.4L 을 준비한다.
7 음료제물은 포도주 1/3힌약 1.2L으
로, **주님**에게 맛있는 향기를 내야
한다.
8 만약 수송아지를 마련하는 것이,
번제용이거나, 맹세수행을 위한
희생용이거나, **주님**에게 평화의 제
물용이면,
9 너는 수송아지를 기름 1/2힌1.8L이
섞인 밀가루 3/10딜6.6L의 곡식제물
과 함께 가져와야 한다.
10 **주님**에게 맛있는 향기를 내기 위해
불로 만드는 음료제사용으로 포도
주 1/2힌1.8L도 가져와야 한다.
11 따라서 제사는 수송아지나, 숫양
이나, 또는 암양이나 어린 새끼 한
마리로 지내야 한다.
12 너희가 준비하는 제물의 수대로,
모든 것을 지정한 숫자만큼 적용
해야 한다.
13 그 나라에서 태어난 사람은 모두
이 방법에 준하여, **주님**에게 맛있
는 향기가 나도록, 불로 만드는 제
사를 지내야 한다.
14 너와 함께 머무는 이방인이나, 너
희 세대는 누구든지, **주님**에게 불
로 맛있는 향기를 내는 제사를 지
내야 하고, 너희가 하는 방식대로
다른 사람도 그렇게 해야 한다.
15 전 공동체와 너와 함께 머무는 외
국인 역시 한 가지의 명령이 적용
되어야 하고, 그것은 너희 세대에
영원한 규정이며, 마찬가지로 **주님**
앞에서 이민족도 그렇다.
16 한 가지 법과 한가지 방식이 너희
에게 적용되고, 너와 함께 머무는
타지인도 그렇다."
17 **주님**이 모지스에게 말했다.
18 "이즈리얼 자손에게 전해라. 내가

데려가려는 그 땅에 너희가 들어
가서,
19 그 땅에서 나는 빵을 먹게 될 때,
너희는 **주님**에게 들어올려 보이는
거제제사擧祭를 지내야 한다.
20 너희 반죽 가운데 첫 번째 과자를,
거제제물용으로 하여, 탈곡장에서
들어올려 보이는 방식대로, 똑같
이 거제제사를 하며 그것을 들어
올려야 한다.
21 너희 세대는 반죽 중 첫 번째를 **주**
님에게 거제제사로 들어올려야 한
다.
22 만약 너희가 실수로 **주님**이 모지스
를 통해 내린 명령을 준수하지 못
하는 경우,
23 심지어 **주님**이 모지스를 통해 너희
에게 명령한 그날부터 지키지 않
았고, 그렇게 모든 공동체가 그랬
다면,
24 그것을 공동체가 모른 채 무지 속
에서 그랬다면, 공동체는 어린 수
송아지를 번제용으로 올려야 한
다. **주님**에게 맛있는 향기를 내기
위해, 곡식제물과 음료제물과 함
께, 방법대로 제사 지내고, 또 속죄
용으로 새끼 염소 한 마리도 올려
라.
25 그리고 제사장은 이즈리얼 자손
공동체를 위해 보상속죄를 해야
한다. 그러면 그것은 무지였으므
로 용서될 것이다. 또한 사람들은
제물을 가져와서, **주님**에게 불로
만드는 제사를 지내고, **주님** 앞에
서 자신의 무지에 대한 속죄의 제
사를 지내야 한다.
26 그러면 이즈리얼 전 공동체와, 그
들 가운데 머무는 나그네 역시 용
서되면서, 모든 사람이 무지를 깨
닫게 될 것이다.
27 무지해서 죄를 지은 사람이 있으
면 그는 속죄용으로 1년된 암염소
를 가져와야 한다.
28 제사장은 무지로 죄를 지은 사람
을 위해 보상속죄를 해야 한다. 그
가 **주님** 앞에서 무지로 죄를 지었
을 때, 그를 위해 보상속죄를 하면
용서가 된다.
29 너희는 모르고 죄를 지은 사람을
위해, 이즈리얼 자손 가운데 태어
난 사람과, 그들에게 머무는 외국
인에 대해 똑같은 한 가지 법을 적
용해야 한다.
30 하지만 뻔뻔하게 행동하며 **주님**을
비난하는 사람은, 그 땅에 태어났
든 아니든, 혹은 나그네든, 자기 민
족에서 제거되어야 한다.
31 왜냐하면 그는 **주님**의 말을 무시하
며 명령을 어겨서, 자신에게 죄가
있기 때문에 철저히 제거되어야
한다."
32 이즈리얼 자손이 황야에 있을 때,
어느 사배쓰휴일에 나무조각을 주
어 모으는 한 사람을 발견했다.
33 그것을 목격한 사람들이 그를 모
지스와 애런과 공동체에게 데려갔

다.
34 그들은 그를 감방에 가두었다. 왜
나하면 그를 처리할 판결이 아직
선고되지 않았기 때문이었다.
35 **주님**이 모지스에게 말했다. "그 사
람은 반드시 죽게 해야 한다. 진영
밖에서 군중이 돌로 쳐서 그를 죽
여라."
36 그래서 모든 공동체가 그를 진영
밖으로 끌고 가서, **주님**이 모지스
에게 명령한 대로 돌로 쳐서 죽였
다.
37 **주님**이 모지스에게 말했다.
38 "이즈리얼 자손에게 전해라. '너희
세대는 옷자락 끝에 장식술을 만
들고, 그것을 파란색 끈으로 옷자
락 끝에 달아 두라'고 전해라.
39 이것은 너희가 장식술을 바라보
고, **주님**의 명령을 기억하고 실행
하게 하는 것이고, 또 매춘을 하려
는데 쓰이는 자신의 마음과 눈에
따라 행동하지 않게 하는 것이다.
40 그것은 너희 기억을 상기시키고,
나의 명령을 모두 따르게 하는 것
이다. 너희는 **하나님**에게 신성해야
한다.
41 나는 너희 **하나님**이 되려고 이집트
에서 너희를 데려온, 너희의 **주 하
나님**이다."

지나친 욕심의 대가

16 한편 리바이레위 자손 코라고
핫는 이즈하의 아들이고, 코
해쓰의 손자로서, 일리앱 자식 대
이썬과 어바이램 및 루번 자손 펠
레쓰의 아들 온과 함께 사람들을
끌어 모았다.
2 그들이 모지스 앞에서 들고 일어
났는데, 이즈리얼 자손 중 일부 잘
알려지고 명성 있는 대군귀족 250
명과 함께 대들었다.
3 그들이 스스로 모지스와 애런에
맞서 한데 뭉쳐 말했다. "당신들은
자기 것을 너무 많이 챙기는데, 모
든 공동체가 각각 깨끗하고, **주님**
이 그 가운데에 있는 줄 알면서, 어
째서 당신 자신들을 **주님**의 대중보
다 위로 높이죠?"
4 그러자 모지스가 그 소리를 듣더
니, 고개를 숙였다.
5 그리고 코라 및 무리에게 말했다.
"내일, **주님**이 누가 자신의 사람인
지 보여주며, 그를 가까이 오게 할
것이다. 그가 선택한 자만이 가까
이 다가가게 할 것이다.
6 따라서 이렇게 하자. 코라 당신과
무리 모두, 각자의 향로를 들고 오
너라.
7 다음 거기에 불을 붙이고, 내일 **주
님** 앞에서 향료를 넣어라. 그러면
주님이 선택하는 사람은 신성해질
것이다. 너희 리바이 자손들은 너
무 많은 것을 가지려고 한다."
8 모지스가 코라에게 또 말했다.
"너희 리바이 자손은 제발, 내 말을
들어봐라.

9 이것이 별것 아닌 것으로 보이나?
이즈리얼의 **하나님**이 너희를 공동
체로부터 구별하여, **주님**이 가까이
오게 하여 성막 일을 하고, 또 공동
체의 제사를 지내도록 앞에 세워
주었다.
10 **주님**은 오직 리바이 자손 형제만
자신 가까이 오도록 하락했는데,
너희 역시 사제직을 원하는가?
11 너와 무리가 한데 모여 **주님**에게
대항하다니, 애런이 누구라고 그
에게 불평하는가?"
12 모지스가 일리앱의 자식 대이썬과
어바이램을 부르러 보냈더니, 그
들이 말했다. "우리는 가지 않겠다.
13 이것이 별것 아닌 작은 일이냐? 당
신은 젖과 꿀이 흐르는 땅 이야기
를 하며, 우리를 데려와서, 황야에
서 우리를 죽이려 하는데, 게다가
스스로 우리 대군귀족 모두를 지
배하려고 하지 않나?
14 더구나 당신은 우리를 젖과 꿀이
흐르는 땅에 데려가지도 않았고,
들과 포도밭을 유산으로 주지도
않았다. 당신은 사람의 눈을 닫으
려 하는가? 우리는 가지 않겠다."
15 그러자 모지스가 대단히 화가 나
서 **주님**에게 말했다. "당신은 그들
의 제물을 하나도 존중하지 말고
받지도 마세요. 나는 그들한테 나
귀 한 마리 받지 않았고, 그들 중
누구도 해치지 않았어요."
16 모지스가 코라에게 말했다.
"내일 **주님** 앞에 당신과 당신 무리
250명과, 애런 모두,
17 자신의 향로에 향료를 넣어, 각자
의 향로 모두 250 개를 **주님** 앞으
로 가져오너라."
18 그래서 그들이 각자 자신의 향로
를 가져와서, 거기에 불을 피워 향
료를 넣고, 모지스와 애런과 함께
성막문에 섰다.
19 코라가 전 공동체를 그들에게 대
항하려고 성막문으로 모았다. 그
러자 **주님**의 영광이 공동체 모두에
게 나타났다.
20 **주님**이 모지스와 애런에게 말했다.
21 "너희는 이 공동체에서 멀리 떨어
져라. 내가 단번에 그들을 섬멸하
겠다."
22 그러자 그들이 고개를 떨구며 말
했다. "오 **하나님**, 모든 생명 속의
영혼의 **하나님**, 한 사람이 죄를 지
었는데, 당신의 분노를 공동체 전
체에게 미치려고 하나요?"
23 **주님**이 모지스에게 말했다.
24 "공동체 모두에게 전해라. 너희는
코라, 대이썬다탄, 다단, 어바이램아비
람의 막사로부터 떨어져라."
25 그래서 모지스가 일어나 대이썬과
어바이램에게 갔고, 그 뒤로 이즈
리얼의 원로들이 따라갔다.
26 그가 그 집단에게 말했다. "내가 부
탁하는데, 이 부도덕한 사람들의
막사에서 멀리 떨어져서, 그들 물
건은 아무것도 손대지 말고, 그들

의 죄로 인해 너희가 죽지 않게 해
라."
27 그래서 사람들이 코라, 대이썬, 어
바이램의 막사로부터 사방으로 떨
어졌다. 그때 대이썬과 어바이램
이 밖으로 나왔고, 그들의 아내와,
아들과, 어린 자녀가 막사문에 섰
다.
28 모지스가 말했다. "너희는 **주님**이
왜 나를 보내어 이렇게 하는지 알
아야 한다. 이는 내 마음이 아니다.
29 만약 이들이 대개의 경우처럼 자
연사로 죽거나, 일반인의 운명처
럼 겪는다면, **주님**이 나를 보내지
않았다.
30 대신 **주님**이 전적으로 새 일을 하
고자 하면, 땅이 입을 벌려 그들을
삼키고, 그들에게 속한 전부를 함
께 구덩이로 순식간에 몰아넣을
것이다. 그때 너희는 이들이 **주님**
에게 반항했다는 것을 알게 될 것
이다."
31 모지스가 이 연설을 마치자, 그들
아래의 땅이 갈라지며,
32 입을 벌려, 코라와, 그에게 속했던
모든 사람과, 그들의 집과, 전재산
을 집어삼켰다.
33 그들과 그들에게 속한 모든 것이
산채로 구덩이 속으로 떨어지더
니, 땅이 그 위를 덮어, 집단 가운데
에서 사라졌다.
34 그 주위에 있던 이즈리얼이 모두
도망치며 소리쳤다. "땅이 우리마
저 삼키기 않게 하자."
35 그리고 **주님**의 불이 나와, 향을 피
웠던 250명을 소멸시켰다.
36 **주님**이 모지스에게 말했다.
37 "제사장 애런의 아들 일리저에게
전해라. 그에게 불타는 향로를 모
아오게 하여, 네가 불을 저 멀리 흩
어버려라. 그것은 신성하게 정화
되었다.
38 스스로 자신의 영혼에 맞선 죄인
들의 향로를 가지고, 제단을 덮는
넓은 판을 만들어라. 왜냐하면 그
들이 **주님** 앞에 자신을 제물로 바
쳤기 때문에, 그들은 신성하게 정
화되었다. 그리고 그들은 이즈리
얼 자손에게 증거로 남을 것이다."
39 그래서 일리저 사제는 거기서 타
죽은 사람의 황동향로를 모아서,
제단 덮개용 넓은 판을 만들었고,
40 **주님**이 모지스의 손을 통해 말한
대로 했고, 이즈리얼 자손이 기억
할 수 있게 했다. 그리고 애런의 자
손이 아닌 외지인이 향을 올리러
주님 앞에 가까이 오지 않게 하여,
코라와 그의 무리처럼 되지 않게
했다.
41 하지만 다음날, 이즈리얼 자손 공
동체 모두가 모지스와 애런에게
대들며, "너희가 **주님**의 백성을 죽
였다"고 불평했다.
42 그리고 공동체가 모지스와 애런에
게 대항하러 모였을 때, 그들이 성
막 쪽을 바라보았더니, 구름이 그

것을 덮으며, **주님**의 영광이 나타
났다.
43 그래서 모지스와 애런이 성막 앞
으로 왔다.
44 **주님**이 모지스에게 말했다.
45 "너는 공동체에서 나가라. 그러면
내가 그들을 단번에 삼킬 것이다."
그래서 그들은 고개를 떨구었다.
46 그리고 모지스가 애런에게 말했
다.
"향로를 가져와서, 제단에서 불을
넣고, 향료를 집어넣고, 빨리 공동
체로 가서, 그들을 위한 보상속죄
의 제사를 지내라. 왜냐하면 **주님**
의 분노가 나오기 때문에 전염병
이 발발하기 시작했다."
47 그래서 애런이 모지스의 명령에
따라 공동체로 달려가서 보니, 백
성 가운데에 전염병이 시작되었
다. 그래서 향료를 넣어 피우고, 백
성을 위한 보상속죄의 제사를 지
냈다.
48 그가 죽은자와 산자 사이에 서 있
었더니, 전염병이 멈췄다.
49 코라 사건으로 죽은 사람을 제
외하고, 전염병으로 죽은 사람이
14,700명이었다.
50 애런은 성막문에 있는 모지스에게
돌아왔고, 전염병은 멈췄다.

애런의 지팡이

17 **주님**이 모지스에게 말했다.
2 "이즈리얼 자손에게 전해라. 조상
가문 별 대군귀족은, 각 집안마다
지팡이 하나씩 모두 12 지팡이를
가져오게 하여, 네가 지팡이에 각
자의 이름을 적어라.
3 애런의 이름은 리바이 지팡이에
쓰고, 지팡이 하나는 각 조상가문
의 대표가 된다.
4 성막 내부의 내가 너와 만날 증언
판 앞에 지팡이들을 늘어놓아라.
5 내가 선택하는 사람의 지팡이에
꽃이 피게 하여, 내가 이즈리얼 자
손의 불평을 멈추게 하고, 너에 대
한 불만도 끝내겠다."
6 그래서 모지스가 이즈리얼 자손에
게 전하자, 조상가문 별 지도자 각
자가 지팡이 하나씩 그에게 12 지
팡이를 주었다.
7 모지스가 증거의 성막 안 **주님** 앞
에 지팡이를 놓았다.
8 다음날 모지스가 증거의 성막으로
들어가서 보니, 리바이 가문 애런
의 지팡이에 싹이 돋아, 꽃몽우리
가 나오고, 꽃이 피어 열매가 나왔
다.
9 그래서 모지스가 지팡이를 **주님** 앞
에서 이즈리얼 자손에게 가져갔
고, 그들이 그것을 보았고, 각자 자
신의 지팡이를 가져갔다.
10 **주님**이 모지스에게 말했다. "애런
의 지팡이를 증언판 앞에 다시 가
져와서, 반란에 대한 증거가 되게
해라. 너는 나에 대한 그들의 불만

을 완전히 없애야, 그들이 죽지 않
는다."
11 그래서 모지스가 **주님**이 명령한대
로 했다.
12 이즈리얼 자손이 모지스에게 말했
다. "보세요, 우리가 죽어가고 있어
요. 우리 모두 사라질 거예요.
13 **주님**의 성막에 가까이 가는 사람은
누구든지 죽을 거예요. 우리가 죽
어서 소멸되어야 하나요?"

사제 임무와 리바이 선택

18 **주님**이 애런에게 말했다.
"너와, 네 아들과, 너의 조상
가문은 성소의 죄를 짊어지고, 또
사제임무의 죄를 짊어져야 한다.
2 너의 조상 리바이 출신의 네 형제
역시 너를 도와 제사 일을 거들 수
있게 해야 한다. 하지만 너와 네 아
들이 증거의 성막에서 제사를 지
내야 한다.
3 그들은 자신의 임무를 지키고, 또
성막의 책임을 맡아야 한다. 단지
그들은 성소와 제단의 용기 가까
이 오면 안 된다. 그래서 그들도 너
희도 죽지 않게 해야 한다.
4 그들은 너를 거들어, 공동체 성막
의 임무를 지켜야 한다. 이유는 성
막의 제사 일을 하기 위한 것이다.
그리고 외국인은 너에게 가까이
오면 안 된다.
5 너희는 성소와 제단의 책임을 져
야 한다. 그것은 이즈리얼 자손에
게 더 이상 분노가 없게 하는 것이
다.
6 보라, 내가 이즈리얼 자손 가운데
에서 리바이 형제를 선택하여, **주**
님의 선물로 너에게 주어, 공동체
성막의 제사를 수행하게 하는 것
이다.
7 따라서 너와 네 아들은 제사장의
본분으로 제단과, 가림막 안의 모
든 것을 지키며, 봉사해야 한다. 나
는 너에게 사제직을 선물로 주었
다. 그리고 가까이 오는 외국인은
죽음에 처해야 한다."
8 **주님**이 애런에게 말했다. "보라, 나
는 또 이즈리얼 자손이 나에게 신
성하게 들어올리는 성물의 몫을
너에게 주었고, 너와 네 아들에게
기름을 부어 정화한 명분으로 그
몫을 주라는 영원한 명령을 내렸
다.
9 이것은 너에게 불로 마련한 가장
신성한 것이 되어야 한다. 백성의
모든 봉헌물과, 곡식제물과, 속죄
제물과, 면죄제물은 너와 아들들
에게 가장 신성한 것이다.
10 너는 최고 성소에서 그것을 먹어
야 하고, 그것을 먹게 되는 사람마
다 자신에게 신성한 것이 되어야
한다.
11 너의 것은 이즈리얼 자손이 선물
로 들어올리는 거제제물과 흔드는
요제제물이다. 나는 너와 네 아들
딸에게 그것을 주며 영원한 규정

으로 명령했다. 네 집안의 깨끗한
사람은 누구나 그것을 먹어도 좋
다.
12 기름 중 최고품과, 포도주 중 최고
품과 함께, 곡식과 첫 수확물로 그
들이 **주님**에게 올리는 것을 내가
너에게 주었다.
13 그 땅에서 처음 수확하여 그들이
주님에게 가져오는 것은 무엇이든
너의 것이 되고, 네 집의 깨끗한 사
람은 누구나 그것을 먹을 수 있다.
14 이즈리얼이 헌납한 모든 것은 너
의 것이 되어야 한다.
15 모체에서 육체를 가지고 나온 것
중 그들이 **주님**에게 가져오는 것은
무엇이든, 그것이 사람의 것이든
짐승의 것이든 너의 것이다. 그러
나 인간의 첫째는 반드시 대신 상
환해야 하고, 깨끗하지 못한 짐승
의 첫째도 대속해야 한다.
16 대신 상환되는 대상은 1개월령 아
기부터, 성소의 쉐클 기준에 따라,
네가 계산하여 20게라에 해당되는
5쉐클의 돈을 지불해야 한다.
17 하지만 소, 양, 염소의 첫째는 대속
하지 말고, 그들은 신성하므로, 네
가 제단에 그 피를 뿌리고, 불로 만
드는 제물용 가축지방은 **주님**에게
맛있는 향기를 피우도록 태워라.
18 가축의 고기는 네 것으로, 흔드는
가슴살과 오른쪽 어깨살처럼 너의
것이다.
19 성물로 들어올리는 모든 것은, 이
즈리얼 자손이 **주님**에게 올린 것으
로, 내가 너와 네 아들딸에게 주며
영원한 규정으로 정했다. 이것은
앞으로 **주님**이 너와 네 후손과 맺
는 영원한 소금의 약속이다."
20 **주님**이 애런에게 말했다. "너는 그
땅에서 유산이 없어야 하고, 그 중
어떤 부분도 가지면 안 된다. 내가
너의 지분이고, 이즈리얼 자손이
너의 유산이다.
21 보라, 나는 리바이 자손에게 이즈
리얼이 올리는 1/10을 모두 주었
다. 이는 유산을 대신하고, 그들의
봉사 및 공동체 성막에서 수고하
는 봉사에 대한 대가이다.
22 이즈리얼 자손은 공동체의 성막
가까이 와서는 안 된다. 그들이 죄
로 인해 죽지 않게 하는 것이다.
23 대신 리바이 출신은 모임의 성막
에 대한 봉사를 해야 하고, 사람의
죄를 짊어져야 한다. 너희 전세대
에서 영원한 규정으로 정하는 것
은, 이즈리얼 자손 가운데 너희는
유산이 없어야 한다.
24 하지만 이즈리얼 자손의 십일조
는, 그들이 제공하는 **주님**에게 들
어올리는 거제제물과 마찬가지로,
내가 리바이에게 유산으로 주었
다. 그리고 내가 그들에게, '이즈리
얼 자손 가운데 너희는 유산을 가
지면 안 된다'고 말했다."
25 **주님**이 모지스에게 말했다.
26 "리바이부족에게 전해라. 너희가

이즈리얼 자손에게 받는 십일조
는, 내가 너희의 유산으로 주는 것
이다. 따라서 너희는 **주님**에게 십
일조를 들어올려야 하는데, 십일
조 중 1/10 부분을 거제제사로 제
공해야 한다.
27 너희가 들어올려 보이는 제물은,
마치 탈곡장의 곡식낟알이나, 압
착되어 넘치는 포도주 부분처럼
간주해야 한다.
28 따라서 너희 역시 **주님**에게 너의
십일조로서 들어올려 보여야 한
다. 그것은 이즈리얼 자손한테 받
은 것으로, **주님**에게 거제제물을
올린 다음, 제사장 애런에게 주어
야 한다.
29 너희가 받는 예물을 **주님**에게 거제
제물로 올리는데, 그 중 으뜸품과
가장 신성한 부분으로 제공해야
한다.
30 따라서 너는 백성에게 다음과 같
이 말해야 한다. '너희의 예물 중 으
뜸품이 들어올려지게 될 때, 그것
은 리바이부족의 몫으로 생각해야
하고, 탈곡장의 증가분이나 눌린
포도주의 잔여분처럼 생각해야 한
다.
31 너희는 그것을 모든 장소에서 가
족 모두와 먹어도 좋다. 이것은 공
동체 성막에서 너희가 봉사한 일
에 대한 보상이기 때문이다.
32 그리고 다음 이유로 죄를 짓지 말
아야 한다. 너희가 예물 중 가장 으
뜸품으로 들어올릴 때, 이즈리얼
자손의 신성한 예물을 오염시켜서
너희가 죽는 일이 없어야 한다."

정화의 물

19 **주님**이 모지스와 애런에게
말했다.
2 "이것은 **주님**이 명령한 법의 규정
이므로, 이즈리얼 자손에게 전해
라. 그들은 점이나 상처가 없고 멍
에를 져 본적이 없는 붉은 암소 한
마리를 가져오게 해라.
3 너희는 일리저엘아자르, 엘르아살 사제
에게 소를 주어 진영 밖으로 끌고
가게 한 다음, 사제 앞에서 소를 죽
여라.
4 일리저 사제는 자신의 손가락으로
피를 찍어서, 직접 공동체의 성막
앞에 7번 뿌려라.
5 그 사람은 사제가 보는 앞에서 암
소의 가죽과 살과 피를 똥과 함께
태워야 한다.
6 제사장은 시더나무와 히숍풀과 진
홍색 실타래를 갖다, 암소가 불타
는 가운데로 던져라.
7 그런 다음 제사장은 자신의 옷을
빨고 물로 몸을 씻고 진영에 들어
와야 하고, 저녁 때까지 깨끗하지
않다.
8 암소를 불에 태운 사람은 옷을 물
에 빨고 목욕을 하고, 저녁 때까지
깨끗하지 못하다.
9 죄가 없는 깨끗한 사람이 암소의

재를 끌어모아, 진영 밖 깨끗한 장
소에 두어라. 그것은 이즈리얼 자
손 공동체를 위한, 정결과 불결을
구별하는 물에 사용할 것이므로
잘 보존해야 한다. 이것이 죄에 대
한 정화방법이다.
10 암소의 재를 모은 사람은 옷을 빨
아야 하고 저녁때까지 부정하며,
그것은 이즈리얼 자손이나 그 가
운데 머무는 외국인에게 영원히
규정이 되어야 한다.
11 사체를 손으로 만진 사람은 누구
라도 7일간 깨끗하지 못하다.
12 그가 3일째에 자신을 물로 정화하
면 7일째에 깨끗해지지만, 3일째
에 자신을 깨끗하게 씻지 않으면 7
일째에도 깨끗하지 못할 것이다.
13 죽은 자의 시체를 만지고 자신을
정화하지 않은 사람은, 누구나 **주
님**의 성막을 오염시키는 자이므로,
그런 사람은 이즈리얼로부터 제거
된다. 구별하는 물이 그에게 뿌려
지지 않았기 때문에 그는 깨끗하
지 못하고 여전히 불결하다.
14 이것은 천막 안에서 사람이 죽었
을 경우의 법이다. 천막에 들어왔
거나 있었던 모든 사람은 7일간 깨
끗하지 못하다.
15 뚜껑이 없어서 열려 있는 용기는
모두 깨끗하지 못하다.
16 벌판에서 칼로 베여 죽은 것이나,
사체나, 사람의 뼈 또는 무덤을 만
진 자는 누구라도 7일간 깨끗하지
못하다.
17 불결한 사람은 죄의 정화용으로
태운 암소의 재를 가져오고, 또 흐
르는 물을 용기 안에 담아야 한다.
18 깨끗한 사람이 히솝풀을 가져와서
물에 담갔다가 천막과, 모든 용기
와, 그곳에 있던 사람과, 뼈를 만진
사람에게 뿌리고, 또 도축자나, 죽
은 자나, 무덤에 뿌려야 한다.
19 그리고 정결한 사람이 불결한 사
람에게 셋째 날과 일곱째 날에도
물을 뿌린다. 7일째에 그는 자신을
정화하면서, 옷을 빨고 물로 목욕
하면, 저녁에 깨끗해질 것이다.
20 그런데 불결한 채 있는 사람과 자
신을 정화하지 않는 자는, 공동체
가운데서 제거되어야 하는데, 그
이유는 정결과 불결을 구별하는
물이 그에게 뿌려지지 않아서, **주
님**의 성소를 오염시켰기 때문이다.
그는 깨끗하지 못하다.
21 이것은 그들에게 영원한 규정이
되어야 한다. 구별의 물을 뿌리는
사람은 옷을 빨아야 하고, 또 구별
의 물이 닿은 사람은 저녁 때까지
깨끗하지 못하다.
22 불결한 사람이 만진 것은 무엇이
든지 깨끗하지 않고, 그 물건을 만
진 사람도 저녁 때까지 깨끗하지
못할 것이다."

미리엄과 애런이 죽다

20 그때 이즈리얼 자손 공동체
전체가, 첫째 달에 진 사막
으로 들어와 커데쉬카데스, 가데스에
머물렀던 당시, 미리엄미르얌, 미리암
을 그곳에 묻었다.
2 그런데 공동체가 마실 물이 없었
다. 그들은 같이 모여들어 모지스
와 애런에게 대들었다.
3 백성이 모지스를 책망했다. "우리
형제가 **주님** 앞에서 죽었을 때, **하
나님**이 우리도 죽여야 했는데!
4 당신은 어째서 **주님**의 공동체인 우
리를 황야로 끌고 와, 가축과 함께
죽게 하나요?
5 어째서 당신은 우리를 이집트에서
끌어내어, 이런 최악의 장소로 데
려왔나요? 여기는 곡식도, 무화과
도, 포도도, 석류도 없고, 마실 물도
없잖아요."
6 모지스와 애런이 군중이 모인 장
소에서 이동하여 성막문으로 가
서, 고개를 숙이자, **주님**의 영광이
그들에게 나타났다.
7 **주님**이 모지스에게 말했다.
8 "너는 지팡이를 들고 사람들을 모
아라. 너와 네 형제 애런이 그들 눈
앞에서 바위에게 물을 주라고 말
해라. 그러면 네가 그들에게 물을
주게 할 것이다. 그리고 너는 공동
체와 짐승이 마실 물을 줄 수 있을
것이다."
9 그래서 모지스가 명령대로 **주님** 앞
에서 지팡이를 집어들었다.
10 모지스와 애런이 공동체 모두를
바위 앞에 모은 다음 말했다. "이제
반항자들은 들어라! 우리가 이 바
위에서 너희에게 물을 갖다주어야
만 알겠나?"
11 그리고 모지스가 손을 들어 올려
지팡이로 바위를 두 번 치자, 물이
엄청나게 쏟아져, 공동체가 마시
고 짐승도 그랬다.
12 **주님**이 모지스와 애런에게 말했다.
"너희가 나를 믿지 않고, 이즈리얼
자손의 눈에서 신성으로 여기지
않기 때문에, 너희는 내가 주려는
땅으로 이 집단을 데리고 들어가
지 못하게 하겠다."
13 이것이 미러바므리바의 물이다. 왜
냐하면 이즈리얼 자손이 그들 가
운데 신성했던 **주님**과 다퉜기 때문
이었다.
14 한편 모지스가 커데쉬에서 전령을
보내어 이듬에돔왕에게 말했다. "당
신의 형제 이즈리얼이 말하는데,
당신은 우리가 겪은 고초를 들었
을 것이오.
15 우리 조상이 어떻게 이집트로 들
어갔고, 이집트에서 얼마나 오래
살았고, 이집트인이 우리와 우리
조상을 어떻게 괴롭혔는지 잘 알
것이오.
16 그때 우리가 **주님**에게 호소했더니,
그가 우리 목소리를 듣고 사자를
보내어, 우리를 이집트 밖으로 이

끌어내어, 보다시피 지금 우리는
당신의 국경에서 가장 멀리 떨어
진 도성 커데쉬에 있소.
17 우리가 당신 나라를 지나게 해주
기를 부탁합니다. 당신의 밭이나
포도밭을 지나가지 않고, 당신의
우물물도 마시지 않겠소. 우리는
왕의 큰길을 따라가면서, 당신의
국경을 다 지날 때까지 오른쪽도
왼쪽도 돌아보지 않을 것이오."
18 그러자 이듬왕이 그에게 말했다.
"너는 내 곁을 지나가면 안 된다.
내가 칼로 너를 공격하러 나오지
않게 해라."
19 이즈리얼 자손이 그에게 말했다.
"우리는 큰길로만 갈 것이오. 만약
나와 내 가축이 당 신의 물을 마시
면 물값을 내며, 나는 다른 어떤 짓
도 하지 않고, 오직 걸어 가겠오."
20 그는 다시 말했다. "너는 지나가서
는 안 된다." 이듬왕이 많은 사람을
무장시켜 그에 대항하러 나왔다.
21 이듬이 자신의 국경선 통과를 거
절했으므로, 이즈리얼은 그로부터
멀리 돌아갔다.
22 이즈리얼 자손 전 공동체가 커데
쉬 카데스, 가데스에서 떠나 호어호르산
에 왔다.
23 **주님**이 이듬 땅 일대 옆에 있는 호
어산에서 모지스와 애런에게 말했
다.
24 "애런이 그의 조상에게 소환되어,
내가 이즈리얼 자손에게 줄 땅으
로 들어가지 못하게 된다. 왜냐하
면 너희가 미러바므리바의 물에서
내 말에 반발했기 때문이다.
25 애런과 그의 아들 일리저엘아자르, 엘
르아살를 호어산으로 데려와라.
26 그리고 애런에게서 옷을 벗겨, 그
의 아들 일리저에게 입혀라. 애런
은 그의 조상에게 가게 되어, 거기
서 죽게 된다."
27 모지스가 **주님**의 명령에 따라, 그
들이 모든 공동체의 눈 앞에서 호
어산으로 올라왔다.
28 모지스가 애런의 옷을 벗겨 그의
아들 일리저에게 입혔다. 그리고
산 정상에서 애런이 죽었고, 모지
스와 일리저는 산에서 내려왔다.
29 공동체 전체가 애런의 죽음을 보
고, 이즈리얼집안 모두가 30일간
애런을 위해 애도했다.

모앱 땅 해쉬번 점령

21 남쪽에 살던 캐이넌가나안 왕
애러드아랏가, 이즈리얼의 정
탐꾼이 길을 따라왔다는 이야기를
듣고, 이즈리얼과 싸워서 포로 몇
명을 붙잡았다.
2 이즈리얼이 **주님**에게 맹세했다.
"만약 당신이 진실로 이 백성을 우
리 손에 맡겨주면, 직접 그들의 도
시를 철저히 파괴하겠어요."
3 그래서 **주님**이 이즈리얼 목소리에
귀를 기울이고, 캐이넌족을 넘겨
주자, 그들이 적과 도성을 완전히

파괴하고, 그 평원을 호마호르마라
고 불렀다.
4 그들이 호어호르 산에서 떠나, 홍해
길로 이듬에돔 땅을 둘러 갔다. 그런
데 그 길 때문에 백성이 크게 실망
했다.
5 그래서 백성이 **하나님**에게 반발하
며 모지스에게 대들었다. "당신은
왜 이집트에서 우리를 끌고 나와
광야에서 죽이려 하나요? 여기는
빵도 없고, 물조차 없어요. 이제 우
리는 이런 가벼운 빵에 물렸어요."
6 그러자 **주님**이 백성 가운데로 불뱀
을 보내, 그들을 물어뜯어 이즈리
얼이 많이 죽었다.
7 사람들이 모지스에게 와서 말했
다. "우리가 죄를 지었어요. 우리가
주님에게 항의하고, 당신에게 대들
었어요. 제발, **주님**에게 저 뱀을 없
애달라고 간청해주세요." 그래서
모지스가 백성을 위해 간청했다.
8 **주님**이 모지스에게 말했다. "네가
불뱀 하나를 만들어 기둥에 매달
고, 그것을 물린 사람이 쳐다보면
살 것이다."
9 모지스가 황동뱀을 만들어, 기둥
에 올려 놓은 다음, 뱀에 물렸던 사
람이 그것을 보자 살아났다.
10 그리고 이즈리얼 자손이 앞으로
전진하여 오보쓰에 진영을 펼쳤
다.
11 다음에 그들은 오보쓰를 떠나 광
야의 아이재버림에 진영을 펼쳤는
데, 그곳은 해가 뜨는 쪽 모앱모압
앞이었다.
12 그들은 그곳에서 또 이동하여 재
레드 계곡에 천막을 쳤다.
13 거기에서 다시 옮겨, 아넌의 다른
쪽에 진영을 펼쳤는데, 그곳은 애
머리족 영역에서 나오는 황야에
위치하고 있었다. 아넌지역은 모
앱과 애머리족 사이의 국경지대이
다.
14 따라서 **주님**의 전쟁을 기록한 책에
전해지는 바는, "**주님**이 홍해와 아
넌시내에서 한 일과,
15 또 모앱의 경계에 위치한 아르의
주거지로 가는 계곡의 시내에서
한 일"에 관한 것이다.
16 그들은 그곳에서 우물이 있는 비
어로 갔고, 거기서 **주님**이 모지스
에게 말했다. "사람들을 모두 모아
라. 내가 그들에게 물을 주겠다."
17 그때 이즈리얼은 이런 노래를 불
렀다. "솟아라, 샘아! 너희는 우물
을 노래해라!
18 대군도 우물을 팠고, 백성의 귀족
도 팠다. 입법자의 지시에 따라 그
들의 지팡이로 팠다." 그런 다음 그
들은 황야에서 매태나로 이동했
고,
19 매태나에서 내핼리얼로, 내핼리얼
에서 배머쓰로,
20 모앱나라 안에 있는 배머쓰계곡에
서 제쉬먼 방향을 바라보는 피스
가 정상까지 갔다.

21 그리고 이즈리얼이 전령을 보내,
애머리아모리부족 시흔시혼 왕에게
말했다.
22 "내가 당신 땅을 지나가게 해주시
오. 우리는 밭이나 포도밭에 들어
가지 않고, 우물물도 마시지 않겠
오. 다만 우리가 당신의 국경선을
지날 때까지 왕의 큰길을 따라 가
겠소."
23 그런데 시흔왕은 이즈리얼이 자신
의 국경통과를 허락하지 않고, 대
신 그의 백성을 모두 모아 황야로
들어가는 이즈리얼을 대항하러 나
가, 재이해즈까지 와서 이즈리얼
을 향해 공격했다.
24 그래서 이즈리얼이 칼끝으로 그를
치고, 그의 땅을 아넌부터 재복까
지, 심지어 애먼 자손의 경계까지
차지했는데, 당시 애먼 자손의 국
경은 강했었다.
25 이즈리얼이 이곳 도성을 모조리
빼앗아, 애머리의 도성과, 해쉬번헤
스본과, 그곳 마을까지 전역에 살았
다.
26 해쉬번은 애머리족 시흔왕의 도시
로, 애머리는 이전 모앱왕과 맞서
싸워서, 모앱 손에 있던 땅 전역과,
심지어 아넌까지 빼앗았던 것이
다.
27 그래서 그들에게 다음의 속담이
전해진다. "해쉬번으로 가자! 시흔
왕의 도성이 세워져 준비되어 있
다!
28 해쉬번에서 나간 불은, 시흔도성
에서 일어난 화염으로, 그것이 모
앱의 아르를 삼키고, 아넌의 높은
지대의 성주들을 불태웠다.
29 너희에게 저주가 떨어져라, 모앱
아! 너희는 끝났다. 키머쉬 자손아!
주님은 도망친 그의 아들딸을 애머
리의 시흔왕에게 포로로 주었다.
30 우리가 그들에게 활을 쏘아 맞췄
다. 해쉬번은 디번까지 패했고, 우
리가 그들을 메더바에 이르는 노
퐈까지 멸망시켰다."
31 그래서 이즈리얼이 애머리부족의
땅에 살게 되었다.
32 그리고 모지스가 스파이를 재저로
보내어, 그곳 마을을 빼앗고, 거기
있던 애머리족을 몰아냈다.
33 그들은 방향을 돌려 배이샨으로
가는 길로 갔다. 그러자 배이샨의
오그 왕이 그의 백성과 함께 대항
하러 나와, 이드레이에서 싸웠다.
34 그러자 **주님**이 모지스에게 말했다.
"그를 두려워 마라. 왜냐하면 내가
그를 네 손으로 넘겼고, 그의 백성
모두와 그의 땅을 넘겼다. 그러니,
너는 해쉬번에서 살던 애머리족의
시흔왕에게 했던 대로 해야 한다."
35 그래서 그들이 그와 그의 아들과
백성 모두를 쳐서, 그곳에 살아남
은 것이 아무것도 없을 때까지 싸
우고, 그 땅을 차지했다.

배일럭이 배이럼을 불러내다

22 이즈리얼 자손이 전진하여
제리코예리코, 여리고 옆 조든요단
강 쪽 모앱모압 평원에 진영을 펼쳤
다.
2 지포의 아들 배일럭발락은 이즈리
얼이스라엘이 애머리아모리족에게 한
모든 것을 알았다.
3 그리고 모앱은 그 민족의 수가 많
았기 때문에 몹시 두려워하여, 심
한 압박을 받았다.
4 모앱은 미디언미디안의 원로에게 말
했다. "지금 이 무리가 우리 주변에
서 마치 소가 들풀을 먹어 치우듯,
훑으며 휩쓸고 있다." 당시 지포의
아들 배일럭은 모앱부족의 왕이었
다.
5 그는 전령을 페쏠지역의 비오의
아들 배이럼발라암, 발람에게 보냈다.
그곳은 자기 백성의 자손 땅에 있
는 강 옆인데, 그를 부르며 다음과
같이 말했다. "보라, 이집트에서 나
온 한 민족이 있는데, 그 땅을 차지
하고 내 맞은편을 점령하고 있다.
6 그래서 내가 당신에게 부탁하니,
지금 와서 이 민족을 저주해주기
바란다. 그들은 나보다 너무 강하
기 때문이다. 어쩌면 우리가 함께
무찌르면 내가 이기고, 그 땅에서
그들을 몰아낼 수 있을 것이다. 나
는 당신이 복을 준 자는 축복받고,
당신이 저주한 자는 저주받는다는
것을 알고 있다."
7 모앱의 원로와 미디언의 원로가
그들 손에 복채의 대가를 들고 떠
나, 배이럼에게 와서 배일럭왕의
말을 전했다.
8 배이럼이 그들에게 말했다. "오늘
밤에 여기 머무세요. 나는 다시 당
신들에게 와서, **주님**이 내게 한 말
을 그대로 전하겠어요." 그래서 모
앱의 대군귀족들이 배이럼한테 머
물렀다.
9 **하나님**이 배이럼에게 와서 말했다.
"너와 같이 있는 이들은 어떤 사람
들인가?"
10 배이럼이 **하나님**에게 말했다. "모
앱왕 지포의 아들 배일럭이 내게
사람을 보내어,
11 '보라, 이집트에서 나온 한 민족이
그 땅을 덮치고 있으니, 지금 나에
게 와서 그들을 저주해 달라. 그러
면 내가 그들을 이겨 몰아낼 수 있
을 것이다'라고 말했어요."
12 그러자 **하나님**이 배이럼에게 말했
다. "너는 그들과 함께 가면 안 되
고, 그 민족을 저주해서도 안 된다.
그들은 복을 받았기 때문이다."
13 배이럼이 아침에 일어나서 배일럭
의 대군귀족들에게 말했다. "당신
들 땅으로 돌아가세요. 왜냐하면
주님이 내가 당신들과 함께 가주는
것을 거부했어요."
14 그래서 모앱의 대군왕자들이 일어
나 배일럭왕에게 가서 전했다. "배
이럼이 우리와 함께 가기를 거절

했어요."
15 그래도 배일럭은 여전히 그들보다
훨씬 더 명예로운 훌륭한 귀족들
을 또 보냈다.
16 그들이 배이럼에게 와서 지포의
아들 배일럭왕의 말을 전했다. "내
가 당신에게 부탁하는데, 당신이
내게 오는데 어떤 것도 방해하지
못하게 하겠다.
17 왜냐하면 내가 최고의 명예로 당
신을 승격시켜 주고, 당신이 하는
말이면 무엇이라도 하겠다. 그러
니, 제발 내게 와서 그 민족을 저주
해주기 바란다."
18 배이럼이 대답하며 배일럭의 신하
종들에게 말했다. "배일럭왕이 온
통 은과 금으로 된 그의 집을 내게
준다 해도, 나는 많든 적든 나의 **주**
하나님의 말을 어기며 갈 수 없어
요.
19 그러므로 이제 내가 당신들에게
부탁하니, 오늘 밤도 여기서 머물
러주세요. 그러면 내가 **주님**이 내
게 더 하는 말이 무엇인지 알 수 있
을 거예요."
20 **하나님**이 밤에 배이럼에게 와서 말
했다. "만약 사람들이 일어나서 그
들과 함께 가자고 너를 부르러 온
다 해도 여전히 내가 너에게 말한
그대로 해야 한다."
21 배이럼이 아침에 일어나서 그의
나귀에 안장을 채우고 모앱의 대
군왕자와 함께 갔다.
22 그가 갔기 때문에 **하나님**의 분노가
치밀어 올랐다. 그리고 **주님**의 사
자가 적을 위해 나선 길의 반대편
에 서 있었다. 그때 배이럼은 자신
의 나귀 위에 앉아 있었고, 그의 두
종이 그와 함께 있었다.
23 나귀는 길에 서 있는 **주님**의 사자
가 손에 칼을 빼들고 있는 것을 보
았다. 나귀가 길을 피해 옆의 밭으
로 들어가자, 배이럼이 나귀를 때
려 암나귀가 가던 길로 돌리려고
했다.
24 하지만 **주님**의 사자가 포도밭 길에
서 있었고, 이쪽도 저쪽도 벽이었
다.
25 나귀가 **주님**의 사자를 보고, 스스
로 벽을 들이받아, 배이럼의 다리
가 벽에 부딪히자, 그가 다시 암나
귀를 때렸다.
26 **주님**의 사자가 앞으로 더 나가 좁
은 곳에 서자, 오른쪽도 왼쪽도 어
느 쪽도 돌릴 길이 없었다.
27 암나귀가 **주님**의 사자를 보고, 배
이럼 아래에서 쓰러지자, 배이럼
이 화가 치밀어 올라 지팡이로 나
귀를 때렸다.
28 그때 **주님**이 나귀의 입을 열어주
자, 암나귀가 배이럼에게 말했다.
"내가 당신에게 어떻게 했다고 세
번씩이나 나를 때려요?"
29 배이럼이 나귀에게 말했다. "네가
나를 우습게 여기기 때문에, 내 손
에 칼이 있다면 지금 당장 너를 죽

였을 것이다."
30 나귀가 배이럼에게 말했다. "내가
있었기 때문에 당신이 언제나 올
라탈 수 있는, 나는 당신의 말이 아
닌가요? 당신에게 지금까지 이런
일이 없었잖아요?" 그가 말했다.
"없었다."
31 그때 **주님**이 배이럼의 눈을 뜨게
하자, **주님**의 사자가 손에 칼을 빼
든 채 길에 서 있는 것을 보았다.
그는 자신의 머리를 숙이고 얼굴
을 납작 엎드렸다.
32 **주님**의 사자가 그에게 말했다. "어
째서 너는 너의 말을 이렇게 세 번
씩이나 때리나? 보라, 나는 너를
막으러 왔다. 왜냐하면 너의 길이
정도를 벗어나 있기 때문이다.
33 그 나귀가 나를 보고 방향을 세 번
돌렸다. 암나귀가 돌리지 않았더
라면, 틀림없이 내가 너를 죽였을
것이다. 나귀가 네 목숨을 살린 것
이다."
34 배이럼이 **주님**의 사자에게 말했다.
"내가 나를 막으러 길에 서 있는 당
신을 알아보지 못해서 죄를 지었
어요. 그러므로 이것이 당신에게
불쾌하면, 나는 다시 돌아가겠어
요."
35 **주님**의 사자가 배이럼에게 말했다.
"그 사람들과 가라. 하지만 단지 내
가 너에게 전하라는 말을 해야 한
다." 그래서 배이럼이 배일럭의 대
군귀족들과 떠났다.
36 배일럭이 배이럼이 왔다는 소문을
듣고 아넌의 국경지대 끝에 있는
모앱의 도성으로 그를 만나러 갔
다.
37 배일럭이 배이럼에게 말했다. "나
는 진심에서 당신을 부르러 사람
을 보낸 게 아닌가? 그래서 당신이
나에게 오지 않았나? 진실로 내가
당신에게 영광을 높여 줄 수 없을
것 같나?"
38 배이럼이 배일럭에게 말했다. "보
세요. 나는 당신에게 왔어요. 이제
내가 무슨 힘이 있어 말을 하겠어
요? **하나님**이 내 입에 넣어준 그 말
을 하겠어요."
39 배이럼이 배일럭과 함께 가서 그
들이 킬재쑤조쓰에 갔다.
40 배일럭왕이 황소와 양을 내주어,
배이럼과 그와 함께 있던 대군귀
족들에게 보냈다.
41 다음날 배일럭왕이 배이럼을 데리
고, 높은 장소로 배이얼신의 산당
으로 갔다. 그곳에서 그는 그 민족
의 끝 일부를 볼 수 있었다.

배이럼을 통한 메시지 I

23 배이럼발라암, 발람이 배일럭발락
왕에게 말했다. "여기에 7개
제단을 세우고, 7마리 황소와 7마
리 숫양을 마련하세요."
2 그래서 배일럭왕이 배이럼이 말한
대로 했다. 배일럭과 배이럼이 제
단마다 수송아지와 숫양을 각각

올렸다.
3 배이럼이 배일럭왕에게 말했다.
"당신이 번제물 옆에 서 있으면, 나
는 위로 올라 가겠어요. 혹시 **주님**
이 나를 만나러 오든지, 그가 내게
무엇이라도 보여주면, 그것을 당
신에게 전하겠어요." 그러면서 그
는 높은 장소로 올라갔다.
4 **하나님**이 배이럼을 만나자, 그가
보고했다. "나는 일곱 제단을 마련
하여, 제단마다 수송아지와 숫양
을 각각 올렸어요."
5 **주님**이 배이럼의 입에 할말을 집어
넣으며 말했다. "배일럭에게 돌아
가서 전해야 한다."
6 그가 되돌아 가자, 배일럭은 번제
물 옆에 서 있었고, 모앱의 대군귀
족 모두 그랬다.
7 그는 메시지를 이야기했다. "모앱
의 배일럭왕이 나를 동쪽 산지 애
램에서 데려오며 이렇게 말했어
요. '와서, 나를 위해 재이컵을 저주
하라! 와서, 이즈리얼을 내몰자!'
8 하지만 **하나님**이 저주하지 않는 그
들을 내가 어떻게 저주하며, **주님**
이 내몰지 않는데 내가 어떻게 내
몰겠어요?
9 내가 바위 정상에서 보고, 또 언덕
에서 이즈리얼을 바라보니, 그 민
족은 홀로 떨어져 살고 국가로 인
정되지도 않아요.
10 누가 재이컵야곱의 먼지처럼 많은
수를 세거나, 이즈리얼 무리의 1/4
이라도 셀 수 있나요? 나를 정직한
자 답게 죽게 하고, 내 인생의 마지
막이 그들처럼 되게 해주세요!"
11 배일럭왕이 배이럼에게 말했다.
"당신은 내게 뭐라고 하는 거냐?
내가 적을 저주하려고 당신을 데
려왔는데, 두고 보니, 그들을 모두
축복하고 있다."
12 그가 대답하며 말했다. "**주님**이 나
의 입에 넣어준 말을 전하려고 조
심하는 걸 몰라요?"
13 배일럭이 그에게 말했다. "제발 부
탁하는데, 어서 나와 함께 그들을
볼 수 있는 다른 곳으로 가자. 당신
이 그들의 한쪽 끝 부분이라도 보
아야 한다. 그들 전체를 보지 못하
더라도 그곳에서 나를 위해 그들
을 저주해줘라."
14 그런 다음 그는 그를 피스가비스가
정상의 조핌소빔 벌판으로 데려갔
다. 그리고 일곱 제단을 세우고 제
단마다 수송아지와 숫양을 각각
올렸다.
15 그가 배일럭왕에게 말했다. "내가
저쪽에서 **주님**을 만나는 동안, 당
신은 번제제단 옆에 서 있어요."
16 **주님**이 배이럼을 만나서, 그의 입
에 전언을 집어넣고 말했다. "배일
럭에게 다시 가서 전해라."
17 그가 돌아와서 보니, 번제제단 옆
에 모앱의 대군귀족들이 그와 함
께 서있었다. 그리고 배일럭이 물
었다. "**주님**이 뭐라고 말했나?"

18 그는 그의 메시지를 꺼내어 전했
다. "일어나라, 배일럭. 지포의 아
들 너는, 내게 귀를 기울이고 들어
라.
19 **하나님**은 거짓말하는 인간도 아니
고, 후회하는 사람의 자식도 아니
다. 그가 말하고 실행하지 않을까?
아니면 약속하고 실천하지 않을
까? 라고 했어요.
20 이와 같이, 나는 축복의 명령을 받
았고, 그가 복을 주었기 때문에, 내
가 물릴 수 없어요.
21 그는 재이컵의 죄를 보지 않았고,
이즈리얼의 탈선도 보지 않았어
요. 그들의 **주 하나님**은 그들과 함
께 있고, 왕의 함성은 그들 가운데
있어요.
22 **하나님**은 이집트에서 그들을 데려
왔는데, 그는 외뿔소 유니콘 같은
힘을 가졌어요.
23 분명 거기에는 재이컵에 반대하는
마술도 없고, 이즈리얼을 분리시
키는 어떤 점술도 없어요. 앞으로
재이컵과 이즈리얼을 두고 전해질
일은, 바로 **하나님**이 만든 것일 뿐!
24 보세요. 그 민족은 거대한 사자처
럼 일어나, 젊은 사자처럼 스스로
들어올리고, 먹이를 다 먹을 때까
지, 죽음의 피를 다 마실 때까지 눕
지 않을 겁니다."
25 그러자 배일럭왕이 배이럼에게 말
했다. "그들을 조금도 저주하지 않
으려면, 조금도 축복하지 마라."
26 하지만 배이럼이 배일럭에게 말했
다. "**주님**이 말한 것을 모두 전해야
된다고, 내가 말하지 않았나요?"
27 배일럭이 배이럼에게 말했다.
"제발 부탁하니, 가자. 나는 또 다
른 장소로 당신을 데려가겠다. 그
곳에서 나를 위해 그들을 저주하
면, 어쩌면 **하나님**이 기뻐할 것이
다."
28 배일럭이 배이럼을 제쉬먼 쪽이
보이는 피오의 정상으로 데려갔
다.
29 배이럼이 배일럭에게 말했다. "여
기에 일곱 제단을 쌓고 7마리 수송
아지와 7마리 숫양을 준비해주세
요."
30 그래서 배일럭왕이 배이럼이 말한
대로 했다. 제단마다 수송아지와
숫양을 한 마리씩 올렸다.

배이럼을 통한 메시지 II

24 배이럼은 **주님**이 이즈리얼을
축복하고 싶어한다는 것을
알자, 그는 다른 때처럼 마법의 방
법을 동원하지 않고 자신의 얼굴
을 황야 쪽으로 돌렸다.
2 그리고 배이럼은 자신의 눈을 들
어올려, 그들이 부족 별로 막사에
서 거주하는 이즈리얼을 바라보
며, **하나님**의 영혼이 그 위에 내려
왔다는 것을 깨달았다.
3 메시지를 들은 비오의 아들 배이
럼이, 눈이 뜨여 전했다.

4 그가 말한 것은, **하나님**한테 들은
것과, 꿈속이지만 눈을 뜬 채, 전능
한 존재가 보여준 모습을 이야기
했다.
5 "오 재이컵, 너희 천막이 얼마나 아
름다운지! 그리고 이즈리얼, 너희
성막이 얼마나 멋있는지!
6 그들이 펼쳐져 있는 계곡은 마치
강 옆의 정원과 같고, **주님**이 심은
라이넬로 나무와 같으며, 물가의
시더나무와도 같다.
7 그가 동이로 물을 부으면, 그의 씨
가 물을 흠뻑 머금게 되어, 그의 왕
들은 애멀렉족의 애이가그보다 더
높여질 것이다.
8 **하나님**은 그들을 이집트에서 데려
왔는데, 그는 유니콘 같은 힘을 가
지고, 그의 적국을 먹어 치우고, 그
들 뼈를 부러뜨리며, 그의 화살로
그들을 꿰뚫을 것이다.
9 그는 거대한 사자처럼 웅크려 엎
드리는데, 누가 그를 건드릴까? 너
를 축복한 자는 축복받고 너를 저
주한 이는 저주받는다."
10 배일럭이 배이럼에 대하여 화가
치밀어 올라 양손을 모아 치며 말
했다. "*나는 적을 저주하라*고 당신
을 불렀는데, 이제 보니, 이렇게 세
번이나 그들 전체를 축복했다.
11 그리고 이제 너는 네 자리로 달아
나고 있다. 나는 너에게 위대한 영
광으로 높여주려 했지만, 보아하
니, **주님**이 너한테서 명예를 빼앗
았다."
12 그러자 배이럼이 배일럭에게 말했
다. "내가 당신이 보낸 전령들에게
역시 말하지 않았나요?
13 만약 나에게 은과 금으로 가득찬
그의 집을 준다 해도, 나는 **주님**의
명령을 어길 수 없고, 내 마음이 좋
든 싫든 **주님**의 말을 전할 뿐이라
고, 하지 않았나요?
14 나는 이제 내 민족에게 돌아가서,
앞으로 이 민족이 훗날 당신의 백
성에게 하게 될 일을 알릴 겁니다."
15 그의 메시지를 들은 비오의 아들
배이럼은 눈이 뜨여 전했다.
16 그가 말한 것은, **하나님**한테 들어
서 가장 높은 지혜를 알게 된 것과,
꿈속이지만 눈을 뜬 채, 전능한 존
재가 보여준 모습을 이야기했다.
17 "지금은 아니지만 나는 그를 알게
되고, 가까이는 아니어도 그를 볼
수 있을 겁니다. 그러면 재이컵 가
운데 별 하나가 나와, 이즈리얼의
왕좌에 올라, 모앱의 구석구석을
치고, 쉐쓰의 자손 모두를 파괴하
지요.
18 또 이듬을 소유하고, 시어 역시 그
의 적에게 점령되는데, 이즈리얼
이 용맹하게 그렇게 하지요.
19 재이컵 가운데 나온 자가 지배하
게 되고, 도성 안에 남은 사람을 파
멸시키죠."
20 배이럼이 애멀렉부족을 향하여,
들은 메시지를 꺼내어 말했다. "애

멀렉은 국가 중 으뜸이지만, 결국
최후에 영원히 사라질 거예요."
21 또 그는 켄부족을 향하여, 들은 메
시지를 꺼내어 말했다. "너희 주거
지는 강하여, 너희는 바위 안에 둥
지를 틀고 있다.
22 그런데도, 켄부족은 패망하여, 애
셜이 포로로 끌고 갈 것이다."
23 또 그는 들은 메시지를 꺼내어 말
했다. "아아! **하나님**이 이렇게 할
때, 누가 살 수 있을 지!
24 배가 치팀 사이프러스 연안에서
올라와, 애셜을 괴롭히고 에버를
괴롭혀도, 그 역시 영원히 사라지
게 된다."
25 그런 다음 배이럼이 일어나 자신
의 고장으로 되돌아갔고, 배일럭
역시 그의 길로 갔다.

모앱이 이즈리얼 유혹

25 이즈리얼이 싵팀시팀, 싯딤에서
살았을 때, 그 민족이 모앱의
딸과 매춘을 시작했다.
2 모앱 사람은 그 민족을 불러, 자신
들의 신의 제물을 주었고, 그 민족
은 그것을 먹고 모앱 신에게 절을
했다.
3 그리고 이즈리얼은 자식을 제물로
바치는 배이얼피오프오르바알, 바알브올
제사에 직접 참여했다. 그러자 **주
님**의 분노가 이즈리얼에 대하여 들
끓었다.
4 **주님**이 모지스에게 말했다. "민족
의 대표 모두를 데려와 **주님** 앞에
서 해를 등지고 매달아라. 그래야
주님의 불 같은 분노를 이즈리얼에
게서 쫓아버릴 수 있을 것이다."
5 모지스가 이즈리얼 판관들에게 말
했다.
"너희는 배이얼피오에 참가한 남
자들을 모두 죽여라."
6 그런데, 이즈리얼의 한 남자가 와
서, 어떤 미디언 여자에게 갔다. 모
지스의 눈 앞에서, 그리고 성막의
문 앞에서 슬퍼하는 이즈리얼 공
동체의 눈 앞에서 그랬다.
7 그때 피네해스피느하스, 비느하스는 제
사장 애런아론의 아들 일리저엘아자
르, 엘르아살의 아들로 그것을 보고,
공동체 가운데 일어나 그의 손에
창을 들었다.
8 그는 이즈리얼 남자를 뒤따라 천
막으로 들어가, 이즈리얼 남자와
그녀의 배가 관통하도록 찔렀다.
그래서 이즈리얼 자손한테서 전염
병이 멈췄다.
9 전염병으로 죽은 사람은 24,000명
이었다.
10 **주님**이 모지스에게 말했다.
11 "제사장 애런의 아들 일리저의 아
들 피네해스가, 이즈리얼 자손으
로부터 일어난 나의 분노를 쫓아
버렸다. 동시에 그가 그들 중 나를
위해 열의를 보여서, 나의 질투심
으로 인해 그들을 섬멸하지 않게
했다.

12 그런 이유에서, 보라, 나는 나의 평
화의 약속을 그에게 해준다.
13 그는 사제직을 갖게 되고, 그의 후
손도 영원히 지속되는 사제직에
대한 약속을 맺는다. 왜냐하면 그
는 자신의 **하나님**에게 열의를 다하
여, 이즈리얼 자손을 위해 보상속
죄의 제사를 지냈기 때문이다."
14 이즈리얼부족 중 미디언 여자와
함께 살해된 자의 이름은, 시미언
조상가문 대표 중 대군귀족 설루
의 아들 짐리지므리, 시므리였다.
15 그리고 살해된 미디언 출신 여자
이름은 커즈비코즈비, 고스비로, 미디
언 가문대표 중 그 부족을 다스리
던 지도자였던 주르의 딸이었다.
16 **주님**이 모지스에게 말했다.
17 "미디언부족을 괴롭히고 쳐라.
18 왜냐하면 그들이 자신들의 계략으
로 너희를 괴롭히고, 피오 사건으
로 속였기 때문이다. 미디언 대군
귀족의 딸이고 그들의 자매인 커
즈비 사건으로, 피오 때문에 전염
병이 돌던 날, 그녀는 죽었다."

두 번째 인구조사

26 그 전염병 이후 **주님**이 모지
스와 제사장 애런의 아들 일
리저에게 말했다.
2 "이즈리얼 자손 전 공동체의 총수
를 집계 내라. 20살부터 그 이상인
조상가문을 통틀어, 전쟁에 나갈
수 있는 이즈리얼을 세어라."
3 그래서 모지스와 일리저 제사장
이, 제리코예리코, 여리고 부근 조든요
단강 옆 모앱모압평원에서 그들한테
말했다.
4 "20살부터 그 이상의 사람 수를 조
사해라. 이것은 **주님**이 모지스와
이집트땅에서 나온 이즈리얼 자손
에게 명령한 것이다."
5 이즈리얼의 장남 루번자손 중, 해
녹 집안출신 해녹, 팰루 집안출신
팰루,
6 헤즈런 집안출신 헤즈런, 카미 집
안출신 카미가 있었다.
7 이들이 루번 가문으로, 사람 수는
43,730이었다.
8 그리고 팰루의 자식은 일리앱이
다.
9 일리앱의 자식은 네뮤얼, 대이썬,
어바이램이다. 공동체에 이름이
알려진 대이썬과 어바이램은, 코
라 무리에서 **주님**에 반발하며 모지
스와 애런에게 대들며 싸웠던 사
람들로,
10 땅이 입을 벌려, 코라 무리가 죽었
을 때 함께 삼켜졌는데, 당시 불이
나서 250명과 함께 죽어서 그들은
본보기가 되었다.
11 그럼에도 불구하고 코라고라의 자
손은 없어지지 않았다.
12 그들 가문에 따라 시미언의 자식
은 네뮤얼집안의 네뮤얼, 재민집
안의 재민, 재친집안의 재친,
13 제라집안의 제라, 샤울집안의 샤

울이 있었다.
14 이들은 시미언가문으로 사람 수는
22,200명이었다.
15 개드 자손은 가문에 따라, 제폰집
안의 제폰, 해기집안의 해기, 슈니
집안의 슈니,
16 오즈니집안의 오즈니, 이라이집안
의 이라이,
17 애로드집안의 애로드, 애렐리집안
의 애렐리가 있었다.
18 이들은 개드 자손으로 사람 수는
40,500명이었다.
19 쥬다의 자식은 얼과 오난이 있었
는데, 그들은 캐이넌 땅에서 죽었
다.
20 쥬다의 자손은 가문에 따라, 쉘라
집안의 쉘라, 풰레즈집안의 풰레
즈, 제라집안의 제라가 있었다.
21 풰레즈의 자손은, 헤즈런집안의
헤즈런, 해멀집안의 해멀이 있었
다.
22 이들은 쥬다가문으로 사람 수는
76,500명이었다.
23 이써칼의 자손은 가문에 따라, 톨
라집안의 톨라, 퓨아집안의 퓨아,
24 재셥집안의 재셥, 쉼런집안의 쉼
런이 있었다.
25 이들은 이써칼가문으로 사람 수는
64,300명이었다.
26 제뷸런의 자손은 가문에 따라, 세
레드집안의 세레드, 일런집안의
일런, 재리얼집안의 재리얼이 있
었다.
27 이들은 제뷸런가문으로 사람 수는
60,500명이었다.
28 조셒의 자손은 가문 별로, 머나서
와 이프리엄이 있었다.
29 머나서 자손 가운데, 머키어집안
의 머키어가 있고, 머키어는 길리
얻을 낳았다. 길리얻집안 출신의
길리얻이 있었다.
30 이들은 길리얻 자손인데, 제저집
안의 제저, 헬렉집안의 헬렉,
31 애스리얼집안의 애스리얼, 쉬컴집
안의 쉬컴,
32 쉬켐집안의 쉬미다, 헤풔집안의
헤풔가 있었다.
33 헤풔의 아들 제로풰드는 아들은
없었지만 딸들이 있었고, 그들 이
름은 말라, 노아, 호글라, 밀카, 티
어자가 있었다.
34 이들은 머나서가문으로 사람 수는
52,700명이었다.
35 이프리엄 자손은 가문에 따라, 슈
쎌라집안의 슈쎌라, 베커집안의
베커, 태이한집안의 태이한이 있
었다.
36 이들은 슈쎌라자손으로, 이랜집안
의 이랜이 있었다.
37 이들은 이프리엄 자손 가문으로
사람 수는 32,500명이었고, 조셒의
자손이다.
38 벤저민 자손은 가문에 따라, 벨라
집안의 벨라, 애쉬벨집안의 애쉬
벨, 애히램집안의 애히램,
39 슈팸집안의 슈팸, 후팸집안의 후

팸이 있었다.
40 벨라의 자손은 아드와 내이먼이었
고, 아드집안의 아드, 내이먼집안
의 내이먼이 있었다.
41 이들은 벤저민 자손의 가문으로
사람 수는 45,600명이었다.
42 댄 자손은 가문에 따라, 슈햄집안
의 슈햄이, 댄 가문의 사람이었다.
43 슈햄 가문에서 계산된 사람 수는
64,400명이었다.
44 애셜 자손은 가문에 따라, 짐나집
안의 짐나, 제수이집안의 제수이,
베리아집안의 베리아가 있었다.
45 베리아 자손에는, 헤버집안의 헤
버, 맬키얼집안의 맬키얼이 있었
다.
46 애셜 딸의 이름은 새라였다.
47 이들은 애셜 자손의 가문으로 사
람 수는 53,400명이었다.
48 냎털라이 자손은 가문에 따라, 재
지얼집안의 재지얼, 구니집안의
구니,
49 제저집안의 제저, 쉴렘집안의 쉴
렘이 있었다.
50 이들은 냎털라이 가문으로 사람
수는 45,400명이었다.
51 이즈리얼 자손에서 수가 세어진
사람 총수는 601,730명이었다.
52 **주님**이 모지스에게 말했다.
53 "이들에게 땅을 나누는데, 이름 별
사람 수대로 유산을 준다.
54 너희는 수가 많으면 더 많이, 수가
적으면 더 적게 받아야 한다. 계산
된 사람 수에 따라 모두 유산을 주
어야 한다.
55 그런데 그 땅은 제비뽑기로 나누
고, 조상부족의 이름에 따라 상속
되어야 한다.
56 지분이 많고 적음은 제비뽑기에
따라 소유해야 한다."
57 이들은 리바이 출신의 가문에 따
라 수가 세어진 사람으로, 거션집
안의 거션, 코해쓰집안의 코해쓰,
메래리집안의 메래리가 있었다.
58 이들은 리바이레위 가문으로, 립니
집안, 헤브런헤브론집안, 말리집안,
머쉬집안, 코래쓰집안이 있었고,
코해쓰크핫, 고핫는 앰램아므람을 낳았
다.
59 앰램의 아내 이름은 조커벧요케벳, 요
게벳이었는데, 그녀의 어머니가 이
집트에서 리바이에게 자식을 낳아
주었던 리바이 출신으로, 그녀는
앰램에게 애런아론과 모지스모세와
여동생 미리엄미리암을 낳아주었다.
60 그리고 애런에게 내이댑, 애비후,
일리저, 이써마가 있었다.
61 내이댑과 애비후는 그들이 **주님** 앞
에 다른 향불을 피워서 죽었다.
62 그들의 집계 수는 23,000명이었고,
이즈리얼 자손 중 1개월부터 그 이
상의 남자였지만, 주어진 유산이
없었기 때문에 계산에 포함되지
않았다.
63 이들은, 모지스와 일리저 제사장
이 제리코 부근 조든강 옆 모앱평

원에서 이즈리얼 자손 가운데 수
를 헤아린 사람들이었다.
64 한편 이들은 모지스와 애런 제사
장이, 사이나이 황야에서 이즈리
얼 자손의 수를 세었을 때, 없었던
사람들이었다.
65 **주님**이 그들에게 "그들은 반드시
광야에서 죽게 된다"고 말했으므
로, 그들 가운데 제푸네의 아들 캐
이렙칼렙, 갈렙과, 눈의 아들 자슈아
를 제하고 살아남은 사람은 하나
도 없었다.

자슈아 지명

27 당시 조셒의 아들 머나서 가
문 중 머나서의 아들 머키어의
아들 길리얻의 아들 헤풔의 아들
제로풰핻의 딸들이 왔다. 그들의
이름은 말라, 노아, 호글라, 밀카,
티어자였다.
2 그들이 모지스와 일리저엘아자르, 엘
르아살 제사장과 대군귀족과 전 공
동체의 앞 성막문에 서서 주장했
다.
3 "우리의 아버지는 황야에서 죽었
는데, **주님**에 대항한 코라고라의 무
리 안에는 끼지 않았어요. 대신 자
신의 죄로 죽었고, 아들이 없었어
요.
4 그렇다고 왜 우리 아버지의 이름
이 아들이 없다는 이유로, 가문에
서 제외되어야 하나요? 따라서 우
리 아버지 형제 가운데 있는 영토
를 우리에게 주세요."
5 그래서 모지스가 그들의 이의제기
를 **주님** 앞에 전했다.
6 **주님**이 모지스에게 말했다.
7 "제로풰핻출롭핫, 슬로브핫의 딸들이
말을 옳게 했다. 너는 반드시 그 딸
들에게 그들 아버지 형제 가운데
있는 유산의 영토를 주어야 하고,
그들 아버지의 유산을 그들에게
상속해야 한다.
8 너는 이즈리얼 자손에게 말해라.
만약 사람이 죽었는데 아들이 없
으면 그의 유산의 지분을 딸에게
넘겨주어야 한다.
9 만약 그에게 딸이 없으면, 형제에
게 그의 유산을 주어야 한다.
10 만약 그에게 형제도 없으면, 그의
유산을 아버지 형제에게 주어야
한다.
11 만약 아버지에게 형제조차 없으
면, 그의 가문 중 가까운 후손 친족
에게 유산을 주어, 소유하게 해야
한다. 이것은 **주님**이 모지스에게
명령한 대로, 이즈리얼 자손에게
판결의 규정이 되어야 한다."
12 그리고 **주님**이 모지스에게 말했다.
"너는 애버림 산으로 올라가서, 내
가 이즈리얼 자손에게 줄 그 땅을
보아라.
13 네가 그것을 볼 때, 네 형 애런이
불려갔던 것처럼, 너 역시 네 조상
에게 소환될 것이다.
14 왜냐하면 너희가 진 사막에서 반

발했다. 너희 모두가 그들 눈 앞에
서 나를 신성한 존재로 경의를 표
해야 하는 나의 명령에 따르지 않
았기 때문이다." 그 장소는 진 황야
의 커데쉬카데스, 가데스 지역 미러바
므리바의 샘이었다.
15 그러자 모지스가 **주님**에게 말했다.
16 "**주님**, 모든 육신 가운데 영혼을 주
관하는 **하나님**, 공동체를 통솔할
수 있는 사람 하나를 정해주세요.
17 그를 백성 앞에 내세워, 앞장서게
하면, 백성을 이끌고 들어갈 수 있
을 거예요. **주님**의 공동체가 목자
없는 양이 되지 않게 해주세요."
18 **주님**이 모지스에게 말했다. "너는
눈의 아들 자슈아를 택해라. 그는
그런 영혼을 소지한 사람이므로,
네 손을 그에게 얹어라.
19 그를 일리저 제사장과 전 공동체
앞에 세우고, 그들이 보는 앞에서
그에게 임무를 주어라.
20 너는 네 영광의 일부를 그에게 건
네어, 이즈리얼 자손 공동체 모두
가 순종할 수 있게 해야 한다.
21 그리고 그는 일리저 제사장 앞에
서서, 그에게 조언을 물어, **주님** 앞
에서 지혜의 유림의 판결에 따라
야 하고, 백성은 그의 말에 따라 나
가야 하고, 그의 말대로 들어오게
해야 한다. 그와 이즈리얼 자손 모
두, 전 공동체도 마찬가지다."
22 그래서 모지스는 **주님**이 그에게 명
령한 대로, 자슈아를 데려와서, 일
리저 제사장과 전 공동체 앞에 세
웠다.
23 그리고 그는 그에게 양손을 얹고,
임무를 맡기며, **주님**이 모지스를
통해 명령한 대로 했다.

일반제물 및 통과축일 제물

28 **주님**이 모지스에게 말했다.
2 "이즈리얼 자손에게 명령해라. 나
의 제물과 나의 빵은 불로 만드는
나의 제물이고, 내게 맛있는 향기
를 내기 위한 것으로, 너희가 나에
게 때마다 제사하며 올리기를 지
켜야 한다.
3 너는 그들에게 다음을 전해야 한
다. 이것은 너희가 **주님**에게 불로
만들어 올리는 제사다. 점이 없는
1년된 숫양 두 마리를 매일 연속번
제로 올려라.
4 숫양 한 마리는 아침에, 다른 한 마
리는 저녁에 올리고,
5 곡식제물용 고운 밀가루 1/10이파
약 2.2L를, 짠 기름 1/4힌약 0.9L와 섞어
서 올려라.
6 이것이 연속번제로, 사이나이 산
에서 명령하여, **주님**에게 맛있는
향기를 내고, 불로 구어 만드는 제
물이라고 했다.
7 거기에 음료제물은 숫양 한 마리
에 약 1/4힌약 0.9L의 양으로 하며,
신성한 장소에서 **주님**에게 부을 음
료제물은 강한 술로 지내야 한다.

8 다른 숫양은 저녁에 올리고, 아침
의 곡식제물처럼 그대로 하고, 음
료제물도 마찬가지다. 너희는 그
것을 불로 맛있는 향기를 내어, **주**
님에게 올려야 한다.
9 사배쓰휴일에는 점이 없는 일년
된 숫양 두 마리를, 곡식제물용 밀
가루 2/10딜약 4.4L에 기름과 섞고,
음료제물도 올려야 한다.
10 이것은 매번 사배쓰휴일마다 지내
는 번제로, 연속번제와 그에 따르
는 음료제물은 별도이다.
11 그리고 매월 초마다, 너희는 **주님**
에게 번제를 올리고, 어린 수송아
지2마리와 숫양 1마리, 점이 없는
1년 된 새끼 양 7마리로 지낸다.
12 또 수송아지 한 마리에 곡식제물
용 밀가루 3/10딜약 6.6L을 기름과
섞고, 숫양 한 마리에 곡식제물용
밀가루 2/10딜약 4.4L를 기름과 섞어
서 지낸다.
13 그리고 어린 숫양 한 마리에 곡식
제물용으로 밀가루 1/10딜약 2.2L씩
각각 기름과 섞어서, 맛있는 향기
를 내는 번제로 하여, **주님**에게 불
에 구어 만드는 제사를 지낸다.
14 그에 따른 음료제물은, 수송아지 1
마리에 포도주 1/2힌약 1.8L, 숫양1
마리에 포도주 1/3힌약 1.2L, 새끼양
1마리에 포도주 1/4힌약 0.9L씩이다.
이것이 해마다 매월 초에 지내는
번제제사다.
15 또 **주님**에게 속죄하기 위한 용도로
새끼 염소 한 마리를 올려야 하는
데, 이것은 연속번제와 음료제물
과 별도이다.
16 첫째 달 14일은 **주님**의 통과축일이
다.
17 그리고 첫 달 15일은 축제일로, 7
일간 무효모빵을 먹어야 한다.
18 첫째 날에 신성한 집회가 있어야
하고, 너희는 그날 일하는 노예근
성이 없어야 한다.
19 대신 **주님**에게 번제제사로, 불로
만드는 제물을 올려라. 어린 수송
아지2마리, 숫양 1마리, 1 년 된 어
린양 7마리는 모두 흠이 없어야 한
다."
20 너희는 곡식제물로 기름 섞은 밀
가루 3/10딜약 6.6L를, 수송아지 한
마리에 넣고, 숫양 한 마리에는
2/10딜약 4.4L를 넣어야 한다.
21 모든 7마리 숫양에 각각 밀가루
1/10딜약 2.2L씩을 넣고,
22 속죄용 염소 한 마리는, 너희를 위
한 보상속죄 제사를 지내야 한다.
23 너희는 매일 아침의 번제제사 이
외에, 이것을 올리는데, 이것이 연
속번제이다.
24 이런 식으로 너희는 칠일 내내 매
일 제사하고, **주님**에게 맛있는 향
기를 내도록 불로 만드는 곡식제
물을 올려야 한다. 이것은 연속번
제와 음료제물 이외의 제사다.
25 너희는 칠일째 날에 신성한 집회
를 해야 하고, 노예처럼 일하지 말

아야 한다.
26 첫째 열매를 거두는 추수기에, 너
희는 **주님**에게 새 곡식제물을 가져
오고, 수확주간이 끝난 이후에, 신
성한 집회를 해야 하며, 노예근성
으로 일하면 안 된다.
27 하지만 너희는 **주님**에게 맛있는 향
기를 내기 위한 번제를 지내야 하
는데, 어린 수송아지 두 마리, 숫양
한 마리, 일년 된 양 일곱 마리를
올려야 한다.
28 곡식제물은 기름 섞은 밀가루를
수송아지 한 마리에 3/10딜약 6.6L를
넣고, 숫양 한 마리에 2/10딜약 4.4L
를 넣고,
29 어린양 7 마리 전부 각각에 1/10딜
약 2.2L씩 밀가루를 넣고,
30 염소 새끼 한 마리는 너희를 위해
보상속죄의 제사를 지내라.
31 너희는 연속번제와 곡식제물, 음
료제물 이외에 그것을 올려야 한
다. [그것은 흠이 없는 것으로 해야
한다]"

정기축일 제물

29 "일곱 번째 달 첫날, 너희는
신성한 집회를 해야 하고,
노예근성으로 일하면 안 된다. 이
날은 트럼펱을 부는 날이다.
2 너희는 **주님**에게 맛있는 향기를 내
기 위해 수송아지 한 마리, 숫양 한
마리, 일년 된 흠이 없는 새끼양 일
곱 마리로 번제를 올려야 한다.
3 곡식제물은 기름 섞인 밀가루로
수송아지 한 마리에 3/10딜약 6.6L,
숫양 한 마리에 2/10딜약 4.4L,
4 새끼양 일곱 마리 전부 각 한 마리
에 1/10딜약 2.2L 씩 넣어야 한다.
5 속죄용 새끼 염소 한 마리는 너희
를 위해 보상속죄의 제사를 지내
라.
6 월별 번제제물과 곡식제물, 일별
번제제물과 곡식제물, 그에 따르
는 음료제물은 그것을 만드는 방
법에 따라, **주님**에게 맛있는 향기
를 내기 위해 불로 하는 희생제물
이외에 올려야 한다.
7 너희는 일곱째 달의 10일에 신성
한 집회를 해야 하고, 너희 마음을
괴롭혀야 하며, 어떤 일도 하지 마
라.
8 대신 **주님**에게 맛있는 향기를 내기
위해 흠이 없는 어린 수송아지 한
마리, 숫양 한 마리, 또 1년 된 새끼
양 7마리를 번제로 올려라.
9 곡식제물은 기름 섞인 밀가루로
수송아지 한 마리에 3/10딜약 6.6L,
숫양 한 마리에 2/10딜약 4.4L,
10 일곱 마리 새끼양 각각 한 마리에
1/10딜약 2.2L 밀가루가 있어야 한다.
11 보상의 속죄제물, 연속번제, 곡식
제물, 음료제물 이외에 속죄용으
로 새끼 염소 한 마리를 올린다.
12 일곱째 달 15일에 성스러운 집회
를 열고, 노예처럼 일해서는 안 되
며, **주님**에게 7일간 축일을 지키며

축제를 한다.
13 너희는 **주님**에게 흠이 없는 13마리
어린 수송아지, 2마리 숫양, 1년 된
14마리 새끼양을 맛있는 향기를
내기 위해 불로 하는 제물로 번제
제사를 지내야 한다.
14 곡식제물은 기름 섞인 밀가루를
13마리 수송아지 각각 3/10딜약 6.6L
씩, 2마리 숫양 각각에 2/10딜약 4.4L
씩,
15 새끼양 14마리 각각 1/10딜약 2.2L씩
밀가루가 있어야 한다.
16 연속번제와 곡식제물과 음료제물
이외에 속죄용 새끼 염소 한 마리
를 올려라.
17 2일째에 너희는 어린 수송아지 12
마리, 숫양 두 마리, 점이 없는 1년
된 새끼양 14마리를 올려야 한다.
18 수송아지와 숫양과 새끼양의 곡식
제물과 음료제물은 숫자에 따른
방법대로 해야 된다.
19 연속 번제제물과 곡식제물, 음료
제물 이외 속죄용 새끼 염소 한 마
리를 올린다.
20 3일째에 너희는 어린 수송아지 11
마리, 숫양 두 마리, 점이 없는 1년
된 새끼양 14마리를 올려라.
21 수송아지와 숫양과 새끼양의 곡식
제물과 음료제물은 숫자에 따른
방법대로 해야 된다.
22 연속 번제제물과 곡식제물, 음료
제물 이외 속죄용 새끼 염소 한 마
리를 올린다.
23 4일째에 너희는 어린 수송아지 10
마리, 숫양 두 마리, 점이 없는 1년
된 새끼양 14마리를 올려야 한다.
24 수송아지와 숫양과 새끼양의 곡식
제물과 음료제물은 숫자에 따른
방법대로 해야 한다.
25 연속 번제제물과 곡식제물, 음료
제물 이외 속죄용 새끼 염소 한 마
리를 올려야 한다.
26 5일째에 너희는 어린 수송아지 9
마리, 숫양 두 마리, 점이 없는 1년
된 새끼양 14마리를 올린다.
27 수송아지와 숫양과 새끼양의 곡식
제물과 음료제물은 숫자에 따른
방법대로 해야 한다.
28 연속 번제제물과 곡식제물, 음료
제물 이외 속죄용 새끼 염소 한 마
리를 올린다.
29 6일째에 너희는 어린 수송아지 8
마리, 숫양 두 마리, 점이 없는 1년
된 새끼양 14마리를 올린다.
30 수송아지와 숫양과 새끼양의 곡식
제물과 음료제물은 숫자에 따른
방법대로 해야 한다.
31 연속 번제제물과 곡식제물, 음료
제물 이외 속죄용 새끼 염소 한 마
리를 올린다.
32 7일째에 너희는 어린 수송아지 7
마리, 숫양 두 마리, 점이 없는 1년
된 새끼양 14마리를 올린다.
33 수송아지와 숫양과 새끼양의 곡식
제물과 음료제물은 숫자에 따른
방법대로 해야 한다.

10 만약 그녀가 남편 집에서 맹세를
하거나 구속하는 맹세로 자신을
묶으면,
11 그녀 남편이 그것을 들어보고, 말
리지 않고 편하게 묵인하면, 그녀
의 맹세는 유지되고, 자신을 속박
한 그녀의 모든 의무는 유효하다.
12 만약 그녀 남편이 말을 들은 그날,
맹세에 관한 일이나 자신을 구속
하는 의무에 관하여, 그녀의 입으
로 말한 것을 무엇이라도 금지하
면, 남편이 그것을 무효화해야 한
다. 그러면 **주님**이 그녀를 용서할
것이다.
13 사람이 고통을 받는 맹세와 구속
하는 모든 서약은 그녀 남편이 그
것을 설정하거나 무효화시킬 수
있다.
14 하지만 그녀 남편이 여러 날 동안
전부 묵인하면, 그가 그녀의 모든
맹세와 그녀에게 있는 구속을 모
두 확정하게 된다. 왜냐하면 그가
들은 당일 묵인했기 때문이다.
15 그가 모든 방법으로 그가 들은 그
것을 면하고 싶으면, 그는 그녀의
죄를 책임져야 한다."
16 이것은 **주님**이 모지스에게 명령한
것으로, 남자와 그의 아내, 아버지
와 미성년으로 여전히 아버지 집
에 있는 딸에 대한 규정이다.

미디언부족에 보복

31

주님이 모지스에게 말했다.
2 "이즈리얼 자손은 미디언부족에게
보복해라. 그 후 너는 네 조상에게
소환될 것이다."
3 모지스가 사람들에게 말했다. "전
쟁에 대비해, 너희 중 일부를 무장
시켜 미디언과 싸우도록 보내라.
미디언에 대한 **주님**의 복수다.
4 이즈리얼 전 부족에서 각각 천명
씩 전쟁에 보내야 한다."
5 그래서 모든 부족에서 이즈리
얼 천명씩, 전쟁을 위해 무장된
12,000명을 보냈다.
6 모지스가 모든 부족의 각 천명과
함께, 신성한 악기와 손에 나팔을
든 일리저 제사장의 아들 피네해
스를 전쟁에 보냈다.
7 **주님**이 모지스에게 명령한 대로,
그들이 미디언부족에 맞서 전쟁하
여, 모든 사람을 죽였다.
8 그들이 죽인 사람들 이외에도, 다
시 말해, 에비, 레컴, 주르, 허, 레바
까지, 미디언의 다섯 왕을 죽였고,
비오의 아들 배이럼 역시 칼로 죽
였다.
9 이즈리얼 자손이 미디언 포로 중
모든 여자와 어린이를 데려왔다.
그들의 가축과 양떼 전부와 그들
의 모든 재산을 전리품으로 가져
왔다.
10 저들이 살던 도시와 아름다운 여

34 연속 번제제물과 곡식제물, 음료
제물 이외 속죄용 새끼 염소 한 마
리를 올린다.
35 8일째에 너희는 엄숙한 집회를 해
야 하고, 노예처럼 일하면 안 되며,
36 대신 너희는 번제제물을 올린다.
주님에게 맛있는 향기를 내기 위해
불로 만드는 희생물로 수송아지 1
마리, 숫양 1마리, 흠이 없는 1년
된 새끼양 7마리를 올린다.
37 수송아지와 숫양과 새끼양의 곡식
제물과 음료제물은 숫자에 따른
방법대로 해야 한다.
38 연속 번제제물과 곡식제물, 음료
제물 이외 속죄용 새끼 염소 한 마
리를 올린다.
39 맹세와 너희 자유의지의 제물 이
외에 정해진 축일에 이런 것을 번
제제물과 곡식제물, 음료제물, 평
화제물로 **주님**에게 올려야 한다."
40 모지스가 이즈리얼 자손에게 **주님**
이 모지스에게 명령한 모든 것을
그대로 전했다.

맹세 규정

30 모지스가 부족의 대표들에
게 이즈리얼 자손에 대하여
말했다. "이것은 **주님**이 명령한 것
이다.
2 만약 남자가 **주님**에게 서약이나 노
예로 자신을 속박하는 맹세를 하
면, 스스로 자신의 말을 어겨서는
안 된다. 그는 자신의 입에서 나온
말은 모두 그대로 해야 한다.
3 만약 여자가 **주님**에게 맹세하며,
자신을 노예로 구속할 때, 그녀가
아직 어려서 아버지 집에 있는 경
우,
4 그녀 아버지는 딸의 맹세를 듣고,
자신을 속박하는 노예일에 대하여
아버지가 딸에 대해 맘이 편하면,
그녀의 서약은 유효하다. 그러면
자신을 묶은 모든 속박을 그녀 스
스로 지키도록 유지된다.
5 하지만 그날 아버지가 듣고 딸을
허락하지 않으면, 그녀의 맹세나
자신을 속박하는 어떤 의무를 지
키지 않아도 된다. 그녀 아버지가
딸을 허락하지 않았으므로 **주님**은
그녀를 용서할 것이다.
6 만약 그녀가 맹세하며, 입으로 스
스로 구속한다고 말했을 때, 모든
것이 남편에게 달렸다면,
7 그것을 들은 당일에 남편의 마음
이 편하면, 그녀 맹세는 유지되고,
자신을 속박하는 의무는 유효하
다.
8 하지만 그녀 남편이 그날 당일 그
녀를 금지하면, 그녀가 입으로 말
한 맹세나 자신을 구속하는 약속
에 대해 남편이 그것을 무효로 만
들어야 한다. 그러면 **주님**이 그녀
를 면제해줄 것이다.
9 미망인의 모든 서약이나 이혼한
여자가 스스로 자신을 구속하는
서약은 그대로 유지된다.

러 성도 불로 태웠다.
11 모든 전리품과 포획물로 사람이든
짐승이든 모두 가져왔다.
12 그들이 포로와 포획물 및 전리품
을 모지스와 일리저 제사장, 이즈
리얼 자손의 공동체에게, 모앱모압
평원에서 제리코예리코, 여리고 부근
조든요단강 옆 진영으로 가져왔다.
13 모지스와 일리저 제사장과 공동체
의 모든 대군귀족들이 진영 밖으
로 그들을 만나러 갔다.
14 그리고 모지스는 싸움에서 돌아온
수천 군대를 관리하는 지휘관과
수백 군대를 관리하는 지휘관들에
게 화를 냈다.
15 모지스가 그들에게 말했다. "어째
서 너희는 모든 여자들의 목숨을
살렸나?
16 보라, 여자는 피오프오르, 브올의 사건
때 배이럼발라암, 발람의 지시에 따라,
이즈리얼 자손이 **주님**에 위반하도
록 죄를 초래했다. 그래서 **주님**의
공동체 가운데 전염병이 있었다.
17 그러니 어린 것 가운데 남아를 모
두 죽이고, 남자와 함께 누운 적이
있어서 남자를 아는 여자도 모두
죽여라.
18 하지만 남자와 누운 적이 없어서
남자를 모르는 모든 여아는, 너희
를 위하여 목숨을 살려 두어라.
19 너희는 사람을 죽인 자와, 시신을
접촉한 자는 누구든지, 7일간 진영
밖에 머물러라. 3일째에 또 7일째
날에 자신과 포로들을 정화시켜
라.
20 가죽이나, 염소털이나, 나무로 만
든 너희 의복을 모두 정화해라."
21 그리고 일리저 제사장이, 싸우러
전쟁에 나갔던 사람에게 말했다.
"다음은 **주님**이 모지스에게 명령
한 법령이다.
22 금, 은, 동, 철, 주석, 납 등,
23 오직 불에 견디는 것은 모두 불에
넣어야 하는데, 그러면 깨끗해진
다. 하지만 불에 견디지 못하여, 구
별하는 물로 정화해야 하는 경우
에는, 물에 넣어 정화해야 한다.
24 7일째 날, 옷을 빨면 너희는 깨끗
해지므로, 그 다음 진영에 들어와
도 좋다."
25 **주님**이 모지스에게 말했다.
26 "너와 일리저 제사장과 공동체의
가문별 대표들은, 사람이든 짐승
이든 잡아온 포획물을 계산해라.
27 전쟁에 나갔던 사람들이 전쟁에서
잡아온 포획물을 두 부분으로 나
누어라.
28 전쟁하러 나갔던 사람 500명 당,
한 명으로 계산하여, 포획한 사람,
소, 나귀, 양 중에서 **주님**에게 제공
하는 공물로 징수해라.
29 그것의 절반을 **주님**에게 들어올리
는 거제제물용으로 정하여, 일리
저 제사장에게 주어라.
30 너는 이즈리얼 자손 몫 가운데 사
람의 절반과, 소, 나귀, 가금의 동물

도 같은 방법으로 절반을 데려와,
주님의 성막 책임을 맡고 있는 리
바이에게 주어라."
31 모지스와 일리저 제사장이 **주님**이
모지스에게 명령한 것을 그대로
했다.
32 전투한 남자들이 잡아온 포획물의
나머지 약탈물은 양 675,000마리,
33 소 72,000마리,
34 나귀 61,000마리
35 남자와 같이 누워본 적이 없어서
남자를 모르는 여아가 32,000명이
었다.
36 전쟁에 나갔던 사람 몫의 절반은
숫자로 양이 337,500마리였다.
37 따라서 **주님**의 공물로 양이 675마
리였다.
38 소는 36,000마리였고, 그 중 **주님**의
공물은 72마리였다.
39 나귀는 30,500마리였고, 그 중 **주님**
의 공물은 61마리였다.
40 사람은 16,000명이었으므로, **주님**
의 공물은 32명이었다.
41 **주님**이 모지스에게 명령한 대로,
모지스가 이것을 **주님**에게 들어올
리는 공물로, 일리저 제사장에게
주었다.
42 모지스가 전쟁했던 남자 중에서
나눈 이즈리얼 자손 지분의 절반
은, 즉,
43 [공동체에게 속한 절반은 양이
337,500마리,
44 소가 36,000마리,
45 나귀는 30,500마리,
46 사람이 16,000명이었다.]
47 **주님**이 모지스에게 명령한 대로,
모지스가 사람과 짐승 모두 절반
을 가져와서, **주님**의 성막을 책임
지고 지키는 리바이부족에게 주었
다.
48 수천 군대를 지휘하는 장교로, 수
천의 지휘관천부장과 수백의 지휘관
백부장들이 모지스에게 가까이 다가
왔다.
49 그들이 모지스에게 "당신의 종들
이 우리 지휘 아래에서 전쟁에 나
간 사람 수를 세었더니, 우리 중 죽
어서 숫자가 빠진 사람이 없어요"
라고 보고했다.
50 "우리는 **주님** 앞에 우리를 위한 보
상속죄로 모든 사람이 얻은 금보
석, 목걸이, 팔지, 반지, 귀걸이, 목
걸이 보석을 **주님**에게 봉헌물로 가
져왔어요."
51 모지스와 일리저 제사장이 그들이
제공한 금과 모든 보석을 받았다.
52 천명 지휘관과 백명 지휘관들이 **주**
님에게 제공한 금제 예물은 모두
16,750쉐클약 190.95Kg이었다.
53 [왜냐하면 전쟁을 했던 사람들은
모두 자신의 전리품을 갖고 있었
기 때문이었다.]
54 모지스와 일리저 제사장이 수천의
지휘관과 수백의 지휘관들의 금을
받았다. 그것을 이즈리얼 자손을
위한 기념으로 성막 안 **주님** 앞에

가져갔다.

조든 동쪽 길리얻을 얻다

32 이제 루번 자손과 개드 자손
은 가축을 대단히 많이 갖게
되었다. 그들이 재저의 땅과 길리
얻의 땅을 보자, 그곳이 바로 가축
을 위한 평원으로 보였다.
2 개드 자손과 루번 자손이 모지스
와 일리저 제사장과 공동체 대군
귀족들에게 와서 말했다.
3 "애터로쓰, 디번, 재저, 님라, 헤쉬
번, 엘리아레, 쉬뱀, 니보, 비언 땅
은,
4 비록 **주님**이 이즈리얼 공동체 앞에
서 싸웠던 나라였지만, 소를 키울
수 있는 땅이고, 당신의 종들은 소
를 가지고 있어요."
5 그러면서, 그들이 말했다. "만약 우
리가 당신의 눈에 올바르다면 이
땅을 당신 종들에게 소유로 주세
요. 그리고 우리가 조든 강을 넘어
가지 않게 해주세요."
6 모지스가 개드 자손과 루번 자손
에게 말했다. "너희 형제들이 전쟁
하러 나가도, 너희는 여기에 머물
러 앉아 있을 것인가?
7 왜 너희는 이즈리얼 자손의 마음
에 겁을 주어서, 그들이 **주님**이 준
땅에 들어가려는 것을 막는가?
8 그 땅을 보고오라고, 너희 선대들
을 커데쉬바니아로부터 보냈다.
9 그들이 애쉬컬 계곡에 가서 그 땅
을 보고와서, **주님**이 그들에게 준
땅으로 들어가지 못하도록, 이즈
리얼의 마음에 겁을 주며 낙담시
켰었다.
10 그때 **주님**의 분노가 불이 붙어서
맹세하며 말했다.
11 내가 애이브러햄에게, 아이직에게,
재이컵에게 맹세한 땅을 보게 될
사람은, 반드시 이집트에서 나왔
던 사람 중 20세부터 그 이상 되는
사람은 아무도 없다. 왜냐하면 그
들이 나를 완전히 따르지 않았기
때문이다.
12 **주님**을 전적으로 따르는 켄부족 제
푸네의 아들 캐이렙과, 눈의 아들
자슈아만 제외한다.
13 **주님**의 분노가 이즈리얼에 대해 치
솟았기 때문에, 그는 그들을 40년
간 황야에서 방랑하게 하여, **주님**
눈에 악행을 저질렀던 세대가 모
두 다 없어질 때까지 그랬다.
14 보라, 너희는 네 조상을 대신하여
들고일어나, 죄를 늘리며, 이즈리
얼을 향한 **주님**의 불 같은 분노를
키울 작정이다.
15 만약 너희가 **주님**을 따르는 것을
외면하면, 그는 또 다시 황야 속에
그들을 버릴 테고, 그러면 민족 모
두가 죽게 된다."
16 그들이 가까이 다가서며 말했다.
"우리는 이곳에 양의 가축우리와
어린 자녀들을 위한 도성을 세우
겠어요.

17 하지만 우리는 이즈리얼 자손보다
앞장서서, 그곳으로 들어갈 때까
지 스스로 무장하겠어요. 한편 우
리의 어린 자녀들은 그 땅의 원주
민 때문에 요새화된 도성 안에서
만 살게 하겠어요.
18 우리는 이즈리얼 자손 모두가, 자
신의 유산을 물려받을 때까지, 우
리 땅으로 되돌아 가지 않겠어요.
19 우리가 유산으로 조든강 동쪽을
부여받게 되면, 앞으로 우리는 그
들과 함께 조든 강 건너 저쪽이나
혹은 앞쪽은 물려받지 않겠어요."
20 모지스가 그들에게 말했다. "만약
너희가 **주님** 앞에서 싸우기 위해
무장하고,
21 조든강을 넘어가서, 그가 적을 쫓
아낼 때까지 싸우면,
22 그 땅을 **주님** 앞에서 굴복시킨 다
음, 너희는 **주님**과 이즈리얼 앞에
결백해져서 돌아갈 수 있고, 그 땅
은 너희 소유가 될 것이다.
23 하지만 만약 그렇게 하지 않으면,
너희는 **주님**에게 반항하여 죄를 짓
게 되어, 반드시 너의 죄를 찾게 될
것이다.
24 너희는 네 어린 자녀를 위해 도성
을 세우고, 네 양을 위해 우리를 짓
고, 네 입으로 말한 것을 실행해
라."
25 그러자 개드의 자손과 루번자손이
모지스에게 말했다. "당신의 종 우
리는 나의 주인 명령대로 하겠어
요.
26 우리의 어린 자녀, 아내, 양떼, 소떼
는 길리얻 도성 안에 있을 것이고,
27 대신 당신의 종들은 모두 무장하
고 전쟁에 나가겠어요."
28 그래서 모지스가 일리저 제사장,
눈의 아들 자슈아, 이즈리얼 자손
부족가문 대표들에게 명령한 것에
관하여 말했다.
29 "만약 개드와 루번자손 모두가, **주
님** 앞에 싸우러 무장하고 조든강을
함께 건너서 그 땅을 빼앗으면, 그
사람들에게 길리얻 땅의 소유권을
주게 될 것이다.
30 하지만 만약 그들이 건너가지 않
으면 캐이넌 땅에 너희 소유는 없
다."
31 개드와 루번자손이 대답했다. "**주
님**이 당신의 종들에게 말한 대로
우리가 하겠어요.
32 조든 동쪽에 대한 유산의 소유가
우리 것이 될 수 있도록, **주님** 앞에
서 무장하고 캐이넌 땅으로 나가
겠어요."
33 그래서 모지스가 개드 자손, 루번
자손, 조셒의 아들 머나서부족 절
반에게 공평하게, 애머리 시흔왕
의 왕국, 배이샨의 오그 왕의 왕국
땅을 연안에 있는 도성과 주변 땅
의 도시와 함께 주었다.
34 개드 자손은 디번, 애터로쓰, 애로
어에 도성을 세웠고,
35 애터로쓰, 쇼팬, 재저, 조그베하에

세웠고,
36 베쓰님라, 베쓰해랜에 담을 치고,
양 우리를 지었다.
37 루번 자손은 헤쉬번, 에리아레, 킬
재쌔임,
38 니보, 배이얼미언 [이 도시들은 이
름이 바뀌었고], 또 쉽마 도성을 세
워, 그들이 세운 도시마다 다른 이
름을 붙여주었다.
39 머나서의 아들 매키어의 자손이
가서 길리언을 빼앗자, 그 안에서
살던 애머리부족은 빼앗겼다.
40 모지스는 머나서의 아들 매키어에
게 길리언을 주어, 그는 거기서 살
았다.
41 머나서의 아들 재이어는 가서 그
곳의 작은 마을들을 빼앗고, 그곳
을 해보쓰재이어라고 불렀다.
42 노바는 가서 그곳 마을 캐내쓰를
빼앗아, 자신의 이름으로 그곳을
노바라고 불렀다.

이즈리얼 행로

33 이것은 모지스와 애런의 지
휘 아래, 군대와 함께 이집트
에서 나온 이즈리얼 자손의 여정
이다.
2 모지스는 **주님**의 명령한 여정대로
그들의 행로를 기록했다. 다음은
그들 여정 행로다.
3 그들은 래머지스라메세스, 라암셋에서
첫째 달 15일에 출발했는데, 그날
은 **주 하나님**의 통과의식 유월절 逾越
節의 다음날이었고, 이즈리얼 자손
은 모든 이집트 사람의 눈 앞에서
손을 높이 흔들며 나갔다.
4 이집트인 장남이 모두 매장되도
록, **주님**이 그들을 치고, 그들의 신
들까지 판결을 집행했다.
5 이즈리얼 자손은 래머지스로부터
이동하여 수커쓰에 진영을 펼쳤
다.
6 그리고 수커쓰를 떠나, 황야의 끝
에 있는 이쌤에 진영을 펼쳤다.
7 그들은 이쌤에서 이동하여, 배이
얼제폰 앞 파하이로쓰로 다시 방
향을 돌려 믹돌 앞에 진을 쳤다.
8 그리고 파하이로쓰에서 떠나 바다
한가운데를 건너, 3일 여행길로 이
쌤의 황야로 들어가서 마라에 진
영을 펼쳤다.
9 마라에서 이동하여, 일림으로 들
어가, 샘이 12대와 야자나무 70그
루가 있는 곳에서 진영을 펼쳤다.
10 다시 일림에서 떠나, 홍해 옆에서
야영했다.
11 홍해에서 이동하여, 신 광야에서
야영했다.
12 그들은 신 광야에서 나와 길을 다
시 떠나 도프카에서 야영했다.
13 도프카에서 떠나서 앨러쉬에서 야
영했다.
14 그들이 앨러쉬에서 이동하여, 레
피딤에서 야영했는데, 그곳에는
사람들이 마실 물이 없었다.
15 그들은 레피딤을 떠나 사이나이

황야에서 진영을 펼쳤다.
16 다시 사이나이 사막에서 이동하여
킵로쓰하타바에서 진영을 폈다.
17 그들이 킵로쓰하타바를 떠나, 해
저로쓰에 진영을 쳤다.
18 다시 해저로쓰를 떠나, 리쓰마에
서 진영을 펼쳤다.
19 그리고 리쓰마를 떠나 리먼패레즈
에 진영을 쳤다.
20 리먼패레즈를 떠나 립나에 진을
쳤다.
21 립나에서 옮겨 리사에 진영을 쳤
다.
22 그들은 리사에서 길을 떠나, 케헬
래싸에서 진영을 쳤다.
23 케헬래싸를 떠나 쉐퍼 산에서 야
영했다.
24 다시 쉐퍼 산을 떠나 해래다에서
진영을 펼쳤다.
25 또 해래다에서 이동하여 매케로쓰
에서 진영을 펼쳤다.
26 그들은 매케로쓰에서 이동하여 태
해쓰에서 진을 쳤다.
27 태해쓰를 떠나 태라에 진을 쳤다.
28 다시 태라에서 이동하여 미쓰카에
서 진을 쳤다.
29 또 미쓰카에서 떠나 해쉬머나에서
진을 쳤다.
30 해쉬머나에서 떠나 머서로쓰에 진
을 쳤다.
31 머서로쓰를 떠나 베네재칸에 진을
쳤다.
32 그리고 베네재칸에서 이동하여 홀
해긷개드에 진을 쳤다.
33 홀해긷개드를 떠나 좉배싸에 진을
쳤다.
34 좉배싸로부터 옮겨서 에브로나에
진을 쳤다.
35 다시 에브로나를 떠나 이지언개버
에 진을 쳤다.
36 이지언개버에서 이동하여 커데쉬
에 있는 진 광야에서 진을 펼쳤다.
37 그들은 커데쉬에서 옮겨서 이듬
땅 끝에 있는 호어 산에 진영을 쳤
다.
38 제사장 애런이 **주님**의 명령으로 호
어 산에 들어가서, 거기서 죽었다.
이즈리얼 자손이 이집트땅에서 나
온 지 40년 5개월 첫날이었다.
39 애런아론이 호어호르 산에서 죽었을
때 123세였다.
40 캐이넌가나안땅 남쪽에 살던 캐이넌
의 애래드 왕이 이즈리얼 자손이
온다는 소리를 들었다.
41 그들은 호어 산에서 출발하여 잴
머나에 진을 폈다.
42 잴머나를 떠나 퓨넌에 진을 폈다.
43 다음 퓨넌을 떠나 오보쓰에 진을
폈다.
44 오보쓰를 떠나 모앱의 국경선 아
이제버림에 진을 펼쳤다.
45 그리고 아이임을 떠나 디번개드에
진을 폈다.
46 디번개드에서 옮겨 아먼디브러쌔
임에 진영을 쳤다.
47 그들은 아먼디블러쌔임에서 이동

하여 니보 앞쪽 애버림 산에 진영
을 쳤다.
48 애버림 산을 떠나 제리코 부근 조
든 강 옆 모앱평원에 진영을 펼쳤
다.
49 그들은 조든 강 옆 모앱평원에 베
쓰제시모쓰에서 아벨쉬팀까지 진
을 쳤다.
50 **주님**이 조든 강 옆 제리코 부근 모
앱평원에서 모지스에게 말했다.
51 "이즈리얼 자손에게 전해라. 너희
가 조든을 건너서 캐이넌 땅으로
들어갈 때,
52 너희는 앞에 있는 그 땅의 원주민
을 모두 몰아내야 한다. 그리고 그
들의 모든 신의 그림을 파괴하고,
그들의 모든 주물로 만든 형상을
깨뜨리며, 그들의 높이 쌓은 장소
를 완전히 무너뜨려라.
53 너희는 그 땅에서 살던 원주민을
쫓아내야 한다. 왜냐하면 내가 그
땅을 너희가 소유하도록 주었기
때문이다.
54 너희는 제비뽑기로 그 땅을 나눠
야 한다. 너희가 더 많으면 더 많이
계승해주고, 더 적으면 더 적게 주
어야 한다. 각 사람이 받을 유산은
너희 조상의 부족에 따라 뽑기에
해당된 장소를 주고, 조상의 부족
에 따라 유산을 받게 되는 것이다.
55 만약 너희가 그 땅의 거주민을 몰
아내지 않으면, 살아남은 자들이
너희 눈을 찌르고, 너희 편에 고통
을 주고, 그 땅에 있는 너희를 괴롭
힐 것이다.
56 게다가 내가 그들에게 하려고 생
각했던 대로, 내가 너희에게 하는
일이 발생할 수도 있을 것이다."

캐이넌의 경계선

34 **주님**이 모지스모세에게 말했
다.
2 "이즈리얼이스라엘 자손에게 명령
해라. 너희가 그 땅으로 들어가면,
[캐이넌은 땅과 연안까지 너희에
게 유산으로 주어질 땅으로서,]
3 너희 남쪽 경계는, 이듬에돔 연안을
따르는 진 황야부터 염해 동쪽 연
안 먼 끝이 되어야 한다.
4 너희 경계는 남쪽에서 방향을 돌
려, 애크래빔에서 올라오며, 진 지
역을 지나 앞으로 가다가, 그곳 남
쪽에서 커데쉬바니아까지이고, 애
즈먼을 지나 해저래다로 가야 한
다.
5 그 경계선은 애즈먼부터 이집트
강까지 감싸게 되고, 거기에서 나
아가 바다에 이른다.
6 서쪽 경계선으로 말하자면, 너희
는 큰바다 지중해 경계까지 갖게 되
는데, 이것이 서쪽 경계다.
7 이것은 북쪽 경계로, 지중해부터
호르 산까지 지정하고,
8 호어 산부터 해매쓰 입구까지이
고, 경계에서 더 나아가 제댇까지
될 것이다.

9 그 경계선은 지프런으로 가며 더
나아가, 해저레넌에 이른다. 이것
이 북쪽 경계다.
10 너희는 해저레넌에서 쉐팸까지 동
쪽 경계를 지정하고,
11 영역은 쉐팸부터 애인 지역 동쪽
에 있는 립라까지 내려가야 하고,
경계는 더 내려가, 치너레쓰 동쪽
바다에 닿아야 한다.
12 또 그 경계는 조든요단으로 더 내려
가면서, 염해에 닿게 된다. 이것이
주변 일대와 함께 너희 땅이 되어
야 한다."
13 모지스가 이즈리얼 자손에게 명령
했다.
"이것은 너희가 뽑기로 계승할 땅
이다. 그것은 **주님**이 아홉부족과
머나서므나쎄, 므낫세 절반 부족에게
준다고 명령한 땅이다."
14 조상가문 별 루번 자손부족과, 조
상가문 별 개드 자손부족은, 그들
의 유산을 물려받았고, 머나서부
족 절반도 그들의 유산을 받았다.
15 두 부족과 2세 부족 절반은 제리코
동쪽 부근의 조든 동쪽 일출 방향
으로 그들의 유산을 이미 물려받
았다.
16 **주님**이 모지스에게 말했다.
17 "이것은 너에게 땅을 나눠줄 사람
의 이름으로, 일리저 제사장과 눈
의 아들 자슈아여호수아가 한다.
18 그리고 각 부족 대군귀족을 한 사
람씩 오게 하여, 계승할 땅을 나누
어라.
19 그들의 이름은, 쥬다부족 중 제푸
네의 아들 캐이렙칼렙, 갈렙,
20 시미언 자손부족 중 애미훋의 아
들 쉐뮤얼.
21 벤저민부족 중 치슬런의 아들 일
리댇.
22 댄의 자손부족 중 대군귀족 조글
리의 아들 북키.
23 조셒 자손의 대군귀족으로, 머나
서 자손부족은 이풔드의 아들 해
니얼.
24 이프리엄 자손부족의 대군귀족으
로, 쉽탠의 아들 케뮤얼.
25 제뷸런의 자손부족의 대군귀족으
로, 파나크의 아들 일리저팬.
26 이써칼 자손부족의 대군귀족으로,
애이잰의 아들 팰티얼.
27 애셜 자손부족의 대군귀족으로,
쉘로미의 아들 애히훋.
28 냎털라이 자손부족의 대군귀족으
로, 애미훋의 아들 페다엘이다."
29 이들이 **주님**의 명령을 받고, 이즈
리얼 자손에게 캐이넌 땅을 유산
으로 나누는 일을 한 사람이다.

리바이를 위한 교외 및 피난처

35 **주님**이 모지스에게 조든 옆
제리코예리코, 여리고 부근 모앱
모압평원에서 말했다.
2 "이즈리얼 자손에게 명령해라. 그
들이 자신이 소유한 도성의 유산
물 가운데에서, 리바이레위가 살 수

있는 땅을 주고, 도시 주위에 있는
교외지역을 주어라.
3 리바이는 그 도시에서 살아야 하
고, 도시 교외지역은 그들의 가축
과 물건과 짐승을 위한 장소가 되
어야 한다.
4 너희가 리바이에게 주어야 하는
외곽지역은, 도시에서 우물이 닿
아야 하고, 주변으로 1,000 큐빝
450m 밖으로 뻗어야 한다.
5 너희는 도시 바깥 쪽으로 동쪽
2,000 큐빝900m까지, 남쪽 2,000 큐
빝900m까지, 서쪽 2,000 큐빝900m까
지, 북쪽 2,000 큐빝900m까지 측량
해라. 도시는 한가운데 있어야 하
고, 근교가 있어야 한다.
6 너희가 리바이에게 주게 되는 도
시는 6개로, 그곳을 지정하여 살인
자가 도망갈 수 있는 피난처로 만
들어라. 추가로 그들에게 42개 도
시를 더 주어야 한다.
7 그래서 너희가 리바이부족에게 주
게 될 도시는 모두 48개이고, 딸린
교외도 함께 주어야 한다.
8 너희가 주는 도시는, 이즈리얼 자
손의 유산 가운데에서 주어야 한
다. 사람 수가 많으면 많이 주어야
하고, 적으면 적게 주어야 한다. 각
자 그가 상속받은 유산에 따라 리
바이부족에게 도시를 주어라."
9 **주님**이 모지스에게 말했다.
10 "이즈리얼 자손에게 전해라. 너희
가 조든강을 넘어 캐이넌 땅으로
들어가면,
11 너희가 스스로를 위한 피난 도시
를 지정해야 한다. 그것은 의도하
지 않았는데 사람을 죽인 살인자
가 그곳으로 도망갈 수 있게 마련
하는 것이다.
12 살인자가 복수로 인해 살해당하지
않도록, 피할 수 있는 도시가 있어
야 하는데, 그가 대중 앞에서 판결
을 받을 때까지이다.
13 너희가 주게 될 도시 중 6개는 피
난처가 되어야 한다.
14 조든 동쪽 도시 3개를 주어라. 그
세 도시는 캐이넌 땅에서 내주어,
피난의 도시로 두어야 한다.
15 이 6개 도시는 이즈리얼 자손도,
외국인도, 그들 가운데 머무는 이
민족도, 무심코 사람을 죽인 자가
도망갈 수 있는 피난처가 된다.
16 만약 철제 도구로 사람을 쳐서 죽
이면, 그 자는 살인자이고, 살인자
는 반드시 죽여야 한다.
17 만약 돌을 던져서 사람을 죽였으
면, 그 자는 살인자다. 살인자는 반
드시 죽여야 한다.
18 사람이 나무로 만든 손 무기로 죽
이면, 그 자는 살인자다. 살인자는
반드시 죽여야 한다.
19 피를 복수하려는 사람이 살인자를
만나면, 그가 살인자를 죽여야 한
다.
20 원한관계로 사람을 찌르거나, 고
의로 해쳐서 죽거나,

21 혹은 증오로 죽일 경우에도, 사람
을 죽인 자는 살인자이므로 반드
시 죽여야 한다. 피의 보복자가 살
인자를 만나면 죽여도 된다.
22 하지만 증오 없이 갑자기 찌르거
나, 예고 없이 사람을 던지거나,
23 혹은 증오도 없고, 해치려고 하지
않았는데, 무심코 돌을 던져서 사
람이 죽으면,
24 그 경우, 살해자와 피의 보복자 사
이의 이런 사건에 관하여 공동체
가 판결해야 한다.
25 대중은 피의 복수자 손에서 살해
자를 넘겨받고, 대중은 그를 도망
쳤던 피난도시로 돌려보내야 하
며, 그는 신성한 기름을 바른 대사
제가 죽을 때까지 그곳에서 살아
야 한다.
26 하지만 살해자가 어느 때고 도망
쳤던 피난 도시의 경계선 밖으로
나와서,
27 피의 복수자가 피난 도시의 경계
선 밖에 있는 그를 발견한 경우, 피
의 복수자가 살해자를 죽여도 그
는 피에 대한 죄가 없고 무죄다.
28 왜냐하면 그는 대사제가 죽을 때
까지 피난 도시에서 살아야 하기
때문이다. 하지만 대사제가 죽은
후에 살해자는 자신의 소유 땅으
로 돌아갈 수 있다.
29 이런 일들은 너희가 사는 모든 곳
에서 너희 전 세대에서 판결의 규
정이 되어야 한다.
30 누구든 사람을 죽인 살인자는 증
인의 진술에 따라 죽음에 처해야
한다. 하지만 증인은 어떤 사람을
죽일 의도로 불리한 증언해서는
안 된다.
31 더욱이 너희는 유죄로 죽게 될 살
인자의 목숨을 살리기 위해, 배상
을 허용해서는 안 되고, 반드시 그
를 죽여야 한다.
32 피난 도시로 도망친 사람이 자기
땅에서 살기 위해 다시 나오는 것
은, 제사장이 죽을 때까지 허용하
면 안 된다.
33 그리고 그곳에 사는 너희가 땅을
오염시키면 안 된다. 왜냐하면 피
가 땅을 더럽히면 그 땅은 흘린 피
로 씻을 수 없고, 피를 흘리게 한
자의 피만이 정화시킬 수 있기 때
문이다.
34 그러므로 너희가 살게 될 그곳에
서 내가 머무는 그 땅을 더럽히지
마라. 왜냐하면 나 **주님**이 이즈리
얼 자손 가운데에 머물기 때문이
다."

딸의 유산규정

36 조셒요셉의 아들, 머나서므나
쎄, 므낫세의 아들, 머키어의
아들, 길리얻길앗, 길르앗 가문 중 조
상대표들이 가까이 다가와, 모지
스와 이즈리얼 자손 가문의 대군
귀족 지도자들 앞에서 말했다.
2 그들이 말했다. "**주님**이 이즈리얼

자손에게 제비뽑기로 유산의 땅을
주라고 나의 주인님 모지스에게
명령했고, 나의 주인님은 우리 형
제 젤로풰핸출롭핫, 슬로브핫의 유산을
그의 딸들에게 주도록 명령했어
요.
3 그런데 만약 딸들이 이즈리얼이
아닌 다른 부족의 아들과 결혼하
면, 그때 그들의 유산은 우리 조상
의 유산에서 빠져나가, 딸을 받아
들이는 부족의 유산으로 들어가
고, 그래서 우리의 유산에서 가져
가는 셈이지요.
4 이즈리얼 자손의 50주년 축일이
되면, 딸이 받은 유산이 그들을 맞
이한 부족의 유산으로 들어가므
로, 딸의 유산은 우리 조상가문의
유산에서 빠지게 될 거예요."
5 그래서 모지스가 **주님**의 말에 따라
이즈리얼 자손에게 명령했다. "조
셉의 아들 부족이 말을 잘 했다.
6 이것은 젤로풰핸의 딸에 관하여 **주**
님이 명령한 것이다. "딸들은 선호
하는 사람과 혼인시키는데, 오직
그들의 조상부족 가문과 결혼할
수 있다.
7 따라서 이즈리얼 자손의 유산을
이 부족에서 저 부족으로 옮기면
안 된다. 이즈리얼 자손 각자가 자
신의 조상부족의 유산을 스스로
지켜야 한다.
8 딸이 이즈리얼 자손의 어떤 부족
의 유산을 소유하고 있으면, 그녀
는 가문부족 집안 사람의 아내가
되어야 하고, 그래야 이즈리얼 자
손이 조상의 유산을 누구나 누릴
수 있다.
9 유산을 한 부족에서 다른 부족으
로 옮기면 안 되고, 대신 이즈리얼
자손 각자 자신이 소유한 유산을
스스로 지켜야 한다."
10 그래서 **주님**이 모지스에게 명령한
대로, 젤로풰핸의 딸들이 따랐다.
11 젤로풰핸의 딸, 말라, 틸자, 호글라,
밀카, 노아는 아버지 형제의 자식
과 결혼했다.
12 또 그들은 조셉의 아들, 머나서의
아들 집안에 시집가서, 그들의 유
산은 조상가문의 부족에 그대로
남았다.
13 이것은 **주님**이 모지스를 통해 제
리코예리코, 여리고 부근 조든요단강 옆
모앱모압평원에서 이즈리얼 자손에
게 지시한 명령과 판결이다.

새약속

호렙을 떠나라

1 다음은 모지스모세가 모든 이즈
리얼이스라엘에게 이야기한 것
으로, 장소는 홍해를 건너 조든요르
단, 요단강 동쪽 평원이고, 패런파란, 바
란, 토펠도벨, 래이번라반, 해저로쓰하
체롯, 하세롯, 디저햅디 자합, 디사합 사이
다.
2 [이곳은 시어세이르, 세일 산길 옆 호
렙 산부터 11일 여행하여 커데쉬
바니아카데스 바르네아, 가데스 바네아에
이르는 지역이다.]
3 40년째 해, 열한 번째 달, 첫날, **주
님**이 모지스에게 명령한 모든 것을
이즈리얼 자손에게 전했다.
4 그가 헤쉬번헤스본에 살던 애머리아
모리족 시혼시혼 왕과 이드레이의 애
스태로쓰에서 살던 배이산바산족의
오그옥 왕을 죽인 후,
5 모지스가 조든강 동쪽 모앱모압 땅
에서 다음 법을 선포하기 시작했
다.
6 "우리의 **주 하나님**이 호렙에서 이
렇게 일렀어요. '너희는 이 산에서
충분히 오래 살았다.
7 너희는 길을 떠나 애머리족의 산
에서 가까운 평원과 언덕, 계곡, 바
다 옆 남쪽, 캐이넌가나안땅, 큰 바다
지중해, 레바넌으로, 유프래이티스
강까지 가라.
8 보라, 나 **주님**은 너희 조상 애이브
러햄아브라함과 아이직이사악, 이삭과,
재이컵야곱에게 맹세하며, 너희가
들어가 소유하도록 그 땅을 정했
다'고 했지요.
9 나는 여러분에게 나 홀로 당신들
을 책임질 수 없다고 말했죠.
10 그때 여러분의 **주 하나님**이 당신들
을 번성시켜, 보다시피 오늘날 하
늘의 별처럼 늘어나게 되었어요.
11 [여러분 조상의 **주 하나님**이 약속
한대로, 당신들을 지금처럼 이렇
게 많이 수천 배로 늘도록 축복하
며, 여러분과의 약속을 지켰죠.]
12 어떻게 나 혼자 여러분의 골칫거
리와 부담과 갈등을 다 짊어질 수
있을까요?
13 그러자 **주님**이, '너희 부족 가운데
잘 알려진 현명하고 이해력이 있
는 사람을 뽑으면, 내가 그들을 너
희 지도자로 만들겠다'고 했어요.
14 그리고 여러분은 내게, '당신이 말
하는 바는, 우리가 마땅히 해야 할
일'이라고 대답했고요.

15 그래서 나는 현명하고 명성 있는
부족대표를 뽑아 천명대표, 백명
대표, 오십명대표, 열명대표로 두
고, 부족들의 관리자를 만들었어
요.
16 또 나는 재판관도 임명하여, 여러
분 동족 간의 사정을 듣고, 형제와
그들과 함께 있는 외국인 사이에
올바르게 판결하라고 말했어요.
17 하지만 판결에 있어서 사람을 두
둔하면 안 되고, 작은 일도 큰 사건
과 똑같이 경청해야 하고, 사람의
얼굴을 두려워하지 말아야 하는
데, 그 이유는, 이것이 **하나님**의 판
결이기 때문이라고 했고, 지나치
게 어려운 사건의 경우, 내게 가져
오면, 그것을 듣겠다고 했어요.
18 그리고 나는 당시 여러분이 해야
할 모든 일을 명령했지요.
19 우리는 호렙산을 떠나, 거대하고
황량한 사막을 지나왔는데, 그곳
은 당신들이 우리의 **주 하나님**의 지
시대로 애머리부족의 산을 경유하
는 길을 보면서, 우리는 커데쉬바
니아로 왔어요.
20 나는 여러분에게, '여러분은 **주 하**
***나님**이 우리에게* 준다고 했던 애머
리의 산에 왔다'고 말해주었어요.
21 보다시피, **주 하나님**이 이 땅을 당
신들에게 준다고 정했으니, 가서
차지하세요. 조상의 **주 하나님**이 여
러분에게 말한 대로 말이죠. 두려
워 말고, 낙담하지도 말라고 했지
요.
22 그러자 여러분 모두가 내게 가까
이 와서 말하길, '우리는 먼저 사람
을 보내어, 그 땅을 조사할 터이니,
어느 길로 가고, 또 어떤 도시로 가
야 할지 말해 달라'고 했어요.
23 그 말에 내가 몹시 기뻤어요. 그래
서 나는 부족 중 하나씩 12 사람을
뽑았고,
24 그들이 산으로 올라간 다음, 에쉬
컬에스콜, 에스골 계곡에 들어가 탐색
했지요.
25 그들은 손에 그곳 열매를 가져와,
우리에게 전하며 한 말은, '그곳은
주 하나님이 우리에게 준 좋은 땅'
이라고 했어요.
26 그런데도 당신들은 가려 하지 않
고, 여러분의 **주 하나님**의 명령에
반발만 했어요.
27 그리고 천막 속에서 중얼거리며,
'**주님**이 우리를 미워해서, 이집트
에서 우리를 끌어내, 애머리족에
넘겨 죽이려고 한다.
28 우리가 어디로 가라는 거냐? 우리
형제가 우리를 실망시키며 전하
길, '그 민족이 우리보다 훨씬 숫자
도 많고 키도 크고, 도시는 거대하
고 하늘 높이 성벽이 세워져 있다
는데, 게다가 우리는 그곳 거인 애
너킴스아낙의 아들처럼 보였다는
데…,' 라며 불평했죠.
29 그때 나는 여러분에게 말했어요.
'두려워 말고, 그들을 무서워하지

도 말라고.
30 **주 하나님**이 당신 앞에 가며, 그가
너희를 대신해 싸우면서, 이집트
에서 당신을 위해 눈 앞에서 했던
그대로 할 것'이라고, 했죠.
31 광야에서 **주 하나님**이 당신을 어떻
게 품었는지 보았어요. 마치 사람
이 자식을 품듯, 가는 길마다 여러
분이 이곳에 올 때까지 그랬어요.
32 그런데도 당신들은 당신의 **주 하나
님**을 믿지 않았어요.
33 누가 우리 앞에 가며, 천막을 펼칠
장소를 찾았고, 밤에는 불빛으로
낮에는 구름으로 당신들이 가야
할 길을 보였나요?
34 **주님**은 당신의 음성을 듣고, 화가
나서 맹세하며, 이렇게 말했어요.
35 '반드시 이 나쁜 족속 중 어느 하나
도 좋은 땅을 보여주지 않겠다. 그
땅은 내가 너희 조상에게 준다고
맹세했지만.
36 단지 제푸네여푼네, 여분네의 아들 캐
이렙칼렙, 갈렙은 예외다. 그는 그곳
을 보게 하고, 그가 밟았던 그 땅을
그와 그의 자손에게 주겠다. 왜냐
하면 그는 전적으로 **주님**을 따랐기
때문'이라고 했어요.
37 또 **주님**은 당신들 탓에, 내게도 화
를 내며, '모지스 너도 그곳에 가지
못한다.
38 대신 네 앞에 서 있는 눈의 아들 자
슈아여호수아를 그쪽에 가게 하겠다.
그에게 용기를 주어라. 이즈리얼
이 그 땅을 계승하도록 그에게 시
키고자 한다.
39 더욱이 너희가 희생물이 될 것이
라고 말했던 어린 자녀는, 당시 선
악을 구분할 줄 몰랐기 때문에, 그
들이 그 땅에 가게 하여, 소유하게
하겠다.
40 그러나 너희는, 방향을 돌려, 홍해
옆 사막길로 행로를 잡으라'고 말
했어요.
41 그때 당신들은, '우리는 **주님**에 대
항하여 죄를 지었다. 우리의 **주 하
나님**이 우리에게 명령한 그대로 따
르며 가서 싸우겠다'고 대답했고,
당신들 모두가 전쟁무기를 들며,
'언덕에 올라갈 준비가 되었다'고
말했지요.
42 그때 **주님**이 내게, '그들에게 말해
줘라. 가지 말고 싸우지도 마라. 내
가 너희 가운데 있지 않기 때문에,
너희가 적 앞에서 죽지 않도록 해
야 한다'고 했어요.
43 내가 말해도 당신들은 듣지 않고,
주님의 명령에 오히려 반발하고,
기세 좋게 언덕으로 올라갔어요.
44 그러자 그 산에 살던 애머리부족
이 벌떼처럼 나와서, 당신들을 추
격하여 시어에서 호마호르마에 이
르기까지 당신들을 죽였죠.
45 그리고 당신들은 돌아와서 **주님** 앞
에서 울었지만, **주님**은 당신들 말
을 듣지도 않았고, 귀도 기울이지
않았어요.

46 그래서 여러분은 여러 날 동안 그
곳 커데쉬에서 머무르게 되었던
것이죠."

북쪽으로 가라

2 "그런 다음 우리는 홍해를 따
라 황야로 방향을 돌리며, **주님**
이 내게 말한대로 따랐고, 우리는
오랫동안 시어세이르, 세일산 주위에
머물렀어요.
2 **주님**이 말했어요.
3 '너희는 이 산에서 너무 오래 있었
다. 북쪽으로 떠나라.
4 그리고 사람들에게 지시해라. 시
어지역에 사는 너희 형제 이소에사
우, 에서 자손의 일대를 지나가라. 그
들이 너희를 두려워하겠지만, 너
희 스스로 충분히 조심해야 한다.
5 그들과 싸우지 마라. 왜냐하면 그
들의 땅 중 한 뼘도 너희에게 주지
않았고, 내가 시어산을 이소의 소
유로 주었기 때문이다.
6 너희는 그들에게 돈을 주고 곡식
을 사 먹어야 하고, 물도 돈을 주고
사야 마실 수 있다'고 했어요.
7 여러분의 **주 하나님**은 당신들 힘으
로 하는 모든 일을 축복했어요. 그
는 광활한 이 황야를 지나는 당신
들의 발걸음을 알기 때문에, **주 하
나님**이 이렇게 40년간 당신들과 함
께 있으면서, 부족한 것이 없게 해
주었어요.
8 우리의 형제 이소 자손 옆을 지날
때, 그들은 일래쓰엘랏와 에진개버
에츠욘 게베르, 에시온게벨의 평원 길을
관통하는 시어지역에서 살았으므
로, 우리는 방향을 돌려 모앱의 황
야 길 옆으로 지났어요.
9 **주님**은 내게, '모앱족을 괴롭히지
말고, 전쟁하며 싸우지도 마라. 왜
냐하면 내가 너희에게 그들 땅을
차지하도록 주지 않았기 때문이
고, 대신 랕 자손에게 아르 땅을 소
유하도록 주었기 때문'이라고 했
어요."
10 과거에는 이밈스엠인, 에밈가 그곳에
서 살았는데, 그 민족은 거인 애너
킴스아낙처럼, 몸집이 거대하고 숫
자가 많고 키가 컸음으로,
11 그들 역시 애너킴스와 같은 거인
으로 생각되었지만, 모앱은 그들
을 이밈스라고 부른다.
12 이전 시대에 호림스도 시어에서
살았지만, 이소 자손이 그들을 파
멸시키고, 대신 살면서 그 땅을 계
승했다. 이것은 이즈리얼에게 땅
을 소유하도록 주는 것과 마찬가
지로, **주님**이 이소에게 소유하도록
그곳을 주었던 것이다.
13 "이제 일어나서, 당신들이 가서 제
레드제렛, 세렛 시내를 넘으라고, 내
가 말했고, 우리는 제레드 시내를
넘었죠.
14 우리가 커데쉬바니아카데스 바르네아,
가데스 바네아에서 와서, 제레드 시내
를 건너기까지 38년이 걸렸는데,

전쟁을 치른 세대는 전쟁 통에 다
쓰러져, **주님**이 맹세한대로 되었어
요.
15 실제로 **주님**의 힘이 그들에게 등을
돌려서, 그들은 싸우다 죽어 사라
졌어요.
16 따라서 우리 민족 가운데 전쟁에
나간 모두가 죽었어요.
17 그때 **주님**이 내게 이렇게 말했어
요.
18 '너는 이날 모앱모압 일대의 아르지
역을 뚫고 지나가라.
19 그리고 네가 애먼 자손을 향해 가
까이 갈 때, 그들을 괴롭히지 말고,
싸우지도 마라. 왜냐하면 내가 애
먼 자손의 땅을 너희에게 소유로
주는 게 아니라, 그것을 랕의 자손
에게 차지하라고 주었기 때문' 이
라고 했어요.
20 [그곳 역시 예전에 거인이 살던 거
인의 땅으로 알려졌는데, 애먼암몬
부족은 그들을 잼주밈스잠줌밈, 삼숨
밈라고 불렀다.
21 거인은 애너킴스아낙처럼 몸집이
거대하고, 수가 많고, 키가 컸어도,
주님이 그들을 물리치자, 애먼부족
이 그곳을 계승하여 대신 살았다.
22 **주님**이 시어에서 살던 이소에사우, 에
서 자손에게도 마찬가지로, 그가 그
들 앞에서 호림스를 파멸시키자,
이소부족이 그곳을 계승하여, 대
신 이날까지 살았다.
23 해저림에서 애이자 지역에 걸쳐
사는 애이빔스부족과, 캪터캅토르, 갑
돌 지역 출신의 캪터림스부족도 이
소부족이 그곳을 패배시킨 다음
대신 살았다.]
24 '너희는 일어나 길을 가다, 아넌아르
논강을 건너라. 보라, 나는 너희 손
안에 애머리족 헤시번헤스본의 시흔
왕과 그의 땅을 주었다. 그것을 차
지하기 위해 그들과 전쟁하며 싸
워라.
25 이날부터 나는 온 하늘 아래에 있
는 민족에게, 너희에 대한 공포와
두려움을 집어넣기 시작하겠다.
그래서 너희 소문을 듣는 자마다
떨며, 너희로 인해 괴로워하게 하
겠다'고 했어요.
26 한편 나는 커데모쓰크데못, 그데못 광
야에서 헤쉬번의 시흔왕에게 전령
을 보내어, 다음과 같은 평화의 말
을 전했어요.
27 '우리가 당신 땅을 지나게 해주세
요. 나는 큰길을 따라 가며, 오른쪽
도 왼쪽도 돌아보지 않겠어요.
28 당신은 우리가 먹을 곡식과 마실
물을 우리에게 돈을 받고 팔 수 있
어요.
29 [시어에 사는 이소의 자손과, 아르
에 사는 모앱족이 나에게 했던 그
대로,] 우리가 조든을 지나서, 우리
의 **주 하나님**이 우리에게 준 땅으로
갈 때까지, 가기만 하겠다'고 했어
요.
30 하지만 헤쉬번의 시흔왕은 우리를

지나가게 하지 않았어요. 왜냐하
면 **주 하나님**이 그의 마음을 강하게
굳혀 완고하게 만들어서, 이날 보
는 바와 같이, **주님**이 당신들 손에
그를 넘기려는 것이었어요.
31 **주님**이 내게 다음과 같이 말했어
요. '보라, 나는 시흔과 그의 땅을
너희에게 주기 시작했다. 너희가
그의 땅을 차지하여 계승하라'고
했어요.
32 그때 시흔과 그의 백성이 우리를
막으러 재이해스야하츠, 야하스까지
싸우러 나왔어요.
33 **주 하나님**이 그를 우리 앞에 넘겨
서, 우리는 그와 그의 아들과 백성
까지 쳤어요.
34 그래서 우리는 당시 그의 도성을
모두 빼앗고, 남자와 여자와 어린
것들을 철저히 파멸시켜서 한 사
람도 남기지 않았죠.
35 오직 가축만은 우리의 포획물로
가졌고, 여러 도시의 전리품도 가
졌어요.
36 아넌강 둑 옆에 있는 애로어아로에
르, 아로엘부터, 강 옆에 있는 도시로
부터 심지어 길리언길앗, 길르앗까지,
그곳에 *우리한테 지나치게 강한*
도성이란 없었어요. 우리의 **주 하
나님**이 우리에게 모든 것을 넘겼기
때문이었죠.
37 오직 당신들이 가지 말아야 할 곳
은, 애먼 자손의 땅과, 재복야뽁, 얍복
강의 평원과, 그 지역 산에 있는 도
성 모두 **주 하나님**이 우리에게 금지
한 것은 어떤 것도 안 되었어요."

배이샨의 오그왕을 물리치다

3 "그래서 우리는 돌아서 배이샨
바산 길로 올라 갔는데, 배이샨의
오그옥왕과 그의 백성이 우리를 막
고자 나와서 이드레이에드레이에서
싸웠어요.
2 **주님**이 내게, '그를 두려워 마라. 왜
냐하면 내가 그와 그의 백성과 땅
도 모두 너의 손에 넘기기 때문이
다. 너는 네가 헤쉬번헤스본에 살던
애머리아모리족의 시흔시혼왕에게
한 그대로 그에게 해야 한다'고 했
어요.
3 그렇게 **주 하나님**이 우리 손에 배이
샨의 오그왕과 그의 백성 역시 모
두 넘겨서, 남아 있는 사람이 한 사
람도 없을 때까지 그들을 죽였죠.
4 우리는 그때 그의 모든 도시, 배이
샨에 있는 오그 왕국 아겁아르곱의
전 지역 60개 도시들을 빼앗았고,
거둬들이지 않은 도시가 없었어
요.
5 여러 도성들이 높은 성벽으로 둘
러 쌓여, 문에 빗장이 채워져 있었
고, 벽이 없는 마을도 다수였어요.
6 우리가 헤쉬번의 시흔왕에게 했던
대로 모든 도시에서 남자, 여자, 아
이들을 철저히 훼손하며 그들을
완전히 파괴했어요.
7 그러나 모든 소떼와 도성 전리품

은, 우리의 포획물로 거두었어요.
8 우리는 그때 애머리족의 두 왕의
손에서 조든요단강 옆에 있던 아난
아르논강에서부터 허먼헤르몬산에 이
르는 땅을 빼앗았어요.
9 [허먼을 시돈 사람은 시리언시르욘,
시룐이라 했고, 애머리족은 쉐닐스니
르, 스닐로 불렀다.]
10 평원의 모든 도시와 길리얻길앗, 길르
앗과 배이샨과 샐차살카, 살르가와 이
드레이에드레이까지, 배이샨의 오그
왕국의 도시를 빼앗았어요.
11 배이샨의 오그 왕에 대해서 말하
자면, 거인의 유물로 살아남았죠.
보세요, 애먼아몬 자손 지역인 래배
쓰라빠, 랍바에 있던 것이 그렇지 않
나요? 그의 강철 침대란, 한 사람
의 큐빝 측량기준에 따라, 길이가
9 큐빝약 4m이고, 넓이가 4큐빝약
1.8m이었어요.
12 이 땅은 당시 우리가 차지한 곳으
로, 아넌강 옆 애로어아로에르, 아로엘
지역부터 길리얻산 절반과 도시들
은, 내가 루번르우벤, 르우벤과 개드가
드, 갓부족에게 주었어요.
13 길리얻의 나머지와, 오그 왕국의
모든 배이샨 지역은, 내가 머나서므
나쎄, 므낫세부족의 절반에게 주었는
데, 아겁의 모든 지역은 배이샨 전
역과 함께 거인의 땅이라고 불렸
죠.
14 머나서의 아들 재이어야이르, 야일는,
아겁의 모든 나라를 게슈리그수르,
그술와 마캐티마키르, 마아갓 일대까지
차지하고, 오늘날까지 배이샨해보
쓰재이어라고 자신의 이름을 본떠
불렀죠.
15 또 길리얻은 머키어마키르, 마길에게
주었고요.
16 그리고 루번족과 개드족에게, 내
가 길리얻부터 아넌강 계곡의 절
반과 애먼 자손의 경계였던 재복야
뽁, 얍복강의 경계선까지 주고,
17 평원과 조든과 그 유역, 치너렛킨네
렛, 긴네렛부터 심지어 평원의 바다와
애쉬도쓰피스가 동쪽 아래 염해까
지 주었어요.
18 나는 그때 여러분에게, '**주 하나님**
이 당신들에게 이 땅을 소유하도
록 주었다'고 말하며, 이즈리얼 자
손의 형제 앞에서 무장하고 넘어
가 전쟁하라고 지시했어요.
19 하지만 당신들의 아내와 어린 자
녀와 가축은, [당신들이 가축을 많
이 가졌다는 것을 내가 알고 있었
으므로,] **주님**이 준 당신들의 도성
에 머물게 하면서,
20 **주 하나님**이 당신들에게 준 것처럼,
나머지 동족 형제에게 **주 하나님**이
조든 저쪽 땅을 줄 때까지 싸운 다
음, 당신들은 내가 준 자신의 소유
땅에 각자 돌아가야 한다'고 했지
요.
21 그리고 나는 그때 자슈아여호수아에
게 다음과 같이 명령했어요. '너의
눈이 **주 하나님**이 두 왕에게 한 일

을 모두 보았다. 따라서 **주님**은 네
가 가는 그곳 왕국에게도 그렇게
할 것이다.
22 너희는 그들을 두려워하지 마라.
왜냐하면 **주 하나님**이 너희를 위해
싸우기 때문'이라고 했어요.
23 또 당시 내가 **하나님**에게 이렇게
간청했죠.
24 '오, 권한의 주체인 **하나님**, 당신은
당신의 종에게 자신의 위대함과
절대 손의 위력을 보여주기 시작
했어요. **하나님**이 하는 일을, 하늘
이나 땅 가운데, 당신의 위업을 따
르고, 또 당신의 위력을 따라할 수
있는 것이 있나요?
25 제발, 부탁하는데, 나를 넘어가게
하여, 조든 저편 기름진 땅과, 아름
다운 산과, 레바넌을 보여주세요'
라며 간청했지요.
26 그런데 **주님**은 당신들로 인해 내게
화가 나서, 내 말을 들으려 하지 않
고, 이렇게 말했어요. '너는 이것으
로 만족해라. 이 문제로 나에게 더
이상 말하지 마라.
27 너는 일어나 피스가비스가 정상으로
올라가, 눈을 들어 서쪽과, 북쪽과,
남쪽과, 동쪽을 네 눈으로만 보아
라. 네가 조든을 넘어가지 못하게
하겠다.
28 대신 자슈아에게 맡겨, 그에게 용
기를 주며, 그의 힘을 강하게 만들
어라. 왜냐하면 그가 그 민족의 앞
에 서서 넘어가, 네가 볼 그 땅을
계승하게 할 것이기 때문이다' 라
고 했어요.
29 그래서 우리는 베쓰피오벳 프오르, 벧
브올 건너 맞은편 계곡에 머물렀어
요."

우상 금지

4 "그러니 이제 이즈리얼 여러분
은 내가 가르친 규정과 정의에
귀를 기울이세요. 그러면 당신들
은 살아 들어가서, 조상의 **주 하나
님**이 준 그 땅을 소유할 수 있어요.
2 당신들은 내가 지시한 말을 보태
거나 줄이지 않으면서, 내가 명령
한 여러분의 **주 하나님**의 계약의 명
령을 지킬 수 있을 거예요.
3 당신들의 눈으로, **주님**이 배이얼
피오바알 프오르, 바알브올에게 한 일을
보았는데, 배이얼피오를 추종하던
모두를 당신의 **주 하나님**이 제거했
지요.
4 대신 여러분의 **주 하나님**에게 매달
린 당신들은 이날까지 모두가 살
아 있고요.
5 보세요, 나는 여러분에게 규정과
정의를 가르치고, 나의 **주 하나님**이
명령한 대로 전했으니, 여러분은
소유하러 가는 그 땅에서 그렇게
실천해야 합니다.
6 따라서 그것을 지키고 실행하세
요. 그것은 여러분의 지혜와 현명
한 통찰력이 되기 때문에, 이 규정
을 듣는 다른 민족이 바라볼 때, '확

실히 이 위대한 민족은 지혜와 통
찰력이 있구나' 라고 말하게 되지
요.
7 그렇게 위대한 나라가 되도록, 우
리의 **주 하나님**이 그들에게 그토록
가까이 있어주는 존재가 누구죠?
하나님이 우리가 요구하는 모든 것
을 다 이루어 주면서 말이죠.
8 이날 내가 당신 앞에 세운 이 모든
법도와 같은, 그토록 올바른 규정
과 정의를 갖고 판결을 내리는 그
런 위대한 민족이 어디 있죠?
9 오직 스스로 주의하고 경청하며,
당신의 정신을 성실하게 유지하
여, 여러분의 눈이 본 일을 잊지 말
고, 그것을 평생 당신의 마음에서
떠나지 않게 하면서, 당신 아들과
아들의 아들에게 가르쳐 주세요.
10 특히 호렙에서 당신들이 여러분의
주 하나님 앞에 섰던 날, **주님**이 내
게 말하며, '백성을 모두 모아라. 그
러면 내가 그들이 내 말을 듣게 하
여, 그들이 지구에서 사는 일생 동
안 나에 대한 경외를 배우게 하고,
그것을 자녀에게 가르칠 수 있게
하겠다'고 했어요.
11 당신들이 가까이 가서 그 산 아래
에 섰을 때, 그 산은 하늘 한가운데
에서 검은 구름과 두터운 암흑으
로 뒤덮인 채 불타고 있었죠.
12 그리고 **주님**이 불 속에서 여러분에
게 말했는데, 당신들은 말소리는
들려도, 형상은 보지 못한 채, 오직
어떤 목소리만 들었어요.
13 그는 당신에게 자신의 약속을 선
포했는데, 그것은 여러분이 실천
하도록 명령한 십계명이었고, 내
용은 그가 두 개의 석판에 적어 놓
았어요.
14 그리고 **주님**이 내게 명령하며, 규
정과 정의를 가르쳐, 여러분이 가
서 소유할 그 땅에서 실행할 수 있
게 했어요.
15 그러니 여러분은 자기자신을 조심
하세요. 왜냐하면 **주님**이 호렙산
불 속 한가운데에서 말하던 그날,
당신들은 어떤 형상도 보지 못했
기 때문에 주의해야 합니다.
16 여러분은 스스로 부패하지 말고,
남자든 여자든 유사 모습의 형상
을 조각하지 말고,
17 땅위에 있는 동물의 유사물도, 공
중을 나는 어떤 날개 달린 유사물
도,
18 땅위를 기는 어떤 유사물도, 땅 아
래 물속에 있는 어떤 물고기의 유
사물도 만들지 않도록 하세요.
19 당신이 눈을 들어 해와 달과 별을
보고, 심지어 천체의 모든 것을 바
라보고, 그것을 숭배하려는 마음
이 끌려 그들을 섬기지 않도록 하
기 위해, 당신의 **주 하나님**은 하늘
아래에 있는 모든 나라를 나누어
놓았어요.
20 하지만 **주님**은 여러분을 선택하고,
용광로와 같은 이집트 밖으로 이

끌어내어, 오늘날 여러분처럼 유
산을 물려줄 그의 백성으로 삼았
어요.
21 뿐만 아니라, **주님**은 여러분을 위
하여, 내게 화를 내며, 나는 조든을
넘어 가지 못할 것이고, 나는 **주 하
나님**이 당신들에게 유산으로 주겠
다는 좋은 땅에 들어가지 못하게
금지한다고 맹세했어요.
22 비록 나는 이곳에서 죽어야 하고,
조든을 넘지 못하지만, 여러분은
건너가서, 기름진 땅을 소유하게
됩니다.
23 스스로 자신을 조심하세요. 당신
들이 **주 하나님**과 맺은 약속을 잊지
말고, 조각 형상이나 어떤 형상의
유사물도 만들지 마세요. 그것은
여러분의 **주 하나님**이 당신들에게
금지한 일이죠.
24 여러분의 **주 하나님**은 타는 불이고,
질투의 **하나님**이기 때문이에요.
25 자식과 자식의 자손을 얻을 때, 당
신들이 그 땅에서 오래 살면서, 스
스로 부패하여 조각된 형상이나
어떤 유사물을 만들며, **주 하나님**의
눈에 나쁜 일을 하면, 그의 분노를
자극하게 됩니다.
26 그러면, 나는 오늘 당신들에 대해
하늘과 땅을 증인으로 불러 장담
하는데, 당신들은 곧 조든을 넘어
소유한 그 땅에서 철저히 파멸되
어, 오래 살지 못하고 완전히 사라
지게 됩니다.
27 그리고 **주님**은 당신들을 여러 나라
가운데 흩어버려, 이민족 사이에
소수민족으로 남겨지게 할 겁니
다.
28 거기서 당신들은 신을 섬기는데,
그것은 인간의 손으로 나무와 돌
로 제작하여, 볼 수도, 들을 수도,
먹을 수도, 냄새 맡을 수도 없는 것
들이죠.
29 그런데 만약 당신들이 당신의 **주
하나님**을 찾으면, 만약 당신이 마
음을 다하여 모든 정성으로 그를
찾으면, 그를 찾게 될 것입니다.
30 여러분이 고통받을 때, 모든 어려
움이 당신들에게 발생하면, 먼 훗
날이라도 당신이 여러분의 **주 하나
님**에게 돌아서며 그의 목소리에 복
종하면,
31 [당신의 **주 하나님**은 관대한 사랑
의 **하나님**이므로,] 그는 당신을 외
면하지도 파멸시키지도 않고, 그
가 조상과 맺은 약속도 잊지 않게
됩니다.
32 **하나님**이 지구에 인간을 만든 날
이래, 당신 이전의 과거부터 지금
까지 묻고, 또 하늘 이쪽부터 저쪽
까지 물어도, 이런 위대한 것과 같
은 일이 있었는지, 혹은 그 비슷한
것이라도 들은 적이 있었나요?
33 당신이 들은 것처럼, 불 속에서 나
오는 **하나님**의 음성을 듣고도 살아
있는 사람이 있나요?
34 혹은 **하나님**이 가서 평가하여 다른

나라 가운데서 한 민족을 끌어내
려고, 여러 유혹으로, 경이로운 표
시로, 기적으로, 전쟁으로, 강한 손
으로, 팔을 뻗고, 엄청난 공포로, **주**
하나님이 여러분을 위해 이집트에
서 당신 눈 앞에서 실행한 일이 있
나요?
35 당신에게 그것을 보여, 그가 바로
주 하나님이고, 그 이외 아무도 없
다는 것을 당신이 알 수 있게 한 것
이었죠.
36 하늘에서 그가 가르치고자 하는
바를 당신이 듣게 했고, 땅에서는
거대한 불을 보였으므로, 당신은
불 속에서 나오는 그의 목소리를
들었어요.
37 그는 우리의 조상을 사랑했기 때
문에, 그 뒤를 잇는 자손을 선택하
여, 그의 눈 앞에서 강력한 힘으로
이집트에서 당신들을 이끌어냈어
요.
38 당신 앞에서 당신들보다 더 크고
강한 민족을 몰아내고, 당신들을
그곳에 데려가, 그 땅을 유산으로
주려고, 오늘처럼 이끌었죠.
39 그러므로 이날 여러분은 그것을
알고 가슴 속에 새겨 두세요. 그가
하늘 위와 땅 아래에 존재하는 **하**
나님이고, 그 이외는 없어요.
40 *따라서 여러분은 그의* 규정과 내
가 오늘 지시하는 계명을 지켜야
해요. 그래야 당신 들과 후손이 더
불어 잘 살 수 있고, 여러분의 **주 하**
나님이 당신에게 준 땅위에서 당신
의 생애를 영원히 지속할 수 있어
요."
41 그때 모지스는 조든 동쪽의 3개 도
성을 분리시키고,
42 과거에 미워하지도 않았던 이웃을
자기도 모르는 사이에 죽인 살해
자가 이들 도시 중 하나로 도망하
여 살 수 있게 했다.
43 다시 말해, 루번족의 평야지대 황
야의 비저베체르, 베셀, 개드족의 길리
얻의 래모쓰라못, 머나서족의 배이
샨의 골란이다.
44 이것은 모지스가 이즈리얼 자손
앞에서 세운 법으로,
45 바로 증언이고, 규정이고, 정의이
다. 이 연설은 모지스가 이집트 밖
으로 그들을 데려온 다음, 이즈리
얼 자손에게 말한 것이다.
46 조든 동쪽은, 베쓰피오 맞은편 일
대 계곡으로, 헤쉬번에서 살던 애
머리족 시혼왕의 땅을, 모지스와
이즈리얼 자손이 이집트에서 나온
후 그들을 무찔렀고,
47 또 그들은 배이샨의 오그 왕의 땅
도 차지했다. 애머리족의 두 왕은
조든 동쪽에 있었고,
48 아넌 강둑 옆에 있는 애로어로부
터 허먼의 사이언산에 이르기까
지,
49 또 조든 동쪽 모든 평원과, 심지어
피스가의 샘 아래쪽 평원의 바다
까지 차지했다.

십계명을 지켜라

5 모지스가 모든 이즈리얼을 소
집하여 말했다. "오 이즈리얼은,
들어보세요. 내가 이날 여러분에
게 전하는 규정과 정의는, 당신들
이 배우고 지키면 그것을 실천할
수 있어요.
2 우리의 **주 하나님**이 호렙산에서 우
리와 계약을 맺었지요.
3 **주님**이 우리 조상만이 아니라, 이
날 여기 살아 있는 우리도 함께 맺
은 거예요.
4 **주님**은 그 산의 불 한가운데에서
여러분과 얼굴을 마주하고 말했어
요.
5 [나는 당시 **주님**과 여러분 사이에
서서, **주님**의 말을 여러분에게 보
여주었는데, 그 이유는 여러분이
불이 두려워 산에 올라가지 않았
기 때문이었죠.] **주님**이 이렇게 말
했죠.
6 '나는 너희의 **주 하나님**으로, 너희
를 이집트 노예의 집에서 데리고
나왔다.
7 너희는 내 앞에 다른 신을 하나라
도 두어서는 안 된다.
8 너희는 어떤 조각 형상도 만들지
말고, 또 하늘 위나, 땅 밑이나, 저
지대 물 속에 있는 어떤 유사물도
만들지 마라.
9 너희는 그것에 자신의 머리를 숙
이지 말고 섬기지도 마라. 왜냐하
면 나, 너의 **주 하나님**은 질투의 **하
나님**이기 때문에, 나를 미워하는
조상의 죄를 3대, 4대 자손까지 찾
아 묻기 때문이다.
10 그리고 나를 사랑하고 명령을 지
키는 사람은 그의 수천 세대에게
너그러운 사랑을 보일 것이다.
11 너희 **주 하나님**의 이름을 경솔하게
거론해서는 안 된다. 함부로 그 이
름을 꺼내면, **주님**이 그를 죄가 없
다 하지 않겠다.
12 너희 **주 하나님**이 명령한 대로 사배
쓰휴일을 지키며 신성하게 유지해
라.
13 너희는 6일간 노동하며 너의 일을
다해라.
14 대신 7일째 날은 **주 하나님**의 사배
쓰휴일이다. 그날 너는 어떤 일도
하면 안 되고, 네 아들딸도, 네 남종
과 여종도, 너의 소와 나귀도 어떤
가축도, 네 집안에 있는 외국인도
일하지 마라. 너의 남종과 여종도
너와 마찬가지로 쉴 수 있어야 한
다.
15 네가 이집트땅에서 종이었다는 것
을 기억하고, 그래서 **주 하나님**이
강한 손과 팔을 뻗어, 그곳에서 너
희를 데려 왔음을 기억해라. 따라
서 너희 **주 하나님**이 너에게 사배쓰
휴일을 지키라고 명령했다.
16 **주 하나님**이 너희에게 명령한 대로
아버지와 어머니를 공경하면, 너
희 생애가 지속되고, **주 하나님**이
준 그 땅에서 너희가 순조롭게 살

수 있다.
17 너희는 사람을 죽이면 안 된다.
18 부정한 일을 저지르지 마라.
19 남의 것을 훔치지 마라.
20 네 이웃을 상대로 거짓 증언을 하
면 안 된다.
21 너희는 이웃의 아내를 탐내면 안
되고, 이웃집을 부러워하지 말고,
그의 밭이나 그의 남종이나 여종
이나, 소나 나귀나, 이웃이 가지고
있는 어떤 것도 부러워하지 마라'
고 일렀죠.
22 이 말은 **주님**이 그 산에서 불과 구
름 속 짙은 어둠 가운데, 큰 목소리
로 모인 모두에게 한 말이예요. 그
리고 그 이상 말을 덧붙이지 않고,
그는 두 석판에 말을 적어, 내게 주
었어요.
23 여러분이 어두움 속에서 나오는
목소리를 들었을 때, [그 산이 불타
고 있었기 때문에,] 당신들이 모든
부족의 대표와 원로까지 나에게
가까이 와서,
24 여러분이 말했지요. '보세요, 우리
의 **주 하나님**이 그의 영광과 위대함
을 우리에게 보여주었고, 우리는
불 속에서 나오는 그의 목소리를
들었어요. 우리는 이날 **하나님**이
인간과 대화하며 살아 있다는 것
을 알았어요.
25 그런데 이제 왜 우리가 죽어야 하
나요? 더 이상 **주 하나님**의 목소리
를 들으면, 이런 거대한 불이 우리
를 삼켜서, 우리가 죽을 거예요.
26 신체가 있는 우리 같은 사람이, 불
속에서 나오는 살아 있는 **하나님**의
목소리를 듣고도 살겠어요?
27 그러니 당신이 가까이 가서, 우리
의 **주 하나님**의 말을 모두 듣고, **주
하나님**이 당신에게 한 말을 우리에
게 전해주면, 우리가 듣고 그것을
실행하겠어요' 라고 했어요.
28 당신들이 나에게 말했을 때, **주님**
이 여러분의 말을 듣고서, **주님**이
나에게 말하며, '나는 백성이 너에
게 말한 목소리를 들었다. 그들이
말을 참 잘했다.
29 아, 그들 가슴 속에 그처럼, 나를 두
려워하고, 나의 명령을 언제나 지
키려는 마음이 있었구나! 그 명령
은 그들과 그들 자손과 함께 영원
히 있을 수 있을 것이다.
30 가서 그들에게, '너희는 각자 자신
의 천막으로 돌아가라'고 전해라.
31 대신 네가 이곳 내 옆에 서면, 내가
너에게 그들에게 가르칠 명령과,
규정과, 정의를 말해주겠다. 그러
면 그들은 내가 소유하도록 주는
그 땅에서 법을 지킬 수 있을 것'이
라고 했어요.
32 여러분은 **주 하나님**이 명령한대로
계명을 준수하며, 당신들은 오른
쪽도 왼쪽 옆도 돌아서지 말아야
해요.
33 여러분은 **주 하나님**이 명령한 길로
걸어가면, 살아서 잘 지내고, 차지

한 그 땅에서 오래도록 살 수 있을
겁니다."

계명은 올바른 정의

6 "이것은 명령과, 규정과, 정의로,
여러분의 **주 하나님**이 당신을
가르치라고 지시한 거예요. 그러
면 당신들은 소유하러 가는 그 땅
에서 실행할 수 있을 거예요.
2 또 여러분의 **주 하나님**을 두려워하
며, 내가 지시하는 그의 모든 명령
과 규정을 지키면, 당신과 아들과
그 아들의 아들이 평생 잘 살며, 오
래 살 수 있을 거예요.
3 그러니, 오 이즈리얼은 듣고 따르
며 실천하세요. 그러면 잘 지낼 수
있고, 조상의 **주 하나님**이 약속한
그대로 젖과 꿀이 흐르는 그 땅에
서 부강해질 수 있을 거예요.
4 오 이즈리얼은 들어보세요. 우리
의 **주 하나님**은 하나입니다.
5 당신은 마음과 정신을 다하고, 있
는 힘을 다해, 당신의 **주 하나님**을
사랑해야 합니다.
6 내가 오늘 여러분에게 명령하는
이 말을 당신 가슴 속에 간직하고,
7 *자녀에게 진심으로 가르치며*, 집
에 앉아도, 길을 걸어도, 누워도, 일
어나도 그들에게 이야기해줘야 해
요.
8 여러분은 그 법을 손 위에 표시하
고, 또 눈 사이 이마 위에 앞머리처
럼 두어야 해요.
9 또 당신의 집 기둥과 문에도 적어
두어야 하고요.
10 **주 하나님**이 당신의 조상 애이브러
햄, 아이직, 재이컵야곱에게, 당신이
세우지 않은 크고 아름다운 도시
를 준다고 약속한, 그 땅으로 당신
을 데려가면,
11 자기가 채우지 않은 좋은 것으로
가득 찬 집과, 자기가 파지 않은 우
물과, 자기가 심지 않은 포도밭과
올리브 나무로 말미암아, 당신은
실컷 먹고 배가 부를 때가 있을 거
예요.
12 그때 당신을 이집트의 노예 집에
서 데려온 **주님**을 잊지 않도록 주
의하세요.
13 당신은 당신의 **주 하나님**을 경외하
며 섬기고, 그의 이름으로 맹세해
야 해요.
14 여러분은 주위에 있는 다른 민족
의 다른 신들을 따라다니면 안 돼
요.
15 [왜냐하면 당신의 **주 하나님**은 질
투의 **하나님**이기 때문에,] **주 하나님**
의 분노가 당신을 향해 불을 켜고,
지구에서 당신을 없애지 않게 하
세요.
16 여러분이 마사에서 그를 시험하
듯, **주 하나님**을 시험하면 안 돼요.
17 그리고 열심히 **주 하나님**이 당신에
게 지시한 명령과 증거와 규정을
지켜야 해요.
18 당신은 **주님**의 눈에 옳고 선한 일

을 실천하세요. 그러면 당신은 잘
살면서, **주님**이 조상에게 약속한
땅을 차지할 수 있도록,
19 **주님**이 말한 대로 당신 앞에서 적
을 내던져버릴 거예요.
20 언젠가 당신 아들이 당신에게, '우
리의 **주 하나님**이 명령한 증언과 규
정과 정의의 의미가 무엇이죠?' 라
고 묻는 날이 오면,
21 그때 당신은 아들에게 다음을 말
해 주어야 해요. '우리는 이집트에
서 풰로우 왕의 노예였는데, **주님**
이 강력한 손힘으로 이집트에서
우리를 이끌어내면서,
22 **주님**이 우리 눈 앞에서, 놀라운 경
이와 기적을, 엄청나게 심하게 이
집트와 풰로우파라오, 바로와 그들의
집에 전부 보이며,
23 우리를 그곳에서 끌고 나와, 조상
에게 맹세한 땅으로 데려가고자
했다'고 말해주세요.
24 **주님**이 우리에게 모든 규정을 지키
라고 명령하며, 언제나 우리의 행
복을 위하여 **주 하나님**을 경외하라
고 했어요.
25 따라서 우리가 **주 하나님** 앞에서 우
리에게 명령한 모든 명령을 준수
하며 실천하면, 그것이 우리의 올
바른 정의가 될 겁니다."

사랑받는 자가 되라

7 "**주 하나님**이 그 땅을 소유하도
록 당신을 데려갈 때, 그는 당신
이전에 있던 여러 나라를 제거하
는데, 힐족, 거가쉬족, 애머리족, 캐
이넌족, 퍼리스족, 하이브족, 제뷰
스족 7 민족은 당신보다 더 체구가
거대하고 힘센 나라입니다.
2 당신의 **주 하나님**이 그들을 여러분
에게 넘기면, 당신들은 그들을 무
찔러 완전히 파괴하고, 그들과 계
약도 맺지 말고, 그들에게 자비도
보이지 마세요.
3 그들과 혼인을 하지 말아야 하는
데, 딸을 그들 아들에게 주지 말고,
그들 딸을 당신의 아들에게 데려
오지 마세요.
4 왜냐하면 그들은 내 말을 따르지
못하게 당신 아들을 이탈시켜, 다
른 신을 섬기게 할 텐데, 그러면 **주**
님의 분노가 치밀어 올라 느닷없이
당신이 파멸되기 때문이예요.
5 그 대신 당신들은 그들의 제단을
파괴하고, 그들의 형상을 부수고,
그들의 수풀신도 잘라 쓰러뜨리
고, 그들이 만든 조각 형상을 불에
태워 처리해야 해요.
6 당신이 **주 하나님**에게 신성한 사람
인 이유는, **주 하나님**이 여러분을
선택하여, 지구 위에 있는 모든 사
람 이상으로 자신에게 특별하게
만들었기 때문이예요.
7 당신들이 다른 민족보다 수가 많
아서 사랑해 주려고 선택한 게 아
니라, 민족 가운데 수가 가장 적었
기 때문이예요.

기 때문이예요.
22 여러분의 **주 하나님**이 당신 앞에서
그 나라들을 조금씩 몰아내는 이
유는, 당신이 단번에 그들을 섬멸
하지 못할 수도 있기 때문에, 들의
짐승 숫자가 당신보다 증가하지
않게 하는 것이예요.
23 대신 **주 하나님**은 당신에게 그들을
넘겨, 강력한 파괴력으로 그들이
멸망할 때까지 파괴하게 되지요.
24 그는 그들의 왕을 당신 손에 넘겨,
하늘 아래에서 그들의 이름을 없
앨 거예요. 그곳에서 당신이 그들
을 파멸시키면, 당신 앞에 맞설 자
가 아무도 없을 거예요.
25 당신은 그들의 조각 신의 형상을
불에 태워야 하고, 그들이 가진 은
이나 금을 탐내지 말고 빼지도 마
세요. 그것으로 당신이 함정에 걸
리지 말아야 해요. **주 하나님**은 그
것을 혐오하기 때문이에요.
26 여러분은 자기 집에 그런 혐오물
을 가져가지 마세요. 그것으로 당
신이 저주받지 않도록 하고, 대신
그것을 철저히 거부하고 완전히
증오해야 해요. 그것은 저주물이
니까요."

잊지 않도록 주의

8

"내가 오늘 지시하는 명령을 지
키며 모두 실행하면, 여러분은
잘 살면서 번성할 수 있고, **주님**이
당신 조상에게 맹세한 그 땅에 들
어가서 소유할 수 있을 거예요.
2 당신은 **주 하나님**이 황야에서 40년
간 당신들을 이끈 방법을 전부 기
억하고, 겸손하게 자신을 증명하
며, 자기 마음 속에 있는 것이, 그의
명령을 지키는 것인지 아닌지 알
아보세요.
3 그는 당신을 겸손하게 만들고, 배
고픔을 견디도록, 매나만나를 먹였
는데, 그것은 당신도 몰랐고, 조상
도 알지 못하던 것이었죠. 아마 그
는 당신에게 인간이 빵만 가지고
사는 게 아니라는 점을 알게 하면
서, 대신 **주님**의 입에서 나오는 모
든 말로 사람이 살아 가게 했던 것
이지요.
4 당신의 옷은 헤지지 않았고, 당신
의 발도 40년간 붓지 않았어요.
5 당신 역시 마음으로 다음을 생각
해야 해요. 사람이 아들을 타이르
듯, 그렇게 **주 하나님**이 당신을 단
련시켰다는 점을 알아야 해요.
6 따라서 당신은 당신의 **주 하나님**의
명령을 지키고, 그의 길을 지키며,
그를 두려워하며 경외해야 합니
다.
7 여러분의 **주 하나님**이 당신을 좋은
땅으로 데려가는데, 그곳은 시냇
물이 흐르고, 깊은 샘이 계곡과 언
덕에서 솟아나고,
8 밀과 보리, 포도와 무화과, 석류나
무와, 올리브유, 꿀이 나와서,
9 당신은 그 땅에서 모자라지 않게

8 **주님**이 여러분을 사랑했으므로, 또
조상에게 맹세한 약속을 지키려
했기 때문에, **주님**이 강한 손힘으
로 노예의 집 이집트 퀘로우 왕의
손에서 당신을 데려왔어요.
9 그러니 당신은 **주 하나님**이 진실한
하나님이라는 것을 알아야 하고,
또 자신의 계명을 지키며, 자신을
사랑하고 자신의 명령을 지키는
사람에게 천 세대까지 관대한 사
랑을 베풀어주는 **하나님**임을 알아
야 해요.
10 그런데 자신을 미워하는 사람에게
는 그들의 얼굴 앞에서 파멸시켜
갚아주고, 미워하는 자의 얼굴에
빈틈없이 갚을 거예요.
11 따라서 여러분은 내가 이날 여러
분에게 실천하도록 지시하는 명령
과 규정과 판결을 지켜야 합니다.
12 만약 당신이 이런 법에 귀를 기울
여 지키고 실천하면, 여러분의 **주**
하나님도 그가 당신의 조상에게 맹
세한 약속과 사랑을 여러분에게
지킬 겁니다.
13 그는 여러분을 사랑하며 복을 주
고 번성시킬 거예요. 그는 또 당신
자궁의 열매와, 당신 땅의 열매와,
당신의 곡식과, 당신의 와인과, 당
신의 기름을 축복하고, 당신의 암
소와 양떼 수를 늘리도록, 조상에
게 약속한 땅을 당신에게 주며 축
복할 거예요.
14 여러분은 모든 민족 이상으로 복
을 받게 되고, 남자나 여자나 혹은
당신의 가축이라도 불임조차 없을
거예요.
15 **주님**은 당신에게 모든 질병을 없애
고, 당신이 알고 있는 이집트의 좋
지 못한 질병에 걸리는 사람도 없
게 하지만, 당신을 미워하는 자에
게는 질병은 내릴 겁니다.
16 여러분은 **주 하나님**이 넘기는 사람
을 모두 물리치게 되는데, 그러면
당신 눈은 그들을 동정하지 말고,
그들의 신도 섬기지 말아야 해요.
그것은 당신에게 덫이 되니까요.
17 만약 당신이 마음 속으로, '그 나라
가 우리보다 더 크다'고 말하면, 어
떻게 그들을 추방할 수 있겠어요?
18 여러분은 그들을 두려워하는 대
신, **주 하나님**이 퀘로우파라오, 바로와
이집트 전체에 한 일을 잘 기억해
야 해요.
19 여러분의 눈이 보았던 큰 유혹과
놀라운 경이와 기적과 힘센 손힘
으로 팔을 뻗어, **주 하나님**이 그곳
에서 당신을 데려왔듯이, **주 하나님**
이 당신을 두려워하는 모든 민족
에게 그렇게 할 겁니다.
20 더욱이 당신의 **주 하나님**은 당신한
테서 살아 남아 숨어버린 자들이
다 소멸될 때까지, 그들에게 말벌
을 보내어 파멸시킬 거예요.
21 당신은 그들한테 겁먹지 마세요.
왜냐하면 당신의 **주 하나님**은 여러
분 가운데 있고, 그는 강하고 무섭

빵을 먹고, 또 어떤 것도 부족하지
않고, 그곳 돌은 철이 있고, 언덕에
서 놋쇠도 캘 수 있어요.
10 당신이 먹고 배가 부르면, 그때 당
신은 그가 당신에게 준 좋은 땅을
준데 대하여, **주 하나님**에게 감사해
야 해요.
11 당신의 **주 하나님**을 잊지 않도록 조
심하고, 내가 오늘 지시하는 그의
명령과 정의와 규정을 어기지 않
도록 주의하세요.
12 당신이 먹고 배가 부를 때, 좋은 집
을 짓고 그 안에서 살 때,
13 당신의 소떼와 가축떼가 늘 때, 당
신의 은과 금이 불어날 때, 당신의
모든 것이 풍족할 때,
14 당신의 마음이 우쭐해질 때, 이집
트땅 노예의 집에서 데리고 나온
당신의 **주 하나님**을 잊지 말아야 해
요.
15 그는 당신을 거대하고 무섭도록
황량한 광야를 통과하도록 이끌었
는데, 불뱀과 전갈만 있고, 물도 없
이 건조한 사막에서, 그는 당신을
단단한 바위에서 나오는 물 앞으
로 데려갔어요.
16 그는 황야에서 당신에게 매나를
먹였는데, 그것은 조상도 알지 못
하는 것으로, 당신을 겸손하게 만
들어, 자신을 증명할 수 있게 하며,
마침내 당신이 선을 실천하게 했
던 거예요.
17 당신은 마음 속으로 '내 힘과 내 능
력으로 이런 부를 얻게 되었다'고
말하겠지요.
18 하지만 **주 하나님**을 기억하세요. 왜
냐하면 당신의 조상에게 맹세한
약속을 지킬 수 있도록, 이날처럼
여러분에게 부를 얻도록 힘을 부
여한 것은 바로 **주님**이니까요.
19 만약 당신이 다른 신을 추종하며
섬기고 숭배하면서, **주 하나님**을 완
전히 잊으면, 나는 오늘 '당신들은
반드시 사라지게 된다'고 여러분
에게 선언합니다.
20 당신 이전에 **주님**이 파괴한 여러
민족처럼 당신은 그렇게 사라질
겁니다. 왜냐하면 당신은 당신의
주 하나님의 목소리를 따르지 않았
기 때문이에요."

바르지 않으면 쓰러진다

9 "오 이즈리얼, 당신은 들어보세
요. 이제 여러분은 조든요단을
넘어, 자신의 것보다 더 크고 힘센
나라를 소유하러 가는데, 그 도시
는 거대하고 성벽은 하늘에 닿아
있어요.
2 그곳 사람은 거대하고 키가 큰, 당
신이 아는 애너킴의 자손으로, 당
신이 들은 바, '누가 애넉아낙의 자
손 앞에 맞설 수 있을까!' 라고 하
지요.
3 그러므로 이날 분명히 알아 두세
요. 여러분의 **주 하나님**이 당신 앞
에 갑니다. 그리고 불이 삼키듯, 그

가 저들을 파괴하여, 당신 얼굴 앞
에서 쓰러뜨리면, 당신들이 저들
을 내몰아 재빨리 파괴하게 되지
요. **주님**이 여러분에게 말한 대로
말이죠.
4 **주 하나님**이 당신 앞에서 그들을 내
쫓은 다음, 착각해서 마음 속으로
다음과 같이 말하지 않도록 하세
요. '내가 옳았기 때문에, **주님**이 이
땅을 차지하라고 데려왔다.' 그 대
신 '이 나라가 바르지 않았기 때문
에, **주님**이 내 앞에서 그들을 내몰
았다'고 하세요.
5 당신이 정직하거나, 마음이 바르
기 때문에, 그 땅을 소유하러 가는
것이 아니고, 그 나라가 바르지 않
았기 때문에, **주 하나님**이 당신 앞
에서 그들을 내몰고, 그가 당신의
조상 애이브러햄, 아이직, 재이컵야
곱에게 한 약속을 실행하는 거예요.
6 따라서 **주 하나님**이 당신이 정직해
서 좋은 땅을 당신이 갖도록 하는
것이 아니라는 점을 분명히 알고,
또 여러분은 목이 굳은 완고한 사
람이라는 점을 인지하세요.
7 당신들이 광야에서 어떻게 **주 하나
님**에게 화를 내며 반발했는지 기억
하고 잊지 마세요. 이집트땅을 떠
나온 날부터 이곳에 올 때까지, 당
신들은 **주님**을 향해 반항했어요.
8 또 호렙산에서 당신들이 **주님**에게
성을 내며 도발해서, **주님**이 화가
나서 당신들을 죽였어요.
9 내가 석판을 받으러 그 산으로 들
어갔을 때, 그것은 **주님**이 여러분
과 맺은 약속을 적은 것이었는데,
당시 나는 40일 낮과 밤을 머물며,
빵도 먹지 않고 물도 마시지 않았
지요.
10 그리고 **주님**이 나에게 건넨 것은,
하나님의 손으로 쓴 석판 두 개였
고, 그 위에 모든 말이 적혀 있었어
요. 그것은 군중이 모였던 날, 불 한
가운데에서 **주님**이 당신에게 한 말
이었어요.
11 40일 낮과 40일 밤이 지난 끝에, **주
님**이 내게 약속의 석판 두 개를 주
었어요.
12 그리고 **주님**이 내게 말하며, '일어
나서 이곳에서 빨리 내려가라. 네
가 이집트에서 데려온 백성이 부
패하여, 내가 그들에게 지시하는
길에서 빠르게 벗어나고 있다. 그
들이 주물로 형상을 만들었다'고
했어요.
13 게다가 **주님**이 덧붙이며, '나는 이
민족을 알게 되었다. 보라, 이들은
목이 굳은 완고한 민족이다.
14 그들을 없애도록 나를 내버려 둬
라. 하늘 아래에서 그들의 이름을
뽑아버리고, 그들보다 더 강력하
고 더 위대한 너의 나라를 만들겠
다'고 내게 말했어요.
15 그래서 내가 산에서 내려왔는데,
그 산은 불이 타고 있었고, 약속의
두 석판은 내 손 안에 있었어요.

16 내가 바라보니, 당신들은 **주 하나님**
을 어기는 죄를 짓고, 주물 송아지
우상을 만들며, **주님**이 명령한 길
에서 빠르게 벗어났어요.
17 나는 두 석판을 양손에 잡고 던져
서, 당신들 눈 앞에서 부셔버렸어
요.
18 그런 다음 처음에 40일 낮과 밤을
보냈듯이, 나는 **주님** 앞에 엎드려,
빵도 먹지 않고 물도 마시지 않았
어요. **주님**이 보기에 당신들이 저
지른 부정한 죄 탓에, 화가 일어난
것이었어요.
19 나는 그의 분노와 심한 불쾌감으
로 인해, **주님**이 당신들을 파멸시
킬까 봐 두려웠어요. 하지만 **주님**
이 그때도 내 말을 들어주었어요.
20 또 애런아론에 대해서도 몹시 화가
나서 그를 죽이려 해서, 동시에 애
런을 위해서도 간청했어요.
21 나는 여러분이 죄를 지으며 만든
송아지를 갖다 불에 태우고 발로
짓밟아, 먼지처럼 가루로 만들어,
산에서 흘러내려가는 시냇물에 던
졌지요.
22 또 태버라타브에라 다베라, 마사마싸, 맛
사, 킵로쓰해타바키브롯 타아와, 기브롯
핫다아와에서 당신들은 **주님**의 분노
를 다시 일으켰죠.
23 **주님**이 당신들을 커데쉬바니아카
데스 바르네아, 가데스 바네아에서 보냈을
때도 마찬가지로, '올라가서 내가
너희에게 준 땅을 차지하라'고 했
는데, 당신들은 **주 하나님**의 명령에
반발했어요. 그러면서 그를 믿지
않았고, 그의 목소리를 듣지도 않
았어요.
24 당신들은 내가 여러분을 알았던
그 날부터 **주님**에게 반발했어요.
25 그래서 내가 **주님** 앞에 처음에 엎
드렸던 대로 40일 낮과 밤을 엎드
렸어요. 왜냐하면 **주님**이 당신들을
없애겠다고 말했기 때문이에요.
26 나는 간청하며 말했어요. '오 **주 하**
나님, 당신의 백성과 당신의 유산
을 파괴하지 마세요. 당신은 그들
을 자신의 위대한 능력의 막강한
손힘으로 이집트에서 데려왔잖아
요.
27 당신의 종 애이브러햄, 아이직, 재
이컵을 기억하고, 이 민족의 고집
도, 그들의 심술도, 그들의 죄도 보
지 말아주세요.
28 당신이 우리를 데려갈 그 땅이 이
렇게, '**주님**이 그들을 약속한 땅에
데려갈 수 없고, 그들을 미워하니
까, 황야에서 죽이려고 데려갔다'
고 말하지 않게 하세요.
29 그들은 당신의 백성과 유산이어
서, 당신이 전능한 힘으로 팔을 내
밀어 데려왔지요."

명령과 규정을 지켜라

10 "그때 **주님**이 나에게 말했
어요. '처음과 같은 석판 두
개를 잘라 만들고, 나무상자도 만

들어 산 위 나에게 올라오너라.
2 나는 네가 깨어 버린 첫 번째 평판
에 적혔던 말을 석판 위에 적을 터
이니, 그것을 상자에 넣어두라'고
했어요.
3 그래서 나는 쉬팀싯딤나무 상자를
만들고, 첫 번과 비슷한 돌판 두 개
를 잘라 다듬어, 손에 들고 산으로
들어갔어요.
4 **주님**은 처음 적었던 십계명을 평판
위에 썼는데, 내용은 **주님**이 산의
불 속에서 모두 모였던 그날 여러
분에게 전했던 것을, 적어서 내게
주었어요.
5 나는 산에서 내려오면서, 내가 만
든 상자에 평판을 넣고 그들이 있
는 곳으로 갔는데, **주님**이 내게 지
시한 대로 따랐어요.
6 그리고 이즈리얼 자손은 길을 떠
나, 자칸의 자손이 있는 비로쓰에
서 모서라로 갔고, 거기서 애런아론
이 죽어서 묻혔어요. 그 대신 아들
일리저엘아자르, 엘르아살가 제사장의
일을 주관했지요.
7 거기서 여행하여 걷고다굿고다로 갔
고, 또 걷고다에서 물이 흐르는 강
의 땅 졸배쓰욧바타, 욧바다로 갔어요.
8 그때 **주님**이 리바이레위부족을 구
별하여, **주님**의 약속의 상자를 짊
어 나르게 하고, **주님** 앞에 세워 자
신에게 제사하도록 하며, 이날까
지 그의 이름에 복을 주었어요.
9 따라서 리바이는 지분도 형제가
갖는 유산도 없이, **주님**이 그들의
유산이 되게 하고, 여러분의 **주 하
나님**이 그들에게 약속한 대로 따르
게 했어요.
10 나는 처음처럼 산에 머물며, 40일
낮과 밤을 보냈는데, 그때에도 마
찬가지로 **주님**이 내 말을 들어주
어, 당신들을 파멸하지 않게 되었
어요.
11 그런 다음 **주님**이 내게, '일어나서
백성에 앞장서서 길을 안내하면,
그들이 들어가 땅을 소유할 수 있
을 것이다. 그것은 내가 그 조상에
게 준다고 맹세한 장소'라고 했어
요.
12 이제 이즈리얼은 **주 하나님**이 당신
에게 요구하는 바를 실천하세요.
주님을 두려워하고, 그의 길을 따
라 걸으며 그를 사랑하세요. **주 하
나님**에게 당신의 마음과 정신을 다
하여 섬기며,
13 **주님**의 명령과 규정을 지키세요.
내가 이날 명령하는 바는 당신의
행복을 위한 것이겠죠?
14 보세요, 하늘과 하늘의 하늘이 당
신의 **주 하나님**이고, 땅도 그 안의
모든 것도 마찬가지로 그렇죠.
15 오로지 **주님**은 당신의 조상을 사랑
하는 것만이 기쁨이었어요. 그래
서 그들의 후손을 다른 모든 민족
이상으로 선택하여 오늘처럼 되었
어요.
16 여러분의 마음의 포피포피를 할례

하여 잘라내고, 더 이상 뻣뻣하게
굴지 마세요.
17 **주 하나님**은 신 중의 신이고, 주인
중의 주인이며, 위대하고 유일한
하나님이고, 전능하고 두려운 존재
로, 사람을 편애하지 않고, 보상을
받아내지도 않아요.
18 그는 고아와 과부에 대한 올바른
정의를 실행하고, 이민족까지 사
랑하여, 그들에게 음식과 의복도
마련해주지요.
19 여러분 역시 이민족을 사랑하세
요. 당신도 이집트에서 외지인이
었으니까요.
20 당신의 **주 하나님**을 경외하고, 그를
섬기며 따르고, 그의 이름으로 맹
세하세요.
21 당신의 자랑거리 그는, 당신의 **하
나님**으로, 당신을 위해 이런 엄청
나고 놀라운 일을 당신 눈 앞에 이
루어 보였죠.
22 여러분의 조상은 70명이 이집트로
들어갔는데, 이제 **주 하나님**이 하늘
의 무수한 별처럼 당신들을 만들
었어요."

축복과 저주의 규정

11 "그러므로 여러분은 **주 하나
님**을 사랑하며, 그의 의무와,
그의 규정과, 그의 정의와, 그의 명
령을 언제나 지켜야 해요.
2 이날 여러분은, 당신의 후손과 내
가 대화하지 못한다는 것을 알지
요. 후손은 **주 하나님**을 알지 못하
고, 그의 위대함과 강한 손과, 그의
팔을 뻗어 보여준 징계를 본적이
없고,
3 또 그의 놀라운 기적과 그의 업적
을, 그가 이집트 한가운데에서 풰
로우파라오, 바로왕과 그의 땅 전역에
서 이룬 것도 모르고,
4 이집트 군대와 말과 전차에 가했
던 것을 보지 못했고, 그가 홍해 바
닷물을 어떻게 만들어, 당신을 추
격하던 그들을 전복시켰는지, 어
떻게 **주님**이 이날까지 저들을 파멸
시켰는지 모르지요.
5 그리고 광야에서 이곳에 오도록
그가 여러분에게 한 것과,
6 또 루번의 아들 일리앱엘리압의 아
들 대이썬다탄, 다단과 어바이램아비람
에게 한 일과, 어떻게 땅이 입을 벌
려 그들의 가족과 막사와 그들이
소유한 모든 물건을 삼키며, 이즈
리얼 가운데에서 무슨 일을 했는
지 알지 못해요.
7 그러나 여러분의 눈은 **주님**이 수행
한 엄청난 위업을 전부 보았어요.
8 따라서 당신은 내가 오늘 당신들
에게 지시하는 모든 계명을 지켜
야 해요. 그러면 당신은 강해져서
그곳에 가서 그 땅을 소유할 수 있
을 거예요.
9 그리고 당신은 그 땅에서 오래 살
수 있어요. 그곳은 **주님**이 당신 조
상과 그들의 후손에게 주겠다고

약속한 젖과 꿀이 흐르는 땅이죠.
10 당신이 가서 소유할 땅으로 말하
자면, 당신이 씨를 뿌리고, 식물정
원처럼 발로 물을 주던 당신이 떠
나온 이집트땅과 달라요.
11 대신 당신이 가서 소유할 그 땅은,
언덕과 계곡이 있고, 하늘에서 내
리는 비로 물을 마시실 수 있는,
12 당신의 **주 하나님**이 보살피는 땅이
고, **주 하나님**의 눈이 언제나 그곳
에 있어, 한 해 시작부터 끝날 때까
지 계속되지요.
13 만약 당신이 내가 오늘 당신에게
명령하는 나의 지시를 성실하게
듣고, 여러분의 **주 하나님**을 사랑하
고, 마음과 정신을 다하여 그를 섬
기면,
14 나는 여러분에게 첫째 비도, 마지
막 비도, 제때에 내리도록 돕겠어
요. 그러면 당신의 곡식과 포도와
기름을 거둘 수 있을 거예요.
15 또 당신의 소를 위해 밭에 풀이 나
게 하면, 당신은 먹고 배가 부르게
되겠죠.
16 스스로 조심할 일은, 당신의 마음
을 속이지 말아야 해요. 당신이 이
탈하여 다른 신을 섬기고 숭배하
면,
17 **주님**의 분노가 당신을 향해 치밀어
올라, 그가 하늘을 닫고 비를 내리
지 않게 되면, 땅이 열매를 산출하
지 못하므로, 여러분이 **주님**이 준
기름진 땅에서 재빨리 사라지게
되니, 그렇게 되지 않도록 조심하
세요.
18 그러니 당신의 마음과 정신 안에
내 말을 간직하며, 당신의 손 위에
표시로 긋고, 그것을 당신의 눈 사
이 앞이마에 부적처럼 두세요.
19 당신이 자녀에게 그것을 가르치
며, 집에 앉아 있을 때나, 길을 걸을
때나, 누워 있을 때나, 일어날 때,
그 말을 해줘야 해요.
20 또 당신의 집 기둥이나, 문에도 그
것을 적어 두면,
21 당신과 자손의 일생이 그 땅에서
늘어날 수 있어요. **주님**이 조상에
게 준다고 맹세한 그 땅에서 하늘
의 날처럼 수명이 늘어납니다.
22 만약 여러분이 내가 지시하는 명
령을 성실하게 지키고, 실천하고,
주 하나님을 사랑하며, 그의 모든
길을 좇아 따르면,
23 **주님**이 당신 앞에서 그 민족을 모
두 몰아내어, 자신보다 더 크고 강
한 나라들을 차지하게 될 겁니다.
24 당신이 발을 디디는 장소마다, 황
야와 레바넌과 유프래이티스 강부
터 가장 끝에 있는 바다까지 당신
의 영역이 될 거예요.
25 그곳에는 당신 앞에 나설 자가 없
을 거예요. 그 이유는 당신의 **주 하
나님**이 당신의 두려움과 공포를 그
땅에 두기 때문에, **주님**이 말했던
대로 당신이 그 땅을 밟을 수 있게
되지요.

26 보세요, 나는 오늘 여러분 앞에서
축복과 저주를 정했어요.
27 축복이란, 당신이 내가 이날 여러
분에게 지시하는 **주 하나님**의 십계
명을 따르면 받게 되고,
28 저주란, 당신이 **주 하나님**의 명령을
지키지 않고, 대신 내가 이날 여러
분에게 지시하는 길에서 벗어나,
당신들이 알지 못하는 다른 신을
따르는 거예요.
29 **주 하나님**이 당신을 그 땅을 소유하
도록 데려가는 날이 오면, 당신은
게리짐그리짐, 그리심 산에 축복을 두
고, 이벌에발 산에 저주를 두어야 해
요.
30 그곳은 해가 지는 길로 조든강의
다른 편 서쪽이 아니던가요? 캐이
넌가나안 사람들이 사는 그 땅은, 길
갈 맞은편 모레 평원 옆이지요?
31 당신들이 **주 하나님**이 준 땅을 소유
하러 조든을 건너게 되면, 그것을
소유하고 그 안에서 살게 될 거예
요.
32 그러면 여러분은 내가 이날 당신
들 앞에서 정하는 모든 규정과 정
의를 준수해야 합니다."

선택한 장소

12 "이것은 당신이 그 땅에서
지켜야 하는 규정과 정의로,
그것을 조심해서 따르면, 조상의
주 하나님이 당신에게 소유하라고
준 그 땅에서, 여러분은 평생 잘 살
수 있어요.
2 여러분은 소유할 장소의 민족이
섬기던 신을 철저히 파괴하는데,
높은 산이나, 언덕이나, 푸른 나무
아래까지 곳곳에서 제거하세요.
3 그들의 제단을 끌어내리고, 기둥
을 부수고, 수풀신을 불로 태우고,
그들의 신의 조각형상을 절단하
며, 그 장소에 있던 그들의 이름을
제거하세요.
4 **주 하나님**에게는 그렇게 하면 안 되
지요.
5 대신 **주 하나님**이 여러분 부족 가운
데 자신의 이름을 두려고 선택할
만한 곳으로, 그가 자리할 장소를
찾아내야 해요.
6 그곳에 당신들은 번제물과 희생제
물을 가져가고, 십일조와 당신 손
으로 들어올릴 거제물과, 당신의
맹세와, 자유 봉헌물과, 당신의 소
와 양의 맏배를 가져가야 해요.
7 그곳은 당신이 **주 하나님** 앞에서 먹
고, 자신과 가족의 손을 두는 모든
것에 즐거움을 느낄 수 있도록, **주**
님이 당신에게 복을 준 장소가 되
지요.
8 여러분은 오늘 우리가 여기서 하
던 모든 것을 그대로 따라 하지 말
고, 모든 사람은 어떤 일이든 **주님**
의 눈에 올바른 사람이 되어야 해
요.
9 아직 여러분은 나머지 땅과 유산
에 도달하지 않았으므로, 그것을

주 하나님이 당신에게 주게 됩니다.
10 그런데 당신이 조든을 넘어, **주 하**
나님이 당신에게 상속할 땅에서 살
고, 그가 당신에게 주위 적한테서
빼앗은 나머지를 주어, 당신이 편
히 살게 될 때,
11 그곳은 **주 하나님**의 이름을 두도록
그가 선택할 장소가 되어야 해요.
거기서 여러분은 내가 지시한 모
든 것을 실행하세요. 번제제사, 희
생제사, 십일조, 손으로 들어올리
는 거제제사, **주님**에게 약속하는
당신의 맹세 선택 등등 말이죠.
12 당신은 **주 하나님** 앞에서 자신과 아
들딸, 남종과 여종과 함께 기뻐하
고, 당신의 도성 문 안에 사는 리바
이레위부족과도 함께 하는데, 그들
은 당신만큼 지분도 유산도 받지
않았거든요.
13 당신이 보이는 장소 아무데나 번
제를 올리지 않도록 스스로 조심
하세요.
14 대신 **주님**이 당신의 부족 가운데
하나를 선택하게 될 장소에서 번
제를 올리며, 내가 당신들에게 지
시하는 모든 것을 해야 해요.
15 그렇지만 **주 하나님**이 당신에게 주
는 축복에 따라, 당신의 영혼이 하
고자 하는 욕심껏 무엇이든 문안
에서 죽이고 고기를 먹을 수 있고,
수노루와 수사슴의 경우에는 깨끗
하지 못한 것과 깨끗한 것을 먹을
수 있어요.
16 단지 당신은 피를 먹지 말고, 물처
럼 그것을 땅에 쏟아버려야 해요.
17 자신의 마을 안에서 곡식의 십일
조를 먹을 수 없고, 포도주나, 기름
이나, 당신의 소와 양의 맏배의 십
일조도 먹지 말고, 당신이 맹세하
는 약속의 제물이나, 자유 봉헌물
이나, 손으로 들어올리는 거제제
물도 먹지 마세요.
18 대신 당신은 **주 하나님**이 선택할 장
소에서 **주 하나님** 앞에서 먹어야 해
요. 아들과 딸, 남자 종과 여자 종,
당신의 마을 안에 있는 리바이부
족과 함께 먹어야 합니다. 그러면
주 하나님 앞에서 당신이 손을 대는
모든 것에 즐거움 누리게 되지요.
19 당신이 그 땅에서 사는 한, 리바이
부족을 외면하지 않도록 스스로
주의하세요.
20 **주 하나님**이 약속한 대로 당신의 경
계선을 확장시킬 때, 당신은 이렇
게, '이제 나는 고기를 먹는다'고 말
하세요. 왜냐하면 당신은 오랫동
안 고기를 먹고 싶어했는데, 당신
의 욕심껏 무엇이든 고기를 먹을
수 있게 되었으니까요.
21 만약 당신의 **주 하나님**이 그의 이름
을 두려고 선택한 장소가 당신으
로부터 너무 멀면, 당신은 **주님**이
당신에게 준 소떼와 양떼를 죽여
서, 내가 명령한 대로, 당신의 마을
안에서 무엇이나 실컷 먹어도 됩
니다.

8 당신은 세심하게 관찰하여 전염성
피부병에 유의하고, 리바이레위 제
사장이 당신에게 가르쳐 준 것을
전부 따르세요. 내가 지시한 것은
여러분이 그대로 준수해야 합니
다.
9 여러분이 이집트에서 나온 다음
도중에, **주 하나님**이 애런아론의 여
동생 미리엄미르얌, 미리암에게 피부
에 감염을 일으켰던 사건을 기억
하세요.
10 동족에게 무엇을 빌려줄 경우, 담
보물을 가져오려고 당신이 직접
그의 집으로 들어가면 안 돼요.
11 당신은 밖에 서있어야 하고, 물건
을 빌려갈 사람이 당신에게 담보
물을 가져와야 해요.
12 그 사람이 가난해지면, 당신은 빌
려간 물건을 가진 채 잠을 자면 안
되고,
13 어떤 경우라도 해가 질 때, 담보물
을 그에게 도로 갖다 주어야, 그가
자신의 옷을 입고 잠을 잘 수 있게
되고, 또 당신에게 복을 빌어 줄 수
있어요. 그것이 **주 하나님** 앞에 당
신이 실천할 올바른 일이죠.
14 당신의 동족이든 당신 땅의 성문
안에 있는 외국인이든, 가난해서
돈이 없는 일용직 일꾼을 억압하
지 마세요.
15 그에게 임금을 주는 날, 당신은 해
가 질 때까지 있으면 안 돼요. 그는
가난하므로 마음이 거기 있기 때
문에, 그가 **주님**에게 당신에 대해
말하지 않게 하고, 그것으로 당신
에게 죄가 되지 않게 해야 돼요.
16 아버지가 자식을 위해 죽임을 당
하면 안 되고, 자식도 아버지를 위
해 대신 죽으면 안 돼요. 모든 사람
은 자신의 죄로 죽어야 해요.
17 당신은 낯선자나 아버지 없는 고
아의 판결을 왜곡하면 안 되고, 과
부의 옷을 담보로 받아도 안 돼요.
18 대신 당신은 이집트에서 노예였
고, **주 하나님**이 거기서 당신을 찾
아 왔음을 기억하세요. 그래서 내
가 이렇게 여러분에게 당부하는
거예요.
19 당신이 밭에서 경작물을 거둬들일
때, 밭에서 곡식 한 다발쯤 잊은 채,
그것을 다시 가져오지 마세요. 그
것은 나그네와 고아와 과부를 위
한 것이 되어야 해요. 그러면 **주 하**
나님이 당신의 손으로 한 모든 일
에 복을 주게 됩니다.
20 당신이 올리브나무를 쳐서 수확할
때, 재차 큰 가지까지 따지 마세요.
그것은 나그네와 고아와 과부를
위한 것이에요.
21 포도밭의 포도를 거둘 때도, 그것
의 뒤쪽까지 주워 모으지 마세요.
그것은 나그네와 고아와 과부를
위한 것이에요.
22 당신은 이집트에서 노예였음을 기
억하세요. 그러므로 내가 이렇게
지시하는 거예요."

형제의 미망인에 대한 의무

25 "사람들 간에 논쟁이 있어,
그들이 판결을 받고자하면,
판사가 사건을 판단할 때, 옳은 자
는 옳다 하고, 그른 자는 유죄로 판
결해야 해요.
2 만약 그른 자가 매를 맞을 만하면,
판사가 그를 엎드리게 하여, 상대
앞에서 잘못에 따른 수만큼 맞게
하세요.
3 매는 40대를 넘지 않게 때려서, 매
가 초과하거나, 너무 많이 때려서,
맞은자가 당신에게 앙심을 품지
않게 하세요.
4 소가 곡식을 갈 때는, 소 입에 재갈
을 물리지 마세요.
5 형제가 함께 살다, 하나가 죽었는
데 자식도 없는 경우, 죽은 사람 아
내는 이민족과 결혼하면 안 돼요.
죽은 남편의 형제가 그녀를 아내
로 맞이하고, 남편 형제의 의무를
이행하세요.
6 그래서 낳은 첫 아들이 죽은 형제
의 이름을 계승하게 하여, 그 이름
이 이즈리얼에서 없어지지 않게
해야 돼요.
7 그런데 형제가 미망인을 맞이하고
싶지 않으면, 미망인은 성문의 원
로에게 가서, '나의 남편 형제가 이
즈리얼의 계보에 이름을 올려 주
길 거절하며, 나의 남편 형제의 의
무를 다하지 않으려 한다'고 말하
세요.
8 그러면 도성의 원로는 형제를 소
환하여 야단을 치는데, 그런데도
그가 맞서며, '나는 그녀를 맞이하
고 싶지 않다'고 말하면,
9 미망인은 원로가 보는 앞에서 형
제에게 가서, 그의 발에서 신을 벗
기고 얼굴에 침을 뱉고서, '이 사람
은 형제의 가문을 세우려 하지 않
는 자'라고 말하면,
10 그 형제의 이름은 이즈리얼에서,
'신발이 풀린 가문'으로 불리게 될
거예요.
11 사람들이 서로 싸우는 도중, 한쪽
아내가 남편을 구하려고 가까이
와서, 남편을 치는 상대에게 손을
뻗다가, 그녀 손으로 상대자의 은
밀한 곳까지 잡게 되는 경우,
12 그러면 그녀 손을 잘라내야 하고,
당신의 눈이 그녀를 동정하지 마
세요.
13 당신은 가방 속에 무게가 크고 작
은 여러 가지 다른 추를 넣고 다니
면 안 돼요.
14 당신 집에도 측정하는 용량이 크
고 작은 여러 가지 되를 갖고 있으
면 안 돼요.
15 대신 당신이 온전하고 바르게 무
게를 달아, 철저히 정확하게 측정
하면, 당신은 평생 **주 하나님**이 준
땅에서 오래 잘 살 수 있어요.
16 그와 같은 옳지 않은 일은 모두 **주
하나님**에게 불쾌한 일이에요.
17 여러분이 이집트에서 나왔을 때,

애멀렉아말렉이 당신에게 한 일을
기억하세요.
18 그들이 길에서 당신들을 어떻게
만났고, 심지어 당신이 힘이 빠지
고 지쳤을 때, 당신 뒤쪽의 약한 부
분까지 어떻게 공격했는지 기억하
세요. 그들은 **하나님**을 두려워하지
않았죠.
19 따라서 **주 하나님**이 적 주변의 나
머지 모든 지역을 당신에게 줄 때,
그곳은 유산물로 소유하라고 주는
곳이므로, 당신은 하늘 아래에서
애멀렉의 기억을 뽑아버리고, 절
대 그것을 잊어서는 안 됩니다."

첫 곡물로 경배하라

26 "당신이 그 땅에 들어 갈 때
가 되면, 그곳은 **주 하나님**이
유산으로 주며, 소유하고 살라는
곳이므로,
2 당신은 그 땅의 첫 번째 곡물을 거
둬들여, 한 바구니에 담아, **주 하나**
님이 그의 이름으로 선택한 장소로
가져가세요.
3 그리고 그때 있게 될 제사장에게
가서 말하며, '내가 이날 **주 하나님**
에게 고백할 말은, **주님**이 조상에
게 맹세하며 우리에게 주려던 땅
에 들어왔다'고 하세요.
4 제사장은 당신의 손에서 바구니를
받아, **주 하나님**의 제단 앞에 두세
요.
5 당신은 **주 하나님** 앞에서 이렇게 말
해야 해요. '나의 조상은, 죽을 수밖
에 없었던 시리아인이었는데, 이
집트로 내려가 소수민족으로 살다
가, 그곳에서 다수의 크고 강한 민
족이 되었어요.
6 그러다 나쁜 이집트인이 우리를
협박하고 괴롭히며 심한 노동을
시켰어요.
7 우리가 조상의 **주 하나님**에게 고통
을 호소하자, **주님**이 우리 목소리
를 듣고, 우리의 고통과 고역과 억
압을 보았어요.
8 그리고 **주님**이 막강한 힘으로 팔
을 뻗고, 엄청난 공포와 징조와 기
적으로 우리를 이집트에서 이끌고
나온 다음,
9 우리를 젖과 꿀이 흐르는 땅을 주
려고 이곳에 데려왔어요.
10 자, 이제 보세요, 나는 **주님**이 나에
게 준 이 땅의 첫 열매를 가져왔어
요' 라며, 당신은 **주 하나님** 앞에 그
것을 놓고 경배해야 해요.
11 당신은 **주 하나님**이 당신과 당신의
집에 내린 모든 행복에 기뻐하세
요. 리바이레위부족과 당신 가운데
있는 이민족과 함께 즐거워하세
요.
12 십일조 해인 세 번째 해가 되면, 당
신은 생산물에서 1/10의 십일조를
만들어, 그것을 리바이와, 외국인
과, 고아와, 과부에게 주어, 그들이
당신 성문 안에서 먹고 배부를 수
있게 해주세요.

13 그때 당신은 **주 하나님** 앞에 이렇게
말해야 해요. '나는 내 집에서 신성
한 물건을 가져와서, 리바이와, 외
국인과, 고아와, 과부에게 주었는
데, **주님**이 내게 지시한 명령을 따
르며, 약자를 잊지 않았어요.
14 나는 그것을 추모기간에 먹지 않
았고, 어떤 부정한 용도로 사용하
려고 빼돌리지 않았고, 죽은 자를
위해 바치지도 않았고, 대신 **주 하
나님**의 목소리를 들으며, 내게 명
령한 모든 것을 따랐어요.
15 당신의 신성한 하늘에서 내려다보
고, 당신의 백성 이즈리얼을 축복
하고, 우리 조상에게 젖과 꿀이 흐
르는 땅에 대한 맹세에 따라 우리
에게 준 이 땅에 복을 주세요'라고
하세요.
16 이날 **주 하나님**은 당신에게 명령하
며, 이 규정과 법을 지키게 했어요.
따라서 당신은 그것을 지키며, 마
음과 정신을 다하여 실행해야 해
요.
17 당신은 이날 **주님**에게 단언하며, **하
나님**의 길을 걷고, 그의 규정과 명
령과 법을 지키고, 그의 목소리에
귀를 기울이겠다고 다짐했어요.
18 **주님**은 이날 그의 약속대로 당신을
그의 특별한 백성이 되도록 보증
했으므로, 여러분은 그의 모든 명
령을 지켜야 해요.
19 그는 자신이 만든 모든 민족 위에
당신을 높이기 위해, 칭찬과 명성
과 명예를 두었으므로, 여러분도
그가 말한 대로, **주 하나님**에게 신
성한 민족이 될 수 있을 겁니다."

축복과 저주의 돌제단 건립

27 모지스가 이즈리얼 원로와 함
께 백성에게 명령했다. "내가
이날 여러분에게 지시하는 모든
명령을 지키세요.
2 여러분이 조든요단강을 넘어 **주 하
나님**이 주는 땅으로 들어가면, 큰
돌을 회반죽으로 발라 고정시켜
세워야 해요.
3 그리고 돌 위에 이 법 이야기를 모
두 적어야 해요. 그때는 당신이 강
을 건너, **주 하나님**이 주는 땅으로
들어간 다음, **주 하나님**이 조상에게
약속한 대로 당신에게 젖과 꿀이
흐르는 그 땅을 주게 되는 시기죠.
4 여러분이 조든을 넘어가서, 내가
이날 명령하는 돌을 세울 때, 이벌
에발 산에 회반죽으로 고정하세요.
5 그곳에 **주 하나님**에게 돌제단도 세
워야 하는데, 철제 도구를 대지 마
세요.
6 **주 하나님**의 제단은 전체를 돌로 세
운 다음, 거기에서 **주 하나님**에게
번제제사를 지내야 해요.
7 또 평화제물을 올려, 그곳에서 먹
고, **주 하나님** 앞에서 즐거워하세
요.
8 여러분은 이 법의 말을 모두 분명
하게 돌에 써야 합니다."

9 그리고 모지스모세와 리바이 출신
제사장들이 모든 이즈리얼 사람에
게 이와 같이 말했다. "오 이즈리얼
이여! 유의해서 귀를 기울이세요.
이날 여러분은 **주 하나님**의 백성이
되었어요.
10 따라서 당신은 **주 하나님**의 목소리
에 복종하고, 내가 이날 여러분에
게 지시하는 그의 명령과 규정을
지켜야 합니다."
11 그러면서 모지스는 같은 날 사람
들에게 임무를 부여하며 말했다.
12 "조든을 넘은 다음, 게리짐그리짐, 그
리심 산에 서서 축복선언 담당은, 시
미언, 리바이, 쥬다, 이써칼, 조셒,
벤저민 사람이고,
13 또 이벌 산에 설 저주를 외칠 담당
은, 루번, 개드, 애셜, 제뷰런, 댄, 냎
털라이입니다.
14 그리고 리바이부족은 이즈리얼의
모든 사람에게 큰 목소리로 다음
을 말하세요.
15 '**주님**이 몹시 싫어하는 조각상이나
주조형상을 만드는 자는 저주받
고, 장인의 손으로 만든 것을 비밀
장소에 놓아두는 자는 저주받는
다'고 하세요. 그러면, 모두가 동의
하는 의미로 '애이멘'아멘이라고 대
답해야 합니다.
16 '자신의 아버지나 어머니를 무시
하면 저주받는다'고 말하면, 모두
가 '애이멘'이라고 대답하세요.
17 '자기 이웃의 경계선을 옮기는 자
는 저주받는다'고 말하면, 모두가
'애이멘'이라고 대답하세요.
18 '앞을 못 보는 사람을 길에서 헤매
게 하면 저주받는다'고 말하면, 모
두가 '애이멘'이라고 대답하세요.
19 '이민족과 고아와 과부에 대한 판
결을 왜곡하는 자는 저주받는다'
고 말하면, 모두가 '애이멘'이라고
대답하세요.
20 '자기 아버지의 아내와 누운 자는
저주받는다. 왜냐하면 그는 아버
지 사람의 치마를 벗겼기 때문이
다'고 말하면, 모두가 '애이멘'이라
고 대답하세요.
21 '어떤 식으로든 짐승과 누운 자는
저주받는다'고 말하면, 모두가 '애
이멘'이라고 대답하세요.
22 '여동생이나, 자기 아버지의 딸이
나, 어머니의 딸과 누운 자는 저주
받는다'고 말하면, 모두가 '애이멘'
이라고 대답하세요.
23 '자기 장모와 누운 자는 저주받는
다'고 말하면, 모두가 '애이멘'이라
고 대답하세요.
24 '자기 이웃을 몰래 살해하면 저주
받는다'고 말하면, 모두가 '애이멘'
이라고 대답하세요.
25 '잘못이 없는 사람을 죽이고 대가
를 받는 자는 저주받는다'고 말하
면, 모두가 '애이멘'이라고 대답하
세요.
26 '이 모든 법을 지켜야 한다는 말을
확신하지 않는 자는 저주받는다'

고 말하면, 모두가 '애이멘'이라고
대답해야 합니다."

명령을 따르면 축복

28 "만약 여러분이 **주 하나님**의
목소리에 성실하게 귀를 기
울이고, 내가 이날 지시하는 모든
그의 명령을 지키고 실행하면, **주
하나님**이 당신을 지구 위의 어떤
나라보다 높은 곳에 올려 놓을 거
예요.
2 이 모든 복이 당신에게 내리는데,
당신이 **주 하나님**의 목소리를 경청
하면, 당신에게 복이 따라옵니다.
3 도시 안에 있을 때나, 들에 있을 때
나, 당신이 복을 받아요.
4 당신 자손도 복을 받고, 당신 곡식
도, 가축의 새끼도 복을 받고, 당신
의 암소와 양의 무리도 복을 받아
불어나지요.
5 당신의 바구니와 곳간도 복을 받
고,
6 당신이 들어와도 복을 받고, 밖으
로 나가도 복을 받을 거예요.
7 **주님**은 당신에게 대항하는 적을 당
신 앞에서 쳐서, 그들이 한 길로 왔
다가 당신 앞에서 일곱 길로 도망
치게 만들지요.
8 **주님**이 명령하여, 당신의 창고와
당신이 손을 대는 것마다 복을 내
리게 하고, **주 하나님**이 준 땅에 있
는 당신을 축복하지요.
9 **주님**은 그가 당신에게 맹세한 대
로, 당신을 자신의 신성한 백성이
되도록 만들었으므로, 당신은 **주
하나님**의 명령을 지키며, 그의 길
을 따라 행동해야 해요.
10 땅위의 모든 사람이 당신이야말로
주님이 이름을 불러준 민족임을 알
려, 그들이 여러분을 두려워하게
만들어야 합니다.
11 **주님**은 당신에게 물건이 풍부하도
록 만들고, 당신 신체의 열매인 자
손도, 가축의 열매 새끼도, 땅의 열
매 곡식도 풍성하게 만들겠다고,
당신의 조상에게 여러분에게 맹세
하며 약속했어요.
12 **주님**은 여러분에게 자기 보물창고
를 열어주고, 하늘이 제철에 비를
내려주고, 당신 손으로 하는 모든
것에 복을 주고, 많은 나라에게 빌
려 주어도, 당신이 빌려오는 일은
없을 거예요.
13 **주님**은 당신을 꼬리가 아닌 머리로
만들어, 오직 위에 있게 하지, 아래
에 있게 하지 않아요. 단지 여러분
이 내가 이날 지시하는 **주 하나님**의
명령을 들어 그것을 지키고 실천
해야 하고,
14 내가 오늘 당신에게 명령하는 어
떤 말도 빼놓지 말고, 오른쪽도 왼
쪽도 이탈하지 않으며, 다른 신을
섬기러 따라가지 마세요.
15 그런데 만약 **주 하나님**의 목소리에
귀를 기울이지 않고, 내가 이날 당
신에게 지시하는 모든 그의 명령

과 법을 지키고 실행하지 않으면,
그때 모든 저주가 당신에게 와서,
불행이 닥치게 돼요.
16 당신이 도시 안에 있거나, 들에 있
어도 저주받고,
17 당신의 바구니와 창고도 저주받
고,
18 당신의 후손도, 곡식도, 암소의 생
산물도, 양 무리도, 저주받고,
19 당신이 안으로 들어와도 저주받
고, 당신이 나갈 때에도 저주받게
되지요.
20 **주님**은 당신과 당신의 손이 하는
모든 일에 불행과, 고통과, 비난을
보내는데, 당신이 파괴되어 빨리
파멸할 때까지 말이죠. 왜냐하면
당신이 저지르는 좋지 못한 일로
인해, **주님**이 당신을 외면했기 때
문이에요.
21 **주님**은 유행병을 일으켜, 소유하러
가는 땅에서 당신이 소멸될 때까
지 떠나지 않게 할 거예요.
22 **주님**은 당신이 없어질 때까지 삼키
는데, 고열로, 염증으로, 중증화상
으로, 칼로, 발진으로, 곰팡이로 끝
까지 쫓아 결국 당신을 사라지게
하지요.
23 당신의 머리 위 하늘은 놋쇠가 되
고, 당신 아래 땅은 쇠가 됩니다.
24 **주님**은 하늘에서 땅으로 재와 흙먼
지의 비를 내려, 당신이 파괴되도
록 쏟을 거예요.
25 **주님**은 적 앞에서 당신을 굴복시키
므로, 당신이 그들을 공격하러 한
길로 갔다, 그들 앞에서 일곱 길로
달아나다 결국, 지구의 모든 왕국
에게 제거당하게 되지요.
26 당신의 시체는 공중의 조류와 땅
의 짐승에게 고기가 되는데도, 그
들을 쫓아버려 줄 사람 하나 없어
요.
27 **주님**은 당신을 이집트의 종기로,
치질로, 부스럼 피부병으로, 불치
의 가려움증으로 공격할 거예요.
28 당신을 미치게 하고, 눈이 멀게 하
고, 놀라서 마음이 불안하도록 당
신을 괴롭힐 거예요.
29 그러면 당신은 맹인이 어둠을 더
듬듯 대낮에도 더듬어야 하고, 앞
날에 번영도 없고, 오직 압박만 받
으며, 끊임없이 손상되어도, 당신
을 구할 자가 아무도 없어요.
30 당신은 아내와 약혼해도, 다른 남
자가 그녀와 누울 것이고, 집을 지
어도 들어가 살 수 없고, 포도밭을
가꾸어도 거두지 못해요.
31 당신의 소를 눈 앞에서 도살해도,
그것을 먹지 못하고, 당신의 나귀
는 얼굴 앞에서 난폭하게 빼앗기
고, 당신의 양을 보상도 못 받고 적
에게 주어도, 구제자가 없어요.
32 당신의 아들딸이 다른 사람 손에
들어가도, 당신의 눈은 보기만 할
뿐이고, 하루종일 자식을 기다려
도 눈만 짓무르고, 그래도 당신한
테는 해결할 힘이 없을 거예요.

33 당신 땅의 곡식과 힘의 노력은 모
두 당신이 알지 못하는 민족이 먹
고, 당신은 오직 억압만 받고 매일
짓밟히게 될 거예요.
34 그래서 당신은 눈 앞의 이 광경을
보고 미쳐 버리게 될 거예요.
35 **주님**이 당신의 무릎과 다리에 치유
될 수 없는 심한 염증으로 타격을
주면, 머리끝부터 발끝까지 통증
을 동반하지요.
36 **주님**은 어떤 나라를 다스리는 왕
에게 당신을 데려가서 지배당하게
하는데, 그 나라는 당신도 조상도
모르는 민족이고, 그곳에서 다른
신과 나무와 돌을 섬겨야 할 거예
요.
37 그리고 당신이 경악할 일은, **주님**
이 당신을 이끌 그곳 모든 민족 사
이에서 당신은 격언과 속담의 조
롱거리가 되고 말지요.
38 당신이 많은 씨앗을 들에 뿌려도,
메뚜기 떼가 휩쓰니까 거의 거둬
들일 게 없어요.
39 당신이 포도를 심고 가꾸어도, 포
도주를 마실 수도 없고, 포도를 거
둬들일 수도 없는 이유는, 벌레가
먹게 되니까요.
40 당신은 올리브나무를 지방 곳곳에
심겠지만, 자신은 기름을 바르지
못해요. 왜냐하면 올리브 스스로
제 열매를 떨어뜨리니까요.
41 당신은 아들과 딸을 낳지만, 자손
을 보는 즐거움이 없어요. 왜냐하
면 그들이 포로가 되어 끌려가기
때문이에요.
42 당신의 나무와 땅의 곡식은 모두
메뚜기 떼가 삼켜버리게 되지요.
43 당신한테 있는 외국인은 당신보다
윗자리에 있고, 당신은 대단히 낮
은 자리로 가게 돼요.
44 그가 당신에게 빌려주어도, 당신
은 그에게 빌려주지 못하고, 그는
우두머리가 되지만 당신은 꼬리가
될 거예요.
45 게다가 이런 모든 저주가 당신에
게 오면, 당신이 파멸될 때까지 따
라다니며 덮치게 되지요. 왜냐하
면 당신에게 명령한 계명과 법을
지키라는 **주 하나님**의 목소리를 당
신이 듣지 않았으니까요.
46 그리고 불길한 저주의 징조와 경
이는 당신과 후손에게 언제나 나
타나게 됩니다.
47 왜냐하면 당신이 이와 같은 풍요
에 대하여 기쁜 마음으로 **주 하나님**
을 섬기지 않았기 때문이에요.
48 따라서 당신은 **주님**이 당신을 공격
하라고 보낸 적을 받들도록, 또 허
기와 갈증과 헐벗음 속에서 모든
것이 필요하니까 그들을 섬기도
록, **주님**은 당신이 파멸될 때까지
당신 목에 멍에를 씌울 거예요.
49 **주님**은 당신을 공격하도록, 지구
저 멀리 끝에서 한 민족을 보내는
데, 독수리가 날 듯 빠르게 보낼 텐
데, 당신은 그들의 말을 이해도 못

하지요.
50 거친 용모의 민족은 나이든 사람
을 배려하지 않고, 어린이에게 호
의도 보일 줄 몰라요.
51 그들은 당신 가축의 새끼와 곡식
을 먹으며, 당신을 파멸시키므로,
당신한테는 곡식도, 포도도, 기름
도, 암소의 생산물도, 양떼도 남기
지 않고 철저히 파괴하지요.
52 그 민족은 당신을 포위하여 당신
이 믿는 높은 성벽을 허물 때까지
공격하려고, 땅 전역을 포위하는
데, **주 하나님**이 당신에게 준 땅의
성문마다 공격할 거예요.
53 당신이 자신의 열매 아들딸의 살
을 먹게 되는 것은, **주 하나님**이 당
신에게 준 땅이 포위된 극도의 어
려움 속에서, 적이 당신에게 가하
는 괴로움 때문이에요.
54 그래서 당신 가운데 약한 사람은
몹시 민감해져, 그의 눈은 동족을
향하고, 가슴에 품은 아내를 향하
고, 남겨진 자식을 향하여 악의를
품게 되지요.
55 그리고 먹을 것이라곤 자기 자식
의 살만 남게 되는데, 포위된 고통
속에서 남은 것이 아무것도 없기
때문이고, 적이 성문마다 당신을
괴롭히기 때문이죠.
56 여러분 가운데 허약하고 예민한
여자는, 민감하고 무르기 때문에
땅위에 발을 딛고 설 용기도 없어
서, 그녀의 눈은 그녀를 사랑하는
남편과 아들딸을 향하여 저주의
원망이 맺히게 됩니다.
57 또 자신의 몸에서 나온 어린 것을
향하고, 앞으로 낳게 될 아기를 향
해서도 악의를 품게 되는데, 이 모
든 것은 그녀가 포위된 곤경 속에
서도 그들이 먹을 것이 필요하기
때문이며, 그럴 정도로 적이 성문
에서 여러분에게 괴로움을 주게
될 거예요.
58 만약 당신이 이 책에 기록된 법의
말을 지키려고 하지 않으면, 영광
과 경외의 '당신의 **주 하나님**' 이라
는 이름이 당신에게 두려워질 수
있어요.
59 그리고 **주님**은 당신에게 유행병을
일으켜, 후손을 감염시키는데, 엄
청나게 오랫동안 심한 질병이 계
속되게 할 거예요.
60 더욱 **주님**은 당신이 무서워한 이집
트의 모든 질병을 보내어, 당신에
게 달라붙게 할 거예요.
61 이 법의 책에 써 있지 않은 각종 질
병도, **주님**이 가져와서 당신이 파
괴될 때까지 공격할 거예요.
62 하늘의 별처럼 다수로 늘어났던
곳에서, 당신이 소수민족으로 남
게 되는 이유는, 당신이 **주 하나님**
의 목소리에 복종하지 않았기 때
문이에요.
63 **주님**이 당신을 행복하게 만들고 숫
자를 늘린 것이 기뻤던 것처럼, 그
렇게 당신을 파괴하는 것이 즐거

워져서, 당신을 아무것도 없이 만
들어 버리게 되고, 소유한 땅에서
도 뽑혀버리게 됩니다.
64 **주님**은 당신을 모든 민족 가운데에
지구 위의 한쪽 끝에서부터 다른
쪽까지 흩트려 놓을 거예요. 거기
서 당신은 자신도 모르고 당신의
조상도 모르는 다른 신을, 심지어
나무와 돌까지 섬기게 될 거예요.
65 그런 나라 가운데에서 당신은 편
안함을 찾지 못하고, 발도 쉬지 못
할 거예요. 대신 **주님**은 당신 마음
을 떨게 하고, 눈을 실망시키고, 마
음을 슬프게 만들 거예요.
66 당신의 목숨은 앞날이 불확실하
고, 낮이나 밤이 두려워지고, 평생
을 보장하는 것은 아무것도 없어
요.
67 당신은 아침이 되면 이렇게 말하
죠. '저녁에 **하나님**이 있으면 좋을
텐데!' 그리고 저녁에 또 이렇게 말
하겠죠. '아침에는 **하나님**이 있으
면 얼마나 좋을까!' 왜냐하면 당신
의 마음이 두렵기 때문이고, 당신
의 눈이 보게 될 상황 때문이죠.
68 **주님**은 배로 당신을 다시 이집트로
데려갈 거예요. 그 길은 나와 당신
이 더 이상 보지 않을 것이라고 말
했던 길이었죠. 그곳에서 적에게
노예로, 남자 종과 여자 종으로 팔
리게 됩니다. 그래도 아무도 당신
을 사는 사람조차 없을 거예요."

약속과 맹세의 재확인 의식

29 이것은 모앱모압 땅에서 **주님**
이 모지스모세에게 이즈리얼
자손과 맺으라고 명령한 약속의
말로, 호렙산에서 **주님**이 백성과
맺은 약속과는 별도이다.
2 모지스가 모든 이즈리얼을 불러서
말했다. "여러분의 눈은 **주님**이 이
집트에서 한 일을 보았는데, 풰로
우파라오, 바로와 그의 모든 신하와
그의 땅에게 행했지요.
3 당신의 눈이 본 큰 시험이란 경이
로운 표시와 놀라운 기적이었는
데,
4 그러나 오늘 **주님**은 당신에게 마
음이 느낄 수 있는 것이나, 눈이 볼
수 있는 것이나, 귀가 들을 수 있는
것을 주지 않았어요.
5 그러면서 **주님**이 한 말은 '나는 광
야에서 40년간 너희를 이끌었는
데, 너희 옷은 낡지 않았고, 너희 신
은 닳지 않았다.
6 너희는 빵을 먹지 않았고, 포도주
나 독주도 마시지 않았다. 그것으
로 너희는, 내가 너희 **주 하나님**이
라는 것을 알 수 있게 하는 것이었
다" 라고 했어요.
7 여러분이 이 장소로 들어와서, 헤
쉬번의 시혼왕과 배이산바산의 오
그옥 왕이 우리를 공격하러 전투에
나왔을 때, 우리가 그들을 무찔렀
지요.
8 우리는 그들 땅을 빼앗아, 그것을

루번부족과 개드부족과 머나서부
족 중 절반에게 유산으로 주었어
요.
9 그러니 이 약속의 말을 지키고 실
행하면, 당신이 하는 모든 일에 번
영이 있을 거예요.
10 여러분 모두가 오늘 **주 하나님** 앞에
섰어요. 부족의 지도자와 대표, 원
로와 관리가 모든 이즈리얼과 함
께 서 있고,
11 당신의 자녀와 아내가 있고, 진영
안에 있는 이민족은 나무를 자르
는 사람부터 물을 퍼 올리는 사람
까지 모두 서 있어요.
12 그리고 여러분은 **주 하나님**과 함께
계약의 약속을 맺고자 하고, 이 맹
세를 **주 하나님**이 오늘 여러분과 더
불어 체결하는 것이죠.
13 그러면 **주님**은 오늘 여러분을 자
기 백성으로 정하게 되고, 또 당신
들에게 그가 말했듯이 당신의 **하나
님**이 될 수 있어요. 또 이것은 그가
당신의 조상 애이브러햄, 아이직,
재이컵야곱에게 맹세한 대로 확정
합니다.
14 여러분뿐만 아니라, 나도 이 계약
과 맹세를 체결합니다.
15 또한 오늘 **주 하나님** 앞에 우리와
함께 서 있는 사람은 물론, 이날 우
리와 같이 여기 없는 사람 역시 이
약속과 맹세를 체결해요.
16 [왜냐하면 우리가 이집트에서 어
떻게 살았는지 알고, 또 우리가 어
떻게 여러 나라를 통과하여 왔는
지 잘 알기 때문이고,
17 그래서 당신들은 그들의 혐오행위
와, 그들의 우상과, 나무와 돌과, 그
들 가운데 있던 은제 금제 형상을
보았기 때문이에요.]
18 여러분 가운데 남자나 여자나 가
족이나 부족이 이날 **주 하나님**으로
부터 마음을 돌려서 그런 나라의
신을 섬기는 사람이 없게 하고, 당
신 가운데 쓴 담즙과 쓴 독초의 뿌
리 같은 것이 있어서는 안 됩니다.
19 어떤 사람이 불행한 저주의 말을
듣고, 마음 속으로 스스로 축복하
는 말을 하며, '내가 마음 속에서 상
상하는 대로 걸으며, 갈증을 술로
해결해도, 나는 평온할 것이다' 라
고 하면,
20 **주님**은 그를 구하지 않을 것이고,
대신 **주님**의 분노와 질투가 그를
공격하여, 이 책에 적힌 모든 저주
가 그에게 놓이며, **주님**은 하늘 아
래에서 그의 이름을 뽑아낼 거예
요.
21 **주님**은 그를 이즈리얼부족에서 제
거할 악한으로 구별하여, 법의 책
안에 적힌 모든 저주의 약속에 따
라 제거하게 됩니다.
22 그래서 당신 뒤를 잇는 세대와 먼
땅에서 오게 될 이민족이, **주님**이
그 땅에 내린 전염병과 질환을 보
게 되면,
23 '그 땅 전역이 유황과 소금과 불에

타며, 씨를 뿌리지도, 생산물을 산
출하지도, 풀이 자라지도 못하게
되었는데, 이는 마치 파멸된 소듬
과 거머라와 애드마와 지보임 도
시와 같다. 이것은 **주님**이 분노와
복수로 전복시키는 것이다' 라고
하겠죠.
24 모든 나라도 말하며, '왜 **주님**이 이
땅을 그렇게 했을까? 이 엄청난 분
노의 열기가 무엇을 의미할까?' 라
고 할 거예요.
25 그때 사람들이 이렇게 말할 거예
요. '그들이 조상의 **주 하나님**이 이
집트땅에서 그들을 이끌어냈을
때, 그들과 맺은 약속을 저버렸기
때문이다.
26 그들이 가서 다른 신을 섬기고, 그
들이 알지 못하는 신을 숭배했기
때문에,
27 **주님**의 분노가 이 땅에 불이 붙어
서 모든 저주의 불행이 일어났다'
고 이 책에 기록됩니다.
28 **주님**은 분노와 복수로 엄청난 불쾌
감으로, 그 땅에서 그들의 뿌리를
뽑아내고, 이날과 같이 다른 땅으
로 그들을 내던져버리게 되지요.
29 알 수 없는 일은 우리의 **주 하나님**
에게 속하는 일이지만, 드러나는
일은 언제나 인간과 그 자손에게
속하는 일로, 이 법은 모두 우리가
실천할 수 있는 말입니다.

삶과 죽음의 선택

30 "내가 여러분 앞에서 정한 축
복과 저주가 발생하면, **주 하**
나님이 당신을 내쫓은 그곳에서 마
음으로 축복과 저주를 불러보세
요.
2 그리고 **주 하나님**에게 마음을 돌려,
내가 이날 당신에게 명령하는 모
든 것을 당신과 당신의 자손들이
마음에서 진심을 다하여 그의 목
소리에 복종하면,
3 그때 **주 하나님**이 당신의 포로 처지
를 돌아보고, 연민이 생기면, **주 하**
나님이 흩어 놓았던 나라로부터 당
신을 모아 돌아오게 할 거예요.
4 당신 일부가 하늘 아래 가장 먼 끝
으로 쫓겨 났어도, 그곳에서 **주님**
이 당신을 데려오도록 모을 거예
요.
5 **주 하나님**이 조상이 소유했던 땅으
로 당신을 데려오면, 당신은 그곳
을 소유할 것이고, 그는 당신을 잘
살게 하며, 조상 이상으로 당신을
번성시킬 거예요.
6 **주 하나님**은 당신과 후손의 마음을
정화하여, 마음과 정성으로 **주 하나**
님을 사랑하게 되면, 당신은 잘 살
수 있어요.
7 **주 하나님**은 당신의 적과, 당신을
미워하고 박해하는 사람에게 모든
저주를 줄 거예요.
8 당신은 돌아와 **주님**의 목소리를 따
르며, 내가 이날 당신에게 지시하

는 그의 명령을 모두 실행해야 합
니다.
9 **주 하나님**은 당신 손으로 하는 모든
일과, 당신의 자손과 가축의 새끼
와 땅의 곡식을 영원히 풍요롭게
만들 거예요. 왜냐하면 **주님**은 당
신의 조상에 대해 기뻐한 것처럼
당신이 하는 선행에 다시 기뻐할
테니까요.
10 만약 당신이 **주 하나님**의 목소리를
듣고, 이 법의 책에 적힌 명령과 규
정을 지키면, 또 당신이 **주 하나님**
에게 모든 마음과 정성으로 돌아
오면 말이죠.
11 내가 이날 당신에게 지시하는 이
명령은 숨겨진 것도 멀리 있는 것
도 아니에요.
12 그것이 하늘에 있는 것도 아닌데,
당신은 이렇게, '누가 우리를 위
해 하늘로 올라가, 그것을 가져와
서, 우리 말을 듣고 실행하게 해 줄
까?' 라고 말할 거예요.
13 그것은 바다 건너 있는 것도 아닌
데, 당신은 이렇게, '누가 우리를 위
해 바다를 건너가서, 그것을 가져
와서, 우리가 듣고 실행하게 해 줄
까?' 라고 말할 거예요.
14 그러나 그 말은 당신의 입과 마음
에 있고, 그것을 실행할 수 있을 정
도로 대단히 가까이 있어요.
15 보세요, 오늘 내가 당신 앞에 삶과
선과 죽음과 악을 정했어요.
16 내가 이날 지시하는 대로 **주 하나님**
을 사랑하고 명령과 규정과 법을
지키고, 그 길 대로 걸으면, 당신은
잘 살며 번성할 수 있어요. 그리고
주 하나님이 당신이 소유하러 가는
그 땅에 복을 주게 되지요.
17 하지만 만약 당신이 마음을 이탈
하여 듣지 않고, 해이해져서 다른
신을 숭배하고 그들을 섬기면, 대
신 내쫓기게 되지요.
18 나는 오늘 여러분에게 선언하는
데, 만약 그렇게 되면, 당신은 반드
시 죽고, 조든요단강을 넘어 소유하
러 가는 그 땅에서 여러분의 생애
가 오래 이어지지 못해요.
19 나는 오늘 하늘과 땅을 불러, 이날
당신에 대하여 그 앞에서 정한 삶
과 죽음, 축복과 저주를 기록합니
다. 그러므로 당신과 후손이 살 수
있는 삶을 선택하세요.
20 당신은 **주 하나님**을 사랑할 수 있
고, 그의 목소리에 복종할 수 있고,
그에게 매달릴 수 있어요. 왜냐하
면 그가 당신의 생명과 수명이기
때문에, 당신은 **주님**이 당신의 조
상 애이브러햄, 아이직, 재이컵에
게 주겠다고 맹세한 그 땅에서 잘
살 수 있을 거예요."

자슈아가 모지스 계승

31 모지스가 모든 이즈리얼 사
람에게 다음 이야기를 했다.
2 그들에게 말했다. "나는 오늘로
120세입니다. 나는 더 이상 나갈

수도 들어갈 수도 없어요. **주님** 역
시 나에게 '너는 조든요단을 넘어갈
수 없다'고 했어요.
3 당신의 **주 하나님**은 앞에서 넘어가
서 여러 나라를 물리칠 거예요. 그
러면 당신은 그것을 소유하게 되
지요. **주님**이 말한 대로 자슈아여호
수아가 앞장서서 넘어갑니다.
4 **주님**은 그들한테도 애머리아모리부
족의 시혼왕과 오그옥 왕에게, 또
그들 땅에서 그가 파괴시켰던 대
로 물리칠 거예요.
5 **주님**이 당신 앞에서 그들을 굴복시
키면, 내가 지시하는 모든 명령대
로 여러분이 그들에게 할 수 있어
요.
6 대담하고 강한 용기를 내세요. 불
안해하지 말고 두려워하지 마세
요. 왜냐하면 당신의 **주 하나님**이
당신과 함께 가기 때문이에요. 그
는 당신을 패배시키지도 저버리지
도 않아요.
7 모지스가 자슈아를 불러서 모든
이즈리얼이 보는 가운데 말했다.
"대담하고 강한 용기를 가져라. 너
는 이 백성과 함께 **주님**이 그들의
조상에게 준다고 맹세한 그 땅에
가야 한다. 너는 그것을 유산으로
물려받게 해야 한다.
8 **주님**이 네 앞에서 간다. 그는 너와
함께 있을 것이다. 너를 패배시키
지 않고 외면하지도 않을 것이다.
두려워 말고 실망하지도 마라."
9 모지스가 이 법을 기록한 다음, **주
님**의 약속의 상자를 나르는 리바
이의 자손 제사장들과 이즈리얼의
모든 지도자에게 주었다.
10 모지스가 그들에게 또 명령했다.
"매 7년이 끝나는 면제의 해마다,
엄숙한 의식으로 이동신전의 축제
를 할 때,
11 그가 선택한 장소의 **주 하나님** 앞
에 모든 이즈리얼이 나오게 될 때,
당신들은 이즈리얼 앞에서 그들이
이해하도록 이 법을 읽어야 해요.
12 남자와 여자와 아이들과 집안에
있는 외국인을 함께 모아, 그들이
들을 수 있고 배울 수 있게 하고, **주
하나님**을 경외하고, 이 법의 말 대
로 전부 실천하고 지키세요.
13 여러분이 조든을 넘어 소유하러
간 그 땅에 사는 한, 아무것도 모르
는 자손이 들을 수 있게 하고, **주 하
나님**을 경외하도록 배울 수 있게
하세요."
14 **주님**이 모지스에게 말했다. "보라,
네가 죽게 될 너의 날이 다가온다.
자슈아를 불러 내가 그에게 임무
를 줄 수 있도록 모임의 성막에 너
희 자신을 보여라." 그래서 모지스
와 자슈아가 가서 그들 자신의 모
습을 모임의 성막에 보였다.
15 **주님**이 구름기둥으로 이동신전에
나타났고, 구름기둥이 성막문 위
에 섰다.
16 **주님**이 모지스에게 말했다. "보라,

너는 너의 조상과 함께 잠이 들게
된다. 이 백성은 그 땅의 낯선 신을
따라서 외도하러 갈 것이다. 그들
이 나를 버리고 그들 신한테 가서,
내가 그들과 맺은 나의 약속을 깨
뜨리게 될 것이다.
17 그러면 나는 분노가 치밀어 올라,
그들을 버리고 얼굴을 감추면, 그
들은 적에게 잡혀서 많은 불행과
어려움이 따를 것이다. 그때 그들
은, '**하나님**이 우리한테 없기 때문
에 이런 불행이 온 것이 아닌가?'
라고 말할 것이다.
18 그들이 다른 신에게 가기 때문에
저지른 모든 악행 때문에, 그런 날
이 오면, 반드시 나의 얼굴을 숨길
것이다.
19 그러니 이제 너를 위한 노래를 써
서, 그것을 이즈리얼 자손에게 가
르치고, 이 노래가 나를 위해 증거
가 될 수 있도록, 그들이 입으로 전
하게 해라.
20 내가 그들의 조상에게 맹세한 젖
과 꿀이 흐르는 땅으로 그들을 데
려갈 때, 그들이 먹고 배를 채워 점
점 기름기가 많아지면, 그들은 다
른 신에게 가서 섬기며 나에게 도
발하여, 나의 약속을 깨뜨릴 것이
다.
21 따라서 그들 자손의 입에서 잊지
않도록 하기 위한 것이고, 이런 일
이 생겨서 많은 불행과 어려움이
그들에게 떨어질 때, 이 노래를 증
거로 그들에게 증명하겠다. 왜냐
하면 내가 그들이 하려는 생각을,
심지어 지금도, 내가 맹세한 땅에
데려가기 전부터 잘 알기 때문이
다."
22 모지스가 그날 이 노래를 적어서
이즈리얼 자손에게 가르쳤다.
23 **주님**은 눈의 아들 자슈아에게 임무
를 맡기며 말했다. "대담하고 강한
용기를 내어라. 네가 이즈리얼 자
손을 내가 그들에게 맹세한 땅으
로 데려가야 하기 때문에, 내가 너
와 함께 있을 것이다."
24 모지스가 책에 법의 내용을 다 적
었을 때,
25 모지스가 **주님**의 약속의 상자를 져
나르는 리바이레위족에게 명령하
고, 이렇게 말했다.
26 "이 법의 책을 가져가서, 너희의 **주**
하나님의 약속의 상자 안에 넣어
라. 그것은 너희에게 증거가 될 것
이다.
27 내가 너희의 반발이나 완고함을
알기에, 보라, 아직 내가 이날 너희
와 함께 살아 있는 동안에도, 너희
가 **주님**에 맞서며 반발하는데, 내
가 죽은 후에는 얼마나 더 많이 그
런 일이 있을까?
28 내가 그들의 귀에 이 말을 할 수 있
고, 또 하늘과 땅을 불러, 그것을 기
록할 수 있도록, 너희 부족의 지도
자와 관리들을 나에게 모아와라.
29 내가 죽고 난 다음, 너희가 철저히

부패하고, 내가 너희에게 명령하
는 그 길로부터 이탈할 것을 알기
때문에, 또 **주님**의 시야에서 부정
을 행하여, 나중에 불행이 너희에
게 떨어지고, 너희가 한 일 때문에,
그의 분노를 도발시킬 것을 안다."
30 모지스가 이즈리얼의 군중 모두의
귀에 이 노래가 끝날 때까지 전부
말했다.

모지스의 노래

32 "하늘도 귀를 기울여, 내가
하는 이야기를 들어주고, 땅
도 내 입에서 나오는 말을 들어보
세요.
2 그리고 나의 가르침은 비처럼 내
리게 하고, 나의 연설은 물방울로
정화되어, 가랑비는 연한 풀에 내
려앉고, 소나기는 풀밭에 떨어지
게 해주세요.
3 왜냐하면 나는 **주님**의 이름을 알리
기 때문이에요. 그러니 여러분은
위대함을 우리 **하나님**에게 돌리세
요.
4 그는 흔들림 없는 바위이고, 그의
작품은 완벽하지요. 그의 길은 모
두 정의이므로, 진리와 무결점의
근본인 **하나님**이 바로 올바른 정의
자체입니다.
5 사람이 부패하면, 그 결함으로 인
해 **주님**의 자손이 되지 못하고, 심
술궂고 그릇된 세대가 되고 말아
요.
6 그런데 당신들은 **주님**에게 그런 식
으로 어리석고 무지한 백성으로
은혜를 갚아야 할까요? 그는 당신
을 데려온 아버지와 같은 존재가
아닌가요? 그가 당신을 만들고 일
으켜 세워주지 않았나요?
7 지난 날을 기억해보세요. 수많은
세대가 지나온 해를 생각해보세
요. 그리고 당신 조상에게 물어보
면, 대답해줄 테고, 원로에게 물으
면 말해주겠죠.
8 가장 높은 존재 그는, 그들의 유산
으로 여러 나라를 나누어 주면서,
특별히 애덤의 자손을 구분하여,
이즈리얼 자손 수 대로 민족 별로
경계를 정했어요.
9 **주님**의 몫은 자기 백성이고, 재이
컵야곱은 그가 물려준 할당 몫이에
요.
10 **주님**은 짐승이 울부짖는 불모지 사
막에서 재이컵을 발견하여, 이끌
고 가르쳐서, 자기 눈망울처럼 보
호했어요.
11 독수리가 제 둥지를 맴돌다, 새끼
위에서 퍼덕거리며 날개를 넓게
펴 새끼를 품듯,
12 그렇게 **주님**이 홀로 이즈리얼을 이
끌었을 때, 그와 함께 한 다른 신은
없었어요.
13 그는 재이컵을 땅위 높은 곳으로
올려, 들의 생산물을 먹게 하고, 바
위의 꿀을 빨게 하며, 단단한 돌 틈
의 기름을 먹게 했어요.

14 암소의 버터와, 양의 젖과, 새끼 양
과, 배이산바산에서 키운 숫양이나
염소의 지방과, 밀로 키운 가축의
지방과 함께 당신은 핏빛의 검붉
은 포도주를 마셨지요.
15 그런데 제슈런은 지방이 늘어 덩
어리로 덮이고 비대해지자, 자신
을 만든 **하나님**을 저버리고, 그의
구원의 바위를 가벼이 여겼어요.
16 사람들은 다른 신으로 그의 질투
를 자극하고, 혐오감으로 그의 분
노를 자극시켰어요.
17 그들은 **하나님**이 아닌 귀신과 알지
못하는 신들에게 제사하고, 당신
의 조상이 두려워하지 않는 새로
나타난 새 신들에게 제사했지요.
18 당신을 낳은 바위 같은 존재에게
마음을 쓰지 않고, 자신을 만든 **하
나님**을 잊었어요.
19 **주님**이 그것을 보자, 그들이 미워
진 이유는, 사람의 아들딸이 도발
했기 때문이지요.
20 그러자 그가 말했어요. '그들한테
서 얼굴을 숨기고, 나는 그들의 끝
을 두고 보겠다. 왜냐하면 그들은
대단히 뒤틀린 세대로, 그 자손은
믿음이 없기 때문이다.
21 그들은 **하나님**이 아닌 것을 가지고
나를 질투하게 만들었고, 자신들
의 허영심으로 나를 화나게 했다.
따라서 나는 민족도 아닌 사람을
가지고 그들이 질투하게 만들 것
이고, 어리석은 나라로 그들의 화
를 자극할 것이다.
22 나의 분노에 불이 붙었으므로, 지
옥의 밑바닥까지 태워버리고, 농
산물을 산출하는 땅을 태워버리
고, 산의 근원까지 불을 지르겠다.
23 나는 그들 위에 비행더미를 쌓고,
그들에게 내 화살을 쏴 버리겠다.
24 그들은 허기 속에 불에 태워지고,
타오르는 열기에 사로잡혀, 비참
하게 파멸 될 것이다. 나는 또 그들
에게 맹수의 이빨을 보내고, 흙먼
지를 기는 뱀의 독을 보내겠다.
25 밖에는 칼로, 안에는 공포로, 청년
과 처녀를 둘 다 파괴시키고, 젖먹
이나 머리가 센 노인 역시 모두 파
괴시켜 버리겠다.
26 나는 말했다. 너희를 구석으로 흩
어버리고 싶고, 사람의 기억에서
지워버리고 싶다고.
27 하지만 적의 비웃음을 염려하여,
그렇게 하지 않았는데, 혹시 적이
잘못 이해하고 행동하지 않도록,
혹시 이렇게, '**주님**도 못한 일을 우
리가 해냈으니, 우리 힘이 더 우세
하다'고 말하지 않도록 자제했다.
28 왜냐하면 그들은 조언도 소용없
고, 어떤 이해도 안 되는 나라이기
때문이다.
29 그들이 현명했더라면, 이것을 이
해했을 텐데, 그러면 자신들의 최
후도 생각할 수 있었을 텐데!
30 어떻게 하나가 천명을 쫓고, 둘이
만명을 날려버릴까? 그들의 바위

같은 존재가 그들을 팔아버리지
않고서야, 또 **주님**이 그들을 포기
하지 않고서야, 어떻게 가능할까?
31 더구나 그들의 바위는 우리의 바
위와 같지 않고, 우리의 적조차 스
스로 그렇게 판단하고 있기 때문
이다.
32 그들의 포도덩굴은 소듬의 포도에
서, 또 거머라의 들에서 나온 것이
므로, 그들의 포도는 담즙의 포도
이고, 그 송이는 쓰다.
33 그들의 포도주는 큰 뱀의 독이며,
코브라 맹독류의 치명적 독액이
다.
34 이 저주가 나의 창고에 쌓여, 나의
보물 가운데 봉해져 들어 있지 않
는가?
35 복수를 갚아 주는 일은 나에게 속
하는 일로써, 인간이 발을 헛디딜
때, 불행이 그들에게 다가서며 집
행을 서두를 것이다.
36 **주님**은 자기 백성을 유죄로 판결하
고, 또 그의 종들에 대해 스스로 후
회하고 있기 때문에, 사람은 힘이
사라져 무력해진 자신을 보게 되
면서, 재난을 막아줄 사람 하나 없
이 모두 떠났다는 것을 깨닫게 된
다.
37 그러면서 말할 것이다. '우리의 신
은 어디 있고, 믿었던 바위는 어딨
지?' 라고 하겠지.
38 도대체 누가 너희 제물의 지방을
먹고, 또 음료제물의 포도주를 마
셨나? 그들을 일으켜 너희를 돕게
하고 보호하게 해라.
39 보라, 나는 바로 인간의 주인님이
다. 나 이외 신은 없다. 나는 죽이고
살리고, 상처를 주고 치료를 해준
다. 내 손에서 빠져나갈 자는 하나
도 없다.
40 나는 내 손을 하늘로 들어올리고
진지하게 맹세한다. '나는 영원히
산다.
41 만약 내가 나의 번쩍이는 칼을 갈
고, 내 손이 유죄를 판결하면, 나는
적에게 복수하고, 나를 미워하는
자에게 갚아주겠다.
42 나의 화살은 피에 취하게 하고, 나
의 칼은 살을 먹어 치우게 하겠다.
그래서 시작부터 죽은자와 포로의
피로 적에게 복수를 하겠다.
43 오 너희 나라들아, 너희 백성과 함
께 기뻐해라. 왜냐하면 **주님**은 자
기 종의 피로 원수를 갚고 적에게
복수한 다음, 그의 땅과, 그의 백성
에게 자비를 베풀 것이다."
44 모지스가 눈의 아들 자슈아호세아와
함께 나와 이 말을 노래하며, 백성
의 귀에 전했다.
45 그리고 모지스가 이즈리얼 전체에
게 이 모든 이야기를 하며 연설을
마쳤다.
46 그가 그들에게 말했다. "내가 이날
당신 가운데 증언한 이 말을 마음
에 간직하세요. 그것은 여러분이
자손에게 명령하여, 이 법을 모두

실천하며 지키게 해야 합니다.
47 이것은 당신에게 헛된 것이 아니
라, 당신의 생명이기 때문에, 이 법
에 따라 여러분은 조든을 넘어가
서 소유하는 땅에서 오래 살게 될
거예요."
48 바로 그날 **주님**이 모지스에게 이렇
게 말했다.
49 "너는 이곳 애버림아바림 산에서 일
어나서, 제리코예리코, 여리고 맞은 편
모앱 땅 니보느보 산으로 올라가라.
그리고 캐이넌가나안땅을 바라보아
라. 그곳은 내가 이즈리얼 자손에
게 소유로 주는 장소다.
50 그리고 올라가는 그 산에서 죽어
라. 그리고 호르 산에서 죽어 조상
에게 합류했던 너의 형 애런아론처
럼, 너의 민족에게 합류해라.
51 왜냐하면 너희는 이즈리얼 자손
가운데 내게 맞서는 죄를 지었기
때문이다. 그 장소는 진 황야의 메
리바-커데쉬므리밧 카데스 우물이었
는데, 너희는 이즈리얼 자손 한가
운데서 나를 신성으로 인정하지
않는 죄를 지었기 때문이다.
52 오직 네 앞의 땅만 보게 하고, 그러
나 너는 내가 이즈리얼 자손에게
주는 땅에는 가지 못하게 하겠다."

모지스가 12부족 축복

33 **하나님**의 사람 모지스가 죽
기 전에 이즈리얼 자손을 다
음과 같이 축복했다.
2 모지스가 말했다. "**주님**은 사이나
이에 와서, 시어의 우리를 일으키
며, 패런 산에서 빛을 비췄어요. 그
는 자신을 따르는 수만의 성도 앞
에 나타나, 그의 오른손으로 이즈
리얼을 위한 열정적 법을 주었지
요.
3 맞아요, 그는 백성을 사랑했어요.
당신의 손안에 있는 모든 성도는
당신의 발 아래 앉아, 모두가 당신
의 말을 받아들입니다.
4 모지스가 명령한 법은, 재이컵의
공동체의 유산이 되었죠.
5 그리고 **주님**이 제슈런여수룬의 왕이
되었을 때, 이즈리얼 민족과 부족
의 대표가 모두 함께 모이게 되었
어요.
6 루번을 죽이지 말고 살려주며, 그
들의 사람 수가 소수인 채 내버려
두지 말아주세요."
7 다음은 쥬다유다를 축복하며, 그가
말했다. "**주님**, 쥬다의 목소리를 들
어주세요. 쥬다를 그의 백성에게
데려가 주고, 그의 손으로 스스로
보호하게 하며, 적을 막도록 그에
게 도움이 되어 주세요."
8 그리고 리바이를 축복하며, 그가
말했다. "당신의 써밈빛과 우림진리
이 당신의 신성한 사람과 함께 있
게 해주세요. 당신은 그들을 마사
에서 증명하게 했고, 또 당신은 메
리바므리바의 우물에서 그들과 함께
싸웠죠.

9 그들은 자신의 부모에게 말하며,
'나는 그들을 돌보지 못하고, 형제
도 모르고, 자손도 모른다'고 했는
데, 왜냐하면 리바이레위는 당신의
말을 따르고 당신의 약속을 지켰
기 때문이지요.
10 또 그들은 재이컵야곱에게 당신의
정의를 가르치고, 이즈리얼에게
당신의 법을 가르쳐야 하고, 당신
앞에 향도 피우고, 당신의 제단에
번제제물을 올려야 하니까요.
11 **주님**, 그의 봉헌물을 축복하고, 그
손으로 하는 일을 받아주세요. 리
바이에게 맞서 대들고 미워하는
자의 허리를 쳐버려, 다시는 일어
나지 못하게 하세요."
12 그리고 벤저민을 축복하며, 그가
말했다. "**주님**이 사랑하는 이 사람
들을 당신 옆에서 편안하게 살게
해주고, 오래 살도록 보호하며, 당
신의 어깨 사이에서 살게 해 주세
요."
13 그리고 조셉을 축복하며, 그가 말
했다. "그의 땅에 **주님**의 축복을 내
릴 때, 하늘의 귀중한 이슬로, 땅 아
래 깊은 물로 내리고,
14 태양으로 자란 소중한 열매로, 달
빛이 내놓는 소중한 것으로,
15 고대 산 중 가장 으뜸인 것으로, 영
원히 존재하는 언덕의 귀중한 것
으로,
16 땅의 값진 풍요와, 덤불에서 사는
인간의 선의로서, 조셉요셉의 머리
위에 복이 오게 하고, 그의 형제와
구별하여 특별히 그의 머리에 복
이 내리게 해주세요.
17 그의 영광은 그의 수송아지의 맏
배와 같고, 그의 뿔은 외뿔소 유니
콘의 뿔과 같아서, 그는 영광과 뿔
로 땅끝에 그 민족을 모이게 했어
요. 그래서 그들은 수만의 이프리
엄이 되고, 수천의 머나서가 되지
요."
18 그리고 그가 말했다. "제뷸런은 나
갈 때도 기뻐하고, 이써칼은 집안
에 있을 때도 기뻐하세요.
19 그들이 그 민족을 산으로 불러모
아, 정의의 제물을 올릴 겁니다. 왜
냐하면 그들은 바다도 넘치게 끌
어들이고, 모래 속에 숨겨진 보물
도 끌어들이니까요."
20 그리고 개드에 대하여 그가 말했
다. "개드가 번창하도록 축복받게
해주세요. 그는 사자처럼 적의 팔
을 꺾고, 머리에 크라운관을 쓰며,
살 겁니다.
21 그는 자신을 위해 가장 좋은 장소
를 골라서, 지도자의 자리를 유지
했고, 백성의 대표로 나와서, **주님**
의 정의와 법을 이즈리얼에게 집
행했어요."
22 그리고 댄에 대해 그가 말했다. "댄
은 사자의 새끼처럼, 배이샨 일대
를 뛰어오를 거예요."
23 그리고 냎털라이에 대해 그가 말
했다. "냎털라이, 당신들은 **주님**의

호의에 만족하고, **주님**의 축복을
가득 채우며, 서쪽과 남쪽으로 가
서 차지하세요."
24 그리고 애셜에 대해 그가 말했다.
"애셜이 자손과 함께 복을 받아, 형
제에게 받아들여지게 하고, 기름
에 발을 담그게 해주세요.
25 애셜의 신은 철과 황동으로 만들
어지고, 그들의 생애도 그렇게 힘
이 강해질 겁니다."
26 "제슈런여수룬의 **하나님**과 비슷한
것은 아무것도 없어요. 그는 당신
을 도으러 하늘을 달리며, 탁월함
으로 공중에서 날아가지요.
27 영원한 **하나님**은 당신의 피난처이
고, 그 아래에 영원한 군대가 있어
요. 그는 당신 앞에서 적을 몰아내
고 말할 거예요. '그들을 무찔러라'
라고.
28 그때는 이즈리얼만이 편안하게 살
게 되고, 재이컵의 샘은 곡식과 포
도주의 땅에 있고, 그의 하늘 역시
이슬을 내려줄 거예요.
29 오 이즈리얼, 여러분은 행복하세
요. 누가 당신과 같을까요! 이 민족
은 당신을 돕는 방패인 **주님**이 구
했는데, 그는 바로 영광의 칼이죠!
당신의 적은 거짓말쟁이로 알려질
것이고, 당신들은 적의 높은 장소
를 밟게 될 겁니다."

모지스의 죽음

34 모지스모세는 니보느보 산으
로 올라가, 모앱모압평원에서
제리코예리코, 여리고 건너편 피스가
의 정상으로 갔다. 거기서 **주님**이
그에게 길리얻길앗, 길르앗부터 댄에
이르는 땅 전체를 보여주었다.
2 냎털라이의 땅, 이프리엄과 머나
서의 땅, 쥬다의 땅과 지중해 바다
에 이르기까지,
3 남쪽과, 야자나무의 도성 제리코
계곡의 평원과, 멀리 조알까지 보
여주었다.
4 **주님**이 그에게 말했다. "이곳은 내
가 애이브러아브라함햄에게, 아이직
이사악, 이삭에게, 재이컵야곱에게 너
의 후손에게 줄 것이라고 말하며
맹세한 땅이다. 나는 그 땅을 네 눈
으로 보게 하지만, 네가 그곳으로
건너가지 못한다."
5 그래서 **주님**의 종 모지스는, **주님**의
말대로 모앱 땅에서 죽었다.
6 그리고 그는 베쓰피오 건너편 모
앱모압 땅 어느 계곡에 묻혔다. 그러
나 오늘까지 그의 무덤을 아는 사
람은 아무도 없다.
7 모지스가 죽었을 때 120세였는데,
그의 눈은 침침하지도 않았고, 기
력이 허약하지도 않았다.
8 이즈리얼 자손은 모지스를 위해
울며, 모앱평원에서 30일을 보냈
다. 그렇게 모지스를 슬퍼하며 애
도하는 기간이 끝났다.

9 그때 눈의 아들 자슈아여호수아는 지
혜로 영혼이 가득 찼다. 왜냐하면
모지스가 그에게 자신의 손을 얹
으며, 이즈리얼 자손이 그의 말을
들게 했기 때문으로, **주님**이 모지
스에게 명령한 대로 따랐던 것이
다.
10 그후 모지스와 견줄 만한 예언자
는 이즈리얼에서 더 이상 나오지
않았다. 그는 **주님**이 얼굴을 보며
알았던 사람으로,
11 모든 경이로운 표시와 놀라운 기
적을 가지고, **주님**이 이집트땅에서
그를 풰로우파라오, 바로와, 그의 신하
와, 그의 땅 전역에 실행하도록 보
냈음으로,
12 모지스가 막강한 손힘과, 엄청난
공포를 모든 이즈리얼의 눈 앞에
서 보였다.

약속의 땅

자슈아가 명령받다

1 **주님**의 종 모지스모세가 죽은 다
음, **주님**이 모지스의 부관, 눈의
아들 자슈아여호수아에게 이렇게 말
했다.
2 "나의 종 모지스가 죽었다. 그러니
이제 일어나, 너와 너희 민족 모두
조든요르단, 요단강을 넘어, 내가 이즈
리얼이스라엘 자손에게 줄 땅으로 가
라.
3 너희 발이 닿는 장소는, 모지스에
게 말한 대로 내가 너희에게 준 것
이다.
4 광야와 레바넌부터 큰 강 유프래
이티스 강과, 힡부족의 모든 땅과,
해가 지는 서쪽의 큰 바다 지중해
까지, 모두 너희 일대지역이 될 것
이다.
5 그곳에서 너희의 전 생애 내내, 너
희 앞에 나설 수 있는 자가 없도록,
내가 모지스와 함께 있었을 때처
럼 그대로, 내가 너희와 함께 있겠
다. 나는 너희를 실망시키거나 외
면하지 않겠다.
6 강하고 용감해져라. 왜냐하면 네
가 너희 민족에게 그 땅을 유산으
로 나눠줘야 하기 때문이다. 그곳
은 내가 그들에게 주겠다고 조상
에게 맹세했었다.
7 오직 너는 강하고 용감해져라. 그
러면 네가 모든 법을 따르며 지킬
수 있을 것이다. 그 법은 나의 종
모지스가 너에게 명령한 것으로,
오른쪽도 왼쪽도 이탈하지 않으
면, 네가 가는 길이 어디든 너는 성
공할 수 있을 것이다.
8 이 법의 책을 너희 입에서 떼어놓
아서는 안 된다. 대신 너는 밤낮으
로 그 안에서 명상을 해라. 그래야
너는 거기 적힌 대로 준수할 수 있
다. 그러면 너희는 번영의 길을 만
들 수 있고, 그때 훌륭한 성공을 거
두게 된다.
9 내가 너에게 명령하지 않았던가?
강한 용기를 내고, 두려워하지 말
고, 실망도 하지 마라. 왜냐하면 너
의 **주 하나님**이 네가 가는 길이 어
디든 너와 함께 있기 때문이다."
10 그때 자슈아는 백성의 관리들에게
이렇게 명령했다.
11 "군대로 가서 사람들에게, '3일 동
안 식량을 준비해라'고 명령해라.
너희는 조든을 넘어, 그 땅을 차지
하러 간다. 그곳은 너희 **주 하나님**

이 너희에게 소유로 주려는 땅이
다."
12 그리고 루번족과, 개드족과, 머나
서족 절반에게, 자슈아가 말했다.
13 "**주님**의 종 모지스가 너희에게 명
령한 말을 기억해라. 너희 **주 하나
님**이 너희에게 쉴 수 있도록 그 땅
을 주었다.
14 네 아내와, 아이들과, 가축은, 모지
스가 너희에게 준 조든 옆의 땅에
남겨 두고, 대신 너희는 형제 앞에
서서 무장하고 가서, 용맹한 힘센
장정 모두 그들을 도와라.
15 **주님**이 너희에게 주었듯이, 동족에
게 편안함을 줄 때까지, 그래서 그
들 역시 **주 하나님**이 그들에게 주는
땅을 소유하면, 그때 너희는 소유
한 땅으로 돌아가 그것을 즐겨라.
그곳은 **주님**의 종 모지스가 너희에
게 준 조든의 동쪽 해가 뜨는 땅이
다."
16 그러자 그들이 자슈아에게 대답했
다. "우리는 당신이 명령한 모든 것
을 따르며, 당신이 보내는 곳이면
어디든 가서 실행한 다음, 돌아가
겠어요.
17 우리는 모지스에게 모든 것을 들
은 대로, 그렇게 당신의 말을 듣겠
어요. 오직 당신의 **주 하나님**도 모
지스와 함께 했던 것처럼 당신과
함께 있을 것입니다.
18 당신의 명령에 맞서며 반항하는
자와, 당신의 명령을 듣지 않는 자
는 누구든지, 죽음에 처해야 합니
다. 오직 강하고 대범한 용기를 내
세요."

래이햅이 정탐꾼을 숨기다

2 눈의 아들 자슈아가 쉍팀시킴, 싯
딤에서 비밀리에 두 사람을 스파
이로 보내며 말했다. "그 땅에 가서
제리코예리코, 여리고를 살펴라." 그래
서 그들이 가서 래이햅라합이라는
매춘부의 집에서 묵었다.
2 그때 제리코의 왕에게 이런 소문
이 들렸다. "보라, 밤에 이곳으로
이즈리얼 자손 남자들이 나라의
정보를 알아내려고 왔다."
3 그래서 제리코왕이 래이햅에게 전
갈을 보냈다. "너의 집안에 들어와
있는 남자들을 데려와라. 왜냐하
면 그들은 나라 곳곳을 수색하러
왔기 때문이다."
4 그러자 여자는 두 남자를 데려가
숨기고 말했다. "남자들이 내게 오
기는 했어도, 나는 그들이 어디 있
는지 몰라요.
5 일이 이렇게 되었어요. 문을 닫을
즈음 어두워졌을 때, 그 남자들이
나도 모르는 사이에 떠났어요. 서
둘러 그들을 뒤쫓으세요. 당신들
이 그들을 잡아야 해요."
6 그러나 그녀는 그들을 데려가, 지
붕 아래에 나란히 쌓아 놓은 아마
줄기로 숨겼던 것이다.
7 사람들이 그들의 뒤를 쫓으려고

추격하여 조든으로 가는 길의 얕
은 여울로 나가자마자, 성문이 닫
혔다.
8 그리고 그들이 눕기 전에 그녀가
지붕에 있는 그들에게 올라가서,
9 남자들에게 말했다. "나는 **주님**이
당신들에게 그 땅을 주었다는 것
을 알아요. 그래서 우리에게 당신
들에 대한 두려움이 생겼고요. 그
때문에 이 땅의 거주민들이 모두
거의 기절할 상태예요."
10 우리가 들은 바는, 당신들이 이집
트에서 나왔을 때, **주님**이 당신을
위해 홍해 바닷물을 어떻게 말렸
는지, 조든강 동쪽의 애머리족의
두 왕, 시흔시혼과 오그옥를 당신들
이 어떻게 철저히 파괴했는지에
관한 것이죠.
11 우리는 이 소문을 듣자마자, 가슴
이 철렁 내려앉아, 당신들 때문에
누구도 더 이상 용기가 남아 있지
않아요. 이것은 당신의 **주 하나님**이
하늘과 땅의 **하나님**이기 때문이에
요.
12 그래서 내가 부탁하는데요, **주님**의
이름으로 내게 맹세해 주세요. 내
가 당신에게 친절을 보였으니까,
당신들 역시 나의 아버지 집안에
친절을 보여주고, 진실의 증거를
주세요.
13 당신들은 나의 아버지와 어머니,
형제자매의 생명을 구하고, 또 그
들이 가진 모든 것을 구해줄 수 있
을 거예요. 우리의 목숨을 죽음에
서 구해주세요."
14 남자들이 그녀에게 대답했다. "만
약 당신이 우리 일을 말하지 않으
면, **주님**이 그 땅을 우리에게 줄 때,
우리는 당신을 호의와 진실로 대
하겠어요."
15 그때 그녀는 창문을 통해 그들을
밧줄로 내려가게 해주었다. 왜냐
하면 그녀는 마을의 성벽 위에 있
는 집에서 살고 있었기 때문이다.
16 그녀가 그들에게 말했다. "산으
로 가면, 추적자들이 당신을 만나
지 못해요. 거기서 그들이 되돌아
갈 때까지 3일간 몸을 숨기면, 그
후 당신은 갈 길을 갈 수 있을 거예
요."
17 남자들이 그녀에게 말했다. "우리
는 당신에게 한 우리의 맹세를 부
끄럽지 않게 만들겠어요.
18 보세요, 우리가 이 땅으로 들어오
게 될 때, 당신은 주홍실 한 다발을
우리를 내려 보냈던 그 창문에 묶
어 놓아야 해요. 당신은 당신의 아
버지, 어머니, 형제와 당신 아버지
집안 가족을 당신 집으로 데려오
세요.
19 당신의 집문 밖으로 나가는 사람
이 있다면, 죽게 되어도 우리에게
는 죄가 없어요. 누구든지 당신과
함께 집에 있는 사람의 목숨에 대
해서는 우리가 책임질 거예요.
20 만약 당신이 우리 일을 말하면, 우

리는 당신이 맹세시킨 당신에 대
한 맹세를 중단합니다."
21 그녀가 말했다. "당신 말 대로 따르
겠어요." 그들을 보내어, 그들이 떠
나자, 그녀는 창문에 주홍색 실을
묶어 두었다.
22 그들이 떠나 산으로 가서 추적자
들이 되돌아갈 때까지 3일간 머물
렀다. 추적자들은 길마다 구석구
석 찾았지만, 그들을 발견하지 못
했다.
23 그래서 두 남자는 산에서 내려와
강을 건너 눈의 아들 자슈아에게
왔다. 그리고 자신들에게 벌어진
모든 것을 그에게 전했다.
24 그들이 자슈아에게 말했다. "사실
대로, **주님**은 모든 땅을 우리 손 안
에 넘겼어요. 왜냐하면 그 나라 모
든 주민이 우리 때문에 기가 죽어
있었어요."

이즈리얼이 조든을 넘다

3 자슈아여호수아가 아침 일찍 일어
나, 그와 이즈리얼 자손 모두가
싵팀에서 조든으로 이동하여 그
앞에서 묵었다.
2 3일이 지난 다음, 장교들이 진영을
두루 돌아다녔다.
3 그들이 사람들에게 명령했다. "너
희가 **주 하나님**의 약속의 상자를 지
켜보다가, 리바이레위 제사장들이
옮기는 것을 보면, 그때 너희 장소
에서 그것을 따라 움직이며, 이동
하여 가라.
4 하지만 너희와 상자 사이에 2천 큐
빝약 900m 정도 거리를 두며, 가까이
접근하지 마라."
5 자슈아가 사람들에게 말했다. "내
일까지 자신을 깨끗하게 씻어 정
화해라. **주님**이 너희에게 기적을
일으킬 것이다."
6 자슈아가 제사장들에게 말했다.
"약속의 상자를 들어 사람들 앞에
놓아라." 그래서 그들이 약속의 상
자를 들고 사람들 앞으로 갔다.
7 **주님**이 자슈아에게 말했다. "이날
내가 모든 이즈리얼이 보는 앞에
서 너의 힘을 크게 늘릴 것이다. 그
러면 그들이 알 수 있을 것이다. 내
가 모지스와 함께 했듯이, 내가 너
와 같이 있을 것이다.
8 너는 너희가 조든강가에 올 때, 제
사장들에게 약속의 상자를 나르라
고 명령하고, 너희는 조든에서 움
직이지 말고 서 있어야 한다."
9 자슈아가 이즈리얼 자손에게 말했
다. "여기 와서 당신의 **주 하나님**의
말을 들어봐라."
10 자슈아가 말했다. "여러분 사이에
살아있는 존재로 우리가 알고 있
는 **하나님**이, 당신 앞에서 캐이넌
족, 힡족, 하이브족, 퍼리즈족, 거가
쉬족, 애머리족, 제뷰스족을 밖으
로 몰아낼 것이다.
11 보라, 이제 땅위에 있는 **주님**의 약
속의 상자가 너희 앞에서 조든으

로 건너간다.
12 이제 너희는 이즈리얼 각 부족에
서 한 사람씩 12사람을 선발해라.
13 그러면 모든 땅위의 주인이, **주님**
의 상자를 옮기는 제사장들의 발
이 닿자마자 조든강을 쉬게 하여,
위에서 아래로 흐르는 강물이 차
단되어, 언덕처럼 서 있게 될 것이
다."
14 그래서 사람들이 자신의 천막을
거두어, 조든에 올 때, 제사장들은
사람들에 앞서 약속의 상자를 지
고 날랐다.
15 상자를 진 그들의 발이 조든에 와
서, 제사장들이 발을 강가에 깊이
담겼다. [당시 조든강은 수확기마
다 모든 둑이 범람하고 있었는데,]
16 그러자 위에서부터 아래로 흐르던
강물이 멈춰 서서, 재레탄 옆에 있
는 애덤 도성으로부터 대단히 멀
리 떨어져서 더미처럼 솟아올랐
다. 그래서 평원의 바다 쪽으로 흐
르던 강물은, 사해로 가지 못하고
차단되어서, 사람들이 제리코 맞
은편으로 곧바로 건넜다.
17 모든 이즈리얼 자손이 무사히 마
른 땅으로 조든강을 건널 때까지,
주님의 약속의 상자를 옮기는 제사
장들이 조든강 한가운데 마른 땅
에 서 있었다.

조든의 12돌을 세우다

4 모든 사람이 조든강을 무사히
건너자, **주님**이 자슈아에게 말
했다.
2 "너는 너희 민족 가운데 12사람을
선발하는데, 부족마다 남자 하나
씩이다.
3 그들에게 다음을 명령해라. '조든
강 한가운데에서, 제사장이 발을
굳건히 딛고 섰던 장소에 있던 12
돌을 빼내어 가져와, 너희가 이날
밤 묵을 장소에 옮겨 두어라."
4 그래서 자슈아가 12 사람을 불렀
는데, 이들은 이즈리얼 자손 가운
데 부족마다 남자를 미리 선발해
두었다.
5 자슈아가 그들에게 말했다. "너희
는 조든 한가운데 있는 **주 하나님**의
상자 앞에 가서, 각자 자기 어깨 위
에 돌을 하나씩 지고 와라. 이즈리
얼 자손의 부족 수만큼이다.
6 이것은 너희에게 표시가 되도록,
앞으로 너희 자녀가 아버지에게
물으며, '이 돌의 의미가 뭐죠?' 라
고 하면,
7 이렇게 대답해야 한다. '조든강물
이 **주님**의 약속의 상자 앞에서 차
단되었다. 당시 조든을 건널 때, 물
이 없어졌던 것이다. 따라서 이 돌
들은 이즈리얼 자손에게 영원한
기념이 되어야 한다.'"
8 그래서 이즈리얼 자손은 자슈아의
명령에 따라 조든강 한가운데에서

12 돌을 가져갔다. **주님**이 자슈아
에게 말했던 대로 이즈리얼부족의
숫자만큼, 그들이 묵을 장소까지
옮겨 놓았다.
9 자슈아가 조든강 가운데에 있던
12 돌을 세워놓았다. 돌이 있던 자
리는 약속의 상자를 나르는 제사
장들의 발이 닿은 곳으로, 그 돌들
은 오늘날까지 그곳에 있다.
10 상자를 나르는 제사장들은 조든강
가운데 서서, **주님**이 자슈아에게
지시한 일이 모두 끝날 때까지 있
으면서, 모지스가 자슈아에게 명
령한대로 했다. 그래서 사람들이
서둘러서 건넜다.
11 모든 사람이 무사히 건너자, 사람
들 앞에서 **주님**의 상자와 제사장들
이 건넜다.
12 그리고 루번자손과, 개드자손과,
머나서 자손부족 중 절반이 무장
한 채 이즈리얼 앞에서 건넜다. 모
지스가 지시한 대로 따랐다.
13 전투태세를 갖춘 약 40,000명이, **주**
님 앞에서 싸우기 위해 제리코 평
원으로 넘어갔다.
14 그날 **주님**은 모든 이즈리얼의 눈
앞에서 자슈아의 힘을 강화시켰
다. 그래서 모지스가 살았을 때 사
람들이 모지스를 두려워하듯, 역
시 자슈아를 두려워했다.
15 **주님**이 자슈아에게 말했다.
16 "증거의 상자를 지고 나르는 제사
장들에게, 조든에서 나오라고 명
령해라."
17 그래서 자슈아가 제사장들에게 명
령했다. "이제 너희는 조든강에서
나와라."
18 **주님**의 약속의 상자를 지는 제사장
들이 조든강 가운데에서 나와, 제
사장의 발이 마른 땅위로 올라오
자, 조든강물이 제자리로 되돌아
가서, 이전처럼 강둑마다 흘러 넘
쳤다.
19 첫째 달 열흘에 사람들이 조든강
을 건너와서, 제리코의 동쪽 경계
선 길갤에서 야영했다.
20 그들이 조든에서 가져온 12돌을
자슈아가 길갤에 고정시켜 세웠
다.
21 그가 이즈리얼 자손에게 말했다.
"너희 자손이 언젠가 아버지에게
질문하며, '이 돌들은 무엇을 의미
하죠?' 라고 물으면,
22 그때 여러분은 자손이 알도록, '이
즈리얼이 조든강의 마른 땅위를
건넜다'고 말해주어야 한다.
23 너희 **주 하나님**이 당신 앞에서 조든
강물을 말리며, 우리가 넘어갈 때
까지 있었다. 당신의 **주 하나님**이
홍해에서 했던 그 대로다. 그때 그
는 우리 앞에서 우리가 건너갈 때
까지 바다를 말렸다.
24 따라서 지상의 사람들 모두가 **주님**
의 손힘이 막강하다는 것을 알 수
있고, 당신은 영원히 **주 하나님**을
경외할 수 있을 것이다."

캐이넌 할례 및 통과축일

5 조든강 서쪽의 애머리아모리부족
의 왕들과, 염해 옆의 캐이넌가
나안부족의 왕들 모두, **주님**이 이즈
리얼 자손 앞에서 그들이 넘어올
때까지 조든강물을 말렸다는 소식
을 듣고, 그들의 심장이 녹았고, 이
즈리얼 자손 때문에 더 이상 제 정
신이 아니었다.
2 그때 **주님**이 자슈아에게 말했다.
"너는 예리한 단검을 만들어, 이즈
리얼 자손에게 두 번째 할례를 해
라."
3 그래서 자슈아는 뾰족한 단검을
만들어, 이즈리얼 자손의 포피 끝
을 할례해주었다.
4 자슈아가 할례한 이유는, 이집트
를 나온 그 민족의 남자와, 전쟁에
나간 남자까지 모두가, 이집트에
서 나온 후 광야의 여행길에서 죽
었기 때문이었다.
5 당시 이집트를 나온 사람들은 할
례를 받았지만, 황야의 여행길에
서 태어난 모두는, 이집트를 떠난
사람처럼 할례를 받지 않았다.
6 이즈리얼 자손이 황야에서 40년
걷는 동안, 이집트를 떠나 전쟁에
나갔던 모든 사람이 죽었다. 그들
은 **주님**의 목소리에 복종하지 않았
기 때문에, **주님**이 맹세하며, 우리
에게 주겠다고 조상에게 맹세했던
젖과 꿀이 흐르는 그 땅을 보여주
지 않겠다고 했던 것이다.
7 그러면서 부모 대신 키운 자녀들
에게 자슈아가 할례를 해주었다.
자녀들이 할례받지 못한 이유는,
여행길에서 자식에게 할례를 해주
지 않았기 때문이었다.
8 모두에게 할례하는 기간 동안, 사
람들은 전체가 다 끝나도록, 자신
의 막사 안에서 머물렀다.
9 **주님**이 자슈아에게 말했다. "이날
나는 이집트의 수치를 너희한테서
떨쳐버렸다." 그래서 오늘날 이 장
소를 길갤이라고 부른다.
10 이즈리얼 자손은 길갤에서 야영하
며, 제리코 평원에서 그 달 14일 저
녁에 통과축일을 지켰다.
11 그리고 그들은 통과축일 다음날,
그 땅의 묵은 옥수수와 무효모빵
을 먹었고, 같은 날 볶은 옥수수도
먹었다.
12 그들이 그 땅의 묵은 옥수수를 먹
은 다음 날 매나만나가 중단되었다.
이즈리얼 자손은 더 이상 매나를
먹지 않았고, 대신 그 해 캐이넌땅
에서 난 열매를 먹었다.
13 자슈아가 제리코 옆에 있었을 때,
눈을 들어 보니, 그의 맞은편에 한
남자가 손에 칼을 빼 들고 서 있었
다. 자슈아가 그에게 가서 질문하
며 물었다. "너는 우리편인가, 아니
면 적인가?"
14 그가 말했다. "적이 아니다. 나는
지금 **주님** 군대의 대장으로 온 것
이다." 그러자 자슈아가 땅에 얼굴

을 숙이고 경배하며 말했다. 나의
주인님은 그의 종에게 무엇을 말
하려 하나요?"
15 **주님** 군대의 대장이 자슈아에게 말
했다. "네 발에서 신을 벗어라. 네
가 선 이곳은 신성한 곳이다." 그래
서 자슈아가 그렇게 했다.

제리코성 함락

6 이제 제리코예리코, 여리고성은 이즈
리얼 자손 때문에, 아무도 나가지
도 들어오지도 못하게 곧바로 차
단되었다.
2 **주님**이 자슈아에게 말했다. "보라,
나는 네 손에 제리코를 넘겨주고,
그곳의 왕과 용감한 자를 넘겼다.
3 너희 전쟁용사 모두 가서, 도성 주
위를 에워싼 다음, 주위를 한바퀴
돌아라. 그렇게 6일간 해야 한다.
4 일곱 제사장은 상자 앞에서 7개의
숫양뿔로 만든 트럼필을 들어라.
너희는 7일간 일곱 차례 그 도성을
에워싸야 하고, 제사장은 트럼필
을 불어야 한다.
5 그들이 숫양뿔로 길게 불 때, 트럼
필 소리를 들은 모든 사람은 엄청
난 소리를 질러서, 도성벽을 무너
뜨려야 한다. 그리고 사람들 모두
가 앞으로 곧바로 올라가야 한다."
6 눈의 아들 자슈아가 제사장을 불
러 말했다. "일곱 제사장은 약속의
상자를 가져 가면서, **주님**의 약속
의 상자 앞에서 7개의 숫양뿔로 만
든 트럼필을 들어라."
7 그가 또 사람들에게 말했다. "가서
도성을 둘러싸라. 무장군대는 **주님**
의 상자 앞에서 가도록 해라."
8 자슈아가 사람들에게 말하자, 숫
양뿔로 만든 7개의 트럼필을 가진
7 제사장들이 **주님** 앞에 가면서, 트
럼필을 불었고, **주님**의 약속의 상
자가 그들 뒤를 따랐다.
9 무장군대는 트럼필을 부는 제사장
앞에서 갔고, 후진이 트럼필을 부
는 제사장이 가는 상자의 뒤에서
따라갔다.
10 자슈아가 사람들에게 명령했다.
"너희는 소리치지 말고, 소란스러
운 목소리도 내지 말고, 입으로 어
떤 말도 하면 안 되고, 내가 소리지
르라고 명령하면, 그때 모두 소리
를 질러야 한다."
11 그렇게 한차례 **주님**의 상자가 도성
을 둘러쌌다 돌아가서 진영에 머
물렀다.
12 자슈아는 아침에 일찍 일어났고,
제사장들은 **주님**의 상자를 들었다.
13 숫양뿔로 만든 7 트럼필을 가진 7
제사장들은, **주님**의 상자 앞에서
가면서 계속해서 트럼필을 불었
고, 무장군대는 그들 앞에서 가는
한편, 후진은 트럼필을 부는 제사
장이 들고 가는 **주님**의 상자 뒤에
서 따라갔다.
14 둘째 날, 그들은 도성을 한 번 에워
싼 다음, 다시 진영으로 돌아왔고,

6일간 그렇게 했다.
15 7일째 날이 되자, 그들은 새벽녘
일찍 일어나서, 일곱 차례 오직 에
워싸기만 했던 같은 식으로 도성
을 둘러쌌다.
16 일곱 번째 날이 되어, 제사장들이
트럼펕을 불자, 자슈아가 사람들
에게 말했다. "소리쳐라! **주님**이 너
희에게 그 도성을 주었기 때문이
다.
17 그리고 도성과 그 안에 있는 모든
것이 **주님**에게 저주를 받았다. 매
춘부 래이햅은 우리가 보냈던 전
령을 숨겨주었기 때문에, 그녀와
그녀의 집안 모두가 살 것이다.
18 너희가 저주받은 것을 빼앗은 다
음, 이즈리얼 진영에 저주를 만들
어 그것으로 인해 어려움이 생기
지 않도록, 너희 자신도 저주받지
않도록, 저주받은 모든 것으로부
터 자신을 지켜라.
19 하지만 은과 금으로 만든 모든 것
과 동과 철로 만든 그릇은 봉헌하
여 **주님**의 재정으로 들어와야 한
다."
20 그래서 제사장들이 트림핏을 불
때, 사람들이 소리쳤다. 사람들이
함성을 지르자 벽이 무너져 내렸
고, 모든 사람이 곧바로 도성 안으
로 들어가 차지했다.
21 그들은 도성 안에 있는 남자나, 여
자나, 어린이나, 노인이나, 소나, 양
이나, 나귀나, 모든 것을 칼끝으로
철저히 파괴했다.
22 자슈아가 그 나라를 정탐했던 두
남자에게 말했다. "매춘부의 집으
로 가서 너희가 맹세한대로 그 여
자와 그녀가 가진 모든 것을 데려
오너라."
23 정탐하러 갔던 젊은 두 남자가 래
이햅과 그녀의 아버지, 어머니와,
형제들과, 그녀가 가진 모든 것과,
그녀의 친척 모두를 데려와서 이
즈리얼의 진영 밖에 두었다.
24 그들은 도성과 그 안에 있는 모든
것을 불로 태웠고, 단지 은과 금으
로 된 것과, 동과 철로 된 모든 그
릇은, **주님**의 재물보관소에 두었
다.
25 자슈아는 매춘부 래이햅을 살려주
었고, 그녀의 아버지 가족과 그녀
가 가진 모든 것을 구해주어, 심지
어 오늘날까지 이즈리얼 안에서
산다. 왜냐하면 그녀는 자슈아가
제리코로 탐색하러 보냈던 전령을
숨겨주었기 때문이다.
26 자슈아가 그때 명령했다. "**주님** 앞
에서 제리코성을 일으켜 세우는
사람은 저주받을 것이다. 그가 기
반을 놓으면, 첫째 아들을, 성문을
세우면, 막내 아들을 잃은 것이다."
27 그렇게 **주님**이 자슈아와 함께 있어
서, 자슈아의 명성이 온 나라 전역
에 들끓었다.

애콜계곡의 돌더미

7 그러나 이즈리얼 자손이 저주받
은 물건을 가져가는 죄를 저질
렀다. 쥬다부족 중 제라의 아들 잽
디의 아들 카미의 아들 애이컨아칸,
아간이, 저주물을 가져가서, **주님**이
이즈리얼 자손에 대해 몹시 화가
났다.
2 한편, 자슈아가 제리코에서 베썰베
텔, 벧엘 동쪽 베쌔이븐 옆에 있는 애
이아이아이로 사람을 보내며 이렇
게 말했다. "가서, 그 나라를 살펴
라." 그래서 사람들이 가서 애이아
이를 살폈다.
3 그들이 자슈아에게 되돌아와서 말
했다. "사람이 모두 갈 필요없이,
이 삼천 명만 가서, 애이아이를 무
찌르게 하세요. 모든 사람을 그곳
에 보내어 애쓰게 할 필요도 없이,
그들의 수가 몇 안 되기 때문이에
요."
4 그래서 약 삼천 명이 그곳으로 싸
우려고 갔지만, 애이아이 사람들
앞에서 도망쳐버렸다.
5 애이아이 사람이 이즈리얼 약 36
명을 무찔렀다. 애이아이 사람은
문 앞에서 쉐바림까지 이즈리얼을
쫓아와서, 아래로 내려가는 그들
을 쳤다. 그래서 이즈리얼의 마음
이 녹아내려 물처럼 허물어졌다.
6 그러자 자슈아가 자신의 옷을 찢
고 괴로워하며 **주님**의 상자 앞에서
저녁 때까지 얼굴을 땅에 대고 있
었고, 그와 함께 이즈리얼 원로도
그들의 머리에 흙먼지가 쌓였다.
7 자슈아가 말했다. "오 **주 하나님**! 어
째서 당신은 조든강을 넘도록 이
백성을 데려와 놓고, 애머리의 손
에 우리를 넘겨 치게 합니까? 차라
리 **하나님**은 우리를 조든 저쪽에서
살게 했다면 더 좋았을 텐데 말이
죠!
8 오 **주님**, 이즈리얼이 적 앞에서 등
을 돌려 도망치는데 내가 무슨 말
을 해야 하나요!
9 캐이넌가나안족과 그 땅의 모든 주
민이 그 소문을 듣고, 우리를 포위
하고 우리의 이름을 땅에서 제거
해 버리면, 당신의 위대한 이름이
어떻게 되나요?"
10 **주님**이 자슈아에게 말했다. "일어
나라. 네가 왜 그렇게 고개를 숙이
고 있지?
11 이즈리얼은 죄를 지으며 그들에게
명령한 나의 계약도 위반했다. 왜
냐하면 그들이 저주받은 물건을
빼앗고 훔쳐서, 심지어 그것을 제
물건 속에 숨기기까지 했다.
12 그래서 이즈리얼 자손이 적에 맞
서지 못하고, 오히려 적 앞에서 후
퇴했던 것이다. 왜냐하면 그들이
저주받았기 때문이다. 저주받은
물건을 없애지 않는 한, 나는 더 이
상 너희와 함께 있지 않겠다.
13 일어나서 사람들을 정화시키고,
이렇게 전해라. '내일까지 자신을

정화해라. 이즈리얼의 **주 하나님** 말
에 의하면, 너희 가운데 저주받은
물건이 있다. 이즈리얼, 너희가 저
주받은 물건을 없앨 때까지, 적에
맞설 수 없다'고 해라.
14 그러니, 너희는 아침에 부족 별로
나와야 하는데, 그 중 **주님**이 택하
는 부족은 가문 별로 나와야 하고,
그 중 **주님**이 택한 가문은 집안 별
로 나와야 하고, 그 중 **주님**이 택한
집안은 남자들이 나와야 한다.
15 그리고 저주받은 물건을 소지한
자는 불로 태우고, 그가 가진 모든
것을 태워야 한다. 왜냐하면 그는
주님의 약속을 위반하여, 이즈리얼
가운데 어리석은 일을 했기 때문
이다."
16 그래서 자슈아는 아침에 일찍 일
어나, 부족 별로 이즈리얼을 소집
했고, 그 중 쥬다유다부족이 선별되
었다.
17 그는 쥬다부족을 세워, 자하이트
가문을 택하고, 자하이트 가문을
세워, 그 집안 남자들 가운데서 잽
디를 선별했다.
18 자슈아는 쥬다부족 가운데 제라의
아들 잽디의 아들 카미의 아들 애
이컨을 지목했다.
19 자슈아가 애이컨에게 말했다. "민
족의 아들아, 내가 부탁하니, 이즈
리얼의 **주 하나님**에게 영광을 돌리
고 그에게 고백해라. 네가 지금 무
엇을 가졌는지 나에게 숨기지 말
고 말해라."
20 애이컨이 자슈아에게 대답하며 말
했다. "사실은 내가 이즈리얼의 **주
하나님**을 어기고 그런 일을 했어
요.
21 내가 전리품인 값진 배블런의 의
복과 은 200쉐클약 2.3Kg과 50쉐클
570g 무게의 금덩이를 보자, 탐이 나
서 그것을 빼앗아 나의 천막 안 땅
에 숨기고, 또 은은 그 아래에 숨겼
어요."
22 그래서 자슈아가 전령을 보냈고,
그들이 천막으로 달려가 보니, 그
의 천막 안에 그것이 숨겨져 있었
고, 또 은은 그 아래에 있었다.
23 그들이 천막 가운데서 그것을 들
고 자슈아와 이즈리얼 자손에게
가져와, **주님** 앞에 내놓았다.
24 자슈아와 그와 함께 있던 이즈리
얼 모두가 제라의 아들 애이컨과
은, 옷, 금괴, 그의 아들딸들, 소, 나
귀, 양, 그의 천막 및 그가 가진 모
든 것을 애콜아코르, 아골계곡으로 데
려갔다.
25 자슈아가 말했다. "어째서 너는 우
리를 어렵게 만드나? **주님**이 이날
너에게 벌을 줄 것이다." 그러자 이
즈리얼 모두가 그를 돌로 쳐서 죽
인 후 불로 태웠다.
26 그날 그들이 그 사람 위에 돌더미
를 엄청나게 쌓았다. 그러자 **주님**
의 분노가 가라앉았다. 그래서 오
늘날까지 그곳의 이름을 애콜계곡

이라 부르게 되었다.

애이아이 매복

8 **주님**이 자슈아여호수아에게 말했
다. "두려워 말고 당황하지도
마라. 너는 일어나서, 싸울 사람을
모두 데리고 애이아이아이로 올라
가거라. 나는 애이아이 왕과 그의
백성과 도성과 그의 땅을 네 손안
에 주었다.
2 너는 애이아이와 그 왕에 대해, 제
리코와 그 왕에게 했던 그대로 해
야 한다. 그곳의 전리품과 가축만
은 약탈물로 가져와야 한다. 너는
그 도성 뒤에 매복을 심어 두어라."
3 그래서 자슈아와 전사들이 모두
일어나 애이아이를 향해 올라갔는
데, 자슈아는 용사 30,000 명을 뽑
아 밤 사이에 보냈다.
4 그는 전사들에게 명령했다. "보라,
너희는 도성 맞은편과 뒤편에서
기다리는데, 도성으로부터 그리
멀리 떨어지지 말고 대기해라.
5 그러면 나는 모든 사람과 함께 도
성으로 접근할 것이다. 그때 그들
이 우리를 대적하러 나오면, 우선
그들 앞에서 우리가 도망을 칠 것
이다.
6 [그들이 우리를 뒤쫓아 나오도록
하기 위하여], 처음에 우리가 도성
에서 그들을 끌어낼 때까지, 적들
이, '이즈리얼이 우리 앞에서 도망
간다'고 말하도록 도망쳐야 한다.
7 그때 너희는 매복에서 일어나 도
성을 장악해라. 왜냐하면 너희 **주
하나님**이 너희 손에 도성을 넘겼기
때문이다.
8 너희가 도성을 빼앗으면, **주님**의
명령대로 도성을 불태워야 한다.
내가 너희에게 이것을 명령한다."
9 그렇게 자슈아가 그들을 보냈고,
그들은 가서 베썰베텔, 벧엘과 애이아
이 사이 서쪽 덤불에 매복하여 대
기했다. 하지만 자슈아는 밤에 이
즈리얼 사람들 사이에 있었다.
10 자슈아가 아침에 일찍 일어나, 이
즈리얼 원로들과 함께 사람 수를
센 다음, 사람들 앞에 서서 애이아
이로 올라갔다.
11 자슈아와 함께 있던 군인 모두가
가서, 가까이 접근하여 도성 앞까
지 온 다음, 애이아이 북쪽에 진을
쳤다. 이제 그들은 계곡과 애이아
이 사이에 있었다.
12 자슈아는 약 5,000 명을 뽑아 베썰
과 애이아이 사이 도성 서쪽에 매
복시켰다.
13 모든 군대를 도성 북쪽에 배치하
고, 대기 중인 매복군은 도성 서쪽
에 대기시키고, 밤에 자슈아가 계
곡 한가운데까지 갔다.
14 그때 애이아이 왕이 그것을 보고,
급히 일찍 일어나, 이즈리얼에 맞
서 싸우려고 나와서, 예상대로 그
와 도성 사람들이 평원 앞에 왔다.
하지만 그는 도성 뒤에서 대기하

는 덤불 속 매복군은 미처 생각하
지 못했다.
15 자슈아와 모든 이즈리얼은 마치
자기들이 적 앞에서 패배한 듯한
상황을 만들며, 황야로 달아났다.
16 애이아이에 있던 모든 사람이 집
결하여, 자슈아 뒤를 추격하면서,
도성으로부터 멀리 이끌려 나갔
다.
17 애이아이나 베썰에는 이즈리얼 뒤
를 쫓아가지 않고 남아 있는 사람
이 아무도 없었고, 도성을 열어 둔
채 나가서 이즈리얼 뒤를 추격했
다.
18 **주님**이 자슈아에게 말했다. "애이
아이를 향해 네 손에 든 창을 뻗어
라. 그러면 내가 너의 손안에 그것
을 주겠다." 그래서 자슈아가 도성
을 향해 손에 든 창을 뻗었다.
19 그가 손을 뻗자마자 매복이 자리
에서 재빨리 일어나, 도성으로 달
려들어가 점령하고, 서둘러 불을
질렀다.
20 그리고 애이아이 사람이 자신들
뒤를 돌아보고, 도성에서 하늘로
연기가 솟아오르는 것을 보자, 이
쪽도 저쪽으로도 도망갈 힘이 빠
져버렸다. 그때 황야로 달아났던
이즈리얼이 추적자에게 돌아섰다.
21 자슈아와 모든 이즈리얼은 매복군
이 점령한 도성에서 연기가 오르
는 것을 보자, 돌아서서 애이아이
사람들을 죽였다.
22 도성에서 이즈리얼을 쫓아 나온
애이아이 군인들로서는, 일부는
이쪽에 또 다른 일부는 저쪽에 있
는 이즈리얼의 한 가운데 위치하
게 되었다. 그들이 그들을 무찔렀
기 때문에 남아있거나 도망간 사
람이 아무도 없었다.
23 그들은 애이아이 왕을 생포하여
자슈아에게 데려갔다.
24 모든 이즈리얼부족이 애이아이 쪽
으로 뒤돌아서, 자신들을 추격하
러 황야의 벌판까지 나왔던 애이
아이 사람을 섬멸할 때까지 모두
쓰러뜨렸는데, 모든 이즈리얼 사
람은 애이아이를 향해 몸을 돌려
칼끝으로 도성 안에 있는 모두를
무찔렀다.
25 그래서 그날 쓰러진 애이아이의
남녀는 모두 12,000명이었다.
26 자슈아가 애이아이 사람을 완전히
쳐부술 때까지, 창을 뻗은 채 손을
끌어당기지 않았기 때문이었다.
27 가축과 도성의 전리품만은 **주님**이
자슈아에게 명령했던 말에 따라,
이즈리얼이 자신들의 포획물로 가
져갔다.
28 자슈아가 애이아이를 불태워서,
그곳은 오늘날까지 영원히 폐허
더미가 되었다.
29 자슈아는 저녁 무렵까지 애이아이
왕을 나무에 매달고, 해가 진 다음
곧바로 나무에서 시신을 내려, 성
문 입구에 둘 것을 명령했다. 그리

고 이날을 기념으로 남기도록, 그
위에 거대한 돌더미를 쌓게 했다.
30 그리고 자슈아는 이즈리얼의 **주 하**
나님의 제단을 이벌산에 쌓았다.
31 **주님**의 종 모지스가 이즈리얼 자
손에게 명령한대로, 모지스의 법
을 적어 놓은 책 안에 써진 그대로,
어떤 사람도 철제도구를 사용하지
않으면서, 전체를 돌로 만든 제단
위에서 **주님**에게 번제를 올리고 평
화제사를 지냈다.
32 자슈아는 돌 위에 모지스가 이즈
리얼 자손 앞에서 적었던 그의 법
을 새겼다.
33 모든 이즈리얼과, 원로들과, 장교
들과, 재판관들이, 상자의 이쪽에
섰고, 저쪽에는 **주님**의 약속의 상
자를 나르는 리바이레위 제사장들
이 앞에 섰으며, 외국인과 그곳에
서 태어난 이민족도 마찬가지로
모두 섰다. 그들 중 절반은 게리짐
그리짐, 그리심산을 향해, 나머지 절반
은 이벌에발산을 향해 섰다. 이전에
주님의 종 모지스가 명령한대로,
그들은 이즈리얼 민족을 축복하려
는 것이었다.
34 그런 다음 자슈아는 법의 책에 적
힌 대로, 축복과 저주의 말을 읽었
다.
35 이즈리얼 공동체와, 여자와, 어린
아이와, 그들 가운데 서로 친한 외
국인들 앞에서, 자슈아가 읽지 않
은 모지스의 명령은 하나도 없
었다.

동맹의 속임수

9 조든 서쪽에 있는 모든 왕들이,
언덕과, 계곡 및 레바넌 맞은
편 지중해 연안일대에 살던 힡부
족, 애머리부족, 캐이넌부족, 퍼리
스부족, 하이브부족, 제뷰스부족이
그 소식을 들었다.
2 그래서 그들이 자슈아와 이즈리얼
을 상대로 일치단결하여 싸우려고
함께 모였다.
3 한편 기비언기브온에 사는 주민도,
자슈아가 제리코와 애이아이 지역
에서 한 일을 들었다.
4 그들은 일을 꾸미고, 마치 사절단
인 척하며, 나귀 위에 낡은 자루와
균열이 있는 포도주 병들을 싣고
길을 떠났다.
5 또 발에는 낡은 신발과 발싸개를,
몸에는 헌옷을 걸쳤고, 그들 빵은
마르고 곰팡이가 피어 있었다.
6 그들은 길갤에 있는 진영으로 가
서 자슈아와 이즈리얼 사람에게
말했다. "우리는 먼 나라에서 왔는
데, 이제 당신들과 연맹을 맺고자
해요."
7 그때 이즈리얼 사람이 그 하이브
족에게 말했다. "혹시 당신들은 이
근처에 사는 사람이 아닌지요, 그
렇다면 우리가 당신들과 어떻게
연맹을 맺겠어요?"
8 그들이 자슈아에게 말했다. "우리

는 당신의 종이에요." 그러자 자슈
아가 그들에게 말했다. "당신들은
누구죠? 그리고 당신들은 어디서
왔죠?"
9 그들이 그에게 말했다. "대단히 먼
나라에서 온 당신의 종 우리는, 당
신들의 주 하나의 이름 때문에 왔
어요. 우리는 그의 명성과 이집트
에서 일어난 모든 일을 들었기 때
문이에요.
10 그가 조든을 넘어, 애머리부족의
두 왕, 애쉬태로쓰 지역의 헤쉬번
의 시흔시혼왕과 배이샨의 오그옥왕
에게 가한 일을 들었어요.
11 우리의 원로와 모든 주민이 우리
한테, '당신들이 여정에 필요한 식
량을 가지고 가서 이즈리얼 사람
을 만나, 우리는 당신의 종이니, 우
리와 동맹을 맺자는 말을 전하라'
고 했어요.
12 그날 우리 집에서 가져온 이 빵은,
당신에게 가져오기는 했지만, 우
리 지역이 너무 더워서 지금 보니,
그것이 마르고 곰팡이가 피었어
요.
13 또 우리가 가득 채운 포도주 병들
은 새것이었는데, 이제 보니 균열
이 생겼고, 의복과 신발도 오랜 여
행 탓에 낡아 버렸어요."
14 그래서 이즈리얼 사람이 그들의
식량을 검사해 보았지만, **주님**한테
조언을 묻지 않았다.
15 자슈아는 그들과 평화의 동맹을
맺어 그들을 살게 했고, 공동체의
대군왕자 지도자들은 그들에게 맹
세했다.
16 그런데 이즈리얼 사람들이 동맹을
맺은 지 3일이 지나, 그들이 가까
이 사는 이웃 부족이라는 말을 듣
게 되었다.
17 이즈리얼이 여행한 지, 삼 일째 날
이 되자, 그들의 도시 기비언, 체피
라, 비어로쓰, 킬재쓰저림으로 들
어가게 되었던 것이다.
18 그래도 이즈리얼 자손은 그들을
죽이지 않았다. 왜냐하면 공동체
의 대군왕자들이 그들에게 이즈리
얼의 **주 하나님**의 이름으로 맹세했
기 때문이다. 그래서 공동체 모두
가 왕자들에게 항의하며 불만을
말했다.
19 모든 대군왕자가 공동체에게 말했
다. "우리는 그들에게 이즈리얼의
주 하나님의 이름으로 맹세했어요.
그래서 우리는 그들에게 손을 댈
수 없어요.
20 우리가 그들에게 할 것은 분노가
우리에게 떨어지지 않도록, 그들
을 살려 두는 거예요. 우리가 그들
에게 한 맹세 때문이에요."
21 그러면서 대군왕자들이 말했다.
"그들을 살려 두기는 하지만, 그들
은 공동체 모두를 위해 나무 자르
는 사람이나, 물을 긷는 사람으로
있게 될 거예요. 대군들이 그들에
게 약속한 대로 말이죠."

22 그리고 자슈아가 그들을 불러 따
졌다. "어째서 당신들은 우리가 들
어온 이곳에 살면서, '우리들이 대
단히 멀리서 왔다' 라며 우리를 속
였나요?
23 그렇기 때문에 이제 당신들은 저
주를 받았으니, 당신들은 누구도
노예신분에서 벗어나지 못하고,
나의 **하나님**의 집을 위하여 나무를
자르거나 물을 길어야 해요."
24 그러자 그들이 자슈아에게 대답했
다. "당신의 종 우리가 다음을 확실
히 들었기 때문이에요. 당신의 **주**
하나님이 그의 종 모지스에게 그
땅을 당신들에게 어떻게 주고, 그
땅에 사는 모든 주민들을 어떻게
파괴해라고 했는지, 그래서 우리
목숨을 잃을까 몹시 두려워서 그
랬어요.
25 지금 보세요. 우리는 당신 손에 있
으니, 당신이 선과 정의로 여겨지
는 대로, 우리에게 해주세요."
26 그래서 자슈아는 이즈리얼 자손의
손에서 구하고, 살해하지 않았다.
27 그날 자슈아는 공동체를 위하여
그들을 나무 자르는 사람과 물을
깃는 사람으로 정하고, **주님**의 제
단을 위한 사람으로 삼아, 심지어
오늘날까지 자신이 선택하는 장소
에서 봉사하게 했다.

해가 온종일 서다

10 저루살럼예루살렘의 애도니제덱
왕이 자슈아여호수아가 제리코
예리코, 여리고와 그 왕에게 한 대로,
애이아이아이와 그 왕에게 가하며
애이아이를 빼앗고, 어떻게 철저
히 파괴했는지, 또 이즈리얼 근처
에서 살던 기비언 사람들과 어떻
게 평화를 맺었는지 들었다.
2 그들은 대단히 두려웠다. 왜냐하
면 기비언은 중요 왕실 도성 중 하
나로, 대단히 큰 도시였고, 애이아
이보다 더 컸으며, 그곳 사람은 모
두 강했기 때문이었다.
3 그래서 저루살럼의 애도니제덱왕
은 히브런의 호햄왕과, 자무쓰의
피램왕, 래키쉬의 재피아왕, 이글
런의 드비어왕에게 사람을 보내
다음을 말했다.
4 "나에게 와서 도와주세요. 그러면
우리가 기비언을 무찌를 수 있어
요. 왜냐하면 그들이 자슈아와 이
즈리얼 자손과 평화를 맺었기 때
문이에요."
5 그래서 애머리의 다섯 왕 곧, 저루
살럼의 왕, 히브런왕, 자무쓰왕, 래
키쉬왕, 이글런왕이 몸소 모였고,
또 그들과 그들의 군대가 함께 가
서, 기비언 앞에 야영하며 그에 대
항하여 전쟁했다.
6 기비언 사람들이 길갤 진영에 있
는 자슈아에게 전갈을 보냈다. "지
체하지 말고 당신의 종 우리에게

급히 와주세요. 산에서 사는 애머
리 왕 모두가 우리와 싸우려고 함
께 모였으니, 우리를 구하고 도와
주세요."
7 그래서 자슈아가 길갤에서 군인과
용사와 함께 모두가 그곳으로 올
라갔다.
8 **주님**이 자슈아에게 말했다. "내가
그들을 너의 손에 넘겼으니, 그들
을 두려워하지 마라. 그들 중 어떤
사람도 너를 대적할 사람이 없다."
9 그래서 자슈아가 길갤로부터 밤새
가서 돌연히 그들에게 나타났다.
10 그리고 **주님**이 그들을 이즈리얼 앞
에서 당황하게 만들었다. 기비언
에서 베쓰호론과 아제카와 마케다
지역으로 가는 길까지 추격하여,
엄청나게 살육했다.
11 그들이 이즈리얼 앞에서 도망쳤을
때, 베쓰호론으로 가는 길에서 **주**
님이 하늘로부터 엄청난 돌을 던져
서 아제카에 있던 그들이 죽었다.
돌 우박에 맞아 죽은 자가 이즈리
얼의 칼에 죽은 자보다 더 많았다.
12 그날 낮에 **주님**이 애머리부족을 이
즈리얼 자손 앞에 넘겼을 때, 자슈
아가 이즈리얼이 보는 앞에서 **주님**
에게 이렇게 말했다. "해는 기비언
에 여전히 서 있게 하고, 달도 애절
런아얄론계곡에 그대로 있게 해주세
요!"
13 그러자 그 민족이 그들의 적에게
복수할 때까지, 태양과 달이 계속
해서 서 있었다. 이 일은 재셔야사르,
야살의 책에 적혀 있지 않은가? "그
래서 해가 여전히 하늘 가운데 온
종일 서서 넘어가기를 서두르지
않았다"고 써 있다.
14 **주님**이 인간의 목소리에 귀를 기울
인 그와 같은 날은, 이전에도 후에
도 없었다. 왜냐하면 **주님**이 이즈
리얼을 위해 싸웠기 때문이었다.
15 자슈아가 이즈리얼 모두와 함께
길갤의 진영에 돌아왔다.
16 하지만 다섯 왕들은 마케다의 동
굴에 숨었다.
17 마케다 동굴에 숨은 다섯 왕을 찾
았다는 말을 자슈아가 들었다.
18 자슈아가 말했다. "동굴 입구에 큰
돌을 굴려서 그들을 지키도록 사
람을 배치시켜라.
19 너희는 멈추지 말고, 적들을 추적
해라. 그리고 그들의 마지막 후진
까지 죽여라. 그들이 도성으로 들
어가게 내버려 두지 마라. 왜냐하
면 너희 **주 하나님**이 그들을 너희
손에 넘겼기 때문이다."
20 자슈아와 이즈리얼이 엄청난 살육
으로 섬멸하는 일이 다 끝났을 때,
그들 중 살아남은 나머지만이 도
성의 담으로 들어갔다.
21 그리고 모든 이즈리얼 백성이 마
케다에 있는 자슈아의 진영으로
안전하게 돌아왔을 때, 이즈리얼
자손에 대하여 나쁜 이야기를 하
는 자는 아무도 없었다.

22 그때 자슈아가 말했다. "동굴 입구
를 열어서 다섯 왕을 동굴로부터
나에게 데려와라."
23 그래서 그들이 동굴에서 저루살럼
왕, 히브런왕, 자무쓰왕, 래키쉬왕,
그리고 이글런왕까지 다섯 왕을
그에게 데려왔다.
24 왕들을 자슈아에게 데려오자, 자
슈아가 이즈리얼 사람 모두를 소
집했다. 그리고 그와 함께 갔던 군
인의 대장들에게 말했다. "가까이
와서, 너희 발로 왕들의 목을 밟아
라." 그래서 그들이 가까이 와서 왕
들의 목을 발로 밟았다.
25 자슈아가 그들에게 말했다. "두려
워하지 말고, 당황하지도 마라. 강
한 용기를 내라. 왜냐하면 이것은
주님이 너희가 싸울 적 모두에게
하게 될 일이기 때문이다."
26 그 후 자슈아가 그들에게 말했다.
"그들을 죽여서 다섯 나무에 매달
아라." 그래서 그들은 저녁 때까지
나무에 매달렸다.
27 해가 지자, 자슈아가 그들을 나무
에서 내려, 그들이 숨었던 동굴 속
에 던지라고 명령했다. 그리고 동
굴 입구에 커다란 돌을 놓았는데,
그것은 오늘날까지 남아 있다.
28 그날 자슈아는 칼끝으로 무찔러서
마케다를 빼앗았고, 그곳 왕과 그
안에 있던 모든 사람을 한 사람도
남기지 않고 완전히 파괴시켰다.
그는 제리코왕에게 한 대로 마케
다의 왕에게도 그대로 했다.
29 그런 다음 자슈아는 이즈리얼과
함께 마케다로부터 립나로 가서
립나에 대항하여 싸웠다.
30 **주님**이 그곳과 그곳의 왕 역시 이
즈리얼 손 안에 넘겨주었고, 그가
칼끝으로 그곳과 그 안에 있던 모
든 사람을 쳐부수며, 그 안에 한 사
람도 남기지 않았다. 대신 그는 제
리코 왕에게 했던 대로 그곳 왕에
게도 했다.
31 자슈아는 모든 이즈리얼과 함께
립나로부터 래키쉬로 가서, 그곳
맞은편에 야영하며 싸웠다.
32 **주님**이 래키쉬를 이즈리얼의 손 안
에 넘겨주었다. 자슈아는 둘째 날
에 그곳을 빼앗고, 립나에서 한 대
로 칼끝으로 그 안에 있던 모든 사
람을 물리쳤다.
33 그때 게저의 호랩왕이 래키쉬를
도우러 왔으므로, 자슈아가 그와
그의 사람들까지 남김 없이 쳤다.
34 자슈아는 이즈리얼 모두와 함께
래키쉬로부터 이글런으로 가서,
그곳 맞은편에 진을 치고 싸웠다.
35 그들은 그날 그것을 빼앗고, 그 안
에 있던 모든 사람을 칼끝으로 쳐
부수고, 래키쉬에서 했던 그대로
그날 완전히 파괴했다.
36 자슈아가 이즈리얼 모두와 함께
이글런에서 히브런까지 가서 싸웠
다.
37 그들이 그것을 빼앗고 칼끝으로

그곳의 왕과 모든 도시와 그곳에
있던 모든 사람을 무찔렀고, 이글
런에서 한 대로 하나도 남기지 않
았다. 그곳과 그곳에 있던 모든 사
람을 철저히 파괴했다.
38 자슈아는 모든 이즈리얼과 함께
드비어로 가서 싸웠다.
39 그는 그곳의 왕과 모든 도시를 빼
앗고 칼끝으로 그들을 쳐부수고,
그 안에 있던 모든 것과 사람을 완
전히 파괴하며, 하나도 남기지 않
았다. 히브런에서, 또 립나에서 했
던 대로 드비어 역시 그 왕에게도
그렇게 했다.
40 그렇게 자슈아가 모든 나라의 언
덕과, 남쪽과, 골짜기와, 우물과, 그
들의 왕 모두를 무찔렀다. 그는 이
즈리얼의 **주 하나님**이 명령한 대로
숨쉬는 모든 것을 하나도 남기지
않고 철저히 파괴했다.
41 자슈아가 커데쉬바니아로부터 심
지어 가자까지, 고션의 모든 나라
와 기비언까지 그들을 모두 쳐부
쉈다.
42 자슈아가 이들 왕 모두와 그들의
땅을 한꺼번에 빼앗았다. 왜나하
면 이즈리얼의 **주 하나님**이 이즈리
얼을 위해서 싸웠기 때문이었다.
43 자슈아와 이즈리얼 모두가 길갤에
있는 진영으로 되돌아왔다.

북쪽 캐이넌 점령

11 해조하초르, 하솔의 재빈야빈왕
이 이 소식을 듣고, 매이던의
조뱁왕과, 쉼런왕과, 애샤프왕에게
사람을 보내고,
2 그리고 산의 북쪽에 살고 있던 왕
들에게, 치너로스의 남쪽 평원과,
계곡과 서쪽의 도르 경계지역까
지,
3 또 동쪽과 서쪽에 있는 캐이넌부
족, 산에 있는 애머리부족, 힡부족,
그리고 미즈페 땅의 허먼 아래 있
는 하이브부족에게 사람을 보냈
다.
4 그들은 엄청나게 많은 군대가 갔
는데, 해안의 모래처럼 많은 사람
과 말과 전차가 함께 갔다.
5 모든 왕은 함께 만나, 이즈리얼에
대항하려고 메롬강에서 진을 쳤
다.
6 그때 **주님**이 자슈아에게 말했다.
"그들 때문에 두려워하지 마라. 내
일 이맘 때 내가 이즈리얼 앞에서
죽도록 그들을 넘기겠다. 너는 그
들 말의 다리 힘줄을 잘라야 하고,
그들의 전차를 불태워야 한다."
7 그래서 자슈아가 전사와 함께 그
들을 상대하러 순식간에 메롬강까
지 와서, 그들을 쓰러뜨렸다.
8 **주님**이 그들을 이즈리얼 손에 넘겼
고, 그들은 적을 무찌르며, 거대한
사이든까지, 미스리포쓰마임까지,
미즈페 동쪽 계곡까지 그들을 추

격했고, 남은 사람이 하나도 없을
때까지 그들을 무찔렀다.
9 자슈아는 **주님**이 명령한 대로 그들
의 말의 다리 힘줄을 자르고, 전차
를 불태웠다.
10 그런 다음 자슈아는 되돌아 가서
해조를 빼앗고 그곳 왕들을 칼로
죽였다. 해조로 말하자면 예전 모
든 왕국의 수도였다.
11 이즈리얼은 그곳 사람을 모두 칼
끝으로 죽여 철저히 파괴했으므
로, 거기에 숨쉬는 것은 어떤 것도
남지 않았고, 해조를 불로 태웠다.
12 그곳 왕의 도성과 왕은 모두 자슈
아에게 빼앗기고, 칼끝에 살해당
했다. 그는 그들을 철저히 파괴하
며, **주님**의 종 모지스가 명령한 대
로 했다.
13 그러나 여전히 힘을 유지하고 있
는 도성에 대하여, 이즈리얼은 그
것을 불태우지 않고, 해조만은 남
겨두었는데, 그것을 자슈아가 불
에 태웠다.
14 이즈리얼 자손은 포획물로 그 도
성의 모든 전리품과 가축을 빼앗
았다. 하지만 그들은 숨쉬는 것은
어떤 것도 남김없이 모든 사람을
칼끝으로 죽이고 파괴했다.
15 **주님**이 그의 종 모지스모세에게 명
령한 대로, 그래서 모지스가 자슈
아에게 명령한 대로, 그렇게 자슈
아가 했다. 그는 **주님**이 모지스에
게 한 명령을 따르면서 남겨두지
않고 다 했다.
16 그렇게 자슈아가 남쪽 나라의 모
든 땅과 언덕, 모든 고선땅의 계곡
과 평원, 이즈리얼의 산과 계곡을
모두 빼앗았다.
17 핼락산에 올라가서 시어까지, 심
지어 허먼산 아래 레바넌계곡의
배이얼개드까지 빼앗고, 그들의
왕을 모두 잡아 죽였다.
18 자슈아가 모든 왕과 오랫동안 전
쟁을 치렀다.
19 이즈리얼 자손과 평화를 맺은 도
시는 하나도 없었다. 기비언의 거
주민 하이브부족만 제외하고, 그
들은 전쟁으로 다른 모두를 차지
했다.
20 이것은 **주님**이 적의 마음을 강하
게 하여, 이즈리얼에 대항하여 싸
우러 나오게 했고, 그래서 자슈아
가 그들을 철저히 파괴시킬 수 있
게 했으며, 호의없이 완전히 파멸
시키도록, **주님**이 모지스에게 명령
한 대로 했기 때문이다.
21 그때 자슈아는 산지의 애너킴아낙
을 제거했고, 히브런, 드비어, 애냅,
쥬다의 모든 언덕지대 및 이즈리
얼의 모든 산지에서 적을 제거했
다. 자슈아는 도성과 함께 그들을
완전히 파멸시켰다.
22 애너킴은 이즈리얼 자손의 땅에는
하나도 남지 않았지만, 단지 가자,
개쓰, 애쉬돋 지역만은 남았다.
23 그렇게 자슈아는 모든 땅을 차지

했는데, **주님**이 모지스에게 말한
모든 것을 따랐다. 그리고 자슈아
는 그것을 자신들 부족의 땅 분할
에 따라, 이즈리얼에게 유산으로
주었다. 그래서 그 땅은 전쟁으로
부터 쉬게 되었다.

물리친 왕의 명단

12 다음은 이즈리얼 자손이 무
찔렀던 땅의 왕 명단으로, 그
들은 조든강 동쪽을 소유했고, 아
넌강부터 허먼산까지, 동쪽 평원
전체를 소유했었다.
2 헤쉬번에 살았던 애머리부족의 시
흔왕은, 아넌 강둑에 있던 애로어
부터, 그 강 한 가운데의 길리얻 절
반과, 애먼자손의 경계선에 있던
재복강까지 지배했다.
3 평원부터 동쪽 치너로쓰 바다까
지, 평원의 바다까지, 심지어 베쓰
제쉬모쓰로 가는 길 동쪽의 사해
까지, 남쪽부터 애쉬도쓰피스가
아래까지 지배했다.
4 그리고 배이샨의 오그왕의 일대
지역은, 애쉬타로쓰와 이드레이에
살던 거인의 남은 후손들이 있었
고,
5 허먼산과 샐카와 배이샨 전체를
지배했고, 게슈르부족과, 마캐드부
족의, 경계선까지 지배하고, 길리
얻 절반과, 헤쉬번의 시흔왕의 경
계선까지 지배했다.
6 그들은 **주님**의 종 모지스와 이즈리
얼 자손과 싸워, 모지스가 그것을
루번부족, 개드부족, 머나서부족
중 절반에게 소유로 주었다.
7 다음은 자슈아와 이즈리얼 자손이
조든강 서쪽에서 무찌른 나라 왕
의 명단으로, 레바넌 계곡의 배이
얼개드에서 심지어 시어로 올라가
는 핼랙산까지였고, 그것을 자슈
아가 이즈리얼부족에게 땅 분할에
따라 소유로 주었다.
8 그곳은 힡부족, 애머리부족, 캐이
넌부족, 퍼리스부족, 하이브부족,
제뷰스부족이 있는 남쪽 지역의
산과 계곡, 평원과 우물, 황야지역
이었다.
9 왕의 명단은 제리코 왕 1인, 베썰
옆의 애이아이 왕 1인,
10 저루살럼 왕 1인, 히브런 왕 1인,
11 자무쓰 왕 1인, 래키쉬 왕 1인,
12 이글런 왕 1인, 게저 왕 1인,
13 드비어 왕 1인, 개더 왕 1인,
14 호마 왕 1인, 아래드 왕 1인,
15 립나 왕 1인, 애덜램 왕 1인,
16 맥케다 왕 1인, 베썰 왕 1인,
17 태푸아 왕 1인, 헤퍼 왕 1인,
18 애이펙 왕 1인, 래샤런 왕 1인,
19 매이던 왕 1인, 해조 왕 1인,
20 쉼런머런 왕 1인, 애샤프 왕 1인,
21 태애낙 왕 1인, 메기도 왕 1인,
22 커데쉬 왕 1인, 카멜의 족니암 왕 1
인,
23 도르 연안의 도르 왕 1인, 길갤 나
라의 왕 1인,

24 틸자 왕 1인 곧, 왕이 모두 31 명이
다.

정복해야 할 땅 목록

13 이제 자슈아는 늙고 오랜 세
월에 연로해졌다. 그래서 주
님이 그에게 말했다. "너는 늙고 세
월에 지쳤지만, 아직도 그곳에 소
유해야 할 땅이 많이 남아 있다.
2 이것은 여전히 남아 있는 땅 목록
이다. 필리스틴의 모든 경계지역
과 게슈리의 모든 땅과,
3 이집트 앞에 있는 시호에서 캐이
넌땅으로 간주되는 에크런의 북쪽
경계까지 남아있다. 필리스틴의
다섯 군주와 개재쓰부족과, 애쉬
도쓰부족과, 에쉬캘런부족과, 기트
부족과, 에크런부족과, 아바일부족
역시 마찬가지이다.
4 남쪽의 캐이넌 모든 땅과, 시도니
안 가까이 있는 미라 땅에서부터
애이펙과, 애머리 국경선까지이고,
5 또 기브릴부족 땅, 레바넌 동쪽 땅
전부, 허먼산 아래 배이얼개드에
서 해매쓰로 들어가는 입구까지
남아있다.
6 레바넌에서 미스리포쓰마임까지,
언덕에 사는 나라의 모든 주민과
모든 시도니안부족을, 내가 이즈
리얼 자손 앞에서 몰아낼 것이다.
너는 오직 제비뽑기로 그 땅을 나
누어, 내가 명령한 대로 이즈리얼
에게 유산으로 주어라.
7 그리고 이 땅을 유산으로 나누어,
아홉부족과 머나서부족 중 다른
절반에게 주어라."
8 루번부족과 개드부족은 유산을 이
미 받았는데, 그것은 **주님**의 종 모
지스가 그들에게 조든 동쪽을 주
었고,
9 아넌 강가에 있는 애로어부터, 강
한가운데 있는 도시와, 메데바의
모든 평원에서 디번까지,
10 또 헤쉬번을 지배했던 애머리부족
시흔왕의 모든 도시와 애먼자손의
경계선까지 주었다.
11 길리얻과 게셔부족과 마아캐쓰부
족의 경계선과,
12 애쉬태로쓰와 이드레이를 지배했
던, 거인의 유물로 남아 있는 배이
샨의 오그 왕국의 허먼산 전체와,
모든 배이샨과 살레카까지, 이들
은 모지스가 무찔러서 내쫓았다.
13 이즈리얼 자손이 게셔부족과 마아
캐쓰부족을 쫓아내지 않았으므로,
그 부족은 오늘날까지 이즈리얼
가운데에서 살고 있다.
14 리바이레위부족에 대해서만은 모지
스모세가 아무것도 유산을 주지 않
았다. 그가 그들에게 말한 대로, 이
즈리얼이 불로 만들어 올리는 **주**
하나님의 희생제물이 그들의 유산
이다.
15 모지스가 루번자손의 부족에게 그
들의 가문에 따라 유산을 주었다.
16 그들의 지역은 아넌 강가에 있는

애로어로부터, 강의 한 가운데 있
는 도시와, 메데바 옆의 모든 평원
이다.
17 헤쉬번과 평원에 있는 도시 전부,
및 디번, 배모쓰배이얼, 베쓰배이
얼미언,
18 재해자, 커데모쓰, 메파아쓰,
19 킬재쌔임과, 십마와, 재레쓰샤마는
계곡에 있는 산에 있고,
20 베쓰피오, 애쉬도쓰피스가, 베쓰제
쉬모쓰이다.
21 이 평원의 도시 전체와 헤쉬번을
지배했던 애머리의 시흔왕의 왕국
전체가 그들의 지역이다. 그곳을
모지스가 미디언의 대군왕자와 함
께 무찔렀는데, 그들 에비, 레컴, 주
르, 허르, 레바는, 시흔의 족장들로
그 나라에서 살고 있었다.
22 비오의 아들 선견자 배일럼도 이
즈리얼 자손이 칼로 여럿을 살해
한 가운데서 죽었다.
23 루번자손의 경계선은 조든강가였
고, 그곳 도성과 마을이 그들 자손
의 집안에 따라 그들의 유산이 되
었다.
24 모지스는 개드부족에게 그들의 집
안 별로 유산을 주었다.
25 그들의 연안은 재저와 길리얻의
모든 도성, 애먼자손의 땅 절반과,
랩바 앞의 애로어까지였고,
26 헤쉬번에서 래매쓰미즈페와 비토
님까지, 마하나임에서 드비어 앞
까지였으며,
27 계곡과 베싸램, 베쓰님라, 수커쓰,
재폰은, 헤쉬번의 시흔왕의 왕국
나머지이고, 조든의 경계 및 조든
동쪽의 다른 쪽에 있는 치너렛 바
닷가까지였다.
28 이것은 개드자손이 가문에 따라
유산으로 받은 도성과 그들의 계
곡이다.
29 모지스가 머나서부족 중 절반에게
유산을 주었고, 그것은 가문 별로
머나서자손의 부족 중 절반이 받
은 유산이었다.
30 그들의 연안은 매하나임에서부터
모든 배이샨의 오그 왕의 왕국과
배이샨에 있는 60개 도성 재이어
마을 전체였다.
31 길리얻의 절반과 애쉬태로쓰, 이
드레이, 배이샨의 오그 왕국의 도
성들이, 머나서의 아들 머키어자
손에게, 구체적으로 머키어자손의
절반 중 한쪽에게 그들 가문 별로
소속되었다.
32 이것은 모지스가 제리코에서 조든
동쪽의 모앱평원에서 유산으로 나
누었던 지역이다.
33 하지만 리바이부족에게만은 모지
스가 어떤 것도 유산을 주지 않았
다. 그가 말한 대로 이즈리얼의 **주**
하나님이 그들의 유산이었다.

조든 서쪽 분할과 캐이렙 몫

14 다음은 이즈리얼 자손이 캐
이넌땅을 물려받은 나라의

목록이다. 일리저 제사장과, 눈의
아들 자슈아와, 이즈리얼자손 부
족가문 대표들이 유산으로 나누어
주었다.
2 제비뽑기로 유산을 나누었는데,
모지스를 통하여 **주님**이 명령한 대
로, 9부족과 머나서부족 중 절반에
게 주었다.
3 모지스가 두 부족과 한 부족의 절
반에게 조든의 동쪽편을 유산으로
주었지만, 리바이부족에게는 유산
을 하나도 주지 않았다.
4 조셒의 자손은 머나서와 이프리엄
두 부족이었는데, 리바이부족에게
땅 지분을 주지 않았고, 단지 근교
에서 거주하며 그들의 가축과 소
유한 물건만 가지고 살 도시만 주
었다.
5 **주님**이 모지스에게 명령한 대로,
이즈리얼 자손이 그 땅을 나누었
다.
6 쥬다자손이 길갤에 있는 자슈아에
게 왔다. 그는 케네스부족 제푸네
의 아들 캐이렙인데, 이렇게 말했
다. "당신은 **주님**이 자기 사람 모지
스에게 커데쉬바니아에서 나와 당
신에 관하여 말한 것을 알 거예요.
7 내가 마흔 살이었을 때, **주님**의 종
모지스가 나를 커데쉬바니아에서
그 땅을 탐색하라고 보냈지요. 그
래서 나는 그에게 내 마음에 있는
말을 그대로 전했어요.
8 나와 함께 간 동료들이 사람의 마
음을 써늘하게 녹이는 말을 보고
했어도, 나는 전적으로 나의 **주 하**
나님을 따랐어요.
9 모지스가 그날 이렇게 맹세하며
말했죠. '네가 밟게 될 땅은 확실히
너의 유산물이 될 것이고, 영원히
네 자손의 소유가 될 것이다. 왜냐
하면 너는 전적으로 나의 **주 하나님**
을 따랐기 때문'이라고 했지요.
10 이제 보니, 그 말 그대로, **주님**이 나
를 이렇게 45년간, 심지어 **주님**이
모지스에게 이 말을 한 이래, 이즈
리얼 자손이 광야에서 방랑하는
내내 살려 두었어요. 그리고 이제
보세요, 나는 오늘 85세가 되었어
요.
11 그래도 나는 이날까지 여전히 모
지스가 나를 보냈던 당시처럼 힘
이 세고, 지금도 전쟁에 나갈 정도
로 힘이 있어요.
12 그러니 이제 **주님**이 그날 말했던
대로, 이 산을 나에게 주세요. 왜냐
하면 그곳에 있는 애너킴들이 어
떤 모습이었는지 들었고, 그들이
도성을 얼마나 거대하게 요새화
했는지, 당신도 알 거예요. **주님**이
나와 함께 있었으므로, 그가 말했
던 대로, 내가 그들을 몰아낼 수 있
었을 거예요.
13 그래서 자슈아가 제푸네의 아들
캐이렙을 축복하고, 히브런을 유
산으로 주었다.
14 그래서 히브런은 이날까지 케네스

부족 제푸네의 아들 캐이렙의 유
산이 되었다. 왜냐하면 그는 전적
으로 이즈리얼의 **주 하나님**을 따랐
기 때문이었다.
15 이전의 히브런의 이름은 킬재싸바
였는데, 그 뜻은 애너킴아낙 가운데
위대한 사람의 '아바'의 의미였다.
그리고 이제 그 땅은 전쟁이 끝났
다.

쥬다의 할당지역

15 이것은 당시 쥬다자손부족
이 가문 별로 제비뽑기한 것
으로, 남부사막의 이덤 경계선이
최남단이었다.
2 남쪽 경계는 사해의 해안, 남쪽으
로 보이는 만부터 시작되어,
3 남쪽으로 매이얼레해크래빔까지
가서, 진사막을 따라가다, 커데쉬
바니아 남쪽으로 오르고, 헤즈런
을 따라 애이다로 가서, 칼카를 감
싸고 돌고,
4 그곳에서 애즈먼으로 향해 가면
서, 이집트 강으로 가고, 연안을 따
라가면 지중해 바다다. 이것이 쥬
다의 남쪽지역이다.
5 동쪽 경계는 사해바다로 조든 끝
까지다. 북쪽 구역 경계는 사해바
다 만부터 조든의 가장 끝까지다.
6 또 경계선은 베쓰호글라로 가다,
베싸래바 북쪽을 지나고, 루번 아
들 보한의 스톤지역까지 이른다.
7 또 경계는 드비어를 향해 가면서,
애콜계곡에서 길갤을 바라보며 북
쪽까지로, 그곳은 강 남쪽의 애두
밈으로 가기 전이고, 또 경계선은
엔쉬메쉬 강을 향해 가는 길의 엔
로겔까지다.
8 또 경계선은 힌놈의 자손 골짜기
옆으로 가서, 제뷰스부족 남쪽으
로 들어가면, 그곳이 바로 저루살
럼이다. 그 경계는 힌놈 서쪽계곡
에 놓인 산정상까지 가는데, 북쪽
거인의 계곡 끝이다.
9 그 경계는 언덕 정상부터 넾토아
우물까지 이어지고, 이프런 산의
여러 도시까지 가고, 그 경계는 배
이얼라까지 이어지는데, 그 이전
이름은 킬재쓰저림이었다.
10 또 경계는 배이얼라 서쪽에서 시
어산으로 돌며, 저림산을 지나가
는데, 그곳은 쉐살론의 북쪽이고,
또 베쉬메쉬로 내려가서 팀나에
이른다.
11 국경선은 에크런 북쪽까지이고,
또 국경은 시크런으로 이어지고,
배이얼라 산을 따라, 잽니얼까지
가면, 경계선이 가는 길은 바다에
달했다.
12 서쪽 경계는 큰 바다 지중해 해안
이었다. 이것은 쥬다자손이 가문
별로 받은 지역이다.
13 그리고 자슈아는 제푸네 아들 캐
이렙에게 쥬다자손의 일부를 주었
는데, **주님**이 그에게 한 명령에 따
라, 애낙 조상의 아바 도성까지 주

었는데, 그 도시가 히브런이다.
14 캐이렙은 그곳에서 애낙의 세 아
들 쉐샤이, 애히먼, 탤매이를 몰아
냈다.
15 그리고 그는 거기서 드비어 도성
주민에게 쳐들어갔다. 드비어의
이전 이름은 킬잿세퍼였다.
16 캐이렙이 말했다. "킬잿세퍼를 물
리치고, 그것을 뺏는 자에게, 나의
딸 애크사를 아내로 주겠다."
17 캐이렙의 형제 케나즈의 아들 오
쓰니얼이, 그 성을 빼앗자, 그가 딸
애크사를 아내로 주었다.
18 그때 그녀가 시집온 다음, 남편을
설득하여 아버지에게 땅을 요구하
게 했다. 그리고 그녀가 나귀에서
내리자, 캐이렙이 딸에게 물었다.
"너는 무엇을 원하느냐?"
19 딸이 대답했다. "제게 복을 주어,
남쪽 땅을 주고, 또 농사지을 우물
도 주세요." 그래서 캐이렙이 위쪽
샘과 아래쪽 샘까지 주었다.
20 이것이 쥬다자손이 가문 별로 받
은 유산지분이다.
21 쥬다자손부족의 남쪽 가장 먼 도
성은, 이덤 남쪽 지역 방향으로 캡
지얼, 이더, 재거,
22 키나, 디모나, 아다다,
23 커데쉬, 해조, 이쓰난,
24 지프, 텔렘, 비얼로쓰,
25 해조 해다타, 케리오쓰, 헤즈런해조,
26 암맘, 쉐마, 몰라다,
27 해자개다, 헤쉬먼, 베쓰팰렛,
28 해자슈얼, 비어쉬바, 비즈조쓰자,
29 배이얼라, 아임, 아젬,
30 일톨랜, 훼실, 호마,
31 지크랙, 맨매나, 샌새나,
32 레바오쓰, 쉴힘, 아인, 리먼까지 모
두 29개 도성과 주변 마을이다.
33 그리고 계곡은, 에쉬타올, 조레아,
애쉬나,
34 재노아, 인개님, 태푸아, 이냄,
35 자무쓰, 애덜램, 소코, 아제카,
36 샤래임, 애디쌔임, 게더라, 게더로
쌔임까지, 모두 14개 도시와 외곽
마을이다.
37 제난, 해대샤, 믹달개드,
38 딜리언, 미즈페, 족씨얼,
39 래키쉬, 보즈캐쓰, 이글런,
40 캡본, 라맘, 키쓰리쉬,
41 개더로쓰, 베쓰대건, 나아마, 맥케
다까지 모두 16개 도성과 주변 변
두리 마을이다.
42 립나, 이써, 애샨,
43 짚타, 애쉬나, 네집,
44 케일라, 애크집, 마레샤. 모두 9개
도시와 주변 마을이 포함된다.
45 에크런은 모든 도성과 마을을 포
함하고,
46 애크런부터 바다까지, 애쉬돋 인
근 마을까지 모두,
47 애쉬돋에 딸린 타운과 인근 마을
을 포함하고, 가자에 딸린 타운과
마을과 함께, 이집트 강까지, 큰 바
다 지중해까지 그들의 경계선이
다.

48 산 언덕지역에 있는 샤미르, 재티
어, 소코,
49 단나, 킬잿세나드비어,
50 애납, 이쉬테모, 애님,
51 고션, 홀런, 길로까지 모두 11개 도
성과 인근 마을이다.
52 애랩, 듀마, 이쉬안,
53 재님, 베쓰태푸아, 애페카,
54 험타, 킬재쌔바히브런, 지오르까지
모두 9개 도성과 인근 마을이 포함
된다.
55 매언, 카멜, 지프, 쥬타,
56 제즈리얼, 족디엄, 재노아,
57 캐인, 기비아, 팀나까지 모두 10개
도성과 인근 마을을 포함한다.
58 핼헐, 베쓰저, 게도어,
59 마아래쓰, 베쌔노쓰, 엘테컨까지
모두 여섯 개 도성과 인근 마을이
다.
60 킬잿저림으로 알려진 킬잿배이얼
과 랩바까지 두 도성과 딸린 변두
리 마을이 포함된다.
61 황야에서는 베쌔래바, 미딘, 세캐
카,
62 닙샨, 소금의 도시와 엔게디까지
모두 6개 도성과 인근 마을이 포함
된다.
63 저루살럼의 거주민 제뷰스부족에
대해 말하자면, 쥬다자손이 그들
을 내쫓을 수 없었다. 그래서 제뷰
스족은 오늘날까지 저루살럼에서
쥬다자손과 어울려 살고 있다.

이프리엄의 할당지역

16 조셒요셉후손이 제비뽑기하
여 당첨된 지분은, 제리코
의 조든에서 동쪽에 있는 제리코
까지 이르고, 제리코에서 베썰산
으로 올라가는 황야까지 이어졌
다.
2 베썰에서 나와서 루스까지 이르고
알키의 경계선을 따라서 애타로쓰
까지 가고,
3 재플레티 해안의 서쪽으로 내려가
서, 베쓰호런 저지대 해안과 게저
에 이르러, 그 길로 가다, 바다에서
끝난다.
4 조셒 자손 머나서와 이프리엄은
자신들의 지분을 받았다.
5 이프리엄 자손의 경계로, 가문 별
로 그들이 유산으로 받은 땅은, 동
쪽 애타로싸다였고 이것은 베쓰호
런의 북쪽까지 이른다.
6 그 경계는 바다쪽으로 가서 북쪽
에 있는 미치메싸 지역에 이르고,
경계는 동쪽으로 타내쓰실로까지
가고, 재노하 동쪽을 지난다.
7 그리고 재노하에서 애타로쓰까지
내려가서, 나래쓰까지 가면, 제리
코로 나와, 조든까지 이어진다.
8 그 경계는 서쪽 태푸아에서 출발
하여 카나 강까지 이르고, 그곳에
서 나오면 바다에 이르렀다. 이것
이 가족 별 이프리엄 자손부족이
받은 지분이다.
9 머나서자손 지분 가운데, 이프리

엄자손이 받은 별도의 도성은, 근
교가 딸린 도시였다.
10 그들은 게저 지방에서 살던 캐이
넌을 내쫓지 않았다. 그래서 그들
은 이프리엄부족 중에 살고 있으
며, 그 부족 아래서 일하고 있다.

머나서의 할당지역

17 또 머나서부족을 위한 제비
뽑기도 있었다. 말하자면 머
나서는 조셒의 장남이고, 머나서
의 첫째이며 길리언의 조상 마키
어는, 전쟁을 잘하는 용사였으므
로 길리언과 배이샨을 갖게 되었
다.
2 머나서 자손의 나머지 가족도 가
문 별로 제비뽑기를 했다. 조셒 아
들 머나서의 아들 자손은 그들 가
문에 따라 애비에저자손, 헬렉자
손, 애스리얼자손, 쉬컴자손, 헤퍼
자손, 쉬미다자손이 있었다.
3 하지만 머나서의 아들 마키어의
아들 길리언의 아들 헤퍼의 아들
젤로페핻은 아들이 없이 딸만 있
었다. 그의 딸들 이름은 말라, 노아,
호글라, 밀카, 틸자였다.
4 그들이 일리저 제사장과 눈의 아
들 자슈아와 지도자들 앞에 가까
이 와서 이렇게 말했다. "**주님**이 모
지스에게 형제 가운데 우리에게
유산을 주라고 명령했어요." 그래
서 **주님**의 명령에 따라, 자슈아가
그들 조상의 형제들 가운데에서
딸들에게 유산을 주었다.
5 머나서부족에게 조든의 동쪽 길리
언과 배이샨땅 이외에 10개 지역
이 당첨되었다.
6 머나서의 딸들이 아들들 사이에서
유산을 가졌기 때문에, 머나서의
나머지 아들들은 길리언 땅을 가
졌다.
7 머나서 지역은 애셜부터 쉬컴 앞
에 놓여 있는 미크메싸까지였고,
경계는 그곳에서 엔태푸아 주민들
이 살고 있는 오른쪽을 따라 간다.
8 그때 머나서는 태푸아땅을 가졌지
만, 머나서의 경계지역에 있던 태
푸아는 이프리엄 자손에 속하게
되었다.
9 그 경계지역은 강의 남쪽 캐나강
아래로 내려갔다. 이프리엄의 도
성들은 머나서의 도성들 사이에
있었고, 머나서의 지역은 강의 북
쪽에도 있었고, 그곳에서 더 나가
면 큰 바다 지중해였다.
10 남쪽 방향에 이프리엄땅이 있었
고, 북쪽에 머나서가 있었으며, 바
다가 경계가 되고 그들은 북쪽 애
셜와 동쪽 이써칼에서 함께 만났
다.
11 머나서는 이써칼과 애셜 베쓰샨과
마을들, 이블리엄과 마을들, 도르
주민과 마을들, 엔도르 주민과 마
을들, 타낙의 주민과 마을들, 메기
도 주민과 마을들을 심지어 세 개
지역을 가졌다.

12 머나서자손이 그 도시의 주민을
몰아낼 수 없어서, 캐이넌부족은
그 땅에서 살 수 있었다.
13 이즈리얼 자손이 점점 강해지자,
그들은 캐이넌부족에게 노역을 시
키며, 그들을 완전히 몰아내지 않
았다.
14 조셒의 자손이 자슈아에게 말했
다. "왜 당신은 나에게 하나의 제비
뽑기만 주고, 유산으로 한 지역만
주나요? **주님**이 지금까지 나를 축
복하여, 우리는 사람 수가 많다는
것을 잘 알면서도 말이죠."
15 그러자 자슈아가 그들에게 대답했
다. "만약 너희 사람 수가 많다면,
스스로 숲 지역으로 가고, 또 퍼리
스부족과 거인의 땅으로 가서 차
지해라. 너희에게 이프리엄산이
너무 좁다면, 그렇게 해라."
16 조셒의 자손이 말했다. "그 언덕은
우리에게 충분하지 않고 베쓰샨과
마을과 제즈리얼 계곡에 사는 모
든 캐이넌부족은 모두 철제 전차
를 가지고 있어요."
17 자슈아가 조셒 가문 이프리엄과
머나서에게 말했다. "너희는 수가
많고 힘도 강하므로, 한 지역만 가
질 것이 아니라,
18 그 산을 당신들 것이 되게 해라. 왜
나하면 그것은 숲이므로, 가서 잘
라내면, 너희 것으로 확대시킬 수
있다. 너희는 캐이넌을 몰아낼 수
있기 때문에, 그들이 비록 철제 전
차를 갖고 있다 해도, 또 아무리 강
하다 해도, 할 수 있을 것이다"

나머지 부족 할당지역

18 두 번째 제비뽑기는 시미언
자손부족 차례로, 가문에 따
른 그들의 유산은 쥬다자손의 유
산지역 안에 있었다.
2 그들은 다음과 같은 유산을 가졌
다. 비어쉬바쉬바, 몰라다,
3 해자슈얼, 배일라, 애이젬,
4 엘터래드, 베쑬, 호마,
5 지클랙, 베쓰마카보쓰, 해자수사,
6 베쓰레바오쓰, 샤루헨까지 13개
도성과 주변 마을이었다.
7 또 아인, 레먼, 이써, 애이샨까지 4
개 도성과 인근 마을 지역을 가졌
다.
8 모든 마을은 배이얼래쓰비어, 라
매스 남쪽 지역 도성 주변 마을이
었다. 이것이 시미언 자손부족의
가문 별 유산이다.
9 쥬다자손의 지분 가운데 시미언자
손의 유산이 있었는데, 쥬다자손
의 부분이 너무 많았으므로, 쥬다
자손의 유산지역을 시미언자손이
유산으로 가졌다.
10 세 번째 제비뽑기는 제뷸런자손의
가문 별 차례가 되었고, 그들 유산
의 경계는 새리드까지였다.
11 그들의 경계는 바다로 올라가서,
매럴라와 대배쉬스까지 닿았고 족
니엄 앞에 있는 강에 닿았다.

12 새리드 동쪽에서 치스로쓰태보의
경계에서 동쪽으로 돌아서 대베래
쓰로 가서 재피아까지 간다.
13 그곳 길을 따라서 기타헤퍼와 이
타카진의 동쪽으로 가서 레몬메쏘
아와 네아까지 간다.
14 그 경계는 해내쏜 북쪽을 둘러싸
고 짚쌔얼 계곡,
15 캐태쓰, 내호럴, 쉽런, 아이댈라, 베
쓸레헴까지 12 도성과 주변 마을
이다.
16 이 도성과 그에 딸린 마을이 제뷸
런자손의 가문 별 유산이다.
17 네 번째 제비뽑기는 가문 별 이써
칼자손을 위한 차례였다.
18 그들의 경계는 제즈리얼, 체설로
쓰, 슈넴,
19 해퍼래임, 쉬언, 애나하래쓰,
20 래비쓰, 키쉬언, 애베즈,
21 레메쓰, 엔개님, 엔해다, 베쓰파제
즈였고,
22 그 지역은 태보, 사해지마, 벳쉬메
쉬에 닿고, 그 경계에서 나가면 조
든에 이르는, 16개 도성과 변두리
마을이었다.
23 이들 도성과 딸린 마을이 가문 별
이써칼 자손부족의 유산이다.
24 다섯 번째 제비뽑기는 애셜 자손
부족을 위하여 가문 별로 당첨되
었다.
25 그들의 경계선은 헬캐쓰, 핼라이,
비텐, 애크샤프,
26 알라멜렉, 애매드, 미셜이었고 카
멜 서쪽과 쉬호립나스까지 이른
다.
27 그리고 해가 뜨는 동쪽으로 돌아
서 베쓰대건과 제뷸런에 이르고,
베써멕과 니엘의 북쪽 방향 짚쌔
엘 계곡에 이르고, 왼쪽으로 카불
까지 가서,
28 히브런, 레홉, 해먼, 캐나, 심지어
사이든까지 이른다.
29 그리고 연안을 돌아, 래마와 강한
요새도시 타이러에 이르고, 연안
을 돌아 호사에 이르고, 그곳에서
뻗어 나가는 곳에 연안에서부터
애크집까지 바다에 이른다.
30 움마, 애펙, 레홉까지, 그들의 마을
과 더불어 22개 도성이다.
31 이런 인근 마을이 딸린 도성이 가
문에 따라서 애셜 자손부족의 유
산이다.
32 여섯 번째 제비뽑기는 냎털라이자
손의 차례가 되어, 마찬가지로 가
문에 따라 뽑았다.
33 그들의 연안은 헬렢과 앨런부터
자아너님, 애더미, 네켑, 잽니얼, 래
컴까지였고, 그곳에서 나가 조든
까지이며,
34 그 다음 그 연안에서 서쪽으로 돌
아 애즈노쓰태보와, 그곳에서 나
가 후쿽까지, 남쪽은 제뷸런까지
서쪽은 애셜까지 이르고 조든의
동쪽 쥬다 지역까지이다.
35 요새화된 도성들은 지딤, 저어, 해
매스, 래캐쓰, 친너레쓰,

36 애더마, 래마, 해이조,
37 커데쉬, 이드레이, 엔해이조,
38 아이런, 믹대렐, 호렘, 베쌔내쓰, 벳
쉬메쉬까지 그들의 마을과 함께
19 도성이다.
39 이 도성과 마을이 냎털라이 자손
부족의 가문에 따른 유산이다.
40 일곱 번째 제비뽑기는 가문에 따
른 댄 자손부족의 차례였다.
41 그들의 유산지역은 조라, 에쉬태
올, 일쉬메쉬,
42 샤얼래빈, 애절런, 제쓸라,
43 일런, 씸내싸, 에크런,
44 엘테케, 깁베쓴, 배이얼래쓰,
45 제훋, 베네베랙, 개쓰리먼,
46 재포 앞의 경계선과 함께 메자컨,
래이컨이다.
47 댄자손의 지역은 너무 적게 돌아
갔다. 그래서 댄자손 은 레쉠과 싸
워 빼앗기 위해 올라가서 칼끝으
로 그들을 쳐부수고 차지했다. 그
리고 레쉠지역에서 살며 자신들
조상 댄의 이름을 따서 그곳을 댄
이라고 불렀다.
48 각각 마을이 딸린 이런 도시가 가
문에 따른 댄자손부족의 유산이
다.
49 그들이 지역 별로 유산의 땅 분할
을 끝냈을 때, 이즈리얼 자손은 그
가운데에서 눈의 아들 자슈아에게
유산을 주었다.
50 **주님**이 말한 대로, 그가 요구한 도
시와, 이프리엄산의 팀냇세라까지
그에게 주었고, 그는 도성을 세우
고 그 안에서 살았다.
51 이 유산은, 일리저 제사장과, 눈의
아들 자슈아와, 이즈리얼의 조상
부족의 대표들이 할당하여 제비로
뽑은 유산으로, 샤일로의 **주님** 앞
에서 공동체의 성전문에서 나누었
다. 그렇게 그들은 지역분할을 끝
냈다.

피난처 지정

19 **주님**이 자슈아에게 또 말했
다.
2 "이즈리얼 자손에게 이렇게 전해
라. 너희 도시에 모지스를 통하여
내가 너희에게 말한 피난처를 지
정해라.
3 자신도 모르는 사이 뜻하지 않게
사람을 죽인 살인자가 도망가도
록, 그곳은 피의 복수로부터 너희
의 피난처가 되어야 한다.
4 도성 중 하나로 도망간 사람은, 도
성문에 들어가 체류하면서, 그 도
성 원로들에게 자신의 사정을 밝
혀야 하고, 그들은 도시 안으로 그
들을 받아들여, 머무를 장소를 주
면 그가 그 가운데에서 살 수 있을
것이다.
5 피의 보복자가 그를 추적한다 해
도, 원로가 살인자를 그의 손에 넘
겨주면 안 된다. 왜냐하면 그가 뜻
하지 않았는데 죽이게 되었고, 이
전에도 그를 미워하지 않았기 때

문이다.
6 그는 공동체 앞에서 대제사장의
판결을 받게 될 때까지, 또 대제사
장이 죽을 때까지 그 도시에서 살
아야 한다. 그후 살인자는 도망쳐
나온 본래 도성의 자기 집으로 돌
아가게 된다."
7 그래서 그들이 낲털라이산 갤릴리
에 있는 커데쉬, 이프리엄산에 있
는 쉬컴, 쥬다의 산 히브런에 있는
킬잿쌔바를 지정했다.
8 그리고 조든의 다른 쪽 제리코의
동쪽에 루번부족으로부터 황야의
평원에 있는 비저, 개드부족으로
부터 길리얻의 래모스, 머나서부
족으로부터 배이샨의 골란을 지정
했다.
9 그곳은 뜻하지 않게 사람을 죽인
어떤 사람이 있다면, 누구라도 도
망가서 공동체 앞에 설 때까지, 보
복자의 손에 죽지 않도록, 모든 이
즈리얼 자손과 그들 가운데 머무
는 나그네를 위해 지정된 도성들
이다.

리바이부족을 위한 도시

20 그때 리바이 가문대표들이
캐이넌땅 샤일로에 있는 일
리저 제사장과, 눈의 아들 자슈아,
그리고 이즈리얼 자손부족 가문의
대표들에게 가까이 와서 이렇게
말했다.
2 "**주님**이 모지스를 통하여 우리가
살도록 도성과 우리 가축을 위한
외곽까지 주라고 명령했어요."
3 그래서 이즈리얼 자손이 **주님**의 명
령에 따라 리바이부족에게 그들의
상속분 가운데에서 도성과 주변
외곽들을 주었다.
4 코해쓰부족가문과 또 리바이부족
이었던 제사장 애런의 자손들을
위한 제비뽑기를 하여, 쥬다부족
과 시미언부족과 벤저민부족이 제
비로 뽑은 13개 도시를 가졌다.
5 코해쓰자손의 나머지는 이프리엄
부족가문과 댄부족과 머나서부족
중 절반의 해당지역 중 10 개 도시
를 가졌다.
6 거션자손은 이써칼부족 가문과 애
셜부족과 낲털라이부족과 머나서
부족 중 절반의 제비뽑기가 해당
된 배이샨 옆에 있는 13개 도시를
가졌다.
7 머라리자손은 그들의 가문에 따
라, 루번부족과 개드부족과 제뷸
런부족 옆에 있는 12개 도시를 가
졌다.
8 모지스를 통하여 **주님**이 명령한 대
로, 이즈리얼 자손이 리바이부족
에게 도시와 외곽지역을 제비뽑기
로 주었다.
9 쥬다자손 부족의 소유와 시미언자
손 부족의 소유 가운데에서 이름
으로 언급된 도시를 주었고,
10 리바이 자손이었던 코해쓰 가문에
속하는 애런자손이 첫 번째 제비

뽑기를 했다.
11 그들은 쥬다의 언덕지역 히브런에
있는 애낙의 조상 아바의 도시를
그들에게 주었다.
12 하지만 그들은 그 도시의 벌판과
마을을 제푸네의 아들 캐이렙이
소유하도록 주었다.
13 그렇게 그들이 제사장 애런자손에
게 히브런과 살인자에게 피난처
도시가 되도록 외곽지역을 주었고
또 립나와 근교를,
14 재티어, 에쉬터모아와 근교를,
15 홀런, 드비어와 근교를,
16 아인, 쥬타, 벳쉬메쉬와 각각의 주
변지역을 포함하여 이들 두 부족
가운데서 9개 도시를 주었다.
17 벤저민부족의 소유 가운데서 기비
언과 외곽, 게바와 주변,
18 애나쏘쓰와 변두리, 앨먼과 근교
등 4개 도시를 주었다.
19 애런 자손 제사장의 도시는 모두
13개 도시와 주변 지역이었다.
20 코해쓰자손의 나머지 리바이부족
가문도 이프리엄부족 소유 중에서
제비뽑기로 도시를 가졌다.
21 그들이 그들에게 쉬컴과 이프리엄
산에 있는 변두리를 살인자를 위
한 피난 도시가 되도록 주었고, 게
저와 근교를,
22 킵자임과 근교를, 베쓰호런 4개 도
시와 각각의 근교를 주었다.
23 댄부족은 엘터커와 변두리, 깁베
쏜과 변두리를 주었고,
24 아이잴런과 근교, 개쓰리먼과 외
곽 등 4개 도시를 주었다.
25 머나서부족의 절반이 소유한 가운
데서 태낵과 개스리먼 2개 도시와
각각의 변두리를 주었다.
26 나머지 코해쓰자손의 가문을 위한
모든 도시는 외곽지역을 포함하여
10개이다.
27 머나서부족 중 다른 절반이 리바
이족 거션자손에게 배이샨의 골란
과 비쉬터라를 주어, 살인자를 위
한 피난의 도시가 되도록 각각의
외곽과 함께 주었다.
28 이써칼부족은 키션과 대버라와 근
교를,
29 자무쓰, 인개님도 각각의 근교와
함께 모두 4개 도시를 주었다.
30 애셜부족은 미쉘과 앱던을 근교와
함께,
31 헬캐쓰, 레홉을 각각의 변두리와
함께 모두 4개 도시를 주었다.
32 냎털라이부족은 갤릴리에 있는 커
데쉬, 해머쓰도르, 카턴을 살인자
를 위한 피난의 도시가 되도록 각
각의 주변과 함께 모두 3개 도시를
주었다.
33 거션부족은 가문에 따라 각각의
근교가 딸린 13개 도시를 가졌다.
34 머라리자손의 가문과 제뷸런부족
은 리바이 나머지 부족에게 족님,
칼타,
35 딤나, 내허렬 등 4개 도시를 각각
의 주변과 함께 주었다.

36 루번부족은 비저, 재해자와 각각
의 근교를,
37 커데모쓰, 메파아쓰와 각각의 근
교를 포함하여 4개 도시를 주었다.
38 개드부족은 길리얻에 있는 래모쓰
와 매하나임,
39 헤쉬번, 재저와 살인자의 피난처
가 되는 각각의 외곽을 포함하여
모두 4개 도시를 주었다.
40 그래서 머라리자손이 가문 별 제
비뽑기로 뽑은 도시 중에서, 리바
이부족에게 주고 남은 도시는 모
두 12 도성이었다.
41 이즈리얼 자손의 소유 가운데, 리
바이부족의 도시는 외곽과 함께
전부 48개 도시였다.
42 이들 각 도시는 모두 주위에 변두
리 지역이 있었고 모든 도시가 다
그랬다.
43 그래서 **주님**이 그들 조상에게 소유
하고 살도록 주겠다고 맹세한 모
든 땅을 이즈리얼에게 주었다.
44 **주님**은 그들 조상들에게 주겠다고
약속한대로, 주위 나머지 땅을 주
었고, 그들을 대적할 수 있는 자는
한 사람도 없었다. 왜냐하면 **주님**
이 그들 적을 이즈리얼 손에 넘겨
서 굴복시켜 주었기 때문이다.
45 **주님**이 이즈리얼 백성들에게 좋은
것을 주겠다고 약속한 가운데, 지
키지 않은 것은 아무것도 없었다.
모든 것이 그대로 이루어졌다.

조든 동쪽으로 돌아오다

21 그리고 자슈아가 루번부족
과 개드부족과 머나서부족
중 절반을 불러 말했다.
2 "너희는 **주님**의 종 모지스가 명령
한 것을 지켰고, 또 내가 명령한 말
에 복종해왔다.
3 너희는 이날까지 오랫동안 동족을
떠나지 않으면서, 너희 **주 하나님**이
명령한 임무를 수행했다.
4 그래서 **주 하나님**은 약속한 대로,
너희 형제에게도 휴식을 주었다.
따라서 이제 너희는 돌아가, 각자
가 소유한 땅에서 얻은 천막으로
돌아가라. 그곳은 **주님**의 종 모지
스가 너희에게 준 조든의 동쪽이
다.
5 그러나 명령과 법을 지키는데 신
중하게 주의해야 한다. 그것은 **주**
님의 종 모지스가 너희에게 책임
을 주어, **주 하나님**을 사랑하고, 그
의 길 대로 행동하며, 명령을 지키
고 의지하고, 마음과 정신을 다하
여 그를 섬기라고 했다."
6 그렇게 자슈아는 그들을 축복하
며, 떠나보냈고, 그들은 자신의 텐
트로 돌아갔다.
7 머나서부족 중 한쪽 절반은 모지
스가 배이샨을 유산을 주었고, 다
른 절반은 자슈아가 동족들 사이
의 조든 서쪽을 주어, 그들을 각자
의 천막으로 보내며, 복을 주고 말
했다.

8 "많은 재산과 가축과 금은과 황동
과 철과 옷을 가지고 각자의 천막
으로 가서 형제들과 적의 전리품
을 나누어라."
9 루번자손과 개드자손과 머나서부
족 중 절반은 캐이넌땅 샤일로의
이즈리얼 자손으로부터 떠나, 그
들이 소유한 길리언 지방으로 갔
는데, 그곳은 모지스를 통한 **주님**
의 말에 따라 그들이 차지한 곳이
다.
10 그들이 캐이넌땅 조든의 경계지역
에 오자, 루번자손과 개드자손과
머나서부족 중 절반이 조든 동쪽
에 보기에도 거대한 제단을 세웠
다.
11 그런데 이즈리얼 자손이 서쪽에서
이런 말을 들었다. "보라, 루번자손
과 개드자손과 머나서자손 중 절
반이 캐이넌땅 건너편 조든 경계
선에 이즈리얼 자손이 다니는 통
행길에 제단을 세웠다."
12 조든 서쪽의 이즈리얼 자손이 그
소리를 듣고, 이즈리얼 자손공동
체 전체가 그들을 상대로 싸우기
위해 함께 샤일로에 모였다.
13 이즈리얼 자손이 루번자손과 개드
자손과 머나서부족 절반이 있는
길리얻 땅으로, 일리저 제사장의
아들 피네해스를 보내면서,
14 이즈리얼 수천 가운데 모든 이즈
리얼 전체 부족에서 각 집안의 대
표 왕자 하나씩 10 명의 대군왕자
와 함께 보냈고, 각각은 이즈리얼
가운데 조상가문 수천의 대표였
다.
15 그들이 길리얻땅으로 루번자손과
개드자손과 머나서부족 절반에게
가서 이런 말을 했다.
16 "**주님**의 공동체 전체의 말에 의하
면, '너희가 이즈리얼의 **주님**을 어
기며 무슨 죄를 짓는 것인가? 이날
너희가 **주님** 섬기기를 벗어나 제단
을 세우다니, 그것은 **주님**에게 반
란이 될 수도 있는 것이 아닌가?
17 우리가 이날까지 아직 씻지 못한
피오의 죄가 너무 작단 말이냐? 비
록 **주님**의 공동체에게 전염병으로
대가를 치렀다 하더라도 말이다.
18 그런데도 너희가 이날 **주님**을 따르
는 일에서 벗어나려는 것이냐? 그
러면 너희는 이날 **주님**에 대한 반
란으로, 내일 그는 이즈리얼 전 공
동체에게 분노를 일으키게 될 것
이다.
19 그뿐 아니라, 만약 너희가 차지한
땅이 불결해지면, 너희는 **주님** 소
유의 그 땅을 넘겨야 한다. 왜냐하
면 **주님**의 이동성전이 있는 그곳을
우리가 소유권를 넘겨받아야 하기
때문이다. 그렇지만 너희는 **주님**을
어기는 반란을 하지 말아야 하고,
주 하나님의 제단 이외의 제단을 세
우는 일로 우리에게 대항하지 말
아야 한다.
20 제라의 아들 애이칸이 저주받을

위반을 저질러서, 전 이즈리얼 공
동체에 분노가 떨어지지 않았나?
더구나 그의 죄로 인해 혼자만 파
멸한 게 아니었다.'"
21 그러자 루번자손과 개드자손과 머
나서부족 절반이 대답하며, 수천
의 이즈리얼의 대표들에게 말했
다.
22 "신 중의 신이고, 신 가운데 **주 하나
님**인 그가 알고, 또 그가 안다는 것
을 이즈리얼이 알지요. 만약 반란
이나 **주님**을 어기는 위반죄가 있으
면, 이날 우리를 살려 두지 마세요.
23 우리가 제단을 쌓은 것은, **주님**을
따르기 위한 것이고, 그곳에서 번
제나 곡식제물을 올리거나, 혹은
평화제물을 올리려는 것이고, 그
것은 **주님** 스스로 필요한 것이었어
요.
24 만일 우리가 두려움 때문에 그것
을 하지 않는다면, 앞으로 당신의
후손들이 와서, 우리의 자손에게
이런 말을 할 지도 모르죠. '당신들
은 이즈리얼의 **주 하나님**에게 한 게
무엇이냐?
25 **주님**이 우리와 당신들 사이에 조든
경계를 만들고, 루번후손과 개드
후손 사이에 세웠는데, 너희는 **주
님**의 지분이 없다. 그래서 너희 후
손이 우리 후손한테 **주님**을 경외하
지 못하게 만든 것이다.'라고 질문
할 때 우리 후손에게 다음과 같이
말하고 싶은 것이죠.
26 그래서 우리가 한 말은, '이제 우리
가 우리의 제단을 쌓아 번제가 없
거나 제사를 하지 못하는 일에 대
비하자.
27 그래서 이것이 당신과 우리 이후
에 오는 후손세대에 서로 증거가
되어, 우리가 **주님** 앞에 우리의 제
물을 가지고, 번제와 평화제사를
할 수 있게 하자. 그러면 앞으로 우
리 후손이 당신들은 **주님**에 소속되
는 대상이 아니라는 말을 하지 않
을 것이다.'
28 따라서 그들이 우리와 후손 세대
에게 말할 때, 우리가 다음이 있을
것이라고 말했죠. '우리의 조상이
만든 **주님**의 제단 형태를 보라. 번
제나 희생제물을 위한 것이 아니
고, 우리와 당신들 사이에 증거가
되는 것이다.
29 **하나님**은 우리가 **주님**에 반하여 저
항하고, 또 이날 **주님**을 따르는 일
에서 이탈하여, 그의 성전 앞에서
주 하나님의 제단 이외의 번제제물
이나 곡식제물이나 희생제물을 위
한 제단을 쌓으면 안 된다'고 말했
어요."
30 피네해스 사제와 공동체의 지도자
들과 이즈리얼의 수천의 대표들이
함께 루번자손과 개드자손, 머나
서자손 중 절반이 말한 이야기를
들었을 때 그들은 기뻐했다.
31 일리저 제사장의 아들 피네해스가
루번자손과 개드자손과 머나서자

손에게 말했다. "이날 우리 가운데
주님이 있음을 알겠다. 왜냐하면
너희가 **주님**을 거스르는 죄를 짓지
않았기 때문이다. 이제 너희는 **주
님**의 손에서 이즈리얼 자손을 구했
다."
32 일리저 제사장의 아들 피네해스와
대군왕자들이 길리얻 땅의 루번자
손과 개드자손이 한 말을 가지고
캐이넌땅의 이즈리얼 자손에게 다
시 돌아갔다.
33 이것은 이즈리얼 자손을 기쁘게
했다. 그래서 이즈리얼 자손이 **하
나님**을 축복하면서, 그들이 루번과
개드자손이 사는 땅을 파괴하는
전쟁을 하려 하지 않았다.
34 루번자손과 개드자손이 그 제단을
이드라고 불렀다. 그것은 우리 사
이에 **주님**이 **하나님**이라는 증거가
되기 때문이었다.

자슈아의 고별사

22 오랜 세월이 흘러, **주님**이 주
위 적들로부터 이즈리얼에게
휴식을 준 이후, 자슈아는 대단히
늙어 세월에 지쳤다.
2 그래서 자슈아는 원로와 민족대
표와, 판사와 관리를 불러 말했다.
"나는 나이를 많이 먹고 지쳤어요.
3 그리고 여러분은 **주 하나님**이 당신
들로 인해 여러 나라에게 가했던
모든 일을 보아 왔어요. 여러분의
주 하나님이기 때문에, 그가 당신들
을 위해 싸웠던 것이죠.
4 보세요, 나는 당신들에게 제비뽑
기로 나머지 모든 나라를 나누어
주었고, 그래서 당신들 부족을 위
한 유산이 되도록, 조든부터 나라
를 잘라, 심지어 서쪽 큰 바다 지중
해까지 분할했죠.
5 **주 하나님**은 당신 앞에서 그들을 쫓
아내어, 여러분이 그들 땅을 소유
하도록 당신의 시야 밖으로 그들
을 내몰며, **주 하나님**이 당신들에게
말한 약속을 지켰어요.
6 그러니 여러분은 자신감을 갖고,
모지스가 법의 책에 적어 놓은 모
든 것을 지키며, 오른쪽이든 왼쪽
이든 돌아서지 마세요.
7 그리고 당신들 가운데 여전히 남
아 있는 나라의 사람들한테 가지
말고, 그들 신의 이름도 언급하지
말고, 그 이름으로 맹세도 하지 말
고, 섬기지도 말고, 그들에게 자신
의 머리를 숙이지도 마세요.
8 그 대신 당신의 **주 하나님**을 따르
며, 여러분이 이날까지 해왔던 대
로 하세요.
9 **주님**이 당신 앞에서 크고 강한 여
러 나라를 몰아냈기 때문에, 여러
분에 대해 말하자면, 이날까지 어
떤 사람도 당신 앞에 설 수 있는 사
람은 아무도 없지요.
10 여러분 중 하나가 천명을 추격하
게 한 것은, 여러분의 **주 하나님**, 그
가 약속한 대로, 당신을 위해 싸웠

기 때문이에요.
11 그러니 스스로 충분히 조심하며,
당신들의 **주 하나님**을 사랑하세요.
12 그렇지 않고 어떤 경우라도 돌아
서며, 여전히 당신들에게 남아있
는 그 나라에게 가서 따르고, 그들
과 결혼관계를 맺어 그들에게 가
고, 그들이 당신에게 오게 하면,
13 **주 하나님**은 더 이상 당신 앞에서
어떤 나라도 몰아내지 않을 것을
확실히 알아 두세요. 대신 그들은
당신을 올가미와 함정에 빠지게
하고, 당신 편에 끔찍한 재앙을 주
고, 당신 눈에 가시가 되어, **주 하나
님**이 여러분에게 준 좋은 이 땅에
서 파멸하게 될 때까지 계속 할 거
예요.
14 보세요, 이날 나는 흙으로 돌아갈
텐데, 여러분은 마음과 정신을 다
하여 알아 두세요. 그것은 **주 하나
님**이 당신에게 말한 이 좋은 모든
일 가운데 하지 않은 것은 하나도
없다는 점이죠. 모든 것이 당신에
게 그대로 이루어졌고, 하지 않은
것은 하나도 없어요.
15 그래서 **주 하나님**이 당신에게 약속
한 모든 행운이 당신에게 온 것처
럼, 똑같이 **주님**은 당신에게 불행
이 오게 하여, **주님**이 여러분에게
부여한 이 좋은 땅에서 제거될 때
까지 당신을 파괴할 겁니다.
16 당신이 **주 하나님**이 명령한 약속을
위반하고, 가서 다른 신을 섬기고,
그들에게 스스로 머리를 숙이면,
주님의 분노가 당신에게 치솟아,
여러분은 그가 준 이 좋은 땅에서
빠르게 파멸하게 되지요."

자슈아가 맺은 약속과 증거

23 자슈아가 이즈리얼부족을
쉬컴으로 모이게 하고, 원로
와 대표와 판사와 관리들을 부르
자, 그들이 **하나님** 앞에 나왔다.
2 자슈아가 모든 사람에게 말했다.
"이즈리얼의 **주 하나님**이 이런 말
을 했어요. '예전에 너희 조상은 조
든강 동쪽에서 살았고, 당시 내이
홀의 아버지 애이브러햄의 아버지
테라까지 그들은 다른 신들을 섬
겼다.
3 그리고 나는 너희 조상 애이브러
햄을 조든 동쪽에서 데려와서, 캐
이넌땅을 두루 다니며, 자손을 번
성하도록 그에게 아이직을 주었
다.
4 나는 아이직에게 재이컵과 이소를
주고, 이소에게 시어산을 주어 소
유하게 하는 한편, 재이컵과 그의
자손은 이집트로 내려 보냈다.
5 나는 또 모지스와 애런을 보내고,
내가 그들에게 한 대로 이집트에
전염병을 보내 괴롭힌 다음, 내가
너희를 데리고 나왔다.
6 내가 너희 조상을 이집트에서 나
오게 하여, 너희가 바다로 갔는데,
이집트인이 너희 조상을 마차와

기마병으로 추격하면서, 홍해까지
갔다.
7 이즈리얼이 **주님**에게 외치자, 그
는 너희와 이집트인 사이에 어둠
을 두면서, 그들을 바다로 유인하
여 바닷물이 덮치게 했다. 너희 눈
은 이집트에서 내가 실행한 일을
본 다음, 너희는 오랜 세월 황야에
서 지내게 되었다.
8 그리고 내가 조든의 동쪽에서 살
던 애머리족의 땅으로 너희를 데
려와서, 그들이 너희와 싸우자, 나
는 너희 손에 그들을 넘겨, 너희가
그 땅을 차지할 수 있도록 너희 앞
에서 그들을 파멸시켰다.
9 모앱왕 지포의 아들 배이락이 일
어나서 이즈리얼을 상대로 싸우
며, 비오의 아들 배일럼에게 사람
을 보내어 너희를 저주하도록 불
렀다.
10 하지만 나는 배일럼의 마음을 강
하게 굳히지 않게 하여, 그가 너희
를 계속 축복하게 하면서, 내가 그
의 손에서 너희를 구했다.
11 그런 다음 너희는 조든을 넘어 제
리코로 왔고, 너희에 대항하여 싸
운 제리코 사람은, 애머리족, 퍼리
스족, 캐이넌족, 힡족, 거가쉬족, 하
이브족이었고, 내가 그들을 너희
손에 넘겼다.
12 나는 너희 앞에서 말벌을 보내어
그들을 몰아냈고, 심지어 애머리
의 두 왕까지 쫓아 냈는데, 그것은
너희 칼이나 화살이 아니었다.
13 나는 너희가 노동하지 않았던 땅
을 주고, 너희가 세우지 않았던 도
성을 주어 그 안에서 살게 했고, 너
희가 심지 않은 포도밭과 올리브
밭에서 나는 열매를 먹게 했다' 라
고 **주님**이 전했어요.
14 따라서 이제 **주님**을 경외하며, 성
실하고 진지한 마음으로 그를 섬
기세요. 또 조상이 강 저편과 이집
트에서 섬겼던 신들을 치워버리
고, **주님**을 섬기세요.
15 만약 **주님**을 섬겨야 하는 당신들에
게 악이 보이면, 이날 당장 그것을
뽑아내 버리세요. 그런 신들은 조
상이 강 동쪽에서 받들거나, 또는
여러분이 살게 된 땅의 애머리족
의 신들이지요. 대신 나와 내 집안
을 위하는 것처럼, 우리는 **주님**을
섬겨야 합니다."
16 그러자 사람들이 대답했다. "**주님**
은 우리가 **주님**을 외면하고 다른
신을 섬기는 것을 금지했어요.
17 우리의 **주 하나님**이 이집트땅 노예
의 집에서 우리와 조상을 데려오
면서, 우리 눈 앞에 놀라운 경이를
실행했고, 가는 길마다 우리를 보
호하며, 모든 민족 사이를 통과하
도록 지켜주었어요.
18 **주님**은 우리 앞에서 모든 민족을
몰아내고, 그 땅에 살던 애머리족
도 쫓아냈어요. 따라서 우리도 **주**
님을 섬기겠어요. 왜냐하면 그는

우리의 **하나님**이니까요."
19 자슈아가 백성에게 말했다. "당신
들은 **주님**을 섬길 수 없어요. 왜냐
하면 그는 신성한 **하나님**이고, 질
투하는 **하나님**이므로, 여러분의 위
반이나 죄를 용서하지 않을 거예
요.
20 만약 당신들이 **주님**을 버리고, 다
른 신을 섬기면, 그는 돌아서 당신
을 해치며, 그가 당신에게 좋은 일
을 한만큼 집어 삼킬 겁니다."
21 사람들이 자슈아에게 말했다. "아
니에요. 우리는 **주님**을 섬기겠어
요."
22 그러자 자슈아가 그들에게 말했
다. "여러분은 스스로 증인이 되는
것입니다. 당신들은 **주님**을 선택하
여 섬기겠다고 했어요." 그리고 그
들이 대답했다. "우리가 증인입니
다."
23 자슈아가 말했다. "그러니 이제 당
신 가운데 있는 다른 신을 없애고,
여러분의 마음을 이즈리얼의 **주 하**
나님에게 의지하세요."
24 사람들이 자슈아에게 말했다. "우
리는 **주 하나님**을 받들며, 그의 말
에 복종하겠어요."
25 그렇게 자슈아는 그날 백성과 약
속을 하고, 그 약속을 쉬컴에서 규
정과 명령으로 정했다.
26 자슈아는 **하나님**의 법의 책에 이
말을 기록하고, 큰 돌을 가져와, **주**
님의 성소 가까이 있는 참나무 아
래에 세웠다.
27 그리고 자슈아가 모두에게 말했
다. "보세요, 이 돌이 우리에게 증
거예요. 왜냐하면 이 돌은 **주님**이
우리에게 해준 모든 말을 들었기
때문이에요. 그러므로 이것은 여
러분에게, 당신이 절대로 **하나님**을
부정해서는 안 된다는 증거가 되
어줄 겁니다."
28 그런 다음 자슈아는 사람들을 보
냈고, 모든 사람은 자신의 유산의
땅으로 돌아갔다.
29 이런 일이 있은 후, 눈의 아들 **하나**
님의 종 자슈아는 110세로 죽었다.
30 이즈리얼은 자슈아를 팀낫세라의
그의 땅 구역에 묻었는데, 그곳이
가쉬 언덕 북쪽에 있는 이프리엄
산이다.
31 이즈리얼은 자슈아가 살아 있는
동안 내내 **주님**을 섬겼고, 당시 모
든 원로는 자슈아보다 오래 살았
다. 그들은 이즈리얼을 위해 **주님**
이 실행한 업적을 모두 알고 있었
다.
32 조셒의 뼈는, 이즈리얼 자손이 이
집트에서 가져와서, 쉬컴에 묻었
다. 그곳은 제이컵이 쉬컴의 조상
해모의 아들로부터 은 100쉐클
1.1Kg에 사들였던 일부지역으로,
나중에 조셒 후손의 유산이 되었
다.
33 애런의 아들 일리저가 죽어, 이즈
리얼이 그를 그의 아들 피네해스

에게 주어진 이프리엄산 언덕에
묻었다.

판관

케이넌부족과 함께 살다

1 자슈아여호수아가 죽은 후 이즈리
얼이스라엘 자손이 **주님**에게 물었
다. "누가 우리를 위해 캐이넌족가
나안과 맞서 싸우려고 앞장서 주나
요?"
2 그러자 **하나님**이 말했다. "쥬다유다
가 갈 것이다. 보라, 내가 그 땅을
그의 손에 넘겼다."
3 쥬다가 그의 형제 시미언시메온, 시므
론에게 말했다. "내가 있는 나의 땅
으로 오면, 우리가 캐이넌부족에
맞서 싸울 수 있고, 또 나도 마찬가
지로 너의 땅으로 가겠다." 그래서
시미언이 그에게 갔다.
4 쥬다가 싸우러 나가자 **하나님**이 캐
이넌족과 퍼리스프리즈, 브리스족을
그들 손에 넘겨주어서 그들이 베
젝에서 만 명을 죽였다.
5 그들이 베젝베섹에서 애도니베젝을
만나자 그와도 싸웠고, 캐이넌족
과 퍼리스족도 물리쳤다.
6 그런데 애도니베젝이 도망을 쳐
서, 그를 추격하여 붙잡아, 그의 양
손의 엄지손가락과 엄지발가락을
잘랐다.
7 그러자 애도니베젝이 말했다. "예
전에 내가 70명의 왕에게 그들의
엄지손가락과 엄지발가락을 자르
고, 나의 테이블 밑에서 내가 흘린
고기조각을 주워 먹게 했었다. 그
런데 내가 했던 그대로 **하나님**이
내게 갚아주었다." 그리고 그들이
그를 저루살럼으로 데려갔는데,
그는 그곳에서 죽었다.
8 이제 쥬다자손은 저루살럼예루살렘
에 맞서 싸우며, 칼로 쳐서 빼앗고,
그 도성에 불을 질렀다.
9 그리고 쥬다자손은 캐이넌부족과
싸우러 내려갔다. 그들은 산의 남
쪽과 계곡에서 살고 있었다.
10 쥬다가 히브런에서 살고 있던 캐
이넌부족에 맞서 싸우려고 갔다.
[히브런의 이전 이름은 킬잿싸바
였다.] 그들은 쉬샤이, 애히먼, 탤
마이를 죽였다.
11 그는 그곳에서 드비어 원주민과
맞서 싸우려고 갔다. 드비어의 이
전 이름은 킬잿세퍼였다.
12 그리고 캐이렙칼렙, 갈렙이 말했다.
"킬잿세퍼를 물리치고 빼앗는 자
에게 나의 딸 애크사악사를 아내로
주겠다."
13 그때 캐이렙의 동생 케내즈의 아

들 오쓰니얼오트니엘, 옷니엘이 그 도
성을 빼앗아서, 케이렙이 딸 애크
샤를 그에게 아내로 주었다.
14 그녀가 그에게 시집왔을 때, 그녀
는 남편을 움직여 아버지의 들판
을 요구하도록 시켰다. 그녀가 나
귀에서 내리자 케이렙이 물었다.
"너는 무엇을 원하느냐?"
15 그러자 그녀가 아버지에게 말했
다. "저를 축복하고 남쪽 땅도 주고
샘물도 주세요." 그래서 케이렙이
딸에게 위쪽 샘과 함께 아래쪽 샘
을 주었다.
16 모지스모세의 장인의 켄카인, 겐부족
의 자손이, 종려과 야자나무의 도
시로부터 와서 쥬다자손과 함께
쥬다의 황야지역으로 들어갔다.
그곳은 애라드의 남쪽에 있는 곳
인데 그들이 가서 그곳 사람과 살
았다.
17 쥬다가 그의 형 시미언과 함께 가
서, 제풰쓰츠팟, 스밧에서 사는 캐이
넌 사람을 죽이고 그곳을 철저히
파괴했다. 그리고 그 도성의 이름
을 호마호르마라고 불렀다.
18 쥬다는 그곳 일대와 함께 가자지
역을 빼앗고, 애스켈런과 그 일대,
에클런과 그 일대를 빼앗았다.
19 **하나님**이 쥬다와 함께 있었다. 그
래서 그가 그 산의 주민들을 몰아
내었는데, 계곡에 사는 사람들은
철제전차를 가졌기 때문에 쫓아낼
수 없었다.
20 모지스가 말한 대로 그들은 캐이
렙에게 히브런을 주었고, 그는 그
곳의 애낙아낙의 세 아들들을 내쫓
았다.
21 벤저민벤야민, 베냐민자손은 저루살럼
에서 살고 있던 제뷰스여부스부족을
쫓아내지 못해서, 그들은 오늘날
까지 저루살럼에서 벤저민자손과
함께 살았다.
22 조셒요셉가문 역시 베썰베텔, 벧엘과
싸우러 올라갔고, **하나님**이 그들과
함께 있었다.
23 조셒이문은 사람을 보내 베썰을
정탐했다. [베썰 도시의 예전 이름
은 루스루즈였다.]
24 정탐꾼들이 그 도성에서 나오는
한 사람을 보고 말했다. "부탁하니,
우리에게 이 도성의 입구를 알려
주면, 우리도 당신에게 자비를 보
이겠소."
25 그가 그들에게 도성입구를 가르쳐
주자, 그들은 칼끝으로 그 도성을
물리쳤다. 하지만 그 사람과 그의
가족은 그대로 살려주었다.
26 그러자 그 사람은 힡히타이트, 헷부족
땅으로 가서 도시를 세우고, 그곳
이름을 루스라고 불렀는데, 그곳
이 오늘날 그 이름이 되었다.
27 머나서므나쎄, 므낫세도 벳션과 주변
마을을 몰아내지 못했고, 타아낙
과 주변 마을도, 도르와 마을 주민
도 몰아내지 못했고, 이블리엄과
주변 마을, 메기도와 각 주변 마을

의 원주민을 몰아내지 못하여, 캐
이넌 주민이 그 땅에서 살게 되었
다.
28 그리고 점차 이즈리얼이 강해지
자, 그들은 캐이넌 사람들에게 노
역을 시키며, 그들을 완전히 내쫓
지 않았다.
29 이프리엄에프라임, 에브라임도 기저게제
르, 게셀에서 살던 캐이넌 사람을 내
쫓지 않아서, 캐이넌은 그들과 함
께 살 수 있었다.
30 제뷸런즈불룬, 스불론도 키트런과 내
해럴의 원주민을 쫓아내지 않아
서, 캐이넌족이 그들 사이에서 살
며 노역하는 일꾼이 되었다.
31 애셜아세르, 아셀도 애코의 원주민을
쫓아내지 않았고, 사이든시돈의 원
주민도, 애랩도, 애크집도, 헬바도,
애픽도, 리홉도 쫓아내지 않았고,
32 대신 애셜부족도 그 땅의 원주민
캐이넌부족 가운데에서 살았다.
왜냐하면 그들이 캐이넌을 쫓아내
지 않았기 때문이다.
33 냎털라이납탈리도 벳쉬메쉬 원주민
을 쫓아내지 않았고, 베쌔내쓰의
주민도 몰아내지 않았고, 대신 그
들도 그 땅의 캐이넌주민 사이에
서 살았다. 그렇지만 벳쉬메쉬와
베쌔내쓰 사람은 그들에게 노역하
는 속국이 되었다.
34 애머리아모리족이 댄단자손을 산으
로 몰아내었다. 왜냐하면 애머리
가 댄이 계곡 아래로 내려오는 것
을 꺼렸기 때문이다.
35 그런데 애머리부족은 아이재런의
헤레스산과 샤알빔에서 살려고 했
는데, 하지만 조셒이문의 힘이 세
어져 그곳을 지배하자, 그들은 노
동자집단이 되었다.
36 애머리부족의 경계는 애크래빔으
로 올라가서 바위에서부터 위쪽까
지였다.

다른 신을 추종

2 **하나님**의 사자가 길갤길갈에서
보킴으로 와서 이렇게 말했다.
"나는 너희를 이집트 밖으로 이끌
어내어, 너희 조상에게 맹세한 이
땅에 데려와서, 너희와 맺은 약속
을 절대 깨지 않겠다고 말했다.
2 너희는 이 땅의 원주민과 연맹을
맺어서는 안 되며, 그들 제단을 무
너뜨려야 한다고 했다. 그런데 너
희는 어째서 나의 목소리에 복종
하지 않고 있지?
3 그래서 내가 또 말하는데, 나는 너
희 앞에서 그들을 내쫓지 않겠지
만, 그들은 너희에게 가시가 될 것
이고, 그들 신들이 너희에게 덫이
될 것이다."
4 하느님의 사자가 이즈리얼자손 모
두에게 이렇게 말하자, 그들이 목
청 높여 울었다.
5 그래서 그들은 그 장소를 보킴이
라고 불렀고, 거기서 **하나님**에게
제사를 지냈다.

6 자슈아여호수아가 사람들을 보냈고,
이즈리얼이스라엘 모두는 자신이 유
산으로 소유한 땅으로 갔다.
7 사람들은 자슈아 생애 내내 **주님**을
섬겼고, 그의 사후까지 **주님**이 이
즈리얼을 위하여 했던 모든 위대
한 작업을 보았던 원로들이 살아
있는 동안에도, **주님**을 섬겼다.
8 **주님**의 종 눈의 아들 자슈아는 110
세 나이에 죽었다.
9 그들은 팀냇헤레스에 있는 그의
유산의 경계지역에 그를 묻었다.
그곳은 이프리엄산의 가아쉬언덕
북쪽이다.
10 모든 세대 역시 그들의 조상한테
돌아갔고, 그들에 이어 다른 세대
가 생겨났는데, 그들은 **주님**을 알
지 못하고, 이즈리얼을 위해 그가
했던 일도 알지 못했다.
11 이즈리얼 자손은 **하나님**의 눈에 악
행을 하며 배이얼림바알을 섬겼다.
12 그들이 이집트땅에서 자기 조상을
데리고 나온 **주님**을 버리고, 그들
주위에 있던 사람들이 믿는 다른
신들을 추종하며, 그들의 머리를
숙였기 때문에, **주님**이 분노를 일
으켰다.
13 그들이 **하나님**를 저버리고 배이얼
바알과 애쉬태로쓰아스타롯를 섬겼다.
14 **주님**의 분노가 이즈리얼에 대해 뜨
겁게 달아올라, 그들을 약탈자에
게 넘겨주어 전리품이 되게 했고,
주변 적에게 팔아 넘겨서, 이제 그
들은 더 이상 적 앞에서 버틸 수 없
게 되었다.
15 그들이 어디로 가든 저지른 잘못
때문에 **주님**이 함께하지 않았고, **주
님**이 말하고 맹세한 대로 그들은
큰 고통을 받게 되었다.
16 그럼에도 불구하고 **주님**은 판관을
세웠다. 판관들은 그들을 괴롭히
는 사람한테서 이즈리얼을 구해냈
다.
17 하지만 그들은 판관의 말에 귀를
기울이지 않고, 다른 신을 추종하
고 따르며, 그들에게 머리를 숙였
고, 조상이 **주님**의 명령에 복종하
며 걷던 길에서 빠르게 벗어나, 조
상이 하던 대로 하지 않았다.
18 **주님**이 그들을 위해 판관을 세울
때, **주님**은 판관과 함께 있었다. 판
관이 살아 있는 동안에는, 그들을
적의 손안에 넘기지 않고 구해주
었다. 왜냐하면 **주님**은 그들이 자
신들을 억압하는 사람한테 받는
괴로운 신음소리에 마음이 애석했
기 때문이다.
19 판관이 죽자, 그들은 지난날로 되
돌아가, 다른 신들을 따르고 섬기
며 고개 숙여 절했던 조상보다 스
스로 더 부패했고, 자신의 행위를
중단하지도 않았고, 그들의 완고
함을 멈추지도 않았다.
20 그래서 **하나님**의 분노가 이즈리얼
에 대하여 몹시 뜨겁게 달구어지
자 그가 말했다. “이 민족이 내가

그들의 조상에게 명령한 나의 계
약을 위반하고 또 나의 목소리를
듣지 않았기 때문에,
21 이제 나는 자슈아가 죽으며 남겨
둔 나라 가운데 어떤 것도 몰아내
지 않겠다.
22 그들 원주민을 통하여 내가 이즈
리얼을 확인할 수 있을 것이다. 그
들의 조상이 지켰던 대로 이즈리
얼이 그 길을 지킬 것인지 아닌지,
내가 판단할 수 있을 것이다."
23 그래서 **주님**은 다른 민족을 서둘러
몰아내지 않고 그대로 두었고, 그
들을 자슈아의 손에 넘기지도 않
았다.

오쓰니얼, 이훋, 샴거

3 다음은 이즈리얼이스라엘 사람을
시험하기 위해 **하나님**이 남겨두
었던 나라로, 캐이넌가나안 전쟁에
관해 알지 못하는 이즈리얼도 많
이 있었다.
2 이즈리얼 자손 가운데 전쟁을 알
았던 일부 세대만이, 그것을 경험
하지 못한 자손에게 적어도 그것
을 가르쳐 알게 했다.
3 다시 말해서, 그들은 필리스틴블레
셋과, 캐이넌부족과, 사이든 사람
과, 레바넌산에 살았던 하이브히위
족까지 다섯 군주는 전쟁을 알지
못했고, 그들은 배이얼허먼산부터
해매쓰 입구에 살던 사람들이었
다.
4 그들을 통해 이즈리얼을 시험하
여, **주님**의 명령에 귀를 기울이는
지 알아보고자 했고, 그것은 **주님**
이 모지스 손에 의해 그들 조상에
게 명령한 것이었다.
5 이즈리얼 자손은 캐이넌족 가운데
서 살았고, 힡부족, 애머리족, 퍼리
스족, 하이브족, 제뷰스족 사이에
서 살았다.
6 이즈리얼은 자신의 딸을 그들 아
내로 주었고, 그들의 딸을 자기 아
들에게 주며 그들의 신들을 섬겼
다.
7 따라서 **하나님**의 눈에 이즈리얼 자
손은 잘못된 행동을 하며, 그들의
주 하나님을 잊고 배이럼바알과 수
풀신을 섬겼다.
8 그래서 **하나님**의 분노가 이즈리얼
에 대해 뜨겁게 달아올라, 그들을
메소포태미아의 추샨리샤쌔임 왕
에게 팔아넘겨, 이즈리얼 자손이 8
년간 추샨리샤쌔임에게 종으로 살
았다.
9 이즈리얼 자손이 **하나님**에게 울부
짖자, **하나님**은 이즈리얼 자손을
위한 구원자를 세웠는데, 이즈리
얼을 구원한 사람으로 캐이렙칼렙,
갈렙의 동생 케내즈의 아들 오쓰니
얼오트니엘, 옷니엘도 있었다.
10 **하나님**의 영혼이 그에게 내려와서,
그는 이즈리얼을 재판하고 전쟁에
도 나갔다. 그리고 **주님**이 메소포
태미아의 추샨리샤쌔임 왕을 그의

손에 넘겨주자, 오쓰니얼이 추샨
리사쌔임을 물리쳤다.
11 그 다음 그 땅은 40년간 쉬었고 케
내즈의 아들 오쓰니얼이 죽었다.
12 **주님**이 보기에 이즈리얼 자손이 또
다시 비행을 저질렀다. 그래서 **주**
님은 모앱왕 이글런에게 이즈리얼
을 대항하도록 강한 힘을 주었다.
왜나하면 이즈리얼이 **주님**의 눈 앞
에서 비행을 저질렀기 때문이었
다.
13 이글런에글론왕은 애먼암몬과 애멀
렉아말렉 자손을 모으고 가서 이즈
리얼을 치고 야자나무 도시를 빼
앗아 차지했다.
14 그래서 이즈리얼 자손은 모앱모압
의 이글런왕을 18년간 섬겼다.
15 그러나 이즈리얼 자손이 **주님**에게
아우성치자, **주님**이 그들에게 구원
자를 세워주었다. 이즈리얼 자손
이 벤저민부족 저라의 아들인 왼
손잡이 이훋에훗을 시켜 모앱의 이
글런왕에게 선물을 보내게 했다.
16 하지만 이훋은 양쪽에 날이 있는 1
큐빝0.45m 길이의 단검을 직접 만들
어, 자신의 옷 안쪽 오른쪽 넓적다
리 위에 띠로 둘러 묶었다.
17 그가 모앱의 이글런왕에게 선물을
가져갔는데, 왕은 대단히 살이 찐
사람이었다.
18 그가 선물을 전달을 마치자, 선물
을 지고온 사람을 보냈다.
19 하지만 자신은 길갤길갈 근처 채석
장에서 다시 되돌아와서 왕에게
말했다. "왕이여, 나는 당신에게 가
져온 비밀 임무가 있어요." 그래서
왕이 "조용히 해라"고 하자, 왕의
옆에 서있던 모두가 물러갔다.
20 그리고 이훋이 왕에게 가까이 왔
는데, 그는 여름 별장 개인 거실에
혼자 앉아 있었다. 그리고 이훋이
말했다. "나는 당신에게 전할 **하나**
님의 전갈을 갖고 있어요." 그러자
왕은 자리에서 일어났다.
21 그때 이훋이 왼손을 내밀어, 자신
의 오른쪽 넓적다리에서 단검을
꺼내어 그의 배를 찔렀다.
22 칼자루가 칼날을 따라 깊숙이 들
어가면서, 비계에 칼날이 꽂혀, 그
의 배에서 단검을 빼낼 수 없다가,
내장까지 따라 나왔다.
23 그런 다음 이훋이 현관을 빠져나
와, 왕의 거실 문을 닫고 문을 잠궜
다.
24 그가 간 뒤, 왕의 신하들이 와서 보
고, 거실 문이 잠겨 있자, 그들은 왕
이 자신의 여름용 방안에서 발을
덮고 쉬는 것으로 확신했다.
25 그들이 기다리다 의아해서 살펴보
니, 왕의 거실문이 열리지 않아, 열
쇠를 갖다 문을 열고 보니, 왕이 바
닥에 죽은 채 쓰러져 있었다.
26 이훋은 신하들이 기다리는 사이에
도망쳐서, 채석장을 훨씬 지나 시
래스로 피신했다.
27 그는 돌아와서 이프리엄 산에서

트럼핕을 불었다. 이즈리얼 자손
이 그와 함께 산에서 내려온 다음,
이훋이 그들을 앞에서 이끌었다.
28 그가 사람들에게 말했다. "나를 따
르라. **주님**이 여러분의 적 모앱을
당신들 손안에 넘겨주었다." 그래
서 그들이 그를 따랐고, 모앱 방향
의 조든강의 포구를 빼앗아 한 사
람도 그곳을 건너지 못하게 막았
다.
29 그때 그들이 건장하고 용감한 모
앱족 약 만 명을 죽였고, 도망친 사
람은 한 사람도 없었다.
30 그래서 그날 모앱이 이즈리얼 사
람에게 굴복했고, 그 땅은 80년간
편히 쉬었다.
31 이훋 이후에 애내쓰의 아들 샴거
가 나왔다. 그는 소몰이 막대 하나
를 가지고 필리스틴 600명을 죽였
다. 그리고 그도 이즈리얼을 구했
다.

데버라와 배럭

4 이훋이 죽자, **하나님**의 눈 앞에
서 이즈리얼 자손이 다시 잘못
을 저질렀다.
2 **하나님**은 해조를 지배했던 캐이넌
왕 재빈의 손에 이즈리얼을 팔아
넘겼다. 그의 군대 대장은 시세라시
스라였는데, 그는 이민족 젠트부족
의 해로쉬스 지역에 살았다.
3 그래서 이즈리얼 자손이 **주님**에게
아우성쳤다. 왜냐하면 그는 900대
철제 전차를 가지고, 20년간 이즈
리얼 자손을 무력으로 강하게 핍
박했기 때문이었다.
4 당시 여자예언가 데버라드보라는 래
피도스의 아내로 당시 이즈리얼을
판결했다.
5 데버라는 이프리엄산의 래마와 베
썰베텔, 벧엘 사이에 있는 데버라 지
역의 종려과 야자나무 아래에서
살았는데, 이즈리얼 자손이 판결
때문에 그녀에게 왔다.
6 그녀는 사람을 보내어 커데쉬냎털
라이 출신의 애비노앰의 아들 배
럭바락을 불러 말했다. "이즈리얼의
주 하나님이 명령하며, 당신이 가서
냎털라이납달리 자손과 제뷸런스불론,
스불론 자손 만 명을 태이버산으로
이끌어 데려가라 하지 않았나요?
7 그러면 나는 재빈야빈의 군대대장
시세라시스라를 당신이 있는 키션키
손, 기손 강쪽으로 몰아, 그의 전차와
그의 수많은 군대와 함께 당신 손
에 넘기겠어요."
8 배럭이 데버라에게 말했다. "만약
당신이 나와 함께 가면 가겠지만,
당신이 나와 같이 가지 않으면 가
지 않겠소."
9 그러자 그녀가 말했다. "나는 반드
시 당신과 함께 가겠어요. 이번 출
전은 당신 자신의 명예를 위한 것
이 아니죠. 왜냐하면 **주님**이 시세
라를 한 여자의 손에 맡겼기 때문
이예요." 그리고 데버라가 일어나

배럭과 함께 커데쉬케데스, 게데스로
갔다.
10 배럭이 제뷸런과 냎털라이를 커데
쉬로 불러서, 그의 거점에서 남자
만 명과 함께 갔고, 데버라도 같이
갔다.
11 한편 모지스의 장인 호뱁호밥의 자
손인 켄부족 헤버헤베르, 헤벨는, 부족
에서 스스로 분리하여 커데쉬 가
까이 자나임차아난님, 사아난님 평원에
자신의 막사를 펼쳤다.
12 애비노앰의 아들 배럭이 태이버
산으로 올라가서, 시세라에게 그
들 모습을 드러냈다.
13 시세라는 그의 모든 철제전차를
900대까지 집결시켰고, 사람도 젠
타일이민족의 해로쉬스로부터 키션
강에 이르기까지 모두 한데 모았
다.
14 데버라가 배럭에게 말했다. "일어
나세요. 왜냐하면 이날은 **주님**이
시세라를 당신 손에 넘긴 날이기
때문이에요. **주님**이 당신 앞에서
가고 있지 않나요?" 그래서 배럭
이 태이버 산에서 내려갔고, 그를
따라 남자 만 명도 함께 갔다.
15 **주님**이 시세라와 그의 모든 전차와
군대를 배럭 앞에서 칼끝으로 패
배시켰다. 그래서 시세라가 자신
의 전차에서 뛰어내려 두 발로 도
망쳤다.
16 하지만 배럭이 그의 전차와 군대
의 뒤를 추격하여, 젠타일이민족의
해로쉬스까지 갔다. 그래서 시세
라의 모든 군대는 칼끝에 쓰러져
서 남은 사람이 하나도 없었다.
17 하지만 시세라는 발로 도망쳐서,
켄부족 헤버의 아내 재얼의 막사
로 갔다. 왜냐하면 해조의 재빈왕
과 켄부족 헤버의 가문 사이에는
평화가 있었기 때문이었다.
18 그래서 재얼이 시세라를 만나러
가서 그에게 말했다. "대장님, 두려
워 말고 내게 오세요." 그래서 그가
그녀의 막사로 들어가자, 그녀가
외투로 그를 덮어주었다.
19 그가 그녀에게 말했다. "부탁하는
데, 목이 마르니, 마실 물 좀 주시
오." 그래서 그녀가 우유병을 열어
그가 마시도록 주고, 그를 덮어주
었다.
20 그가 그녀에게 또 말했다. "막사 문
을 지켜주시오. 만일 어떤 사람이
와서 당신을 조사하며, '여기 어떤
남자가 있는가?' 라고 물으면, 당
신은 '없다'고 말해야 해요."
21 그런데 헤버의 아내 재얼이 막사
의 못을 뽑아 손에 망치를 들고 그
에게 가만히 가서, 그의 양쪽 관자
놀이에 못을 박아 바닥까지 들어
가도록 고정시켰다. 왜냐하면 그
가 피곤해서 곧 잠들었기 때문이
다. 그래서 그는 죽었다.
22 그리고 배럭이 시세라을 추적하
자, 재얼이 그를 만나러 와서 말했
다. "나를 따라오면 당신이 찾는 사

람을 보여주겠어요." 그래서 그가
그녀 막사로 들어가서 보니, 시세
라가 죽어 있는데, 못이 그의 관자
놀이에 박혀 있었다.
23 그렇게 **하나님**이 그날 이즈리얼 자
손 앞에서 캐이넌왕 재빈을 굴복
시켰다.
24 이즈리얼 자손의 힘이 강해져서,
캐이넌의 재빈왕에 맞서 싸워 이
겼다. 그들이 캐이넌왕 재빈을 파
멸시킬 정도였다.

데버라의 노래

5 그날 데버라와 애비노앰의 아들
배력은 이런 노래를 불렀다.
2 "이즈리얼의 원수를 갚아준 당신
의 **주님**을 찬양해라. 사람들은 스
스로 헌신했다.
3 들어보라! 오 너희 왕들은 귀를 기
울여라! 오 너희 대군왕자들도 들
어보라. 나, 바로 나도 **주님**에게 노
래를 부른다. 나는 이즈리얼의 **주**
하나님을 자랑하는 노래를 부른다.
4 **주님**, 당신이 시어에서 나와, 이덤
평원에서 행진해 갔을 때, 땅이 흔
들리고, 하늘이 비를 내리고, 구름
역시 비를 뿌렸죠.
5 여러 산이 **주님** 앞에서 사라졌고,
사이나이조차 이즈리얼의 **주 하나**
님 앞에서 없어졌다.
6 애내쓰의 아들 샴거의 시절에, 재
얼의 시절에, 큰길에는 사람이 없
었고, 여행자들은 옆길로 걸어다
녔다.
7 마을의 주민은 사라졌고, 이즈리
얼 안에서 끊어졌다. 나 데버라가
봉기하여, 내가 이즈리얼에서 어
머니로 일어난 때였다.
8 그들은 새로운 신들을 선택했고,
그 다음 성문에서 전쟁이 있었다.
거기에 어떤 방패나 창이 이즈리
얼의 4만 명 가운데 보였던가?
9 나의 마음은 이즈리얼의 통치자들
을 향했고, 그래서 사람들 사이에
서 스스로 자신을 기꺼이 바쳤다.
당신의 **주님**을 축복해라.
10 흰 말 위에 올라탄 너희는 말해라!
판결석에 앉은 너희는 말해라. 또
그 길을 걷는 자도 말해라.
11 그들은 물 긷는 장소에서, 사수들
의 소란으로부터 구원받은 자들이
다. 거기서 그들은 **주님**의 올바른
행동을 시연해 보여야 하고, 이즈
리얼 안의 마을 원주민한테도 의
로운 행동을 자세히 말해야 한다.
그때 **주님**의 백성은 성문으로 내려
가야 한다.
12 깨어나고, 깨어나라, 데버라야! 깨
어나고, 깨어나서, 노래를 불러라.
일어나라, 배력아! 애비노앰의 아
들 당신이 네 포로를 잡는데 앞장
서라.
13 그때 **주님**은 살아남은 배력을 사람
들 가운데 귀족을 지배하게 했고,
주님은 나를 강한자를 지배하게 만
들었다.

14 애멀렉에 맞선 그들의 뿌리는 이
프리엄에프라임, 에브라임부족에서 나
왔고, 네 뒤를 이어 당신의 사람들
중 벤저민이 있었고, 머키어부족
에서 통치자들이 나왔고, 제뷸런
부족에서 글을 쓰고 펜을 다룰 자
가 나왔다.
15 이써칼이사카르, 잇사갈의 대군왕자들
이 데버라와 함께 있었고, 이써칼
도 배럭도 함께 있었다. 배럭은 계
곡 속으로 발로 걸어서 보내졌다.
왜냐하면 루번의 군대가 마음의
생각이 많았기 때문이다.
16 어째서 너는 양우리 가운데 머물
며 그 가축의 울음소리를 들으려
하지? 루번의 구역에서는 마음의
기대가 많았다.
17 길리언길앗, 길르앗은 조든 건너편에
사는데, 어째서 댄은 배에 머물고
있나? 애셜은 계속 해안가에서 그
의 동굴에서 머문다.
18 제뷸런과 냎털라이는 들판의 고지
대 위험 속에서 그들의 생명을 바
친 사람들이었다.
19 왕들이 나와서 싸웠고, 그때 메기
도의 바다 옆 태아낵 지역에서 캐
이넌의 왕들과 싸웠다. 그들은 돈
을 얻기 위해 빼앗지 않았다.
20 그들은 하늘에서도 싸웠고, 지나
는 여정에서 별들도 시세라에 맞
서 싸웠다.
21 키션강이 그들을 휩쓸어 갔는데,
고대의 그 강이 바로 키션강이다.
아, 나의 영혼아, 바로 네가 힘을 밟
아버렸다.
22 그때 말들이 맹렬한 힘으로 뛰어
올랐고, 그 바람에 말발굽이 부러
졌다.
23 메로스를 저주해라고 **주님**의 사자
가 말했다. "너희는 그곳 메로스 원
주민을 혹독하게 저주해라. 왜냐
하면 그들은 **주님**의 도움으로 오지
않았고, 힘에 대항하도록 **주님**의
도움에서 나온 게 아니었기 때문
이다.
24 여자들 이상으로 축복받는 자는,
켄부족 헤버의 아내 재얼이어야
한다. 그녀는 막사 안에 있는 여성
들보다 큰 복을 받을 것이다.
25 그가 물을 찾자 그녀는 시세로에
게 우유를 주며, 그녀는 귀족의 접
시에 버터를 담아 가져갔다.
26 그녀는 한 손에 못을 쥐고, 오른손
에 장인의 망치를 든 다음, 망치로
시세라를 쳤다. 그녀가 그의 머리
를 칠 때, 그의 관자놀이가 관통하
도록 힘껏 내리쳤다.
27 그녀의 발에 그가 머리를 숙이며
쓰러져, 그녀의 발 아래 구부리고
누웠으며, 머리를 숙인 그곳에 쓰
러져 죽었다.
28 시세라의 어머니가 창문에서 내다
보며 격자창 사이에서 울었다. '왜
그의 전차가 오는데 그리 오래 걸
릴까? 어째서 그의 전차 바퀴가 늦
어질까?'

29 그녀에게 지혜로운 여자들이 대답
한다. '그렇다'고. 그녀는 자신에게
대답한다.
30 '그들이 속도를 내지 않는 걸까?
그들이 전리품을 나누지 못했을
까? 남자들한테 계집아이 한 둘을
주고, 시세라에게 화려한 옷을 전
리품으로 주는데, 옷의 양편에 수
를 놓은 화려한 전리품을, 그것을
가져온 그들 목에 걸치고 있겠지?'
라며.
31 그와 같이 당신의 모든 적을 파멸
시켜 주세요. 오, **주님**! 하지만 **주님**
을 사랑한 그들에게 태양으로 있
어 주세요. 자신의 힘으로 앞으로
나갈 때 태양이 되어주세요." 그리
고 그 땅은 40년간 편히 쉬었다.

기드온

6 이즈리얼 자손이 **주님**의 눈에
옳지 않은 행동을 했다. 그래서
주님은 미디언족의 손에 그들을 7
년간 맡겨버렸다.
2 미디언족의 힘은 이즈리얼보다 우
세했다. 미디언 때문에 이즈리얼
은 산 속에 피난할 장소로 동굴과
요새를 만들었다.
3 이즈리얼이 씨를 뿌리면, 미디언
이 올라왔고, 애멀렉부족과 동쪽
의 자손까지 이즈리얼을 공격하려
고 왔다.
4 그들은 이즈리얼을 상대로 진을
치고, 그 땅의 농작물을 가자로 가
는 지역까지 망쳐서, 이즈리얼이
살아갈 식량이 남지 않았고, 양도
소도 나귀도 없었다.
5 미디언은 가축과 천막을 가지고
왔는데, 마치 메뚜기떼 같았다. 그
들과 낙타는 수를 셀 수 없이 많이
그 땅에 들어와, 이즈리얼을 파괴
했다.
6 이즈리얼이 미디언족 때문에 대단
히 빈곤해지자, 그들이 **주님**에게
외쳤다.
7 그리고 이즈리얼 자손이 미디언부
족 때문에 **주님**에게 소리쳤더니,
8 **주님**이 이즈리얼 자손에게 예언자
를 보내어 그들에게 다음을 전했
다. "이즈리얼의 **주 하나님**, 나는 이
집트에서 너희를 이끌어, 노예의
집에서 데려왔다.
9 나는 너희를 이집트인과 너희를
억압했던 모든 손에서 구하고, 너
희 앞에서 그들을 몰아내어, 그들
의 땅을 너희에게 주었다.
10 또 나는 너희에게 말했다. '나는 너
희 **주 하나님**이다. 너희가 살고 있
는 그 땅의 애머리부족의 여러 신
을 두려워하지 마라.' 그런데 너희
는 나의 목소리에 복종하지 않았
다."
11 그리고 거기에 **주님**의 사자가 와서
오프라지역의 어느 참나무 아래에
앉아 있었다. 그곳은 애비에저부
족 조애쉬의 소유지로, 그의 아들
기드언은 와인압착기 옆에서 밀

타작을 하며, 미디언족에게 들키
지 않도록 그것을 숨겼다.
12 **하나님**의 사자가 그에게 나타나서
말했다. "**주님**이 너와 함께 있다. 너
는 용감하고 힘이 센 사람이다."
13 기드언이 그에게 말했다. "오 나의
주인님, 만약 **주님**이 우리와 함께
있다면, 어째서 우리에게 이런 불
행한 일이 생기죠? 또 우리 조상이
우리에게 말한 그의 기적은 어딨
죠? '이집트에서 **주님**이 우리를 이
끌어내지 않았느냐?' 라고 말하지
만, 지금은 **주님**이 우리를 버려, 미
디언족 손에 넘겼어요."
14 그러자 **주님**이 그를 쳐다보며 말했
다. "네 힘을 다하여 나가서, 미디
언 손에서 이즈리얼을 구해야 한
다. 그래서 내가 너를 보낸게 아니
냐?"
15 그러자 그가 그에게 말했다. "오 나
의 주인님, 그렇다면 내가 무엇을
가지고 이즈리얼을 구하죠? 보세
요, 내 가족은 머나서족 중에서도
가난하고, 나는 내 아버지 집안 중
가장 보잘 것이 없어요."
16 그러자 **주님**이 그에게 말했다. "반
드시 내가 너와 함께 있겠다. 너는
한 사람처럼 미디언족을 쳐야 한
다."
17 그가 또 그에게 말했다. "만약 지금
내가 당신의 눈에서 호의를 받았
다면, 당신이 내게 이야기한 증거
를 보여보세요.
18 내가 부탁하는데, 당신에게 선물
을 가지고 다시 와서, 당신 앞에 놓
을 때까지 여기서 떠나지 마세요."
그러자 그가 말했다. "나는 네가 다
시 올 때까지 기다리겠다."
19 기드언이 가서, 새끼 염소 한 마리
를 준비하고, 밀가루 1 에퐈약 22L로
만든 무효모 과자를 준비해서, 소
쿠리 안에 고기를 넣고, 대접에 국
을 넣어, 그것을 참나무 아래 있는
그에게 갖다주었다.
20 그때 **하나님**의 사자가 그에게 말했
다. "고기와 무효모빵을 들어 이 바
위 위에 올려놓고 국을 부어라." 그
래서 기드언이 그렇게 했다.
21 그때 **주님**의 사자가 그의 손에 쥐
었던 지팡이 끝을 앞으로 내밀어,
고기와 무효모빵을 건드리자, 바
위에서 불이 일어 고기와 무효모
빵을 다 태웠다. 그때 **주님**의 사자
가 그의 눈 앞에서 떠났다.
22 기드언은 그가 **주님**의 사자임을 알
아차리며 말했다. "아하, **주 하나님**
이었다니! 나는 **주님**의 사자를 대
면하며 보았던 것이다."
23 그러자 **주님**이 그에게 말했다. "너
에게 평화가 있을 것이다. 두려워
마라. 내가 너를 죽이지 않을 것이
다."
24 그래서 기드언은 그곳의 **주님**에게
제단을 쌓고, 제호바샬롬이라고
불렀다. 오늘날까지 그것은 애비
에저족 오프라지역에 있다.

25 같은 날 밤 **주님**이 그에게 말했다.
"네 아버지의 어린 숫소를, 7년 된
두 번째 것으로 가져오고, 네 아버
지가 갖고 있는 배이얼바알 제단을
허물고, 그 옆의 수풀신도 잘라버
려라.
26 그리고 너의 **주 하나님**의 제단을 세
우는데, 바위 위 지정된 장소에 세
우고, 두 번째 숫소를 가져와, 네가
자른 수풀신의 나무로 번제제사를
올려라."
27 그래서 기드언은 그의 남종 10명
을 데려와 **주님**이 말한대로 했다.
그런데 그의 아버지 집안과 도성
사람이 겁이났으므로, 그는 낮에
할 수 없어서, 밤에 그 일을 했다.
28 도성의 남자들이 아침 일찍 일어
나 보니, 배이얼의 제단이 무너지
고, 그 옆에 있던 수풀신이 잘렸으
며, 두 번째 숫소가 새로 세운 제단
위에 제물로 바쳐져 있었다.
29 그들은 서로에게 말했다. "대체 이
렇게 한 자가 누구냐?" 그들이 수
근거리며 물었다. "조애쉬의 아들
기드언이 한 짓이다."
30 그리고 도성 사람들이 조애쉬에게
말했다. "당신 아들을 죽이도록 끌
고 와라. 왜냐하면 그가 배이얼 제
단을 부수고, 그 옆의 수풀신도 잘
라버렸기 때문이다."
31 그러자 조애쉬가 달려드는 모두
에게 말했다. "당신들은 배이얼을
편들 것인가? 기드언을 구할 것인
가? 배이얼을 변호해 주는 사람이
있다면, 아침 전에 스스로 죽게 내
버려 두자. 만약 배이얼이 신이라
면, 자신의 제단을 허문데 대해 스
스로 변론하게 내버려두자."
32 그래서 그날 아버지는 아들을 제
럽배이얼여루빠알, 여룹바알이라고 부
르며 말했다. "배이얼신을 스스로
셀프변론시킨 것은, 자기 제단을
허문자 때문"이라고 했다.
33 그때 미디언 모두와 애멀렉과 동
쪽의 자손들이, 모두 함께 가서, 제
즈리얼 계곡에 진영을 펼쳤다.
34 그러나 **주님**의 영혼이 기드언에게
왔다. 그래서 기드언이 나팔을 불
자, 애비에저 사람들이 그를 따라
모였다.
35 그는 머나서 전역에 전령을 보내
자, 그들도 그를 따라 모여들었다.
또 그는 애셜과, 제뷸런과, 냎털라
이까지 전령을 보냈더니, 그들이
그를 만나러 왔다.
36 기드언이 **하나님**에게 말했다. "만
약 당신 말대로, 당신이 나의 손으
로 이즈리얼을 구하고자 한다면,
37 보세요, 내가 한마리 분의 양털을
땅바닥에 놓을 터이니, 만약 이슬
이 양털 위에만 있고, 주변 땅이 마
른 채 있으면, 당신 말대로 이즈리
얼을 내 손으로 구하는 것으로 알
겠어요."
38 그래서 그가 다음날 아침 일찍 일
어나, 양털을 모두 모아, 비틀어 이

슬을 짰더니, 물이 한 사발이나 찼
다.
39 기드언이 또 **하나님**에게 말했다.
"내게 화내지 말아주세요. 한 번 더
말하는데, 다시 증명시켜 주세요.
부탁해요. 그런데 이번에는 양털
위만 마르게 하고, 주변 땅에 이슬
이 있게 해주세요."
40 **하나님**이 그날 밤에도 그대로 했
다. 양털 위만 말랐고, 땅위에 이슬
이 있었다.

기드언과 선별된 3백명

7 그때 제럽배이얼 곧, 기드언과
그와 함께 있던 모두가 아침 일
찍 일어나, 해롣우물 옆에 천막을
쳤다. 그때 미디언군대는 기드언
의 북쪽 모레언덕 옆 계곡에 있었
다.
2 **주님**이 기드언에게 말했다. "너와
같이 있는 사람 수가 너무 많아서,
내가 미디언족을 그들에게 넘겨줄
수 없다. 이즈리얼이 내게 맞서 우
쭐해져, '우리 자신의 힘으로 구했
다'고 말하지 말아야 하는데.
3 그러니 이제 가서 사람들 귀에 이
렇게 선포해라. '누구든지 두렵거
나 겁이 나는 자가 있으면, 그들을
길리얻산에서 일찍 떠나라'고 전
해라." 그래서 22,000명이 돌아가
서, 만명이 남았다.
4 **주님**이 기드언에게 말했다. "사람
수가 여전히 너무 많으니, 그들을
물가로 데려와라. 그러면 내가 거
기서 너를 위해 그들을 시험하겠
다. 그 중 내가, '이 사람이 너와 함
께 간다'고 말하는 바로 그가 너와
함께 갈 것이다. 또 '이 자는 너와
함께 하지 못한다'고 말하는 사람
은 누구라도 함께가지 못한다."
5 그래서 기드언이 사람들을 물가로
데려갔다. 그러자 **주님**이 기드언에
게 말했다. 너는 그들 가운데 개가
핥듯이 혀로 물을 핥는 사람을 따
로 세우고, 마찬가지로 무릎을 꿇
어 숙여서 물을 마시는 사람도 따
로 세워라."
6 그리고 손을 입에 갖다대고 물을
핥는 사람이 3백명이었고, 나머지
는 무릎을 굽혀 숙이고 물을 마셨
다.
7 **주님**은 기드언에게 말했다. "나는
손으로 물을 떠서 핥는 3백명이 너
를 돕게 하여, 미디언족을 너희 손
에 넘기겠다. 다른 사람은 모두 제
자리로 돌려보내라."
8 그래서 사람들이 손에 필요한 식
량과 나팔을 들자, 그는 이즈리얼
나머지는 모두 자기 천막으로 보
내고, 3백명만 남겼다. 미디언 군
대는 기드언의 아래쪽 계곡에 있
었다.
9 그날 저녁때 일이었다. 하나님이
기드언에게 말했다. "일어나라. 너
는 미디언 무리가 있는 곳으로 가
라. 왜냐하면 내가 그 무리를 네 손

에 넘겼다."
10 그러나 네가 내려가기가 두려우
면, 너의 종 퓨라와 함께 미디언군
대에게 내려가라.
11 그리고 그들이 하는 이야기를 들
은 다음, 네 손에 힘을 강화시켜 그
무리에게 가거라." 그래서 그는 종
퓨라를 데리고 그들의 전초기지로
갔다.
12 미디언족과 애멀렉족과 동쪽 자손
모두가 메뚜기떼 같이 수없이 많
이 계곡을 따라 포진하고 있었고,
그들의 낙타도 바다가 모래처럼
수를 셀 수 없을 정도였다.
13 기드언이 와서 보니, 어떤 사람이
자기 꿈을 동료에게 이야기하며
이렇게 말했다. "내가 꿈을 꾸면서
보니, 보리빵 한조각이 굴러떨어
져 미디언군대 어느 막사로 들어
가더니, 그것이 텐트를 부수고 뒤
집어 엎어 쓰러뜨리더라."
14 그러자 동료가 대답했다. "이것은
이즈리얼 조애쉬의 아들 기드언의
칼 이외에 다른 어떤 것도 아니다.
왜냐하면 그의 손에 **하나님**이 미디
언과 군대를 넘겼기 때문이다."
15 기드언이 꿈 이야기와 그 해설을
듣더니, 그는 경배하며 이즈리얼
군대로 돌아와서 말했다. "일어나
라. **주님**이 너희 손에 미디언군대
를 넘겼기 때문이다."
16 그래서 그는 3백명을 세 무리로 나
누고, 각자의 손에 트럼핕을 들려
주고, 빈 물항아리를 주면서, 그 안
에 횃불을 넣었다.
17 그가 그들에게 말했다. "나를 보고
똑같이 해라. 내가 진영 밖으로 나
가거든, 내가 하는 대로, 너희도 그
렇게 해야 한다.
18 내가 나팔을 불면, 나와 함께 있는
모두 다 진영 곳곳에서 나팔을 불
며 외쳐라. "**주님**의 칼과 기드언의
칼이다!"
19 그리고 기드언과 함께 있던 수백
명이 그들 캠프 밖까지 와서 내부
를 살폈더니, 새 보초가 방금 교체
되었다. 그래서 그들은 트럼핕을
불며 손에 든 항아리를 깨뜨렸다.
20 세 무리는 나팔을 불고 항아리를
깨뜨리면서, 왼손에 횃불을 들고
오른손에 나팔을 들고 불며, 외쳤
다. "**주님**의 칼과 기드언의 칼이
다!"
21 그들은 진영 주위를 포위하고 각
자가 제 위치에 서자, 그 군대가 아
우성치며 뛰어 달아났다.
22 그리고 3백명이 나팔을 불자, **주님**
이 사람의 칼이 자기 동료를 겨누
게 했는데, 군대 전체가 그렇게 되
자, 그들은 제러래쓰의 벧쉬타까
지 도망쳤고, 아벨메홀라 국경지
역 태배쓰로 갔다.
23 이즈리얼 사람도 스스로 왔는데,
냎털라이에서, 애셜에서, 머나서로
부터 모여들어 미디언부족의 뒤를
추격했다.

24 기드언이 전령을 이프리엄산지 전
역으로 보내어 말했다. "미디언을
공격하러 나와서, 그들 앞에 있는
베쓰바라와 조든 강쪽을 빼앗자."
그래서 이프리엄의 모두가 직접
모여서 베쓰바라와 조든의 강을
빼앗았다.
25 그들은 미디언의 두 왕자 오렙과
지브를 붙잡아, 오렙은 오렙 바위
위에서 죽이고, 지브즈엡, 스엡는 지
브의 와인압착기에서 죽이고, 미
디언을 추격했다. 그리고 오렙과
지브의 머리를 조든 건너 서쪽의
기드언으로 가져왔다.

기드언이 미디언을 물리치다

8 이프리엄 사람들이 그에게 말했
다. "어째서 당신은 미디언과 싸
우러 가면서, 우리가 참전하도록
부르지 않았죠?" 라며 그들은 기
드언을 심하게 나무랐다.
2 그가 그들에게 말했다. "내가 지금
한 일이 당신들과 비교가 되나요?
이프리엄 포도의 이삭줍기가 애비
에저의 수확보다 낫지 않나요?
3 **하나님**은 당신들 손에 미디언의 왕
자 오렙과 지브즈엡, 스엡를 다 넘겼
는데, 내가 할 수 있었던 일을 당신
과 비교하다니요?" 그렇게 말하자,
그들은 기드언에 대한 분노를 누
그러뜨렸다.
4 기드언이 조든으로 와서 3백명과
함께 건넜는데, 여전히 적들을 추
격하느라 기진맥진했다.
5 그는 수커스 사람에게 말했다. "내
가 부탁하니, 나를 따라온 사람에
게 빵을 좀 주세요. 그들이 몹시 지
쳤어요. 나는 미디언의 제바왕과
잴머나왕을 추격 중이에요."
6 그러자 수커스수캇, 숙곳 대군왕자들
이 말했다. "제바와 잴머나가 지금
당신 손 안에 있으니, 우리가 당신
군대에게 빵을 줘야 합니까?"
7 기드언이 말했다. "그렇다면, **하나
님**이 제바와 잴머나를 내 손에 넘
기기만 하면, 그때 당신들을 황야
의 가시와 야생장미 가시로 갈갈
이 찢어 놓겠소."
8 그리고 그는 거기서 페뉴얼로 가
서 같은 말을 했더니, 페뉴얼 사람
이 수커스 사람이 말한 대로 똑같
이 대답했다.
9 그는 페뉴얼 사람들에게 말했다.
"내가 다시 무사히 돌아오면, 이 탑
을 부숴버리겠소."
10 제바와 잴머나는 캘커에 있었는
데, 그들의 군대는 약 15,000명이
었고, 이들은 동쪽 자손의 군대에
남아 있는 전부였다. 왜냐하면 12
만 명이 칼에 쓰러졌기 때문이었
다.
11 기드언은 노바와 족베하의 동쪽
텐트 안에 머물다 가서, 남아 있던
군대를 섬멸했는데, 그 군대가 방
심했기 때문이었다.
12 제바와 잴머나가 도망치자 기드언

은 그들을 추격하여, 미디언의 두
왕을 사로잡고 군대를 모두 패배
시켰다.
13 조애쉬의 아들 기드언은 해 뜨기
전에 전쟁터에서 돌아왔다.
14 그리고 수커스 사람 가운데 한 젊
은이를 붙잡아 물었고, 그는 기드
언에게 수커스의 왕자대군과 그곳
원로 77명의 모습을 묘사해주었
다.
15 그는 수커스 사람들에게 와서 말
했다. "제바와 잴머나를 보라. 너희
는 그들에 대해 나를 비웃으며, '제
바와 잴머나가 네 손 안에 있으니,
우리가 네 군대에게 빵을 줘야 하
냐?'며 말했다."
16 그러면서 기드언은 그 도성의 원
로들을 붙잡아 황야의 가시와 야
생장미 가시로 수커스 사람에게
교훈을 주었다.
17 또 페뉴얼의 탑을 두드려 부수고,
도성 사람을 죽였다.
18 그리고 그는 제바와 잴머나에게
말했다. "너희가 태이버에서 죽인
사람들은 어떤 사람이었나?" 그들
이 대답했다. "당신처럼 그들의 모
습이 같았고, 각자 왕의 자손 같은
사람들이었다."
19 그가 말했다. "그들은 나의 형제였
고, 심지어 내 어머니의 아들들이
었다. **주님**이 살아 있듯, 너희가 그
들을 살려 구해주었다면, 내가 너
희를 죽이려 하지 않았을 것이다.
20 그리고 기드언은 자기 첫째 제써
에게 말했다. "일어나서 저들을 죽
여라." 그러나 그 젊은이가 칼을 뽑
지 않은 것은, 아직 어려서 두려웠
기 때문이었다.
21 그때 제바와 잴머나가 말했다. "당
신이 일어나서 우리를 쓰러뜨려
라. 남자라면 그것이 힘이다." 그러
자 기드언이 일어나서 제바와 잴
머나를 죽이고 그들의 낙타 목에
있던 장신구를 빼앗았다.
22 그때 이즈리얼이 기드언에게 말했
다. "당신이 우리를 다스려 주시오.
당신과 당신의 아들이, 또 그 아들
의 아들 역시 다스려 주시오. 왜냐
하면 당신이 미디언의 손에서 우
리를 구했기 때문이지요."
23 그러자 기드언이 그들에게 말했
다. "나는 당신을 지배하지 않겠소.
그리고 나의 아들도 당신을 통치
하지 않을 것이오. **주님**이 당신들
을 다스릴 것이오."
24 기드언이 그들에게 말을 덧붙였
다. "당신에게 부탁이 하나 있어요.
당신들 각자 전리품으로 얻은 귀
걸이를 내게 주면 좋겠소." [금제
귀걸이를 갖는 것은 이시매얼 사
람의 관습이었다.]
25 그들이 대답했다. "우리는 기꺼이
그것을 주겠소." 그러면서 옷을 깔
고, 사람마다 전리품 귀걸이를 던
졌다.
26 기드언이 요구한 금귀걸이 무게는

1700쉐클19.38Kg이었고, 그 이외 장
신구와 목장식줄 콜라와, 미디언
왕이 입던 자색 옷과, 그 밖에 그들
의 낙타 목에 걸었던 사슬들이 있
었다.
27 기드언은 그것으로 에퐈드 사제복
을 만들어, 그의 도성 오프라에 갖
다 두었다. 그러자 모든 이즈리얼
은 그곳에 가서 그것을 열심히 섬
겼다. 그것이 바로 기드언과 그의
집안에 올가미가 되었다.
28 그렇게 미디언은 이즈라얼 자손
앞에 굴복하여, 그들의 머리를 더
이상 들어올리지 못했다. 그리고
그 나라는 기드언이 살아 있는 동
안 40년간 조용했다.
29 조애쉬요아스의 아들 제럽배이얼은
자기 집에 가서 살았다.
30 기드언은 자기 몸에서 70명의 아
들을 낳았는데, 많은 부인을 두었
기 때문이었다.
31 쉬컴스켐, 세겜에 있던 그의 첩 역시
그에게 아들을 낳아주었는데, 그
의 이름을 애비멜렉이라고 불렀
다.
32 기드언 조애쉬의 아들은 나이를
많이 먹고 죽어서, 아버지 조애쉬
의 묘지가 있는 애비에저의 오프
라에 묻혔다.
33 기드언이 죽자마자 이즈리얼 자손
은 다시 변하여, 배이얼림바알을 따
르며 이탈하고, 배이얼버리쓰 신
전을 만들었다.
34 이즈리얼 자손은 그들의 **주 하나님**
을 기억하지 않았다. **주님**은 도처
의 적의 손으로부터 그들을 구해
주었는데 그랬다.
35 이즈리얼은 제럽배이얼 곧, 기드
언의 집안에 대우를 해주지 않았
는데, 그가 이즈리얼에게 보인 선
행만큼도 따르지 않았다.

애비멜렉의 음모

9 그리고 제럽배이얼여루빠알, 여룹바
알의 아들 애비멜렉이, 쉬컴스켐,
세겜의 어머니 형제에게 가서, 그들
과 대화하며, 그의 어머니의 아버
지 집안 모두에게 말했다.
2 "부탁하는데, 쉬컴에 있는 모두의
귀에 말해주세요. '제럽배이얼의
아들 70명이 모두 당신을 지배하
는 게 좋은지, 아니면 그 중 한 사
람이 다스리는 것이 좋은지? 라고'
물어주세요. 그리고 나 역시 당신
과 같은 뼈와 몸이라는 것을 기억
해 주세요."
3 그러자 그의 어머니 형제는 쉬컴
의 모두의 귀에 그 이야기를 전했
다. 그래서 그들의 마음이 애비멜
렉을 따르는 쪽으로 기울었다. 왜
냐하면 그들이 '그는 우리의 형제'
라고 말했기 때문이었다.
4 그리고 쉬컴 사람들은 그에게 배
이얼버리쓰 신전에서 은 70조각을
꺼내주었다. 그것으로 애비멜렉은
자신을 따르는 건달들을 고용했다.

5 그런 다음 그는 오프라에 있는 아
버지 집으로 가서, 70명이나 되는
자신의 형제 제럽배이얼의 아들들
을 한 바위 위에서 죽였다. 하지만
제럽배이얼의 가장 어린 막내 아
들 조쌤은 죽지 않고 살아남았는
데, 이는 그가 숨었기 때문이었다.
6 쉬컴의 모든 사람이 한 자리에 모
이고, 밀로 집안 사람도 함께 모두
모였다. 그리고 가서 애비멜렉을
왕으로 만들었는데, 그곳은 쉬컴
의 기둥과 같은 평원지역이었다.
7 그들이 이 사실을 조쌤요탐, 요담에게
전하자, 그는 게리짐그리짐, 그리심산
정상에 서서 목소리를 높여 소리
치며 그들에게 말했다. "쉬컴에 있
는 여러분 모두 내 이야기를 들어
보세요. 그러면 **하나님**이 당신에게
귀를 기울일 겁니다.
8 나무들이 자신들을 다스릴 수 있
는 왕을 만들기 위해 나서서 이렇
게 말합니다. 그들이 올리브나무
에게, '당신이 우리를 다스려 주세
요.'
9 그러나 올리브나무가 다른 나무에
게, '나의 기름으로 **하나님**과 사람
을 영광스럽게 만드는데, 내 기름
을 버리고 가서, 나무들의 삶을 향
상시키라 구요?'
10 그러자 나무들이 무화과나무에게
말합니다. '그러면 당신이 와서 우
리를 통치해 주세요.'
11 그러나 무화과나무가 말합니다.
'내가 나의 달콤한 맛과 맛있는 열
매를 버리고 가서, 다른 나무의 삶
을 증진시키라 구요?'
12 그때 나무들이 포도나무에게 말합
니다. '와서 우리를 통치해 주세요.'
13 그러자 포도나무가 그들에게 말합
니다. '**하나님**과 사람을 기분좋게
만드는 나의 술을 버리고 가서, 나
무들의 삶을 개선시키라 구요?'
14 다음으로 나무들이 산딸기나무에
게 말합니다. '와서 우리를 통치해
주세요.'
15 그러자 산딸기나무가 말합니다.
'당신들이 진정으로 나를 당신에
대한 왕으로 기름을 부어 정하려
한다면, 차라리 와서 내 그림자에
당신을 맡기시죠. 그렇지 않으면,
내 넝쿨에 불을 내어 레바논의 시
더나무를 삼켜버리겠습니다.'
16 그러니 만약 당신들이 정말 진정
으로 애비멜렉을 왕으로 삼고자
한다면, 그리고 제럽배이얼과 그
의 집안을 잘 대해주고자 한다면,
제럽배이얼이 당신에게 해준 대로
합당하게 그에게 제대로 대접해
주어야 합니다.
17 [나의 아버지는 당신을 위해 싸웠
고, 그의 목숨을 걸고 모험을 하며,
당신들을 미디언 손에서 구해내었
지요.]
18 그런데 당신들은 이날 이와 같이
일어나, 나의 아버지 집안에 대항
하여, 그의 아들 70명을 한 바위 위

에서 살해하고, 또 아버지 여종의
아들 애비멜렉에 대해, 그가 당신
형제라는 이유로, 쉬컴 사람을 지
배하는 왕으로 추대했어요.
19 오늘 만약 당신들이 진정으로 참
된 마음으로 제럽배이얼과 그의
집안을 대우하면, 애비멜렉으로
인해 당신들이 즐겁고, 또 그 역시
당신들로 인해 즐거울 거예요.
20 그런데 그게 아니라면, 애비멜렉
으로부터 나오는 화가 쉬컴과 밀
로 집안 사람 모두를 불로 삼킬 것
이고, 또한 쉬컴과 밀로의 집안으
로부터 나오는 화가 애비멜렉을
죽일 겁니다."
21 그런 다음 기드언의 막내아들 조
쌤이 뛰어 도망가서 비어지역에서
살았다. 왜냐하면 그의 형제 애비
멜렉이 두려웠기 때문이다.
22 애비멜렉은 이즈리얼을 3년 동안
지배했다.
23 그때 **하나님**이 애비멜렉과 쉬컴 사
람들 사이에 좋지 못한 영혼을 보
내자, 쉬컴 사람이 애비멜렉에게
반역행위를 했다.
24 어쩌면 제럽배이얼의 아들 70명에
게 가한 무자비한 행동이 되돌아
왔는지도 모른다. 그래서 그들의
피가 70인을 죽인 애비멜렉과 쉬
컴 사람들 위에 놓이게 되었다. 쉬
컴은 애비멜렉이 자신의 형제를
살육하는데 조력했던 사람들이다.
25 쉬컴 사람들은 산의 정상에서 사
람을 기다리며 누워 있다가, 그 길
을 따라 지나가는 모두에게 강도
짓을 했다. 이 사실이 애비멜렉에
게 전해졌다.
26 이베드의 아들 개이얼가알이 형제
와 함께 와서 쉬컴으로 넘어갔는
데, 쉬컴 사람들은 개이얼을 신뢰
했다.
27 그들은 들로 나가서 포도를 수확
하고, 포도를 밟아 술을 빚어 마시
고 즐겼다. 그리고 그들이 믿는 신
전에 가서, 먹고 마시며, 애비멜렉
을 저주했다.
28 이베드의 아들 개이얼이 말했다.
"애비멜렉이 대체 누구냐? 쉬컴이
누구라고 우리가 그를 섬겨야 하
지? 애비멜렉은 제럽배이얼의 아
들이 아닌가? 제별은 그의 부관이
고? 차라리 쉬컴 조상 해모 사람들
을 섬기지, 왜 우리가 그를 섬겨야
하지?
29 이 사람들이 내 손아래 있었다면
하나님을 믿었을 것이다. 그러면
내가 애비멜렉을 다 파멸시킬 수
있었을 것이다." 그리고 그는 애비
멜렉에게 말했다. "너의 군대를 강
화시켜 나오너라."
30 그 도성의 통치자 제벌이, 이베드
의 아들 개이얼의 이 이야기를 듣
고, 그의 분노가 커졌다.
31 그는 애비멜렉에게 조용히 전령을
보내어, 말을 전했다. "보세요, 이
베드의 아들 개이얼과 그의 형제

들이 쉬컴으로 왔어요. 이제 보니,
그들이 이 도성을 단단히 요새화
하고 당신에게 대항하고 있어요.
32 그러니 밤에 나와서 당신과 사람
들이 들판에 매복하고 기다리세
요.
33 그리고 아침 해가 떠오르자마자,
일찍 일어나서 도성을 공격해야
합니다. 그리고 그와 그와 같이 있
는 사람들이 나와서 싸움을 벌일
때, 당신이 기회를 살피면, 그들에
게 적당한 행동을 할 수 있어요."
34 그래서 애비멜렉과 그와 같이 있
던 모두가 밤에 일어나, 네 무리로
나누어 잠복하여 쉬컴을 상대하려
고 기다렸다.
35 이베드의 아들 개이얼이 나가서
도성입구에 섰다. 애비멜렉과 그
와 있던 사람들이 엎드려 잠복하
다가 일어났다.
36 개이얼이 사람들을 보고 제벌에게
말했다. "보세요, 산 정상에서 사람
들이 내려오고 있어요." 그러자 제
벌이 말했다. "당신은 산 그림자를
보고 그들이 마치 사람인 것처럼
보이는 것이다."
37 개이얼이 다시 또 말했다. "보세요,
저 땅 가운데로 사람들이 내려왔
고, 또 다른 무리는 미오님평원까
지 내려왔어요."
38 그때 제벌이 그에게 말했다. "당신
의 입은 어디 갔지? 그 입으로 당
신이 한 때 '애비멜렉이 누군데, 왜
우리가 그를 섬겨야 하냐고 말하
며, 네가 무시했던 사람들이 이들
이 아니냐? 부탁하니, 네가 가서
내려오는 저 사람들과 싸워라."
39 그래서 개이얼이 쉬컴 사람보다
먼저 내려가서 애비멜렉과 싸웠
다.
40 애비멜렉이 개이얼을 추격하자,
그는 그 앞에서 도망쳤다. 많은 사
람이 엎어지고 부상을 당하여 도
성입구까지 도망갔다.
41 애비멜렉은 아루마에서 머물렀고,
제벌은 개이얼과 그의 형제를 내
쳐서, 그들은 쉬컴에서 살 수 없었
다.
42 그 다음 날, 사람들이 벌판으로 가
서, 애비멜렉에게 말했다.
43 그는 사람들을 데리고 세 무리로
나누었다. 그리고 들에 잠복하며
지켜보고 있었더니, 사람들이 도
성 밖으로 나왔다. 그래서 그는 사
람들을 공격하여 섬멸했다.
44 애비멜렉과 그와 함께 있는 무리
가 앞으로 행진하고 도성입구에
섰다. 다른 두 무리는 들판에 있는
사람들에게 뛰어가서 그들을 죽였
다.
45 애비멜렉이 그날 하루종일 그 도
성과 싸워 빼앗고, 그 안의 사람들
을 모두 죽였다. 그리고 도성을 때
려부숴 무너뜨리고 소금을 뿌렸
다.
46 쉬컴의 탑에 있던 사람들이 이 소

식을 듣고, 버리쓰신전으로 들어
갔다.
47 이 소식이 애비멜렉 귀에 들어갔
고, 쉬컴의 탑으로 사람들이 모두
모였다.
48 애비멜렉은 잴먼산으로 올라갔고,
그와 함께 있던 사람도 모두 갔다.
애비멜렉은 손에 도끼를 들었다.
그는 나무에서 큰 가지를 잘라, 그
것을 어깨 위에 올리고 사람들에
게 말했다. "당신들은 내가 하는 것
을 보고 재빨리 따라 해라."
49 그래서 모두가 똑같이 큰 가지를
잘라서 애비멜렉이 하는 대로 했
고, 도성의 요새로 가져와서, 그 위
에 불을 질렀다. 그래서 쉬컴탑의
사람들 역시 모두 죽었고, 그 수가
남녀 천명 정도였다.
50 그때 애비멜렉이 테베스로 가서,
그곳을 상대로 진을 치고 땅을 빼
앗았다.
51 도성 안에는 튼튼한 탑이 하나 있
었는데, 그곳으로 남녀 모두 도망
쳐서, 도성 문을 닫고, 모두 탑 위로
올라갔다.
52 애비멜렉이 와서 탑까지 빼앗으려
고 싸웠고, 불로 태우며, 탑문으로
들어가려고 애썼다.
53 그런데 어떤 여자가 애비멜렉 머
리에 맷돌의 한 부분을 던져서 그
의 머리가 깨졌다.
54 그러자 애비멜렉이 자신의 병기를
들고 다니는 젊은이를 급히 불러
서 말했다. "빨리 칼을 빼어내 나를
죽여라. 그래야 어떤 여자가 나를
죽였다는 말을 하지 않을 것이다."
그래서 젊은이가 칼로 찔러서 그
가 죽었다.
55 이즈리얼 사람들은 애비멜렉이 죽
은 것을 보고, 그들 모두 제자리로
돌아갔다.
56 **하나님**은 애비멜렉이 그의 형제 70
명을 죽이며, 자기 아버지에게 했
던 악행에 대해 그대로 갚아주었
다.
57 쉬컴 사람의 악행도 **하나님**이 그들
자신의 머리 위에 떨어지게 했다.
또 제럽배이얼의 아들 조쌤의 저
주가 내렸던 것이다.

이즈리얼의 불행

10 애비멜렉 이후, 그곳에 이즈
리얼을 변론하기 위해, 이써
칼이사카르, 잇사갈 출신 도도의 아들,
푸아의 아들, 톨라가 나섰는데, 그
는 이프리엄산 샤미어지역에서 살
았다
2 그는 23년간 이즈리얼을 판결했
고, 죽어서 샤미어에 묻혔다.
3 그후 길리언 사람 재이어야이르, 야일
가 나와서, 22년 동안 이즈리얼을
다스렸다.
4 그는 아들 30명을 두었고, 30마리
숫당나귀를 타고 다녔으며, 30개
도성을 가졌는데, 오늘날 해보쓰
재이어라고 불리는 길리언 땅이

다.
5 재이어는 죽어서 캐먼에 묻혔다.
6 이즈리얼 자손은 다시 **주님**의 눈에
옳지 못한 행동을 했고, 배이얼바알,
애쉬태로쓰, 시리아신, 사이든이
신, 모앱신, 애먼자손의 신, 필리스
틴블레셋신을 섬기며, **주님**을 외면하
여 섬기지도 않았다.
7 **주님**의 분노가 이즈리얼에 대하여
달아올라, 그는 이즈리얼을 필리
스틴 손에 팔고, 또 애먼암몬자손의
손에 넘겼다.
8 그러자 그들은 이즈리얼 자손을
괴롭히며 억압한 것이 18년간인
데, 길리얻 지방 애머리족의 땅에
있는 조든 건너편 동쪽의 이즈리
얼 자손을 모두 괴롭혔다.
9 게다가 애먼자손은 조든요단강을
건너와 쥬다유다, 벤저민, 이프리엄
집안을 공격하며 싸웠고, 그래서
이즈리얼은 심한 괴로움을 당했
다.
10 이즈리얼 자손이 **주님**에게 울부짖
으며 말했다. "우리가 죄를 지었어
요. 우리의 **하나님**을 버렸을 뿐만
아니라 배이얼신을 섬겼어요."
11 그러자 **주님**이 이즈리얼 자손에게
말했다. "내가 너희를 이집트인한
테서 구하지 않았나? 또 애머리아모
리족, 애먼족, 필리스틴으로부터 구
하지 않았나?
12 자이든시돈 사람도, 애멀렉 사람도,
매언 사람도 너희를 억압했을 때,
너희가 내게 외쳐서, 또 내가 그들
손에서 너희를 구했다.
13 그런데 너희는 나를 버리고, 다른
여러 신을 섬겼으므로, 나는 더 이
상 너희를 돕지 않겠다.
14 가서 너희가 선택한 다른 신에게
도움을 청해라. 그들한테 고통받
는 시기에 너희를 구해 달라고 해
라."
15 이즈리얼 자손이 **주님**에게 말했다.
"우리가 죄를 지었어요. 그러니 우
리에게 당신이 좋은 대로 하고, 제
발 오늘 우리를 구해기만 해주세
요."
16 그러면서 그들 가운데 있는 다른
신을 치우고 **주님**을 섬겼더니, 그
의 마음이 이즈리얼의 불행에 측
은해졌다.
17 그때 애먼자손이 함께 모여 길리
얻에 진을 쳤다. 그러자 이즈리얼
자손도 모두 모여 미즈페에 진영
을 세웠다.
18 이즈리얼 사람과 길리얻 지도자
가 서로 이야기했다. "어떤 사람이
애먼자손을 상대로 앞장서 싸우기
시작할 것인가? 그는 길리얻 사람
모두를 지배할 우두머리가 될 것
이다."

이즈리얼의 우두머리가 된 젶싸

11 길리얻 사람 젶싸입타, 입다는
힘이 세고 용감했다. 그는 매
춘부의 아들로 길리얻이 낳았다.

2 길리얻의 본처는 아들 여럿을 낳
았는데, 그 아들들이 자라더니, 젶
싸를 내쫓고 말했다. “너는 우리 아
버지 가문의 유산을 받을 수 없다.
왜냐하면 너는 이민족 여자의 아
들이기 때문이다.”
3 그래서 젶싸는 형제로부터 떠나
토브 땅에서 살았고, 그곳 건달들
이 젶싸에게 모여들어 같이 돌아
다녔다.
4 시간이 흘러 애먼암몬자손이 이즈
리얼을 상대로 전쟁을 벌였다.
5 애먼자손이 이즈리얼과 전쟁을 하
자, 길리얻의 원로들이 토브 땅에
서 젶싸를 데려오려고 갔다.
6 그들이 젶싸에게 말했다. “당신이
와서 우리의 대장이 되어달라. 그
러면 우리가 애먼자손과 싸울 수
있다.”
7 젶싸가 길리얻 원로에게 말했다.
“당신들은 나를 싫어했고, 그래서
아버지 집에서 나를 내쫓지 않았
나요? 그런데 왜 당신들이 어렵다
고 나를 찾아온 거죠?”
8 길리얻 원로들이 젶싸에게 말했
다. “이제 우리 마음이 당신에게 돌
아섰다. 당신이 우리와 같이 가면,
애먼자손과 싸울 수 있다. 또 길리
얻 사람을 다스리는 우리의 우두
머리가 될 수 있다.”
9 그러자 젶싸는 길리얻의 원로들에
게 말했다. “당신들이 나를 집으로
다시 데려 가서, 애먼자손과 싸워
서, **주님**이 내 앞에서 적들을 넘겨
주면, 내가 당신들의 우두머리가
되나요?”
10 길리얻 원로들이 젶싸에게 이렇게
말했다. “만약 우리가 당신의 말대
로 하지 않으면, **주님**이 우리 사이
에 증인이 될 것이다.”
11 그래서 젶싸가 길리얻 원로와 함
께 돌아 갔고, 사람들이 그를 우두
머리로 만들고 그들을 다스리는
대장으로 삼았다. 젶싸는 미즈페
지역 **주님** 앞에서 말을 했다.
12 그리고 젶싸는 애먼자손의 왕에게
전령을 보내어 말을 전했다. “당신
이 내게 무슨 볼일이 있어, 내 땅에
서 나를 공격하러 왔나?”
13 애먼왕이 젶싸의 전령에게 대답했
다. “그 이유는 이즈리얼이 나의 땅
을 빼앗았기 때문이다. 그들이 이
집트에서 나와 이곳에 왔을 때, 아
넌에서 제복까지 또 조든까지 빼
앗았다. 그러니 이제 그 땅을 평화
롭게 다시 찾게 해라.”
14 젶싸가 다시 애먼자손의 왕에게
전령을 보내고,
15 애먼왕에게 말했다. “이즈리얼이
모앱 땅을 빼앗지도 않았고, 애먼
자손 땅도 뺏지 않았다.
16 그런데 이즈리얼이 이집트에서 나
와서 광야를 지나서 홍해로 걸어
서 커데쉬에 와서,
17 이즈리얼이 이덤에돔왕에게 전령을
보내어 말하길, ‘부탁하는데, 당신

땅을 통과하게 허락해달라'고 했
는데, 이덤왕은 말을 들으려 하지
않았다. 마찬가지로 모앱왕에게도
사람을 보냈지만, 그도 요구에 동
의하지 않았다. 그래서 이즈리얼
은 커데쉬에서 머물렀다.
18 그때 그들은 광야를 따라 이덤땅
을 둘러서 갔고, 또 모앱땅도 둘러
가서, 모앱 동쪽 아넌의 다른 쪽에
진을 치며 모앱의 경계에는 가지
않았다. 왜냐하면 아넌이 모앱의
경계였기 때문이다.
19 또 이즈리얼은 해쉬번의 왕이자
애머리왕 시흔에게 전령을 보내어
말했다. '당신 땅을 통과하게 해주
어, 그 땅을 지나서 우리의 장소로
가게 해달라'고 부탁했다.
20 그러나 시흔은 이즈리얼이 그 지
역을 통과하는 것을 허락하지 않
고, 대신 시흔왕은 사람을 모아서
재해스에 진을 치고 이즈리얼을
상대하여 싸웠다.
21 이즈리얼의 **주 하나님**이 시흔과 그
의 백성을 이즈리얼 손에 넘겨서,
이즈리얼은 그들을 죽였고, 그래
서 이즈리얼이 애머리 땅과 주민
을 차지했다.
22 또 애머리 일대를 모두 소유하며,
아넌에서 제복아뻑, 얍복까지, 황야에
서 조든까지 차지했다.
23 그래서 이즈리얼의 **주 하나님**은 그
의 백성 이즈리얼 앞에서 애머리
사람이 가진 것을 다 빼앗았다. 그
런데 이제 너희가 이 땅을 소유해
야 될까?
24 너희 신이 너희에게 소유해라고
준 케모쉬를 차지하지 않았나? 따
라서 우리 **주 하나님**이 우리 앞에서
누구든지 다 내쫓아주면, 우리가
모든 것을 다 차지할 것이다.
25 현재 너희는 모앱의 왕 지포치포르,
십볼의 아들 배이럭발락보다 더 나은
게 무엇이지? 그는 이즈리얼을 상
대하여 늘 말썽을 일으키고 싸움
까지 벌였다.
26 이즈리얼이 해쉬번의 도성에서 살
때, 애로어와 그 도성 아넌의 옆에
있는 도시에서 이즈리얼이 3백년
동안 거주했었지? 왜 너희는 그때
잃어버린 땅을 도로 찾지 못했나?
27 나는 너희에게 죄지은 적이 없는
데, 너희는 나를 상대로 전쟁을 하
는 것이다. **주님**이 판관이 되어 이
날 이즈리얼자손과 애먼자손 사이
에 올바른 판단을 내려줄 것이다."
28 그런데도 불구하고, 애먼자손의
왕은 젶싸가 보낸 말을 한 마디도
듣지 않았다.
29 그때 **하나님**의 영혼이 젶싸에게 왔
고, 그는 길리얻과 머나서지역을
지나, 길리얻의 미즈페를 넘어, 애
먼자손한테 갔다.
30 그리고 젶싸는 **주님**에게 맹세했다.
"만약 당신이 확실히 애먼자손을
내 손에 맡겨준다면,
31 나를 만나러 내 집 문앞에 오는 것

은 무엇이든, 내가 애먼자손으로
부터 평화롭게 돌아올 때, 반드시
그것을 **주님**의 것이 되도록, 번제
를 올리겠어요."
32 그리고 젶싸는 가서 애먼자손과
싸웠고, **주님**은 그의 손에 그들을
넘겼다.
33 그는 그들을 애로어부터, 미니쓰
까지 쳐서, 도성 20개를 무너뜨렸
고, 포도나무가 있는 평원까지 대
살육이 있었다. 그래서 애먼자손
은 이즈리얼 자손 앞에서 굴복했
다.
34 젶싸가 미즈페로 와서 그의 집으
로 가보니, 그의 딸이 밖으로 나와
소북팀브렐을 들고 춤을 추며 맞
이했다. 그녀는 형제가 없는 외동
딸이었다.
35 그가 딸을 보자, 자신의 옷을 찢으
며 말했다. "아아, 딸아, 네가 나를
초라하게 만드는구나. 너는 나를
괴롭히는 사람 중 하나다. 왜냐하
면 내가 **주님**에게 내 입으로 말해
버렸기 때문에 되돌릴 수 없기 때
문이다."
36 그러자 딸이 그에게 말했다. "아버
지, **주님**에게 입으로 무엇을 하겠
다고 말했다면, 입에서 나온 그대
로 내게 하세요. **주님**이 적 애먼자
손에 대해 복수를 해준만큼 하세
요."
37 딸이 아버지에게 또 말했다. "그것
이 나를 위한 일을 되게 하세요. 그
리고 두 달만 나를 혼자 내버려두
면, 산으로 올라갔다 내려갔다 하
면서 처녀성을 슬퍼하고, 나와 친
구도 그렇게 하겠어요."
38 그러자 젶싸가 말했다. "가거라."
그래서 그는 딸을 2개월 동안 보냈
고, 딸은 친구와 같이 가서, 산위에
서 처녀성을 슬퍼했다.
39 2개월이 지나, 딸은 아버지 집으로
돌아왔다. 아버지는 딸의 권유대
로, 자신이 한 맹세를 실행했다. 딸
은 남자를 알지 못했고, 이것이 이
즈리얼의 관습이 되었다.
40 그래서 이즈리얼 딸들은 길리언
사람 젶싸의 딸을 애도하기 위해,
매년 1년에 4일간 산으로 간다.

젶싸, 입잰, 일런, 앱던

12 이프리엄에프라임, 에브라임 사람
이 모여 북쪽으로 가서 젶싸
입타, 입다에게 말했다. "어째서 당신
은 애먼자손과 싸우러 가면서, 우
리한테 같이 가자고 부르지 않았
죠? 당신 집을 불로 태워버리겠
소."
2 젶싸가 그들에게 말했다. "나와 나
의 백성은 애먼자손과 불화가 심
해서, 당신들을 불렀는데, 당신들
은 그들 손에서 나를 구해내 주지
않았다.
3 당신들이 나를 구해주지 않는 것
을 알고, 스스로 목숨을 걸기로 하
고, 건너가 애먼자손과 싸웠다. 그

리고 **주님**이 그들을 내 손에 넘겨
주었는데, 왜 이제 와서, 당신들이
나와 싸우려 하나?"
4 그러면서 젶싸는 길리얻 사람을
모아 이프리엄과 싸워, 이프리엄
을 물리쳤다. 왜냐하면 그들이, "너
희 길리얻은 이프리엄과 머나서부
족 가운데 도망자들이다" 라고 말
했기 때문이다.
5 그리고 길리얻족은 이프리엄 앞에
서 조든의 통로를 차지하게 되었
는데, 달아났던 이프리엄이 와서,
"강을 건너게 해달라"고 하는 경
우, 길리얻이 질문하며, "너는 이프
리엄 출신이냐?"고 묻고, 그가 "아
니"라고 대답할 때,
6 그들이 그 사람에게, "십볼레쓰"쉬
뽈렛, 쉽볼렛를 말해보라고 시켰다. 그
래서 그가 단어를 제대로 발음할
수 있는 구조가 아니면, 그를 붙잡
아 조든 길목에서 죽였다. 이프리
엄 시대 당시 거기서 4만2천명이
죽었다.
7 그리고 길리얻 사람 젶싸가 이즈
리얼을 6년간 통치하다 죽어서, 길
리얻 어느 도성에 매장되었다.
8 그후, 베쓸레헴의 입잰입찬, 입산이
이즈리얼을 통치했다.
9 그는 아들 30명과 딸 30명을 두었
는데, 딸은 외국으로 시집보내고,
아들은 외국인 딸 30명을 데려왔
다. 그는 이즈리얼을 7년간 재판했
다.
10 그리고 입잰이 죽어 베쓸레헴에
매장되었다.
11 입잰 이후, 제뷸런즈불룬, 스불론 사람
일런엘론이 이즈리얼을 재판하며
10년간 다스렸다.
12 제뷸런 사람 일런이 죽어 제뷸런
지방 애이절런에 묻혔다.
13 일런 이후 피래쏜부족 히렐의 아
들 앱던압돈이 이즈리얼을 다스렸
다.
14 그는 아들 40명과 조카 30명을 두
었고, 모두 70 마리의 당나귀를 타
고 다녔으며, 8년간 이즈리얼을 다
스렸다.
15 피래쏜부족 히렐의 아들 앱던이
죽어, 이프리엄 땅 애멀렉 산의 피
래쏜에 묻혔다.

샘슨의 출생

13 이즈리얼 자손은 다시 **주님**
앞에서 옳지 못한 행동을 했
다. 그래서 **주님**은 그들을 40년간
필리스틴블레셋 사람 손에 넘겼다.
2 댄부족 조라 가문에 어떤 사람이
있었는데, 이름이 매노아마노아였
다. 그의 아내는 불임이어서 자식
을 낳지 못했다.
3 **주님**의 사자가 그녀 앞에 나타나서
말했다. "보라, 현재 너는 불임이어
서 자식을 낳지 못하지만, 앞으로
임신하여 아들 하나를 낳게 된다.
4 그러니 잘 들어봐라. 부탁하니, 와
인이나 독한 음료를 마시지 말고,

불결한 것은 조금도 먹지 마라.
5 네가 임신하여 아들을 낳거든, 그
아들의 머리에 면도칼을 대면 안
된다. 왜냐하면 그 아이는 자궁에
서부터 **하나님**에게 봉헌될 내저린
사람이 되어, 필리스틴 손에서 이
즈리얼을 구할 것이다."
6 그래서 그녀가 남편에게 말했다.
"**하나님** 사람이 내게 왔는데, 그의
용모를 보니 **하나님**의 사자 같아
서, 대단히 무서웠어요. 그래서 그
가 어디서 왔는지 묻지 않았고, 그
도 자신의 이름을 이야기해 주지
않았어요.
7 대신 그는 내게 이렇게 말했어요.
'보라, 네가 임신을 하여 아들을 낳
을 것이다. 그러니 이제 술이나 독
한 음료를 마시지 말고, 불결한 음
식도 먹지 마라. 왜냐하면 그 아이
는 자궁에서 나오는 날부터 죽는
그날까지 **하나님**에게 헌신하는 내
저린 사람이 될 것이기 때문'이라
고 했어요."
8 그러자 매노아가 **주님**에게 간청하
며 말했다. "오, 나의 주인님, 당신
이 전에 보냈던 **하나님** 사람을 다
시 우리에게 보내 주세요. 그리고
앞으로 우리에게 태어날 자식에게
우리가 어떻게 해야 하는지 가르
쳐 주세요."
9 **하나님**이 매노아의 목소리를 들어
서, **하나님**의 사자가 다시 그녀를
찾아왔는데, 그때 그녀는 들에 앉
아 있었고, 남편 매노아는 그녀와
함께 있지 않았다.
10 그녀는 급히 남편에게 뛰어가서,
남편이 보이자 말했다. "보세요, 그
날 내게 왔던 그 남자가 나타났어
요."
11 매노아가 일어나서, 아내를 따라
그 남자한테 와서 말했다. "당신이
아내에게 말했던 사람인가요?" 그
가 말했다. "바로 나예요."
12 매노아가 말했다. "당신의 말이 이
루어지게 해주세요. 자식을 어떻
게 키워야 하고, 또 아들에게 어떻
게 대해야 하지요?"
13 **주님**의 사자가 매노아에게 말했다.
"내가 당신 아내에게 말한 것 모두
를 그녀가 조심해서 지키게 하세
요.
14 그녀는 포도밭에서 나오는 것은
어떤 것도 먹지 않게 하고, 술과 독
한 음료도 마시지 말고, 불결한 음
식도 먹지 않게 하세요. 내가 명령
하는 모든 것을 그녀가 지키게 하
세요."
15 메노아가 **주님**의 사자에게 말했다.
"당신에게 부탁하는데, 조금만 기
다려주면, 우리가 당신을 위해 새
끼염소 한 마리를 준비하겠어요."
16 **하나님** 사자가 매노아에게 말했다.
"당신들이 붙잡아도, 나는 당신의
음식을 먹지 않겠어요. 당신이 만
약 번제를 올리고자 하면, 그것은
주님에게 올려야 해요." 왜냐하면

매노아는 그가 **주님**의 사자인지 알
지 못했기 때문이다.
17 매노아가 **주님**의 사자에게 말했다.
"당신의 이름은 무엇이죠? 당신의
이야기가 이루어지면, 그때 우리
가 당신에게 영광을 돌려야 하니
까요."
18 **주님**의 사자가 그에게 말했다. "그
것이 비밀인줄 알 텐데, 어째서 나
의 이름을 묻나?"
19 그리고 매노아는 새끼염소 한 마
리를 곡식제물과 함께 바위 위에
서 **주님**에게 올렸다. 그때 **하나님**의
사자가 놀라운 일을 하는 것을, 매
노아와 아내가 보았다.
20 불길이 제단에서 하늘을 향해 올
라가면서, **주님**의 사자가 제단의
불길을 타고 올라갔던 것이다. 매
노아와 아내는 그것을 보며 고개
를 숙이고 땅에 얼굴을 대고 엎드
렸다.
21 그러나 **하나님**의 사자는 더 이상
매노아와 아내에게 모습을 보이지
않았다. 그때서야 매노아는 그가
주님의 사자인 것을 알았다.
22 매노아가 아내에게 말했다. "**하나
님**을 보았기 때문에, 우리는 반드
시 죽을 것이다."
23 그러나 아내는 그에게 이렇게 말
했다. "만약 **주님**이 우리를 죽이는
게 좋았다면, 그는 우리 손으로 올
리는 번제와 곡식제물도 받지 않
았을 거예요. 게다가 우리에게 모
든 것을 보여주지도 않았고, 이번
에 이와 같은 일을 우리에게 말하
지도 않았을 거예요."
24 그리고 그녀는 아들을 낳아, 이름
을 샘슨삼손이라고 불렀다. 그 아이
는 자라서 **주님**의 축복을 받았다.
25 그때 **주님**의 영혼이 조라와 에쉬태
올 지역 중간 댄단의 진영에서 샘
슨을 움직이기 시작했다.

샘슨의 결혼

14 샘슨삼손이 팀내쓰팀나, 딤나로
갔는데, 그곳에서 필리스틴
블레셋 출신의 한 여자를 보게 되었
다.
2 샘슨이 돌아와, 아버지 어머니에
게 말했다. "팀내쓰에서 필리스틴
출신 여자를 보았는데, 그녀를 아
내로 얻어 주세요."
3 그러자 부모가 샘슨에게 말했다.
"네 형제나 민족 가운데 여자가 없
어서, 네가 할례도 안 받은 필리스
틴을 아내로 맞으려는 것이냐?"
그러자 샘슨이 아버지에게 말했
다. "그녀를 얻어 주세요. 그녀가
나를 기쁘게 하니까요."
4 그의 부모는 그것이 **주님**이 주관하
는 일인지 알지 못했는데, 그때 **주
님**은 필리스틴을 공격할 기회를 찾
았던 것이다. 왜냐하면 당시는 필
리스틴이 이즈리얼을 지배했기 때
문이다.
5 그래서 샘슨이 아버지 어머니와

팀내쓰로 가서 그곳 포도밭에 왔
다. 그런데 보니, 어린 사자 한마리
가 그에게 으르렁거리며 덤볐다.
6 **주님**의 영혼이 그에게 힘으로 내려
왔으므로, 샘슨은 사자를 마치 새
끼염소 찢듯, 찢어버려서, 손에 아
무것도 남지 않았다. 하지만 그는
부모에게 자신이 한 일을 말하지
않았다.
7 샘슨이 가서 그녀와 이야기하자,
그녀는 샘슨을 몹시 즐겁게 해주
었다.
8 얼마 후 샘슨은 그녀를 데려 가려
고 되돌아와서, 사자의 사체를 가
서 보니, 사체 안에 벌떼와 꿀이 있
었다.
9 그는 손에 꿀을 들고 먹으며 가서,
아버지 어머니한테 와서, 부모에
게 그것을 주자, 그들도 꿀을 먹었
다. 하지만 그는 꿀을 사자의 사체
에서 가져왔다는 말은 하지 않았
다.
10 그래서 그의 아버지도 그녀한테
갔고, 샘슨은 그곳에서 축제를 벌
였다. 왜냐하면 젊은이들은 늘 그
렇게 관습처럼 해왔기 때문이었
다.
11 필리스틴 사람이 샘슨을 보고, 신
랑과 같이 세울 들러리 30명을 데
려왔다.
12 샘슨은 그들에게 말했다. "내가 이
제 당신들에게 수수께끼 하나를
내겠다. 만약 당신들이 잔치를 벌
이는 7일 내 그것을 풀어 정확히
맞추면, 내가 당신들에게 시트 30
장과 갈아입을 옷 30벌을 주겠다.
13 대신 풀지 못하면, 당신들이 내
게 시트 30장과 옷 30벌을 주어야
한다." 그러자 필리스틴 사람이 말
했다. "우리가 들을 수 있도록 수수
께끼를 내봐라."
14 그래서 샘슨이 말했다. "먹는 자로
부터 곡식이 나왔고, 강한자로부
터 단 것이 나왔다." 그들은 3일 동
안 수수께끼를 풀 수 없었다.
15 일곱 번째 날이 되자, 그들은 샘슨
의 아내에게 말했다. "당신 남편을
꾀어서 그가 우리에게 낸 수수께
기를 말하게 해라. 그렇지 않으면
우리가 너와 네 아버지 집을 불로
태워버리겠다. 너희는 우리가 가
진 것을 빼앗으려고 우리를 부른
것이다. 그렇지 않나?"
16 샘슨의 아내는 남편 앞에서 울며
말했다. "당신이 나를 미워하지, 나
를 사랑하는 게 아니예요. 그러니
까 내 민족 자손에게 수수께끼를
내고, 그것을 내게도 이야기하지
않았아요." 샘슨이 그녀에게 말했
다. "보라, 나는 그것을 부모에게도
말하지 않았는데, 당신에게 말해
야겠나?"
17 그녀는 7일간 샘슨 앞에서 잔치
가 끝날 때까지 계속 울었다. 7번
째 날이 되자, 샘슨은 아내에게 말
했다. 왜냐하면 그녀가 그의 마음

을 아프게 했기 때문이다. 그래서
그녀는 해답을 자기민족에게 전했
다.
18 그 도성 사람들이 7일째 날 해가
지기 전에 샘슨에게 말했다. "꿀보
다 더 단 것이 무엇인가? 또 사자
보다 더 센 것이 무엇인가?" 샘슨
이 그들에게 말했다. "만약 나의 암
소로 밭을 갈지 않았더라면, 너희
는 나의 수수께끼 해답을 찾지 못
했을 것이다."
19 그때 **주님**의 영혼이 샘슨에게 내려
왔고, 그는 애쉬켈런으로 가서 필
리스틴 30명을 죽이고, 그들의 전
리품을 빼앗아, 수수께끼의 답을
찾은 그들에게 갈아입을 옷을 주
었다. 그리고 분노를 삭일 수 없어
서 그는 아버지의 집으로 가버렸
다.
20 그러자 샘슨의 아내는 신랑의 친
구가 되어주었던 들러리를 서 준
사람에게 주어졌다.

샘슨이 필리스틴에 복수

15 얼마 후 밀 추수기가 되어, 샘
슨삼손이 새끼염소 한 마리를
데리고 아내를 방문하러 가서 말
했다. "내 아내의 방으로 들어가겠
어요." 그러나 장인이 그를 안으로
들여놓지 않으려 했다.
2 장인이 말했다. "자네가 진정으로
내 딸을 미워한다고 생각했네. 그
래서 딸을 자네 들러리에게 주었
네. 딸의 동생이 더 예쁘지 않은
가? 부탁하니, 딸 대신 동생을 데
려가게."
3 샘슨이 불안해하는 그들에게 말했
다. "비록 내가 그들에게 불쾌한 일
을 하기는 했어도, 나는 필리스틴블
레셋보다 더 부끄럽지 않아요."
4 그리고 샘슨이 나가서 여우3백 마
리를 잡아온 다음, 꼬리와 꼬리를
횃대에 묶고, 두 꼬리 중간에 횃대
가 놓이게 두었다.
5 그는 횃대에 불을 붙이고, 여우들
을 필리스틴 밭의 농작물 속으로
몰아넣어, 서 있던 곡식단과 함께
포도와 올리브밭을 모두 태워버렸
다.
6 그때 필리스틴이 말했다. "누가 이
런 짓을 했느냐?" 그러자 사람들
이, "샘슨, 팀내쓰의 사위가 장인
이 자신의 아내를 그의 들러리에
게 주어버렸기 때문에 이렇게 했
다"고 대답했다. 그러자 필리스틴
사람들이 올라가서 그녀와 장인을
불로 태워버렸다.
7 샘슨이 그들에게 말했다. "당신들
이 그렇게 하기는 했어도, 내가 당
신들에게 복수해야겠다. 그래야
내가 진정될 것이다."
8 샘슨은 그들의 엉덩이와 넓적다리
를 치며 엄청나게 살육했다. 그리
고 내려가서 이탬 바위 위에서 살
았다.
9 그후 필리스틴이 가서 쥬다유다지

역에 진을 치고, 리하이르히, 레히에
서 세력을 펼쳤다.
10 쥬다 사람이 말했다. "당신들은 왜
이곳에 와서 우리와 대립하는가?"
그들이 대답했다. "우리가 온 것은
샘슨을 묶어서, 그가 우리에게 한
것처럼 똑같이 그에게 해주기 위
한 것이다."
11 그러자 쥬다인 3천명이 샘슨이 있
는 이탬에탐, 에담 바위 정상으로 와
서 샘슨에게 말했다. "너는 필리스
틴이 우리를 지배하고 있다는 사
실을 모르나? 네가 우리에게 이렇
게 하는 것이 대체 무슨 이유냐?"
샘슨이 그들에게 말했다. "그들이
내게 한 대로 그렇게 내가 갚는 것
이다."
12 그들이 샘슨에게 말했다. "우리는
너를 묶으러 왔고, 너를 필리스틴
손에 넘기겠다." 샘슨이 그들에게
말했다. "너희가 직접 나를 죽이지
않겠다고 맹세해라."
13 그들이 샘슨에게 말했다. "죽이지
않겠다. 대신 우리는 너를 재빨리
묶어서 그들 손에 넘기겠다. 하지
만 너를 확실히 죽이지 않겠다." 그
리고 그들은 샘슨을 두 줄의 새 밧
줄로 묶어 바위에서 끌고 내려갔
다.
14 샘슨이 리하이지역에 오자, 필리
스틴이 그를 보고 소리쳤다. **주님**
의 영혼이 그에게 힘으로 내려오
자, 그의 팔 위의 밧줄은 불에 탄
아마포가 되어버렸고, 샘슨의 결
박이 그의 손에서 느슨해져 풀려
버렸다.
15 그때 샘슨은 나귀의 새로운 턱뼈
하나를 찾아내어 손을 뻗어 잡고
그것으로 천명을 죽였다."
16 그리고 샘슨이 말했다. "나귀 턱뼈
로 사람의 더미가 쌓였고, 내가 가
진 나귀 턱뼈로 천명을 살육했다."
17 그는 말을 마치고, 손에서 나귀 턱
뼈를 던져버렸다. 그래서 그 장소
를 래머스리하이라고 불렀다.
18 그는 몹시 목이 말라서 **주님**에게
부탁하며 말했다. "당신이 이런 엄
청난 사람을 당신 종의 손에 넘겼
는데, 이제 내가 목이 말라죽어야
하며, 할례도 받지 못한 저들 손에
쓰러져야 합니까?"
19 그러자 **하나님**이 턱 모양의 움푹
들어간 한 장소를 쳤더니, 그곳에
서 물이 쏟아져 나왔고, 그가 물을
마시자 그의 영혼이 다시 살아났
다. 그래서 그는 그곳을 엔해코어
라고 불렀고, 그곳은 이날까지 리
하이지역에 있다.
20 샘슨은 필리스틴 시대에 20년간
이즈리얼을 재판하며 다스렸다.

샘슨과 들라일라

16 샘슨삼손이 가자로 갔을 때,
그곳 창녀를 만나 그녀에게
들어갔다.
2 가자 사람은 이 소문을 듣고 말했

다. "샘슨이 여기 와 있다." 그들은
그 주위를 둘러싸고 성문 안에서
밤새도록 그가 나오기를 기다렸는
데, 조용하자 이렇게 말했다. "날이
밝으면 우리가 그를 죽이겠다."
3 그리고 샘슨은 밤이 깊어지기를
기다려, 한 밤중에 일어나, 성문과
두 기둥과 빗장과 함께 모두를 뜯
어내, 그것을 어깨에 지고 날라, 히
브런 앞 언덕 정상까지 옮겼다.
4 샘슨은 소렉 계곡의 한 여자를 사
랑했는데, 그녀 이름이 들라일라들
릴라였다.
5 필리스틴 군주들이 그녀에게 와서
말했다. "샘슨을 꾀어 그의 센힘이
어디에서 나오는지 알아내라. 그
러면 우리가 무슨 수를 쓰더라도
샘슨에 맞서 이길 수 있고, 또 그를
묶어 굴복시킬 수 있다. 그렇게 되
면 우리가 너에게 각자 한 사람당
은 천백 조각13Kg씩 주겠다."
6 그러자 들라일라가 샘슨에게 말했
다. "부탁해요, 말해주세요. 당신의
센힘이 어디에 있는지, 또 무엇을
가지고 당신을 꼼짝 못하게 할 수
있죠?"
7 샘슨이 그녀에게 말했다. "마르지
않은 푸른 나무줄기 7줄로 나를 묶
으면, 내가 약해져서 보통사람 같
이 되지."
8 그래서 필리스틴 군주들이 그녀에
게 마르지 않은 푸른 나무줄기 7줄
을 가져왔고, 그녀는 그것으로 샘
슨을 묶었다.
9 그런데 방 안에는 그녀가 묶기를
기다리는 자들이 있었다. 그리고
들라일라가 샘슨에게 말했다. "샘
슨, 필리스틴 사람들이 당신을 잡
으러 왔어요." 그러자 샘슨은 나무
줄기를 마치 실다발이 불에 닿아
끊기듯 끊어버렸다. 여전히 그의
힘의 원천을 알 수 없었다.
10 들라일라가 샘슨에게 말했다. "보
세요, 당신은 나를 놀리며 거짓말
을 했어요. 말해줘요. 부탁해요. 무
엇으로 당신을 묶을 수 있죠?"
11 샘슨이 그녀에게 말했다. "한 번도
사용하지 않은 새로운 밧줄로 나
를 묶으면, 내가 힘이 빠지고 보통
사람처럼 되지."
12 그래서 들라일라가 새 밧줄을 가
져다 그를 묶고 말했다. "샘슨, 필
리스틴 사람들이 당신을 잡으러
왔어요." 방안에는 결박을 기다리
며 대기하는 자들이 있었다. 그러
자 샘슨은 그것을 그의 팔뚝에서
실한오라기처럼 끊어버렸다.
13 들라일라가 샘슨에게 말했다. "지
금까지 당신은 나를 놀리고 거짓
을 말했어요. 무엇으로 당신을 묶
을 수 있는지 말해주세요." 그러자
그가 그녀에게 말했다. "당신이 내
머리를 그물로 7다발로 엮으면 되
지."
14 그녀는 그의 머리를 핀으로 단단
히 고정하고 그에게 말했다. "샘슨,

필리스틴인이 당신을 잡으러 왔어
요." 그러자 그가 자다깨어 주변의
핀과 그물을 뽑아버렸다.
15 그러자 그녀가 그에게 말했다. "당
신은 나를 사랑한다 말하면서, 어
째서 당신의 마음이 나와 함께 있
지 않나요? 당신은 나를 세 번이나
놀리기만 하고, 당신의 큰 힘이 어
디에 있는지 말하지 않아요."
16 그러면서 그녀는 날마다 이런 말
로 샘슨을 독촉하며 강요했다. 그
래서 샘슨의 정신도 괴로워 죽을
정도였다.
17 드디어 샘슨은 그녀에게 가슴 속
에 있는 모든 것을 말했다. "나는
한 번도 머리에 면도 칼을 댄 적이
없다. 왜냐하면 나는 어머니 자궁
에서 나올 때부터 **하나님**에게 헌신
된 내저린 사람이다. 그래서 내가
면도를 하면, 내 힘은 약하게 사라
져, 다른 사람과 똑같아진다."
18 들라일라는 샘슨이 그의 마음을
이야기했다고 생각하자, 그녀는
필리스틴 군주를 부르러 사람을
보내어 말했다. "당장 이리 오세요.
샘슨이 나에게 그의 마음을 보여
주었어요." 그래서 여러 필리스틴
군주가 그녀에게 오면서, 손에 돈
을 들고 왔다.
19 그녀는 샘슨을 무릎 위에서 잠들
게 하고, 한 사람을 불러 그에게 7
다발의 샘슨 머리를 밀게 했다. 그
리고 나서 샘슨에게 고통을 주며
시험했고, 그의 힘은 사라졌다.
20 그녀가 말했다. "샘슨, 필리스틴이
당신을 잡으러 왔어요." 그리고 샘
슨이 잠에서 깨어 말했다. "지난 번
처럼, 밖으로 나가 직접 뒤흔들어
주겠다." 그런데 그는 **주님**이 그로
부터 떠났다는 것을 알지 못했다.
21 대신 필리스틴이 그를 붙잡아 두
눈을 뽑고, 가자로 끌고 가서, 놋쇠
족쇄를 채웠으므로, 그는 감옥에
서 맷돌을 갈게 되었다.
22 그렇지만 그의 머리카락은 잘린
후 다시 자라나기 시작했다.
23 그때 필리스틴 군주들은 모두 모
여 그들의 대건 신에게 성대한 제
사를 올리고 기뻐했다. 그들이 이
렇게 말했다. "우리 신이 적 샘슨을
우리 손에 넘겼다."
24 사람들이 샘슨을 보고 그들의 신
을 찬양하며 말했다. "우리 신이 적
을 우리 손에 넘겼는데, 그는 우리
나라를 파괴하며, 우리를 많이 죽
인 자다."
25 그들은 마음이 들떠 말했다. "샘슨
을 불러와, 우리에게 재롱을 보이
게 하자." 그래서 사람들이 샘슨을
감옥에서 끌어 내어, 그가 재주를
보이도록 기둥 사이에 세웠다.
26 샘슨은 자신의 손을 이끄는 소년
에게 말했다. "내가 이 집을 떠바치
고 있는 기둥을 만질 수 있게 해 다
오. 그러면 내가 그 기둥에 기댈 수
있을 것이다."

27 그때 그 집에는 수많은 남자와 여
자로 가득찼고, 필리스틴 군주도
모두 그곳에 있었다. 삼천명의 남
녀가 옥상 위에서 샘슨이 부릴 묘
기를 지켜보았다.
28 그때 샘슨은 **주님**을 부르며 말했
다. "오, **주 하나님**, 나를 기억해 주
세요. 기도합니다. 내게 힘을 주세
요. 이번 한 번만 부탁해요. 오 **하나
님**, 그러면 필리스틴에게 내 두 눈
에 대한 복수를 단번에 할 수 있어
요."
29 그런 다음 샘슨은 집을 바치고 있
는 양쪽 기둥의 중간을 붙잡고, 오
른손은 한쪽 기둥에 왼손은 다른
하나 위에 얹었다.
30 그리고 샘슨이 말했다. "나를 필리
스틴과 함께 죽게 해주세요." 그런
다음 그는 온 힘을 다해서 몸을 구
부렸다. 그러자 집이 군주들 위로
무너져 내렸고, 그 안에 있던 모든
사람 위에서 붕괴되었다. 그렇게
샘슨이 자신의 죽음으로 죽인 사
람 수는, 그의 일생동안 죽인 사람
수보다 더 많았다.
31 그의 형제와 그의 아버지 집안 모
두가 와서 샘슨을 데려가서, 그의
아버지 매노아의 매장지가 있는
조라와 에쉬태올 사이에 묻었다.
그는 20년간 이즈리얼을 다스렸
다.

미카와 리바이 젊은이

17

이프리엄산에 어떤 사람이
있었는데 그의 이름은 미카
였다.
2 미카는 어머니에게 이렇게 말했
다. "어머니한테서 없어진 은 1100
쉐클13Kg에 대해, 언제나 저주하며
내 귀에 말했죠. 보세요, 그 은은 나
한테 있고, 내가 그것을 가졌어요."
그러자 그의 어머니가 말했다. "아
들아, 네가 **주님**의 복을 받기를 바
란다."
3 그가 은 1100쉐클을 자기 어머니
에게 돌려주자, 어머니가 말했다.
"나는 내 아들을 위해 그 은을 내
손에서 **주님**에게 온전히 바쳐서,
신상을 새기고 주물상을 만들고자
했다. 그러니 이제 그것을 네게 도
로주겠다."
4 하지만 그는 어머니에게 돈을 되
돌려주었고, 어머니는 그 중 은 2
백 쉐클2.3Kg을 세공사에게 주어,
그가 은으로 신상을 새기고, 주물
상을 부어서 만들어서, 그것이 미
카 집에 있게 되었다.
5 미카는 여러 신을 위한 신전 하나
를 가지고 있었는데, 제례복과 테
러핌 우상가신을 만들었고, 자기
아들 하나를 봉헌하여 자신의 제
사장이 되게 했다.
6 당시 이즈리얼에는 왕이 없었지
만, 각자 자기 눈에 옳다고 생각하
는 행동을 했다.

7 쥬다가문 중 베썰레햄쥬다 출신의
어떤 젊은이가 있었는데, 그는 리
바이족으로 그곳에 거주하고 있었다.
8 그 사람이 베쓸레헴쥬다 도성을
나와, 자신이 거처할 장소를 찾아
떠났다. 그리고 그는 이프리엄산
의 미카 집까지 여행하여 왔다.
9 미카가 그에게 말했다. "당신은 어
디서 왔나?" 그는 미카에게 말했
다. "나는 베쓸레헴쥬다 가문의 리
바이 사람인데, 내가 거처할 장소
를 찾는 중이에요."
10 미카가 그에게 말했다. "나와 같이
살자. 그리고 나에게 대부 아버지
와 제사장 역할을 해달라. 그러면
내가 매년 은10쉐클115g을 주고, 의
복 한 벌과 식량을 주겠다." 그래서
그 리바이레위 사람은 그 집으로 들
어갔다.
11 그 리바이 사람은 그 사람과 함께
사는데 만족했고, 리바이 젊은이
는 미카에게 마치 아들 중 하나처
럼 있었다.
12 미카가 리바이 사람을 정화하여
봉헌했고, 그 젊은이는 그의 제사
장이 되어서 미카의 집에 있었다.
13 그때 미카가 이렇게 말했다. "나는
주님이 내게 좋은 일을 많이 해줄
것으로 생각하는데, 그 이유는, 내
가 리바이 사람 하나를 나의 제사
장으로 데리고 있음을 보고 그럴
것이다."

댄부족이 리바이인과 우상을 빼앗다

18 당시에는 이즈리얼에 왕이
없었다. 그래서 댄 사람들은
그 부족이 살 수 있는 유산의 땅을
얻고자 했다. 왜냐하면 그때까지
이즈리얼 민족 가운데 그들에게
할당된 유산 땅이 하나도 없었기
때문이었다.
2 댄단 자손은 그들 경계 내 용감한
남자 다섯을 보내어, 조라초르아, 소
라와, 에쉬태올에스타올, 에스다올부터
땅을 탐색하며 장소를 물색하도록
일렀다. "가서 그 땅을 조사해라."
그래서 그들이 이프리엄산의 미카
집에서 묶었다.
3 그들이 미카 집에 머무르며, 목소
리로 젊은이가 리바이레위 사람임
을 알고 그곳에 들어가서 그에게
말했다. "누가 당신을 이곳에 데려
왔죠? 그리고 어떻게 이곳에 있으
며, 여기서 무슨 일을 하나요?"
4 그가 그들에게 말했다. "이러저러
해서 미카가 나를 거두고 고용해
서, 이제 나는 그의 제사장이에요."
5 그러자 그들이 젊은이에게 말했
다. "우리가 부탁하는데, **하나님**에
게 조언을 청해주시오. 그러면 우
리가 앞으로 어떻게 해야 할지 방
법을 알 수 있을 것이오."
6 젊은 제사장이 그들에게 말했다.
"맘 편히 떠나세요. **주님** 앞에서는
당신이 가는 길이 당신들의 방법
이에요."

7 그리고 다섯 남자가 떠나 래이쉬
에 와서 그곳 사람을 보니, 그들은
아무 걱정 없이 사이든 사람의 생
활방식 대로 조용하고 편안하게
사는 것을 보았다. 그 땅에는 그들
에게 모욕을 줄 치안관도 없었고,
사이든에서 멀리 떨어져 있었고,
다른 사람과 거래도 없었다.
8 그리고 그들은 조라와 에쉬태올의
자기 형제에게 돌아왔다. 그들의
형제가 그들에게 물었다. "어떻게
됐지?"
9 그러자 그들이 말했다. "일어나서
우리가 올라가면, 그들을 물리칠
수 있어요. 왜냐하면 그 땅을 보니,
대단히 좋았어요. 그런데 여기 가
만히 있어요? 지체하지 말고 그 땅
을 차지하러 갑시다.
10 그 땅에 가면, 편안한 사람들과 거
대한 땅을 만나게 되지요. 왜냐하
면 **하나님**이 그것을 당신들 손에
넘겨주었고, 그곳은 땅위에서 필
요한 것은 부족함이 없는 장소예
요."
11 댄부족 가문 중 남자 6백명이 그곳
조라와 에쉬태올로부터 나와서 전
쟁무기를 가지고 임무를 띠고 떠
났다.
12 그들이 올라가서 쥬다지역 킬잿저
림키르얏 여아림, 기랏 여아림에 진영을
쳤다. 그들은 그곳을 매하네댄이
라고 부르며 이날까지 이어져왔는
데, 캘잿저림의 뒤편이다.
13 그리고 그들은 이프리엄 산을 지
나서 미카 집까지 왔다.
14 그때 래이쉬라이스지방을 염탐하러
갔던 다섯 사람이 응수하며 그들
형제에게 말했다. "당신은 이 집안
에 에퐈 제례복과 테러핌 우상가
신과 새긴 신상과 주물상이 있다
는 사실을 아나요? 따라서 이제 당
신이 무슨 일을 해야 할지 생각해
보세요."
15 그들은 그쪽으로 가서 젊은 리바
이 사람이 있는 집, 곧 미카의 집으
로 가서 젊은이에게 인사했다.
16 그리고 전쟁무기로 무장한 6백명
의 댄 자손이 성문입구에 섰다.
17 그 땅을 염탐하러 갔던 다섯 사람
이 그곳으로 들어와서, 새긴 신상
과 제사복과 테러핌 우상가신과
주물상을 빼앗았다. 그리고 리바
이 제사장은 전쟁무기의 무장군 6
백명과 함께 성문입구에 서 있었
다.
18 이들이 미카 집으로 들어가서 조
각신상과 제사복과 테러핌과 주물
신상을 가져왔다. 그때 젊은 제사
장이 그들에게 말했다. "왜들 이러
세요?"
19 그들이 리바이 사람에게 말했다.
"잠자코 있어라. 자네 손을 입에 갖
다 대고 우리와 같이 가자. 그리고
우리에게 대부 아버지와 제사장이
되어 달라. 자네가 한 사람 집안의
제사장이 되는 것이 좋겠나, 아니

면 이즈리얼 내 한 종족과 한 가문
의 제사장이 되는 것이 낫겠나?"
20 그러자 그 제사장은 마음이 기뻤
다. 그는 에퐈와 테러핌과, 조각신
상을 들고 사람들 가운데서 갔다.
21 그래서 그들은 돌아서서 떠나며,
어린 아이들과 가축과 수레를 앞
세우고 갔다.
22 그들이 미카 집에서 꽤 멀리 떨어
져 있었는데, 미카 집 가까이 있는
집안 남자들이 모두 모여 댄 자손
을 따라잡았다.
23 그들은 댄 자손에게 소리쳤다. 그
러자 댄 자손이 얼굴을 돌려 미카
에게 말했다. "무슨 일로 당신이 무
리와 함께 왔죠?"
24 그러자 미카가 말했다. "당신들은
내가 만든 나의 신상들을 빼앗고,
제사장도 빼앗아 갔다. 내게 무엇
이 더 남아 있는가? 오히려 나더러
무슨 일이냐고 하다니, 도대체 이
게 뭐냐?"
25 댄 자손이 미카에게 말했다. "당신
의 목소리가 우리한테 들리지 않
게 해라. 성난 이들이 당신을 덮치
지 않도록 말이다. 또 당신의 생명
도 가솔들 생명도 잃게 하지 마라."
26 그러면서 댄 자손은 그들의 길을
갔고, 미카도 그들이 자신에게 너
무 강하다는 것을 알고 돌아서서
집으로 갔다.
27 그들은 미카가 만든 물건과, 미카
가 가졌던 제사장까지 모두 가지
고 래이쉬 지역으로 들어와서, 조
용하고 편안하게 살고 있는 사람
을 칼끝으로 섬멸하고 불로 도성
을 태웠다.
28 거기에는 구원해줄 자가 없었다.
왜냐하면 그곳은 사이든에서 너무
멀었고, 그들은 어떤 다른 사람과
거래가 없었기 때문이었다. 그곳
은 베쓰리홉 옆 계곡에 있었다. 그
래서 댄 자손은 도성을 세우고 그
곳에서 살았다.
29 그들은 그곳을 댄 도성이라고 불
렀는데, 이즈리얼에서 태어난 그
들 조상의 이름을 본뜬 것이다. 하
지만 그 도성의 본래 이름은 래이
쉬라고 불렀다.
30 댄 자손은 조각신상을 세웠고, 머
나서의 아들 거셤의 아들 조너썬
과 그의 아들들이 그 땅에서 포로
로 잡힐 때까지 댄부족의 제사장
이 되었다.
31 그들은 미카가 제작한 미카의 조
각 신상을 샤일로실로에 **하나님** 성
전이 있던 당시 내내 세워두었다.

어떤 리바이인과 첩 이야기

19 당시에는 이즈리얼에 왕이
없었다. 이프리엄 산지에 살
던 어떤 리바이레위 사람이 있었는
데, 베쓸레헴쥬다에서 첩을 데려
왔다.
2 그의 첩은 그와 지내다, 베쓸레헴
쥬다에 있는 자기 아버지 집으로

가버린지 4개월이 되었다.
3 그녀 남편이 일어나 그녀를 찾으
러 가서, 다정하게 이야기하며 다
시 데려 가려고 했다. 그는 종 하나
와 나귀 두 마리도 끌고 갔는데, 그
녀는 그를 아버지 집으로 데려갔
고, 아버지는 사위를 보고 반갑게
맞이했다.
4 장인이 사위를 붙잡았으므로, 그
는 장인한테서 3일간 함께 먹고 마
시면서 묵었다.
5 나흘째 날에 그들이 아침 일찍 일
어나 떠나려고 하자, 그녀의 아버
지가 사위에게 말했다. "빵이라도
조금 먹고 자네 마음을 편안하게
한 다음 길을 떠나게."
6 그래서 그들은 앉아서 함께 먹고
마셨는데, 그녀의 아버지가 그에
게 말했다. "부탁하는데, 괜찮다면
오늘 하루 더 여기서 편히 있으면
서 자네 마음을 즐겁게 하면 좋겠
네."
7 그 사람이 떠나려고 일어섰는데,
장인이 간청하여, 사위가 또 묵었
다.
8 다섯째 날 떠나려고 아침 일찍 일
어나자' 장인이 말했다. "마음 편히
있게. 부탁하네." 그래서 그들이 오
후까지 있으면서 같이 먹었다.
9 그 사람이 일어나서 첩과 데려온
종과 함께 떠나려 하자, 그녀 아버
지가 그에게 말했다. "이보게, 지금
은 저녁으로 넘어가는 때이니, 제
발, 오늘 밤도 묵게. 보다시피, 날이
지고 있으니 여기서 숙박하고, 마
음이 편안해지면 내일 일찍 길을
떠나 집으로 돌아가게."
10 그러나 그는 그날 밤을 머물려고
하지 않고 일어나서 떠나, 제뷰스
곧 저루살럼을 등지고 건너편으로
왔다. 안장을 채운 나귀 두 마리와
첩도 그와 함께 있었다.
11 그들이 제뷰스 가까이 왔을 때, 날
이 꽤 어두워지자 종이 주인에게
말했다. "부탁인데요, 제뷰스여부스
도성으로 가서 그곳에서 숙박합시
다."
12 주인이 그에게 말했다. "우리는 이
방인의 도성에는 들어가지 않는
다. 거기는 이즈리얼 자손이 있는
곳이 아니다. 우리는 그냥 지나쳐
기비아기브아로 들어갈 것이다."
13 그가 종에게 말했다. "자, 오늘 저
녁은 기비아나 래마라마 중 가까운
곳에서 머물자."
14 그들은 그곳을 지나쳐, 해가 완전
히 졌을 때, 기비아 근처에 왔는데
그곳은 벤저민에 속하는 땅이었
다.
15 그들은 그곳을 돌아 기비아에서
묵으려고 더 갔다. 그들이 들어가
서 그 도성 길거리에 앉았다. 왜냐
하면 아무도 그들이 숙박하도록
집에 데려가주는 사람이 없었기
때문이었다.
16 그런데 저녁까지 밭에서 일하다

돌아오는 노인 한사람이 있었다.
그곳 역시 이프리엄 산지였고 그
는 기비아에서 사는 사람이었다.
그러나 그곳 사람들은 벤저민부족
이었다.
17 노인이 눈을 들어 보니, 도성 길거
리에 여행 중인 사람이 보이자, 그
가 물었다. "어디로 가는 사람이
죠? 또 어디서 왔나요?"
18 그가 그에게 말했다. "우리는 베쓸
레헴쥬다에서 와서 이프라임 산지
쪽으로 지나가는 중이에요. 나는
그곳 출신이고요. 베쓸레헴쥬다에
갔다가 **주님**의 집으로 가는 중인
데, 나를 집에 받아주는 사람이 아
무도 없어요.
19 그런데 우리 나귀에게 먹일 짚과
여물도 있어야 하고, 나 역시 먹을
빵과 술도 있어야 하고, 또 당신의
종인 나와 함께 있는 첩과 젊은이
도 먹어야 하는데, 아무것도 없어
요."
20 노인이 말했다. "걱정 마세요. 당신
이 필요한 모든 것이 내게 있어요.
길에서 노숙할 수는 없지요."
21 그러면서 그는 자기 집으로 그를
데려가 나귀에게 여물을 주었고,
그들은 발을 씻고 먹고 마셨다.
22 그들이 마음을 편안하게 즐기고
있는데, 보니, 도성의 불량배 빌리
얼 자식들이 집 주위를 둘러싸고
문을 두드리며 집주인 노인에게
말했다. "당신 집에 들어간 남자를
끌고 나와라. 그가 누군지 알아봐
야겠다."
23 집주인 남자가 그들한테 가서 말
했다. "그러지 마라, 나의 형제들
아, 부탁하는데, 그렇게 심하게 하
지 마라. 당신들도 이 사람이 내 집
에 온 사람임을 알텐데, 이런 어리
석은 행동을 하지 마라.
24 보다시피, 여기 처녀인 나의 딸과
그의 첩이 있고, 내가 그들을 데려
올 테니, 당신들이 그들을 굴욕시
키고, 하고 싶은 대로 해라. 그렇지
만 이 사람한테는 그렇게 나쁘게
하지 마라."
25 그러나 그들은 말을 들으려 하지
않았기 때문에, 노인이 그의 첩을
그들에게 데려갔다. 그들은 그녀
를 알고 있었고, 아침이 될 때까지
밤새 그녀를 능욕했다. 낮이 밝기
시작하자 그들이 그녀를 놓아주었
다.
26 그녀는 새벽에 돌아와, 남편이 있
는 노인의 집문에 쓰러져, 날이 밝
도록 있었다.
27 그녀 남편이 아침에 일어나 그 집
문을 열고 갈 길을 가려고 밖으로
나가 보니, 자기 첩이 집문에 쓰러
져 있고, 그녀의 양손은 문지방 위
에 있었다.
28 그가 그녀에게 말했다. "일어나서
어서 가자." 하지만 아무 대답이 없
었다. 그래서 그 사람은 나귀 위에
그녀를 태우고 일어나서 자기 처

소로 돌아갔다.
29 그리고 집에 돌아와 칼을 들고 자
기 첩에 대어, 그녀를 갈라 뼈를 모
두 12조각으로 나누어 이즈리얼
땅 전역으로 보냈다.
30 그것을 본 모두가 말했다. "이즈리
얼 자손이 이집트땅에서 나온 때
부터 이날까지, 이런 일은 한 번도
본적도 없는 일이다. 이에 대해 생
각하고, 충고를 받고, 또 자신의 마
음에 새겨두자."

이즈리얼이 벤저민과 싸우다

20 이즈리얼 자손이 모두 밖으
로 나가, 모든 무리가 마치 한
사람처럼, 댄단 지역과 비어쉬바브
에르 세바, 브엘세바에 이르기까지, 길리
얼 땅 사람과 함께 미즈페미츠파, 미스
바의 **주님**에게 몰려들었다.
2 이즈리얼의 모든 사람 및 각 부족
의 대표가, **하나님**의 사람들이 모
이는 자리로 직접 나왔는데, 칼을
사용한 적이 있는 보병만 40만이
었다.
3 [한편 벤저민 자손은 이즈리얼이
미즈페로 올라왔다는 소문을 들었
다.] 그때 이즈리얼 자손이 말했다.
"우리에게 대답해라. 어떻게 이런
잔인한 짓을 할 수 있나?"
4 리바이부족 살해당한 여자의 남편
이 대답했다. "내가 벤저민에 속하
는 기비아 지역으로 들어가서, 나
와 내 첩이 그곳에 묵었다.
5 그런데 기비아 남자들이 나에 대
해 들고 일어나, 밤에 내가 있던 집
주위를 둘러싸고 나를 해치려 했
고, 그들이 내 첩을 강제로 굴욕시
켜서 죽게 했다.
6 그래서 내가 첩을 데려가서 그녀
를 조각 내어, 이즈리얼이 유산 받
은 나라 전역에 그녀의 조각을 보
냈다. 왜냐하면 그들이 이즈리얼
에 추잡하고 무모한 행동을 자행
했기 때문이다.
7 보라, 너희 모두가 이즈리얼 후손
이다. 그러니 여기에 당신들 조언
과 더 나은 방법이 있는지 내놔봐
라."
8 그러자 모두가 일제히 일어나서
말했다. "우리 중 누구도 자기 텐트
로 돌아가지 않고, 또 자기 집으로
가지도 않겠다.
9 대신 이것은 지금 우리가 기비아
에게 해야할 마땅한 일이다. 우리
는 그에 대해 추첨으로 선발하여
처리하러 가겠다.
10 우리는 이즈리얼부족 가운데 백명
중 10명을 선발하고, 또 천명 중 백
명과, 만명 중 천명을 선발하고, 그
들을 위한 식량을 가져오게 하겠
다. 그러면 그들이 벤저민의 기비
아로 가서, 이즈리얼에게 저지른
무모한 행동대로 갚아줄 수 있을
것이다."
11 그렇게 이즈리얼의 모든 남자가
모여서 마치 한 사람인 듯 결합하

여, 그 도성을 공격했다.
12 이즈리얼은 벤저민에게 이렇게 말
했다. "너희 가운데서 자행된 이런
사악함이 대체 무엇이냐?
13 기비아에 있는 불량한 빌리얼 자
식들을 우리에게 넘겨라. 그러면
우리가 그들을 죽여 이즈리얼로부
터 악을 근절시킬 수 있다." 그러나
벤저민 자손은 자신들의 형제인
이즈리얼 자손의 말을 들으려 하
지 않았다.
14 대신 벤저민 자손은 모든 도성으
로부터 기비아로 모여, 이즈리얼
자손에 맞서 싸우러 나갔다.
15 그때 벤저민 자손이 모든 도성에
서 모인 사람 수를 세어보니, 칼을
잘 쓰는 남자가 2만6천명이고, 그
이외 기비아 주민에서 선발된 7백
명이 있었다.
16 이 사람들 가운데에는 왼손잡이가
7백명 뽑혔는데, 하나같이 돌팔매
를 던지면 머리카락 한 올 간격조
차 빗나가지 않고 맞추는 사람이
었다.
17 벤저민 이외, 이즈리얼 남자의 숫
자는 40만명 모두 칼을 빼본적이
있는 전쟁용사였다.
18 이즈리얼 지손이 일어나, **하나님**의
집으로 가서 **하나님**의 지혜를 구하
며 말했다. "우리 중 누가 벤저민자
손을 상대로 싸우러 나가는데 앞
장서야 하나요?" 그러자 **주님**이 말
했다. "쥬다가 앞장서야 한다."
19 이즈리얼 자손이 아침에 일어나,
기비아 맞은편에 진을 쳤다.
20 이즈리얼은 벤저민에 맞서 싸우러
나가, 기비아에서 전열을 갖추고
그들을 공격했다.
21 벤저민 자손은 기비아에서 나와,
이즈리얼 땅으로 쳐들어 가서, 그
날 이즈리얼 2만2천명을 죽였다.
22 그리고 이즈리얼 사람은 스스로
격려하며, 그들이 첫 날 정렬했던
자리에서 다시 전투태세를 갖추었
다.
23 [이즈리얼 자손은 가서 저녁 때까
지 **주님** 앞에서 울었다. 그리고 지
혜를 구하며 말했다. "내가 나의 형
제 벤저민 자손과 싸우러 나가야
만 하나요?" 그러자 **주님**이 말했
다. "나가서 그와 싸워라."]
24 그래서 이즈리얼 자손은 이튿날
벤저민 자손 맞은편까지 가까이
왔다.
25 벤저민들이 이튿날 그들을 대적하
러 기비아로부터 나와, 이즈리얼
자손 땅으로 쳐들어가서, 다시 1만
8천명을 죽였다. 이들은 모두 칼을
잘 쓰는 사람들이었다.
26 그러자 이즈리얼 자손과 모든 사
람이 올라가서 **하나님**의 집에 가서
울었다. **주님** 앞에 앉아 저녁까지
금식하며, **주님** 앞에 번제와 평화
제사를 올렸다.
27 이즈리얼 자손이 **주님**에게 질문했
다. [그 이유는 **하나님**의 약속의 상

자가 그곳에 있었고,
28 또 애런아론의 아들 일리저엘아자르,
엘르아살의 아들 피네해스피느하스, 비느
하스가 약속의 상자 앞에 서 있었기
때문이었다.] 그리고 이렇게 물었
다. "내가 또 다시 나가, 나의 형제
벤저민 자손과 맞서 싸워야 할까
요? 아니면 중단해야 할까요?" **주**
님이 말했다. "가서 싸워라. 내일은
내가 그들을 너희 손에 넘기겠다."
29 이즈리얼은 기비아 주변에 잠복군
을 두었다.
30 이즈리얼 자손이 세째 날 또 다시
벤저민 자손과 싸우러가서, 기비
아 맞은편에 진열을 갖추고 다른
때와 똑같이 했다.
30 벤저민 자손은 이즈리얼 사람을
상대하려고 나갔는데, 그들은 도
성에서 멀리까지 나와, 이즈리얼
을 치기 시작하여, 다른 때와 똑같
이 죽이며, **하나님**의 집으로 올라
가는 큰 길 한 곳에 있었고, 기비아
들판으로 가는 다른 길에는 이즈
리얼 사람 약 30명 정도가 매복 중
이었다.
32 벤저민 자손이 말했다. "저들은 첫
번처럼 우리 앞에서 다 패배할 것
이다." 반면 이즈리얼이 이렇게 말
했다. "도망치자. 그래서 벤저민을
도성에서 나오게 하여 큰길까지
끌어내자."
33 이즈리얼 모두가 제자리에서 일제
히 일어나, 배이얼태이머에서 전
열을 갖추었고, 대기하던 이즈리
얼 복병이 기비아 목초지에서 나
왔다.
34 거기에서 기비아를 상대할 이즈리
얼에서 선발된 만명이 나왔고, 그
싸움이 너무 처참한데도, 그들은
불행이 그들 가까이 있다는 사실
을 알지 못했다.
35 **주님**이 이즈리얼 앞에서 벤저민을
쳐주어서, 이즈리얼 자손은 그날
벤저민부족 중 2만5천1백명을 살
해했다. 이들 모두가 칼을 잘 쓰는
자들이었다.
36 그래서 벤저민 자손은 자신들이
패배했음을 알았다. 이즈리얼은
기비아 옆에 잠복시킨 복병을 믿
고 벤저민에게 그 장소를 내어 주
었던 것이다.
37 복병들은 서둘러 기비아에 달려들
었고, 그들은 계속 따라가며 칼끝
으로 도성 모두를 죽였다.
38 이즈리얼 사람들과 복병 사이에
정해진 신호가 있었는데, 그들이
도성에서 연기와 함께 큰 불길을
피어올리게 하는 것이었다.
39 이즈리얼 사람이 싸움에서 후퇴했
을 때, 벤저민이 이즈리얼 사람 약
30명을 쳐서 죽였다. 왜냐하면 그
들이 "이즈리얼은 첫 번 싸움처럼
틀림없이 우리 앞에서 죽게 될 것"
이라고 말했기 때문이다.
40 하지만 불길이 연기기둥과 더불어
도성으로부터 위로 오르기 시작하

자, 벤저민 사람이 뒤를 돌아보았
고, 도성에서 불길이 하늘로 치솟
고 있는 것을 보게 되었다.
41 이즈리얼 사람이 다시 돌아서자,
벤저민은 당황했다. 왜나하면 그
들에게 최후가 왔음을 알았기 때
문이었다.
42 그래서 그들은 이즈리얼 사람 앞
에서 등을 보이고, 황야 쪽으로 도
망갔지만, 전투가 그들을 덮쳤고,
기비아 도성에서 나온 벤저민들을
이즈리얼이 쓰러뜨렸다.
43 그래서 그들은 벤저민 주위를 둘
러싸고 쫓아가서, 동쪽 방향의 기
비아를 상대하여 간단히 짓밟아
버렸다.
44 그때 쓰러진 벤저민은 1만8천명이
었고, 이들 모두 용감한 사람들이
었다.
45 벤저민은 돌아서서 황야로 달아나
서 리먼바위로 갔고, 이즈리얼은
큰길에서 이삭줍듯 벤저민 5천명
을 긁어모으며, 기덤까지 추격하
여 2천명을 더 살해했다
46 그날 벤저민 전사자는 2만5천명이
었고, 그들은 모두 칼을 잘쓰는 용
사들이었다.
47 그러나 벤저민 6백명은 방향을 돌
려 황야의 리먼림몬바위로 도망하
여, 4개월 동안 리먼바위에서 지냈
다.
48 이즈리얼 사람은 다시 벤저민 자
손에게 칼끝으로 공격하여, 도성
사람과 짐승과 함께 손에 잡히는
모든 것을 죽였다. 또한 그들은 닥
치는 대로 도성에 불을 질렀다.

벤저민에게 아내를 얻어주기

21 이즈리얼 사람이 미즈페미츠
파, 미스바에서 맹세하며 말했다.
"우리 중 어떤 사람도 자신의 딸을
벤저민족에게 아내로 주어서는 안
된다."
2 사람들이 **하나님** 집으로 와서 **하나**
님 앞에서 저녁 늦게까지 있으면
서, 목소리를 높여 슬프게 울었다.
3 그리고 말했다. "오, 이즈리얼의 주
인 **하나님**, 어째서 이즈리얼에 이
런 일이 일어나지요? 오늘 이즈리
얼 중 부족 하나가 없어져야 했나
요?"
4 다음 날 사람들이 일찍 일어나, 제
단을 쌓고 번제제물과 평화제물을
올렸다.
5 이즈리얼 자손이 말했다. "이즈리
얼의 모든 부족 가운데 **주님**의 모
임에 나오지 않는 자는 누구냐? 그
들은 맹세하며 '미즈페의 **주님** 앞
에 나오지 않는 자는 반드시 죽게
될 것'이라고 굳게 약속했다."
6 이즈리얼 자손은 그들의 형제 벤
저민에 대해 마음 아프게 생각하
며 말했다. "이날 이즈리얼에서 한
부족이 제거되었다.
7 죽지 않고 살아남은 벤저민을 위
해 우리 이즈리얼이 어떻게 아내

를 얻어 주어야 할까? 우리가 우리
딸을 벤저민에게 아내로 주지 않
기로, **주님**의 이름으로 서약한 것
을 아는데 어떻게 해야 하나?"
8 그들이 말했다. "이즈리얼 중 어느
부족이 미즈페의 **하나님** 앞에 나오
지 않는가? 이제 보니, 재비스길리
얻 사람은 이 모임에 하나도 오지
않았다."
9 사람들이 수를 세어 보니, 재비스
길리얻 사람은 그곳에 하나도 없
었다.
10 그래서 모인 대중이 그곳으로 용
사 1만2천명 보내며 명령했다. "가
서 재비스길리얻 사람을 여자와
어린이를 칼로 모두 죽여라.
11 이것이 너희가 해야할 일이다. 너
희는 모든 남자는 철저히 죽이고,
남자와 누운 적이 있는 여자도 죽
여라."
12 그래서 그들은 재비스길리얻 주민
가운데, 남자와 누운 경험이 없어
서 남자를 모르는 젊은 처녀 4백명
을 찾아내어, 그들을 샤일로 진영
으로 데려왔는데, 그곳은 캐이넌
지역이다.
13 군중 전체에서 일부 사람들을 보
내어 리먼림몬바위에 사는 벤저민
자손에게 그들과 평화를 제안하게
했다.
14 그러자 벤저민이 다시 왔고, 이즈
리얼은 벤저민에게 재비스길리얻
여자 중 목숨을 살려준 여자들을
아내로 주었다. 하지만 그들에게
숫자가 충분하지 못했다.
15 사람들은 벤저민부족에 대해 마음
이 아팠다. 왜냐하면 **주님**이 이즈
리얼부족들 사이에 틈을 만들었기
때문이다.
16 공동체의 원로들이 말했다. "남아
있는 벤저민들을 위해 우리가 어
떻게 해야 하나? 벤저민 여자도 다
죽인 것을 아는데, 어쩌나?
17 그들이 말했다. "벤저민 중 피난한
사람들을 위한 유산이 반드시 있
어야 한다. 그래서 이즈리얼에서
한 부족을 파멸시키지 말아야 한
다.
18 하지만 우리는 자신의 딸을 그들
에게 아내로 줄 수 없다. 왜냐하면
이즈리얼 자손이 맹세로 벤저민에
게 아내를 주는 자는 저주받을 것
이라고 말했기 때문이다."
19 그때 그들이 말했다. "보라. **주님**의
축제가 샤일로에서 매년 한 번씩
있다. 장소는 베썰베텔, 벧엘 북쪽이
고, 베썰에서 쉬컴스켐, 세겜으로 올
라가는 큰길 동쪽이고 리보나르보나
의 남쪽이다."
20 그래서 그들은 벤저민 자손에게
명령하여 말했다. "너희는 가서 포
도밭에 몸을 숨기고 기다려라."
21 그리고 살펴보면서, 만약 샤일로
의 딸들이 춤을 추러 나오면, 그때
너희가 포도밭에서 나와서, 각자
샤일로 딸들 중 아내감을 붙잡아

서, 벤저민부족 땅으로 돌아가라.
22 그들의 아버지나 형제가 우리에게
불만을 말하면 우리가 그들에게
이렇게 말하겠다. "우리를 위해 그
들에게 선을 베풀자. 왜냐하면 우
리는 전쟁 속에서 각자에게 아내
를 정해주지 못했는데, 이제와서
당신들이 벤저민들에게 주지도 않
았으니, 그것은 마땅히 죄가 된다."
23 그래서 벤저민 자손은 그렇게 했
다. 그들의 수대로 춤을 추던 여자
를 붙잡아 아내로 삼았다. 그들은
유산받은 땅으로 되돌아 가서, 도
성을 보수하고 그 안에서 살았다.
24 이즈리얼 자손도 그곳을 떠나, 각
자 자기 부족과 가족이 있는 각자
의 유산땅으로 되돌아 갔다.
25 당시에는 이즈리얼에 왕이 없었
다. 그래서 모두가 자신의 눈에 올
바른 일을 실천했다.

루쓰

모앱 며느리 루쓰 베썰레헴에 오다

1 판관이 지배하던 시절에 그 땅
에 기근이 있었다. 그래서 베썰
레헴쥬다의 어떤 사람이 아내와
두 아들과 함께 모앱 나라에 가서
살았다.
2 그 사람의 이름은 일리멀렉이고
아내는 내이오미였고, 두 아들 이
름은 말런과 칠리언이었다. 이들
은 베썰레헴쥬다의 이프래쓰 사람
들이었다. 그들은 모앱 지방으로
와서 계속 살았다.
3 그런데 내이오미의 남편 일리멀렉
이 죽고 그녀와 두 아들만 남게 되
었다.
4 두 아들은 모앱 여자 가운데 아내
를 맞이했는데, 하나는 이름이 올
파였고, 다른 사람은 루쓰였다. 그
들은 거기서 약 10년간 살았다.
5 말런과 칠리온 역시 죽자, 두 아들
과 남편이 모두 떠난 내이오미 부
인은 혼자 남았다.
6 그래서 내이오미는 두 며느리와
함께 일어나, 모앱에서 고향으로
돌아가려고 했다. 그녀가 모앱에
서 들은 소문에 의하면, **주님**이 그
의 백성에게 빵을 주려고 찾았다
는 것이다.
7 그래서 그녀는 살던 땅을 떠나 두
며느리와 함께 쥬다땅으로 가고
있었다.
8 내이오미가 두 며느리에게 말했
다. "너희는 각자 자기 친정 어머니
집으로 가거라. 너희가 죽은 내 아
들들과 내게 대해준 것처럼 **주님**이
너희에게 인정을 베풀어줄 것이
다.
9 **주님**은 앞으로 각자 남편을 찾아
거기서 편히 쉬게 할 것이다." 그리
고 그녀는 그들에게 입을 맞추고
함께 소리 높여 울었다.
10 그들은 시어머니에게 말했다. "우
리는 반드시 당신과 함께 당신의
민족한테 돌아가겠어요."
11 내이오미가 말했다. "돌아가거라,
나의 딸들아. 왜 너희가 나와 같이
있으려 하니? 여전히 내 배에서 아
들이 더 나와, 장차 너희 남편이 될
것 같으냐?
12 돌아가라, 딸들아. 가서 너희 길을
가라. 내가 새 남편을 맞이하기에
는 나이가 너무 많다. 내게 희망이
있어 밤에 같이 잘 남편을 얻게 되
면, 당연히 또 아들을 낳을 수 있겠

지.
13 그렇다고 너희가 그 아들들이 다
자라도록 기다릴 거냐? 그 남편을
맞이할 때까지 있겠다는 거냐? 아
니다. 나의 딸들아. **주님**의 손길은
이미 내게서 떠났기 때문에, 그것
은 너희에 대해 너무 미안한 일이
다."
14 그들은 다시 목소리 높여 또 울었
다. 올파는 시어머니에게 키스했
고, 루쓰는 그녀를 껴안았다.
15 내이오미가 말했다. "이제, 동서지
간의 두 자매는 자기 민족과 자기
신에게 귀환하러 각각 돌아가라."
16 그때 루쓰가 말했다. "당신을 떠나
라고 하지 마세요. 또 어머니를 따
르지 말고 가라고도 하지 마세요.
당신이 가는 곳이면 나도 같이 가
서, 당신이 머무는 곳에 함께 머물
겠어요. 당신의 민족이 나의 민족
이고 당신의 **하나님**이 나의 **하나님**
이에요.
17 당신이 죽는 곳에서 내가 죽고, 또
거기에 묻히겠어요. **주님**이 내게
그렇게 하게 했고, 그보다 더한 일
도 시켰어요. 당신과 나는 죽음만
이 갈라놓을 수 있어요."
18 시어머니는 끈질기게 자신과 있겠
다는 루쓰의 마음을 보고 할 말을
잃었다.
19 그래서 둘은 베썰레헴까지 왔다.
그곳에 이르자, 그들을 보더니 도
시 전체가 흥분해서 말했다. "내이
오미잖아?"
20 그녀는 그들에게 말했다. "내이오
미라 하지 말고 나를 마라라고 불
러주세요. 전능한 분이 나를 대단
히 가혹하게 대했으니까요.
21 나는 있는 힘을 다해서 살아왔는
데, **주님**은 나를 빈손으로 고향에
데려왔어요. 그런데 어째서 당신
들은 나더러 내이오미라 하죠? **주**
님이 내게 등을 돌리고, 또 전능한
존재가 내게 괴로움을 주었다는
것을 알잖아요?
22 그렇게 내이오미가 귀향하며, 모
앱사람 며느리 루쓰도 함께 모앱
을 떠나 왔다. 그들이 베썰레헴에
왔을 때, 보리추수기가 시작되었
다.

루쓰가 보애즈를 만나다

2 내이오미는 남편의 친척 하나
가 있었고, 재력이 대단한 일리
멀렉 가문으로 이름은 보애즈였
다.
2 모앱출신 루쓰가 내이오미에게 말
했다. "나를 밭으로 나가게 해주세
요. 그래서 그 사람의 호의를 받는
다면, 그를 따라다니며 곡식 이삭
을 모아보겠어요." 시어머니는 며
느리에게 말했다. "가거라, 나의 딸
아."
3 그래서 루쓰는 나가서 추수꾼을
따라 밭에서 이삭을 모았는데, 그
러다 그녀는 일리멀렉의 친척 보

애즈 소유의 밭까지 오게 되었다.
4 보애즈가 베썰레헴에서 와서, 수
확하는 일꾼에게 말했다. "**주님**은
당신들과 함께 있어요." 그러자 그
들이 대답했다. "**주님**은 당신을 축
복하지요."
5 그때 보애즈는 추수꾼을 감독하는
자기 종에게 물었다. "이 젊은 여자
는 누구지?"
6 추수꾼을 감독하는 종이 대답했
다. "그녀는 모앱출신인데, 내이오
미가 모앱에서 고향으로 돌아올
때 함께 왔어요."
7 그때 그녀가 말했다. "부탁해요. 내
가 보리단 사이에서 추수꾼을 따
라 이삭을 주워모으도록 허락해주
세요. 이렇게 와서 아침부터 저녁
까지 계속 일했고, 집안에서 잠시
쉰 것밖에 없어요"
8 그러자 보애즈가 루쓰에게 말했
다. "귀댁 따님은 내 말을 듣고 있
지 않는가? 다른 밭으로 이삭을 주
으러 가지 말고, 여기서 떠나지도
말고, 나의 여종 옆에 바짝 붙어 있
거라.
9 네 눈을 그들이 수확하는 밭에 두
고, 따라다니거라. 내가 젊은이들
이 네게 손을 대지 못하면 하면 되
지 않겠니? 또 네가 목이 마르면,
젊은이가 길어온 단지로 가서 물
을 마셔라."
10 그러자 루쓰는 고개를 숙여 땅에
절을 하며 그에게 말했다. "당신은
눈으로 내가 이방인이라는 것을
알아보면서, 어찌 내게 호의를 베
풀어 주나요?"
11 보애즈가 대답하며 그녀에게 말했
다. "나는 전부 들었다. 네 남편이
죽은 후 시어머니에게 한 모든 일
을, 또 네 고향 땅에 있는 아버지와
어머니를 어떻게 떠났는지, 그리
고 네가 알지 못하는 낯선 사람이
있는 이곳까지 온 이야기까지 들
었다.
12 **주님**은 네가 한 일에 보답해주고,
이즈리얼의 **주 하나님**이 네게 충분
한 보상을 한다. 이제 너는 **주님**의
날개 품 안에 맡겨진 것이다."
13 그러자 루쓰가 말했다. "나의 주인
님, 내가 당신의 눈에서 호의를 받
았어요. 당신은 내 마음을 편안하
게 해주고, 당신의 여종에게 하듯
내게 친절하게 말해주었어요. 내
가 당신의 여종과 같은 사람이 아
닌데도 말이죠."
14 보애즈가 그녀에게 말했다. "식사
때, 너도 여기 와서 빵을 같이 먹고,
네 빵 조각을 식초에 찍어 먹어라."
그래서 그녀는 추수꾼 옆에 앉았
고, 보애즈는 루쓰에게 볶은 콩을
건네어, 그녀가 먹고도 충분해서
남겼다.
15 루쓰가 이삭을 주으러 가자, 보애
즈가 젊은이에게 명령하며 말했
다. "그녀를 곡식단 가운데서 이삭
을 줍게 하고, 나무라지 마라.

16 또 그녀를 위해 한 움큼씩 떨어뜨
리고, 남겨서, 그녀가 이삭을 줍게
하고 꾸짖지 마라."
17 그래서 그녀는 저녁까지 밭에게
이삭을 주웠고 모은 이삭을 타작
했더니, 보리 한 에퐈약 22L 정도였
다.
18 그녀가 그것을 가지고 도성으로
가자, 시어머니는 주워서 가져온
이삭을 보았고, 루쓰는 싫컷먹고
남겨온 것까지 시어머니에게 주었
다.
19 시어머니가 루쓰에게 말했다. "오
늘은 어디에서 이삭을 주으며 일
했지? 너를 알아봐준 사람이 복을
받으면 좋겠다." 그러자 루쓰는 시
어머니에게 있었던 일을 전하며
말했다. "내가 낮에 일해준 사람의
이름이 보애즈라 했어요."
20 내이오미는 자기 며느리에게 말했
다. "**주님**의 축복이 그와 함께 있기
를 바란다. 그는 산 자에게도 죽은
자에게도 친절을 아끼지 않았구
나." 그리고 내이오미가 며느리에
게 말했다. "그 사람은 우리의 가까
운 친척 중 하나다."
21 모앱사람 루쓰가 말했다. "그 사람
이 또 내게 말했어요. '너는 나의 젊
은 일꾼 옆에 바짝 붙어다녀라. 그
들이 나의 추수를 모두 끝낼 때까
지 말이다' 라고 했어요."
22 내이오미가 며느리 루쓰에게 말했
다. "나의 딸아, 네가 그의 여종과
같이 다니는 것은 좋은 일이구나.
그러면 사람들이 다른 밭에서 너
를 만나지 않게 되니 말이다."
23 그래서 루쓰는 보애즈의 여종 옆
에 항상 같이 다니면서, 보리 수확
과 밀 추수가 끝날 때까지 이삭을
주으며 시어머니와 함께 살았다.

루쓰를 위한 보애즈의 배려

3 그때 시어머니 내이오미가 루쓰
에게 말했다. "나의 딸아, 내가
너를 위해 편히 지낼 곳을 찾아줘
야 하지 않겠니? 그래야 너도 행복
해지지 않겠니?
2 지금 네가 여종이 된 주인이 우리
친척 보애즈가 아니냐? 보라, 그는
밤에 타작마당에서 보리를 키질할
것이다.
3 그러니 너는 몸을 씻고 기름을 바
른 다음, 옷을 입고 그 마당으로 가
거라. 하지만 그 남자한테 네 자신
을 알리지 마라. 그가 먹고 마시기
를 끝낼 때까지 말이다.
4 그 남자가 자리에 눕거든, 그가 누
운 장소를 확인했다가, 들어가서
발밑을 들치고 너도 누워라. 그러
면 그가 너에게 어떻게 하라고 말
해줄 것이다."
5 루쓰는 내이오미에게 말했다. "어
머니가 말해준 대로 모두 하겠어
요."
6 그녀가 타작마당으로 가서 시어머
니가 그녀에게 이른 말에 따라 했

다.
7 보애즈가 먹고 마시고 기분이 좋
아졌을 때, 그는 옥수수단 더미 끝
에 누웠다. 그때 그녀가 살그머니
와서 그의 발끝을 들치고 누웠다.
8 한 밤중에 그 사람이 놀라서 몸을
돌려 보니, 한 여자가 발끝에 누워
있었다.
9 그가 말했다. "너는 누구지?" 그녀
가 대답했다. "나는 당신의 여종 루
쓰에요. 당신의 여종을 당신의 자
락으로 덮어주세요. 왜냐하면 당
신은 가까운 친척이니까요."
10 그는 말했다. "나의 딸아, 너에게
주님의 축복이 있다. 왜냐하면 너
는 처음보다 끝이 더 마음씨가 곱
고, 가난하든 부유하든 젊은이만
따르지 않고 있기 때문이다.
11 나의 딸아, 이제 걱정마라. 내가 네
가 원하는 것을 모두 들어주겠다.
왜냐하면 나의 민족이 사는 이 도
성에서 네가 덕이 많은 여자라는
것을 모두 알기 때문이다.
12 내가 너희 집안의 가까운 친척이
라는 것도 사실이다. 하지만 나보
다 더 가까운 친척이 하나있다.
13 오늘 밤만 기다려라. 아침이 곧 될
것이다. 만약 그가 친척으로서 네
게 역할을 하겠다면, 그에게 친척
의 본분을 맡기자. 그러나 만약 그
가 네게 본분을 이행하고 싶지 않
다면, 그때 내가 너에게 친척으로
서의 본분을 이행하겠다. 이는 **주**
님이 살아있기 때문이다. 아침까지
누워있어라."
14 루쓰는 아침까지 그의 발밑에서
누워있다가, 다른 사람이 알기 전
에 일어났다. 보애즈가 말했다. "여
자가 이곳 타작마당에 왔다는 사
실을 알려서는 안 된다."
15 또 그가 말했다. "네가 썼던 베일을
가져와 들고 있어라." 루쓰가 베일
을 들자, 그는 보리 여섯 되를 달아
서 그녀에게 주었고, 그녀는 자기
도성으로 돌아갔다.
16 그녀가 시어머니에게 오자, 그녀
가 "어서 오너라, 나의 딸아" 라며
맞이했다. 그래서 루쓰는 그 사람
이 자기에게 말한 것을 시어머니
에게 전부 전했다.
17 루쓰가 말했다. "이것이 그가 내게
준 보리 여섯되예요. 그리고 내게,
'시어머니에게 빈손으로 가지 마
라'고 했어요."
18 그러자 시어머니가 말했다. "조용
히 앉아있거라. 나의 딸아. 상황이
어떻게 될지 알 때까지 기다리자.
그는 이 일을 마칠 때까지 가만히
있지 않을 것이다."

루쓰가 보애즈와 가문을 잇다

4 그런 다음 보애즈는 성문으로
가서 그곳에 앉았다. 그가 이야
기했던 친척이 지나가는 것을 보
고, 그에게 말했다. "이보게, 잠깐,
이쪽으로 와서 앉게." 그러자 그가

방향을 돌려 와서 앉았다.
2 그리고 그는 도성의 원로 10명을
데려와서 말했다. "여기 앉으시
죠." 그러자 그들이 앉았다.
3 그가 친척에게 말했다. "모앱에서
돌아온 내이오미가 우리 형제 일
리멀렉 소유의 땅 한 필지를 팔려
고 하네.
4 그래서 내가 자네에게 이것을 홍
보하여 알리려고 생각하고 말하
네. 주민 앞에서 또 원로 앞에서 그
것을 사게. 만약 자네가 그것을 되
사고 싶다면 그 땅을 사지만, 만약
되사고 싶지 않다면, 내가 알 수 있
도록 내게 말해주어야 하네. 왜냐
하면 여기 자네 이외 그 땅을 되살
수 있는 사람이 없고, 나는 자네 다
음 차례네." 그러자 친척 남자가 말
했다. "내가 그것을 사겠어요."
5 그때 보애즈가 말했다. "자네가 내
이오미 손에서 들판을 사는 날, 자
네는 모앱여자 루쓰도 사야 하네.
그녀는 과부인데, 죽은 사람의 이
름을 그의 유산 위에 올려 주어야
하네."
6 친척이 말했다. "나는 그 땅을 되사
지 못해요. 왜냐하면 내 자신을 위
하고, 또 내 자신의 유산에 흠이 없
게 해야 해요. 당신이 그 땅의 권리
를 사세요. 나는 살 수 없어요."
7 이것은 이즈리얼에서 되사기와 교
환에 관한 초기 방식이었다. 모든
것을 명확하게 하기 위하여, 남자
는 자기 신발을 벗어서 다른 사람
에게 주었다. 이즈리얼에서는 이
것이 입증 방식이었다.
8 그래서 친척이 보애즈에게 이렇게
말했다. "그것을 당신이 사세요."
그리고 그는 자신의 신발을 벗어
주었다.
9 보애즈는 원로들과 그곳에 모인
모든 사람들에게 말했다. "여러분
은 이날의 증인입니다. 내가 일리
멀렉의 모든 것과, 두 아들 칠리온
과 말론의 모든 것을 내이오미의
손에서 샀습니다.
10 게다가 모앱사람 루쓰, 곧 말론의
미망인을 내가 얻어서 내 아내로
삼아, 그의 유산 위에 죽은 사람의
이름을 올려서, 죽은 자의 이름이
그의 형제들 가운데서, 또한 그가
있던 성문으로부터 없어지지 않게
하겠어요. 여러분은 오늘의 증인
입니다."
11 도성 안에 있던 모든 사람과 원로
들이 말했다. "우리가 증인이에요.
주님은 당신의 집에 온 그 여자를
래이철과 리아와 같은 존재로 만
들었어요. 그 두 여자는 이즈리얼
의 가문을 건국한 사람들이었지
요. 또 당신은 이프래타에서 귀인
이 되고, 베썰레헴에서 유명해질
겁니다.
12 당신 집안을 풰레즈 가문처럼 만
드는 것이죠. 태이머가 쥬다에게
주님의 씨앗인 풰레즈를 낳게 한

것처럼, 젊은 여자를 당신에게 주
는 것입니다."
13 그래서 보애즈는 루쓰를 아내로
맞이했다. 그가 그녀에게 들어가
자, **주님**이 그녀를 잉태시켜 아들
을 낳았다.
14 여자들이 내이오미에게 말했다.
"**주님**의 축복을 받아서, 이날 당신
한테 대가 끊기도록 친척 없이 버
려두지 않았어요, 앞으로 친척의
이름이 이즈리얼에서 유명해질 거
예요.
15 친척은 당신에게 생명의 구원자가
되고, 늙은 나이의 당신에게 봉양
하는 자가 될 거예요. 왜냐하면 당
신을 사랑하는 당신 며느리로 인
해, 친척에게 낳아준 일곱 아들보
다 당신한테는 더 크고 좋은 일이
기 때문이에요."
16 그래서 내이오미가 아이를 받아서
품에 안고, 키우며 보살폈다.
17 이웃 여자들이 아이 이름을 지어
주었는데, '내이오미한테 태어난
아들이 있다'는 의미로, 그들은 그
의 이름을 오벧이라고 불렀다. 오
벧은 제시의 아버지이고, 대이빋
의 할아버지다.
18 다음은 풰레즈의 세대다. 풰레즈
가 헤즈런을 낳았고,
19 헤즈런은 램을 낳고, 램은 애미내
댑을 낳았고,
20 애미내댑은 나션을 낳고, 나션은
새먼을 낳고
21 새먼은 보애즈를 낳고, 보애즈는
오벧을 낳았고,
22 오벧은 제시를 낳고, 제시는 대이
빋을 낳았다.

새뮤얼1

새뮤얼의 출생

1 이프리엄에프라임, 에브라임 산지 래
머싸임조핌 마을에 어떤 사람이
있었는데, 그의 이름은 일캐나엘카
나, 엘가나로, 이프랫 사람 주프 아들,
토후 아들, 일라이후 아들 제로햄
의 아들이었다.
2 그의 두 아내 중 한 사람 이름은 해
나한나이고, 다른 하나는 페니나프닌
나, 브닌나였다. 페니나는 자식이 있
었고, 해나는 없었다.
3 일캐나는 매년 도성 밖으로 나가,
샤일로실로에서 만인의 **주님**에게
예배하고 제물을 올렸다. 일라이
의 두 아들, 곧 호프니홉니와 피네해
스피느하스, 브니하스는 하나님의 제사
장으로 그곳에 있었다.
4 일캐나는 제사 때가 되면, 자기 아
내 페니나에게 제사밥을 주고, 그
녀의 아들딸 모두에게 각자 몫을
주었다.
5 그런데 해나의 몫은 넉넉하게 주
었다. 왜냐하면 그가 해나를 사랑
했기 때문인데, **주님**은 해나의 자
궁을 막았다.
6 해나의 경쟁자 역시 해나가 초조
해지도록 아픈 곳을 자극한 이유
는, **주님**이 그녀의 자궁을 닫았기
때문이었다.
7 일캐나는 해마다 그렇게 했으므
로, **하나님**의 집으로 갈 때마다, 페
니나의 자극 때문에, 해나는 울며
먹지도 않았다.
8 그러자 남편 일캐나가 그녀에게
말했다. "해나야, 왜 울며 먹지도
않니? 왜 네 마음이 그렇게 슬퍼?
내가 당신에게 열 아들보다 더 좋
잖니?"
9 그러자 해나가 샤일로에서 먹고
마신 다음 일어났다. 한편 제사장
일라이는 **주님**의 성전기둥 옆 자리
에 앉아 있었다.
10 해나는 너무 괴로워서, **주님**에게
기도하며 슬프게 울었다.
11 그리고 그녀는 맹세하며 말했다.
"오, 만인의 **주님**, 만약 당신이 진실
로 당신의 여종의 고통을 보고 있
다면 나를 기억하며, 잊지 말고 당
신의 여종에게 남자 아이를 하나
주면, 그때 나는 그 아이의 일생을
주님에게 바치겠어요. 그리고 그
아이 머리 위에 면도칼을 대지 않
겠어요."
12 그녀가 **주님** 앞에서 기도를 계속

하는 동안 일라이 제사장은 그녀
의 입을 응시했다.
13 해나는 마음으로 이야기했으므로
자신의 입술만 움직이며 소리를
내지 않았다. 그래서 일라이는 그
녀가 술에 취했다고 생각했다.
14 일라이가 그녀에게 말했다. "당신
은 얼마나 오래 술에 취할 거죠?
술을 멀리 해요."
15 해나가 대답했다. "나의 주인님, 나
는 취하지 않았어요. 내 영혼이 슬
플뿐, 와인도 독주도 마시지 않았
어요. 단지 **주님** 앞에 내 심정을 다
털어 놓았어요.
16 나를 불량한 빌리얼의 딸 같은 여
자로 생각하지 마세요. 나의 불만
과 슬픔이 넘쳐서 지금까지 이야
기한 거예요."
17 그때 일라이가 말했다. "맘을 편하
게 하세요. 이즈리얼의 **하나님**은
그에게 요구한 당신의 간청을 들
어줄 거예요."
18 그러자 해나가 말했다. "당신의 여
종이 당신의 눈에서도 복을 찾을
수 있게 해주세요." 그런 다음 해나
가 가서 다시 먹었는데, 그녀의 모
습에 더 이상의 슬픔은 없어 보였
다.
19 그들은 아침 일찍 일어나 **주님** 앞
에서 경배하고 돌아서, 그들의 집
이 있는 래마라마로 왔다. 그리고 일
캐나는 아내 해나와 같이 잠을 잤
는데, **주님**이 그녀를 기억했다.
20 그리고 해나가 임신 후 기간이 차
서 아들을 낳고, 그의 이름을 새뮤
얼사무엘이라고 불렀다. 내가 **주님**에
게 요청했다는 뜻이었다.
21 그래서 일캐나와 그의 집안 모두
는, 매년 희생제물의 제사를 올리
고 맹세하기 위해 **주님**에게 갔다.
22 그런데 해나는 가지 않고 남편에
게 말했다. "나는 이 아이가 젖을
뗄 때까지 가지 않겠어요. 그런 다
음 아이를 데려가서 **주님** 앞에 아
이의 모습을 보이고, 영원히 거기
서 살게 하겠어요."
23 남편 일캐나는 그녀에게 말했다.
"당신이 좋을 대로 하고 아이가 젖
을 뗄 때까지 있어라. 단지 **주님**이
그의 말을 실현하길 바랄 뿐이다."
그래서 해나는 집에 있으면서 젖
을 뗄 때까지 아들에게 젖을 주었
다.
24 아기한테서 젖을 떼자, 그녀는 아
이를 데리고 수송아지 세 마리와
밀가루 1에파22L와 술 한 병을 들
고, 샤일로에 있는 **하나님**의 집으
로 갔는데, 아이는 아직 어렸다.
25 그들은 수송아지를 잡고, 아이를
일라이에게 데려갔다.
26 해나가 말했다. "오, 나의 주인님,
당신의 영혼이 살아 있을 때, 나는
이곳 당신 옆에 서서 **주님**에게 기
도했던 여자예요.
27 내가 이 아이를 위해 기도하자, **주
님**이 내가 부탁한 청원을 들어주었

어요.
28 그래서 나 역시 이 아이를 **주님**에
게 빌려주려고 해요. 이 아이가 살
아있는 동안 **주님**에게 그를 빌려주
는 거죠." 그래서 아이는 그곳에서
주님을 경배했다.

일라이 제사장의 불량한 아들들

2 해나가 기도하며 말했다. "내 마
음이 주님 안에서 기쁘고, 힘의
원천 나의 뿔이 **주님** 안에서 우쭐
하고, 내 입이 나의 적을 삼킬 정도
로 커졌어요. 왜냐하면 내가 당신
의 구원으로 즐겁기 때문이에요.
2 **주님**만큼 신성한 존재가 없는 이유
는, 당신 옆에 설 자도 없고, 우리의
하나님 같은 굳건한 바위도 없기
때문이지요.
3 지나치게 자랑하지 말고, 자기 입
에서 오만함이 나오지 않게 하세
요. 왜냐하면 **주님**은 지식의 **하나님**
이므로, 사람의 행위를 저울질하
니까요.
4 힘센자의 화살은 부러지고, 넘어
진 자는 힘으로 허리를 단단히 묶
어주지요.
5 배고팠던 자는 빵을 얻으려고 자
기 품을 팔아, 허기를 끝내지요. 그
렇게 불임인 자도 자식 일곱을 갖
게 되고, 자식이 많은 여자는 약해
지죠.
6 **주님**은 죽이고, 살리고, 무덤으로
끌고 가는가 하면, 생명을 탄생시
켜요.
7 **주님**은 가난하게 만들고, 부유하게
도 하고, 지위를 낮추기도, 또 높이
기도 해요.
8 그는 바닥에서 가난한 사람을 일
으키고, 오물더미에서 걸인을 들
어올려 대군왕자 가운데 두고, 또
영광의 관을 물려받게도 만들죠.
왜냐하면 지구 위의 기둥이 **주님**
것이고, 그가 그 위에 세상을 세웠
기 때문이에요.
9 **주님**은 자기를 따르는 성인의 발걸
음을 지켜주고, 악인은 암흑 속에
서 입을 다물게 하지요. 왜냐하면
힘으로 이길 인간이 있을 수 없기
때문이에요.
10 **주님**의 적이 부러져 조각나도록,
하늘에서 천둥을 쏟으며, **주님**은
땅의 마지막을 재판하게 될 거예
요. 또 그는 자기 왕에게 힘을 주어,
그의 기름이 부여된 뿔을 더욱 치
켜세우게 될 거예요."
11 그런 다음 일캐나는 래마의 자기
집으로 돌아갔고, 아이는 제사장
일라이 앞에서 **주님**을 섬겼다.
12 그런데 일라이의 아들들은 불량한
빌리얼 자식들과 같아서, **주님**을
알지 못했다.
13 당시 사제가 사람을 대하는 관습
이 있었는데도, 어떤 사람이 희생
제물을 올릴 때면, 제사장의 종이
와서 고기를 삶는 동안 그의 손에
고기용 삼지창 갈고리를 들고서,

14 그것으로 팬이나 솥, 혹은 가마솥
이나 단지 안에 찔러넣어, 삼지 갈
고리에 잡히는 것 모두 제사장들
이 제것으로 가져갔다. 그들은 샤
일로에서 거기 오는 이즈리얼 모
두에게 그런 식으로 했다.
15 또 그들은 기름을 태우기 전에도
제사장의 종이 와서 제물을 올리
는 사람에게 말했다. "제사장 몫으
로 구울 고기를 주세요. 제사장님
은 당신이 주는 설구은 고기가 아
니라 생고기를 원해요."
16 그래서 어떤 이가 그에게 이렇게
말했다. "먼저 기름을 태운 다음,
당신이 원하는 만큼 가져가세요."
라고 하면, 제사장의 종이 그에게
말했다. "안 돼요. 당신이 그것을
지금 주지 않으면, 강제로 빼앗겠
소."
17 이 젊은이들의 죄가 **주님**한테 대단
히 컸다. 왜냐하면 사람이 **주님**의
제물을 하찮게 여겼기 때문이었
다.
18 한편 새뮤얼은 어린 아이였지만,
리넨 제사복을 입고 **주님** 앞에서
하나님을 섬겼다.
19 게다가 그의 어머니는 아들용으로
작은 겉옷을 만들어서, 매년 그에
게 에퐈드 제사복을 가져왔는데,
일년에 한 번씩 제사를 지내려고
남편과 함께 올 때마다 들고 왔다.
20 그리고 일라이 제사장은 일캐나와
그의 아내를 축복하며 말했다. "**주
님**이 여자에게 주는 씨앗을 당신
에게도 주었는데, 그것은 **주님**에게
빌린 대출융자인 셈이네요." 그런
다음 그들은 자기 집으로 돌아갔
다.
21 **주님**이 해나를 또 찾아서, 그녀는
임신하여 세 아들과 두 딸을 낳았
다. 그 아이 새뮤얼은 **주님** 앞에서
자랐다.
22 이제 일라이는 나이가 많아졌고,
아들들이 이즈리얼 사람한테 어떻
게 했는지 모두 들었다. 아들들이
공동체의 성전문에 온 여자들과
함께 누운 것도 들었다.
23 그래서 일라이 제사장이 아들들에
게 말했다. "어째서 너희가 그렇게
할 수 있니? 내가 모두에게 너희
비행을 듣고 있다.
24 안 된다. 나의 아들들아. 내가 듣는
좋지 못한 소문 탓에, 너희는 **주님**
의 백성이 죄를 짓게 만들고 있다.
25 만약 어떤 사람이 타인에게 죄를
지으면 판관이 재판을 하지만, 인
간이 **주님**에게 죄를 지으면, 누가
그를 위해 탄원하겠니?" 그렇게
말했는데도, 그들은 아버지의 목
소리에 귀를 기울이지 않았다. 왜
냐하면 **주님**이 그들을 죽이려고 의
도했기 때문이었다.
26 그 아이 새뮤얼이 자라면서, **주님**
한테도 사람들한테도 역시 호의를
받고 있었다.
27 **하나님**의 사람 하나가 일라이에게

와서 말했다. “**주님**이 다음과 같이
말했다. ‘내가 너희 조상이 이집트
퀘로우 집에 있었을 때 그들 집에
분명히 나타났었지?
28 나는 이즈리얼이스라엘부족 가운데
그를 나의 제사장이 되도록 선택
하여, 내 제단에서 제사하고, 향을
피우고, 내 앞에서 제사복을 입게
했지? 또 내가 이즈리얼 자손이 제
물을 불로 만들어 올리도록 너희
조상에게 집까지 주었지?
29 그런데 어째서 너희는 나의 희생
물제사와 나의 제물을 발로 걷어
차지? 그것은 내가 나의 장소에 명
령했던 것인데, 나보다 네 아들들
의 영광을 더 높여서, 나의 백성 이
즈리얼이 올린 모든 제물 중 가장
좋은 것으로 너희 스스로 살을 찌
우려 하나?’
30 그러면서 이즈리얼의 **주 하나님**이
이렇게, ‘나는 진실로 다음과 같이
말했다. 너희 집과, 너희 조상의 집
은 영원히 내 앞에서 걸어 가야 한
다’고 했는데, 그러나 이제 **주님** 말
을 전하면, ‘그것이 나로부터 멀어
졌다. 그들이 나를 명예롭게 하면
나는 명예롭게 되고, 그들이 나를
무시하면 나의 존엄이 가벼워질
것이다.
31 보라, 앞으로 내가 너희 팔을 잘라
내고, 너희 조상 집안의 팔도 다 잘
라서, 네 집안에는 늙은 사람도 없
을 것이다.
32 너희는 나의 처소에서 적 하나를
보게 된다. 그곳은 **하나님**이 이즈
리얼에게 준 재산인데, 거기에는
영원히 너희 집안 가운데 늙은 사
람 한 사람도 없을 것이다.
33 너희 중 나의 제단으로부터 제거
하지 못한 사람은, 너희 눈을 모두
삼켜 없애버려, 네 가슴이 슬퍼지
고, 네 집안의 출생자마다 너희 시
절 한창 때 다 죽게 된다.
34 너에게 나타나는 표시는, 네 두 아
들 호프니와 피네해스에게 해당되
어, 언젠가 둘 모두 죽을 것이다.
35 그리고 나는 충직한 제사장을 하
나 세우겠다. 그는 나의 마음과 정
신을 따르게 될 것이다. 나는 그에
게 반듯한 집안을 세워줄 것이고,
그는 영원히 기름이 부여되어 내
앞에서 길을 걷게 될 것이다.
36 네 집안에서 죽지 않고 살아남은
자는, 그에게 와서 웅크리며 은조
각이나 빵조각을 구걸하며 말할
것이다. ‘제발 부탁해요. 나를 제사
장의 사무실 어느 구석에 넣어주
세요. 그곳에서 빵조각이라도 먹
을 수 있도록 말이죠.’ 라고 말해야
할 것이다.”

새뮤얼을 부르다

3 소년 새뮤얼사무엘은 일라이 앞
에서 주님을 섬겼다. 당시 주님
으로부터의 말은 드물었고, 출현
도 없었다.

2 어느날 일라이가 자기 자리에 누
워 있었는데, 눈이 침침해지기 시
작하더니 잘 볼 수 없었다.
3 **하나님**의 등불이 **주님**의 성전 안에
서 꺼지기 전, **하나님**의 약속의 상
자가 있는 곳에서 새뮤얼이 잠을
자려고 누웠다.
4 그때 **주님**이 새뮤얼을 부르자, 그
가 대답했다. "네, 저 여기 있어요."
5 그리고 새뮤얼은 일라이에게 뛰어
가서 말했다. "저 여기 있어요. 당
신이 불러서." 일라이가 말했다.
"나는 부르지 않았다. 다시 가서 자
거라." 그래서 그는 가서 자리에 누
웠다.
6 그런데 **주님**이 또 불렀다. "새뮤
얼." 그래서 새뮤얼이 일어나서 일
라이에게 가서 말했다. "네, 당신이
불러서 여기 왔어요." 일라이가 대
답했다. "부르지 않았다. 나의 아들
아. 가서 다시 누워자거라."
7 새뮤얼은 아직 **주님**을 몰랐고, 또
주님의 말이 그에게 나타난 적이
없었다.
8 **주님**이 세 번째 다시 새뮤얼을 불
렀다. 그래서 그가 일어나 일라이
에게 가서 말했다. "당신이 불러서
저 여기 왔어요." 그제서야 일라이
는 **주님**이 이 아이를 불렀다는 것
을 감지했다.
9 그래서 일라이가 새뮤엘에게 말했
다. "가서 자거라. 그리고 만약 그
가 너를 부르거든, 너는 이렇게 대
답해라. '말씀하세요. **주님**, 당신의
종이 듣고 있어요'라고 하거라." 그
래서 새뮤얼이 가서 제 자리에 누
웠다.
10 그리고 **주님**이 와서 서서 지난 번
처럼 불렀다. "새뮤얼, 새뮤얼." 그
래서 새뮤얼이 대답했다. "말씀하
세요. 당신의 종이 듣고 있어요."
11 **주님**이 새뮤얼에게 말했다. "들어
봐라, 내가 이즈리얼에게 한 가지
일을 하겠다. 두 귀를 가지고 있는
사람은 누구든지 그것을 들으면
귀가 울릴 것이다.
12 그날, 나는 일라이를 상대로 실행
하겠다. 그것은 내가 그의 집과 관
련해서 이야기해 왔던 것인데, 내
가 일단 시작하면 나 역시 끝을 보
게 된다.
13 그에게 이야기해왔으므로, 나는
그도 아는 죄 때문에 그의 집안을
영원히 재판하여 처벌하겠다. 왜
냐하면 그의 아들들이 스스로 나
쁜 짓을 하는데도, 일라이는 그들
을 자제시키지 않았기 때문이다.
14 그렇기 때문에 나는 일라이집안에
대해 맹세했다. 일라이집안이 저
지른 죄는 희생제사로 청산되지
않고, 제물을 바친다고 해도 영원
히 정화되지 못할 것이다."
15 새뮤얼은 아침까지 누웠다가 **주님**
의 집 문을 열었다. 그런데 새뮤얼
은 자기가 본 것을 일라이에게 알
리기가 두려웠다.

16 그때 일라이는 새뮤엘을 불러 말
했다. "새뮤얼, 내 아들아." 그가 대
답했다. "네, 저 여기 있어요."
17 엘리가 말했다. "**주님**이 네게 말한
것이 무엇이지? 네게 부탁하는데,
나한테 그것을 숨기자 마라. 만약
주님이 네게 말한 것 중 어떤 것이
라도 나에게 숨기면, **하나님**도 네
게 그렇게 하고 또 그 이상도 할 것
이다."
18 그래서 새뮤얼이 일라이에게 모든
것을 말하며, 아무것도 숨기지 않
았다. 그러자 일라이가 말했다. "그
가 바로 **주님**이다. 그는 좋다고 생
각되는 일을 시킨다."
19 새뮤얼은 자랐고, **주님**은 그와 함
께 있었다. 그의 말 가운데 땅에서
이루어지지 않은 것은 아무것도
없었다.
20 댄지역에서 비어쉬바까지 모든 이
즈리얼이, 새뮤얼이 **주님**의 예언자
로 임명되었다는 것을 알았다.
21 **주님**은 샤일로에 다시 나타났다.
왜냐하면 **주님**이 샤일로에 있는 새
뮤얼에게 자신의 말대로 스스로의
모습을 드러내 보였던 것이다.

약속의 상자를 빼앗기다

4 새뮤얼의 말은 이즈리얼 모두에
게 잘 통하게 되었다. 그때 이즈
리얼은 필리스틴을 상대로 싸우러
나가서, 이브네저 측면에 진영을
펼쳤고, 필리스틴은 애펙에 진을
쳤다.
2 필리스틴은 이즈리얼에 맞서 군대
를 진열시켜 두었기 때문에, 전투
가 시작되자 이즈리얼은 필리스틴
앞에서 섬멸되었고, 들판에서 약 4
천명이나 되는 군인이 죽었다.
3 백성들이 진영으로 들어오자, 이
즈리얼 원로가 말했다. "어째서 **주
님**이 오늘 필리스틴 적 앞에서 우
리를 다 죽였나? 이제 샤일로실로
에 있는 약속의 상자를 우리한테
가져오자. 그 상자가 우리 가운데
있으면, 적의 손에서 우리를 구할
수 있을 것이다."
4 그래서 사람들이 샤일로로 사람을
보내어, 체럽천사 사이에 있는 만
인의 **주님**의 약속의 상자를 가져오
게 했다. 일라이의 두 아들 호프니
와 피네해스도 **하나님**의 약속의 상
자와 함께 그곳에 왔다.
5 **주님**의 약속의 상자가 진영에 오
자, 이즈리얼 전체가 큰 소리로 외
쳐서 땅이 다시 울렸다.
6 필리스틴 사람이 고함을 들으며
말했다. "히브루진영에서 들리는
저 큰 고함소리가 대체 뭐지? 그리
고 그들은 **주님**의 상자가 이즈리얼
진영에 들어온 것을 알았다.
7 필리스틴은 두려웠다. 그들이, "**하
나님**이 저들 진영에 와있다"고 하
며, "우리에게는 재앙이다! 왜냐하
면 지금까지 그런 적이 없었기 때
문이다.

8 우리에게 재앙이다! 누가 저들의
강한 **하나님** 신의 손에서 우리를
구해줄까? **하나님** 신들은 벌판에
서 모든 전염병으로 이집트인을
패배시켰다.
9 강해야 한다. 평범한 남자 같은 자
신을 버려라. 너희는 필리스틴이
다. 그들이 너희에게 했던 대로, 너
희가 히브루에게 종이 되지 말아
야 한다. 평범한 남자는 집어치우
고 강하게 싸워라."
10 그리고 필리스틴이 싸웠더니, 이
즈리얼이 패하면서, 모두가 자기
텐트로 도망쳤다. 거기에 엄청난
살육이 있었고, 이즈리얼의 3만 보
병이 다 쓰러졌다.
11 **하나님**의 상자도 빼앗기고, 일라이
의 두 아들 호프니와 피네해스는
살해당했다.
12 벤저민사람 하나가 군대에서 도망
쳐서, 같은 날 옷이 다 헤어져 샤일
로로 왔고, 머리에 먼지를 뒤집어
쓴 채였다.
13 그가 와서 보니, 일라이 제사장이
길가에 앉아 지켜보고 있었다. 왜
냐하면 **하나님**의 상자로 인해, 그
는 마음을 졸이고 있었던 것이다.
도망쳐온 사람이 성에 와서 상황
을 전하자, 도성 모두가 울었다.
14 엘리가 우는 소리를 듣고 말했다.
"이 혼란 가운데 들리는 저 소동이
대체 뭐지?" 그래서 그가 급히 안
으로 들어와 일라이에게 말했다.
15 그때 일라이는 98세로 눈이 어두
워서 잘 볼 수 없었다.
16 그 사람이 일라이에게 말했다. "나
는 군대를 나와서 이날 진영에서
도망친 사람이에요. 일라이가 말
했다. "어떻게 됐지? 나의 아들아."
17 전령이 대답하며 말했다. "이즈리
얼이 필리스틴 앞에서 도망쳤는
데, 백성들이 엄청나게 살육당했
어요. 그리고 당신의 두 아들 호프
니와 피네해스도 죽고, **하나님**의
상자도 빼앗겼어요."
18 그가 **하나님**의 상자에 대해 언급하
자, 그 소리에 일라이는 제자리에
서 성문입구 뒤쪽으로 떨어져, 목
이 부러져 죽었다. 왜나하면 그는
나이가 많이 들어 몸이 무거웠기
때문이었다. 그때까지 일라이는
40년간 이즈리얼을 재판하며 다스
렸다.
19 당시 그의 며느리 피네해스의 아
내는 임신 중이었고, 출산이 가까
웠다. 그녀가 벌어진 상황을 들었
는데, **하나님**의 약속의 상자는 빼
앗기고, 시아버지와 남편도 죽었
다는 소식을 들으며, 그녀는 몸을
구부리고 산통을 겪었다.
20 그녀에게 죽음이 온 순간, 옆에 서
있던 여자들이 그녀에게 말했다.
"두려워 마세요. 당신은 아들을 낳
았어요." 그러나 그녀는 대답이 없
었고, 그 이야기를 듣지도 않았다.
21 그녀는 아기 이름을 아이카보드이

카봇, 이가봇라고 지었다. 그 의미는
"**하나님**의 영광이 이즈리얼로부터
떠났다"는 뜻이다. 왜냐하면 **하나**
님의 상자를 빼앗겼고, 시아버지와
남편도 죽었기 때문이다.
22 그녀가 말했다. "영광이 이즈리얼
을 떠났다. **하나님**의 상자를 빼앗
겼기 때문이다."

필리스틴 내 약속의 상자

5 필리스틴 사람은 이즈리얼 하나
님의 상자를 빼앗아, 이브네저
에벤에제르, 에벤에셀에서 애쉬닫아스돗
으로 가져왔다.
2 필리스틴이 **하나님**의 상자를 빼앗
고, 대건신전 안으로 가져와, 대건
옆에 두었다.
3 애쉬닫 사람이 다음날 아침 일찍
일어나 보니, 대건신이 땅에 얼굴
을 대고 **주님**의 상자 앞에 쓰러져
있었다. 그래서 그들은 대건신을
들어올려 다시 제자리에 두었다.
4 그런데 다음날 아침 일찍 일어나
보니, 대건이 또 **주님**의 약속의 상
자 앞에서 바닥에 얼굴을 대고 쓰
러져 있었고, 대건의 머리와 팔목
의 양 손바닥이 잘려 문지방에 있
었으며, 단지 대건의 몸체만 남아
있었다.
5 그래서 대건의 제사장이든, 대건
신전에 들어오는 어떤 사람도, 오
늘날까지 애쉬닫에 있는 대건신전
의 문지방을 밟지 않는다.
6 **주님**의 손힘이 애쉬닫 사람들 위로
무겁게 짓누르며, 그들을 치질종
기로 괴롭히고, 애쉬닫 경계지역
까지 쳤다.
7 애쉬닫아스돗사람은 그런 일을 보며
말했다. "이즈리얼 신의 상자가 우
리와 같이 있으면 안 된다. 왜냐하
면 그의 손이 우리와 우리의 대건
신을 몹시 괴롭히기 때문이다."
8 그래서 그들은 사람을 보내, 필리
스틴 영주를 모두 모아 말했다. "이
즈리얼 신의 상자를 어떻게 해야
하나?" 그들이 대답했다. "이즈리
얼 신의 상자를 개쓰지역으로 돌
려보내자." 그래서 그들은 이즈리
얼 신의 상자를 그쪽으로 실어보
냈다.
9 그들이 이즈리얼 신의 상자를 가
져왔을 때, **주님**의 손힘이 그 도성
을 엄청나게 파괴하고, 또 도성사
람을 작든 크든 공격하며, 그들의
은밀한 부분에 치핵이 생기게 했
다.
10 그래서 필리스틴은 **하나님**의 상자
를 에크런으로 보냈다. **하나님**의
상자가 애크런에 오자, 에크런 사
람들이 비명을 지르며 말했다. "저
들이 이즈리얼 **하나님**의 상자를 우
리에게 가져와서 우리와 백성을
죽이려 한다."
11 그래서 그들은 전령을 보내, 필리
스틴의 영주를 모아놓고 말했다.
"이즈리얼 **하나님**의 상자를 보내

라. 그것을 본래 제자리로 보내어,
우리와 백성이 죽지 않게 하자" 라
고 했다. 왜냐하면 그 도성 전역에
죽음의 파괴가 발생하며, **하나님**의
손힘이 그곳을 대단히 무겁게 짓
눌렀기 때문이다.
12 거기서 죽지 않고 남은 자들을 치
질로 괴롭히자, 그 도성의 고통이
하늘을 찔렀다.

약속의 상자 귀환

6 주님의 상자가 필리스틴 나라에
온 지 7개월이 되었다.
2 필리스틴인이 제사장과 점술사들
에게 도와달라며 말했다. "**주님**의
상자를 어떻게 해야 하죠? 그것을
본래 자리로 돌려보내야 하는지
말해주세요."
3 그들이 말했다. "당신들이 이즈리
얼 **하나님**의 상자를 보내려면, 그
것을 속이 빈 채 보내면 안 되고,
가능한 그에게 약탈에 대한 반성
의 보상제물과 함께 보내야 해요.
그래야 당신들이 용서되고, 왜 그
의 손이 당신한테서 없어지지 않
았는지 알게 되지요."
4 그들이 말했다. "그에게 보낼 반성
의 제물이란 무엇이죠?" 그들이
대답했다. "금제 치핵 5 개와, 금제
생쥐 5 마리를 필리스틴 성주 수대
로 보내세요. 왜냐하면 동일한 질
환이 여러분 전체와 성주들에게
있었으니까요.
5 그래서 당신들은 치핵 형상을 만
들어야 하고, 그 땅을 갈아먹는 생
쥐의 모습으로, 당신들이 이즈리
얼 **하나님**에게 영광을 돌려야 해
요. 어쩌면 그가 당신들한테서 그
의 손을 들어올릴지 모르겠어요.
그리고 당신의 여러 신과 당신의
땅으로부터 그의 손을 들어올릴지
도 모르죠.
6 어째서 당신들은, 자신의 마음을
딱딱하게 굳히며, 이집트인과 풰
로우파라오, 바로왕이 고집스럽게 그
들 마음을 버티듯 하죠? 이집트인
이 그의 백성을 놓아주지 않자, 그
가 이집트에 놀라운 경이를 일으
켜, 결국 떠났지요?
7 그러니 이제 새 수레를 만들고, 멍
에를 져보지 않은 암소 두 마리를
데려와 수레에 묶고, 그들 새끼송
아지는 우리에 남겨두세요.
8 **주님**의 상자를 가져와 수레 위에
올리고, 그에게 보낼 반성용 보상
제물인 금제보물을, 옆에 있는 보
물함에 넣은 다음 보내세요.
9 두고 보세요. 만약 그 수레가 그의
경계 내 벳쉬메쉬 길로 바로 가면,
그가 우리에게 큰재앙을 내렸던
것이고, 그렇지 않으면, 우리를 친
것이 그의 손길이 아니었음을 알
겠죠. 그것은 그저 우연히 우리에
게 일어났던 일이었겠지요."
10 그래서 사람들이 그렇게 했다. 두
마리 암소를 데려와 수레에 묶고

그들의 새끼 송아지는 우리에 가
두었다.
11 그리고 **주님**의 상자를 수레 위에
올려놓고, 금 생쥐와 치핵형태의
금 조각상을 넣은 보물함을 실었
다.
12 그러자 암소는 벳쉬메쉬 길로 곧
장, 큰 길을 따라 가며, 그들이 가는
대로 아래쪽으로 가서, 오른쪽도
왼쪽도 벗어나지 않았다. 그리고
필리스틴의 영주들은 소 뒤를 따
라 벳쉬메쉬 경계까지 갔다.
13 벳쉬메쉬 사람들은 계곡에서 밀
농산물을 거두고 있다가, 눈을 들
어 상자를 보고 너무 기뻐했다.
14 수레가 벳쉬메쉬벳 세메스, 벧세메스 사
람 자슈아여호수아의 밭으로 들어와
커다란 바위돌이 있는 곳에 섰다.
그러자 사람들은 그 수레에 사용
된 나무를 쪼개고, 암소로 **주님**에
게 번제를 올렸다.
15 리바이레위사람이 **주님**의 상자를
내리고 그와 함께 있던 금고도 내
리면서, 그 안의 금제 보물을 큰 바
위 위에 올려놓았다. 벳쉬메쉬 사
람은 번제제사를 올리며, 그날 **주
님**에게 제물을 희생시켜 정화했다.
16 필리스틴의 다섯 성주가 그것을
지켜본 다음, 같은 날 에크런으로
돌아갔다.
17 황금치핵은 필리스틴인이 **주님**에
게 죄를 지은 반성용 보상제물로
되돌아온 것으로, 애쉬닫, 가자, 애
스켈런, 개쓰, 애크런까지 다섯 지
역을 위한 것이다.
18 황금생쥐는 필리스틴 도성 수에
따르며, 다섯 성주에 속한 요새도
성과 주변 마을은 물론, 심지어 애
이블의 큰바위까지 포함했다. 필
리스틴인은 큰바위 위에 **주님**의 상
자를 내려놓았는데, 그 바위는 벳
쉬메쉬 사람 자슈아의 밭에 오늘
날까지 남아 있다.
19 그가 벳쉬메쉬 사람을 모두 죽인
이유는, 그들이 **주님**의 상자 안을
들여다보았기 때문으로, 그는 심
지어 그 백성 50,070명이나 죽였
다. 그들이 슬퍼한 이유는, **주님**이
많은 사람을 엄청나게 살해했기
때문이었다.
20 벳쉬메쉬 사람이 말했다. "이와 같
은 신성한 **주 하나님** 앞에 나설 자
가 누군가? 우리로부터 그에게 상
자를 돌려보내는 것이 마땅하지
않나?"
21 그리고 그들은 전령을 킬잿저림
주민에게 보내어 말했다. "필리스
틴이 **주님**의 상자를 다시 가져왔으
니, 너희는 내려가서 그것을 가져
가라."

새뮤얼이 이즈리얼 재판

7 킬잿저림키르얏 여아림, 기랏 여아림 사
람이 와서 하나님의 상자를 날
라, 언덕에 있는 애비내댑아비나답
의 집으로 가져가서, 봉헌된 일리

저의 아들이 **주님**의 상자를 지키게
했다.
2 그 상자가 킬잿저림에 보관된 기
간은 길게 20년이 되었다. 이즈리
얼의 모든 집안은 **주님**을 따르며
슬퍼했다.
3 그때 새뮤얼이 이즈리얼 집안 모
두에게 말했다. "만약 당신들이 진
심으로 **주님**에게 돌아와, 당신들
사이에 있는 다른 여러 신과 애쉬
터로쓰신을 치워버리고, 당신의
마음을 **주님**에게 향하도록 준비하
여, 오직 그만 섬긴다면, 그는 필리
스틴 손에서 당신을 구해 줄 것입
니다."
4 그래서 이즈리얼 자손이 배얼림과
애쉬터로쓰신을 치우고 **주님**만 섬
겼다.
5 새뮤얼이 말했다. "모든 이즈리얼
은 미즈페로 모이세요. 내가 당신
을 위해 **하나님**에게 기도하겠어
요."
6 그래서 그들은 미즈페미즈파, 미스바
로 전부 모여들었고, 물을 길어 **주**
님 앞에 붓고, 그날 금식하며 말했
다. "우리는 **주님**에게 맞서는 죄를
지었어요." 그리고 새뮤얼은 미즈
페에서 이즈리얼 자손을 재판했
다.
7 필리스틴은 이즈리얼 자손이 미즈
페에 모여 있다는 소문을 듣고, 필
리스틴 성주가 이즈리얼을 공격하
려고 갔다. 이즈리얼 자손은 그 소
문을 듣자, 필리스틴 때문에 두려
웠다.
8 그래서 이즈리얼 자손은 새뮤얼에
게 말했다. "우리를 위해 **주 하나님**
에게 구원의 요청을 중단하지 말
아주세요. 그래야 그가 필리스틴
의 손에서 우리를 구원해주겠죠."
9 새뮤얼은 아직 젖을 빠는 새끼양
을 데려와, **주님**에게 통째로 번제
제물을 올린 다음, 이즈리얼을 위
해 **주님**에게 크게 외치자, **주님**이
그의 소리를 들었다.
10 새뮤얼이 번제를 올릴 무렵, 필리
스틴이 이즈리얼을 공격하려고 다
가왔다. 그렇지만 **주님**은 그날 필
리스틴 위에 엄청난 천둥을 울려
그들을 당황시키자, 이즈리얼 앞
에서 패배했다.
11 이즈리얼 사람은 미즈페에서 나가
필리스틴을 추격하여, 베쓰카 아
래까지 그들을 내몰았다.
12 그러자 새뮤얼이 돌을 갖다 미즈
페와 쉔 사이에 놓고, 돌 이름을 이
브네저라고 부르며 의미를 말했
다. "지금까지 **주님**이 우리를 도왔
다"는 의미라고 했다.
13 그리고 필리스틴이 굴복하자, 그
들은 더 이상 이즈리얼의 경계 안
으로 들어오지 않았다. **주님**의 손
길로 새뮤얼이 살아있는 동안 필
리스틴을 대항해 주었다.
14 필리스틴이 이즈리얼로부터 빼앗
은 여러 도성은 다시 이즈리얼한

테 반환되었다. 애크런 지역부터
개쓰에 이르기까지, 또 그곳 일대
를 이즈리얼이 필리스틴의 손에서
빼앗았다. 그리고 이즈리얼과 애
머리인 사이에 평화가 있었다.
15 새뮤얼은 그의 전 생애 동안 이즈
리얼을 재판했다.
16 그는 매년 베썰, 길갤, 미즈페까지
순회하고 다니며, 그곳 전역에서
이즈리얼의 사건을 재판했다.
17 그런 다음 그가 래마로 돌아온 것
은, 그의 집이 그곳에 있었기 때문
이다. 그곳에서도 그는 이즈리얼
을 다스리며, **주님**에 대한 제단을
쌓았다.

이즈리얼이 왕을 염원

8 새뮤얼이 나이가 들자, 자기 아
들들을 이즈리얼을 다스리는 판
관이 되게 했다.
2 장남의 이름은 조얼이고, 둘째는
애비아로, 그들 모두 비어쉬바의
판관이었다.
3 그의 아들들은 아버지의 길을 따
르지 않고, 돈벌이를 쫓아 옆길로
새며, 뇌물을 받고 판결을 왜곡했
다.
4 그래서 이즈리얼 원로가 모두 모
여 래마에 있는 새뮤얼한테 와서,
5 그에게 말했다. "보세요. 당신은 나
이가 많고, 당신 아들들은 당신의
길을 따르지 않고 있어요. 이제 우
리에게 다른 나라처럼 우리를 다
스릴 왕을 세워주세요."
6 그러나 "우리를 다스릴 왕을 달라"
는 그들의 말이 새뮤얼의 마음을
얹짢게 했다. 그래서 새뮤얼이 **주
님**에게 기도했다.
7 그러자 **주님**이 새뮤얼에게 말했다.
"그들이 말하는 모든 백성의 목소
리에 귀를 기울여라. 왜냐하면 그
들은 너를 거부하지 않기 때문이
다. 하지만 그들은 나를 부정하므
로, 내가 그들을 다스리지 못한다.
8 내가 이즈리얼을 이집트에서 이끌
어낸 그날부터 이날까지 그들이
해왔던 모든 일에 의하면, 그들은
나를 버리고 다른 여러 신을 섬기
고 너에게 역시 그렇게 한다.
9 그러니 그들의 목소리에 귀를 기
울여라. 하지만 너는 그들에게 엄
격하게 경고하며, 백성을 지배하
게 될 왕이 앞으로 하게 될 일을 그
들에게 알려라."
10 그래서 새뮤얼은 **주님**의 이야기를,
왕을 요청한 백성에게 모두 전해
주었다.
11 새무얼이 말했다. "다음은 앞으로
여러분을 지배하게 될 왕이 하게
될 일이에요. 왕은 당신의 자손을
데려와서, 왕 자신을 위해 전차를
몰도록 임명하고, 말을 사육시키
게 하며, 일부는 왕의 마차 앞에서
달리게 할 거예요.
12 왕은 당신의 자손을 수천명이나,
50명을 관리하는 지휘관으로 임명

하여, 그들한테 왕의 땅을 농사짓
게 하고, 농산물을 거두게 하며, 전
쟁무기와 전차부품을 만들게도 하
지요.
13 그리고 왕은 당신 딸을 데려가서
과자를 만드는 사람이 되게 하고,
밥을 짓게 하고, 빵도 굽게 합니다.
14 왕은 당신의 논밭을 빼앗고, 포도
밭과 올리브밭도 빼앗고, 심지어
그 중 가장 좋은 것만 빼앗아 그의
시종들에게 나눠줍니다.
15 또 왕은 당신의 곡식 중 1/10을 받
아내고, 포도의 십일조를 받아서,
그의 관리와 시종에게 나눠주고
요.
16 왕은 당신의 남종과 여종을 데려
가고, 당신에게 속한 잘생긴 젊은
이와 나귀도 데려가서 그들에게
왕의 일을 맡기지요.
17 왕이 당신의 양 가운데 1/10을 빼
앗으면, 당신은 그의 종이 됩니다.
18 그때가 되면, 당신은 스스로 뽑은
왕 때문에 비명을 지르게 되는데,
그날이 되어도 **주님**은 당신의 소리
를 듣지 않을 겁니다."
19 그렇게 말했는데도 불구하고 사람
들은 새뮤얼의 말에 복종하길 거
절하며 말했다. "그렇지 않아요. 우
리를 지배할 왕이 있어야 해요.
20 왕이 있으면 우리도 다른 나라와
똑같이 되어서, 그 왕이 우리를 다
스릴테고, 우리 앞에 나서서 전쟁
을 치러줄 겁니다."
21 새뮤얼이 백성의 말을 들은 다음,
주님의 귀에 그 이야기를 그대로
전했다.
22 **주님**이 새뮤얼에게 말했다. "그들
의 목소리를 들어주고, 왕을 만들
어 주거라." 그래서 새뮤얼이 이즈
리얼 사람에게 말했다. "모두가 각
자의 도시로 가시오."

솔을 왕으로 지정

9 어떤 벤저민 사람이 있었고, 그
의 이름은 키쉬키스, 기스였다. 그
는 벤저민부족의 힘있는 사람 애
피아의 아들, 비커래쓰의 아들, 저
로의 아들, 애비얼의 아들이었다.
2 그에게 솔사울이라는 아들이 있었
는데, 빼어난 젊은이에 용모도 좋
았다. 이즈리얼 자손 중 그보다 더
잘생긴 사람이 없었고, 다른 사람
보다 어깨 위만큼 더 컸다.
3 그런데 솔의 아버지 키쉬의 나귀
가 없어져서 아들 솔에게 말했다.
"지금 네가 종 하나를 데리고 일어
나 나귀를 찾으러 가거라."
4 그래서 그는 이프리엄 산지를 지
나, 셜리샤 땅으로 들어갔지만 나
귀를 찾지 못했고, 샬림지역을 두
루 가봐도 나귀는 없었다. 그는 벤
저민 사람의 땅도 다녀봤지만 나
귀를 발견하지 못했다.
5 그들이 주프 땅에 왔을 때, 솔은 그
와 함께 온 시종에게 말했다. "이제
우리 돌아가자. 나의 아버지가 나

귀 걱정을 제쳐놓고 우리 걱정을
하지 않게 말이다."
6 종이 솔에게 말했다. "보세요. 이
도시 안에 **하나님**의 사람이 하나
있는데, 그는 존경받는 사람이어
서, 그가 말하는 것은 전부 확실히
이루어진다고 하니, 우리가 그곳
에 가봅시다. 어쩌면 그가 우리가
가야 할 길을 알려줄 수도 있어요."
7 그때 솔이 종에게 말했다. "그런데
보라, 우리가 간다면, 그 사람에게
무엇을 가져가야 하지? 짐 안에는
빵도 다 떨어져서, **하나님**의 사람
에게 가져갈 선물도 없는데, 뭐가
있지?"
8 종이 솔에게 재차 대답했다. "보세
요. 내가 은 1 쉐클의 1/4조각을 손
에 들고 있어요. 그것을 **하나님**의
사람에게 주고, 우리의 길을 물어
보지요."
9 [예전 이즈리얼에서는, 사람이 **하
나님**에게 물으러 갈 때면, '자, 우리
선견자한테 가자'라고 말했다. 지
금으로 말하자면 예언자나 선지자
를 이전에는 그렇게 불렀다.]
10 솔이 종에게 말했다. "말을 잘했다.
그러면 우리 가자." 그래서 둘은 **하
나님**의 사람이 있는 도성으로 갔
다.
11 그들이 도성 언덕으로 올라가서,
물을 길러 밖으로 나온 젊은 처녀
들을 보고 물었다. "선견자가 이곳
에 있나요?"
12 그들이 솔에게 대답했다. "있어요.
보세요. 그는 당신보다 먼저 와 있
어요. 그러니 서두르세요. 그가 오
늘 이 도성에 왔는데, 오늘 높은 장
소에서 사람들의 희생제사가 있어
요.
13 당신들이 그 도성에 들어가면 곧
바로 그를 알아보게 될 거예요. 그
가 높은 제단의 장소로 올라가서
먹기 전에 말이죠. 사람들이 그가
올 때까지 먹지 않는 이유는, 그가
희생제물을 축복하기 때문이에요.
그런 다음 초대받은 사람들이 제
물을 먹어요. 그러니 어서 가세요.
이런 때 당신들은 그를 알아볼 수
있어요."
14 그래서 그들이 도성으로 가서, 안
으로 들어가 보니, 새뮤얼이 와서
그들 맞은편에서, 높은 제단의 장
소로 올라가려고 했다.
15 그때 **주님**은 새뮤얼에게, 솔이 오
기 하루 전날 그의 귀에 대고 말했
다.
16 "내일 이맘때 내가 네게 벤저민땅
에서 온 한 사람을 보내겠다. 너는
그에게 기름을 발라 정화하여, 그
를 나의 이즈리얼 백성을 이끌 지
도자가 되게 해라. 그러면 그가 필
리스틴 손에서 나의 백성을 구할
수 있을 것이다. 왜냐하면 그들의
외침소리가 내게 들려, 나의 백성
을 살펴보았기 때문이다."
17 새뮤얼이 솔을 보자, **주님**이 그에

게 말했다. "보라, 저 사람이 내가
네게 말한 그다! 바로 이 사람이 나
의 백성을 통치하게 될 것이다."
18 그때 솔이 성문에 있는 새뮤얼 가
까이 와서 말했다. "부탁합니다. 선
견자의 집이 어딘지 말해주세요."
19 새뮤얼이 대답했다. "내가 바로 선
견자예요. 나보다 먼저 높은 곳으
로 올라가시죠. 거기서 오늘 당신
은 나와 함께 먹고, 내일 당신을 가
게 할텐데, 내가 당신 마음 속에 있
는 생각을 당신에게 모두 이야기
해주겠소.
20 사흘 전에 잃어버린 당신 나귀에
대해 더 이상 신경쓰지 마세요. 나
귀는 이미 찾았어요. 그런데 이즈
리얼의 소망이 누구한테 있을까
요? 바로 당신이 아닌지요? 또 당
신 아버지 집안 모두에게 있지 않
나요?"
21 그러자 솔이 대답했다. "나는 이즈
리얼부족 중 가장 작은 벤저민 사
람이 아닌가요? 또 나의 가족도 벤
저민족 가운데 제일 보잘것없지
않나요? 그런데 어째서 당신이 내
게 그런 말을 하죠?"
22 새뮤얼은 솔과 종을 데리고 객실
안으로 들어가서, 초대받은 사람
가운데 상석에 그를 앉혔는데, 거
기에 대략 30명 정도가 있었다.
23 새뮤얼이 주방장에게 말했다. "내
가 준 음식을 가져와서, 네게 말해
둔 것을 옆에 차려라."
24 그러자 주방장이 어깨살을 들고와
서 솔 앞에 차려놓았다. 그리고 새
뮤얼이 말했다. "남겨둔 이 음식을
보세요! 당신 앞에 차려 놓았으니
드세요. 내가 사람들을 초청한 후
이 음식은 이 시간까지 당신을 위
해 보관해 두었어요." 그래서 솔이
그날 새뮤얼과 같이 앉아서 먹었
다.
25 그들이 높은 제단의 장소에서 내
려와 도성으로 들어간 다음, 새뮤
얼은 그 집의 가장 높은 옥상에서
솔과 이야기를 나눴다.
26 그들이 아침 일찍 일어난 때는 그
날 동틀 무렵이었다. 그때 새뮤얼
이 솔을 그 집 가장 높은 옥상으로
불러 말했다. "일어나세요. 그러면
내가 당신을 배웅할 수 있어요." 그
래서 솔이 일어났고, 새뮤얼이 함
께 멀리까지 갔다.
27 그들이 도성 끝에 오자, 새뮤얼이
솔에게 말했다. "종을 우리보다 먼
저 가게 하시죠. [그래서 종은 먼저
갔다.] 하지만 당신이 잠시 이곳에
있으면, 내가 **하나님**의 말을 당신
에게 전하겠소."

솔이 왕의 임무를 맡다

10 그러면서 새뮤얼은 작은 기
름병을 들어 솔사울의 머리에
붓고 그와 입을 맞추며 말했다.
"이 의식은 주님이 당신에게 기름
을 붓고, 그의 유산을 통치할 지도

자로 만드는 이유가 아닐까요?
2 당신이 오늘 나를 떠나면, 젤자지
역 벤저민 경계의 래이철라헬 묘지
옆에서 두 사람을 만나게 되지요.
그들은 당신에게 이렇게 말할 거
예요. '당신이 찾으려던 나귀를 발
견했어요. 보세요, 당신 아버지는
나귀 걱정을 멈추고, 당신에 대해
걱정하며, 나의 아들이 어떻게 된
거지? 라고 합니다' 라고요.
3 그리고 당신은 거기서 계속 나아
가 태이버 평원까지 가서, 베썰의
하나님에게 가는 세 사람을 만나
게 되는데, 한 사람은 새끼양 세 마
리를 끌고 가고, 다른 하나는 빵 세
덩이를, 나머지 사람은 와인 한 병
을 들고 갑니다.
4 그들이 당신에게 인사하며 빵 두
덩이를 주면, 당신은 그들 손에서
그것을 받아요.
5 그후 당신이 **하나님**의 언덕으로 가
는 그곳에 필리스틴의 수비대가
있어요. 당신이 그 도성으로 들어
서면, 높은 위치의 제단으로부터
내려오는 한 예언자 무리를 만나
게 되고, 설터리 하프악기와, 태브
렐 소북과, 파이프 악기와, 하프를
앞에 두고 그들이 예언을 하게 되
지요.
6 그래서 **주님**의 영혼이 당신에게 내
려와, 당신도 그들과 함께 예언을
하면, 당신은 전혀 다른 사람이 됩
니다.
7 그런 일이 당신에게 나타날 때, 당
신이 자기에게 부여된 임무를 맡
게 되는 이유는, **하나님**이 당신과
함께 있기 때문이에요.
8 당신은 내 앞에서 내려가 길갤길갈
로 가세요. 그러면 나도 당신을 따
라 가서, 번제를 올리고 평화제사
의 희생물을 제단에 올리겠어요.
당신은 7일간 기다려야 합니다. 내
가 당신에게 가서 해야 할 일을 알
릴 때까지 말이죠"
9 솔이 돌아서 새뮤얼로부터 떠나
자, **하나님**이 솔에게 또 다른 용기
를 주었고, 그런 일이 모두 그날 나
타났다.
10 그들이 그곳에 와서 **하나님**의 성전
이 있는 언덕으로 가보니, 예언자
무리가 그를 맞이했고, **하나님**의
영혼이 솔에게 오자, 솔은 그들 가
운데서 예언을 말했다.
11 이전에 솔을 알았던 모두가 그를
보다가, 그가 예언자 가운데 예언
을 말하는 것을 보자, 사람들이 서
로 말했다. "키쉬의 아들에게 이게
대체 무슨 일이지? 솔도 그런 예언
자인가?"
12 함께 있던 어떤 사람이 대답했다.
"그렇다면 그의 아버지는 대체 누
구야?" 그래서 그 일은 "솔도 예언
자인가?" 라는 일종의 속담이 되
었다.
13 솔이 예언을 마치고, 높은 곳의 제
단으로 올라갔다.

14 솔의 아저씨가 그와 그의 종에게
말했다. "너희는 어디 갔다 왔지?"
솔이 말했다. "나귀를 찾으러 갔어
요. 그런데 우리가 가서 봐도 나귀
가 아무데도 없어서 새뮤얼에게
갔어요."
15 솔의 아저씨가 말했다. "내게 말해
보아라. 새뮤얼이 네게 무슨 말을
했는지?"
16 솔은 아저씨에게 말했다. "새뮤얼
이 우리에게 분명히 나귀를 찾았
다고 했어요." 그러나 솔은 새뮤얼
이 말한 왕국 이야기는 전하지 않
았다.
17 한편 새뮤얼은 사람들을 불러 미
즈페의 **주님**에게 모이게 했다.
18 그리고 이즈리얼 자손에게 말했
다. "이즈리얼의 **주 하나님**이 말한
바에 의하면, '나는 이집트에서 이
즈리얼을 데리고 나와, 이집트인
손에서 너희를 구했고, 여러 왕국
의 손에서 구하며, 너희를 억압하
는 사람 손에서 구해냈다.
19 그런데 너희는 이날 너희 **하나님**을
부정했다. 그는 직접 너희를 적과
어려움에서 구했는데, 너희는 **하나
님**에게 이렇게 말한다. '그게 아니
고, 우리를 다스릴 왕을 세워달라'
고 했다. 그러니 이제 너희는 **주님**
앞에 종족별로 또 종족 수천씩 나
와라'고 했어요."
20 그리고 새뮤얼은 이즈리얼부족 모
두를 가까이 오게 하여, 벤저민부
족을 선택했다.
21 새뮤얼이 벤저민부족한테 가문별
로 가까이 오게 하여, 매트리 가문
을 선택하고, 키쉬키스, 기스의 아들
솔을 뽑았다. 그때 사람들이 솔을
찾았는데, 솔을 찾을 수 없었다.
22 그래서 그들이 **주님**에게 '그 사람
이 앞으로 그곳에 오게 되는지' 재
차 물었다. 그때 **주님**이 대답했다.
"보라, 그는 물건 사이에 자신을 숨
기고 있다."
23 그래서 그들이 뛰어가서 거기서
솔을 데려왔다. 솔이 사람들 가운
데 서자, 그는 다른 사람보다 위로
어깨만큼 더 컸다.
24 새뮤얼이 모든 사람에게 말했다.
"당신들은 **주님**이 뽑은 이 사람을
보세요. 모든 사람 중에서 그와 같
은 자가 아무도 없지요?" 그러자
사람들이 외쳤다. "**하나님**이 왕을
구해주었다."
25 그때 새뮤얼이 사람들에게 앞으로
있을 왕국의 규정을 이야기했고,
그것을 두루말이 책에 기록하여,
주님 앞에 두었다. 새뮤얼이 사람
들을 보내자 모든 사람이 각자 집
으로 돌아갔다.
26 솔 역시 기비아의 집으로 갔고, 함
께 간 무리 가운데 있던 사람들은,
하나님이 백성을 배려하는 마음으
로 인해 감동을 받았다.
27 그런데 불량한 빌리얼 자식들은
말했다. "어떻게 이 사람이 우리를

구하지?" 라며 솔을 무시했고, 선
물도 가져오지 않았다. 하지만 솔
은 잠자코 있었다.

솔이 재비쉬도성 구제

11 그때 애먼암몬사람 내이해쉬
가 와서 재비쉬길리언 맞은
편에 야영을 했다. 그러자 재비쉬
사람 모두가 내이해쉬에게 말했
다. "우리와 계약하면, 우리가 당신
을 섬기겠다."
2 애먼 사람 내이해쉬나하스가 그들에
게 대답했다. "당신들과 계약할 조
건이란, 내가 당신들 오른쪽 눈을
모두 빼내어 이즈리얼에 대한 보
복의 증거로 두는 것이다."
3 재비쉬야베스 원로가 그에게 말했
다. "우리에게 일주일 여유를 주면,
전령을 보내 이즈리얼 전역에 알
아보고, 만약 우리를 구할 사람이
없으면 당신에게 오겠다."
4 그래서 전령은 솔이 있는 기비아
로 와서 사람들에게 소식을 전하
자, 모든 사람이 목소리 높여 울었
다.
5 그런데 보니, 솔이 들에서 소떼를
따라와서 물었다. "사람들이 뭐가
괴로워 울지요?" 그들이 그에게
재비쉬 사람의 소문을 말했다.
6 솔이 그 소문을 들었을 때, **하나님**
의 영혼이 그에게 내려와, 분노가
치밀었다.
7 솔은 소 멍에를 갖다 도끼로 쪼개
어, 그것을 전령 손에 들려 이즈리
얼 전역으로 보내며 말했다. "누구
든지 솔과 새뮤얼을 따라 출전하
지 않겠는가? 이는 자기 소에게 일
을 시키는 격이 될 것이다." 그러자
주님에 대한 경외심이 사람들에게
내려와, 한 마음으로 왔다.
8 솔이 베젝에서 수를 세었더니, 이
즈리얼 자손이 30만명이었고, 쥬
다 사람이 3만이었다.
9 그들은 와 있는 전령에게 말했다.
"재비쉬길리언 사람에게 전해라.
내일 해가 더워질 때쯤 너희가 도
움을 받게 된다." 그 전령이 돌아와
서 재비쉬 사람에게 그 말을 전하
자, 그들이 기뻐했다.
10 그리고 재비쉬 사람이 말했다. "내
일 우리가 당신에게 가겠다. 그러
면 당신들이 좋을대로 우리에게
대하면 좋겠다."
11 다음날 솔은 사람을 세 부대로 나
누고, 적의 아침 경계병들 가운데
로 와서, 날이 덥도록 애먼을 죽였
다. 그러자 살아남은 사람이 뿔뿔
이 흩어져서, 그들 중 단 둘도 함께
있지 못했다.
12 사람들이 새뮤얼에게 말했다. "솔
이 우리를 통치해야 할까라고 누
가 말했죠? 그런 자들을 데려오면
우리가 죽여버리겠소."
13 솔이 말했다. "오늘은 어느 한 사람
도 죽어서는 안 돼요. 왜냐하면 오
늘 **주님**이 이즈리얼을 구했기 때문

이에요."
14 그때 새뮤얼이 사람들에게 말했
다. "우리 길갤로 갑시다. 그곳에서
새로운 왕국을 세웁시다."
15 그래서 사람들이 길갤로 가서, **하
나님** 앞에서 솔을 왕으로 세운 다
음, 거기서 **주님** 앞에 평화의 희생
제물을 올렸다. 그리고 솔과 이즈
리얼 사람 모두 크게 기뻐했다.

새뮤얼의 마지막 연설

12 새뮤얼이 이즈리얼 모두에게
말했다. "보세요. 나는 당신들
이 말한 모든 것을 귀 기울여 듣고,
당신들을 다스릴 왕을 세웠어요.
2 이제 보세요, 그 왕은 당신 앞에서
걸어갈 거예요. 나는 늙었고 머리
도 세었지만, 나의 아들들도 당신
과 함께 있어요. 나는 어려서부터
이날까지 당신들 앞에서 걸어왔어
요.
3 보다시피, 내가 여기 있으니, **주님**
앞에서 또 그가 기름을 부은 자 앞
에서, 나를 반박하는 증언을 해보
세요. 내가 누군가의 소를 빼앗았
나요? 나귀를 빼앗은 적이 있나
요? 아니면 내가 속이며 횡령을 했
나요? 누구를 억압했어요? 아니면
누군가의 손에서 뇌물이라도 받
아, 그것으로 내 눈을 멀게 한 적이
있나요? 그랬다면 당신에게 그것
을 변상하지요."
4 그들이 말했다. "당신은 우리를 속
이지도, 억압하지도 않았고, 남의
손에서 아무것도 뺏지 않았어요."
5 새뮤얼이 말했다. "**주님**은 당신에
대한 증인이고, 또 그가 기름 부은
자도 이날의 증인이에요. 그러니
당신은 내 손에서 발견된 것이 없
다고 증언해야 해요." 그러자 그들
이 대답했다. "**주님**이 증인입니다."
6 새뮤얼이 사람들에게 말했다. "모
지스와 애런을 앞장세운 존재가 **주
님**이에요. 그리고 그들이 당신 조
상을 이집트땅 밖으로 이끌어냈어
요.
7 그러니 이제 여러분이 잠자코 있
으면, 내가 **주님** 앞에서 당신들에
게 **주님**의 바른 행위에 대한 근거
를 제시할 수 있어요. 그것은 그가
당신과 당신 조상에게 행했던 일
이죠.
8 재이컵야곱이 이집트로 들어온 다
음, 여러분 조상이 **주님**에게 외치
자, **주님**이 모지스와 애런을 보내
어, 그들이 이집트에서 당신 조상
을 이끌어 이곳에서 살게 했어요.
9 그런데 사람들이 그들의 **주 하나님**
을 잊어버리자, 그는 이즈리얼 백
성을 해조의 군대지휘관 시세라
손에 팔고, 또 필리스틴 손에도 넘
기고, 모앱왕의 손에도 넘기자, 이
즈리얼은 그들과 싸웠어요.
10 그들이 또 **주님**에게 소리치며 말했
어요. "우리가 죄를 지은 것은, **주님**
을 잊고, 배얼림바알신과 애쉬터로

쓰를 섬겼기 때문이에요. 하지만
이제 적의 손에서 우리를 구해 주
면, **주님**을 섬기겠어요" 라고 했지
요.
11 그래서 **주님**은 제럽배이얼과, 비댄
과, 젭싸와, 새뮤얼을 보내어, 사방
의 적의 손에서 당신들을 구하여,
안전하게 살게 해 주었어요.
12 당신들은 애먼 자손의 왕 내이해
쉬나하스가 쳐들어왔다는 것을 알았
을 때, 나에게 이렇게 말했죠. '그게
아니고, 한 사람의 왕이 우리를 통
치해야 한다'고 했어요. **주님**이 당
신들의 왕이었는데도 말입니다.
13 그러니 이제 여러분이 선택한 왕
을 보세요. 그는 당신들이 염원했
던 왕이지요! 보다시피 **주님**이 당
신들을 지배할 왕을 세워주었어
요.
14 만약 당신들이 **하나님**을 경외하며,
그를 섬기고 그의 말에 복종하고,
또 **주님**의 명령을 거부하지 않으
면, 당신과 당신을 다스리는 왕 모
두 앞으로 계속 여러분의 신 **하나
님**을 따르는 일이 되지요.
15 그러나 당신들이 **주님** 목소리에 귀
귀울이지 않고 명령에 반발하면,
주님의 손길은 당신으로부터 떠나,
당신 조상을 등진 것처럼 됩니다.
16 따라서 이제 여기 서서, **주님**이 당
신 눈 앞에서 이룩할 위대한 업적
을 보세요.
17 오늘은 밀 수확기가 아닌가요? 내
가 **주님**에게 간청하면, **주님**이 천둥
과 비를 내려주지요. 그러니 여러
분은 자기 잘못이 얼마나 큰지 보
고 알 수 있을 겁니다. 그것은 **주님**
앞에서 자신들의 왕을 요청한 일
이었어요" 라고 말했다.
18 그때 새뮤얼이사무엘 **주님**에게 간청
했더니, **주님**은 그날 천둥과 비를
내려주었다. 그래서 모든 사람이
주님과 새뮤얼을 몹시 두려워했다.
19 그리고 모두가 새뮤얼에게 말했
다. "당신의 종 우리를 위해 당신의
주 하나님에게 기도해주세요. 그래
야 우리가 죽지 않아요. 우리가 잘
못으로 지은 죄에 더하여, 왕까지
요구했어요."
20 새뮤얼이 백성에게 말했다. "두려
워 마세요. 당신들은 지금까지 잘
못을 저질러 왔어요. 하지만 **주님**
을 따르며 옆으로 벗어나지 말고,
당신의 마음을 다하여 **주님**을 섬기
세요.
21 마음을 옆으로 돌리지 마세요. 그
것은 당신이 공허를 좇는 일로써,
이익도 없고, 구원도 없는 헛된 일
일뿐이에요.
22 **주님**은 그의 위대한 이름을 위하
여, 그의 백성을 버리지 않아요. 왜
냐하면 **주님**은 여러분을 자기 백성
으로 삼은 일이 기쁨이었기 때문
이에요.
23 그리고 나에 대해서라면, **하나님**은
내게 당신을 위한 기도 중단을 금

지했어요. 대신 나는 당신에게 선
과 바른 길을 가르치지요.
24 오직 **주님**을 경외하고, 마음을 다
해 진실로 그를 섬기세요. 그리고
그가 당신을 위해 한 일들이 얼마
나 위대한 지 생각하세요.
25 하지만 당신들이 여전히 비행을
계속 하면, 당신과 당신의 왕 모두
소멸됩니다.

새뮤얼 부재중 번제제사

13 솔이 1년간 통치한 다음, 그
가 이즈리얼을 2년째 다스리
게 되었을 때,
2 솔은 이즈리얼에서 3,000명을 선
발하여 그 중 2,000명을 데리고 믹
매쉬와 베썰산지에 있었다. 1,000
명은 벤저민의 기비아에서 아들
조너썬과 함께 있었고, 나머지 사
람은 각자 자신의 텐트로 돌려보
냈다.
3 조너썬요나탄, 요나단은 기바게바에 있
는 필리스틴 수비대를 물리쳤는
데, 필리스틴이 그 소식을 들었다.
그래서 솔이 그 땅 전역에 트럼펕
을 불며 말했다. "히브루 사람은 들
어라."
4 그래서 이즈리얼 모두가 들어보
니, 솔이 필리스틴 수비대를 물리
쳐서, 이즈리얼이 필리스틴의 원
수가 되었다는 이야기였다. 그래
서 사람들은 길갤길갈로 솔사울한테
모두 소집되었다.
5 필리스틴도 이즈리얼과 싸우려고
스스로 모여들었는데, 전차 3만대
와, 기병 6,000명과 해안의 수많은
모래처럼 사람들이 와서 베쌔븐
동쪽 믹매쉬에 진을 쳤다.
6 이즈리얼 사람은 자신들이 곤경에
놓여 있음을 깨닫고, [사람들이 괴
로워서], 동굴 안에 숨고, 덤불과,
바위와, 고지대와 웅덩이에 숨어
버렸다.
7 히브루인 일부는 조든을 넘어 개
드가드, 갓와 길리얻길앗, 갈르앗으로 갔
다. 여전히 솔이 길갤에 있는 동안,
그를 따르던 모든 사람이 무서움
에 떨었다.
8 솔은 7일간 새뮤얼이 정해놓은 시
간이 되기를 기다렸지만, 새뮤얼
은 길갤에 오지 않았고, 그래서 사
람들이 솔로부터 흩어지게 되었
다.
9 그러자 솔이 말했다. "이곳에 번제
제물과 평화제물을 가져와라." 그
리고 그는 번제를 올렸다.
10 솔이 번제제사를 끝내고 난 다음,
보니, 새뮤얼이 와서, 그가 그에게
인사하려고 갔다.
11 그런데 새뮤얼이 말했다. "대체 무
슨 일을 했지요? 솔이 말했다. "왜
냐하면 사람들이 내게서 흩어지는
것을 보았고, 당신이 약속한 날에
오지 않았고, 그런데 필리스틴이
믹매쉬에 모두 모여들었기 때문이
었어요.

12 그래서 내가 말했어요. '필리스틴
이 길갤로 나한테 내려올텐데, 나
는 **주님**에게 기원도 하지 않았다.'
그래서 내가 어쩔 수 없이 번제를
올렸어요."
13 새뮤얼이 솔에게 말했다. "당신은
어리석은 일을 했어요. **주 하나님**
이 한 명령을 당신은 지키지 않았
어요. 지금부터 **주님**은 이즈리얼에
대한 당신의 왕국을 영원히 세우
고자 했어요.
14 그러나 이제 당신의 왕국은 지속
될 수 없어요. **주님**은 자기 마음을
따르는 자를 찾아서, 그에게 백성
의 지도자가 되도록 명령했는데,
당신은 **주님**이 명령한 것을 지키지
않았기 때문에 지속되지 않아요."
15 그런 다음 새뮤얼이 일어나 길갤
에서 벤저민의 기비아로 가버렸
다. 그래서 솔이 자신과 함께 있는
사람수를 세었더니 6백명 정도였
다.
16 솔과, 그의 아들 조너썬과, 그들과
함께 있는 사람들이, 벤저민의 기
비아에 있었지만, 필리스틴은 믹
매쉬에서 야영을 하고 있었다.
17 그런데 필리스틴 진영에서 세 무
리의 약탈자들이 나왔는데, 하나
는 오프라로 가는 길로 가서 슈얼
땅으로 갔고,
18 다른 하나는 베쓰호른으로 가는
길로 갔고, 또 다른 무리는 황야로
향하는 지보임 계곡이 보이는 경
계지역 길로 갔다.
19 그런데 이즈리얼 전역에는 대장장
이를 찾을 수 없었다. 왜냐하면 필
리스틴이 "히브루가 칼이나 창을
만들지 못하게 하겠다"고 말했기
때문이었다.
20 따라서 모든 이즈리얼 사람들은
필리스틴으로 가서, 각자 자신의
창날과 보습날과 도끼날과 곡괭이
날을 갈았다.
21 그런데 쟁기날이나, 곡괭이날이나,
삼지창날이나 도끼날을 갈아 날을
날카롭게 세우려면 2/3쉐클4g 정도
로 비싸게 들었다.
22 그래서 전쟁을 해도 그곳 솔과 조
너썬과 함께 있는 사람 중 누구도
칼이나 창을 손에 들고 있는 사람
을 찾지 못했다. 단지 솔과 그의 아
들 조너썬만 갖고 있었다.
23 그런데 필리스틴의 수비대가 믹매
쉬 길로 내려왔다.

조너썬이 필리스틴을 물리치다

14 어느날 솔의 아들 조너썬요나
탄, 요나단이, 자신의 무기를 지
고 다니는 젊은이에게 말했다. "자,
우리 필리스틴 수비대한테 가보
자. 저 건너편 쪽이다." 그러나 자
기 아버지에게는 말하지 않았다.
2 솔은 기비아에서 가장 멀리 떨어
진 믹런 지역의 어느 석류나무 아
래에서 머물렀는데, 그와 같이 있
던 사람 수는 약 600명이었다.

3 애하이아는 샤일로의 **주님**의 제사
장 일라이의 아들, 피네해스의 아
들이자 이카바드의 형제 애하이툽
의 아들로, 사제의복 에퐈드를 입
고 있었다. 그리고 사람들은 조너
썬이 이미 떠났다는 것을 몰랐다.
4 조너썬이 필리스틴 수비대에게 가
려고 택했던 통로 사이에는, 한쪽
에 뾰족한 바위가 있었고, 다른 편
에도 가파른 바위가 있었다. 한쪽
바위이름은 보제스보체스, 보세스이
고, 다른 것은 시네센네, 세네였다.
5 한 바위 앞쪽은 믹매쉬 맞은편 북
쪽의 위치였고, 다른 하나는 기비
아 맞은편 남쪽에 자리했다.
6 조너썬은 자신의 무기담당관 젊은
이에게 말했다. "자, 할례를 받지
않은 저들의 수비대한테 가자. **주**
님이 우리를 도와줄 것이다. 왜냐
하면 **주님**의 구원에는 많고 적은
숫자 제한이 없기 때문이다."
7 무기담당관이 그에게 말했다. "당
신의 마음이 시키는 대로 하세요.
보세요, 나는 당신의 마음을 따르
며 당신과 함께 있겠어요."
8 그러자 조너썬이 말했다. "보라, 우
리가 가면 저들에게 우리의 모습
을 보이게 된다.
9 만일 그들이 우리한테 '기다려라,
우리가 너희한테 가겠다'고 말하
면, 그때 우리는 이 자리에 가만히
서 있으면서, 저들한테 가지 않을
것이다.
10 그러나 그들이 '우리에게 오라'고
말하면, 그때 우리가 저들한테 갈
것이다. 왜냐하면 **주님**이 저들을
우리 손에 넘기는 것으로, 바로 이
것이 우리에게 신호가 될 것이다."
11 그래서 그들 모두가 필리스틴 수
비대에 발각되었다. 그러자 필리
스틴 사람들이 말했다. "보라, 히브
루들이 숨어있던 구멍 밖으로 나
왔다."
12 수비대가 조너썬과 무기담당관에
게 대응하며 말했다. "우리에게 오
너라. 그러면 우리가 너희에게 본
때를 보여주겠다." 그때 조너썬이
무기담당관에게 말했다. "내 뒤를
따라라. **주님**이 이즈리얼 손에 저
들을 넘겨주었다."
13 조너썬은 그의 손과 발로 기어올
라갔고, 무기담당관은 그의 뒤를
따랐다. 그리고 저들이 조너썬 앞
에서 쓰러졌고, 무기담당관은 뒤
를 따라 가며 죽였다.
14 조너썬과 무기를 짊어진자가 했던
첫번째 살육은 20명 정도가 되었
는데, 이는 1/2 에이커 되는 땅 크
기에서, 멍에에 매인 소 한쌍이 경
작할 수 있는 넓이 안에서 이루어
졌다.
15 군대에서, 들판에서, 사람들 사이
에 전율이 있었고, 수비대와 약탈
자들 역시 땅이 진동하듯 떨었는
데, 대단히 큰 공포의 동요였다.
16 벤저민지역 기비아기브아에서 솔의

보초병이 지켜보니, 건너편에서
다수가 혼란에 빠져 서로를 쳐서
쓰러뜨리고 있었다.
17 그때 솔이 함께 있는 사람들에게
말했다. "지금 사람 수를 세고, 우
리한테서 없는 자가 누군지 확인
해라." 그래서 그들이 수를 세어보
니, 조너썬과 그의 무기담당관이
없었다.
18 솔이 애하이아아히야에게 말했다.
"이곳으로 **하나님**의 상자를 가져와
라." 그때 **주님**의 상자는 이즈리얼
자손과 함께 있었다.
19 솔이 제사장에게 말하는 사이, 필
리스틴 군대 내 소란이 계속되더
니, 점점 더 커졌다. 솔이 제사장에
게 말했다. "[**주님**의 상자에서] 당
신의 손을 떼세요."
20 그리고 솔은 그와 함께 있던 백성
이 모여 싸우러 나가보니, 사람의
칼이 제 동료를 향하면서, 마침내
그곳은 큰 패배가 있었다.
21 게다가 바로 전 필리스틴과 같이
있었던 히브리들이, 근처에서 필
리스틴 진영으로부터 가서, 그들
역시 솔과 조너썬과 함께 있는 이
즈리얼 편으로 방향을 돌렸다.
22 이프리엄 산지에 몸을 숨기고 있
던 이즈리얼 사람도 마찬가지로,
그들이 필리스틴이 도망쳤다는 이
야기를 듣게 되자, 그들 역시 필리
스틴을 뒤쫓아가며 열심히 싸웠
다.
23 그렇게 **주님**은 그날 이즈리얼을 구
했고, 전쟁은 베쌔븐벳 아웬, 벧아웬으
로 옮겨졌다.
24 이즈리얼 사람은 그날 몹시 괴로
웠다. 왜냐하면 솔이 사람들에게
엄숙하게 명령하며, "저녁이 될 때
까지 어떤 음식이라도 먹는 자는
저주를 받을 것이다. 그러면 내가
나의 적에게 보복을 할 수 있다."
그래서 아무도 어떤 음식조차 먹
지 않았다.
25 그곳에 있던 사람들이 어느 나무
로 왔는데, 그곳 땅위에 꿀이 있었
다.
26 그래서 사람들이 그 나무가 있는
곳으로 가보니, 꿀이 떨어져 있었
는데도, 아무도 입에 손을 갖다 대
는 사람이 없었는데, 왜냐하면 명
령이 두려웠기 때문이었다.
27 하지만 조너썬은 아버지가 사람들
에게 내린 명령을 듣지 못했다. 그
래서 그는 손에 있던 지팡이 끝을
내밀어, 벌집통에 넣었다가 자기
손을 입에 갖다 대자 눈이 밝아졌
다.
28 그때 사람 가운데 한 사람이 말했
다. "당신 아버지가 사람들에게 엄
하게 명령을 내렸어요. '오늘 조금
이라도 먹는 자는 저주받는다'고
해서 사람들은 겁이났어요."
29 그때 조너썬이 말했다. "아버지가
이땅을 힘들게 했구나. 제발, 좀 봐
라. 내 눈이 이렇게 밝아졌다. 꿀을

조금 맛봤는데 말이다.
30 사람들이 적의 전리품을 손에 넣
은 날, 그것을 자유롭게 먹었더라
면 얼마나 더 좋았을까? 그랬다면
필리스틴 가운데서 더 많은 사람
을 죽일 수도 있지 않았을까?"
31 그날 사람들은 믹매쉬부터 애이잴
런까지 필리스틴을 물리쳐서 대단
히 지쳐 있었다.
32 그래서 사람들은 빼앗은 물건에
뛰어들어, 양, 소, 송아지들을 데려
와서 땅위에서 죽이고, 피가 있는
채 먹었다.
33 그때 사람들이 솔에게 말했다. "보
세요, 사람들이 **주님**을 어기며 피
가 있는 것을 먹는 죄를 지었어요."
그러자 솔이 말했다. "너희는 위반
했다. 오늘 나에게 큰 돌을 굴려 가
져와라."
34 솔이 말했다. "사람들을 해산시키
고 그들에게 전해라. '내가 있는 여
기로 소가 있는 자는 소를, 양이 있
는 자는 양을 가져와서, 모두 여기
서 잡아먹도록 해라. 그래서 **주님**
에게 피가 있는 것을 먹는 죄를 짓
지 않게 해라." 그래서 모든 사람이
그날 저녁에 소를 가져와서 잡았
다.
35 그리고 솔은 **주님**에게 제단을 쌓았
다. 그것이 그가 **주님**에게 세운 첫
번째 제단이었다.
36 솔이 말했다. "밤에 우리가 내려가
서 필리스틴을 공격하고, 아침이
밝으면, 전리품을 뺏고, 그들 중 한
사람도 살려두지 말자." 그들이 말
했다. "당신이 좋다고 생각하는 대
로 무슨 일이든 하세요." 그때 제사
장이 말했다. "**하나님**에게 가까이
갑시다."
37 그리고 솔은 **하나님**의 자문을 구했
다. "내가 필리스틴을 치러 내려가
도 되나요? **주님**이 이즈리얼 손에
저들을 넘겨주나요?" 그러나 **주님**
은 그날 그에게 대답하지 않았다.
38 솔이 말했다. "너희 백성의 지도자
모두 이곳 가까이 오너라. 그러면
이날 지은 죄가 어디에 있었는지
보면 알 것이다.
39 **주님**이 살아있으므로 이즈리얼을
구했다. 비록 나의 아들 조너썬이
라 하더라도 죄를 지었기 때문에,
그는 반드시 죽게 된다." 하지만 사
람들 가운데 그에게 대답하는 자
는 한 사람도 없었다.
40 그래서 솔은 이즈리얼 모두에게
말했다. "당신들이 이쪽에 있으면,
나와 내 아들 조너썬은 저쪽에 설
것이다." 그러자 사람들이 솔에게
말했다. "당신 마음에 좋을대로 하
세요."
41 그래서 솔이 이즈리얼의 **주 하나님**
에게 말했다. "제비뽑기가 완전하
게 되도록 해주세요." 그리고 솔과
조너썬이 뽑혔고 백성은 피했다.
42 솔이 말했다. "나와 아들 조너썬 가
운데 제비를 뽑아라." 그러자 조너

썬이 뽑혔다.
43 그래서 솔이 조너썬에게 말했다.
"네가 한 일이 무엇인지 말해라."
조너썬이 말했다. "내가 했지만, 나
는 내 손에 있던 지팡이 끝으로 꿀
을 조금 맛봤을 뿐이에요. 내가 죽
어야만 하나요?"
44 솔이 말했다. "**하나님**이 그렇게 하
는 것이고 더한 것도 한다. 그래서
너는 반드시 죽어야 한다. 조너썬
아."
45 사람들이 솔에게 말했다. "조너썬
이 죽어야 합니까? 그는 이즈리얼
을 크게 구제한 사람인데요? 그것
은 **하나님**이 금지하지요. **주님**이 살
아 있으므로, 조너썬의 머리털 하
나라도 땅에 떨어져서는 안 돼요.
왜냐하면 그는 오늘 **하나님**과 함께
그 일을 했기 때문이에요." 그렇게
사람들이 조너썬을 구해서 그는
죽지 않았다.
46 그런 다음 솔은 필리스틴을 뒤쫓
는 일을 그만두고 갔고, 필리스틴
도 자기들 장소로 갔다.
47 그렇게 솔은 이즈리얼에 대한 왕
국을 갖고 사방의 모든 적을 상대
로 싸웠고, 모앱을 상대로, 애먼 자
손을 상대로, 이덤을 상대로, 조바
의 왕들을 상대로, 또 필리스틴을
상대해서 싸웠다. 그가 향하는 곳
이면 어디든지 적에게 고통을 주
었다.
48 그는 군대를 모아 애멀렉을 물리
쳐서, 노략질한 적들 손에서 이즈
리얼을 구해냈다.
49 다음은 솔의 자식들로, 조너썬, 이
수이, 멜키슈아가 있었고, 두 딸의
이름은 첫째가 메랩이고, 둘째는
미챌이다.
50 솔의 아내 이름은 애하이노앰으로
애하이매아즈의 딸이다. 그의 군
대대장 이름은 애브너인데 그는
솔의 아저씨 넬의 아들이다.
51 키쉬는 솔의 아버지이고, 애브너
의 아버지 넬은 애비얼의 아들이
었다.
52 솔의 일생 동안 필리스틴에 대한
전쟁은 너무나 가슴 아팠기 때문
에, 솔은 강한 사람이나 용맹한 사
람을 보면, 그의 곁에 붙잡아 두었
다.

솔을 거부하다

15 새뮤얼사무엘이 또 솔에게 말
했다. "주님이 나를 보내어
당신에게 기름을 붓고, 그의 백성
이즈이얼을 다스릴 왕이 되게 했
어요. 따라서 당신은 **주님**의 말에
귀를 기울여야 해요.
2 만인의 **주님**이 한 말은, '나는 애멀
렉아말렉이 이즈리얼에게 한 일을
기억하는데, 그들은 이즈리얼이
이집트에서 나왔을 때 길에서 어
떻게 기다렸는지 안다.
3 이제 가서 애멀렉을 무찔러라. 그
들이 가진 것 모두 철저히 부수고

살려두지 마라. 남자나 여자 모두,
갓난아이나 젖먹이 모두, 소와 양,
낙타와 나귀 모두 죽이라'고 했어
요."
4 그래서 솔이 사람들을 한데 모아,
텔래임 지역에서 수를 세니, 보병
20만명과 쥬다사람이 만명이었다.
5 솔은 애멀렉 도성까지 와서, 계곡
에서 기다렸다.
6 솔이 켄카인, 겐부족에게 말했다. "가
라. 애멀렉 사람들 가운데 있지 말
고 떠나라. 그래야 내가 그들과 같
이 있는 당신들을 파멸시키지 않
게 된다. 그 이유는 이즈리얼이 이
집트에서 나왔을 때, 너희는 우리
조상에게 친절을 보였기 때문이
다." 그래서 캔부족은 애멀렉한테
서 떠났다.
7 솔은 해빌라로부터 이집트 맞은편
에 있는 슈르지방에 이르기까지
애멀렉을 쳤다.
8 그는 애멀렉왕 애개그를 산 채로
잡고, 사람들 모두 칼로 철저히 죽
였다.
9 그런데 솔과 그 백성은 애개그왕
이외에도, 양 가운데 가장 좋은 것
과, 황소와 살찐 소, 새끼양 가운데
가장 좋은 것은 전부 죽이려고 하
지 않았고, 대신 나쁘고 쓸모 없는
것은 철저히 없애버렸다.
10 그때 **주님**의 말이 새뮤얼에게 왔
다.
11 "내가 솔을 왕으로 세운 것을 후회
한다. 왜냐하면 그는 나를 따르지
않고 마음을 돌리며, 나의 명령을
실행하지 않았다." 이 말이 새뮤얼
의 마음을 무겁게 하여, 그는 밤새
주님에게 항변했다.
12 새뮤얼이 아침 일찍 일어나 솔을
만나려고 했는데, 새뮤얼에게 다
음 소문이 들렸다. "솔이 카멀에 와
서, 자신을 기념하는 장소를 정한
다음 떠나 길갤로 갔다."
13 그리고 새뮤얼이 솔한테 갔더니,
솔이 이렇게 말했다. "당신은 **주님**
의 축복을 받았고, 나는 **주님**의 명
령을 수행했어요."
14 그러자 새뮤얼이 말했다. "그렇다
면 내 귀에 들리는 양의 울음소리
와, 내가 들은 소들의 음매 소리는
뭐죠?"
15 솔이 말했다. "그것은 애멀렉한테
서 가져왔어요. 왜냐하면 사람들
이 양과 숫소 중 가장 좋은 것 여럿
을 살려서, 당신의 **주 하나님**에게
희생제물이 되도록 한 것이고, 나
머지는 철저히 다 죽였어요."
16 새뮤얼이 솔에게 말했다. "잠깐, 내
가 **주님**이 밤에 내게 한 이야기를
당신에게 들려 주겠소." 그러자 솔
이 그에게 말했다. "어서 이야기하
세요."
17 새뮤얼이 말했다. "자기 눈에도 당
신은 능력이 부족하지만, 이즈리
얼부족을 다스리는 우두머리로 만
들지 않았나요? **주님**이 당신을 이

즈리얼의 왕으로 기름을 부었지
요?
18 그리고 **주님**은 당신을 출전시키며
이렇게 말했어요. '가서 죄인 애멀
렉들을 철저히 파멸시키고, 그들
이 다 없어질 때까지 싸워라'고 말
이죠.
19 그런데 어째서 당신은 **주님** 목소리
에 복종하지 않고, 대신 전리품에
만 날아들어 **주님**의 눈에 옳지 못
한 행동만 하나요?"
20 솔이 새뮤얼에게 말했다. "네, 나는
주님 목소리에 복종했어요. **주님**이
내게 시키는 길로 가서, 애멀렉의
애개그왕도 끌고 왔고, 애멀렉을
철저히 파괴했어요.
21 하지만 사람들이 전리품으로 양과
소를 빼앗아, 철저히 없애야 했던
물건 중 가장 좋은 것을 길갤의 당
신의 **주 하나님**에게 제사 지내려고
가져왔어요."
22 그러자 새뮤얼이 말했다. "**주님**이
번제와 희생물제사를 대단히 기쁘
게 받아들이는 것은 그의 말을 따
를 때이지요? 이봐요. 복종이 제사
보다 좋고, 말을 듣는 것이 숫양의
기름보다 낫지요.
23 지키지 않는 것은 마법사의 죄와
같고, 고집센 것은 범죄나 우상숭
배와 같아요. 당신이 **주님**의 말을
거부했기 때문에, 그 역시 당신이
왕이 되는 것을 거부했어요."
24 그러자 솔이 새뮤얼에게 말했다.
"나는 죄를 지었어요. 내가 **주님**의
명령과 당신의 말을 위반했어요.
왜냐하면 나는 백성을 두려워하여
사람들의 목소리를 따랐기 때문이
에요.
25 그러니 이제 부탁합니다. 나의 죄
를 용서하고, 나에게 다시 마음을
돌려주세요. 그러면 내가 **주님**을
경배할 수 있어요."
26 새뮤얼이 솔에게 말했다. "나는 당
신에게 마음을 돌리지 않겠어요.
왜냐하면 당신은 **주님**의 말을 거
부했고, **주님**도 당신이 이즈리얼의
왕이 되는 것을 거부했기 때문이
에요."
27 그러면서 새뮤얼이 가려고 하자,
솔이 새뮤얼의 겉옷자락을 붙잡았
는데, 그것이 찢어져버렸다.
28 그러자 새뮤얼이 솔에게 말했다.
"**주님**은 이날 당신한테서 이즈리
얼 왕국을 찢어내어, 그것을 당신
의 이웃에게 주었어요. 그것이 당
신보다 차라리 낫지요.
29 또 이즈리얼의 힘인 그는 거짓도
없고 후회도 없어요. 왜냐하면 그
는 후회나 하는 인간이 아니기 때
문이에요.
30 그때 솔이 말했다. "내가 죄를 지었
어요. 하지만 이제 부탁합니다. 나
의 백성의 원로들 앞에서, 이즈리
얼 앞에서 나의 명예를 세워주세
요. 그리고 내게 마음을 다시 돌려
주면, 내가 당신의 **주 하나님**을 경

배할 수 있을 거예요."
31 그래서 새뮤얼은 다시 솔한테 마
음을 돌렸고, 솔은 **주님**을 경배했
다.
32 그때 새뮤얼이 말했다. "너희는 내
가 있는 이곳으로 애멀렉 애개그
왕을 데려와라." 그러자 애개그가
우아한 모습으로 새뮤얼 앞에 와
서 말했다. "분명히 죽음의 고통은
지났다."
33 그러자 새뮤얼이 말했다. "당신의
칼이 여성을 불임으로 만든 것처
럼, 당신 어머니도 그런 여성처럼
자식이 없을 것이다." 그런 다음 새
뮤얼은 길갤의 **주님** 앞에서 애개그
를 조각 내버렸다.
34 그리고 새뮤얼은 래마로 돌아갔
고, 솔도 기비아에 있는 자기 집으
로 갔다.
35 새뮤얼은 죽을 때까지 솔을 더 이
상 보러 가지 않았지만, 솔에 대해
안타까워했고, **주님**은 솔을 이즈리
얼 왕으로 세운 것을 후회했다.

대이빋을 왕으로 지명

16 주님이 새뮤얼에게 말했다.
"너는 언제까지 솔에 대해 안
타깝게 생각할 거냐? 내가 이즈리
얼 통치자로 솔을 거부한 것을 알
면서? 네 뿔통에 기름을 채우면,
너를 베썰레헴베쓸레헴 사람 제시이사
야, 이새에게 보내겠다. 내가 그의 아
들 가운데 하나를 왕으로 지명했
기 때문이다."
2 새뮤얼이 말했다. "내가 어떻게 가
겠어요? 솔이 들으면 나를 죽일텐
데." **주님**이 말했다. "네가 암소 한
마리를 끌고가서, '나는 **주님**에게
제사를 지내려고 왔다'고 해라.
3 그리고 제시에게 희생제물을 요구
하면, 내가 네가 해야 할 일을 보여
주겠다. 그리고 너는 내가 이름을
말한 그에게 기름을 부어야 한다."
4 그래서 새뮤얼은 **주님**이 말한 대로
따르며 베썰레헴으로 왔다. 그러
자 마을 원로들이 새뮤얼이 왔다
는 소식에 떨며 말했다. "당신은 평
화를 위해 왔나요?"
5 새뮤얼이 말했다. "평화를 위해, 내
가 **주님**에게 제사하려고 왔으니,
각자 정결히 하고, 제사하러 오세
요." 그러면서 제시와 그의 아들들
을 정화하고 제사하도록 불렀다.
6 그들이 오자 새뮤얼이 일리앱엘리압
을 보고 말했다. "확실히 **주님**의 기
름을 받은 자가 바로 앞에 있어요."
7 그러나 **주님**은 새뮤얼에게 말했다.
"그의 얼굴을 보지 말고, 신장도 보
지 마라. 내가 그를 거절했기 때문
이다. **주님**은 인간이 보는 것과 다
르게 본다. 사람은 외모를 보지만,
주님은 마음을 본다."
8 다음 제시가 애비내댑을 불러, 새
무얼 앞을 지나게 하자, 그가 말했
다. "**주님**의 선택은 이 사람도 아니
예요."

9 다음으로 제시가 샤마를 지나가게
했더니, 그가 말했다. "**주님**은 이 사
람도 선택하지 않았어요."
10 다시 제시는 자기 아들 일곱을 새
뮤얼 앞으로 지나가게 했다. 그러
자 새뮤얼이 제시에게 말했다. "**주**
님은 이들도 선택하지 않았어요."
11 그리고 새뮤얼이 제시에게 말했
다. "이들이 당신 아들 전부인가
요?" 제시가 말했다. "아직 막내가
남아 있는데, 그 아이는 양을 지키
고 있어요." 새뮤얼이 제시에게 말
했다. "사람을 보내 그를 데려오세
요. 우리는 그 아이가 여기 올 때까
지 앉지 않겠어요."
12 그래서 제시가 사람을 보내어 그
를 데려왔다. 막내는 혈색이 좋았
고, 용모가 아름다워, 보기에도 잘
생겼다. 그리고 **주님**이 말했다. "일
어나서 그에게 기름을 부어라. 이
아이가 바로 그다."
13 그때 새뮤얼이 기름을 채운 뿔통
을 들고, 그의 형제 한가운데에서
막내에게 기름을 부었다. 그러자
주님의 영혼이 그날부터 대이빋다
윗에게 내려왔다. 그런 다음 새뮤얼
이 일어나 래마로 돌아갔다.
14 그래서 **주님**의 영혼이 솔을 떠나
자, **주님**의 악의 영혼이 솔을 괴롭
혔다.
15 그러자 솔의 시종이 그에게 말했
다. "이제 보니, **주님**의 악의 영혼이
당신을 괴롭히고 있어요.
16 이제 우리의 주인님 당신이, 당신
앞의 종 우리에게 명령하여, '하프
를 잘 켜는 사람'을 찾아오게 하세
요. 그러면 **주님**의 악의 영혼이 당
신에게 내려올 때마다, 그의 손으
로 하프연주를 하면, 당신이 좋아
질 거예요."
17 그래서 솔이 시종에게 말했다. "하
프를 잘 켜는 사람을 내게 데려와
라."
18 그때 시종 하나가 대답했다. "보세
요, 내가 베썰레헴 사람 제시의 아
들을 아는데, 그는 연주를 잘 하고,
힘이 세고 용감한 전쟁 용사이며,
매사에 분별력이 있고, 용모가 아
름다워, **주님**이 함께 하는 사람이
에요."
19 그래서 솔은 전령을 보내, 제시에
게 말을 전했다. "당신의 아들 대이
빋을 양과 함께 내게 보내 주시오."
20 그래서 제시는 나귀에 빵을 싣고,
와인 한병과 새끼양 한마리와 아
들 대이빋을 함께 보냈다.
21 대이빋이 솔에게 와서 그의 앞에
섰다. 솔은 대이빋을 몹시 사랑하
여, 그를 자신의 무기담당관이 되
게 했다.
22 솔은 제시에게 사람을 보내어 말
했다. "내가 당신에게 부탁하는데,
대이빋을 이곳에 나와 같이 있게
해주시오. 왜냐하면 그는 내 눈에
드는 사람이기 때문이오."
23 그래서 **하나님**으로부터 악의 영혼

이 솔에게 올 때마다, 대이빋은 하
프를 손으로 연주했다. 그래서 솔
은 기분이 상쾌해지고, 몸도 낫고,
악의 영혼도 그로부터 떠났다.

대이빋과 걸라이어쓰

17 필리스틴은 싸우려고 군인을
모아, 쥬다땅에 속하는 셔코
우에 집결하여, 셔코우와 이피스
대밈지역 애저커 중간에 진영을
펼쳤다.
2 그리고 솔과 이즈리얼 사람도 집
결하여 일라계곡에 진영을 세우
고, 전열을 갖추어 필리스틴과 대
치했다.
3 필리스틴 사람은 이쪽 산 위에 섰
고, 이즈리얼은 다른쪽 산에 자리
를 잡았는데, 그 사이에 계곡이 하
나 있었다.
4 필리스틴군 진영에서 어떤 투사가
나왔는데, 개쓰갓, 가드출신의 걸라
이어쓰골리앗라는 이름으로, 키가 6
큐빝 한뼘약 3m이나 되었다.
5 그는 머리에 황동제 투구를 쓰고,
금속링 갑옷으로 무장했으며, 철
갑옷 무게가 황동 5천 쉐클58Kg이
었다.
6 또 다리에는 황동제 정강이보호대
경갑을 채우고, 양 어깨 가운데에
는 황동보호대를 찼다.
7 그의 창자루는 마치 베틀의 가로
막대 같았고, 창머리 무게는 쇠붙
이로 600쉐클 약 60kg이 나갔고, 앞
쪽에 방패를 하나 들었다.
8 그는 서서 이즈리얼 군대에게 소
리쳤다. "왜 너희가 전열을 갖추고
나와 있지? 나는 필리스틴 사람이
고, 너희는 솔의 종이 아닌가? 너
희 중 하나를 골라, 내게 덤비게 해
라.
9 만약 그가 나와 싸워, 나를 죽이면,
우리가 너희 종이 되고, 내가 이겨
그를 죽이면, 그때 너희는 우리 종
으로 우리를 섬겨야 한다."
10 그 필리스틴 사람이 또 말했다. "오
늘 내게 이즈리얼군은 적수감도
안 된다. 사람 하나를 보내라. 같이
싸워보자."
11 솔과 이즈리얼 모두가 그 필리스
틴인의 말을 듣고, 몹시 낙담하며
대단히 두려웠다.
12 그때 대이빋다윗은 베썰레햄쥬다의
이프랫 자손 제시의 아들이었다.
제시이사이, 이새는 아들을 8명 두었
고, 솔 시대의 연장자 중 하나였다.
13 제시의 세 아들이 솔을 따라 전쟁
으로 나갔다. 전쟁에 나간 세 아들
의 이름은 첫째 일리앱, 둘째 애비
내댑, 세째 샤마였다.
14 대이빋은 막내여서, 세 형들이 솔
을 따라갔다.
15 대신 대이빋은 솔로부터 되돌아
가서, 베썰레햄에서 아버지 양에
게 풀을 먹였다.
16 필리스틴은 아침 저녁으로 가까이
접근하며, 40일간 모습을 드러냈

다.
17 제시가 아들 대이빋에게 말했다.
"이제 네 형들을 위해 볶은 콩 1 에
파2kg, 빵 열 덩이를 가지고 형이 있
는 진영으로 뛰어가라.
18 또 치즈 10개는 천명의 지휘관에
게 가져가서, 네 형들이 어떻게 잘
싸우고 있는지 보고, 그들이 명령
에 대한 선서를 잘 지키는지 둘러
봐라."
19 그때 솔은 이즈리얼 모두와 함께
일라 계곡에서 필리스틴과 싸우고
있었다.
20 대이빋은 아침 일찍 일어나, 양을
양지기에게 맡기고, 제시가 명령
한 대로 가지고 갔다. 그가 참호에
오자, 군대가 싸우러 나가면서 소
리를 질렀다.
21 이즈리얼과 필리스틴은 전쟁대열
을 갖추며 군대와 군대가 서로 대
치했다.
22 대이빋은 자기 짐을 짐꾼 손에 맡
기고, 군대로 뛰어가서 형들에게
인사했다.
23 그가 형들과 이야기하다보니, 개
쓰출신 투사 걸라이어쓰가 필리스
틴 군대에서 나와, 그렇게 말하는
것을, 대이빋이 듣게 되었다.
24 이즈리얼 모두가 그를 보자 너무
무서워 도망쳤다.
25 이즈리얼 사람이 말했다. "너희가
방금 나온 그 사람을 본 적이 있
던가? 도저히 이즈리얼과 비교되
지 않는 저런 자가 나왔다. 그 사람
을 죽이는 사람은, 우리 왕이 그에
게 큰 재물을 주어 부자가 되게 하
고, 그에게 딸을 주어 이즈리얼에
서 그의 조상집안에 자유를 줄 것
이다."
26 대이빋이 그 옆에 서 있던 사람에
게 말했다. "그 필리스틴인을 죽이
고, 이즈리얼로부터 불명예를 모
두 없애는 사람에게 무얼 준다고
요? 저런 할례도 안한 필리스틴인
이 살아있는 **하나님**의 군대를 무시
하다니?"
27 그러자 사람들이 그에게 이렇게
대답했다. "그것은 그를 죽이는 자
한테 이루어진단다."
28 큰형 일리앱은 대이빋이 사람들에
게 하는 말을 듣고, 막내에게 몹시
화가나서 말했다. "네가 어째서 여
기까지 왔냐? 게다가 너는 벌판에
양을 내버려두지 말아야 하는데,
누구에게 맡겼냐? 나는 네 자만심
과 네 마음의 허세를 알고 있다. 전
쟁을 보게 되면 네 마음이 어떨지
알만하다."
29 그러자 대이빋이 말했다. "내가 뭘
했다고 그래요? 뭐가 잘못됐어
요?"
30 그는 형한테서 얼굴을 돌려, 다른
사람에게 같은 이야기했더니, 사
람들도 그에게 같은 대답을 했다.
31 대이빋이 한 이야기가 전해지자,
그들이 솔 앞에서도 그 말을 되풀

이하자, 솔이 대이빋한테 사람을
보냈다.
32 그러자 대이빋이 솔에게 말했다.
"나로 인해 아무도 실망하지 않게
해주세요. 당신의 종이 나가서 필
리스틴과 싸우겠어요."
33 솔이 대이빋에게 말했다. "너는 그
필리스틴 사람과 싸워 이기지 못
한다. 왜냐하면 너는 어린애다. 그
리고 그는 어릴 때부터 전쟁을 치
른 용사이기 때문이다."
34 그러자 대이빋이 솔에게 말했다.
"당신의 종 나는 아버지의 양을 지
켰어요. 어떤 때는 사자도 나타나
고, 곰도 나타나지만, 그런 짐승들
로부터 어린양을 지켰어요.
35 나는 짐승들을 쫓아가서 죽이고,
물어가는 짐승 입에서 양을 구했
어요. 또 내게 짐승이 일어나 덤비
면, 나는 그의 수염을 붙들고 늘어
져 짐승을 쓰러뜨려 죽였어요.
36 당신의 종은 사자도 곰도 모두 죽
였지요. 할례도 안한 필리스틴은
그들 중 하나일 뿐이에요. 그는 살
아 있는 **하나님**의 군대를 하찮게
보았어요.
37 대이빋이 더 나아가 말했다. "나를
사자의 발톱에서 구해내고, 곰의
발톱에서 구해낸 **주님**이, 이번에는
필리스틴의 손에서 구해낼 거예
요." 그러자 솔이 대이빋에게 말했
다. "나가라. **주님**이 너와 함께 있을
것이다."
38 그래서 솔이 자신의 무기로 대이
빋을 무장시키며, 황동제 헬멧을
머리에 씌우고, 금속링 갑옷을 입
혔다.
39 대이빋이 무장갑옷을 입고 허리에
칼을 찬 다음, 걸어보려하니 잘 되
지 않았다. 그러자 대이빋이 솔에
게 말했다. "나는 이렇게 하면 갈
수 없어요. 습관이 되지 않았어요."
그러면서 몸에서 그것을 벗어버렸
다.
40 그는 손에 지팡를 들고, 시내에서
매끈한 돌 다섯개를 골라, 그것을
자신이 갖고 있는 목동주머니 속
에 집어넣고, 투석끈을 손에 들고,
그 필리스틴인 쪽으로 가까이 다
가갔다.
41 그 필리스틴인이 나와, 대이빋에
게 다가왔고, 방패를 든 그가 대이
빋 앞에 왔다.
42 그 필리스틴인이 살피다 대이빋을
보더니 기가 막혔다. 왜냐하면 대
이빋은 어린애였고 볼이 발그스름
한 귀여운 얼굴이었다.
43 그 필리스틴인이 대이빋에게 말했
다. "내가 개냐? 네가 막대기를 들
고 내게 오다니?" 그 필리스틴인
은 자기 신의 이름으로 대이빋을
저주했다.
44 그 필리스틴인이 대이빋에게 말했
다. "야, 너 이리와. 내가 네 살을 공
중에 나는 새한테 던져주겠다. 또
들의 짐승에게 던져주마."

45 그때 대이빋이 필리스틴인에게 말
했다. "너는 칼을 들고, 창을 들고,
방패를 들고 내게 덤벼라. 하지만
나는 네가 무시하는 만인의 **주님**의
이름으로 네게 덤비겠다.
46 오늘 **주님**은 너를 내 손에 넘길 것
이다. 그러면 나는 너를 치고, 네 목
을 자르겠다. 또 오늘 필리스틴군
의 시체를 공중의 새에게 주고, 땅
위의 들짐승에게 주겠다. 그러면
지구의 모두가 이즈리얼에 **하나님**
이 있다는 것을 알게 될 것이다.
47 여기 모인 모두는, **주님**이 칼과 창
으로 구원하지 않는다는 것을 알
아야 한다. 왜냐하면 전쟁은 **주님**
의 일이기 때문에, 그는 너희를 우
리 손에 줄 것이다."
48 그 필리스틴이 몸을 일으켜 대이
빋을 상대하러 가까이 다가오자,
대이빋이 그 필리스틴인에 대응하
러 군대를 향해 재빨리 뛰었다.
49 대이빋은 자기 주머니 속에 손을
집어넣어, 돌 하나를 꺼내어, 투석
끈에 끼워 던지자, 필리스틴인의
앞 이마를 쳤다. 그리고 돌이 그의
앞 이마에 깊이 박히자, 그는 얼굴
을 땅에 대고 쓰러졌다.
50 그렇게 대이빋은 돌 하나를 던져
서 그 필리스틴인을 이기고, 필리
스틴 군대를 무찌르며 죽였다. 하
지만 대이빋 손에는 칼이 없었다.
51 그런 다음 대이빋이 뛰어가서 그
필리스틴을 내려다보며, 그의 칼
집에서 칼을 꺼내어 죽이고, 그의
목도 베었다. 그때 필리스틴 사람
은 그들의 투사가 죽는 것을 보자
달아났다.
52 이즈리얼 사람과 쥬다 사람이 일
어나서 소리 지르며, 필리스틴을
추격하여 계곡과 이크런 성문까지
왔다. 필리스틴의 부상자는 샤라
임으로 가는 길까지 쓰러졌고, 심
지어 개쓰와 이크런 길까지 쓰러
졌다.
53 이즈리얼 자손은 필리스틴을 추적
한 뒤, 돌아와서 그들의 막사를 약
탈했다.
54 대이빋이 그 필리스틴의 머리를
저루살럼으로 가져왔다. 하지만
그 필리스틴인의 무기는 자기 막
사 안에 두었다.
55 솔은 대이빋이 나가서 필리스틴과
싸우는 것을 보더니, 군대대장 애
브너아브네르, 아브넬에게 말했다. "이
젊은이가 뉘집 아들이지?" 애브너
가 대답했다. "왕, 당신의 영혼이
살아 있는 한, 나는 말 못해요."
56 그러자 왕이 말했다. "저 애송이가
누구 아들인지 물어봐라."
57 대이빋이 필리스틴을 죽이고 돌아
오자, 애버너는 그를 데리고, 그의
손에 그 필리스틴인의 머리를 들
린 채, 솔 앞에 데려왔다.
58 그러자 솔이 말했다. "너는 누구의
아들인가, 젊은이?" 대이빋이 대답
했다. "나는 당신의 종 베썰레헴 사

람 제시의 아들입니다."

솔은 대이빋이 두려웠다

18 대이빋다윗이 솔사울에게 말을
마치자, 조너썬요나탄, 요나단의
마음은 대이빋의 마음과 서로 유
대감이 생기게 되면서, 조너썬은
마치 자기자신처럼 대이빋을 사랑
하게 되었다.
2 솔은 그날 대이빋을 붙잡고, 더 이
상 아버지 집으로 보내지 않았다.
3 그때 조너썬과 대이빋은 의리의
약속을 맺었다. 왜냐하면 그가 대
이빋을 자기 영혼처럼 사랑했기
때문이었다.
4 조너썬은 자기 로브옷을 벗어 대
이빋에게 주었고, 옷과 자기 칼도,
활도, 허리띠까지 주었다.
5 대이빋은 솔이 파견하는 곳이면
어디나 가서 슬기롭게 행동했고,
솔은 전사를 감독하는 자리에 대
이빋을 앉혔다. 그는 모든 사람한
테 인정받았고 솔의 신하한테도
그랬다.
6 대이빋이 필리스틴 사람을 대량살
육하고 돌아오자, 여자들이 이즈
리얼의 모든 도성에서 나와, 노래
부르고 춤을 추며 솔 왕을 맞이했
고, 태브렐과 악기를 가지고 환호
했다.
7 여자들은 춤추며 서로에게 말했
다. "솔은 천명을 죽이고, 대이빋은
만명을 죽였다."
8 그러자 솔은 몹시 화가 났고, 그 말
을 듣기가 불쾌해서 말했다. "저들
이 대이빋에게는 만명을 부여하면
서, 내게는 고작 천명인데, 도대체
대이빋이 이 왕국에서 무엇을 더
할 수 있다는 거냐?
9 그리고 솔은 그날부터 대이빋을
노려봤다.
10 다음날의 일이었다. **하나님**의 악령
이 솔에게 내려오자, 그는 집 한가
운데에서 예언을 중얼거렸다. 대
이빋은 다른 때와 마찬가지로 자
기 손으로 하프를 연주하고 있었
는데, 솔의 손에는 창이 들려 있었
다.
11 그때 솔이 창을 던지며 말했다. "내
가 대이빋을 창으로 찔러 벽에 박
아버리겠다." 그래서 대이빋은 솔
앞에서 두 번이나 피했다.
12 솔은 대이빋이 두려웠다. 왜냐하
면 **주님**이 대이빋과 함께 있고, 솔
을 떠났기 때문이었다.
13 그래서 솔은 자기 곁에서 그를 물
러나게 하여, 대이빋을 천명의 지
휘관이 되게 했다. 대이빋은 사람
들의 앞에 서서 나가고 들어왔다.
14 대이빋은 자신이 하는 모든 일에
현명하게 행동했고, **주님**은 그와
함께 있었다.
15 솔은 대이빋이 영리하게 처신하는
것을 알게 되자, 그가두려웠다.
16 그러나 모든 이즈리얼과 쥬다 사
람은 대이빋을 사랑했다. 왜냐하

면 그는 그들 앞에 서서 나가고 들
어왔기 때문이다.
17 솔이 대이빋에게 말했다. "보라, 나
의 큰딸 메랩을 네게 아내로 주겠
다. 단지 너는 나를 위한 용사가 되
고, **주님**의 전쟁에서 싸우기만 해
라." 솔의 의도는 자신이 대이빋한
테 손을 대지 않고, 필리스틴을 이
용하여 그를 손보게 하는 것'이었
다.
18 대이빋이 솔에게 말했다. "내가 뭐
라고요? 내 형편이나 이즈리얼에
서 내 아버지 집안신분이 어떤지
알잖아요? 그런데 내가 어떻게 왕
의 사위가 되나요?"
19 그런데 솔의 딸 메랩이 대이빋에
게 시집가야 할 무렵에, 그 딸은 메
호랫 사람 애드리얼에게 보내졌
다.
20 한편 솔의 딸 마이클미칼, 미갈은 대
이빋을 사랑했다. 그리고 사람들
이 솔에게 그 이야기를 전하자, 솔
은 그 소리가 반가웠다.
21 솔이 말했다. '내가 대이빋에게 딸
을 주면, 딸은 대이빋에게 덫이 되
어, 필리스틴의 손이 그를 제거할
수도 있다.' 그래서 솔이 대이빋에
게 말했다. "너는 이날로 둘이 한몸
이 되어 내 사위가 되는 것이다."
22 그리고 솔이 종에게 명령했다. "대
이빋에게 슬며시 이렇게 말해라.
'이봐요, 왕은 당신에 대해 만족하
게 생각하고, 또 모든 신하도 당신
을 사랑해요. 그러니 이제 왕의 사
위가 되세요'라고 말이다."
23 솔의 종이 이 말을 대이빋 귀에 전
했다. 그러자 대이빋이 말했다. "왕
의 사위가 되는 것이 당신에게 가
볍게 보이겠지만, 나는 가난하고
존경받지 못하는 집안이라는 것을
알잖아요?"
24 솔의 종이 이렇게 보고했다. "대이
빋에게 그대로 말했어요."
25 그러자 솔이 말했다. "그러면 너희
는 대이빋에게 가서 이렇게 말해
라. '왕은 지참금을 조금도 바라지
않고, 단지 필리스틴의 포피 백개
로, 왕의 적에게 보복만 하면 된다'
고 말해줘라." 그러나 솔은 필리스
틴 손으로 대이빋을 쓰러뜨리려는
생각이었다.
26 그의 시종이 대이빋에게 이 말을
전하자, 대이빋은 이것으로 왕의
사위가 되는 것이 몹시 기뻤고, 기
한은 아직 만료되지 않았다.
27 그래서 대이빋이 일어나 그와 그
의 병사들이 나가서 필리스틴 2백
명을 죽이고 그들의 포피를 가져
와서, 대이빋이 왕의 사위가 될 수
있다는 장황한 이야기와 더불어
왕에게 주었다. 그러자 솔이 그에
게 딸 마이클을 아내로 주었다.
28 솔은 **주님**이 대이빋과 같이 있다는
것을 알게 되었고, 솔의 딸 마이클
은 대이빋을 사랑했다.
29 하지만 솔은 더욱 대이빋이 두려

웠다. 그리고 솔은 지속적으로 대
이빋의 적이 되었다.
30 당시 필리스틴의 대군왕자들이 계
속 나타났는데, 그들이 올 때마다
대이빋은 솔의 신하들보다 더 현
명하게 행동하여, 그의 이름이 널
리 알려지게 되었다.

솔이 대이빋을 죽이려 한다

19 솔이 그의 아들 조너썬과 그
의 시종 모두에게 대이빋을
죽여야 한다고 말했다.
2 하지만 솔의 아들 조너썬은 대이
빋을 대단히 좋아했기 때문에, 조
너썬이 대이빋에게 말했다. "나의
아버지 솔이 너를 죽이려 한다. 그
래서 내가 부탁하는데, 아침까지
몸조심하고 비밀 장소에 머물며
숨어라.
3 내가 나가서 네가 있는 벌판에서
아버지 옆에 서 있다가, 너에 관해
아버지와 대화하다가, 무언가 알
게 되면, 그것을 너에게 말해주겠
다."
4 그리고 조너썬은 아버지 솔에게
대이빋에 관해 좋게 말했다. "왕이
자기 종 대이빋에게 죄를 짓지 말
아야 해요. 대이빋은 아버지에게
잘못한 일이 없고, 아버지에게 좋
은 일을 했으니까요.
5 대이빋은 자기 생명을 아버지 손
에 맡기고, 필리스틴 사람을 죽였
고, **주님**은 이즈리얼을 크게 구제
해주었어요. 아버지도 그것을 보
고 기뻐했어요. 그런데 왜 아버지
는 순수한 피에 대해 죄를 지으려
고, 이유도 없이 대이빋을 죽이려
하나요."
6 솔은 아들 조너썬의 말에 귀를 기
울이며 맹세했다. "**주님**이 살아 있
으므로 그의 이름으로 대이빋을
죽이지 않겠다."
7 조너썬이 대이빋을 불러 이것을
모두 알렸다. 또 조너썬은 대이빋
을 솔에게 데려와서 예전처럼 솔
앞에 있게 했다.
8 그리고 다시 전쟁이 있었다. 대이
빋이 출전하여 필리스틴과 싸웠
고, 그들을 엄청나게 죽이자 필리
스틴이 달아났다.
9 **주님**의 악령이 솔에게 또 왔다. 그
는 집에서 손에 창을 쥐고 앉아 있
었고, 대이빋은 손으로 악기를 연
주하고 있었다.
10 솔은 자기 창으로 대이빋을 찔러
벽에 박으려고 했는데, 그가 솔 앞
에서 빠져나가자 창이 벽에 꽂혔
다. 그리고 대이빋은 달아나 밤사
이 도망쳤다.
11 솔 역시 전령을 보내어, 대이빋 집
에서 그를 감시하며, 아침이 되면
죽이려고 했다. 대이빋의 아내 마
이클이 말했다. "만약 오늘 밤에 목
숨을 구하지 못하면, 당신은 내일
죽을 거예요."
12 그래서 마이클이 대이빋을 창을

통해 아래로 내려주어, 그가 피해
서 도망갔다.
13 그리고 마이클은 신상을 가져와,
침대에 놓고, 염소털로 베개를 만
든 다음 시트로 덮었다.
14 솔이 사람을 보내어 대이빋을 잡
으려 하자, 마이클은 그가 아프다
고 했다.
15 솔은 다시 전령을 보내어 대이빋
한테 가보라며 일렀다. "대이빋을
보면 침대째 끌고 와라. 내가 그를
죽여버리겠다."
16 전령들이 와서 보니, 침대에는 염
소털로 만든 베개를 받친 신상 하
나만 있었다.
17 그러자 솔이 딸 마이클에게 말했
다. "너는 어째서 나를 속이고, 나
의 적인 그를 피신시켰냐?" 마이
클이 솔에게 대답했다. "대이빋이
내게 '나를 보내라. 내가 왜 당신을
죽여야만 하겠니?'라고 했어요."
18 그렇게 대이빋은 피해 달아나 래
마에 있는 새뮤얼한테 갔다. 그리
고 그에게 솔이 자신에게 한 일을
모두 말했다. 그래서 그와 새뮤얼
은 함께 내이오쓰로 가서 있었다.
19 그런데 솔에게 이런 소문이 들렸
다. "대이빋이 래마의 내이오쓰에
있다."
20 솔은 대이빋을 잡도록 전령을 보
냈는데, 그들은 예언을 중얼거리
는 예언자 무리를 보게 되었다. 새
뮤얼은 서서 그들을 이끌었는데,
하나님의 영혼이 솔이 보낸 전령에
게도 내리자, 그들 역시 예언을 중
얼거렸다.
21 이 소식이 솔에게 전해지자, 다른
전령을 보냈는데, 그들도 마찬가
지로 예언을 중얼거렸다. 그래서
솔은 다시 세번째 전령을 보냈지
만 그들도 그랬다.
22 마침내 솔은 직접 가서 래마의 세
츄지역의 큰 우물까지 와서 물었
다. "새뮤얼과 대이빋이 어디 있
지?" 어떤 사람이 말했다. "그들은
래마의 내이오쓰에 있어요."
23 그래서 그가 래마의 내이오쓰로
가는데, **하나님**의 영혼이 그에게도
내려와서, 래마의 내이오쓰에 올
때까지 솔도 계속해서 예언을 중
얼거렸다.
24 게다가 그는 옷까지 벗고 새뮤얼
앞에서 똑같은 방법으로 예언하
며, 그날 하루종일 또 밤새도록 맨
몸으로 누워있었다. 그러자 사람
들이 말했다. "솔도 예언하는 사람
인가?"

대이빋과 조너썬의 맹세

20 대이빋다윗은 래마라마의 내이
오쓰나욧에서 도망쳐서 조너
썬요나탄, 요나단 앞에서 따졌다. "내
가 무엇을 했는데? 대체 내가 뭘
잘못했다고? 당신 아버지한테 지
은 죄가 뭐라고, 그가 내 생명을 노
리느냐 말이야?"

2 조너썬이 대이빋에게 말했다. "**하**
나님은 그런 일을 용납하지 않아.
너는 죽지 않을 거야. 이봐, 내 아버
지는 크든 작든 아무것도 하지 않
겠지만, 그것을 나에게는 보여줄
거야. 아버지가 내게 그것을 숨기
겠어? 그렇게 하지 않아."
3 대이빋은 더욱 단호하게 말했다.
"너희 아버지는 네 눈이 나에게 호
의를 준다는 것을 알고 있으니, '조
너썬에게 이것을 알리지 말자. 그
가 괴로워하지 않도록' 이라고 말
하겠지. 하지만 **주님**이 살아 있고,
네 영혼도 살아 있으므로, 그 이름
을 두고 내가 진정으로 단언하는
데, 나와 죽음의 간격은 한 걸음뿐
이야."
4 그러자 조너썬이 대이빋에게 말했
다. "네가 원하는 바가 무엇이든,
나는 너를 위해 돕겠어."
5 대이빋이 조너썬에게 말했다. "자,
내일은 새 달이 시작되기 때문에,
나는 왕과 함께 한자리에서 식사
하지 않으면 안 돼. 그러나 나를 떠
나게 내버려 둬. 그러면 나는 3일
째 저녁까지 들에 숨어 있을 수 있
어.
6 혹시 너희 아버지가 나를 찾으면
그때 이렇게 말해줘. '사실대로 말
하면, 대이빋이 내게 휴가를 요청
했어요. 그의 고향 베썰레헴에, 매
년 온 가족이 모여 제사를 지내야
한다고 했어요' 라고 말이야.
7 만약 그가 '잘했다'고 하면, 너의 종
나는 무사할 것이고, 그러나 왕이
대단히 화를 내면, 틀림없이 그가
나쁜 일을 결심하는 거야.
8 그러니 너는 종인 나의 일을 호의
로 처리해줘. 왜냐하면 네가 종인
나와 함께 **주님** 앞에서 의리의 약
속을 맺었기 때문이지. 하지만 나
에게 죄가 있다면, 네가 나를 죽여
줘. 네가 왜 나를 자네 아버지한테
끌고 가야 하겠어?"
9 그러자 조너썬이 말했다. "그것은
너와 거리가 먼 이야기야. 만약 아
버지가 너를 상대로 좋지 못한 결
정을 내린 것을 내가 확실히 알게
되면, 내가 그것을 너에게 말해야
지 않겠어?"
10 대이빋이 조너썬에게 말했다. "누
가 내게 말해줄까? 만약 너희 아버
지가 너에게 강압적으로 대답하게
하면 어떻게 할건데?"
11 조너썬이 대이빋에게 말했다. "자,
우리 같이 들로 나가자." 그래서 둘
이 들로 나갔다.
12 조너썬이 대이빋에게 말했다. "오
이즈리얼의 **주 하나님**, 내가 내일
아무 때나, 혹은 삼일째날 아버지
속셈을 듣게 될 때, 만약 그것이 대
이빋에게 좋은 일이면, 사람을 보
내지 않고, 내가 직접 네게 알려줄
게."
13 **주님**도 그렇게 하고, 조너썬은 더
욱 그렇게 할 거야. 하지만 내 아버

지가 네 불행을 즐긴다면, 내가 그
것을 네게 알려서 달아나게 하겠
어. 그러면 너는 무사할 수 있을 거
야. 또 **주님**이 아버지와 같이 있던
것처럼, 너와 함께 있을 거야.
14 너는 내가 살아서 만이 아니라, 죽
은 후에도 **주님**의 호의를 내게 보
여주기 바래.
15 대신 너 역시 영원히 내 집안과도
너의 호의를 끊으면 안 돼. **주님**이
땅위의 대이빋의 적을 하나도 없
이 모두 제거할 때도 절연은 절대
안돼."
16 그렇게 조너썬은 대이빋의 집안과
약속을 맺으며 말했다. "차라리 **주
님**이 적의 손으로 대이빋의 목숨을
빼앗게 하자."
17 그러면서 조너썬은 대이빋에게 다
시 맹세를 다짐했다. 그는 대이빋
을 너무나 사랑했기 때문에, 자신
의 영혼을 사랑하듯 했다.
18 조너썬이 대이빋에게 말했다. "내
일은 새 달이야. 네 자리가 비어 있
으면, 사람들이 너를 찾을 거야.
19 너는 3일간 머물다 빨리 가서, 네
가 전에 숨었던 그 장소로 가서, 이
젤 바위 옆에 숨어 있어야 해.
20 그러면 내가 바위를 향해 과녁을
맞추듯 화살 3대를 쏠거야.
21 그리고 내가 소년 하나를 보내며,
"가서 그 화살을 찾으라"고 말하
겠어. 그때 내가 소년한테, '화살이
네쪽으로 떨어졌으니 집어오라'고
말하거든, 네가 앞으로 나와도 무
사하고, **주님**이 살아 있는 것처럼
아무 해가 없을 거야.
22 그러나 소년한테, '화살이 너를 넘
어 갔다'고 말하면, 그땐 너의 길로
가야 해. 왜냐하면 **주님**이 너를 멀
리 보내는 것이기 때문이다.
23 너와 내가 이야기하는 문제에 대
해, 너와 나 사이에 **주님**이 영원히
있을 거야."
24 그래서 대이빋이 들에 숨었다. 새
달이 되어, 왕이 식사하려고 자리
에 앉았다.
25 왕은 하던 대로 벽 옆 자기 자리에
앉자, 조너썬이 왔고, 애브너는 솔
옆자리에 앉았으므로, 대이빋 자
리만 비었다.
26 그런데 솔은 그날 아무 이야기도
하지 않았다. 솔은 이렇게 생각했
다. '무슨 일이 그에게 생긴거다. 그
는 깨끗하지 못한 놈이다. 확실히
그렇다.'
27 다음날은 새 달의 둘째 날이었다.
대이빋의 자리는 비어 있었다. 솔
이 아들 조너썬에게 말했다. "도대
체 제시 아들놈은 왜 식사하러 오
지 않는 거냐? 어제도 없고, 오늘
도 안 오다니?"
28 조너썬이 솔에게 말했다. "대이빋
이 솔직하게 내게 휴가를 달라며,
베썰레헴으로 간다고 했어요.
29 그가 이렇게 말했어요. '나를 좀 보
내 주세요. 가족이 고향에서 제사

를 지내는데, 내 형이 나더러 꼭 오
라고 명령했어요. 지금 내가 당신
눈에서 호의를 받는다면, 가게 해
주세요. 내 형제를 만나도록 부탁
해요.' 그래서 그는 왕의 식탁에 오
지 못했어요."
30 그때 솔의 화가 조너썬에 대해 치
밀어올라 말했다. "반항이나 하는
계집년의 못되 빠진 아들놈 자식
아, 네가 제시의 아들을 골라서 자
신도 먹칠하고, 또 네 어미의 육신
까지 먹칠이나 하는 걸, 내가 모를
줄 아냐?
31 그 제시의 자식이 이땅에 살아있
는 한, 너는 절대 나라를 세울 수
없고, 네 왕국도 없다. 그러니 이제
그 놈을 내게 데려와라. 확실히 죽
여주겠다."
32 조너썬이 아버지 솔에게 말했다.
"대체 왜 대이빋이 죽어야 해요?
그가 뭘 했죠?"
33 솔은 아들마저 죽일듯, 그에게 창
을 던졌다. 그로 인해 조너썬은 아
버지가 대이빋을 살해할 결심이라
는 것을 알았다.
34 그래서 조너썬은 몹시 화가 난 채
탁자에서 일어나, 그달 두 번째 날
은 밥도 먹지 않았다. 대이빋을 생
각하면 너무 침울했다. 왜냐하면
자신의 아버지가 대이빋에게 모욕
을 주었기 때문이었다.
35 아침이 되자 조너썬은 대이빋과
약속한 때에 들로 나가며, 소년과
함께 갔다.
36 그는 소년에게 말했다. "뛰어가서
내가 쏜 화살을 찾아라." 그래서 소
년이 뛰자, 조너썬은 소년을 훨씬
넘겨 화살을 쏘았다.
37 소년이 조너썬이 쏜 화살이 떨어
진 자리로 가자, 조너썬은 소년의
뒤에서 소리쳤다. "화살이 훨씬 넘
어 갔지 않냐?"
38 조너썬은 소년 뒤에서 소리쳤다.
"속력을 내서 급히 서둘러라. 그곳
에 있지 마라." 조너썬의 소년은 화
살을 모아 주인에게 왔다.
39 그러나 소년은 아무것도 알지 못
했다. 단지 조너썬과 대이빋만 그
내용을 알았다.
40 조너썬은 그의 화살을 소년에게
주고 말했다. "어서, 그것을 도성으
로 가져가거라."
41 소년이 떠나자, 대이빋이 남쪽 방
향의 장소에서 몸을 일으켜 자신
의 얼굴을 땅에 대고 고개를 숙여
세번 절했다. 그리고 그들은 서로
입을 맞추며 울었는데, 대이빋은
더 심하게 울었다.
42 조너썬이 대이빋에게 말했다. "맘
편히 가라. 우리 두 사람은 **주님**의
이름으로 맹세하며 말했다. 너와
나 사이에 **주님**이 있고, 나의 자식
과 너의 자식 사이에도 영원히 **주
님**이 있다고 우리는 맹세했다." 그
런 다음 그는 일어나 떠났고, 조너
썬도 도성으로 갔다.

대이빋과 전시용빵 및 칼

21 그리고 대이빋은 애히멜렉아
히멜렉 제사장이 있는 노브지
역에 왔다. 그는 대이빋을 만나기
가 두려워서 물었다. "왜 혼자 왔
고, 같이 온 사람이 없나?"
2 대이빋이 제사장 애히멜렉에게 대
답했다. "왕이 내게 임무를 명령했
어요. '그가 나를 보내는 임무에 관
하여 어떤 명령도 다른 사람에게
알리지 말라'고 했어요. 그래서 나
는 부하들을 이런 저런 장소에 보
냈어요.
3 그런데 당신 손에 무엇이라도 있
나요? 내게 빵 다섯 덩이만 주세
요. 아니면 있는 것이라도."
4 제사장이 대이빋에게 대답했다.
"내 손에 보통 빵은 없고, 신성한
빵만 있는데, 젊은이가 근래 적어
도 여자를 멀리했으면 먹을 수 있
다."
5 대이빋은 제사장에게 대답했다.
"사실 내가 떠나온 이래 3일간 여
자를 멀리했고, 내 젊은 부하들도
깨끗해요. 보통 때도 그 빵에 대해
깨끗한데, 맞아요, 오늘 그들의 내
장은 더 정화되어 있어요."
6 그렇게 제사장이 그에게 신성한
빵을 준 이유는, 거기에 다른 빵은
없고, 전시용빵만 있었기 때문이
었다. 그것은 **주님** 앞에 그날의 갓
구운 빵을 두려고, 전시에서 물려
진 것이다.
7 그런데 솔의 신하 중 한 사람이, 그
날 그곳 **주님** 앞에 잠시 있었고, 그
는 이덤 사람 드에그로 솔 소속 목
자 중 대표였다.
8 대이빋이 애히멜렉에게 말했다.
"당신 손에 창이나 칼이 없나요?
내가 칼이나 무기를 가져오지 못
한 이유는, 왕의 임무가 긴급했기
때문이에요."
9 그러자 제사장이 말했다. "그 필리
스틴인 걸라이어쓰골리앗의 칼이 있
는데, 자네가 일라엘라계곡에서 그
를 죽였지. 보라, 그 칼이 천에 싸여
여기 에퐈드 제사복 뒤에 있다. 만
약 네가 그것을 갖겠다면 가져가
라. 그것 외에 다른 건 없다." 대이
빋이 말했다. "그보다 좋은 게 없네
요. 그것을 내게 주세요."
10 그리고 대이빋은 일어나, 솔이 두
려워 도망쳐서, 개쓰의 왕 애키쉬
한테 갔다.
11 애키쉬의 신하가 그에게 말했다.
"이 사람은 천하의 왕 대이빋이 아
닌가요? 사람들이 당신을 보고 서
로 춤추며 노래했잖아요? '솔은 천
명을 죽이고, 대이빋은 만명'이라
고 했죠?"
12 대이빋은 이 말이 마음에 걸려, 개
쓰왕 애키쉬에 대해 몹시 두려웠
다.
13 그래서 대이빋은 그들 앞에서 자
신의 태도를 바꾸어, 미친척 가장
하며, 성문에 낙서하고, 수염 아래

에 침까지 흘렸다.
14 그러자 애키쉬가 자기 신하에게
말했다. "보라, 너희도 보듯이 이
사람은 미쳤다. 그런데 왜 너희는
그를 내게 데려오나?
15 내가 언제 미친놈이 필요하다 했
나? 이런 미치놈을 내 앞에 데려와
놀게 하다니? 내 집에 이런 놈까지
들여 놓아야하냐?"

대이빋을 도운 제사장 죽음

22 그리고 대이빋은 그곳을 떠
나 애덜럼 동굴로 피신했다.
그의 형제와 아버지 집안 모두가
그 소식을 듣고 대이빋이 있는 곳
에 갔다.
2 괴로운 사람, 빚이 있는 사람, 불만
이 있는 사람들이 모두 대이빋에
게 모이자, 그는 그들의 대표가 되
었고, 대략 400명이었다.
3 대이빋은 모앱의 미즈페로 가서
모앱왕에게 말했다. "나의 아버지
어머니가 당신과 함께 있도록 부
탁해요. 내가 **하나님**이 내게 시킬
일을 알 때까지 말이죠."
4 그래서 그가 모앱왕 앞에 부모를
데려왔고, 그들은 대이빋이 요새
에 있는 동안 모앱왕과 함께 있었
다.
5 예언자 개드가 대이빋에게 말했
다. "요새 안에 있지 말고, 떠나 쥬
다땅으로 가세요." 그래서 대이빋
이 떠나 해레쓰 숲으로 왔다.
6 솔은 대이빋이 눈에 띄었다는 말
을 들었을 때, 사람들과 함께 있었
다. [그때 솔은 래마의 기비아의 어
느 나무 아래에 머무르며 손에 창
을 들고 있었고, 신하들은 주위에
서 있었다.]
7 그때 솔이 주위에 서 있는 신하에
게 말했다. "너희 벤저민은 들어라.
제시의 자식이 너희 모두에게 들
도 주고, 포도밭도 주며, 너희를 수
천의 대장으로, 수백의 대장으로
삼을 것 같냐?
8 너희 모두가 내게 음모를 꾸미고
있구나. 내 아들이 제시 자식과 동
맹했다고 알리는 자도 없고, 내게
미안해하는 자도 없고, 또 내 아들
이 내게 맞서 오늘이라도 대기하
라며 내 신하를 부추긴다고 알려
주는 자도 없지 않냐?
9 그때 이덤 사람 드에그도엑는 솔의
신하를 감독했는데, 그가 대답했
다. "나는 제시의 아들이 노브로 와
서 애히툽의 아들 애히멜렉한테
있는 것을 보았어요.
10 그는 대이빋을 위해 **주님**에게 자문
을 구하고, 대이빋에게 먹을 것을
주고, 필리스틴인 걸라이어쓰의
칼까지 주었어요."
11 그러자 왕은 사람을 보내어 애히
툽의 아들 제사장 애히멜렉과 그
의 아버지 집안 모두를 부르자, 그
들이 왕에게 왔다.
12 솔이 말했다. "들어라. 애히툽의 아

들아, 그러자 그가 대답했다. "네,
주인님."
13 솔이 그에게 말했다. "왜 너희는 너
와 제시 자식 모두 내게 맞서 음모
를 꾸미지? 너는 그에게 빵도 주
고, 칼도 주며, 그를 위해 **하나님**에
게 자문도 구하고, 또 대이빋이 나
를 상대로 이날이라도 반역하여
들고 일어나도록 대비시키나?"
14 애히멜렉이 왕에게 대답했다. "대
이빋만큼 당신 신하 가운데 충직
한 신하가 누구죠? 그는 왕의 사위
이고, 당신의 명령대로 따랐고, 당
신 집안에서 명예로운 사람이에
요.
15 내가 그를 위해 **하나님**에게 기도를
그때 처음 했어요? 그건 아니죠.
왕 당신은 어떤 것도 신하에게 탓
을 돌리지 마세요. 또 나의 아버지
집안에 죄를 전가하지 마세요. 당
신의 종은 크든 작든 이에 대해 아
는 게 없으니까요."
16 왕이 말했다. "애히멜렉, 내가 너를
확실히 죽여주마. 너와 네 아비 집
안 모두."
17 왕이 옆에 서 있던 보병에게 말했
다. "시작해라. **주님**의 제사장들을
죽여라. 왜냐하면 그들 손 역시 대
이빋하고 짰다. 그들은 대이빋이
도망친 것을 알면서도 내게 알리
지 않았다." 그러나 왕의 신하들은
주님의 제사장을 쓰러뜨리려고 그
들 손을 내밀지 않았다.
18 그러자 왕이 드에그에게 말했다.
"네가 나서서 제사장들을 쓰러뜨
려라." 그러자 이덤 사람 드에그가
개시하여 제사장들을 쓰러뜨렸는
데, 그날 리넨 제사복을 입고 있던
제사장 85명을 죽였다.
19 그는 제사장의 노브도성을 칼로
치며, 남녀, 아이와 젖먹이, 소와 나
귀와 양 모두 칼끝으로 다 죽였다.
20 애히툽의 아들 애히멜렉의 아들
중 애비애썰만이 피해, 대이빋한
테 달아났다.
21 애비애썰은 대이빋에게 솔이 **주님**
의 제사장들을 다 죽였다는 이야
기를 전했다.
22 대이빋이 애비애썰에게 말했다.
"나는 그날 그것을 알았다. 이덤 사
람 드에그가 그곳에 있었을 때, 그
는 반드시 솔에게 이야기할 것을
알았다. 내가 당신 아버지 집안의
모두를 죽게 만들었다.
23 너는 나와 함께 있자. 두려워 마라.
내 목숨도 노리는 그가 너의 생명
도 노린다. 하지만 나와 같이 있으
면 너는 안전할 것이다."

솔이 대이빋을 노리다

23 그때 사람들이 대이빋에게
말했다. "보세요, 필리스틴 사
람이 케일라크일라, 그일라를 공격하
여 타작마당을 빼앗고 있어요."
2 그래서 대이빋이 **주님**에게 물었다.
"내가 지금 나가서 필리스틴을 무

찌를까요?" **주님**이 그에게 말했다.
"가거라. 필리스틴을 치고 케일라
를 구해라."
3 대이빋의 사람들이 그에게 말했
다. "보세요. 우리가 이곳 쥬다에
있는 것도 두려운데, 필리스틴 군
대를 상대하여 케일라를 구하러
나가면 얼마나 더 두렵겠어요?"
4 대이빋이 **주님**에게 다시 물었더니,
그에게 대답했다. "일어나서 케일
라로 가라. 왜냐하면 내가 너희 손
에 필리스틴을 넘길 것이다."
5 그래서 대이빋과 부하들이 케일라
로 가서 필리스틴과 싸웠다. 그들
의 가축을 빼앗고 쳐서 대량살육
했다. 그렇게 대이빋이 케일라 주
민을 구했다.
6 애히멜렉의 아들 애비애썰에브야타
르, 아비아달이 케일라에 있는 대이빋
에게 도망나오며, 손에 제사장 의
복을 가져왔다.
7 대이빋이 케일라로 왔다는 소문이
전해지자, 솔이 말했다. "**주님**이 대
이빋을 내 손에 넘겼다. 왜냐하면
그가 성문과 빗장이 있는 마을로
들어와 갇혔기 때문이다."
8 솔이 모든 사람을 불러모아 케일
라로 싸우러가서 대이빋과 부하를
포위하려고 했다.
9 대이빋은 솔이 몰래 자신을 해치
려는 것을 알았다. 그래서 그는 제
사장 애비애썰에게 말했다. "이곳
으로 제례복을 가져오너라."
10 그리고 대이빋이 말했다. "오 **주 하
나님**, 당신의 종이 분명히 들은 바
에 의하면, 솔이 케일라에 와서 나
를 잡고자, 이 성을 파괴하려고 해
요.
11 케일라 사람이 솔의 손에 나를 넘
길까요? 당신의 종 내가 들은대로
솔이 과연 이곳에 올까요? 오 이즈
리얼의 **주 하나님**, 내가 간곡히 부
탁하는데, 당신 종에게 말해주세
요." 그때 **주님**이 말했다. "솔이 올
것이다."
12 그러자 대이빋이 말했다. "케일라
사람들이 나와 내 부하를 솔의 손
에 넘길까요?" **주님**이 말했다. "그
들은 너를 넘길 것이다."
13 그래서 대이빋과 부하 약 600명이
일어나 케일라를 떠나, 갈 수 있는
곳으로 갔다. 대이빋이 케일라에
서 달아났다는 소식이 솔의 귀에
전해지자, 가려던 계획을 그만두
었다.
14 대이빋은 황야의 요새에 있으면
서, 짚지프, 십지역의 어느 산지에 머
물렀다. 솔은 매일 대이빋을 찾았
지만 **하나님**이 대이빋을 솔의 손에
넘기지 않았다.
15 대이빋은 솔이 자신의 목숨을 노
린다는 것을 알았기 때문에, 짚황
야의 어느 숲속에 있었다.
16 솔의 아들 조너썬이 대이빋이 있
는 숲으로 가서, **주님**의 손 안에 있
는 그에게 힘을 붇돋아주었다.

17 그는 대이빋에게 말했다. "두려워
하지마. 나의 아버지는 너를 절대
찾지 못할 거야. 너는 앞으로 이즈
리얼을 다스릴 왕이 되어야 하고,
나는 네 곁에 있을 거야. 그것을 솔
역시 알고 있어."
18 그들 둘은 **주님** 앞에서 약속했다.
그런 다음 대이빋은 숲에 머물고
조너썬은 집으로 갔다.
19 짚지역 사람이 기비아에 있는 솔
에게 와서 말했다. "대이빋이 지금
우리의 숲속 요새에 숨어 있잖아
요? 그곳은 제쉬먼 남쪽에 있는 해
킬라 산속이죠?
20 그러니 왕 당신의 의지대로 그곳
으로 가보세요. 우리의 임무는 그
를 왕의 손에 넘기는 일이죠."
21 솔이 말했다. "당신들은 **주님**의 축
복을 받을 거다. 나를 측은하게 여
겨 내게 도움을 주었다.
22 자, 부탁한다. 가서 준비하고, 대이
빋이 모습을 보이며 자주 출몰하
는 장소가 어딘지 알아보아라. 내
가 듣기로 그는 대단히 민첩하게
행동한다.
23 그러니까, 살펴보고 그가 숨어 있
는 은신처를 알아내어, 확실한 정
보를 다시 가져오면, 내가 함께 가
겠다. 만약 그가 이 땅에 있다면, 쥬
다전역 수천 곳을 뒤져서라도 반
드시 그를 찾아내겠다."
24 그들이 일어나서 솔 앞에서 짚지
역으로 갔다. 그러나 대이빋과 그
의 부하는 제쉬먼 남쪽 평원의 매
언황야에 있었다.
25 솔 역시 자기 사람들과 함께 그를
찾으러 나섰다. 사람들이 '대이빋
이 어느 바위까지 와서 매언황야
에 머물고 있다'고 말해주었다. 솔
이 그 이야기를 듣고 매언황야로
대이빋을 추적했다.
26 솔은 그 산의 이쪽 편으로 갔고, 대
이빋과 그의 부하는 그 산의 저쪽
으로 갔다. 대이빋은 솔이 무서워
서 달아나려고 급히 서둘렀다. 왜
냐하면 솔과 그의 군대가 대이빋
과 부하 주위를 포위했기 때문이
었다.
27 그러나 그때 전령 하나가 솔에게
와서 이렇게 말했다. "어서 서두르
세요. 필리스틴이 그 땅을 침략했
어요."
28 그래서 솔은 대이빋 추격에서 돌
아서 필리스틴을 대항하기 위해
갔다. 그래서 사람들은 그 지역을,
발을 돌린 의미로 셀라해마레코스
갈림바위, 셀라하마느곳라고 불렀다.
29 대이빋은 그곳으로부터 엔게디에
있는 요새로 가서 머물렀다.

대이빋이 악을 선으로 갚다

24 솔이 필리스틴을 쫓아내고
돌아오자, '대이빋이 엔게디
황야에 와 있다'는 소문이 들렸다.
2 솔은 전 이즈리얼에서 정예군
3,000명을 뽑아, 대이빋과 그의 부

하를 잡으러 야생염소 바위로 갔
다.
3 그가 가는 도중 양우리로 가게 되
었는데, 거기에 동굴이 있어, 솔이
용변을 보러 들어갔다. 그런데 대
이빋과 그의 사람들이 동굴 안쪽
에 있었다.
4 대이빋 부하가 그에게 말했다. "보
세요, **주님**이 주인님에게 말하던
그날이 이날인 것 같아요. **주님**이,
'너희 적을 네 손에 넘기겠다'고 했
죠. 그러니 당신은 자기가 하고 싶
은대로 그에게 마음대로 할 수 있
을 것 같아요." 그때 대이빋이 일어
나 몰래 솔의 옷자락을 잘랐다.
5 그것으로 대이빋은 마음에서 솔을
쳤던 것이다. 왜냐하면 그가 솔의
옷자락을 잘랐기 때문이었다.
6 그리고 대이빋은 자기 부하에게
말했다. "**주님**은 그가 기름을 부어
나의 주인님이 된 자에게 그렇게
하기를 금지하고, 그가 **주님**이 기
름을 부은 자임을 알면서, 내 손을
뻗어 그를 해치는 일을 금지한다."
7 그렇게 대이빋은 자기 종에게 이
런 말로 진정시켰고, 솔에 대해 들
고 일어나지 못하도록 자제시켰
다. 한편 솔은 일어나 굴에서 나와
자기 길을 갔다.
8 대이빋 역시 바로 일어나 굴에서
나와 솔 뒤에서 소리쳤다. "나의
왕, 주인님!" 솔이 뒤돌아 그를 보
자, 대이빋이 몸을 굽혀 땅에 얼굴
을 대고 절했다.
9 그리고 대이빋이 솔에게 말했다.
"왜 당신은, '대이빋이 왕인 당신을
해치려 한다'는 당신 사람들 말만
듣나요?
10 보세요. 이날 **주님**이 당신을 동굴
속에서 내게 어떻게 맡겼는지, 당
신 눈이 보았지요. 어떤 이는 내게
당신을 죽이자고 했어요. 하지만
나의 눈이 당신에게 연민을 보내
며 말했지요. '나의 주인님에 대해
내가 손을 대지 않겠다'라고요. 왜
냐하면 당신은 **주님**이 기름을 부여
한 자이기 때문이지요.
11 게다가 나의 아버지여, 보세요, 그
래요, 당신 옷자락이 내 손에 있는
걸 보세요. 내가 당신 옷을 자르고,
대신 당신을 죽이지 않았어요. 내
손으로 어떤 악행도 범죄도 저지
르지 않았음을 보고 알아주세요.
또 나는 당신에 반하는 죄를 짓지
않았어요. 그런데 당신은 내 생명
을 빼앗으려 합니다.
12 **주님**은 당신과 나 사이를 판정하
여, 그가 당신에 대한 나의 원수를
갚아줄 겁니다. 그러나 내 손을 당
신에게 손대지 않아요.
13 옛 속담에서 말하듯, 악은 악에서
나오지만, 나의 손을 당신에게 두
어서는 안 되지요.
14 누구의 뒤를 쫓으려고, 이즈리얼
의 왕이 나왔습니까? 당신은 누구
의 뒤를 추적하고 있나요? 죽은 개

를 쫓고, 벼룩이 한마리를 쫓고 있
어요.
15 그렇기 때문에 **주님**의 재판이 있을
거예요. 당신과 나를 재판하여, 나
의 호소를 들어보고, 당신의 손에
서 나를 구할 겁니다."
16 대이빋이 솔에게 이 말을 끝내자
솔이 말했다. "이것이 나의 아들 대
이빋의 목소리인가?" 그러면서 솔
이 목소리 높여 울었다.
17 그리고 그는 대이빋에게 말했다.
"네가 나보다 더 정직하다. 너는 내
게 선으로 보상해 주었는데도, 나
는 네게 그것을 악으로 갚았다.
18 오늘 너는 내게 얼마나 잘 대했는
지 보여주었다. **주님**이 나를 네 손
에 맡겼는데도, 너는 나를 죽이지
않았구나.
19 사람이 적을 만났을 때, 과연 적을
무사히 보낼 수 있을까? 그러니 **주
님**은 오늘 네가 나에게 베푼 선에
대해 너에게 복을 줄 거다.
20 보라, 이제 나는 네가 반드시 왕이
되어야 한다는 것을 잘 알겠다. 이
즈리얼 왕국은 네 손에서 세워져
야 한다.
21 그러므로 **주님**의 이름으로 나한테
맹세를 해다오. 너는 내 후손을 제
거하지 말고, 나의 아버지 집안에
서 나의 이름을 파멸시키지 마라."
22 그래서 대이빋이 솔에게 맹세했
다. 그런 다음 솔은 집으로 갔고, 대
이빋과 그의 사람들은 요새로 돌
아갔다.

대이빋과 애버개얼

25 새뮤얼이 죽었다. 그러자 모
든 이즈리얼이 한 자리에 모
여 그의 죽음을 애도한 다음, 래마
에 있는 그의 집에 매장했다. 대이
빋은 일어나 패런파란, 바란광야로 갔
다.
2 매언마온에 어떤 사람이 있었는데,
카멀카르멜, 갈멜지역에 그의 소유
지가 있었고, 엄청난 부자여서 양
3,000마리와, 염소 천마리를 가졌
으며, 카멀에서 양털을 깎았다.
3 그의 이름은 내이벌나발이었고, 아
내는 애버개얼아비가일이었다. 그녀
는 지혜롭고 용모가 아름다웠지
만, 남편은 인색하고 행동이 좋지
못했고, 캐이렙칼렙, 갈렙집안이었다.
4 대이빋은 광야에서 내이벌이 자기
양털을 깎는다는 이야기를 들었
다.
5 대이빋은 청년 10명을 보내며 그
들에게 말했다. "카멀로 내이벌을
찾아가서 내 이름으로 그에게 인
사해라.
6 너희는 부유하게 사는 그에게 이
렇게 말해야 한다. '당신 모두에게
평화가 있고, 당신이 가진 모든 것
에도 평화가 있기를 바랍니다.
7 당신은 양털을 깎는 사람을 데리
고 있다고 들었습니다. 우리와 함
께 있던 당신의 목자들에 대해, 우

리는 그들을 헤치지 않았고, 그들
이 카멀에 있는 동안 잃지 않게 했
습니다.
8 당신의 젊은이한테 물어보면, 당
신에게 알려 줄 겁니다. 그러니 우
리 청년들이 당신 눈에서 호의를
찾게 해주세요. 우리가 좋은 때 이
곳에 왔으니 부탁합니다. 당신 손
에 들어 있는 무엇이라도, 당신 종
이자 당신의 아들과 같은 대이빋
에게 주기를 바랍니다' 라고 전해
라."
9 그래서 청년들이 와서 대이빋의
이름으로 그 말을 내이벌에게 전
달을 마쳤다.
10 내이벌이 대이빋의 종들 말에 대
답했다. "대이빋이 누구지? 제서의
아들은 누구고? 요즘은 하루에도
자기 주인으로부터 떨어져 나가는
종들이 많다.
11 내가 나의 빵과 물과, 또 나의 양털
깎는 사람에게 주려고 죽인 나의
고기를, 어디에서 온 지도 모르는
자에게 주라고?"
12 그래서 대이빋의 청년들은 되돌아
가서 대이빋에게 이 모든 이야기
를 전했다.
13 대이빋은 자기 사람들에게 말했
다. "너희 모두 허리에 칼을 차라."
그래서 그들은 모두 허리에 칼을
찼고, 대이빋 역시 칼을 찼다. 그때
대이빋을 따라 나간 사람이 약 4백
명 정도였고, 약 200명은 그곳의
짐 옆에 있었다.
14 그 집 젊은이 중 하나가 내이벌 아
내 애버개얼에게 그 이야기를 전
했다. "보세요. 대이빋이 광야에서
전령을 보내어, 우리의 주인님에
게 인사했어요. 그런데 주인님이
그들에게 악담만 했어요.
15 그들은 우리에게 선의로 대했고,
우리는 다치지도 않았고, 우리가
광야에서 그들과 이야기하는 동안
어떤 것도 잃어버린 게 없었어요.
16 그들은 밤이나 낮이나 우리에게
보호벽이 되어 주었는데, 우리가
양을 지키면서 그들과 함께 있을
때 내내 그랬어요.
17 그러니 당신은 어떻게 해야할지
상황을 알아보고 생각해 보세요.
왜냐하면 우리 주인님을 향해, 또
주인님의 집안을 향해서도 좋지
못한 일이 결정되었어요. 그 이유
는 사람이 차마 말할 수도 없는 불
량한 빌리얼 자식 같은 사람으로
대이빋이 취급되었기 때문이에
요."
18 그래서 애버개얼이 서둘렀다. 그
리고 빵 2백개, 포도주 2병, 손질된
양 5마리, 구운 콩 5 자루약 37L, 건
포도 백 송이, 무화과케잌 200개를
나귀에 실었다.
19 그녀는 자기 종에게 말했다. "너희
는 나보다 먼저 가거라. 그러면 내
가 뒤따라 가겠다." 하지만 그녀는
남편 내이벌에게 말하지 않았다.

20 그녀가 나귀를 타고 계곡 옆으로
내려오다 보니, 대이빋과 그의 부
하가 그녀 맞은편에서 오고 있어
서, 그녀가 그들을 만났다.
21 한편 대이빋이 말했다. "황야에서
그 사람이 가지고 있는 모든 것을
지켜서, 그에 소속된 것을 하나도
잃지 않게 해주었는데도, 확실히
아무 소용이 없었다. 그리고 그는
내게 선의를 악으로 갚았다.
22 따라서 **주님**은 대이빋의 적에게 그
렇게 하고 또 그 이상도 한다. 만일
내가 내일 아침 해가 뜰 때까지 내
이벌에 속하는 모든 사람을, 벽에
다 오줌 누는 어떤 놈조차 하나라
도 남긴다면 말이다.
23 애버개얼이 대이빋을 보자, 그녀
는 급히 나귀에서 뛰어내리고, 대
이빋 앞에서 얼굴을 숙이고 땅에
대고 절을 했다.
24 그리고 그의 발 아래 엎드려 말했
다. "나의 주인님, 이 모든 잘못을
나한테 물어주세요. 당신 여종인
내게 당신이 보는 앞에서 이야기
하게 하고, 또 당신의 여종의 말을
들어주세요.
25 간곡히 바라는데, 나의 주인님은
불량한 빌리얼 같은 이 사람 내이
벌을 마음에 두지 말아주세요. 내
이벌이라는 이름대로 그에게는 어
리석음만 있어요. 그러나 주인님
의 여종 나는 주인님 당신이 보낸
청년들을 보지 못했어요.
26 그러므로 나의 주인님, **주님**이 살
아 있고 당신의 정신이 살아 있는
것처럼, **주님**은 당신이 피를 흘리
지 않게 자제시킨다는 것을 알아
주세요. 그리고 이제 나의 주인님
한테 악을 끼치는 내이벌과 같은
존재, 당신의 적에게 직접복수를
삼가게 한다는 것도 알아주세요.
27 이제 당신 여종이 나의 주인님에
게 가져온 축복의 물건을, 당신을
따르는 청년들에게 나누어 주세
요.
28 부탁합니다. 당신의 여종이 지은
비행을 용서하세요. **주님**은 나의
주인님에게 반드시 집을 만들어
줄 거예요. 왜냐하면 당신은 **주님**
의 전쟁을 치르기 때문이고, 당신
의 모든 생애 동안 당신한테서 악
이 보이지 않게 하기 때문이지요.
29 하지만 어떤 사람이 일어나서 나
의 주인님 당신을 추적하고 당신
생명을 노린다 해도, 나의 주인님
의 정신은 당신의 **주 하나님**과 일생
의 꾸러미 속에 한데 묶여 있어요.
그리고 당신 적의 정신을, **주님**이
투석기 가운데 끼워 던지듯 던져
버릴 거예요.
30 **주님**은 당신에 관해 말한 모든 선
에 따라 당신에게 해줄 때가 되면,
이즈리얼에 대한 통치자로 당신을
지명할 거예요.
31 이 일로 나의 주인님 당신에게는
괴로움이나 마음의 가책도 없을

것이고, 당신이 순수한 피를 흘리
거나, 직접 보복하는 일도 없을 거
예요. 그러나 **주님**이 나의 주인님
에게 잘 대해줄 때가 오면, 당신의
여종을 기억해 주세요."
32 대이빋이 애버개얼에게 말했다.
"이날 너를 보내어 나를 만나게 해
준, 이즈리얼의 **주 하나님**에게 감사
하자.
33 당신의 지혜로운 조언도 복을 받
고, 당신에게도 **주님**의 복이 내리
길 바란다. 당신은 내 손으로 직접
피 흘리며 보복하지 않도록, 이날
나를 참게 했다.
34 바로 이 행동으로 인해, 이즈리얼
의 **주 하나님**이 살아 있듯이, 당신
들을 해치는 일에서 나를 자제시
켰다. 당신이 급히 서둘러 오지 않
았다면, 틀림없이 내일 아침 해가
뜰 때까지, 벽에 소변을 보는 어떤
누구든 내이벌한테 남아 있지 않
았을 것이다.
35 그렇게 대이빋은 그녀가 가져온
물건을 그녀 손에서 받으며 말했
다. "편히 당신 집으로 돌아가라.
이렇게 나는 당신의 목소리에 귀
를 기울이고, 당신 사람들을 받아
들였다."
36 그런 다음 애버개얼이 내이벌에게
돌아와서 보니, 내이벌이 자기 집
에서 축제를 벌이는데, 마치 왕의
축제 같았다. 그리고 내이벌은 술
이 잔뜩 취해 흥에 겨워 있었다. 그
래서 애버개얼은 남편 내이벌에게
아침이 밝을 때까지 아무 이야기
도 하지 않았다.
37 그러나 아침이 되어 내이벌이 술
에서 깨어났을 때, 그의 아내가 그
이야기를 했더니, 그의 마음이 죽
은듯 돌처럼 되어버렸다.
38 약 열흘이 지나 **주님**이 내이벌을
치자 그가 죽었다.
39 대이빋이 내이벌이 죽었다는 소
식을 듣고 말했다. "**주님**을 찬양하
자. **주님**은 내이벌 손에서 내가 당
한 참담한 모욕의 호소를 들어주
었고, 또 그의 종 나를 나쁜 일을
당하지 않게 지켜주었다. **주님**에게
감사하자. **주님**은 내이벌이 지금까
지 해온 비행을 그의 머리 위에 되
돌려주었다." 그런 다음 대이빋은
사람을 보내어, 애버개얼과 이야
기하여 아내로 맞이하려고 했다.
40 대이빋 종들이 카멀에 있는 애버
개얼에게 와서 말했다. "대이빋이
우리를 당신에게 보내어, 당신을
그의 아내로 삼으려고, 데려오라
했어요."
41 애버개얼은 일어나서 땅에 얼굴을
대고 말했다. "보세요. 당신의 여종
한테 나의 주인님 신하들의 발을
씻기는 종이나 시켜주세요."
42 그리고 애버개얼은 서둘러 일어나
나귀를 타고, 그녀를 돌보는 다섯
몸종을 데리고, 대이빋의 전령을
따라 가서 그의 아내가 되었다.

43 대이빋은 또 제즈리얼의 애히노앰
을 빼앗고, 그들 중 둘을 자기 아내
로 삼았다.
44 그러나 솔은 대이빋에게 아내로
주었던 자신의 딸 마이클을, 갤림
사람 래이쉬의 아들 팰티에게 주
었다.

대이빋이 또 솔을 살리다

26 짚지프, 십지역 사람이 기비아
기브아의 솔에게 와서 말했다.
"대이빋이 제쉬먼여시몬 앞의 해킬
라 산언덕에 몸을 숨기고 있지 않
나요?"
2 그러자 솔이 일어나 짚광야로 가
면서, 이즈리얼에서 3,000명을 뽑
아 짚광야로 대이빋을 찾으러 갔
다.
3 솔이 제쉬먼 앞의 해킬라 산언덕
으로 가는 길에 진영을 펼쳤다. 한
편 대이빋은 광야에 머물고 있었
는데, 솔이 자기를 추적하여 광야
로 온 것을 알게 되었다.
4 대이빋이 척후병을 보내 알아보
니, 과연 사실대로 솔이 와있었다.
5 그래서 대이빋이 일어나서 솔이
진을 친 곳으로 갔다. 대이빋은 솔
과 그의 군대대장 넬의 아들 애브
너아브네르, 아브넬가 주둔한 장소를
둘러보았다. 솔은 참호 안에 있었
고, 사람들은 그의 주위에 천막을
쳤다.
6 그때 대이빋이 힡출신 애히멜렉과
저뤄아의 아들이자 조앱의 형 애
비샤이에게 말했다. "누가 나와 함
께 솔의 캠프로 가겠나?" 그러자
애비샤이아비사이, 아비새가 말했다.
"내가 당신과 함께 갑니다."
7 그래서 대이빋과 애비샤이가 밤에
그들에게 와서보니, 솔이 진영 안
에 누워 잠자고 있었고, 그의 창은
그의 베갯머리 쪽 땅에 꽂혀 있었
으며, 애브너와 사람들은 솔 주위
에 누워 있었다.
8 그때 애비샤이가 대이빋에게 말
했다. "**주님**이 이날 당신 적을 당신
손에 넘겨주었어요. 그러니 이제
그를 치라고 내게 명령해주세요.
창으로 단번에 땅에 꽂아 버리고,
두번 치지도 않겠어요."
9 대이빋이 애비샤이에게 말했다.
"그를 치지 마라. 왜냐하면 **주님**이
기름 바른 자에게 손을 댈 수 있는
자는, 죄가 없어야 하지 않을까?"
10 대이빋이 덧붙여 말했다. "**주님**이
살아 있기 때문에, **주님**이 그를 쳐
서, 그의 생애에 죽음이 닥치거나,
아니면 전쟁 속에서 죽을 것이다.
11 **주님**은 내 손을 뻗어 **주님**이 기름
부은 자에게 손대는 것을 금지한
다. 대신 부탁하니, 너는 그의 베개
맡에 있는 창과 물단지만 가져와
떠나자."
12 그렇게 대이빋이 솔의 베갯머리에
서 창과 물단지를 가져갔는데, 그
것을 아무도 보지도 알지도 못했

고, 깨어 있는 자조차 없이 모두 잠
들어 있었다. 왜냐하면 **주님**으로부
터 온 잠이 그들에게 깊이 내렸기
때문이었다.
13 그때 대이빋은 다른편으로 가서
멀리 떨어진 산 정상에 섰는데, 거
리는 상당히 떨어져 있었다.
14 그리고 대이빋이 사람들과 넬의
아들 애브너에게 소리쳤다. "애브
너 너는 대답하지 않겠나?" 그러
자 애브너가 대답했다. "왕에게 고
함 치는 너는 대체 누구냐?"
15 대이빋이 애브너에게 말했다. "너
는 용사가 아닌가? 이즈리얼에서
너와 같은 자가 누가 있나? 그런데
왜 너는 네 주인님 왕을 지키지 못
하나? 그곳에 너의 주인 왕을 없애
려고 사람 중 하나가 갔는데도 말
이다.
16 이는 네가 저지른 실수다. **주님**이
살아있기 때문에, 너희는 죽을 만
하다. 왜냐하면 너희는 **주님**이 기
름 부은 네 주인님을 지키지 못했
기 때문이다. 이제 베갯머리에 있
던 왕의 창과 물단지가 어디 있는
지 봐라.
17 그러자 솔이 대이빋의 목소리를
알아듣고 말했다. "이것은 나의 아
들 대이빋의 목소리지? 그러자 대
이빋이 말했다. "나의 주인 왕이여,
이것은 나의 목소리입니다."
18 그리고 대이빋이 말했다. "어째서
나의 주인님이 자기 종의 뒤를 쫓
나요? 내가 무엇을 했다고요? 아
니면 내 손에 무슨 잘못이 있지요?
19 이제 내가 부탁합니다. 나의 주인
왕은 종의 말을 들어주세요. 만약
주님이 나를 해치라고 당신을 부추
겼다면, **주님**이 나를 제물로 받아
들이게 하세요. 그러나 만약 부추
긴 자가 사람의 자식이라면, **주님**
앞에서 그들은 저주를 받게 되지
요. 왜냐하면 그들은 이날 나를 **주**
님의 유산 안에 살지 못하게 하며,
'가서 다른 신들을 섬기라'고 하기
때문입니다.
20 그렇기 때문에 이제, 나의 피가 **주**
님 앞에서 땅으로 흐르지 않게 해
주세요. 왜냐하면 이즈리얼의 왕
이 산에서 꿩사냥하듯 벼룩 한마
리를 잡으러 왔으니까요.
21 그러자 솔이 말했다. "내가 죄를 지
었다. 돌아오라. 나의 아들 대이빋
아. 내가 더 이상 너를 해치지 않겠
다. 왜냐하면 내 정신이 오늘 너의
눈에서 귀한 것을 보았기 때문이
다. 보라, 나는 바보짓이나 저지르
며, 지나치게 잘못을 했구나."
22 그러자 대이빋이 말했다. "이것, 왕
의 창을 보세요! 젊은 사람 하나를
보내 이것을 가져가게 하세요.
23 **주님**은 모든 사람에게 자기자신의
올바름과 자기자신의 충실함에 대
해 보답해 주지요. 왜냐하면 **주님**
은 오늘도 나의 손에 당신을 넘겼
으니까요. 하지만 나는 **주님**이 기

름 부은 사람에게 내 손을 대지 않
을 겁니다.
24 보세요. 오늘 당신의 생명을 내 눈
이 귀히 여긴 것과 같이, 내 생명도
똑같이 **주님**의 눈으로 귀중히 여
겨주었고, **주님**은 모든 어려움에서
나를 구해 주었어요."
25 그때 솔이 대이빋에게 말했다. "너
는 축복을 받을 것이다. 나의 아들
대이빋아. 너는 위대한 일을 할 것
이고, 또 계속 승리해야 마땅하다."
그런 다음 대이빋은 자기 길을 갔
고, 솔도 그의 장소로 돌아갔다.

대이빋이 필리스틴으로 피신

27 대이빋다윗이 마음 속으로 말
했다. "나는 언젠가 솔의 손
에 끝장날 것이다. 내가 빨리 필리
스틴땅으로 도망가는 것보다 더
나은 것은 없을 것이다. 그러면 솔
사울도 이즈리얼 경계 안에서 더 이
상 나를 찾는 일은 단념할 것이다.
그의 손안에서 피신해야겠다."
2 그래서 대이빋은 자리에서 일어
나, 함께 있던 6백명과 같이, 개쓰
갓, 가드왕 매오크마옥의 아들 애키쉬
아키스, 아기스에게 갔다.
3 대이빋은 개쓰에서 애키쉬와 함께
있으면서, 자신과 부하와 집안사
람과 심지어 두 아내 제즈리얼 사
람 애히노앰, 카멀 사람 내이벌의
아내였던 애버개얼까지 같이 살았
다.
4 대이빋이 개쓰로 달아났다는 소식
이 솔에게 전해지자, 솔은 더 이상
그를 쫓지 않았다.
5 대이빋이 애키쉬에게 말했다. "만
약 내가 당신의 눈에 든다면, 내
가 거처할 장소로 이 나라의 어떤
마을을 지정해주세요. 당신의 종
이 어떻게 왕의 도성에 같이 있나
요?"
6 그래서 애키쉬는 그날 그에게 지
크랙치클락, 시글락지역을 주었는데,
그곳은 오늘날까지 쥬다왕에게 속
하게 되었다.
7 대이빋이 필리스틴땅에서 거주한
기간은 1년 4개월이었다.
8 대이빋이 자기 사람들과 가서 게
슈리트, 게즈리트, 애멀렉을 침략
했다. 그 나라 사람은 슈르를 거쳐
이집트로 가는 땅의 예전 거주자
들이었다.
9 대이빋은 그 땅을 쳐서, 남자나 여
자나 하나도 살려두지 않았고, 양
과 소와 나귀와 낙타 및 의복까지
빼앗아 애키쉬에게 돌아왔다.
10 그러자 애키쉬가 말했다. "너희는
오늘 어디를 침략했나?" 대이빋이
말했다. "쥬다 남쪽과, 제라미얼부
족 남쪽과, 캔부족 남쪽을 공격했
어요."
11 대이빋이 남자고 여자고 하나도
살려두지 않은 것은, '그들이 우리
에 관해 말하지 않게 하는 것'이라
는 소문을 개쓰에 퍼뜨려, '대이빋

이 필리스틴에 사는 동안 그런 식
으로 처신할 것'이라는 소문이 전
해지게 하려는 의도였다.
12 그래서 애키쉬는 대이빋을 믿으며
다음과 같이 말했다. "대이빋은 자
기 민족 이즈리얼이 자신을 대단
히 증오하게 만들었다. 그래서 그
는 영원히 나의 종으로 살 것이다."

솔과 새뮤얼 영혼

28 필리스틴이 군대를 모아 전
쟁을 준비한 것은 이즈리얼
과 싸우려는 것이었다. 그리고 애
키쉬아키스, 아기스가 대이빋에게 말
했다. "너는 나와 함께 싸우러 가야
하고 부하도 전쟁에 나가야 한다
는 것을 분명히 알아두어라."
2 그러자 대이빋이 애키쉬에게 말했
다. "당신은 당신 종이 무엇을 할
수 있는지 확실히 알게 됩니다." 애
키쉬가 대이빋에게 말했다. "그래
서 내가 너를 영원히 내 머리를 지
키는 자로 만들겠다."
3 이제 새뮤얼이 죽어서, 모든 이즈
리얼이 그의 죽음을 슬퍼하며, 그
의 도성 래마에 그를 묻었다. 당시
솔은 무당과 마법사를 그 땅에서
모두 내쫓았다.
4 그리고 필리스틴은 모여 슈넴수넴
에 진을 쳤고, 솔사울은 이즈리얼을
모아 길보아에 진영을 펼쳤다.
5 솔은 필리스틴 군대를 보고 두려
워서 마음이 몹시 떨렸다.
6 솔이 **주님**에게 물어도, 아무 대답
이 없었고, 꿈으로도, 유림우림으로
도, 예언자를 통해서도 대답하지
않았다.
7 그때 솔이 신하들에게 말했다. "영
혼을 잘 아는 여자를 찾아라. 그러
면 내가 그녀에게 가서 묻겠다." 그
의 신하들이 솔에게 말했다. "보세
요, 앤돌지역에 영혼을 잘 아는 여
자가 하나가 있어요."
8 그래서 솔은 스스로 다른 옷을 입
고 위장하여, 두 사람과 함께 그녀
에게 갔다. 그들은 밤에 가서, 솔이
말했다. "부탁하니, 나를 영혼을 통
하도록 신성하게 하여, 내가 이름
을 대는 사람을 불러 달라."
9 그녀가 솔에게 말했다. "보세요, 당
신은 솔이 한 일을 잘 알 거예요.
신과 친한 무당과 박수들을 이 땅
에서 어떻게 제거했는지 말이죠.
그런데 당신은 내 목숨에 덫을 놓
아 나를 죽이려 해요?"
10 솔은 **주님**의 이름으로 그녀에게 맹
세하고 말했다. "**주님**이 살아 있으
니, 이 일로 당신이 처벌받지는 않
을 것이다."
11 그러자 그녀가 말했다. "내가 당신
에게 누구를 데려와야 하죠?" 그
가 말했다. "내게 새뮤얼사무엘을 데
려와달라."
12 그녀가 새뮤얼이라는 소리를 듣
자, 크게 소리치며 솔에게 말했다.
"왜 당신은 나를 속였죠? 왜냐하

면 당신은 솔이니까요."
13 그러자 왕이 그녀에게 말했다. "네
가 본 사람 때문에 두려워 마라."
그러자 그녀가 솔에게 말했다. "나
는 신들이 땅에서 위로 오르는 것
을 보았어요."
14 솔이 그녀에게 물었다. "그 신은 어
떤 모습인가?" 그녀가 말했다. "한
노인이 올라왔는데, 그는 외투로
몸을 감쌌어요." 그러자 솔은 그가
새뮤엘이라고 직감하고 몸을 구부
려 땅에 얼굴을 대고 숙였다.
15 새뮤얼이 솔에게 말했다. "당신은
왜 나를 동요시켜 끌어올리죠?"
솔이 대답했다. "나는 몹시 괴롭다.
왜냐하면 필리스틴이 나를 상대로
전쟁을 벌이고, **하나님**은 나를 떠
나 더 이상 대답도 없고, 예언자나
꿈을 통해서도 없다. 그래서 당신
을 불렀다. 당신은 어쩌면 내가 어
떻게 해야 할지 알려줄 수도 있으
니까."
16 그러자 새뮤얼이 말했다. "어째서
당신은 그것을 내게 묻나요? **주님**
이 당신을 떠났다는 것을 알면서.
이제 그는 당신의 적이 되었다는
것을 알잖아요?
17 그래서 **주님**은 나를 통해서 이야기
해 준 대로 솔에게 했어요. **주님**은
당신 손에서 왕국을 떼어내어, 그
것을 당신 이웃이나 심지어 대이
빋에게 주어버렸어요.
18 왜냐하면 당신은 **주님**의 목소리를
따르지 않았고, 애멀렉에 대한 **주**
님의 격노를 실행하지도 않았기 때
문에, 그래서 **주님**이 이날 당신에
게 이렇게 하고 있어요.
19 게다가 **주님**은 이즈리얼을 당신과
함께 필리스틴 손에 넘기고, 내일
은 당신은 물론, 함께 있는 당신 아
들들도 넘깁니다. **주님**은 또 이즈
리얼 군대도 필리스틴 손에 넘길
거예요."
20 그러자 솔은 너무나 두려워서 곧
바로 땅에 엎드렸다. 새뮤얼의 말
때문에 그는 힘이 하나도 없었다.
그래서 그는 낮에도 밤에도 빵조
차 먹지 않았다.
21 그녀가 솔에게 가보니, 그가 심한
고통에 빠진 모습을 보고 말했다.
"보세요. 당신의 종은 당신 말에 복
종하며, 목숨을 걸고, 당신이 내게
하라는 대로 들었어요.
22 그러니 이제 내가 당신에게 부탁
해요. 당신은 종 나의 말도 들어주
세요. 당신 앞에 빵을 조금 차려 놓
을 터이니, 그 빵을 먹고 힘을 내면,
길을 떠날 수 있을 거예요."
23 그러나 솔은 거절하며 말했다. "나
는 먹지 않겠다." 그의 신하 역시
그녀와 함께 솔을 억지로 설득하
자, 그는 그들의 말을 듣고 땅에서
일어나 침대에 앉았다.
24 그녀는 집에 가지고 있던 살찐 송
아지 하나를 급히 서둘러 잡고, 밀
가루도 반죽하여 무효모빵을 구었

다.
25 그녀가 그것을 솔과 신하 앞에 가
져왔더니, 그들이 먹었다. 그런 다
음 그들이 일어나 그날 저녁으로
떠났다.

필리스틴이 대이빋 거부

29 이제 필리스틴의 모든 군대
는 애펙으로 집결했고, 이즈
리얼은 제즈리얼에 있는 우물가
옆에 진을 쳤다.
2 필리스틴의 성주들은 수백명씩,
또 수천명씩 나누어서 갔지만, 대
이빋과 그의 부하는 애키쉬아키스, 아
기스왕과 함께 뒤쪽에서 갔다.
3 그때 필리스틴 대군왕자들이 물었
다. "여기서 히브루들이 무얼하는
거죠?" 애키쉬왕이 필리스틴 대군
왕자에게 말했다. "이 사람은 대이
빋이 아니냐? 이즈리얼왕 솔의 종
이인데, 근래 몇년간 나와 같이 있
으면서, 나에게 복종해 온 이래, 그
한테서 어떤 실수도 발견하지 못
했다."
4 그러자 필리스틴 대군왕자들이 화
를 내며 말했다. "이 사람 대이빋을
돌려보내, 당신이 지정해준 마을
로 가게 하세요. 그래서 우리와 함
께 싸우러가지 못하게 하세요. 전
쟁에서 그가 우리 적이 되지 않도
록 말이죠. 왜냐하면 그가 자기 주
인과 화해할 수도 있잖아요? 그러
니 우리 대표들과 함께 있을 수 없
잖아요?
5 이 사람 대이빋은 그들이 서로 춤
추고 노래하며, 솔은 천명을 죽이
고, 대이빋은 만명을 죽였다고 했
지요?"
6 그러자 애키쉬가 대이빋을 불러
말했다. "**주님**이 살아 있듯 확실히,
너는 올바르게 있어주었고, 군대
안에서 나와 함께 있으면서 네가
나가고 들어오는 것이 내 눈에 좋
았다. 나로서는 네가 내게 온 이래
이날까지 너의 실수를 찾지 못했
다. 그런데도 저 성주들이 너에게
호의가 없다.
7 그러니 이제 편히 돌아가라. 그러
면 네가 필리스틴 성주의 마음을
불편하게 만들지 않게 된다."
8 대이빋이 애키쉬에게 말했다. "하
지만 내가 무슨 일을 했죠? 내가
오늘까지 당신과 있는 동안, 당신
의 종 내게 잘못이 있었나요? 내가
나의 주인님 왕의 적을 상대로 싸
우러 나갈 수 없다니요?"
9 애키쉬가 대이빋에게 대답했다.
"너는 내 눈에 **하나님**의 사자 같이
좋은 사람이라는 것을 내가 안다.
그런데도 필리스틴의 대군왕자들
이 말하길, '대이빋 그는 우리와 함
께 싸우러 가면 안 된다'고 한다.
10 그러니 아침 일찍 일어나, 너와 함
께 온 부하들과 될 수 있는 대로 일
찍 날이 밝는대로 떠나라."
11 그래서 대이빋과 그의 부하가 일

어나 아침 일찍 떠나, 필리스틴땅
으로 되돌아 갔고, 필리스틴 사람
들은 이즈리얼이 주둔한 제즈리얼
로 싸우러 갔다.

대이빋이 전리품을 나누다

30 대이빋과 그의 부하가 3일째
날 지크랙치클락, 시글락에 도착
했을 때, 애멀렉이 지크랙 남쪽을
침공하여 파괴하며 불로 태웠다.
2 그리고 안에 있던 여자들을 포로
로 잡아갔다. 그들은 크든 작든 죽
이지는 않았지만, 가면서 전부 끌
고 갔다.
3 대이빋과 그의 부하가 와서 보니,
도성이 불에 탔고, 그의 부인들과
아들딸이 포로로 잡혀갔다.
4 대이빋과 같이 있던 사람들이 목
소리를 높여 울다, 이제 더 이상 울
힘조차 없을 정도였다.
5 대이빋의 두 부인도 잡혀갔는데,
제즈리얼 사람 애히노앰과 카멀사
람 내이벌의 아내였던 애버개얼이
었다.
6 대이빋은 대단히 괴로웠다. 왜냐
하면 사람들이 그에게 돌을 던져
죽여야 한다고 말했기 때문이었
다. 그들의 마음이 슬펐던 이유는,
자신들의 아들딸 때문이었다. 그
러나 대이빋은 그의 **주 하나님**으로
부터 용기를 얻었다.
7 대이빋이 애히멜렉의 아들 제사장
애비애썰에게 말했다. "부탁한다.
여기 나한테 제례복을 가져와라."
그래서 애비애썰이 대이빋에게 제
례복을 가져왔다.
8 대이빋이 **주님**에게 물었다. "내가
이 군대 뒤를 추격해야 하나요? 그
러면 저들을 따라잡을까요? 그때
그가 그에게 대답했다. "추격해라.
왜냐하면 너는 반드시 그들을 따
라잡고, 모든 것을 되찾을 수 있을
것이다."
9 그래서 대이빋이 그와 같이 있는
600명과 함께 가서, 비솔브소르, 브솔
개울까지 왔다. 그곳에 사람을 일
부 남겨두게 되었다.
10 대이빋과 400명은 추격을 계속 했
고, 200명은 뒤에 남았는데, 그들
은 너무나 지쳐서, 비솔개울을 건
널 수 없었기 때문이었다.
11 그들이 벌판에서 이집트인 하나를
발견하여 대이빋에게 데려왔다.
그에게 빵을 주었더니 그가 먹었
고, 물도 마시게 했다.
12 그들은 그에게 무화과 캐익 한 조
각과 건포도 두 송이를 주었는데,
이집트인이 그것을 먹자, 다시 정
신이 돌아왔다. 왜냐하면 그는 3일
밤낮 빵도 먹지 못했고, 물도 마시
지 못했기 때문이었다.
13 대이빋이 그에게 말했다. "너는 누
구에게 속하는 사람인가? 또 어디
서 왔나?" 그가 대답했다. "나는 이
집트 젊은이고, 애멀렉의 종이에
요. 내가 3일 전에 몹시 아팠을 때,

내 주인이 나를 버리고 갔어요.
14 우리는 치레트부족 남쪽을 침략하
고, 쥬다에 속하는 경계지역과 캐
이렙남쪽을 치고, 지크랙을 불질
렀어요."
15 대이빋이 그에게 말했다. "네가 나
를 그 무리에게 데려다 줄 수 있
나?" 그가 말했다. "**하나님**의 이름
으로 내게 맹세해 주세요. 당신이
나를 죽이지 않고, 주인 손에 넘기
지 않겠다고요. 그러면 당신을 그
들에게 데려가겠어요."
16 그가 대이빋을 데리고 가서 보니,
그들은 사방으로 멀리 흩어져, 먹
고 마시며 춤을 추었다. 왜냐하면
필리스틴땅과 쥬다땅에서 그들이
빼앗은 전리품이 엄청나게 많았기
때문이었다.
17 대이빋은 초저녁부터 다음날 저녁
까지 그들을 무찔렀다. 그들 중 하
나도 도망가지 못했는데, 단지 낙
타에 올라탄 젊은이 4백명은 빠져
나갔다.
18 대이빋은 애멀렉이 가져간 모든
것을 되찾았고 두 아내도 구했다.
19 그들의 것 중 모자라는 것이 하나
도 없었다. 아들딸도 전리품도 그
들이 애멀렉에게 빼앗겼던 어떤
것도 적지도 더 많지도 않았다. 대
이빋은 전부 되찾았다.
20 대이빋은 양떼와 소떼를 빼앗아
그것을 다른 가축보다 앞세워 몰
면서 말했다. "이것은 대이빋의 전
리품이다."
21 대이빋은, 너무 지쳐서 따라가지
못하고 비솔개울가에 남겨졌던
200명에게 왔다. 그러자 그들은 나
와서 대이빋을 맞이했고, 대이빋
과 함께 온 사람들도 맞이했다. 그
러자 대이빋이 사람들에게 가까이
가서 인사했다.
22 그때 대이빋과 함께 나갔다 온 사
람 가운데 불량한 빌리얼들이 응
대하며 말했다. "저들은 우리와 같
이 나가지 않았기 때문에 그들에
게 우리의 전리품을 줄 수 없다. 단
지 모두에게 각자의 아내와 애들
만 데려가게 하여 그들을 보내야
한다."
23 그때 대이빋이 말했다. "너희 모두
나의 형제이므로, **주님**이 우리에게
준 것을 가지고 그렇게 하면 안 된
다. **주님**은 우리를 보호했고, 우리
를 상대하러 왔던 무리를 우리 손
에 넘겨주었다.
24 이 문제에 있어서 누가 너희 말을
듣겠나? 전쟁에 나간 자의 몫만큼,
짐 곁에서 기다렸던 사람의 몫도
그만큼 된다. 그들의 몫도 똑같아
야 한다."
25 대이빋은 이것을 그날부터 이즈리
얼의 규정과 규율로 만들어 오늘
날까지 이어지게 되었다.
26 대이빋이 지크랙에 와서, 쥬다의
원로들과 심지어 친구들에게도 전
리품을 보내며 말했다. "**주님**의 적

으로부터 빼앗은 전리품 가운데
당신에게 선물 하나를 보낸다."
27 베썰에 있는 사람에게, 래머스 남
쪽에 있는 사람에게, 재틸에 있는
사람에게 보내고,
28 그리고 애로어에 있는 사람에게
도, 싶머스에 있는 사람에게도, 에
쉬테모아에 있는 사람에게도 보내
고,
29 래이철에 있는 사람, 제라미얼의
도성에 있는 사람에게, 켄부족 도
성에 있는 사람에게 보내고,
30 홀마에 있는 사람, 코애이션에 있
는 사람, 애싸크에 있는 사람에게
보내고,
31 히브런에 있는 사람에게도, 그리
고 대이빋 자신 및 가기를 꺼렸던
그의 부하 모두에게 보냈다.

솔의 죽음

31 그리고 필리스틴은 이즈리얼
을 상대로 싸웠다. 이즈리얼
사람은 필리스틴 앞에서 도망쳤
고, 길보아 산에서 살해당했다.
2 필리스틴인은 솔과 그의 아들들을
끈질기게 뒤쫓아, 솔과 세 아들, 조
너썬과, 애비내댑과, 멀키슈아를
죽였다.
3 전쟁은 솔한테 너무나 가혹했는
데, 사수들이 솔을 쏘아맞추어, 심
한 부상을 당하게 되었다.
4 그러자 솔이 그의 무기담당관에게
말했다. "네 칼을 빼어 나를 찔러
라. 할례도 안한 놈들이 와서 나를
찌르지 못하게 하고, 나를 모욕하
지 못하게 해라." 그러나 무기담당
관이 하려고 하지 않은 것은, 몹시
두려웠기 때문이었다. 그래서 솔
은 칼을 잡고 그 위에 쓰러졌다.
5 무기담당관은 솔이 죽는 것을 보
자, 마찬가지로 그도 칼 위에 엎어
져 솔과 함께 죽었다.
6 그렇게 솔이 죽고, 세 아들과, 무기
담당관 및 모든 군인이 같은 날 죽
었다.
7 계곡의 다른 편에 있던 이즈리얼
과, 조든 건너편에 있던 이즈리얼
들이, 자기편 이즈리얼 군인이 도
망가는 것을 보았고, 솔과 그의 아
들들이 죽는 것을 보며, 그들은 도
성을 버리고 도망하여 필리스틴으
로 와서 있었다.
8 그 다음날의 일이었다. 필리스틴
이 죽은자의 옷을 벗기려고 왔는
데, 그들은 길보아 산에서 쓰러져
죽은 솔과 그의 세 아들을 발견했
다.
9 그들은 그의 목을 자르고, 그의 갑
옷을 벗겨 필리스틴땅 전역으로
보내, 우상이 있는 집과 그곳 사람
들에게 전시했다.
10 그들은 솔의 갑옷을 애쉬터로쓰신
의 집에 전시하고, 솔의 시신을 벧
션 성벽에 매달았다.
11 재비쉬길리얻 주민은 필리스틴이
솔에게 한 이야기를 모두 듣더니,

12 용감한 사람들이 일어나 밤사이
가서, 벳션 성벽에서 솔과 그의 아
들들의 시체를 걷어내어 재비쉬로
돌아와 화장했다.
13 그리고 그들은 뼈를 가져다, 재비
쉬에 있는 어느 나무 아래 묻고 7
일간 금식했다.

새뮤얼2

대이빋이 솔 죽음을 알다

1 솔사울이 죽었을 당시, 대이빋다윗
은 애멀렉아말렉을 집단살육하고
돌아와 지크랙치클락, 시글락에서 머
문지 이틀째였다.
2 셋째날 저녁 무렵이었는데, 솔 진
영출신의 어떤 사람이 옷이 찢어
진 채, 머리에 흙먼지를 쓰고 왔다.
그가 대이빋에게 와서 땅에 엎드
려 경의를 표했다.
3 그러자 대이빋이 그에게 물었다.
"너는 어디서 왔나?" 그가 말했다.
"나는 이즈리얼이스라엘 진영에서
도망 나왔어요."
4 대이빋이 그에게 말했다. "어떻게
된 거지? 말해봐라." 그가 대답했
다. "사람들이 전선에서 다 도망갔
고, 다수가 쓰러져 죽었어요. 솔과
아들 조너썬요나탄, 요나단도 죽었어
요."
5 대이빋이 젊은 병사에게 물었다.
"솔과 그의 아들 조너썬이 죽었다
는 것을 네가 어떻게 아나?"
6 그가 대이빋에게 말했다. "내가 우
연히 길보아 산 위로 올라갔는데,
거기서 보니, 솔이 그의 창에 기대
어 있었고, 전차와 마부들도 솔의
뒤를 따랐어요.
7 그가 뒤를 돌아 나를 보자 불러서,
'네, 여기 있어요' 라고 대답했어요.
8 솔이 내게 말했어요. '너는 누구
냐?' 그래서 내가 그에게 대답했어
요. '나는 애멀렉 사람입니다.'
9 그는 다시 내게 말했어요. '네게 부
탁하니, 위에서 나를 죽여달라. 비
참함이 나를 덮쳤는데 여전히 생
명이 붙어있구나.'
10 그래서 위에 서서 그를 죽였어요.
왜냐하면 그가 쓰러져서 더 이상
살 수 없다는 것을 확신했어요. 그
리고 그의 머리에서 왕관을 벗기
고, 팔에서 팔지를 빼서 그것을 이
곳 나의 주인님에게 가져왔어요."
11 그때 대이빋이 자기 옷을 잡아 찢
자, 함께 있던 부하도 마찬가지로
모두 그렇게 했다.
12 그들은 슬퍼하고 울며 저녁까지
금식했다. 솔과 그의 아들 조너썬
을 위하여, 또 **주님**의 백성과 이즈
리얼 집안을 위하여 금식했다. 왜
냐하면 그들이 칼에 쓰러졌기 때
문이었다.
13 대이빋이 젊은이에게 말했다. "너
는 어디서 왔나?" 그는 대답했다.

"나는 이민족 애멀렉의 아들입니
다."
14 대이빋이 그에게 말했다. "어떻게
감히 두려움도 없이, 네가 **주님**이
기름 바른 자에게 손을 대었냐?"
15 그리고 대이빋은 젊은 군인 하나
를 불러 말했다. "가서 저 자를 죽
여라." 그래서 그가 그를 쳐서 죽였
다.
16 대이빋이 그에게 말했다. "네 피는
네 머리에서 그 책임을 지는 것이
다. 그 이유는 너에 대한 증언을 네
입으로, '나는 **주님**이 기름 바른 자
를 죽였다'고 했다."
17 그리고 대이빋은 솔과 그의 아들
조너썬을 위한 안타까운 마음을
다음과 같이 슬퍼했다.
18 [또한 그는 쥬다의 모든 자손에게
"활을 사용한 자의 시가"를 가르치
도록 명령했다. 보다시피, 이것은
재셔의 책에도 쓰여있다.]
19 이즈리얼의 아름다움이 저 높은
산에서 살해되었다. 용사들이 그
렇게 쓰러지다니!
20 그것을 개쓰에게 말하지 말고, 애
스켈런 거리에도 전하지 마라. 필
리스틴필리스티아, 블레셋 딸들이 기뻐
하지 않도록, 할례 안된 자의 딸들
이 우쭐하지 않게 하자!
21 너희 길보아의 산들아, 앞으로 그
곳에는 이슬도 없고, 비도 없고, 너
희한테는 제물을 생산할 밭도 없
다. 왜냐하면 그곳에 용사의 방패
가 무참히 던져지고, 솔의 방패는
주님의 기름을 부여받았는데도 버
려졌기 때문이다.
22 살해당한 자의 피로부터, 또 용사
몸의 지방으로부터, 조너썬의 활
은 돌아오지 않았고, 솔의 칼도 허
무하게 돌아오지 않았다.
23 솔과 조너썬은 아름다웠고, 그들
의 생애는 즐거웠으며, 죽음 속에
서도 그들은 갈라서지 않았다. 그
두 사람은 독수리보다 빨랐고, 사
자보다 힘이 더 강했다.
24 이즈리얼의 딸들아, 솔을 위하여
울어라. 그는 네게 붉은 옷을 입혀
다른 기쁨을 함께 주었고, 그는 너
희 의복에 금장식을 달아주었다.
25 용맹한 자들이 전쟁터 한가운데서
쓰러지다니! 아, 조너썬 너는 높은
곳에서 살해되었구나!
26 나는 너로 인해 몹시 괴롭다. 나의
형제 조너썬아, 너는 내게 대단한
호감을 주었지. 내게 준 너의 사랑
은 여자와의 사랑을 뛰어넘는 놀
라운 것이었다.
27 용사들이 이렇게 쓰러지다니! 그
전쟁의 무기들이 이렇게 사멸하다
니!

대이빋에게 기름을 붓다

2 이런 일이 있은 후, 대이빋이 **주**
님에게 물었다. "내가 쥬다유다
도성의 어딘가로 들어가야 할까
요?" **주님**이 대이빋에게 말했다.

"가거라." 그러자 대이빋이 말했
다. "나는 어디로 가야 하죠?" **주님**
이 말했다. "히브런으로 가라."
2 그래서 대이빋은 히브런으로 갔
고, 두 아내 제즈리얼 사람 애히노
앰과, 카멀사람 내이벌의 아내 애
버개얼도 함께 갔다.
3 대이빋은 함께 있던 군사도 데려
갔고, 모든 군대 식솔들도 데려가,
히브런도성에서 살았다.
4 그러자 쥬다사람이 와서 쥬다부족
을 다스릴 왕으로 대이빋다윗에게
기름을 부었다. 그리고 그들이 대
이빋에게 말했다. "재비쉬길리얻야
베스 길앗, 길르앗 야베스 사람들이 솔을
장례치렀어요."
5 대이빋은 전령을 재비쉬길리얻 사
람에게 보내어 말했다. "여러분은
주님의 축복을 받을 겁니다. 당신
들은 당신의 주인님 솔사울에게 이
런 친절을 보이고 그를 묻어 주었
으니까요.
6 그리고 이제 **주님**은 당신들에게 친
절과 진실을 보였어요. 나 역시 당
신들이 한 이 친절에 보답하겠어
요. 왜냐하면 여러분이 이 모든 일
을 했기 때문이지요.
7 그러니 이제 여러분 손힘을 더욱
강인하게 하고 용맹해지세요. 당
신의 주인님 솔이 죽고, 또 쥬다가
문이 자신들을 다스릴 왕으로 내
게 기름을 부었기 때문이지요."
8 한편 넬의 아들이자 솔의 군대대
장 애브너아브네르, 아브넬가, 솔의 아
들 이쉬보셋을 데리고 매하나임으
로 갔다.
9 그리고 그를 길리얻 왕으로 만들
고, 애슈리 사람과, 제즈리얼과 이
프리엄과 벤저민과 이즈리얼 모두
를 통치하는 왕으로 삼았다.
10 솔의 아들 이쉬보셋의 나이가 40
이었을 때, 그는 이즈리얼을 통치
하기 시작하여 2년간 통치했다. 하
지만 쥬다부족은 대이빋을 따랐
다.
11 대이빋이 쥬다부족을 통치하며 히
브런에서 왕이 되었던 시기는 7년
6개월이었다.
12 넬의 아들 애브너와 솔 아들 이쉬
보셋의 신하들은 매하나임에서 기
비언으로 갔다.
13 그리고 제루아의 아들 조앱요압과
대이빋의 신하들이 도성 밖으로
나갔는데, 기비언의 연못가에서
같이 마주쳤다. 그들의 한편은 연
못 한쪽에, 다른 편은 다른 쪽에 앉
았다.
14 애브너가 조앱에게 말했다. "젊은
이를 일으켜서, 우리 앞에서 무술
게임을 시키자." 그러자 조앱이 말
했다. "그래 붙여보자."
15 그래서 벤저민부족 12 사람을 내
보냈는데, 이들은 솔의 아들 이쉬
보셋에 소속되었고, 대이빋의 종
도 12을 내보냈다.
16 그들은 상대의 머리를 휘어잡고

칼로 찔러서, 모두 다 쓰러져 죽었
다. 그래서 기비언에 있는 그 장소
를 헬캐쓰해저림이라고 불렀다.
17 그날 싸움은 대단히 치열했다. 애
브너도 맞았고, 이즈리얼 사람들
도 대이빋 병사 앞에서 맞았다.
18 그곳에 제뤼아의 세 아들 조앱, 애
비샤이, 애사헬이 있었는데, 애사
헬아사엘, 아사헬은 야생 수노루만큼
이나 발이 가벼웠다.
19 애사헬이 애브너를 추격할 때는
오른쪽도 왼쪽도 돌아보지 않았
다.
20 그래서 애브너가 뒤를 보며 물었
다. "네가 애사헬이냐?" 그러자 그
가 대답했다. "그렇다."
21 애브너 대장이 말했다. "너는 오른
쪽이나 왼쪽을 좀 돌아보고, 젊은
병사 중 한놈을 붙잡아 그의 무기
라도 빼앗아라." 그러나 애사헬이
추격을 멈추려 하지 않았다.
22 애브너가 애사헬에게 다시 말했
다. "네가 나를 뒤쫓는 일에서 관심
을 다른 쪽으로 좀 돌려라. 왜 내가
너를 쳐서 땅에 쓰러뜨려야겠냐?
그러면 내가 네 형 조앱의 얼굴을
어떻게 보겠냐?"
23 하지만 그는 한눈팔기를 거절하
자, 애브너가 자기 창끝으로 그의
다섯번째 갈비뼈 아래를 찔렀더
니, 창이 그의 뒤로 나오면서, 그자
리에서 쓰러져 죽었다. 그후 많은
사람이 애사헬이 쓰러져 죽은 장
소에 오면 잠자코 걸음을 멈추었
다.
24 조앱과 애비샤이가 애브너 뒤를
추격하다, 앰마언덕에 오자, 해가
졌다. 그곳은 기비언 황야길 옆의
기아지역 앞이었다.
25 벤저민 자손도 모두 함께 애브너
를 추격하면서 한 부대가 되어 언
덕정상에 섰다.
26 그때 애브너가 조앱에게 소리쳤
다. "이 칼이 영원히 너를 삼켜야
하겠냐? 너는 그것이 마침내 고통
이 될 것을 모르냐? 네가 사람들에
게 형제를 추격하라는 명령을 멈
추기까지, 얼마나 더 계속되어야
하나?"
27 조앱이 말했다. "**주님**이 살아 있으
니, 그 이름으로 맹세한다. 네가 말
하지 않았다면, 틀림없이 내일 아
침에도 사람들이 자기 형제를 뒤
쫓았을 것이다."
28 그러면서 조앱이 트럼핕을 불자,
모두가 제자리에 가만히 서서, 이
즈리얼의 뒤를 더 이상 추격하지
않으면서, 그들과 더 이상 싸우지
도 않았다.
29 애브너와 그의 부하는 그날 밤 내
내 평야를 걸어, 조든을 건너, 비쓰
런을 지나 매하나임에 갔다.
30 조앱도 애브너 추격에서 돌아왔
다. 그가 사람들을 한자리에 모았
더니, 거기에 대이빋의 부하 19명
과 애사헬만 없었다.

31 그러나 대이빋의 종들은 벤저민과
애브너 사람들을 쳐서 360명을 죽
였다.
32 그들은 애사헬을 데려와서 그의
아버지 묘지가 있는 베썰레헴에
묻었다. 조앱과 그의 부하들도 밤
새 가서, 날이 밝을 때 히브런에 왔
다.

애브너에 대한 대이빋 태도

3 솔사울집안과 대이빋다윗집안 사
이에 오랫동안 전쟁이 끊이지
않았다. 하지만 대이빋은 날이 갈
수록 힘이 세어지고, 솔집안은 점
점 더 약해졌다.
2 대이빋에게는 히브런에서 태어난
아들들이 있었는데, 장남은 제즈
리얼 사람 애히노앰이 낳은 앰넌암
논이었고,
3 두 번째 아들은 카멀사람 내이벌
아내 애버개얼이 낳은 킬리앱, 셋
째는 게슈어왕 탤마이의 딸 마아
카가 낳은 아들 앱설럼압살롬,
4 넷째는 해기스의 아들 아도니자,
다섯째는 애비털의 아들이 낳은
쉐퍼티아,
5 여섯째는 대이빋 아내 이글라가
낳은 이쓰림이었다. 이들은 히브
런에서 대이빋한테서 태어났다.
6 한편 솔집안과 대이빋집안이 싸우
는 사이, 애브너대장은 자기 스스
로 솔집안을 위한 강자가 되었다.
7 솔은 첩을 하나 두었는데, 애이아
의 딸로 이름은 리즈파리츠파, 리스바
였다. 이쉬보셋이 애브너대장에게
말했다. "당신은 어떻게 나의 아버
지의 첩한테 갈 수 있는가?"
8 그때 애브너가 이쉬보셋의 말에
몹시 화를 내며 말했다. "내가 개의
수장인가요? 나는 이날까지 쥬다
를 상대하며 당신 아버지 솔의 집
안에 충성하며, 솔의 형제나 그의
친구들에게도 친절을 보이고, 당
신을 대이빋 손에 넘기지 않았어
요. 그런데 당신이 여자에 관한 문
제로 오늘 나한테 추궁하는 거요?
9 **하나님**이 애브너에게 추궁하거나,
더 심하게 하는 것은, **주님**이 대이
빋에게 맹세한 대로, 내가 대이빋
에게 그렇게 하지 않을 때인데,
10 '이즈리얼 왕국을 솔집안에서 옮
겨서, 대이빋에게 왕위를 세우고,
이즈리얼과 쥬다를, 심지어 댄에
서 비어쉬바까지 다스리게 할 것'
이라고 **주님**이 말했어요.
11 그래서 이쉬보셋은 다시는 애브너
에게 한 마디도 할 수 없었다. 애브
너가 두려웠기 때문이었다.
12 그리고 애브너는 대이빋에게 자기
대신 전령을 보내어 이렇게 말했
다. "이 땅이 누구의 땅이죠? 나와
연맹을 맺읍시다. 보세요, 내 손이
당신과 연맹하면, 이즈리얼 모두
를 당신에게 갖다 주지요."
13 그러자 대이빋이 말했다. "좋다. 나
는 당신과 연합하겠다. 한가지 부

탁은, 먼저 솔의 딸 마이클미칼, 미갈
을 데려오기 전까지, 당신은 내 얼
굴을 보지 못하고, 그후 나를 볼 수
있다."
14 그리고 대이빋은 솔의 아들 이쉬
보셋에게 전령을 보내며 말했다.
"내 아내 마이클을 돌려보내라. 그
녀는 내가 필리스틴 사람의 표피
백개를 주고 결혼한 사람이다."
15 이쉬보셋이 사람을 보내어, 마이
클의 현 남편 라이쉬의 아들 팰티
얼로부터 그녀를 데려왔다.
16 그러자 그녀의 남편은 울면서, 그
녀를 뒤따라 배후림까지 갔다. 그
때 애브너가 그에게 말했다. "당신
은 돌아가라." 그러자 그는 발길을
돌렸다.
17 애브너가 이즈리얼 원로들과 대화
하며 말했다. "당신들은 때때로 과
거에 대이빋이 당신들을 다스리는
왕이 되어주기를 희망해 왔어요.
18 그러니 이제 그렇게 하세요. **주님**
이 대이빋에 대해 이야기한 바에
의하면, '나의 종 대이빋의 손으로,
필리스틴과 적의 손에서 나의 이
즈리얼 백성을 구해낼 것'라고 했
지요."
19 애브너대장은 벤저민 사람에게도
말했고, 또 히브런의 대이빋 귀에
도 전했는데, 그것은 이즈리얼한
테도, 벤저민집안 전체에도 좋은
것 같았다.
20 그래서 애브너가 히브런의 대이빋
에게 오면서 부하 20명도 같이 왔
다. 그러자 대이빋은 애브너 및 그
와 함께 온 사람을 위해 연회를 베
풀었다.
21 그런 다음 애브너가 대이빋에게
말했다. "내가 일어나, 나의 주인님
왕에게 이즈리얼 전체를 모아오
죠. 그래서 그들이 당신과 연맹을
맺으면, 당신이 원하는 대로 모든
곳을 통치할 수 있어요." 그래서 대
이빋은 애브너를 보냈고, 그는 편
한 마음으로 갔다.
22 한편, 대이빋의 시종들과 조앱은
어떤 군대를 추격하고 돌아오면
서, 전리품을 대단히 많이 가져왔
다. 그때 애브너가 히브런의 대이
빋과 함께 있지 않았던 이유는, 이
미 애브너를 돌려보냈고, 그는 맘
편히 갔기 때문이었다.
23 조앱과 군대가 함께 돌아왔을 때,
사람들이 조앱에게 이렇게 말했
다. "넬의 아들 애브너아브넬, 아브네르
가 대이빋왕한테 왔고, 왕이 그를
맘편히 돌려보냈어요."
24 그러자 조앱이 왕한테 말했다. "왕
은 대체 일을 어떻게 한 거죠? 애
브너가 당신한테 왔는데, 왜 그냥
가버리게 하죠?
25 넬의 아들 애브너가 왕을 속이려
고 왔다는 것을 알잖아요. 그는 왕
이 나가고 들어오는 것과, 또 당신
이 하는 일을 알아내려고 이곳에
왔어요."

26 조앱이 대이빋 앞에서 물러나온
다음, 그는 전령을 보내어 애브너
를 추적하게 하여, 시라우물에서
그를 붙잡아 다시 데려왔는데, 대
이빋은 그것을 알지 못했다.
27 그리고 애브너가 히브런으로 다시
잡혀 오자, 조앱이 그를 도성문 옆
으로 데려가, 조용히 말하며, 그의
다섯번째 갈비 아래를 찔러 죽였
다. 왜냐하면 그것은 자기 동생 애
사헬에 대한 피의 보복이었다.
28 나중에 대이빋이 이 이야기를 전
해듣고 말했다. "나와 나의 왕국은
넬의 아들 애브너의 피에 대하여
주님 앞에 영원히 죄가 없다.
29 이 죄는 전적으로 조앱의 머리 위
에 있고, 그의 아버지 집안에 책임
이 떨어지게 될 것이다. 조앱집안
의 사람은 언제나 몸에 고름이 나
거나, 피부감염병이 있거나, 지팡
이에 의지하거나, 칼에 쓰러지거
나, 빵을 구걸하게 될 것이다."
30 그렇게 조앱과 애비샤이가 애브너
를 죽였다. 왜나하면 그가 기비언
에서 싸우다 자기 동생 애사헬을
죽였기 때문이었다.
31 대이빋은 조앱에게 또 그와 함께
있는 모두에게 말했다. "자기 옷을
찢고 거친 거친 베를 두르고 애브
너 앞에서 슬퍼해라." 그리고 대이
빋왕 자신도 상여관 뒤를 따라갔
다.
32 사람들이 애브너를 히브런에 묻었
다. 대이빋왕이 소리 높여 애브너
의 무덤에서 울었고, 사람들도 모
두 울었다.
33 대이빋왕이 애브너를 애도하며 이
렇게 말했다. "무모하게 애브너가
죽어야 했단 말인가?
34 당신의 두 손은 결박되지 않았고,
당신의 발은 족쇄에 채워지지도
않았는데, 한 사람이 악인 앞에서
쓰러지듯, 그렇게 당신이 쓰러져
버렸구나! 그러자 사람들 모두가
애브너에 대해 또 다시 울었다.
35 여러 사람이 대이빋에게 와서 아
직 해가 떠있는 동안 음식을 먹도
록 권하자, 대이빋이 맹세하며 말
했다. **하나님**이 내게 말한 대로 하
고, 더 한 것도 하겠다. 만약 내가
빵을 맛보거나 그외 다른 것이라
도 입에 대는 것은 해가 지고 난 다
음이다."
36 모든 사람이 이를 보고, 그의 태도
가 사람들 마음을 기쁘게 했다. 그
래서 왕이 하는 일은 무엇이든 사
람들이 모두 만족했다.
37 모든 사람과 이즈리얼이 그날의
상황을 알자, 대이빋왕이 넬의 아
들 애브너를 죽이지 않았다는 것
을 이해했다.
38 대이빋왕이 신하에게 말했다. "너
희는 이날 이즈리얼에서 한 왕자
이며 위대한 인물이 쓰러졌음을
모르나?
39 이날은 나의 힘이 약하구나! 비록

기름 바른 왕이라 해도 그렇다. 제
뤄아의 아들들이 내게 너무 벅차
다. **주님**은 그의 악의적 비행을 되
갚아줄 것이다."

솔의 아들 이쉬보셋 살해

4 솔의 아들이 애브너가 히브런에
서 죽었다는 소식을 듣게 되자,
그의 손에 힘이 빠졌고, 이즈리얼
모두 곤혹스러웠다.
2 솔의 아들은 전투부대에 대장을
두 사람 두었는데, 한 사람의 이름
은 바아나였고, 다른 하나는 레캡
이었다. 이들은 벤저민 자손의 비
어로쓰 사람 리먼의 아들들이었
다. [비어로쓰 사람 역시 벤저민 가
문으로 간주했는데,
3 그들은 기태임으로 도망쳐서 이날
까지 그곳에서 살게 되었다.]
4 그리고 솔의 아들 조너썬요나탄, 요나
단한테 다리를 저는 아들이 하나가
있었다. 그는 제즈리얼에서 솔과
조너썬의 소식이 왔을 때 5살이었
는데, 그의 유모가 그를 데리고 도
망가던 중, 급히 서둘다 떨어져 절
름발이가 되었다. 그의 이름은 메
피보셋므피보셋, 므비보셋이었다.
5 비어로쓰 사람 리먼의 아들 레캡
과 바아나가 출발하여, 그날 뜨거
운 한낮에 이쉬보셋의 집에 왔더
니, 그가 낮에 침대에 누워있었다.
6 그들은 밀을 가지러 온 체하며 집
안으로 들어가, 이쉬보셋의 다섯
번째 갈비 아래를 찔러 죽인 다음
형제가 달아났다.
7 그들이 집안으로 들어갔을 때, 그
는 침실의 침대 위에 누워있었으
므로, 그들은 그를 쳐서 죽이고 목
을 베어 들고, 밤새 평원을 지나 가
져갔다.
8 그들은 이쉬보셋의 머리를 히브런
의 대이빋왕에게 가져가서 말했
다. "보세요. 당신의 생명을 늘 노
리던 적 솔의 아들 이쉬보셋의 머
리예요. 그리고 **주님**은 이날 솔과
그의 자식들에 대하여 나의 주인
님 왕에게 복수해 주었어요."
9 대이빋은 비어로쓰 사람 리먼의
아들들 레캡과 그의 형제 바아나
에게 대답했다. "**주님**이 살아 있으
므로, **주님**이 모든 어려움 가운데
에서 나의 생명을 구해주었다.
10 어떤 사람이 내게 좋은 소식을 가
져왔다는 생각에, '솔이 죽었다'고
말했을 때, 나는 그를 붙잡아 지크
랙에서 죽여서, 내가 그렇게 생각
한 그를 그 소식에 대한 대가로 갚
아주었다.
11 악한이 자기 집 침대에 있는 바른
사람을 살해할 때야 훨씬 더 하겠
지? 당연히 내가 네 손에 묻은 그
의 피의 대가를 요구해야 마땅하
지 않겠나? 또한 너희를 이 땅에서
퇴출시켜야 되겠지?"
12 그리고 대이빋은 자기의 젊은 군
인들에게 명령하여, 그 형제를 죽

이고 그들의 손과 발을 잘라, 히브
런의 연못 위에 매달았다. 그리고
이쉬보셋의 머리를 가져와 히브런
의 애브너 묘지 안에 묻었다.

대이빋이 이즈리얼왕이 되다

5 이즈리얼의 모든 부족이 히브런
의 대이빋에게 와서 말했다. "보
세요. 우리 모두 당신의 혈육이에
요.
2 또한 과거에 솔이 우리를 통치하
는 왕이었을 때, 이즈리얼을 이끌
어준 사람이 당신이었지요. 그리
고 **주님**이 당신에게 이렇게 말했지
요. '네가 앞으로 이즈리얼 나의 백
성을 먹일 것이고, 또 이즈리얼을
다스릴 지도자가 될 것'이라고 했
어요."
3 그렇게 이즈리얼의 모든 원로가
히브런으로 왕을 찾아왔다. 그리
고 대이빋왕은 히브런에서 그들
과 **주님** 앞에서 동맹을 맺었다. 그
래서 그들은 대이빋을 이즈리얼을
다스리는 왕으로 기름을 부어주었
다.
4 대이빋이 통치하기 시작했을 때
나이는 30이었고, 40년간 통치했
다.
5 히브런에서 대이빋은 쥬다인을 7
년 6개월간 통치했고, 저루살럼에
서 이즈리얼 전체와 쥬다를 33년
간 다스렸다.
6 또 왕과 그의 부하가 저루살럼의
원주민 제뷰스인에게 갔더니, 그
들은 대이빋에게 이렇게 말했다.
"이곳의 장님이나 절름발이를 제
거하면 모를까, 당신은 이곳에 들
어오지 못한다"라며, 대이빋이 이
곳에 들어올 수 없다고 생각했다.
7 그런데도 대이빋은 요새지역 자이
언을 차지했는데, 이곳이 바로 대
이빋 도성이다.
8 대이빋은 그날 이렇게 말했다. "누
구든지 수로에 가서 제뷰스족을
죽이는 자와, 대이빋의 정신을 싫
어하는 절름발이든 장님이든 모
두 죽이는 자는, 대장이나 우두머
리가 될 것이다." 그래서 사람들
이 이렇게 말했다. "장님과 절름발
이는 그 도성에 들어오지 못한다."
[그 이유는 이쪽도 저쪽도 장님과
절름발이를 겨냥하고 있기 때문이
다.]
9 그래서 대이빋은 요새 안에 살며,
그것을 대이빋 도성이라 불렀다.
그리고 그는 밀로에서부터 주변과
안쪽을 건설했다.
10 대이빋은 점점 더 세력이 커졌고,
만인의 **주 하나님**은 그와 함께 있었
다.
11 타이러티로, 두로왕 하이램히람이 대
이빋에게 전령을 보내면서, 시더
나무와 목수와 석수도 함께 보내
어, 그들이 대이빋에게 집을 지어
주었다.
12 대이빋은 **주님**이 자신을 이즈리얼

에 대한 왕으로 세웠다는 것을 알
았고, **주님**이 그의 백성 이즈리얼
을 위해 그의 왕국에 영광을 주었
다는 것도 인지했다.
13 대이빋은 히브런에서 온 다음, 저
루살럼에서 더 많은 첩과 부인들
을 맞이했다. 그래서 대이빋에게
여전히 아들과 딸들이 많이 태어
났다.
14 저루살럼에서 그에게 태어난 자식
들의 이름은 이렇다. 샤무아, 쇼뱁,
내이쓴, 솔로먼이고,
15 입하, 일리슈아, 네펙, 재피아이며,
16 일라이샤마, 일리애다, 일리풰렡이
었다.
17 그러나 필리스틴은 이즈리얼이 자
신들을 통치하는 왕으로 대이빋에
게 기름을 부었다는 이야기를 듣
고, 필리스틴 모두 대이빋의 목숨
을 빼앗으러 왔다. 그래서 대이빋
은 그 소식을 듣고 자기 요새로 갔
다.
18 필리스틴 역시 와서 리풰임계곡에
군대를 포진시켰다.
19 대이빋은 **주님**에게 기도했다. "내
가 필리스틴으로 가서 싸울까요?
그러면 당신이 나의 손에 그들을
넘기나요?" **주님**이 대이빋에게 말
했다. "가거라. 내가 틀림없이 필리
스틴을 네 손에 넘기겠다."
20 대이빋은 배이얼페러짐으로 가서
거기서 그들을 치며 말했다. "**주님**
이 내 앞에서 나의 적을 마치 봇물
이 터져 나오듯 부서버렸다."
그래서 그는 그곳을 배이얼페러짐
이라고 불렀다.
21 거기에 필리스틴은 신상을 두었는
데, 대이빋과 그의 부하가 그것을
태웠다.
22 또 필리스틴은 다시 와서 리풰임
계곡에 그들의 군대를 포진했다.
23 대이빋이 **주님**에게 묻자 그가 말했
다. "너는 나가지 말고 대신 그들
뒤를 둘러싼 다음, 뽕나무 맞은편
에 그들 위쪽에 있어라.
24 그러다 뽕나무 위에서 지나가는
소리가 들리면, 그때 너는 힘차게
일어나야 한다. 왜냐하면 그때 **주**
님이 네 앞에서 나아가 필리스틴
군대를 격파할 것이다.
25 그래서 대이빋이 **주님**이 명령하는
대로 하여, 게바에서부터 개저에
이르는 필리스틴을 무찔렀다.

약속의 상자를 옮기다

6 다시 대이빋은 이즈리얼의 정예
군 3만명을 모두 한 자리에 모았
다.
2 그리고 대이빋이 일어나, 쥬다유다
의 배이얼에서부터 그와 함께 왔
던 모두와 함께 가서, **하나님**의 약
속의 상자를 그곳에서 가져오려고
했다. 상자란 체럽커룹, 그룹천사 둘
사이에 놓인 만인의 **주님**이라는 이
름으로 불려지는 것이다.
3 그들은 **하나님**의 상자를 새로 만

든 수레에 싣고, 그것을 기비아에
있는 애비내댑의 집에서 가져왔
다. 그리고 애비내댑의 두 아들 우
자와 애하이오가 새수레를 앞에서
끌었다.
4 그들은 기비아에 있는 애비내댑
집에서 **하나님**의 상자를 들고나와,
상자 앞에서 가는 애하이오를 따
라갔다.
5 대이빋과 이즈리얼집안은 모두, **주
님** 앞에서 전나무로 만든 여러 악
기를 연주했는데, 하프와, 썰터리
현악기와, 팀브렐 소북과, 코넽 금
관악기와 심벌 타악기까지 연주했
다.
6 그들이 내이컨의 타작마당에 왔을
때, 우자가 손을 내밀어 **하나님**의
상자를 잡았는데, 소들이 그것을
흔들었기 때문이었다.
7 그러자 **주님**의 분노가 우자에게 불
이 붙더니, **하나님**이 실수했다고
그를 치자, **하나님**의 상자 옆에서
그가 죽었다.
8 대이빋의 마음이 불편해진 것은,
주님이 우자에게 과도한 처벌을 했
기 때문이었다. 그래서 그는 그곳
을 이날까지 페레주자라고 불렀
다.
9 대이빋은 **주님**이 두려워 그날 이렇
게 말했다. "**주님**의 상자가 어떤 방
법으로 내게 와야 하죠?"
10 그러면서 대이빋은 **주님**의 상자를
대이빋성으로 옮기려 하지 않고,
대신 그것을 지티 사람 오벧이덤오
벧 에돔, 오벧에돔의 집에 갖다 놓았다.
11 **주님**의 상자는 3개월간 계속 지티
사람 오벧이덤의 집에 있었다. 그
리고 **주님**은 오벧이덤과 그의 집안
모두에게 복을 주었다.
12 대이빋왕에게 소문이 들렸다. "**주
님**이 오벧이덤의 집안을 축복하고,
그에 속하는 모든 것에 복이 내린
것은, **하나님**의 상자 때문"이라는
것이었다. 그래서 대이빋이 가서,
하나님의 상자를 즐거운 마음으로
오벧이덤집에서 대이빋성으로 가
져왔다.
13 그러면서 **주님**의 상자를 지는 사람
이 여섯 걸음을 가면, 대이빋은 소
와 살찐 가축을 희생시켜 제사했
다.
14 대이빋은 **주님** 앞에서 힘껏 춤을
추며, 에퐏 리넨제례복을 허리에
걸쳤다.
15 대이빋과 이즈리얼집안 모두가 **주
님**의 상자를 가져오며, 소리지르
고, 요란하게 트럼펱을 불었다.
16 **주님**의 상자가 대이빋성으로 오자,
솔의 딸 마이클이 창을 통해, 대이
빋왕이 **주님** 앞에서 껑충거리며 춤
추는 모습을 보면서, 그녀는 마음
속으로 대이빋을 무시했다.
17 그들은 **주님**의 상자를 가져온 다
음, 대이빋이 세운 성전 한가운데
제자리에 놓고, 대이빋은 **주님** 앞
에 번제와 평화제사를 올렸다.

18 대이빋은 번제와 평화제사를 끝낸
다음, 만인의 **주님**의 이름으로 사
람들을 축복해주었다.
19 그는 모든 사람과, 다수의 이즈리
얼에게, 또 남자만큼 여자에게도
모두, 캐익 한조각과 큰고기 한덩
이와, 술 한병씩 주었다. 그래서 모
두가 각자 자기 집으로 돌아갔다.
20 대이빋이 가족을 축복하고 돌아오
자, 솔의 딸 마이클이 대이빋을 맞
이하러 나와서 말했다. "오늘, 이
즈리얼왕이 얼마나 대단했는지요!
여종들 눈 앞에서 걸치지도 않고,
미친한 인간처럼 창피도 모르고
맨몸을 드러내다니 말이죠!"
21 그러자 대이빋이 마이클에게 말했
다. "**주님** 앞이니까 그랬다. 그가 당
신 아버지와 모든 집안 앞에서 나
를 선택하여, **주님**의 백성 이즈리
얼을 통치하도록 지명했다. 그래
서 나는 **주님** 앞에서 춤을 추는 것
이다.
22 그러면, 나는 이보다 더 품위가 떨
어져, 내 눈에도 밑바닥까지 갈 수
있지만, 당신이 말하는 여종들이
내 명예를 세워줄 것이다."
23 그로 인해 솔의 딸 마이클은 죽는
날까지 자식이 없었다.

대이빋에게 약속

7 대이빋다윗왕이 궁전에 자리를
잡게 되자, **주님**은 주위 적으로
부터 그에게 휴식을 주었다.
2 왕이 예언자 내이쓴나탄, 나단에게 말
했다. "보라, 나는 이제 시더 삼나
무로 지은 집에 살고 있는데, **하나
님**의 상자는 커튼 안쪽에 있다.
3 그러자 내이쓴이 왕에게 말했다.
"어서, 마음속에 있는 것을 실행하
세요. 왜냐하면 **주님**이 당신과 함
께 있으니까요."
4 그리고 그날 밤, **주님**의 이야기가
내이쓴에게 전해졌다.
5 "가서 나의 종 대이빋에게, 주인의
말을 전해라. '너는 내가 있을 집을
지어주어야 하지 않을까?
6 왜냐하면 나는, 이집트에서 내가
이즈리얼 자손을 이끌어낸 이래
이날까지, 어떤 집에서도 살아 본
적이 없다. 대신 나는 텐트와 이동
천막으로 옮겨다녔다.
7 내가 이즈리얼 자손과 함께 걸어
온 장소마다, 이즈리얼 중 어느 부
족에게라도, 나의 백성을 먹이도
록 명령하는 그들에게, 왜 내게 시
더나무로 집을 지어주지 않냐고
말한 적이 있었나?
8 그러니 이제 너는 나의 종 대이빋
한테 가서, 만인의 **주님**이 이렇게
말했다고 전해라. '나는 너를 양떼
를 뒤쫓는 목동에서, 또 양우리에
서 데려와, 나의 백성 이즈리얼을
지배하는 통치자가 되게 했다.
9 나는 네가 어딜 가든 함께 하며, 네
눈 앞의 적을 제거하여, 땅위의 모
든 큰 인물처럼 이름을 위대하게

만들어 주었다.
10 또 나는 앞으로 나의 백성 이즈리
얼이 자리할 장소를 지정하여, 자
기 장소에서 살며, 더 이상 옮기지
않고, 악한의 자손이 예전처럼 그
들을 더 이상 괴롭히지 않게 하겠
다.
11 그리고 내가 판관에게 명령하여
나의 백성 이즈리얼을 다스리게
한 때부터, 나는 너희를 적으로부
터 편히 쉬게 했다. **주님**은 또 '집을
만들어 주겠다'고 너에게 말한다.
12 네 생애를 다하고, 조상과 함께 잠
들 때, 나는 네 뒤를 이은 자식을
세울 텐데, 그는 네가 낳은 자식으
로, 내가 그의 왕국을 건설하겠다.
13 그가 내 이름의 집을 짓게 하여, 그
왕국의 왕위를 영원히 설립하겠
다.
14 나는 그의 아버지가 되고, 그는 나
의 아들이 될 것이다. 만약 그가 죄
를 지으면, 사람의 회초리로 그를
혼내주고, 인간자손의 끈으로 때
려주겠다.
15 하지만 나의 관대한 사랑은, 네 앞
에서 솔을 외면하여 거둬버리듯
그를 떠나지 않을 것이다.
16 너의 집과 왕국은 앞으로 영원히
구축되고, 네 왕관은 영원히 확립
될 것이다."
17 이 모든 말대로, 이런 전망 그대로,
내이쓴이 대이빋에게 전했다.
18 그리고 대이빋왕이 와서, **주님** 앞
에 앉아 말했다. "오 **주 하나님**, 나
는 누구죠? 또 당신이 여기 나에게
이루어준다는 나의 집은 무엇이
죠?
19 오 **주 하나님**, 그것이 당신 눈에 작
지만, 앞으로 있을 거대한 당신 종
의 집에 관하여 이야기했는데, 사
람이 할 수 있는 방법인가요?
20 대이빋이 당신에게 무엇을 말하겠
어요? **주 하나님**이라면, 자기 종을
알지요.
21 당신이 한 말을 위하여, 당신이 하
고 싶은 대로, 이런 위대한 일을 이
룬다는 것을, 당신의 종이 알게 했
어요.
22 그러니 당신은 위대한 **주 하나님**이
에요. 당신과 같은 존재가 없고, 당
신 이외 어떤 신도 없기 때문이며,
우리의 귀가 들어온 그대로지요.
23 이땅에 이즈리얼과 같은 당신 백
성과 같은 민족이 어딨죠? **하나님**
이 그들을 구원하여, 자기에게 데
려와, 이름을 붙여주며, 위대하고
엄청난 일을 그 땅을 위해 이루었
어요. 당신의 백성은 당신이 이집
트와 그 민족과 그들의 신으로부
터 보상하고 데려온 사람이죠.
24 당신은 이즈리얼이 영원한 당신의
백성이 되도록 확정지었고, 그리
고 **주님**은 그들의 **하나님**이 되었어
요.
25 이제 오 **주 하나님**, 당신의 종과 그
집에 관하여 말한 이야기가 영원

히 이루어져, 당신이 말한 대로 되
게 해주세요.
26 당신의 이름이 영원히 높아지게
하여, '만인의 **주님**은 이즈리얼을
다스리는 **하나님**'이라고 말하게 하
고, 당신의 종 대이빋의 집은 당신
앞에서 구축되게 해주세요.
27 오 만인의 주, 이즈리얼의 **하나님**,
당신은 종에게 모든 것을 보여주
며, '내가 네게 집을 하나 지어주겠
다'고 말했어요. 그래서 당신의 종
이 진심으로 당신에게 기도합니
다.
28 이제, 오 **주 하나님**, 당신의 말이 진
리가 되는 **하나님**, 또 당신은 종에
게 이와 같은 선을 약속해주었어
요.
29 그러므로 부디, 당신 종의 집안을
축복하는 것이 당신을 기쁘게 해
주세요. 그러면 당신 앞에서 영원
히 계속될 수 있을 거예요. 오 **주 하
나님**, 당신이 그것을 말했으니까
요. 그리고 당신의 축복으로 당신
종의 집안이 영원히 복을 받게 해
주세요."

대이빋 승리

8 그후 대이빋은 필리스틴을 쳐서
굴복시켰고, 필리스틴 손에서
메쎅아마메텍 암마, 메덱암마 지역을 빼
앗았다.
2 그는 또 모앱을 물리쳤는데, 한 줄
길이가 되는 사람은 바닥에 엎드
리게 하고, 두 줄 길이의 사람은 죽
여, 나머지는 살려줬다. 그래서 모
앱은 대이빋의 종이 되어 공물을
바쳤다.
3 대이빋이 조바초바, 소바왕 리홉르홉
의 아들 해더데저하닷에제르, 하닷에셀
역시 죽인 이유는, 그가 유프래이
티스 강의 자기 경계선을 되찾으
러 갔기 때문이었다.
4 대이빋은 그로부터 전차 천대를
빼앗고, 기마병 7백명과, 보병 2만
명을 빼앗았다. 또 전차를 끄는 말
의 힘줄은 모두 자르면서, 전차 백
대분의 말은 그대로 두었다.
5 드매스커스의 시리아 사람이 조바
왕 해더데저를 도우러 왔을 때, 대
이빋은 시리아인 2만2천 명을 죽
였다.
6 그리고 그가 드매스커스의 시리아
에 수비대를 두게 되자, 시리아인
은 대이빋의 종이 되어 공물을 바
쳤다. **주님**은 대이빋이 어디로 가
든 그를 보호해주었다.
7 대이빋은 해더데저의 신하들이 들
던 금제 방패를 빼앗아, 저루살럼
으로 가져왔다.
8 해더데저의 도성 비타에서 비로싸
이 지역에 걸쳐, 대이빋왕은 엄청
나게 많은 황동을 빼앗았다.
9 해매쓰하맛의 토이도이왕은 대이빋
이 해더데저의 군대를 모두 물리
쳤다는 소식을 듣게 되자,
10 토이왕이 자기 아들 조램을 대이

빋왕에게 보내어 인사하고 그를
축하했다. 그것은 그가 해더데저
에 맞서 싸워왔는데, 대이빋이 해
더데저를 죽여주었기 때문이었다.
그래서 조램은 은그릇, 금그릇, 황
동그릇을 가져왔다.
11 대이빋왕 역시 굴복시킨 모든 나
라에서 가져온 금은을 **주님**에게 봉
헌했고,
12 시리아, 모앱, 애먼의 자손과 필리
스틴, 애멀렉, 조바왕 리홉의 아들
해더데저로부터 빼앗은 전리품을
주님에게 제공했다.
13 대이빋이 명성을 얻은 것은, 소금
계곡에서 시리안 1만8천명을 격퇴
하고 돌아온 때였다.
14 그리고 이덤에도 수비대를 두게
되면서, 이덤의 모두가 대이빋의
종이 되었다. **주님**은 대이빋이 어
디로 가든 그를 보호했다.
15 대이빋은 모든 이즈리얼을 지배했
고, 그의 백성 모두에게 정의의 판
결을 집행했다.
16 제뤼아 아들 조앱은 군대를 지휘
했고, 애히룯의 아들 제호샤퓉은
기록관이었다.
17 애히툽의 아들 제독과, 애비애썰
의 아들 에히멜렉은 제사장이었
고, 세래이아는 서기관이었다.
18 제호이애다의 아들 비내이아는 췌
레스인과 펠레스인을 모두 다스렸
고, 대이빋의 아들들은 총독이 되
었다.

대이빋이 조너썬 아들에게 호의

9 대이빋이 말했다. "솔사울집안에
아직 남아 있는 사람이 있는가?
그러면 내가 조너썬요나탄, 요나단을
위하여 그에게 호의를 보여줄 수
있다."
2 지바치바, 시바라는 솔의 종에게 솔
집안 중 단 한 사람이 남아 있었다.
그래서 대이빋한테 그 종을 불렀
고, 왕이 그에게 물었다. "네가 지
바인가?" 그가 말했다. "네, 당신의
종 지바입니다."
3 왕이 말했다. "솔집안 가운데 아직
살아 있는 사람이 누구라도 있는
가? 그러면 내가 그에게 **하나님**의
호의를 보일 수 있을 것이다." 지바
가 왕에게 말했다. "조너썬의 아들
이 하나 있는데 절름발이입니다."
4 왕이 그에게 말했다. "그는 어디 있
는가?" 지바가 왕에게 말했다. "그
는 로드바 지역 애미얼의 아들 머
키어 집안에 있어요."
5 그리고 대이빋왕이 사람을 보내
로드바에 있는 애미얼의 아들 머
키어 집안에서 그를 데려왔다.
6 솔의 아들 조너썬의 아들 메피보
셋므피보셋, 므비보셋이 대이빋에게 오
자, 얼굴을 땅에 대고 경의를 표했
다. 대이빋이 말했다. "메피보셋
아," 그가 대답했다. "네 당신의 종
입니다!"
7 대이빋이 그에게 말했다. "두려워
마라. 나는 네 아버지 조너썬을 위

해 너에게 확실한 친절을 보여주
고 싶다. 그리고 선대 솔의 모든 땅
을 네게 되돌려주겠다. 또 너는 앞
으로 나의 식탁에서 계속 빵을 먹
게 하겠다."
8 그러자 그는 고개를 숙여 절하며
말했다. "당신의 종이 뭐라고, 죽은
개나 다름없는 나를 당신이 그렇
게 돌봐야 합니까?"
9 그러자 왕이 솔의 종 지바에게 말
했다. "나는 네 주인님의 아들에게
솔과 그의 집안에 속했던 모든 것
을 주겠다.
10 그러니 네 아들들과 너의 종 모두
는 땅을 갈고 열매를 거둬들여, 네
주인님의 아들이 음식을 먹을 수
있게 해야 한다. 하지만 네 주인님
의 아들 메피보셋은 언제나 나의
식탁에서 빵을 먹을 것이다." 그때
지바는 아들 15에 종이 20명이 있
었다.
11 지바가 왕에게 말했다. "나의 주인
님 왕께서 그의 종에게 명한 그대
로, 당신의 종 내가 그대로 실행하
겠어요. 그리고 메피보셋에 대해
서도, '왕의 아들처럼 그는 똑같이
내 식탁에서 빵을 먹을 것'이라고
말한 대로 따르겠어요."
12 메피보셋은 어린 아들 하나가 있
었고 그의 이름은 미카였다. 그래
서 지바 집안에서 사는 모두가 메
피보셋에게 종이 되었다.
13 그렇게 메피보셋은 저루살럼에서
살았다. 왜냐하면 그는 계속 대이
빋왕의 식탁에서 식사를 했고, 또
양쪽 발을 절었기 때문이었다.

대이빋이 애먼과 시리아를 치다

10 그후 애먼암몬자손의 왕이 죽
고, 그의 아들 해이넌하눈이
대신 통치했다.
2 그때 대이빋이 말했다. "나는 내이
해쉬나하스의 아들 해이넌에게 호의
를 보이겠다. 그의 아버지가 내게
호의를 베풀어준데 따른 것이다."
그러면서 대이빋은 사람을 보내어
신하를 통해 그의 아버지에 대해
위로하려고 했다. 그래서 대이빋
의 신하가 애먼자손의 땅에 들어
왔다.
3 애먼자손의 여러 대군왕자들이 그
들의 주인 해이넌에게 말했다. "당
신은 대이빋이 정말로 당신에게
조문객을 보내어 아버지의 죽음을
조문한다고 생각하나요? 대이빋
은 그게 아니라, 당신에게 신하를
보내어 도성을 둘러보고 염탐하여
멸망시키려는 게 아닐까요?"
4 그래서 해이넌이 대이빋의 신하들
을 붙잡아, 그들의 수염 절반을 자
르고, 그들의 옷 가운데를 엉덩이
까지 잘라 쫓아냈다.
5 그들이 대이빋에게 이 사실을 전
하자, 그는 신하들을 만나보라고
사람을 보냈다. 왜냐하면 신하들
은 대단히 수치스러웠기 때문이

었다. 그래서 왕이 이렇게 말했다.
"제리코예리코, 여리고에 머물다 수염
이 자라면 돌아오너라."
6 애먼자손은 자기들이 대이빋한테
추악하게 되었다는 것을 알고, 사
람을 보내어 베쓰리홉의 시리아인
과 조바의 시리안 2만 보병을 고
용했고, 마아카왕으로부터 천명과
이쉬탑 출신 1만2천 명을 고용했
다.
7 대이빋이 그 소식을 듣고, 조앱과
강한 용사들로 구성된 군대를 파
견했다.
8 애먼자손이 나와서 성문입구에서
전열하며 주둔했고, 조바와 리홉
의 시리아인과 이쉬탑과, 마아카
출신은 벌판에 진을 쳤다.
9 조앱이 자신을 상대로 전방과 후
방에 전선이 놓인 것을 알고, 그는
이즈리얼 정예군을 뽑아, 그들이
시리아인에 대항하도록 전열을 배
치했다.
10 또 그는 나머지 사람들을 자기 동
생 애비샤이의 손에 맡겨, 동생이
애먼자손에 대항할 수 있는 전열
을 갖추게 했다.
11 그리고 조앱이 말했다. "만약 시리
아인이 나에게 너무 강하면, 네가
나를 도와야 하지만, 애먼자손이
너에게 너무 강하면, 내가 가서 너
를 돕겠다.
12 그러니 용기를 내라. 우리는 우리
백성을 위해, 또 우리 **하나님**의 도
성을 위해 활약하자. **주님**은 그가
좋게 보이는 대로 한다."
13 조앱은 그와 함께 있던 사람들과
가까이 다가가서, 시리아인에 맞
서 싸우자, 그들은 앞에서 달아났
다.
14 애먼자손은 시리아인이 도망쳤다
는 소식을 듣고, 그들 역시 애비샤
이 앞에서 달아나 도성으로 들어
가버렸다. 그래서 조앱은 애먼자
손과의 싸움에서 돌아서, 저루살
럼으로 왔다.
15 시리안은 이즈리얼 앞에서 자기들
이 패한 것을 알고, 다시 집결했다.
16 해더레저가 사람을 보내어 강 건
너편의 시리아인을 데려와서, 헬
램에 왔다. 그리고 해더레저의 군
대대장 쇼바크가 그들을 이끌었
다.
17 이것을 대이빋이 전해 듣고, 그는
모든 이즈리얼을 모아 조든을 건
너 헬램으로 왔다. 한편 시리아인
은 대이빋에 맞서 전열을 갖추고
그와 싸웠다.
18 시리아 사람은 이즈리얼 앞에서
도망갔고, 대이빋은 시리안의 전
차7백 대를 이끄는 사람을 죽이고,
4만명의 마병을 죽였는데, 거기서
그들의 군대대장 쇼바크도 죽었
다.
19 해더레저에게 신하로 있던 모든
왕들은 자기들이 이즈리얼 앞에서
패하는 것을 보자, 이즈리얼과 평

화를 맺고 이즈리얼을 섬겼다. 그
래서 시리아인은 애먼자손을 돕는
것을 더 이상 하지 않고, 두려워했
다.

대이빋과 뱃쉬바

11 그 해가 지난 다음, 왕들이 전
쟁하러 나가게 되었을 때, 대
이빋다윗은 조앱요압과 그와 같이 있
는 신하들 및 이즈리얼 모두를 내
보냈다. 그들은 애먼자손을 물리
치며 래바라빠, 랍바를 포위했지만,
대이빋은 저루살럼에 여전히 남아
있었다.
2 저녁 무렵 대이빋이 침대에서 일
어나 왕의 집 옥상 위를 거닐었다.
그곳에서 그는 어떤 여자가 목욕
하는 것을 보게 되었는데, 그녀는
보기에 참 아름다웠다.
3 대이빋은 사람을 보내어 그녀에
대해 묻자, 한 사람이 대답했다.
"이 사람은 힡부족 유라이아우리야
의 아내 일이앰의 딸 뱃쉬바밧 세바,
밧세바가 아닙니까?"
4 그러자 대이빋은 사자를 보내어
그녀를 데려왔고, 그녀가 대이빋
에게 오자, 그는 그녀와 같이 누웠
다. 왜냐하면 그녀는 월경이 깨끗
하게 끝났기 때문이었다. 그런 다
음 그녀는 자기 집으로 돌아갔다.
5 그리고 그녀가 임신이 되자, 사람
을 보내어 대이빋에게 말했다. "아
기를 가졌어요."
6 그래서 대이빋은 조앱에게 사람
을 보내어, "나에게 힡부족 유라이
아를 보내달라"고 했다. 그래서 조
앱이 유라이아를 대이빋에게 보냈
다.
7 유라이아가 대이빋에게 오자, 그
는 그에게 조앱이 어떻게 하고 있
는지 묻고, 또 백성이 어떻게 하고
있으며, 전쟁의 전망은 어떤지 물
었다.
8 그리고 대이빋은 유라이아에게 말
했다. "집으로 돌아가서 발을 씻어
라." 그래서 유라이아가 왕의 집에
서 떠났는데, 왕으로부터 거대한
성찬이 그의 뒤를 따라갔다.
9 그런데 유라이아는 왕의 집문에서
그의 주인의 종들과 함께 잠을 잤
고, 자기 집으로 가지 않았다.
10 사람들이 대이빋에게 와서 전했
다. "유라이아가 집으로 가지 않았
어요." 그러자 대이빋이 유라이아
에게 말했다. "너는 여행에서 돌아
왔지 않나? 그런데 왜 네 집에 가
지 않았나?"
11 유라이아가 대이빋에게 말했다.
"약속의 상자와 이즈리얼과 쥬다
사람이 막사에 있고, 나의 주인님
조앱과 주인님의 모든 종도 벌판
에서 야영하고 있어요. 그런데 내
가 내집에 가서 먹고 마시고 아내
와 같이 잘 수 있나요? 당신에게
맹세하고, 당신의 영혼에게 맹세
하는데, 나는 그런 일은 못합니다."

12 그러자 대이빋이 유라이아에게 말
했다. "오늘은 이곳에서 머물고 내
일은 내가 너를 떠나게 하겠다." 그
래서 유라이아는 그날과 다음날
저루살럼에 머물렀다.
13 대이빋이 그를 불렀고, 그는 대이
빋 앞에서 먹고 마셔 술이 취했다.
밤에 그가 누워자러 가서, 자기 주
인님의 종들과 같이 잤지만, 자기
집으로 가지 않았다.
14 그러자 아침에 대이빋이 조앱에게
편지를 써서, 그것을 유라이아 편
에 보냈다.
15 그는 편지에 이렇게 썼다. "너희는
유라이아를 최전선 가장 치열한
전투에 배치하고, 그로부터 너희
는 뒤로 물러서라. 어쩌면 그가 공
격받아 죽을 수도 있다."
16 그러자 조앱은 그 도성을 둘러보
고, 유라이아를 가장 용맹한 군인
이 있는 곳이라고 생각되는 장소
에 배치했다.
17 그 도성의 군인들이 나가서 조앱
과 함께 싸웠는데, 거기서 대이빋
의 종 일부가 쓰러졌고, 힡부족 출
신 유라이아도 죽었다.
18 그리고 조앱은 사람을 보내어 대
이빋에게 전쟁 소식을 전했고,
19 그러면서 전령에게 다음의 임무를
맡겼다. "네가 왕에게 전쟁소식 전
달이 끝날 때쯤,
20 어쩌면 왕이 분노하며, 네게 이렇
게 말할 것이다. '너희가 싸울 때,
왜 그렇게 도성 가까이 접근해서
싸웠나? 그들이 성벽에서 활을 쏠
줄 몰랐나?
21 제럽비셋의 아들 애비멜렉을 누가
죽였나? 어떤 여자가 성벽 위에서
맷돌 하나를 던져, 그가 더비스에
서 죽지 않았나? 왜 너희는 성벽에
가까이 갔나?' 라고 말하면, 너는
이렇게 대답해라. '당신의 종 힡부
족 유라이아 역시 죽었다'고 해라."
22 그래서 사자가 돌아와서 대이빋에
게 조앱이 왜 그를 보냈는지 내용
을 알렸다.
23 사자가 대이빋에게 말했다. "확실
히 적들이 우리보다 우월했고, 벌
판에 있는 우리에게 왔기 때문에,
우리는 성문입구로 갔어요.
24 성벽에 있는 사수들이 당신의 종
들한테 활을 쏘아서, 왕의 종 일부
가 죽었고, 당신의 종 힡부족 유라
이아 역시 죽었어요."
25 그러자 대이빋이 사자에게 말했
다. "너는 조앱에게 이렇게 말해라.
'이 일로 당신이 언짢아 하지 마라.
왜냐하면 칼이 다른 이처럼 한 사
람을 집어삼킨 것이다. 그 도성에
대하여 당신의 전투를 더욱 강화
시켜 물리치라'며, 네가 조앱을 격
려해 주어라."
26 유라이아의 아내가 남편이 죽었다
는 소식을 듣자, 남편을 위해 슬퍼
했다.
27 그리고 아침이 지나, 대이빋은 사

람을 보내어, 그녀를 자기 집으로
데려왔다. 그래서 그녀는 아내가
되어 그에게 아들을 낳아주었다.
그러나 대이빋이 한 행위는 **주님**을
불편하게 했다.

내이쓴이 대이빋 비난

12 **주님**이 내이쓴나탄, 나단을 대
이빋에게 보냈다. 그래서 그
가 대이빋에게 이렇게 말했다. "한
도성에 두 사람이 있는데, 하나는
부자고 하나는 가난했어요.
2 부자는 너무나 많은 양떼와 소떼
를 가졌는데,
3 빈자는 아무것도 없이, 사서 키운
새끼 암양 하나밖에 없었고, 그것
을 자기 자녀와 함께 키웠지요. 그
암양은 자기 음식을 먹이고, 자기
잔으로 물을 마시게 했고, 또 자기
가슴에 품는 딸과 같은 존재였어
요.
4 그러다 어느 여행객이 부자에게
왔어요. 부자는 자신에게 온 나그
네에게 음식을 차려주어야 하는
데, 자기 양과 소를 잡기가 아까우
니까, 대신 가난한 사람의 양을 잡
아 자기한테 온 손님에게 마련해
주었어요."
5 그러자 대이빋이 부자에 대해 화
가 크게 치밀어 올라 내이쓴에게
말했다. "**주님**이 살아 있는 한 맹세
하는데, 그런 일을 저지른 자는 반
드시 죽어야 한다.
6 또 그는 양을 네 배로 갚아야 한다.
왜냐하면 그가 그런 일을 저질렀
기 때문에, 그에게 연민조차 줄게
없다."
7 그러자 내이쓴이 대이빋에게 말했
다. "당신이 바로 그 부자예요. 이
즈리얼의 **주 하나님**이 말했어요.
'나는 네가 이즈리얼을 통치하도
록 기름을 부어주었고, 솔의 손에
서 구해주었다.
8 또 나는 네게 네 주인의 집과, 네
주인의 아내들을 네 가슴에 주었
고, 이즈리얼과 쥬다의 집을 네게
주었다. 그것이 너무 적었다면, 내
가 너에게 그런 저런 것까지 더 많
이 주었을 것이다.
9 그런데 너는 왜 **주님**의 명령을 무
시하고 그의 눈 앞에서 그런 비행
을 저지르나? 너는 힡부족 유라이
아를 칼로 죽이고, 그의 아내를 네
아내로 삼았다. 너는 애먼자손의
칼로 그를 죽였다.
10 그러니 이제 그 칼은 결코 네 집안
을 떠나지 않을 것이다. 왜냐하면
네가 나를 무시하고, 힡 사람 유라
이아의 아내를 빼앗아 네 아내로
삼았기 때문이다.'
11 **주님**이 또 이렇게 말했어요. '보라,
나는 네 집안에서 너를 대항하는
불행을 키우겠다. 그래서 나는 네
눈 앞에서 너의 아내들을 빼앗아,
네 이웃에게 주면, 네 이웃은 대낮
에도 네 아내들과 누울 것이다.

12 너는 이 일을 아무도 모르게 했지
만, 나는 모든 이즈리얼이 보는 앞
에서 대낮에 그렇게 하겠다'고 했
어요."
13 그러자 대이빋이 내이쓴에게 말했
다. "내가 **주님**에게 반하는 죄를 지
었다." 내이쓴이 대이빋에게 말했
다. "**주님** 역시 당신의 죄를 거두
고, 죽이지는 않을 겁니다.
14 하지만 이 일로 인해 당신은 **주님**
의 적들에게 큰 수모를 당하고, 당
신에게 태어날 자식 역시 확실히
죽게 됩니다."
15 그리고 내이쓴은 자기 집으로 갔
고, **주님**은 유라이아의 아내가 대
이빋에게 낳아준 자식을 쳐서 심
한 병이 들었다.
16 그래서 대이빋이 **하나님**에게 아이
를 위해 간청하고, 금식하며 밤새
땅에 엎드렸다.
17 대이빋 집안 어른들이 일어나 그
에게 와서 땅에서 일으켜도, 그는
듣지 않고, 그들과 빵도 먹지 않았
다.
18 칠일째 되는 날 아이가 죽었다. 대
이빋의 신하는 아이가 죽었다는
말을 하기가 두려워서, 그들이 서
로 말했다. "보라, 아이가 살아 있
을 때도 우리가 그에게 말하는 것
을 들으려 하지 않았는데, 만약 우
리가 그에게 아이가 죽었다고 하
면, 그가 자기자신을 얼마나 미워
할까?"
19 그러나 대이빋은 신하들이 수근
대는 것을 보고, 아이가 죽었다는
것을 감지했다. 그래서 대이빋이
신하들에게 물었다. "아기가 죽었
나?" 그들이 '아기가 죽었다'고 말
했다.
20 그러자 대이빋은 땅에서 일어나,
몸을 씻고, 기름을 바르고, 옷을 갈
아입고, **주님**의 집에 와서 예배했
다. 그런 다음 그는 자기 집으로 돌
아와서 음식을 준비시켜, 그들이
앞에 음식을 차리자, 그가 먹었다.
21 그때 신하들이 왕에게 말했다. "당
신이 하는 일은 대체 어떻게 되는
거죠? 아이가 살아 있을 때는 아이
를 위해 금식하며 울면서, 아이가
죽자, 일어나서 식사까지 하다니
요."
22 그러자 대이빋이 말했다. "아이가
아직 살았을 때 나는 금식하고 울
었다. 누가 말하듯, '어쩌면 **하나님**
이 내게 자비를 베풀어 그 아이가
살 수 있지 않을까? 하는 것이었
다.
23 그러나 이제 아기가 죽었는데, 왜
내가 금식을 해야 하나? 내가 그를
다시 살릴 수 있나? 내가 그에게
가도, 내게 돌아지 못한다."
24 그리고 대이빋이 아내 뱃쉬바밧세바
를 위로했고, 그녀에게 가서 함께
잠을 잔 다음, 그녀는 아들을 낳았
다. 대이빋은 그의 이름을 솔로먼
이라고 불렀고, **주님**은 그를 사랑

했다.
25 **주님**은 예언자 내이쓴을 통해 전하
며, 그의 이름을 '**주님** 때문'이라는
의미로 제디디아라고 불렀다.
26 한편 조앱요압은 애먼자손 래바라빠,
랍바를 상대로 싸워, 왕의 도성을 빼
앗았다.
27 조앱은 대이빋에게 사자를 보내어
전했다. "내가 래바와 싸워서 수로
도시를 빼앗았어요.
28 그러니 백성 중 나머지를 모아서,
그 도성 맞은편에 진을 치고 그것
을 차지하세요. 그래야 내가 그것
을 빼앗아 그 도성에 내 이름을 붙
이지 않게 말이죠."
29 그래서 대이빋이 사람을 모아, 래
바로 가서 싸워 그 도성을 차지했
다.
30 대이빋은 적의 머리에서 왕관을
가져왔는데, 값진 보석과 함께 금
무게가 1 탤런트34kg이었다. 그 왕
관은 대이빋의 머리 위에 얹혀졌
다. 그리고 그는 그 도성의 전리품
을 엄청나게 많이 가져왔다.
31 그는 그곳 사람을 데려와서, 그들
에게 톱질과, 철제 써레질과, 쇠 도
끼질을 시켰고, 또 그들을 가마에
서 벽돌을 만들게 했다. 그는 애먼
자손의 도성마다 그런 일을 시켰
다. 그리고 대이빋과 사람들은 모
두 저루살럼으로 돌아왔다.

앱설럼이 앰넌 살해

13 그리고 대이빋 아들 앱설럼압
살롬에게 아름다운 여동생이
있었는데, 이름은 태이머타마르, 다말
였다. 그런데 대이빋의 다른 아들
앰넌암논이 그녀를 사랑했다.
2 앰넌은 여동생 태이머 때문에 마
음이 몹시 괴로웠다. 왜냐하면 태
이머는 결혼하지 않은 처녀였으므
로 앰넌이 그녀에게 어떻게 하기
어렵다고 생각했다.
3 한편 앰넌은 조너댑여호나답, 요나답이
라는 친구가 있었는데, 그는 대이
빋 형제 쉬미아시므아의 아들로 대
단히 재치있는 사람이었다.
4 그가 그에게 말했다. "너는 왕의 아
들인데, 왜 매일 축 늘어져 있는 거
야? 내게 이유를 말해 주지 않을
래?" 그러자 앰넌이 말했다. "나는
형제 앱설럼의 여동생 태이머를
사랑하고 있어."
5 조너댑이 그에게 말했다. "그렇다
면 네가 침대에 누워 아픈 척하다
가, 네 아버지가 너를 보러 오면 이
렇게 말해. '부탁이 있는 데요, 동생
태이머가 와서 음식을 마련하여
내게 주면, 어쩌면 내가 그녀 손을
통해서 먹을지 모르겠어요.'"
6 그렇게 앰넌이 누워 아픈척 했더
니, 왕이 그를 보러 왔을 때 앰넌이
왕에게 말했다. "부탁이 있는 데요,
내 누이 태이머가 와서 내 앞에서
한 두 조각 케익을 만들어주면, 누

이 손에서 내가 먹을 지 모르겠어
요."
7 그러자 대이빋이 태이머 집에 사
람을 보내어 말했다. "지금 오빠 앰
넌의 집에 가서, 그에게 음식을 만
들어 주거라."
8 그래서 태이머가 자기 오빠 앰넌
의 집으로 갔더니, 그가 누워 있었
다. 그녀는 밀가루로 반죽하여, 그
가 보는 앞에서 케잌을 만들고 과
자도 구었다.
9 태이머는 팬을 갖다 오빠 앞에서
구었는데도, 먹기를 거절하며 앰
넌이 말했다. "내 주위 사람은 모두
밖으로 나가라." 그래서 모두가 밖
으로 나갔다.
10 그러자 앰넌이 태이머에게 말했
다. "음식을 방안으로 가져와서, 네
손으로 주면 내가 먹을 수 있을 거
야." 그래서 태이머가 자신이 만든
케일을 앰넌 오빠 방으로 가져갔
다.
11 그녀가 그가 먹도록 음식을 가져
가자, 그는 태이머를 잡아 끌어안
으며 그녀에게 말했다. "나의 누이
야, 나와 같이 자자."
12 그러자 누이가 그에게 대답했다.
"안돼요, 오빠! 내게 강요하지 마세
요. 왜나하면 이즈리얼에서는 그
런 일이 있으면 절대 안 되요. 이런
어리석은 행동은 하지 마세요.
13 또 내가, 이 수치심을 가지고 어디
로 가죠? 오빠도 마찬가지로, 이즈
리얼에서 바보 같은 사람 중 하나
가 될 거예요. 그러니 제발, 왕에게
말하세요. 그러면 왕도 오빠로부
터 나를 막지 못할 거예요."
14 그런데도 그는 여동생의 말을 들
으려 하지 않았고, 대신 그녀보다
더 센 힘으로 강제로 그녀와 동침
했다.
15 그런 다음 앰넌은 그녀가 몹시 싫
어지게 되었고, 그 증오는 여동생
에게 쏟던 사랑보다 더 컸다. 그리
고 앰넌이 여동생에게 말했다. "일
어나서 꺼져라."
16 그러자 그녀는 앰넌에게 말했다.
"이건 말도 안 되요. 나를 보내는
악행은 나를 범한 어떤 행위보다
더 커요." 그러나 앰넌은 태이머의
말을 들으려고 하지 않았다.
17 그런 다음 자신에게 시중드는 종
을 불러 말했다. "지금 당장 이 여
자를 내게서 끌어내고 문을 걸어
라."
18 그녀는 가지가지 색상의 옷을 입
고 있었는데, 그것으로 왕의 딸이
며, 처녀를 표시했다. 그리고 종이
그녀를 밖으로 데려간 다음 문을
걸었다.
19 그래서 태이머는 머리에 재를 뿌
리고, 자신이 입은 색색의 옷을 찢
고, 머리에 손을 얹고 계속 울었다.
20 그러자 그의 오빠 앱설럼이 동생
에게 물었다. "앰넌이 너와 같이 있
었니? 하지만 이제 마음을 진정해

라. 누이야! 그는 네 형제다. 이 일
을 생각하지 말아라." 그래서 태이
머는 오빠 앱설럼 집에서 외롭게
지냈다.
21 그런데 대이빋왕이 이 이야기를
듣고 대단히 화가 났다.
22 한편 앱설럼은 형제 앰넌한테 좋
다 나쁘다를 말하지 않았지만, 여
동생 태이머를 강제 추행한 일로
앰넌을 증오하고 있었다.
23 그런 일이 있은 후 2년이 지났다.
앱설럼은 이프리엄 옆쪽 배이얼해
이저 지역에 양털 깍는 사람들을
데리고 있었는데, 그곳으로 왕의
아들들을 초청했다.
24 그때 앱설럼이 왕에게 가서 말했
다. "당신의 종인 제가 양털 깎는
사람을 여럿 데리고 있어요. 부탁
하는데, 왕도 신하들과 같이 당신
의 종과 함께 그곳에 가주세요."
25 왕이 앱설럼에게 말했다. "아니다,
아들아! 이번에는 가지 않겠다. 우
리가 네게 짐이 되지 않기 위해서
다." 그래도 왕에게 계속 부탁했지
만, 왕은 가려고 하지 않고, 대신 앱
설럼을 축복해 주었다.
26 그러자 앱설럼이 말했다. "그게 아
니면, 부탁합니다. 나의 형제 앰넌
이 우리와 함께 가게 해주세요. 그
러자 왕이 그에게 말했다. "왜 앰넌
이 꼭 너와 함께 가야 하지?"
27 하지만 앱설럼이 왕에게 계속 부
탁하자, 왕은 앰넌과 왕의 아들 모
두 함께 가게 했다.
28 한편 앱설럼이 그의 종에게 명령
했다. "이제 너희가 잘 지켜보다가,
앰넌이 술에 취해 마음이 흥겨워
질 때, 네게 신호하면 앰넌을 죽여
라. 두려워 마라. 내가 너희에게 지
시한다. 용기를 내라. 용사가 되어
라."
29 앱설럼의 종이 명령에 따라 앰넌
을 치자, 왕의 아들 모두 일제히 일
어나, 자기 나귀에 올라타 달아났
다.
30 그들이 도망하는 도중 소식이 대
이빋에게 전해졌다. "앱설럼이 왕
의 아들을 모두 살해하여 남은 자
가 하나도 없다."
31 그러자 왕이 일어나 의복을 찢고
땅에 엎드렸고, 신하도 옷을 찢고
옆에 있었다.
32 대이빋의 형제 쉬미아 아들 조너
댑이 말했다. "나의 주인님, 그들이
왕의 아들 젊은이를 모두 죽였다
고 생각하지 마세요. 단지 앰넌만
죽었어요. 그 이유는 앱설럼이 자
기 누이 태이머를 강제로 추행하
던 날부터 그 결심을 했기 때문이
에요.
33 그러니 이제 나의 왕 주인님, 이 일
을 마음 속에 두지 말고, 왕의 아들
이 다 죽었다고 생각하지 마세요.
죽은자는 앰넌뿐이에요."
34 그러나 앱설럼은 도망쳤고, 젊은
보초병이 눈을 들어 보니, 뒤쪽 언

덕 길에 사람이 많이 왔다.
35 조너댑이 왕에게 말했다. "보세요,
당신의 종이 말한 대로 왕의 아들
들이 왔어요."
36 그가 말을 끝내자 마자, 왕의 아들
들이 와서 목소리를 높여 울었다.
왕도 신하들도 대단히 슬프게 울
었다.
37 한편 앱설럼은 도망가서, 게셔왕
애미후드의 아들 탤매이한테 갔
다. 그리고 대이빋은 죽은 아들을
위해 날마다 슬퍼했다.
38 그렇게 앱설럼이 도망쳐 게셔로
가서 3년간 있었다.
39 대이빋왕의 마음이 오랫동안 앱설
럼한테 가 있었던 이유는, 앰넌이
죽었지만, 그한테서 위로를 받고
있었기 때문이었다.

앱설럼이 저루살럼에 오다

14 제뤼아츠루야, 스루야의 아들 조
앱요압은 왕의 마음이 앱설럼
에게 가 있다는 것을 느꼈다.
2 그래서 조앱은 테코아 지역에 사
람을 보내어, 현명한 여자 한 사람
을 데려와, 그녀에게 말했다. "부탁
하니, 당신이 상을 당한 사람처럼
상복으로 가장하고, 기름도 바르
지 말고, 오랫 동안 죽은자를 애도
하는 여자처럼 행동해라.
3 그리고 왕에게 가서 간청해라." 그
러면서 조앱이 그녀에게 할 말을
일러주었다.
4 테코아 여자가 왕에게 가서, 땅에
얼굴을 대고 왕에게 예를 올리고
말했다. "도와주세요. 왕이여!"
5 대이빋왕이 그녀에게 말했다. "무
슨 일인가?" 그녀가 대답했다. "나
는 사실 과부이고, 남편은 죽었어
요.
6 당신의 여종 나는 아들이 둘 있었
는데, 밭에서 서로 싸웠고, 거기에
싸움을 말릴 사람도 없었어요. 그
러다 한 아들이 다른 하나를 죽였
어요.
7 보세요, 당신의 종의 가족이 모두
말했어요. '형제를 죽인 그를 내놓
아라. 그래야 우리가 그를 죽일 수
있고, 그것은 자신이 죽인 그의 형
제 목숨에 대한 대가다. 또 우리가
그의 후계자도 없애겠다. 그래서
그들은 남아 있는 석탄의 불씨까
지 꺼버리고, 또 남편의 이름도 땅
위에 남기지 않겠다'고 했어요."
8 왕이 그녀에게 말했다. "집으로 돌
아가라. 그러면 내가 너에 관한 일
을 처리해주겠다."
9 그러자 테코아 여자가 또 말했다.
"나의 주인님, 왕이여! 모든 죄는
나와 나의 아버지 집안에 있고, 왕
과 왕좌는 죄가 없게 해주세요."
10 왕이 말했다. "누구든지 네게 한 마
디라도 하면 그를 내게 데려와라.
그러면 그가 더 이상 네게 손대지
못하게 하겠다."
11 그러자 그녀가 말했다. "부탁하니,

왕은 당신의 **주 하나님**을 기억하여,
당신이 더 이상 피의 보복자가 저
지르는 파괴의 고통을 겪지 않게
해주세요. 그들이 나의 아들을 죽
이지 않게 말이죠." 왕이 말했다.
"**주님**이 살아 있으니 맹세하는데,
네 아들 머리카락의 한 올도 땅에
떨어뜨리지 않게 하겠다."
12 그때 그녀가 말했다. "왕의 여종 내
가 부탁하는데요, 나의 주인님 왕
에게 한 마디 말을 하겠어요." 그
러자 왕이 말했다. "어서, 말해보아
라."
13 그녀가 말했다. "왕은 어째서 **하나
님**의 백성을 상대로 그런 일을 생
각하나요? 왕은 이것이 실수로 생
긴 일처럼 말하며, 왕이 추방한 자
를 집으로 데려오지 않고 있어요.
14 반드시 죽게 되어 있는 우리 인간
은, 마치 땅에 쏟아진 물과 같아서
다시 모을 수 없고, **하나님**은 어떤
사람도 영원히 존중하지 않아요.
하지만 **주님**은 방법을 생각하여,
그의 추방자가 **주님**으로부터 제거
되지 않게 하지요.
15 따라서 내가 이 이야기를 나의 주
인님 왕에게 말하려고 여기 왔어
요. 왜냐하면 사람들이 나를 두렵
게 했기 때문이에요. 그래서 당신
의 여종이 이렇게 말했어요. '내가
왕에게 말 하겠다'고요. '왕은 여종
의 부탁을 그대로 들어줄 지도 모
른다'고 말이죠.
16 '왕이 이 말을 들으면, **하나님**의 유
산물로부터 나와 아들을 함께 없
애려는 자의 손에서 왕의 여종을
구해줄 것'이라고 말이죠.
17 또 당신의 여종이 이렇게 말했어
요. '나의 주인님 왕의 말은 위안이
될 것이다. 왜냐하면 **하나님**의 천
사와 같이 그렇게 나의 주인님 왕
도 선과 악을 구별할 것'이라고 말
이죠. 그러므로 당신의 **주 하나님**은
당신과 함께 있을 거예요."
18 그러자 왕이 그녀에게 말했다. "나
한테 숨기지 마라. 부탁하는데, 네
게 물을 것이 하나 있다." 그녀가
말했다. "나의 주인님 왕이여, 지금
말해주세요."
19 왕이 말했다. "이 모든 일에 조앱의
손이 너에게 미친 게 아니냐?" 그
녀가 대답했다. "당신의 생명을 두
고 맹세하는데, 나의 주인님 왕이
여, 왕이 말하면 누구도 오른쪽도
왼쪽도 다른 소리를 할 수 없지요.
당신의 종 신하 조앱이 내게 지시
하며, 그가 이 말을 내 입으로 전하
라 했어요.
20 당신의 신하 조앱이 이 말이 이루
어지도록 했어요. 나의 주인님은
하나님의 천사의 지혜만큼 현명하
니, 땅위의 모든 일을 다 알지요."
21 그리고 왕이 조앱에게 말했다. "보
라, 내가 결정했다. 지금 가서 젊은
앱설럼을 다시 데려와라."
22 조앱이 얼굴을 땅에 숙여 절하고,

왕에게 감사하며 말했다. "오늘 당
신 종 나는 나의 주인님 왕 앞에서
호의를 받았다는 것을 알았어요.
이것으로 왕은 종의 요구를 충분
히 들어주었어요."
23 그래서 조앱이 일어나 게셔지역으
로 가서 앱설럼을 저루살럼예루살렘
으로 데려왔다.
24 왕이 말했다. "그를 자기 집에 가게
해라. 그리고 그가 나의 얼굴을 보
지 않게 해라." 그래서 앱설럼은 자
기 집으로 돌아왔고, 왕의 얼굴은
보지 않았다.
25 그러나 전 이즈리얼 안에서 앱설
럼의 아름다움만큼 칭찬받는 이는
없었다. 그의 발끝부터 머리에 쓴
크라운관까지 흠잡을 데가 없었
다.
26 그가 머리를 자를 때면, [참고로 그
는 매년 연말에 머리를 깎는데, 이
유는 머리가 무거웠기 때문이다.]
그 머리털의 무게를 재었더니, 왕
의 무게단위로 약 2백쉐클약 2.3kg이
나 되었다.
27 앱설럼에게는 아들 셋과 딸 하나
가 태어났다. 딸의 이름은 태이머
였는데, 얼굴이 아름다웠다.
28 그렇게 앱설럼이 저루살럼에서 만
2년 살아도, 왕의 얼굴을 보지 못
했다.
29 그래서 앱설럼은 사람을 보내어
조앱한테 자신을 왕에게 보내주도
록 시키려고 했다. 하지만 조앱은
앱설럼에게 오지 않았고, 그가 두
번째 다시 사람을 보내도 오지 않
았다.
30 그래서 앱설럼은 자기 종에게 말
했다. "보라, 조앱의 밭이 내것 가
까이 있다. 조앱이 그곳에 보리를
심었으니, 가서 불로 태워라." 그래
서 앱설럼의 종이 그 밭에 불을 질
렀다.
31 그러자 조앱이 앱설럼의 집으로
와서 따졌다. "왜 당신 종이 내 밭
에 불을 지른거요?"
32 앱설럼이 조앱에게 답했다. "보세
요, 내가 당신을 부르러 사람을 보
내어 말했어요. '이곳에 오면, 내가
당신을 왕에게 보내어, 내가 왜 게
셔에서 여기로 왔는지? 물을 수 있
어요. 그곳에 가만히 있었더라면
좋았을 텐데 말이죠. 그러니 이제
내가 왕의 얼굴을 보게 해 주세요.
만약 내게 어떤 죄가 있다면, 왕한
테 나를 죽이라고 하세요."
33 그래서 조앱이 왕에게 가서 말했
고, 왕이 앱설럼을 불렀다. 그가 왕
에게 와서 땅에 얼굴을 숙여 절을
하자, 왕도 앱설럼에게 입을 맞추
었다.

앱설럼의 음모

15 그후 앱설럼압살롬은 전차 및
말과 장정 50명을 준비하여
자기보다 먼저 달려가게 했다.
2 그리고 앱설럼은 아침 일찍 일어

나 성문으로 가는 길 옆에 섰다. 그
때 어떤 사람이 왕에게 송사사건
의 판결을 부탁하러 오자, 그를 불
러 말했다. '당신은 어느 도성에서
온 사람인가?" 그가 말했다. "당신
의 종은 이즈리얼부족 출신이에
요."
3 앱설럼이 말했다. "보라, 당신의 사
건은 옳고 정당하다. 그러나 이곳
에 당신 이야기를 들어줄 왕의 대
행자는 없다."
4 앱설럼이 또 말했다. "나는 이 땅에
서 한때 판관이었는데, 소송이나
불만을 가진 자가 내게 오면, 올바
른 정의를 내려 주었다."
5 그러자 그 사람이 앱설럼에게 다
가와 경의를 표하고, 자기 손을 내
밀어 그를 붙잡고 입을 맞추었다.
6 이런 식으로 앱설럼은 왕에게 판
결을 받으러 찾아오는 모든 이즈
리얼을 처리해 주었다. 그래서 앱
설럼은 이즈리얼 사람의 마음을
훔쳤다.
7 그리고 40년이 지난 다음, 앱설럼
이 대이빋왕에게 말했다. "부탁하
는데요, 내가 **주님**에 대한 맹세를
지키려고 하니, 나를 히브런으로
가게 해주세요.
8 당신의 종 나는 시리아의 게셔에
사는 동안 이렇게 맹세를 했어요.
'만약 **주님**이 나를 정말로 다시 저
루살럼에 데려오면, 내가 **하나님**을
섬기겠다'고 말이죠."
9 왕이 그에게 말했다. "편히 가거
라." 그래서 그는 일어나 히브런으
로 갔다.
10 그러나 앱설럼은 이즈리얼 전역에
스파이를 보내어 말했다. "너희가
트럼펱 소리를 듣는 즉시, 소리쳐,
'앱설럼이 히브런을 지배한다'고
외쳐라.
11 저루살럼에서 앱설럼과 함께 간 2
백명이 그렇게 외쳤는데, 그들은
단순히 따라갔기 때문에 무슨 일
인지 알지 못했다.
12 앱설럼은 길런 사람 애히쏘펠에게
사람을 보냈다. 그는 대이빋왕의
자문관으로 자기의 도성 길로에서
제사를 지내고 있었다. 그리고 음
모가 강해서, 앱설럼과 함께 하는
사람 수가 계속 늘었다.
13 대이빋왕에게 전령이 와서 전했
다. "이즈리얼 사람의 마음이 앱설
럼을 따르고 있어요."
14 그래서 대이빋은 저루살럼에서 자
신과 같이 있는 신하 모두에게 말
했다. "일어나라. 어서 도망치자.
우리는 앱설럼한테서 피할 수 있
는 사람이 없을 것이다. 급히 서둘
러 떠나자. 그래서 그가 갑자기 우
리를 덮치지 않도록하자. 또 불행
이 닥쳐, 이 도성을 칼로 치는 것을
피해야 한다.
15 그러자 왕의 신하 종들이 왕에게
말했다. "보세요, 당신의 종은 나의
주인님 왕이 지시하는 일은 무엇

이든 할 준비가 되어 있어요."
16 그래서 왕이 나가자, 집안 모두가
뒤를 따랐다. 왕은 첩 10명을 남겨
두어 집을 지키게 했다.
17 왕이 앞장섰고 사람들이 모두 뒤
를 따르며, 상당히 멀리 떨어진 어
떤 장소에 일행이 머물렀다.
18 모든 신하가 왕 옆에서 갔고, 체레
스 사람, 펠레스 사람, 기트 사람까
지 개쓰지역부터 그를 따라왔던 6
백명은 왕 앞에서 갔다.
19 그때 왕이 기트 사람 이타이에게
말했다. "왜 너희가 우리와 함께 가
려 하나? 네 고향으로 돌아가서 그
곳 왕과 함께 살아라. 왜냐하면 너
는 추방된 이민족이다.
20 예전에는 너희가 왔지만, 이제 내
가 너희를 데리고 여기 저기 떠돌
게 해서야 되겠나? 내가 갈 곳을
안다해도, 너희는 돌아가고, 네 형
제도 데려가라. 너희에게 자비와
진실이 있기를 바란다."
21 이타이잇대가 왕에게 대답했다. "**주
님**이 살아 있고, 나의 주인님 왕이
살아 있으므로 맹세합니다. 나는
나의 주인님 왕이 가는 곳이면, 그
곳이 죽음이든 삶이든, 당신의 종
또한 그곳에 있겠어요."
22 대이빋이 이타이에게 말했다. "그
렇다면 먼저 가라." 그래서 기티부
족 이타이가 가면서, 그의 사람들
과 어린이 모두와 함께 갔다.
23 나라 전체가 큰 소리로 울며, 모든
백성이 떠나갔다. 왕도 키드런 개
울을 건넜고, 사람들도 건너 모두
황야 길로 향했다.
24 재독 역시 함께 있던 리바이 사람
모두가 **하나님**의 약속의 상자를 짊
어지고 가서 내려놓았고, 애비애
썰은 모든 백성이 도성 밖으로 빠
져나올 때까지 기다렸다.
25 왕이 재독에게 말했다. "**하나님**의
상자를 도성 안으로 도로 갖다놓
아라. 만약 내가 **주님**의 눈에서 호
의를 받으면, 나를 다시 데려와 내
게 약속의 상자와 백성을 모두 보
여줄 것이다.
26 그러나 만약 **주님**이, '나는 너에게
흥미가 없다'고 말하면, '네, 내가
여기 있으니, **주님** 좋은 대로 하세
요'라고 말하겠다."
27 왕이 재독 제사장에게 말했다. "너
는 앞을 내다보는 선견자가 아닌
가? 그러니 맘 편히 도성으로 돌아
가고, 두 아들 애히마즈와, 애비애
썰의 아들 조너썬도 데려가라.
28 보라, 나는 황야의 평원에 머물며,
네가 나에게 보내는 확실한 전갈
이 올 때까지 기다리겠다."
29 그래서 재독과 애비애썰은 **하나님**
의 상자를 다시 저루살럼으로 옮
겨 그곳에 있었다.
30 대이빋이 올리벹산으로 가는 길까
지 와서, 올라가면서 머리를 감싸
고 울며 맨발로 갔다. 그와 함께 있
던 모두가 그처럼 각자의 머리를

감싸고 울며 갔다.
31 어떤 사람이 대이빋에게 말했다.
"애히쏘펠은 앱설럼의 음모자 중
하나예요." 그러자 대이빋이 말했
다. "오 **주님**, 제발, 애히쏘펠의 자
문이 어리석은 계획이 되게 해주
세요."
32 대이빋이 올리벹산 정상에 올라,
하나님에게 예배했다. 그때 알크부
족의 후샤이가 찢어진 옷을 입고
대이빋을 만나러 와서 머리를 땅
에 대었다.
33 대이빋이 그에게 말했다. "만약 네
가 나와 같이 간다면, 너는 나에게
짐이 될 뿐이다.
34 대신 만약 네가 성으로 되돌아 간
다면, 앱설럼에게 이렇게 말해라.
'나는 당신의 종이 되겠습니다. 왕
이여! 나는 지금까지 당신 아버지
의 종이었는데, 이제는 당신의 종
이 되겠다'고 해라. 그렇게 되면 어
쩌면 네가 나를 위해 애히쏘펠의
계획을 실패로 돌릴 수 있을지 모
른다.
35 너와 같이 그곳에 재독과 애비애
썰 제사장이 있지 않나? 그래서 네
가 왕의 집에서 무슨 일이 있는지
듣게 되면, 그것을 재독과 애비애
썰 제사장에게 전해라.
36 그들은 그곳에 두 아들, 곧 재독의
아들 애히마즈와 애비애썰의 아들
조너썬과 함께 있다. 너는 너희가
들을 수 있는 모든 것을 그들을 통
해 내게 보내거라."
37 그래서 대이빋의 친구 후샤이는
도성으로 돌아왔고, 앱설럼은 저
루살럼에 입성했다.

앱설럼이 저루살럼에 입성

16 대이빋다윗이 산 정상을 조금
지났을 무렵, 보니, 메피보셋
의 종 지바치바, 시바가 나귀 두 마리
를 끌고 대이빋을 맞이했는데, 거
기에 빵 2백 덩이와, 건포도 백송
이와, 여름과일 백개와, 술 한병을
싣고 왔다.
2 왕이 지바에게 말했다. "이것은 무
슨 뜻이지?" 지바가 말했다. "이 나
귀는 왕의 가족이 탈 것이고, 빵과
여름 과일은 젊은 병사들이 먹을
것이며, 술은 황야에서 피곤한 사
람이 마시게 하는 거예요."
3 그러자 왕이 말했다. "너의 주인님
의 아들은 어디 있나?" 지바가 왕
에게 대답했다. "보세요, 그는 저루
살럼에 있어요. 그의 말로는, '오늘
이즈리얼 집안 모두가 나의 아버
지 왕국을 내게 다시 돌려주는 날
이 될 것'이라고 했어요."
4 그때 왕이 지바에게 말했다. "보라,
메피보셋에 속하는 모든 것은 너
의 것이다." 그러자 지바가 말했다.
"나의 겸손한 마음으로 내가 나의
주인님 왕의 눈에서 호의를 받을
수 있기를 간청합니다."
5 그리고 대이빋왕이 배후림지역에

왔을 때 보니, 그곳에 솔집안의 한
사람이 왔는데, 그는 게라의 아들
쉬메이였다. 그는 앞으로 나와 가
면서 계속 대이빋왕을 저주했다.
6 그가 대이빋과 왕의 신하들에게
돌을 던지자, 모든 사람과 용사들
이 대이빋의 좌우를 지켰다.
7 쉬메이가 대이빋을 저주하며 말했
다. "나와라, 대이빋 나와라. 너는
피에 젖은 놈이고, 너는 몹쓸 불량
한 빌리얼놈이다.
8 **주님**은 솔집안 대신 네가 지배한
모든 피의 대가를 네게 되돌려주
었다. 또 **주님**은 이 왕국을 네 아들
앱설럼 손에 넘겼다. 보라, 너는 피
를 뿌리는 자이므로, 네 비행의 대
가를 받는 것이다."
9 그러자 제뤼아의 아들 애비샤이가
대이빋왕에게 말했다. "대체 저런
죽은 개가 어떻게 나의 왕 주인님
을 저주하게 하지요? 제발 나를 보
내주세요. 그의 목을 베어오겠어
요."
10 그러자 왕이 말했다. "너는 제뤼아
의 아들인데, 너와 할 일이 뭐가 있
나? 저주하게 내버려 둬라. 왜냐
하면 **주님**이 그에게 '대이빋을 저
주하라'고 한 것이다. 그런데 누가,
'네가 감히 그러냐?'고 말할 수 있
을까?"
11 그리고 대이빋은 애비샤이와 그의
모든 신하에게 말했다. "보라, 내
몸이 낳은 나의 아들이 내 목숨을
노리는데, 저 벤저민의 저주가 뭐
가 대단할까? 저주하게 내버려 둬
라. **주님**이 그에게 명한 것이다.
12 **주님**은 나의 고통을 바라보고, 이
날 저 사람의 저주로 내게 충분히
갚을 것이다."
13 대이빋과 그의 군인이 가는 길 옆
에서, 쉬메이는 산길 쪽으로 대이
빋 맞은편을 따라오며, 계속 저주
하고 돌을 던지며, 심지어 흙먼지
까지 일으켰다.
14 그래서 왕과 그의 사람 모두가 지
쳐서 그곳에서 휴식했다.
15 한편 앱설럼과 이즈리얼 사람 모
두가 저루살럼으로 왔고, 그와 함
께 애히쏘펠도 왔다.
16 한편 알크에렉, 아렉 사람이자 대이빋
친구인 후샤이후사이, 후새가 앱설럼
에게 와서 말했다. "**하나님**이 왕을
구원하고, **하나님**이 왕을 구원했습
니다."
17 앱설럼이 후샤이에게 말했다. "이
것이 당신 친구 대이빋에 대한 우
정인가? 왜 당신은 친구와 함께 가
지 않았지?"
18 후샤이가 앱설럼에게 말했다. "그
건 아니지요. 단지 **주님**과 백성과
이즈리얼의 모든 병사가 선택한
앱설럼 당신에게 내가 그의 뜻과
함께 있을 겁니다.
19 또, 내가 누구를 섬겨야 할까요?
당신 아버지를 섬기듯, 그의 아들
앞에서 내가 그를 섬겨야 하지 않

을까요? 그렇기 때문에 나는 당신
앞에 있을 겁니다."
20 그때 앱설럼이 애히쏘펠에게 말했
다. "우리가 앞으로 어떻게 해야 할
지 나에게 조언해 달라."
21 애히쏘펠이 앱설럼에게 말했다.
"당신 아버지가 집을 지키라고 남
겨둔 아버지의 첩들한테 들어가
세요. 그러면 이즈리얼 모두가 아
들이 아버지를 증오한다는 소문을
듣게 되지요. 그러면 이즈리얼의
모든 힘이 당신과 더불어 더욱 강
해집니다."
22 그런 다음 그들은 앱설럼에게 집
옥상 위에 막사를 설치해 주었고,
앱설럼은 이즈리얼 모두가 보는
앞에서 아버지의 여러 첩에게 들
어갔다.
23 그날 애히쏘펠이 말한 조언은 마
치 사람이 **하나님**의 말씀을 구해온
것처럼 되었다. 그래서 애히쏘펠
의 조언은 대이빋한테도 앱설럼한
테도 **주님**이 전하는 말이었다.

후샤이 조언이 대이빋 구원

17 그리고 애히쏘펠은 앱설럼에
게 이렇게 말했다. "이제 내
가 1만2천명의 젊은이를 뽑아, 오
늘 밤 대이빋의 뒤를 추격하게 해
주세요.
2 그러면 그가 지치고 약해질 때, 그
를 덮쳐 두렵게 만들면, 그와 함께
있는 모든 사람이 도망갈 겁니다.
나는 오직 왕만 치겠어요.
3 그런 다음 백성을 당신 앞으로 다
시 데려오겠어요. 당신이 죽이려
는 사람이 돌아오면, 백성 모두 맘
이 편해질 겁니다."
4 이 이야기는 앱설럼의 마음에 들
었고, 원로 모두도 그랬다.
5 그리고 앱설럼이 말했다. "알크부
족 후샤이 역시 불러라. 마찬가지
로 그가 말하는 것도 들어보자."
6 후샤이가 앱설럼에게 오자, 앱설
럼이 후샤이에게 말했다. "애히쏘
펠이 이렇게 말했는데, 우리가 그
의 말을 따라야 할까? 아니면 당신
이 의견을 말해보라."
7 후샤이가 앱설럼에게 말했다. "애
히쏘펠이 말한 조언은 이 시기에
맞지 않아요."
8 후샤이가 말했다. "당신은 당신 아
버지와 그의 사람들이 용맹하다는
것을 알고, 또 그들이 벌판에서 암
컷을 빼앗길 때처럼, 그들 마음이
분통해 하고 있다는 것을 잘 알지
요. 또 당신 아버지는 전쟁을 잘하
는 사람이어서, 사람들과 함께 노
숙하지 않을 겁니다.
9 보세요. 그는 지금 웅덩이 속이나
다른 장소에 숨어 있어요. 따라서
첫 번째 공격에서 몇몇이 쓰러지
면, 그 상황을 듣게 되는 누구라도
이렇게, '앱설럼을 따르는 사람들
이 엄청나게 살육당했다'고 말하
겠죠.

10 그렇게 되면 아무리 용감한 사람
도, 마음이 사자와 같다해도, 그 소
리에 가슴이 철렁 내려앉게 됩니
다. 왜냐하면 모든 이즈리얼이 당
신 아버지가 용맹한 사람이고, 함
께 있는 병사도 용감하다는 것을
알기 때문이에요.
11 그러므로 나는 이렇게 조언합니
다. 모든 이즈리얼이 댄에서부터
비어쉬바에 이르기까지, 당신 앞
으로 함께 바닷가 수많은 모래처
럼 모이면, 그때 당신은 당신 자신
의 사람들로 전투에 나설 수 있어
요.
12 그래서 우리는 그가 숨어 있는 장
소에서 그를 덮쳐야 해요. 그러면
우리는 땅에 이슬이 떨어지듯 그
를 가볍게 제압하게 되고, 그와 함
께 있는 병사를 모두, 아무리 많아
도 하나도 놓치지 않게 됩니다.
13 더욱 그가 성안에 있다면, 그땐 모
든 이즈리얼이 도성으로 밧줄을
가져오게 해서, 우리가 도성을 강
으로 끌어내리면, 그곳에 작은 돌
조각 하나 없게 만들게 됩니다."
14 앱설럼과 이즈리얼 사람 모두가
말했다. "알크 사람 후샤이의 조언
이 애히쏘펠의 것보다 더 낫습니
다." 이는 **주님**이 애히쏘펠의 좋은
조언을 사람들이 거부하도록 이미
정해놓은 것으로, **주님**이 앱설럼에
게 불행을 내리겠다는 의도였다.
15 그런 다음 후샤이는 재독과 애비
애썰 제사장에게 전했다. "이렇게
이렇게 하라고 애히쏘펠이 앱설럼
과 이즈리얼 원로에게 시켜서, 나
는 저렇게 저렇게 조언했어요.
16 그러니 지금 빨리 사람을 보내어
대이빋에게 전하세요. 오늘 밤에
는 황야의 평원에서 자지 말고, 대
신 빨리 조든강을 건너세요. 그래
야 왕이 잡히지 않고, 함께 있는 사
람도 쓰러지지 않을 겁니다."
17 한편 조너썬과 애히마아즈는 엔로
겔 옆에서 기다렸는데, 이는 그들
이 도성으로 들어오는 것이 눈에
띄지 않게 하는 것이었다. 그리고
한 여종이 가서 그들에게 말했고,
그들은 가서 대이빋왕에게 전했
다.
18 그런데 한 소년이 그들을 보고 앱
설럼에게 전했지만, 두 사람 모두
재빨리 자리를 떠나, 배후림지역
의 어떤 남자의 집에 간 다음, 두
사람은 그의 정원에 있는 우물 아
래로 내려갔다.
19 그리고 한 여자가 우물 입구를 덮
는 뚜껑을 갖다 덮고, 그 위에 빻은
콩을 펴놓아 보이지 않게 했다.
20 앱설럼의 신하가 그 여자의 집으
로 와서 말했다. "애히마아즈와 조
너썬이 어디 있지?" 여자가 그들
에게 말했다. "그들은 시내물을 건
너 갔어요." 그리고 그들이 수색했
지만 찾지 못하고 저루살럼으로
돌아갔다.

21 그들이 떠나자, 두 사람은 우물
밖으로 나와서, 대이빋왕에게 가
서 말을 전하자, 대이빋이 말했다.
"자, 일어나서 빨리 물을 건너자.
왜냐하면 이런 식으로 애히쏘펠이
너희를 치기 위한 조언을 했기 때
문이다."
22 그리고 대이빋이 일어났고, 그와
같이 있던 모두가 함께 조든을 건
넜다. 아침이 밝을 무렵까지 강을
건너지 못한 사람은 하나도 없었
다.
23 애히쏘펠은 자신의 조언대로 따르
지 않는 것을 보고, 그의 나귀에 안
장을 얹어 타고, 도성의 자기 집으
로 돌아와, 집안을 정리한 다음, 스
스로 목을 매고 죽어서, 그의 아버
지 묘지 안에 매장되었다.
24 그리고 대이빋은 매하나임에 도착
했다. 앱설럼은 조든강을 건넜고
그와 함께 있는 이즈리얼 병사도
모두 건넜다.
25 앱설럼은 애머사를 조앱 대신 군
대대장으로 임명했는데, 그는 이
즈리얼 사람 이쓰라의 아들로, 이
쓰라가 제뤼아 집안 조앱 어머니
의 여동생, 내이해쉬의 딸 애비개
일과 동침하여 낳은 아들이었다.
26 그리고 이즈리얼과 앱설럼은 길리
얻 땅에 진영을 펼쳤다.
27 대이빋이 매하나임에 도착했을
때, 애먼의 후손인 래바의 내이해
쉬의 아들인 쇼비와, 로데바의 애
미얼의 아들 머키어와, 로게림 지
역의 길리얻 사람 바질라이가,
28 침대와 대야와 토기그릇, 밀, 보리,
밀가루, 볶은 옥수수, 콩, 팥, 렌틸
콩, 볶은 콩을 가져왔다.
29 그리고 꿀, 버터, 양, 소기름 치즈를
대이빋 및 함께 온 사람이 먹도록
가져와서 말했다. "황야에서는 사
람이 배가 고프고, 지치고, 목이 마
르죠."

앱설럼의 죽음

18 대이빋은 자기의 사람수를
세고, 천명지휘관와 백명지
휘관을 정했다.
2 대이빋은 1/3을 조앱 소속으로 보
내고, 1/3은 제뤼아의 아들이자 조
앱의 동생 애비샤이아비사이, 아비새한
테 배속시키고, 1/3은 기트 사람 이
타이의 지휘 아래에 배치했다. 그
리고 왕이 백성에게 말했다. "나 역
시 확실히 너희와 함께 간다."
3 그러자 백성이 대답하며, "왕 당신
이 가면 안 됩니다. 왜냐하면 우리
가 도망치면, 그들은 우리를 배려
하지 않을 것이고, 우리 절반이 죽
어도 그들은 개의치 않아요. 하지
만 당신은 우리 만명보다 더 중요
하기 때문에, 왕은 도성에서 우리
를 돕는 것이 더 나아요."
4 그래서 왕이 그들에게 말했다. "너
희가 좋다면 그렇게 하겠다." 그러
면서 왕은 성문 옆에 서 있었고, 모

든 사람이 백명 천명 단위로 도성
에서 나왔다.
5 왕은 조앱과 애비샤이와 이타이잇
대에게 명령했다. "나를 생각해서,
그 젊은 아들 앱설럼에 대해 관대
하게 대우하기를 바란다." 그리고
백성은 왕이 앱설럼에 관해 여러
지휘관에게 책임을 맡기는 소리를
들었다.
6 그래서 사람들은 이즈리얼에 대항
하러 들판으로 나갔고, 싸움은 이
프리엄 숲 속에서 벌어졌다.
7 이즈리얼 사람이 대이빋 부하 앞
에서 쓰러졌고, 그날 거기서 죽은
사람은 2만명이었다.
8 그 전쟁은 여기 저기 흩어져 벌어
졌는데, 그날 칼이 사람을 삼킨 것
보다 숲풀이 더 많이 삼켰다.
9 한편 앱설럼은 대이빋 부하를 만
났다. 앱설럼이 나귀를 타고가다,
나귀가 오크 참나무의 굵은 가지
아래를 지나고 있었는데, 앱설럼
의 머리가 오크가지에 걸려, 하늘
과 땅 사이 공중에 매달리게 되자,
나귀는 제 갈 길을 가버렸다.
10 어떤 사람이 그것을 보고 조앱에
게 말했다. "앱설럼이 참나무에 목
이 매달린 걸 봤어요."
11 조앱은 말을 전한 사람에게 말했
다. "네가 앱설럼을 보고도, 왜 그
를 쳐서 땅에 쓰러뜨리지 않았나?
그랬다면 내가 네게 은 10쉐클115g
과 혁대 하나를 주었을 거다."
12 그러자 그가 조앱에게 말했다. "비
록 내 손에 은 천 쉐클을 받는다해
도, 나는 절대로 왕의 아들에게 손
대지 않았을 겁니다. 왜냐하면 우
리가 듣기로, 왕은 당신과 애비샤
이와 이타이에게 당부하며, '아무
도 젊은 앱설럼에게 손대지 않도
록 주의하라'고 했기 때문이지요.
13 그 말을 듣지 않았다면, 내가 내 목
숨을 바치는 잘못을 저질렀을 거
예요. 왕한테는 어떤 것도 숨길 수
없고, 또 당신도 나를 내버려 두지
않았겠죠.
14 그러자 조앱이 말했다. "내가 너와
이러면서 지체할 수 없다." 그리고
조앱은 손에 창 3개를 들고가서,
여전히 참나무 가운데 매달려 살
아 있는 앱설럼의 가슴을 찔렀다.
15 그런 다음 조앱의 무기를 져나르
는 젊은이 10명이 앱설럼을 죽였
다.
16 그리고 조앱이 나팔을 불자, 사람
들이 이즈리얼의 추격을 중단하고
돌아왔다. 조앱이 사람들을 중단
시켰던 것이다.
17 그들은 앱설럼을 끌어다 숲속 큰
구덩이에 던져, 그 위에 큰 돌더미
를 쌓아 올렸고, 모든 이즈리얼은
자기 막사로 달아났다.
18 앱설럼압살롬은 살아 있는 동안 자
신을 위해 왕의 계곡 안에 큰 돌기
둥을 세우며 말했다. "나는 내 이름
을 기억해 줄 아들도 없다." 그래서

그것을 자기 이름을 따서 불렀는
데, 그 장소를 이날까지 "앱설럼의
돌기둥"이라고 부르고 있다.
19 그때 재독의 아들 애히마아즈가
말했다. "이제 내가 달려가서 왕에
게 이 소식을 전하겠어요. **주님**이
어떻게 왕의 적 그에게 보복을 해
주었는지 전하러 보내주세요."
20 그러자 조앱이 그에게 말했다. "너
는 오늘 그 소식을 전하지 말고 다
른 날 전해라. 이날 네가 소식을 가
져가지 말아야 하는 이유는 왕의
아들이 죽었기 때문이다."
21 그리고 조앱이 쿠쉬이씨오피아인에게
말했다. "네가 본 그대로 왕에게 가
서 말해라." 그러자 쿠쉬는 조앱에
게 머리 숙여 인사하고 뛰었다.
22 재독의 아들 애히마아즈가 다시
조앱에게 말했다. "하지만 제발 부
탁이니, 나도 쿠쉬 뒤를 따라 달려
가게 해주세요." 그러자 조앱이 말
했다. "어째서 가려는가, 네가 전할
소식은 마련되지 않았음을 알면
서?"
23 그래도 또 그가 말했다. "나도 가
게 해주세요." 그러자 조앱이 그에
게 말했다. "그럼, 가거라." 그래서
애히마아즈는 평원의 옆길로 달려
쿠쉬를 따라잡았다.
24 그때 대이빋은 도성의 두 문 사이
에 앉아 있었고, 보초병이 성벽 문
위로 올라가 눈을 들어 바라보니,
한 사람이 뛰어오고 있었다.
25 보초가 소리치며 왕에게 말하자,
왕이 말했다. "만약 뛰는 자가 혼자
면 입에 소식을 물고 있는 것이다."
그리고 그는 멀리서 점점 가까이
다가왔다.
26 그런데 보초가 또 다른 사람이 달
려오는 것을 보고 수문장을 불러
말했다. "또 다른 사람이 혼자 뛰어
와요." 그러자 왕이 말했다. "그 역
시 소식을 가져오는 거다."
27 그때 보초병이 말했다. "내 생각에,
앞에서 뛰는 자는 재독의 아들 애
히마아즈인 것 같아요." 그러자 왕
이 말했다. "그는 좋은 사람이어서
좋은 소식을 가져오는 거다."
28 그리고 애히마아즈가 왕을 부르며
말했다. "모든 것이 잘 되었어요."
그러면서 그는 왕 앞에서 땅에 얼
굴을 대고 말했다. "당신의 **주 하나**
님에게 감사합니다. **주님**은 나의
주인님 왕에게 대항하려고 손을
든 무리를 넘겨주었어요."
29 왕이 말했다. "젊은 앱설럼은 무사
한가?" 애히마아즈가 대답했다.
"조앱이 왕의 부하와 당신의 종 나
를 보냈을 때, 내가 그곳에 큰 소동
이 있는 것을 보았는데, 그것이 무
엇인지는 몰라요."
30 그러자 왕이 그에게 말했다. "옆으
로 물러서 있어라." 그러자 그는 옆
에 잠자코 서 있었다.
31 그런 다음 쿠쉬가 와서 말했다. "나
의 주인님 왕에게 소식이 있어요.

주님은 왕에 대항하려고 일어난 무
리를 이날 당신을 위해 복수해 주
었어요."
32 그러자 왕이 쿠쉬에게 물었다. "젊
은 앱설럼은 무사한가?" 그러자
쿠쉬가 대답했다. "나의 주인님 왕
의 적과 당신을 해치려고 대항하
여 일어난 모두가 그 젊은 사람처
럼 되었어요."
33 그때 왕은 마음에 큰 충격을 받고,
성문 위 객실로 들어가 울었다. 그
는 가면서 말했다. "오, 나의 아들
앱설럼, 나의 아들, 앱설럼아! **하나
님**이 너 대신 나를 죽게 했어야지.
오 앱설럼, 나의 아들아!"

대이빋이 저루살럼에 재입성

19

왕이 울며 앱설럼을 애도한
다는 이야기가 조앱요압한테
들렸다.
2 그리고 이즈리얼 모두에게 그날의
승리의 기쁨이 조문 분위기로 바
뀌었다. 왜냐하면 왕이 아들에 대
해 얼마나 마음 아파했는지 사람
들이 들었기 때문이었다.
3 사람들은 전쟁에서 도망치며 몰래
달아나는 것을 창피해하듯, 그날
슬그머니 도성으로 들어갔다.
4 한편 왕은 얼굴을 묻고 큰 소리로
울부짖었다. "오 내 아들 앱설럼,
오 앱설럼 내 아들, 내 아들아!"
5 그러자 조앱이 왕의 집에 와서 말
했다. "당신은 오늘 당신 부하 얼굴
에 수치를 안겼어요. 그들은 당신
생명을 구하고, 당신의 아들딸의
목숨과 당신의 부인과 첩까지 구
했어요.
6 당신은 당신 적을 사랑하는 일로
인해, 당신의 친구를 미워하고 있
어요. 왜냐하면 당신은 이날 대군
왕자도 부하도 전혀 아랑곳하지
않는다는 것을 선언한 거예요. 따
라서 내가 오늘 느낀 점은, 만약 앱
설럼이 살고 우리 모두가 죽었다
면, 당신이 기뻐했을 것같은 느낌
이에요.
7 그러니 이제 일어나서 밖으로 나
가, 당신 부하에게 위로의 말을 해
주세요. 내가 **주님**의 이름으로 맹
세하는데, 만약 당신이 나가서 부
하를 만나지 않으면, 오늘 밤 당신
과 함께 있을 자는 하나도 없어요.
그렇게 되면 당신이 젊었을 때부
터 지금까지 겪었던 모든 불행보
다 상황이 더 악화됩니다."
8 그래서 왕이 일어나 성문에 앉았
다. 그러자 사람들이 백성에게 말
했다. "보라. 왕이 성문에 앉아 있
다." 그러자 각자 자기 막사로 가버
렸던 이즈리얼이 모두 왕 앞으로
나왔다.
9 사람들이 이즈리얼부족 도처에서
말다툼하며, "왕은 우리 적으로부
터 우리를 구했고, 또 필리스틴 손
에서도 구했다. 그런데 이제 그가
앱설럼 때문에 이 땅에서 달아났다.

10 그래서 우리를 다스리도록 기름
부은 앱설럼은 전쟁에서 죽었다.
그런데 왜 너희는 왕을 다시 데려
오자는 말을 한 마디도 하지 않는
가?"
11 그러자 대이빋왕이 재독과 애비
애썰 제사장에게 사람을 보내 말
했다. "쥬다의 원로들에게 전해라.
'왜 너희는 왕을 집으로 다시 데려
오기를 지체하나? 이즈리얼 모두
가 왕을 데려오라고 재촉하는 줄
알면서 말이다.
12 너희는 나의 형제며 혈육이다. 그
런데 너희는 왜 왕을 다시 데려오
는데 늦장을 부리나?'
13 또한 너희는 애머사아마사에게 말해
라. '너도 나의 골육이 아닌가? **하
나님**도 나에게 그렇게 하고 더한
것도 한다. 만약 너희가 나를 군대
대장도 아닌데, 조앱의 방에 계속
둔다면 그렇다'라고 전해라."
14 그렇게 대이빋은 쥬다 사람의 마
음을 누그러뜨려, 마치 한 사람의
마음처럼 모았다. 그래서 그들이
이런 이야기를 왕에게 보냈다. "왕,
당신은 돌아와주세요. 당신의 모
든 신하도 함께 와주세요."
15 그래서 왕이 돌아와서 조든에 왔
다. 쥬다가 길갤에 와서 왕을 만나,
왕이 조든강을 넘도록 진행했다.
16 배후림에 있던 벤저민 사람 게라
의 아들 쉬매이가 급히 나와, 쥬다
사람과 함께 대이빋왕을 만났다.
17 그와 함께 있던 벤저민 사람은 천
명이었고, 솔집안의 시종 지바와,
그의 15명 아들 및 그의 종 20명과
함께, 대이빋왕에 앞서 조든을 건
넜다.
18 그리고 그곳에 왕의 가솔들을 실
어나르고, 또 왕을 기쁘게 대접하
기 위한 배 한척이 왔다. 그리고 게
라의 아들 쉬매이가 조든에 오자,
대이빋왕 앞에 엎드렸다.
19 그리고 왕에게 말했다. "나의 주인
님 왕이여, 나에게 잘못을 꾸짖지
말아 주세요. 또 나의 주인님 왕이
저루살럼을 탈출하던 날, 당신의
종이 저지른 나쁜 행동을 기억하
지 말고, 마음에 담아두지도 말아
주세요.
20 당신의 종은 내가 지은 죄를 잘 알
기 때문에, 그래서 나는 오늘 조셒
집안 가운데 제일 먼저 나와, 나의
왕 주인님을 만나러 왔어요."
21 그러나 제뤄아의 아들 애비샤이가
대답하며 말했다. "쉬매이는 **주님**
이 기름 부은 자를 저주했으니, 이
것만 해도 죽음에 처해야 되지 않
겠습니까?"
22 그러자 대이빋이 말했다. "내가 너
희와 함께 할 일이 무엇이라고, 오
늘 제뤄아의 아들, 너희가 나의 적
이 되어야 할까? 이날 이즈리얼에
서 누구라도 죽어야 하겠나? 오늘
내가 이즈리얼을 다스리는 왕이라
는 것을 모르기라도 하나?"

23 그러면서 왕이 쉬매이에게 말했
다. "너는 죽지 않는다." 왕은 그에
게 맹세했다.
24 그리고 솔의 아들 메피보셋이 왕
을 만나러 내려왔는데, 그는 발을
관리하지도 않았고, 수염도 깎지
않았으며, 옷도 빨지 않았다. 왕이
떠난 날부터 무사히 다시 돌아올
때까지 그랬다.
25 그가 저루살럼에 와서 왕을 만나
자, 왕이 그에게 말했다. "메피보
셋, 너는 왜 나와 함께 가지 않았
지?"
26 그러자 그가 대답했다. "나의 왕 주
인님, 나의 종이 나를 속였어요. 당
신의 종 내가 말했어요. '나를 나귀
에 태우면, 그 위에 타고 왕에게 가
겠다. 나는 절름발이기 때문'이라
고 했지요.
27 그런데 내 종이 나의 왕 주인님에
관해 비난했어요. 하지만 나의 왕
주인님은 **하나님**의 천사와 같으니,
당신 눈에 좋은 대로 실행하세요.
28 왜냐하면 나의 아버지 집안 모두
는 나의 주인님 왕 앞에서 죽은 존
재였지만, 당신은 그 중 나를 당신
의 태이블에서 함께 먹게 했어요.
그런데 이제 내가 왕에게 무엇을
더 요청하겠어요?"
29 그러자 왕이 그에게 말했다. "왜 너
는 네 문제를 더 꺼내어 말하지?
내가 말했다. 너와 지바는 그 땅을
나누어 가져라."
30 그러자 메피보셋이 왕에게 말했
다. "네, 지바가 다 갖게 하세요. 나
의 주인님 왕이 무사히 집으로 다
시 돌아왔으니까요."
31 그리고 길리엇 사람 바질래이바르
질라이, 바르실래가 로겔림지역에서 와
서, 왕와 함께 조든을 건너는 일을
진행했다.
32 바질래이는 나이가 많이 들어 80
세였는데, 그는 왕이 매하나임에
있는 동안 왕에게 식량을 제공했
다. 그는 대단히 부자였기 때문이
었다.
33 그래서 왕은 바질래이에게 말했
다. "당신은 나와 같이 갑시다. 그
러면 내가 저루살럼에서 나와 함
께 당신을 먹이지요."
34 그러자 바질래이가 왕에게 말했
다. "내가 얼마나 더 오래 산다고,
왕과 같이 저루살럼으로 가나요?
35 나는 오늘 80세인데, 좋고 나쁜 것
을 구별할 수 있나요? 당신의 종
내가 무엇을 먹고, 무엇을 마신들
맛을 알겠어요? 남자의 노래소리
인지 여자의 목소리인지 더 이상
들을 수 있나요? 그러니 당신의 종
은 나의 주인님 왕에게 부담만 되
겠지요?
36 당신의 종은 왕과 함께 조든을 넘
어 조금만 가겠어요. 왜 왕은 내게
그런 보상을 갚으려 하나요?
37 부디 당신의 종을 다시 고향으로
보내어 거기서 죽게 해주세요. 나

의 아버지 어머니의 무덤 옆에 묻
히고 싶습니다. 대신 당신의 종 킴
햄을 보살펴 주세요. 그를 왕과 함
께 따라가게 해주고, 그에게 당신
이 좋게 보이는 것을 해주세요."
38 그러자 왕이 대답했다. "킴햄이 나
와 같이 갈 것이다. 그리고 나는 당
신이 좋다고 생각할 것을 그에게
해주겠다. 또 당신이 내게 요구하
는 것은 무엇이든지 당신을 위해
내가 할 것이다."
39 그런 다음 모든 사람이 조든을 건
너갔다. 그리고 왕이 건너갈 때, 왕
은 바질래이에게 입을 맞추며 그
를 축복해주자, 그는 자신의 고향
으로 돌아갔다.
40 그런 다음 대이빋왕이 길갤로 가
는데, 킴햄이 왕을 따라 갔고, 모든
쥬다 사람도 왕을 수행했고, 이즈
리얼의 절반도 그랬다.
41 이즈리얼 모두가 왕에게 나와 이
렇게 말했다. "어째서 쥬다사람이
우리의 형제 당신을 슬며시 빼내
어, 왕과 그의 가족을 데려와서, 대
이빋 사람과 함께 조든강을 건넜
습니까?"
42 그러자 모든 쥬다사람이 이즈리
얼 사람에게 대답했다. "왜냐하면
대이빋왕은 우리의 가까운 혈족
이어서, 당신이 이 일로 화를 내고
있나? 우리가 왕의 비용으로 먹었
나? 아니면 왕이 우리에게 어떤 선
물이라도 주었나?"
43 그러자 이즈리얼 사람이 쥬다사람
에게 말했다. "우리는 왕한테 지분
10을 가지고 있고, 당신들보다 대
이빋왕에 대해 더 많은 권리도 갖
고 있다. 그런데 너희가 왜 우리를
무시하는가? 우리의 충고는 우리
가 먼저 왕을 데려와야 한다고 하
지 않았나?" 그래도 쥬다사람의
말은 이즈리얼 사람의 말보다 더
거셌다.

쉬바가 대이빋에게 반발

20 거기에 어떤 빌리얼같은 불
한당이 있었는데, 이름은 쉬
바세바였고, 벤저민 사람 비크리의
아들이었다. 그가 나팔을 불며 말
했다. "우리는 대이빋한테 바랄 지
분이 없고, 제시의 아들한테서 물
려받을 유산도 없다. 오 이즈리얼
은, 모두 제 막사로 돌아가라."
2 그래서 이즈리얼의 남자가 대이빋
한테서 나와, 비크리의 아들 쉬바
를 따랐다. 하지만 쥬다인은 조든
에서 저루살럼까지 그들의 왕을
몹시 따랐다.
3 대이빋은 저루살럼에 있는 집으로
돌아왔다. 왕은 집을 지키라고 남
겨두었던 첩 10사람을 데려와 집
안에 두고 먹여살렸지만, 그들한
테 가지 않아서, 그들은 죽는 날까
지 왕래가 끊긴 채 과부로 살았다.
4 그때 왕이 애머사에게 말했다. "3
일 내로 내게 쥬다인을 모으고, 너

또 여기 참석해라."
5 애머사가 쥬다사람을 모집하러 갔
지만, 그는 왕이 지정해준 시간보
다 더 오래 걸렸다.
6 그러자 대이빋이 애비샤이에게 말
했다. "이제 비크리 아들 쉬바가 앱
설럼이 했던 것보다 우리에게 더
많은 해를 끼칠 것이다. 너는 네 주
인의 부하를 데려가서 그를 추격
하여, 그가 요새도성에 오지 못하
게 하고, 또 우리 사람이 달아나지
않게 해라."
7 그래서 조앱의 병사들이 그를 따
라 나갔고, 체렛사람과, 펠렛사람
과 모든 용사들이 따라 나갔다. 그
리고 그들은 저루살럼으로 가서
비크리 아들 쉬바 뒤를 추적했다.
8 그들이 기비언의 큰 바위에 도착
했을 때, 애머사가 그들 앞으로 갔
다. 그때 조앱은 입은 옷 위에 혁대
를 바짝 매고, 칼집에 칼을 집어넣
어 허리에 고정시켰는데, 그가 앞
으로 나오면서 칼이 떨어졌다.
9 그러자 조앱이 애머사에게 말했
다. "나의 형제, 너는 몸이 건강한
가?" 그러면서 조앱이 오른손으로
애머사의 수염을 잡아당겨 그에게
입을 맞추었다.
10 그러나 애머사는 조앱의 손에 든
칼에 주의하지 않았다. 그래서 조
앱이 애머사의 다섯 번째 갈비를
찌르자, 내장이 땅으로 쏟아져 나
와, 다시 찌르지 않고도 죽어버렸
다. 그런 다음 조앱과 동생 애비샤
이는 비크리 아들 쉬바 뒤를 추격
했다.
11 조앱 사람 중 하나가 그의 옆에 서
서 말했다. "조앱을 좋아하는 사람
이든, 대이빋을 지지하는 사람이
든, 모두 조앱을 따르게 하세요."
12 한편 애머사는 피투성이가 되어
길 가운데 있었다. 사람들이 그것
을 보고 멈춰 서 있자, 그 사람이
큰길에서 애머사를 끌어다 들로
옮겨, 그의 위에 옷을 덮었다. 그것
은 그가 거기 온 모두가 어쩔줄 몰
라 꼼짝않고 옆에 서있는 것을 본
때였다.
13 그가 길에서 시체를 옮기자, 조앱
을 따르던 사람이 모두 비크리 아
들 쉬바를 추격했다.
14 그리고 그는 이즈리얼의 모든 부
족을 두루 지나 애이블로 갔고, 또
베쓰마아카와 베라이트 전역으로
갔다. 그리고 그들도 모두 한데 모
여 쉬바를 쫓으러 갔다.
15 그들이 와서 베쓰마아카의 애이블
에서 쉬바를 포위했다. 그리고 그
들은 도성 맞은편에 방어둑을 쌓
아올렸는데, 그 둑은 참호에 세웠
다. 그런 다음 조앱과 함께 있던 모
든 병사가 성벽을 공격하여 무너
뜨렸다.
16 그때 지혜로운 여자 한 사람이 소
리지르며, 성밖으로 나와 제발 이
야기를 들어보라고 조앱에게 부탁

했다. "여기 가까이 와 보세요. 그
러면 내가 당신과 대화할 수 있을
거예요."
17 그래서 그가 가까이 오자 그녀가
말했다. "당신이 조앱인가요?" 그
가 대답했다. "바로 그렇다." 그러
자 그녀가 조앱에게 말했다. "당신
의 여종의 말을 들어보세요." 그래
서 조앱이 대답했다. "나는 듣고 있
다."
18 그리고 그녀는 이렇게 말했다. "사
람들은 예전부터 주로 이렇게 말
하곤 했어요. '조언을 얻으려면 반
드시 애이블로 가라. 그러면 문제
를 끝낸다'고 말이죠.
19 나는 이즈리얼에 평화를 바라는
성실한 사람들 중 하나지요. 당신
은 이즈리얼의 어머니같은 이 도
성을 파괴하려고 하는데, 왜 당신
은 **주님**의 유산물을 제거하려 하나
요?"
20 그러자 조앱이 대답했다. "내가 도
성을 파괴하는 것은 나와 거리가
먼 이야기다.
21 문제는 그게 아니고, 이프리엄 산
의 한 사람이 있는데, 비크리 아들
로 이름은 쉬바인데, 그는 왕에 반
항하며 제 손을 들고 대이빋에 대
항했다. 그러니 단지 그자만 넘겨
라. 그러면 나는 이 도성에서 떠나
겠다." 그러자 여자가 조앱에게 말
했다. "네. 그의 머리는 성벽 넘어
당신에게 던져질 거예요."
22 그래서 그녀는 모두에게 자기 지
혜를 설명했다. 그리고 그들은 비
크리 아들 쉬바의 머리를 잘라 그
것을 조앱에게 던져 주었다. 그러
자 조앱이 트럼핕을 불고 도성에
서 후퇴했고, 사람들은 각자 자기
텐트로 돌아갔고, 조앱은 저루살
럼의 왕에게 돌아왔다.
23 당시 조앱은 이즈리얼의 모든 군
대를 지배했고, 제호이애다의 아
들 베내이아는 체레스 사람과 펠
렛 사람을 관리했다.
24 애덜램은 모든 노역자를 감독했
고, 애히루드의 아들 제호샤퓉은
기록관이었다.
25 그리고 쉬바는 사서였고, 재독과
애비애썰은 제사장이었다.
26 또 아이라 역시 재이 사람으로 대
이빋왕 아래 총리였다.

대이빋이 기비언 원한 해결

21 대이빋 시대에 3년 동안 기근
이 있었다. 대이빋이 **주님**에
게 간청하자 **주님**이 대답했다. "기
근은 솔과 피로 얼룩진 그의 집안
에서 비롯되었다. 왜냐하면 그가
기비언부족을 죽였기 때문이다."
2 그래서 왕은 기비언부족을 불러
서 말했다. [그때 기비언은 이즈리
얼 자손이 아닌, 애머리부족에서
살아남은 사람이었고, 이즈리얼은
그들을 제거하지 않겠다고 맹세했
었다. 그런데도 솔은 이즈리얼과

쥬다 자손에 대한 그의 욕심으로
기비언을 모두 다 죽이려고 했다.]
3 그래서 대이빋이 기비언에게 말했
다. "내가 너희를 위해 어떻게 해줄
까? 무엇으로 내가 보상하여, 너희
역시 **주님**으로부터 받은 유산에 대
한 축복을 받을 수 있게 할까?"
4 기비언이 대이빋에게 말했다. "우
리는 솔한테서 받은 은이나 금도
없고, 그의 집안에서 받은 게 아무
것도 없어요. 우리로 인해 당신이
이즈리얼의 어떤 사람도 죽이지
않길 바랍니다." 대이빋이 말했다.
"너희가 말하는 대로 내가 너희를
위해 해주겠다."
5 그러자 그들이 왕에게 말했다. "우
리를 죽인자, 우리를 치려고 궁리
하여, 우리가 이즈리얼 일대 어느
곳이라도 살아남지 못하게 파멸시
켜려 했던 자,
6 그런 자 솔의 아들 7명을 우리에게
넘겨주세요. 그러면 우리는 솔에
대해 기비아 땅에 있는 **주님**에게
그들을 매달겠어요. 솔은 **주님**이
선택한 사람이었지요." 그러자 왕
이 말했다. "그들을 넘겨주겠다."
7 그러나 왕은 솔의 아들 조너썬의
아들 메피보셋만은 살렸다. 왜냐
하면 그들은 **주님**에게 맹세하며,
대이빋과 솔의 아들 조너썬 사이
의 약속이 있었기 때문이었다.
8 대신 대이빋왕은 애이아의 딸 리
즈퍼의 두 아들을 데리고 있었는
데, 그들은 애이아가 솔에게 낳아
준 알머니와 메피보셋이었다. 그
리고 솔의 딸 마이클의 아들 다섯
은 메호랫 사람 바질래이의 아들
애이드리얼을 위해 그녀가 데려다
키웠다.
9 왕이 그들을 기비언 손에 넘기자,
그들은 언덕에서 **주님** 앞에 그들을
매달았다. 그리고 7명 모두를 추수
일 첫날부터 보리추수 끝날에 걸
쳐 죽였다.
10 그러자 애이아아야의 딸 리즈퍼리츠
파, 리스바는 거친 베옷를 갖다 바위
에 펼쳐두고, 추수일 시작부터 하
늘에서 물이 떨어질 때까지, 낮에
공중을 나는 새가 그들 위에 앉지
못하게 했고, 밤에도 들짐승의 접
근을 막았다.
11 솔의 첩 애이아의 딸 리즈퍼가 한
일이 대이빋에게 전해졌다.
12 그러자 대이빋이 나가, 솔의 뼈와
그의 아들 조너썬의 뼈를 재비스
길리언 사람한테서 가져왔다. 그
들은 필리스틴이 길보아에서 솔을
죽이고 그들을 매달았던 벳션 길
에서 뼈를 훔쳐와, 소지하고 있었
던 것이다.
13 왕은 그곳에서 솔의 뼈와 아들 조
너썬의 뼈를 가져왔고, 매달렸던
사람의 뼈도 한데 모았다.
14 솔과 아들 조너썬의 뼈를 그들이
벤저민 지역 젤라에 묻었는데, 그
곳은 그의 아버지 키쉬의 묘지 안

이다. 그리고 그들이 왕이 명령한
것을 실행하자, **주님**이 그 땅에 대
한 간청을 받아들였다. 곧 가뭄이
지나갔다.
15 그런데 필리스틴은 이즈리얼을 상
대로 여전히 전쟁을 벌였고, 그래
서 대이빋이 나가서 그의 부하와
함께 필리스틴에 맞서 싸웠는데,
대이빋의 기력이 크게 약해졌다.
16 거인의 아들 이쉬비베놉은, 황동
무게가 300쉐클3.5Kg이나 되는 창
을 들고, 새 칼을 허리에 차고 대이
빋을 죽이겠다고 맘 먹었다.
17 그러나 제뤼아의 아들 애비샤이가
대이빋을 도와 그 필리스틴 사람
을 쳐서 죽였다. 그러자 대이빋 사
람이 그에게 단호하게 말했다. "왕
은 더 이상 우리와 함께 전선으로
나가면 안 됩니다. 그리고 왕은 이
즈리얼의 빛을 잃지 않게 하세요."
18 이런 일이 있은 후 고브지역에서
필리스틴과 다시 전쟁이 있었다.
그때 후새스 사람 시브카이가 거
인의 자손인 새프를 죽였다.
19 그리고 고브지역에서 필리스틴과
또 싸움을 했는데, 그곳에서 베쓰
레햄 사람 재알오김의 아들 일해
난이, 기티사람 걸라이어스의 동
생을 죽였다. 그의 창의 자루는 마
치 베틀의 가로막대 같았다.
20 그런데 개쓰지역에서 여전히 전쟁
이 있었다. 그곳에 거대한 체구의
사람이 하나 있었는데, 그의 양손
은 손가락이 6개씩이고 양발의 발
가락도 6개씩 총 24개를 가진 그
역시 거인집안에서 태어났다.
21 그가 이즈리얼을 무시했을 때, 대
이빋의 형제 쉬미아의 아들 조너
썬이 그를 죽였다.
22 이들 네 사람은 개쓰지역의 거인
집안에서 태어났고, 그들은 대이
빋과 그의 부하의 손에 쓰러져 죽
었다.

대이빋이 구원에 감사

22 그리고 대이빋은 **주님**에게
다음을 노래했는데, 그날은
주님이 그의 적과 솔의 손에서 자
신을 구한 때였다.
2 대이빋이 말했다. "**주님**은 나의 바
위, 나의 요새, 나의 구원자이지요.
3 나의 든든한 바위 **하나님**, 당신에
게 나를 의지합니다. 당신은 나의
방패고, 나의 구원의 뿔이고, 나의
높은 탑이고, 나의 피난처이며, 나
의 구원자라고 믿어요. 그래서 당
신이 공격에서 나를 구하지요.
4 나는 **주님**을 자랑해야 마땅하다고
외치겠어요. 그렇게 나는 적으로
부터 구제를 받았으니까요."
5 죽음의 파도가 나를 휘감고, 신을
따르지 않는 자들이 홍수처럼 나
를 두렵게 할 때,
6 지옥의 슬픔이 나를 감싸고, 죽음
의 덫이 나를 막아설 때,
7 나는 고통 속에서 **주님**을 부르며,

나의 **하나님**에게 소리쳤다. 그러자
그가 자기 신전 밖의 내 목소리를
듣더니, 나의 외침이 그의 귀에 들
어갔다.
8 그러자 지구가 흔들리며 떨었고,
하늘 기반이 움직이며 동요했다.
왜냐하면 그가 분노했기 때문이
다.
9 그의 코끝에서 연기가 나오며, 그
의 입에서 나온 불이 집어삼키자
석탄에 불이 붙었다.
10 하늘마저 꺾어 아래로 끌어내리
자, 어둠이 그의 발아래 깔렸다.
11 그가 체럽천사에 올라타 공중을
날자, 바람의 날개 위에서 그가 보
였다.
12 그런 다음 자기 주위에 검은 지붕
을 만들고, 공중에 검은 물과 짙은
구름을 만들었다.
13 그 앞의 밝음 전체가 불타는 석탄
이었다.
14 **주님**은 하늘에서 천둥을 치며, 가
장 높은 곳에서 그의 목소리를 내
었다.
15 그리고 그는 화살을 쏘아 번개를
흩뿌리며 어지렵혔다.
16 바다의 밑바닥이 나타나고, 세상
의 땅바닥이 드러났는데, 이는 **주
님**의 질책에서 비롯되었고, 그의
콧구멍의 콧김에서 폭발되었다.
17 그는 가장 높은 곳에서 나와서 나
를 붙잡아, 많은 물 가운데에서 나
를 건졌다.
18 그는 나의 강적으로부터 나를 구
해내고, 나를 싫어하는 자로부터
나를 구제했는데, 그들이 내게 너
무 강했기 때문이었다.
19 그들은 나의 불행한 시절에 나를
꼼짝 못하게 했지만, **주님**은 나의
버팀목이었다.
20 그는 또 나를 넓은 장소로 이끌며
나를 구했다. 왜냐하면 그가 나를
기꺼이 받아들였기 때문이다.
21 **주님**은 나의 올바른 행동에 따라
내게 보답을 주었고, 나의 손이 깨
끗한 만큼 보상해주었다.
22 왜냐하면 나는 지끔까지 **주님**의 길
을 따라오면서, 나의 **하나님**한테
좋지 못한 이탈을 하지 않았기 때
문이다.
23 그의 모든 판결과 규정이 내 앞에
있었고, 나는 거기서 벗어나지 않
았다.
24 나는 **주님** 앞에서도 정직했고, 스
스로 잘못하지 않도록 자신을 지
켰다.
25 그래서 **주님**은 나의 정당함에 따라
보상해주었고, 그의 눈에 비친 나
의 청결만큼 보상을 주었다.
26 당신은 사랑을 보이는 자에게 당
신의 관대한 사랑을 보이고, 올바
른 사람에게 당신의 정의를 보인
다.
27 당신은 순수한 사람을 통해서 당
신의 순수함을 보이고, 심술궂은
자에게 불쾌감을 보인다.

28 당신은 고통받는 자를 구원하는
한편, 거만한 자에게 당신의 눈을
두어 그들을 아래로 끌어내린다.
29 **주님**은 나의 등불이어서, 나의 어
둠을 비춰준다.
30 나는 당신 곁에서 군대를 향해 돌
진했고, 나의 **하나님** 옆에서 성벽
을 뛰어 넘었다.
31 **하나님**의 길은 완벽하기 때문에, **주
님**의 말은 실천되고, 그를 믿는 모
든 사람에게 둥근 방패가 된다.
32 **주님** 이외 누가 주인이란 말인가?
우리의 **주님** 이외 누가 바위인가?
33 **하나님**은 나의 강한 힘이어서, 그
는 나의 길을 완벽하게 만든다.
34 그는 나의 발을 마치 암사슴 발처
럼 만들어, 나를 높은 곳에 올려놓
는다.
35 그는 나의 손을 가르쳐 전쟁을 시
키고, 그래서 철제화살이 내 팔에
부러진다.
36 또 당신은 내게 당신의 구원의 방
패를 주었고, 당신의 온화함이 나
를 크게 만들었다.
37 당신이 내 발의 보폭을 크게 늘려
주어서, 나의 발은 실족하지 않았
다.
38 내가 적을 추격하여 무찔렀더니,
그들 모두 섬멸될 때까지 돌아서
서 반격하지 못했다.
39 그래서 내가 쓰러뜨리고 부상입혀
서, 그들은 일어설 수 없었다. 그렇
다, 그들은 내 발아래 쓰러졌다.
40 당신이 나를 강한 힘으로 긴장시
켜 싸우게 하여, 당신이 나를 상대
로 일어났던 그들을 내 아래에 굴
복시켜주었다.
41 당신은 또 적의 목을 내게 주어, 내
가 나를 미워하는 그들을 파괴할
수 있게 했다.
42 그들은 주변을 둘러봐도 구해줄
자가 하나도 없었고, **주님**에게 호
소해도 그는 그들에게 대답하지
않았다.
43 그때 나는 땅의 먼지처럼 그들을
치고, 거리의 더러운 흙처럼 밟아
서, 멀리 던졌다.
44 당신은 또한 나를 나의 백성의 분
쟁에서 구했고, 내가 이민족의 지
도자가 되게 하여, 내가 알지 못하
는 백성이 나를 섬기게 했다.
45 이민족이 스스로 내게 굴복하게
하며, 그들이 내 이야기를 듣자 곧
복종하게 했다.
46 이민족은 서서히 힘을 잃게 되어,
그들의 인근 밖으로 나오면 두려
워지게 했다.
47 **주님**은 살아있고, 나의 바위는 감
사를 받아야 하고, 나의 구원의 바
위 **하나님**은 드높여져야 한다.
48 나의 원수에 복수해준 **하나님**이 내
아래로 백성을 이끌어주었다.
49 또 나를 적으로부터 이끌어 내어,
당신은 내게 맞서 일어난 그들 위
에 나를 높이 올려주었고, 난폭한
자한테서 나를 구원했다.

50 따라서 나는 당신에게 감사합니
다. 오 **주님**, 이민족 한 가운데서 내
가 당신의 이름을 자랑하는 감사
의 노래를 부릅니다.
51 그는 자신이 세운 왕에게 구원의
탑이고, 그가 기름을 부여한 대이
빋과 그의 후손에게 영원한 사랑
을 보여주지요."

대이빋의 마지막 말

23 이것은 대이빋의 마지막 말
이다. 제시이사이, 이새의 아들
대이빋은 높은 자리에 오른 사람
이고, 재이컵의 **하나님**이 기름을
부은 사람이며, 이즈리얼에서 가
장 아름다운 노래의 시인 그가 이
렇게 말했다.
2 "**주님**의 영혼이 내게 말해주어, 그
의 말이 나의 혀에 있게 되었다.
3 이즈리얼의 **하나님**이 말하고, 이즈
리얼의 바위가 내게 다음을 말했
다. '사람을 다스리는 자는 **하나님**
을 두려워하며 정당하게 판결해야
한다.
4 그 자는 구름 한 점 없는 아침 해가
떠오를 때의 빛과 같아야 하고, 비
온 뒤 맑게 반짝이는 가운데 땅에
서 솟아오르는 연한 풀과 같아야
한다'고 했다.
5 비록 나의 집은 **하나님**의 것과 같
지 않지만, 그는 나와 영원한 약속
을 맺으며, 모든 것에 확실한 질서
를 잡아주었다. 비록 그가 구원의
성과를 크게 기대하지 않았어도,
이것이 바로 나의 소명이고, 또 나
의 바람이다.
6 그러나 불량한 빌리얼자식이 가시
처럼 모두 버려지는 이유는, 손으
로 가시를 만질 수 없기 때문이다.
7 가시에 손을 대는 자는 철제 창과
지팡이로 보호되어야 하고, 그들
이 있는 곳은 완전히 불에 태워야
한다."
8 다음은 대이빋이 데리고 있던 용
사의 이름이다. 지휘관 중 대장자
리에 앉았던 태크먼부족 가운데
에즌사람 애디노가 있었는데, 그
는 8백명을 상대로 창을 들자, 단
번에 다 죽였다.
9 그 다음 애호이 사람 도도의 아들
일리애저가 있었는데, 그는 대이
빋의 세 용사 중 하나였다. 그들이
싸우려고 집결한 필리스틴을 무시
하다가, 이즈리얼 사람이 달아났
을 때,
10 일리애저가 일어나 필리스틴을 물
리치며, 그의 손이 지치고, 칼에 손
이 배길 때까지 싸웠다. 그래서 **주
님**은 그날 큰 승리를 안겨주었고,
사람들은 단지 전리품을 얻으려고
돌아와 그를 따랐다.
11 그 다음, 해러 사람 애기의 아들 샤
마가 있었다. 필리스틴이 군대를
모았던 장소는 렌틀콩으로 가득찬
땅이었다. 사람들은 필리스틴을
보고 도망쳤다.

12 하지만 샤마는 땅 한 가운데 서서 그곳을 방어하고 필리스틴 군대를 죽였다. 그래서 **주님**이 대승을 안겨주었다.

13 지휘관 30명 중 세 사람이 추수기에 애덜램 굴속에 있는 대이빋에게 왔고, 필리스틴 군대는 리풰임 계곡에 진을 쳤다.

14 그리고 대이빋이 그때 어느 요새에 있었을 때, 필리스틴 수색대는 베썰레헴에 있었다.

15 대이빋은 간절하게 말했다. "오, 누구라도 내게 마실 물을 주었으면 한다. 성문 옆에 베썰레헴 우물이 있다."

16 그러자 세 용사는 필리스틴 군대를 뚫고 들어가, 성문 옆의 베썰레헴 우물에서 물을 길어, 대이빋에게 가져왔다. 그러나 대이빋은 물을 마시지 않고, **주님**에게 부었다.

17 그리고 대이빋이 말했다. "오 **주님**, 이것은 내가 마실게 아니죠. 이렇게 해야 마땅하지요. 이것은 자기 목숨을 걸고 위험 속으로 간 사람의 피가 아닐까요? 그러면서 그는 물을 마시지 않았다. 이런 일이 세 용사에게 있었다.

18 그리고 제뤼아의 아들 조앱의 동생 애비샤이는 세 사람 중 대표였다. 그는 자기 창을 들어 3백명을 죽여서 셋 가운데 이름을 넣었다.

19 애비샤이는 가장 명예로운 3인은 아니었나? 그래서 그는 그들의 대표였는데도, 최고 3인자에는 끼지 못했다.

20 또 캡지얼의 용사의 아들 제호이애다의 아들 베내이아는 많은 업적을 이룬 사람으로, 그는 모앱의 사자같은 두 사람을 죽였고, 또 아래쪽으로 와서 눈이 온 당시 한 구덩이 가운데 있는 사자 한마리를 죽였다.

21 그리고 그는 건장한 이집트인 하나를 죽였는데, 그는 손에 창을 들고 있었지만, 베내이아가 막대기 하나를 들고 이집트인한테 가서, 그의 손에서 창을 빼앗아 그것으로 그를 죽였다.

22 이것은 제호이애다의 아들 베내이아가 한 일이고, 세 용사 가운데 이름을 얻었다.

23 그는 30인 가운데 명예로웠지만, 최고 3인에는 달하지 못했다. 그래서 대이빋은 그를 자신의 경호대장으로 임명했다.

24 조앱의 동생 애사헬은 30인의 하나였고, 베썰레헴의 도도의 아들 일해난도 그랬다.

25 해롯 사람 샤마와, 해롯 사람 일라이카와,

26 팰트 사람 헬레즈와, 테코 사람 이케쉬의 아들 아이라와,

27 애네쏘쓰 사람 애비에저와, 후샤스 사람 메버내이와

28 애호이 사람 잴먼과, 네토팻 사람 매해래이와,

29 네토풰쓰 사람 배애나의 아들 헤
렙과, 벤저민 자손 기비아 출신 리
배이의 아들 이타이와,
30 피래손 사람 베내이아와, 개아쉬
시내 출신 히대이와,
31 알배스 사람 애비알번과, 발험 사
람 애즈매뱃과,
32 샤알본 사람 일리아바와, 재이션
의 아들 중 조너썬과,
33 해러 사람 샤마와 해러 사람 샤라
의 아들 애히앰과,
34 매아캐이스 사람의 아들 애해스배
이의 아들 일리페렛과, 길런 사람
애히쏘펠의 아들 일리엄과,
35 카멜 사람 헤즈래이와, 알브 사람
패아래이와,
36 조바의 내이썬의 아들 이갤과, 개
드 사람 배니와,
37 애먼 사람 제렉과, 비어로쓰 사람
내해래이는 제루아의 아들 조앱의
무기 담당관이었고,
38 아이드 사람 아이라와, 아이드 사
람 개렙과
39 힡 사람 유라이아까지 모두 37인
이었다.

대이빋의 인구조사 및 제단

24 **주님**이 다시 이즈리얼에 대
해 화가 났다. 그래서 그는 대
이빋을 움직여 그들에게 말을 전
하게 했다. "가서 이즈리얼과 쥬다
의 사람수를 세어라."
2 왕은 군대대장 조앱요압에게 말했
다. "지금 가서 모든 이즈리얼부족,
댄에서 비어쉬바까지 돌아다니며,
사람수를 헤아려라. 그래야 내가
백성의 수를 알 수 있다."
3 조앱이 대이빋왕에게 말했다. "왕
의 **주 하나님**은 사람수에 대하여,
그들이 얼마나 되든, 백배도 늘리
죠. 그러면 나의 주인님 왕이 그것
을 볼 수 있는데, 왜 이런 일을 기
꺼이 하나요?"
4 그러나 왕의 말이 조앱과 군대지
휘관들보다 우세하여, 조앱과 지
휘관은 왕 앞에서 물러나와, 이즈
리얼의 숫자를 세었다.
5 그들은 조든강을 넘어 애로어에
진영을 펼쳤다. 그곳은 도성의 오
른쪽 개드강과 재저 방향의 가운
데 위치한 곳이다.
6 그런 다음 그들은 길리얻에 와서
타팀호쉬 땅에 도착했다. 그리고
그들은 댄잰지역과 사이든시돈 가
까이 갔다.
7 그리고 타이어 요새도 갔고, 하이
브족과 캐이넌의 모든 도성에도
갔으며, 쥬다 남쪽과 비어쉬바까
지 갔다.
8 그래서 그들은 그땅의 모든 지역
을 두루 돌아 9개월 20일째 마지막
날에 저루살럼으로 왔다.
9 그리고 조앱은 왕에게 집계낸 사
람수를 주었다. 이즈리얼에는 칼
을 쓸 수 있는 용사가 80만명 있었
고, 쥬다인은 50만명이었다.

10 대이빋은 인구를 조사한 후, 마음
이 불편했다. 그래서 대이빋이 **주
님**에게 말했다. "**주님**, 내가 한 일에
대해 크게 죄를 지었어요. 이제 내
가 **주님**에게 부탁해요. 오 **주님**, 당
신의 종의 죄를 없애주세요. 왜냐
하면 내가 대단히 어리석은 행동
을 했어요."
11 대이빋이 아침에 일어났을 때, **주
님**의 말이 대이빋의 선견자이자 예
언자인 개드에게 전해졌다.
12 "가서 대이빋에게 **주님**의 말을 전
해라. '내가 네게 세 가지를 주겠다.
그 중 하나를 택하면 내가 그것을
너에게 실행할 것이다.'"
13 그래서 개드가 대이빋에게 와서 **주
님**의 말을 전했다. "'앞으로 너희
땅에 7년간 기근이 오게 할까? 아
니면 네가 그들이 왕을 추격하는 3
개월 동안 적 앞에서 도망할래? 아
니면 너희 땅에 3일 동안 전염병을
퍼뜨릴까?' 자, 이제 무슨 대답을
할지 생각해 보세요. 나는 나를 보
낸 **주님**에게 돌아가야 해요."
14 그러자 대이빋이 개드에게 말했
다. "나는 큰 곤경에 빠졌다. 그러
니 **주님**의 손에 우리를 맡기자. 왜
냐하면 그의 사랑은 크다. 또한 나
를 사람의 손에 맡기지 않게 하자."
15 그래서 **주님**은 이즈리얼에게 전염
병을 그날 아침부터 지정된 저녁
시간까지 보냈다. 그래서 댄에서
부터 비어쉬바까지 죽은자가 7만
명이나 되었다.
16 **주님**의 사자가 손을 뻗어 저루살럼
에 타격을 가했을 때, **주님**은 자신
의 악의를 후회하며, 사람을 죽인
사자에게 말했다. "이제 그만 됐다.
네 손을 멈춰라." 그때 **주님**의 사자
는 제뷰스사람 애러나의 타작마당
옆에 있었다.
17 대이빋은 사람을 죽이는 사자들을
보자 **주님**에게 말했다. "보세요, 내
가 죄를 지었어요. 나쁜 짓을 했어
요. 하지만 이들 양이 무슨 짓을 했
나요? 제발 부탁인데요, 당신 손으
로 나를 치고, 나의 아버지 집안을
쳐주세요."
18 그러자 개드가 그날 대이빋에게
와서 말했다. "이제 가서, 제뷰스
사람 애러나의 타작마당에 **주님**의
제단을 세우세요."
19 그래서 대이빋은 예언자 개드의
말에 따르며, **주님**의 명령대로 갔
다.
20 애러나가 보니, 왕과 신하들이 자
기를 향해 오는 것을 보았다. 그래
서 애러나가 나가서 자기 얼굴을
땅에 대고 왕 앞에 절했다.
21 그리고 애러나아라우나가 말했다.
"그런데 왜 나의 주인님 왕이 당신
종의 집에 왔나요?" 그러자 대이
빋이 말했다. "네게서 타작마당을
사서, **주님** 앞에 제단을 쌓으려 한
다. 그러면 이 전염병이 백성한테
서 그칠지 모르겠다."

22 애러나가 대이빋에게 말했다. "나
의 주인님 왕이 필요한 것을 택하
여, 좋다고 생각하는 것을 올리세
요. 보세요, 여기 번제에 쓸 소도 있
고, 땔감나무로 쓰기 위한 타곡 도
구 및 다른 소의 기구도 있어요."
23 애러나는 이 모든 것을 왕의 뜻에
따라 그에게 준 다음, 왕에게 말했
다. "당신의 **주 하나님**은 당신을 받
아들이지요."
24 대이빋왕이 애러나에게 말했다.
"아니다. 나는 너에게 값을 치르고,
이것을 확실히 사겠다. 내가 한푼
도 안들이고 나의 **주 하나님**의 번제
를 올릴 수 없다." 그래서 대이빋은
타작마당과 소를 은 50쉐클575g에
샀다.
25 그리고 대이빋은 그곳에 **주님**에게
제단을 쌓고, 번제와 평화제를 올
렸다. 그래서 **주님**에게 그 땅을 위
한 기도가 받아들여 졌고, 전염병
도 이즈리얼로부터 그쳤다.

국왕1

솔로먼이 왕에 임명되다

1 대이빋다윗왕이 나이가 들자, 세
월 따라 몸이 약해져, 이불을 덮
어도 몸이 따뜻해지지 않았다.
2 그래서 신하들이 왕에게 말했다.
"우리 주인님 왕을 위해 젊은 여자
를 찾아 보살피게 하고, 또 가슴에
품게 하면, 왕의 몸이 따뜻해질 겁
니다."
3 그래서 그들은 이즈리얼을 두루
다니며 아름다운 처녀를 구했고,
슈냄사람 애비쉐아비삭을 왕에게 데
려왔다.
4 소녀는 참으로 아름다웠고, 왕을
극진히 보살피며 시중을 들었지
만, 왕은 그녀와 관계를 갖지 못했
다.
5 그때 대이빋의 첩이었던 해기쓰하
낏, 학깃의 아들 애도니자아도니야가
자신을 내세우며, "내가 왕이 되겠
다"고 했다. 그는 전차와 기수를 준
비하고, 50명을 자기 앞에 두었다.
6 그의 아버지는 "네가 왜 이런 일을
하나?"고 말했지만, 자식의 마음을
한 번도 불편하게 하지 않았다. 애
도니자 역시 잘 생기고 건장한 사
람이었고, 그의 어머니는 앱설럼
다음으로 이 아들을 낳았다.
7 그는 제뤼아의 아들 조앱요압과 제
사장 애비애썰에브야타르, 아비아달과
의논했고, 두 사람은 애도니자를
따르며 도왔다.
8 그러나 재이독 제사장과, 제호야
다의 아들 베내이야와, 내이썬 예
언자와, 쉬메이와, 레이와, 대이빋
소속 용사는 애도니자와 함께 하
지 않았다.
9 그러자 애도니자는 양과 황소와
살찐 소를 잡아, 앤로겔 옆에 위치
한 조헬레쓰 바위 옆에서, 왕의 아
들 형제를 모두 부르고, 왕의 신하
쥬다 사람을 전부 불렀다.
10 하지만 애도니자는 예언자 내이썬
과 베내이야와 용사들과, 그의 동
생 솔로먼은 부르지 않았다.
11 예언자 내이썬이 솔로먼의 어머니
뱃쉬바밧 세바에게 말했다. "당신은
해기쓰의 아들 애도니자가 백성을
지배한다는 것을, 우리의 주인님
대이빋왕이 모른다는 사실을 못
들었죠?
12 그러니 이제 내가 당신에게 간절
히 충고해요. 그래야 당신은 자기
목숨을 구하고, 당신 아들 솔로먼

의 생명도 구할 수 있어요.
13 대이빋왕에게 가서 말하세요. '나
의 주인님 왕, 당신은 이 여종에게
말하며, 틀림없이 당신 아들 솔로
먼이 뒤를 이어 왕이 되도록 왕좌
에 앉게 된다고 말하지 않았나요?
그런데 왜 애도니자가 지배하죠?'
라고.
14 당신이 왕과 이야기할 때, 나도 당
신을 따라 그 자리에 가서, 당신의
말을 확인해주지요."
15 그래서 뱃쉬바가 왕의 거처로 갔
다. 왕은 나이 들어, 슈냄출신 애비
쉑이 시중을 들었다.
16 뱃쉬바가 인사하고 왕에게 예의를
차렸더니, 왕이 말했다. "당신은 무
슨 일인가?"
17 그러자 그녀가 왕에게 말했다. "나
의 주인님 당신은 이 여종에게 **주**
하나님의 이름으로 맹세했어요.
'틀림없이 당신 아들 솔로먼이 나
를 이어 왕이 되어 왕위에 앉을 것'
이라고요.
18 그런데 이제 보니 애도니자가 지
배하네요. 그런데도 나의 주인님
왕은 이 사실을 모르고 있어요.
19 그는 황소도 잡고 살찐 소와 양도
넉넉히 잡아, 왕의 아들을 모두 부
르고, 애비애썰 제사장과 군대대
장 조앱도 불렀어요. 하지만 당신
의 종 솔로먼은 부르지 않았어요.
20 나의 왕 주인님, 이즈리얼의 모든
눈이 나의 주인님 당신에게 쏠려
있어요. 이제 당신이 그들에게 다
음 왕위에 누가 앉게 될지 이즈리
얼에게 말해줘야 해요.
21 그렇지 않으면 왕이 조상과 함께
잠들 때, 나와 아들 솔로먼은 죄인
으로 몰리겠지요."
22 그녀가 왕과 말하는 사이 예언자
내이썬이 왔다.
23 그러자 신하들이 왕에게 예언자
내이썬의 접견을 알렸고, 그가 왕
앞에 오자, 얼굴을 땅에 숙여 인사
했다.
24 내이썬이 말했다. "나의 주인님 왕
이여, 당신은 혹시 '애도니자가 내
뒤를 이어 왕이 되고 그가 왕좌에
앉을 것'이라고 했나요?
25 그는 오늘 가서 황소도 잡고 살찐
소와 양도 풍족하게 잡아, 왕의 아
들을 모두 부르고, 애비애썰 제사
장과 군대대장 조앱도 불렀어요.
그래서 보니, 그들은 그 앞에서 먹
고 마시며, **하나님**이 애도니자를
왕으로 지정했다고 말합니다.
26 하지만 당신의 종 나와 재이독 제
사장과 제호야다의 아들 베내이야
와, 당신의 종 솔로먼은 부르지 않
았어요.
27 이것이 나의 주인님 왕이 한 일인
가요? 당신은 당신의 종에게 다음
왕위에 누가 앉을지 그런 식으로
보여주지 않았죠?"
28 그때 대이빋이 대답했다. "뱃쉬바
를 불러라." 그러자 그녀가 왕 앞에

나와 섰다.
29 왕이 맹세하며 말했다. “**주님**이 살
아 있어, 모든 고통에서 나의 영혼
을 구해 주었다.
30 내가 이즈리얼의 **주 하나님**의 이름
으로 너에게 약속하며 말하는데,
반드시 당신의 아들 솔로먼이 내
뒤를 이어 군림하고, 그가 나를 대
신하여 내 왕위에 앉을 것이다. 뿐
만 아니라 이날 내가 확실하게 그
렇게 하겠다.”
31 그러자 뱃쉬바가 땅에 얼굴을 숙
여 절하고, 왕에게 존경을 나타내
며 말했다. “나의 주인님 대이빋임
금님, 영원하세요.”
32 대이빋왕이 말했다. “재이독 제사
장과, 내이썬 예언자와, 제호야다
의 아들 베내이야를 불러라.” 그래
서 그들이 왕 앞에 왔다.
33 왕이 그들에게 말했다. “너희의 주
인 나의 신하를 모두 데리고, 나의
아들 솔로먼을 나의 노새 위에 태
워, 그를 기흔에 데려가라.
34 그리고 재이독 제사장과 내이썬
예언자는 이즈리얼을 통치할 왕인
그에게 기름을 붓고, 너희는 나팔
을 불고 말해라. ‘**하나님**이 솔로먼
을 왕으로 정했다’고 선언해라.
35 그런 다음 너희가 솔로먼을 뒤따
라오면, 그가 여기 와서 나의 왕좌
에 앉을 수 있다. 그가 나 대신 왕
이 되는 것은, 내가 이즈리얼과 쥬
다유다를 통치하는 왕으로 그를 임
명했기 때문이다.”
36 제호야다의 아들 베내이야는 왕에
게 답했다. “네, 따르겠어요. 나의
주인님의 **주 하나님** 역시 그렇게 말
할 겁니다.
37 **주님**은 나의 주인님 왕과 함께 있
고, 또 솔로먼과 함께 있으므로, **하
나님**은 대이빋왕좌 이상으로 솔로
먼의 왕위를 더욱 위대하게 만들
겁니다.”
38 그래서 재이독 제사장과 내이썬
예언자와 제호야다의 아들 베내이
야와 체렛사람과 펠렛사람도 함께
가서, 솔로먼을 대이빋왕의 노새
에 태워 기흔으로 데려갔다.
39 재이독 제사장은 성막 밖에서 기
름뿔통을 잡아 솔로먼에게 기름을
부었고, 그들이 나팔을 불자 모두
가 말했다. “**하나님**이 솔로먼을 왕
으로 정했다.”
40 그리고 모두가 솔로먼의 뒤를 따
라오면서, 사람들은 파이프를 불
며 크게 기뻐했는데, 그들 소리에
땅이 갈라질 정도였다.
41 한편 애도니자와 그와 함께 있던
손님이 소식을 듣고 먹기를 중단
했다. 그리고 조앱이 나팔소리를
듣자 말했다. “어째서 이 도성에 소
음이 울리지?”
42 그가 말하는 사이에 애비애썰 제
사장의 아들 조너썬이 들어왔다.
그러자 애도니자가 그에게 말했
다. “들어오너라. 너는 용사이므로,

좋은 소식을 가져왔을 것이다."
43 그러자 조너썬이 대답하며 애도
니자에게 말했다. "정말로 우리 주
인님 대이빋왕이 솔로먼을 왕으로
만들었어요.
44 대이빋왕은 재이독 제사장과 내이
썬 예언자와 제호야다의 아들 베
내이야와 체렛사람과 펠렛사람들
을 함께 보내서, 솔로먼을 대이빋
왕의 노새에 태웠어요.
45 그리고 재이독 제사장과 내이썬
예언자는 기흔에서 솔로먼에게 기
름을 부었고, 사람들이 그곳에서
기뻐하며 왔어요. 그래서 도성이
다시 소리를 울렸는데, 그것이 당
신들이 들었던 소음이에요."
46 그런 다음 당연히 솔로먼은 왕국
의 왕좌에 앉았어요.
47 그뿐만이 아니라, 왕의 신하도 우
리의 주인님 대이빋왕을 축복하러
와서 말했는데, '**하나님**이 솔로먼
의 이름을 당신의 이름보다 더 위
대하게 만들고, 그의 왕위를 당신
보다 더 위대하게 만든다'고 말이
죠. 그러자 대이빋왕은 침대에서
스스로 고개 숙여 절했어요.
48 또 왕이 이렇게 말했어요. '이즈리
얼의 **주 하나님**에게 축복합니다. 이
날 한 사람을 내 왕좌에 앉을 수 있
게 해주어, 내 눈으로 그것을 보았
어요'라고 말이죠."
49 그러자 애도니자와 함께 있던 손
님들은 두려워서 일어나, 모두가
제 갈 길로 가버렸다.
50 애도니자도 솔로먼 때문에 두려워
져서, 일어나 제단의 뿔을 잡았다.
51 솔로먼에게 이런 말이 들렸다. "보
라, 애도니자가 솔로먼왕이 두려
워서, 제단의 뿔을 잡더니, '솔로먼
왕이 오늘 나에게 맹세하며, 그의
종을 칼로 죽이지 않을 것'이라고
했다."
52 그러자 솔로먼이 말했다. "만약 애
도니자가 가치 있는 사람임을 보
이면, 그의 머리카락 하나도 땅에
떨어지지 않을 것이다. 하지만 만
약 좋지 못한 생각이 그의 마음에
서 발견되면 그는 죽게 된다."
53 그런 다음 솔로먼왕이 전령을 보
내, 그를 제단에서 데려왔다. 애도
니자가 와서 솔로먼왕에게 고개
를 숙이며 절했다. 그러자 솔로먼
은 그에게 말했다. "너의 집으로 가
라."

대이빋이 솔로먼에게 유언

2 대이빋이 죽을 날이 가까워지
자, 아들 솔로먼에게 유언을 당
부했다.
2 "나는 흙이 되는 길로 간다. 그러니
너는 강한 사람이 되어, 스스로 남
자임을 보여라.
3 너의 **주 하나님**의 임무를 지키고,
그의 길로 걸으며, 그의 규정과 명
령을 지키고, 또 모지스 법에 적힌
대로 그의 정의와 그의 증언을 지

켜라. 그러면 네가 하는 모든 일에
번영이 오고, 네가 가는 방향이 어
디든 번성할 것이다.
4 **주님**은 내게 말한 다음과 같은 일
을 계속 이뤄갈 것이다. ‘만약 너희
자손이 스스로 가는 길을 주의하
고, 내 앞에서 그들의 마음과 영혼
을 다하여 진심으로 살아가면, 이
즈리얼왕좌에 [그가 언급한] 한 사
람을 세워 너희가 사라지지 않게
할 것’이라고 했다.
5 게다가 너는 제뤄아의 아들 조앱
이 나에게 어떻게 했는지 알고 있
다. 그는 이즈리얼 군대지휘관 두
사람 넬의 아들 애브너와, 제써의
아들 애머사를 죽여서, 평화시대
에 전쟁의 피를 흘리고, 그의 허리
에 두른 혁대와 그가 신은 신발에
전쟁의 피를 묻혔다.
6 따라서 네 지혜에 따라 처리하여,
그의 백발이 편히 무덤으로 가지
않게 해라.
7 대신 길리얻 사람 바질래이바르질라
이, 바르실래의 아들들에게 호의를 보
이고, 그들을 너의 식탁에서 함께
먹는 사람으로 두어라. 왜냐하면
그들은 네 형 앱설럼압살롬 때문에
내가 피신했을 때 나에게 와주었
던 사람들이다.
8 그리고 보라, 너는 배후림의 벤저
민 사람 게라의 아들 쉬메이하고
함께 있는데, 그는 내가 매하나임
에 갔던 날 심한 욕으로 나를 저주
했던 자다. 그러나 그는 조든요단에
나를 만나러 왔고, 내가 그때 **주님**
의 이름으로 그에게 칼로 죽이지
않겠다고 맹세했다.
9 그렇다 해도 그의 죄가 없는 게 아
니다. 너는 지혜로운 사람이므로
그에게 어떻게 해야 마땅한 지 알
거다. 그의 백발을 피와 더불어 무
덤에 가게 해라.”
10 그런 다음 대이빋은 조상에게 가
서 잠들어, 대이빋성에 묻혔다.
11 대이빋이 이즈리얼을 통치한 기간
은 40년이었는데, 히브런에서 7년,
저루살럼에서 33년간 다스렸다.
12 다음 솔로먼은 아버지 대이빋의
왕좌에 앉았고, 그 왕국은 대단히
굳건하게 자리잡았다.
13 대이빋의 첩이었던 해기쓰의 아들
애도니자가 솔로먼의 어머니 뱃쉬
바한테 왔다. 그래서 그녀가 말했
다. “너는 평화의 목적으로 왔나?”
그러자 그가 말했다. “평화예요.”
14 그리고 그는 말을 계속했다. “당신
에게 할 말이 있어요.” 그녀가 말했
다. “말해봐라.”
15 그가 말했다. “당신은 이 왕국이
나의 것임을 알고 있어요. 또 그것
을 이즈리얼 모두가 내가 통치해
야 된다고 그들의 얼굴을 내게 정
해두고 있다는 것도 알지요. 그런
데도 상황이 바뀌어, 이 왕국은 나
의 동생 것이 되었어요. 이 모든 것
으로 말하자면, **주님**으로부터 나온

것이고요.
16 그리고 이제 내가 당신에게 간곡
하게 부탁하는데, 물리치지 마세
요." 그러자 그녀가 그에게 말했다.
"어서 말해보아라."
17 그가 말했다. "부탁해요. 솔로먼왕
에게 말 좀 해주세요. [왜냐하면 그
는 당신 말을 거절하지 않으니까
요.] 그에게, 대이빋의 첩 슈냄출신
애비쉑을 내게 아내로 주라고 말
해주세요.
18 그러자 뱃쉬바가 말했다. "좋다. 내
가 너를 위해 왕에게 말해주겠다."
19 그래서 뱃쉬바가 애도니자를 위해
말해 주려고 솔로먼왕에게 갔다.
그러자 왕이 일어나 어머니를 맞
이하고 직접 머리 숙여 절한 다음,
자신의 왕좌에 앉아, 왕의 어머니
를 위해 자리를 내어 주자, 어머니
가 왕의 오른편에 앉았다.
20 어머니가 말했다. "네게 사소한 간
청이 있다. 제발 아니라고 말하지
않으면 좋겠다." 왕이 어머니에게
말했다. "부탁하세요, 어머니. 내가
당신에게 아니라고 말하지 않을거
예요."
21 어머니가 말했다. "슈냄사람 애비
쉑을 너의 형 애도니자에게 주어
아내로 삼게 하자."
22 솔로먼왕이 어머니에게 대답했다.
"왜 어머니가 슈냄출신 애비쉑을
애도니자에게 주라고 부탁하죠?
그를 위해 왕국도 부탁하세요. 그
는 나의 형이니까, 그를 위해서, 또
애비애썰 제사장을 위해서, 또 제
뤼아의 아들 조앱을 위해서 국가
도 주라 하세요."
23 그러면서 솔로먼왕은 **주님**의 이름
으로 맹세하며 말했다. "**하나님**도
나에게 그렇게 할 것이고 더한 벌
도 줄 거예요. 만약 그가 한 말에
대해 애도니자의 목숨을 빼앗지
않으면 말이죠.
24 살아있는 **주님**이, 나에게 이 자리
를 구축해주었고, 나를 아버지 대
이빋의 왕위에 올려주었어요. 그
리고 아버지는 내게 한 집안의 위
업을 이루도록 만들어주었어요.
그의 유언에 따라, 애도니자는 이
날 죽음에 처해져야 마땅해요."
25 솔로먼왕은 제호야다의 아들 베내
이야를 보내어, 그를 죽였다.
26 왕은 애비애썰 제사장에게 말했
다. "당신은 고향 애너쏘스아나돗, 아
나돗로 가라. 당신으로 말하자면 죽
어야 하지만, 지금 죽이지 않겠다.
왜냐하면 당신이 나의 아버지 대
이빋왕 앞에서 **주 하나님**의 약속의
상자를 운반했기 때문이고, 또 나
의 아버지가 곤경에 빠졌을 때마
다 당신이 어려움을 함께 했기 때
문이다."
27 그렇게 솔로먼은 **주님**의 제사장직
에서 애비애썰을 내쫓았다. 이제
그는 샤일로실로의 일라이 집안에
대해 했던 **주님**의 말을 실현하게

되었다.
28 그때 조앱에게 소식이 왔다. 조앱
은 비록 앱설럼과 한편은 아니었
지만, 애도니자와 한편이었기 때
문에, 그는 **주님**성막으로 달아나서
제단의 뿔을 붙잡았다.
29 솔로먼에게 조앱이 **주님**성막으로
달아났다는 소식이 전해졌다. 그
리고 그는 제단 옆에 있었다. 그러
자 솔로먼이 제호야다의 아들 베
내이야를 보내며 말했다. "가서 그
를 죽여라."
30 그래서 베내이야가 **주님**성막에 와
서 그에게 말했다. "이것은 왕이 말
한 것이다. 앞으로 나와라." 그러자
그가 말했다. "아니다. 나는 차라리
이곳에서 죽겠다." 그러자 베내이
야가 왕에게 다시 말을 전하며, 조
앱이 그렇게 대답했다고 말했다.
31 그러자 왕이 그에게 말했다. "그가
말한 대로 해줘라. 그를 죽여서 묻
어라. 그러면 너는 조앱이 흘린 무
고한 피로부터 나와 아버지 집안
을 말끔히 씻게 할 것이다.
32 그리고 **주님**은 그의 피를 그의 머
리에 다시 돌려줄 것이다. 그는 자
신보다 더 정직하고 나은 두 사람
을 칼로 죽였는데, 나의 아버지 대
이빋이 모르는 상황이었다. 두 사
람은 이즈리얼 군대대장인 넬의
아들 애브너와, 쥬다 군대대장 제
써의 아들 애머사였다.
33 따라서 그들의 피는 조앱의 머리
위로 되돌아 갈 것이고, 영원히 그
의 후손 머리 위로 돌아갈 것이다.
대신 대이빋한테는, 또 그의 후손
한테는, 그의 집안과, 그의 왕좌위
에 **주님**으로부터 오는 영원한 평화
가 있을 것이다."
34 제호야다의 아들 베내이야가 가서
그를 쓰러뜨려 죽였고, 그는 황야
에 있는 자기 집에 묻혔다.
35 그리고 왕은 조앱의 자리에 제호
야다의 아들 베내이야를 군대 책
임자로 두고, 재이독 제사장을 애
비애썰 대신 그 자리에 두었다.
36 왕은 사람을 보내어 쉬메이를 불
러 그에게 말했다. "너는 저루살럼
에 집을 짓고 살며, 거기서 조금도
나가지 마라.
37 앞으로 네가 밖에 나가 키드런 개
울을 건너는 날에는, 너는 반드시
죽는다는 것을 알아라. 네 피는 네
머리 위에 있을 것이다."
38 쉬메이가 왕에게 말했다. "그것은
좋은 말이죠. 나의 주인님 왕이 한
말대로 당신 종이 그렇게 하겠어
요." 그래서 쉬메이는 오래동안 저
루살럼에서 살았다.
39 그리고 3년이 지났을 무렵, 쉬메이
의 종 두 사람이 도망쳐서 개쓰왕
마아카의 아들 애키쉬한테 갔다.
그래서 사람들이 쉬메이한테 말했
다. "보세요, 당신의 종이 개쓰에
있어요."
40 그러자 쉬메이가 일어나서 노새에

안장을 올리고 개쓰의 애키쉬한테
가서 그의 종을 찾아, 개쓰에서 자
신의 종을 데려왔다.
41 그러자 솔로먼한테 그 사실이 전
해졌는데, 쉬메이가 저루살럼에서
나가 개쓰갓, 가드로 갔다가 다시 돌
아왔다는 것이다.
42 그래서 왕은 사람을 보내어 쉬메
이를 불러 말했다. "내가 너에게 **주
님** 이름으로 맹세하며, 너에게 어
기지 말도록 말하지 않았나? '너는
분명히 알아라, 네가 밖으로 나가
조금이라도 멀리 가면, 너는 틀림
없이 죽게 된다'고 했었지? 그리고
너는 내게 '내가 들은 그 말이 좋다'
고 말했다.
43 그런데 너는 왜 **주님**의 이름으로
한 약속을 지키지 않고, 내가 네게
부여한 명령도 지키지 않았나?"
44 왕은 쉬메이에게 또 말했다. "너는
네 마음을 숨기면서 나의 아버지
대이빋한테 저질렀던 모든 비행을
스스로 알고 있다. 그래서 **주님**은
네 잘못을 네 머리 위에 되돌릴 것
이다.
45 솔로먼왕은 축복받을 것이고, 대
이빋왕좌는 **주님** 앞에서 영원히 구
축될 것이다."
46 그리고 왕이 제호야다의 아들 베
내이아에게 명령하자, 그는 나가
서 그를 쳐서 죽였다. 그렇게 이즈
리얼 왕국은 솔로먼의 손에서 확
립되었다.

솔로먼의 지혜

3 솔로먼은 이집트왕과 결혼으로
우호관계를 맺었다. 그래서 풰
로우의 딸을 맞이하여 대이빋도성
으로 데려와서, 그가 자기 궁전과
주님의 성전축성을 완료할 때까지,
또 저루살럼 주변에 성벽을 쌓을
때까지 살았다.
2 사람들이 반드시 높은 장소에서
희생물 제사를 지냈던 이유는, 당
시까지도 **주님**의 이름으로 지은 집
이 없었기 때문이었다.
3 솔로먼은 **주님**을 사랑하며, 그의
아버지 대이빋의 규정 안에서 걸
었고, 그 역시 높은 장소에서 제사
하고 향을 피울 뿐이었다.
4 왕은 기비언으로 가서 그곳에서
제사를 지냈다. 그곳은 대단히 높
은 장소로, 솔로먼의 번제제물 천
개를 제단 위에 올릴 수 있기 때문
이었다.
5 기비언에서 **주님**이 어느 날 밤 솔
로먼의 꿈에 나타나, **하나님**이 말
했다. "내가 네게 무엇을 줄지 요구
해보아라."
6 그래서 솔로먼이 말했다. "당신은
당신 종 나의 아버지 대이빋에게
관대한 사랑을 보여주었어요. 그
것은 그가 당신 앞에서 진실로 정
직하게, 올바른 마음으로 당신을
따라 걸었기 때문이지요. 또 당신
은 그를 위해 지금까지 큰 호의를
유지하며, 이날 이와 같이 그의 왕

위에 아들을 앉혀 주었어요.
7 그리고 이제, 오 **주님** 당신은, 당신
의 종 나를, 나의 아버지 대이빋 대
신 왕으로 만들었어요. 하지만 나
는 아직 어린 아이에 불과해요. 또
나는 어떻게 나가고 어떻게 들어
오는지 알지 못해요.
8 당신의 종은 당신이 선택한 백성
의 한가운데에 있어요. 그 백성은
숫자를 셀 수도 계산할 수도 없이
많아졌고요.
9 그러므로 당신의 종에게 백성을
판결할 이해력을 주세요. 그러면
내가 선악을 구별할 수 있어요. 누
가 당신의 거대한 백성을 재판할
수 있나요?"
10 솔로먼의 이런 부탁의 말이 **주님**을
기쁘게 했다.
11 그리고 **하나님**은 솔로먼에게 말했
다. "네 요구의 이유가, 네 장수 때
문이 아니고, 네 재산 때문이 아니
고, 네 적의 생명 때문이 아니고, 단
지 판단을 구별할 이해력을 요청
했구나!
12 보라, 나는 네 말대로 하겠다. 그래
서 나는 네게 지혜와 이해의 마음
을 준다. 그리고 앞으로 너와 같은
자는 아무도 없고, 네 뒤에도 너와
유사한 자조차 나타나지 않을 것
이다.
13 나는 네가 요구하지 않은 것까지,
부도 명예도 모두 주겠다. 그래서
네가 사는 내내 왕 가운데 너와 비
슷한 자조차 없을 것이다.
14 만약 네가 나의 길 안에서 인생길
을 걸으며, 나의 규정과 명령을 지
키고, 네 아버지 대이빋이 걸어온
방법대로 실천하면, 내가 네 생애
를 길게 늘일 것이다."
15 솔로먼이 깨어 보니 꿈이었다. 그
래서 그는 저루살럼으로 와서 **주님**
의 약속의 상자 앞에 서서, 번제제
물과 평화제물을 올리고, 그의 종
모두에게 축제를 베풀었다.
16 어느날 그곳에 매춘부 두 사람이
와서, 왕 앞에 섰다.
17 한 여자가 말했다. "오 주인님, 나
와 이 여자는 한 집에서 살아요. 그
리고 그녀와 함께 있는 그 집에서
나는 아기를 낳았어요.
18 그런데 내가 아기를 낳은 지 3일째
날, 이 여자도 마찬가지로 아기를
낳았고, 우리는 함께 있었어요. 그
집에는 우리 둘 이외 함께 있는 타
인은 없었어요.
19 그런데 이 여자의 아이가 밤에 죽
었어요. 왜냐하면 그녀가 아기를
눌렀기 때문이에요.
20 그러자 그녀가 밤에 일어나, 당신
의 종 내가 자는 사이 내 옆에서 나
의 아들을 가져가 가슴에 품고, 그
녀의 죽은 아이를 내 가슴에 놓아
두었어요.
21 아침에 내가 아기에게 젖을 물리
려고 일어나 보니 아기가 죽어 있
었어요. 하지만 내가 살펴보니, 그

것은 내가 낳은 나의 아들이 아니
었어요.
22 그런데 저 여자는 말해요. '아니야.
살아 있는 아기는 내 아들이고, 죽
은 것이 네 아들이야.' 그래서 내가
말했어요. '그렇지 않아. 죽은 것은
네 아들이고, 산 아기가 나의 아들
이야'라고 말이죠." 그들이 이렇게
왕 앞에서 말했다.
23 그때 솔로먼왕이 말했다. "한 사람
의 말은, '산 것이 내 아들이고, 네
아들은 죽은 거다' 하고, 또 다른
이 말은, '아니다. 네 아들은 죽었
고, 내 아들은 살아 있는 것'이라 한
다."
24 왕이 말했다. "칼을 가져오너라."
그러자 그들이 칼을 왕 앞에 가져
왔다.
25 왕이 말했다. "살아 있는 아이를 둘
로 자르고, 절반은 한 사람에게, 절
반은 다른 사람에게 주어라."
26 그러자 산 아기의 여자가 왕에게
말하며, 자기 아들에 대한 모성이
북받쳐서 말했다. "오 나의 주인님,
살아 있는 아기를 저 여자에게 주
세요. 아이를 죽이는 것은 현명하
지 않아요." 그러나 다른 여자는,
"아기는 내 것도 네 것도 아니니,
둘로 나눠주세요"라고 했다.
27 그러자 왕이 대답하며 말했다. "그
녀에게 산 아기를 주어라. 아이를
죽이는 것은 현명하지 않다고 한
여자가 아이의 엄마다."
28 이즈리얼 모두가 왕이 판결한 재
판을 들었다. 그리고 그들은 왕을
경외했다. 왜냐하면 그들은 **하나님**
의 지혜가 그에게 와서, 재판했다
는 것을 알게 되었기 때문이다.

솔로먼의 지혜 및 관리들

4 그렇게 솔로먼왕은 전 이즈리얼
을 통치하는 왕이 되었다.
2 다음은 솔로먼왕과 함께 했던 지
도자다. 재이독 제사장의 아들 아
재라야가 있었고,
3 쉬샤의 아들들 일리호렢과 애히아
는 서기관이었고, 애히룯의 아들
제호샤퓉은 역사기록관이었다.
4 제호야다의 아들 베내이야는 군대
를 지배했고, 재이독과 애비애썰
은 제사장이었다.
5 내이썬의 아들 아재라야아자르야, 아
사리아는 관리들을 감독했고, 내이
썬의 아들 재붇은 최고 관리이자
왕의 친구였다.
6 애히샤는 왕의 집안을 관리했고,
앱다의 아들 애더니램은 노역자를
관리했다.
7 솔로먼은 이즈리얼 전역에 걸쳐
관리 12명을 두어, 그들이 왕과 그
집안에게 각각 1년 중 1개월씩 식
량을 공급하게 했다.
8 다음은 그들의 이름이다. 이프리
엄 산지의 허의 아들,
9 마커스와 샤얼빔지역의 데커의 아
들들은 벳쉬메쉬와 일런뱃해넌이

었고,
10 애러보쓰 지역의 히세드의 아들은
소우코와 헤퍼땅 전체가 그의 소
속이었다.
11 돌지역 전역의 애비내댑의 아들은
솔로먼의 딸 태이패쓰를 아내로
맞이했다.
12 애히룯의 아들 배아나는 그의 소
속이 태아낙과 메기도와 벳션 전
역이었고, 그곳은 제즈리얼이즈르엘,
이스르엘 아래 절태나 옆에 있고, 벳
션에서부터 애이블메홀라까지 심
지어 족니엄을 넘어서는 장소까지
였다.
13 내이보쓰길리얻의 게버의 아들에
게 소속된 땅은 머나서의 아들 재
이어의 여러 마을이었고, 그것은
길리얻에 있었다. 또 그에게 속한
땅은 배샨의 알곱지역인데, 60개
큰 도성에 성벽과 청동제 빗장이
있었다.
14 읻도의 아들 애히내댑은 매하나임
땅을 가졌다.
15 애히마아즈는 냎털라이에 있었고,
그 역시 솔로먼의 딸 배스매쓰를
아내로 맞이했다.
16 후샤이의 아들 배아나는 애셜지역
과 앨로쓰지역에 있었다.
17 패루아의 아들 제호샤퓉은 이써칼
지역에 있었다.
18 벤저민 지역에는 일라 아들 쉬메
이가 있었고,
19 유리의 아들 게버는 길리얻땅에
있었는데, 그곳은 애머리왕 시흔
과 바샨왕 오그의 지역 안이었고,
그는 이 땅에 있던 유일한 관리였
다.
20 쥬다와 이즈리얼은 수가 늘더니,
바다 옆 모래처럼 많아져, 먹고 마
시고 즐겼다.
21 솔로먼이 왕국 전체를 다스린 지
역은, 강에서부터 필리스틴땅과
이집트 국경선까지였다. 그들은
공물을 가져오며, 솔로먼이 살아
있는 내내 그를 섬겼다.
22 솔로먼이 하루에 필요한 식량은,
고운 밀가루 30말약 6.6kg, 곡류 60말
약 13.2kg이었다.
23 살찐 수소 10마리, 풀밭의 방목 황
소 20마리, 양 100마리와, 그 이외
수사슴, 수노루, 흰점 유럽사슴, 살
찐 가금류였다.
24 그는 강 서쪽 전역을 지배했다. 팊
사에서 심지어 애자까지 조든 서
쪽의 모든 왕들을 통치했고, 그는
주위 사방의 부족과 평화를 유지
했다.
25 쥬다와 이즈리얼은 모두 자신의
포도나무와 무화과나무를 기르며
안락하게 살았다. 그들은 댄지역
에서 비어쉬바에 이르기까지 솔로
먼의 전 생애 동안 평화롭게 살았
다.
26 솔로먼은 그의 전차용 말의 마구
간이 4만개였고, 기수는 12,000명
이었다.

27 이 관리들은 솔로먼왕과 그의 식
탁에 오는 모든 이를 위해 식량을
제공하며, 각자 자신이 맡은 달에
공급했는데, 부족하지 않았다.
28 솔로먼의 말과 낙타를 먹일 보리
와 짚을 관리가 있는 곳으로 가져
오며, 그들은 모두가 맡은 책임에
따랐다.
29 **하나님**은 솔로먼에게 지혜와 이해
력을 넘치도록 많이 주었고, 해변
가 모래사장과 같이 넓은 마음도
주었다.
30 솔로먼의 지혜는 모든 동쪽 자손
의 지혜보다 더 출중했고, 이집트
의 지혜보다 뛰어났다.
31 그는 모든 사람보다 현명했는데,
이즈라 사람 이쓴보다, 매홀의 자
손 히먼과 캘콜과 달다보다 더 지
혜로워서, 그의 명성이 주위 모든
나라에 알려졌다.
32 그는 3천개의 속담과 격언을 말했
고, 그의 노래는 1005개였다.
33 그가 나무를 이야기하면, 레바넌
에 있는 시더나무에서부터 성벽을
따라 자라는 히숍풀과 우슬초까지
알았다. 그는 짐승도 박식했고, 조
류와 기는 것과 물고기도 말했다.
34 그래서 솔로먼의 지혜를 들으려고
많은 사람들이, 그 땅의 모든 왕부
터 일반사람까지 그 지혜 때문에
왔다.

성전 건축준비

5 타이러왕 하이램은 솔로먼에게
자기 종을 보냈다. 사람들이 솔
로먼을 아버지 자리의 왕으로 기
름을 부었다는 소식을 들었기 때
문이다. 하이램으로 말하자면 줄
곧 대이빋을 사랑해왔던 사람이었
다.
2 솔로먼이 하이램에게 사람을 보내
어 대답했다.
3 "당신은 나의 아버지 대이빋이 **주**
하나님 이름의 집을 지을 수 없었
던 점을 잘 알지요. 왜냐하면 그 주
위 사방으로 전쟁이 있었으므로,
주님이 적을 아버지 아래로 굴복시
킬 때까지 하지 못했죠.
4 이제 나의 **주 하나님**이 모든 면에서
나를 편안하게 해주어, 적도 없고
불행도 일어나지 않아요.
5 보세요, 이제 나는 나의 **주 하나님**
이름의 집을 지을 계획이에요. **주**
님이 나의 아버지 대이빋에게 말한
바에 따르면, '내가 네 자리 왕위에
앉힐 네 아들이 내 이름의 집을 지
을 것'이라고 했지요.
6 그래서 당신이 나를 위해 레바넌
의 시더나무를 자르도록 명령해
주면, 나의 종도 당신의 종과 함께
일하게 하지요. 그리고 내가 당신
에게 당신이 정한 대로 당신의 종
모두에게 급료를 주겠어요. 당신
도 아다시피 이곳에는 사이든 사
람처럼 목재를 잘 자르는 기술을

가진 자가 우리 가운데 없어요.
7 하이램이 솔로먼의 말을 듣고 몹
시 기뻐하며 말했다. "대이빋왕에
게 슬기로운 아들을 주어, 이렇게
위대한 민족을 통치하게 해준 **주님**
에게 이날 감사합니다."
8 하이램이 솔로먼에게 사람을 보내
말을 전했다. "나는 당신이 내게 요
청한 일을 곰곰이 생각해 보았는
데, 시더나무와 전나무에 관하여
당신이 바라는 대로 하겠어요.
9 나의 종이 나무를 레바넌에서 바
다로 옮기면, 내가 그것을 바다에
띄워 당신이 정해주는 장소까지
날라서, 그것을 그곳에서 하역시
키면, 당신이 받게 됩니다. 그리고
당신은 나의 식솔을 위한 음식을
주는 것으로, 나의 바람을 이뤄주
면 되지요."
10 하이램은 솔로먼에게 그의 요구대
로 시더나무와 전나무를 주었다.
11 그리고 솔로먼은 하이램에게 그의
집안이 먹을 식량으로 밀 2만말약
3,600톤과, 순 기름 20말약 440KL을 주
었다. 그렇게 매년 솔로먼이 하이
램에게 주었다.
12 그리고 **주님**은 솔로먼에게 그가 약
속한 대로 지혜를 주어서, 하이램
과 솔로먼 사이에 평화를 유지하
며 함께 동맹을 맺게 했다.
13 솔로먼왕은 이즈리얼 전역에서 부
역자를 징집했는데, 그 수가 3만
명이었다.
14 그는 그들을 레바넌으로 한 달에
만 명씩 교대로 보내는데, 한 달은
레바넌에서, 두 달은 집에 있었고,
애더니램이 인부를 관리했다.
15 솔로먼의 짐꾼은 7만명이었고, 산
에서 나무와 돌을 깎는 자는 8만명
이었다.
16 그 이외 솔로먼의 관리 중 작업을
관리하는 책임자는 3천3백명이었
고, 이들이 일꾼의 작업을 감독했
다.
17 왕이 명령하여 사람들이 큰 돌과,
질 좋은 돌을 가져오게 했고, 돌을
깎아서 집의 초석을 놓았다.
18 솔로먼의 건축자와 하이램의 건축
자들이 돌과 나무를 깎고, 또 돌을
다듬는 자도 일을 하여, 성전을 짓
기 위한 목재와 돌을 준비했다.

솔로먼이 성전건축

6 이즈리얼 자손이 이집트땅에서
나온 지 4백80년이 되던 해는,
솔로먼의 이즈리얼 통치 4년째 해
였고, 히브리력 일년 중 두 번째 지
프태양력 4월 중순월에, 솔로먼은 **주님**
의 성전을 짓기 시작했다.
2 솔로먼왕이 **주님**을 위해 지은 성전
은 길이 60큐빝약 27m, 넓이 20큐빝
약 9m, 높이 30큐빝약 13.5m이었다.
3 템플성소 앞 현관홀은 20큐빝약 9m
으로, 집의 넓이만큼이고, 집 전면
폭넓이는 10큐빝약 4.5m이었다.
4 솔로먼은 집에 빛이 들어오는 창

을 좁게 만들었다.
5 그는 집 주위 외벽을 따라 방을 여
럿 만들고, 또 내부 최고성소와 성
소의 내벽을 따라 돌아가며 방을
만들었다.
6 건물 아래쪽 방은 넓이가 5큐빝
2.25m, 중간층 방은 넓이가 6큐빝
2.7m, 3층 방은 7큐빝3.15m이었고, 집
의 외벽 바깥쪽 주위에 돌아가며
좁은 턱을 두어, 가로 높이는 서까
래가 외벽에 닿지 않게 했다.
7 건축에 사용되는 돌은 그곳으로
가져오기 전에 미리 다듬어서 축
성했기 때문에, 그곳에는 망치도
없고 도끼도 없어, 건설 도중 그 안
에서 들려오는 철제도구 소리조차
없었다.
8 중간 2층 방문은 건물 오른쪽에 있
었고, 그곳은 둥근 계단을 통해 올
라 2층 방으로 들어갔고, 거기서
나와서 3층 방으로 들어갔다.
9 이렇게 그는 건물을 완성했고, 가
로막대 서까래와 시더나무 널판으
로 집 상부를 덮었다.
10 그리고 그는 집 전체에 방을 만들
었는데, 높이 5큐빝약 2.25m이었고,
그들은 시더 목재를 집 위에 얹었
다.
11 **주님**의 말이 솔로먼에게 이렇게 전
해졌다.
12 "네가 짓고 있는 집에 관하여, 만약
네가 나의 규정대로 따라 걷고 나
의 판결을 집행하며, 그 안에서 명
령을 지키면, 내가 네 아버지 대이
빋에게 말한 너에 대한 나의 약속
을 실행하겠다.
13 또 나는 이즈리얼 자손 가운데서
살고, 나의 이즈리얼 백성을 버리
지 않겠다."
14 그렇게 솔로먼은 **하나님**의 집짓기
를 끝마쳤다.
15 솔로먼은 시더나무 널판으로 집
내벽을 세우면서, 바닥과 천정벽
도 대고, 또 내부를 나무로 덮고 두
꺼운 전나무 판자로 바닥을 깔았
다.
16 그는 집 양쪽 20큐빝약 9m 넓이의
바닥과 벽을 시더널판으로 지었
고, 집 안쪽의 최고 성스러운 장소
인 오라클도 똑같이 했다.
17 그 집 앞쪽의 템플성소는 길이가
40 큐빝약18m이었다.
18 집 내부에 새겨넣은 시더나무는
꽃봉우리와 활짝 핀 꽃을 그렸고,
모두 시더나무로 만들었지만, 내
부에 돌은 보이지 않았다.
19 그는 최고 신성한 장소 오라클을
집 안쪽에 마련하여 그곳에 **주님**의
약속의 상자를 두었다.
20 앞쪽의 신성한 장소는 길이가 20
큐빝약 9m, 넓이가 20큐빝약 9m, 높이
가 20큐빝약 9m 정육면체이고, 이곳
을 순금으로 입히고, 시더나무로
만든 제단도 순금을 씌웠다.
21 그렇게 솔로먼은 건물 내부를 순
금으로 입히고, 최고 신성한 장소

오라클 앞에 금사슬로 칸막이를
만들어서, 금으로 씌웠다.
22 건물 전체를 완성할 때까지 금으
로 입혔고, 역시 오라클 성소 옆에
있는 제단 도 금으로 입혔다.
23 그는 최고성소 오라클 내에 올리
브나무로 체럽천사 형상을 두 개
만들었는데, 각 체럽의 높이는 10
큐빝약 4.5m이었다.
24 체럽천사 한쪽 날개의 길이는 5큐
빝약2.25m, 다른 쪽 날개도 5큐빝약
2.25m 이었고, 날개의 이쪽 끝에서
저쪽 끝까지 길이는 10큐빝약 4.5m
이었다.
25 다른 체럽천사도 길이 10큐빝약
4.5m으로, 두 체럽 모두 규격과 치
수가 동일했다.
26 체럽하나의 높이는 10큐빝약 4.5m이
고, 다른 천사의 높이도 그랬다.
27 건물 안쪽에 두 체럽을 세우고, 날
개를 펼쳐서, 천사 하나의 날개가
한쪽 벽에 닿았고, 다른 날개는 맞
은편 벽에 닿았다. 그들의 날개는
집 한가운데서 각각 양쪽 내벽에
닿았다.
28 두 천사는 금으로 도금했다.
29 집 주위 벽 모두 천사 모습과, 야자
나무와, 활짝 핀 꽃 모양으로 내벽
과 외벽을 조각했다.
30 건물 바닥도 안팎 모두 도금했다.
31 최고성소 오라클 입구에 올리브나
무로 출입문을 만들고, 문의 상인
방과 양쪽 기둥 문설주는 벽 두께
의 1/5이었다.
32 출입문 두 개를 올리브나무로 만
들고, 그 위에 체럽 모양과, 야자나
무와 만개한 꽃을 새겨 넣고, 금으
로 입히고, 천사와 야자나무 위에
도 금을 뿌려 칠했다.
33 그렇게 그는 올리브나무로 템플성
소 기둥에 문을 만들었는데, 이 두
께는 벽의 1/4이었다.
34 두 개의 문짝은 전나무로 만들었
고, 문 하나를 두 쪽으로 접히게 하
고, 다른 문도 두 쪽으로 접히게 만
들었다.
35 그는 그 위에 천사와 야자나무와
활짝핀 꽃을 조각하고, 그 조각 모
양에 맞추어 금을 덮었다.
36 솔로먼은 세 줄의 깎은 돌과 한 줄
의 시더나무 가로막대로 안마당을
만들었다.
37 그의 집권 네 번째 해에 **주님**성전
의 기초를 놓았는데, 히브리력 두
번째 지프월, 곧 태양력 4월 중순
이었다.
38 솔로먼 집권 11년 여덟번째 불월태
양력 10월에 건물전체가 완성되었다.
그는 설계대로 따랐는데, **하나님**
집 건설에 7년이 걸렸다.

솔로먼이 궁전완공

7 반면 솔로먼은 자기 집을 짓는
기간은 13년에 걸쳐 마쳤다.
2 그는 마찬가지로 레바넌의 삼림
에서 나무를 가져와서 집을 지었

다. 집의 길이가 100 큐빝약 45m, 넓
이가 50큐빝약22.5m, 높이가 30큐빝
약13.5m이었고, 시더나무로 된 기둥
네 줄 위에 시더나무 서까래를 올
렸다.
3 서까래 위에 시더나무로 지붕을
덮었고, 가로대 빔으로 한 줄에 15
개씩 45개 기둥 위에 서까래를 올
려 놓았다.
4 창문은 3 열씩 두고, 빛이 서로 마
주보며 들어오도록 하여, 3 개층으
로 만들었다.
5 모든 문과 문 기둥은 창문과 함께
정사각형이고, 창은 3개층으로 빛
이 마주보며 들어오게 했다.
6 그는 기둥으로 현관 주랑을 만들
었는데, 길이는 50큐빝약 22.5m, 넓
이는 30큐빝약13.5m이고, 현관입구
는 기둥 앞쪽에 있고, 다른 기둥과
두꺼운 지붕 빔 서까래는 현관 앞
에 두었다.
7 그런 다음 왕좌를 위한 현관홀도
만들었는데, 그곳은 그가 판결을
내릴 수 있는 재판홀도 된다. 이곳
바닥은 한쪽에서부터 다른 쪽까지
시더나무로 깔았다.
8 그가 거처하는 집은 현관홀 안쪽
에 또 다른 안마당을 두었고, 그곳
도 같은 식으로 작업했다. 솔로먼
은 이집트 풰로우의 딸이 사용하
도록 집 하나를 또 만들었는데, 그
녀를 아내로 맞이하기 위해 현관
홀을 같은 형태로 만들었다.
9 이 모든 것은 값비싼 돌로 지었고,
치수에 따라 돌을 깎고 나무를 톱
으로 잘라서 안팎과 기초에서부터
지붕까지 만들고, 또 바깥쪽의 큰
정원까지 만들었다.
10 그리고 기반초석도 값비싼 것으
로, 거대한 돌은 10큐빝약 4.5m짜리,
8큐빝약 3.6m짜리 돌로 만들었다.
11 옥상에도 귀한 돌을 규격에 따라
깎고, 시더나무를 잘라 만들었다.
12 큰 정원 주위는 세 줄로 깎은 돌을
놓고, 시더나무 서까래빔을 한 줄
로 놓았는데, **주님**의 집 내부 정원
과 솔로먼의 집 현관홀 모두 같았
다.
13 솔로먼왕은 사람을 보내어 타이러
지역에서 하이램을 데려왔다.
14 하이램은 냎털라이 부족의 미망인
의 아들로, 그의 아버지 타이러 사
람은 황동도구의 장인이었다. 그
는 지혜와 이해력이 가득 찬 사람
으로, 동으로 만드는 세공기술이
있었다. 그래서 그가 솔로먼왕에
게 와서 그의 모든 작업을 맡아 했
다.
15 그는 하나에 18큐빝약 8m 높이 동으
로 2개 기둥을 주물로 만들고, 12
큐빝약 5.4m 줄로 주위를 각각 둘러
싸게 했다.
16 또 황동으로 주조한 두 개의 기둥
머리를 만들어, 기둥의 꼭대기에
올려 놓았는데, 한쪽 기둥머리의
높이는 5큐빝약 2.25m이고, 다른 것

도 5큐빝약 2.25m이었다.
17 기둥머리용으로 바둑판 모양의 그
물과 사슬모양으로 꼰 줄은 기둥
꼭대기에 두었다. 기둥머리 하나
에 7개, 다른 것도 7개씩이다.
18 그는 기둥을 만들고 하나의 그물
주변에 줄 2개씩 달아서, 기둥머리
꼭대기를 덮는데, 석류와 함께 달
고, 다른 기둥머리 역시 같은 방법
으로 했다.
19 기둥의 상단에 올려놓은 기둥머리
중 현관홀에 있는 것은 백합꽃 모
양으로 만들었고, 길이는 4큐빝약
1.8m이었다.
20 두 개 기둥 위에 얹은 기둥머리는
상단에 석류를 달았고, 그것은 그
물 옆의 볼록한 부분의 맞은편에
달았다. 석류는 다른 기둥머리 상
단 주변을 둘러가며, 2백 개를 줄
줄이 달았다.
21 그는 궁전 현관입구에 기둥을 세
우고, 오른쪽에 세운 기둥의 이름
을 재킨이라 불렀고, 왼쪽 기둥 이
름을 보애즈라고 했다.
22 기둥머리에 백합꽃을 조각하여 이
런 식으로 기둥공사가 끝났다.
23 그는 큰 수조를 주물로 주조했는
데, 이쪽부터 저쪽까지 직경 길이
는 10큐빝약 4.5m이고 둥글고, 높이
는 5큐빝약 2.25m, 둘레 한 바퀴 길이
는 30큐빝약 13.5m였다.
24 그 테두리 아래에 주위를 둘러가
며, 1큐빝 안에 10개의 꽃봉오리가
큰 수조 주위에 있었다. 꽃봉오리
무늬는 두 줄로 주조되었다.
25 거기에는 소 12마리가 서 있는데,
3마리는 북쪽을 바라보고, 3마리
는 서쪽을, 3마리는 남쪽을, 나머
지 3 마리는 동쪽을 바라본다. 그
들 위에 큰 수조를 올려 놓았으며,
각 소의 뒷부분이 안쪽으로 모이
게 했다.
26 큰 수조의 두께는 손 한 뼘이고, 테
두리는 컵의 테두리처럼 만들고,
모양은 백합꽃처럼 만들었는데,
이 안에 2천 배스약 44KL의 물이 담
겼다.
27 또 그는 황동으로 배이스 정사각
형 틀을 10개를 만들었는데, 사각
틀 하나의 길이와 넓이는 각각 4큐
빝약 1.8m이고, 높이는 3큐빝약 1.35m
이었다.
28 배이스 사각틀의 공정작업은 다음
방식이었다. 사각 배이스에 널판
을 붙이는데 이 널판은 모서리와
모서리 사이에 붙였다.
29 모서리 사이에 있는 널판에 사자,
황소, 체럽천사를 새겼는데, 배이
스 사각 틀의 위와 아래에 있는 사
자와 수소는 얇게 세공한 특정 추
가물로 만들어 덧붙였다.
30 모든 배이스 받침 사각틀은 황동
제 바퀴 4개를 달고, 황동제 받침
대가 있고, 네 모서리는 지지대를
달고, 수조 아래에 지지대를 주조
해서 네 면에 덧붙였다.

31 사각틀의 위쪽 입구의 길이는 1큐
빝약 0.45m인데, 입구의 모양은 사각
틀 배이스의 작업에 따라 둥글게
만들고, 직경이 1.5큐빝약 0.67m이었
으며, 마찬가지로 입구 주변은 무
늬를 새겨 넣었고 둥글지 않은 사
각이었다.
32 널판 아래에 바퀴가 4개 있었고,
바퀴차축은 사각 배이스와 연결했
고 바퀴의 높이는 1.5큐빝약 0.67m이
었다.
33 바퀴의 공정은 전차바퀴와 같았
고, 바퀴축과 바퀴테와 바퀴살과
중심축은 모두 주물로 만들었다.
34 사각 배이스의 네 모서리에 각각
밑받침대가 4개 있고, 그 밑받침대
가 바로 사각틀 배이스 자체가 되
게 만들었다.
35 배이스의 제일 위에는 1/2큐빝 깊
이에 둥근 테가 있었고, 그것을 배
이스의 각 모서리 위에 두었고, 거
기에 사용한 널판은 모두 동일했
다.
36 모서리의 밑받침 위와 널판 위에
그는 체럽천사와 사자와 야자나무
를 모두 같은 비율에 따라 새기고,
둘레에 추가물을 새겼다.
37 이와 같은 공정으로 그는 10개의
배이스를 만들었고, 사각틀 모두
는 동일하게 주조했고 규격과 치
수가 같았다.
38 그런 다음 그는 황동으로 대야 10
개를 만들었고, 각각 40배스약 880L
의 물을 담을 수 있는 크기였다. 사
각틀 배이스에 대야 한 개씩 10개
를 얹어 놓았다.
39 그는 집 오른편에 배이스 5개를 두
고, 왼편에도 5개를 놓았다. 그는
큰 수조를 남쪽을 등지고 동쪽 방
향의 집의 오른쪽에 두었다.
40 그리고 하이램은 대야, 삽, 수조를
만들었다. 그는 **주님**의 성전을 위
해 솔로먼왕에게 만들어준 자신의
건축작업을 모두 끝마쳤다.
41 기둥 두 개에는 두 개의 대접 모양
을 두 기둥 꼭대기에 얹었고, 두 개
의 그물형 세공품은, 기둥 위에 얹
은 기둥머리의 두 개 대접모양을
씌우기 위한 것이었다.
42 두 개의 그물형 세공품에는 400개
의 석류가 있었고, 그물 하나에 석
류를 두 줄로 하여 기둥머리 위에
얹은 두 개의 대접모양을 씌웠다.
43 배이스 10개와, 사각 배이스 위에
얹은 대야 10개와,
44 큰 수조 하나와, 그 아래 12마리 황
소와,
45 큰 솥과, 삽과, 대야와, 딸린 도구
일체는, 하이램이 **주님**의 성전을
위해 솔로먼왕에게 만들어 주었
고, 이들 모두 밝은 황동으로 만들
었다.
46 조든 평원에서 솔로먼왕이 그 모
든 것을 주조하여 만들었고, 수커
스와 자싼지역 사이에 있는 흙으
로 만들었다.

47 솔로먼은 이 모든 용구의 무게를
재지 않고 두었다. 왜냐하면 그것
은 너무나 엄청나게 많았기 때문
이었다. 그래서 황동의 무게를 알
지 못했다.
48 솔로먼은 **주님**의 집에 속하는 용기
를 모두 만들었는데, 금제제단과,
전시용빵을 얹는 금제탁자를 만들
었다.
49 또 순금 촛대는 오른쪽에 5개, 왼
쪽에 5개씩 최고성소 오라클 앞에
두었고, 꽃과 등잔과, 금제집게를
만들었고,
50 그릇, 촛농 가위, 대야, 스푼, 순금
향로를 만들었고, 금제경첩은 집
안의 출입문용과 최고성소와 집의
문과, 말하자면 성전의 문에 사용
하기 위해 만들었다.
51 이렇게 솔로먼왕은 모든 작업을
끝내어, **주님**의 성전을 만들었다.
또 솔로먼은 그의 아버지 대이빋
이 **하나님**에게 헌납한 것을 가져왔
는데, 은, 금, 용기를 가져와서, **주님**
성전의 재물창고에 두었다.

약속의 상자 성전이동 및 축제

8 그런 다음 솔로먼은 이즈리얼
의 원로를 소집하고, 이즈리얼
조상의 부족대표를 저루살럼으로
불러모아, 그들에게 자이언시온에
있는 대이빋도성에서 **주님**의 약속
의 상자를 가져오게 하려는 것이
었다.
2 이즈리얼의 모두가 솔로먼왕에게
모여들어, 히브리력 7번째 에써님
월태양력 9월 중순의 축제에 참석했
다.
3 이즈리얼의 모든 지도자가 왔고,
제사장들이 상자를 들었다.
4 그들은 **주님**의 상자를 가져갔고,
공동체의 성막도, 성막 안에 있던
모든 신성한 용기까지, 제사장과
리바이 자손이 옮겼다.
5 솔로먼왕과 그에게 모인 이즈리얼
공동체 모두는, 상자 앞에서 양과
황소를 제물로 올렸는데, 제물수
가 하도 많아서 말도 못할 정도였
고 셀 수도 없었다.
6 여러 제사장이 **주님**의 약속의 상자
를 그의 장소인 성전의 최고성소
오라클로, 체럽천사의 날개 아래
로 옮겼다.
7 체럽천사는 상자의 자리 위로 그
들의 두 날개를 펼쳐서, 체럽천사
가 위에서 상자와 이동용 손잡이
나무 채를 덮었다.
8 그들은 나무 채를 빼내었다. 채의
양쪽 끝은 최고성소 오라클 앞에
서는 보이지만, 밖에서는 보이지
않았고, 그것은 거기에 이날까지
그대로 있다.
9 약속의 상자 안에는 두 개의 돌판
이외 아무것도 없었는데, 돌판은
주님이 이즈리얼 자손과 함께 약속
을 맺었을 때, 모지스가 호렙산에
서 넣어 두었던 것이고, 당시는 이

즈리얼 자손이 이집트에서 나왔을
때였다.
10 제사장이 최고성소로부터 나왔을
때, 구름이 **주님**의 성전을 가득히
채웠다.
11 제사장은 구름 때문에 의식을 진
행하려고 서있을 수 없었다. 왜냐
하면 **주님**의 영광이 **주님**성전을 가
득 메웠기 때문이다.
12 그때 솔로먼이 말했다. "**주님**은 그
가 짙은 어둠 속에서 살 것이라 말
했어요.
13 나는 확실하게 당신이 살 집을 지
었는데, 그곳은 **주님**이 영원히 존
재하며 정착할 곳이죠."
14 솔로먼왕은 얼굴을 돌려, 이즈리
얼의 공동체 모두를 축복했다.[이
즈리얼의 공동체 모두가 함께 서
있었다.]
15 또 그가 말했다. "이즈리얼의 **주 하**
나님을 축복합니다. 성전은, 당신
의 입으로, 나의 아버지 대이빋에
게 또 그의 손으로 만드는 것에 대
해 이렇게 말했지요.
16 '내가 나의 이즈리얼 백성을 이집
트에서 데리고 나온 그날부터, 나
는 모든 이즈리얼부족 중 어느 부
족의 도성도 집을 짓도록 선택하
지 않았다. 단지 내 이름이 그곳에
있게 했을 뿐이고, 대신 나는 대이
빋을 뽑아서, 나의 이즈리얼 백성
을 다스리게 했다.'
17 그래서 나의 아버지 대이빋의 마
음 속에는 이즈리얼의 **주 하나님** 이
름의 집을 지으려는 마음이 있었
어요.
18 **주님**은 나의 아버지 대이빋에게 또
말했어요. '네 마음 속에 내 이름의
집을 짓고자 하는 마음이 있으므
로, 네가 마음 속에 간직한 것은 참
잘한 일이다.
19 하지만 너는 그 집을 짓지 못할 것
이다. 대신 네가 낳은 아들이 나의
이름으로 집을 짓게 될 것이다.'
20 그리고 **주님**은 그가 한 말을 실행
했어요. 그래서 나는 일어나, 나의
아버지 대이빋의 자리에, 이즈리
얼왕좌에, **주님**이 약속한 대로 앉
았고, 이즈리얼의 **주 하나님** 이름의
성전을 지었어요.
21 또 나는 **주님**의 약속이 들어있는
상자를 놓을 장소를 정했는데, 그
것은 **주님**이 우리의 조상과 맺은
약속으로, **주님**이 이집트에서 그들
을 이끌고 나올 때 맺었지요."
22 솔로먼은 이즈리얼의 모든 대중
앞, **주님**의 제단 앞에 서서, 그의 양
손을 하늘을 향해 뻗었다.
23 그리고 그가 말했다. "이즈리얼의
주 하나님, 당신과 같은 신은 하늘
위에도 없고, 땅 아래에도 없어요.
당신은 당신의 종에게 약속을 지
키고 자비를 베풀어주세요. 그러
면 당신 앞에서 그들의 마음을 다
하여 당신의 길을 걷게 됩니다.
24 당신의 종 나의 아버지 대이빋과

당신이 한 약속을 함께 지키는 사
람은, 당신이 입으로 직접 말하며,
당신의 손으로 이날처럼 그것을
이룩하겠다고 했지요.
25 그러니 이제 이즈리얼의 **주 하나님**,
당신의 종 나의 아버지 대이빋과
한 모든 약속을 지켜주세요. 당신
은 그에게 이렇게 말했죠. '너희가
내 눈 앞에서 이즈리얼왕좌에 앉
을 사람을 보지 못할 자는 아무도
없을 것이다. 그러므로 너희 자녀
는 그들의 길을 조심하고, 네가 내
앞에서 걸어가는 것과 마찬가지로
그들이 내 앞에서 걸어야 한다'고
했지요.
26 이제, 오 이즈리얼의 **하나님**, 부탁
해요. 당신의 말을 실천하여, 당신
의 종 나의 아버지 대이빋에게 한
말을 입증시켜 주세요.
27 그런데 **하나님**은 정말 이 땅에 살
까요? 보세요, 하늘과 하늘의 하늘
도 당신을 품을 수 없는데, 내가 지
은 이 성전은 얼마나 더 많이 초라
합니까?
28 하지만 당신은 당신의 종의 기원
을 존중하고, 또 그의 애원도 존중
하지요. 오, 나의 **주 하나님**, 이날 당
신 앞에서 하는 당신 종의 외침과
기도를 들어주세요.
29 당신의 눈이 밤낮으로 이 성전을
향해 뜰 수 있을 겁니다. 심지어 당
신이 말했던 장소를 향해 이렇게
말했지요. '나의 이름은 그곳에 있
을 것'이라고 말이죠. 그러면 당신
은 이 장소를 향하여 외치는 당신
의 종의 요청에 귀를 기울일 수 있
어요.
30 그리고 당신 종의 탄원을 들어주
고, 당신의 이즈리얼 백성의 애원
을 들어주세요. 그들이 이곳을 향
해 기도할 때, 당신이 사는 곳 하늘
에서 듣고 죄를 용서해 주세요.
31 어떤 사람이 이웃에게 폐를 끼치
고, 그로 인해 맹세하려고, 이 성전
의 제단 앞에 오면,
32 그때 당신은 하늘에서 듣고 당신
의 종을 재판하며, 나쁜 자를 유죄
판결을 내려, 그자의 머리 위에 그
의 길로 가게 하고, 올바른 자를 옳
다고 인정하여, 그의 정직성만큼
그에게 베풀어주세요.
33 당신의 백성이 적 앞에서 쓰러졌
을 때, 그 이유가 그들이 당신을 위
반하는 죄 때문이면, 그때는 다시
당신에게 몸을 돌리게 하고, 이 성
전에서 당신에게 기도하며 간청하
게 해주세요.
34 그러면 당신은 하늘에서 듣고, 이
즈리얼 백성의 죄를 용서하고, 그
들을 당신이 조상에게 준 이 땅으
로 다시 돌아오게 해주세요.
35 하늘의 문이 닫혀 비가 오지 않을
때, 그것이 그들이 당신에게 지은
죄 탓인 경우, 만약 그들이 이곳을
향해 빌며, 당신의 이름으로 고백
하면, 그들의 잘못에서 마음을 돌

리도록 당신이 그들을 참회시킬
때,
36 당신이 하늘에서 듣게 되면, 당신
종들의 죄를 용서하고, 이즈리얼
백성의 죄를 용서하여, 그들이 걸
어야 할 선도의 길을 가르쳐 주며,
당신의 땅위에 비를 내려주세요.
그 땅은 당신이 당신의 백성에게
유산으로 주었지요.
37 만약 그 땅에 기근이 있고, 전염병
이 돌고, 곰팡이와 메뚜기가 판을
치고, 혹은 애벌레가 생기고, 그들
의 적이 그들 도성의 땅을 포위하
여, 어떤 고통이나 아픔이 있게 되
면,
38 어떤 사람이거나, 당신의 이즈리
얼 백성이 하는 애원과 소원이 어
떤 것이든, 각자가 자신의 마음 속
의 괴로움을 알게 되어, 성전 쪽으
로 그의 양손을 뻗으면,
39 그러면 당신이 사는 하늘에서 듣
고 용서하고, 당신을 아는 마음을
가진 사람의 각자의 행위에 따라
모두에게 실행하여 주세요.[왜냐
하면 당신만이 모든 사람의 자손
의 마음을 알기 때문입니다.]
40 그러면 그들이 당신이 조상에게
준 땅에 사는 내내 당신을 두려워
할 거예요.
41 게다가 당신의 이즈리얼 백성이
아닌 외국인이라 하더라도, 멀리
떨어진 나라에서 당신의 이름 때
문에 온다면,
42 [왜냐하면 그들이 당신의 위대한
이름을 들었기 때문에, 또한 당신
의 강한 손과 당신이 내민 팔 때문
에] 그가 이 성전을 향해 와서 간청
할 때,
43 당신이 사는 하늘에서 듣고, 당신
을 부르는 외국인이 한 행위에 따
라 실행해 주세요. 그러면 땅위의
모든 사람이, 이즈리얼 백성이 한
대로 당신의 이름을 알게 됩니다.
그러면 내가 건설하여 당신의 이
름으로 부르는 이 집을 그들도 알
수 있어요.
44 만약 당신 백성이 적과 싸우러 나
가면, 그래서 어디로든 당신이 그
들을 보내야 한다면, 그래서 그들
이 당신이 선택한 도성을 향해 **주
님**에게 기도하면, 또 내가 당신의
이름으로 만든 이 집을 향해 기도
하면,
45 그때 하늘에 있는 당신이 그들의
기도와 탄원을 듣고, 그들의 체면
을 유지시켜 주세요.
46 만약 그들이 당신에게 반하는 죄
를 지었는데,[죄를 지은 사람이 아
무도 없다면], 그런데 당신이 그들
에게 화가 난다면, 그들을 적에게
넘겨주세요. 그래서 적이 그들을
포로로 데려가 멀거나 가깝거나
적의 땅으로 끌고 가게 해주세요.
47 하지만 만약 그들이 포로로 잡혀
간 그곳 땅에서 다시 생각하고 뉘
우치고, 포로로 잡혀간 땅에서 당

신에게 탄원하며 이렇게 말하면,
“우리는 죄를 지으며, 기대에 어긋
나고, 좋지 못한 일을 저질렀어요”
라고 말하면,
48 그러면서 그들이 포로로 끌려간
적의 땅에서 진심으로 영혼을 다
해 당신에게 돌아오고, 그래서 당
신이 선택하여 그들 조상에게 주
었던 도성에서 기도하고, 또 내가
당신 이름으로 지은 이 집이 있는
자신들의 땅을 향해 기도하면,
49 그때는 당신이 사는 하늘에서 그
들의 기도와 간청을 들어주고, 그
들의 명분을 유지시켜 주세요.
50 그리고 당신에게 잘못을 저지른
백성을 용서해주고, 그들이 어긴
모든 위반을 용서해주고, 포로를
데려간 적에게 포로에 대한 동정
심을 주면, 적도 연민을 베풀게 될
겁니다.
51 왜냐하면 그들은 당신의 백성이
고, 당신의 유산이기 때문이지요.
당신은 그들을 철의 용광로 한가
운데 이집트에서 이끌어 데려왔으
니까요.
52 그러면 당신의 눈이 당신 종의 소
원을 향해 문을 열고, 당신의 이즈
리얼 백성의 탄원을 향해 눈을 떠
서, 그들이 당신에게 외치는 모든
것에 귀를 기울일 수 있을 거예요.
53 왜냐하면 당신은 백성을 땅위의
모든 사람과 구별하여, 당신의 종
모지스를 통하여 말한 대로, 당신
의 유업으로 삼았어요. 그때는 당
신이 이집트에서 우리 조상을 데
려왔던 때이지요. 오 **주 하나님!**”
54 솔로먼이 **주님**에게 한 이 모든 기
도와 소원을 끝내면서, **하나님** 제
단 앞에서 꿇어 앉아서, 손을 하늘
로 펼치며 하던 기도로부터 일어
났다.
55 그는 일어나서 이즈리얼 모두를
큰 소리로 다음과 같이 축하했다.
56 “**주님**을 축하합니다. **주님**이 약속
한 대로 이즈리얼 백성에게 편한
휴식을 주었어요. 또 그의 종 모지
스를 통해 그가 약속한 대로 선의
의 약속의 말이 이뤄지지 않은 것
이 하나도 없어요.
57 우리의 **주 하나님**은 우리와 함께 있
어요. 우리의 조상과 함께 있던 대
로 말이죠. 그가 우리를 떠나지 말
게 하고, 우리를 버리지 않게 합시
다.
58 그러면 **주님**이 우리 마음을 그에게
기울게 하고, 그의 길을 따라 걸어
가게 하며, 그의 명령과 규정과 그
의 판결을 지키게 할 겁니다. 이것
은 **주님**이 우리 조상에게 명령한
것이지요.
59 그리고 나의 모든 말, 곧 내가 **주님**
앞에서 하는 기원, 낮과 밤으로 **주**
님 가까이서 하는 간청, 그래서 그
가 종의 체면을 유지시키고, 언제
나 그의 이즈리얼 백성의 명분유
지를 부탁하는 요구 대로 들어주면,

60 지구의 모든 사람이 **주님**이 **하나님**
이라는 것을 알게 되고, 모르는 사
람이 없게 될 거예요.
61 그래서 여러분의 가슴이 우리의 **주**
하나님과 같이 완벽해지고, 그의
규정 안에서 인생 길을 살며, 이날
과 같이 그의 명령을 지키도록 합
시다."
62 그리고 왕과 그와 함께 있던 모든
이즈리얼이 **주님** 앞에 희생제물을
올렸다.
63 솔로먼도 평화제물의 희생물을 올
렸는데, 그는 **주님**에게 소 2만2천
마리, 양12만 마리를 올렸다. 그렇
게 왕과 이즈리얼의 모두가 **주님**의
성전에 봉헌했다.
64 그날 왕은 **주님**의 성전 앞 안마당
가운데를 신성하게 정화했는데,
솔로먼이 그곳에서 번제와, 곡식
제와, 평화제의 기름을 올리기 위
한 것이었다. 왜냐하면 **주님** 앞에
놓인 황동제단의 크기가 너무 작
아서, 번제제물과, 곡식제물과, 평
화제물의 기름을 다 수용할 수 없
었기 때문이었다.
65 그때 솔로먼은 축제를 개최하여
그와 함께 한 모든 이즈리얼과, 거
대한 대중, 곧 해매쓰 입구부터 이
집트 강에 이르는 모두와 함께 우
리의 **주 하나님** 앞에 모두 모여, 7일
과 다음 7일까지 14일간 잔치를 벌
렸다.
66 8일째 날이 되어 그는 백성들을 돌
려보냈고, 그들은 솔로먼을 축하
하며, **주님**이 그의 종 대이빋과 이
즈리얼 백성을 위해 한 모든 선의
에 대하여, 즐겁고 기쁜 마음으로
각자의 막사로 갔다.

솔로먼의 업적

9 솔로먼이 **주님**의 성전과 왕의
집을 완공하여, 자신이 바라던
것을 이루자 흡족했다.
2 그때 **주님**이 기비언에서 나타났을
때처럼, 솔로먼에게 두 번째로 나
타났다.
3 **주님**이 그에게 말했다. "나는 네가
내 앞에서 한 기도와 바람을 들었
다. 그래서 나는 네가 지은 이 집을
신성하게 정화하여, 내 이름을 그
곳에 영원히 두겠다. 따라서 나의
눈과 마음은 언제나 그곳에 있을
것이다.
4 만약 네가 네 아버지 대이빋이 걸
었던 길 대로 내 앞에서 걷고, 진정
한 마음과 정직함을 가지고 네게
명령한 것을 따르며, 나의 규정과
판결을 지키면,
5 나는 이즈리얼에 대한 너의 왕국
의 왕위를 영원히 확립할 것이다.
내가 네 아버지 대이빋에게 약속
할 때, '이즈리얼왕좌는 너 한 사람
으로 끝내지 않을 것"이라고 했다.
6 하지만 너희가 나를 따르는 길에
서 벗어나, 너희든 너희 자손이든,
너희에게 정해준 나의 명령과 규

정을 지키지 않고, 가서 다른 신을
섬기고 그들을 숭배하면,
7 그때는 내가 그들에게 준 이 땅에
서 이즈리얼을 완전히 잘라낼 것
이다. 내가 나의 이름을 위해 신성
하게 정화한 이 집도, 내 눈 앞에서
내던져, 이즈리얼이 이야깃거리가
되고, 남의 웃음거리가 되게 하겠
다.
8 높은 곳에 있는 이 집에 대해, 이곳
을 지나가는 모두가 너무 놀라, 쉿
소리를 내며 입을 다물며 말할 것
이다. '왜 **주님**이 이곳 성전을 이렇
게 했을까?' 라고 말이다.
9 그리고 사람들은 말할 것이다. '그
들이 자기 **주 하나님**을 버렸기 때문
이다. **주님**은 이집트땅에서 그들의
조상을 데려왔는데, 그들이 다른
신을 받들고 예배하고 섬겼다. 그
래서 **주님**이 그들의 머리에 재앙을
짊어지도록 내리는 것'이라, 답할
것이다."
10 그의 집권 20년이 끝날 무렵 솔로
먼이 지은 두 집은, **주님**의 집과, 솔
로먼의 집이었다.
11 [당시 타이러왕 하이램이 솔로먼
에게 시더나무와 전나무를 공급해
주었고, 솔로먼은 원하는 대로 그
에게 금을 주었다.] 그리고 솔로먼
왕은 하이램에게 갤릴리땅의 20개
도성을 주었다.
12 그런데 하이램이 타이러로부터 와
서, 솔로먼이 자기에게 준 도성을
보더니, 마음에 들지 않았다.
13 그래서 하이램이 따졌다. "나의 형
제 당신이 내게 준 도성들이 대체
뭐죠?" 그러면서 그는 그 도성들
을 '카불의 땅'이라 불러서, 이날에
이르렀다.
14 또 하이램은 솔로먼에게 120탤런
트약 4.11톤의 금도 보냈다.
15 솔로먼왕이 세금을 부과하여 거둬
들인 근거는, **주님**의 성전과 자신
의 궁전을 짓기 위한 것이었고, 또
밀로우성과 저루살럼, 해저, 메기
도, 게저의 성벽을 쌓기 위한 것이
었다.
16 이집트 퐈로우왕이 가서, 게저를
빼앗아 불태우고, 도성 안에 살고
있는 캐이넌가나안을 죽인 다음, 솔
로먼의 아내인 자신의 딸에게 선
물로 주었다.
17 그래서 솔로먼은 게저를 다시 건
설하고, 아래쪽 베쓰호른도 재건
했다.
18 또 그곳 황야사막에 배이얼래쓰
와, 태드모를 건설했다.
19 솔로먼은 자신이 소유한 비축용
도시와, 전차를 두는 도시 및 기병
을 두는 도시를, 저루살럼과 레바
넌과 그가 지배하는 모든 땅에 건
설하고자 했다.
20 죽지 않고 남아 있는 모든 사람 중
애머리, 힡, 퍼리스, 하이브, 제뷰스
민족은 이즈리얼 자손이 아니었
다.

21 그 땅에 남아 있는 이즈리얼 자손
을 제외한 사람의 후손 역시, 완전
히 파멸시킬 수 없어서, 솔로먼은
그들을 예속된 일꾼으로 징집하여
이날에 이른다.
22 그러나 솔로먼은 이즈리얼 자손은
한 사람도 노예로 삼지 않았고, 대
신 그들을 전쟁에 나가는 병사, 그
의 시종, 지도자, 군대대장, 마차와
기병을 통솔하는 지휘관으로 삼았
다.
23 솔로먼의 공사를 맡은 관리들의
감독관으로, 550명이 공사장 인부
의 관리책임을 맡았다.
24 한편 풰로우의 딸이 대이빋의 도
성으로 와서 살다, 솔로먼이 그녀
를 위해 지은 집으로 들어왔다. 그
때 솔로먼은 밀로우 궁전을 지어
놓았다.
25 솔로먼은 1년에 세 번씩 번제와 평
화제사를 지냈는데, 그가 **주님**을
위해 지은 제단에서 지내며, **주님**
앞 제단에서 향을 피웠다. 그는 그
렇게 성전을 완공했다.
26 솔로먼왕은 이지언게버에서 배를
만들었는데, 그곳은 일래쓰 옆, 홍
해바다 해안가의 이듬땅이다.
27 하이램은 배로 자기 신하를 보냈
고, 바다를 잘 아는 선원들을 솔로
먼 신하와 같이 보냈다.
28 그들은 오피어지역에 와서, 그곳
에서 금 420탤런트약 14.38톤를 가져
가서, 솔로먼왕에게 주었다.

쉬바왕국 여왕이 솔로먼 방문

10 쉬바왕국 여왕이 **주님**의 이
름에 관한 솔로먼왕의 명성
을 듣고, 어려운 질문을 가지고 그
를 시험하러 왔다.
2 그녀는 거대한 사절단을 이끌고
엄청난 행렬로, 향료와 금과 보석
을 실은 낙타와 함께 저루살럼에
왔다. 그녀는 솔로먼에게 와서, 자
기 마음 속에 생각하는 모든 것에
관하여 솔로먼과 대화했다.
3 솔로먼은 그녀가 질문하는 것을
모두 대답했고, 왕이 꺼리고 대답
하지 못한 것은 하나도 없었다.
4 쉬바국 여왕이 솔로먼의 지혜와
그가 지은 성전을 직접 봤을 때,
5 그리고 그의 식탁에 놓인 음식과,
그의 시종들이 앉아 있는 모습과,
참석한 관료들이 입은 의복과, 왕
의 음료담당관, 및 **주님**의 성전으
로 올라가는 그의 모습을 보자, 그
녀는 정신이 나갔다.
6 그래서 그녀가 왕에게 말했다. "내
가 내 땅에서 들은 당신의 행동과
지혜에 관한 소문은 진짜였군요.
7 그래도 나는 그 말을 믿지 않았어
요. 내가 와서 눈으로 보기 전까지
말이죠. 그런데 소문은 내게 절반
도 다 얘기해주지 못했어요. 당신
의 지혜와 부가 내가 들었던 명성
을 능가해요.
8 당신의 백성은 행복하고, 당신의
신하는 편안해 보여요. 당신 앞에

서서 당신의 지혜를 계속 듣기 때
문이겠죠.
9 당신의 **주 하나님**을 축복해요. 그
가 당신에 대해 만족해하며, 이즈
리얼왕위에 당신을 올린 것은, **주**
님이 이즈리얼을 언제나 사랑했기
때문이지요. 그래서 그가 당신을
왕으로 만들어 당신이 판단하고
정의를 실천하게 하는 것이겠죠."
10 그리고 그녀는 솔로먼에게 금 120
탤런트약 4.11톤와 엄청난 양의 향료
와 값비싼 보석을 주었다. 쉬바왕
국의 여왕이 솔로먼왕에게 준 것
보다 더 많은 것은 없었다.
11 하이램의 배 역시 오피어에서 금
을 싣고 왔고, 그곳에서 엄청나게
풍부한 앨머그나무와 귀중한 원석
을 가져왔다.
12 솔로먼은 앨머그 나무목재로 **주님**
의 집과 왕의 집 기둥을 만들고, 악
공을 위해 하프와 설터리 현악기
도 만들었다. 그 앨머그 나무는 이
즈리얼에 없었고 지금까지도 보이
지 않는다.
13 또 솔로먼왕도 쉬바여왕에게 원하
는 대로 무엇이든 주었고, 추가로
왕실의 하사품까지 주었다. 그런
다음 그녀는 돌아서 자기 나라와
신하에게 갔다.
14 솔로먼에게 1년간 들어온 금의 무
게는 666탤런트약 22.82톤였다.
15 그 밖에 상인, 향신료 무역상 등, 아
라비아의 여러 왕과 그 나라의 여
러 지역 통치자로부터 많은 것이
들어왔다.
16 솔로먼왕은 두드리는 타공기법으
로 금제 과녁 200개를 만들었는데,
표적 하나의 금 무게는600쉐클약
6.84Kg이었다.
17 또 세공기법으로 만든 금 방패를
300개 만들었는데, 금 3파운드약
1.7kg이 방패 하나에 쓰였다. 왕은
이것을 레바넌 숲속에서 온 목재
로 지은 집 안에 두었다.
18 뿐만 아니라 왕은 상아로 큰 왕좌
를 만들고, 최고 품질의 금으로 도
금했다.
19 옥좌는 6 계단 위에 놓였고, 의자
의 위쪽 후두부는 둥글며, 자리 양
편에 팔걸이가 있었고, 두 마리 사
자가 팔걸이 옆에 서있었다.
20 사자 12마리가 계단마다 하나씩
서있는데, 6 계단 이쪽과 저쪽 양
쪽에 각각 두었고, 어떤 왕국도 이
와 비슷한 형태는 없었다.
21 솔로먼왕이 마시는 그릇은 모두
금제 용기였고, 집안의 모든 용구
는 레바넌 숲 목재로 만들어 순금
을 입혔다. 은으로 된 것은 하나도
없었는데, 솔로먼시대 은은 계산
가치가 없었다.
22 왕은 바다에 하이램 배와 함께 탈
쉬시의 배도 두었다. 3년에 한 번
씩 탈쉬시의 배가 이즈리얼로 들
어와서, 금, 은, 상아, 애이프 원숭
이, 공작을 가져왔다.

23 그렇게 솔로먼왕은 부와 지혜가
땅위 어떤 왕보다 더 우월했다.
24 땅위의 모두가 솔로먼을 찾아와
서, **하나님**이 그의 마음에 심어준
지혜를 듣고자 했다.
25 그들은 사람마다 자기 예물을 가
져왔는데, 은그릇, 금그릇, 의복, 갑
옷, 향료, 말, 노새를 매년 부과세금
으로 가져왔다.
26 솔로먼이 전차와 기수를 한데 모
았더니, 전차가 1,400대, 기수가
12,000명이었고, 그는 이것을 전차
를 전담하는 도성에 두고, 또 저루
살럼의 왕과 함께 두었다.
27 왕은 저루살럼에서 은을 돌처럼
취급했고, 시더나무를 계곡에 있
는 무화과나무처럼 취급했는데,
이는 수가 풍부했기 때문이다.
28 솔로먼은 이집트에서 말과 리넨
아마실을 가져왔고, 왕실 구매담
당 상인은 정해진 가격에 아마실
을 받아들였다.
29 이집트에서 들어온 전차 한 대는,
은 600쉐클약 6.84Kg에 팔려나갔고,
말 한 필은 150쉐클약 1.7Kg로 쳤다.
그래서 힡부족의 모든 왕과 시리
아의 왕들이 무슨 수단을 써서라
도 말들을 가져와서 내놓았다.

솔로먼의 생애

11 그런데 솔로먼왕은 외국여자
를 좋아하여, 퓌로우왕의 딸
과 더불어, 모앺, 애먼, 이듬, 사이
든, 힡부족의 여자 모두 사랑했다.
2 **주님**은 이즈리얼 자손에게 이민족
에 관하여 일렀다. "너희는 그들에
게 가지 말고, 그들이 너희에게 와
도 안 된다. 왜냐하면 그녀는 틀림
없이 네 마음을 돌려, 그들 신을 따
르게 할 것이다." 그런데도 솔로먼
은 이들에 대한 사랑에 집착했다.
3 그는 7백명의 아내를 왕비로 두고,
첩이 3백명이나 되어, 그의 여러
아내가 솔로먼의 마음을 돌려놓았
다.
4 솔로먼이 나이가 들어, 아내마다
그의 마음을 돌려 다른 신을 따르
게 하자, 그의 마음은 아버지 대이
빋 마음처럼 그의 **주 하나님**에 대하
여 철저하지 못했다.
5 솔로먼은 사이든시돈의 여신 애쉬
터렛을 따르고, 혐오스러운 애먼
부족의 밀컴신을 섬겼다.
6 솔로먼은 **주님** 눈에 비행을 저지르
며, 그의 아버지 대이빋이 하듯, **주
님**을 완전히 따르지 않았다.
7 당시 솔로먼은 모앺의 혐오물 키
머쉬신을 위해 저루살럼 앞 언덕
에 높은 신당을 건설했고, 애먼자
손의 혐오물 몰렉신을 위한 신당
도 지었다.
8 마찬가지로 그는 외국인 아내를
위하여, 그들 신마다 향을 피워 희
생제사를 지냈다.
9 그래서 **주님**은 솔로먼에게 화가 났
다. 왜냐하면 그의 마음이 이즈리

얼의 **주 하나님**으로부터 돌아섰기
때문에, **주님**이 그에게 두 번이나
나타나서,
10 이 일로, **주님**이 솔로먼에게 명령
하며, '너는 다른 신을 따르지 말아
야 한다'고 했는데, 그는 **주님**의 명
령을 지키지 않았다.
11 그래서 **주님**이 솔로먼에게 말했다.
"이런 일을 하는 만큼, 너는 내가
명령한 나의 약속과 규정을 지키
지 않으므로, 나는 반드시 너로부
터 왕국을 빼앗아, 네 시종에게 주
겠다.
12 그렇기는 해도, 네 아버지 대이빋
을 생각하여, 네가 살아 있는 동안
에 그렇게 하지 않고, 대신 네 아들
손에서 빼앗겠다.
13 그래도 왕국 전체를 뺏지 않고, 이
즈리얼부족 하나를 네 아들에게
주겠다. 이것은 나의 종 대이빋과
내가 선택한 저루살럼을 위한 것
이다."
14 그리고 **주님**은 솔로먼의 적을 선동
했는데, 이듬부족 해이댇은, 이듬
왕의 후손이었다.
15 예전에 대이빋이 이듬지역에 있을
때, 군대대장 조앱이 전사자를 매
장하러 가서, 이듬 사람을 모조리
죽였다.
16 [조앱은 그때 6개월간 이즈리얼 사
람과 함께 그곳에 머물며, 이듬의
남자를 모두 없애버렸다.]
17 그때 해이댇이 달아나, 그와 그의
아버지의 신하 일부가 이집트로
도망쳤는데, 당시 그는 어린 아이
였다.
18 그들이 미디언에서 일어나 패런으
로 가서, 거기서 사람들을 모아, 함
께 이집트의 풰로우에게 갔다. 풰
로우왕은 그에게 집을 주고, 일정
양식을 주며, 땅도 주었다.
19 해이댇은 풰로우왕의 마음에 무척
호감이 가는 사람이었다. 그래서
왕은 자기 왕비 태퓌네스의 여동
생을 그에게 아내로 주었다.
20 태퓌네스 왕비의 여동생은 해이댇
에게 아들 게누뱃을 낳아주었는
데, 그녀의 아들은 풰로우 궁전에
서 젖을 떼고, 왕의 아들들과 함께
생활했다.
21 그러다 이집트에 있던 해이댇한
테, 대이빋이 조상과 함께 잠들었
다는 이야기와, 또 군대대장 조앱
이 죽었다는 소식이 들려오자, 해
이딛이 풰로우에게 말했다. "나를
보내주면 내 나라로 가겠어요."
22 그러자 풰로우가 그에게 말했다.
"그런데 나와 있는 것이 뭐가 부족
한가? 네가 너희 나라로 가려 하다
니?" 그러자 해이댇이 대답했다.
"부족한 것이 없어요. 단지 어쨌든
보내 주세요."
23 또 **하나님**은 솔로먼을 상대로 또
다른 적을 선동했는데, 일리애다
의 아들 리전이었다. 그는 조바의
해다데저왕한테서 도망쳤고,

24 그런 다음 사람을 모아, 무리를 통
솔하는 대장이 되었다. 대이빋이
조바에 있는 자신들을 죽이자, 드
매스커스로 가서 살며 그곳을 지
배했다.
25 리전은 솔로먼시대 내내 이즈리얼
의 적이었고, 또한 솔로먼이 해이
댙에게 가한 악행으로 인해, 그는
이즈리얼을 증오하며 시리아를 통
치했다.
26 느뱉의 아들 제러범은 솔로먼의
시종으로 제레다 출신의 이프리엄
사람인데, 그의 어머니는 미망인
으로 이름은 제뤄아였다. 제러범
은 왕에게 맞서며 그의 손을 들어
올렸다.
27 그가 솔로먼왕에게 맞서 반대의
손을 들어올린 까닭은, 솔로먼이
밀로우성을 건설하고, 그의 아버
지 대이빋도성의 무너진 부분을
수리한 때문이었다.
28 제러범은 용맹한 사람이어서, 솔
로먼이 근면한 청년으로 보며, 그
를 조셒집안 일을 관리하는 책임
자로 삼았다.
29 제러범이 저루살럼에서 나갔을
때, 그는 실론 사람 예언자 애히자
를 길에서 만났는데, 예언자는 새
옷을 입고 있었고, 들판에는 둘뿐
이었다.
30 애히자는 자기가 입고 있던 새옷
을 잡아 열두 조각으로 찢었다.
31 그러면서 그는 제러범에게 말했
다. "당신이 열 조각을 가져가세요.
왜냐하면 **주님**이 다음과 같이 말했
어요. '보라, 이즈리얼의 **하나님** 나
는 솔로먼 손에서 이 왕국을 빼앗
아 너에게 열 부족을 주겠다.
32 [대신 솔로먼은 나의 종 대이빋과
저루살럼을 위해 한 부족만 갖게
하겠다. 그 도성은 이즈리얼부족
중 내가 선택했다.]
33 왜냐하면 솔로먼이 나를 버리고
사이든의 여신 애쉬터렛을 숭배하
고, 모앱신 키모시, 애먼자손의 밀
컴신을 숭배했기 때문이다. 또 그
들은 나의 길을 걷지 않고, 내 눈에
바르지 못한 행동을 하며, 그의 아
버지 대이빋이 한 대로 나의 규정
과 판결을 지키지 않았기 때문이
다.
34 하지만 나는 솔로먼의 손에서 왕
국 전체를 빼앗지 않고, 대신 나의
종 대이빋을 위하여, 그가 살아 있
는 동안에는 그를 지도자로 두겠
다. 그 이유는 내가 선택한 대이빋
이 나의 명령과 규정을 지켰기 때
문이다.
35 그러나 나는 대이빋 아들의 손에
서 이 왕국을 빼앗아 너에게 10부
족을 주겠다.
36 그리고 나는 대이빋의 아들에게
부족 하나만 주어, 나의 종 대이빋
이 저루살럼에서 내 앞에 언제나
빛을 밝힐 수 있게 하겠다. 그곳은
내가 선택하여 나의 이름을 둔 곳

이기 때문이다.
37 그래서 나는 너를 택하여, 네 마음
이 바라는 대로 모든 것을 지배하
게 하며, 네가 이즈리얼을 통치하
는 왕이 되게 하겠다.
38 만약 네가 나의 명령을 듣고 나의
길을 걸으며, 내 눈에 바르게 행동
하고, 나의 규정과 명령을 지키고,
나의 종 대이빋이 한 것처럼 하면,
나는 너와 함께 있고, 네게 확실하
게 집을 지어주겠다. 내가 대이빋
을 위해 해준 대로 너에게 이즈리
얼을 주겠다.
39 나는 대이빋후손에게 이런 고통을
주지만, 영원하지는 않을 것'이라
고 했어요."
40 그로 인해 솔로먼은 제러범을 죽
이려 했다. 그래서 제러범이 일어
나 이집트로 도망쳐서 이집트왕
쉬쉑한테 가서 솔로먼이 죽을 때
까지 이집트에서 살았다.
41 솔로먼의 나머지 업적과 그가 한
모든 일 및 그의 지혜는 사람들이
솔로먼의 연대기 책에 기록해 놓
지 않았는가?
42 솔로먼이 전 이즈리얼을 통치하며
저루살럼에서 집권한 기간은 40년
이었다.
43 그런 다음 그는 자기 조상과 함께
잠들어, 아버지 대이빋도성에 묻
혔다. 그리고 그의 아들 리호범이
솔로먼 대신 다스렸다.

이즈리얼이 리호범에 반발

12 솔로먼의 아들 리호범이 쉬
컴스켐, 세겜에 갔다. 왜냐하면
이즈리얼 모두가 그를 왕으로 만
들기 위해 쉬컴에 왔기 때문이었
다.
2 그때까지 이집트에 있던 느뱉느밧
의 아들 제러범이 이 소식을 들었
다. [당시 그는 솔로먼왕 앞에서 도
망쳐서 이집트에서 살고 있었다.]
3 사람들이 전령을 보내 그를 불러
들였다. 그리고 제러범과 이즈리
얼 대중 모두가 함께 와서, 리호범
왕에게 이렇게 말했다.
4 "당신의 아버지는 우리에게 통탄
할 멍에를 씌웠어요. 그러니 이제
당신이 당신 아버지의 심한 노역
과 우리에게 씌운 무거운 멍에를
가볍게 해주면, 우리가 당신을 섬
기지요."
5 그러자 그가 사람들에게 말했다.
"3일간 갔다가 내게 다시 오세요."
그래서 사람들이 돌아갔다.
6 한편 리호범왕은 연장자들과 이
일을 의논하면서, 아버지 솔로먼
이 살아 있을 때 그 앞에 서있던 사
람들에게 물었다. "여러분은 내가
백성에게 대답할 수 있는 충고가
있나요?"
7 그들은 그에게 이렇게 말했다. "만
약 당신이 이날 그들에게 종이 되
어 주고, 섬기고, 답하며, 좋은 이야
기를 해주면, 그들은 영원히 당신

의 종이 될 겁니다."
8 그러나 그는 연장자들이 준 조언
을 듣지 않고, 자신과 함께 자라며,
자기 앞에 서 있던 젊은이들과 상
의했다.
9 그러면서 그는 그들에게 말했다.
"당신들은 우리가 이 사람들에게
대답해 줄 수 있는 충고가 무엇이
있는가? 이들은 내게 '당신 아버지
가 씌운 멍에를 가볍게 하라'고 한
다."
10 그러자 함께 자란 젊은이들이 이
렇게 말했다. "당신은 당신에게 '당
신 아버지가 우리의 멍에를 무겁
게 했는데, 그것을 가볍게 해달라
는'고 말하는 그들에게, 이렇게 대
답해야 하지요. '나의 새끼 손가락
은 나의 아버지의 허리보다 더 두
껍다.
11 그러니 나의 아버지가 당신들에게
무거운 멍에를 씌웠다면, 이제 나
는 당신의 멍에를 더 추가하고, 아
버지가 회초리로 쳤다면, 나는 전
갈로 체벌하겠다'고 대답하세요."
12 한편 제러범과 모든 백성은 왕이
지정한 3일째 날에 리호범에게 와
서 말했다. "이제 3일째 날이 되었
어요."
13 그러자 왕은 백성에게 거칠게 답
하며, 연장자들이 준 충고는 무시
했다.
14 그리고 젊은 팀의 조언에 따라 말
했다. "나의 아버지가 당신의 멍에
를 무겁게 했는데, 나는 당신 멍에
를 더 추가하겠다. 또한 나의 아버
지가 당신을 회초리로 때렸다면,
나는 전갈로 징벌하겠다."
15 이렇게 왕은 백성의 말에 귀를 기
울이지 않았다. 그 원인은 **주님**의
의도에서 나왔고, 그가 한 말이 실
행되는 것이었을 지 모른다. 그 말
이란, **주님**이 샤일로실로사람 애히
자를 통해 느뱉의 아들 제러범에
게 말했던 것이다.
16 그렇게 모든 이즈리얼의 말에 왕
이 귀를 기울이지 않는다는 것을
알게 되자, 백성은 왕에게 대답했
다. "우리가 대이빋 집안에서 기대
할 지분이 뭐죠? 우리가 제시의 아
들한테서 어떤 유산도 받을 수 없
으니, 이즈리얼 사람은, 각자 자기
막사로 돌아갑시다. 그리고 이제
대이빋, 당신의 집안을 두고 보겠
어요." 그러면서 이즈리얼은 각각
자기 천막으로 갔다.
17 리호범은 쥬다도성에 사는 이즈리
얼 자손을 지배했다.
18 그러면서 리호범왕이 노역을 감독
하는 애더램을 보냈더니, 이즈리
얼 모두가 그를 돌로 쳐서 죽였다.
그러자 리호범왕은 서둘러 자기
전차를 타고 저루살럼으로 달아났
다.
19 그렇게 이즈리얼은 대이빋왕가에
반란을 일으켜 이날까지 계속되었
다.

20 전 이즈리얼은 제러범이 다시 저
루살럼에 왔다는 이야기를 듣고,
사람을 보내어 그를 민중 앞에 부
른 다음, 그를 이즈리얼을 통치하
는 왕으로 만들었다. 거기에 대이
빋 집안을 따르는 사람은 하나도
없었고, 오직 쥬다 부족만은 예외
였다.
21 리호범이 저루살럼으로 와서, 쥬
다집안 모두를 한데 모았는데, 벤
저민부족과 더불어, 모인 사람이
18만명이었다. 이들 용사는 이즈
리얼 집안과 싸워서, 왕국을 다시
솔로먼 아들 리호범에게 갖다주고
자 했다.
22 그러나 **하나님** 말이 신의 사람인
쉬매이야에게 들렸다.
23 "쥬다왕 솔로먼 아들 리호범과, 쥬
다집안과 벤저민집안 모두와, 백
성 중 남아 있는 사람들에게 이렇
게 전해라.
24 '**주님**의 말에 따르면, 너희는 가면
안 되고, 너희 형제 이즈리얼 자손
을 상대로 싸우지도 마라. 모두는
각자 자기 집으로 돌아가라. 이것
은 나로부터 비롯된 것'이라고 전
해라." 그래서 그들은 **주님**의 말을
전해 듣고 **주님**의 말대로 돌아가버
렸다.
25 그때 제러범은 이프리엄 산지에
쉬컴을 건설하고 그곳에서 살았
고, 그곳에서 나와 또 페누얼을 건
설했다.
26 제러범은 마음 속으로 말했다. "이
제 이 왕국은 대이빋 집안으로 되
돌아가고 말 것이다."
27 만약 이 백성이 저루살럼의 **주님**의
성전으로 제사를 지내러 가면, 사
람들 마음이 그들 **주님** 쥬다왕 리
호범한테 되돌아가서, 그들은 나
를 죽이고 쥬다왕 리호범한테 다
시 갈 것이다."
28 그래서 제러범왕은 조언을 받아,
금 송아지 둘을 만들고 백성에게
말했다. "여러분이 저루살럼까지
간다는 것은 너무 어려운 일이에
요. 이즈리얼 사람들은, 여기 당신
의 신들을 보세요. 이것이 이집트
땅에서 당신들을 이끌어 낸 신이
지요."
29 그런 다음 그는 베썰베텔, 벧엘에 금
송아지 하나를 두고, 댄지역에 다
른 하나를 두었다.
30 그런데 이것이 죄가 되었다. 왜냐
하면 백성이 금송아지 하나 앞에
서, 심지어 댄지역까지 가서 경배
했기 때문이었다.
31 또 그는 높은 장소에 집을 짓고, 리
바이 자손이 아닌 백성 중에서도
제일 낮은 신분의 사람을 제사장
으로 만들었다.
32 제러범은 여덟번째 달 15일을 축
일로 정하여, 쥬다유다의 축일과 마
찬가지로, 제단 위에 제물을 올렸
다. 그렇게 그는 베썰에 자신이 만
든 송아지에게 제사를 지냈고, 자

기가 만든 베썰의 신당에 제사장
들을 두었다.
33 그렇게 그는 여덟번째 달 15일에
제단에서 제사를 지냈는데, 그것
은 자신의 마음 속에서 스스로 만
들어 낸 달을, 이즈리얼 자손에게
축일로 정하며, 그는 제단 위에 제
사하고 향을 피웠다.

제러범과 신의 사람

13 쥬다에서 베썰로 **주님**의 전
언을 가진 **하나님**의 사람이
왔다. 그때 제러범은 향을 피우려
고 제단 옆에 서있었다.
2 전언자는 **주님**의 말대로 제단을 향
해 소리쳤다. "오 제단, 제단아! **주
님**은 이렇게 말한다. '보라, 대이빋
집안에 한 아들이 태어나는데, 그
의 이름은 조사야다. 그는 네 위에
서 높은 장소에서 제사장들을 제
물로 바치고, 네 위에 향을 피우고,
또 사람 뼈를 네 위에서 태우게 될
것'이라고 했다."
3 그는 그날 증거 표시를 보여 주며
말했다. "**주님**은 증거 표시를 보이
며, '이 제단은 파열되고, 거기서 재
가 쏟아질 것'이라 했다."
4 제러범왕이 베썰의 제단을 향해
소리치는 **하나님** 사람의 전언을 듣
자, 제단에서 손을 뻗으며 말했다.
"저 놈을 잡아라!" 그러자 맞은편
을 향해 뻗은 그의 손이 경직되어
도로 끌어당길 수가 없었다.
5 동시에 제단이 파열되면서, 제단
의 재가 쏟아져 나왔다. 이것이 **하
나님**의 사람이 **주님**의 말에 따라
전했던 예시대로 이루어졌다.
6 그러자 왕이 대답하며, **하나님**의
사람에게 말했다. "이제 당신의 **주
하나님** 앞에 나를 위해 간청하여,
내 손이 다시 회복될 수 있게 해달
라." 그래서 **하나님**의 사람이 **주님**
에게 간청하자, 왕의 손이 회복되
어 전처럼 되었다.
7 그리고 왕은 **하나님**의 사람에게 말
했다. "자, 나와 함께 우리 집에 가
서 쉬면, 내가 보답하겠다."
8 그러자 **하나님**의 사람이 왕에게 말
했다. "당신의 집 절반을 준다 해
도, 나는 당신과 같이 가지 않아요.
그리고 나는 이곳에서는 빵도 먹
지 않고 물도 마시지 않겠어요.
9 왜냐하면 **주님**의 말을 전하는 나에
게 임무가 맡겨졌는데, '너는 빵도
먹지 말고 물도 마시지 말고, 네가
왔던 같은 길로 다시 돌아가지도
말라'고 했어요."
10 그러면서 그는 다른 길로 갔고, 그
가 베썰로 왔던 길로 돌아가지 않
았다.
11 그때 베썰에 나이가 많은 예언자
가 살고 있었는데, 그의 아들들이
와서 **하나님**의 사람이 그날 베썰에
서 한 일을 아버지에게 전하고, 그
가 왕에게 한 말도 이야기했다.
12 그러자 아버지가 자식들에게 말했

다. "그 사람이 어느 길로 갔지?"
그의 아들들은 쥬다에서 온 **하나님**
의 사람이 간 길을 보아 두었던 것
이다.
13 그리고 그는 아들들에게 말했다.
"나귀에 안장을 채워라." 그래서
자식들이 그를 안장에 앉히자, 아
버지는 나귀에 올랐다.
14 그는 **하나님**의 사람을 쫓아가서,
참나무 아래 앉아 있는 그를 발견
하자, 그에게 말했다. "당신이 쥬다
에서 온 **하나님**의 사람인가요?" 그
러자 그가 말했다. "내가 바로 그
사람이에요."
15 그러자 그가 그에게 말했다. "나와
함께 우리 집에 가서 빵을 먹읍시
다."
16 그러자 그가 말했다. "나는 당신과
같이 돌아가지도 않고, 들어가지
도 않겠고, 또 이곳에서는 당신과
같이 빵도 안 먹고 물도 마시지 않
겠어요.
17 왜냐하면 **주님**의 말이 내게 들렸는
데, '너는 거기서 식사도 하지 말고,
물도 마시지 말고, 네가 온 길로 다
시 돌아가지도 말라'고 했기 때문
이지요."
18 그러자 그가 그에게 말했다. "나 역
시 당신처럼 예언자이지요. **주님**
의 말을 통해서 천사가 내게 이렇
게 말했어요. '그를 네 집으로 함께
데려와서, 그가 빵도 먹고, 물도 마
시게 해라'고 했어요." 그러나 그는
그에게 거짓말을 했던 것이다.
19 그래서 그는 그를 따라 가서, 그의
집에서 빵도 먹고 물도 마셨다.
20 그들이 식탁에 앉아 있을 때, **주님**
의 말이 그를 데려온 예언자에게
들려왔다.
21 그러자 그는 쥬다에서 온 **하나님**의
사람에게 소리치며 말했다. "**주님**
이 이렇게 말했다. '네가 **주님**의 말
을 위반했고, 또 너의 **주 하나님**이
네게 명령한 것을 지키지 않았다.
22 대신 돌아와서 이곳에서 빵도 먹
고 물도 마셨다. **주님**이 네게 말하
며, '빵도 먹지 말고 물도 마시지 말
라'고 했는데도 말이다. 따라서 네
시체는 네 조상의 묘 속에 들어가
지 못할 것'이라고 했다.
23 그는 빵을 다 먹고 물을 다 마신
후, 자기가 데려온 예언자를 위하
여 나귀에 안장을 얹었다.
24 그가 가는 길에서 사자가 그를 보
자 죽였고, 그의 시체는 길에 던져
졌다. 그리고 나귀는 시체 옆에 서
있었고, 사자 역시 그 옆에 서 있었
다.
25 그때 지나가는 사람들이 보니, 길
에 시체가 있었고, 그 옆에 사자가
서있었다. 그래서 사람들이 나이
먹은 예언자가 사는 도성에 와서
그 이야기를 전했다.
26 그를 길에서 데려왔던 그 예언자
가 그 말을 듣고 대답했다. "그 자
는 **하나님**의 사람이고, 그는 **주님**의

말을 위반했어요. 그래서 **주님**이
그를 사자에게 넘겨, 사자가 그를
찢어 죽인 것이지요. **주님**이 그에
게 말한 대로 **주님**의 말이 이루어
진 것이에요."
27 그러면서 그는 아들들에게 말했
다. "나귀에 안장을 얹어라." 그러
자 아들들이 그를 안장에 앉혔다.
28 그런 다음 그는 나가서 길에 던져
진 시체를 발견했는데, 나귀도 사
자도 시체 옆에 서 있었고, 사자는
시체를 먹지도 찢지도 않았다.
29 그래서 그 예언자는 **하나님**의 사람
의 시체를 들어올려, 나귀 위에 올
려 다시 가져왔다. 나이든 예언자
는 도성으로 와서 그를 애도하고
묻어주었다.
30 그는 시체를 자기의 묘지에 안치
했고, 그들은 그의 죽음을 슬퍼하
며 말했다. "아 슬프다, 나의 형제
여!"
31 그가 **하나님**의 사람을 묻은 후, 자
기 아들들에게 일렀다. "내가 죽으
면 나도 **하나님**의 사람이 묻힌 묘
안에 묻어라. 그리고 내 뼈도 그의
뼈 옆에 두어라.
32 왜냐하면 그가 베썰의 제단을 향
해 **주님**의 말대로 소리지른 말과,
스매리아 도성의 높은 장소에 있
는 모든 집을 향해 외친 말은 반드
시 이루어지기 때문이다."
33 이런 일이 있은 후에도, 제러범은
그의 비행에서 돌아오지 못했고,
대신 또 다시 가장 신분이 낮은 사
람을 높은 장소의 제사장으로 만
들었고, 누구든 희망하면 그를 정
화하여, 높은 장소의 제사장의 일
원이 되게 했다.
34 이런 일은 제러범 집안이 제거될
정도의 죄가 되었고, 결국 그는 이
땅에서 파멸했다.

제러범왕과 리호범왕

14 제러범의 아들 어바이자가
병이 들었다.
2 그래서 제러범은 아내에게 말했
다. "일어나라. 당신에게 부탁하는
데, 당신이 위장하면 제러범의 아
내인지 아무도 알지 못할 것이다.
그리고 샤일로에 가면, 그곳에 내
가 백성을 다스리는 왕이 될 거라
고 내게 말해 준 예언자 애히자가
있다.
3 당신은 빵 10덩이와 과자와 꿀 한
단지를 가지고 그에게 가면, 자식
이 어떻게 될지 그가 이야기해 줄
것이다."
4 그래서 제러범의 아내는 그대로
했다. 일어나서 샤일로에 가서 애
히자의 집으로 갔다. 그런데 애히
자의 눈은 나이가 들은 탓에 잘 볼
수 없었다.
5 그때 **주님**이 애히자에게 말했다.
"보라, 제러범의 아내가 아들 때문
에 물어보러 네게 온다. 아들이 아
프기 때문에 너는 그녀에게 이런

저런 말을 해주어야 한다. 그녀가
오면, 다른 여자인 체할 것이다."
6 그래서 애히자는 그녀가 문에 들
어오는 발 소리를 들으며 말했다.
"들어오세요. 제러범의 아내, 당신
은 왜 다른 사람으로 가장을 했나
요? 나는 당신에게 여러 힘든 이야
기를 전할 사람이에요.
7 가서 제러범에게 전하세요. 이즈
리얼의 **주 하나님**은 이렇게 말해요.
'나는 백성 가운데 너를 드높여서,
나의 백성 이즈리얼을 다스리는
지도자로 만들었다.
8 그리고 대이빋 집안에서 왕국을
쪼개어 네게 주었다. 그런데 너는
나의 종 대이빋처럼 하지 않았다.
그는 나의 명령을 지키고, 진심으
로 나를 따르며, 내 눈에 올바른 일
만 했다.
9 그러나 너는 너 이전의 모든 사람
이상으로 악행을 한다. 너는 가서
다른 신과 주물 형상을 만들어, 나
를 화나게 했고, 또 나를 네 등 뒤
로 던져버렸다.
10 그러니 보라, 나는 제러범 집안에
재앙을 내린다. 벽에 대고 오줌 누
는 제러범부터, 이즈리얼에 남아
입을 다물고 있는 제러범까지 제
거하고, 제러범 집안에 남아 있는
것은 똥 치워버리듯 모두 없애겠
다.
11 도성 안에서 죽은 제러범은 개가
먹을 것이고, 들판에서 죽은 제러
범은 공중의 새가 먹을 것'이라고,
주님이 말했어요.
12 그러니 당신은 일어나 집으로 가
세요. 그리고 당신이 도성에 닿을
때 자식은 죽게 됩니다.
13 그러면 이즈리얼 모두가 아이를
위해 슬퍼하며 묻게 되는데, 제러
범 집안 중 오직 그 아이만 무덤에
들어가게 됩니다. 왜냐하면 제러
범 집안 가운데 이즈리얼의 **주 하나**
님을 향한 좋은 몇 가지를 이 아이
한테서 찾았기 때문이지요.
14 또 **주님**이 이즈리얼을 다스릴 왕을
세우면, 언젠가 제러범 집안을 없
앨 터인데, 그게 언제일까요? 바로
지금이에요.
15 **주님**은 물 속에서 흔들리는 갈대처
럼 이즈리얼을 치고, 또 그가 그들
의 조상에게 준 이 좋은 땅에서 이
즈리얼의 뿌리를 뽑아내어, 강 저
편으로 흩어버릴 겁니다. 왜냐하
면 그들은 수풀신을 만들며 **주님**에
게 화를 일으켰기 때문이에요.
16 그는 제러범이 지은 죄 때문에 이
즈리얼을 포기할 겁니다. 그는 이
즈리얼 전체가 죄를 짓게 만든 사
람이에요."
17 그래서 제러범의 아내는 자리에서
일어나 틸자로 왔는데, 문지방에
닿자 아이는 죽었다.
18 사람들은 아이를 묻고, 이즈리얼
모두가 그를 위해 슬퍼했다. **주님**
이 그의 종 예언자 애히자의 손을

빌려 말 한 대로 이루어졌다.
19 제러범이 어떻게 싸웠고, 어떻게
통치했는지에 관한 나머지 모든
일은 이즈리얼왕의 연대기 책에
쓰여 있다.
20 제러범은 22년간 통치한 다음 조
상과 함께 묻혔다. 그리고 그의 아
들 내이댑이 그 대신 지배했다.
21 한편 솔로먼의 아들 리호범은 쥬
다지역을 통치했는데, 통치를 시
작했을 때 나이는 41세였다. 그는
저루살럼에서 17년 동안 통치했는
데, 그곳은 **주님**이 이즈리얼 모든
부족 가운데 선택한 도성으로, 거
기에 **주님**의 이름을 두었다. 그의
어머니의 이름은 애먼 사람 나아
마였다.
22 쥬다는 **주님**의 눈에 좋지 못한 일
을 저질러서, **주님**에게 적개심의
질투를 일으켰는데, 그들이 저지
른 죄가 조상이 저지른 전체 죄 이
상이었기 때문에 **주님**을 자극했다.
23 왜냐하면 그들 역시 높은 장소에
형상과 수풀신을 만들어, 높은 언
덕과 푸른 나무 아래마다 두었기
때문이었다.
24 또 그 땅에는 남색자들도 있었다.
그들은 **주님**이 이즈리얼 자손 앞에
서 쫓아낸 민족의 혐오행동을 그
대로 따라 했다.
25 리호범왕 집권 5년에 이집트 쉬쉑
왕이 저루살럼에 쳐들어왔다.
26 그리고 그는 **주님** 성전의 보물을
빼앗고, 궁전의 재물도 모조리 가
져갔다. 또 솔로먼이 만든 금제 방
패마저 전부 빼앗아 갔다.
27 그래서 리호범왕은 대신 청동으로
방패를 만들어, 궁전문을 지키는
수문 경호대장의 손에 들게 했다.
28 그리고 왕이 **주님**의 성전으로 들어
갈 때면, 수문장들이 청동제 방패
를 들고 갔다가, 다시 보관소에 갖
다 두었다.
29 리호범이 한 나머지 일과 그의 모
든 일은 쥬다왕의 연대기에 다 기
록되어 있지 않는가?
30 리호범과 제러범 사이에 그들의
시대 내내 전쟁이 있었다.
31 그리고 리호범이 조상과 함께 잠
들자, 대이빋도성에 있는 조상과
같이 묻혔다. 그의 어머니의 이름
은 애먼 사람 나아마였고, 아들 애
비잼이 대신 다스렸다.

쥬다의 여러 왕

15 느뱉의 아들 제러범왕이 이
즈리얼에 집권한지 18년이
되던 해, 리호범의 아들 애비잼이
쥬다를 통치하게 되었다.
2 그는 3년간 쥬다의 저루살럼을 다
스렸는데, 그의 어머니 이름은 애
비셔롬의 딸 마아카였다.
3 애비잼은 선대가 하던 죄의 길을
따라 걸었고, 그의 마음은 대이빋
의 마음처럼 그의 **주 하나님**에 대하
여 철저하게 따르지 못했다.

4 그렇지만 **주님**은 대이빋을 위하기
때문에, **하나님**이 저루살럼에 등불
을 밝혀주며, 대이빋의 후손을 세
워, 저루살럼을 구축하게 했다.
5 왜냐하면 대이빋은 **주님**의 눈에 바
른 일을 하고, 그의 생애 동안 **주님**
의 명령 어떤 것도 벗어나지 않았
는데, 단지 힡부족의 유라이야 사
건만 예외였다.
6 리호범과 제러범 그들의 생애 내
내 늘 전쟁이 있었다.
7 애비잼의 업적 나머지와 그가 한
일은 쥬다왕 연대기 책에 모두 기
록되어 있지 않는가? 애비잼과 제
러범 사이에도 언제나 전쟁이 있
었다.
8 그리고 애비잼이 그의 조상과 같
이 잠들자, 그들은 대이빋도성에
그를 묻었고, 대신 그의 아들 애이
사가 다스렸다.
9 그래서 이즈리얼왕 제러범 20년
에, 애이사는 쥬다를 통치했다.
10 애이사는 저루살럼에서 41년 통치
했고, 그의 어머니 이름은 애비설
럼의 딸 마아카였다.
11 그리고 애이사는 그의 선대 대이
빋이 한 것처럼 **주님**의 눈에 올바
른 일을 했다.
12 그는 그 땅에서 남색자를 없애고,
선대가 만든 우상을 모두 치워버
렸다.
13 심지어 그의 어머니 마아카조차
선왕의 왕비 자리에서 폐위시켜
버렸는데, 그의 어머니 마아카가
수풀에서 우상을 만들었기 때문이
다. 그래서 애이사는 어머니의 우
상을 부수고 키드런의 시냇가에서
불태웠다.
14 높은 장소의 신당은 제거하지 않
았지만, 애이사의 마음은 그의 생
애 동안 **주님**에게 완전했다.
15 그는 조상이 헌납한 모든 것과, 자
신이 헌납한 물건을 **주님**의 성전으
로 가져왔는데, 은과, 금과, 그릇들
이었다.
16 애이사와 이즈리얼왕 바아샤 사이
에 그들의 생애동안 언제나 전쟁
이 있었다.
17 이즈리얼왕 바아샤는 쥬다를 공격
하여 래마를 건설한 다음, 누구도
쥬다왕 애이사에게 들어가지도 나
오지도 못하게 했다.
18 그때 애이사는, **하나님** 성전과 왕
의 궁전에 있는 보물 중 남아 있는
금과 은을 전부 그의 신하 손에 들
려서, 벤해댇에게 보내며 말했는
데, 그는 드매스커스에 사는 시리
아왕 헤지언의 아들 태브라이먼의
아들이었다.
19 "나의 아버지와 당신 아버지 사이
처럼, 나와 당신 사이에 동맹을 맺
읍시다. 보세요, 내가 당신에게 금
은예물을 보내니, 내게 오고, 이즈
리얼왕 바아샤와 맺은 당신의 동
맹을 끊어주세요. 그러면 그가 나
한테서 물러날 거예요."

20 벤해댇은 애이사왕의 제안을 받아
들인 다음, 군대대장들을 보내어,
이즈리얼의 여러 도성을 쳐들어
갔고, 아이존과 댄과 애이블베쓰
마아카 및 모든 치너로쓰를 냎털
라이땅과 더불어 공격했다.
21 바아샤는 이 소식을 듣고, 그는 건
설 중인 래마를 떠나 틸자에서 살
았다.
22 그러자 애이사왕은 쥬다전역에 다
음을 선포하며, "어떤 사람도 예외
없이, 바아샤왕이 건설하던 래마
의 돌과 목재를 빼내라"고 했다. 그
것으로 애이사왕은 벤저민의 게바
와 미즈파를 건설했다.
23 애이사왕의 나머지 업적과, 그의
모든 힘과 그가 한 일 및 그가 지은
도성들은, 모두 쥬다왕의 연대기
책에 다 기록되어 있지 않는가? 하
지만 그는 노년에 발에 질환이 있
었다.
24 그래서 애이사왕은 잠들어 대이빋
도성 안 조상과 함께 묻혔고, 그의
아들 제호샤퓉이 대신 지배했다.
25 제러범 아들 내이댑은 쥬다의 애
이사왕 2년에 이즈리얼을 통치하
기 시작하여, 2년간 이즈리얼을 통
치했다.
26 그런데 내이댑은 **주님**의 눈에 나쁜
행동을 하며, 그의 아버지 제러범
의 길을 따라서, 그의 죄로 인해 이
즈리얼이 죄를 짓게 했다.
27 그리고 이써칼이사카르, 잇사갈집안 출
신 애히자의 아들 바아샤가 내이
댑을 치려고 음모했다. 그리고 바
아샤는 필리스틴에 속하는 깁베손
지역에서 그를 공격하여, 내이댑
과 이즈리얼 모두가 깁베손에서
포위되었다.
28 쥬다왕 애이사 집권 3년에 바아샤
가 내이댑을 죽이고 대신 왕이 되
었다.
29 그가 집권했을 때 바아샤는 제러
범 집안을 모두 쳐서, 제러범 집안
에서 숨쉬는 사람은 하나도 남기
지 않고 제거했는데, 그것은 **주님**
이 샤일로 사람 그의 종 애히자를
통해 말했던 대로였다.
30 제러범이 죄를 지어, 그로 인해 이
즈리얼이 죄를 짓게 만들었기 때
문에, 그는 이즈리얼의 **주 하나님**의
분노를 자극했다.
31 내이댑의 나머지 행동과 그가 한
모든 업적은, 이즈리얼왕 연대기
책에 기록되어 있지 않는가?
32 애이사와 이즈리얼왕 바아샤 사이
에 그들이 살아 있는 동안 전쟁이
있었다.
33 쥬다의 애이사왕 집권 3년에, 애히
자의 아들 바아샤가 틸자에서 이
즈리얼 통치를 시작하여 24년간
다스렸다.
34 그는 **주님**의 눈에 비행을 행하며,
제러범의 길을 따라 걸었고, 그의
죄로 말미암아, 이즈리얼 전체가
죄를 짓게 했다.

이즈리얼의 여러 왕

16 그때 **주님**의 말이 해내니의
아들 제후에게 들려와, 바아
샤에 대하여 말했다.
2 "내가 흙먼지 속에서 너를 일으켜
높이 세워, 나의 백성 이즈리얼의
지도자로 만들었는데, 너는 제러
범의 길을 걸으며, 백성이 죄를 짓
게 했고, 그로 인하여 내가 분노하
게 했다.
3 보라, 나는 바아샤의 재산을 없애
고, 그의 집안의 번영도 없애, 네 집
을 느뱉의 아들 제러범 집안처럼
만들겠다.
4 바아샤집안 중 도성에서 죽은 자
는 개가 먹고, 벌판에서 죽은 바아
샤는 공중의 새가 먹게 될 것이다.
5 이제 바아샤의 나머지 행동과 그
가 한 일과 힘은 이즈리얼왕의 일
대기 책에 기록되어 있지 않은가?
6 그리고 바아샤는 자기 조상과 같
이 잠들어 틸자에 묻혔고, 아들 일
라가 대신 다스렸다.
7 또 해내니의 아들 제후 예언자의
손을 빌어 바아샤와 그의 집안에
대항하라는 **주님**의 말이 들려왔다.
주님의 눈에 그가 저지른 나쁜 행
위에 따른 잘못 때문에, **주님**이 그
에 대해 화가 나서 제러범 집안처
럼 그를 죽게 했다.
8 쥬다의 애이사왕 26년에 바아샤의
아들 일라가 틸자에서 이즈리얼을
통치하기 시작하여 2년간 다스렸다.
9 그의 신하 짐리는 일라의 전차 중
절반을 관리하는 책임자였는데,
일라왕에 대하여 모의했다. 일라
가 틸자에 있었을 때, 일라의 궁전
집사인 알자 집에서 술을 마시고
취했다.
10 그러자 짐리가 들어가서 그를 쳐
서 죽였는데, 그때가 쥬다의 애이
사왕 27년이었다. 그리고 짐리가
대신 다스렸다.
11 짐리가 지배하기 시작하자, 그는
왕좌에 앉는 즉시 바아샤집안의
모두를 죽였다. 벽에 오줌을 누는
자도 남기지 않았고, 바아샤의 친
척이든 친구든 남기지 않았다.
12 그렇게 짐리가 바아샤집안을 파멸
시켜, **주님**이 바아샤에 대하여 예
언자 제후에게 말했던 그대로 이
루어졌다.
13 바아샤가 지은 죄와 그의 아들 일
라의 죄는, 스스로 죄를 짓고 또 백
성이 죄를 짓게 만들었기 때문에,
이즈리얼 **주 하나님**은 그들의 무모
함에 화가 일었다.
14 일라의 나머지 행동과 그가 한 모
든 일은 이즈리얼왕의 연대기 책
에 적혀 있지 않는가?
15 쥬다왕 애이사 집권 27년에 짐리
는 틸자에서 7일 동안 통치했다.
그리고 백성이 필리스틴 소속 땅
깁베쏜에 쳐들어가서 포위했다.
16 포위한 사람들에게 "짐리가 음모
를 꾸며 왕을 죽였다"는 말이 들려

왔다. 그래서 모든 이즈리얼이 군
대대장 옴리를 그날 진영에서 이
즈리얼을 다스리는 왕으로 만들었
다.
17 그래서 옴리는 깁베쏜으로부터 모
든 이즈리얼과 함께 가서, 그들이
틸자 주위를 포위했다.
18 짐리는 도성이 빼앗겼다는 것을
알자, 왕의 궁전을 불로 태웠고, 자
신도 불 속에서 죽었다.
19 그가 저지른 죄는 **주님**의 눈에 좋
지 못한 일로, 제러범의 길을 걷는
것이고, 짐리의 죄로 인해 이즈리
얼도 죄를 짓게 만든 것이다.
20 짐리가 한 나머지 행동과 그가 꾸
민 반역 역시, 이즈리얼왕의 연대
기 책에 다 적혀 있지 않는가?
21 그때 이즈리얼 사람은 두 부류로
나뉘어, 절반은 기내쓰의 아들 팁
니를 따르며, 왕으로 만들었고, 절
반은 옴리를 따랐다.
22 그러나 옴리를 따르던 사람이 기
내쓰의 아들 팁니를 따르던 사람
보다 우세했으므로, 팁니는 죽고
옴리가 다스리게 되었다.
23 쥬다왕 애이사 집권 31년에 옴리
가 이즈리얼을 다스리기 시작하여
12년간 지배했고, 틸자에서는 6년
간 다스렸다.
24 그때 그는 은 2탤런트68Kg로 쉬머
에 있는 스매리아 산지를 사서, 언
덕에 도성을 건설하여 이름을 지
었는데 스매리아 산지의 주인 쉬
머의 이름을 따서 불렀다.
25 그러나 옴리는 **주님**의 눈에 나쁜
행동을 했고, 그 앞에 있었던 모든
사람보다 더 심했다.
26 그는 느뱉의 아들 제러범의 길을
따라 걸었고, 그가 저지른 죄 때문
에 이즈리얼도 죄를 짓게 했고, 그
런 그들의 무모함으로 이즈리얼의
주 하나님에게 화를 일으켰다.
27 옴리가 저지른 나머지 행동과 그
가 보였던 힘은 사람들이 이즈리
얼왕의 연대기 책에 다 써넣지 않
았던가?
28 그리고 옴리는 조상과 같이 잠이
들어 스매리아에 묻혔고, 아들 애
이햅이 대신 다스렸다.
29 쥬다왕 애이사 38년에 옴리의 아
들 애이햅이 이즈리얼을 다스렸
다. 옴리 아들 애이햅은 스매리아
에서 이즈리얼을 22년간 지배했
다.
30 그리고 옴리의 아들 애이햅도 **주님**
의 눈에 그보다 먼저 있었던 모든
사람 이상으로 나쁜 행동을 저질
렀다.
31 그리고 애이햅은 대수롭지 않은
듯 느뱉의 아들 제러범의 죄의 길
을 그대로 따라 걸었다. 그는 사이
든왕 에스배얼의 딸 제저벨을 아
내로 맞아서 배이얼신을 섬기고
예배했다.
32 그는 스매리아에 자신이 지은 애
이얼 성전에서 배이얼신을 위한

제단을 세웠다.
33 애이햅은 수풀신을 만들며, 이전
의 어떤 왕보다 더욱 이즈리얼의
주 하나님에게 화를 불러일으켰다.
34 베썰 사람 하이얼은 그가 집권하
는 동안 제리코를 건설했다. 그는
자신의 첫 아들 어바이럼을 제리
코의 기초로 바쳤고, 성문을 세울
때 막내 아들 세겁을 바쳤다. 이는
눈의 아들 자슈아를 통해 **주님**이
말한 그대로였다.

예언자 일라이자가 가뭄예고

17 한편 길리언의 주민 티쉬브
사람 일라이자가 이즈리얼왕
애이햅에게 말했다. "이즈리얼의
주 하나님이 살아있으므로, 내가 그
앞에서 말하는데, 앞으로 이 땅에
는 이슬도 없고, 여러 해 동안 비도
없다는, 나의 말대로 될 겁니다."
2 그리고 또 **주님**의 말이 그에게 이
렇게 들렸다.
3 "너는 이곳을 떠나 동쪽으로 가서,
조든 앞 체리쓰 시내 옆에[애이햅
을 피해] 숨어있어라.
4 네가 그 시냇물을 마시면, 까마귀
에게 그곳에서 너를 먹이도록 내
가 명령해 놓았다."
5 그래서 일라이자는 **주님**의 말에 따
라 가서 그대로 했다. 그는 가서 조
든 앞에 있는 체리쓰 시냇가에서
머물렀다.
6 그러자 까마귀가 아침에 일라이자
에게 빵과 고기를 가져왔고, 저녁
에도 빵과 고기를 가져왔고, 그는
시냇물을 마셨다.
7 얼마 후 시내가 말랐다. 왜냐하면
그 땅에 비가 내리지 않았기 때문
이다.
8 그때 **주님**의 말이 그에게 들려왔
다.
9 "일어나서, 너는 사이든 소속 재러
풰쓰로 가서 살아라. 보라, 나는 그
곳 과부 한 사람에게 너를 돕도록
명령했다."
10 그래서 그는 일어나 재러풰쓰로
갔다. 그가 도성 문에 도착해보니,
어떤 과부가 거기서 나뭇가지를
모으고 있었다. 그래서 그는 그녀
를 불러 말했다. "부탁하니, 당신이
물 한 그릇을 가져와, 내가 마실 수
있게 주면 좋겠어요."
11 그녀가 물을 가지러 가려 하자, 그
가 그녀를 불러 또 말했다. "다시
부탁하는데 당신이 빵도 조금 갖
다 주면 좋겠어요."
12 그러자 그녀가 말했다. "당신의 **주**
하나님이 살아 있어서 말하는데,
내게 과자는 없고, 통 안에 밀가루
한 움큼이 있고, 또 단지 안에 기름
이 조금 있어요. 보세요, 나는 나뭇
가지 두 개를 모으는 중인데, 내가
들어가서 이것으로 나와 아들을
위해 음식을 마련하여 먹고 우리
가 죽으려고 해요."
13 그러자 일라이자가 그녀에게 말했

다. "두려워 말고, 가서 내가 말한
그대로 하세요. 우선 밀가루로 빵
을 만들어 내게 가져온 다음, 당신
과 아들이 먹을 빵도 만들어요.
14 이는 이즈리얼의 **주 하나님**이 말한
것으로, 밀가루통은 비워지지 않
을 것이고, 기름단지도 마르지 않
을 거예요. **주님**이 이 땅에 비를 내
리는 날까지 말이죠."
15 그래서 그녀는 가서 일라이자의
말대로 따랐고, 그녀와 일라이자
와 그녀 집안은 오래도록 먹었다.
16 그런데도 밀가루통은 비워지지 않
았고, 기름통은 마르지도 않았다.
일라이자를 통해 **주님**이 말한 그대
로였다.
17 이런 일이 있은 후 그 집안의 안주
인인 그녀의 아들이 병에 걸렸다.
아들은 너무 심하게 아파서, 숨조
차 쉴 수 없었다.
18 그러자 그녀는 일라이자에게 말
했다. "**하나님**의 사람이여, 내가 당
신과 해야 할 무슨 일이 있는 건가
요? 당신이 와서 나의 죄를 상기하
여 내 아들을 죽이려 하다니요?"
19 일라이자가 그녀에게 말했다. "당
신 아들을 내게 보여주세요." 그러
면서 그는 그녀의 가슴에서 아들
을 받아 거처 중인 다락방으로 데
려가 아이를 침대에 눕혔다.
20 그는 **주님**에게 울며 말했다. "나의
주 하나님, 당신은 내가 머무르는
과부에게 불행을 주며, 또 그녀 아
들을 죽이려 하나요?"
21 그러면서 그는 팔을 뻗어 아이에
게 세 차례 얹고, **주님**에게 울며 또
말했다. "나의 **주 하나님** 제발, 부탁
해요. 이 아이의 영혼이 다시 돌아
오게 해주세요."
22 그러자 **주님**은 일라이자의 목소리
를 들었고, 아이의 영혼은 다시 들
어와서 살아났다.
23 일라이자는 아이를 들고 아래쪽
집안으로 데려가서, 아이를 엄마
에게 건네며 말했다. "이것 보세요,
당신의 아들이 살았어요."
24 그녀는 일라이자에게 말했다. "이
제 이것으로 나는 당신이 **하나님**의
사람임을 알게 되었어요. 또 당신
의 입에서 나오는 **주님**의 말이 진
실이라는 것도 알게 되었어요."

애이햅왕에게 해갈소식

18 날이 한참 지난 다음, **주님**의
말이 일라이자에게 들려왔는
데, 3년만이었다. "네가 직접 애이
햅에게 가서, 내가 이 땅에 비를 내
리겠다고 전해라."
2 그래서 일라이자가 직접 애이햅에
게 갔는데, 스매리아땅에 기근이
극심했다.
3 그때 애이햅왕은 자신의 궁전관리
장 오버다야오바드야, 오바댜를 불렀
다.[오버다야는 **주님**을 대단히 경
외했다.
4 한때 왕비 제저벨이 **주님**의 예언자

들을 제거했을 때, 오버다야는 예
언자 백 명을 데려다 굴 하나에 50
명씩 숨기고, 빵과 물로 그들을 먹
였다.]
5 애이햅왕이 오버다야에게 말했다.
"너는 이 땅에서 물이 나오는 원천
과 시내로 가라. 어쩌면 우리가 말
과 노새를 살릴 풀을 찾을 지도 모
르겠다. 그러면 우리는 가축을 모
두 잃지 않게 된다."
6 그래서 두 사람은 살필 땅을 나누
어, 애이햅은 한쪽 길로 가고, 오버
다야는 다른 길로 갔다.
7 오버다야가 길을 가다 일라이자를
만나게 되었다. 그러자 그를 알아
보고 고개를 숙여 인사하며 말했
다. "당신은 나의 주인님 일라이자
가 아닌가요?"
8 그러자 그가 그에게 대답했다. "그
래요. 당신은 가서 주인님에게 전
해요. 일라이자가 여기 있다고."
9 그가 말했다. "내가 무슨 죄를 지었
다고 당신의 종인 나를 애이햅왕
의 손에 넘겨 죽이려 하나요?
10 당신의 **주 하나님**이 살아 있어서
말하는데, 이곳에 나의 주인이 당
신을 찾으라고 보내지 않은 나라
나 왕국이 없어요. 사람들이 '그가
여기에 없다'고 말하면, 나의 주인
은 그들이 정말 당신을 보지 못했
다는 서약까지 왕국과 나라로부터
받았어요.
11 그런데 이제 당신은 '가서 주인에
게 일라이자가 여기 있다'고 전하
라고요.
12 내가 당신과 헤어지자마자, **주님**의
영혼이 당신을 내가 모르는 곳으
로 데려갈 터인데, 내가 애이햅에
게 말해도, 그가 당신을 찾지 못하
면, 나를 죽일 겁니다. 당신의 종 나
는 어릴 때부터 **주님**을 두려워했어
요.
13 제저벨 왕비가 **주님**의 예언자를 다
죽였을 때, 나는 당시 **주님**의 예언
자 백 명을 어떻게 했을까요? 동굴
하나에 50명씩 숨기고, 그들에게
빵과 물을 먹였지요.
14 그런데 지금 당신이 말하네요. '가
서 주인님에게 일라이자가 여기
있다'고 전하라고요. 그러면 그가
나를 죽이겠지요."
15 그러자 일라이자가 말했다. "만인
의 **주님**이 살아 있고 내가 그 앞에
서서 말하는데, 나는 반드시 이날
그에게 모습을 보일 거예요."
16 그래서 오버다야는 애이햅을 만
나, 말을 전하자, 애이햅은 일라이
자를 만나러 갔다.
17 애이햅이 일라이자를 보자 그에게
말했다. "당신은 이즈리얼을 괴롭
히는 사람인가요?"
18 일라이자가 대답했다. "나는 이즈
리얼을 괴롭히는 사람이 아니죠.
그보다 당신과 당신 집안이 **주님**의
명령을 버리고 배이얼신을 따르고
있어요.

19 그러니 이제 사람을 보내어 나에
게 카멀산으로 이즈리얼 모두를
모아주세요. 배이얼신의 예언자
450명과, 수풀신의 예언자 400명
이 제저벨의 식탁에서 밥을 같이
먹고 있는데, 모두 모이게 하세요."
20 그래서 애이햅왕이 이즈리얼 자손
모두를 카멀산으로 보내어, 예언
자와 함께 모였다.
21 일라이자가 모두에게 말했다. "두
가지 의견 사이에서 당신들은 얼
마나 오래 멈출 겁니까? 만약 **주님**
이 **하나님**이라면 그를 따라야 하지
요. 그러나 배이얼이 신이라면 배
이얼신을 따르세요." 그러자 사람
들은 그에게 한마디도 대답하지
않았다.
22 그때 일라이자가 사람들에게 말했
다. "나, 오직 나만 **주님**의 예언자
한 사람으로 남아 있는데, 배이얼
의 예언자는 450명이에요.
23 그러니 사람들이 우리 앞에 수소
두 마리를 내놓게 합시다. 배이얼
사람이 수소 한 마리를 택하여 그
것을 토막 내어 나무에 올려놓되,
밑에 불을 지피지 마세요. 나 역시
다른 수소를 손질하여 나무 위에
올리되, 불을 지피지 않겠어요.
24 그런 다음 당신들은 당신의 신의
이름을 부르고, 나도 **주님**의 이름
을 부르지요. 불로 대답하는 신이
하나님이에요. 그러자 모두가 대답
했다. "그것 참으로 좋은 생각이에
요."
25 일라이자는 배이얼의 예언자에게
말했다. "당신들이 먼저 수소 하나
를 선택하여 손질하세요. 왜냐하
면 당신의 숫자가 많으니까요. 당
신들 신의 이름을 부르고 밑에 불
을 지피지 마세요."
26 그래서 그들은 수소 한 마리를 잡
아서 마련하고, 아침부터 낮까지
배이얼의 이름을 부르며 말했다.
"오 배이얼 신이여, 우리의 말을 들
어주세요." 그러나 아무런 목소리
도 없었고, 어떤 대답도 없었다. 그
러자 그들은 만들어 놓은 제단 위
에서 뛰었다.
27 정오가 되자, 일라이자는 그들을
놀리며 말했다. "더 크게 소리치세
요. 그가 신이라면, 대화 중이거나,
누구를 추적하거나, 여행 중이거
나, 어쩌면 잠들었을지 모르니, 깨
워야 할 게 아니요?"
28 그들은 더 크게 소리치며, 그들의
관습대로 칼과 랜싵 창으로 스스
로 자해하여, 피가 분출해 나오도
록 했다.
29 한낮이 지나서 그들은 오후 희생
제물을 올리는 시간이 될 때까지
예언을 중얼거려도, 거기에 목소
리도 없고, 어떤 대답도 없고, 어떤
관심조차 기울임이 없었다.
30 그러자 일라이자는 모든 사람에게
말했다. "내게 가까이 와주세요."
그래서 모든 사람이 그에게 가까

이 다가왔고, 일라이자는 부서진
주님의 제단을 수리했다.
31 그런 다음 일라이자는 재이컵 아
들의 부족 수대로 돌 12개를 가져
왔다. 그것은 이즈리얼이 네 이름
이 될 것이라는 **주님**의 말이었다.
32 일라이자는 그 돌로 **주님** 이름의
제단을 하나를 만들고, 제단 주위
로 씨앗 두 말약 15.2L가량 수용할 크
기의 도랑을 팠다.
33 그는 나무를 가지런히 놓고, 수소
를 토막 내어 나무 위에 올리며 말
했다. "통 네 개에 물을 가득 채우
고, 번제물과 나무 위에 물을 부으
세요."
34 또 그는 말했다. "그것을 두 차례
하세요." 그들이 두 차례하자, 또
말했다. "세 차례 하세요." 그래서
그들이 세 차례 했다.
35 그러자 물이 제단 주위로 흘러내
려 도랑을 채웠다.
36 저녁 제물을 올릴 시간이 되어, 예
언자 일라이자가 가까이 와서 말
했다. "애이브러햄과 아이직과 이
즈리얼의 **주 하나님**, 이날 당신이
이즈리얼의 **하나님**이라는 것을 알
게 해주세요. 당신의 종 내가 당신
의 말에 따라 이 모든 일을 수행했
어요.
37 오 **주님**, 나의 말을 들어주세요. 이
백성이 당신이 **주 하나님**임을 알 수
있도록, 당신이 그들의 마음을 다
시 돌려주세요."
38 그때 **주님**의 불이 떨어져서 번제제
물을 태우고, 나무와 돌과 먼지를
태우더니, 도랑의 물도 핥아버렸
다.
39 백성 모두가 그것을 보고, 고개를
숙이며 말했다. "**주님**, 그가 신이다.
주님이 바로 **하나님**이다."
40 그때 일라이자가 사람들에게 말했
다. "배이얼의 예언자들을 잡아라.
그 중 하나도 도망가지 못하게 하
라." 그래서 사람들이 그들을 붙잡
았고, 일라이자는 배이얼의 예언
자들을 키션 시내로 끌고 가서 죽
였다.
41 그리고 일라이자가 애이햅왕에게
말했다. "올라가서 먹고 마시지요.
왜냐하면 비 소리가 요란하게 들
리기 때문이에요."
42 그래서 애이햅이 올라가서 먹고
마셨다. 한편 일라이자는 카멀산
정상에 가서 땅에 몸을 굽히고, 무
릎 사이에 얼굴을 묻었다.
43 일라이자는 그의 종에게 말했다.
"이제 올라가서 바다를 향해 바라
봐라." 그러면서 자신도 올라가서
보며 말했다. "아무것도 없다." 다
시 그가 말했다. "일곱 차례 다시
가라."
44 그런데 일곱 번째가 되자 종이 말
했다. "보세요, 바다에서 작은 구름
이 일고 있어요. 마치 사람 손바닥
같아요." 그러자 일라이자가 말했
다. "올라가서 애이햅에게 전해라.

‘당신의 전차를 준비하여 내려가
면, 비가 와도 가는 길을 막지 못할
것’이라고 해라.”
45 한동안 하늘이 구름과 바람으로
어두워지더니, 큰 비가 내렸다. 애
이햅은 전차에 올라 제즈리얼로
갔다.
46 **하나님** 도움의 손은 일라이자 편이
었다. 일라이자는 허리를 매고 달
려 애이햅이 제즈리얼 입구에 닿
기 전에 뛰어갔다.

예언자 일라이자의 소명

19 그리고 애이햅이 아내 제저
벨에게 일라이자가 한 일과,
자기가 어떻게 예언자 모두 칼로
죽였는지 말해주었다.
2 그러자 제저벨이 일라이자에게 사
자를 보내 말했다. “만약 내가 내일
이 맘때까지 당신 목숨을 죽은 예
언자처럼 만들지 않으면, 나의 신
들이 내게도 그렇게 하고, 그보다
더한 일도 할 것이다.”
3 일라이자가 그것을 알고, 살기 위
해 그곳을 떠나서, 쥬다 소속의 비
어쉬바로 갔고, 그의 종은 그곳에
남겨 두었다.
4 그리고 그는 하루 꼬박 광야로 여
행하여 향나무 아래 앉았다. 그리
고 죽고 싶다고 간청하며 말했다.
“이만하면 충분하니, 오 **주님**, 내 목
숨을 앗아가세요. 나로 말하자면
조상보다 나을 게 없어요.”
5 그가 향나무 아래 누워 잠을 잤는
데, 천사가 그를 건드리며 말했다.
“일어나 먹어라.”
6 그래서 그가 돌아보니, 숯에 구운
과자와, 머리맡에 물 한 단지가 있
었다. 그래서 그는 먹고 마시고 다
시 누웠다.
7 **주님**의 사자가 두 번째로 다시 와,
그를 깨우며 말했다. “일어나서 먹
어라. 왜냐하면 네 여행길이 너무
멀다.”
8 그래서 그는 일어나 먹고 또 마시
고, 먹은 음식의 힘으로 40일 밤낮
으로 걸어 **하나님**의 산 호렙까지
갔다.
9 그는 그곳 동굴에 가서 거기서 그
날 밤을 묵었는데, 보니, **주님**의 말
이 그에게 들려오면서 이렇게 말
했다. “일라이자, 너는 여기서 무엇
을 하고 있지?”
10 그가 대답했다. “나는 심한 질투를
당했어요. 만인의 **주 하나님**, 이즈
리얼 자손이 당신의 약속을 버리
고, 당신의 제단도 버리고, 칼로 당
신의 제사장들을 죽였어요. 그래
서 나 혼자만 남았는데, 또 그들이
내 목숨을 찾아 빼앗으려 해요.”
11 **주님**이 말했다. “가서 산 위의 **주님**
앞에 서라.” 그래서 그가 **주님**이 지
나가는 것을 봤더니, 엄청나게 센
바람이 산을 쪼개고, **주님** 앞의 바
위를 부셨는데, **주님**은 바람 안에
도 없었고, 바람이 지난 다음 지진

이 일어났는데, 지진 안에도 없었
다.
12 그리고 지진 후 큰 불이 일어났지
만, **주님**은 불 속에도 없었고, 불이
일어난 후 여전히 작은 목소리만
있었다.
13 일라이자가 소리를 듣자, 외투로
얼굴을 감싸고 밖으로 나가 동굴
입구에 섰다. 그때 보니, 어떤 목소
리가 그에게 와서 말했다. "일라이
자, 너는 이곳에서 무엇을 하지?"
14 그래서 그가 대답했다. "만인의 **주**
님으로 인해 심한 질투를 당했어
요. 왜냐하면 이즈리얼 자손이 약
속을 잊고, 당신의 제단을 부수고,
칼로 당신의 제사장을 죽였어요.
나 혼자만 살아 남았는데, 그들은
내 목숨을 찾아 빼앗으려 해요."
15 그러자 **주님**이 그에게 말했다. "가
서 드매스커스의 황야로 돌아가
라. 네가 그곳에 가서, 해재얼에게
기름을 부어 시리아를 다스리는
왕이 되게 해라.
16 그리고 네가 님쉬의 아들 제후를
기름 부어 이즈리얼을 다스리는
왕으로 만들고, 또 애이블메홀라
의 샤펱의 아들 일라이샤를 네 자
리를 대신하는 예언자가 되게 해
라.
17 제후는 해재얼의 칼을 피한 자를
죽일 것이고, 일라이샤는 제후의
칼을 피한 자를 죽일 것이다.
18 나는 여전히 이즈리얼에 7,000명
을 남겨 놓았는데, 모두 배이얼에
게 무릎 꿇고 절하지 않았고, 그에
게 입을 맞추지 않았다."
19 그래서 일라이자는 그곳을 떠나
샤펱의 아들 일라이샤를 찾았는
데, 그는 황소 12 마리에 멍에를 걸
어 밭을 갈고 있었고, 그는 12번째
황소 옆에 있었다. 일라이자가 그
옆을 지나가며 자신의 외투를 던
졌다.
20 그러자 그는 황소를 남겨둔 채 일
라이자의 뒤를 쫓아가며 말했다.
"부탁해요. 나의 아버지와 어머니
에게 입을 맞춘 다음 당신을 따르
게 해주세요." 그러자 그가 그에게
말했다. "가거라. 내가 너에게 뭘하
겠니?"
21 그래서 그는 일라이자로부터 방향
을 돌려, 황소 멍에 한 쌍을 데려가
잡고, 소 쟁기로 고기를 삶아 사람
들에게 주자, 그들이 먹었다. 그런
다음 일라이샤가 일어나 일라이자
를 따라 가서 그를 섬겼다.

스매리아가 공격받다

20 시리아왕 밴해댇은 그의 군
대를 한자리에 모았다. 그곳
에 32명의 왕이 그와 함께 있었고
말과 전차도 있었다. 그는 가서 스
매리아사마리아를 포위하고 이즈리
얼을 상대로 전쟁했다.
2 그는 이즈리얼 도성의 애이햅왕에
게 사자를 보내어, 밴해댇의 말을

전했다.
3 "너의 금은은 나의 것이고, 네 아내
와 자녀도, 심지어 가장 좋은 것 모
두 내 것이다."
4 그러자 이즈리얼왕이 대답했다.
"나의 주인님 왕, 당신의 말대로 나
는 당신 것이고, 내가 가진 모든 것
이 당신 것이에요."
5 그런 다음 사자가 다시 와서 말을
전했다. "밴해댇이 말한 바에 따르
면, '내가 사람을 보내 말하더라도,
너는 나에게 너의 금은과 아내와
자녀를 넘겨야 한다.
6 내가 나의 신하를 내일 이 맘 때 보
내면, 그들이 네 집안을 수색하고,
네 신하의 집까지 뒤져서, 무엇이
든 네 눈에 좋은 것이라면, 내 신하
의 손에 넣게 하여, 그것을 빼앗아
오겠다'고 전하라 했어요."
7 그래서 이즈리얼왕은 그 땅의 원
로를 모두 불러 말했다. "내가 부탁
하니, 주목해주세요. 이 사람이 악
행을 어떻게 저지르는지 보세요.
그는 내게 사람을 보내어, 내 아내
와 자녀와 금은을 달라고 했지만,
나는 거절하지 못했어요."
8 원로와 백성 모두가 왕에게 말했
다. "그의 말을 듣지 말고, 동의하
지도 마세요."
9 그래서 왕은 밴해댇의 사자에게
다시 말했다. "나의 주인님 왕에게
가서 전해라. '당신이 신하를 보내
한 첫 번째 요구는 그대로 이행하
겠지만, 이것은 하지 않겠다'고 해
라." 그래서 사자가 가서, 말을 전
했다.
10 그러자 밴해댇이 이즈리얼왕에게
사자를 보내 또 말했다. "신들이 내
게 벌을 주고 그보다 더 큰 벌도 내
릴 것이다. 만약 스매리아의 먼지
라도 나를 따르는 사람에게 한 줌
씩이라도 나눠주기에 충분히 남아
있다면 말이다."
11 이즈리얼왕이 이 말에 대답했다.
"그에게 전해라. '갑옷을 입는 자
가, 갑옷을 벗는 자처럼 자랑해서
는 안 된다."
12 밴해댇이 이 메시지를 들었을 때
는, 여러 왕과 함께 파빌리언 천
막에서 술을 마시던 중이었다. 그
는 신하에게 말했다. "전열을 갖춰
라." 그래서 그들은 전열을 갖춰 그
도성을 공격할 준비를 했다.
13 그때 예언자 하나가 이즈리얼의
애이햅왕에게 와서 말했다. "**주님**
이 이렇게 말했어요. '저렇게 많은
무리를 본 적이 있나? 하지만, 나
는 오늘 그것을 너에게 넘기겠다.
그래서 너희가 내가 **주님**이라는 것
을 알게 하겠다."
14 그러자 애이햅이 말했다. "누구 손
을 빌려 한단 말이냐?" 예언자가
말했다. "**주님**의 말에 따르면, 각
지방의 젊은 대군왕자들의 손으
로 한답니다." 그러자 왕이 말했다.
"누가 전쟁을 지휘하지?" 예언자

가 대답했다. "바로 당신이죠."
15 그래서 왕이 지방의 젊은 지도자
들 수를 세었더니, 지도자급이 232
명이었다. 다음으로 백성의 수
를 세었더니, 이즈리얼 자손 수가
7,000이었다.
16 그리고 그들이 낮에 갔더니, 밴해
댇은 천막에서 술에 취해 있었고,
그와 그를 돕는 다른 왕의 수는 32
명이었다.
17 지방의 젊은 대군왕자들이 먼저
나서며, 밴해댇에게 사람을 보내
말했다. "스매리아에서 사람들이
와요."
18 그러자 그가 말했다. "스매리아에
서 오는 자들이 평화를 위해 왔다
해도, 산 채로 잡고, 전쟁하러 왔더
라도 산 채로 잡아라."
19 그리고 지방의 젊은 지도자들은
그 도성에 도착했고, 따르는 군대
도 왔다.
20 그들이 밴해댇의 사람을 다 죽이
자, 시리아인이 도망쳐서, 이즈리
얼이 그들을 추격했다. 시리아왕
밴해댇은 말을 타고 기병과 함께
피했다.
21 이즈리얼왕이 가서 말과 전차를
부수고 시리아인을 엄청나게 살육
했다.
22 예언자가 이즈리얼왕에게 와서 말
했다. "당신은 힘을 강화하고 주의
하며, 무슨 일을 할 수 있는지 살피
세요. 왜냐하면 새해가 되면 시리
아왕이 당신을 공격하러 올 거예
요."
23 한편 시리아왕의 신하가 그에게
말했다. "그들의 신은 언덕 사이에
있는 신이에요. 그래서 우리보다
더 강해요. 하지만 우리가 벌판에
서 공격하면, 틀림없이 우리가 그
들보다 강할 거예요.
24 그러니 이렇게 하세요. 각 지방에
서 온 왕들을 모두 제거하고, 그 자
리에 대장들을 두세요.
25 그리고 당신이 잃은 군대만큼 군
인을 더 징집하고, 잃은 말만큼 말
을, 또 전차도 그만큼 더 준비하세
요. 그리고 우리가 평원에서 그들
을 상대로 싸우면, 반드시 그들보
다 우리가 강할 겁니다." 그래서 밴
해댇이 그 말을 듣고 그렇게 했다.
26 새해가 되자, 밴해댇은 시리아 사
람을 징집하여, 애이펙으로 가서
이즈리얼을 상대로 싸웠다.
27 이즈리얼 자손도 모집되어 모두가
나와서 그들을 쳐들어갔다. 이즈
리얼 자손은 두 무리의 새끼 양떼
처럼 그들 앞에 옹기종기 진을 쳤
지만, 시리아인은 땅을 가득 메웠
다.
28 그때 **하나님**의 사람이 와서 이즈리
얼왕에게 말했다. "**주님**의 말에 의
하면, 시리아인은 '**주님**은 언덕 가
운데 신이지, 계곡 가운데 있는 **하
나님**이 아니'라고 말하기 때문에,
나는 네 손에 이 거대한 수를 모두

넘기겠다. 그러면 너희가 내가 **주**
님임을 알 것이다'고 했어요."
29 그들은 7일 동안 서로 마주보며 진
을 쳤다. 그리고 7일째가 되어 전
쟁에 돌입하자, 이즈리얼 자손이
하루 만에 시리아 보병 10만을 죽
였다.
30 그리고 나머지는 애이펙으로 도망
쳐 도성으로 들어갔는데, 그곳에
남아 있던 사람 2만7천명 위로 성
벽이 무너졌고, 밴해댇은 달아나,
도성 안쪽 방으로 들어갔다.
31 그러자 그의 신하가 그에게 말했
다. "보세요. 우리는 이즈리얼 가문
의 왕이 자비로운 왕이라고 들었
어요. 제발, 우리 허리에 베옷을 두
르고 머리에 끈을 묶고, 이즈리얼
왕에게 갑시다. 어쩌면 그가 당신
의 생명을 구해줄 겁니다."
32 그래서 그들은 허리에 베옷을 두
르고, 머리에 끈을 묶고, 이즈리얼
왕에게 가서 말했다. "당신의 종 밴
해댇이 말하는데요, 제발 살려주
세요." 그러자 애이햅이 말했다.
"그가 아직 살아 있나? 그는 나의
형제다."
33 그때 사람들은 이즈리얼왕한테서
어떤 말이 나올지 열심히 지켜보
다가, 재빨리 말을 받았다. "당신의
형제 밴해댇이에요. 그러자 왕이
말했다. "가서 그를 데려오너라."
그래서 밴해댇이 그 앞으로 오자,
그를 마차에 올라오게 했다.
34 밴해댇이 이즈리얼왕에게 말했다.
"나의 아버지가 당신 아버지로부
터 빼앗은 도성을 돌려주겠어요.
또 당신은 드매스커스에 당신을
위한 길을 만드세요. 나의 아버지
가 스매리아에 만든 길처럼 말이
죠." 그러자 애이햅이 말했다. "나
는 이 약속을 믿고 당신을 돌려보
낸다." 그래서 그는 약속하고 그를
살려 보냈다.
35 어떤 예언자의 아들 한 사람이 **주**
님의 말대로 이웃에게 말했다. "부
탁하는데, 나를 때려주세요." 그런
데 그가 치기를 거절했다.
36 그러자 예언자가 그에게 말했다.
"당신은 **주님**의 말에 복종하지 않
았기 때문에, 이제 나와 헤어지자
마자 사자가 당신을 죽일 거요." 그
리고 그가 떠나자마자, 사자가 그
를 보고 죽였다.
37 그 다음 그는 또 다른 사람을 발견
하고 말했다. "제발 나를 때려주세
요." 그래서 그가 그를 쳤는데 부상
만 입혔다.
38 그리고 그 예언자가 가서 길 옆에
서 왕을 기다리며, 얼굴에 재를 바
르고 위장했다.
39 왕이 지나가자 그는 왕에게 소리
쳐 말했다. "당신의 종 나는 전쟁터
가운데로 들어갔어요. 그때 한 사
람이 옆으로 돌아서며 어떤 사람
하나를 데려와서 말했어요. '이 사
람을 지켜주세요. 만약 어떤 경우

든 이 사람이 없어지면, 그의 목숨
대신 당신이 생명을 바치거나, 목
숨 값으로 은 1 탤런트약 34Kg를 내
야 한다'는 거예요.
40 그런데 당신 종 내가 이곳저곳 바
쁜 사이 그가 사라졌어요." 그러자
이즈리얼왕이 그에게 말했다. "그
것은 네가 처벌 받을 일을 한 것이
고, 스스로 죄를 선고한 것이다."
41 그러자 그는 서둘러 얼굴의 재를
닦아내자, 이즈리얼왕은 그가 예
언자 중 하나라는 것을 알았다.
42 그리고 그가 왕에게 말했다. "**주님**
의 말에 따르면, '내가 죽이기로 정
한 자를 네 손에서 놓아주었으니,
그의 목숨 대신 네 생명을 내놓아
야 하고, 그의 백성 대신 네 백성을
내놓아야 할 것'이라고 했어요."
43 그래서 이즈리얼왕은 대단히 무거
운 마음으로 그의 집까지 스매리
아로 돌아왔다.

애이햅의 포도원 악행

21 그런 일이 있은 다음의 일이
었다. 제즈리얼 사람 내이보
쓰나봇는 제즈리얼에 포도원 하나
를 가지고 있었는데, 스매리아의
애이햅왕의 궁전 아주 가까이 있
었다.
2 애이햅왕이 내이보쓰에게 말했다.
"당신의 포도원을 내게 달라. 그러
면 내가 그것을 채소밭으로 가꾸
고 싶다. 왜냐하면 그것이 내 집 가
까이 있으니 말이다. 그러면 내가
그보다 더 좋은 포도원을 당신에
게 주겠다. 또는 만약에 좋다면, 내
가 그만큼 돈으로 주겠다."
3 그러자 내이보쓰가 애이햅왕에게
말했다. "**주님**은 내게 그렇게 하는
것을 금지했어요. 그래서 나는 내
조상의 유산물을 당신에게 주면
안 되요."
4 그러자 애이햅은 기분이 언짢은
채 집으로 갔다. 왜냐하면 제즈리
얼 사람 내이보쓰가 그에게 한 말
때문이었다. 그의 말에 의하면, '내
조상의 유산물을 당신에게 주지
못한다'는 것이다. 그래서 왕은 침
대에 누워 얼굴을 돌리고 빵을 먹
으려 하지 않았다.
5 그런데 아내 제저벨이 와서 그에
게 말했다. "왜 당신의 마음이 그렇
게 우울하죠, 빵도 먹지 않으니 말
이죠?
6 왕은 아내에게 말했다. "내가 제즈
리얼 사람 내이보쓰에게 말하며,
돈을 줄 테니 당신의 포도밭을 달
라, 아니면 원한다면 대신 다른 포
도밭을 주겠다고 했더니, 그의 대
답이 '내 포도원을 당신에게 주지
않겠다'고 했다."
7 그러자 아내 제저벨이 말했다. "당
신은 지금 이즈리얼왕국을 통치하
지요? 일어나서 빵을 먹고 마음을
가볍게 하세요. 내가 제즈리얼 사
람 내이보쓰의 포도원을 당신에게

주겠어요."
8 그런 다음 그녀는 애이햅의 이름
으로 편지를 쓰고 직인으로 봉한
다음, 그 편지를 내이보쓰가 사는
도성 내 원로와 귀족들에게 보냈
다.
9 그녀는 편지에 적었다. "금식을 선
포하라. 그리고 사람들 가운데 내
이보쓰를 높은 자리에 앉혀라.
10 그리고 불량배 빌리얼 자식 두 사
람을 그의 앞에 세워, 내이보쓰에
대한 증인을 시켜라. '너는 **하나님**
과 왕을 모독했다.' 그런 다음 그를
끌어내어 돌로 쳐죽여라."
11 내이보쓰의 도성 안에 거주하는
사람들과 원로와 귀족 모두가 제
저벨이 자신들에게 보낸 대로, 그
녀가 그들에게 보낸 편지에 적힌
대로 했다.
12 그들은 금식을 선포하고, 내이보
쓰를 사람들 가운데 높이 앉혔다.
13 그때 불량배 빌리얼 자식들 둘이
와서, 내이보쓰 앞에 앉아, 사람들
앞에서 그를 상대로 불리한 증언
을 하며 말했다. "내이보쓰가 **하나**
님과 왕을 모독했어요." 그리고 사
람들은 도성 밖으로 내이보쓰를
끌어내어 돌로 쳐죽였다.
14 그리고 사람들이 제저벨에게 전갈
을 보내어, "내이보쓰가 돌에 맞아
죽었다"고 했다.
15 제저벨이 내이보쓰가 돌에 맞아
죽었다는 소식을 듣고, 애이햅왕
에게 말했다. "일어나서 제즈리얼
사람 내이보쓰의 포도원을 차지하
세요. 그는 당신이 준다는 돈도 거
절했지요. 내이보쓰로 말하자면
이제 살아 있지 않고 죽었어요."
16 애이햅이 내이보쓰가 죽었다는 소
리를 듣고, 일어나서 제즈리얼 사
람 내이보쓰의 포도원으로 가서
차지했다.
17 그리고 **주님**의 말이 티쉬브 사람
일라이자에게 들려왔다.
18 "일어나서 이즈리얼 애이햅왕을
만나러 가라. 그는 스매리에에 있
다. 지금 그는 내이보쓰의 포도원
에 있는데, 그가 그곳을 차지하려
고 가 있다.
19 너는 그에게 이렇게 말해라. '**주님**
의 말에 의하면, 네가 사람을 죽이
고 재산 역시 빼앗았구나? 라고 말
하며 전해라. '**주님**의 말에 따르면,
내이보쓰의 피를 핥은 그곳 개들
이 네 피도 핥게 될 것'이라고 해
라."
20 그리고 애이햅왕이 일라이자에게
말했다. "네가 나를 찾다니, 나의
적이구나?" 그러자 일라이자가 대
답했다. "내가 당신을 찾아왔어요.
왜냐하면 당신은 자신을 팔아 **주님**
의 눈에 비행을 저질렀기 때문이
에요. **주님**이 이렇게 말했어요.
21 '보라, 나는 네게 재앙을 내리고, 네
후손도 제거하고, 벽에 오줌 누는
애이햅 사람부터 이즈리얼에 갇혀

있거나 남아 있는 자까지 없앨 것
이다.
22 그리고 네 집안을 느뱉의 아들 제
러범 집안같이 만들고, 애히자의
아들 바아샤집안같이 만들어 버리
겠다. 왜냐하면 너는 이런 일로 나
를 화나게 하고, 이즈리얼을 죄짓
게 만들었기 때문'이라고 했어요.
23 또 제저벨 역시 **주님**이 이렇게 말
했어요. '개들이 제즈리얼의 성벽
옆에서 제저벨을 먹을 것'이라고
했어요.
24 도성 안에 있는 애이햅으로 인하
여 죽은 자는 개가 먹을 것이고, 벌
판에서 죽은 자는 공중의 새가 먹
을 것이다.
25 애이햅과 같은 사람은 아무도 없
다. 그는 자신을 팔아 **주님**의 눈에
죄를 저질렀는데, 그것은 아내 제
저벨이 부추긴 것이다.
26 그리고 그는 우상을 쫓아 혐오스
러운 일을 했다. 이 모든 것은 애머
리족이 했던 그대로였고, 그래서
주님이 그들을 이즈리얼 백성에 앞
서 내쫓았던 것'이라고 했어요."
27 애이햅이 이 이야기를 다 듣자, 옷
을 찢고 맨몸에 거친 베를 걸치고
금식하며, 베옷을 입은 채 누우며,
조심해서 다녔다.
28 **주님**의 말이 티쉬브 사람 일라이자
에게 이렇게 들려왔다.
29 "보라, 애이햅이 내 앞에서 얼마나
겸손을 떠는지 너는 보느냐? 그가
내 앞에서 겸손을 보이기 때문에,
나는 그의 생애 동안에는 재앙을
내리지 않겠다. 대신 나는 그의 자
식 대에 그의 집안에 재앙을 내리
겠다."

애이햅에 대한 예언

22 시리아와 이즈리얼 사이에
전쟁이 없는 기간이 3년 지속
되었다.
2 쥬다의 제호샤퓉왕이 3년만에 이
즈리얼왕에게 왔다.
3 이즈리얼왕은 자기 신하에게 말했
다. "너희는 길리언에 있는 래모쓰
가 우리 땅인데, 우리는 여전히 시
리아왕의 손에서 빼앗지 못하고
있다는 것을 아느냐?"
4 이즈리얼왕이 쥬다의 제호샤퓉왕
에게 말했다. "당신이 나와 함께 래
모쓰길리언으로 싸우러가지 않을
래요?" 그러자 제호샤퓉이 이즈리
얼왕에게 말했다. "나는 당신의 것
이고, 나의 백성과 말도 당신의 것
이에요."
5 제호샤퓉이 이즈리얼왕에게 이어
말했다. "부탁인데요, 이날 **주님**의
말을 물어보세요."
6 그래서 이즈리얼왕이 예언자를 한
자리에 모았더니 약 4백명이나 되
었고, 그들에게 물었다. "내가 래모
쓰길리언을 쳐들어가도 되나, 아
니면 참아야 하나?" 그러자 그들
이 말했다. "가세요. 왜냐하면 **주님**

이 그것을 왕의 손에 넘길 것이기
때문이에요."
7 그때 제호샤펱이 말했다. "당신들
이외 **주님**의 예언자는 없나요? 있
다면 우리가 그에게 **주님**의 뜻을
묻고 싶어요."
8 이즈리얼왕은 제호샤펱에게 말했
다. "아직 한 사람 임라의 아들 미
카야가 있는데, 그에게 우리가 **주
님**의 뜻을 물어볼 수 있어요. 하지
만 나는 그를 아주 싫어해요. 왜냐
하면 그는 나에 관해 좋지 못한 예
언을 하며 재앙만 전해요." 그러자
제호샤펱이 말했다. "왕은 그렇게
말하게 두면 안 돼요."
9 그때 이즈리얼왕이 관리 하나를
불러 말했다. "임라의 아들 미카야
를 빨리 데려오너라."
10 이즈리얼왕과 쥬다왕 제호샤펱은
왕좌에 각자 앉았고, 자신들의 로
브옷을 입고 있었고, 스매리아 도
성입구의 공터의 장소에서, 모든
예언자가 두 왕 앞에서 예언을 하
고 있었다.
11 체내나의 아들 제드카야는 철제
뿔을 만든 다음 말했다. "**주님**의 말
에 따르면, 너희는 이 뿔로 시리아
인이 다 사라질 때까지 몰아낸다'
고 했어요."
12 그러자 모든 예언자도 그렇게 예
언했다. "래모쓰길리얻으로 가면
성공해요. 왜냐하면 **주님**이 그 땅
을 왕의 손에 넘기기 때문이에요."
13 한편 사자가 가서 미카야를 불러
말했다. "보세요 지금, 예언자들은
한 입처럼 왕에게 좋은 이야기를
하고 있어요. 부탁인데요, 당신의
말도 그들처럼 똑같이 좋은 이야
기가 되게 해주세요."
14 그러자 미카야가 말했다. "**주님**이
살아 있으니, **주님**이 내게 한 말을
할 뿐이다."
15 그러면서 그는 왕에게 오자, 왕이
그에게 말했다. "미카야, 우리가 래
모쓰길리얻으로 가서 싸워야 할까
요, 참아야 할까요?" 미카야가 대
답했다. "가면 성공해요. 왜냐하면
주님이 그 땅을 왕의 손에 넘길 겁
니다."
16 그러자 왕은 그에게 말했다. "얼마
나 더 많이 내가 당신에게 말해달
라고 간곡히 부탁해야 하나? **주님**
의 이름으로 단지 진실만 이야기
하도록 말이다."
17 미카야가 말했다. "나는 모든 이즈
리얼 사람이 언덕 위에서 흩어지
는 것을 보았어요. 목동 없는 양처
럼 말이죠. **주님**이 말했어요. '이들
한테 지휘자가 없다. 그러니 그들
이 맘 편히 각자 집으로 돌아가게
하라'고 했어요."
18 이즈리얼왕이 제호샤펱애게 말했
다. "이 사람이 내게 좋지 못한 것
만 예언하고 재앙만 이야기한다고
하지 않았나요?"
19 미카야가 말했다. "당신은 **주님**의

말을 들어주세요. 나는 **주님**이 자
신의 왕좌에 앉아 있는 것을 보았
고, 하늘의 모든 군대가 **주님**의 오
른쪽과 왼쪽 옆에 서있는 것도 보
았어요.
20 그리고 **주님**이 말했어요. '누가 애
이햅을 설득할 것인가? 그가 가면
래모쓰길리언에 쓰러질 지도 모르
는데?' 그러자 어떤 사람은 이렇게
하겠다 하고, 다른 사람은 저렇게
하겠다고 말했어요.
21 그때 영혼이 나타나서, **주님** 앞에
서더니 말했어요. '내가 그를 설득
시키겠다.'
22 그래서 **주님**이 그에게 물었어요.
'무엇으로 할 것인가?' 그가 말했
어요. '내가 가서, 그의 모든 예언자
의 입에 거짓말하는 영혼을 집어
넣겠어요.' 그래서 **주님**이 말했어
요. '네가 그를 설득하여 이겨라. 가
서 그렇게 해라'고 말했지요.
23 그런데 이제 보니, **주님**이 이 예언
자 모두의 입에 거짓말하는 영혼
을 집어넣었네요. **주님**은 당신에
대한 재앙을 이야기했어요."
24 그런데 체내나의 아들 제드카야가
가까이 오더니 미카야의 빰을 치
며 말했다. "**주님**의 영혼이 내가 어
느 쪽으로 간다고 네게 말하지?"
25 그러자 미카야가 말했다. "보라, 너
는 그날 보게 될 것이다. 그때 골방
으로 자신을 숨기게 될 때 알게 될
것이다."
26 그러자 이즈리얼왕이 말했다. "미
카야를 붙잡아서 그의 도성 군주
애먼과 왕의 아들 조아쉬에게 끌
고 가라.
27 그리고 왕에게 이렇게 말해라. '이
자를 감옥에 넣고, 그에게 고통의
빵과 물을 먹여라. 내가 평화롭게
돌아올 때까지 말이다.'"
28 미카야가 말했다. "당신이 평화롭
게 돌아온다고, **주님**은 나를 통해
그렇게 말하지 않았어요." 그러면
서 그가 말했다. "오, 백성들아. 당
신들 모두, 내 말을 들으시오."
29 그런 다음 이즈리얼왕과 쥬다왕
제호샤퓉이 래모쓰길리언으로 갔
다.
30 이즈리얼왕이 제호샤퓉에게 말했
다. "나는 변장하고 전쟁하러 가겠
어요. 하지만 당신은 당신의 로브
옷을 그대로 입으세요." 그래서 이
즈리얼왕은 자신을 위장하고 전쟁
하러 갔다.
31 그런데 시리아왕은 32명의 대장에
게 명령했고, 그들은 전차의 관리
감독관들에게 말했다. "너희는 적
든 크든 싸우지 마라. 단지 이즈리
얼왕만 예외다."
32 전차의 대장들이 쥬다왕 제호샤퓉
을 보자 말했다. "저 사람이 틀림없
는 이즈리얼왕이다." 그래서 그들
은 그와 싸우려고 돌아섰더니, 제
호샤퓉이 소리쳤다.
33 그때 전차의 대장들은 로브옷을

입은 그가 이즈리얼왕이 아니라고
알고, 그를 뒤쫓지 않고 돌아섰다.
34 어떤 사람이 과감히 활을 당겼는
데, 마구의 연결부위 사이의 이즈
리얼왕에게 꽂혔다. 그러자 왕은
자신의 전차병사에게 말했다. "네
손의 방향을 돌려 나를 군대 밖으
로 데려가라. 내가 부상을 입었다."
35 그런데 그날은 전쟁이 더욱 치열
했기 때문에, 왕은 시리아와 대치
하는 그의 전차 안에서 꼼짝 못하
다 저녁때 죽어버렸다. 그리고 피
가 상처로부터 전차로 흘러내렸
다.
36 해질 무렵 병영 전체에 포고가 다
음과 같이 내렸다. "모든 사람은 자
기 도성으로 가라. 그리고 모두가
자기 나라로 가라."
37 그래서 왕은 죽어서 스매리아로
옮겨졌고 사람들이 왕을 스매리아
에 묻었다.
38 사람들은 스매리아의 연못에서 전
차를 씻었고, 개들은 그의 피를 핥
았으며, 그들은 그의 갑옷을 빨았
다. 이는 **주님**이 했던 말 그대로 되
었다.
39 애이햅이 한 나머지 행동과, 그가
한 일 전부와, 그가 세운 상아 뿔로
지은 집과, 그가 건설한 도성들 모
든 것은, 이즈리얼왕의 연대기 책
에 적혀 있지 않는가?
40 애이햅도 조상과 함께 잠이 들었
고, 그의 아들 애해지아가 아버지
대신 다스렸다.
41 애이사의 아들 제호샤퓉은 이즈리
얼의 애이햅왕 집권 4년에 쥬다를
통치하기 시작했다.
42 제호샤퓉은 그가 통치를 시작했을
때 35세였고, 그는 저루살럼에서
25년간 다스렸다. 그의 어머니의
이름은 쉴히의 딸 애주바였다.
43 그는 아버지 애이사가 걸은 길을
걸었고, 옆길로 돌지 않았으며, **주
님**의 눈에 올바른 일을 했다. 그러
나 높은 장소 신당은 없애지 않았
다. 왜냐하면 사람들이 그 높은 곳
에서 여전히 제물을 올리고 향을
피웠기 때문이다.
44 제호샤퓉은 이즈리얼왕과 평화를
맺었다.
45 제호샤퓉의 나머지 모든 행동과
그가 보인 용맹과, 전쟁을 어떻게
했는지는, 사람들이 쥬다왕의 연
대기 책에 적어 놓지 않았는가?
46 그의 아버지 애이사 시대에 죽지
않고 남은 남색자들을 그가 그 땅
에서 쫓아냈다.
47 당시 이듬에는 왕이 없이 왕의 대
리인이 있었다.
48 제호샤퓉은 탈쉬시에서 배를 만들
어 오피어의 금을 가져오게 했지
만, 그들은 가져오지 못했다. 왜냐
하면 배가 이지언개벌에서 파선했
기 때문이었다.
49 그때 애이햅의 아들 애해지아가
제호샤퓉에게 말했다. "나의 신하

가 당신 신하와 같이 배를 타고 가
게 해주세요." 그러나 제호샤펱은
그렇게 하지 않았다.
50 제호샤펱도 조상과 잠이 들어, 선
대 대이빋성에 그의 아버지와 같
이 매장되었고, 그의 아들 제호램
이 대신 왕이 되었다.
51 애이햅의 아들 애해지아가 스매리
아에서 이즈리얼을 통치하기 시작
했을 때는, 쥬다의 왕 제호샤펱 집
권 17년이었는데, 그는 단지 2년간
통치했다.
52 그는 **주님**이 보기에 나쁜 일을 저
지르며, 그의 아버지와 어머니의
길을 따라 걸었고, 느뱉의 아들 제
러범이 이즈리얼 사람을 죄를 짓
게 만드는 길을 따라 걸었다.
53 그는 배이얼을 섬기고 경배하여,
이로 인해 이즈리얼의 **주 하나님**
을 화나게 자극했다. 이 모든 것은
그의 아버지 애이햅이 한 그대로
였다.

국왕2

일라이자가 애해이자왕의 운명전달

1 애이햅아합이 죽은 다음 모앱모압
사람이 이즈리얼이스라엘에 대들
었다.
2 그런데 애해이자아하즈야, 아하시야가
스매리아스매리아의 자기집 윗층 난
간에서 아래로 떨어져 다쳤다. 그
는 사자를 보내며 말했다. "가서,
에크런신 배이얼제법바알 즈붑, 바알
세붑한테 내가 병에서 회복될 지 물
어봐라."
3 그러나 **주님**의 사자가 티쉬브티스베,
디셉사람 일라이자엘리야에게 말했
다. "일어나서 스매리아의 왕이 보
낸 전령을 만나 그들에게 전해라.
'너희가 에크런신 배이얼제법한테
물어보는 것은, 이즈리얼에 **하나님**
이 없기 때문인가?
4 그렇다면 **주님**의 말은 이렇다. '너
는 올라간 침대에서 내려오지 못
하고, 반드시 죽는다'고 전해라."
그래서 일라이자가 떠났다.
5 왕의 전령이 돌아오자, 왕이 그들
에게 물었다. "너희는 왜 되돌아오
지?"
6 전령이 왕에게 말했다. "어떤 사람
이 우리를 만나서 말했어요. '너희
는 되돌아가서 너희를 보낸 왕에
게 가서 전해라. **주님**의 말에 의하
면, 너희가 에크런신 배이얼제법
한테 물으러 사람을 보내는 것은,
이즈리얼에 **하나님**이 없기 때문이
아닌가? 그래서 왕은 올라간 침대
에서 내려오지 못하고, 반드시 죽
는다'고 했어요."
7 그러자 왕이 그들에게 물었다. "너
희가 만나자, 이런 말을 한 자는 어
떤 사람이었지?"
8 그들이 왕에게 대답했다. "그는 털
이 많이 난 사람인데, 허리에 가죽
띠를 맸어요." 그러자 왕이 말했다.
"그는 티쉬브사람 일라이자다."
9 그리고 왕은 일라이자에게 50명지
휘관을 부하 50명과 함께 보냈다.
50명지휘관이 그에게 가서 보니,
일라이자가 언덕 정상에 앉아 있
었다. 그래서 그가 그에게 말했다.
"**하나님**의 사람님, 왕이 내려오라
합니다."
10 그러자 일라이자가 50명지휘관에
게 대답했다. "만약 내가 **하나님**의
사람이면, 하늘에서 불을 내려 너
와 부하 50명을 없애겠다." 그러자
하늘에서 불이 내려와 그와 50명

을 삼켜 제거했다.
11 그래서 왕은 다시 다른 지휘관과
부하 50명을 함께 일라이자에게
보냈다. 대장이 그에게 말했다. "오
하나님의 사람님, 왕이 그러는데,
빨리 내려오라 했어요."
12 그러자 일라이자가 그들에게 대답
했다. "내가 **하나님**의 사람이면, 하
늘에서 불을 내려 너와 네 부하 50
명을 태우겠다." 그러자 하늘에서
하나님의 불이 내려와 지휘관과 50
명을 집어삼켰다.
13 왕은 또 다시 세 번째 지휘관과 부
하 50명을 같이 보냈다. 세 번째의
50명지휘관이 올라가서 일라이자
앞에 무릎을 꿇고 엎드려 간청했
다. "오 **하나님**의 사람님, 제발 부탁
하는데요, 나의 생명과 당신의 종
부하 50명의 생명을 당신의 눈으
로 소중히 여겨주세요.
14 보세요, 하늘에서 불이 내려와서,
이전의 50명지휘관 두 사람과 그
들의 부하 50명씩 모두 태웠어요.
그러니 이제 당신의 눈으로 내 목
숨을 소중히 여겨주세요."
15 그때 **주님**의 사자가 일라이자에게
말했다. "그와 같이 내려가라. 그를
두려워 마라." 그래서 일라이자는
그와 함께 왕에게 갔다.
16 그리고 왕에게 말했다. "**주님**의 말
에 의하면, 당신은 에크런신 배이
얼제법한테 묻고자 전령을 보냈는
데, 이는 이즈리얼에 물어볼 만한
하나님이 없기 때문이 아닌가요?
그러니 당신은 올라간 침대에서
내려오지 못하고, 반드시 죽게 된
다고 했어요."
17 그래서 애해이쟈는 일라이자가 전
한 **주님**의 말대로 죽었다. 그리고
제호램여로함이 애해이쟈를 대신해
통치했는데, 제호램은 쥬다왕 제
호샤퓉의 아들로, 집권 2년째였다.
왜냐하면 애해이쟈는 아들이 없었
기 때문이었다.
18 죽은 애해이쟈의 모든 **나머지** 행
동은 사람들이 이즈리얼왕의 연대
기 책에 적어 놓지 않았는가?

예언자 일라이자와 회오리바람

2 **주님**이 회오리바람으로 일라이
자엘리야를 들어올려 하늘로 데
려 가려던 당시, 그는 길갤길갈에 있
는 일라이샤엘리사에게 갔다.
2 일라이자가 일라이샤에게 말했다.
"여기 있어 달라고 부탁하는 이유
는, **주님**이 나를 베썰베텔, 엡엘로 보
냈기 때문이다." 그러자 라가 그에
게 말했다. "**주님**이 살아 있고, 당신
의 영혼이 살아 있으므로, 나는 당
신을 떠나지 않겠어요." 그래서 둘
은 베썰로 갔다.
3 베썰의 예언자 여러 제자가 일라
이샤한테 와서 말했다. "**주님**이 오
늘 당신의 머리 위로 스승을 데려
가는 것을 아나요?" 그가 대답했
다. "네, 알아요. 당신들은 잠자코

있어요."
4 스승 일라이자가 그에게 말했다.
"일라이샤, 너는 여기 있기를 바
란다. **주님**이 나를 제리코로 보냈
기 때문이다." 그러자 그가 말했다.
"**주님**이 살아 있고, 당신의 영혼이
살아 있으니, 나는 당신을 떠나지
않아요." 그래서 그들이 제리코로
왔다.
5 제리코예리코, 여리고의 예언자 여러
제자가 일라이샤에게 와서 말했
다. "**주님**이 오늘 당신의 머리 위로
스승을 데려가는 것을 아나요?"
그가 대답했다. "네, 알아요. 당신
들은 진정하세요."
6 스승 일라이자가 그에게 말했다.
"일라이샤, 너는 여기 있기를 바란
다. **주님**이 나를 조든요르단, 요단으로
보냈기 때문이다." 그러자 그가 말
했다. "**주님**이 살아 있고, 당신의 영
혼이 살아 있으니, 나는 당신을 떠
나지 않아요." 그래서 둘이 갔다.
7 다른 예언자의 제자 50명도 가서,
멀리 떨어져 서서 바라보는 가운
데, 그 둘은 조든강 옆에 서있었다.
8 일라이자가 자기 외투를 말아, 물
을 치자, 물이 이쪽 저쪽으로 갈라
져서, 둘은 마른 땅으로 건너갔다.
9 그들이 강을 건넌 다음, 일라이자
가 일라이샤에게 말했다. "내가 너
를 떠나기 전, 너를 위해 무엇인가
부탁해봐라." 일라이샤가 말했다.
"부탁하는데요, 당신 영혼의 두 배
힘을 내게 내려주세요."
10 그리고 그가 말했다. "너는 어려운
일을 부탁했다. 하지만 내가 떠날
때, 네가 본다면, 그렇게 될 것이다.
그러나 보지 못하면, 그렇게 되지
않을 것이다."
11 그 둘이 여전히 걸으며 이야기하
다 보니, 그곳에 불의 전차와 불의
말이 나타나, 둘을 떼어놓았다. 그
러면서 일라이자가 회오리바람에
말려 하늘로 올라갔다.
12 일라이샤가 그것을 보고 소리쳤
다. "나의 대부, 나의 대부여! 이즈
리얼의 전차여! 이즈리얼의 기병
이여!" 그리고 그는 더 이상 일라이
자를 보지 못하자, 자기 옷을 잡아
찢어 두 조각이 되었다.
13 그는 일라이자가 올라가면서 떨어
뜨린 그의 외투를 집어 들고 돌아
와서 조든 강둑 옆에 섰다.
14 그는 일라이자로부터 떨어진 외투
를 잡고 강물을 치며 말했다. "일라
이자의 **주 하나님**은 어디 있죠?" 그
러면서 강물을 다시 치자 물이 이
쪽 저쪽으로 갈라져서, 일라이샤
가 건너갔다.
15 제리코에서 바라보던 여러 예언자
의 제자가 그를 보고 말했다. "일
라이자 영혼이 일라이샤한테 내려
앉았다." 그리고 일라이샤를 보러
나와, 그 앞에서 땅에 자신을 굽히
며 인사했다.
16 그들이 일라이샤에게 말했다. "자

보세요, 당신의 종 50명의 용사가
있어요. 제발 부탁하니, 그들을 보
내, 당신의 스승님을 찾게 해주세
요. 어쩌면 **주님**의 영혼이 스승님
을 데려가 어느 산이나 계곡에 떨
어뜨리지 않게 해야죠. 그러자 일
라이샤가 말했다. "당신들을 보내
지 않겠어요."
17 그런데도 그들이 일라이샤가 난처
할 정도로 독촉하자, 말했다. "그
럼, 가세요." 그래서 그들이 50명
용사를 보내어, 3일간 찾았지만 발
견하지 못했다.
18 그들이 [제리코에 있던] 일라이샤
에게 다시 오자, 그들에게 말했다.
"내가 가지 말라고 말했죠?"
19 한편 도성 사람들이 일라이샤에게
말했다. "보세요, 이 도성환경은 만
족하지만, 나의 주인님이 보다시
피, 물이 없어서 땅이 불모지예요."
20 그래서 그가 말했다. "내게 새 병
하나에 소금을 넣어 가져오세요."
그래서 그들은 그것을 가져갔다.
21 그는 샘으로 가서, 거기에 소금을
뿌리며 말했다. "**주님**의 말에 따라,
내가 이 물을 개선하면, 더 이상 죽
음이나 불모지는 없을 거예요."
22 그래서 그 물은 이날까지 개선되
었는데, 이는 **주님**이 일라이샤에게
말한 그대로였다.
23 그런 다음 그는 거기서 베썰로 갔
다. 그가 길을 가는데, 도성에서 어
린 아이들이 나와서 일라이샤를
놀리며 말했다. "올라가라, 이 대머
리야! 하늘로 올라가라, 너는 대머
리다."
24 그는 몸을 돌려 아이들을 바라보
며, **주님**의 이름으로 저주했다. 그
때 숲 속에서 암컷 곰 두 마리가 나
오더니, 42명이나 되는 아이들을
찢어버렸다.
25 그리고 그는 그곳에서 카멀카르멜, 갈
멜산으로 갔다가, 거기서 스매리아
로 돌아왔다.

모앱의 반란

3 애이햅의 아들 제호램요람, 여호람
이 스매리아사마리아에서 이즈리
얼을 통치하기 시작했는데, 그때
가 쥬다왕 제호샤퓉여호사팟, 여호사밧
집권 18년이었고, 그는 12년간 통
치했다.
2 그는 **주님**의 눈에 잘못을 했지만,
아버지와 같지 않았고, 어머니와
달랐는데, 그는 아버지가 만든 배
이얼바알 신상을 치워버렸기 때문
이었다.
3 그런데도 그는 느뱉느밧의 아들 제
로범예로보암, 여로보암의 죄가 붙어 있
어서, 그것이 이즈리얼에게 죄를
짓게 하며, 거기에서 벗어나지 못
했다.
4 모앱왕 미샤메사는 양 목축업자로,
이즈리얼왕에게 새끼양 10만 마리
와, 숫양 10만 마리를 양털과 함께
제공했다.

5 그런데 애이햅이 죽자, 모앱왕은
이즈리얼왕에게 반항했다.
6 그래서 제호램왕은 그때 스매리아
로 가서, 이즈리얼 수를 모두 세었
다.
7 그런 다음 그는 쥬다왕 제호샤펱
에게 사자를 보내어 말했다. "모앱
왕이 내게 반란을 일으켰어요. 당
신도 나와 함께 모앱을 치러 갈 수
있나요?" 그가 말했다. "내가 가겠
다. 내가 너고, 나의 백성이 너의 백
성이고, 내 말이 너의 말이다."
8 그러면서 제호샤펱이 물었다. "우
리가 어느 길로 가야 하지?" 제호
램이 대답했다. "이듬 황야를 지나
는 길이에요."
9 그렇게 이즈리얼왕이 가고, 쥬다
왕과 이듬왕도 함께 갔다. 그들은
7일 걸리는 여행길로 둘러 갔는데,
거기는 군대가 마실 물이 없었고,
그들이 이끄는 가축용 물도 없었
다.
10 그러자 이즈리얼 제호램왕이 말했
다. "아! **주님**이 우리 세 왕을 한 자
리에 불러 모앱 손에 넘기려 하는
구나!"
11 그때 제호샤펱이 말했다. "여기 **주**
님의 예언자는 없는가? 그러면 우
리가 그를 통해 **주님**에게 물어볼
수 있지 않나?" 그러자 이즈리얼
왕의 신하 중 하나가 대답했다. "여
기에 샤펱의 아들 일라이샤엘리사가
있어요. 그는 일라이자의 손 위에
물을 부은 사람이에요."
12 제호샤펱이 말했다. "**주님**의 말이
그와 함께 있다." 그래서 이즈리얼
왕 제호램과 쥬다왕 제호샤펱과
이듬왕이 그에게 갔다.
13 그러자 일라이샤가 이즈리얼왕에
게 말했다. "내가 당신과 해야 할
일이 뭐죠? 당신 아버지의 예언자
한테 가고, 당신 어머니의 예언자
한테 가세요." 그러자 이즈리얼왕
이 그에게 말했다. "아니다. **주님**이
우리 세 왕을 함께 불러 모앱의 손
에 넘기려 하기 때문에 안 된다."
14 그러자 일라이샤가 말했다. "만인
의 **주님**이 살아 있어, 내가 그 앞에
서 있기 때문에, 확실히 내가 쥬다
왕 제호샤펱의 존재를 존중하지
않는다면, 내가 당신 쪽을 쳐다보
지도 않고 당신을 만나지도 않았
겠지요.
15 그러니 지금 내게 음악사 한 사람
을 데려와 주세요." 그리고 그가 연
주하고 있는 사이, **주님**의 손이 일
라이샤 위에 왔다.
16 그리고 그가 말했다. "**주님**이 '이 계
곡 전체에 도랑을 만들라'고 했어
요.
17 **주님**의 말에 의하면, '너희는 바람
도 보지 못하고, 비도 보지 못하지
만, 이 계곡은 물이 찰 것이다. 그러
면 너희와 가축과 짐승 모두 물을
마실 수 있을 것이다.
18 이것은 주인의 눈에 가벼운 일에

불과하고, 모앱인 역시 너희 손에
넘기겠다.
19 또 너희는 요새도성과, 선택된 성
곽을 치면, 좋은 나무가 쓰러지고,
물의 원천이 막혀, 좋은 땅마다 돌
로 망가질 것'이라고 했어요."
20 아침이 되어 곡식제물을 올릴 즈
음 보니, 이듬으로 가는 길에 물이
나오더니, 그 지방에 물이 찼다.
21 한편 모든 모앱인은 왕들이 자기
들과 싸우러 왔다는 소식을 듣고,
갑옷을 입을 수 있는 사람을 모두
모아, 올라가 경계선에 섰다.
22 그들이 아침 일찍 일어났는데, 태
양이 물 표면을 비추어, 모앱 사람
한테는 건너편의 물이 빨간 피처
럼 보였다.
23 그들이 말했다. "저것은 피다. 왕들
이 서로를 쳐서 죽인 것이 틀림없
다. 그러니 이제 모앱사람아! 전리
품을 주으러 가자."
24 그들이 이즈리얼 진영으로 왔을
때, 이즈리얼이 일어나 모앱을 치
자, 그들 앞에서 도망쳤다. 하지만
그들은 모앱을 치며 나아가서, 그
나라까지 쳤다.
25 또 그들은 도성을 부수고, 그 땅의
좋은 장소마다 사람들이 돌을 던
져 가득 메웠으며, 또 물의 원천 우
물을 모조리 막고, 좋은 나무를 전
부 쓰러뜨렸다. 단지 킬해러세쓰
지역은 돌을 던지지 않고 두었는
데, 결국 투석전사가 돌을 던져 부
셔버렸다.
26 모앱왕은 전쟁이 자신에게 너무
처참하다는 것을 알고, 그는 칼을
쓰는 사람을 7백명 데리고, 이듬에돔
왕 쪽으로 포위를 뚫으려 했지만
할 수 없었다.
27 대신 그는 통치하게 될 맏아들을
데려가서, 성벽 위에서 번제로 바
쳤다. 그러자 이즈리얼에 대하여
분개가 크게 일어나, 사람들은 모
두 그를 떠나 고향 땅으로 되돌아
갔다.

예언자 일라이샤의 업적

4 예언자의 제자 아내 중 한 사람
이 일라이샤엘리사에게 소리치며
말했다. "당신의 종 내 남편이 죽었
어요. 당신의 종이 **주님**을 두려워
했다는 것을 당신도 잘 알지요. 그
런데 채권자가 와서 나의 두 아들
을 데려가 종으로 삼으려 해요."
2 일라이샤가 그녀에게 말했다. "내
가 당신을 위해 어떻게 하면 되나?
말해보라. 당신 집에 뭐가 있나?"
그러자 그녀가 말했다. "당신의 여
종은 집에 기름 한 단지밖에 가진
게 없어요."
3 그러자 일라이샤는 말했다. "가서
당신의 이웃에게 빈 그릇을 많이
빌려와라.
4 그리고 당신이 집에 들어오면, 당
신과 아들이 문을 닫고, 모든 그릇
에 기름을 붓고, 가득 찬 그릇은 옆

으로 치워 둬라."
5 그래서 그녀는 일라이샤로부터 나
와, 아들과 함께 그릇을 빌려 들어
간 뒤 문을 닫고, 기름을 부었다.
6 그릇이 가득 차자 그녀는 아들에
게 말했다. "그릇 하나를 더 가져오
너라." 아들이 말했다. "이제 그릇
이 더 이상 없는데, 기름은 그대로
있어요."
7 그래서 그녀는 **하나님**의 사람에게
와서 그 이야기를 했다. 그러자 일
라이샤가 말했다. "가서 기름을 팔
아 네 빚을 갚고, 남은 기름으로 너
와 네 자식이 살아라."
8 일라이샤가 슈냄수넴지역을 지났을
때, 하루가 저물었다. 그곳에 귀부
인 하나가 있었고, 일라이샤에게
빵을 먹도록 권했다. 그래서 그는
지나갈 때마다 그곳에 들러 빵을
먹었다.
9 그녀는 남편에게 말했다. "보세요,
내 느낌에 이 사람이 계속 우리를
지나가는데, 신성한 **하나님**의 사람
이라고 느껴져요.
10 그러니 우리가 그에게 벽 위쪽에
작은 방 하나를 만들어 줍시다. 당
신에게 부탁하는데, 그를 위한 침
대와 탁자와 스툴의자와 촛대를
마련해 주어서, 그가 우리에게 오
면, 그곳으로 가게 합시다."
11 어느날 일라이샤가 그곳에 왔는
데, 날이 저물어 그는 마련된 방으
로 들어가 누웠다.
12 그는 그의 종 게해지에게 말했다.
"슈냄사람을 불러와라." 그래서 그
가 그녀를 부르자, 그녀가 앞에 섰
다.
13 그때 일라이샤가 종에게 말했다.
"지금 그녀에게 말해주어라. 당신
은 지금까지 정성을 다해 우리를
대우해 주었는데, 당신을 위해 할
일이 무엇이지요? 왕에게 당신을
위해 말해 줄까요, 아니면 군대대
장에게 이야기할까요?" 그러자 그
녀가 대답했다. "나는 백성 가운데
살고 있어서 괜찮아요."
14 그러자 일라이샤가 말했다. "그녀
를 위해 무슨 일을 해야 하나?" 그
러자 게해지가 대답했다. "사실 그
녀는 자식이 없는데, 남편은 나이
가 많아요."
15 그러자 일라이샤가 말했다. "그녀
를 불러라." 게해지가 불러서, 그녀
가 문 앞에 섰다.
16 일라이샤가 말했다. "세월이 지나,
내년 이 계절 즈음, 당신은 아들을
안고 있을 겁니다." 그러자 그녀가
말했다. "그건 아니지요. 나의 주인
님 **하나님**의 사람인 당신이, 여종
에게 거짓말을 하지 마세요."
17 그런데 그녀는 임신하여 아들을
낳았다. 그가 말했던 즈음이었다.
18 아이가 자라, 어느 날 아버지가 추
수하는 곳으로 나갔다.
19 그는 아버지에게 말했다. "아, 내
머리, 머리가 아파요." 그래서 아버

지는 한 소년에게 일렀다. "아이를
엄마한테 데려다 주어라."
20 그가 아이를 데려다 엄마에게 주
었는데, 정오까지 엄마 무릎에 앉
아 있다가 죽었다.
21 그녀는 올라가서 아이를 **하나님**의
사람의 침대에 눕히고 문을 닫고
나왔다.
22 그녀는 남편을 불러 말했다. "내게
젊은이 하나를 보내주고, 또 나귀
한 마리를 내어주면, 내가 **하나님**
의 사람에게 갔다 오겠어요."
23 남편이 말했다. "왜 오늘 그에게 가
려 하는가? 지금은 새 달도 아니
고, 사배쓰휴일도 아니다." 그녀가
말했다. "일이 잘 될 거예요."
24 그런 다음 그녀는 나귀에 안장을
채우고, 종에게 말했다. "나귀를 몰
아, 앞으로 가자. 부탁할 때까지, 나
때문에 늦추지 마라."
25 그래서 그녀가 가서 **하나님**의 사람
이 있는 카멀카르멜, 갈멜산에 왔다.
하나님의 사람이 멀리 떨어져 있는
그녀를 보고, 종 게해지에게 말했
다. "봐라, 저쪽은 슈냄사람이다.
26 달려 가서 그녀를 만나 물어봐라.
"당신에게 무슨 일이 있나? 남편
은 잘 있는지? 아이는 잘 있는지?"
그러자 그녀가 대답했다. "괜찮아
요."
27 그녀가 **하나님**의 사람이 있는 언덕
에 오자, 일라이샤의 발을 붙잡았
다. 하지만 게해지가 가까이 가서
그녀를 떼어 놓으려 하자, **하나님**
의 사람이 말했다. "그녀를 놔 두어
라. 왜냐하면 그녀의 영혼이 몹시
괴로워한다. 그런데 **주님**은 내게
그것을 숨기고 말해주지 않았다."
28 그때 그녀가 말했다. "내가 나의 주
인님에게 아들을 달라고 했나요?
나를 속이지 말라고 했잖아요."
29 그때 일라이샤가 게해지에게 말했
다. "너는 허리를 매고, 나의 지팡
이를 손에 들고 가라. 만약 네가 어
떤 사람을 만나도 인사도 하지 말
고, 누가 인사해도 대답도 하지 마
라. 그리고 가서 내 지팡이를 아이
얼굴에 올려 놓아라."
30 그때 아이의 엄마가 말했다. "**주님**
이 살아 있고, 당신의 영혼이 살아
있기 때문에, 나는 당신을 떠나지
않겠어요." 그때 일라이샤가 일어
나서 그녀를 따라 갔다.
31 게해지가 그들 보다 먼저 가서 죽
은 아이 얼굴 위에 지팡이를 얹
어 놓았다. 그러나 목소리도 없었
고, 숨소리도 들리지 않았다. 그래
서 그는 다시 가서 일라이샤를 만
나, 말했다. "아이가 깨어나지 않아
요."
32 일라이샤가 집안에 들어와서 보
니, 아이는 죽어 침대에 누워 있었
다.
33 그는 들어와서 문을 닫고 둘뿐인
가운데, **주님**에게 기도했다.
34 그는 올라가서 아이 위에 몸을 뉘

이며, 아이의 입에 그의 입술을 갖
다 대고, 눈에 눈을 대고, 손에 손을
대고, 아이 위에서 힘을 가하자, 그
때 아이의 몸에 온기가 돌기 시작
했다.
35 그는 나와서 집안을 이리저리 걷
다, 다시 올라가 아이 위에 자기 힘
을 뻗었다. 그러자 아이가 재채기
를 일곱 번 하더니 눈을 떴다.
36 일라이샤는 게해지를 불러 말했
다. "슈냄여자를 불러라." 그래서
그가 불러, 그녀가 들어오자, 일라
이샤가 말했다. "당신 아들을 데려
가세요."
37 그러자 그녀가 들어와서 일라이샤
발 아래 엎드려 땅에 얼굴을 대고
절했다. 그리고 아이를 데리고 나
갔다.
38 일라이샤가 길갤길갈로 다시 왔다.
그곳에 기근이 있었는데, 예언자
의 제자들이 앞에 앉아 있었다. 일
라이샤는 자기 종에게 말했다. "큰
솥을 걸고, 예언자의 제자들을 위
해 죽을 끓여라."
39 그런데 한 사람이 들로 나가 나물
을 캐다, 야생 넝쿨을 발견하고, 거
기서 박을 땄는데 무릎까지 찰 정
도였다. 그는 돌아와서 그것을 잘
게 찢어 죽 솥에 넣었는데, 사람들
은 그것을 알지 못했다.
40 그래서 그들은 사람들이 먹을 수
있도록 그릇에 퍼주었다. 사람들
이 죽을 먹다, 소리를 지르며 말했
다. "오 **하나님**의 사람님, 솥 안에
죽음이 들어 있어요." 그래서 사람
들은 그것을 먹을 수 없었다.
41 그래서 그가 말했다. "그러면 밀가
루를 가져오너라." 그리고 그는 그
것을 솥 안에 뿌리고 말했다. "이제
사람들에게 퍼주어라. 이제 먹을
수 있을 것이다." 그래서 솥 안에
해가 없었다.
42 배이얼샬리샤에서 사람이 하나 왔
는데, **하나님**의 사람 일라이샤에게
첫 수확물로 만든 빵과 보리빵 20
덩이를 가져왔고, 또 깍지 안에 꽉
찬 옥수수 이삭도 가져왔다. 그래
서 일라이샤가 말했다. "이것을 사
람들에게 주어 먹게 해라."
43 그의 종이 말했다. "이것을 백 사람
한테 주라고요?" 그가 다시 말했
다. "사람들이 먹게 주어라." 왜냐
하면 **주님**의 말에 의하면, 그들은
이것을 먹고 남길 것이라고 했다."
44 그래서 그는 사람들 앞에 그것을
두고 먹었는데, **주님** 말 대로 남았
다.

피부병이 치료되다

5 시리아왕의 군대대장 나아먼이
그의 주인에게 신임받는 큰 인
물이 된 이유는, **주님**이 그를 통해
시리아에게 백성을 넘겼기 때문이
었다. 그 역시 용감한 사람이었지
만, 피부병에 걸렸다.
2 시리안 무리가 갔을 때, 이즈리얼

땅의 한 소녀를 포로로 데려와, 나
아먼 아내의 여종을 시켰다.
3 여종이 여주인에게 말했다. "나의
주인님이 스매리아사마리아에 있는
하나님의 예언자와 함께 있었으면
좋았을 텐데요! 그는 그의 피부병
을 낫게 해줄 테니까요."
4 그래서 나아먼이 가서, 그의 주인,
왕에게 말했다. "이즈리얼출신 여
종이 그렇고 그렇다고 하네요."
5 그러자 시리아왕이 말했다. "가라.
내가 이즈리얼왕에게 편지를 써주
겠다." 그래서 그가 가면서 은 10탤
런트약 340Kg과, 금 6천조각약 69Kg과
여벌 옷 10벌을 가져갔다.
6 그는 이즈리얼왕에게 편지를 가져
갔고, 내용은, "이 편지가 당신에게
도착할 때, 나는 이 편지와 함께 나
의 종 나아먼을 보냅니다. 어쩌면
당신은 그의 피부병을 회복시킬지
모르겠어요."
7 이즈리얼왕이 편지를 읽고, 자기
옷을 찢으며 말했다. "내가 **하나님**
이냐? 죽이고 살리게? 이 사람을
내게 보내어 그의 피부병을 고치
라고? 내게 싸움을 거는 것인지,
잘 살펴보아라."
8 **하나님**의 사람 일라이샤가 이즈리
얼왕이 옷을 찢었다는 소문을 듣
고, 왕에게 사람을 보내어 말했다.
"왜 당신이 옷을 찢나요? 그를 내
게 보내주면, 그가 이즈리얼에 예
언자가 있다는 것을 알 수 있을 겁
니다."
9 그래서 나아먼은 자기 말과 마차
와 함께 와서, 일라이샤의 집문 앞
에 섰다.
10 일라이샤가 그에게 사자를 보내
말했다. "조든요러단, 요단강으로 가
서 7번 씻으면, 당신의 피부가 다
시 회복되어 깨끗해질 거예요."
11 그런데 나아먼은 화를 내더니, 가
면서 말했다. "내 생각에, 그는 당
연히 내게 온 다음, 그의 **주 하나님**
의 이름을 부르며, 자기 손을 환부
에 얹어, 피부병을 고칠 것으로 생
각했다.
12 드매스커스의 어배나강과 펄파강
이 이즈리얼의 강물보다 낫지 않
은가? 굳이 그 강에서 씻지 않아
도, 깨끗해지지 않겠나?" 그러면서
그는 화가 나서 몸을 돌려 가버렸
다.
13 그의 여러 종이 가까이 다가와서
그에게 말했다. "나의 대부님, 예언
자가 당신에게 시키는 일이, 당신
한테 뭐 그리 대단하다고, 안 하려
하나요? 오히려 더 큰 일도 할 텐
데, 그가 당신에게 '씻으라' 하면,
낫지 않을까요?"
14 그래서 그가 내려가서 조든강에 7
번 담그며, **하나님**의 사람이 시키
는 말대로 따랐더니, 그의 피부가
마치 어린 아이 피부처럼 깨끗해
졌다.
15 그래서 그는 **하나님**의 사람과 그를

따르는 수행원에게 돌아와, 앞에
서서 말했다. "보세요, 지구에 **하나**
님이 있는 게 아니고, 이즈리얼 안
에 있음을 이제 알았어요. 그래서
부탁하니, 당신 종 나의 축복을 받
아주세요."
16 그러나 일라이샤가 말했다. "**하나**
님이 살아 있고, 나는 그 앞에 서있
기 때문에, 나는 아무것 받지 않아
요." 그래도 군대대장이 축복받기
를 채근했지만, 그는 거절했다.
17 그래서 나아먼이 말했다. "그렇다
면 당신 종에게 두 마리 노새가 실
을 수 있는 흙을 주지 않겠습니까?
왜냐하면 당신의 종은 앞으로 다
른 신에게 번제물도 희생물도 제
공하지 않고, 오직 **주님**에게 제사
하겠어요.
18 이것만은 **주님**이 당신의 종을 용서
해 주세요. 나의 주인님 왕이 리먼
림몬신전에 들어가 경배할 때, 그가
내 손에 기대기 때문에, 나도 리먼
신전에서 엎드려 절을 하게 되는
데, **주님**은 이것만은 당신의 종을
용서해주세요."
19 그러자 일라이샤가 그에게 말했
다. "맘 편히 가세요." 그래서 그는
그로부터 떠나, 얼마간의 거리까
지 갔다.
20 그런데 일라이샤의 종 게해지가
혼자 말했다. "아니, 나의 주인님이
시리안 나아먼을 구해놓고, 그의
손으로 가져온 선물을 받지 않다
니. **주님**이 살아 있으니, 대신 내가
그를 뒤따라 가서, 그로부터 얼마
간 받아야겠다."
21 그래서 게해지가 나아먼을 쫓아갔
다. 나아먼은 그가 자신을 뒤따라
오는 것을 보고, 마차에서 내려, 그
를 만나 말했다. "모두 괜찮은가?"
22 그러자 개해지가 말했다. "모두 괜
찮아요. 나의 스승님이 나를 보내
며 말했어요. '이프리엄에프라임, 에브
라임산에서 예언자 젊은 제자 두 사
람이 내게 올 것'이라고 했어요. 부
탁하는데, 그들에게 은 1 탤런트약
34Kg와 옷 두 벌을 주세요."
23 그러자 나아먼이 말했다. "기꺼이
2 탤런트약 68Kg를 받아라." 그는 더
욱 강조하며, 은 2탤런트를 가방
두 개에 묶고, 옷 2벌과 함께 넣었
다. 그리고 그것을 종 두 사람의 어
깨에 올려, 개해지게하지, 게하시 앞에
서 지고 가게 했다.
24 개해지가 높은 곳에 오자, 그들한
테서 짐을 받아 집안에 보관해 두
고, 젊은이들을 보내자 그들이 떠
났다.
25 그런데 그가 가서 스승님 앞에 섰
더니, 일라이샤가 말했다. "너는 어
디서 오지, 게해지야?" 그러자 그
가 말했다. "당신의 종은 아무 데도
안 갔어요."
26 그러자 그는 그에게 말했다. "내 마
음이 너와 함께 가지 않았나? 그
사람이 너를 만나러 마차에서 내

렸을 때 말이다. 지금 돈과 옷을 받
고, 올리브밭과 포도밭과, 양과 소
와 남종과 여종을 받을 때냐?
27 따라서 나아먼의 피부병이 네게
달라붙고, 네 후손에게 영원히 붙
어 있게 될 것이다." 그런 다음 그
가 스승 앞에서 물러서 나오는데,
눈 같이 하얀 피부병이 나타났다.

예언자 일라이샤와 시리아

6 예언자의 제자들이 일라이샤에
게 말했다. "보세요. 지금 우리가
당신과 함께 사는 장소는 너무 좁
아요.
2 그러니 우리를 조든으로 가게 해
주세요. 그곳에 사람마다 목재 하
나씩 날라, 우리가 살 수 있는 장소
를 만들게 해주세요." 그래서 일라
이샤가 대답했다. "그래, 가거라."
3 그때 한 사람이 말했다. "부탁하는
데요, 괜찮다면, 당신의 종과 같이
가주세요." 일라이샤가 대답했다.
"같이 가겠다."
4 그래서 그가 제자들과 함께 갔다.
그들이 조든에 와서 나무를 베었
다.
5 그런데 한 사람이 나무를 베다, 도
끼머리가 물에 빠지자, 소리치며
말했다. "아, 스승님! 그 도끼는 빌
린 건데요."
6 그때 **하나님**의 사람이 말했다. "도
끼가 떨어진 곳이 어디지?" 그는
그곳을 가리켰다. 그래서 일라이
샤는 나뭇가지 하나를 잘라 그곳
에 던졌더니, 쇠도끼 머리가 물 위
로 떠올랐다.
7 일라이샤는 말했다. "이제 그것을
건져라." 그래서 그는 손을 내밀어
그것을 잡았다.
8 그때 시리아왕은 이즈리얼과 싸우
면서, 부하와 의논했다. "이러이러
한 장소에 나의 진영을 펼쳐야겠
다."
9 **하나님**의 사람이 이즈리얼왕에게
사람을 보내어 말했다. "당신은 그
런 장소를 지나지 않도록 주의하
세요. 왜냐하면 그곳에 시리아인
이 올 거예요."
10 그렇게 이즈리얼왕은 **하나님**의 사
람이 알려준 장소에 사람을 보내
경계하여, 자신을 구한 적이 한두
번이 아니었다.
11 시리아아람왕은 이 일로 마음이 몹
시 괘씸해져서, 부하를 불러 말했
다. "우리 중 누가 이즈리얼왕의 편
인지 말해주지 않겠나?"
12 어떤 부하가 말했다. "아무도 없어
요. 나의 왕 주인님! 하지만 이즈리
얼의 예언자 일라이샤가 당신의
침실 속 이야기까지 이즈리얼왕에
게 전하고 있어요."
13 그러자 왕이 말했다. "가서 일라이
샤가 어디 있는지 알아봐라. 사람
을 보내 잡아오겠다." 그런데 그가
도슨도탄, 도단에 있다는 소문이 들렸
다.

14 그래서 그는 도슨으로 말과 전차
와 큰 군대를 보내고, 밤에 와서 도
성 주위를 둘러쌌다.
15 **하나님** 사람의 종이 아침 일찍 일
어나 밖에 나가보니, 큰 군대가 말
과 전차로 도성 주위를 에워쌌다.
그래서 종이 일라이샤에게 말했
다. "아, 스승님! 우리가 어떻게 하
면 되죠?"
16 그러자 그가 대답했다. "두려워 마
라. 우리와 같이 있는 사람이 저쪽
보다 더 많다."
17 그리고 일라이샤가 기도하며 말했
다. "**주님**, 제발, 당신 종의 눈을 뜨
게 하여 볼 수 있게 해주세요." 그
래서 **주님**이 젊은이의 눈을 뜨게
하자, 그가 바라보니 산이 불의 말
과 불의 전차로 가득 차서 일라이
샤 주위에 있었다.
18 그들이 그에게 내려오자, 일라이
샤가 **주님**에게 기도하며 말했다.
"부디, 저들을 쳐서 눈이 멀게 해주
세요." 그러자 **주님**은 일라이샤의
말대로 적을 쳐서 눈이 멀게 했다.
19 일라이샤가 적에게 말했다. "여기
는 길도 아니고, 도성도 아니니, 나
를 따르면, 내가 너희가 찾는 사람
에게 안내하겠다." 하지만 그는 적
들을 이끌어 스매리아로 데려갔
다.
20 그들이 스매리아로 들어오자, 일
라이샤가 말했다. "**주님**, 이들의 눈
을 뜨게 하여 볼 수 있게 해주세
요." 그러자 **주님**이 그들의 눈을 뜨
게 했고, 그들이 주위를 살펴보니,
스매리아 한가운데에 있다는 것을
알게 되었다.
21 그런데 이즈리얼왕이 시리아 군대
를 보자, 일라이샤에게 말했다. "사
부님, 내가 저들을 칠까요? 쳐요?"
22 그러자 일라이샤가 대답했다. "당
신은 저들을 치면 안 되요. 당신의
칼과 활로 잡은 포로를 치면 되나
요? 그들 앞에 빵과 물을 주어, 그
들이 먹고 마시게 한 다음, 제 주인
에게 돌아가게 해주세요."
23 그래서 그는 그들을 위해 음식을
많이 장만해주어, 먹고 마시게 한
다음, 그들을 돌려보냈고, 그들은
주인에게 돌아갔다. 그래서 시리
아 무리가 이즈리얼 땅으로 더 이
상 들어오지 않았다.
24 이 일이 있은 뒤, 시리아왕 벤해댇
벤 하닫은 모든 군대를 소집하고 가
서 스매리아를 포위했다.
25 당시는 스매리아에 기근이 몹시
심했는데, 그들이 포위하자, 나귀
머리 하나에 은 80 조각약 912g에 팔
리고, 비둘기 똥 1캡2L의 1/4약0.5L는
은 5조각약 57g에 팔리는 상황이 되
었다.
26 어느 날 이즈리얼왕이 성벽 위를
지나가는데, 한 여자가 왕에게 울
며 말했다. "나의 주인님 왕이여,
도와주세요."
27 왕이 말했다. "**주님**이 너를 돕지 않

는데, 내가 어떻게 너를 돕나? 곳
간마당에서 돕나? 아니면 포도압
착장에서 돕겠나?"
28 왕이 그녀에게 이어 말했다. "네 괴
로움이 뭐지?" 그녀가 대답했다.
"이 여자가 내게 이렇게 말했어요.
'네 아들을 주면, 오늘 우리가 잡아
먹고, 내일은 나의 아들을 잡아먹
자.'
29 그러면서 우리는 나의 아들을 끓
여 먹었어요. 다음날, '네 아들을 주
어, 우리가 같이 먹자'고 했더니, 저
여자는 자기 아들을 숨겼어요."
30 왕이 그녀의 말을 듣자, 옷을 찢으
며 성벽을 지나갔다. 사람들이 왕
을 쳐다보니, 맨몸에 베옷을 입고
있었다.
31 그때 왕이 말했다. "**하나님**이 그렇
게 하고, 내게는 더 심하게 할 거다.
샤퓉의 아들 일라이샤의 머리가
오늘 그대로 붙어 있으면 말이다."
32 한편 일라이샤는 자기 집에 여러
원로와 같이 앉아 있었다. 왕이 자
기보다 먼저 그에게 사람을 보냈
지만, 전령이 오기 전에 일라이샤
는 원로들에게 말했다. "보세요, 살
인자의 자식이 내 머리를 빼앗아
가려고 어떻게 사람을 보내는지
여러분도 알지요? 보세요, 전령이
오면 문을 닫아걸고, 문에서 꼼짝
못하게 하세요. 그 뒤에서 들리는
소리는 그의 주인의 소리가 아닐
까요?"
33 그가 원로들과 말하는 사이, 전령
이 일라이샤에게 와서 말했다. "보
라, 이 재앙은 **주님**의 뜻이다. 그런
데 **주님**의 말을 더 이상 기다릴 필
요가 있겠나?"

서리아 퇴치

7 그때 일라이샤엘리사가 말했다.
"너희는 **주님**의 말을 들어라. **주
님**의 말에 의하면, '내일 이 맘 때
면 스매리아사마리아 성문에서, 고운
밀가루 한 되5.5Kg가 고작 1쉐클12g,
보리 2되9Kg가 1쉐클값이 될 것이
다."
2 그러자 왕에게 편드는 어떤 귀족
이 **하나님**의 사람에게 대답했다.
"보세요, **주님**이 하늘의 창문을 연
다 한들, 그런 일이 일어날까요?"
일라이샤가 말했다. "보세요, 당신
눈으로 보게 되지만, 당신은 먹지
못해요."
3 그때 피부병 감염자 4명이 성문입
구에 있다가, 서로에게 말했다. "우
리가 왜 죽을 때까지 여기 앉아 있
어야 하지?
4 만약 우리가 도성에 들어갔는데,
그 안에 기근이 있으면, 우리는 거
기서 죽는다. 그리고 우리가 여기
앉아 있어도 죽는다. 그러니 우리
가 시리아 군대에 가서 항복하자.
그들이 우리를 살려주면 살고, 죽
이면 죽는 거다."
5 그래서 그들은 땅거미질 무렵 일

어나, 시리아진영으로 가서, 캠프
끝에 도착해보니, 거기에 아무도
없었다.
6 왜냐하면 **주님**이, 마차와 말의 요
란한 소리가, 시리아군대에게 마
치 큰 군대의 움직임인듯 들리게
했다. 그러자 시리아병사가 서로
에게 말하며, "보라, 이즈리얼왕이
우리를 치려고, 힡부족왕과 이집
트왕을 고용하여 우리에게 온 것
이다."
7 그러면서 일어나 저녁에 달아났는
데, 그들의 막사와, 말과, 나귀는 있
던 그대로 둔 채, 목숨을 건지려고
달아났다.
8 그리고 피부병 감염자들은 시리아
진영 끝자락에 와서, 한 막사에 들
어가, 먹고 마시고, 은과, 금과, 옷
을 챙겨, 갖다 숨기고, 다시 와서,
다른 텐트에도 들어가서, 역시 그
것을 갖다 숨겼다.
9 그러더니 서로 말했다. "지금 우리
가 잘 하는 게 아니다. 오늘 좋은
소식이 있는데, 가만히 있다, 날이
밝을 때까지 기다리면, 불행이 닥
칠 것이다. 그러니 이제 가서, 왕의
궁전 사람들에게 말하자."
10 그리고 그들이 도성 문지기를 불
러, 다음과 같이 말했다. "우리가
시리아진영에 가보니, 그곳에는
사람도 없고, 목소리조차 없고, 대
신 말과 나귀는 묶여 있고, 텐트도
그대로 있었어요."
11 그들이 문지기에게 전하자, 또 그
들이 왕의 궁전 모두에게 그 소식
을 전했다.
12 그러자 왕이 밤에 일어나 신하에
게 말했다. "내가 이제 시리아인이
우리에게 무슨 일을 한 것인지 설
명해보겠다. 시리아인은 우리가
배고픈 것을 알고, 진영 밖으로 나
가 들판에 숨어서 이렇게 말한다.
'저들이 도성 밖으로 나오면, 산채
로 잡아 도성 안으로 끌고 오겠다'
고 할 것이다."
13 왕의 신하 중 하나가 대답했다. "몇
사람에게 부탁해서, 우리 도성에
남은 말 5필을 끌고 오게 하세요.
[어쩌면 그들도 여기 남겨진 이즈
리얼 무리와 같을 지 몰라요. 보세
요, 내가 말하는데, 그들은 죽을 운
명에 처한 이즈리얼의 대다수 같
은 처지일 거예요.] 사람을 보내,
상황을 알아봅시다."
14 그래서 그들이 마차 두 대와 말을
끌고 오자, 왕은 시리아 군대 뒤로
사람을 보내며, 말했다. "가서 보고
오너라."
15 그들이 조든에 있는 시리아인 뒤
로 가서 보니, 길마다 옷과 그릇이
널렸는데, 이는 시리아인이 급히
도망치다 버린 것이었다. 그래서
전령이 돌아와 왕에게 전했다.
16 그러자 사람들이 나가서 시리아인
의 막사를 약탈했다. 그래서 고운
밀가루 한 되가 1쉐클12g에, 보리 2

되가 1쉐클에 팔리며, **주님**의 말대
로 이루어졌다.
17 왕은 이제까지 왕의 편에 의지하
던 귀족을 성문 지키는 책임자로
임명했는데, 사람들이 성문에서
그를 밟아 죽였다. 이것도 왕이 일
라이샤에게 왔을 때, **하나님**의 사
람이 말한 그대로였다.
18 **하나님**의 사람이 왕에게 말한 것
은, 보리 두 되 값이 1쉐클12g이고,
고운 밀가루 1되가 1쉐클이 되는
상황이, 내일 이맘 때 스매리아 성
문에서 있을 것이라고 했었다.
19 그때 그 귀족이 **하나님**의 사람에
게 대답하며 말했었다. "보세요, **주
님**이 하늘의 창문을 연다 한들, 그
런 일이 일어날까요?" 일라이샤가
말했다. "보세요, 당신 눈으로 보게
되지만, 당신은 먹지 못해요" 라고
말했었다.
20 그 일이 그에게 이루어졌던 것이
다. 왜냐하면 성문에서 사람들이
그를 밟아 죽였기 때문이다.

일라이샤가 새 시리아왕 예언

8 일라이샤엘리사는 자신이 목숨을
살려준 아들의 엄마에게 말했
다. "일어나서, 당신과 가족이 가서
살 수 있는 곳으로 떠나세요. 그 이
유는 **주님**이 기근을 불러들여, 이
땅에 7년간 계속될 거예요."
2 그래서 그녀는 일어나, **하나님** 사
람의 말에 따랐다. 그녀는 가족을
데리고 떠나, 필리스틴블레셋땅에서
7년간 살았다.
3 그리고 7년이 지난 끝에, 그녀는
필리스틴에서 되돌아와, 왕에게
자기 집과 땅을 요청하려고 갔다.
4 한편 왕은 **하나님** 사람의 종 게해
지와 이야기하며 말했다. "부탁하
는데, 나에게 일라이샤가 한 큰일
을 전부 말해달라."
5 그래서 그는 왕에게, 어떻게 일라
이샤가 죽은자를 살렸는지 말해주
고 있었는데, 그때 보니, 아들의 목
숨을 구한 여자가, 왕에게 자기 집
과 땅을 요구했다. 그래서 게해지
가 말했다. "오 나의 왕 주인님, 바
로 그녀의 아들을 일라이샤가 살
렸어요."
6 왕이 그녀에게 묻자, 그녀가 왕에
게 말했다. 그래서 왕은 그녀에게
관리 한 사람을 지명하며 말했다.
"그녀의 것을 모두 되돌려주고, 그
녀가 떠난 날부터 지금까지 그녀
의 밭에서 난 곡물도 전부 주어라."
7 한편 일라이샤가 드매스커스로 갔
을 때였다. 시리아왕 벤해댄이 아
팠는데, '**하나님**의 사람이 그곳에
왔다'는 소문을 들었다.
8 그래서 시리아왕은 해재얼하자엘, 하
사엘에게 말했다. "네 손에 선물을
들고, **하나님**의 사람을 만나, 그를
통해 **주님**에게, '내가 이 병에서 회
복할 수 있나?' 물어봐 달라고 해
라."

9 그래서 해재얼이 그를 만나러 가
면서, 선물로 드매스커스다메섹의
명품을 가져 갔는데, 40마리 낙타
가 실을 수 있는 물건을 가져가, 그
앞에서 말했다. "당신의 아들과 같
은 시리아왕 벤해댇이 나를 당신
에게 보내며, '내가 이 병에서 회복
할 수 있나?' 물어봐 달랬어요.
10 그러자 일라이샤는 그에게 말했
다. "가서 왕에게 전해라. '당신은
확실히 회복할 수 있는데, 그런데
도 **주님**은 나에게 그가 틀림없이
죽는다고 알려주었다."
11 그러면서 일라이샤는 민망할 정도
로 그의 얼굴을 빤히 쳐다보다, **하
나님**의 사람은 울어버렸다.
12 해재얼이 말했다. "나의 주인님, 왜
울어요?" 일라이샤가 대답했다.
"왜냐하면 당신이 앞으로 이즈리
얼 자손에게 가할 만행을 알게 되
었기 때문이다. 당신은 그들의 견
고한 요새에 불을 지르고, 젊은이
를 칼로 살해하고, 어린이를 박살
내고, 임신한 여자를 찢어버릴 것
이다."
13 그러자 해재얼이 말했다. "그런데,
당신의 종이 개요? 그런 엄청난 일
을 하게 말이죠?" 일라이샤가 대
답했다. "**주님**은 당신이 시리아를
다스리는 왕이 될 것을 내게 보여
주었다."
14 그리고 그가 일라이샤를 떠나, 그
의 주인에게 왔더니, 왕이 물었다.
"일라이샤가 네게 뭐라고 했지?"
그가 대답했다. "그는 당신이 확실
히 이 병에서 회복된다고 내게 말
했어요."
15 다음 날 그는 두꺼운 천을 물에 담
갔다, 왕의 얼굴을 덮자 죽었다. 그
리고 해재얼이 그 대신 지배했다.
16 당시는, 이즈리얼왕 애이햅의 아
들 조램요람이 집권한지 5년째 해였
고, 제호샤퓉이 쥬다왕으로 있다
가, 그의 아들 제호램이 통치하기
시작한 시기였다.
17 조램이 다스리기 시작한 나이는
32세였고, 저루살림에서 8년간 지
배했다.
18 그는 이즈리얼왕이 걸어온 길대로
걷고, 애이햅집안이 하던대로 따
랐다. 왜냐하면 애이햅의 딸이 그
의 아내가 되어서, 그는 **주님**의 눈
에 좋지 못한 일을 했기 때문이었
다.
19 하지만 **주님**은 그의 종 대이빋다윗
을 생각해서, 쥬다유다를 멸망시키
지 않았던 이유는, 그에게 그와 자
손에게 언제나 빛을 주겠다는 약
속에 따른 것이다.
20 조램의 시대에 이듬이 쥬다의 손
아래에서 반란을 일으켜, 그들 스
스로 왕을 만들었다.
21 그래서 조램은 재이어차이르, 사일 지
역으로 모든 전차를 가져간 다음,
밤에 일어나 자기 주의를 포위한
이듬 사람을 물리치며 전차 대장

들을 죽이자, 사람들이 자기 천막
으로 달아났다.
22 하지만 이듬부족은 쥬다의 손 아
래에서 반발하고 나와 이날에 이
르렀고, 립나리브나도 같은 시기에
반란을 일으키고 나왔다.
23 조램이 한 행동 나머지 일과 그가
한 모든 일은, 쥬다왕의 연대기 책
에 기록되어 있지 않은가?
24 그리고 조램은 그의 조상과 같이
잠이 들어, 대이빋도성에 조상과
함께 묻혔다. 그리고 그의 아들 애
해이쟈가 대신 다스렸다.
25 이즈리얼왕 애이햅의 아들 조램
12년에, 쥬다왕 제호램의 아들 애
해이쟈가 통치하기 시작했다.
26 애해이쟈아하즈야, 아하시야가 다스리
기 시작한 나이는 22세였고, 저루
살럼에서 1년간 통치했다. 그의 어
머니의 이름은 애썰라야로, 이즈
리얼왕 옴리의 딸이었다.
27 쥬다왕 애해이쟈는 이즈리얼왕 애
이햅아합 집안이 걷던 길을 따라 걸
으며, **주님**의 눈에 옳지 못하게 행
동했다. 애이햅집안이 한 대로 따
른 이유는, 쥬다왕인 그가 이즈리
얼 애이햅 집안의 사위였기 때문
이었다.
28 애해이쟈는 애이햅의 아들 조램과
함께 가서, 래모쓰길리언라못 길앗, 길
르앗 라못에서 시리아아람왕 해재얼과
싸웠는데, 시리아인이 조램에게
부상을 입혔다.
29 조램왕은 시리아인이 라마에서 입
힌 상처를 치료받으러 제즈리얼로
돌아왔다. 당시 조램왕이 시리아
왕 해재얼을 상대로 싸우던 때였
다. 그래서 쥬다왕 제호램의 아들
애해이쟈가 내려와서, 제즈리얼에
있는 애이햅의 아들 조램을 보러
왔다. 왜냐하면 그가 아팠기 때문
이었다.

군대대장 제후에게 기름을 붓다

9 예언자 일라이샤엘리사가 제자
하나를 불러 말했다. "네 허리를
단단히 매고 이 기름통을 손에 들
고 래모쓰길리언으로 가라."
2 네가 그곳에 가서, 님쉬의 아들, 제
호사퓉의 아들, 제후를 찾은 다음,
형제 가운데 그를 일으켜 세워, 안
쪽 내실로 데려가라.
3 그리고 기름 통을 가져와, 그의 머
리에 붓고 말해라. '**주님**의 말에 따
라, 나는 너에게 기름을 부어, 이즈
리얼을 다스리는 왕이 되게 임무
를 부여한다'고 해라. 그 다음 문을
열고 도망쳐, 그곳에 머물지 마라."
4 그래서 그 젊은 예언자는 래모쓰
길리언으로 갔다.
5 그가 래모쓰길리언에 와보니, 군
대대장이 앉아 있어서, 그에게 말
했다. "대장님, 나는 당신에게 심부
름 왔어요." 그러자 제후가 물었다.
"우리 모두 대장인데 그 중 누구
지?" 젊은이가 말했다. "바로 당신

이에요, 대장님."
6 그래서 그가 일어나 집 안쪽으로
가자, 젊은 예언자가 그의 머리에
기름을 붓고 말했다. "이즈리얼의
주 하나님의 말에 의하면, '나는 너
에게 기름을 부어, **주님**의 백성과
이즈리얼을 다스리는 왕이 되게
한다.
7 그리고 너는 네 주인 애이햅아합 집
안을 없애야 한다. 그래야 내가 나
의 종 예언자의 피와 주인의 종 모
두의 피에 대해 제저벨의 손에서
흘린 피를 복수하게 된다.
8 애이햅 집안 전체를 제거하기 위
해, 나는 벽에 대고 오줌 누는 애이
햅부터, 이즈리얼에 갇혀 있고, 남
아 있는 자까지 없애겠다.
9 또 나는 애이햅 집안을 느뱉느밧의
아들 제러범예로보암, 여로보암 집안처
럼 만들고, 애하이자의 아들 바아
샤의 집안과 똑같이 파멸시킬 것
이다.
10 그리고 개들이 제즈리얼땅에서 제
저벨이제벨, 이세벨을 먹게 하면, 아무
도 그녀를 묻지 않을 것이다." 그런
다음 젊은 예언자는 문을 열고 도
망갔다.
11 그때 제후가 주인의 종들 앞으로
나오자 한 사람이 그에게 물었다.
"별 일 없나요? 그런데 왜 그 미친
놈이 당신에게 왔죠?" 그가 그들
에게 대답했다. "너희도 그를 알게
되고, 그의 말도 이해하게 된다."
12 그러자 그들이 말했다. "아니요. 지
금 말해 주세요." 그래서 그가 대답
했다. "그가 내게 말했다. '**주님**의
말에 의하면, '나는 너에게 기름을
부어, 이즈리얼을 다스리는 왕이
되게 한다"고 했다."
13 그러자 그들이 급히 서둘러 모두
가 자신의 옷을 벗어, 계단 위에 있
는 그 사람 아래에 깔고, 나팔을 불
며 말했다. "제후가 왕이다."
14 그래서 님쉬의 아들 제호샤퓉의
아들 제후가 조램왕에 대해 음모
를 꾸몄다. [그때 조램은 시리아왕
해재얼 때문에 이즈리얼 모두와
함께 래모쓰길리언을 지키고 있었
다.
15 그런데 조램왕이 상처를 치료하기
위해 제즈리얼로 돌아왔는데, 그
가 시리아왕 해재얼과 싸우다, 시
리아군에게 부상당했었다.] 그리
고 제후가 말했다. "이것이 **주님** 당
신의 뜻이라면, 어떤 사람도 이 도
성에서 나가지 못하게 하고, 제즈
리얼에 이 사실을 전하러 도성 밖
으로 빠져나가지 않게 해주세요."
16 그리고 제후예후는 전차를 타고 제
즈리얼로 갔다. 조램은 그곳에 누
워 있었고, 쥬다왕 애해이자가 조
램에게 병문안하러 와 있었다.
17 제즈리얼의 망루 파수꾼이 서있
다가, 제후 무리가 오는 것을 보고
말했다. "한 무리가 보여요." 그러
자 조램이 말했다. "기병을 불러 보

내 저들을 만나게 해라. 그리고 '평
화의 목적인가?' 라고 물어보게 해
라."
18 그래서 한 사람이 말을 타고 가서,
그를 만나 물었다. "왕의 말에 따
라, '평화의 목적인가?'" 그러자 제
후가 말했다. "너와 평화가 무슨 상
관이냐? 뒤로 물러서라." 그런데
파수꾼이 말했다. "전령이 그들한
테 갔는데, 돌아오지 않아요."
19 그래서 조램왕은 두 번째 사람을
보내, 그가 그들에게 가서 말했다.
"왕의 말에 따라, '평화의 목적인
가?'" 그러자 제후가 말했다. "너와
평화가 무슨 상관이냐? 뒤로 물러
서라."
20 또 파수꾼이 말했다. "전령이 그들
한테 갔는데, 다시 오지 않아요. 그
리고 전차를 모는 자가 님쉬의 아
들 제후 같아 보여요. 그로 말하면,
전차를 거칠게 몰거든요."
21 조램이 말했다. "준비해라." 그러
자 전차가 준비되었다. 그래서 이
즈리얼의 조램왕과 쥬다의 애해이
쟈왕이 각자의 전차를 타고 제후
를 향해 가서, 제즈리얼의 내이보
쓰 땅에서 제후를 만났다.
22 조램이 제후를 보자 물었다. "평화
의 목적인가, 제후?" 그러자 그가
답했다. "무슨 평화? 네 어머니 제
저벨의 부정행위가 그토록 길었
고, 그녀의 마법이 너무나 많지 않
았나?"
23 그러자 조램이 손의 방향을 돌려
도망치며 애해이쟈에게 말했다.
"이것은 배신이다. 오 애해이쟈."
24 그러자 제후는 온 힘을 다해 활을
당겨, 조램의 양팔 사이로 쏘았더
니, 화살이 그의 심장에 꽂혀, 전차
안에서 아래로 쓰러졌다.
25 그러자 제후가 군대대장 빋칼빗카
르, 빗갈에게 말했다. "그를 들어서
제즈리얼의 내이보쓰나봇 벌판에
던져버려라. 이것은 기억을 위한
것이다. 나와 네가 그의 아버지 애
이햅을 따라 전차를 몰았을 때, **주
님**은 그에게 이 운명을 주었던 것
이다.
26 분명히 '내가 어제 내이보쓰와 그
아들의 피를 보았다' 라고 **주님**이
말한다. 또 '내가 이 땅에서 너에게
대가를 요구할 것'이라고 **주님**이
말한다. 그러니 이제 그를 가져가
서 **주님** 말 그대로 땅바닥에 던져
버려라."
27 그러나 쥬다왕 애해이쟈가 이 상
황을 보자, 그는 별장으로 가는 길
을 따라 도망쳤고, 제후가 그를 뒤
쫓으며 말했다. "전차 안에 있는 그
도 쳐라." 그래서 그들은 아이블럼
이블르암 옆의 거어구르지역으로 가
는 길에서 그렇게 했다. 그리고 그
는 메기도로 도망가서 거기서 죽
었다.
28 그래서 그의 종이 전차 안에 있는
그를 저루살럼으로 옮겨, 대이빋

성에 있는 그의 조상 묘지에 함께
묻었다.
29 애이햅의 아들 조램 11년에 애해
이쟈가 쥬다를 다스리기 시작했
다.
30 제후가 제즈리얼에 오자, 제저벨
이 그 소식을 듣고, 얼굴을 화장하
고 머리를 매만지고 창문을 내다
보았다.
31 제후가 성문으로 들어서자 그녀는
말했다. "제 주인을 죽인 짐리지므리,
시므리 너는 맘이 편한가?"
32 제후가 얼굴을 들어 창을 보며 말
했다. "누가 내편이지? 누구냐?"
그곳에 두세 명의 환관이 그를 쳐
다보았다.
33 제후가 말했다. "저 여자를 아래로
던져라." 그래서 그들이 그녀를 던
졌더니, 그녀의 피가 벽에도 말에
도 튀었다. 그리고 그는 발로 그녀
를 밟아버렸다.
34 제후는 안으로 들어와 먹고 마시
며 말했다. "가서 저주받은 그 여자
를 봐라. 그리고 묻어줘라. 그래도
그녀는 왕의 딸이다."
35 그래서 그들이 그녀를 묻으려고
나갔는데, 그녀의 두개골과 발과
손바닥뿐 아무것도 찾지 못했다.
36 그래서 그들이 다시 와서 제후에
게 말하자, 그가 말했다. "이는 티
쉬브티스베, 디셉 사람 **주님**의 종 일라
이자를 통해 **주님**이 이와 같이 말
했던 것이다. '제즈리얼이즈르엘 땅에
서 개들이 제저벨의 살을 먹을 것
이다.
37 그리고 제저벨의 시체는 제즈리얼
땅 벌판 위에서 똥과 같이 될 것이
다. 그래서 사람들은 이것이 제저
벨이라고 말할 수 없을 정도가 될
것이다'라고 했다."

애이햅과 배이얼 제거

10 애이햅은 스매리아사마리아에
아들 70 명을 두었다. 제후는
편지를 적어, 스매리아로 보내며,
제즈리얼이스르엘의 지도자와 원로
와 애이햅아합의 자녀를 키운 사람
에게 다음을 전했다.
2 "이 편지가 당신에게 도착하자마
자, 당신 주인의 아들들이 당신과
함께 있고, 거기에 전차와, 말과, 요
새도성과, 무기도 있으니,
3 주인의 아들 가운데 가장 우수하
고 적합한 아들을 골라, 그의 아버
지 왕좌에 앉힌 다음, 주인의 집안
을 위해 싸워라."
4 그러나 그들은 대단히 두려워하며
말했다. "보세요. 두 왕도 그를 상
대하지 못했는데, 어떻게 우리가
그를 맞설 수 있죠?"
5 그리고 궁전감독관과, 도성책임자
와, 원로와, 그의 자식의 교육자가,
제후에게 사람을 보내 말했다. "우
리는 당신의 종이니, 당신이 우리
에게 명령하는 것은 무엇이든 하
겠어요. 우리가 어떤 왕도 정하지

않을 터이니, 당신이 좋은 대로 하
세요."
6 그러자 제후는 그들에게 두 번째
편지를 쓰며 말했다. "만약 당신들
이 내편이 되고, 내 말을 들으면, 당
신 주인의 아들들 머리를 가지고,
내일 이 맘때까지 제즈리얼의 나
에게 오너라." 당시 왕의 아들들은
70명이었는데, 그들을 키운 도성
내 큰 인물들과 함께 있었다.
7 편지가 그들에게 오자, 그들은 왕
의 아들들을 붙잡아 70명을 죽이
고, 머리를 바구니에 넣어, 제즈리
얼의 제후예후에게 보냈다.
8 사자 한 사람이 와서 그에게 말했
다. "그들이 왕의 아들 머리를 가
져왔어요." 그러자 제후가 말했다.
"너희는 머리를 두 더미로 나누고,
내일 아침까지 성문 출입구에 갖
다 놓아라."
9 아침에 제후가 나가, 사람들 앞에
서서 말했다. "여러분은 올바르다.
보라, 내가 나의 주인에 대해 음모
를 꾸며, 그를 죽였다. 그런데 이들
은 모두 누가 죽였나?
10 **주님**이 애이햅 집안에 대하여 말한
가운데, 땅위에서 실패한 것이 하
나도 없다는 것을 당신들은 잘 안
다. **주님**이 그의 종 일라이자를 통
해 말한 것은 그대로 실행되었기
때문이다."
11 그렇게 제후는 제즈리얼에서 애이
햅 집안에 남아 있는 모두를 죽였
다. 애이햅의 큰 인물과, 친척과, 제
사장까지, 그는 아무도 남겨두지
않았다.
12 그리고 일어나서 떠나 스매리아로
왔고, 오는 길에 양털 깎는 집에 들
렀다.
13 제후는 그곳에서 쥬다왕 애해이쟈
의 형제를 만나자, 그들에게 말했
다. "너희는 누군가?" 그러자 그들
이 대답했다. "우리는 애해이쟈의
형제인데, 왕과 왕비의 자손들에
게 인사하러 가는 중이에요."
14 그러자 제후가 말했다. "그들을 산
채로 잡아라." 그래서 사람들이 산
채로 붙잡아, 양털 깎는 집 구덩이
에서 죽여, 42명 모두 하나도 남기
지 않았다.
15 그런 다음 제후는 그곳을 떠나, 자
신을 만나러 오던 리캡의 아들 제
호내댑여호나답을 우연히 만났다. 그
러자 제후는 그에게 인사하며 말
했다. "나의 마음이 네 마음과 같듯
이, 너희 마음도 그런가?" 제호내
댑이 대답했다. "그래요." "만약 그
렇다면 내게 너의 손을 내밀어라."
그래서 그가 손을 내밀자, 제후는
그의 손을 잡아 전차 안으로 끌어
올렸다.
16 그리고 제후가 말했다. "나와 함께
가자. 가서 **주님**을 위한 나의 열정
을 봐라." 그렇게 그들은 그를 전차
에 같이 타게 했다.
17 그가 스매리아로 오자, 그는 그곳

에서 애이햅에게 남겨진 모두를
죽여 파멸시켰다. **주님**이 일라이자
에게 말했던 대로 따랐다.
18 그리고 제후는 모든 사람을 모아
말했다. "애이햅은 배이얼바알 신을
조금 섬겼다. 그러나 제후는 더 많
이 섬길 것이다.
19 그러므로 이제 나에게 배이얼의
예언자를 모두 부르고, 배이얼의
종과, 제사장 모두를 한 사람도 빠
짐없이 모아라. 내가 배이얼을 섬
기기 위해 큰 희생제물을 바치려
고 한다. 누구든 이 자리에 빠지는
자가 있으면 살아남지 못한다." 그
러나 제후가 의도적으로 술수를
쓰며 그렇게 한 이유는, 배이얼 숭
배자를 제거하려는 것이었다.
20 제후는 말했다. "배이얼을 위해 신
성한 집회를 선언해라." 그러자 그
들이 집회를 선언했다.
21 그리고 제후가 이즈리얼 전역에
사람을 보내자, 배이얼의 숭배자
가 모두 왔다. 그래서 오지 않고 남
아 있는 사람은 하나도 없었다. 사
람들이 배이얼신당 안에 들어와서
이쪽 끝부터 저쪽 끝까지 꽉 찼다.
22 그는 제례복을 책임지는 사람에게
말했다. "배이얼 숭배자가 입을 옷
을 모두 가져오너라." 그러자 그가
제례복을 가져왔다.
23 그리고 제후가 나가서, 리캡의 아
들 제호내댑과 함께 배이얼신당
안으로 들어가, 배이얼 숭배자에
게 말했다. "찾아봐라. 혹시 여기에
주님의 종들이 너희와 함께 없는지
살펴봐라. 이 자리는 오직 배이얼
숭배자만 있어야 한다."
24 그리고 그들이 희생제물과 번제제
물을 바치러 들어가자, 제후는 밖
에 있는 80명에게 임무를 주며 말
했다. "내가 너희 손에 맡긴 자 중
하나라도 도망가면, 그를 보낸 자
는 도망간 자의 목숨 값을 대신한
다."
25 그가 번제제물을 올리는 일을 마
치자마자, 제후는 호위병과 대장
들에게 말했다. "들어가서 다 죽여
라. 한 사람도 밖으로 나오지 못하
게 해라." 그래서 그들이 칼 끝으로
그들을 내려쳤다. 호위병과 대장
들은 그들을 밖으로 던져 버린 다
음, 배이얼신당의 도성 쪽으로 갔
다.
26 그리고 그들은 배이얼신당에서 형
상을 꺼내어 불태워버렸다.
27 그들은 배이얼의 형상을 부수고,
신당도 파괴하여, 오늘날 그것을
공중화장실로 만들어버렸다.
28 이렇게 제후는 이즈리얼에서 배이
얼을 말살시켰다.
29 그런데도 느뱉느밧의 아들 제로범
의 죄로 인하여, 이즈리얼이 죄를
짓게 했는데, 제후도 그들을 따라
하는 것에서 벗어나지 못했다. 다
시 말해, 베썰베텔, 벧엘에도 황금 송
아지를 두었고, 댄지역에도 그랬

다.
30 **주님**이 제후에게 말했다. "네가 처
단한 일은, 참 잘했다. 그것은 내 눈
에 올바른 일이다. 또 애이햅 집안
에 대한 일도 내 마음에 있던 모든
것에 따라서 했기 때문에, 너의 자
손 4세대까지 이즈리얼의 왕좌에
앉게 될 것이다."
31 그러나 제후는 이즈리얼의 **주 하나
님**의 법을 마음을 다해 따라서 걷
는데 주의하지 않았다. 왜냐하면
그는 이즈리얼이 죄를 짓게 만든
제로범의 죄로부터 벗어나지 못했
기 때문이다.
32 당시에 **주님**은 이즈리얼을 조금씩
잘라 내기 시작했고, 시리아왕 해
재얼은 이즈리얼의 경계지역에서
그들을 치며 공격했다.
33 조든 동쪽부터 길리얻길앗, 길르앗땅
전역, 개드부족, 루번족, 머나서지
역까지, 아넌강 옆의 애로어부터
심지어 길리얻과 바샨까지 그랬
다.
34 제후의 나머지 행동과 그가 한 업
적과 그의 힘 모두는 이즈리얼왕
의 연대기 책에 적혀 있지 않는가?
35 제후도 조상과 같이 잠이 들어, 그
들은 스매리아에 그를 묻었고, 아
들 제호해스여호아하즈가 대신 통치
했다.
36 제후가 스매리아에서 이즈리얼을
다스린 기간은 28년이었다.

애썰라야와 조애쉬

11 애해이쟈의 어머니 애썰라야
아탈야, 아달랴는 자기 아들이 죽
었다는 사실을 알자, 일어나 왕손
모두를 살해했다.
2 그러나 조램왕의 딸이자, 애해이
쟈의 여동생 제호쉬바가, 애해이
쟈의 아들 조애쉬를 살해당한 왕
자 가운데 훔쳐 빼내어, 그와 유모
까지 침실에 숨겨서, 그는 애썰라
야한테 살해당하지 않았다.
3 그는 6년간 **주님**성전에서 유모와
같이 숨어 있었고, 애썰라야가 그
땅을 통치했다.
4 그리고 7년째에 제사장 제호야다
는 사람을 보내어, 수백명 관리지
휘관 여럿을, 군대대장과 호위병
과 함께 **주님**성전에 있는 자신에게
오게 했다. 그리고 그들과 약속하
고 **주님**성전에서 그들의 맹세를 받
아낸 다음, 왕의 아들을 그들에게
보여주었다.
5 그는 사람들에게 명령했다. "이것
은 여러분이 해야 할 일이다. 사배
쓰휴일 당번 중 1/3은 왕의 궁전을
지켜야 한다.
6 그리고 1/3은 슈르수르성문에서 지
키고, 다른 1/3은 경호대 뒤쪽 성문
에서 지켜서, 왕의 궁전이 공격당
하지 않도록 잘 감시해야 한다.
7 사배쓰휴일에 비번 너희 두 팀조
차, 왕을 위해 **주님**의 집을 잘 감시
하며 지켜야 한다.

8 너희는 왕의 주위를 둘러싸고, 각
자 손에 무기를 들고, 영역 안으로
들어오는 자는 죽여라. 그리고 너
희는 왕이 나가고 들어올 때마다
함께 있어야 한다."
9 수백명 관리지휘관들은 제호야다
제사장의 명령대로 따르며, 사배
쓰휴일에 들어오는 당번을 데리
고, 사배쓰휴일 비당번까지 함께
제사장 제호야다에게 왔다.
10 수백명 관리지휘관들에게, 제사장
은 **주님**성전에 보관하던 대이빋다
윗왕의 창과 방패를 주었다.
11 호위병은 각자 손에 무기를 들고
왕 주위를 둘러쌌고, 성전의 오른
쪽에서 왼쪽까지 제단과 성소에
늘어섰다.
12 제사장 제호야다는 왕의 아들을
데리고 나와, 그에게 왕관을 씌우
며 증언의 책을 주었다. 그리고 그
들은 그를 왕으로 삼아 그에게 기
름을 붓고, 손뼉을 치며 말했다.
"**하나님**이 왕을 보호한다. 만세!"
13 한편 애썰라야가 호위병과 사람들
의 소란을 듣고, 그녀가 **주님**성소
의 사람들한테 왔다.
14 그녀가 쳐다보니, 늘 하던 대로 왕
은 기둥 옆에 서있었는데, 귀족들
과 나팔수들이 왕 옆에 있었고, 그
땅의 모든 백성들이 즐거워하며
나팔을 불었다. 그러자 애썰라야
는 자신의 옷을 찢고 외쳤다. "반역
이다. 반역."
15 그러나 제사장 제호야다가 수백명
관리지휘관과, 군대 장교들에게
명령하며 말했다. "그녀를 영역 밖
으로 끌어내어, 그녀를 수행하는
자가 칼로 죽여라." 제사장이 이렇
게, "**주님**의 성전에서 그녀를 죽이
면 안 된다"고 말했기 때문이다.
16 그래서 그들이 그녀를 손으로 잡
아, 궁전에 들어오던 말이 있는 길
로 데려가, 그곳에서 살해했다.
17 제호야다는 **주님**과 왕과 백성들 사
이에 약속을 맺었다. 약속은 그들
이 **주님**의 백성이 되어야 한다는
것이고, 역시 왕과 백성과의 사이
에 약속을 맺게 했다.
18 그 땅의 사람들이 배이얼신당으로
들어갔더니, 그것은 부서졌고, 제
단과 형상이 철저히 조각났고, 제
단 앞에서 배이얼의 제사장 매쁜마
탄, 맛단도 칼에 맞았다. 그리고 제사
장은 **주님**성전을 감독하는 관리들
을 임명했다.
19 그는 수백을 관리하는 지휘관들을
데리고, 대장들과 호위병들과 그
땅의 모든 백성을 데리고, **주님**의
성전에서 왕도 데려와서, 호위병
이 서 있는 왕의 궁전 성문 길까지
왔다. 그리고 그는 왕좌에 앉았다.
20 그래서 그 땅의 사람이 모두 기뻐
하며, 도시는 조용해졌다. 그들은
왕의 궁전 옆에서 칼로 애썰라야
를 죽였다.
21 제호애쉬가 다스리기 시작했을 때

나이는 7살이었다.

조애쉬왕이 성전수리

12 이즈리얼의 제후왕 집권 7년
에, 쥬다는 제호애쉬조애쉬왕
이 다스리기 시작하여 저루살럼에
서 40년간 통치했다. 어머니 이름
은 비어쉬바 출신 지바야였다.
2 제호애쉬요아스는 **주님**의 눈에 올바
른 일을 했는데, 일생 동안 제호야
다 제사장이 그에게 가르쳐준 대
로 했다.
3 그러나 높은 장소의 신당을 없애
지 못하여, 사람들은 여전히 높은
곳 신당에서 희생제사를 지내고
향을 피웠다.
4 제호애쉬가 제사장에게 말했다.
"앞으로 **주님**성전으로 들어오는
헌납 가운데 돈과, 각각 주기적 세
금으로 내는 돈과, 각자의 목적으
로 정하여 내는 돈과, **주님**성전에
자진해서 가져오는 돈 전체에 대
하여,
5 제사장들은 재무담당한테서 돈을
받아, 그것으로 성전에서 어디든
부서진 곳이 발견되면 보수하게
해라."
6 그런데 제호애쉬왕 집권 23년에
도, 제사장들은 성전의 훼손된 곳
을 전혀 수리하지 않았다.
7 그래서 제호애쉬왕은 제사장 제호
야다와 다른 제사장들을 불러 말
했다. "당신들은 왜 성전의 부서진
부분을 수리하지 않는가? 그러니
이제 당신들은 재무담당에게 더
이상 돈을 받지 말고, 성전수리에
돈을 직접 넘겨라."
8 그래서 제사장들은 사람들의 돈을
더 이상 받지도 않고 성전수리도
관여하지 않겠다고 동의했다.
9 그리고 제호야다 제사장은 상자
하나를 갖다 뚜껑에 구멍을 뚫어,
그것을 제단 옆에 갖다 놓았는데,
주님성전으로 들어오는 오른쪽이
었다. 그리고 출입문을 지키는 제
사장들은 **주님**성전으로 가져오는
모든 돈을 그 안에 집어넣었다.
10 그들은 상자 안에 돈이 많이 들어
왔다는 것을 알 때마다, 왕의 서기
관과 고위 제사장이 와서, 가방 안
에 돈을 집어넣고, **주님**성전에 들
어온 돈이 얼마인지 계산했다.
11 그리고 그들은 돈을 세어서 일한
사람의 손에 주며, **주님**성전을 감
독했다. 그리고 제사장들은 **주님**성
전을 작업하는 목수와 건축자들에
게 돈을 내주었다.
12 또 석공과, 돌을 깎는 사람과, 목재
를 사고, 돌을 다듬어, **주님**성전의
부서진 곳을 수리하도록, 이 모든
성전수리를 위하여 돈을 썼다.
13 하지만 그것으로 **주님**성전용 은그
릇을 만들지 않았고, 초심지용 가
위, 대야, 나팔, 어떤 금그릇, 은그
릇도 **주님**성전에 들어오는 돈을 사
용하지 않았다.

14 대신 그들은 일꾼에게 돈을 주어,
그것으로 **주님**성전을 수리하게 했
다.
15 게다가 제사장들은 일꾼들에게
돈을 나누어 주는 사람하고는 계
산하지 않았다. 왜냐하면 그들은
성실하게 이 일을 했기 때문이었
다.
16 보상용 돈과 속죄용 돈은 **주님**성전
으로 가져오지 않았는데, 그것은
제사장의 몫이었다.
17 한편 시리아왕 해재얼이 와서 개
스를 상대로 싸워 빼앗은 다음, 저
루살럼을 가려고 방향을 잡았다.
18 그래서 쥬다왕 제호애쉬는 제호샤
퓉과 제호램과 애해이쟈와 그의
조상들과 쥬다왕들이 헌납했던 모
든 예물과, 그 자신이 가졌던 신성
한 예물들과, **주님**성전과 왕의 궁
전의 재물창고에 있는 금을 전부
가져와서 시리아왕 해재얼에게 보
냈더니, 그가 저루살럼에서 물러
갔다.
19 조애쉬의 모든 행동 나머지와 한
일들은, 쥬다유다왕의 연대기 책에
쓰여 있지 않은가?
20 그리고 그의 신하들이 일어나, 음
모를 꾸며서, 실라 방향으로 가는
곳의 밀로 궁전에 있는 조애쉬를
죽였다.
21 쉬매스의 아들 조재카와 쇼머의
아들 제호재밴과 그의 신하들이,
그를 쳐서 죽였다. 그래서 그들은
그를 대이빋성에 그의 조상과 함
께 묻었다. 그리고 대신 그의 아들
애머자야가 통치했다.

이즈리얼왕 제호해스와 조애쉬

13 쥬다왕 애해이쟈의 아들 조
애쉬 23년에, 제후의 아들 제
호해스가 스매리아에서 이즈리얼
을 통치하기 시작하여 17년간 다
스렸다.
2 제호해스는 **주님**의 눈에 옳지 못했
고, 이즈리얼이 죄를 짓게 한 느뱉
느밧의 아들 제러범예로보암, 여로보암의
죄를 따르며, 거기서 벗어나지 않
았다.
3 **주님**의 분노가 이즈리얼에 대하여
불이 붙어, 그는 이즈리얼을 시리
아왕 해재얼과 그의 아들 밴해댇
이 통치하는 내내 그들 손에 넘겨
버렸다.
4 제호해스가 **주님**에게 간절히 기도
하여, **주님**은 그에게 귀를 기울였
다. 왜냐하면 **주님**은 시리아왕이
이즈리얼을 억압하는 것을 보았기
때문이었다.
5 [그래서 **주님**은 이즈리얼에 구원자
를 보내서, 시리아 손에서 벗어날
수 있었다. 그래서 이즈리얼 자손
도 이전처럼 자기 천막에서 살게
되었다.
6 그런데도 그들은 이즈리얼을 죄짓
게 만드는 제로범 집안의 죄로부
터 조금도 벗어나지 못했고, 여전

히 그 길을 걸으며 스매리아 역시
수풀신을 그대로 유지했다.]
7 제호해스한테 사람들이 얼마 남아
있지 않았고, 단지 기병 50 명, 전
차 10대, 보병 만명뿐이었다. 왜냐
하면 시리아왕이 마치 타작장의
먼지같이 그들을 파멸시켰기 때문
이었다.
8 제호해스의 모든 행동 나머지와
그가 한 일과 그의 힘은, 이즈리얼
왕의 연대기 책에 다 써 있지 않은
가?
9 제호해스도 그의 조상과 같이 잠
들어, 사람들은 그를 스매리아에
묻었고, 그의 아들 조애쉬가 대신
다스렸다.
10 쥬다왕 조애쉬 37년에, 제호해스
의 아들 제호애쉬가 스매리아에서
이즈리얼을 통치하기 시작하여 16
년간 다스렸다.
11 그는 **주님**의 눈에 나쁜 행동을 하
며, 이즈리얼을 죄짓게 한 느뱉의
아들 제로범의 모든 죄에서 벗어
나지 못하고 여전히 그 길을 걸었
다.
12 조애쉬의 행동 나머지와, 그가 한
일과, 쥬다왕 애머자야를 상대하
여 싸웠던 그의 힘은, 이즈리얼왕
의 연대기 책에 써있지 않은가?
13 조애쉬도 조상과 같이 잠이 들어,
제로범이 왕좌에 앉았고, 조애쉬
는 이즈리얼의 왕과 같이 스매리
아에 묻혔다.
14 그때 일라이샤가 죽을 병에 걸렸
다. 그러자 이즈리얼왕 조애쉬가
그에게 와서 그의 얼굴 위에서 울
며 말했다. "오 나의 대부여, 나의
아버지, 이즈리얼의 전차요, 그 전
차에 오른 기병이여."
15 그러자 일라이샤가 그에게 말했
다. "활과 화살을 가져오세요." 그
래서 그는 그에게 활과 화살을 가
져왔다.
16 그는 이즈리얼왕에게 말했다. "활
에 손을 얹어주세요." 그래서 그는
활에 손을 얹었다. 그러자 일라이
샤는 왕의 손 위에 자신의 손을 포
개 얹었다.
17 그리고 말했다. "동쪽 창문을 여세
요." 그러자 그가 창을 열었고, 일
라이샤가 "쏘세요." 하자 그가 쏘
았다. 그러자 그가 말했다. "이것은
주님의 구원의 화살이고, 시리아아
람로부터 구원시켜줄 화살이지요.
당신은 애펙에서 시리아인을 쳐
서, 당신이 그들을 섬멸할 때까지
칠 것입니다."
18 그리고 또 그가 말했다. "화살을 집
어보세요." 그래서 그가 화살을 집
어들자, 그가 이즈리얼왕에게 말
했다. "땅을 내리치세요." 그래서
그가 세 번 치고 멈췄다.
19 그러자 **하나님**의 사람이 그에게 화
를 내며 말했다. "당신은 5번이나 6
번을 쳤어야 해요. 그러면 당신은
시리아가 파멸될 때까지 치게 됐

을 텐데. 따라서 이제 당신은 시리
아를 세 번만 치게 될 거예요.
20 그리고 일라이샤가 죽어 사람들이
그를 묻었다. 그리고 모앱군대가
새해에 그 땅을 침공했다.
21 이즈리얼 사람이 어떤 사람을 매
장하다 보니, 사람 한 무리를 보게
되어서, 그들은 시신을 일라이샤
묘 안에 던졌다. 그런데 시신이 아
래로 떨어지며 일라이샤의 뼈에
닿자, 다시 살아서 제 발로 섰다.
22 그러나 시리아왕 해재얼은 제호해
스가 다스리는 기간 내내 이즈리
얼을 억압했다.
23 **주님**은 그들에게 관대했고, 연민으
로 그들을 존중했다. 왜냐하면 **주**
님이 애이브러햄, 아이직, 재이컵
과 맺은 약속 때문이었다. 그리고
그들을 파멸시키지 않았고, 여전
히 그의 눈 앞에서 이즈리얼을 던
져버리지도 않았다.
24 그런데 시리아왕 해재얼이 죽고,
그의 아들 벤해댇이 대신 다스렸
다.
25 제호해스의 아들 제호애쉬는 벤해
댇의 손에서 여러 도성을 다시 빼
앗았다. 그 도성들은 전쟁으로 그
의 아버지 제호해스가 빼앗겼던
것이었다. 조애쉬는 그를 세 번 공
격하여, 이즈리얼 도성들을 되찾
아왔다.

쥬다 애머자야와 이즈리얼 제호애쉬

14 이즈리얼왕 제호해스의 아
들 조애쉬 집권 2년에, 쥬다
왕 조애쉬의 아들 애머자야가 통
치했다.
2 그가 통치하기 시작했을 때 나이
는 25세였고, 저루살럼에서 29년
간 다스렸다. 그의 어머니 이름은
저루살럼 출신 제호아댄이었다.
3 그는 **주님**의 눈에 올바른 일을 했
지만, 그의 선대 대이빋과 같지 못
했다. 그는 그의 아버지 조애쉬가
한 모든 것을 그대로 따랐다.
4 그래도 높은 장소의 신당은 허물
지 않았는데, 사람들이 여전히 그
곳에서 희생제사를 지내고 향을
피웠기 때문이다.
5 왕국이 그의 손에서 더욱 튼튼해
지자 곧, 애머자야는 자신의 아버
지를 죽인 신하들을 죽였다.
6 하지만 살인자의 자녀는 죽이지
않았는데, 그것은 모지스 법에 적
힌 대로 따른 것이다. 거기서 **주님**
은 이렇게 명령했다. "아버지는 자
녀 죄로 인해 죽음에 처할 수 없고,
자손도 조상 때문에 죽게 하면 안
된다. 대신 각자는 자기 죄로 죽어
야 한다."
7 애머자야는 소금계곡에서 이듬사
람 만명을 죽이고, 셀라지역을 전
쟁으로 빼앗아 족씨얼이라 부르며
이날에 이른다.
8 그때 애머자야는 이즈리얼왕 제후

의 아들 제호해스의 아들 제호애
쉬에게 사자를 보내어 말했다. "와
서, 서로 얼굴이나 봅시다."
9 그런데 이즈리얼왕 제호애쉬는 쥬
다왕 애머자야에게 사람을 보내어
다음과 같이 말했다. "레바넌의 엉
겅퀴가 레바넌의 시더나무에게 전
령을 보내며 말했다. '당신 딸을 내
아들에게 아내로 달라.' 그런데 레
바넌의 들짐승이 그곳을 지나며
엉겅퀴를 밟아버렸다.
10 실제 당신은 이듬을 쳐서 마음이
들떠 있다. 이 영광을 집에서 누려
라. 왜 남의 일에 끼어들어 자신을
훼손시키며, 더불어 쥬다마저 피
해를 보게 하는가?"
11 그러나 애머자야가 들으려 하지
않았기 때문에, 이즈리얼왕 제호
애쉬가 쳐들어가서, 쥬다왕 애머
자야와, 쥬다땅 벳쉬멧쉬에서 서
로 얼굴을 마주하며 대립했다.
12 그때 쥬다는 이즈리얼 앞에서 형
편없이 파괴되어 그들 모두가 막
사로 도망쳤다.
13 이즈리얼왕 제호애쉬는 애해이쟈
의 아들 제호애쉬의 아들 쥬다왕
애머자야를 벳쉬메쉬에서 사로잡
아, 저루살럼에 와서, 저루살럼 성
벽을 이프리엄 성문에서부터 모퉁
이까지 400큐빝약 180m를 부수었다.
14 또 그는 금은과, **주님**성전에서 발
견되는 모든 그릇과, 왕의 궁전 보
물창고의 모든 것과, 인질을 잡아
서 스매리아로 돌아왔다.
15 제호애쉬의 모든 행적 나머지와
그가 한 일, 그의 힘, 그가 쥬다왕
애머자야와 어떻게 싸웠는지, 이
즈리얼왕의 연대기 책에 기록되어
있지 않는가?
16 제호애쉬도 그의 조상과 같이 잠
들어, 이즈리얼왕과 함께 스매리
아에 묻혔다. 그리고 그의 아들 제
로범이 대신 왕이 되었다.
17 쥬다왕 조애쉬의 아들 애머자야
는, 이즈리얼왕 제호해스 아들 제
호애쉬가 죽은 뒤 15년을 더 살았
다.
18 애머자야의 모든 행적은, 쥬다왕
의 연대기 책에 기록되어 있지 않
는가?
19 또 다시 사람들이 저루살럼에서
그에 대한 반역을 모의했고, 애머
자야는 래키쉬로 달아났지만, 그
들은 그의 뒤를 추적하여 래키쉬
로 사람을 보내 그곳에서 죽였다.
20 그리고 그들은 그를 말에 얹어 데
려와서, 대이빋성의 그의 조상과
같이 저루살럼에 매장했다.
21 쥬다의 모든 사람은 16살의 애저
라야아자르야, 아사라를 선택하여, 그
를 아버지 애머자야아마츠야, 아마샤
대신 왕으로 세웠다.
22 애저라야는 일래쓰엘랏를 건설하
여, 그곳을 쥬다에 편입시켰는데,
그 왕이 조상과 함께 잠든 이후였
다.

23 쥬다왕 조애쉬의 아들 애머자야
집권 15년에, 이즈리얼왕 조애쉬
의 아들 제로범이 스매리아에서
통치를 시작하여, 41년간 다스렸
다.
24 그는 **주님**의 눈에 나쁜 행동만 하
며, 느뱉의 아들 제로범이 이즈리
얼을 죄 짓게 한 모든 죄에서 조금
도 벗어나지 않았다.
25 그는 이즈리얼 경계를 해매쓰 입
구부터 평원의 바다 사해까지 회
복했는데, 이것은 이즈리얼의 **주**
하나님 말대로 이루어졌다. **주님**은
이것을 게쓰헤퍼 부족 예언자 애
머타이의 아들이자 그의 종 조나요
나의 손을 빌려 말했다.
26 왜냐하면 **주님**은 이즈리얼의 고통
을 보았기 때문이다. 고통은 참으
로 쓰라린 것으로, 그곳에는 방어
벽이 닫힌 곳도 없었고, 살아남은
것도 없었고, 이즈리얼을 위한 도
움도 없었기 때문이었다.
27 **주님**은 하늘 아래에서 이즈리얼의
이름을 제거해 버리겠다고 말하지
않았다. 그래서 **주님**은 조애쉬의
아들 제로범의 손으로 이즈리얼을
구원했다.
28 제로범의 나머지 모든 업적과, 그
가 한 일과, 그의 힘, 그리고 어떻게
전쟁을 했는지, 어떻게 드매스커
스를 회복하고, 이즈리얼을 위해
쥬다땅 해매스를 회복했는지, 모
든 것은 이즈리얼왕의 연대기 책
에 기록되어 있지 않는가?
29 그리고 제로범도 그의 조상 및 이
즈리얼왕과 함께 잠이 들어, 그의
아들 재커라야가즈카르야, 스가랴 대신
다스렸다.

쥬다왕 애저라야 및 여러 이즈리얼왕

15 이즈리얼왕 제로범 집권 27
년에, 쥬다왕 애머자야의 아
들 애저라야가 다스리기 시작했
다.
2 그는 16세 때 통치를 시작하여, 52
년간 저루살럼을 다스렸다. 그의
어머니 이름은 저루살럼 출신 제
코라야였다.
3 애저라야는 **주님**의 눈에 올바른 일
을 하며, 그의 아버지 애머자야가
한 대로 따랐다.
4 그래도 높은 장소의 신당만은 제
거하지 않아서, 사람들이 그곳에
서 희생제사를 지내고 높은 곳에
서 여전히 향을 피웠다.
5 그래서 **주님**이 왕을 쳤더니, 그는
죽는 날까지 피부병 환자가 되어
별채에서 살았다. 그래서 왕의 아
들 조쌤은 궁전을 관리하며, 그곳
사람을 판결했다.
6 애저라야의 나머지 모든 행동과,
그가 한 일은, 쥬다왕의 연대기 책
에 기록해 놓지 않았는가?
7 그리고 애저라야는 그의 조상과
같이 잠들어, 사람들이 대이빋도
성에 그의 조상과 함께 묻었다. 그

리고 그의 아들 조쌤이 대신 다스
렸다.
8 쥬다왕 애저라야 38년에, 제로범
의 아들 재커라야가 스매리아에서
이즈리얼을 6개월간 다스렸다.
9 재커라야는 **주님**이 보기에 나쁜 행
동만 하며, 그의 조상이 한 대로 따
랐다. 그는 이즈리얼을 죄짓게 만
든 느뱉의 아들 제로범의 죄에서
벗어나지 않았다.
10 재베쉬의 아들 샬럼이 모반을 일
으켜, 사람들 앞에서 그를 쳐서 죽
이고 샬럼이 대신 왕이 되었다.
11 재커라야의 나머지 모든 행동은,
보라, 이즈리얼왕의 연대기 책에
기록되어 있다.
12 이것은 **주님**이 제후에게 말한, "너
희 아들들은 4대까지 이즈리얼 왕
좌위에 앉게 될 것"이라고 했던 말
대로였다.
13 재베쉬의 아들 샬럼이 쥬다왕 우
지아 39년에 통치를 시작하여, 스
매리아에서 한달 동안 다스렸다.
14 개디의 아들 메너햄이 털자에서
올라와 스매리아로 와서, 스매리
아의 재베쉬의 아들 샬럼을 죽이
고 대신 통치했다.
15 샬럼의 나머지 모든 행동과, 그가
꾸민 모든 음모행위는, 보라, 이즈
리얼왕의 연대기 책에 쓰여 있다.
16 그리고 메너햄므나헴은 팁사티르차, 디
르사를 치고, 그곳의 모든 것과 털자
부터 팁사 경계선까지 쳤다. 왜냐
하면 그들이 매너햄에게 문을 열
어주지 않았기 때문에, 그는 팁사
를 쳤고, 아기를 가진 여자도 갈랐
다.
17 쥬다왕 애저라야 39년에 개디의
아들 메너햄이 이즈리얼을 통치하
기 시작하여, 스매리아에서 10년
간 통치했다.
18 **주님**이 보기에 그는 나쁜 일을 했
고, 느뱉의 아들 제로범이 이즈리
얼을 죄짓게 만든 죄에서 일생 동
안 벗어나지 않았다.
19 그리고 엇시리아왕 풀이 그 땅에
쳐들어왔다. 메너햄은 풀에게 은
1,000 탤런트 약 34톤을 주었다. 그것
은 자기 손으로 왕국을 굳건히 하
려는 것이었다.
20 그리고 메너햄은 이즈리얼 사람에
게 돈을 강요했는데, 심지어 힘있
는 부자와, 일반 개인에게 은 50쉐
클약 575g씩 받아서, 엇시리아왕에
게 주어, 그가 돌아갔고, 그 땅에 머
물지 않았다.
21 메너햄의 나머지 모든 행동과, 그
가 한 일 모두는, 이즈리얼왕의 연
대기 책에 기록되어 있지 않는가?
22 메너햄도 그의 조상과 함께 잠들
어, 그의 아들 페캐하야가 대신 통
치했다.
23 쥬다왕 애저라야 50년에, 메너햄
의 아들 페캐하야가 스매리아에서
이즈리얼을 다스렸고, 그 기간은 2
년이었다.

24 그는 **주님**이 보기에 나쁜 행동을
했고, 느뱉의 아들 제로범이 이즈
리얼을 죄짓게 한 잘못에서 떠나
지 않았다.
25 페캐하야의 군대대장 레멀라야의
아들 페카가 그를 칠 음모를 꾸몄
는데, 스매리아왕의 궁전 안에서
알겁과 아리에와 길리얻 사람 50
명과 같이 그를 죽이고, 그의 자리
에서 대신 통치했다.
26 페캐하야의 모든 나머지 행동과,
한 일들은 보라, 모든 것이 이즈리
얼왕의 연대기 책에 기록되어 있
다.
27 쥬다왕 애저라야 52년에, 레멀라
야의 아들 페카가 스매리아에서
이즈리얼을 다스리기 시작하여 20
년간 통치했다.
28 그는 **주님**이 보기에 바르지 못한
행동을 하며, 느뱉의 아들 제로범
이 이즈리얼을 죄짓게 한 죄에서
벗어나지 않았다.
29 이즈리얼왕 페카 시절에, 엇시리
아왕 틱래쓰필레서가 쳐들어와서,
아이전, 애이블베쓰마아카, 재노
아, 커데쉬, 해저, 길리얻, 갤릴리,
냎털라이의 모든 땅을 빼앗고, 엇
시리아로 사람들을 포로로 끌고
갔다.
30 일라의 아들 호쉬아가 레멀라야의
아들 페카에 대해 음모하여, 그를
쳐죽이고 대신 통치했는데, 그때
는 우지아의 아들 조쌤 집권 20년
이었다.
31 페카의 나머지 행동과, 그가 한 일
이것도, 이즈리얼왕의 연대기 책
에 기록되어 있다.
32 이즈리얼왕 레멀라야의 아들 페카
2년에, 쥬다왕 우지아우찌야, 웃시야의
아들 조쌤요탐, 요담이 통치하기 시작
했다.
33 그는 통치를 시작했을 때가 25세
였고, 저루살럼에서 16년간 다스
렸으며, 어머니 이름은 재독의 딸
제루샤였다.
34 그는 **주님**의 눈에 옳은 일을 하며,
그의 아버지 우지아가 한 모든 일
을 그대로 따랐다.
35 그런데도 높은 장소의 신당은 제
거하지 않았고, 사람들은 여전히
높은 곳에서 희생제사를 하고 향
을 피웠다. 그는 **주님**의 성전보다
궁전 문을 더 높게 지었다.
36 조쌤의 나머지 행동과, 한 일 모두
는, 쥬다왕의 연대기 책에 기록되
어 있지 않는가?
37 당시 **주님**은 쥬다를 공격하도록 시
리아왕 레진과, 레멀라야의 아들
페카를 쥬다로 보내기 시작했다.
38 조쌤도 조상과 같이 잠들어, 그의
선대 대이빋도성에 조상과 함께
묻혔다. 그리고 그의 아들 애이해
스가 대신 통치했다.

쥬다의 애이해즈왕

16 레멀라야의 아들 페카왕 17
년에, 쥬다왕 조쌤의 아들 애
이해즈가 통치를 시작했다.
2 애이해즈는 20세에 통치를 시작하
여, 저루살럼에서 16년간 다스렸
는데, 그의 선대 대이빋과 같은 **주**
하나님의 눈에 옳은 일을 하지 않
았다.
3 대신 그는 여러 이즈리얼왕이 걸
었던 길을 따라 걸었다. 그러면서
자신의 아들을 불 속으로 보내며,
주님이 이즈리얼 백성 앞에서 쫓
아버린 이민족의 혐오행동을 따랐
다.
4 그는 희생제사를 지내고 향을 피
우는데, 높은 곳이나, 언덕이나, 푸
른 나무 아래마다 지냈다.
5 그때 시리아왕 레진과 이즈리얼왕
레멀라야 왕의 아들 페카가 전쟁
을 하고자 저루살럼으로 왔고, 애
이해즈를 포위했지만 그를 정복할
수 없었다.
6 그때 시리아왕 레진은 일래쓰를
시리아 편으로 되찾고, 그 안에서
살던 이즈리얼인을 몰아내고, 시
리아인을 오게 하여, 오늘날까지
살고 있다.
7 그래서 애이해즈는 사자를 엇시리
아왕 틱래쓰필레서한테 보내어 말
했다. "나는 당신의 종이자 아들과
같은 자이지요. 당신이 와서 시리
아왕의 손에서 나를 구해주고, 내
게 맞서 일어나는 이즈리얼왕으로
부터 구해주세요."
8 그러면서 애이해즈는 은과 금을 **주**
님의 성전과 왕의 궁전 보물창고에
서 꺼내어, 엇시리아왕에게 예물
로 보냈다.
9 엇시리아왕이 그의 이야기에 귀
를 기울여 들었다. 그래서 엇시리
아왕은 드매스커스를 향해 올라가
서, 그곳을 빼앗고 드매스커스의
백성을 포로로 키어까지 끌고 왔
고, 레진 왕을 죽였다.
10 애이해즈왕은 드매스커스로 엇시
리아왕 틱래쓰필레서을 만나러 갔
다. 그리고 드매스커스에 있는 한
제단을 보고, 애이해즈왕은 제사
장 우리자에게 그 제단의 양식과
제단모양의 설계를 공법 그대로
보냈다.
11 그래서 제사장 우리자는 제단을
건축했는데, 애이해즈왕이 드매스
커스에서 보낸 방법 대로 했다. 그
리고 제사장 우리자는 드매스커스
에서 애이해즈왕이 오기 전에 만
들었다.
12 왕이 드매스커스에서 돌아와서,
제단을 보자, 가까이 다가가 그 위
에 제사를 지냈다.
13 그리고 왕은 그의 번제제물과 곡
식제물을 올렸고, 음료제물을 붓
고, 평화제물의 피를 제단 위에 뿌
렸다.
14 그리고 그는 황동제단을 가져왔는

데, 그것은 **주님** 앞에 있던 것으로,
성전의 앞쪽으로부터, 제단과 **주님**
의 성전 사이에서 옮겨, 제단 북쪽
에 갖다 놓았다.
15 애이해즈왕은 제사장 우리자우리야
에게 명령하며 말했다. "이 거대한
제단 위에 아침 번제물과 저녁 곡
식제물을 태우고, 또 왕의 번제제
사와 곡식제물을 올리고, 이 땅의
모든 사람의 번제제사도 음료제물
과 함께 올려라. 그리고 번제제물
의 피를 그 위에 뿌리고, 희생제물
의 피도 모두 뿌려라. 황동제단은
내가 앞으로 그것으로 **주님**에게 묻
기 위해 사용하게 될 것이다."
16 그래서 제사장 우리자는 애이해즈
왕이 명령하는 대로 따랐다.
17 애이해즈왕은 받침대에 붙은 널판
을 잘라내고, 거기서 대야를 옮겼
는데, 아래를 떠바치고 있던 황동
황소로부터 큰 대야를 떼내어, 석
판 위에 놓았다.
18 사배쓰휴일을 위해 그들이 성전
안에서 지어 놓았던, 왕이 밖에서
머무는 별채와 바꾸었는데, **주님**의
성전으로부터 엇시리아왕을 위한
장소로 개조시켰다.
19 애이해즈왕의 나머지 행동과, 그
가 한 일은, 쥬다왕의 연대기 책에
적혀 있지 않는가?
20 그리고 애이해즈왕도 조상과 함께
잠들어, 대이빋도성의 조상과 같
이 묻혀서, 그의 아들 헤저카야가
대신 왕이 되었다.

이즈리얼 마지막 호쉬아왕

17 쥬다왕 애이해즈 12년에 일
라의 아들 호쉬아호세아가 스
매리아를 다스리기 시작하여, 9년
간 이즈리얼을 통치했다.
2 그도 **주님**의 눈에 바르지 못한 행
동을 했지만, 선대 이즈리얼왕 정
도는 아니었다.
3 그를 공격하러 엇시리아왕 샬머네
서가 오자, 호쉬아는 그의 종이 되
어 예물을 바쳤다.
4 그런데 엇시리아왕은 호쉬아한테
서 음모를 감지했다. 왜냐하면 그
가 이집트 소왕에게 사자를 보내
면서, 매년 하던 대로 자신에게 예
물을 가져오지 않았기 때문이다.
그래서 엇시리아왕은 그를 구속하
여 감옥에 가뒀다.
5 그런 다음 엇시리아왕은 그 땅 전
역과 스매리아까지 두루 다니며, 3
년간 괴롭혔다.
6 호쉬아 9년에 엇시리아왕은 스매
리아를 빼앗고, 이즈리얼인을 엇
시리아로 데려가서, 고잰강 옆 핼
라와 해이버 및 메데스지역의 여
러 도성에 배치시켰다.
7 그렇게 된 것은, 이즈리얼 자손이
그들의 **주님**에 대해 잘못을 했고,
주님이 이집트왕 퐤로우 손 아래에
서 그들을 데려왔는데도 다른 신
을 두려워했고,

8 또 이민족 관습을 따랐기 때문이
다. **주님**은 이민족을 이즈리얼 자
손과, 그들이 정한 이즈리얼왕에
앞서 내쫓아버렸는데 말이다.
9 그때 이즈리얼 자손이 슬며시 한
행동은, 그들의 **주님**에 반하는 옳
지 못한 일로, 보초를 세우는 탑부
터 요새도성의 높은 장소 곳곳에
신당을 세웠다.
10 또 그들은 형상과 수풀신을, 높은
언덕마다, 푸른 나무 아래마다 세
웠다.
11 그들은 높은 장소마다 향을 피우
고, **주님**이 그들 앞에서 내쫓은 타
민족이 한 행동을 따르며, **주님**의
화를 자극하는 부정한 일을 했다.
12 우상숭배로 말하자면, **주님**이 그들
에게, "너희는 그렇게 하면 안 된
다"고 일렀던 것이다.
13 그래서 **주님**은 이즈리얼과 쥬다에
대해 입장을 표명하며, 모든 예언
자와 앞을 내다보는 선견자를 통
하여 다음을 예고했다. "너희는 그
른 길에서 방향을 돌려, 나의 명령
과 규정을 지키며, 내가 너희 조상
에게 명령한 법을 따라라. 그것은
나의 종 예언자를 통해 너희에게
전한 것이다."
14 그러나 그들은 들으려 하지 않고,
오히려 그들 목을 조상처럼 뻣뻣
하게 세우며, 그들의 **주 하나님**을
믿지 않았다.
15 그리고 **주님**의 규정을 거부하고,
그들 조상이 맺은 약속도 지키지
않고, **주님**이 그들에게 증명한 증
거도 무시했다. 또 그들은 허상을
쫓다가 허탕만 쳤는데도, 주변의
이민족이 하던 대로 따라서, 그런
그들에 대하여, **주님**이 당부하며
절대로 그들을 좋아해서는 안 된
다고 우려했었다.
16 그리고 자신들의 **주 하나님**의 명령
에서 이탈하여, 주물형상을 부어
만들었는데, 송아지 두 마리와 수
풀신을 만들고, 하늘의 수많은 군
상에게 예배하며 배이얼신을 섬겼
다.
17 그들은 자신의 아들딸을 불 속에
넣었고, 점과 마법을 사용하고, 자
신을 스스로 팔아버리는 등, **주님**
의 눈에 악을 저질러 **주님**의 화를
자극했다.
18 그래서 **주님**은 이즈리얼에 분노하
여, 그들을 자신의 시야에서 제거
하고, 오직 쥬다부족만 제외하고
하나도 남기지 않았다.
19 그런데 쥬다 역시 자신들의 **주 하나
님**의 명령을 지키지 않고, 대신 그
들이 만든 이즈리얼 규정대로 살
았다.
20 그래서 **주님**은 이즈리얼 후손을 거
부하며, 그들에게 괴로움을 주고,
약탈자의 손에 넘겨서, 자신의 시
야 밖으로 내던져 버렸다.
21 **주님**이 대이빋 집안에서 이즈리얼
을 떼어낸 이유는, 그들이 느뱉느밭

왕의 아들 제로범을 왕으로 세웠
는데, 그가 이즈리얼이 **주님**을 따
르지 못하게 몰아버린 큰 죄를 지
었기 때문이었다.
22 왜냐하면 이즈리얼 자손은 제로범
이 저지른 모든 악행의 길을 걸으
며, 그 죄에서 조금도 헤어나지 못
했기 때문이다.
23 그의 눈에서 이즈리얼을 제거할
때까지 그렇게 했다. **주님**이 그의
종 예언자를 통해 말한 바와 같았
다. 그래서 이즈리얼은 자기 땅에
서 엇시리아로 이주되어 이날에
이른다.
24 엇시리아왕은 배블런, 쿠싸, 애이
바, 해매스, 세퍼배인에서 사람을
데려와서, 이즈리얼 자손 대신 스
매리아 도성에 두어, 그들이 스매
리아를 차지하고 그 안에서 살았
다.
25 거기서 살기 시작한 초기에 그들
이 **주님**을 두려워하지 않았으므로,
주님은 사자를 보내어 그들 중 일
부를 죽였다.
26 그래서 그들은 엇시리아왕에게 이
렇게 말했다. "당신이 이주시킨 민
족을 스매리아 도성에 두었는데,
그들은 그 땅 **하나님**의 법을 알지
못해요. 그래서 **주님**이 사자를 보
냈는데 보니, 사자 여러 마리가 그
들을 죽였어요. 왜냐하면 그들이
그 땅 **하나님**의 법을 모르기 때문
이에요."
27 그러자 엇시리아왕이 명령했다.
"너희가 그 땅에서 데려온 제사장
중 하나를 그곳으로 보내라. 그리
고 그들을 거기 가서 살게 하여, 그
들에게 그 땅 **하나님**의 관습을 가
르치게 해라."
28 그래서 그들이 스매리아에서 데려
왔던 제사장 중 하나가 다시 와서
베썰에 살면서, 사람들에게 **주님**을
어떻게 경외해야 하는지 가르쳤
다.
29 하지만 민족마다 자신들의 신을
만들어, 그것을 스매리아 사람들
이 만든 높은 장소의 신당에 두었
는데, 그 도성의 모든 민족이 도성
안에서 그렇게 살았다.
30 그러면서 배블런 사람은 수커스비
노쓰를 만들고, 쿠쓰사람은 너걸
을 만들고, 해매쓰 사람은 애쉬마
를 만들고,
31 애이바 사람은 닙해즈와 타택을
만들었으며, 세파브 사람은 자녀
를 불에 넣어 애드러멜렉과 애너
멜렉과 세퐈배임 신에게 각각 바
쳤다.
32 한편으로 그들은 **주님**을 무서워하
여, 높은 신당의 제사장 중 가장 미
천한 사람을 세워, 그들이 높은 신
당 집에서 자신들을 위해 희생제
사를 바치게 했다.
33 그들은 **주님**을 두려워하면서도, 자
신들의 여러 신을 섬기며, 본국에
서 수행하던 민족의 관습을 따랐

다.
34 이날까지 그들은 예전 관습을 따
르며, **주님**을 두려워하지 않았고,
모든 규정이나 법령이나 명령한
법도 따르지 않았다. 그것은 **주님**
이 이즈리얼의 이름을 붙여준 제
이컵의 자손에게 명령했던 것이
다.
35 **주님**은 그들과 약속을 맺으며 임무
를 주고 말했다. "너희는 다른 신을
두려워하지 말고, 스스로 머리를
숙이거나 섬기지 말고, 희생제사
도 하지 마라.
36 대신 이집트땅에서 엄청난 힘으로
팔을 뻗어 너희를 데려온 **주님**을,
너희가 두려워하고 숭배하며 그에
게 희생제사를 올려야 한다.
37 그리고 규정, 법령, 법, **주님**이 너희
를 위해 직접 써준 명령을 앞으로
영원히 지켜야 하고, 다른 신을 두
려워하지 마라.
38 내가 너희와 함께 맺은 약속을 너
희가 잊지 말아야 하고, 다른 신을
두려워하지 말아야 한다.
39 대신 너희는 **주 하나님**을 경외해야
한다. 그러면 그가 모든 너의 적으
로부터 너를 구해줄 것"이라고 했
다.
40 그런데도 그들은 말을 듣지 않고,
이전 관습에 따라 살았다.
41 그렇게 이 민족은 **주님**을 두려워하
면서도, 조각형상을 섬겼고, 그들
의 자손도, 자손의 자손도 그들의
조상과 마찬가지로 이날까지 똑같
이 했다.

쥬다왕 헤저카야

18 이즈리얼왕 일라 아들 호쉬
아호세아 3년에, 쥬다왕 애이
해즈의 아들 헤저카야히즈키야, 히스기
야가 쥬다를 다스리기 시작했다.
2 그는 25세 때 통치를 시작하여, 저
루살럼에서 29년간 다스렸다. 그
의 어머니 이름은 재커라야의 딸
애이비였다.
3 그는 **주님**의 눈에 올바르게 행동하
며, 그의 선대 대이빋이 한 대로 따
랐다.
4 그는 높은 장소의 신당을 없애고,
형상을 부수고 수풀신을 잘라내
고, 또 모지스가 만든 황동뱀도 조
각으로 깨어버렸다. 왜냐하면 그
때까지 이즈리얼 자손은 황동뱀에
향을 피우고, 그것을 네허쉬탠느후
스탄이라고 불렀기 때문이다.
5 그는 이즈리얼의 **주 하나님**을 믿었
다. 따라서 쥬다왕 가운데 그와 같
은 사람은 그 이후에도 전에도 없
었다.
6 그는 **주님**에게 따르고 의지하는 범
위를 벗어나지 않으며, **주님**이 모
지스모세에게 전한 명령을 지켰다.
7 그리고 **주님**이 함께 있어, 그가 어
디를 가든 일이 잘 되었다. 또 그는
엇시리아왕에 대항하며 그에게 굴
복하지 않았다.

8 그는 필리스틴을 물리치고 가자와
그 국경선까지, 파수병이 지키는
망루부터 요새도성까지 공격했다.
9 헤저카야왕 4년은 이즈리얼왕 일
라의 아들 호쉬아 집권 7년이었는
데, 엇시리아왕 샬머네서가 와서
스매리아를 포위했다.
10 그리고 3년 끝에, 그들이 스매리아
를 빼앗은 시기는, 헤저카야 6년과
이즈리얼왕 호쉬아 9년이었다.
11 엇시리아왕은 이즈리얼인을 엇시
리아로 끌고 가서, 고잰강 옆 핼라
와 해이버 및 메데스의 여러 도성
에 데려 다 놓았다.
12 이것은 그들이 **주 하나님**의 목소리
에 순종하지 않고, 대신 그의 약속
을 위반했고, **주님**이 그의 종 모지
스에게 명령한 모든 것을 듣지도
따르지도 않았기 때문이었다.
13 헤저카야왕 14년에, 엇시리아왕
세내커립이 쥬다의 모든 요새도성
을 공격하여 빼앗았다.
14 쥬다왕 헤저카야가 래키쉬의 엇시
리아왕에게 사람을 보내어 말했
다. "내가 잘못 했어요. 내게서 물
러가면, 당신이 내게 부과하는 것
을 받아들이겠어요." 그래서 엇시
리아왕은 쥬다의 헤저카야 왕에게
은 300 탤런트약 10톤과 금 30 탤런
트약 1톤을 요구했다.
15 헤저카야왕은 그에게 **주님**의 성전
에 있는 은과, 왕의 궁전보물을 전
부 주었다.
16 그때 헤저카야는 **주님**의 성소 문에
서 금을 떼어내고, 쥬다왕 헤저카
야의 궁전기둥에 입혔던 금도 떼
내어 엇시리아왕에게 주었다.
17 엇시리아왕은 래키쉬에서 타탠
과 랩서리스와 랩샤케를 저루살럼
을 상대할 많은 군대와 함께 헤저
카야왕한테 보내어, 저루살럼으로
쳐들어왔는데, 그들은 빨랫터로
가는 큰길 위쪽 저수지 수로 옆에
섰다.
18 그들이 왕에게 소리치자, 왕의 궁
전을 관리하는 힐카야 아들 일라
야킴과, 왕의 서기관 쉽나와, 역사
기록관 애사프의 아들 조아가 그
들에게 나왔다.
19 그러자 렙샤케랍 사케, 랍사게가 그들
에게 말했다. "너희는 헤저카야왕
에게 전해라. 엇시리아의 위대한
왕이 이렇게 말했다. '너희가 뭘 믿
기에 그런 자신감이 있는 것이냐?
20 너희는 말을 해도, [그저 헛소리뿐
이다.] 나는 전쟁을 치를 전략과 힘
을 가지고 있다. 너희가 누구를 믿
고 나에게 대항하느냐?
21 이제 보라, 너희는 썩어 쪼개진 갈
대 지팡이를 믿는 것이다. 심지어
이집트도 마찬가지여서, 사람이
쪼개진 지팡이에 의지하면 그것이
손을 찌를 것이다. 이집트의 풰로
우왕은 자신을 신뢰하는 모두에게
그렇게 한다.
22 그런데 너희는 내게, '우리는 우리

의 **주 하나님**을 믿는다'고 하겠지.
주님이란 높은 장소에 있지 않나?
또 헤저카야왕이 없애버린 제단에
있지 않나? 그러면서 왕이 쥬다와
저루살럼에게 이르기를 '너희는
저루살럼에 있는 이 제단 앞에서
만 예배를 올리라' 한 게 아니냐?"
라고 전하라 했다.
23 이제 내가 부탁하는데, 나의 주인
님 엇시리아왕에게 맹세해라. 그
러면 내가 너희가 말을 탈 수 있는
기병을 데려오고, 말 2천필을 너희
에게 넘겨주겠다.
24 너희가 어떻게 나의 주인님의 종
가운데 가장 하급대장 중 하나인
들 물리칠 수 있으며, 어떻게 너희
가 전차와 기병 때문에 이집트를
믿느냐?
25 내가 **주님**의 도움없이 이곳을 치기
위해 왔겠나? 그 **주님**은 내게 '이
땅에 쳐들어가서 모두 파괴하라'
고 말했다."
26 그때 힐카야의 아들 일라야킴과,
쉽나와, 조아가 랩샤케에게 말했
다. "제발 부탁하는데, 너희 종 우
리에게 시리아 말로 해주면, 다 알
아듣는다. 저 성벽 위에 사람 귀가
듣고 있으니, 우리에게 이즈리얼
의 말로 말하지 말아 달라."
27 하지만 렙샤케가 그들에게 말했
다. "나의 주인님이 나를 보내어 너
희 주인과 너희에게 이 말을 전하
게 하지 않았느냐? 그가 성벽 위에
앉은 자에게 전하려고 나를 보낸
게 아니다. 그들은 그들의 똥이나
먹고 너와 같이 자신들 오줌이나
마실 자가 아니냐?
28 그러면서 랩샤케가 서서 이즈리얼
말로 큰 소리로 말했다. "위대한 왕
엇시리아왕의 말을 들어라.
29 왕의 말에 따르면, 헤저카야왕이
너희를 속이지 못하게 해라. 그의
손으로 너희를 구원할 수 없기 때
문이다.
30 헤저카야가 너희에게 **주님**을 믿게
만들지 못하게 해라. 그는 이렇게
말하겠지. '**주님**은 반드시 우리를
구할 것이고, 이 도시는 엇시리아
왕의 손에 넘어가지 못한다'고.
31 헤저카야왕의 말을 듣지 마라. 엇
시리아왕은 이렇게 말했다. '나와
평화조약을 맺자. 그리고 내게 와
라. 그러면 너희 모두가 자신의 포
도를 먹고, 자신의 무화과를 먹고,
자신의 저수지 물을 마실 것이다.
32 내가 와서, 너희 땅과 같은 곳, 곡식
과 포도주의 땅, 빵과 포도원의 땅,
올리브기름과 꿀의 땅으로 데려가
면, 너희는 살며, 죽지 않을 것이다.
그리고 헤저카야왕의 말을 듣지
마라. 그는 너희를 설득하며 말할
것이다. '**주님**이 우리를 구할 것'이
라고.
33 민족마다 있는 어떤 신이 엇시리
아왕의 손에서 그의 땅을 전부 구
한 적이 있나?

34 해매스신이나 아패드신은 어디 있
지? 세퍼배임, 헤나, 아이바 신들
은 어디 갔나? 그들이 나의 손에서
스매리아를 구했나?
35 나라마다 있는 신 가운데 누가 내
손에서 그들 나라를 구했나? 그리
고 **주님**이 내 손에서 저루살럼을
구해내겠나?"
36 그러나 사람들은 잠자코 있으면서
한 마디도 대답하지 않았다. 왜냐
하면 왕은 "그에게 대답하지 말라"
고 명령했다.
37 그때 궁전 책임자 힐카야의 아들
일라야킴과 서기관 쉽나와 기록관
애사프 아들 조아가, 그들의 옷을
찢으며 헤저카야왕에게 와서 랩샤
케가 한 말을 전했다.

저루살럼 구원에 대한 예언

19 헤저카야히즈키아, 히스기야왕이
이 이야기를 듣고, 옷을 찢으
며 거친 베로 몸을 가리고 **주님**성
전으로 들어갔다.
2 그는 궁전책임자 일라야킴과, 왕
의 서기관 쉽나와, 제사장 중 원로
모두 베옷을 입게 하여, 애이머스
의 아들 예언자 아이재야이사야에게
보냈다.
3 그리고 그들이 아이재야에게 말했
다. "헤저카야왕이 이렇게 말했어
요. '오늘은 고통의 날이고, 비난의
날이고, 모독의 날이다. 그래서 아
이들이 태어나려 해도 밖으로 나
올 힘이 없다.
4 당신의 **주 하나님**이 있다면 랩샤케
의 말을 다 들었을 것이다. 그의 주
인 엇시리아왕은 랩샤케를 보내어
살아 있는 **하나님**을 비난했다. 그
러므로 당신의 **주 하나님**은 자신이
들은 말에 복수할 것이다. 따라서
당신은 살아 있는 자를 위해 기도
를 해달라'고 했어요.
5 그렇게 헤저카야왕이 보낸 신하들
이 아이재야에게 와서 전했다.
6 아이재야가 그들에게 말했다. "**주**
님의 말대로, 당신들 주인님 왕에
게 이렇게 전하세요. '너희가 들은
말 때문에 두려워하지 마라. 엇시
리아왕의 종들은 나를 모독한 것
이다.
7 보라, 내가 그에 대해 풍문을 보내
면, 그는 소문을 듣고 자기 땅으로
돌아가게 될 것이다. 그러면 내가
그를 제 땅에서 칼에 쓰러지게 하
겠다."
8 그래서 랩샤케가 되돌아가서, 립
나를 상대로 싸움 중인 엇시리아
왕을 찾아갔다. 왜냐하면 왕이 래
키쉬를 떠났다는 소문을 그가 들
었기 때문이었다.
9 한편 엇시리아왕은 이씨오피아왕
틸해카가 자신에 맞서 싸우러 나
왔다는 소식을 듣더니, 다시 헤저
카야에게 전령을 보내 말했다.
10 "너희는 쥬다왕 헤저카야에게 전
해라. '너희가 믿는 **하나님**이 이런

말로 너희를 속이지 않게 해라. 저
루살럼은 엇시리아왕의 손에 넘어
가지 않을 것'이라고 했겠지.
11 그런데 보라, 너는 엇시리아왕이
모든 땅을 어떻게 했는지 들었을
거다. 그것을 철저히 파괴했는데,
너희가 구원을 받게 된다고?
12 민족의 신들이 그들을 구했나? 나
의 조상이 그들을 파멸시킬 때? 고
잰과, 해랜과, 리제프처럼 마찬가
지로 털래사에 있는 이든 자손을
다 파멸시켰는데 그들이 구원을
받았나?
13 해매쓰왕과, 알패드왕은 어디 있
나? 세퍼배임, 헤나, 아이바 도성
의 왕들은 어디 있나?"
14 그래서 헤저카야왕은 전령의 손에
서 편지를 받아 읽었다. 그런 다음
헤저카야는 **주님**성전으로 올라가
서 **주님** 앞에 그 편지를 펼쳤다.
15 헤저카야는 **주님** 앞에서 기도하며
말했다. "이즈리얼의 **주 하나님**, 두
체럽천사 사이에 있는 당신은, 모
든 왕국 가운데 유일한 **하나님**이지
요. 당신이 하늘과 땅을 만들었어
요.
16 **주님**, 당신의 귀를 기울여 들어주
고, 당신의 눈을 뜨고 보며, 세내커
립산헤립의 말을 들어보세요. 이 편
지는 살아 있는 **하나님**을 모독하려
고 보냈어요.
17 실제로 **주님**, 엇시리아왕이 이 민
족과 그들의 땅을 파괴했어요.
18 그리고 그는 그들의 여러 신을 불
속에 던졌어요. 왜냐하면 그들 신
은 신이 아니라 인간 손으로 만든
나무와 돌이니까요. 그래서 그들
이 모든 것을 파괴했어요.
19 그러므로 오 우리의 **주 하나님**, 내
가 당신에게 간곡히 부탁하는데
요, 당신이 그의 손에서 우리를 구
해주어, 땅위의 모든 왕국에서 당
신이 오직 유일한 **주 하나님**이라는
것을 알게 해주세요."
20 그리고 애이머스의 아들 아이재야
가 헤저카야왕에게 사람을 보내
말했다. "이즈리얼의 **주 하나님**이
이렇게 말했어요. '네가 엇시리아
왕 세내커립에 대해 기도한 내용
을 내가 들었다.
21 다음은 주인이 그에 관해 말한다.
자이언시온의 딸 소녀가 너를 무시
하며 비웃고, 저루살럼의 딸이 너
에게 머리를 가로저었다.
22 네가 누구를 비판하며 모독하나?
네가 누구한테 목소리를 높이며
네 눈을 높이 치켜 뜨나? 이즈리얼
의 거룩한 그에게 감히.
23 너는 사자를 통하여 주를 비판하
며 말했다. "나의 수많은 전차를 가
지고 내가 산 가운데 가장 높은 곳
까지 와서, 레바넌 쪽으로 왔다. 이
제 그곳의 가장 큰 시더나무와 전
나무를 골라 베어 쓰러뜨리겠다.
그리고 나는 주의 영역 내 거처로
들어가, 그의 카멀 숲속으로 들어

갈 것이다.
24 나는 외국 땅을 파서 물을 마셨다.
또 나의 발바닥이 닿는 곳마다 강
을 말렸다"고 네가 말했지.
25 너는, 오래 전에 내가 그것을 어떻
게 했는지 듣지도 못했나? 예전에
내가 그것을 구상했다는 것을? 이
제 나는 그것이 실현되도록 가져
와서, 네가 요새로 만든 도성을 무
너뜨려 폐허더미가 되게 하겠다.
26 그래서 그곳 주민은 힘이 빠지고,
그들은 놀라 혼란에 빠진다. 그들
은 들풀이나 푸른 채소처럼 되고,
지붕 위의 건초나, 다 자라기도 전
에 말라버린 곡식과 같을 것이다.
27 그런데 나는 너희 거처를 알고, 너
희가 나가고 들어가는 것을 알고,
나에게 대항하는 너희의 분노를
알고 있다.
28 왜냐하면 나에 대한 너희 분노와
너희의 소란이 내 귀까지 오기 때
문에, 나는 네 코에 나의 갈고리를
꿰고, 네 입술에 나의 재갈을 물려
서, 네가 온 길로 돌아가게 하겠다.
29 한편 이것은 헤저카야 네게 표시
가 될 것이다. 너희는 올해 자신이
키운 곡식을 먹게 되고, 두 번째 해
에는 같은 곳에서 올라오는 곡식
을 먹고, 세 번째 해에 너희가 씨를
뿌려 추수하고, 포도나무를 심고
거기서 나는 열매를 먹을 것이다.
30 그리고 쥬다 집안에서 피하여 살
아남은 사람은, 다시 뿌리를 내리
고, 위로 열매를 맺게 하겠다.
31 저루살럼에서 나와서 살아남은 자
는 살아갈 것이고, 자이언산 밖으
로 피한 사람은 계속 나아갈 것이
다. 만인의 **주 하나님**의 열성이 이
일을 하기 때문이다.'
32 그러면서 엇시리아왕에 대해 **주님**
은 이렇게 말한다. '그는 이 도시로
들어오지 못할 것이고, 거기서 화
살 하나 쏘지 못하고, 방패로 앞을
가리지도 못하고, 이곳에 둑도 쌓
지 못할 것이다.
33 그는 왔던 그 길로 돌아가게 되고,
이 도성에 절대 들어오지 못한다'
고 **주님**이 말한다.
34 '왜냐하면 내가 이 도시를 방어하
여 지킬 것이다. 내 자신과 나의 종
대이빋을 위해 그렇게 하기 때문'
이라고 **주님**이 말했어요."
35 그날 밤 **주님**의 사자가 가서, 엇시
리아 진영을 쳐서, 18만5천명을 죽
였다. 그들이 아침 일찍 일어나서
보니, 전부 죽은 시체였다.
36 그래서 엇시리아왕 세내커립이 되
돌아 가서 닌에베에서 살았다.
37 그가 그의 신 니스로크의 신전에
서 경배하고 있을 때, 그의 두 아들
애드래멜렉과 섀레저가 그를 칼로
친 뒤, 알메니아땅으로 도망갔다.
그래서 그의 아들 이사해던이 대
신 통치했다.

헤저카야왕 회복의 증거

20 그때 헤저카야 왕이 아파서
죽게 되었다. 애이머스의 아
들 예언자 아이재야이사야가 그에게
와서 말했다. "**주님**은 이렇게 말했
어요. '네 집을 정리해라. 너는 살지
못하고 죽기 때문'이라고 했어요."
2 그러자 그는 얼굴을 벽쪽으로 돌
리며 **주님**에게 애원하며 말했다.
3 "오 **주님**, 간절히 부탁하는데요. 내
가 진실하고 완벽한 마음으로 당
신 앞에서 인생 길을 어떻게 걸어
왔는지 기억해주세요. 또 당신이
보기에 좋은 일을 했다는 점도 말
이죠." 그러면서 헤저카야는 슬프
게 울었다.
4 아이재야가 나와서 궁전 중앙 뜰
로 들어서기 전, **주님**의 말이 그에
게 들려왔다.
5 "되돌아가서, 나의 백성의 대표 헤
저카야에게 전해라. 주인의 말에
따라, 너의 조상 대이빋의 **하나님**
인 내가 네 기도를 들었고 네 눈물
도 보았다. 보라, 내가 너를 고쳐주
겠다. 3일째 날, 너는 일어나서 **주**
님성전으로 갈 것이다.
6 또 나는 네 수명을 15년 더 보태주
겠다. 나는 너와 이 도성을 엇시리
아왕의 손에서 구하고, 내 자신을
위하고, 또 나의 종 대이빋을 위하
여 이 도성을 지키겠다."
7 그래서 아이재야가 말했다. "무화
과 반죽을 가져와라." 그래서 그들
이 그것을 왕의 종기 위에 붙였더
니 회복되었다.
8 헤저카야왕이 아이재야에게 물었
다. "무엇이 증거인가, **주님**이 나를
고쳐주어, 3일째 날 내가 **주님**성전
으로 들어가게 된다는 것에 대한
증거는?"
9 그러자 아이재야가 대답했다. 당
신이 **주님**에게 받게 될 증거는 바
로, 당신이 말한 것을 **주님**이 실행
하게 되는데, 그림자를 10° 앞으로
당길까? 아니면 뒤로 10° 물릴까?
이지요."
10 그러자 헤저카야가 대답했다. "그
림자를 10° 앞으로 보내기는 간단
한 일이다. 그러니 아니다. 그림자
를 10° 뒤로 물려라.
11 예언자 아이재야가 **주님**에게 외쳤
다. 그러자 **주님**은 애이해즈의 해
시계에서 앞으로 나왔던 그림자를
10° 뒤로 보냈다.
12 그때 배블런왕 밸러든의 아들 비
러덕밸러든이 편지와 예물을 헤저
카야 왕한테 보냈다. 왜냐하면 그
는 헤저카야가 아프다는 소문을
들었기 때문이었다.
13 헤저카야가 그들의 말을 듣고, 그
들에게 자기 궁전의 귀중품 전부
를 보여주었는데, 은과 금, 향료, 귀
한 연고 및, 무기고 안의 모든 것과
그의 보물창고 전부를 보여주었
다. 그의 집안에도, 다스리는 모든
곳에도 헤저카야가 사절에게 보이

지 않은 것은 하나도 없었다.
14 그때 예언자 아이재야가 헤저카야
왕에게 와서 말했다. "그들에게 뭐
라고 했지요? 그리고 그들은 어디
에서 왔나요?" 그러자 헤저카야가
말했다. "그들은 먼 나라 배블런에
서 왔다."
15 아이재야가 물었다. "왕의 집안에
서 그들이 무엇을 보았지요?" 헤
저카야가 대답했다. "나의 집안 모
든 것을 그들이 봤다. 나의 보물창
고 가운데 그들에게 보여주지 않
은 곳은 하나도 없다."
16 그러자 아이재야가 헤저카야에게
말했다. "**주님**의 말을 들어보세요.
17 '보라, 그날이 오면, 네 집안의 모든
것과, 네 조상이 이날까지 쌓아 저
장해 둔 것이, 전부 배블런으로 옮
겨질 것이다. 그리고 남는 것이 없
을 것'이라고 **주님**이 말했어요.
18 '그리고 네가 낳아 태어나게 될 아
들들은 모두 잡혀가서, 배블런왕
의 궁전 내시가 될 것'이라고 했어
요."
19 그러자 헤저카야가 아이재야에게
말했다. "당신이 전한 **주님**의 말은
참 좋은 것이다." 그러면서 말을 이
었다. "내 시대에 평화와 진실이 함
께 공존한다면 그것도 좋지 않겠
나?"
20 헤저카야왕의 나머지 업적과, 그
의 모든 힘과, 그가 저수지와 수로
를 만들어 도성 내 물을 어떻게 가
져왔는지, 이 모든 것은 쥬다왕의
연대기 책에 다 써 있지 않는가?
21 헤저카야도 조상과 같이 잠들어,
그의 아들 머나서가 대신 왕이 되
었다.

쥬다왕 머나서

21 머나서므나쎄, 므낫세는 12살 때
통치를 시작하여 저루살럼에
서 55년간 다스렸고, 그의 어머니
이름은 헾지바였다.
2 그는 **주님**의 눈에 그릇된 행동을
하며, **주님**이 이즈리얼 자손 앞에
서 내쫓은 이민족의 혐오행동을
따랐다.
3 그로 말하자면, 아버지 헤저카야히
즈키야, 히스기야가 부셔버린 높은 장
소의 신당을 다시 짓고, 배이얼을
위한 제단도 세우고, 수풀신을 만
들며, 이즈리얼왕 애이햅이 한 대
로 하면서, 하늘의 모든 별을 숭배
하며 섬겼다.
4 그는 **주님**성전 안에 여러 가지 제
단을 지었다. 그곳은 **주님**이, "저루
살럼에 나의 이름을 두겠다"고 말
한 장소다.
5 또 그는 **주님**의 성전 안마당 두 곳
에 하늘의 모든 일월성신을 섬기
는 제단도 지었다.
6 그는 자기 아들을 불에 집어넣는
가 하면, 점을 치고, 주술을 사용하
고, 영혼과 마법을 다루며, **주님**의
눈에 나쁜 행동을 하여, 그를 화나

게 만들었다.
7 그리고 그는 성전 안에 자기가 만
든 수풀신의 조각형상을 세웠다.
그곳은 **주님**이 대이빋과 그의 아들
솔로먼에게 이르며, "이 성전은, 저
루살럼에서 이즈리얼 전체 가운데
내가 선택한 장소로 그곳에 영원
히 나의 이름을 두겠다.
8 나는 이 땅에서 이즈리얼의 발을
더 이상 옮기지 않게 하겠다. 그곳
은 내가 그들의 조상에게 준 장소
다. 단지 그들이 내가 그들에게 명
령한 모든 것을 따르며 지켜야 하
고, 나의 종 모지스가 그들에게 명
령한 법에 따라야 한다.
9 하지만 그들은 귀를 기울이지 않
았고, 머나서는 사람을 유혹하여,
주님이 이즈리얼에 앞서 파멸시킨
민족의 행위보다 더 나쁜 행동을
하게 했다.
10 **주님**은 그의 종 여러 예언자를 통
하여 말을 전하며,
11 쥬다왕 머나서가 이런 혐오행동을
하고, 그들보다 앞서 있었던 애머
자손 이상으로 훨씬 더 나쁘게 행
동했고, 쥬다인 역시 우상으로 죄
를 짓게 만들었기 때문에,
12 그래서 이즈리얼의 **주 하나님**의 말
에 따르면, '보라, 나는 저루살럼과
쥬다에 불행을 내리겠다. 이 이야
기를 듣는 사람은 누구나 양쪽 귀
가 울릴 것이다.
13 나는 스매리아에서 애이햅집안을
추락시킨 줄자를 저루살럼에 펴서
재어보겠다. 그래서 사람이 접시
를 닦아, 말끔히 씻어 버리듯, 저루
살럼을 엎어버리겠다.
14 그리고 나의 유산 중 나머지를 외
면하고, 적의 손에 넘겨, 그들을 적
의 먹잇감과 전리품이 되게 하겠
다.
15 왜냐하면 그들은 내 눈에 그른 행
동을 하여, 내가 화가 나도록 자극
했기 때문인데, 그들 조상이 이집
트 밖으로 나온 때부터 이날까지
그랬다.
16 더욱 머나서는 너무나 많이 순수
한 피를 흘려, 저루살럼 이쪽 끝에
서 저쪽까지 가득 채웠다. 그의 죄
로 인해 쥬다사람을 죄짓게 만든
것 이외, 주인의 눈에 바르지 못한
행동을 하면서 그랬다."
17 머나서의 나머지 모든 행동과 한
일, 그가 지은 죄는, 모두가 쥬다왕
의 연대기 책에 기록되어 있지 않
는가?
18 그리고 머나서도 자기 조상과 같
이 잠이 들어, 자신의 궁전 내 우자
정원 동산에 묻혔고, 대신 아들 애
이먼이 다스렸다.
19 애이먼이 통치를 시작했을 때 나
이는 22세였고, 저루살럼에서 2년
간 통치했다. 그의 어머니 이름은
잩바 출신 해러즈의 딸 메슐레메
쓰였다.
20 그는 그의 아버지 머나서가 하듯,

주님의 눈에 나쁜 행동을 했다.
21 그는 아버지가 걸었던 길을 그대
로 걸으며, 아버지가 섬기고 숭배
했던 우상을 섬겼다.
22 그는 그의 조상의 **주 하나님**을 외면
하고, **주님**의 길을 따라 걷지 않았
다.
23 그런데 애이먼의 종들이 그를 상
대로 음모를 꾸며 궁전에서 왕을
살해했다.
24 그래서 그 땅의 백성이 애이먼왕
을 상대로 음모한 자들을 죽인 다
음, 그의 아들 조사야를 대신 왕으
로 삼았다.
25 애이먼이 한 나머지 일은 모두 쥬
다왕의 연대기 책에 적혀 있지 않
는가?
26 그리고 그는 우자동산에 있는 그
의 묘지에 묻혔고, 그의 아들 조사
야가 대신 다스렸다.

법의 책 발견

22 조사야요시야는 여덟살에 통
치를 시작하여, 저루살럼에
서 31년간 다스렸고, 어머니 이름
은 보스캐쓰 출신 어대이야의 딸
제디다였다.
2 그는 **주님**의 눈에 올바르게 행동하
며, 그의 선대 대이빋이 걷던 길 안
에서 걸었고, 오른쪽도 왼쪽도 벗
어나지 않았다.
3 조사야왕 18년에 그는 미슐램 아
들 애절라야의 아들 샤펜사판, 사반
서기관을 **주님**의 성전에 보내며 말
했다.
4 "대제사장 힐카야힐키야, 힐기야한테
가서, **주님**성전으로 들어온 은을
계산하게 해라. 그 은은 수문장이
사람들에게 거둬들인 것이다.
5 그리고 은을 **주님**성전을 관리하는
담당자 손에 넘겨주고, 성전의 파
손부분을 수리하게 하는데,
6 목수와, 건축자와, 석공들에게 은
돈을 주어, 목재를 사고 성전수리
용 돌을 깎게 해라."
7 그렇지만 그들 손에 전달한 돈을
그들과 같이 계산할 필요는 없었
다. 왜냐하면 그들은 성실히 일을
처리했기 때문이었다.
8 한편 대제사장 힐카야가 왕의 서
기관 샤펜에게 말했다. "내가 **주님**
의 성전에서 이 법의 책을 발견했
다." 그러면서 힐카야가 그 책을 샤
펜에게 주자, 그가 책을 읽었다.
9 왕의 서기관 샤펜이 왕에게 와서
보고하며 말했다. "당신의 종들은
성전에 있는 돈을 모아서, 그것을
일하는 사람 손에 나눠주게 하고,
주님성전의 관리자에게 감독하게
했어요."
10 서기관 샤펜이 왕에게 설명하며
말했다. "제사장 힐카야가 이 책을
내게 갖다 주었어요." 그러면서 샤
펜은 왕 앞에서 그것을 읽었다.
11 왕이 법전의 내용을 듣더니, 자신
의 옷을 찢었다.

12 그리고 왕은 힐카야 제사장과, 샤
펜의 아들 애히캠과, 미카이야의
아들 애크보와, 서기관 샤펜과, 왕
의 시종 애사히야에게 다음과 같
이 명령했다.
13 "너희는 가서 나를 위해 **주님**에게
지혜를 구해라. 또 백성을 위하여,
쥬다를 위하여 발견된 책의 내용
에 관하여 자문을 구해라. 우리에
게 치미는 **주님**의 분노가 대단한
것은, 우리 조상이 이 책의 말에 귀
를 기울이지 않았기 때문이고, 우
리에 관해 쓰여진 모든 말에 따르
지 않았던 것이다.
14 그래서 제사장 힐카야와, 애히캠
과, 애크보와, 샤펜과, 애사히야는
여자예언자 훌다한테 갔다. 그녀
는 의복담당관 할해스의 아들 티
크바의 아들 샬럼의 아내였다. [당
시 그녀는 저루살럼의 한 구역에
살았다.] 그리고 그들은 그녀와 이
야기했다.
15 그녀가 그들에게 말했다. "이즈리
얼의 **주 하나님**의 말에 의하면, '너
희를 보낸 그 사람 왕에게 가서 전
하라'고 했어요.
16 **주님**은 이렇게 말했어요. '보라, 나
는 이 곳과 여기 사는 주민에게 불
행을 가져오겠다. 심지어 쥬다왕
이 읽은 책의 모든 내용대로 하겠
다.
17 왜냐하면 그들은 나를 외면하고,
다른 여러 신에게 향을 피웠기 때
문에, 그들 스스로 한 일로 화나도
록 나를 자극했다. 그래서 나의 분
노가 이곳에 대해 불이 붙어, 꺼지
지 않을 것이다.
18 그러나 **주님**에게 묻고자 너희를 보
낸 쥬다왕에게 이렇게 전해라. 이
즈리얼의 **주 하나님**의 말에 따라,
왕이 들은 내용에 대해 언급하자
면,
19 '네 마음은 온화하고, **주님** 앞에서
겸손해져, 내가 이 장소와 여기 사
는 주민에 대하여 한 말을 듣고, 또
파멸되고 저주받는다는 말을 듣더
니, 네 옷을 찢으며 내 앞에서 울었
기 때문에, 나 역시 너의 우는 소리
를 들었다'고 주인이 말한다.
20 보라, 그래서 나는 너를 네 조상에
게 돌아가게 하겠다. 그러면 너는
편안하게 무덤에 들어가고, 네 눈
이 내가 이곳에 내릴 재앙을 보지
않게 하겠다." 그래서 그들은 이 말
을 왕에게 가져갔다.

조사야왕의 약속실천 새 다짐

23 조사야요시야왕은 사람을 보
내어 쥬다유다와 저루살럼예
루살렘의 원로 모두를 모았다.
2 그리고 왕은 **주님**성전으로 올라갔
고, 쥬다와 저루살럼의 주민 모두
가 그와 함께, 또 제사장과, 예언자
와, 백성과, 크나 작으나 모두 왕과
함께 갔다. 왕은 **주님**성전에서 발
견된 약속의 책을 모두의 귀에 읽

어 주었다.
3 왕은 기둥 옆에 서서 **주님** 앞에서
약속을 다짐하며, **주님**을 따라 걸
으며 그의 명령과 증언과 규정을
지키고, 그들의 온 마음과 정성을
다하여 책에 기록된 약속의 말을
실천하겠다고 약속했다. 그리고
백성도 서서 모두 약속했다.
4 그런 다음 왕은 대제사장 힐카야
와 부제사장과 수문장에게 명령하
여, 배이얼배알과 수풀신과 하늘의
군상용 그릇 전부를 **주님**의 성소
밖으로 끌어내어, 저루살럼 밖 키
드런기드론 벌판에서 태우게 했고,
재는 베썰베텔, 벧엘로 옮겼다.
5 왕은 우상을 믿는 제사장들을 내
쫓았는데, 이제까지 쥬다왕들이
그들을 임명하여 쥬다의 여러 도
성의 높은 신당마다 향을 피우게
했었다. 그래서 그들은 배이얼에
게, 또 태양, 달, 행성, 하늘의 모든
군상에게 향을 피워왔다.
6 왕은 **주님**성전에서 저루살럼 밖 키
드런 시내로 수풀신을 끌어내어,
그곳에서 불에 태우고 밟아 가루
를 내어, 백성 자손의 무덤 위에 뿌
렸다.
7 또 왕은 **주님**의 성전 옆에 있던 남
창을 폐쇄했는데, 그곳에서 여자
들이 수풀신용 휘장을 짰다.
8 왕은 쥬다의 여러 도성 밖으로 제
사장을 전부 데려와서, 게바에서
비어쉬바에 이르는 지역에서 제사
장이 향을 피우던 높은 신당들을
철거했다. 또 성문 출입구에 있던
성벽의 높은 신당도 폐쇄했는데,
그곳은 도성 관리장 자슈아여호수아
가 지키는 곳으로 문에서 사람의
왼쪽에 있었다.
9 그런데도 높은 장소의 신당 소속
제사장들은 저루살럼의 **주님**의 제
단에 오지 않으면서, 대신 형제들
과 무효모빵을 먹었다.
10 또 왕은 히놈자손의 계곡에 있던
토쉐쓰를 철거하며, 그곳에서 자
기 딸이나 아들을 불에 넣어 멀렉
몰록, 몰렉신에게 바치는 사람이 없도
록 금지했다.
11 그리고 지금까지 쥬다왕이 태양에
게 바쳤던 여러 말들도 철거했는
데, 그것은 **주님**의 성전입구에 있
었고, 도성의 시종 내이쓴멜렉의
방 옆에 있던 것을 도시 외곽에서
태양의 전차들과 함께 불에 태웠
다.
12 그리고 쥬다왕 애이해즈가 만들어
옥상에 두었던 여러 제단과, 머나
서가 **주님**성전 내 두 개 정원에 세
웠던 제단들을 철거하여, 거기서
나온 재와 먼지를 키드런 시내에
뿌렸다.
13 저루살럼 앞에 있던 높은 신당들
은 부패의 산 오른쪽에 있었다. 그
것은 이즈리얼 솔로먼왕이 사이든
사람들의 혐오스러운 애쉬터레쓰
신을 위하여 지었고, 또 모앱 사람

의 혐오스러운 키모쉬신을 위해,
애먼 자손의 혐오스러운 밀컴신을
위해 만든 것인데 모두 왕이 제거
했다.
14 그는 여러 형상을 부수고, 수풀신
을 잘라내고, 그 장소를 사람의 뼈
로 채웠다.
15 게다가 베썰에 있던 제단과, 이즈
리얼 사람이 죄를 범하게 한 느밷
의 아들 제러범이 만든 높은 신당
을, 제단과 신당 모두 왕이 철거하
고, 높은 장소를 불태우고 밟아 가
루로 만들고 수풀신도 태웠다.
16 조사야가 스스로 마음을 돌리면
서, 산의 묘지를 수색하여, 무덤 안
에서 뼈를 꺼내어 제단에서 태워
모독하며 훼손했다. 이는 **하나님**의
사람이 선포한 **주님**의 말에 따르는
행동이었다.
17 그리고 왕이 물었다. "내가 보고 있
는 저것은 무슨 비석이지?" 그러
자 도성 사람들이 대답했다. "이것
은 쥬다에서 온 **하나님**의 사람의
무덤인데요, 그는 당신이 베썰의
제단에서 한 일들을 선포했어요."
18 그러자 왕이 말했다. "그것만은 그
대로 두고, 그의 뼈는 아무도 옮기
지 마라." 그래서 사람들은 스매리
아에서 온 예언자의 뼈를 그대로
놓아두었다.
19 스매리아 도성 곳곳의 높은 신당
은, 이즈리얼왕이 **주님**을 화나게
만들었던 것인데, 조사야는 그것
을 없애며, 베썰에서 했던 행동과
똑같이 했다.
20 그는 그 제단이 있는 높은 신당 소
속 제사장을 모두 죽이고, 그 제단
에서 사람의 뼈를 태운 뒤 저루살
럼으로 돌아갔다.
21 왕은 모든 백성에게 명령하여 말
했다. "너희 **주 하나님**에게 통과축
일파스카, 유월절을 지켜라. 왜냐하면
그것이 약속의 책에 쓰여 있다."
22 확실히 이즈리얼을 재판했던 판관
시대부터 통과축일을 지키지 않았
고, 이즈리얼왕의 시대에도, 쥬다
왕의 시대에도 지켜지지 않았다.
23 그리고 조사야왕 18년에, 통과축
일이 저루살럼에서 **주님**을 위해 개
최되었다.
24 또 점술사와 마법사들과 같이 활
동했던 사람과, 형상과 우상과, 쥬
다 및 저루살럼에서 조사한 모든
혐오행동을, 조사야가 철폐했다.
왕은 **주님**의 성전에서 제사장 힐카
야가 찾아낸 책에 쓰여진 법 내용
대로 실천하고자 했다.
25 그런 사람은 조사야 전에는 없었
다. 자신의 모든 마음과 영혼과 있
는 힘을 다하여, 모지스의 법에 따
르며 **주님**을 향하여 섬긴 이는, 그
의 후대에도 나타나지 않았다.
26 그럼에도 불구하고 **주님**은 자신에
게 치솟은 분노의 열기를 바꾸지
않았다. 그의 분노는 쥬다에 대해
불이 붙었는데, 머나서가 한 반발

행동으로 **주님**을 자극했기 때문이
었다.
27 그래서 **주님**이 말했다. "나는 내 눈
에서 쥬다를 제거하겠다. 이즈리
얼도 마찬가지다. 또 내가 선택한
저루살럼 도성을 없애겠다. 그곳
은 내가 '나의 이름을 두겠다'고 말
했던 집이다.
27 조사야의 나머지 한 일 모두와 업
적은, 전부 쥬다왕의 연대기 책에
쓰여 있지 않는가?
29 조사야왕 시대에, 이집트왕 풰로
우니코가 엇시리아왕을 공격하러
유프래이티스강으로 갔을 때, 조
사야왕이 엇시리아왕을 도와 이집
트왕에 대항했는데, 니코왕이 메
기도에서 그를 보자 죽였다.
30 그래서 조사야의 신하가 메기도에
서 마차로 시신을 수송하여, 저루
살럼까지 가져온 다음, 자기 묘지
에 묻어주었다. 그리고 그곳 사람
들은 조사야의 아들 제호해즈를
택하여 기름을 붓고, 아버지 대신
왕으로 만들었다.
31 제호해즈가 통치를 시작했을 때
나이는 23세였다. 그는 저루살럼
에서 3개월간 다스렸고, 어머니 이
름은 립나 출신 제러마야의 딸 해
뮤털이었다.
32 그는 **주님**의 눈에 비행을 저지르
며, 그의 조상이 하던 대로 따랐다.
33 풰로우니코가 그를 해매스땅 립라
에 여러 집단 속에 가두고, 저루살
럼을 다스리지 못하게 하자, 그 땅
은 은 100탤런트약 3.4톤와, 금 1탤런
트약 34Kg를 바치는 속국이 되었다.
34 풰로우니코왕은 조사야왕의 아들
일리야킴을 아버지 대신 왕으로
삼아, 그의 이름도 제호야킴으로
바꿔버렸다. 제호해즈는 끌려 가
서 이집트에서 죽었다.
35 제호야킴은 풰로우에게 은과 금을
주었는데, 이집트왕 명령 대로 땅
에 부과한 세금을 돈으로 바쳤다.
제호야킴은 백성한테서 은과 금을
착취하고, 모두가 각자의 세금을
내게 하여, 그것을 풰로우니코에
게 바쳤다.
36 제호야킴이 통치를 시작했을 때
25세였고, 저루살럼에서 11년간
다스렸다. 어머니 이름은 루마의
페대이아의 딸 제뷰다였다.
37 그는 조상이 해온 대로 **주님**의 눈
앞에서 옳지 않은 행동을 했다.

쥬다왕 제호야킴 제호야친 제드카야

24 제호야킴 집권시기에 배블런
바빌론, 바벨론왕 네부캔네절이
쳐들어와서, 3년간 그의 종이 되었
다가 반란을 일으켰다.
2 그런데 **주님**은 쥬다왕을 상대로,
캘디스 부대, 시리아 부대, 모앱 부
대, 애먼자손 부대를 쥬다로 보내
어 파괴시켰다. 이는 그의 종 예언
자를 통해 전한 **주님**의 말 대로였
다.

3 확실하게 **주님**이 명령한 대로, 이
런 일을 쥬다에 발생시켜, 그들을
주님의 눈에서 없애려는 것이었다.
머나서의 죄와 그가 한 행동 때문
이었다.
4 또한 그가 흘린 순수한 피와 그 피
로 저루살럼을 채운 죄 탓에, **주님**
이 용서하려 하지 않았다.
5 제호야킴의 나머지 행동과 그의
업적 모든 것은 쥬다왕의 연대기
책에 기록되어 있지 않는가?
6 그리고 제호야킴은 조상과 같이
잠이 들어, 그의 아들 제호야친이
대신 왕이 되었다.
7 이집트왕은 자기 땅 밖으로 더 이
상 나가지 않았다. 왜냐하면 배블
런왕이 이집트왕에 속한 이집트강
부터 유프래이티스강까지 빼앗았
기 때문이었다.
8 제호야친이 집권하기 시작했을 때
그는 18세였고, 저루살럼에서 3개
월간 통치했다. 그의 어머니 이름
은 느허슈타였고, 저루살럼 출신
일내이쓴의 딸이었다.
9 그는 아버지가 한 일을 전부 그대
로 따라하며, **주님**의 눈에 나쁜 일
을 했다.
10 배블런왕 네부캔네절의 부하들이
저루살럼에 쳐들어오자, 도성이
포위되었다.
11 배블런왕 네부캔네절이 도성에 오
자, 그의 부하들이 도성을 포위하
고 있었다.
12 그래서 쥬다왕 제호야친이 배블런
왕한테 나왔고, 그와 함께 어머니,
신하들, 귀족들, 관리들도 나왔는
데, 배블런왕은 집권한지 8년된 쥬
다왕을 사로잡았다.
13 그는 그곳에서 **주님**성전의 모든 보
물과, 왕의 궁전 안 보물들을 가져
갔고, 금으로 된 용구를 조각내 모
두 잘라버렸다. 그것은 이즈리얼
왕 솔로먼이 **주님**의 말에 따라 **주님**
의 성소에 만들어 두었던 것이었
다.
14 그는 저루살럼의 모든 사람을 끌
고 갔는데, 귀족과 용사와 만 명의
포로까지, 공예장인과 금속세공사
까지 데려갔다. 그 땅은 가장 가난
한 사람만 제외하고 남은 사람이
하나도 없었다.
15 그는 제호야친도 배블런으로 끌고
갔고, 왕의 어머니, 왕의 부인들, 관
리들, 용사들, 모두를 저루살럼에
서 배블런으로 포로로 끌고 갔다.
16 힘센 용사 7천명과, 공예장인, 금
속세공사 천명과, 강하고 전쟁을
잘하는 사람 모두를 배블런왕이
포로로 배블런으로 끌고 갔다.
17 배블런왕은 쥬다왕 아버지의 동생
매태이냐를 대신 왕으로 만들고,
이름도 제드카야로 바꾸었다.
18 제드카야가 통치하기 시작했을 때
나이는 21세였고 저루살럼에서 11
년간 다스렸다. 그의 어머니 이름
은 립나 출신 제러마야의 딸 해뮤

탈이었다.
19 그는 제호야킴이 한 행동을 따르
며, **주님**의 눈에 그릇된 행동을 했
다.
20 **주님**의 분노로 말미암아 저루살럼
과 쥬다에서 이런 일이 일어났는
데, **주님**은이 그들을 앞에서 내쫓
을 때까지 그랬다. 그때 제드카야
가 배블런왕에 대해 반란을 일으
켰다.

저루살럼 몰락

25 제드카야 집권 9년에 10번째
달 10일에, 배블런왕 네부캔
네절이 와서 그와 모든 군대가 저
루살럼을 대적하려고, 맞은편에
진영을 펼치고 주위에 요새를 구
축했다.
2 저루살럼 도성은 제드카야왕 11년
에 포위되었다.
3 네번째 달 9일에 도성 안에 기근이
심하게 만연했고, 그 사람들을 위
한 빵이 없었다.
4 도성은 무너지고, 전쟁하던 모두
가 밤에 성벽 사이 문을 통해 도망
쳤는데, 그곳은 왕의 정원 옆이었
다. [그때 캘디스가 도성 주위를 둘
러싸고 있어서] 왕은 평원 쪽 길로
달아났다.
5 캘디스 군대가 왕을 추격하여, 제
리코예리코, 여리고 평원에서 따라잡
자, 그의 군대가 왕한테서 뿔뿔이
흩어졌다.
6 그래서 그들은 왕을 붙잡아 립라
의 배블런왕에게 끌고 왔고, 그들
은 쥬다왕에게 판결을 내렸다.
7 그들은 제드카야 눈 앞에서 그의
아들들을 죽이고, 왕의 눈을 뽑고,
청동족쇄로 결박하여 배블런으로
끌고 갔다.
8 배블런왕 네부캔네절 19년 5번째
달에 7일에, 배블런왕의 경호대장
네뷰재러댄이 저루살럼으로 왔다.
9 그리고 그는 **주님**의 성전을 불태우
고, 왕의 궁전과 저루살럼의 모든
집을 태우고, 귀족의 집도 모두 불
질렀다.
10 캘디스 모든 군대가 경호대장과
같이 저루살럼 주위의 성벽을 무
너뜨렸다.
11 도성에 남은 사람 나머지와 유배
자들을 배블런왕에게 끌고 갔는
데, 남겨진 많은 자들과 함께 경호
대장 네뷰재러댄이 데려갔다.
12 그러나 경호대장은 그 땅의 가난
한 사람은 남겨두어 포도재배자와
농부가 되게 했다.
13 그리고 **주님**성전에 세웠던 황동기
둥과 대야와, 성전에 있던 황동수
조는, 캘디스가 조각으로 깨뜨려
거기서 나온 황동을 배블런으로
가져갔다.
14 그리고 솥, 삽, 심지 절단용 가위,
숟가락 및 예를 올릴 때 사용하는
황동제 용구 일체를 빼앗아 갔다.
15 그리고 구이용 프라이팬, 대접 등,

금으로 된 것들은 금으로, 은으로
된 것은 은으로 경호대장이 가져
갔다.
16 기둥 두 개, 큰 대야 하나, 일반대
야들은 솔로먼 왕이 **주님**의 성전을
위해 만들었던 것이고, 모든 용구
에 쓰인 황동은 무게를 달 수 없을
정도였다.
17 기둥 하나의 높이는 18큐빝약 8.1m,
그 위에 놓인 기둥머리는 황동이
었고, 높이는 3 큐빝약 1.4m이었고,
모두 황동으로 꼬아 만든 그물과
석류를 기둥머리 위에 얹었고, 같
은 식으로 다른 기둥도 꼬아서 만
들었다.
18 경호대장은 수석 제사장 세래이야
스라야 와 부제사장 제풰나야스바니야
와 세 명의 수문장을 잡아갔고,
19 도성에서 그는 참전용사를 감독하
던 관리 1명과, 왕 앞에서 시중 들
던 사람 5명은, 그 땅에서 발견되
었고, 그곳에서 사람을 소집했던
군대 수석서기관과, 그 도성에서
발견된 사람 60 명을 붙들어,
20 경호대장 네뷰재러댄은 이들을 잡
아서 배블런왕이 있는 립라로 데
려갔다.
21 배블런왕은 그들을 해매스땅 립라
에서 쳐서 죽였다. 그렇게 쥬다사
람이 자신들의 땅으로부터 끌려갔
다.
22 네브캔네저 배블런왕이 남겨둔 쥬
다땅의 사람에 대해, 그들을 다스
리도록 샤펜의 아들 애이캠의 아
들 게덜라야그달야, 그달리아를 총독으
로 임명했다.
23 군대대장과 부하들은, 배블런왕이
게덜라야를 총독으로 지명했다는
소식을 듣고, 미즈파의 게덜라야
한테 왔다. 네써나야의 아들 이쉬
매얼과, 캐리아의 아들 조해넌과,
네토풰쓰 출신 탠후메쓰의 아들
세래이야와, 마캐쓰 출신 아들 재
재나야까지 갔다.
24 그리고 게덜라야는 그들에게 맹세
하고, 그들 부하에게도 맹세하며
말했다. "캘디스의 종이 되는 것을
두려워하지 말고 그 땅에서 살아
라. 그리고 배블런왕을 섬겨라. 그
러면 너희 일이 잘 될 것이다."
25 일곱째 달이 되자, 네써나야의 아
들 이쉬매얼은, 일라이샤마의 아
들이자 왕실 자손인데, 그와 함께
10사람이 와서 게덜라야를 쳐서
죽였고, 이즈리얼 사람과 캘디스
사람은 미즈파에 그와 같이 있었
다.
26 그리고 모든 사람이 작든 크든 군
대대장과 함께 일어나서 이집트로
왔는데, 그 이유는 그들이 캘디스
를 두려워했기 때문이었다.
27 쥬다왕 제호야친이 포로가 된 지
37년 12번째 달 27일에, 배블런왕
이빌메러댁이 통치하기 시작한 그
해, 쥬다왕 제호야친을 감옥에서
머리를 들어올려 풀어주었다.

28 그는 그에게 친절하게 이야기하
며, 그의 왕좌를 배블런에 그와 함
께 있던 왕 가운데 더 높은 자리에
앉혔다.
29 그리고 죄수복도 바꿔주고, 그의
일생 동안 계속해서 그 앞에서 같
이 식사했다.
30 그가 받는 일용품도 사는 동안 배
블런왕이 기간 내내 매일 정량으
로 계속 주었다.

연대기1

애덤에서 이듬까지

1 애덤Adam부터, 쉬쓰, 이노쉬,
2 케넌, 매해럴리얼, 제레드,
3 헤녹, 메쑤셀라, 라멕,
4 노아, 쉠, 햄, 재이풰쓰에 이른다.
5 재이풰쓰의 자식은, 거머, 매이곡,
매대이, 재이븐, 투벌, 메쉑, 티라스
이다.
6 거머의 자식은, 애쉬케나즈, 리패
스, 토가마이다.
7 재번의 자식은, 일라이샤, 탈쉬시,
키팀, 도대님이다.
8 햄의 자식은 쿠쉬, 미즈래임, 퓨트,
캐이넌이다.
9 쿠쉬의 자식은, 세바, 해빌라, 샙타,
래아마, 셉테카이다. 그리고 래아
마의 아들은 쉐바, 디댄이다.
10 쿠쉬는 님로드를 낳았는데, 그는
지구 위 힘센 사람의 시작이었다.
11 미즈래임은 루딤, 애너밈, 르해빔,
냎투힘,
12 그리고 패스루심, 개스루힘, [그들
로부터 필리스틴이 나왔다.] 그리
고 캪쏘림을 낳았다.
13 캐이넌은 첫째 사이든과 헤쓰를
낳았고,
14 제뷰스부족, 애머리부족, 걸거쉬부
족,
15 하이브부족, 알크부족, 신부족,
16 알배드부족, 제머리부족, 해매쓰부
족이 되었다.
17 쉠의 자식은 일램, 어셔, 알패샏, 루
드, 어램, 어즈, 헐, 게써, 메쉨이다.
18 알패샏은 쉘라를 낳고, 쉘라는 에
버를 낳았다.
19 에버에게 두 아들이 태어났고, 한
사람의 이름이 펠렉인 것은, 그가
사는 동안 땅이 나뉘어졌기 때문
이고, 그의 동생의 이름은 족탠이
다.
20 족탠은 앨머닫을 낳고, 쉐맆, 해절
머베쓰, 제라,
21 그리고 해도램, 우잘, 딐라,
22 이벌, 애비매얼, 쉬바,
23 오펄, 해빌라, 조뱁을 낳았다. 이 모
두가 족탠의 아들이다.
24 쉠, 알패샏, 쉘라,
25 에버, 펠렉, 루,
26 세럭, 내홀, 테라,
27 애이브럼은 애이브러햄과 동일하
다.
28 애이브러햄의 자식은 아이직과 이
쉬매얼이다.

29 다음은 그들의 족보다. 이쉬매얼
의 첫째 네바요스, 케다, 앤비얼, 밉
샘,
30 미스마, 듀마, 매사, 해댇, 테마,
31 제터, 내피쉬, 커데마이다. 이들이
이쉬매얼의 아들이다.
32 애이브러햄의 첩 케투라가 낳은
자식은, 짐라, 족샨, 메댄, 미디언,
이쉬백, 슈아다. 족샨의 자식은 쉬
바, 디댄이다.
33 미디언의 자식은, 이파, 에퍼, 헤녹,
어비다, 엘다아이다. 이들이 케투
라의 아들이다.
34 그리고 애이브러햄은 아이직을 낳
았다. 아이직의 자식은 이소와 이
즈리얼이다.
35 이소의 자식은, 엘리패즈, 루얼, 제
우쉬, 재어램, 코라다.
36 엘리패즈의 자식은 테먼, 오마, 제
피, 개텀, 케내즈, 팀나, 애멀렉이
다.
37 루얼의 자식은, 내해스, 제라, 샤마,
미자이다.
38 시어의 자식은 로탠, 쇼벌, 지비언,
애나, 디션, 데저, 디샨이다.
39 로탠의 자식은 호리, 호맘이고, 팀
나는 로탠의 여동생이다.
40 쇼벌의 자식은 앨리언, 매내해스,
이벌, 쉐피, 오남이다. 그리고 지비
언의 자식은 애이아와 애나다.
41 애나의 자손은, 디션이다. 그리고
디션의 자식은 암람, 에쉬밴, 이쓰
런, 체런이다.
42 이저의 자식은 빌핸, 재이븐, 재컨
이다. 디샨의 자식은 우즈와 애런
이다.
43 이들은 왕이 이즈리얼 자손을 다
스리기 전, 이듬 땅에서 통치하던
왕이다. 비오의 아들 벨라가 있고
그의 도성 이름은 딘하바이다.
44 벨라가 죽자, 보즈라지역 제라의
아들 조뱁이 대신 다스렸다.
45 조뱁이 죽자, 태먼부족의 후샴이
대신 통치했다.
46 후샴이 죽자, 비댇의 아들 해댇이
모앱 벌판의 미디언을 쓰러뜨리고
대신 통치했는데, 그의 도성 이름
은 애비스였다.
47 해댇이 죽자, 매스레카의 샘라가
대신 다스렸다.
48 샘라가 죽자, 강 옆 리호보스의 셔
울이 대신 통치했다.
49 셔울이 죽자, 애크보의 아들 배이
얼해넌이 대신 다스렸다.
50 배이얼해넌이 죽자, 해댇이 대신
통치했고 그의 도성 이름은 파이
였고, 그의 아내 이름은 메헤터벨
로, 메저햅의 딸 매트리드의 딸이
다.
51 해댇 역시 죽었다. 그리고 이덤의
족장들이 있었다. 팀나족장, 앨리
아족장, 제쎄스족장,
52 어홀리배마족장, 일라족장, 피넌족
장,
53 케내즈족장, 테먼족장, 밉자족장,
54 맥디얼족장, 이램족장이다. 이들이

이들의 여러 족장이다.

이즈리얼 자손

2 다음은 이즈리얼의 자손이다.
루번, 시미언, 리바이, 쥬다, 이
써칼, 제뷸런,
2 댄, 조제프, 벤저민, 냎털라이, 개
드, 애셜이다.
3 쥬다의 자식은 이어, 오넌, 쉘라이
고, 이들 셋은 캐이넌부족 슈아의
딸이 그에게 낳아주었다. 이어는
쥬다의 첫째로 **주님**의 눈에 나쁜
행동을 해서 **주님**이 그를 죽었다.
4 그의 며느리 태이머는 그에게 패
레즈와 제라를 낳아주었다. 그래
서 쥬다는 아들이 다섯이다.
5 패레즈의 자식은 헤즈런과 해멀이
다.
6 제라의 자식은, 짐리, 이쓴, 히먼,
캘콜, 대라 모두 다섯이다.
7 칼미의 자식 중, 애칼은 이즈리얼
에 말썽을 일으켰는데, 저주받은
물건으로 위반했다.
8 이쓴의 자식은 애저라야다.
9 헤즈런자손은, 그에게 태어난 제
러미얼, 램, 첼루배이가 있다.
10 램은 애미내댑을 낳고, 애미내댑
은 쥬다 자손의 지도자 나션을 낳
았고,
11 나션은 샐마를 낳고, 샐마는 보애
즈를 낳았고,
12 보애즈는 오벧을 낳고, 오벧은 제
시를 낳고,
13 제시는 첫째 일리앱, 둘째 애비내
댑, 셋째 쉼마를 낳고,
14 넷째 네쌔니얼, 다섯째 래대이,
15 여섯째 오젬, 일곱째 대이빋을 낳
았다.
16 그의 여동생은 제뤼아와 애비개일
이다. 제뤼아의 자식은 애비샤이,
조앱, 애사헬 셋이다.
17 애비개일은 애머사를 낳고 애머사
의 아버지는 이쉬매얼 사람 제써
였다.
18 헤즈런의 아들 캐이렙은 아내 어
주바와 제리오스한테서 자손을 얻
었다. 그녀의 자식은 제셔, 쇼뱁, 알
던이다.
19 어주바가 죽자, 캐이렙은 이프래
스 사람을 맞이하여 허를 낳았다.
20 허는 우리를 낳고, 우리는 베재리
얼을 낳았다.
21 그후 헤즈런은 길리얻의 아버지
머키어의 딸한테 장가 갔는데, 60
세였고, 그녀는 시겁을 낳았다.
22 시겁은 재이어를 낳았고, 재이어
는 길리얻 땅의 23개 도성을 가졌
다.
23 재이어는 게셔, 애럼한테 재이어
마을을 빼앗겼고, 케내스와 부속
마을 모두 60개 도시까지 빼앗겼
다. 이것 모두는 길리얻의 아버지
머키어자손의 소유였다.
24 헤즈런이 캐이렙에프래타에서 죽
은 다음, 헤즈런의 아내 애비야는
테코아의 아버지 어셔를 낳았다.

25 헤즈런의 첫째 제래미얼의 자식은
첫째 램, 부나, 오렌, 오젬, 애히자
이다.
26 제래미얼은 또 다른 아내 애태라
를 얻었는데 그녀는 오냄의 어머
니다.
27 제래미얼의 첫째 램의 자식은 매
아즈, 재민, 이커이다.
28 오냄의 자식은 샤매이, 재이다였
고, 샤매이의 자식은 내댑과 애비
셔이다.
29 애비셔의 아내 이름은 애비해일이
고 그녀는 애번과 몰릳를 낳았다.
30 내이댑의 자식은 시렌과 애패임인
데, 시렌은 자식 없이 죽었다.
31 애패임의 자식은 아이쉬다. 아이
쉬의 아들은 쉬샨이고, 그의 자손
은 알래이다.
32 샤매이 동생 재이다의 자식은 제
써와, 조너쓴이고 제써는 자손 없
이 죽었다.
33 조너쓴의 자식은 펠레스와 재이자
이다. 이들이 제래미얼의 아들이
다.
34 쉬샨은 아들이 없었지만 딸들이
있었고, 쉬샨은 이집트인 종이 있
었고 그의 이름은 재하였다.
35 쉬샨은 그의 딸을 그의 종 재하에
게 아내로 주었고 그녀는 그에게
어태이를 낳아주었다.
36 어태이는 내이쓴을 낳고 내이쓴은
재이밷을 낳고,
37 재이밷은 이프럴을 낳고 이프럴은
오벧을 낳고, 오벧은 제후를 낳고,
제후는 어재리아를 낳고,
39 어재리아는 헤레즈를 낳고 헤레즈
는 일리사를 낳고,
40 일리사는 시사매이를 낳고, 시사
매이는 셜럼을 낳고,
41 셜럼은 제캐마야를 낳고 제캐마야
는 일라이샤마를 낳았다.
42 제래미얼의 동생 캐이렙의 자식은
첫째 메샤인데 그는 지프의 아버
지이고, 히브런의 아버지 매레샤
의 아들이다.
43 히브런의 자식은, 코라, 태푸아, 레
켐, 쉬마이다.
44 쉬마는 래이햄을 낳았는데 조코앰
의 아버지이고, 레켐은 샤매이를
낳았다.
45 샤매이의 아들은 매이언이고 매이
언은 베쓰저의 아버지였다.
46 이파는 캐이렙의 첩인데 해란과
모자와 개제스를 낳았고, 해란은
개제스를 낳았다.
47 재대이의 자식은 리젬, 조쌤, 게션,
펠렡, 이파, 쉐아프이다.
48 매아카는 캐이렙의 첩인데 쉬버와
틸해나를 낳았다.
49 그녀는 또 맫매나의 아버지 샤아
프, 맥베나의 아버지이자 기비아
의 아버지 쉬바를 낳았다. 캐이렙
의 딸은 애크사이다.
50 허의 아들 캐이랩의 자식은, 첫째
이프래타, 킬잿저림의 아버지 쇼
벌이고,

51 베쓸러헴의 아버지 샐마, 베쓰개
더의 아버지 해레프이다.
52 킬잿저림의 아버지 쇼벌의 자식
은, 해로에와 매내헷티스의 절반
이다.
53 킬잿저림의 가문은 이쓰리부족,
푸하 부족, 슈매스부족, 미스리부
족이고, 그들은 제리아스부족과
이스타우리부족에서 왔다.
54 샐마의 자식은, 베쓰레헴, 네토패
쓰부족, 애터로쓰 조앱집안, 매너
헤쓰의 절반, 조리부족이 되었다.
55 재이베즈에서 살았던 서기관 가문
은 티래쓰부족, 쉬메어쓰부족, 수
캐쓰부족이다. 켄부족은 헤매스에
서 나왔고 레켑집안의 아버지이
다.

대이빋 자손

3 다음은 대이빋의 자손으로, 그
가 히브런에서 낳은 자식이다.
첫째는 재즈리얼 사람 애히노앰으
로부터 낳은 앰넌, 둘째는 카멀 사
람 애비개일에게서 대니얼을 낳았
고,
2 셋째는 게셔왕 탤매이의 딸 매아
카의 아들 앱설럼, 넷째는 해기스
의 아들 애도니자,
3 다섯째는 애버털의 쉬패티아, 여
섯째는 그의 아내 이글라를 통해
낳은 이쓰리엄이다.
4 이들 여섯은 히브런에서 대이빋에
게 태어났고, 거기서 7년 6개월간
통치한 다음, 저루살럼으로 가서
33년간 다스렸다.
5 또 다음은 저루살렘에서 그에게
태어난 아들이다. 쉬미아, 쇼뱁, 내
이쓴, 솔로먼 넷은 애미얼의 딸 뱃
슈아가 낳았다.
6 또 이바, 일라이샤마, 일리페렡,
7 노가, 느펙, 재피아,
8 일이샤마, 일리애다, 일리페렡까지
아홉이다.
9 이들이 대이빋의 아들 전부이고,
첩의 자식은 제외했다. 태이머는
그의 여동생이다.
10 솔로먼의 아들은 리호범이고, 애
이비아, 애이사, 제호샤퍁이 그의
아들이고,
11 조램, 애해지아, 조애쉬도 그의 아
들이고,
12 애머지아, 애저라야, 조쌤도 그의
아들이고,
13 애이해즈, 헤저카야, 머나서도 그
의 아들이고,
14 애먼, 조사야도 그의 아들이다.
15 조사야의 자식은, 첫째 조해넌, 둘
째 제호야킴, 셋째 제드카야, 넷째
쉘럼이다.
16 제호야킴의 자식은, 제코나야와
제드카야가 그의 아들이다.
17 제코나야의 자식은 애시어, 섈래
씨얼이다.
18 맬키램 역시, 페대이야, 쉬내이저,
제캐마야, 호샤마, 네더비야도 그
의 아들이다.

19 페대이야의 자식은, 제러배블, 쉬
메이이고, 제러배블의 자식은 메
셜램, 해내나야, 쉴로미스이고, 여
형제는,
20 해슈바, 오헬, 베레카야, 해사다야,
쥬사베센까지 다섯이다.
21 해내나야의 자식은 페래타야, 제
새이야이고, 리패이야의 자식, 아
넌의 자식, 오배다야의 자식, 쉬캐
나야의 자식이 있다.
22 쉬캐나야의 자식은, 쉬매이야이고,
쉬매이야의 자식은, 해투스, 아이
기얼, 배라야, 네라야, 샤퍁까지 모
두 여섯이다.
23 네라야의 자식은 일리오나야, 헤
저카야, 애즈리캠까지 셋이다.
24 일리오나야의 자식은 호대이야,
일리어쉽, 펠래이야, 액컵, 조해넌,
댈래이야, 애이내니까지 일곱이다.

쥬다와 시미언 자손

4 쥬다의 자식은, 패레즈, 헤즈런,
카미, 허, 쇼벌이다.
2 쇼벌의 아들 리애이야는 재이해쓰
를 낳았고, 재이해쓰는 애후매이
와 래이핸을 낳았다. 이들은 조래
스부족 가문이다.
3 이들은 에탬의 자식으로, 제즈리
얼, 이쉬마, 이드배쉬가 있었고, 여
형제 이름은 해절래포니였다.
4 게덜의 아버지는 페뉴얼이고, 후
샤의 아버지는 에저이다. 이들은
허의 자식인데, 첫째는 이프래타
이고 베쓸러헴의 조상이다.
5 테코아의 아버지 애셜은 두 아내
헬라와 내아라를 두었다.
6 내아라는 그에게 애후잼과 헤퍼,
테메니, 해아해쉬태리를 낳아주었
다. 이들은 내아라의 자식이었다.
7 헬라의 자식은 제레스, 제조아, 이
쓰넌이다.
8 코즈는 애넙과 조비바를 낳았고,
해럼의 아들 애하렐의 가문이다.
9 재이비즈는 그의 형제보다 더욱
명예로웠다. 그의 어머니는 그의
이름을 재이비즈라고 불렀는데,
'나는 그를 슬픔 속에 낳았다'고 말
했기 때문이다.
10 재이비즈는 이즈리얼의 **하나님**에
게 요청했다. "당신은 실제로 내게
축복을 주고 나를 키워주세요. 또
당신의 손힘이 나와 함께 있으면,
나를 악에서 지켜줄 수 있어요. 그
러면 내가 괴롭지 않을 거예요." 그
러자 **하나님**이 그의 요구를 들어주
었다.
11 슈아의 형제 체럽은 머히어를 낳
았는데, 그는 에쉬튼의 아버지였
다.
12 에쉬튼은 비스래파, 패세아, 및 이
어내해쉬의 아버지 테히나를 낳았
다. 이들이 리차 사람이다.
13 케내즈의 자식은 오쓰니얼, 세래
이야고, 오쓰니얼의 자식은 해쌔
쓰다.
14 미오노쌔이는 오프라를 낳았고 세

래이야는 조앱을 낳았는데, 채래
쉼 계곡의 조상이다. 그들로 말하
자면 공예장인들이었다.
15 제푸네의 아들 캐이렙의 자식은,
아이루, 일라, 내이앰이고, 일라의
자식은 테내즈까지다.
16 제해레리얼의 자식은, 지프, 지파,
티리아, 애서리얼이다.
17 이즈라의 자식은 제서, 미레드, 이
퍼, 재런이고, 그녀는 마리엄, 쉐매
이 및 이쉬테모아의 조상 이쉬바
도 낳았다.
18 그의 아내 제후디자는 게덜의 조
상 제레드를, 소코의 조상 헤버를,
재노아의 조상 제쿠씨얼을 낳았
다. 이들은 메레드가 맞이한 패로
우의 딸 비씨아의 자식이다.
19 그의 아내 호디아는 내이햄의 여
형제인데 그의 자식은, 가미, 케일
라, 매아캐스, 디쉬테모아의 조상
이다.
20 쉬먼의 자식은 앰넌, 리나, 벤해넌,
틸런이다. 아이쉬의 자식은 조헤
쓰, 벤조헤쓰다.
21 쥬다의 아들 쉴라의 자식은, 레카
의 조상 이어, 매레샤의 조상 래아
다이고, 그들의 집안은 고운 리넨
을 짜는 애쉬베아가문이고,
22 조킴과, 코제바 사람과, 조애쉬와,
모앱과 재슈빌레헴을 지배했던 새
래프이다. 이것은 오래 전 기록에
서 나온 내용이다.
23 이들은 도공이었고 식물과 울타리
안에서 살며, 그곳에서 왕을 위해
일했다.
24 시미언의 자식은 네뮤얼, 재민, 재
립, 제라, 셔울이고,
25 쉘럼, 밉샘, 미쉬마가 그의 아들이
다.
26 미쉬마의 자식은 해뮤얼, 재커, 쉬
메이가 그의 아들이다.
27 쉬메이는 아들16과 딸6을 두었지
만, 그의 동생은 자녀가 많지 않았
고, 쥬다 자손처럼 가족이 번성하
지도 못했다.
28 그들은 비어쉬바, 몰래다, 해재셜
에서 살았다.
29 그리고 빌하, 디젬, 토랟에서 살았
고,
30 베쓰얼, 홀마, 지크랙에서 살았고,
31 베쓰마캐보스, 해재수심, 베쓰비레
이, 샤래임에서 살았다. 이것이 대
이빋이 지배할 때까지 그들의 도
시였다.
32 그들의 마을은 에탬, 애인, 리먼, 토
첸, 애샨까지 다섯 도시다.
33 그들의 마을은 전부는 주변 도시가
배이얼까지 있었다. 이들은 그들의
거주지에서 살았던 가계족보다.
34 그리고 메쇼뱁, 잼렉, 조샤는 애머
지아의 아들이고,
35 조엘과 제후는 조시지아의 아들이
고, 세래이야의 아들, 애시얼의 아
들은,
36 디리오에내이, 재아코바, 제쇼해이
아, 애새이아, 애디얼, 제시미얼, 베

내이야고,
37 지자는 쉬피의 아들이고, 앨런의
아들, 제대이야의 아들, 쉼리의 아
들, 쉬매이야의 아들이 있었다.
38 이름 별로 언급한 이들은, 가문의
대군왕자이고, 그들 조상의 집안
에서 대단히 번성했다.
39 그들은 게덜의 입구로 갔는데, 심
지어 계곡 동쪽까지 가서 자신들
의 가축을 위한 목초지를 찾았다.
40 그들은 비옥한 풀밭을 찾았는데,
그 땅은 넓고, 조용하고 평화스러
웠다. 햄부족으로 말하자면 예전
부터 오래도록 거기서 살았다.
41 이름으로 기록된 이들은 쥬다왕
헤저카야 시대에 왔는데, 햄부족
의 천막과 주거지를 발견하자, 철
저히 파괴하고, 이날까지 햄의 자
리에서 살고 있다. 그곳은 자신들
의 가축에게 좋은 목초지였기 때
문이었다.
42 그들 중 일부와 시미언의 자식까
지 500명은 시어산으로 가서, 자신
들의 대표로 펠래티아, 네라야, 리
패이야, 우지얼, 아이쉬의 자식을
세웠다.
43 그들은 애멀렉부족 나머지를 무찔
러서 쫓아내고, 이날까지 살고 있
다.

루번 개드 머나서 절반 자손

5 이제 이즈리얼의 첫째 루번의
자식 차례다. [그런데 루번은 첫
째지만 아버지의 잠자리를 더럽혀
서, 장자권이 이즈리얼 아들 조셒
의 자식에게 돌아갔고, 가계족보
는 장자권을 고려하지 않았다.
2 쥬다로 말하면, 형제보다 지배력
이 우월하여 최고 지배자가 나왔
는데도, 장자권은 조셒의 것이 되
었다.]
3 이제 이즈리얼의 첫째 루번의 자
식은 해녹, 팰루, 헤즈런, 카미였다.
4 조엘의 자식은 쉬매이야, 고그, 쉬
메이가 그의 아들이고,
5 미카, 리애이야, 배이얼이 그의 아
들이고,
6 비라는 그의 아들로, 엇시리아왕
틸개쓰필네서가 그를 포로로 끌고
갔는데, 그는 루번부족의 대군왕
자였다.
7 그들의 가문의 형제는, 그 세대의
족보를 평가기록할 때 제이얼과
제커라야를 대표로 생각했다.
8 애이재즈의 아들 벨라, 쉬마의 아
들, 조엘의 아들은 애로어에서 살
았고, 네보와 배이얼메언까지 있
었다.
9 그들은 동쪽으로 유프래이티스 강
에서부터 황야로 들어가는 입구에
걸쳐 거주했다. 왜냐하면 그들의
소가 길리얻땅에서 무척 번성했기
때문이었다.
10 솔 시대에 그들은 해거리 사람과
전쟁하여 물리치고, 길리얻땅 동
쪽 전역의 이전 거주민의 천막에

서 살았다.
11 개드의 자손은 그들 맞은편에서
살았는데 바샨땅에서 샐카지역까
지였다.
12 조엘은 족장이고 다음에 샤팸이었
고, 바샨의 재아내이와 샤팻이 다
음이었다.
13 그들 조상가문의 형제는 마이클,
미셔랩, 쉬바, 조래이, 재캔, 지아,
헤버까지 일곱이었다.
14 이들은 애비해일의 자손인데, 버
즈의 아들, 자도의 아들, 제쉬샤이
의 아들, 마이클의 아들 길리얻의
아들 재로아의 아들 후리의 아들
이 애비해일이다.
15 구니의 아들 앱디얼의 아들 애이
하이는 그들 조상가문의 족장이었
다.
16 그들은 바샨의 길리얻에서 살았는
데, 그곳 마을과 새런의 외곽지역
경계지역까지였다.
17 이것 모두가 쥬다왕 조쌤시대와
이즈리얼왕 제로범시대에 가계족
보에 기록되어 있는 것이다.
18 루번의 자손과, 개드부족과, 머나
서부족 절반의 용맹한 사람 중, 둥
근 방패와 칼을 쓸 수 있는 사람과,
활을 쏘는 사람과, 전쟁을 잘하는
사람은 44,760명으로 전쟁에 나간
적이 있었다.
19 그들은 해거리부족, 제투부족, 네
피쉬부족, 노댑부족과 싸웠다.
20 그리고 그들은 적과 싸울 때 **주님**
의 도움을 받았다. 해거리 사람을
그들 손에 넘겨주었고, 언제든 그
들과 같이 있었다. 전쟁에서 그들
이 **하나님**에게 외쳤을 때, 그가 그
들의 간청을 받아들였던 것은, 그
들이 **주님**을 믿었기 때문이었다.
21 그들은 저들의 소를 빼앗고, 낙타
5만 마리, 양 250,000마리, 나귀 2
천 마리, 사람 십만 명을 빼앗았다.
22 전쟁을 **하나님**의 힘으로 했기 때문
에 많은 사람이 쓰러졌다. 그리고
그들은 포로가 되기 전까지 그들
대신 그곳에서 살았다.
23 머나서부족 절반의 자손도 그 땅
에서 살았다. 그들은 바산에서 배
이얼허먼, 시니어, 허먼산까지 확
장했다.
24 이들은 그들 조상 집안의 대표다.
이퍼, 아이쉬, 일리얼, 애즈리얼, 제
러마야, 호대바야, 재디얼 등, 용맹
하고 힘센 사람, 유명한 사람들이
그들 조상 집안의 대표다.
25 그들은 조상의 **하나님**에 반하는 죄
를 짓고 매음하며, **하나님**이 파멸
시킨 앞서 그 땅에 있었던 사람들
의 여러 신들을 따랐다.
26 이즈리얼의 **하나님**은 엇시리아왕
풀의 영혼을 자극했고, 엇시리아왕
틸개쓰필네서의 영혼을 자극하여,
그들을 끌고 가게 했는데, 루번부
족, 개드부족, 머나서부족 절반을
해일라, 해이보, 해이라, 고잰강까
지 데려가서 이날까지 살게 했다.

리바이 자손

6 리바이 자손은, 거션, 코해스, 메
라리이다.
2 코해스 자식은, 앰램, 이즈하, 히브
런, 우지얼이다.
3 앰램의 자식은 애런, 모지스, 미리
엄이고, 애런의 자식은 내댑, 애비
후, 일리애저, 이써마이다.
4 일리애저는 피네해스를 낳고, 피
내해스는 애비슈아를 낳고,
5 애비슈아는 북키를, 북키는 우지
를 낳고,
6 우지는 제라이야를, 제라이야는
메래이오스를 낳고,
7 메래이오스는 애머리아를, 애머리
아는 애히툽을 낳고,
8 애히툽은 재이독을, 재이독은 애
히매아즈를 낳고,
9 애히매아즈는 애저라야를 애저라
야는 조해넌을 낳고,
10 조해넌은 애저라야를 낳았다. [그
는 저루살럼에 솔로먼이 지은 성
소 내 제사장의 사무실에서 처형
되었다.]
11 애저라야는 애머리아를, 애머리아
는 애히툽을 낳고,
12 애히툽은 재이독을, 재이독은 쉘
럼을 낳고,
13 쉘럼은 힐카야를, 힐카야는 애저
라야를 낳고,
14 애저라야는 세래이야를, 세래이야
는 제호재댁을 낳고,
15 제호재댁은 포로로 끌려갔는데, **주**
님이 쥬다와 저루살럼을 네부캔네
절의 손으로 끌고 갔을 당시였다.
16 리바이의 자식은 거셤, 코해스, 메
라리이다.
17 이것은 거셤 자식의 이름인데, 립
니, 쉬메이이다.
18 코해스 자식은 암램, 이즈하, 히브
런, 우지얼이다.
19 메라리 자식은 맬리, 무쉬이다. 이
들은 조상에 따른 리바이 가문이
다.
20 게셤에게는 립니, 재해스, 지마가
그의 아들이고,
21 조아, 아이드, 제라, 제터래이가 그
의 아들이다.
22 코해스의 자식은 애미내댑, 코라,
애시어가 그의 아들이고,
23 일캐나, 이비애샤프, 애시어가 그
의 아들이고,
24 태해스, 우리얼, 우지아, 샤울이 그
의 아들이다.
25 그리고 일캐나의 자식은 애머새
이, 애히모스이다.
26 일캐나한테는 일캐나의 자식, 조
해이, 내해스가 그의 아들이고,
27 일리앱, 제로햄, 일캐나가 그의 아
들이다.
28 새뮤얼의 자식은 첫째 배쉬니와
애비아가 있다.
29 메라리의 자식은 마리, 립니, 쉬메
이, 우자가 그의 아들이고,
30 쉬메아, 해기아, 애새이야가 그의
아들이다.

31 이들은 대이빋이 약속의 상자를
안치한 다음, 주님성전에서 노래
봉사를 감독하도록 정한 사람이
다.
32 그들은 공동체의 이동성전 앞에서
노래로 봉사했는데, 솔로먼이 저
루살럼에 주님성전 건설을 마칠
때까지 했다. 그때 그들은 자신의
임무를 순서에 따라 수행했다.
33 이들은 자신들의 자식과 함께 봉
사했던 사람들이다. 코해스 부족
의 자손 가운데, 헤먼은 가수이고,
그는 조엘의 아들이고, 그는 쉐뮤
얼의 아들이다.
34 쉐뮤얼은 일캐나의 아들이고, 그
는 제로햄의 아들이고, 그는 일리
얼의 아들이고, 그는 토아의 아들
이고,
35 토아는 주프의 아들이고, 그는 일
캐나의 아들이고, 그는 매해스의
아들이고, 그는 애머새이의 아들
이고,
36 애머새이는 일캐나의 아들이고,
그는 조엘의 아들이고, 그는 애저
라야의 아들이고, 그는 제풔나야
의 아들이고,
37 제풔나야는 태해스의 아들이고 그
는 애시어의 아들이고, 그는 이비
어샙의 아들이고, 그는 코라의 아
들이고,
38 코라는 이즈하의 아들이고, 그는
코해스의 아들이고, 그는 리바이
의 아들이고, 그는 이즈리얼의 아
들이다.
39 그의 형제 애새프는 그의 오른쪽
에 섰는데, 애새프는 베래치아의
아들이고, 그는 쉬미아의 아들이
고,
40 그는 마이클의 아들이고, 그는 바
세이야의 아들이고, 그는 맬카야
의 아들이고,
41 그는 에쯔니의 아들이고, 그는 제
라의 아들이고, 그는 애대이야의
아들이고,
42 그는 이쓴의 아들이고, 그는 쥐마
의 아들이고, 그는 쉬메이의 아들
이고,
43 그는 재해스의 아들이고, 그는 거
셤의 아들이고, 그는 리바이의 아
들이다.
44 그들의 형제 메라리의 자식은 왼
쪽에 섰다. 이쓴은 키쉬의 아들이
고, 그는 앱디의 아들이고, 그는 맬
러크의 아들이고,
45 그는 헤쉐바야의 아들이고, 그는
애머지아의 아들이고, 그는 힐카
야의 아들이고,
46 그는 앰지의 아들이고, 그는 배니
의 아들이고, 그는 샤머의 아들이
고,
47 그는 마리의 아들이고, 그는 무쉬
의 아들이고, 그는 메라리의 아들
이고, 그는 리바이의아들이다.
48 역시 리바이부족인 그들 형제한테
하나님의 집 이동성전의 모든 봉사
가 맡겨졌다.

49 한편 애런과 그의 자식은 번제제
단과 향료 제단에서 봉사했고, 최
고성소의 모든 일이 맡겨져서 이
즈리얼을 위한 보상속죄의 제사를
지내며, **하나님**의 종 모지스가 명
령한 대로 따랐다.
50 이들은 애런의 자식들이다. 일리
애저는 그의 아들이고, 피네해스
는 그의 아들이고, 애비슈아는 그
의 아들이고,
51 북키는 그의 아들이고, 우지는 그
의 아들이고, 제래이야는 그의 아
들이고,
52 메래이오쓰는 그의 아들이고, 애
매리야는 그의 아들이고, 애히툽
은 그의 아들이고,
53 재이독은 그의 아들이고, 애히매
아즈는 그의 아들이다.
54 이것은 그들이 살던 장소로, 그들
의 영역 내 곳곳의 성에서 살았는
데, 애런의 자식 중 코해스가문이
먼저 제비뽑기를 했다.
55 그들은 쥬다땅의 히브런이 주어졌
고 주변의 도시도 가졌다.
56 그런데 도성의 들판과 딸린 마을
을 그들이 제푸네 아들 캐이렙에
게 주었다.
57 애런의 자식에게 쥬다의 도성을
주었는데, 다시 말해, 피난처 도시
히브런을, 외곽과 함께 립나를, 재
티어와, 이쉬테모아를 외곽과 함
께 주었고,
58 힐렌과, 드비어를 각각 딸린 변두
리와 함께,
59 애샨과 외곽을, 벳쉬메쉬와 외곽
을 주었고,
60 벤저민부족으로부터는 게바와 변
두리를, 앨레메스와 변두리를, 애
너쏘스와 변두리를 받았다. 그들
의 가문 전체가 받은 곳곳의 도성
은 모두 13개였다.
61 그 부족 가문에서 남아 있던 코해
스의 자식에게는 머나서 절반 부
족에게 주어진 도시 가운데에서
제비뽑기로 주었다.
62 거셤의 자식에게는 이써칼부족과
애셜부족, 냎털라이부족, 바샨의
머나서부족 가운데서 13개 도시를
주었다.
63 메라리의 자식에게는 제비뽑기로
그들 가족 전체에서 루번부족, 개
드부족, 제뷸런부족이 12개 도시
를 주었다.
64 이즈리얼 자손은 리바이부족에게
외곽이 딸린 이 도성들을 주었다.
65 그들은 쥬다부족 중에서 제비뽑기
로 주었고, 시미언자손의 부족과
벤저민자손 부족들이 이 도시들을
주었는데, 그들의 이름에 따라 불
리는 도성이었다.
66 코해스 자손가문에서 살아남은 나
머지는 이프리엄부족 가운데서 그
들의 영역 내 도성들을 가졌다.
67 그들은 그들에게 피난처 도시 중
에서 주었고, 이프리엄산의 쉬컴
과 변두리를 주었고, 그들은 게저

와 외곽도 주었다.
68 족미암과 변두리, 베쓰호런과 변
두리,
69 애이저런과 변두리, 개스리먼과
변두리를 주었다.
70 머나서부족 절반 가운데에서, 애
너와 외곽, 빌리엄과 외곽을 코해
스 자식의 나머지 가족에게 주었
다.
71 거셤의 자식에게 머나서 절반 부
족의 가족들이 주었는데, 바샨의
골란과 주변, 애쉬태로쓰와 주변
마을을 주었다.
72 이써칼부족은 터데쉬와 변두리를,
대버래스와 변두리를,
73 래모쓰와 변두리를, 애넘과 변두
리를 주었고,
74 애셜부족은 마셜과 외곽을, 앱던
과 외곽을,
75 후콕과 외곽을, 리홉과 외곽을 주
었다.
76 냎털라이부족은 갤릴리의 커대쉬
와 주변을, 해먼과 주변을, 킬잿저
림과 주변을 주었다.
77 메라리자손 나머지에게 제뷸런부
족이 리먼과 변두리를, 태이버와
변두리를 주었다.
78 제리코 옆 조든의 다른편 동쪽은
루번부족이 그들에게 주었는데 황
야의 비저와 외곽을, 재자와 외곽
을,
79 커데모쓰 역시 주변과 함께, 메패
아스와 주변을 주었고,
80 개드부족은 길리언의 래모쓰와 주
변을, 해하내임과 주변을,
81 헤쉬번과 주변을, 재저와 주변지
역을 주었다.

이써칼 벤저민 냎털라이 머나서
이프리엄 애셜 자손

7 이써칼의 자식은 톨라, 투아, 재
셥, 쉼런까지 넷이다.
2 톨라의 자식은 우지, 리패이아, 제
리얼, 재매이, 집샘, 쉬뮤얼이고, 이
들은 톨라 가문의 대표다. 그들은
그들의 세대 가운데 용맹하고 힘
센 사람들이었고, 이들은 대이빋
시대 22,600명 중에 들어 있었다.
3 우지의 자식은 이즈러하야고, 이
즈러하야의 자식은 마이클, 오배
다야, 조엘, 이쉬아까지 다섯으로
그들 모두 대표였다.
4 그들은 조상가문에 따른 그들 세
대에서 전쟁에 나가는 36,000무리
에 속해 있었으며, 많은 아내와 자
손을 두었다.
5 이써칼 가문 가운데 그들의 형제
는 힘센 용감한 사람들로서, 그들
의 족보에 모두 87,000명이 평가
기록되어 있다.
6 벤저민의 자식은 벨라, 베커, 제디
얼까지 셋이다.
7 벨라의 자식은 이즈본, 우지, 우지
얼, 제리모스, 아이리까지 다섯이
고, 그들은 조상가문의 대표로 힘
센 용감한 사람이었고, 그들의 족

보에 22,034 명이 기록되어 있다.
8 제커의 자식은 제미라, 조애쉬, 일
리에저, 일리오에내이, 옴리, 제리
모스, 애비아, 애내쏘스, 앨래메스
이다. 이들은 베커의 자식이다.
9 그 세대의 족보에 따른 그들의 수
는, 조상 집안의 대표적 용감한 사
람들로 20,200명이었다.
10 제디얼의 자식은 빌핸이고, 빌핸
의 아들은 제우쉬, 벤저민, 디훈, 케
내아나, 제쌘, 딸쉬시, 애히샤하이
다.
11 재디얼의 아들 모두는 조상가문의
대표적 용감하고 힘센자로서, 싸
움과 전쟁에 나갈 적임자가 17,200
명이었다.
12 슈핌과 후핌은 이어의 자식이고,
후쉼은 애어의 자식이다.
13 냎털라이의 자식은 재지얼, 구니,
제저이고, 쉘럼이고, 이들은 빌하
의 자손이다.
14 머나서의 자식은 애슈리얼이다.
[한편 그의 첩 애러민 사람이 길리
얻의 조상 머키어를 낳았다.
15 머키어는 후핌과 슈핌의 여동생을
아내로 맞이했고, 여동생의 이름
은 매아카였다.] 그리고 첫째 애슈
리얼을 낳은 아내가 둘째 젤로페
핻을 낳았고, 젤로페핻은 딸만 있
었다.
16 머키어의 아내 마아카는 아들을
낳고 그의 이름을 페레쉬라고 지
었고, 그의 동생은 쉬레쉬였고, 그
의 자식은 우램과 래켐이다.
17 우램의 자식은 비댄이다. 이들이
길리얻의 자식이고, 그는 머키어
의 아들이고, 그는 머나서의 아들
이다.
18 그의 여형제 해머레케스는 이샤
드, 애비에저, 매핼라를 낳았다.
19 쉬미다의 자식은 애히안, 쉬컴, 릭
히, 애니엄이다.
20 이프리엄의 자식은 슈썰라이고,
비레드는 그의 아들이고, 태해스
는 그의 아들이고, 일래다는 그의
아들이고, 태해스는 그의 아들이
고,
21 재밷은 그의 아들이고, 슈썰라는
그의 아들이다. 이저와 일리얻은
개스땅의 원주민에게 살해되었는
데, 그들이 그들의 가축을 빼앗으
러 왔기 때문이다.
22 그래서 아버지 이프리엄이 오랫동
안 애도했고 그의 형제가 그를 위
로하러 왔다.
23 그는 아내에게 갔고, 그녀는 임신
하여 아들을 낳자, 아들을 비리아
라고 불렀는데, 이유는 자신의 집
안에 불행이 왔다는 뜻이다.
24 [그의 딸은 쉬라인데 아랫마을 베
쓰호른과 윗마을 베쓰호른, 우젠
쉬라 마을도 세웠다.]
25 레파는 그의 아들이고 레쉪 역시,
텔라도 그의 아들이고, 태핸도 그
의 아들이고,
26 래아댄도 그의 아들, 애미훋도 그

의 아들, 일라이샤마도 그의 아들
이고,
27 넌도 그의 아들이고, 제호슈아도
그의 아들이다.
28 그들의 소유와 주거지는 베썰과
주변 마을이고, 동쪽으로 내아랜,
서쪽으로 게저의 주변 마을까지였
고, 쉬컴도 그의 주변 마을까지, 개
자 및 주변 마을까지였다.
29 그리고 머나서의 자손의 경계 벳
쉬안과 외곽 마을, 태아낙과 외곽,
메기도와 외곽, 도르와 외곽까지
였다. 이곳에 이즈리얼 아들 조셉
자손이 살았다.
30 애셜의 자식은 임나, 이수아, 이슈
애이, 비리아이고, 세라는 여형제
이다.
31 비리아의 자식은 헤버와, 빌재비
스의 아버지 맬키얼이다.
32 헤버는 잴렡, 쇼머, 호쌤을 낳고, 슈
아는 그들의 여형제이다.
33 잴렛의 자식은 패색, , 빔핼, 애쉬배
스이다. 이들은 잴렡의 자손이다.
34 새머의 자식은 애히, 로가, 제후바,
애램이다.
35 그의 형제 헤렘의 자식은 조파, 임
나, 쉬레쉬, 애멀이다.
36 조파의 자식은 수아, 하네퍼, 슈알,
제리, 임라이고,
37 베저, 호드, 샤마, 쉴샤, 이쓰란, 비
에라이다.
38 제써의 자식은 제푸네, 피스파, 애
라이다.
39 울라의 자식은 애라, 해니얼, 레지
아이다.
40 이들 모두가 애셜의 자손이고 조
상가문의 대표로 선별된 힘센 용
사이고 대군왕자의 대표였다. 그
들의 계보에 기록된 전쟁을 잘하
는 전체 수는 26,000명이었다.

벤저민부족 솔의 계보

8 벤저민은 첫째 벨라, 둘째 애쉬
벨, 셋째 애해라와,
2 넷째 노하, 다섯째 래파를 낳았다.
3 벨라의 자식은 애다, 제라, 애비훋
이고,
4 애비슈아, 내아만, 애호마이고,
5 게라, 쉐푸팬, 후램이다.
6 이들은 이훋의 자식이다. 이들은
게바 원주민 조상대표였고, 나중
에 그들은 매너해스로 내쫓겼다.
7 내아먼, 애히아, 게라가 그들을 쫓
아냈다. 게라는 우자와 애히훋을
낳았다.
8 쉐해래임은 모앱에서 자녀를 낳은
뒤, 그의 아내 후쉼과 배아라를 내
쫓았다.
9 그런 다음 그는 아내 호데쉬를 통
해 조뱁, 지비아, 메샤, 맬캠을,
10 제우즈, 샤키아, 미어마를 낳았다.
이들이 그의 자식으로 조상대표
다.
11 후쉼은 애비툽과 일패알을 낳았
다.
12 일패알의 자식은 이버, 미쉠, 샤멛

이고, 이들은 주변 마을과 함께 오
노와 로드 도시를 건설했다.
13 베리아와 쉐마는 애이잴런 거주민
의 조상 대표였고, 애이잴런은 개
스의 주민을 쫓아냈다.
14 그리고 애히오, 샤쉑, 제리모스, 제
배다야, 애래드, 애더,
16 마이클, 이스파, 조하가 에리아의
자식이다.
17 제배다야, 메셔램, 헤제키, 헤버,
18 이쉬메래이, 제즈라야, 조뱁은 일
패알의 자식이다.
19 재킴, 지크리, 잽디,
20 일리에내이, 질쌔이, 일리얼,
21 애대이야, 베라이야, 쉼래스는 쉼
히의 자식이다.
22 이스팬, 헤버, 일리얼,
23 앱던, 지크리, 해넌,
24 해내나야, 일램, 앤터씨자,
25 이페데이아, 페누얼은 샤쉑의 자
식이다.
26 쉠쉐래이, 쉬해리아, 애쌔리아,
27 재레시아, 일리아, 지크리는 제로
햄의 자식이다.
28 이들은 그들 세대에서 조상대표가
되었고, 저루살럼에서 살았다.
29 기비언에서 기비언의 아버지가 살
았고, 그의 아내 이름은 매아카였
다.
30 그의 첫째 앱던과, 주어, 키쉬, 배
알, 내댑,
31 게돌, 애히오, 재커가 그의 자식이
다.
32 믹로쓰는 쉬메아를 낳았고, 이들
은 형제와 함께 저루살럼에서 그
들 이웃에서 살았다.
33 네르는 키쉬를 낳고, 키쉬는 솔을
낳고, 솔은 조너썬, 맬키슈아, 애비
내댑, 디쉬배알을 낳았다.
34 조너썬은 메리배알을 낳고, 메리
배알은 미카를 낳았다.
35 미카의 자식은 피쏜, 메렉, 태레아,
애이해즈이다.
36 애이해즈는 제호애다를 낳고, 제
호애다는 애레메스, 매즈매베스,
짐리를 낳고, 짐리는 모자를 낳고,
37 모자는 비니아를 낳았고, 래파는
그의 아들이고, 일레사는 그의 아
들이고, 애절은 그의 아들이다.
38 애절은 여섯 아들을 두었는데 그
들 이름은, 애즈리캠, 보체루, 이쉬
매얼, 쉐리아, 이배디아, 해이넌이
다. 이들이 애절의 자식이다.
39 그의 동생 에쉑의 자식은 울램이
첫째, 제후쉬가 둘째, 일리페렡이
셋째이다.
40 울램의 자식은 힘이 센 용맹한 사
람으로 활을 잘 쏘는 사수였으며,
많은 아들 손자를 150명이나 두었
다. 이들 모두 벤저민의 자손이다.

저루살럼 사람

9 이렇게 모든 이즈리얼 사람이
계보에 기록되었다. 보다시피,
그들은 이즈리얼과 쥬다왕의 책에
적혀 있는데, 나중에는 **주님**에 대

한 법위반으로 인해 배블런으로
끌려갔다.
2 그 도성을 차지하고 살았던 첫 번
째 거주민은, 이즈리얼 백성, 제사
장, 리바이부족, 네써님스였다.
3 저루살럼에서 쥬다자손이 살았고,
벤저민자손, 이프리엄자손, 머나서
자손이 살았다.
4 우싸이는 애미훋의 아들이고, 그
는 옴리의 아들이고, 그는 임리의
아들이고, 그는 배니의 아들로, 이
들은 쥬다 아들 패레즈의 자손이
다.
5 실런 사람의 자식은 애사이야가
첫째이고 그의 자식들이 있다.
6 제라의 자식은 제우얼과 그의 형
제 등 690명이다.
7 벤저민자식에 대하여, 샐루는 메
셜램의 아들이고, 그는 호대비아
의 아들이고, 그는 해세누아의 아
들이고,
8 입네이아는 제로햄의 아들이고,
일라는 우지의 아들이고, 그는 미
크리의 아들이고, 메셜램은 쉐패
씨아의 아들이고, 그는 레우얼의
아들이고, 그는 입니자의 아들이
다.
9 그들 세대 가운데 형제는 956명이
다. 이 모든 사람은 조상 집안 가문
의 대표였다.
10 제사장은 제대이야, 제호애립, 재
이친,
11 애저라야는 힐카야의 아들이고,
그는 메셜램의 아들이고, 그는 재
이독의 아들이고, 그는 메래이오
스의 아들이고, 그는 애히툽의 아
들이고, 그는 **하나님** 성전 관리감
독이었다.
12 애대이야는 제로햄의 아들이고,
그는 패수르의 아들이고, 그는 맬
키자의 아들이고, 매아시애이는
애디얼의 아들이고, 그는 자제라
의 아들이고, 그는 메셜램의 아들
이고, 그는 메쉬레미스의 아들이
고, 그는 이머의 아들이다.
13 그들의 형제는 조상가문의 대표로
1,760명이 바로 **하나님**의 성전 봉
사가 가능했던 사람이었다.
14 리바이부족에 대하여, 쉐매이야는
해셥의 아들이고, 그는 애즈리캠
의 아들이고, 그는 해샤비아의 아
들인데, 메라리의 자식이다.
15 백배카, 헤레쉬, 개랠이고, 매태나
야는 미카의 아들이고, 그는 지크
리의 아들이고, 그는 애샾의 아들
이다.
16 오배다야는 쉬마야의 아들이고,
그는 개랠의 아들이고, 그는 제두
썬의 아들이고, 베레치아는 애이
사의 아들이고, 그는 일캐나의 아
들이고, 이들은 네토패스 마을에
서 살았다.
17 문지기는 쉘럼, 애컵, 탤먼, 애히먼
과 그들의 형제였고 쉘럼이 수문
장이었다.
18 궁전 동쪽 문에서 보초서는 사람

은 리바이 자손 출신이 문지기였
다.
19 쉘럼은 코레의 아들이고, 그는 이
비아샢의 아들이고, 그는 코라의
아들이고, 그의 형제는 코라부족
조상가문인데, 제사일을 관리하며,
이동성전 입구를 지켰고, 그들의
조상은 **주님**의 군대를 지휘하며 입
구를 지키는 사람이었다.
20 일리저의 아들 피네해스는 예전에
문지기 감독 일을 담당했는데, **주
님**이 그와 함께 있었다.
21 제커라야는 메쉘레마야의 아들로
공동체의 이동성전 문을 지키는
사람이었다.
22 문을 지키는 수문병으로 선발된
사람은 모두 212명이었다. 이들은
마을 안에서 계보에 기록된 사람
들로, 대이빋과 미래를 보는 선견
자 새뮤얼이 그들에게 직무를 맡
겼다.
23 그래서 그들과 그들의 자손은 주
님성전과 이동성전 문을 옆에서
지켰다.
24 문지기는 네 구역 동, 서, 남, 북쪽
에 있었다.
25 마을에 있는 그들 형제는 7일간 당
번 시간에 나왔다.
26 이들 리바이부족의 수문장 네 명
이 **하나님**의 성전내부 방과 보물을
관리하는 임무를 맡았다.
27 그들은 **하나님**의 성전 주변에서 숙
직했는데, 그들의 책임이 아침마
다 맡은 문을 여는 일이었기 때문
이었다.
28 그들 중 일부는 제사용기의 책임
을 맡았고, 들어오고 나갈 때 사람
수를 계산해야 했다.
29 다른 일부 사람은 용기에 대한 관
리 감독이 지정되었고, 성역 내 도
구 일체 및 고운 밀가루, 와인, 오
일, 향료, 향신료를 관리했다.
30 제사장 자식의 일부는 향신료로
연고를 만들었다.
31 리바이부족 중 매터싸야는 코라
부족 쉘럼의 첫째인데, 팬으로 만
드는 조리일 관리를 맡았다.
32 그들의 다른 형제는 코해스부족의
자식인데 사배쓰휴일마다 전시용
빵을 준비하는 일을 했다.
33 이들은 가수인데, 리바이부족 조
상대표로 방에서 다른 일을 하지
않고 있었다. 왜냐하면 그들은 낮
과 밤에 정규 일이 있었기 때문이
었다.
34 이들은 리바이 조상대표로 그들의
세대에서 우두머리였고 저루살럼
에서 살았다.
35 기비언에서 기비언의 조상 제히얼
이 살았는데, 그의 아내 이름은 매
아카였다.
36 그의 첫째 아들은 앱던이고, 그 다
음으로 주르, 키쉬, 배이얼, 네르,
내댑,
37 게돌, 애히오, 제커라야, 밐로쓰가
그의 자식이다.

38 밀로쓰는 쉬미엄을 낳았고, 그들
역시 형제와 함께 저루살럼 이웃
에서 살았다.
39 그리고 네르는 키쉬를 낳고, 키쉬
는 솔을 낳고, 솔은 조너썬, 맬키슈
아, 애비내댑, 디쉬배이얼을 낳았
다.
40 조너썬의 자식은 메리배이얼이고,
메리배이얼은 미카를 낳았다.
41 미카의 자식은 피쏜, 메렉, 캐레아,
애이해즈이다.
42 애이해즈는 재라를 낳고, 재라는
애레메스, 애즈매베쓰, 짐리를 낳
았고, 짐리는 모자를 낳고,
43 모자는 비니아를 낳고, 레패이아
는 그의 아들이고, 일리사는 그의
아들이고 애젤은 그의 아들이다.
44 애젤은 여섯 아들을 두었는데, 그
들의 이름은 애즈리캠, 보케루, 이
쉬매얼, 쉐리아, 오배다야, 해넌이
고, 이들이 애젤의 자식이다.

솔의 자결

10 한편 필리스틴은 이즈리얼을
상대로 싸웠다. 이즈리얼은
필리스틴 앞에서 도망쳤고, 길보
아산에서 살해당하여 쓰러졌다.
2 필리스틴은 솔과 그의 아들들의
뒤를 집요하게 쫓아다니다, 아들
들 조너썬, 애비내댑, 맬키슈아를
죽였다.
3 그 전쟁은 솔에게 너무 비참했고,
사수들이 그를 맞춰 솔이 부상당
했다.
4 그때 솔이 자신의 무기담당관에게
말했다. "네 칼을 빼내어 그것으로
나를 찔러라. 이런 할례도 하지 않
은 자들에게 내가 모욕당하지 않
도록 말이다." 하지만 그의 무기담
당관은 하려고 하지 않았다. 왜냐
하면 그는 너무 두려웠다. 그래서
솔이 칼을 잡고 그 위에 쓰러졌다.
5 그의 무기담당관은 솔이 죽는 것
을 보자, 자신도 마찬가지로 칼 위
에 쓰러져 죽었다.
6 그렇게 솔이 죽었고, 그의 세 아들
과 그의 집안 모두가 함께 죽었다.
7 마을에 있던 이즈리얼의 모든 사
람이 솔과 그의 아들의 죽음을 보
고, 도망쳤는데, 자신들의 도성도
버리고 달아났다. 그래서 필리스
틴이 와서 그곳을 점령했다.
8 다음날 필리스틴이 시체가 늘어선
곳에 왔을 때, 길보아산에서 죽은
솔과 그의 아들들을 발견했다.
9 그들은 솔의 옷을 벗기고 목과 갑
옷을 가져다, 필리스틴땅 전역으
로 보내어 그들의 우상과 백성에
게 소식을 전했다.
10 그들은 그들의 신당에 솔의 갑옷
을 갖다 놓고, 대건신당에 솔의 머
리를 매달았다.
11 재비쉬길리얻의 모두가 필리스틴
이 솔에게 한 모든 쇼행을 듣자,
12 그들이 일어나, 용감한 사람 모두
솔과 그의 아들들의 시신을 빼앗

아 재비쉬로 가져와서, 재비쉬의
참나무 아래에 뼈를 묻고 7일간 금
식했다.
13 그렇게 솔은 주님에게 반하는 그의
위반행위로 인해 죽었는데, 심지
어 **주님**의 말도 지키지 않고, 점쟁
이에게 자문하며 구원을 요청하면
서,
14 **주님**에게는 간청하지 않았다. 그래
서 그는 그를 죽이고, 제시의 아들
대이빋에게 그 왕국을 넘겼다.

이즈리얼왕 대이빋과 용사

11 그때 모든 이즈리얼이 히브
런의 대이빋에게 모여들어
말했다. "보세요, 우리는 당신의 뼈
와 살이에요.
2 솔이 왕이었을 때도, 당신은 전쟁
에 나가 이즈리얼을 이끌었어요.
당신의 **주 하나님**이 당신에게 말했
지요. '너는 나의 백성을 먹이고, 이
즈리얼 민족을 다스리는 통치자가
될 것'이라고요."
3 그러면서 이즈리얼의 모든 원로가
히브런의 왕에게 오자, 대이빋은
히브런에서 **주님** 앞에서 그들과 계
약을 맺었다. 그들은 대이빋에게
기름을 부어 이즈리얼을 통치하는
왕으로 세웠다. 새뮤얼이 전한 **주**
님의 말대로였다.
4 대이빋과 모든 이즈리얼은 저루살
럼으로 갔다. 그곳은 제뷰스부족
이 거주했던 제뷰스 땅이었다.
5 그러자 제뷰스주민이 대이빋에게
말했다. "당신이 이곳에 오면 안 된
다." 그럼에도 불구하고 대이빋은
자이언성을 차지했는데 그곳이 대
이빋도성이다.
6 그때 대이빋이 말했다. "제뷰스부
족을 먼저 치는 사람은 누구든지
대표와 대장이 될 것이다." 그래서
제뤼아의 아들 조앱이 먼저 일어
나 대장이 되었다.
7 대이빋이 그 성곽에서 살았기 때
문에 사람들은 그것을 대이빋도성
이라고 불렀다.
8 그는 주변 도시를 건설하면서, 일
대에 밀로우성도 세웠고, 조앱은
도성의 나머지를 재건했다.
9 그렇게 대이빋은 크고 강해졌다.
왜냐하면 **주님**의 군대가 그와 함께
있었기 때문이었다.
10 이들은 대이빋이 거느렸던 용사의
대표다. 그들은 스스로 대이빋왕
국에서 왕과 함께 모든 이즈리얼
과 함께 왕을 강하게 만들었는데,
이즈리얼에 관한 **주님**의 말 그대로
였다.
11 다음은 대이빋 시대 용사목록이
다. 해크먼 부족 재쇼빔은 대장 중
수석대표였는데, 그는 자신의 창
을 들으면 한 번에 300명을 죽였
다.
12 그 다음 애호이 사람 도도의 아들
일리저는 3인 용사 중 하나였다.
13 그는 패스대밈에서 대이빋과 함께

있었는데, 필리스틴이 전쟁하러
그곳에 몰려오자, 보리가 가득한
밭에서 사람들이 필리스틴 앞에서
도망쳤다.
14 그러나 그들은 보리밭 한 가운데
서서 막아서며 필리스틴을 죽였
다. **주님**이 큰 힘으로 그들을 구했
다.
15 대장 30명 중 3인이 애덜램동굴의
바위로 대이빋에게 내려왔다. 그
리고 필리스틴군대는 리풰임계곡
에서 진영을 펼쳤다.
16 그때 대이빋은 요새 안에 있었고
필리스틴의 수비대는 베쓸러헴에
있었다.
17 대이빋이 몹시 목이 말라 말했다.
"누가 내게 성문에 있는 베쓸러헴
우물의 마실 물을 가져다주기 바
란다."
18 그러자 3인이 필리스틴 군대를 뚫
고 성문 옆에 있는 베쓸러헴 우물
에서 물을 길어 대이빋에게 가져
왔다. 그러나 대이빋은 그것을 마
시는 대신 **주님**에게 부었다.
19 그러면서 말했다. "나의 **주님**은 내
가 물을 마시지 않게 했다. 어떻게
내가 그들이 목숨을 걸고 가져온
피를 마시겠나? 그 물은 위험 속에
서 그들이 가져온 그들의 생명"이
라며 물을 마시지 않았다. 이것이
용감한 3인이 한 일이다.
20 조앱의 동생 애비사이는 3인의 대
표였다. 그는 300명을 향해 창을
들어 그들을 죽였고, 또 3인 가운
데 명성을 얻었다.
21 조앱은 3인 이상 두 배로 더 용맹
했는데, 이는 그가 그들의 대장이
었기 때문이었다. 그러나 그는 최
고 3인에 들어있지 않았다.
22 베내이야는 제호애다의 아들이고,
그는 캡지얼 출신의 용사의 아들
로 많은 업적을 남겼다. 베내이야
는 모앱의 사자 같은 두 사람을 죽
였고, 또 눈이 많이 내린 날 웅덩이
에서 사자 한 마리를 죽였다.
23 또 그는 이집트 사람 하나를 죽였
는데, 그 이집트인은 몸집이 대단
히 커서 키가 5큐빝약 2.3m였고, 그
의 손에 든 창은 베틀의 가로막대
같았다. 베내이야는 지팡이를 들
고 그에게 달려들어 거구의 이집
트인의 손에서 창을 낚아채고 그
것으로 그를 죽였다.
24 이런 일을 제호애다의 아들 베내
이야가 했지만, 3인 용사 밖에서
명성을 얻었다.
25 보다시피, 그는 30인 가운데 명예
로웠지만, 최고 3인에 속하지 못했
고, 대이빋은 그에게 자신의 경호
를 맡겼다.
26 그리고 군대에서 용감한 사람은
조앱의 동생 애사헬과 베쓸러헴의
도도의 아들 일해넌이 있었고,
27 해롤 사람 샤모쓰, 펠런 사람 헬레
즈,
28 테코부족 읶케쉬의 아들 아이라,

앤토쓰부족 애비에저,
29 후샤쓰부족 시베캐이, 애호이부족
일라이,
30 네토패쓰부족 매하래이, 네토패쓰
부족 배아나의 아들 헬렌,
31 기비아의 리배이의 아들 이싸이는
벤저민 자손에 속하고, 피래쏜부
족의 베내이야,
32 개아쉬 시내 출신의 후래이, 아배
쓰부족 애비얼,
33 배해럼 사람 애즈마베쓰, 새얼본
사람 일리아바,
34 지온 사람 해쉠의 아들들, 해래리
사람 쉐기의 아들 조너썬,
35 해래리 사람 새카의 아들 애히앰,
우어의 아들 일리팰,
36 메케래쓰 사람 헤퍼, 펠런 사람 애
히자,
37 카멜 사람 헤즈로, 이즈배이의 아
들 내아래이,
38 내이썬의 형제 조엘, 해게리의 아
들 밉하,
39 애먼 사람 제렉, 베로쓰 사람 내해
래이, 제뤼아의 아들 조앱의 무기
담당관,
40 이쓰리 사람 아이라, 이쓰리 사람
개렙,
41 힡부족 우리아, 아래이의 아들 재
밷,
42 루번부족 쉬자의 아들 애디나, 루
부족의 대장과 30인,
43 매아카의 아들 해넌, 미쓴부족 조
쉐팰,
44 애쉬테래쓰 부족 우지아, 샤마와
제히얼은 애로어 사람 호썬의 자
식들이고,
45 쉼리의 아들 제디얼과, 그의 형제
조하는 티지 사람,
46 매해브 사람 일리얼, 제리배이와
조쉐비아는 일너앰의 자식들이고,
모앱 사람 이쓰마,
47 일리얼, 오벧, 재시얼은 메소브부
족이다.

대이빋을 도운 용사

12 이들은 대이빋이 지크랙에
있을 때 왔다. 그곳에서 그는
키쉬의 아들 솔 때문에 자신을 숨
겼던 때였다. 그들은 힘센 용사로
전쟁을 도왔다.
2 그들은 활로 무장했고, 오른손과
왼손 양손을 모두 사용하며 돌을
던졌고, 활로 화살을 쏘는데, 심지
어 벤저민부족 출신 솔의 형제에
게도 쏘았다.
3 대장은 애히에저였고, 다음은 기
비쓰 사람 쉐매아의 자식 조애쉬
와, 애즈매베스의 자식 제지얼, 페
렡과, 앤토쓰 사람 베래카, 제후이
고,
4 기비언 사람 이스매이나는 30 명
중 힘센 사람으로, 30 명 안에는 게
더래스 출신의 재해지얼, 조해넌,
조사밷이고,
5 해러프 사람은 일루재아, 제리모
스, 베얼리아, 쉬매리아, 쉬패티아

이고,
6 일캐나, 제시아, 애재리얼, 조에저,
재쇼범은 코핱 사람이 있었고,
7 조엘라와 제배다야는 게돌 출신
제로햄의 자식이다.
8 개드부족은 스스로 떨어져 나와서
요새에 있는 대이빋에게 와서 황
야의 용사가 되었는데, 전쟁이 가
능한 전사들은 방패와 둥근방패를
다룰 수 있고, 얼굴은 사자와 같았
고, 산 위에 올라서도 움직임이 대
단히 민첩했다.
9 개드의 첫째는 이저, 둘째는 오배
다야, 셋째는 일리앱,
10 넷째는 미쉬매나, 다섯째는 제러
마야,
11 여섯째는 애태이, 일곱째는 일리
얼,
12 여덟째는 조해넌, 아홉째는 엘저
밷,
13 열번째는 제러마야, 열한 번째는
맥배내이이다.
14 이들이 개드의 자식이고, 군대의
대장이었고, 적게는 100명을 맡았
고 최대 1000명도 지휘했다.
15 그들은 강둑이 범람하는 첫째 달
에 조든강을 넘어 가서, 마을에 사
는 사람 모두를 동쪽과 서쪽으로
달아나게 했다.
16 벤저민과 쥬다자손이 대이빋의 요
새로 찾아왔다.
17 그래서 대이빋이 나가 그들을 만
나 대답하며 말했다. "만약 너희가
평화 목적으로 내게 와서 돕는다
면, 나는 마음으로부터 너희와 결
합하겠다. 그러나, 너희가 나를 적
으로 여기고 배신하면, 내게 아무
잘못이 없다는 것을 알고, 우리 조
상의 **하나님**이 그것을 보고 보복할
것이다."
18 그때 영혼이 지휘관의 대장 애머
사야에게 와서 그가 이렇게 말했
다. "우리는 대이빋 당신의 것이고,
제시의 아들 당신의 편이 우리입
니다. 평화란 당신에게 있고, 또 당
신의 조력자에게 평화가 있어요.
왜냐하면 당신의 **하나님**이 당신을
돕기 때문이지요." 그래서 대이빋
이 그들을 받아들이고 그들을 무
리의 대장으로 삼았다.
19 머나서 사람 일부가 이탈하여 대
이빋에게 왔는데, 대이빋이 솔에
대항하여 싸우는 필리스틴과 함께
있을 때였다. 그러나 그들은 필리
스틴을 돕지 못했다. 왜냐하면 필
리스틴의 대군왕자가 의논한 다음
과 같이 말하며 그를 돌려보냈기
때문이다. "대이빋은 그의 주인 솔
한테서 탈주한 것처럼 우리의 목
을 위험하게 할 것"이라고 했다.
20 이들은 대이빋이 지크랙에 있었을
때 그에게 왔던 머나서부족이다.
애드나, 조재밷, 제디얼, 마이클, 조
재밷, 엘리후, 질싸이, 등 수천의 군
지휘관이 머나서 출신이었다.
21 그들은 유랑의 무리에 대항하여

대이빋을 도왔다. 그들로 말하자
면 모두 용감한 사람이었고 군대
지휘관이었다.
22 당시 매일 사람들이 대이빋을 도
우러 와서 큰 군대가 되었는데, 마
치 **하나님**의 군대 같았다.
23 이들은 전쟁을 치르도록 무장된
사람들로 히브런의 대이빋에게 왔
고, 솔의 왕국이 대이빋에게 전가
되게 했다. **주님**의 말 그대로였다.
24 방패와 창을 든 쥬다자손은 6,800
명으로 무장되어 전쟁 준비가 되
어 있었다.
25 시미언자손은 전쟁을 할 수 있는
용맹한 사람 7,100명이었다.
26 리바이자손은 4,600명이었다.
27 제호이애다는 애런부족의 지도자
였고 그와 함께 3,700명이었고,
28 재이독은 그의 조상가문의 22명
지휘관과 함께 온 용감한 젊은이
였다.
29 솔의 동족 벤저민자손은 3,000명
이 왔는데, 그들 대부분이 그때까
지 솔 집안에 충성했던 사람들이
었다.
30 이프리엄자손 20,800 용사는 그들
의 조상가문에서 내내 이름을 날
렸다.
31 머나서 절반 부족에서 온 18,000명
은 이름으로 지명받고 와서 대이
빋을 왕으로 만들었다.
32 이써칼자손 가운데 당시 지혜를
가졌던 사람은, 이즈리얼이 해야
되는 의무가 무엇인지 알고 있었
던 사람들로, 그들의 대표는 200명
이었고 그들 형제 모두가 명령을
따랐다.
33 싸우러 나왔던 제뷸런은 무기로
전쟁을 치르는 전문가였는데, 그
50,000 명은 서열을 지킬 줄 알았
고 이중의 마음을 갖지 않았다.
34 냎털라이 가운데 1,000명의 지
휘관과, 방패와 창을 가진 자는
37,000명이었다.
35 댄부족에서 전쟁에 능숙한 사람은
28,600명이었다.
36 전쟁에 나갈 수 있고 전쟁을 잘 아
는 전문가는 애셜 가운데 40,000
명이었다.
37 조든의 다른 편에 있는 루번, 개드,
머나서부족 절반은 전쟁의 무기
사용에 능숙한 사람이 120,000명
이었다.
38 이 모든 전사들은 일반병사 관리
를 잘 할 수 있었고, 히브런까지 진
심으로 와서 대이빋을 이즈리얼
전체를 다스리는 왕으로 만들려는
것이었고, 이즈리얼의 나머지 모
두는 대이빋을 왕으로 만들겠다는
한결 같은 마음이었다.
39 그들은 그곳에서 대이빋과 함께 3
일간 있으면서 먹고 마셨고, 그들
의 형제는 그들을 위해 음식을 마
련했다.
40 게다가 사람들은 그들에게 가까이
왔는데, 이써칼, 제뷸런, 냎털라이

사람은 나귀, 낙타, 노새, 황소 위에
빵을 실어 가져왔고, 고기, 곡식, 무
화과 과자, 말린 건포도와 와인과
오일과 황소를 풍부하게 가져와서
이즈리얼이 즐거웠다.

약속의 상자를 가져오다

13 대이빋은 수천 지휘관과 수
백 지휘관 및 모든 지도자와
함께 의논했다.
2 그런 다음 대이빋이 이즈리얼 공
동체 모두에게 말했다. "만약 여러
분에게도 좋고, 이것이 우리의 **주**
하나님이 뜻이라면, 우리 형제를
이즈리얼 곳곳에 보내고, 도시와
근교에 있는 제사장과 리바이에게
보내면, 그들도 우리에게 함께 모
일 수 있을 겁니다.
3 그리고 우리가 우리 **하나님**의 상자
를 다시 가져옵시다. 우리는 솔왕
시대에 그것을 요청하지 않았어
요."
4 그러자 공동체 모두가 그렇게 하
겠다고 말했다. 왜냐하면 그 일은
모든 사람의 눈에 옳은 일이었기
때문이다.
5 그래서 대이빋은 모든 이즈리얼을
이집트의 쉬호부터 헤매스 입구까
지 모아, 킬잿저림에서 **하나님**의
상자를 가져오고자 했다.
6 대이빋과 모든 이즈리얼이 일어
나 배얼라 곧 쥬다땅 킬잿저림으
로 가서, 그곳에서 **주 하나님**의 약
속의 상자를 가져왔다. 그것은 **주**
님의 이름을 부르면 체럽천사 사이
에 나타나는 그 존재의 장소다.
7 그들은 **하나님**의 상자를 애비내댑
의 집에서 새 수레로 옮겨, 우자와
애히오가 그것을 끌었다.
8 대이빋과 모든 이즈리얼이 **하나님**
앞에서 마음 가득 즐거워서, 노래
하며 하프와 썰터리 현악기를 켜
며, 팀버럴 소북과 심벌즈를 두드
리며, 트럼핕을 불며 축하했다.
9 그들이 차이든의 타작마당까지 왔
을 때, 우자가 그 상자를 잡으려고
손을 내밀었는데, 황소가 몸을 떨
었기 때문이었다.
10 그러자 **주님**의 분노가 우자에게 불
이 붙어 그를 쳐버렸다. 상자에 손
을 대려 했던 탓에 그는 **하나님** 앞
에서 죽었다.
11 대이빋은 마음이 언짢았다. **주님**이
우자에게 벌을 내렸기 때문이었
다. 그래서 그 장소는 이날까지 페
레즈우자라고 불린다.
12 대이빋은 그날 **하나님**이 두려워져
서 말했다. "그렇다면, 내가 어떻게
하나님의 상자를 제자리로 가져갑
니까?"
13 그러면서 대이빋은 대이빋도성 안
으로 상자를 옮기는, 대신 그것을
기트부족 오벧이듬의 집 한 켠에
갖다 두었다.
14 그래서 **하나님**의 상자는 오벧이듬
의 집에서 그 가족과 석 달간 함께

있었다. 그러자 **주님**은 오벧이듬의
집과 그가 가진 모든 것에 복을 주
었다.

대이빋왕이 필리스틴 공격

14 타이러의 히램왕이 대이빋에
게 사자를 보내면서, 시더나
무 목재를 석공과 목공과 함께 그
가 집을 지을 수 있도록 보냈다.
2 대이빋은 **주님**이 자신을 이즈리얼
을 통치하는 왕으로 확정했음을
인지했다. 왜냐하면 그의 왕국의
위상이 그의 백성 이즈리얼로 인
해 높아졌기 때문이었다.
3 대이빋은 저루살럼에서 더 많은
아내를 맞이하여 아들딸을 더 많
이 낳았다.
4 다음은 그가 저루살럼에서 얻은
자녀의 이름이다. 샤무아, 쇼뱁, 내
이썬, 솔로먼,
5 아이바, 일리슈아, 일패렐,
6 노가, 느펙, 재피아,
7 일라이샤마, 빌리애다, 일리패렐이
다.
8 필리스틴은 대이빋이 이즈리얼을
다스리는 왕으로 기름이 부여되었
다는 소식을 듣자, 모든 필리스틴
이 대이빋의 목숨을 노리러 갔다.
그래서 대이빋이 그 이야기를 듣
고 대항하러 나갔다.
9 필리스틴이 와서 리퓌임계곡에 진
영을 펼쳤다.
10 그러자 대이빋은 **하나님**에게 간청
했다. "내가 필리스틴과 싸우러 가
야 할까요? 그러면 당신이 그들을
내 손에 넘겨주나요?" 그러자 **주님**
이 그에게 말했다. "가거라. 왜냐하
면 내가 네 손에 그들을 넘기겠다."
11 그래서 그들이 배이얼페러짐으로
가서 대이빋이 그들을 무찔렀다.
그런 다음 대이빋이 말했다. "**하나
님**이 내 손을 통해 적을 물리쳤는
데, 마치 봇물이 터지는 것 같은 기
세였다." 그래서 사람들은 그 장소
를 배이얼페러짐이라고 불렀다.
12 그들이 자기 신을 그곳에 버려 둔
채 떠나자, 대이빋이 명령하여 그
들이 불로 태웠다.
13 그런데도 필리스틴은 여전히 계곡
에서 떨어져서 다시 진영을 세웠
다.
14 그래서 대이빋이 다시 **하나님**에게
간청하자, **하나님**이 그에게 말했
다. "그들을 추격하러 가지 마라.
그들한테서 방향을 돌려 뽕나무
맞은편 넘어 그들 위쪽에 와 있어
라.
15 그런 다음 네가 뽕나무 위쪽 방향
으로 올라가는 소리를 듣거든, 그
때 너는 싸우러 나가야 한다. 왜냐
하면 **하나님**이 네 앞에서 필리스
틴군대를 쳐서 보내버리기 때문이
다."
16 그래서 대이빋은 **하나님**이 그에게
명령한 대로 했다. 그들은 필리스
틴군대를 기비언에서부터 개저까

지 쳐서 무찔렀다.
17 그리고 대이빋의 명성은 온 땅 전
역으로 펴져나갔고, **주님**은 모든
나라에 그에 대한 두려움을 내렸
다.

약속의 상자를 저루살럼에 이동

15 대이빋은 대이빋도성 안에
집을 여러 채 지어, **하나님**의
상자를 위한 장소를 마련했고, 그
것을 위한 텐트도 쳤다.
2 대이빋이 말했다. "어떤 사람도 리
바이가 아닌 사람은 **하나님**의 상자
를 옮겨서는 안 된다. 왜냐하면 그
들은 **하나님**의 상자를 나르도록 **주**
님이 선택했기 때문이다.
3 그리고 대이빋은 모든 이즈리얼을
저루살럼으로 한데 모아, **주님**의
상자를 그가 마련한 자리로 가져
오게 했다.
4 대이빋은 애런의 자손을 모았다.
리바이부족으로,
5 코해스 자식은 대표인 우리얼과
그의 형제 120명이고,
6 메라리의 자식은 대표 애사이야와
그의 형제 220명이고,
7 거셤의 자식은 대표 조엘과 그의
형제 130명이고,
8 일리저팬의 자식은 대표 쉬마야와
그의 형제 200명이고,
9 히브런의 자식은 일리얼 대표와
그의 형제 80명이고,
10 우지얼의 자식은 애미내댑 대표와
그의 형제 112명이었다.
11 그리고 대이빋은 재이독과 애비애
써 제사장, 리바이부족, 우리얼, 애
사이야, 조엘, 쉬마야, 일리얼, 애미
내댑을 불러,
12 그들에게 말했다. "너희는 리바이
조상대표다. 너희 자신과 형제 모
두 정화하고, 이즈리얼 **주 하나님**의
상자를 내가 마련한 장소로 가져
올 수 있게 해라.
13 왜냐하면 너희가 처음에 그렇게
하지 않았기 때문에, 우리의 **주 하**
나님이 우리에게 벌을 내렸고, 우
리가 지정된 명령에 따르도록 **주님**
에게 묻지 않았기 때문"이라고 말
했다.
14 그래서 제사장과 리바이부족은 이
즈리얼의 **주 하나님**의 상자를 가져
오기 위해 자기자신을 깨끗이 씻
었다.
15 그런 다음 리바이자손은 **하나님**의
상자를 그들의 어깨 위에 이동용
막대로 져날랐다. 모지스가 **주님**의
말에 따라 명령했던 대로 했다.
16 대이빋은 리바이대표에게 형제를
지명하며, 가수들이 현악기 썰터
리와 하프, 타악기 심벌즈 소리에
맞추어 흥겹게 노래를 부르게 했
다.
17 그래서 리바이는 조엘의 아들 히
먼을 지명하고, 그의 형제 중 베레
치아의 아들 애새프와 형제 메라
리의 자식 중 쿠쉐이야의 아들 이

썬을 지명했고,
18 그들과 더불어 다음 서열의 형제
중 제커라야, 벤, 재아지얼, 쉐미래
모쓰, 제히얼, 우니, 일리앱, 베내이
야, 매아세이야, 매터싸야, 일리펠
라, 믹네이아, 오벧이듬, 제이얼 제
사장들이 있었다.
19 그래서 음악인 히먼, 애새프, 이썬
은 황동 심벌즈 연주에 지명되었
고,
20 제커라야, 애지얼, 쉐미래모쓰, 제
히얼, 우니, 일리앱, 매아세이야, 베
내이야는 앨래모쓰 고음 현악기
썰터리를 연주하고,
21 매터싸야, 일리페레, 믹네이아, 애
벧이듬, 제이얼, 애저지아는 쉐미
니스 저음 현악기 하프를 맡겼다.
22 케내이아는 리바이대표로 노래를
잘했는데, 그의 특기 때문에 노래
를 지도했다.
23 베레치아와 일캐나는 상자를 위한
문지기가 되었다.
24 쉐배니아, 제호사펱, 네쌔니얼, 애
머사야, 제커라야, 베내이야, 일리
에저 제사장은 **하나님**의 상자 앞
에서 트럼펱을 불었고 오벧이듬과
제히야는 상자의 문지기였다.
25 그리고 대이빋과 이즈리얼 원로와
수천 지휘관은, 오밷이듬의 집에
서 **주님**의 약속의 상자를 가져오려
고 기쁜 마음으로 갔다.
26 **하나님**은 리바이부족을 도와 **주님**
의 약속의 상자를 져나르게 했고,
그들은 7수소와 7숫양을 제물로
올렸다.
27 대이빋은 고운 리넨 로브 옷을 입
었고, 상자를 짊어지는 리바이 모
두와, 음악인과, 합창단을 이끄는
체내이냐 노래의 장인도 로브를
입었고, 대이빋은 리넨 베옷 위에
에퐈드 제례복을 입었다.
28 그렇게 모든 이즈리얼이 **주님**의 약
속의 상자를 소리치며 가져오면
서, 금관악기 코넽 소리와 트럼필
소리와 심벌즈 소리를 울리며 현
악기 썰터리와 하프의 소리도 곁
들였다.
29 **주님**의 약속의 상자가 대이빋 도성
에 왔을 때 일이었다. 솔의 딸 마이
클이 창 밖을 내려다보다 대이빋
이 춤추며 노래하는 것을 보자, 그
녀는 마음에서 그를 비웃었다.

상자 앞 감사시가

16 그렇게 그들은 **하나님**의 상
자를 가져와, 대이빋이 펼쳐
놓은 막사 한 가운데 놓았다. 그리
고 그들은 **하나님** 앞에 번제의 희
생제물과 평화제물을 올렸다.
2 대이빋은 번제제물과 평화제물로
제사를 마치고, **주님**의 이름으로
백성을 축복했다.
3 그는 이즈리얼 남자와 여자 모든
사람에게 빵 한 덩이와 살코기 한
점과 와인 한 병씩 각각 주었다.
4 대이빋은 리바이대표를 지명하여

주님의 상자 앞에서 제사하고 기록
하게 하며, 이즈리얼의 **주 하나님**에
게 감사와 찬양을 했다.
5 애새프 대표, 다음으로 제커라야,
제이얼, 쉐미래모쓰, 제히얼, 매터
싸야, 일리앱, 베내이야, 오벧이듬,
제이얼이 현악기 썰터리와 하프를
가지고 찬양했고, 애새프는 심벌
즈를 울렸다.
6 베내이야도 재해지얼 제사장과 **하
나님**의 약속의 상자 앞에서 연이어
트럼핕을 연주했다.
7 그날 대이빋은 처음으로 애새프와
그의 형제를 통하여 **주님**에게 다음
의 감사시가를 전했다.
8 "**주님**에게 감사하라, 그의 이름을
부르며 사람들이 서로 그의 업적
을 알게 하자.
9 **주님**을 노래하라, 그에 대한 시가
를 노래하며 너희 모두 그의 경이
로운 업적을 이야기하자.
10 너희는 그의 신성한 이름을 존경
하며, **주님**을 찾는 사람의 마음이
벅차오르게 하자.
11 **주님**과 그의 힘을 구하며, 끊임없
이 그의 얼굴을 찾자.
12 **주님**이 이룩한 놀라운 업적을 상기
하며, 그의 경이와 입에서 나온 정
의를 기억하자.
13 오 너희는 그의 종 이즈리얼의 자
손이고, **주님**이 선택한 재이컵의
자손이다.
14 그는 우리의 **주 하나님**으로, 그의
정의는 모든 땅에 해당된다.
15 너희는 그의 약속을 언제나 마음
깊이 간직하고, 천 세대에게 명령
한 말을 새겨라.
16 그것은 애이브러햄과 맺은 약속이
고, 아이직에게 한 그의 맹세이고,
17 재이컵에게도 같은 것을 법으로
정하며, 이즈리얼에게도 영원한
약속으로 확정했다.
18 '나는 너희에게 캐이넌땅을 유산
으로 주겠다'고 그가 말했는데,
19 그때 너희는 소수였고 형편없는
외지인이었다.
20 당시 그들은 이 나라에서 저 나라
로 이 왕국에서 다른 민족한테로
옮겨 다녔다.
21 **주님**은 어느 누구도 그들에게 잘못
하는 것을 참지 않았다. 그렇다. 그
는 그들을 위하여 여러 왕을 꾸짖
으며, 이렇게 말했다.
22 '나의 기름이 부여된 자를 건드리
지 말고, 나의 예언자를 해치지 말
라'고 말했다.
23 땅마다 **주님**을 노래하여, 그의 구
원을 날마다 보여주자.
24 외국인에게도 **주님**의 신성한 영광
을 널리 알리며, **주님**의 믿을 수 없
는 업적을 모든 나라에 전하자.
25 **주님**은 위대하기 때문에 크게 칭찬
되어야 하고, 또 모든 신 이상으로
경외되어야 한다.
26 사람의 여러 신은 인위적 우상이
지만, **주님**은 하늘을 만들었다.

27 영광과 명예는 **주님** 앞에 있고, 힘
과 기쁨은 그의 장소에 있다.
28 너희 동족의 존재를 **주님**에게 돌리
고, 영광과 힘도 **주님**에게 돌려라.
29 그의 이름에서 비롯된 영광을 **주님**
에게 돌리며, 제물을 가지고 그 앞
에 나와서, 신성한 아름다움 가운
데 **주님**을 경배해라.
30 모든 땅이 **주님** 앞에서 떨어도, 세
계는 안정되어 흔들리지 않는다.
31 하늘도 기뻐하고, 땅도 즐거워하
고, 민족 가운데 '**주님**이 지배한다'
고 사람마다 말하게 하자.
32 바다와 그 안의 모든 것이 환호하
게 하고, 벌판과 그 안의 모든 것이
즐거워하게 하자.
33 그러면 숲의 나무도 **주님** 앞에서
노래하게 된다. 왜냐하면 그가 판
정하러 이 땅에 오기 때문이다.
34 오, **주님**에게 감사해라. 왜냐하면
그는 선이고 그의 큰 사랑은 영원
히 이어지기 때문이다.
35 너희는 이렇게 말해라. '오 우리 구
원의 **하나님**, 우리를 구해주세요.
우리를 함께 모이게 하여 타국가
로부터 우리를 구해주세요. 그러
면 우리는 당신의 신성한 이름과
당신을 드높이는 영광에 감사하게
됩니다.'
36 영원히 언제나 이즈리얼의 **주 하나
님**에게 감사하자." 그렇게 시가가
끝나자, 모든 사람이 애이멘 그렇
게 하겠다고 동의하며 **주님**을 찬양
했다.
37 그런 다음 대이빋은 **주님**의 약속의
상자 앞에서 떠났고, 애새프와 그
의 형제는 상자 앞에서 하는 제사
를 매일의 의무로 계속 했다.
38 오밷이듬은 형제와 함께 모두 68
명이었고, 오벧이듬의 아들 제두
썬과 호사 역시 문지기가 되었다.
39 재이독 제사장과 그의 형제 제사
장은 기비언의 높은 곳의 **주님**의
이동성전에서,
40 **주님**에게 아침과 저녁마다 번제제
단에서 제사하며, **주님**이 이즈리얼
에게 명령한 **주님**의 법 안에 기록
된 모든 내용에 따라 했다.
41 그들과 함께 히먼과 제두썬과 이
름으로 선발된 나머지는, **주님**의
관대한 사랑이 영원한데 대하여
감사했다.
42 그들과 더불어 히먼과 제두썬은
트럼핕과 심벌을 들고 **하나님**의 악
기로 소리를 내는 음악인과 함께
감사했다. 제두썬의 자식은 문지
기였다.
43 그리고 모든 사람은 각자의 집으
로 갔고 대이빋은 축복 속에 집으
로 돌아왔다.

대이빋이 성전의 예언을 듣다

17 대이빋이 집에 앉아서 내이
썬 예언자에게 말했다. "보
라, 나는 시더나무로 지은 집에 있
는데 **주님**의 약속의 상자는 천막

아래에 그대로 있다."
2 그러자 내이썬이 대이빋에게 말했
다. "당신의 마음에 있는 것을 실행
하세요. 왜냐하면 **하나님**이 당신과
함께 있으니까요."
3 그날 밤 **하나님**의 말이 내이썬에게
들렸다.
4 "가서 나의 종 대이빋에게 전해라.
주님의 말에 따르면 '너는 내가 들
어가 있을 집을 지어서는 안 된다.
5 나로 말하면 이즈리얼을 데려온
날부터 지금까지 집에 있지 않았
다. 대신 텐트에서 텐트로 이동천
막에서 다른 막사로 전전했다.
6 내가 모든 이즈리얼과 함께 걸어
가는 곳 어디서, 나의 백성을 먹이
라고 명령한 이즈리얼의 어떤 판
관에게 내가 다음을 말한 적이 있
나? '왜 너희는 나를 위한 시더나
무 집을 짓지 않느냐?'고.
7 따라서 이제 너는 나의 종 대이빋
에게 말해야 한다. '만인의 **주님**의
말에 의하면, 나는 양이나 쫓는 너
를, 양우리에서 데려와, 나의 백성
이즈리얼을 다스리는 통치자가 되
게 했다.
8 그리고 나는 네가 가는 곳마다 너
와 함께 있으면서, 네 앞의 적을 제
거하며, 세상의 위대한 사람처럼
네 이름을 만들어 주었다.
9 또 나는 나의 백성 이즈리얼을 위
한 장소를 정하여, 그들을 이주시
켜 그 장소에서 살게 하고 더 이상
옮기지 않게 하며, 악의 무리가 처
음에 했던 대로 더 이상 그들을 내
치지 않게 하겠다.
10 그리고 그때 이래 나는 나의 백성
이즈리얼을 다스리라고 판관에게
명령했다. 앞으로 나는 너희 적을
모두 제압하겠다. 더 나아가 나는
주인이 집 짓는 것에 대해 너에게
말해주겠다.
11 너의 시대가 끝나, 너를 네 조상에
게 가게 할 때, 내가 네 자식을 너
를 잇는 후손으로 키워, 그의 왕국
을 세우겠다.
12 그가 나의 집을 지을 것이고, 나는
영원히 그의 왕좌를 수립하겠다.
13 나는 그의 아버지가 되고 그는 나
의 아들이 될 것이다. 나는 이전 여
러 왕한테서 자비를 빼앗듯 그에
게서 나의 자비를 빼앗지 않겠다.
14 대신 나는 나의 집과 나의 왕국 안
에 영원히 그를 안착시키고, 그의
왕좌도 앞으로 영원히 구축하겠
다.
15 이 말 대로 이런 미래의 모든 전망
에 따라 내이썬이 대이빋에게 이
야기를 전했다.
16 그러자 대이빋왕은 **주님** 앞에 와
앉으며 말했다. "나는 누구입니까,
오 **주 하나님**, 당신이 데려온 나의
집안은 무엇이죠?
17 오 **하나님**, 당신 눈에 이런 것이 여
전히 적어서, 당신의 종의 집안에
대해 앞으로 오게 될 큰 일을 말하

고, 또 **주 하나님**이 마치 가장 높은
수준의 사람처럼 나를 생각해 주
었어요.
18 당신의 종을 영광스럽게 하는 당
신에게 대이빋이 무엇을 더 말할
수 있나요? 이것은 당신이 당신의
종을 알아주기 때문이지요.
19 오 **주님**, 당신의 종을 위하여 당신
의 마음에 따라, 당신은 이 모든 위
대한 일을 했고, 또 모든 것이 위대
하다는 것을 알게 했어요.
20 오 **주님**, 당신과 같은 존재는 아무
도 없고, 우리가 귀로 들은 모든 이
야기 대로 어떤 신도 당신 옆에 견
줄 수 없어요.
21 세상에서 어느 나라가 당신의 백
성 이즈리얼과 같나요? 그들을 **하
나님**이 자신의 백성이 되도록 되찾
아 와서, 위대하고 놀라운 이름이
되도록 만들었지요. 당신의 백성
을 앞에서 이끌어 이집트 밖으로
데려와서 말이지요. 그런 민족이
어디 있나요?
22 당신은 이즈리얼을 당신의 백성으
로 영원히 만들었어요. 그리고 당
신은 그들의 **주 하나님**이 되었어요.
23 따라서 이제 **주님**, 당신이 당신의
종에 관하여 말한 것, 그리고 그의
집에 관하여 말한 것이, 당신의 말
대로 영원히 구축되게 해주세요.
24 그것이 구축되면 당신의 이름은
영원히 원대해질 거예요. 그리고
'만인의 **주님**은 이즈리얼의 **하나님**
이고, 이즈리얼에 대한 **하나님**'이
라고 일컬어질 겁니다. 당신의 종
대이빋의 집이 당신 앞에서 구축
되게 해주세요.
25 오 나의 **하나님**, 당신은 당신의 종
에게 집을 지어줄 것이라고 말했
어요. 그러므로 당신의 종은 당신
앞에서 기도하며 당신의 마음을
찾겠습니다.
26 **주님**, 당신은 **하나님**으로서 당신의
종에게 이런 좋은 일을 약속했어
요.
27 이제 당신 종의 집을 축복하는 일
이 당신에게 즐거운 일이 된다면,
그것은 영원히 당신 앞에 있게 될
겁니다. 왜냐하면 당신이 축복했
기 때문이지요. 오 **주님**, 그리고 이
것은 영원한 축복이 될 것입니다."

대이빋의 승리조공

18 그런 일이 있고 난 뒤, 대이빋
은 필리스틴을 무찌르고 굴
복시켜, 개스와 주변 마을을 빼앗
았다.
2 그리고 모앱도 무찌르자, 그들이
대이빋의 종이 되어 예물을 가져
왔다.
3 대이빋은 조바왕 해더레저를 해매
쓰까지 가서 쳐부쉈는데, 그때는
그가 유프래이티스 강까지 자신의
지배를 확립하려고 갔을 때였다.
4 대이빋은 그로부터 전차 천대와 7
천 기병과 2만 보병을 빼앗았고,

또 모든 전차를 끄는 말의 발 힘줄
을 끊어버리고 전차 100대의 말만
남겨두었다.
5 드매스커스의 시리안이 조바왕 해
더레저를 도우러 오자, 대이빋은 2
만2천명을 죽였다.
6 그런 다음 대이빋은 시리아 드매
스커스에 수비대를 두었고, 시리
안은 대이빋의 종이 되어 조공을
가져왔다. 그렇게 **주님**은 대이빋이
가는 곳마다 그를 지켜주었다.
7 대이빋은 해더레저의 부하한테 있
던 황금 방패를 빼앗아 저루살럼
으로 가져왔다.
8 마찬가지로 해더레저의 여러 도시
팁해스와 쿤으로부터 황동을 대단
히 많이 가져왔는데, 그것으로 나
중에 솔로먼이 거대한 황동대야,
기둥, 황동 그릇 등을 만들게 되었
다.
9 그때 해매쓰왕 토우가 대이빋이
조바왕 해더레저의 군대를 어떻게
모두 물리쳤는지 소식을 들었다.
10 그는 그의 아들 해도램을 대이빋
왕에게 보내어 그의 번영을 기원
하며 그를 축하해 주었다. 왜냐하
면 토우는 해더레저에 대항하여
싸웠는데, [해더레저가 싸움에서]
자신을 쳤기 때문이었다. 그리고
그의 아들 해도램은 온갖 금은 황
동제 용기를 가져왔다.
11 대이빋왕은 모든 나라에서 가져온
은과 금 예물들을 **주님**에게 봉헌했
는데, 그들은 이듬, 모앱, 애먼자손,
필리스틴, 애멀렉에서 가져왔다.
12 게다가 제루아의 아들 애비샤이는
소금의 계곡에 있는 이듬 사람을 8
천명이나 죽였다.
13 그는 이듬지역에 수비대를 두었
고, 모든 이듬 사람은 대이빋의 종
이 되었다. 그렇게 **주님**은 그가 어
디를 가든 대이빋을 지켜주었다.
14 그렇게 대이빋은 이즈리얼 전체를
통치하게 되어, 모든 백성을 재판
하고 정의를 실행했다.
15 제루아의 아들 조앱은 군대를 통
솔했고, 애히룯의 아들 제호샤퍁
은 기록관이었다.
16 애히툽의 아들 재이독과 애비애써
의 아들 애비메렉은 제사장이었
고, 샤브샤는 서기관이었다.
17 제호이애다의 아들 베내이야는 케
레쓰와 펠레쓰 사람을 지휘했고,
대이빋의 자식은 왕 소속 관리의
대표가 되었다.

대이빋이 애먼을 치다

19 그후 애먼자손의 왕 내이해
쉬가 죽자 대신 그의 아들이
다스렸다.
2 대이빋이 말했다. "나는 내이해쉬
의 아들 해이넌에게 친절을 보이
겠다. 왜냐하면 그의 아버지가 내
게 친절했기 때문이다." 그러면서
대이빋은 그의 아버지 일을 위안
하고자 사자를 보냈다. 그래서 대

이빋의 신하가 애먼 자손의 땅으
로 해이넌에게 와서 그를 위로했
다.
3 그러나 애먼자손의 대군왕자는 해
이넌에게 말했다. "생각해보세요.
대이빋이 당신 아버지의 명예를
존중하여 당신을 위로하려고 보냈
을까요? 그의 신하는 당신을 살펴
서 이 땅을 쓰러뜨리려고 정탐하
는 게 아닐까요?"
4 그래서 해이넌은 대이빋의 신하를
붙잡아 그들을 면도하고, 그들의
옷 중앙을 엉덩이까지 심하게 잘
라 내쫓았다.
5 그들은 어느 곳에 이르러 자신들
이 어떤 일을 당했는지 대이빋에
게 전했다. 그러자 대이빋이 사람
을 보내 만나보게 했는데, 왜냐하
면 그들이 너무도 수치스러웠기
때문이었다. 왕이 말했다. "제리코
에서 너희 수염이 자랄 때까지 있
다가 돌아와라."
6 한편 애먼자손은 자신들이 대이빋
에게 치욕을 주었다는 것을 알고,
해이넌과 애먼자손은 1천탤런트
약 34톤의 은을 보내어 메소포태미
아와 시리아매아카와, 조바로부터
전차와 기병을 고용했다.
7 그렇게 그들은 32,000대 전차를 고
용하여, 매아카왕과 그의 백성은
와서 메데바 앞에 진영을 펼쳤다.
또 애먼자손은 자신의 도성에서
스스로 나와 전쟁터로 갔다.
8 대이빋이 그 소식을 듣고, 조앱과
힘센 용사의 군대를 모두 보냈다.
9 그리고 애먼자손은 와서 그 도성
문 앞에서 전열을 갖추었고, 그 왕
들도 몸소 와서 벌판에 있었다.
10 조앱이 그의 앞뒤로 진열이 세워
진 것을 알고, 그는 이즈리얼에서
차출된 사람을 시리안을 상대로
정렬시켰다.
11 그는 사람들 나머지를 동생 애비
샤이 손에 넘겼고, 그들은 애먼자
손에 대항하여 정렬했다.
12 그리고 그가 말했다. "만약 시리안
이 나보다 너무 강하면 너희는 나
를 도와야 한다. 그러나 애먼지손
이 너희에게 너무 강하면 내가 너
희를 돕겠다.
13 충분히 용기를 내어 우리 스스로
민족을 위해 용맹하게 행동해야
한다. 우리 **하나님**의 도시를 위하
여 **주님**의 눈에 옳은 일이 되게 하
자.
14 그래서 조앱과 그와 함께 있던 사
람은 시리안 앞 가까이 다가가 싸
웠더니, 그들은 그 앞에서 달아났
다.
15 애먼 자손은 시리안이 도망치는
것을 보고 그들도 마찬가지로 조
앱의 동생 애비샤이 앞에서 도망
가서 도성 안으로 들어갔다. 그래
서 조앱이 저루살럼으로 갔다.
16 시리안은 이즈리얼 앞에서 상황이
나빠지는 것을 알게 되자, 그들은

전령을 보내어 강 건너편 시리안
을 끌어들였다. 해더레저의 군대
대장 쇼팩이 그들 앞으로 갔다.
17 대이빋이 소식을 듣고, 모든 이즈
리얼을 모아, 조든을 건너 그들한
테 와서, 그들의 맞은편에 전열을
갖추어 놓았다. 그렇게 대이빋이
시리안에 맞서 싸우자, 그들도 대
이빋과 싸웠다.
18 하지만 시리안이 이즈리얼 앞에서
도망쳤다. 대이빋은 전차 안에 있
던 7천명의 시리안을 죽였고, 4만
명의 보병을 죽였으며, 군대대장
쇼팩도 죽였다.
19 해더레저의 부하가 이즈리얼 앞에
서 자신들이 불리해지는 것을 보
고, 그들은 대이빋에게 평화를 제
안하고 그의 종이 되었다. 그래서
시리안은 애먼자손을 더 이상 돕
지 않았다.

래바의 왕관

20 그 해가 끝나고 왕들이 전쟁
에 나갔을 때, 조앱은 군대를
이끌어 애먼자손의 나라를 패배시
켰고, 와서 래바를 포위했다. 그러
나 대이빋은 저루살럼에 머무르고
있었다. 그래서 조앱은 래바를 쳐
부숴다.
2 대이빋은 그들 왕의 머리에서 왕
관을 빼앗았는데, 무게가 금 1탤런
트약 34Kg였고, 값비싼 원석이 박혀
있었다. 그것을 대이빋이 자신의
머리에 썼다. 그는 또 그 도성에서
전리품을 엄청나게 가져왔다.
4 그는 그곳에 있는 사람을 데려와
서 톱과 철제 서레와 도끼로 자르
는 일을 시켰다. 대이빋은 애먼자
손의 모든 도성에 그렇게 했다. 그
리고 대이빋과 모든 사람이 저루
살럼으로 되돌아 갔다.
4 그런 뒤 게저에서 필리스틴과 또
전쟁이 일어났다. 그때 거기서 후
샤쓰 사람 시베캐이야가 거인의
자손 시패이를 죽이자 그들이 굴
복했다.
5 또 다시 필리스틴과 전쟁이 있었
고, 배이어의 아들 일해나가 기트
사람 걸라이어쓰의 동생 라미를
죽였다. 걸라이어쓰골리앗의 창 막
대기는 마치 베틀의 가로막대 같
았다.
6 다시 여전히 개쓰에서 전쟁이 있
었다. 그곳에 거인의 체구를 가진
사람이 있었는데, 그의 손가락과
발가락은 24개로 각 손에 6개씩,
각 발에 6개씩이었고 그 역시 거인
의 자손이었다.
7 그러나 그가 이즈리얼을 무시하
자, 대이빋 형제 쉬메아의 아들 조
너썬이 그를 죽였다.
8 이들은 개쓰의 거인으로 태어났
고, 그들은 대이빋과 그의 부하의
손에 쓰러졌다.

대이빋의 인구조사

21 새이튼사탄이 악의적 의도로
대이빋에게 이즈리얼의 인구
조사를 하도록 선동했다.
2 그래서 대이빋이 조앱과 백성의
지도자에게 말했다. "가서 이즈리
얼을 비어쉬바에서 댄에 이르기까
지 조사하여 인구수를 가져오면
내가 파악할 수 있다."
3 그러자 조앱이 대답했다. "**주님**은
자기 백성을 지금보다 백배만큼
더 늘려줄 텐데요, 그런데 나의 주
인님 왕에게 백성 모두가 당신의
종이 아닌가요? 왜 나의 주인님은
이 일을 해야 되죠? 어째서 이즈리
얼에게 위반을 초래하려는 거죠?"
4 그렇지만 왕의 말이 조앱보다 우
세했다. 그래서 조앱이 출발하여
이즈리얼 전역을 두루 돌아 저루
살럼으로 왔다.
5 조앱이 대이빋에게 인구수 집계를
주었다. 이즈리얼은 칼을 다룰 수
있는 남자가 110만이었고 쥬다는
47만명이었다.
6 그러나 리바이와 벤저민은 집계에
넣지 않았는데, 그 이유는 왕의 말
이 조앱에게 거슬렸기 때문이었
다.
7 그리고 **하나님**은 이 일로 마음이
언짢아 이즈리얼을 쳤다.
8 대이빋이 **하나님**에게 말했다. "나
는 대단히 잘못했어요. 이 일을 했
기 때문이지요. 하지만 이제 간청
하는데요, 당신 종의 잘못을 없애
주세요. 내가 대단히 어리석은 일
을 했어요."
9 그러자 **주님**이 앞을 내다보는 대이
빋의 선견자 개드에게 말했다.
10 "가서 대이빋에게 이것이 **주님**의
말이라고 전해라. '나는 너에게 세
가지를 제안할 테니, 그 중 네가 할
수 있는 것을 골라라.'"
11 그래서 개드가 대이빋에게 와서
말했다. "**주님**의 말에 따르면, '네가
골라라.
12 그것은 3년간 기근이거나, 3개월
간 네 적 앞에게 패배하여 적이 너
를 칼로 제압하거나, 아니면 3일간
주님의 칼과 이 땅에 전염병과, **주
님**의 사자가 이즈리얼 전역을 파괴
하는 것' 중 하나라고 했어요. 따라
서 나를 보낸 **주님**에게 전할 당신
의 의견을 말해주세요."
13 그러자 대이빋이 개드에게 말했
다. "나는 큰 곤경에 빠졌다. 나는
주님의 손에 쓰러지겠다. 왜냐하면
그의 자비가 대단히 크기 때문이
다. 그러나 나를 사람의 손에 쓰러
지게 하지는 않겠다."
14 그래서 **주님**은 이즈리얼에 전염병
을 보냈고, 그곳에 이즈리얼 7만
명이 쓰러졌다.
15 또 **하나님**은 저루살럼에 사자를 보
내어 파괴했다. 사자가 파괴하는
것을 **주님**이 바라보다, 파괴시킨
자신을 후회하며 파괴한 사자에게

말했다. "그것으로 충분하다. 이제
네 손을 멈춰라." 그러자 **주님**의 천
사가 제뷰스사람 오넌의 타작마당
에서 발걸음을 멈췄다.
16 그때 대이빋이 눈을 들어 **주님**의
사자가 땅과 하늘 사이에 서 있는
것을 보았고, 저루살럼을 향해 뻗
은 그의 손에 칼이 들려 있는 것도
보았다. 그래서 대이빋과 이즈리
얼의 원로가 베옷을 걸치고 얼굴
을 숙였다.
17 대이빋이 **하나님**에게 말했다. "이
일은 내가 사람들에게 수를 세라
고 명령한 것이 아닙니까? 바로 내
가 죄를 지으며 행동이 나빴어요.
하지만 이들은 양과 같은데 그들
이 무슨 잘못을 했나요? 제발 부탁
해요, 오 나의 **주 하나님**, 제발 당신
의 손을 나와 나의 조상 집안에 두
고, 당신의 백성이 고통받지 않게
해주세요."
18 그러자 **주님**의 사자가 개드에게 명
령하여 대이빋에게 전하게 했다.
"대이빋은 가서 제뷰스부족 오넌
의 타작마당에서 **주님**에게 제단을
세워라."
19 그래서 대이빋이 **주님**의 이름으로
전달한 개드의 말 대로 갔다.
20 오넌이 뒤돌아 사자를 보자 그의
네 아들과 함께 자신들을 숨겼다.
그때 오넌은 밀을 타작하고 있었
다.
21 대이빋이 오넌에게 오자, 오넌은
대이빋을 쳐다보고 타작마당에서
나와 얼굴을 땅에 대고 대이빋에
게 인사했다.
22 대이빋이 오넌에게 말했다. "이 타
작마당의 땅을 내게 주면, 나는 그
곳에 **주님**의 제단을 지을 수 있을
것이다. 당신은 그것을 나에게 적
정가격으로 주기를 바란다. 그러
면 사람한테서 전염병을 멈출 수
있을 것이다."
23 오넌이 대이빋에게 말했다. "당신
이 그것을 가지세요. 그리고 나의
주인님 왕의 눈에 좋은 것을 하세
요. 그러면 나는 당신에게 황소도
번제물로 주고, 나무로 만든 타작
용구도, 곡식제물을 위한 밀가루
도 모두 주겠어요."
24 대이빋왕이 오넌에게 말했다. "아
니다, 대신 나는 분명한 정상가로
그것을 사겠다. 그 이유는 나는 **주**
님을 위해 당신의 것을 빼앗지 않
을 것이고 대가 없이 번제를 지내
지 않겠다."
25 그래서 대이빋이 오넌에게 그 장
소의 대가로 금 무게 600쉐클약
6.8Kg을 주었다.
26 그런 다음 대이빋이 그곳에 **주님**의
제단을 세우고, 번제와 평화제사
를 지내며 **주님**을 불렀다. 그러자
그가 하늘에서 번제제단의 불로
대답했다.
27 **주님**이 사자에게 명령했고, 그는
칼을 칼집에 도로 집어넣었다.

28 그때 대이빋은 **주님**이 자신에게 대
답하는 것을 보고, 제뷰스사람 오
넌의 타작마당에서 희생제사를 올
렸다.
29 모지스가 황야에서 만들었던 **주님**
의 이동성전과 번제제단은, 당시
기비언의 높은 장소에 있었다.
30 그러나 대이빋은 **하나님**의 자문을
구하러 그곳 앞에 갈 수 없었다. 왜
냐하면 **주님**의 사자의 칼이 두려웠
기 때문이었다.

성전건립 준비

22 그때 대이빋이 말했다. "이것
은 **주 하나님**의 집이고, 이즈
리얼을 위한 번제제단이다."
2 그리고 그는 명령하여 이즈리얼땅
에 있는 이민족을 모아, 석수에게
하나님의 집을 건설할 돌을 다듬게
했다.
3 대이빋은 성문용 못과 경첩용 철
을 풍부하게 마련하고, 무게를 잴
수 없을 정도의 황동도 마련했다.
4 또 엄청난 시더나무를 사이든과
타이러 사람이 대이빋에게 많이
가져왔다.
5 대이빋이 말했다. "내 아들 솔로먼
은 어리고 온순하지만, **주님**을 위
해 건설할 이 집은 엄청나게 웅장
하여, 나라마다 두루 명성과 영광
을 얻어야 한다. 그래서 나는 지금
부터 그 준비를 하겠다." 그렇게 대
이빋은 죽기 전에 풍부한 자재를
마련했다.
6 그리고 그는 아들 솔로먼을 불러
이즈리얼의 **주 하나님**을 위한 집을
지을 임무를 주었다.
7 대이빋이 솔로먼에게 말했다. "나
의 아들아, 나로 말하자면, 나의 **주**
하나님 이름의 집을 지을 마음이
있었다.
8 그러나 **주님**의 말이 내게 와서 이
르길, '너는 피를 대단히 많이 흘리
며 전쟁을 많이 했으므로, 내 이름
의 집을 지어서는 안 된다. 왜냐하
면 너는 내 눈 앞에서 땅위에 흘린
피가 너무 많기 때문이다.
9 보라, 네게 태어날 한 아들은 안정
된 사람이 되도록, 주위 적으로부
터 그에게 평온을 주겠다. 그의 이
름을 솔로먼으로 짓고, 나는 그의
시대에 이즈리얼에게 평화와 안정
을 주겠다.
10 그가 나의 이름을 위한 집을 짓게
하여, 그는 나의 아들이 되고, 나는
그의 아버지가 되겠다. 그래서 나
는 이즈리얼을 다스릴 영원한 그
의 왕국의 왕좌를 구축하겠다'라
고 했다.
11 그러니 나의 아들아, **주님**은 너와
함께 한다. 그가 네게 말한 대로, 너
는 번영하여 너의 **주 하나님**의 집을
지어라.
12 **주님**은 네게 오직 지혜와 이해력만
을 주어, 이즈리얼에 관한 책임을
네게 맡겼으니, 너는 너의 **주 하나**

님의 법을 잘 지킬 수 있을 것이다.
13 그리고 번영하기 위하여 너는 조
심하며, **주님**이 이즈리얼에 관하여
모지스에게 맡긴 규정과 정의를
제대로 실행해야 한다. 강해지도
록 충분한 용기를 내며, 두려워 말
고 실망하지도 마라.
14 이제 봐라, **주님**의 집을 위하여 내
가 열심히 마련한 것이, 금 십만탤
런트약 3,400톤, 은 백만탤런트약 34,000
톤, 또 무게를 잴 수 없을 정도의 황
동과 철이다. 목재와 석재 역시 내
가 엄청나게 준비했고, 거기에 너
도 추가할 수 있을 것이다.
15 게다가 너와 함께 할 일꾼도 많은
데, 돌과 목재를 다룰 석수와 목수
및 다방면에서 일할 미장이까지
있다.
16 금 은 동 철은 수를 셀 수 없다. 그
러니 일어나서 일하면, **주님**이 너
와 함께 있다."
17 또한 대이빋은 명령하며 이즈리얼
의 대군왕자 모두가 자기 아들 솔
로먼을 도우라고 했다.
18 "**주 하나님**은 너희와 함께 있지 않
나? 또 그는 너희에게 모든 면에
안정을 주지 않았나? 그가 내 손
안에 이 땅의 터전을 주어서, **주님**
과 그 백성 앞에 이 땅이 순응했다.
19 이제 너희 마음과 영혼이 너희 **주**
하나님을 찾게 해라. 그리고 일어
나, **주 하나님**의 성소를 건설하여,
주님의 약속의 상자를 가져오고, **하**
나님의 신성한 그릇을 가져와 **주님**
의 이름으로 지어질 집에 두어라."

리바이 임무

23 대이빋이 나이를 먹어 그의
시대가 끝나가자, 자기 아들
솔로먼에게 이즈리얼을 다스리게
했다.
2 그러면서 이즈리얼의 대군왕자를
제사장과 리바이 사람과 함께 불
러모았다.
3 당시 리바이 출신 30세부터 그 이
상을 대면조사로 인구수를 세었더
니, 38,000명이었다.
4 그 중 24,000은 주님성전의 전면일
에 배치하고, 6,000명은 관리와 재
판일에 두었다.
5 또 4,000명은 문지기로, 4,000명은
악기로 **주님**을 찬송하게 했는데,
그것은 내가 찬양용으로 만든 것
이라고 대이빋이 말했다.
6 대이빋은 리바이자손을 순서대로
거션, 코해쓰, 메라리로 나누었다.
7 거션부족은 래아댄, 쉬메이가 있
었다.
8 래아댄의 자식은 제히얼이 첫째
고, 제쌤, 조엘까지 셋이다.
9 쉬메이 자식은 쉘로미쓰, 해지얼,
해이런까지 셋이다. 이들은 래아
댄 조상가문의 대표들이었다.
10 쉬메이의 자식은 재이해쓰, 지나,
제우쉬, 베리아이다. 이들 넷은 쉬
메이의 자식이다.

11 재이해쓰는 첫째였고, 지자는 둘
째였다. 그러나 제우쉬와 베리아
는 자식이 많지 않았다. 그래서 그
들의 조상가문에서 한 집안으로
간주했다.
12 코해쓰의 자식은 앰램, 이즈하, 히
브런, 우지얼까지 넷이다.
13 앰램의 자식은 애런과 모지스인
데, 애런은 가문에서 구별되었다.
그와 그의 자손은 영원히 가장 신
성하게 정화하여, **주님** 앞에서 분
향하고 제사하며 그의 이름으로
영원히 축복하도록 했다.
14 **주님**의 사람 모지스의 자식은 리바
이부족으로 이름을 올렸다.
15 모지스의 자식은 거셤과 일리에저
가 있었다.
16 거셤의 자식은 쉬벌이 첫째였다.
17 일리에저의 자식은 리해바야가 첫
째다. 그리고 일리에저는 다른 자
식이 없었지만 리해바야의 자식은
대단히 많았다.
18 이즈하의 자식은 쉴로미쓰가 첫째
다.
19 히브런의 자식은 제리아가 첫째이
고 애머리아가 둘째, 재해지얼이
셋째, 제캐미엄이 넷째다.
20 우지얼의 자식은 미카가 첫째이고
제시아가 둘째이다.
21 메라리의 자식은 마흘리와 무쉬이
다. 마흘리의 자식은 일리애저와
키쉬이다.
22 일리애저는 죽어서 자식이 없었지
만 딸들이 있었다. 그래서 그들의
사촌형제 키쉬의 자식들이 그들을
아내로 맞이했다.
23 무쉬의 자식은 마흘리, 이더, 제레
모쓰까지 셋이다.
24 이들은 조상가문에 따른 가문의
대표가 되는 리바이자손이다. 등
록된 이름 수로 집계된 그들은 20
세부터 그 이상의 나이의 사람들
로 **주님**의 집에서 봉사했다.
25 대이빋은 이렇게 말했다. "이즈리
얼의 **주 하나님**은 백성에게 안정을
주어, 그들이 저루살럼에서 영원
히 살 수 있게 했다.
26 리바이부족 역시 더 이상 이동성
전을 옮기지 않을 것이고, 그곳 제
사를 위한 용기도 나르지 않을 것
이다."
27 대이빋의 마지막 지시에 따라 리
바이는 20세부터 그 이상의 사람
이 집계되었다.
28 그들의 임무는 주님성전의 제사를
위하여 애런의 자식을 돕는 일이
었고, 정원과 내실에서 대기하며,
모든 성스러운 물품을 정화하며,
하나님 성전에서 봉사했다.
29 전시용빵과, 곡물제사용 고운 밀
가루를 마련하는 일을 맡았고, 비
발효 과자를 팬에 굽고, 재료를 섞
어서 마련하며, 그에 따르는 무게
를 달고 크기를 쟀다.
30 매일 아침마다 서서 **주님**에게 감사
와 찬양을 했고, 저녁에도 마찬가

지었다.
31 **주님**에게 번제의 희생제물을 올리
기 위해, 사배쓰휴일마다, 새 달 초
마다, 정해진 축일에 숫자에 따라,
그들에게 내린 명령대로 **주님** 앞에
서 일을 계속했다.
32 그들은 공동체의 이동성전에 주어
진 임무를 지키고, 신성한 장소의
의무를 지키고, 그들 형제인 애런
의 자식을 위한 책임을 다하며, 주
님성전에 봉사했다.

제사장 계보

24 다음은 애런 자식에 관한 계
보다. 애런의 자식은 내이댑,
애비후, 일리애저, 이써마이다.
2 그러나 내이댑과 애비후는 아버지
보다 먼저 죽어서 자식이 없었다.
그래서 일리애저와 이써마가 제사
장 자리를 수행했다.
3 대이빋이 그들에게 역할을 분배하
여, 일리애저 자식 중 재이독과 이
써마 자식 중 애히멜렉 둘에게 각
각 담당할 일을 주었다.
4 일리애저의 자식이 이써마의 자식
보다 더 중요한 일을 맡게 된 구분
은 일리애저 자식은 조상가문 대
표가 16명이었고, 이써마의 자식
은 8명이었기 때문이다.
5 그리고 그들은 제비뽑기로 일을
정했다. 성소관리와 **하나님**의 성전
관리는 일리애저와 애써마의 자식
이 맡았다.
6 리바이 출신 서기관 네쌔니얼의
아들 쉬매이야는 왕과 대군왕자
앞에서 그들의 이름을 적었고, 재
이독 제사장과 애비애써의 아들
애히멜렉은 제사장과 리바이 조상
가문의 대표 앞에서 적었다. 감독
관은 일리애저 집안에서 한 사람
을 뽑고, 다른 하나는 이써마 집안
에서 각각 뽑았다.
7 첫 번째 뽑기는 제호애립 차례였
고, 두 번째는 제대이야였고,
8 세 번째는 해이림, 네 번째는 세오
림,
9 다섯 번째는 맬키자, 여섯 번째는
미자민
10 일곱 번째는 핵코즈, 여덟 번째는
애비자,
11 아홉 번째는 제슈아, 열 번 째는 쉬
캐니아,
12 열 한 번째는 일리애쉽, 열 두 번째
는 재킴,
13 열 세 번째는 후파, 열 네 번째는
제쉬비앱,
14 열 다섯 번째는 빌가, 열 여섯 번째
는 이머,
15 열 일곱 번째는 헤지어, 열 여덟 번
째는 애프시스,
16 열 아홉 번째는 페쌔히아, 스무 번
째는 제헤젴클,
17 스물 한 번째는 재킨, 스물 두 번째
는 개멀,
18 스물 세 번째는 델래이아, 스물 네
번째는 매아지아였다.

19 이 순서는 그들이 주님성전에 와
서 일하는 순서로, 임무에 따라 선
대 애런의 관리 아래 이즈리얼의
주 하나님이 그에게 명령한 대로 했
다.
20 리바이자손 나머지는 다음과 같
다. 앰램의 자식은 슈배얼이고, 그
의 자식은 제대이야다.
21 리해바야의 자식은 첫째가 이쉬야
였다.
22 이즈하 집안에서는 쉬로모쓰이고,
쉬로모쓰의 자식은 재이해쓰이다.
23 히브런의 자식은 제리아가 첫째,
애머리아는 둘째, 재해지얼은 셋
째, 제캐미엄은 넷째이다.
24 우지얼의 자식은 미카이고, 미카
의 자식은 쉐미어였다.
25 미카의 동생은 이쉬야였고, 그의
자식은 제커라야였다.
26 메라리의 자식은 매흘리와 무쉬이
고, 재자야의 자식은 비노다.
27 재자야의 메라리의 자식은 비노,
쇼햄, 재이커, 아이브리다.
28 매흘리는 일리애저의 아들인데 그
는 자식이 없었다.
29 키쉬집안에 관하여, 키쉬의 아들
은 제래미얼이었다.
30 무쉬의 아들 역시 매흘리와 이더
와 제리모쓰다. 이들은 조상가문
에 따른 리바이부족의 자식들이
다.
31 이들도 마찬가지로 제비뽑기를 했
다. 대이빋왕, 재이독, 애히멜렉, 제
사장 조상가문의 대표와 리바이부
족 앞에서 애런의 자식 형제들이
보는 앞에서 뽑았고, 심지어 조상
대표 감독관과 그들의 어린 형제
들이 보는 앞에서 제비를 뽑았다.

음악인 명단

25 대이빋과 군대대장들은 애이
새프, 히먼, 제두썬의 아들 가
운데 봉사할 사람을 선별하여, 현
악기 하프와 썰터리 및 심벌을 연
주하게 했는데, 연주를 맡은 사람
의 숫자는,
2 애이새프의 자식 중에 재커, 조셒,
네쌔나야, 애서렐라이고, 애이새프
의 아들들은 애이새프의 지휘 아
래 왕의 명령에 따라 예언의 노래
를 불렀다.
3 제두썬 자식 중 게덜라야, 제리, 제
샤이야, 헤쉐바야, 매터싸야까지
여섯이, 아버지 제두썬의 지휘 아
래 하프로 **주님**에게 감사와 찬양의
노래를 했다.
4 히먼의 자식 중, 부카야, 매태나야,
우지얼, 쉐뷰얼, 제리모쓰, 해내나
야, 해내니, 일리애싸, 기댈티, 로맴
티에저, 조쉬베캐샤, 맬로씨, 호씨
어, 매해지오쓰,
5 이들 모두가 선견자 히먼의 아들
이고, 뿔을 높여준다는 **하나님**의
말대로, **하나님**은 히먼에게 아들
14과 딸 셋을 주었다.
6 이들은 주님성전에서 아버지의 지

휘 아래 타악기 심벌과 현악기 썰
터리와 하프로 **하나님**의 집을 위한
음악 일을 했고, 애이새프, 제두썬,
히먼은 왕이 주문한 대로 했다.
7 그들의 형제와 더불어 그들은 **주님**
을 위한 음악을 훈련하였고, 섬세
한 기술을 지닌 숫자는 모두 288명
이었다.
8 그들은 나이가 적으나 많으나, 선
생이나 학생이나 똑같이 제비뽑기
로 담당할 부분을 정했다.
9 애이새프 담당 중 첫째 뽑기는 조
셒이 되었고, 두 번째는 게덜라야
형제와 아들들과 함께 12명이었
다.
10 세 번째는 재커가 그의 자식과 형
제와 함께 12이었고,
11 네 번째는 아이즈리가 그의 자식
과 형제와 함께 12이었고,
12 다섯 번째는 네쌔나야가 그의 자
식과 형제와 함께 12이었고,
13 여섯 번째는 부카야가 그의 자식
과 형제와 함께 12이었고,
14 일곱 번째는 제쉐렐라가 그의 자
식과 형제와 함께 12이었고,
15 여덟 번째로 제쉐이야가 그의 자
식과 형제와 함께 12이었고,
16 아홉 번째로 매태나야가 그의 자
식과 형제와 함께 12이었고,
17 열 번째로 쉬메이가 그의 자식과
형제와 함께 12이었고,
18 열 한 번째로 애저레얼이 그의 자
식과 형제와 함께 12이었고,
19 열 두 번째로 헤쉐바야가 그의 자
식과 형제와 함께 12이었고,
20 열 세 번째로 슈배얼이 그의 자식
과 형제와 함께 12이었고,
21 열 네 번째로 매터씨야가 그의 자
식과 형제와 함께 12이었고,
22 열 다섯 번째로 제레모쓰가 그의
자식과 형제와 함께 12이었고,
23 열 여섯 번째로 해내나야가 그의
자식과 형제와 함께 12이었고,
24 열 일곱 번째로 조쉬비캐샤가 그
의 자식과 형제와 함께 12이었고,
25 열 여덟 번째로 해내니가 그의 자
식과 형제와 함께 12이었고,
26 열 아홉 번째로 맬로씨가 그의 자
식과 형제와 함께 12이었고,
27 스무 번째로 일리애싸가 그의 자
식과 형제와 함께 12이었고,
28 스물 한 번째로 호씨어가 그의 자
식과 형제와 함께 12이었고,
29 스물 두 번째로 기댈티가 그의 자
식과 형제와 함께 12이었고,
30 스물 세 번째로 매해지오쓰가 그
의 자식과 형제와 함께 12이었고,
31 스물 네 번째로 로맴티에저가 그
의 자식과 형제와 함께 12이었다.

문지기 및 창고관리자

26 문지기 부분에 관하여, 코해
쓰부족 가운데에서 애이새프
의 자식 중 코레의 아들 메쉘레마
야가 있었다.
2 메쉘레마야의 자식은 제커라야가

첫째, 제대이얼이 둘째, 제배다야
가 셋째, 재쓰니얼이 넷째,
3 일램이 다섯째, 제호해넌이 여섯
째, 일리오내이가 일곱째였다.
4 또한 오벧이듬의 자식 가운데, 쉬
마야가 첫째, 제호재밴이 둘째, 조
아가 셋째, 새카가 넷째, 네쌔니얼
이 다섯째,
5 앰미얼이 여섯째, 이써칼이 일곱
째, 페울싸이가 여덟째였고, **하나님**
이 오벧이듬에게 복을 주었다.
6 그의 아들 쉬마야 역시 자식이 태
어났는데, 그들의 아버지 집안을
전부 관리한 이유는 용감하고 힘
이 세었기 때문이다.
7 쉬마야의 자식은, 오쓰니, 레패얼,
오베드, 일재밴이고, 그의 형제 일
리후와 세매카야도 힘이 센 사람
이었다.
8 오벧이듬의 자식 모두 그들과 자
손 형제는 일하는데 힘이 강하고
능력 있는 사람으로 자손이 모두
62명이었다.
9 메쉘레마야는 힘이 센 자식과 형
제가 18명이었다.
10 메라리 자손 중 호사 역시 자식이
있었고, 심리가 대표였다. [그는 첫
째는 아니었지만 그의 아버지가
그를 대표로 삼았다.]
11 힐카야는 둘째, 테밸라야는 셋째,
제커라야는 넷째로, 자식과 형제
모두 13명이었다.
12 이들은 문을 지키는 역할을 담당
하며, 주님성전에서 각자의 맡은
일을 하는 대표들 가운데 있었다.
13 그들은 제비뽑기를 하여 나이가
어리나 많으나 그들의 조상가문에
따라 모든 문을 맡았다.
14 동쪽의 제비를 뽑은 사람은 쉘레
마야였고 다음 그의 아들 제커라
야는 지혜로운 사람으로 북쪽에
제비가 뽑혔다.
15 남쪽은 오벧이듬과 애서핌 가문의
자식들에게 돌아갔다.
16 슈핌과 호사의 제비는 서쪽 쉘레
케쓰 문이 해당되었는데, 올라가
는 둑길 옆 맞은편이다.
17 매일 동쪽은 리바이 6명, 북쪽은 4
명, 서쪽은 4명, 애서핌창고 방향은
둘씩이다.
18 파바의 서쪽은 둑길에 4명, 파바에
2명이다.
19 이들이 문을 담당했는데 코레의
자식과 메라리의 자식이 맡았다.
20 리바이 가운데 애히자는 주님성전
에서 보물창고를 관리했고, 봉헌
물 창고도 감독했다.
21 래아댄의 자식에 관하여, 거션부
족 조상대표 래아댄의 자식은 제
히얼리가 있었다.
22 제히얼리의 자식은, 제쌤과, 그의
동생 조엘이고 이들은 주님성전의
보물창고를 관리했다.
23 앰램부족과 이즈하부족과 히브런
부족과 우지얼 사람들 중에서,
24 모지스의 아들 거셤의 아들 쉬뷰

얻은 보물감독관이었다.
25 일리에저의 형제는, 리해바야는
그의 아들이고, 제쉐이야는 그의
아들이고, 조램은 그의 아들이고,
지크리는 그의 아들이고 쉘로미쓰
는 그의 아들이다.
26 쉘로미쓰와 그의 형제는 봉헌된
모든 보물을 관리했는데, 그것은
대이빋왕과 조상대표, 수천과 수
백의 지휘관들과 군대대장들이 봉
헌한 것이었다.
27 그들은 전쟁 승리에 따른 전리품
을 주님성전 유지관리에 사용했
다.
28 미래를 보는 선견자 새뮤얼과 키
쉬의 아들 솔과, 네르의 아들 애브
너와, 제뤼아의 아들 조앱 모두가
봉헌했고, 무엇이든 봉헌하려는
사람은 누구나 그것을 쉘로미쓰와
그의 형제에게 주었다.
29 이즈하부족 중 케내나야와 그의
자식은 성전 밖의 이즈리얼에 관
한 관리와 재판일을 했다.
30 히브런부족 중에서 헤쉐바야와 그
의 형제는 용감한 사람 1,700명과
함께 조든강 서쪽편의 이즈리얼의
관리자로, **주님**의 일과 왕에 대한
일을 모두 맡았다.
31 히브런 가운데 제리자는 대장이었
고, 조상 세대에 따른 히브런 사람
중에서도 대장이었다. 대이빋 집
권 40년에 그들을 발탁하여, 길리
얻 재저지역의 용사라는 것을 알
게 되었다.
32 그의 형제도 용감한 사람이었는데
조상대표가 2,700명이었고 그들은
대이빋왕이 루번부족과, 개드부족,
머나서 절반 부족을 관리하는 감
독관으로 삼았고, **하나님**에게 속하
는 모든 일과 왕의 일을 관리했다.

군대지휘관

27 다음은 이즈리얼 자손의 명
단 가운데, 조상가문의 대표,
수천의 지휘관과 수백의 지휘관
등, 군부와 관련하여 왕을 위해 일
하는 관리이다. 그들은 연 중 월 단
위로 오가며 의무를 다하는 장교
단 숫자가 24,000 명이었다.
2 첫째 달에 지휘임무는 잽디얼의
아들 재쇼빔이고, 장교단 소속인
원은 24,000 명이었다.
3 그는 페레즈의 자손으로 첫 달의
책임을 맡은 모든 군대지휘관의
대장이었다.
4 두 번째 달의 지휘임무는 애호이
부족의 도대이가 맡았고, 그의 소
속원 감독은 밐로쓰였고, 장교단
소속인원은 마찬가지로 24,000 명
이었다.
5 세 번째 달을 지휘할 세 번째 군대
대장은 제사장의 수석 제호이애다
의 아들 베내이야였다. 장교단 소
속인원은 24,000 명이었다.
6 베내이야는 '용감한 30인' 가운데
속하면서, 30명을 지휘했다. 그리

고 그의 아들 애미재밷은 장교단
소속이었다.
7 네 번째 달을 맡은 네 번째 대장은
조앱의 동생 애사헬이었고, 그 다
음에는 그의 아들 제배다야였고,
장교단 소속인원은 24,000 명이었
다.
8 다섯째 달을 맡은 다섯 번째 대장
은 이즈라 사람 쉠호쓰였고 장교
단 소속인원은 24,000 명이었다.
9 여섯째 달의 여섯 번째 대장은 테
코 부족 이케쉬의 아들 아이라였
고, 장교단 소속인원은 24,000 명
이었다.
10 일곱째 달의 일곱 번째 대장은 이
프리엄 자손 페런가문 헬레즈였
고, 장교단 소속인원은 24,000 명
이었다.
11 여덟째 달의 여덟 번째 대장은 재
리부족 후쉐쓰가문 시비캐이였고,
장교단 소속인원은 24,000 명이었
다.
12 아홉째 달의 아홉 번째 대장은 벤
저민자손 애네코쓰가문 애비에저
였고, 장교단 소속인원은 24,000
명이었다.
13 열째 달의 열 번째 대장은 재리자
손 네코패쓰가문 매해래이였고,
장교단 소속인원은 24,000 명이었
다.
14 십일월의 열 한 번째 대장은 이프
리엄 자손 피래쏜가문 베내이야였
고, 장교단 소속인원은 24,000 명
이었다.
15 십이월의 열 두 번째 대장은 오쓰
니얼 자손 네토패쓰가문 헬대이였
고, 장교단 소속인원은 24,000 명
이었다.
16 다음에 이즈리얼의 부족 별 지휘
감독에 대하여, 루번부족의 사령
관은 지크리의 아들 일리에저였
고, 시미언부족의 사령관은 매아
카의 아들 쉐패티아였고,
17 리바이부족의 사령관은 케뮤얼의
아들 헤쉐바야였고, 애어론부족의
사령관은 재이독이었고,
18 쥬다부족의 사령관은 대이빋 형제
중 하나인 일리후였고, 이써칼부
족의 사령관은 마이클의 아들 옴
리였고,
19 제뷸런부족의 사령관은 오배다야
의 아들 이쉬매이야였고, 냎털라
이부족 사령관은 애즈리얼의 아들
제리모쓰였다.
20 이프리엄 자손의 사령관은 어재지
아의 아들 호쉬아였고, 머나서 절
반 부족의 사령관은 데대이야의
아들 조엘이었고,
21 길리얻의 머나서 절반 부족의 사
령관은 제커라야의 아들 이도였
고, 벤저민부족의 사령관은 애브
너의 아들 재아시얼이었고,
22 댄부족의 사령관은 제로햄의 아들
어재리얼이었다. 이들이 이즈리얼
부족의 지도자들이었다.
23 그러나 대이빋은 20세부터 그 이

하의 수는 세지 않았다. 왜냐하면
주님이 이즈리얼을 하늘의 별과 같
이 늘리겠다고 말했기 때문이다.
24 제뤼아의 아들 조앱은 숫자를 세
기 시작했지만 끝내지 않은 이유
는, 그로 인해 이즈리얼에 벌이 내
렸기 때문이었고, 그래서 대이빋
왕의 연대기에도 이 숫자를 넣지
않았다.
25 대이빋왕의 보물관리는 애디얼의
아들 애즈머베쓰가 했고 들과 도
시와 마을과 성곽의 창고관리는
우지아의 아들 제호내이썬이 맡았
다.
26 땅 가운데 경작지에서 작업하는
농부에 대한 관리는 케럽의 아들
이즈리가 했다.
27 포도원의 관리는 래매쓰가문 쉬메
이가 했다. 포도원에서 생산한 와
인저장실 관리는 쉬펌집안 사람
잽디가 했다.
28 올리브나무와 저지대에서 자라는
플래터너스시커모아나무에 대한 관
리는 게더가문의 배이얼해넌이 맡
았고, 오일저장고 관리는 조애쉬
가 했다.
29 쉐런에서 풀을 먹이는 가축관리
는 쉐런가문의 쉳래이가 했고, 마
을의 가축관리는 애들래이의 아들
쉐퍁이 했다.
30 낙타관리는 이쉬매얼가문 오빌이
맡았고, 나귀관리는 메로노쓰가문
제데이야가 했다.
31 털이 있는 가축 양떼관리는 해거
가문 재이지즈가 했다. 이들 모두
는 대이빋왕의 재산관리를 맡았던
지휘관들이었다.
32 대이빋의 아저씨 조너썬은 지혜가
있는 조언자이자 서기관이었고,
해크모니의 아들 제히얼은 왕가자
손을 돌보며 함께 있었다.
33 애히토펠은 왕의 자문관이었고 알
크가문 후샤이는 왕의 친구였다.
34 애히토펠 다음에는 베내이야의 아
들 제호이애다와 애비애써가 자문
관을 했고 왕의 군대 총사령관은
조앱이었다.

대이빋의 성전건축 계획

28 대이빋은 이즈리얼 대군왕자
와 부족 별 대군왕자를 모두
소집했고, 왕을 따르는 장교단 군
대대장과, 수천의 지휘관, 수백의
지휘관과, 왕의 사유재산 관리집
사와, 왕의 자손 관련집사 등, 공무
관리들과, 영향력 있는 인사와, 용
사 모두 저루살럼에 모이게 했다.
2 대이빋왕은 발을 내딛고 서서 말
했다. "나의 형제, 백성 여러분, 내
말을 들어 보세요. 나로 말하자면,
주님의 약속의 상자와 우리 **하나님**
의 발판을 놓아 둘 안식의 집을 건
설할 마음으로, 건축준비를 했어
요.
3 그런데 **하나님**이 내게 말했어요.
'너는 내 이름의 집을 지어서는 안

된다. 왜냐하면 너는 전사여서 피
를 흘렸다'고 말이죠.
4 그런데도 이즈리얼의 **주 하나님**은
나의 조상가문 모두 앞에서 영원
히 이즈리얼을 통치하는 왕으로
나를 선택했어요. 이는 그가 쥬다
를 통치자로 정하여, 쥬다가문인
나의 아버지 집안을 골라, 조상의
자손 중 나를 이즈리얼을 다스리
는 왕으로 만들었던 것 같아요.
5 나의 자식 중 [**주님**은 내게 많은 자
식을 주었는데], 그는 나의 아들 솔
로먼을 뽑아, 이즈리얼을 다스리
는 **주님**왕국의 왕좌위에 앉히고자
했어요.
6 그리고 내게 말했어요. '네 아들 솔
로먼이 나의 집과 정원을 만들 것
이다. 왜냐하면 내가 그를 나의 아
들로 정했으므로, 내가 그의 아버
지가 될 것이다.
7 또한 나는 그의 왕국을 영원히 구
축하겠다. 만약 그가 나의 명령과
나의 판단을 이날과 같이 지속한
다면 말이다.
8 그렇기 때문에 **주님**의 집회에 모인
모든 이즈리얼 눈과, 우리 **하나님**
의 청중들 눈에서, 너희 **주 하나님**
의 명령을 지키고, 바른 길을 찾도
록 노력해라. 그러면 너희는 기름
진 비옥한 땅을 차지하고, 네 후손
에게 영원한 유산으로 남길 수 있
을 것이다.
9 네 아들 솔로먼은 네 아버지의 **하
나님**을 알아야 하고, 아버지가 완
전한 마음과 의지로 섬겼다는 것
을 알아야 한다. **주님**으로 말하자
면, 모든 사람의 마을을 살피고, 생
각 속에서 상상하는 모든 것을 이
해한다. 만약 네가 그를 찾으려고
노력하면 **주님**은 너를 찾아올 것이
고, 만약 그를 잊으면 너를 영원히
버릴 것'이라고 했어요.
10 이제 주의 깊게 유념하세요. **주님**
이 여러분을 선택하여 성소를 위
한 집을 지으려 한다는 것을 말이
죠. 마음을 굳게 먹고 그 일을 해야
합니다."
11 그런 다음 대이빋은 아들 솔로먼
에게 전면 현관 구조, 집, 보물창고,
2층 방, 내부 거실, 자비의 자리가
놓일 장소의 설계도를 주었고,
12 그가 구상했던 모든 것에 대한 설
계 및 **주님** 집의 안마당, 모든 방의
주변, **하나님** 집의 보물창고, 봉헌
물의 보물관리소의 설계도를 주었
으며,
13 또 제사장과 리바이부족을 위하
여, **주님**의 집 관련 모든 작업과, **주
님**의 집에서 사용할 모든 용기의
설계도를 주었다.
14 대이빋은 제사용구 가운데 금으로
제작할 물건의 무게만큼 금을 주
었고, 은 역시 모든 종류의 제사에
서 사용되는 은제용구의 무게만큼
은을 주었다.
15 금제촛대와 금제등잔의 무게도 각

촛대와 등잔의 무게만큼, 그리고
은제촛대에 대한 촛대와 등잔도
그만큼 각 촛대에 쓰일 금과 은의
무게만큼 각각 주었다.
16 전시용 빵의 테이블에서 사용된
금 무게만큼, 각 테이블 중 은제 테
이블에서 사용한 은도 마찬가지로
주었다.
17 또한 순금고기용 갈고리와 대접과
잔도, 황금대야용 순금도, 각 대야
의 무게만큼 금을 주었고, 각 은제
대야의 은도 마찬가지로 주었다.
18 향료제단에 대하여 제련된 금의
무게만큼, 체럽천사의 전차의 실
물에 사용되는 무게만큼 주었는
데, 체럽천사는 그들의 날개를 펼
쳐서 **주님**의 약속의 상자를 덮고
있다.
19 대이빋이 말했다. "이 모든 것은 **주
님**이 그의 손을 내게 얹고 이런 설
계작업조차 적어서 내가 알도록
했다."
20 그런 다음 대이빋은 아들 솔로먼
에게 말했다. "강한 용기를 충분히
내고 굳세게 그 일을 해라. 두려워
말고 실망하지도 마라. **주 하나님**
은, 나의 **하나님**조차 너와 함께 있
을 것이다. 그는 네가 실패하지 않
게 하고, 너를 버리지 않고, 네가 **주
님** 집의 모든 작업을 마칠 때까지
그렇게 할 것이다.
21 자 보라, 제사장과 리바이부족 모
두가 **하나님**성전에 대한 일을 위하
여 너와 함께 있을 것이고, 의욕을
가진 장인과 세공공법을 아는 모
든 사람도 너와 함께 있을 것이다.
작업에 대한 방법 역시 대군왕자
와 백성이 네 명령에 전적으로 따
르게 될 것이다."

성전건축용 예물

29 대이빋왕은 공동체 모두에게
말했다. "솔로먼 나의 아들
은 **하나님**이 고른 유일한 사람으
로, 아직 어리고 온순하지만, 그 일
은 대단히 큰 일이다. 궁전은 사람
을 위한 것이 아니고 **주 하나님**을
위한 것이다.
2 그래서 나는 모든 힘을 다하여 나
의 **하나님**의 집을 지을 준비를 했
다. 금으로 제작할 금과, 은으로 만
들어질 은과, 황동으로 만들어질
황동과, 쇠로 만들어질 것은 철과,
나무로 만들어질 목재와, 오닉스
원석과, 기타 원석과, 반짝이는 원
석과, 다양한 색깔의 값비싼 모든
원석과, 풍부한 대리석 원석을 마
련했다.
3 게다가 나는 **하나님** 집에 대한 애
정으로 말미암아, 자신의 많은 재
산과 **하나님**의 집에 사용될 금은
과, 신성한 집을 짓는데 필요한 이
상을 너에게 주었다.
4 뿐만 아니라, 오피어지역의 금
3,000탤런트약 102.8톤, 제련된 은
7,000탤런트약 238.89톤를 성전 벽을

도색하도록 준비했다.
5 금으로 만들 것은 금으로, 은으로
만들 것은 은으로, 모든 방법대로
건설자의 손으로 만들어지게 될
것이다. 그런데 이날 **주님**에게 자
신의 근로를 봉헌할 사람은 누구
인가?"
6 그러자 조상대표와, 이즈리얼부족
의 대군왕자와, 수천의 지휘관과
수백의 지휘관들과, 왕의 일을 관
리할 감독관들이 자발적으로 나서
며 제공했다.
7 그들은 성전에 쓰일 금 5,000탤
런트약 170톤 및 금화 10,000 드램
약 84Kg, 은 1만탤런트약 340톤, 황동
18,000탤런트약 610톤, 철 10만탤런
트약 3,400톤을 내놓았다.
8 그들은 금은과 더불어 값비싼 원
석을 주님성전의 보물창고에 거션
가문의 제히얼의 손에 주었다.
9 그때 백성은 몹시 기뻐했다. 왜냐
하면 그들은 스스로 제공했으므
로, **주님**에게 완전히 자발적으로
제공하는 마음 때문이었다. 대이
빋왕 역시 대단히 만족했다.
10 그래서 대이빋은 **주님** 앞에서 집회
에 참석한 모두를 축복하며 말했
다. "여러분, 우리 조상의 이즈리얼
의 **주 하나님**에게 영원히 언제까지
나 감사합시다.
11 오 **주님**, 당신은 위대하고, 강하고,
찬란한 빛이고, 승리이고, 위엄입
니다. 하늘과 땅에 있는 모든 것이
당신 것이므로, 당신이 바로 왕국
이지요. 오 **주님**, 그리고 당신은 그
무엇보다 가장 높은 곳에 머리를
두었어요.
12 부와 명예 둘 다 당신으로부터 나
왔고, 당신이 모든 것을 지배합니
다. 당신 손에 권력과 힘이 있어요.
당신의 손이 모든 것을 위대하게
만들고 강인한 힘을 줄 것입니다.
13 그러니 우리는 이제 우리의 **하나
님**, 당신에게 감사하며, 당신의 찬
란한 이름을 자랑하며 드높입니
다.
14 그런데 내가 누구라고, 나의 백성
이 무엇이라고 우리가 이 모든 것
을 스스로 제공할 수 있을까요? 모
든 것은 당신한테서 나왔으므로,
당신 자신의 것을 우리가 제공하
는 것이죠.
15 우리는 당신 앞에서 이방인이고,
우리의 조상이 그랬던 것처럼 나
그네지요. 땅위에서 우리 수명은
그림자와 같고, 머물 수 있는 사람
은 아무도 없어요.
16 우리의 **주 하나님**, 당신의 신성한
이름을 위한 집을 짓기 위해 마련
한 이 모든 재물은, 당신의 손에서
나왔으니, 모두 당신 자신의 것이
에요.
17 또 내가 아는 것은 나의 **하나님** 당
신은 마음을 살피며 올바른 것을
기뻐하지요. 나로 말하면, 내 마음
에서 스스로 올바르게 이 모든 것

을 마련했어요. 나는 당신의 백성
이 기뻐하는 것도 봤어요. 그것은
이곳의 선물이 되어 당신에게 자
신해서 제공하게 됩니다.
18 오 애이브러햄, 아이직, 이즈리얼,
우리 조상의 **주 하나님**, 이것을 당
신 백성의 마음 속 상상 안에 영원
히 유지하게 하고, 당신이 그들의
마음을 준비하게 해주세요.
19 그리고 솔로먼 나의 아들에게 완
전한 마음을 주어, 당신의 명령과
증언과, 규정 모든 것을 지키게 하
며, 내가 마련한 자원으로 궁전을
짓게 해주세요."
20 그 다음 대이빋이 집회에 모인 모
든 사람에게 말했다. "이제 여러분
의 **주 하나님**을 축복합시다." 그러
자 공동체 모두가 조상의 **주 하나님**
을 찬양하며 머리를 숙이고 **주님**과
왕에게 예배했다.
21 그들은 **주님**에게 제물을 희생시킨
다음 번제물을 올렸고, 그 다음 날
저녁 때 수소 1천 마리, 숫양 천마
리, 암양 천마리를 음료제물과 함
께 모든 이즈리얼을 위해 대량의
제물을 올렸다.
22 그날 **주님** 앞에서 먹고 마시며 대
단한 기쁨을 만끽했다. 또 그들은
대이빋의 아들 솔로먼을 두 번째
왕으로 삼아, 그에게 기름을 발라
주님에게 헌신하는 통치자가 되게
했고, 재이독을 제사장으로 삼았
다.
23 그래서 솔로먼이 **주님**의 왕좌에 아
버지 대이빋을 대신하는 왕으로
앉아 계승하자, 모든 이즈리얼이
그의 명령을 따랐다.
24 모든 대군왕자, 영향력 있는 자, 대
이빋왕의 자손 모두 마찬가지로
솔로먼 왕에게 스스로 복종했다.
25 **주님**은 모든 이즈리얼이 보는 앞에
서 솔로먼을 크게 부각시키며, 그
에게 왕가의 위엄을 주었는데, 그
이전의 어떤 왕도 이즈리얼 안에
서는 없었던 장엄한 모습이었다.
26 그렇게 제시의 아들 대이빋은 모
든 이즈리얼을 다스렸다.
27 당시 그는 40년간 이즈리얼을 통
치했는데, 7년은 히브런에서, 33년
은 저루살럼에서 다스렸다.
28 그리고 그는 충분히 나이가 들어
죽었다. 생애가 부와 명예로 채워
졌고, 그의 아들 솔로먼이 그를 대
신하여 지배했다.
29 이것이 대이빋왕 업적의 처음부터
끝이다. 보라, 그 내용은 선견자 새
뮤얼의 책 안에 적혀 있고, 예언자
내이썬의 책 안에도, 미래를 내다
보는 선견자 개드의 책에도 써 있
다.
30 그의 통치업적과 영향력과, 그와
이즈리얼에 관한 당시 및 왕국 별
모든 나라에 관한 것이 기록되어
있다.

연대기2

솔로먼이 지혜와 지식 요청

1 대이빋다윗 아들 솔로먼이 그의
왕국의 힘을 강화했을 때, 주 하
나님이 그와 함께 하며, 세력을 크
게 확대시켜주었다.
2 그때 솔로먼은 이즈리얼의 전체
및 수천의 지휘관, 수백의 지휘관,
판관, 이즈리얼 전역의 총독 및 조
상대표에게 말했다.
3 그리고 솔로먼과 공동체 모두가
기비언의 높은 장소로 갔다. 왜냐
하면 그곳에 **하나님**을 위한 공동
체의 이동천막이 있었기 때문이었
다. 그 태버내클은 **주님**의 종 모지
스모세가 황야에서 만들었던 것이
다.
4 하지만 **하나님**의 상자는 대이빋이
킬잿저림에서 그가 마련한 장소
저루살럼으로 텐트를 펼쳐 둔 곳
으로 옮겼다.
5 그리고 황동제단은 허의 아들 우
리의 아들 베재리얼이 만들어, 기
비언의 **주님**의 이동성전 앞에 두었
으므로, 솔로먼과 공동체가 그곳
을 찾아갔다.
6 솔로먼은 공동체의 이동성전이 있
는 황동제단의 **주님** 앞으로 가서,
1,000개의 번제물을 올렸다.
7 그날 밤 **하나님**이 솔로먼에게 나타
나 물었다. "네게 무엇을 줄지 내게
요구해봐라."
8 그러자 솔로먼이 **하나님**에게 말했
다. "당신은 나의 아버지 대이빋에
게 큰 사랑을 보였고, 또 나를 그
대신 통치자로 만들었어요.
9 오 **주 하나님**, 이제 나의 아버지 대
이빋에게 했던 당신의 약속을 이
루어 주세요. 당신이 나를 땅위의
먼지같이 많은 사람을 다스리는
왕으로 만들었으니까요.
10 나에게 지혜와 지식을 주세요. 그
러면 내가 사람들 앞에서 가고 오
며 이끌 수 있어요. 그런 사람만이
이렇게 많은 당신의 백성을 재판
할 수 있지 않겠어요?"
11 그러자 **하나님**이 솔로먼에게 말했
다. "이것은 네 마음에서 나온 것으
로, 너는 재물과 재산을 요구하지
않고, 명예도, 너의 적의 목숨도, 장
수도 아니고, 대신 네 자신의 지혜
와 지식을 달라며, 그것으로 내가
너를 왕으로 삼아 다스릴 나의 백
성을 판단할 수 있다고 요청하기
때문에,

12 지혜와 지식을 너에게 부여한다.
또 나는 네게 재물도 주고, 재산도,
명예도 줄 텐데, 이와 같은 것은 네
이전 어느 왕도 가져보지 못했고,
네 이후에도 네가 가진 것 같은 것
은 없을 것이다."
13 그리고 솔로먼은 기비언의 높은
장소의 공동체의 이동성전 여행에
서 저루살럼예루살렘으로 돌아온 다
음 이즈리얼을 다스렸다.
14 솔로먼이 전차와 기병을 모았더
니, 전차 1,400대, 기병 12,000명이
었고, 그것을 전차도시와 저루살
럼의 왕한테 두었다.
15 왕은 저루살럼에 은과 금을 돌만
큼 풍부하게 모았고, 시더나무 목
재도 계곡에 널린 시커모아플래이터
스 나무만큼 많이 모았다.
16 솔로먼은 이집트에서 말과 리넨아
마포 실을 수입했는데, 왕의 상업담
당관이 일정 금액에 아마사를 사
들였다.
17 상인들은 이집트에서 전차 한 대
당 은 600쉐클약 6.9Kg, 말 한 마리당
은 150 쉐클약 1.7Kg에 사 가져왔고,
그것을 힡부족 왕과 시리아왕에게
수출도 했다.

레바넌에 협조요청

2 솔로먼은 주님 이름의 집과 자
기 왕국의 집을 짓기로 결정했
다.
2 솔로먼은 70,000명에게 짐을 나르
게 하고, 80,000명에게 산에서 돌
을 다듬게 하며, 3,600 명에게 그들
을 감독하라고 일렀다.
3 그리고 솔로먼은 타이러왕 후램에
게 사람을 보내어 말했다. "당신이
나의 아버지 대이빋에게 시더나무
를 보내어 살 집을 짓게 했던 것처
럼, 내게도 그렇게 해주세요.
4 보다시피 나는 나의 **주 하나님** 이름
의 집을 지어, 그에게 봉헌하고, 맛
있는 구이향기를 내며, 전시용 빵
을 끊임없이 올리고, 번제물을 아
침 저녁으로 올려서, 사배쓰휴일,
매월 초, 우리의 **주 하나님**의 엄숙
한 축일을 지키려고 합니다. 이것
은 이즈리얼의 영원한 규정이에
요.
5 내가 짓는 집이 거대한 이유는, 우
리의 **하나님**이 모든 신 이상으로
위대하기 때문이죠.
6 그러나 누가 그를 위한 집을 지을
수 있겠어요? 하늘 및 하늘들의 하
늘인 그를 품을 수 없다는 것을 다
아는데, 그런데 내가 누구라고 그
를 위한 집을 짓나요? 겨우 그 앞
에 희생물을 구울 뿐이죠.
7 그러니 내게 금을 다룰 세공사를
보내주고, 은, 황동, 철을 다룰 기능
인과, 자주색, 빨간색, 파란색으로
직조할 수 있는 사람을 보내, 나의
아버지 대이빋이 마련해준 주다유
다와 저루살럼의 세공사와 함께 일
할 수 있게 해주세요.

8 그리고 내게 시더나무와 전나무와
알먹백단목나무를 레바넌에서 보내
주세요. 내가 알기로, 당신의 종은
레바넌의 목재를 자르는 기술이
있으니, 나의 종이 당신의 종과 협
력하면 됩니다.
9 내가 목재를 풍부하게 마련하면,
지을 집이 웅장해질 겁니다.
10 보세요, 내가 당신의 일꾼과 목재
를 자르는 목수에게 줄 것은, 빵은
밀 2만되cor: 약3,200톤, 보리 2만되약
3,200톤, 와인 2만통bath: 약 440KL, 기름
2만통약 440KL을 주겠어요."
11 다음 타이러왕 후램이 솔로먼에게
답장을 보냈다. "**주님**은 그의 백성
을 사랑하기 때문에, 당신을 백성
을 다스리는 왕으로 삼았어요."
12 후램이 이어 말했다. "하늘과 땅을
만든 이즈리얼의 **주 하나님**에게 감
사합니다. 그는 대이빋에게 현명
한 아들에게 주고, 신뢰와 이해를
부여하여, **주님**을 위하고, 그의 왕
국을 위한 집을 건설할 수 있게 했
어요.
13 이제 나는 이해력을 부여받은 나
의 아버지 후램의 사람 세공사를
보냅니다.
14 그는 댄부족 출신 딸의 아들이고,
그의 아버지는 타이러 사람으로,
금, 은, 황동, 철, 돌과 목재를 다루
는 기술이 있고, 자색, 파란색, 고운
리넨 실, 빨간색 직조를 다룰 수 있
어서, 어떤 것도 맡기면 짜낼 수 있
고, 당신의 기술자와 함께, 그리고
당신의 아버지 나의 주인님 대이
빋의 기술자와 함께 일할 수 있을
겁니다.
15 그러니, 이제 나의 주인님 당신이
말한 밀, 보리, 기름, 와인을 종에게
보내주세요.
16 그러면 우리는 레바넌에서 당신이
필요로 하는 만큼 나무를 잘라 바
다에 띄워, 그것을 조파지역으로
보내면, 당신은 그것을 저루살럼
까지 옮길 수 있어요."
17 한편 솔로먼은 이즈리얼땅의 이민
족을 모두 세었는데, 그의 아버지
대이빋이 그들의 수를 집계한 이
후였고, 그들의 수는 15만3,600명
이었다.
18 그는 7만명은 짐을 나르게 하고, 8
만명은 산에서 돌을 다듬게 하고,
3,600명은 일꾼을 감독하게 했다.

성전건축

3 솔로먼은 저루살럼예루살렘의 모
리아산에 **주님**의 집을 짓기 시
작했다. 그곳은 **주님**이 그의 아버
지 대이빋에게 나타났던 곳이었기
때문에, 제뷰스부족 오넌의 타작
마당으로부터 그 장소를 대이빋이
확보해 두었다.
2 솔로먼이 짓기 시작한 날은 집권 4
년 둘째 달, 두 번째태양력 4월 중순경
날이었다.
3 다음은 솔로먼이 **하나님**의 집 건물

에 대해 지시한 내용이다. 당시 측
정단위로 길이 60큐빝약 27m, 넓이
20큐빝약 9m이었다.
4 건물 정면현관은 집 넓이에 맞춰
길이 20큐빝약 9m, 높이 120 큐빝약
54m이었고, 현관내부는 순금으로
도색했다.
5 본관 천정은 전나무로 대고, 순도
높은 금으로 덧칠하고, 그 위에 야
자나무와 사슬 무늬를 새겼다.
6 그는 그 집을 아름다운 값비싼 돌
로 장식했고, 금은 파배임지역 출
산품이다.
7 또 집과 가로막대 들보, 기둥, 벽,
문에 금을 입혔고, 벽마다 체럽천
사 문양을 새겨 넣었다.
8 최고성소는 집 넓이에 맞춰 길이
20큐빝약 9m, 넓이 20큐빝약 9m이었
고, 거기에 금을 입혔는데, 600탤
런트약 21톤가 들었다.
9 못의 무게는 금 50쉐클약 575g이고
위층 방도 금으로 입혔다.
10 그는 최고성소에 체럽천사 모양
두 개를 만들고 금을 씌웠다.
11 체럽천사의 날개는 20큐빝약 9m 길
이로, 체럽의 날개 하나는 5큐빝
약 2.3m으로 건물 벽에 닿았고, 다른
날개도 똑같이 5큐빝약 2.3m으로 다
른 체럽의 날개와 닿았다.
12 다른 체럽의 날개도 5 큐빝약 2.3m으
로 건물 맞은편 벽에 닿았고, 다른
날개 역시 5큐빝약 2.3m길이로 다른
체럽의 날개와 가운데서 맞닿았
다.
13 두 체럽천사의 날개를 펼치면 20
큐빝약 9m이 되고, 그들은 발을 딛
고 서 있고, 얼굴은 내부 중앙을 향
하고 있다.
14 파란색, 자주색, 빨간색의 가는 아
마사로 휘장을 만들어 체럽천사
문양을 수놓았다.
15 또 그는 건물 앞에 높이가 35큐빝
16m 되는 두 기둥을 만들었고, 꼭대
기의 기둥머리는 각 5큐빝2.3m이었
다.
16 그는 사슬을 만들어 성소와 똑같
이, 기둥머리 위에 두었고, 100개
의 석류를 만들어 사슬에 달았다.
17 그는 성소 앞에 기둥을 세웠는데,
하나는 오른쪽에, 다른 하나는 왼
편에 두고, 오른쪽은 재킨, 왼쪽은
보아즈라고 이름을 붙였다.

성전용구 제작

4 또한 그가 만든 황동제단의 크
기는, 길이가 20큐빝약 9m, 넓이
가 20큐빝약 9m, 높이가 10큐빝약
4.5m이었다.
2 그가 만든 거대한 주물대야는, 지
름이 10큐빝약 4.5m, 높이가 5큐빝약
2.3m, 입구둘레가 30큐빝약 13.5m이
었다.
3 거대대야 아래쪽은 황소모형이 둥
글게 자리잡고, 대야 가장자리에 1
큐빝약 45cm안에 손잡이를 10개씩
두 줄로 달아, 대야에 붙어 있게 제

작했다.
4 거기에 12마리 황소를 세우고, 세
마리는 북쪽, 세 마리는 서쪽, 세 마
리는 남쪽, 세 마리는 동쪽을 바라
보게 한 다음, 큰대야를 황소 위에
올려놓고, 황소 엉덩이는 모두 안
쪽을 향했다.
5 대야의 두께는 손 넓이7.5cm로, 잔
의 입구형태와 똑같고, 백합꽃 모
양을 새겼는데, 용량은 3000 통bath:
약 66KL의 물이 들어간다.
6 또 대야 10개를 만들어 5개는 오른
쪽에, 5개는 왼쪽에 두어 씻을 수
있게 했다. 그들이 번제물을 올릴
때도 그 안에서 씻을 수 있지만, 큰
대야는 제사장 전용이다.
7 촛대 10개는 설계도면에 따라 금
으로 만들어, 성소 내부 오른쪽에
5개, 왼쪽에 5개씩 두었다.
8 탁자 10개를 만들고, 성소 내부 오
른쪽에 5개, 왼쪽에 5개씩 두고, 대
접 100개를 금으로 만들었다.
9 또한 그는 제사장을 위한 안마당
과 거대한 안마당을 만들고, 전용
문을 황동으로 여러 개 제작했다.
10 큰대야는 동쪽 오른편 끝에 두되,
남쪽을 등지도록 두었다.
11 후램은 솥과 부삽과 대접을 만들
어, 솔로먼왕이 **하나님**의 집을 만
들게 한 작업을 완료했다.
12 다시 말해, 기둥 두 개와, 두 기둥
위쪽의 둥근 주먹 같은 기둥머리
를 만들고, 양쪽 둥근 기둥머리를
덮을 2개의 꽃장식 그물과,
13 두 개의 그물 화환에 매어 달 석류
400개를 만들고, 그물 화환 위에
두 줄로 석류를 각각 달아서 기둥
위쪽 둥근 기둥머리 양쪽을 덮었
다.
14 또 사각틀 받침대를 만들어, 대야
를 틀 위에 얹었다.
15 큰대야 한 개와 그 아래에 황소 모
형 12개를 만들었다.
16 솥과, 부삽과, 고기용 갈고리 및 부
속 용구 일체를, 후램이 솔로먼왕
에게 **주님**의 집을 위해 번쩍이는
황동으로 만들어주었다.
17 왕은 조든요르단평원 가운데 수커쓰
와 제레대싸 사이에 있는 점토 땅
에서 그것을 만들게 했다.
18 솔로먼은 용기를 너무나 풍부하게
만들어서, 황동의 무게를 잴 수 없
을 정도였다.
19 솔로먼은 **주님**의 집을 위해 이 모
든 용구를 만들었고, 황금제단도,
탁자도 만들어 그 위에 전시용 빵
을 두었다.
20 램프가 있는 촛대는 순금으로 만
든 성소 앞에서 방법대로 불을 켰
고,
21 꽃모양과, 등잔, 부젓가락을 순금
으로 만들었다.
22 양초심지 절단용 가위, 대접, 숟가
락, 향로를 순금으로 만들었고, 집
입구와 최고성소의 안쪽 문과 성
소의 문을 모두 금으로 만들었다.

약속의 상자 안치 및 찬양

5 솔로먼이 **주님**의 집을 짓는 모
든 공사가 완료되자, 그의 아버
지 대이빋이 봉헌한 모든 것을 가
져오고, 은과 금과 모든 용구를 가
져와 **하나님**의 집 보물창고에 두었
다.
2 그런 다음 솔로먼은 이즈리얼의
원로를 소집했는데, 부족대표와,
이즈리얼 자손의 조상대표를 저루
살럼으로 모이게 하여, 자이언시돈
의 대이빋성에서 **주님**의 약속의 상
자를 옮겼다.
3 그리고 이즈리얼 모두가 왕에게
모여 일곱째 달에 축제를 벌였다.
4 이즈리얼 원로도 모두 와서, 리바
이레위부족과 함께 상자를 가져왔
다.
5 그들은 상자와 공동체의 이동성전
과 그 막사에 있던 신성한 용구 일
체를 옮겼는데, 제사장과 리바이
부족이 옮기는 일을 맡아서 했다.
6 또한 솔로먼왕과 함께 모였던 이
즈리얼 공동체 모두는, 상자 앞에
서 수를 셀 수 없을 정도로 많은 양
과 황소를 희생시켰다.
7 제사장은 **주님**의 약속의 상자를 성
전 내 최고성소 자리로 옮겨, 체럽
천사 날개 아래에 두었다.
8 체럽천사의 날개는 상자가 놓인
장소 위쪽에 펼쳐져서 위에서 상
자와 이동용 막대를 덮었다.
9 그들은 상자에서 막대를 빼내었는
데, 막대의 끝은 성소 앞 상자로부
터 보이지만, 바깥쪽에서는 보이
지 않았다. 그것은 오늘날까지 그
렇다.
10 상자 안에는 두 석판 이외에 아무
것도 없었고, 그것은 모지스가 호
렙에서 넣어둔 것으로, 시기는 그
들이 이집트에서 나왔을 때, **주님**
이 이즈리얼 자손과 약속을 맺은
때였다.
11 제사장이 신성한 장소에서 밖으로
나왔다. [그때 참석한 모든 제사장
은 순서를 기다리지 않고 신체를
정화했고,
12 리바이 음악인 애이새프, 히먼, 제
두썬과, 그들의 자식과 형제 모두
는, 흰 리넨옷을 입고 정렬하여, 심
벌과 썰터리와 하프를 들고 제단
동쪽 끝에 섰고, 트럼핕을 부는 제
사장 120명도 그들과 함께 있었
다.]
13 트럼핕 연주자와 가수들이 하나가
되어 **주님**에게 찬양과 감사의 소리
가 들리도록 음악소리를 냈다. 그
때 그들은 트럼핕과 심벌과 악기
로 음악소리를 드높이며 **주님**을 찬
양했다. "그는 선이고, 그의 사랑은
영원하다." 그러자 **주님**의 집 성전
이 곧바로 구름으로 가득 찼다.
14 그래서 제사장은 구름 때문에 서
있을 수 없었다. 왜냐하면 **주님**의
영광이 **하나님**의 집을 가득 메웠기
때문이었다.

솔로먼의 성전봉헌

6 그때 솔로먼이 말했다. "**주님**은
짙은 어둠 속에 있다고 말했어
요.
2 하지만 나는 당신이 거처할 집을
지었고, 당신이 영원히 존재할 장
소를 만들었어요."
3 그리고 왕은 얼굴을 돌려, 서 있던
이즈리얼 전 공동체를 축복했다.
4 그가 말했다. "이즈리얼의 **주 하나
님**을 축하합니다. 당신은 나의 아
버지 대이빋에게 자기 입으로 말
한 것을 이룩했어요. 그 말의 내용
은,
5 '내가 나의 백성을 이집트땅에서
데려온 그날 이래, 나는 이즈리얼
의 어떤 도시도 나의 이름이 있게
될 집을 짓도록 선정하지 않았고,
나의 백성 이즈리얼을 지배할 사
람도 선정하지 않았다.
6 그러다 나는 저루살럼을 나의 이
름을 둘 수 있는 곳으로 정하고, 나
의 백성 이즈리얼을 통치하도록
대이빋을 정했다'라고 했어요.
7 그래서 나의 아버지 대이빋은 마
음 속으로 이즈리얼의 **주 하나님** 이
름을 위한 집을 건설하고자 했지
요.
8 그런데 **주님**이 나의 아버지 대이빋
에게 말했지요. '나의 이름을 위한
집을 짓겠다는 네 마음을 가진 것
만으로 충분하다.
9 그러나 너는 그 집을 지어서는 안
되고, 대신 네 아들 네 속에서 나온
그가 나의 이름을 위한 집을 지어
야 한다'고 했어요.
10 그래서 **주님**은 그가 말한 것을 실
천했어요. 왜냐하면 나는 나의 아
버지 대이빋의 자리에 올라, **주님**
의 약속대로 이즈리얼의 왕위에
앉았고, 이즈리얼의 **주 하나님**의 이
름을 위한 집을 지었어요.
11 그리고 그 안에 상자를 안치했어
요. 그 안에는 **주님**이 이즈리얼 자
손과 맺은 약속이 들어 있어요."
12 그러면서 솔로먼은 모든 이즈리얼
공동체 앞 **주님**의 제단 앞에 서서,
그의 양손을 앞으로 뻗었다.
13 솔로먼은 황동발판을 만들었는데,
길이가 5 큐빝약 2.3, 넓이가 5 큐빝
약 2.3m, 높이가 3 큐빝약 1.4m의 그것
을 안마당 한 가운데 놓고 그 위에
서 있다가, 이즈리얼의 대중 앞에
서 그의 무릎을 꿇고 손은 하늘을
향해 펼쳤다.
14 그리고 말했다. "오 이즈리얼의 **주
하나님**, 하늘에 있는 당신과 같은
하나님은 없고, 땅에도 없어요. 당
신은 약속을 지키며 당신의 종에
게 사랑을 보이며, 온 마음을 다하
여 그들을 당신 앞에서 걷게 했어
요.
15 당신은 당신의 종 나의 아버지 대
이빋에게 당신 입으로 말한 약속
을 지켰고, 이날처럼 당신의 손으
로 그것을 완성했어요.

16 그러니 이제 오 이즈리얼의 **주 하나**
님, 당신의 종 나의 아버지 대이빋
과 당신이 한 약속을 지켜주세요.
이렇게 말했지요. '내 눈 앞에서 네
사람을 이즈리얼의 왕좌위에 앉히
지 못하는 일이 없게 하겠다. 하지
만 네 자손은 네가 내 앞에서 걸은
것처럼, 나의 법에 따라 그들의 길
을 걷는데 조심해야 한다'고 했지
요.
17 그래서 오 이즈리얼의 **주 하나님**,
당신의 말이 증명될 수 있게 해주
세요. 그것은 당신의 종 대이빋에
게 했던 말입니다.
18 하지만 **하나님**이 실제로 땅에서 인
간과 함께 살수 있나요? 보세요,
하늘들의 하늘과 하늘도 당신을
품을 수 없는데, 내가 지은 이 집이
야 어림도 없겠지요!
19 그러므로 당신의 종 이 기원자를
존중해 주고, 오 나의 **주 하나님**, 그
의 기원도 존중해주세요. 또 당신
앞에서 기도하는 당신 종의 외침
과 기원에 귀를 기울여 주세요.
20 당신의 눈을 밤낮으로 이 집을 향
하여 열어 두고, 당신의 이름을 두
겠다고 말한 그 장소에 눈길을 두
고, 이 장소를 향해 기도하는 당신
종의 기도에 귀를 기울여 주세요.
21 그래서 당신 종과 당신의 이즈리
얼 백성이 이곳을 향해 바랄 기원
에 귀를 기울여 주세요. 당신이 존
재하는 하늘에서조차 들어주고,
들리거든 용서해 주세요.
22 만약 어떤 자가 그의 이웃에 대해
죄를 지을 경우, 자기가 맹세한 약
속을 이 집 당신의 제단 앞에서 했
는데도, 죄를 지을 경우,
23 당신이 하늘에서 듣고 당신 종들
을 재판해 주세요. 비행에 대한 대
가로, 그의 머리 위로 행위의 보복
을, 정의에 맞추어, 그의 정직성 여
부에 따라 판정해 주세요.
24 만약 당신의 이즈리얼 백성이, 적
앞에서 당신에 대한 죄로 인해, 어
려움에 처할 경우, 마땅히 돌아와
당신 이름으로 고백하고 애원하
며, 이 집 당신 앞에서 기도하겠어
요.
25 그때 당신은 하늘에서 듣고 당신
의 이즈리얼 백성의 죄를 용서하
여, 그들과 그 조상에게 준 땅으로
다시 데려와 주세요.
26 하늘이 닫혀 비가 오지 않는 것이,
당신에게 반하는 죄에서 비롯되었
다면, 그렇지만 그들이 이 장소를
향해 기도하고 당신 이름으로 고
백하면, 당신이 준 괴로움으로 자
기의 죄를 반성하면,
27 그때는 하늘에서 당신의 종 이즈
리얼 백성의 죄를 용서해주세요.
그들에게 바른 길로 살아가도록
가르쳐 주고, 그리고 유산으로 백
성에게 준 당신의 땅에 비를 내려
주세요.
28 만약 그 땅에 기근과, 전염병과, 병

충해가 있거나, 곰팡이, 메뚜기, 애
벌레가 있고, 만약 그들의 적이 그
곳 도성의 사람들을 포위하면, 그
래서 어떤 것이든 고통을 당하고
병들게 되면,
29 그때 어떤 기원자든, 어떤 탄원이
든, 어떤 사람이 하든, 당신의 이즈
리얼 백성이 하든, 각자 자기 고통
과 슬픔을 알게 되면, 마땅히 이 집
에서 자신의 손을 내밀어야 하지
요.
30 그때 당신이 있는 하늘에서 듣고,
용서해주고, 사람의 행위에 따라
처벌해 주세요. 당신은 그들의 마
음을 알고 있으니까요. [왜냐하면
당신만이 인간 자손의 마음을 알
수 있으니까요.]
31 그러면 그들은 당신을 두려워하여
당신의 길 안에서 걸으며, 당신이
우리 조상에게 준 이 땅에서 오래
도록 살아갈 수 있을 거예요.
32 또한 당신의 이즈리얼 백성이 아
닌 이민족에 대해서도, 그들은 당
신의 위대한 이름과 당신의 힘 때
문에 먼 나라에서 왔으므로, 당신
의 팔을 뻗어주세요. 그들이 이 집
에 와서 기도하면 말이죠.
33 그때 당신은 하늘에서 듣고, 당신
이 있는 곳에 들리면, 이민족이 당
신에게 요구하는 것을 들어주세
요. 그러면 지구의 모든 사람이 당
신의 이름을 알게 되고, 당신의 이
즈리얼 백성이 한 것처럼 당신을
두려워할 것이고, 내가 당신의 이
름을 부르기 위해 지은 이 집을 알
게 될 겁니다.
34 만약 당신 백성이 적을 상대하러
전쟁에 나갈 때, 그들을 보내는 것
이 당신의 뜻이라면, 그들이 당신
이 선택한 이 도성을 향하여 당신
에게 기도하고, 또 내가 당신의 이
름으로 지은 이 집을 향해 기도하
면,
35 그때 하늘에서 그들의 기도와 탄
원을 듣고 그들의 명분을 살펴주
세요.
36 만약 그들이 당신을 어기는 죄를
지으면, [죄를 짓지 않는 사람은 없
으므로], 당신은 그들에게 화를 내
며 적에게 넘겨, 적이 그들을 포로
로 멀든 가깝든 어떤 곳으로 데려
가면,
37 하지만 만약 그들이 포로로 끌려
간 그 땅에서 스스로 뉘우치고, 마
음을 돌려 기도하며 당신에게 포
로가 된 그 땅에서 이렇게 말하면,
'우리가 죄를 짓는 잘못을 저질러
잘못되었다'고 하면,
38 그러면서 그들이 마음으로부터 당
신에게 돌아서서, 포로로 끌려간
그곳 땅에서 제정신으로 돌아서,
당신이 그 조상에게 준 땅을 향해
기도하며, 당신이 선정한 도성을
향하고 내가 당신 이름으로 지은
이 집을 향하면,
39 그때 하늘의 당신이 있는 곳에서

그들의 기원과 탄원을 듣고, 그들
의 명분을 살펴서 당신을 어기는
죄를 지은 당신의 백성을 용서해
주세요.
40 이제 나의 **하나님**, 내가 당신을 찾
으면, 당신의 양 눈을 뜨게 하고, 당
신의 양 귀가 듣게 하여, 이 장소에
서 하는 기도가 증명되도록 들어
주세요.
41 그러니 이제, 오 **주 하나님**, 일어나
서 당신의 안식처로 당신의 힘의
상자로 들어가세요. 오 **주 하나님**
당신의 제사장은 구원의 옷을 입
게 하고, 당신의 성자가 선 안에서
기뻐하게 하세요.
42 오 **주 하나님**, 당신이 기름 바른 자
의 얼굴을 외면하지 말고, 당신 종
대이빋에 대한 사랑을 기억해주세
요."

성전 봉헌예물

7 솔로먼이 기도를 끝내자, 하늘
에서 불이 내려와 번제물과 희
생제물을 태운 다음, **주님**의 찬란
한 빛이 집을 채웠다.
2 제사장들이 **주님**의 집으로 들어갈
수 없었던 이유는, **주님**의 빛이 **주**
님의 집을 가득 채웠기 때문이었
다.
3 이즈리얼 자손 모두가 불이 어떻
게 내려왔는지 보았고, 또 **주님**의
찬란한 빛이 그 집을 어떻게 채웠
는지 보자, 스스로 땅에 얼굴을 숙
여 경배하며 **주님**을 축하하며 말
했다. "그는 선이므로, 그의 무한한
사랑은 영원하다."
4 왕과 백성 모두 **주님** 앞에 희생제
사를 지냈다.
5 솔로먼왕은 소 22,000 마리를 잡
고, 양 120,000 마리를 희생하며,
왕과 모든 사람이 주님성전에 봉
헌했다.
6 사제는 제 할 일을 기다렸고, 리바
이레위부족도 **주님**의 음악을 연주
할 악기를 들고 대기했다. 그 악기
는 대이빋다윗왕이 **주님**에게 감사
하려고 만들었고, 그의 사랑이 영
원히 이어지게 하기 위한 것이었
다. 당시 대이빋이 각자가 맡은 바
를 칭찬하자, 사제는 그들과 모든
이즈리얼 앞에서 트럼핕을 불었
다.
7 또 솔로먼이 **주님**의 집 앞쪽 중앙
정원을 신성하게 정화한 이유는,
거기서 번제를 지내고, 평화제물
의 지방을 올리기 위한 것으로, 솔
로먼이 만든 황동제단은 번제물과
곡식제물과 지방을 전부 수용할
수 없었기 때문이었다.
8 또한 그때 솔로먼은 7일간 축제를
했는데, 모든 이즈리얼이스라엘과 엄
청나게 많은 공동체가, 해매쓰 입
구부터 이집트강에 이르기까지 모
두 함께 했다.
9 그리고 8일째 날에도 진지한 집회
를 했고, 사람들이 봉헌을 계속했

기 때문에 추가로 7일간 축제가 이
어졌다.
10 그가 일곱째 달 23일째 날, 사람들
을 각자의 막사로 돌려보낼 때, 그
들이 즐겁고 기쁜 마음으로 간 이
유는, **주님**이 대이빋과 솔로먼과
그의 백성 이즈리얼에게 보여준
선 때문이었다.
11 솔로먼은 **주님**의 집을 완성하고 왕
의 집 건설도 끝냈다. 솔로먼이 마
음먹었던 **주님**의 집과 자신의 집을
짓고자 했던 모든 계획을 이루었
고, 결과는 성공적이었다.
12 그러자 **주님**이 밤에 솔로먼에게 나
타나서 말했다. "나는 네 기도를 듣
고, 이 장소를 희생제물을 위한 장
소로 선택했다.
13 만약 내가 하늘을 닫아서 비가 없
거나, 그 땅을 먹어치우도록 메뚜
기에 명령하거나, 나의 백성 사이
에 전염병을 보낼 때,
14 만약 나의 백성이 내 이름을 부르
고, 스스로 겸손하게 기도하며 내
얼굴을 찾고, 그들이 비행의 길로
부터 방향을 돌리면, 그때 나는 하
늘에서 듣고, 그들의 죄를 용서하
고, 그들의 땅을 치료할 것이다.
15 이제 나의 눈을 열어 두고, 나의 귀
를 이 집을 만든 기원자의 기도에
주의를 기울이겠다.
16 이제 내가 이 집을 선택하고 정화
했으므로, 나의 이름을 영원히 그
곳에 둘 수 있을 것이다. 그리고 나
의 눈과 마음도 영원히 있을 것이
다.
17 너에 대하여, 만약 네가 네 아버지
대이빋이 걷듯, 내 앞에서 걸으며,
내가 네게 명령한 모든 것에 따라
나의 규정과 판단을 준수하면,
18 나는 네 왕국의 왕좌를 구축하여,
내가 네 아버지 대이빋과 약속하
며 말한 대로, 네 사람으로 이즈리
얼의 통치자가 되지 못하는 일은
없을 것이다.
19 그러나 만약 너희가 방향을 돌려,
내가 네 앞에서 정한 나의 규정과
명령을 버리면, 그리고 가서 다른
신을 섬기고 숭배하면,
20 그때 나는 내가 그들에게 준 나의
땅에서 그들의 뿌리를 뽑아버리
고, 내가 나의 이름을 위해 정화한
이 집도 내 눈 앞에서 던져버리고,
모든 나라 가운데 비웃음의 대상
으로 만들어 버리겠다.
21 이렇게 높은 집을 지나가는 사람
이 너무나 놀라, 말하겠지. '왜 **주
님**은 이 땅을 이렇게 하고, 이 집을
이렇게 했을까?' 라고.
22 그에 대해 이렇게 대답할 것이다.
'왜냐하면 그들이 그들 조상의 **주
하나님**을 버렸기 때문이다. **주님**은
그들을 이집트땅에서 데리고 나왔
는데, 그들은 다른 신을 숭배하고
섬겼다. 그래서 **주님**이 그들에게
이런 나쁜 벌을 가져온 것'이라 할
것이다.

솔로먼의 도성건설

8 솔로먼은 20년이 지나 마침내
주님성전과 자기 궁전을 완공했
고,
2 후램이 솔로먼에게 반환한 도성은
재건하여 이즈리얼 자손이 그곳에
살게 했다.
3 솔로먼은 해매쓰조바도 가서 싸워
이겼다.
4 그는 황야에 탤모어 도성을 건설
하고, 그가 건설한 해매쓰 안에 비
축전용의 여러 도시를 두었다.
5 또한 그는 위쪽 베쓰호른과 아래
쪽 베쓰호른을 건설하여, 성벽과
성문과 빗장을 갖춘 요새도성으로
만들었다.
6 또 솔로먼은 배이얼래쓰와 비축전
용 도성을 소유했고, 전차전용 도
시와, 기병전용 도시 등, 그가 희망
한 모든 도성을 저루살럼예루살렘과
레바넌과, 그가 지배한 땅에 건설
했다.
7 남겨진 사람들에 대해 말하자면,
힡부족, 애머리부족, 퍼리스부족,
하이브부족, 제뷰스부족으로, 이즈
리얼이 아니었지만,
8 그 땅에 살아남은 이민족자손은,
이즈리얼 자손이 제거하지 못하
여, 솔로먼이 그들을 품삯 노동을
시켜 이날에 이른다.
9 하지만 솔로먼은 이즈리얼 자손을
노예로 만들지 않고, 대신 전사와,
지휘관의 대장, 전차와 기병의 지
휘관으로 삼았다.
10 그들은 솔로먼왕의 관리 중 대표
가 되었는데, 백성을 다스릴 책임
을 맡은 사람이 250명이었다.
11 솔로먼은 퐤로우의 딸을 대이빋성
에서 데려가, 그녀를 위해 건설한
궁전으로 옮기며 말했다. "나의 아
내는 이즈리얼 대이빋왕의 집에서
더 이상 살지 않을 것이다. 왜냐하
면 그곳은 **주님**의 상자가 있던 신
성한 장소이기 때문이다."
12 솔로먼은 **주님**의 제단에서 번제를
지냈는데, 그것은 현관 앞에 세웠
다.
13 매일 일정분량 대로, 모지스의 명
령에 따른 제물을, 사배쓰휴일과,
매월 초와, 일년에 세 차례 진지한
축일과 무효모빵 축일과, 주간축
일과, 이동성전 축일에 올렸다.
14 솔로먼은 아버지 대이빋의 명령
대로 지명하여, 제사장급을 제사
에, 리바이레위부족은 제사장과 그
들 앞에서 예배관리를 매일 필수
임무로 맡기고, 문지기 역시 문마
다 차례대로 맡겼다. **하나님**의 사
람 대이빋이 그렇게 명령했기 때
문이었다.
15 그들은 왕이 제사장과 리바이에게
일이나 보물에 관하여 내린 명령
을 벗어나지 않았다.
16 솔로먼의 모든 작업은 주님성전의
기초를 세운 첫날부터 준비되어
마칠 때까지 계속되었다. 그렇게

주님성전이 완공되었다.
17 그때 솔로먼은 이지언게버도 갔
고, 이듬땅 해안 일로쓰까지 갔다.
18 그리고 후랩은 솔로먼에게 자기
종 뱃사람과, 바다를 잘 아는 종들
을 보냈다. 그리고 그들은 솔로먼
의 종과 함께 오피어로 가서, 그곳
의 금 450탤런트약 15톤를 솔로먼왕
에게 보냈다.

쉬바왕국 여왕 방문

9 쉬바왕국 여왕이 솔로먼의 명성
을 듣고, 솔로먼을 증명하기 위
해 어려운 질문을 가지고 저루살
럼에 오면서, 거대한 방문단과 함
께 낙타에 향료와 엄청난 금과 값
비싼 원석을 싣고 왔다. 그녀는 솔
로먼에게 와서, 마음 속에 있던 많
은 것에 관하여 그와 대화를 나눴
다.
2 솔로먼은 그녀의 질문에 모든 것
을 이야기해 주었고, 솔로먼이 그
녀에게 대답하지 못한 것은 하나
도 없었다.
3 쉬바왕국의 여왕이 솔로먼의 지혜
를 알아보고, 또 그가 건설한 성전
을 보았다.
4 탁자 위의 음식, 그의 관리가 앉은
모습, 신하의 참석과 그들의 복장,
잔 담당관과 그들의 의복, 주님성
전에 올라가는 모습 등, 그녀는 정
신이 없을 정도로 압도되었다.
5 그래서 그녀가 왕에게 말했다. "내
가 나의 땅에서 당신의 업적과 지
혜에 관하여 들은 소문은 사실이
었어요.
6 하지만 나는 그 말을 믿지 못했는
데, 내가 와서 눈으로 보니, 위대한
당신 지혜의 절반수준밖에 들려주
지 못했어요. 왜냐하면 당신은 내
가 들은 명성을 훨씬 능가하니까
요.
7 당신 사람은 행복하고, 또 관리들
도 당신 앞에 서서 당신의 지혜를
지속적으로 들으니 행복해 보여
요.
8 당신의 **주 하나님**을 축복해요. 그
는 당신을 그의 왕좌에 기꺼이 앉
히고, 당신의 **주 하나님**을 위한 왕
이 되게 했어요. 이즈리얼을 사랑
하는 당신의 **하나님**이 그들을 영원
히 세워주기 때문에, 당신을 왕으
로 삼아 백성을 다스리고 재판과
정의를 실천하게 했어요."
9 그러면서 그녀는 왕에게 금 120탤
런트약 4톤와, 엄청난 양의 향료와,
귀중한 원석을 주었는데, 그녀가
솔로먼왕에게 준 것만큼 많은 양
의 향료를 준 경우는 없었다.
10 그리고 후램의 부하도 마찬가지로
솔로먼의 부하와 함께 오피어에서
금을 날랐고, 알검나무백단목와 값
비싼 원석을 가져왔다.
11 왕은 알검나무로 주님성전과 왕의
궁전에 테러스를 만들고, 음악인
을 위한 현악기 하프와 썰터리를

만들었는데, 이전 쥬다땅에는 그
런 것이 없었다.
12 솔로먼왕은 쉬바왕국의 여왕에게
그녀가 요구하는 것은 무엇이나,
그녀가 왕에게 가져온 것 이외에
원하는 대로 주었다. 그런 다음 그
녀는 신하와 함께 그녀의 땅으로
돌아갔다.
13 솔로먼에게 1년간 들어온 금의 무
게는 666탤런트약 23톤이었고,
14 별도로 상인과 무역상들이 금을
가져왔는데, 어래이비아아라비아의
모든 왕과 이즈리얼 영역의 총리
들도 금과 은을 솔로먼에게 가져
왔다.
15 솔로먼왕은 금을 두드려 200개의
큰 방패를 만들었고, 방패 하나에
타공기법의 금이 600쉐클약 6.9Kg이
들어갔다.
16 또 300개의 작은 방패는 금을 두드
려 만들었는데, 방패 하나에 쓰인
금은 300쉐클약3.5Kg이었다. 왕은
그것을 레바넌의 숲속 궁전에 두
었다.
17 또한 왕은 상아로 거대한 왕좌를
만들고, 그것을 순금으로 입혔다.
18 왕좌에는 6 계단이 있고 황금발판
은 왕좌에 고정되어 있었다. 의자
양쪽에 팔걸이가 있고, 그 옆으로
사자 두 마리가 각각 서 있었다.
19 여섯 계단의 양쪽에 12마리의 사
자가 마주보고 서 있었다. 그때까
지 어떤 왕도 그와 같은 것을 만든
적이 없었다.
20 솔로먼왕이 마시는 용기는 모두
금으로 제작되었고, 레바넌 숲속
궁전의 모든 용기도 순금으로 되
었고, 은은 하나도 없었는데, 솔로
먼 시대의 은은 별로 가치가 없었
다.
21 솔로먼왕의 배는 후램의 부하와
함께 탈쉬시까지 갔고, 3년에 한
번씩 그곳에서 들어온 배가 금, 은,
상아, 원숭이, 공작들을 가져왔다.
22 솔로먼왕은 재산과 지혜가 그 땅
의 다른 모든 왕을 능가했다.
23 그 땅의 모든 왕이 솔로먼한테 찾
아와 그의 지혜를 듣고자 했다. 그
것은 **하나님**이 그의 마음에 넣어준
지혜였다.
24 그들 모두가 왕에게 선물을 가져
왔는데, 은그릇, 금그릇, 의복, 마
구, 향료, 말, 노새 등을 매년 정해
진 양만큼 가져왔다.
25 솔로먼은 말과 전차를 두는 마구
간이 4천개, 기병이 12,000명이나
되었고, 전차전용 도시 및 왕이 있
는 저루살럼에 두었다.
26 그는 조든강에서 필리스틴땅과 이
집트 국경선까지 모든 왕을 지배
했다.
27 그 왕은 은을 저루살럼의 돌처럼
흔하게 만들어 버렸고, 시더나무
도 저지대에 있는 시커모아무화과나
무처럼 흔하게 만들었다.
28 사람들은 이집트와 그 밖의 모든

땅에서 솔로먼에게 말을 가져왔
다.
29 솔로먼의 나머지 업적 처음부터
끝까지 모든 것은, 예언자 내이썬
의 책에도 기록되어 있지 않는가?
그리고 샤일로사람 애히자의 예언
서에도 쓰여 있고, 느밸의 아들 제
로범에 관하여 선견자 이도가 환
상을 기록한 책에도 적혀 있지 않
는가?
30 솔로먼은 이즈리얼을 모두 40년간
저루살럼에서 다스렸다.
31 그리고 솔로먼은 그의 조상과 함
께 잠들어 그의 아버지 대이빋도
성에 묻혔다. 그리고 그의 아들 리
호범이 대신 통치했다.

이즈리얼이 리호범에 반발

10 리호범이 쉬컴으로 갔는데,
이는 모든 이즈리얼 사람이
그를 왕으로 만들기 위해 그곳에
갔기 때문이었다.
2 그때 느밸의 아들 제로범은 이집
트에 있었는데, 솔로먼왕이 나타
나자, 이집트로 달아나 있다가, 소
식을 듣고 이집트에서 돌아왔다.
3 그리고 사람들이 그를 불러왔다.
그래서 제로범이 모든 이즈리얼과
함께 리호범왕에게 말했다.
4 "당신의 아버지는 우리에게 심한
멍에를 씌웠어요. 그래서 우리는
당신 아버지가 시킨 심한 노역과
우리에게 지운 그의 무거운 멍에
를 다소 경감시키고자 해요. 그러
면 우리가 당신을 섬기죠."
5 그러자 그가 그들에게 말했다. "3
일 후에 나에게 다시 오세요." 그러
자 사람들이 돌아갔다.
6 리호범왕은 자기 아버지 솔로먼
앞에 서있던 아직 살아 있는 연장
자들에게 자문을 구하며 물했다.
"당신들은 내게 백성에게 내놓을
답으로 어떤 조언이 있나요?"
7 그들이 그에게 말했다. "당신이 사
람들에게 친절하고, 그들을 기분
좋게 해주며, 좋은 말을 하면, 그들
은 영원히 당신의 종이 될 겁니다."
8 그러나 그는 연장자들의 조언을
무시하고, 스스로 데려다 놓은 자
기 앞에 서있는 젊은이들의 자문
을 받았다.
9 그리고 그들에게 말했다. "당신들
은 우리가 이 사람들에게 대답할
무슨 조언을 가지고 있는가? 이들
은 내게 아버지가 얹은 멍에를 다
소 줄여달라고 말한다."
10 그가 조언을 듣고자 데려온 젊은
사람들이 말했다. "당신 아버지가
우리의 멍에를 무겁게 했는데, 다
소 가볍게 해달라고 건의한 사람
들에게 말해주세요. '나의 새끼 손
가락이 내 아버지의 허리보다 더
두꺼워질 것이다.
11 따라서 나의 아버지가 당신 위에
얹은 무거운 멍에에 대해서라면,
나는 당신에게 멍에를 더 올리고,

아버지가 채찍을 쳤다면, 나는 전
갈로 처벌해주겠다'라고 하세요."
12 그리고 제로범과 백성은, 왕이 말
한 삼 일째 날에 다시 오라는 대로,
리호범왕에게 왔다.
13 왕은 그들에게 거칠게 말하며, 연
장자들의 조언을 저버렸다.
14 그리고 젊은 사람의 조언대로 대
답했다. "나의 아버지가 당신의 멍
에를 무겁게 했다면, 나는 더 추가
하고, 아버지가 채찍으로 쳤다면
나는 전갈로 처벌하겠다."
15 그렇게 왕은 백성에게 귀를 기울
이지 않았는데, 그것이 **하나님**으로
부터 야기된 일이라면, 어쩌면 **주
님**이 그의 말을 실행한 것일 수도
있다. 그는 샤일로 사람 애히자를
통하여 느뱉의 아들 제로범에 관
해 말했다.
16 모든 이즈리얼 사람은 왕이 그들
의 말을 듣지 않는다는 것을 알고,
왕에게 물었다. "대이빋에 대한 우
리의 지분은 무엇이죠? 우리는 제
시의 아들이 가진 유산으로부터
나눌 지분이 하나도 없네요. 오, 이
즈리얼 사람아, 각자 자기 텐트로
돌아가자. 그리고 이제 대이빋 당
신은 자기 집안을 돌아보시오." 그
러면서 모든 이즈리얼 사람은 각
자의 막사로 갔다.
17 그렇기는 해도 쥬다유다도성 안에
사는 이즈리얼 자손은 여전히 리
호범이 지배했다.
18 그리고 어느 날 리호범왕이 부역
을 감독하러 해도램을 보냈는데,
이즈리얼 자손이 돌로 쳐서 그가
죽었다. 하지만 리호범왕은 전차
에 속력을 내어 재빨리 저루살럼
으로 도망쳤다.
19 그래서 이즈리얼은 대이빋집안에
대해 반발하게 된 것이 이날에 이
른다.

리호범의 행적

11 리호범이 저루살럼에 온 다
음, 쥬다유다와 벤저민집안에
서 전사18만명을 선발하여, 이즈
리얼에 맞서 싸울 수 있도록, 리호
범 왕국을 재구축했다.
2 그러나 **주님**의 말이 **하나님**의 사람
쉬마야에게 이렇게 들려왔다.
3 "쥬다왕 솔로먼의 아들 리호범에
게 말하고, 쥬다와 벤저민 내 모든
이즈리얼이스라엘에게 전해라.
4 **주님**의 말에 따라, '너희는 가지도
말고, 형제를 상대로 싸우지도 마
라. 모두 자기 집으로 돌아가라. 이
것은 내가 하는 일이기 때문'이라
고 전해라." 그래서 그들은 **주님**의
말에 복종하여 제로범에 대항하지
않고 돌아갔다.
5 그리고 리호범은 저루살럼에서 살
며, 쥬다를 방어하기 위해 여러 도
성을 건설했다.
6 그는 베쓸레헴, 이탬, 테코아를 건
설했고,

7 베쓰줄, 쇼코, 애덜램,
8 개쓰, 매레샤, 지프,
9 애도래임, 래키쉬, 애제카,
10 조라, 애이재런, 히브런을 건설했
다. 이것은 쥬다와 벤저민지역의
성벽으로 둘러싼 요새도성이다.
11 또 그는 요새지마다 성곽을 쌓고,
지휘관을 두며, 식량과, 오일과 와
인을 비축했다.
12 여러 도성에 방패와 창을 두고, 철
저히 무장시키며, 쥬다와 벤저민
을 자기편으로 만들었다.
13 이즈리얼 전역에 있는 제사장과
리바이부족은 리호범에게 의지하
려고 자기 지역으로부터 왔다.
14 리바이부족이 자신들의 외곽지역
과 소유지를 떠나 쥬다와 저루살
럼으로 온 이유는, 제로범과 그의
자식이 **주님**에게 제사하는 사제 일
에서 그들을 내쫓았기 때문이었
다.
15 당시 제로범은 스스로 만든 높은
신당과 염소와 송아지 우상을 위
해 직접 제사장을 임명했다.
16 이즈리얼부족 중 마음으로 이즈리
얼의 **주 하나님**을 따르고자 하는 사
람들은 리바이레위를 따라 저루살
럼으로 와서, 조상의 **주 하나님**에게
희생제사를 지냈다.
17 그렇게 그들은 쥬다왕국을 강화시
키며, 솔로먼 아들 리호범을 3년간
굳건하게 만들었다. 그 3년 동안
그들은 대이빋과 솔로먼의 길을
따라 걸었다.
18 리호범은 대이빋 아들 제리모쓰의
딸 매해래쓰를 아내로 맞이했고,
또 제시의 아들 일리앱의 딸 애비
해일도 맞이했는데,
19 그녀가 낳아준 자식은 제우쉬, 쉐
매리아, 재이햄이다.
20 그녀 다음으로 그는 또 앱설럼의
딸 매아카를 맞이했고, 그녀는 애
비자, 애태이, 지자, 쉬로미쓰를 낳
아주었다.
21 리호범은 앱설럼의 딸 매아카를
다른 아내나 첩 이상으로 사랑했
다. [그는 18명의 아내와 60명의 첩
을 두고, 아들 28명과 딸 60명을 낳
았다.]
22 리호범이 매아카의 아들 애비자를
대장으로 만들어, 형제 가운데 지
도자로 세운 이유는, 그를 왕으로
만들 생각이었다.
23 리호범은 지혜롭게 일을 처리하여,
자식을 모두 쥬다와 벤저민 전역의
요새도성으로 파견하면서, 그들에
게 식량을 풍부하게 주고, 아내도
원하는 대로 얻게 해주었다.

이집트 쉬쉑왕 공격

12 리호범은 왕국을 구축하고
스스로 강화시켰지만, **주님**
의 법과 모든 이즈리얼이스라엘은 외
면했다.
2 리호범왕 집권 5년에 이집트의 쉬
쉑왕이 저루살럼을 쳐들어왔다.

왜냐하면 그들이 **주님**을 어기는 죄
를 지었기 때문이었다.
3 전차 1,200대와 6만 기병과 수없이
많은 사람이 왔는데, 이집트, 루빔
스, 수킴스, 이씨오피아 사람이었
다.
4 쉬쉑왕은 쥬다 소속 여러 요새도
성을 빼앗고 저루살럼까지 왔다.
5 그때 예언자 쉬마야가 리호범왕과
쥬다의 대군왕자에게 왔고, 그들
도 쉬쉑 때문에 저루살럼에 모였
다. 예언자가 그들에게 말했다. "**주
님**의 말에 따르면, '너희가 나 주인
을 외면해서, 나 역시 쉬쉑의 손에
너희를 넘긴다'고 했어요."
6 그러자 이즈리얼의 대군왕자와 왕
이 겸손 해져서 말했다. "**주님**이 옳
다."
7 **주님**이 스스로 겸손해진 그들을 보
게 되었을 때, **주님**의 말이 쉬마야
에게 들렸다. "그들이 겸손해졌으
니, 나는 그들을 파멸시키지 않고,
대신 일부만 넘기고, 쉬쉑의 손을
통해 나의 분노를 저루살럼에 퍼
붓지 않겠다.
8 그렇지만 그들은 쉬쉑의 종이 되
어야 한다. 그래야 그들이 나의 제
사를 알게 되고, 또 다른 나라의 왕
국들도 섬길 줄 알게 될 것이다."
9 그래서 이집트 쉬쉑왕이 저루살럼
을 향해 쳐들어와서, 주님성전의
보물과 왕의 궁전보물을 모두 빼
앗았다. 또 솔로먼이 만든 황금방
패도 가져갔다.
10 그래서 리호범왕은 그 대신 황동
으로 방패를 만들어, 경호대장의
손에 맡겨, 왕의 궁전입구를 지키
게 했다.
11 왕이 주님성전으로 들어가면, 경
호원이 와서 황동방패를 가져가서
사용 후, 다시 경호소에 갖다 놓게
했다.
12 왕이 스스로 겸손해지자, **주님**이
분노를 거두고, 파괴하지 않았으
므로, 쥬다의 모든 것도 무사했다.
13 그렇게 리호범왕은 저루살럼에서
자신을 강화하며 지배했다. 리호
범은 41세에 집권을 시작하여 저
루살럼에서 17년간 다스렸다. 그
도시는 **주님**이 이름을 두고자 이즈
리얼부족 가운데 선택한 장소다.
그리고 그의 어머니 이름은 애먼
사람 내아마였다.
14 그의 행위가 좋지 않았던 까닭은,
주님을 찾으려는 마음이 준비되어
있지 않았던 것이다.
15 리호범의 행적이라면, 처음부터
끝까지 예언자 쉬마야의 책에 기
록되어 있지 않는가? 또 선견자 이
도의 계보 책에도 적혀있지 않는
가? 그리고 리호범과 제로범 사이
에는 전쟁이 계속되었다.
16 그리고 리호범은 그의 조상과 함
께 잠이 들어 대이빋도성에 묻혔
고, 그의 아들 애비자가 대신 다스
렸다.

쥬다왕 애비자의 의존

13 제로범왕 18년에 애비자가
쥬다를 다스리기 시작했다.
2 그는 3년간 저루살럼을 통치했다.
그의 어머니 이름은 기비아의 우
리얼의 딸 미카야였다. 그리고 애
비자와 제로범 사이에 전쟁이 있
었다.
3 애비자는 선발된 전사 40만명으
로 군대를 갖추어 전쟁하러 나섰
고, 제로범 역시 그에 맞서 선발된
80만명의 강인한 용사를 정렬하여
싸우러 갔다.
4 애비자는 이프리엄 산지 내 제머
라임산 위에 서서 말했다. "제로범
과 이즈리얼 너희 모두는 내 말을
들어라.
5 너희는 이즈리얼의 **주 하나님**이 대
이빋 및 그 자손에게 소금으로 약
속하며 이즈리얼왕국을 영원히 통
치하라고 주었다는 것을 알지 못
하나?
6 그런데 대이빋 아들 솔로먼의 신
하였던 느뱉의 아들 제로범이 들
고 일어나, 그의 주인에 맞서 반란
을 일으켰다.
7 그리고 빌리얼의 불량한 자식들이
부질없이 그에게 모여 들어, 솔로
먼의 아들 리호범을 상대로 힘을
키웠다. 그때는 리호범이 어리고
연약하여 이겨낼 수 없었다.
8 지금 너희는 대이빋 자손의 손에
있는 **주님**의 왕국을 이겨낼 거라고
생각하고, 숫자를 늘리며, 제로범
이 황금으로 송아지를 만들어 너
희에게 신이라고 했다.
9 너희는 리바이레위 애런아론의 자손
인 **주님**의 제사장을 내쫓고, 다른
나라의 방식을 따라 제사장을 삼
지 않았나? 그래서 누구든 어린 송
아지 한 마리와 숫양 7 마리만 바
치면, 그 자는 신도 아닌 그들의 제
사장이 되는 거다.
10 그러나 우리로 말하자면, **주님**은
우리의 **하나님**이고, 우리는 그를
저버리지 않았고, **주님**에게 제사하
는 제사장은 애런의 자손들이고,
리바이부족은 그들의 일을 도우려
고 대기하고 있다.
11 그들은 **주님**에게 매일 아침 저녁
으로 번제물을 구워 맛있는 향기
를 올리고, 전시용 빵 역시 깨끗한
탁자 위에 정렬해 놓고, 등잔이 달
린 순금촛대에 매일 저녁 불을 밝
힌다. 왜냐하면 우리의 **주 하나님**에
대한 의무를 지키기 위한 것이다.
그런데 너희는 **주님**을 외면했다.
12 보라, **하나님**은 몸소 우리를 이끄
는 대장으로 우리와 함께 있고, 트
럼필을 든 제사장들은 너희에 대
해 경고를 울린다. 오 이즈리얼 자
손아, 너희 조상의 **주 하나님**에 맞
서지 마라. 그러면 너희는 성공하
지 못한다."
13 그러나 제로범이 그들 뒤쪽의 매
복을 나오게 하자, 매복병은 쥬다유

다의 앞쪽과 뒤에 나타났다.
14 쥬다가 뒤를 돌아보니, 앞과 뒤에
서 싸우게 되자, 그들이 **주님**에게
외치고, 제사장은 트럼핕을 불었
다.
15 그때 쥬다사람이 소리쳤다. 그들
이 소리치자, **하나님**이 애비자와
쥬다 앞에서 제로범과 모든 이즈
리얼을 치는 일이 벌어졌다.
16 이즈리얼 자손이 쥬다 앞에서 도
망치자, **하나님**은 쥬다의 손에 그
들을 넘겼다.
17 애비자와 그의 부하는 그들에게
엄청난 살육을 가하여, 이즈리얼
에서 살해당하고 쓰러진 사람이
선발된 50만명이었다.
18 그렇게 이즈리얼 자손은 그 싸움
에 졌고, 쥬다자손은 이겼다. 왜냐
하면 그들이 조상의 **주 하나님**에 의
지했기 때문이었다.
19 애비자는 제로범의 뒤를 쫓아가,
그의 도성을 여럿 빼앗았다. 베썰
과 주변, 제쉐나와 주변, 이프래인
과 주변 마을을 빼앗았다.
20 제로범은 애비자 시대에 다시 힘
을 회복하지 못하고, **주님**이 쳤을
때 죽었다.
21 한편 애비자는 막강해졌고, 14 아
내와 결혼하여 22명의 아들과 16
명의 딸을 낳았다.
22 애비자의 업적 나머지와 그의 인
생길과 그의 말은 예언자 이도의
예언서에 적혀 있다.

쥬다왕 애이사

14 그리고 애비자는 그의 조상
과 함께 잠들어 사람들이 그
를 대이빋도성에 묻었고, 그의 아
들 애이사가 대신 다스렸다. 그의
시대 10년간 그 땅은 조용했다.
2 또 애이사는 그의 **주 하나님**의 눈에
올바르고 좋은 일을 했는데,
3 그는 다른 신의 제단 및 그의 높은
신당을 없애고, 형상을 부수고, 수
풀신을 잘라 버렸고,
4 그들 조상의 **주 하나님**을 찾고, 법
과 명령을 지키도록 쥬다유다사람
에게 명령했기 때문이었다.
5 또 그는 쥬다지역 모든 도성의 높
은 신당과 형상을 제거했기 때문
에, 애이사 시대에 그 왕국은 평화
로웠다.
6 그는 쥬다의 여러 도시에 성곽을
건설하여 그 땅은 편히 쉬게 되었
고, 그가 다스리는 동안 전쟁도 없
었는데, **주님**이 그에게 평온을 주
었기 때문이다.
7 그래서 그는 쥬다에게 말했다. "우
리가 이 땅에 있는 동안 도성을 건
설하고, 성벽과, 탑과, 성문과 빗장
을 만들자. 왜냐하면 우리가 우리
주 하나님을 찾았으므로, 그가 여러
모로 우리에게 휴식을 주었기 때
문이다." 그래서 그들은 건설하고
번영했다.
8 애이사는 방패와 창을 가진 군대
30만을 쥬다에 두었고, 벤저민에

방패와 활을 다루는 사람 28만명
을 두었는데, 모두 용감하고 힘센
사람들이었다.
9 이씨오피아 사람 제라가 백만 군
대와 전차 300 대와 함께 그들을
공격하러 매레샤로 왔다.
10 그러자 애이사가 대항하러 나가,
매레샤의 제패싸계곡에서 전쟁대
열을 갖춰 대비했다.
11 애이사는 그의 **주 하나님**에게 외치
며 말했다. "**주님**, 당신 이외 도움
은 없고, 그들은 많은데 우리는 힘
이 없어요. 우리를 도와주세요. 우
리의 **주 하나님**. 우리는 당신한테
서 편히 쉴 수 있으므로, 우리는 당
신의 이름으로 다수에게 대항하러
갑니다. 오 **주님**, 당신은 우리의 **하**
나님이에요. 어떤 자도 당신에 맞
서 이기지 않게 해주세요."
12 그래서 **주님**이 이씨오피아인을 애
이사 및 쥬다 앞에서 물리치자 이
씨오피아가 달아났다.
13 그리고 애이사와 백성이 추격하여
제라에서 굴복시키자, 그들은 회
복할 수 없었다. 왜냐하면 **주님**과
그의 군대 앞에서 그들이 파멸되
었기 때문이었다. 그들은 전리품
을 대단히 많이 가져왔다.
14 또 그들은 제라 주변의 모든 도성
도 물리쳤다. **주님**의 두려움이 그
들에게 내려 앉았으므로, 그들이
모든 도성을 약탈했는데, 그곳에
는 전리품이 엄청나게 많았다.
15 그들은 가축막사도 공격하여, 양
과 낙타를 많이 빼앗아 저루살럼
으로 돌아왔다.

애이사의 용기와 업적

15 **주님**의 영혼이 오덴의 아들
애저라야에게 내려왔다.
2 그래서 그는 애이사왕을 만나 말
했다. "당신들 애이사와 모든 쥬다
유다와 벤저민은 내 말을 들어주세
요. 여러분이 **주님**과 함께 있으면,
주님이 당신들과 함께 있고, 당신
들이 그를 찾으면, 그는 당신을 발
견하지만, 당신들이 그를 잊으면
그는 당신을 외면하지요.
3 지금 이즈리얼은 오랫동안 진정한
하나님이 없고, 제사장의 가르침도
없고, 법도 없었어요.
4 그런데 그들이 어려울 때, 이즈리
얼의 **주 하나님**에게 마음을 돌려,
그를 찾았더니, 그가 그들을 발견
했지요.
5 어려울 때는 사람이 밖으로 나가
도 안전하지 않고, 그 땅의 모두가
큰 혼란에 빠집니다.
6 나라가 다른 나라에 의해 망하고,
도시가 다른 도시에 의해 파괴되
는 것은, **하나님**이 그들을 모든 적
으로 괴롭혔기 때문이에요.
7 그러니 이제 여러분은 강해져서
당신의 손이 약해지지 않게 하세
요. 왜냐하면 여러분이 하는 일은
보상을 받게 될 테니까요."

8 애이사가 그 말을 듣고, 예언자 오
덷의 앞날의 전망을 듣더니, 용기
를 얻었다. 그래서 쥬다와 벤저민
땅 전역과 이프리엄 산지의 그가
빼앗은 도성으로부터 혐오의 우상
들을 치워버리고, 주님성전의 현
관 앞에 있던 제단을 재건했다.
9 그리고 애이사왕은 쥬다와 벤저민
및 이프리엄과 머나서와 시미언에
서 그들과 함께 있는 이민족까지
모두 모았다. 이즈리얼로부터 사
람들이 왕에게 엄청나게 모여들었
는데, 그의 **주 하나님**이 왕과 함께
있는 것을 보았기 때문이었다.
10 그렇게 그들은 셋째 달에 저루살
럼에서 스스로 한데 모였는데, 그
때는 애이사 집권 15년이었다.
11 그때 그들은 **주님**에게 가져온 전리
품 황소 7백마리와 양 7천마리를
봉헌했다.
12 그리고 그들은 조상의 **주 하나님**을
찾으려고, 온 마음과 정신을 다해
계약을 맺었다.
13 '이즈리얼의 **주 하나님**을 찾으려 하
지 않는 사람은, 누구든지 크나 작
으나 남자나 여자나 죽여야 마땅
하다'고 했다.
14 그들은 한결같은 큰 목소리로 **주님**
에게 맹세하며 외치고, 관악기 트
럼펕과 코넽을 불었다.
15 쥬다가 모두 맹세를 기뻐했다. 왜
냐하면 그들은 자기 마음에서 우
러나서 약속했고, 모든 자신의 바
람을 **주님**과 함께 찾고자 했기 때
문에, **주님**도 그들을 발견했다. 그
래서 **주님**은 사람들 주위에 편한
휴식을 주었다.
16 애이사왕이 어머니 매아카를 여왕
지위에서 퇴위시킨 이유는, 그녀
가 수풀우상을 만들었기 때문이었
다. 그래서 애이사는 그녀의 우상
을 잘라내고, 짓밟아 키드런 시내
에서 태워버렸다.
17 높은 신당은 이즈리얼에서 제거되
지 않았지만, 애이사의 마음만은
그의 시대 내내 완전했다.
18 그는 **하나님**의 성전으로 보물을 옮
겼는데, 그것은 그의 아버지가 봉
헌한 것과 자신이 봉헌한 은과 금
과 용기들이었다.
19 애이사의 집권 35년 동안 더 이상
의 전쟁은 없었다.

애이사 집권말기

16 애이사왕 집권 36년에, 이즈
리얼의 바샤왕이 쥬다를 향
해 쳐들어와서 래마를 세웠는데,
이것은 쥬다왕 애이사에게 아무도
들어가거나 나오지 못하게 만들려
는 의도였다.
2 그래서 애이사는 주님성전과 왕의
궁전 보물창고에서 은과 금을 꺼
내어, 드매스커스에 사는 시리아
왕 벤해댇에게 보내며 말했다.
3 "나와 당신 사이에는 동맹이 있어
요. 그것은 나의 아버지와 당신의

아버지 사이에 맺었던 것이죠. 보
다시피, 내가 당신에게 금과 은을
보낼 테니, 가서 이즈리얼왕 바샤
와 맺은 동맹을 깨면, 그가 나로부
터 떠날 수 있을 겁니다."
4 그래서 벤해댇은 애이사왕의 말을
듣고 그의 군대대장을 보내어, 이
즈리얼의 여러 도성을 쳐들어 갔
고, 아이존, 댄, 애이블마임 및 냎털
라이의 여러 비축용 도성들을 쳤
다.
5 바샤가 그 소식을 듣고, 건축 중인
래마 현장을 떠났기 때문에, 그 건
설은 중단되었다.
6 그러자 애이사왕은 쥬다유다를 모
두 빼앗고, 바샤왕이 만들던 래마
의 돌과 그곳 목재를 옮겨서, 그것
으로 게바와 미즈파를 건설했다.
7 그때 선견자 해내니가 쥬다왕 애
이사에게 와서 말했다. "당신이 당
신의 **주 하나님**에게 의존하지 않고
시리아왕에게 의존한 일로 말미암
아, 시리아왕의 군대가 당신의 손
에서 달아났어요.
8 이씨오피아와 루빔사람의 군대는
대단히 많은 전차와 기병을 지닌
막강한 군대가 아닌가요? 그래서
당신이 **주님**에게 의존했더라면 **주**
님은 그들을 당신의 손에 넘겼겠지
요.
9 **주님**의 눈은 땅 전역을 두루 보면
서, 스스로 자신의 마음을 강하게
하는 자를 완전하게 지지해주지
요. 그러므로 당신은 어리석은 행
동을 했고 따라서 당신은 전쟁을
하게 됩니다."
10 그러자 애이사는 선견자에게 화를
내며 그를 감옥에 가뒀다. 그가 그
일로 그에 대해 화가 났기 때문이
었다. 한편 애이사는 백성 일부를
억압하기도 했다.
11 보라, 애이사의 행동 처음부터 끝
까지 모두가 쥬다와 이즈리얼왕의
책에 적혀 있다.
12 애이사는 집권 39년에 발에 병이
걸렸는데, 질환이 심해지도록 그
는 **주님**을 찾지 않고 의사에게 의
존했다.
13 그리고 애이사는 조상과 함께 잠
이 들어, 집권 41년에 죽었다.
14 그래서 사람들은 그를 대이빋다윗
도성 안에 그가 자신을 위해 직접
만든 묘지에 묻었는데, 좋은 방향
제와 약제 제조기법으로 마련된
다양한 향료로 채운 침대에 그를
뉘었다. 그리고 사람들은 그를 위
해 대단히 큰 불을 밝혔다.

쥬다왕 제호샤퓉

17 그래서 애이사의 아들 제호
샤퓉이 대신 통치하며, 이즈
리얼이스라엘에 맞서 자신을 강화시
켰다.
2 그는 쥬다유다의 요새도성에 군대
를 주둔시키고, 쥬다땅과 이프리
엄 여러 도성에 수비대를 두었는

데, 이프리엄 지역은 아버지 애이
사가 빼앗은 곳이다.
3 주님은 제호샤퓉과 함께 있었다.
왜냐하면 그는 조상 대이빋의 최
초의 방법대로 길을 걸으며 배이
얼림을 찾지 않았기 때문이다.
4 대신 아버지의 **주 하나님**을 찾고,
그의 명령대로 걸으며, 이즈리얼
의 관행을 따르지 않았다.
5 그래서 **주님**은 그의 손에서 왕국을
구축시키고, 모든 쥬다를 제호샤
퓉 앞으로 오게 하여, 그는 풍부한
재산과 명예를 누렸다.
6 그는 **주님**의 길에 마음을 두었을
뿐 아니라, 높은 신당과 쥬다의 수
풀신을 없애버렸다.
7 또 그는 집권 3년에 지도자 벤해
일, 오밷다야, 제커라야, 네쌔니얼,
미카야를 보내어, 쥬다의 여러 도
시를 가르쳤다.
8 그는 그들과 더불어 리바이부족
쉬마야, 네쌔나야, 제배다야, 애사
헬, 쉬미래머쓰, 제호내이썬, 애도
니자, 토비자, 토배도니자, 리바이
사람을 보내며, 일라이샤마와 제
호램 제사장도 함께 보냈다.
9 그래서 그들은 쥬다를 가르쳤고,
주님의 법의 책을 가져가서, 쥬다
도성 전역에서 백성을 가르쳤다.
10 **주님**의 두려움이 왕국의 모든 땅위
에 내려왔고, 쥬다 주위에도 있었
기 때문에, 사람들은 제호샤퓉을
상대로 전쟁을 하지 않았다.
11 필리스틴 사람 일부도 제호샤퓉에
게 선물과 조공의 은을 가져왔고,
어래이비아 사람도 가축 7천 마리
와 숫양 7백마리, 염소 7700 마리
를 가져왔다.
12 제호샤퓉은 세력이 대단히 커져
서, 쥬다지역에 성과 비축용 도시
를 여럿 건설했다.
13 그는 쥬다도성 내에 더 많은 물건
공급처를 두었고, 또 용맹한 전사
를 저루살럼에 두었다.
14 이것은 조상 집안 별 그들의 숫자
다. 쥬다에서 수천의 지휘관은 애
드나였고, 용감하고 힘센 사람 30
만이 함께 있었다.
15 그 다음 제호해나 지휘관과 28만
명이 있었다.
16 다음에 **주님**에게 자진해서 자신을
봉헌한 지크리의 아들 애머사야
는, 20만명과 같이 있었다.
17 벤저민 중에서 용감하고 힘센 일
리애다는 활과 방패로 무장한 20
만이 있었다.
18 그 다음 제호재밷은 전쟁준비를
갖춘 18만명과 함께 있었다.
19 이들이 왕을 위해 대기했던 사람
이고, 그 이외에 왕은 쥬다전역의
요새도성에 군인들을 두었다.

애이햅에게 사망예언

18 제호샤퓉은 많은 재산과 명
예를 얻었고, 애이햅집안과
결혼으로 동맹했다.

2 몇 년 후 그는 스매리아사마리아의
애이햅에게 갔다. 그러자 애이햅
은 그와 함께 온 사람들을 위해 양
과 황소를 넉넉히 잡아 대접하며,
함께 래머쓰길리얻을 치러 가자고
설득했다.
3 이즈리얼 애이햅왕이 쥬다왕 제호
샤퓉에게 말했다. "당신도 나와 함
께 래머쓰길리얻으로 갈래요?" 그
가 대답했다. "내가 당신이고, 나의
백성이 당신의 백성이니, 우리가
당신과 함께 전쟁하지요."
4 그리고 제호샤퓉이 이즈리얼왕에
게 말했다. "당신에게 부탁하는데,
오늘 이에 관해 **주님**에게 물어보세
요."
5 그래서 이즈리얼왕은 예언자 4백
명을 모아 물었다. "우리가 래머쓰
길리얻을 치러 가야 할까요, 아니
면 자제해야 할까요? 그들이 대답
했다. "가세요. **하나님**이 왕의 손에
그것을 넘겨주기 때문이에요."
6 하지만 제호샤퓉이 말했다. "여기
에 그 이외 물어볼 **주님**의 예언자
는 없나요?"
7 그러자 이즈리얼왕이 제호샤퓉에
게 말했다. "우리가 **주님**에게 물어
볼 사람이 아직 하나 있어요. 하지
만 나는 그가 싫어요. 그는 한 번
도 내게 좋은 전망을 예언해준 적
이 없고, 대신 언제나 나쁜 이야기
만 하는 임라의 아들 미카야가 있
어요." 그러자 제호샤퓉이 말했다.
"왕으로서 그렇게 말하지 맙시다."
8 그래서 이즈리얼왕이 관리를 불러
말했다. "서둘러 임라의 아들 미카
야를 데려와라."
9 이즈리얼왕과 쥬다왕 제호샤퓉이
로브옷을 입고 각각 왕좌에 앉아
있었는데, 그곳은 스매리아의 성
문입구 넓은 공터였고, 예언자 모
두 왕 앞에서 예언을 이야기했다.
10 케내아나의 아들 제드카야가 철제
뿔을 만들고 말했다. "**주님**의 말에
의하면, 이처럼 당신들은 시리아
가 패할 때까지 추격해야 한다고
했어요."
11 그러자 모든 예언자도 그렇게 예
언을 말했다. "래머쓰길리얻으로
가면 승리해요. 왜냐하면 **주님**이
그것을 왕의 손에 넘길 테니까요."
12 한편 전령이 미카야를 부르러 가
서 그에게 말했다. "보세요, 여러
예언자가 한결같이 동의하며 왕에
게 좋은 예언을 하고 있어요. 그래
서 부탁하는데요, 당신도 그들처
럼 좋은 이야기를 해주세요."
13 그러자 미카야가 말했다. "**주님**이
살아 있는 한, 더욱 나는 나의 **하나
님**이 말한 바를 말하겠다."
14 그리고 그가 왕에게 오자, 왕이 그
에게 물었다. "미카야, 우리가 래머
쓰길리얻을 치러 가야 하나, 내가
참아야 하나?" 그가 말했다. "당신
이 가면 승리해요. 그들은 당신 손
에 넘겨졌어요."

15 왕이 그에게 말했다. "내가 얼마나
많이 간청해야, 당신이 **주님**의 이
름으로 내게 진실만을 말해줄까?"
16 그래서 그가 대답했다. "나는 모든
이즈리얼이 목자 없는 양처럼 산
마다 뿔뿔이 흩어진 모습을 보았
어요. 그리고 **주님**이 말했어요. '여
기에는 지도자가 없다. 그러니 그
들에게 맘 편히 자기 집으로 각자
돌아가게 하라'고 했어요."
17 그러자 이즈리얼왕이 제호샤퓉에
게 말했다. "내가 당신에게 말하지
않았나요? 그는 내게 좋지 않은 나
쁜 전망만 예언해 준다고?"
18 미카야가 재차 말했다. "따라서 **주**
님의 말을 들으세요. 나는 **주님**이
그의 왕좌에 앉은 모습을 보았는
데, 하늘의 모든 군대가 그의 오른
쪽과 왼쪽에 서있었어요.
19 그리고 **주님**이 말했어요. '누가 이
즈리얼왕 애이햅을 부추겨서, 그
를 가게 하여 래머쓰길리얻에서
쓰러지게 할 것인가?' 라고 물었더
니, 어떤 이는 이렇게 하겠다고 말
하고, 다른 이는 저렇게 하겠다고
했어요.
20 그때 한 영혼이 **주님** 앞에 나와 서
서 말했어요. '내가 그를 유혹하겠
어요'라고 하자, **주님**이 그에게 '어
떻게 할 것'인지 물었어요.
21 그가 대답했어요. '나는 가서 모든
예언자의 입에서 거짓영혼이 되겠
어요' 라고 대답하자, **주님**이 말했
어요. '네가 그를 유혹하여 설득해
야 한다. 가서 그렇게 하거라' 라고
했어요.
22 그러니 이제 보세요, **주님**은 당신
의 예언자 입에 거짓영혼을 집어
넣어, 당신에 대해 바르지 않은 이
야기를 하게 했어요."
23 그때 케내아나의 아들 제드카야가
가까이 오더니, 미카야의 빰을 치
며 물었다. "**주님**의 영혼이 나한테
서 어느 길로 갔다고 네게 말하더
냐?"
24 그러자 미카야가 대답했다. "보라,
너는 스스로 내실로 숨어 들어가
게 될 날을 볼 것이다."
25 그때 이즈리얼왕이 말했다. "너희
는 미카야를 끌고 성주 애먼과 왕
의 아들 조애쉬한테 가서,
26 이렇게 말해라. '왕의 말에 따라, 이
자를 감옥에 넣고 내가 무사히 돌
아올 때까지 빵과 물만 먹여라.'
27 그러자 미카야가 말했다. "만약 당
신이 틀림없이 무사히 돌아오면,
주님이 나를 통해 말하지 않았을
겁니다." 그러면서 덧붙였다. "너
희 모든 백성아, 귀를 기울여라."
28 그리고 이즈리얼왕과 쥬다왕 제호
샤퓉은 해머쓰길리얻으로 갔다.
29 이즈리얼왕이 제호샤퓉에게 말했
다. "나는 변장하고 싸우러 갈 테
니, 당신은 로브옷을 입고 출전하
세요. 이즈리얼왕은 그렇게 자신
을 위장한 채, 전쟁하러 갔다.

30 한편 시리아왕은 함께 간 전차 지
휘관들에게 명령하며 말했다. "너
희는 이즈리얼왕만 제외하고, 작
은 전쟁이든 큰 전쟁이든 싸우지
마라."
31 전차 지휘관이 제호샤퓉을 보자,
그들이 말했다. "저 사람이 이즈리
얼왕이다." 그러면서 덮치려고 그
를 에워쌌지만, 제호샤퓉이 소리
치자, **주님**이 도와주어서, 그로부
터 사람들을 물리쳤다.
32 왜냐하면 전차 지휘관들은 그가
이즈리얼왕이 아니라는 것을 알
고, 다시 방향을 돌려 그를 추격했
기 때문이다.
33 그런데 어떤 사람이 무심코 화살
을 당겼는데, 그것이 안전띠 연결
부위 사이로 이즈리얼왕을 맞췄
다. 그러자 그가 전차 기병에게 말
했다. "방향을 돌려서 군대 밖으로
나를 데려가라. 내가 부상을 당했
다."
34 그날 전투가 심해져서 저녁까지
시리안에 대항하면서, 이즈리얼왕
은 어쩔 수 없이 전차 안에 머물다,
해가 지자 죽게 되었다.

제호샤퓉과 재판관

19 그리고 쥬다왕 제호샤퓉은
무사히 저루살럼예루살렘의 자
기 집으로 되돌아왔다.
2 앞을 내다보는 선견자 해내니의
아들 제후가 그를 만나러 와서, 제
호샤퓉왕에게 말했다. "당신은 어
째서 신의 뜻과 다르게 도움을 주
며, **주님**이 싫어하는 그들을 편애
하나요? 그래서 **주님**이 당신에게
화가 났어요.
3 그렇기는 해도 좋은 일을 하며, 이
곳의 수풀신을 제거하고, **하나님**을
찾는 마음을 갖추세요."
4 그래서 제호샤퓉은 저루살럼에 살
며, 비어쉬바에서 이프리엄 산지
까지 백성에게 두루 가서, 그들의
마음을 조상의 **주 하나님**에게 데려
갔다.
5 그리고 그는 쥬다유다의 요새도성
곳곳에 판관을 두었다.
6 그리고 판관들에게 말했다. "너희
가 하는 일을 신중히 해라. 너희는
사람을 위해 재판하는 게 아니라,
주님을 위한 것이기 때문이고, 그
는 재판에 너희와 함께 한다.
7 그러므로 이제 너희는 **주님**을 두려
워하며 조심해서 재판해라. 우리
가 **주 하나님**과 함께하면, 부정도
차별도 하지 않고, 뇌물도 받지 않
게 된다."
8 제호샤퓉은 저루살럼에도 리바이
레위 사람과, 제사장과, 이즈리얼 조
상의 대표를 임명하여, 저루살럼
으로 갔을 때, 그들이 **주님**의 법을
다루고, 갈등을 해결하게 했다.
9 그는 그들에게 책임을 당부하며
말했다. "너희는 **주님**을 두려워하
는, 진정한 마음으로 일해야 한다.

10 너희 형제가, 사는 도시에서 일어
나는 문제를 너희에게 가져오면,
그 문제가 무엇이든, 피를 흘린 일
이든, 법과 명령과 규정과 판단에
관한 것이든, 너희는 그들이 **주님**
을 위반하지 않도록 주의시켜야
한다. 그렇지 않으면 너와 네 형제
에게 분노가 내려오므로, 이렇게
하면 죄를 짓지 않게 된다.
11 그리고 보라, 대제사장 어매리아
는 **주님**에 관한 문제에 관해 너희
를 감독하고, 쥬다집안의 지도자
이쉬매얼의 아들 제배다야는 왕의
문제를 담당하고, 또한 리바이부
족은 너희 앞에서 관리자가 될 것
이다. 용기를 가지고 대담하게 행
동하면 **주님**이 선과 함께 있을 것
이다."

제호샤퓉의 업적

20 이런 일이 있은 후, 모앱과 애
먼자손이 애먼 주변의 다른
사람과 함께 제호샤퓉에게 쳐들어
왔다.
2 그때 몇몇 사람이 제호샤퓉에게
와서 말했다. "엄청난 숫자가 당신
을 공격하러 오는데, 시리아쪽 바
다를 건너오는데, 보세요, 그들은
엔게디의 해재존태멀에 와있어
요."
3 그러자 제호샤퓉은 두려워져, 직
접 **주님**을 찾기로 결심하고, 쥬다
전역에 선포했다.
4 그리고 쥬다사람은 스스로 모여 **주**
님에게 도움을 요청했고, 쥬다도
성의 사람도 모두 **주님**을 찾으려고
왔다.
5 제호샤퓉은 쥬다와 저루살럼의 대
중 가운데 주님성전의 새로운 정
원 앞에 섰다.
6 그리고 말했다. "오 우리 조상의 **주**
하나님, 당신은 하늘에 있는 **하나님**
이 아닌가요? 또 이교도의 모든 왕
국을 다스리지 않나요? 또한 당신
의 손은 강력한 힘이 있어서, 당신
에 맞설 자가 아무도 없지요?
7 당신은 이즈리얼 백성이 오기 전
이곳 주민을 몰아내고, 당신의 친
구 애이브러햄의 자손에게 영원히
그것을 준 우리의 **하나님**이 아닌가
요?
8 그래서 그들이 그 안에 살면서, 당
신의 이름을 두기 위한 성소를 짓
고, 말했죠.
9 '만약 우리에게 칼과 형벌과 같은
나쁜 일이 올 때, 아니면 전염병이
나 기근과 같은 나쁜 일이 닥칠 때,
우리가 당신이 있는 성전 앞에 서
서, [당신의 이름을 이 집안에 두었
으므로], 우리의 괴로움을 당신에
게 외치면, 그때 당신이 듣고 도와
줄 것'이라고 했어요.
10 그러니 보세요, 애먼과 모앱과 시
어산지의 자손들에 대해, 당신은
그들이 이즈리얼을 침공하지 못하
게 했고, 또 이집트에서 나온 이집

트인도, 그들을 파괴시키지 못하
고, 결국 되돌아 갔지요.
11 보세요, 내 말은, 어떻게 그들이 우
리에게 보복하러 와서, 당신이 우
리에게 유산으로 준 당신의 소유
지에서 우리를 내쫓으려고 오는가
말이죠.
12 오 우리의 **하나님**, 당신이 저들을
처벌해주지 않나요? 왜냐하면 우
리는 우리를 공격하러 온 거대무
리에 맞설 힘이 없고, 어떻게 해야
할지 알지 못하며, 그저 우리의 눈
은 당신만 바라볼 뿐이에요."
13 그러면서 쥬다 전체가 **주님** 앞에
서, 어린이와 아내와 자녀와 함께
서 있었다.
14 그때 애새프의 아들, 리바이레위 출
신 매태나야의 아들, 제이얼의 아
들, 베내이야의 아들, 제커라야의
아들, 재해지얼한테 군중 가운데
에서 **주님**의 영혼이 내려왔다.
15 그리고 그가 말했다. "너희 쥬다 모
두 귀를 기울이고, 저루살럼예루살
렘 주민과, 제호샤퓉왕도 들어주세
요. **주님**이 당신들에게 말하는 바
는, '두려워하지 말고, 거대한 숫자
로 인해 실망하지도 마라. 왜냐하
면 이 전쟁은 너희가 아닌, **하나님**
의 전쟁이기 때문'이라고 했어요.
16 내일 여러분은, 그들을 대항하러
가서 지켜보다가, 그들이 지즈절
벽까지 오면, 제루얼황야 앞의 시
내 끝에서 그들을 발견하게 됩니
다.
17 당신들은 이 전쟁에서 싸울 필요
도 없이, 가만히 서 있다가, **주님**이
여러분과 함께 하는 구원을 보기
만 하면 되지요. 오 쥬다와 저루살
럼은, 두려워 말고, 실망도 말고, 내
일 그들을 대항하러 나가면, **주님**
이 함께 있을 겁니다."
18 그때 제호샤퓉이 머리를 숙여 얼
굴을 땅에 대고 절했고, 쥬다와 저
루살럼 주민 모두 **주님** 앞에 엎드
려 경배했다.
19 그리고 리바이부족 중 코해쓰 자
손과, 코하읻 자손이 서서 이즈리
얼의 **주 하나님**에게 목소리 높여 찬
양했다.
20 그들은 아침 일찍 일어나 테코아
광야로 싸우러 나갈 때, 제호샤퓉
이 서서 말했다. "오 쥬다사람아,
저루살럼의 주민 모두 내 말을 들
어봐라. 너희 **주 하나님**을 믿으면,
너희는 확고해진다. 그의 예언을
믿으면, 너희가 승리할 것이다."
21 그러면서 그는 백성과 의논하여,
주님에게 노래할 가수를 지명했다.
그들은 당연히 신성한 아름다움을
찬미하며, 군대가 앞으로 나갈 때
말했다. "**주님**을 찬미하자. 그의 관
대한 사랑이 영원히 이어지기 때
문이다."
22 그들이 노래하며 찬미를 시작했을
때, **주님**이 매복에게 애먼, 모앱, 시
어산 자손을 공격하게 하자, 쥬다

를 쳐들어온 그들이 패했다.
23 애먼과 모앱자손이 일어나 시어산
주민을 공격하여 죽이고, 철저히
무찔러 싸움을 끝내더니, 이번에
는 서로의 파멸을 도왔다.
24 쥬다인이 황야에서 망루로 올라
가, 다수의 군대를 바라보니, 그들
은 땅에 쓰러진 시체가 되어, 달아
난 자가 아무도 없었다.
25 그리고 제호샤퓉과 백성은 저들
을 약탈하러 가서, 죽은 시신으로
부터 값진 물건과 귀중품을 엄청
나게 발견했다. 그들이 빼앗은 물
건이 옮길 수 없을 정도로 많아서,
약탈물을 모으는데 사흘이나 걸렸
다.
26 나흘째 날, 그들은 베래카계곡에
모여 **주님**에게 감사했다. 그래서
그곳을 오늘날까지 베래카계곡이
라고 부른다.
27 그런 다음 쥬다와 저루살럼 모두
가 되돌아올 때, 제호샤퓉은 기쁜
마음으로 앞장서서 저루살럼으로
돌아왔다. 이것은 **주님**이 적에 대
해 그들을 기쁘게 만들어주었기
때문이다.
28 그들은 저루살럼에 와서, 현악기
썰터리와 하프, 관악기 트럼핕을
가지고 **주님**의 집에 갔다.
29 그래서 **하나님**에 대한 두려움이 모
든 왕국에 내려앉게 된 것은, 당시
주님이 이즈리얼의 적과 싸운 소문
을 들었기 때문이었다.
30 그렇게 제호샤퓉의 십권기가 조용
했던 이유는, 그의 **하나님**이 그 주
위에 편안한 휴식을 주었기 때문
이었다.
31 제호샤퓉은 35세에 쥬다를 통치하
기 시작하여, 저루살럼에서 25년
간 다스렸다. 그의 어머니의 이름
은 쉴히의 딸 어쥬바였다.
32 그는 아버지 애이사의 길에서 벗
어나지 않도록, 인생길을 걸으며,
주님의 눈에 올바르게 행동했다.
33 그렇기는 해도 높은 신당은 제거
하지 않았다. 왜냐하면 여전히 백
성이 그 조상의 **하나님**에게 향하는
마음이 준비되지 못했기 때문이었
다.
34 이제 제호샤퓉의 나머지 업적은
보다시피, 처음부터 끝까지 해내
니의 아들 제후가, 이즈리얼왕에
대해 언급한 책에 기록했다.
35 이렇게 했던 쥬다왕 제호샤퓉은
그 후 이즈리얼 애해이자왕과 연
합했는데, 그는 대단히 부도덕한
사람이었다.
36 그는 스스로 그와 동맹을 맺어 탈
쉬시로 배를 보내게 했고, 그들은
이지언게버에서 배를 만들었다.
37 그때 매레샤의 도대바의 아들 일
리에저가 제호샤퓉에게 좋지 않은
예언을 말했다. "당신은 몸소 애해
이자와 동맹했기 때문에 **주님**이 당
신의 일을 막았어요." 그래서 배가
난파되어 그들은 탈쉬시로 갈 수

없었다.

쥬다왕 제호램

21 이제 제호샤펱은 조상과 같
이 잠들어 대이빋도성에 함
께 묻혔다. 그리고 그의 아들 제호
램이 대신 통치했다.
2 그에게는 제호샤펱의 자식으로,
여러 형제 어재리아, 제히얼, 제커
라야, 어재리아, 마이클, 쉬패티아
가 있었는데, 모두가 이즈리얼 제
호샤펱왕의 자식이었다.
3 그들의 아버지가 그들에게 엄청난
예물 은과 금과, 값비싼 물건과, 쥬
다유다에 있는 여러 요새도성을 주
었고, 단지 왕국만은 제호램에게
주었던 이유는, 그가 장남이었기
때문이다.
4 제호램이 아버지의 왕국에 등극하
자, 그는 자신을 강화시키고, 모든
형제와 이즈리얼의 여러 대군왕자
를 칼로 살해했다.
5 제호램은 32세에 통치를 시작하여
저루살럼예루살렘에서 8년간 다스렸
다.
6 그리고 그는 여러 이즈리얼이스라엘
왕의 길대로 걸으며, 애이햅집안
이 했던 것과 똑같이 했다. 왜냐하
면 그는 애이햅의 딸을 아내로 맞
이했기 때문에, **주님**의 눈에 벗어
나게 행동했다.
7 그래도 **주님**이 대이빋다윗집안을
파괴하지 않은 이유는, 대이빋과
맺은 계약 때문이었다. **주님**은 그
와 그의 후손에게 영원히 빛이 되
어 주겠다는 약속을 지켰다.
8 그의 시대에 이듬사람이 쥬다의
지배에 반발하여 그들 스스로 왕
을 만들었다.
9 그때 제호램이 대군왕자와 그의
전차와 함께 나갔다가, 이듬부족
한테 그와 전차 지휘관들이 포위
당하자, 밤에 일어나 빠져나왔다.
10 그렇게 이듬사람은 이날까지 쥬다
에 맞서며 반항했다. 같은 시기에
립나 역시 쥬다의 손 아래에서 저
항했는데, 이유는 제호램이 조상
의 **주 하나님**을 외면했기 때문이었
다.
11 게다가 그는 쥬다산지에 높은 신
당을 만들어 저루살럼 주민이 우
상을 숭배하게 했고, 쥬다도 그렇
게 시켰다.
12 그때 예언자 일라이자가 다음과
같이 적은 글이 제호램왕에게 전
달되었다. "당신의 조상 대이빋의
주 하나님이 이렇게 말했어요. '너
는 네 아버지 제호샤펱의 길대로
걷지 않았고, 쥬다왕 애이사의 길
로 가지 않았다.
13 대신 여러 이즈리얼왕이 한 방법
대로 걸었고, 쥬다와 저루살럼의
주민을 매춘하게 했는데, 애이햅
집안의 매음행위와 같았다. 또 네
아버지 집안 형제는 너보다 더 나
았는데도, 그들까지 살해했기 때

문에,
14 보라, **주님**이 심한 전염병으로 네
백성을 치고, 네 자녀와 아내와 좋
은 것을 모두 칠 것이며,
15 너는 내장 질병을 심하게 앓게 되
어, 쓰러질 때까지 아픈 나날이 계
속될 것'이라고 했어요."
16 뿐만 아니라, **주님**은 제호램에 대
항하도록 필리스틴의 영혼을 자극
하고, 이씨오피아 근처의 어래이
비아 사람의 영혼도 부추겼다.
17 그래서 그들은 쥬다로 쳐들어와서
왕의 집에서 발견되는 물건을 모
조리 빼앗고, 그의 자식과 아내들
을 데려가서, 그에게 남은 아들이
하나도 없었고, 단지 그의 자식 중
막내 제호애이해즈만 남았다.
18 이런 일이 있은 뒤, **주님**은 그의 내
장을 치유될 수 없는 질환으로 쳤
다.
19 세월이 흘러 2년이 지났을 무렵,
그의 내장질병이 악화되어, 괴로
워하다 죽게 되었다. 그래서 백성
은 조상을 위해 밝히던 장례의 횃
불을 그에게 피워주지 않았다.
20 제호램은 32세에 집권을 시작하
여, 저루살럼에서 8년간 다스리다
가, 아무런 명예도 받지 못하고 떠
났다. 사람들은 그를 대이빋도성
안에 매장하기는 했어도, 왕의 묘
지는 아니었다.

쥬다왕 애해이쟈

22 저루살럼 사람이 그 대신 제
호램의 막내 아들 애해이쟈
를 왕으로 만들었다. 왜냐하면 어
래비아로부터 그 진영으로 쳐들어
왔던 무리가 모든 원로를 살해했
기 때문에, 쥬다의 왕으로 제호램
왕의 아들 애해이쟈가 그 자리에
올랐다.
2 애해이쟈는 42세에 통치를 시작하
여 저루살럼을 1년간 다스렸다. 그
의 어머니 이름은 옴리의 딸 애썰
리아였다.
3 그 역시 이즈리얼의 애이햅집안의
방법에 따라 통치의 길을 걸었다.
왜냐하면 그의 어머니가 부정하게
행동하도록 조언했기 때문이었다.
4 그래서 그는 애이햅집안처럼 **주님**
의 눈에서 벗어나게 행동했는데,
그의 자문관들이 아버지 사망 후
그를 파멸로 이끌었다.
5 애해이쟈 역시 그들의 조언을 따
르며, 이즈리얼의 애이햅왕의 아
들 제호램과 함께 가서 래머쓰길
리언의 시리아왕 해재얼을 상대로
전쟁했는데, 시리아인이 조램을
무찔렀다.
6 제호램은 그가 시리아왕 해재얼과
싸울 때 래마에서 입은 상처 때문
에, 치료받기 위해 제즈리얼로 돌
아갔다. 그리고 쥬다왕 제호램의
아들 애저라야애해이쟈는 제즈리얼
에 있는 애이햅의 아들 제호램을

문병하러 갔다.
7 애해이자가 조램제호램을 방문한 일
로 **하나님**이 그에게 파멸을 가져오
게 했다. 애해이자는 가서 님쉬의
아들 제후를 상대로 제호램과 함
께 싸웠는데, **주님**이 애이햅집안을
제거하려고 선정해 둔 사람이 제
후였다.
8 제후가 애이햅집안을 처벌하면서,
쥬다의 지도자들과 애해이쟈 형제
의 자식들을 알아보고 그들까지
살해했다.
9 그리고 제후가 애해이쟈를 찾아가
서 그를 붙잡았는데, [애해이쟈는
스매리아에 숨어 있었다.] 그리고
제후에게 그를 데려갔고, 그들이
애해이쟈를 죽이자, 사람들이 그
를 묻어주었다. 왜냐하면 사람들
은 이렇게 말했다. "그는 제호샤퉬
의 아들이다. 제호샤퉬은 마음을
다하여 **주님**을 섬겼던 사람이다."
그래서 애해이쟈의 집안은 왕국을
유지할 힘이 없어졌다.
10 그러나 애해이쟈의 어머니 애썰리
아가 자신의 아들이 죽는 것을 보
고, 그녀는 일어나 쥬다유다집안 왕
가의 자손을 모두 제거해 버렸다.
11 그러나 제호쉐비쓰는 제호램왕의
딸로서 애해이쟈의 아들 조애쉬를
데려가서, 왕의 자식들이 살해당
하는 가운데 그를 훔쳐내어, 침실
에 조애쉬를 숨겨 두고 키웠다. 그
리고 제호쉐비쓰 제호램왕의 딸은
제호이애다 제사장의 아내였고,
[그녀는 애해이쟈의 여형제였다.]
그래서 애썰리아로부터 조애쉬를
성전 안에 숨겨서, 그가 살해되지
않게 했다.
12 그래서 조애쉬는 6년간 주님성전
안에 숨어지냈다. 그리고 애썰리
아가 그 땅을 지배했다.

제호이애다가 왕 옹립역할

23 그리고 7년째 해에 제호이애
다 제사장은 스스로 힘을 키
워, 수백의 지휘관 제로햄의 아들
애저라야와, 제호해넌의 아들 이
쉬매얼과, 오벧의 아들 애저라야
와, 어대이아의 아들 매세이야와,
지크리의 아들 일리쉐퍁을 데리고
계약을 맺었다.
2 그들은 쥬다로 가서 모든 도성에
서 리바이부족을 모으고, 이즈리
얼의 조상의 대표를 모아 저루살
럼으로 왔다.
3 모인 군중은 **하나님**의 성전에서 왕
과 함께 계약을 맺었다. 그리고 제
호이애다 제사장이 그들에게 말했
다. "보라, **주님**이 대이빋 아들에 대
해 말한 대로, 왕의 아들이 지배해
야 한다.
4 너희는 다음과 같이, 제사장과 리
바이레위 중 1/3은 사배쓰휴일에 성
전입구에서 문을 지켜야 하고,
5 너희 1/3은 왕의 궁전에 있어야 하
고, 또 1/3은 본관 문에 있고, 모든

사람은 주님성전 안 정원에 있어
야 한다.
6 그리고 주님성전 안으로 아무도
들여보내서는 안 된다. 제사장과
리바이부족 봉사자는 예외로 그들
은 신성하므로 들어와야 하지만,
모든 백성은 주님성전을 지켜보아
야 한다.
7 그러나 리바이는 왕 주위를 둘러
싸고, 모든 사람은 손에 자신의 무
기를 들고, 누구든 다른 사람이 성
전 안으로 들어오면, 죽여야 한다.
대신 너희는 들어올 때도 나갈 때
도 왕과 함께 있어야 한다."
8 그래서 리바이와 쥬다 모두는 제
호이애다 제사장이 명령한 대로
했다. 그리고 사배쓰휴일에 들어
오는 당번과, 나가는 비번 모두 붙
잡아두며, 제호이애다 제사장은
그 계획과정이 빗나가지 않도록
했다.
9 게다가 제호이애다 제사장은 수백
의 지휘관들에게 창과 둥근방패와
큰 방패를 가져오게 했는데, 그것
은 대이빋다윗왕이 **하나님**의 성전
안에 두었던 것이었다.
10 그는 모든 사람 손에 무기를 들게
하여, 성소의 오른쪽에서 왼쪽까
지 지정장소에 세우고, 제단과 성
소를 따라 왕 주변에 세웠다.
11 그런 다음 그들은 왕의 아들을 데
려와서, 왕관을 얹고 증언으로, 그
를 왕으로 만들었다. 그리고 제호
이애다와 그의 자식들이 그에게
기름을 바르며 말했다. "**하나님**이
왕을 구원한다."
12 한편 애썰리아는 사람들이 달려가
왕을 칭송하는 소란을 듣자, 주님
성전으로 사람들한테 왔다.
13 그녀가 보니, 왕이 궁전 입구기둥
에 서 있고, 지도자들과 트럼핕을
든 사람들이 왕 옆에 서 있고, 그
땅의 모든 백성이 기뻐하며 트럼
핕에 맞추어 소리질렀고, 악기에
맞추어 가수들이 찬양의 노래를
가르치고 있었다. 그러자 애썰리
아는 자신의 옷을 찢으며 말했다.
"반역, 반역이다."
14 그때 제호이애다 제사장은 군대를
배치한 수백의 지휘관들을 오게
하며 말했다. "그녀를 이 안에서 끌
어내고, 누구든 그녀를 따르는 자
는 칼로 죽여라." 제사장은 또 말했
다. "그녀를 주님성전 안에서 죽이
지 마라."
15 그래서 사람들은 그녀를 잡아 끌
어내어, 왕의 궁전 옆 마구간 문입
구까지 와서 죽였다.
16 그리고 제호이애다는 자신과 백성
모두와 왕 사이에 계약을 만들어,
그들이 **주님**의 백성이 되도록 만들
었다.
17 그런 다음 모든 사람은 배이얼 신
당으로 가서 부수고, 제단과 신상
을 조각내고, 배이얼 제사장 매튼
을 제단 앞에서 죽였다.

18 또한 제호이애다는 주님성전 관리
자를 임명하여 리바이 제사장 손
에 맡겼다. 그들은 예전에 대이빋
이 주님성전 안에 배치하여 **주님**의
번제를 담당하게 했었다. 그것은
모지스의 법의 책에 적힌 대로였
으며, 대이빋의 명령대로 따르고
기쁘게 노래했었다.
19 그리고 그는 주님성전 문 앞에 수
문장을 세워, 부정한 사람은 누구
도 들어오지 못하게 했다.
20 또 그는 수백의 지휘관, 귀족들, 백
성의 총독들, 그 땅의 백성들을 데
리고 주님성전으로부터 왕을 데려
갔다. 그들은 왕의 궁전의 높은 문
을 통하여 들어온 다음, 왕을 왕국
의 왕좌위에 앉혔다.
21 그 땅의 모든 백성이 기뻐했고, 사
람들이 애썰리아를 칼로 죽인 뒤,
그 도시가 조용해졌다.

조애쉬가 성전수리

24 조애쉬는 7살에 집권을 시작
하여 저루살럼에서 40년간
다스렸다. 그의 어머니 이름은 비
어쉬바의 지비아였다.
2 조애쉬는 제호이애다 제사장이 살
아 있는 내내 **주님**의 눈에 올바른
일을 했다.
3 제호이애다는 아내를 두 사람 맞
이하여 아들딸을 낳았다.
4 그리고 조애쉬는 주님성전을 수리
하기로 결심했다.
5 그는 제사장과 리바이레위를 전부
모아 말했다. "가서 쥬다도성 밖으
로 나가, 매년 당신들의 **하나님**의
성전을 수리할 돈을 전 이즈리얼
로부터 거둬라. 그리고 문제가 있
는 것은 너희가 살펴라." 그런데도
리바이는 서두르지 않았다.
6 그래서 왕이 제호이애다 대제사장
을 불러 말했다. "왜 당신은 리바이
한테 쥬다와 저루살럼에서 모금하
여 가져오게 하지 않는가? 그것은
주님이 그의 종 모지스모세에게 명
령하고, 증거의 이동성전 건축을
위하여 이즈리얼 대중에게 명령한
바를 따르는 것과 같은 일이다."
7 부정한 여자 애썰리아의 자식들이
하나님의 성전을 파괴하고, 주님성
전의 모든 봉헌물을 배이얼 숭배
에 써버렸다.
8 그래서 왕명으로 그들은 상자를
만들고 주님성전 문 밖에 그것을
놓아두었다.
9 그리고 쥬다와 저루살럼 전역에
선포하여, **주님**에게 모금을 가져오
게 했다. 그것은 **하나님**의 종 모지
스가 황야에서 이즈리얼에게 했던
것과 같은 방식이다.
10 모든 지도자와 백성은 기꺼이 가
져와서 상자 안에 모금을 넣었는
데, 수리가 끝날 때까지 했다.
11 리바이의 손을 통하여 모금상자를
왕의 집무실로 가져왔는데, 그들
이 보니 돈이 많았다. 왕의 서기관

과 대제사장의 관리들이 와서 상
자를 비운 다음, 그것을 다시 제자
리로 갖다 두었다. 따라서 그들은
매일매일 엄청나게 돈을 모았다.
12 그리고 조애쉬왕과 제호이애다는
그 돈을 주님성전에서 봉사하는
작업자들에게 주고, 석공과 목수
를 고용하여 주님성전을 수리하게
했고, 또 주님성전을 수리하기 위
한 철과 황동작업을 시켰다.
13 그래서 기술자들과 장인들은 완벽
하게 수리하며, **하나님**의 성전 본
래의 모습으로 세워, 위상을 강화
시켰다.
14 그들은 수리를 마치자, 왕과 제호
이애다 앞으로 남은 돈을 가져왔
고, 그것으로 주님성전의 용기와
제사용 그릇과, 스푼, 금과 은 용기
를 만들었다. 그래서 그들은 제호
이애다 시기에 지속적으로 주님성
전에서 번제를 지냈다.
15 그러나 제호이애다 제사장이 많이
늙어 인생을 다 채우고 죽었다. 그
때 나이는 130세였다.
16 사람들이 대이빋도성의 여러 왕
가운데 그를 묻어준 이유는, 그가
이즈리얼 및 **하나님**과 그의 성전에
선행을 했기 때문이었다.
17 제호이애다가 사망한 후 쥬다유다
의 대군왕자들이 와서 왕에게 충
성맹세를 했다. 그리고 왕도 그들
의 말에 귀를 기울였다.
18 그런데 그들이 조상의 **주 하나님**의
성전을 떠나자, 수풀신과 우상을
섬겨, 그들의 죄로 인해 쥬다와 저
루살럼에 분노가 미쳤다.
19 그러나 **주님**이 그들에게 예언자를
보내어 사람들을 다시 **주님**에게 데
려오게 했고, 또 예언자들은 사람
들에게 위반을 금지하는 증언을
했지만, 그들은 귀를 기울이려고
하지 않았다.
20 그래서 **하나님**의 영혼이 제사장 제
호이애다의 아들 제커라야에게 들
어온 다음, 그가 백성 위에 서서 말
했다. "**하나님** 말은 이와 같다. '어
째서 너희는 **주님**의 명령을 위반하
나? 그러면 번성할 수 없는데 말이
다. 왜냐하면 너희가 **주님**을 잊어
서, 그 역시 너희를 외면했다."
21 그러자 사람들이 그에 맞서 음모
를 꾸몄고, 왕명으로 주님성전 안
뜰에서 돌에 맞아 죽게 했다.
22 그렇게 조애쉬왕은 자신의 아버지
에게 충언했던 제호이애다의 호의
를 기억하지 않았다. 대신 그의 아
들을 죽였다. 제커라야는 죽으며
말했다. "**주님**이 이 일을 살펴보고
보복한다."
23 그해가 끝나고, 시리아 군대가 그
를 공격하러 쥬다와 저루살럼에
와서, 백성 가운데에서 지도자들
을 모두 파멸시키고, 드매스커스
왕에게 그들의 전리품을 모두 가
져갔다.
24 시리아 군대는 작은 무리가 왔지

만, **주님**이 그들의 손에 대단히 큰
무리를 넘겨주었다. 왜냐하면 사
람들이 그들 조상의 **주 하나님**을 외
면했기 때문이었다. 그래서 시리
아인이 조애쉬에 대하여 처벌을
집행하게 했다.
25 시리아인이 조애쉬로부터 떠났을
때, [그들이 그에게 심한 질병을 남
겼기 때문에], 자기 신하들이 왕을
상대로 음모를 꾸몄고 제호이애다
제사장의 자식의 피의 대가를 요
구하려고, 침대에 누워 있는 그를
죽이자, 그가 죽었다. 그리고 사람
들은 대이빋도성 안에 그를 묻었
지만, 왕의 묘지에는 묻지 않았다.
26 이들은 왕에 맞서 음모를 꾸민 사
람들이다. 애먼사람 쉬미쓰의 아
들 재밷과, 모앱사람 쉽리쓰의 아
들 제호재밷 두 사람이다.
27 그리고 조애쉬왕의 자식과, 조애
쉬에 내려졌던 커다란 경고와, 주
님성전 수리에 관하여, 보라, 내용
은 왕의 역사책 안에 적혀 있다. 그
리고 그의 아들 어매이자가 대신
통치했다.

쥬다왕 어매이자

25 어매이자는 25세에 집권을
시작하여, 29년간 저루살럼
을 다스렸다. 그의 어머니 이름은
저루살럼의 제호애댄이었다.
2 그는 **주님**의 눈에 바른 일을 했지
만, 완전한 마음을 갖지 않았다.
3 그가 왕국을 굳건히 세우자, 자신
의 아버지를 죽게 한 신하들을 죽
였다.
4 그러나 그들의 자녀는 죽이지 않
았고, 대신 모지스의 책에 법으로
적힌 대로 했다. 거기에 **주님**은 이
렇게 명령했다. "아버지는 자녀로
인해 죽지 않고, 아버지 때문에 자
녀가 죽어서도 안 되며, 단지 모두
는 자신의 죄로만 죽어야 한다."
5 또한 어매이자는 쥬다를 한데 모
아서 수천의 지휘관과, 수백의 지
휘관을 만들었는데, 그들의 조상
집안 별로 쥬다와 벤저민 전역에
서, 20세 및 그 이상 되는 사람 수
를 세었더니, 선발자가 30만 명이
었고, 그들은 전쟁에 나갈 수 있고,
창과 방패를 다룰 수 있는 사람들
이었다.
6 그는 이즈리얼에서 힘센 용사 십
만을 은 100탤런트3.4톤에 고용했
다.
7 그러나 **하나님**의 사람이 그에게 와
서 말했다. "오 왕이여, 이즈리얼
군대가 당신과 함께 가지 않게 하
세요. 그 이유는 **주님**이 이즈리얼
과 함께 있지 않아요. 다시 말해, 이
프리엄 자손과도 함께 하지 않아
요.
8 하지만 당신이 가서 힘세게 싸운
다 해도, **하나님**은 당신을 적 앞에
쓰러지게 합니다. 왜냐하면 **하나님**
이 힘을 갖고 돕거나 쓰러뜨리기

때문이에요."
9 그러자 어매이자가 **하나님**의 사람
에게 말했다. "그러면 내가 이즈리
얼 군대에게 준 100탤런트는 어쩌
지?" **하나님**의 사람이 대답했다.
"**주님**은 그보다 더 많은 것을 당신
에게 줄 수 있어요."
10 그래서 어매이자가 그들을 해산시
켰다. 다시 말해, 이프리엄에서 그
에게 온 군대를 다시 고향으로 보
냈다. 그로 인해 그들은 쥬다유다를
향해 엄청나게 화를 내며, 집으로
돌아갔다.
11 그리고 어매이자는 스스로 힘을
강화시키고, 백성을 이끌고 소금
계곡으로 가서, 만 명의 시어자손
을 물리쳤다.
12 그리고 다른 만 명은 산 채로 쥬다
자손이 포로로 끌고 와서, 바위정
상까지 데려온 다음, 정상에서 던
져서 모두 부셔버렸다.
13 그런데 어매이자가 싸우지 못하게
돌려보냈던 군인들이, 스매리아부
터 베쓰호른까지 쥬다도성을 함락
시키고, 3,000명을 죽이고 전리품
을 많이 약탈해 갔다.
14 한편 어매이자는 이듬부족을 죽이
고 돌아오면서, 시어자손의 여러
신을 가져왔고, 그것을 자기 신들
이 있는 곳에 두고, 그 앞에서 몸을
숙이고 절하며 향료를 피웠다.
15 그래서 **주님**의 분노가 어매이자한
테 불이 붙자, 그는 예언자를 그에
게 보내어 말했다. "어째서 너는 그
백성의 신들을 따르고자 하나? 그
것은 네 손에서 자기 백성도 구해
내지 못했는데 말이다."
16 예언자가 말하는 도중에 왕이 그
에게 말했다. "당신이 왕의 자문이
라도 되나? 멈춰라. 왜 너를 쳐야
하겠나?" 그러자 예언자가 자제하
며 말했다. "나는 **하나님**이 당신을
파멸시키려고 결심한 이유를 알겠
어요. 당신이 이렇기 때문이지요.
나의 조언에도 귀를 기울이지 않
네요."
17 쥬다의 어매이자왕은 자기 자문관
에게 조언을 구한 다음, 이즈리얼
의 왕 제후의 아들 제호애해즈의
아들 조애쉬에게 사람을 보내어
말했다. "이쪽으로 와서 우리가 대
결해보자."
18 그러자 이즈리얼왕 조애쉬는 쥬다
의 어매이자왕에게 인편으로 말했
다. "레바넌에 있는 엉겅퀴가 레바
넌의 시더나무에게 전령을 보내며
말한다. '당신의 딸을 나의 아들에
게 아내로 달라.' 그런데 레바넌에
있는 야생짐승이 지나가다 엉겅퀴
를 밟아버렸다.
19 당신은 보라, 이듬사람을 쳐부수
어, 마음이 한껏 자랑으로 들떠서
말하는데, 이제집에서 쉬어라. 왜
당신의 상처를 덧나게 하려는가?
그러면 당신이 쓰러지고 심지어
쥬다도 쓰러질 텐데."

20 그래도 어매이자가 들으려고 하
지 않은 것은, 그 일이 **하나님**의 기
획에서 비롯된 일이었기 때문이었
다. **주님**은 적의 손에 그들을 넘기
려는 것이고, 그 이유는 그들이 이
듬의 신을 따랐기 때문이었다.
21 그래서 이즈리얼의 조애쉬왕이 가
서, 쥬다의 어매이자왕과 쥬다 소
속땅 벳쉬메쉬에서 서로 대결하게
되었다.
22 쥬다가 이즈리얼 앞에서 더 나쁜
상황에 처해지자, 그들 모두가 자
기 텐트로 달아났다.
23 이즈리얼왕 조애쉬는 제호애해즈
의 아들, 조애쉬의 아들, 쥬다의 어
매이자왕을 벳쉬메쉬에서 붙잡아
저루살럼으로 데려갔다. 그리고
이프리엄의 문에서부터 코너문에
이르는 400 큐빝약 180m 길이의 저
루살럼예루살렘 성벽을 무너뜨렸다.
24 그리고 그는 금과 은을 모두 빼앗
고, 오벧이듬과 함께 **하나님**의 성
전에서 발견되는 모든 용구와, 왕
의 궁전의 보물과, 인질 역시 데리
고 스매리아사마리아로 되돌아갔다.
25 그리고 쥬다왕 조애쉬의 아들 어
매이자는, 이즈리얼왕 제호애해즈
의 아들 조애쉬가 죽은 뒤 15년을
더 살았다.
26 이제 어매이자 행동의 나머지 처
음부터 끝까지는 보라, 그것이 쥬
다와 이즈리얼왕의 책에 적혀 있
지 않는가?
27 어매이자가 **주님** 추종에서 돌아선
이후, 사람들은 저루살럼에서 그
를 상대로 음모를 꾸몄다. 그래서
그는 래키쉬로 도망쳤지만, 사람
들이 그를 뒤쫓아 래키쉬로 사람
을 보내어 죽였다.
28 그리고 사람들은 그를 말에 태워
데려와서, 쥬다도성 안 그의 조상
과 함께 묻었다.

쥬다왕 우자야

26 그때 쥬다사람이 당시 16 세
였던 우자야애저라야를 데려와
서, 아버지 어매이자의 자리에 왕
으로 앉혔다.
2 그가 일로쓰를 건설하고 쥬다를
복원한 시기는, 어매이자왕이 조
상과 함께 영면한 다음이었다.
3 우자야는 16세에 집권을 시작하
여, 52년간 저루살럼을 다스렸다.
그의 어머니 이름은 저루살럼의
제콜라야였다.
4 그는 **주님**의 눈에 올바른 일을 하
며, 아버지 어매이자를 따랐다.
5 그는 **하나님**의 환상을 이해하는 제
커라야가 있을 때, **하나님**을 추구
했고, **주님**을 찾는 동안 **하나님**은
그를 번성하게 만들었다.
6 우자야는 나가서 필리스틴을 상대
로 전쟁하여, 개쓰성벽을 무너뜨
리고, 잽너와 애쉬닫의 성벽도 무
너뜨리고, 필리스틴의 애쉬닫 주
위에 여러 도시를 건설했다.

7 **하나님**은 그가 필리스틴과 싸우는
것을 도왔고, 거배이얼과 메후님
에 사는 어래이비언의 싸움도 도
왔다.
8 애먼 사람들은 우자야에게 예물을
주었다. 그의 이름이 이집트입구
까지 널리 퍼진 것은, 자신을 대단
히 강화시켰기 때문이었다.
9 게다가 우자야는 저루살럼의 코너
문에 탑을 세우고, 계곡문과 성벽
모퉁이마다 탑을 세워 요새를 만
들었다.
10 또 그는 사막에도 망루를 세우고,
우물도 많이 팠다. 그 이유는 그
가 저지대와 평원에도 가축을 많
이 키웠기 때문이고, 산지와 카멀
지역에도 목자와, 포도관리자들을
두었던 것도, 이는 그가 농업을 사
랑했기 때문이었다.
11 게다가 우자야는 전투부대를 보유
하고, 무리 별로 출전시켰다. 이는
서기관 제이얼이 모집한 숫자에
따랐고, 또 왕의 사령관 중 하나인
해내이냐의 지휘 아래에 있는 매
세이야에 의해 소집되었다.
12 힘센 용사의 조상대표 전체 숫자
는 2,600명이었다.
13 그들의 지휘 아래에 있는 군인 수
는 30만7천500명으로, 그들은 막
강한 힘으로 적을 상대로 전쟁하
며 왕을 도왔다.
14 우자야는 모든 군인을 위해 방패,
창, 투구, 갑옷, 화살, 돌투석기무릿매
등을 만들었다.
15 우자야는 세공기술자가 고안한 기
계를 만들게 하여, 저루살럼에 있
는 탑과 방어벽 위에 두고, 그것으
로 화살과 큰 돌을 쏘게 했다. 그의
명성이 멀리 퍼진 이유는, 감탄할
만한 도움을 받고 강해졌기 때문
이었다.
16 하지만 그가 강해지자, 마음이 우
쭐해져 자기파멸에 이르게 되었
다. 그는 자신의 **주 하나님**을 어기
는 죄를 지은 채, **주님**의 성소로 들
어가 향료제단에 향을 피우려고
했다.
17 그래서 애저라야 제사장이 뒤를
따라 **주님**의 제사장 80명과 함께
갔는데, 그들은 용감한 사람들이
었다.
18 그들이 우자야왕을 막으며 말했
다. "이곳은 우자야왕 당신이 **주님**
에게 향을 피우는 곳이 아니고, 애
런아론의 자손 제사장이 신성하게
정화하고 향을 피우는 곳이에요.
이 성소에서 나가주세요. 왜냐하
면 당신은 죄를 지었고, **주 하나님**
으로부터 오는 당신의 명예는 존
재하지 않아요."
19 그때 우자야는 화를 내며, 손에 향
로를 들고 향을 태우려고 했다. 그
런데 그가 제사장에게 화를 내는
사이, 그의 이마 위에 감염병이 생
기는 일이, 주님성전안 여러 제사
장 앞, 향료제단 옆에서 벌어졌다.

20 애저라야 대제사장과 모든 제사장
이 그를 바라보니, 그의 앞 이마에
피부병이 생겨, 그들이 그곳에서
왕을 내쫓았다. 맞다, 왕 자신마저
서둘러 나갔는데, **주님**이 그를 쳤
기 때문이었다.
21 그래서 우자야왕은 피부감염병이
생겨 죽는 날까지 별관에서 살았
다. 왜냐하면 그는 감염병으로 인
해 주님성전에서 쫓겨났기 때문이
었다. 그래서 그의 아들 조쌤이 왕
의 궁전을 감독하며 그 땅의 백성
을 재판했다.
22 우자야의 나머지 업적 처음부터
끝 전체는 애모스의 아들 아이재
야 예언자가 적어두었다.
23 그렇게 우자야는 그의 조상과 함
께 잠이 들어, 사람들이 그를 왕에
소속된 묘지 근처 들판에 조상과
함께 묻어주었다. 그 이유는 그들
이 "그는 감염병 환자"라고 말했기
때문이었다. 그리고 그의 아들 조
쌤이 대신 통치했다.

쥬다왕 조쌤

27 조쌤은 25세 나이에 집권을
시작하여 저루살럼에서 16
년간 다스렸다. 그의 어머니 이름
은 재이독의 딸 제루샤였다.
2 그는 **주님**의 눈에 바른 일을 했고,
아버지 우자야가 한 대로 따랐다.
그렇기는 해도 그는 **주님**의 성소에
들어가지 않았고, 백성은 여전히
부패했다.
3 그는 주님성전의 문을 높이 지었
고, 오펠언덕 위에 성벽을 대단히
많이 건설했다.
4 게다가 그는 쥬다유다의 여러 산지
에 도시를 건설하고, 숲속에도 성
과 탑을 건축했다.
5 그는 애먼부족의 왕과 싸워서 이
겼다. 그래서 그해 애먼자손이 그
에게 은 100탤런트약 3.4톤을 주었
고, 밀 만되약 1,600톤, 보리 만되약
1,350톤를 주었다. 애먼자손은 그에
게 두 번째 해에도, 세 번째 해에도
그 분량만큼 바쳤다.
6 그렇게 조쌤이 강해졌는데, 그것
은 그가 그의 **주 하나님** 앞에서 자
신의 길을 만들었기 때문이었다.
7 이제 조쌤의 행동 나머지와 그의
전쟁과 그의 통치방법은, 보라, 사
람들이 이즈리얼과 쥬다왕의 책에
써 놓았다.
8 그는 25세에 통치를 시작하여 16
년간 저루살럼을 다스렸다.
9 그리고 조쌤은 그의 조상과 함께
잠이 들어 사람들이 대이빋도성
안에 그를 묻어주었고, 그의 아들
애이해즈가 대신 통치했다.

쥬다왕 애이해즈

28 애이해즈는 20세에 집권을
시작하여 저루살럼예루살렘에
서 16년간 통치했다. 하지만 그는
주님 눈에 바르지도 않았고, 선대

대이빋처럼 행동하지도 않았다.
2 그는 이즈리얼이스라엘왕과 같은 방
식으로 길을 걸으며, 배이얼신을
위한 주물형상도 만들었다.
3 게다가 그는 히넘자손의 계곡에서
향을 피우고, 불 속에 자기 자식을
태웠다. **주님**이 이즈리얼 자손에
앞서 제거한 이교도의 혐오행동을
따랐다.
4 그는 높은 신당에서 제물을 희생
시키며 향을 피웠고, 언덕에도 푸
른 나무 아래에도 그렇게 했다.
5 그래서 그의 **주 하나님**은 그를 시리
아왕의 손에 넘겨서, 그들이 그를
공격하여 포로를 많이 끌고 드매
스커스로 데려가게 했다. 그리고
이애해즈는 또 이즈리얼왕의 손에
도 넘겨져 대량 살해당하게 되었
다.
6 레멀리아의 아들 페카가 쥬다에서
하루에 12만명을 살해했는데, 모
두 용맹한 사람들이었지만, 조상
의 **주 하나님**을 잊었기 때문에 그렇
게 되었다.
7 이프리엄의 용사 지크리는 왕의
아들 매세이야를 죽이고, 궁전총
리 애즈리캠과 왕 다음 2인자 일캐
나도 죽였다.
8 그리고 이즈리얼 자손은 그들 형
제와 여자와 아들딸 20만명을 포
로로 끌고 갔고, 쥬다한테서 약탈
을 많이 하고, 스매리아로 전리품
을 옮겼다.
9 그러나 **주님**의 예언자 오뎉이 그곳
에 있었는데, 그는 스매리아의 전
군대 앞에 나서서 말했다. "보라,
당신 조상의 **주 하나님**이 쥬다한테
화가 나서, **주님**이 너희 손에 쥬다
를 넘겼다. 그런데 너희가 사납게
그들을 죽여서 그 소리가 하늘에
닿았다.
10 그리고 이제 너희가 쥬다와 저루
살럼의 자손을 너희 남종과 여종
을 삼으려 한다. 하지만 너희에게
주 하나님에 반하는 죄가 없는가?
11 그러니 이제 내 말을 듣고, 포로를
다시 넘겨라. 너희는 네 형제를 포
로로 잡아갔기 때문에, **주님**의 격
렬한 분노가 너희에게 미친다."
12 그때 이프리엄 자손 중 어떤 대표
들, 조해넌의 아들 애저라야, 메쉴
레머쓰의 아들 베레키아, 쉘럼의
아들 제히즈카야, 해들래이의 아
들 애머사가 전쟁터에서 온 사람
들 맞은편에 섰다.
13 그리고 그들에게 말했다. "너희는
이곳에 포로를 데려오면 안 된다.
따라서 우리는 이미 **주님**을 어기는
죄를 지었는데, 너희가 우리의 죄
와 우리의 불법에 더 추가하려는
의도다. 우리의 불법이 크기 때문
에 이즈리얼에 대한 분노가 미치
게 된다."
14 그래서 무장군인은 포로와 전리품
을 지도자와 집회에 모인 모두 앞
에 내놓았다.

15 그러자 위에 이름을 밝힌 네 사람
이, 전리품으로 벗은 채 정렬한 포
로를 데려다 입히고, 신도 신기고,
먹을 것과 마실 것을 주고, 연고도
발라 주고, 약한 자는 나귀에 실어,
야자나무의 도시 제리코로 그들의
형제에게 데려다 주었다. 그런 다
음 그들은 스매리아사마리아로 되돌
아왔다.
16 한편 애이해즈 왕은 엇시리아왕에
게 사람을 보내어 도움을 요청했
다.
17 또 다시 이듬사람이 쥬다를 공격
하러 와서 포로를 끌고 갔다.
18 필리스틴 사람 역시 쥬다의 남쪽
저 지대의 도성들을 침입하여, 벳
쉬메쉬, 애절런, 게더로쓰, 쇼초 및
딸린 주변 마을들과 팀나와 주변
마을 짐조 역시 주변 마을을 빼앗
고, 그곳에서 살았다.
19 **주님**이 이즈리얼왕 애이해즈 탓에
쥬다를 초라하게 만든 이유는, 그
가 쥬다의 맨몸이 드러나도록, **주
님**에게 심하게 위반을 했기 때문이
었다.
20 엇시이라의 틸개쓰필네서 왕이 쥬
다왕에게 왔어도 괴롭힐 뿐, 그에
게 힘이 되지 못했다.
21 애이해즈왕은 주님성전과 왕의 궁
전과 지도자들로부터 상당한 부분
을 빼내어 엇시리아왕에게 주었지
만, 그가 그를 돕지 않았다.
22 어려운 시기인데도 여전히 **주님**에
게 더욱 위반을 저지르는 사람이,
바로 애이해즈왕이었다.
23 그는 자기를 공격한 드매스커스
신들에게 희생제사를 지내며 말했
다. "시리아의 여러 왕의 신들이 그
들을 돕기 때문에, 그래서 나는 그
들 신에게 제사를 올릴 것이다. 그
러면 그들이 나를 도울 수 있다."
그러나 그들은 쥬다왕을 파멸시키
고 모든 이즈리얼을 파괴했다.
24 애이해즈는 **하나님** 성전의 용구를
한데 모아 조각내어 없애고, 주님
성전 문을 폐쇄하고 저루살럼의
곳곳에 제단을 만들었다.
25 쥬다의 여러 도시마다 그는 다른
신들에게 향을 피우기 위한 높은
신당을 만들어, 그의 조상의 **주 하
나님**의 분노를 자극했다.
26 이제 그의 행동 나머지와 그의 방
식 처음부터 끝까지 모든 것은, 보
라, 사람들이 쥬다와 이즈리얼왕
의 책 안에 적어 두었다.
27 애이해즈도 그의 조상과 함께 잠
이 들어 사람들이 저루살럼 도성
안에 그를 묻어 주었다. 그러나 그
들은 그를 이즈리얼왕의 묘지로
데려가지 않았다. 그리고 그의 아
들 헤저카야가 대신 통치했다.

쥬다왕 헤저카야

29 헤저카야가 집권을 시작했을
때 그의 나이는 25세였고, 저
루살럼에서 29년간 통치했다. 그

의 어머니 이름은 제커라야의 딸
애비자였다.
2 그는 **주님**의 눈에 바른 일을 했고
그의 조상 대이빋이 하던 대로 따
랐다.
3 그는 집권 첫해 첫달에 주님성전
문을 열고 수리했다.
4 제사장과 리바이레위를 데려다 모
두 동쪽 거리에 모이게 하고,
5 그가 그들에게 말했다. "너희 리바
이는 내 말을 들어라. 이제 자신을
깨끗하게 하여, 너희 조상의 **주 하
나님**의 성전을 정화하고, 쓰레기는
성소 밖으로 날라라.
6 우리 조상이 우리의 **주 하나님**의 눈
에 옳지 못한 위반을 했고, 그를 외
면하며 **주님**의 성소로부터 자신들
의 얼굴을 돌리고 등을 돌렸다.
7 또한 그들은 현관문을 폐쇄하고,
등잔을 꺼버리며, 향도 피우지 않
았고, 성소에서 이즈리얼의 **하나님**
에게 번제도 올리지 않았다.
8 따라서 **주님**의 분노가 쥬다유다와
저루살럼에 내려, 그들이 어려움
에 빠지게 했는데, 너희가 자기 눈
으로 바라봐도, 놀라울 정도였고,
쉿소리가 날 정도였다.
9 보라, 우리 조상은 칼에 쓰러지고,
우리의 아들딸과 아내들이 이렇게
포로가 되어 있다.
10 이제 이즈리얼의 **주 하나님**과 맺은
약속을 자기 가슴에 두면, 그의 격
노가 우리한테 바뀔지 모르겠다.
11 나의 아들들아, 이제 게을리해서
는 안 된다. **주님**이 우리를 선택하
여 그 앞에 세우고, 그를 섬기게 했
으므로, 너희는 **주님**에게 제사하며
향을 피워야 한다."
12 그러자 리바이가 일어났다. 코해
쓰의 자식 중 애머사이의 아들 매
해쓰, 애저라야의 아들 조엘과, 메
래리 자손 중 앱디의 아들 키쉬, 제
해레얼의 아들 애저라야와, 거션
자식 중 짐마의 아들 조아, 조아의
아들 이든과,
13 엘리재팬의 자식 중 쉼리와 제이
얼, 애새프 자식 중 제커라야와 매
태나야,
14 히맨의 자식 중 제히얼과 쉬메이,
제두썬 자식 중 쉬메이야와 우지
얼이 일어났다.
15 그들이 형제를 모아 스스로 정화
하고, **주님**의 말에 의한 왕명에 따
라 주님성전을 청소하러 왔다.
16 제사장은 주님성전 내부로 청소하
러 들어갔고, **주님**의 성소와 성전
안뜰에서 발견되는 오물을 밖으로
가져갔다. 그리고 리바이는 그것
을 들고 키드런 시내까지 멀리 옮
겼다.
17 그들은 첫달 첫날부터 청소를 시
작하여 그달 8일째 날에 **주님**의 현
관에 나왔다. 그리고 그들은 8일
더 주님성전을 정화하여, 첫달 16
일째에 끝을 냈다.
18 그런 다음 그들은 헤저카야왕에게

가서 말했다. "우리는 주님성전을
모두 청소했고, 번제제단 및 딸린
용구와 전시용빵 식탁과 용기일체
도 함께 했어요.
19 뿐만 아니라 애이해즈왕이 집권기
에 위반하며 없애버렸던 모든 용
구까지 우리가 마련하여 정화했어
요. 모든 것이 **주님**의 제단 앞에 있
으니, 보세요."
20 그러자 헤저카야왕이 일찍 일어
나, 도성의 총독을 모아 주님성전
으로 갔다.
21 그러면서 그들은 수소 7마리와, 숫
양 7마리와, 새끼양 7마리, 숫염소
7마리를 가져갔는데, 이는 왕국과
성소와 쥬다를 위한 속죄제사용이
었다. 그리고 그는 애런의 자손 제
사장에게 명령하여, **주님**의 제단에
제물을 올리게 했다.
22 그래서 그들은 수소를 잡고 제사
장이 피를 받아 제단에 뿌렸고, 마
찬가지로 그들은 숫양을 잡아 제
단에 피를 뿌리고, 새끼양 역시 죽
이고 제단에 피를 뿌렸다.
23 제사장들은 왕과 군중 앞에서 속
죄제사를 위해 숫염소를 데려와,
머리 위에 그들의 손을 얹었다.
24 그런 다음 제사장은 그것을 죽여
서, 그 피로 제단 위에서 화해의 중
재를 하며, 모든 이즈리얼을 위한
보상속죄를 했다. 이것은 왕이 번
제와 속죄제사를 하도록 명령했으
므로, 모든 이즈리얼이 그렇게 했
다.
25 그리고 왕은 주님성전 안에 리바
이를 지정하여, 타악기 심벌과 현
악기 썰터리와 하프를 들고 있게
했는데, 이는 대이빋이 명령한 바
를 따른 것으로, 대이빋은 선견자
개드와 예언자 내이썬을 통하여,
주님이 명령한 바를 실천했다.
26 그래서 리바이 사람은 대이빋의
악기를 들고 섰고, 제사장은 트럼
펕을 들고 섰다.
27 헤저카야왕은 제단에 번제제물을
올리도록 명령했다. 그래서 번제
제사를 시작할 때, **주님**의 노래 역
시 이즈리얼왕 대이빋이 정한 트
럼펕과 악기와 함께 시작되었다.
28 전 군중은 경배하고, 가수는 노래
하고, 악사는 트럼펕을 불었는데,
이 모두가 번제제사가 끝날 때까
지 계속되었다.
29 그들이 제사를 마치자, 왕과 모두
는 **주님** 앞에서 스스로 머리를 숙
이며 경배했다.
30 게다가 헤저카야왕과 대군왕자는
리바이에게 명령하여, 대이빋과
선견자 애새프의 말대로, **주님**에게
찬양의 노래를 부르게 했다. 그래
서 그들은 즐겁게 찬양의 노래를
불렀고, 사람들은 머리를 숙여 경
배했다.
31 그때 헤저카야가 대답하며 말했
다. "이제 너희는 **주님**에게 자신을
봉헌했다. 가까이 와서 주님성전

으로 제물과 감사예물을 가져오
라." 그래서 군중이 제물과 감사예
물을 가져왔는데, 그것은 번제제
사를 하고자 하는 마음의 분량만
큼이었다.
32 군중이 가져온 번제제물의 수는,
수소 70마리, 숫양 100마리, 어린
양 200마리였고, 이 모든 것이 **주님**
에게 올리는 번제제물이었다.
33 그리고 봉헌물은 황소 600마리와,
양 3,000마리였다.
34 그러나 제사장은 너무 수가 적었
기 때문에, 그들이 번제물 껍질을
다 벗길 수 없었다. 그래서 그들의
형제 리바이가 작업이 끝날 때까
지 도왔는데, 이는 다른 제사장이
자신을 정화할 때까지 그렇게 했
다. 리바이 사람은 마음을 다하여
제사장보다 더욱 스스로 정화하며
정성을 기울였다.
35 번제물 역시 평화제사를 위한 지
방과 함께 풍부했고, 모든 번제를
위한 음료제물도 많았다. 그래서
주님성전을 위한 예배는 질서 있
게 완료되었다.
36 헤저카야는 기뻤고 모든 백성도
그랬다. 이것은 갑작스럽게 이루
어졌지만, **하나님**은 사람들을 준비
시켜왔다.

헤저카야와 통과축일

30 헤저카야는 모든 이즈리얼과
쥬다에게 사람을 보내고, 이
프리엄과 머나서에게도 편지를 썼
다. 내용은 그들이 저루살럼의 주
님성전으로 와서, 이즈리얼의 **주**
하나님에게 통과축일을 지켜야 한
다는 것이었다.
2 왕은 관리와, 자신의 대군왕자와,
저루살럼예루살렘의 모든 군중과 상
의하여, 두 번째 달에 통과의식을
지키려는 것이다.
3 그들은 당시 그 축일을 지킬 수 없
었는데, 그 이유는 제사장 스스로
충분히 정화하지도 않았고, 사람
도 저루살럼으로 직접 모이지도
않았기 때문이다.
4 그래서 이 일이 왕과 군중 모두를
기쁘게 했다.
5 그리고 그들은 포고문을 작성하여
이즈리얼 전역 비어쉬바에서 심지
어 댄지역까지 선포했다. 그 내용
은 그들이 저루살럼에서 이즈리얼
의 **주 하나님**에게 통과의식을 지켜
야 한다는 것이다. 왜냐하면 그들
이 기록되어 있는 대로 그것을 오
랫동안 실천하지 않았기 때문이
다.
6 그래서 왕명의 전달자들이 왕과
그의 대군왕자의 편지를 들고, 이
즈리얼과 쥬다유다전역으로 갔다.
왕의 명령대로 이렇게 전했다. "너
희 이즈리얼 자손은 애이브러햄,
아이직, 이즈리얼의 **주 하나님**에게
다시 돌아오라. 그러면 **주님**은 엇
시리아왕의 손에서 도망쳐 살아남

은 너희에게 돌아올 것이다.
7 그리고 너희는 너희 조상처럼, 너
희 형제처럼 되지 말아라. 그들은
조상의 **주 하나님**을 어기고 위반했
기 때문에, 너희가 알다시피, 그들
에게 파멸이 왔다.
8 이제 너희는 조상이 한 대로 고집
부리지 마라. 대신 스스로 **주님**에
게 굴복하고, 그의 성소로 들어가
라. 그곳은 그가 영원히 정화한 장
소다. 그리고 너희 **주 하나님**을 섬
기면, 그의 격렬한 분노가 너희로
부터 제거될 수 있을 것이다.
9 만약 너희가 **주님**에게 다시 돌아오
면, 네 형제와 자녀는 포로로 끌려
간 그들 앞에서 연민을 얻어, 그들
이 다시 이 땅으로 오게 될 것이다.
왜냐하면 너희 **주 하나님**은 관대와
자비가 있기 때문에, 만약 너희가
그에게 돌아온다면 너희로부터 그
의 얼굴을 돌리지 않을 것이다."
10 그래서 왕명을 전하는 자들은, 이
도시에서 저 도시로 전국을 이프
리엄과 머나서 심지어 제뷸런까지
돌았지만, 사람들은 그들을 경멸
하며 비웃고 조롱했다.
11 그럼에도 불구하고 애셜과 머나서
와 제뷸런 일부가 스스로 겸손해
져 저루살럼으로 왔다.
12 쥬다지역도 역시 **하나님**의 손을 그
들에게 주어, 한 마음으로 왕과 대
군왕자들이 **주님**의 말대로 명령을
수행하게 했다.
13 그래서 저루살럼에 많은 사람들이
모여, 두 번째 달에 무효모빵의 축
일을 지켰는데, 대단히 큰 집회였
다.
14 그들은 일어나서 저루살럼에 있던
제단을 치우고 향료제단도 전부
치워서, 그것을 키드런 시내로 내
던졌다.
15 그런 다음 그들은 두 번째 달 14일
에 통과의식으로 제물을 죽였고,
제사장과 리바이는 스스로 죄의식
을 느껴, 자신을 정화하고 주님성
전에 번제물을 올렸다.
16 그리고 그들은 본래의 방식에 따
라 제자리에 섰는데, **하나님**의 사
람 모지스의 법에 따른 것이다. 제
사장은 리바이 손으로 받은 제물
의 피를 뿌렸다.
17 그곳에는 정화하지 않은 대중이
대단히 많았다. 그래서 리바이는
깨끗하지 않은 모든 사람을 위하
여 통과의식의 희생을 실행하는
책임을 맡아, **주님**에게 그들을 정
화시켰다.
18 사람들 대다수가 이프리엄과 머나
서와 이써칼과 제뷸런의 다수조차
자신들을 정화하지 않고, 여전히
그들은 기록된 것과 다르게 통과
축일에도 먹었다. 그러나 헤저카
야왕은 그들을 위해 기도하며 말
했다. "정의의 **주님**, 모두를 용서해
주세요.
19 그들은 자신의 마음을 **하나님** 곧

그의 조상의 **주 하나님**을 찾으려고
준비한 사람이에요. 비록 그가 성
소의 정화법대로 깨끗하지 않더라
도 말이죠."
20 그래서 **주님**은 헤저카야의 말에 귀
를 기울여 사람을 정화시켜 주었
다.
21 그래서 저루살럼으로 나온 이즈리
얼의 자손은 큰 기쁨으로 7일간의
무효모빵의 축일을 지켰다. 그리
고 리바이와 제사장은 매일 **주님**에
게 감사하며, 악기에 맞추어 큰 소
리로 **주님**에게 노래했다.
22 그리고 헤저카야는 **주님**의 선의 지
식을 가르치는 모든 리바이에게
칭찬의 말을 해주었다. 그래서 그
들은 7일 축제 내내 먹으며, 평화
제물을 올리고, 그들 조상의 **주 하
나님**에게 참회했다.
23 그리고 군중 전체가 다른 7일간을
지키기로 의논하여, 그들은 즐겁
게 다른 7일간을 보냈다.
24 쥬다의 헤저카야왕이 모인 대중에
게 수소 천마리와, 양 7천마리를
주었고, 대군왕자도 군중에게 수
소 천마리와 양 만마리를 주었으
며, 많은 제사장들은 그것을 정화
했다.
25 쥬다에 모인 군중과 제사장과 리
바이와 이즈리얼로부터 온 모든
사람과, 그리고 이즈리얼 땅에서
온 이민족은 쥬다에서 기쁘게 지
냈다.
26 그래서 저루살럼에 대단한 기쁨이
있었다. 왜냐하면 이즈리얼의 대
이빋왕의 아들 솔로먼시대 이래
저루살럼에 그와 같은 적이 없었
기 때문이었다.
27 그때 리바이 제사장들이 일어나
사람들을 축복하자, 그들의 목소
리가 들렸고, 자기의 신성한 장소
에 기도자가 온 것을 하늘에서 들
었다.

헤저카야의 봉헌물분배

31 모든 축제가 끝났을 때 참석
했던 이즈리얼은 쥬다의 도
성에서 나가서, 우상을 조각내어
부수고, 수풀신을 잘라내고, 높은
장소를 무너뜨리며, 쥬다와 벤저
민과 이프리엄과 머나서의 모든
제단을 철저히 파괴해 버렸다. 그
런 다음 이즈리얼 자손 모두가 되
돌아, 자신의 소유물이 있는 도성
으로 갔다.
2 헤저카야는 제사장과 리바이를 각
자 자기 임무에 따라 부서 별로 소
속을 지정했고, 번제제사와 평화
제사 담당 제사장과 리바이는 제
사를 수행하고, 감사제를 올리고,
주님의 텐트 성전문에서 찬양하게
했다.
3 왕은 번제제사를 위해 자기 몫을
지정했다. 곧 아침과 저녁의 번제,
사배쓰휴일을 위한 번제, 새달과
정해진 축일을 위한 번제에, 자신

의 몫을 봉헌하며, **주님**의 법에 적
힌 대로 따랐다.
4 게다가 그는 저루살럼에 사는 백
성에게 제사장과 리바이 몫을 주
도록 명령하여, 그들이 **주님**의 법
안에서 용기를 가질 수 있게 했다.
5 명령이 전해지자 이즈리얼 자손은
곡식, 와인, 기름, 꿀 및 들의 수확
물을 풍부하게 가져왔는데, 모든
것의 1/10씩 엄청나게 가져왔다.
6 쥬다에서 사는 이즈리얼 및 쥬다
의 자손 역시, 그들의 가축 황소와
양의 십일조를 가져왔고, 그들의
주 하나님에게 봉헌할 신성한 성물
의 십일조도 크게 더미를 쌓았다.
7 그들은 세 번째 달에 더미의 기초
를 쌓기 시작하여 일곱 번째 달에
완료했다.
8 헤저카야와 대군들이 와서 그 더
미들을 보았고, 그들은 **주님**을 찬
양하고, 그의 이즈리얼 백성을 축
복했다.
9 그러면서 헤저카야가 제사장과 리
바이에게 더미에 관하여 물었다.
10 그러자 재이독 집안의 대제사장
애저라야가 그에게 대답했다. "사
람들이 주님성전에 제물을 가져오
기 시작한 이래, 우리는 먹을 것이
풍부해지고 넉넉하게 남았어요.
왜냐하면 **주님**이 그의 백성을 축복
했기 때문에, 그 제물이 이렇게 엄
청나게 쌓이도록 남았어요."
11 그러자 헤저카야가 주님성전에 창
고를 마련하도록 명령하여, 그들
이 그것을 마련하자,
12 제물과 십일조와 마음에서 우러난
봉헌물을 그곳으로 가져왔고, 리
바이 출신 커노냐가 그것을 관리
하고, 그의 동생 쉬메이가 부관으
로 관리했다.
13 제히얼, 애저지아, 내이해쓰, 애사
헬, 제리모쓰, 조재밴, 엘리얼, 이즈
매키아, 매이해쓰, 베내이야는 커
노냐와 형제 쉬메이의 손 아래 단
계의 관리자로서, 헤저카야왕의
명령과 **하나님** 성전의 감독관 애저
라야의 명령에 따랐다.
14 리바이 임나의 아들 코레는 동쪽
수문장인데, **주님**의 자유의지의 예
물을 관리하며, **주님**에게 온 기부
와 가장 신성한 성물을 분배했다.
15 그들 다음 단계로 이든, 미니애민,
제슈아, 쉬마야, 애머라야, 쉬캐나
야는 제사장이 일하는 도성 내에
서 그들을 보조하며, 부서별 그들
의 형제에게 나이가 많으나 적으
나 분량을 나누어 주었다.
16 추가로 그들은 계보에 오른 3세부
터 그 이상의 남자에게도 나누어
주고, 심지어 주님성전에 들어갈
수 있는 모든 사람까지, 그들의 제
사를 위한 그들의 등급에 따른 책
임의 일별 몫을 할당해 주었다.
17 그들 조상의 집안 별 제사장의 계
보와 20세 및 그 이상의 리바이 사
람도, 그들의 부서별로 각자 임무

안에서 나누어 주었고,
18 그들의 어린 아이, 아내, 아들딸, 공
동체 전체에 계보 안에 있는 모두
에게 할당해 주었다. 왜냐하면 그
들의 일은 스스로 정화하여 신성
하게 만드는 것이기 때문이었다.
19 또한 제사장 애런의 자손 중 도성
의 외곽 들에 사는 자식들은 모든
여러 도시마다, 제사장 중 이름으
로 등록된 사람 모든 남자에게 몫
을 주었고, 리바이 가운데 계보에
오른 모두에게 몫을 나누어 주었
다.
20 따라서 헤저카야는 쥬다전역에 그
렇게 하며, 좋고 올바르고 진실한
일을 그의 **주 하나님** 앞에서 실천했
다.
21 그는 **하나님**의 성전의 예배를 시작
한 모든 일에서, 법과 명령에 따라
그의 **하나님**을 찾으며, 자신의 마
음을 다했으므로, 번영하게 되었
다.

시리아 시내커립의 위협

32 헤저카야왕이 마음을 다하여
그렇게 하고 난 뒤, 엇시리아
왕 시내커립이 쥬다로 쳐들어와,
요새도성 맞은편에 진을 치고 승
리할 궁리를 했다.
2 그때 헤저카야는 시내커립을 보고
저루살럼을 상대로 싸우러 왔음을
알았다.
3 그래서 그는 자기 대군왕자과 용
사들과 의논하여 도성 밖 샘물을
막기로 하자, 그들이 왕을 도왔다.
4 그래서 많은 사람이 함께 모든 샘
을 막고, 땅 가운데를 지나는 시내
를 막으며 말했다. "엇시리아왕들
이 이렇게 많은 물을 어떻게 찾아
내겠나?"
5 또 헤저카야는 스스로 강화하며,
부서진 성벽을 재건하고, 여러 탑
을 높이 올리고 바깥쪽으로 또 다
른 벽을 세우고, 대이빋도성의 밀
로우성을 수리하고 다트 꼬챙이와
방패를 엄청나게 많이 만들었다.
6 그리고 그는 사람을 감독하는 전
쟁 지휘관들을 세우고, 그들을 성
문거리에 모이게 하여, 마음을 위
안하는 연설을 했다.
7 "강력한 용기를 가져라. 엇시리아
왕에 대해 두려워하지도 약해지지
도 말고, 그와 함께 있는 다수를 보
고도 기죽지 마라. 우리는 그보다
더 큰 힘이 있다.
8 그가 가진 것은 신체의 팔뿐이지
만, 우리와 함께 있는 **주 하나님**이
우리를 도와 전쟁에서 싸울 것이
다." 그러자 사람들은 쥬다왕 헤저
카야의 연설에 마음을 놓았다.
9 그 후 엇시리아왕 시내커립은 저
루살럼으로 그의 부하들을 보냈는
데, [그때는 시리아왕이 그의 군대
와 함께 래키쉬를 포위하고 난 다
음이었다.] 그들이 쥬다의 헤저카
야왕과 저루살럼에 있는 쥬다 모

두에게 이렇게 전했다.
10 "이것은 엇시리아왕 시내커립이
전하는 말이다. '너희가 무엇을 믿
기에 저루살럼을 점령하고 사나?
11 헤저카야는 너희가 기근과 가뭄으
로 죽는 것을 관리해주겠다고 말
하며, '우리의 **주 하나님**이 엇시리
아왕의 손에서 우리를 구할 것'이
라는 너희를 설득하고 있지 않나?
12 그 헤저카야가 높은 신당과 제단
을 치워버리고 쥬다와 저루살럼에
이르기를, '너희는 한 제단 앞에서
경배하고 그 위에 향을 피워야 한
다'고 하지 않나?
13 나와 나의 조상이 다른 지역의 모
든 백성에게 어떻게 했는지 너희
는 모르나? 그 땅 민족의 여러 신
이 내 손에서 그들의 땅을 구할 방
법이 있었나?
14 그들 나라의 여러 신 중 나의 조상
을 완전히 파멸시킨 자가 누군가?
그래서 내 손으로부터 제 백성을
구한 자가 누군가? 그런데도 너희
하나님이 내 손에서 너희를 구할
수 있나?
15 그러니 이제부터 헤저카야가 너희
를 속이지 못하게 하고, 그런 식으
로 설득하지 못하게 하며, 그를 절
대 믿지 마라. 왜냐하면 어떤 나라
나 왕국의 신도 나와 내 조상의 손
으로부터 제 백성을 구할 수 없었
다. 너희 **하나님**이 내 손에서 너희
를 구하기에는 한참 모자란다'고
했다."
16 시리아 시내커립왕의 부하들은 여
전히 **주 하나님**과 그의 종 헤저카야
를 상대로 비난을 더 했다.
17 그는 또 이즈리얼의 **주 하나님**을 욕
하는 편지를 써서, 모욕하며 말했
다. "다른 민족의 신들이 내 손에
서 제 백성을 구하지 못한 것처럼,
헤저카야의 **하나님**도 내 손에서 제
백성을 구하지 못한다."
18 당시 그들은 쥬다 말로 크게 소리
치며, 성벽 위에 있는 저루살럼 사
람과 공포에 질려 떠는 사람들에
게 말하자, 그들이 도성을 빼앗을
것 같은 상황이었다.
19 그러면서 그들은 저루살럼의 **하나
님**을 모욕하는데, 마치 인간 손으
로 만든 땅위의 여러 신들을 향해
욕하듯 했다.
20 그래서 헤저카야왕과 애머스의 아
들 아이재야 예언자가 기도하며
하늘에 외쳤다.
21 그러자 **주님**이 사자를 보내어, 엇
시리아왕 진영의 용사와 지도자와
지휘관들을 쓰러뜨렸다. 그래서
그는 면목없이 그의 나라로 돌아
가, 시내커립이 그의 신전으로 들
어갔을 때, 자기가 낳은 몇 사람이
그를 칼로 죽였다.
22 그렇게 **주님**은 헤저카야와 저루살
럼의 주민을 엇시리아왕 시내커립
과 다른 모든 사람의 손에서 구하
고 여러모로 그들을 지켜주었다.

23 그리고 많은 사람이 저루살럼의 **주
님**에게 예물을 가져와, 쥬다왕 헤
저카야에게 선물했다. 그래서 그
는 그때부터 모든 나라 사람의 눈
에 큰 인물로 보이게 되었다.
24 헤저카야가 아파서 죽게 되었을
때 **주님**에게 기도하며 말하자, **주님**
은 그에게 표시도 주었다.
25 그런데도 헤저카야가 자신이 받은
은혜를 갚지 않았던 이유는, 그의
마음이 우쭐해졌기 때문이었다.
그래서 그와 쥬다와 저루살럼에
좋지 못한 일이 미치게 되었다.
26 그러나 헤저카야는 마음으로부터
후회하여 겸허해지고, 저루살럼
의 주민도 반성했기 때문에, 헤저
카야 시대에 **주님**의 분노가 내리지
않았다.
27 그래서 헤저카야는 부와 명예를
엄청나게 얻었다. 그는 금은, 보석,
향료, 방패 및 온갖 값진 보물을 보
관하는 창고를 여럿 만들었다.
28 곡식과, 와인과, 오일도 크게 늘어
이를 위한 창고도 만들었고, 모든
짐승을 위한 축사와 가축을 위한
우리도 만들었다.
29 게다가 그는 도시를 여럿 제공하
여 풍부한 양떼와 소떼가 차지하
게 했다. **하나님**은 그에게 대단히
많은 물질을 주었기 때문이었다.
30 바로 이 사람 헤저카야가 기혼의
위쪽 물길을 막아 대이빋도성 서
쪽에 물을 대었다. 그래서 헤저카
야는 그의 모든 업적으로 번성했
다.
31 그런데도 배블런의 대군왕자 사절
단이 **하나님**이 남긴 그 땅에서 일
어난 경이를 물으러 오게 한 까닭
은, 그것으로 **주님**은 헤저카야의
마음에 있는 모든 것을 알았을 것
이다.
32 이제 헤저카야의 업적 나머지 그
의 선행은, 보라, 전체가 애모스의
아들 예언자 아이재야의 비전을
써놓은 책에 적혀 있다. 그것은 쥬
다와 이즈리얼왕에 대한 책이다.
33 헤저카야는 그의 조상과 함께 잠
이 들어서 사람들이 대이빋 자손
묘지 가운데 최고 자리에 그를 묻
어주었다. 그리고 쥬다와 저루살
럼 모두가 그의 죽음을 애도했다.
그리고 그의 아들 머나서가 대신
통치했다.

쥬다왕 머나서

33 머나서는 20세에 집권을 시
작하여 저루살럼에서 55년
간 통치했다.
2 그러나 그는 **주님**의 눈에 좋지 않
게 행동했는데, 그것은 **주님**이 이
즈리얼 자손에 앞서 제거하게 된
이교도의 혐오행동과 같은 것이었
다.
3 그는 아버지 헤저카야가 무너뜨린
높은 신당을 다시 짓고, 배이얼 제
단을 세우고, 수풀신을 만들고, 천

국의 군단을 숭배하며 섬겼다.
4 또 그는 **주님**이 "나의 이름을 영원
히 저루살럼에 두겠다"고 말한 주
님성전에도 제단을 여럿 세웠다.
5 그는 주님성전 정원 두 곳에 천국
의 군단 모두를 위한 여러 가지 제
단을 세웠다.
6 그러면서 그는 히넘자손의 계곡에
서 자식을 불에 넣기까지 했고, 점
을 치고, 마법을 사용하고, 전조를
따르며, 술사와 무당을 믿었다. 그
는 **주님**의 눈에 큰 죄를 지으며 그
의 분노를 자극했다.
7 그는 형상을 조각하고, 우상을 만
들어 **하나님**의 성전에 세웠는데,
그곳은 **하나님**이 대이빋과 그의 아
들 솔로먼에게 이렇게 말한 장소
다. "나는 이즈리얼 모든 부족에 앞
에서 내가 선택한 저루살럼의 이
집 안에 영원히 나의 이름을 두겠
다.
8 나는 너희 조상을 위해 지정한 이
땅 밖으로 더 이상 이즈리얼의 발
을 옮기지 않게 하겠다. 그래서 그
들은 조심해서 내가 그들에게 명
령한 모든 일을 실천해야 하고, 모
지스의 손을 통하여 준 모든 법과
규정과 명령에 따라야 한다."
9 그렇지만 머나서는 쥬다와 저루살
럼 주민이 잘못을 저지르게 하여,
이교도보다 더 옳지 못한 행동을
하게 했다. 그래서 **주님**이 이교도
를 이즈리얼 자손에 앞서 파멸시
켰는데도 말이다.
10 **주님**이 머나서와 그 백성에게 말해
도 그들은 귀를 기울이려고 하지
않았다.
11 그래서 **주님**은 엇시리아왕의 군대
지휘관들을 데려왔다. 그들은 머
나서에게 가시 같은 고통을 가하
고, 족쇄에 채워 배블런으로 끌고
갔다.
12 그가 괴로움에 빠지자, 그의 **주 하
나님**을 찾고, 조상의 **하나님** 앞에서
스스로 대단히 겸손해져서,
13 그에게 기도하며 간청했더니, **주님**
이 그의 애원을 듣고, 그를 그의 왕
국 저루살럼으로 다시 데려왔다.
그제서야 머나서는 그가 자기의
주인 **하나님**이라는 것을 알게 되었
다.
14 그 후 그는 대이빋도성 밖 기혼 서
쪽 계곡에 성벽을 건설했고, 심지
어 물고기문 입구에도, 오펠 주위
에도 대단히 높은 성벽을 세웠고,
쥬다의 요새도성 모든 지역에 전
쟁 지휘관을 배치했다.
15 그는 이교도 신을 제거하고, 주님
성전에서 우상을 없애고, 저루살
럼의 주님성전이 있는 산에 세운
제단도 모조리 도시 밖으로 내다
버렸다.
16 또 **주님**의 제단을 수리하여 평화제
와 감사제의 제물을 올리며, 이즈
리얼의 **주 하나님**을 섬기도록 쥬다
인에게 명령했다.

17 그런데도 사람들은 여전히 그들의
유일한 **주 하나님**이 아닌, 높은 신
당에서 희생제를 지냈다.
18 이제 머나서의 나머지 업적과 그
의 **하나님**에게 한 기도와, 이즈리
얼의 **주 하나님**의 이름으로 그에게
전한 선견자의 예언 등은, 보라, 전
부 이즈리얼왕의 책에 적혀 있다.
19 그의 기도 역시 어떻게 간청하고,
그의 죄와 법위반은 무엇인지, 높
은 신당과, 수풀신과 주물형상을
세우며 어떻게 잘못했는지, 그가
겸손해지기 이전행적들은, 보라,
선견자들의 이야기에 적혀 있다.
20 그리고 머나서는 그의 조상과 함
께 잠이 들어서, 사람들이 그를 자
기 집안에 묻어 주었고, 그의 아들
애먼이 대신 통치했다.
21 애먼은 22세에 처음 집권을 시작
하여 저루살럼에서 2년간 다스렸
다.
22 그러나 그는 **주님**의 눈에 나쁜 행
동을 하며, 그의 아버지 머나서를
따랐다. 애먼은 아버지 머나서가
만들고, 섬겼던 형상을 조각하여
거기에 제사를 올렸다.
23 그의 아버지 머나서는 스스로 반
성했지만, 그는 **주님** 앞에 겸손하
지 않았고, 대신 애먼은 더욱 법을
위반했다.
24 그러자 그의 신하들이 그에 대해
음모하고, 그의 집 안에서 그를 살
해했다.
25 그러나 그곳 사람들은 애먼왕에
대해 음모하고 살해한 사람을 모
두 죽인 다음, 그의 아들 조시아를
대신 왕으로 삼았다.

조시아의 개혁

34 조시아는 여덟 살에 집권을
시작하여 저루살럼에서 31
년간 통치했다.
2 그는 **주님**의 눈에 옳은 일을 했고,
그의 조상 대이빋의 방법대로 길
을 걸으며, 왼쪽도 오른쪽도 돌아
보기를 거절했다.
3 집권8년에 아직 어렸지만, 그는 그
의 선대 대이빋의 **주 하나님**을 찾
기 시작했고, 20세가 되어 쥬다와
저루살럼의 높은 신당과 수풀신과
조각형상과 주물모형을 숙청하기
시작했다.
4 그들은 그곳에 있는 배이얼 제단
과, 높은 곳에 있는 형상을 부수고,
수풀신과 조각형상과, 주물모형을
잘라낸 다음, 조각 내고 가루로 만
들어, 그들에게 희생된 사람의 무
덤 위에 뿌렸다.
5 그는 그들의 제단에서 일한 제사
장의 뼈를 불에 태워 쥬다와 저루
살럼을 정화했다.
6 그는 머나서와 이프리엄, 시미언,
냎털라이까지 주변 불모지도 함께
그렇게 했다.
7 또 제단과 수풀신을 없애고, 조각
형상을 깨어 가루로 만들고, 이즈

리얼 전역의 우상을 모조리 쓰러
뜨린 다음, 저루살럼으로 돌아왔
다.
8 집권 18년에 땅과 집의 정화가 완
료되자, 그는 애저라야의 아들 쉐
팬과, 도성의 총리 매세이야와, 기
록관 조애이해즈의 아들 조아를
보내, 그의 **주 하나님**의 성전을 재
건하게 했다.
9 그들은 대제사장 힐카야한테 가
면서, **하나님** 성전으로 들어온 돈
을 가져갔다. 그 돈은 성전 문을 지
키는 리바이가 머나서와 이프리엄
과, 이즈리얼에 남아 있는 모두와,
저루살럼으로 되돌아온 쥬다와 벤
저민 사람으로부터 모은 것이었
다.
10 그들은 주님성전을 관리하는 감독
들에게 돈을 맡겼고, 그들은 주님
성전을 수리하는 작업자에게 돈을
주어 성전을 재건하고 고치게 했
다.
11 그들은 기능인과 건축자들에게도
돈을 주어 다듬은 돌과 연결용 목
재를 사고, 쥬다왕들이 파괴한 성
전의 바닥재를 매입하게 했다.
12 그 사람들은 성실하게 일을 했다.
그들의 감독관은 리바이 출신 메
라리자손 중에서 재이해쓰와 오밴
다야였고, 코해쓰자손 중에서 제
커라야와 메셜램이었다. 리바이
사람 중 악기를 다룰 줄 아는 다른
사람들이 여기에 참여했다.
13 또한 그들은 일하는 사람을 관리
하고, 장인을 모든 면에서 감독했
다. 그런 일을 하는 서기관, 관리,
수문장은 리바이 출신이었다.
14 그들이 주님성전에 모인 돈을 가
져 갔을 때, 제사장 힐카야는 모지
스를 통해 주었던 **주님**의 법의 책
을 발견했다.
15 힐카야가 서기관 쉐팬에게 말했
다. "나는 주님성전에서 법의 책을
발견했어요." 그러면서 힐카야가
쉐팬에게 그 책을 건넸다.
16 쉐팬은 그 책을 왕에게 가져가 보
고했다. "당신 신하들에게 시킨 일
을 그들이 전부 하고 있어요.
17 그들은 주님성전에 모인 돈을 모
두 모아, 감독관의 손에 넘기고, 작
업자의 손에 주었어요."
18 그런 다음 쉐팬 서기관이 왕에게
말했다. "힐카야 제사장이 책을 주
었어요." 그러면서 그는 왕 앞에서
책을 읽었다.
19 왕이 법의 내용을 듣더니 자신의
옷을 찢었다.
20 그리고 왕은 힐카야와, 쉐팬의 아
들 애히캠과, 미카의 아들 앱던과,
서기관 쉐팬과 왕의 신하 애사이
야에게 말했다.
21 "가서, 나와 이즈리얼과 쥬다에 남
아 있는 사람을 위해 발견된 그 책
의 내용에 관하여 **주님**에게 구원을
요청해라. **주님**의 격노가 우리에게
미치는 것은, 우리 조상이 **주님**의

말을 지키지 않은 탓이므로, 이 책
에 적힌 모든 것을 따라야 한다."
22 그래서 힐카야와 왕이 임명한 사
람들이 여자 예언자 훌다한테 갔
다. 그녀는 의복담당관 해스라의
아들 티크배쓰의 아들 쉘럼의 아
내인데, [그때 그녀는 저루살럼의
한 구역 안에서 살고 있었다.] 그리
고 그들이 그녀에게 이 결과를 물
었다.
23 그러자 그녀가 그들에게 대답했
다. "이즈리얼의 **주 하나님**은 말했
어요. '너희는 나에게 너를 보낸 자
에게 전해라.'
24 이것이 **주님**의 말이에요. '보라, 나
는 이 장소와 주민에게 불행을 가
져오겠다. 심지어 쥬다의 이전 왕
이 읽었던 그 책에 써진 모든 저주
를 내리겠다.
25 왜냐하면 그들이 나를 잊고 다른
신에게 향을 피워서, 그들 손으로
한 모든 일로 인해 내게 화를 불러
일으켰기 때문이다. 그래서 나의
분노가 이 장소에 미치게 되고 꺼
지지 않을 것이다.
26 쥬다의 왕에 대하여, 주의 구원을
청하러 너를 보낸 그에게 이렇게
전해라. 네가 들은 내용에 관하여
이즈리얼의 **주 하나님**의 말은 이렇
다.
27 '네 마음은 온화하고 **하나님** 앞에
스스로 겸손하기 때문에, 네가 이
장소와 주민에 대한 **주님**의 말을
듣고, 내 앞에서 자신을 낮추며 네
옷을 찢고 울었다. 나는 네가 **주님**
에게 하는 말까지 들었다.
28 보라, 나는 네가 조상에게 가게 될
때, 너를 편안하게 네 무덤으로 보
내어, 네 눈이 내가 이 장소와 주민
에게 내릴 불행을 보지 않게 하겠
다'고 했어요." 그래서 그들이 왕에
게 그 말을 다시 전했다.
29 그러자 왕은 사람을 보내, 쥬다와
저루살럼의 원로 모두를 한데 모
았다.
30 그리고 왕은 주님성전으로 갔고,
쥬다의 모든 사람과, 저루살럼의
주민과, 제사장과 리바이와, 백성
어른이나 아이나 모두 갔다. 그리
고 그는 그들의 귀에 주님성전에
서 발견된 약속의 책 내용 전부를
읽었다.
31 왕은 자기 위치에 서서 **주님** 앞에
약속하며, **주님**을 따르는 길을 걷
고, 그의 명령과 증언과 그의 규정
을 그의 마음과 정신을 다하여 지
키고, 이 책에 기록된 계약의 말을
실천하겠다고 맹세했다.
32 또 저루살럼과 벤저민에서 온 사
람 모두에게도 맹세를 시켰다. 그
리고 저루살럼 주민도 조상의 **하나**
님 약속대로 실행하기로 맹세했다.
33 그래서 조시아는 그 나라 전역에
서 이즈리얼 자손에게 속하는 혐
오물을 모두 제거하고, 이즈리얼
에서 온 모든 사람이 따르도록 약

속하며, 그들의 **주 하나님**을 섬기게
했다. 그래서 그의 전 생애 동안 사
람들은 그들 조상의 주인 **하나님**을
추종하는 길에서 떠나지 않았다.

조시아가 통과축일 기념

35 뿐만 아니라 조시아는 저루
살럼에서 **주님**에게 통과축일
을 기념했다. 그들은 첫째 달 14일
에 통과의식의 희생제사를 지냈
다.
2 그는 임무를 맡을 제사장을 세워,
주님성전에서 제사하도록 용기를
주었고,
3 **주님**에게 봉헌되어, 모든 이즈리얼
을 가르치는 리바이 사람에게 말
했다. "이즈리얼의 대이빋왕의 아
들 솔로먼이 지은 성전 안에 신성
한 상자를 갖다 놓아라. 그것을 다
시 너희 어깨에 짊어지는 일이 없
어야 한다. 그리고 이제 너희 **주 하
나님**과 그의 백성 이즈리얼을 섬겨
라.
4 그리고 너희 조상의 집안 별로, 너
희 임무 별로, 스스로 준비하여 대
기하고, 이즈리얼의 대이빋왕의
기록에 따라야 하고, 그의 아들 솔
로먼이 적은 대로 해야 한다.
5 너희 형제의 조상집안 별, 담당에
따라 성소에 서라. 그리고 리바이
가문의 임무에 따라 대기해라.
6 그리고 통과의식의 희생물을 죽이
고, 자신을 정화하고, 모지스의 손
을 통하여 전한 **주님**의 말에 따를
수 있도록, 너희 형제가 준비해라.
7 그러면서 조시아는 백성에게 양
과, 새끼양과, 어린양과 통과축일
의 제물을 모두 주었다. 앞에 내놓
은 가축 3천마리와, 수소 3천마리
는 왕이 내놓은 것이었다.
8 왕의 대군왕자는 자신해서 백성과
제사장과 리바이에게 주었다. 힐
카야와 제커라야와 제히얼과 **하나
님** 성전의 감독에게 대군왕자가 통
과의식 제물용으로 준 것은, 작은
가축 2,600마리와, 수소 300마리였
다.
9 커내이야도, 쉬마야도, 그의 형제
네쌔니얼도, 해쉐비아, 제이얼, 리
바이의 대표 조재밷도, 리바이 사
람에게 통과의식 제물을 주었는
데, 작은 가축이 5천마리, 수소가 5
백마리였다.
10 그렇게 제사가 준비되었는데, 제
사장은 제자리에 섰고, 리바이도
제 담당부서에 서서 왕의 명령에
따랐다.
11 그들은 통과의식의 희생물을 죽이
고, 제사장이 그들의 손으로 피를
뿌리고, 리바이가 제물의 껍질을
벗겼다.
12 그들은 번제물을 옮겨서 백성의
가문 별 부서대로 나누어 줄 수 있
게 했고, **주님**에게 올리며, 모지스
의 책에 적힌 대로 했다. 그리고 그
들은 황소도 똑같이 했다.

13 그들은 통과의식의 희생물을 명령
대로 불에 구웠지만, 다른 신성한
제물은 솥과 찜통과 팬 안에 삶아
서, 재빨리 모든 백성에게 나누어
주었다.
14 그런 다음 그들은 자신과 제사장
들을 위한 준비를 했다. 왜냐하면
애런의 자손 제사장들은 번제물과
지방을 올리느라, 밤이 되도록 바
빴기 때문이었다. 그래서 리바이
가 그들을 위해, 또 애런의 자손 제
사장들을 위해 음식을 마련했다.
15 애새프의 자손 악사들은 대이빋
의 명령대로 제자리에 있었다. 애
새프, 히먼, 왕의 선견자 제두썬과
수문장들은 곳곳의 문에서 대기했
다. 그들은 자신의 임무로 인해 떠
나지 못했을 것이다. 따라서 그들
의 형제 리바이가 그들을 위해 음
식을 준비했다.
16 그렇게 **주님**의 제사를 위한 모든
것을 그날 준비하여 통과축일을
지내고, **주님**의 제단 위에 번제물
을 올리며, 조시아왕의 명령대로
했다.
17 당시 참석한 이즈리얼 자손은 통
과축일을 지키고, 7일간 무효모빵
축일도 지켰다.
18 예언자 새뮤얼 시대부터 그때까지
이즈리얼에서 그와 같은 통과축일
은 없었고, 이즈리얼의 모든 왕도
통과의식과 같은 것을 지내지 않
았다. 조시아와, 제사장과, 리바이
와, 참석한 모든 쥬다와 이즈리얼
과, 저루살럼 주민이 그날 지킨 통
과축일이 이전에는 없었던 것이
다.
19 조시아 집권 18년에 이와 같은 통
과축일을 지냈다.
20 이 행사 이후 조시아가 성소를 잘
갖추었을 때, 이집트왕 네코가 유
프래이티스 옆 카케미쉬를 공격해
오자, 조시아가 그에 대항하러 나
갔다.
21 하지만 이집트왕은 그에게 사절
을 보내어 말했다. "내가 당신 쥬
다왕과 싸울 일이 뭐가 있나요? 나
는 이날 당신과 싸우러 온 게 아니
고, 나와 전쟁하는 민족을 상대하
는 거예요. 왜냐하면 **하나님**이 내
게 명령하여 재촉한 것은, **하나님**
일을 하는 당신이, 나와 함께 있지
못하게 했어요. 그래야 **주님**이 당
신을 치지 않아요."
22 그런데도 조시아는 그로부터 얼굴
을 돌리려고 하지 않고, 대신 스스
로 위장하여, 그와 싸우려고 했다.
하나님의 말이라는 네코의 말을 듣
지 않고, 메기도계곡으로 싸우러
나갔다.
23 그때 궁수들이 조시아왕에게 활을
쏘았다. 그러자 왕이 부하들에게
말했다. "나를 여기서 데려가라. 내
가 심하게 부상당했다."
24 그래서 부하들이 전차에서 그를
내려서 다른 전차에 싣고 저루살

럼으로 옮겼지만, 그가 죽었기 때
문에, 그의 조상의 묘지 중 하나에
묻었다. 그래서 모든 쥬다와 저루
살럼이 조시아를 위해 슬퍼했다.
25 제러마야가 조시아를 위해 애도했
고, 모든 남자와 여자가 노래하며
조시아를 향한 그들의 애절한 마
음을 이날까지 이야기하며, 이즈
리얼의 관례가 되었다. 보라, 애도
의 노래는 기록되어 있다.
26 이제 조시아의 업적 나머지와 **주님**
의 법에 적힌 대로 따른 그의 선행
과,
27 그의 행동 처음부터 끝까지 전부
는, 보라, 이즈리얼과 쥬다왕의 책
에 적혀 있다.

쥬다왕과 저루살럼 멸망

36 그리고 그 땅의 백성이 조시
아의 아들 제허해즈를 데려
와 그의 아버지 대신 저루살럼의
왕으로 삼았다.
2 제허해즈는 23세에 처음 집권을
시작하여 저루살럼에서 3개월간
통치했다.
3 이집트왕이 저루살럼에서 그를 쫓
아내고 그 땅에 은 100탤런트약 3.4
톤과 금 1탤런트34Kg의 조공을 부과
했다.
4 이집트왕은 왕의 형 일리어킴에게
쥬다와 저루살럼을 다스리게 하
며, 그의 이름도 제히어킴으로 바
꿨다. 그리고 네코는 그의 동생 제
허해즈를 이집트로 끌고 갔다.
5 제히어킴은 25세에 집권을 시작
하여 11년간 저루살럼에서 다스렸
다. 그는 그의 **주 하나님**의 눈에 나
쁜 행동을 했다.
6 배블런왕 네부캔네절이 그에게 쳐
들어와서, 그를 족쇄에 채워 배블
런으로 끌고 갔다.
7 네부캔네절도 주님성전의 용구를
배블런으로 가져가서, 자기 성소
에 보관했다.
8 제히어킴의 나머지 행동 및 그가
저지르고 드러낸 혐오행동은, 보
라, 전부 이즈리얼과 쥬다왕의 책
에 기록되어 있다. 그리고 그의 아
들 제히어친이 대신 통치했다.
9 제히어친은 여덟 살에 집권을 시
작하여 3개월 10일간 저루살럼에
서 다스렸다. 그는 **주님**의 눈에 나
쁘게 행동했다.
10 그 해가 끝날 무렵 네부캔네절왕
이 사람을 보내 그를 배블런으로
끌고가면서 주님성전의 좋은 용기
들을 함께 가져갔고, 그의 동생 제
드카야를 쥬다와 저루살럼을 다스
리는 왕으로 삼았다.
11 제드카야는 21세에 집권을 시작
하여 저루살럼에서 11년간 다스렸
다.
12 그는 그의 **주 하나님**의 눈에 옳지
못한 행동을 했는데, **주님**의 입이
되어 말을 전하는 예언자 제러마
야 앞에서 스스로 겸손하지 않고

무례했다.
13 그는 또 네부캔네절왕이 **하나님**의
이름으로 맹세를 시키자 반발했
고, 대신 그는 자기 목을 굽히지 않
으며, 이즈리얼의 **주 하나님**에게 마
음을 돌리지도 않고 강하게 버텼
다.
14 게다가 제사장과 백성의 대표들은
이교도의 모든 혐오행동을 대단히
많이 따라 하며 위반을 저질렀고,
주님이 저루살럼에서 신성하게 만
든 주님성전도 오염시켰다.
15 그래서 그들 조상의 **주 하나님**이 그
들에게 전령을 보내며, 때늦지 않
게 보낸 이유는, 자신의 백성과 자
기 장소에 대한 연민 때문이었다.
16 그러나 사람들은 **하나님**의 전령을
조소하며 그의 말을 무시하고, 그
의 예언자를 악용하여 자신의 백
성에 대하여 **주님**의 분노가 일어,
치유할 수 없을 때까지 계속되었
다.
17 그래서 그는 캘디스왕을 그들에게
데려왔는데, 그 왕은 그들의 성전
에서 칼로 젊은이를 죽이고, 어린
이나, 여자나, 나이든 사람이나, 연
로해져 등이 굽은 사람 누구에게
도 연민조차 없었던 까닭은, **주님**
이 그의 손에 백성을 넘겨주었기
때문이었다.
18 **하나님**의 성전도구 일체를 크나 작
으나, 주님성전 보물과 왕과 대군
왕자들의 보물 모두를 배블런으로
가져갔다.
19 그리고 그들은 **하나님**의 성전을 불
태우고 저루살럼의 성벽을 허물
고, 모든 궁전을 불지르고, 그 안에
있는 좋은 것 전부를 파괴했다.
20 그리고 네부캔네절은 칼을 피해
살아남은 사람을 배블런으로 끌고
가서, 거기서 그와 자식의 종으로
삼고, 펄자페르시아 왕국이 지배할
때까지 그렇게 했다.
21 예언자 제러마야의 입을 통하여
전한 **주님**의 말이 이루어지도록,
그 땅은 휴식의 기간을 누렸다. 그
땅은 편안한 휴식을 하며, 황무지
로 70년간 지냈다.
22 펄자의 사이러스왕 첫해에, 제러
마야의 입을 통해 전한 **주님**의 말
이 이루어졌다. **주님**이 펄자왕 사
이러스의 정신에 영혼을 일으켜,
그의 왕국 전역에 포고문을 만들
어, 다음과 같이 써 붙였다.
23 "펄자의 사이러스왕의 말에 의하
면, '지구에 있는 모든 왕국을 하늘
의 **주 하나님**이 내게 주었다. 그러
면서 내게 임무를 주어, 쥬다와 저
루살럼에 **주님**의 집을 짓게 했다.
너희 가운데 그의 백성인 자가 누
군가? 그의 **주 하나님**은 그와 함
께 있으므로, 그를 보낸다' 라고 했
다."

에즈라 법학자

사이러스 도움으로 포로귀환

1 펄쟈페르시아왕 1년에 예언자 제
러마야의 입을 빌려, **주님**이 전
한 말을 이루었을 것이다. **주님**은
사이러스왕의 영혼을 움직여, 그
가 왕국 곳곳에 선포하는 성명서
에서 다음을 말하게 했다.
2 펄쟈왕 사이러스는 이렇게 말한
다. "하늘의 **주 하나님**이 땅위의 모
든 왕국을 내게 주고, 임무를 맡겨,
쥬다유다의 저루살럼예루살렘에 **주님**
의 집을 짓게 했다.
3 너희 가운데 누가 **주님**의 백성인
가? 그의 **하나님**이 그와 함께 있어,
쥬다의 저루살럼으로 그를 보낸
다. 그래서 저루살럼에 이즈리얼
의 **주 하나님**의 집을 짓게 한다. [**하
나님** 그는] 저루살럼 안에 있다.
4 자기가 어느 곳에 와있든 누구든
지, 주변 사람이 그에게 은과, 금과,
재물과, 가축으로 도울 뿐 아니라,
저루살럼의 **하나님** 성전에 자유의
지의 예물도 주어라."
5 그때 쥬다와 벤저민 조상대표가
일어났고, 제사장과 리바이레위가
하나님의 영혼이 일어난 모두와 함
께 일어나, 저루살럼에 있는 **주님**
의 집을 짓기 위해 떠났다.
6 이웃 모두가 그들에게 힘을 주었
는데, 금은그릇, 재물, 가축, 귀중품
및 자유의지의 예물을 손에 들려
주었다.
7 사이러스왕도 **주님**성전의 그릇을
내놓았는데, 그것은 네부캔네절왕
이 저루살럼에서 가져와, 자기 신
의 신전에 놓아두었었다.
8 펄쟈왕 사이러스도 미쓰레대쓰 재
무관에게 그것을 가져오게 하여,
쥬다의 대군왕자 쉬시배절이 수를
세게 했다.
9 다음은 물품목록으로, 금쟁반 30
개, 은쟁반 1000개, 칼 29개,
10 금대접 30개, 다음으로 은대접 410
개, 기타 그릇 1000개였다.
11 총숫자는 금제은제 그릇이 5,400
개였다. 이 모든 것을 쉬시배절이
포로와 함께 배블런에서 저루살럼
으로 가져왔다.

귀환명단

2 다음은 당시 포로에서 풀려나
돌아온 그 지역 자손의 명단이
다. 그들은 배네부캔네절왕이 배
블런으로 끌고 갔는데, 다시 저루

살럼과 쥬다의 자기 도성으로 귀
환했다.
2 제러배블과 함께 온 사람은, 제슈
아, 니어마야, 세라이야, 리얼라야,
몰더카이, 빌션, 미스파, 빅배이, 리
험, 배아나이다. 이즈리얼 사람 중
남자 수는,
3 패러쉬 자손 2,172명,
4 쉐풔타야 자손 372명,
5 애이라 자손 775명,
6 제슈아와 조앱 자손 중 패해쓰모
앱 자손 2,812명,
7 일램 자손 1,254명,
8 재투 자손945명,
9 재카이 자손 760명,
10 배니 자손 642명,
11 비바이 자손 623명,
12 애즈갠 자손 1,222명,
13 애도니캠 자손 666명,
14 빅배이 자손 2,056명,
15 애딘 자손은 454명,
16 헤저카야의 애터 자손 98명,
17 비재이 자손 323명,
18 조라 자손 112명,
19 해셤 자손 223명,
20 기바 자손 95명,
21 베쓸레헴 자손 123명,
22 네토퐈 사람 56명,
23 애내쏘쓰 사람 128명,
24 애즈머베쓰 자손 42명,
25 킬재써림, 케피라, 비어로쓰 자손
743명,
26 래마와 개바 자손 621명,
27 믹마스 사람 122명,
28 베썰과 애이아이 사람 223명
29 니보 자손 52명,
30 맥비쉬 자손 156명,
31 다른 일램 자손 1,254명,
32 해림 자손 320명,
33 로드, 해딛, 오우노 자손 725명,
34 제리코 자손 345명,
35 세내이아 자손 3,630명,
36 제사장 중 제슈아 집안의 제대이
야 자손 973명,
37 이머 자손 1,052명,
38 패셜 자손 1,247명,
39 해림 자손 1,017명,
40 리바이 중 호더비아 집안 중 제슈
아와 캐드미얼 자손 74명,
41 악사 중 애새프 자손 128명,
42 수문장 자손 중 쉘럼 자손, 애터 자
손, 탤먼 자손, 애컵 자손, 해티타
자손, 쇼배이 자손은 모두 139명이
었다.
43 네써님스 가문 중 지하 자손, 해스
퐈 자손, 태보쓰 자손,
44 케로스 자손, 시어하 자손, 패든 자
손,
45 르배나 자손, 해개바 자손, 애컵 자
손,
46 해갭 자손, 쉘마이 자손, 해넌 자손,
47 기델 자손, 개하 자손, 리아야 자손,
48 레진 자손, 네코다 자손, 개잼 자손,
49 우자 자손, 패시아 자손, 비사이 자
손,
50 애스나 자손, 메후님 자손, 네퓨심

자손,
51 백벅 자손, 해쿠퐈 자손, 할허 자손,
52 배즐러쓰 자손, 메히다 자손, 할샤
자손,
53 발코스 자손, 시세라 자손, 쌔마 자
손,
54 네자야 자손, 해티퐈 자손이다.
55 솔로먼의 신하 자손 중 소타이 자
손, 소페레쓰 자손, 페루다 자손,
56 재얼라 자손, 달컨 자손, 기델 자손,
57 쉬풰타야 자손, 해틸 자손, 지배임
의 포커레쓰 자손, 애이미 자손이
다.
58 네씨님스와 솔로먼의 신하 자손
전체는 392명이었다.
59 이들은 텔멜라, 텔하사, 체럽, 애댄,
이머에서 온 사람인데, 그들 조상
이나 자손의 집안을 나타낼 수 없
는 이즈리얼 사람으로,
60 델레이야 자손, 토비아 자손, 네코
다 자손 652명이었다.
61 제사장 자손 중 해배이야 자손, 코
즈 자손, 바질래이 자손은, 길리얻
사람 바질래이 딸들을 아내로 맞
이하여 그들의 이름을 본떠 불렀
다.
62 이들은 계보에 등록된 사람 중에
서 그들의 기록을 찾았지만, 발견
하지 못해서, 그들은 오염된 것으
로 간주하여 제사장 직에서 제외
했다.
63 그리고 틸샤싸는 그들에게, 우림
과 써밈을 지닌 제사장을 세울 때
까지 그들은 신성한 음식은 먹어
서는 안 된다고 말했다.
64 함께 모인 공동체 전체는 42,360명
이었다.
65 그들의 남녀 종 이외에, 그곳에 있
었던 사람은 7,337명이었고, 그 중
노래를 부르는 남녀 악사는 200명
이었다.
66 말은 736필, 노새는 245마리,
67 낙타는 435마리, 나귀는 6,720필이
었다.
68 조상의 대표 일부는 저루살럼의
주님성전에 오자, 본래 있던 장소
에 **하나님**의 성전을 세우도록 자진
해서 예물을 헌납했다.
69 그들은 능력에 따라 공사에 사용
할 재물로, 금 61,000 드램약 512.4Kg
과, 은 5천 파운드약 2.85톤과, 제사장
의복 100벌을 주었다.
70 그래서 제사장과, 리바이와, 백성
일부와, 악사와, 수문장과, 네씨님
사람들은 그 도시에 살게 되었고,
모든 이즈리얼 사람도 그들의 도
성에서 살게 되었다.

제단과 성전재건

3 일곱 번째 달이 지나서, 이즈리
얼이스라엘 자손이 그 도성에 들
어왔을 때, 사람들은 한결같이 스
스로 저루살럼예루살렘에 모여들었
다.
2 그때 조재댁 아들 제슈아가, 그의
동료 제사장들 쉴티얼 아들 제러

배블 및 그의 형제들과 함께 일어
나, 이즈리얼 **하나님**의 제단을 짓
고, **하나님**의 사람 모지스 법에 적
힌대로 거기에서 번제를 지내고자
했다.
3 그래서 그들은 본래 기초 위에 제
단을 다시 세웠는데, 주위의 다른
나라 사람 때문에 두려움이 있었
지만, **주님**에게 제단 위에서 아침
저녁으로 번제를 올렸다.
4 그들은 기록에 따라 이동성전 축
일도 지키고, 일일 번제제사도 숫
자대로 올리며, 매일의 규정의무
대로 관습을 따랐다.
5 그 후에도 번제를 계속하며, 새달
과 신성한 **주님**의 정규축일마다,
모두 자유의지로 **주님**에게 제물을
올렸다.
6 그들은 7월 1일부터 **주님**에게 번제
를 올리기 시작했다. 그러나 주님
성전의 기초는 아직 놓이지 않았
다.
7 그들은 석공과 목공에게 돈을 주
고, 사이든 사람과 타이러 사람에
게 음식과 술과 기름을 주어, 레바
넌에서 조파의 바다로 시더나무를
가져오게 했는데, 펄쟈왕 사이러
스의 허가에 따른 것이다.
8 그들이 저루살럼의 **하나님**성전으
로 온 지 2년 두 번째 달에, 쉴티얼
아들 제러배블과, 조재댁 아들 제
슈아와, 동료 제사장 나머지와, 리
바이 출신들은, 모두 포로에서 풀
려 저루살럼에 왔는데, 이들이 건
설을 시작했다. 리바이 중 20세부
터 그 이상을 임명하여 주님성전
공사진행을 맡겼다.
9 제슈아는 그의 자식과 형제 캐드
미얼과 그의 자식, 쥬다의 자손과
함께 **하나님**성전에서 일하는 노동
자 앞에 서서 일했고, 헤내댈의 자
식도 그들 자손과 리바이 동료와
함께 일했다.
10 건축자가 **주님**성전 기초를 놓자,
그들은 제사장에게 제례복을 입히
고 트럼펱을 들게 하고, 리바이 애
새프의 자식은 심벌 타악기를 들
게 하여, 이즈리얼 대이빋다윗왕의
명령대로 **주님**을 드높이려고 섰다.
11 그들은 관례대로 함께 노래하며,
주님에게 찬양과 감사를 보냈다.
"**주님**은 선이므로, 이즈리얼을 향
한 그의 관대한 사랑은 영원히 이
어진다." 그러자 모두가 크게 소리
쳐 **주님**을 찬양한 것은, **주님**성전의
기초가 놓였기 때문이었다.
12 그런데 제사장과, 리바이와, 조상
대표는, 대부분이 최초 성전의 기
초를 눈앞에서 보았던 원로여서
큰 소리로 울자, 수많은 사람은 기
뻐서 목청을 높였다.
13 그래서 사람들은 즐거운 함성인
지, 우는 소리인지 분간할 수 없었
다. 그렇게 그들은 크게 외쳤고, 그
소리는 멀리까지 들렸다.

성전재건 반대

4 쥬다와 벤저민의 적이 포로자손
이 이즈리얼의 **주 하나님** 성전을
짓는다는 소문을 들었다.
2 그리고 그들은 제러배블과 조상대
표에게 말했다. "우리도 당신들과
함께 지읍시다. 왜냐하면 우리도
당신들이 하는 대로 당신들의 **하나
님**을 찾으니까요. 우리도 그에게
제사하고 있는데, 우리를 이곳에
데려온 어슈어엇시리아왕 이사해든
시대부터 지금까지 그랬어요."
3 그러나 제러배블과, 제슈아와, 이
즈리얼 조상대표 나머지는 그들에
게 말했다. "당신들은 우리 **하나님**
집을 짓는데 우리와 아무 관계가
없어요. 그저 우리는 스스로 함께
모여 이즈리얼의 **주 하나님**을 위한
성전을 짓고 있어요. 펄쟈페르시아왕
사이러스가 우리에게 명령한 대로
말이죠."
4 그래도 그 땅의 사람은 쥬다 사람
의 힘을 위축시키며, 건설하는 그
들을 괴롭혔다.
5 또 그들을 상대로 상담자를 고용
하여, 그들의 의지를 좌절시키려
하면서, 펄쟈왕 사이러스 시대와
펄쟈의 다음 왕 드라이어스 집권
때까지 계속했다.
6 애해셔러스왕의 집권초기에, 그들
은 왕에게 쥬다와 저루살럼 주민
을 상대로 비난하는편지를 썼다.
7 그리고 펄쟈왕 알더제렉스 시대에
도, 비쉬램, 미쓰레대쓰, 태비얼 및
그들의 동료가 편지를 썼고, 나중
에는 시리아아람언어로 쓰고 번역
한 고소편지를 보냈다.
8 총독 리험과, 서기관 쉽샤이가 펄
쟈왕 알더제렉스에게 다음과 같이
저루살럼을 고발하는 편지를 썼
다.
9 당시 리험 총독과, 쉽샤이 서기관
과, 그들의 동료 나머지, 디내이 사
람, 애퍼샛치 사람, 타펠 사람, 애펄
스 사람, 알케브 사람, 배블런 사람,
수산크 사람, 디해브 사람, 일램 사
람이 다음과 같이 썼다.
10 위대한 민족의 나머지와, 귀족 애
스내펄이 그쪽으로 가서, 스매리
아사마리아 도성에 정착하고, 당시
나머지는 강 이쪽에 있었다.
11 이것은 그들이 왕에게 보낸 편지
의 사본이다. "알더제렉스왕에게,
강 이쪽에 있는 당신의 신하들로
부터:
12 왕에게 알립니다. 당신으로부터
우리한테 온 쥬다인들이 저루살럼
에 와서, 반역적이고 좋지 못한 도
성을 건축하면서, 성벽을 쌓고, 기
초까지 올렸습니다.
13 이제 왕은 알아야 합니다. 만약 이
도성이 건설되어, 벽이 다시 세워
지면, 그들은 통행세도 내지 않고,
조공도 세금도 내지 않게 되면, 왕
의 세수가 크게 줄게 됩니다.
14 지금 우리는 왕의 궁전을 보수해

야 하므로, 우리가 왕의 불명예를
보고 견딜 수 없습니다. 그래서 우
리가 왕에게 사람을 보내 승인을
얻고자 합니다.
15 이에 대한 조사는 당신 선조의 책
에 쓰여 있을 겁니다. 그러니 당신
이 역사책을 찾으면, 이 도성이 반
역적이고, 왕과 지역 총리에게 손
해임을 알게 됩니다. 예전 시대에
도 그들은 선동행위를 해왔고, 그
것으로 인해 그 도시가 파괴되었
다는 것을 알게 됩니다.
16 우리는 왕에게 다음을 확신합니
다. 만약 이 도성이 재건되고 성벽
이 세워지면, 그것으로 당신은 강
이쪽의 지분이 없다는 의미입니
다."
17 그러자 왕은 답을 써서, 총독 리험
과 서기관 쉽샤이와, 스매리아사마
리아에 사는 그들의 동료 나머지와,
강 건너편 나머지 사람에게 보냈
다. "평화가 있기를 빈다.
18 너희가 우리에게 보내준 편지는
내 앞에서 정확하게 읽혔다.
19 그래서 내가 명령하여 자세한 조
사를 했더니, 이 도성은 과거에 왕
에게 반역하며 폭동과 소요사태를
선동해 왔음을 알게 되었다.
20 여기에는 저루살럼을 관리하는 힘
있는 왕이 있어, 강 건너 모든 나라
를 다스리며, 통행세, 조공, 세금 등
을 그들에게 부과했다.
21 이제 너희는 그들에게 중단을 명
령해라. 그리고 이 도시는 내가 별
도의 명령을 내릴 때까지 더 이상
공사는 없다.
22 이제 너희는 이 일에 실수가 없도
록 조심해라. 왜 왕들에게 그런 손
해가 있어야 하겠나?"
23 알더제렉스왕의 편지 사본이, 리
험 총독과, 서기관 쉽샤이와, 그들
동료 앞에서 읽히자, 그들은 급히
저루살럼의 쥬다인에게 가서 강제
로 중단시켰다.
24 그래서 저루살럼의 **하나님**의 성전
공사가 중단되었다. 그리고 그 중
단은 펄자왕 드라이어스 집권 2년
까지 이어졌다.

성전재건 확인요청

5 그러다 예언자 중 해가이와 이
도의 아들 제커라야가, 이즈리
얼 **하나님**의 이름으로 쥬다유다와
저루살럼예루살렘에 사는 쥬다인에
게 예언을 말했다.
2 그러자 쉘티얼 아들 제러배블과
조재댁의 아들 제슈아가 일어나,
저루살럼의 **하나님** 성전건설을 다
시 시작했고, **하나님**의 예언자들도
함께 도왔다.
3 그때 유프래이티스강 이쪽편 총독
탤내이와, 쉬썰보즈내이와, 그 동
료들이 그들에게 와서 말했다. "누
가 당신들에게 집을 짓고 벽을 세
우라고 명령했나?"
4 그래서 우리 측에서 이렇게 대답

했다. "이 건물을 세우라고 한 사람
의 이름이 누구인가요?"
5 그런데 그들 **하나님**은 눈을 쥬다인
원로에게 두었으므로, 그들이 중
단할 수 없도록, 그 일을 드라이어
스왕에게 보내게 했고, 이 문제에
관한 답장이 돌아왔다.
6 다음은 편지의 사본으로, 강 이쪽
총독 탤내이와, 쉬썰보즈내이와,
그의 동료 애퍼새크 사람이, 드라
이어스왕에게 보냈다.
7 그들이 왕에게 보낸 편지는 이와
같다. "드라이어스왕에게, 모든 평
화가 있기를 바랍니다.
8 왕에게 알립니다. 우리가 쥬다지
역에 온 것은 위대한 **하나님**성전을
짓기 위한 것입니다. 그것은 거대
한 돌을 쌓고, 대형 목재가 벽에 세
워지는 건설로, 이 공사는 빠르게
진행되며 그들 손에서 잘 이루어
지고 있습니다.
9 그때 우리가 그 원로에게 물었습
니다. '누가 당신들에게 성전을 짓
고, 벽을 세우라고 명령했나?'
10 우리는 그들의 이름을 물어, 왕 당
신에게 확인하고자 합니다. 그래
야 우리가 그들 대표의 명단을 적
을 수 있을 것입니다.
11 그러자 그들이 우리에게 이렇게
대답했어요. '우리는 하늘과 땅의
하나님의 종입니다. 그 집은 오래
전에 지었는데, 당시 위대한 이즈
리얼왕이 건설하여 세웠습니다.
12 그런데 우리 조상이 하늘의 **하나님**
의 분노를 자극했기 때문에, 그는
이 집을 캘디언 출신 배블런왕 네
부캔네절 손에 넘겨주자, 그가 이
곳을 파괴하고, 사람들을 배블런
으로 끌고 갔습니다.
13 그러나 배블런왕 사이러스 첫 해
에, 바로 그가 **하나님**의 성전을 건
설하라는 칙령을 내렸습니다.
14 **하나님**성전에 있던 금은그릇 역시,
네부캔네절왕이 저루살럼 성전에
서 가져가, 배블런신전에 옮겼는
데, 그것을 사이러스왕이 배블런
신전에서 꺼내어, 총독으로 임명
한 쉬시배절에게 주었습니다.
15 그리고 그에게 말했습니다. '이 그
릇을 가져가서, 저루살럼성전에
옮겨라. 그리고 **하나님**성전을 제자
리에 다시 건설해라.'
16 그때 바로 그 사람 쉬시배절이 와
서 저루살럼에 **하나님** 집의 기초를
놓았습니다. 그때부터 지금까지
공사가 진행 중이지만 아직 끝나
지 않았습니다.
17 따라서 왕이 괜찮다면, 배블런왕
의 궁전 재물창고를 조사하게 하
십시오. 그래서 사이러스왕의 칙
령으로 저루살럼에 **하나님**성전을
짓게 한 것이 확실한지 확인한 다
음, 왕이 이 문제에 관해 우리에게
승낙을 보내주기 바랍니다."

드라이어스왕 재건명령

6 그러자 드라이어스왕은 칙령을
내려, 배블런바빌론의 재물보관
소에 있는 두루마리 책자에서 그
성전을 조사하게 했다.
2 메데스지역 궁전 애크메싸에서 발
견된 두루마리 하나에 이와 같은
기록이 있었다.
3 사이러스왕 집권 첫해에, 저루살
럼에 **하나님**의 성전에 관한 칙령을
발표했다. "그들이 희생제사를 지
내던 장소에 **하나님**의 성전을 짓게
한다. 그 기초를 굳건하게 놓는데,
높이 60큐빝약 27m, 넓이 60큐빝약
27m가 되게 하고,
4 큰돌을 세개층으로 올리고, 새목
재로 한층을 더 놓아라. 비용은 왕
의 궁전 재정에서 지출한다.
5 또한 **하나님**의 성전에 있던 금제
은제 그릇은, 네부캔네절왕이 저
루살럼의 성전에서 배블런으로 가
져와 보관했던 것으로, 다시 저루
살럼의 성전으로 가져가서, 모두
본래 있던 **하나님**의 성전에 놓아두
어라."
6 따라서 나 드라이어스는 명령한
다. 유프래이티스강 건너편 총독
탤내이와, 쉬썰보즈내이와, 강 건
너에 있는 애펄새크 출신 동료 너
희는 그곳에서 멀리 떨어져서,
7 **하나님** 성전공사를 방해없이 내버
려 두어라. 쥬다유다인 총독과 원로
지도자들은 그 자리에 **하나님**의 성
전을 건설하게 해라.
8 게다가 나는 칙령을 내려, **하나님**
의 성전건설을 위하여, 너희가 쥬
다인 원로를 어떻게 도와야 할 지
명령한다. 왕의 재물 가운데 강 건
너편의 세금은, 일하는 사람의 비
용으로 주되, 지체하지 말아라.
9 그리고 그들에게 필요한, 하늘의
하나님을 위한 번제용으로 어린 수
송아지, 숫양, 새끼양, 밀, 소금, 술,
기름 등 모두는, 저루살럼의 제사
장이 지정하는 대로 따르며, 실수
없이 매일 그들에게 제공하도록
해라.
10 그래서 그들이 하늘의 **하나님**에게
맛있는 향내의 제물을 올리며, 왕
과 왕의 자손의 장수를 기원할 수
있기를 바란다.
11 또 나는 다음 칙령도 내린다. 이 명
령을 변경하는 자가 있으면 누구
든지, 집안 기둥을 뽑아 세워, 거기
에 매달고, 그 대가로 그 자의 집을
오물더미로 만들어라.
12 **하나님**은 자기 이름을 그곳에 두고
자 했다. 그러니 저루살럼의 **하나**
님성전에 손을 대어 변경하거나 파
괴하는 왕이나 사람이 있으면 파
멸시켜라. 나 드라이어스는 칙령
을 내린다. 이 일을 신속히 실행해
라."
13 그래서 강 이쪽에 있던 총독 탤내
이와, 쉬썰보즈내이와, 그들의 동
료들은, 드라이어스왕이 보낸 칙

령대로 급히 서둘러 실행했다.
14 그래서 쥬다인 원로들이 건설하
여, 예언자 해가이와 이도의 아들
제커라야의 예언에 따라 순조롭게
진행했다. 그리고 성전공사를 완
료했다. 이것은 이즈리얼 **하나님**의
명령대로, 펄쟈왕 사이러스와, 드
라이어스와, 알더제렉스의 명령에
따른 것이다.
15 이 성전은 아달월 3일양력 2월 중순에
완공되었는데, 당시는 드라이어스
왕 집권 6년이었다.
16 이즈리얼 자손과, 제사장과, 리바
이레위와, 포로가 되었던 후손 나머
지 사람은, 기쁜 마음으로 **하나님**
성전에 봉헌했다.
17 **하나님**성전 봉헌식에 올린 제물은,
수소 100마리, 숫양 200마리, 새끼
양 400마리였고, 이즈리얼 모두를
위한 속죄제물용 염소 12마리는
이즈리얼부족 수에 따랐다.
18 그들은 제사장을 임무 별로 정하
고, 리바이레위도 담당대로 지정하
여, 저루살럼의 **하나님** 제사에 대
비했는데, 이는 모지스모세 책에 적
힌 대로 따랐다.
19 그리고 그 포로의 후손은 첫 달 14
일에 통과축일을 지켰다.
20 제사장과 리바이는 함께 자신을
깨끗하게 정화하여, 포로의 후손
과 제사장 형제와 스스로를 위하
여 통과절의 제물을잡았다.
21 포로에서 귀환한 이즈리얼 자손
과, 이교도 땅에서 오염되어 온 자
들로부터 스스로 거리를 두었던
사람들이 함께, 이즈리얼의 **주 하나**
님을 찾으며 같이 먹었다.
22 무효모빵 축일도 즐거운 마음으로
7일간 지켰다. 왜냐하면 **주님**이 그
들을 기쁘게 해주었기 때문이었
다. **주님**은 시리아왕의 마음을 그
들에게 돌리게 하여, 이즈리얼 **하**
나님의 성전 건축공사를 하는 그들
의 손을 강화시켜주었기 때문이었
다.

에즈라의 저루살럼 길

7 이런 일 이후, 펄쟈왕 알더제렉
스 시대에, '에즈라에스라'라는 인
물은, 아버지가 세라야, 할아버지
가 애저라야, 증조부가 힐카야의
증손이었다.
2 힐카야 선대는 쉘럼이고, 그 선대
는 재덕, 그 선대는 애히툽,
3 그 선대는 애머라야, 그 선대는 애
저라야, 그 선대는 메리오쓰,
4 그 선대는 제래이야, 그 선대는 우
지, 그 선대는 부키,
5 그 선대는 애비슈아, 그 선대는 피
네해스, 그 선대는 일리저, 그 선대
는 대제사장 애런이었는데,
6 이 에즈라가 배블런을 떠났다. 그
는 이즈리얼의 **주 하나님**이 주었던
모지스 법에 정통한 학자이며 서
기관이었다. 왕은 그가 요구하는
모든 것을 허락했는데, 이것은 그

와 함께 있는 그의 **주 하나님**의 손
길에 의한 것이었다.
7 이즈리얼 자손 일부와, 제사장과,
리바이와 악사와, 문지기, 네써님
출신 무리가, 알더제렉스왕 7년에
저루살럼으로 떠났다.
8 그리고 에즈라는 알더제렉스 7년
5개월째에 저루살럼에 왔다.
9 그는 첫 달 1일에 배블런에서 오기
시작하여, 다섯째 달 1일에 저루살
럼에 도착했는데, 이것은 그와 함
께 있는 그의 **주 하나님**의 선의의
손길 도움에 따른 것이었다.
10 에즈라는 **주님**의 법을 따르고 실행
할 것을 마음으로부터 다짐하며,
이즈리얼의 규정과 정의를 가르치
고자 했다.
11 다음은 알더제렉스왕이 제사장 에
즈라에게 준 편지 사본이고, 에즈
라는 이즈리얼에게 **주님**의 명령과
규정을 바르게 전하는 서기관이었
다.
12 왕 중 왕 알더제렉스는 에즈라 제
사장에게, 하늘의 **하나님**의 법을
잘 아는 서기관인 그에게 당시 편
지에 이렇게 썼다. "너에게 완전한
평화를 기원한다.
13 나는 이렇게 칙령을 내린다. 내 영
토의 모든 이즈리얼 자손과, 제사
장과, 리바이 중, 자기의지로 저루
살럼으로 가려는 사람이 있으면
에즈라와 함께 가라.
14 너는 왕과 참모 7명이 초청하여,
쥬다와 저루살럼에 대해 네 손안
에 있는 너의 **하나님**의 법에 관하
여 묻고자 했던 만큼,
15 왕과 참모의 은과 금을 가져가서,
그것을 저루살럼에 사는 주민의 **하**
나님에게 자유 의지대로 올려라.
16 또 네가 배블런지역에서 찾을 수
있는 금은 전부는 물론, 백성과 제
사장의 자유 봉헌물까지, 저루살
럼에 있는 그들 **하나님**의 성전을
위한 자유의지의 봉헌물로 가져가
라.
17 그리고 너는 이 돈으로 즉시 수소,
숫양, 새끼양을 살 수 있고, 또 곡식
제물과 음료제물도 사서, 저루살
럼에 있는 너의 **하나님** 성전제단에
올릴 수 있을 것이다.
18 너와 네 형제에게 좋게 보이는 것
은 무엇이든, 여분의 은과 금으로
사용하며, 너의 **하나님**의 뜻에 따
라 실행해라.
19 네 **하나님**의 성전제사를 위해 너에
게 주는 그릇 역시, 네가 저루살럼
의 **하나님** 앞으로 가져가라.
20 네 **하나님** 성전에 좀 더 도움이 되
는 게 있으면 무엇이든, 네가 사용
할 경우가 있으면, 그것을 왕의 국
고에서 주겠다.
21 나 알더제렉스왕은 또한, 강 건너
편에 있는 모든 재무관에게 칙령
을 내린다. '하늘에 있는 **하나님** 법
을 잘 아는 에즈라 제사장이 네게
요구하는 것은 무엇이나 신속하게

실행해야 한다.
22 은 100탤런트약 3.4톤, 밀 100말약
22KL, 술 100통약 2.2KL, 기름 100통약
2.2KL, 그리고 소금은 얼마든지 무
제한으로 주어야 한다.
23 하늘의 **하나님**에 의해 명령되는 것
은 무엇이나, **하나님**성전을 위해
성실히 실행되게 해라. 왜 왕과 왕
손의 국토에 대하여 하느님의 분
노를 받아야 하는가?
24 역시 우리는 재무관에게 다음을
알린다. 제사장과, 리바이와, 악사
와, 문지기와, 네써님과, 혹은 **하나
님**성전 봉사자 이들에게, 통행세,
세금, 관세 부과는 적법하지 않다.'
25 그리고 에즈라는 네 **하나님**의 지혜
에 따라, 네 손 안의 지혜로 사법관
과 재판관을 정하여, 강 건너편의
모든 백성을 재판할 수 있게 하고,
네 **하나님**의 법을 아는 모두는 그
법을 모르는 자를 가르쳐야 한다.
26 너희 **하나님**의 법과, 왕의 법을 지
키지 않는 자가 있으면 그가 누구
든, 그를 즉시 판결하여, 사형이든
추방이든 재산몰수든 투옥이든 집
행해라." 이렇게 끝을 맺었다.
27 우리 조상의 **주 하나님**을 찬양하자.
왕의 마음에 그와 같은 일을 심어
서, 저루살럼에 있는 주님성전을
아름답게 만들게 했다.
28 그리고 왕은 그의 참모와 왕의 영
향력 있는 대군왕자들 앞에서, 나
에즈라에게 이런 자비까지 주었
다. 그래서 나는 나와 함께 있는 나
의 **주 하나님**의 손길로 힘을 얻어
서, 함께 돌아갈 수 있는 이즈리얼
대표를 모두 한 자리에 모았다.

함께 돌아온 가문대표

8 다음은 알더제렉스 시대에 배블
런에서 나와 함께 돌아온 가문
대표와 족보다.
2 피네해스 자손 중 거셤, 이써마 자
손 중 대니얼, 대이빋 자손 중 해투
시이다.
3 쉬캐나야 자손 가운데 패로쉬 자
손 중 제커라야가 있고, 그와 더불
어 남자 150명이 족보에 올랐다.
4 패해쓰모앱 자손 중 제러히야의
아들 일리어내이 및 남자 200명이
있다.
5 쉬캐나야 자손 가운데 재해지얼
아들 및 남자 300명이 있다.
6 또 애딘 자손 중 조너썬 아들 이벧
및 남자 50명이 있다.
7 일램 자손 중 애썰리아 아들 제쉐
이야 및 남자 70명이 있다.
8 쉐풰타야 자손 중 마이클 아들 제
배다야 및 남자 80명이 있다.
9 조앱 자손 중 제히얼 아들 오배다
야 및 남자218명이 있다.
10 쉘로미쓰 자손 중 조시퓌야의 아
들 및 남자 160명이 있다.
11 비배이 자손 중 비배이 아들 제커
라야 및 남자 28명이 있다.
12 애즈갣 자손 중 해커탠 아들 조해

년 및 남자 110명이 있다.
13 애더니캠 후손 중 일리펠렙, 제이
얼, 쉬매이야 및 남자 60명이 있다.
14 빅배이 자손 역시 우싸이, 재벋 및
남자 70명이 있다.
15 나는 그들을 모두 강이 흐르는 애
해바로 소집하여, 거기서 3일간 천
막에서 지냈다. 사람들과 제사장
을 보았고, 리바이 자손은 하나도
눈에 띄지 않았다.
16 그래서 나는 일리저, 아리얼, 쉬매
이야, 일내이썬, 내이썬, 제커라야
메셜램과 가문의 대표로 조이어
립, 일내이썬까지 학자들을 부르
러 보냈다.
17 그리고 나는 전령에게 캐시퓌아
지역대표 아이도에게 명령서를 보
내며, 아이도와 캐시피아 지역 그
의 형제 네써님에게 다음을 전하
라고 했다. "당신들은 우리의 **하나**
님성전 종사자들을 보내줘야 한
다."
18 그러자 우리 **하나님**의 행운의 도움
으로 그들이 우리에게 학자 한 사
람을 데려왔다. 그는 이즈리얼 아
들, 리바이의 아들 중 말리의 자손
쉬르바야였고, 그의 자식과 형제
18명과 함께 왔다.
19 또 해사바야 및 머라리 자손 중 제
쉐이야가 그의 형제 자식 20명과
함께 왔다.
20 네써님은 대이빋과 대군왕자가 리
바이를 돕도록 지정한 사람들이었
는데, 220명 모두 이름이 기록되었
다.
21 다음 나는 그곳 애해바강에서 금
식일을 선포했다. 그것은 우리가
하나님 앞에서 스스로 고통을 겪으
며, 우리와 어린 자식과 우리의 재
물에 대한 올바른 길을 찾으려는
것이었다.
22 내가 우리 길에서 만날 적에게 대
항하며 우리를 도울 군대와 기병
을 왕에게 요청하는 일이 창피했
기 때문에, 다음과 같이 말했다. '우
리 **하나님**의 손길은 선을 위해 **주님**
을 찾는 사람에게 있지만, **주님**의
힘과 분노는 그를 외면하는 모두
에게 내린다'고 했다.
23 그래서 우리는 금식하며, 우리의
길을 위해 관심을 우리에게 두도
록 **하나님**을 찾으며 기원했다.
24 그런 다음 나는 제사장 대표 쉐러
바야와 해쉐바야 및 그들의 형제
10명까지 모두 12사람을 선발하
여,
25 그들에게 금은그릇의 무게를 달
고, 우리 **하나님**의 성전 봉헌물도
달게 했는데, 그것은 알더제렉스
왕과, 참모와, 그의 성주와, 그곳에
있는 이즈리얼이 모두 제공한 것
이다.
26 내가 그들의 손을 통해 무게를 측
정했더니, 은 650 탤런트약 22톤, 은
제그릇 100탤런트약 3.4톤, 금제용기
100탈랜트약 3.4톤이었다.

27 또 금제대접 20개의 무게는 1,000
드램8.4Kg, 금처럼 고가 황동그릇이
2개였다.
28 나는 그들에게 말했다. "너희는 **하**
나님에게 신성한 사람이고, 그릇
역시 신성하다. 은과 금은 너희 조
상의 **주 하나님**에게 자진해서 올리
는 봉헌물이다.
29 너희는 그것을 잘 살피고 지켜라.
너희가 대제사장과, 리바이와, 저
루살럼에 있는 이즈리얼 가문대표
들 앞에서 측정이 끝나고, 주님성
전 보물창고에 들어갈 때까지 지
켜라.
30 그래서 제사장과 리바이는 금은그
릇 무게를 재어, 저루살럼의 우리
의 **하나님** 성전으로 가져갔다.
31 그리고 우리는 첫 달 12일째 날에
애해바강에서 출발하여 저루살럼
을 향해 갔다. 우리 **하나님**의 손이
우리에게 있으면서, 우리를 적의
손에서 구했고, 오는 길에 기다리
던 무리로부터 역시 구해주었다.
32 그리고 우리는 저루살럼으로 들어
와 3일간 머물렀다.
33 그리고 4일째 날에 금은그릇을 제
사장 우라야 아들 메레머쓰 손을
통해 **하나님**성전에서 무게를 재었
고, 그와 더불어 피네해스 아들 일
리저 및 제슈아 아들 조재밷, 리바
이 사람 비누이 아들 노어다야도
함께 했다.
34 당시 그릇 별 각 무게는 모두 적어
두었다.
35 당시 끌려 갔던 자손도 포로에서
풀려나, 이즈리얼의 **하나님**에게 제
사하며, 이즈리얼 모두를 위해 수
소 12마리와, 숫양 96마리와, 새끼
양 77마리 및 속죄제물용 숫염소
12마리로 **주님**에게 번제를 올렸다.
36 그리고 그들은 왕명을 왕의 부관
과, 강 이쪽편 총독들에게 전달했
다. 그랬더니 그들은 백성과 **하나**
님의 성전사업에 도움을 더해주었
다.

이민족 아내와 혐오행동

9 이런 일이 있은 뒤, 대군왕자들
이 내게 와서 말했다. "이즈리얼
백성과, 제사장과, 리바이레위는, 그
곳 사람과 스스로 관계를 끊지 않
고, 캐이넌가나안, 힡, 퍼리스, 제뷰
스, 애먼, 모앱, 이집트, 애머리의
혐오행동을 그대로 따르고 있어
요.
2 사람들이 이민족딸을 자기 아들을
위해 맞이해서, 신성한 씨앗이 그
땅 사람과 혼합되어 있어요. 그래
요, 대군왕자와 지배자의 손이 이
런 위반에 앞장섰어요."
3 나는 이 말에, 내 옷을 찢고, 머리털
과 수염을 뽑으며 너무 놀라 주저
앉았다.
4 그때 이즈리얼의 **하나님** 말에 떨던
모두가 내게 모여든 이유는, 내가,
끌려갔던 포로의 위반행위 때문에

저녁제사 때까지 넋을 잃고 있었
기 때문이었다.
5 저녁제사 때가 되어, 나는 무거운
마음으로 일어나, 웃옷과 겉옷이
찢어진 채 무릎을 꿇고, 나의 **주 하
나님**에게 양손을 뻗고,
6 이렇게 말했다. "오 나의 **하나님**, 내
얼굴을 들기가 민망하고 얼굴이
붉어져요. 나의 **하나님**, 우리의 잘
못이 우리 머리에 쌓여, 하늘까지
높아졌어요.
7 우리는 조상 때부터 크게 위반하
며 이날에 이르렀어요. 우리의 잘
못으로, 우리와, 왕과, 제사장은, 다
른 나라 왕의 손에 넘겨져, 칼에 쓰
러지고, 포로가 되고, 전리품이 되
며, 오늘날과 같이 수모를 당했어
요.
8 그러나 이제 우리의 **주 하나님**이 작
은 호의의 여지를 보여주어, 나머
지 우리가 피하여 살아 남게 하고,
또 당신의 신성한 장소 안에 정착
하게 해주었어요. 그렇게 **하나님**은
우리의 눈을 밝혀, 우리를 속박에
서 다소 회복시켜 주었어요.
9 우리는 노예였지만, **하나님**은 구속
된 우리를 버리지 않고, 대신 펄쟈
페르시아왕 눈의 자비가 미치게 하
여, 우리를 살려주었고, 또 **하나님**
의 성전을 세우고, 파손부분을 수
리하게 하며, 우리에게 쥬다와 저
루살럼에 성벽을 세우게 해주었어
요.
10 이제 **하나님**, 이에 대해 우리가 무
슨 말을 하겠어요? 우리가 당신의
명령을 외면한 탓이었어요.
11 당신의 종 예언자를 통해 당신이
이렇게 말했죠. '너희에게 소유하
라고 했던 그 땅이, 그곳 사람의 오
물과 혐오행동으로 불결해졌고,
그들의 부정은 이쪽에서 저쪽까지
가득 찼다'고 했지요."
12 "자, 그러니 이제부터 너희 딸을 저
들의 아들에게 주지 말고, 저들 딸
을 너희 아들에게 데려오지 말고,
평화나 재물도 함께 영원히 관계
를 맺지 마라. 그러면 너희는 강해
지고, 그 땅의 생산물을 충분히 먹
게 되므로, 너희 후손에게 그것을
항상 유산으로 남겨라.
13 이 모든 것이 우리가 잘못 행동하
고, 크게 위반해서 우리에게 일어
났다. 너희는 **하나님**이 우리가 받
을 죄보다 처벌을 적게 하고, 이와
같이 구해준다는 것을 알아야 한
다.
14 우리가 또 다시 **주님**의 명령을 어
기고, 이런 혐오스러운 사람과 친
밀해서야 되겠나? 우리가 소멸되
도록 **주님**에게 화를 자극하지 말아
야 하지 않나? 그러면 그때는 나머
지도 없고, 피할 수도 없을 것이 아
닌가?"
15 "오 이즈리얼의 **주 하나님**! 당신은
정의입니다. 우리는 달아나 이날
처럼 살아남았지만, 보세요, 우리

는 위반을 저지르고도 당신 앞에
있어요. 따라서 우리는 그로 인해
감히 당신 앞에 서 있을 수 없습니
다."

외국인 아내 해결

10 그리고 에즈라가 기도하고,
잘못을 인정하고 울며, **하나
님**성전 앞에 몸을 던지자, 거기에
모인 이즈리얼은 남녀와 어린이까
지 거대한 군중이 대단히 비통하
게 울었다.
2 일램 자손 중 제히얼의 아들 쉬캐
나야가 대답하며 에즈라에게 말했
다. "우리는 **하나님**에게 위반하는
죄를 짓고, 그 땅의 이민족 아내를
맞이했어요. 하지만 아직 이 일에
관하여 이즈리얼에게 희망이 있어
요.
3 이제부터 우리가 **하나님**과 다시 계
약을 맺고, 우리 아내와 그들한테
태어난 자식까지 내보내어, 나의
주인님과 우리 **하나님**의 명령을 두
려워하는 사람들의 충고를 따르
고, 또 법에 따라 이 일을 처리합시
다.
4 일어나세요. 이 문제는 당신에게
맡깁니다. 우리 역시 당신편이 되
겠어요. 용기를 내어 실행해주세
요."
5 그래서 에즈라가 일어나 대제사장
과, 리바이와, 모든 이즈리얼에게,
이 말에 따르도록 맹세하자, 그들
은 서약했다.
6 그리고 에즈라는 **하나님**성전에서
일어나, 일리애쉽 아들 조해넌의
방으로 들어갔다. 그가 그곳에 갔
을 때, 그는 빵도 먹지 않고 물도
마시지 않았다. 왜냐하면 포로로
끌려 갔던 사람의 위반 때문에 역
시 슬퍼하고 있었던 것이다.
7 그래서 그들은 쥬다와 저루살럼
전역에 포고문을 만들어, 포로후
손 모두에게 저루살럼에 모이라고
발표했다.
8 누구든 3일 이내 나오지 않는 자
는, 대군왕자와 원로의 충고에 따
라, 그의 재산을 몰수하고, 포로가
되었던 사람의 공동체에서 결별한
다.
9 쥬다와 벤저민 모두가 3일만에 저
루살럼에 모였다. 이것은 9번째 달
20일째 날이었다. 그리고 모두가
하나님성전 앞 거리에 앉아, 이 일
로 인해 떨고 있었는데, 소낙비가
퍼부었다.
10 에즈라 제사장이 앞에 서서 그들
에게 말했다. "너희는 명령을 위반
하고, 외국아내를 맞아, 이즈리얼
의 죄를 늘렸다.
11 따라서 이제 너희 조상의 **주 하나님**
에게 고백하고, **주님**이 바라는 대
로 해라. 그곳 사람과 이민족 아내
와 관계를 끊어라."
12 그러자 공동체 모두가 큰 소리로
대답했다. "당신 말대로, 우리가 반

드시 하겠어요.
13 그러나 사람은 너무 많고, 큰비가
오는 우기라서, 우리가 밖에 서 있
을 수 없고, 하루 이틀에 해결할 문
제가 아니에요. 우리가 이 일로 잘
못을 너무 많이 저질렀기 때문이
에요.
14 그러니 군중 가운데 우리의 대표
를 세워, 그들이 우리 도성의 외국
아내를 지정된 시간에 데려가도
록 하고, 도성마다 원로와 판관이
함께 하여, 이 문제로 우리의 **하나
님**의 격노가 우리로부터 누그러질
때까지 처리하게 합시다."
15 한편 애사헬 아들 조너썬과 티크
바 아들 재해이쟈만이 여기에 이
의를 제기했고, 리바이 출신 메셜
램과 쉐베싸이가 그 의견을 지지
했다.
16 포로의 후손도 그랬다. 그래서 에
즈라 제사장은 조상가문의 일부대
표와 함께, 조상집안 별로 이름에
따라 구분하여, 10번째 달 1일에
이 문제를 검토하려고 마주앉았
다.
17 그리고 그들은 첫 달 1일까지 외국
아내가 있는 사람에 대한 조사를
마쳤다.
18 제사장 아들 중에서도 외국신부를
데려온 자가 있다는 것이 밝혀졌
다. 예를 들면, 조재댁 아들, 제슈아
자식과 형제, 매세이야, 일리에저,
재립, 게덜라야였다.
19 그들은 자신의 아내를 내보내는데
동의하고, 죄에 대하여 그들이 위
반한 대가로 숫양 한 마리를 내놓
았다.
20 이머의 자식 중 해내니, 제배다야.
21 해림의 자식 중 매세이야, 일라이
자, 쉬매이냐, 제히얼, 우지아.
22 패슐의 자식 중 일리어내이, 매세
이야, 이시매얼, 내쌔니얼, 조재밷,
일래사.
23 또 리바이 출신 중 조배댇, 쉬메이,
켈리아 [또는 켈리타라고도 한다],
페쌔히야, 쥬다, 엘리저.
24 또한 악사 중 일리애쉽, 문지기 중
쉘럼, 텔렘, 우리.
25 그 밖의 이즈리얼 중 패로쉬 자식
중 래미아, 제지아, 맬키아, 미아민,
엘리자, 맬키자, 베내이야.
26 일램의 자식 중 매쌔이냐, 제커라
야, 제히얼, 앱디, 제레모쓰, 엘리
아.
27 재투의 자식 중 일리어내이, 일리
애쉽, 매쌔이냐, 제레머쓰, 재밷, 애
지자.
28 비배이 자식 역시 제호해넌, 해내
이야, 재바이, 애쓰래이.
29 배니의 자식 중 메슐램, 맬러크, 애
디아, 재셥, 쉬얼, 래머쓰.
30 패해쓰모앱 자식 중 애브나, 케랠,
베내이야, 매세이야, 매태니아, 베
재리얼, 비누이, 머나서.
31 해림의 자식 중 일리에저, 이쉬자,
맬키아, 쉬매이야, 쉬메언,

32 벤저민, 맬러크, 쉬매리아.
33 해셤의 자식 중 매테니, 매태싸, 재
밴, 일리페렐, 제레매이, 머나서, 쉬
메이.
34 배니의 자식 중 매대이, 앰램, 우얼,
35 베내이야, 베데이아, 켈루,
36 배니아, 메레머쓰, 일리어쉽,
37 매태니아, 매테내이, 재새우
38 배니, 비누이, 쉬메이,
39 쉴레마야, 내이썬, 어대이야,
40 매크내더배이, 쉐샤이, 쉐래이,
41 애저리얼, 쉴레마야, 쉬매리아,
42 쉐렴, 어매라야, 조셉.
43 느보의 자식 중 매티씨아, 재밴, 제
비나, 재대우, 조엘, 베내이야.
44 이들 모두는 외국신부를 데려왔
고, 그들 일부는 아내를 통해서 자
식까지 두었다.

니어마야 총독

니어마야의 기도

1 다음은 해컬라야 아들 니어마야
의 말이다. 12년째 해 취슬루월
태양력 11월 중순 이후, BC 446년에 내가
슈샨궁전에 있었을 때의 일이었
다.
2 나의 형제 중 해내니가 어떤 사람
들과 함께 쥬다지역에서 나에게
왔다. 그래서 나는 그들에게, 포로
로 잡히지 않고 살아남은 쥬다인
과 저루살럼에 관하여 물었다.
3 그들이 내게 말했다. "그 지방에서
포로가 되지 않고 살아남은 사람
은 엄청난 고통과 멸시 속에서 살
았어요. 저루살럼성벽은 무너져
내리고 성문도 불타버렸어요."
4 나는 이 이야기에 주저앉아 울며,
며칠 간 애도하며 금식한 다음, 하
늘의 하나님 앞에서 기도했다.
5 그리고 말했다. "나는 하늘의 주 하
나님 당신에게 간청해요. 당신은
위대하고 두려운 하나님이지만,
자신을 사랑하고 명령을 준수하는
자에게 약속을 지키며 사랑해주었
죠.
6 이제 당신의 귀를 기울이고 눈을
떠서, 당신 종의 바람을 들어주세
요. 나는 지금 당신 앞에서 밤낮으
로 당신의 종 이즈리얼 자손을 위
해 기도하며, 이즈리얼 자손의 죄
를 고백합니다. 나와 나의 조상집
안 모두 당신에게 죄를 지었다는
것을 인정해요.
7 우리는 당신의 뜻과 달리 대단히
부패하여, 명령도, 규정도, 정의도
제대로 지키지 않았어요. 그것은
당신이 당신의 종 모지스에게 명
령한 것인데 말이죠.
8 당신이 당신의 종 모지스에게 명
령한 다음 말을 기억해주기 바랍
니다. '만약 너희가 위반하면, 나는
다른 나라 가운데 너희를 멀리 흩
어버리겠다.
9 하지만 만약 너희가 내게 돌아와,
나의 명령을 지키고 실천하면, 비
록 너희가 하늘의 저 끝으로 쫓겨
났다 해도, 여전히 나는 그곳에서
그들을 모아, 나의 이름을 두고자
선택한 장소로 데려오겠다'고 했
지요.
10 이들은 당신의 종이고 백성이에
요. 당신은 그들을 놀라운 힘과 강
한 손힘으로 구원했어요.
11 오 주님, 간청합니다. 이제 당신의

귀를 기도하는 종에게 기울여, 그
의 기원을 들어주세요. 그는 당신
의 이름을 두려워하며, 일이 잘 될
수 있도록 지금 기도하고 있어요.
이 사람 눈 앞에서 당신의 관대한
사랑을 허락해 주세요" 라며 간청
했다. 당시 나는 왕의 술잔을 올리
는 사람이었다.

성전재건 승락

2 이 일은 알더제렉스왕 20년 니
샌월태양력 3월 중순 이후, BC 445년의
일이었다. 와인은 왕 앞에 있었고,
나는 술을 들어 왕에게 건넸다. 나
는 이전에 왕 앞에서 한 번도 슬픈
적이 없었다.
2 그때 왕이 내게 말했다. "네 표정이
왜 그렇게 슬프지? 아파 보이지는
않는데? 그것은 마음의 슬픔 말고
는 이유가 없다." 그러자 나는 몹시
두려웠다.
3 그래서 나는 왕에게 말했다. "왕은
영원하길 바랍니다. 왜 나의 표정
이 슬프지 않겠어요? 내 조상의 묘
지인 도성이 폐허되었고, 그 성문
이 불에 탔는데 말이죠?"
4 그러자 왕이 내게 물었다. "그렇
다면 네가 요구하는 바는 무엇인
가?" 그래서 나는 하늘의 하나님
에게 기도하며,
5 왕에게 대답했다. "만약 왕 당신이
괜찮고, 당신 종이 왕의 눈에서 호
의를 받는다면, 나를 내 조상의 묘
지가 있는 쥬다도성에 보내주면,
그곳을 재건할 수 있을 텐데요."
6 그때 왕이 내게 물었다. [왕비 역시
왕 옆에 앉아 있었다.] "네 여행이
얼마나 걸리겠나? 그리고 언제 돌
아올 수 있는가?" 왕이 기꺼이 나
를 보내려고 하는 것 같아서, 나는
그에게 기간을 알려주었다.
7 뿐만 아니라 나는 왕에게 이렇게
말했다. "왕의 마음이 괜찮다면, 강
건너 총독에게 보내는 편지를 써
주면, 그들이 나를 쥬다땅에 갈 때
까지 무사히 보내줄 겁니다.
8 또 왕의 산림책임자 애새프에게
편지를 써주어, 그가 내게 들보용
목재를 주면, 그것으로 도성의 궁
전문과, 성벽과, 내가 들어갈 수 있
는 집을 지을 수 있을 거예요." 그
러자 내 위에 있는 나의 하나님의
도움으로 왕이 나를 허락해 주었
다.
9 그리고 나는 강 건너 총독한테 와
서, 왕의 편지를 건넸다. 왕은 나와
함께 군대지휘관과 기병을 보내주
었다.
10 호런 출신 샌벨랫과 애먼 출신 관
리 토비아가 이 이야기를 듣고, 대
단히 불안해졌다. 이즈리얼 자손
의 행복을 추구하려는 사람이 그
곳에 온 것이 그들을 불편하게 했
다.
11 나는 저루살럼에 와서 3일간 머물
렀다.

12 그리고 나는 밤에 일어났다. 나와
함께 몇 사람이 있었지만, 나의 하
나님이 저루살럼에서 해야 할 일
을 내 마음에 심어준 것을 말하지
않았고, 내가 올라 탄 짐승 외에 어
떤 짐승조차 말하지 않았다.
13 나는 밤에 나가 '계곡문'을 통하여
'용우물' 앞쪽에서 '오물대문'까지
가면서, 저루살럼성벽을 살폈다.
벽은 무너져 내렸고, 여러 문이 불
에 탔다.
14 그리고 나는 '분수대문'과 '왕연못'
에 다다랐는데, 그곳은 내가 타고
온 나귀가 통과할 공간이 없었다.
15 그래서 나는 그 밤에 개울로 가서
성벽을 둘러보고, 다시 돌아서 '계
곡문'을 통해 돌아왔다.
16 그때 지역관리들은 내가 어디를
가서 무엇을 했는지 알지 못했는
데, 내가 여전히 그것을 쥬다인에
게 말하지 않았고, 제사장한테도,
귀족에게도, 관리자에게도, 공사했
던 나머지 사람에게도 말하지 않
았다.
17 그런 다음 내가 그들에게 말했다.
"너희는 우리가 처한 괴로움을 알
고 있다. 저루살럼이 얼마나 황폐
해졌는지, 성문들이 어느 정도로
불에 탔는지 알고 있다. 자, 우리 함
께 저루살럼성벽을 재건축하자.
그러면 우리는 더 이상의 후회가
없을 것이다."
18 그러면서 나는 그들에게 내게 일
어난 나의 하나님의 선의의 도움
에 대하여 전하고, 또 왕이 내게 말
한 이야기도 들려주었다. 그러자
그들이 말했다. "우리, 일어나서 건
설합시다." 그래서 그들은 선의의
공사를 위해 그들의 손힘을 뭉쳤
다.
19 그러나 호런 사람 샌밸랫과 애먼
출신 관리 토비아와, 어래이비아
사람 게쉠이 이 소문을 듣더니, 우
리를 비웃고 조소하고 무시하며
말했다. "도대체 너희가 무엇을 하
려는 거냐? 왕에게 반역하려는 거
냐?"
20 그래서 나는 그들에게 대답했다.
"하늘의 하나님은 우리 일을 성공
시켜줄 거다. 따라서 그의 종 우리
는 일어나서 짓겠다. 하지만 너희
는 저루살럼에 대한 어떤 지분도
없고, 권리도 없고, 주장할 명분도
없다."

성벽 보수자

3 그때 일리어쉽 대제사장이 형제
제사장들과 함께 일어나, '양의
대문'을 보수하고 정비하여 성문
을 세웠고, 미아 망루와 해내니얼
타워까지 정비했다.
2 그 다음으로 제리코 사람도 함께
건설했고, 그 다음에 임리 아들 재
컬도 고쳤다.
3 한편 '물고기대문'은 해세나 아들
이 보수하면서, 들보를 얹고 문을

세우고 자물쇠와 빗장까지 갖추었
다.
4 그 다음에 커즈 손자 우리자 아들
메레머쓰가 보수했고, 다음으로
메쉬재비얼 손자 베레카야 아들
메셜램이 보수했고, 다음으로 배
아나 아들 재이독이 수리했다.
5 다음으로 테코이 사람이 그들을
도와 재건했지만, 지역 귀족은 그
들 **주인**님의 성전 공사인데도 얼굴
조차 내보이지 않았다.
6 게다가 '옛성문'은 패시아 아들 제
허다와, 베소데이야 아들 메셜램
이 재건하면서, 그들은 문에 들보
를 얹어, 문을 세우고 자물쇠와 빗
장도 달았다.
7 그 다음 그들에게 기비언 출신 멜
래티아와, 메러노쓰 출신 재던과,
기비언 사람들과, 미즈파 사람들
이 와서 재건을 도우며 강 이쪽 편
관청까지 수리했다.
8 다음에 금세공사 할해이야 아들
우지얼이 수리했고, 다음 약제사
아들 해내이냐가 보수하며, 그들
은 '넓은벽'까지 저루살럼성을 튼
튼하게 요새화했다.
9 다음에 허의 아들 레퐈이야가 그
들을 도와 수리했는데, 허는 저루
살럼 절반의 통치자이다.
10 그 다음 해러맾 아들 제대이야가
그들을 도와 그의 집 맞은편 부분
까지 수리했다. 다음에 해쉡나야
아들 해투쉬가 보수했다.
11 해림 아들 맬키자와, 패해쓰모앱
아들 해셥이 다른 구역을 보수하
고 "화덕타워"도 수리했다.
12 다음으로 저루살럼 절반 지배자
핼로헤쉬 아들 쉘럼이 보수하며
그의 딸들도 같이 했다.
13 해넌은 '계곡문'을 수리하는데, 제
노아 주민도 같이 건설하여 문을
세우고, 자물쇠와 빗장까지 달았
는데, '오물대문'까지 성벽 길이가
1,000큐빝450m이었다.
14 그러나 '오물대문'은 베쓰해케렘
지역 지도자 레캡 아들 맬카야가
보수하여, 문을 세우고 자물쇠와
빗장까지 달았다.
15 '분수대문'은 미즈파지역 지도자
콜호제 아들 쉘런이 보수공사하
여, 지붕도 얹고 문을 세우고 자물
쇠와 빗장을 채웠다. 그리고 왕의
정원 옆 '실로암연못' 벽도 수리하
고 대이빋도성에서 길을 따라 이
어진 계단까지 재건했다.
16 다음 베쓰즐지역 절반 지도자 애
즈벅 아들 니어마야가 수리한 곳
은, 대이빋 묘역 맞은편 일대로 '인
공연못'과 '용사의집'까지 공사했
다.
17 다음에 리바이 사람 배니 아들 리
험이 수리했고, 다음에 케일라지
역 절반 지도자 헤쉐바야가 자기
지역을 복구했다.
18 다음에 케일라지역 절반을 지배하
는 지도자 헤내댈 아들 배바이 형

제가 공사했다.
19 다음으로 미즈파 지도자 제슈아
아들 이저가 보수했고, 성벽 모퉁
이에 있는 무기창고로 가는 길 맞
은편 일대를 복원했다.
20 다음 재배이 아들 버루크는 다른
지역, 성벽 모퉁이에서 대제사장
일리어쉽 집문까지 허물어진 곳을
성실하게 보수했다.
21 다음 코즈 손자 우리자 아들 메레
머쓰가 일리어쉽 집문부터 그의
집 끝까지 수리했다.
22 다음으로 평원에 사는 제사장들이
주변 공사를 했다.
23 그 다음 벤저민과 해셥이 그들의
집 맞은편을 고쳤고, 그 다음 애내
이냐 손자 매세이야 아들 애저라
야가 자기집 옆 주위를 보수했다.
24 다음 해내댄 아들 비누이가 애저
라야 집부터 성벽을 돌아 모퉁이
까지 공사했다.
25 우자이 아들 패럴은 성벽 모퉁이
맞은편 일대와, 왕의 궁전에서 돌
출한 타워를 재건했는데 그것은
교도소의 정원 옆이다. 그 다음으
로 패로쉬 아들 페대이야가 수리
했다.
26 한편 네써님 사람은 오펠에 살았
는데, 동쪽 '수문'과 밖으로 뻗은 망
루 맞은편 일대를 수리했다.
27 그들 다음으로 테코이 사람은 다
른 지역을 수리했는데, 밖으로 뻗
은 큰 망루의 반대편 일대에서 오
펠 성벽까지 복구했다.
28 '말의문' 위쪽부터는 제사장이 수
리하여 각자 자기집 건너편을 고
쳤다.
29 그들 다음으로 이머 아들 재이독
은 자기집 반대편을 수리했고, 그
다음으로 동쪽 문지기 쉬캐나야
아들 쉬마야가 수리를 맡았다.
30 그 다음으로 쉘레마야 아들 해내
이냐와, 재랩의 6번째 아들 해넌이
다른 지역을 맡아 수리했고, 그 다
음 베레카야 아들 메셜램이 자기
방 맞은편을 수리했다.
31 그 다음 금세공사 아들 맬카야가
네써님 지역을 수리했고, 상인들
도 '미프캗문' 맞은편 일대와 모퉁
이로 가는 길까지 복원했다.
32 '양의대문'으로 가는 모퉁이 사잇
길을 금세공사와 상인들이 수리했
다.

재건저지에 대항

4 그러나 샌밸랫이 우리가 성벽건
설을 한다는 소리를 듣고, 화가
나서 분개하며 쥬다인을 조소했
다.
2 그는 그의 형제와, 스매리아 군대
앞에서 말했다. "대체 이 형편없는
쥬다인이 무엇을 하는 거냐? 그들
이 직접 성벽을 재건한다고? 제사
라도 올린다고? 하루 만에 끝낸다
고? 불타버린 잿더미 속에서 쓸만
한 돌이라도 꺼낸다고?"

3 애먼 사람 토비아가 옆에서 거들
었다. "그들이 아무리 지어봐야, 여
우 한 마리가 올라서도, 돌담이 무
너져버릴 거예요" 라며 빈정댔다.
4 "우리의 하나님, 들어주세요. 우리
가 이렇게 멸시당하고 있으니, 저
들의 경멸이 저들 머리에 내리게
하여, 적의 나라 포로제물로 던져
주세요.
5 저들의 죄를 덮어주지 말고, 주님
앞에서 지우지 마세요. 왜냐하면
저들은 건축자에게 화를 내어 주
님을 모욕했어요.
6 이렇게 우리가 성벽을 건설하여
모든 벽이 절반 정도 서로 연결되
었어요. 이는 백성이 마음으로 일
하기 때문이에요.
7 그러나 샌밸랫과, 토비아와, 어래
이비안과, 애먼 사람과, 애쉬돋 사
람이, 저루살럼성벽이 세워졌다는
소리를 듣고, 또 허물어지는 것이
멈춰졌다는 소리를 듣더니, 몹시
화를 냈어요.
8 그들이 모두 한데 모여 음모를 꾸
미고 와서, 저루살럼과 싸우고 방
해하려고 했어요.
9 그렇지만 우리는 하나님에게 기도
하며, 저들 때문에 밤낮으로 파수
를 세웠어요.
10 한편 쥬다는 이렇게 말합니다. '짐
을 지고 나르는 힘이 다 빠지고 녹
초가 되어, 우리는 더 이상 벽을 쌓
을 수 없다'고 말이죠.
11 그러자 우리의 적은 이렇게 말했
어요. '우리가 그들 가운데 들어가
도 쥬다인은 알지도 못하고, 보지
도 못할 것이다. 그러니 그들을 죽
이고 공사를 멈추게 하자'고 했어
요.
12 그들 곁에서 사는 쥬다인도 와서
우리에게 열 번이나 말했어요. '너
희가 향하는 곳부터 우리한테까지
저들이 공격할 것이다' 라고 말이
죠.
13 그래서 나는 성벽 뒤쪽 낮은 곳과
높은 곳에, 집안 별로 칼과 창과 활
을 들고 파수를 배치했어요.
14 나는 둘러보고 일어나 귀족과 관
리와 백성에게 말했어요. '너희는
저들을 두려워 마라. 위대하고 무
서운 **주인**님을 기억하고, 네 형제
와 네 아들딸과 네 아내와 네 집안
을 위해 싸워라.'
15 그랬더니 우리의 적에게 우리에
대한 소문이 알려졌고, 하나님이
그들 계략을 허사로 돌렸다는 이
야기도 들었어요. 그래서 우리는
성벽으로 돌아와 각자 일을 했어
요.
16 그때부터 내 부하 절반은 작업을
했고, 나머지 절반은 창과 방패와
화살과 갑옷을 지녔고, 그곳 관리
는 모두 쥬다집 뒤에서 망을 보았
어요.
17 성벽을 건축한 사람과, 짐을 져나
르는 사람, 그들 모두는 공사를 하

는 한편, 다른 손에는 무기를 들었
어요.
18 건축자는 각자 칼을 옆에 찬 채 건
설했고, 트럼펕수는 내 옆에 있었
어요.
19 나는 귀족과, 관리와, 백성에게 이
렇게 말했어요. '이 재건공사는 규
모가 너무나 크다. 그래서 우리는
벽에서 서로 멀리 떨어져 있다.
20 너희가 있는 곳에서 트럼펕소리가
들리면, 우리에게 돌아와야 한다.
우리의 하나님이 우리를 위해 싸
워줄 것이다.'
21 그리고 우리는 공사를 열심히 했
어요. 절반은 아침 해가 뜰 때부터
별이 보일 때까지 창을 들었고요.
22 그때 나는 마찬가지로 백성에게
이렇게 말했어요. '모든 사람은 부
하와 함께 저루살럼 안에 있으면
서, 밤에는 우리의 경비가 되고, 낮
에는 건설 일을 해야 한다.'
23 그래서 나도, 나의 형제도, 나의 부
하도, 나를 따르는 경비 모두, 우리
중 누구도 신체를 씻는 일 이외 옷
을 벗지 않았어요.

가난한 사람을 돕다

5 백성과 그 아내들은 형제 쥬다
인에 대한 불만이 대단히 컸다.
2 사람들이 하는 말은, "우리는 아들
딸이 많아서, 자식을 먹일 식량이
있어야 살 수 있다"고 했다.
3 또 다른 사람이 하는 이야기는, "우
리는 땅과, 포도원과, 집을 담보로
맡겼는데, 기근이 심한 탓에, 그래
야 식량을 살 수 있다"고 했다.
4 또 어떤 말은, "왕에게 세금을 내기
위해, 우리 땅과 포도밭을 맡기고
돈을 빌렸다.
5 우리의 살은 동포의 살과 같고, 우
리 자녀도 그들 자녀와 마찬가지
인데, 보라, 우리의 아들은 노예로,
딸은 종으로 끌려 가서, 딸 일부는
이미 팔렸다. 우리 힘으로 돈을 갚
고 자식을 되찾아 오지 못하는 이
유는, 남이 우리 땅과 포도밭을 가
졌기 때문이다."
6 나 니어마야는 그들의 이런 외침
을 듣고, 몹시 화가 났다.
7 그래서 혼자 깊이 생각한 다음, 귀
족과 관리를 비난했다. "당신들은
제 형제에게 고리대금을 강요한
것이다." 그리고 그들을 대상으로
큰 집회를 열었다.
8 내가 그들에게 말했다. "우리는 능
력껏 이교도에게 팔려갔던 쥬다인
형제를 상환하고 데려왔는데, 이
제 당신의 형제를 팔려고 하나? 아
니면 그들이 우리에게 팔려야 하
나?" 그러자 그들은 잠자코 있으
면서 아무 대답도 하지 않았다.
9 나는 또 말했다. "당신들이 하는 일
은 옳지 않다. 우리 하나님을 두려
워하는 길에서 벗어나서야 되겠
나? 우리의 적 이민족의 비난이 부
끄럽다.

10 마찬가지로 나도, 형제나 부하처
럼, 돈과 곡식을 착취했을지 모른
다. 제발 부탁하는데, 우리, 고리대
금을 그만두자.
11 바로 이날 그들에게 되돌려주기를
간청한다. 그들의 땅과, 포도밭, 올
리브밭, 집은 물론, 그들에게 강요
했던 돈과, 곡식과, 포도주와, 기름
중 1/100을 돌려주자."
12 그러자 그들이 대답했다. "우리가
그들에게 되돌려주고, 아무것도
요구하지 않겠어요. 당신이 말한
대로 하겠어요." 그래서 나는 제사
장을 불러, 그들한테 앞으로 이 약
속을 실천한다는 서약을 받았다.
13 그리고 나는 옷 속을 털어 보이며
말했다. "하나님이 이렇게 사람마
다 그의 집과 노동을 떨어낼 경우
는, 이 약속대로 지키지 않을 때이
다. 그래서 이와 같이 털려 비워질
것이다." 그러자 군중 모두 말했다.
"애이멘, 동의합니다" 라며 주님을
찬양했다. 그리고 그들은 약속대
로 실행했다.
14 게다가, 내가 쥬다땅에 총독으로
임명된 시기로부터, 곧 알더제렉
스왕 집권 20년부터 32년까지 12
년간, 나와 동료 형제는 총독의 봉
록을 먹지 않았다.
15 그런데 전 총독은 백성에게 세금
을 물려, 그들한테서 곡식과 포도
주를 빼앗고, 추가로 은 40쉐클약
460g씩 부과했다. 그렇다, 심지어
그들의 부하까지 백성에게 부담을
지웠지만, 나는 하나님을 두려워
하기 때문에, 그렇게 하지 않았다.
16 그렇다, 나는 성벽공사를 계속 진
행했고, 우리는 어떤 땅도 사지 않
았고, 나의 부하 모두 일을 하려고
그곳에 모였다.
17 또 나는 내 식탁에 쥬다인과 관리
150명을 합석시켰고, 게다가 우리
에게 온 주변 이민족까지 함께 했
다.
18 그래서 매일 나를 위해 준비한 식
량은, 황소 한 마리, 선별된 양 6마
리, 조류를 마련했고, 열흘에 한 번
씩 여러 종류의 저장 와인도 준비
했다. 하지만 나는 이 모든 것을 총
독의 빵몫으로 요구하지 않았다.
왜냐하면 강제부과는 백성에게 무
거웠기 때문이었다.
19 "나의 하나님, 나에 대해 생각해주
세요. 백성을 위해 내가 실행한 모
든 것이 선이 되도록 해주세요."

강력저지 중 재건완공

6 샌밸렛과, 토비아와, 어래이비
아 사람 게쉠과, 우리의 적 나머
지가, 내가 성벽을 쌓고 허물어진
벽을 재건했다는 소문을 들었다.
[당시 나는 성문을 매달기 전이었
다.]
2 샌밸렏과 게쉠이 내게 사람을 보
내 말했다. "자, 우리 오노평원의
어느 마을에서 만나자." 그러나 그

들은 나를 해칠 의도였다.
3 나는 그들에게 전령을 보내 대답
했다. "나는 큰공사 중이어서 갈 수
없다. 내가 왜 이 일을 중단하고 당
신에게 가야하나?"
4 그런데도 그들은 내게 이후에도 4
번이나 더 사람을 보냈고, 나는 같
은 식으로 답했다.
5 그러자 샌밸렡은 내게 그의 부하
손에 다섯 번째로 같은 식의 공개
편지를 들려 보냈다.
6 그 안에는 적힌 내용은, "이민족에
게 공개된 것으로, 게쉠의 말에 의
하면, '너와 쥬다인은 반란을 꾀하
여, 성벽을 쌓는 구실로, 네가 왕이
되려 한다'는 말이 있다.
7 그래서 너는 예언자를 임명하여,
저루살럼에 네 자신을, '여기 쥬다
왕이 있다'며 설득하고 있는데, 곧
이 소문은 그대로 왕에게 보고되
어야 한다. 따라서 우리 함께 의논
해보자."
8 그때 나는 사람을 보내어 그에게
말했다. "여기 네가 말하는 그런 일
은 없고, 대신 네 마음 속에서 거짓
을 꾸며내는 것"이라고 전하게 했
다.
9 그들이 우리에게 다음과 같이 겁
을 주었다. '저들은 일하다 점점 힘
이 빠져 완성하지 못할 것'이라고
했다. 그래서 나는 기도했다. "오
하나님 내 손에 힘을 주세요."
10 그후 나는 쉬마야 집에 왔다. 그는
메헤터벨 아들 들라이야 아들인데
문을 닫고 말했다. "우리 하나님성
전의 성소에서 만나, 성소문도 닫
읍시다. 왜냐하면 저들이 당신을
죽이려고 와서, 맞아요, 밤에 당신
을 살해할 거예요."
11 그래서 내가 말했다. "나 같은 사
람이 도망가야 한다고? 나 같은 사
람이, 목숨을 구하고자 성전 안으
로 들어간다? 나는 가지 않을 것이
다."
12 그리고, 나는 하나님이 그를 보낸
게 아니라는 것을 알아차렸다. 대
신 그는 나를 공격하는 예언을 했
는데, 토비아와 샌밸렡이 고용한
것이었다.
13 그래서 그는 고용되어 시키는 대
로 따르며, 나를 겁주어 죄를 짓게
하려는 것이었다. 그렇게 일을 꾸
며, 나쁜 보고를 하고 나를 비난할
수 있게 된다.
14 "나의 하나님, 토비아와 샌밸랱의
소행을 생각해 보세요. 또 노어다
야 여자예언자와 다른 예언자에
대해서도 그들의 꾸민 때로 따르
게 하여, 나를 곤경으로 몰아넣으
려 해요."
15 그리고 성벽은 이룰월태양력 8월 중순
이후 25일째 날 끝났는데, 이는 공
사시작 52일만이었다.
16 우리의 적이 완공소식을 듣고, 우
리가 한 일을 이민족 모두가 보자,
그들이 제눈으로 보고서야, 이 공

사가 우리 하나님이 이룬 작업이
라는 것을 깨달았다.
17 더욱이 당시 쥬다귀족도 토비아에
게 여러 차례 편지를 보냈고, 토비
아의 편지도 귀족들에게 여러 번
왔다.
18 쥬다의 많은 사람이 그에게 와서
맹세한 것은, 그가 아라의 아들 쉬
캐나야 사위였기 때문이고, 그의
아들 조해넌은 베레카야 아들 메
셜램의 딸을 맞이했기 때문이었
다.
19 그들도 내 앞에서 토비아를 칭찬
했고, 그에게 가서 내 말을 입에 올
렸다. 그래서 토비아는 나를 두렵
게 하려고, 내게 편지를 보냈던 것
이다.

귀환자 인구조사

7 성벽이 완공되자 그곳에 문을
달고, 문지기와 악사와 리바
이 사람을 임명했다.
2 내가 나의 형제 해내니를 궁전관
리 해내이냐와 함께 저루살럼을
감독하도록 책임을 준 이유는, 그
가 충실했고, 대부분 사람 이상으
로 하나님을 경외했기 때문이었
다.
3 나는 그들에게 말했다. "아침 해가
높이 뜰때까지 저루살럼 문을 열
지 말고, 그들이 문옆에 지키는 동
안에도 문을 닫고 빗장을 채워라.
저루살럼 주민을 임명하여 각자
구역과 집주변까지 지키게 해라."
4 이 도성은 규모가 컸지만, 그 안에
있는 사람은 적었고 집도 제대로
지어지지 않았다.
5 그때 하나님은, 내 마음 안에 귀족,
관리, 백성을 한데 모아, 가계 별로
인구조사할 생각이 들게 했다. 그
래서 나는 우선 포로의 귀환명단
을 찾고 기록을 확인했다.
6 다음은 포로에서 돌아온 그 지역
자손이다. 그들은 배블런왕 네부
캔네절에게 끌려갔다 다시 저루살
럼과 쥬다의 자기 도성으로 갔는
데,
7 그들은, 제러배블, 제슈아, 니어마
야, 애저라야, 래어마야, 내허매니,
몰데커, 빌샨, 미스페레쓰, 빅배이,
니험, 배아나와 함께 왔다. 그리고
이것은 이즈리얼 사람 명단이다.
8 패로쉬 자손 2,172
9 쉬풔타야 자손 372
10 아라 자손 652
11 패해쓰모앱 자손 2,818
12 일램 자손 1,254
13 재투 자손 845
14 재캐이 자손 760
15 비누이 자손 648
16 비배이 자손 628
17 애즈갠 자손 2,322
18 애도니캠 자손 667
19 빅배이 자손 2,067
20 애딘 자손 655
21 해저카야의 애터 자손 98

22 해셤 자손 328
23 비재이 자손 324
24 해리프 자손 112
25 기비언 자손 95
26 베쓸레헴과 네토퐈 사람 188
27 애내쏘쓰 사람 128
28 베쌔즈머베쓰 사람 42
29 킬잿저림, 케퓌라, 비어로쓰 사람
743
30 래마와 게바 사람 621
31 믹매스 사람 122
32 베썰과 애이아이 사람 123
33 다른 니보 사람 52
34 다른 일램 자손 1,254
35 해림 자손 320
36 제리코 자손 345
37 로드, 해딛, 오노 자손 721
38 세내아 자손 3,930명이었다.
39 제사장 중: 제슈아 집안 제대이야
자손 973
40 이머 자손 1,052
41 패슐 자손 1,247
42 해림 자손 1,017명이었다.
43 리바이 중: 제슈아와 캐드미얼 자
손과 호데바 자손 74명이었다.
44 악사 중: 애새프 자손 148명이었
다.
45 문지기 중: 쉘럼 자손, 애터 자손,
탤먼 자손, 애컵 자손, 해티타 자손,
쇼배이 자손 138명이었다.
46 네써님성전관리 중: 지하 자손, 해슈
파 자손, 태배오쓰 자손,
47 케로스 자손, 시아 자손, 패든 자손,
48 르배나 자손, 해개바 자손, 쉘매이
자손,
49 해넌 자손, 기델 자손, 개할 자손,
50 리애이야 자손, 리진 자손, 네코다
자손,
51 개잼 자손, 우자 자손, 풰시아 자손,
52 비새이 자손, 메우님 자손, 네피쉬
심 자손,
53 배벅 자손, 해커퐈 자손, 할허 자손,
54 재즈리쓰 자손, 메히다 자손, 하샤
자손,
55 발코스 자손, 시세라 자손, 태마 자
손,
56 네지아 자손, 해티퐈 자손이 있다.
57 솔로먼 신하의 자손 중: 소태이 자
손, 소페레쓰 자손, 페리다 자손,
58 재알라 자손, 달컨 자손, 기델 자손,
59 쉬풰타야 자손, 해틸 자손, 지배임
의 포케레쓰 자손, 애먼 자손이었
다.
60 네써님 사람 모두와 솔로먼 신하
자손은 392명이었다.
61 다음 사람들은 텔메라, 텔하레샤,
케럽, 애던, 이머 출신들이었지만,
그들의 조상 가문을 증명할 수 없
었고, 그들의 후손도 이즈리얼 사
람인지 알 수 없었다.
62 델래이아 자손, 토비아 자손, 니커
다 자손 642명이었다.
63 제사장 중: 해비야 자손, 코즈 자손,
바질래이 자손은, 길리얻 사람 바
질래이의 딸을 아내로 삼아서, 그
들의 이름을 따서 불렀다.

64 이들은 그들 가계로 계산된 사람
가운데 기록을 찾았지만, 발견하
지 못하여, 오염된 사람으로 간주
하여 제사장직에서 제외했다.
65 틸샤싸가 그들에게 제안했다. "그
들은 우림과 써밈을 지닌 제사장
을 세울 때까지 가장 신성한 음식
을 먹어서는 안 된다"고 했다.
66 그곳 공동체 전체는 모두 42,360
명이었고,
67 그 이외 남녀종이 7,337명이었고,
남녀 가수는 245명 있었다.
68 그들의 말은 736마리, 노새 245마
리,
69 그들의 낙타는 435마리, 나귀는
6,720마리였다.
70 가문대표 몇 사람은 건설공사에
기부했다. 총리 틸샤싸는 보물창
고에 금 1천 드램약 8.4Kg, 대접 50
개, 제사장 의복 530벌을 주었다.
71 가문대표 일부는 공사에 쓸 재물
을 주었는데, 금 2만드램 약 170Kg,
은 2,200파운드약 1.2톤였다.
72 나머지 사람은 금 2만드램약 170Kg,
은 2천파운드약 1.1톤, 제사장 의복
67벌이었다.
73 그래서 제사장, 리바이, 문지기, 악
사, 백성 일부, 네써님 사람과 모든
이즈리얼 사람이 도성 안에서 살
았고, 7개월째 달이 되어 이즈리얼
자손이 각자의 고향 도성에 정착
했다.

모지스 법해설

8 모든 백성이 한결같이 '물의대
문' 앞 큰 길로 모였다. 그들은
기록관 에즈라에게 말하여, 주님
이 이즈리얼에게 명령한 모지스
법을 가져오게 했다.
2 에즈라 제사장이 남녀 군중 앞에
모지스 법을 가져와서, 모두가 해
설을 들을 수 있었다. 그때가 7번
째 달 1일이었다.
3 그는 '물의대문' 앞 길에서 아침부
터 정오까지 이해가 가능한 남녀
앞에서 모지스 법을 읽었고, 사람
들은 귀를 기울여 법전을 들었다.
4 서기관 에즈라는 설법용으로 제작
한 목제 연단에 섰고, 그 옆으로 매
티씨아, 쉬마, 애내이야, 우리자, 힐
키아, 매세이야가 그의 오른쪽에
섰고, 왼쪽에 페대이야, 미쉐얼, 맬
카야, 해셤, 해쉬배대나, 제커라야,
메셜램이 섰다.
5 에즈라는 모든 사람이 보는 앞에
서 법의 책을 열었는데, [다른 사람
보다 높이 서 있었기 때문에], 그가
법전을 여는 것을 보게 된, 모두가
자리에서 일어났다.
6 에즈라는 위대한 주 하나님을 찬
양했다. 그러자 모든 사람은 '애이
멘, 동의합니다'라고 답하며, 양손
을 올리고 고개를 숙이고, 얼굴을
땅에 대어 주님을 경배했다.
7 또 제슈아, 배니, 쉐리비아, 재민,
애컵, 쉐베싸이, 호디자, 매세이야,

켈리타, 애저라야, 조재밷, 해넌, 펠
래이아, 리바이 사람들은, 백성을
도와 법을 이해시켰고, 백성은 제
자리에 서 있었다.
8 그렇게 그들은 하나님 법을 또박
또박 읽어 의미를 설명하며, 사람
들이 내용을 이해하도록 도왔다.
9 틸샤싸 사람 니어마야와, 서기관
에즈라 제사장과, 백성을 가르쳤
던 리바이가 모두에게 말했다. "오
늘은 당신의 주 하나님에게 신성
한 날이니, 슬퍼하지도 울지도 마
세요." 왜냐하면 사람들이 하나님
의 법을 듣고서 모두가 울었기 때
문이었다.
10 그때 니어마야 총독이 사람들에게
말했다. "각자 돌아가서 기름진 음
식을 먹고, 달콤한 음료를 마시고,
아무것도 준비 못한 사람에게는
일정분량을 보내주세요. 이날은
우리의 주인님에게 신성한 날이므
로 슬퍼하지 마세요. 주님의 기쁨
이 곧 여러분의 힘이기 때문이에
요."
11 리바이는 모든 사람을 진정시키며
말했다. "침착하세요. 오늘은 신성
한 날이니, 슬퍼하지 마세요."
12 그래서 모든 사람이 각자 돌아가
서 먹고 마시고 일정량을 보내고
나자, 명랑해졌다. 왜냐하면 사람
들이 모지스 법전에 선포된 내용
을 잘 알게 되었기 때문이었다.
13 둘째 날 백성의 조상대표가 함께
모였고, 제사장과, 리바이 사람이,
서기관 에즈라 법학자한테 모여들
어 법의 해설을 들었다.
14 그들이 주님의 모지스를 통해 명
령한 책에 적힌 법을 알게 된 것은,
이즈리얼 자손이 일곱째 달의 축
일 동안 임시막사에서 지내야 하
는 것이다.
15 또 그들은 도성과 저루살럼에 마
땅히 다음을 알렸다. "각자 산에 가
서 올리브 가지, 소나무 가지, 미틀
나뭇가지, 야자수 가지, 두꺼운 나
뭇가지를 가져와서, 기록 대로 임
시막사를 만들어야 한다."
16 그래서 사람들은 나가서 가지를
갖다, 직접 임시막사를 짓는데, 각
자 자기집 지붕 위에, 집 정원에, 하
나님성전 정원에, '물의대문' 앞길
에, 이프리엄대문 길거리에 지었
다.
17 포로에서 돌아온 군중은 각자 나
뭇가지막사를 짓고 그 안에 앉았
다. 눈의 아들 자슈아 시대부터 그
날까지 이즈리얼 자손은 한 번도
그렇게 하지 않았다. 그래서 그들
은 가슴이 대단히 벅차올랐다.
18 그리고 첫날부터 마지막 날까지
매일, 에즈라는 하나님 법의 책을
읽었다. 그리고 그들은 7일 동안
축일을 지키고, 8일째 날, 하나님
에게 경배하는 신성한 집회를 그
방식대로 따라 했다.

잘못을 고백하고 인정

9 그 달 24일 이즈리얼 자손은 금
식하며, 베옷을 입고 먼지를 쓴
채 모였다.
2 이즈리얼 후손은 모든 이민족과
스스로 관계를 끊고 서서, 자기 죄
와 조상의 비행을 고백했다.
3 그들은 각자 제자리에서 그날의
1/4시간 동안 그들의 주 하나님 법
의 책을 읽었고, 다른 1/4시간에는
고백하며 주 하나님을 경배했다.
4 리바이 중 계단에 오른 제슈아, 배
니, 캐드미얼 쉬배나야, 버니, 쉬르
바야, 배니, 케내니는, 큰소리로 그
들의 주 하나님에게 외쳤다.
5 그때 리바이 중 제슈아, 캐드미얼,
배니, 해쉡나야, 쉬르바야, 호디자,
쉬배나야, 페쌔이야가 말했다. "모
두 일어나 영원에서 영원까지 존
재하는 주 하나님을 찬양합시다.
그래서 주님의 찬란한 이름을 찬
양하여, 모든 축복과 칭찬 이상으
로 높아지게 합시다.
6 당신은 유일한 주님이에요. 당신
은 하늘을 만들고, 하늘 중 하늘을
수많은 별과 함께 만들고, 땅과, 그
안의 모든 생물 및 바다와, 그 안의
모든 물고기를 만들어 보호해주었
어요. 그래서 하늘의 모든 군상이
당신을 경배합니다.
7 당신은 주 하나님입니다. 그는 애
이브럼을 선택하여, 캘디스의 우
르에서 이끌어 낸 다음, 애이브러
햄이라는 이름을 주었죠.
8 그의 마음이 당신 앞에 성실하다
는 것을 알고, 그에게 캐이넌땅을
주기로 약속했고, 힡, 애머리, 퍼리
스, 제뷰스, 걸개쉬의 땅 역시 그 후
손에게 준다는 당신의 말을 실행
했어요. 주님 당신은 바로 올바른
정의이니까요.
9 이집트에서 우리 조상의 고통을
보고, 홍해 옆에서 그들의 아우성
을 듣더니,
10 이집트 풰로우 왕에게 신호와 경
이를 보이고, 그의 신하와 그곳 백
성에게도 보였죠. 왜냐하면 당신
은, 그들이 이즈리얼에게 얼마나
오만하게 굴었는지, 잘 알기 때문
이었어요. 그래서 당신은 오늘날
과 같은 명성을 얻었지요.
11 또 당신이 그 앞에서 홍해를 가르
자, 그들은 바다 한가운데 마른 땅
을 건넜고, 당신은 박해자를 험한
물속 깊숙이 돌처럼 던져버렸어
요.
12 게다가 당신은 이즈리얼에게 낮에
는 구름기둥이 되어 주고, 밤에는
빛의 기둥이 되어 그들이 가야 할
길을 밝혀주었어요.
13 당신은 사이나이 산 위로 내려와,
하늘에서 그들과 대화하며, 그들
에게 바른 판단과, 진실한 법과, 선
의 규정과 명령을 주었어요.
14 그리고 그들에게 당신의 신성한
사배쓰휴일을 가르치고, 당신의

종 모지스 손을 통해 교훈과 규정
과 법을 명령했지요.
15 그들이 배고플 때 하늘에서 빵을
내려주고, 목마를 때 바위에서 물
이 나오게 하며, 당신이 그들에게
준다고 맹세한 땅에 들어가 소유
하게 하겠다고 약속했어요.
16 그러나 그들과 우리 조상은 너무
오만해져, 그들의 목을 굳히며 당
신의 명령을 듣지 않았어요.
17 그러면서 복종도 거부하고, 주님
이 그들에게 실행한 경이를 마음
속에 두지도 않고, 대신 목만 뻣뻣
하게 굳히고 반발하며, 대장을 지
명하여 다시 노예생활로 돌아가겠
다고 했지요. 그러나 당신은 용서
가 준비된 하나님이어서, 관대하
게 사랑하며, 분노를 자제하고, 큰
호의로 그들을 외면하지 않았지
요.
18 그래요, 그들은 주물 송아지를 만
들어, '이것이 너희를 이집트에서
데려온 신'이라며, 분노를 크게 일
으켰어요.
19 하지만 당신은 마음 가득한 사랑
으로, 황야에서도 그들을 버리지
않고, 낮에는 떠나지 않는 구름기
둥으로 그들의 길을 이끌고, 밤에
는 빛의 기둥이 되어 밝게 비추며
가야 할 길을 밝혀주었어요.
20 당신은 또 당신의 선한 영혼을 그
들에게 가르쳐 주었고, 그들의 입
에서 당신의 매나를 빼앗지 않았
고, 목마를 때 물을 주었어요.
21 그래요, 40년간 당신이 황야에서
그들을 보살펴서, 그들은 부족한
게 없었지요. 그들의 옷은 낡지 않
았고, 발도 부르트지 않았고요.
22 더욱 당신은 그들에게 왕국과 나
라를 주고, 그것을 구역으로 나누
자, 그들은 시흔땅을 소유하고, 해
쉬번왕의 땅과 배이샨의 오그왕의
땅도 가졌습니다.
23 주님 당신은 그들의 자녀 역시 하
늘의 별처럼 수를 많이 늘려, 당신
이 그들의 조상에게 약속한 땅으
로 데려왔어요.
24 그래서 그 자손이 들어가서 땅을
소유했고, 당신은 이즈리얼 앞에
서 땅의 원주민 캐이넌을 굴복시
키고, 그들의 왕과 백성을 이즈리
얼 손에 넘기자, 그들이 원하는 대
로 할 수 있었겠지요.
25 또 그들은 굳건한 도성과, 기름진
땅을 빼앗았고, 좋은 물건이 가득
찬 집과, 파놓은 우물, 포도밭, 올리
브밭, 풍성한 과일나무를 소유하
여, 배부르게 먹고 살이 찌게 되었
고, 당신의 위대한 선의 안에서 그
들은 기뻐했습니다.
26 그런데 그들은 당신을 따르지 않
고 반발하면서, 당신의 법을 등 뒤
로 던져버렸고, 주님을 향하도록
그들에 맞서 증언한 예언자를 살
해하며 크게 분노를 자극했어요.
27 그래서 당신은 그들을 적의 손에

넘겨서, 적이 그들을 괴롭혔는데,
그들이 고통 속에서 당신한테 외
치자, 하늘에서 그들의 괴로움을
듣고, 구원자를 보내어 약속대로
적의 손에서 구했습니다.
28 그러나 그들이 편안해지자, 또 다
시 그들은 당신 앞에서 비행을 저
질러서, 당신은 그들을 적의 손에
넘겨버렸지요. 그래서 적이 그들
을 지배했고, 그들이 당신에게 돌
아와 아우성치자, 하늘에서 그들
의 괴로움을 듣고, 당신은 자비로
그들을 여러 차례 구원해주었습니
다.
29 그들에게 당신의 말을 증언하며,
당신이 그들에게 법을 지키게 시
도했어도, 그들은 오만해져 명령
을 듣지 않고, 당신이 명령내린,
[사람이 행동하며 법 안에서 살아
야 한다]는 당신의 정의를 거스르
는 죄를 짓고, 어깨를 뒤로 빼고, 목
을 뻣뻣이 세우며 들으려 하지 않
았지요.
30 그런데도 당신은 여러 해 동안 참
으며, 당신의 영혼을 전하는 예언
자가 그들한테 증언하게 했어요.
하지만 그들은 귀도 기울이려 하
지 않아서, 당신은 그들을 그 땅 사
람 손에 넘겨버렸습니다.
31 그런데도 당신은 무한사랑으로 그
들을 완전히 소멸시키지도 않고,
버리지도 않았어요. 왜냐하면 당
신은 관대하게 참으며 사랑을 주
는 자비의 하나님이기 때문입니
다.
32 이제 위대한 우리의 하나님, 강하
고 두려운 하나님, 약속과 자애를
지키는 하나님, 우리 앞에 놓인 모
든 고통을 작게 보지 말고, 우리 왕
과, 대군과, 제사장과, 예언자와, 조
상은 물론, 엇시리아 왕 시대부터
이날까지 모든 백성의 괴로움 또
한 작게 보지 말아주세요.
33 우리 앞에 일어난 모든 것을 당신
이 했지만, 당신이 옳은 이유는, 우
리가 잘못을 했기 때문입니다.
34 우리의 왕도, 대군도, 제사장도, 조
상도 누구도 당신의 법을 지키지
않고, 명령이나, 규정이나, 그들에
게 하지 말라고 명령한 당신의 증
언 어떤 것도 듣지 않았어요.
35 이 백성은 그들 왕국에서 당신을
섬기지도 않았고, 들에게 준 당신
의 위대한 선 가운데 준 크고 기름
진 땅에서도, 그들은 나쁜 일에서
마음을 돌리지 않았어요.
36 보세요. 우리는 이날 이렇게 당신
의 종입니다. 당신이 우리 조상에
게 준 그 땅 덕택에 보다시피 그곳
의 열매와 좋은 것을 먹고 있는 우
리는 종이에요.
37 이 땅은 우리의 죄를 다스리도록
세운 왕에게 많은 생산물을 주고
있어요. 그런데 왕들은 우리의 신
체를 지배하고 가축도 지배하고
그들 마음대로 관리해서 우리가

큰 괴로움 속에 있어요.
38 이 모든 것으로 인해 우리는 분명
한 계약을 맺고 그것을 글로 적어,
우리의 대군, 리바이, 제사장이 그
위에 봉인을 합니다."

맹세와 서명

10 다음은 계약에 서명한 사람
이다. 해캘리아 아들 틸샤싸
사람 니어마야 총독을 비롯하여,
다음 지드키자,
2 세래이야, 애저라야, 제러마야,
3 패슐, 애머라야, 맬키자,
4 해투쉬, 쉬배나야, 맬러크
5 해림, 메레모쓰, 오배다야,
6 대니얼, 기네썬, 버루크,
7 메셜램, 애비자, 미재민,
8 매지아, 빌개이, 쉬마야까지 제사
장이다.
9 리바이 출신 중: 어재나야의 아들
제슈아, 헤내댇 아들 비누이, 캐드
미얼이고,
10 그들의 형제는 쉬배나야, 호디자,
켈리타, 펠래이아, 해넌,
11 미카, 리홉, 헤쉐바야,
12 재커, 쉬레바야, 쉬배나야,
13 호디자, 배니, 배니누였다.
14 백성의 대표 중: 패로쉬, 패해쓰모
앱, 일램, 재투, 배니,
15 버니, 애즈갣, 비배이,
16 애도니자, 빅배이, 애딘,
17 애터, 히즈키자, 애저,
18 호디자, 해섬, 비재이,
19 해리프, 애내써쓰, 니배이,
20 맥피애쉬, 메셜램, 헤지어,
21 메쉬재비얼, 재이독, 재듀아,
22 펠래티아, 해넌, 애내이야,
23 호쉬아, 해내이냐, 해셥,
24 핼로에쉬, 필레하, 쇼벡,
25 리험, 해쉡나, 매세이야,
26 애히자, 해넌, 애넌,
27 맬러크, 해림, 배아나였다.
28 백성 나머지와, 제사장과, 리바이
와, 문지기와, 악사와, 네써님 사람
모두, 하나님 법을 지키기 위해, 스
스로 이민족과 관계를 끊었는데,
그들의 아내와 아들딸 모두는 이
에 대한 지식이 있었고, 이 상황을
이해했다.
29 그들은 형제와 떨어지지 않고, 그
들의 귀족도 함께 하나님 법을 따
르며, 어길 경우 저주로 들어가겠
다고 맹세했다. 그 법은 다음과 같
다. "하나님의 종 모지스를 통해 우
리 주인님의 명령과 그의 판정과
규정을 준수한다.
30 그리고 우리는 앞으로 우리 딸을
그 땅의 저들에게 주지 않고, 저들
딸도 우리 아들에게 데려오지 않
는다.
31 만약 그 땅의 저들이 사배쓰휴일
에 물건이나 곡식을 팔러 온다 해
도, 사배쓰휴일이나 신성한 날에
저들 물건을 사지 않을 것이며, 모
든 부채 징수는 7년째에 없어진다.
32 또 우리는 법령을 만들어, 매년 1/3

쉐클씩 의무로 부과하여, 하나님
의 성전사업에 사용한다.
33 이것은 사배쓰휴일과 매월1일에
제단에 올리는 전시용빵과, 정기
곡물제사와, 정기 번제제사와, 매
월1일과, 정규축일과, 봉헌성물과,
이즈리얼이 잘못한 대가로 올리는
보상 속죄제물과, 우리 하나님의
집에서 필요한 비용이다.
34 그리고 우리는 제사장, 리바이, 백
성 중 제비를 뽑아, 목재땔감을 준
비하고, 그것을 하나님성전으로
조상가문에 따라 매년 정해진 일
시에 가져오게 하여, 법에 적힌 대
로 우리의 주 하나님의 제단에 올
려 태운다.
35 땅에서 나는 곡식 중 첫 생산물과,
모든 나무의 첫 열매를 해마다 주
님성전으로 가져온다.
36 마찬가지로 우리 자식 중 첫아들
과, 가축 중 첫배는 법에 쓰여진 대
로 따르면서, 우리 소떼 중 첫째, 양
떼 중 첫배를 주님성전에서 봉사
하는 제사장에게 가져온다.
37 그리고 우리는 반죽을 만드는 첫
수확 밀과 곡물, 또 같은 식으로 나
무에서 나오는 모든 열매로 만드
는 술과 기름을 제사장에게 가져
와, 하나님의 성전창고에 갖다 놓
는다. 그리고 땅에서 나는 생산물
1/10을 리바이에게 주는데, 리바이
는 우리가 경작하는 도성 전역에
서 십일조를 받아야 한다.
38 애런 집안의 아들 제사장은 리바
이와 함께 있으면서, 리바이가 십
일조를 받으면 그 중 1/10을 주님
성전 내 재물창고에 갖다 놓아야
한다.
39 이즈리얼 사람과 리바이 자손은,
곡식제물과, 새로 빚은 술과 기름
을 재물창고로 가져오고, 그곳에
서 성소의 용기에 담아, 제사장, 문
지기, 악사들이 제사지내게 하면
서, 우리의 하나님성전을 잊지 말
아야 한다."

저루살럼에 정착

11 백성의 관리는 저루살럼에
살고, 나머지 사람도 제비뽑
기로 열 중 하나는 신성한 도시 저
루살럼에서 살게 하고, 나머지 아
홉은 다른 도성에서 살게 했다.
2 사람들은 저루살럼에서 살겠다고
스스로 나서는 사람을 모두 축복
해 주었다.
3 당시 지역대표는 저루살럼에서 살
았고, 쥬다의 여러 도성에는 각각
소유자들이 살았는데, 다시 말해
제사장, 리바이, 네써님, 솔로먼 신
하의 후손들이었다.
4 저루살럼에는 쥬다자손 중 일부와
벤저민 일부가 살았다. 쥬다자손
가운데 거주한 사람 이름은, 우지
아 아들 애싸야였고, 아버지의 선
대는 제커라야, 그의 선대는 쉬풰
타야, 그의 선대는 매해랠리얼, 그

의 선대는 페레즈였다.
5 그리고 버루크의 아들 매세이야
는, 아버지의 선대가 컬호제, 그의
선대가 해자야, 그의 선대가 애다
야, 그의 선대가 조어립, 그의 선대
가 제커라야, 그의 선대가 쉴로니
였다.
6 페레즈의 자손은 모두 저루살럼에
살았고, 468명의 용맹한 사람들이
었다.
7 다음은 벤저민자손으로: 메셜램의
아들 샐루는, 아버지의 선대가 조
이드, 그의 선대가 페대이야, 그의
선대가 컬래이야, 그의 선대가 매
세이야, 그의 선대가 이씨얼, 그의
선대가 제사야였다.
8 그리고 샐루의 후손 개배이와 샐
래이까지 928명이었다.
9 지크리의 아들 조엘은 제1 관리였
고, 세누아의 아들 쥬다는 도성 내
제2 관리였다.
10 제사장 가운데: 조어립의 아들 제
대이야와 재친이 있었다.
11 힐키아 아들 세래이야는, 아버지
의 선대가 메셜램, 그의 선대는 재
이독, 그의 선대는 메래이오쓰, 그
의 선대는 애히툽이었는데, 그는
하나님성전 관리자였다.
12 성전에서 일했던 그들의 형제는
822명이었고, 그 중에는 제로햄의
아들 애다야가 있었는데, 그 아버
지 선대는 펠랠리아, 그의 선대는
앰지, 그의 선대는 제커라야, 그의
선대는 패슐, 그의 선대는 맬카야
였고,
13 그의 형제이면서 조상대표는 242
명이 있었다. 그 중에는 애저리얼
의 아들 애머샤이가 있었고, 그 아
버지 선대는 애허새이, 그의 선대
는 메쉴레모쓰, 그의 선대는 이머
였고,
14 그의 형제 중 힘센 용감한 사람들
이 128명 있었다. 그들의 감독관은
잽디얼로 큰 인물의 아들이었다.
15 또한 리바이 중: 해셥의 아들 쉬마
야는, 아버지의 선대가 애즈리캠,
그의 선대가 헤쉐바야, 그의 선대
가 비누이였다.
16 리바이 자손 중 쉐비싸이와 조재
밷은 하나님성전의 외부업무를 관
리했다.
17 미카의 아들 매타나는 아버지 선
대가 잽디, 그의 선대가 애새프였
는데, 그는 감사의 찬송을 이끄는
지휘자였고, 형제 중 백부키아는
제2 지휘자였다. 그 이외 쉐뮤아의
아들 앱다가 있었는데 아버지가
개랠, 그의 선대가 제두썬이었다.
18 신성한 도성 안에 사는 리바이는
모두 284명이었다.
19 또 문지기는 애컵과, 탤먼을 비롯
해 문을 지키는 그의 형제가 172명
이었다.
20 그리고 이즈리얼의 나머지와, 제
사장과, 리바이는 모두 쥬다의 여
러 도성 안 자신의 유산땅에서 살

았다.
21 대신 네써님은 오펠에서 살았고,
지하와, 기스파가 그들을 다스렸
다.
22 저루살럼의 리바이는 배니 아들
우지가 관리했는데, 그 아버지 선
대는 헤쉐바야, 그의 선대는 매타
냐, 그의 선대는 미카였다. 애새프
의 자손 가운데 악사는 하나님성
전의 찬송업무를 관리했다.
23 악사에 관한 왕의 명령은, 악사를
위해 일정한 몫을 매일 주어야 한
다는 것이었다.
24 쥬다가문 제라 자손 중 메쉬재비
얼 아들 페쌔이야는 백성의 모든
문제와 관련하여 왕에게 도움을
주는 역할을 했다.
25 쥬다자손 일부는 마을과 밭과 함
께 킬잿싸바에서 살았고, 디번에
서도 마을을 이뤘고, 제캡제얼에
서도 마을을 이뤘고,
26 제슈아, 모래다, 베쓰페렐에서 살
고,
27 해저슈얼, 비어쉬바 마을에서,
28 지그랙, 메커나 마을 안에서,
29 엔리먼, 저리아, 재무쓰에서,
30 재노아, 애덜램에 마을을 이루었
고, 래키쉬와 근교 밭과, 애제카에
서도 주변 밭에서 함께 살았다. 그
리고 비어쉬바에서 히넘까지 마을
을 이루며 살았다.
31 게바 출신의 벤저민자손도 미크애
쉬, 애이자, 베썰과 인근 마을에서
살았다.
32 애너쏘쓰, 놉, 애내이냐,
33 해조, 래마, 기태임,
34 해딛, 지보임, 네랠랫,
35 로드와 오노와 기술자 마을 등에
서 살았다.
36 리바이는 쥬다와 벤저민 구역에서
도 살았다.

리바이 명단과 봉헌식

12 다음은 쉘티얼 아들 제러배
블과 제슈아와 함께 온 제사
장과 리바이 명단이다. 세리아, 제
러마야, 에즈라,
2 애머라야, 맬러크, 해투쉬,
3 쉬캐나야, 리험, 메레머쓰,
4 아이도, 기네쏘, 애비자,
5 미어민, 매어다야, 빌가,
6 쉬마야, 조어립, 제대이야,
7 샐루, 애멱, 힐키아, 제대이야다. 이
들은 제사장의 대표였고 제슈아
시대의 형제였다.
8 그 이외 리바이 출신, 제슈아, 비누
이, 캐드미얼, 쉬레바야, 쥬다, 매타
냐는 그와 형제의 감사의 찬송을
감독했다.
9 백부키아와 우니와 형제는 맞은편
에서 지켜보았다.
10 그리고 제슈아는 조어킴을 낳았
고, 조어킴은 일리어쉽을 낳고, 일
리어쉽은 조어다를 낳았고,
11 그는 조너썬을 낳고, 그는 재두아
를 낳았다.

12 조어킴 시대의 제사장은, 조상의
대표 중 세래이야 가문 중 메라야
가, 제러마야 가문 중 해내이냐가
있었고,
13 에즈라 가문 중 메셜램, 애머라야
가문 중 제호해넌,
14 멜리쿠 가문 중 조너썬, 쉬배나야
가문 중 조셒,
15 해림 가문 중 애드나, 메리오쓰 가
문 중 헬캐이,
16 아이도 가문 중 제커라야, 기네썬
가문 중 메셜램,
17 애비자 가문 중 지크리, 미니어민
과 모애디아 가문 중 필태이,
18 빌가 가문 중 쉐무아, 쉬매이나 가
문 중 제호내이썬,
19 조어립 가문 중 매테내이, 제대이
야 가문 중 우지,
20 샐래이 가문 중 캘래이, 애먹 가문
중 에버,
21 힐키아 가문 중 헤쉐바야, 제대이
야 가문 중 네쌔니얼이다.
22 일리어쉽 시대 리바이 중, 조어다,
조해넌, 재두아는 가문대표로 기
록되었고, 제사장 이름 역시 펄자이
란의 전 이름왕 드라이어스 집권기에
도 기록되어 있다.
23 리바이자손 중 가문대표는 연대기
책과 일리어쉽 아들 조해넌 시대
까지 기록되어 있다.
24 리바이 대표로, 헤쉐바야와, 쉬르
바야와, 캐드미얼 아들 제슈아가
그들 맞은편 형제와 함께 감사의
찬송을 했는데, 하나님 사람 대이
빋의 명령 그대로 그룹 별로 반응
하며 합창했다.
25 매타냐, 백부키아, 오배다야, 메셜
램, 탤먼, 애컵은 문턱을 넘는 무리
를 지키는 문지기였다.
26 이들은 조재이독 아들, 제슈아 아
들, 조어킴 시기와, 니어마야 총독
시기와, 서기관 에즈라 제사장 시
기에 있었던 사람이다.
27 저루살럼 성벽완공 봉헌식 때, 사
람들은 모든 장소에서 리바이를
찾아서 저루살럼으로 데려왔고,
기쁜 마음으로 심벌과 썰터리와,
하프와 더불어 감사의 찬송을 하
며 봉헌했다.
28 악사의 자식도 저루살럼 주변 평
원과 네토패씨 마을로부터 모두
한데 모였고,
29 또 길갤집안, 게바와 애즈매베쓰
의 평야에서도 모여들었다. 왜냐
하면 악사도 저루살럼 주변에 그
들의 마을을 세웠기 때문이었다.
30 제사장과 리바이는 자신을 깨끗하
게 정화했고, 백성과 성문과 성벽
도 정화했다.
31 그때 나는 쥬다의 대군왕자를 성
벽 위로 올라오게 하고, 그들을 크
게 두 무리로 지정하여 감사제례
를 올리게 했는데, 둘 중 한 무리는
성벽 위 오른쪽에서 '오물대문'까
지 늘어섰다.
32 호쉬아와 쥬다 대군 절반의 뒤를

따라,
33 애저라야, 에즈라, 메셜램,
34 쥬다, 벤저민, 쉬마야, 제러마야가
함께 올라갔고,
35 제사장 아들 일부는 트럼펕을 들
고 갔는데, 조너썬 아들 제커라야
는, 그 아버지 선대가 쉬마야, 그 선
대가 매타냐, 그 선대가 미카야, 그
선대가 재커, 그 선대가 애새프였
다.
36 그의 형제 쉬마야, 애저래얼, 밀러
래이, 길러래이, 매아이, 네쌔니얼,
쥬다, 해내니도 하나님 사람 대이
빋의 악기를 들고 갔고, 에즈라 법
학자 서기관은 그들 앞에서 갔다.
37 그들은 맞은편 분수대문에서, 대
이빋도성 계단을 통해서 대이빋
궁전 성벽 위로 올라가서, '물의대
문' 동쪽까지 섰다.
38 감사제사를 하는 또 다른 무리는
건너편 쪽에서 올라갔고, 나는 그
들을 따라 백성 절반과 함께 성벽
위로 갔는데, 화덕타워 넘어서부
터 넓은 성벽까지 이르렀고,
39 이프리엄 성문과, 옛날대문과, 물
고기대문과, 해내니얼 타워와, 메
아타워 위에서부터, 심지어 양의
대문과 감옥대문까지 늘어섰다.
40 그렇게 두 무리가 서서 하나님성
전에서 감사제사를 올렸고, 나는
지도자 절반과 함께 있었다.
41 제사장 중, 일리어킴, 매세이야, 미
니어민, 미카야, 일리어내이, 제커
라야, 해내이냐는 트럼펕을 들고
갔다.
42 그리고 매세이야, 쉬마야, 일리저
우지, 제호해넌, 맬키자, 일램, 에저
와 가수는 크게 노래를 불렀고, 함
께 그들의 지휘자 제즈래이야도
같이 불렀다.
43 물론 그들은 그날 성대한 희생제
사를 하며 즐거워했다. 하나님이
그들을 감격하도록 기쁘게 만들었
고, 아내와 자녀 역시 기뻐했다. 그
래서 저루살럼의 기쁨이 멀리까지
들렸다.
44 그때 일부를 지명하여 창고관리
로, 보물, 제물, 첫 수확물, 십일조
를 지키고, 각 도성 들에서 그들에
게 가져오는 것을 거두게 했다. 이
는 법에 있는 제사장과 리바이를
위한 일정분량이다. 쥬다사람은
제사장과 봉사에 대기하는 리바이
로 인해 늘 고마움을 느꼈다.
45 악사와 문지기 모두 하나님이 부
여한 본분을 지키고, 정화의 임무
를 수행하며, 대이빋과 그의 아들
솔로먼의 명령대로 따랐다.
46 대이빋과 예전 애새프 시대에도
악사의 대표가 있어, 하나님에게
찬양과 감사의 노래를 불렀다.
47 제러배블 시대와 니어마야 시대의
모든 이즈리얼은, 악사와 문지기
에게 매일 그들의 몫을 주었다. 그
리고 사람들은 리바이에게 성물을
희생시키도록 주었고, 리바이는

그것을 애런의 자손에게 주어 정
화하게 했다.

정화 노력

13 그날 많은 사람이 모인 가운
데 모지스의 책을 읽고서, 그
들은 적힌 내용을 알게 되었는데,
애먼과 모앱사람은 영원히 하나님
의 집회에 들어오면 안 되는 것이
었다.
2 그 이유는 그들이 이즈리얼 자손
에게 빵과 물을 가지고 만나지 않
았고, 오히려 그들에 맞서 배이램
신을 채용하여 이즈리얼에게 저주
를 내리게 했는데, 그렇지만 우리
의 하나님이 저주를 축복으로 바
꾸었다.
3 그들이 법을 듣게 되자, 그들은 혼
합된 여러 이민족과 이즈리얼 관
계를 분리했다.
4 이전부터 일리어쉽 제사장은 하나
님성전 내 창고를 감독하면서 토
비아와 가까이 지내고 있었는데,
5 제사장은 그에게 큰방 하나까지
마련해 주었다. 그곳은 본래 곡물
제물, 유향, 제기, 곡식 십일조, 새
로 빚은 포도주와 기름 등 리바이
와, 악사와, 문지기에게 주도록 명
령된 물품과 제사장의 예물보관소
였다.
6 그러나 당시 나는 저루살럼에 있
지 않았다. 왜냐하면 배블런왕 알
더제렉스 32년에 나는 왕에게 와
있으면서, 며칠 후에 왕을 떠나겠
다는 허락을 받고 있었기 때문이
었다.
7 그런 다음 나는 저루살럼으로 와
서 이 좋지 못한 일을 알게 되었는
데, 일리어쉽이 토비아를 위해 하
나님성전 정원에 있는 방을 그에
게 마련해주었다는 것이다.
8 이것은 내게 심한 근심거리였다.
그래서 나는 토비아의 모든 세간
을 방 밖으로 내던졌다.
9 그리고 내가 명령하여 사람들이
방을 청소했고, 나는 그곳에 다시
하나님성전 용기를 곡식제물과 유
향과 함께 갖다 놓았다.
10 나는 또 리바이의 몫이 제대로 지
급되지 않았다는 것을 알게 되었
는데, 그 이유는 봉사할 리바이와
악사가 각각 자기 밭으로 가버렸
기 때문이었다.
11 그래서 나는 그곳 관리와 말다툼
을 했다. "왜 하나님의 성전을 방치
하는가?" 그런 다음 나는 그들을
모아 제자리에 배치시켰다.
12 그리고 모든 쥬다는 곡식과, 새 포
도주와, 기름의 십일조를 제물창
고로 가져왔다.
13 나는 제물창고 책임자로 쉴레마야
제사장, 재이독 서기관을 세우고,
리바이 중에 페대이야를 삼고, 그
들 다음으로 매타냐 손자, 재컬 아
들 해넌을 임명했다. 그들은 충실
하게 일하는 사람들로 그들의 업

무는 형제에게 일을 배분하는 것
이었다.
14 "오 하나님, 이 일에 대해, 나를 기
억해 주세요. 나의 선의가 없어지
지 않게 해주세요. 나는 하나님성
전을 위해 일했고 그에 따른 일을
했어요."
15 당시 나는 쥬다에서 일부 사람들
이 사배쓰휴일에 포도압착기를 발
로 밟고, 곡식단을 가져와 나귀에
싣는 것을 보았다. 마찬가지로 포
도주, 포도, 무화과를 같은 식으로
실어서, 사배쓰휴일에 저루살럼으
로 가져가는 것을 보았다. 그래서
나는 그날 식품을 팔면 안 된다고
그들에게 경고했다.
16 그곳에 타이러 사람도 살았는데,
그들 역시 물고기와 각종 물건을
가져와서 저루살럼에서 쥬다자손
에게 사배쓰휴일에 팔았다.
17 그래서 나는 쥬다귀족에게 불만
을 말했다. "당신들이 하고 있는 사
배쓰휴일을 무시하는 행위는 대체
뭐죠?
18 당신 조상도 이렇게 하지 않았나
요? 그래서 하나님 우리와 이 도시
에 모든 재앙을 가져오지 않았나
요? 그런데도 당신들은 사배쓰휴
일을 무시하여 이즈리얼에 더 큰
분노를 가져오고 있어요."
19 그리고 사배쓰휴일 전날 저루살럼
성문에 어둠이 깔리기 시작하자,
나는 명령하여 성문을 닫고, 사배
쓰휴일이 끝날 때까지 문을 열지
않도록 책임을 주며, 나의 신하 중
몇몇을 성문에 배치했다. 그래서
사배쓰휴일에 짐을 가지고 들어오
지 못하게 했다.
20 상인과 각가지 물건을 팔려는 사
람들이 한 두 차례 저루살럼 밖에
서 묵었다.
21 그래서 나는 그들에게 경고했다.
"왜 너희는 성벽 주위에서 묵나?
만약 또 그러면 내가 손봐주겠다."
그러자 그때부터 그들이 더 이상
사배쓰휴일에 오지 않았다.
22 또 나는 리바이에게 명령하여 몸
을 깨끗하게 씻고 와서 성문을 지
키고, 사배쓰휴일을 신성하게 유
지하게 했다. "오 나의 하나님, 이
일에 대해서도 역시 나를 기억해
주세요. 그리고 당신의 큰 자비에
따라 내게 인정을 베풀어 주세요."
23 당시 나는 또 쥬다인이 애쉬돋과,
애먼과, 모앱 아내와 결혼했다는
것을 알았다.
24 그들 자손 절반은 애쉬돋 언어로
이야기하며, 쥬다언어를 말하지
못하거나, 각자 민족말을 했다.
25 나는 논쟁하며 그들을 저주했다.
그 중 일부는 때리고, 머리카락을
뽑으며, 하나님을 통해 맹세하게
만들며 말했다. "너희는 딸을 이민
족 아들에게 주면 안 되고, 자신이
나 아들에게 저들의 딸을 데려와
서도 안 된다.

26 이즈리얼의 솔로먼왕도 이런 일로
죄를 짓지 않았나? 그런데 많은 나
라 가운데 그와 같은 왕은 없었다.
솔로먼왕은 하나님의 사랑을 받았
고, 하나님이 그를 이즈리얼을 지
배하는 왕으로 만들었다. 그럼에
도 불구하고 솔로먼왕은 이민족
여자로 인해 죄를 짓게 되었다.
27 그런데 우리가 큰죄를 짓도록 당
신 말을 들어주어, 외국여자와 결
혼하여 우리의 하나님을 거스르는
죄를 지어야 하나?"
28 대제사장 일리어쉽 아들, 조이애
다 자식 중 하나는 호런사람 샌밸
랟의 사위였다. 그래서 나는 그를
나로부터 쫓아냈다.
29 "오 나의 하나님, 그들을 기억해주
세요. 왜냐하면 그들은 제사장 본
분을 더럽히고, 제사장으로서, 리
바이로서의 계약을 어겼어요.
30 그래서 나는 모든 이민족으로부터
그들을 정화시키고, 제사장과 리
바이의 본분과 각자의 의무를 다
하도록 정해주었어요.
31 땔감용 목재를 제때에 지정해주
고, 첫 수확열매도 지정했어요. 오
나의 하나님, 선의를 위한 나의 행
동을 기억해 주세요."

에스털 왕비

펄자왕 애해져러스 위용

1 이것은 애해져러스왕 시대의 일
이었다. [그는 인디아에서 이씨
오피아까지 127개 지방을 지배했
던 펄자페르시아의 왕이었다.]
2 당시 애해져러스왕은 슈샨궁전의
왕좌에 앉아 있었고,
3 집권 3년 되던 해, 그는 그의 대군
왕자와 신하에게 연회를 베풀었
다. 펄자와 미디아에서 온 권력자
와 귀족과 지방관리가 참석했다.
4 그는 자신의 찬란한 왕국의 부와
막강한 명예의 위용을 보이며, 오
랫동안 무려 180일을 계속했다.
5 축제가 끝날 무렵, 왕은 슈샨궁전
에 참석한 모두에게 만찬을 제공
하며, 7일간 궁전정원을 보여주었
다.
6 그곳은 희고, 푸르고, 파란 휘장들
이 자색의 고급리넨아마포 띠와 은
고리로 대리석 기둥에 단단히 묶
여 있었고, 금제 은제 침대 여럿이
붉은색, 파란색, 흰색, 검은색 마블
대리석 바닥 위에 놓여 있었다.
7 그들은 참석자에게 금잔에 술을
주었는데, [사람마다 술잔이 제각
각 달랐고], 왕실의 와인은 왕명에
따라 넘쳐흘렀다.
8 술은 법에 따라 마셔야 하지만, 아
무도 강제하지 않은 이유는, 왕이
궁전관리에게 지시하여, 모두가
흡족하게 마시게 했다.
9 배슈티 왕비 역시 애해져러스왕
궁전에서 여성을 위한 축제를 열
었다.
10 그리고 7일째 날이 되어, 왕의 마
음이 술로 즐거워지자, 메후먼, 비
즈싸, 해보나, 빅싸, 애백싸, 제싸,
칼커스까지 애해져러스왕 앞에서
시중 들던 시종 7인에게 명령하여,
11 배슈티 왕비에게 왕관을 씌워 왕
앞에 데려와, 참석자와 관리들에
게 그녀의 아름다움을 보이게 했
다. 왜냐하면 그녀는 무척 아름다
운 여자였기 때문이었다.
12 그런데 배슈티 왕비는 시종이 전
하는 왕명에 따르기를 거절하자,
왕은 대단히 화가 치밀더니 불이
붙었다.
13 그래서 왕은 이 상황을 잘 아는 현
명한 사람들에게 물었다. [왜냐하
면 법과 판례를 잘 아는 사람에게
자문하는 것이 왕의 관례였기 때
문이다.

14 또 왕 옆에는 칼쉬나, 쉬싸, 애드매
싸, 텔쉬시, 메레스, 메세나, 메무컨
까지 펄쟈와 미디아의 7 대군왕자
가 왕국의 일등석에 앉아 왕의 얼
굴을 보고 있었다.]
15 "우리가 법에 따라 배슈티 왕비를
어떻게 해야 하나? 그녀는 시종이
전하는 애해저러스의 왕명을 수행
하지 않았기 때문이다."
16 그러자 메무컨이 왕과 대군 앞에
서 대답했다. "배슈티 왕비는 왕에
게 잘못했을 뿐 아니라, 모든 대군
과, 애해저러스왕이 통치하는 지
역 모든 사람에게도 그랬어요.
17 이와 같은 왕비의 행위가 여성 전
체에 널리 알려지면, 그들 눈이 남
편을 무시할 겁니다. '배슈티 왕비
는 애해저러스왕이 데려오라는 명
령을 전해 듣고도 오지 않았다'고
말이죠.
18 마찬가지로 펄쟈와 미디아 지역
모든 여성도, 왕의 대군들에게 오
늘 왕비의 행위를 들은 대로 전하
겠지요. 따라서 이 일은 엄청난 모
멸과 분노를 일으키게 됩니다.
19 만약 왕이 좋다면, 왕명을 내려 펄
쟈와 미디아 지방 법에 이를 기록
하고, 앞으로도 수정되지 않게 해
야 합니다. 그리고 배슈티는 더 이
상 애해저러스왕 앞에 못 나오게
하고, 왕은 그녀의 왕실지위를 그
녀보다 나은 다른 여성에게 주어
야 합니다.
20 그래서 왕이 칙령을 발부하여, [그
의 나라가 대단히 컸으므로] 제국
전역에 알려, 모든 아내가 크든 작
든 남편의 명예를 지키게 해야 하
죠."
21 이 의견이 왕과 대군왕자의 마음
에 들었다. 그래서 왕은 메무컨의
말에 따라 그대로 했다.
22 그는 왕이 다스리는 모든 지방에
편지를 보내며, 각 지방의 언어에
따라 적어 보냈다. 그래서 남자마
다 자기 집안을 다스릴 수 있도록,
민족마다 그들이 쓰는 말로 알리
게 했다.

에스털이 왕관을 쓰다

2 그런 다음 애해저러스왕의 분노
가 어느 정도 가라앉자, 그는 배
슈티를 생각하며 그녀가 한 일과
그녀에게 내린 칙령을 회상하게
되었다.
2 그때 왕에게 시중드는 신하들이
말했다. "왕을 위해 전국에서 젊고
예쁜 여자를 찾아보시죠."
3 그래서 왕은 나라 곳곳에 전담관
리를 임명하여, 예쁜 소녀를 모아
슈샨의 여성의 집에 오게 하고, 왕
의 내시 헤가이가 그들을 관리하
게 하며, 정화에 필요한 물품을 제
공하게 했다.
4 "왕을 기쁘게 하는 소녀가 배슈티
를 대신하여 왕비가 되게 하세요."
이 말에 만족하여, 왕이 그렇게 했

다.
5 그때 슈샨궁전에 어떤 쥬다인이
한 사람 있었는데, 그의 이름은 몰
더카이로, 아버지는 재이어, 그 선
대는 쉬메이, 그 선대는 벤저민 사
람 키쉬였다.
6 그는 저루살럼에서 포로로 끌려올
때, 쥬다의 제커나야왕과 함께 왔
는데, 그들은 배블런의 네부캔네
절왕이 데려왔다.
7 그는 그의 아저씨의 딸, 곧 조카 해
댓사 에스털을 데려왔다. 왜냐하
면 그녀는 아버지도 어머니도 없
었기 때문이었다. 에스털은 예쁘
고 아름다웠는데, 부모가 죽자, 몰
더카이가 자기 딸로 입양했다.
8 그러다 왕의 명령과 칙령을 듣고,
많은 처녀가 슈샨궁전으로 모여,
여자를 담당하는 헤가이의 관리를
받게 되자, 에스털 역시 왕의 궁전
으로 보내어, 담당관리 헤가이의
관리를 받게 했다.
9 이 소녀가 헤가이의 기분을 좋게
하자, 그의 친절을 받아, 에스털에
게 정화와 치장에 필요한 용품을
빨리 주었다. 또 왕의 궁전에서 7
시녀를 에스털에게 배려해 주었
다. 헤가이는 누구보다 에스털을
더 좋아하며, 에스털과 7시녀에게
여성의 집에서 가장 좋은 자리를
내주었다.
10 에스털이 자기 민족이나 친척을
드러내지 않은 이유는, 몰더카이
가 그것을 드러내면 안 된다고 일
렀기 때문이었다.
11 몰더카이는 매일 여성의 집 정원
앞을 지나가며, 에스털이 어떻게
지내고 있는지, 어떻게 될 것인지
알고 싶어 했다.
12 모든 여자는 여성관례에 따라 12
개월이 지나야 애해쳐러스왕에게
갈 수 있는 기회가 되었다. [이는
그들이 신체를 정화하는데 걸리는
기간으로 다시 말해, 몰약 향료기
름을 6개월, 또 좋은 향수를 6개월
간 바르며, 여성에게 필요한 다른
여러 가지를 단장했기 때문이었
다.]
13 그런 다음 여자가 왕에게 갔다. 여
자가 필요로 하는 것은 무엇이든
왕의 궁전 안 여성의 집에 있는 그
녀들에게 제공되었다.
14 여자는 저녁에 왕에게 갔다가 아
침에 여성의 집으로 돌아와서, 후
궁을 관리하는 왕의 내시 샤시개
즈의 관리로 들어가는데, 여자가
더 이상 왕에게 가지 않는 것은, 왕
이 그녀에게 흥미가 없어서 이름
을 부르지 않는 경우였다.
15 이제 에스털의 차례가 되었다. 그
녀는 몰더카이의 삼촌 애비해일의
딸인데 몰더카이가 자신의 딸로
데려왔다. 왕에게 들어가게 되었
을 때, 그녀는 여성담당관 왕의 내
시 헤가이가 지정해주는 것 이외
아무것도 바라지 않았다. 그래서

에스털은 그녀를 바라보는 모두의
눈에 호감을 받았다.
16 그리고 에스털은 애해저러스왕에
게 간택되었는데, 시기는 그의 집
권7년째 10번째 테베쓰월이었다.
17 왕은 모든 여자 이상으로 에스털
을 사랑했고, 그녀는 다른 소녀보
다 훨씬 더 왕의 눈에 우아함과 호
감을 받았다. 그래서 애해저러스
왕은 에스털의 머리에 왕관을 씌우
고, 배슈티 대신 왕비로 만들었다.
18 그런 다음 왕은 그의 모든 대군과
신하에게 거대한 에스털의 연회를
베풀고, 지방에 휴일을 선포하며,
왕명에 따라 선물도 주었다.
19 소녀들이 두 번째로 모였을 때, 몰
더카이는 왕의 궁전대문에 앉아
있었다.
20 에스털이 여전히 자신의 친척이나
민족에 대해 밝히지 않은 것은, 몰
더카이가 그녀에게 당부했기 때문
이었다. 그래서 에스털은 그에게
왔을 때처럼 몰더카이 명령대로
했다.
21 그때 몰더카이가 왕의 궁전대문에
앉아 있을 때, 왕의 문지기 내시 두
사람 빅싼과 테레쉬가 불만으로
애해저러스왕을 시해하려고 했다.
22 이 일을 몰더카이가 알게 되자, 그
것을 에스털 왕비에게 전했다. 그
리고 에스털은 몰더카이 이름으로
왕에게 고발했다.
23 이 사건에 대한 엄중한 조사를 하
여 내막이 밝혀졌다. 그래서 둘은
나무에 매달리게 되었고, 이 일은
애해저러스왕 연대기 책에 기록되
었다.

쥬다인 파멸 음모

3 이런 일이 있은 후, 애해저러스
왕은 애개그 출신 해머대싸 아
들 해이먼을 승진시켜, 그와 함께
있던 모든 대군관리보다 높은 자
리에 앉혔다.
2 궁전대문에 있던 모든 왕의 신하
가 해이먼에게 절하며 존경했다.
왜냐하면 애해저러스왕이 그에 대
해 그렇게 명령했기 때문이었다.
그런데 몰더카이는 그에게 절도
안하고 존경도 하지 않았다.
3 그래서 성문에 있던 왕의 신하가
몰더카이에게 물었다. "너는 왜 왕
명을 위반하는 행동을 하나?"
4 그들이 매일같이 몰더카이에게 말
했어도, 그가 말을 듣지 않자, 그들
은 해이먼에게 말하고, 몰더카이
가 앞으로 어떻게 되는지 두고 보
자고 했다. 왜냐하면 몰더카이가
그들에게 자기는 쥬다인이라고 말
했기 때문이었다.
5 그리고 해이먼은 몰더카이가 자신
에게 절도 안하고 존경도 하지 않
는다는 것을 알고 몹시 화가 났다.
6 해이먼은 몰더카이만 손보는 것은
무의미하다고 생각했다. 왜냐하면
사람들이 그에게 몰더카이 민족에

대해 알렸기 때문이었다. 그래서
해이먼은 애해져러스왕국 전역에
있는 전 유대인은 물론, 심지어 몰
더카이 집안까지 파멸시키려고 작
정했다.
7 애해져러스왕 12년 첫 번째 니슨
월태양력 3,4월에 사람들은 복권에 해
당하는 "퍼"를 뽑기하며, 해이먼
앞에서 날이면 날마다, 달이면 달
마다, 12번째 아달월까지 했다.
8 그리고 해이먼은 애해져러스왕에
게 이렇게 말했다. "당신의 왕국 전
역에 어떤 사람들이 널리 흩어져
살고 있어요. 그들의 법은 다른 민
족과 달라서 왕의 법도 지키지 않
아요. 그렇기 때문에 그들을 참으
면 왕에게 이익이 없어요.
9 왕이 좋다면 쥬다인을 제거하도록
칙령을 내려주세요. 그러면 내가
은 만 탤런트342.7톤을 내놓아, 이 일
을 처리하는 책임자에게 주도록,
왕의 재물창고로 가져오겠어요."
10 그러자 왕은 자신의 손에서 반지
를 빼내어, 쥬다의 적 애개그 사람
해머대싸 아들 해이먼에게 주었다.
11 또 왕은 해이먼에게 말했다. "그 은
은 너와 백성에게 주는 것이므로,
좋은 대로 처리해라."
12 그래서 왕의 서기관들이 첫째 달
13일에 소집되어, 해이먼의 모든
명령을 그대로 적어서, 왕의 부관,
각 지방총독, 각 지역관리에게 보
낼 때, 그 내용을 모든 민족에게 그
들의 언어로 전했다. 그것은 애해
져러스왕의 이름으로 적고, 왕의
반지로 봉인했다.
13 칙서가 우편을 통하여 각 지방의
왕에게 전달되었고, 모든 쥬다인
은 청년과 연장자와 아이와 여자
를 한 날에 없애는데, 그 날이 12번
째 아달월 13일이며, 그들한테서
전리품을 빼앗으라는 것이었다.
14 각 지방에 전달되는 명령 사본이
모든 백성에게 알려져, 사람들은
지정일에 대비해야 했다.
15 우편물은 왕명에 따라 급히 서둘
러서 발송되었고, 그 칙령은 슈샨
궁전에도 전달되었다. 왕과 해이
먼은 앉아서 술을 마셨지만, 슈샨
도성은 착잡했다.

쥬다인 위기

4 몰더카이는 모든 상황을 깨닫
고, 자기 옷을 찢고 베옷을 입고
재를 쓰고, 도성 한 가운데로 나가
큰 소리로 절규하며 슬프게 울었
다.
2 그리고 왕의 성문 앞까지 왔다. 하
지만 어떤 사람도 베옷을 입은 채
왕의 성문 안에 들어갈 수 없었다.
3 한편 모든 지방마다 왕명과 칙령
이 닿은 곳은 어디나, 쥬다인 사이
에 통곡소리가 커지며, 금식하고
울부짖고, 많은 사람이 베옷을 입
고 재를 쓴 채 누웠다.
4 그러자 에스털의 시녀와 돌보는

내시들이 그녀에게 와서 이 사실
을 말해 주었다. 왕비는 몹시 슬퍼
하며 몰더카이가 입을 옷을 보내
어 그의 베옷을 벗게 했지만, 그는
받아들이지 않았다.
5 그래서 에스털은 자신을 시중들도
록 왕이 지명한 내시 중 해이택을
불러, 그에게 몰더카이가 왜 그런
지 무슨 까닭인지 알아보게 했다.
6 그래서 해이택은 도성 거리로 나
가 몰더카이에게 갔는데, 그는 왕
의 성문 앞에 있었다.
7 몰더카이는 그에게 자신에게 일어
난 일을 이야기하며, 해이먼이 쥬
다인을 학살하는 대가로 왕의 재
물창고에 지불을 약속한 돈의 금
액까지 말해주었다.
8 그는 슈샨궁전에 내려진 칙령의
사본도 내시에게 주면서, 그것을
에스털에게 보이고 설명하여, 그
녀가 책임을 지고 왕에게 사정하
여, 자기 민족을 위해 간절하게 호
소해야 된다고 했다.
9 해이택이 와서 에스털에게 몰더카
이의 말을 전했다.
10 에스털은 해이택에게 다시 몰더카
이한테 다음의 말을 전하도록 지
시했다.
11 "모든 왕의 신하와 왕의 관할 통치
지역의 백성이 알고 있는 바는, 누
구든지 남자든 여자든 왕이 부르
지 않은 사람이 왕의 안채 정원으
로 들어오면 그자는 죽게 됩니다.
단지 왕이 자신의 황금 홀 지팡이
를 내밀면, 그자는 예외로 살 수 있
어요. 그러나 나는 최근 30일간 왕
이 들어오도록 부르지 않았어요."
12 그들은 몰더카이에게 에스털의 말
을 전했다.
13 그러자 몰더카이는 에스털에게 대
답을 전했다. "네 자신도 왕의 궁전
에서 대부분 쥬다인 이상으로 피
할 수 있다고 생각하지 마라.
14 만약 네가 이때 잠자코 있으면, 어
떤 도움과 구원이 있어 다른 곳의
쥬다인은 살아나겠지. 그러나 너
와 네 아버지 집안은 파멸하게 된
다. 그리고 바로 이런 시기를 위해
네가 이 궁전에 들어간 것인지 누
가 아니?"
15 그래서 에스털은 몰더카이에게 다
음과 같이 대답을 전하게 했다.
16 "가서 슈샨궁전에 있는 모든 쥬다
인을 한 자리에 모으고, 이 왕비를
위해 금식하는데, 3일간 밤낮으로
먹지도 마시지도 말아주세요. 나
역시 시녀와 함께 똑같이 금식한
뒤 왕한테 가겠어요. 이것은 왕 앞
에서 법을 따르는 게 아니지만, 죽
게 되면 죽겠어요."
17 그래서 몰더카이는 에스털이 지시
한 대로 실행했다.

왕비의 요청

5 셋째 날 에스털은 왕비의 의상
을 갖추고, 왕의 궁전 맞은편 안

채 정원에 섰다. 그때 왕은 성문 안
쪽 궁전 왕좌에 앉아 있었다.
2 왕이 에스털 왕비가 호의를 받고
자 정원에 선 모습을 보자, 왕은 자
기 손에 있던 황금 홀 지팡이를 에
스털에게 내밀었다. 그래서 에스
털이 가까이 다가가 지팡이 머리
에 손을 얹었다.
3 그러자 왕이 에스털에게 말했다.
"에스털 왕비야, 무엇을 원하지?
당신의 청이 무엇이지? 당신이 원
하면 왕국의 절반이라도 주겠다."
4 에스털이 대답했다. "왕이 좋다면,
왕과 해이먼이 오늘 내가 그를 위
해 준비한 만찬에 와주세요."
5 그러자 왕이 말했다. "해이먼한테
에스털이 말한 대로 하도록 서두
르게 해라." 그리고 왕과 해이먼은
에스털이 마련한 만찬에 왔다.
6 왕은 와인의 만찬 중 에스털에게
말했다. "당신의 청원이 무엇인가?
그것을 당신에게 보증하겠다. 부
탁이 뭐지? 왕국의 절반까지도 실
행하겠다."
7 그때 에스털이 말했다. "나의 청원
과 부탁은 이와 같아요.
8 만약 내가 왕의 눈에 호의를 받고,
또 나의 부탁을 왕이 기꺼이 들어
준다면, 왕과 해이먼 두 분을 위해
내가 준비하는 만찬에 와주세요.
그러면 내일 왕의 질문에 대답하
겠어요."
9 그리고 해이먼은 그날 기분이 좋
아져서 즐거운 마음으로 나섰다.
그러다 해이먼이 왕의 성문에서
몰더카이를 보고, 그가 일어서지
도 않고 꼼짝도 않는 것을 보자, 몰
더카이에 대해 분노가 차올랐다.
10 그렇지만 해이먼은 자제하며 집으
로 돌아와서, 여러 친구와 자신의
아내 제레쉬를 부르러 보냈다.
11 해이먼은 그들에게 자신의 부와
수많은 자녀와 모든 것의 영광에
대해 이야기했다. 그것으로 왕이
자신을 승진시켰고, 어떻게 왕의
대군왕자와 신하보다 높은 자리를
갖게 했는지 말해주었다.
12 해이먼은 덧붙여 말했다. "그렇지,
에스털 왕비는 그녀가 준비한 만
찬에 왕 이외에 누구도 함께 오게
하지 않았지만, 나만은 달랐다. 게
다가 내일도 왕과 함께 그녀에게
초청받았다.
13 하지만 쥬다 놈 몰더카이가 성문
에 앉아 있는 한, 이 모든 것은 내
게 아무 의미도 없다."
14 그러자 아내 제레쉬와 그의 친구
들이 말했다. "교수대를 50큐빝약
22.5m 높이로 만들게 하고, 내일 왕
에게 몰더카이를 거기서 목을 매
달도록 말하세요. 그러니 당신은
즐거운 마음으로 왕과 함께 가면
되지요." 이 의견이 해이먼의 마음
을 기쁘게 해서, 그는 교수대를 만
들게 했다.

몰더카이에게 포상

6 그날 밤 왕은 잠이 오지 않아서,
연대기의 기록서를 가져오라고
명령하고 앞에서 읽게 했다.
2 거기서 몰더카이가 왕의 두 내시
빅쌔나와 테레쉬에 관해 이야기한
기록을 발견했는데, 그들은 애해
져러스왕을 시해하려던 문지기들
이었다.
3 왕이 물었다. "이 일에 대해 몰더카
이에게 무슨 명예와 직위가 주어
졌는가?" 왕을 시중드는 신하들이
대답했다. "그를 위해 한 일은 아무
것도 없어요."
4 그리고 왕이 말했다. "정원에 누
가 있지?" 그때 해이먼은 왕의 궁
전 바깥 정원에 들어와 있었고, 왕
에게 자신이 준비한 교수대에 몰
더카이를 매달겠다는 말을 하려고
했다.
5 왕의 신하가 왕에게 대답했다. "보
세요. 해이먼이 정원에 서 있어요."
왕이 말했다. "그를 들어오게 해
라."
6 그래서 해이먼이 안으로 들어오자
왕이 그에게 말했다. "왕이 기꺼이
명예를 주고 싶어하는 자에게 어
떻게 하면 되겠나?" 그때 해이먼
은 마음 속으로 '왕이 명예를 주어
기뻐할 사람이란, 자신 이외 누가
있겠는가?' 라고 생각했다.
7 그래서 해이먼이 왕에게 대답했
다. "왕이 명예를 주고 싶어하는 사
람을 위하여,
8 왕이 입는 의상을 가져오게 하고,
왕이 타는 말을 가져오게 하고, 왕
의 머리에 얹는 왕관을 가져오게
합니다.
9 그리고 이 의상과 말을 왕의 가장
고귀한 대군왕자 중 하나의 손에
들려서, 그들이 왕이 기꺼이 명예
를 주고자 하는 사람에게 입히고,
그를 말 등에 태워, 도성 거리를 두
루 돌게 하며, 그 앞에서 이렇게 선
포합니다. '왕이 기꺼이 명예를 주
고자 하는 사람은, 이와 같이 될 것
이다'라고 제안합니다."
10 그러자 왕은 해이먼에게 말했다.
"서둘러서 네가 말한 대로 옷과 말
을 가져다 쥬다인 몰더카이에게
그대로 해라. 그는 왕의 궁전 성문
에 앉아 있는데, 네가 이야기한 것
을 실수 없이 실행해라."
11 그러자 해이먼은 옷과 말을 가져
다 몰더카이에게 입히고 그를 말
등에 태워 도성 거리를 돌게 하면
서, 그 앞에서 선포했다. "왕이 기
꺼이 명예를 주고자 하는 사람은
이와 같이 될 것이다."
12 그런 다음 몰더카이는 다시 성문
으로 왔다. 하지만 해이먼은 급히
집으로 돌아가 탄식하며 자기 머
리를 감쌌다.
13 그러면서 해이먼은 아내와 친구
모두에게 자신에게 벌어진 일을
모조리 말했다. 그러자 슬기로운

친구들과 아내 제레쉬가 말했다.
"몰더카이가 쥬다의 씨앗이라면,
그가 몰락이 시작된 당신 앞에 있
으니, 당신은 그를 상대하여 이기
기는커녕, 그 앞에서 쓰러질 게 틀
림없어요."
14 그들이 여전히 그와 이야기하는
사이, 왕의 내시들이 와서, 급히 해
이먼을 에스털이 준비한 만찬으로
데려갔다.

해이먼이 당하다

7 그리고 왕과 해이먼이 에스털
왕비의 만찬에 들어왔다.
2 왕은 에스털 왕비에게 와인 만찬
이튿날에 물었다. "당신의 청원은
무엇인가, 에스털 왕비? 그것은 당
신에게 허락될 것이다. 무슨 부탁
이지? 왕국의 절반까지도 줄 것이
다."
3 그러자 에스털 왕비가 대답했다.
"내가 왕의 눈에 은혜를 입고 또 왕
이 괜찮다면, 내 청원은 나의 목숨
을 돌려주고 또 나의 민족 생명 역
시 살리는 것이 나의 부탁이에요.
4 왜나하면 우리가 팔려서, 나와 나
의 민족이 파괴되고 살해되고 사
라지게 되었어요. 하지만 우리가
남녀 종으로 팔리기만 했다면, 내
가 잠자코 있었을 거예요. 적이 왕
의 손실을 감행하지 않았더라면
말이죠.
5 그때 애해저러스왕이 에스털 왕비
에게 물었다. "그자가 누구며 어디
있나? 감히 마음 속에 그런 짓을
품다니!"
6 에스털이 대답했다. "왕의 적은 바
로 이 사악한 해이먼입니다." 그 순
간 해이먼은 왕과 왕비 앞에서 겁
에 질렸다.
7 왕은 몹시 화가 나서 술자리에서
일어나 정원으로 나갔다. 그러자
해이먼은 일어나서 에스털 왕비에
게 목숨을 애걸했다. 왜냐하면 그
는 왕이 자신에 대해 최악의 결정
을 내렸다는 것을 깨달았기 때문
이었다.
8 그리고 왕은 궁전 정원에서 와인
의 만찬 자리로 돌아왔다. 그때 해
이먼은 에스털이 있는 자리의 침
대에 쓰러져 있었다. 그러자 왕이
말했다. "저자가 내 집안 내 앞에서
왕비를 위협하려 하나?" 이 말이
왕의 입에서 나오자, 사람들이 해
이먼의 얼굴을 덮쳤다.
9 내시 중 하보나가 왕 앞에서 말했
다. "보세요. 높이 50큐빝22.5m의 교
수대를 해이먼이 몰더카이를 죽이
려고 만들었는데, 그는 왕에게 좋
은 말을 한 사람이었지요. 그것은
해이먼의 집에 세워져 있어요." 그
러자 왕이 말했다. "해이먼을 거기
에 매달아라."
10 그래서 그들은 해이먼이 몰더카이
를 위해 준비해 놓은 교수대에 해
이먼을 매달았다. 그때서야 왕의

분노가 어느 정도 가라앉았다.

쥬다인 구제칙서

8 그날 애해져러스왕은 쥬다의 적
해이먼의 집을 에스털 왕비에게
주었다. 그리고 몰더카이는 왕 앞
에 나왔는데, 에스털이 그와 어떤
관계인지 이야기했기 때문이었다.
2 왕은 해이먼한테서 빼앗은 반지를
몰더카이에게 주었다. 그리고 에
스털은 몰더카이에게 해이먼의 집
관리를 맡겼다.
3 그런데 에스털은 여전히 다시 왕
앞에서 그의 발 아래 엎드려 눈물
로 호소하며, 애개그 출신 해이먼
이 쥬다사람을 없애려고 꾸몄던
비행을 취소해주길 간청했다.
4 그래서 왕은 에스털을 향해 황금
지팡이를 내밀었다. 그러자 에스
털이 일어나서 왕 앞에 서서,
5 다음과 같이 말했다. "만약 왕이 괜
찮다면, 그리고 내가 왕의 호의를
받는다면, 또 그 일이 왕에게 올바
른 일로 보인다면, 또 내가 왕의 눈
에 만족하는 사람이라면, 애개그
출신 해메대싸의 아들 해이먼이
쥬다인을 학살하려고 왕의 지방전
역으로 써서 보낸 칙서의 편지를
파기해 주세요.
6 어떻게 내가 나의 민족에게 닥칠
옳지 않은 일을 보고도 참을 수 있
나요? 아니면 어떻게 내가 나의 친
족의 파멸을 보며 참을 수 있겠어
요?"
7 애해져러스왕은 에스털 왕비와 쥬
다인 몰더카이에게 말했다. "보라
나는 에스털에게 해이먼의 집을
주었고, 쥬다인에게 손을 대려 한
이유로 해이먼을 교수대에 매달게
했다.
8 너희 역시 만족하는 편지를 왕명
으로 써서, 그것을 왕의 인장으로
봉인해라. 그러면 왕명으로 써서,
왕의 인장으로 봉인한 편지를 어
떤 사람도 파기하지 못할 것이다."
9 그래서 당시 왕의 서기관들이 세
번째 시븐월태양력 5-6월 23일째 날
에 소집되었다. 그리고 몰더카이
가 명령한 모든 것에 따라 작성하
여, 쥬다인과 왕의 부관 및 인도에
서 이씨오피아에 이르는 127개 전
지방의 대신과 총독에게, 각 지방
의 글과, 각 민족의 언어에 따라, 쥬
다인에게도 그들의 문자와 언어로
편지를 쓰게 했다.
10 그래서 그는 애해져러스왕의 이름
으로 편지를 써서, 인장반지로 봉
인하여, 말과 당나귀와 낙타와 단
봉낙타의 우편배달로 보냈다.
11 편지에서 왕은 "모든 도시마다 모
여 있는 쥬다인의 목숨구제를 보
증한다. 그들의 파멸과, 살해와 제
거를 막는데, 모든 영향력 있는 사
람과 지역에서 쥬다인 어린이와
여자까지 공격하고 그들을 약탈하
는 모두로부터 구제하기를 승인한

다.
12 이것은 애해져러스왕이 통치하는
모든 지역에 그 날 즉, 12번째 아달
월 13일에 실행하라.
13 전 지역으로 전달되는 명령의 편
자 사본이 백성에게 공표되면, 쥬
다인은 그들의 적에 대해 그동안
괴로움에 대한 보복을 준비하러
들 것이다."
14 그래서 노새와 낙타를 탄 배달부
가 출발하여, 왕명을 전달하려고
서두르며 박차를 가했다. 그리고
칙령은 슈샨궁전에도 전달되었다.
15 그리고 몰더카이는 왕 앞에서 물
러나면서, 왕실의 파랗고 흰 의상
을 입고, 황금 왕관을 쓰고, 고급 자
색 리넨의 겉옷을 입고 나왔다. 그
러자 슈샨도성 모두가 기뻐하며
즐거워했다.
16 쥬다인은 빛을 발하며, 기쁨과 즐
거움과 명예를 만끽했다.
17 모든 지방마다 도성마다 왕의 명
령과 칙령이 도착한 곳은 어디든,
쥬다인은 기쁨과 즐거움 속에서
축제를 열며 최고의 날을 보냈다.
그리고 그 땅의 많은 사람도 쥬다
인이 되었다. 왜냐하면 쥬다인에
대한 두려움이 있었기 때문이었
다.

쥬다인 승리

9 이제 12번째 아달월 13일 왕명
과 칙령의 시행일이 다가오자,
쥬다인에 대한 지배를 희망했던
적들은, [상황이 역전되어, 오히려
쥬다인은 자신들을 미워했던 그들
을 지배하게 되었다.]
2 쥬다인은 애해져러스왕의 관할전
역 자기들의 도성에 한데 모여, 그
들을 괴롭히려 했던 사람을 손봐
주려 했는데도, 아무도 맞서는 사
람이 없었다. 왜냐하면 쥬다인에
대한 두려움이 그곳 백성의 마음
에 있었기 때문이었다.
3 그래서 각 지방 총독 및 왕의 부관
과 대신과 관리 모두 쥬다인을 도
왔다. 그 이유는 몰더카이에 대한
두려움이 그들에게 내려앉았기 때
문이었다.
4 몰더카이는 왕의 궁전에서 영향력
이 커지면서, 그의 명성은 전역에
구석구석까지 퍼졌다. 몰더카이의
힘은 점점 더 커져갔다.
5 그래서 쥬다인은 칼을 휘두르며,
그들의 적을 치고 죽이고 파괴했
고, 쥬다인을 미워했던 자들에게
하고 싶은 대로 했다.
6 그리고 슈샨궁전 안에 있는 쥬다
인도 500명이나 되는 사람을 죽이
고 파멸시켰다.
7 팔쉔대싸, 댈폰, 애스패싸,
8 포래싸, 애댈리아, 애리대싸,
9 팔매슈타, 애리새이, 애리대이, 배
지재싸까지,
10 쥬다인의 적 해메대싸 아들 해이
먼의 아들 10명을 죽였지만, 그들

의 재산은 손을 대지 않았다.
11 그날 슈샨궁전에서 살해된 사람
수가 왕에게 전해졌다.
12 그러자 왕은 에스털 왕비에게 물
었다. "쥬다인이 슈샨궁전에서 5백
명을 죽이고 해이먼의 열 아들도
죽였다. 나머지 왕의 관할 지역에
서 쥬다인이 어떤 일을 했는가? 그
리고 당신의 청원은 또 무엇이지?
그것도 허락될 것이다. 그 이외 당
신의 추가부탁이 있나? 그것 역시
이루어질 것이다."
13 그때 에스털이 말했다. "왕이 좋다
면, 슈샨궁전의 쥬다인이 이날의
칙령에 따라 내일도 시행할 수 있
도록 허락해주고, 해이먼의 열 아
들도 교수대에 매달게 해주세요."
14 그래서 왕은 그것을 시행하도록
명령하고, 슈샨궁전에 칙령을 내
려, 해이먼의 열 아들을 매달았다.
15 슈샨궁전에 있는 쥬다인은 아달월
14일도 모여서, 슈샨궁전에서 3백
명을 죽였는데, 전리품에는 손을
대지 않았다.
16 한편 왕의 관할지역의 다른 쥬다
인도 모여, 그들의 목숨을 지키고,
그들의 적 중 나머지 75,000명을
죽였지만, 전리품에는 손 대지 않
았다.
17 그들은 아달월13일과 14일을 휴
일로 쉬면서, 이날을 기쁨의 축일
로 만들었다.
18 하지만 슈샨궁전에 있던 쥬다인은
아달월 13일과 14일에 모이고, 15
일을 휴일로 쉬면서 기쁨의 축일
로 정했다.
19 그래서 성벽이 없는 동네에서 살
았던 여러 마을의 쥬다인은, 아달
월 14일을 기쁨의 축일로 정하고,
서로 선물을 주고받았다.
20 몰더카이는 이런 사항을 적어서,
애해져러스왕의 관할전역 중 가까
우나 머나 쥬다인 모두에게 다음
과 같이 보냈다.
21 "쥬다인 사이에 이것을 법으로 정
한다. 쥬다인은 아달월 14일과 15
일을 매년 지켜야 한다.
22 그날은 쥬다인이 적으로부터 편하
게 쉬게 되었고, 그 달은 슬픔이 기
쁨으로, 애도가 최고의 날로 전환
되었기 때문에, 그들은 그날을 기
쁨의 축일로 만들어, 서로에게 가
난한 사람에게 선물을 보내야 한
다."
23 그래서 쥬다인은 그들이 처음 시
작한 그대로 계속 실천하면서, 몰
더카이가 그들에게 적어 보냈던
대로 했다.
24 쥬다의 적 애개그 사람 해메대싸
아들 해이먼이 쥬다인을 파멸하려
고 일을 꾸며내어, 제비뽑기 '퍼'를
던져서 그들을 제거하고 없애려고
했지만,
25 에스털이 왕 앞에 나오자, 그가 편
지로 명령하여 쥬다인에 대한 사
악하게 꾸며진 계획은, 오히려 해

이면 자신의 머리 위로 돌아가서,
그와 그의 자식들이 교수대에 매
달렸다.
26 그래서 그들은 그날을 제비뽑기
퍼의 이름을 따서 '퓨림'이라고 불
렀다. 그래서 이 편지의 내용과, 이
일에 관해 본 것과, 그들에게 일어
난 일에 관하여,
27 쥬다의 법으로 정하여 그들과 후
손과 그들과 함께 하는 모두가 받
아들여 틀림없이 지키도록 했다.
그래서 그들은 매년 정해진 때에
편지에 적힌 대로 이틀간 지키게
되었다.
28 이날은 반드시 기억해야 하고, 모
든 세대, 가족, 지방, 도시전역에서
지켜야 한다. 퓨림일은 쥬다인 사
이에 틀림없이 지켜야 하고 날이
고, 후손은 이것이 사라지지 않도
록 잊지 말아야 하는 날이다.
29 애비해일 딸 에스털 왕비와, 쥬다
인 몰더카이는 모든 권한을 가지
고 작성하여, 이 두 번째 편지로써
퓨림을 제정했다.
30 그리고 그는 이 편지를 모든 쥬다
인에게, 애해셔러스왕국 127개 지
방전역으로 평화와 진실의 말을
전했다.
31 지정된 시기를 퓨림일로 제정하
여, 쥬다인 몰더카이와 에스털 왕
비가 그들에게 지키도록 의무로
부과했고, 그들은 자신과 후손을
위해 금식과 애도하는 시기로 조
례를 세웠다.
32 에스털의 조례는 퓨림에 관한 제
정이고, 그것은 책에 기록되었다.

몰더카이의 영광

10 애해셔러스왕은 전 지역의
땅과 바다의 섬에도 세금을
부과했다.
2 그의 힘과 영향력에 관한 모든 업
적과, 왕이 높여준 몰더카이 영광
의 선포는, 모두 미디아와 펄샤왕
의 연대기 책에 쓰여있지 않는가?
3 쥬다인 몰더카이는 애해셔러스왕
다음 2인자였고, 쥬다인 가운데 위
대한 인물로 수많은 형제로부터
인정을 받았으며, 자기 민족의 부
를 추구하며, 그의 후손에게 평화
를 전했다.

조브의 시험

조브는 올바른 사람

1 우즈땅에 조브라는 사람이 있었
는데, 대단히 올바르고, **하나님**
을 두려워하며, 나쁜 일을 멀리했
다.
2 그에게는 일곱 아들과 세 딸이 있
었다.
3 그의 재산은 양 7,000마리, 낙타
3,000마리, 황소 500쌍, 암나귀
500마리 및 종의 숫자도 엄청났다.
그래서 이 사람은 동쪽 지역에서
가장 큰 인물이었다.
4 그의 자식은 생일마다 돌아가며
자기 집에서 잔치를 베풀고, 세 여
형제도 불러 함께 먹고 마셨다.
5 그들의 잔치가 끝나면, 조브는 사
람을 보내어, 자식을 깨끗하게 정
화시키고, 아침 일찍 일어나 자식
수만큼 번제를 올리게 했다. 왜냐
하면 조브가, "혹시 내 자식이 죄를
지으며, 마음속으로 **하나님**을 저주
했을 지 모른다"고 말했기 때문이
다. 조브는 그런 일을 계속했다.
6 어느날 **하나님**의 아들들이 **주님** 앞
에 나왔는데, 죄를 유혹하는 사자
새이튼사탄도 그 가운데 있었다.
7 **주님**이 새이튼에게 물었다. "너는
어디에서 오는 길이지?" 새이튼이
주님에게 대답했다. "이곳저곳 땅
위를 오르고 내리며 걸어다녔어
요."
8 **주님**이 새이튼에게 말했다. "너는
나의 종 조브를 생각해본 적이 있
나? 이 땅위에 그처럼 **하나님**을 두
려워하며, 완벽하게 올바르고, 악
을 멀리하는 사람도 없다."
9 그러자 새이튼이 **주님**에게 대답했
다. "조브가 대가없이 **하나님**을 두
려워할까요?
10 당신이 조브와 그의 집과 재산을
모두 보호하는 울타리를 쳐놓고
있잖아요? 당신이 그가 하는 모든
일에 복을 주니까, 이 땅에서 그의
재산이 늘어나지요.
11 그러나 당신이 손을 뻗어 조브가
가진 모든 것에 손을 대면, 그는 정
면에서 당신을 저주하겠죠."
12 그러자 **주님**이 새이튼에게 말했다.
"그런가 두고보자. 그가 가진 모든
것을 네게 맡기고, 단지, 그 자신만
은 손대지 마라." 그리고 새이튼은
주님 앞에서 물러갔다.
13 어느 날 그의 아들딸이 맏형의 집
에서 음식을 먹고 와인을 마시고

있었다.
14 한 전령이 조브에게 와서 말했다.
"황소는 밭을 갈고, 나귀는 그 옆에
서 풀을 뜯고 있었어요.
15 그때 서비언고대 남아라비아인이 그들
을 덮쳐, 황소와 나귀를 빼앗고, 물
론 종도 칼로 죽였어요. 나만 도망
쳐, 당신에게 이 일을 전하고 있어
요."
16 그가 말하고 있는 사이, 다른 사자
가 오더니 또 말했다. 하늘에서 **하
나님**의 불이 떨어져, 양을 태우고,
종을 쓰러뜨려서, 나만 달아나 당
신에게 이 일을 전해요."
17 그가 아직 말하는 중에, 또 다른 사
자가 와서 말했다. "캘디언 세 무리
가 와서, 낙타를 빼앗아 끌고 갔고,
그래요, 종들을 칼로 죽여서, 나 홀
로 피하여, 당신에게 전해요."
18 그가 말하는데, 또 다른 전령이 와
서 말했다. "당신의 아들과 딸이 만
이 집에서 먹고 술을 마시고 있었
는데,
19 그때 느닷없이, 황야에서 돌풍이
몰아치더니, 집안 곳곳을 쳐서, 젊
은이를 쓰러뜨리자, 그들이 죽고,
나만 도망나와 당신에게 전합니
다."
20 그러자 조브가 일어나 옷을 찢고,
머리를 밀고, 땅에 엎드려 경배하
며,
21 말했다. "내가 어머니 자궁에서 나
올 때, 맨몸이었는데, 다시 맨몸으
로 돌아가게 되었어요. **주님**이 준
것을 **주님**이 가져갔네요. **주님**의 이
름을 찬양합니다."
22 이 모든 일을 겪고도, 조브는 죄를
짓지 않았고, 어리석게 **주님**을 탓
하지도 않았다.

친구의 위로방문

2 다시 어느 날, **하나님**의 아들들
이 **주님** 앞에 제사하러 나왔을
때, 새이튼사탄도 그들 사이에서 **주
님** 앞에 모습을 드러냈다.
2 **하나님**이 새이튼에게 말했다. "너
는 어디에서 오나?" 새이튼이 **주
님**에게 대답했다. "지구 위를 이곳
에서 저곳으로 올라갔다 내려갔다
하다가 여기 왔어요."
3 **주님**이 새이튼에게 물었다. "너는
나의 종 조브를 생각해 봤나? 땅위
에서 그처럼 이상적으로 바른 사
람은 없다. **하나님**을 두려워하고
비행을 멀리하며, 그는 여전히 자
신의 진실을 유지한다. 비록 네가
나를 등돌리게 하여, 그를 까닭없
이 파멸시켰지만 말이다."
4 새이튼이 **주님**에게 대답했다. "가
죽은 가죽으로 대하죠. 맞아요, 인
간이 가진 모든 것은 제 목숨을 위
해 내놓게 되지요.
5 그러니 이제 당신이 손을 뻗어, 그
의 뼈와 살에 대면, 그는 당신의 얼
굴에 대고 저주할 겁니다."
6 **주님**이 새이튼에게 말했다. "그럼

두고보자. 조브는 네 손안에 있지
만, 그의 생명만은 제외한다."
7 그래서 새이튼이 **주님** 앞에서 물러
나와, 조브를 쳐서 그의 발바닥부
터 머리까지 종기로 괴롭혔다.
8 그러자 그는 도기조각을 들고 몸
을 긁다가, 재속에도 주저앉았다.
9 그때 조브의 아내가 그에게 말했
다. "당신은 아직도 자신의 진실성
을 유지해요? **하나님**을 저주하고
죽어버려요!"
10 하지만 그는 아내에게 말했다. "당
신은 마치 어리석은 여자처럼 말
한다. 어째서 우리가 **하나님**에게
좋은 것만 받아야 하고, 나쁜 것을
받으면 안 되나?" 이와 같이 조브
는 자기 입술로도 죄를 짓지 않았
다.
11 한편 조브의 세 친구가 그에게 일
어난 불행을 듣고, 각자 고향에서
왔는데, 테먼 사람 일리풰즈와, 슈
흐 사람 빌댇과 내머쓰 사람 조퐈
였다. 이들은 약속하고 와서, 조브
를 위로하고 불행을 함께 나누고
자 했다.
12 그들이 떨어져서 그를 봤는데, 알
아보지 못할 정도여서, 소리 내어
울었다. 그러면서 각자 옷을 찢고,
머리 위로 흙을 하늘을 향해 뿌렸
다.
13 그래서 친구들은 그와 함께 앉아 7
일 밤낮을 머물렀는데, 아무도 그
에게 말 한 마디 못했다. 그들이 보
기에 조브의 슬픔이 너무 컸기 때
문이었다.

출생원망

3 친구가 찾아오자, 조브는 입을
열어 그의 태어난 날을 원망했
다.
2 조브는 다음과 같이 말했다.
3 "내가 태어나던 그날이 없었더라
면, 남자아이를 임신했다고 외치
던 그 밤도 없었겠지.
4 그날이 캄캄했었더라면, **하나님**이
위에서 그날을 생각도 하지 않고,
빛도 비추지 않았을 텐데.
5 어둠과 죽음의 그림자가 그날을
가리고, 구름이 머물렀더라면, 그
날의 암흑이 생일을 압도해버렸겠
지.
6 그밤이 어둠에 사로잡혔더라면,
그날은 1년 중 날로 끼지도 못하
고, 달 가운데 숫자가 되지도 못했
을 텐데.
7 아, 그 밤이 고독했더라면, 그때 아
무런 환희의 비명도 없었을 텐데.
8 날을 저주하는 자들이 그날을 저
주했더라면, 누군가 곡소리를 내
도록 준비했겠지.
9 황혼의 별이 빛을 잃었더라면, 동
이 트기를 기다려도 그날은 오지
않고, 새벽도 보지 못했을 텐데.
10 그날이 나의 어머니 자궁 문을 닫
지 않은 탓에, 내 눈에서 나오는 슬
픔도 감추지 못한다.

11 왜 내가 자궁에서 죽지 못했을까?
왜 내가 배에서 나오면서 영혼을
포기하지 못했을까?
12 어째서 무릎이 나를 보호했지? 아
니면 어째서 내가 빨도록 젖이 허
락했단 말인가?
13 지금쯤 나는 가만히 누워 조용히
잠을 자며 안식을 취했을 테고,
14 왕과 관리들이 함께 자기들을 위
해 그 폐허지를 재건했거나,
15 아니면, 황금을 가진 대군왕자와
함께 그들의 집을 은으로 채웠겠
지.
16 그게 아니고 조산의 경우였다면,
나의 존재도 없이 결코 빛을 본 적
없는 영아가 되었을 텐데.
17 그곳에는 악한도 문제를 일으키지
않고, 약자도 쉴 수 있었겠지.
18 그곳에 죄수가 모여 쉬어도, 억압
하는 자의 목소리를 듣지 않았겠
지.
19 부자와 빈자가 그곳에 함께 있고,
종도 주인한테서 해방되었겠지.
20 그런데 왜 이 불행한 자에게 빛을
주고, 영혼이 쓰라린 자에게 생명
을 주어서,
21 죽음을 기다려도 오지 않고, 숨겨
진 보물찾기보다 더 깊이 파내어
찾아야 하다니.
22 대단히 기쁘고 즐거워할 때란, 무
덤을 찾았을 때일까?
23 그의 인생길에서 **하나님**이 쳐놓은
보호막이 없는 자에게 왜 빛을 주
었을까?
24 나는 먹기도 전에 한숨이 나오고,
신음소리는 물처럼 쏟아진다.
25 내가 가장 두려워한 것이 내게 닥
쳤고, 내가 무서워한 것이 나한테
와 있다.
26 나는 안정되지 못하고, 휴식도 없
고, 침착하지도 못한 채, 괴로움만
있다.

일리퀘즈의 위로

4 그때 테먼 사람 일리퀘즈가 대
답하며 말했다.
2 "우리가 대화하면 네가 괴롭겠지?
하지만 어느 누가 말도 안하고 가
만히 참을 수 있나?
3 이봐, 너는 많은 사람을 가르치며,
약자의 능력을 도와 왔어.
4 네 말은 쓰러지는 사람을 붙잡아
주고, 무른 무릎을 강하게 만들었
잖아.
5 그런데 이제 이 불행이 네게 닥쳐
네 정신을 약화시키고, 네게 손을
대어 곤경에 빠뜨렸구나.
6 너의 경외심, 너의 자신감, 너의 희
망이, 네 인생의 올바른 길이 아니
었나?
7 제발, 잘 생각해봐라. 죄없이 죽는
자가 누가 있나? 아니면 정직한데
제거당하는 곳이 어딘지 기억해볼
까?
8 지금까지 내가 봐온 대로, 죄를 경
작하여 짓는 자와, 악의 씨를 뿌리

는 자는 똑같은 것을 거두더라.
9 **하나님**의 입김으로 그들이 사라지
고, **하나님**의 콧김으로 섬멸 되더
라.
10 사자의 포효소리와 격렬한 사자의
울부짖음에, 젊은 사자의 이빨이
부러진다.
11 늙은 사자는 먹이가 없어 죽고, 살
찐 사자는 제 새끼를 뿔뿔이 흩어
버린다.
12 어떤 말이 내게 은근히 들리길래,
내 귀가 몇 마디 받아들었다.
13 사람이 깊이 잠든 밤에 환상적 생
각 중에,
14 내게 찾아온 두려움과 전율이 나
의 온 뼈를 흔들어 놓았다.
15 그때 한 영혼이 내 얼굴 앞을 지나
는 것을 보고 내 살의 털이 일었다.
16 그 영혼은 가만히 서 있지만, 그 형
태를 분간할 수 없었고, 한 모습이
내 눈 앞에서 침묵했지만, 나는 다
음 목소리를 들었다.
17 죽을 인간이 **하나님**보다 더 정의로
울까? 인간이 사람을 만든 존재보
다 더 순수할까?
18 보라, **주님**은 그의 종에게 믿음을
두지 않고, 그의 사자는 인간이 어
리석다 책망했다.
19 진흙집에서 사는 인간이야, 그들
의 근본이 흙인데 얼마나 허약하
면, 흙이 나방 앞에서 부서질까?
20 인간은 아침부터 저녁 사이에 파
멸하여, 생각할 겨를없이 영원히
사라진다.
21 그들이 지닌 우월성도 사라지지
않나? 인간이 죽으면 지혜조차 없
다."

불행을 맡긴다

5 "너에게 답해줄 누가 있다면, 성
인 중 누구라도 지금 물어봐라.
네가 바뀔까?
2 분노는 우매한 자를 죽이고, 질투
는 어리석은 자를 죽인다.
3 내가 보니, 우매한 자가 터전을 잡
았어도, 어느새 그의 거처가 저주
받더라.
4 그의 자식은 안전과 거리가 멀어
문에서 저주받는데도, 아무도 구
할 자가 없다.
5 그들의 추수는 배고픈 자가 먹어
치우고, 심지어 가시나무조차 빼
앗고, 도둑은 그들의 재산을 삼킨
다.
6 비록 고통이 흙먼지에서 나오지
않고, 어려움이 땅에서 솟아나지
않아도,
7 마치 불꽃이 위로 치솟듯, 사람은
고통 속에서 태어난다.
8 나라면 **하나님**을 찾아, 그에게 나
의 불행을 맡기겠다.
9 왜냐하면 **하나님**은 위대한 일을 하
고, 사람한테 사례를 찾아볼 수 없
는, 경이로운 일을 수없이 하니까.
10 그는 땅위에 비를 내려 밭에 물을
대고,

11 낮은 자를 높이고, 슬픈 자가 편하
도록 마음을 들어올려 준다.
12 그는 교활한 자의 속임수에 실망
하여, 그들이 원하는 목적달성까
지 손을 쓸 수 없게 만든다.
13 그는 영악한 자를 제 꾀에 빠지게
하고, 간사한 자의 꼬임을 헛수고
로 만든다.
14 그들은 낮에도 어둠을 만나고, 대
낮인데 밤처럼 더듬게 한다.
15 그러나 그는 칼끝에서 가난한 자
를 구하고, 저들의 입술과, 힘있는
자의 손에서 빈자를 구한다.
16 그래서 가난한 자도 희망을 갖고,
죄도 제 입을 닫는다.
17 이봐, 행복이란 **하나님**이 바로잡아
준 사람에게 있으므로, 너는 전능
한 존재의 질책을 경시하지 마라.
18 그는 상처를 내기도 하고, 감싸기
도 하고, 다치게도 하고, 손으로 온
전히 낫게도 하지.
19 그는 여섯 가지 괴로움에서 너를
구하고, 그래, 일곱 가지 고통에서
도 불행이 너를 손대지 못하게 할
거야.
20 그는 기근의 죽음에서 너를 구하
고, 전쟁의 칼날에서 구한다.
21 너는 혀가 만드는 악담을 피하게
되고, 파멸이 오는 두려움도 없을
거다.
22 파멸과 기근에도 너는 웃을 것이
고, 땅위의 맹수도 두렵지 않게 된
다.
23 왜냐하면 너는 들의 돌과 동맹하
고, 야생의 맹수와 평화를 맺기 때
문이다.
24 너는 네 천막이 안전해질 것을 알
아야 하고, 네 거처가 방문받을 때,
죄가 없게 해야 한다.
25 너는 네 후손이 훌륭해질 것을 알
아야 하고, 네 자손도 땅위의 풀처
럼 자란다는 것을 알아야 한다.
26 너는 충분히 나이가 들어 무덤으
로 들어가게 될 텐데, 그것은 마치
곡식 다발이 제철에 창고로 들어
가는 것과 같다.
27 이봐, 우리가 검토한 대로 그래. 그
러니 이 말을 듣고, 이 불행이 너의
행운을 위한 것인 줄 알아둬라.

조브의 참담

6 하지만 조브가 대답했다.
2 "오, 내 슬픔의 무게가 천근이니,
내 불행을 마주 올리면 균형이 맞
을 거다!
3 나의 불행이 바다의 모래보다 더
무거워, 내 말이 거기 묻혀버렸다.
4 전능한 존재의 화살이 내 몸에 박
혀, 그 독성이 영혼을 삼켰으니, **하
나님**의 두려움이 나에게 엄습한다.
5 야생나귀가 풀을 보고 울까? 아니
면 황소가 여물을 두고 울까?
6 맛없는 음식을 소금없이 먹을까?
아니면 계란흰자에 무슨 맛이 있
을까?

7 나의 영혼조차 먹으려고 손대지
않는 것이, 바로 나라는 가여운 먹
이다.
8 아아, 내가 요구할 수 있어, 간절히
바라는 바를 **하나님**이 내게 허락해
줄 수 있었으면 얼마나 좋을까!
9 **하나님**이 나를 파멸시키는 것이 즐
겁다 하더라도, 그가 손을 놓고 나
를 도려내면 좋을 텐데!
10 그러면 내가 맘이 편할 텐데. 맞아,
그런 자를 구하지 말아주면, 나는
슬픔으로 스스로 다질 텐데. 왜냐
하면 나는 신성한 존재의 말을 거
부하지 않았기 때문이지.
11 내가 희망을 가져야 할 나의 힘은
무엇일까? 또 내가 수명을 연장해
야 하는 나의 종말은 어떤 것일까?
12 나의 힘이 바위라도 되나? 내 살이
무쇠인가?
13 내 스스로에게 전혀 도움이 안 되
지? 또 지혜라고는 내게서 완전히
빠져버렸지?
14 고통받는 자에게 친구가 동정을
보여야 할 텐데, 오히려 친구는 전
능한 존재에 대한 경외심을 잊었
구나.
15 내 형제는 시내처럼 진실없이 대
하고, 흐르면 그만인 물처럼 군다.
16 시커먼 얼음을 눈으로 덮어 감추
어도,
17 날이 풀릴 때면 아무 소용없이, 온
기와 더불어 설 곳을 잃는다.
18 가는 길을 피해보지만, 그들은 아
무것도 남기지 않고 자취를 감추
지.
19 테마의 군대가 바라보니, 쉬바의
군대가 자신들을 기다린다.
20 그들은 희망을 품고 왔는데, 그곳
상황에 당황하며 어쩔 줄 모른다.
21 너희는 아무 상관이 없어도, 나의
버림받은 처지를 보고 두려워하겠
지.
22 내가 너희를 오라고 했니? 혹은 너
희 재물에서 나를 보태달라 했니?
23 또는 적의 손에서 나를 구해 달랬
어? 힘 있는 자의 손에서 나를 구
하라 그랬어?
24 가르쳐 주면 내 혀를 가만히 붙들
어 둘게. 내가 대체 무엇을 잘못했
는지 이해 좀 시켜봐라.
25 바른 말은 힘이 있는 거야! 그런데
너희는 무엇을 꾸짖고 있는 거냐?
26 너희가 생각하는 책망의 말과, 절
망에 빠진 사람의 절규 중 어느 것
이 헛소리냐?
27 너희는 고아를 윽박지르고, 친구
를 몰아넣을 구덩이를 파고 있다.
28 자, 이제 그쯤 하고, 나를 좀 봐라.
이 몰골이 내가 너희에게 거짓을
말하는 증거인지.
29 제발, 돌아가라. 부탁한다. 이것이
죄가 되지 않게 하자. 그렇지, 너희
가 다시 오면, 내 안에 나의 정의가
있는 것이다.
30 내 혀가 말을 잘못했니? 내 혀가
맛을 구분하지 못했나? 말이다.

조브의 불평

7 땅위의 인간에게는 정해진 시간
이 있지 않나? 따라서 그 수명
이란 일용직의 하루와 같지 않을
까?
2 종이 밤을 간절히 기다리듯, 일용
직이 품삯을 기대하듯,
3 그렇게 나는 몇 개월을 허무에 사
로잡혀, 내게 부여된 비참한 밤을
보낸다.
4 나는 누워 말한다. '밤이 언제 지나,
내가 일어나게 될까?'라며 동이 틀
때까지 이리저리 뒤척인다.
5 내 몸은 구더기가 끓고, 나의 피부
는 찢어져 곪아, 보기만 해도 역겹
다.
6 내가 살 날은 베틀의 북보다 더 빠
르게 희망도 없이 지나간다.
7 오 **주님**, 내 인생은 지나가는 바람
이었다고 기억해주세요. 내 눈이
더 이상 행복을 볼 수 없을 테니까
요.
8 나를 보아 왔던 사람의 눈이, 나를
더 이상 보지 못하고, 당신의 눈이
나를 봐도, 나는 존재하지 않아요.
9 구름이 사라져 없어지듯, 무덤 속
으로 내려간 자는 다시 올라오지
못하죠.
10 그런 자는 다시는 자신의 집에 되
돌아 가지 못하고, 그의 거처도 그
를 더 이상 알아보지 못하고요.
11 그러니 이제 나는 내 입을 자제하
지 않고, 내 영혼의 고뇌를 드러내
며, 내 정신의 비참함을 불평하겠
습니다.
12 내가, 당신이 늘 굽어보는 바다인
가요, 아니면 고래인가요?
13 내가 불평을 말하면, 나의 침대도
나를 위로하고, 나의 카우치소파
도 나의 불만을 풀어주지요.
14 그런데 당신은 꿈속에서도 나를
겁먹게 하고, 환상 속에서도 나를
무섭게 합니다.
15 그래서 내 영혼은 삶보다 차라리
질식해서 죽는 쪽을 택하는 겁니
다.
16 나는 내 인생이 지긋지긋 해요. 더
이상 살지 않겠어요. 내버려 두세
요. 왜냐하면 나의 삶이 허무하니
까요.
17 사람이 무엇이라고 당신은 인간을
대단히 여기죠? 또 그에게 마음을
두는 거죠?
18 그러면서 어째서 당신은 매일 아
침 인간을 찾아 매 순간 시험을 하
나요?
19 얼마나 더 오랫동안 내게서 떠나
지도 않고, 내가 침을 삼키는 순간
조차 내버려 두지 않나요?
20 내가 죄를 지었는데, 어떻게 해야
하나요? 오, 인간의 보호자님! 왜
당신은 나를 당신을 거역하는 표
적으로 삼아, 내가 자신에게 짐이
되게 하죠?
21 왜 당신은 나의 잘못을 용서도 안
하고, 나의 죄를 없애 주지도 않나

요? 이제 나는 흙먼지로 들어가 잠
을 자렵니다. 내일 아침에 당신이
나를 찾아도 나는 없어요.

빌댇이 반성권유

8 그때 슈흐 사람 빌댇이 대답하
며 말했다.
2 너는 얼마나 더 오래 이런 이야기
를 할 거냐? 얼마나 더 길게 네 입
에서 나오는 말마다 폭풍으로 몰
아칠 건데?
3 **하나님**이 잘못된 판정을 내렸니?
아니면 전능한 존재가 정의를 왜
곡했다는 거냐?
4 만약 네 자식이 **주님**에게 죄를 지
었다면, 그는 죄의 대가로 그들을
내던져버린다.
5 만약 네가 제때에 **하나님**을 찾고,
절대 존재에게 탄원하며,
6 네가 순수하고 올바르면, **주님**은
틀림없이 너를 알아보고, 네 정직
성에 따라 네 거처를 번성시킬 것
이다.
7 너의 시작은 초라해도, 나중에 네
미래는 크게 번창할 것이다.
8 그러니 제발, 선대에게 물어보고,
조상의 교훈을 스스로 준비해 두
어라.
9 [우리는 어제 태어나, 아는 게 없
고, 땅에 사는 우리 인생길은 어둠
뿐이다.]
10 선조가 네게 교훈을 가르쳐 주고,
그들의 마음에서 깨달은 지혜를
말해주지 않았니?
11 퍼파이러스 종이 풀이 진흙 밖에
서 자랄까? 붓꽃이 물 밖에서 자랄
까?
12 아직 푸르고 꺾이지 않은 것도, 다
른 풀보다 먼저 시든다.
13 **하나님**을 잊는 자의 길이란 모두
그와 같고, 위선자의 희망은 사라
진다.
14 저들의 희망은 사라지고, 저들이
믿는 바는 거미줄처럼 끊어져버릴
것이다.
15 그래서 거미는 제집에 기대도 거
미줄이 버텨내지 못하고, 급히 붙
들어도 견뎌내지 못한다.
16 식물은 태양 앞에서 푸르고, 가지
는 정원으로 뻗어 나오지만,
17 그의 뿌리가 돌무더기에 둘러싸이
면, 돌만 보게 된다.
18 만약 그가 자기 장소에서 파멸하
면, 그의 처소가 그를 부정하며 말
할 것이다. "나는 너를 본적이 없
다"고.
19 보라, 그의 인생의 즐거움은 그뿐
이고, 이 땅에는 다른 것이 자라게
된다.
20 보라, **하나님**은 완전한 사람을 버
리지 않고, 악한을 돕지 않는다.
21 **주님**이 네 입을 웃음으로 채우고,
네 입술을 기쁨으로 채울 때까지
그렇다.
22 너를 미워하는 자는 창피를 당하
고, 나쁜 자의 거처는 아무것도 남

지 않을 것이다.

중재자 부재

9 그때 조브가 대답했다.
2 나도 진실이 그렇다는 것을 안다.
하지만 사람이 어떻게 **하나님**처럼
올바르겠니?
3 인간이 **하나님**과 논쟁하면, 천 개
중 단 하나도 답할 수 없을 텐데.
4 **하나님**은 마음이 현명하고 힘이 강
한데, 누가 그에 맞서 자신을 고집
하면 성공할까?
5 산을 옮겨도 인간은 알지 못한다.
그의 분노로 인간을 내쳐도 모른
다.
6 그는 이 땅을 흔들고, 땅을 떠받치
는 기둥들을 흔든다.
7 해에게 명령하여 떠오르지 않게
하고, 별도 막는다.
8 홀로 하늘을 펼치고, 바다의 파도
위를 거닌다.
9 큰곰자리 북두칠성의 큰별 악투러
스, 큰개자리 오라이언 별, 황소자
리 플리어디스 별과, 남쪽의 여러
별자리를 만든다.
10 찾아낼 수 없는 위대한 일을 하며,
그렇다, 수 없는 경이를 보여도 우
리는 알 수 없다.
11 봐라, 그가 내 옆을 지나도, 나는 그
를 보지 못하고, 그가 지나치는데
도 나는 알아채지 못한다.
12 봐라, 그가 빼앗으면, 누가 막을
까? 누가 그에게 왜 이러냐 말할
까?
13 **하나님**이 분노를 거두지 않으면,
자신 있는 조력자도 그 아래 설뿐
이다.
14 그런데 어떻게 내가 그에게 항변
하며, 그에게 따질 말을 고를까?
15 내가 올바르다 한들, 나는 답변할
수 없어, 그저 나의 재판에 탄원만
한다.
16 내가 부르면, 내게 대답했었는데,
이제 나는 그가 내 목소리를 들었
다고 여겨지지 않는다.
17 왜냐하면 그는 폭풍으로 나를 부
수고, 까닭없이 성한 곳없이 만신
창이로 만든다.
18 내가 숨을 끊는다 해도 말리지 않
고, 오히려 나를 괴로움으로 채운
다.
19 힘으로 말해도 그가 강하고, 재판
으로 말해도 그런데, 누가 내게 변
론할 시간을 주겠나?
20 내 스스로 정당화해도, 내 입이 나
를 유죄로 판결할 테고, 내 말이 완
벽한 사실이라고 주장해도, 그 역
시 스스로 죄를 증명하는 것일뿐.
21 내가 거짓없이 완전하다 해도, 내
영혼조차 그것을 알아주지 못하
니, 내 인생을 멸시할 뿐이다.
22 그래서 내가 말하는데, 바르거나
그르거나 그의 파멸은 매 한가지
다.
23 느닷없이 재앙으로 죽여도, 그는

순수한 자의 재판에서 웃을 것이
다.
24 온땅을 나쁜 손에 쥐어주며, 재판
하는 모두를 가린다. 만약 그렇지
않다면, 그는 누구며, 어디에 있단
말인가?
25 내가 살 날은 전령보다 빠르게 달
아나, 이제 얼마 보이지 않는다.
26 나의 살 날은 빠른 배처럼 지나는
데, 마치 먹이에 달려드는 독수리
와 같다.
27 내가 말은 이렇게 해도, 나의 불만
을 잊겠다. 나의 몸을 짓누르는 삶
의 무게를 내려놓아, 자신을 위로
하려 한다.
28 나는 너희가 나를 무죄로 인정해
주지 않을 것을 알기에, 나의 슬픔
이 두려워진다.
29 만약 내가 악하다면, 왜 내가 쓸데
없이 수고하지?
30 내가 눈 녹은 물에 몸을 씻어도, 내
손을 절대 깨끗하게 만들 수 없는
데.
31 너희는 여전히 구덩이로 나를 내
던지고, 입고 있는 내 옷은 나를 혐
오하고 있다.
32 그는 나와 같은 사람이 아니다. 내
가 상대에게 답변을 말하고, 피고
원고가 함께 재판에 나가야 하는
우리와 다르다.
33 여기 그와 나 사이에는, 양측에 조
정자의 손으로 도움을 줄 어떤 중
재자도 없다.
34 중재자가 나로부터 **주님**의 지휘봉
을 거두게 하여, 그의 두려움이 나
를 공포에 질리지 않게 해주면 좋
을 텐데.
35 그러면 내가 그를 두려워하지 않
고 말할 수 있을 텐데. 그러나 그것
은 내 경우가 아니다.

진정호소

10 내 정신이 나의 삶에 지쳤으
니, 나의 불만을 스스로에게
돌리고, 내 정신의 괴로움을 이야
기하고자 한다.
2 나는 **하나님**에게 말한다. "내게 유
죄 판결을 내리지 말고, 왜 당신이
나와 논쟁을 벌이려는 지 이유를
말해주세요.
3 당신 손으로 만든 창조물을 스스
로 억압하고 무시하며, 악의 계략
에 손을 들어 빛을 주는 것이 당신
에게 선입니까?
4 당신의 눈에도 살이 있나요? 또는
당신도 인간이 보듯 사물을 보나
요?
5 당신의 날도 사람의 날과 같고, 당
신의 해도 사람의 것과 같나요?
6 당신은 나의 위반을 묻고, 나의 죄
를 찾으러 다닙니까?
7 당신은 내가 나쁘지 않다는 것도
알고, 당신 손에서 구할 자가 없다
는 것도 알지요.
8 당신 손이 나를 만들고 내 몸 주위
도 같이 꾸몄으면서, 당신은 나를

파멸시키려 해요.
9 당신에게 간청하는데, 당신이 나
를 진흙으로 만들었음을 기억하세
요. 그런데 나를 다시 흙으로 보내
려 합니까?
10 당신은 나를 우유처럼 부어, 치즈
처럼 굳히지 않았나요?
11 당신은 피부와 살로 나를 옷 입히
고, 뼈와 힘줄로 내 주위를 둘러쌌
어요.
12 당신은 내게 생명과 호의를 허락
하고 당신의 관심으로 나의 정신
을 보호해왔어요.
13 그리고 이런 것을 당신의 마음 속
에 간직하여, 이것이 당신과 같이
있다는 것을 내가 알아요.
14 내가 죄를 지으면, 내게 표시해두
고, 그 죄에서 벗어나지 못하게 하
잖아요.
15 내가 죄인이면, 재난이 내게 오겠
죠. 내가 정직해도 나는 머리를 쳐
들지 않아요. 나는 완전히 혼란에
빠졌는데, 당신은 나의 고통을 보
고만 있어요.
16 고통이 커져갑니다. 당신은 나를
화난 사자인 듯 사냥하며, 또 다시
내게 당신의 놀라움을 보이고 있
어요.
17 당신은 내게 당신의 증거를 새롭
게 하여, 당신의 분노를 내게 돋우
면서, 변화와 전쟁이 나를 상대하
게 합니다.
18 왜 당신은 나를 자궁 밖으로 나오
게 했죠? 내가 영혼으로 태어나,
눈이 나를 보지 못했다면 좋았을
텐데!
19 나는 차라리 처음부터 없었어야
했어요. 나는 자궁에서 무덤으로
옮겨졌어야 했어요.
20 나의 날이 얼마 남지 않았죠? 그렇
다면 끝을 내어, 나를 혼자 내버려
두면, 내가 다소 위안을 찾을 수 있
을 거예요.
21 내가 돌아오지 못할 암흑의 땅과,
죽음의 그림자가 있는 땅으로 가
기 전에 말이죠.
22 어둠 자체인 암흑의 땅, 질서도 없
는 죽음그림자의 땅은 빛도 암흑
처럼 깜깜하겠죠."

불행은 마땅한 일

11 그때 내머쓰 사람 조퐈가 대
답하며 나섰다.
2 "말이 많은데 대답이 없어서야 되
나? 그런데 말 많은 사람이 공정할
까?
3 네 거짓으로 사람을 침묵시켜야
마땅하나? 네가 우기면, 너에게 모
욕줄 사람이 없을 것 같나?
4 네 말에 따르면, '나의 기본원칙은
순수하고, 남의 눈에 깨끗한 사람'
이라는 거지.
5 하지만 **하나님**이 말하려는 것은,
너에 대해 입을 열고 이런 말을 할
거다.
6 그는 네게 가려진 생각을 알리며,

'네 죄는 실제보다 두 배나 된다!'고
했을 거다. 따라서 **하나님**은 네가
당연히 받아야 할 죄보다 네게 덜
적용한다는 사실을 알아라.
7 네가 찾는다고 **하나님**을 발견할 수
있나? 그런다고 절대 존재를 완벽
하게 찾을 수 있나?
8 그것은 하늘만큼 높은데, 네가 무
엇을 할 수 있지? 지옥보다 더 깊
은데, 무엇을 알 수 있겠어?
9 그것의 넓이가 땅보다 길고, 바다
보다 더 넓다.
10 그가 잡아 가두거나, 재판에 소환
하면, 누가 그에게 맞서 항변할 수
있지?
11 그는 무모한 인간을 잘 알기 때문
에, 위선을 알아보며, 고려하지 않
았겠니?
12 어리석은 자가 현명해지고 싶어하
는 것은, 마치 야생 망아지가 인간
으로 태어나기를 바라는 것과 같
다.
13 만약 네가 마음을 준비하고 네 손
을 그를 향해 뻗으면,
14 네 손안에 죄가 있어도, 그것을 멀
리 할 때, 너의 천막에 악을 머물지
않게 하는 것이다.
15 그러면 너는 네 얼굴을 부끄럼 없
이 들어올리게 되고, 확고하게 네
게서 두려움이 사라질 것이다.
16 따라서 네가 자신의 불행을 잊고,
흐르는 물처럼 기억하면,
17 너의 인생은 대낮보다 더 밝아지
며, 너는 빛을 발하는 아침과 같이
될 것이다.
18 그러면 너는 희망으로 안정을 찾
고, 또 너는 네 주위를 파서 안전한
휴식을 갖게 될 것이다.
19 게다가 네가 누워도 두렵게 만드
는 자는 없을 것이고, 오히려 많은
사람이 너의 비위를 맞춰줄 것이
다.
20 그러나 나쁜 사람의 눈은 보지를
못하여 도망도 못 간 채, 결국 그들
의 희망은 영혼에게 굴복하고 말
것이다."

주인이 만들었다

12 조브가 대답하여 말했다.

2 "의심없이 너희는 사람이니, 지혜
도 너와 함께 죽는다.
3 나 역시 너희만큼 이해하고, 못하
지 않다. 그렇다, 이것이 그렇다는
것을 누가 모르나?
4 나는 이웃의 조롱거리가 되었다.
한때 **하나님**을 부르면, 그가 대답
했는데, 정직한 올바른 사람이 경
멸의 비웃음을 당하고 있다.
5 발이 미끄러지는 사람은, 안일한
생각에 등불을 무시한 경우다.
6 도둑의 천막은 번성하고, **하나님**에
게 도발하는 그들이 안전한 이유
는, 그들 손에 **하나님**이 넉넉히 갖
다 준 것이다.
7 하지만 이제 짐승에게 물어보면

짐승이 너를 가르치고, 공중의 새
들에게 물어도 그들이 말해준다.
8 혹은 땅에게 말해도 네게 가르쳐
주고, 바다의 물고기도 네게 알려
준다.
9 모든 것을 **주님**의 손이 만들었다는
것을 누가 모르나?
10 그의 손안에 모든 생물의 영혼이
들어 있고, 인간 모두의 호흡도 그
의 손에 달렸다.
11 귀가 말을 듣지 못 하나? 입이 음
식 맛을 못 보나?
12 선조에게 지혜가 있고, 인생의 햇
수에 통찰력이 있다.
13 **주님**은 지혜와 힘이 있으므로, 조
언과 이해가 가능하다.
14 봐라, **주님**이 파괴하면 그것을 새
로 지을 수 없고, 인간을 가두면 아
무도 열 수 없다.
15 봐라, 그가 물을 끌어당기면 마르
고, 물을 보내면 땅을 덮는다.
16 그에게는 힘과 지혜가 있고, 속는
자나 당하는 자 모두 그가 하는 일
이다.
17 그는 모사꾼을 파멸에 이르게 하
고, 재판관을 바보로 만든다.
18 왕이 채운 족쇄를 풀고, 그들의 허
리에 띠를 묶는다.
19 대군왕자를 쫓아내고, 영향력 있
는 자를 전복시킨다.
20 신뢰자의 말을 묵과해버리고, 원
로의 식견도 박탈한다.
21 대군왕자에게 모욕을 퍼붓고, 강
자의 힘을 약화시킨다.
22 깊은 어둠 속에 있는 것을 찾아내
고, 죽음의 그늘에 빛을 밝힌다.
23 나라를 세웠다 파괴하고, 또 국가
를 부흥시키거나, 다시 곤경에 빠
지게도 한다.
24 그는 땅위 백성의 지도자의 마음
을 빼앗아, 갈 곳 없는 황야에서 사
람들이 방랑하게 만들기도 한다.
25 사람들을 빛이 없는 어둠 속에서
더듬게 하며, 마치 취객처럼 비틀
거리게 만든다."

변론

13 "알다시피, 내 눈은 이 모든
것을 보았고, 내 귀가 그것을
들어 알고 있다.
2 너희가 아는 것을 나 역시 알며, 너
희보다 못한 게 아니다.
3 나는 기필코 전능한 존재에게 말
하며, **하나님**과 논쟁하기를 바란
다.
4 그러나 너희는 거짓을 지어내는
자들이고, 너희 모두 가치 없는 의
사다.
5 너희는 모두 입을 다무는 게 낫겠
다! 그것은 너희 생각일 뿐이다.
6 이제 나의 이론을 들어줘라. 내 입
술의 변론을 들어봐라.
7 너희는 **하나님**을 나쁘게 이야기 하
려는가? 그를 위해 거짓으로 말하
려고 하는가?
8 너희는 **하나님**의 사람이기를 수락

하려 하나? **하나님**에 맞서겠다는
건가?
9 그가 네 죄를 묻도록 너를 찾게 하
는 것이 잘하는 일인가? 아니면 사
람이 서로 무시하듯, 너희도 그렇
게 **하나님**을 무시하는 것이 괜찮은
일인가?
10 그는 반드시 너희를 꾸짖을 것이
다. 만일 너희가 몰래 사람을 불공
정하게 받아들이면 말이다.
11 그의 탁월함이 너희를 두렵게 하
지 않겠니? 그러면 그의 무서움이
너희에게 떨어지지 않을까?
12 너희 기억은 재와 같고, 너희 신체
는 진흙과 같다.
13 잠자코 나를 내버려 둬라. 내가 말
할 수 있도록, 또 내가 하고자 하는
것을 하게 해다오.
14 왜 내가 나의 이로 내 살을 물어뜯
고, 내 손에 내 목숨을 맡겨야 되
나?
15 그가 나를 치더라도, 나는 여전히
그를 믿으며, 그 앞에서 내 자신의
인생길을 계속 가겠다.
16 마찬가지로 그는 나의 구원이 되
어줄 것이다. 왜냐하면 위선자는
절대 그 앞에 나서지 못하기 때문
이다.
17 내 말을 진지하게 듣고, 내가 하는
선언을 너희 귀로 들어달라.
18 이제부터, 나의 사정을 늘어놓을
텐데, 나는 공정해야 된다는 것을
알고 있다.
19 나를 변론해줄 자는 누구냐? 이제
내가 입을 다물면 나는 죽은 몸이
다."
20 "나에게 단 두 가지만 하지 말아 주
세요. 그러면 나는 당신으로부터
숨지 않겠어요.
21 나로부터 당신의 손을 거두어주세
요. 당신의 두려움에 내가 겁먹지
않게 해주세요.
22 그래서 당신이 부르면 내가 답하
겠어요. 아니면 내가 말하면, 당신
이 내게 답해주세요.
23 나의 위반과 죄가 얼마나 많나요?
나에게 내가 저지른 죄를 깨닫게
해주세요.
24 왜 당신은 자신의 얼굴을 숨기고,
나를 당신의 적이라 간주하죠?
25 당신은 이리저리 구르는 나뭇잎을
부수려는 겁니까? 마른 그루터기
밑동까지 샅샅이 찾으려는 건가
요?
26 왜냐하면 당신이 나에 대해 신랄
한 이야기를 쓰며, 나의 어리석음
이 저지른 죄에 나를 사로잡히게
하니까요.
27 당신은 나의 발에 족쇄를 채우고,
나의 행로를 세밀히 들여다보며,
당신은 나의 발꿈치 위에 흔적을
새기고 있어요.
28 썩어버린 것 같은 그는, 좀 먹은 옷
처럼 사라집니다."

누구나 죽는다

14 "여자의 몸에서 태어난 사람
은 살 날이 짧고, 고난으로 가
득 차 있어요.
2 인간은 꽃처럼 피었다 시들고, 그
림자와 같이 지나가며, 계속되지
않고요.
3 그런 사람을 당신이 눈으로 보고,
나를 재판에 데려가려 하나요?
4 누가 오염 속에서 깨끗한 것을 끌
어낼 수 있나요? 아무도 없어요.
5 사람의 날은 정해져 있고, 개월 수
조차 당신에게 달렸으니, 인간이
넘을 수 없는 한계란 당신이 정해
놓은 겁니다.
6 당신한테서 돌아서면, 내가 쉴 수
있어요. 일용직이 그의 날을 끝내
고 쉬듯 말이죠.
7 나무는 희망이 있어, 잘려도 다시
싹을 틔우고, 어린 가지를 끊임없
이 새로 뻗어요.
8 비록 뿌리가 땅속에서 오래 되고,
밑동이 땅에서 죽더라도,
9 여전히 물의 냄새를 맡으며 싹을
트고, 식물처럼 가지를 뻗지요.
10 그러나 사람이 죽으면 사라져요.
그래요. 사람이 영혼을 포기하면
어디로 가죠?
11 바다물이 끊어지고, 강이 마르듯,
12 사람은 한 번 누우면 일어나지 못
하고, 하늘도 더 이상 없이, 죽은 자
는 깨어나지 못하고, 잠에서 일어
나지 못합니다.
13 당신은 무덤 안에 나를 숨기고, 당
신의 분노가 지나가도록, 나를 남
모르게 감출 그때까지, 나에게 일
정한 시간을 주겠지요. 그러니 나
를 기억해주세요.
14 사람이 죽으면 다시 살겠습니까?
내게 정해진 시간만큼, 내게 변화
가 올 그때까지 기다리지요.
15 당신이 부르면 내가 대답할게요.
당신은 자신의 손으로 만든 작품
에 대해 소망이 있을 겁니다.
16 당신은 나의 발걸음 수를 세며, 내
가 짓는 죄를 지켜보고 있지 않나
요?
17 나의 죄를 가방 속에 넣어 봉하고,
당신이 마무리하며 꿰매겠지요.
18 틀림없이 산도 무너져 없어지고,
바위도 제자리에서 옮겨지겠지요.
19 물이 돌을 닳아 없애듯, 당신은 땅
의 흙에서 자라는 것을 모조리 씻
어버리며, 인간의 소망도 쓸어버
립니다.
20 당신은 어느 때나 인간보다 우월
하여 그를 보낼 수 있으니, 그의 용
모를 바꾸어 멀리 떠나보내겠지
요.
21 그의 자식이 명예로워져도 그는
알지 못하고, 그들이 비천해져도
그것을 인지하지 못하겠죠.
22 대신 인간의 몸에 붙은 살은, 늘 고
통스럽고, 그의 영혼은 슬프겠지
요."

헛된 믿음을 품지 마라

15 테먼 사람 일리퐤즈가 대답
했다.
2 "현명한 사람이 헛된 지식을 주장
하며, 동쪽 허풍으로 배나 채워서
야 되나?
3 그가 무익한 말로 논쟁해야 하나?
아니면 도움도 안 되는 헛소리를
해야 하나?
4 맞아, 너는 두려움을 내던지고, **하
나님** 앞에서 하는 기도조차 자제하
고 있다.
5 왜냐하면 네 죄가 네 입에서 나오
는데, 너는 혀의 언어 중 간사한 말
만 고르기 때문이다.
6 네 입이 자기 죄를 유죄판결 하는
것이지, 내가 하는 게 아니다. 그렇
다, 네 입술이 너에 대해 증명하는
거다.
7 네가 태어난 자 중 최초의 사람인
가? 아니면, 네가 산이 생기기 전
에 만들어졌나?
8 네가 **하나님**의 비밀을 들었나? 그
래서 자신에게만 지혜를 국한시키
고 있나?
9 네가 아는 것을 우리라고 모를까?
네가 이해하는 것을 우리는 이해
하지 못할까?
10 우리는 백발된 사람도 있고, 너의
아버지보다 더 나이든 연장자도
함께 있다.
11 네게 **하나님**의 위로가 적은가? 네
게 어떤 비밀이라도 있는 건가?
12 왜 네 마음이 너를 끌고 멀리 가
나? 또 네 눈은 무엇을 보고 눈짓
하는지,
13 그것이 네 영혼을 **하나님**한테서 등
을 돌리게 하고, 네 입에서 그 같은
말이 나오게 하나?
14 자신이 깨끗하다는 인간은 대체
정체가 무엇일까? 여자의 몸에서
태어난 인간이라면 정직해야 하겠
지?
15 봐라, 그는 자신의 성자도 믿지 않
는다. 그래, 하늘조차 그가 보기에
깨끗하지 못하니까.
16 그런데 죄를 물 마시듯 하는 사람
이, 얼마나 더 혐오스럽고 추잡하
겠나?
17 내가 네게 알려줄 테니, 들어봐라.
내가 봐온 것을 말해주지.
18 이것은 현자들이 그들의 조상한테
들은 바를 숨김없이 전해온 이야
기다.
19 오직 그들한테만 땅이 주어졌고,
어떤 외국인도 그들 사이에 끼지
못했다.
20 악한은 평생 고통을 겪으며, 오랜
기간 압제자의 그늘에 놓인다.
21 공포소리가 그의 귀에 맴돌고, 파
괴자가 그에게 와서 판을 친다.
22 그는 어둠 밖으로 되돌아올 것을
믿지 못한 채, 그저 칼이 오기를 기
다린다.
23 그는 빵을 구하러 멀리 돌아다니
며 말한다. "빵이 어디 있지?" 그는

자신의 손에 암흑의 날이 벌써 준
비되었다는 것을 안다.
24 고통과 고뇌가 그를 두렵게 하며,
마치 전쟁에 나온 왕처럼 그를 사
정없이 내친다.
25 이것은 그가 **하나님**에게 그의 손을
뻗지 않고, 전능한 존재에 대항하
는 힘을 키웠기 때문이다."
26 **주님**은 악한 위에서, 그의 목 위에
서, 둥근방패의 두꺼운 목부위까
지 공격하는데,
27 그가 자기 얼굴을 기름기로 덮고,
허리 둘레를 기름덩이로 처지게
만든 탓이다.
28 그는 황폐한 도시속, 사람이 살지
않는 집에서 머물게 될 텐데, 그 집
은 곧 쓰러져 잿더미가 된다.
29 그는 부자가 되지 못하고, 재물도
계속 들어오지 못하며, 땅위의 완
전한 생활을 더 이상 연장할 수 없
다.
30 그는 어둠에서 벗어나지 못하고,
화염은 그의 나뭇가지를 말리며,
주님이 입으로 부는 숨결로 그는
사라져버릴 것이다.
31 속는 사람이 헛된 믿음을 품지 않
게 해라. 왜냐하면 무가치한 것은
그에게 후회만 남기기 때문이다.
32 이것은 그의 생전에 이루어지며,
그의 나뭇가지는 절대 푸르지 못
할 것이다.
33 그는 포도철에 익지도 않은 포도
를 흔들고, 올리브 철에는 꽃이 떨
어져버릴 것이다.
34 사이비 집단은 씨가 마르고, 불은
뇌물의 막사를 집어삼킬 것이다.
35 그들은 잘못을 잉태하고, 허무를
낳으며, 그들의 뱃속은 기만을 준
비한다."

형편없는 위로자

16 조브가 대답했다.

2 "나도 그런 이야기는 많이 들었는
데, 너희 모두 형편없는 위로자다.
3 쓸데없는 말은 그만해야 되겠지?
아니라면 계속 답하도록 너희를
대담하게 만드는 게 대체 뭐야?
4 나 역시 너희가 하듯 말할 수 있다.
만약 너희 영혼이 내 자리에 대신
있다면, 나는 너희를 반박하는 말
을 더미로 쌓으며, 내 머리를 너희
에게 흔들어 댔겠지.
5 그러면서 입으로 너희를 격려하
고, 내 입술을 움직여 너희 슬픔을
달래주었을 거다.
6 말을 해도, 내 슬픔은 진정되지 않
고, 참으려 하는데, 편해진 게 대체
뭐냐?
7 대신 그는 나를 지치게 하고, 너희
는 나의 일가마저 파멸시켰다.
8 너희가 내 주름을 늘리는데, 그것
이 나에게 나타나는 증거이고, 내
가 야위는 증거는, 내 얼굴에 나타
난다.
9 나를 미워하는 그의 분노가 나를

갈기갈기 찢고, 그의 이가 나를 갉
아버리니, 나의 적이 날카롭게 나
를 벼른다.
10 그들은 입을 벌려 나를 집어삼키
고, 책망하듯 내 빰을 치며, 나를 공
격하려고 한꺼번에 덤빈다.
11 **하나님**은 믿지 않는 자에게 나를
데려가, 악한의 손에 넘겼다.
12 나는 편안했었는데, 그는 나를 만
신창이로 부수고, 내 목을 휘어잡
고 조각이 나도록 흔들며, 나를 그
의 표적으로 삼았다.
13 그의 궁수는 내 주위를 둘러싸고,
내 신장을 꺼내어 산산이 조각내
는데, 아무 연민도 없이, 나의 쓸개
마저 꺼내어 땅에 부어버렸다.
14 그는 나를 망가뜨리며, 상처에 또
상처를 내고, 거인처럼 내게 달려
든다.
15 나는 베옷을 꿰매어 몸에 걸치고,
내 머리 뿔에 흙을 뒤집어썼다.
16 내 얼굴은 울어서 엉망이 되었고,
눈꺼풀에는 죽음의 그림자가 깃든
다.
17 내 손에 부정이 있는 게 아니고, 나
의 기도는 순수하다.
18 오, 흙이 내 피를 덮지 말고, 나의
울음이 갈 곳을 잃게 하지 마라.
19 봐라, 나의 증인은 하늘에 있고, 나
의 삶의 기록도 높은 곳에 있다.
20 내 친구는 나를 조소하지만, 내 눈
은 **하나님**을 향해 눈물을 퍼붓는
다.
21 사람이 이웃을 위해 변호하듯, 누
구라도 한 사람을 위해 **하나님**에게
변호할 수 있으면 좋으련만!
22 몇 년 되지 않아, 나는 돌아오지 못
할 곳으로 가겠지."

희망은 어디에

17 "숨을 쉬기도 어려워, 내가
살 날이 끝나 가는 것 같다.
무덤이 나를 기다린다.
2 여기는 나를 비웃는 자밖에 없나?
내 눈은 저들의 적의를 보고만 있
어야만 하나?"
3 "오 **주님**, 당신이 나를 확실히 보증
해 주세요. 이외, 손을 마주치며 내
게 편들 자가 누가 있겠어요?
4 **주님**이 저들의 마음을 아둔하게 만
들었는데, 당신이 저들을 우쭐하
게 만들면 안 되죠."
5 친구에게 아부나 하는 자는, 그 자
식의 눈도 제대로 보는 식견이 없
어지게 될 거다.
6 그 자가 나 역시 사람의 입담거리
로 만들어, 벌써부터 나는 동네북
이 되었다.
7 내 눈은 슬픔으로 침침해지고, 내
몸이 내 몸 같지 않은게 마치 그림
자 같다.
8 올바른 자는 이것에 놀라고, 순수
한 자는 위선자를 향해 분개할 것
이다.
9 정직한 자가 그의 편에 손을 들어
주어, 깨끗한 손을 가진 자는 점점

더 힘이 생길 것이다.
10 그러나 너희는 이제 모두 돌아가
라. 왜냐하면 내가 너희 가운데 현
명한 사람을 찾을 수 없기 때문이
다.
11 나의 생은 지났고, 인생의 목적도
꺾어져, 내 마음속 생각조차 사라
졌다.
12 사람들이 밤을 낮과 같이 밝혀 바
꾸어도, 어둠 때문에 빛이 못 미친
다.
13 내가 기다리면, 무덤이 나의 집이
될 테고, 어둠 속에 내 침대가 놓인
다.
14 나는 부패에게 이렇게 말한다. "부
패 당신이 나의 아버지이고, 벌레
당신은 나의 어머니이며, 나의 누
이다.
15 이제 나의 희망은 어디에 있을까?
나의 희망을 누가 보게 될까?
16 우리 모두 흙 속에서 휴식할 때, 희
망도 구덩이의 빗장 아래로 들어
간다."

좋지 못한 사람의 운명

18 그때 슈흐 사람 빌댄이 말했
다.
2 "네 말이 끝나려면 얼마나 기다려
야 하지? 알려주면, 그 다음 우리
가 말을 할게.
3 왜 우리가 짐승 취급을 받아야 하
고, 또 네 눈에 쓰레기처럼 비춰져
야 하는데?
4 제 분노에 못이겨 자신을 찢고 있
는 자를 위해, 그러면 땅이 망가져
야 할까? 바위가 제자리를 옮겨야
할까?
5 맞아. 좋지 못한 빛은 꺼져야 하고,
그 불꽃은 빛을 발하지 말아야 한
다.
6 빛은 그의 천막에서 흐려지고, 그
의 촛불도 그와 더불어 꺼져야 한
다.
7 그의 발걸음에 힘이 빠져, 결국 자
신의 꾀에 스스로 쓰러지게 될 것
이다.
8 그는 제 발을 스스로 그물 속에 던
져 넣기 때문에, 올가미 위를 걷는
것이다.
9 덫이 그의 발꿈치에 물리면, 도둑
이 그에 대해 승기를 잡겠지.
10 그를 위한 올가미는 바닥에 놓이
고, 그를 잡는 덫은 길에 놓인다.
11 공포가 사방에서 그를 위협하니,
그의 발이 그를 내몰 것이다.
12 그의 힘은 기근상태가 되어, 붕괴
만이 그 옆에서 대기하게 될 것이
다.
13 저승사자가 그의 피부를 뜯어먹으
며, 그를 먹어치울 것이다.
14 그의 자신감이 자신의 천막에서
뿌리째 뽑히면서, 저승사자가 그
를 공포의 왕에게 끌고 가겠지.
15 그의 천막에는 그에게 속하는 것
은 하나도 없이, 유황이 그의 거처
위에 뿌려질 것이다.

16 그의 뿌리는 밑에서 마르고, 그의
가지는 위에서 꺾인다.
17 그의 기억은 땅에서 사라지고, 그
는 길에서 이름도 없다.
18 그는 빛으로부터 암흑으로 내몰리
고, 세상 밖으로 쫓겨날 것이다.
19 그는 아들도 없고, 사람 가운데 조
카도 없고, 그의 거처에 남는 자조
차 아무도 없다.
20 그의 뒤에 오는 사람이 그의 생애
를 보고 놀라는 이유는, 이전에 왔
던 공포에 질렸기 때문이다.
21 좋지 못한 사람의 삶은 틀림없이
이와 같고, 이곳은 바로 **하나님**을
알지 못하는 자가 있는 장소다."

여전히 바라본다

19 그때 조브가 대답했다.

2 "너희는 내 영혼을 언제까지 괴롭
히며, 말로 난도질하나?
3 나를 열 번도 더 비난하면서, 너희
가 나와 다르다는 것을 주장하는
데, 전혀 부끄러움이 없구나.
4 내가 잘못한 것은 사실이고, 잘못
이 내게 있는 게 맞다.
5 만약 너희가 정말 나를 상대로 자
신을 과장하며, 나에 대한 비난을
주장하려 한다면,
6 **하나님**이 나를 끌어내리고, 그의
그물로 나를 덮쳤다는 것을 알아
라.
7 봐라, 내가 잘못을 외쳐도, 내 귀에
들리는 답이 없고, 더 큰 소리로 외
쳐도 판정이 없다.
8 그는 내가 지나갈 수 없게 내 길에
담을 치고, 나의 길을 어둡게 했다.
9 그는 나의 명예를 박탈하고, 내 머
리에 썼던 크라운관마저 빼앗았
다.
10 그가 모든 방면에서 나를 파멸시
키니, 이제 나는 끝났다. 그는 나의
희망도 나무처럼 제거해버렸다.
11 그는 나를 향해 그의 분노의 불을
켜서, 나를 그의 적 중 하나로 생각
한다.
12 그의 군대가 모여서 나를 공격하
고자, 일어나 길을 떠나, 나의 천막
주변을 에워쌌다.
13 그는 나한테서 나의 형제를 떼어
놓고, 나의 지인도 진정으로 내게
서 소원해지게 했다.
14 나의 친척도 끊기고, 나의 친한 친
구도 나를 잊었다.
15 내 집에서 살던 사람과 나의 몸종
은 나를 마치 낯선 사람 대하듯 하
니, 나는 그들 눈에 외지인이다.
16 내가 나의 종을 불러도, 대답이 없
어, 나는 내 입으로 그에게 간청했
다.
17 나의 숨결이 내 아내에게도 이상
하고, 자식 때문에 내가 내 신체를
구원해 달라고 간청했더니,
18 그래, 어린 자녀도 나를 무시하고,
내가 일어서자 그들이 나에게 대
들더라.

19 내 마음의 친구 모두가 나를 경멸
하며, 내가 사랑했던 그들이 내게
등을 돌렸다.
20 내 뼈가 나의 피부와 살을 찢어서,
겨우 잇몸만 남기고 피했다.
21 나를 가엽게 여겨 달라, 나의 친구
들아! 이는 **하나님**의 손이 나를 쳤
기 때문이다.
22 너희가 마치 **하나님** 같이 나를 응
징하러 드는 것은, 내 몰골로 만족
하지 않았기 때문인가?
23 오, 나의 말이 글로 쓰였다면 좋았
을 텐데! 그 사정이 책에 기록되었
다면!
24 그것이 철필과 납으로 영원히 바
위 위에 새겨졌더라면!
25 나는 나를 사면해줄 이가 살아 있
고, 그는 먼 훗날에도 땅위에 있을
것을 내가 알기 때문에,
26 비록 벌레가 나의 몸을 파먹은 후
라도, 나의 살로 여전히 **하나님**을
볼 것이다.
27 나는 내 자신을 위해 그를 보고, 나
의 눈이 다름아닌 그를 바라볼 것
이다. 비록 나의 신장이 내 몸 안에
서 삼켜지더라도 그렇다.
28 하지만 너희는 말해야 한다. '왜 우
리가 그를 응징하지, 문제의 근본
이 내 안에 있다는 것을 알면서?'
라고 말이다.
29 너희는 칼을 무서워해라. 왜냐하
면 분노는, 너희가 재판이 있음을
알 수 있도록 칼로 내리는 처벌이
따르기 때문이다."

악한의 운명

20 내머쓰 사람 조퐈가 대답하
며 말했다.
2 "내가 서둘러 나의 생각을 대답해
야겠다.
3 나를 비난하는 소리를 많이 들었
고, 나도 이에 대한 이해가 있어 답
한다.
4 인간이 땅위에 자리잡은 지, 그다
지 오래 되지 않았다는 것을 너도
알아라.
5 악한의 승리는 짧고 위선자의 기
쁨은 순간이지?
6 그의 우월이 하늘까지 치솟고, 그
의 머리가 구름에 닿았다 해도,
7 그는 자신의 오물처럼 영원히 사
라질 것이다. 그를 알던 사람이 말
한다. '그는 어디 있지?' 라고.
8 그는 꿈처럼 날아가 보이지도 않
을 것이다. 그래, 그는 한 밤의 환상
과 같이 꺼져버리겠지.
9 그를 보았던 눈도 더 이상 그를 알
아보지 못하고, 그의 거처조차 더
이상 그를 알아보지 못한다.
10 그의 자녀는 그 가련한 자를 위로
해야 하고, 그의 손은 가진 재물을
반납해야 한다.
11 그의 뼈는 자신의 어리석음 때문
에 지은 죄로 가득 차서, 흙속에서
그와 같이 누울 것이다.
12 악이 그의 입안에서 달콤하여, 자

신의 혀 아래에 그것을 숨겨도,
13 그것을 아끼며 잊지 못하면서, 여
전히 자신의 입안에 간직해도,
14 그의 위장 안에 들어간 음식은, 내
장 안에서 독사의 독이 된다.
15 그가 부를 삼켜도, 그것을 다시 토
해내야 하는데, **하나님**이 그것을
그의 배 밖으로 내던져버릴 것이
다.
16 그는 독사의 독을 빨게 되고, 독사
의 혀가 그를 죽일 것이다.
17 그는 강물도, 홍수도 보지 못하고,
꿀과 버터가 흐르는 시내도 못 볼
것이다.
18 그가 노동하여 얻은 것을 내놓아
야 하므로, 그것을 삼킬 수 없고, 자
기 재산에 따라 상환해야 하고, 그
것으로 얻는 기쁨은 없을 것이다.
19 그는 가난한 자를 억압하며 외면
하고, 폭력으로 자신이 짓지도 않
은 집을 빼앗았기 때문에,
20 틀림없이 그는 뱃속이 편하지 못
할 것이고, 자기가 희망한 것을 구
하지도 못할 것이다.
21 그의 음식은 남은 것이 하나도 없
어서, 그의 자선을 바라는 사람도
아무도 없을 것이다.
22 그의 재물이 넉넉해도, 그는 궁색
해질 것이고, 모든 악한의 손이 그
에게 내려앉을 것이다.
23 그가 자기 배를 채우려 할 때, **하나
님**이 불쾌한 분노를 그에게 던질
것이고, 그가 먹는 동안에도 그에
게 분노의 비를 퍼부을 것이다.
24 그가 철제무기로부터 도망가도,
강철의 화살이 그를 꿰뚫을 것이
다.
25 활은 몸을 뚫어 밖으로 나온다. 그
렇다, 번쩍이는 칼이 그의 내장 밖
으로 튀어나오면, 그는 공포에 사
로잡힌다.
26 어두움이 그의 은밀한 장소에 깃
들고, 아직 타지 않은 불이 그를 사
로잡아, 자신의 천막에 남아 있던
그를 태울 것이다.
27 하늘은 그의 죄를 드러내고, 땅은
그를 상대로 들고 일어날 것이다.
28 그의 집에 불어난 재산은 가버리
고, 그의 선행은 **하나님**의 분노의
날에 다 흘러가버릴 것이다.
29 이것이 **하나님**이 준 악한에 대한
운명이고, **하나님**에 의해 그에게
정해진 유산이다."

분노를 슬픔으로 뿌린다

21 그러자 조브가 대답하며 나
섰다.
2 "내 말을 진지하게 들어보고, 이것
을 너희 위안으로 삼아라.
3 나도 말 좀 하게 해다오. 내가 말을
끝내거든, 다시 비난해라.
4 나의 불만이 사람에게 하는 거니?
만약 그렇다 해도, 왜 내 영혼이 괴
로워하면 안 되나?
5 나를 주목하면, 손을 자기 입에 갖
다 댈 정도로 놀라게 될 것이다.

6 나는 생각만 해도 두렵고, 살을 잡
고 흔들듯 떨린다.
7 어째서 악한이 살면서 나이도 먹
고, 게다가 강력한 힘까지 갖을까?
8 그들 자식도 함께 그들 시야에 자
리잡고, 그들의 후손도 그들 눈 앞
에서 자리를 튼다.
9 그들 집안은 두려움을 모르고 그
들에게는 **하나님**의 지팡이도 없다.
10 그들의 황소는 새끼를 베는데 실
수하지 않고, 그들의 암소도 새끼
를 베고 송아지를 유산하지 않는
다.
11 그들은 자기 어린 것을 가축떼처
럼 밖으로 내보내면, 자식은 춤을
춘다.
12 그들은 팀브럴소북과 하프를 들고,
올갠 소리에 즐거워한다.
13 그들은 자신들의 일생을 부유하게
보내고, 한 순간에 무덤으로 내려
간다.
14 그러면서 그들은 **하나님**에게 말한
다. '우리한테서 떠나세요. 우리는
당신이 하는 방식으로 지식을 구
하고 싶지 않아요'라고 한다.
15 우리가 섬겨야 하는 전능한 존재
란 무엇인가? 우리가 그에게 기도
한들, 우리가 얻을 이익이 대체 무
엇인가?
16 봐라, 그들의 선은 그들 손에 없고,
악한의 계획은 나와 거리가 멀다.
17 악한의 촛불이 얼마나 자주 꺼지
는가! 또 그들한테 파멸이 얼마나
자주 오는가! **하나님**은 자기 분노
를 슬픔으로 뿌린다.
18 그들은 바람 앞의 그루터기요, 폭
풍이 휩쓸어갈 왕겨 조각이다.
19 **하나님**은 자기 자녀가 죄를 쌓으
면, 인간에게 대가를 준다는 것을,
악한은 알게 될 것이다.
20 악한의 눈은 자기 파멸을 보게 되
고, 전능한 존재의 분노를 들이마
시게 된다.
21 그의 생명의 개월 수가 도중에 끊
어져 버리면, 그의 뒤를 잇는 집안
에 대해 그에게 무슨 즐거움이 있
나?
22 그가 높은 자리에 있는 사람을 재
판한다는 것을 아는데, 어느 누가
하나님에게 지식을 가르칠 수 있을
까?
23 힘이 넘칠 때 죽는 사람은, 완전히
편안하고 평화롭다.
24 그의 가슴은 우유로 가득 차고, 그
의 뼈는 골수로 촉촉하다.
25 다른 이는 영혼의 고뇌 속에서 죽
어, 절대 즐거움을 맛보지 못한다.
26 마찬가지로 그들이 흙속에 누우
면, 벌레가 그들을 덮치겠지.
27 봐라, 나는 너희 생각도 알고, 너희
가 나에 대해 불리하게 잘못 짚는
상상도 안다.
28 너희는 말하겠지. '지도자의 집이
어디 있고, 악한의 거처가 어디 있
나?' 라고 하겠지.
29 너희가 그들에게 인생의 여정을

물어보지 않았나? 그래서 너희가
악한의 표시를 모르나?
30 악한은 파멸의 날까지 보존되었
지? 그러다 그들은 분노의 날 끌려
나오게 될 것이다.
31 누가 악한의 면전에서 그의 길을
말하겠어? 누가 악한이 저지른 일
을 본인에게 대가를 지우겠어?
32 하지만 악한도 무덤에 끌려가, 그
안에 갇힌다.
33 계곡의 흙더미가 악한에게 달콤하
겠지, 그 이전에 수없이 많은 사람
이 그랬던 것처럼, 모든 사람도 그
의 뒤를 따르게 될 것이다.
34 너희 대답이 여전히 어리석다는
것을 알겠는데, 그런데 어째서 너
희가 쓸데없이 위로하러 드나?"

네 죄가 크다

22 테먼 사람 일리풰즈가 끼어
들어 말했다.
2 "현명한 자가 스스로에게 도움이
되는 것과 같이, 한 인간이 **하나님**
에게도 유익할까?
3 네가 정직하다고, 전능한 존재에
게 즐거움이 되나? 아니면 네가 자
신의 인생길을 완전하게 만드는
일이 그에게 이익이 되나?
4 그가 네가 무서워 너를 꾸짖을까?
너와 재판하러 함께 들어갈까?
5 네 죄가 크지 않니? 게다가 너의
위반은 무한대지?
6 너는 형제한테 하나도 남김없이
담보물을 빼앗고, 그들이 걸칠 것
을 빼앗아 맨몸이 되게 했다.
7 너는 지친자에게 마실 물도 주지
않았고, 배고픈 자에게 빵을 주기
도 꺼렸다.
8 자기는 영향력도 있고, 땅도 있고,
그 안에 살며 명예도 있으면서 말
이다.
9 너는 미망인을 빈손으로 내쫓고,
아버지 없는 자의 손을 부러뜨렸
다.
10 그래서 네 주위에 덫이 놓이며, 불
현듯 찾아온 두려움이 너를 괴롭
힌다.
11 혹은 네가 볼 수 없는 어둠 때문에
괴롭고, 엄청난 밀물이 너를 덮친
다.
12 **하나님**은 하늘 높은 곳에 있지 않
니? 저 멀리 있는 별을 보면, 얼마
나 높은지!
13 너는, '**하나님**이 어떻게 아나?' 또
는 '그가 먹구름을 뚫고 재판할 수
있나?' 라고 말하겠지.
14 짙은 구름에 막혀, 그를 보지 못하
지만, 그는 하늘의 범주 안에서 걷
는다.
15 너는 악한이 걷던 옛길에 표시라
도 해뒀나?
16 시간이 지나자, 그 길은 사라지고,
근본조차 홍수에 휩쓸려가버려,
17 **하나님**에게 말했다. "우리한테서
떠나 주세요"라고. 그런데 전능한
존재가 그들을 위해 무슨 일을 할

수 있을까?
18 그런데 그는 악한의 집을 좋은 것
으로 채웠다. 대신 악한의 계획으
로부터 나를 멀리 격리했다.
19 정직한 자는 그것을 보고 기뻐하
고, 죄가 없는 자는 그것을 비웃어
준다.
20 우리 재산이 모두 없어지지 않아
도, 나머지는 불이 삼킨다.
21 이제부터 그와 가까워져라. 그러
면 마음이 평온할 거다. 그러면 선
이 네게 올 거다.
22 부탁하는데, 그의 입에서 나온 법
을 받아들이고, 네 가슴에 그의 말
을 새겨두어라.
23 만약 네가 전능한 존재에게 돌아
오면, 너는 재건되어, 네 천막에서
죄를 멀리 하게 된다.
24 그때 너는 흙먼지처럼 많은 금을
쌓고, 시냇가의 돌처럼 많은 오피
어의 금을 모으게 된다.
25 그래, 전능한 존재는 너의 보호자
가 되고, 너는 은을 풍부하게 갖게
된다.
26 그러면 너는 전능한 존재 안에서
기뻐하고, **하나님**에게 네 얼굴을
들게 된다.
27 네가 그에게 기도하면, 그는 네 말
을 들어주고, 너는 맹세를 할 것이
다.
28 네가 어떤 것을 공표하면, 그것은
네게 이루어지고, 네가 가는 길에
빛이 비치게 될 것이다.
29 사람이 내던져져도, '들어올려 질
거야'라고 말할 것이다. 그리고 그
는 겸손한 사람을 구할 것이다.
30 그는 죄가 없는 안전지대의 주민
을 구하니, 네 손의 순결도에 따라
구원된다."

그는 어디에

23 조브가 대답하며 말했다.
2 "비록 오늘 나의 불평이 심하고, 내
발작은 신음보다 더 무겁다 해도,
3 아, 내가 그를 찾을 수만 있다면 얼
마나 좋을까! 그러면 내가 그의 자
리로 갈 수 있을 텐데!
4 나는 그 앞에서 나의 사정을 처음
부터 끝까지 순서대로 말하며, 나
의 입을 논쟁으로 가득 채웠을 텐
데.
5 그러면 그가 내게 대답할 말을 알
게 되고, 그가 내게 하고자 하는 말
을 이해할 수 있었을 것이다.
6 그가 자신의 위대한 힘을 나에 대
해 주장을 하겠는가? 아니다. 대신
그는 나에게 힘을 실어주고자 할
것이다.
7 정직한 자가 그와 논쟁하면, 그래
서 나는 나의 재판에서 영원히 구
제받을 수 있어야 한다.
8 그런데 봐라, 내가 앞으로 나가도
그는 그곳에 없고, 뒤도 물러서도
그를 알아 볼 수 없다.
9 그가 왼쪽에서 일해도 내가 그를

보지 못하고, 그가 오른쪽에 자신
을 숨겨도 나는 그를 볼 수 없다.
10 그러나 그는 내가 선택할 방향을
알고 있기 때문에, 그가 나를 시험
할 때, 나는 황금을 내놓아야 된다.
11 나의 발은 그의 발걸음을 따라왔
고, 그의 방향을 지키며 거절한 적
이 없었다.
12 나는 그의 입술이 내린 명령을 거
스른 적이 없고, 내게 필요한 양식
보다 더 그의 입에서 나온 말을 존
중했다.
13 그는 마음이 하나인데, 누가 그를
바꾸는가? 그의 영혼이 바라는 바
가 곧 그가 하는 것이다.
14 그는 내게 정해진 일을 실행하는
것이고, 그런 일 대부분은 그가 한
다.
15 그래서 나는 그의 존재가 두렵기
때문에, 그를 생각할 때마다 그를
경외한다.
16 **하나님**은 나의 마음을 부드럽게도
만들고, 전능한 존재는 나를 괴롭
히기도 한다.
17 나는 어둠 속에서 없어지지도 않
았고, 그는 내 얼굴을 어둠으로 덮
지도 않았기 때문이다."

악한의 행보

24 "시간이 전능한 존재를 속이
지 못한다는 것을 뻔히 알면
서, **주님**을 안다는 사람이 왜 자기
의 생애는 헤아리지 못하나?
2 어떤 악한은 땅의 경계선을 무시
하고, 함부로 남의 양떼를 빼앗아
키우기도 한다.
3 그들은 고아의 나귀를 몰고 가거
나, 과부의 소를 저당물로 빼앗는
다.
4 길에서 그들은 걸인한테 등을 돌
리고, 땅에 있는 가난한 자한테서
스스로 숨는다.
5 봐라, 빈자들은 사막의 야생나귀
처럼 일을 하러 나가는데, 이른 시
간부터 일어나 먹이를 찾아 나서
므로, 들은 그들과 그 자식이 먹을
양식을 산출해낸다.
6 그들은 벌판에서 저마다 자기가
먹을 곡식을 거둬들이며, 악한의
포도까지 거둔다.
7 그들은 옷이 없어 맨몸으로 노숙
하며, 추위에 덮을 것도 없다.
8 그들은 산 소나기에 젖어, 바위를
피난처로 껴안는다.
9 악한은 아버지 없는 자식을 가슴
에서 떼내어, 가난한 자의 저당물
로 챙긴다.
10 그들은 옷이 없는 사람을 맨몸으
로 보내고, 배고픈 자로부터 곡식
단을 빼앗는다.
11 그들은 자기 담장 안에서 기름을
짜고, 또 포도압착기를 밟기 때문
에, 목이 말라도 참아야 한다.
12 사람이 도성 밖에서 신음하고, 다
친 자의 영혼이 소리쳐도, **하나님**
은 악한의 잘못을 쌓아두지 않는

다.
13 그들은 빛을 거스르는 자들로, 빛
이 나아가는 길도 알지 못하고, 빛
이 나아가는 길목에서 서있지도
않다.
14 빛과 같이 일어나는 살인자는 가
난한 걸인을 죽이고, 밤에 도둑처
럼 나타난다.
15 매춘하는 자의 눈은 어두움을 기
다리며 말한다. '나를 보는 눈은 없
겠지.' 그러면서 자기 얼굴을 위장
한다.
16 날이 어두워지자, 그들은 낮에 표
시해둔 집에 침입한다. 그들은 빛
을 알지 못한다.
17 그들한테는 아침조차 죽음의 그림
자와 같다. 만약 사람이 그들을 알
아보면, 그들은 죽음의 그림자 공
포 속에 빠진다.
18 그는 흐르는 물처럼 재빨리 움직
이지만, 그들의 몫은 땅에서 저주
를 받아, 포도밭 길도 바라보지 못
한다.
19 가뭄과 더위가 눈 녹은 물을 삼키
고, 무덤이 죄지은 자를 기다린다.
20 자궁도 그를 잊고, 벌레가 그를 맛
있게 먹으면, 악한은 더 이상 기억
되지 않고, 악은 나무처럼 부러진
다.
21 그는 아기를 베지 못하는 사람에
게 악을 주문하고, 과부에게 선을
베풀지 않는다.
22 그는 자기 힘으로 힘있는 자를 끌
어내는데, 그가 일어서면 목숨을
보장할 사람이 없다.
23 그가 쉬는 곳에 안정이 주어진다
해도, 그의 눈은 악한의 길에 둔다.
24 악한은 한동안 잘나가지만, 곧 사
라지고 아래로 떨어지고, 다른 이
처럼 길에서 제거되어, 곡식 이삭
끝처럼 사라진다.
25 지금은 그렇지 않다며, 나를 거짓
말쟁이로 만드는 자가 누구며, 나
의 말을 무가치하게 만드는 자는
누구인가?"

인간은 공정하지 못하다

25 슈흐 사람 빌댄이 대답하며
말했다.
2 "지배와 두려움이 그에게 있고, 자
신의 높은 위치에서 평화를 만든
다.
3 그의 군대가 숫자가 있나? 그의 빛
이 안 비치는 곳이 있나?
4 그런데 어떻게 사람이 **하나님**처럼
공정할 수 있지? 어떻게 여자한테
서 태어난 자가 깨끗할 수 있지?
5 봐라, 달도 빛을 비추지 못한다. 그
래, 별도 그의 눈에 맑지 않다.
6 벌레같은 인간이야 어떻겠니? 하
물며 벌레인 인간의 자식이야 형
편없겠지?"

이해할 수 없다

26 그러자 조브가 대답했다.

2 “권력없는 사람을 네가 어떻게 도
왔는데? 힘없는 사람을 어떻게 구
했고?
3 지혜없는 사람을 어떻게 설득했
지? 또 너는 사물을 있는 그대로
충분히 어떤 식으로 설명했는데?
4 누구에게 네 말을 주장했다는 거
지? 너로부터 나오는 영혼은 누구
것인데?
5 죽음은 물밑에서 이루어지고, 그
곳 주민 역시 그렇지.
6 **주님** 앞에서는 지옥도 벌거벗겨지
고, 파괴를 가릴 덮개도 없어.
7 그는 북쪽 텅빈 공간 위로 팔을 뻗
어, 아무것도 없는 허공에 땅을 매
단다.
8 짙은 구름에 물을 동여매는데도,
구름이 아래로 떨어지지 않는다.
9 그는 자기 왕좌가 뒤로 가려지도
록, 그 위에 구름을 펼친다.
10 낮과 밤이 지나는 사이, 물의 경계
선을 긋는다.
11 하늘의 기둥이 무서워 떨며, 그의
책망에 놀란다.
12 그는 자기 힘으로 바다를 나누고,
제 생각이 거만한 자를 내친다.
13 그의 영혼으로 하늘을 장식하여
꾸미고, 그의 손으로 뱀을 휘어 구
부러지게 만들었다.
14 봐라, 이런 것이 그가 하는 위업의
일부다. 그런데 그로부터 들리는
소리는 거의 없지? 한편 그 힘의
천둥을 누가 이해할 수 있는데?”

나의 진실을 다한다

27 조브는 이어 우화의 비유를
계속했다.
2 “나의 재판을 빼앗아버린 **하나님**은
살아 있고, 나의 영혼을 괴롭히는
전능한 존재는 살아 있다.
3 내 숨결이 내 안에 있는 한, **하나님**
의 영혼이 내 콧구멍 안에 있는 한,
4 나의 입술은 결코 악을 말하지 않
고, 내 혀는 절대 거짓을 말하지 않
겠다.
5 나는 죽을 때까지 결코 너희가 옳
다고 말하지 않고, 나의 정직성을
잃지 않을 것이다.
6 나의 정의를 단단히 붙잡고, 놓지
않으며, 내가 살아있는 한 내 양심
이 후회하지 않게 하겠다.
7 나의 적이 악한이 되어, 불의로 나
를 향해 일어섰다.
8 위선자가 희망을 얻었다 하더라
도, **하나님**이 그의 정신을 빼앗으
면, 그것을 무엇에 쓸까?
9 그가 괴로울 때, **하나님**이 그의 외
침을 들을까?
10 위선자가 전능한 존재 안에서 기
뻐할까? 그도 언제나 **하나님**을 찾
을까?
11 **하나님**의 도움으로 너를 가르쳐 주
고, 내가 전능한 존재와 함께 있다
는 것을 숨기지 않을 것이다.
12 봐라, 너희 모두 눈으로 직접 보고
도, 어째서 그렇게 한결같이 헛된
인생을 사나?

13 그것은 **하나님**이 내릴 악한의 몫이
고, 전능한 존재로부터 받게 될 억
압자의 대가다.
14 그의 자손이 늘어도, 그것은 칼을
위한 것이고, 그의 후손은 빵이 만
족할 정도로 충분하지 못할 것이
다.
15 그에게 남겨진 사람이 죽어 땅 속
에 묻히면, 미망인은 울지도 못할
것이다.
16 그가 은을 흙먼지처럼 쌓아올려
도, 진흙으로 옷을 준비해야 할 거
다.
17 그가 옷을 준비해도, 바로 그것을
걸쳐야 하기 때문에, 죄가 없는 자
가 그의 은을 나눠갖게 될 거다.
18 그는 제집을 벌레가 집을 짓 듯 세
우고, 파수꾼이 움막을 짓듯 세운
다.
19 부자가 길에 누워 횡사하면, 자기
조상한테 돌아가지 못하고, 눈을
뜬 채 죽은 다음, 그는 더 이상 존
재하지 않는다.
20 공포가 물처럼 그를 사로잡고, 폭
풍이 밤 사이 그를 덮쳐 달아난다.
21 동풍이 끌어내면, 그는 떠나게 되
는데, 자기 거처에서 폭풍에 휘말
리듯 내던져진다.
22 **하나님**이 그를 던져버리므로, 구원
받지 못하고, 혼자 힘으로 도망가
지 않으면 안 될 것이다.
23 사람이 그를 보고 손뼉치며, 그의
장소에서 쫓아내겠지."

지혜와 이해

28 "확실히 은이 나오는 광맥도
있고, 금을 다루는 제련소도
있다.
2 철은 땅에서 캐내고, 황동은 돌을
녹여 만든다.
3 그는 인간의 죽음을 암흑의 끝에
정해두어, 어둠의 원석과 죽음의
그림자처럼 철저한 완벽을 추구한
다.
4 물이 주거지로부터 터져 나와, 발
길이 닿지 않는 곳까지 차오른 다
음, 말라서, 사람한테서 사라졌다.
5 땅으로 말하자면, 거기서 빵이 나
오는데, 그 밑은 불로 바뀐다.
6 땅에서 나오는 원석은 새파이어가
있는 장소이며, 땅은 금의 흙도 있
다.
7 조류도 알지 못하는 길이 있는데,
그곳은 독수리 눈도 보지 못하고,
8 사자 새끼도 밟아본 적 없고, 맹수
가 그 옆을 지난 적도 없다.
9 **주님**은 바위에 자기 손을 얹고, 산
을 뿌리째 뒤엎는다.
10 그는 바위를 잘라 중간에서 강을
끌어내고, 그의 눈은 귀중한 것을
본다.
11 그는 홍수가 범람하지 않게 싸매
고, 가려진 것을 빛으로 가져온다.
12 하지만 지혜란 어디에서 찾게 될
까? 또 이해가 있는 장소란 어디일
까?
13 사람은 지혜와 이해의 가치를 알

지 못하고, 사는 땅에서 그것을 찾
지도 못한다.
14 깊은 물이 '지혜와 이해가 나한테
없다'고 말하고, 바다가 '그것은 내
게도 없다'고 한다.
15 지혜와 이해는 금을 주고 얻을 수
없고, 은을 달아줘도 그 가치를 지
불할 수 없다.
16 그것은 오피어 금으로 계산될 수
없고 오닉스나 새퐈이어 보석으로
계산할 수 없다.
17 금과 수정도 그것과 동급이 아니
고, 순금 보석을 그것과 교환할 수
없다.
18 산호나 진주를 가지고 만들 수 있
다고 언급할 수 없는데, 지혜의 가
치는 루비 이상이기 때문이다.
19 이씨오피아의 황옥 토패즈도 그것
과 같지 않고, 순금도 가치가 안 된
다.
20 그러면 지혜는 어디서 오는 거지?
또 이해가 있는 장소는 어디지?
21 모든 산 자의 눈에 숨겨져 있고, 공
중을 나는 새한테도 닫혀 보이지
않는다.
22 파멸과 죽음이 이렇게 말한다. "우
리는 우리 귀로 그에 대한 명성을
들어왔다"고.
23 **하나님**은 지혜와 이해에 이르는 길
을 알고 있고, 그 장소도 안다.
24 이는 그가 이 땅의 끝을 보고, 또
하늘 전체를 굽어보고,
25 바람의 무게를 재고, 물의 무게를
저울로 달기 때문이다.
26 그가 비에게 명령하면서, 천둥 속
에서 번개가 나오는 길도 만들어,
27 그것을 보고 선포하며 대비했다.
그렇다. 그는 지혜와 이해를 찾았
다.
28 그리고 인간에게 말했다. '보라, **주**
님에 대한 공포가 바로 지혜이고,
악을 이탈하는 것이 바로 이해'라
고 했다."

정의를 실천했다

29 또 조브가 비유의 우화를 계
속했다.
2 "오, **주님**이 나를 보호해 주던, 지난
몇 달 전 당시로 돌아간다면 얼마
나 좋을까!
3 그때는 그의 촛불이 내 머리 위를
비추어, 내가 그 빛을 따라 어둠을
걸었었는데,
4 그때는 나의 젊은 시절처럼, **주님**
의 비밀이 나의 천막 위에 있었지.
5 그때 전능한 존재는 여전히 나와
함께 있었고, 자녀도 내 주위에 있
었다.
6 나는 버터로 발자국을 씻었고, 바
위는 내게 기름을 강물처럼 퍼부
어 주었다.
7 내가 도시 성문에 나가면, 거리에
나의 자리가 마련되어 있었지!
8 젊은이는 나를 보고 스스로 몸을
가렸고, 노인도 일어나 서서 예를
갖춰주었다.

9 대군왕자는 말을 삼가며, 자신들
입에 손을 갖다 대었다.
10 그곳 귀족도 조용히 침묵하는데,
그들의 혀가 입 천정에 붙은 듯했
다.
11 사람의 귀가 나를 경청하는 것은,
나를 축복해주는 것이고, 사람의
눈이 나를 보는 것은, 내게 증인이
되어주는 것이었다.
12 왜냐하면 내가 호소하는 약자를
구해주었기 때문이고, 도와줄 이
가 아무도 없는 고아를 구원했기
때문이다.
13 죽어가는 사람의 축복도 내게 전
해졌고, 미망인의 마음도 기쁨의
노래를 부르게 했다.
14 나는 정직 위에 자신을 두고, 정의
의 옷을 입고 있었다. 나의 판정은
정의의 옷과 공정한 왕관을 쓰고
실천했다.
15 나는 보지 못하는 사람에게 눈이
되어주고, 저는 사람의 발이 되어
주었다.
16 나는 가난한 사람에게 아버지였는
데, 이는 내가 몰랐던 것을 일깨워
주었기 때문이었다.
17 나는 악한의 턱을 부수고, 그들의
이 사이에서 전리품을 뽑아냈다.
18 그러면서 나는 말했지. '나는 나의
보금자리에서 죽고, 나의 수명은
모래처럼 늘어날 것'이라고.
19 나의 뿌리는 물옆까지 뻗치고, 이
슬은 밤새 나의 가지 위에 쌓인다.
20 나의 영광은 내게 신선했고, 나의
활은 내 손 안에서 새로워졌다.
21 내게 사람들은 귀를 주며 기다려
주고, 나의 충고에 침묵하며 이의
를 달지 않았다.
22 내가 말을 마치면, 그들은 다시 말
하지 않으면서, 내 말이 사람에게
스며들었지.
23 그러면서 그들은 비를 기다리듯
나를 기다렸고, 때늦은 비를 기다
렸다는 듯 입을 크게 벌렸지.
24 내가 그들을 보고 웃으면, 그들은
믿지 못하겠다는 듯, 나의 안색을
놓치지 않았다.
25 나는 그들이 가는 길을 선택하여
앞장섰고, 많은 군중 속 왕처럼, 또
슬퍼하는 자를 위로하러 온 사람
처럼 살았다.

내게 매정하다

30 그러나 이제는 나보다 젊은
사람이 나를 경멸한다. 한때
나는 그들의 아버지를 내 양떼를
지키는 개와 같은 위치에 놓고 무
시했었는데.
2 그래, 그들 손에 힘이 있다 한들, 다
늙어 파멸에 이른 내게 무슨 이익
이 될까?
3 그들은 결핍과 굶주림으로 고립되
었기 때문에, 이전부터 불모지와
황무지의 들판으로 도망쳤다.
4 그들은 덤불 옆 아욱을 뜯고, 음식
으로 향나무 뿌리를 캔다.

5 그들은 사람 가운데서 쫓겨났는
데, [사람들이 그들을 도둑이라고
소리쳤기 때문이다.]
6 그들은 계곡의 절벽에서 살고, 흙
동굴 속에서 살고, 바위틈에서 살
았다.
7 그들은 덤불 속에서 나귀소리로
울어대며, 쐐기풀 아래로 모였다.
8 그들은 바보의 자식이고, 천한자
의 자식이며, 흙보다 더 비열한 놈
들이었다.
9 그런데 지금 나는 그들의 노랫감
이 되었다. 맞다. 그들의 놀림감이
다.
10 그들은 나를 혐오하고, 나로부터
달아나며, 내 얼굴에 침뱉기를 아
끼지 않는다.
11 **주님**이 나의 밧줄을 느슨하게 풀
고, 나를 괴롭히기 때문에, 그들도
내 앞에서 재갈을 느슨하게 풀었
다.
12 나의 오른쪽에서 젊은이가 일어
나, 나의 발을 밀어제치고, 그 파괴
의 길에서 나를 공격하러 들고 일
어났다.
13 그들은 나의 길을 더럽히고, 조력
자도 없이, 나의 불행을 재촉한다.
14 그들은 봇물이 터지듯 내게 덤비
고, 황무지에서 나를 덮치러 직접
굴러왔다.
15 공포가 내 위에서 변하더니, 바람
이 되어 나의 정신을 뒤쫓아와서,
나의 행복마저 구름으로 날린다.
16 이제 내 영혼이 퍼부어져, 나의 고
통의 나날이 내 위에서 나를 잡는
다.
17 나의 뼈가 밤사이 나를 찌르자, 나
의 힘줄도 쉬지 못한다.
18 나의 질병이 너무나 무섭기 때문
에, 나의 옷이 변하더니, 이것이 내
겉옷의 깃으로 나를 묶는다.
19 **주님**이 나를 진창으로 던져서, 나
는 먼지와 재가 되었다.
20 내가 당신에게 외쳐도, 당신은 나
의 말을 들어주지 않고, 내가 일어
서도, 내게 눈길도 주지 않는다.
21 당신은 내게 매정하고, 당신의 강
한 손으로 나에 대해 반대한다.
22 당신은 나를 들어 바람에 올려놓
고, 내가 그 바람을 타게 하며, 나의
재산을 해체시켰다."
23 "당신이 나를 죽음으로 몰아간다
는 것을 내가 알고, 또 모든 생물을
정해진 집으로 데려간다는 것을
내가 알고 있어요.
24 그런데, 사람들이 파멸 속에서 소
리쳐도, 그는 자기 손을 무덤에 뻗
지 않겠죠.
25 내가 어려움에 빠진 사람을 위해
울지 않았나요? 가난한 자를 위해
내 영혼이 슬퍼하지 않았나요?
26 내가 선을 찾으면, 악이 나에게 왔
고, 내가 빛을 기다리면 암흑이 왔
어요.
27 나의 가슴 속이 끓어오르며 편하지
않고, 고난의 날이 나를 막아서요.

28 나는 햇빛없는 곳으로 애도하러
가 서서, 대중한테 도움을 외쳤어
요.
29 나는 용의 형제고, 올빼미의 친구
지요.
30 나의 피부는 검어지고, 나의 뼈는
열에 불탑니다.
31 나의 하프도 변하여 슬퍼하고, 나
의 올갠도 우는 목소리가 되었습
니다."

마지막 진술

31 "나는 내 눈과 약속했는데,
왜 내가 여자에 대해 생각해
야 하지?
2 하늘의 **하나님**의 지분이란 무엇일
까? 그리고 높은 곳 전능한 존재의
유업은 뭐지?
3 그것은 악한의 타도가 아닐까? 또
죄를 짓는 자에게 별도의 벌이 있
는 게 아닐까?
4 그는 내가 가는 길을 지켜보며, 내
발걸음을 일일이 세는 게 아닐까?
5 내가 헛된 길을 걸어왔거나, 나의
발이 기만을 재촉했다면,
6 나를 공정한 저울에 올려 달아보
면, **하나님**이 내 죄를 알 수 있을 텐
데.
7 내 발걸음이 정도에서 벗어나고,
내 마음이 내 눈만 뒤쫓고, 내 손에
어떤 흠이라도 붙어 있다면,
8 내가 뿌린 씨앗은 남이 먹게 하며,
그렇게 내 후손까지 뿌리를 뽑으
시죠.
10 만일 내 마음이 어떤 여자에게 유
혹을 당했거나, 이웃의 문에 숨어
기다린 적이 있다면,
10 제발, 내 아내가 다른 사람에게 맷
돌을 갈아주게 하고, 남이 그녀와
눕게 하세요.
11 그것은 증오할 범죄이니까요. 맞
아요, 그것은 재판관에 의해 처벌
되어야 할 범죄행위죠.
12 그것은 불이 삼켜 파멸에 이르게
해야 하고, 가진 모든 것을 뿌리째
뽑아야 하는 일이죠.
13 만약 나의 남녀종이 내게 불만할
때, 내가 그들의 탄원을 무시했다
면,
14 **하나님**이 일어날 때 내가 무엇을
할 수 있겠어요? 내 죄를 물으러
방문할 때, 내가 그에게 무슨 대답
을 해야죠?
16 만약 내가 약자의 소원을 모른 체
하거나, 과부의 눈을 실망시킨 적
이 있다면,
17 아니면 나의 빵을 혼자만 먹으며,
아버지 없는 고아가 그것을 먹지
못하게 했다면,
18 [나는 젊었을 때부터 아버지로서
고아를 키웠고, 어머니 자궁에서
부터 그렇게 태어났어요.]
19 만일 내가, 옷이 없거나 덮을 것이
없는 비참한 자를 본 적이 있다면,
20 또 남의 허리가 나를 축복하지 못
하거나, 또 나의 양털로 남의 몸을

따뜻하게 하지 않은 경우가 있었
다면,
21 성문에서 나의 도움이 필요한 사
람을 보거나, 고아를 향해 나의 손
을 들어주어야 하는데, 그러지 않
았다면,
22 내 팔이 나의 어깨뼈에서 빠지게
하고, 나의 팔이 부러지게 해주세
요.
23 나는 **하나님**으로부터 오는 처벌이
두려웠고, 그의 높이 때문에 두려
움을 견딜 수 없어요.
24 내가 황금을 나의 희망으로 삼거
나, 순금을 보며, '오직 너만을 신뢰
한다'고 말했다면,
25 만약 나의 재산이 너무 많기 때문
에 즐거웠고, 내 손에 쥔 것이 너무
많아서 기뻤다면,
26 내가 햇빛이 비칠 때 태양을 바라
보거나, 달빛이 밝아 그 속을 걸었
다면,
27 그래서 내 마음이 은근히 유혹에
빠져, 나의 입이 내 손에 입맞춤 했
더라면,
28 이것 역시 판관에 의해 처벌받을
수 있는 범죄행위였을 거예요. 왜
냐하면 내가 저 위의 **하나님**을 틀
림없이 부정했을 테니까요.
29 만약 나를 싫어하는 자의 파멸에
즐거워하거나, 그에게 닥친 불행
에 내가 고소해했다면,
30 남의 영혼에 저주를 바라는 죄를,
내 입이 참지 않았겠죠.
31 내 집안 사람이, '우리는 그의 고기
를 실컷 먹었다!'고 말하지 않으면,
우리는 만족할 수 없었어요.
32 나그네가 길에서 노숙하지 않도
록, 여행자에게 나의 대문을 열어
주었어요.
33 만약 내가 애덤처럼 위반을 덮어,
제 죄를 가슴속에 감췄다면,
34 많은 사람이 두려웠거나, 가족의
무시가 겁이나서, 내가 입을 다물
며, 문밖에도 나가지 않았겠죠?"
35 "오, 누군가 내 말을 들어주면 좋을
텐데! 봐라, 나의 바람은, 전능한 존
재가 내게 대답해주고, 적이 나에
대한 책을 써주는 것이다.
36 그러면 분명히, 그것을 내 어깨 위
에 올려놓고, 마치 왕관처럼 묶어
둘 것이다.
37 나는 **주님**에게 내 발걸음 수를 보
고하러, 대군왕자처럼 그에게 가
까이 갈 것이다."
38 "만약 나의 땅이 내게 호통치거나,
밭고랑조차 내게 불평하면,
39 만약 내가 돈도 없이 열매를 먹거
나, 밭주인이 그로 인해 목숨을 잃
게 했다면,
40 밀 대신 가시가 자라게 하고, 보리
대신 잡초가 자라게 해주세요." 조
브의 진술은 여기서 끝난다.

옳다는 주장에 일리후 분노

32 그래서 세 친구는 조브에게
답하기를 중단했다. 왜냐하

면 그는 제 눈에 자기가 옳았기 때
문이었다.
2 그때 램의 친척 뷰즈 사람 배러첼
의 아들 일리후의 분노가 폭발했
다. 그는 조브에 대해 화가 났다. 왜
냐하면 조브가 자신을 **하나님** 이상
으로 더 공정하다고 생각했기 때
문이다.
3 또 그의 세 친구에 대해서도 분노
가 치민 이유는, 그들이 답을 제대
로 찾지 못하면서, 여전히 조브만
비난하고 있었기 때문이었다.
4 그리고 일리후가, 조브가 이야기
를 마칠 때를 기다린 까닭은, 참석
자 모두 자기보다 나이가 많았기
때문이다.
5 일리후는 세 사람 입에서 좋은 답
이 나오지 않는 것을 알고 더욱 화
가 났다.
6 뷰즈 사람 배러첼의 아들 일리후
가 대답했다. "나는 젊어요. 그리고
여러분은 나이가 상당히 많아요.
그래서 내가 말하기가 조심스러
워, 감히 당신들에게 내 의견을 내
놓을 수 없었어요.
7 내가 말하고 싶은 것은, 연륜이 말
할 수 있어야 하고, 인생의 햇수가
지혜를 가르쳐야 된다고 생각해
요.
8 왜냐하면 사람한테는 영혼이 있
고, 전능한 존재의 영감이 인간의
영혼에게 이해를 주기 때문이지
요.
9 위대한 사람이라고 해서 언제나
현명한 것이 아니고, 나이를 먹었
다 해서 판단을 잘 이해하는 것도
아니에요.
10 그러니 내가 하는 이야기를 들어
보세요. 나도 의견을 말하지요.
11 보세요, 나는 당신들의 말을 기다
렸어요. 그리고 당신들의 말 가운
데 논리를 발견했어요.
12 그래요, 여러분의 말을 경청해봤
는데, 여기에는 조브를 설득할 수
있는 사람이 없고, 그의 말에 대답
할 수 있는 사람도 없었어요.
13 당신들이, '우리가 지혜를 찾았는
데, **하나님**이 조브를 내던졌지, 사
람이 그런 게 아니다'라는 말을 하
면 안 되죠.
14 그리고 조브는 나를 향해 자기 말
을 직접 하지 않았으므로, 나도 여
러분의 말을 가지고 조브에게 대
답하지 않겠어요."
15 그러자 친구들은 상당히 당혹스러
워, 더 이상 대답하지 않고 말을 멈
췄다.
16 "내가 당신들의 말을 기다리면서,
[한편, 그들은 말없이 가만히 있고,
더 이상 대꾸하지 못했는데,]
17 나도 제 역할을 하며 의견을 내놓
아야겠다고 생각했어요.
18 왜냐하면 나도 할말이 많고, 나의
영혼이 내가 말하라고 강요하고
있으니까요.
19 보세요, 내 뱃속이 분출 못하고 갇

흰 포도주처럼, 새병 속에서 터질
것 같아요.
20 내가 이야기를 해야 속이 풀릴 테
니, 내 입술을 열어 답을 할게요.
21 부탁하는데, 나를 어떤 인간의 유
형으로 받아들이지 말고, 사람에
게 아부하는 것으로 보지 말아주
세요.
22 왜냐하면 나는 아첨할 줄 모르고,
만약 내가 그렇게 하면, 나를 만든
존재가 즉시 나를 끌고가버릴 테
니까요."

젊은이의 훈계

33 "그래서 부탁하는데, 조브, 당
신은 내 말을 듣고 경청해주
세요.
2 이제, 내가 입을 열었고, 내 혀가 입
안에서 말하기 시작했어요.
3 내 말은 내 마음의 정직에서 나오
고, 내 입술은 그 지식을 분명히 전
할 거예요.
4 **하나님**의 영혼이 나를 만들었고,
전능한 존재의 숨결이 내게 생명
을 불어넣었어요.
5 당신이 내게 조리 있는 말로 대답
할 수 있다면, 내 앞에 나서보세요.
6 보세요, 나는 당신의 희망을 따르
며, **하나님**을 대신하지요. 나 역시
흙에서 빚어졌어요.
7 그러니, 나의 공포가 당신을 두렵
게 하지 않을 것이고, 내 손이 당신
을 위에서 짓누르지도 않을 거예
요.
8 분명히 당신은 내가 듣는 데서 말
했으므로, 나는 당신 목소리를 이
렇게 들었어요.
9 '나는 죄가 없는 깨끗한 사람이다.
순수하고, 내 안에 어떤 죄도 들어
있지 않다.
10 그런데 **주님**은 내 잘못의 사례를
찾으며, 나를 자기 적으로 생각한
다.
11 그는 내 발에 족쇄를 채우고, 가는
길마다 지켜본다'고 했죠.
12 보세요, 이 점이 조브 당신이 바르
지 못하다는 거예요. 내가 당신에
게 말하는데, **하나님**은 인간보다
더 위대해요.
13 그런데 왜 그에 맞서 언쟁하죠? 이
유는 그가 어떤 문제도 설명해주
지 않기 때문이에요.
14 **하나님**이 한두 번 말해도, 인간은
그것이 무슨 뜻인지 알지 못해요.
15 그래서 한 밤중에 사람들이 깊은
잠에 빠지거나, 침대에서 자고 있
을 때, 꿈속 환상으로,
16 그가 인간 귀를 열고 가르침을 봉
해주면서,
17 그의 계획에서 인간이 물러나길
바라고, 인간이 자존심을 자제하
길 원하죠.
18 그는 인간의 영혼이 구덩이에 빠
지지 않게 잡아주고, 칼날에 쓰러
지지 않도록 생명을 붙잡아주고
요.

19 인간은 침대 위에서 고통의 벌을
받고, 많은 몸속 뼈가 무서운 고통
을 당하죠.
20 그래서 생명은 빵이 싫어지고, 그
의 영혼은 맛있는 음식도 거부하
게 되고요.
21 그의 살은 소모되어 떨어져 나가,
더 이상 보이지 않거나, 보이지 않
던 뼈가 밖으로 튀어나오고,
22 그의 영혼은 무덤으로 좀 더 가까
이 다가가고, 생명은 파괴자한테
다가가지요.
23 하지만 천 사람 중 하나 정도 중재
자 천사가 그 인간 옆에 있다면, 그
의 정의를 사람에게 보여주겠지
요.
24 그때 **하나님**이 그에게 호의를 베풀
며 말해요. '이 사람을 구덩이 아래
로 내려가지 않게 구원하라. 내가
이 사람의 몸값을 이미 받았다.
25 그의 살은 어린이 살보다 더욱 신
선해질 것이고, 그는 젊었을 당시
로 되돌아갈 것이다' 라고 해요.
26 그래서 사람이 **하나님**에게 기도하
며, 더욱 호의에 감사하게 되고, 또
기쁨으로 **하나님** 얼굴을 보는 이유
는, 그가 인간에게 그의 정의의 보
상을 만들어주기 때문이지요.
27 그는 위에서 인간을 살피다가, 만
약 어떤 이가 말하길, '**하나님**, 죄를
지었어요. 이 땅의 정의를 왜곡했
는데, 그것이 전혀 내게 도움되지
않았어요." 라고 말하는 사람이 있
다면,
28 **하나님**은 그 영혼을 구덩이에서 구
원하며, 그 인생이 빛을 보게 해주
겠죠.
29 보세요, 이렇게 **하나님**은 가끔 인
간에게 정의를 실행하여,
30 인간영혼을 구덩이에서 이끌어,
살아 있는 빛을 다시 밝혀주어요.
31 오 조브, 주의 깊게 내 말을 잘 들
어보고, 조용히 입을 다물면, 내가
말하지요.
32 만약 할 말이 있으면 하세요. 내가
대답하지요. 당신을 정당하게 해
주고 싶어요.
33 그렇지 않다면, 편히 내 말을 들어
주세요. 내가 당신에게 지혜를 알
려주게 해주세요."

정의

34

일리후가 계속 말했다.
2 "당신들은 현명한 사람들이니 내
말을 들어주고, 지식을 가졌으니
귀를 기울여주세요.
3 입이 맛을 알듯, 귀는 사람의 말을
구별하지요.
4 우리가 정의를 선택하고, 무엇이
선인지 알도록 합시다.
5 조브가 말한 바에 의하면, '나는 올
바른데, **하나님**이 나의 정의를 빼
앗았다.
6 나의 정직에 대해 거짓말을 해야
하나? 위반하지 않았는데, 내 상처

는 치료할 수 없다.
7 조브 같은 사람은 경멸을 물 마시
듯 해야 하나?
8 그는 음모를 꾸미는 무리에 섞여,
악한과 함께 걸어간다.
9 그의 말은, 인간에게 이익이 없어
야, **하나님**과 함께 기뻐한다'고 말
했어요.
10 그러니 여러분의 이해력으로 내
말을 들어보세요. 그것은 거리가
멀어요. **하나님**은 악을 행하거나,
전능한 힘으로 잘못을 저리르는
존재가 아니죠.
11 대신 사람의 행동 대로 갚아주고,
살아가는 길에 따라 저마다 대가
를 받게 만들어주지요.
12 맞아요, 틀림없이 **하나님**은 나쁜
일을 하지 않고, 전능한 힘으로 정
의를 왜곡하지 않아요.
13 누가 땅을 지배하는 책임을 인간
에게 주었죠? 혹은 누가 전세계를
배치시켰죠?
14 만약 인간에 대해 결심한 다음, 사
람한테서 자기 영혼과 숨결을 거
둬버리면,
15 모든 신체는 파멸되어, 인간은 다
시 흙먼지로 되돌아가지요.
16 당신은 이해할 수 있으니, 들어보
세요. 내 목소리에 귀도 기울여 주
세요.
17 정의를 싫어하는 자가 통치해야
할까요? 그리고 당신은 가장 정직
한 자를 비난하나요?
18 왕에게, '당신은 나쁘다'고 말하고,
대군관리에게, '당신은 신의 뜻을
따르지 않는다'고 말하는 게 합당
하겠죠?
19 귀족이든, 가난하지 않으면서 더
재물을 가졌든, 상관없이 받아들
이는 그에게는 인간이 얼마나 더
하찮겠어요? 모두가 그의 손에서
나온 작품인걸요.
20 사람은 한 순간에 죽거나, 한밤중
에 괴로워하다 가버리지요. 힘센
자도 손하나 까딱하지 않고 제거
하고요.
21 그의 눈은 인간이 가는 길마다 그
행동을 살펴보고 있어요.
22 악을 저지르는 사람이 자신을 숨
길 장소란 어두운 구석에도 없고,
죽음의 그림자 속에도 없지요.
23 **하나님**은 인간을 더 평가할 필요가
없으므로, 사람은 그의 판정만 받
아야 해요.
24 그는 힘센자를 수를 셀 수 없는 조
각으로 부수고, 그들 대신 다른 이
를 앉히기도 해요.
25 따라서 그는 인간의 행동을 알고,
밤사이 그들을 뒤엎어, 결국 파멸
에 이르게 하지요.
26 그가 다른 사람이 볼 수 있게 악한
에게 벌을 주는 것은,
27 그들이 돌아서며, 자기 행동을 반
성하려 하지 않았기 때문이죠.
28 그래서 약자가 호소하게 되자, 그
가 그 고통소리를 듣게 되었어요.

29 그가 편하게 해주는데, 누가 방해
할 수 있죠? 그가 자기 얼굴을 숨
기는데, 누가 그를 볼 수 있죠? 한
민족에 대해서든, 개인에 대해서
든 말이죠.
30 위선자가 지배하지 않으면, 사람
이 덫에 걸려들지 않아요.
31 분명히 **하나님**에게 말할 수 있는
것은, '나는 징벌을 받았으니, 더 이
상 위반하지 않을 거예요.
32 내가 보지 못하는 것이 있으면, 내
게 가르쳐주세요. 잘못한 것은, 앞
으로는 더 이상 하지 않겠어요' 라
는 것이죠.
33 이것이 당신 생각에 따른 것일까
요? 당신이 거절하든 선택하든, 대
가를 보상해 주는 이는 내가 아니
라 **하나님**이에요. 그래서 당신이
아는 것을 말하라는 거예요.
34 이해가 가능한 사람은 내게 말해
주고, 현명한 사람은 내 말을 들어
주세요.
35 '조브는 지식없이, 또 지혜없이 말
한다'고 말이죠.
36 나의 바람은, 조브가 악한을 위해
대답하는 한, 끝까지 시험받게 하
는 거예요.
37 그는 자기 잘못에 반발을 추가하
더니, 우리 사이에서 조소하며 그
의 손뼉을 치며, **하나님**에 맞서는
말을 너무 많이 하고 있어요."

조브를 비난

35 일리후가 강조하며 말했다.

2 "당신은 다음이 올바른지 생각해
보세요. '나의 정의가 **하나님** 이상
이지?' 라고 말해요.
3 당신 말은, '이것이 내게 무슨 도
움이 되나?' 라고 물으며, 또 '나의
죄를 씻어서, 내게 어떤 이익이 있
지?' 라고 해요.
4 내가 당신과 당신 동료한테 대답
해주겠어요.
5 하늘을 바라보면, 당신보다 더 높
이 뜬 구름이 보이죠.
6 당신이 죄를 지어, 그에게 무엇을
맞서려고 하죠? 혹은 당신이 위반
을 많이 하여, 그에게 무엇을 해주
고 싶은 거죠?
7 당신이 바르다고, 그에게 무엇을
주죠? 또 그가 당신 손에서 무엇을
받죠?
8 당신이 잘못하면, 저지른 만큼 남
에게 해를 줄 수 있고, 정의를 실행
하면, 사람의 자손에게 이로울 수
있어요.
9 억압이 지나친 탓에, 짓눌린 자가
소리치고, 막강한 힘 때문에 그들
이 호소하고 있어요.
10 그런데 아무도 이렇게 말하지 않
아요. '밤에 노래해준다는 나를 만
든 **하나님**이 어딨지?'
11 그는 땅위 짐승보다 우리를 더 많
이 가르쳐주며, 하늘의 새보다 더

현명해지도록 우리를 만들어주었
죠?
12 그들이 호소하지만, 아무도 답해
주지 않는 것은, 악한의 자만 때문
이에요.
13 틀림없이 **하나님**은 헛소리를 듣지
않고, 절대 존재는 그것을 생각하
지 않아요.
14 비록 당신이 **하나님**을 보지 않겠다
고 말해도, 판정은 그 앞에서 내려
지니, 그를 믿어야 해요.
15 그러나 지금은 그런 경우가 아니
고, 그가 분노 탓에 방문하고 있지
만, 그것이 그리 크지 않다는 것을
알거예요.
16 그런데 조브는 쓸데없이 자기 입
을 열어, 지식없는 말만 많이 하고
있어요."

위대함 격찬

36 또 일리후가 말을 이었다.
2 "나에 대해 조금 더 참아주면, **하나**
님을 대신해 말하고 있다는 것을
보여주겠어요.
3 나는 사방에서 나의 지식을 동원
하여, 나를 만든 주인님의 정의를
묘사해 보겠어요.
4 나는 거짓이 아닌 진실을 말하는
데, 지식이 완벽한 그는 당신과 함
께 있어요.
5 보세요, **하나님**은 어떤 것도 무시
하지 못할 정도로, 힘과 지혜가 막
강해요.
6 그는 악한의 생명을 보호하지 않
지만, 약자에게 권리를 주지요.
7 그는 바른자한테서 자기 눈을 떼
지 않고 대신, 왕좌에 있는 왕과 함
께 그들을 올려 놓아요. 그래요, 그
는 영원히 그들을 높이 세워주지
요.
8 그들이 족쇄에 묶이고, 고통의 밧
줄에 얽매이면,
9 그는 억압자에게 그 행위와, 지나
친 위반을 알려요.
10 그는 또 그들의 귀를 열어 훈계하
며, 잘못에서 돌아오도록 명령하
지요.
11 그래서 사람이 따르고 섬기면, 그
들이 사는 동안 번영을 누리고, 인
생이 즐거워지는 거죠.
12 만약 그들이 따르지 않을 때, 칼로
쓰러뜨리면, 아무도 모르게 죽어
요.
13 한편 마음에 위선이 있는 자에게
는, 그의 분노가 쌓이므로, 그들을
묶어버리면, 소리도 못내죠.
14 그들은 젊어서 죽고, 그들 인생은
깨끗하지 못해요.
15 그는 가난한자를 고통에서 구하
고, 학대받는 사람의 귀를 열어주
어요.
16 그렇게 그가 고통속에서 당신을
걱정이 없는 편한 곳으로 옮겨주
어요. 그곳은 기름진 음식으로 가
득 찬 식탁이 앞에 차려질 겁니다.

17 그러나 당신은 악의 판정이 가득
차서, 정의의 판정이 붙들려 있어
요.
18 분노가 있으므로, 그의 회초리에
제거되지 않도록 조심하세요. 그
때는 아무리 큰 몸값도 당신을 구
할 수 없어요.
19 그가 당신의 재물을 존중할까요?
아니죠. 금도 아니고, 강한 영향력
도 안 돼요.
20 밤을 기대하지 마세요. 그때 사람
은 제자리에서 사라집니다.
21 잘못이 없을 거라는 생각에 주의
하세요. 그것이 바로 고통을 선택
하는 길이죠.
22 보세요, **하나님**은 자기 힘으로 스
스로 높이는데, 누가 인간처럼 가
르칠까요?
23 누가 그에게 인간의 길로 가도록
명령할까요? 아니면, '당신은 죄를
지었다'고 누가 말할 수 있나요?
24 당신은 인간이 바라보는 그의 위
대한 업적을 기억하세요.
25 사람마다 그것을 볼 수 있고, 멀리
서도 볼 수 있어요.
26 보세요, **하나님**은 위대한데, 우리
는 그를 모르고, 그의 햇수를 알아
낼 수도 없어요.
27 그는 물방울을 작게 만들어, 수증
기로 증발시켜 비를 내려요.
28 구름이 물방울을 떨어뜨리면, 사
람에게 풍성한 비를 뿌리죠.
29 구름이 넓게 퍼지는 이유를 이해
하거나, 그의 성막에서 울려오는
천둥소리를 누가 이해할 수 있나
요?
30 보세요, 그는 땅위에 빛을 비추고,
또 바다의 수면을 덮어요.
31 그것으로 사람을 벌주기도 하고,
풍부한 음식을 주기도 하지요.
32 그는 구름으로 빛을 가려, 구름 사
이로 비추지 못하도록 명령하고
요.
33 이것을 알리는 천둥소리를 들으
면, 소떼조차 다가올 물방울을 알
게 되지요."

경이로운 위업

37 "이 역시 나의 가슴을 떨게
하며, 제자리에서 두근거리
게 해요.
2 그의 요란한 목소리를 주의해서
들어보고, 그의 입이 내뿜는 소리
를 들어보세요.
3 그는 그 소리를 온 하늘 아래로 전
하고, 그의 빛을 땅끝까지 보내요.
4 으르렁거린 다음, 그는 어마어마
한 목소리로 천둥을 치고, 그 소리
가 들릴 때까지 거기 머물지 않아
요.
5 **하나님**은 그의 목소리로 놀라운 천
둥을 치며, 엄청난 일을 해도, 우리
는 그것을 이해할 수 없어요.
6 그가 눈에게, '너는 땅에 내려라' 하
고, 마찬가지로 그의 힘으로 작은
비와 큰비에게도 말해요.

7 그는 사람마다 손에 인장을 찍어,
모두가 그의 위업을 알 수 있게 하
죠.
8 짐승은 굴로 들어가, 제자리에서
살게 하고요.
9 남쪽에서 돌풍이 오고, 북쪽에서
추위가 오게 하지요.
10 **하나님**의 입김에 서리가 내리면,
물의 넓이를 좁히며 얼어요.
11 물을 이용하여, 구름에 두꺼운 옷
을 입히고, 빛으로 구름을 흩어버
리죠.
12 주위에 조력자가 둘러싸고 있어
서, 그가 땅위 세상에 명령하는 것
은 무엇이나 실행할 수 있어요.
13 그는 구름으로 자기 땅에 벌을 주
거나, 눈으로 사랑을 내려주기도
합니다.
14 오 조브, 당신은 이 말에 귀를 기울
이고, 조용히, **하나님**의 놀라운 업
적을 생각해보세요.
15 당신은, **하나님**이 그것을 언제 배
치했고, 구름의 빛을 언제 빛나게
하는지 아나요?
16 당신은, 이 구름의 균형과, 완벽한
지식으로 이루는 그의 경이로운
업적을 알아요?
17 당신 옷이 더워지는 까닭이, 그가
땅에 조용히 남풍을 보낼 때라는
것을 알아요?
18 당신이 그와 함께 강한 유리를 조
각한 듯한 하늘을 펼쳤나요?
19 그에게 무엇을 말할 수 있는지 우
리에게 가르쳐주세요. 우리는 이
유를 몰라 말로 설명할 수 없으니
까요.
20 나의 말을 그에게 전해주겠어요?
사람이 말하면, 틀림없이 그가 받
아들이니까요.
21 사람은 구름에 싸인 밝은 빛을 볼
수 없지만, 바람이 불면, 맑아져요.
22 청명한 날이 북쪽에서 나타나기
시작하면, 절대 위엄의 **하나님**과
같이 오는 거예요.
23 전능한 존재의 손길은, 우리가 발
견할 수 없고, 그의 탁월한 힘과 위
대한 정의도 찾을 수 없지만, 그는
고통을 주지 않아요.
24 그래서 사람은 그를 경외하지요.
그가 존중하지 않는 사람은, 속으
로만 현명한 자일 거예요."

무엇을 할 수 있나 1

38 그때 **주님**이 회오리 바람속
에서 조브에게 말했다.
2 "누가 지식없는 말로 나의 계획을
흐리게 만드나?
3 이제 전사처럼 허리를 묶고 각오
해라. 내가 질문하면, 네가 답해야
한다.
4 내가 땅의 기초를 놓을 때, 너는 어
디 있었나? 네가 똑똑하다면 말해
봐라.
5 누가 그곳 치수를 재었는지, 네가
아나? 혹은 누가 그 위에 선을 그
었지?

6 어디에 기초를 단단히 고정시켰을
까? 또 누가 거기에 초석을 놓았는
데?
7 그때는 새벽별이 합창하고, **하나
님** 찬미의 노래가 즐거움을 외치고
있었다.
8 또 마치 자궁에서 터져나오듯, 바
닷물이 밀려올 때, 누가 문을 닫아
바다를 막았나?
9 내가 구름으로 땅에 옷을 만들 때,
먹구름으로 배내옷을 만들어 감싸
며,
10 내가 정해둔 자리에 맞추어, 빗장
과 문을 달고,
11 이렇게 말했다. 너희는 이곳까지
와도, 더 가면 안 된다. 너희 자만의
파도선이 멈춰야 할 곳이 여기겠
지?
12 네 인생 동안 아침에게 명령하여,
새벽이 동틀 때를 알리게 한 적 있
나?
13 땅의 양쪽 끝을 싸잡고, 악한이 떨
어지도록 흔든 적이 있나?
14 진흙으로 모양을 잡아 굳히면, 옷
처럼 세워진다.
15 그리고 악한이 빛을 빼앗기면, 들
어올린 팔이 부러지게 된다.
16 네가 바다의 원천으로 들어가본
적이 있나? 혹은 심연을 찾으러 그
깊이에서 걸어본 적 있나?
17 죽음의 문이 네게 열린 적이 있나?
혹은 죽음그림자의 문을 본 적 있
나?
18 네가 이 땅의 넓이를 알아? 그렇다
면 말해봐라.
19 어느쪽이 빛이 머무는 길이지? 어
둠의 장소는 어디고?
20 네가 그들을 한데 붙잡아 데려가
면, 그들의 집까지 가는 길을 알기
나 해?
21 너는 이미 태어났으니, 그 정도는
알아야지? 꽤 오래 살았잖니?
22 눈의 저장소에 들어가봤어? 아니
면 우박 창고를 가봤어?
23 그곳은 내가 재난시기와 전쟁시기
를 대비하여 저장해 두었다는 것
을 알아?
24 빛은 어떻게 갈라지고, 땅위에 동
풍은 어느 방향으로 흩어질까?
25 누가 흘러넘치는 물길을 나누고,
천둥번개의 길을 가를까?
26 그래서 아무도 없는 땅에 비를 내
리고, 사람이 없는 황야에도 내리
게 하여,
27 파괴되어 버려진 땅에 비를 내려
촉촉하게 하고, 연한 풀에 싹이 돋
게 하는 자가 누군가?
28 비도 아버지가 있나? 누가 이슬 방
울을 낳았나?
29 누구의 자궁에서 얼음이 나왔고,
하늘의 흰서리는 누가 낳았나?
30 물이 돌처럼 굳으면, 강수면은 얼
어버린다.
31 네가 하늘의 플리어디스 산개성단
의 아름다운 빛의 향연을 묶거나,
오리온 별자리의 짜임을 풀 수 있

나?
32 네가 제철마다 별자리를 만들거
나, 북두칠성의 알투러스큰곰자리와
그의 자식을 같이 안내할 수 있나?
33 네가 하늘의 질서를 알아? 그래서
네가 땅에서 그것을 지배할 수 있
어?
34 네가 목소리를 높여 구름에 닿게
한 다음, 그것이 엄청난 물이 되어
너를 덮게 할 수 있어?
35 네가 번개를 보내면, 그들이 가서,
'우리가 여기 있다'고 네게 말하게
시킬 수 있어?
36 누가 내부에 지혜를 집어넣었고,
누가 가슴에 이해력을 주었는데?
37 누가 구름을 헤아릴 지혜가 있고,
누가 하늘의 물병을 멈춰 세울까?
38 언제 먼지가 모여 굳어진 다음, 흙
덩이가 단단히 엉겨붙을까?
39 너는 사자를 위해 먹이를 사냥해
주나? 아니면 새끼사자의 배고픔
을 채워주나?
40 언제 사자가 굴속에 웅크리고, 언
제 덤불속에 숨어 기다릴까?
41 누가 까마귀의 먹이를 주지? 먹이
가 없어 방황하면, 새끼가 **하나님**
에게 언제 짖을까?"

무엇을 할 수 있나 2

39 "바위에서 사는 야생염소가
언제 새끼를 낳고, 암사슴은
언제 새끼를 낳는지, 네가 관찰한
적이 있나?
2 그들이 언제 만삭이 차는지 달수
를 세어봤어? 아니면, 그들의 출산
시간을 알아?
3 그들은 스스로 웅크려, 새끼를 낳
은 다음, 출산의 고통은 던져버린
다.
4 그 어린 새끼는 충분히 젖을 빨고,
곡식으로 자란 다음, 나가면 다시
돌아오지 않는다.
5 누가 야생나귀를 자유롭게 보낼
까? 아니면 누가 나귀의 줄을 느슨
하게 풀었을까?
6 그들의 집 초원을 내가 만들고, 불
모지를 그들의 거처로 주었다.
7 그 짐승은 도시의 복잡성을 비웃
고, 나귀몰이꾼의 외침도 시큰둥
한다.
8 산능선이 그의 목초지이고, 푸른
것이면 무엇이나 찾아다닌다.
9 외뿔소 유니콘이 너를 도울까, 아
니면 네 외양간에 살려고 할까?
10 네가 유니콘을 묶어 밭이랑을 갈
게 할 수 있어? 아니면 너를 따라
골짜기에 써레질을 시킬까?
11 유니콘의 힘이 세다고, 네가 그를
믿겠어? 너의 노동을 그에게 맡기
겠어?
12 그가 네 집에 씨앗을 가져와, 그것
을 창고까지 넣어줄까?
13 네가 공작에게 예쁜 날개를 주었
니? 아니면 타조에게 날개와 깃털
을 줬던가?
14 타조는 흙에 알을 낳아, 그 속에서

따뜻하게 보호하지만,
15 발길이 알을 깨뜨리거나, 야생동
물이 부수는 것을 모른다.
16 타조는 새끼를 제것이 아닌듯 심
하게 대하고, 산통이 별것 아닌듯
무시하는데,
17 **하나님**이 타조의 지혜를 빼앗고,
그에게 이해력을 전하지 않았기
때문이다.
18 타조가 제 깃털을 높이 들고 달리
며, 말과 기수를 비웃는다.
19 네가 말에게 힘을 주었나? 그 목에
천둥같은 갈기로 옷을 입혔나?
20 말이 놀라면 메뚜기처럼 뛰게 만
든 게 너냐? 말 콧김의 위력은 무
섭다.
21 그는 골짜기를 발로 파며, 스스로
제 힘을 즐기며, 무장군인을 맞이
한다.
22 말은 두려움을 비웃고, 무서움이
없으며, 칼에 물러서지 않는다.
23 화살통이 그의 등에서 덜컹거리
고, 창과 방패도 번득인다.
24 그는 흥분하여 미친듯이 땅을 들
여마시며, 트럼핕소리도 아랑곳하
지 않는다.
25 트럼핕소리가 울리는 가운데, 히
힝거리며, 지휘관의 우뢰 같은 호
령에, 멀리 떨어진 전쟁의 냄새를
맡는다.
26 네 지혜로 매를 날려, 제 날개를 남
쪽을 향해 펴게 했나?
27 네 명령에 독수리를 날아 올려, 제
둥지를 높은 곳에 짓게 했나?
28 그는 바위에 살고, 험준하고 거친
바위에 머문다.
29 거기서 먹이를 찾고, 눈은 먼 곳을
본다.
30 새끼 역시 어미 곁 먹이에서 피를
빤다."

오른손이 자신을 구원

40 또 **주님**이 조브에게 답하며
말했다.
2 "전능한 존재와 논쟁하며 그를 가
르쳐야 할까? 그가 **하나님**을 꾸짖
어 대답하게 한다."
3 그때 조브가 **주님**에게 말했다.
4 "보세요. 나는 지독히 나빠요. 내가
당신에게 무슨 말을 하겠어요? 제
손으로 차라리 입을 막겠어요.
5 한때 내가 말했지만, 이제 대답하
지 않겠어요. 아참, 두 번도 했지만,
더 이상은 계속하지 않겠어요."
6 그러자 **주님**이 돌풍속에서 조브에
게 대답했다.
7 "너는 용사처럼 허리를 단단히 매
라. 이제 내가 너에게 물을 테니, 대
답해봐라.
8 너 역시 나의 재판을 무효화하려
하나? 네가 바르다며, 나를 비난하
나?
9 너도 **하나님**과 같은 팔이 있나? 혹
은 그처럼 목소리로 천둥을 울릴
수 있나?
10 앞으로 스스로 위엄과 뛰어난 차

이를 갖추고, 명예와 아름다움을
지녀라.
11 네 분노의 격정은 멀리 던져라. 자
만하는 자를 보면, 스스로 품격이
낮아진다.
12 자존심을 지키며 스스로 낮추는
사람을 바라봐라. 또 악한은 제자
리에서 밟아줘라.
13 그들을 흙과 함께 묻고, 그들의 얼
굴을 아무도 모르게 가려라.
14 그러면 나 역시 네 오른손으로 자
신을 구할 수 있다고 인정해주겠
다.
15 그리고 내가 너와 함께 만든 큰괴
물 비히머쓰를 바라봐라. 그는 소
처럼 풀을 먹는다.
16 그런데 그의 강인함은 허리에 있
고, 그의 배꼽 중앙에서 힘이 나온
다.
17 그가 시더나무처럼 꼬리를 흔들
면, 그의 돌같은 힘줄이 오그라든
다.
18 그의 뼈는 놋쇠처럼 강하고, 무쇠
빗장과 같다.
19 비히머쓰는 **하나님**이 만든 것 중
제일 으뜸이지만, 창조주는 칼을
들고 그에게 다가갈 수 있다.
20 확실히 산은 그에게 먹이를 갖다
주고, 벌판에서 야생짐승이 함께
뛰어논다.
21 그는 나무그늘 아래 눕고, 갈대습
지에서 은둔한다.
22 나무가 제 그림자로 그를 덮어주
고, 시냇가 윌로우 버드나무가 주
위를 감싸준다.
23 보라, 그는 강을 마셔도 서둘지 않
고, 조든강을 제 입속으로 끌어넣
을 수 있다고 믿는다.
24 그의 눈은 어떤 것도 포착하고, 그
의 코는 어떤 함정도 뚫어버린다."

나설 수 있나

41 "너는 갈고리로 바다괴물 르
바이어썬을 낚을 수 있나? 또
는 밧줄로 그 혀를 묶어 내릴 수 있
나?
2 네가 그의 코를 고리에 꿰거나, 그
의 턱을 가시로 찌를 수 있나?
3 그가 너에게 무엇이든 바랄 수 있
나? 그가 너에게 부드럽게 말할 수
있나?
4 그 괴물이 너와 약속을 맺고? 네가
괴물을 영원히 종으로 삼을 수 있
나?
5 네가 그를 새인듯 데리고 놀 수 있
어? 또 네 여자가 구경하도록 그
괴물을 묶어놓을 수 있나?
6 동료가 괴물을 두고 만찬을 벌일
까? 상인들이 괴물을 나눠갖게 할
까?
7 네가 쇠창살로 괴물가죽을 뚫거
나, 작살로 머리를 찌를 수 있어?
8 네 손을 괴물에 얹는다면, 다시는
그렇게 하지 말라고 사정할 거다.
9 보라, 그를 잡겠다는 희망은 헛된
것으로, 누가 그 눈앞에 내던져지

길 바랄까?
10 아무도 감히 괴물을 격렬하게 자
극할 수 없는데, 누가 내 앞에 설
수 있을까?
11 내가 그에게 갚아주려는데, 누가
나를 막지? 하늘 아래 모든 것이
내 것이다.
12 나는 괴물의 사지나, 힘이나, 그의
거구에 대해서는 말조차 꺼내지
않겠다.
13 누가 그의 껍질을 벗길 수 있나?
혹은 누가 그에게 고삐와 재갈을
물리러 접근할까?
14 누가 그의 입을 벌릴 수 있나? 그
의 이빨은 끔찍하게 둘러싸고 있
는데.
15 그의 비늘은 그의 자부심으로, 인
장으로 봉하듯 빈틈없이 닫혀 있
다.
16 하나가 다른 비늘에 조밀하게 있
어, 공기조차 빠져나가지 못한다.
17 그들은 서로 연결되고 딱 들어붙
어서, 뗄래야 뗄 수 없다.
18 그의 재채기에 빛이 번쩍하고, 그
의 눈은 동틀녘 광선과 같다.
19 그의 입에서 타는 등불이 나오고
불꽃이 뿜어나온다.
20 그의 콧구멍으로 마치 지글거리는
솥과 가마솥에서 튀어나오듯 그의
콧구멍을 통해 연기가 나온다.
21 그의 숨결이 숯불을 태우고 불길
은 그의 입에서 나온다.
22 그의 목에도 힘이 남아 있고 슬픔
은 그의 앞에서 변하여 즐거움이
된다.
23 그의 살덩이는 서로 단단하게 붙
어서, 잡아당겨도 움직여지지 않
는다.
24 그의 가슴은 돌처럼 딱딱하고 맷
돌의 아래 부분 같이 강하다.
25 그가 몸을 일으키면, 힘있는 자도
두려워하고, 모든 것을 부수며, 자
신을 정화시킨다.
26 칼을 그의 앞에 갖다 대어도 칼이
견디지 못하고, 창과 단검과 갑옷
도 당하지 못한다.
27 그는 쇠를 지푸라기 같이 여기고,
놋쇠를 썩은 나무처럼 여긴다.
28 화살도 그를 도망가게 하지 못하
고, 돌을 던져도 그에게는 나무 그
루터기가 될뿐이다.
29 단도도 그루터기로 여기고, 창이
앞에서 덤벼도, 보고 웃는다.
30 험준한 바위를 그의 아래 두고, 뾰
족한 부분을 흙 위에 가지런히 펼
쳐 놓는다.
31 그는 바다를 솥처럼 끓게 하거나,
향료병처럼 만들 수도 있다.
32 그가 뒤를 따르는 빛의 길을 만들
어 놓고, 바다를 백발이라 생각한
다.
33 두려움이 없는 그처럼 만들어진
것이 땅위에는 없다.
34 그는 높은 곳을 바라보고, 자만한
모든 인간을 지배하는 왕이다."

고백과 반성

42 조브가 **주님**에게 대답했다.
2 "나는, 당신이 모든 것을 할 수 있
고, 당신의 생각을 막을 수 없다는
것도 알아요.
3 '지식도 없이, 누가 그의 계획을 방
해하나?'고 당신이 물었죠. 확실히
나는 이해도 못하면서 말했어요.
내가 알기에는 모든 것이 너무 경
이로웠어요.
4 내가 부탁하는데요, 내 말을 들어
보세요. 내가 물으면, 당신이 대답
해주세요.
5 지금까지 내 귀로 당신의 말을 들
어왔는데, 이제 나의 눈이 당신을
바라보고 있어요.
6 그러자 내가 싫어져, 흙과 재로 반
성합니다."
7 **주님**이 조브에게 그렇게 말한 다
음, 그는 테먼 사람 일리풰즈에게
말했다. "나의 분노는 너와 두 친구
때문에 일어났는데, 그 이유는, 나
의 종 조브가 하듯, 너희가 나에게
옳은 것을 말하지 않았기 때문이
다.
8 그러니 너는 수소 7마리와, 숫양 7
마리를 데리고, 나의 종 조브에게
가서, 너희 자신을 위해 번제를 지
내라. 그리고 조브가 너희를 위해
기도하면, 내가 그의 기도를 받아
들여, 너희를 어리석음에 따라 벌
하지 않겠다. 너희는 나의 종 조브
가 한 대로, 나에게 옳은 것을 말하
지 않았다."
9 그래서 테먼 사람 일리풰즈와, 슈
흐 사람 빌댇, 내머쓰 사람 조퐈가
주님이 명령한 대로 가서 그대로
했다. 그리고 **주님**은 조브의 기도
를 받아들였다.
10 그리고 조브가 친구를 위해 기도
했을 때, **주님**은 그로부터 빼앗은
모든 것을 돌려주면서, 이전보다
두 배를 더 주었다.
11 그리고 그의 형제와 여형제가 조
브에게 왔고, 이전의 지인 모두가
와서, 그의 집에서 그와 함께 빵을
먹었다. 또 그들은 **주님**이 내린 그
동안의 고생에 대해, 조브를 위로
하며, 모두가 그에게 얼마의 돈과
금귀걸이를 하나씩 주었다.
12 그래서 **주님**은 조브 초기보다 나중
에 축복을 더 주었다. 그래서 그는
양 14,000마리, 낙타 6,000마리, 소
1,000쌍, 암나귀 1,000마리를 갖게
되었다.
13 그는 또 아들 7에 딸 3을 두게 되었
다.
14 그는 첫째 이름을 재미마라고 부
르고, 둘째는 케자야, 셋째는 캐런
하퍼크라고 불렀다.
15 그곳에서 조브의 딸만큼 예쁜 여
자는 눈에 띄지 않았고, 그들의 아
버지는 형제와 함께 딸들에게도
유산을 주었다.
16 그후 조브는 140년을 살며, 그의

아들과, 아들의 아들, 심지어 4대
손자까지 보았다.
17 그리고 조브는 인생을 충분히 산
다음 나이 들어 죽었다.

시가기도

시가기도 1

올바른 자의 길

1 축복받는 자는 악한의 말을 따
르지 않고, 죄인의 길로 들어
서지 않으며, 무시당하는 자리에
앉지 않는다.
2 대신 그는 **주님**의 법 안에서 즐거
움을 찾으며, 낮이나 밤이나 그 법
을 명상한다.
3 그런 사람은 강가에 심어 놓은 나
무처럼, 계절에 따라 열매를 맺고,
잎도 시들지 않으며, 하는 일마다
번성한다.
4 **주님**을 따르지 않는 자는 그렇지
못하여, 바람에 날리는 겨와 같다.
5 따라서 **주님**을 받아들이지 못하는
자는, 재판에 서지 못하고, 죄인도
올바른 대중 앞에 서지 못한다.
6 그 이유는 **주님**은 바른 길을 알기
때문이다. 반대로 그를 따르지 않
는 자는 파멸에 이른다.

기름 바른자

2 왜 이민족은 소란을 피우고, 백
성은 헛된 생각을 할까?
2 그 땅의 왕들은 스스로 자리에 오
른 다음, 통치자는 조언을 모아, **주
님**과 그가 기름을 바른자에 맞서
이렇게 말한다.
3 "우리가 그들의 결속력을 조각내
어, 그들의 연결고리를 걷어내자"
고 한다.
4 하늘에 앉아 있는 그가 이를 보고
웃고, 인간의 주인님 그가 그들을
가소로이 여길 게 틀림없다.
5 그리고 그가 화가 나, 몹시 언짢아
하며 그들을 꾸짖는다.
6 "그러나 나는 신성한 나의 자이언
언덕에 나의 왕을 세웠다" 라고.
7 그래서 나는 **주님**이 내게 전한 칙
령을 다음과 같이 선포한다. "너희
는 나의 아들이고, 오늘 내가 너희
아버지가 되었다.
8 나에게 요구하면, 내가 저 이민족
의 땅을 너희에게 유산물로 주고,
지구 끝까지 너희 소유물로 주겠
다.
9 너는 쇠막대로 저들을 부수고, 달
려들어 도자기 그릇처럼 조각내
버려야 한다.
10 그러므로 이제 너희 왕들은 현명
해지거라. 나의 지시대로 너희가

그 땅을 재판해라.
11 두려운 마음으로 **주님**을 섬기고,
흔들리도록 기뻐해라.
12 나의 아들에게 입맞춤하여, 그가
화내지 않게 해라. 또 그가 작은 성
이라도 일으켜, 너희가 길에서 사
라지지 않게 주의해라. 그에게 믿
음을 두는 사람은 축복받을 것이
다.

대이빋왕의 구원 호소

대이빋이 자신의 아들 앱설럼을 피해
도망갔을 당시 기도

3 **주님**, 어떻게 저들이 나를 이토
록 점점 더 괴롭힐 수 있나요!
모두가 나를 향해 달려들어요.
2 내 영혼이 하는 말 대부분은, '**하나
님**은 너를 돕지 않는다'고 해요. 셀
라잠시 멈춤
3 하지만 오 **주님**, 당신은 나를 지켜
주는 방패고, 나의 영광이며, 나의
머리를 들어올려 주지요.
4 내가 목소리 높여 **주님**에게 외치
면, 신성한 자신의 언덕에서 나의
소리를 들어주겠죠. 셀라잠시 멈춤
5 내가 몸을 뉘고 잠이 들었다 깨어
났어요. 이는 **주님**이 나를 지켜주
었기 때문이에요.
6 비록 나를 둘러싼 저들이 수만명
이라 해도, 나는 두려워하지 않겠
어요.
7 오 **주님**, 어서 일어나, 나를 구해주
세요. 나의 **하나님**. 당신은 내 적의
뺨을 쳐서, **주님**을 따르지 않는 자
들의 이를 부러뜨릴 수 있으니까
요.
8 구원은 **주님**에게 속한 일이어서,
당신의 축복이 당신 백성에게 내
려지니까요. 셀라잠시 멈춤

들어주세요

현악기 네거노쓰를 든 수석음악사가 전하는
대이빋왕의 시가기도

4 오, 나의 정의의 **하나님**, 내가 부
르면 들어주세요. 당신은 내가
곤경에 처했을 때 나를 구해주었
죠. 자비를 베풀어 나의 기도를 들
어주세요.
2 오 사람의 자손, 너희는 언제까지
나의 영광을 부끄럽게 하지? 언제
까지 너희는 허무를 사랑하며 거
짓을 빌리려 하지? 셀라잠시 멈춤
3 하지만 **주님**은 자신을 따르는 자를
구별할 줄 알고, 내가 부르면 대답
할 거다.
4 두려워하는 마음으로 행동하며,
죄 짓지 말고, 침대 위에서 조용히
자신의 마음과 대화해라. 셀라잠시
멈춤
5 정직한 희생제물을 올리고, 자신
의 믿음을 **주님**에게 두어라.
6 많은 사람이, '우리에게 선을 보여
줄 자가 누구냐?'고 말하지. **주님**,
당신의 얼굴 빛을 우리에게 비춰

주세요.
7 당신은 내 마음에 즐거움을 주고,
곡식과 포도주가 늘어나는 시기에
는 더 큰 기쁨을 주었죠.
8 나는 편안하게 누워 잡니다. 왜냐
하면 당신, **주님**만이 나를 안전하
게 있도록 지켜주니까요.

올바른 길로 이끌어주세요

현악기 네힐로쓰를 든 수석음악사가 전하는
대이빋왕의 시가기도

5 내 말에 귀를 기울여주세요. 오
주님, 나의 명상을 생각해주세
요.
2 내가 외치는 목소리에 귀를 기울
여주세요. 나의 왕, 나의 **하나님**. 왜
냐하면 당신에게 내가 기도하니까
요.
3 당신은 아침에 나의 목소리를 들
어줘야 해요. 오 **주님**, 아침에 내가
당신에게 기도한 다음, 답을 기다
리며 올려볼 테니까요.
4 당신은 나쁜 일을 즐거워하는 **하나
님**이 아니기 때문에, 악이 당신과
있을 수도 없지요.
5 어리석은 자가 당신 앞에 나서지
못하는 것은, 당신이 죄를 저지르
는 모두를 미워하기 때문이지요.
6 당신은 거짓을 빌려 말하는 자를
파멸시키고, **주님**은 잔혹하게 속이
는 사람을 증오할 겁니다.
7 나는 헤아릴 수없이 많은 당신의
관대한 사랑으로 인해, 당신의 성
전으로 들어가, 당신에 대한 경외
심을 갖고, 신성한 당신의 성전에
서 경배하지요.
8 오 **주님**, 당신의 올바른 길로 나를
이끌어주세요. 적 때문에 괴로운
내게 똑바로 나아갈 길을 만들어
주세요.
9 저들의 입에는 믿음이 없고, 저들
의 내면은 나쁜 것으로 가득 차 있
어요. 저들의 목에는 무덤이 열린
채, 자신의 혀로 듣기 좋은 아첨만
하고 있어요.
10 오, **하나님**, 당신이 저들을 파멸시
켜, 제 꾀에 쓰러지게 하고, 수많은
죄에 대해 저들을 제거해주세요.
왜냐하면 당신에게 반발하니까요.
11 대신 당신을 믿는 사람을 모두 기
쁘게 하여, 당신이 저들을 막아준
데 대하여 언제나 즐거운 함성을
지르게 하고, 당신의 이름을 사랑
하는 사람 역시 당신 안에서 즐거
워하게 해주세요.
12 **주님** 당신은 올바른 사람을 축복하
여, 그에게 당신의 호의를 방패 삼
아 감싸게 해주세요.

목숨을 구해주세요

현악기 네거노쓰를 든 수석음악사가 쉬미니쓰
하프에 맞추어 전하는 대이빋왕의 시가기도

6 오 **주님**, 당신이 화가 나도 꾸짖
지 말고, 언짢더라도 나를 혼내

지 말아주세요.
2 오 **주님**, 내게 자비를 베풀어주세
요. 왜냐하면 내가 약하기 때문이
에요. **주님**이 나를 치료해주세요.
내 뼈가 욱신거려요.
3 내 영혼 또한 몹시 괴로운데, **주님**,
당신을 언제까지 오래 기다려야
할까요?
4 **주님**, 돌아와서 내 영혼을 구해주
고, 당신의 사랑으로 나를 구해주
세요.
5 죽으면, 당신을 기억할 수 없고, 당
신에게 감사를 올릴 자가 무덤에
있게 되잖아요?
6 나는 허약해져 신음하며, 밤새 침
대에서 헤매거나, 눈물로 카우치
소파를 적시죠.
7 내 눈은 슬픔에 짓물렀고, 나의 적
때문에 침침해졌어요.
8 죄를 저지르는 너희는 모두 나한
테서 떠나라. 왜냐하면 **주님**이 나
의 울음소리를 들었기 때문이다.
9 **주님**이 나의 간청을 들으면, 나의
기도를 받아줄 것이다.
10 나의 적 모두에게 창피를 주고 괴
로움을 주면, 그들은 되돌아서며,
그 순간 부끄러움을 느끼게 될 것
이다.

정의를 판단해주세요

벤저민사람 쿠쉬의 말에 대하여, 주님에게
쉬개연 시가형태로 노래한 대이빋 기도

7 오 나의 **주 하나님**, 당신에게 의
지합니다. 나를 박해하는 모두
로부터 나를 구해주세요.
2 그가 나의 영혼을 사자가 갈기갈
기 찢듯, 조각내지 않게 해주세요.
나를 구할 이가 아무도 없어요.
3 오 나의 **주 하나님**, 내가 나쁜 일을
하여, 내 손에 죄가 있다면,
4 만약 내가 편안하게 지내던 사람
에게 해를 끼쳤다면, [그래요, 오히
려 나는 나의 적이 될 까닭이 없는
그를 구했지만, 내가 나빳다면],
5 나의 적이 내 영혼을 구박하고 훼
손하게 하세요. 네, 그가 땅위에서
내 목숨을 짓밟게 하여, 나의 명성
을 흙 속에 던지게 하세요. **셀라**잠시
멈춤
6 오 **주님**, 일어나세요. 당신이 화내
며 직접 들고 일어나주세요. 나의
적이 사납게 들끓고 있으니까요.
그리고 당신이 명령한 바를 판단
하도록 나를 일깨워주세요.
7 그러면 백성 군중이 당신 주위를
둘러싸게 됩니다. 왜냐하면 그들
을 구하러 당신이 높은 장소로 돌
아오기 때문이지요.
8 그런 다음 **주님**은 백성을 재판하겠
지요. 또한 나의 정직성에 따라, 내
안에 들어 있는 나의 도덕성에 따
라, 나를 재판하게 될 겁니다.
9 악한의 악행을 끝내고, 대신 정직
한 자를 세워주세요. 왜냐하면 정
의의 **하나님**은 사람의 마음을 들여

다보고, 고삐를 죄니까요.
10 마음이 올바른 자를 구원하는 **하나
님**은 나의 방패죠.
11 **하나님**은 정의를 재판하고, 악한에
게는 날마다 화를 내겠죠.
12 그래도 만약 악한이 마음을 돌리
지 않으면, 그는 **주님**의 칼을 자극
하고, 활시위를 당기도록 준비하
게 만드는 일이 되지요.
13 그렇게 되면, 악한은 스스로 죽음
의 장치를 만들며, 처벌자를 향한
자신의 화살이 자신의 운명을 결
정하게 되지요.
14 보세요, 악한은 잘못으로 어려움
에 처하고, 비행을 잉태하며, 거짓
을 낳게 됩니다.
15 그는 구덩이를 파서 만들 텐데, 결
국 자기가 만든 구덩이 속에 빠지
겠죠.
16 그의 잘못은 자신의 머리 위로 되
돌아가고, 그가 휘두른 폭력은 자
신의 머리 정수리로 떨어지게 될
겁니다.
17 나는 **주님**의 정의를 따르며 **주님**을
자랑하고, 가장 높은 존재, **주님**의
이름을 열심히 노래하겠어요.

대단한 위업

현악기 기티쓰를 든 수석음악사가 전하는
대이빋왕의 시가기도

8 오 우리의 주인인 **주님**, 땅위의
당신 이름이 얼마나 훌륭한 지!
당신은 자신의 영광을 하늘에 두
었어요.
2 당신은 적의 힘을 아기나 젖먹이
의 입에서 나오는 정도로 여기므
로, 적과 보복자를 꼼짝 못하게 할
수 있겠죠.
3 나는 당신의 하늘을 보며, 운명을
정해 둔 당신 손가락의 작품, 달과
별을 생각해봐요.
4 그런데 인간이 대체 뭐라고, 당신
은 그토록 신경을 쓸까요? 또 사람
의 자손을 방문하여 관리할까요?
5 당신은 사람을 만들면서, 천사보
다 다소 낮은 위치로 지정하고, 사
람에게 영광과 명예의 관을 씌웠
어요.
6 당신은 당신 손의 작품을 사람이
지배하게 하며, 모든 것을 인간의
발 아래 두었고,
7 양과 소, 그래요, 들의 짐승 모두와,
8 하늘을 나는 새와, 바다 속 물고기
등, 바다 안에서 다니는 것도 모두
가 그렇죠.
9 오 우리의 주인님, 지구 위에서 당
신의 이름이 얼마나 대단하냐 말
이죠!

경이로운 업적

머스래븐 악기를 연주하는 수석음악사가
전하는 대이빋 시가기도

9 오 **주님**, 나의 온 마음을 다하여
당신을 노래하며, 당신의 경이

로운 업적을 이야기하고 싶어요.
2 나는 당신과 함께 있으면 즐겁고
행복하기 때문에, 오 가장 높은 곳
에 있는 당신의 이름을 노래 불러
요.
3 나의 적이 돌아오면, 당신 앞에서
쓰러져 파멸하겠죠.
4 왜냐하면 당신이 올바른 판단의
자리에 앉아서, 나의 권리와 명분
을 보호해주기 때문이에요.
5 당신은 **주님**을 모르는 자를 꾸짖
고, 악한을 파멸시켜, 그들의 이름
을 영원히 지워버렸어요.
6 오 당신의 적이 영원의 끝에서 맞
이할 일이란 파멸로써, 당신이 도
성을 파괴하면, 그들의 기억도 그
들과 함께 사라질 겁니다.
7 그러나 **주님**은 당연히 영원히 존재
하고, 판단하는 자기 자리도 준비
되어 있지요.
8 그는 정의로 세상을 재판하는데,
정직한 사람에게 판결을 맡기게
되겠죠.
9 또한 **주님**은 억압받는 자의 피난처
이며, 괴로운 시기의 도피처입니
다.
10 당신의 이름을 아는 사람은 당신
에게 믿음을 의지하는데, 이는 **주**
님이 자신을 찾는 자를 외면하지
않기 때문이죠.
11 자이언에 사는 **주님**을 노래해라.
사람 가운데 그의 업적을 알려라.
12 그는 피에 관하여 조사하고, 피를
흘린 자를 기억하며, 약자의 외침
을 잊지 않는다.
13 오 **주님**, 나에게 큰 사랑을 주세요.
나를 미워하는 자한테서 겪는 고
통을 생각해주세요. 그래서 당신
이 죽음의 문에서 나를 들어올려
구해주세요.
14 그러면 내가 자이언의 딸이 있는
성문에서 당신에 대한 찬양을 보
여줄 수 있고, 나는 당신의 구원에
기뻐할 겁니다.
15 **주님**을 모르는 자들은 스스로 파놓
은 구덩이에 빠지고, 그들이 숨겨
둔 그물에 자신의 발이 걸리겠죠.
16 **주님**은 자신이 실행하는 재판으로
인해 알려지고, 악한은 자신의 손
으로 만든 덫에 걸리지요. [히개연
악기 연주로 잠시 멈춤]
17 악한은 지옥으로 되돌아가고, **주님**
을 잊은 민족도 모두 그럴 겁니다.
18 가난한 자가 늘 잊히지 않고, 빈자
의 기대감이 계속 무시되지 않을
거예요.
19 오 **주님**, 일어나세요. 인간이 승리
하지 못하게 하고, 이민족이 당신
이 보는 앞에서 재판을 받게 해주
세요.
20 오 **주님**, 그들에게 두려움을 두어,
그 민족에게 결국 사람에 불과하
다는 점을 스스로 깨닫게 해주세
요. 셀라잠시 멈춤

왜 멀리 있죠

10 오 **주님**, 왜 당신은 멀리 떨어
져 서 있죠? 이 어려운 시절
에 어째서 자신을 숨기나요?
2 오만한 악한이 약자를 억압하고
있어요. 그들이 기획한 계략에 스
스로 걸려들게 해주세요.
3 그 이유는 악한이 자신들의 욕구
를 멋대로 뽐내고, **주님**이 싫어하
는 탐욕을 축하하기 때문이에요.
4 악한은 자기 얼굴에 거만한 모습
을 띄우며, **하나님**을 따르지 않고
있으니, **하나님**은 저들 생각의 범
위 밖에 있어요.
5 저들이 걸어가는 길은 언제나 암
울하고, 당신의 평가는 저들 눈에
보이지 않는 높은 곳에 멀리 떨어
져 있으니, 저들에게 상대방이란
한방에 불어 날릴 거품 감이죠.
6 악한이 마음 속으로 말해요. "나는
꼼짝하지 않겠다. 왜냐하면 나는
결코 불운에 빠지지 않을 테니까"
라고요.
7 그의 입은 저주와 속임과 사기로
가득차고, 그의 혀 밑에는 비행과
허세만 있어요.
8 그는 마을의 은신처에 앉아, 남몰
래 죄없는 사람을 죽이려고, 슬며
시 힘없는 자에게 눈독을 들여요.
9 그는 사자처럼 자신의 굴 안에서
남몰래 웅크리며, 힘없는 자를 잡
으려고 숨어 기다리다, 자신의 함
정에 들어온 약자를 붙잡아요.
10 약자는 몸을 숙이고 자세를 낮춰
도, 힘센자에게 쓰러지고 말죠.
11 약자는 마음 속으로 말해요. "**하나**
님은 우리를 잊었다. 그는 자신의
얼굴을 가리고, 전혀 이 상황을 보
려 하지 않는다" 라고.
12 오 **주님**, 일어나세요. **하나님**, 당신
의 손을 들어서, 이 초라한 자를 잊
지 말아주세요.
13 어떻게 악한이 **하나님**을 무시하
죠? 그는 마음 속으로, "주는 악행
에 대가를 요구하지 않는다" 라고
말해요.
14 당신은 이 모든 것을 보았어요. 당
신은 비행과 앙심을 지켜보다가,
당신의 손으로 그에 대한 대가를
요구하려는 것이겠죠. 힘없는 자
는 자신을 당신에게 맡겨요. 당신
은 아버지 없는 자의 구원자이니
까요.
15 이제 당신이 악한과 악인의 팔을
부러뜨리며, 더 이상 찾지 못할 때
까지 그의 부도덕성을 낱낱이 찾
아주세요.
16 **주님**은 영원한 왕이므로, **주님**을 모
르는 자는 당신의 땅에서 소멸되
겠지요.
17 **주님**, 당신은 약자의 소원을 들었
어요. 당신은 힘없는 자의 마음을
듣기 위해 귀를 기울일 준비를 하
고,
18 아버지 없이 억압받는 자를 판단
하면, 땅위에 있는 사람은 더 이상

그들을 억압하지 못하겠지요.

신성한 성전 안에

수석음악사가 전하는 대이빋왕의 시가기도

11 내가 나의 믿음을 **주님** 안에
두는데, 어떻게 너희가 내 영
혼에게 새처럼 너의 산으로 도망
치라 말할까?
2 보라, 악한이 활시위를 당기며 시
위에서 화살 쏠 준비를 하기 때문
에, 그들은 아무도 모르는 사이, 올
바른 자의 마음을 쏘아 맞출 수 있
을 것이다.
3 근본이 무너지면, 정직한 자가 무
엇을 할 수 있을까?
4 **주님**은 그의 신성한 성전 안에 있
고, **주님**의 왕좌는 하늘에 있다. 그
의 눈이 살피고, 그의 눈꺼풀이 사
람의 자손을 시험한다.
5 **주님**은 정직한 자를 시험하지만,
악한과 폭력을 사랑하는 자의 영
혼은 싫어한다.
6 그는 악한 위에 올무와 불과 유황
과 무서운 폭풍우를 비같이 쏟아
붓는데, 그들이 받을 분량은 악행
만큼이다.
7 정의로운 **주님**은 정직을 사랑하기
때문에, 그의 얼굴은 올바른 자를
바라본다.

순수한 말

쉬미니쓰 하프를 연주하는 수석음악사가
전하는 대이빋왕의 시가기도

12 **주님**, 도와주세요. **주님**을 따
르는 자가 죽어가고 있어요.
왜냐하면 인간의 자손 가운데 믿
음이 사라지고 있기 때문이에요.
2 그들은 이웃 모두에게 거짓 이야
기를 하며, 입술은 아첨하고, 마음
은 이중으로 말해요.
3 **주님**은 듣기 좋은 말만 하는 입술
을 도려내고, 자랑만 늘어놓는 혀
를 자르겠죠.
4 누구는 이렇게, "우리는 혀로 이기
고, 입술은 우리 것인데, 누가 우리
를 지배하는 주인이냐?"고 말해요.
5 "약자를 억압하는 자와, 빈자를 한
숨짓게 하는 자 때문에, 이제 내가
일어나겠다" 고 **주님**이 말했죠. 나
는 약자에게 코웃음을 치는 자로
부터 사람들을 안전한 곳에 두겠
어요.
6 **주님**의 말은 순수해서, 마치 흙화
로 속에서 일곱 번이나 제련되는
순도 높은 은과 같아요.
7 오 **주님**, 당신은 그들을 지키며, 이
세대로부터 영원히 그들을 보호해
주겠죠.
8 무례한 자가 우쭐대면, 악한이 도
처에서 설칠 거예요.

잊지 말아주세요
수석음악사가 전하는 대이빋왕의 시가기도

13 오 **주님**, 당신은 얼마나 오래
나를 잊을 건가요? 영원히?
얼마나 오랫동안 내게 당신 얼굴
을 숨길 겁니까?
2 내가 얼마나 길게 나의 영혼의 훈
계를 받으며, 매일 가슴에 슬픔을
간직해야 할까요? 언제까지 나의
적이 나를 지배하며 우쭐대야 할
까요?
3 오 나의 **주 하나님**, 나를 생각하며
기도를 들어주세요. 나의 눈을 밝
혀서, 내가 죽음의 잠을 자지 않게
해주세요.
4 나의 적이, 나와 싸워 자신이 이겼
다는 말을 하지 못하게 하고, 나를
괴롭히는 저들이 내 마음의 흔들
림을 보고, 즐거워하지 않게 해주
세요.
5 그러면 나는 당신의 사랑에 의지
하면서, 당신의 구원 안에서 내 마
음이 기뻐하겠죠.
6 나는 **주님**을 노래합니다. 왜냐하면
당신은 내게 아낌없이 관대하니까
요.

정직한 사람과 함께
수석음악사가 전하는 대이빋왕의 시가기도

14 어리석은 자는 속으로 이렇
게 말한다. "**하나님**은 없다.
사람은 다 썩고, 혐오스러운 일만
하며, 아무도 선을 실천하는 자가
없다" 라고.
2 **주님**은 하늘에서 인간의 자손을 내
려다보며, 혹시 슬기로운 자가 있
어, **하나님**을 찾는 사람이 있는지
알고자 한다.
3 사람은 옆길로 벗어나 모두 부도
덕하고, 좋은 일을 하는 사람이 단
하나도 없다.
4 죄를 짓는 자는 지혜가 없는 것일
까? 저들이 빵을 먹듯 나의 백성을
삼켜 파멸시키고, **하나님**도 찾지
않는다.
5 저들은 큰 두려움 속에 빠져버렸
다. 왜냐하면 **하나님**은 정직한 사
람과 함께 있기 때문이다.
6 너희가 약자의 계획을 묵살해도,
하나님이 그의 피난처가 되는 까닭
이다.
7 아, 이즈리얼의 구원은 자이언에
서 나온다! **주님**이 포로가 된 자신
의 백성을 데려올 때, 그때 재이컵
이 기뻐하고, 이즈리얼이 즐거워
할 것이다.

신성한 언덕에 사는 조건
대이빋왕의 시가기도

15 **주님**, 당신의 천막에서 살 자
는 누구죠? 누가 당신의 신성
한 언덕에 살아야 할까요?
2 올바른 길을 걷고, 정직하게 일하

며, 마음 속 진실을 말하는 사람이
지요.
3 자신의 혀로 험담하지 않고, 이웃
에 해를 끼치지 않으며, 자기 주변
을 비난하지 않는 사람이에요.
4 이들의 눈은 나쁜 사람을 무시하
고, 대신 **주님**을 두려워하는 사람
을 존중하며, 자신이 피해를 봐도
맹세하며 변하지 않아요.
5 자기 돈을 고리高利로 빌려주지 않
고, 죄가 없는 순수한 자에게 보상
받지 않아요. 이런 일을 하는 사람
은 절대 흔들리지 않지요.

선행이 즐겁다

대이빋왕의 밐탬 시가기도

16 오 **하나님**, 나를 구해주세요.
내가 나의 믿음을 당신에게
두고 의지하고 있으니까요.
2 나의 영혼아, 너는 **주님**에게 이렇
게 말했지. "당신은 나의 **주님**이고,
나의 선행은 당신에게 미치지 못
하지만,
3 지구의 성현과 훌륭한 사람들과
비교도 안 되지만, 나는 선행이 즐
겁다" 라고.
4 다른 신을 따르는 자의 고뇌는 대
단히 크겠죠. 나는 저들이 하는 피
의 음료제물은 올리지 않고, 그들
의 이름조차 내 입술에 담지 않겠
어요.
5 **주님**은 내가 상속받아 내가 선택한
지분이고, 당신은 나의 제비뽑기
몫을 지켜주지요.
6 경계선은 내게 적합한 장소에 그
어졌는데, 그래요, 나는 꽤 괜찮은
유산을 받았어요.
7 나는 **주님**에게 감사하면서, 그가
내게 지혜를 주었다고, 밤마다 내
마음 속 나에게 가르치고 있어요.
8 나는 늘 **주님**을 내 앞에 앞세우는
데, 그 이유는, 당신이 나의 오른손
에 있어서, 내 마음이 동요하지 않
기 때문이에요.
9 그래서 나의 마음은 즐겁고, 나의
영광이 기뻐서, 나의 신체조차 희
망 속에 편안해요.
10 이는 당신이 나의 영혼을 지옥에
남겨두지 않기 때문이고, 유일하
고 신성한 존재가 부정을 보고 가
만히 있지 않기 때문이지요.
11 당신이 내게 인생의 길을 보여주
기 때문에, 당신 앞에서는 기쁨이
가득차고, 당신의 오른손이 있는
곳에 끊임없는 즐거움이 이어지지
요.

거짓이 없도록 지켜주세요

대이빋왕의 시가기도

17 오 **주님**, 이것이 올바른 지 들
어주고, 나의 외침을 살피며,
내 기도에 귀를 기울여, 입술에서
거짓이 나오지 않게 해주세요.
2 나의 해명이 당신 앞에서 이루어

지게 하고, 당신 눈으로 그것이 공
평한지 지켜봐주세요.
3 당신은 내 마음을 시험했고, 밤에
도 찾아와 나를 심문했지만, 아무
것도 찾지 못할 거예요. 나의 입이
죄를 짓지 않겠다고 결심하니까
요.
4 당신의 입술로 말한 인간의 행동
대로, 나는 파괴자가 가는 길에 빠
지지 않도록 자신을 지켰어요.
5 내가 당신이 원하는 길로 가도록
붙잡아, 나의 발걸음이 미끄러지
지 않게 해주세요.
6 내가 당신을 부르고 있어요. 오 **하
나님**, 당신이 내 말을 듣고, 귀를 기
울이며, 내가 하는 말을 들어주세
요.
7 당신의 경이로운 사랑을 보여주세
요. 오, 당신은 자신에게 의지하는
사람을 공격하는 적으로부터 당신
의 오른손으로 구해냈어요.
8 나를 눈동자처럼 보호하고, 당신
의 날개 그늘 아래 숨기며,
9 나를 억압하는 악한과, 주위를 둘
러싸 죽이려는 적으로부터 나를
지켜주세요.
10 그들은 자신의 기름기에 잠겨, 그
들 입으로 거만하게 말해요.
11 이제 그들은 가는 곳마다 우리를
포위해, 땅 아래 굴복시키려고 눈
을 치켜 뜨는데,
12 먹이를 향해 달려드는 굶주린 사
자와 같고, 몰래 도사리는 젊은 사
자와도 같아요.
13 오 **주님**, 일어나서, 적을 실망시키
고, 바닥에 내던지며, 내 영혼을 악
한으로부터 당신의 칼로 구해주세
요.
14 그런 무리로부터 나를 당신의 손
으로 구해주세요. 오 **주님**, 나의 생
명으로 그들의 대가를 받으려는
세상 사람한테서 나를 구해주세
요. 그들은 당신이 숨긴 재물로 배
를 가득 채우면서 자식을 많이 낳
고, 또 그들의 재물 나머지를 자식
에게 남겨줍니다.
15 나는 정의 속에서 당신의 얼굴을
바라봐요. 당신을 비슷하게 따르
면, 비로소 나는 만족하게 되지요.

바위와 요새

수석음악사가 전하는 주님의 종
대이빋왕의 시가기도. 그는 주님이 적과
솔왕의 손에서 자신을 구하던 날,
주님에게 이 이야기를 노래했다.

18 오 **주님**, 나의 힘 당신을 사랑
해요.
2 **주님**은 나의 바위, 나의 요새, 나의
구원이죠. 나의 힘, 나의 **하나님**에
게 내가 의지해요. 당신은 나의 방
패이자, 구원의 뿔이자, 높은 탑이
지요.
3 당연히 칭찬받아야 마땅한 **주님**을
내가 부르면, 나는 나의 적으로부
터 구제받을 수 있어요.

4 죽음의 슬픔이 내 주위를 감도는
가운데, **주님**을 모르는 자들이 홍
수처럼 몰려와, 나를 두렵게 했어
요.
5 지옥의 비애가 나를 둘러싸고, 죽
음의 올가미가 나를 엮었어요.
6 이런 고통 속에서 **주님**을 부르며,
나의 **하나님**에게 외쳤더니, 그는
자신의 성전에서 내 목소리를 들
었고, 나의 호소는 그의 귀까지 전
해졌지요.
7 그러자 땅이 요동쳐 진동하고, 언
덕의 기초마저 흔들리며 움직였는
데, 이는 그가 화가 났기 때문이었
어요.
8 그의 코끝에서는 연기가, 입에서
는 불이 나와 삼켜버리자, 숯에 불
이 붙었죠.
9 그가 하늘 위에서 굽어보다가 아
래로 내려왔는데, 그의 발 아래는
어둠이 깔려 있었어요.
10 그는 날으는 체럽천사에 올라타더
니, 그래요, 바람의 날개 위에서 날
았어요.
11 그는 자신의 은신처를 어둡게 만
들고, 그의 별채 주위에는 검은 물
과 하늘의 짙은 먹구름을 두었어
요.
12 그는 눈앞의 밝은 빛 속에서 우박
덩이와 불덩이를 자신의 먹구름
사이로 보냈죠.
13 **주님**은 하늘에서 천둥을 일으키며
강도 높은 자신의 굉음과 함께, 우
박과 불덩이를 쏟아 냈어요.
14 맞아요, 그는 자신의 화살을 사방
으로 날리고, 번개를 치자, 모두가
혼란 속에 빠졌죠.
15 그러자 물의 수로가 드러나고, 세
상의 바닥이 보였는데, 그것은 오
주님, 당신의 책망 가운데 당신의
코끝 숨결 한방에 그렇게 되었어
요.
16 당신은 위로부터 사자를 보내어,
나를 물 속에서 잡아 끌어냈죠.
17 그러면서 강한 적으로부터, 또 나
를 미워하는 자로부터 나를 구했
는데, 저들은 내게 너무나 강적이
었어요.
18 저들은 나의 불행한 시절에 나를
꼼짝 못하게 막았지만, **주님**이 내
게 있어 주었지요.
19 당신은 나를 넓은 장소로 데려갔
는데, 당신이 기꺼이 나를 구하겠
다고 생각했기 때문이었죠.
20 **주님**은 나의 정의에 대해, 내 손의
깨끗함에 대하여, 내게 보상해주
었어요.
21 이는 내가 **주님**의 길을 지키고, 나
의 **하나님**을 벗어나는 나쁜 행동을
하지 않았기 때문이에요.
22 그의 모든 판단기준을 내 앞에 두
면서, 내가 그의 규정을 외면하지
않았기 때문이지요.
23 나는 또 당신 앞에서 정직했고, 스
스로 잘못하지 않도록 자제했어
요.

24 그래서 **주님**은 나의 정의심과, 그
의 시각으로 보는 내 손의 청결도
에 따라, 내게 보상해준 거예요.
25 당신은 정직한 자에게 자신의 사
랑을 보이고, 올바른 자에게 당신
의 올바른 모습을 보여주겠지요.
26 순수한 자에게 자신의 순수함을
보이고, 심술궂은 자에게는 당신
의 심술을 보여주게 될 겁니다.
27 이는 **주님**이 고통받는 자를 구해주
지만, 오만한 자는 끌어내리기 때
문이에요.
28 당신은 나의 촛불을 밝혀주고, 나
의 **주 하나님**은 나의 어둠을 밝혀줄
겁니다.
29 당신이 곁에 있어, 내가 군대를 향
해 돌진하고, 나의 **하나님**이 있기
에, 높은 벽을 뛰어넘어요.
30 **하나님**으로 말하자면, 그의 길은
완벽하고, **주님**의 말은 시험되었으
므로, 그는 자신을 믿고 의지하는
자 모두의 방패가 되어주지요.
31 **주님** 이외 대체 누가 **하나님**이지?
아니면 우리 **하나님** 이외 누가 굳
건한 바위일까?
32 내 허리를 힘으로 매어주고, 나의
길을 완전하게 만들어주는 존재는
하나님이죠.
33 당신은 나의 발걸음을 암사슴처럼
만들어주고, 나를 높은 직위로 올
려주었어요.
34 당신은 내 손이 전쟁할 수 있도록
가르쳐 주어서, 철화살조차 내 팔
에서 부러집니다.
35 당신은 또 내게 구원의 방패를 주
었고, 당신의 오른손은 나를 붙잡
아주었으며, 당신의 관대함이 나
를 위대하게 만들었어요.
36 당신은 내 발걸음의 폭을 크게 하
여, 나의 발이 실족하지 않도록 해
주었죠.
37 나는 내 적을 추격하고 따라잡으
며, 그들이 소멸할 때까지 돌아서
지도 않았어요.
38 내가 그들에게 상처를 주어, 일어
서지 못하게 만들자, 내 발 밑에서
쓰러져버렸죠.
39 이는 당신이 내 허리를 단단히 묶
어 힘을 주며 싸움에 나가게 해주
었고, 나를 공격하려고 들고일어
난 저들을 내 밑에 굴복시켰기 때
문이에요.
40 당신은 내게 적의 목까지 내어주
어서, 나는 나를 미워하는 저들을
파멸시킬 수 있었죠.
41 그들이 소리쳐도, 그들을 구할 자
는 아무도 없었고, **주님**에게 외쳤
지만 당신은 그들에게 대답하지
않았어요.
42 그때 나는 저들을 쳐서 바람 앞의
먼지처럼 하찮게 만들어, 길거리
흙먼지와 같이 내던져버렸지요.
43 당신은 사람의 괴롭힘 속에서 나
를 구하여, **주님**을 모르는 이민족
의 우두머리로 삼아주었는데, 그
러자 내가 알지 못하는 사람들이

나를 섬기게 되었어요.
44 그들이 내 말을 듣자 마자, 나를 따
르고, 이민족도 스스로 내게 굴복
하게 되었죠.
45 이민족은 몸을 숨기고, 그들의 근
처지역 출신도 두려워했어요.
46 **주님**이 살아있으면서, 나의 바위가
되어준 그에게 감사하며, 나의 구
원의 **하나님**을 높이 받들어 모시겠
어요.
47 나의 원수를 갚아주고, 내 아래 백
성을 굴복시키는 존재도 **하나님**이
에요.
48 당신은 나의 적한테서 나를 구해
주었고, 나를 치려고 일어난 자들
위로 나를 들어올렸어요. 당신은
폭력적인 사람한테서 나를 구해주
었어요.
49 그래서 나는 오 **주님**, 당신에게 감
사하며 이민족 가운데에서 당신의
이름으로 찬양의 노래를 불러요.
50 **주님**은 자신의 왕에게 위대한 구원
을 주며, 대이빋과 앞으로 오는 영
원한 후손에게도 기름을 바르며
자비를 보이겠지요.

완전한 법

수석음악사가 전하는 대이빋왕의 시가기도

19 하늘이 **하나님**의 영광을 선
포하고, 창공이 그 손의 업적
을 보여주고 있어요.
2 낮은 낮에게 말하고, 밤은 밤에게
그 지식을 알리죠.
3 말도 없고 언어도 없어서, 그곳에
서는 그들의 목소리가 들리지 않
아요.
4 그들의 말은 지구 곳곳으로 뻗고,
그들의 말은 세상 끝까지 전해지
고 있어요. 그 가운데 그가 태양을
위한 천막을 세웠더니,
5 태양은 제 방에서 나오는 신랑같
이, 경주를 달리는 강한 남자처럼
즐거워하지요.
6 태양의 행적은 하늘 끝에서 떠올
라, 하늘의 다른 끝으로 궤도를 도
는데, 그의 열기를 피할 수 있는 것
은 아무것도 없어요.
7 **주님**의 법은 완전하여 사람의 영혼
을 바꾸고, **주님**의 증거는 확실하
여 단순한 자가 슬기로워집니다.
8 **주님**의 규정은 옳아서 마음을 기쁘
게 하고, **주님**의 명령은 순수하여
눈을 뜨도록 밝혀줘요.
9 **주님**의 두려움은 깨끗하여 영원히
이어지고, **주님**의 판단은 모두 진
실과 정의이지요.
10 **주님**의 법은 금 이상이고, 순금보
다 훨씬 더 사람이 바라는 것이 되
며, 꿀과 벌집보다 더욱 달콤하지
요.
11 **주님**의 법에 따라 당신의 종은 경
고 받지만, 그것을 지키면 더 큰 보
상이 오지요.
12 누가 자신의 실수를 깨달을 수 있
을까요? 내가 모르는 잘못을 당신

이 씻어주세요.
13 당신의 종 역시 뻔뻔한 죄를 짓지
않게 붙잡아주고, 잘못이 나를 지
배하지 못하게 해주면, 나는 바로
일어나, 큰 잘못에서 벗어날 수 있
어요.
14 나의 입에서 나오는 말과, 내 마음
의 명상이, 당신 눈 앞에서 받아들
여지게 해주세요. 나의 힘, 나의 구
원, 오 **주님**.

믿음

수석음악사가 전하는 대이빋왕의 시가기도

20 **주님**은 어려울 때 대이빋 네
말을 들어주고, 재이컵의 **하
나님** 이름으로 너를 보호해주고,
2 안식처로 네게 도움을 주고, 자이
언에서 너를 강하게 만들고,
3 네가 올리는 모든 제물을 기억하
며, 불로 구은 너의 희생제물도 받
아들인다. 셀라잠시멈춤
4 네 마음이 하고자 하는 바를 네가
하도록 허락해주고, 너의 계획을
모두 이루게 해준다.
5 우리가 당신의 구원 안에서 즐거
워하며, **하나님**의 이름으로 우리의
깃발을 세우면, **주님**은 너의 청원
을 이루어 준다.
6 이제 나는 **주님**이 기름을 바른 자
를 구한다는 것을 알게 되었다. 그
는 신성한 하늘에서 힘센 구원의
오른손을 들고 그 자의 기도를 들
을 것이다.
7 어떤 사람은 전차를 믿고, 어떤 이
는 말을 믿지만, 우리는 우리의 **주
하나님**의 이름을 기억한다.
8 그들이 쓰러지면 일어나지 못하지
만, 우리는 다시 일어나 똑바로 선
다.
9 **주님**, 구해 주세요. 우리가 호소하
면, 그 왕이 우리의 소리를 듣게 해
주세요.

대이빋왕의 기쁨

수석음악사가 전하는 대이빋왕의 시가기도

21 그 왕은 당신의 힘에 즐거워
할 겁니다. 오 **주님**, 당신의
구원이 얼마나 위대하면, 그가 기
뻐할까요!
2 **주님**, 당신은 그가 마음에 바라는
모든 소망을 다 들어주고, 그 입술
에서 나오는 요청을 거절하지 않
았어요. 셀라잠시멈춤
3 당신은 행운의 축복으로 왕을 보
호하면서, 그의 머리에 순금 크라
운관을 얹어주었어요.
4 그가 당신에게 생명을 요구하자,
당신은 그것을 주며, 심지어 오랫
동안 살 수명까지 주었죠.
5 왕의 영광은 당신의 구원 안에서
위대한데, 게다가 당신은 왕에게
명예와 위엄까지 얹어 주었죠.
6 당신은 누구보다 그에게 최고의
복을 주며, 당신 앞에서 그를 기쁨

이 넘치게 만들어 주었어요.
7 왕은 당신에게 의지하기 때문에,
가장 높은 사랑을 받아, 마음의 동
요가 전혀 없어요.
8 당신의 손이 당신의 적을 찾아내
는 가운데, 오른손은 당신을 싫어
하는 자를 찾아내겠죠.
9 당신이 화가 나면, 저들을 이글거
리는 화덕처럼 만들어버리고, 당
신의 분노 속에 저들을 삼켜, 화염
이 먹어치우게 만들겠지요.
10 당신은 저들의 열매를 땅에서 파
멸시키고, 인간의 자손 가운데 나
온 후손도 사멸시키겠죠.
11 왜냐하면 저들은 당신을 위반하는
잘못을 저지를 의도로, 좋지 못한
계획을 품었는데, 그것은 저들이
성공시킬 수 없는 일이죠.
12 그래서 당신이 저들의 얼굴을 향
해 화살 시위를 당기려 할 때, 그들
은 등을 돌려 도망치게 될 거예요.
13 자신의 힘으로 자신을 높인 오 **주**
님, 그래서 우리는 노래하며 당신
의 힘을 찬양하지요.

영원한 자랑

수석음악사가 애이절레쓰 샤하 형식으로
전하는 대이빋왕의 시가기도

22 **하나님**, 나의 **하나님**, 어째서
당신은 나를 외면하나요?
왜 당신은 나의 도움요청과 호소
에서 그렇게 먼 가요?
2 오 나의 **하나님**, 나는 낮에도 외치
고, 당신이 듣지 않는 밤에도 조용
히 있지 않아요.
3 하지만 신성한 당신은, 이즈리얼
의 살아 있는 자랑이에요.
4 우리 조상은 당신을 믿으며 의지
했고, 당신은 그들을 구해냈어요.
5 그들이 당신에게 외쳐, 구원을 받
았고, 그들이 당신을 믿자, 혼란이
없어졌어요.
6 그러나 나는 인간도 아닌 벌레와
다름없고, 그들의 비난거리로, 남
에게 무시를 당해요.
7 모두가 나를 비웃고 경멸하고, 입
술을 삐죽거리고, 머리를 흔들며
하는 말이,
8 '저 자는 **주님**이 자신을 구원할 거
라고 믿는다. 그래서 **주님**한테 구
원받고, 기뻐할 것으로 안다' 라며
조롱하네요.
9 그러나 당신은 나를 자궁에서 꺼
내 주었고, 어머니 가슴에 안겨 있
을 때, 내게 희망을 심어 주었어요.
10 내가 자궁에서 나온 뒤 당신한테
맡겨졌는데, 당신은 어머니 배속
에서부터 나의 **하나님**이에요.
11 그러니 나한테서 멀어지지 말아주
세요. 고통이 가까이 있는데, 도와
줄 이가 아무도 없으니까요.
12 많은 황소가 나를 에워싸고, 배이
샨 땅의 힘센 수소가 내 주위를 포
위했어요.
13 그들은 마치 잡아먹을 듯 으르렁

거리는 사자처럼 내게 입을 크게
벌렸어요.
14 그러니 나는 쏟아진 물처럼, 내 뼈
가 관절에서 빠져나오고, 내 심장
은 밀납처럼 내장 안에서 녹아버
렸지요.
15 그리고 내 힘은 질그릇 파편처럼
조각나 사라졌고, 내 혀가 턱에 붙
어버리자, 당신은 나를 죽음의 재
속으로 끌고 갔지요.
16 개들이 나를 둘러쌌고, 악의 무리
가 내게 접근하여, 내 손발을 찢어
요.
17 내 뼈가 헤아릴 정도로 드러나니,
남들이 나를 고소한 듯 바라보네
요.
18 그들은 내 옷을 찢어, 제비 뽑기를
하고요.
19 하지만 오 **하나님**, 당신은 나한테
서 멀어지지 말아주세요. 나의 힘,
당신은 서둘러 나를 도와주세요.
20 칼로부터 나의 영혼을 구하고, 무
서운 개들로부터 나의 생명을 구
해주세요.
21 나의 외침소리를 듣고, 사자의 입
과 외뿔소 유니콘의 뿔로부터 나
를 구해주세요.
22 나는 형제에게 당신의 이름을 전
하고, 백성 대중에게 당신을 널리
자랑하겠어요.
23 **주님**을 경외하는 너희는 그를 칭송
하고, 재이컵의 자손 모두는 그를
찬미하며, 이즈리얼 자손은 그를
두려워해라.
24 왜냐하면 그는 억압받는 자의 고
통을 경시하거나 꺼리지 않고, 그
들을 외면하지도 않으며, 그에게
외치면 들어주기 때문이다.
25 대중 앞에서 내가 하는 칭송은 **주**
님한테서 나오기 때문에, **주님**을
경외하는 사람 앞에서 내가 맹세
한다.
26 허기진 자가 먹으면 만족하듯, **주**
님을 찾는 자가 그를 자랑하면, 그
는 영원히 너희 마음 안에서 살아
있을 것이다.
27 세상 곳곳의 모두가 **주님**을 기억하
며 되돌아오고, 모든 민족의 형제
자매가 **주님** 앞에서 머리 숙여 경
배하게 될 것이다.
28 왕국이 바로 **주님**의 것이므로, **주님**
이 모든 나라를 지배하는 통치자
다.
29 지구 위에서 성장하는 모두는 먹
으며 **주님**을 경배하고, 흙먼지 속
으로 들어가는 모두는 그 앞에 머
리를 숙이지만, 자신의 영혼을 영
원히 살릴 수 있는 자는 아무도 없
다.
30 후손도 그를 섬기며, 후세마다 대
대손손 **주님**의 이야기를 하게 될
것이다.
31 세상으로 나오게 될 자 역시 앞으
로 태어날 사람에게 그의 정의를
이야기할 것이다. '그가 이 일을 했
다'고.

나의 목자

대이빋왕의 시가기도

23 **주님**은 나의 목자이므로, 나
는 부족한 것이 없다.
2 그는 나를 푸른 초원에 눕히기도
하고, 조용한 물가로 데려가기도
한다.
3 그는 내 영혼을 일깨워, 그의 이름
을 따르는 바른 길로 나를 이끈다.
4 그렇다. 내가 죽음의 그림자 계곡
을 걷는다 하더라도, 당신이 나와
함께 있으면, 악이 두렵지 않다. 당
신의 막대와 지팡이가 나의 위안
이다.
5 당신은 적이 보는 가운데 내 앞에
식탁을 마련하여, 내 머리에 기름
을 바르고, 내 술잔을 가득 채운다.
6 분명한 선과 사랑이 내 일생을 따
르도록 부여받았으므로, 나는 영
원히 **주님**의 성전에서 살 것이다.

위대한 영광의 왕

대이빋왕의 시가기도

24 땅은 **주님**의 것이고, 그 안
의 모든 것도 그렇다. 세상과
그 안에 사는 모든 것도 **주님**의 것
이다.
2 왜냐하면 그가 바다 위에 땅을 세
우고, 물 위에 땅을 구축했기 때문
이다.
3 **주님**의 언덕에 오르는 자는 누구인
가? 아니면 누가 그의 신성한 장소
에 설 수 있을까?
4 그자는 깨끗한 손과 맑은 가슴을
가졌고, 자기 영혼을 헛되이 버리
지도 않고, 거짓 선서도 하지 않는
다.
5 그자는 **주님**의 축복을 받으며, 구
원의 **하나님**한테서 정의를 부여받
게 된다.
6 그자는 **주님**을 찾던 재이컵의 **하나
님**과 얼굴을 마주하던 세대의 부류
다. 셀라잠시멈춤
7 너희 머리를 들고 모든 문을 열어
라. 너희가 영원의 문을 들어올려
라. 위대한 영광의 왕이 들어오게
될 것이다.
8 위대한 영광의 왕은 누군가? 그는
힘세고 강한 **주님**이고, **주님**의 힘이
전쟁에도 있다.
9 너희 머리를 들고 모든 문을 열어
라. 심지어 저들도 영원의 문을 들
어올려라. 위대한 영광의 왕이 들
어올 것이다.
10 위대한 영광의 왕은 누군가? 그는
만인의 **주님**이고, 바로 위대한 영
광의 왕이다. 셀라잠시멈춤

길을 가르쳐주세요

대이빋왕의 시가기도

25 오 **주님**, 당신에게 내 영혼을
의지하고 있어요.
2 나의 **하나님**, 나는 당신을 믿어요.

나를 부끄럽지 않게 하고, 내 적이
나를 이기지 못하게 해주세요.
3 맞아요, **주님**에게 기대는 자는 누
구도 수치를 당하지 않게 하고, 그
들이 이유 없는 죄로 모욕을 당하
지 않게 해주세요.
4 오 **주님**, 내게 당신의 길을 보여주
고, 당신의 길을 가르쳐주세요.
5 당신의 진리로 나를 이끌어주세
요. 왜나하면 당신은 나를 구해주
는 **하나님**이기 때문이지요. 나는
매일 당신에게 기댑니다.
6 오 **주님**, 당신의 관대한 자비와 사
랑을 기억해주세요. 왜나하면 오
래 전부터 그렇게 해왔으니까요.
7 나의 어리석음으로 인한 죄나 위
반은 기억하지 말고, 오 **주님**, 자신
의 선의에 따른 당신의 자비만큼
나를 기억해주세요.
8 선과 정의가 바로 **주님**이므로, 당
신은 죄를 지은 자가 가야 할 길을
가르쳐줄 수 있어요.
9 마음이 여린 자는 **주님**의 판단으로
이끌며, 그에게 당신의 길을 가르
쳐 주겠지요.
10 모든 **주님**의 길이란, 당신의 약속
과 증거를 지키는데 따르는 사랑
과 진실이에요.
11 당신의 이름을 위하여, 오 **주님**, 나
의 잘못을 용서해주세요. 그 이름
은 위대하니까요.
12 **주님**을 경외하는 자는 어떤 사람이
죠? 당신이 고른 길을 그에게 가르
쳐 주겠지요.
13 그러면 그의 영혼은 편안해지고,
그의 후손은 이 땅의 유산을 받을
수 있을 거예요.
14 **주님**의 비밀은 당신을 두려워하는
사람과 함께 있으면서, 그들에게
당신의 약속을 보여주는 것이죠.
15 나의 눈은 언제나 **주님**을 향하는
데, 그 이유는 망에 걸린 나의 발을
당신이 빼내줄 것을 내가 알기 때
문이에요.
16 나에게 돌아와, 내게 관대함을 베
풀어주세요. 나는 지금 외롭고 괴
로우니까요.
17 내 마음의 괴로움이 너무 크니, 당
신이 나를 이 고통에서 건져주세
요.
18 나의 고통과 아픔을 바라보고, 모
든 나의 잘못을 용서해주세요.
19 내 적을 생각하면, 수가 많은 그들
이 무자비한 증오로 나를 미워해
요.
20 나의 영혼을 지키고 구해서, 내가
무시당하지 않게 해주세요. 내가
당신에게 의지하고 있으니까요.
21 진실과 올바름이 나를 보호하게
해주세요. 내가 당신에게 바라니
까요.
22 오 **하나님**, 이즈리얼을 괴로움에서
구해주세요.

조사와 증명을 해보세요

대이빋 시가기도

26 오 **주님**, 나를 판단해주세요.
나는 성실하게 인생길을 걸
어오면서, **주님**을 믿고 의지해왔어
요. 그러니 내가 발을 헛디디지 않
게 해주세요.
2 **주님**, 나를 진단하고, 판명하고, 나
의 내장과 가슴을 조사해주세요.
3 당신의 관대한 사랑이 늘 내 앞에
있었기 때문에, 나는 당신의 진리
에 의지하며 살아왔어요.
4 나는 자만하는 자와 같이 앉은 적
이 없고, 앞으로도 본심을 숨기는
자와 협력하지 않았어요.
5 나는 잘못을 저지르는 집단을 싫
어했고, 또 악한과 마주 앉지도 않
았어요.
6 나는 손을 깨끗하게 씻은 다음, 당
신의 제단 가까이 오르겠어요.
7 그리고 내가 감사의 목소리로, 당
신의 놀라운 업적을 모두 이야기
할 수 있을 거예요.
8 **주님**, 나는 당신이 사는 집을 사랑
했고, 또 당신의 영광이 살아있는
그 장소를 사랑하고 있어요.
9 나의 정신이 죄인과 섞이지 않게
하고, 나의 인생이 잔인한 사람과
같이 하지 않게 해주세요.
10 그들의 양손에는 비행이 있고, 그
들의 오른손에는 뇌물이 가득해
요.
11 하지만 나는 성실하게 인생길을
걸어 갈 터이니, 나를 구원하고 사
랑을 베풀어 주세요.
12 내 발을 많은 대중이 있는 평편한
장소에 세우고, **주님**에게 감사하겠
어요.

빛과 구원을 기다리자

대이빋왕의 시가기도

27 **주님**이 나의 빛이고 구원인
데, 내가 누구를 두려워할까
요?
주님이 나의 생명의 근원인데, 내
가 누구한테 겁이 나겠어요?
2 악한과, 나의 적과, 나의 원수까지
나를 집어삼키려고 와도, 그들은
비틀거리다 쓰러지지요.
3 군대가 나를 포위해도, 내 마음은
두렵지 않고, 비록 내게 전쟁이 일
어난다 해도, 자신이 있어요.
4 내가 **주님**에게 바라는 한 가지가
있다면, 그것은 **주님**을 따르는 일
이에요. 그러면 나는 일생동안 **주
님** 집에 살면서, 당신의 아름다움
을 바라보며, 당신의 성전에서 **주
님**에게 물어볼 수 있을 거예요.
5 내가 어려울 때 당신은 자신의 사
원에 나를 숨겨주고, 자신의 신성
한 천막 안식처에 나를 숨기며, 나
를 바위 위에 올려주겠죠.
6 그러면 나의 머리는 내 주위 적보
다 위에 놓일 터이니, 나는 당신의

성막에서 통쾌한 쾌재를 부르겠
죠. 그리고 나는 노래하며 **주님**을
자랑할 겁니다.
7 오 **주님**, 나의 목소리가 외치면 들
어주세요. 그리고 내게 관대한 사
랑으로 대답해주세요.
8 "너희는 내 얼굴을 찾아라" 라고
당신이 말하면, 내 마음이 당신에
게 대답해요. "내가 **주님** 당신의 얼
굴을 찾겠어요"라고.
9 나한테서 당신의 얼굴을 멀리 숨
기지 말고, 화가 나도 당신의 종을
물리치지도 마세요. 나의 도움이
되어주고, 나를 떠나지 말고, 외면
하지도 마세요. 오 나의 구원의 **하
나님**.
10 나의 아버지와 어머니가 나를 버
리면, **주님**은 나를 받아들여 주겠
죠.
11 오 **주님**, 당신의 길을 내게 가르쳐
주고, 평탄한 길로 이끌어주세요.
그 이유는 내 주위의 적 때문이에
요.
12 적의 뜻대로 나를 넘겨주지 마세
요. 왜냐하면 나를 상대로 거친 숨
결을 내뿜으며 나서는 거짓 증인
들이 있기 때문이에요.
13 내가 살아 있는 이 땅에서 **주님**의
선을 보며 믿지 않았다면, 나는 기
력이 다했을 거예요.
14 **주님**을 기다리자. 선의의 용기를
갖자. 그는 네 마음을 굳세게 해줄
것이다. 내가 말하는데, **주님**을 기
다리자.

힘의 원천

대이빋왕의 시가기도

28 나는 당신에게 호소해요. 나
의 굳건한 바위와 같은 **주님**,
내게 침묵하지 말아주세요. 당신
이 말하지 않으면, 나는 무덤에 들
어가는 사람이 되겠죠.
2 내가 **주님**에게 호소하며, 신성한
성소를 향해 나의 양 팔을 들어올
릴 때, 간절한 내 소원의 목소리를
들어주세요.
3 악한이나 죄를 저지르는 자처럼
나를 내치지 말아주세요. 그들은
이웃에게 평화를 말하지만, 그들
마음 속에는 악의가 있어요.
4 저들의 행위 대로, 저지른 잘못만
큼, 갚아주고, 저들 손이 한 일에 따
라 되갚아주며, 저들이 마땅히 받
아야 할 벌의 대가를 나누어 주세
요.
5 저들은 **주님**의 업적 따위를 생각하
지 않고, **주님** 손으로 만든 위업을
조금도 고려하지 않으니, **주님**은
저들을 파괴하여, 다시 일어서지
못하게 해야 하지요.
6 **주님**에게 감사하자. 왜냐하면 그가
나의 애원의 목소리를 들었기 때
문이다.
7 **주님**이 나의 힘이자 방패이기 때문
에, 내 마음을 **주님**에게 의지하며

도움을 받아요. 그러면 내 마음이
즐거워, 나의 노래로 당신을 자랑
하지요.
8 **주님**은 백성의 힘이면서, 자신이
기름 바른자를 구원하는 힘이기도
하지요.
9 당신의 백성을 구하고, 당신의 유
업을 축복하고, 또 그들을 먹이며,
영원히 그들을 일으켜 세워주세
요.

명예의 목소리

대이빋왕의 시가기도

29 힘센자는 명예와 힘을 **주님**
에게 돌려라.
2 **주님**의 이름에 맞는 명성을 그에게
돌리고, 신성한 아름다움 속에게
주님을 공경해라.
3 **주님**의 목소리는 물 위에도 있고,
영광의 **하나님**은 천둥도 울리며,
큰 바다 위에도 **주님**이 있다.
4 **주님** 목소리는 힘차고 위엄이 넘친
다.
5 **주님**의 목소리는 시더나무를 부러
뜨리는데, 그렇다, **주님**은 레바넌
의 시더나무도 꺾는다.
6 그는 레바넌을 어린 송아지처럼
뛰게 하고, 허먼산의 시리언을 젊
은 들소처럼 만든다.
7 **주님**의 목소리는 화염도 가른다.
8 **주님**의 목소리가 벌판을 뒤흔들면,
커데쉬의 황야를 떨게 한다.
9 **주님**의 목소리는 암사슴이 새끼를
낳게 하고, 숲도 드러낸다고, 모든
그의 성전이 **주님**의 명예를 이야기
한다.
10 **주님**은 넘치는 물 위에 앉는데, 그
렇다, 영원한 왕으로 앉는다.
11 **주님**은 자신의 백성에게 힘을 주
어, 그의 백성을 평화롭게 축복한
다.

아침이면 기쁨이 온다

대이빋 성전봉헌식의 시와 노래

30 나는 **주님** 당신을 높이 받들
어요. 왜냐하면 당신이 나를
높여주어서, 적이 나를 지배하고
즐거워하지 못하게 했으니까요.
2 오 **주 하나님**, 내가 당신에게 호소
했더니, 당신이 나를 치유해주었
어요.
3 오 **주님**, 당신은 내 영혼을 무덤에
서 데려와, 나를 살려주었어요. 그
래서 내가 무덤 구덩이에 들어가
지 않게 되었어요.
4 오 그를 위해 죽을 수 있는 성자,
너희는 **주님**을 노래하고, 그의 신
성함을 기억하며 감사하자.
5 그의 분노가 계속되어도 순간이
고, 그의 자애는 살아 있다. 울음소
리가 밤새 계속되어도, 아침이면
기쁨이 온다.
6 그리고 내가 말했듯이, 나의 번영
에 관하여 나는 전혀 흔들리지 않

겠다.
7 **주님**, 당신의 호의로 당신이 나의
산을 굳건히 세워주었지만, 당신
이 자신의 얼굴을 숨겼을 때, 나는
대단히 괴로웠어요.
8 오 **주님**, 당신에게 호소하며, 내가
당신에게 소원했어요.
9 내가 무덤 구덩이로 내려가면, 내
피가 무슨 소용이 있나요? 흙이 당
신을 칭찬할까요? 먼지가 당신의
진리를 이야기할까요?
10 오 **주님**, 내 목소리를 듣고, 내게 자
비를 베풀어주세요. **주님**, 나의 조
력자가 되어주세요.
11 당신은 나의 슬픔을 춤으로 바꾸
어 주었고, 나의 베옷을 벗기며, 내
허리에 즐거움을 매어주었어요.
12 나의 명예의 정점에서 당신을 자
랑하는 노래를 부르며, 침묵하지
않겠어요. 오 나의 **주 하나님**, 나는
영원히 **주님**에게 감사합니다.

나의 힘

수석음악사가 전하는 대이빋왕의 시가기도

31 오 **주님**, 당신에게 나를 의지
해요. 내가 절대 수치를 당
하지 않도록 당신의 정의로 나를
구원해주세요.
2 내게 당신의 귀를 기울여서 빨리
나를 구해주세요. 나의 든든한 바
위가 되어주세요. 그것이 바로 나
를 구하는 요새이니까요.
3 당신은 나의 반석과 요새이므로,
그리고 당신의 이름을 위해서도,
나를 이끌고 안내해주세요.
4 나를 잡으려고 몰래 쳐 놓은 그물
망에서 나를 빼내주세요. 당신이
나의 힘이에요.
5 당신 손에 나의 영혼을 맡기니, 그
대가로 당신이 나를 구해주세요.
진리의 **주 하나님**.
6 나는 공허한 거짓만 생각하는 자
를 싫어하고, 대신 인간의 주인님
만 믿어요.
7 내가 당신의 관대한 사랑 안에서
기쁘고, 또 즐거운 것은, 당신이 나
의 괴로움을 생각해주고, 나의 불
행 중에 나의 영혼을 알아주니까
요.
8 그러면서 당신은 나를 적의 손 안
에 가두지 않고, 나의 발을 넓은 방
에 놓아주었어요.
9 오 **주님**, 나에게 자비를 베풀어 주
세요. 나의 고통으로 인해, 내 눈은
슬픔에 짓물렀는데, 맞아요, 내 영
혼도 내장도 그래요.
10 나는 슬픔으로 인생을 지내고, 나
의 생애를 한숨으로 보내다 보니,
내 기력도 약해지고, 나의 죄 때문
에 내 뼈조차 힘이 빠졌어요.
11 나는 적 가운데서 비난의 대상이
었고, 특히 내 이웃에게 그랬고, 그
래서 그것이 나의 지인에게는 무
서움이 되어, 밖에서 나를 보고 달
아났어요.

12 나는 죽은자처럼 마음에서 잊히면
서, 깨어진 그릇과도 같아요.
13 나는 여러 사람이 하는 비난소리
를 들었는데, 도처에 두려움만 있
었어요. 그들이 나에 대해 중상모
략하는 한편, 내 생명을 빼앗으려
고 음모했어요.
14 하지만 나는 **주님**에게 의존해요.
오 **주님**, 내가 당신은 나의 **하나님**
이라고 말했죠.
15 나의 시간은 당신 손 안에 있으니,
적의 손에서 나를 구해주세요. 내
게 고통을 주는 저들로부터 구해
주세요.
16 당신 종에게 당신의 얼굴이 빛을
발하게 하고, 당신의 관대한 사랑
을 위해서도 나를 구해주세요.
17 오 **주님**, 내가 창피당하지 않게 해
주세요. 내가 당신을 부르고 있으
니, 악한이 수치를 당하게 하여 무
덤에서 조용히 있게 해주세요.
18 거짓말하는 입술을 다물게 해주세
요. 그것은 올바른 자의 슬픈 일을
자랑으로 떠벌리며 경멸하는 말이
에요.
19 오 당신의 선이 얼마나 위대한지!
그것은 당신을 경외하는 사람에게
부여한 것이고, 사람의 자손 가운
데 **주님**을 믿는 자를 위해 당신이
준비한 것이죠.
20 당신은 자신의 비밀장소에 선한
자를 떠벌리는 자로부터 숨기고,
세상의 입씨름으로부터 남 모르게
성소에서 보호해 주겠지요.
21 **주님**, 감사를 받아주세요. 왜냐하
면 당신은 강한 도성에서 내게 자
신의 놀라운 호의를 보였으니까
요.
22 그래서 내가 즉시 말했죠. 나는 당
신 눈 앞에서 제거된 자라고 말이
죠. 그런데도 당신은 내가 당신을
부르자, 내 소원의 목소리를 들어
주었어요.
23 오 **주님**을 위해 죽을 수 있는 성자
모두는 **주님**을 사랑해라. **주님**은 성
실한 자를 지켜주기 때문이고, 떠
벌리는 일만 하는 자에게 충분한
대가를 주기 때문이다.
24 선행에 용기를 내자. 그러면 그가
네 마음을 강하게 하고, **주님**에게
희망을 품는 모두를 강하게 만들
어줄 것이다.

복을 받는다

매스킬 악기에 맞춘 대이빋왕의 시가기도

32 잘못을 용서받은 이는 복을
받고, 죄의 대가를 치른 자는
축복을 받는다.
2 **주님**이 죄를 묻지 않는 자는 복이
있고, 간사한 마음이 없는 사람은
복이 있다.
3 내가 소리를 참았더니, 오래 이어
진 신음에 내 뼈의 기력이 다했다.
4 밤낮으로 당신 손이 나를 무겁게
눌러서, 내 몸의 수분이 여름 가뭄

처럼 말랐다. 셀라잠시멈춤
5 나는 당신에게 내 죄를 인정하고,
나의 위반을 숨기지 않아요. 내 말
은, **주님**에게 내 잘못을 고백하니,
당신이 나의 죄를 용서해 달라는
말이에요. 셀라잠시멈춤
6 **주님**을 따르며 당신에게 기도하는
사람을 보거든, 꼭, 큰 물의 범람이
그들 가까이 오지 않게 해주세요.
7 당신은 나의 은신처여서, 괴로움
에서 나를 지켜주고, 구원의 노래
로 내 주위를 감싸주지요. 셀라잠시
멈춤
8 나는 너희를 지도하여, 너희가 갈
길을 가르쳐주고, 내 눈으로 너희
를 안내하겠다.
9 너희는 말이나 나귀처럼 되지 마
라. 그들은 이해를 모르니, 그들 입
에 재갈과 고삐를 물리며, 그들이
너희 가까이 오지 못하게 해야 한
다.
10 악한에게는 슬픔이 많아도, **주님**에
게 의지하는 자의 주위에는 사랑
이 있다.
11 올바른 사람, 너희는 **주님** 안에서
기쁘고 즐겁다. 마음이 정직한 모
든 자는 기쁨의 소리를 질러라.

올바른 정의와 진리

33 **주님** 안에서 기뻐하자. 너희
정의로운 자들아. 찬양은 올
바른자가 하기에 알맞은 일이다.
2 하프로 **주님**을 자랑하자. 썰터리,
열 줄 현악기에 맞춰 그를 노래하
자.
3 새 노래로 그에 관한 노래를 부르
자. 큰 목소리로 힘껏 노래하자.
4 왜냐하면 **주님**의 말은 정의이고,
그의 작품은 진리이기 때문이다.
5 그는 올바른 결정을 사랑하였으므
로, 이 땅이 **주님**의 선으로 가득 차
게 되었다.
6 **주님** 말로 하늘이 만들어졌고, 그
입술의 숨결로 땅의 모든 만물이
만들어졌다.
7 그는 바다물을 한데 모아 쌓고, 저
장고의 깊이를 정했다.
8 땅의 모두가 **주님**을 두려워하게 하
자. 세상의 유산 모두가 경외감을
갖고 그를 공경하게 하자.
9 **주님**이 말하면, 이루어지고, 그가
명령하면, 순식간에 완성되었다.
10 **주님**은 이민족의 책략을 헛되게 하
여, 저들의 계략을 무력화했다.
11 **주님**의 계획은 영원히 구축되어,
전 세대의 마음 속 생각으로 이어
진다.
12 **하나님**이 주인님인 나라는 복을 받
고, 그가 자신의 유업으로 선택한
민족은 축복이 내린다.
13 **주님**은 하늘에서 바라보며, 사람의
자식 모두를 관찰한다.
14 그는 자신의 장소로부터 지구 위
모든 주민을 살펴본다.
15 그는 그들의 마음을 똑같이 만들
고, 그들이 하는 일을 모두 고려한

다.
16 왕이라도 다수 군대에 의해 구조
되지 못하고, 힘센자라도 더 큰 힘
으로 구조되지 않는다.
17 말도 안전에는 소용이 없고, 말의
엄청난 마력으로도 왕을 구하지
못한다.
18 보라, **주님**은 경외하는 자에 눈을
두고, **주님**의 사랑을 희망하는 사
람을 주시하며,
19 죽음에서 그들의 영혼을 구하고,
기근에서 그들을 살리려 하는 것
이다.
20 우리의 영혼은 **주님**을 기다리고, **주**
님은 우리를 돕는 방패다.
21 우리의 마음이 **주님** 안에서 기쁜
것은, 우리가 신성한 그의 이름을
믿기 때문이다.
22 오 **주님**, 우리가 당신에게 희망하
는 만큼, 당신의 관대한 사랑을 우
리에게 내려주세요.

곤경에서 구하다

애비멜렉 앞에서 미친 척 이상한 행동을
하자, 그가 대이빋을 내쫓아, 쫓겨났을 당시
대이빋왕의 시가기도

34 나는 언제나 **주님**을 찬양합
니다. **주님**에 대한 칭찬은 늘
내 입에서 계속되지요.
2 내 영혼이 **주님**을 자랑하면, 괴로
운 자는 그 소리를 들으며 위안을
받아요.
3 나와 더불어 **주님**의 영광을 격찬하
자. 우리 모두 그의 이름을 높이 받
들자.
4 내가 **주님**을 찾았더니, 그가 나의
처지를 듣고, 공포에서 나를 살렸
다.
5 **주님**을 본 그들이 빛에 눈이 부시
자, 자신들 얼굴에 창피조차 사라
져버렸다.
6 이 불행한 자가 외치자, **주님**이 그
소리를 듣고, 곤경에서 그를 살렸
다.
7 **주님**의 천사가 그를 경외하는 자를
에워싸서 구해주었다.
8 **주님**의 선을 음미하며 깨닫자. 그
에게 의존하며 믿는 자는 복을 받
을 것이다.
9 오 **주님**을 경외하여 목숨도 아끼지
않는 너희 성자에게는 부족한 것
이 없다.
10 젊은 사자는 부족한 것이 많아 허
기를 참아도, **주님**을 찾는 사람은
사소한 선행만으로도 더 바랄 게
없다.
11 자, 너희 자손은 내 말을 들어라. 나
는 **주님**의 두려움을 너희에게 가르
쳐주겠다.
12 어떤 자가 살고자 장수를 사랑하
면, 그가 선을 알 수 있을까?
13 악에서 네 혀를 지키고, 거짓말로
부터 네 입술을 보호해라.
14 악을 멀리하고 선을 실행하며, 평
화를 찾아 그 뒤를 따라라.

15 **주님**의 눈은 정직한 사람에게 두
고, 그의 귀는 그들의 외침에 열린
다.
16 **주님**은 악을 행하는 자한테서 얼굴
을 돌려, 그들의 기억조차 땅에서
지워버린다.
17 의인이 외치면 **주님**이 듣고, 어려
움에서 그들을 구한다.
18 **주님**은 절망한 사람 가까이 있고,
잘못을 깊이 뉘우치는 영혼을 구
한다.
19 정의로운 자에게 고통이 많아도,
주님이 그 고통에서 정직한 자를
구한다.
20 그는 정직한 자라면, 뼈까지 지켜
주어, 어느 것 하나도 부러지지 않
게 한다.
21 악이 악한을 죽여서, 정의를 싫어
하는 자를 파멸시킬 것이다.
22 **주님**은 자기 종의 영혼에게 보상을
주어, 그를 믿는 자는 누구 하나도
파멸되지 않는다.

항변해주세요

대이빋왕의 시가기도

35 오 **주님**, 나를 공격하는 저들
에게 대항하여 내 사정을 항변
해주세요.
2 나를 보호하려 큰 방패와 작은 방
패를 들고 내 앞에 서주세요.
3 창도 꺼내 들고, 나를 괴롭히는 저
들의 길을 막아주세요. 그리고 내
영혼한테 말해주세요. "나는 너의
구원"이라고 말이죠.
4 내 영혼을 따라다니는 저들을 당
황하도록 모욕을 주고, 나를 헤치
려는 수작을 교란시켜 돌아가게
해주세요.
5 저들을 바람 앞의 겨 껍질처럼 만
들어, **주님**의 사자가 뒤를 쫓게 해
주세요.
6 저들이 나가는 길을 어둡고 미끄
럽게 하며, **주님**의 천사가 괴롭히
게 해주세요.
7 저들은 까닭도 없이, 나를 잡으러
구덩이 안에 그물 놓았는데, 그들
이 내 영혼을 옭아매려고 구덩이
를 팔 이유도 없어요.
8 저들에게 불현듯 파멸이 닥치게
하고, 나를 잡으려 숨겨둔 덫에 스
스로 갇혀 쓰러지게 해주세요.
9 그러면 내 영혼은 **주님** 안에서 기
쁘고, 그의 구원에 환호하겠지요.
10 그러면 나의 뼈 모두가 이렇게 묻
겠죠. "**주님**, 당신과 같은 존재는 누
구죠? 당신은 너무 강해서 감당할
수 없는 강자한테서 약자를 구했
어요. 그래요, 약자와 도움이 필요
한 자를 착취하는 자로부터 구해
낸 당신이 누구냐"고 묻겠죠.
11 그들은 거짓 증인을 세우며, 내가
모르는 혐의를 내게 씌웠어요.
12 그들은 선을 악으로 갚으며, 나의
영혼을 괴롭혔어요.
13 하지만 나는, 그들이 아플 때, 베옷

을 입고 금식하며 마음을 낮췄지
만, 나의 기원은 응답도 없이 내 가
슴으로 되돌아왔어요.
14 나는 그가 마치 내 친구나 형제인
듯 행동하며, 어머니를 잃고 슬퍼
하는 사람처럼 무거운 마음으로
고개를 숙였지요.
15 그러나 나의 적은 모두 모여 즐거
워했어요. 맞아요, 나에 대해서라
면 한 마음으로 야비하게 굴었고,
나는 알지 못했지만, 그들은 내게
상처주기를 멈추지 않았어요.
16 위선을 가장하는 자가 축제를 벌
리며, 나를 향해 그들의 이를 갈고
있어요.
17 **주님**, 당신은 언제까지 이를 보고
만 있나요? 그들의 파괴행동에서
내 영혼을 구원하고, 사자한테서
내 생명을 구해주세요.
18 큰 집회에서 나는 당신에게 감사
하며, 많은 사람 가운데 당신을 자
랑할 겁니다.
19 나의 적이 나에 대해 그릇된 기쁨
을 나누게 하지 말고, 이유 없이 나
를 미워하는 저들이 서로 악의적
눈짓을 나누지 않게 해주세요.
20 그들은 평화의 이야기는 하지 않
고, 이 땅에서 조용히 지내는 자를
공격할 부당한 음모만 궁리해요.
21 정말이예요, 저들은 나를 향해 입
을 크게 벌리고 말하죠. "아, 아, 우
리 눈이 그것을 보았다"고 거짓을
말하죠.
22 오 **주님**, 당신도 이것을 보았을 테
니, 가만히 있지 말고, 오 주인님,
나한테서 멀리 떨어져 있지 마세
요.
23 자신을 자극하여, 나의 재판에서
나의 사정을 알아주세요. 나의 **하
나님**, 나의 주인님.
24 오 **주 하나님**, 나에 대해 당신의 정
의대로 판정을 내려서, 저들이 나
를 두고 환호하지 않게 하세요.
25 저들이 마음 속으로, '아, 우리가 원
하던 대로다'라고 생각하지 않게
하고, '우리가 그를 집어삼켰다'고
말하지 않게 해주세요.
26 나의 상처에 기뻐하는 저들에게
모욕을 주며 모두 혼란에 빠지게
해주세요. 나를 짓눌러 자신을 크
게 만드는 저들이, 창피와 굴욕을
뒤집어쓰게 해주세요.
27 나의 올바른 주장에 호의가 있을
때, 사람들이 기뻐서 환호하게 해
주세요. 네, 그들이 언제나, '자신의
종이 번영 속에서 즐기게 하는 **주
님**은 위대하다' 라고 말하게 해주
세요.
28 그러면 나의 혀는 당신의 정의를
말하고, 하루종일 당신의 자랑을
하겠어요.

악한의 행위

수석음악사가 전하는,

주님의 종 대이빋왕의 시가기도

36 내가 악한의 죄에 관하여 마
음 속으로 말한다. "그의 눈
에는 **하나님**에 대한 두려움이 없
다"고.
2 그는 자신의 눈 높이에서 스스로
우쭐해져, 혐오로 가득 찰 때까지
너무 많이 죄를 저지른다.
3 그의 입에서 나오는 말은 죄와 속
임수로, 지혜와 선행은 걷어치웠
다.
4 그는 침대 위 잠자리에서도 비행
을 구상하고, 스스로 좋지 못한 길
로 들어서며, 악을 증오하지도 않
는다.
5 오 **주님**, 당신의 큰 사랑은 하늘에
이르고, 당신의 헌신은 구름까지
달하죠.
6 당신의 정의는 태산과 같고, 당신
의 판단은 심오해요. 오, 사람과 짐
승을 보호해주는 **주님**!
7 당신의 다정한 호의가 얼마나 훌
륭한 지, 오 **하나님**! 그래서 인간의
자손이 당신의 날개 품 아래 자신
의 믿음을 두지요.
8 사람은 당신 집의 기름기로 넘치
도록 만족하고, 당신은 자신의 강
을 그들에게 기꺼이 마시게 해주
지요.
9 당신은 생명의 근원이어서, 당신
의 빛 안에서 우리가 빛을 보게 됩
니다.
10 오 당신의 다정한 호의는 언제나
당신을 아는 사람에게 베풀고, 당
신의 정의는 마음이 올바른 자에
게 보여주세요.
11 자만하는 자의 발이 나를 공격하
러 오지 못하게 하고, 악한의 손이
나를 제거하지 못하게 해주세요.
12 나쁜 일을 저지르는 자들이 쓰러
지면, 그들은 버려져 일어나지 못
할 겁니다.

악한과 올바른자의 비교

대이빋왕의 시가기도

37 너희는 악행을 일삼는 자 때
문에 불안해하지 말고, 죄를
짓는 자가 잘되는 것을 부러워하
지 마라.
2 그들은 곧 잡초같이 베어져, 푸른
풀처럼 마를 것이다.
3 **주 하나님**에 의존하여 선을 실행하
면, 너는 그 땅에서 살며 진실로 배
부르게 먹을 것이다.
4 스스로 **주님** 안에서 기뻐하면, 그
는 네가 마음에서 바라는 것을 준
다.
5 네가 가는 길을 **주님**에게 맡기고
의지하면, 그가 네 모든 바람을 이
루게 해 줄 것이다.
6 그는 네 정의를 빛과 같이 빛을 발
하게 하고, 네 재판을 대낮같이 밝
혀준다.
7 **주님** 안에서 편히 쉬며 참을성 있
게 그를 기다려라. 나쁜 속임수를
짜내어 성공하는 자 때문에 네가

조바심을 내지 마라.
8 화를 내지 말고 분노를 삭이며, 가
능한 악행에 대해 네 자신을 흐트
러뜨리지 마라.
9 악을 저지르는 자는 없어져도, **주**
님을 기다리는 자는 땅의 유업을
받을 것이다.
10 한동안 번성해도 악한은 없어진
다. 맞다, 네가 그 장소를 열심히 찾
아봐도 더 이상 존재는 없다.
11 대신 마음이 온순한 자는 이 땅을
물려 받아, 풍요로운 평화 속에서
즐거울 것이다.
12 악한은 정직한 자에 대해 음모를
꾸미며, 그를 보고 이를 간다.
13 그러나 **주님**이 그에게 웃어주는 것
은, 그의 마지막이 다가오는 것을
알기 때문이다.
14 악한이 칼을 빼내고 활을 당겨, 약
자와 도움이 필요한 자를 쓰러뜨
리고 올바른 자를 살해하려 할 것
이다.
15 하지만 그들의 칼은 오히려 자신
의 가슴을 찌르고, 그들의 활시위
는 부러질 것이다.
16 올바른 자의 소량은 악한의 큰 재
물보다 낫다.
17 악인의 팔은 부러져도, 의인의 것
은 **주님**이 받쳐준다.
18 **주님**은 올바른 자의 생애와, 그들
이 받은 유업이 영원하다는 것을
안다.
19 정직한 자는 악행이 번성할 때도
창피가 없고, 기근 시절도 배가 부
르다.
20 악한은 파멸하고, **주님**의 적은 새
끼양의 기름과 같이 태워져서 연
기로 흩어질 것이다.
21 악한은 빌리고도 상환하지 않지
만, 올바른 자는 사랑을 보이며 가
진 것을 나눈다.
22 **주님**의 축복을 받는 자는 땅의 유
산을 받고, 저주를 받는 자는 제거
된다.
23 **주님**의 명령을 받고 길을 가는, 성
품이 좋은 사람의 발걸음에는, 늘
즐거움이 있다.
24 의인이 쓰러져도 완전히 버림받지
않는 것은, **주님**이 자신의 손으로
그를 받쳐 주기 때문이다.
25 젊은 시절이 지나, 이제 늙었어도,
나는 올바른 자를 외면하지 않았
고, 그의 자식이 빵을 구걸하게 하
지 않았다.
26 언제나 관대한 사랑을 베풀고 빌
려주는 자는, 그의 자손과 함께 축
복을 받는다.
27 악을 멀리하고 선행을 하며, 언제
나 그렇게 살아라.
28 **주님**은 공정을 사랑하고, 자신에게
의지하며 믿는 성자를 외면하지
않고, 그들을 언제나 지켜주지만,
악한의 자손은 제거할 것이다.
29 정직한 자는 땅을 유산받아 영원
히 그곳에서 산다.
30 올바른 자의 입은 지혜를 말하고,

그의 혀는 공정한 이야기를 한다.
31 **하나님**의 법이 마음 속에 있는 자
는 조금도 발걸음을 헛디디지 않
는다.
32 악한은 정직한 자를 보더라도, 그
를 죽일 궁리만 한다.
33 **주님**은 자신의 손안에 악한을 두려
고 하지 않고, 그가 유죄를 선고받
아도, 그를 편들지 않는다.
34 **주님**을 기다리며 그의 길을 지키
자. 그는 너를 높이 받들어, 이 땅을
물려줄 것이다. 악한이 제거될 때
네가 그것을 깨닫는다.
33 나는 큰 힘을 가진 악한을 보았는
데, 푸른 월계수 나무같이 뻗어 나
가고 있었다.
36 그러나 그 역시 죽어, 이제 그는 없
다. 그렇다, 내가 찾아봐도, 그를 찾
을 수 없다.
37 완벽한 사람을 주목하고 올바른
사람을 바라보자. 그런 사람의 끝
은 평온하기 때문이다.
38 하지만 위반자는 모두 파멸하여,
악한의 끝은 소멸될 뿐이다.
39 대신 올바른 자의 구원은 **주님**이
하는 일이므로, **주님**은 고통받는
시기에 그들의 힘이 된다.
40 **주님**은 그들에게 도움을 주어 구하
고, 악한으로부터 바른자의 편이
되어 구하는데, 이는 그들이 **주님**
을 믿고 의지하기 때문이다.

탄원의 시가

대이빋이 하는 탄원의 시가기도

38 오 **주님**, 당신이 화가 나도 나
를 꾸짖지 말고, 몹시 불쾌
해도 혼내지 마세요.
2 당신의 화살이 순간 나를 찌르고,
당신의 손이 누르면, 내가 아파요.
3 당신의 분노로 내 몸이 성한 곳이
없고, 나의 죄로 인해 내 뼈가 편한
곳이 없어요.
4 내가 머리의 자제력을 넘어선 잘
못을 했지만, 내가 감당하기에 부
담이 너무 커요.
5 나의 어리석음 때문에, 나의 상처
는 악취를 풍기며 썩어버렸어요.
6 나는 너무 괴로워서, 깊이 몸을 숙
이고, 하루종일 슬픔에 잠겨 있어
요.
7 내 가슴은 만성병으로 채워져, 몸
이 온전한 곳이 없어요.
8 나는 무르고 심하게 망가져서, 불
안하게 마음이 뒤흔들리고 있어
요.
9 인간의 주인님, 당신 앞에서 내가
바라는 모든 소원은, 나의 신음소
리가 당신한테 숨겨지지 말았으면
좋겠어요.
10 내 가슴은 숨이 차 헐떡이고, 나의
기력은 다 빠졌으며, 나의 눈빛조
차 나를 떠났어요.
11 내가 사랑하는 가족과 친구는 나
의 고통에 거리를 두었고, 친척도

나로부터 멀리 떨어져서 있어요.
12 내 생명을 노리는 그들 역시 나를
잡는 올무를 쳐 놓았고, 나를 헤치
려고 비행을 모의하며 온종일 음
모를 꾸며요.
13 하지만 나 같은 귀머거리는 들리
지 않고, 말 못하는 사람처럼 입을
열지 못해요.
14 나는 듣지 못하는 사람과 같아서
그 입은 아무런 반박도 못하죠.
15 그렇지만 오 **주님** 당신에게, 내가
희망을 걸고 있어요. 당신은 들어
주겠죠. 오 나의 **주 하나님**.
16 내 말은, 기도를 들어주어, 저들이
나에 대해 쾌재를 부르지 않게 해
주고, 내가 실족할 때 저들이 나에
대해 과장하지 않게 해주세요.
17 모든 것이 끝나가고 있기 때문에,
나의 슬픔은 계속되고 있어요.
18 이제 나의 죄를 밝히고, 지은 죄에
대한 잘못을 뉘우칩니다.
19 그러나 나의 적은 기운이 넘치도
록 강하여, 부당하게 나를 미워하
는 저들은 번성하겠지요.
20 선에 대해 악으로 되갚은 저들은
나의 적이에요. 왜냐하면 나는 선
행을 따르기 때문이죠.
21 오 **주님**, 나를 외면하지 말아주세
요. 오 나의 **하나님**, 내게서 멀리 떨
어져 있지 말아주세요.
22 빨리 와서 나를 구해주세요. 오 나
의 구원의 주인님!

잘못을 고쳐주세요

수석 음악사와 제두썬까지 함께 전하는

대이빋왕의 시가기도

39 나는 말하며 다짐했다. "앞으
로 나아갈 나의 길에서 혀를
가지고 죄를 짓지 않도록, 조심하
고, 내 앞에 악의가 있으면, 스스로
입에 재갈을 물겠다"고.
2 나는 벙어리가 되어 침묵하며, 선
행조차 침착했는데, 나의 슬픔이
솟구쳤다.
3 내가 생각에 잠긴 사이, 가슴속이
달아오르고 불이 붙더니, 마침내
내 혀가 시작한 말은,
4 "**주님**, 내가 살 날이 얼마나 남았는
지 나의 끝을 알려주세요. 그러면
나의 기력이 어느 정도인지 알 수
있을 거예요.
5 보세요, 당신은 내 수명을 한 뼘만
큼만 만들었으므로, 당신 앞에서
내 나이는 아무것도 아니죠. 사람
마다 최선을 다해 참된 주장을 해
도 모두 헛된 일이라고 했어요." 셀
라잠시멈춤
6 모든 사람이 인생길을 걷지만 허
무가 확실히 보이고, 그들이 떠들
썩해도 반드시 공허하고, 사람이
재물을 쌓아 올려도, 누가 부를 거
둘지 알지 못해요.
7 그러니 주인님, 이제 내가 무엇을
기다릴까요? 나의 희망은 당신 안
에 있어요.

8 내가 저지르는 위반에서 나를 구
하여, 후회하는 어리석은 자가 되
지 않게 해주세요.
9 당신이 그렇게 했기 때문에, 나는
벙어리가 되어 내 입을 열지 않았
어요.
10 내게서 당신의 제한을 풀어주세
요. 당신 손의 일격에 타격을 받았
어요.
11 당신이 나무라며 잘못한 자를 바
로 고칠 때, 나방을 쫓아 불에 사라
지지 않게 하듯, 그러면 당신은 당
신의 아름다움을 만들어갈 수 있
어요. 틀림없이 사람은 누구나 허
무할 따름이에요. 셀라잠시멈춤
12 오 **주님**, 나의 기도를 듣고 나의 호
소에 귀를 기울여주세요. 나의 눈
물에 가만히 있지 마세요. 나는 당
신과 함께하는 이방인이고, 조상
이 그랬던 것처럼 방랑자이지요.
13 오, 나를 구해주면, 나의 힘을 회복
할 수 있어요. 내가 더 이상 존재도
없이 가버리기 전에 말이죠.

새 노래를 알면 경외한다

수석음악사가 전하는 대이빋왕의 시가기도

40 내가 참고 **주님**을 기다렸더
니, 그가 내게 관심을 기울이
며 나의 호소를 들었다.
2 그는 또 나를 무서운 구덩이 속에
서 끌어내고, 늪의 진창에서 끌어
내어, 내 발을 바위에 올려놓으며,
갈 길을 마련해주었다.
3 그리고 그는 우리의 **하나님**을 자랑
할, 새 노래를 내 입 안에 넣어주었
다. 많은 사람이 이 찬양의 노래를
알게 되면, **주님**을 경외하며 의지
할 것이다.
4 **주님**을 믿고, 오만을 존중하지 않
고, 거짓으로 돌아서지 않는 자는
복을 받는다.
5 오 나의 **주 하나님**, 당신이 이룬 놀
라운 업적은 너무나 많고, 우리를
향한 당신의 배려 역시 많아요. 그
런데 사람은 당신을 위해 생각할
수 있는 게 없어요. 만약 내가 그것
을 열거하자면, 셀 수 없을 정도지
요.
6 **주님**은 희생물도 봉헌물도 바라지
않았고, 내 귀를 열고 들어봐도, 번
제제물도 속죄제물도 요구하지 않
았죠.
7 그때 내가 말했죠. 보세요, 나를 기
록한 이 책의 내용에 내가 나오는
데,
8 오 나의 **하나님**, 나는 당신의 뜻을
실천하는 게 기쁘다고 했지요. 맞
아요, 당신의 법은 내 마음 안에 있
어요.
9 나는 거대한 공동체 가운데 열심
히 정의를 말했는데, 보세요, 내 입
술을 자제하지도 않았어요. 오 **주
님**, 당신은 알 겁니다.
10 나는 내 마음 안에 있는 당신의 정
의를 가리지 않고 말했고, 당신의

헌신적 신념과 구원을 선포하며,
당신의 다정한 사랑과 진실을 대
중에게 숨김없이 드러냈어요.
11 오 **주님**, 내게서 당신의 온화한 자
비를 거두지 말고, 당신의 친절한
사랑과 진리로 나를 언제나 지켜
주세요.
12 수많은 악의가 내 주위를 둘러싸
고, 내가 지은 죄가 나를 사로잡아
서, 내가 **주님**을 바라볼 수 없어요.
나의 잘못은 내 머리카락보다 더
많아서 내 마음조차 힘을 잃었어
요.
13 오 **주님**, 기쁜 마음으로 나를 구해
주세요. **주님**, 빨리 나를 도와주세
요.
14 내 생명을 파멸하려 내 뒤를 쫓는
저들에게 창피를 주어 모두 당황
하게 해주세요. 저들을 뒤쪽에서
몰아, 나에게 불행을 바라는 자를
부끄럽게 해주세요.
15 나를 보고 '아, 어이없다'고 말하는
저들의 수치에 대한 대가로 그들
을 파멸시켜 주세요.
16 당신을 찾는 모든 이는 즐겁게 하
고, 또 당신 안에서 기쁘게 하며, 당
신의 구원을 사랑하는 이는 언제
나 **주님**을 크게 자랑하게 해주세
요.
17 하지만 나는 약자고 도움이 필요
한 사람이므로, **주님**이 나를 다시
생각하여, 기다리지 말고 나의 조
력자와 구원자가 되어주세요. 오,
나의 **하나님**!

찬성하고 동의해요

수석 음악사가 전하는 대이빋왕의 시가기도

41

약자를 배려하는 자는 축복
을 받고, 그가 어려울 때는
주님이 그를 구한다.
2 **주님**은 그런 자를 보호하고 잘 살
도록 지켜준다. 그가 땅에 복을 내
려, 너를 적의 의도대로 적에게 넘
기지 않는다.
3 **주님**은 자리에서 쇠약하진 자에게
기운을 주고, 병든 자의 자리도 마
련해준다.
4 내가 이렇게 말한다. **주님**, 내게 큰
사랑을 베풀어 내 영혼을 낫게 해
주세요. 내가 당신에게 죄를 지었
으니까요.
5 나의 적이 나에 대해 나쁜 이야기
를 하는데, 적이 죽을 때, 그 이름도
제거되겠죠?
6 만일 그가 나를 만나러 온다 해도,
쓸데없는 이야기나 하고, 그의 마
음 자체에 악의가 쌓여 있고, 나갈
때도 그런 말만해요.
7 나를 미워하는 모두가 모여 나에
대해 수근거리며, 그들은 나를 헤
칠 궁리만 하지요.
8 그들은 말하겠죠. '악성질환이 그
에게 빨리 달라붙어서, 그가 누우
면, 더 이상 일어서지 못한다'고 말
이죠.

9 그래요, 나의 친한 친구, 내가 믿었
던 그들, 나의 빵을 먹었던 자들이,
나를 상대하여 밟으려고 그들의
발꿈치를 들었어요.
10 오 **하나님**, 하지만 당신이 내게 호
의를 베풀어 일으켜주면, 내가 저
들에게 대가를 치르게 하겠어요.
11 그것이 바로, 당신이 내게 주는 선
의라는 것을 알고 있어요. 왜냐하
면 적이 나를 밟고 승리하지 못할
테니 말이죠.
12 나는, 당신이 나의 진실로 나를 바
쳐주고, 당신 얼굴 앞에 나를 영원
히 둔다고 믿어요.
13 이즈리얼의 **주 하나님**, 영원에서 영
원까지 찬양합니다. 애이멘, 마음
으로부터 **주님**의 뜻에 찬성하고 동
의하며 따릅니다.

시가기도 2

실망할 때

코라의 아들들이 연주하는 매스킬 장단에
맞추어 수석 음악사가 전하는 시가기도

42 수사슴이 시냇물을 바라듯,
내 영혼이 **하나님** 당신을 갈
망해요.
2 나의 영혼은 살아있는 **하나님**에 목
이 마른데, 나는 언제 **하나님** 앞에
모습을 드러낼 수 있을까요?
3 내가 밤낮으로 내 눈물을 먹었던
것은, 사람들이 언제나 내게, '네 **하**
나님이 어디 있냐'고 묻기 때문이
에요.
4 이런 일을 생각할 때마다, 나의 온
정신을 쏟는 이유는, 내가 많은 사
람들과 함께 **하나님**의 성전으로 가
면서, 기쁨과 찬양의 목소리로 축
제의 날을 지키기 때문이에요.
5 내 영혼아, 너는 왜 기가 죽고, 왜
내 안에서 불안해하지? **주님**에게
네 희망을 걸어라. 왜냐하면 내가
여전히 그의 얼굴에서 도움을 얻
고자 그를 찬양하기 때문이다.
6 오 나의 **하나님**, 내 영혼이 내 안에
서 풀이 죽었어요. 그래서 나는 조
든땅의 당신을 기억하고, 미자산
지의 허먼지역을 기억해요.
7 낙수의 소음 속에서 당신의 깊이
가 깊이를 부르고, 당신의 파도와
거품이 내 위를 넘실거려요.
8 하지만 **주님**은 낮에는 다정한 사
랑을 베풀고, 밤에는 자신의 노래
로 나와 함께 있어주면서, 나의 인
생의 **하나님**에게 하는 나의 기도가
되어주지요.
9 든든한 바위 **하나님**에게 물어요.
왜 당신은 나를 잊었나요? 적의 억
압 때문에 왜 내가 울어야 하죠?
10 칼로 뼈를 찌를 듯, 나의 적이 나를
비난하며, 매일 내게, '네 **하나님**이
어디 있냐'고 추궁해요.
11 나의 영혼아, 왜 너는 실망하고, 내

안에서 조바심을 내지? **하나님**에
게 네 희망을 두어라. 오히려 나는
그를 자랑한다. 그는 바로 내 얼굴
안색의 건강상태로 나타나는 나의
하나님이니까.

빛과 진리를 보내주세요

43 오 **하나님**, 나에 대해 판정을
내려주세요. **하나님**을 모르
는 민족에 대한 나의 싸움에서 변
론을 해주세요. 속이는 부정직한
자로부터 나를 구해주세요.
2 당신은 내 힘의 **하나님**인데, 왜 당
신은 나를 버려요? 내가 왜 적의
괴롭힘에 울어야 하죠?
3 당신의 빛과 진리를 보내주세요.
그래서 빛과 진리가 나를 이끌어,
당신의 신성한 언덕으로 데려가,
당신의 성전에 가게 해주세요.
4 그러면 내가 **하나님**의 제단에 가
서, **하나님**에게 나의 넘치는 기쁨
을 드러낼 수 있어요. 맞아요, 하프
로 당신을 자랑할 수 있어요. 오 나
의 **하나님**!
5 내 영혼아, 너는 왜 실망하지? 왜
내 안에서 불안해하지? **하나님**을
믿어라. 왜나하면 나는 늘 그를 자
랑하기 때문이다. 그가 바로 내 안
색의 건강함 자체이고, 나의 **하나님**
이다.

도와주세요

코라의 아들들이 연주하는 매스킬 장단에
맞추어 수석 음악사가 전하는 시가기도

44 오 **주님**, 우리의 귀로 들었
어요. 우리 조상이 우리에게
들려준, 옛날 그 시절에 있었던 당
신의 업적 이야기를 말이죠.
2 당신이 손으로 그들을 어떻게 이
민족한테서 끌어내어 옮겼는지,
저들을 괴롭혀서 물리친 방법을
들었어요.
3 조상은 자기 칼로 땅을 소유한 것
도 아니고, 스스로 팔의 힘으로 자
신들을 구한 것도 아니고, 오직 당
신의 오른손과, 당신의 팔 힘과, 당
신의 얼굴 빛이 그렇게 했어요. 그
이유는 당신이 조상에게 호의를
주었기 때문이지요.
4 오 **주님**, 당신은 나의 왕입니다. 재
이컵을 위해 구원을 명령한 왕이
죠.
5 우리도 **주님**을 통하여 적을 몰아내
고, 당신의 이름으로 우리를 향해
대드는 저들을 발 아래에서 밟아
주겠어요.
6 왜나하면 나는 나의 활을 믿지 않
고, 내 칼이 나를 구하지 못할 테니
까요.
7 대신 당신이 우리의 적으로부터
우리를 구했고, 우리를 미워하는
저들에게 수치를 주었죠.
8 우리는 하루종일 **주님**을 자랑하고,

언제까지나 당신의 이름을 찬양하
지요. 셀라잠시멈춤
9 그런데 당신은 우리를 버리고, 창
피를 주고, 우리 군대와 같이 출전
하지 않았어요.
10 당신은 우리를 적한테서 후퇴하게
만들고, 우리를 미워하는 저들이
우리를 약탈하게 하죠.
11 우리가 양식으로 지명된 양인 듯,
우리를 이방인 가운데 흩어버렸어
요.
12 당신은 자신의 백성을 아무 대가
도 없이 팔았는데, 그들의 몸값으
로 당신의 재물이 느는 것도 아니
죠.
13 당신은 우리를 이웃의 조롱거리로
만들어, 주변 사람에게 비난과 경
멸거리가 되게 하죠.
14 당신은 이민족 사이에서 우리를
이야기거리의 전형으로 만들어,
모두 머리를 젓게 만들죠.
15 내 앞에 계속되는 당혹감으로, 얼
굴에 느껴지는 창피가 나를 감쌌
는데,
16 복수만 노리는 적들이 하는 모욕
과 악담소리 때문이었어요.
17 이 모든 일이 내게 있었어요. 그래
도 우리는 당신을 잊지 않았고, 당
신과 맺은 계약에 어긋나게 처신
하지 않았어요.
18 우리 가슴을 돌리지도 않았고, **주
님**의 길에서 우리 발걸음을 내려놓
지도 않았는데,
19 그런데도 당신은 우리를 심하게
압박하여 용이 들끓는 험지로 몰
며 죽음의 그림자로 덮었죠.
20 만약 우리가 우리 **하나님**의 이름을
잊거나, 다른 우상신에게 손을 뻗
었다면,
21 **하나님**이 그것을 찾아내지 않나
요? 왜냐하면 당신은 마음의 비밀
을 잘 아니까요.
22 그래요. 당신을 위해 우리는 온종
일 죽어서, 마치 살육용 양과 같았
죠.
23 오 인간의 주인님, 깨어나세요. 어
째서 당신은 잠만 자나요? 일어나
서, 우리가 영원히 버려지지 않게
해주세요.
24 왜 당신은 얼굴을 숨기며, 우리의
고통과 억압을 모른척하지요?
25 우리 영혼은 흙에 대어 굽히고, 우
리 배는 땅바닥에 붙였어요.
26 일어나서 우리를 도와주세요. 당
신의 큰 사랑으로 우리의 명예를
회복해주세요.

왕의 결혼 시가

코라 아들들의 매스킬 장단과
쇼쉐님 현악기에 맞추어 수석 음악사가
전하는 사랑의 시가

45 내 마음이 고귀한 주제를 구
상하고, 내가 왕이 감동할 수
있는 시가를 말하면, 나의 혀는 준
비된 작가의 펜이 되어 써내려 간

다.
2 너는 사람의 자식 이상으로 아름
답고, 너의 입술에는 우아함이 흐
른다. **하나님**이 영원히 너를 축복
하기 때문이다.
3 칼을 네 허리에 차라. 가장 용맹한
자여, 네 영광과 위엄을 갖춰라.
4 진실과 겸손과 정의에서 비롯된
당신의 압도할 위용의 모습으로
말에 올라타서, 당신의 오른손이
놀라운 업적을 이루게 해라.
5 왕의 화살이 적의 가슴을 꿰뚫어,
저들이 당신 발 아래 쓰러지게 해
라.
6 오 **하나님**, 당신의 왕좌는 영원하
고, 당신 왕국의 지팡이는 정의의
막대입니다.
7 왕은 정의를 사랑하고, 불의을 싫
어하여, 당신의 **하나님**이 백성 앞
에서 당신에게 기쁨의 기름을 부
어 주었다.
8 당신의 로브옷은 몰약과 앨로우알로에와 캐시아의 향내가 나고, 아이
보리 상아궁전에서 흘러나오는 음
악이 당신을 즐겁게 한다.
9 타국 왕들의 딸은 명예로운 여자
들 사이에 있고, 당신의 오른쪽에
오피어 금장식을 단 왕비가 서있
다.
10 오 딸아, 듣고 생각하며 네 귀를 기
울여라. 네 나라 백성과 네 아버지
가문은 잊어라.
11 그러면 왕이 네 아름다움을 대단
히 탐할 것이다. 왕은 너의 주인이
므로, 네가 그를 존중해야 한다.
12 타이어레바넌의 딸도 예물을 가져오
고, 백성 가운데 부자도 네 호의를
바란다.
13 왕의 딸은 모든 영광을 받으며, 그
녀는 금세공 작품의 의상을 걸친
다.
14 그녀가 자수옷을 입고 왕에게 갈
때, 동반한 시녀가 그녀를 따른다.
15 기쁨과 즐거움을 띤 채, 그들은 왕
의 궁전으로 들어간다.
16 네 조상을 대신할 너의 자녀는, 네
가 모든 땅위의 지도자로 만들 수
있을 것이다.
17 내가 네 이름을 전 세대가 기억하
게 만들면, 백성이 너를 영원히 자
랑하게 될 것이다.

우리의 피난처

코라 자손이 연주하는 현악기 알라모쓰에
맞추어 수석 음악사가 전하는 시가기도

46 **하나님**은 우리의 피난처이
자 힘으로서, 어려울 때 바로
나타난다.
2 그래서 우리는 두렵지 않다. 비록
지구가 흔들리고, 산이 바다 가운
데 옮겨져도,
3 바닷물이 요란한 파도를 몰아쳐
도, 산마다 솟아오르며 흔들려도
두렵지 않다. 셀라잠시멈춤
4 강에 여러 줄기가 있어, **하나님**의

도성을 즐겁게 만들고, 가장 높은
성막의 성소를 기쁘게 한다.
5 **하나님**이 그곳 가운데 있어, 그곳
은 흔들리지 않고, 이른 아침부터
하나님이 그녀를 도울 것이다.
6 이민족이 광분하여, 여러 왕국이
쓰러졌을 때, 그가 자신의 목소리
를 높이자, 땅이 꺼졌다.
7 만인의 **주님**이 우리와 함께 있고,
재이컵의 **하나님**이 우리의 피난처
다. 셀라잠시멈춤
8 와서, **주님**의 업적을 봐라. 그가 이
땅에 만든 것이 바로 불모지다.
9 그는 땅끝에 전쟁을 그치게 하여,
활을 부러뜨리고, 창도 둘로 꺾고,
전차도 불태운다.
10 잠자코, 내가 **하나님**이라는 것을
알아라. 나는 이민족 가운데 드높
여지고, 이 땅에서도 높게 자리한
다.
11 만인의 **주님**은 우리와 함께 있고,
재이컵의 **하나님**은 우리의 피난처
다. 셀라잠시멈춤

지구의 왕

수석 음악사가 전하는 코라 자손의 합창을 위한 시가기도

47 오, 손뼉을 쳐라. 너희 모든
사람아, 승리의 목소리로
하나님에게 소리쳐라.
2 가장 높은 **주님**은 두려운 존재로,
그는 전 지구를 지배하는 위대한
왕이다.
3 그는 우리 아래로 백성을 굴복시
키고, 우리 발 밑으로 모든 나라를
복종시킨다.
4 그가 우리를 위해 우리의 유산으
로 선택한 것은, 그가 사랑한 재이
컵의 탁월함이다. 셀라잠시멈춤
5 **하나님**은 환호의 외침과 함께 오르
고, **주님**은 트럼핕 소리와 함께 오
른다.
6 **하나님**에게 찬양의 노래를 부르자.
우리 왕에게 칭찬의 노래를 부르
자. 이렇게 자랑의 노래를 불러라.
7 이는 **하나님**이 전 지구의 왕이기
때문이다. 너희가 알고 있는 자랑
을 노래해라.
8 **하나님**은 이민족도 지배하며, 자신
의 신성한 왕좌에 앉는다.
9 백성의 지도자가 한자리에 모였
고, 애이브러햄의 **하나님**의 백성도
함께 모였다. 지구의 모든 방패가
하나님에 속한 것이므로, 그는 대
단히 높은 존재다.

위대한 왕의 도성

코라의 아들들이 합창하는 시가기도

48 위대한 존재는 **주님**으로, 우
리 **하나님**의 도성에서 최고의
찬양을 받아야 하고, 그의 신성한
산에서도 그렇다.
2 환경이 아름답고, 온 땅에 기쁨이
있는 곳은, 북쪽의 자이언 산으로,

그곳은 위대한 왕의 도성이다.
3 그 땅 성전 안에 있다고 알려진 **하
나님**은 우리의 피난처다.
4 보라, 왕이 모두 모여 함께 갔다.
5 사람들이 그 모습을 보고 놀라, 무
서워서 급히 가버렸다.
6 거기서 두려움에 사로잡힌 그들은
산모가 진통하듯, 고통스럽다.
7 **주님**은 동풍으로 탈쉬시의 배를 부
셨다.
8 우리는 만인의 **주님**의 도성에서 들
은 그대로 보았고, **하나님**의 도성
안에서도 보았다. **하나님**은 도성을
영원히 구축할 것이다. 셀라잠시멈춤
9 당신의 성전 한 가운데서, 우리는
당신의 크고 다정한 사랑을 명상
해요. 오 **하나님**!
10 당신의 이름처럼, 오 **하나님**, 당신
의 칭찬은 지구 끝까지 닿고, 당신
의 오른손은 정의로 가득 찼어요.
11 자이언 산을 기쁘게 하고, 쥬다의
딸을 즐겁게 하는 것이, 당신의 정
의이지요.
12 자이언 주위를 걷고, 그곳 주변을
돌며, 그곳의 여러 탑의 수를 세어
봐라.
13 성벽을 표시하며, 성전을 잘 관찰
하면, 너희는 오는 세대에 그 도성
에 대해 말해 줄 수 있을 것이다.
14 **하나님**은 우리의 영원한 **하나님**이
기 때문에, 그는 우리가 죽을 때까
지 안내할 것이다.

영혼이 복을 받는다

수석 음악사가 전하는 코라의 아들들이
합창하는 시가기도

49 모든 백성아, 들어봐라. 세상
의 주민 모두 귀를 기울여 봐
라.
2 지위가 낮거나, 높거나, 부유하나,
가난하나 모두 들어봐라.
3 나의 입은 지혜를 말하고, 내 마음
은 명상으로 이해를 얻는다.
4 나는 비유의 말에 귀 기울이고, 하
프 소리에 나의 어두운 마음을 열
것이다.
5 죄가 내 발목을 잡을 때, 내가 왜
어두운 날을 두려워해야 하나?
6 자신의 부를 믿는 자와, 많은 재산
을 자랑하는 자는,
7 그 중 누구도, 어떤 수단으로도, 형
제를 구하지 못하고, **하나님**에게
형제의 목숨 값을 주지도 못한다.
8 [왜냐하면 그들의 영혼을 구원하
는 대가는 대단히 값비싸기 때문
에, 갚아도 끝나지 않기 때문이다.]
9 영원히 살아 있는 자는 부패를 모
르는 자다.
10 현명한 자도 죽는다는 것을 알 듯,
마찬가지로 어리석거나 잔인한 사
람도 사멸하면, 그의 재산은 타인
에게 가버린다.
11 사람이 마음속으로 자신의 가문을
영원한 것으로 생각하고, 사는 집
을 대대로 물려줄 것으로 생각하

기 때문에, 자신의 땅에 자기 이름
을 붙여서 부른다.
12 하지만 명예로운 사람도 영원히
살지 못하며, 도살되는 짐승과 다
를 바가 없다.
13 이것이 바로 우매한 자의 인생길
로서, 재차 그들의 후손 역시 선조
의 말을 증명한다. 셀라잠시멈춤
14 도살되는 양처럼, 죽음이 사람을
삼킨다 해도, 정직한 자는 날이 밝
을 때 죽음을 압도할 것이다. 인간
의 아름다움은 삶에서 죽음으로
소멸되는 것이다.
15 하지만 **하나님**은 죽음에서 나의 영
혼을 구하여, 나를 받아줄 것이다.
셀라잠시멈춤
16 어떤 자가 부자가 되어도, 그의 가
문의 영광이 커져도, 겁먹지 마라.
17 그 이유는, 그가 죽을 때 아무것도
가져가지 못하고, 그의 영광도 그
를 따라 무덤으로 내려가지 못한
다.
18 하지만 살아 있는 동안 자기자신
에게 충실하면, 사람들이 너를 칭
찬하여, 네 영혼이 축복을 받는다.
19 인간은 자기 조상한테 돌아가야
하고, 죽은 자는 영원히 빛을 보지
못할 것이다.
20 명예를 얻은 사람이라도 지혜가
없으면, 짐승처럼 죽게 된다.

하늘이 판관

애새프 음악사가 전하는 시가기도

50 힘센 **하나님**이자, 우리의 주
인님이, 태양이 떠올랐다 지
는 곳을 지구라고 불렀다.
2 아름다움의 극치 자이언에서 **하나
님**이 빛을 발했다.
3 우리 **하나님**이 오면, 조용하지 않
을 것이다. 불이 그 앞에서 타오르
면서, 그의 주변에 거세게 몰아칠
것이다.
4 그는 지구 위를 하늘이라 불러, 그
가 자신의 백성을 평가할 수 있게
했다.
5 나를 위해 목숨을 거는 나의 신성
한 성자는, 모두 내게 모여라. 그들
은 희생제물을 바치며 나와 계약
을 맺은 자들이다.
6 그러면 하늘이 그들의 올바른 정
의에 대한 판정을 내릴 것이다. 왜
냐하면 **하나님** 자체가 판관이기 때
문이다. 셀라잠시멈춤
7 나의 백성아, 내가 말하는 바를 들
어봐라. 오 이즈리얼아, 나는 너에
대해 사실대로 증언하겠다. 나는
하나님, 너희 **하나님**이다.
8 나는 너의 희생제물로 너를 꾸짖
지 않고, 내게 올리는 번제제물로
나무라지 않겠다.
9 나는 네 집의 수소도 받지 않고, 네
우리에서 나온 양도 받지 않겠다.
10 왜냐하면 숲의 모든 짐승이 나의

것이고, 수천의 언덕 위에 있는 가
축이 나의 것이기 때문이다.
11 나는 산에 있는 모든 새와 들의 야
생 짐승도 내 것임을 안다.
12 내가 배가 고파도 네게 말하지 않
는 것은, 세상이 내 것이고, 거기 가
득 찬 것이 내 것이기 때문이다.
13 내가 수소 고기를 먹을까, 아니면
염소의 피를 마실까?
14 **하나님**에게 감사의 표시를 올리고,
가장 높은 그에게 너의 맹세를 해
라.
15 그리고 어려울 때 나를 불러서, 내
가 너를 구하거든, 너는 나를 찬양
해야 한다.
16 하지만 악한한테는 **하나님**이 이렇
게 말한다. "너는 나의 법을 말하거
나 네 입으로 나의 계약을 꺼내는
척하며, 무슨 음모를 꾸미지?
17 정의의 지시를 거부하며, 내 말을
네 등 뒤로 던지다니.
18 너는 도둑을 보면 그와 한마음이
되고, 간통하는 사람을 보면 가담
자로 나섰다.
19 너는 네 입에 나쁜 것만 넣어, 네
혀를 속임수 틀에 가둔다.
20 너는 앉아서 네 형제를 헐뜯고, 네
어머니의 아들을 중상모략한다.
21 네가 이렇게 하는 데도 내가 가만
히 있었더니, 너는 나도 너 같은 종
류로 생각하더라. 하지만 내가 너
를 꾸짖으며, 네 행실을 네 눈 앞에
차례로 늘어놓겠다.
22 자, 이제 **하나님**을 잊은 너희 모두
는 이것을 생각해라. 내가 너를 조
각내지 않도록 말이다. 그렇게 되
어도 너를 구할 자는 아무도 없을
것이다.
23 나를 찬양하려고 자랑하는 자는
누구나, 그리고 그의 지시를 올바
르게 실행하는 사람에게, 내가 **하
나님**의 구원을 보여줄 것이다."

제물은 뉘우치는 마음

뱃쉬바와 동침하자, 예언자 내이선이
찾아왔던 당시 상황에 대하여, 수석 음악사가
전하는 대이빋왕의 시가기도

51 오 **주님**, 내게 자비를 베풀어,
당신의 다정한 자애와 대단
히 크고 온화한 사랑으로, 나의 잘
못에서 벗어나게 해주세요.
2 내가 지은 죄를 말끔히 씻어주어,
나의 죄로부터 나를 깨끗하게 정
화해주세요.
3 나의 잘못을 깨달았기 때문에, 이
죄는 언제나 내가 간직합니다.
4 나는 이번에 당신을 거스르는 죄
를 지어, 당신 눈에 이런 잘못을 했
어요. 당신의 의견은 옳고, 당신의
판정은 당연히 옳은 것이죠.
5 아마도, 나는 죄 속에서 태어났는
데, 그 죄란, 나의 어머니가 나를 잉
태했을 때부터 생성되었어요.
6 보세요, 당신은 내면의 진실을 바
라고 있을 터이니, 가려진 부분에

대해 내가 지혜를 알도록 일깨워
줘야 해요.
7 히숍 풀로 정화시키면, 나는 깨끗
해지고, 물로 씻어주면, 나는 눈보
다 더 하얗게 되겠죠.
8 내가 기쁘고 즐거운 소리를 들을
수 있게 해주면, 당신이 부러뜨린
내 뼈가 다시 즐거워질 수 있을 거
예요.
9 나의 잘못에 대해 당신의 얼굴을
가리고 못 본 척하며, 나의 모든 죄
에서 벗어나게 해주세요.
10 내 마음을 깨끗하게 정화시켜 주
세요. 오 **하나님**, 나의 정신을 올바
르게 새로 만들어주세요.
11 당신 앞에서 나를 멀리하지 말고,
내게서 당신의 신성한 영혼을 빼
앗아가지 말아주세요.
12 나에게 당신 구원의 즐거움을 되
찾아 주어, 당신의 자유로운 영혼
으로 나를 잡아주세요.
13 그러면 나는 잘못하는 자에게 당
신의 길을 가르치고, 당신 앞에서
죄인을 개선시키도록 하겠어요.
14 오 **주님**, 죽어야 마땅할 유죄에서
나를 구해주세요. 당신은 나를 구
원하는 **하나님**이니까요. 그러면 나
의 혀가 당신의 정의를 소리 높여
부르겠어요.
15 오 **주님**, 내 입술을 열어, 나의 입이
당신을 칭송하는 것을 보이게 하
세요.
16 왜냐하면 당신은 희생제사를 원하
는 게 아니니까요. 그게 아니면 내
가 제물을 올린다 해도, 당신은 번
제로 즐거워하지 않을 터니까요.
17 **하나님**에게 바치는 나의 제물은 실
망으로 깨어진 한 조각 영혼, 상심
하여 깊이 뉘우치는 마음뿐이죠.
오 **하나님**, 당신은 뿌리치지 않겠
지요.
18 자이언에서 당신의 즐거움을 만족
하고, 저루살럼에서 당신의 성벽
을 구축해주세요.
19 그러면 당신은 정직한 자의 제물
과, 불에 구운 희생물과, 통구이 제
물로 만족할 수 있을 겁니다. 그리
고 백성은 마땅히 당신의 제단에
여러 수소를 올리게 될 것입니다.

큰 사랑을 믿는다

이덤 사람 드에그가 솔왕에게 가서, "대이빋이 애히멜렉 집으로 갔다"고 말했을 당시 상황에 대하여, 수석 음악사가 매스킬 악기에 맞추어 전하는 대이빋왕의 시가기도

52 강한자 너는 왜 자신의 비행
을 자랑하나? **하나님**의 정의
는 영원히 이어진다.
2 너의 혀는 악담을 지어내며, 마치
날카로운 면도날로 자르는 듯한
음모를 꾸민다.
3 너는 선보다 악을 사랑하고, 정의
를 말하기보다 거짓을 좋아한다.
셀라잠시멈춤
4 너는 피해가 집어삼키는 말을 즐

기니, 네 혀는 사기의 혀다.
5 **하나님**도 마찬가지로 너를 영원히
파멸시킬 것이다. 그는 너를 제거
하는데, 네 거처에서 뽑아내어, 네
땅에서 뿌리째 뽑아버린다. 셀라잠
시멈춤
6 올바른 사람 역시 이를 보고 두려
워한다. 그리고 악한에 대해 비웃
기를,
7 "봐라, 이런 사람은 **하나님**의 의도
로 만들어진 것이 아니고, 대신 넘
치는 자신의 재산을 믿으며, 그의
악의를 확고하게 구축한 자다" 라
고 한다.
8 그러나 나는 **하나님** 성전의 푸른
한 그루 올리브나무와 같아서, 나
는 언제까지나 **주님**의 큰 사랑을
믿는다.
9 나는 영원히 당신을 드높이며 칭
찬하고 노래해요. 왜냐하면 당신
이 모든 것을 완성했으니까요. 그
리고 당신의 이름을 기다리는 이
유는 당신을 따르는 무리 앞에 선
이 있기 때문이지요.

죄를 짓는 자는 선을 모른다

수석 음악사가 매핼래쓰와 매스킬 현악기 장단에 맞추어 전하는 대이빋왕의 시가기도

53 어리석은 자는 마음속으로
"**하나님**은 없다"고 말한다. 그
들은 부패하고, 혐오스러운 죄를
저지르며, 선행하는 자가 아무도
없다.
2 **하나님**이 하늘에서 인간의 자손을
내려다보며, 혹시 이해력을 가지
고 **하나님**을 찾는 자가 있는지 알
아보려고 한다.
3 그들은 모두 다 돌아섰고, 한결같
이 부도덕하여, 선한 일을 하는 자
가 없는데, 한 사람도 없다.
4 죄를 짓는 자는 알지 못하는 것일
까? 나의 백성을 빵 먹듯 삼키는
그들은 **하나님**을 찾지 않는다.
5 **하나님**에 대한 두려움을 모르는 곳
에서 저들이 큰 두려움에 빠졌는
데, 이는 **하나님**이 자신을 공격하
려고 진영을 친 자의 뼈를 조각내
흩어버렸기 때문이다. 그리고 당
신은 저들에게 모욕을 주었는데,
그 이유는 **하나님**이 저들을 괴멸시
켰기 때문이다.
6 오, 이즈리얼의 구원은 자이언 땅
에서 나왔다! **하나님**이 포로가 된
자신의 백성을 다시 데려올 때, 재
이컵이 다시 기쁘고, 이즈리얼이
즐거울 것이다.

도우며 지켜준다

수석 음악사가 네기노쓰, 매스킬 현악기의 장단에 맞추어 전하는 대이빋왕의 시가기도

–

지핌 사람이 솔왕에게 가서, "대이빋이 우리 가운데 숨어 있다"고 말했던 위기 상황

54 오 **하나님**, 당신의 이름으로
나를 구하여, 당신의 능력으
로 나를 판단해주세요.
2 오 **하나님**, 내 기도를 들어주고, 내
입에서 나오는 말에 귀를 기울여
주세요.
3 왜냐하면 이방인이 나를 배신하
자, 압제자들이 내 목숨을 노려요.
그들은 자신들 앞에 **하나님**을 두지
않았어요. 셀라잠시멈춤
4 보세요, **하나님**은 나를 돕고, 인간
의 주인님은 내 목숨을 지켜주는
사람과 한 편이죠.
5 당신은 나의 적에게 악을 되갚아
주고, 당신의 진실로 저들을 제거
해주겠지요.
6 나는 마음에서 우러나오는 희생제
물을 당신에게 올리며, 당신의 이
름을 찬양하겠어요. 왜냐하면 오
주님, 당신의 이름이 선이니까요.
7 지금까지 당신이 나를 모든 고통
에서 구해왔기 때문에, 내 눈은 나
의 적에 대한 당신의 의도를 알고
있어요.

악행이 만연

수석 음악사가 네기노쓰, 매스킬 현악기
장단에 맞추어 전하는 대이빋왕의 시가기도

55 오 **하나님**, 나의 기도에 귀를
기울여주고, 나의 간청을 못
들은 척하지 말아주세요.
2 나를 보살피며, 내 말을 들어주세
요. 내 불행에 너무 슬퍼, 이렇게 한
탄하는 것은,
3 적의 목소리 탓이고, 악한의 억압
때문이에요. 저들이 내게 불행을
던지고, 성이 나서 나를 미워해요.
4 나의 가슴속이 고통으로 몹시 아
파요. 그래서 내가 죽음의 공포에
빠져버렸어요.
5 두렵고 떨리는 공포가 나를 짓눌
러요.
6 그래서 나는 하소연을 했어요. "아,
내가 비둘기처럼 날개가 있다면!
그러면 멀리 날아가 쉴 수 있을 텐
데.
7 그런데 보다시피, 나는 외따로 떨
어져 방황하며 황야에 남겨져버렸
다. 셀라잠시멈춤
8 나는 태풍과 폭풍에서 빨리 벗어
나고 싶다."
9 오 사람의 주인님, 저들을 파멸시
켜 그 혀를 잘라주세요. 왜냐하면
내가 그 도성 안에서 폭력과 싸움
을 보았기 때문이에요.
10 그들은 밤이고 낮이고 성벽을 돌
고 있어서, 비행과 슬픔 역시 도성
가운데 있어요.
11 악행이 도성 가운데 있고, 사기와
속임수가 거리에서 떠나지 않아
요.
12 그런데 이건 아니죠. 적이 나를 모
욕했다면 참을 수 있었고, 적이 자
신들을 드높이고자 나를 미워했다
면 나 스스로 숨었겠죠.

13 그대신 상대가 당신이었고, 나와
같은 사람이었고, 나의 안내자 등,
내가 아는 사람들이었어요.
14 우리는 같이 담소하며, 함께 **하나님**
의 성전에 갔던 지인들이었죠.
15 죽음이 그들을 사로잡게 하고, 바
로 지옥으로 떨어지게 해주세요.
그 이유는 그들이 사는 도처에 악
행이 만연해 있기 때문이에요.
16 나로 말하자면, 내가 **하나님**을 찾
으면, **주님**이 나를 구해주겠지요.
17 저녁에도 아침에도 대낮에도 기도
하며, 큰소리로 외치면, 당신이 내
목소리를 들어주겠죠.
18 **주님**이 나를 공격하는 전쟁에서 무
사히 내 영혼을 구했던 것은, 나와
함께 수많은 사람이 있었기 때문
이었어요.
19 **하나님**이 듣는다면, 저들을 괴롭
혀 주고, 심지어 예전에 살았던 그
들 조상까지 고통을 주겠죠. 셀라
잠시멈춤 왜나하면 저들은 변하지 않
았고, 그래서 **하나님**을 두려워하지
않기 때문입니다.
20 저들은 **주님**과 함께 평화로운 자를
상대로 나쁜 손을 뻗으며, **주님**의
계약을 깨뜨렸어요.
21 그의 입에서 나오는 말은 전부 버
터보다 더 부드러웠지만, 가슴속
에는 오직 싸움만 있고, 그의 말은
기름보다 더 매끄러웠지만, 칼을
빼 들었어요.
22 **주님**에게 너희 짐을 내려놓으면,
그가 너를 바쳐줄 것이다. 그는 정
직한 자가 사라지는 것을 절대 참
지 않는다.
23 그러니 오 **하나님**, 당신은 저들을
파멸의 구덩이로 처넣어, 잔인하
고 기만을 일삼는 자가 수명의 절
반도 살지 못하게 하세요. 그러나
나는 당신을 믿겠어요.

자비를 주세요

수석 음악사가 멀리 있는 참나무의 한 마리
비둘기에 대하여 믹탬 장단에 맞추어 전하는
대이빋왕의 시가기도
-
필리스틴이 개쓰에서 대이빋을 붙잡았던 당시

56 **주님**, 내게 자비를 베풀어주
세요. 사람이 나를 삼키려고
매일 압박하고 있어요.
2 매일 여러 적이 나를 죽일 것 같아
요. 왜나하면 나를 공격하는 자가
많이 있기 때문이에요. 오, 당신은
가장 높은 존재죠.
3 내가 두려워할 때가 있나요, 당신
을 믿고 의지하고 있는데 말이죠.
4 나는 **하나님** 말을 드높이고, 나의
믿음을 **하나님**에게 두고 의지하고
있기 때문에, 내 몸이 죽더라도 두
렵지 않아요.
5 그들은 매일 내 말을 왜곡하면서,
그들이 생각하는 것은 모두 나의
불행뿐이에요.
6 그들이 한데 모여 꾸미는 음모란,

남모르게 나의 길을 살피며, 내 목
숨을 노리는 거예요.
7 저들이 죄로부터 빠져나가야 할까
요? 당신의 분노로 저들을 쓰러뜨
려주세요. 오 **하나님**.
8 당신은 내가 방황하는 마음을 알
테니, 당신의 병 속에 내 눈물을 담
아주세요. 이것도 당신 책에 기록
되어 있지 않나요?
9 내가 당신에게 호소하면, 나의 적
이 물러가겠죠. 그렇다고 내가 알
아요. 왜냐하면 **하나님**은 내 편이
니까요.
10 **하나님** 안에서 나는 그의 말을 자
랑하고, **주님** 안에서 그의 말을 목
소리 높여 노래한다.
11 **하나님** 안에 나의 믿음을 두고 의
지하며, 사람이 내게 무슨 짓을 하
든 두려워하지 않겠다.
12 당신의 약속이 나와 함께 있어요.
오 **하나님**, 따라서 나는 당신을 자
랑하는 노래를 만들 겁니다.
13 왜냐하면 당신은 죽음에서 내 영
혼을 구하고, 내 발이 쓰러지지 않
게 구하기 때문에, 나는 인생의 밝
은 빛 가운데에서 **하나님** 앞에서
걸어갈 수 있겠죠?

해치지 마라

수석 음악사가 믹탬 형식에 맞추어 전하는
'해치지 말아 달라'는 대이빋왕의 시가기도

*대이빋이 솔왕한테서 도망쳐 굴 속에
숨어 있던 당시*

57 오 **하나님**, 나를 사랑해주세
요. 또 가엾게 여겨주세요. 왜
냐하면 내 영혼이 당신에게 의지
하니까요. 그래요, 당신의 날개 밑
에 나의 피난처를 만들어, 이 재난
을 넘기려고 합니다.
2 나는 **하나님**에게 호소합니다. 당신
은 가장 높은 존재이고, 나를 위해
모든 것을 다해주는 **하나님**이죠.
3 그는 하늘에서 사자를 보내어, 나
를 파멸시키려는 자의 불행에서
반드시 나를 구해주지요. 셀라잠시
멈춤 **하나님**은 틀림없이 그의 자비
와 진실을 보내주지요.
4 내 목숨이 사자 가운데 있고, 또 사
람들이 불을 지펴 놓은 한가운데
놓여 있어요. 그들의 이는 창과 화
살이고, 그들의 혀는 날카로운 칼
이에요.
5 오 **하나님**, 당신은 하늘 위로 드높
여지고, 당신의 영광이 지구 위에
존재하게 하세요.
6 저들은 나의 발걸음을 겨냥해 그
물을 쳐 놓았는데, 내 영혼이 굴복
하도록 말이죠. 그런데 내 앞에 파
놓은 구덩이 가운데로, 그들 스스
로 빠져버렸어요. 셀라잠시멈춤
7 내 마음은 확고하고, 나의 마음은
변함없이, 오 **하나님**, 당신을 노래
하고 칭찬합니다.

8 나의 영광아, 깨어나라. 썰터리와
하프도 깨어나라. 나는 스스로 새
벽부터 깨어나겠다.
9 그리고 인간의 주인님 당신을 백
성 가운데서 드높이겠어요. 나는
나라 가운데서 당신을 노래합니
다.
10 왜냐하면 당신의 관대한 사랑이
커서 하늘에 닿고, 당신의 진심이
구름까지 닿기 때문이죠.
11 오 **하나님**, 당신의 존재를 하늘 위
로 드높여, 당신의 영광이 땅위 모
든 곳에 미치게 하세요.

정의는 보상받는다

수석 음악사가 믹탬 형식에 맞추어 전하는
'해치지 말아 달라'는 대이빋왕의 시가기도

58 너희 대중은 진정으로 정의
를 말하는가? 너희 사람의 아
들은 올바르게 정의를 실천하나?
2 그렇지, 너희는 마음속에서 나쁜
일을 궁리하며, 세상에 너희 폭력
의 손길만 생각한다.
3 악한은 자궁에서부터 정의와 멀어
져, 태어나자마자 길을 잃고 헤매
며 거짓말을 한다.
4 그들의 독성은 뱀의 독과 같고, 그
들의 귀는 귀가 닫힌 맹독성 살무
사 같다.
5 그래서 마술사의 목소리조차 귀를
기울이지 않아, 절대로 마술도 통
하지 않는다.
6 오 **하나님**, 저들의 입안에 있는 이
를 부러뜨리고, 젊은 사자의 송곳
니도 부러뜨려 주세요. 오 **하나님**.
7 저들을 물처럼 녹여 계속 흘러내
리게 하고, 저들이 활을 쏠 때 화살
이 부러져 조각나게 해주세요.
8 달팽이가 녹아버리듯 저들 모두
사라지게 하고, 조산아가 빛을 못
본채 가듯 저들이 해를 보지 못하
게 해주세요.
9 너희 솥이 열기의 고통을 느끼기
도 전에, 너희가 죽었든 살았든 그
는 모두를 분노의 회오리바람으로
날려버릴 것이다.
10 정직한 자는 복수를 보고 기뻐하
며, 악한의 피에 발을 씻을 것이다.
11 그러면 사람이 말한다. "참으로 정
의는 보상을 받고, 정말로 지구의
판정은 **하나님**이 한다.

우리의 방패

수석 음악사가 믹탬 형식에 맞추어 전하는
'해치지 말아 달라'는 대이빋왕의 시가기도
-
솔왕이 사람을 보내어 대이빋을 죽이려고
집을 감시하던 시기

59 오 나의 **하나님**, 적으로부터
나를 구하여, 나를 치려는 저
들한테서 나를 지켜 주세요.
2 악행을 일삼는 무리에서 나를 보
호하고, 살인청부자로부터 나를
구해주세요.

3 보세요, 저들이 내 목숨을 노리니,
강한 자들이 나를 공격하려고 모
였어요. 나는 잘못이 없고, 죄도 없
는데 말이죠. 오 **주님**.
4 저들은 잘못 없는 내게 달려들 태
세이니, 깨어나서 나를 도와주고
보호해주세요.
5 그리고 만인의 **주 하나님**, 이즈리얼
의 **하나님**, 깨어나서 이민족을 샅
샅이 찾아내어, 어떤 경우라도 나
쁜 죄를 짓는 자는 참아주지 마세
요. 셀라잠시멈춤
6 밤이면 저들이 다시 와서, 개처럼
짖어 대며, 도성 주위를 맴돌아요.
7 보세요, 저들 입에서 뱉아내는 것
이 무엇인지. 입술에서 나오는 말
이 바로 칼이에요. 그러면서 "누가
들을까?" 라고 말해요.
8 하지만 오 **주님**, 당신은 저들을 비
웃고, 이방인 모두 경멸해줘야 해
요.
9 당신의 힘 때문에 나는 당신을 기
다리겠어요. **하나님**이 나의 보호막
이니까요.
10 관대한 사랑을 주는 나의 **하나님**이
나를 막아주고, 내가 반드시 적을
처벌하는 것을 보게 해주겠죠.
11 나의 백성이 잊지 않도록, 저들을
죽이는 대신, 당신의 힘으로 저들
을 흩어버리고 굴복시켜주세요.
오 우리의 방패, 인간의 주인님.
12 저들 입의 죄로써, 또 입술의 말로
써, 자신들의 자만에 빠져 있어요.
저주와 거짓말이 저들의 말이지
요.
13 화를 내서 저들을 집어삼키고, 보
이지 않을 때까지 없애주세요. **하
나님**이 재이컵 시절에도 땅끝까지
지배했다는 것을 저들에게 알려주
세요. 셀라잠시멈춤
14 저녁에 그들이 다시 와서, 개처럼
짖으며 도성 주위를 돌게 하세요.
15 그들이 음식을 찾아 위로 아래로
다닐 때, 배가 부르지 않아 심술이
나게 하세요.
16 그러면 나는 당신의 힘을 노래하
겠어요. 맞아요, 아침이면 당신의
사랑을 큰 소리로 노래하죠. 왜냐
하면 당신은 나의 방패가 되어주
었고, 곤경에 빠진 시절에 피난처
가 되어주었기 때문이죠.
17 오 나의 힘인 당신을 내가 노래합
니다. 그 이유는 **하나님**은 나의 방
패이고, 나의 사랑의 **하나님**이기
때문입니다.

계약 상기

수석 음악사가 밀탬 형식에 맞추어 전하는
'계약을 상기하기' 위한 대이빋왕의 시가기도
-
*대이빋이 애램-내해래임과 애램-조바와
싸웠을 때, 조앱이 돌아와 소금계곡에서
이덤 12,000명을 죽였던 당시*

60 오 **하나님**, 당신은 우리를 흩
어버리고 마음이 불편했겠

죠. 그러니 다시 우리에게 돌아오
세요.
2 당신이 땅에 지진을 일으켜 부셔
버렸으니, 이제 무너진 곳을 고쳐
주세요. 왜냐하면 그곳이 흔들리
고 있어요.
3 당신은 백성에게 절망의 상황을
보이며, 우리가 고통의 쓴 잔을 들
이켜게 했죠.
4 당신은 자신을 경외하는 자에게
깃발을 주어, 진리를 매달아 게양
할 수 있게 했어요. 셀라잠시멈춤
5 당신이 사랑하는 사람은 구원받을
수 있지요. 그러니 당신의 오른손
으로 구해주고, 내 말에 귀를 기울
여주세요.
6 **하나님**은 자신의 신성한 성역을 말
해주었으므로, 나는 기꺼이 쉬컴
을 나누고, 수커쓰 골짜기의 구역
을 나누겠어요.
7 길리얻은 내 것, 머나서는 나의 것,
이프리엄 역시 내 머리의 힘이 되
고, 쥬다는 나의 법을 만드는 곳이
되고,
8 모앱은 나의 대야가 되고, 이덤 전
역에는 내 신발을 던지며, 필리스
틴 지역은 내가 승리해주겠어요.
9 누가 나를 이토록 강한 도성을 이
루게 할까요? 누가 나를 이덤 땅으
로 이끌죠?
10 오 **하나님**, 당신이 아니면, 누가 우
리를 던져버리겠어요? 오 **하나님**,
당신이 아니면, 누가 우리 군대를
출전하지 못하게 할까요?
11 어려움에서 우리를 도와주세요.
인간의 도움은 아무 소용이 없어
요.
12 **하나님**을 통해서 우리는 용기를 낼
수 있어요. 왜냐하면 그가 우리의
적을 밟아버릴 수 있기 때문이지
요.

보다 높은 바위로

수석 음악사가 내기나 악기에 맞추어 전하는
대이빋왕의 시가기도

61 오 **하나님**, 내 호소를 들어주
세요. 내 기도에 관심을 가져
주세요.
2 땅 한쪽 끝에서 당신에게 외치는
것은, 내 가슴이 두려움에 짓눌려
있기 때문에, 나를 이보다 더 높은
바위로 이끌어 달라는 거예요.
3 왜냐하면 당신은 나의 피난처가
되어주었고, 적한테서 피할 수 있
는 튼튼한 전망대가 되어주었으니
까요.
4 나는 언제까지나 당신의 성전에
머물며, 당신의 날개 밑에 몸을 의
지합니다. 셀라잠시멈춤
5 왜냐하면 오 **하나님**, 당신이 나의
맹세를 들어주었으니까요. 그리고
당신은 당신의 이름을 두려워하는
자의 유산물을 내게 주었으니까
요.
6 당신은 이 왕의 수명을 늘려서, 그

의 인생을 여러 세대에 이르게 해
주겠지요.
7 그는 영원히 **하나님** 앞에서 살겠어
요. 왕을 지켜줄 수 있는 사랑과 믿
음을 마련해주세요.
8 그러면 나는 영원히 당신의 이름
을 자랑하는 노래를 부르며, 매일
나의 맹세를 실천할 수 있어요.

권력과 큰 사랑

수석 음악사가 제두썬과 함께 전하는
대이빋왕의 시가기도

62 진정으로 내 영혼이 **하나님**을
기다리는 이유는, 나의 구원
이 그로부터 나오기 때문이다.
2 그는 유일한 나의 바위이고 구원
이고 방패이므로, 나는 전혀 흔들
리지 않는다.
3 너희는 언제까지 사람을 헤치는
비행을 궁리하는가? 너희는 모두
반드시 죽을 것이다. 너희 벽은 무
너지고, 담은 비틀려 허물어지기
때문이다.
4 그들은 오직 그의 탁월함으로부터
그를 끌어내릴 생각만 하고, 거짓
말을 좋아하며, 입으로 축복해도
속으로는 저주한다. 셀라잠시멈춤
5 나의 영혼, 너는 **하나님**만을 기다
려라. 왜냐하면 나의 기대가 그로
부터 나오기 때문이다.
6 그는 유일한 나의 바위, 나의 구원,
나의 방패이므로, 나는 전혀 흔들
리지 않는다.
7 **하나님** 안에 나의 구원과 나의 영
광이 있다. 내 힘의 원천과 나의 피
난처도 **하나님** 안에 있다.
8 언제든 그를 믿고 의지해라. 너희
사람들아, 그에게 너희 마음을 털
어놓아라. **하나님**이 우리를 위한
피난처다. 셀라잠시멈춤
9 확실하게 지위가 낮은 사람은 아
무것도 없고, 지위가 높은 사람은
거짓만 있다. 저울에 달면, 둘 다 허
무보다 더 가볍다.
10 억압을 의지하면 안 되고, 약탈을
가벼이 여기지 마라. 재물이 는다
해도, 거기에 네 마음을 두지 마라.
11 **하나님**은 한 번 말했고, 나는 이것
을 두 번 들었다. 권력은 **하나님**에
속한 일이라고.
12 오 인간의 주인님, 마찬가지로 큰
사랑도 당신에 속한 것이죠. 왜냐
하면 당신의 작품에 따라 당신이
모든 사람을 만들어주었기 때문이
죠.

갈망한다

대이빋왕의 시가기도
–
그가 쥬다 황야에 있었을 당시

63 오 **주님**, 나의 **하나님**, 당신을
내가 이른 아침부터 찾는 것
은, 당신에 대해 내 영혼이 목이 말
라, 내 몸이 마치 물 없는 황야의

가뭄과도 같이 당신을 갈망하기
때문이에요.
2 이는 당신의 힘과 영광을 구하려
고, 내가 성소에서 당신을 찾는 것
과 같은 것이죠.
3 당신의 다정한 사랑이 생명보다
더 좋기 때문에, 내 입술이 당신을
드높이지요.
4 따라서 살아 있는 한 나는 당신에
게 감사하며, 당신의 이름을 내 손
으로 받들어 올립니다.
5 그러면 내 영혼은 골수와 기름진
음식을 먹을 때처럼 만족하여, 나
의 입은 즐거운 입술로 당신을 자
랑하게 되지요.
6 나는 침대에서도 당신을 기억하
고, 밤에도 당신을 보며 명상하겠
어요.
7 그 이유는 당신이 내게 도움을 주
어, 당신의 날개 품안에서 내가 기
쁘니까요.
8 내 영혼이 간절히 당신을 따르면,
당신의 오른손으로 나를 받쳐주세
요.
9 대신 내 영혼을 노리는 자는 부서
져, 지구 아래로 들어가게 되겠지
요.
10 그들은 칼에 쓰러져 여우 몫이 되
겠지요.
11 하지만 왕은 **하나님** 안에서 기쁘
고, 그에게 맹세하는 모두는 영광
을 얻어도, 거짓말을 하는 입은 반
드시 멈추게 되겠지요.

음모와 반란을 피하게 해주세요

수석 음악사가 전하는 대이빋왕의 시가기도

64 오 **하나님**, 나의 기도소리를
들어주세요. 적의 두려움에
서 내 생명을 보호해주세요.
2 악한의 음모에서 나를 숨겨주고,
나쁜 일을 일삼는 자의 반란에서
나를 피하게 해주세요.
3 저들은 자기 혀를 칼처럼 갈고, 화
살을 쏘려고 구부리며 악담을 퍼
붓고 있어요.
4 저들은 흠이 없는 자를 몰래 쏘아
맞출 수 있는데, 갑자기 저들이 나
를 쏘아 맞춰도 두렵지 않아요.
5 저들은 나쁜 행동을 부추기고, 서
로 격려하며 몰래 덫을 놓으며 말
해요. "누가 자기들을 보겠냐?"고
말이죠.
6 저들은 부정행위만 찾아, 열심히
성취하고 있어요. 저들은 한결같
이 내면의 생각과 마음이 너무 교
활해요.
7 하지만 **하나님**이 저들에게 화살을
쏘아 맞추면, 어느 순간 저들은 부
상을 당하겠죠.
8 그러면 저들의 악담이 자신들한테
떨어져, 결국 모두 달아나는 것을
보게 되겠죠.
9 그러면 모두가 두려워서, **하나님**의
업적을 선포할 겁니다. 그때서야
저들은 **하나님**의 위업을 제대로 생
각하게 될 겁니다.

10 정직한 자는 **주님** 안에서 기뻐하
며, 그에게 의지하고, 마음이 올바
른 자는 영광을 얻게 되지요.

좋은 것을 만끽

수석 음악사가 전하는 대이빋왕의 시와 노래

65 오 **하나님**, 당신을 위한 찬
양을 자이언에서 기다리며,
임무를 수행할 맹세를 하게 됩니다.
2 기도를 들어줄 당신에게 모든 사
람이 옵니다.
3 우리의 잘못으로 인해 죄가 나를
이겨도, 당신은 죄를 쫓아내 주겠
지요.
4 당신이 선택하여 당신에게 다가갈
수 있는 자는 복을 받게 되죠. 그러
면 그는 당신의 성전 뜰에 머무를
수 있고, 우리는 당신의 집에 있는
온갖 좋은 것을 만끽할 수 있어요.
5 우리 구원의 **하나님**, 당신은 정의
가운데 두려운 것에 대해 우리에
게 대답해줄 것이고, 그러면 당신
은 땅끝 이곳 저곳은 물론, 바다 저
멀리 떨어져 있는 사람한테까지
자신감이 되어 줍니다.
6 당신의 힘으로 순간에 산을 쌓으
며, 그 힘으로 띠를 둘러주고,
7 그것으로 바다의 굉음을 잠재우
며, 파도의 동요도, 사람의 소란도
가라앉혀 주지요.
8 지구 한쪽 끝에 사는 사람 역시 당
신의 흔적에 겁을 먹어도, 아침과
저녁이 되면 당신은 그것을 지나
가게 하여 다시 즐겁게 만들어주
지요.
9 당신은 땅을 방문하여, 물을 주는
데, **하나님** 강의 풍부한 물로 지구
를 대단히 풍성하게 만들지요. 당
신은 물을 주면서, 땅이 곡식을 마
련하게 합니다.
10 당신은 강 언덕에도 물을 충분히
주어, 도랑을 형성하고, 비를 뿌려
땅을 부드럽게 만들며, 거기서 나
오는 샘을 축복해주지요.
11 당신은 자신의 덕으로 그 해에 크
라운관을 씌우듯, 자신의 길에 풍
부하게 비를 내리죠.
12 비가 광야의 초원에 내리면, 작은
언덕들이 여기 저기에서 기뻐하지
요.
13 그래서 초원이 양떼로 옷을 입고,
계곡 역시 곡식으로 뒤덮이면, 인
간은 기뻐 소리치며, 노래를 부르
죠.

업적이 얼마나 위대한가

수석 음악사가 전하는 시와 노래

66 너희 땅 모두는 **하나님**에게
기쁨의 함성을 질러라.
2 그 이름의 명예를 노래하며 그의
영광을 드높여라.
3 **하나님**에게 이렇게 전하자. '당신
의 업적이 얼마나 위대한가! 당신
의 큰 힘에 당신의 적이 스스로 굴

복한다'고.
4 이 땅 지구는 마땅히 **주님**을 경배
하게 해야 하고, 당연히 **주님**에게
노래하게 해야 한다. 그들은 **주님**
의 이름으로 노래해야 한다. 셀라잠
시멈춤
5 와서 **하나님**의 작품을 봐라. 그가
인간의 자손을 향해 한 일이 엄청
나다.
6 그가 바다를 마른 땅으로 바꾸어,
사람이 발로 바다의 밑바닥을 지
나갔다. 그곳에서 우리는 그에게
기뻐했다.
7 그는 영원히 그의 힘으로 지배하
고, 그의 눈으로 나라를 살피며, 반
항하는 자가 우쭐대지 못하게 한
다. 셀라잠시멈춤
8 너희 사람아, 우리의 **하나님**에게
감사하자. 그리고 그를 칭송하는
소리가 들리게 하자.
9 그는 우리의 영혼에 생명을 심어
주고, 우리 발이 흔들리지 않게 붙
잡아준다.
10 오 **하나님**, 당신은 우리를 입증하
게 하면서, 은을 정제하여 다듬듯,
우리를 시험했죠.
11 당신은 우리를 그물 속으로 데려
가, 우리의 허리에 고통을 얹기도
하죠.
12 당신은 사람이 우리 머리 위를 올
라타게 하기도 하고, 우리가 불이
나 물 속을 지나가게도 하죠. 그러
다 당신은 우리를 이끌어 풍요로
운 장소로 데려가기도 하죠.
13 나는 번제물을 가지고 당신의 집
으로 들어가서, 당신에게 나의 맹
세를 하겠어요.
14 내 입술이 말하고, 나의 입이 말하
는 것은 내가 고통에 빠졌기 때문
이었어요.
15 나는 당신에게 기름진 번제제물을
올리고, 숫양의 맛있는 향기도 올
리며, 염소와 더불어 수소도 올리
겠어요. 셀라잠시멈춤
16 너희 **하나님**을 두려워하는 자는 모
두 와서 들어라. 그러면 내가 **하나
님**이 내 영혼을 위해 한 일을 선포
하겠다.
17 나는 내 입으로 그에게 소리치며,
내 혀로 그를 극찬했다.
18 만약 내가 마음속에 죄를 생각하
면, 인간의 주인님은 나의 기도를
듣지 않는다.
19 하지만 **하나님**이 나의 진정한 기도
를 들으면, 그는 내 기도소리에 관
심을 주었다.
20 **하나님**에게 감사하자. **하나님**은 나
의 기도를 외면하지 않고, 나한테
서 그의 사랑도 거두지 않았다.

빛을 비춰주세요

수석 음악사가 내기노쓰 현악기에 맞추어 전하는 시와 노래

67 우리에게 관대한 사랑을 베
풀고 축복해 주는 **하나님**,

당신 얼굴의 빛을 우리에게 비춰
주세요. 셀라잠시멈춤
2 그러면 당신의 길이 지구 위에 알
려질 수 있고, 당신의 구원으로 모
든 나라가 건전해질 수 있어요.
3 오 **하나님**, 사람이 당신을 자랑하
게 하고, 모두가 당신을 칭찬하게
하세요.
4 모든 나라가 즐거워 기쁨의 노래
를 부르게 하세요. 왜냐하면 당신
은 사람을 바르게 재판하고, 지구
의 여러 나라를 올바르게 통치하
니까요. 셀라잠시멈춤
5 오 **하나님**, 사람이 당신을 자랑하
게 하고, 모두가 당신을 칭찬하게
하세요.
6 그때 이 땅은 자신의 생산물을 산
출해낼 수 있어요. 그러면 **하나님**,
우리 자신의 **하나님**도 틀림없이 우
리를 축복해주겠지요.
7 **하나님**이 우리에게 복을 주면, 온
땅 곳곳마다 당신을 경외하게 되
지요.

흩어버린다

수석 음악사가 전하는 대이빋왕의 시와 노래

68 **하나님**, 일어나서 당신의 적
을 흩어버리고, 당신을 미
워하는 저들 역시 **주님** 앞에서 달
아나게 하세요.
2 연기가 사라지듯 저들을 내몰고,
초가 불에 녹듯 악한을 **하나님** 앞
에서 없애주세요.
3 그리고 올바른 자를 기쁘게 하고,
하나님 앞에서 즐거워하게 하세요.
그래요, 그러면 그들은 몹시 기뻐
할 거예요.
4 **하나님**을 노래하자. 그의 이름을
자랑하는 노래를 부르자. 제호바
JAH: Jehovah의 이름으로 하늘을 두
루 나는 그를 드높이며, 그 앞에서
즐거워하자.
5 고아의 아버지이고, 미망인의 재
판관은 신성한 장소에 있는 **하나님**
이다.
6 **하나님**은 외로운 자에게 가정을 이
루게 하고, 쇠줄에 묶인 노예를 해
방시키지만, 거부하는 자는 마른
땅에 살게 한다.
7 오 **하나님**, 당신은 당신의 백성에
앞서 가면서, 황야를 행진했었죠.
셀라잠시멈춤
8 지구가 흔들리고, 하늘 역시 **주님**
의 눈 앞에서 무너져 내렸고, 심지
어 사이나이산 자체도 이즈리얼의
하나님 앞에서 흔들렸지요.
9 오 **하나님**, 당신은 비를 충분히 내
려주면서, 당신의 유업이 부진할
때 확신을 주었어요.
10 당신의 공동체를 그 안에 살게 하
며, 오 **하나님**, 당신은 약자를 위해
최선을 마련했지요.
11 주인님은 이 말을 했어요. "그것을
알리는 자는 위대하다" 라고요.
12 왕도 군대도 급히 달아나자, 집에

머물던 여자는 전리품을 나눴지
요.
13 비록 너희가 단지 사이에 누워 있
다 해도, 너희는 은을 씌운 비둘기
날개처럼, 황금을 입힌 비둘기 깃
털처럼 될 것이다.
14 전능한 존재가 그 땅에서 왕을 흩
어버릴 때, 새먼지역은 눈이 온 듯
하얗게 되었다.
15 **하나님**의 언덕은 배이샨 언덕과 같
이, 높고 험준한 산이다.
16 너희 험한 산들아, 왜 너희가 **하나
님**의 산을 넘보려 하지? 그곳은 **하
나님**이 머물려는 산이다. 맞다, **주
님**은 영원히 그 안에 머물 것이다.
17 **하나님**의 전차는 2만대고, 천사는
수천이다. 주인님은 사이나이산과
같은 신성한 곳에 그들 가운데 있
다.
18 **주님**은 높이 오르며, 포로를 많이
잡았고, **주님**은 사람들로부터 선물
을 받았고, 반항하는 사람한테도
역시 받았다. 그 **주 하나님**은 그들
가운데 사는 것이다.
19 인간의 주인님에게 감사하자. 그
는 매일 우리를 위하여 대신 짐을
진다. 우리의 구원의 **하나님**을 찬
송하자. 셀라잠시멈춤
20 우리의 **하나님**인 그는 구원의 **하나
님**이다. 따라서 죽음에서 벗어나는
일은 **주 하나님**에게 속하는 일이다.
21 반드시 **하나님**은 적의 머리에 부상
을 입히고, 계속 죄를 지으려는 자
의 머리 두피에도 상처를 낼 것이
다.
22 주인님은 말했다. "나는 배이샨에
서 다시 데려오고, 나의 백성을 깊
은 바다에서 다시 이끌어내겠다.
23 그러면 너희 발을 적의 피 속에 담
글 수 있을 것이고, 네 개의 혀도
마찬가지다.
24 오 **하나님**, 사람은 당신의 움직임
을 보았고, 나의 **하나님**, 나의 왕 당
신의 진행을 성소에서 보았어요.
25 가수들이 앞으로 나오자, 악기 연
주자가 뒤를 따랐고, 그들 가운데
팀브럴소북을 연주하는 소녀도 있
었다.
26 너희는 대중 가운데 있는 **하나님**을
찬양해라. 심지어 이즈리얼의 원
천에서 나온 인간의 주인님을 찬
양해라.
27 그곳에는 작은 벤저민부족이 그들
의 지도자, 쥬다의 대군왕자들, 그
들의 고문관, 제뷸런의 대군왕자
들, 냎털라이의 대군왕자들과 함
께 있다.
28 **하나님** 당신은 자신의 힘에게 명령
했어요. "강해져라!"고 말이죠. 오
하나님, 그 힘은 우리를 위해 당신
이 만든 힘이죠.
29 저루살럼이 당신의 성전이므로,
왕들이 당신에게 예물을 가져올
겁니다.
30 창을 든 무리를 꾸짖고, 인간의 자
손이 지닌 무수한 수소들을 꾸짖

어라. 모두가 은조각을 지닌 자신
에게 굴복할 때까지. **주님**은 전쟁
을 좋아하는 사람을 흩어 놓는다.
31 대군왕자들은 이집트에서 오고,
이씨오피아는 곧 **하나님**에게 자신
의 손을 내밀 것이다.
32 너희 땅위의 왕국들아, **하나님**을
노래해라. 주인님을 자랑하는 노
래를 불러라. 셀라잠시멈춤
33 옛날 하늘 가운데 하늘을 두루 나
는 그는, 보라, 그는 자신의 목소리
인, 힘찬 목소리를 내보낸다.
34 너희 힘을 **하나님**에게 돌려라. 그
의 탁월함은 이즈리얼 전역에 미
치고, 그의 힘은 구름 속에 있다.
35 오 **하나님**, 당신은 자신의 신성한
장소로부터 나온 놀라운 존재이
죠. 그러므로 이즈리얼의 **하나님**은
자신의 백성에게 힘과 권한을 주
는 존재다. **하나님**을 찬양하자.

구해주세요

수석 음악사가 쇼쉐님 관악기에 맞추어
전하는 대이빋왕의 시가기도

69 오 **하나님**, 나를 구해주세요.
물이 내 영혼을 채우고 있어
요.
2 나는 깊은 수렁에 빠져, 서 있을 수
없고, 물이 나를 덮칠 깊은 물 한가
운데 내가 있어요.
3 내가 소리치다 지쳤더니, 내 목은
말랐고, 나의 **하나님**을 기다리는
사이 내 눈은 잘 보이지 않아요.
4 이유 없이 나를 미워하는 저들은
내 머리카락보다 수가 더 많고, 나
를 파멸시키려는 저들은 불행히도
강해요. 그래서 내가 약탈하지 않
은 것까지 할 수 없이 내놓아야 했
어요.
5 **하나님**, 당신은 나의 어리석음을
알고, 나도 나의 죄를 당신에게 감
추지 않았어요.
6 오 만인의 주인 **하나님**, 당신을 기
다리는 사람이 나로 인해 모욕당
하지 않게 하고, 당신을 찾는 사람
이 나 때문에 당황하지 않게 해주
세요. 오, 이즈리얼의 **하나님**!
7 내가 당신을 위하여 비난도 감수
했는데, 모욕이 내 얼굴을 감쌌어
요.
8 나는 내 형제에게 낯선자가 되었
고, 어머니 자식한테도 얼굴 모르
는 사람이 되었어요.
9 당신 집의 질투의 열기가 나를 삼
켰고, 당신을 비방하는 그들의 보
복이 내게 떨어졌어요.
10 나는 울며 금식하며, 내 영혼에게
고통을 주면서 내 수치를 참았어
요.
11 또 나는 베로 옷을 만들며, 그들의
비난거리가 되어주었어요.
12 저들이 문에 앉아 나를 비방하면,
나는 술꾼의 노래감이 되어주었지
요.
13 하지만 나로 말하자면, 오 **주님**, 나

는 당신에게 때맞추어 기도합니
다. 오 **하나님**, 당신의 풍부한 사랑
과 당신의 진정한 구원으로 내 말
을 들어주세요.
14 수렁에서 나를 건져, 가라 앉지 않
게 하고, 나를 미워하는 저들로부
터 나를 구하여, 깊은 물 밖으로 끌
어내 주세요.
15 홍수가 나를 덮치지 않게 하고, 깊
은 물이 나를 삼키지 않게 하며, 내
게 벌린 구덩이가 입을 닫게 해주
세요.
16 오 **주님**, 내 말을 들어주세요. 왜냐
하면 당신의 다정한 사랑이 행운
이기 때문이에요. 당신의 온화한
자비에 따라 내게 돌아와주세요.
17 당신의 종에게 당신의 얼굴을 감
추지 마세요. 내가 어려움에 빠져
있어요. 빨리 내 호소를 들어주세
요.
18 가까이 와서, 내 영혼을 구해 주고,
나의 적 때문에 괴로운 나를 구해
주세요.
19 당신은 내가 받는 비난과 수치와
불명예를 알고 있죠. 나의 적이 모
두 당신 앞에 있어요.
20 비난에 나의 마음이 절망하여 내
마음이 무거워요. 나를 동정할 사
람을 찾아도 아무도 없고, 위로해
줄 사람을 찾지만 발견하지 못했
어요.
21 저들은 내게 고기 대신 담즙을 주
고, 나의 갈증에 식초를 주어 마시
게 했어요.
22 그들의 식탁이 그들한테 덫이 되
게 하고, 그들의 행복이 그들에게
올가미가 되게 해주세요.
23 그들의 눈을 어둡게 하여 보지 못
하게 하고, 그들의 허리가 늘 흔들
리게 해주세요.
24 그들에게 당신의 분개를 퍼붓고,
당신의 끓는 분노가 그들을 사로
잡게 해주세요.
25 그들의 터전을 파괴하여, 그들의
천막 안에 아무도 살지 못하게 해
주세요.
26 당신이 내친 자가 벌을 받으면, 당
신이 다치게 한 자의 슬픔에 대해
사람들이 이야기하겠지요.
27 그들의 잘못에 죄를 추가하여, 그
들이 당신의 정의에 들어오지 못
하게 하세요.
28 그들을 생존명단에서 삭제하여,
올바른 자와 함께 기록되지 않게
해주세요.
29 하지만 나는 약하고 슬픈 자이므
로, 오 **하나님**, 당신의 구원으로 나
를 높이 들어올려주세요.
30 나는 노래로 **하나님**의 이름을 자랑
하고, 감사로 당신을 과장하겠어
요.
31 이 역시 **주님**을 기쁘게 만드는데
있어서, 뿔과 발굽이 달린 황소나
수소보다 더 좋겠죠.
32 겸손한 자가 이것을 보면 기뻐하
고, 당신의 마음은 **하나님**을 찾는

자를 살려주겠죠.
33 주님은 약자에게 귀를 기울이므로,
당신의 범죄인을 무시하지 않겠
죠.
34 하늘과 땅이 당신을 자랑하게 하
고, 바다와 그 안에서 움직이는 모
든 것이 당신을 찬양하게 하세요.
35 하나님은 자이언을 구하여, 쥬다
도성을 세우기 때문에, 사람이 그
안에서 살게 되고 그것을 소유하
게 되겠죠.
36 당신의 종의 씨앗 역시 그것을 물
려받아, 당신의 이름을 사랑하는
자들이 그 안에서 살게 되겠죠.

빨리 와주세요

수석 음악사가 전하는 회상을 위한
대이빋왕의 시가기도

70 오 **하나님**, 빨리 서둘러서 나
를 구원해 주세요. 급히 나를
도와주세요. 오 **주님**.
2 나의 영혼을 노리는 저들에게 모
욕을 주어 당황시키고, 나를 해치
려는 그들을 후퇴시키며 혼란에
빠지게 해주세요.
3 그들이 저지른 수치에 대한 대가
로 후퇴시키면, "아아, 어쩌다 이렇
게 되었나!" 라고 말하겠죠.
4 당신을 찾는 모든 사람은 **주님** 안
에서 기쁘게 하고, 당신의 구원을
사랑하는 사람은 언제나 이렇게
말하게 하세요. "**하나님**의 존재는
확대해야 된다"고 말이죠.
5 그러나 나는 약자이고 도움이 필
요한 자이므로 나에게 빨리 와주
세요. 오 **하나님**, 당신은 나에게 도
움이 되고 나를 구원해주는 존재
이므로 지체하지 말아주세요.

안전한 피난처

71 오 **주님**, 나는 당신을 믿으며
의지하고 있어요. 내가 어려
움에 빠지도록 절대 내버려두지
마세요.
2 당신의 정의로 나를 구하여 어려
움을 피하게 해주세요. 당신의 귀
를 내게 기울여 살려주세요.
3 나의 굳건한 터전이 되어주세요.
그러면 나는 언제나 마음이 편안
할 거예요. 나를 살리기 위한 명령
도 내려주세요. 왜냐하면 당신은
나의 든든한 바위 요새이니까요.
4 오 나의 **하나님**, 악한의 손에서 나
를 구하고, 부정하고 잔인한 자의
손으로부터 벗어나게 해주세요.
5 오 **주 하나님**, 당신이 나의 희망인
이유는, 내가 어렸을 때부터 당신
을 믿고 의지해왔기 때문이에요.
6 당신은 나를 엄마의 자궁에서 받
아냈고, 나를 어머니 배속에서 꺼
내준 존재지요. 따라서 나는 늘 당
신의 자랑을 하겠어요.
7 나는 많은 사람에게 이상한 사람
으로 취급받고 있어요. 하지만 당
신은 안전한 나의 피난처이지요.

8 내 입을 당신에 대한 찬송으로 채
우며, 온종일 당신에 대한 존경으
로 가득 차게 해주세요.
9 내가 늙어도 나를 버리지 말고, 내
힘이 빠져도 나를 버리지 말아주
세요.
10 나의 적이 나를 비난하며, 나의 영
혼을 빼앗으려고 계획하며 함께
음모합니다.
11 그러면서 하는 말이, "**하나님**이 그
를 버렸으니, 우리가 그를 처벌하
고 사로잡자. 왜냐하면 여기는 그
를 구할 자가 아무도 없기 때문이
다"라고 해요.
12 오 **하나님**, 내게서 멀리 떨어지지
말고, 오 나의 **하나님**, 빨리 나를 도
와주세요.
13 내 목숨을 노리는 적을 당황하게
하여 없애 주세요. 나를 해치려는
저들을 보복과 불명예로 가려주세
요.
14 그러면 나는 언제나 희망을 갖고,
더욱 당신을 자랑할 거예요.
15 내 입이 당신의 정의와 당신 구원
을 하루종일 알릴 텐데, 이는 내가
당신의 위업의 횟수를 헤아릴 수
없기 때문이죠.
16 나는 **주 하나님**의 위업을 가지고,
유일한 당신만의 정의를 선포하겠
어요.
17 오 **하나님**, 당신은 내가 어렸을 때
부터 나를 가르쳤으므로, 지금까
지 나는 당신의 놀라운 업적을 선
포해 왔어요.
18 내가 나이가 들어 백발이 된 지금
도, 오 **하나님**, 나를 외면하지 말아
주세요. 내가 이 세대에게 당신의
권능을 다 보여줄 때까지, 또 오는
세대 모두에게 당신의 힘을 알려
줄 때까지 나를 외면하지 말아주
세요.
19 당신의 정의 역시 대단히 높은데,
오 **하나님**, 당신이 위대한 업적을
이루었어요. 오 **하나님**, 당신과 같
은 존재가 누가 있나요?
20 많은 쓰라린 고통을 내게 보여주
었던 당신은, 서둘러 땅속 깊은 곳
에서 다시 나를 이끌어내 주겠지
요.
21 당신은 나의 명예를 크게 올려주
며, 모든 면에서 나를 위로해 주겠
지요.
22 나 역시 썰터리 현악기를 가지고
당신을 자랑하겠어요. 오 나의 **하**
나님, 당신의 진실까지 찬양할 겁
니다. 당신에게 내가 하프로 노래
하겠어요. 당신은 이즈리얼의 유
일한 존재이지요.
23 나의 입술은 내가 당신을 노래할
때 몹시 즐거워하고, 당신이 구해
준 나의 영혼이 기뻐할 겁니다.
24 나의 혀도 역시 당신의 정의를 온
종일 이야기하겠지요. 왜냐하면
저들이 곤경에 빠졌기 때문이고,
나를 헤치려는 저들에게 **주님**이 모
욕을 주었기 때문이지요.

판단력을 부여해주세요

솔로몬을 위한 시가기도

72 오 **하나님**, 왕에게 당신의
판단력을 주세요. 그 왕의
아들에게도 당신의 정의를 주세요.
2 그러면 솔로몬은 정의를 가지고
당신의 백성을 재판하고, 올바른
판단으로 당신의 약자를 판정하게
됩니다.
3 산들도 백성에게 평화를 가져오
고, 작은 언덕도 정의에 의한 평화
를 가져오게 해주세요.
4 그가 백성의 가난을 심사하여, 도
움이 필요한 자손을 구하고, 억압
하는 자를 마땅히 근절하게 해주
세요.
5 해와 달이 있는 한, 사람이 당신을
두려워할 뿐 아니라, 대대손손 모
든 세대가 그렇게 되게 해주세요.
6 그가 잔디밭에 내리는 비처럼 되
게 하고, 땅을 적시는 소나기와 같
이 되게 해주세요.
7 그의 시대에 정의가 번창하고, 달이
있는 한, 평화가 넘치게 해주세요.
8 그가 이 바다에서 저 바다까지 지
배하며, 이 강에서 저 땅끝까지 다
스리게 해주세요.
9 황야에서 사는 사람도 그 앞에서
절하게 하고, 그의 적도 먼지를 핥
게 해주세요.
10 탈쉬시 왕도 섬나라 왕도 예물을
가져오게 하고, 쉬바 왕도 세바 왕
도 선물을 바치게 해주세요.
11 맞아요, 모든 왕이 그 앞에 무릎을
꿇게 하고, 모든 나라가 그를 받들
게 해주세요.
12 그래서 그가 호소하는 어려운 사
람을 구하고, 도울 자가 아무도 없
는 약자 역시 구하게 해주세요.
13 그가 가난하고 도움이 필요한 자
를 구하고, 도움이 필요한 영혼을
구하게 해주세요.
14 그가 기만과 폭력으로부터 사람의
영혼을 보상해주고, 그의 눈 앞에
사람의 피가 가치 있게 만들도록
해주세요.
15 그리고 그가 오래 살면서, 쉬바의
황금이 그에게 오게 하고, 기도 역
시 그를 위해 이루어지며, 매일 사
람에게 칭찬받게 해주세요.
16 곡식이 지구에 두루 넘치게 하여
산 정상까지 미치게 하고, 땅의 열
매가 레바넌의 명물처럼 들썩이게
하며, 도성마다 땅위 풀과 같이 번
창하게 해주세요.
17 그의 이름이 영원히 지속되어, 해
가 뜨는 한 계속 말하게 하고, 사람
이 그 안에서 복을 받게 되고, 모든
나라도 그가 축복받도록 말하게
해주세요.
18 **주 하나님**에게 감사하자. 이즈리얼
의 **하나님**이 유일하게 놀라운 업적
을 이뤘다.
19 그의 영광스러운 이름을 영원히
축복하자. 온 땅이 그의 영광으로

가득 차게 하자. 애이멘, 동의하며,
그렇게 합니다.
20 제시의 아들 대이빋왕의 기도는
여기에서 끝난다.

시가기도 3

내 마음의 힘

리바이 출신 음악사 애새프의 시가기도

73 진실로 **하나님**은 이즈리얼에
게 최선이고, 깨끗한 마음을
가진 사람에게도 그렇다.
2 그러나 나는 발에 힘이 거의 빠져
서, 발걸음이 잘 미끄러져버린다.
3 왜냐하면 내가 악한이 잘되는 것
을 보자, 어리석음에 이끌렸기 때
문이다.
4 그들은 죽음에 묶이는 어려움도
없이, 그들의 힘은 굳건하다.
5 그들은 다른 사람처럼 힘들지도
않고, 다른 사람 같이 괴롭지도 않
다.
6 그래서 그들은 자만을 목걸이처럼
걸고, 폭력을 옷인 양 자신들에게
걸친다.
7 그들의 눈은 기름기로 튀어나온
채, 마음이 바랄 수 있는 정도를 넘
는다.
8 부패하고, 억압에 관한 악담이나
하며, 이야기를 띄운다.
9 그들의 입은 하늘을 향해 불평하
면서, 그들의 혀는 땅을 두루 걸으
며 차지한다.
10 그래서 그의 백성이 그곳으로 가
면, 그들은 한 컵 가득 물을 사람으
로부터 쥐어짜낸다.
11 그러면서 그들은 말한다. "**하나님**
이 어떻게 알아? 가장 높다고 다
알아?" 라고 한다.
12 보라, 이들은 믿지 않는 사람들인
데, 세상에서 번성하며, 그들의 부
를 늘린다.
13 확실히 나는 나의 마음을 깨끗하
게 비웠고, 나의 손을 결백하게 씻
었다.
14 왜냐하면 나는 온종일 괴로워하
며, 매일 아침 자책했기 때문이다.
15 만일 그것이 나의 경우였다면, 나
는 이렇게, "보세요, 나는 **주님** 당신
의 자손에 대해 죄를 지었어요" 라
고 말했을 텐데.
16 내가 이것을 이해하려고 고민할
때, 그것은 내게 지나치게 괴로운
일이었는데,
17 **하나님**의 성소에 들어가서야, 그들
의 마지막을 알게 되었다.
18 확실히 **주님**은 그들을 실패로 미끄
러지는 곳에 두어, 마침내 파멸로
던져버렸다.
19 어떻게 한순간에 그들이 파멸되는
지! 그들은 철저히 공포로 섬멸된다.
20 사람이 꿈에서 깨어나는 듯, 오 **주**
님, 그렇게 당신이 깨어나면, 저들

의 모습이 사라지겠지요.
21 그래서 후회로 내 마음은 슬프고,
나의 내장은 따끔거려요.
22 그렇게 잠시 저들에게 이끌려 어
리석고 무지한 채 나는 당신 앞에
서 마치 짐승과 같았죠.
23 그렇지만 내가 언제나 당신 곁에
있자, 당신이 나의 오른손을 붙잡
아주었죠.
24 당신은 권유로 나를 안내하여, 결
국 내가 영광을 받게 해주지요.
25 내가 하늘에서 당신 말고 누구를
믿나요? 내가 땅에서 바라는 것은
당신 이외 아무도 없어요.
26 나의 몸과 마음에 힘이 빠져도, **하
나님**이 내 마음의 힘이며, 영원한
내 유산의 몫이죠.
27 알다시피, 당신으로부터 멀리 있
는 자들이 사라지는 것은, 당신으
로부터 외도하는 저들이 모두 파
멸되었기 때문이죠.
28 하지만 그것이 나를 **하나님** 가까
이 가게 하는 최선의 방법이 되었
어요. **주 하나님**에게 나를 의지하며
믿음으로서, 나는 당신의 모든 업
적을 선포할 수 있어요.

기억해주세요

리바이 음악사 애새프가 매스킬 형식에
맞추어 전하는 시가기도

74

오 **하나님**, 어째서 당신은 우
리를 영원히 내버리죠? 왜 당
신의 초원에 있는 양에게 분노를
뿜지요?
2 당신이 예전에 대가를 지불하고
데려온 당신의 백성을 기억하고,
당신이 되찾아온 당신의 유산물
민족도 기억하고, 당신이 사는 이
자이언 산도 기억해주세요.
3 영원히 파괴된 이곳에 당신의 발
을 올려놓고, 모든 적까지 훼손해
버린 이 성소에 올라와주세요.
4 당신의 적이 당신의 군중 가운데
서 으르렁거리며, 표시로 그들의
깃발을 세웠어요.
5 어떤 사람은 두꺼운 나무 위에 도
끼를 능숙하게 들어올려서 잘 알
려지게 되었지요.
6 그런데 이제 저들은 큰도끼와 손
도끼로 단번에 조각품을 부셔버렸
어요.
7 그들은 성소에 불을 지르고, 당신
의 이름을 두는 장소를 부셔서 땅
바닥에 던지며 망가뜨렸어요.
8 그들은 마음속으로, "우리 저들을
한꺼번에 파괴해버리자" 라면서,
그 땅의 **하나님**의 신성한 장소를
태워버렸어요.
9 우리의 흔적은 보이지 않게 되었
는데, 더 이상 예언자도 없고, 우리
가운데 이 상태가 얼마나 오래갈
지 아는 자도 없어요.
10 오 **하나님**, 적이 언제까지 우리를
무시하게 될까요? 적들이 당신의
이름을 끝없이 모욕해야 할까요?

11 어째서 당신은 당신의 손 중 오른
손을 거둬들이죠? 당신 가슴에서
오른손을 꺼내주세요.
12 **하나님**은 옛날부터 나의 왕으로서,
이 땅을 구원해왔어요.
13 당신은 자신의 힘으로 바다를 가
르기도 하고, 물속 용의 머리를 부
수기도 하지요.
14 바다괴물 르바이어썬의 머리를 박
살내어, 광야에 사는 사람에게 먹
이로 주지요.
15 샘과 강을 나누기도 하고, 큰 강을
마르게도 하죠.
16 낮도 당신 것, 밤 역시 당신 것인
이유는, 당신이 빛과 태양을 마련
해주었으니까요.
17 당신이 땅에 경계선을 정했고, 여
름과 겨울을 만들었어요.
18 이것을 적이 무시하고 있음을 기
억하세요. 오 **주님**, 어리석은 자들
이 당신의 이름을 하찮게 여기는
것을 기억해주세요.
19 당신의 산비둘기 영혼을 악한 집
단에게 넘기지 말고, 당신의 약한
군중을 잊지 말아주세요.
20 그리고 그 계약을 존중해주세요.
왜냐하면 이 땅의 어두운 거처에
잔인함이 가득하기 때문이에요.
21 짓눌리는 자가 수치를 당하지 않
게 하고, 약자와 가난한 자가 당신
의 이름을 자랑하게 해주세요.
22 오 **하나님**, 일어나서, 자신의 주장
을 항변해주세요. 어리석은 자가
매일 어떻게 당신을 가벼이 여기
는지 기억해주세요.
23 당신 적의 목소리를 잊지 마세요.
당신에게 대들려는 무리의 동요가
점점 커져갑니다.

올바른 판정을 내린다

수석 음악사가 파괴하지 말아 달라고 전하는
애새프의 시와 노래

75 오 **하나님**, 당신에게 감사합
니다. 우리가 당신에게 감사
해요. 왜냐하면 당신의 이름이 가
까이 있으면서, 당신의 놀라운 업
적이 일컬어지기 때문이죠.
2 사람을 맞이할 때, 나는 올바른 판
정을 내릴 것이다.
3 이 땅과 그 위에 사는 사람이 모두
흩어져도, 나는 이 기둥을 떠받칠
것이다. 셀라잠시멈춤
4 나는 어리석은 자에게 말한다. 어
리석게 행동하지 말라고. 악한에
게는, 네 뿔을 들어올지 말라고.
5 위로 네 뿔을 쳐들지 마라. 뻣뻣한
목을 세우고 말하지 마라.
6 승리의 응원은 동쪽에서도, 서쪽
에서도, 남쪽에서도 오지 않기 때
문이다.
7 하지만 **하나님**은 판관이므로, 그는
하나를 내려놓고, 다른 하나를 세
운다.
8 **주님** 손에 든 잔의 술은 붉은 혼합
와인으로 채워졌는데, 그가 그것

을 쏟아버리자, 땅위의 악한이 그
찌꺼기를 짜내 마신다.
9 하지만 나는 이것을 영원히 선포
하며, 재이컵야곱의 **하나님**을 자랑
하는 노래를 부를 것이다.
10 악한의 뿔 역시 모두 잘라내지만,
올바른 자의 뿔은 높이 받들 것이
다.

탁월하다

수석 음악사가 네기노쓰 현악기에 맞추어 전하는 애새프의 시와 노래

76 쥬다에는 **하나님**의 이름이 이
즈리얼에서 위대한 것으로
알려진다.
2 또 샐렘에는 그의 성막이 있고, 자
이언은 그가 사는 장소다.
3 그곳에서 그는 활시위를 부러뜨리
고, 방패와 칼과 전쟁을 꺾어버렸
다. 셀라잠시멈춤
4 당신은 여러 산만큼 쌓인 전리품
보다 더 영광스럽고 탁월하다.
5 불굴의 용사도 빼앗기며 잠에 빠
졌고, 힘센 어느 누구도 자신의 손
을 쓸 수 없다.
6 너의 무시에 재이컵의 **하나님**이 네
전차와 말을 깊은 죽음의 잠 속에
빠뜨렸다.
7 당신은, 당신이야말로, 두려운 존
재인데, 일단 당신이 화를 내면, 누
가 당신 앞에 설 수 있을까?
8 당신이 하늘의 판단을 들려주자,
땅이 두려워 조용해졌다.
9 **하나님**이 일어나 심판할 때, 땅위
에 있는 약자를 구하게 된다. 셀라
잠시멈춤
10 반드시, 인간에 대한 당신의 분노
가 결국 당신을 찬양하게 하고, 거
기서 살아남은 나머지는 당신이
눌러버린다.
11 다짐하며, 너의 **주 하나님**에게 맹세
해라. 그 주위의 모두는 그에게 선
물을 가져가며, 마땅히 두려워해
야 한다.
12 그가 왕자의 영혼을 없애면, 이 땅
의 모든 왕이 비참해진다.

기억할 것이다

수석 음악사가 제두썬 가수와 함께 전하는 애새프의 시가

77 나는 내 목소리로 호소하며,
하나님에게 내 음성을 전하
자, 내게 귀를 기울여주었다.
2 내가 어려울 때, **주님**을 찾았는데,
나의 고통이 밤까지 계속되며 멈
추지 않았는데도, 나의 영혼은 위
로받지 못했다.
3 나는 **하나님**을 생각하며, 괴로움에
불평했더니, 내 영혼이 기진맥진
해졌다. 셀라잠시멈춤
4 당신이 내 눈이 뜨이도록 붙들어
줘야 하는데, 나는 너무나 괴로워
말도 할 수 없다.
5 내가 옛날을 생각해보았는데, 그

때는 고시대 오래 전이었다.
6 밤에 나는 내 노래를 기억해보고,
명상하며 내 마음과 대화해 보며,
내 영혼이 간절히 찾아보았다.
7 **주님**은 영원히 버리려는 것일까?
더 이상 호의는 없는 것일까?
8 그의 자비는 완전히 사라진 걸까?
그의 약속은 더 이상 없는 걸까?
9 **하나님**은 관대함을 잊었나? 화가
나서 자신의 온화한 자비를 끊었
나? 셀라잠시멈춤
10 그리고 나는 말했다. "이것은 나의
한계이지만, 나는 가장 높은 존재
의 오른손이 오래 발휘했던 위력
을 기억하겠다.
11 나는 **주님**의 업적을 기억하고, 반
드시 당신의 예전 경이를 기억할
것이다.
12 나는 당신의 모든 업적도 명상하
며, 당신의 위업도 이야기할 것" 이
라고.
13 오 **하나님**, 당신의 길은 성소 안에
있지요, 누가 우리 **하나님**만큼 위
대할까요?
14 당신은 놀라운 기적을 이루는 **하나
님**이라고, 사람 가운데 당신의 힘
을 선포했어요.
15 당신은 자신의 팔로 당신 백성을
데려오며, 재이컵과 조셉의 자손
을 구했지요.
16 물이 당신을 보았는데, 오 **하나님**,
물이 당신을 보더니, 두려워하면
서, 깊은 물조차 몸부림쳤지요.
17 구름은 물을 퍼붓고, 하늘은 천둥
소리를 울리며, 당신의 화살 역시
멀리 날아갔어요.
18 당신의 천둥소리는 하늘의 폭풍
속에서 들렸고, 번개는 온세상을
비췄으며, 땅은 진동하며 요동쳤
어요.
19 당신의 길은 바다에도 있는데, 큰
바다 안에 당신의 길이 있지만, 당
신의 발자국은 알 수 없죠.
20 당신은 모지스와 애런의 손으로
양떼를 몰 듯, 당신의 백성을 이끌
었어요.

후손에게

애새프가 매스킬 형식에 맞춰 전하는 시가

78 오 나의 백성은 나의 법을 들
어라. 내 입에서 나오는 말에
귀를 기울여라.
2 나는 속담이야기로 내 입을 열고,
어두웠던 옛날이야기를 꺼낼 것이
다.
3 그것은 우리가 들어 알고 있는 것
이고, 조상이 우리에게 이야기했
던 것이다.
4 우리는 자손에게 그것을 숨기지
않고, 앞으로 오는 세대에게 **주님**
의 업적과, 그의 힘은 물론, 그가 이
룬 놀라운 기적을 보여주려는 것
이다.
5 이는 그가 재이컵 시절에 증거를
내세우며, 이즈리얼 안에 법을 정

하며, 그가 우리 조상에게 명령하
여, 자손에게 법을 알리게 한 것이
다.
6 그래서 오는 세대가 그 법을 알 수
있게 하고, 태어날 자손도 알 수 있
도록, 우리가 일어나서 자손에게
그 법을 선포해야 한다.
7 그러면 자손은 자신들의 희망을 **하
나님**에게 걸 수 있고, 또한 **하나님**
의 위업을 잊지 않으면서, 그의 명
령을 지킬 수 있다.
8 그리고 그들 조상과 같이 고집부
리고 반항적인 세대가 되지 않게
하고, 바른 마음을 갖지 못하여 **하
나님**을 확신하지 못하는 영혼을 가
진 세대처럼 되지 않게 하는 것이
다.
9 이프리엄 자손은 무장하고 활을
들었지만, 전쟁 시절에는 무서워
서 돌아가버렸다.
10 그들은 **하나님**과 맺은 계약을 지키
지 않고, 그의 법대로 살아가기를
거절했다.
11 또 그의 업적을 잊고, **하나님**이 그
들에게 보인 경이도 잊었다.
12 그는 그들 조상의 눈앞에서 놀라
운 일을 했는데, 이집트에서도 조
앤 평야에서도 실행했다.
13 그가 바다를 갈라, 그들을 지나가
게 했을 때, 바다물을 더미처럼 서
있게 했다.
14 그리고 낮에는 그들을 구름기둥으
로 이끌고, 밤에는 불빛으로 인도
했다.
15 그는 황야의 바위를 깨어, 심연의
샘처럼 그들이 마실 수 있게 해주
었다.
16 또한 바위에서 물줄기를 끌어와
서, 마치 강물처럼 물이 흐르게 했
다.
17 그리고 그들은 다시 그에게 대들
며, 사막 가운데서 가장 높은 존재
에게 반발하는 죄를 지었다.
18 그들은 그들 마음속에서 **하나님**을
시험하며, 욕심껏 음식을 요구했
다.
19 그렇다, 그들은 **하나님**에게 대들며
말했다. "**하나님**이라고 광야에서
식탁을 차려줄까?" 라고.
20 보라, 그가 바위를 치자, 물이 분출
하며 물줄기가 뻗어 나왔는데, 그
가 빵도 줄 수 있냐고? 자기 백성
이 먹을 고기도 줄 수 있냐고?
21 그래서 **주님**은 이 소리를 듣고 화
가 치밀어, 재이컵을 향해 분노의
불을 켜자, 화가 이즈리얼한테 옮
겨붙었다.
22 이는 그들이 **하나님**을 믿지 않았기
때문이고, 그의 구원을 신뢰하지
않았기 때문이었다.
23 그렇지만 그는 위에 있는 구름에
게 명령하고, 하늘의 문을 열어,
24 그들이 먹을 매나를 비처럼 내려,
하늘의 곡식을 그들에게 주었다.
25 인간이 천사의 음식을 먹었는데,
주님이 그들에게 충분한 음식을 보

내준 것이다.
26 또 그가 하늘에서 동풍을 부르고,
그의 힘으로 남풍도 불러왔다.
27 그러면서 그는 그들에게 먼지처럼
보이는 고기의 비를 내렸는데, 바
다의 모래만큼 많은 깃털 달린 새
였다.
28 그는 그것을 그들의 진영 한가운
데로, 또 거처 주위 도처에 떨어지
게 했다.
29 따라서 그들이 먹고 배를 채운 것
은, 그가 그들이 바라는 것을 주었
기 때문이다.
30 그들은 자신의 욕심을 버리지 못
하고, 입안에 고기가 있는데도 떨
쳐버리지 못했다.
31 그래서 **주님**의 화가 그들에게 뻗쳐
서, 그들 중 가장 살찐 자를 죽이고,
이즈리얼의 젊은이를 쳐버렸다.
32 이 모든 것은 그들이 여전히 죄를
지으며, 그의 놀라운 위업을 믿지
않은 탓이었다.
33 그래서 그는 그들의 시절을 아무
것도 남지 않게 없애며, 그들 생애
에 괴로움을 주었다.
34 그가 그들을 없애고 나서야, 그들
은 다시 돌아와 그를 따르고자, 일
찍부터 **하나님**을 찾았다.
35 그들은 **하나님**이 자신들의 든든한
바위 같은 존재라는 것을 기억했
고, 가장 높은 존재가 자신들의 구
원자임을 상기했다.
36 그런데도 그들은 입으로만 하는
척하고, 그들의 혀로 **주님**에게 거
짓을 말했다.
37 이는 그들의 마음이 **주님**에게 올바
르지 않았고, 그의 약속을 확고하
게 지키지도 않았기 때문이었다.
38 그러나 그는 언제나 연민으로 가
득차서, 그들의 잘못을 용서하며
파멸시키지 않았다. 그렇다. 그는
여러 차례 분노를 참았고, 일어나
는 자신의 화를 가라앉혔다.
39 그는 백성이 육체라는 점을 떠올
리며, 지나가면 다시 오지 않는 바
람이라고 생각했다.
40 그들이 광야에서 얼마나 자주 **주님**
에게 반발하며, 사막 가운데에서
그를 슬프게 했는가!
41 맞다, 그들은 **주님**에게 등을 돌리
고, **주님**을 시험하며, 이즈리얼의
신성한 존재를 가벼이 여겼다.
42 그들은 그의 손의 위력을 기억하
지 않았고, 그가 적으로부터 자신
들을 구한 그날도 기억하지 않았
다.
43 어떻게 그가 이집트에서 그의 증
거표시를 만들었고, 조앤 벌판에
서 그의 경이를 보였는가!
44 어떻게 그들의 강을 피와 홍수로
만들어, 이집트인이 마실 수 없었
는가!
45 그는 그들한테 여러 종류의 파리
떼를 보내어, 그들을 먹어 치우게
했고, 또 개구리로 그들을 파괴시
켰다.

46 그는 또 그들의 생산물을 애벌레
에게 주었고, 그들의 농산물을 메
뚜기에게 주어버렸다.
47 그는 그들의 포도밭을 우박으로
망쳐 놓고, 시커모어 무화과나무
를 서리 맞게 했다.
48 그는 가축도 우박을 맞췄고, 그들
의 양떼는 번개를 맞췄다.
49 그는 그들에게 자기의 화와 분노
와 괘씸함과 고통의 열기를 퍼부
으려고, 악의 사자를 보냈다.
50 그는 자신의 분노를 폭발시켜, 그
들의 목숨을 죽음에서 살려 두지
않고, 그들의 생명을 무서운 전염
병에 넘겨버렸다.
51 이집트에서는 장자를 모조리 없애
고, 햄 지역의 막사에서는 그들의
힘있는 대표들도 죽였다.
52 그러나 자신의 백성은 양처럼 앞
으로 전진하게 하여, 양떼처럼 광
야에서 안내했다.
53 그는 백성을 안전하게 이끌어, 그
들은 두렵지 않았지만, 바다는 그
들의 적을 덮쳤다.
54 그리고 그는 백성을 자신의 성소
경계선까지 데려왔고, 그의 오른
손이 마련한 산까지 데려왔다.
55 그는 이민족을 백성 앞에서 내몰
고, 경계선을 그어 유산을 나누어,
이즈리얼 민족이 그들의 텐트에서
살게 했다.
56 하지만 그들은 가장 높은 **하나님**을
시험하며 도발하여 그의 증언을
지키지 않았다.
57 대신 또 등을 돌려 조상처럼 불신
하며, 그들은 빗나간 화살처럼 정
도를 벗어났다.
58 이로써 그들은 자신들의 가장 높
은 존재의 화를 자극하며, 그들이
주조한 형상으로 그의 질투심을
불러일으켰다.
59 **하나님**이 이 이야기를 듣고 성이
나서, 이즈리얼을 대단히 증오했
다.
60 그래서 그는 샤일로의 성막을 버
렸는데, 그 천막은 사람 가운데 자
신이 자리한 장소였다.
61 그는 자신의 힘을 포로로 넘기고,
자신의 영광을 적의 손에 넘겼다.
62 그는 자신의 백성 역시 칼에 쓰러
지게 하며, 자신의 유업에 대해서
도 분노했다.
63 불이 젊은이를 삼키자, 그들의 여
자는 짝을 이루지 못했다.
64 그들 제사장이 칼에 쓰러져도, 그
들의 미망인은 애도조차 못했다.
65 그때 **주님**이 양 한 마리가 잠을 깬
듯, 술김에 소리치는 용사처럼 깨
어났다.
66 그리고 그는 적의 뒤를 쳐서, 그들
에게 끝없는 모욕을 주었다.
67 뿐만 아니라, 그는 조셒의 천막성
소도 거절했고, 이프리엄 부족도
뽑지 않았다.
68 대신 쥬다 부족을 선택했고, 그가
사랑한 자이언 산을 택했다.

69 그리고 그는 자신의 성전을 높은
궁전같이 지어, 영원히 구축한 땅
처럼 세웠다.
70 그는 자신의 종으로 대이빋을 선
택하여, 양의 무리에서 이끌어내
었다.
71 그는 어린 새끼양 무리를 돌보던
대이빋을 데려와, 자신의 백성인
재이컵을, 자신의 유산인 이즈리
얼을 먹이는 목자가 되게 했다.
72 그래서 대이빋은 그의 깨끗한 마
음으로 그들을 먹이며, 자신의 능
력껏 그들을 통솔했다.

비참해졌어요

리바이 출신 음악사 애새프의 시가

79 오 **하나님**, 이민족이 당신의
유산 땅에 들어와, 당신의 신
성한 성전을 더럽히고, 저루살럼
을 폐허더미로 만들었어요.
2 당신 종의 시체가 공중을 나는 새
의 먹이가 되고, 당신을 위해 죽음
을 각오했던 성자의 몸은 들짐승
에게 던져졌어요.
3 그들의 피는 저루살럼 주변의 물
과 같이 흘렀고, 그들을 묻어줄 사
람조차 없어요.
4 우리는 이웃의 조롱 거리가 되고
그들에게 비난과 멸시의 대상이
되었어요.
5 **주님**, 언제까지 당신은 화를 계속
내려 합니까? 당신의 질투를 불같
이 태우려 하나요?
6 당신의 분노는 당신을 모르는 이
민족에게 퍼붓고, 당신의 이름을
부르지 않는 왕국에게 퍼부어주세
요.
7 이는 저들이 재이컵을 집어삼키
며, 그의 처소를 폐허로 만들었기
때문이에요.
8 제발, 우리의 이전 죄는 기억하지
말고, 당신의 온화한 자비로 빨리
우리를 막아주세요. 우리가 비참
해졌어요.
9 오 우리의 구원의 **하나님**, 당신 이
름의 영광을 위해서도 우리를 도
와주고, 당신의 이름을 위해서도
우리의 죄를 없애주세요.
10 이민족이, "그들의 **하나님**이 어디
있냐"고 말해야 하겠습니까? 우리
눈 앞에서 이민족에게 당신의 존
재를 알려서, 당신의 종이 흘린 피
를 갚아주세요.
11 포로의 탄식소리를 당신이 전해
듣고, 위대한 당신의 힘으로, 죽음
이 정해진 사람을 살려주세요.
12 그리고 우리 이웃에게 7배의 보복
이 그들의 가슴에 돌아가게 만들
어주세요. 왜냐하면 그들은 당신
을 무시했으니까요. 오 **주님**.
13 그러면 당신의 백성인 우리와 당
신의 초원의 양떼는 모두 당신에
게 영원히 감사하며, 세대마다 당
신을 자랑할 겁니다.

돌아와주세요

수석 음악사가 쇼쉐님-에두쓰 악기에 맞추어
전하는 애새프의 시가

80 들어주세요. 오 이즈리얼의
목자인 당신은 양떼 같이 조
세프를 이끌었지요. 체럽천사 사
이에 있는 당신이 빛을 비춰주세
요.
2 이프리엄과, 벤저민과, 머나서에게
당신의 힘을 일으켜주어서, 우리
를 구하게 해주세요.
3 오 **하나님**, 우리에게 다시 돌아와
당신의 얼굴 빛을 비춰주면, 우리
가 살아날 수 있어요.
4 오 만인의 **주 하나님**, 당신의 백성
이 하는 기도에 대해 언제까지 화
를 내려 하나요?
5 당신은 그들에게 눈물의 빵을 먹
이고, 또 많은 눈물을 마시게 합니
다.
6 당신이 우리를 이웃의 싸움거리로
만들어서, 그들이 우리를 보고 웃
고 있어요.
7 오 만인의 **하나님**, 다시 우리에게
돌아와 당신의 얼굴을 비춰주면
우리가 살 수 있어요.
8 당신은 이집트에서 포도나무를 가
져와, 이민족을 내쫓고 그곳에 심
었어요.
9 당신은 터를 마련하여, 그것이 뿌
리내리게 하면서, 그것으로 땅을
가득 채웠어요.
10 여러 언덕이 그것의 그림자로 덮
이더니, 좋은 시더나무처럼 가지
가 무성해졌어요.
11 그 나무의 큰 가지는 바다까지 뻗
었고, 잔가지는 강까지 닿았어요.
12 그런데 왜 당신은 그 울타리를 무
너뜨려, 지나는 사람이 가지를 꺾
게 하나요?
13 숲속에서 멧돼지가 그것을 망가뜨
리고, 야생 들짐승이 그것을 먹어
치우고 있어요.
14 우리가 간절히 바라는데, 제발, 돌
아와주세요. 만인의 **하나님**. 하늘
에서 내려다보고, 이 포도나무를
찾아주세요.
15 또 당신의 오른팔이 심은 포도나
무도, 당신 자신을 위해 튼튼하게
가꾼 가지도 찾아주세요.
16 가지가 불에 타고, 꺾여서, 당신의
얼굴을 외면한 사이에, 죽어가고
있어요.
17 당신의 손은 사람에게 얹고, 당신
의 오른손은 자신을 위해 강하게
만든 인간의 자손에 얹어주세요.
18 그러면 우리는 당신에게 등을 돌
리지 않을 겁니다. 어서 우리에게
그렇게 해주세요. 그러면 우리는
당신의 이름을 부를 겁니다.
19 오 만인의 **주 하나님**, 다시 우리에
게 돌아와 당신의 얼굴을 비춰주
세요. 그러면 우리가 살아날 수 있
어요.

노래하자

수석 음악사가 기티쓰 현악기에 맞추어
전하는 애새프의 시가

81 우리의 힘 **하나님**에게 소리
높여 노래하자. 재이컵의 **하
나님**에게 기쁜 소리를 지르자.
2 시도 가져오고, 팀브럴 소북도 가
져와서, 썰터리 현악기와 함께 하
프를 유쾌하게 연주하자.
3 트럼핕을 불어라. 새 달이 되어, 지
정된 날, 우리의 정규축일이 오면
나팔을 불자.
4 이것은 이즈리얼의 규정이 되었
고, 재이컵의 **하나님**의 법이기 때
문이다.
5 이것은 그가 조셒 집안에 규정으
로 정한 것으로, 이집트땅을 나왔
을 때였는데, 거기서 나는 알 수 없
는 이런 말을 들었다.
6 "나는 그들의 어깨에서 짐을 내려
주었고, 그들의 양손을 단지에서
구해주었다.
7 너희가 고통을 호소해서, 내가 너
희를 구했다. 그리고 나는 알지 못
하는 천둥소리로 대답하며, 메리
바의 우물에서 너희에게 증명해주
었다. 셀라잠시멈춤
8 들어봐라, 나의 백성아. 너희에게
증명한다. 오 이즈리얼, 너희가 내
말을 듣는다면,
9 너희는 다른 신을 두지 말고, 이민
족의 신에게 예배도 하지 마라.
10 나는 너희를 이집트에서 데려온
너의 **주 하나님**이다. 너희 입을 넓
게 벌리면, 내가 채워주겠다.
11 그러나 나의 백성은 내 목소리를
들으려 하지 않았고, 이즈리얼도
나를 따르는 자가 없었다.
12 그래서 나는 그들 마음의 욕심대
로 내버려두었더니, 그들은 제멋
대로 걸어갔다.
13 오, 나에게 귀를 기울였던 나의 백
성아, 나의 길을 걸었던 이즈리얼
아!
14 그랬다면 내가 너희 적을 바로 굴
복시키고, 너희 적을 향해 내 손을
움직였을 텐데.
15 **주님**을 미워하는 자는 **주님**에게 스
스로 굴복했을 터이고, 대신 너희
시대는 영원히 이어졌을 텐데.
16 만약 그랬다면, 그는 백성에게 가
장 좋은 밀을 먹이고, 바위에서 나
온 꿀로 너희를 만족시켰을 것이
다" 라고 했다.

약자를 구해주세요

리바이 출신 음악사 애새프의 시가

82 **하나님**이 공동체의 힘센자
가운데 서서, 여러 신을 재판
한다.
2 너희는 언제까지 부당하게 재판하
며 악한을 편드는가? 셀라잠시멈춤
3 약자와 고아를 보호하고, 고통을
당하는 가난한 자에게 공정한 재

판을 해라.
4 약자와 가난한 자를 구하여, 그들
을 악한의 손에서 벗어나게 해라.
5 그들은 알지도 못하고 이해도 못
한 채, 어둠 속에서 걸어간다. 땅의
기초가 전부 정도를 벗어났다.
6 그래서 내가 이렇게 말했다. "너희
가 신이라 해도, 너희 모두 가장 높
은 존재의 자손이다.
7 따라서 너희는 인간처럼 죽고, 지
도자 중 하나처럼 쓰러질 것이다"
라고.
8 오 **하나님**, 일어나서, 이 땅을 재판
해주세요. 왜냐하면 당신이 모든 나
라에게 유업을 주었기 때문이죠.

가장 높은 존재

리바이 출신 음악사 애새프의 시가 노래

83 오 **하나님**, 침묵하지 마세
요. 오 **하나님**, 잠자코 가만히
있지 마세요.
2 보세요, 당신의 적이 소란을 피우
며, 당신을 미워하는 저들이 머리
를 들었어요.
3 그들은 당신의 백성을 향해 교활
한 잔꾀를 부리고, 당신이 아끼는
백성에 대하여 음모를 꾸몄어요.
4 그들이 이렇게, "자, 우리가 저 민
족의 싹을 잘라, 이즈리얼의 이름
이 더 이상 기억하지 못하게 하자"
고 말했어요.
5 그들은 한 마음으로 음모하여, 당
신에게 대항하는 한패가 되었어
요.
6 이듬의 막사도, 이쉬매얼, 모앱, 해
이거 사람도,
7 개벌, 애먼, 애멀렉, 필리스틴이 타
이러 주민과 함께했고,
8 심지어 어슈르엇시리아인까지 한패
로, 롯의 자손에게 도우라고 강요
하고 있어요. 셀라잠시멈춤
9 그들에게 당신이 미디언에게 했던
대로, 시세라, 재빈, 키션 개울에서
했던 대로 해주세요.
10 이들은 앤돌에서 파멸하여 땅에
거름이 되었지요.
11 그들의 귀족을 오렙과 지브처럼
만들어주세요. 네, 그들의 지도자
를 모두 제바와 잴무나처럼 되게
해주세요.
12 그들이 한 말은, "우리 **하나님**의 집
을 빼앗아 우리 소유로 갖자"고 했
어요.
13 오 나의 **하나님**, 저들을 떠도는 먼
지처럼 만들고, 바람 앞의 지푸라
기로 만들어버리세요.
14 불이 나무를 태우듯, 화염이 불 속
에서 산을 사르듯,
15 그렇게 당신의 질풍으로 저들을
처벌하여, 당신의 폭풍으로 저들
에게 두려움을 주세요.
16 그렇게 저들의 얼굴을 창피로 채
우게 되면, 오 **주님**, 저들도 당신의
이름을 찾을 거예요.
17 저들을 당황시켜, 늘 고통받게 하

고, 그래요, 수치 속에서 파멸되게
해주세요.
18 그러면 "이 땅에서 가장 높은 존
재"라는 의미의 "제호바"가 당신의
이름뿐이라는 것을 사람들이 알
수 있게 됩니다.

아름다운 정원

수석 음악사가 기티쓰 현악기에 맞추어
전하는 리바이 출신 코라 자손의 시가기도

84 만인의 **주님**, 당신의 성막이
얼마나 아름다운지요!
2 나의 영혼이 당신의 안뜰을 그리
워하다 못해, 그래요, 이제 지쳐버
렸어요. 나의 몸과 마음이 살아 있
는 **하나님**에게 호소합니다.
3 맞아요, 참새가 집을 찾았고, 제비
도 제 둥지를 찾았는데, 어미가 새
끼를 낳을 수 있는 그곳은 바로 당
신의 제단이지요. 오 만인의 **주님**,
나의 왕, 나의 **하나님**!
4 당신의 집에 사는 사람은 복을 받
았으니, 그들은 당신을 언제나 자
랑하겠지요. 셀라잠시멈춤
5 강한 힘의 복을 받은 사람도 당신
안에 있으니, 그들의 마음은 당신
을 찾는 길 위에 있어요.
6 배카 계곡을 지나는 사람이 거기
에 우물을 팠는데, 비 역시 그 연못
을 채우고 있어요.
7 그들은 굳세게 가고 또 가서, 모두
가 자이언의 **하나님** 앞에 모습을
보이게 됩니다.
8 오 만인의 **주 하나님**, 나의 기도를
들어주고, 오 재이컵의 **하나님**, 내
게 귀를 기울여주세요.
9 보세요, 오 우리의 방패인 **하나님**,
당신의 기름을 부여받은 자의 얼
굴을 봐주세요.
10 당신 정원의 하루가 다른 곳 천일
보다 좋아요. 나는 악한의 텐트에
서 살기보다 나의 **하나님** 집의 문
지기가 되겠어요.
11 **주 하나님**은 태양이자 방패이기 때
문에, **주님**이 명예와 영광을 주며,
올바르게 걷는 자에게 좋지 못한
점을 자제시켜 주지요.
12 오 만인의 **주님**, 축복을 받은 자는
바로 당신을 믿는 사람이지요.

분노를 멈춰주세요

수석 음악사가 전하는 리바이 출신
코라 자손의 시가기도

85 **주님**, 당신은 자신의 땅에 호
의적이었죠. 그래서 재이컵
의 포로된 자들을 다시 데려왔지
요.
2 당신은 당신 백성의 죄를 용서하
고, 그들의 죄를 덮어주었어요.
3 당신은 자신의 분노를 모두 버리
고, 불 같은 화로부터 마음을 돌렸
지요.
4 우리 구원의 **하나님**, 이제 우리에
게 돌아오고, 우리를 향한 분노를

멈춰주세요.
5 당신은 언제나 우리에게 화만 내
나요? 당신의 분노를 세대마다 끌
고 가나요?
6 우리를 다시 되살려서, 백성이 당
신에게 기쁨을 안기게 해야 하지
않겠습니까?
7 오 **주님**, 당신의 사랑을 보여주며,
당신의 구원을 허락해주세요.
8 나는 **주 하나님**이 말하는 바를 듣겠
습니다. 당신은 자신의 백성과 성
도에게 평화를 말하고 있으므로,
그들이 다시는 죄를 짓지 않게 해
야죠.
9 틀림없이 당신의 구원은 당신을
두려워하는 사람 가까이 있기 때
문에, 영광이 우리 땅에 머물 수 있
어요.
10 사랑과 진실이 만나, 정의와 평화
가 서로 입맞춤 하지요.
11 진실은 땅에서 솟아나고, 정의는
하늘에서 굽어봅니다.
12 그래요, **주님**이 최선을 주어, 우리
땅이 자신의 생산물을 더 많이 산
출하게 될 거예요.
13 정의가 **주님** 앞에서 실현되면, 우
리는 그의 길 위에서 걷게 될 거예요.

도움이 필요해요

대이빋왕의 기도

86 당신의 귀를 기울여 나의 말
을 들어주세요. 나는 불행하
고 도움이 필요해요.
2 내 영혼을 보호해주세요. 나는 신
성한 상태이니까요. 오 나의 **하나
님**, 당신을 믿는 종을 구해주세요.
3 내게 자비를 주세요. 오 **주님**, 내가
매일 당신에게 호소하고 있어요.
4 당신 종의 영혼을 다시 즐겁게 해
주세요. 오 **주님**, 내가 나의 영혼을
당신에게 들어올리고 있어요.
5 **주님**, 당신은 선하고, 용서를 잘하
므로, 당신을 찾는 사람에게 자비
를 풍부하게 내려주겠지요.
6 오 **주님**, 나의 기도에 귀를 기울이
고, 내가 애원하는 소리를 들어주
세요.
7 내가 어려울 때면 **주님**을 찾아요.
왜냐하면 당신이 내게 대답해주기
때문이에요.
8 여러 신 가운데 당신과 같은 신은
아무도 없고, 오 **주님**, 당신의 업적
과 같은 작품은 어디에도 없어요.
9 당신이 만든 민족이 모두 당신 앞
에 와서 경배하면서, 오 **주님**, 당신
의 이름을 영광으로 빛을 낼 겁니
다.
10 왜냐하면 당신은 위대하고, 놀라
운 경이를 이루는 유일한 **하나님**이
니까요.
11 나에게 당신의 길을 가르쳐주세
요. 오 **주님**, 그러면 내가 당신의 진
리 속에서 걸어갈 겁니다. 당신의
이름을 경외하도록 내 마음을 하
나로 모아주세요.

12 오 나의 **주 하나님**, 나는 온 마음을
다하여 당신을 찬양하고, 언제까
지나 당신의 이름을 영광으로 빛
내겠어요.
13 나에 대한 당신의 사랑이 크기 때
문에, 당신이 지옥 밑바닥에서 나
의 영혼을 구했지요.
14 오 **하나님**, 오만한 적이 나를 상대
로 일어났고, 폭력배가 모여서 나
의 영혼을 노리고 있는데, 그들은
당신을 앞세우지 않아요.
15 하지만, 오 **주님**, 당신은 연민과 관
대함이 가득차고, 오래 참으며, 자
비와 진실이 넘치는 **하나님**이지요.
16 오 내게 돌아와, 자비를 주고, 당신
의 종에게 힘을 주며, 당신의 여종
아들인 나를 구해주세요.
17 선의 증거표시를 보여주세요. 그
러면 나를 미워하는 저들이 그것
을 보고, 수치를 느끼게 될 거예요.
왜냐하면 지금까지 **주님**이 나를 도
와주어, 내가 편안했기 때문이에
요.

이 사람이 태어난 곳

리바이 출신 코라 자손 가수의 시와 노래

87 그의 토대는 신성한 산에 있
다.
2 **주님**은 재이컵이 사는 모든 터전
이상으로 자이언의 여러 대문을
더 사랑한다.
3 영광스러운 것이란, 오 **하나님**의
도성, 바로 너를 두고 한 말이다. 셀
라잠시멈춤
4 나는 나를 아는 사람에게 래이햅라
햅과 배블런바빌론의 이야기를 전하
려고 한다. 보라, 필리스티아와, 타
이러와, 이씨오피아까지, 이 사람가
수은 그곳에서 태어났다.
5 그리고 자이언에서 전해질 말은,
"이 사람도 저 사람도 자이언에서
태어났다"는 것이고, "가장 높은
존재가 자이언을 세웠다"는 것이
다.
6 **주님**이 자신의 백성을 기록하면서,
"이 가수는 거기서 태어났다"고 말
할 것이다. 셀라잠시멈춤
7 노래를 잘 부르는 가수는 악기를
잘 다루는 연주자와 마찬가지로
그곳에 있고, 나의 샘도 모두 당신
안에 있다.

밤낮으로 호소

코라 자손의 시와 노래를 수석 음악사가
매핼래쓰 리노쓰 악기 및, 이즈라 출신 히먼의
매스킬 장단에 맞추어 전한다

88 오 나의 구원의 **주 하나님**, 내
가 밤낮으로 당신 앞에 호소
하고 있어요.
2 나의 기도가 당신에게 전해지게
하여, 나의 외침에 당신의 귀를 기
울여주세요.
3 나의 영혼이 고통으로 가득 차 있
고, 나의 목숨이 무덤 가까이 끌려

가고 있기 때문이에요.
4 나는 구덩이 속으로 끌려 내려가
는 사람이고, 아무런 힘이 없는 사
람이 되었어요.
5 죽음에서 풀어주세요. 살해당하여
무덤에 누워 있는 자와 같이, 당신
이 나를 더 이상 기억하지 않도록,
저들은 당신 손으로부터 나를 차
단시켜버렸어요.
6 당신은 나를 구덩이 가장 낮은 밑
바닥의 어둡고 깊은 곳에 두었죠.
7 당신의 분노가 내게 너무 가혹합
니다. 당신은 모든 분노의 파도로 내
게 괴로움을 주었어요. 셀라잠시멈춤
8 당신은 나로부터 나의 지인을 떼
어놓고, 그들이 나를 혐오하게 만
들었지요. 나는 갇혀서 나갈 수 없
어요.
9 나의 눈은 고통으로 슬퍼져서, **주**
님, 매일 당신을 부르며, 나의 손을
당신에게 내밀고 있어요.
10 당신의 경이를 죽음을 맞은 자에
게 보여주지 않겠어요? 그러면 죽
은 자도 일어나서 당신을 찬양하
지 않을까요? 셀라잠시멈춤
11 당신의 다정한 사랑이 무덤 속에
도 선포되어야 하지 않을까요? 아
니면 당신의 진실이 파괴되어야
할까요?
12 당신의 경이가 어둠 속에도 알려
져야 하지 않을까요? 게다가 당신
의 정의가 이 땅에서 잊혀야 할까
요?
13 그런데 나는 당신에게 호소하며,
오 **주님**, 당신을 찾았는데, 아침의
나의 기도 역시 당신을 막았어요.
14 **주님**, 어째서 당신은 나의 영혼을
버리죠? 왜 당신은 나로부터 당신
의 얼굴을 가리죠?
15 나는 고통받으며, 젊어서부터 죽
을 각오가 되어있어요. 내가 당신
의 무서움을 느끼는 사이, 내 마음
은 혼란에 빠졌어요.
16 당신의 불 같은 분노가 나를 휘감
아, 당신의 무서움이 나를 차단해
버렸어요.
17 그들은 물이 밀려오듯 매일 내 주
위까지 와서, 모두 한꺼번에 나를
포위해버렸어요.
18 당신은 내게서 사랑하는 사람과
친구를 멀리 떼어 놓았고, 내가 아
는 사람도 어둠 속으로 보냈지요.

힘과 신념

이즈라 출신 이쓴의 매스킬 형식의 시가

89 **주님**의 관대한 사랑을 영원
히 노래해요. 내 입으로 당신
의 신념을 전 세대에게 전하겠어
요.
2 그래서 내가 선언한 것은, "당신의
관대한 사랑은 언제까지나 이루어
지고, 당신의 신념은 하늘 자체에
서 확고해진다"고 말했어요.
3 당신의 말에 의하면, "내가 선택한
사람과 계약을 맺고, 나의 종 대이

빋에게 맹세하며,
4 내가 네 후손을 영원히 구축하여
세대마다 네 왕좌를 세울 것'이라
고 했죠. 셀라잠시멈춤
5 그래서 하늘은 당신의 경이를 칭
찬하고, 오 **주님**, 신성한 사람마다
역시 당신의 신념을 칭송하지요.
6 따라서 하늘의 그 누가 **주님**과 비
교될 수 있을까요? 용사의 자손 가
운데 누가 **주님**에게 비길 수 있을
까요?
7 **주님**은 신성한 성인 중에서도 몹시
두려운 존재이고, 당신 주위 모든
사람 가운데에서도 대단히 존경받
는 존재이죠.
8 만인의 **주 하나님**, 누가 당신만큼
강한 **주님**이죠? 아니면 당신 주위
에서 당신의 신념과 같은 경우가
누구죠?
9 당신은 바다의 소용돌이를 지배하
여, 파도가 일 때, 그것을 가라앉히
죠.
10 당신은 마치 사람이 살해당하듯,
래이햅을 조각으로 부수고, 당신
의 강한 팔로 당신의 적을 흩어버
렸죠.
11 하늘이 당신 것이고, 땅 역시 당신
의 것인 이유는, 세상과 그 안의 모
든 것을 당신이 창조했으니까요.
12 당신이 북쪽과 남쪽을 창조했으
니, 태이보와 허먼이 당신의 이름
으로 즐거운 노래를 부르죠.
13 당신은 강한 팔을 가졌어요. 힘센
것은 당신의 손이고, 높은 것은 당
신의 오른손이죠.
14 정직한 판단이 당신의 왕좌가 있
는 곳에 있고, 사랑과 진실이 당신
얼굴 앞에서 실천되죠.
15 기뻐하는 소리를 아는 자는 축복
받은 사람으로, 오 **주님**, 그들은 당
신의 얼굴 빛을 따라 인생길을 걷
지요.
16 당신의 이름에 그들은 늘 기쁘고,
당신의 정의에 그들은 높아지지
요.
17 왜냐하면 당신이 그들 영광의 힘
이므로, 당신의 호의 속에서 우리
의 뿔이 높아지니까요.
18 **주님**이 우리의 방어막이고, 이즈리
얼의 신성한 유일한 존재가 우리
의 왕이기 때문이죠.
19 언젠가 당신은 환상으로 자신의
신성한 자에게 다음을 말했죠. "힘
센자에게 도움을 추가하며, 백성
중 하나를 뽑아 높여주었다.
20 나는 나의 종 대이빋을 발견하여,
나의 신성한 기름을 그에게 바르
며,
21 나의 손으로 그를 일으켜 세우고,
나의 팔 역시 그를 강하게 만들 것
이다.
22 적도 그를 위협하지 못하고, 악한
의 자손도 그를 괴롭히지 못할 것
이다.
23 내가 그의 적을 그의 면전에서 쓰
러뜨리고, 그를 미워하는 저들에

게 재앙을 내리겠다.
24 하지만 나의 진실과 나의 사랑은
그와 함께 있으면서, 나의 이름으
로 그의 뿔을 높일 것이다.
25 나는 또 그의 손을 바다로 뻗게 하
고, 그의 오른손은 강까지 미치게
하겠다.
26 그는 내게 소리칠 것이다. '당신은
나의 아버지, 나의 **하나님**, 바위와
같은 나의 구원입니다'라고.
27 또한 나는 그를 나의 장자로 삼아,
지상의 어느 왕보다 그를 더 높일
것이다.
28 나의 사랑은 영원히 그를 지킬 것
이고, 나의 계약은 그와 함께 확고
히 세우겠다.
29 그의 후손 역시 내가 언제나 지속
시키고, 그의 왕좌도 하늘의 날과
같이 이어지게 하겠다.
30 그런데 만약 그의 자손이 나의 법
을 버리고, 나의 정의를 따라 걷지
않으면,
31 그들이 나의 규정을 어기고, 내 명
령을 지키지 않으면,
32 나는 지팡이를 들고 방문하여 그
들의 위반을 묻고 채찍으로 죄를
다스리겠다.
33 그래도 나는 그로부터 나의 관대
한 사랑을 완전히 거두지 않고, 나
의 신념도 약화시키지 않을 것이
다.
34 나의 약속도 깨뜨리지 않고, 나의
입술로 한 말도 변경하지 않겠다.
35 언젠가 나의 신성한 이름으로 맹
세한 적이 있는데, 내가 대이빋에
게 거짓말을 하지 않겠다고 했다.
36 그의 후손은 언제나 지속될 것이
고, 그의 왕위는 내 앞에서 태양처
럼 빛날 것이다.
37 달과 같이 영원히 구축되고, 하늘
의 진실의 증거처럼 될 것"이라고
당신이 말했죠. 셀라잠시멈춤
38 그러나 당신은 자신이 기름을 부
여한 자에게 분노하여, 증오하며
그를 버렸어요.
39 당신의 종과 맺은 약속도 무시하
고, 그의 왕관을 땅에 내동댕이쳐
더럽혔지요.
40 그의 울타리마저 전부 부수어, 그
의 요새를 파괴시켰죠.
41 그 옆을 지나는 자마다 그를 약탈
하면서, 그는 이웃의 조롱거리가
되었지요.
42 당신은 오히려 적의 오른손을 세
워주며, 그의 적을 기쁘게 했어요.
43 당신 역시 자신의 칼날 방향을 돌
려, 그가 전쟁에 설 수 없게 만들었
어요.
44 그의 영광도 끊어버리고, 그의 왕
좌도 땅에 내던졌지요.
45 그의 기운찬 시절을 줄이고, 그를
수치로 덮었죠. 셀라잠시멈춤
46 **주님**, 얼마나 더 오래 걸리죠? 당신
은 언제까지 숨어 있죠? 당신의 분
노를 불처럼 태워야 하나요?
47 나의 시간이 얼마나 짧은지 기억

해주세요. 왜 당신은 모두를 아무
보람도 없이 만드나요?
48 살아있는 자는, 죽음을 보지 못하
지요? 무덤 속에서 스스로 영혼을
구할 수 있나요? 셀라잠시멈춤
49 인간의 주인님, 당신의 진실 속에
서 대이빋에게 맹세하던 예전의
온화한 사랑은 어디 있죠?
50 주인님, 당신 종이 당하는 비난을
기억해주세요. 힘센자의 모욕을
어떻게 내 가슴에 전부 품을 수 있
나요?
51 당신 적은 욕하며, 오 **주님**, 당신이
기름바른 자를 따라다니며 비방했
어요.
52 **주님**, 영원히 찬송 받으세요. 애이
맨 마땅히 그렇게 되기를 바랍니다.

시가기도 4

영원에서 영원까지

하나님의 사람 모지스의 기도

90 **주님**, 당신은 모든 세대마다
우리가 사는 곳에 있어 주었
죠.
2 산이 생기기 전에, 당신이 땅과 세
상을 만들기 이전에, 심지어 영원
에서 영원까지 당신은 **하나님**이죠.
3 당신은 인간을 되돌리며 말하죠.
"너희 사람의 자손은 흙으로 돌아
가라."
4 당신이 보는 천년은 지나버린 어
제와 같고, 어느 밤 한 때를 보는
것과 같기 때문이겠죠.
5 당신은 그들을 홍수로 쓸어버리는
데, 마치 그들은 한 숨을 잔 듯하고,
아침에 자라는 풀과 같지요.
6 아침에 풀이 무성하게 자라다 저
녁이면 잘려 시들어버리죠.
7 우리는 당신의 화에 사멸하고, 당
신의 분노에 고통을 당하기 때문
이지요.
8 당신은 자신 앞에 우리 죄를 늘어
놓고, 숨긴 죄마저 당신의 얼굴 빛
에 드러내지요.
9 우리의 날은 당신의 분노에 가버
리고, 우리의 해는 그것을 한탄하
다 끝나요.
10 우리의 일생은 70이고, 건강해도
80인데, 그들의 힘은 노동과 슬픔
에 곧 사라져 날아가 버리죠.
11 누가 당신 분노의 힘을 알까요? 당
신의 두려움만큼 당신의 분노도
그렇죠.
12 그러니 우리가 헤아릴 날을 알려
주세요. 그러면 우리 마음을 지혜
에 적용할 수 있어요.
13 돌아와주세요. 오 **주님**, 당신의 종
에 대해 당신이 후회하려면 얼마
나 걸리죠?
14 당신의 관대한 사랑으로 어서 우
리를 만족시켜주세요. 그러면 우
리가 사는 동안 기쁨에 즐거워할

수 있어요.
15 당신이 우리를 어렵게 한 날만큼
우리를 기쁘게 해주세요. 또 우리
가 악을 본 햇수만큼 즐거움을 주
세요.
16 당신의 위업이 종에게 나타나게
하고, 당신의 영광이 그 자손에게
오게 해주세요.
17 우리의 **주 하나님**의 아름다움이 우
리에게 있게 하고, 우리 손의 작업
을 우리에게 세워주세요. 그래요,
우리가 한 노동은 당신이 구축해
주니까요.

안식처

91 가장 높은 비밀장소에 사는
그는, 가장 안전한 그늘 안에
서 쉴 것이다.
2 나는 **주님**에 대해 이야기한다. 그
는 나의 피난처이자, 나의 요새이
며, 나의 **하나님**이므로, 나는 그를
의지하고 믿는다.
3 반드시 그는 들새 사냥꾼의 덫에
서 너를 구하고, 해로운 전염병에
서 너를 구할 것이다.
4 그는 자신의 깃털로 너를 덮어서,
네가 의지하는 그의 날개 아래에
숨겨줄 것이다. 그의 진실은 너의
방패와 갑옷이 된다.
5 너는 밤의 공포도 두렵지 않고, 낮
에 날아오는 화살도 무섭지 않으
며,
6 암흑 속에 돌아다니는 전염병도
그렇고, 대낮에 부서지는 파괴도
그럴 것이다.
7 천명은 네 옆에서 쓰러지고, 만명
은 네 오른쪽에서 쓰러져도, 그것
은 너 가까이 오지 않는다.
8 네 눈은 그저 악한이 받는 처벌을
구경만 할 것이다.
9 만약 **주님**을 자신의 안식처로 만들
면, 이는 가장 높은 장소가 너의 처
소가 되기 때문에,
10 그곳에서는 너에게 불행도 오지
않고, 네 처소 가까이 어떤 괴로움
도 없을 것이다.
11 그가 사자에게 너를 보호하는 임
무를 주어 너의 길을 지키기 때문
이다.
12 사자는 그들의 손으로 너를 보호
하여, 네가 돌에 부딪혀 발을 다치
지 않게 할 것이다.
13 너는 사자와 살무사 위를 걸으며,
젊은 사자와 용조차 네가 밟아버
릴 것이다.
14 그가 자신의 사랑을 너에게 두기
때문에, "내가 그를 구하고, 높이
올릴 것"이라고 말하는데, 이는 그
가 나의 이름을 알기 때문이다.
15 그가 나를 부르면, 내가 그에게 대
답하고, 그가 어려움에 빠지면, 내
가 그와 함께 있을 것이다. 그리고
나는 그를 구하고 영광스럽게 할
것이다.
16 긴 인생을 살아가는 동안, 나는 그
를 만족시키고, 그는 나에게 구원

을 보일 것이다.

어느 사배쓰휴일 시가

사배쓰휴일을 위한 시와 노래

92 **주님**에게 감사하고, 가장 높
은 당신의 이름을 칭찬하며
노래하는 일은 참으로 좋다.
2 아침이면 당신의 온화한 사랑을
알리려고, 매일 밤이면 당신의 신
념을 보이려고,
3 열줄 현악기와, 썰터리와, 하프 위
에서 진지한 음율소리를 낸다.
4 **주님**, 당신이 당신의 작품으로 나
를 즐겁게 해주어서, 나는 당신 손
이 이룬 위업으로 반드시 승리를
이루겠습니다.
5 오 **주님**, 당신의 업적이 얼마나 위
대한지요! 그리고 당신의 생각이
얼마나 사려 깊은지요!
6 무지한 사람은 이를 모르고, 어리
석은 바보도 이를 이해하지 못하
죠.
7 악한이 풀처럼 번성하고, 죄를 저
지르는 무리가 판치면, 그것이 바
로 영원히 파멸하고 마는 것이죠.
8 그러나 **주님**, 당신은 언제까지나
가장 높은 존재이지요.
9 보세요, 당신의 적을, 오 **주님**, 당신
의 적들은 파멸하여, 마침내 죄를
저지르는 무리가 모두 흩어지게
되겠죠.
10 하지만 나의 뿔은 당신이 유니콘
의 뿔처럼 높여주어, 나는 신선한
기름을 부여받게 되겠죠.
11 나의 눈도 적에 대한 나의 보복을
보게 되고, 내 귀도 나를 대항하던
악한에 대해 내가 바라던 바를 듣
겠죠.
12 정직한 자는 야자나무와 같이 뻗
고, 레바넌의 시더나무처럼 자라
겠지요.
13 **주님**의 집에 심은 것은 우리 **하나님**
의 정원에서 번성합니다.
14 그들은 나이가 들어도 여전히 열
매를 맺고 푸르고 싱싱하지요.
15 **주님**이 똑바르다는 것을 보이는,
그는 흔들림 없는 나의 바위이므
로, **주님** 안에 바르지 않은 것은 하
나도 없지요.

강하다

93 **주님**은 위엄의 옷을 입고 통
치한다. **주님**은 강인한 옷을
입고, 그것으로 스스로 무장했다.
세상 역시 튼튼하게 구축되어 흔
들리지 않는다.
2 당신의 왕좌는 오래 전부터 세워
졌고, 당신은 영원히 존재한다.
3 바다물이 높아지며, 오 **주님**, 바다
물이 그들의 목소리를 드높이고,
바다물이 그들의 파도를 드높인
다.
4 높은 곳에 존재하는 **주님**은 거대한
바다의 우렁찬 소리보다 훨씬 강
하다. 그렇다, 바다물의 넘실대는

파도보다 더욱 강하다.
5 당신의 증언은 명백하게 확실하
고, 오 **주님**, 신성함이 영원히 당신
의 집이 되었습니다.

깨달아야 한다

94 오 **주 하나님**, 복수는 누구에
게 가는지, 오 **하나님**, 누구에
게 보복하려는지 보여주세요.
2 자신을 높이 들어올려, 당신이 지
구를 재판하므로, 자만하는 자에
게 대가를 주세요.
3 **주님**, 악한은 얼마나 더 오래 가고,
악의 승리는 얼마나 더 지속되나
요?
4 얼마나 오랫동안 그들이 심한 악
담을 해야 하지요? 또한 잘못을 꾸
미는 사람마다 언제까지 뽐내야
하지요?
5 저들은 당신의 백성을 뿔뿔이 조
각내어, 오 **주님**, 당신의 유산물을
괴롭히고 있어요.
6 과부와 다른 사람을 죽이고, 고아
를 살해합니다.
7 그러면서 이렇게, "**주님**은 보지도
않고, 재이컵의 **하나님**은 관심도
없다"고 말해요.
8 사람 가운데 무지한 자는 깨달아
야 한다. 너희 어리석은 자는 언제
알게 될까?
9 귀를 심은 그가 듣지 못할까? 눈을
만든 그가 보질 못할까?
10 이민족을 나무라는 그가 잘못할
까? 인간에게 지혜를 가르치는 그
가 모를까?
11 **주님**은 사람의 생각도 알고, 그들
의 허영도 안다.
12 축복의 대상은, 당신이 꾸짖으며,
주님의 법으로, 당신이 가르치는
사람이지요.
13 당신이 불행한 사람에게 위안을
주는 일은, 악한이 들어갈 구덩이
가 파질 때까지다.
14 **주님**은 자신의 백성을 버리지 않
고, 그의 유산물도 외면하지 않기
때문이다.
15 그러나 정의는 정직으로 방향을
돌리므로, 마음이 바른 자는 모두
정의를 따르게 된다.
16 악한을 대항하는 나를 누가 도우
려고 일어날까? 아니면 잘못을 꾸
미는 무리와 싸우는 내게 누가 편
을 들어줄까?
17 **주님**이 나를 돕지 않았다면, 나의
영혼은 거의 잠자코 있었을 것이
다.
18 내가 "발이 미끄러졌다"고 말했더
니, 오 **주님**, 당신의 사랑이 나를 붙
잡아 주었죠.
19 내 마음의 복잡한 많은 생각 중, 당
신의 위로는 내 영혼을 기쁘게 하
지요.
20 죄의 주체가, 법으로 죄를 가두는
주님 당신과 친구가 되겠습니까?
21 저들은 모두 한데 모여 정직한 영
혼에 맞서 선량한 피를 비난하고

있다.
22 하지만 **주님**은 나의 방패이고, 나
의 **하나님**은 내가 도피할 흔들림
없는 바위다.
23 그리고 그는 죄를 지은 사람에게
대가를 주며, 악행을 저지른 그들
을 없앤다. 그렇다, 우리의 **주 하나**
님이 그들을 제거한다.

행복한 비명을 지르자

95 자, 우리가 **주님**을 노래하자.
우리의 굳건한 구원의 바위
에게 즐거운 비명을 지르자.
2 **주님** 앞에 감사하러 나와, 시를 가
지고 그에게 행복한 소음을 만들
자.
3 **주님**은 위대한 **하나님**이고, 모든 신
이상의 위대한 왕이기 때문이다.
4 그의 손 안에 끝없는 땅의 깊이도
있고, 우람한 산언덕 역시 그렇다.
5 바다도 손 안에서 그가 만들었고,
그의 양손이 마른 땅을 창조했다.
6 어서, 우리가 경배하며 머리 숙여
인사하고, 우리의 창조주 **주님** 앞
에 무릎을 꿇자.
7 그는 우리의 **하나님**이고, 우리는
그의 초원에 사는 인간으로, 그의
손 안의 양이기 때문이다. 어쩌면
오늘 너희는 이와 같은 **주님**의 소
리를 들을 수도 있다.
8 "너희 마음을 도발하듯, 강하게 버
티지 말고, 사막에서 의심하던 시
절처럼 뻣뻣하지 굳지 마라.
9 그 시절 너희 조상이 나를 입증하
도록 시험했을 때, 너희는 나의 능
력을 보았다.
10 나는 40년간 이 세대에게 실망하
여 말했다. '이 백성은 마음이 삐뚤
어져, 나의 길을 알지 못했다.'
11 나는 화가 나서, '그들은 절대 나의
안식처로 들어오지 못한다'고 맹
세했다."

마땅히 경배

96 **주님**을 위해 새 노래를 부르
자. 전 지구는 **주님**을 향해 노
래하자.
2 **주님**에게 노래하며, 그의 이름을
축하하자. 날이면 날마다 그의 구
원을 알리자.
3 이민족 가운데 그의 영광을 선포
하고, 사람 사이에 그의 경이를 널
리 알리자.
4 **주님**은 위대하므로, 대단한 칭송
을 받아야 한다. 그는 모든 신 이상
으로 두려워하며 마땅히 경배해야
할 존재다.
5 나라마다 있는 신으로 말하자면
모두 허상이지만, **주님**은 하늘을
만들었다.
6 명예와 위엄이 그에게 있고, 힘과
아름다움이 그의 성소에 있다.
7 너희 사람의 자손이 **주님**에게 내놓
을 것이 있다면, **주님**에게 영광과
활력을 돌리자.
8 그의 이름에 당연한 영광을 **주님**에

게 돌리며, 제물을 가지고 그의 정
원으로 들어가자.
9 오, 신성한 아름다움이 있는 **주님**
을 경배하고, 지구의 모두가 그를
두려워하자.
10 **주님**이 지배한다는 이야기를 이민
족에게 전하자. 세상 역시 흔들리
지 않도록 세워졌고, 그가 인간을
바르게 판단한다는 것을 전하자.
11 하늘이 기뻐하고, 땅이 즐겁게 만
들며, 바다가 환호하여 물속을 가
득 채우게 했다고.
12 평원도 즐겁고, 그 안의 모든 것도
즐겁게 했다고. 그래서 숲속 나무
까지 기뻐할 것이라고.
13 **주님**이 앞으로 나오는 것은, 그가
이 땅을 판정하러 오는 것이다. 그
는 정의를 가지고 세상을 판단하
고, 그의 진리로 사람을 재판한다.

다스린다

97 **주님**이 다스리기 때문에, 땅
이 기뻐하고, 해안에서 떨어
진 수많은 섬까지 즐겁게 한다.
2 구름과 어둠이 그의 주위를 감싸
며, 올바른 정의가 그의 왕좌에 자
리잡는다.
3 불은 그의 앞을 지나가며, 주변의
적을 태워버린다.
4 그의 번개가 세상을 밝히자, 땅이
보고 떤다.
5 산은 **주님**의 출현에 왁스인양 녹
고, 전 지구는 **주님** 앞에서 꺼져버
린다.
6 하늘이 그의 정의를 선포하니, 백
성 모두가 그의 영광을 본다.
7 조각된 형상을 섬기는 사람은 혼
란에 빠졌다. 허상인 채 스스로 뽐
내는 너희 모든 우상신들아, 그를
경배해라.
8 자이언이 듣더니 기뻐하고, 쥬다
의 딸이 당신의 정의에 즐겁다. 오
주님.
9 **주님**, 당신으로 말하자면, 땅위에
서 가장 높고, 모든 신보다 훨씬 높
은 존재다.
10 **주님**을 사랑하는 너희는 악을 미워
해라. 그는 자신을 믿는 성도의 영
혼을 보호하여, 악한의 손에서 구
한다.
11 빛은 정직한 자를 위해 퍼지고, 즐
거움은 마음이 올바른 자에게 심
어진다.
12 너희 정직한 자는 **주님** 안에서 기
뻐하며, 그의 성스러운 경이를 기
억하고 감사해라.

새로운 노래

시가

98 **주님**에게 새로운 노래를 부
르자. 왜냐하면 그가 놀라운
업적을 이루었기 때문이다. 그의
오른손과 신성한 팔이 그에게 성
공을 안겼다.
2 **주님**은 자신의 구원을 널리 알렸

고, 그의 정의는 이민족의 눈 앞에
서 숨김없이 드러났다.
3 그는 이즈리얼 집안을 향한 자신
의 사랑과 진실을 기억했고, 지구
땅 곳곳마다 우리 **하나님**의 구원을
보게 되었다.
4 땅위에 있는 모두는 **주님**에게 즐거
운 비명을 질러라. 아우성치고 기
뻐하며 칭찬을 노래해라.
5 **주님**에게 하프에 맞춰 노래하고,
하프 장단에 따라 시가 소리를 내
라.
6 트럼필과 코넬 금관악기 소리로,
우리의 왕, **주님** 앞에 즐거운 비명
을 만들어라.
7 바다가 포효하고, 그 안의 모든 것
이 들썩이게 하고, 세상과 그 안에
사는 모든 것이 고함치게 해라.
8 큰물이 손뼉을 치게 하고, 산언덕
이 덩달아 기쁨에 넘치게,
9 **주님** 앞에서 실행해라. 왜냐하면
그가 이 땅을 재판하러 오기 때문
이다. 그는 정의의 기준으로 세상
을 판단하고, 죄의 기준으로 사람
을 판정한다.

통치한다

99 **주님**이 통치하여 인간이 두
려움에 떨게 하고, 체럽천사
사이에 앉아 땅을 움직인다.
2 **주님**은 자이언에서 위대한 존재로,
모든 사람 위에 높이 자리한다.
3 그들이 당신의 훌륭함을 칭찬하
고, 당신의 이름을 무서워하게 만
드는 이유는, 신성에서 비롯된다.
4 최고의 왕, 당신의 힘 역시 정의사
랑에서 나온다. 당신은 공정을 세
우고, 재이컵에 정의와 정직을 실
행한다.
5 너희는 우리의 **주 하나님**을 높이 받
들고, 그의 발치에서 경배하자. 그
는 신성이기 때문이다.
6 자신의 이름을 부른 제사장 가운
데 모지스와, 애런과, 새뮤얼이 있
었다. 그들이 **주님**을 찾자, 그는 그
들에게 대답했다.
7 그는 구름 기둥 속에서 그들에게
말하며, 자신의 증언을 지키고, 그
가 그들에게 준 명령을 지키게 했
다.
8 오 우리의 **주 하나님**, 당신은 그들
에게 대답하며, 비록 그들의 비행
을 보복했어도, 그들을 용서하는
하나님이 되어주었다.
9 우리의 **주 하나님**을 높이 받들고,
그의 신성한 언덕에서 경배하자.
우리의 **하나님**은 신성한 존재다.

감사하며 축하하자

찬양의 시가

100 너희 모든 땅은 **주님**에게
즐거운 소란을 만들자.
2 기쁘게 **주님**을 섬기며, 노래로 그
앞에 나가자.
3 **주님**이 너희 **하나님**임을 알자. 우리

를 만든 존재는 우리 스스로가 아
니라 바로 그다. 우리는 그의 백성
이자, 그의 초원의 양떼다.
4 감사하며 그의 문으로 가고, 자랑
하며 그의 정원으로 들어가서, 그
에게 감사하고 그의 이름을 축하
하자.
5 **주님**은 선이고, 그의 사랑은 영원
하며, 그의 진실은 대대로 이어진
다.

마음을 다하여 실천

대이빋왕의 시가기도

101 오 **주님**, 나는 당신의 사랑
과 정의를 노래합니다.
2 나는 완전한 당신의 길에서 현명
하게 행동하겠어요. 그런데 당신
은 언제 오나요? 내 마음을 다하여
나의 집에서 실천하겠어요.
3 내 눈 앞에 악을 발붙이지 못하게
하고, 법도를 벗어나는 자의 행위
를 싫어하며, 거기에 미련을 두지
않겠어요.
4 뒤틀린 마음을 내게서 쫓아내고,
악한 자와 친하지도 않겠어요.
5 자기 이웃을 몰래 욕하는 자가 있
으면, 그를 가로막고, 거만하고 잘
난 체하는 마음을 가진 자는 내가
용납하지 않겠어요.
6 내 눈을 이 땅에 충실한 자에게 두
어, 그들이 나와 함께 살 수 있게
하고, 완벽한 길을 걷는 사람이 나
를 섬기게 하겠어요.
7 속이기를 잘하는 자는 내 집에 살
지 못하게 하고, 거짓말을 잘하는
자는 내 눈 앞에 두지 않겠어요.
8 내가 이 땅의 악을 모조리 사전에
없애면, **주님**의 도성에서 악행을
근절할 수 있을 거예요.

빨리 대답해주세요

고통에 절망하며 주님 앞에 불평을
늘어놓는 자의 기도

102 오 **주님**, 나의 기도를 들어
주세요. 나의 외침이 당신
에게 닿게 해주세요.
2 내가 어려울 때 내게서 당신 얼굴
을 숨기지 말고, 귀도 기울여, 내가
부르면 빨리 대답해주세요.
3 나의 나날이 연기처럼 사라지고,
내 뼈가 난로처럼 타고 있으니까
요.
4 내 가슴은 타격을 받아, 풀처럼 시
들었고, 빵을 먹는 것조차 잊었어
요.
5 내 신음소리에 뼈가 살에 붙어버
렸어요.
6 나는 벌판의 펠리컨과 같고, 사막
의 올빼미와도 같아요.
7 지켜보는 것이, 마치 지붕 위의 한
마리 참새 같기도 해요.
8 내게 화난 적들은 매일 욕하더니,
나를 제거하겠다고 맹세까지 했어
요.

9 그래서 나는 재를 빵으로 먹고, 눈
물범벅을 마시고 있어요.
10 당신의 분개와 화 때문에, 나를 들
어올려 팽개쳤잖아요.
11 나의 날은 그림자처럼 기울고, 풀
처럼 말라가고 있어요.
12 그래도 **주님**, 당신은 영원히 존재
하여, 세대마다 모두 당신을 기억
하겠죠.
13 당신은 일어나 자이언에 관대한
사랑을 내려주겠죠. 왜냐하면 시
간은 그 땅을 사랑하니까요. 그래
요, 정해진 때는 오게 되죠.
14 그러면 당신 종은 그 땅의 돌을 반
기고, 흙도 사랑하게 되지요.
15 그러면 이민족이 **주님**의 이름을 무
서워하고, 땅위 왕들이 모두 당신
의 영광을 두려워하겠죠.
16 **주님**이 자이언을 세우면, 당신은
영광 속에서 나타나겠죠.
17 당신은 절박한 자의 기도를 생각
하고, 그들의 탄원을 무시하지 않
겠죠.
18 이것은 다음 세대를 위해 기록되
어, 앞으로 생겨나는 인간이 당연
히 **주님**을 자랑해야 할 겁니다.
19 **주님**은 자신의 성소 높은 곳에서
아래를 내려다보고, 하늘에서 땅
을 주시하기 때문에,
20 포로의 신음소리를 들을 수 있고,
죽음이 정해진 사람을 풀어줄 수
있고,
21 자이언에서 **하나님**의 이름을 선포
할 수 있고, 저루살럼에서 칭찬이
울려 퍼질 수 있어요.
22 사람이 모두 모여, 왕국마다 **주님**
을 섬길 때 말이죠.
23 그런데 당신은 도중에 내 힘을 약
화시키고, 나의 세월을 줄였어요.
24 그래서 내가 이렇게 말했죠. "오 나
의 **주님**, 삶이 한창이니, 아직 나를
데려가지 마세요. 대신 당신의 햇
수는 대대로 이어지고 있으니 말
이죠.
25 당신이 땅에 기초를 세우던 옛날
에, 하늘도 당신의 손으로 만든 작
품이에요.
26 사람은 사멸해도, 당신은 영원하
니까요. 그래요, 그들 모두가 옷처
럼 닳게 되면, 당신은 헤진 옷을 바
꾸듯, 그들은 바꾸겠죠.
27 그래도 당신은 똑같고, 당신은 해
는 끝이 없지요.
28 당신 종의 자손은 앞으로 계속 이
어지고, 그들의 후손이 당신 앞에
서 구축해 나가겠죠" 라고 내가 말
했어요.

감사하며 자랑하자

대이빋왕의 시가기도

103 오 나의 영혼아, **주님**에게
감사해라. 내 안에 있는 모
든 것도, 그의 신성한 이름을 자랑
하자.
2 오 나의 영혼아, **주님**에게 감사해

라. 그리고 **주님**의 모든 자선을 잊
지 말자.
3 누군가 너희 모든 잘못을 용서하
며, 너희 모든 질병을 치료한다.
4 누군가 파멸로부터 너희 생명을
구하고, 다정하고 부드러운 사랑
으로 너희 머리에 크라운관을 씌
운다.
5 누군가 너희 입에 좋은 것을 만족
시키면, 네 젊음이 독수리처럼 새
로워진다.
6 **주님**은 바른 정의를 억압받는 모두
를 위해 실행한다.
7 그는 모지스에게 그의 길을 알리
고, 이즈리얼의 자손에게 그의 행
동방법을 가르쳐주었다.
8 **주님**은 관대하며 친절하고, 화를
지체하며 자비를 풍성하게 베푼
다.
9 그는 늘 야단만 치지 않고, 언제나
분노를 참지도 않는다.
10 그는 잘못대로 우리를 벌주지 않
고, 죄에 따라 우리에게 보복하지
도 않는다.
11 하늘이 땅위에 높이 있어서, 그를
두려워하는 모두를 향한 그의 사
랑이 그만큼 크다.
12 동쪽이 서쪽에서 먼만큼, 그가 우
리의 잘못을 멀리 제거한다.
13 아버지가 자식을 가엽게 여기듯,
주님은 자신을 두려워하는 자를 애
석하게 생각한다.
14 그가 우리의 본질을 알기 때문이
고, 우리가 먼지임을 기억하고 있
기 때문이다.
15 사람으로 말하자면, 생애는 풀과
같고, 번성해도 벌판의 한 송이 꽃
일 뿐이다.
16 바람이 스치면 사라져, 있던 자리
마저 알지 못한다.
17 그러나 **주님**의 관대한 사랑이란,
그를 두려워하는 자에게는 영원에
서 영원까지, 그의 정의는 자손의
자손까지,
18 자신의 서약을 지키는 자와, 지시
한 명령을 기억하는 모두에게 사
랑을 베푼다.
19 **주님**은 하늘에 자신의 왕좌를 마련
하고, 그의 왕국 전반을 다스린다.
20 힘센 그의 사자는 **주님**을 자랑하
고, 그의 명령을 수행하며, 그의 목
소리에 귀를 기울이자.
21 너희는 **주님**에게 감사해라. 너희
모두는 **주님**의 대원이니, 기뻐하도
록 그의 일을 도맡아 하자.
22 **주님**에게 감사하자. 그의 영향력이
미치는 곳곳에서 그가 창조한 모
든 것에 감사하자. 오 나의 영혼아,
너도 **주님**을 자랑하자.

지혜의 재물

104 오 나의 영혼아, **주님**에게
감사해라. 오 나의 주 하나
님, 당신은 참으로 위대하며, 명예
와 위엄으로 감싸져 있다.
2 그는 빛을 옷처럼 입고, 하늘을 휘

장치듯 펼치고,
3 물 속에 들보를 놓아 자기 방을 만
들고, 구름을 자신의 전차로 만들
고, 바람의 날개를 타고 다니고,
4 영혼으로 자신의 대리인 천사를
만들고, 화염으로 집행관을 삼고,
5 땅에 기초를 놓아, 영원히 흔들리
지 않게 한다.
6 당신은 옷인양 바다로 땅을 덮고,
물을 산 위에도 고이게 한다.
7 당신의 호령에 물이 달아나고, 당
신의 천둥소리에 물이 흩어진다.
8 물은 산도 오르고, 계곡에도 내려
가는데, 그 장소는 물이 발견되도
록 당신이 마련한 곳이다.
9 당신이 경계를 정해서 넘지 못하
게 하자, 물은 땅을 덮으려고 방향
을 되돌리지 않는다.
10 당신이 계곡에 샘을 보내자, 그것
이 산언덕에도 흐른다.
11 물은 벌판의 모든 짐승이 마시게
하고, 야생 나귀의 갈증도 풀어준
다.
12 물로써 하늘을 나는 새가 서식처
를 갖게 하자, 그들이 가지 사이에
서 노래한다.
13 당신이 자기 방으로부터 언덕으로
물을 대주자, 땅은 당신이 만든 열
매를 가득 채운다.
14 당신은 가축용 풀이 자라게 하고,
사람을 위한 식물이 자라게 하는
데, 그것은 땅이 음식을 가져올 수
있게 하는 것이고,
15 사람의 마음을 즐겁게 하고 술과,
인간의 얼굴에 윤기가 흐르게 하
는 기름과, 사람의 심장을 튼튼하
게 만드는 빵을 주려는 것이다.
16 **주님**의 나무가 수액을 가득 품었는
데, 그것이 바로 손수 심은 레바넌
의 시더나무다.
17 거기서 새가 둥지를 틀고, 황새는
전나무를 집으로 삼는다.
18 높은 산은 야생 염소의 피난처고,
바위는 바위너구리를 위한 곳이
다.
19 당신이 시간을 알도록 달을 지정
하자, 해도 스스로 질 때를 알더라.
20 당신이 어둠을 만들면 밤이 되어,
그때 숲속 짐승이 모두 기어 나온
다.
21 젊은 사자가 으르렁거리며, **하나님**
으로부터 온 자신의 먹이를 찾는
다.
22 해가 뜨면 그들은 한데 모여 굴에
서 몸을 웅크린다.
23 사람은 일하러 나가서 저녁까지
노동한다.
24 오 **주님**, 당신의 작업은 얼마나 다
양한지! 당신의 지혜로 모든 것을
만들자, 땅이 당신의 재물로 가득
찼다.
25 넓고 큰 바다도 마찬가지여서, 그
안에서 움직이는 것이란, 작든 큰
짐승이든 수를 셀 수 없다.
26 거기에는 배도 다니고, 거대 바다
괴물 르바이어썬도 있는데, 그들

은 당신이 그 안에서 놀도록 만든
것이다.
27 이 모두가 당신을 기다리면, 당신
이 그들에게 제때에 먹이를 줄 수
있다.
28 그들이 모이고, 먹이를 줄 때가 되
어, 당신이 손을 펴면, 그들은 충분
히 채운다.
29 그러나 당신이 얼굴을 숨기면, 그
들은 고통을 받게 되고, 당신이 그
들의 목숨을 빼앗으면, 그들은 죽
어 먼지로 되돌아간다.
30 당신은 자신의 영혼을 주어, 그들
을 창조하며, 이 땅의 모습을 늘 새
로 만든다.
31 **주님**의 찬란한 빛이 영원히 이어지
게 하며, **주님**은 스스로의 작업에
즐거워한다.
32 그가 땅을 바라보면, 이 땅이 흔들
리고, 그가 산에 손을 대면, 연기를
뿜는다.
33 내가 사는 한 **주님**을 노래하고, 내
가 존재하는 한 나의 **하나님**을 자
랑하는 노래를 부를 것이다.
34 내가 그를 명상하면 기분이 좋아
져서, **주님** 안에서 기뻐진다.
35 죄인이 지구에서 소멸되어, 더 이
상 악한이 없게 해주세요. 나의 영
혼아, **주님**을 축하하자. 너희 모두
주님을 자랑해라.

놀라운 업적 상기

105 오, **주님**에게 감사하며, 그
의 이름을 부르고, 사람에
게 이룬 그의 업적을 깨닫자.
2 그에게 노래하고, 그를 위한 시가
를 부르며, 너희 모두 그의 놀라운
작품을 이야기하자.
3 그의 신성한 이름에 감사를 돌리
고, 우리 마음에 **주님** 찾기가 기쁨
이 되게 하자.
4 **주님**과 그의 능력을 알아보고, 그
의 얼굴을 찾아보라.
5 그가 만든 경이의 작품을 기억하
고, 그의 입으로 전한 정의를 기억
해보라.
6 오, 그의 종 애이브러햄의 후손, 너
희는 모두 그가 택한 재이컵의 자
손이다.
7 그는 우리의 주인 **하나님**이다. 그
의 정의는 전 지구에 있다.
8 그는 자신의 약속을 영원히 기억
하며, 그가 내린 명령은 수천 세대
까지 이어진다.
9 애이브러햄과 맺은 그의 약속과,
아이직에게 선언한 그의 맹세를,
10 재이컵에게 법으로 확정해주고,
이즈리얼을 위한 영원한 계약임을
확인해주며,
11 이렇게 말했다. '너희에게 내가 캐
이넌 땅을 주어, 너희 유산의 지분
을 제비 뽑기하여 나누어 줄 것'이
라고 했다.
12 그들의 인원수는 적었는데, 맞다,

대단히 적었고, 그곳의 이방인이
었다.
13 그들이 이 나라에서 저 나라로, 한
왕국에서 다른 민족에게 옮겨 다
녔을 때,
14 그는 그들에게 잘못하는 자를 용
납하지 않았다. 그렇다, 그는 백성
을 위해 여러 왕을 꾸짖었다.
15 또 이렇게, '내가 기름을 부은 자를
손대지 말고, 나의 예언자에게 해
를 주지 말라'고 말했다.
16 게다가 그는 그 땅에 기근을 불러,
빵의 원천인 곡식을 말렸다.
17 그는 백성보다 앞서 한 사람을 보
냈는데, 바로 조셉이 종으로 팔렸
던 것이다.
18 이집트가 그의 발에 족쇄를 채우
자, 그는 철창에 갇힌 채,
19 **주님**의 말이 와서, **주님**의 말로 조
셉을 시험할 때까지 있었다.
20 왕이 사람을 보내어 그를 풀고, 심
지어 이집트의 총리로서 마음대로
하게 만들어주었다.
21 그가 조셉을 자기 궁전 책임자로,
또 자기 전재산의 관리자로 삼자,
22 제마음대로 왕의 대군왕자를 저지
하며, 이집트 원로에게 지혜를 가
르쳤다.
23 이즈리얼 역시 이집트로 들어오게
되어, 재이컵은 햄 지역에서 살았
다.
24 그리고 그는 자신의 백성수를 크
게 늘려, 적보다 더 강하게 만들었
다.
25 **주님**은 자기 백성을 미워하도록 이
집트의 마음을 돌려, 자신의 종을
심하게 다루게 했다.
26 그런 다음 그의 종 모지스와, 그가
택한 애런을 파견했다.
27 둘은 백성 가운데 **주님**의 표시를
보이며, 햄 땅에서 이상한 일들을
알렸다.
28 그는 어둠을 보내어 캄캄하게 만
들자, 백성은 둘의 말에 반발하지
않았다.
29 **주님**은 물을 피로 바꾸어, 물고기
를 죽였다.
30 그들 땅에 수많은 개구리가 오더
니, 왕의 침실까지 들어갔다.
31 그는 말하며, 거기에 파리떼가 엄
청나게 닥치고, 영토 내 이가 들끓
는다고 했다.
32 그는 그들에게 우박을 비처럼 쏟
았고, 그 땅에 화염을 일으켰다.
33 그들의 포도밭도, 무화과나무도
쳐서, 그들 영역 내 나무를 꺾었다.
34 그가 말했다. 메뚜기떼가 오고, 애
벌레가 수없이 많이 온다고.
35 그러자 그들이 와서 이집트의 풀
을 모조리 먹고, 그 땅의 열매를 삼
켰다.
36 또 그는 그들 땅의 첫째를 전부 죽
이고, 강자의 대표도 모조리 죽였
다.
37 그리고 백성을 금과 은과 함께 데
리고 나왔는데, 그 민족 중 허약한

사람은 하나도 없었다.
38 이집트는 그들이 떠나서 다행이었
다. 왜냐하면 그들에 대한 두려움
에 빠져 있었기 때문이었다.
39 그는 구름을 덮개로 펼쳐주고, 불
빛으로 밤을 밝혀 주었다.
40 백성이 요구하자, 메추리를 보냈
고, 하늘의 빵으로 그들을 채워주
었다.
41 그는 바위를 열어 물을 분출시켜,
마른 곳에 물이 강처럼 흐르게 했
다.
42 그의 종 애이브러햄에게 말한 자
신의 신성한 약속을 기억했기 때
문이었다.
43 그는 그의 백성을 기쁜 마음으로
데려왔고, 자신의 선택에 만족했
다.
44 그리고 그들에게 이민족의 땅을
주어, 남의 수고를 유산으로 받게
했다.
45 그래서 그들이 자신의 규정을 지
키고, 또 법을 지키게 했다. 너희는
주님을 칭송해라.

애이멘, 진심으로 동의한다.

106

모두 **주님**을 자랑하자. **주**
님에게 감사하자. 그는 선
이고, 그의 사랑은 영원히 지속되
기 때문이다.
2 누가 **주님**의 막강행위를 다 말할
수 있나? 누가 그의 자랑을 다 알
릴 수 있나?
3 정의를 지키는 자는 축복받고, 늘
올바르게 행동하는 자는 복이 있
다.
4 오 **주님**, 당신 백성에게 품은 호의
를 보여 나를 기억해주세요. 또 나
를 구원하러 방문해주세요.
5 그러면 내가 당신이 선택한 선을
볼 수 있고, **주님** 나라의 즐거움을
누릴 수 있으며, 당신의 유산과 함
께 영광을 얻을 수 있어요.
6 우리는 조상처럼 죄를 짓고, 잘못
을 저지르고, 좋지 못한 행동을 했
어요.
7 우리 조상은 당신의 이집트 기적
을 이해하지 못하고, 당신의 관대
한 사랑도 기억하지 않고, 오히려
홍해바다에서 당신에게 반발했지
요.
8 하지만 당신은 자신의 이름을 위
해 백성을 구하며, 자신의 막강한
힘을 백성에게 알리고자 했지요.
9 홍해를 꾸짖자, 그것이 말라서, 마
치 사막을 통과하듯 그들을 깊은
바닥을 지나게 했지요.
10 그렇게 백성을 미워하는 자의 손
에서 그들을 구하며, 적의 손으로
부터 당신이 그들을 데려왔어요.
11 그런 다음 바닷물이 적을 덮쳐 살
아남은 자가 하나도 없었죠.
12 그때서야 백성은 **주님**의 말을 믿
고, 그를 칭찬하는 노래를 불렀어
요.
13 그러더니 곧 그들은 **주님**의 업적을

잊고, **주님**의 충고도 기다리지 않
게 되었죠.
14 대신 황야에서 과도한 욕심을 부
리고, 사막에서 **하나님**을 시험까지
했어요.
15 그래서 당신은 그들의 요구를 들
어주는 대신 그들의 영혼을 약화
시켰죠.
16 그들은 진영 안에서 모지스를 시
기하고, **주님**의 성도 애런을 시기
했어요.
17 그러자 땅이 입을 벌려 대이썬을
삼키고, 어바이럼의 무리를 덮어
버렸어요.
18 또 그들 무리에 불을 붙여 화염이
악한을 태우게 했죠.
19 그들은 호랩에서 송아지를 만들
어, 주물 형상을 숭배하기까지 했
어요.
20 따라서 그들이 받은 영광을, 풀이
나 뜯는 소 같은 유사물로 대체해
버린 셈이죠.
21 그들은 구원자 **하나님**이 이집트에
서 대단한 업적을 보였는데도 잊
었어요.
22 또 햄 땅의 놀라운 경이와 홍해의
두려운 사건도 그랬죠.
23 그래서 당신은 백성을 파멸시키려
고 했는데, 만약 당신이 택한 모지
스가 그 앞에서 분노를 막고 되돌
리지 않았더라면, 그들은 소멸되
었겠죠.
24 그래요, 백성은 고마운 땅도 무시
하고, **주님**의 말도 믿지 않았어요.
25 대신 그들의 막사속에서 불만을
중얼거리며, **주님**의 목소리에 귀를
기울이지 않았어요.
26 따라서 **주님**은 그들에 맞서 손을
들어 그들을 사막에서 덮어버리려
고 하면서,
27 나라 가운데 그들 자손을 없애, 그
땅에서 흩어버렸어요.
28 그들은 스스로 배이얼피오 신을
따르고, 죽은 제물까지 먹었어요.
29 따라서 그들은 **주님**에게 도전하며,
스스로 분노를 자아내어, 전염병
이 자신들에게 퍼지게 했지요.
30 그때 피네해스가 일어나 정의를
집행하자, 전염병이 멈췄어요.
31 그의 행동은 올바른 정의로 생각
되어, 세대마다 영원히 기억하는
것이다.
32 그들은 다툼의 샘에서도 **주님**을 화
나게 하여, 그들 자신을 위해 모지
스를 불편하게 했다.
33 그들이 **주님**의 영혼에 반발했기 때
문에, 모지스의 입술에서 험담이
나왔던 것이다.
34 그들은 **주님**이 그들에게 치도록 명
령한 나라도 공격하지 않았고,
35 오히려 이민족과 섞여 그들의 행
동을 배우기까지 했다.
36 그리고 이민족의 우상을 섬겼는
데, 그것이 자신들의 덫이 되었다.
37 그랬다, 그들은 자신의 아들딸을
악마에게 희생제물로 바쳤다.

38 그래서 순수한 자신의 아들과 딸
의 피까지 흘려, 그것으로 캐이넌
의 우상에게 제물로 바치자, 땅이
피로 오염되었다.
39 따라서 그들은 자신의 행위로 스
스로 오염시키고, 자신들이 만든
우상에게 매달렸다.
40 그래서 백성을 향한 **주님**의 분노가
불이 붙어, 그는 자신의 유산까지
증오할 정도였다.
41 그는 백성을 이민족의 손에 넘겨,
백성을 미워한 그들에게 백성을
다스리게 했다.
42 그들의 적 역시 백성을 억압하고,
자신들의 손 아래에 종속시켰다.
43 **주님**은 여러 차례 백성을 구했지
만, 그들은 자신의 생각대로 **주님**
에게 반발하여, 그들의 죄가 바닥
까지 떨어지게 되었다.
44 그래도 **주님**은 그들이 외치는 고통
을 생각하게 되었고,
45 백성을 위해 자신의 약속을 기억
하며, 관대한 사랑에 따라 후회하
게 되었다.
46 **주님**은 포로로 끌고 간 저들이 백
성을 가엽게 여기도록 만들었다.
47 오 우리의 **주 하나님**, 우리를 구하
고, 이민족 가운데에서 우리를 한
데 모아주세요. 그래서 당신의 신
성한 이름에 감사하고, 또 당신의
자랑을 빛나게 해주세요.
48 이즈리얼의 **주 하나님**은 영원에서
영원까지 축복이므로, 모든 백성
은 애이맨, 진심으로 그렇다고 동
의하자. 너희는 **주님**을 칭찬해라.

시가기도 5

선과 기적

107 **주님**에게 감사하자. 그는
선이고, 그의 사랑은 영
원히 지속되기 때문이다.
2 그가 구한 자들에게, '**주님**이 적의
손에서 우리를 데려왔다고 말하게
하고,
3 땅의 동과 서, 북과 남으로부터 모
두를 모아왔다'고 말하게 하자.
4 그들은 광야의 외딴길에서 방랑하
며, 살 만한 도시를 찾지 못했다.
5 배고프고 목이 말라, 그들의 영혼
이 희미해졌다.
6 그때 사람이 고통 속에서 **주님**에게
소리쳤더니, 그가 그들을 괴로움
에서 구해주었다.
7 그리고 그는 그들을 바른 길로 이
끌고, 살 만한 도성으로 가도록 이
끌었다.
8 사람이 그를 칭찬하는 것은 **주님**의
선에 대한 것이고, 인간의 후손에
게 보이는 놀라운 기적 때문이다.
9 그가 기다리는 영혼을 만족시켰
고, 배고픈 자를 선으로 채워주었
기 때문이다.
10 그런데 고통과 쇠사슬에 묶인 채

어둠 속 죽음의 그림자에 앉아 있
게 된 것은,
11 왜냐하면 **하나님**의 말을 거스르고,
가장 높은 존재의 충고를 무시했
던 까닭에,
12 그가 백성의 가슴에 힘든 노동을
안겼고, 그들이 쓰러져 도움을 청
할 사람조차 아무도 없게 되었던
것이다.
13 그래도 그들이 고통을 호소하면,
주님은 그들을 괴로움에서 구했다.
14 그는 그들을 어둠 속 죽음의 그림
자에서 데려오고, 묶인 사슬을 절
단해주었다.
15 사람이 그를 칭찬하는 것은 **주님**의
선에 대한 것이고, 인간의 후손에
게 보이는 놀라운 기적 때문이다.
16 또한 그가 청동문을 부수고, 철제
빗장을 절단했기 때문이다.
17 사람의 죄는 어리석기 때문이고,
그 잘못으로 고통을 받는다.
18 그들의 영혼이 음식마저 모두 거
부하면, 그들은 죽음의 문 가까이
이른다.
19 그리고 그들이 **주님**에게 고통을 외
치면, 괴로움에서 그들을 구한다.
20 그는 자신의 말을 전하여 그들을
치료하고, 파멸로부터 그들을 구
한다.
21 사람이 그를 칭찬하는 것은 **주님**의
선에 대한 것이고, 인간의 후손에
게 보이는 놀라운 기적 때문이 아
닌가!
22 그러니 사람은 감사의 제물을 올
리고, 기쁜 마음으로 **주님**의 놀라
운 업적을 알리자.
23 배를 타고 바다로 나가는 사람은
큰 바다에서 장사를 한다.
24 따라서 이들은 **주님**의 업적도 보
고, 깊은 바다의 기적도 보았다.
25 그의 명령으로 폭풍이 일면, 바다
가 파도를 들어올린다.
26 파도가 하늘까지 올랐다, 깊은 바
닥으로 떨어지자, 그들의 영혼이
괴로워 자취를 감춘다.
27 사람이 이리저리 늘어지고, 술 취
한 자처럼 비틀거리고, 그들의 지
혜조차 끝난다.
28 그때 그들이 다시 **하나님**을 찾으
면, 그는 다시 고통에서 구한다.
29 그가 폭풍을 잠재우고, 파도도 멈
춘다.
30 그리고 폭풍과 파도가 잠잠해지면
그들이 기뻐했다. 또 그는 자신이
바라던 항구로 그들을 데려간다.
31 사람이 그를 칭찬하는 것은 **주님**의
선에 대한 것이고, 인간의 후손에
게 보이는 놀라운 기적 때문이다.
32 사람이 대중 가운데에서 그를 드
높이고, 원로의 모임에서 그를 칭
찬하게 하자.
33 그는 강을 사막으로 돌리고, 마른
땅에서 샘이 솟게 한다.
34 풍성한 땅이 불모지가 되는 이유
는, 악한이 그 안에서 살기 때문이
다.

35 그는 광야를 물이 흐르는 땅으로
바꾸고 매마른 땅을 샘으로도 바
꾼다.
36 그리고 배고픈 자를 그곳에 살게
하여, 그들이 살 수 있는 도성을 마
련하게 하고,
37 들에 씨를 뿌리고, 포도를 심으면,
농산물을 산출할 수 있다.
38 그는 그들에게 또 복을 주어, 많이
번성시키고, 그들의 가축도 줄지
않게 한다.
39 그러다 다시 그들은 숫자가 줄고,
억압과 고통과 슬픔으로 땅 밑으
로 떨어진다.
40 그는 대군왕자에게 불명예를 내리
며, 갈 곳 없는 황야를 방랑하게 만
든다.
41 하지만 그는 약자를 고통에서 이
끌어 높은 곳에 세우고, 그들을 양
떼처럼 보살핀다.
42 올바른 자는 이를 보고 즐거워하
고, 모든 악한은 입을 다물게 될 것
이다.
43 슬기로운 자는 누구나 이것을 관
찰하면, 그들은 **주님**이 주는 다정
한 사랑이 무엇인지 알게 될 것이
다.

자랑 노래

대이빋왕의 노래 또는 시

108 오 **하나님**, 내가 마음을 굳
게 결심하고, 나의 영광
을 다하여 자랑하며 노래하겠어
요.
2 깨어나라, 썰터리와 하프 현악기
야. 나도 스스로 아침 일찍 일어나
겠다.
3 나는 사람들 가운데에서, **주님**을
칭찬하고, 민족들 한가운데에서
그의 자랑 노래를 부르겠다.
4 그의 사랑은 하늘보다 원대하고,
당신의 진실은 구름까지 닿기 때
문이다.
5 오, 하늘 위에 있는 **하나님**, 당신은
높이 받들어져야 마땅하고, 당신
의 영광은 전 지구 이상으로 퍼져
야 마땅하지요.
6 당신이 사랑하면 구원받을 수 있
어요. 당신의 오른손으로 구해준
다고 대답해주세요.
7 **하나님**은 신성 속에서 이렇게 말했
죠. "나는 기꺼이 쉬컴을 나누고,
수커쓰 계곡을 배분하겠다.
8 길리얻은 나의 것, 머나서도 나의
것, 이프리엄 역시 나의 대표적 힘
이며, 쥬다는 나의 입법자다.
9 모앱은 나의 대야, 그 너머 이덤에
내 신을 던지고, 다음으로 필리스
틴 땅을 정복하겠다" 라고요.
10 누가 나를 강한 그 도시로 데려갈
까요? 누가 나를 이덤으로 이끌어
줄까요?
11 오 **주님**, 우리를 물리친 당신이 아
닌가요? 오 **주님**, 우리 군대와 함께
가주지 않겠어요?

12 어려움에서 우리를 도와주세요.
인간의 도움은 소용이 없기 때문
이에요.
13 **하나님**을 통해서만 우리는 용감해
진다. 우리 적을 밟을 존재가 그이
기 때문이다.

참지 말고 갚아주세요

수석 음악사가 전하는 대이빋왕의 시가기도

109 참지 말아주세요. 오 나의
자랑 **하나님**.
2 악한의 입과 사기꾼의 입이 나를
향해 열려, 거짓 혀를 놀리고 있으
니까요.
3 저들은 증오의 악담을 퍼부으며,
까닭 없이 나를 공격했어요.
4 나의 우애에도 저들은 나를 적대
시하므로, 나는 그저 기도만 할뿐
이죠.
5 저들은 나의 선을 악으로 갚았고,
나의 우정의 대가는 증오뿐이었어
요.
6 당신이 악한을 세워 저들에게 맞
서게 하고, 새이튼사탄을 저들 오른
편에 서게 해주세요.
7 저들이 재판을 받을 때, 유죄판결
이 내려지게 하고, 저들의 기도도
죄가 되게 해주세요.
8 저들의 수명을 줄이고, 다른 사람
이 그 직위를 빼앗게 해주세요.
9 저들의 자녀는 고아가 되게 하고,
아내는 과부가 되게 해주세요.
10 저들의 자식을 부랑자로 계속 구
걸하게 하고, 저들의 빵도 폐허 속
에서 얻게 해주세요.
11 저들이 가진 것 모두 강탈자가 빼
앗게 하고, 모르는 자가 그의 노동
을 약탈하게 해주세요.
12 저들에게 너그러이 대할 자가 아
무도 없게 하고, 그의 고아된 자녀
에게 어떤 호의도 주지 마세요.
13 저들의 후손을 제거하고, 다음 세
대가 저들의 이름을 족보에서 삭
제하게 해주세요.
14 저들 조상의 죄를 **주님**이 기억하
고, 그 어머니의 죄도 없애지 않게
해주세요.
15 저들의 죄를 **주님** 앞에 계속 두고
보며, 지구에서 저들에 대한 기억
을 없애게 해주세요.
16 왜냐하면 저들은 자선을 베풀 줄
모르고, 대신 약자와 가난한 자를
박해하며, 마음이 멍든 자마저 살
해할 수 있기 때문이에요.
17 저들은 저주를 좋아하므로, 저주
를 그에게 내리게 하고, 남이 복받
는 것을 기뻐하지 않으므로, 그로
부터 복이 멀어지게 해주세요.
18 저들은 마치 옷을 입듯 저주를 몸
에 두르고 있으니, 저주가 물인양
그의 창자로 보내고, 기름인양 그
의 뼈로 보내주세요.
19 저들을 감싼 옷처럼 저주가 그를
감싸게 하고, 허리띠처럼 저주로
그를 계속 묶어주세요.

20 **주님**이 내 적에게 이렇게 복수해주고, 내 영혼에게 악담하는 저들에게 이렇게 갚아주세요.
21 그대신, 나의 주인 **하나님**, 나에 대해서는 당신의 이름을 위한 일을 해주세요. 왜냐하면 당신의 자비는 선이고, 그것으로 나를 구했으니까요.
25 나는 약해서 도움이 필요하고, 내 가슴이 상처를 받았기 때문이에요.
23 그림자가 줄어들 듯 나는 사라지고, 메뚜기처럼 위아래로 내던져지고 있어요.
24 내 무릎은 먹지 못해 물러지고, 나의 살은 윤기를 잃었어요.
25 나는 저들에게 경멸의 대상이 되어서, 나를 보면 고개를 가로저어요.
26 오 나의 **주 하나님**, 도와주세요. 당신의 관대한 사랑에 따라 나를 구해주세요.
27 인간이 당신 손으로 한 일을 알게 하고, **주님** 당신이 이룩한 일을 알게 해주세요.
28 저들이 저주해도 당신이 축복하고, 저들이 들고일어날 때 모욕을 주며, 당신의 종을 기쁘게 해주세요.
29 내 적에게 창피의 옷을 입히고, 그들에게 스스로 만든 혼란의 외투를 입혀주세요.
30 나는 내 입으로 크게 **주님**을 칭찬하겠어요. 맞아요, 나는 다수 가운데서 자랑할 겁니다.
31 **주님**은 약자의 오른편에 서서, 약자의 영혼을 해치는 자로부터 약자를 구하니까요.

오른편에 앉아라

대이빋왕의 시가기도

110 **주님**이 나의 주인에게 말한다. "너는 내 오른편에 앉아 있어라. 내가 너의 적들을 네 발판으로 만들어줄 때까지.
2 **주님**은 자이언에서 네 힘의 상징으로 지팡이를 보낸다. 그러니 적의 한가운데에서 네가 다스려라.
3 네 백성이 네가 권력에 자리하는 그날을 기꺼이 맞이하게 하겠다. 그날은 아침에 갓 움튼 신성한 아름다움이 가득하고, 너의 젊은이가 이슬처럼 덮일 것이다.
4 **주님**이 맹세하면, 마음을 바꾸지 않는다. 너는 멜키제덱의 명령에 따라 영원한 제사장이 된다.
5 너의 오른편에 있는 주인님은, 자신의 분노의 날 왕을 모조리 쳐버릴 것이다.
6 그는 이민족을 재판하여, 죽은 시체로 그곳을 채우고, 많은 나라를 다스리는 우두머리를 해칠 것이다.
7 그는 길에서 개울 물을 마셔 목을 축이게 하고, 그의 머리를 들어올려 위로 높일 것이다."

위대한 작품

111 너희는 **주님**을 자랑해라.
나는 진심을 다해, 정의
로 모인 대중 한가운데서, **주님**을
칭찬하겠다.
2 **주님**의 작품은 위대하여, 그를 따
르는 모두가 그 안에서 즐겁다.
3 그의 작품은 빛과 명예의 작업이
고, 그의 정의는 언제까지나 이어
진다.
4 **주님**은 자신의 놀라운 기적을 기억
하게 만들며, 마음에서 우러나는
연민을 가득 채운다.
5 그는 **주님**을 두려워하는 자에게 음
식을 주며, 늘 인간과 맺은 약속을
마음에 간직한다.
6 그는 백성에게 자기 업적의 힘을
보여주며, 이민족의 땅을 유산으
로 주려고 한다.
7 그의 손으로 만든 작품은 진실한
정의이고, 그의 명령으로 전한 가
르침은 분명한 진리다.
8 그의 작품과 명령은 언제나 뿌리
깊게 서서, 진실과 정의를 이룰 것
이다.
9 그는 자신의 백성을 구원하여, 그
들에게 그의 계약이 영원하도록
명령했다. 신성과 존경이 그의 이
름이다.
10 **주님**을 두려워하는 것이 지혜의 시
작이고, 그의 명령을 수행하는 것
이 올바른 이해이며, 그의 칭찬과
자랑은 영원히 계속된다.

정의는 흔들리지 않는다

112 너희는 **주님**을 칭찬해라.
축복받는 자는 **주님**을 두
려워하고, 그의 명령 안에서 큰 기
쁨을 느끼는 사람이다.
2 그의 후손은 지구 위의 강자가 되
고, 정직한 세대는 복을 받게 될 것
이다.
3 번영과 풍요는 그의 성전에 있고,
그의 올바른 정의는 언제까지나
계속될 것이다.
4 어둠 속에서 바른 자에게 빛을 일
으켜 주듯, 그가 바로 친절하고 애
정이 가득 찬 정의다.
5 좋은 사람은 호의를 보이며, 내 것
을 빌려주듯이, 그가 바로 자신의
재량으로 그들 일을 안내할 것이
다.
6 확실히 그는 언제나 흔들리지 않
고, 그의 정의는 언제까지나 기억
될 것이다.
7 좋지 못한 소식에 두려워하지 않
는 사람은, 자신의 마음을 **주님**에
의지하며 확고부동하기 때문이다.
8 그의 마음은 튼튼하게 구축되어,
적에 대해 바라는 바를 보게 될 때
까지, 결코 겁먹지 않는다.
9 그는 가난한 자에게 자신을 나누
어 주고, 그의 정의를 언제나 실천
하여, 그의 위상의 뿔은 명예로 높
여질 것이다.
10 악한은 그것을 보고 슬퍼하며, 자
신의 이를 갈다가, 사라져버린다.

악한이 바라는 것은 소멸할 것이
다.

칭찬해라

113 너희는 모두 **주님**을 칭송
해라. 오 너희 **주님**의 종들
아, **주님**의 이름을 자랑하자.
2 **주님**의 이름으로 축복받게 하자.
지금부터 영원에 이르기까지.
3 해가 떠서 질 때까지 **주님**의 이름
을 자랑하게 될 것이다.
4 **주님**은 모든 국가 위에 높이 자리
하고, 그의 찬란한 빛은 하늘 위에
있다.
5 누가 우리 **주 하나님**과 비슷할 수
있나, 그는 높은 곳에 있는데,
6 누가 겸손하게 스스로 낮춰, 하늘
과 땅의 여러 일을 살피겠는가!
7 그는 먼지에서 약자를 들어올리
고, 퇴비 가운데에서 도움을 찾는
자를 살린다.
8 그리고 그는 그들을 대표와 함께
놓고, 심지어 백성의 대군왕자처
럼 높이 올려 주기도 한다.
9 그는 불임인 여자도 가정을 이루
게 하여, 자녀의 어머니로 기쁨을
보게 한다. 너희 모두 주를 칭찬하
고 자랑해라.

바다가 물러섰다

114 이즈리얼이 이집트에서
나오고, 재이컵 집안이 다
른 언어민족으로부터 나왔을 때,
2 쥬다는 바로 **주님**의 성소였고, 이
즈리얼은 그의 영토였다.
3 바다가 그것을 보고 달아나고, 조
든이 뒤로 물러섰다.
4 산이 숫양처럼 뛰고, 작은 언덕이
어린양처럼 뛰었다.
5 너 바다는 어째서 달아나지? 조든
너는, 왜 물러서지?
6 너희 산들은 숫양처럼 껑충거리
고, 너희 작은 언덕들은 어린양처
럼 깡총거리는데, 왜지?
7 너희 지구야, 주인님 앞에서 전율
해라. 재이컵의 **하나님** 앞에서 떨
어라.
8 그는 바위를 샘으로 바꾸고, 부싯
돌을 물의 원천으로 바꾸었다.

영광과 축복

115 오 **주님**, 우리가 아닌 당신
의 이름에 영광을 돌리는
이유는, 당신의 관대한 사랑과 당
신의 진실 덕분이지요.
2 어쩌면 이민족은 틀림없이, '그들
의 **하나님**이 어디 있어?' 라고 말하
겠죠.
3 그러나 우리 **하나님**은 하늘에 있
고, 당신이 하고 싶은 일이면 무엇
이든지 이루었지요.
4 그들의 우상은 은과 금을 가지고,
사람의 손으로 만든 것이에요.
5 그 우상은 입이 있어도 말을 못하
고, 눈이 있지만 보지 못해요.
6 그것은 귀가 있어도 듣지 못하고,

코가 있어도 냄새를 맡지 못해요.
7 손이 있지만 움직이지 못하고, 발
이 있어도 걷지 못하며, 목으로 말
도 못해요.
8 우상을 만든 자도 우상처럼 아무
것도 못하고, 우상을 믿는 자 역시
우상과 같이 아무것도 못하죠.
9 오 이즈리얼아, 너는 **하나님**을 믿
어라. 그는 너희를 돕는 방패다.
10 오 애런의 집안은 모두, **주님**에게
의지해라. 그는 너희를 돕는 너희
의 방패다.
11 **주님**을 경외하는 너희는 모두, **주님**
을 믿어라. 그는 너희를 돕는 방패
다.
12 **주님**은 온마음을 우리에게 쏟으며
우리를 축복한다. 이즈리얼 집안
에 복을 주고, 애런의 집안을 축복
한다.
13 그는 **주님**을 경외하는 자라면, 큰
사람이든 작은 사람이든 복을 내
릴 것이다.
14 **주님**은 점점 더 너희 숫자를 늘리
고, 너와 자손도 번성시킨다.
15 너희는 하늘과 땅을 만든 **주님**으로
부터 축복을 받는다.
16 하늘은, **주님**이 있는 곳이 하늘이
지만, 대신 땅은 그가 인간의 자손
에게 준 곳이다.
17 죽은 자는 **주님**을 자랑하지 못하
고, 침묵에 들어간 자도 그를 칭찬
하지 못한다.
18 그러나 우리는 이제부터 영원까지
주님을 축하하며 감사할 것이다. **주**
님을 자랑하자.

사랑하며 다짐한다

116 나는 **주님**을 사랑한다. 이
는 **주님**이 내 목소리와 나
의 청원을 들어주었기 때문이다.
2 그가 나의 말에 귀를 기울여주었
으므로, 살아 있는 한, 나는 그를 부
를 것이다.
3 죽음의 슬픔이 나를 감싸고, 지옥
의 고통이 나를 사로잡아, 나는 괴
로움과 비통 속에 빠져 있었다.
4 그때 내가 **주님**의 이름을 불렀다.
'오 **주님**, 제발 부탁해요. 내 영혼을
구해주세요' 라고.
5 관대함이 **주님**이고, 정의가 **주님**이
다. 맞다, 우리의 **하나님**은 무한한
사랑을 준다.
6 **주님**은 약자를 보호하기 때문에,
바닥에 떨어진 나를 도와주었다.
7 오 나의 영혼아, 이제 너의 쉼터로
가거라. 이것은 **주님**이 너를 아낌
없이 대해준 덕이다.
8 당신이 나의 영혼을 죽음에서 구
하고, 나의 눈을 눈물로부터 구하
고, 내 발을 좌절에서 구한 덕이다.
9 나는 생명의 땅에 존재하는 **주님**
앞에서 걸어갈 것이다.
10 내가 믿었기 때문에 나는 호소했
다. '나는 너무나 괴롭다'고.
11 나는 즉시 말했다. '모든 인간은 거
짓말쟁이' 라고.

12 주님이 나를 향해 베푼 모든 도움
에 대해, 내가 무엇으로 갚을 수 있
을까?
13 나는 구원의 잔을 들고, 주님의 이
름을 부른다.
14 나는 이제 당신의 백성 앞에서 주
님에게 맹세한다.
15 주님의 눈에 소중한 것은 죽기를
각오한 성도의 죽음이다.
16 오 주님, 진정 나는 당신 종이고, 당
신 여종의 아들이므로 나는 종인
데, 당신이 내 결박을 풀어주었죠.
17 따라서 나는 당신에게 감사의 제
물을 올리며, 주님의 이름을 부릅
니다.
18 이제 나는 당신의 백성 앞에서 주
님에게 맹세합니다.
19 주님의 정원 한 가운데에서 당신
안에서 다짐합니다. "오 저루살럼
아, 너희는 주님을 찬양해라."

자랑하며 축하하자

117 오 주님을 칭찬해라. 너희
모든 민족아, 그를 자랑하
고, 모든 백성은 이를 노래해라.
2 우리를 향한 그의 무한한 보살핌
이 너무나 크다. 그리고 주님의 진
실은 영원히 계속 이어질 것이다.
너희는 모두 주님을 칭찬하는 축하
를 벌이자.

영원한 사랑

118 오 주님에게 감사해라. 그
는 선이고, 그의 무한한 사
랑은 영원히 계속되기 때문이다.
2 이제 이즈리얼은, 주님의 사랑이
영원하다고 전해라.
3 이제 애런의 집안도, 주님의 사랑
이 영원하다고 전해라.
4 주님을 경외하는 사람도, 주님의 사
랑이 영원하다고 전해라.
5 내가 괴로울 때 주님의 이름을 불
렀더니, 그는 대답하며, 나를 넓은
장소에 데려가주었다.
6 주님은 내 편이므로, 나는 두렵지
않다. 그런데 사람이 내게 감히 무
슨 짓을 할까?
7 주님은 나를 돕는 자를 편들어, 나
를 미워하는 자에게 바라는 나의
소원성취를 들어줄 것이다.
8 주님에게 의지하는 것이 사람을 믿
는 것보다 낫다.
9 주님을 믿는 것이 지도자를 신뢰하
는 것보다 낫다.
10 모든 민족이 나를 포위해도, 주님
의 이름으로 그들을 패배시킬 것
이다.
11 저들이 내 주위를 에워싸고 포위
해도, 주님의 이름으로 그들을 박
멸하겠다.
12 저들이 나에게 벌떼 같이 덤벼도,
가시와 같은 따가운 불로 그들을
전소시키겠다. 왜나하면 주님의 이
름으로 내가 그들을 쳐부술 테니

까.
13 너희가 나를 쓰러뜨리려고 세차게
찔렀지만, **주님**이 나를 도와주었
다.
14 **주님**은 나의 힘과, 노래와, 구원이
되어주었다.
15 구원의 기쁨이 정의의 성소에 울
리는 이유는, **주님**의 오른손이 용
감했기 때문이다.
16 **주님**의 오른손이 높이 올라간 다
음, **주님**의 오른손이 용감하게 처
리한다.
17 내가 죽지 않고 살면, **주님**의 업적
을 선포하겠다.
18 **주님**이 나를 호되게 단련시켜도,
죽음에 던져 넣지 않았다.
19 나에게 정의의 문을 열어주면, 내
가 가서 **주님**을 칭찬하며 높이 받
들 것이다.
20 이 **주님**의 문은 정직한 자가 들어
가게 될 것이다.
21 내가 당신을 높이 받드는 이유는,
당신이 내 말을 듣고, 나의 구원자
가 되어 주었기 때문이다.
22 건축자가 거절한 돌이, 중요한 토
대가 되었다.
23 이것이 **주님**의 업적이고, 그것은
우리 눈에 경이가 된다.
24 **주님**이 만든 이날은, 우리가 기뻐
하고 즐거워하는 날이 된다.
25 오 **주님**, 내가 간절히 바라는 것은,
주님, 제발 나를 구하여 번영하게
해주세요.
26 **주님**의 이름으로 오는 존재는 축복
받는다. 그리고 우리는 **주님**의 집
에서 온 당신을 축하한다.
27 **하나님**은 우리에게 빛을 보여준 우
리의 주인님이다. 우리가 제물을
밧줄로 묶어 올리고, 제단의 뿔에
도 올리자.
28 당신은 나의 **하나님**이므로, 나는
당신을 칭찬한다. 당신은 나의 **하
나님**이기에 나는 당신을 드높인다.
29 오 **주님**에게 감사하자. 그는 선이
고, 그의 무한한 사랑은 영원히 계
속되기 때문이다.

시가기도 A에서 X까지

–

A 유일한 하나님: ALEPH 알레프

119 **주님**의 법에 따라 길을 걸
으며, 오염되지 않는 사람
은 축복받지요.
2 그의 증언을 지키며, 진심을 다해
주님을 찾는 자는 복을 받아요.
3 그들은 죄를 짓지 않고 오직 **주님**
의 길대로 따르죠.
4 당신은 우리에게 **주님**의 법을 성실
하게 지키라고 명령했어요.
5 내가 갈 길은 **주님**의 규정을 지키
는 일이라고 당신이 지시했고요.
6 따라서 내가 **주님**이 명령한 모든
것을 존중할 때, 나는 부끄럽지 않
을 겁니다.
7 내가 정직한 마음으로 당신을 자

랑하는 시점은, 내가 당신의 올바
른 정의를 제대로 알게 되었을 때
지요.
8 내가 당신의 규정을 지킬 터이니,
나를 절대 잊지 말아주세요.

B 당신 집으로 가는 길: BETH 베이쓰

9 젊은이가 무엇으로 자신의 인생길
을 정화할까요? 그것은 **주님**의 말
을 진지하게 경청하는 일이죠.
10 진심을 다해 **주님**을 따르므로, 내
가 당신의 명령에서 벗어나지 않
게 해주세요.
11 내가 당신 말을 마음 속에 간직하
게 되면, 당신을 위반하는 죄를 짓
지 않겠죠.
12 감사 받아야 마땅한 오 **주님**, 나에
게 당신의 규정을 가르쳐주세요.
13 당신의 입으로 전한 모든 정의를
나의 입술로 선언합니다.
14 내가 **주님** 증언의 길 안에 있으면,
모든 재물을 다 가진 듯 기뻐요.
15 내가 **주님**의 가르침 속에서 명상하
는 이유는, 당신의 길을 존중하기
때문이죠.
16 나는 **주님**의 규정 안에서 스스로
기뻐하며, 당신의 말을 잊지 않을
겁니다.

C 정의에 대한 보상: GIMEL 기멀

17 당신 종에게 아낌없이 대해주세
요. 그러면 내가 살아나 당신의 말
대로 실천할 수 있어요.
18 당신이 내 눈을 뜨게 해주면, 당신
의 법에 나오는 경이를 볼 수 있을
거예요.
19 나는 땅위를 거쳐가는 나그네이므
로, 당신의 명령을 모른 채 내버려
두지 마세요.
20 내 영혼은 언제나 당신의 정의를
갈망하며 매달리고 있어요.
21 당신은 명령을 따르지 않고 잘못
하는 거만한 자에게 야단을 쳤지
요.
22 나에 대한 비난과 모욕이 사라지
게 해주세요. 나는 당신의 증언을
따르니까요.
23 대군왕자들이 앉아서 나를 공격할
이야기를 할 때면, 종 나는 당신의
규정 안에서 묵상해요.
24 그때 당신의 증언 역시 나를 기쁘
게 하고, 나에게 충고자가 되어주
지요.

D 정신 영혼: DALETH 달레쓰

25 나의 영혼이 흙바닥에 놓였으니,
나를 구하여 당신 말에 따르게 해
주세요.
26 나는 인생방향을 선언했고, 당신
이 내 말을 들어주었으니, 당신의
규정을 내게 가르쳐주세요.
27 내가 당신이 지시하는 길을 이해
하게 되면, 나는 당신의 놀라운 업

적을 말할 겁니다.
28 나의 영혼이 무게에 눌려 사라지
고 있으니, 내게 힘을 주어 당신의
말에 따르게 해주세요.
29 내게서 거짓 인생길을 없애고, 내
가 당신의 관대한 법을 받아들이
게 해주세요.
30 나는 진실한 길을 선택했고, 당신
의 정의를 내 앞에 놓았어요.
31 나는 당신의 증언만을 따라왔어
요. 오 **주님**, 내가 모욕을 당하지 않
게 해주세요.
32 당신이 내 마음을 넓혀주면, 나는
당신이 명령한 길을 향해 달릴 겁
니다.

E 사람: HE 해이

33 오 **주님**, 당신의 법의 길을 가르쳐
주면, 내가 그것을 끝까지 지키겠
어요.
34 내게 이해하는 능력을 주면, 당신
의 법을 지키게 하고, 맞아요, 마음
을 다해 따르게 해주세요.
35 당신이 명령한 길로 갈 수 있게 해
주세요. 왜냐하면 내가 그 길 안에
있는 것이 기쁘기 때문이에요.
36 내 마음을 당신의 증언에 기울이
게 하고, 탐욕에 쏟지 않게 해주세
요.
37 허상에 붙들리는 내 눈을 돌리게
하고, 나를 구하여 당신의 길을 따
르게 해주세요.
38 종에게 당신의 약속을 보여주면,
그는 당신을 경외하는데 전념하게
됩니다.
39 당신의 법이 바로 선이므로, 내가
두려워하는 후회를 쫓아내 주세
요.
40 보세요, 당신의 가르침을 따르고
자 노력했으니, 어서 나를 당신의
정의로 이끌어주세요.

F 자유: VAU waw 바브

41 당신의 무한한 사랑이 나에게 닿
게 하고, 오 **주님**, 당신의 구원도 당
신의 약속을 따르게 해주세요.
42 그것으로 나를 비난하는 자에게
대답하겠어요. 나는 당신의 말을
믿으니까요.
43 내 입으로 말하는 당신의 진실을
막지 말아주세요. 나는 당신의 법
에 희망을 두고 있으니까요.
44 그래서 내가 언제까지나 당신의
법을 영원히 지키게 해주세요.
45 나는 자유롭게 걸어갈 겁니다. 왜
나하면 당신의 가르침을 찾아가기
때문이에요.
46 나는 당신의 증언을 여러 왕 앞에
서 이야기하는데, 조금도 부끄럽
지 않아요.
47 게다가 내가 사랑한 당신의 명령
에 스스로 기뻐할 겁니다.
48 나의 양손 역시 내가 사랑한 당신
의 명령에 올려놓고, 당신의 법을

명상하겠어요.

G 열정 희망: ZAIN zayin 자연

49 당신의 종에게 희망을 북돋아준
그 약속의 말을 기억해주세요.
50 고통 속에서 나를 지켜준다는 당
신의 말이 위안이 되었기 때문이
에요.
51 거만한 자가 크게 무시해도, 나는
당신의 법에서 조금도 벗어나지
않았어요.
52 나는 당신의 오래된 법을 기억하
면서, 오 **주님**, 거기에서 스스로 위
안받고 있어요.
53 공포가 나를 엄습하는 이유는, 악
한이 당신의 법을 잊었기 때문이
에요.
54 당신의 규정은 내가 순례하는 집
마다, 나의 노래의 주제가 되었어
요.
55 나는 당신의 이름을 기억하며, 오
주님, 밤에도 당신의 법을 지키고
있어요.
56 이것은 내가 당신의 가르침을 따
르며 실천해왔기 때문이에요.

H 사랑: CHETH heth 해이트

57 오 **주님**, 당신은 나의 일부이므로,
내가 당신의 말을 지키겠다고 말
했어요.
58 나의 진심을 다해 당신의 호의를
간청했으니, 당신의 말에 따라 내
게 아낌없는 사랑을 보여주세요.
59 나의 인생길을 생각할 때면, 나의
발을 언제나 당신의 증언으로 방
향을 돌렸어요.
60 나는 서둘러 당신의 명령을 따르
는데, 조금도 지체하지 않았어요.
61 악의 무리가 나를 약탈해도, 나는
당신의 법을 잊지 않았어요.
62 내가 밤에 일어나 당신에게 감사
하는 이유는 당신의 올바른 정의
때문이에요.
63 나는 당신을 경외하는 사람 중 하
나고, 당신의 가르침을 지키는 사
람 중 하나예요.
64 오 **주님**, 이 땅은 당신의 무한한 사
랑으로 가득 찼으니, 당신의 규정
을 가르쳐주세요.

I 가르침: TETH teth 태이트

65 **주님**은, 당신이 말한 그대로 당신
의 종에게 잘 대해주었어요.
66 나는 당신의 명령을 믿고 있으니,
이제 올바른 판단과 지식을 가르
쳐주세요.
67 나는 길을 잃어 어려움에 처해도,
당신의 말을 지켰어요.
68 당신은 선하고 좋은 일을 하니, 당
신의 법을 가르쳐주세요.
69 거만한 자가 나를 상대로 거짓말
을 꾸며내도, 나는 마음을 다해 당
신의 가르침을 지킬 겁니다.

70 그들의 마음은 짐승기름 만큼이나
느끼하고 뻔뻔하지만, 나는 당신
의 법 안에서 기뻐하지요.
71 내가 괴로워도 당신의 법을 배울
수 있는 점이 내게 행운이에요.
72 당신의 입에서 나온 법이 수 천개
금은 보다 내게 더 좋아요.

J 창조와 겸손: JOD yodh 요드

73 당신은 양손으로 나의 형태를 만
들어, 이해력을 집어넣어, 내가 당
신 명령을 익힐 수 있게 했어요.
74 당신을 경외하는 자 역시 나를 보
고 즐거워하는 이유는, 내가 당신
의 말 가운데에서 희망을 갖기 때
문이에요.
75 오 **주님**, 나는 당신의 정의가 옳다
는 것도 알고, 당신의 신념 가운데
내게 고통을 주는 것도 알아요.
76 그래서 내가 당신에게 바라는 것
은, 당신의 아낌없는 사랑으로 당
신의 종을 위로하며, 당신의 약속
을 따를 수 있게 해주길 부탁해요.
77 나는 당신의 온화한 사랑이 미치
면 살 수 있어요. 왜냐하면 당신의
법이 곧 나의 즐거움이니까요.
78 거만한 자가 창피당하게 해주세
요. 그들이 이유 없이 나를 심하게
다루었으니까요. 대신 나는 당신
의 가르침 안에서 명상합니다.
79 당신을 경외하는 자가 내게 오고,
당신의 증언을 아는 자가 나에게
오게 해주세요.
80 당신의 법으로 내 마음이 감동하
게 하고, 내가 수치를 당하지 않게
해주세요.

K 보호 구원: CAPH kaph 카프

81 내 영혼은 당신의 구원을 기다리
다 지쳤지만, 나는 당신 말에 희망
을 걸어요.
82 내 눈도 당신 말을 기다리다 침침
해지더니, '당신이 언제 나를 위로
해줄까? 라고 말해요.
83 연기 가운데 있는 술병 신세가 되
어도, 나는 당신의 법을 잊지 않았
어요.
84 당신 종의 생명이 얼마나 남았죠?
당신은 나를 박해한 그들을 언제
법으로 벌주나요?
85 거만한 자가 나를 가두려고 구덩
이를 파는데, 이는 당신의 법을 따
르는 게 아니죠.
86 당신의 명령은 전부 확실한 진리
인데, 저들은 나를 잘못 학대하고
있으니, 나를 도와주세요.
87 그들이 나를 땅에서 거의 사라지
게 해도, 나는 당신의 가르침을 잊
지 않아요.
88 어서 빨리 당신의 아낌없는 사랑
으로 나를 구하여, 당신 입에서 나
온 증언을 지키게 해주세요.

L 주인님: LAMED 라메드

89 오 **주님**, 당신의 영원한 말은 하늘
에 자리잡고 있어요.
90 당신의 신념은 전 세대로 이어지
고, 당신이 세운 이 땅에서 계속 이
어지게 하지요.
91 그것은 이날도 당신의 명령에 따
라 계속되면서, 당신의 종을 위해
기여하지요.
92 당신의 법이 나에게 기쁨이 되지
못했다면, 나는 고통 속에서 사라
졌겠죠.
93 나는 당신의 교훈을 결코 잊지 않
겠어요. 왜냐하면 그것으로 당신
이 나를 구했으니까요.
94 당신의 종을 구해주세요. 나는 당
신의 가르침을 따라왔으니까요.
95 악한은 내가 파멸되기를 기다리지
만, 나는 당신의 증언만 생각하겠
어요.
96 모든 것이 완전해도 끝을 보이는
데, 당신 명령의 범위는 넓고도 넓
지요.

M 명상 가르침: MEM 멤

97 오, 내가 얼마나 당신의 법을 사랑
하는지! 내가 하루종일 명상하는
것이 바로 법이죠.
98 명령을 통해서 당신은 나를 적보
다 더 현명하게 만들었는데, 이유
는 당신의 명령이 늘 나와 함께 있
기 때문이지요.
99 내가 모든 스승보다 더 현명해진
이유는, 당신의 증언이 나의 명상
이기 때문이에요.
100 내가 고대인보다 더 이해를 잘하
는 까닭은 당신의 가르침을 지키
기 때문이에요.
101 나는 악의 방향으로 발을 옮기지
않도록 조심하며, 당신의 말을 지
킬 수 있게 해요.
102 내가 당신의 정의에서 멀어지지
않게 된 것은, 당신이 나를 가르쳤
기 때문이에요.
103 당신의 말이 내 입맛에 얼마나 단
지요! 맞아요, 내 입에는 꿀보다
더 달아요!
104 당신의 지시를 통해 현명해진 나
는 잘못된 길을 싫어해요.

N 대낮: NUN 눈

105 당신의 말은 내 발에 등불이 되어,
내 길을 밝혀주지요.
106 나는 맹세하며, 법을 수행하고, 또
당신의 올바른 정의를 지켜가겠
다고 했어요.
107 내가 지금 너무 괴로운데, 오 **주**
님, 어서 당신의 말대로 나를 살려
주세요.
108 제발, 내 입으로 올리는 나의 의지
의 제물을 받아주세요. 그리고 오
주님, 내게 당신의 정의의 판단을
가르쳐주세요.

109 나의 정신이 내 손 안에 있다해도, 내가 당신의 법을 잊지 않게 해주세요.
110 악한이 나를 잡으려 덫을 놓았지만, 나는 당신의 교훈으로 실수하지 않게 되었다.
111 당신의 증언도 유산과 마찬가지로 내가 영원히 받아들였다. 왜냐하면 그것이 내 마음을 기쁘게 하니까요.
112 내 마음으로부터 최선을 다하여, 늘 끝까지 당신의 법을 완수할 겁니다.

O 경외: SAMECH samekh 사멕

113 나는 헛된 생각을 싫어하지만, 당신의 법은 사랑해요.
114 당신은 나의 피난처이자 나의 방패이므로, 나는 당신의 말에 희망을 걸어요.
115 악을 실행하는 자들은 내게서 물러나라. 왜냐하면 내가 **하나님**의 명령을 지키기 때문이다.
116 당신을 믿는 희망에서 실망하지 않도록, 당신의 말대로 나를 잡아주면, 살 수 있어요.
117 당신이 나를 붙잡아 세워주면 편안해져서, 나는 언제나 당신의 법을 존중하지요.
118 당신이 법에 어긋난 모두를 발로 밟는 이유는, 그들의 책략이 기만이었기 때문이에요.
119 당신은 지구의 악한을 모두 불순물 찌꺼기로 처리해버리니까, 나는 당신의 증언을 사랑해요.
120 나의 신체는 당신을 경외하며 떨고, 나는 당신의 정의를 두려워해요.

P 눈: AIN ayin 아연

121 나는 법과 정의를 실천해왔으므로, 나를 억압하는 자에게 내버려두지 말아주세요.
122 당신의 종을 위한 행운을 분명히 밝혀, 거만한 자가 나를 압박하지 않게 해주세요.
123 내 눈이 당신의 구원과 당신의 정의의 말을 기다리다 희미해집니다.
124 당신의 온화한 사랑만큼 당신의 종에게 대해주고, 당신의 법도 가르쳐주세요.
125 나는 당신의 종이므로, 나에게 이해하는 능력을 주어, 당신의 증언을 알게 해주세요.
126 **주님**, 이제 당신이 나설 시간이에요. 왜냐하면 저들이 당신의 법을 무효화했어요.
127 그래도 나는 당신의 명령을 금 이상으로 사랑해요. 맞아요, 정제순금보다 더 좋아요.
128 그래서 나는 올바른 모든 것에 관한 당신의 법을 존중하지만, 악행은 모두 싫어요.

Q 입: PE 패이

129 당신의 증언은 경이로운 것이어
서, 나의 영혼이 그것을 지키지요.
130 당신의 말은 시작부터 빛을 주고,
또 어리석은 자도 깨닫게 해요.
131 내가 입을 여는데 숨이 가쁜 이유
는, 당신의 명령을 몹시 갈망하기
때문이에요.
132 나 좀 봐주세요. 그리고 아낌없는
사랑을 베풀어주세요. 당신의 이
름을 사랑하는 자에게 베풀었던
것처럼 말이죠.
133 당신이 내 발걸음에게 명령을 내
려서, 어떤 잘못으로 나를 이기지
못하게 해주세요.
134 억압하는 자로부터 구해주면, 나
는 당신의 가르침을 지키며 따를
거예요.
135 당신의 종에게 당신의 얼굴 빛을
비춰주고, 당신의 법도 가르쳐주
세요.
136 내 눈에서 눈물의 강이 흐르는 이
유는, 사람이 당신의 법을 지키지
않기 때문이에요.

R 정의: TZADDI tsade 사디

137 오 **주님**, 정의가 바로 당신이고,
올바른 것이 바로 당신의 법이죠.
138 당신이 명령한 증언은 가장 올바
른 신념이지요.
139 나의 열정이 헛수고였던 이유는,
내 적이 당신 말을 외면한 탓이에
요.
140 당신의 말은 대단히 순수하여, 당
신의 종도 그것을 사랑하고 있어
요.
141 나는 보잘것없고 무시당하는 존
재여도, 당신의 가르침만은 잊지
않았어요.
142 당신의 정의는 영원하고, 당신의
법은 진리죠.
143 고통과 고뇌가 나를 사로잡아도,
당신의 명령만은 나의 기쁨이에
요.
144 당신 증언의 정의는 영원하고, 그
정의는 나를 깨우치며 살아가게
하지요.

S 이민족: KOPH 코우프

145 내가 온마음으로 소리치고 있으
니, 오 **주님**, 들어주세요. 나는 당
신의 법을 지키겠어요.
146 내가 당신을 부르니, 구해주세요.
그래서 내가 당신의 증언을 지키
게 해주세요.
147 나는 새벽 동이 트는 것도 마다하
고 **주님**을 부르며, 당신 말에 내
희망을 걸어요.
148 내 눈은 야간 순찰자도 물리치며,
당신의 말을 명상할 수 있어요.
149 나의 목소리를 당신의 온화한 사
랑으로 들어주세요. 오 **주님**, 당신
의 정의로 나를 구해주세요.

150 악의를 쫓는 자들이 가까이 다가
오는데, 그들은 당신의 법에서 거
리가 멀어요.
151 오 **주님**, 당신은 가까이 있는 존재
이고, 또 당신의 명령은 모두 진리
이죠.
152 나는 예전부터 당신이 증언을 영
원하게 만들었다는 것을 알았어
요.

T 악한: RESH 래이쉬

153 나의 괴로움을 생각하여, 나를 구
해주세요. 내가 당신의 법을 잊지
않으니까요.
154 나의 사정을 변호해주세요. 그래
서 나를 구하고 당신의 말에 따라
어서 살려주세요.
155 악한은 당신의 법을 지키려고 하
지 않기 때문에, 구원과 거리가 멀
어요.
156 오 **주님**, 당신의 다정한 사랑은 위
대하지요. 당신의 판정대로 나를
구해주세요.
157 다수가 나의 가해자고 나의 적이
지만, 나는 당신의 증언에서 물러
서지 않아요.
158 나는 죄를 짓는 사람을 보자, 마음
이 아팠어요. 왜냐하면 그들은 당
신의 말을 마음에 두지 않았기 때
문이죠.
159 내가 **주님**의 가르침을 얼마나 사
랑하는지 생각해보고, 오 **주님**, 당
신의 온화한 사랑으로 나를 구해
주세요.
160 당신의 말은 시작부터 진실이고,
당신의 올바른 정의는 모두 영원
까지 이어지지요.

W 죄: SCHIN sin shin 쉰

161 대군왕자들이 나를 이유 없이 박
해해도, 나의 마음은 굳건히 당신
의 말을 경외해요.
162 나는 큰 전리품을 발견한 사람처
럼, 당신의 말에서 기쁨을 느껴요.
163 나는 거짓을 싫어하고 증오하지
만, 당신의 법은 사랑해요.
164 내가 하루 일곱 차례 당신에게 감
탄하는 이유는, 당신의 올바른 정
의 때문이에요.
165 당신의 법을 사랑하는 자는 진정
한 평화를 지녔으므로, 어떤 것도
위반할 게 없어요.
166 **주님**, 나는 당신의 구원을 바라며,
당신의 명령을 지키고 있어요.
167 나의 영혼은 당신의 증언을 지켰
고, 나는 그것을 몹시 사랑해요.
168 내가 당신의 교훈과 증언을 지키
는 이유는, 나의 모든 길이 **주님**
앞에 있기 때문이죠.

X 완전: TAU taw 타프

169 오 **주님**, 나의 호소가 당신 앞 가
까이 닿게 하고, 내가 이해하여 당

신의 말을 따르게 해주세요.
170 나의 청원이 당신 앞에 닿게 하고,
나를 구하여 당신의 말을 따르게
해주세요.
171 당신이 나에게 법을 가르치면, 나
의 입술은 온전히 당신을 자랑해요.
172 나의 혀가 당신의 말을 전하는 이
유는, 당신의 명령 전부가 정의이
기 때문이에요.
173 내가 당신의 가르침을 선택했으
므로, 당신 손이 나를 돕게 해주세요.
174 오 **주님**, 나는 당신의 구원을 오래
기다려왔고, 당신의 법은 나를 기
쁘게 했어요.
175 내 영혼을 살려서, 영혼이 당신을
자랑하게 하고, 당신의 정의가 나
를 돕게 해주세요.
176 나는 길을 잃은 양처럼, 방황했으
므로, 당신의 종을 찾아주세요. 왜
냐하면 나는 당신의 명령을 잊지
않으니까요.

구해주세요

순례의 노래

120 내가 괴로워서 **주님**에게
호소하자, 그가 내 말을 들
었다.
2 오 **주님**, 거짓말하는 입술로부터
내 영혼을 구하고, 부정직한 혀에
서 나를 구해주세요.
3 거짓을 말하는 혀, 너에게 **주님**이
무엇을 주며, 혹은 네게 어떤 일을
해줄까?
4 그는 잘못된 혀를 용사의 날카로
운 화살로 벌하고, 관목 숯덩이로
혼내줄 것이다.
5 재앙이 바로 미세크에서 방랑하는
나이고, 케달의 천막에서 지내는
바로 나 아닌가!
6 나의 영혼은 오랫동안 평화를 싫
어하는 사람과 함께 지냈다.
7 나는 평화를 좋아하지만, 내가 말
해보면, 저들은 전쟁을 좋아하는
것이다.

지켜주세요

순례의 노래

121 나의 눈을 들어 언덕을 보
며 그곳에서 나에게 도움
이 오기를 기대한다.
2 도움은 하늘과 땅을 만든 **주님**한테
서 온다.
3 그는 네 발이 흔들리지 않게 지키
느라, 졸지도 않는다.
4 보라, 이즈리얼을 지켜주는 그는
선잠도 밤잠도 자지 않는다.
5 **주님**은 너의 보호자고, 네 오른손
을 감싸는 보호대이다.
6 해가 낮에 너를 해치지 못하고, 달
이 밤에 너를 헤치지 못하게 한다.
7 **주님**은 모든 악으로부터 너를 보호
하여, 너의 영혼을 보존해준다.
8 **주님**은 지금부터 영원까지 네가 나
가고 들어올 때마다 너를 지킨다.

저루살럼 도성

대이빋왕의 순례의 노래

122 사람들이 **주님**의 집으로
가자고 말할 때 나는 기뻤
다.
2 오 저루살럼아, 우리 발은 네 문 안
에 설 것이다.
3 저루살럼은 단단하게 잘 구성된
도성으로 지어졌다.
4 그곳은 부족들이 가는 곳으로, **주
님**의 부족이 이즈리얼의 증거에게,
주님의 이름으로 감사하는 곳이다.
5 왜냐하면 그곳에 정의의 왕위가
있고, 대이빋 집안의 왕좌가 있기
때문이다.
6 저루살럼의 평화를 위해 기도하
자. 그를 사랑하는 자는 번창할 것
이다.
7 네 성벽 안에 평화가 있고, 너의 궁
전 안에 번영이 있을 것이다.
8 나의 형제와 동지를 위해, 내가 이
제 말한다. "저루살럼, 네 안에 평
화가 있을 것이다."
9 우리의 주인 **하나님**의 성전이므로,
나는 너의 행운을 기원할 것이다.

온화한 사랑을 주세요

순례의 노래

123 나의 눈을 들어 당신을 봅
니다. 당신은 하늘에서 살
고 있지요.
2 보세요, 종의 눈이 자신의 주인 손
을 보듯, 여종의 눈이 여주인의 손
을 바라보듯, 우리의 눈도 우리의
주인 **하나님**에게 온화한 사랑을 베
풀어줄 때까지 기다리지요.
3 오 **주님**, 우리에게 사랑을 주고, 자
비를 베풀어주세요. 우리에게 경
멸이 넘치도록 찼으니까요.
4 우리의 영혼은 업신여기는 자의
냉소와, 거만한 자의 무시가 넘치
도록 찼으니까요.

우리편이 아니었더라면

대이빋의 순례의 노래

124 "**주님**이 우리편이 아니었
더라면", 이라고 이즈리얼
은 이제 말할 수 있다.
2 **주님**이 우리편이 아니었더라면, 사
람들이 우리를 향해 들고일어났을
때,
3 그들이 우리를 재빨리 집어삼키고
자, 그들의 분노를 우리에게 불을
붙였을 때,
4 물이 우리를 덮치고, 시냇물이 우
리의 목숨을 덮었을 그때,
5 기세 좋게 넘실대는 물이 우리의
영혼을 집어삼켰을 것이다.
6 **주님**을 찬양하자. 그는 우리를 그
들의 잇속 먹이감으로 넘겨주지
않았다.
7 그래서 우리의 영혼은 새 사냥꾼

의 함정에서 벗어난 한 마리 새처
럼 그곳을 피하고, 덫을 피해 달아
났다.
8 우리를 돕는 존재는 하늘과 땅을
만든 **주님**의 이름 안에 있다.

행운을 주세요

순례의 노래

125 **주님**을 믿는 자는 자이언
산과 같이, 절대 흔들림 없
이 언제나 굳건히 있을 것이다.
2 그 산들이 저루살럼 주위를 에워
싸듯, 그렇게 **주님**도 영원히 자신
의 백성을 감싸준다.
3 악한의 지팡이가 의인의 대지 위
에 발을 들여놓을 수 없도록, 정직
한 자는 절대 그들의 손을 죄에 내
뻗지 말아야 한다.
4 오 **주님**, 선한 자에게 선하게 대하
고, 마음이 올바른 자에게 행운을
주세요.
5 그대신 굽은 길로 들어서는 사람
들에게, **주님**이 죄를 꾸미는 사람
한테 이르지 않게 해주세요. 그러
면 이즈리얼에 평화가 있을 겁니
다.

다시 데려와주세요

순례의 노래

126 **주님**이 자이언의 포로를
다시 데려왔을 때, 우리
는 꿈꾸는 사람과 같았다.
2 당시 우리의 입은 웃음으로 가득
찼고, 우리의 혀는 노래로 가득찼
다. 이민족 사람들은, **주님**이 백성
을 위해 위대한 일을 했다고 말했
다.
3 **주님**이 우리를 위해 큰 일을 해주
어서, 우리는 기쁘다.
4 오 **주님**, 포로가 된 우리를 남쪽의
시내가 흐르듯 다시 데려와주세요.
5 눈물로 씨뿌리는 그들에게 기쁨으
로 추수하게 해주세요.
6 그러면 귀한 씨앗을 지고 울며 떠
났던 자는, 틀림없이 즐거운 마음
으로 곡식단을 지고 돌아올 겁니
다.

사랑하는 사람에게 잠을 준다

솔로먼의 순례의 노래

127 **주님**만이 집을 짓는다. 사
람이 짓는 것은 헛수고일
뿐. **주님**만이 도성을 지킨다. 경비
원이 눈을 떠도 헛수고일 뿐.
2 일찍 일어나, 늦게까지 앉아 있어
도 아무 소용없이, 너희는 슬픔의
빵을 먹는다. 그래서 **주님**은 사랑
하는 사람에게 잠을 준다.
3 보라, 자손은 **주님**의 유산이고, 자
궁의 열매는 그의 보상이다.
4 힘센자의 손안에 들린 화살과 같
은 것이, 바로 어린 자식이다.
5 화살통을 가득 채운 사람은 행복

하다. 그들은 수치를 당하는 대신,
문에서 적과 대화하게 될 것이다.

경외하여 복을 받는다
순례의 노래

128 주를 경외하는 모든 사람
은 복을 받고, 그의 길을
따르는 자도 복을 받는다.
2 자신의 손으로 노동하여 먹으면,
너는 행복하게 잘 살 것이다.
3 네 아내란, 네 집 옆 송이 가득한
포도나무와 같고, 네 자식이란 식
탁 주위의 올리브나무와 같다.
4 보라, 그러니 사람은 **주님**을 경외
하여 복을 받는다.
5 **주님**이 자이언에서 축복하면, 너는
일생 저루살럼으로부터 오는 좋은
행운을 보게 될 것이다.
6 그렇다, 너는 반드시 네 자식의 자
식을 보게 되고, 이즈리얼의 평화
를 보게 된다.

당황하게 해주세요
순례의 노래

129 저들이 내가 젊었을 때부
터 여러 차례 괴롭혀왔는
데, 이제 이즈리얼은 말할 수 있다.
2 내가 젊었을 때부터 저들이 수없
이 많이 괴롭혔어도, 저들은 나를
이기지 못했다.
3 농부가 내 등에 쟁기를 지워 밭을
갈게 했어도, 저들은 밭고랑만 깊
게 팔 뿐이었다.
4 **주님**은 정의이므로, 그가 악한의
밧줄을 끊어 동강내버린다.
5 자이언을 미워하는 자를 당황시켜
달아나게 해주세요.
6 저들을 지붕 위 들풀처럼 만들어,
자라기도 전에 시들게 해주세요.
7 그래서 풀 베는 자가 손도 대지 않
게 하고, 곡식단을 묶는 자가 가슴
에 다발을 품지도 못하게 해주세요.
8 지나가는 말로 "**주님**의 축복이 네
게 있고, 우리는 **주님**의 이름으로
너를 축복한다"고 저들이 말하지
않게 해주세요.

기다리고 있어요
순례의 노래

130 나는 깊은 바다에서 당신
을 불렀어요. 오 **주님**,
2 인간의 주인님, 내 목소리를 들어
주세요. 당신의 귀를 나의 청원소
리에 기울여주세요.
3 만약 **주님**, 당신이 죄를 기록하면,
오 인간의 주인님, 기록되지 않은
채 서 있을 수 있는 사람이 누가 있
을까요?
4 당신한테는 용서가 있으니, 당신
이 바로 경외의 대상이 될 수 있을
거예요.
5 나는 **주님**을 기다리고, 내 영혼도
당신을 기다리며, 나는 당신의 말

가운데 희망을 품어요.
6 나의 영혼은 아침을 기다리는 야
경꾼보다 더 **주님**을 기다리고 있어
요. 다시 말해, 아침을 기다리는 사
람 이상이지요.
7 이즈리얼이 **주님** 안에서 희망을 갖
게 해주세요. 왜냐하면 **주님**은 관
대한 사랑이 있고, 구원이 크기 때
문이에요.
8 그래서 **주님**은 이즈리얼의 죄로부
터 그들을 틀림없이 구원해줄 겁
니다.

희망을 품게 해주세요

대이빋의 순례의 노래

131 **주님**, 나의 마음은 오만하
지 않고, 나의 눈은 높지
않아요. 나는 큰 일에 나서지 않고,
나보다 높은 단계의 일에 직접 행
동하지 않아요.
2 진실로 나는 올바르게 행동했고,
어머니로부터 젖을 뗀 아이처럼
조용했어요. 나의 영혼도 젖을 뗀
유아와 같아요.
3 이즈리얼이 지금부터 언제까지나
주님 안에 희망을 품게 해주세요.

자이언 선택

순례의 노래

132 **주님**, 대이빋을 기억하고,
그의 괴로움을 기억해 주
세요.
2 대이빋이 **주님**에게 어떻게 맹세했
고, 재이컵의 전능한 **하나님**에게
어떻게 서약했는지요.
3 확실히 나는 내 집 궁전으로 들어
가지 않고, 나의 침대로 들어가지
않겠어요.
4 내 눈을 잠 재우거나, 내 눈꺼풀이
졸게 하지 않고,
5 **주님**의 장소를 찾겠어요. 그곳은
재이컵의 전능한 **하나님**의 주소이
지요.
6 보세요, 우리는 이프래타에서 그
소문을 들었고, 나무숲에서 그곳
을 찾았어요.
7 우리는 당신의 성소로 들어가, **주
님**의 발판 아래에서 경배할 것입니
다.
8 오 **주님**, 일어나서 당신의 안식처
로 들어가주세요. 당신과 당신 힘
의 상자와 함께 들어가주세요.
9 당신의 사제에게 정의의 옷을 입
히고, 당신의 성도에게 기쁨의 함
성을 지르게 해주세요.
10 당신의 종 대이빋을 위하여, 당신
이 기름을 부여한 자의 얼굴을 외
면하지 말아주세요.
11 **주님**은 대이빋에게 이렇게 진실을
맹세했지요. "나는 그것을 어기지
않고, 네 몸에서 나온 후손을 네 왕
좌에 앉히겠다.
12 만일 네 자손이 나의 약속과 내가
그들에게 가르칠 증언을 지키면,

너희 자손 중 하나를 왕좌에 영원
히 앉힐 것"이라고 했죠.
13 이는 **주님**이 자이언을 선택했기 때
문이고, 그곳을 거처로 정하고자
다음과 같이 말했죠.
14 "이곳은 영원한 나의 안식처다. 내
가 여기에 있기를 바라기 때문이
다.
15 나는 그 땅에 복을 주어 양식을 풍
족하게 하고, 빵으로 가난한 사람
을 만족시키겠다.
16 나는 그곳 사제에게 구원의 옷을
입히고, 그곳 성도에게 즐거운 비
명을 지르게 하겠다.
17 나는 그곳에 대이빋의 뿔이 돋도
록, 내가 기름을 부여한 자를 위한
등불로 정했다.
18 나는 그의 적에게 수치의 옷을 입
히지만, 대이빋에게는 왕관을 번
성시킬 것"이라고 했지요.

함께 사는 삶

대이빋의 순례의 노래

133 보라, 형제가 하나되어 함
께 사는 것이 얼마나 좋고,
또 즐거운 일인가!
2 이것은 머리 위에 귀한 향료를 바
르는 것과 같은 것이다. 바로 그것
이 수염까지 흘러내려, 심지어 애
런아론의 수염까지 적신 다음, 그의
옷자락 끝까지 흘러내렸던 것이
다.
3 허먼의 이슬처럼, 그리고 자이언
산 위에 내린 이슬처럼 내려앉았
다. 이는 **주님**이 그곳에 축복을 명
하고, 또 영원한 생명을 명령했기
때문이다.

어서, 감사하자

순례의 노래

134 보라, 너희 **주님**의 종 모두,
주님에게 감사하자. 그는
밤에도 **주님**의 성전에 서 있는다.
2 성소에서 너희 양손을 들어, **주님**
을 찬양해라.
3 하늘과 땅을 만든 **주님**이 자이언에
서 너를 축복한다.

그의 이름으로 노래하자

135 너희는 **주님**을 자랑하고,
주님의 이름을 칭찬해라.
오, **주님**의 종 너희 모두, **주님**을 경
배하자.
2 **주님**의 성전에 그리고 우리의 **하나**
님의 집 안뜰에 서 있는 너희 사람
아,
3 **주님**에게 감사하자. 왜냐하면 **주님**
은 선이기 때문이다. 그의 이름으
로 자랑의 노래를 부르자. 그것이
즐겁기 때문이다.
4 **주님** 스스로 재이컵을 선택했으므
로, 이즈리얼은 그의 특별한 보물
이다.
5 나는 **주님**이 위대하다는 것을 알

고, 우리의 **주님**이 모든 신 위에 있
다는 것을 알기 때문이다.
6 **주님**이 하고 싶은 것이 무엇이든,
하늘에서, 땅에서, 바다에서, 깊은
저지대에서 모두 이루었다.
7 그는 수증기를 땅바닥에서 위로
끌어올려, 비를 내릴 번개를 만들
고, 그의 보물 중에서 바람을 가져
온다.
8 그는 이집트에서 사람의 첫째와
짐승의 맏배를 쳤다.
9 그는 증거표시와 경이를 이집트의
풰로우 왕과 신하, 너희 한가운데
로 보냈다.
10 그는 강대국가를 쳐서 막강국왕을
죽였다.
11 애머리부족의 시혼왕과, 배이샨의
오그왕과, 캐이넌의 왕국을 모두
쓰러뜨렸다.
12 그리고 그 땅을 유산으로 이즈리
얼의 자신의 백성에게 주었다.
13 오 **주님**, 당신의 이름은 영원히 이
어지고, 오 **주님**, 당신에 대한 기억
도 대대로 계속된다.
14 **주님**은 자기 백성을 처벌하면서,
자신의 종에 관하여 스스로 마음
아파한다.
15 이민족의 우상이란, 은과 금으로
빚은 인간의 작품이다.
16 그들은 입이 있어도 말을 못하고,
눈이 있어도 보지 못한다.
17 귀가 있어도 듣지 못하고, 그들의
입에는 어떤 호흡도 없다.
18 우상을 만든 인간은 사람이고, 우
상을 믿는 자도 사람이다.
19 오 이즈리얼 집안은 **주님**을 축복하
고, 오 애런의 집안은 **주님**을 축복
해라.
20 오 리바이 집안은 **주님**을 칭찬하
고, **주님**을 경외하는 너희는 **주님**을
찬양해라.
21 저루살럼에 있는 자이언의 **주님**은
마땅히 감사를 받아야 한다. 너희
모두 **주님**에게 감사하자.

무한한 사랑은 영원하다

136

주님에게 감사해라. 왜냐
하면 그는 올바른 선이고,
그의 사랑은 영원하니까.
2 신들의 신 **하나님**에게 감사해라.
그의 무한한 사랑은 영원하니까.
3 성주들의 주인 **주님**에게 감사해라.
그의 관대한 사랑은 영원하니까.
4 몸소 놀라운 기적을 만드는 그의
온화한 사랑은 영원하니까.
5 지혜로 하늘을 만든 그의 사랑은
영원하니까.
6 물 위에 땅을 만든 그의 사랑은 영
원하니까.
7 큰 빛을 만든 그의 사랑은 영원하
니까.
8 해가 낮을 주관하게 만든 그의 사
랑은 영원하니까.
9 달과 별이 밤을 관리하게 만든 그
의 사랑은 영원하니까.
10 이집트의 첫째를 쳐버린 그의 사

랑은 영원하니까.
11 그 가운데서 이즈리얼을 끌어낸
그의 사랑은 영원하니까.
12 강한 손으로 팔을 내뻗는 그의 사
랑은 영원하니까.
13 홍해를 둘로 갈라놓은 그의 사랑
은 영원하니까.
14 그래서 이즈리얼이 홍해 중간을
가로지르게 한 그의 사랑은 영원
하니까.
15 대신 풰로우와 그의 군대를 홍해
바다 속에 뒤엎은 그의 사랑은 영
원하니까.
16 자신의 백성을 이끌어 황야를 지
나게 한 그의 사랑은 영원하니까.
17 대왕을 물리친 그의 사랑은 영원
하니까.
18 유명한 왕을 없애버린 그의 사랑
은 영원하니까.
19 애머리의 시혼왕을 제거한 그의
사랑은 영원하니까.
20 배이샨의 오그왕을 제거한 그의
사랑은 영원하니까.
21 그들의 땅을 유산으로 준 그의 사
랑은 영원하니까.
22 유산을 자신의 종 이즈리얼에게
준 그의 사랑은 영원하니까.
23 우리의 저급한 처지를 기억한 그
의 사랑은 영원하니까.
24 그리고 적으로부터 우리를 구해낸
그의 사랑은 영원하니까.
25 신체를 가진 모두에게 음식을 준
그의 사랑은 영원하니까.
26 하늘에 있는 **하나님**에게 감사해라.
그의 사랑은 영원하니까.

노래를 어떻게 부를까

137 배블런의 강 옆에 우리가
앉아, 그래, 자이언을 생각
하며 울었다.
2 그 가운데 있는 버드나무 위에 우
리의 하프를 매달았다.
3 왜냐하면 우리를 포로로 끌고 간
저들이, 우리에게 노래부르기를
요구하면서, 우리를 망가뜨린 저
들이 우리한테 즐거워하라며, 자
이언의 노래 중 하나를 부르길 강
요했기 때문이다.
4 우리가 외지에서 **주님**의 노래를 어
떻게 불러야 할까?
5 오 저루살럼아, 만일 내가 너를 잊
거든, 내 오른손의 재주를 잊게 해
라.
6 내가 너를 기억하지 못하거든, 내
혀를 내 입천장에 붙여버려라. 내
가 최고의 쾌락보다 저루살럼을
덜 좋아하거든 말이다.
7 오 **주님**, 저루살럼이 끝나던 당시,
이덤 자손을 기억해주세요. 그들
의 악담은, "망해라. 망해라. 바닥
까지 폭삭 망하라"고 했지요.
8 오 배블런의 딸, 너희가 언젠가 망
하여, 우리를 섬기게 되면, 보상받
는 자들은 기뻐할 것이다.
9 너희 어린 것을 잡아 바위에 동댕
이치는 자들은 행복할 것이다.

감사하자

대이빋의 시가기도

138 나의 진심을 다해 당신에
게 감사합니다. 여러 신
들 앞에서 내가 당신을 드높이는
노래를 부릅니다.
2 나는 당신의 신성한 성전을 향해
경배하고, 당신의 온화한 사랑과
진실에 대하여 당신의 이름을 자
랑합니다. 왜냐하면 당신은 자신
의 이름보다 자신의 말에 대해 더
많이 영향을 미치게 했기 때문이
지요.
3 내가 소리치던 날, 당신은 내게 대
답하고, 내 영혼에 힘을 넣어 나를
강하게 해주지요.
4 지구의 모든 왕이 당신을 높이 받
들게 될 겁니다. 오 **주님**, 그들이 당
신 입에서 나온 말을 듣게 되면 말
이죠.
5 맞아요, 그들은 **주님**의 길에서 노
래할 겁니다. 왜냐하면 **주님**의 영
광이 위대하니까요.
6 **주님**은 높이 있어도, 낮은 자를 존
중하고, 거만한 자는 멀리 떨어져
있어도 알지요.
7 비록 내가 괴로움에 처해도, 당신
은 나를 다시 살리고, 나의 적의 분
노에 당신의 손을 뻗어, 당신의 오
른손이 나를 구해주겠죠.
8 **주님**은 나에 관한 것을 완전하게
해줍니다. 오 **주님**, 당신의 사랑은
영원하니, 자신의 손으로 만든 작
품을 외면하지 마세요.

마음을 알아주세요

수석음악사가 전하는 대이빋의 시가기도

139 오 **주님**, 당신은 나를 살피
고 있으니, 나를 알지요.
2 당신은 내가 앉거나 서도 알고, 멀
리 떨어져도 나의 생각을 이해하
지요.
3 당신은 나의 길과 누운 자리까지
파악하며, 내가 하는 행동마다 잘
알아요.
4 나의 혀에 말이 없어도, 보세요, 당
신은 그것이 무엇인지 전부 알아
요.
5 당신은 나의 앞뒤를 감싸고 내게
당신의 손을 올려 놓지요.
6 그렇게 **주님**이 아는 정도가 내게
너무 놀랍고 또 너무 높아서, 나는
거기에 도달하지 못해요.
7 그런데 내가 당신의 영혼으로부터
어디로 가며, 당신의 존재로부터
어디로 달아나겠어요?
8 내가 하늘에 오르면 당신이 그곳
에 있고, 내가 혼란의 구덩이에 잠
자리를 마련해도 보세요, 거기도
당신이 있어요.
9 아침에 날개를 달고 바다 저편에
있어도,
10 그곳조차 당신의 손이 나를 안내
하고, 당신의 오른손이 나를 잡아

주지요.
11 내가 이렇게, '틀림없이 어둠이 나
를 덮었다'고 말해도, 밤은 나에게
밝은 빛이 되어주지요.
12 맞아요, 어둠도 당신을 가리지 못
하고, 밤도 대낮같이 환하니, 어둠
과 빛이 당신에게는 매 한 가지죠.
13 당신이 나의 고삐를 쥐고 있으니,
나의 어머니 자궁에서도 나를 감
싸주었어요.
14 나는 당신을 자랑합니다. 왜냐하
면 나는 경이롭고 놀랍게 만들어
졌기 때문이고, 감탄할 정도로 멋
진 당신의 작품이니까요. 그것을
내 영혼이 너무나 잘 알고 있어요.
15 나의 실체는 당신에게 가려지지
않았어요. 내가 아무도 모르게 만
들어지며, 땅속 깊은 곳에서 내가
만들어지고 있을 때도 말이죠.
16 당신의 눈은 아직 미완성의 나의
실체를 보고, 당신의 책 속에 나의
운명을 기록하며 계속 만들고, 내
가 세상에 나오기도 전에 모두 기
록해 두었죠.
17 당신이 해준 나에 대한 생각이 얼
마나 귀중한지요. 오 **주님**! 이 모든
가치가 너무나 대단해요!
18 내가 그것을 계산하면, 아마 모래
알보다 더 수가 많고, 내가 깨어날
때도 여전히 당신과 함께 있고요.
19 분명히 **주님**은 악한을 없애겠지요.
오 **주님**! 그러니, 피를 좋아하는 너
희 악한아, 나로부터 멀리 떠나거
라.
20 저들은 당신에게 나쁜 이야기나
하고, 당신의 적은 당신의 이름을
함부로 다루고 있잖아요.
21 오 **주님**, 당신을 미워하는 저들을,
내가 미워하지 말아야 할까요? 당
신에게 대들고 일어나는 저들에게
분개하지 말아야 할까요?
22 나는 철저한 증오로 저들을 미워
하며, 저들을 나의 적으로 간주하
고 있어요.
23 오 **주님**, 나를 지켜보며 내 마음을
알아주세요. 나를 시험하며, 내 생
각을 알아주세요.
24 그리고 내 안에 악의가 있는지 보
고, 나를 영원히 지속되는 길로 안
내해주세요.

구하고 지켜주세요

수석음악사가 전하는 대이빋의 시가기도

140 오 **주님**, 악한한테서 나를
구하고, 폭도로부터 나를
보호해주세요.
2 그들 마음의 잘못이란, 함께 모여
전쟁을 계속 벌리자는 상상이에
요.
3 그들은 뱀처럼 날카롭게 혀에 힘
을 주고, 독사의 독을 그들의 입술
아래에 모아두지요. 셀라잠시멈춤
4 오 **주님**, 악한의 손으로부터 나를
지켜주고, 폭도로부터 나를 보호
해주세요. 그들은 나의 앞길을 망

칠 작정이에요.
5 거만한 자는 나를 헤치려고 올무
와 밧줄을 숨겨 두었고, 길 옆에 망
을 펼치며, 나를 잡을 사냥용 덫까
지 설치해 놓았어요. 셀라잠시멈춤
6 나는 **주님**에게 이렇게 말했죠. '당
신은 나의 **하나님**이니, 내 간청의
목소리를 들어달라"고 말이죠.
7 오 **주 하나님**, 구원의 힘인 당신은
전쟁시기에 내 머리를 감싸주었지
요.
8 악한의 소망을 들어주지 마세요.
오 **주님**, 그의 악의적 계략은 더욱
아니죠. 그들이 우쭐해하지 못하
게 해주세요. 셀라잠시멈춤
9 내 주위를 에워싼 악한의 대장에
대하여, 저들의 입술에서 나오는
해악이 저들에게 뒤덮이게 해주세
요.
10 이글거리는 불에 타는 숯이 그들
에게 떨어지게 하고, 그들이 불 속
에 던져지게 하고, 깊은 구덩이 속
에 던져져, 다시는 일어나지 못하
게 해주세요.
11 악담하는 자가 땅에 서지 못하게
하고, 불행이 뒤를 쫓아 폭도를 넘
어뜨려 주세요.
12 내가 알기로, **주님**은 고통받는 자
의 사정과 약자의 정의를 지켜 주
지요.
13 틀림없이 올바른 자는 **주님**의 이름
에 감사하고, 정직한 자는 그 존재
앞에서 산다는 것이죠.

귀를 기울여주세요
대이빋의 시가기도

141 **주님**, 당신에게 호소하니,
빨리 내게 와서, 내 목소리
에 귀를 기울여주세요. 내가 당신
에게 소리치고 있어요.
2 나의 기도가 당신 앞의 향불이 되
게 하고, 들어올리는 나의 양손은
저녁의 희생제물이 되게 해주세
요.
3 오 **주님**, 내 입에 보초를 세우고, 내
입술의 문을 지키게 해주세요.
4 내 마음이 조금도 나쁜 것에 기울
지 않게 하여, 악한과 함께 잘못을
저지르지 않게 해주고, 내가 그들
의 멋진 성찬을 받아먹지 않게 해
주세요.
5 올바른 자가 나를 치면, 그것은 친
절이 되고, 그가 나를 꾸짖으면, 그
것은 내 머리에서 최고의 기름이
되지요. 나의 머리가 그것을 거부
하지 않는 것은, 내 기도 역시 악한
의 불행을 바라니까요.
6 그들의 판관이 절벽 아래로 던져
질 때, 그들은 내 말을 듣고 깨닫게
되겠죠.
7 우리 뼈가 무덤 주위에 흩어지는
때는, 사람이 땅위에 있는 나무를
잘라 쪼갤 때이지요.
8 그러나 나의 눈은 **주 하나님** 당신에
게 있고, 나의 믿음은 당신에게 두
고 있으니, 나의 영혼을 피폐하게

버려 두지 말아주세요.
9 악한이 나를 잡으려 쳐 놓은 올무
로부터 나를 지켜주고, 악행을 일
삼는 자의 사냥 덫에 걸리지 않게
해주세요.
10 내가 피하는 사이, 악한이 제 그물
에 걸려들게 해주세요.

나의 피난처

대이빋이 동굴에 숨었던 당시,

매스킬 형식의 시가기도

142 나는 나의 간청을 내 목소
리에 담아 **주님**에게 호소
했어요.
2 당신 앞에 나의 불행을 쏟아 놓으
며, 나의 고통을 보였죠.
3 영혼이 내 안에서 주눅이 들었을
때, 당신은 나의 길을 알고 있었어
요. 내가 걸은 길은 저들이 나를 잡
고자 몰래 덫을 놓은 곳이었죠.
4 오른쪽을 보아도 나를 아는 자가
하나도 없어, 피하지 못했고, 내 영
혼을 돌봐줄 사람도 하나 없었어
요.
5 그때 내가 당신에게 도움을 청했
어요. 오 **주님**, 당신은 나의 피난처
이며, 살아 있는 존재의 땅 중 나의
지분이지요.
6 나의 호소를 살펴주세요. 내가 밑
바닥에 떨어져 있으니, 가해자로
부터 나를 구해주세요. 저들이 나
보다 더 강하기 때문이에요.
7 내 영혼이 감옥 밖으로 나가, **주님**
의 이름을 자랑하면, 올바른 사람
이 내 주위에 있게 해주세요. 당신
만이 나를 관대하게 아낌없이 대
해주니까요.

목이 말라 있어요

대이빋의 시가기도

143 나의 기도를 들어주세요.
오 **주님**, 나의 간청에 귀를
기울여, 당신의 진실한 정의로 답
을 주세요.
2 당신의 종을 재판에 붙이지 않게
해주세요. 왜냐하면 당신의 눈으
로 볼 때, 살아 있는 인간 중 정직
한 자가 하나도 없기 때문이에요.
3 적이 내 영혼을 괴롭히고, 내 생명
을 바닥으로 내쳐서, 마치 죽은 지
오래 된 사람인양, 내가 암흑에 갇
혀버렸어요.
4 그래서 내 몸 안에 있는 영혼이 주
눅이 들었고, 나의 마음이 완전히
지쳤어요.
5 나는 오래 전을 회상하고, 당신이
만든 모든 작품에 대해 명상하며,
당신 손의 위업을 깊이 생각합니
다.
6 그리고 당신에게 내 손을 내밀고
있어요. 목마른 대지처럼, 내 영혼
이 **주님**을 목말라 하기 때문이에
요. 셀라잠시멈춤
7 오 **주님**, 내 말을 들어주세요. 급해

요. 나의 영혼이 기력을 잃어가고
있어요. 내게서 당신의 얼굴을 숨
기지 마세요. 내가 구덩이 속으로
빠지는 신세가 되지 않도록 말이
죠.
8 아침이면, 당신의 온화한 사랑을
듣게 해주세요. 왜냐하면 당신을
믿고 있기 때문에, 내가 걸어야 할
길을 알려주면, 내 영혼을 당신에
게 들어올리려 하기 때문이지요.
9 오 **주님**, 적한테서 나를 구해주세
요. 그러면 내가 숨은 곳에서도 당
신에게 달려 가지요.
10 당신의 뜻을 따르도록 나를 가르
쳐주세요. 당신은 나의 **하나님**이니
까요. 당신의 영혼은 선이므로, 나
를 정의의 땅으로 안내해주세요.
11 오 **주님**, 당신의 이름을 위해서라
도 나를 빨리 구해주세요. 당신의
정의를 위해서라도 고통에서 내
영혼을 이끌어주세요.
12 당신의 자비로 적을 제거하고, 나
의 영혼을 괴롭히는 저들을 파괴
해주세요. 나는 당신의 종이니까
요.

행복합니다

대이빋의 시가기도

144 나의 힘에 **주님**의 복을 내
려주세요. 그 힘으로 내 손
에 전쟁을 가르치면, 나의 손가락
이 싸울 수 있게 되지요.
2 나의 명성, 나의 요새, 나의 탑, 나
의 구원, 나의 방패, 등 모든 것을
포괄하는 당신을 나는 믿어요. 당
신이 백성을 나에게 순종하게 해
주었죠.
3 **주님**, 사람이 뭐라고, 당신의 지혜
를 채워주며, 인간 자손의 운명을
고려하는지요!
4 인간이란 공허와도 같아서, 그 수
명은 지나가는 그림자와 같아요.
5 오 **주님**, 당신이 하늘에서 굽어보
고 내려와, 산을 건드리면, 산들이
연기를 뿜겠지요.
6 번개를 던져 흩어버리고, 당신의
화살을 쏘면, 저들이 파멸하겠죠.
7 위에서 **주님**의 손힘을 보내어, 다
른 자손의 손에서 나를 벗어나게
하고, 바다에서 나를 구해주세요.
8 저들의 입은 쓸모 없는 말을 하고,
저들의 오른손은 헛된 행위를 주
도합니다.
9 나는, **주 하나님** 당신에게, 썰터리
10줄 현악기로 새 노래를 부르며,
당신을 자랑하는 노래를 부르겠어
요.
10 당신은 왕들에게 구원을 주는 존
재이므로, 바로 당신이 대이빋을
상처 내는 칼날에서 자신의 종을
구해주지요.
11 나를 곤경에서 벗어나게 하고, 다
른 자손의 손에서 나를 구해주세
요. 저들의 입은 쓸데없는 말을 하
고, 저들의 오른손은 헛된 행위를

주도합니다.
12 우리의 아들은 젊어서부터 성장한
묘목과 같고, 우리의 딸은 멋진 궁
전에 어울리는 윤기 있는 초석과
같아요.
13 우리의 창고는 가득 차서, 각종 양
식이 여유 있게 넘치고, 우리의 양
은 수천 수만 마리가 되어 거리에
넘치며,
14 또 우리의 소는 무거운 짐을 져도,
뼈가 부러지거나 쓰러지지 않고,
우리의 거리에는 불만이 없게 되
지요.
15 그런 백성은 행복하지요. 맞아요.
하나님이 주인인 민족은 행복하지요.

신성한 이름에 감사

대이빋의 감사의 시가기도

145 오, 왕, 나의 **하나님**, 당신
을 높이 칭찬합니다. 나는
당신의 이름을 영원히 받들겠어
요.
2 매일 나는 당신에게 감사하고, 영
원히 당신의 이름을 자랑하겠어
요.
3 **주님**은 위대하니까, 크게 찬양해야
하는데, 그의 위대함은 측량할 길
이 없지요.
4 한 세대에서 다음 세대로 당신의
위업에 대한 자랑이 이어져야 하
고, 당신의 막강한 행적이 선포되
어야 해요.
5 나는 당신의 존엄에 관한 찬란한
영광을 이야기하고, 당신의 놀라
운 경이로운 위업을 전하겠어요.
6 그래서 사람이 당신의 엄청난 위
업 이야기를 하게 하고, 또 나는 당
신의 탁월을 널리 선포하겠어요.
7 그들은 당신의 거대한 관용의 기
억을 넘치도록 말하며, 당신의 정
의를 노래해야 마땅해요.
8 **주님**은 관대하고 연민이 가득하며,
화를 참고 사랑이 무한합니다.
9 **주님**은 모두에게 인자하고, 또 그
의 온화한 사랑은 그의 작품 위에
두루 미치고 있어요.
10 모든 창조물이 당신을 칭찬하고,
오 **주님**, 당신을 따르는 성도 역시
당신을 자랑해요.
11 그들은 당신 왕국의 영광을 말하
고, 당신의 힘을 이야기하여,
12 인간의 자손에게 당신의 거대한
업적을 알리고, 당신 왕국의 영광
스런 존엄을 깨닫게 만들 겁니다.
13 당신의 왕국은 영원한 왕국이고,
당신의 지배는 전 세대마다 지속
될 겁니다.
14 **주님**은 쓰러지는 자를 붙잡아주고,
아래에 눌린 자를 위로 올려주지
요.
15 모두의 눈이 당신을 기다리면, 당
신은 제때에 그들에게 먹을 것을
주지요.
16 당신은 손을 펴서, 살아 있는 생물
마다 원하는 바를 채워주어요.

17 **주님**은 모든 방면에서 정의이므로,
그의 위업이 신성하지요.
18 **주님**은 자신을 부르는 모두에게 가
까이 다가가, 그의 호소에 진실을
주어요.
19 그는 자신을 두려워하며 경외하는
자의 소망을 이루어주고, 또 그들
의 외침을 듣고, 구해주지요.
20 **주님**은 자신을 사랑하는 사람을 보
호하지만, 악한은 모두 파멸시키
지요.
21 나의 입은 **주님**을 자랑하는 이야기
를 하며, 모든 인간이 언제나 당신
의 신성한 이름에 감사하게 만들
겠어요.

영원히 지배한다

146 너희는 **주님**을 드높이고,
오 나의 영혼 너도 주인님
을 자랑해라.
2 살아 있는 동안 나는 주인님을 찬
양하며, 내가 사는 동안 나의 **하나
님**에게 자랑의 노래를 부를 것이
다.
3 지도자 대군왕자에게 너의 믿음을
두지 말고, 사람의 자식도 신뢰하
지 마라. 거기에는 도움이 없다.
4 그의 숨결이 나가버리면, 그는 땅
으로 되돌아 간다. 바로 그날 그의
생각도 소멸한다.
5 재이컵의 **하나님**에게 도움을 구하
는 자가 행복한 것은, 그의 희망이
주 하나님에게 있기 때문이다.
6 그가 만든 하늘과, 땅과, 바다와, 그
안의 모든 것은 영원히 유지되는
진실이다.
7 억압 받는 자에게 정의를 실행하
고, 배고픈 자에게 먹을 것을 주는
주님이 포로를 풀어준다.
8 **주님**은 맹인의 눈을 뜨게 하고, 밑
에 눌린 자를 들어올리고, 정직한
자를 사랑한다.
9 **주님**은 이방인도 보호하고, 고아와
과부도 위안을 주지만, 악한의 길
은 뒤엎어버린다.
10 **주님**은 영원히 지배하며, 당신의 **하
나님**, 오 자이언, 당신은 전 세대를
통치한다. 너희 모두 주인님에게
감사하며 자랑해야 한다.

높이 받들자

147 **주님**을 높이 받들자. 우리
가 **하나님**을 칭찬하는 노
래를 부르는 자체가 좋고, 즐겁고,
훌륭한 일이니까.
2 **주님**은 저루살럼을 건설하여, 버
림받은 이즈리얼을 한자리에 모았
다.
3 그리고 마음이 아픈 자를 치유하
고, 상처를 감싸 준다.
4 그는 무수한 별과 대화하며, 별 이
름을 모두 불러주었다.
5 우리의 **주님**은 위대하여, 그의 힘
은 막강하고, 그의 이해력은 무한
하다.
6 **주님**은 마음이 온화한 자를 높이

올리고, 악한은 바닥으로 내린다.
7 감사하는 마음으로 **주님**을 노래하
자. **하나님**의 자랑을 하프에 맞춰
노래 부르자.
8 그는 하늘을 구름으로 가리고, 땅
에 비를 마련하여, 풀이 산에서 자
라게 한다.
9 짐승에게 먹이를 주고, 짖어대는
어린 까마귀에게도 준다.
10 말의 힘에도 만족하는 기쁨이 없
고, 용사의 다리에도 만족의 즐거
움이 없다.
11 대신 **주님**은 자신을 두려워하며 경
외하는 자한테서 즐거움을 찾고,
그의 사랑에 희망을 품는 사람을
보고 기뻐한다.
12 오 저루살럼, 너희는 **주님**을 칭찬
하고, 오 자이언, 너는 **하나님**을 높
이 받들어라.
13 그가 너희 대문에 빗장을 강화하
고, 네게 자식의 복을 주었다.
14 또 너희 경계선에 평화를 이루어,
가장 좋은 곡식을 채운다.
15 그가 땅위에 자신의 명령을 보내
면, 순간 그의 말이 빠르게 퍼진다.
16 그리고 양털 같은 눈을 내리고, 재
와 같은 흰 서리를 뿌린다.
17 그가 작은 얼음조각을 던지면, 누
가 그의 추위를 견딜 수 있을까?
18 자신의 말을 전달하여 추위를 녹
이고, 바람이 불게 하고, 물이 흐르
게 한다.
19 그는 재이컵에게 자신의 이야기를
보여, 그의 규정과 법을 이즈리얼
에게 전했다.
20 어떤 민족에게도 그렇게 한적이
없었고, 그의 정의에 대해서라면,
누구도 그것을 알지 못했다. 따라
서 너희는 **주님**을 높이 받들어라.

칭찬하고 자랑해야 한다

148 너희는 **주님**을 높이 받들
어라. 하늘에 있는 **주님**
을 칭찬하고, 높이 있는 그를 자랑
하자.
2 너희는 그를 칭찬하고, 그의 천사
도 자랑하자. 그를 칭찬하며, 그의
하늘 군대도 자랑하자.
3 너희는 그를 칭찬하며, 해와 달도
자랑하고, 빛을 발하는 별도 모두
자랑하자.
4 그를 드높이며, 너희는 하늘 중 하
늘도 자랑하고, 하늘 위에 있는 물
도 자랑하자.
5 그들이 모두 **주님**의 이름을 드높이
게 하자. 왜냐하면 그의 명령으로
그들이 창조되었으니까.
6 그는 또 영원무궁 하도록 그것을
설정해두었고, 역시 사라져버리지
않을 법령을 만들었다.
7 땅에서 **주님**을 칭찬하자. 너희는
바다 생물 용을 자랑하고, 바다의
깊이도 자랑하자.
8 번개와 싸락눈, 눈과 수증기, 돌풍
등 모든 것이 그의 말을 따른다.
9 산과 언덕, 열매나무와 시더나무

도,
10 짐승과 가축, 기는 것과 나는 조류
모두,
11 땅위의 왕, 백성, 대군왕자, 땅위의
판관까지,
12 젊은 남녀, 노인과 아이,
13 그들 모두 **주님**의 이름을 드높이게
하자. 왜냐하면 그의 이름만이 탁
월하고, 그의 영광이 땅과 하늘 위
에 있기 때문이다.
14 그는 또 자기 백성의 뿔을 높이고,
자신의 성도 역시 위상을 높여주
고, 심지어 그에게 가까이 있는 이
즈리얼 자손까지 높인다. 너희는
주님을 자랑해야 한다.

칭찬의 노래를 불러라

149 너희는 **주님**을 칭찬해라.
주님에게 새로운 노래를
부르고, 그를 따르는 성도의 모임
에서 **주님**에 대한 칭찬의 노래를
불러라.
2 이즈리얼이 그들을 만든 **주님** 안에
서 기뻐하게 하고, 자이언의 자손
도 그들의 왕에 대해 즐거워하게
해라.
3 그들이 춤을 추며 **주님**의 이름을
자랑하게 해라. 팀브럴과 하프 현
악기로 그를 자랑하는 노래를 부
르게 해라.
4 **주님**이 그의 백성으로 인해 기뻐하
므로, 백성은 구원을 받아 아름다
운 온화한 사람이 될 것이다.
5 그를 따르는 성도가 영광 속에서
기쁨이 넘치게 하고, 침대에서 크
게 노래하게 해라.
6 지위가 높은 자도 제 입술로 **하나
님**을 칭찬하게 하고, 그들 손에 쥔
양날의 칼도 **하나님**을 찬양하게 하
여,
7 이민족에게 보복을 단행하고, 저
들이 처벌받게 하고,
8 또 그들 왕을 쇠줄로 묶고, 그들의
귀족도 철제 족쇄로 채우도록,
9 그들에게 내려진 법의 판정을 집
행하고자 한다. 이 영광은 그를 따
르는 성도가 누리게 된다. 너희는
모두 **주님**을 자랑해라.

주인님을 자랑해야 한다

150 너희는 **주님**을 드높이고,
그의 성소에서 **하나님**을
칭찬해라. 그의 힘의 무대 창공에
있는 그에게 감사해라.
2 막강한 행적에 대해 그를 자랑해
라. 그의 탁월한 위대함 그대로 그
를 드높여라.
3 트럼핕 소리와 더불어 그를 찬양
하고, 썰터리와 하프 현악기로 그
를 노래해라.
4 팀브럴에 맞춰 춤을 추며 그를 자
랑하고, 현악기와 올갠으로 그에
게 감사해라.
5 심벌 타악기를 크게 울려 그를 자
랑하고, 심벌의 고음으로 그를 드
높여라.

6 숨을 쉬는 모두가 **주님**을 칭찬해라.
너희는 주인님을 자랑해야 한다.

격언

지식의 시작

1 이것은 이즈리얼왕 대이빋 아들
솔로먼의 격언으로,
2 지혜와 교훈을 알고, 깊은 통찰력
을 이해하기 위한 것이고,
3 지혜와, 정의와, 법과, 평등의 가르
침을 받아들이며,
4 어리석은 자에게 슬기로움을 주
고, 젊은이에게 지식과 분별력을
주려는 것이다.
5 지혜로운 자는 듣고, 배움을 늘릴
것이고, 이해하는 자는 지혜의 지
침을 얻을 것이다.
6 곧 격언과 우화를 알게 되면, 지혜
의 교훈을 얻고, 수수께끼 같은 난
제도 풀린다.
7 **주님**을 경외하는 것이 지식의 시작
이고, 반면 어리석은 자는 지혜와
교훈을 무시한다.
8 나의 아들아, 네 아버지의 가르침
을 듣고, 네 어머니의 법도를 외면
하지 마라.
9 그것은 네 머리를 장식하는 우아
함이고, 네 목 주위를 감는 목걸이
다.
10 나의 아들아, 죄인이 부추겨도, 너
는 동의하지 마라.
11 그들은 이렇게 말한다. "우리, 같이
가서, 피흘릴 자를 기다리자. 명분
을 가리지 말고, 덤불에 숨어 희생
자를 기다리자.
12 우리가 그들을 산 채로 무덤에 밀
어넣으면, 통째로 구덩이로 빠져
버린다.
13 그때 값진 재물을 찾아, 전리품으
로 우리 집을 채우자.
14 그리고 우리가 제비뽑기 하여, 약
탈물을 나누자" 라고 하겠지.
15 나의 아들아, 너는 그들과 함께 그
런 길을 걷지 말고, 그들의 길에서
네 발을 자제해라.
16 그들의 발걸음은 불행을 쫓기 때
문에, 곧 피를 흘리고 만다.
17 새가 보는 앞에서 그물을 치다니,
정말 쓸데없는 일이다.
18 그들은 자신의 피를 흘리려고 기
다리는 셈이고, 자기 목숨을 담보
로 잠복하는 것이다.
19 이익에 욕심을 내는 자도 바로 그
렇다. 그래서 가지려는 자의 생명
마저 빼앗긴다.
20 지혜가 밖에서 소리를 지르고, 거
리에서 제 목소리를 높인다.
21 지혜가 중심 광장에서 소리치고,

도성 문을 열어둔 채 소리 높여 말
한다.
22 "어리석은 자들아, 너희는 언제까
지 어리석음을 사랑할 거냐? 비꼬
는 자는 언제까지 비꼬기를 즐기
며, 어리석은 자는 지식을 미워할
거냐?
23 내가 잔소리할 때 돌아서거라. 너
희에게 내 영혼을 부어, 내가 아는
지식을 너희에게도 알려주겠다.
24 그런데 너희를 불러도, 거절하고,
손을 내밀어도, 생각해보는 자가
없다.
25 대신 너희는 나의 충고에 관심이
없고, 나의 책망에도 관심을 두는
자가 없으니,
26 나 역시 너희 불운을 비웃으며, 너
희에게 두려움이 닥칠 때 조소하
겠다.
27 너희 두려움이 슬픔으로 오고, 너
희 파멸이 질풍 같이 몰아치면, 너
희에게 고통과 괴로움이 올 것이
다.
28 그때는 너희가 나를 불러도, 나는
대답하지 않겠다. 그들이 일찍부
터 나를 찾아도, 나를 찾지 못할 것
이다.
29 왜냐하면 그들이 지식을 미워하
고, **주님**에 대한 경외를 선택하지
않았기 때문이고,
30 나의 충고를 하나도 들으려 하지
않고, 나의 꾸지람을 가벼이 여겼
기 때문이다.
31 따라서 사람은 자기가 가는 길의
열매를 먹으며, 그 결과로 자신을
채울 것이다.
32 어리석은 자의 아둔함이 자신을
죽이고, 바보의 번영이 자신을 파
멸시키기 때문이다.
33 그러나 내 말에 귀를 기울이는 자
는 누구나 편안하게 살고, 불행의
두려움에서 무사할 것이다."

지혜의 가치

2 나의 아들아, 네가 내 말을 받아
들이고, 내 명령을 마음 속에 간
직하면,
2 그래서 네가 지혜에 귀를 기울이
며, 이해를 구하고자 마음을 다하
면,
3 그렇지, 네가 지식을 부르고, 이해
를 찾으려 목소리를 높이면,
4 또 네가 이해를 은을 얻듯 찾고, 숨
겨진 보석처럼 이해를 탐색하며
추구하면,
5 그때 너는 **주님**의 경외를 이해하
고, **하나님**의 지식을 발견하게 될
것이다.
6 왜냐하면 **주님**은 지혜를 주며, 지
식과 이해가 그의 입에서 나오기
때문이다.
7 **주님**은 바른 자를 위한 지혜를 굳
건히 쌓아, 똑바로 걷는 사람의 방
패가 되어준다.
8 그는 정의의 길을 지켜, 그를 따르
는 성도의 길을 보호한다.

9 그때 너는 정의와, 법과, 공정함, 곧
모든 선의 길을 이해하게 될 것이
다.
10 지혜가 네 마음 속에 들어오고, 지
식이 네 영혼을 기쁘게 할 때,
11 분별력이 너를 보호하고, 이해력
이 너를 지켜줄 것이다.
12 악한의 길과 뒤틀리게 말하는 자
로부터 자신을 구해라.
13 그는 정직한 길을 버리고, 어두운
길을 걷는다.
14 그는 불행한 일을 즐기고, 악한의
심술을 기뻐한다.
15 그들의 길이 구부러져 있으므로,
그들의 여정도 뒤틀린다.
16 이민족 여자를 조심하고, 아첨의
말을 하는 외국여자를 피해라.
17 그들은 유년시절 안내자를 외면하
고, 그녀 **하나님**의 약속을 잊었다.
18 왜냐하면 그녀의 집안이 죽음으로
기울어, 그녀의 길도 죽음에 이르
는 길이기 때문이다.
19 그런 여자에게 가는 자는 다시 돌
아오지 못하고, 그들의 인생 길도
확고하지 않다.
20 따라서 너는 좋은 사람이 가는 길
로 걸어서, 똑바른 자의 길을 유지
해야 한다.
21 왜냐하면 올곧은 자가 땅위에서
살고, 완전한 자가 땅에 남기 때문
이다.
22 그러나 악한은 땅에서 제거되고,
죄를 짓는 자는 땅에서 뿌리가 뽑
힌다.

명령을 지켜라

3 나의 아들아, 나의 법을 잊지 마
라. 대신 네 마음을 다하여 나의
명령을 지켜라.
2 그러면 네가 오래 살면서, 평화가
더해질 것이다.
3 자비와 진실이 너를 떠나지 않도
록, 네 목에 걸치고, 네 마음 가득
새겨라.
4 그러면 너는 **하나님**과 인간의 시각
으로 호의와 선과 이해를 얻게 된
다.
5 네 마음을 다하여 **주님**을 믿고, 자
신의 이해에 기대지 마라.
6 네 인생길마다 그를 확인하고 알
게 되면, 그가 너의 길을 똑바로 펴
줄 것이다.
7 너의 눈 범위에서 현명하지 말고,
주님을 경외하며 악행을 멀리해라.
8 그것이 네 배꼽을 건강하게 하고,
네 뼈의 골수가 되어줄 것이다.
9 너의 재물로 **주님**을 받들고, 너의
농산물 중 첫 수확물로 **주님**의 명
예를 높여라.
10 그러면 너의 저장고가 넘치도록
차고, 포도 압착기는 새 와인을 분
출해낼 것이다.
11 나의 아들아, **주님**의 꾸지람을 무
시하지 말고, 그의 징계를 질려하
지 마라.
12 그가 사랑하는 자를 징계하는 것

은, 아버지의 기쁨인 아들과 같기
때문이다.
13 지혜를 발견한 자는 행복하고, 이
해를 얻은 자 역시 그렇다.
14 그것의 가치로 말하자면, 은제 상
품보다 더 좋고, 순금제품 이상의
이익이다.
15 지혜와 이해란 루비보다 비싸서,
네가 바라는 어떤 것과도 비교가
안 된다.
16 인생은 지혜와 이해 자매의 오른
손에 놓여 있고, 부와 명예는 그들
의 왼손 안에 있다.
17 지혜와 이해의 길에 만족의 즐거
움이 있어, 가는 길마다 평화가 따
른다.
18 지혜와 이해는 그것을 붙잡는 자
에게 생명의 나무가 되어 주어, 그
것을 마음에 지니는 사람마다 행
복해진다.
19 **주님**은 지혜로 땅을 만들고, 이해
로 하늘을 설립했다.
20 그의 지식으로 물의 깊이가 나뉘
고, 구름이 물방울을 떨어뜨리게
한다.
21 나의 아들아, 네 눈에서 지식을 피
하지 말고, 확고한 지혜와 분별력
을 지녀라.
22 그러면 그것이 네 영혼의 생명이
되고, 네 목에서 빛나는 우아함이
될 것이다.
23 그때 너는 안정된 인생길을 걷게
되어, 네 발이 비틀거리지 않는다.
24 너는 누워도 두렵지 않고, 그렇다,
누우면 단잠에 빠져들 거다.
25 불현듯 닥친 공포를 두려워 말고,
불행으로 인한 슬픔도 겁먹지 마
라.
26 **주님**이 너의 자신감이 되어주고,
넘어지려는 네 발을 잡아주기 때
문이다.
27 네 손에 힘이 있다면, 제 때에 발휘
할 자선을 자제하지 마라.
28 네가 가진 게 있는데도, 이웃에게,
'가서 다시 오면, 내일 주겠다' 하지
마라.
29 안락하게 사는 네 이웃을 보며, 나
쁜 잔꾀를 꾸미지 마라.
30 네게 해를 끼치지 않았다면, 이유
없이 남과 다투지 마라.
31 압제자를 부러워 말고, 그가 하는
어떤 방법도 따라하지 마라.
32 **주님**은 뒤틀린 마음을 혐오하기 때
문에, 그의 비밀열쇠는 올바른 사
람에게 둔다.
33 **주님**을 저주하는 자는 악마의 집안
이므로, 그 이외 정직한 삶의 터전
만 축복한다.
34 반드시 **주님**은 비웃는 자를 비웃
고, 대신 겸손한 자에게 명예를 준
다.
35 현명함은 영광을 계승하고, 어리
석음은 바보의 승진이 될 것이다.

지혜와 이해 자매

4 너희들 자손은, 아버지의 훈계
를 듣고, 이해를 얻으려고 노력
해라.
2 내가 너희에게 선의 견해를 일러
주니, 내 법의 원칙을 잊지 말라는
것이다.
3 나로 말하자면, 아버지의 여린 아
들로, 내 어머니의 눈 앞에서 사랑
만 받았다.
4 아버지 역시 나를 가르치며 말했
다. "내 말을 네 가슴에 간직하고,
나의 명령을 지키며 살라"고.
5 지혜를 얻고, 이해력도 구하여 잊
지 말고, 내 입에서 나오는 말도 거
부하지 마라.
6 지혜와 이해 자매를 잊지 않으면,
그들이 너를 보호할 것이고, 그 자
매를 사랑하면 그들이 너를 지킬
것이다.
7 지혜가 가장 으뜸이므로, 지혜를
얻은 다음, 얻은 지혜로 이해를 구
해라.
8 지혜와 이해를 강화하면, 그 자매
가 너를 승진시킬 것이다. 그리고
네가 그 자매를 품을 때마다 네게
영광을 안길 것이다.
9 그 자매는 네 머리에 찬란한 장식
을 주고, 영광의 크라운관을 갖다
줄 것이다.
10 나의 아들아, 나의 말을 듣고 받아
들이면, 네 인생의 햇수가 늘 것이
다.
11 나는 네게 지혜의 길을 가르치며,
너를 올바른 길로 이끌었다.
12 그래서, 걸어도 네 걸음이 피곤하
지 않고, 뛰어도 넘어지지 않을 것
이다.
13 나의 훈계를 단단히 붙잡아, 놓치
지 말고 지켜라. 그것은 네 생명과
같기 때문이다.
14 악행의 길로 들어서지 말고, 악한
의 길로 다니지 마라.
15 그것을 피하고, 옆도 지나지 말고,
방향을 돌려 멀어져라.
16 그들은 비행을 저지르지 않는 한,
잠도 자지 않고, 오히려 잠이 달아
나서, 반드시 사람을 쓰러뜨리고
야 만다.
17 그들은 악의 빵을 먹고 폭력의 술
을 마시기 때문이다.
18 그러나 올곧은 사람의 길은 빛처
럼 밝게 빛이나서, 점점 더 완전한
대낮이 된다.
19 악한의 길은 암흑과 같아, 그들이
무엇에 넘어지는지 알지 못한다.
20 나의 아들아, 내 말에 주목하며, 너
의 귀를 기울여라.
21 내 말이 너의 눈에서 떠나지 않게
하고, 네 마음 가운데 그것을 간직
해라.
22 그것은 금언을 찾는 자에게 생명
과 같아, 찾는 대로 그들의 신체가
건강하게 된다.
23 이 모든 노력으로 네 마음을 보호
해야하는 이유는, 그로부터 생명

이 나오기 때문이다.
24 삐뚤어진 입을 멀리하고, 심술궂
은 입술은 거리를 띄워라.
25 네 눈이 정의를 보게 하고, 네 눈꺼
풀이 너의 앞을 똑바로 보게 해라.
26 네가 걷는 발걸음의 방향을 곰곰
이 생각하며, 네 길을 설정해야 한
다.
27 오른쪽도 왼쪽도 방향을 돌리지
말고, 악행에서 네 발길을 다른 곳
으로 옮겨라.

부정에 대한 경고

5 내 아들아, 나의 지혜에 관심을
기울이고, 나의 이해력에 귀를
기울여라.
2 그러면 너는 판단을 좀 더 고려하
게 되고, 네 입술은 지식을 유지할
수 있다.
3 이민족 여자의 입술은 벌집에서
꿀이 흐르듯 하고, 그녀의 입은 기
름보다 더 매끄럽다.
4 그러나 그녀의 뒤끝은 굴욕보다
더 쓰고, 양날의 칼보다 더 날카롭
다.
5 그녀의 발은 죽음으로 향하여, 지
옥에 발걸음을 정착한다.
6 네 앞날을 깊이 생각하지 않는 한,
그녀의 길은 변화가 심해서, 무엇
인지 네가 알 수 없다.
7 그러니 내 말을 들어라. 너희들 자
손아, 내 입에서 나오는 말의 범위
를 벗어나지 마라.
8 너의 길에서 그녀를 멀리하며, 그
녀의 집문 가까이 가지 마라.
9 네 영광을 타인에게 돌리지 않으
면, 너는 해마다 비참해진다.
10 이민족이 네 재산을 채워주지 않
으면, 너의 노동이 그들 집안에 있
을 것이다.
11 그러다 마침내, 네 살과 육체가 소
멸하면, 너의 최후를 슬퍼하게 된
다.
12 그러면 이렇게 말해라. "내가 얼마
나 가르침을 싫어하고, 잔소리를
무시했던가,
13 나는 스승의 목소리를 따르지 않
고, 훈계하는 그들에게 귀도 기울
이지 않았다.
14 나는 집회의 무리 중 거의 악마 가
운데 있었다" 라고 하겠지.
15 네 저수조의 물을 마시고, 자신의
우물에서 흐르는 물을 마셔라.
16 너의 샘을 멀리 흘려, 물줄기가 거
리까지 흐르게 해라.
17 이런 일은 오직 자신한테 있게 하
고, 타인이 네게 하지 않게 해라.
18 그래서 너의 샘이 복을 받게 하여,
네 젊은 아내와 즐거워해라.
19 그녀를 사랑스러운 암사슴으로,
기뻐하는 노루로 만들어라. 그녀
의 가슴이 늘 너를 만족하게 해주
면, 너는 언제나 그녀의 사랑으로
황홀해질 것이다.
20 나의 아들아, 너는 왜 외국여자와
즐기며, 그녀의 가슴을 안아주려

하지?
21 사람이 가는 길 앞에 **주님**의 눈이
있어서, 인간이 가는 길마다 살펴
본다.
22 자기 잘못은 스스로 악의에 붙잡
힌 탓이고, 그래서 자기 죄의 밧줄
에 묶여버린다.
23 따라서 그는 구원도 못받고 죽게
되고, 어리석음이 커서 파멸에 이
르게 될 것이다.

실천적 교훈

6 나의 아들아, 만약 네가 친구의
보증을 섰는데, 타인에게 걸려
들었다면,
2 네 입의 말로 덫이 씌워져, 네 말로
인해 걸려들게 된 것이다.
3 그럴 때는 아들아, 이렇게 하여 네
자신을 구해야 한다. 너는 친구에
게 가서, 겸손하게 친구를 확신시
켜라.
4 그때 너는 눈에 잠도 허락하지 말
고, 네 눈꺼풀의 선잠도 안 된다.
5 그리고 사냥꾼의 손에서 노루가
도망치듯, 새사냥꾼의 손에서 새
가 달아나듯, 스스로 빠져나가라.
6 너희 게으른 자는 개미한테 가서,
어떻게 하는지 관찰하며 지혜를
배워라.
7 안내도 없고, 감독관도 없고, 지배
자도 없는데,
8 여름에 먹이를 준비하고, 추수기
에 곡식 낱알을 거둬들인다.
9 게으른 자는, 얼마나 더 자야 할
까? 언제 잠에서 일어나려 하지?
10 '조금만 더 자자. 조금 더 졸자'며,
다소 손을 모으고 더 자면,
11 가난이 네게 걸인처럼 오고, 빈곤
이 무장강도 같이 닥칠 것이다.
12 쓸모없는 악한은 심술궂은 입을
가지고 돌아다닌다.
13 그런 자들은 눈으로 신호하고, 발
로 말하며, 손가락으로 지시한다.
14 마음 안에 심술이 있는 그는, 늘 비
행을 모의하며, 싸움의 씨를 뿌린
다.
15 따라서 그에게는 불행이 느닷없이
닥쳐, 치료도 못하고, 어느덧 발병
한다.
16 다음 6가지는 **주님**이 싫어하는데,
맞다, 7가지가 바로 그의 혐오의
대상이다.
17 ① 거만한 눈길, ② 거짓말하는 혀,
③순수한 피를 흘리는 손,
18 ④ 악행을 꾸미는 마음, ⑤ 비행에 재
빨리 달려드는 발,
19 ⑥ 거짓을 말하는 거짓 증인, 그리
고 ⑦ 사람 가운데 갈등의 씨를 뿌
리는 자다.
20 나의 아들아, 아버지의 명령을 따
르고, 어머니의 교훈을 무시하지
마라.
21 언제나 그것을 네 마음 속에 새겨
두고, 네 목 주위에 걸쳐라.
22 네가 나가면, 그것이 길을 안내하
고, 네가 잠들면 지키고, 깨어 있을

때 너와 대화할 것이다.
23 명령은 등불이고, 법은 빛이므로,
훈계의 꾸중이 바로 네 생명의 길
이다.
24 악의를 품은 여자한테서 자신을
지키고, 이민족 여자의 혀에서 나
오는 달콤한 아부로부터 너를 지
키기 위하여,
25 마음 속으로 그녀의 아름다움을
탐하지 말고, 그녀 눈꺼풀로 너를
사로잡게 하지 마라.
26 매춘부의 수단에 남자는 빵 조각
만 남고, 부정한 여자는 귀중한 생
명을 사냥한다.
27 사람이 제 가슴에 불을 지른다 해
서, 옷까지 태우지 못하겠지?
28 그런데 사람이 타는 숯불 위로 걷
는데, 제 발이 대이지 않을까?
29 마찬가지로 이웃의 아내한테 가
서, 그녀에게 손을 대는 자는 누구
나, 무죄가 될 수 없다.
30 사람이 도둑을 나무라지 않는 경
우는, 허기로 인해 영혼을 채우려
고 훔치는 때다.
31 그렇지 않은데 발각되면, 7배를 갚
아야하고, 경우에 따라 자기 집의
재물을 모두 주어야 한다.
32 어떤 사람이 정신장애가 있는 여
자와 간음하면, 그 자는 제 영혼을
파괴하는 것이다.
33 그는 매를 맞고, 치욕을 당해도, 절
대 비난을 지울 수 없다.
34 질투는 남자의 분노를 자아내므
로, 복수의 날에 그는 살아남지 못
한다.
35 질투로 복수심이 일어난 자는, 어
떤 보상도 관심없고, 선물을 많이
주어도 마음이 풀리지 않는다.

유혹에 대한 경고

7 나의 아들아, 내 말을 지키며, 나
의 명령을 축적해두거라.
2 나의 명령을 지키고, 나의 법을 네
눈동자처럼 여기며 살아라.
3 그 법을 네 손가락에 매어놓고, 네
가슴판에 새겨라.
4 지혜에게 일러두어라. 너는 나의
누이라고. 그리고 이해는 친척이
라 불러라.
5 그러면 그것은 이민족 여자로부
터 너를 지키고, 말로 유혹하는 외
국여자한테서 너를 보호해줄 것이
다.
6 어느 날, 내가 나의 집 창을 통해
밖을 내다보다가,
7 어리석은 청년 중에서도 이해가
부족한 한 젊은이를 보게 되었다.
8 길을 지나던 그는 거리의 여자 집
근처 모퉁이로 갔고,
9 황혼의 저녁무렵 날이 어두워지는
가운데,
10 매춘 복장의 한 여자가 그를 맞이
했는데, 그녀는 마음이 간사했다.
11 [그녀는 말이 많고 끈질기고, 그녀
발은 집에 가만히 있지 않고 돌아
다닌다.

12 지금도 밖의 거리 어디서나, 누군
가를 기다리는 중이다.]
13 그러다 그를 붙잡아 입을 맞추고,
뻔뻔하게 남자에게 이렇게 말했
다.
14 "내가 평화제사를 올렸는데, 오늘
내 소원이 이루어졌어요.
15 그래서 내가 당신을 만나러 나와,
당신의 얼굴을 열심히 찾다, 드디
어 발견했네요.
16 나는 침대 위에 양탄자를 깔아두
었는데, 그것은 이집트산 고운 리
넨으로 짠 수공예품이에요.
17 또 침대에 멀몰약 향료와, 앨로우알
로에와, 씨너먼계피 향료까지 뿌려놓
았죠.
18 그러니 우리 같이 아침이 올 때까
지 사랑을 채워서, 사랑으로 인생
을 위로합시다.
19 남편은 집에 없고, 장기 여행을 떠
났어요.
20 남편이 돈 자루를 가져갔으니, 한
참 후에나 올 거예요" 라고 하더라.
21 이렇게 무척 달콤한 이야기로 젊
은이의 마음을 일으키고, 그녀의
입술로 듣기 좋은 말을 하며, 제 마
음대로 그를 이끌더라.
22 그러자 그는 즉시 그녀를 뒤따라,
마치 소가 도살장으로 끌려가듯,
족쇄가 채워진 멍청이처럼 끌려가
더라.
23 던져진 다트 화살이 그의 간에 꽂
힐 때까지, 올무로 날아든 새처럼,
이것이 그의 생명의 대가인 줄 그
는 알지 못한다.
24 그러니 너희들 자손은 내 말을 듣
고, 내 입에서 나오는 말에 주목해
라.
25 네 마음을 그녀의 의도에 기울이
지 말고, 그녀를 따라 가며, 네 인생
의 길을 잃지 마라.
26 그녀는 많은 남자를 상처주며 쓰
러뜨렸다. 그렇다, 수많은 힘센 남
자가 그녀에게 살해당했다.
27 그녀의 집은 지옥을 향하고, 죽음
의 방으로 내려가는 길이다.

지혜의 축복

8 지혜가 소리치지 않나? 그리고
이해가 제 목소리를 돋우지 않
나?
2 길과 길이 만나는 최고 높은 정점
에 지혜가 자리를 잡고 있다.
3 그녀가 도성 입구의 문으로 들어
오며 외친다.
4 오 사람아, 내가 너를 부르며, 내 목
소리를 인간의 자손에게 보낸다.
5 오 너희 단순한 사람아, 지혜를 이
해하도록 노력해라. 어리석은 사
람아, 이해의 마음을 지니도록 노
력해라.
6 들어봐라. 내가 좋은 이야기를 전
하므로, 내 입술이 열리면, 올바른
말이 나오기 때문이다.
7 내 입이 진실을 말하면, 악이 가장
싫은 것이 내 입술이 될 것이다.

8 내 입술이 하는 말은 전부 정의로
서, 거기에 뒤틀리거나 삐뚤어진
것은 하나도 없다.
9 그것은 이해하는 자에게 분명하게
보이고, 지식을 찾는 자에게 바른
길이 된다.
10 은이 아닌, 나의 훈계를 받아들이
고, 금보다 지식을 선택해라.
11 왜냐하면 지혜는 루비보다 좋고,
바라는 모든 최상의 것조차 이와
비교되지 않기 때문이다.
12 나, 지혜는 신중함과 같이 있으면
서, 재치 있는 고안으로 지식을 찾
아낸다.
13 **주님**을 경외하면, 악을 싫어하게
된다. 자만과, 오만과, 악행과, 심술
궂은 입을 나는 싫어한다.
14 충고도 나의 것, 건전한 지혜도 나
의 것이다. 내가 곧 이해이며, 나는
힘도 있다.
15 왕도 나, 지혜로 다스리고, 대군왕
자 지도자도 나, 지혜로 정의를 선
포한다.
16 나, 지혜를 가지고 대군왕자도, 귀
족도, 심지어 지구의 모든 판관도
통치한다.
17 나, 지혜는 나를 사랑하는 자를 사
랑하므로, 나를 찾는 자는 빨리 발
견하게 될 것이다.
18 부와 명예도 나와 함께 있는데, 맞
다, 영원한 부와 정의도 지혜와 함
께 한다.
19 나의 열매는 금보다 낫고, 당연히
순금보다 훌륭하며, 은을 선택한
것보다 내가 거두는 수입이 훨씬
좋다.
20 나는 정의의 길로 안내하여, 법의
길 한가운데로 이끌 것이다.
21 그래서 나를 사랑하는 사람이 재
물을 물려받게 하여, 내가 그들의
보물상자를 가득 채울 것이다.
22 **주님**은 처음부터 나를 소유했고,
예전에 그의 업적을 완성하기 전
부터 나를 알고 있었다.
23 나는 영원의 시작부터 설정되었
고, 땅이 생기기 전부터 나, 지혜가
세워져 있었다.
24 깊은 바다가 없을 때부터 내가 있
었는데, 당시에는 물이 넘치는 샘
도 없었다.
25 산이 자리잡기 전, 언덕이 있기 전
에 내가 생겼다.
26 **주님**이 아직 땅을 만들지 않았고,
들도 없었으며, 세상에서 가장 높
은 언덕도 없었다.
27 그가 하늘을 마련할 때, 나는 그곳
에 있었고, 깊은 바다 표면에 경계
를 세울 때, 내가 그곳에 있었다.
28 그가 지상 위에 구름을 세우고, 깊
은 샘을 굳건하게 자리잡을 때,
29 그는 바다에도 저마다 법을 주어,
물도 **주님**의 명령을 무시하지 못하
게 하며, 땅의 근본을 설정했다.
30 그때 나, 지혜는 그와 같이 생겨난
것처럼 **주님** 옆에 있으면서, 나는
날마다 그의 즐거움이었고, 그 앞

에서 언제나 기쁨이었다.
31 그의 땅 가운데 서식처마다 즐거
워하며, 나의 기쁨은 인간의 자손
과 함께 있었다.
32 그러니 이제 너희들 자손아, 내 말
을 들어라. 나의 길을 따르는 자는
복을 받기 때문이다.
33 가르침을 듣고 현명해져라. 그리
고 그것을 거부하지 마라.
34 내 말을 듣는 자는 축복받고, 나의
문에서 날마다 관찰하며, 나의 문
설주 기둥에서 나를 기다리는 자
는 복이 있을 것이다.
35 나, 지혜를 찾는 자는 생명을 얻고,
주님의 호의를 얻을 것이다.
36 그러나 나를 위반하며 죄를 짓는
자는, 자기 영혼을 헤치게 되며, 나
를 사랑하기를 싫어하는 모두는
죽게 될 것이다.

지혜의 길

9 지혜는 자신의 집을 지으며, 7개
기둥을 깎아세웠다.
2 가축을 잡아 와인을 섞고, 식탁도
풍성하게 차렸다.
3 하녀를 보내고, 도시에서 가장 높
은 곳에 올라 외친다.
4 "누구든지 어리석은 사람은 나의
집에 오라." 그러면서 이해를 필요
로 하는 사람에게 지혜가 말한다.
5 "이곳에 와서, 나의 빵을 먹고, 내
가 빚은 술을 마셔라.
6 어리석음을 떠나, 이해의 길로 가
서 살아라."
7 남을 비웃는 자를 나무라는 자 역
시 스스로 창피를 당하고, 악한을
비난하는 자도 오점을 남긴다.
8 비웃는 자를 꾸짖지 마라. 그렇지
않으면 그가 너를 싫어한다. 슬기
로운 자를 꾸짖으면, 그는 너를 사
랑할 것이다.
9 현명한 자에게 교훈을 주면, 더욱
현명해지고, 올바른 자를 가르치
면, 배움이 늘 것이다.
10 **주님**을 경외하는 일은 지혜의 시작
이고, 신성한 존재를 아는 것이 이
해이다.
11 나로 말미암아, 네 인생의 날이 늘
고, 네 생애의 햇수가 증가할 것이
다.
12 네가 현명해지면, 그것은 자신을
위한 보상이 되고, 네가 남을 비웃
는 자라면, 자신이 비웃음을 감수
해야 한다.
13 어리석은 여자는 떠벌리고, 단순
한 여자는 아는 것이 없다.
14 지혜, 그녀가 자기집 문에 앉아, 도
성의 가장 높은 자리에서,
15 제 길을 똑바로 걷는 행인을 부른
다.
16 "누구든지 단순한 사람은, 내 집에
오라." 그러면서 이해를 필요로 하
는 사람에게 지혜가 말한다.
17 "훔친 물이 더 달고, 몰래 먹은 빵
이 더 맛있다.
18 그러나 거기 죽음이 있다는 것을

알지 못하고, 그녀의 손님이 지옥
의 바닥에 있다는 것을 모른다.

솔로몬의 격언

10 슬기로운 아들은 아버지를
즐겁게 하고, 미련한 아들은
어머니의 마음을 무겁게 한다.
2 악행의 재물은 이익이 없지만, 정
의는 죽음도 구한다.
3 **주님**은 정직한 자를 굶기지 않는
반면, 악한의 재물은 없애버린다.
4 둔한 손을 가진 사람은 가난해지
고, 부지런한 손은 사람을 부자로
만든다.
5 현명한 자는 여름에 모아두고, 수
확기에 자는 사람은 부끄러워진
다.
6 축복은 올바른 자의 머리에 내리
고, 폭력은 악한의 입을 채운다.
7 정의의 기억은 축복받고, 악의 이
름은 썩고만다.
8 현명한 마음은 계명을 받지만, 편
협한 마음은 그것을 놓쳐버린다.
9 똑바로 걷는 사람은 안전하게 길
을 걷지만, 잘못된 길로 들어선 사
람은 곧 드러난다.
10 눈짓하는 사람은 민망함을 야기하
고, 편협한 어리석음은 실패가 뒤
따른다.
11 정의의 입은 생애가 편안하고, 악
한 입은 폭력이 있다.
12 증오는 갈등을 불러도, 사랑은 허
물을 덮는다.
13 이해의 입술은 지혜를 발견하고,
이해할 줄 모르는 사람의 등은 몽
둥이 감이다.
14 현명한 사람은 지식을 쌓지만, 바
보의 입은 실패로 다가간다.
15 부자의 재산은 굳건한 도성이 되
어주고, 가난한 자의 실패는 그들
의 결핍이 된다.
16 정의의 노력은 사람을 살리고, 악
의 열매는 죽인다.
17 가르침을 지키면 생명의 길에 서
지만, 교훈을 거절하는 자는 잘못
을 탓한다.
18 거짓 입술로 미움을 숨기거나, 남
을 나쁘게 말하는 자는 어리석다.
19 말을 많이해도, 잘못하지 않도록
입술을 자제하는 자는 현명하다.
20 정직한 혀는 은의 가치가 있고, 악
한 마음은 아무런 가치가 없다.
21 정의의 입술은 다수를 먹이고, 바
보는 지혜가 모자라 죽는다.
22 **주님**의 축복은 부를 만들어주며,
슬픔을 더하는 법이 없다.
23 바보는 비행을 재미로 여기고, 이
해하는 자는 지혜를 얻는다.
24 악한의 두려움은 자신에게 부여되
고, 정직한 자의 바람은 이루어진
다.
25 회오리가 지나가듯 악한은 사라져
도, 정의는 영원한 근본이다.
26 치아에 식초처럼, 눈에 연기처럼,
심부름하는 사람에게 게으름이 그
와 같다.

27 **주님**을 경외하면 나날이 길어지는
데, 악한의 햇수는 짧아진다.
28 정의의 희망은 즐거움으로 오고,
악한의 기대는 파멸로 온다.
29 **주님**의 길은 올바른 사람에게 힘이
되지만, 죄를 짓는 사람에게는 파
멸이다.
30 정의는 결코 없어지지 않아도, 악
한은 땅위에서 살지 못할 것이다.
31 정직한 입은 지혜를 전하고, 삐뚤
어진 혀는 잘려나간다.
32 정의의 입술은 받아들일 것을 알
아도, 악한의 입은 늘 잘못된 말만
한다.

솔로몬의 격언

11 **주님**은 부정직한 저울을 싫
어한다. 대신 올바른 저울 추
에 흐뭇해한다.
2 자만 뒤에 창피가 따르지만, 겸손
한 것이 바로 지혜다.
3 올바른 자의 성실은 길을 안내하
고, 위반하는 사람의 잘못은 파멸
로 이어진다.
4 재물은 분노의 날에 아무 도움이
되지 않지만, 정의는 죽음에서 사
람을 구한다.
5 완벽한 사람의 바른 정의는 길을
알려주는데, 악한은 자신의 잘못
으로 무너진다.
6 올바른 사람의 정의는 그를 구해
줘도, 위반자는 자신의 부정으로
망한다.
7 악한이 죽으면 기대가 사라지며,
부정한 사람의 희망 역시 소멸한
다.
8 바른 사람이 고통에서 구제되는
자리에, 악한이 대신 들어간다.
9 위선자는 제 입으로 이웃을 파멸
시키는데, 지식으로 정의가 구제
된다.
10 정의가 바르게 작동하면, 도시가
즐거워지면서, 악한이 파멸할 때
기쁨의 함성이 울린다.
11 정의에 대한 축복으로 도시의 위
상이 올라가도, 악한의 입에 의해
전복되기도 한다.
12 지혜가 부족한 사람은 이웃을 경
시하고, 이해가 많은 사람은 그들
과 평화를 유지한다.
13 남의 말을 옮기기를 좋아하는 자
는 비밀을 누설하지만, 신뢰의 정
신이 있는 사람은 숨겨 준다.
14 충고가 없는 곳에는 사람이 쓰러
지고, 조언이 많은 곳은 안전하다.
15 낯선자를 위하여 보증을 서면, 그
로 인해 고통을 당하고, 보증 서기
를 싫어하는 사람은 무사하다.
16 관대한 여자는 명예를 얻고, 강한
남자는 재물을 보유한다.
17 관대한 남자는 그의 영혼에 득이
되지만, 무자비한 사람은 자기 신
체에 고통을 준다.
18 악한은 속이기를 일삼는 반면, 정
의의 씨 뿌리기를 일삼으면 확실
한 보상이 있다.

19 정의가 생명구제에 도움이 되듯,
악행을 뒤쫓는 자는 자기죽음을
재촉한다.
20 마음이 바르지 않은 자는 **주님**이
싫어하지만, 길이 똑바른 자는 만
족한다.
21 손을 맞추어도, 악한은 처벌을 벗
어나지 못하는데, 정의의 씨앗은
구제된다.
21 돼지코에 금보석을 달 듯, 분별력
이 없는 아름다움이 그와 같다.
23 바른 자의 바람은 오직 선행인데,
악한의 기대는 분노뿐이다.
24 나누어도 느는데, 필요 이상으로
움켜쥐기만 하면 빈곤으로 기울기
쉽다.
25 개방적 영혼은 기름도 만들고, 남
에게 물을 뿌려주면서, 자신 역시
혜택을 받는다.
26 곡식을 움켜쥐기만 하면, 남이 그
를 저주하지만, 그것을 파는 사람
은 머리에 축복이 내린다.
27 부지런히 선행을 찾는 자는 행운
을 얻고, 비행만 추구하면, 불행이
그에게 온다.
28 재산을 믿는 자는 몰락해도, 올바
른 사람은 나무가지처럼 번성한
다.
29 집에서 말썽을 일으키는 자는 풍
파를 물려받고, 어리석은 자는 지
혜로운 자의 시중을 들게 된다.
30 정의의 결과는 생명이 나오는 나
무이고, 성공하는 사람의 영혼은
현명함이다.
31 보라, 정의는 땅에 사는 동안 보답
을 받아도, 악한과 죄인은 대가가
훨씬 더 크다.

솔로먼의 격언

12 훈계를 좋아하는 자는 지식
을 사랑하나, 질책을 싫어하
는 자는 거친 야만인이다.
2 선한 자는 **주님**의 호의를 받지만,
악행을 생각하는 사람은 미움받는
다.
3 악행을 저지르면 굳건히 서지도
못하지만, 정직한 사람의 뿌리는
흔들리지 않는다.
4 도덕적 품성의 여자는 남편 머리
의 크라운관과 같지만, 망신을 당
하는 여자는 남편의 뼈를 썩힌다.
5 정의에 대한 생각은 언제나 바르
지만, 악의 충고는 속임수다.
6 악한의 말은 피를 부르는 기다림
인 반면, 올바른 입은 그들을 구출
할 것이다.
7 악한이 전복되면 더 이상 존재하
지 않지만, 정의의 집은 굳건히 설
것이다.
8 사람은 자기 지혜의 명령을 따르
지만, 마음이 삐뚤어진 자는 자기
지혜를 무시한다.
9 무시를 당하더라도, 종을 부리면,
명예보다 낫고, 빵이 부족한 것보
다 낫다.
10 올바른 사람은 짐승의 생명까지

생각해주지만, 악한의 다정한 자
비의 끝은 잔혹하다.
11 자기 땅을 갈아서 경작하는 자는
빵으로 만족하지만, 허영을 좇는
자는 생각이 결여된 것이다.
12 악한은 범죄의 소굴을 원하지만,
뿌리가 올바른 장소는 열매를 맺
는다.
13 악한은 제 입술이 한 말이 올무가
되어 걸려 들고, 정직한 자는 어려
움을 극복한다.
14 사람은 입으로 행운을 얻고, 손이
하는 노동의 보상이 그에게 돌아
간다.
15 어리석은 자가 가는 길이란, 자신
의 눈에는 의롭게 보인다. 그러나
남의 충고를 잘 듣는 자가 현명하
다.
16 바보는 분노를 바로 드러내고, 신
중한 사람은 수치도 감춘다.
17 진실을 말하는 자는 정의를 내보
이지만, 거짓 증인은 남을 속인다.
18 칼로 찌르듯 말을 하는 사람이 있
지만, 현명한 사람의 혀는 상처를
치유한다.
19 진실한 입술에서 나온 말은 영원
히 존재하지만, 거짓을 말하는 혀
는 순간뿐이다.
20 속임수는 악을 모의하는 마음 안
에 있고, 평화를 권유하는 자에게
는 즐거움이 있다.
21 정직한 자에게는 불행이 일어나지
않지만, 악한은 잘못으로 가득 찬
다.
22 거짓말하는 입술은 **주님**이 제일 싫
어하는 것이고, 진실한 행동에는
즐거워한다.
23 신중한 사람은 지식을 숨겨도, 바
보의 마음은 어리석음을 떠벌린
다.
24 부지런한 손은 남을 다스리고, 나
태한 자는 남의 종이 된다.
25 마음이 무거우면 몸이 처지지만,
덕담 한마디에 기뻐진다.
26 정의는 이웃 이상으로 훌륭하나,
악한의 길은 이웃이 잘못하도록
부추긴다.
27 게으른 자는 자기의 사냥감도 굽
지 못하지만, 근면한 자의 재물은
소중한 가치가 있다.
28 정직한 사람의 길은 목숨을 살리
므로, 그 길에는 죽음도 없다.

솔로먼의 격언

13 슬기로운 자는 아버지의 가
르침을 듣고, 남을 비꼬는 자
는 자기비난에 반발한다.
2 사람은 제 입에 따라 좋은 열매를
먹어도, 위반자의 영혼은 잘못을
감수해야 한다.
3 제 입을 자제하면 목숨을 지키고,
입술을 넓게 벌리면 파멸한다.
4 게으른 영혼은 바라지만, 가진 게
없고, 부지런한 자는 윤택해진다.
5 정직한 자는 거짓을 싫어하지만,
악한은 역겨운 수치만 다가온다.

6 정의는 사람이 바른 길을 가도록
지키고, 악행은 죄인을 쓰러뜨린
다.
7 자신을 부자로 만들려 해도, 아무
것도 가진 것이 없고, 청빈한 마음
은 재물이 모인다.
8 사람의 목숨은 자기 재물의 대가
이고, 가난한 자는 비난을 들을 부
담이 없다.
9 정의의 빛은 기쁨이고, 악의 등불
은 소멸한다.
10 자만을 말하면 비판이 따르지만,
참된 충고는 바로 지혜다.
11 노력없이 얻은 재물은 사라져도,
노동으로 얻는 것은 늘어난다.
12 희망이 사라져 마음이 병들 때, 바
라는 바가 생기면, 바로 그것이 생
명의 나무다.
13 계명의 말을 가벼이 여기면 파멸
하지만, 그 명령을 두려워하면 보
상받는다.
14 현명한 방법은 생명의 원천이어
서, 죽음의 덫에서 벗어나게 한다.
15 충분한 이해는 호의가 따르지만,
위반의 길은 어려워진다.
16 신중한 사람은 지식으로 처리하지
만, 바보는 제 어리석음이 드러난
다.
17 악의 전령은 잘못에 빠져들게 하
고, 성실한 대사는 유익한 일을 한
다.
18 가난과 창피는 교훈을 거부하는
사람에게 오고, 반성을 소중히 여
기면 명예가 온다.
19 바람이 이루어지면 영혼이 달고,
잘못을 피하는 일은, 바보가 싫어
한다.
20 현명하게 걷는 자는 현명해지고,
어리석음을 동무하면 불행해진다.
21 악행은 죄인을 만들고, 바른 선행
은 보상이 생긴다.
22 마음이 착한 자는 자손에게 선의
를 유산으로 남기고, 죄인의 재물
역시 정의를 위해 쌓인다.
23 가난한 마을의 농지에 곡물이 많
아도, 정의가 부족하면 수확을 못
한다.
24 회초리를 아끼면 아들이 싫어지
고, 아들을 사랑하면, 제때에 나무
란다.
25 정의를 먹으면 영혼이 만족하지
만, 악한의 배는 언제나 고프다.

솔로먼의 격언

14 슬기로운 여자는 자기 집을
짓고, 어리석은 여자는 제 손
으로 허문다.
2 올바르게 길을 걷는 사람은 **주님**을
경외하고, 가는 길이 삐둘어진 자
는 **주님**을 가벼이 여긴다.
3 바보의 입에는 자만이 이어지지
만, 현명한 입술은 자랑을 간직한
다.
4 소가 없으면 외양간이 깨끗하지
만, 많은 농산물이 소의 힘으로 늘
어난다.

5 진실한 증인은 거짓을 말하지 않
고, 거짓 증인은 거짓만 말한다.
6 남을 비난하는 자는 지혜를 찾아
도 찾을 수 없지만, 지식은 이해하
는 자에게 쉽다.
7 사람의 입술에 지혜가 없음을 알
면, 그 어리석은 자로부터 빨리 떠
나라.
8 신중한 사람의 지혜는 가는 길을
아는데, 바보의 어리석음은 남을
속이기만 한다.
9 어리석은 자는 남의 잘못을 비웃
지만, 바른 사람 가운데는 호의가
있다.
10 마음은 자신의 고통을 알지만, 낯
선자는 남의 기쁨에 끼어들지 못
한다.
11 악의 집안은 쓰러져도, 바르게 세
운 천막성전은 번성한다.
12 사람의 눈에 바른 길처럼 보여도,
그 끝은 죽음일 수도 있다.
13 웃는 속 마음은 슬프고, 환희의 끝
은 무거운 마음뿐이다.
14 약속을 어기는 사람은 이기적인
생각으로 마음을 채우고, 바람직
한 사람은 자신의 행동에 만족을
얻는다.
15 단순한 사람은 모든 말을 믿지만,
신중한 사람은 가는 길을 잘 살핀
다.
16 현명한 사람은 두려워하며 악을
멀리하고, 바보는 화를 잘 내며 큰
소리친다.
17 화를 쉽게 내는 자는 어리석게 행
동하고, 악행을 꾸미는 사람은 미
움받는다.
18 단순한 사람은 어리석음을 물려받
고, 신중한 사람은 지식으로 크라
운관을 쓴다.
19 악은 정의 앞에 고개를 숙이고, 악
한은 정직한 사람의 문에서 고개
숙인다.
20 가난하면 이웃의 미움을 받고, 부
유하면 친구가 많다.
21 이웃을 무시하면 죄를 짓는 것이
고, 가난한 사람에게 사랑을 나누
면, 본인이 행복하다.
22 나쁜 일을 꾸미면 잘못이 아닌가?
그러나 사랑과 진실은 선행을 생
각하는 자에게 있다.
23 모든 노동에는 이익이 따르지만,
입술로 말만하면 오직 극빈으로
기운다.
24 현명함의 최고정상인 크라운 면류
관은 풍요로움이고, 바보의 어리
석음은 미련함이다.
25 진실한 증인은 사람을 구하고, 거
짓 증인은 사람을 속인다.
26 **주님**에 대한 경외심에 자신감이 강
해지고, 그의 자손은 피난처를 갖
게 된다.
27 **주님**에 대한 두려움은 생명의 샘이
어서, 죽음의 덫에서 빠져나가게
된다.
28 백성이 많으면 왕의 명예가 되고,
사람이 적어지면 대군왕자가 소멸

한다.
29 분노를 늦추는 자는 이해가 폭넓
고, 영혼이 급한자는 어리석은 강
도를 높인다.
30 건전한 마음은 신체에 활력을 주
지만, 시기질투는 뼈를 썩힌다.
31 가난한 사람을 억압하는 자는 자
신을 창조한 주인님을 질책하는
일이고, 빈자에게 사랑을 나누는
자는 **주님**을 존경하는 일이다.
32 악한은 제 악의로 인해 퇴출되고,
정직한 사람은 죽음 가운데에서도
희망을 갖는다.
33 지혜는 이해하는 사람의 마음 안
에 있지만, 바보의 마음 안에 있는
것은 세상에 이미 알려져 있다.
34 정의는 한 나라를 드높이지만, 죄
는 남에게 책망을 남긴다.
35 왕의 호의는 현명한 신하를 향하
고, 분노는 부끄러움을 유발하는
자의 몫이다.

솔로먼의 격언

15 부드러운 대답은 분노를 삭
이고, 찌르는 말은 화를 돋운
다.
2 현명한 사람의 혀는 지식을 바르
게 사용해도, 바보의 입은 어리석
음만 뿌린다.
3 **주님**의 눈은 어디나 있어, 선과 악
을 지켜본다.
4 건전한 혀는 생명의 나무가 되지
만, 삐뚤어지면 영혼이 무너진다.
5 어리석은 자는 아버지의 가르침을
가볍게 생각하지만, 잔소리를 되
새기면 신중한 사람이 된다.
6 정직한 집안에는 보물이 많고, 악
한의 수입은 보잘 것 없다.
7 슬기로운 입술은 지식을 전파하
고, 어리석은 마음은 그렇지 못하
다.
8 악의적 희생제사는 **주님**이 혐오하
지만, 올바른 기도는 즐거워한다.
9 나쁜 길을 따르는 자는 **주님**이 혐
오해도, 정의를 따르는 사람은 사
랑한다.
10 처벌은 바른 길을 버린 자에게 괴
로움이 되고, 비난을 싫어하는 자
는 죽는다.
11 지옥과 파멸이 **주님** 앞에 있다. 자
식에 대한 인간의 마음이야 더 염
려스럽지 않을까?
12 남을 비난하길 좋아하는 사람은,
자신에 대한 질책은 싫어하며, 현
자에게 가려 하지도 않는다.
13 즐거운 마음은 안색을 기분 좋게
보이게 하고, 마음이 슬프면 영혼
이 다친다.
14 이해하는 사람의 마음은 지식을
찾아도, 바보의 입은 어리석음만
먹는다.
15 고통받는 날은 잘못이 있는 날이
고, 즐거운 마음을 가진 사람은 연
일 축제다.
16 큰 재물로 어려움을 겪기보다, **주
님**을 경외하며 소박한 편이 더 낫

다.
17 증오 속의 살찐 소고기 식사보다,
사랑의 조촐한 나물 식사가 훨씬
더 좋다.
18 성을 잘내면 싸움을 일으키고, 화
를 참으면 분쟁을 진정시킨다.
19 게으른 자의 길은 가시넝쿨과 같
고, 정의로운 자의 길은 평원을 만
든다.
20 슬기로운 아들은 아버지를 즐겁게
하고, 어리석은 자는 어머니를 경
시한다.
21 어리석음은 지혜가 부족한 사람의
즐거움이고, 이해를 잘하는 자는
바른 길로 간다.
22 의논이 없는 계획은 실망하고, 조
언자가 많으면 굳건하게 이룩된
다.
23 사람은 자기 입의 대답에 즐거워
한다. 적절하게 하는 말이 얼마나
멋진지 모른다!
24 생명의 길은 현명한 사람에게 있
어서, 지옥바닥에서 탈출할 수 있
는 길이다.
25 **주님**은 오만한 집안을 파멸시키지
만, 과부의 울타리는 굳건하게 세
워준다.
26 악의적 생각은 **주님**이 혐오하지만,
순수한 사람의 말은 즐거워한다.
27 이익에 욕심을 부리면 집안을 괴
롭히고, 뇌물을 싫어하면 잘 살 것
이다.
28 정직한 마음은 대답에 신중하지
만, 좋지 못한 입은 나쁜 것만 쏟아
낸다.
29 **주님**은 악한을 멀리하고, 정의의
기도는 들어준다.
30 눈빛은 마음을 즐겁게 하고, 좋은
소식은 뼈를 살찌게 한다.
31 삶의 꾸지람을 듣는 귀는 슬기로
운 사람 사이에서 산다.
32 가르침을 거부하는 자는 자기 영
혼을 무시하고, 훈계를 듣는 자는
이해를 얻는다.
33 **주님**을 경외하는 것이 지혜의 가르
침이고, 명예 이전에 겸손을 갖추
어야 한다.

솔로먼의 격언

16 사람의 마음 속 계획과 혀의
대답은, **주님**한테서 나온다.
2 사람이 가는 길은 제 눈에 깨끗해
도, **주님**이 그 영혼을 평가한다.
3 **주님**에게 네 모두를 맡겨라. 그러
면 네 생각이 세워진다.
4 **주님**은 자신을 위해 모든 것을 만
들었다. 그렇다, 최후의 날을 대비
한 최악도 마찬가지다.
5 마음이 오만한 자는 누구나 **주님**이
혐오하여, 손을 맞잡고 애원해도
벌을 피하지 못할 것이다.
6 사랑과 진실로 죄가 쫓겨나고, **주
님**을 두려워함으로써 사람은 불행
에서 벗어날 수 있다.
7 인간의 길이 **주님**을 만족시킬 때,
사람은 자기 적조차 함께 평화를

유지한다.
8 바르지 못한 큰 소득보다, 작은 정
의가 더 낫다.
9 사람의 마음이 자신의 길을 기획
하면, **주님**이 그의 발걸음을 지시
한다.
10 신성한 판결이 왕의 입술에 있으
므로, 그의 입이 법을 위반하면 안
된다.
11 정확한 측량저울과 추는 **주님**의 것
이고, 자루의 무게도 그의 작업이
다.
12 왕이 악행을 싫어해야 하는 이유
는, 왕위가 정의로 설립되었기 때
문이다.
13 왕이 정직한 입술에 만족하고 기
뻐하면, 백성이 바르게 말하는 사
람을 사랑하게 된다.
14 왕의 분노는 죽음의 사자와 같은
데, 현명하면 화를 진정시킬 것이
다.
15 왕의 얼굴 빛에 목숨이 달려 있고,
그의 호의는 단비를 내리는 구름
과 같다.
16 금보다 지혜를 얻는 것이 얼마나
더 좋은지! 그리고 은을 택하기보
다 이해를 얻는 게 훨씬 더 좋다.
17 올바른 왕의 길은 악행을 멀리하
는 것이고, 그 길을 지키면 제 영혼
을 보존한다.
18 자만하면 파멸이 따르고, 오만하
면 몰락한다.
18 몸을 낮추고 겸손한 것이, 자만하
며 전리품을 나누는 일보다 낫다.
20 일을 현명하게 처리하는 사람은
행운을 찾고, **주님**을 믿으면 행복
하다.
21 마음이 현명하면 분별력이 있다고
일컬어지고, 입술이 부드러우면
배움이 는다.
22 이해는 이해하려고 노력하는 사람
의 생명의 샘이지만, 바보의 교훈
이란 어리석음뿐이다.
23 지혜로운 마음은 자신의 입을 가
르치며, 제 입술에 배움을 더한다.
24 기분 좋은 말은 벌집처럼 정신을
달게 만들고, 뼈를 건강하게 한다.
25 사람에게 바르게 보이는 길도, 그
끝은 죽음에 이를 수도 있다.
26 노동은 자신을 위해 수고하는 것
과 마찬가지로, 입은 주인을 위해
열심히 수고한다.
27 **주님**을 믿지 못하는 사람은 악을
따르며, 제 입술을 불로 태우는 것
과 같다.
28 심술궂은 사람은 싸움의 씨를 뿌
리고, 귓속말을 하는 자는 친한 친
구를 갈라놓는다.
29 좋지 못한 사람은 이웃을 꾀어내,
좋지 못한 길로 이끈다.
30 사람이 눈을 감고 삐뚤어진 음모
를 구상하더니, 입술을 움직여 악
을 실행한다.
31 정의의 길에서 마주친 흰 백발은
영광의 왕관이다.
32 분노가 더딘 자는 힘센자보다 낫

고, 정신의 지배가 도성 점령보다
훨씬 낫다.
33 그 땅에 제비뽑기를 던졌지만, 처
분은 **주님**의 몫이다.

솔로먼의 격언

17 마른 빵조각의 평화로움이,
희생제물은 많아도 싸움만
하는 집보다 훨씬 낫다.
2 현명한 종은 부끄러운 아들을 잘
다루고, 형제 간에 유산을 나눌 줄
안다.
3 도가니는 은을 위한 것이고, 용광
로는 금을 제련하는 것이지만, **주
님**은 인간의 마음을 단련시킨다.
4 악행은 거짓 입술에 주목하고, 거
짓말쟁이는 오만한 혀에 귀를 기
울인다.
5 가난한 사람을 조소하면, 자기 창
조주를 욕하는 것이고, 재난을 보
고 즐거워하면 벌을 피하지 못한
다.
6 자식의 자식은 나이 든 사람의 면
류관이고, 자손의 영광은 그들의
선조에 있다.
7 좋은 말은 어리석지 않아야 나오
는데, 지도자의 입술에서 나오는
거짓은 말할 것도 없다.
8 선물은 가진 자의 눈에 값진 원석
과 같아, 그것이 누구에게 가든 성
공에 반영한다.
9 위반을 감추는 자도 사랑을 얻을
수 있지만, 되풀이하면 가까운 친
구와 사이가 멀어진다.
10 책망은 바보에게 가하는 백번의
회초리 이상으로 슬기로운 자에게
더 잘 들어간다.
11 악한은 반발하려고만 들기 때문
에, 무자비한 사자가 그에게 보내
지는 것이다.
12 어리석은 바보보다, 새끼 잃은 어
미곰이 사람을 만나게 해라.
13 선을 악으로 갚는 자의 집에는 불
행이 떠나지 않을 것이다.
14 갈등의 시작은 물에 젖는 것과 같
아서, 그것이 스며들기 전에 싸움
을 그쳐라.
15 악이 정당하다는 자와 정의를 비
난하는 자 모두 **주님**에게 혐오의
대상이다.
16 도대체 어째서 어리석은 자가 손
에 돈을 들고도 지혜를 찾으려는
마음이 없는가?
17 친구는 어느 때고 사랑을 주는데,
형제는 재난을 위해 태어난다.
18 이해가 부족한 자는 손뼉을 치며,
친구 앞에서 보증인이 되어 준다.
19 위반을 일삼는 자는 갈등을 사랑
하고, 자기 집문을 높이는 자는 파
멸을 얻는다.
20 삐뚤어진 마음은 선을 찾지 못하
고, 심술궂은 혀는 비행 속에 빠진
다.
21 어리석음을 낳은 자는 제 슬픔을
더하게 되어, 바보의 아버지는 즐
거움이 없다.

22 기쁜 마음은 약처럼 좋지만, 고약
한 영혼은 뼈를 말린다.
23 악한은 가슴에서 내놓는 뇌물을
받고, 재판의 방향을 왜곡시킨다.
24 지혜는 이해하는 사람 앞에 있지
만, 바보의 눈에는 그것이 지구 끝
에 있다.
25 어리석은 아들은 아버지의 슬픔이
되고, 그를 낳은 어머니에게 괴로
움이다.
26 정의를 처벌하는 것은 좋지 못하
고, 공정을 위해 대군왕자를 치는
것도 그렇다.
27 지식을 가진 자는 말을 아끼고, 이
해하는 사람은 영혼이 훌륭하다.
28 바보라 하더라도, 침묵하면 현명
한 사람으로 간주되고, 입술을 다
무는 사람은 현명한 사람으로 평
가된다.

솔로먼의 격언

18 사람은 욕구를 통해 자신을
구별하고 싶어 하고, 모든 지
혜를 동원하여 말참견을 한다.
2 어리석은 사람은 남을 이해하기가
달갑지 않지만, 제 마음은 이해할
수 있다.
3 악행이 오면 무시와 같이 오며, 굴
욕적 책망도 함께 온다.
4 사람의 입에서 나오는 말은 고인
물과 같고, 지혜의 샘은 흐르는 시
내와 같다.
5 악한을 받아들여, 공정한 판정을
뒤엎으려는 것은 좋은 일이 아니
다.
6 어리석은 입술은 갈등을 일으키
고, 그의 입은 매를 번다.
7 어리석은 입은 파멸이고, 그의 입
술은 제 영혼의 덫이다.
8 남의 말을 옮기기 좋아하는 자의
말은 상처와 같고, 그 상처는 뱃속
깊숙이 안 쪽까지 내려간다.
9 자기일을 게을리하는 사람은, 낭
비벽이 있는 형제를 둔 셈이다.
10 **주님**의 이름은 굳건한 탑이어서,
바른 사람이 그곳에 뛰어 들어가
면 안전하다.
11 부자의 재산은 자신의 튼튼한 도
성이 되어주고, 그의 자부심은 높
은 성벽이 되어준다.
12 사람은 무너지기 직전에 오만하
고, 명예를 얻기 직전에 겸손하다.
13 일의 전말을 듣기 전에 답하는 자
는, 어리석음으로 인해 창피를 당
한다.
14 사람의 영혼은 자신의 나약함을
떠받쳐주는데, 상처입은 영혼은
누가 받쳐줄까?
15 신중한 마음은 지식을 얻고, 슬기
로운 귀는 지식을 찾는다.
16 사람의 선물은 좋은 기회를 만들
어 주어서, 그를 큰 사람 앞에 데려
간다.
17 소송사건 재판에 최초의 진술이
옳은 것 같지만, 이웃이 오면 부정
을 따진다.

18 제비뽑기는 다툼을 말리고, 영향
력을 배제한다.
19 기분 상한 형제를 설득하기란, 요
새를 점령하기 보다 더 힘들고, 그
들의 주장은 성의 빗장처럼 단단
하다.
20 사람의 배는 입에서 나오는 결과
물로 만족하고, 입술의 말이 늘면
서 채워진다.
21 죽고 살기는 혀의 힘에 달려서, 혀
의 권한을 사랑하는 자가 그 결과
물을 얻는다.
22 아내를 얻는 사람은 좋은 것을 얻
은 것으로, 그것은 **주님**의 호의를
받는 것이다.
23 가난한 사람은 간절하게 애원하지
만, 부자는 거칠게 답한다.
24 친구가 있으면 스스로 우애를 보
여야 하고, 어떤 친구는 형제보다
더 가까운 경우도 있다.

솔로먼의 격언

19 진실한 마음으로 살아가는
가난한 자는, 심술궂은 입술
의 바보보다 낫다.
2 마찬가지로, 지식 없는 영혼은 좋
지 않고, 발을 서두르면 죄를 짓는
다.
3 인간이 어리석어 길을 잘못들어
놓고, 마음은 **주님**을 탓한다.
4 재물은 많은 친구를 만들고, 가난
하면 이웃에서 따돌린다.
5 거짓 증인은 처벌을 피하지 못하
고, 거짓을 말하면 도망갈 수 없다.
6 대부분 대군왕자 지도자의 호의를
간청하는데, 그에게 선물을 주면
누구나 친구가 된다.
7 가난하면 형제 모두가 미워하는
데, 친구야 얼마나 더 멀리할까?
빈자가 말하려고 그들을 따라가
도, 주위에 사람이 없다.
8 지혜를 얻은 자는 자기 영혼을 사
랑하고, 이해가 가능한 자는 행운
을 얻을 것이다.
9 거짓 증인은 처벌을 면하지 못하
고, 거짓말을 하면 파멸하게 된다.
10 어리석은 사람에게 기쁨이 보일
것 같지 않고, 신하가 대군왕자를
지배하는 것은 훨씬 불가능하다.
11 사람의 분별력이 화를 미루면, 위
반에 관대해지면서 그의 영광이
된다.
12 왕의 분노는 사자의 울음과 같고,
그의 호의는 풀 위에 내리는 이슬
과 같다.
13 어리석은 아들은 아버지의 재난이
고, 아내의 바가지는 계속 떨어지
는 물방울이다.
14 집과 재물은 아버지한테서 물려받
고, 슬기로운 아내는 **주님**으로부터
오는 것이다.
15 나태는 사람을 깊은 잠에 빠지게
하고, 게으름은 사람을 배고프게
한다.
16 계명을 지키는 사람은 자기 영혼
을 보존하지만, 무시하는 사람의

길은 죽음이다.
17 빈자를 동정하는 일은 **주님**에게 빌
려주는 행위이므로, 준 것을 다시
돌려받게 된다.
18 아직 희망이 있을 때 자식을 꾸짖
고, 아이 울음소리에 네 정신을 낭
비하지 마라.
19 몹시 화를 내는 자는 대가를 감수
해야 하는데, 한 번 그를 구해주면,
또 다시 구해줘야 한다.
20 잔소리를 듣고, 가르침을 받으면,
너는 나중에 현명해진다.
21 사람의 마음에 여러 계획이 있어
도, 결국 **주님**의 의도가 이긴다.
22 남이 바라는 바에 친절을 베풀어,
거짓말을 하느니, 차라리 가난이
낫다.
23 **주님**을 경외하면 구제받아, 만족하
게 살게 되므로, 불행이 찾아오지
않을 것이다.
24 게으른 자는 제 손을 가슴에 넣은
채, 자기 입에 다시 집어넣는 것조
차 안 하려고 한다.
25 남을 비꼬는 자를 혼내면, 단순한
자가 보고 조심한다. 이해할 줄 아
는 자를 꾸짖으면, 교훈을 깨달을
것이다.
26 아버지의 노력을 허사로 돌리고,
어머니의 노고를 업신여기는 자
는, 수치스러운 아들이어서, 마침
내 치욕을 가져올 것이다.
27 나의 아들아, 지혜를 벗어나는 잘
못된 지시를 듣지 말아라.
28 **하나님**을 따르지 않는 증인은 재판
을 비웃고, 악한 입은 죄를 만든다.
29 재판이란 남을 무시하는 자를 위
해 마련되어, 어리석은 자의 등을
회초리로 치는 일이다.

솔로먼의 격언

20 와인은 사람을 자만하게 하
고, 독주는 성을 내도록 만들
기 때문에, 여기에 속으면 현명하
지 못하다.
2 왕의 분노는 사자의 울부짖음처럼
두렵기 때문에, 그의 화를 일으키
는 자는 자기 영혼을 대가로 내놓
아야 한다.
3 사람이 싸움을 멈추면 명예를 얻
지만, 모든 바보는 끼어든다.
4 게으른 자가 춥다고 쟁기를 갈지
않으면, 추수 때 구걸해도 얻는 게
없다.
5 사람의 마음 속 계획은 깊은 우물
과 같아서, 이해할 수 있는 사람이
물을 길어낸다.
6 대부분 자신의 선행을 모두에게
알리려 하는데, 진실한 사람을 찾
을 수 있을까?
7 바른 사람은 성실하게 인생길을
걷기 때문에, 그로 인해 자식이 복
을 받는다.
8 정의의 자리에 앉은 왕은, 자신의
눈으로 모든 악행을 떨쳐버려야
한다.
9 그 누가, 내 마음은 깨끗하고, 죄에

서 순수하다고 말을 할 수 있을까?
10 무게를 달 때마다 다르게 달고, 측
량을 틀리게 재면, 둘 다 모두 **주님**
이 싫어한다.
11 심지어 아이조차 제가 하는 일이
깨끗한지 올바른지 안다.
12 듣는 귀와 보는 눈은, 둘 모두 **주님**
이 만들었다.
13 잠을 사랑하지 마라, 빈곤하지 않
도록. 그리고 눈을 바로 뜨면, 빵으
로 만족한다.
14 물건을 사며 형편없다 해놓고, 돌
아서서 그 물건을 자랑한다.
15 황금도 있고 루비도 많이 있지만,
진짜 귀중한 보석은 지식을 전하
는 입술이다.
16 낯선 남자에게 돈을 빌려주면, 담
보로 그의 옷을 받고, 낯선 여자라
면, 남편의 서약을 받아라.
17 속여서 얻은 빵은 달지만, 그후 그
의 입은 자갈로 채워진다.
18 모든 계획은 조언으로 완성되므
로, 전쟁도 유리한 전략이 필요하
다.
19 말을 옮기는 자는 비밀을 누설하
기 때문에, 듣기 좋은 말만하는 입
술을 가진 자와 사귀지 마라.
20 아버지와 어머니를 저주하는 사람
은, 암흑 속에서 그의 등불이 꺼질
것이다.
21 유산은 처음에 쉽게 얻어지지만,
그 끝은 결코 축복이 아니다.
22 네가 악에 복수하겠다고 말하지
마라. 대신 **주님**을 기다리면, 그가
너를 구할 것이다.
23 틀리는 측량은 **주님**에게 혐오행위
이므로 잘못된 저울은 좋지 않다.
24 인간의 길은 **주님**한테서 나오는데,
어떻게 사람이 자기 앞길을 알까?
25 자신을 봉헌하는 결정을 서두르는
것은, 나중에 죄를 만드는 덫이 된
다.
26 현명한 왕은 악을 키로 까불어 골
라낸 다음, 그들 위로 타작용 수레
바퀴를 굴린다.
27 인간의 영혼은 **주님**의 촛불이어서,
뱃속까지 모든 것을 일일이 살핀
다.
28 사랑과 진실은 왕을 유지시키고,
그의 왕좌는 자비로 떠바쳐진다.
29 젊은이의 영광은 그들의 힘이고,
나이든 사람의 아름다움은 백발이
다.
30 상처의 아픔이 고름을 정화하듯,
회초리는 뱃속의 내부를 깨끗하게
한다.

솔로먼의 격언

21 왕의 마음은 **주님**의 손 안에
있어서, 강물과 같이, **주님**이
원하는 곳으로 방향을 돌려 놓는
다.
2 사람의 모든 행위는 제 눈에 바르
지만, **주님**은 마음마다 살펴본다.
3 정의 및 공정한 행위는 희생제물
보다 **주님**에게 더 잘 받아들여질

수 있다.
4 거만한 눈과, 오만한 마음과, 악을
일구는 행위는 죄가 되는 잘못이
다.
5 부지런한 생각은 오직 풍요로 기
울지만, 성급하기만 하면 부족을
초래한다.
6 거짓말하는 혀로 얻은 행운은, 거
품처럼 꺼져 죽음의 덫에 걸려든
다.
7 악의적 강탈은 자신을 파멸시키는
데, 이것은 정의실현을 거부하기
때문이다.
8 악행은 빗나가고 구부러졌지만,
순수한 사람의 행위는 올바르다.
9 넓은 집에서 여자와 입씨름하기보
다, 옥탑방에 사는 편이 더 낫다.
10 악한 영혼은 해코지하려고 의도하
기 때문에, 이웃사람은 그의 눈에
서 호의를 찾을 수 없다.
11 남을 비꼬는 자가 벌을 받으면, 단
순한 자가 지혜를 얻고, 지혜로운
자가 훈계를 들으면 지식을 깨우
친다.
12 바른 사람은 악한 집안을 슬기롭
게 대응하지만, **하나님**은 그들의
악행의 대가로 엎어버린다.
13 빈자의 외침에 귀를 닫는 자가 누
군가? 그 역시 자신의 외침이 남에
게 들리지 않게 될 것이다.
14 남몰래 주는 선물은 화를 진정시
키고, 가슴에서 나온 보상은 강한
분노를 누그러뜨린다.
15 공정하게 실행하면 정직한 자에게
기쁨이지만, 죄를 저지르는 자에
게는 파멸만 있다.
16 이해의 길을 찾는 사람은, 죽음의
모임 가운데서 살아남게 될 것이
다.
17 쾌락을 사랑하는 자는 가난해지
고, 술과 기름을 사랑하는 사람은
부자가 되지 못한다.
18 악행은 공정을 위한 몸값을 내야
하고, 위반하는 자는 정의의 대가
를 치르게 된다.
19 다투기 잘하고 화를 잘내는 여자
와 사느니, 황야에서 사는 게 더 좋
다.
20 지혜로운 생활에는 바라는 보물과
기름이 모이지만, 어리석은 자는
그것을 써 없앤다.
21 정의와 사랑을 찾는 사람은 생명
과 정의와 명예를 얻는다.
22 현명한 사람은 강한 도성에 올라,
그곳의 막강한 자존심을 무너뜨린
다.
23 입술과 혀를 자제하는 사람은 어
려움에서 자기 영혼을 지킬 수 있
다.
24 오만하고 잘난 체하며 흉보기 좋
아하는 것은, 거만하게 화를 내는
자를 일컫는 이름이다.
25 게으른 자의 의욕이 자신을 죽이
는 이유는, 그의 손이 노동을 싫어
하기 때문이다.
26 하루종일 욕심만 채우려는 자는

더 많은 것을 바라지만, 바른 사람
은 주기를 아끼지 않는다.
27 악한의 희생제물은 혐오스러운 것
인데, 악한 마음까지 동반할 때는
오죽할까?
28 거짓 증인은 사라져도, 듣는 자는
끊임없이 말을 잇는다.
29 악한은 점점 얼굴이 굳어가도, 올
바른 사람은 자신의 길을 곧바로
간다.
30 지혜도 없고 이해도 못하고 조언
도 없는 것은, **주님**에게 대항하는
경우다.
31 말은 전쟁에 대비하는 것이고, 사
람의 안정은 **주님**한테 있다.

솔로먼의 격언

22 큰 재물보다 훌륭한 명성을
택하고, 금은보다 사랑받는
존경을 택해라.
2 부자와 빈자의 공통점은, **주님**이
둘 모두의 창조주다.
3 신중한 자는 나쁜 것을 미리 보고
자신을 조심해도, 단순한 자는 지
나쳐 당한다.
4 겸손하게 **주님**을 경외하면 재물과
명예와 생명을 얻는다.
5 가시와 덫은 바르지 못한 길에 있
으므로, 자신의 영혼을 지키는 자
는 그것을 멀리한다.
6 마땅히 가야할 길로 아이를 교육
시켜라. 그러면 나이가 들어도 거
기서 떠나지 않을 것이다.
7 부는 가난을 지배하므로, 빌리는
자는 빌려주는 자의 종이 된다.
8 잘못의 씨앗을 뿌리면 수확이 없
고, 분노의 지팡이는 꺾여버린다.
9 관대한 눈을 가진 자가 복을 받는
이유는, 자기 빵을 가난한 사람에
게 나눠주기 때문이다.
10 남을 비난하는 자를 쫓아내면, 논
쟁도 없을 것이다. 그렇다, 싸움과
경멸도 멈춘다.
11 맑은 마음을 소유한 자가 사랑받
는 이유는, 그의 입술이 우아하여,
왕조차 친구가 되어주기 때문이
다.
12 **주님**의 눈은 지식의 정도를 지켜보
다가, 위반자의 말을 타도해버린
다.
13 게으른 자는 이렇게, “밖에 사자가
있어, 내가 거리로 나가면 물려 죽
는다” 고 말하며 움직이지 않는다.
14 거리의 여자의 입은 깊은 구덩이
인데, **주님**을 싫어하는 자가 그 속
에 빠진다.
15 어리석음이란 마음의 범위가 어린
이 수준이지만, 교정의 방망이가
어리석음을 내쫓을 것이다.
16 자기 부를 늘리기 위해 가난한 자
를 억압하는 자와, 부자에게 기부
하는 자는, 반드시 궁핍해질 것이
다.
17 네 귀를 기울여 현명한 이야기를
듣고, 네 마음을 나의 지식에 적용
해라.

18 네 마음에 현명한 이야기를 간직
하는 것은 좋은 일이어서, 그 말이
네 입술에 자리 잡을 것이다.
19 그러면 네가 **주님**에게 의지할 수 있
다. 그래서 나는 오늘 너에게 심지
어 너희 모두에게 이를 깨닫게 했다.
20 그리고 내가 충고와 지식으로 이
훌륭한 이야기를 너에게 적어주지
않았을까?
21 그래서 나는 네가 진리를 분명하
게 알게 하여, 네가 너에게 전령을
보낸 사람에게 진실한 대답을 하
도록 일깨우려는 게 아닐까?
22 가난한 사람의 막대를 뺏지 마라.
그 이유는 그가 가난하기 때문이
다. 문에서 고통받는 자도 핍박하
지 마라.
23 왜냐하면 **주님**이 그들의 사정을 변
호하여, 고통을 준 자의 영혼을 박
탈하기 때문이다.
24 화를 쉽게 내는 사람과 친구하지
말고, 분노를 내뿜는 사람에게 가
면 안 된다.
25 네가 그의 행동을 배우지 않도록,
그래서 그것이 네 영혼의 올무가
되지 않게 해라.
26 너는 손벽을 마주치며, 빚 보증을
서는 사람 중 하나가 되지 마라.
27 만일 네가 갚을 것이 없으면, 왜 그
들이 네가 눕는 침대까지 빼앗을까?
28 네 선조가 세운 예전 경계선 표시
를 옮기지 마라.
29 자기 일을 성실히 하는 자를 보는
가? 그는 왕 앞에 서지, 초라한 사
람 앞에 서지 않을 것이다.

솔로먼의 격언

23 네가 통치자와 같이 앉아서
식사하면, 앞으로 어떤 일이
있을 지 곰곰이 생각해라.
2 그리고 너의 기호대로 음식이 나
오면, 자신의 목에 칼을 준비해 두
어라.
3 통치자의 만찬을 바라지 마라. 그
것은 너를 속이기 위한 음식이다.
4 재물을 얻으려고 노력을 소모하지
말고, 자신의 지혜를 믿지 마라.
5 실체가 없는 것에 너의 눈을 두려
는가? 재물은 틀림없이 날개를 달
고, 하늘을 향하여 독수리처럼 날
아가버린다.
6 너는 악의적 눈을 가진 사람이 주
는 빵을 먹지 말고, 그의 진수성찬
도 바라지 마라.
7 왜냐하면 그는 제 마음이 생각하
는 대로 하는 사람이다. 먹고 마시
자고 네게 말해도, 그의 마음은 너
와 같지 않다.
8 네가 먹은 빵 조각도 뱉어 내야 하
고, 네가 건넨 기분 좋은 덕담도 빛
을 잃을 것이다.
9 바보의 귀에 말도 하지 마라. 그는
네 말의 지혜를 무시할 것이다.
10 땅의 옛 경계를 없애지 말고, 아버
지 없는 사람의 밭에는 들어가지
마라.

11 왜냐하면 그들의 후원자는 강하기
때문에, 그가 너를 고발하는 간청
을 하게 된다.
12 가르침에 네 마음을 적용하고, 지
식의 말에 귀를 기울여라.
13 자녀의 행실교화를 자제하지 마
라. 네가 회초리로 때려도 아이는
죽지 않는다.
14 자녀는 매로 때려야 한다. 그래서
잘못에서 아이의 영혼을 구해야
한다.
15 나의 아들아, 네 마음에 지혜가 있
다면, 내 마음도 기쁘고 몸도 즐거
울 것이다.
16 맞다, 네 입술에서 옳은 말이 나오
면 나의 내장까지 만족할 것이다.
17 네 마음에서 죄인을 부러워하는
대신, 온종일 **주님**을 경외해라.
18 끝은 반드시 있어서, 너의 기대가
사라지지 않기 때문이다.
19 나의 아들아, 너는 듣고 현명해져,
네 마음을 현명한 길로 안내해라.
20 술고래와 게걸스럽게 고기를 먹는
사람 사이에 끼지 마라.
21 술꾼과 대식가는 가난해지고, 조
는 자는 누더기를 걸치게 된다.
22 너를 낳은 네 아버지의 말에 귀를
기울이고, 어머니가 늙어도 무시
하지 마라.
23 진실은 사서 팔지 말고, 지혜와 교
훈과 이해도 팔아버리지 마라.
24 그러면 올바른 아버지가 무척 기
뻐하고, 현명한 아들을 낳은 그는
아들 때문에 기뻐한다.
25 네 아버지와 어머니가 기뻐하고,
너를 낳은 어머니가 즐겁다.
26 나의 아들아, 네 마음은 나에게 두
고, 네 눈은 나의 길을 따르게 해라.
27 매춘은 깊은 구덩이고, 거리의 여
자는 좁은 구덩이다.
28 그녀는 먹이를 기다리고 있다가,
남자 사이에 잘못하는 위반을 늘
린다.
29 재난당한 자가 누군가? 슬픈 자가
누군가? 다투는 자가 누군가? 말
이 많은 자가 누군가? 원인 모를
상처를 입은 자가 누군가? 눈이 충
혈된 자가 누군가?
30 그들은 온종일 술을 마시고, 혼합
주 칵테일을 찾는다.
31 너는 술이 붉거든, 잔의 색이 진하
거든, 술이 부드럽게 넘어가거든
술을 쳐다보지 마라.
32 그것은 마침내 뱀처럼 물어, 독사
처럼 찌를 것이다.
33 그리고 네 눈은 다른 여자만 주시
하고, 네 가슴은 색정적 이야기만
할 것이다.
34 그렇다, 너는 바다 한가운데 누워
떠다니거나, 아니면 돛대 위 공중
에 누워 있다.
35 그러면서 너는, "저들이 쳤다"고
말하겠지. "그런데 나는 아프지 않
았다. 저들이 나를 때렸는데, 느끼
지도 못했다. 내가 깨어나도, 다시
술을 찾겠다"고 할 것이다.

16 네가 꿀을 찾았는가? 그러면 만족
할 만큼 적당히 먹어라. 그렇지 않
으면 너무 차올라 토하게 된다.
17 이웃집에 네 발을 자주 들이지 마
라. 그렇지 않으면 이웃이 싫증내
어 너를 미워하게 된다.
18 거짓 증언을 하는 자는, 이웃에게 큰
망치와, 칼과, 날카로운 화살이 된다.
19 불성실한 자를 믿으면, 어려운 시
기에 이가 부러지고 관절이 삐는
상황과 같다.
20 추위에 옷을 벗듯, 질산칼륨화약재료
초석에 식초를 뿌리듯, 같은 식으
로 무거운 마음에 노래를 부른다.
21 네 적이 배가 고프면, 먹을 빵을 주
고, 목말라 하면, 마실 물을 주어라.
22 그렇게 네가 그의 머리에 타는 석
탄을 쌓는 선행을 하면, **주님**은 네
게 보상할 것이다.
23 북풍이 비를 몰듯, 화난 얼굴은 혀
로 험담하며 남을 몰아세운다.
24 넓은 집에서 여자와 입씨름 하느
니, 다락방 구석에 사는 게 더 낫다.
25 목마른 자에게 냉수 같은 것이, 먼
나라에서 온 희소식이다.
26 악행에 굴복하는 정의는, 더러운
우물이고, 썩은 샘이다.
27 꿀을 너무 많이 먹으면 좋지 않듯,
마찬가지로 사람이 자신의 영광만
찾는 것은 영광이 아니다.
28 자기 영혼을 지배하지 못하는 사
람은, 무너져 내려 벽도 없는 도성
과 같다.

솔로먼의 격언 2

26 여름에 눈이나, 추수기에 비
처럼, 명예란 어리석은 자에
게 있을 것 같지 않다.
2 이리저리 다니는 새처럼, 날으는
제비처럼, 까닭없는 저주는 오지
않는다.
3 말에는 채찍이, 나귀에는 고삐가,
그리고 바보의 등에는 몽둥이가
필요하다.
4 어리석은 바보에게 대답하지 마
라. 너도 그와 같아지지 않도록.
5 어리석음을 쫓는 바보에게 답해주
어야, 제 자부심 안의 현명함을 피
할 수 있다.
6 어리석은 사람에게 메시지를 전하
는 자는, 제 발을 자르고, 그 피해를
마시는 것이다.
7 저는 다리는 길이가 다르기 때문
인데, 바보의 입에서 나오는 비유
도 그렇다.
8 슬링 투석기에 돌을 매달듯, 바보
에게 명예를 주는 사람도 마찬가
지다.
9 술취한 사람 손에 가시가 들려 있
듯, 어리석은 자의 입에서 나오는
비유도 그렇다.
10 모든 것을 만든 **하나님**은, 바보에
게도 보상하고, 위반자에게도 갚
아 준다.
11 개가 토사물을 다시 먹듯, 바보는
어리석은 행동을 되풀이한다.
12 제 자신이 슬기롭다고 생각하는

자를 본적 있는가? 그렇다면 그 자
보다 바보에게 희망을 거는 편이
더 낫다.
13 게으른 자가, "거리에 사자가 있고,
길에도 있다"고 말한다.
14 문이 경첩 위에서 돌아가듯, 그렇게
나태함이 그의 침대에서 돌아간다.
15 게으른 자는 제 손을 가슴에 숨겨
서, 자기 입에 음식을 다시 가져가
는 것조차 힘이 든다.
16 핑계를 대는 일곱 사람보다, 미련
한 사람이 제생각에 현명하다.
17 사람이 길을 가다, 자기와 상관없
는 싸움에 끼어들었다면, 그는 개
의 양쪽 귀를 붙잡은 셈이다.
18 미친 사람은 횃불도 던지고, 화살
도, 죽음도 던지는데,
19 그처럼 이웃을 속이는 자는, "장난
한 게 아니냐?"고 반문한다.
20 땔감이 없으면 불이 꺼지듯, 남의
말하기 좋아하는 자가 없는 곳에
싸움도 끝난다.
21 타는 숯에 숯을 넣고, 불에 나무를
더 넣듯, 싸우기 좋아하는 사람은
싸움에 불을 지핀다.
22 남의 말을 전하는 자의 말은 상처
와 같아서, 배 안쪽까지 깊숙이 내
려간다.
23 타는 입술과 좋지 못한 마음은, 은
불순물로 덮은 도기 파편과 같다.
24 입술로 시치미떼기를 싫어한다 해
놓고, 속으로는 속임수만 쌓는다.
25 말이 부드러우면, 그 사람을 믿지
마라. 그의 마음 속에는 7가지 무
례함이 있기 때문이다.
26 속이며 가린 증오심을 가진 사람
의 바르지 못한 마음은, 대중 전체
앞에서 들어나고야 만다.
27 제가 판 구덩이에 스스로 빠지고,
돌을 굴린 자는, 그 돌이 자기 머리
로 되돌아온다.
28 거짓말하는 혀는 그로 인해 고통받
는 사람을 미워하는 것이고, 아첨하
는 입은 멸망을 가져오는 것이다.

솔로먼의 격언 2

27 스스로 내일을 자랑하지 마
라. 다음날 무슨 일이 일어날
지 알지 못한다.
2 다른 사람이 너를 창찬하게 하고,
자기 입으로 자랑하지 마라. 제 입
이 아닌 남을 시켜야 한다.
3 돌은 무겁고, 모래는 무게가 나가
지만, 어리석은 분노는 둘 이상으
로 더 무겁다.
4 화는 사납고 성은 폭력적이지만,
질투 앞에 견딜 자가 있을까?
5 공개적으로 비난당하는 것이, 몰
래 짝사랑하는 것보다 낫다.
6 믿음은 친구 때문에 상처받고, 적
의 입맞춤은 속임수다.
7 사람은 꿀통에 질리지만, 배고픈
자는 쓴 것마저 달다.
8 둥지 떠나 배회하는 새처럼, 제 처
소를 떠나 방랑하는 사람도 그와
같다.

9 방향연고와 향수가 마음을 즐겁게
하듯, 마찬가지로 진심으로 충고
하는 친구의 단맛도 그런 것이다.
10 자신의 친구와 아버지의 친구를
외면하지 말고, 불행해질 때 네 형
제 집에 들어가지 마라. 멀리 떨어
진 형제보다 가까운 이웃이 더 낫다.
11 나의 아들아, 현명해져라. 그러면
내 마음이 기뻐, 나를 책망하는 자
에게 답해줄 수 있을 것 같다.
12 총명한 자는 불행을 짐작하고 자
신을 숨기지만, 단순한 자는 그냥
지나치다 당한다.
13 모르는 사람의 담보물은 그의 옷
을 받고, 낯선 여자한테는 남편의
서약을 받아라.
14 친구를 축복하면서, 이른 아침에
큰소리로 떠들면, 이는 그에게 저
주로 간주된다.
15 장마철에 끊임없이 떨어지는 빗방
울과, 다투기 좋아하는 여자는 둘
이 똑같다.
16 여자를 숨기는 것은, 바람을 숨기
거나, 또는 오른손에 부은 기름과
같아서, 저절로 새어나간다.
17 철을 벼려 쇠가 되듯, 사람은 남의
얼굴을 날카롭게 긴장시킨다.
18 무화과나무를 지키는 자가 열매를
먹듯, 스승을 섬기는 자도 명예를
얻게 될 것이다.
19 물 표면이 사람의 얼굴을 비추듯,
사람의 마음도 남에게 비춰진다.
20 지옥과 파멸이 결코 채워지지 않
듯, 인간의 눈도 절대 만족이 안 된다.
21 은은 도가니에서 제련되고, 금은
화덕 용기에서 제련되듯, 사람은
제 진가가 단련되어 나타난다.
22 막자사발에 밀알을 넣어 막자로
갈듯, 바보에게 떠들어봐야, 어리
석음이 떠나지 않는다.
23 양떼의 상태를 파악하려고 부지런히
노력하고, 또 소떼도 잘 살펴야 한다.
24 재물이 영원히 있어 주지 않는데,
크라운 왕관이 대대로 이어질까?
25 마른 건초가 나타나면, 부드러운
풀도 보일 테니, 산들에 있는 식용
풀도 수집할 수 있다.
26 새끼양은 너를 입히고, 염소는 밭
의 가치가 되어준다.
27 그리고 염소젖이 충분해지면, 너
를 먹이고 가족의 식량이 되어, 여
종까지 거느리게 될 것이다.

솔로먼의 격언 2

28 따르는 자가 없을 때, 악한은
달아나지만, 올바른 자는 사
자처럼 용감해진다.
2 땅이 많으면, 대군왕자가 그것 때
문에 인해 위반을 하지만, 이해와
지식이 있는 자는 지혜로 나라를
오래 이어갈 것이다.
3 극빈자를 억압하는 가난한 자는,
홍수가 휩쓸어 먹을 것을 남기지
않는 것과 같다.
4 법을 무시하는 무리는 악한을 칭
찬하고, 법을 지키는 무리는 그들

과 맞서 싸운다.
5 악한은 정의를 이해하지 못하고,
주님을 찾는 무리는 모든 것을 이
해한다.
6 부자인데 마음이 심술궂은 사람보
다, 바른 길을 걷는 가난한 사람이
훨씬 낫다.
7 법을 지키면 현명한 아들이 되지
만, 폭도와 행동을 같이 하면, 아버
지를 부끄럽게 만드는 자가 된다.
8 높은 이자高利 고리와 부정으로 재산
을 늘리는 자가 있다면, 그는 마땅
히 가난한 자를 위한 연민으로 재
물을 모아야 할 것이다.
9 법을 들어야 할 귀를 옆으로 돌리
는 사람의 기도는, 무례한 행위다.
10 정의를 나쁜 길에서 방황시키는
자는, 스스로 판 구덩이에 빠지게
되지만, 올바른 자는 좋은 행운을
얻게 될 것이다.
11 부자는 스스로 슬기롭다고 생각하
는데, 가난해도 이해할 수 있는 자
가 지혜를 찾아낸다.
12 바른 사람이 즐거워하는 곳에 큰
기쁨이 있고, 악행이 성행하면 사
람은 숨는다.
13 자신의 죄를 감추는 자는 번성하
지 못하지만, 누구든 고백하고 죄
를 멀리하면, 자비를 얻을 수 있다.
14 늘 조심하는 사람은 행복하고, 자기
마음을 단단히 굳히면 불행해진다.
15 포효하는 사자나 먹이찾는 곰처
럼, 악행이 약자를 지배한다.
16 이해하려는 대군왕자 역시 강한
압제자이기는 하지만, 탐욕을 싫
어하면 인생이 길어질 것이다.
17 남에게 치명적 폭력을 가하는 자
는, 달아나다 구덩이 속에 빠져도,
그를 구할자는 아무도 없다.
18 똑바로 걷는 자는 구제받고, 빗나
간 길에 있는 자는 순간 추락한다.
19 자기 땅을 경작하는 사람은 빵이
풍부하고, 무분별한 사람을 쫓는
자는 빈곤이 널렸다.
20 강한 믿음은 복이 넘치고, 빨리 부
자가 되려고 서두르면 순수함을
잃는다.
21 사람 존중만이 선은 아니다. 왜냐
하면 빵 한 조각에 인간은 법을 위
반하기 때문이다.
22 벼락부자가 되려고 옳지 못한 눈
을 갖게 되면, 가난이 오는 것을 생
각하지 못한다.
23 나중에 사람을 야단치면, 혀로 아부
하는 자보다 더 호의를 얻을 것이다.
24 아버지나 어머니의 물건을 훔치는
자가, "이것은 법 위반이 아니"라
고 말하는데, 이런 사람은 파괴자
들과 같은 부류다.
25 거만한 마음을 가진 자는 싸움을 자
극하고, 자기 마음을 주님에게 의지
하는 자는 몸과 마음에 살이 찐다.
26 자기자신의 마음을 믿는 자는 어
리석지만, 현명하게 인생길을 걷
는 자는 구제받게 된다.
27 가난한 자에게 나누어주는 자는

부족하지 않고, 제 눈을 속이는 자
는 저주를 많이 받는다.
28 악이 성행하면 사람이 숨고, 악이
파멸하면 정의가 는다.

솔로먼의 격언2

29 목이 뻣뻣하다고 자주 비난
받는 사람은, 갑자기 파멸해
도 치료법이 없다.
2 바른자가 권력을 잡으면 사람이
즐겁고, 그릇된 자가 정치하면 사
람이 한탄한다.
3 지혜를 사랑하는 자는 아버지를
기쁘게 하지만 매춘부와 교제를
계속하면 재산을 탕진한다.
4 왕이 정의로 국가를 설립해도 뇌
물을 받으면 전복된다.
5 이웃에 아부하는 자는 제 발에 그
물을 치는 격이다.
6 악이 법을 위반하는 곳에 덫이 있
지만, 저의가 있는 곳에 노래와 즐
거움이 있다.
7 바른자는 약자의 처지를 생각해주지
만, 그렇지 못한자는 궁금하지 않다.
8 비난을 일삼는 자는 도시에 덫을 놓
고, 슬기로운 자는 화를 떨어버린다.
9 지혜로운 자가 어리석은 자와 논
쟁할 때, 바보가 화를 내든 웃든, 쉬
지 못한다.
10 피에 굶주리면 바른 사람을 증오
하지만, 정의는 바른자의 영혼을
찾는다.
11 바보는 제 마음을 드러내는 말을
해도, 현명한 자는 나중까지 마음
속에 간직한다.
12 통치자가 거짓의 말을 들으면, 그
의 신하는 모두 악한이 된다.
13 약자와 사기꾼의 공통점은 둘 다
모두 주님이 눈을 밝혀주었다는
것이다.
14 진심으로 약자를 재판하는 왕은
그의 자리가 영원히 구축된다.
15 몽둥이와 잔소리는 지혜를 주어
도, 방임한 아이는 어머니에게 창
피가 돌아온다.
16 악행이 늘면 위반도 늘지만, 정의
는 쓰러진다.
17 자식을 꾸짖어 훈육하면, 편안할
수 있다. 맞다, 그는 네 영혼에 기쁨
을 준다.
18 미래가 없을 때 사람이 파멸하지
만, 법을 지키면 행복하다.
19 종이 말만으로 고쳐지지 않는 이
유는, 이해해도 반응하지 않기 때
문이다.
20 말부터 먼저 하는 사람을 본적이
있나? 그보다는 차라리 바보에게
희망이 있다.
21 자기 종을 어려서부터 주의 깊고
세심하게 키우면, 끝에 가서 아들
이 되어 준다.
22 화난 사람은 분란을 일으키고, 화
를 내뿜는 사람은 죄의 경계를 넘
어 위반한다.
23 인간의 오만은 자신을 아래로 끌
어내리지만, 명예는 영원안에서

겸손을 높이 받들어준다.
24 도둑과 한패가 되면, 자기 영혼을
싫어하며, 저주의 소리를 들어도
발설하지 않는다.
25 무서운 사람 뒤에는 불행이 따르
지만, 주님에게 믿음을 두는 사람
은 평온하다.
26 많은 사람이 권력자의 호의를 찾
지만, 모두의 정의는 주님한테서
나온다.
27 바르지 못한 사람은 정의를 싫어
하고, 길이 올바른 자는 악행이 혐
오스럽다.

애이거의 격언

30 이 말은 재이커의 아들 애이
거의 예언적 교훈으로, 그가
이씨얼과 유컬에게 말했다.
2 확실히 나는 어떤 사람보다 더 미
개하여, 사람을 이해하지 못한다.
2 나는 지혜도 배우지 못했고, 신성
한 지식도 없다.
4 하늘로 올라간 자는 누구며, 내려
온 자는 누군가? 손 안에 바람을
모은 자는 누구고? 옷에 물을 담은
자가 누군가? 지구의 곳곳을 세운
자는 대체 누군가? 그의 이름이 무
엇이고, 그의 아들의 이름은 무엇
인지, 네가 말할 수 있을까?
5 **하나님**의 말은 무엇이나 순수하여,
자신을 믿는 자의 방패가 되어준다.
6 너는 그의 말에 한마디도 보태지
마라. 안 그러면, 그가 너를 야단칠
테고, 너는 거짓말쟁이가 된다.
7 내가 네게 요구한 두 가지를, 내가
죽기 전까지 거부하지 마라.
8 나로부터 자만과 거짓을 멀리 제
거하고, 내게 빈곤도 재물도 주지
말고, 소박한 음식만 먹여주어라.
9 내가 배가 불러, 너를 거부하며,
"대체 주가 누구냐?" 고 말하지 않
게 하는 것이고, 혹은 가난할 때 훔
치거나, 나의 **하나님**의 이름을 함
부로 다루지 않으려는 것이다.
10 종은 주인을 험담하지 마라. 그가
저주하여, 네가 유죄가 되지 않게
하는 것이다.
11 여기 제 아버지를 저주하는 세대
가 있어, 제 어머니에게도 복을 빌
어주지 않는다.
12 제 눈에 순수한 세대가 있지만, 그
들의 오염은 씻기지 않는다.
13 여기 한 세대는, 오, 그들의 눈이 얼
마나 높은지! 그들의 눈꺼풀은 황
홀하게 올라간다.
14 어떤 세대의 경우, 그들의 이는 큰
칼과 같고, 턱의 치아는 단도와 같
아서, 이 땅의 약자와 사람 가운데
가난한 자를 삼킨다.
15 거머리의 두 딸이 소리치며, "더 달
라"고 말한다. 세 개가 있어도 결코
만족하지 못하고, 맞다, 네 개가 있
어도 "충분하다"고 말하지 않는다.
16 죽음의 묘지, 불임의 자궁, 물이 채
워지지 않는 땅과 불은, "충분하
다"고 말하지 않는다.

17 아버지를 조소하는 눈과, 어머니
를 무시하는 눈은, 계곡의 까마귀
가 쪼아내고, 젊은 독수리가 그것
을 먹을 것이다.
18 세상에는 내가 알 수 없는 참으로
이상한 세 가지가 있다. 그렇지, 내
가 모르는 게 네 가지다.
19 공중을 나는 독수리의 길①, 바위
위의 독사의 길②, 바다 가운데 있
는 배의 길③, 한 여자와 같이 있는
남자의 길④이다.
20 그것은 부정한 여자의 길이다. 그
녀는 먹고 입을 닦고 말한다. "나는
잘못한 게 없다."
21 땅위에 벌어지는 세 가지는 불안
하고, 네 가지 참을 수 없는 경우는,
22 종이 통치할 때①, 바보가 음식으로
가득 채울 때②,
23 결혼한 여자가 싫을 때③, 하녀가
여주인의 후계자가 될 때④이다.
24 땅위에서 극히 사소한 네 가지가
있는데, 그것은 지혜 이상이다.
25 개미는 사람 같이 강하지 않지만,
여름에 먹이를 준비하고①,
26 토끼는 연약한 무리지만, 바위 사
이에 집을 짓고②,
27 메뚜기는 왕이 없지만, 떼를 지어
잘 나아가고③,
28 거미는 손으로 붙잡으며, 왕의 궁
전 안에 있다④.
29 잘 나아가는 세 가지도 있다. 그렇
다, 네 가지는 멋있게 잘 지내는데,
30 사자①는 동물 가운데 최강이어서,
어떤 경우에도 물러서지 않고,
31 발이 빠른 사냥개②와 거만한 염소
③와 왕④은, 그들을 상대로 누구도
덤벼들지 않는다.
32 만약 네가 어리석게 자신을 내세
웠거나, 나쁜 생각을 했다면, 손으
로 입을 가려라.
33 확실히 우유를 저으면 버터가 되
고, 코를 비틀면 코피가 나고, 마찬
가지로 화를 내면 틀림없이 갈등
이 생긴다.

리뮤얼의 격언

31 이 말은 리뮤얼 왕의 어머니가
그를 가르친 예언적 교훈이다.
2 나의 아들아, 나의 자궁에서 나온
아들아, 나의 맹세로 낳은 나의 아
들아, 들어봐라.
3 네 힘을 여자들에게 나누지 말고,
왕을 파멸시키는 길로 들어가지
마라.
4 왕을 위한 길이 아닌 것으로, 리뮤
얼아, 술을 마시는 것은 왕에게 이
롭지 않고, 독주도 대군왕자에게
이롭지 않다.
5 술을 마신 탓에, 법을 잊으면 안되
고, 고통받는 자의 판결을 그르치
지도 말아야 하는 것이다.
6 멸망을 준비하는 자에게 독한 술
을 주고, 마음이 무거운 자에게 와
인을 주어라.
7 그가 마시고 가난을 잊게 하고, 비
참한 불행을 더 이상 기억하지 않

게 해라.
8 파멸을 부르는 길로 가는 어리석
은 사람을 위해 네 입을 열어라.
9 네 입을 열어 바르게 재판하며, 약
자와 극빈자의 청원을 변호해주어라.
10 누가 덕이 있는 여자를 찾을 수 있
을까? 그녀의 가치는 루비보다 훨
씬 그 이상이다.
11 그녀 남편의 마음은 편안하게 그녀
를 믿을 수 있으므로, 남편은 남의
것을 빼앗을 필요를 느끼지 않는다.
12 그녀는 남편에게 득이 되며, 살아
가는 동안 좋지 못한 일은 하지 않
을 것이다.
13 그녀는 양모와 아마포를 만들려
고, 제 손으로 열심히 일한다.
14 그녀는 상인의 배와 같아서, 멀리
서 먹을 것을 가지고 온다.
15 그녀는 아직 어두운데도 일찍 일
어나, 가족에게 음식도 주고 여종
의 몫도 준다.
16 그녀의 생각이 밭에 미치면, 그것
을 매입한 다음, 열매를 얻으려고
손으로 포도나무를 심는다.
17 그녀는 힘을 내려고 허리를 묶고,
팔힘을 강화한다.
18 그녀는 자기 상술이 좋다는 것을
알고 있고, 그녀의 촛불은 밤에도
꺼지지 않는다.
19 그녀는 물레 추에 손을 얹기도 하
고, 실패를 잡기도 한다.
20 그녀는 가난한 자에게도 손을 내
민다. 맞다, 빈곤한 자에게도 손을
미친다.
21 그녀가 눈이 와도 가족에 대해 염
려하지 않는 이유는, 가족 모두에
게 주홍 옷을 입혔기 때문이다.
22 그녀는 직접 태피스트리 자수직물
이불을 만들고, 비단 자색 옷을 짜
입힌다.
23 남편을 성문 안에서 널리 알려지
게 하여, 그곳 원로 사이에 자리잡
게 한다.
24 그녀는 고운 리넨 아마포를 만든
다음, 장식허리띠를 팔려고, 상인
에게 가져간다.
25 그녀의 직조물은 튼튼하고 평판이
좋아, 앞으로 그녀는 즐거워할 수
있을 것이다.
26 그녀가 입을 열면 지혜가 나오고,
그녀의 혀는 부드러운 법이 된다.
27 그녀는 가족의 앞날을 잘 살펴서,
게으른 빵을 먹지 않게 한다.
28 자녀를 키워 어머니를 축복하게
하고, 그녀 남편 역시 아내를 자랑
하게 된다.
29 많은 딸이 덕행을 실천하겠지만,
그녀는 그 모두의 으뜸이다.
30 호의는 속임수고, 아름다움은 부
질없다. 그러나 **하나님**을 경외하는
여자는 칭찬받게 된다.
31 아내에게 제 손의 열매를 만들게
하고, 직접 이룬 작업으로 성문 안
에서 칭찬받게 해라.

지혜의 교훈

모든 것은 공허하다

1 이 말은 저루살럼예루살렘의 왕 대
이빋다윗의 아들 솔로먼이 전하
는 지혜의 교훈이다.
2 "공허하고 공허하다"고 교훈전달
자가 말한다. "덧없고, 가치없고,
모든 것이 무의미하다."
3 태양 아래에서 하는 모든 수고가
인간에게 무슨 이익이 있을까?
4 한 세대가 가면, 다음 세대가 오지
만, 이 땅은 영원히 머문다.
5 태양 역시 떴다 지며, 떠오른 제자
리로 서둘러 간다.
6 바람은 동쪽을 향해 가다, 방향을
돌려 북쪽으로 불고, 돌고 또 돌아,
제 순회의 자리로 다시 돌아온다.
7 강이 바다로 향해도, 바다는 채워
지지 않는다. 강은 출발한 곳에서
이곳으로 온 다음, 다시 돌아간다.
8 이 모든 것이 수고로 가득차 있는
데, 사람은 그것을 말로 표현할 수
없으며, 눈으로 봐도 제대로 알지
못하고, 귀가 들어도 이해에 도달
하지 못한다.
9 땅에 존재해왔던 것은 여전히 있
을 것이고, 이루어졌던 것은 앞으
로도 이루어지며, 태양 아래 새로
운 것은 없다.
10 여기 거론할 게 뭐가 있을까? "봐
라, 이것이 새로운 것"이라고? 그
것은 예전부터 이미 있었고, 우리
전에도 있었다.
11 이전에 기억에 없는 것은, 앞으로
올 후세에게도 기억할 것이 없을
것이다.
12 교훈을 전달하는 나는, 저루살럼
에서 이즈리얼을 통치하는 왕이
다.
13 그래서 나는 마음을 다하여, 하늘
아래에서 이루어지는 모든 일에
관한 지혜를 찾으려고 노력한다.
이와 같은 힘든 고뇌는 **하나님**이
인간의 자손에게 주어, 그것으로
경험하게 하려는 것이다.
14 나는 태양 아래에서 이루어지는
온갖 것을 보아왔는데, 보라, 모든
것은 헛되고, 영혼의 고뇌도 무의
미 하다는 것을 알았다.
15 휘어진 것은 똑바로 펼 수 없고, 세
상에 부족한 것은 수를 셀 수 없다.
16 나는 내 마음과 교감하며 말한다.
"보라, 나는 큰 인물이 되었고, 저
루살럼에서 내 앞에 왔던 여러 선
친보다 더 많은 지혜를 얻었다. 그

렇다, 나는 지혜와 지식을 풍부하게 경험했다."

17 그리고 나는 스스로 지혜를 이해하려고 노력하고, 미친 짓과 어리석음을 깨달으려고 노력한다. 그리고 이것 역시 영혼의 고뇌임을 알게 되었다.

18 왜냐하면 지혜가 많아질 수록 고뇌가 깊어지고, 지식이 늘 수록 슬픔도 커지더라.

유쾌해도 허무하다

2 나는 마음 속으로 말한다. "이제부터, 내 자신을 유쾌하게 만들겠다. 그러니, 쾌락을 즐기자." 그런데 보니, 이 역시 허무하더라.

2 웃음에 대해 말해보면, 이것도 언짢고, 쾌락도 그렇더라. 그래서 어쩌라고?

3 내 마음을 알아보고자 와인을 마신다. 하지만 내가 지혜를 안다해도 어리석음만 쌓인 채, 간신히 인간의 자손에게 유익한 것을 알 수 있을 뿐이며, 그것은 일생 동안 하늘 아래에서 마땅히 해야할 일이었다.

4 나는 엄청난 업적을 이루며, 자신이 살 집도 짓고, 포도나무도 가꾸고,

5 정원과 과수원도 만들며, 온갖 종류의 열매를 맺는 나무도 심었다.

6 저수지도 파서, 산림을 이루도록 나무에 물을 대었다.

7 내가 남종과 여종을 두자, 집안에 종들이 태어나게 되었고, 재산 역시 엄청나게 소유하여, 내 앞의 어린 가축은 저루살럼에 있는 모든 것 이상으로 더 많아졌다.

8 나는 개인 소유의 금은도 모았고, 왕만이 가지는 특별한 보물과, 각 지방 특산물도 모았다. 나는 사적으로 남녀 가수를 두고, 인간의 자손을 즐겁게 만들도록, 여러 현악기와 모든 종류의 악기를 갖추었다.

9 이렇게 나는 위대해져, 저루살럼에서 내 앞에 살았던 모두 이상으로 재물이 많았으며, 나의 지혜도 언제나 나와 함께 있어 주었다.

10 나의 눈이 바라는 것은 무엇이나 못 가질 게 없었고, 어떤 쾌락조차 내 마음을 막지 못했다. 왜냐하면 스스로 하는 일마다 내 마음이 흡족했으므로, 그 자체가 나의 모든 수고에 대한 대가였기 때문이었다.

11 그런데 내 손의 업적과, 내가 힘을 들여 한 일을 살펴보았는데, 전부 무의미한 영혼의 고뇌뿐이어서, 결국 태양 아래 이로운 게 아무것도 없었다.

12 그래서 나는 방향을 돌려, 지혜와 미친 짓과 어리석음을 알아보기로 했다. 왜냐하면 인간이 왕 다음으로 할 수 있는 것이 무엇이겠는가? 그조차 이미 이루어진 것이기는

하지만 말이다.
13 그때 나는 지혜가 어리석음을 능
가하고, 어둠보다 훨씬 우월한 빛
이라는 것을 알았다.
14 현명한 자의 눈은 머리 안에 있어
도, 어리석은 자는 어둠 속을 걷는
다. 모두에게 같은 일이 똑같이 발
생한다는 것을 깨닫게 되었다.
15 그래서 나는 마음 속으로 말했다.
"바보에게 일어나는 일이 나에게
도 발생하면, 왜 내가 남보다 더 현
명하다고 생각하지?" 그때 나는
내 마음에게 말해주었다. "이 또한
무의미한 것"이라고.
16 따라서 현명한 자가 바보보다 더
오래 기억하는 것도 없더라. 앞으
로 오는 미래를 안다해도 모두 잊
힐 것이다. 그런데 현자는 어떻게
죽을까? 바보와 똑같다.
17 그래서 나는 삶이 싫어졌다. 왜냐
하면 태양 아래에서 성취한 업적
이 내게 슬픔이었으므로, 모든 것
은 무의미하고, 영혼의 고뇌일 뿐
이었기 때문이었다.
18 맞다, 내가 태양 아래에서 이룬 모
든 나의 수고가 싫어졌다. 왜냐하
면 나는 그것을 떠나, 뒤이을 후손
에게 주어야 하기 때문이다.
19 그가 현명한지 바보인지 누가 알
까? 그래도 그는 내가 노력한 나의
노동 전부를 지배할 테고, 내가 태
양 아래서 자신의 현명함을 보인
그곳을 다스릴 것이다. 이 역시 허
무하다.
20 따라서 나는 태양 아래서 달성한
모든 노력을 마음으로 무시하기로
했다.
21 자신의 지혜와, 지식과, 자산을 간
직하기만 하고, 그것으로 노력하
지 않는 사람은, 그의 지분이 달아
나게 될 것이다. 이 역시 무의미하
며, 큰 죄까지 추가하는 것이다.
22 제 노력을 다하고, 마음의 고뇌와
씨름하며, 태양 아래서 온갖 수고
를 다하는 사람은 어떤 사람일까?
23 평생 괴로워하며 고충을 겪는 사
람이 있다. 그렇다, 그의 마음은 밤
에도 편히 쉬지 못하는데, 이 또한
부질없는 일이다.
24 이것은 먹고 마시며 제 노력으로
자신의 영혼을 즐기는 사람보다
더 나을 게 없다. 이것 역시 내가
알게 된 바, **하나님**의 손에서 이루
어졌다는 것이다.
25 나보다 더 먹을 수 있고, 일마다 더
욱 달려든 자가 있을까?
26 **하나님**이 그 자의 눈에 지혜와 지
식과 쾌감을 충분히 주었지만, 죄
인에게는 수고를 주고 재산을 끌
어모아 쌓게 해주는데, 그것 또한
하나님이 그에게 충분히 주었을 지
모른다. 이 역시 허무한 영혼의 고
뇌다.

모든 것은 제때가 있다

3 모든 일은 때가 있고, 하늘 아래
에서 이루어지는 모든 목표에도
때가 있다.
2 태어나는 때가 있으면, 죽을 때가
있고, 심을 때가 있으면 심은 것을
뽑을 때도 있다.
3 죽일 때도, 치유할 때도, 허물 때도,
세울 때도 있고,
4 울 때도, 웃을 때도, 슬퍼할 때도,
춤출 때도 있고,
5 돌을 던질 때도, 돌을 주울 때도, 껴
안을 때도, 포옹을 자제할 때도 있
고,
6 얻을 때도, 잃어버릴 때도, 유지할
때도, 던질 때도 있고,
7 찢을 때도, 꿰맬 때도, 침묵할 때도,
말할 때도 있고,
8 사랑할 때도, 미워할 때도, 싸울 때
도, 평화의 시기도 있다.
9 그런데 그 가운데 사람이 수고한
들 무슨 도움이 될까?
10 내가 알게 된 모든 수고란, 바로 **하
나님**이 인간의 자손에게 부여하여
그것을 경험하게 한 것이다.
11 그는 모든 것을 제때에 아름답게
만들고, 또 세상을 인간의 마음 안
에 두어, 처음부터 끝까지 **하나님**
이 만든 작업을 사람이 찾아낼 수
없게 했다.
12 내가 아는 것은, 사람이 즐기고 자
기 인생에 최선을 다하는 것보다
더 나은 것은 없다는 것이다.
13 그리고 또 모든 사람은 먹고 마셔
야 하고, 자기 수고로 얻은 이익을
즐겨야 하는데, 이것이 바로 **하나님**
의 선물이다.
14 나는 알게 되었다. **하나님**이 이룩
한 것은 무엇이나 영원하고, 거기
에 보탤 수도 뺄 수도 없다. **하나님**
이 그것을 실행하고, 인간은 그 앞
에서 경외해야 한다는 것을.
15 현재 있는 것은 이미 있어왔던 것
으로, **하나님**은 과거에 그것이 필
요했던 것이다.
16 게다가 나는 태양 아래에서 이루
어지는 재판의 현장을 살폈더니,
거기에 악의가 있었고, 정의의 장
소인데도 잘못이 있더라.
17 나는 마음 속으로 말했다. "**하나님**
이 언젠가 정의와 악의를 재판할
것이다. 이는 모든 목적과 모든 일
은 제때가 있기 때문이다."
18 나는 마음 속으로 인간 자손의 자
산에 관하여 말했다. "**하나님**이 그
것을 분명하게 나타내 보여줄 때,
인간은 스스로 짐승이라는 것을
알수 있을 것"이라고.
19 인간 자손의 운명이 동물과 같아
서, 그들 모두 같은 운명이다. 하나
가 죽으면, 다른 것이 죽는다. 맞다,
그들 모두가 한결같이 숨을 쉰다.
이와 같이 사람이 짐승보다 더 우
월한 게 없다. 따라서 모두가 허무
하다.
20 모든 것은 한 곳으로 가는데, 모두

가 흙에서 왔으니, 다시 흙먼지로
돌아간다.
21 인간의 영혼이 위로 올라가는 지
누가 알까? 짐승의 영혼이 땅 밑으
로 내려가는 지 누가 알까?
22 나는 더 나은 게 없다는 것을 안다.
따라서 사람은 제 일을 즐겨야 한
다. 왜냐하면 그것이 제 몫이기 때
문이다. 그래야 인간을 데려온 존
재가 사람이 하는 일을 볼 수 있지
않을까?

한 줌 평온이 낫다

4 그래서 나는 다시 태양 아래에
서 자행되는 모든 억압을 곰곰
이 생각해보기로 했다. 그러면서
탄압당하는 자의 눈물을 보니, 그
들을 위로하는 자는 없었고, 억압
하는 편에는 권력이 있었지만, 그
들 역시 마음을 위로해주는 자는
없더라.
2 그래서 나는 아직 살아 있는 산 사
람보다, 이미 죽은 자가 더 낫다고
칭찬하게 되었다.
3 그렇지, 그 둘보다 더 나은 것은, 아
직 태어나지 않아서, 태양 아래에
서 실행되는 나쁜 모습을 보지 않
은 경우다.
4 다시, 내가 인간의 행위를 깊이 생
각해보니, 올바른 행위마다, 주변
의 시기질투를 받더라. 이 또한 무
모한 영혼의 괴로움이다.
5 바보는 제 양손을 팔짱에 껴넣고,
제 살을 먹는다.
6 좋기는 한 손 가득 평온을 쥐는 것
이다. 양 손에 힘든 수고와 영혼의
고뇌를 잔뜩 움켜쥔 것보다 훨씬
낫다.
7 그러면서 다시 되돌아, 태양 아래
널린 허상을 보았다.
8 첫 번째는 혼자 있는 경우고, 두 번
째는 아닌 경우다. 그는 자식도 형
제도 없는데, 제 노동은 끝이 없다.
그의 눈은 재물에 만족도 못하고,
"내가 누구를 위해 수고하며, 내 영
혼의 행복을 잃고 있을까?" 라며
불만하더라. 이 역시 무가치한 일
이다. 그렇다, 이는 비참한 고역이
다.
9 둘은 하나보다 낫다. 왜냐하면 그
들은 서로 노동에 대한 충분한 보
상이 있다.
10 그들이 쓰러지면, 하나가 동료를
일으켜주기 때문이다. 혼자인 사
람이 어려워질 때 재난인 이유는,
그를 도울 다른 사람이 없다는 것
이다.
11 게다가, 둘이 같이 누우면, 서로 온
기가 있지만, 홀로 어떻게 몸이 따
뜻해질까?
12 어떤 사람이 공격할 때, 둘은 서로
공격을 막을 테고, 세겹 밧줄은 쉽
게 끊어지지 않는다.
13 가난하고 슬기로운 자식이, 늙고
어리석은 왕보다 더 나은 이유는,
고집 센 왕은 충고를 거부하기 때

문이다.
14 현명하면 감옥에서 풀려나와 다스
리게 되는 반면, 그렇지 못하면 왕
가에서 태어났어도 가난해진다.
15 내가 태양 아래 걸어다니며 살아
있는 모두를 생각해보니, 2인 자는
반드시 왕 자리에 대신 오르게 될
것이다.
16 그런 식으로 사람은 끝없이 이어
진다. 그들보다 일찍 왔던 사람조
차 그렇고, 앞으로 올 후세 역시 만
족은 없을 것이다. 확실히 이 또한
헛된 영혼의 고뇌일 뿐이다.

약속을 실행하며 경외해라

5 네가 **하나님**의 성전으로 가거
든, 발을 조심하고, 바보들의
희생제물을 올리기 보다 **하나님**의
말을 더 잘 들을 준비를 해라. 어리
석으면 생각없이 실수를 저지르게
된다.
2 말을 쉽게 하지 말고, 마음만으로
먼저 **주님** 앞에 어떤 이야기든 서
둘러 하지 않게 해라. **하나님**은 하
늘에 있고, 너는 땅에 있기 때문에
네 말을 삼가야 한다.
3 꿈은 많은 일을 구상하면서 꾸게
되고, 어리석은 목소리는 말을 많
이 하는 가운데 드러난다.
4 네가 **하나님**에게 맹세할 때 그에
대한 대가 지불을 미루지 마라. **주
님**은 어리석음을 그다지 좋아하지
않기 때문에, 네가 약속한 것을 실
행해야 한다.
5 맹세하고도 이행하지 않는 것보
다, 약속을 하지 않는 편이 더 낫다.
6 네 입 때문에 신체가 죄를 짓지 않
게 하고, 천사 앞에서 그것이 실수
였다고 말하지 않게 해라. 그로 인
해 **하나님**이 네 목소리에 화가 나
면, 네 손으로 이룬 업적을 파괴할
것이다.
7 꿈이 많고 말도 많으면, 허영도 많
지만, 그러나 너는 **하나님**을 경외
하거라.
8 만약 네가 가난한 자가 억압받는
것을 보고, 어느 지역에서 재판과
정의를 왜곡하는 위반을 보면, 그
일로 놀라지 마라. 가장 높은 자리
로 생각되는 것보다 더 높은 자리
가 있고, 그들보다 더 높은 존재가
있기 때문이다.
9 그리고 땅위의 생산물은 모두에게
나눠지고, 왕은 자기 영역 내에서
이익을 얻는다.
10 은을 사랑하는 자는 은에 만족하
지 못하고, 생산물이 풍부해도 만
족하지 못하는데, 이 역시 무의미
한 것이다.
11 재물이 늘면, 그것을 먹으려는 사
람도 는다. 그들의 눈에 들어오는
것 말고, 소유주에게 좋은 것은 무
엇일까?
12 노동하는 사람의 잠은, 그가 먹는
게 많든 적든 달다. 하지만 재물이
넘치면 잠들지 못할 것이다.

13 나는 태양 아래 지독한 죄악을 본
적이 있다. 다시 말하면, 주인을 위
해 모인 재산이, 오히려 소유주를
해치더라.
14 대신 그런 부자는, 악이 판치면 망
하고, 아들을 낳아도, 빈손이더라.
15 사람은 어머니의 자궁에서 나올
때처럼, 돌아갈 때도 맨몸으로 가
며, 손에 들고갈 노동의 대가는 아
무것도 없다.
16 이것 역시 최악의 슬픔으로, 인간
은 올 때처럼, 떠날 텐데, 노동으로
얻은 이익이 있다면, 바람을 위한
수고였을까?
17 사람은 평생 암울함 속에서 먹으
며, 큰 슬픔과 괴로움에 몸까지 아
프다.
18 내가 보아 왔던 이런 것을 생각해
봐라. 인간이 먹고 마시면, 행복하
고 편안한 것이고, 평생 태양 아래
에서 노동으로 얻은 행운을 즐기
면 좋은 것이다. 그것이 바로 **하나
님**이 인간에게 준 각자의 지분이
다.
19 게다가 **하나님**은 모두에게 재물과
소유물을 주면서, 사람에게 그것
을 먹을 권한도 부여했고, 각자의
몫을 얻고, 제 노동으로 만족하게
해주었다. 이것이 **하나님**의 선물이
다.
20 사람이 자기 일생을 많이 기억하
지 못하는 이유는, **하나님**이 인간
에게 마음의 기쁨으로 대답해주기
때문이다.

태양 아래 슬픔

6 내가 태양 아래에서 본 슬픔이
있는데, 그것은 사람마다 모두
똑같더라.
2 **하나님**은 부와 재물과 명예를 주
어, 인간이 더 이상 바랄 게 없게
하지만, 사람이 자기 것을 모두 먹
을 권한은 주지 않았고, 대신 다른
사람이 그것을 먹게 만들었다. 그
래서 허무하고, 이것은 질병처럼
깊은 슬픔이다.
3 만일 인간이 백 명의 자식을 낳고,
오랜 세월을 살며, 그의 생애가 길
어진다 해도, 그의 영혼이 행복으
로 채워지지 않고, 묘지조차 제대
로 없더라. 내 말은, 빛을 못 본 사
산아가 차라리 사람보다 낫다는
것이다.
4 인간은 허상 속에서 왔다, 어둠 속
에서 떠나, 그의 이름도 어둠에 가
려지고 만다.
5 오히려 해도 못 보고, 아무것도 아
는 게 없는 편이, 다른 사람보다 더
편히 쉬더라.
6 그렇다, 비록 천년의 두 배를 산다
해도, 선을 보지 못한 채, 모두 한
곳으로 가지 않나?
7 수고하는 사람은 모두 제 입을 위
한 것인데, 식욕은 채워지지 않는
다.
8 현명한 자가 바보보다 더 가진 게

무엇일까? 가난한 자가 부자 앞에
서 터득한 삶의 방법은 무엇일까?
9 욕망을 좇아 헤매는 것보다, 제 눈
안에 보이는 게 더 낫다. 이것 역시
허무한 영혼의 고통이다.
10 살아온 것은 이미 이름이 지어져,
그것이 사람이라고 알려져 있다.
인간과 경쟁할 정도로 더 힘센 것
도 없다.
11 그런데, 공허만 커지는 것을 무수
이 보면, 도대체 인간이 더 나은 게
뭘까?
12 인간 삶의 행복이 무엇인지 아는
자에게 무가치한 일생이란, 지나
버리는 그림자 같은 것일까? 태양
아래에서 후손이 어떨지, 누가 대
답해줄 수 있을까?

현명함과 어리석음

7 명성이 값비싼 방향연고보다 낫
고, 죽는 날이 태어나는 날보다
더 낫다.
2 조문하는 것이 잔칫집 방문보다
더 나은 이유는, 모두가 목숨을 다
하는 날이 있으므로, 살면서 마음
속에 운명을 간직해야 하기 때문
이다.
3 슬픔이 웃음보다 더 좋은 것은, 얼
굴에 슬픔을 나타내어 마음을 순
화시키기 때문이다.
4 현명한 자의 마음은 초상집에 있
고, 어리석은 마음은 유쾌한 잔치
집에 가 있다.
5 현명한 꾸지람을 듣는 것이, 바보
의 노래를 듣기보다 훨씬 좋다.
6 솥 바닥에서 가시가 타들어가며
내는 소리처럼, 바보의 웃음도 그
렇다. 이 역시 허무하다.
7 억압은 정말 현명한 사람을 분노
하게 만들고, 뇌물은 사람의 마음
을 허물어버린다.
8 좋기는 사물의 끝이 시작보다 더
낫고, 정신이상이 거만한 영혼보
다 낫다.
9 네 마음에서 화를 일으키는 것을
급히 서둘지 마라. 분노는 가슴 속
에 어리석음이 자리잡은 것이다.
10 요즘보다 예전이 더 좋다는 이유
를 함부로 말하지 마라. 왜냐하면
너는 이에 관해 세심하게 탐구하
지 않기 때문이다.
11 지혜는 유산과 더불어 유익한데,
지혜의 눈으로 해를 바라보는 이
에게 이익이 되기 때문이다.
12 지혜도 방패고, 돈도 방패지만, 지
식이 탁월할 때, 지혜는 그것을 가
진 자에게 생명을 준다.
13 **하나님**의 위업을 깊이 생각해 봐
라. 그가 휘어놓은 것을 누가 펼 수
있겠나?
14 번영의 시기는 즐겁겠지만, 불행
이 올 때를 생각해라. **하나님**은 이
것도 저것도 다 만들어 놓고, 마침
내 인간이 그를 찾아도 아무것도
찾지 못하게 해놓았다.
15 나는 모든 것이 아무것도 아니었

음을 보아왔다. 정의 속에서 파멸
하는 정직한 자도 있었고, 악행 속
에서도 장수하는 악한도 있더라.
16 그러니 너무 지나치게 정의롭지
말아야 하고, 너무 지나치게 현명
하지 않아야 한다. 왜 스스로 자멸
해야 하겠니?
17 지나치게 악행을 저지르지 말고,
바보가 되지도 마라. 왜 네가 수명
도 못채우고 죽어야 하겠니?
18 네가 꼭 붙들어야 할 것은 선이다.
맞다, 그것으로부터 네 손을 거두
지 마라. 왜냐하면 **하나님**을 경외
하는 자는 무엇보다 그것을 앞에
두기 때문이다.
19 지혜란 도성 안에 있는 힘센 열명
장정보다 현명한 자를 더 강하게
한다.
20 실제 지구 위에는 올바르기만 한
사람은 없고, 죄를 짓지 않고 바르
기만 한 자는 아무도 없다.
21 또 사람이 하는 말을 다 유념하지
말고, 너의 종이 너를 저주하는 소
리도 신경쓰지 말아라.
22 때때로 네 마음도 마찬가지로 남
을 욕했음을 네가 알고 있기 때문
이다.
23 이 모든 것을 지혜로 나를 직접 시
험해 보았다. 스스로 단언하며, "나
는 슬기로워질 것"이라고 해도, 그
것은 내게서 멀리 있더라.
24 훨씬 멀리, 대단히 깊숙이 있는 그
것을 누가 찾아낼 수 있을까?
25 나는 마음을 다하여 지혜를 알고
자, 탐색하며 찾아보았다. 또 모든
일의 이유와 어리석은 악행과 우
둔함과 미친 짓까지 알아보았다.
26 그리고 내가 알게 된 것은, 마음이
올가미와 덫이고, 손은 족쇄와 같
은 여자는, 죽음보다 더 쓴데, **하나
님**을 기쁘게 하는 자는 그녀한테서
달아나지만, 죄인은 그녀에게 걸
려들게 된다는 것이다.
27 교훈을 전하는 사람이 이렇게 말
한다. "보라, 내가 알아냈는데, 하
나에 다른 하나를 더하여, 사물의
이치를 알고자 한다.
28 그런데 나의 영혼이 찾아도 발견
하지 못하다가, 천 사람 가운데 올
바른 남자 하나를 발견했지만, 그
중 여자는 하나도 없었다.
29 그러고 보니, 내가 찾은 것은 오직
하나뿐으로, **하나님**은 사람을 바르
게 만들었지만, 인간은 술수만 모
색해왔다는 것이다."

즐거움을 추천한다

8 현명한 자란 누군가? 사물의 뜻
을 이해하는 자는 누구인가? 인
간의 지혜는 얼굴에 빛을 주어, 뻔
뻔한 얼굴이 바뀔 것이다.
2 내가 왕의 명령을 지키라고 충고
하는 이유는, 네가 **하나님** 앞에서
맹세했기 때문이다.
3 그의 존재 앞에서 떠나기를 서두
르지 말고, 나쁜 쪽에 서지 마라. 그

는 무엇이든 인간의 마음을 기쁘
게 하려는 일을 하기 때문이다.
4 왕의 말이 최고인데, "지금 무엇을
하냐?"며, 왕에게 누가 말을 할 수
있을까?
5 명령을 지키는 자는 나쁜 해를 당
하지 않고, 현명한 자는 때와 절차
를 분간한다.
6 모든 일에는 적절한 때와 절차가
있기 때문에, 지금 그에게 불행이
큰 것이다.
7 사람은 앞으로 어떤 일이 닥칠 지
알지 못하는데, 누가 미래를 말해
줄 수 있을까?
8 영혼을 지배하여 붙잡을 수 있는
사람은 없고, 죽는 날 힘 있는 자가
없고, 전투시기에 제대할 수 없고,
불행이 운명을 구하지 못한다.
9 나는 이 모든 것을 보며, 태양 아래
에서 이루어지는 모든 일에 내 마
음을 다해왔다. 사람이 다른 사람
을 지배할 때, 자기 자신의 마음이
상하는 경우도 있다.
10 그리고 나는 악한이 묻히는 것을
보았다. 그가 이 신성한 곳에 왔다
가버리자, 악행을 저지르던 도시
안에서 그의 존재는 잊혔다. 이 또
한 허무한 일이다.
11 악행에 대한 재판선고는 신속하게
집행되지 않기 때문에, 인간의 자
손은 나쁜 짓을 하려는 마음이 충
분히 자리잡는 것이다.
12 비록 죄인이 백번이나 나쁜 짓을
하는데도, 수명이 길어질 수 있지
만, 내가 확실히 아는 것은, **하나님**
을 경외하고 두려워하는 사람은
편히 잘 지내게 된다는 것이다.
13 그러나 악한은 편안이 없고, 그의
생애도 늘지 않아, 마치 그림자처
럼 지내게 될 것이다. 왜냐하면 그
는 **하나님**을 두려워하지 않기 때문
이다.
14 땅위에서 이루어지는 공허한 일
가운데, 올바른 사람에게 악한의
음모대로 사건이 발생하는 경우도
있고, 또 어떤 악한에게 정의로운
의도에 따라 일이 이루어지기도
한다. 내 말은, 이 역시 허무하더라.
15 그래서 나는 즐거움을 추천한다.
사람은 태양 아래에서 먹고 마시
고 기뻐하는 것보다 더 좋은 게 없
기 때문이다. 그렇게 일생동안 자
기 노동으로 살아가도록, **하나님**이
태양 아래 인간에게 부여한 것이
다.
16 내가 나의 마음을 다하여 지혜를
알고자 노력하며, 땅위에서 이루
어지는 일을 살펴보았다. [이 때문
에 밤낮으로 제 눈에 잠도 못 자는
날도 있었는데,]
17 그때 나는 **하나님**의 모든 작업을
지켜보았더니, 인간은 태양 아래
서 이루어지는 일을 알아낼 수 없
다. 왜냐하면 사람이 그것을 찾고
자 노력해도, 여전히 발견하지 못
하기 때문이다. 그렇다, 훨씬 멀리

있다. 비록 현자가 그것을 안다고
생각해도, 그것을 찾을 수 있는 것
은 아닐 것이다.

모두가 알지 못한다

9 이 모든 것에 대해, 내가 마음 속
깊이 생각한 것을 전부 이야기
해보면, 정의로운 자든, 현명한 자
든, 그들이 하는 모든 일은, **하나님**
의 손 안에 있어, 사람은 인생에서
이루어지는 사랑과 미움 어느 쪽
도 알지 못한다.
2 이 모든 것은 모두에게 똑같이 일
어난다. 올바른 사람에게 어떤 일
이 있으면 악한에게도 발생하고,
선하고 깨끗한 사람에게 일이 생
기면 오염된 자에게도 있고, 희생
제물을 올리는 자에게도 올리지
않는 자에게도 일어난다. 선한 사
람과 마찬가지로 죄인도 똑같고,
하나님에게 맹세하는 자도, 맹세를
두려워하는 자도 똑같다.
3 태양 아래에서 이루어지는 모든
일에는 악이 있는데, 그것도 모두
에게 똑같이 일어난다. 맞다, 인간
의 자손 역시 마음에 악이 가득 차
서, 사는 동안 그들 마음 속이 미쳐
돌아가다, 그후 죽으러 가더라.
4 살아 있는 사람과 함께 있으면 희
망이 있고, 살아 있는 개가 죽은 사
자보다 낫다.
5 살아 있으면 죽을 것을 알지만, 죽
으면 아무것도 모르고, 대가도 더
이상 돌아오지 않는다. 죽은 자는
잊히기 때문이다.
6 게다가 그들의 사랑, 증오, 시기심
조차 모두 소멸되어, 그들이 태양
아래에서 이룬 모든 일에 대한 몫
은 영원히 더 이상 없다.
7 너의 인생 길을 가면서, 즐거운 마
음으로 네 빵을 먹고, 기쁜 마음으
로 와인을 마셔라. 왜나하면 **하나님**
은 네가 하는 일을 받아들이기 때
문이다.
8 네 옷은 언제나 깨끗하게 유지하
고, 머리에는 향유기름을 부족하
지 않게 발라라.
9 허무한 인생을 사는 동안 네가 사
랑하는 아내와 즐겁게 살아라. 그
것은 태양 아래에서 공허한 인생
내내 그가 네게 준 것이다. 그것은
인생 가운데 너의 몫이고, 태양 아
래에서 얻는 네 노동의 대가다.
10 너의 손이 무엇을 찾아 일하든, 최
선을 다해라. 일이 없으면, 생각도
없고 지식도 지혜도 없기 때문에,
네가 가야할 곳은 무덤뿐이다.
11 나는 다시 되돌아 태양 아래에서
일어나는 일을 보았다. 경기는 빨
라야만 이기는 것도 아니고, 강하
기만 해서도 싸움에 이기는 게 아
니고, 빵만으로 현명해지지 않고,
잘 아는 자에게만 재물이 가는 것
도 아니고, 재주있는 사람만 선호
되는 것만은 아니더라. 대신 때와
기회는 모두에게 똑같이 발생한다.

12 그런데 사람은 자기의 때를 알지
못한다. 재수 없이 어망에 걸린 물
고기처럼, 올가미에 잡힌 새처럼,
그렇게 인간의 자손은 좋지 못한
시기에 덫에 빠진다. 하필 그때 사
람이 갑자기 걸려드는 것이다.
13 내가 태양 아래에서 다음 지혜를
보았는데, 내게 그것이 대단하게
보였다.
14 도성이 작아 그 안 사람 수도 적었
는데, 큰나라 왕이 그곳에 와서 포
위하고, 공격하려고 거대한 망루
를 세웠다.
15 당시 그 안에는 가난하지만 현명
한 사람이 있어, 그의 지혜로 도성
을 구했지만, 누구도 그 가난한 사
람을 기억하지 못하더라.
16 그때 내가 이렇게 말했다. "지혜가
힘보다 좋은데도, 가난한 자의 지
혜는 무시되고, 그 말을 듣지 않는
구나.
17 현명한 자의 말은, 바보를 지배하
는 자의 외침보다 더 조용하게 들
린다.
18 지혜는 전쟁의 무기보다 낫지만,
죄를 짓는 사람은 더 많이 파괴한
다."

지혜는 이롭기만 하다

10 죽은 파리가 약제사가 만든
방향연고 악취의 원인이듯,
사소한 어리석음은 지혜와 명예의
호평을 가진 자에게 그렇다.
2 지혜의 마음은 사람의 오른편에
있고, 어리석은 마음은 왼편에 있
다.
3 그런데 어리석은 자가 길을 걸을
때, 그의 분별의 지혜가 제대로 작
동하지 않기 때문에, 모두를 바보
라고 말하는 것이다.
4 지배자의 영혼이 네 위로 올라서
더라도, 그곳을 떠나지 마라. 굴복
은 맹렬한 공격을 진정시킨다.
5 태양 아래 내가 본 잘못이 하나 있
는데, 그것은 통치자의 실수에서
비롯되어,
6 바보가 높은 자리에 앉고, 부자가
낮은 자리에 앉는 것이다.
7 또 나는 종이 말을 타고, 왕자가 종
처럼 땅위를 걷는 모습도 본적이
있다.
8 구덩이를 판 자는 거기에 빠지고,
울타리를 부순 자는 뱀이 그를 물
것이다.
9 돌을 옮기면 그것에 다칠 수 있고,
나무를 쪼개면 그러다 위험해질
수 있다.
10 쇠가 무딘데도 끝을 갈지 않으면,
힘이 더 들지만, 지혜는 직접적으
로 이롭기만 하다.
11 확실히 뱀은 마법없이 물기 때문
에, 말로 떠드는 자가 더 나을 게
없다.
12 현자의 입은 우아한데, 바보의 입
술은 스스로 삼키더라.
13 그 입으로 말을 시작하면 어리석

음이 되고, 그 말의 끝은 유해한 광
기가 된다.
14 어리석으면 역시 말이 많다. 사람
은 앞으로 무슨 일이 일어날지 말
해 줄 수 없고, 뒤에 어떤 일이 있
을지 누가 말할 수 있을까?
15 어리석은 노력이 모두를 피곤하게
만드는 이유는, 바보가 제 도성으
로 가는 길을 모르기 때문이다.
16 아, 이 땅이 걱정이다. 너의 왕은 아
직 어린데, 너의 대군왕자들이 아
침부터 이를 먹어치우려 하다니!
17 오, 이 땅에 축복이 내릴 때는, 네
왕은 귀족의 아들이고, 너의 왕자
들은 제 때에 먹고 취하지 않아서,
힘이 막강할 때이다.
18 너무 나태하면 건물도 썩고, 손이
빈들거리며 놀면 집에 물이 샌다.
19 축제는 웃음을 만들고, 포도주는
즐겁게 만들며, 돈은 모든 것을 해
결한다.
20 왕을 저주하지 말고, 그럴 생각조
차 하지 말며, 네 침실에서도 부자
를 욕하지 마라. 공중을 나는 새가
그 소리를 전하고, 날개 달린 모든
것이 그 일을 이야기하게 된다.

슬픔을 없애고 잘못을 멀리해라

11 너의 빵을 물 위에 던지면, 나
중에 그것을 찾을 수 있다.
2 일곱에게 한 조각씩 주고, 또 여덟
사람에게 나누어 주어라. 그러면
지구에 어떤 악이 있는지 네가 알
지 못하게 될 것이다.
3 구름이 비를 가득 품으면, 스스로
땅위에 비우고, 나무가 남쪽이나
북쪽으로 쓰러지면, 쓰러진 곳에
그대로 있을 것이다.
4 바람을 관찰하기만 하면 씨를 뿌
리지 못하고, 구름을 고려하기만
하면 수확이 없을 것이다.
5 네가 영혼의 길을 모르듯, 또 아이
가 자궁 안에서 뼈가 어떻게 자라
는지 모르듯, 그렇게 모든 것을 만
든 **하나님**의 작업을 너는 알지 못
한다.
6 아침에 씨를 뿌린 다음, 저녁에 네
손을 거두지 마라. 너는 이것인지
저것인지, 아니면 둘 다 좋은지 모
르고, 어느 것이 잘 자랄지 모르기
때문이다.
7 빛은 정말 기분 좋은 것이어서, 눈
이 태양을 바라보면 유쾌해진다.
8 하지만 오래 살며 그 안에서 즐거
워해도, 사람은 어두운 날을 기억
하고 있어야 한다. 왜냐하면 인간
이 장수할 때, 오는 것이란, 허무뿐
이기 때문이다.
9 젊은 사람아, 젊음을 즐겨라. 그리
고 네 가슴이 환호하도록 젊은 시
절에 활기를 주어라. 네 마음의 길
대로, 네 시야가 향하는 대로 걸어
라. 그러나 모든 것은 **하나님**이 너
를 재판하게 될 것임을 알아 두어
라.
10 그러므로 네 마음의 슬픔을 없애

고, 네 신체의 잘못을 멀리 해라. 어
린 시절과 젊음 역시 부질없기 때
문이다.

사람이 해야 할 의무

12 네가 젊었을 때 너의 창조주
를 기억해라. 아직 악의 날이
오기 전에 기억하고, 인생이 즐겁
지 않다고 말할 날이 다가오기 전
에 기억해라.
2 태양과, 빛과, 달과, 별들이 있는 동
안 아직 어둡지 않을 때, 비온 뒤
구름이 오지 않을 때 기억해라.
3 어느 날 집을 지키던 사람이 전율
하고, 강한 자가 스스로 고개를 숙
이고, 수확이 적어 그라인더가 멎
고, 창밖을 살피던 사람도 우울해
지고,
4 거리의 상점도 문을 닫는 것은, 곡
식 빻는 소리가 적어졌기 때문이
다. 사람이 새소리에 일어나지만,
노래하는 딸들의 소리가 약해지
면,
5 인간은 높은 곳의 존재에 겁을 먹
으며, 길에는 무서움만 있을 것이
다. 아먼드나무가 무성하고, 메뚜
기는 주체할 수 없이 많은데도, 의
욕을 상실한다. 왜냐하면 인간은
영원한 제 집으로 돌아가야 하고,
애도하는 사람들이 거리 주위를
따르기 때문이다.
6 아니면, 은 매듭이 풀리거나, 금 대
접이 깨지거나, 단지가 우물에서
부서지거나, 마차바퀴가 저수지에
빠지면 그를 기억해라.
7 그때 먼지는 땅에 본래 있던 대로
돌아가고, 영혼은 그것을 부여한
하나님에게 돌아갈 것이다.
8 허무하고 허무하다고, 교훈을 전
달하는 자가 말한다. 모든 것이 허
무하다.
9 그리고 교훈전달자는 현명했기 때
문에, 그는 여전히 사람에게 지식
을 가르쳐야만 했다. 그렇다, 그는
충분히 주의 깊게 탐구하며, 수많
은 격언을 정리했다.
10 이 교훈전달자는 이해할 수 있는
말을 애써 찾으며, 바르게 진실을
기록해 두었다.
11 지혜의 말은 바르게 선도하는 지
팡이와 같고, 모임의 스승이 굳건
히 박아 놓은 못과 같다고, 한 목자
가 전한다.
12 그뿐만 아니라, 나의 아들아, 이것
으로 교훈을 얻어라. 끊임없이 많
은 책을 만들어, 신체가 지치도록
공부를 많이 하거라.
13 이제 사물 전체에 결론을 내어보
면, **하나님**을 경외하며 그의 명령
을 지키자. 이것이 사람이 해야할
의무이다.
14 **하나님**은 모든 일을 판단한다. 심
지어 드러나지 않은 일조차, 그것
이 좋은지 나쁜지 평가한다.

솔로먼의 노래

1 노래 중 노래가 솔로먼의 시가
다.
2 여 그 입술의 입맞춤으로 내게 키
스해주세요. 당신의 사랑이 와인
보다 더 좋으니까요.
3 당신 이름의 향기가 너무 좋아서,
향수처럼 풍기면, 소녀들은 당신
을 사랑하게 되지요.
4 나를 이끌면, 우리가 서둘러 당신
을 따르고, 왕은 나를 데리고 그의
침실로 가지요.
친구 우리는 당신으로 인해 대단히
즐거워져, 포도주보다 더 좋은 당
신의 사랑을 기억한다. 올바른 사
람이 당신을 사랑한다.
5 여 내가 비록 검어도 아름다워요.
오 너희 저루살럼의 딸들아, 나는
키더의 텐트처럼, 솔로먼의 휘장
처럼 예쁘지요.
6 내가 검다고 무시 말아요. 태양이
나를 내리쬐었기 때문이에요. 내
어머니의 아들들이 내게 화를 내
어, 나를 포도밭을 가꾸게 했고, 내
포도밭은 돌보지도 못했죠.
7 오 나의 영혼을 사랑하는 당신이
말해주세요. 당신은 어디서 양떼
를 먹이고, 낮에 어디서 양떼를 쉬
게 하죠? 왜 내가 당신 친구의 양
떼 옆에서 외면받아야 하나요?
8 친구 네가 여자 중 가장 예쁜 사람
을 모르거든, 양의 발자국을 쫓아
가, 목자의 천막 옆에서 새끼에게
풀을 먹여 보라.
9 남 나는 나의 사랑 당신을, 풰로우
왕 마차의 암말에 비교해본다.
10 당신의 뺨은 보석줄로 장식되어
있고, 당신의 목은 금줄을 걸어 돋
보인다.
11 우리는 당신에게 은징을 박은 금
제 덮개 스커트를 만들어주겠다.
12 여 왕이 태이블 제자리에 앉으면,
나의 스파익널드 향기가 거기까지
풍기지요.
13 내 사랑은 나에게 멀수지 향주머
니가 되어, 밤새 내 가슴 사이에 누
워 있겠죠.
14 내 사랑은 나에게 엔게디 포도밭
의 헤나 송이와 같아요.
15 남 보라, 당신은 예쁜 나의 연인이
고, 보라, 당신은 아름다운 비둘기
눈을 가졌다.
16 여 보세요, 당신은 멋진 내 사랑!
맞아요, 너무 황홀해요. 우리 침대
는 푸른 풀밭이에요.

17 남 우리 집 대들보는 시더나무며,
지붕을 바치는 서까래는 잣나무
다.

2 여 나는 샤론의 장미, 계곡의 백
합이에요.
2 남 가시 가운데 피는 백합처럼, 딸
가운데에서 나의 사랑이 그와 같
다.
3 여 수풀 가운데 사과나무처럼, 나
의 연인도 아들 가운데 그와 같아
요. 나는 기뻐하며 그의 그림자 아
래 앉았는데, 그 열매가 정말 달아
요.
4 그가 나를 연회로 데려갔는데, 나
에 대한 그의 표상은 바로 사랑이
었죠.
5 성찬용 와인으로 나를 버티게 해
주고, 사과로 나를 진정시켜주세
요. 사랑에 목이 말랐거든요.
6 그의 왼손은 나의 머리를 바치고,
오른손은 나를 껴안고 있어요.
7 오 저루살럼 딸, 너희에게 들의 수
노루와 암 사슴을 맡길 터이니, 너
희는 동요하지 말고 나의 사랑이
만족할 때까지 깨우지 말아줘.
8 아, 내 연인의 목소리! 보세요, 그가
산을 넘고, 언덕을 넘어 다가오고
있어요.
9 내 사랑은 수노루며, 젊은 수사슴
같아요. 보세요, 그는 우리 벽 뒤에
서서, 창을 들여다보며, 격자틀 사
이에 모습을 보였어요.
10 내 연인이 말하고 있어요. "일어나
라, 내 사랑, 나의 아름다운 사람아,
어서 가자"라며.
11 남 보라, 겨울이 지나고, 비도 끝나
버렸다.
12 꽃이 땅에 피어나고, 새 우는 시절
이 오면, 산비둘기 소리도 우리 땅
에 들린다.
13 무화과나무는 푸른 무화과를 내
고, 여린 포도가 달린 덩굴은 향긋
한 냄새를 풍긴다. 일어나라, 내 사
랑, 나의 아름다운 사람아, 어서가
자.
14 오 나의 비둘기, 바위틈과 비탈진
은밀한 곳에 있는 사람아, 당신 얼
굴을 내게 보여, 당신 목소리를 듣
게 해달라. 당신의 목소리는 감미
롭고, 당신의 얼굴은 아름다우니
까.
15 여 여우를 잡아주세요. 어린 여우
가 포도덩굴을 망가뜨려요. 왜냐
하면 우리 포도덩굴은 여린 포도
가 달렸으니까요.
16 내 연인은 나의 것, 나는 그의 것이
죠. 그는 백합 가운데서 양을 먹이
고 있어요.
17 날이 밝아, 어둠이 사라질 때까지,
내 연인은 내게 돌아누워주세요.
당신은 수노루거나, 베썰산 위의
젊은 수사슴과 같아요.

3 여 밤새 내 침대에서 내 영혼을
사랑하는 사람을 찾고 찾아도,

나는 아직 그를 찾지 못했어요.
2 일어나 밖으로 나가, 도시 거리 넓
은 길에서 내 영혼을 사랑하는 사
람을 찾으려 해도, 나는 아직 발견
하지 못했어요.
3 도시를 순찰하는 경비원이 나를
봤을 때, 내가 물었죠. "내 영혼을
사랑하는 사람을 봤나요?"
4 얼마 후 내가 지나가다, 내 영혼을
사랑하는 그를 발견했어요. 나는
그를 붙들어 보내지 않고, 내 어머
니의 집, 나를 잉태한 엄마의 방에
데려갈 때까지 놓치지 않았어요.
5 저루살럼의 딸들아, 내가 들의 수
노루와 암사슴을 너희에게 부탁
해. 사랑하는 연인이 만족할 때까
지는 흔들지도 깨우지도 말아줘.
6 친구 저기 연기 기둥처럼 황야에서
오는 그는 누굴까? 향료와 유향수
지와 상인의 향료 향내를 풍기며
오는 사람은?
7 보라, 바로 솔로먼의 마차다. 이즈
리얼에서 가장 용감한 60명 용사
가 주위를 호위한다.
8 모두 칼을 든 그들은 백전용사로,
각자 옆에 칼을 찬 것은 밤의 공포
때문이다.
9 솔로먼왕은 직접 레바넌 나무로
마차를 만들었다.
10 그는 마차의 모든 기둥을 은으로
만들고, 바닥은 금으로 만들며, 좌
석을 자색으로 덮어, 내부를 사랑
으로 포장한 것은 저루살럼의 딸
을 위한 것이다.
11 오 자이언의 딸, 너희는 나가서, 크
라운관을 쓴 솔로먼왕을 구경해
라. 그의 결혼식날 그의 어머니가
그에게 왕관을 씌우며, 그의 마음
을 기쁘게 했다.

4

남 보라, 너는 아름다운 나의 사
랑. 보라, 머리가닥에 가려진 네
눈이 비둘기 눈과 같이 아름다운
사람아. 당신의 머리결은 길리얻
산에 있는 염소 무리의 털과 같다.
2 네 이는 털이 방금 다듬어진 양떼
와 같고, 그것은 물에 씻겨 나왔다.
각각은 쌍둥이를 배는데, 그 중 불
임은 하나도 없다.
3 네 입술은 주홍실 리본 같고, 네 말
은 사랑스럽다. 네 관자놀이는 너
의 머리가닥 안에 있는 석류조각
같다.
4 네 목은 무기고로 세운 대이빋의
탑과 같아, 거기에 수천의 둥근방
패와 용사의 방패가 걸려 있다.
5 네 양쪽 가슴은 마치 젊은 쌍둥이
수노루가 백합 가운데서 풀을 뜯
는 듯하다.
6 날이 새도록, 어둠이 물러갈 때까
지, 나는 향료의 산에 있고, 방향수
지의 언덕에 있겠다.
7 너는 온통 아름다운 나의 사랑. 거
기에는 흠결 하나 없다.
8 나와 함께 레바넌에서 가자. 나의
동반자로 나와 함께, 레바넌으로

부터 가서, 애매나 정상에서, 또 쉬
니어와 허먼 정상에서, 그리고 사
자 굴과 표범 산에서 바라보자.
9 당신은 내 마음을 황홀하게 만든,
나의 여동생, 나의 배우자. 너는 한
쪽 눈으로, 또 목에 건 목걸이 한
줄로 내 가슴을 매료시켰다.
10 당신의 사랑이 얼마나 아름다운
지! 나의 여동생 같은 나의 연인아!
네 사랑이 포도주보다 얼마나 더
좋은가! 그리고 모든 향료 이상의
향기가 네게서 나오다니!
11 오 나의 연인, 네 입술은 벌집과도
같이 혀 밑에서 꿀과 즙이 흐르고,
너의 옷 향기는 레바넌의 냄새와
같다.
12 나의 여동생 같은 나의 동반자는
곁에 있는 정원이고, 가까운 샘이
자, 독점 우물이다.
13 당신의 나무는 석류과수원이고,
헤나는 좋은 열매로 가득하고, 스
파익널드는 향기로 가득하다.
14 스파익널드와 샤프런, 창포 캘러
머스와 시나몬 모두 향료나무이
고, 멀수지와 앨로우알로에향료는
모든 향료 중 으뜸이며,
15 정원의 샘, 생수의 우물, 그리고 레
바넌에서 흘러오는 시내가 있다.
16 여 오 북풍은, 깨어나서, 남쪽으로
바람을 보내, 나의 정원에 불어주
면, 그곳 향기가 흐를 수 있어요. 그
래서 나의 연인이 그의 정원에 오
게 하고, 그 열매를 만족하도록 먹
게 해주세요.

5 남 나의 누이 나의 신부여, 나
는 나의 정원에 와 있다. 나의 멀
수지향료를 거두고, 나의 벌집에
서 나의 꿀을 먹었다. 또 나의 밀크
와 함께 술을 마셨다. 오 친구도 먹
고 마시고, 그렇지, 나의 사랑도 넘
치도록 마셔라.
2 여 나는 잠이 들어도, 내 가슴은 깨
어 있어요. 내 연인의 목소리가 문
을 두드리며 말해요. "자기야, 내사
랑, 나의 비둘기, 나의 순결한 연인
아. 내 머리에 이슬이 내려앉아, 내
머리다발이 밤새 젖었다" 라고 해
요.
3 나는 겉옷을 벗었는데, 어떻게 다
시 입죠? 나는 발도 씻었는데, 어
떻게 다시 더럽히죠?
4 나의 사랑이 문고리에 손을 집어
넣자, 나의 내장까지 그로 인해 동
요했어요.
5 나는 내 사랑에게 문을 열어주려
일어났고, 내 손은 벌써 멀수지향
료를 떨어뜨려, 향긋한 향내가 나
는 멀수지향료에 내 손가락을 찍
고, 문손잡이에 발랐죠.
6 나는 내 사랑에게 문을 열어주었
는데, 내 사랑은 몸을 돌려 벌써 가
버렸어요. 그가 말할 때, 나는 제정
신이 아니었고, 그를 찾았는데, 찾
을 수도 없이, 내가 불러도, 그는 내
게 대답해주지 않았어요.

7 도시를 순찰하는 야경꾼이 나를
보더니, 나를 쳐서 상처를 입혔고,
성벽 파수꾼은 나의 베일을 빼앗
았어요.
8 오 저루살럼의 딸, 너희에게 내가
부탁해. 너희가 내 사랑을 찾거든,
그에게 말 좀 전해줘. 내가 사랑 때
문에 아프다고.
9 친구 오 여자 중 가장 빼어난 너의
연인이 다른 연인 이상인 점은 무
엇일까? 너의 연인이 다른 연인보
다 무엇이 월등하길래, 네가 우리
에게 부탁할까?
10 여 내 사랑은 눈부시게 혈색 좋은
사람으로, 만 명 가운데 돋보여요.
11 그의 머리는 최상급 황금과 같고,
그의 머리다발은 무성하여 칠흑
같이 빼곡하지요.
12 그의 눈은 시냇가 옆의 비둘기 눈
과 같은데, 우유로 씻겨 최고수준
으로 건강하지요.
13 그의 뺨은 향수의 온상처럼 아름
다운 꽃밭과 같고, 그의 입술은 백
합같아 향긋한 멀수지 향기가 흘
러요.
14 그의 손은 투명한 녹색 베럴원석
을 박은 금반지 같고, 그의 배는 새
퐈이어를 덧씌운 빛나는 상아 같
아요.
15 그의 다리는 순금 받침대 위에 세
운 마블대리석 기둥 같고, 그의 얼
굴은 탁월한 레바넌의 시더나무
죠.
16 그의 입은 가장 달콤한테, 맞아요,
그는 모든 것이 완벽한 사랑이에
요. 나의 연인이 이와 같아요. 오 저
루살럼의 딸들아. 이 사람이 바로
나의 친구다.

6 친구 당신의 연인은 어딨지? 여
자 가운데 가장 아름다운 당신
의 연인 말이다. 당신의 사랑이 딴
데로 돌아섰나? 그러면 우리가 당
신과 함께 그를 찾을 수 있을 거다.
2 여 내 사랑은 자기 정원 향료의 온
상에 가서, 그 정원에서 양을 먹이
며, 백합을 모을 거예요.
3 나는 내 연인의 것, 나의 연인은 나
의 것이죠. 그는 백합 가운데서 양
을 먹여요.
4 남 오 내 사랑, 당신은 너무 아름다
워, 틸자처럼, 저루살럼처럼 멋지
고, 깃발 든 군대처럼 두렵다.
5 당신의 눈을 나한테서 다른 데로
돌려다오. 왜냐하면 나를 지배하
니까. 당신의 머리털은 길리얻에
서 보이는 염소떼와 같다.
6 당신의 이는 방금 씻고 나온 양떼
와 같고, 모두 쌍둥이를 배는데, 그
중 불임은 없다.
7 석류의 한 조각 같은 것이, 당신의
머리가닥에 가린 관자놀이다.
8 왕비가 60, 후궁이 80이며, 수없는
소녀들이 있다.
9 나의 비둘기, 나의 순결한 사랑은
단 하나, 그녀는 그녀 어머니의 유

일한 딸이고, 그녀가 낳은 중 가장
사랑했던 딸이다. 딸들이 그녀를
보고 축복했고, 그렇다, 왕비도 후
궁들도 그녀를 칭찬했다.
10 친구 아침에 바라보는 그녀는 누
구? 달처럼 예쁘고, 해처럼 깨끗하
며, 깃발든 군대처럼 두려운 그녀
가 누구지?
11 남 나는 견과나무 정원으로 가서,
계곡의 열매를 보고, 또 포도가 무
성한지 보며, 석류의 싹을 살피러
갔다.
12 어쩌면 내가 깨닫지 못하는 사이,
나의 영혼이 나를 왕자 애미내댑
의 마차처럼 만들어버렸는지 모른
다.
13 친구 돌아오라! 오 슈램 사람아, 어
서 돌아오라. 그러면 우리가 당신
을 볼 수 있다. 너희는 슈램 여자에
게서 무엇을 보려 하지? 이미 두
무리가 하나가 되었다.

7 남 오 대군왕자의 딸아, 신발 신
은 당신의 발이 얼마나 예쁜지!
네 다리 관절은 보석이고, 공예장
인의 손이 빚은 작품이다.
2 너의 배꼽은 굽높은 둥근 와인잔
으로, 술을 마셔도 줄지 않고, 너의
배는 백합으로 둘러싼 밀 더미 같
다.
3 네 두 가슴은 두 마리 젊은 쌍둥이
수노루다.
4 네 목은 상아탑과 같고, 네 눈은 배
쓰래빔 성문 옆 헤쉬본의 물고기
연못과 같다. 너의 코는 드매스커
스를 바라보는 레바넌의 탑이다.
5 네 머리 위쪽은 카멜산과 같고, 네
머리카락은 자색과 같아, 왕이 구
경하다 사로잡혔다.
6 오 내 사랑 당신은 어떻게 그렇게
예쁘며, 기쁨을 주는 즐거움인지!
7 이런 당신 모습은 종려나무 팜트
리, 당신의 가슴은 포도송이다.
8 나는 말한다. 팜트리로 올라가, 가
지를 붙잡아야지. 역시 너의 가슴
은 포도송이가 되고, 네 코의 향내
는 사과 냄새가 나면서,
9 너의 입 천정은 연인을 위한 최상
의 포도주와 같이, 부드럽게 넘어
가며, 잠든 이의 입술에 말을 시킨
다.
10 여 나는 내 연인의 것, 그의 욕망이
나를 향하고 있어요.
11 나의 연인아, 어서 오세요. 우리 함
께 들로 가, 마을 안에 묵어요.
12 일찍 일어나 포도밭에 가서, 포도
가 무성한지, 부드럽게 여물었는
지, 석류가 싹이 났는지 봐요. 거기
서 당신에게 내 사랑을 주지요.
13 맨드래이크 향기를 내고, 우리의
성문에 갖가지 좋은 열매를, 햇것
이든 묵은 것이든, 당신을 위해 마
련했어요. 오 나의 연인아!

8 여 오 당신이 나의 오빠였다면,
내 어머니의 가슴을 같이 빨았

겠죠! 밖에서 당신을 찾아, 내가 당
신에게 입을 맞춰도, 아무도 뭐라
하지 않을 거예요.
2 나는 당신을 이끌어, 나를 키운 내
어머니 집으로 데려가겠어요. 그
래서 나의 석류즙을 가미한 와인
을 당신이 마시게 할게요.
3 그의 왼손은 내 머리를 받치고, 그
의 오른손은 나를 껴안겠지요.
4 오 저루살럼의 딸들아, 내가 부탁
하는데, 너희는 내 연인이 만족할
때까지 흔들지도 깨우지도 말아
줘.
5 들에서 오는 그가 누군데, 그녀의
연인에게 기댈까? 나는 당신을 사
과나무 아래 세웠죠. 그곳은 당신
의 어머니가 가서 당신을 낳은 곳
이에요.
6 나를 당신 가슴의 인장처럼, 당신
팔의 인장처럼 새겨주세요. 사랑
을 위해서라면 죽을 정도로 강하
니까요. 질투는 무덤처럼 무자비
하여, 질투의 숯에 불이 붙으면, 가
장 격렬한 불길이 일겠죠.
7 물이 많다고 사랑을 소멸시킬 수
없고, 홍수도 잠글 수 없어요. 어떤
사람이 사랑을 사겠다고 전재산을
준다면, 모욕만 있겠죠.
8 친구 우리에게 어린 자매가 하나
있는데, 그녀에게 가슴이 없다면,
그녀가 사랑을 고백받는 날이 올
때, 무슨 말을 해줘야 할까?
9 그녀가 벽이라면, 은제 탑을 세워
주고, 그녀가 문이라면, 시더나무
판자로 그녀를 감싸줘야지.
10 여 나는 벽이고, 나의 가슴이 탑이
되어, 그의 눈에 사랑받는 사람이
되었어요.
11 솔로먼은 배이얼해먼에 포도원이
있는데, 그것을 소작인에게 주었
더니, 열매마다 은 천개를 가져왔
어요.
12 나의 포도밭은 나의 것, 내 앞에 있
어요. 솔로먼 당신은 천을 가져야
하고, 포도지기는 그 중 200의 열
매를 가져야 해요.
13 남 정원에 사는 당신 동료는 당신
의 음성을 듣는데 나도 듣게 해달
라.
14 여 나의 연인 당신은, 어서 빨리 향
내 나는 산 위의 한 마리 수노루나
젊은 수사슴이 되어주세요.

예언자 아이재야

쥬다에 대한 근심

1 애머즈아모츠, 아모스 아들 아이재야이사야는 환상 속에서 쥬다유다와 저루살럼예루살렘의 앞날에 대한 근심스러운 모습을 보았는데, 쥬다왕 우지아우찌야, 웃시야, 조쌤요탐, 요담, 애이해즈아하즈, 아하스, 헤저카야히즈키야, 히스기야 시대였다.

2 오 하늘은 듣고, 땅도 귀를 기울여라. **주님**이 이렇게 말했다. "내가 자식을 먹여 키웠더니, 그들이 내게 대들었다.

3 소도 제 주인을 알고, 나귀도 주인의 여물통을 알아보는데, 이즈리얼은 알지 못하고, 나의 백성도 생각하지 않는다.

4 아, 죄만 짓는 민족이다. 사람은 부정에 올라타고, 악한의 자손은 부패해버렸다. 그들은 **주님**을 버리고, 이즈리얼의 신성한 유일한 존재를 화가 나도록 자극하며, 멀리 등을 돌렸다.

5 어째서 너희는 더 고통을 받으려 할까? 너희는 점점 더 반발하며, 머리는 온통 병들고, 가슴은 전부 멍들었다.

6 발바닥부터 머리까지 건전하지 못하여, 긁히고 상처나 깊이 곪는 중이다. 그것은 봉할 수도, 감쌀 수도 없고, 향유연고를 발라도 진정되지 않는다.

7 너희 나라는 망가지고 도시는 불타고, 너희 땅은 네 앞에서 이민족이 삼켜, 외국에 의해 전복되면서 황폐해진다.

8 자이언의 딸은 포도원의 오두막처럼, 오이밭의 원두막처럼 버려지고, 포위당한 도성처럼 버려진다.

9 만인의 **주님**이 우리에게 작은 자투리라도 남겨준 것을 제외하면, 우리는 소듬소돔과 같았을 것이고, 거머라고모라처럼 똑같이 되었을 것이다.

10 소듬의 지배자 너희는 **주님**의 말을 들어라. 우리 **주 하나님** 법에 귀를 기울이고, 거머라 백성 너희는 그 법에 귀를 기울여라.

11 너희가 내게 희생제물을 수없이 올린다고 무슨 소용이 있나?" 라고 **주님**이 말했다. 그리고 "나는 숫양의 번제물을 배부르게 먹었고, 살찐 가축지방도 가득 찼는데, 나는 수소와, 새끼양과, 수컷염소의 피가 즐겁지 않다.

12 너희가 내 앞에 나타날 때, 누가 너
희 손에 이런 것을 가져와 나의 정
원을 밟으라고 했나?
13 헛된 봉헌물을 더 이상 가져오지
마라. 나는 향료도 진저리나고, 매
월 첫날과, 사배쓰휴일과, 집회와
같은 무의미한 모임을 참을 수 없
다. 그것도 죄고, 엄숙한 모임도 그
렇다.
14 너희의 월초 모임과 지정된 축일
도 증오하다보니, 그것이 나를 괴
롭혀, 참는 것도 지쳤다.
15 따라서 너희가 손을 내밀어도, 내
눈을 감춰버리겠다. 그렇다, 너희
가 기도를 많이 해도 나는 듣지 않
겠다. 이는 너희 손이 피로 가득찼
기 때문이다.
16 자신을 씻어, 너를 깨끗하게 만들
어라. 네 눈 앞의 비행을 버리고, 악
행을 중단해라.
17 선행을 배우고, 정의를 실행하며,
억압받는 자를 구제해라. 고아를
바르게 재판하고, 과부를 변호해
라.
18 자, 이제 우리가 함께 이치를 말해
보자"고 **주님**이 말했다. "너희 죄가
주홍같이 붉어도, 눈과 같이 하얗
게 될 수 있고, 선홍색처럼 붉어도
양털처럼 될 수 있다.
19 만약 너희가 마음으로 따르면, 땅
위의 좋은 생산물을 먹을 것이다.
20 그러나 거절하고 반발하면, 너희
는 칼로 망할 것이다. 이는 **주인**의
입으로 말했기 때문이다.
21 진실한 도시가 어쩌다 매춘소가
되었나! 한때 정의에 찬 바른 주거
지였는데, 이제 살인자만 있다.
22 너희 은은 불순물이 되고, 너희 포
도주는 물로 희석되었다.
23 네 대군왕자들은 반역하며, 도둑
일당이 되었고, 사람들은 모두 뇌
물을 좋아하여, 대가가 따른다. 그
들은 아버지 없는 아이를 바르게
재판하지 않고, 그들에게 오는 미
망인의 호소도 제대로 듣지 않는
다"고 했다.
24 그래서 **주님**이, 만인의 **주님**이, 이
즈리얼의 막강한 유일한 존재가
말했다. "아, 내가 나의 적에게 무
관심하면, 그것으로 내 적에게 복
수하는 것이다.
25 너희로부터 내 손을 거두어, 너희
찌꺼기를 깨끗이 떨어내고, 너희
불결을 없애버리겠다.
26 그리고 나는 처음처럼 너희에게
판관을 세우고, 또 예전처럼 지도
자를 세운 다음, 너희를 바르고 충
실한 도시로 불어나게 하겠다.
27 자이언시온은 정의를 되찾고, 올바
른 도성으로 변모하게 될 것이다.
28 법을 어기고 죄를 짓는 자는 모두
파멸하고, **주님**을 버린 자도 사라
지게 될 것이다.
29 너희는 기뻐하던 신성한 참나무로
수치를 당하고, 또 너희가 선택한
정원 때문에 실망하게 될 것이다.

30 왜냐하면 너희는 잎이 지는 참나
무 꼴이 되고, 물 없는 정원 같은
신세가 되기 때문이다.
31 그리고 강자는 바짝 마른 덤불이
되고, 불꽃의 발화제가 되어, 그들
을 한데 태우면, 아무도 불을 끄지
못하게 될 것이다."

산 가운데 솟아 드높여진다

2 애머즈의 아들 아이재야이사야의
이야기는 쥬다와 저루살럼을 미
리 본 것이다.
2 마지막 날은 **주님** 성전의 산이, 산
가운데 우뚝 솟아, 언덕 이상으로
드높여질 것이며, 모든 나라가 그
곳으로 몰려들 것이다.
3 다수가 가서 말한다. "너희는 어서,
주님의 성전으로 가고, 재이컵야곱
의 **하나님** 집으로 함께 가자. 그래
서 그가 우리에게 그의 길을 가르
치면, 우리는 그의 길로 걷게 될 것
이다. 왜냐하면 자이언시온에서 법
이 나오고, **주님**의 말이 저루살럼
에서 나오기 때문이다.
4 그는 여러 나라를 재판하고, 많은
사람을 처벌할 것이다. 그러면 그
들은 제 칼을 두드려 쟁기날을 만
들고, 자기 창으로 가지치는 전지
용 낫을 만들 것이다. 나라는 타국
에 맞서 칼을 들어올리지 않게 되
면서, 사람은 더 이상 전쟁을 배우
지 않을 것이다.
5 오 재이컵의 집안, 너희는 어서, **주**
님의 빛 가운데서 함께 걷자.
6 그러면서 네가 너희 재이컵 집안
을 외면하는 이유는, 그들이 동쪽
문화를 보급받아, 필리스틴필리스티
아, 블레셋 출신 점쟁이가 나와서, 이
민족 자손 사이에서 기뻐하기 때
문이다.
7 그들 땅은 금은으로 가득차, 보물
의 끝이 없고, 그들 땅도 말로 가득
차, 그들이 가진 전차의 끝이 보이
지 않는다.
8 또한 그들의 땅은 우상으로 채워
지고, 제 손으로 빚은 조형물을 숭
배하고, 직접 손가락으로 만든 형
상에 엎드린다.
9 따라서 작은 사람도 고개를 숙이
고, 큰 사람도 스스로 엎드리니, 그
들을 용서 마라.
10 바위로 들어가고, 흙 속에 자신을
숨겨라. 왜냐하면 **주님**이 두렵고,
그의 위대한 영광이 무섭기 때문
이다.
11 도도한 사람의 눈은 초라해지고,
오만한 사람도 고개를 숙이므로,
그날은 **주님** 홀로 드높여질 것이
다.
12 만인의 **주님**은 그날, 거만하고 도
도한 사람 위에, 높이 올려진 자 위
에 있기 때문에, 그는 모두를 비천
하게 만들 것이다.
13 또 레바넌의 우뚝 솟은 시더나무
위에, 배이샨의 참나무 위에,
14 모든 높은 산 위에, 높이 솟은 언덕

위에,
15 모든 높은 탑 위에, 모든 요새성벽
위에,
16 탈쉬스의 배 위에, 웅장한 선박 위
에 그가 존재한다.
17 그리고 인간의 고귀함이 꺾이고,
사람의 오만도 낮아지며, 그날 오
직 **주님**만 드높여진다.
18 **주님**은 우상을 철저히 없앨 것이
다.
19 그들은 바위 구멍 속으로 들어가
고, 땅굴 속으로 들어갈 것이다. 이
는 **주님**의 두려움과 그의 위대한
영광을 위해, 그가 일어나, 지구를
무섭게 흔들기 때문이다.
20 그날이 되면, 사람은 은제우상과
금제형상을 내던질 텐데, 그것은
각자 자신이 숭배하려고 만들었던
것이지만, 좀과 박쥐에게 던져버
릴 것이다.
21 그리고 바위 틈으로 들어가고, 험
준한 바위산 정상으로 가는 이유
는, **주님**과 그의 찬란한 빛이 두렵
기 때문이다. 그가 일어나면, 지구
를 무섭게 흔들 것이다.
22 너희는 콧구멍으로 숨쉬는 사람에
게 의존하지 마라. 이 가운데 인간
이 어떻게 존중받겠나?

저루살럼과 쥬다를 재판

3 보라, 만인의 주인 하나님은, 저
루살럼예루살렘과 쥬다유다로부터,
인간을 유지시키는 음식과 물을
모조리 없애겠다고 한다.
2 영웅과 용사, 판관과 예언자, 지식
인과 원로도 없애고,
3 50명 지휘관과 군인, 참사관과 세
공기술자, 달변 점쟁이까지 없애
겠다며, 다음과 같이 말한다.
4 "나는 어린이를 지도자로 지정하
고, 아기가 그들을 지배하게 하겠
다.
5 그러면 백성이 다른 민족에게 억
압당하게 되고, 이웃에 의해 핍박
을 받는다. 미성년자는 어른에 대
해 오만해지고, 일반인이 귀족에
맞설 것이다.
6 어떤 사람은 아버지 집안 형제에
게 이렇게 말하겠지. '당신은 옷도
제대로 입었으니, 우리의 통치자
가 되어 달라. 이 폐허를 당신 손으
로 맡아 달라'고.
7 그러면 당장 그의 형제가 선언하
며, '나는 치유자가 되지 않겠다. 그
이유는 내 집안에는 빵도 없고, 옷
도 없기 때문에, 나를 백성의 통치
자로 만들지 말아 달라'고 하겠지.
8 저루살럼이 파괴되고, 쥬다가 쓰
러지는 것은, **주님**에 반하는 그들
의 혀와 행위가 그의 영광의 눈 앞
에서 도발하며 자극한 탓이다.
9 그들 얼굴 표정이 그런 행위에 대
한 증언이고, 또 자신들의 죄가 소
듬과 같다며 감추지도 않는다. 아,
이럴 수가, 그들 영혼에 재앙이 있
다! 자신들의 악행의 대가를 받았

기 때문이다.
10 바른 사람에게 행운이 있을 것이
라고 전해라. 그들은 자기행위에
대한 열매를 먹게 되는 것이다.
11 악한에게는 재앙이 있어라! 그에
게 불행이 오는 것은 악한의 손이
저지른 행동의 대가다.
12 나의 백성에 대해서라면, 아이가
그들을 억압하게 되고, 여자가 그
들을 통치한다. 오 나의 백성, 네가
잘못하도록 이끈 그들이, 네 길을
망치는 구나!
13 주님이 판정의 자리에 서서, 백성
을 재판할 것이다.
14 주님이 그의 백성의 원로와 지도
자의 맞은편 재판정으로 들어가는
이유는, "너희가 포도원을 먹어치
우고, 네 집안 약자를 갈취했기 때
문이다.
15 도대체 너희가 나의 백성을 짓밟
고, 약자의 얼굴을 뭉개는 이유가
뭐냐?" 라고 만인의 주님이 말한
다.
16 또 주님이 말한다. "자이언의 딸이
불손하게, 고개를 제치고, 오만한
눈길로 걸으며, 무시하는 태도로
지나가면서, 딸랑이 장식을 만들
어 발에 달고 다니더라.
17 그러므로 주인은 이들을 괴롭혀,
자이언의 딸 머리 위에 염증의 크
라운관을 얹어주어, 그들의 두피
가 드러나게 할 것이다."
18 그날 주인은 그들의 화려한 딸랑이
발장식을 제거하고, 그들의 망사
모자와, 달 모양의 둥근 머리장식
용 타이어를 벗기고,
19 목걸이, 팔지, 머플러,
20 보닛모자, 다리장식품, 머리밴드,
향수병, 귀걸이,
21 반지, 코걸이보석,
22 예복과 겉옷, 머리쓰개, 머리마는
핀,
23 안경, 리넨속옷, 머리덮개, 베일까
지 빼앗아버린다.
24 그러면 향기 대신 악취가 나고, 장
식허리띠 대신 밧줄이, 가지런한
머리 대신 민머리로, 가슴장식 스
토머커 대신 거친 베옷이, 아름다
움 대신 불에 그을린 모습이 될 것
이다.
25 네 남자는 칼에 쓰러지고, 용사는
전쟁에 쓰러진다.
26 저루살럼 성문은 울며 슬퍼하고,
마침내 무너져, 땅위에 내려 앉을
것이다."

파멸 이후 먼훗날 피난처가 되어 준다

4 그때가 되면 여자 일곱명이 남
자 하나를 붙들고 말한다. "우리
는 제 빵을 먹고, 제 옷을 입을 테
니, 단지 우리가 당신의 가문이름
으로 불리게 해주어, 무시당하지
않게 해주세요" 라고 하겠지.
2 그날 주님의 가지는 아름답게 빛나
고, 땅위 열매는 이즈리얼이 도망
갔으므로, 두드러지게 탐스러워질

것이다.
3 그래서 앞으로, 자이언에 남아 있
는 자와, 저루살럼에 잔존한 사람
은 신성하게 불리고, 심지어 저루
살럼의 생존자 모두 기록되어 남
게 되는 날이 오면,
4 그때 **주님**은 자이언시온 딸의 오염
을 씻고, 정의로 불타는 정신으로
그 가운데서 저루살럼의 피를 깨
끗이 정화하게 된다.
5 그리고 **주님**은 자이언산의 모든 주
거지와 집회 위에, 낮에는 구름과
연기기둥으로, 밤에는 밝게 빛나
며 번쩍이는 불꽃이 되어, 모든 영
광 위에서 방패가 되어줄 것이다.
6 또 성전 안에 존재하며, 한낮 더위
로부터 그늘이 되어주고, 피난처
가 되어 주며, 폭풍우와 비를 피할
은신처가 되어줄 것이다.

포도원의 노래

5 나는 이제, 내가 아끼는 내 사랑
이 포도원을 가꾸는 노래를 해
본다. 내 사랑은 비옥한 언덕에 포
도원을 갖고 있다.
2 그는 울타리를 치고, 돌을 모아 쌓
아서, 가장 좋은 포도나무를 심은
다음, 한가운데 탑을 세우고, 거기
에 포도압착기도 만들었다. 그리
고 포도가 열리길 기대했더니, 야
생포도가 나왔다.
3 자 이제, 저루살럼의 주민아, 또 쥬
다 사람아, 너희에게 부탁하는데,
나와 내 포도원을 재판해 달라.
4 내가 포도원에 기울인 정성이 얼
마고, 거기에 하지 않은 정성이 있
었나? 그래서 내가 포도가 나오길
기대했더니, 어떻게 야생포도가
나오냐 말이다?
5 앞으로 내가 나의 포도원에 하게
될 일을 네게 이야기하겠다. 내가
포도원 담장을 허물어버리면, 포
도가 망가질 것이고, 포도원 담장
이 부서지면, 포도가 밟힐 것이다.
6 또 그것을 훼손하면, 가지치기도
안 되고, 경작도 못하고, 대신 들장
미가시와 가시덩굴만 자랄 것이
다. 또 구름에게 명령하면, 그 위에
비도 내리지 않게 된다.
7 만인의 **주인**의 포도원은 이즈리얼
집이고, 쥬다인은 **주인**이 좋아하는
나무이므로, 그는 정의를 기대했
건만, 이렇게 억압뿐이고, 정의 대
신 비명만 들린다.
8 너희에게 재앙이다! 이집에서 저
집까지, 이밭에서 저밭까지, 더 이
상 남은 곳이 없을 때까지 파멸이
다. 그러면 그들은 지구 가운데 홀
로 방치되겠지."
9 내 귀에 만인의 **주님**이 말한다. "진
실된 집 다수가 파괴되고, 웅장하
고 멋진 집도 사는 사람 하나 없이
파멸한다.
10 그렇다, 포도원 10에이커약 40,000㎡
는 1배쓰22L 포도만 산출하고, 1호
머160Kg 씨앗은 1에퐈16Kg 정도만

생산한다.
11 너희에게 재앙이다! 이른 아침부
터 일어나 독한 술을 잇달아 마시
고, 밤까지 계속하며, 속에서 불이
날 때까지 마시는 자는 파멸된다.
12 또 하프, 현악기 바이올, 작은 북 태
브렐, 관악기 및 와인이 그들의 축
제에 있었는데, 그것은 **주인**의 계
획에 고려되지 않고, 그가 하고자
하는 일에 배려되지 않는다.
13 그래서 나의 백성이 포로로 잡혀
가게 되어, 그들은 지도자도 배가
고프고, 다수는 목이 말라버린다
는 것을, 전혀 알지 못한다.
14 그리고 지옥이 크게 자기 입구를
잴 수 없이 넓게 벌리면, 그들의 명
예와, 세력과 위풍과 그들이 누렸
던 즐거움 모두, 그 안으로 내려앉
게 되겠지.
15 그러면 모두가 낮아져서, 힘센자
도 겸손해지고, 거만한 눈도 공손
해진다.
16 대신 만인의 **주인**은 정의 가운데
드높여지고, 신성한 **하나님**은 올바
른 행위 속에 정화될 것이다.
17 그때 어린양들은 하던 대로 풀을
뜯고, 한 때 비옥했던 황무지는 이
민족이 먹을 것이다.
18 너희에게 재앙이다! 허영에 밧줄
이 묶여 죄를 짓고, 허무에 수레끈
이 걸리듯 잘못을 저지르는 자는
파멸할 텐데.
19 그들이 말한다. '어서 속력을 내어
주님의 위업을 서두르게 하자. 그
래야 우리가 그것을 볼 수 있을 것
이다'라고.
20 너희에게 재앙이다! 악을 선으로
선을 악이라고 부르고, 빛 대신 어
둠을 드리우며, 암흑을 빛이라고
주장하고, 단것을 쓰다하며 쓴것
을 달다 하는 자는 파멸한다.
21 너희에게 재앙이다! 제 눈에 영리
하고, 제 시야에서 분별이 있는 자
는 파멸한다.
22 너희에게 재앙이다! 술에 힘이 나
고, 독주를 섞어 마시며 강해지는
자는 파멸한다.
23 그들이 보상으로 악을 정당화하
며, 사람의 올바른 정의를 빼앗다
니!
24 그래서 불이 그루터기를 삼키듯,
불길이 겨를 삼키듯이, 그들의 뿌
리는 썩고, 그들의 꽃은 추하게 시
들 것이다. 그 이유는 그들이 만인
의 **주님** 법을 버리고, 이즈리얼의
신성하고 유일한 존재의 말을 무
시한 탓이다.
25 따라서 **주님**의 분노가 백성에게 불
이 붙어, 그가 그들에게 손을 뻗어
내치면, 언덕마다 떨고, 그들의 사
체가 길 가운데서 찢길 것이다. 그
의 성이 일어나, 가라앉지 않으므
로, 뻗은 손은 계속 타격을 가할 것
이다.
26 그리고 그는 먼 나라를 위해 깃발
을 들어 올리며, 지구 끝에 있는 자

들에게 휘파람을 보낸다. 그러면
보라, 그들이 재빠르게 이곳에 모
여들 것이다.
27 어느 누구도 지치지도 넘어지지도
않고, 선잠도 밤잠도 자는 이 없이,
허리띠가 느슨하게 풀리지도 신발
끈이 끊어지지도 않고 달려오고,
28 그들의 화살은 예리하고, 활시위
는 구부러지고, 말발굽은 부싯돌
처럼 단단하고, 마차바퀴는 회오
리처럼 몰아치며 온다.
29 그들의 고함소리는 사자와 같고,
그들의 으르렁 대는 모습은 마치
젊은 사자다. 그렇다, 그들은 포효
하며 먹이를 낚아채어, 확실하게
끌고 가니, 아무도 구하지 못한다.
30 그날 그들의 울부짖음이란, 넘실
대며 포효하는 파도소리 같을 것
이다. 만약 그 땅을 본다면, 어둠과
슬픔뿐, 하늘의 빛은 꺼져버린다.

아이재야의 임무

6 우지아우찌야, 웃시야왕이 죽던 해,
내가 본 것은, 높이 올려진 왕좌
에 **주님**이 앉아 있고, 교육받은 조
수들이 성전을 메운 모습을 보았
다.
2 그 이외 여러 세라프사랍, 스랍천사가
서 있는데, 각자 날개 6개를 가졌
고, 두 개로 얼굴을 가리고, 두 개로
다리를 가리고, 두 개로 날아다녔
다.
3 하나가 다른 하나에게 큰소리로
외쳤다. "신성하고 신성한 존재가
만인의 **주님**이고, 온땅이 **주님**의 찬
란한 업적으로 가득하다."
4 외침소리에, 문기둥이 움직이면서,
내부에 연기가 가득했다.
5 그때 아이재야 내가 말했다. "내게
재앙이다! 내가 죽는 것은, 깨끗하
지 못한 제 입술을 가진 채, 오염된
입술을 가진 자 가운데 살면서, 내
눈이 만인의 **주인** 왕을 보았기 때
문이다.
6 그때 세라프천사 하나가 내게 날
아오면서, 손에 불붙은 숯을 들고
있었다. 그것은 제단에서 집개로
꺼내든 것이었다.
7 그는 그것을 내 입에 대고 말했다.
보라, 이것이 네 입술에 닿았으니,
네 잘못은 없어지고, 네 죄는 깨끗
하게 정화되었다.
8 또 나는 **주님**의 목소리도 이와 같
이 들었다. "내가 보낸다면, 누가
우리를 위해 갈 것인가?" 그때 내
가 말했다. "내가 있어요. 나를 보
내주세요."
9 그가 말했다. "가서, 이 백성에게
전해라. '사실을 들어도 너희는 이
해하지 말고, 진실을 보아도 받아
들이지 마라.
10 사람의 마음을 굳기름처럼 굳히
고, 귀를 무디게 하고, 눈을 닫아라.
그래서 눈으로 보지 못하고, 귀로
듣지 못하며, 마음이 이해하지 않
도록 피하면, 치유될 것이다.'"

11 그때 내가 말했다. "**주님**, 언제까지
죠?" 그가 말했다. "도시가 거주자
하나 없이 황폐해질 때까지, 집에
사람이 없을 때까지, 땅이 철저히
파괴될 때까지다.
12 **주인**이 먼 곳까지 사람을 제거하
여, 땅 가운데 완전한 망각이 있을
것이다.
13 그래도 그 중 십분의 일이 남겨져,
그들이 돌아오면, 테러빈쓰나무와
참나무 같은 나무열매를 먹을 것
이다. 그리고 나무가 제 잎을 떨어
뜨릴 때, 신성한 씨앗은 다시 그 자
체가 될 것이다."

이매뉴얼 시사

7 쥬다왕 우지아 아들, 조쌤요탐, 요
담의 아들, 애이해즈아하즈, 아하스
시대에, 시리아왕 레진과 이즈리
얼왕 리맬리아 아들 페카가 저루
살럼으로 쳐들어가서 싸웠지만,
이길 수 없었다.
2 한편 대이빋다윗 집안에 전해진 소
문은, 시리아가 이프리엄에프라임, 에
브라임과 연합했다는 것이다. 그러
자 대이빋 마음이 움직이고, 백성
의 마음이 숲속 나무가 바람에 흔
들리듯 흔들렸다.
3 그때 **주님**이 아이재아이사야에게 말
했다. "너는 지금 애이해즈를 만나
러 가는데, 너와 네 아들 쉬어재섭
이 세탁공 벌판 중 큰길 위쪽 연못
수로 끝까지 가거라.
4 그리고 애이해즈에게 이렇게 전해
라. '조심하고, 침착하며, 두려워 말
아라. 횃불로 연기를 피우는 두 꼬
리에 기죽지 마라. 다시 말해 시리
아의 레진왕과 리맬이아의 아들의
격렬한 기세 때문에 겁먹지 마라.
5 시리아와, 이프리엄과, 리맬리아
아들이 너희를 상대로 모의를 꾸
며 말하길,
6 '우리가 쥬다한테 쳐들어 가서 괴
롭히자. 그곳을 침략하여 우리 것
으로 만든 다음, 그 가운데 태비얼
아들로 왕을 세우자'고 할 것이다."
7 그런데 **주 하나님**의 말에 의하면,
"이 계획은 점령도 못하고, 성공하
지도 못한다.
8 시리아의 머리는 드매스커스고,
드매스커스의 머리는 레진이기 때
문에, 65년 내 이프리엄은 흩어져
한 민족이 되지 못할 것이다.
9 또 이프리엄의 머리는 스매리아
고, 스매리아의 머리는 리맬리아
의 아들이다. 너희가 이를 믿지 않
으면, 확실히 너희 입지를 구축하
지 못할 것이다."
10 또 **주님**이 애이해즈에게 전하는 말
에 의하면,
11 "너는 너희 **주 하나님**에게 표시 하
나를 요구해라. 가장 깊은 곳이든
가장 높은 곳이든 그것을 요구하
라"고 말했다.
12 이에 대해 애이해즈 왕이 대답했
다. "나는 요구하지도 않고, **주 하나**

님을 시험하지도 않겠다."
13 그러자 아이재야가 말했다. "이제,
오 대이빋 집안 당신은 들어보세
요. 사람을 지치게 하는 게 대수롭
지 않아서, 당신들이 나의 **하나님**
마저 피곤하게 하나요?
14 그래서 **주님** 스스로 당신에게 표시
하나를 줄 거예요. 보세요, 소녀 하
나가 잉태하여 아들을 낳는데, 그
는 이매뉴얼임마누엘 God with us이라
는 이름으로 불리게 됩니다.
15 그는 버터와 꿀을 먹으며, 악을 거
부하고 선을 택하는 일을 알게 됩
니다.
16 그 아이가 악을 거부하고 선을 택
하는 일을 배우는 동안, 당신들이
훼손한 그 땅은 두 왕에 의해 버림
받게 되지요.
17 **주님**이 당신과, 당신 백성과, 당신
조상 집안에게 가져올 일은, 아직
오지 않은 앞날로, 쥬다에서 분리
한 이프리엄 시대부터 엇시리아왕
시기에 발생합니다.
18 그날이 오면, **주님**은 이집트 나일
강 가장 끝에 있는 파리와, 엇시리
아 땅의 벌도 불러들이지요.
19 그러면 곤충이 와서, 황무지 계곡
과 바위 틈에 자리잡고, 가시와 관
목덤불에 내려앉을 거예요.
20 그날 **주님**은 빌려온 면도날로 면도
하는데, 강 건너편의 그들과, 엇시
리아왕의 손을 통하여, 머리와 다
리털을 깎고 콧수염까지 밀게 됩
니다.
21 또 그날에는 사람이 어린 젖소 한
마리와, 양 두 마리를 키우게 되는
데,
22 가축이 주는 우유가 충분하여, 사
람은 버터를 먹게 되고, 버터와 꿀
은 모두가 먹고도 그 땅에 남게 되
지요.
23 그날은 모든 장소가, 은 1,000쉐클
12Kg 가치의 천 그루 포도나무가 있
던 장소마다, 들장미가시와 가시
덤불이 있게 되고요.
24 활과 화살을 든 사람들이 그곳에
오게 되는 이유는, 모든 땅이 들장
미가시와 가시덤불이 되었기 때문
이에요.
25 곡괭이로 경작했던 언덕은 들장미
가시와 가시덤불이 두려워 더 이
상 아무것도 오지 않게 되고, 다만
소가 풀을 뜯으러 보내지거나, 몇
안 되는 가축이 밟게 되겠죠."

엇시리아인에게 빼앗긴다

8 그리고 주님은 내게 말했다. "큰
두루마리를 마련하여, 거기에
인간의 펜으로 '매허샬라쉬바즈'라
고 기록하라"고 했다.
2 그래서 나는 믿을 만한 증인을 데
려와, 기록하게 했는데, 그들은 유
리아 제사장과, 제버레키아 아들
제커라야다.
3 그런 다음 내가 여자예언자한테
들어가자, 그녀는 임신하여 아들

을 낳았다. 그때 **주님**이 내게, 아이
이름을 "매허샬라쉬바즈"라 부르
게 했다.
4 그것은 그 아이가 아빠 엄마를 부
르며 울기도 전에, 드매스커스의
재물과 스매리아사마리아의 전리품
이 엇시리아왕에게 빼앗기게 된다
는 뜻이었다.
5 **주님**이 내게 다시 말했다.
6 "이 백성은 잔잔히 흐르는 샤일로
강을 거절하고, 레진과 리맬리아
아들에 기뻐하기 때문에,
7 이제 두고봐라, **주인**은 그들에게
강물을 세차게 엄청 많이 가져오
고, 심지어 엇시리아왕과 그의 영
광까지 데려오면, 그는 모든 수로
마다 점령하며, 강둑을 넘어설 것
이다.
8 그는 쥬다를 휩쓸어 곳곳을 두루
다니며, 쥬다의 턱밑까지 이르게
되고, 그의 양 날개를 펼쳐, 너희 땅
의 숨결을 뒤덮을 것이다. 오 이매
뉴얼[**하나님**이 우리와 함께 있다.]!
9 너희 스스로 연합해봐라. 오 백성
과, 너희는 그래봤자, 조각나 부숴
진다. 그때 먼 나라 모두는 여기에
귀를 기울이게 되고, 너희 스스로
허리를 단단히 매어도, 조각나, 파
멸할 것이다.
10 너희가 함께 모여 대책을 의논해
도 헛일이고, 말을 해도 소용이 없
을 것이다. **하나님**은 우리와 함께
한다!
11 **주님**이 내게 말하며, 손힘을 강하
게 하라고 이르고, 이 백성이 가는
길로 걸어가서는 안 된다고 가르
치며 다음을 말한다.
12 "너희는 그들에게 연합하자고 말
하지 말고, 그들이 너희에게 동맹
이라고 말하지 않게 해라. 그들이
두려워한다고 너희도 두려워하거
나 불안해하지도 마라.
13 만인의 **주님** 자체를 신성하게 하
여, 그가 너희 두려움이 되게 하고,
무서움이 되게 해라.
14 **주님**은 보호구역이 되기도 하지만,
넘어뜨리는 걸림돌이 되고, 이즈
리얼 두 집안 사이에 규정을 위반
하는 바위가 되기도 하며, 저루살
럼 주민에게 함정과 덫이 되기도
한다.
15 많은 사람 가운데 그들은 비틀거
리다 쓰러지고, 부러지며, 덫에 걸
려 붙잡힐 것이다."
16 나 아이재야는 증언을 잘 간직하
고, 제자 가운데 이 가르침을 새겨
두어야 한다.
17 나는 **주님**을 기다릴 것이고, 그의
얼굴을 재이컵 집안에 숨겨도 그
를 찾겠다.
18 보라, 나와 **주님**이 내게 준 자손은,
자이언산에 사는 만인의 **주님**으로
부터 나온 이즈리얼의 표시이자
기적이다.
19 누군가 네게, '점쟁이나 주문을 외
며 들여다보는 마법사를 찾아가

방법을 찾아보라'고 말할 때는, 그
들의 **하나님**을 찾는 것이 당연하지
않을까? 산 자가 죽은 자에게 구원
을 청해야 할까?
20 만약에 그들이 법과 증언대로 말
하지 않으면, 그것은 그들 안에 빛
이 없기 때문이다.
21 그들이 그곳을 가도 도움이 되지
않고, 배만 고프기 때문에, 그들이
허기질 때, 불안해지면서, 그들의
왕과 **하나님**을 저주하며 위쪽을 쳐
다보게 될 것이다.
22 또 그들은 땅을 찾아보아도, 괴로
움과 어둠, 고통의 참담함만 보이
므로, 그들은 어둠에 내몰릴 것이
다.

구원자 소년 출생

9 이전에 고통을 받기는 했어도,
그 정도 괴로움이 아닐 것이다.
처음에는 제뷸런즈불룬, 스불론과 냎
털라이납탈리, 납달리 땅에 가벼운 고
통을 주었고, 나중에는 더 심한 고
통을 바다 길옆, 조든요단강 건너편
나라의 갤릴리갈릴리 지역에 주었
다.
2 암흑 속을 걷던 사람은 큰 빛을 보
게 되었고, 죽음의 그림자 땅에 살
던 그들은 밝은 빛을 쪼이게 되었
다.
3 땅은 그 민족을 번성시켜, 그들의
즐거움이 커졌고, 수확의 기쁨만
큼 네 앞에서 즐거워했으며, 전리
품을 나눌 때도 사람들은 좋아했
다.
4 네가 인간의 짐과 멍에를 부수고,
어깨의 굴레와 압제자의 막대기를
부러뜨린 것이 미디언 시대였다.
5 모든 전사가 전쟁에 출전하여 아
우성 속에 빠지고, 옷은 피로 물들
었지만, 앞으로 올 이것은 불로 태
워져 소각될 것이다.
6 이제 우리에게 한 소년이 태어나
는데, 우리에게 아들이 생기면, 통
치는 그의 어깨가 짊어질 것이다.
그의 이름은 훌륭한 조언자, 힘센
하나님, 영원한 아버지, 평화의 지
도자라 불릴 것이다.
7 그의 통치와 평화는 확대되어 끝
없이 이어지면서, 대이빋다윗의 왕
좌위에 그의 왕국 위에 그것을 명
령하여, 지금부터 영원히 정의가
구축되게 할 것이다. 만인의 **주님**
의 열망이 이일을 이룰 것이다.
8 **주님**이 재이컵야곱에게 보낸 한마
디 말이, 이즈리얼을 밝히게 되었
다.
9 그래서 모든 백성이 알게 되고, 이
프리엄과 스매리아 주민까지 깨닫
게 될 것이다. 그들은 거만하고 완
고한 마음으로 말하며,
10 "벽돌이 무너져내리면, 대신 우리
는 다듬은 돌을 쌓아올리고, 무화
과나무가 꺾이면, 대신 시더나무
로 대체하겠다"고 했던 자들이다.
11 그로 인해 **주님**은 레진을 그에 맞

설 적으로 내세워, 적을 한데 모을
것이다.
12 앞에는 시리안, 뒤에는 필리스틴
으로, 그들이 입을 벌리고 이즈리
얼을 삼킨다. 이 모든 것으로도 그
의 분노가 사라지지 않아, 그의 손
을 계속 뻗는다.
13 왜냐하면 타격을 가해도 백성이그
에게 돌아오지 않고, 만인의 **주님**
을 찾지도 않기 때문이다.
14 따라서 **주님**은 이즈리얼의 머리와
꼬리, 가지와 갈대를 단 하루만에
잘라낼 것이다.
15 원로와 귀족은 머리이고, 거짓을
가르치는 예언자는 꼬리다.
16 이런 지도자가 이 백성이 죄를 짓
게 하며, 그들을 파멸로 이끈다.
17 그래서 **주님**은 그들의 젊은이한테
기쁨이 없고, 고아와 과부에게도
자비를 주지 않을 것이다. 모두가
위선자고 악한이며, 입만 벌리면
어리석은 말만하기 때문이다. 따
라서 그의 분노가 가시지 않아, 그
의 손을 계속 뻗게 된다.
18 악행은 불 같이 타기 때문에, 그것
은 들장미가시와 가시덤불을 삼키
고, 울창한 산림에 불을 붙이며, 연
기처럼 높아만 갈 것이다.
19 만인의 **주님**의 분노로 땅은 캄캄해
지고, 사람은 불의 연료가 되면서,
자기 형제를 구하는 사람은 아무
도 없다.
20 사람은 오른손으로 낚아채 먹어도
배가 고프고, 왼손으로 먹어도 만
족하지 못하니, 사람마다 자기 팔
을 뜯어먹게 될 것이다.
21 머나서므나쎄, 므낫세와 이프리엄에프
라임, 에브라임이 함께 쥬다유다를 공격
하게 하겠다. 그래도 그의 분노가
풀리지 않아, 그는 손을 뻗은 채 둔
다.

오만한 엇시리아 재판

10 너희에게 재앙이다! 불의의
칙령을 선포하며, 괴로움을
규정하여 글로 써놓고,
2 재판에서 힘없는 자를 따돌리고,
내 백성 가운데 약자의 권리를 빼
앗아, 과부가 그들의 먹이감이 되
게 하며, 고아를 약탈하다니!
3 너희는 **주님**이 찾는 날 어쩌려고,
먼곳으로부터 닥칠 폐망은 어떻게
하려고? 너희가 달아나면 누구에
게 도움을 요청하려고? 너희의 찬
란한 발전을 어디에 남기려 하지?
4 나는 세상 밖으로 나가, 그들을 죄
수 아래 머리를 숙이게 하고, 살해
된 자밑에 쓰러지게 하겠다. 이 모
든 것으로도 **주님**의 분노가 가시지
않아서, 그의 손을 뻗은 채 그대로
둔다.
5 "오 엇시리안, 너에게는 나의 분노
의 몽둥이가 있고, 또 손에 든 막대
기가 나의 분개다.
6 나는 위선적 민족에 대항할 자를
보내어, 내가 분노하는 너희에게

책임을 물어, 전리품을 약탈하고,
먹이감으로 삼은 다음, 거리의 진
흙처럼 밟히게 하겠다.
7 그가 그럴 의도도 없고, 마음조차
그렇게 생각하지 않는다 하더라
도, 목적은 파괴하고 제거하여 하
나도 남지 않게 하는 것이다.
8 사람들이, '이들 모두 나의 지도자
이거나 왕이 아닌가?
9 칼노는 칼쉐미쉬 같지 않나? 해매
쓰는 알패드 대신이고? 스매리아
사마리아는 드매스커스가 아닌가?'
라고 하겠지.
10 내 손이 우상왕국을 여럿 찾아보
니, 엇시리아의 수풀신상은 저루
살럼과 스매리아 우상보다 우수했
는데,
11 내가 스매리아와 그 땅의 우상에
게 가했던 그대로, 저루살럼과 그
땅의 여러 우상에게 했던 대로 못
할 것 같나?"
12 따라서 앞으로 **주님**이 자이언산과
저루살럼예루살렘에서 그의 일을 전
부 수행할때 말할 것이다. "내가 엇
시리아왕의 우쭐한 마음과 뻐기는
영광을 처벌해주겠다"고.
13 **주님**의 말에 의하면, "나는 내 손힘
으로 일을 했고, 나의 지혜대로 했
다. 나는 빈틈이 없으므로, 백성의
경계선을 없애고, 그들의 보물을
훔쳤으며, 왕과 같은 힘센자를 쓰
러뜨렸다.
14 사람이 새둥지를 찾듯, 내 손이 백
성의 재물을 찾아내어, 인간이 남
겨진 알을 줍듯, 나도 땅위의 모든
보물을 모으면서도, 날개를 떠득
이거나, 입을 벌려 짹짹거리는 소
리도 내지 않았다." 라고 말할 것이
다.
15 도끼가 그것을 다루는 이에게 자
신을 자랑할까? 아니면 톱이 그것
을 사용하는 자에게 자기를 과장
할까? 그것은 마치 지팡이가 그것
을 높이 들어올리는 자에게 자신
을 과시하는 것과 같고, 막대기가
마치 나무가 아닌 듯, 자신을 들어
올리는 자에게 우쭐하는 것과 같
다.
16 그래서 만인의 **주님**은 그의 용사를
보내어, 자신의 위업에 불을 붙여
타오르게 하는 것이다.
17 이즈리얼의 빛은 불로 대신하고,
그의 신성한 존재는 불꽃이 되어,
하루만에 가시나무와 들장미를 태
워 삼키고,
18 그의 수풀의 영광과 비옥한 벌판
도 없애고, 영혼과 신체 모두를 제
거하여, 그들은 마치 기수가 실신
할 때처럼 될 것이다.
19 숲속에 남아 있는 나무가 거의 없
으므로, 아이라도 수를 세어 적어
놓을 수 있을 것이다.
20 또 그날이 되면, 이즈리얼에 남은
사람, 곧, 재이컵 집안에서 피해나
간 사람들은, 그들을 패배시킨 사
람한테 더 이상 견디지 못하고, 결

국 이즈리얼의 신성한 유일한 존
재에게 의지하게 될 것이다.
21 남아 있는 재이컵 집안은 전능한
하나님에게 돌아오게 될 것이다.
22 **주님**의 이즈리얼 백성이 바다의 모
래같이 많으므로, 그 중 남은 자는
반드시 돌아올 것이다. 파괴의 선
포는 정의와 함께 흘러넘칠 것이
다.
23 만인의 **주 하나님**의 파멸은, 이 땅
한가운데 이미 정해졌다.
24 그래서 **주님**의 말에 의하면, "오 자
이언시온에 사는 나의 백성아, 엇시
리아인을 두려워 마라. 그들은 너
희를 지팡이로 공격하며, 이집트
에서 했던 대로 너희에게 막대기
를 쳐들 것이다.
25 그러나 얼마 안 되어, 모든 분개는
멈추고, 그들을 파괴한 나의 노여
움도 멈춘다."
26 그리고 만인의 **주님**은, 오렙 바위
에서 미디언을 살해한 대로, 그에
게 회초리를 들게 하고, 그의 지팡
이가 바다 위에서 했던 대로, 이집
트에서 한 대로 막대기를 쳐들 것
이다.
27 그러면 너희 짐은 어깨에서 사라
지고, 너희 목에서 멍에도 벗겨진
다음, 멍에는 기름을 부여받은 자
로 인해 부서지게 될 것이다.
28 기름을 부여받은 그는 애이쌔로
들어가고, 미그런을 지나, 믹매쉬
에서 자기 짐을 진다.
29 그들은 길을 지나, 게바에서 숙소
를 정하면, 래마가 두려워하고, 솔
의 기비아는 달아난다.
30 갤림의 딸아, 너희 목소리를 높여,
래이쉬까지 들리게 해라. 오 가여
운 애내쏘쓰야.
31 맨메나가 떠나고, 게빔의 거주민
도 함께 달아난다.
32 하지만 그날 그는 놉지역에 남아,
자이언 산의 딸들에 대해 손을 흔
들 것이다.
33 보세요. 만인의 **주님**, 당신은 공포
로 높은 가지를 치고, 높은 자는 깎
아내리며, 오만한 자는 겸손하게
만들겠지요.
34 그는 울창한 숲을 쇠로 자르고, 레
바넌도 막강한 힘으로 쓰러뜨릴
겁니다.

정의의 가지가 다스린다

11 제시이사이, 이새집안 줄기에서
지팡이 하나가 나오고, 가지
하나가 뿌리에서 자랄 것이다.
2 **주님**의 영혼이 그 위에 내려 앉고,
지혜와 이해의 영혼이, 또 계획과
힘의 영혼이 내리며, **주님**을 경외
하는 지식의 영혼이 그에게 내려
올 것이다.
3 그래서 그는 **주님**을 경외하는 방법
을 빠르게 이해시키게 되면서, 제
시야 대로 재판하지 않고, 제 귀로
들은 대로 남을 비난하지 않을 것
이다.

4 대신 정의로 약자를 판결하고, 땅
위의 온순한 사람에 대해서는 제
몫만큼 꾸짖을 것이다. 그는 자기
입의 지팡이로 타격을 가하고, 자
기 입술의 숨결로 악한을 물리칠
것이다.
5 그러면 정의는 그의 허리에서 띠
가 되어주고, 신념은 그가 쥐는 고
삐끈이 될 것이다.
6 늑대 역시 새끼양과 함께 살고, 표
범은 어린양과 더불어 드러눕고,
송아지와 어린 사자가 같이 살찌
고, 어린 아이가 그들을 이끌게 될
것이다.
7 암소와 곰이 같이 먹고, 그들의 새
끼는 함께 뒹굴고, 사자는 소처럼
짚여물을 먹을 것이다.
8 젖먹이 아기가 독사 굴에서 놀고,
젖을 뗀 아이는 머리 다리 날개가
닭 모습인 코캐트리스 독사의 굴
에 손을 넣을 것이다.
9 그들이 나의 신성한 동산 안에서
서로 물고뜯고 헤치지 않는 이유
는, 물이 바다를 채우듯, 땅이 **주님**
의 지혜로 가득 차게 되기 때문이
다.
10 그날에는 제시이사이, 이새집안의 뿌
리 하나가 있어, 그가 백성의 깃발
로 나서면, 이민족조차 그를 찾게
되고, 그의 최후는 영광이 될 것이
다.
11 그날이 오면, **주님**은 그의 손을 두
번째로 펴서, 그의 백성을 다시 데
려올 것이다. 남아 있는 그곳 엇시
리아, 이집트, 패쓰로스, 쿠쉬나일지
역, 일램, 샤이너배블로니아, 해매쓰,
바다 여러 섬에서 데려오게 될 것
이다.
12 그는 민족을 위한 깃발을 세우고,
이즈리얼 가운데 내쫓긴 자를 모
아, 그 땅에서 사방으로 흩어진 쥬
다를 함께 있게 할 것이다.
13 이프리엄의 질투도 끝나고, 쥬다유
다의 적이 사라지면, 이프리엄이 쥬
다를 시기하지 않게 되어, 쥬다가
이프리엄을 괴롭히지 않을 것이
다.
14 대신 그들은 서쪽 필리스틴 어깨
위로 날아가, 동쪽 사람과 함께 그
들을 약탈하여, 이듬과 모앱을 손
에 넣으면, 애먼자손은 그들에게
굴복하게 될 것이다.
15 그러면 **주님**은 이집트 바다의 혀를
철저히 잘라버리고, 그의 강력한
바람으로 이집트 나일강을 뒤흔들
어, 일곱줄기 시내를 치면, 사람은
신발을 적시지도 않고 건널 수 있
게 될 것이다.
16 그리고 엇시리아에 남아 있는 그
의 백성을 위한 큰길이 생기고, 그
가 이집트에서 나오던 날, 이즈리
얼에 일어났던 일과 같아질 것이
다.

나의 힘과 노래

12 그날 너희는 이렇게 말할 것
이다. "오 주님, 나는 당신을
자랑하겠어요. 비록 내게 화를 냈
지만, 당신은 화를 거두고, 나를 편
안하게 해주었어요.
2 보세요, **하나님**은 나의 구원이므
로, 나는 그를 의지하며, 두려워하
지 않겠어요. **주님** 제호바는 나의
힘과 노래고, 그 역시 나의 구원이
되었어요" 라고.
3 따라서 너희는 기쁘게 구원의 샘
에서 물을 길어 올리게 될 것이다.
4 그날 너희는 다음을 말할 것이다.
"**주님**에게 감사하며, 그의 이름을
부르자. 백성 가운데 그의 위업을
널리 알리며, 그의 이름을 드높이
자.
5 **주님**을 노래해라. 그는 탁월한 업
적을 이루었다. 이것은 땅위의 모
두에게 알려져 있다.
6 소리쳐 불러라. 너희 자이언 사람
아! 이즈리얼 가운데 있는 존재는
신성하고, 유일하며, 위대하기 때
문이다."

배블런의 앞날

13 애머즈의 아들 아이재야이사야
가 환상 속에서 배블런바빌론,
바벨론의 앞날을 보았다.
2 "너희는 높은 산에 깃발을 세우고,
그들에게 소리치며, 손을 흔들어
라. 그러면 배블런 귀족의 성문으
로 들어갈 수 있을지 모른다.
3 나는 내가 정화시킨 자마다 명령
하며, 분노를 갚기 위해 힘센 용사
를 소집했는데, 이들은 나의 승리
를 기뻐할 자들이다.
4 저 산 위의 함성은 다수가 모인 것
이고, 왕국마다 출렁이는 소요의
집결이다. **주님**의 힘이 엄청나게
전사를 소집했다.
5 그들은 멀리서, 하늘 끝에서 왔고,
심지어 **주님**과 그의 분개의 무기까
지 그 땅을 파괴하러 왔다.
6 너희는 울부짖어라! **주님**의 그날이
임박하여, 곧 대파괴가 있을 것이
다.
7 그로 인해 손마다 맥이 빠지고, 모
든 이의 심장이 녹을 것이다.
8 그들이 무서워 가책과 슬픔에 휩
싸여, 겪는 고통이란, 산통 중인 여
자 같다. 그들은 서로에게 놀라, 얼
굴이 불꽃 같다.
9 보라, **주님**의 날이 온다. 잔인한 분
노가 맹위를 떨치며, 땅을 파괴할
것이고, **주님**은 이곳에서 죄인을
파멸시킬 것이다.
10 하늘의 별과 별자리가 빛을 잃고,
태양이 어두워지면서, 달도 빛을
비추지 않을 것이다.
11 그러면 나는 인간의 악행 때문에
세상을 처벌하고, 그들의 잘못에
대한 대가로 악한을 응징하겠다.
자부심의 오만을 그치게 하고, 끔
찍한 오만불손을 밑으로 끌어내리

겠다.
12 나는 사람을 순금보다 귀중하게
만들고, 오피어오피르, 오빌에 묻힌 황
금 이상으로 만들겠다.
13 그리고 나는 하늘을 흔들고, 땅은
제자리에서 사라지도록, 만인의 **주**
님이 화가 나서 분개가 맹렬한 그
날 그렇게 하겠다.
14 그러면 너희는 쫓기는 숫노루나
보살필 자 없는 양이 될 것이다. 그
때 사람은 그의 본래 백성으로 돌
아가고, 모두는 제고향에서 쫓겨
난다.
15 눈에 띄는 자는 구덩에 던져지고,
그들과 연합한 자마다 칼에 쓰러
질 것이다.
16 그들 자녀도 그 눈 앞에서 달려들
어 찢기고, 집은 약탈당하며, 아내
는 강간당한다.
17 보라, 나는 메데스를 자극하여 그
들을 공격하겠다. 그들은 은도 관
심없고, 금에 대해서도 즐거워하
지 않을 것이다.
18 그들의 활 역시 날아가 젊은이를
찢어도, 자궁의 열매에게 동정조
차 없어서, 그들 눈은 아이를 구하
지 않을 것이다.
19 그러면 배블런, 그 왕국의 영광, 캘
디스칼데아, 갈대아의 우수한 아름다
움은, **주님**이 소듬과 거머라를 전
복시켰을 때와 똑같을 것이다.
20 그곳은 사람이 살지 못하고, 세대
가 대를 잇지 못하고, 아라비안의
텐트도 없고, 가축우리를 만들 목
동도 없을 것이다.
21 대신 사막에는 야생짐승이 드러눕
고, 그들의 집에는 야생개가 들어
차고, 부엉이가 거기서 살며, 야생
염소가 뛰놀 것이다.
22 야생늑대가 무너진 집속에서 소리
치고, 용들은 그들의 궁전에 만족
한다. 이제 그 땅의 시간이 거의 다
되어, 수명의 연장은 더 이상 없을
것이다.

재이컵 구원

14 주님이 재이컵야곱 집안에 자
비를 베풀어, 다시 이즈리얼
을 선택하여 그들을 자기 땅에 있
게 하면, 이민족은 이즈리얼과 연
합하게 되고, 재이컵에게 의존하
게 될 것이다.
2 그러면 이즈리얼이스라엘 집안은 그
들을 붙잡아 데려와서, **주님**의 땅
에서 이민족을 남종과 여종으로
소유하게 될 것이다. 한때 이즈리
얼을 포로로 삼던 그들이 도리어
포로가 되고, 백성은 자신들의 압
제자를 지배하게 될 것이다.
3 그날이 오면, **주님**은 너희를 슬픔
과 두려움으로부터 편안을 주며,
너희를 부리던 노역에서 쉬게 할
것이다.
4 그리고 너희는 배블런바빌론, 바벨론
왕에 대해 다음의 속담을 말할 것
이다. "어떻게 그렇게 압제자들이

끝나다니! 황금도성이 망하다니!"
라고.
5 **주님**은 악한의 지팡이와 통치자의
지휘봉을 부러뜨렸다.
6 **주님**은 화가 나서 백성을 치며 타
격을 계속하므로, 분노로 나라를
지배하던 자가 처벌받아도 방어하
는 자가 아무도 없다.
7 온 땅은 쉬며 고요하고, 노래가 흘
러나온다.
8 그렇다, 전나무가 너에 대해 기뻐
하자, 레바넌의 시더나무가 대답
한다. "너를 쓰러뜨린 이후, 우리를
향해 쓰러뜨리러 오는 자가 아무
도 없다" 라고.
9 저 아래 지옥이 너희가 오는 것을
맞이하러 움직인다. 죽은 자를 흔
들고, 지구의 모든 대표를 깨우고,
나라마다 왕좌에서 왕을 일으킨
다.
10 사람들이 너에게 다음과 같이 말
할 것이다. "너 역시 우리처럼 나약
해졌어? 너도 우리 같은 신세가 됐
어?" 라고.
11 너희 화려함은 무덤으로 꺼지고,
너희 바이올 현악기 소리도 사라
지며, 네 밑에서 벌레가 퍼져 너를
덮을 것이다.
12 어쩌다 네가 하늘에서 떨어졌을
까, 오 아침의 아들 샛별 루서퍼야!
어떻게 네가 잘려 땅에 떨어져 여
러 나라가 약해졌을까!
13 네 마음 속으로 말하며, "나는 하늘
로 올라, 내 왕좌를 **하나님**의 별 이
상으로 올리겠다. 북쪽 모임의 산
위에 앉겠다.
14 나는 구름 높이 이상으로 올라, 최
고 높이 오르겠다'고 했지.
15 하지만 너는 지옥의 바닥이나, 구
덩이 속 구석에 떨어질 것이다.
16 너를 보는 자들은 멸시하며 너를
이렇게 생각한다. "이 사람이 땅을
떨게 하고, 왕국마다 뒤흔들고,
17 세상을 황무지로 만들고, 도성을
파괴하며, 죄수의 감옥을 열어주
지 않던 그 자라고?" 하겠지.
18 민족의 왕 모두가 자기 무덤에서
영광 속에 누워 있다.
19 그러나 너는 네 무덤 밖으로 버려
지는 것이, 마치 혐오스러운 나뭇
가지 같고, 칼에 찔려 살해된 자의
옷과 같고, 구덩이 돌로 떨어져, 마
치 발 아래에서 밟히는 시체 같은
신세가 될 것이다.
20 너는 그들과 같이 묘지에 매장되
지 못할 것이다. 왜나하면 너는 네
땅을 파괴하고, 네 백성을 죽였기
때문이다. 악을 행하는 자의 씨앗
은 결코 명성을 얻지 못할 것이다.
21 조상의 죄로 자손을 죽일 준비를
해라. 그래서 그들이 일어나지 못
하고, 땅도 소유하지 못하고, 도시
로 세상을 채우지 못하게 해라.
22 "이는 내가 그들을 공격하러 일어
나기 때문"이라고 만인의 **주님**이
말한다. 그리고 "배블런으로부터

그들의 이름과, 남아 있는 사람과,
아들과, 조카까지 없애버릴 것"이
라고 **주님**이 말한다.
23 "또 나는 그 땅을 해오라기의 소유
지로 만들고 물웅덩이로 만들겠
다. 그리고 나는 파괴의 마당비로
쓸어버리겠다"고 만인의 **주님**이
말한다.
24 만인의 **주님**이 맹세하며 말했다.
"반드시 내가 생각한 대로 모든 것
은 이루어지고, 내가 계획한 대로
그렇게 될 것이다.
25 그리고 나는 내 땅에서 엇시리아
인을 없애고, 나의 산에서 그를 발
로 밟아버릴 것이다. 그러면 그들
로부터 백성의 멍에가 벗겨지고,
그들 어깨에서 짐도 내려지게 된
다."
26 이것이 온 땅에 의도한 계획이고,
이것이 모든 나라 위에 뻗는 손의
힘이다.
27 만인의 **주님**이 계획했는데, 누가
취소할까? 그의 손이 뻗는데, 누가
물릴까?
28 애이해즈아하즈, 아하스 왕이 죽던 해
에 다음 경고가 있었다.
29 너희 모든 필리스틴 사람은, 너희
를 치던 압제자의 지팡이가 부러
졌다고, 즐거워하지 마라. 왜냐하
면 뱀의 뿌리에서 코커트리스 독
사가 나온 결과, 맹독에 쏘일 것이
다.
30 가난한 자의 첫째도 먹여지고, 빈
곤한 자는 편히 눕게 될 것이다. 내
가 너희 뿌리를 기근으로 죽이고,
남아 있는 너희도 죽일 것이다.
31 오 성문아, 울부짖어라. 오 도성아,
외쳐라. 전 필리스티나 모두는 붕
괴된다. 북쪽에서 연기가 피어오
르면, 그가 정한 시간에 홀로 남아
있는 자는 없을 것이다.
32 그때 그 민족의 전령에게 무슨 대
답을 할 것인가? 그 답은, '**주님**이
자이언을 세우면, 그의 백성 중 불
쌍한 자가 자이언에 의지한다'는
것이다.

모앱에 관하여

15 모앱에게 경고. 그날 저녁 모
앱모압의 알지역이 폐망하므
로, 인적이 끊기고, 밤에 모앱의 킬
지역이 폐허가 되어, 침묵에 잠긴
다.
2 디번은 자기의 신당 높은 곳에 올
라가 울고, 모앱은 니보 및 메데바
도처가 통곡하며, 제 머리를 밀고
턱수염을 자른다.
3 거리에서 그들은 스스로 허리에
베옷을 걸치고, 옥상에서, 길에서
모두가 큰 소리로 울부짖게 된다.
4 헤쉬번이 외치고 일릴레도 소리친
다. 그들의 목소리가 재이해스까
지 들리자, 무장한 모앱군이 부르
짖으며, 그들의 생명도 비참해진
다.
5 내 마음도 모앱을 위해 울고, 모앱

난민은 조알까지 달아나며, 3년 된
암송아지는 울다, 루히쓰산으로
올라가며, 호러나임 가는 길에서
모든 파괴에 소리 높여 울 것이다.
6 님린지역의 물이 마르고, 풀이 말
라, 푸른 것이 하나도 없어진다.
7 그래서 그들의 풍요는 사라지고,
그들은 모은 재물을 지고, 버드나
무 개울로 나른다.
8 울부짖음이 모앱 곳곳으로 퍼지
고, 모앱의 통곡소리가 이글래임
까지 들리며, 비얼림까지 울리게
된다.
9 디먼의 물을 피로 채우도록, 내가
디먼에 더 많은 재앙을 가져오겠
다. 모앱을 피해 나가는 자와, 그 땅
에 남아 있는 자에게는 사자 맹수
를 보낼 것이다.

모앱의 슬픔

16 너희는 어린양을 그 땅의 통
치자에게 보내는데, 셀라 황
야에서, 자이언시온 딸이 사는 산지
까지 보내라.
2 둥지 밖으로 쫓겨나 배회하는 새
와 같은 신세처럼, 모앱의 딸은 아
넌 여울가에 있을 것이다.
3 모앱은 이렇게 말한다. "의견을 모
아 결정을 내리고, 대낮에도 밤처
럼 그늘을 만들어, 내쫓긴 자를 숨
겨라. 방황하는 자가 들키지 않게
해라.
4 모앱의 도망자가 너와 함께 살게
하여, 약탈자로부터 그들을 숨기
자" 라고 하겠지. 그러면 강요자도
약탈자도 멈추고, 압제자도 이땅
에서 소멸될 것이다.
5 그렇게 되면 관대한 사랑 가운데
왕위를 세우고, 대이빋다윗 집안의
진실한 사람이 자리하여, 그는 재
판과 판결에서 올바른 정의를 서
둘러 찾을 것이다.
6 우리는 모앱의 거만한 소리를 들
어왔다. 그의 오만은 지나칠 정도
이며, 자만과 무례까지 더하지만,
그의 거짓은 입증될 것이다.
7 따라서 모앱도 자신을 위해 슬퍼
져, 모든 모앱이 소리쳐 울고, 킬해
러세쓰의 기반붕괴에 너희가 비참
해하며, 그들은 반드시 고통받는
다.
8 헤쉬번 벌판이 활기를 잃고, 십마
의 포도나무가 시든 것은, 이민족
성주들이 그곳 주요 포도나무를
꺾었기 때문이다. 한 때 그 포도는
제저까지 가고, 황야를 두루 다녔
으며, 가지가 뻗어 바다를 건넜다.
9 그래서 나도 제저의 울음소리 및
십마 포도나무의 통곡소리와 함께
슬프게 울어, 내 눈물로 너를 적시
겠다. 오 헤쉬번아, 그리고 일릴레
야, 너의 통곡은 네 여름 열매와 네
추수가 사라졌기 때문이다.
10 기쁨도 빼앗기고, 풍성한 들의 즐
거움도 사라져, 포도밭에는 노래
가 없고, 함성도 없이, 포도압착기

를 밟는 자도 없는 이유는, 내가 그
들의 포도수확의 외침을 멈춰버렸
기 때문이다.
11 그래서 내 뱃속이 마치 모앱을 슬
퍼하는 하프소리를 내고, 나의 내
장 곳곳이 킬해러쉬의 멸망을 슬
퍼한다.
12 모앱이 나약함을 알고, 높은 장소
의 그들의 성소로 와서 기도해도,
힘을 낼 수 없을 것이다.
13 이것은 **주님**이 이전부터 모앱에 관
하여 말한 그대로다.
14 그러나 **주님**은 이렇게 말한다. "3
년간, 고용된 노예로 있으면서, 모
앱의 영광은 대다수가 모욕을 당
하고, 나머지는 작아져 무력해질
것이다.

드매스커스에 관하여

17 드매스커스에 관하여. "보라,
드매스커스다메섹는 도성이
제거되어 폐허 더미가 될 것이다.
2 에로어아로에르, 아로엘의 여러 도성이
버려져, 그곳에 양떼가 누워도, 아
무도 쫓지 않는다.
3 요새도성 역시 이프리엄에서 사라
지고, 드매스커스 왕국도 중단되
며, 시리아에 남은 사람은 이즈리
얼 자손의 영광이 된다"고 **주님**이
말한다.
4 "그날이 오면, 재이컵의 영광은 엷
어지고, 신체의 기름기가 줄 것이
다.
5 곡식을 수확할 때가 되면, 추수꾼
이 팔로 이삭을 거두는데, 리퀘임
계곡에서 이삭을 줍는 자와 같이
된다.
6 여전히 주워모을 포도 몇 알은 남
아 있겠지만, 올리브나무를 흔들
때처럼, 줄기 꼭대기에 두세 알 베
리열매 정도, 가지 끝에 너댓 열매
정도일 것"이라고, 이즈리얼의 **주**
하나님이 말한다.
7 그날 인간이 제 조물주를 바라보
게 되면서, 그 눈은 이즈리얼의 신
성하고 유일한 존재를 존경하게
될 것이다.
8 그리고 자기 손으로 만든 우상의
제단을 보지 않고, 제 손가락으로
만든 주물을 존중하지 않으며, 수
풀신도 형상도 그럴 것이다.
9 그때 강했던 도성은 버려진 나뭇
가지 같고, 이즈리얼 자손으로 인
해 가지 끝에 달린 신세가 되어, 그
곳은 폐허만 있다.
10 네가 구원의 **하나님**을 잊은 탓에,
또 네 힘의 바위를 마음에 두지 않
았기 때문에, 네가 좋은 나무를 심
고, 또 다른 포도나무를 옮겨 심어
도,
11 그때 네 나무를 키워, 아침부터 씨
앗을 번성시키려 해도, 수확기에
는 근심과 절망적 슬픔만 쌓일 것
이다.
12 많은 대다수 사람에게 재앙이다!
파도처럼 무서운 소리를 일으키

며, 여러 나라가 달려들어, 거센 물
이 범람하듯, 덮칠 것이다.
13 여러 민족은 엄청난 물이 덮칠 기
세로 몰려오는데, **하나님**은 그들을
꾸짖기만 하니, 그들이 멀리 달아
나보지만, 산의 낙엽이 바람에 뒹
굴듯, 회오리바람에 구르듯 쫓길
것이다.
14 보라, 저녁 때 괴롭다, 아침이 오기
전 그들은 없어진다. 이것은 우리
를 약탈한 몫이고, 우리를 빼앗은
그들이 받을 대가다.

이씨오피아에 관하여

18 그 땅에 재앙이다! 그곳은 이
씨오피아강 건너 여러 날개
로 그늘진 곳으로,
2 그곳에서 바다에 파피루스 종이배
에 사신을 태워보내며 말한다. "가
라. 빠른 너희 전령들아, 흩어지고
벗겨진 한 나라에게, 또 최초부터
지금까지 멀리 널리 무서웠던 민
족에게 가서 전해라. 그 나라는 나
뉘고 밟혀 그곳 강의 땅이 빼앗긴
다"고.
3 세상의 모든 주민과, 땅에 사는 너
희 모두는, 그가 산 위에 깃발을 올
리는지 보고, 그가 트럼핕을 부는
지 들어라.
4 **주님**이 내게 말한 바에 의하면, "나
는 이제 쉬면서, 내 거처에서 생각
해보겠다. 풀 위의 맑은 빛처럼, 그
리고 추수기 열기 속 이슬구름이
되어 지켜볼 것이다."
5 따라서 추수 전 봉우리가 활짝 피
고, 꽃 속에서 신 포도가 익어가면,
그는 전지용 낫으로 잔가지를 자
르고, 큰가지도 쳐내어 떨어뜨릴
것이다.
6 그리고 그것을 산새와 들짐승에게
남기면, 새들이 그 위에서 여름을
지내고, 땅위 짐승이 거기서 겨울
을 보낼 것이다.
7 그때 흩어지고 벗겨진 백성들로부
터 만인의 **주님**에게 가져오는 선물
이 있고, 최초부터 지금까지 무서
운 사람도 선물을 보내게 된다. 나
뉘고 밟혀 그곳 강의 땅이 빼앗긴
한 나라가 보내는 선물은, 자이언
산의 만인의 **주님** 이름이 있는 장
소로 보내질 것이다.

이집트에 관하여

19 이집트에 경고. 보라, 주님은
빠른 구름을 타고 이집트로
갈 것이다. 그리고 이집트의 우상
이 제자리에서 제거되면, 이집트
인 마음이 그 가운데서 녹아 없어
질 것이다.
2 "나는 이집트 사람을 내세워 그들
을 맞서게 하고, 이집트인 모두 자
기 형제와 이웃에게 대항하게 하
면서, 도성이 도성을, 왕국이 왕국
을 공격하게 하겠다.
3 이집트의 영혼이 그 가운데 소멸
하면, 나는 그들의 계획을 망칠 것

이다. 그러면 그들은 우상에게, 마
술사에게, 점쟁이에게, 무당에게
의지하게 될 것이다.
4 그래서 내가 이집트를 잔인한 성
주 손에 넘기면, 험악한 왕이 그들
을 통치하게 된다"고, 만인의 **주님**
이 말한다.
5 바다에서 물이 마르고, 강도 말라
소실될 것이다.
6 그들에게 강은 방향을 멀리 돌리
게 되고, 방어가 되어주던 시내가
말라 비어버리고, 갈대와 창포식
물은 시들게 된다.
7 시내 입구에서 물을 따라 심어진
파피루스와 모든 것이, 물에 잠겼
다 시든 다음 쓰러져 더 이상 볼 수
없다.
8 어부 역시 참담해하며, 시내로 낚
시를 던졌던 모두가 슬퍼할 것이
다. 물 위로 어망을 던지던 사람도
활기를 잃는다.
9 또 고운 아마포를 다듬던 사람도,
리넨으로 어망을 짜던 자들도 절
망하게 된다.
10 그래서 그들은 의도한대로 부서지
고, 물고기를 위해 만들어진 수로
와 연못도 파괴될 것이다.
11 조앤지역 대군왕자들이 확실히 어
리석은데, 풰로우왕의 고문관의
충고를 거칠게 무시하니, 어떻게
너희가 풰로우파라오, 바로에게, "나
는 현명한 자의 아들이고, 선대왕
의 자식"이라 말할 수 있나?
12 그들은 다 어디 갔나? 현명한 자라
던 너희는 어디 있나? 이제 그들이
너희에게 말하게 하여, **주님**이 이
집트에게 의도한 계획을 알려주게
해라.
13 조앤초안, 소안의 대군왕자는 바보가
되고, 노프지역의 대군들은 속아
서, 그들도 이집트를 부추겼고, 그
곳 종족과 함께 있던 자들 역시 그
랬다.
14 **주님**이 이집트 가운데 뒤틀린 영혼
을 섞어버리자, 그에 따라 이집트
는 하는 일마다 잘못되며, 마치 술
취해 게우며 비틀대는 듯했다.
15 이집트는 머리든 꼬리든, 가지든
갈대든, 어느 것이든 하지 못할 것
이다.
16 그때 이집트가 여자처럼 두려워하
고 겁에 질리는 이유는, 만인의 **주**
님이 그곳 위에 손을 흔들기 때문
이다.
17 쥬다땅은 이집트에게 공포가 되는
데, 쥬다를 언급하는 자마다 스스
로 두려워지는 이유는, **주님**이 이
집트에 관하여 결정한 그의 계획
때문이다.
18 그때 이집트땅의 5개 도성은 캐이
넌 언어로 말하며, **주님**에게 맹세
할 것이다. 그 중 하나는 죽음의 도
시라 불릴 것이다.
19 그날 이집트땅 가운데 **주님**의 제단
이 세워지고, 그 경계에 **주님**을 기
념하는 기둥 하나가 설 것이다.

19 그것은 이집트땅에서 **주님**의 표시
와 증거가 될 것이다. 왜냐하면 그
들이 압제자로 인해 **주님**에게 소리
치면, 그가 그들에게 구원자를 보
내어, 큰 인물이 그들을 구제하기
때문이다.
21 그래서 **주님**이 이집트에 알려지는
날, 그들은 **주님**을 알게 되어, **주님**
에게 제사하고 봉헌을 할 것이다.
그렇다, 그들은 **주님**에게 맹세하며
그것을 실행하게 된다.
22 **주님**은 이집트에 타격을 가한 다
음, 치면서 치유할 것이다. 그래서
그들이 **주님**을 향해 방향을 돌려,
주님에게 간청하면, 그는 그들을
치유할 것이다.
23 그날 이집트로부터 엇시리아로 가
는 큰길이 있어, 엇시리아인이 이
집트로 가고, 이집트인은 엇시리
아로 가면서, 이집트인이 엇시리
아인과 협력하게 된다.
24 그날 이즈리얼은 이집트 및 엇시
리아와 함께 세 번째 나라가 되어,
그 땅 가운데 축복이 내린다.
25 **주님**은 그들을 축복하며 말한다.
나의 백성 이집트는 축복을 받아
라. 내 손으로 만든 엇시리아도 복
을 받고, 나의 유산 이즈리얼도 축
복받는다.

이집트, 이씨오피아 멸망

20 탈탠이 애쉬닫에 와서, [당시
엇시리아왕 살건이 그를 보
냈는데,] 애쉬닫을 상대로 싸워 그
곳을 빼앗았다.
2 같은 시기에 애머즈의 아들 아이
재야이사야를 통해 **주님**이 말했다.
"가서, 네 허리에서 베옷을 풀고,
네 발의 신을 벗어라." 그래서 그가
그렇게 맨몸과 맨발로 걸었다.
3 **주님**이 말했다. "나의 종 아이재야
가 맨몸과 맨발로 지난 3년간 걸어
다닌 것은, 앞으로 이집트와 이씨
오피아에 일어날 기적과 경이 때
문이다."
4 그래서 엇시리아왕이 이집트인 죄
수와 이씨오피아인을 포로를 끌고
가는데, 젊으나 늙으나 모두 맨몸
과 맨발에, 심지어 엉덩이까지 벗
겼으므로, 이것이 이집트에게 수
치가 될 것이다.
5 그것은 이씨오피아의 기대와 이집
트의 영광에 떨리는 모욕이었다.
6 그 지역 주민이 그날에 대해 이렇
게 말할 것이다. "보라, 그것은 우
리의 기대로써, 이곳에서 달아나
도움이 필요할 때, 엇시리아왕한
테 구원을 받으려 했는데, 우리가
어떻게 그곳으로 피한단 말인가?

배블런 멸망

21 바다 옆 사막에 대한 경고.
남쪽에서 돌풍처럼, 침입자
가 공포의 사막땅에서 온다.
2 무서운 환상이 내게 다음을 선언
한다. "배반자가 배반을 꾸미고, 약

탈자가 약탈한다. 가라. 오 일램, 너
는 미디어를 공격하여 포위해라.
내가 그곳 불평소리를 끝내버렸
다"고 했다.
3 그래서 나의 허리는 고통이 차올
라, 통증에 사로잡혔는데, 마치 산
통을 겪는 여자 같다. 그 소리를 들
으며 나는 몸이 움츠러들고, 그것
을 보면서 좌절했다.
4 내 가슴은 두근거리고, 공포가 나
를 질리게 했다. 유쾌한 나의 밤이
변하여 공포가 되었다.
5 식탁을 준비하고, 망루에 파수를
세우고 먹고 마셔라. 너희 대군왕
자들아, 일어나, 방패에 기름을 발
라라.
6 **주님**이 내게 말한 바에 의하면, "가
서, 파수꾼을 세워, 그가 본 것을 알
리라"고 했다.
7 그리고 파수꾼이 두 기병과 함께
오는 전차 한 대를 보았고, 또 나귀
가 끄는 전차 한 대와 낙타가 끄는
전차 한 대도 보았으며, 전력을 다
하여 다급하게 오는 소리를 들었
다.
8 파수꾼이 소리쳤다. "사자 한 마리
예요. 주인님, 내가 계속해서 망루
에서 낮에도 지켜보고, 밤새 나의
전초지에서 파수를 봤어요.
9 그런데 보니, 여기에 사람이 탄 전
차 한 대가 두 사람의 기병과 같이
와요." 그때 그가 대답했다. "배블
런바빌론, 바벨론이 무너진 것이다. 그
곳의 주물신 형상도 그가 땅에 쓰
러뜨린 것이다."
10 오 나의 타작마당의 곡식들아, 내
가 **주님**으로부터 들은 말은 다음과
같다. "이즈리얼의 **하나님**, 내가 너
에게 선언한다.
11 듀마이름: 침묵에 보내는 경고. 누군
가 세이어에서 나를 불러 말한다.
"파수꾼아, 밤이 얼마나 남았지?
보초야, 밤이 얼마나 남았냐고?
12 보초병이 대답했다. "아침이 오고
있지만, 아직 밤이에요. 만약 당신
이 더 묻고 싶으면, 다시 와서, 물어
보세요."
13 어래이비아를 향한 경고. 너희 드
대님 부족 대상들아, 너희는 어래
이비아 숲속에서 야영할 것이다.
14 테마땅 주민은 목마른 자에게 물
을 주고, 도망자에게 빵을 갖다주
었다.
15 그들은 칼을 피해 왔고, 칼과 쏜 화
살로 인해 내몰리며, 처참한 전쟁
에서 달아난 자들이다.
16 **주님**이 내게 말한 바에 의하면, "앞
으로 1년 내 고용일꾼의 품삯연수
처럼, 케달의 영광도 끝나고,
17 남아 있는 궁수, 케달 자손의 힘센
용사는 몇 안 될 것"이라고, 이즈리
얼의 **주 하나님**이 말했다.

저루살럼 책망

22 환상의 계곡에 보내는 경고.
지금 너에게 무슨 괴로움이

있어, 너희 모두 지붕 위로 올라갔
지?
2 야단법석으로 가득찬 너, 흥청대
는 도시, 너의 죽은 자는 칼을 맞은
게 아니고, 전쟁에서 죽은 것도 아
니다.
3 너의 통치자는 모두 도망가다, 궁
수에게 묶이고, 발견된 자나, 멀리
달아나던 자도 함께 결박당할 것
이다.
4 그래서 내가 말한다. "내게서 관심
을 돌려라. 내가 슬피 울겠다. 나를
편안하게 위로하지도 마라. 나의
백성의 땅이 박탈당하기 때문이
다.
5 이 고통의 날 짓밟히는 것은, 만인
의 **주 하나님**이 주관하는 혼란 탓이
다. 환상의 계곡에서 성벽이 무너
져내리고, 여러 산이 울부짖는다.
6 일램은 화살통을 지고, 마차병과
기병과 함께, 키르지방의 방패를
벗긴다.
7 앞으로 너희 최상의 계곡은 전차
로 채워지고, 기병은 성문에 정렬
할 것이다.
8 **주님**이 쥬다의 방어력을 해제해버
린 것을, 그날 네가 숲속 궁전의 무
기고에서 보았던 것이다.
9 너희는 대이빋도성이 여러 군데
붕괴된 것도 보았고, 또 너희가 저
수지에 물을 모아둔 것도 보았다.
10 너희는 저루살럼의 집 수를 센 다
음, 집을 허물어 성벽을 보강했다.
11 또 너희는 예전 연못물을 사용하
려고 양쪽 성벽 사이에 웅덩이 한
개를 팠는데, 너희는 그것을 만든
자를 살펴보지도 않았고, 오래 전
에 만든자를 존중하지도 않았다.
12 그래서 그날 만인의 **주 하나님**은 백
성이 울며 슬퍼하고, 머리를 깎고,
베옷을 두르도록 요청하는 것이
다.
13 그러나 보라, 즐겁게 흥청대며, 소
를 잡고 양도 죽여, 고기도 먹고 술
도 마시며, "자 먹고 마시자. 내일
이면 우리가 죽는다"고 말한다.
14 이것이 **주 하나님**을 통해 내 귀에
알려졌다. "반드시 이 죄는 너희 모
두가 죽을 때까지 정화되지 못할
것"이라고, 만인의 **주 하나님**이 말
한다.
15 **주 하나님**이 말한다. "너는 재정 책
임자, 그 집을 관리하는 쉽나한테
가서 말해라.
16 '대체 너는 여기서 뭐하는 거지?
누가 너를 이곳에 두어, 스스로 묘
지를 파서, 높이 꾸미고, 바위 안에
제 거처를 다듬으라고 했나?' 라고
전해라.
17 보라, **주님**은 너를 많은 포로와 함
께 끌고 가, 확실히 묻어버릴 것이
다.
18 **주님**은 틀림없이 거칠게 변하여,
공 던지듯, 너를 넓은 대지로 내던
질 것이다. 그러면 거기서 너는 죽
는다. 네 명예의 전차도 네 주인 집

안의 수치가 될 것이다.
19 너를 제자리에서 내몰고, 제 신분
에서 쫓아내, **주님**이 너를 바닥으
로 끌어낼 것이다.
20 그날이 오면, 나는 힐키아의 아들
인 나의 종 일리야킴엘야킴, 엘리아김
을 부를 것이다.
21 나는 그에게 네 로브옷을 입히고,
네 허리띠로 그를 매어주겠다. 또
네 권한을 그의 손에 맡겨, 그가 저
루살럼 주민과 쥬다집안의 아버지
같은 존재가 되게 하겠다.
22 나는 대이빋다윗집안 열쇠를 그의
어깨 위에 얹어주어, 그가 문을 열
면, 누구도 닫지 못하고, 그가 닫으
면 열 자가 없게 하겠다.
23 내가 확고한 장소에 못처럼 그를
단단히 박아 놓으면, 그의 조상집
안에게 찬란히 빛나는 왕위가 되
어줄 것이다.
24 그러면 사람은 그의 조상집안의
모든 명예를 그에게 걸게 되고, 후
손과 파벌 및 작은 용량의 잔부터
큰 술병 플래건까지 찬란함을 그
에게 걸게 된다.
25 그날 만인의 **주님**은 말한다. "확고
한 장소에 단단히 박힌 못은, 제거
되고, 잘리고, 아래로 쓰러진다. 그
러면 그 위에 놓였던 책임도 없어
질 것이다." 이것은 **주님**의 말에 따
른 것이다.

타이러와 사이든 재판

23 타이러에 경고. 크게 울어라.
너희 탈쉬시의 선박들아. 왜
나하면 타이러가 폐허가 되어, 집
도 없고, 들어갈 항구도 없어졌기
때문이다. 취팀사이러스: 시리아 땅에
관한 소식이 그들에게 알려지게
된다.
2 조용히 해라. 그 섬주민 너희는, 바
다 건너오던 사이든 상인으로 메
워지며, 한때 풍요로웠다.
3 큰 바다를 통해 사이홀의 곡식과,
강의 생산물이 타이러의 수입이
되며, 그곳은 여러 나라의 시장이
다.
4 오 사이든시돈, 너는 부끄러운 줄 알
아라. 바다의 요새였던 네가 바다
에게 이렇게 말한다. "나는 산통을
겪은 적이 없고, 아이를 낳아 본 적
도 없고, 어린 사람을 키워본 적도
없으며, 소녀를 키운 적도 없다"고
하겠지.
5 이집트에 관한 소문과 마찬가지
로, 타이러티로, 두로의 소식에 그들
은 대단히 괴로워질 것이다.
6 너희는 어서 탈쉬시타르시스, 다시스로
건너가라. 그리고 그 섬 사람 너희
는 통곡해라.
7 이 모습이 오랜 옛 시절의 흥청대
던 도시가 맞나? 그 땅의 발이 섬
을 날라 멀리 여행을 가버렸나보
다.
8 타이러에 대한 이 계획은 누가 기

획한 것인가? 그곳은 크라운관을
쓴 도시로, 그곳 상인은 대군왕자
들이고, 그곳 무역상은 땅위에서
존경받던 자들이 아니었나?
9 만인의 **주님**이 그것을 의도하여,
자랑스러운 자부심에 오명을 남기
고, 땅위에서 존경받는 자에게 모
욕을 안겼다.
10 오 탈쉬시의 딸아, 너희 땅을 강처
럼 가벼이 건너라. 그곳에 더 이상
힘이 없다.
11 **주님**이 바다 위에 그의 손을 뻗어,
그 왕국을 흔들어버렸다. 그는 상
업의 도시페니키아를 향해 명령하여
바다의 요새를 파괴하는 것이다.
12 그가 말했다. "오 너희 압박받는 소
녀 자이언의 딸아, 이제 더 이상 잔
치는 없다. 일어나, 취팀으로 넘어
가라. 그곳도 너희가 편안을 찾지
는 못할 것이다."
13 캘디아배블로니아의 땅을 보라. 그곳
에 사람이 없었던 것은, 엇시리안
이 황야에서 살던 사람을 위해 그
곳을 찾기 전까지였고, 그후 그들
은 그곳에 탑을 세우고, 궁전도 지
었는데, 이제 **주님**이 그것을 파괴
해버렸다.
14 울어라. 너희 탈쉬시의 배들아. 너
의 힘은 무력해졌기 때문이다.
15 그날이 오면, 타이러는 왕 하나의
수명만큼 70년간 잊힐 것이다. 그
다음에는 타이러가 창녀처럼 노래
를 부르게 될 것이다.
16 그 동안 잊혔던 창녀 매춘들은, 하
프를 들고 도시 주위로 나가라. 아
름다운 멜로디로 노래를 많이 부
르면, 아마 너희를 기억하는 사람
이 있을 지 모른다.
17 그리고 70년이 끝난 후, **주님**이 다
시 타이러를 찾으면, 그녀는 다시
고용되어, 땅위의 세상 모든 왕국
과 매춘거래를 하게 될 것이다.
18 하지만 그녀의 상업과 품삯은 **주님**
에게 신성한 것이되어야 한다. 그
것은 쌓거나 축적되지 말아야 한
다. 왜냐하면 타이러의 상업은 **주
님** 앞에서 사는 사람을 위한 것이
되어, 충분히 먹고, 여벌 옷을 마련
하기 위해 사용해야 한다.

온 땅에 대한 재판

24 보라, 주님은 땅을 비운다. 그
곳을 폐허로 만들고, 뒤엎어
갈아버리며, 그 위의 주민을 멀리
흩어버린다.
2 앞으로 제사장은 일반인처럼, 주
인은 종처럼, 여종은 여주인처럼,
파는자는 구매자처럼, 빌리는 자
는 임대인처럼, 고리대금업자는
고리대출자처럼 될 것이다.
3 땅은 완전히 비워져 철저히 약탈
당한다. 이는 **주님**이 이 말을 했기
때문이다.
4 땅은 슬퍼하며 시들고, 세상은 괴
로움 속에 쇠퇴하여, 땅위 오만한
자도 비참해진다.

5 땅 역시 그곳 주민 탓에 오염되는
이유는, 사람이 법을 위반하고, 질
서를 바꾸며, 영원한 약속을 깨뜨
렸기 때문이다.
6 따라서 저주가 땅을 삼켜, 그곳에
사는 모두가 파괴된다. 그래서 땅
에 사는 사람은 불타고, 남은 자가
거의 없다.
7 새 와인은 우울하고, 포도나무는
시들고, 명랑한 가슴마다 탄식한
다.
8 태브렡소북의 흥겨움은 멈추고, 즐
거운 비명은 끝나고, 하프의 즐거
움은 사라진다.
9 그들은 노래하며 술을 마시지 못
하고, 독주를 마시면 쓰디 쓸 것이
다.
10 도시는 혼란 속에 붕괴되고, 가옥
마다 닫혀 아무도 들어갈 수 없다.
11 거리는 술을 달라고 아우성치고,
모든 기쁨은 사라지고 땅의 명랑
함도 없다.
12 도성은 황량함만 남고, 성문은 파
괴된다.
13 그래서 땅 가운데 있는 사람은, 올
리브나무를 흔들어 떨어지는 몇
알처럼, 수확이 끝난 뒤, 주울 포도
가 남겨지듯 남을 것이다.
14 그들은 목소리 높여, **주님**의 위대
함을 노래하며, 바다에서 큰 소리
로 외칠 것이다.
15 그러므로 너희는 불속의 **주님**을 칭
송하고, 바다 섬 가운데에서 이즈
리얼의 **주 하나님**의 이름에 감사하
며 빛내야 한다.
16 우리는 땅 끝에서 소리나는 노래
를 들었는데, 그것은 정의의 찬란
한 빛이었다. 그래서 내가 말했다.
“마르고 마른 나에게 재앙이다! 배
반하는 자들은 배반한다. 맞다, 그
런 자는 전혀 딴 마음으로 불성실
했던 것이다.
17 두려움과 구덩이와 올가미가 너에
게 씌워진다. 오 땅 가운데 있는 사
람아!
18 두려운 소리에 달아나던 자는, 구
덩이로 빠지고, 그속에서 나온자
는 덫에 걸린다. 왜나하면 높은 곳
의 창문이 열려, 땅의 기반이 흔들
리기 때무이다.
19 땅은 철저히 무너져, 크게 동요하
며, 깨끗하게 소멸된다.
20 땅은 술취한 자와 같이 이리 저리
비틀거리고, 오두막처럼 제거된다.
사람이 저지른 법 위반으로 인해,
재앙이 땅위에 무겁게 내려앉아
다시 일어나지 못한다.
21 그날이 오면, **주님**은 높은 자리의
높은 사람과, 땅위의 왕을 모두 처
벌할 것이다.
22 그래서 그들을 한데 집결하여, 죄
수를 구덩이에 모으듯, 감옥에 가
두게 된다. 그리고 한참 후 그들을
방문하게 된다.
23 달도 당혹스럽고, 해도 볼 낮이 없
이 부끄러워지는 시기는, 만인의

주님이 자이언산과, 저루살럼을,
자부하는 조상 앞에서 다스리게
되는 때다.

땅을 영원히 파괴

25 오 주인님, 당신은 나의 하나
님이에요. 나는 당신을 드높
이며 당신 이름을 자랑하겠어요.
당신은 놀라운 업적을 이루어, 당
신의 오래 전 계획이 변함없는 진
실이 되게 했으니까요.
2 당신은 도성을 잔해더미로 만들
고, 요새를 파괴하고, 이민족의 궁
전이 도성이 되지 않게 했기 때문
에, 그것은 절대 건설되지 못할 겁
니다.
3 그래서 강한 백성은 당신을 빛나
게 하고, 무서운 민족이 사는 도성
은 당신을 두려워하겠죠.
4 당신은 가난한 사람에게 힘이 되
어 주고, 괴로운 사람에게 필요한
힘이 되어 주고, 폭풍의 피난처가
되어주며, 더위속 그늘이 되어 주
므로, 거친자가 돌풍처럼 공격할
때는 벽처럼 막아주지요.
5 이민족의 소란을 마른 땅의 열로
꺼버리고, 심지어 구름의 그림자
로 가려버리고, 거친자가 내뻗는
가지는 아래로 처지게 하지요.
6 이 산에서 만인의 **주님**은 백성 모
두가 기름진 축제를 벌이게 하고,
축제는 오래 숙성한 와인과, 골수
가 가득 찬 기름진 것과, 잘 정제된
포도주로 하게 하고요.
7 그는 이 산에서 백성을 뒤덮던 얼
굴 덮개를 벗겨, 그 배일로 모든 나
라 위에 펼쳐지게 할 것이다.
8 승리로 죽음을 삼키면서, **주 하나님**
은 모든 얼굴의 눈물을 닦아주고,
그의 백성에 대한 비난도 땅에서
완전히 사라지게 한다. 왜냐하면
주님이 그것을 말했기 때문이다.
9 그날 전해질 이야기란, "보라, 이것
이 바로 우리 **하나님**이다. 우리는
그를 기다렸고, 그는 우리를 구할
것이다. 이것이 **주님**이다. 우리는
그를 기다려 왔으므로, 우리는 그
의 구원에 기뻐 즐거워할 것이다"
라고 할 것이다.
10 이 산에서는 **주님**의 손도 쉬어야
하므로, 모앱은 그의 밑에서 밟혀,
마치 오물 때문에 깔아놓은 지프
라기가 밟히는 듯한 신세가 될 것
이다.
11 그리고 그의 손을 그들 가운데로
뻗는데, 마치 수영하려고 양 팔을
펼치듯 뻗고, 그들 손에 들은 약탈
물로 생긴 그들의 우쭐한 자부심
을 내팽개칠 것이다.
12 성벽을 높게 쌓은 너의 요새도 무
너뜨려, 땅바닥 흙먼지로 내던질
것이다.

그날의 노래

26 그날 이런 노래가 쥬다땅에
서 불리게 된다. 우리는 강한

요새도성을 갖는다. **하나님**이 성벽
과 성곽을 위해 구원을 약속할 것
이다.
2 너희는 모든 성문을 열어라. 진리
를 지키는 정직한 민족이 들어올
수 있도록.
3 너희는 완전한 평화 속에 **주님**을
지키게 된다. 그의 마음이 언제나
너희에게 머무는 이유는, 그가 너
희를 신뢰하기 때문이다.
4 너희는 **주님**을 영원히 믿어라. **주님**
제호바Jehovah는 언제나 강하기 때
문이다.
5 그는 높이 자리한 자를 아래로 끌
어내리고, 높은 도성도 밑으로 바
닥까지 끌어내려, 흙먼지가 되게
한다.
6 사람의 발이 그것을 밟는데, 가난
한 발도, 빈곤한 밟걸음도 밟을 것
이다.
7 올바른 길은 정의다. 너희 가장 올
바른 자는, 공정한 길을 분간한다.
8 맞아요, 당신의 공정한 판단의 길
을, 오 **주님**, 우리가 당신을 기다려
왔어요. 우리 정신의 갈망이 당신
이름에 있고, 당신에 대한 기억에
우리의 소망이 있어요.
9 나의 정신은 밤에도 당신을 바라
며 찾았어요. 그래요, 내 안에 있는
나의 영혼이, 이른 아침부터 당신
을 찾아요. 왜냐하면 당신의 정의
가 땅위에 있을 때, 세상의 주민은
올바름을 배우게 되기 때문이지
요.
10 악한에게 호의를 보여주려 해도,
그들은 정의를 배우려들지 않고,
올바른 땅에서 비행을 저지르며,
주님의 위대함을 보지도 않아요.
11 **주님**, 당신이 손을 들어올려도, 저
들이 보지 않기 때문에, 앞으로 저
들이 맞이할 상황이란, 백성에 대
한 질투로 인해 수치를 당하는 일
이 될 거예요. 맞아요, 당신 적의 불
이 스스로 자신을 삼켜버릴 거예
요.
12 **주님**, 당신은 우리를 위해 평화를
정했지요. 역시 당신이 우리가 할
일을 모두 만들었으니까요.
13 오 우리의 주인 **하나님**, 지금까지
당신 이외 다른 주인들이 우리를
지배해 왔지만, 이제 우리는 오직
당신 이름만 입에 담겠어요.
14 그들은 죽어 있어서 살아 있지 못
하고, 그들이 죽어 있으니 다시 일
어서지 못해요. 그래서 당신이 그
들을 찾아 제거하며, 모든 그들의
기억조차 없애버렸죠.
15 오 **주님**, 당신은 민족 수를 늘려, 나
라를 키워서 우리의 신이 되면서,
저들을 멀리 땅 끝까지 제거해버
렸어요.
16 **주님**, 고통 속에서 그들은 당신을
찾았고, 당신의 꾸지람이 내릴 때
그들의 기도가 쏟아졌어요.
17 임신한 여자와 같이, 해산이 다가
오며, 고통 속에서 극도의 괴로움

에 비명을 지르듯, 우리가 당신의
눈에 그렇게 비춰졌겠죠. 오 **주님**!
18 아기를 배어 산통을 겪듯, 무방비
상태로 바람에 내몰렸을 때, 우리
를 땅에서 구제할 방법도 없이, 세
상 사람 하나 없이, 모조리 쓰러졌
어요.
19 당신의 죽은 백성이 살아나게 하
고, 나의 죽은 신체와 함께 그들을
일으켜주세요. 흙먼지 속에 사는
너희들아, 깨어나 노래를 부르자.
너의 이슬은 풀 위 이슬처럼, 이 땅
이 죽은 자를 제거하기 때문이다.
20 어서, 나의 백성아, 너희 방으로 들
어가, 문을 닫고 잠시, 그의 분노가
지날 때까지 자신을 숨겨라.
21 보라, **주님**이 거처에서 나와, 이 땅
의 사람에게 죄를 물어 처벌하기
때문에, 땅 역시 피를 드러내며, 더
이상 땅의 살해를 덮지 않을 것이
다.

이즈리얼 정화

27 바로 그날 주님은 무섭고 크
고 강한 칼을 들고, 모든 것을
꿰뚫는 뱀 리바이어썬과, 웅크린
뱀 리바이어썬을 처벌하며, 바다
용도 죽여버리게 된다.
2 "그날 너희는 붉은 포도주를 생산
하는 포도밭 그녀에게 노래를 불
러줘라.
3 나 **주님**은 그것을 지키는데, 매 순
간 물을 주어, 포도나무가 조금도
다치지 않게 밤낮으로 가꾸겠다.
4 내게 분노가 없는 이유는, 누군가
나와 싸우려고 들장미가시와 가시
나무를 세워 놓는다 해도, 나는 그
것을 뚫고 가서 모조리 태워버릴
테니까.
5 그렇지 않고, 그들이 내 힘에 매달
리면, 나와 평화를 맺을 수 있어, 그
들은 평화를 유지할 수 있을 것이
다" 라고 했다.
6 그는 재이컵야곱 집안에서 나온 사
람이 뿌리내리게 할 것이다. 이즈
리얼은 싹이 터 꽃을 피우고, 세상
의 표면을 열매로 채울 것이다.
7 **주님**이 땅을 친 자를 쓰러뜨리듯,
포도밭도 쳐버렸을까? 아니면 땅
을 죽인 자들이 살해되듯, 포도밭
도 죽어버렸을까?
8 전쟁이 발생할 때, 너는 땅과 싸우
게 될 텐데, 그는 동풍이 부는 날,
그의 거친 바람을 고수할 것이다.
9 이렇게 하여 재이컵 집안의 죄가
정화되면, 그의 죄가 제거된 열매
로 가득찰 것이다. 그가 제단의 돌
을 쌓으며, 조각난 석회암처럼 수
풀신도 우상형상들도 서지 못할
것이다.
10 하지만 요새도성은 폐허가 되어,
서식지는 버려지고 황무지만 남는
다. 그곳에 송아지가 풀을 뜯고, 드
러눕고, 그곳 나뭇가지를 먹어치
울 것이다.
11 그곳 잔가지는 시들어 나무에서

떨어지면, 여자들이 와서 그것으
로 불을 지필 것이다. 왜냐하면 그
민족은 이해를 모르기 때문이다.
그래서 인간을 만든 그가 그들에
게 더 이상 관대한 사랑을 베풀지
않고, 더 이상 그들에게 호의를 보
이지도 않을 것이다.
12 그날이 되면, **주님**은 강 줄기부터
이집트 시내까지 영향을 미쳐, 오
너희 이즈리얼 자손이 하나씩 모
이게 할 것이다.
13 그날 트럼핕이 크게 울리면, 사람
들이 와서 엇시리아 땅의 몰락을
준비하고, 이집트땅 안에서 쫓겨
난 자도 모여, 저루살럼의 신성한
산에서 **주님**을 경배하게 될 것이
다.

이프리엄과 저루살럼 재판

28 화려한 왕관과 이프리엄의
술꾼에게 재앙이다! 계곡의
기름진 자의 머리에 얹힌 영광의
아름다운 꽃이 시든다.
2 보라, **주님**은 세고 강한 힘을 가졌
는데, 그것은 격정적으로 파괴하
는 우박 및 폭풍우와 같고, 세차게
흘러넘치는 거센 홍수와 같은 것
으로, 손으로 땅까지 내던지게 될
것이다.
3 거만한 크라운관과 이프리엄의 주
정뱅이는 발 아래 짓밟히게 된다.
4 계곡의 살찐 자 머리 위에 얹힌 영
광의 아름다운 꽃이 시들어, 여름
전에 서둘러 열매를 맺으면, 사람
이 그것을 보고, 아직 익기 전에 열
매를 따먹어버릴 것이다.
5 그날 만인의 **주님**은 영광의 크라운
관이 되고, 백성 중 남은자를 위한
아름다운 왕관장식이 될 것이다.
6 또 재판석에 앉은 사람에게 정의
의 영혼이 되어주고, 전쟁에서 성
문까지 돌아온 사람에게 힘이 되
어준다.
7 그러나 그들은 또 술로 실수하는
데, 독한 술로 정도를 벗어나고, 제
사장과 예언자도 독주로 실수하며
술에 사로잡힌다. 그들은 독주로
가야할 길을 벗어나 환상을 잘못
보며, 판단을 그르치게 될 것이다.
8 그들의 식탁은 구토와 오물로 가
득차, 깨끗한 곳이 없다.
9 그런 자가 누구에게 지식을 가르
칠까? 누구에게 교리를 이해시킬
까? 그들은 방금 우유에서 이유하
여 가슴에서 떼어낸 자들 같다.
10 그래서, 명령에는 명령, 규정에는
규정, 지침에는 지침, 선에 선, 이곳
에 조금, 저기에 조금이라는 식이
다.
11 이것은 더듬거리는 입술과 서투른
다른 언어로 사람에게 말하고자
하기 때문이다.
12 **주님**이 백성에게, "이곳은 너희가
지친 자를 쉬게 하는 곳이므로, 피
곤을 회복할 수 있다"고 말해도, 그
들은 들으려 하지 않는다.

13 그러나 **주님**의 말은 사람에게, '명
령에는 명령, 규정에는 규정, 지침
에는 지침, 선에 선, 이곳에 조금,
저기에 조금이라고 전해져, 그들
이 들어가도 뒤로 넘어지고, 부러
지고, 걸려 붙잡힌다.
14 따라서 무시를 잘하는 너희 백성
아, **주님**의 말을 들어라. 그것은 저
루살럼 사람을 다스리는 법이다.
15 너희가, '우리는 죽음과 약속하고,
지옥과 합의했다. 사회악이 넘쳐
흘러 지나가도, 재앙은 우리에게
오지 않을 것이다. 왜냐하면 우리
는 피난처를 마련하고, 거짓말 아
래 스스로 숨었기 때문'이라고 말
했다.
16 그래서 **주 하나님**은 이렇게 말한다.
"보라, 나는 자이언시온에 기초가
되는 돌, 시험의 돌, 귀중한 돌, 토
대가 되는 돌 하나를 두어 기반을
확실하게 세워, 그 돌에 의지하는
자는 방황하지 않게 할 것이다.
17 또 나는 재판에 기준선을 두고, 정
의를 저울추로 두겠다. 그러면 우
박은 거짓의 피난처를 휩쓸어버리
고, 홍수가 그들이 숨은 장소로 넘
칠 것이다.
18 죽음과 맺은 너의 약속은 무효가
되고, 지옥에 대한 너의 동의는 효
력이 없어질 것이다. 그래서 재난
이 넘쳐 지나갈 때, 너희는 그것에
밟혀버릴 것이다.
19 재난이 진행되는 때부터 네가 사
로잡히게 되는 이유는, 아침마다
재난이 지나고, 낮과 밤에도 덮치
기 때문이다." 이 재앙의 메시지는
듣기만 해도 완전한 고통이 될 것
이다.
20 침대는 사람이 몸을 펴는 크기보
다 좁고, 이불은 작아서 몸을 감싸
지 못한다.
21 **주님**이 페러짐프라침, 브라심산에서 들
고 일어나, 기비언계곡에서 화를
내면, 그는 자기 일을 하고, 경이를
만들어, 그 기적을 실행할 것이다.
22 그러니 이제 너희는 가벼이 여기
지 말아라. 너희를 묶은 밧줄이 더
강하게 조여지지 않도록 말이다.
나는 만인의 **주님**으로부터 멸망의
이야기를 들었고, 심지어 전지구
에 이미 결정되어 있다고 들었다.
23 너희는 귀를 기울여, 내 목소리를
듣고, 또 내 말을 들어라.
24 농부는 쟁기로 온종일 땅을 갈아
씨를 뿌리지? 그는 자기 땅의 흙덩
이를 갈아엎지?
25 땅 표면을 평편하게 고르면, 그가
휘치곡물이나 커민향료 씨앗을 뿌
리고, 중요한 밀을 심고, 그곳에 정
해진 시기에 따라 보리와 귀리를
심지 않겠나?
26 인간의 **하나님**이 분별력을 교육하
여 그를 가르치기 때문이다.
27 휘치곡물은 도리깨로 털지 않고,
커민향료는 방아바퀴에 돌리지 않
고, 대신 휘치곡물은 막대기로 두

드리고, 커민향료는 작대기로 때
려서 알맹이를 빼낸다.
28 제빵용 곡식이 상처나지 않게 하
려면, 그것을 오래 타작하지 말고,
바퀴로 밀어 부수지 말고, 기수가
올라가 밟지 않아야 한다.
29 이 역시 만인의 **주님**으로부터 나온
지혜다. **주님**의 기획은 놀랍고 대
단한 작업이다.

대이빋도성에 재앙

29 애리얼, 저루살럼, 대이빋이
살던 도성에 재앙이다! 너희
는 해를 거듭하여 희생제물을 죽
여 제사해라.
2 그래도 나는 애리얼저루살럼을 괴롭
히며, 그곳에 무거운 슬픔을 줄 텐
데, 이것이 애리얼처럼 나를 괴롭
힐 거다.
3 나는 네 주위에 진을 쳐, 너를 두고
산을 포위하고, 너를 공격할 요새
도 세우겠다.
4 너를 바닥에 끌어내리라고 땅이
소리치고, 네 말은 흙 속에서 나오
는 중얼거림이 되고, 너의 목소리
는 마치 땅 속에서 나오는 유령소
리 같고, 먼지에서 나오는 속삭임
이 될 것이다.
5 또 너의 이민족 다수 역시 작은 먼
지가 되고, 무서운 많은 적의 무리
도 날리는 겨 껍질이 된다. 그렇다,
이것은 순식간에 벌어질 거다.
6 만인의 **주님**이 천둥을 가지고 너를
방문하고, 지진과, 굉음과, 휘몰아
치는 폭풍과, 모든 것을 소멸시키
는 불을 가지고 온다.
7 애리얼아리엘을 상대로 싸우는 나라
다수와, 저루살럼예루살렘 땅과 그곳
무기에 대들어 싸우는 모든 무리
까지, 그녀 애리얼을 괴롭히면, 악
몽을 꾸듯 할 것이다.
8 그것은 배고픈 자가 꿈꿀 때와 마
찬가지여서, 보라, 그가 꿈에서 먹
어도, 깨어나면, 그의 정신은 비어
있거나, 목마른 자가 꿈속에서 물
을 마셔도, 깨면 갈증으로 기진맥
진하며, 그의 영혼이 갈증을 느낀
다. 그렇게 모든 다수의 나라가 자
이언산을 상대로 싸울 것이다.
9 정신을 차려 곰곰이 생각해 보고,
소리쳐 구원을 외쳐라. 그들이 취
했지만 술 때문이 아니고, 비틀거
리지만 독주 때문이 아니다.
10 **주님**이 네게 깊은 잠에 빠지는 영
혼을 부었으므로, 네 눈이 감기도
록, 그가 예언자, 통치자, 선견자의
눈을 닫았다.
11 모든 미래가 너에게 봉인된 책속
의 말과 같아서, 사람이 깨우치도
록, "부디, 이 책을 읽어라"고 하면,
책이 봉인되어 그렇게 할 수 없다"
고 말할 것이고,
12 그 책이 깨닫지 못하는 자에게 가
서, "부디, 이 책을 읽어라"고 말하
면, "나는 배운게 없다"고 할 것이
다.

13 그래서 주님이 말했다. "이 백성이
내게 입을 가지고 가까이 와서, 그
들 입술로 '나를 존경한다' 하지만,
마음속으로 나를 멀리 제거해버렸
고, 나에 대한 두려움도, 인간의 교
리로 배울 뿐이다.
14 그러니 두고봐라, 내가 백성에게
놀라운 일을 추진할 것이고, 대단
히 이상한 현상을 계획하겠다. 이
로써 현자의 지혜가 사라지고, 분
별있는 자의 이해도 감춰진다.
15 주님의 계획을 감추고자 했던 그들
에게 재앙이다! 그들의 소행은 어
둠 속에서 말하며, "누가 우리를 볼
까? 누가 우리의 일을 알아? 라고
하겠지.
16 확실히 너는 토기장인과 토기가
뒤바뀐듯 할 것이다. 그래서 만들
어진 물건이 만든자에게, "당신이
나를 만든게 아니지? 라고 하거나,
또는 토기가 토기쟁이에게, "당신
이 제작을 아는 게 없지? 라고 하
는 것과 같다.
17 머지않아, 레바넌은 비옥한 벌판
으로 변하고, 기름진 들이 숲으로
인정받을 수 있을까? 라고 하겠지.
18 그날은 청각장애도 책에 쓰인 말
을 듣고, 시각장애도 어둠에서 보
게 될 것이다.
19 온순한 사람 역시 주님 안에서 즐
거움이 커지고, 가난한 자도 이즈
리얼의 신성한 하나님 안에서 기뻐
할 것이다.
20 대단한 자는 아무것도 아닌 것으
로 밀려나고, 남을 무시하는 자는
소멸하고, 죄를 지은 모두가 제거
된다.
21 사람은 말로 인해 죄인이 되어, 문
에 거짓으로 인해 덫이 놓이고, 아
무것도 아닌 것 때문에 정의가 거
절당한다.
22 그러므로 주님의 말에 의하면, 그
는 애이브러햄을 구하고, 재이컵
집안에 관심을 가지며, "재이컵은
이제 모욕을 당하지 않고, 그의 얼
굴도 파랗게 질리지 않을 것"이라
고 했다.
23 대신 그가 그의 자손을 보며, 자기
손이 만든 작품에서, 그들은 나의
이름을 신성하게 만들고, 재이컵
의 하나님을 신성하게 받들고, 이
즈리얼의 하나님을 경외하는 것을
보게 될 것이다.
24 영혼이 병든 그들 역시 이해하며,
중얼거리며 불만하던 사람도 교리
를 배우게 될 것이다.

고집센 자손에게 재앙

30 반발하는 고집센 자손에게
재앙이다! 주님이 말한다.
"그들이 계획해도, 나로부터 나온
것이 아니고, 동맹을 해도 내 영혼
에서 나온 게 아니니, 죄만 더할 뿐
이다.
2 내 입이 말하지 않았는데, 이집트
로 걸어 들어가서, 풰로우의 힘에

도움을 청하려 하고, 이집트의 그
늘에 의지하려 하다니!
3 풰로우파라오, 바로의 힘이 너희의 창
피가 되고, 이집트 그늘에 대한 믿
음이 너희를 혼란에 빠지게 하겠
다.
4 조앤초안, 소안땅에 있는 그들의 대군
왕자들이, 그의 대사로 해니스로
갔다.
5 그들은 이익을 얻기는커녕 수모를
당했고, 도움이나 득은커녕, 창피
와 욕만 먹었다.
6 남쪽의 야만족에 보내는 경고란,
괴로움과 고통의 땅으로 들어가
게 되는데, 그곳은 젊거나 늙은 사
자가 나오고, 독사와 불뱀이 나오
는 곳으로, 너희는 젊은 나귀 어깨
에 자기 재물을 실어갈 것이고, 너
희 보물을 낙타의 짐꾸러미에 나
를뿐, 너희에게는 이익이 없을 것
이다.
7 이집트는 아무 도움이 되지 않고
이익도 없으므로, 내가 이 점에 대
해 소리쳤다. "그들의 힘은 가만히
앉아 있는 것뿐"이라고.
8 자 이제 가서, 석판에 그것을 기록
하고, 책에 써두면, 앞으로 오는 세
대에 교훈이 될 수 있을 것이다.
9 곧, 이 백성은 반발하는 고십센 민
족이고, 거짓말하는 자손이며, **하
나님**의 법을 들으려 하지 않는 자
식들이다.
10 그들이 선견자에게 하는 말은, "앞
을 내다보지 마라"고 하고, 예언자
에게는, "우리에게 올바른 예언을
하지 말고, 듣기 좋은 말만 하고, 남
을 속이는 예언을 해라.
11 올바른 길을 벗어나 길을 이탈하
면, 이즈리얼의 신성한 **하나님**이
우리 앞에서 중단하게 될 것"이라
고 한다.
12 그래서 이즈리얼의 신성한 **하나님**
의 말에 의하면, "너희가 내 말을
무시하면서, 억압과 완고함만 고
집하고 있다.
13 따라서 너희 죄는 높은 성벽이 솟
으며 쓰러질 준비를 하는 것과 같
아서, 갑자기 한순간에 무너져내
리게 된다.
14 **주님**은 도공이 그릇을 부수어 조각
내듯 성벽을 무너뜨릴 것이다. **주
님**은 사정을 봐주지 않아서, 거기
에 터진 조각도 찾지 못하고, 화로
에서 불길 하나 가져올 조각조차
없거나, 우물에서 물을 떠올 파편
도 없다.
15 이즈리얼의 신성한 **주 하나님**의 말
에 의하면, "모두 돌아와 여기서 쉬
면, 너희 모두 살게 될 것이다. 조용
히 자신감을 가지면, 너희의 힘이
되어주겠다"고 했는데, 너희는 들
으려 하지 않는다.
16 그런데 너희가 말했다. "아니다. 우
리는 걱정 없다. 말타고 도망가도
록, 재빨리 올라탈 것이다" 라고 하
지만, 그들은 너희를 빠르게 추격

하게 된다.
17 천명은 한 사람의 호령에 도망가
게 되고, 다섯명의 위협에도 너희
는 달아나서, 산정상의 봉화 같이,
언덕 위의 깃발 같은 처지로 남을
때까지 계속된다.
18 그러므로 **주님**은 기다리며, 너희에
게 관대한 사랑을 주고, 드높여지
게 된다. 왜냐하면 **주님**은 정의의
하나님이기 때문이고, 그를 기다리
는 모두가 복을 받기 때문이다.
19 백성이 저루살럼예루살렘의 자이언
시온에서 살게 되므로, 너희는 더 이
상 울지 않고, 너희가 고통을 호소
하면, 관대해져, 그 소리를 들을 때,
너에게 대답해줄 것이다.
20 **주님**이 너희에게 재난의 빵과 고통
의 물을 주기는 해도, 더 이상 너희
를 이끌 스승을 구석에 내몰지 않
고, 대신 너희 눈이 너희 선생을 찾
게 하겠다.
21 네 귀가 너희 뒤에서 하는 말, "이
것이 너희가 걸을 길"이라는 소리
를 듣게 될 때는, 오른쪽으로 가야
하는지, 왼쪽으로 가야하는지 방
황할 때 듣게 될 것이다.
22 너희는 또 은제 수풀신 형상에 관
한 것을 무시하게 되고, 금제 주물
형상의 장식품도 모독하면서, 생
리대처럼 내던지며, 꺼지라고 말
할 것이다.
23 그때 **주님**이 너희 씨앗에 비를 주
면, 너희는 땅에 씨를 심어, 밭에서
크게 늘어난 빵으로, 기름지고 풍
족하게 될 것이다. 그날 너희 가축
도 넓은 초원에서 풀을 뜯게 된다.
24 소도 마찬가지고, 어린 나귀도 땅
에서 난 깨끗한 여물을 먹게 되는
데, 그것은 삽과 팬으로 키질 된 것
이다.
25 거기에 높은 산마다, 언덕마다 강
과 시냇물이 흘러내리는 때는, 바
로 대량살육이 있고 탑이 쓰러지
던 날이 될 것이다.
26 게다가 달빛은 햇빛처럼 되고, 햇
빛은 7배로 밝아져, 7일간 모은 빛
을 발하듯 빛나게 되고, 그날 **주님**
은 망가진 그의 백성을 봉합하며,
그들 상처자국을 낫게 할 것이다.
27 보라, **주님**의 이름이 멀리서 오며,
분노를 태우고, 경고로 무겁게 짓
누르고, 입술을 분개로 채우고, 혀
는 잡아먹는 불과 같고,
28 그의 숨결은 시내가 넘쳐흐르듯,
목 중간까지 달하며, 헛것을 골라
내는 채로 여러 민족을 채질하여,
사람이 죄를 유발하는 인간의 턱
에 고삐를 채우게 될 것이다.
29 너희는 노래하게 될 것이다. 신성
한 의식이 지켜지는 밤에, 마음이
기쁨에 차서, 사람이 관악기를 들
고 **주님**의 산으로 오르며, 이즈리
얼의 힘센 **하나님**에게 가며 노래한
다.
30 **주님**은 그의 영광의 노래하는 소리
가 들려지게 하는 것이고, 그의 팔

을 가볍게 내리는 모습을 보게 하
는데, 그의 분노로, 모든 것을 불태
우는 화염으로, 돌풍과 우박 돌을
흩뿌리는 것을 보이는 것이다.
31 **주님**은 목소리를 통하여, 엇시리아
인이 몽둥이에 맞아 쓰러지게 하
는 것이다.
32 잘 다듬은 막대기가 지나가는 곳
마다, **주님**이 엇시리아인을 치는
데, 팀브럴소북과 하프 소리로 쓰러
뜨리고, 그것을 불어 진동으로 싸
우며 쓰러뜨리는 것이다.
33 토펱지옥은 운명이 정해진지 오래
되었는데, 그렇다, 엇시리아왕을
위해 준비되었다. 그는 그것을 깊
고 크게 만들고, 그곳 더미는 불과
나무를 많이 쌓았다. **주님**의 입김
이 유황불처럼 이어지면, 거기에
불이 붙는다.

이집트에 의지한 자에게 재앙

31 도움을 청하러 이집트로 간
이들에게 재앙이다! 그들은
말에 집착하며, 숫자가 많다는 이
유로 전차에 의지하고, 대단히 강
하다는 이유로 기병을 믿으면서,
이즈리얼의 신성한 **하나님**을 보지
도, **주님**을 찾지도 않다니!
2 하지만 그는 지혜롭게 재앙을 부
르고, 그의 말을 취소하지 않는다.
대신 그는 악한 집안을 상대로 일
어나고, 잘못하는 자를 돕는자를
상대로 들고 일어날 것이다.
3 이집트인은 사람이지 신이 아니
고, 그들의 말은 신체지 영혼이 아
니다. **주님**이 그의 팔을 뻗으면, 돕
는자도 쓰러지고, 도움을 받는자
도 쓰러져, 모두 실패한다.
4 그래서 **주님**이 내게 말한 바에 의
하면, "사자와 마찬가지로, 젊은 사
자가 먹이를 보고 으르렁거릴 때,
목자가 무리지어 사자를 쫓으려
해도, 사자는 그들 목소리를 두려
워하지 않고, 고함소리에 꼼짝도
하지 않는다. 그런 식으로 만인의
주님도 자이언산과 저루살럼 언덕
을 위해 싸울 것이다.
5 새가 날듯, 그렇게 만인의 **주님**이
저루살럼을 방어하며 구하고, 두
루 돌며 그곳을 지킬 것이다.
6 너희 이즈리얼 자손은 심한 반발
로부터 그에게 돌아오너라.
7 그날 사람마다 은제우상과 금제형
상을 버려야 하는 이유는, 그것으
로 너희 손이 스스로 죄를 만들었
기 때문이다.
8 그때 엇시리아인은 칼에 쓰러지게
되는데, 그것은 용사의 칼도 아니
고, 미천한 자의 칼도 아닌데, 그들
을 집어삼킬 것이다. 그러나 엇시
리아인은 칼로부터 달아나고, 젊
은이는 패배하게 된다.
9 또 그는 두려움 때문에 그들의 요
새가 무너지게 하고, 대군왕자들
은 깃발에 질려버리게 될 것"이라
고 **주님**이 말하는데, 그의 불길은

자이언에 있고, 그의 화로는 저루
살럼에 있다.

정의로 다스린다

32 보라, 왕은 정의로 통치하고,
대군왕자는 재판으로 다스릴
것이다.
2 그러면 사람은 바람을 피하여, 폭
풍우를 막는 곳에 있게 되고, 또 마
른 땅에 물이 흐르는 강이 있고, 지
친 사막에서 큰 바위의 그늘이 있
는 장소에 자리하게 된다.
3 그러면 사람은 보는 눈이 어둡지
않고, 듣는 귀는 밝아질 것이다.
4 경솔한 마음 역시 지식을 이해하
고, 말을 더듬는 혀도 분명하게 말
하려 할 것이다.
5 비열한 자가 더 이상 관대한 사람
으로 불리지 않고, 인색한 자가 아
낌없이 주는 사람으로 불리지 않
게 된다.
6 비열한 사람이 악담하며 마음속에
죄를 꾸미는 이유는, 겉으로 아닌
체하며 **주님**에 대해 잘못을 저지르
기 때문에, 배고픈 영혼을 굶기고,
목마른 자가 물을 마시지 못하게
하는 것이다.
7 무례한 자의 도구도 악이다. 그는
옳지 못한 생각에 거짓으로 가난
한 자에게 손해를 입히고, 약자가
바른 말을 해도 묵살한다.
8 그러나 관대한 자는 마음을 여는
관대한 생각으로 자신의 태도를
유지한다.
9 너희 나태한 여자는 일어나, 내 목
소리를 들어라. 너희 부주의한 딸
들아, 내 말에 귀를 기울여라.
10 많은 날과 여러 해가 지나면 너희
나태한 여자가 괴로워지는 것은,
포도를 수확하지 못하고, 주워모
을 포도가 없어지기 때문이다.
11 너희 게으른 여자는 괴로움에 떨
게 하고, 나태한 여자한테는 옷을
뺏고, 맨몸에 베옷을 걸치게 해라.
12 그들은 기쁨이 넘치던 들과 풍성
한 포도덩굴에 대해 가슴을 치며
한탄하게 된다.
13 나의 백성이 사는 땅위에는 가시
나무와 들장미가시가 돋는다. 맞
다, 유쾌했던 도성 안 모든 집안 위
에 가시가 덮이고,
14 궁전은 버려지고, 수많은 도시는
황무지가 되며, 요새와 망루는 영
원히 짐승의 굴이 되게 하고, 야생
나귀가 좋아하는 가축의 초원이
되게 하겠다.
15 높은 곳에서 그의 영혼이 우리에
게 내려오면, 황무지는 열매가 가
득한 들이 되고, 풍성한 벌판은 숲
을 이룰 것이다.
16 그때 정의는 황야에 머물게 되고,
올바름이 풍성한 들에 남게 될 것
이다.
17 올바른 일이란 평화이고, 올바른
일의 결과는 평온과 안보의 영원
한 보장이다.

18 나의 백성이 평화로운 곳에서 살
도록, 안전한 거처와 편안한 쉼터
를 만들겠다.
19 우박이 숲에 내려도, 도시는 평지
로 다져져 있을 것이다.
20 너희는 축복을 받는다. 물가에서
씨를 뿌리고, 소와 나귀가 발을 딛
도록 그곳에 보내는 너희는 복을
받게 될 것이다.

너그러이 봐주세요

33 파괴되지 않은 너, 파괴자에
게 재앙이다! 배신당하지 않
은 너, 배신자에게 재앙이다! 파괴
를 멈추는 것은, 네가 파괴되었기
때문이고, 배신을 중단하는 것은
네가 배신당할 때이다.
2 오 **주님**, 우리를 너그럽게 봐주세
요. 우리는 당신을 기다려왔어요.
아침이면 당신이 우리의 팔이 되
어주고, 고통받을 때 우리의 구원
이 되어주세요.
3 소요의 소란에 사람이 달아나고,
당신이 일어나니, 민족은 흩어졌
어요.
4 당신의 먹잇감은 애벌레가 모이
듯, 모여 있는데, 메뚜기가 이리 뛰
고 저리 뛰듯, 당신은 사람 위를 달
리겠지요.
5 **주님**이 드높여지는 것은, 그가 높
은 곳에서, 자이언을 정의와 올바
름으로 채우기 때문이다.
6 **주님**의 시대가 오면, 지혜와 지식
및 구원의 힘으로 안정되고, **주님**
에 대한 경외야말로 그가 바라는
보물이 된다.
7 보라, 용사는 거리에서 소리치고,
평화의 대사는 슬피 울 것이다.
8 큰길은 파괴되고 여행객의 발길이
멀는 까닭은, 그가 약속을 파기하
고, 도성을 무시하며, 인간에 관심
조차 없어졌기 때문이다.
9 땅이 슬퍼하며 활기를 잃고, 레바
넌도 부끄러워 낯을 들 수 없다. 샤
런은 불모지 같고, 배이샨과 카멀
지역도 제 열매를 떨군다.
10 **주님**이 말한다. "이제 일어나겠다.
나 스스로 이름을 드높이며, 자신
을 들어올리겠다.
11 너희는 껍질이나 생산하고, 그루
터기 밖에 얻지 못할 것이며, 불이
너희 호흡을 삼킨다.
12 백성은 석회가 불타듯 타고, 가시
가 끊어지듯 불속에서 타들어갈
것이다.
13 멀리 있는 너희는 들어라. 내가 한
일을. 가까이 있는 너희는 듣고, 내
힘을 제대로 알아라.
14 자이언시온의 죄인이 겁먹고, 위선
자가 놀라 두려워한다. 우리 중 누
가 타는 불속에서 살 수 있을까?
누가 우리 가운데 끊임없이 타오
르는 불길에서 살아남을까?
15 바르게 걷고, 정직하게 말하는 자,
억압하여 얻기를 거부하는 자, 뇌
물에 손을 뿌리치는 자, 피의 이야

기에 귀를 닫는자, 악행을 알면 눈
을 감는자,
16 그 사람은 높은 곳에 오를 것이다.
보호되는 그의 장소는 바위가 무
기공급처이고, 빵이 주어지고, 반
드시 물도 주어진다.
17 너희 눈은 걸출한 왕을 보게 되는
데, 대단히 멀리 떨어진 곳에도 볼
수 있을 것이다.
18 너희 가슴은 공포를 생각하게 된
다. 서기관은 어디 있고? 세무담당
은 어디 있으며? 망루 책임자는 어
디 있지?
19 너희는 오만하게 화내는 자를 더
이상 보지 못하여, 이해 못할 말로
중얼거리는 말을 더 이상 듣지 않
을 것이다.
20 우리의 장엄한 도시 자이언을 보
라! 너희 눈은 평온한 서식지 저루
살럼을 보게 되고, 무너지지 않는
성전을 보게 된다. 그곳은 막대 하
나 제거되지 않고, 밧줄도 끊어지
지 않을 것이다.
21 대신 찬란한 업적을 이룬 **주님**이
우리에게 강과 시내가 흐르는 넓
은 장소를 주는데, 거기에는 노를
젓는 배도 없고, 그곳을 지나는 용
감한 배도 없을 것이다.
22 왜냐하면 **주님**이 우리의 판관이고,
우리의 입법자이며, 우리의 왕이
어서, 그가 우리를 구원하기 때문
이다.
23 너희 밧줄이 풀리면, 돛이 튼튼하
지 못하여, 멀리 항해할 수 없다. 그
때 엄청난 약탈물을 나눠, 다리를
저는 사람도 몫을 챙길 것이다.
24 그리고 거기 사는 주민은 "내가 아
프다"고 말하지 않고, 그곳 사람은
모든 죄를 용서받는다.

민족에 대한 판정

34 너희 민족들은 가까이 와서
들어라. 너희 사람아, 귀를 기
울여라. 땅도, 땅의 모든 것도 듣게
하고, 세상에 태어난 전부도 듣게
해라.
2 **주님**의 분노가 민족 전체에 있고,
그의 군대한테도 몹시 화가 나서,
그들이 철저히 파멸하도록 살육하
는 것이다.
3 죽은자는 내던져지고, 시체에서
악취가 뿜어나오면, 산마다 그들
의 피로 물들 것이다.
4 하늘 전체가 해체되고, 허공이 두
루말이 말리듯 올라가면, 하늘의
군상이 포도덩굴에서 잎이 떨어지
듯, 무화과나무에서 무화과가 떨
어지듯 떨어지게 된다.
5 나의 칼이 하늘에서 말끔이 씻겨
지게 하겠다. 두고보라, 이듬땅 이
드미아 그 민족에게 나의 저주가
내려, 처벌받게 하겠다.
6 **주님**의 칼은 피로 물드는데, 그 피
란, 새끼양과 염소 피로 지방을 만
들고, 숫양의 콩팥 지방으로 살찌
운 것이다. **주님**은 보즈라지역의

희생제물을 얻기 위해, 이드미아이
듬땅에서 대학살을 하게 된다.
7 외뿔소유니콘도 이듬과 함께 쓰러지
고, 들소도 송아지와 같이 쓰러지
면, 그들 땅이 피를 빨아들여, 그곳
흙이 기름기로 비옥해진다.
8 이것은 **주님**이 복수하는 날, 자이
언의 유죄를 응징하는 해에 이루
어진다.
9 이듬지역 시내는 진창으로 변하
고, 그곳 흙은 유황으로 바뀌면서,
그 땅은 검은 끈적한 피치로 타오
르게 될 것이다.
10 그 불은 밤에도 낮에도 꺼지지 않
고, 연기는 끊임없이 피어오르며,
세대에서 세대로 이어져 황무지가
된다. 따라서 누구도 그곳을 지나
가는 사람은 영원히 없을 것이다.
11 대신 사막의 크고 작은 새, 가마우
지나 알락해오라기 등 조류가 땅
을 차지하고, 올빼미도 까마귀도
그곳에 살게 된다. **주님**은 이듬땅
에 혼란의 기준선을 줄치고, 폐허
의 저울추가 되는 돌을 펼쳐 놓을
것이다.
12 사람이 왕국에 있던 귀족을 불러
보지만, 아무도 없고, 그 땅의 대군
왕자도 전무할 것이다.
13 가시나무가 그곳 궁전에 자라나오
고, 쐐기풀과 가시덤불만이 그 요
새에 무성하여, 그곳은 용의 서식
지가 되고, 올빼미의 정원이 된다.
14 사막의 짐승도 섬의 야생동물과
만나고, 숲의 신 새이터는 그의 짝
을 부르고, 날카롭게 짖는 올빼미
역시 그곳을 쉼터로 찾는다.
15 큰 올빼미는 둥지를 틀어 알을 까
며, 그늘 아래 모이고, 독수리 역시
저마다 짝을 데리고 모여든다.
16 너희는 **주님**의 책을 찾아 읽어봐
라. 읽는자는 아무도 쓰러지지 않
고, 땅이 짝짓기 하고 싶어하는 자
가 아무도 없을 것이다. 왜냐하면
주님의 입이 그렇게 명령했고, 그
의 영혼이 그들과 같이 있기 때문
이다.
17 주인님은 백성에게 지분을 주면
서, 그의 손으로 경계선을 나눠 준
다. 그러면 인간은 땅을 영원히 소
유하며, 세대를 이어 그 안에서 살
게 된다.

구원받은 자는 돌아온다

35 황야와 바짝 마른 땅이 그들
덕에 기쁘고, 사막은 즐거워,
장미처럼 꽃을 피울 것이다.
2 한가득 꽃을 피우며, 기뻐서 노래
까지 나온다. 레바넌에도 영광이
부여되고, 카멀과 샤런에서도 **주님**
의 찬란한 영광을 보며, 우리 **하나**
님의 탁월함을 알게 될 것이다.
3 너희는 약한 손을 강화하고, 무른
무릎에 힘을 주어라.
4 겁먹은 가슴에 말해라. "강인해지
고, 두려워 마라. 보라, 너의 **하나님**
이 복수하러 오고, 보상을 받아내

러 와서, 그가 너를 구할 것"이라고
전해주어라.
5 그때 앞을 못보는 눈이 뜨이고, 듣
지 못하는 귀가 열릴 것이다.
6 그리고 절름발이도 수사슴처럼 뛰
고, 둔한 혀도 노래하는 이유는, 광
야에 물이 솟고, 사막에 개울이 흐
르기 때문이다.
7 바짝 마른 대지가 저수지가 되고,
목마른 땅에 물이 샘솟고, 용의 서
식지마다 갈대와 골풀 숲을 이룰
것이다.
8 큰 길도 나고 작은 길도 생기면, 이
를 신성한 길이라 부르게 된다. 깨
끗하지 못한 자는 그곳을 지나지
못하지만, 비록 어리석어도 잘못
하지 않은 사람은 그곳에 자리할
수 있다.
9 거기에는 사자가 없고, 탐욕스러
운 짐승이 가지 못하도록, 발견되
지 않게 되어 있지만, 구원받은자
는 그곳을 걷게 될 것이다.
10 또 **주님**에게 몸값을 지불한자는 돌
아오게 되고, 노래와 기쁨이 머리
에 늘 있는 자는 자이언에 올 것이
다. 그들은 기쁨과 즐거움을 누리
고, 슬픔과 한숨은 달아나게 된다.

세내커립왕이 쥬다 위협

36 헤저카야왕히즈키야, 히스기야 14
년에, 엇시리아왕 세내커립산
헤립이 와서 쥬다의 요새도성을 빼
앗았다.
2 엇시리아왕은 랩쉐커랍 사케, 랍사게
대장을 래키쉬에서 저루살럼의 헤
저카야왕에게 큰 군대와 함께 보
냈다. 랩쉐커는 빨래터 큰길 옆에
있는 위쪽 연못 수로 옆에 와서 섰
다.
3 그리고 그는 궁전을 관리했던 힐
키아 아들 일리아킴과, 서기관 쉽
나와, 기록관 애새프 아들 조아에
게 다가왔다.
4 랩쉐커가 그들에게 말했다. "너희
는 헤저카야에게 전해라. 엇시리
아 대왕의 말은 이렇다. '너희는 누
구를 믿고 자신감을 갖느냐?
5 내가 말해보면, 너희는 이런 식으
로, [다 헛소리지만] '나도 전략이
있고 전쟁할 힘이 있다'고 하겠지.
그런데 이제 누구를 의지해 나에
게 대항할 거냐?
6 보라, 너희는 쪼개진 갈대 막대기
인 이집트를 믿는 거다. 사람이 의
지하면, 막대기가 제 손을 찌를 거
다. 그런 자가 이집트 풰로우왕이
다.
7 하지만 만약 네가 나에게, '우리는
우리의 **주 하나님**을 믿는다'고 말한
다면, 헤저카야왕은 믿지도 않고,
높은 장소와 제단을 없애놓고, 쥬
다유다와 저루살럼예루살렘에게, '너
희는 제단 앞에서 경배하라'고 했
다.
8 이제 내가 부탁하는데, 나의 주인
님 엇시리아왕에게 충성맹세를 해

라. 그러면 내가 너희에게 말 2천
필을 주겠다. 너희가 말을 탈 수 있
는 기수가 있다면 말이다.
9 그런데 어떻게 너희가, 나의 주인
님 종 중 적어도 대장 하나를 물리
치려고, 이집트의 전차와 기병에
의지할 거냐?
10 또 나도 지금 이 땅을 부수고 점령
하라는 **주님**의 명령 없이 왔겠냐?
주님이 나에게, '이 땅을 없애라'고
했다.
11 일리아킴과 쉽나와 조아가 랩쉐커
에게 말했다. "부탁하는데, 당신 종
에게 시리아 말로 말해달라. 우리
는 그 언어를 이해한다. 성벽 위에
사람의 귀가 듣고 있으니, 쥬다 말
로 하지 말아달라."
12 랩쉐커가 이 말을 듣고 말했다. "내
주인님이 나를 너희 주인한테 보
내어 전하라 했을 때, 너와 네 주인
만 들으라 한 줄 아냐? 그가 나를
보낸 것은, 성벽 위에 앉은 저들한
테, 제 오물이나 먹고 제 오줌을 마
시는 놈들에게 들으라고 보낸 것
이다."
13 그러면서 랩쉐커가 일어나더니,
쥬다 언어로 크게 외쳤다. "너희 모
두 엇시리아의 위대한 대왕의 말
을 들어라.
14 왕의 말에 의하면, '헤저카야왕이
너희를 속이지 못하게 해라. 그는
너희를 구할 수 없는 사람이다.
15 헤저카야왕은 너희가 **주님**을 믿게
하지도 못했다. 이렇게 말하며, '**주
님**이 반드시 우리를 구원한다. 이
도성을 엇시리아왕에게 넘기지 않
을 것'이라고 했겠지.
16 헤저카야왕의 말은 듣지 마라. 그
리고 엇시리아왕의 말에 의하면,
'선물을 들고 와, 나와 동맹을 맺어
라. 내게 오면 모두 포도주를 마시
게 되고, 자기 무화과를 먹게 되며,
사람마다 제 우물에서 나오는 물
을 마시게 될 것'이라고 했다.
17 그러면 내가 당신 모두를 당신 것
과 똑 같은 곡식과 포도가 있는 땅
으로 데려가겠다.
18 헤저카야왕이 너희를 설득하지 않
도록 조심해라. 그는 이렇게, '주가
우리를 구한다'고 하겠지. 그런데
신 중의 어떤 신이 엇시리아왕의
손에서 그들의 땅을 구했냐?
19 해매쓰와 알풰드 신들은 어디 있
지? 세퐈배임신은 어디 있고? 그
들이 내 손에서 스매리아사마리아를
구했던가?
20 이 땅의 모든 신 가운데 그들이 누
구냐? 내 손에서 그들의 땅을 구한
신이 누구고? **주님**이 내 손에서 저
루살럼을 구하겠냐?
21 하지만 그들은 잠자코 한마디도
그에게 대답하지 않았다. 왜냐하
면 왕의 명령으로 그에게 답하지
말라고 했기 때문이다.
22 그때 궁전 책임자 힐키아 아들 일
리아킴과, 서기관 쉽나와, 기록관

애새프 아들 조아가, 헤저카야왕
에게 그들의 옷을 찢고 와서 랩쉐
커가 한 말을 보고했다.

저루살럼 구원을 예언

37 헤저카야왕이 소식을 듣더
니, 옷을 찢고 베옷을 걸치고,
주님의 성전으로 들어갔다.
2 그리고 궁전 책임자 일리아킴과,
서기관 쉽나와, 원로제사장들을
베옷을 걸치게 하여, 애머즈의 아
들 예언자 아이재야이사야한테 보냈
다.
3 그들이 그에게 헤저카야왕의 말을
다음과 같이 전했다. "오늘은 고통
의 날이고, 자책하는 날이며, 모독
의 날이다. 왜냐하면 아이가 태어
나려 해도, 밖으로 나올 힘이 없기
때문이다.
4 당신의 **주 하나님**이 랩쉐커의 말을
들었을 것이다. 그는 그의 주인 엇
시리아왕이 살아 있는 **하나님**을 모
독하라고 보냈는데, **주 하나님**이 들
었다면 책망할 것이다. 그러므로
아직 살아남은 사람을 위해, 당신
기도의 목소리를 높여 달라."
5 그렇게 헤저카야왕의 신하들이 아
이재야에게 전했다.
6 아이재야가 그들에게 말했다. "너
희 주인에게 가서 전해라. **주님**의
말에 의하면, '너희가 들은 말 때문
에 두려워 마라. 그렇게 엇시리아
왕의 신하가 나를 모독했다.
7 보라, 내가 그에게 뜬소문을 보내
면, 그가 소문을 듣고, 제 나라로 돌
아갈 것이다. 그때 나는 그를 제 땅
에서 칼에 쓰러지게 하겠다'고 했
다."
8 그래서 랩쉐커는 자기 나라로 되
돌아 갔고, 주인 엇시리아왕이 립
나를 상대로 전쟁 중이라는 것을
알게 되었다. 왜냐하면 왕이 래키
쉬를 떠났다고 들었기 때문이었
다.
9 또 이씨오피아왕 틸해카에 관해,
"그가 너와 전쟁하러 오고 있다"는
이야기도 들었다. 그가 그것을 듣
자, 헤저카야한테 전령을 보내 말
했다.
10 "너희는 쥬다왕 헤저카야한테 전
해라. 네가 믿는 **하나님**이 너를 속
이지 못하게 해라. 그는 '저루살럼
은 엇시리아왕에게 넘어가지 않는
다'고 말할 것이다.
11 보라, 너는, 엇시리아왕이 그들을
완전히 파괴시켰다고 들었을 텐
데, 네가 구원받을 것 같냐?
12 나라마다 신들이 제 백성을 구했
던가? 그들은 내 조상이 파멸시켜
버렸고, 그 중에 고잰, 해랜, 레제
프, 텔래사에 살던 이든 자손들이
있었다.
13 해매쓰왕은 어디 있고, 알퀘드왕
과, 세퀘바임 도성의 왕 헤나와 아
이바는 어딨냐?"
14 헤저카야가 사절의 손에서 이 편

지를 받아 읽었다. 헤저카야는 **주**
님의 성전에 가서, **주님** 앞에 그것
을 펼쳤다.
15 헤저카야는 **주님**에게 기도하며 말
했다.
16 "만인의 주인님, 이즈리얼의 **하나**
님, 체럽커룹, 그룹천사 사이에 있는
당신은 **하나님**이고, 땅위 모든 왕
국 가운데 유일하며, 당신이 하늘
과 땅을 만들었어요.
17 오 **주님**, 당신의 귀를 기울여 들어
주세요. 오 **주님**, 당신의 눈을 뜨고
봐주세요. 그리고 세내커립의 말
을 들어주세요. 그것은 살아 있는
하나님을 모독하러 보낸 거예요.
18 진실한 **주님**, 엇시리아왕이 모든
민족과 나라를 황폐화시켰지요.
19 또 그들의 신을 불속에 던졌는데,
그들은 신이 아니고, 사람의 손으
로 나무와 돌로 만들었으므로 모
두 파괴되었지요.
20 그런데 이제, 오 우리의 **주 하나님**,
그의 손에서 우리를 구해주세요.
그러면 땅의 왕국이 당신만이 유
일한 **주님**이라고 알게 되겠죠."
21 그때 애머즈의 아들 아이재야가
헤저카야왕에게 사람을 보내 말했
다. "이즈리얼의 **주 하나님**의 말에
의하면, 너희가 엇시리아왕 세내
커립에 대해 나에게 기도했기 때
문에,
22 이것은 **주님**이 그에 관해 전한 말
이다. 자이언의 소녀 딸들이 너를
무시하고, 너를 비웃고 조롱한다.
저루살럼의 딸들은 너를 보고 그
들의 고개를 저었다.
23 네가 누구를 비난하며 모독하나?
누구를 향해 네가 목소리를 높이
고, 눈을 위로 치켜뜨나? 심지어
이즈리얼의 신성한 **하나님**에게 그
렇게 하다니!
24 너는 네 종을 통해 **주님**을 비난하
며 말했다. '수많은 나의 전차를 가
지고, 내가 레바넌 이쪽 끝에 있는
산 높은 곳으로 올라, 그곳 큰 시더
나무를 치고, 전나무까지 치겠다.
그리고 나는 경계선 높은 곳에 가
서, 카멀 숲속까지 가겠다.
25 내가 땅을 파서, 물을 마시고, 나의
발바닥으로 포위된 곳의 강물을
모두 말리겠다.
26 너는 예전부터 내가 그것을 어떻
게 했는지 못들었나? 그것을 오래
전에 어떻게 만들었는지 듣지 않
았나? 이제 내가 그것을 실행했으
므로, 너는 요새도성이 무너져 내
리게 두어 폐허더미가 될 것이다.
27 그래서 그곳 사람은 힘이 빠지고,
절망하며 당황한다. 그들은 들풀
처럼, 잡초처럼, 지붕에 난 풀처럼,
자라기도 전에 바람에 말라버린
곡식이 되었다.
28 그러나 나는 네가 어디 있는지 알
고, 네가 나가고 들어가는 것도, 나
에게 반발하는 분개도 안다.
29 나를 향해 분노하는, 너의 흥분이

내 귀에 들리기 때문에, 나는 네 코
에 올가미를 걸고, 네 입에 재갈을
물리며, 네가 왔던 길로 너를 돌아
가게 하겠다.
30 다음은 너에게 나타날 증거로, 너
희는 올해 스스로 자란 곡식을 먹
고, 두 번째 해는 똑같이 자생 곡식
을 먹으며, 세 번째 해에 너희가 씨
를 뿌려 추수하고, 포도나무를 심
어 그 열매를 먹게 된다.
31 또 쥬다 집안에서 도망쳐 살아남
은 자가, 다시 아래로 뿌리내리고
위로 열매를 맺는다.
32 저루살럼 출신은 살아남고, 자이
언시온산에서 피해 달아난 자도 살
아남는 이유는, 만인의 **주님**의 열
정이 그렇게 하는 것이다.
33 그래서 엇시리아왕에 관하여 **주님**
이 말한 바에 의하면, "그는 이 도
성에 들어오지 못하고, 그곳에 화
살 하나 쏘지 못하고, 거기에 방패
를 내밀지 못하며, 그것을 상대로
포위망도 구축하지 못한다.
34 그는 왔던 같은 길로 돌아가며, 이
도성에 들어오지 못할 것"이라고
주님이 말한다.
35 나는 내 자신을 위하여 이 도성을
방어하는 것이고, 나의 종 대이빋
을 위해 그렇게 하는 것이다.
36 그리고 **주님**의 천사가 먼저 가서,
엇시리아 진영을 쳐서, 18만5천명
을 죽였을 때, 그들이 아침 일찍 일
어나 보면, 전부 죽은 시체뿐이다.
37 그렇게 엇시리아왕 세내커립은 그
곳을 떠나 돌아간 다음 니너바에
서 살았다.
38 그리고 그가 그의 신 니스로크 성
전에서 예배하고 있을 때, 애드래
멀렉과 그의 아들 쉐레저가 그를
죽인 다음 알메니아 땅으로 도망
쳤다. 그래서 그의 아들 에사해든
이 대신 다스렸다.

헤저카야왕이 병에서 회복

38 그때 헤저카야히즈키야, 히스기
야가 병이 들어 죽게 되었다.
애머즈의 아들 예언자 아이재야가
왕에게 와서 말했다. "**주님**의 말에
의하면, '네 집을 정리해라. 너는 곧
죽고 살지 못한다'고 했어요."
2 그러자 헤저카야는 벽쪽으로 얼굴
을 돌리고 **주님**에게 기도했다.
3 그리고 말했다. "오 **주님**, 나를 기억
해주세요. 당신에게 간곡히 부탁
하는데요, 내가 당신에게 의지하
며, 얼마나 완전한 마음으로 믿어
왔는데요, 또 당신의 눈에 선한 일
을 해왔는데요. 그러면서 헤저카
야가 슬프게 울었다.
4 그때 **주님**의 말이 아이재야이사야에
게 들려왔다.
5 "가서 헤저카야에게 전해라. **주님**
이 말하는데, '네 조상 대이빋의 **하**
나님인 내가 너의 기도를 들었고,
또 네 눈물도 보았다. 그래서 나는
네 수명을 15년간 더 보태주겠다.

6 그리고 내가 너와 그 도성을 엇시
리아왕의 손에서 구하겠다. 나는
이 도성을 지킬 것이다.
7 이것은 **주님**이 너에게 주는 증거가
될 것이다. **주님**은 자기가 말한 바
를 반드시 한다.
8 보라, 내가 그림자의 각도를 도로
가져오겠다. 그것은 애이해즈의
해시계에서 아래로 내려간 10°도
를 뒤로 돌리는 것이다." 그러자 해
가 내려갔던 각도만큼 되돌아왔
다.
9 쥬다의 헤저카야왕의 기록은, 그
가 아팠다가 병이 회복되었다고
다음과 같이 전한다.
10 "수명이 다 끊어져갈 때, 나는 말했
다. 나는 무덤문으로 들어간다. 나
의 잔여 수명도 빼앗겼다.
12 나의 날은 다 지나버려, 목자의 텐
트처럼 내게서 제거된다. 베를 짜
는 자가 내 인생을 제단하듯 잘렸
다. 그는 찌를듯한 질환으로 나를
잘라, 낮부터 밤사이 나를 끝낼 것
이다.
13 나는 마치 사자인듯 생각하며 아
침까지 버텼다. 그렇게 그는 내 뼈
를 부수고, 낮부터 밤사이 나를 끝
낼 것이다.
14 두루미나 제비인듯 그렇게 나는
지저댔고, 비둘기처럼 슬퍼했더니,
내 눈이 위를 바라볼 수도 없다. 오
주님, 내가 압박을 받고 있으니, 나
를 거둬주세요.
15 내가 무슨 말을 하겠어요? 당신은
내게 말도 했고, 몸소 그렇게 실행
하니까요. 내 인생은 내 영혼의 고
통속에서 가볍게 가버리겠죠.
16 오 주인님, 사람은 이렇게 살아가
므로, 그 가운데 나의 인생도 있어
요. 그러니 당신이 나를 회복시키
고, 살려주세요.
17 보세요, 내가 심한 고통을 겪은 것
은 마침내 편하기 위한 의도겠지
만, 당신은 나의 영혼을 사랑하며
파멸속에서 건져준 것은, 나의 죄
를 당신의 등 뒤로 모두 던졌기 때
문이지요.
18 무덤은 당신을 자랑하지 못하고,
죽음이 당신을 축하하지 못하기
때문에. 구덩이로 들어가면, 당신
의 진실에 희망이 있을 수 없어요.
19 살아 있는 자만이, 오늘 나처럼, 당
신을 찬양할 수 있고, 아버지가 자
녀에게 당신의 진리를 알릴 겁니
다.
20 **주님**이 마음을 먹으면, 나를 구할
테고, 그러면 우리는 나의 노래를
불러, **주님** 성전 안에서 우리가 살
아있는 내내 현악기를 켜게 됩니
다.
21 그때 아이재야가 말했다. "무화과
한 개를 갖다 종기 위에 펴바르면
회복될 겁니다.
22 헤저카야가 물었다. "내가 **주님**의
성전으로 올라갈 수 있다는, 무슨
표시라도 있는 것일까?"

배블런의 대사

39 당시 배블런바빌론, 바벨론왕 밸
래이든 아들 메로댁밸래이든
이, 편지와 예물을 들고 헤저카야
왕에게 왔다. 왜냐하면 그가 앓다
가 회복되었다는 소문을 들었기
때문이었다.
2 헤저카야는 편지와 예물에 기뻐
서, 그들에게 궁전의 귀중품과, 은
과 금과, 향료와 귀중한 향유연고
및 무기창고의 모든 것을 보여주
었다. 그의 보물창고가 다 드러났
고, 그들에게 보여주지 않은 것은
그의 궁전 안이나 그의 영역 내 아
무것도 없었다.
3 그때 예언자 아이재야이사야가 헤
저카야왕에게 와서 말했다. “그들
이 뭐라고 했지요? 어디서 온 사람
인가요?” 헤저카야왕이 대답했다.
“먼 나라에서 배블런에서 내게 온
사람들이다.”
4 그러자 그가 말했다. “당신의 궁전
에서 그들이 무엇을 봤죠? 그가 말
했다. “그들은 내 집안 모든 것을
보았는데, 내 보물창고 가운데 내
가 보여주지 않은 것은 없다.”
5 아이재야가 헤저카야에게 말했다.
“만인의 **주님**의 말을 들어보세요.
6 ‘보라, 앞으로 너희 집안에 있는 모
든 것, 네 조상이 이날까지 쌓아놓
은 것들은, 배블런으로 실려가, 남
는 것은 하나도 없을 것’이라고 **주
님**이 말해요.
7 ‘너한테 태어날 여러 아들을 그들
이 잡아가면, 그들은 배블런왕의
궁전 내시가 될 것’이라고 했어요.
8 그때 헤저카야가 아이재야에게 말
했다. “당신이 전한 **주님**의 말은 좋
은 충고다.” 그러면서 덧붙였다.
“내가 살아 있는 동안에 나에게 평
화와 진실이 있는 것이다.”

위로

40 “나의 백성, 너희 모두 위로
하며 마음에 위안을 받으라”
고, 너희 주인 **하나님**이 말한다.
2 “너희는 저루살럼에게 위로의 말
을 하며, 그 땅에게 외쳐라. 그녀의
전쟁은 끝났고, 죄도 사면 되었다.
왜냐하면 그 땅은 죄 때문에 두 배
로 **주님** 손에서 벌을 받았기 때문
이다.”
3 그의 목소리가 황야에서 소리친
다. “너희는 **주님**의 길을 마련해라.
우리 **하나님**을 위한 큰 길을 사막
에 곧게 깔아라.
4 모든 계곡은 높이고, 산과 언덕은
낮추며, 굽은 길은 바로 펴고, 거친
평원은 평평하게 다져라.
5 그러면 **주님**의 빛이 나타나, 모든
육체가 그것을 함께 볼 것이다.” **주
님**의 입으로 그것을 말했다.
6 그 목소리가 말했다. “외쳐라! 내가
무엇을 외쳐야 하냐고? 모든 신체
는 풀이라고. 또 신체의 아름다움
이란 들의 꽃과 같다고 외쳐라.

7 풀이 마르고, 꽃이 시드는 이유는,
주님이 그 위에 영혼을 불어넣었기
때문이다. 확실히 인간은 풀일 뿐
이다.
8 풀은 마르고, 꽃은 시들어도, **하나**
님의 말은 영원하다."
9 오 자이언시온, 좋은 소식을 가져오
는 너는, 높은 산으로 올라라. 오 저
루살럼, 좋은 소식을 전하는 너는,
목소리를 힘차게 높여라. 목소리
를 들어올리며 두려워 말고, 쥬다
의 도성에 다음을 전해라. "너의 **하**
나님을 바라보라!"
10 보라, **주 하나님**은 강한 힘을 가져
와서, 그의 팔로 모든 것을 지배한
다. 보라, 그의 보상은 그가 함께 있
어 주어, 그의 보답이 사람에게 동
반하는 것이다.
11 그는 목자처럼 자기 양떼를 먹이
고, 자기 팔로 어린양을 모아, 자기
가슴에 품어 나르며, 새끼 밴 양을
배려한다.
12 누가 제 손으로 바다 깊이를 재고,
손뼘으로 하늘 길이를 재며, 되로
땅의 흙먼지의 분량을 재고, 저울
로 산의 무게를, 또 천칭접시로 언
덕을 측정할까?
13 누가 **주님**의 영혼을 지시하거나,
또 사람의 자문관이 되어 가르칠
까?
14 **주님**이 누구와 함께 의논하며, 누
가 인간에게 지시하며 바른 길을
가르치고, 지식을 알려주며, 이해
하도록 방법을 보였을까?
15 보라, 민족은 통속 물 가운데 한방
울과 같고, 천칭접시의 먼지 한티
끌과 같다. 게다가 **주님**은 섬을 작
은 입자처럼 들어올린다.
16 그러니 레버넌은 태워도 만족하지
않고, 그곳 짐승은 번제제물로도
부족하다.
17 **주님** 앞의 모든 나라는 아무것도
없는 무와 같고, 그들은 아무것도
없는 공허보다 못한 것으로 여겨
진다.
18 너희가 **하나님**을 누구와 비교하려
하나? 아니면 그를 비교할 비슷한
게 무엇일까?
19 세공사는 주물을 녹여 형상을 만
들고, 거기에 금세공사가 금을 입
히고, 은사슬을 끼운다.
20 가난하여 봉헌물이 없는 자는, 썩
지 않는 나무를 고른 다음, 장인을
찾아 조각우상을 마련하는데, 그
것은 당연히 움직이지 않는다.
21 너희는 알지 못하고, 듣지도 못하
는가? 태초부터 너희에게 그 이야
기가 전해지지 않았나? 그런데도
너희는 아직 땅의 기초도 이해하
지 못하는가?
22 그가 둥근 지구 위에 앉으면, 거기
사는 사람은 메뚜기다. 그는 하늘
을 휘장처럼 펼쳐놓고, 그 안에서
살도록 텐트를 쳐주었다.
23 대군왕자가 가져오는 것이 아무것
도 아니듯, 그는 땅위의 정의도 공

허하게 만든다.
24 그렇다, 정의는 심어지지 않고, 맞
다, 그것은 씨가 뿌려지지도 않으
며, 옳다, 그 줄기는 땅속에 뿌리내
리지 못할 것이다. 마찬가지로 그
가 인간에게 입김을 불면, 그들은
마르고, 돌풍은 그들의 그루터기
조차 뽑을 것이다.
25 "너희는 나를 누구와 비교하하고,
아니면 나를 누구와 같다고 생각
하지?" 라고 신성한 유일신 그가
말한다.
26 너희 눈을 높이 들어올려, 이 모든
것을 만든 그를 보아라. 무수한 군
상을 만들어, 그의 위대한 능력으
로 각각의 이름을 불러준다. 그는
막강한 힘이 있으므로, 하나도 실
패는 없다.
27 그런데 너 재이컵과, 너 이즈리엘
은 왜 이렇게 항의하나? "나아갈
길을 **주님**이 막았고, 나의 정의를
하나님이 외면했다"고.
28 너는 알지도 못하고, 듣지도 못했
나? 영원한 **하나님** 주인은, 지구의
끝과 끝의 창조주, 그는 피곤하지
도 않고, 지치지도 않는다는 것을?
그에 대한 이해는 찾을 길이 없다.
29 그는 피곤한 자에게 힘을 주고, 힘
없는 약자에게 강한 힘을 준다.
30 청년도 피곤하고 지치면, 젊어도
쓰러져버리지만 말이다.
31 그러나 **주님**을 기다리는 자는 새로
운 힘을 얻고, 독수리같은 날개로
솟아오르며, 뛰어도 지치지 않고,
걸어도 피곤하지 않을 것이다.

함께 하며 돕는다

41 "오, 여러 섬은 내 앞에서 조
용히 있고, 백성은 다시 힘을
내어, 내게 가까이 다가오게 하여,
그들이 말하게 하며, 우리 함께 정
의에 가까이 다가가게 하자.
2 누가 동쪽에서 정직한 자를 일으
켜, 그의 발을 소명하여, 그에게 민
족을 맡기며, 모든 왕을 다스리게
했을까? 그러자 그는 그의 칼로 그
들을 먼지로 만들고, 그의 화살로
잔털처럼 내몰았다.
3 그는 무사히 빠져나간 저들을 추
적하여, 발을 디뎌보지 못한 길까
지 갔다.
4 누가 이 일을 기획하여 처음부터
전 세대를 불러들여 실행했을까?
주인님, 바로 나, 처음부터 끝까지
그가 나다."
5 섬도 그것을 보고 두려워했고, 땅
구석구석마다 두려워 가까이 다가
왔다.
6 그들은 모두가 이웃을 도우며, 서
로 형제에게, '용기를 내자'고 말했
다.
7 그래서 목수가 금세공사를 격려하
고, 망치를 들고 모룻대를 두드리
는 대장장이가 한 말은, '이제 땜질
준비가 되었다'며, 못으로 고정시
켜 움직이지 않게 했다.

8 "그러나 이즈리얼 너는 나의 종이
고, 나의 친구 애이브러햄의 자손
재이컵을 내가 선택했다.
9 그 땅 어느 구석에서 내가 데려온
너를, 사람 가운데 대표로 소명하
여, 너에게 말했다. '너는 나의 종이
고, 내가 너를 골랐으며, 너를 내버
리지 않겠다'고 했다.
10 너는 두려워 마라. 왜냐하면 내가
너와 함께 있다. 실망하지 마라. 내
가 너의 **하나님**이기 때문이다. 맞
다, 네가 강하도록, 내가 너를 돕겠
다. 그렇다, 나의 정의의 오른손으
로 너를 떠받치겠다.
11 두고봐라, 너에게 화내던 모두는,
창피를 당하여 당황하다가 사라
져, 결국 너와 싸우던 그들은 멸망
한다.
12 네가 그들을 찾아도, 발견하지 못
하고, 너와 경쟁하던 그들도, 너를
상대로 전쟁하던 사람까지 사라져
아무것도 없을 것이다.
13 나는 너의 **주 하나님**으로서, 네 오
른손을 잡고 말한다. "두려워 마라.
내가 너를 돕겠다.
14 두려워 마라. 너 벌레처럼 작은 미
물 재이컵, 이즈리얼 사람아, 내가
너를 도와주겠다" 라고 말하는 **주
님**은, 너의 구원자, 신성한 이즈리
얼의 **하나님**이다.
15 "보라, 나는 너에게 이가 달린 뾰족
한 새 타작도구를 만들어주겠다.
그러면 너는 산을 쳐서 작게 탈곡
하고, 언덕을 타작하여 겨껍찔을
만들 것이다.
16 네가 그것을 채로 까불어 바람에
날려보내면, 돌풍이 흩어버릴 것
이다. 그때 너는 **주님** 안에서 즐거
워하고, 이즈리얼의 신성한 **하나님**
안에서 기뻐할 것이다.
17 가난한 약자가 물을 찾아도 없고,
그들의 혀는 갈증으로 타들어 갈
때, 나, 주인이 그 소리를 들으면,
이즈리얼의 **하나님** 내가 그것을 외
면하지 않을 것이다.
18 나는 높은 곳의 강 줄기를 열고, 계
곡 가운데 샘이 솟게 하여, 사막 황
무지를 물의 저수지로 만들고, 마
른 땅에 물이 솟게 하겠다.
19 그리고 나는 황야에 시더나무, 시
타시팀나무, 상록나무 알림올리브 머
틀관목나무, 기름나무를 심고, 사막
에 잣나무, 소나무, 박스나무를 함
께 두겠다.
20 그렇게 사람이 보면 알 수 있고, 생
각하면 이해할 수 있도록, **주님** 손
이 이것을 실행했고, 이즈리얼의
신성한 **하나님**이 그것을 창조했다.
21 "네가 소송을 걸어보라"고 **주님**이
말한다. "너의 확실한 증거를 제시
하라"고 재이컵의 왕이 말한다.
22 "우상들을 데려와, 우리에게 무슨
일이 생길지 보이라 하고, 또 예전
에 무슨 일이 있었는지 보이라 해
라. 그러면 우리가 생각할 수 있고,
나중을 알 수 있다. 혹은 앞으로 있

을 일을 우리에게 선언하게 해라.
23 앞으로 올 일을 우리에게 알려주
면, 우리는 너희가 신이라는 것을
알 수 있다. 그렇다, 좋든, 나쁘든,
함께 당황하며 바라볼 수 있다.
24 그런데 보라, 너희는 아무것도 아
니고, 너희가 한 것이 없어, 혐오만
이 너를 선택한 자에게 있다.
25 나는 북쪽에서 사람 하나를 일으
켜 나오게 하겠다. 해가 뜰 때부터
그는 나의 이름을 부르며, 절구 위
에서 찧듯, 모든 대군왕자 위로 오
고, 토기장이가 진흙을 이기듯 그
들을 밟게 하겠다.
26 누가 처음부터 선언하여 우리가
알게 했나? 이전에도, '그는 정의'
라고, 우리가 말하게 한 존재는 누
구일까? 맞다, 우리에게 내보인 사
람이 없고, 그렇다, 선언한 사람도
없으며, 옳다, 네 말을 들어준 사람
도 없다.
27 나는 처음으로 자이언에게, '보라'
고, 말하겠다. 그리고 저루살렴에
게 좋은 소식을 전할 자를 내려주
겠다.
28 내가 보니, 사람 가운데 사람이 없
고, 조언자도 없어, 내가 그들에게
물어도, 한 마디도 대답하지 못하
더라.
29 보라, 우상은 모두 헛것이다. 그들
의 업적은 없고, 주물형상은 착각
과 혼란이다.

선택한 종

42 이제, 내가 골라 세워놓고, 내
영혼이 즐거워하는 나의 종
을 보라. 내가 그에게 나의 영혼을
주어서, 그는 비쥬다인 이민족까
지 정의를 전할 것이다.
2 그는 외치지도 고개를 들지도 않
고, 그의 소리가 거리까지 들리게
하지도 않을 것이다. 3상처난 갈대
를 꺾지 않고, 연기나는 아마포를
끄지 않으면서, 그는 정의를 진리
로 전한다.
4 그는 실망도 좌절도 하지 않고, 이
땅에 정의를 세울 때까지, 섬들이
그의 법을 기다리게 하겠다."
5 **주 하나님**의 말에 의하면, 그는 하
늘을 창조하여 펼치고, 땅을 만들
어 깔아놓고, 그곳에 생겨나도록,
인간에게 숨을 주었고, 그 안에서
걷도록, 사람에게 영혼을 주었다.
6 "나 **주님**은 너를 정의로 소명하여,
네 손을 잡아주고 너를 지켜주겠
다. 나는 네가 백성과 맺은 약속을
지키고, 또 이민족의 빛이 되게 하
여,
7 보지 못하는 눈을 뜨게 하고, 감옥
의 죄수와 교도소의 어둠속에 앉
은 자를 끌어내게 하겠다.
8 나는 주인이다. 그것이 나의 이름
이다. 나의 찬란한 업적을 다른데
주지 않고, 나의 자랑을 조각형상
에게 주지 않겠다.
9 보다시피, 이전은 이루어졌고, 이

제 새것을 선포하며, 그것이 오기
전에, 내가 너희에게 말해주는 것
이다.
10 **주님**을 향해 새 노래를 불러라. 땅
끝에서 네가 가는 바다까지, 그 안
의 모든 것도, 섬과 그곳 사람 모두
주님을 자랑해라.
11 황야와 그곳 도성도 제 목소리를
높이고, 케달이 사는 마을도 소리
를 높여, 바위 위에 사는 사람이 노
래하게 하며, 산정상에서 소리치
게 해라.
12 그들이 명예를 **주님**에게 돌리게 하
고, 섬조차 그의 칭찬을 두루 말하
게 해라.
13 **주님**은 용사처럼 앞장서, 전사처럼
열정을 끌어내어, 소리쳐 포효하
며, 적에 맞서 승리할 것이다.
14 나는 오랫동안 침묵하며 지금까지
스스로 자제해왔다. 이제 나는 출
산 중인 산모처럼 소리치며, 단숨
에 파괴하여 삼킬 것이다.
15 산이고 언덕이고 모조리 파괴하
여, 그곳 풀을 말리고, 강을 분지로
만들고, 저수지도 말리겠다.
16 나는 보지 못하는 자를 그들이 모
르는 길로 데려가고, 그들이 알지
못하는 길로 그들을 안내하겠다.
그들 앞에서 어둠을 빛으로 만들
고, 굽은 것을 똑바로 펴겠다. 나는
이 모든 것을 이루어주며 그들을
외면하지 않겠다.
17 그들은 되돌아설 텐데, 그들이 크
게 수치를 당하는 이유는, 조각된
우상을 믿으며, '당신이 우리의 신'
이라고 주물형상에게 말하기 때문
이다.
18 못 듣는 자는 들어라. 못 보는 자는
보아라. 그러면 너희는 알 수 있을
것이다.
19 누가 못 보는가, 나의 종이면서?
혹은 못 듣는다고, 내가 보낸 나의
사자가? 온전한데 못 보고, **주님**의
종인데 알지 못하는 자가 누구인
가?
20 많은 것을 보고도, 관찰하지 않고,
귀가 열려도 너는 듣지 못한다.
21 **주님**은 만족하도록, 자기 정의를
위해 그 법을 강화하고 존중받게
할 것이다.
22 그러나 뺏기고 박탈당한 사람은,
모두 덫에 걸리고, 감옥에 갇혔다.
그들은 먹이감이므로 아무도 구해
주지 않고, 약탈대상이므로 구제
를 말해주는 자가 없다.
23 너희 중 누가 이에 귀를 기울이고?
누가 오는 미래에 귀를 기울여 들
을까?
24 누가 재이컵을 포획물로 주었고,
이즈리얼을 도둑에게 주었을까?
주님이 아니냐? 그는 우리가 죄를
짓지 않기를, 그의 길대로 걷지 않
기를, 그의 법에 복종하지 않는 것
을 반대했다.
25 그래서 **주님**은 그의 끓는 화를 사
람에게 퍼붓고, 힘든 전쟁을 시켰

다. 이제 사람 주위에 불을 놓아도,
여전히 알지 못하고, 불이 타는데
도, 사람은 신경쓰지 않는다."

이즈리얼의 구원자

43 하지만 이제 주님은 다음과
같이 말한다. "창조한 너 재
이컵아, 빚어놓은 너 이즈리얼아,
두려워 마라. 내가 너를 되찾아와,
네 이름을 불렀으니, 너는 나의 것
이다.
2 네가 바다를 건너면, 너와 함께 있
고, 강을 건널 때 강물이 덮치지 않
게 하며, 네가 불 속을 걸으면 데이
지 않도록, 불길이 옮겨붙지 않게
하겠다.
3 이는 내가 너의 주인 **하나님**이고,
신성한 이즈리얼의 유일신이며,
너의 구원자이기 때문이다. 나는
네 몸값으로 이집트를 희생했고,
너 대신 이씨오피아와 세바를 주
었다.
4 너는 내 눈에 존중받아야 할 귀중
한 존재였으므로 너를 사랑했다.
그래서 내가 너를 위해 사람을 희
생시키고, 네 목숨 대신 민족을 희
생시켰다.
5 그러니 두려워 마라. 내가 너와 함
께 한다. 동쪽에서 네 자손을 데려
오고, 서쪽으로부터 너에게 사람
을 모아주겠다.
6 나는 북쪽을 향해 '그들을 포기하
라' 하고, 남쪽에게 '그들을 뒤에서
잡지 마라'고 말하겠다. 멀리서 나
의 아들을 데려오고, 땅 이끝에서
저끝으로부터 나의 딸을 데려와
라.
7 내 이름을 부르는 자는 누구라도
데려와라. 그 이유는 나의 찬란한
업적을 위해 내가 그를 창조했고,
옳다, 내가 그를 만들었기 때문이
다.
8 눈을 갖고도 보지 못하는 자를 데
려오고, 귀가 있어도 듣지 못하는
자를 데려와라.
9 그래서 모든 나라가 함께 모이게
하고, 사람마다 모여들게 해라. 그
중 누가 이것을 알리며, 이전 일을
우리에게 보여줄까? 그들이 증인
을 데려오게 하면, 그들은 정당화
될 수 있을 것이다. 혹은 그들이 듣
거든, '이것이 진실'이라고 말해줄
수 있을 것이다."
10 "너희는 나의 증인"이라고 **주님**이
말한다. "내가 선택한 나의 종 너희
는 나를 알고 나를 믿으며, 내가 바
로 그라는 것을 이해할 수 있을 것
이다. 나 이전에 나온 신은 없고, 내
뒤에 있을 신도 없다.
11 나, 바로 내가 주인이고, 나 이외 구
원자는 없다.
12 내가 알리고, 구하고, 보여주었고,
거기 너희 가운데 다른 신은 없다.
그러니 '너희가 바로 나의 증인'이
라고 주인이 말한다. 나는 **하나님**
이다.

13 그렇다, 날이 있기 전부터 내가 그
였다. 내 손을 말릴 자가 없으니, 내
가 행동하면, 누가 그것을 돌이킬
까?"
14 그래서 **주님**이 말한다. "너의 몸값
을 주고 구해온 존재는, 이즈리얼
이스라엘의 신성한 **하나님**이다. 너를
구하려고, 내가 배블런바빌론, 바벨론
에 군대를 보내어, 그곳 배안에서
아우성치는 귀족과 캘디언배블런을
쓰러뜨렸다.
15 나는 주인이며, 너의 신성한 유일
신, 이즈리얼의 창조자, 너의 왕이
다."
16 **주님**이 다음을 말한다. "그는 바다
에 길을 내고, 거친 파도속에도 길
을 만들었다.
17 물이 전차와 말과 군대와 무기를
덮치자, 그들 모두 쓰러져 다시 일
어나지 못할 것이다. 그들은 사라
지고, 심지처럼 꺼진다.
18 너희는 이전 것을 기억하지 말고,
과거는 생각도 마라.
19 보라, 나는 새로운 일을 하겠다. 이
제 그것이 나타날 것이다. 너희가
그것을 모르겠다고? 나는 황야에
길을 내고, 사막에 강이 흐르게 하
겠다.
20 벌판의 짐승이 나를 존중하고, 용
과 올빼미도 알아본다. 왜냐하면
내가 들에 물을 주고, 사막에 강을
내어, 내가 선택한 나의 백성에게
마실 물을 주기 때문이다.
21 이 사람들은 내가 스스로 만들었
으니, 그들이 나의 자랑을 보여주
게 하겠다.
22 그런데 너는 나를 부르지도 않는
구나, 오 재이컵아. 대신 너 이즈리
얼은 나에 대해 싫증이 나버렸구
나.
23 너는 번제용 작은 가축도 내게 가
져오지 않고, 네 희생제물로 나를
존중하지도 않았다. 나는 제사일
로 너를 귀찮게 하지도 않았고, 향
불로 너를 지치게 하지도 않았는
데 말이다.
24 너는 돈으로 산 향료를 내게 가져
오지도 않았고, 네 희생제물의 지
방을 나의 제단에 채우지도 않았
다. 대신 너는 나에게 네 죄만 저지
르며, 너의 잘못으로 나를 지치게
했다.
25 나, 바로 나는, 내 자신을 위해, 너
의 죄를 덮고, 네 잘못을 기억하지
않겠다.
26 나를 기억하며, 우리 함께 주장해
보자. 말해봐라. 네가 정당화될 수
있다고.
27 너의 첫 조상이 죄를 지었고, 또 너
의 선생들이 나를 어기는 죄를 지
었다.
28 그래서 나는 성소의 대군왕자에게
벌을 주고, 재이컵야곱을 저주하며,
이즈리얼을 꾸짖었다.

주인은 우상이 아니다

44 하지만 나의 종 재이컵아 들
어봐라. 내가 선택한 이즈리
얼아 들어라.
2 너를 만든 주인이 말하고, 자궁에
서 너를 형성한 **주님**이 이렇게 말
한다. "너를 돕겠다. 나의 종 오 재
이컵아, 내가 선택한 너, 제슈런정
의: 여수룬아, 두려워하지 마라.
3 나는 목마른 자에게 물을 주고, 마
른 땅에 물을 흐르게 하겠다. 또 나
는 네 자손에게 나의 영혼을 부어
주며, 네 후손을 축복하겠다.
4 그러면 그들은 풀처럼 자라고, 물
길 따라 자라는 윌로 버드나무같
이 자랄 것이다.
5 그러면 어떤 이는, '나는 **주님**의 것'
이라 하고, 다른 자는 스스로 '재이
컵'이라고 부르고, 또 다른 사람은
스스로 **주님**에게 봉헌하거나, 자기
성을 '이즈리얼'이라고 부르게 될
것이다.
6 그래서 이즈리얼의 주인 왕이며,
만인의 주인으로 몸값을 내고 구
제한 그가 말한다. '나는 처음이자
마지막이며, 나 이외 다른 신은 없
다'고.
7 나같은 존재가 누구냐? 있으면, 불
러 말해보라 해라. 있으면, 내가 예
전에 지명한 사람 이래, 순서대로
제시해보라 해라, 앞으로 올 일이
무엇인지, 그들에게 보이라 해라.
8 두려워 말고, 겁내지도 마라. 그때
부터 네게 말하며, 내가 선포하지
않았던가? 너야말로 나의 증인이
다. 나 이외 신이 있나? 그렇다, 다
른 신은 없고, 나는 전혀 알지 못한
다.
9 조각된 우상은 모두 쓸데없고, 그
들을 만족시켜도 소용이 없다. 사
람은 제 자신이 증인이므로, 주인
을 몰라, 모른다 하면, 창피를 당할
수도 있다.
10 누가 신을 제작하고, 아무 이득이
없는 조각형상을 주물로 만드나?
11 보라, 그의 추종자 모두 부끄러워
지는 이유는, 우상을 만든 장인이
사람이기 때문이다. 그들을 한자
리에 모아 세워봐라. 그들은 두려
워하며, 모두 수치를 당할 것이다.
12 세공사는 집게를 들고, 숯불로 작
업하며, 망치로 형태를 잡기 위해
팔힘을 이용한다. 그런데, 배가 고
파지면 힘이 빠지고, 물을 마시지
못하면 기절한다.
13 목수는 줄자를 늘여 선을 긋고, 틀
에 맞추어 주위를 다듬으며, 인간
의 모습 대로 아름답게 제작하면,
그 우상을 집에 안치할 것이다.
14 장인이 시더나무를 자르고, 또 사
이프러스 침엽수와 오크 참나무를
가져오는 것은, 숲속 나무 중 튼튼
한 것이기 때문이다. 또 애쉬 서양
물푸레나무를 심으면, 비가 나무
를 자라게 한다.
15 그리고 인간은 나무를 태우기도

한다. 그렇게 하여, 제 몸을 따뜻하
게 데우고, 맞다, 거기 불을 붙여 빵
도 굽는다. 그렇지, 인간은 나무로
신도 만들어 숭배하고, 또 형상을
조각하여 거기에 엎드린다.
16 사람은 나무 일부를 불속에 넣어
고기를 구워 먹고 만족한다. 그렇
지, 몸을 따듯하게 데우며, '아, 불
을 보니, 따뜻하다'고 말한다.
17 그 나머지를 가지고 인간은 우상
신을 만들고, 형상을 조각한다. 그
리고 그 앞에서 엎드려 숭배하고
기도하며, '나를 구해주세요. 당신
은 나의 신이니까요' 라고 한다.
18 나무토막은 아는 것도 없고, 이해
도 못한다. 그들의 눈은 닫혀 볼 수
없고, 사람의 마음을 이해할 수도
없다.
19 마음속으로 생각도 없고 지식도
없고 이해도 못하는 사람이 말한
다. "나는 나무토막을 불에 넣어 태
워서, 맞다, 그것으로 석탄 위에서
빵을 굽고, 고기도 구워먹었다. 그
런데 내가 그 나머지로 혐오물을
만들었다고? 나무토막에 엎드려
절을 했다고?" 라고 하겠지.
20 나무토막은 재나 먹으며, 속은 자
를 외면해버리니, 사람의 영혼을
구할 수도 없고, '내 오른손에 거짓
은 없다'고 반박하지도 못한다.
21 오 재이컵 그리고 이즈리얼, 너희
는 나의 종이라는 것을 기억해라.
내가 너를 만들었으니, 너는 나의
종이다. 오 이즈리얼아, 나는 너를
잊지 않겠다.
22 나는 먹구름으로 네 죄를 가렸고,
구름으로 네 잘못을 덮었으니, 나
에게 돌아오너라. 그렇게 내가 너
를 보상하여, 네 잘못을 만회해주
었다.
23 노래해라, 오 너희 하늘아! **주님**이
그렇게 했으니까. 외쳐라. 너희 땅
의 저지대들아! 합창을 시작해라,
너희 산들아, 숲들아, 그 안의 나무
들아! 왜나하면 주인님이 재이컵야
곱을 위해 보상하고, 이즈리얼 안에
서 스스로 영광을 찾기 때문이다.
24 따라서 너의 구원자 **주님**이, 자궁
에서 너를 형성한 그가 말한다. "나
는 모든 것을 만든 주인이다. 홀로
하늘을 펼치고, 나 스스로 땅을 멀
리까지 깔았다.
25 예언자의 거짓이 드러나면 좌절시
키고, 점쟁이를 돌게 만들며, 현명
한 자는 뒤로 물리고, 그들의 지식
도 헛되게 만든다.
26 그는 종의 말을 이행해주고, 그의
사자들의 예언을 실행시킨다. 그
는 저루살럼에게 이렇게 말한다.
'그곳에 사람이 살게 될 것이고, 쥬
다의 도성 너희는 재건된다. 내가
파괴된 곳을 일으켜 세우겠다'고
한다.
27 그는 깊은 바다에게 말한다. '말라
버려라. 내가 너희 강을 말릴 것이
다.'

28 그는 싸이러스에 대해 말한다. '그
는 나의 목자이므로, 나의 즐거움
을 실행하겠다.' 저루살럼에게 말
한다. '너는 다시 건설될 것이다.'
그곳 성전에게 말한다. '너의 기반
이 놓일 것이라고.'

주인 이외 아무도 없다

45 그리고 주님은 자신이 기름
을 바른자에게 말한다. 또 내
가 그의 오른손을 잡아주어, 그 앞
에서 여러 민족을 굴복시켜준 사
이러스에게, "나는 왕마다 허리에
서 무기를 빼앗고, 그 앞에 양쪽 문
을 열어, 다시 닫을 수 없게 하겠
다"고 말한다.
2 나는 네 앞에서 가면서, 굽은 장소
를 펴고, 황동문을 조각내며, 철제
빗장을 절단내겠다.
3 또 나는 숨겨진 보물을 네게 주고,
비밀 장소에 감춰진 재물을 주면,
너는 나 주인을 알 수 있다. 네가
이름을 부르는 그는 바로 나 이즈
리얼의 **하나님**이다.
4 나의 종 재이컵을 위해, 내가 고른
이즈리얼을 위해, 내가 너를 이름
까지 불러주었으며, 너는 나를 모
르지만, 내가 너의 성을 붙여주었
다.
5 나는 **주님**이고, 나 이외 신은 없다.
너는 나를 몰라도, 나는 네 허리를
묶어 힘을 넣어주었다.
6 사람이 해가 뜨는 것으로부터 서
쪽을 알 수 있게 한 것도, 나 이외
에는 아무도 없다. 나는 **주님**이고,
그 이외는 없다.
7 나는 빛을 형성하고, 어둠을 창조
했다. 나는 평화를 만들고 악도 창
조했다. 바로 나 주인이 이 모든 것
을 했다.
8 너 하늘아, 위에서 아래로 창공이
정의의 비를 퍼붓게 해라. 땅이 열
리게 하여, 구원을 실행하게 하며,
정의가 모두 샘솟게 해라. 나 **주님**
이 그것을 창조했다.
9 자가 창조주와 싸우는 자에게 재
앙이다! 차라리 질그릇 조각이 도
자기공에게 덤비라고 해라. 진흙
이 도공에게 따지며, '네가 뭘 만들
었냐?' 하거나, 작품이 제작자에
게, '너는 손이 없지?' 라고 말하라
해라.
10 제 아버지에게, '당신이 뭘 낳았
지?' 라고 말하거나, 여자에게, '뭘
출산했는데?' 라고 말하는 자는 재
앙이다!
11 주인, 이즈리얼의 신성한 **하나님**,
창조주가 이렇게 말한다. "나의 아
들에 관하여 묻고, 앞으로 내 손이
할 일을 너희가 내게 주문해라.
12 나는 땅을 만들고, 그 위에 사람을
창조했다. 나 곧, 내 손이 하늘을 펼
쳐놓고, 모든 군상에게 명령했다.
13 나는 그를 일으켜 정의를 세우게
했으니, 내가 그의 길을 안내할 것
이다. 그는 나의 도성을 건설하고,

나의 포로를 석방시켜도, 값이나
대가를 치르는 게 아니다" 라고 만
인의 **주님**이 말한다.
14 **주님**이 말한다. "이집트의 농산물
과, 이씨오피아 및 키 큰 사비안들
의 상품이, 너에게 올 것이다. 그러
면 그들은 너의 것이 될 터인데, 결
박된 채 너를 따르고, 네 앞에 와서
엎드려, 간청하며 말할 것이다. "확
실히 **하나님**은 당신에게 있다. 그
외 다른 신은 없다"고 할 것이다.
15 당신은 진정으로 자신을 감추는 **하**
나님이다. 오 이즈리얼의 구세**주 하**
나님!
16 우상을 만드는 자는 민망한 망신
을 당하며, 모두 당황할 것이다.
17 그러나 이즈리얼은 영원한 구원과
더불어 **주님** 안에서 구제받게 된
다. 너희에게 불명예는 없고, 세상
이 끝날 때까지 혼란도 없을 것이
다.
18 왜냐하면 **주님**이 하늘을 만들었기
때문이다. **하나님** 스스로 이 땅을
만들어 세웠고, 그가 창조한 것은
무가 아니다. 그리고 그곳에 사람
이 살게 했다. 내가 바로 주인이고,
그 이외는 없다.
19 나는 남이 모르게 어두운 땅에서
말하지 않았고, 재이컵의 후손에
게, '너희가 나를 찾아도 헛일이라
고 말하지 않았다. 나, 주인은 정의
를 말하며, 옳은 것을 알린다.
20 너희 모두 나에게 모여들어라. 가
까이 다가오너라. 나라에서 피신
한 너희들아! 너희는 깨닫지 못하
고, 조각형상의 나무를 세워, 구할
수 없는 나무신에게 기도한 것이
다.
21 너희가 말하여, 그들을 가까이 데
려오너라. 그렇다, 그들이 함께 의
논하게 해라. 누가 이것을 오래 전
부터 선언해왔는가? 누가 그때부
터 말했는가? 나 **주님**이 아니냐?
나 이외 신은 없고, 오직 구원자 **하**
나님뿐, 다른 것은 없다.
22 나를 바라보면, 땅 구석구석 모두
구원받을 것이다. 왜냐하면 내가
하나님이고, 그 이외는 아무도 없
기 때문이다.
23 나는 스스로 맹세하며, 나의 입에
서 정의를 약속했으므로, 그것은
취소하지 않는다. 내 앞에서 모두
무릎을 꿇고, 사람의 혀마다 맹세
하게 될 것이다.
24 확실히, 어떤 사람이, '나는 바르고,
강하고, **하나님** 안에 있다'고 말하
는 사람이 있으면, 사람이 그에게
올 것이다. 그러나 그를 향해 향을
피우는 모두는 수치를 당할 것이
다.
25 이즈리얼 후손은 모두 **주님** 안에서
인정받고 영광을 누릴 것이다.

배블런의 우상

46 벨신이 엎드리고, 니보신이
몸을 굽히며, 그 우상들이 짐

승과 가축 위에서 무거운 짐이 되
어, 약한 짐승 위에 부담이 된다.
2 그것은 굽히고 엎어져, 그 무게에
짐승이 나를 수 없어, 스스로 포로
가 되었다.
3 오 재이컵야곱집안은 내 말을 들어
라. 이즈리얼 집안에 남아 있는 사
람도 들어봐라. 내가 배속에서 너
희를 만들어, 자궁에서 태어나게
했다.
4 나이를 먹은 너에게도, 나는 그대
로 주인이고, 네가 백발이 되어도,
내가 업고 다닐 것이다. 지금까지
나는 만들어왔고, 앞으로도 낳을
것이고, 너를 데려와 구원할 것이
다.
5 그런데 나를 누구와 같다고, 동일
시하며, 무엇과 비슷하다고 비교
하나?
6 그들은 가방에서 금을 넉넉히 꺼
내고, 저울에 은을 달아, 금세공사
를 고용하여, 우상신을 만들게 한
다음, 그렇지, 그들이 엎드려 숭배
한다.
7 그들은 그것을 어깨에 지고 날라,
제자리에 고정시켜 세워두면, 그
자리에서 움직이지 않는다. 그리
고 사람이 그에게 울어도, 그는 대
답이 없고, 어려움에서 구해줄 수
도 없다.
8 너희는 이것을 기억하고 스스로
모두에게 보여라. 또 마음 속에 다
시 새겨라. 오 법을 위반하는 자들
아.
9 오랜 옛일을 기억해라. 나는 **하나님**
이고, 그 이외는 없다. 나와 같은 **하
나님**은 아무도 없다.
10 옛날 처음 시작부터 말하면서, 아
직 이루어지지 않은 것을 언급했
다. '나의 계획이 세워지면, 내가 만
족하도록 성취할 것'이라고 했다.
11 동쪽에서 굶주린 독수리를 부르
고, 먼나라로부터 내 계획을 집행
할 자를 불러 말했다. '내가 의도한
일을 이행할 것이다.
12 고집불통이어서 정의와 거리가 먼
너희는, 내게 귀를 기울여라.
13 내 정의의 실행은 머지않았고, 나
의 구원은 지체하지 않는다. 또 나
의 영광 이즈리얼을 위해, 자이언시
온에 구원을 심을 것이다.

배블런의 굴욕

47 오 배블런바빌론, 바벨론의 소녀
들아, 너희는 어서 내려와, 흙
위에 앉고, 오 캘디언시리아의 딸들
아, 왕좌는 없으니, 바닥에 주저앉
아라. 이제 너희는 더 이상 부드럽
고 우아하게 불리지 못할 것이다.
2 맷돌을 갖다 곡식을 갈고, 머리다
발을 풀고, 맨다리를 드러내며, 강
을 건너라.
3 너희 맨몸은 가려지지 않고, 그렇
다, 너희 치부는 드러날 것이다. 내
가 복수하면, 너희를 사람으로 만
나지 않겠다.

4 우리의 보상자로 말하자면, 만인
의 **주님**이 그의 이름이고, 이즈리
얼의 신성한 유일신 **하나님**이다.
5 너희는 조용히 앉아 있어라. 오 캘
디언의 딸 너희는 어둠 속으로 들
어가라. 이제 너희는 더 이상 '왕국
의 왕녀'로 불리지 않기 때문이다.
6 나는 나의 백성한테 화가 나서, 내
유산을 오염시켜, 그들을 너희 배
블런 손에 주었다. 그래서 너희는
이즈리얼에게 자비를 보이지 않았
고, 노인조차 멍에를 무겁게 씌웠
다.
7 따라서 너희는 이렇게 말했다. "나
는 영원한 왕비가 될 것이다." 그러
면서 너희는 이런 일은 맘속에 두
지도 않았고, 최후를 생각지도 못
했을 것이다.
8 그러니 이제 알아두어라. 너희에
게 즐거움이 주어지자, 아무렇게
나 살며 마음속으로 이렇게 말한
다. '나는 본래부터 있었고, 나 외에
는 아무도 없다. 과부로 앉아 있지
도 않고, 자식을 잃는 고통도 없을
것'이라 자만했지.
9 그러나 이 두 가지는 어느날 한순
간에 너에게 닥쳐, 자식을 잃고 미
망인이 될 것이다. 그런 일은 여러
요술과 괴이한 마법으로 네게 완
벽하게 이루어질 것이다.
10 너는 자신의 심술에 의지해왔으므
로, 이렇게 말한다. '나를 보는 자는
아무도 없다. 너의 이즈리얼의 지
혜와 지식이 너를 망쳤다. 나는 본
래 나이며, 나 이외는 아무도 없다'
고 마음속으로 말한다.
11 그래서 불행이 네게 와도, 그것이
어떻게 일어날지 알지 못한다. 그
래서 피해를 입어도, 피할 수 없어,
모르는 사이 갑자기 너는 파멸을
맞게 된다.
12 자, 너의 마법과 여러 요술을 계속
해봐라. 그것은 네가 어려서부터
애써왔던 일이었지. 만약 네가 그
렇게 해서 이익이 된다면, 네가 이
길 수 있을 것이다.
13 너는 많은 궁리를 짜내느라 지쳐
있을 테니, 점성술사와, 별관측사
와, 월별예언자를 내세워, 다가올
불행에서 너를 구하게 해봐라.
14 보라, 그들은 지푸라기 같아서, 불
이 그들을 태우면, 화염의 기세에
서 자신도 구하지 못한다. 그것은
난방용 석탄이 아니고, 그 앞에 앉
아 온기를 쬘 불이 아니기 때문이
다.
15 따라서 그들이 너에게 할 수 있는
일이란, 네가 어려서부터 노동하
여 일군 결과물로 대처할 뿐이다.
그들은 너의 구역 사람마다 돌아
다니겠지만, 너를 구하지 못한다.

고집센 이즈리얼 순화

48 너희는 이 말을 들어봐라. 오
이즈리얼의 이름으로 불러준
재이컵집안은, 쥬다유다의 강물줄

기에서 나온다. 그들은 **주님**의 이
름으로 맹세하고, 이즈리얼의 **하나
님**에 대해 언급하지만, 진실하지
않고, 바르지도 않다.
2 그들은 스스로 신성한 도성이라
부르며, 이즈리얼의 **하나님** 안에
의존한다고 주장하는데, 만인의 **주
님**이 그의 이름이다.
3 나는 처음부터 이전 일들을 선언
해오며, 내 입이 발표하게 하고, 내
가 보여준 다음, 나는 불현듯 실행
하여 이루었다.
4 나는 네가 고집스럽다는 것을 잘
알기 때문에, 또 네 목은 쇠 힘줄이
며, 네 이마는 황동이라는 것을 알
기 때문에,
5 나는 처음부터 너에게 이 일을 말
하며, 그것이 발생하기 전에 네게
일렀다. 이는 네가, '나의 우상과,
조각형상과, 주물조각상이 모든
일을 했다'고 말하지 않게 했던 것
이다.
6 네가 모든 것을 듣고 보았으니, 이
것을 사람에게 알리지 않겠는가?
나는 너에게 지금부터 일어날 새
일을, 네가 알지 못했던 숨겨진 일
까지, 보여주겠다.
7 그것은 지금 창조했고, 처음부터
있던 게 아니며, 예전에 네가 들어
본 적이 없는 것이다. 따라서 너는,
'내가 그것을 안다'고 말하지 말하
지 말아야 한다.
8 그렇다, 너는 들은 적도 없고, 알지
도 못한다. 맞다, 네 귀는 예전부터
열려 있지 않았다. 너는 믿을 수 없
다는 것과, 자궁에서부터 반항아
로 불렸다는 것을, 내가 알고 있었
다.
9 내 이름을 위하여, 내가 화내기를
미루고, 나의 명성을 위해 자제하
며, 너를 내치지 않는 것이다.
10 보라, 내가 너를 제련하는데, 은처
럼 단련하지 않고, 오히려 고통의
화덕에서 너를 꺼내주었다.
11 내 자신을 위하고, 나를 위해, 내가
그 일을 하는 것이다. 어떻게 나의
이름을 더럽힐까? 나의 영광을 다
른 이에게 주지 않겠다.
12 나에게 귀를 기울여라. 내가 소명
한 재이컵과 이즈리얼아! 내가 바
로 그다. 나는 처음이고, 또한 마지
막이다.
13 내 손이 땅의 기초를 놓고, 내 오른
손이 하늘을 편 그때, 너희를 부르
자, 모두 일어섰다.
14 너희 모두 스스로 모여서 들어봐
라. 우상이 이렇게 된다고 말하지
않았나? **주님**은 그를 사랑하여, 배
블런에 대해 **주님**이 하려는 일을
그에게 시켜, 그의 팔이 캘디언을
치게 된다.
15 나는, 내가 말한 대로, 맞다, 그를
불렀다. 내가 그를 데려왔으니, 그
는 번영할 것이다.
16 너희는 가까이 와서 이 말을 들어
라. 나는 처음부터 비밀로 말하지

않았고, 당시에도 나의 존재가 있
었다"고 그가 말했다. 지금 **주 하나
님**이 그의 영혼을 나에게 보냈다.
17 이것은 **주님**이 말한 것이다. "너희
대가를 치러준 상환자, 이즈리얼
의 신성한 **하나님**인, 나는 너희 **주
하나님**으로, 너희에게 유익한 것을
가르치고, 너희가 가야할 길로 안
내한다.
18 오 네가 나의 명령을 들었더라면
좋았을 텐데! 그랬다면, 너에게 평
화가 강물줄기처럼 흐르고, 너의
정의가 바닷물처럼 전파되었을 것
을,
19 너희 자손 역시 모래처럼 많고, 네
속에서 나온 후손이 그곳 자갈처
럼 많아져, 그의 이름이 내 앞에서
멸망하여 사라지지 않았을 것이
다.
20 너희는 배블런으로 가라. 그리고
캘디언을 내쫓고, 큰소리로 노래
하며, 지구끝까지 이렇게 외쳐라.
'**주님**은 그의 종 재이컵을 상환하
여 구했다'고.
21 그들을 사막으로 이끌어도 목이
마르지 않도록, **주님**이 그들을 위
해 바위에서 물이 솟게 하고, 바위
를 쪼개어 물을 뿜게 했다."
22 **주님**이 말한다. "악한은 평화가 없
다"고.

주인의 종

49 오 여러 섬들아, 내 말을 듣
고, 멀리서 온 너희 사람도 들
어봐라. **주님**은 자궁에서 나를 불
렀고, 어머니의 배속에서부터 나
의 이름을 언급했다.
2 그는 내 입을 예리한 칼로 만들고,
그의 손 그림자로 나를 가려주며,
나를 화살촉처럼 윤을 내어, 그의
화살통 속에 숨겼다.
3 그리고 내게 말했다. "너는 나의
종, 이즈리얼이다. 나는 너를 통하
여 찬란한 나의 업적을 이룰 것이
다."
4 그래서 내가 말했다. "나는 아무리
애써도 소용없이, 힘만 들고 대가
도 없고 헛수고뿐이었어요. 그래
도 나의 정의는 확실하게 **주님**에게
있고, 나의 일도 나의 **하나님**과 함
께 있어요."
5 그러자 이제 **주님**이 대답하는데,
그는 나를 자궁에서 만들어 그의
종이 되도록, 재이컵야곱으로서 다
시 데려왔다. 비록 이즈리얼이 모
이지 않더라도, 나는 **주님**의 눈에
서 명예를 인정받도록, 나의 **하나님**
이 나의 힘이 되게 하겠다.
6 그런 **주님**이 말했다. "네가 나의 종
이 되는 것은 작고 가벼운 소명이
다. 그래서 재이컵 부족을 일으켜
세워, 내가 보호한 이즈리얼을 다
시 데려오려는 것이다. 또 내가 너
를 비쥬다 이민족을 위한 빛으로

만들면, 네가 땅끝까지 나의 구원
을 전할 수 있을 것이다."
7 **주님**의 말에 따라, 그는 이즈리얼
을 상환해온 존재인 신성한 유일
신인데, 무시당하는 사람과, 혐오
당하는 민족과, 지배자의 종에게
전한다. "왕마다 **주님**을 보면 일어
나고, 대군왕자도 경배하는 까닭
은, **주님**이 진실하고, 신성한 이즈
리얼의 **하나님**이 너희를 선택했기
때문이다."
8 **주님**의 말에 의하면, "적절한 시기
에 나는 너의 소리를 듣고, 구원의
날에 너를 도와 보호하며, 사람과
맺은 약속을 지키도록 너에게 능
력을 부여하여, 땅에 기초를 세우
고, 불모지를 유산으로 물려주게
하겠다.
9 그러면 너는 갇힌자 및 어둠 속에
있는 자에게 가서, 직접 보여라. 그
들이 가는 길에서 먹을 수 있도록,
초원이 높은 곳에 있을 것이다.
10 그들은 배고프거나 목이 마르지
않고, 덥지 않도록, 태양이 그들을
괴롭히지 않을 것이다. 그것은 그
가 큰사랑으로 그들을 이끌어 샘
옆으로 안내하기 때문이다.
11 또 나는 모든 나의 산에 길을 놓고,
나의 큰길을 높여주겠다.
12 그리고 사람이 먼곳으로부터 올
텐데, 보라, 북쪽에서도 오고, 서쪽
에서도 오며, 시님땅에서도 올 것
이다.
13 오 하늘은 노래하고, 땅은 기뻐해
라. 오 산들은 합창해라. **주님**이 백
성을 위로했기 때문이고, 앞으로
고통받는 백성에게 사랑을 내리기
때문이다.
14 그런데도 자이언시온의 말은, '**주님**
이 나를 버리고 나의 주인이 나를
잊었다'고 했다.
15 여자가 자기 젖먹이를 잊으며, 그
녀 자궁에서 나온 아들에 애정이
없을까? 아참, 더러 잊을 수 있어
도, 나는 너희를 잊지 않는다.
16 보라, 나는 내 손바닥 위에서 너를
조각해왔으므로, 너의 성벽은 내
앞에서 영원히 서게 될 것이다.
17 너의 자손은 서둘러 돌아올 것이
다. 너를 파괴하여 불모지로 만들
고 떠났던 자들이 네게 돌아오게
된다.
18 네 눈을 들어 주위를 살펴봐라. 모
든 이들이 스스로 모여 네게 온다.
내가 살아있는 한 확실하다"며 **주**
님이 말한다. "틀림없이 너는 장식
이 달리듯, 그들로 옷을 입게 되고,
신부가 몸단장하듯, 그들로 네 몸
이 감길 것이다.
19 비록 네가 버려지고 망가져 황폐
화되었어도, 이제는 거주민 때문
에 너무 좁아지도록, 너를 삼킬 듯
이 먼곳에서 그들이 모여들 것이
다.
20 네가 자식을 잃은 뒤, 갖게 될 네
자손이 너의 귀에 대고 이렇게 말

할 것이다. '이 땅은 내게 너무 협
소하니, 살 수 있는 땅을 내게 주세
요.'
21 그러면 너는 네 마음속으로 이렇
게 말하겠지. '누가 내게 이런 자손
을 낳아주었지? 내가 나의 자식을
잃은 것을 알면서. 그래서 나는 빼
앗기고 포로로 이리저리 옮겨졌는
데? 누가 이들을 데려왔지? 보라,
나 혼자만 남겨져었는데, 이들은
어디 있다 나타난 거지?'
22 그러면 **주 하나님**이 말한다. '보라,
내가 내 손으로 비쥬다인을 집어
올려, 백성에게 나의 기준을 세우
는 것이다. 그들은 그들의 팔로 네
아들을 데려오고, 네 딸도 그들의
어깨 위에 태워 데려올 것이다.
23 그리고 왕들은 네 양부가 되고, 그
들의 왕비는 네 양모가 될 것이다.
그들은 땅에 얼굴을 대고 너에게
절하고, 네 발의 흙을 핥아 닦게 될
것이다.' 그러면 너는 내가 **주님**이
라는 것을 알게 될 것이다. 이는 나
를 기다리는 모두가 수모를 당하
지 않기 때문이다.
24 전리품을 힘센 용사로부터 빼앗아
내거나, 합법적 포로가 구제받을
수 있을까?"
25 그러나 **주님**은 이렇게 말한다. "힘
센 용사의 포로도 빼내올 수 있고,
무서운 자의 약탈물도 구해낼 수
있다. 왜냐하면 나는 너와 싸우는
자와 다투어, 네 자손을 구해낼 것
이기 때문이다.
26 또 나는 너의 압제자가 제 살을 먹
게 하고, 제 피를 달콤한 술처럼 들
이켜게 하겠다. 그러면 모든 신체
를 가진 인간은, 내가 **주님**임을 알
고, 너희 구원자이고, 상환자이며,
재이컵의 막강한 **하나님**이라고 알
게 될 것이다."

죄와 순종

50 주님이 말한다. "내가 내보낸
네 어머니의 이혼서류는 어
디 있고? 또 내가 너희를 팔은 나
의 채권증서는 어딨지? 보라, 너희
는 스스로 저지른 죄로 인해 자신
이 팔렸고, 너희의 위반죄로 네 어
머니가 쫓겨났다.
2 내가 와보니, 어째서 사람 하나 없
고, 불러도 대답하는 이가 하나도
없나? 내 손힘이 그토록 짧아, 네
몸값 상환을 할 수 없단 말이냐?
아니면 내가 너를 구할 힘이 없다
는 거냐? 보라, 내 호령에 바다가
마르고, 강이 황야로 바뀐다. 물고
기 냄새가 코를 찌르는 것은, 물이
없어 말라 죽은 거다.
3 나는 하늘에 암흑의 옷을 입히고,
베옷으로 가리게 하겠다."
4 **주 하나님**은 나에게 제대로 교육된
혀를 주어, 내가 약한 인간을 위해
제때에 어떤 말을 해야할 지 알게
했다. 그는 아침마다 나의 귀를 각
성시켜, 듣고 배우게 했다.

5 **주 하나님**이 내 귀를 열었을 때, 나
는 거부하지 않았고, 돌아서지도
않았다.
6 나를 때리는 자에게 등을 내주고,
머리를 뽑도록 내 빰까지 내밀며,
남이 내뱉는 침과 모욕에서 내 얼
굴을 가리지 않았다.
7 왜냐하면 **주 하나님**이 나를 도울 터
이니, 나는 실망하지 않는다. 그래
서 내 얼굴을 부싯돌인양 대놓아
도, 나는 수모를 당하지 않는 다는
것을 알고 있다.
8 그가 가까이서 나의 정당성을 입
증해주는데, 누가 나와 논쟁할까?
우리 함께 일어나자. 누가 나의 적
이냐? 그를 내게 데려와라.
9 보라, **주 하나님**이 나를 돕는데, 누
가 나를 유죄로 몰까? 두고보면,
그들 모두 좀벌레가 먹은 옷처럼
누더기가 될 것이다.
10 너희 가운데 **주님**을 두려워하는 자
가 누군가? 그의 목소리에 순종하
는데, 빛이 없는 암흑에서 걷는 자
가 있나? 그러면 그들을 **주님**의 이
름에 의지하게 하고, **하나님** 안에
서 머물게 해라.
11 보라, 너희는 불을 켜고, 네 주위를
밝혀, 횃불을 들고, 타오르는 불빛
속에서 걸어라. 이것이 슬픔에 잠
길 너희가 내 손에서 얻을 수 있는
것이다.

자이언을 영원히 구원

51 "정의를 따르며 주인을 찾는
너희는 내 말을 들어봐라. 너
희가 다듬은 바위를 살피고, 너희
가 판 구덩이 안을 들여다봐라.
2 너희 조상 애이브러햄과, 너를 낳
은 새라를 봐라. 나는 특별히 그를
불러 복을 주며, 자손을 늘려주었
다.
3 **주님**은 자이언을 편안하게 만들고
자, 불모지를 안락하게 만들고, 황
야를 이든동산으로 만들며, 자이
언시온 사막을 **주님**의 정원 같이 꾸
밀 것이다. 기쁨과 즐거움이 그 안
에서 나오고, 감사와 노랫가락이
들릴 것이다.
4 나의 백성은 내 말을 듣고, 나의 민
족은 내게 귀를 기울여라. 왜냐하
면 내가 내놓은 법으로, 나의 정의
를 실현시켜, 모든 민족에게 빛을
주어 편히 쉬게 하겠다.
5 나의 정의실현에 다가가도록, 나
의 구원이 이루어지도록, 나의 양
팔이 백성을 판정하게 하겠다. 여
러 섬이 나를 기대하며, 그들이 내
팔에 의지하게 하겠다.
6 너희 눈을 하늘까지 들어올리고,
또 아래로 땅을 굽어봐라. 하늘은
연기처럼 사라지고 땅은 낡은 옷
처럼 꺼질 것이다. 그러면 거기 사
는 모두가 마찬가지로 죽게 된다.
그러나 나의 구원은 영원하고, 나
의 정의는 없어지지 않는다.

7 정의를 알고, 마음 안에 나의 법이
들어 있는 자는 나에게 귀를 기울
여라. 너희는 사람을 경멸하거나,
남을 욕하는 자를 무서워하지 마
라.
8 그것은 좀이 옷을 쏠고, 벌레가 양
털을 갉아먹는 것과 같다. 하지만
나의 정의는 영원하고, 나의 구원
은 세대마다 이어진다."
9 오 **주님**의 팔은 깨어나 각성하여,
강인한 힘을 내어주세요. 선조의
세대 옛날처럼 깨어나주세요. 당
시에 당신은 래이햅을 물리치고,
용을 베어냈잖아요?
10 당신은 바다를 말리고, 크고 깊은
물까지 말리며, 몸값을 치른 그들
이 건너도록 해저에 바닷길을 만
들었잖아요?
11 그렇게 **주님**이 보상한 자를 귀환시
켜, 자이언으로 오며 노래하게 해
주세요. 그리고 영원한 기쁨이 그
들 머리에 내리게 하면, 그들은 기
뻐 즐거워하고, 슬픔과 탄식은 사
라지게 될 겁니다.
12 "나, 바로 나조차 인간을 편안하게
하려는데, 너는 죽을 운명의 인간
을 두려워하며, 들풀같은 사람의
자식을 겁내다니!
13 그리고 하늘을 펴고 땅의 기초를
놓고 너희를 만든 **주님**을 잊다니!
그리고 억압자가 곧 파괴라도 할
까봐, 매일 그의 분노나 두려워하
다니! 억압자의 분노가 어디서 나
오는데?
14 포로가 풀려나 귀환을 재촉하면,
그는 구덩이에서 죽지 않을 것이
고, 음식도 부족하지 않을 것이다.
15 그런데 나는 너의 주인 **하나님**이
다. 바다를 가르고, 파도를 몰아친
그의 이름이 바로 만인의 주인이
다.
16 나는 네 입에 나의 말을 넣어주고,
내 손그림자로 너를 가려주었다.
그 손으로 하늘을 제자리에 심고,
땅의 기초를 두며, 내가 자이언에
게, '너희는 나의 백성'이라고 말한
다."
17 오 저루살럼은 깨어나 각성하고,
일어나라! 너희는 **주님**의 손에 든
그의 분노의 잔을 마셨고, 또 너희
는 사람을 쥐어짜 비틀거리게 하
는 잔의 찌꺼기까지 들이켰다.
18 그녀가 낳은 자손 중 그녀를 이끌
자가 없고, 그녀가 키운 아들 중 그
녀 손을 잡아 데려갈 자가 아무도
없다.
19 두 가지 재앙이 너에게 일어날 텐
데, 누가 너를 위해 슬퍼할까? 붕
괴와 파멸, 기근과 칼 무엇으로 내
가 너를 위로할까?
20 자손은 기진맥진하여, 거리 초입
마다 그물에 걸려든 들소인양 누
웠다. 그들은 **주님**의 분노와 **하나님**
의 꾸지람으로 가득찼다.
21 그러니 이 말을 들어라. 너희 고통
받는자 및 술도 없이 취한 너희는

들어봐라.
22 그래서 인간의 주인이 말하고, 자
기 백성의 사정을 대변하는 **주 하
나님**이 전한다. 보라, 내가 네 손에
서 비틀거리게 만드는 잔을 빼앗
고, 분노의 잔 찌꺼기까지 빼앗으
면, 너는 더 이상 그것을 마시지 않
을 것이다.
23 대신 그것을 너를 괴롭히는 자의
손에 쥐어주겠다. 그들은 지금까
지 너에게 말해왔다. '우리가 지나
가도록 엎드려라.' 그래서 너희는
땅바닥이나 거리에 자기 몸을 엎
드려, 그들이 지나가게 했었다."

깨어나라

52 "깨어나라, 그리고 일어나라.
오 자이언은 힘을 내라. 신성
한 도시, 오 저루살럼은 아름다운
의복을 걸쳐라. 앞으로 할례되지
않은 자와 불결한 자는, 너에게 더
이상 오지 않을 것이다.
2 오 저루살럼아, 먼지를 털고 일어
나 앉아라. 오 포로가 된 자이언
의 딸아, 네 목에 묶인 밧줄을 풀어
라."
3 **주님**이 말한 바에 의하면, "너희는
무상으로 자신을 팔았으므로, 내
가 돈을 주지 않고 너희를 데려오
겠다"고 했다.
4 또 **주 하나님**이 말한 것은, "나의 백
성이 이전에 살기 위해 이집트로
갔는데, 엇시리안이 까닭없이 그
들을 핍박했다"고 했다.
5 그래서 **주님**이 말한다. "내가 여기
서 무얼 할까? 내 백성이 무상으로
끌려갔는데? 백성을 지배하는 저
들이 법석을 떨며, 매일 나의 이름
을 모독한다.
6 따라서 백성도 나의 이름을 알게
하고, 저들도 내가 말하는 그날, '보
라, 그것이 바로 나'라는 것을 알도
록 하겠다.
7 좋은 소식을 전하며, 평화를 알리
는 발이 닿는 산들은 얼마나 아름
다운가! 그는 좋은 소식을 전하고,
구원을 선포하며 자이언에게 말한
다. '너의 **하나님**이 통치한다!'
8 전초병이 목소리 높여 합창하는
이유는, 그들의 눈으로 **주님**이 다
시 자이언시온에 오는 모습을 보기
때문이다.
9 저루살럼의 황무지, 너희는 기쁨
을 드러내며 함께 노래해라. 왜냐
하면 **주님**이 백성을 위하여 저루살
럼을 되찾았다.
10 **주님**은 여러 민족의 눈 앞에서, 그
의 신성한 팔을 걷어붙이고, 땅 끝
까지 우리 **하나님**의 구원을 보일
것이다.
11 떠나라! 너희는 그곳 오염지에서
나와, 불결한 것을 손대지 마라! 너
희는 땅의 불모지 가운데서 빠져
나가, **주님**의 그릇을 나르도록 깨
끗해져라.
12 너희가 서두르거나 도피하지 않도

록, **주님**이 너희 앞에 가면서, 이즈
리얼의 **하나님**이 너희 뒤에도 있을
것이다.
13 보라, 나의 종이 빈큼없이 대처하
면, 그는 칭찬이 커지며 드높아질
것이다.
14 대부분 저루살럼에 놀라게 된 이
유는, 그의 용모가 어떤 다른 사람
보다 망가지고, 그의 형태는 인간
자손 이상으로 훼손되었기 때문이
다.
15 그래서 저루살럼은 여러 민족을
흩어버리고, 왕도 그에 대해 제입
이 다물어지게 될 것이다. 그들은
전해진 적 없는 상황을 보기 때문
이고, 들은 적이 없어서 상상도 못
했던 일이 벌어지기 때문이다."

죄의 중재자 예언

53 누가 우리 소식을 믿었을까?
그래서 그에게 주님의 팔힘
이 나타난 것인가?
2 그는 주인 앞에서 여린 식물로 움
트고, 마른 땅의 뿌리로 자라나므
로, 그는 외모도 없고, 예쁘지도 않
아서, 그를 보면, 마음을 끄는 아름
다움이 없다.
3 그는 남에게 무시당하고 거부되
어, 침울한 불행에 익숙한 사람이
다. 또 우리는 그를 외면하고 경멸
하며, 존중하지도 않았다.
4 확실히 그는 우리의 불행을 떠안
고, 슬픔을 짊어졌다. 그런데 우리
는 그를 냉혹하게 짓누르며, 마치
하나님의 벌처럼, 그를 괴롭혔다.
5 그러나 그는 우리의 법위반 때문
에 다치고, 우리의 잘못으로 상처
를 입게 되었다. 우리의 안녕을 위
한 대가를 그가 치르게 했고, 그의
체벌로 우리가 치유되게 했다.
6 우리가 양처럼 길을 잃고, 저마다
제 길을 벗어나자, **주님**은 인간 모
두의 잘못을 그에게 지웠다.
7 그는 압박을 당하고 괴로웠지만,
입을 열지 않아, 어린양처럼 도살
장으로 끌려갔고, 털을 깎는자 앞
에서 벙어리가 되어, 제 입을 열지
않았다.
8 그는 붙잡혀 감옥과 재판에 끌려
갔는데, 누가 그의 세대를 항변할
까? 그는 살아 있는 땅에서 제거되
고, 나의 백성의 잘못으로 처벌받
았다.
9 악한은 그의 무덤을 만들고, 부자
는 그를 죽게 했다. 그는 폭력을 휘
두르지 않았고, 자기 입으로 남을
속이지도 않았어도 그랬다.
10 하지만 **주님**이 바라는 바는, 그를
상처내고 고통받게 하여, 그의 생
명으로 사람이 저지른 죄의 제물
이 되게 하면, 그는 인간의 후손을
보고, 그들의 수명을 연장한다. 그
리고 **주님**이 만족하면, 그의 손힘
으로 인간을 번성시킬 것이다.
11 **주님**이 인간정신이 괴로워하는 것
을 보고 만족하게 될 때, 올바른 나

의 종은 **주님**의 지식으로 다수를
정직하게 정화한다. 그래서 그가
인간의 죄를 짊어져야 하는 것이
다.
12 그래서 내가 그에게 큰 몫을 나눠
주면, 그는 엄청난 포획물을 나누
게 되는데, 그 이유는, 그가 자기 정
신을 죽음으로 쏟아붓기 때문이
다. 그는 죄인의 수만큼 헤아려져,
다수의 죄를 짊어진 다음, 위반자
를 위해 중재역할을 한다.

미래의 평화약속

54 "아기를 배어 보지 못한 불임
자는 노래해라. 출산의 고통
을 겪어보지 못한 너는 큰소리로
노래 불러라. 왜냐하면 결혼한 아
내가 낳는 자녀보다 불임자의 자
녀가 더 많기 때문"이라고 **주님**이
말한다.
2 "네가 천막을 칠 장소를 넓혀, 너희
주거지에서 휘장을 펼쳐라. 여분
을 남기지 말고 밧줄을 길게 늘이
고, 말뚝을 단단히 고정해라.
3 이는 너희가 오른손도 뻗고 왼손
도 뻗어, 너희 후손이 비쥬다인 지
역까지 상속하게 하고, 폐망한 도
성까지 살게 만들기 때문이다.
4 두려워 마라. 너는 앞으로 모욕당
하지 않고, 혼란 속에 빠지지도 않
는다. 너희를 창피하게 놔두지 않
는 한편, 젊은 날의 수치를 잊게 하
며, 과부로 당하던 수모를 더 이상
기억하지 않게 하겠다.
5 너의 창조주가 바로 남편이기 때
문이다. 만인의 **주님**이 그의 이름
이고, 너를 상환하여 데려온 존재
가 이즈리얼의 신성한 **하나님**이다.
그는 온 땅 전체의 **하나님**으로 불
릴 것이다.
6 **주님**이 너를 다시 부를 때는, 네가
버려져 영혼이 괴로운 때이고, 젊
은 아내가 거절당하는 때"라고 너
의 **하나님**이 말한다.
7 "한때 내가 너를 잊었어도, 깊은 연
민으로 너를 다시 데려오겠다.
8 잠시 화가 나서, 너로부터 내 얼굴
을 가렸지만, 영원한 애정으로 너
를 사랑한다"고 너의 보상자 **주님**
이 말한다.
9 "내가 노아의 홍수 때 언급한 대로,
당시 나는, '노아시대처럼 더 이상
홍수가 땅을 뒤덮게 하지 않겠다'
고 맹세했는데, 그렇게 나는, 너에
게 화내지 않고, 다시 꾸짖지도 않
을 것을 맹세한다.
10 여러 산이 떠나고, 언덕이 옮겨져
도, 나의 호의는 너를 떠나지 않고,
나의 평화의 약속은 달라지지 않
을 것"이라고 너를 사랑하는 **주님**
이 말한다.
11 "오 네가 폭풍우에 던져져 고통을
당해도, 위로받지 못했구나. 보라,
나는 색색의 예쁜 원석을 놓고, 새
퐈이어로 네 기초를 깔아주겠다.
12 또 애겉 마노원석으로 너의 창문

을 만들고, 대문은 카벙클 홍옥으
로 꾸미면서, 성곽 주위에 좋은 원
석을 달아주겠다.
13 그리고 너희 자녀 모두 **주님**의 가
르침을 배우면, 그들에게 평화가
널리 자리할 것이다.
14 너희에게 정의가 세워지면, 억압
이 멀어지게 된다. 또 너희가 공포
를 두려워할 필요가 없는 이유는,
그것이 너희 가까이 오지 않기 때
문이다.
15 보라, 그들 모두 한자리에 모여, 만
약 내가 아닌, 누군가 너를 공격하
러 집결하면, 그들을 쓰러뜨려 너
를 구할것이다.
16 보라, 나는 타는 석탄을 불며 다루
는 세공사를 창조했고, 또 작업용
도구를 만들게 했으며, 게다가 망
가뜨리는 파괴자도 창조했다.
17 그러나 너를 공격하러 제조되는
무기는 발전하지 못하고, 재판에
서 너를 상대로 들어올리는 혀는
유죄판결을 받을 것이다. 이것이
바로 주인의 종에게 물려주는 유
산이고, 그들의 정의는 바로 나로
부터 나올 것"이라고 **주님**이 말한
다.

주인의 연민

55 "자, 목이 마르면 물로 가고,
돈이 없어도 사서 먹어라. 그
렇다니까, 와서 돈이 없어도, 대가
가 없어도, 술도 사고, 우유도 사라.
2 너는 왜 먹을 것도 없는데 돈을 쓰
지? 또 만족도 못하는데 왜 수고하
고? 열심히 내 말을 듣고, 좋은 것
을 먹고, 너희 정신을 살찌워라.
3 네 귀를 기울여 내 말을 들으면, 너
의 영혼이 살 수 있다. 그러면 내가
영원히 약속하며, 대이빋이 받았
던 확실한 사랑을 너에게 주겠다.
4 보라, 나는 인간에게 그를 증인으
로 보내주어, 사람의 지도자이자
지휘관이 되게 하겠다.
5 보라, 너희는 네가 알지 못하는 어
떤 나라를 불러오게 되고, 네가 모
르는 여러 나라와 마주하게 되는
것은, 너의 주인 **하나님**이, 이즈리
얼의 신성한 **하나님**, 그가 너에게
최고의 기쁨을 주는 것이다.
6 너는 **주님**을 찾을 수 있을 때 찾고,
그가 가까이 있는 동안 그를 불러
라.
7 악한이 제 길을 잃게 하고, 그른 자
가 제 생각을 버리게 하여, 그들이
주님에게 돌아오게 해라. 그러면
그가 그들에게 사랑을 주고, 우리
의 **하나님**이 넘치도록 용서할 것이
다.
8 나의 생각이 너의 생각과 다르기
때문에, 너희 길도 나의 길과 같지
않다"고 **주님**이 말한다.
9 "하늘이 땅보다 더 높듯, 그렇게 나
의 길은 너의 길보다 높고, 나의 생
각은 너희 생각보다 더 높다.
10 비가 내리고, 눈도 하늘에서 내리

지만, 그곳으로 되돌아가지 않고,
대신 땅을 적셔, 싹을 움트게 한다.
그래서 씨뿌리는 자에게 열매를
주고, 그것을 먹는 인간에게 빵을
줄 수 있다.
11 그렇게 나의 말을 내 입에서 내보
내면, 소용없이 나에게 되돌아오
는 것이 아니라, 그것은 내가 기쁘
도록 성취되고, 내가 보낸 그곳에
서 번창할 것이다.
12 너희가 즐겁게 지내고 평화를 유
지하면서, 산과 언덕은 너희 앞에
서 노래가 나오고, 들의 나무마다
손뼉을 마주칠 것이다.
13 가시나무 대신 전나무가 자라고,
들장미가시 대신 머틀 관목나무가
자라면, 이것이 **주님**에게 이름이
되고, 영원히 제거하지 않는 표시
가 될 것이다."

이민족 구원

56 주님이 말한다. "너희는 정의
를 지키고, 바르게 실행해라.
나의 구원이 가까워지면, 나의 정
의가 보이기 때문이다.
2 이를 실천하는 사람은 축복받고,
이를 유지하는 사람의 자손은, 사
배쓰휴일이 오염되지 않게 지키
며, 손이 비행을 저지르지 않도록
한다.
3 또한 **주님**과 함께하려는 이민족 자
손이 다음을 말하게 하면 안 된다.
'**주님**은 나를 그의 백성과 철저히
구분한다'고. 또 거세된자가 이렇
게 말하지 않게 해라. '보다시피, 나
는 마른 나무다' 라고."
4 **주님**은 말한다. "나의 사배쓰휴일
사배쓰를 지키는 거세된자는, 내
가 기뻐할 일을 선택하고, 나의 약
속을 지키는 사람이다.
5 그들에게도 나의 성전과 성벽 안
에 자리를 주고, 아들딸보다 더 좋
은 이름을 주겠다. 그래서 나는 그
들에게 영원한 이름을 주어, 제거
되지 않게 할 것이다.
6 이민족 자손 역시 스스로 **주님**과
함께하며, 그를 섬기고, **주님**의 이
름을 사랑하며, 그의 종이 되려는
사람으로, 사배쓰가 오염되지 않
도록 지키고, 나의 약속을 받아들
이는 모두는,
7 그들도 마찬가지로 내가 나의 신
성한 산으로 데려가, 내 기도의 집
에서 기뻐하게 하겠다. 그들이 올
리는 번제와 희생물을 나의 제단
에서 내가 받아들인다. 왜냐하면
나의 집이 '모두를 위한 기도의 집'
으로 불리도록, 내가 만들기 때문
이다."
8 버려진 이즈리얼을 한데 모은 **주
하나님**이 말한다. "그런데 나는 앞
으로 그 이외 다른 사람까지 모을
것이다.
9 벌판의 짐승은 와서 먹고, 수풀 속
동물도 모두 먹어라.
10 파수꾼은 보지 못한다. 그들은 모

두 무지하고, 멍청한 개라서 짖지
도 못하며, 꾸벅대다 누워 잠만 잘
뿐이다.
11 맞다, 그들은 절대 만족을 모르는
욕심 많은 개일뿐, 이해할 줄 모르
는 목자다. 그들은 자기 이익을 위
하여, 자신의 영역에서 제 식으로
바라본다.
12 그들은 말한다. '술을 가져오너라.
와인으로 우리를 채우면, 내일도
오늘처럼 훨씬 더 풍족할 것'이라
한다."

무모한 우상숭배

57 정의가 죽어도, 그것이 마음
에 걸리는 자 없고, 남을 사랑
하는 자가 사라져, 오는 불의가 정
의를 제거해도 아무도 신경쓰지
않는다.
2 정의는 평화 속에서 사람이 올바
르게 걸어, 각자 자기 침대에서 편
히 쉬게 만드는 것이다.
3 그러나 여기 근처에 있는 마술사
의 아들들아, 간음자와 창녀의 자
손아, 가까이 오너라.
4 네가 누구를 우롱하나? 누구를 향
하여 제 입을 크게 벌려 혀를 내미
나? 너희는 법위반 자의 자식이고,
거짓의 씨앗으로,
5 스스로 푸른 나무 밑 우상에 열을
올리며, 바위절벽 아래 계곡의 자
손을 죽이나?
6 시냇가의 매끈한 자갈 가운데 제
몫이 있다며, 네 지분이 그것이라
며, 거기에 음료제물을 붓고, 곡물
제사를 지냈다. 그것으로 내 마음
을 누그러뜨려야 할까?
7 높이 솟은 산위에 네가 누울 자리
를 정하여, 그곳에 올라가 희생제
사를 지냈다.
8 대문과 기둥 뒤에 너희 우상의 기
념물을 두어, 나 아닌, 다른 이에게
자신을 드러내 눈에 띄게 했다. 또
위로 올라가, 너희 온상을 넓히며
우상과 계약을 맺으며, 네가 보는
자리에 있는 우상을 사랑한다.
9 너는 우상왕에게 기름을 들고 가
고, 향수도 넉넉히 뿌리고, 멀리까
지 너의 전령을 보내며, 스스로 자
신의 품위를 지옥바닥까지 떨어뜨
렸다.
10 네가 가는 길의 위대성이 희미해
져도, '거기에 희망이 없다'고 말하
려 하지 않고, 네 손의 생명을 찾으
며, 우울해하지도 않았다.
11 너는 누구를 두려워하며 겁을 먹
나? 너는 거짓을 말하며, 나를 생
각하지 않고, 네 마음에 간직하지
도 않았지? 이는 내가 오랫동안 잠
자코 있으니까, 네가 나를 두려워
하지 않은 것이 아닐까?
12 이제 네 정의와 일의 정체를 드러
내어, 그것이 사람에게 무익하다
고 알리겠다.
13 네가 소리쳐 너희 무리를 구제해
봐라. 바람이 그들을 휩쓸어 소용

이 없을 것이다. 하지만 나에게 의
지하는 자는 땅을 소유하고, 나의
신성한 산을 물려받으며,
14 이렇게 말하게 하겠다. "쌓고 건설
하여, 길을 마련해라! 나의 백성이
가는 길에서 걸림돌을 치워라."
15 높고 고귀한 유일한 **하나님**의 말에
의하면, 영원히 살아 있는 그의 이
름은 신성으로서 다음을 말한다.
"나는 높고 신성한 곳에서 살며, 뉘
우치고 겸손한 영혼과 함께 하여,
겸손한 영혼은 다시 살리고, 잘못
을 후회하는 마음을 정화한다.
16 나는 영원히 싸우지 않고, 화내지
않겠다. 그래서 내가 만든 인간의
영혼이 내 앞에서 실망하지 않게
하겠다.
17 인간의 탐욕으로 인한 죄 때문에,
내가 화내고 제거해도, 숨어서 화
를 냈더니, 사람은 여전히 제 마음
대로 성질이 뒤틀리더라.
18 그래서 내가 본 그들의 길에서, 그
들을 치료하고 이끌며, 그와 더불
어 슬퍼하는 자에게 위안을 주고
자 한다.
19 나는 내 입술의 열매를 만들어낸
다. 평온해라! 먼곳이나 가까이나
모두 평온하도록 내가 치유하겠
다!" 고 **주님**이 말한다.
20 그러나 악한은 격랑의 바다와 같
아, 쉴 수 없고, 파도는 진창과 오물
을 덮친다.
21 따라서 악한에게는 평화가 없다"
고 **주님**이 말한다.

진정한 금식

58 "가리지 말고 맘껏 소리치고,
트럼핕 같이 네 목소리를 높
여, 나의 백성에게 그들의 법위반
을 알리고, 재이컵야곱집안의 죄를
전해라.
2 그런데 그들은 정의를 실천하는
민족인듯, 매일 나를 찾고, 기꺼이
나의 길을 알려 하며, **하나님**의 규
정을 버리지 않는다. 또 그들은 내
게 정의의 규정을 묻고, **하나님**에
게 가까이 가기를 즐거워하는 듯
하다.
3 그들은 이렇게 말한다. '당신이 보
지 않는데, 왜 우리가 금식하나요?
왜 우리의 영혼을 괴롭히죠, 당신
이 모르는데?'라고 한다. 그러면서
금식의 날, 너희는 즐거움이나 찾
으며, 노동자를 착취한다.
4 보니, 너희는 입씨름과 몸씨름 대
신 금식하고, 악의 주먹으로 치려
고 금식한다. 너희가 오늘날 그런
식으로 금식하지 말아야, 네 목소
리가 높이 들리게 된다.
5 그런 식이 내가 선택한 금식인가?
그 날이 사람이 제 영혼을 반성하
는 날인가? 갈대처럼 머리를 숙이
며, 자기 자리 아래 거친 베와 회색
재를 깔면 그만인가? 그것을 금식
이라 부르면, **주님**에게 받아들여질
수 있는가?

6 그것은 내가 선택한 금식이 아니
지 않나? 악행에 묶인 고리를 풀
고, 무거운 짐을 내리며, 고통받는
약자를 해방시키기 위하여, 너희
가 멍에를 부러뜨려야 하는 게 아
닌가?
7 네 음식을 배고픈 자에게 나눠주
고, 쫓겨난 가난한 자를 네 집으로
데려와야 하지 않나? 헐벗은 자를
보고 덮어주며, 네 자신과 같은 사
람으로부터 숨지 말아야 하지 않
나?
8 그러면 너의 빛이 아침 햇살처럼
빛나고, 너의 건강은 빠르게 힘이
솟아, 정의가 너희 앞에 서며, **주님**
의 찬란한 업적이 너에게 보상이
되어줄 것이다.
9 그때 네가 부르면 **주님**이 대답하
고, 네가 소리치면 그가 '여기 있다'
고 말할 것이다. 만약 네가 사람 가
운데에서 구속하는 멍에와 손가락
질과 악담을 제거하면,
10 또 배고픈 자에게 네 마음을 주어,
고통받는 영혼을 만족시켜 주면,
그때 너의 빛은 어두움에서 떠올
라, 너의 암흑을 대낮같이 밝힐 것
이다.
11 그리고 **주님**은 너를 계속 안내하
여, 가뭄 속에서도 너의 요구를 충
족시켜, 네 뼈를 기름지게 하면, 너
는 물먹은 정원과 같고, 마르지 않
는 샘과 같을 것이다.
12 너의 후손은 예전의 폐허를 재건
하여, 여러 세대의 기반을 일으켜
세우면, 너희는 '붕괴의 재건자' '살
길의 복구자'로 불릴 것이다.
13 만약 사배쓰휴일 사배쓰, 나의 신
성한 날 너희 만족에서 발길을 돌
려, 사배쓰는 기쁜날이라고 부르
며, 신성한 **주님**을 존경하면, 그 사
람이 명예를 얻을 것이다. 그는 자
기 길대로 실행하지 않고, 자기 쾌
락만을 찾지 않고, 맘대로 자기 말
만 하지 않을 것이다.
14 그러면 너는 **주님** 안에서 스스로
기쁨을 느끼게 될 것이다. 그러면
나는 너를 땅에서 높은 장소로 오
르게 하고, 조상 재이컵의 유산으
로 너를 먹이겠다"고, **주님**의 입이
그렇게 말했다.

죄의 진술 및 보복

59 보라, 주님의 손힘은 네 생명
을 구하지 못할 정도로 짧지
않고, 그의 귀는 못 들을 정도로 막
히지 않았다.
2 그런데 너희 죄가 너와 **하나님** 사
이를 갈라 놓았고, 네 죄가 그의 얼
굴을 가려, 그가 듣지 못한다.
3 네 손이 피로, 손가락이 죄로 더럽
혀지고, 입술은 거짓을 말하고, 혀
는 심술만 중얼댄다.
4 누구도 정의를 주장하지 않고, 진
실을 위한 어떤 변론도 없다. 사람
은 허영에 의지하여, 거짓을 말하
며, 악의를 잉태하고 죄를 낳는다.

5 그들은 독사의 알을 낳고, 거미줄
을 친다. 그 알을 먹으면 죽고, 부수
면 그 속에서 독사가 나온다.
6 그 거미줄은 의복이 되지 못하고,
그들의 작업으로 자신을 가리지
못하니, 결과가 죄를 만들고, 손 안
에 위반행위뿐이다.
7 그들의 발은 악행을 향해 달리고,
순수한 피를 흘리기에 민첩하며,
죄만 생각하여, 결국 망하고 파멸
하는 것이 그들의 길이다.
8 그들은 평화의 길을 알지 못하니,
일의 과정에 정의는 없다. 또 스스
로 길을 왜곡하여, 그 길을 따르는
자가 누구든 평화를 알지 못할 것
이다.
9 그러므로 정의는 우리와 거리가
멀고, 공정이 우리를 관리하지 않
는다. 빛을 기다려도 어둠만 바라
보고, 밝기를 기대해도 암흑 속을
걷을 뿐이다.
10 우리는 보이지 않아 벽을 더듬고,
눈이 없는듯 손으로 찾는다. 낮에
도 밤처럼 제대로 걷지 못해, 죽은
자와 같이 폐허 속에 있다.
11 우리는 곰처럼 울부짖고, 비둘기
처럼 슬피운다. 정의를 찾아도 아
무것도 없고, 구원도 우리로부터
너무 멀리 있다.
12 우리는 법을 너무 많이 위반했고,
우리 죄에 대한 증거는 넘친다. 우
리에게 잘못이 있고, 우리의 죄라
는 것을 우리도 안다.
13 **주님**에 대해 위반하고 거짓을 말하
며, 우리 **하나님**한테서 이탈하고,
탄압과 반발만 이야기하며, 마음
속에는 허위를 품고, 입밖으로 거
짓을 말한다.
14 정의가 후퇴하자 공정이 멀어진
다. 진실이 거리에 버려져, 공정이
안에 들어올 수 없기 때문이다.
15 그렇다, 진실이 실패하자, 악을 멀
리한 자가 스스로 먹이감이 되었
다. **주님**이 이를 보니, 정의부재에
마음이 불편했다.
16 **주님**은 사람이 없는 것을 보더니,
중재자가 없는데 놀랐다. 그래서
그의 팔로 사람을 구원하고, 그의
정의를 보내어, 그것으로 인간을
떠받쳐주었다.
17 그래서 **주님**은 흉판을 가슴에 받치
고, 머리에 구원의 투구를 쓰고, 보
복의 옷을 입고, 열정의 망토를 걸
쳤다.
18 인간행위에 따라, **주님**은 그대로
갚을 것이다. 그의 상대에게 분노
로, 그의 적에게 보복으로, 섬조차
대가를 갚아줄 것이다.
19 그래서 사람이 서쪽으로부터 **주님**
의 이름에 두려워하게 하고, 해가
뜨는 동쪽으로부터 **주님**의 찬란한
업적을 경외하게 할 것이다. 적이
홍수처럼 밀려오면, **주님**의 영혼이
그에 맞서 깃발을 들어올릴 것이
다.
20 "구원자는 자이언에 와서, 재이컵

의 법위반을 반성하게 하겠다"고
주님이 말한다.
21 "나로 말하자면, 이것이 그들과 맺
은 주인의 약속"이라고 **주님**이 말
한다. "나의 영혼은 너의 위에 있
고, 네 입에 넣어준 나의 말이 너의
입으로부터 떠나지 않게 하고, 또
네 후손과 후손의 후손한테서도
떠나지 않게 하겠다" 라고, 언제나
영원한 **주님**이 말한다.

이즈리얼 미래의 빛

60 "일어나 비춰라! 너에게 빛
이 일어나면, 주님의 빛이 네
위에서 일어난다.
2 보라, 어둠이 땅을 뒤덮고, 암흑이
사람 전체를 덮을 것이다. 그러나
주님은 네 머리 위에서 일어나고,
그의 명예는 네 위에서 보일 것이
다.
3 또 비쥬다인 이민족도 너의 빛이
일어나면, 너희에게 밝은 빛을 일
으키는 여러 왕이 나올 것이다.
4 눈을 치켜뜨고 주위를 봐라. 모두
가 한데 모여 너에게 올 것이다. 네
아들이 먼곳에서 오고, 너희 딸들
이 네 쪽에서 자랄 것이다.
5 그때 한꺼번에 쏟아져 들어오는
모습을 보게 되면, 네 마음이 벅차
오를 것이다. 왜냐하면 바다의 거
대함이 방향을 바꾸어 네게 오고,
비쥬다인 군대도 너에게 오기 때
문이다.
6 낙타떼가 네 일대를 덮고, 미디언
과 에퐈지역의 대상들이 오며, 쉬
바에서 오는 사람은 금과 향료를
가져와 **주님**에게 경외를 보일 것이
다.
7 케달의 가축은 모두 너에게 모여
들고, 네바오쓰의 암양도 너에게
희생하면, 나의 제단이 그들을 받
아들여, 나의 집을 찬란하게 빛낼
것이다.
8 구름처럼 나는 이들은 누구고, 창
에 날아드는 비둘기같은 이는 누
군가?
9 분명히 여러 섬이 나를 기다릴텐
데, 제일 먼저 탈쉬시의 여러 배가
멀리서 너희 아들을 실어오고, 금
과 은도 가져와, 너희 **주 하나님**의
이름으로, 이즈리얼의 신성한 **하나
님**에게 오게 된다. 이는 그가 너를
명예롭게 만들기 때문이다.
10 한때 이민족 자손이 너희 성벽을
쌓고, 그들의 왕이 너를 관리하게
되는 까닭은, 내가 화가 나서, 사랑
하던 너에게 호의를 끊어버리기
때문이다.
11 너희 성문은 계속 열린 채, 낮이고
밤이고 닫히지 않아, 너에게 외국
군대가 오고, 그들의 왕도 오게 될
것이다.
12 하지만 너를 섬기지 않는 민족과
왕국은 폐망할 것이다. 맞다, 그런
나라는 철저히 버려진다.
13 그러면 레바넌의 영광이 네게 오

면서, 전나무도, 소나무도, 박스나
무도 와서, 나의 성소를 아름답게
만들면, 나는 발을 디디는 그곳을
빛내겠다.
14 너를 괴롭히던 그들의 자손 역시
몸을 숙이며 네게 오고, 너를 경시
하던 모두 네 신발바닥에 스스로
엎드려, 너를 이렇게 부르게 하겠
다. '**주님**의 도성, 이즈리얼의 신성
한 **하나님**의 자이언'이라고, 부르
게 하겠다.
15 너는 외면당하고 증오를 받았으므
로, 아무도 네 근처를 지나려하지
않았지만, 내가 너를 영원히 우월
한 민족으로 만들어, 세대마다 큰
기쁨을 주겠다.
16 너 역시 이민족의 젖을 빨고, 왕의
가슴에서 자라게 하겠다. 그러면
나, **주님**이 너의 구원자이고, 보상
자이며, 재이컵의 전능한 자라는
것을 너는 알게 된다.
17 나는 황동 대신 황금을 철 대신 은
을 가져오게 하고, 마찬가지로 나
무와 청동, 돌과 강철 대신, 너의 관
리들이 평화를 만들고, 너희 통치
자가 정의를 집행하게 하겠다.
18 폭력이란 너희 땅에서 더 이상 들
리지 않고, 네 경계 안에 파괴와 폐
허는 없을 것이다. 대신 너희 성벽
을 '구원'이라 하고, 성문을 '자랑'
이라 부르게 하겠다.
19 태양이 낮에 더 이상 빛을 주지 못
하고, 달의 밝기로 너를 비추지 못
해도, **주님**은 너에게 영원한 빛이
되고, **하나님**의 영광이 함께 있어
줄 것이다.
20 너의 해는 더 이상 지지 않고, 너희
달도 물러나지 않도록, **주님**이 너
의 영원한 빛이 되어, 너의 슬픈 날
을 끝내게 된다.
21 너희 백성 역시 모두 올바른 자가
되어, 영원히 그 땅을 물려받게 한
다. 그러면 내가 심은 가지와 내 손
으로 만든 작업도 빛날 것이다.
22 작은 하나가 천으로 불어나고, 작
은 것이 강한 민족이 되게 하겠다.
나, 주인은 제때에 이 일을 재촉하
여 할 것이다."

호의를 주는 해

61 주 하나님의 영혼이 나에게
왔다. 왜냐하면 주님이 나에
게 기름을 발라, 좋은 소식을 온순
한 사람에게 설명하라는 임무를
부여했기 때문이다. 그는 나를 보
내, 마음을 다친자를 단결시키고,
포로에게 자유를 선언하도록, 구
속된자의 감옥을 열게 했다.
2 그래서 우리 **하나님**이 보복하는
날, **주님**을 받아들이는 해로 선포
하여, 슬퍼하는 모두를 위로하고,
3 또 자이언산에서 약속하며, 그들
에게 재 대신 아름다움을 주고, 슬
픔 대신 기쁨의 향유를 주며, 무거
운 영혼 대신 자랑의 옷을 입혀서,
그들을 **하나님**이 심은 정의나무로

불리게 하려는 것이다. 그러면 그
는 찬란하게 빛날 것이다.
4 그리고 사람들은 옛 폐허를 재건
하고, 무너진 곳을 일으켜, 여러 세
대가 절망 속에 살아온 폐허도시
를 복구하게 될 것이다.
5 이민족은 너의 가축떼를 먹이고,
외국인 자손은 네 밭을 개간하거
나 포도나무를 관리하게 될 것이
다.
6 대신 너희는 '**주님**의 사제'가 된다.
너희는 '우리 **하나님**의 예배자'라
불리며, 비쥬다인의 재물을 먹고,
그들의 영광으로 자신을 뽐내고
맘껏 자랑하게 될 것이다.
7 수모 대신 네 몫이 두 배로 불고,
절망 대신 유산의 기쁨을 누리게
된다. 그래서 너희는 각자 두 배의
땅을 소유하여 영원한 기쁨을 누
릴 것이다.
8 나 주인은 정의를 사랑하고, 갈취
와 비행을 증오한다. 나는 그들의
일을 진실로 이끌며, 그들과 영원
한 약속을 맺겠다.
9 그들의 자손은 비쥬다인 사이에
알려지고, 후손은 사람들 간에 널
리 알려져, 그들을 바라보는 모두
는 그들이 **주님**이 축복한 자손이라
고 인정할 것이다.
10 나는 **주님** 안에서 크게 즐거워하
고, 나의 영혼도 나의 **하나님** 안에
서 만족할 것이다. 왜나하면 그는
나에게 구원의 옷을 입혔기 때문
이다. 내가 정의의 로브를 걸친 것
은, 신랑이 장식으로 자신을 치장
하고, 신부가 보석으로 자신을 꾸
미는 것과 같다.
11 땅이 싹을 트고, 정원에 뿌려진 씨
앗마다 움터 나오듯, 그렇게 **주 하
나님**도 민족마다 정의와 칭찬거리
를 싹트게 하는 것이다.

자이언의 새이름

62 "자이언시온을 위하여 나는 잠
자코 있지 않고, 저루살럼을
위해 쉬지 않으며, 그곳에 정의와
구원을 밝히는 등불이 되겠다.
2 그래서 비쥬다인이 너의 정의를
보게 하고, 왕마다 너의 영광을 보
게 하면, 너는 새로운 이름, 곧 '**주
님**의 입'이라 불리게 된다.
3 너희 역시 **주님** 손에서 찬란한 크
라운관이 되고, **하나님** 손에서 왕
가의 면류관이 될 것이다.
4 너는 더 이상 버림받은 자라 칭해
지지 않고, 너의 땅도 더 이상 버려
진 곳이라 불리지 않는다. 대신 너
는 헤프지바 즐거움으로, 너의 땅
은 베울라 혼인으로 일컬어질 것
이다. 이는 **주님**이 너를 보고 즐거
워, 네 땅과 결혼하기 때문이다.
5 청년이 소녀와 결혼하듯, 네 자손
이 너와 결혼하고, 신랑이 신부를
보고 즐거워하듯, **하나님**도 너를
보고 즐거워할 것이다.
6 내가 네 성벽 위에 보초병을 세웠

다. 오 저루살럼! 그들은 밤낮 언제
나 가만히 있지 않을 것이다. **주님**
을 말하는 너희도 조용히 있지 말
고,
7 스스로 쉬지 말고, 저루살럼이 구
축되어 세상에 자랑거리가 될 때
까지 가만히 있지 마라.
8 **주님**은 오른손과 팔힘으로 씨를 뿌
렸다. 확실히 나는 더 이상 너희 곡
식을 적에게 주지 않고, 이민족 자
손이 네 노동의 대가인 포도주를
마시게 하지 않겠다.
9 대신 그것을 거두는 자가 먹으며,
주님을 칭찬하게 하고, 그것을 한
데 모아 가져오는 자가 나의 신성
한 정원에서 마시게 하겠다.
10 성문을 지나 통과하도록, 사람이
지날 길을 너희가 마련해라. 큰길
을 놓아 도로를 만들어라. 돌을 골
라내고, 사람을 위해 깃발을 세워
라.
11 보라, **주님**이 세상 곳곳에 선포했
다. '너희는 자이언시온의 딸에게 말
해라. 보라, 너의 구원이 오고 있다'
고. '보라, 주의 보상이 사람과 함께
있고, 그의 업적이 인간 앞에 있다'
고.
12 세상은 너희를, '신성한 백성'이라
고, '**주님**의 보상자'로 부를 것이다.
더 이상 '버림받지 않는 도성'이라
일컬어질 것이다."

복수와 구원의 날

63 누가 이듬에서, 또 보즈라에
서 붉게 물든 옷을 입고 올
까? 누가 화려한 긴옷을 입고, 위
대한 그 힘을 자랑하며 큰걸음을
내디딜까? 정의를 말하는 나는 구
원의 힘이 있다.
2 왜 너는 옷을 붉게 물들여, 포도를
밟는 사람의 옷처럼 입는가?
3 나 홀로 포도압착기를 밟는데, 나
와 같이 하는 사람이 아무도 없다.
그래서 내가 화가 나서, 나의 분노
로 그들을 밟아버리겠다. 또 그들
의 피가 내 옷에 튀게 하여, 내 옷
을 물들이겠다.
4 이제 복수의 날이 내 마음에서 일
어나, 내가 대가를 받을 해가 다가
오기 때문이다.
5 주위를 둘러봐도, 돕는 자가 없고,
편드는 자도 없어 당황했다. 그래
서 자신의 팔로 스스로 구하고, 나
의 분노로 나를 떠받쳤다.
6 그리고 나의 분노로 백성을 짓밟
아, 나의 분노 속에 취하게 하여, 그
들의 힘을 땅바닥으로 끌어내리겠
다.
7 나는 **주님**의 사랑을 언급하며, **주님**
이 우리에게 부여한 모든 업적을
그대로 칭찬하고, 이즈리얼 집안
을 향한 위대한 선을 자랑하겠다.
그것은 그의 관대한 자비와 큰 사
랑으로 그들에게 내린 것이다.
8 그가 말하며, "그들은 틀림없는 나

의 백성이고, 거짓을 말하지 않을
자손이므로 내가 구원자가 되었
다"고 했다.
9 그가 가한 그들의 고통만큼, **주님**
의 분노가 그들의 구원으로 나타
났다. **주님** 눈의 사랑과 연민으로
그들을 보상하여 구했다. 그는 그
들을 낳았고, 수명을 다하면 데려
간다.
10 그러나 그들이 반발하고, 그의 신
성한 영혼을 오염시켰기 때문에,
적이 되어 싸웠다.
11 그러다 그는 예전 모지스모세와 그
의 백성을 기억하고 말했다. '양떼
를 돌보는 목자인듯 백성을 바다
로 데려간 그는 어딨지? 그들에게
신성한 영혼을 심어준 그는 어디
있나?
12 모지스는 **주님**의 놀라운 팔힘을 통
하여, 오른손으로 그들을 이끌어,
백성 앞의 물을 가르고, 스스로 영
원한 이름을 만들었지?
13 그는 황야에서 쓰러지지 않는 말
처럼, 그들이 무사히 깊은 곳을 건
너게 했지?
14 짐승이 계곡을 내려가는 것처럼,
주님의 영혼이 그들을 편히 쉬게
했다. 그래서 네가 너의 백성을 이
끌어 스스로 빛나는 이름을 만들
었다.
15 하늘에서 굽어봐주세요. 당신의
신성하고 찬란한 거처로부터 살펴
주세요. 당신의 열정과 힘은 어디
있고, 당신의 뱃속에서부터 울려
나오는 나를 향한 큰 사랑은 어디
있죠? 그것을 참고 있나요?
16 의심없이 당신은 우리의 아버지이
죠. 비록 애이브러햄이 우리를 모
른척하고, 이즈리얼이 우리를 인
정하지 않아도 그렇죠. 오 **주님**, 당
신은 우리의 아버지이고, 우리의
보상자로 당신의 이름은 영원히
이어집니다.
17 오 **주님**, 왜 당신은 우리가 당신의
길에서 벗어나게 하고, 당신을 경
외하는 우리의 마음을 굳혀버렸나
요? 당신의 종을 위하여, 또 당신
이 유업으로 정한 민족을 위하여
돌아오세요.
18 당신의 신성한 백성이 그 땅을 소
유했어도 잠시뿐, 우리 적이 당신
의 성소를 짓밟았어요.
19 우리는 당신 것이죠. 그런데 당신
은 한 번도 우리를 다스리지 않았
고, 우리는 당신의 이름으로 불린
적이 없었어요.

점토에 불과한 작품

64 오, 당신이 하늘을 가르고 내
려오면, 산마다 당신 앞에서
떨지요.
2 모든 것을 녹이는 불을 태워, 그 불
로 바다를 끓게 하여, 당신의 이름
을 적에게 알리면, 민족마다 당신
앞에서 떨겠지요!
3 우리가 바라지 않는 무서운 일을

당신이 했을 당시, 당신은 내려와
당신 앞에서 여러 산을 무너뜨렸
어요.
4 세상이 시작된 이래, 사람이 들어
본 적 없고, 귀로 느껴본 적 없으며,
눈으로 본 적 없는 일을, 오 **하나님**
당신만이, **주님**을 기다리는 우리를
위해 준비했지요.
5 당신은 기꺼이 바른 일을 하는 사
람을 만나지요. 그들은 당신의 길
에서 **주님**을 기억하는 사람이고요.
그런데, 당신이 화가 난 것은, 우리
가 잘못을 계속하기 때문이므로,
우리는 마땅히 구원받아야 해요.
6 우리는 한결같이 깨끗하지 못하
고, 우리의 정의는 더러운 누더기
같고, 우리는 나뭇잎처럼 시들고,
우리 죄는 바람처럼 우리를 몰아
가지요.
7 당신의 이름을 부르며 자신을 자
극하고 당신에게 의지하는 자가
없는 것은, 당신이 우리에게 자기
얼굴을 숨기는 한편, 우리의 죄로
인해 우리를 파멸시켰기 때문이지
요.
8 하지만 이제 오 **주님**, 당신은 우리
의 아버지고, 우리는 점토에 불과
하고, 당신이 도공이면, 우리는 당
신 손의 작품이에요.
9 오 **주님**, 너무 심하게 화내지 말고,
죄를 언제까지나 기억하지 마세
요. 보다시피, 우리는 당신에게 간
절히 호소하는, 당신의 백성이에
요.
10 당신의 신성한 도성들은 폐허가
되고, 자이언은 무너지고, 저루살
럼도 붕괴되었어요.
11 우리의 신성하고 아름다운 집은,
우리 조상이 당신을 자랑하던 곳
인데 불에 타며, 우리의 기쁨이었
던 모든 것이 버려졌어요.
12 오 **주님**, 이제 당신은 이런 일을 자
제하나요? 심하게 우리를 혼내주
는 일을 참아주나요?

정의와 구원

65 "나는 내게 부탁하지 않는 사
람에게 보이고, 나를 찾지 않
는 사람에게 발견된다. 나는 '나를
바라보라'고 말한다. '나를 보라'며,
내 이름을 부르지 않는 민족에게
말한다.
2 나는 날마다 고집세게 버티는 인
간에게 나의 손을 뻗는다. 그들은
제 생각에 따라 좋지 못한 길을 걸
으며,
3 내 얼굴에 대고 계속 화를 자극하
는 사람으로, 동산에서 희생제사
를 지내고, 벽돌로 쌓은 제단 위에
서 향을 태우고,
4 으슥한 곳에 남아, 밤새 돼지고기
를 먹고, 그들의 그릇에 있는 역겨
운 국물을 마시면서,
5 이런 말을 한다. '떨어져서, 내 곁에
가까이 오지 마라. 나는 너보다 더
신성하다!'고 한다. 이들은 온종일

불을 피워 내 코를 그슬린다.
6 보라, 이것이 내 앞에 써 있으니, 나
는 침묵하지 않고 갚아 줄 텐데, 그
들의 가슴까지 대가를 치르게 하
고,
7 너희 죄와 조상의 죄 모두 갚아주
겠다"고 **주님**이 말한다. "그들이 산
에서 향을 태우며, 언덕 위의 나를
모독하기 때문에, 나는 그들의 가
슴 속 이전 죄까지 평가하겠다."
8 주님이 이렇게 말한다. "새포도주
는 포도송이에서 찾듯이, 어떤 사
람이, '그것을 파괴하지 마라' 하면,
그 안에 축복이 있는 것이다. 마찬
가지로 나도 나의 종을 위하여, 그
렇게 하며, 그들을 모두 파괴하지
않을 수도 있다.
9 또 나는 재이컵한테서 씨를 가져
오고, 내 산의 상속자 쥬다 가운데
그것을 물려받을 자를 골라내어,
나의 종이 그곳에 살게 하겠다.
10 쉐런계곡은 양떼가 풀을 뜯는 초
원이고, 애콜계곡은 소떼가 눕게
하며, 나를 찾는 나의 백성을 위한
장소가 되게 하겠다.
11 그런데 너희로 말하자면, **주님**을
버리더니, 나의 신성한 산을 잊은
채, 군대를 위한 탁자를 마련하고,
그 수대로 제공할 술을 준비했다.
12 그래서 나는 칼로 너희를 세어, 대
량학살에 쓰러지게 하겠다. 왜냐
하면 내가 불러도 너희는 답하지
않았고, 내가 말해도 듣지 않았기
때문이다. 대신 내 눈 앞에서 악행
을 저지르며, 내가 좋아하는 것은
하나도 선택하지 않았다."
13 따라서 **주 하나님**은 이렇게 말한다.
"보라, 나의 종은 먹어도, 너희는
배가 고프고, 나의 종이 마시지만,
너희는 목이 마르며, 나의 종이 즐
거울 때, 너희는 수모를 겪는다.
14 보라, 나의 종은 즐거운 마음으로
노래해도, 너희는 슬픈 마음에 소
리치다, 영혼이 괴로워 울부짖는
다.
15 또 너희는 내가 붙여주는 저주의
이름을 남기게 하겠다. **주 하나님**이
너희를 죽게 하고, 그의 종은 다른
이름으로 부를 것이다.
16 땅위에서 스스로 복받을 일을 하
는 자는 진실의 **하나님**이 그에게
복이 오게 하고, 땅에서 맹세하는
자는 진실의 **하나님**의 이름으로 맹
세하게 할 것이다. 그 이유는 이전
의 잘못은 잊혀, 내 눈앞에서 사라
지기 때문이다.
17 보라, 나는 새하늘과 새땅을 창조
한다. 그래서 예전은 기억되지 않
고, 마음에 두지도 않을 것이다.
18 대신 너희는 내가 창조한 세상에
서 영원히 기뻐하며 즐거워해라.
보라, 나는 즐거운 저루살럼을 창
조하여, 백성이 기쁘하게 만들 것
이다.
19 그래서 나는 저루살럼에서 기뻐하
고, 나의 백성을 보고 즐거워하겠

다. 우는 목소리는 더 이상 그곳에
들리지 않고, 고통의 비명도 더 이
상 없을 것이다.
20 그곳에는 더 이상 며칠 못사는 신
생아도 없고, 제 수명을 채우지 못
하는 노인도 없다. 아이는 백년을
살게 되고, 한편 죄인도 백년을 살
아야 운명이 다하게 된다.
21 사람은 집을 짓고 거기서 살고, 포
도나무를 심어 그 열매를 먹게 된
다.
22 그들은 짓지 않은 다른 곳에서 살
지 않고, 심지 않은 다른 것을 먹지
않게 된다. 왜냐하면 나의 백성의
수명이 나무수명과 같이, 내가 택
하는 대로 오래 살며, 그들 손으로
하는 일을 즐거워하게 하겠다.
23 그들의 노동은 헛되지 않고, 고통
도 오지 않을 것이다. 이는 그들이
주님의 복을 받은 씨앗이고, 후손
도 그들과 함께 그렇기 때문이다.
24 그들이 부르기 전 내가 대답하고,
그들이 말하는 동안 내가 듣겠다.
25 늑대와 새끼양이 함께 풀을 뜯고,
사자도 소처럼 지푸라기를 먹고,
흙은 독사의 먹이가 될 것이다. 그
들은 나의 신성한 산에서 다치지
않고 죽지도 않을 것"이라고 **주님**
이 말한다.

겸손과 반성

66 주님이 이렇게 말한다. "하늘
은 나의 왕좌고, 땅은 나의 발
판이다. 너희가 나에게 지어준 집
은 어디고? 내가 쉴 곳이 어디란
말인가?
2 내 손이 모든 것을 만들고, 나는 그
모든 곳에 있어왔다"고 **주님**이 말
한다. "단지 내가 사람을 찾으려 하
는데, 그는 가난하고 반성하는 영
혼을 가졌고, 내 말을 두려워하는
자다.
3 그런데 사람을 살해하듯 소를 죽
이고, 개의 목을 치듯 양을 희생
시키고, 돼지 피를 바치듯 봉헌물
을 제공하고, 우상을 숭배하듯 향
을 피우는 자가 있다. 맞다, 그들은
제 마음대로 갈 길을 선택하며, 자
신의 혐오행위를 좋아하는 영혼이
다.
4 그래서 나 역시 그들의 잘못된 망
상을 골라내어, 공포를 주겠다. 왜
냐하면 내가 불러도 아무 대답이
없고, 내가 말해도 듣지 않으며, 대
신 내가 좋아하지 않는 일만 골라
내 눈앞에서 비행만 하더라."
5 **주님**의 말을 두려워하는 너희는 그
의 말을 들어라. "너를 싫어하며,
나의 이름 때문에 너를 내쫓는 형
제는 이렇게 말한다. '**주님**이 빛을
발하게 하여, 너를 기쁘게 해보라!'
고 하겠지. 하지만 그들은 창피를
당하게 될 것이다.
6 도성에서 소란이 일고, 성전에서
시끄러운 목소리가 들리면, **주님**이
그의 적에게 보복하는 것이다.

7 여자가 산통을 겪기 전, 출산의 통
증이 오기도 전에, 남자 아이를 하
나 낳았다.
8 누가 그런 일을 들어본 적 있나?
누가 그와 같은 것을 본 적 있나?
땅이 어떻게 하루만에 만들어지
고? 아니면 한 민족이 한꺼번에 태
어날까? 하지만 자이언은 산통을
시작하자마자 그녀는 자녀를 낳았
다.
9 내가 출산을 시키면, 못할 것 같
나?"라고 **주님**이 말한다. "내가 출
산을 시키려는데, 자궁이 막을까?"
라고 너희 **하나님**이 말한다.
10 "너희는 저루살럼과 더불어 기뻐
하며 즐거움을 나눠라. 그 땅을 사
랑하는 너희 모두는, 그곳과 함께
기쁨과 즐거움을 누려라. 또 그 땅
으로 인해 슬펐던 너희 모두는,
11 그 땅에서 젖을 빨 수 있고, 위안을
주는 그녀의 품안에서 만족할 것
이다. 너희는 거기서 나오는 젖을
먹으며, 그 땅의 넘치는 풍요에 대
단히 기뻐할 것이다."
12 이와 같이 **주님**이 말한다. "보라, 나
는 그 땅에 강과 같이 평화를 확대
하고, 비쥬다인 이민족에게도 홍
수처럼 영광을 쏟아주겠다. 그러
면 너희는 태어나 젖을 빨고 저루
살럼의 무릎에서 귀여움을 받게
된다.
13 어머니에게 양육되는 자식처럼,
그렇게 내가 너희를 감싸 보호하
여, 너희가 저루살럼에서 편히 지
내게 하겠다.
14 너희는 이를 바라보며, 마음이 즐
거워, 너희 뼈가 풀처럼 무성하게
자랄 것이다. 그리고 **주님**의 손은
그의 종이 깨닫게 하고, 그의 분노
를 적에게 알릴 것이다.
15 보라, **주님**이 불을 몰고 오는데, 돌
풍을 전차 삼아 달려와, 맹렬한 화
염으로 분노를 내뿜으며, 질책할
것이다.
16 **주님**은 불과 칼로 모든 인간을 처
벌하기 때문에, 다수가 **주님**에 의
해 사형이 집행될 것이다.
17 자신이 정화되고, 스스로 순수하
다는 그들은 동산으로 가서, 가운
데 있는 나무 뒤에서, 돼지고기를
먹으며, 혐오물과 생쥐까지 같이
잡아먹는다"고, **주님**이 말한다.
18 "나는 그들의 일과 생각을 잘 알기
때문에, 민족 별로 언어 별로 한데
모아, 그들이 오게 하여, 나의 영광
을 보게 하겠다.
19 그리고 그들 가운데 표시를 달아,
피신하여 살아남은 자를 제 나라
로 보내는데, 탈쉬시로, 풀로, 활을
쏘는 나라 룯으로, 투발과 재번으
로 보내고, 또 멀리 떨어져 나의 명
성을 듣지 못하고, 나의 영광도 본
적 없는 여러 섬까지 보내어, 비쥬
다인 이민족 가운데 나의 찬란한
업적을 널리 알리겠다.
20 그러면 그들이 너희 형제에게 **주님**

의 제물을 가져오게 하는데, 나라
마다 말과 전차와 들것과 나귀와
날쌘 짐승 위에 싣고, 나의 신성한
저루살럼산으로 오게 하겠다"고
주님이 말한다. "이것은 이즈리얼
자손이 **주님**의 집으로 깨끗한 그릇
에 제물을 넣어 들고 오는 것과 마
찬가지다.
21 또 나는 그들 가운데 사제와 리바
이 일을 할 사람도 뽑을 것이다" 라
고 **주님**이 말한다.
22 "마찬가지로 새하늘과 새땅도 만
들어, 내 앞에서 살아남게 하겠다"
고 **주님**이 말한다. "그래서 너희 후
손과 이름이 남게 하겠다.
23 새달 첫날마다, 사배쓰휴일마다,
모든 사람이 내 앞에 와서 예배하
게 하겠다"고 **주님**이 말한다.
24 "그리고 그들이 나가면 시체를 보
게 될 텐데, 그것은 내게 맞서 법을
위반한 자의 것이다. 시체 위에서
벌레가 죽지 않게 하고, 그 위에서
타는 불도 꺼뜨리지 않겠다. 사람
이 그것을 보고 혐오하게 될 것이
다."

예언자 제러마야

제러마야 호출

1 다음은 벤저민 땅 애내쏘쓰아나
톳, 아나돗 지역의 제사장 힐카야 아
들 제러마야예레미야의 예언의 이야
기다.
2 주님의 말이 그에게 들려온 때는,
쥬다유다왕 애먼의 아들 조사야요시
야의 집권 13년이었고,
3 쥬다의 조사야왕의 아들 제호야킴
여호야킴 시대부터 쥬다의 조사야왕
의 아들 제드카야 집권 11년 5번째
달 사이에 저루살렘인을 포로로
끌고간 당시였다.
4 당시 주님의 말이 내게 이렇게 말
했다.
5 나는 네가 뱃속에서 형성되기 전
부터 너를 알았고, 자궁에서 나오
기 전에 너를 정화하여, 그 민족의
예언자로 임명했다.
6 그래서 내가 말했다. "아, 보세요,
주 하나님! 나는 아이라서, 말을 할
줄 몰라요."
7 그러자 주님이 내게 말했다. "내가
아이라는 말을 하지 말고, 내가 보
내는 곳마다 가서, 내가 명령하는
것은 무엇이든 말해야 한다.
8 그들의 얼굴에 겁먹지 마라. 내가
너와 함께 하며 너를 구할 것"이라
고, 주님이 말했다.
9 그런 다음 주님은 손을 앞으로 내
밀어, 내 입에 대고, 말했다. "보라,
내가 네 입에 나의 말을 집어넣었
다.
10 그러니 알아야 한다. 나는 이날 네
가 여러 민족과 여러 왕국을 관리
하도록 임명하여, 잘못을 뿌리 뽑
아, 끌어내리고, 파괴하고, 무너뜨
려, 새로 건설하고 심으려 한다."
11 또 주님의 말이 내게 와서 말한다.
"제러마야, 너는 지금 무엇을 보
지?" 그래서 나는 대답했다. "나는
아먼드 지팡이를 보고 있어요."
12 그때 주님이 말했다. "너는 제대로
보았다. 내가 서둘러 나의 말이 실
행되게 하겠다."
13 그리고 주님의 말이 내게 두 번째
로 왔다. "너는 무엇을 보고 있지?"
내가 말했다. "나는 끓는 솥이 보이
는데, 그 정면이 북쪽을 향하고 있
어요."
14 그러자 주님이 말했다. "북쪽 재앙
이 침입하여 이땅의 모든 사람에
게 온다.
15 보라, 나는 북쪽 왕국을 모두 부르

겠다"고 **주님**이 계속하며, "그러면
저들이 와서, 저마다 왕위를 차지
하여, 저루살럼예루살렘 성문의 입구
마다 사람을 세우고, 주위 성벽과
쥬다도성을 모두 공격할 것이다.
16 그때 나는 그들이 저지른 악행에
대해 나의 판결을 낱낱이 말하겠
다. 그들은 나를 버리고, 다른 신에
게 분향하며, 제 손으로 만든 신을
숭배했다.
17 따라서 너는 허리를 묶고 일어나,
내가 너에게 명령하는 바를 그들
에게 전해라. 그들의 얼굴에 위축
되지 마라. 내가 너를 그들 앞에서
당황시키지 않겠다.
18 보라, 나는 오늘 너를 요새화된 도
성으로 만들었다. 철제기둥과 청
동성벽을 만들어 땅 전역을 대항
하고, 쥬다왕과 대군왕자에게 대
항하고, 제사장과 그 땅의 백성에
게 대항해라.
19 그러면 그들이 너에 맞서 싸우겠
지만, 너를 이기지 못하게 하겠다.
왜냐하면 내가 너와 함께 있으면
서, 너를 구할 것"이라고 **주님**이 말
한다.

이즈리얼이 주인을 버리다

2 또한 **주님**의 말이 내게 이렇게
들려왔다.
2 가서 큰 소리로 저루살럼 귀에 **주**
님이 말한 바를 전해라. "나는 네
젊은 시절의 정성을 기억하는데,
연인처럼 나를 사랑하며, 싹이 나
지 않는 황야에서 어떻게 나를 따
랐는지 안다.
3 이즈리얼은 주인이 첫 생산물을
거둔 신성한 땅이었는데, 모두 먹
어치우듯 그것을 위반하고, 악이
그들에게 내려앉았다"고 **주님**이
말한다.
4 너희는 **주님**의 말을 들어라. 오 재
이컵 집안아! 이즈리얼 집안 사람
아 들어봐라!
5 이것은 **주님**의 말이다. "너희 조상
이 내게서 무슨 잘못을 찾았기에,
나로부터 멀어져 허상만 쫓으며
무가치하게 되었나?
6 그들은 묻지 않았다. '이집트땅에
서 우리를 데리고 나온 **주님**은 어
딨나? 우리가 광야를 지나게 하고,
사막과 구덩이를 지나게 하고, 가
뭄과 죽음의 그림자를 지나게 하
며, 사람이 지나갈 수 없고, 아무도
살 수 없는 땅을 통과하게 한 **주인**
이 어디 있나?'고 묻지 않았다.
7 나는 너를 비옥한 땅에 데려와, 그
곳의 열매와 좋은 것을 먹게 했는
데, 너희가 들어오더니, 나의 땅을
더럽히고, 나의 유산을 혐오물로
만들어버렸다.
8 제사장도 묻지 않았다. '**주님**이 어
딨지?' 라고. 나의 법을 다루는 자
들이 나를 모르고, 목자들도 나를
위반하고, 예언자도 배이얼바알신
이나 말하며, 유익하지 못한 것만

쫓아다녔다.
9 그래서 나는 너희에게 책임을 묻
고, 너희 자손의 자손까지 책임을
지우겠다.
10 취팀키팀, 깃딤 시리아 근처로 가거든
보고, 케달케다르, 게달 아라비아사막
부근에 사람을 보내 관찰해봐라.
그곳이 이런 곳이었나 살펴봐라.
11 어느 나라가 신도 아닌 자기들 신
을 바꾼 적이 있나? 하지만 나의
백성은 무익한 우상 대신 빛나는
주인으로 바꿨다.
12 오 너희 하늘아, 이것을 보고 놀라
몹시 두려워하며 몸서리쳐라"고.
주님이 말한다.
13 "나의 백성은 두 가지 죄를 지었는
데, 그들은 생명의 원천수 나를 버
렸고, 물이 고일 저수지를 파서, 물
을 저장할 수 없다.
14 이즈리얼이 태어날 때부터 종인
가? 왜 그들이 먹잇감인가?
15 젊은 사자가 그들을 보고 으르렁
대며 소리치자, 그들은 그 땅을 불
모지로 만들고, 그의 도성도 불타
아무도 없다.
16 노프이집트 멤피스와 태패니스 자손
역시 그들 머리의 크라운관을 부
수었다.
17 **주인**이 너희를 그 길로 이끌 때, **주**
하나님을 외면하고 스스로 이렇게
자초하지 않았나?
18 또 이집트에서 나오는 길에서 너
희가 어떻게 하며 시홀나일강 물을
마셨지? 아니면 엇시리아 길에서
너희가 무엇을 하며 강물을 마셨
고?
19 너희는 제 잘못으로 처벌받고, 자
신의 부정으로 비난받는 것이다.
너희는 너희 **주 하나님**을 잊고, 나
를 두려워하지 않는 것이, 나쁜 죄
라는 것을 알아야 한다"고 만인의
주님이 말한다.
20 내가 오래 전에 네 멍에를 부수고,
네 결박을 풀어주자, 너희가 말하
며, '나는 높은 언덕이나 푸른 나무
아래를 배회하고 외도하며, **주님**을
위반하지 않겠다'고 했다.
21 그래서 내가 너희에게 귀한 포도
씨앗을 심어주었더니, 어떻게 너
희가 퇴보하여 나에게 이상한 포
도를 심는가?
22 자신을 잿물로 빨거나, 스스로 비
누로 빡빡 문질러 씻어낸다해도,
네 죄가 너에게 새겨져 있다"고 **주**
하나님이 말한다.
23 네가 어떻게, '나는 오염되지 않았
고, 배이얼신을 따르지 않았다'고
말할 수 있나? 계곡의 네 자취를
보면, 너희가 무슨 일을 했는지 알
거다. 너희는 빠르게 쏘다니는 암
낙타다.
24 사막에 적응된 어떤 야생나귀가,
때맞추어 그녀의 욕정에 콧바람을
불어넣으면, 누가 그녀를 쫓아낼
수 있을까? 암컷을 찾는 수컷마다
지치지도 않으며, 달만 차면 찾을

것이다.
25 편자없는 맨발로 있지 말고, 갈증
으로 네 목을 태우지 마라. 너는 말
했지. '희망이 없으므로, 나는 다른
신을 사랑했고, 앞으로도 그들을
따르겠다'고.
26 도둑이 붙잡혀 창피를 당하듯, 이
즈리얼 집안도 그렇게 모욕을 당
하고, 왕과, 대군왕자와, 제사장과,
예언자도 그렇게 된다.
27 너는 나무토막에게 '당신이 내 아
버지'라고 말하고, 돌에게 '당신이
나를 낳아주었다'고 말한다. 그리
고 내게 등을 돌리고 얼굴마저 돌
리면서, 어려워지면, '일어나, 우리
를 구하라' 한다.
28 네가 만든 너희 신은 어디 갔는데?
그들한테 '일어나라' 해라. 네가 어
려울 때 그들이 구해줄 수 있다면
말이다. 너희 도성 수만큼 너희 신
이 여럿 있잖냐? 쥬다야!
29 왜 너희가 나에게 간청하나? 너희
모두 나를 위반하면서" 라고 **주님**
이 말한다.
30 내가 네 자손을 혼내도 헛일이더
라. 그들은 개선을 받아들이지 않
고, 제 칼로 사자를 치듯, 너희 예언
자를 쳐버렸다.
31 오, 후손세대, 너희는 **주인**의 말을
잘 새겨봐라. 내가 이즈리얼에게
쓸모없는 사막이었나? 암흑의 땅
이었나? 왜 나의 백성이 다음과 같
이 말하며, '우리가 주인이니, 더 이
상 당신한테 가지 않겠다'고 할까?
32 여자가 제 장식물을 잊고, 신부가
드레스를 잊을까? 그런데 나의 백
성은 날마다 수 없이 나를 잊었다.
33 어째서 너는 사랑을 찾으려고 너
희 길을 다듬나? 그러면서 너희 길
에서 사람에게 비행을 가르쳤다.
34 네 옷자락에서 순수하고 가난한
영혼의 피가 눈에 띄인다. 내가 샅
샅이 뒤지지 않더라도, 이들에게
서 드러난다.
35 그런데도 너희는, '나는 순수하기
때문에, 틀림없이 **주님**의 분노가
나로부터 돌아설 거다' 라고 말한
다. 보라, 나는 너희에 대해 판정을
내릴 것이다. 왜냐하면 너희가 '나
는 죄를 짓지 않았다'고 말하기 때
문이다.
36 너는 어째서 너희 길을 수시로 바
꾸나? 너희는 엇시리아에게 창피
당한 대로, 또 이집트의 수모를 당
해 마땅하다.
37 그렇다, 너희가 그들에게 끌려가
며, 머리에 손을 얹는 이유는, **주님**
이 네 자존심을 빼앗아, 앞으로 너
희는 전망이 없기 때문이다.

반성

3 "그들은 말한다. '만약 어떤 남자
가 아내를 버려서, 그녀가 다른
남자의 아내가 되었는데, 첫 남편
이 그녀에게 다시 갈 수 있을까?'
그런 경우 그 땅은 대단히 오염되

지 않았을까? 그런데도 너는 여전
히 연인을 쫓아 매춘하며 산다. 그
래도 나에게 다시 돌아오라"고 **주
님**이 말한다.
2 "너희 눈을 들어, 네가 누워보지 않
은 높은 장소가 있는지 봐라. 그 길
가에서 너는 사막의 어래이비안아
라비안처럼 앉아 연인을 기다리며,
매춘과 비행으로 그 땅을 오염시
켰다.
3 그래서 소나기로 너희를 중단시키
고, 나중에는 비를 내리지 않았는
데도, 너희는 매춘하며 부끄러움
도 모르더라.
4 이제부터 너는 내게 이렇게 외치
지 않을까? '나의 아버지, 당신은
어려서부터 나를 이끌어주었죠?
5 당신은 늘 화를 참으며, 끝까지 덮
어둘 거죠?' 라고. 보라, 너는 그렇
게 말하며, 네가 할 수 있는 나쁜짓
을 다했다."
6 **주님**은 또 내게 조사야요시야왕 시
대에 다음과 같이 말했다. "너는 이
즈리얼이스라엘이 타락해가는 모습
을 보아왔지? 이즈리얼은 높은 산
마다 올라서, 또 푸른 나무밑에서
외도놀이를 한다.
7 그래서 내가 이즈리얼의 이런 행
위마다 이야기했다. '내게 돌아오
라'고. 그런데도 그녀는 돌아오지
않더라. 그리고 그녀의 위반모습
을 여동생 쥬다가 보았다.
8 그리고 나도 보았다. 이즈리얼이
우상과 간음하는 타락행위로 인
해, 내가 이즈리얼을 멀리한 다음,
그녀에게 이혼증서를 주었다. 그
런데 그녀의 배신적 자매 쥬다는
이를 보고도 두려워하지 않고, 오
히려 가서 마찬가지로 외도놀이를
하더라.
9 그녀가 매춘하는 가벼운 처신으로
땅을 오염시키고, 돌과 나무토막
으로 간음을 자행했다.
10 이 모든 일에도 그녀의 배신하는
자매 쥬다는, 진심으로 나에게 돌
아오지 않고, 시치미를 떼더라"며,
주님이 말한다.
11 그리고 **주님**이 내게 말했다. "타락
하는 이즈리얼은 배신하는 쥬다보
다 더 자신을 강하게 정당화시키
더라.
12 가서 북쪽을 향해 이렇게 전해라.
"돌아오너라. 너희 타락하는 이즈
리얼아!" 라고 **주님**이 말한다. "나
의 분노가 너희에게 떨어지지 않
게 하겠다. 왜냐하면 나의 사랑이
관대하고, 화를 영원히 간직하지
않기 때문"이라고 **주님**이 말한다.
13 단지 너의 죄를 인정해라. 너는 **주
하나님**을 거스르며, 제멋대로 푸른
나무마다 우상을 도처에 뿌려두었
고, 내 목소리에 복종하지도 않았
다"고 **주님**이 말한다.
14 "돌아서라! 타락하는 자손아!" 라
고 **주님**이 말한다. "나는 너와 결혼
했다. 그래서 나는 너에게 도성 중

하나와, 한 가계에서 둘을 선택하
여, 너희를 자이언자이언으로 데려
오겠다.
15 또 나는 너희에게 나의 마음을 따
르는 목자를 보내어, 그들이 지식
과 이해로 너를 부양하게 하겠다.
16 너희가 그 땅에서 수가 크게 늘어
나게 되는 때가 오면, 언젠가 이런
날이 올 텐데, 그들은 더 이상 '**주님**
의 약속의 상자'를 말하지 않을 것
이고, 마음에 두지도 않고, 기억도
하지 않고, 방문도 없이, 아무 일도
하지 않을 것"이라고 **주님**이 말한
다.
17 그때 그들은 저루살럼을 '**주님**의
왕좌' 라고 부를 것이다. 모든 나라
가 그곳의 **주님**을 부르러 저루살럼
으로 모일 것이다. 그들은 더 이상
나쁜 마음의 상상을 따르며 걸어
가지 않게 하겠다.
18 그때는 쥬다집안이 이즈리얼 집안
과 함께 모여, 북쪽에서 올 것이다.
그곳은 내가 너희 조상에게 유산
으로 준 땅이다.
19 그런데 나는 자신에게 말했다. '내
가 자손 가운데 너희에게 좋은 땅
을 주고, 많은 나라 가운데 너희에
게 주면 얼마나 좋을까? 라고. 너
희가 나를 '나의 아버지'라 부르게
하고, 나로부터 등을 돌리지 않게
하겠다'고 했다.
20 그런데 아내가 배신하여 남편을
떠나듯, 너희도 나를 배신했다. 오
이즈리얼의 집안아! 라고 **주님**이
말한다.
21 높은 곳에서 한 목소리가 들리는
데, 이즈리얼 자손이 울며, 도움을
간청하고 있었다. 그것은 그들이
길을 잃고, 그들의 **주 하나님**을 잊
었기 때문이었다"고 **주님**이 말한
다.
22 "돌아오라! 너희 타락한 자손아! 나
는 너희의 부정을 치유해주겠다."
그러자 너희가 대답한다. "네. 보세
요, 우리가 당신에게 가고 있어요.
왜냐하면 당신은 우리의 **주 하나님**
이니까요.
23 실제로, 언덕에서 희망했던 구원
은 쓸모 없었고, 여러 산에서 기대
했던 것도 그랬어요. 진실로 우리
의 **주 하나님**이 이즈리얼의 구원이
에요.
24 우리가 젊었을 때부터 우리 조상
의 수고는 숫자가 집어삼켰는데,
그들의 양떼와 소떼와 아들딸도
그랬어요.
25 우리는 그 부끄러움 속에 드러누
워, 혼란으로 우리를 덮었어요. 우
리는 **주 하나님**에게 죄를 짓고, 조
상의 젊은 시절부터 이날까지 죄
를 지으며, 우리의 **주 하나님**의 목
소리에 복종하지 않았어요."

북쪽에서 오는 재앙

4 "오 이즈리얼, 네가 돌아오려 한
다면, 돌아오라"고 **주님**이 말한

다. "만약 내 눈에서 너희 혐오물을
제거하면, 너를 더 이상 방황하지
않게 하겠다.
2 또 네가 맹세하며, '**주님**은 살아 있
다'고, 진실로 정직하고 올바르게
말하면, 모든 민족이 **주님**의 축복
을 받고 빛이 날 것이다."
3 **주님**이 쥬다유다인과 저루살럼예루살
렘 사람에게 말한 것은, "노는 땅을
갈아 농사짓으며, 가시나무 사이
에는 씨를 뿌리지 마라.
4 **주님**에게 자신을 할례하여 네 마음
의 껍질을 벗기고, 돌아오라. 쥬다
와 저루살럼 사람아! 그렇지 않으
면 나의 분노가 불 같이 일어, 아무
도 끄지 못할 불로 타게 된다. 이것
은 너의 그릇된 행동 탓이다.
5 너희는 쥬다에 알리고, 저루살럼
에 다음을 선언해라. '그 땅에 트럼
펕을 불고, 함께 모여라!' 또 크게
외치며, '너희 스스로 모여, 요새도
성으로 가자!'고 해라.
6 자이언자이언을 향하여 깃발을 세우
고, 물러서지 마라. 왜냐하면 내가
북쪽에서 재앙을 부르면, 엄청난
파괴가 있을 것이다.
7 사자가 숲속에서 튀어나오고, 이
민족 파괴자도 온다. 그는 저희 땅
에서 나와, 너희 땅을 파괴하러 오
는 것이다. 너희 도성은 살 수 없는
불모지가 될 것이다" 라고 했다.
8 그러니 너는 베옷을 걸치고 슬퍼
하며 크게 울어라. **주님**의 맹렬한
분노를 우리로부터 되돌릴 수 없
기 때문이다.
9 **주님**이 말한다. "그날이 오면, 왕의
마음은 절망하고, 대군왕자의 마
음도 그렇고, 제사장도 너무 놀라
고, 예언자도 당황할 것이다" 라고.
10 그래서 내가 대꾸했다. "아, **주 하나
님**! 당신은 우리를 완전히 크게 속
였어요. 이 백성과 저루살럼에게
말하길, '칼이 오는 것을, 너희에게
평화가 있을 것'이라며 속였지요.
11 그러면 백성과 저루살럼은 이렇게
말할 거예요. '황야의 고지대 사막
에서 뜨거운 마른 바람이 내 민족
의 딸에게 불어오는데, 키질용 바
람도 아니고, 정화용 순풍도 아니
고,
12 그곳에서 오는 거센 바람만이 나
에게 다가온다. 그러면 나도 거기
에 맞서 대처하겠다' 라고 하겠죠.
13 보세요, **주님**이 구름으로 올 때, 그
의 전차는 돌풍이 되고, 그의 말은
독수리보다 빠르겠죠. 우리에게
재앙이다! 우리는 먹잇감이 되기
때문이죠."
14 "오 저루살럼, 너희 마음의 악행을
씻어라. 그래야 너희가 구원받을
수 있다. 너희 헛된 생각을 언제까
지 마음에 두는가?
15 댄지역에서 어떤 목소리가 들리
고, 이프리엄 산에서 괴로움이 전
해진다.
16 너희는 그 민족에게 말해주고, 또

저루살럼한테도 다음을 알려라.
'멀리서 눈독을 들인 무리가 와서,
쥬다도성을 공격한다는 목소리가
높아진다'고.
17 벌판지기처럼 그들이 그곳을 에워
싸는 까닭은, 그 땅이 나에 맞서 반
발했기 때문"이라고, **주님**이 말한
다.
18 "너희가 걸어온 길과 네가 해온 행
위가 이런 일을 자초했다. 네 악행
으로 인한 고통이 너의 가슴 속까
지 닿을 것이다.
19 내 창자가 뒤틀리도록, 괴롭고 고
통스럽다! 내 가슴이 몹시 아파, 소
음까지 나니, 참을 수 없다. 오 나의
영혼, 네가 트럼펕 소리를 듣고 전
쟁의 경고를 들었구나.
20 파괴로 인한 멸망이 비명소리를
내는 이유는, 전역이 폐허가 되기
때문이다. 갑자기 나의 천막이 부
서지고, 한 순간 커튼도 찢긴다.
21 내가 얼마나 더 오랫동안 저 깃발
을 보며, 저 나팔소리를 들어야 하
나?
22 내 백성은 어리석어, 그들은 나를
모른다. 그들은 멍청한 자손이어
서 이해도 못하며, 악행에 영리해
도, 선행은 알지 못하더라.
23 내가 땅을 보니, 그것은 형태도 없
이 텅비어 있었고, 하늘은 빛이 없
었다.
24 산을 바라보니, 흔들리고, 언덕이
모두 가벼이 떨더라.
25 또 주위에는 사람 하나 없었고, 하
늘의 새도 모두 날아가버렸다.
26 예전에 보았던 비옥한 곳은 불모
지가 되었고, 그곳 도성은 **주님** 앞
에서 그의 불 같은 분노로 무너져
내렸다.
27 **주님**이 말한 바에 의하면, '온 땅을
파괴하겠지만, 완전히 끝내버리지
않겠다.
28 그래서 땅이 슬퍼하고, 하늘 위가
암흑이 되게 하는 이유는, 내가 말
했듯이, 의도한 일이므로 후회하
지 않고, 여기서 내 마음을 돌리지
도 않겠다.
29 도성 전체가 기병과 사수의 소란
에 달아나게 하고, 관목 사이로 뛰
어들게 하고, 바위 위로 오르게 하
여, 모든 도성이 버려져, 아무도 살
지 않게 만들겠다.
30 네가 폐망할 때, 네가 무엇을 할 수
있을까? 네가 선홍색 크림슨 옷을
입었다 해도, 금장식으로 꾸몄다
해도, 화장으로 네 얼굴을 돋보였
다 해도, 자신을 아름답게 가꾼 노
력을 헛되게 만들겠다. 네 연인은
너를 무시하며 네 생명을 빼앗을
것이다.
31 내가 듣게 되는, 진통 중인듯한 여
자의 목소리, 첫아이를 출산하는
듯한 고통소리, 그것은 절규하는
자이언자이언 딸의 목소리로, 그녀
는 비탄에 잠겨, 손을 뻗으며 이렇
게 절규한다. '이제 나에게 재앙이

닥쳤다! 내 영혼이 살인자 때문에
지쳤다 라고.”

저루살럼이 개선거부

5 “너희는 저루살럼의 거리 이곳
저곳을 다녀며, 장소마다 폭넓
게 찾아봐라. 정의를 실천하며 진
리를 찾는 사람이 하나라도 있는
지, 그러면 내가 저루살럼을 용서
하겠다.
2 그들이, ‘**주님**은 살아 있다’고 말하
지만, 확신하는데, 거짓 맹세”라고
주님이 말했죠.
3 오 **주님**, 당신의 눈은 진실을 찾지
않나요? 당신이 매로 때려도 그들
은 아파하지 않았고, 그들을 제거
해도 개선하길 거부했어요. 오히
려 그들의 얼굴을 바위보다 더 단
단하게 굳히며 돌아오기를 거절했
지요.
4 그래서 나는, ‘확실히 이들은 형편
없는 어리석은 자’라고 생각했어
요. 왜냐하면 그들은 **주님**의 길도
모르고, **하나님**의 정의도 알지 못
하니까요.
5 내가 큰인물마다 가서 말하면, 그
들은 **주님**의 길과 정의를 알 것으
로 생각했어요. 그러나 그들도 한
결같이 약속을 깨고 규정을 어겼
어요.
6 따라서 숲에서 나온 사자가 그들
을 죽이고, 저녁 무렵 그들이 늑대
의 먹잇감이 되게 하며, 표범이 도
성을 지켜보다가 밖으로 나오는
사람을 갈갈이 찢게 하세요. 왜냐
하면 그들의 위반이 많고, 그들의
타락이 점점 늘기 때문이에요.
7 그러자 **주님**이 말한다. “그런데, 내
가 너희를 어떻게 용서하나? 네 자
손은 나를 버리며, 신도 아닌 물체
에게 맹세했다. 내가 그들을 배부
르게 먹였더니, 간음을 자행하며,
매춘소에 떼지어 모여들었다.
8 그들은 아침을 잔뜩 먹은 말처럼,
하나 같이 이웃 아내에게 말울음
소리를 내더라.
9 그런데도 내가 잘못을 물으러 방
문하지 말라고?” **주님**이 말한다.
“내 영혼은 이와 같은 민족에게 보
복해야 되지 않을까?
10 너희는 저루살럼 도성에 올라가
파괴하되, 완전히 끝장내지는 말
고, 단지 성벽만 무너뜨려라. 그들
은 **주님**의 백성이 아니다.
11 이즈리얼과 쥬다집안이 나에 대해
철저히 배신해왔기 때문”이라고
주님이 말한다.
12 그들은 주인에게 다음의 그릇된
말을 말했다. ‘그는 구원자가 아니
고, 우리에게 재앙은 오지 않고, 우
리는 칼도 기근도 보지 않을 것이
다.
13 그 예언자들은 바람과 같아, 그들
안에 예언의 말은 없다. 그러니 그
런 일은 그들한테나 이루어질 것’
이라 했다.

14 따라서 만인의 **주 하나님**이 이렇게
말한다. "너희가 이런 말을 하기 때
문에, 보라, 나의 말을 네 입에서 불
로 일으킨 다음, 이런 나무 같은 백
성을 삼키겠다.
15 두고봐라, 나는 멀리서 너희에게
한 민족을 데려오겠다. 오 이즈리
얼 집안아!" 라고 **주님**이 말한다.
"그 민족은 힘센 고대 민족인데, 너
희는 그들의 언어를 모르고, 그들
이 무슨 말을 하는지 이해도 못할
거다.
16 그들 화살통은 무덤입구처럼 열려
있고, 그들은 용맹한 사람들이다.
17 그들이 너희가 추수한 곡식과 빵
을 먹어치우게 하겠다. 그것은 너
희 아들딸이 먹어야 하겠지만 말
이다. 또 너희 양떼와 소떼를 먹고,
너희 포도와 무화과까지 먹을 것
이다. 그래서 너희 요새도성을 가
난하게 만들며, 너희가 의지하던
곳을 칼로 내치겠다.
18 그렇지만, 그때도 내가 너희를 철
저히 끝내지 않겠다"고 **주 하나님**
이 말한다.
19 "그러면 너희가 이렇게 말하겠지,
'우리의 **주 하나님**이 우리에게 왜
이러지?' 그러면 네가 그들에게 다
음과 같이, '너희가 나를 버리고 너
희 땅에서 다른신을 섬긴 것과 마
찬가지로, 너희도 똑같이 너희 땅
이 아닌 곳에서 다른 우상을 섬기
게 하는 것'이라고 대답해줘야 한
다.
20 이것을 재이컵야곱집안에 선언하
고, 쥬다에게 알도록 전해라.
21 이제 들어봐라. 백성이 어리석어
이해도 못하고, 눈이 있어도 보지
못하고, 귀가 있어도 듣지 못한다.
22 너희는 나를 두려워하지 않지?"
라고 **주님**이 말한다. "너희는 내 앞
에서 떨지도 않고? 나는 모래를 바
다의 경계로 위치하도록, 그것을
영원한 규정으로 정하여, 바다가
넘어올 수 없게 했다. 파도가 밀려
와도 선을 넘을 수 없고, 물이 넘실
거려도 제 영역을 넘지 못하게 했
다.
23 그런데 이 백성은 반발하고 배반
하는 마음으로 거부하며 가버렸
다.
24 그들은 마음속에서도 이런 말을
하지 않는다. '우리 이제부터 **주 하
나님**을 경외하자. 그는 우리에게
계절마다 전후로 비를 내려주고,
추수할 시기를 지정하여 확보해준
다' 라는 말을 안 한다.
25 너희 잘못이 이런 마음을 외면하
고, 너희 죄가 너희 선행을 막았다.
26 나의 백성은 악한이 발견하기 쉽
기 때문에, 그들은 숨어서 덫을 놓
고 기다리다, 걸리면 붙잡는다.
27 새장에 새가 가득 차듯, 그들은 집
에 사기와 기만을 가득 채워, 점점
재물이 늘고 부자가 된다.
28 그들은 기름기가 많아져 윤기가

난다. 그렇지, 그들은 악행을 눈감
아주고, 원인규명 없이 재판하고,
고아의 호소를 무시하고 판정을
내리는데, 그들은 여전히 번창하
며, 약자의 권리를 제대로 재판해
주지 않는다.
29 내가 이런 것을 물으러 방문하지
말아야 할까?" 라고 **주님**이 말한
다. "나의 영혼이 이런 민족에게 보
복하지 말아야 할까?
30 의아하고 끔찍한 일이 이땅에서
벌어지고 있다.
31 예언자는 거짓예언을 하고, 제사
장은 그들의 수단껏 규정을 내리
는데, 나의 백성은 그렇게 받아들
이기를 좋아한다. 그런 끝에 너희
는 어떤 일을 하려는가?"

저루살럼 파멸임박

6 "너희 벤저민 자손은 저루살럼
에서 도망쳐라. 태코아트코아, 드
고아에서 트럼핕을 불고, 베쓰해커
렘에서 봉화를 올려라. 북쪽에서
재앙이 다가오면 대파괴가 일어나
기 때문이다.
2 나는 자이언자이언의 딸을 아름답고
섬세한 여자 같다고 했다.
3 그런데 양떼를 몰고 오는 목동이
그녀에게 닥칠 것이다. 그들은 그
녀 주위에서 텐트를 치고 주변의
아무나 먹어치울 것"이라고 **주님**
이 말한다.
4 "너희는 전쟁준비를 하여, 그녀를
막아라. 일어나, 낮에 가자고 했는
데, 우리에게 재앙이다! 어쩌나, 해
가 저물어, 저녁 그림자가 뻗는다."
5 "일어나, 밤에 쳐들어가서, 이즈리
얼의 요새궁전을 파괴해라!" 라며,
6 만인의 **주님**이 말한 바에 의하면,
"너희는 나무를 베고 저루살럼을
공격할 언덕을 쌓아올려라. 그곳
은 대가를 받으러 방문할 도성이
므로, 완전한 제압이 있을 뿐이다.
7 샘이 물을 뿜어내듯, 똑같이 땅이
저루살럼의 비행을 밖으로 던지게
하면, 공격과 약탈만 내 앞에 들리
며, 슬픔과 상처만 계속된다.
8 오 저루살럼, 너는 지시를 잘 들어
라. 내 영혼이 너희로부터 떠나지
않도록, 또 내가 너를 무너뜨러 불
모지가 되지 않게 해라."
9 다음은 만인의 **주님**의 말이다. "저
들은 저루살럼에 남은 것이면 덩
굴째 철저히 주워모을 것이다. 포
도알에 손을 뻗어 바구니 안에 넣
듯 샅샅이 줍게 할 것"이라 한다.
10 내가 누군가에게 예언하며 경고한
들, 그들이 들을까? 보라, 그들의
귀는 할례되지 않아 들을 수 없고,
주님의 말은 그들에게 꾸지람이어
서, 들어도 달갑지 않다.
11 따라서 나는 **주인**의 분노로 가득
차, 감당할 수 없어, 이민족 자손과
젊은이가 모인 곳에 쏟아붓는다.
그러면 아내 있는 남편이 붙잡히
고, 다 산 노인도 끌려간다.

12 그들의 집이 밭과 아내와 함께 남
에게 넘어갈 것이다. 왜냐하면 내
손을 그 땅 주민 위에 뻗기 때문"이
라고 **주님**이 말한다.
13 "그들은 작으나 크나 모두 탐욕에
빠졌고, 예언자부터 제사장까지
전부 잘못 처신한다.
14 그들은 나의 백성 딸의 아픔을 조
금 치유해주며, 괜찮다고 말하지
만, 괜찮지 않다.
15 그들이 혐오행동을 할 때 창피할
까? 아니다, 그들은 전혀 부끄럽지
않고, 얼굴이 화끈거리지도 않았
다. 따라서 그들을 죽는 사람 가운
데 함께 쓰러지게 하고, 내가 죄를
물으러 찾을 때 땅에 내팽개쳐질
것"이라고 **주님**이 말한다.
16 그리고 **주님**이 말한다. "너희는 내
가 제시하는 그 길에 서서 바라보
며, 옛길마다 좋은 길이 어딘지 물
어보고 그 길로 걸어라. 그러면 너
희 영혼을 편안하게 하겠다. 그러
나 그들은, '우리는 그 길로 걷지 않
겠다'고 말했다.
17 그래서 나는 또 내다볼 수 있는 자
를 세워, '경고의 나팔소리에 주의
하라'고 말하지만, 그들은, '우리는
주의하지 않겠다'고 했다.
18 그러니 너희 민족은 듣고, 너희에
게 일어날 증거가 무엇인지 알아
둬라.
19 오, 땅은 들어봐라, 나는 이 백성에
게 재앙을 가져오고, 그들 잔머리
의 결과까지 갖다 주겠다. 왜냐하
면 그들은 내 말에 주의하지 않고,
나의 법도 거부했기 때문이다.
20 무슨 의도로 쉬바지역의 향을 내
게 가져오고, 멀리서 온 슈가캐인
향료를 피우나? 너의 번제물을 받
아들일 수 없고, 네 희생제물도 나
에게 맛있지 않다"고 했다.
21 그래서 **주님**은 이렇게 말한다. "보
라, 나는 이 백성 앞에 걸림돌을 놓
아, 조상과 자손 모두를 쓰러뜨려,
이웃과 친구에 의해 파멸시켜버리
겠다."
22 **주님**은 이와 같이 말한다. "보라, 한
민족이 북쪽에서 오고, 힘센 민족
은 사방에서 나타날 것이다.
23 그들이 활과 창을 들면, 잔인하고
인정사정없다. 그들 목소리는 바
다처럼 포효하며, 말에 올라 너를
상대로 싸우려고 전열을 갖춘다.
오 자이언의 딸아!"
24 우리는 그런 무서운 명성을 들었
다. 우리 손에 힘이 빠지고, 괴로움
이 우리를 사로잡아, 산통을 겪는
여자인듯, 고통스럽다.
25 너희는 들로 나가지 말고, 길로 걷
지도 마라. 적의 칼과 무서움이 사
방에 있기 때문이다.
26 오 나의 백성 딸들아, 너희는 거친
베옷을 걸치고, 잿속에 뒹굴며 슬
퍼해라. 마치 외아들을 잃은듯, 크
게 통탄해라. 약탈자가 느닷없이
우리에게 닥치기 때문이다.

27 "나는 백성 가운데 망루와 요새의
역할로 너를 세우면, 네가 적의 길
을 알고 움직임을 시험해볼 수 있
을 것이다.
28 그들은 심각한 역행자여서, 남을
비방만 하고, 철과 놋쇠 같아서 부
패하기만 한다.
29 풀무가 강하게 바람을 일으키면,
불에 납이 녹고, 만든 자의 헛수고
도 녹는다. 왜냐하면 악한이 뽑혀
지지 않았기 때문이다.
30 사람은 그들을 불량한 납이라 부
를 것이다. 왜냐하면 **주님**이 그들
을 거부했기 때문이다."

살육의 계곡

7 다음 말이 **주님**으로부터 제러마
야예레미야에게 왔다.
2 "주인의 집 문앞에 서서, 이 말을
선포해라. '**주님**에게 예배하러 이
곳에 들어오는 쥬다는 모두 **주님**의
말을 들어라.
3 만인의 **주님**, 이즈리얼의 **하나님**이
말한다. 너희 길을 수리하고, 너희
행위를 고쳐라. 그러면 내가 너희
를 여기서 살게 하겠다.
4 너희는 거짓말을 믿지 마라. 여기
는 **주님**의 성전이고, **주님**의 성전이
며, **주님**의 성전이다.
5 만약 너희가 철저히 너희 길과 행
위를 뜯어고치고, 철저히 사람과
이웃 간 정의를 올바르게 실행하
면,
6 만약 너희가 다른 사람이나 고아
와 과부를 핍박하지 않고, 이곳에
서 순수한 피를 흘리지 않고, 너희
에게 손해를 입히는 다른 신을 쫓
지 않으면,
7 그때 내가 너희를 여기서 살게 하
겠다. 이땅은 내가 너희 조상에게
영원히 준 곳이다.
8 보라, 너희는 이익이 될 수 없는 거
짓말을 믿는다.
9 너희는 훔치고, 살해하고, 간음하
고, 거짓맹세하고, 배이얼신에게
분향하며, 네가 알지 못하는 다른
신을 따르나?
10 그러면서 여기 와서, 내 집 앞에 서
서, 이곳은 나의 이름을 부르는 곳
이니까, '우리가 이런 혐오행동을
해도 구원을 받는다'고 말하나?
11 내 이름으로 불리는 이 집이, 너희
눈에는 도둑의 소굴이 되나? 보라,
내가 이 행태를 보았다"고 **주님**이
말한다.
12 "그러나 너희는 이제 내 이름이 있
던 나의 장소 샤일로실로로 가봐라.
그곳은 내가 처음에 나의 이름을
두었던 곳인데, 나의 백성 이즈리
얼의 악행을 내가 어떻게 했는지
가서 봐라.
13 이제 너희가 저지른 잘못으로 인
해, **주인** 내가 너희에게 '일찍 일어
나라'고 말하는데도, 너희는 듣지
않고, 불러도 대답이 없다.
14 따라서 앞으로 내가 할 일은, 너희

가 내 이름을 부르며 의지하던 이
집을, 내가 너와 조상에게 준 이 집
을, 샤일로에서 했던 대로 하겠다.
15 나는 내 눈 앞에서 너희를 내쫓겠
다. 너희 형제 이프리엄 자손을 쫓
아낸 것처럼 하겠다.
16 그러니 너는 백성을 위해 기도하
지 말고, 그들을 위해 간청을 외치
지도 말고, 내게 탄원중재도 하지
마라. 내가 네 말을 듣지 않겠다.
17 너는 그들이 쥬다유다도성과 저루
살럼예루살렘 거리에서 어떻게 했는
지 보지 못했나?
18 자식은 나무를 모으고, 아버지는
불을 붙이고, 여자는 반죽하여, 하
늘 여왕을 위해 과자를 만들고, 다
른 신을 위해 음료제물을 부으며,
내가 화가 나도록 자극한다.
19 그들이 내게 화를 돋우지?" 라고
주님이 말한다. "스스로 제 얼굴에
곤란을 부추기지 않나?"
20 따라서 **주 하나님**이 이렇게 말한다.
"보라, 나의 분노와 울화를 이곳에
쏟아붓고, 사람에, 짐승에, 벌판의
나무에, 땅의 열매에 부어, 불에 태
우며 끄지 않겠다."
21 만인의 주인, 이즈리얼의 **하나님**이
이렇게 말한다. "너희가 번제제물
로 희생한 고기를 먹어라.
22 나는 너희 조상에게 말하지 않았
고, 명령도 하지 않았고, 이집트에
서 그들을 데려온 그날 번제제물
이나 희생물에 관하여 언급하지
않았다.
23 대신 나는 그들에게 다음을 명령
했다. '내 목소리에 복종하면, 나는
너희 **하나님**이 되고, 너희는 나의
백성이 되게 하겠다. 내가 너에게
명령하는 길로 걸어라. 그러면 너
희가 잘 될 것이다.'
24 그런데 그들은 듣지 않고, 귀를 기
울이지도 않고, 나쁜 마음의 충고
와 상상 속에서 걸으며, 오히려 물
러서며 진행하지 않았다.
25 너희 조상이 이집트에서 나온 날
부터 이날까지, 내가 너희에게 나
의 종 예언자를 매일 아침 일찍 일
어날 때마다 여럿 보냈는데,
26 그런데 그들은 내 말을 듣지도, 귀
도 기울이지도 않고, 목을 뻔뻔하
게 세우며, 조상보다 더 나쁜 짓을
저지르더라.
27 그러니 너는 그들에게 이 말을 해
주어라. 하지만 그들은 듣지 않을
것이고, 또 네가 그들을 불러도 답
하지 않을 것이다.
28 그러니, 너는 그들에게 말해라. '이
민족은 저희 **주 하나님**의 목소리에
복종하지 않고, 훈계도 듣지 않는
다. 진리가 사라져 그들 입에서 없
어졌다.'
29 오 저루살럼아, 네 머리를 잘라 내
던지고, 높은 장소로 가서 슬픔에
잠겨라. **주인**이 화가 난 이 세대를
거부하고 버렸기 때문이다.
30 쥬다자손이 내 눈앞에서 악행을

저질렀기 때문"이라고 **주님**이 말
한다. "그들은 내 이름을 부르는 집
에서 혐오행위를 하며 오염시켰
다.
31 히넘자손의 계곡 토펱에 높은 장
소를 세워, 제 아들딸을 불에 태웠
다. 나는 그것을 명령하지 않았고,
마음 속으로 생각해 본 적도 없다.
32 따라서 두고봐라, 그날이 온다"고
주님이 말한다. 그곳은 더 이상 토
펱이라고도, 히넘자손의 계곡이라
고도 불리지 않고, 대신 살육의 계
곡이다. 왜냐하면 토펱에서 더 이
상 장소가 없을 때까지 자식을 묻
었기 때문이다.
33 이 민족의 시체가 하늘의 조류 먹
이가 되고, 땅의 짐승 먹이가 되어
도, 아무도 그들을 쫓아내지 않을
것이다.
34 그때 나는 쥬다도성과 저루살럼
거리에서 명랑한 소리도 즐거운
소리도 중단시키고, 신랑과 신부
의 목소리도 들리지 않게 하겠다.
왜냐하면 그 땅이 폐허가 될 테니
까."

후회도 없고 창피도 모른다

8 그때 **주님**이 말한다. "그들은 쥬
다왕의 뼈를 파헤치고, 대군왕
자의 뼈를, 제사장의 뼈를, 예언자
의 뼈를, 저루살럼인의 뼈를 묘지
에서 끌어낼 것이다.
2 그리고 그것을 해와 달 아래 펼칠
것이다. 하늘 아래 만인은 그들을
사랑해주고, 떠받들며 뒤를 따르
고, 찾으며 존경했는데, 그 사람들
앞에 펼쳐놓으면, 아무도 뼈조각
을 거두지도 묻어주지도 않아, 땅
표면에서 거름이 될 것이다.
3 또한 이런 나쁜 민족 중 살아남은
자의 선택은 삶보다 죽음만 있을
뿐이다. 내가 쫓아낸 그곳에 아직
남아 있다면 그렇다"고 만인의 **주**
님이 말한다.
4 "또 너는 그들에게 주인의 말을 다
음과 같이 전해라. '사람이 쓰러지
면 일어나지 않을까? 떠나면 돌아
오지 않을까?'
5 그런데 어째서 저루살럼 민족은
늘 타락하며 뒤로 물러날까? 그들
은 속임수에 쉽게 걸려들어, 돌아
오길 거부한다.
6 내가 귀를 기울여 들었더니, 그들
은 바른 말을 하지 않고, 제 잘못을
후회하는 사람도 없이, 하는 말이,
'내가 뭘 했다고?'라며 전투에 달
려가는 말처럼, 각자 제 여정대로
간다.
7 맞다, 하늘 나는 황새는 날 때를 알
고, 산비둘기와 두루미와 제비도
그들이 올 때를 알지만, 나의 백성
은 **주인**의 정의를 모른다.
8 어떻게 너희가 이렇게 말하지? '주
인님의 법이 있으니, 우리는 현명
하다'고. 보라, 확실하게 쓸모없는
것이 인간이 만든 것이다. 기록하

는 펜이 거짓을 적으면, 아무 소용
이 없다.
9 현명한 자도 수모를 당해, 낙담하
며 붙잡혀 간다. 보라, 그들은 **주인**
의 말을 거절했는데, 그들에게 무
슨 지혜가 있나?
10 따라서 나는 그들 아내를 남에게
주고, 그들의 밭을 남에게 상속하
겠다. 왜나하면 작은 사람부터 큰
사람까지 모두 탐욕에 빠졌고, 예
언자부터 제사장까지 거짓으로 속
이기 때문이다.
11 그들은 나의 백성 딸의 아픔을 조
금 치유해주면서, '괜찮다'고 말하
는데, 괜찮지 않다.
12 그들이 혐오행동을 자행할 때, 창
피할까? 아니다, 전혀 부끄러운 줄
모르고, 얼굴을 붉히지도 않는다.
그래서 그들을 죽는 사람 가운데
쓰러지게 하겠다. 그들을 방문할
때, 제거해버리겠다"고 **주님**이 말
한다.
13 "나는 반드시 그들을 없애겠다"고,
주님이 말한다. "포도덩굴에 더 이
상 포도가 없고, 무화과나무에 잎
이 시들어 무화과가 없다. 내가 그
들에게 준 모든 것을 다 없애겠다"
고 **주님**이 말한다.
14 왜 우리가 가만히 앉아있지? 너희
스스로 모여, 요새도성으로 들어
가 거기서 조용히 있자. 우리의 **주**
하나님이 우리를 조용히 있게 만들
며, 우리에게 쓴물을 주어 마시게
한 이유는, 우리가 **주님**에게 죄를
지었기 때문이다.
15 우리가 평화를 기대했지만 행복은
오지 않았고, 회복의 시기는 재앙
에 사로잡혔다.
16 말의 콧소리가 댄에서 들리더니,
힘찬 말 울음소리에 온 땅이 떨었
다. 그들이 와서 이땅을 삼키고, 그
안에 있는 것과 도성과 사람마저
모조리 삼켰기 때문이다.
17 "보라, 내가 뱀과 독사를 너희 가운
데 보낸다. 그것은 마법에 걸리지
않아서, 너희를 깨물것"이라고 **주**
님이 말한다.
18 슬퍼서 자신을 위로하고 싶을 정
도로, 내 마음이 안타까웠다.
19 내 민족의 딸이 울부짖는 목소리
를 들어봐라. 왜냐하면 그들이 먼
나라에서 살기 때문이다. 자이언자
이언에 **주님**이 없는가? 그곳에 왕도
없는가? 왜 그들은 그들의 조각우
상과 다른 허상으로 인해 내가 화
나도록 자극하나?
20 추수도 지나고, 여름도 끝나는데,
우리는 구원받지 못한다.
21 내 민족의 딸의 아픔으로, 나도 아
프다. 나는 암담한 놀라움에 사로
잡혔다.
22 길리얻에는 방향연고가 없는가?
그곳에 의사가 없는가? 왜 나의 민
족의 딸이 건강을 회복하지 못하
나?

예언자의 안타까움

9 오, 내 머리가 샘이고, 내 눈이
눈물의 샘이었더라면, 내 민족
딸의 죽음 때문에 내가 밤낮으로
울었을 텐데!
2 오, 내게 사막 여행객을 위한 노숙
자리가 있다면, 내 민족을 떠나 가
버렸을 텐데! 왜냐하면 그들은 한
결같이 간음하며 불충실한 위반집
단이기 때문이다.
3 "그들은 혀를 활처럼 구부려 거짓
을 말할뿐, 이땅에 진리를 실현하
는 용사가 아니다. 왜냐하면 거짓
에서 거짓을 이어 나가느라, 나를
모른다"고 **주님**이 말한다.
4 "너희는 이웃마다 조심하고, 형제
누구도 믿어서는 안 된다. 이는 모
든 형제가 자리를 갈취하고, 모든
이웃이 비방을 일삼기 때문이다.
5 이웃을 속이고, 아무도 진실을 말
하지 않는다. 그들은 제 혀에 거짓
을 가르치며, 죄의 자행에 닳고 닳
았다.
6 네 삶의 터전이 사기 가운데 있어,
기만 때문에 사람이 나를 알기를
거부한다"고 **주님**이 말한다.
7 그래서 만인의 **주님**은 이렇게 말한
다. "보라, 나는 그들을 제련을 위
해 녹이고, 단련을 위해 시험하겠
다. 내 백성의 딸을 위해 이것 이외
무슨 방법이 있을까?
8 그들의 혀는 화살을 쏘듯 거짓을
쏘아붙이고, 태연하게 입으로 이
웃에게 말해도, 마음 속으로 속일
기회를 엿본다.
9 이런데도 내가 그들을 찾지 말아
야 할까?" 라고 **주님**이 말한다. "이
런 민족에게 내 영혼이 보복하지
말아야 할까?
10 내가 산마다 올라, 울며 소리치고,
벌판의 서식처마다 통곡하는 이유
는, 그들이 불타서 아무도 통과할
수 없고, 어떤 사람도 가축소리를
들을 수 없으며, 하늘의 새도 들의
짐승도 달아나, 모두 가버렸기 때
문이다.
11 그래서 나는 저루살럼을 폐허더미
로 쌓고, 용의 동굴로 만들고, 쥬다
도성을 모조리 사람 하나 없이 만
들겠다.
12 누가 현자여서 이를 이해할까? 누
가 주인의 입으로 말하며, 백성에
게 선포할까? 땅이 폐허되어 사
막처럼 타버려, 아무도 갈 수 없는
데?"
13 또 **주님**이 말한다. "그들은 내가 그
들 앞에 정해준 나의 법을 버리고,
내 목소리에 복종하지 않으며, 그
대로 살지 않기 때문이다.
14 대신 그들 마음 속 상상에 따라 걷
고, 그들 조상이 가르쳐준 배이얼
신을 따른다.
15 그래서 만인의 **주인**, 이즈리얼의 **하**
나님이 말한다. "보라, 나는 그들에
게 쓴나물을 먹이고, 독성 쓴물을
주어 마시게 하겠다.

16 나는 그들을 이민족 가운데 흩어
버릴 텐데, 저들은 이즈리얼도 조
상도 알지 못하는 자들이다. 또 나
는 쫓는 칼을 보내어, 그들이 사라
지게 하겠다"고 했다.
17 만인의 주인이 말한 바에 의하면,
"너희는 잘 생각하여 구슬픈 소리
로 울어줄 여자를 부르고, 그런 재
주가 좋은 여자를 불러라.
18 그리고 그들에게 우리를 위해 통
곡을 하게 하면, 우리 눈에서 눈물
이 떨어지고, 눈꺼풀에서도 눈물
이 솟구칠 것이다.
19 통곡소리가 자이언에서 들려온다.
우리가 어쩌다 이렇게 대단히 참
담하게 되었나! 이는 우리가 이땅
을 버렸고, 삶의 터전을 버렸기 때
문이다.
20 하지만 너희 여자는 **주님**의 말을
듣고, 네 귀가 **주님**의 입에서 나오
는 말을 받아들여라. 또 딸한테도
통곡을 가르치고, 이웃마다 통곡
하도록 가르쳐라.
21 죽음이 우리 창 안으로 들어오고,
우리 궁전으로 와, 밖의 아이들과
거리의 젊은이를 죽이려 한다."
22 그래서 **주님**이 외치라고 말한다.
"사람 시체가 들판에 거름처럼 쓰
러지고, 추수꾼 뒤로 떨어지는 곡
식낱알처럼 떨어져도, 아무도 거
둬들이는 자가 없을 것이다."
23 **주님**은 또 말한다. "지혜가 있는 사
람이 지혜를 자랑하지 말고, 힘센
사람이 힘을 자랑하지 않으며, 부
자가 재물을 드러내지 않게 해라.
24 대신 나를 이해하고 아는 사람이
빛나게 해라. 내가 사랑과 정의와
이땅의 올바른 일을 실행하는 **주님**
이라고. 내가 이런 일을 기뻐하기
때문"이라고 **주님**이 말한다.
25 "보라, 그날이 오면, 내가 할례받은
자를 그렇지 못한 자와 함께 모두
처벌하겠다.
26 이집트, 쥬다, 이듬, 애먼자손, 모앱
및 가장 먼 끝에 있는 황야에 사는
모두 다 처벌한다. 왜냐하면 이 모
든 민족은 할례되지 않았고, 이즈
리얼 집안 모두는 마음이 할례되
지 않았기 때문이다.

정의에 따라 고쳐주세요

10 너희는 **주님**이 네게 하는 말
을 들어라. 오, 이즈리얼이스라
엘집안아!
2 **주님**이 말한다. "이민족이 하는 것
을 배우지 마라. 하늘의 징조에 이
민족이 놀라며 절망해도, 너희는
낙담하지 마라.
3 사람의 관행은 가치가 없다. 사람
이 숲에서 나무 한 그루를 베어, 장
인이 정을 가지고 다듬은 조각우
상을 만드는 관행이 그렇다.
4 그들은 은과 금을 달아 장식하고,
못과 망치로 단단히 고정하여, 움
직이지 못한다.
5 그들은 야자나무처럼 똑바로 서도

말을 못하고, 갈 수 없기 때문에 옮
겨야 하는 그 물체에, 겁먹지 마라.
그들은 악행도 못하고, 선행도 못
한다."
6 오 **주님**, 당신같은 존재는 아무도
없어요. 당신은 위대하고, 당신의
이름은 강하지요.
7 모든 나라의 왕, 당신을 누가 두려
워하지 않을까요? 당신에게 경외
가 마땅해요. 모든 민족과 모든 왕
국의 현자 가운데에서 당신 같은
존재는 아무도 없어요.
8 그런데 인간은 미개하고 어리석어
서, 막대기가 그들의 가치없는 신
앙이 되고 있어요.
9 그것은 은도금 접시를 탈쉬시에서
가져오고, 우풰즈우파즈, 우바스에서
금을 들여와, 장인의 작업과 세공
사의 손재주로 만들면서, 푸르고
붉은 옷을 입힌, 솜씨 좋은 장인의
작품에 불과해요.
10 그러나 **주인**님은 진실한 **하나님**이
지요. 그는 살아 있는 **하나님**이고,
영원한 왕이므로, 그의 분노에 땅
이 진동하면, 모든 민족이 그 분개
를 견딜 수 없지요.
11 "따라서 너희는 우상에게 전해라.
'하늘과 땅을 창조하지 않은 신은,
땅에서 또 하늘 아래에서 소멸할
것'이라고.
12 자기 힘으로 땅을 만든 그는, 그의
지혜로 세상을 세운 다음, 스스로
판단하여 하늘을 펼쳤다.
13 그가 목소리를 내면, 하늘에 물이
많아지도록, 땅끝에서 수증기를
끌어올리고, 비와 함께 번개도 만
들고, 그의 보물창고에서 바람도
내보낸다.
14 사람은 제 지식의 미개에 난처하
고, 장인마다 조각형상에 실망한
다. 왜냐하면 주물우상이 가짜고,
호흡도 없기 때문이다.
15 그것은 쓸데없는 실수의 결과물일
뿐이다. 그들을 방문할 때, 그것을
소멸시키겠다.
16 재이컵의 지분을 소유한 그는 그
것과 같지 않다. 그는 모든 것의 창
조주이고, 이즈리얼은 그의 유산
의 지팡이다. 만인의 **주님**이 바로
그의 이름이다.
17 오 요새의 주민아, 땅에서 너희 것
을 거둬들여라."
18 **주님**의 말에 따르면 다음과 같다.
"보라, 나는 이땅의 주민을 단번에
내던져, 고통을 주며, 그들이 깨닫
게 하겠다.
19 나의 상심이 내게 재앙이다! 나의
상처가 너무 심하다. 하지만 내가
말하는데, 진정으로 이것은 슬픔
이고 견뎌야만 한다.
20 나의 성막이 무너지고, 나의 밧줄
도 끊기며, 나의 자손도 나로부터
가버려, 그들은 없다. 이제 더 이상
나의 텐트를 펴줄 이도, 휘장을 걸
어줄 자도 아무도 없다.
21 목자가 야만적이어서 주인을 찾지

도 않기 때문에, 그들이 번성하지
못하게 하고, 그들의 양떼도 흩어
지게 하겠다.
22 보라, 소음이 전해지면, 북쪽에서
격렬한 움직임이 와서, 쥬다도성
을 파멸시키고, 용의 소굴로 만들
것"이라고 한다.
23 오 **주님**, 나는 알아요. 사람이 가는
길이 각자 자신에 있지 않고, 스스
로 발걸음을 내딛는 사람에 따르
지 않는다는 것을 알아요.
24 오 **주님**, 정의에 따라 나를 고쳐주
고, 분노 대신, 내게 아무것도 주지
말아주세요.
25 당신 분노는 당신을 모르는 이민
족한테 퍼붓고, 당신 이름을 부르
지 않는 집안에게 내려주세요. 그
들이 재이컵집안을 없애고, 그를
소멸시켜, 그의 터전을 폐허로 만
들었기 때문이에요.

약속을 파기

11 **주님**한테서 제러마야에게 다
음 말이 들려왔다.
2 "너는 이 약속의 말을 듣고, 쥬다인
에게, 또 저루살럼 사람에게 전해
라.
3 그들에게 이즈리얼의 **주 하나님**의
말이 이와 같다고 해라. '이 약속에
복종하지 않는 사람은 저주받는
다.'
4 그것은 내가 네 조상을 이집트의
철화로에서 데려오던 날 명령한
말로, 내 목소리에 복종하고, 나의
명령에 따르면, 너희가 나의 백성
이 되게 하고, 나는 너희 **하나님**이
되겠다.
5 그러면 나는 네 조상에게 한 맹세
를 실행하며, 그들에게 오늘날과
같은 젖과 꿀이 흐르는 땅을 주려
는 것이었다." 그래서 내가 대답하
며, "네, 맞아요. 오 **주님**"이라고 했
다.
6 그리고 **주님**이 내게 말했다. "너는
쥬다도성에 이 말을 선포하고, 저
루살럼 거리에도 알리며, '너희는
이 약속을 듣고 실행하라'고 말해
주어라.
7 나는 내가 이집트에서 너희 조상
을 데려오던 날 진지하게 강조했
고, 오늘날까지 일찍 일어나 강조
하며, '나의 목소리에 복종하라'고
일렀다.
8 그런데 그들은 복종하지 않고, 귀
도 기울이지 않으며, 저마다 나쁜
마음이 그려지는 대로 살아갈 뿐
이다. 따라서 내가 약속이행을 명
령했지만, 그들은 지키지 않았다."
9 그러면서 **주님**이 나에게 말했다.
"쥬다와 저루살럼 주민 사이에 모
의가 있더라.
10 그들은 등을 돌려, 내 말 듣기를 거
부했던 선조가 지은 죄로 돌아가,
다른 신을 섬기러 가버렸다. 이즈
리얼과 쥬다집안도 내가 조상과
맺은 약속을 파기했다.

11 그래서 주인이 말한다. 보라, 내가
그들에게 재앙을 내리면, 그들은
불행을 피할 수 없고, 그들이 내게
호소해도, 나는 그들에게 귀를 기
울이지 않겠다.
12 그러면 쥬다도성과 저루살럼 주민
이 가서, 향을 피웠던 신에게 호소
하겠지만, 우상은 그들이 어려울
때 구하지 못할 것이다.
13 오 쥬다, 너희는 도성 수만큼 신을
두고, 저루살럼은 거리 숫자만큼
민망한 제단을 세워 배이얼에게
분향했다.
14 그러니 너는 네 민족을 위해 기도
하지 말고, 호소나 간청도 높이지
말아라. 그때는 그들이 어려움을
소리쳐도 내가 듣지 않기 때문이
다.
15 나의 사랑이 내 성전에서 무례를
많이 저지르는 것을 알면서, 어떻
게 신성한 제물로 그냥 넘어갈까?
너희는 악행을 저지르고 즐거워한
다.
16 **주인**은 네 이름을, '푸른 올립Olive
나무로, 보기 좋은 열매를 맺는 나
무'라고 불렀지만, 이제 엄청난 진
동소리와 함께 거기에 불을 붙여,
가지를 태워버린다.
17 너를 그 땅에 심은 만인의 **주님**이,
너를 상대로 재앙을 선포하고, 이
즈리얼과 쥬다집안의 악행에 대하
여 알리는 이유는, 그들 스스로 나
의 분노를 자극하며, 배이얼에게
향을 올리기 때문이다" 라고 했다.
18 그렇게 **주님**이 나에게 이 상황을
알려주어, 내가 그것을 알게 되었
고, 또 그들의 행태를 보여주어 알
게 되었다.
19 그러나 나는 어린양이나, 도살장
으로 끌려가는 소와 같았을뿐, 그
들이 나를 두고 이와 같이 음모를
꾸미는 것을 알지 못했다. '우리가
이곳 열매나무를 모두 없애고, 생
명의 땅에서 잘라버리면, 더 이상
그 이름을 기억하지 않게 된다' 라
고 했었다.
20 대신 "오, 만인의 **주님**, 바르게 판결
하고, 생각과 마음을 시험하는 당
신이, 나에게 **주님**의 복수를 보여
주세요. 왜냐하면 당신에게 나의
사정을 밝혔으니까요."
21 따라서 다음은 **주님**이 내 목숨을
노리는 애내쏘쓰아나톳, 아나돗 사람
에 관하여 말한 것이다. "너희가 **주**
님의 이름으로 예언을 하지 마라.
그렇지 않으면 너희는 우리 손에
죽을 것이다."
22 또 만인의 **주님**이 말한 바에 따르
면, "보라, 나는 그들을 처벌하겠
다. 젊은이는 칼에 죽고, 그들의 아
들딸은 기근으로 죽게 하겠다.
23 그들은 누구도 남기지 않을 것이
다. 내가 애내쏘쓰 사람에게 재앙
을 내리는데, 그들을 방문하는 해
에 그렇게 될 것이다."

예언자의 불만

12 "오 **주님**, 내가 항변할 때마
다, 당신이 옳아요. 하지만 당
신의 판결에 대해 나도 말좀 하게
해주세요. 어째서 악한의 길이 잘
나가죠? 왜 잘 속이는 자가 행복하
나요?
2 당신이 악한을 심었으니까, 그들
이 뿌리내리고, 자라서 열매를 맺
었죠. 당신은 늘 그들의 입에 있고,
그들의 마음에는 거리를 두며 눈
감아주죠.
3 그러면서 오 **주님**, 당신은 나를 일
일이 알아보고, 당신에 대한 내 마
음을 시험하며, 도살용 양처럼 꺼
집어내어, 어느날 잡으려고 준비
해 두지요.
4 땅이 얼마나 오랫동안 슬퍼하고,
거기 사는 악한 때문에 들마다 풀
이 시들어야 하나요? 짐승도 새도
없어진 까닭은, 그들이, '**주님**은 우
리에게 무슨 일이 있든 보지 않을
것'이라고 말하기 때문이잖아요.
대답해보세요."
5 "만약 네가 보병과 경주하면, 그들
이 너를 지치게 할 텐데, 하물며 어
떻게 네가 말과 경쟁하나? 네가 믿
는 평화의 땅이, 너를 배신하면, 그
때 네가 어떻게 조든강을 범람시
킬까?
6 네 형제와 아버지 집안 모두 너를
배신하며, 오히려 너를 내몰려고
다수를 불러들이니, 그들이 너에
게 좋은 말을 하더라도 믿지 마라.
7 나는 나의 집을 포기했고, 나의 유
산도 버렸다. 그리고 내 영혼이 그
토록 사랑하는 인간을 적의 손에
넘겼다.
8 나의 유산은 숲속의 사자와 마찬
가지로 나의 것인데, 으르렁거리
며 내게 덤비니, 그것이 미워졌다.
9 나의 유산은 눈에 띈 먹잇감 새처
럼 내 것인데, 주위의 여러 새가 그
땅을 공격한다. 자, 너희 모두 모여
라! 벌판의 짐승 모두 와서 먹어치
워라!
10 많은 목자가 내 포도나무를 파괴
한다. 그들은 나의 지분을 발로 짓
밟고, 나의 기쁨의 땅을 황폐한 불
모지로 만들어버렸다.
11 그들이 그것을 파괴하자, 망가져
가는 땅이 나에게 울부짖는다. 온
땅이 폐허가 된 것은, 아무도 땅에
마음을 두는 이가 없기 때문이다.
12 침략자가 광야를 통해 높은 곳 도
처에 왔다. **주님**의 칼이 이쪽에서
저쪽 땅끝까지 제거하기 때문에,
어떤 신체도 무사하지 못할 것이
다.
13 그들이 밀을 뿌려도 가시만 거두
다, 찔려 아프기만 하며, 아무 이익
이 없을 것이다. 그들의 생산물이
초라한 것은, 주인의 참을 수 없는
불 같은 분노 때문이다."
14 악한 이웃에 대한 **주님**의 말에 따
르면, "그들은 나의 백성 이즈리얼

에게 상속한 나의 유산에 손을 대
었다. 보라, 내가 땅에서 그들을 뽑
아내고, 쥬다집안에서 속아내겠다.
15 그들을 제거한 다음, 내가 돌아와,
그들을 동정하며, 다시 유산을 주
어 그 땅으로 데려오겠다.
16 그리고 그들이 나의 백성의 길을
성실하게 배우고, 배이얼에게 맹
세하도록 가르친 것처럼, 나의 이
름으로, '**주님**이 살아 있다'고 맹세
하면, 그때 나의 백성으로 자리잡
게 하겠다.
17 그러나 만약 그들이 따르지 않으
면, 나는 철저히 그 민족을 뽑아내
어 파멸시키겠다"고 **주님**이 말한
다.

망가진 허리띠

13 **주님**이 내게 이와 같이 말한
다. "리넨 허리띠를 허리에
매고 가되, 그것에 물을 묻히지 마
라."
2 그래서 나는 **주님**의 말에 따라 허
리띠를 둘렀다.
3 **주님**의 말이 두 번째로 내게 들려
왔다.
4 "너는 허리띠를 맨 채 일어나, 유프
래이티스 강으로 가서, 바위 틈에
그것을 숨겨라.
5 그래서 나는 가서, **주님**의 말대로
그것을 유프래이티스 강옆에 숨겼
다.
6 여러 날이 지나, **주님**이 나에게 말
했다. "이제 일어나 강으로 가서,
내 명령대로 숨겼던 허리띠를 가
져오너라."
7 나는 유프래이티스유프라티스로 가
서, 땅을 파고, 숨겨둔 허리띠를 찾
았다. 그런데 보니, 그것이 썩어, 아
무 쓸모가 없게 되었다.
8 그때 **주님**의 말이 내게 와서 말했
다.
9 "이런 식으로 쥬다의 자만과 저루
살럼의 높은 자존심을 망가뜨리겠
다.
10 이처럼 악한 백성은 내 말 듣기를
거부하고, 그들 마음 속에서 생각
나는 대로 행동하며, 다른 신이나
따르고, 섬기고, 제사한다. 그러니
그들은 아무 데도 도움되지 않는
망가진 허리띠처럼 될 것이다.
11 허리띠가 사람의 허리에 붙어 있
듯, 그렇게 이즈리얼과 쥬다의 모
든 집안이 나에게 붙어 있게 하는
것"이라고, **주님**이 계속 말하며,
"그래서 그들이 나의 백성으로 있
게 하며, 특별한 이름으로, 자부심
으로, 영광이 되게 하는 것인데, 그
들이 말을 들으려 하지 않았다.
12 따라서 너는 그들에게 이 말을 전
해야 한다. 이즈리얼의 **주인** 하나
님의 말에 의하면, '병마다 와인을
채워야 하는데, 모든 병이 포도주
로 채워지는 지, 우리는 확실히 모
르지 않을까?' 라고 말하겠지.
13 그때 네가 다음을 말해주어라. 이

것은 **주님**이 말한 것이라고. 보라,
내가 이땅을 사람으로 가득 채운
다음, 대이빋왕좌에 앉은 왕과, 제
사장과, 예언자와, 저루살럼 주민
까지 취하도록 채우겠다.
14 그리고 나는 그들이 서로 부딪치
게 하고, 아버지와 아들까지 충돌
시키겠다"고 **주님**이 말한다. "나는
동정도 하지 않고, 아끼지도 않고,
사랑도 하지 않고, 그들을 파괴하
겠다.
15 너희는 귀 기울여 듣고, 자만하지
말라"고, **주님**이 말한다.
16 "너희 **주 하나님**에게 영광을 돌려
라. 그가 암흑을 내리기 전, 어두운
산 위에서 네 발이 걸려 넘어지게
하기 전에. 그렇지 않으면, 너희가
빛을 찾아도, 그는 빛을 죽음의 그
림자로 바꾸어, 완전한 암흑으로
만들 것이다.
17 그런데도 너희가 이 말을 듣지 않
으면, 네 자만으로 인해, 내 영혼은
남 모르는 곳에서 슬피 울다, 내 눈
이 부어오르면서, 하염없이 눈물
을 흘리게 된다. 그 까닭은 **주님**의
양떼가 포로로 끌려가기 때문이
다.
18 왕과 왕비에게 전해라. '스스로 겸
손하게 자리에 앉으라'고. 왜냐하
면 너희 주권이 무너져 내리고, 너
희 찬란한 크라운관도 깨어지기
때문이다.
19 남쪽 도성마다 문이 닫혀, 아무도
열지 못하게 하겠다. 쥬다는 모조
리 포로로 붙잡혀, 전체가 끌려가
게 할 것이다.
20 눈을 높이 들어, 북쪽에서 오는 저
들을 바라봐라. 네게 주었던 아름
다운 양떼는 어디 있나?
21 **주님**이 너를 혼내면, 네가 무슨 할
말이 있을까? 네가 저들을 지도자
로, 또 너를 지배하는 대표가 되도
록 가르친 탓이다. 이제 너는, 산통
을 겪는 여자처럼 슬퍼하지도 말
아야 하지 않을까?
22 만약 네가 마음 속으로, '왜 이런 일
이 나에게 일어날까?' 라고 물으
면, 네가 지은 죄가 하도 커서, 네
스커트 밖으로 드러났고, 네 맨발
이 드러났기 때문이다.
23 이씨오피아이티오피아인이 제 피부
색을 바꾸고, 표범이 자기 점을 바
꿀 수 있을까? 따라서 악행에 습관
된 너희 역시 선행을 할 수 없는 것
이다.
24 그래서 내가 그들을 황야의 바람
에 날리는 지푸라기처럼 흩어버리
는 것이다.
25 이것이 네 몫이고, 나로부터 받은
너의 지분"이라고 **주님**이 말한다.
이것은 너희가 나를 잊고, 거짓을
믿었기 때문이다.
26 그래서 내가 네 얼굴을 가린 스커
트를 벗겨, 너의 부끄러움이 드러
나게 하겠다.
27 나는 너희가 말울음 소리를 내며

간음하는 것을 보았고, 추잡한 매
춘도 보았고, 벌판 언덕에서 벌이
는 혐오행동도 보았다. 오 저루살
럼, 너희에게 재앙이다! 너희는 언
제까지 부정한 채 있을 것인가?"

기근, 칼, 전염병

14 가뭄에 대한 **주님**의 말이 제
러마야예레미야에게 들려왔다.
2 쥬다의 슬픔으로 성문이 활기를
잃었고, 백성이 땅바닥에서 탄식
하자, 저루살럼의 울부짖음이 울
려퍼진다.
3 귀족이 종에게 물을 길러 보냈더
니, 그들이 웅덩이에 와도, 물을 못
찾아, 빈 물통으로 돌아왔다. 그들
은 당황하고 난감하여 머리를 감
쌌다.
4 비가 오지 않아, 땅이 갈라지자, 밭
을 가는 농부가 낙담하며, 제 머리
를 감싼다.
5 그렇다, 암사슴이 벌판에서 새끼
를 낳아도, 뜯을 풀이 없어 고개를
돌렸다.
6 야생 나귀가 높은 곳에 서서, 용처
럼 킁킁대며 바람냄새를 맡아도,
풀이 없어, 눈에 힘이 빠진다.
7 "오 **주님**, 비록 우리 죄가 증명되어
도, 당신 이름을 위해, 비를 내려주
세요. 우리의 심한 타락으로 인해,
당신에게 죄를 지었어요.
8 오 이즈리얼의 희망, 어려운 시기
의 구세주 당신은, 왜 이 땅에서 나
그네처럼, 하룻밤을 머물다 지나
가는 도보여행객인 듯하나요?
9 어째서 당신은 놀라기만 하며, 구
제할 힘 없는 용사인 듯하나요? 하
지만 **주님**은 우리 가운데 있어, 우
리가 당신 이름을 부르게 하잖아
요. 우리를 떠나지 말아주세요!"
10 다음은 **주님**이 백성에게 한 말이
다. "그들은 떠돌길 좋아하고, 발을
자제하지 않는다. 그래서 주인이
그들을 받아들이지 않고, 그들의
잘못을 기억하며, 벌을 주고자 방
문하는 것이다."
11 그러면서 **주님**이 나에게 말했다.
"이 백성이 잘 되게 해달라는 기도
도 하지 마라.
12 그들이 금식해도, 그들의 호소를
듣지 않고, 번제와 봉헌물을 올려
도, 받지 않겠다. 대신 나는 그들을
칼로 없애고, 기근과 전염병으로
제거하겠다."
13 그래서 내가 말했다. "아, **주 하나
님**! 보세요, 예언자들은 백성에게
이렇게 말해요. '너희는 칼도 없고,
기근도 없다. 대신 내가 여기서 너
희에게 확실한 평화를 줄 것'이라
고 하죠."
14 그러자 **주님**이 내게 말했다. "예언
자는 나의 이름으로 거짓을 예언
한다. 나는 그들을 보내지 않았고,
명령도 말도 하지 않았다. 그들은
너희에게 거짓 환상과 헛된 점을
예언하고, 제 마음도 속이는 자다."

15 그러면서 주인의 이름으로 예언하
는 예언자에 관하여 이렇게 말한
다. "나는 그들을 보내지 않았다.
그들은 이땅에 전쟁과 기근이 없
을 것이라고 말하지만, 전쟁과 기
근이 그런 예언자를 파멸시키게
된다.
16 그들이 예언하는 백성은 기근과
칼 때문에 저루살렘 거리에 버려
져, 묻어줄 이도 없고, 자신도 아내
도 아들도 딸도 없어진다. 내가 그
들의 죄의 대가를 그들에게 내리
기 때문이다.
17 그러므로 너는 이 말을 그들에게
해주어라. 나의 눈에 눈물이 밤낮
으로 흘러, 끊이지 않게 해라. 나의
백성 소녀가 심한 타격을 받고 크
게 다쳤기 때문이다.
18 내가 들로 나가면, 칼에 배인 죽은
자뿐이고, 도성으로 가면, 기근의
고통뿐이구나! 맞다, 예언자와 사
제는 모두 그들도 모르는 땅으로
가게 된다."
19 "당신은 쥬다를 철저히 거부하나
요? 당신의 영혼은 자이언이 싫어
졌나요? 왜 우리를 쳐서, 치유할
수 없게 하죠? 평화를 기대해도 좋
은 것은 없고, 치유할 시간인데 고
통만 보이다니요!
20 우리는 우리 잘못을 인정해요. 오
주님, 우리 조상의 죄도 시인해요.
우리는 당신을 거부하는 죄를 지
었어요.
21 당신 이름을 위하여 우리를 증오
하지 말고, 당신의 찬란한 업적을
훼손하지 말며, 대신 우리를 기억
하여, 우리의 약속을 파기하지 말
아주세요.
22 무능한 이민족 신 중 누가 비를 내
릴 수 있나요? 아니면 하늘에서 소
낙비를 내려주나요? 그는 바로 당
신, 우리의 **주 하나님**이 아닐까요?
따라서 우리는 당신을 기다립니
다. 당신이 이 모든 것을 만들었으
니까요."

감정이 풀리지 않는다

15 그때 **주님**이 내게 말했다. "모
지스모세와 새뮤얼이 내 앞에
있다 해도, 백성에 대한 내 감정이
풀리지 않는다. 내 눈앞에서 그들
을 쫓아낼 테니, 아무데나 가게 내
버려 둬라.
2 그들이 너에게, '우리는 어디로 가
야 하나?' 라고 물으면, 이렇게 대
답해주어라. **주님** 말에 의하면, '죽
을 자는 죽는 거다. 칼로 죽는 자는
칼에 죽고, 굶어죽는 자는 기근에,
포로로 갈 자는 포로로 죽는다'고."
3 **주님**은 말한다. "나는 그들에게 벌
을 4 가지 정해준다. 칼에 죽든지,
개에게 찢기든지, 공중의 새에 쪼
이든지, 육지의 맹수에 먹혀, 모두
파멸할 것이다.
4 내가 그들을 그 땅의 모든 왕국에
서 없어지게 하는 이유는, 쥬다왕

헤저카야 아들 머나서가 저루살럼
에서 한 비행 때문이다.
5 그러니 오, 저루살럼아, 누가 너를
동정할까? 아니면, 누가 너를 가엽
게 여길까? 아니면, 네가 왜 그런
지 묻기를 그만할까?"
6 **주님**이 말한다. "너는 나를 버리고,
등을 돌렸다. 그래서 나는 내 손을
뻗어 너를 혼내겠다. 이제 나는 후
회도 지쳤다.
7 또 내가 그곳 성문마다 키로 백성
을 까불어, 그 자손을 없애는 이유
는, 나의 백성이 이탈한 길에서 돌
아오지 않기 때문이다.
8 나는 그들의 과부를 바다의 모래
보다 더 많이 늘려주겠다. 그래서
대낮에 어린 것의 어미에게 약탈
자를 보내어, 느닷없이 그 도시가
공포와 불안에 떨어지게 하겠다.
9 일곱 아이를 낳은 여자는 기운이
빠져 마지막 숨을 거둔다. 아직 낮
인데, 그녀의 해가 져버리면, 어찌
할 바를 몰라 당황한다. 그들 중 나
머지는 내가 적의 칼에 넘겨버리
겠다"고, **주님**이 말한다.
10 "나의 어머니, 내게 재앙이 닥쳤어
요! 당신은 나를 온 땅에서 싸우고
투쟁하는 사람으로 낳아주었죠!
나는 고리高利로 돈을 빌려준 적이
없고, 아무도 나에게 고리대금을
빌려준 적도 없는데, 모두 나를 저
주하고 있어요."
11 그때 **주님**이 말했다. "진실로, 너희
중 남아 있는 자는 잘 되게 해주겠
다. 나는 확실하게 너희의 고통과
괴로움의 시대에 적이 너희를 잘
다루게 하겠다.
12 그러나 지금 너희가 북쪽의 강철
과 청동을 부러뜨릴 수 있을까?
13 나는 그들에게 네 재산과 보물을
값도 없이 약탈물로 주겠다. 이것
은 너희 죄의 대가로, 네 땅에 있는
것을 모조리 주겠다.
14 나는 너희가 알지 못하는 땅으로
적을 따라 들어가게 하겠다. 왜냐
하면 내 마음의 화에 불이 붙어 너
희를 태우는 것이다."
15 "오 **주님**, 당신은 나를 알고, 기억하
며, 찾아주는데요, 나의 박해자들
에게 복수해주세요. 내가 쫓겨나
도록 참지 말아주세요. 당신을 위
한 탓에 내가 받는 비난을 알아주
세요.
16 나는 당신의 말을 이해하고, 받아
들였어요. 당신의 말은 내게 기쁨
이고, 내 마음의 즐거움이지요. 왜
냐하면 나는 당신의 이름으로 소
명을 받았으니까요. 오 만인의 **주**
하나님!
17 나는 흥청대는 무리 속에 앉지 않
았고, 즐거워하지도 않았어요. 당
신의 손이 이끄는 대로 홀로 앉아
있었던 이유는, 당신이 나를 분노
로 가득 채웠으니까요.
18 어째서 나의 고통은 끝이 없고, 상
처는 낫지 않으며, 치유되지 않을

까요? 당신은 물없는 샘으로 거짓
말쟁이가 되려 하나요?
19 그러자 **주님**이 이렇게 말한다. "네
가 돌아오면, 그때 다시 데려와, 내
앞에 서게 하겠다. 또 네가 하찮은
가운데 가치 있는 말을 꺼내면, 나
의 대변인이 될 거다. 그들을 너에
게 되돌리되, 네가 그들에게 가지
말아라.
20 나는 너를 백성에 대한 요새화된
청동성벽으로 만들겠다. 그러면
너를 상대로 싸워도, 이기지 못할
것이다. 내가 너와 함께 있으면 너
를 구제하기 때문"이라고 **주님**이
말한다.
21 "나는 너를 악인의 손에서 구하고,
무서운 자의 손에서 너를 빼낼 것
이다."

재앙의 날

16 **주님**의 말이 내게 들려왔는
데,
2 "너는 아내도 얻지 말고, 이땅에서
아들딸도 갖지 말라"고 했다.
3 **주님**이 말한 바에 의하면, 이땅에
서 태어나는 아들과 딸에 관하여,
자식을 임신하는 어머니에 관하
여, 그들을 낳는 아버지에 관한 것
이다.
4 "그들은 비참한 죽음을 맞고, 안타
까이 여겨지지도, 묻히지도 못한
채, 땅의 거름이나 될 것이다. 그들
은 칼과 기근에 먹혀, 시체는 하늘
의 새와, 육지의 짐승 먹이가 된다"
고 했다.
5 **주님**의 말에 따르면, "한탄하는 집
에 가지 말고, 울지도 탄식도 하
지 마라. 이는 내가 백성한테서 내
가 준 평화를 박탈하고, 심지어 무
한사랑과 관대한 자비까지 빼앗기
때문"이라고, **주님**이 말한다.
6 "크나 작으나 모두 이땅에서 죽는
데, 매장도 안 되고, 울어주는 이도
없고, 괴로운 나머지 스스로 몸을
자해하거나, 머리를 미는 자도 없
을 것이다.
7 그들에 대한 슬픔에, 제 옷을 찢는
자도 없고, 죽은 자를 위해 가족을
위로하는 자도 없으며, 그들의 아
버지 어머니의 죽음을 위해 위로
의 잔을 들이켜도록 건네는 자도
없다.
8 너는 잔칫집에 들어가, 사람과 같
이 앉아 먹고 마시지도 말라"고 했
다.
9 이것은 만인의 **주인님** 이즈리얼의
하나님이 한 말이다. "보라, 나는 네
눈앞에서, 네 생애에 이땅을 끝장
내어, 명랑한 목소리도, 즐거운 소
리도, 신랑신부의 목소리도 끝내
버리겠다.
10 그러면 너는 백성이 말하는 것을
들어보는데, 그들이 네게 다음을
묻겠지. '왜 **주님**이 우리를 상대로
이렇게 엄청난 재앙을 선포했을
까? 대체 우리의 죄가 뭐지? 우리

의 주인 **하나님**에 반하여 위반한
잘못이 뭔데?' 라고.
11 그때 너는 그들에게 다음을 말해
주거라. 너희 조상이 나를 버렸기
때문"이라고 **주님**이 말한다. "그들
은 다른 신을 따르고 섬기고, 그들
에게 예배하며, 나를 외면하고 나
의 법을 지키지 않았다.
12 그리고 너희는 조상보다 더 나빴
다. 보라, 너희는 한결같이 제 마음
에서 생각나는 대로 행동하며, 나
에게 귀를 기울이려 하지 않았다.
13 그래서 내가 너희를 여기서 쫓아
내, 다른 곳으로 보낼 텐데, 그곳은
너희가 알지 못하고, 조상도 모르
는 곳이다. 너희는 거기서 밤낮으
로 다른 신을 섬길 터이니, 내가 너
희에게 호의를 보이지 않겠다.
14 따라서 두고봐라," **주님**이 말한다.
"그날이 오면, 더 이상 '이집트땅에
서 이즈리얼 자손을 데리고 나온,
주님은 살아 있다'는 말은 없다.
15 대신, '북쪽 땅에서 이즈리얼 자손
을 데려오고, 내쫓겼던 그 땅으로
부터 데려오는 '**주님**은 살아 있다'
고 말하고, 그들의 조상에게 주었
던 땅에 백성을 다시 데려오겠다.
16 보라, 나는 많은 어부를 보내겠다"
고 **주님**이 말한다. "그런 다음 나는
많은 사냥꾼을 보내어, 산마다 백
성을 붙잡아 오게 하고, 모든 언덕
과 바위 틈에서 사냥하게 하겠다.
17 나의 눈은 그들이 가는 길마다 있
기 때문에, 그들이 내 얼굴로부터
숨을 수 없고, 그들의 죄도 내 눈에
서 감추지 못한다.
18 우선 나는 그들 죄와 잘못을 두 배
로 갚겠다. 그들이 내 땅을 오염시
켰고, 내 유산을 끔찍하고 혐오스
러운 시체로 채웠기 때문이다."
19 "나의 힘, 나의 요새, 괴로운 시절
의 나의 피난처인 오 **주님**, 이민족
이 땅 끝에서 당신에게 와서 말하
겠지요. '확실히 우리 조상은 거짓
과 쓸모없는 헛것만 물려주었어
요' 라고."
20 "인간이 스스로 자기에게 신을 만
들어 섬겨야 할까? 그들은 신도 아
닌데?
21 그래서 이제, 나는 백성에게 깨닫
게 하고, 내 손과 나의 힘을 알게
하며, 나의 이름이 **주인**임을 알게
하겠다" 라고 **주님**이 말했다.

쥬다의 죄

17 "쥬다의 죄가 철제 펜촉과 다
이어먼드 펜촉으로, 그들 가
슴판과 너희 제단뿔 위에 새겨지
는 것은,
2 자손이 그들의 제단을 기억하게
하는 한편, 높은 언덕 푸른 나무 옆
에 있는 저들의 목각신도 기억하
게 하는 것이다.
3 오, 벌판의 나의 산아, 나는 너희 재
물과 보물을 약탈물로 주고, 너희
높은 장소 신당과 국경선 전역까

지 함께 죄값으로 넘기겠다.
4 너는 스스로 내가 준 유산상속을
중단시키니, 내가 너를 이땅에서
낯선 적을 섬기게 하겠다. 왜냐하
면 너희가 나의 분노에 불을 붙였
으므로, 영원히 불타게 하겠다."
5 **주님**은 말한다. "인간을 믿는 사람
은 저주받고, 근육을 무기삼아, 마
음이 **주님**을 떠난 이들에게 저주가
내린다.
6 그는 사막의 이방인처럼 되어, 행
운이 와도 보지 못하고, 대신 불모
지와, 소금땅과, 아무도 살지 않는
바짝 마른 곳에서 살게 된다.
7 하지만 **주인**을 믿으며, 제 희망을
주님에게 두는 이는 복을 받는다.
8 그런 사람은 물가에 심은 나무처
럼 강가에 뿌리를 뻗어, 더위가 와
도 모른 채, 그녀의 잎은 늘푸르고,
가뭄의 해가 닥쳐도 염려없이, 농
산물 생산이 끊이지 않을 것이다."
9 "그런데, 어떤 것보다 마음이 부정
직하고, 극도로 부도덕한 경우, 누
가 그것을 알 수 있지요?"
10 "나, **주인**이 그런 마음을 살피고, 가
슴속을 시험하며, 사람마다 제 길
의 대가를 주고, 제 행위의 열매를
준다.
11 자고새가 알을 품지만, 제것이 아
닌 것을 부화시키듯, 재산을 모은
자가, 바르게 쓸 줄 모르면, 사는 동
안 부가 달아나, 마침내 허탈만 남
을 것이다."
12 "우리의 성소는 처음부터 위대한
업적이 자리한 높은 왕좌입니다.
13 오 **주님**, 이즈리얼의 희망, 당신을
버린 자는 모두 수모를 당하고, 나
를 떠난 그들은 땅위에 기록되겠
죠. **주님**을 외면한 사람은 생수의
원천을 잃은 셈이니까요.
14 오 **주님**, 나를 고쳐주세요. 그러면
내가 나을 수 있어요. 나를 구해주
세요. 그러면 나는 구제받을 수 있
어요. 당신은 나의 감사의 자랑거
리이니까요.
15 보세요, 그들이 나에게 물으며, '**주
님**의 말이 대체 어딨어? 있으면,
지금 나와보라 그래' 라고 해요.
16 나로 말하자면, 제러마야는 당신
을 따르는 목자가 되길 주저하지
않았고, 불행한 날을 바라지도 않
았어요. 당신이 알다시피, 내 입술
에서 나온 말은 당신 앞에 옳은 것
이죠.
17 내게 공포가 되지 말아주세요. 당
신은 불행의 날에 나의 희망입니
다.
18 나를 괴롭힌 자를 난처하게 하여,
나를 낙담하지 않게 해주세요. 저
들을 좌절시켜, 나를 실망하지 않
게 해주세요. 저들의 날에 재앙으
로 파괴하여, 두 배로 파멸하게 해
주세요."
19 그러자 **주님**이 내게 말했다. "가서,
백성의 성문에 서라. 그곳은 쥬다
왕이 들어오고, 그들이 나갔다 들

어오는, 저루살럼의 성문이다.
20 그리고 그들에게 전해라. 너희는
주님의 말을 들어라. 쥬다의 왕도,
쥬다인도, 성문으로 들어오는 저
루살럼 주민 모두 들어라.
21 **주님**의 말은 이렇다. "네 스스로 조
심하며, 사배쓰휴일에 짐을 지지
말고, 그것을 저루살럼 성문으로
나르지 마라.
22 또 사배쓰사배쓰휴일날에 너희 집에
서 짐을 실어 나가지 말고, 어떤 일
도 하지 마라. 대신 너희는 내가 조
상에게 명령한 대로 사배쓰휴일을
신성하게 지내라.
23 그런데 그들은 복종하지 않고, 귀
도 기울이지 않고, 오히려 고개만
빳빳하게 들며, 듣지 않고, 내 지시
를 받아들이려 하지도 않았다.
24 만약 너희가 열심히 내게 귀를 기
울이고, 사배쓰휴일에 도성문으로
짐을 실어나르지 않으며, 그 날에
일하지 않고, 신성하게 보내면,
25 그때 대이빋왕좌에 앉은 왕과 대
군왕자가 전차와 말을 타고 성문
으로 들어오게 하겠다. 그들과 대
군왕자와 쥬다유다인과 저루살럼
주민이 성문으로 들어오면 이 도
시는 영원히 남을 것이다.
26 그들은 쥬다의 여러 도성에서 오
는데, 저루살럼 주위에서, 벤저민
땅에서, 평원과 산지에서, 남쪽에
서 오면서, 번제물과 희생물과 곡
식제물과 향료 등, 감사의 제물을
주님 성전까지 가져올 것이다.
27 그러나 만약 너희가 내 말을 듣지
않고, 사배쓰휴일을 무시하고, 사
배쓰일에 짐을 지고 저루살럼문에
들어오지 말라는 말을 지키지 않
으면, 그때 나는 도성문에 불을 붙
여, 저루살럼 궁전을 태우고, 그 불
이 꺼지지 않게 하겠다."

도공과 점토

18 다음은 **주님**한테서 제러마야
예레마야에게 온 메시지다.
2 "일어나서, 도공집으로 가거든, 네
게 내 말을 들려주겠다."
3 그래서 내가 도공집에 가보니, 도
공이 물레 위에서 작업하고 있었
다.
4 점토로 만든 도기가 도공 손에서
부서지고, 다시 다른 도기를 만들
었는데, 그것은 그의 마음에 드는
것 같았다.
5 그때 **주님**의 말이 내게 들려왔다.
6 "오 이즈리얼 집안아, 내가 너희를
도공처럼 다루지 못할 것 같나?"
주님이 말한다. "보라, 점토가 도공
손에 있듯, 너희도 내 손에 있다. 오
이즈리얼 백성아!
7 내가, 한 민족 한 왕국을 뽑아서 끌
어내어 파괴하겠다고 말하지만,
8 만약 내가 경고한 나라가 그들의
잘못을 반성하면, 그들에게 하려
던 재앙을 다시 생각하겠다.
9 그런데 내가 한 민족 한 왕국을 심

어 건설하겠다고 말하자마자,
10 만약 그들이 내 눈앞에서 내 목소
리를 따르지 않으면, 내가 그들에
게 유익을 주겠다고 말한 호의를
후회할 것이다.
11 그러니 가서 쥬다인과 저루살럼
주민에게 전해라. 주인이 말한 바
에 따르면, '보라, 내가 너희를 가해
할 재난과 계획을 세우는 것은, 지
금이라도 각자의 잘못된 길에서
너희를 되돌려, 바른 길을 가도록
너희 행위를 선도하려는 것이다.'
12 그런데 그들은 대답한다. '별로 소
용이 없으니, 우리는 우리 생각대
로 살아가고, 비행이라도 제 마음
에서 생각나는 대로 행동할 것'이
라고 한다."
13 그래서 **주님**이 말한다. "너희는 이
민족에게 물어봐라. 이즈리얼 소
녀가 대단히 무서운 일을 저질렀
다는 이야기를 들어보 적 있는지.
14 사람이 레바넌 바위에 있는 눈 속
에서 살아남을까? 아니면, 먼 외딴
곳에서 흘러오는 찬물 속에서 견
딜까?
15 나의 백성이 나를 외면하고 무가
치한 향을 피운다. 그리고 조상처
럼 제 길에서 벗어나 비틀대며, 길
도 아닌 길로 가기 때문에,
16 그들 땅을 파멸시키면, 영원히 '쉿'
하며 입을 다물게 될 것이다. 그러
면 옆을 지나가는 사람마다 너무
놀라, 제 머리를 젓게 된다.
17 나는 그들을 적 앞에서 동풍으로
흩어버리고, 그들에게 등을 보이
며, 재난의 날에 얼굴을 보이지 않
겠다."
18 "그런데 그들이 이렇게 말했어요.
'어서, 우리가 제러마야를 가해할
음모를 꾸미자. 그런다고 그 법이
제사장으로부터 없어지지 않고,
현자로부터 조언이 없어지지 않
고, 예언자로부터 말이 없어지지
않을 것이다. 어서, 우리 말로써 제
러마야를 물리치고, 그의 말에 신
경쓰지 않도록 하자'고 말이죠.
19 오 **주님**, 내 말좀 들어보세요.
20 어떻게 선을 악으로 갚을 수 있나
요? 그들이 내 영혼을 죽이려고 구
덩이를 팠어요. 나는 그들을 대변
하려고 당신 앞에 섰다는 것을 기
억해주세요. 그리고 당신의 분노
를 그들로부터 돌리려고 노력하면
서 말이죠.
21 그러니, 그들 자손을 기근에 빠지
게 하고, 칼의 힘으로 그들 피를 흘
리게 하세요. 그들 아내가 자식을
잃고, 과부가 되게 하며, 남자는 죽
음으로 처벌하고, 청년은 전쟁 가
운데 칼에 쓰러지게 해주세요.
22 당신이 그들에게 갑자기 군대를
보내어, 그들 집에서 비명소리가
들리게 해주세요. 왜냐하면 그들
이 나를 잡으러 구덩이를 파놓았
고, 내 발을 채울 덫을 숨겼으니까
요.

23 하지만 **주님**, 당신은 나를 죽이려
는 그들의 음모를 알고 있어요. 그
죄를 용서하지 말고, 당신 눈에서
그들의 죄를 지우지 말아주세요.
대신 그들이 당신 앞에서 굴복하
도록, 화가 날 때 그들을 처리해주
세요."

깨어진 병

19 **주님**은 이와 같이 말한다. "가
서 도공이 흙으로 빚은 병 하
나를 사고, 백성과 제사장 가운데
각각 연장자 일부를 데리고,
2 동쪽 성문 입구 옆 히놈자손 계곡
으로 가서, 내가 네게 하는 말을 선
포해라.
3 이렇게 전해라. '너희 쥬다왕과 저
루살럼 주민은 **주인**의 말을 들어
라. 만인의 주 이즈리얼의 **하나님**
이 말한다. 보라, 내가 이곳에 재앙
을 가져올 텐데, 이 말을 듣는 사람
은 누구든지 그의 귀가 울릴 것이
다.
4 그들은 나를 버리고, 여기서 멀어
져, 다른 신에게 향을 피웠기 때문
이고, 우상은 자기도 조상도 모르
고, 쥬다왕도 알지 못하는데, 이곳
을 순수한 피로 채웠기 때문이다.
5 그들은 또 배이얼의 높은 신당을
지어, 제 자식을 번제로 불에 태웠
다. 그것은 내가 명령도 언급도 하
지 않았을 뿐아니라, 내 마음 속으
로 생각한 적도 없었다.
6 그러니 보라, 보복의 날이 온다"고
주님이 말한다. "그러면 이곳은 더
이상 토펱이라거나, 히놈자손의
계곡이라 불리지 않고, 살육의 계
곡으로 불릴 것이다.
7 나는 쥬다와 저루살럼이 여기서
계획한 일을 헛수고로 만들어, 적
앞에서 쓰러뜨리고 그들 목숨을
노리는 자의 손에 쓰러지게 하겠
다. 그리고 그들의 시체는 공중을
나는 새 먹이로 주고, 육지 짐승의
먹이로 주겠다.
8 또 이 도성을 무너뜨려, 남의 야유
를 듣게 하겠다. 지나가는 사람이
놀라 '쉿'소리를 내는 것은, 이곳의
괴로움 때문일 것이다.
9 그리고 나는 그들이 제 아들딸의
살을 먹게 만들겠다. 그들이 친구
의 살까지 뜯어먹는 이유는, 적과
생명을 노리는 자들이 그들에게
가하는 괴로움으로 공포에 빠졌기
때문'이라고 전해라.
10 그러면서 제러마야 너는 함께 간
사람들 눈앞에서 그 병을 깨뜨려
라.
11 그리고 그들에게 말해주어라. 만
인의 **주인**이 다음을 말한다. '내가
백성과 도성을 도공이 그릇을 깨
듯 부수면, 너희는 다시 온전히 만
들어질 수 없고, 토펱에 묻히는데,
더 이상을 묻을 곳이 없을 때까지
계속된다.
12 그렇게 내가 이곳을 만들겠다"고

주님이 말한다. "이곳에 사는 주민
에게도 똑같이 하고, 이 도성도 토
펱처럼 만들겠다.
13 저루살럼 집안과 쥬다왕가 모두
토펱지역처럼 망가지는 까닭은,
그들 집 옥상마다 하늘의 군상에
게 분향하고, 다른 신에게 음료제
물을 부었기 때문이다."
14 그리고 제러마야는 **주님**이 예언하
라고 보냈던 토펱에서 돌아와, **주
님**의 성전 마당에 서서, 모든 사람
에게 전했다.
15 만인의 **주님**, 이즈리얼의 **하나님**이
이렇게 말한다. "보라, 나는 이 도
성과 마을에 모든 재앙을 내릴 것
이다. 나는 이미 그에 대해 선언했
다. 그들이 제 목에 힘을 주며, 내
말을 들으려하지 않기 때문이다."

패셜 사제가 제러마야를 괴롭히다

20 당시 패셜파스후르, 바스훌은 **주
님** 성전의 수석관리 제사장
이머의 아들로, 제러마야가 이와
같이 예언하는 소리를 들었다.
2 그러자 패셜은 예언자 제러마야를
때리고 족쇄틀을 채웠는데, 그것
은 **주님**의 성전 옆 벤저민의 성문
위쪽에 있었다.
3 다음날 패셜이 족쇄틀에서 제러마
야를 풀어주자, 그가 말했다. "**주님**
은 당신을 패셜이라 부르는 대신
매고미사빕사방이 공포이라 부를 것
이다.
4 그 이유로, **주님**은 이렇게 말한다.
'보라, 나는 너를 자신과 친구에게
공포로 만들어, 그들이 적의 칼에
쓰러지게 하고, 또 네 눈이 그것을
보게 하겠다. 내가 쥬다를 모조리
배블런왕의 손에 넘기면, 그가 그
들을 포로로 끌고 가고, 칼로 베어
죽일 것이다.
5 게다가 내가 이 도성의 재물과 생
산물 및 쥬다왕의 귀중품까지 적
의 손에 넘기면, 그들은 그것을 전
리품으로 챙겨 배블런으로 끌고
갈 것이다.
6 그러면 너, 패셜과 네 집에 사는 모
두가, 포로로 배블런으로 가서 죽
고, 네가 거짓을 예언해준 친구도
거기서 묻힐 것'이라고 했다."
9 "오 **주님**, 당신이 나를 속여, 내가
당했네요. 당신은 나보다 강하니
나를 이기잖아요. 나는 매일 조롱
당하고, 모두가 나를 비웃어요.
8 내가 말할 때마다, 폭력과 파괴를
외쳤으니까요. 그런데 그것은 **주님**
이 나를 언제나 그들을 욕하고 나
무라게 시켰기 때문이죠.
9 그래서 이제부터, '나는 **주님**에 대
해 말하지 않고, 이름도 더 이상 언
급하지 않겠다' 말하지만, 당신의
말은, 내 마음 속에 뼈처럼 박혀 불
처럼 타오르기 때문에, 자제하기
도 어렵고, 참을 수도 없었어요.
10 나는 여러 사람이 수근거리는 소
리를 들었는데, 그들이 말하길, '사

방이 위험하다는 저자를 고발하
라! 우리는 그를 고발하겠다!'고 했
어요. 나의 지인 모두, 내가 중단하
기를 바라며, '어쩌면 그가 **주님**한
테 속아넘어가면, 우리가 그를 이
길 수 있고, 보복도 할 수 있을 것'
이라고 해요.
11 그러나 **주님**은 힘센 용사처럼 나와
함께 있어 주니, 나를 박해하는 자
는 넘어져, 나를 이기지 못하고 수
모만 당하겠지요. 또 그들은 번영
하지도 못하고, 영원한 절망에서
벗어나지 못할 겁니다.
12 오 만인의 **주님**, 정의를 시험하고,
마음 속을 들여다보는 당신은, 나
에게 저들에게 가하는 보복을 보
여주세요. 왜냐하면 당신에게 내
사정 이야기를 털어 놓았으니까
요."
13 너희는 **주님**에게 노래부르며, 감사
하자. 그가 악한의 손에서 약자의
영혼을 구했기 때문이다.
14 내가 태어난 날도 저주받고, 내 어
머니가 나를 낳은 날도 저주받아
라.
15 내 아버지에게 남아가 태어났다는
소식을 전하며, 그를 기쁘게 한 자
도 저주받아라.
16 **주님**이 도성을 무너뜨리고 후회하
지 않듯, 그 사람도 무너져, 아침에
울음소리를 듣게 하고, 대낮에 비
명소리를 듣게 했더라면, 좋았을
텐데!
17 나의 어머니가 내 무덤이 되도록,
그가 자궁에서 나를 죽이지 않은
탓에, 그녀의 자궁은 나에게 언제
나 크기만 하다.
18 왜 내가 자궁 밖으로 나와, 이런 고
통과 슬픔을 보며, 나의 생애가 수
치를 머금어야 할까?

저루살럼 붕괴

21 제러마야에게 **주님**의 말이
전해진 때는, 제드카야왕이
멜카야 아들 패셜 사제와, 매세야
아들 제풔나야스바니야, 스바냐 사제를
제러마야에게 보냈을 때였다.
2 "내가 당신에게 부탁한다. 우리를
위해 **주님**에게 물어봐달라. 배블
런왕 네부캔레절이 우리를 상대로
전쟁준비를 하는데, 만약 그렇다
면, **주님**이 우리를 위해 과거처럼
놀라운 기적을 실행해줄지, 그러
면 그가 우리한테서 물러갈 수 있
을 것이다."
3 그때 제러마야가 그들에게 대답했
다. "너희는 제드카야치드키야, 시드기
야왕에게 이렇게 전해라.
4 이즈리얼의 **주 하나님**의 말에 따르
면 이렇다. "들어봐라, 나는 너희
손에 든 전쟁무기의 방향을 돌릴
것이다. 그러면 너희는 배블런왕
및 캘디언과 싸우지만, 성벽 밖에
서 포위된다. 그런 다음 나는 저들
을 도성에 들어오게 하겠다.
5 나 스스로 너희에게 손을 뻗어 싸

우고, 강한 팔에 화와 분개와 울분
을 실어 공격하겠다.
6 그리고 내가 이 도성에 사는 사람
과 짐승을 치면, 그들은 대대적인
전염병으로 죽게 된다."
7 그리고 이어 **주님**이 말한다. "그후
나는 쥬다왕 제드카야와, 그의 신
하와 백성 및, 도성 안에서 전염병
에서 살아남고, 칼과 기근으로부
터 죽지 않고 살아 있는 자는, 배블
런왕 네부캔네절 손에, 적의 손에,
그들의 목숨을 노리는 저들의 손
에 넘긴다. 그러면 그 왕이 그들을
칼끝으로 치면서, 남김없이, 동정
도 않고, 자비도 없을 것이다.
8 또 너는 이 백성에게 말해주어라.
주인에 의하면, 보라, 나는 너희 앞
에 살 길과 죽을 길을 정한다.
9 도성 안에 살아 있는 자는 칼과 기
근과 전염병으로 죽지만, 도성 밖
에 있는 자는 너희를 포위한 캘디
언에게 쓰러진다. 저들에게 포획
물이 된 자는 살 것이다.
10 나는 이 도성의 비행에 대하여 내
얼굴을 주목하는 것이지, 선행에
대한 것이 아니라고 주인이 말하
며, 이 도성은 배블런왕 손안에 들
어가, 불에 태워질 것이다.
11 쥬다왕 집안에 관하여 언급하자
면, 너희는 **주님**의 말을 들어라."
12 **주님**은 다음을 말한다. "오 대이빋
다윗 집안아, 아침이면 정의를 실행
하여, 억압자의 손에서 핍박당하
는 사람을 구해라. 그렇지 않으면
나의 분노가 불 같이 타올라, 아무
도 끌 수 없게 된다. 이는 너희 비
행 탓이다.
13 보라, '나는 너에게 등을 돌렸다'고,
주인이 말하는데, 오 계곡과, 평원
의 바위에 사는 주민아, 너희는, '누
가 우리를 공격하러 오지? 누가 우
리 거주지로 들어올까?' 라고 말하
겠지.
14 그러나 나는 너희 행위의 결과에
따라 너희를 벌하겠다" 라고 **주님**
이 말한다. "나는 그곳 숲에 불을
내어, 주변 모든 것을 삼킬 것이
다."

악한 왕에 대한 재판

22 **주님**이 이렇게 말한다. "너
는, 쥬다유다왕의 궁전으로
가서 이 말을 전해라.
2 '**주님**의 말을 들어라. 오 쥬다왕아,
대이빋다윗 왕좌에 앉은 너와 신하
와, 그리고 이 성문에 들어오는 백
성도 들어라.'
3 이것은 **주님**의 메시지다. '너희는
정의와 올바른 행동을 실행하고,
억압자 손에서 핍박당하는 자를
구하고, 나쁜 짓을 하지 말고, 이방
인과 고아와 과부에게 폭력을 휘
두르지 말고, 여기서 순결한 피를
흐르지 않게 해라.
4 만약 너희가 진심으로 이렇게 하
면, 그때 대이빋왕좌에 앉은 왕의

궁전문으로 왕과 신하와 백성이
전차와 말을 타고 들어올 수 있다.
5 대신 이 말을 듣지 않으면, 내가 스
스로 맹세하며 주인이 이르는데,
이 궁전은 무너지게 될 것이다.'
6 **주님**이 쥬다왕의 궁전에 이르는 말
에 의하면, 너는 나에게 길리얻이
고, 레바넌의 머리이기는 해도, 분
명히 말하는데, 나는 너를 불모지
로 만들어, 사람이 살지 않는 도성
으로 만들겠다.
7 그리고 파괴자를 준비하여, 너와
무기든 사람을 공격하면, 그들은
네가 선택한 시더나무를 잘라 불
속에 던질 것이다.
8 그렇게 되면, 이 도성을 지나는 여
러 민족이 이웃에게, '왜 **주님**이 이
거대한 도성을 파괴했을까?' 라고
묻겠지.
9 그때 사람들이 대답할 것이다. '백
성이 그들의 **주 하나님**과의 약속을
저버리고, 다른 우상신을 예배하
고 섬겼기 때문'이라 말하겠지.
10 너희는 앞으로 죽은자를 위해 울
지도, 슬퍼하지도 마라. 단지 가버
린 사람을 위해 울어라. 그는 더 이
상 돌아오지 못하고, 제 고향 땅도
보지 못하기 때문이다."
11 **주님**이 이와 같이 말한 것은, 쥬다
왕 조사야 아들 쉘럼살룸에 관해 언
급한 것이다. 그는 아버지 조사야
대신 다스렸는데, 여기서 떠나더
니, 더 이상 돌아오지 않게 되었다.
12 그는 포로로 끌려간 그들 땅에서
죽어, 다시 이 땅을 보지 못하게 되
는 것이다.
13 제 집을 똑바로 짓지 못하는 자와,
제 방을 잘못 짓는 자는 재앙이다!
그가 이웃에게 임금없이 일을 시
키며, 대가를 주지 않은 탓이다.
14 그들은 말한다. '나는 넓은 집을 짓
고, 큰 방을 만들겠다. 또 창을 밖으
로 내고, 시더나무로 마감하여, 주
홍으로 색칠하겠다'고 하겠지.
15 시더나무로 마감했다고, 네가 지
배해야 할까? 네 아버지는 정의를
실현하니까, 먹고 마시며 그의 일
이 잘 되었던 게 아닐까?
16 그는 가난한 약자의 사정을 제대
로 판단했으니, 일이 순조로웠다.
이것이 바로 나를 아는 것이 아닐
까?"
17 대신 네 눈과 마음은 그게 아니라,
오직 너의 탐욕을 채우고, 순결한
피나 흘리며, 억압과 폭력만 행사
한다.
18 그래서 **주님**이 쥬다왕 조사야 아들
제호야킴에 대해 이렇게 말한다.
"사람들은 그가 죽어도, '아, 나의
형제! 아, 나의 자매! 라며 슬퍼하
지 않고, '아, 나의 주인, 아, 그의 영
광! 이라며 죽은 왕을 애도하지 않
을 것이다.
19 그는 저루살럼 성문 건너편에 끌
어 내던져져서 나귀를 묻는 곳에
묻힐 것이다.

20 레바넌에 가서 울고, 바샨에서 목
소리를 높여 거리에서 통곡해라.
너를 사랑하는 모두가 없어졌기
때문이다.
21 나는 네가 번영할 때 말했는데, 너
는, '듣지 않겠다'고 했다. 이것이
바로 젊어서부터 해온 네 버릇으
로, 나의 목소리를 따르지 않았다.
22 바람은 너희 목자를 휩쓸고, 너를
사랑하던 모두는 포로로 끌려간
다. 그때 틀림없이 너는 창피를 당
하고, 네 비행 탓에 스스로 절망한
다.
23 오 레바넌의 주민아, 시더나무숲
에 둥지를 트는 너희가, 어떻게 도
움을 청할까! 산모가 출산의 고통
을 겪는 듯한 아픔이 너희에게 닥
칠 때 말이다."
24 **주님**이 말한다. "내가 살아 있으니,
비록 쥬다왕 제호야킴 아들 코니
야제호야친가 나의 오른손에 낀 인장
이라 하더라도, 나는 너를 뽑아내
겠다.
25 그리고 나는 너를 네 생명을 노리
는 저들 손에 주고, 네가 보기만 해
도 두려운 저들 손에 주며, 심지어
배블런의 네부캔네절왕과, 캘디언
손에 넘기겠다.
26 또 나는 너를 내던지고, 너를 낳은
네 어머니도 네가 태어나지 않은
다른 곳으로 쫓으면, 너희는 그곳
에서 죽는다.
27 너희가 돌아오기를 바라는 너희
땅으로 결코 돌아오지 못할 것이
다."
28 이 사람 코니야는 부러져 멸시받
는 우상인가? 아무도 달갑지 않은
무용의 그릇인가? 어째서 그와 자
손이 낯선 땅에 내던져졌을까?
29 오 땅, 땅, 땅아! **주님**의 말을 들어
라.
30 **주님**은 이렇게 말한다. "너희는 이
자를 자식없는 자로, 자기 생애에
번영하지 못하는 사람이라고 기록
해라. 왜냐하면 자손이 번성하지
못하니까. 또 더 이상 대이빋왕좌
에 앉아 쥬다를 다스리지 못하니
까 말이다."

거짓예언은 껍질

23 "내 초원의 양을 훼손하며 흩
어버리는 목자에게 재앙이
다!" 라고 **주님**이 말한다.
2 그리고 나의 백성을 먹이는 목자
에 대한 이즈리얼 **주 하나님** 말은
이렇다. "너희는 나의 양떼를 흩어
쫓아버리고, 찾지도 않았다. 보라,
나는 너희 비행의 대가를 주기 위
해 방문하겠다"고 **주님**이 말한다.
3 "내가 쫓겨난 백성이 있는 곳곳에
서 남아 있는 나의 양을 모아, 다시
제 우리로 데려오면, 그들은 많이
낳아 수를 늘릴 것이다.
4 내가 목자를 세워 양을 관리하며
먹이게 하면, 그들은 더 이상 두려
워하지 않고, 놀라지 않고, 부족함

도 없을 것"이라고 **주님**이 말한다.
5 또 **주님**이 말한다. "보라, 그날이 오
면, 나는 대이빋에게 정의의 가지
하나를 일으켜 세우겠다. 그러면
왕이 다스려 번성할 때, 정의가 실
현되고, 이 땅이 바로잡힐 것이다.
6 그의 시대에 쥬다는 구원받고, 이
즈리얼은 안전하게 살게 된다. 이
호칭은 앞으로 그가 불릴 이름은,
'정의의 우리 **주님**'이다."
7 따라서 보라, 그 안정된 날이 오
면," **주님**이 말한다. "그들은 더 이
상, '**주님**이 살아 있다'는 말을 하지
않게 될 것이다. 그는 이집트땅에
서 이즈리얼 자손을 데려왔다.
8 그래도 **주님**은 살아 있어, 북쪽 땅
에서 이즈리얼 집안 자손을 이끌
어 데려오고, 내가 내몰았던 도처
에서 그들을 데려와, 자기 땅에서
살게 하겠다."
9 나 제러마야의 마음은 예언자 탓
에 언짢고, 뼈가 떨린다. 내가 술에
취하고, 와인을 잔뜩 마신 사람 같
은 이유는, **주님** 때문에, **주님**의 신
성한 말 때문이었다.
10 "이 땅은 간음자로 채워지고, 저주
로 인하여 한탄하는데, 벌판의 풍
요로운 초원이 마르자, 예언자는
악을 좇으며, 그의 힘을 바르지 않
게 행사한다.
11 예언자와 제사장 모두 **주인**을 모독
하는 자다. 맞다, 나의 성전에서조
차 그런 비행을 보았다"고 **주님**이
말한다.
12 따라서 그들은 어둠 속에서 미끌
어지듯, 그렇게 내몰려 결국 쓰러
진다. 내가 그들에게 재난을 내리
는 시기는 그들을 방문하는 해가
될 것"이라고 **주님**이 말한다.
13 "나는 스매리아 예언자 가운데서
도 어리석음을 보았다. 그들이 배
이얼신의 이름으로 예언하며, 나
의 백성 이즈리얼이 듣게 하더라.
14 나는 저루살럼 예언자 중 끔찍한
경우도 보았다. 그들은 간음을 일
삼고, 거짓 인생을 살고, 악한의 손
에 힘을 실어주며, 잘못으로부터
아무도 돌아서지 않았다. 나에게
는 그들 모두가 죄의 소굴 소듬 같
고, 악명 높은 거머라고모라 주민 같
다.
15 그래서 만인의 **주님**이 예언자에 관
해 말한다. "보라, 나는 그들에게
쑥을 먹이고, 쓴 담즙을 마시게 하
겠다. 왜냐하면 저루살럼의 예언
자로 인해 온 땅의 신성함이 더럽
혀졌기 때문이다."
16 만인의 **주님**이 다음을 말한다. "너
희에게 예언하는 예언자 말에 귀
를 기울이지 마라. 그 말은 너를 무
가치하게 만드는, 그들 마음 속 생
각일뿐, **주님**의 입에서 나온 말이
아니다.
17 그들은 여전히 백성에게 나를 무
시하도록 말하는데, **주인**은, '너희
는 평화를 누리게 된다'고 했다. 그

런데도 잘못된 예언자는 완고한
생각을 고집하는 사람에게, '당신
에게 재앙이 내리지 않는다'고 말
한다.
18 **주인** 계획의 입장에 서서, 그 말을
이해하며 듣는 자는 누구인가? 누
가 **주인**의 말을 주목하고 듣나?
19 보라, **주인**으로부터 나온 분노의
돌풍이 무섭게 휘몰아쳐, 악한의
머리에 엄청난 재앙으로 떨어지게
하겠다.
20 **주인**의 분노는 실행될 때까지 바뀌
지 않고, 마음먹은 생각을 실천할
때까지 한다. 너희는 훗날 그 완결
성을 생각해 볼 수 있을 것이다.
21 나는 그런 예언자를 보내지 않았
는데, 그들이 가더니, 내가 말한 적
이 없건만, 내 이름으로 예언을 하
더라.
22 하지만 그들이 내 계획에 동참하
여, 내 말을 백성이 듣게 하면서, 그
들의 잘못된 길과 비행에서 돌아
서게 해야만 하는 것이다.
23 나는 가까이 있는 신, 유일한 **하**
나님이고, 멀리 떨어진 신이 아니
지?" 라고 **주님**이 말한다.
24 "내가 보지 못하는 비밀장소에 인
간이 자신을 숨길 수 있을까?" **주**
님이 말한다. "내가 하늘과 땅을 채
우지 않았나?" 라고 **주님**이 말한
다.
25 나는 예언자의 말을 들어봤는데,
내 이름을 도용하며 하는 말이, '내
가 꿈을 꾸었다, 내가 꿈을 꾸었다'
고 하더라.
26 대체 얼마나 더 오래, 예언자 마음
속에 이런 거짓예언을 하겠다는
생각이 계속될까? 그렇다, 그들은
제 마음을 속이는 예언자다.
27 그들은 저희 꿈으로 내 백성이 내
이름을 잊게 만들 궁리를 하면서,
그의 조상이 배이얼 탓에 내 이름
을 잊어버렸던 것처럼, 이웃사람
에게 거짓꿈 이야기를 한다.
28 꿈을 꾸었다는 예언자가, 제 꿈 이
야기나 하게 해라. 나의 말이라고
말하는 자가, 거짓 나의 말을 하게
내버려 둬라. 그것은 겨와 같은 밀
껍찔이 아닌가?" 라고 **주님**이 말한
다.
29 "나의 말은 불같지 않니?" 라고 **주**
님이 말한다. "바위를 조각내는 해
머같지 않니?
30 이제 두고봐라, 나는 그런 예언자
를 상대해주마. 그들은 이웃의 귀
가 내 말을 들을 기회를 훔치고 있
다"고 **주님**이 말한다.
31 "보라, 나는, 제 혀만 놀리며 말하
는 예언자를 상대하겠다"고 그가
말한다.
32 "보라, 나는 거짓꿈을 예언하는 그
를 용납하지 않겠다"고 **주님**이 말
한다. "그들에게 전해라. 그들은 거
짓과 경솔함으로 나의 백성을 죄
짓게 하는데, 나는 그들을 보내지
않았고, 명령한 적도 없다. 따라서

그들은 백성에게 전혀 유익하지
않다"고 **주님**이 말한다.
33 "백성이나, 예언자나, 제사장이, 네
게 물으며, '**주님**의 메시지는 무엇
이지?' 라고 하면, '**주님**의 전언'에
대해 말해주어라. '나는 너희조차
버릴 것'이라는 말을 했다"고, **주님**
이 말한다.
34 "그리고 예언자, 제사장, 백성에 대
해 **주님**의 전언을 말해줘야 한다.
'나는 사람과 그의 집까지 처벌할
것'이라고.
35 그리고 너희는 이웃사람마다, 형
제마다 모두에게 **주님**의 대답이 무
엇이고, **주님**이 무슨 말을 했는지
말해주어라.
36 그리고 너희는 '**주님**의 전언'을 더
이상 언급해서는 안 된다. 왜냐하
면 사람의 말이 '**주님**의 전언'으로
변질되기 때문이고, 또 너희가 살
아 있는 **주님**의 말을 오해하기 때
문이다.
37 너는 예언자에게, '**주님**이 너에게
대답한 것이 무엇인가?' 또 '**주님**이
무엇을 말했나?' 를 늘 말해주어야
한다.
38 그러나 너희가 '**주님**의 전언'이라
고 말한 이래, 너희가 '**주님**의 전언'
이라 말을 남용하기 때문에, 내가
너에게 '**주님**의 전언'이라고 말을
사용하면 안 된다고, 말했던 것이
다.
39 그러므로 보라, 나는, 심지어 너희
를 철저히 잊고, 또 너와 그 도성을
잊겠다. 내가 그것은 너와 조상에
게 주었지만, 내 앞에서 모두 쫓아
내겠다.
40 나는 너희에게 끊임없는 모욕을
주고, 영원히 잊지 못할 수치를 내
리겠다.

좋은 무화과, 썩은 무화과

24 **주님**이 나에게 보여주어서
보니, 무화과 바구니 두 개가
주님의 성전 앞에 놓여 있었는데,
시기는 배블런왕 내부캔네절왕이
쥬다왕 제호야킴 아들 제코냐를
포로로 끌고 갔고, 함께 쥬다의 대
군왕자들과, 목수와, 세공사를 저
루살럼에서 배블런으로 끌고간 때
였다.
2 한 바구니에는 첫 번째 여문 좋은
무화과가 있었고, 다른 바구니는
썩어서 먹을 수 없는 나쁜 무화과
가 있었다.
3 그리고 **주님**이 내게 말했다. "너는
무엇을 보고 있지, 제러마야?" 그
래서 내가 말했다. "무화과를 봤는
데, 좋은 무화과는 대단히 좋고, 나
쁜 무화과는 몹시 썩어서, 먹을 수
없을 정도로 나빠요."
4 다시 **주님**의 말이 나에게 들려왔
다.
5 이즈리얼 **하나님**, **주님**이 말한 바
에 의하면, "좋은 무화과처럼, 나
는, 쥬다에서 포로로 끌려간 그들

을 그렇게 인정하겠다. 그들은 여
기서 캘리안 땅으로 보내졌다.
6 내가 나의 눈으로 그들을 좋게 보
며, 이 땅에 다시 데려와 세워주고,
뽑아버리지 않고, 심어서 쓰러뜨
리지 않겠다.
7 그리고 나는 그들에게 나를 이해
할 수 있는 마음을 주어, 내가 **주인**
이므로, 그들이 나의 백성이 되고,
내가 그들의 **하나님**임을 알게 하겠
다. 그것은 그들이 마음을 다하여
나에게 돌아올 경우다.
8 그리고 썩어서 먹을 수 없는 무화
과처럼, 그들이 그토록 나쁘면," 분
명히 **주님**이 이와 같이 말한다. "나
는 쥬다왕 제드카야와, 그의 대군
왕자와, 저루살럼의 나머지로 이
땅에 남아 있는 사람과, 이집트땅
에서 사는 사람이 그렇게 나쁘면,
9 나는 그들이 없어지도록 지구의
여러 왕국으로 그들을 넘기겠다.
그들의 상처는 모욕이 되고, 우화
거리가 되며, 악담과 저주거리가
되어 내가 내쫓는 도처에 있게 하
겠다.
10 또 나는 칼과, 기근과, 전염병을 그
들 가운데 보내는데, 이땅에서 그
들이 소멸될 때까지 하겠다. 그곳
은 내가 그들과 조상에게 준 곳이
었다.

포로 70년 경고

25 **주님**이 쥬다인에 관해 한 말
이 제러마야에게 들려온 것
은, 쥬다왕 조사야요시야 아들 제호
야킴 집권 4년째로, 배블런바빌론의
네부캔네절왕 원년이었다.
2 그래서 예언자 제러마야예레미야가
쥬다의 백성과 저루살럼예루살렘의
주민에게 말했다.
3 쥬다왕 애먼아몬의 아들 조사야 13
년부터 오늘날까지 햇수로 23년이
었는데, 이때 **주님**의 말이 내게 와
서, 그것을 너희에게 일찍 일어나
라고 전해도, 너희는 듣지 않았다.
4 **주님**이 나를 당신과 그의 종 예언
자들에게 보내어, 일찍 일어나도
록 보냈지만, 너희는 주의하지 않
았고, 귀기울여 들으려 하지 않았
다.
5 이렇게 말했다. "이제 너희는 사람
의 그릇된 길과 자신의 비행에서
방향을 다시 돌려, **주님**이 너와 조
상에게 영원히 준 그 땅에서 살아
라.
6 또, 다른 신을 따르며 섬기고 예배
하지 말고, 너희 손으로 만든 우상
을 가지고 나를 화나게 자극하지
마라. 그러면 내가 너희를 해치지
않겠다.
7 그러나 너희는 내 말을 귀담아듣
지 않았다"고 **주님**이 말한다. "그래
서 너희 수공에 형상으로 인해, 네
자신을 해치도록 나의 화를 돋우

었다."
8 그러면서 만인의 **주님**이 말한다.
"너희가 내 말을 듣지 않기 때문에,
9 두고봐라, 나는 북쪽 민족을 모두
데려오겠다" 라고 **주님**이 말한다.
"배블런왕 네부캔네절 나의 종과
그들을 데려와, 이 땅과 이곳 사람
과 주위 민족을 모두 공격하면, 그
들은 완전히 파괴될 것이다. 그때
그들은 경악하여, '쉿'하고 입을 다
물지만, 그곳은 영원히 폐허가 된
다.
10 더욱 나는 그들의 명랑하고 즐거
운 목소리를 빼앗고, 신랑신부의
소리도, 멧돌소리도, 촛불의 불빛
마저 빼앗겠다.
11 그러면 전역이 황폐해져 경악하
고, 이 민족은 70년간 배블런왕을
섬기게 된다.
12 그렇게 70년이 달하면, 다음으로
배블런왕과 그 나라를 혼낼 것"이
라고 **주님**이 말한다. "왜냐하면 그
들과 캘디언땅의 죄로 말미암아,
그곳을 영원히 폐허로 만들기 때
문이다.
13 나는 이곳을 대상으로 선언한 나
의 말 대로, 심지어 이 책에 기록된,
제러마야가 모든 민족에게 예언한
대로 실행에 옮긴다.
14 많은 민족과 위대한 왕은 마찬가
지로 스스로 남을 섬기게 하고, 나
는 그들 행위 대로, 또그들의 수공
예 우상에 따라 보복해주겠다."
15 이즈리얼의 **주 하나님**이 내게 말한
다. "내 손에 든 분노의 술잔을 받
아, 내가 너를 보내는 모든 민족이
그것을 들이켜게 해라.
16 그들이 마시면, 취해 미쳐버릴 텐
데, 이는 내가 그들에게 보내는 칼
때문이다" 라고 말했다.
17 그래서 나는 **주님**의 손에 든 술잔
을 받아서, 모든 민족, **주님**이 나를
보내는 그들에게 마시게 했다.
18 다시 말해, 저루살럼, 쥬다도성, 그
곳 여러 왕과 대군왕자에게 파괴
가 이루어지자, 경악하여, '쉿'소리
를 내며 입이 다물어져, 그 저주는
오늘날과 같다.
19 이집트왕 풰로우파라오, 바로와 그의
신하와 그의 대군왕자와 모든 사
람은,
20 모두가 혼합되었는데, 백성과, 우
즈땅 여러 왕과, 필리스틴땅의 여
러 왕과 섞였고, 또 애쉬켈런, 애자,
에크런, 애쉬돋의 나머지 사람들
과,
21 이듬, 모앱, 애먼자손도 어울렸다.
22 그리고 타이러스 왕가, 사이든 왕
가, 먼바다 섬의 여러 왕가,
23 디댄, 테마, 버즈, 먼나라 구석구석
까지 모두,
24 그리고 어래이비아아라비아 왕가, 사
막에서 사는 혼합 민족의 여러 왕
가,
25 짐리 왕가, 일램 왕가, 메데스 왕가,
26 그리고 북쪽 왕가 및 가깝거나 먼

곳 세계왕국의 모든 땅에 있는 사
람과, 쉬쉑왕도 그들을 따라 분노
의 잔을 마시게 한다.
27 따라서 너는 그들에게 전해라. '만
인의 **주님**, 이즈리얼의 **하나님**이 전
하는 바에 의하면, 너희는 마시고
취해 토하며 쓰러져, 더 이상 일어
나지 마라. 왜냐하면 내가 너희에
게 칼을 보내기 때문'이라고 해라.
28 만약 그들이 네 손에서 잔을 받아
마시기를 거절하면, 그들에게 다
음을 말해주어라. '만인의 **주님**의
말에 따르면, 너희는 확실히 마셔
야 한다'고 해라.
29 보라, 내가, 내 이름으로 불리던 이
도성에 재앙을 가져오기 시작하
면, 너희가 철저히 처벌받지 않을
것 같나? 너희는 처벌을 피하지 못
한다. 그 이유는 내가 땅위 인간에
게 칼을 부르기 때문이다"라고 만
인의 **주님**이 말한다.
30 "그러니 너는 그들에게 이와 같이
예언해주어라. '**주님**이 높은 곳에
서 소리치고, 그의 성소에서 그의
목소리로 말한다. 그는 자신의 성
소에서 우렁차게 포효하며 외친
다. 마치 사람이 포도를 밟듯, 땅위
에 사는 인간을 향해 밟을 것이다.
31 굉음이 땅끝까지 들리는 이유는,
주님이 민족과 논쟁을 벌이며, 책
임을 따지기 때문이다. 그는 신체
를 지닌 모두를 재판하여, 비행을
저지른 행위자에게 칼을 보낼 것"
이라고 **주님**이 말한다.
32 만인의 **주님**이 이와 같이 말한다.
"보라, 악행이 민족에서 민족으로
전해지니, 거대한 돌풍이 지구의
연안마다 일어날 것이다.
33 그리고 **주인**의 사멸이 지구끝의 어
느 날부터 지구끝의 다른 날까지
있을 것이다. 그들은 슬퍼하지도
못하고, 모이지도 못하고 묻히지
도 못한 채, 땅위 거름이 될 뿐이다.
34 울부짖어라. 너희 목자는 소리쳐
울어라. 양떼의 우두머리는 스스
로 재 속에 뒹굴어라. 살육의 날이
되었으니, 너희가 깨어질 차례다.
그러면 비록 만족한 토기였어도
깨어져 쓰러질 것이다.
35 그러면 목자가 달아날 길이 없고,
가축의 수령도 피하지 못한다.
36 목자의 비명과 양떼 수령의 울부
짖음이 들릴 것이다. 왜냐하면 **주**
님이 그들의 초원을 박탈했기 때문
이다.
37 그리고 평화로웠던 터전은 **주님**의
격렬한 분노 때문에 소멸한다.
38 그는 사자처럼 아무도 모르게 떠
난다. 억압이 너무 극심한 탓에, 그
의 분노가 불 같이 일어나, 사람의
땅이 파괴되어버렸기 때문이다.

제러마야가 죽음위협을 받다

26 쥬다왕 조사야 아들 제호야
킴 집권초기에 **주님**으로부터
이 말이 들려왔다.

2 **주님**의 말에 의하면, "주인의 성전
뜰에 서서, 예배하러 오는 사람에
게, 내가 너에게 하는 명령을 한마
디도 줄이지 말고 전해라.
3 만약 전하는 말을 듣고, 모두가 잘
못된 길에서 돌아서면, 나도 재앙
에 대하여 반성할 수 있다. 그것은
그들의 비행 탓에 내가 의도하는
것이다.
4 그러니 너는 그들에게, **주인**의 말
을 전해라. '만일 너희가, 내 말을
듣지 않으면, 그것은 너희에게 정
해준 나의 법대로 살라고 했고,
5 또 너희가 일찍 일어나라는 말을
전하도록 내가 보낸 나의 종 예언
자의 말을 들으라 했었는데, 너희
가 듣지 않으면,
6 그때 나는 이 성전을 샤일로처럼
만들고, 이 도성도 모든 민족의 저
주로 만들겠다."
7 그래서 제사장과 예언자 및 백성
모두, **주님**의 성전에서 제러마야가
전하는 이 말을 들었다.
8 제러마야가 **주님**이 전하라고 명령
한 말을 마치자, 제사장과 예언자
와 백성이 그를 붙잡고 하는 말이,
"너는 확실히 죽어야 한다.
9 왜 너는 **주님**의 이름으로 예언하
며, '이 성전이 샤일로처럼 되고, 이
도성이 아무도 살 수 없이 파괴된
다' 하냐?" 모였던 사람들이 **주님**
의 성전에서 제러마야에게 항의했
다.
10 쥬다의 대군왕자들이 이런 이야기
를 들은 다음, 왕의 궁전에서 **주님**
의 성전으로 가서, 새 출입문 입구
에 앉았다.
11 그때 제사장과 예언자가 왕자와
백성에게 이렇게 말했다. "이 사람
은 죽어야 마땅하다. 그가 이 도성
에 대해 나쁜 예언을 했고, 너희도
들은 대로다."
12 그때 제러마야가 대군과 백성에게
말했다. "**주님**이 이 성전과 도성에
관하여, 네가 들은 말을 예언하라
며, 나를 보냈다.
13 그러니 지금이라도 너희 길과 행
동을 바로잡고, 너희 **주 하나님** 목
소리에 복종하면, **주님**이 너희에게
선언한 재앙에 대해 후회할 것이
다.
14 나는 너희 손에 붙잡혀 있으니, 너
희가 충분히 적절하다고 생각하는
대로 나를 처리해라.
15 그러나 이것만은 분명히 알아두어
라. 너희가 나를 죽이는 것은, 너희
스스로 순수한 피를 자신에게 뿌
리고, 이 도성에도, 그곳의 주민에
게도 뿌리는 것이다. **주님**이 나를
보내어, 너희 귀에 이 말을 전하라
는 것은 진실이기 때문이다."
16 그때 대군왕자와 백성이 제사장과
예언자에게 말했다. 이 사람이 죽
을 만하지 않은 이유는, 우리의 **주
하나님** 이름으로 이야기한 것뿐이
다."

17 그리고 그곳 원로 몇 사람이 자리
에서 일어나, 모인 백성 앞에서 말
했다.
18 "모래쉐쓰부족 마이카 예언자가
쥬다왕 헤저카야 시대에 예언하
며, 쥬다사람에게 다음을 말한 적
이 있다. '만인의 **주 하나님**의 말에
의하면, 자이언은 밭처럼 갈아엎
어지고, 저루살럼은 잿더미가 되
며, 언덕 위 성전은 숲속의 높은 흙
무더기가 될 것'이라 했다.
19 그런다고, 쥬다왕 헤저카야와 쥬
다사람이 그를 죽였나? 왕이 두려
워하며, **주님**을 찾았으니까, **주님**이
그들에게 선언한 재앙을 자제하지
않았나? 그런데 우리는 우리 영혼
에게 큰 죄를 부르고 있는 것이 아
닐까?
20 그리고 **하나님** 이름으로 예언한 또
한 사람이 있었는데, 킬재쓰저림
의 쉬마야 아들 유라이야로, 그는
이 도성과 땅이 망할 것이라고, 제
러마야가 한 대로 예언했다.
21 제호야킴왕이 그의 강한 용사와
대군왕자와 함께 이 말을 듣고, 그
를 죽이려고 했지만, 유라이야가
그것을 듣고 두려워, 이집트로 달
아났다.
22 그래서 제호야킴왕이 이집트로 사
람 곧, 애크보 아들 일내이썬과 몇
사람과 함께 보냈다.
23 그리고 그들은 이집트에서 유라이
야우리야를 잡아, 제호야킴에게 데
려오자, 왕은 칼로 그를 죽여, 시체
를 일반인 묘지에 던졌다.
24 하지만 샤퓌 아들 애하이캠의 손
은 제러마야 편이어서, 그들은 그
를 백성의 손에 죽도록 넘기지는
않았다.

시리아왕을 섬기다

27 쥬다유다왕 조사야 아들 제호
야킴 집권 원년에, **주님**이 제
러마야에게 이렇게 말했다.
2 **주님**이 나에게 이렇게 말한다. "너
는 밧줄과 멍에를 만들어 네 목에
걸어라.
3 그리고 이듬왕과, 모앱왕과, 애머
리왕과, 타이러스왕과, 사이든왕에
게, 쥬다왕 제드카야왕의 사절단
을 보내게 해라.
4 사절단에게 각 왕에게 말을 전하
라고 명령해라. 만인의 **주님**, 이즈
리얼의 **하나님**의 말의 따라, 너희
는 너희 왕에게 다음을 말해야 한
다.
5 '내가 땅을 만들고, 사람과, 육지짐
승까지, 나의 위대한 팔힘을 뻗어
만들어, 내 마음에 드는 그들에게
주었다.
6 그런데 이제 나는 이 땅을 나의 종
배블런왕 네부캔네절 손에 넘겼
고, 들의 짐승도 그를 섬기라고 했
다.
7 모든 민족이 그와, 그의 아들과, 아
들의 아들까지 섬겨야 하고, 시리

아 땅의 수명이 다할 때까지, 많은
민족과 위대한 왕도 스스로 그에
게 봉사해야 한다.
8 그런데 어떤 민족이나 왕국이든
배블런바빌론왕 네부캔네절을 섬
기려 하지 않고, 제 목을 배블런왕
의 멍에 아래 매이려고 하지 않으
면, 주인이 말하지만, 그들은 내가
칼과 기근과 전염병으로 소멸시킬
것이다.
9 그러니 너희는 예언자, 점쟁이, 마
법사, 주술사, 무당의 말을 듣지 않
아야 하고, 그들이 너희에게, '너희
는 배블런왕을 섬기지 않을 것'이
라고 하거든, 믿어서는 안 된다.
10 그들은 너희에게 거짓을 예언하기
때문이다. 너희가 제 땅에서 멀리
옮겨지는 것은, 내가 내쫓으며 벌
을 주는 것이다.
11 그래서 여러 민족은 제 목을 배블
런왕의 멍에 아래 가져가 그를 섬
기게 된다." **주님**이 말한다. "어떤
사람들은 제 땅에서 살도록 남겨
두어, 그들이 그곳에서 땅을 갈며
살게 하겠다.
12 또 나는 쥬다왕 제드카야에게 이
모든 말을 전하며 말했다. '너희 목
을 배블런왕의 멍에 아래 가져가,
그를 섬기며 그의 백성으로 살아
라'고 했다.
13 왜 너희가 죽어야 하나? 너와 네
백성이 칼과, 기근과 질병으로 죽
어야 하나? **주님**이 배블런왕을 섬
기려고 하지 않는 민족에 대해 말
한 것처럼 왜 죽어야 하냐 말이다.
14 그러니, 예언자가 너희에게 이렇
게 하는 말을 듣지 마라. '너희는 배
블런왕을 섬기는 일은 없을 것'이
라 하더라도, 그것은 거짓예언으
므로 믿지 마라.
15 나는 그런 예언자를 보내지 않았
기 때문"이라고 **주님**이 말한다. "하
지만, 그들이 나의 이름으로 거짓
예언을 하는 탓에, 너희가 사멸하
도록 여기서 내쫓고, 너희에게 거
짓예언하는 그들도 없애려는 것이
다.
16 또 나는 제사장과 백성에게 **주인**의
말을 전한다. 너희에게 예언하는
예언자 말을 듣지 마라. 그들은 이
렇게 '주의 성전 그릇은 이제 곧 배
블런바빌론에서 여기 다시 온다'고
거짓을 예언한다.
17 그들 말을 듣지 말고, 배블런왕을
섬기며 살아라. 왜 이 도성이 폐허
가 되어야 하겠니?
18 대신 만약 그들이 예언자고, **주님**
의 말이 그들과 함께 있다면, 그들
에게 만인의 **주님**의 중재역할을 하
게 시켜, 그릇이 **주님**의 성전에 남
아 있게 하고, 쥬다왕 궁전 저루살
럼에 있고, 배블런으로 가지 않게
해달라 해라."
19 만인의 **주님**이 기둥과, 큰 수조와,
대야 및 이 도성에 있는 나머지 용
기에 관하여, 이와 같이 말하기 때

문에,
20 배블런왕 네부켄네절이 가져가지
않았다. 당시 그는 쥬다왕 제호야
킴 아들 제코냐를 포로로, 저루사
렘에서 배블런으로 끌고 가고, 쥬
다와 저루살럼의 귀족을 끌고 가
면서, 그것을 가져가지 않았다.
21 그렇다, 만인의 **주님**, 이즈리얼의
하나님이 **주님** 성전에 있는 용기에
관해 다음과 같이 말한다.
22 이것도 배블런으로 옮겨지게 하겠
다. 그래서 내가 그곳을 방문하는
날까지 있게 하겠다"고 **주님**이 말
한다. "그런 다음 나는 그것을 가져
와, 본래 제자리로 돌려놓겠다."

거짓예언자 해내이냐

28 쥬다왕 제드카야 집권 4년 다
섯째 달 초에, 예언자 애쥬어
아들 해내이냐하난냐, 하나냐는 기비
언 사람으로, **주님**의 성전에서 제
사장과 모든 사람 앞에서 내게 말
했다.
2 "만인의 **주님**, 이즈리얼의 **하나님**
의 말에 따르면, '내가 배블런왕의
멍에를 부러뜨렸다.
3 만 2년 내, 나는 **주님**성전의 용기를
이곳에 다시 가져오겠다. 그것은
배블런왕 내부캔네절이 여기서 배
블런으로 가져간 것이다.
4 또 나는, 쥬다왕 제호야킴 아들 제
코냐도 이곳으로 다시 데려오고,
배블런으로 갔던 쥬다포로와 함께
데려오겠다'고 **주님**이 말하고, '이
는 내가 배블런왕의 멍에를 부러
뜨렸기 때문'이라고 **주님**이 말했다
는 것"이라고 했다.
5 그래서 예언자 제러마야가 예언자
해내이냐에게 응답했을 때, 여러
제사장과 모든 사람이 **주님**성전에
서 있는 가운데,
6 제러마야가 그에 대해 대답하며,
"애이맨, 바로 그렇다. **주님**은 그렇
게 한다. **주님**은 자신이 예언한 말
을 실행하여, **주님**성전의 그릇을
가져오고, 여기서 배블런으로 빼
앗겼던 모든 것을 다시 가져올 것
이다.
7 그렇기는 해도, 너희는 이제, 내가
너희 귀와 백성의 귀에 하는 말을
들어라.
8 너와 나 이전에 있던 예언자들은,
예전에 여러 나라와 위대한 왕국
에게, 전쟁과 재난과 전염병에 관
한 예언을 해왔다.
9 평화를 예언한 예언자 말이 실현
되면, 그 예언자야 말로, **주님**이 보
낸 진짜 예언자라는 것을 알게 될
것이다.
10 그때 예언자 해내이냐는 제러마야
의 목에 건 멍에를 떼내어 부셔버
렸다.
11 그리고 해내이냐는 백성 앞에서
말했다. "**주님**은 이렇게 말한다. '나
는 앞으로 2년 내, 배블런왕 네부
캔네절이 씌운 멍에를, 모든 민족

의 목에서 부러뜨리겠다'고 했다."
그러자 제러마야가 그곳을 떠났다.
12 다시 **주님**의 말이 예언자 제러마야
에게 들려왔는데, 그때는 예언자
해내이냐가 제러마야 목에서 멍에
를 떼어 부순 다음이었는데, 이와
같이 말했다.
13 "가서, 해내이냐에게 **주님**의 전언
이라고 말해주어라. '내가 나무멍
에를 부셨지만, 너는 철제멍에를
쓰도록 만들겠다.
14 만인의 **주인**, 이즈리얼의 **하나님**,
내가 모든 백성의 목에 철제멍에
를 씌웠기 때문이다. 그래서 그들
은 배블런왕 네부캔네절을 섬기며
봉사해야 한다. 나는 그에게 육지
짐승도 주었다."
15 그래서 제러마야가 예언자 해내이
냐에게 전했다. "해내이냐는 들어
라. **주님**이 너를 보내지 않았는데,
너는 이 백성이 거짓을 믿게 만들
고 있다.
16 그래서 **주님**의 말은 다음과 같다.
'보라, 내가 너를 이 땅에서 쫓아내
면, 올해 너는 죽는다. 왜냐하면 너
는 **주님**을 거부하도록 가르쳤기 때
문이다."
17 그래서 해내이냐 예언자는 그 해
일곱 번째 달에 죽었다.

추방자에게 보낸 편지

29 다음 편지는, 예언자 제러마
야가 저루살럼에서 보낸 것
으로, 추방자 가운데 살아남은 원
로와, 제사장과, 다른 예언자 및 네
부캔네절이 저루살럼에서 배블런
으로 끌고간 사람들에게 쓴 편지
다.
2 [제코냐왕과, 왕비와, 환관 그리고
쥬다와 저루살럼의 대군왕자 및
목수, 대장장이들이 저루살럼에서
끌려간 다음이었다.]
3 샤펜의 아들 일래사와 힐카야 아
들 거머라야, [이 두 사람을 쥬다왕
제드카야가 배블런왕 네부캔네절
에게 보내어], 그들 편에 이렇게 적
어 보냈다.
4 "만인의 **주인**, 이즈리얼의 **하나님**
이 포로로 끌려간 모두에게 말한
바에 의하면, '내가 그들을 저루살
럼에서 배블런으로 끌려가게 했
다.
5 너희는 그곳에 집을 짓고 살며, 농
장을 가꿔 그 열매를 먹어라.
6 그리고 그곳에서 아내를 맞이하
여, 아들딸을 낳고, 네 아들에게 아
내를 데려오고, 네 딸에게 남편을
구해주어, 아들딸을 낳게 하면, 너
희 숫자가 늘어 줄지 않게 된다.
7 내가 너희를 포로로 가게 하는 그
쪽 도성의 평화를 기원하고, 그렇
게 되도록 **주인**에게 기도해라. 그
곳이 편안해야 너희도 편안해질
것이다.
8 만인의 **주님**, 이즈리얼의 **하나님**이
그렇게 말하므로, 너희 예언자와

점쟁이들이 너희 가운데서 속이지
못하게 하고, 너희 희망이 이루어
질듯 유혹하는 꿈해석을 그들에게
서 듣지 마라.
9 왜냐하면 그들이 내 이름으로 너
희에게 거짓을 예언하기 때문이
고, 나는 그들을 보내지 않았다'고
주님이 말한다.
10 또 **주님**이 다음을 말한다. '배블런
에서 70년이 채워져, 내가 너희를
방문하면, 너희가 이곳으로 귀환
할 수 있도록 내가 말한 선행을 실
행하겠다.
11 또 나는 너희에 대해 구상하는 계
획이 있는데, 그것은 재난이 아닌
평화에 대한 생각으로, 마침내 너
희가 바라는 것을 주려고 한다'고
주님이 말한다.
12 그때 너희는 나를 부르고, 나를 찾
아 기도하면, 내가 너희에게 귀를
기울이겠다.
13 그래서 너희가 나를 찾을 때는, 마
음을 다하여 나를 찾게 하려는 것
이다.
14 그리고 내가 너희를 찾아낼 것이
다"라고 **주님**이 말한다. "나는 너희
를 포로에서 돌려보내겠다. 내가
쫓아낸 모든 나라로부터 너희를
모으겠다"고 **주님**이 말한다. "그래
서 나는 너희가 포로가 되게 했던
그곳에서 너희를 다시 데려올 것
이다.
15 너희가, '**주님**이 배블런에서 우리
가운데 예언자를 세울지 모른다'
고 말하기 때문에,
16 **주님**의 다음 말을 알아두어라. '대
이빋왕좌에 앉은 왕과, 도성에 남
아 있는 사람과, 포로로 끌려가지
않았던 너희 형제에 관하여,'
17 만인의 **주님** 말에 의하면, '보라, 나
는 그들에게 칼과, 기근과, 전염병
을 보내어, 지독히 상하여 먹을 수
없는 무화과처럼 만들어버리겠다.
18 또 나는 그들을 칼과 기근과 전염
병으로 벌을 주어, 지상왕국 가운
데 제거되도록 저주하면, 쫓겨난
민족들이 경악하여 입을 다물고
반성하게 될 것이다.
19 그들이 주인이 전한 내 말을 듣지
않은 탓이다. 나는 그들이 일찍 일
어나 깨우치도록, 나의 종 예언자
를 보냈는데, 그들은 들으려 하지
않았다'고 **주님**이 말한다.
20 "그러니 너희는 주인의 말을 들어
라. 내가 저루살럼에서 배블런으
로 보낸 포로 모두 들어라."
21 만인의 **주님**, 이즈리얼의 **하나님**이
말한다. "컬래이야 아들 애이햅과
마세이야 아들 제드카야 너희는,
내 이름으로 사람에게 거짓을 예
언한다. 보라, 내가 그들을 배블런
왕 네부캔레절 손에 넘기면, 그가
너희를 눈 앞에서 죽일 것이다."
22 그들은 배블런에 있는 쥬다인 포
로의 저주를 받을 것이라고 말하
며, **주님**은 너희를 제드카야와 애

이햅 같이 만들어버릴 텐데, 그들
은 배블런왕이 불에 구워 먹었던
자들이라고 했다.
23 "왜냐하면 그들은 이즈리얼에서
악행을 일삼고, 이웃 아내와 간음
하며, 내 이름으로 시키지 않은 거
짓을 말했다는 것을, 나도 알기에,
내가 증인"이라고 **주님**이 말한다.
24 "너희는 네헬럼출신 쉬마야에게
말해라."
25 만인의 **주님**, 이즈리얼의 **하나님**은
이렇게 말한다. "너희가 너희 이름
으로 저루살럼에 있는 모두에게
편지를 보내고, 제사장 마세이야
아들 제풔나야 및 모든 사제에게
이렇게 보내라.
26 '**주님**이 너를 제사장 제호야다 대
신 제사장으로 삼았으니, 너희는
주님성전의 관리가 되어야 하는데,
모두가 미쳐, 스스로 예언자가 되
었기 때문에, 너를 감옥에 넣고 족
쇄를 채워야 마땅하다.
27 그런데 너는 왜 애내쏘쓰 출신 제
러마야를 책망하지 않지? 그도 스
스로 너희에게 예언자로 자처하는
데?
28 그는 배블런에 있는 우리에게 이
렇게 편지를 보냈기 때문이다. '포
로생활은 길다. 그러니 그곳에 집
을 짓고 살며, 농원도 가꾸어 그 열
매를 먹어라' 했다.
29 제사장 제풔나야가 이 편지를 예
언자 제러마야 귀에 읽어주었다.
30 그때 **주님**의 말이 제러마야에게 들
려왔다.
31 "포로 모두에게 이 말을 보내라. 주
인이 네헬럼의 쉬마야에 관해 말
한다. 쉬마야는 너에게 예언했지
만, 내가 보내지 않았기 때문에, 그
는 네가 거짓을 믿게 한 것이다.
32 따라서 주인이 다음을 말한다. '보
라, 나는 네헬럼의 쉬마야와 그의
후손을 처벌하겠다. 그는 백성과
함께 살 수 있는 사람이 못되고, 내
가 백성을 위해 하려는 선행을 보
지도 못하게 된다. 왜냐하면 그는
주님에게 반발하도록 가르쳤기 때
문'이라고 **주님**이 말한다.

이즈리얼과 쥬다 회복

30 이 말이 **주님**으로부터 제러
마야에게 들려왔다.
2 이즈리얼의 **주 하나님**의 말에 따르
면 이렇다. "너는 내가 너에게 이르
는 말을 모두 기록해라.
3 그날이 오면 내가, 나의 백성 이즈
리얼과 쥬다의 포로를 다시 데려
와, 그들이 그 땅으로 돌아오게 할
것이다. 그곳은 내가 그 조상에게
소유하라고 준 땅"이라고, **주님**이
말한다.
4 다음은 **주님**이 이즈리얼과 쥬다에
관하여 말한 메시지다.
5 **주님**이 다음과 같이 말한다. "우리
는 무서워 떨며 안정되지 못한 목
소리를 들었다.

6 그런데, 너희는 이제 물어봐라. 아
이를 출산하느라 산통을 겪는 남
자가 있는지? 그래서 내가, 남자
허리에 손을 대어 받아줘야 할까?
산통 겪는 여자인듯? 얼굴이 온통
파랗게 질려서?
7 아아! 그런 날은 터무니없어서, 그
와 같은 일은 없다. 심지어 재이컵
의 재난시대도 마찬가지다. 그래
도 그는 그로부터 구제받을 것이
다."
8 만인의 **주님**이 말한다. "그날이 오
면, 내가 너희 목에서 멍에를 부수
고 구속을 끊어, 더 이상 이민족이
부리지 못하게 하겠다.
9 그러면 그들은 **주 하나님**을 위해 봉
사하고, 내가 그들에게 세워준 대
이빋왕을 섬기게 될 것이다."
10 **주님**이 말한다. "따라서 너는 두려
워하지 마라. 오 나의 종 재이컵아!
불안해하지 마라. 이즈리얼아! 보
라, 나는 먼 곳으로부터 너를 구하
고, 포로의 땅에서 네 후손을 구하
겠다. 그리고 재이컵이 돌아와 조
용히 편안하게 쉬며, 아무도 두려
워하지 않게 만들겠다.
11 내가 너와 함께 있기 때문에, 너를
구제하는 것"이라고, **주님**이 말한
다. "비록 내가 너를 흩어서 민족을
전부 끝내더라도, 너를 완전히 끝
장내지는 않을 것이다. 단지 가능
한 너를 바르게 교정하고, 너희 모
두를 혼내지 않은 채, 내버려두지
않으려는 것이다."
12 **주님**이 말한다. "너희 타박상은 치
료가 안되고, 너희 마음의 상처는
깊다."
13 아무도 너희 사정을 옹호해주지
않고, 상처를 매어주지도 않으며,
치료할 약도 없다.
14 너를 사랑하던 모두가 너를 잊고
찾지도 않는 이유는, 내가 적이 너
에게 상처를 입히고, 무자비한 체
벌로 고통을 주게 했기 때문인데,
그것은 너희 잘못이 너무 많아, 죄
가 크게 늘었기 때문이다.
15 왜 너희는 제 고통 때문에 소리치
나? 너희 슬픔은 치료불능의 수많
은 잘못으로 스스로 죄를 벌은 탓
이고, 그것 때문에 내가 너희에게
이렇게 했던 것이다.
16 그래서 너희 모두가 적에게 붙들
려, 포로로 끌려가게 하고, 전리품
이 되게 한 다음, 먹잇감으로 줘버
리겠다.
17 그런데 내가 네 건강을 회복시켜
주고, 네 상처를 치료해주는 이유
는, **주인**이 말하는데, 저들이 너를
'쫓겨난 자'로 부르며, '이것이 아무
도 찾지 않는 자이언'이라고 말하
기 때문" 이라고 **주님**이 말한다.
18 **주님**은 이렇게 말한다. "보라, 나는
재이컵 텐트출신 포로를 다시 데
려와, 그가 사는 곳에 큰사랑을 베
풀어, 동산 위에 도성을 짓고, 그런
식으로 궁전도 남기게 하겠다.

19 또 그들 가운데 감사하는 마음과
명랑한 목소리가 흘러나오게 하
고, 그들의 수를 많이 늘려 소수가
되지 않게 하며, 나도 그들을 크게
만들어 소인으로 있지 않게 하겠
다.
20 그들의 자손 역시 본래대로 만들
어, 그들의 집회가 내 앞에서 굳건
히 자리잡게 하겠다. 그리고 나는
고 억압자를 처벌하겠다.
21 그들은 귀족도 있고, 통치자도 그
들 가운데 나올 터이니, 내가 그들
을 끌어당겨 내 가까이 올 수 있게
하겠다. 바로 그런 사람은 마음을
다하여 나에게 가까이 오려는 자
가 아닐까? 라고 **주님**이 말한다.
22 그리고 너희는 나의 백성이 되고,
나는 너희 **하나님**이 될 것이다.
23 보라, **주님**의 분노의 회오리바람이
계속 몰아치면, 악한의 머리 위에
고통이 내릴 것이다.
24 **주님**의 맹렬한 분노는 마칠 때까지
돌이킬 수 없고, 그의 마음 속 의도
를 실행할 때까지 바뀌지 않는다.
너희는 먼 훗날, 이것을 생각할 수
있을 것이다.

슬픔을 기쁨으로 전환

31 그 즈음 **주님**이 다음을 말한
다. "나는 이즈리얼 가문 전
체의 **하나님**이 되고자 한다. 그러
면 그들은 내 백성이 되어야 한다."
2 **주님**이 이어 말한다. "칼끝에서 살
아남은 이즈리얼이 황야에서 구
원을 찾으면, 내가 그를 쉴 수 있게
하겠다."
3 **주님**이 오래 전에 내게 나타나 말
했다. "그렇다, 나는 너를 언제나
변함없이 사랑하기 때문에, 무한
사랑으로 너를 이끌었다.
4 나는 너를 다시 일으켜 세우겠다.
소녀 이즈리얼, 너를 건설하고, 태
브렐 소북으로 아름답게 장식하
여, 사람이 흥겹게 춤추러 그곳에
오게 하겠다.
5 너희는 여전히 스매리아산에 포도
나무를 심을 수 있고, 심은자가 당
연히 열매를 먹게 하겠다.
6 언젠가 이프리엄산의 파수꾼이 소
리친다. '너희는 일어나라. 우리 **주**
하나님이 있는 자이언으로 올라가
자'고 할 것이다."
7 이와 같이 **주님**이, '재이컵을 위해
즐거운 노래를 부르고, 민족의 대
표는 감사를 외치라'고 말하기 때
문에, '오 **주님**, 당신의 백성, 이즈
리얼에서 살아남은 사람을 구해주
세요' 라고 말한다.
8 보라, 나는 북쪽 사람을 오게 하고,
땅끝에서 사람을 모으며, 못보는
자와 못걷는 자까지, 임산부와, 산
통 중인 산모까지 함께 큰 무리를
여기로 데려오겠다.
9 울면서 청원하러 오는 그들을 내
가 이끌어, 강물 옆에서 똑바로 걷
게 하고, 넘어지지 않게 하겠다. 왜

나하면 나는 이즈리얼의 아버지이
고, 이프리엄은 나의 첫째니까.
10 오 민족 너희는, **주님**의 말을 듣고,
먼 섬까지 그것을 선포하여 전해
라. '이즈리얼을 흩어버린 그가 다
시 그들을 모아, 자기 양떼를 지키
듯, 지킨다'고 해라.
11 왜냐하면 **주님**이 몸값을 상환하고,
재이컵을 되찾아왔기 때문이다.
12 그래서 그들은 자이언 언덕에서
노래하며 돌아오고, **주님**이 내리는
호의, 곧 밀과 포도주와 기름과 어
린양떼와 소떼 안으로 흘러들어오
게 된다. 그들 영혼은 물을 흠뻑 머
금은 농원이 되어, 더 이상의 슬픔
은 없을 것이다.
13 그때 소녀는 춤추며 즐거워하고,
청년과 노년 모두 기뻐한다. 왜냐
하면 내가 그들의 슬픔을 기쁨으
로 바꾸도록 위로하며, 슬퍼하는
그들을 명랑하게 만들기 때문이
다.
14 또 나는 제사장의 영혼을 기름기
로 배불리고, 나의 백성도 나의 사
랑으로 충분히 만족하게 된다"고
주님이 말한다.
15 **주님**의 말에 따르면, "어떤 목소리
가 래마에서 들리는데, 괴로워서
슬퍼하는 울음소리였다. 래이철
라헬이 위로받지 못한 채 슬퍼하는
이유는, 자식이 죽어 없어졌기 때
문이다."
16 그래서 **주님**이 말한다. "너희 울음
을 참고 눈물도 진정해라. 앞으로
너희가 하는 일이 보상받게 될 것"
이라고 **주님**이 말한다. "왜냐하면
그들이 적의 땅에서 다시 오기 때
문이다.
17 마침내 너희는 희망이 생긴다"고
주님이 말한다. "네 자손이 저희 경
계 안에서 다시 생겨나기 때문이
다.
18 나는 이프리엄이 이렇게 슬퍼하는
소리를 분명히 들었다. '당신이 나
를 꾸짖고 혼내는 것이, 마치 수송
아지가 멍에에 익숙하지 않다고
책망하는 듯해요. 나를 가게 해주
세요. 다시 돌아가게 해주세요. 당
신은 나의 **주 하나님**이니까요.'
19 확실히 그 소리에, 내가 마음을 바
꾸어 반성했다. 그런 다음 내 무릎
을 치며 깨닫자, 부끄러워져 당황
까지 했다. 왜냐하면 나의 어리석
음에 가책을 느꼈기 때문이다.
20 이프리엄은 나의 사랑하는 아들이
지? 그는 기쁨을 주는 내 자식이
아닌가? 비록 내가 야단쳤어도, 솔
직하게 여전히 기억하는데, 그로
인해 내장이 불편했다. 따라서 나
는 반드시 그에게 사랑을 베풀 것"
이라고, **주님**이 말한다.
21 너희는 도로표시를 세우고, 돌무
더기를 쌓은 다음, 너희가 갔던 큰
길로 너희 마음의 방향을 정해라.
오 이즈리얼의 소녀, 너희는 다시
돌려, 이곳 너희 도성으로 다시 오

너라.
22 언제까지 방황하나, 오 너희 부정
한 딸아? **주님**이 땅을 새롭게 일구
어, 그녀가 남자의 씨앗을 보호하
게 하겠다."
23 만인의 **주님**, 이즈리얼의 **하나님**이
이와 같이 말한다. "하지만 그들이
쥬다와 그곳 도성에 다음 말을 전
할 때, 나는 다시 그 포로를 데려오
겠다. '**주님**이 너에게 복을 주고, 정
의의 서식처와 신성한 산을 축복
한다'고 말할 즈음이다.
24 그리고 쥬다와 그곳 도성에서 살
게 하고, 농부 및 같이 있는 양떼도
함께 살게 된다.
25 이는 내가 지친 영혼을 만족시키
고, 슬픈 영혼마다 위로를 채워주
었기 때문이다."
26 그리고 제러마야 내가 잠에서 깨
어나 보니, 이 잠이 내게 단잠이었
다.
27 **주님**이 말한다. "보라, 그날이 오면,
나는 이즈리얼과 쥬다집안에 인간
의 씨앗과 짐승의 씨앗을 심을 것
이다.
28 예전에 내가 그들을 지켜보다가,
뽑아내고, 부수고, 뒤엎고, 파괴하
여, 괴롭혔듯이, 그렇게 그들을 살
펴, 건설하고 심어줄 것"이라고, **주
님**이 말한다.
29 "그때 그들은 더 이상 다음을 말하
지 않을 텐데, '조상이 신 포도를 먹
어, 후손의 치아가 빠드렁니가 되
었다'고.
30 그러나 모두는 제 잘못으로 죽는
다. 신 포도를 먹는 사람은 누구나
제 이가 삐뚤어질 것이다."
31 **주님**이 말한다. "보라, 그날이 오면,
나는 이즈리얼과 쥬다집안과 새
약속을 맺겠다.
32 그것은 그들 조상과 맺은 약속과
같지 않을 것이다. 그때 이집트땅
에서 내 손으로 그들을 이끌어 데
려와, 내가 그들의 남편이 되어주
겠다고 했는데도 불구하고, 나의
약속을 깨뜨렸다"고, **주님**이 말한
다.
33 "그러나 이것은 이즈리얼 집안과
맺을 약속"이라고 **주님**이 말한다.
"그날 이후, 나의 법을 그들의 내면
에 심고, 마음 속에 새겨, 내가 그들
의 **하나님**이 되고, 그들이 나의 백
성이 되게 하려는 것이다.
34 그러면 그들이 더 이상 이웃을 가
르치지 않고, 형제마다, '**하나님**을
알라'고 말하지 않게 될 것이다. 왜
냐하면 그들은 모두 나를 알게 되
고, 어린이부터 어른까지 알게 되
기 때문"이라고 **주님**이 말한다. "나
는 그들의 잘못을 용서하고, 그들
의 죄를 더 이상 기억하지 않겠다."
35 **주님**이 이렇게 말한다. "낮을 비추
는 해를 만들어주고, 밤을 비추는
달과 별의 규칙을 만들어, 파도가
포효할 때 바다를 나누는 그의 이
름이 바로 만인의 **주님**이다.

36 만일 이 규칙이 나를 떠나면, **주인**
이 말하는데, 그때 이즈리얼 후손
역시 내 앞에서 영원히 한 민족이
끊어질 것이다."
37 **주님**의 말에 의하면, "만약 위의 하
늘을 잴 수 있고, 땅밑의 기반을 찾
는다면, 나 역시 그들이 한 모든 잘
못 탓에 이즈리얼 후손을 없애겠
다"고 **주님**이 말한다.
38 "보라, 그날이 오면, 이 도성은 주
인을 위하여 해내니얼 탑부터 한
구석 성문까지 건설된다"고, **주님**
이 말한다.
39 그리고 경계선 측정은 맞은편 개
렙언덕까지 이르고, 고아쓰지역까
지 에워싸게 될 것이다.
40 죽은 시체와 재로 뒤덮힌 계곡과,
키드런 시내까지 뻗는 모든 들판
과, 동쪽 방향의 말의 성문 끝까지
주님에게 신성한 장소가 될 것이
다. 그러면 그것은 더 이상 제거되
거나 무너지지 않고 영원할 것이
다.

제러마야가 밭 매입

32 **주님**의 말이 제러마야예레미야
한테 온 시기는 쥬다왕 제드
카야치드키야, 시드기야 10년이고, 네부
캔네절은 18년째 해였다.
2 그때 배블런바빌론왕의 군대가 저루
살럼을 포위하자, 예언자 제러마
야는 감옥에 갇히게 되었는데, 감
옥은 쥬다왕의 궁전 안에 있었다.
3 쥬다왕 제드카야가 그를 감옥에
가두고 말했다. "너는 이와 같이 **주**
님이 말했다고 예언한다. '보라, 내
가 이 도성을 배블런왕에게 넘겨,
그가 빼앗게 하겠다.
4 또 쥬다왕 제드카야는 캘디언의
손 안에서 달아날 수 없다. 오히려
확실히 배블런왕의 손에 들어가,
그 왕과, 입과 입이 말하고, 눈과 눈
이 직접 보게 하겠다.
5 그가 제드카야를 배블런으로 데려
가므로, 내가 그를 방문할 때까지
거기 있을 것이고, 또 비록 너희가
캘디언과 싸워도 이기지 못한다'
고 **주님**이 말한다고 했다."
6 제러마야가 말했다. "**주님**의 말이
이렇게 들려왔어요.
7 '보라, 네 아저씨 셜럼의 아들 해내
미얼이 네게 와서, '애내쏘쓰에 있
는 나의 밭을 사라'고 말할 것이다.
왜냐하면 가까운 친척에 상환권이
있으니, 당신이 살 의무가 있기 때
문'이라고 했어요.
8 그래서 나의 조카 해내미얼이 **주님**
말 대로, 감옥에 있는 내게 와서 말
했죠. '부탁하는데, 애내쏘쓰에 있
는 나의 밭을 사주세요. 그곳은 벤
저민 지역인데, 유산권이 당신에
게 있고, 상환권도 당신에게 있으
니, 그것을 사주세요.' 그래서 나는
그것이 **주님**의 말이라는 것을 알았
죠."
9 그리고 나는 조카의 아들 해내미

얼의 애내쏘쓰 밭을 사서, 돈을 저
울에 달아, 은 17쉐클약 200g을 주었
어요.
10 나는 증명서를 작성하여, 봉인한
다음, 증인을 세워, 해당되는 돈을
그에게 달아 주었죠.
11 그래서 나는 매매서류를 법과 관
습에 따라, 봉인한 것과, 봉하지 않
은 것 둘 다 가지게 되었어요.
12 나는 매매 계약서를 버룩에게 주
었는데, 그는 마세야의 아들, 네라
야 아들이었어요. 그리고 매매계
약서를 작성한 증인 앞에서, 또 나
의 조카 해내미얼이 보는 앞에서,
그리고 감옥법정에 앉은 모든 쥬
다인 앞에서 주었죠.
13 나는 그들 앞에서 버룩에게 책임
을 맡기며 말했어요.
14 만인의 **주님**, 이즈리얼의 **하나님**에
의하면, '이 증명서를 보관해라. 이
매매증서는 두 장으로 하나는 봉
인되고 다른 것은 봉인하지 않았
는데, 둘을 오래 보관할 수 있도록
토기 그릇에 넣어두어라.'
15 만인의 **주님**, 이즈리얼의 **하나님**의
말에 따르면, '집과 밭과 포도원은
이땅에서 재 소유될 것이다.
16 매매증서를 네라야 아들 버룩에게
건네면서, 나는 **주님**에게 다음과
같이 기도했죠.
17 아, **주 하나님**! 보세요. 당신은 하늘
과 땅을 위대한 능력으로 팔을 뻗
어 만들었는데, 당신한테 어려운
일은 하나도 없지요.
18 당신은 관대한 사랑을 수천에게
보이며, 조상의 잘못을 보상해주
어, 뒤이은 후손의 가슴을 받아들
였어요. 위대하고, 전능한 **하나님**,
만인의 **주님**이 당신의 이름이고,
19 계획은 원대하고, 작품은 훌륭합
니다. 당신은 늘 인간의 자손이 가
는 길마다 눈을 뜨고 지켜보며, 각
자의 길에 따라, 또 제 행동에 따라
보상해주지요.
20 당신은 이집트땅에서 기적과 경이
를 이루어, 심지어 오늘날까지 이
즈리얼에서 다른 사람 가운데 지
속하며 이름을 만들었어요.
22 당신은 당신의 백성 이즈리얼을
기적과, 경이로, 손에 강한 힘을 주
고 뻗은 팔로, 무서운 공포를 이용
하여 데려왔지요.
22 그리고 그들에게 이 땅을 주었는
데, 그것은 그 조상에게 주겠다고
맹세한, 젖과 꿀이 흐르는 땅이었
어요.
23 그들이 들어와 이 땅을 소유했지
만, 그들은 당신의 말을 따르지 않
고, 법도 지키지 않으면서, 당신의
명령을 하나도 실행하지 않았어
요. 그래서 당신이 그들에게 모든
재앙을 내리게 했지요.
24 저 언덕에, 저들이 와서 도성을 빼
앗으면, 그것은 공격하는 캘디언
손에 들어가겠죠. 칼과, 기근과 전
염병으로 인해, 당신이 올 것이라

고 말한 그것을 이제 보게 되겠지
요.
25 오 **주 하나님**! 당신은 또 내게 말했
어요. "돈을 주고 밭을 사고, 증인
도 세워라. 왜냐하면 그 도성이 캘
디언 손에 넘어가기 때문"이라고
했어요.
26 그리고 **주님**의 말이 제러마야에게
들려왔다.
27 "보라, 나는 주인이며, 모든 육체의
유일한 **하나님**이다. 내게 지나치게
어려운 일이 있나?
28 따라서 **주인**이 말한다. 보라, 이 도
성을 캘디언 손에 주고, 배블런왕
네부캔네절 손에 넘겨 차지하게
하겠다.
29 이 도성을 공격하는 캘디언은 이
곳에 와서, 불을 질러 집을 태울 것
이다. 그들은 그곳 옥상에서 배이
얼에게 분향하고, 다른 여러 신에
게 음료제물을 부으며, 나의 분노
를 자극한 것이다.
30 이즈리얼과 쥬다자손은 젊었을 때
부터 내 앞에서 악행만 하고, 이즈
리얼 자손은 제 손으로 만든 공예
품으로 나의 분노만 자극했다"고
주님이 말한다.
31 이 도성은 나의 화와 분노를 부추
기면서 세워진 그날부터 심지어
이날까지 자극해왔다. 그래서 내
가 얼굴 앞에서 그것을 제거하는
것이 당연하다.
32 그 이유는 이즈리얼과 쥬다자손의
모든 악행 탓에, 그것이 내게 화를
불러일으켰다. 그들과, 왕과, 대군
왕자와 제사장과 예언자와, 쥬다
인과, 저루살럼에 사는 주민 모두
그랬다.
33 그들은 내게 등을 돌려 얼굴도 보
지 않았다. 내가 그들에게 일찍 일
어나도록 가르쳐도, 그들은 나의
가르침에 귀를 기울이려 하지 않
았다.
34 대신 그들은 집에 혐오물을 설치
하여, 나의 이름으로 불리는 그곳
을 오염시켰다.
35 그들은 히놈자손의 계곡 높은 곳
에 배이얼신전을 짓고, 제 아들딸
을 불을 넣어 몰렉한테 보냈는데,
나는 그렇게 명령하지 않았고, 그
들이 이런 혐오행동으로 쥬다가
죄를 짓게 하는 생각을 마음에 품
지도 않았다.
36 그래서 **주인**, 이즈리얼의 **하나님**이
그 도성에 관해 말한다. 너희는, '이
곳은 칼과, 기근과, 전염병 때문에
배블런왕의 손에 넘어가게 된다'
고 말하겠지.
37 보라, 나는 여러 나라에서 사람을
모아, 나의 분노와 격노와 복수로
그들을 쫓아낸 한 다음, 다시 이곳
으로 그들을 데려와, 안전하게 살
게 하겠다.
38 그들은 나의 백성이고, 나는 그들
의 **하나님**이 되겠다.
39 내가 그들에게 한결같은 마음을

주면, 그들은 영원히 나를 경외할
수 있을 것이다. 이는 그들과 그 후
손에게 내가 주는 선행이기 때문
이다.
40 또 나는 그들과 영원한 약속을 맺
고, 그들에게 행운이 따르도록, 그
들로부터 돌아서지 않겠다. 오히
려 나는 그들 마음에 경외심을 두
어, 그들이 나를 떠나지 않게 하겠
다.
41 맞다, 나는 그들의 선행에 기뻐하
며, 나의 온 마음과 영혼으로 이 땅
에 백성을 확실하게 심을 것이다.
42 **주님**이 이렇게 말한다. 내가 백성
에게 큰 재앙을 내릴 때처럼, 똑같
이 나는 백성에게 약속한 선행을
그들에게 가져오겠다.
43 밭이 이곳 땅에서 매입되게 하면,
너희는, '이 땅은 사람도 짐승도 없
는 황무지여서, 캘디언 손에 넘어
간 것'이라고 말하겠지.
44 사람이 돈으로 밭을 사고, 증명서
를 작성하고, 봉인하여 증인을 세
우는데, 벤저민 땅에서, 저루살럼
과 쥬다일대에서, 쥬다도성과 산
위 도성에서, 계곡의 도성과 남쪽
도성에서 증인을 데려오겠다. 왜
냐하면 나는 포로를 다시 돌아오
게 하기 때문"이라고 **주님**이 말한다.

복구약속

33 다시 **주님**의 두 번째 말이 제
러마야에게 들린 때는, 그가
아직 감옥에 갇혀 있을 때였다.
2 모든 것을 창조한 **주님**의 말에 따
르면, "그것을 형성하고, 설립한 **주
인**이 그의 이름이다.
3 나를 부르면 내가 대답하며, 네가
알지 못하는 크고 강한 것을 보여
주겠다."
4 이즈리얼의 **하나님**, **주인**의 말에 의
하면, "이 도성의 집과, 쥬다왕 집
은, 칼로 인해 산 옆에 무너져 내린
다.
5 그들이 캘디언과 싸우기 위해 나
와도, 그곳은 죽은 시체로 가득 메
워지게 된다. 그들을 나의 화와 분
개로 죽게 한 이유는, 내가 그들의
비행 때문에 이 도성으로부터 내
얼굴을 가렸기 때문이었다.
6 보라, 나는 거기에 건강과 치료를
가져와, 그들을 낫게 하고, 평화와
진실을 풍부하게 보여줄 것이다.
7 또 나는 쥬다와 이즈리얼의 포로
를 다시 오게 하여, 처음에 했던 대
로 도성을 건설하겠다.
8 그들이 나를 거스르며 잘못한 죄
를 내가 깨끗이 씻어주고, 그들이
잘못하여 지은 죄와, 나의 뜻을 위
반한 죄를 모두 용서할 것이다.
9 또 그들은 나에게 즐거움과 자랑
의 대명사가 되게 만들고, 지상의
모든 민족 앞에서 명예로운 찬란
한 빛이 되게 하겠다. 그래서 백성
은, 내가 실행하는 온갖 좋은 일을
들으면, 그들에게 미치는 행운과

번영으로 인해, 떨며 두려워하게
된다."
10 주님은 이렇게 말한다. "여기서 다
시 들리게 될 이야기로, 너희가 사
람도, 짐승도 없다는 말을 하게 만
들고, 심지어 쥬다도성과, 저루살
럼 거리가 파괴되어, 사람도, 주민
도, 짐승조차 없다는 이야기를 하
게 만들겠다.
11 즐거운 소리, 명랑한 소리, 신랑과
신부의 목소리 및 그들의 목소리
로 하는 말은, '만인의 주님에게 감
사하자! 주인님은 선이고, 그의 사
랑은 끝없이 영원하기 때문'이라
며, 그 가운데 주님의 성전으로 감
사의 희생제물을 가져오게 하겠
다. 이는 내가 이 땅의 포로를 처음
처럼 돌아오게 하기 때문"이라고
주님이 말한다.
12 만인의 주님의 말에 의하면, "다시,
사람도 짐승도 없는 황폐한 이곳
도성을, 제 양떼를 눕우는 목자의
거처로 만들겠다.
13 산지도성과, 계곡도성과, 남쪽 도
성과, 벤저민땅과, 저루살럼 일대
와, 쥬다도성에, 양떼가 수를 세는
사람 손 아래 다시 지나가게 하겠
다"고 주님이 말한다.
14 "보라, 그날이 오면, 내가 선행을
실행하는데, 이는 이즈리얼과 쥬
다집안에 약속한 것"이라고 주님
이 말한다.
15 "그때 그 시기에 나는, 대이빋집안
에 정의의 가지를 키워, 그가 이 땅
에 정의를 실현하고 올바른 판단
을 내리게 하겠다.
16 그날 쥬다가 구원받고, 저루살럼
도 안전하게 살게 하겠다. 그 땅의
이름은, '우리 정의의 주님'이라고
불리게 하겠다."
17 주님이 이렇게 말한다. "대이빋은
앞으로 이즈리얼가문 왕좌에 앉을
사람이 부족하지 않을 것이고,
18 리바이부족 출신 제사장이 주인에
게 번제제사를 지낼 사람을 부족
하지 않게 하고, 곡식제물을 불태
우며, 희생제사를 계속할 사람도
부족하지 않게 하겠다."
19 또 주님의 말이 제러마야에게 이와
같이 말한다.
20 주님의 말에 의하면, "만약 너희가
나의 낮의 약속과, 밤의 약속을 깨
면, 제때에 맞는 낮과 밤은 없을 것
이다.
21 게다가 마찬가지로 나의 종 대이
빋과 맺은 나의 약속이 깨지면, 그
의 왕위를 차지할 아들은 더 이상
없고, 내게 제사하는 리바이 제사
장도 마찬가지다.
22 하늘의 군상은 셀 수 없고, 바다의
모래도 측정할 수 없듯, 나는 나의
종 대이빋의 씨앗과, 내게 봉사하
는 리바이를 늘릴 것이다.
23 덧붙여 주님의 말이 제러마야에게
이렇게 들려왔다.
24 "너는 이 백성이 다음을 말하는 것

을 알지 못했나? '주님이 선택한 두
집안을, 설마 거부하겠어? 라며,
그들이 내 백성을 무시하니, 앞으
로 그들을 더 이상 한 민족으로 둘
수 없다."
25 주님의 말에 따르면, "만약 나의 약
속이 낮과 밤처럼 존재하지 않고,
내가 정한 하늘과 땅의 규정대로
지켜지지 않으면,
26 그때 나는 나의 종 재이컵과 대이
빋의 씨앗을 제거하여, 그들의 후
손이 애이브러햄과, 아이직과, 재
이컵야곱의 씨앗을 지배하게 하지
않을 것이다. 그게 아니라면, 나는
포로를 돌아오게 하여, 그들에게
관대한 사랑을 베풀 것이다."

제드카야 배블런에서 사망

34

이 말이 주님으로부터 제러
마야한테 들려온 시기는, 배
블런왕 네부캔네절과, 그의 군대
와, 그가 지배하는 지역의 여러 왕
국과, 백성이 저루살럼과 그 안의
도성과 싸웠던 때였다.
2 이즈리얼의 주인 하나님이 이런 말
을 했다. "가서, 쥬다의 제드카야왕
에게 전해라. 주인의 말에 의하면,
'보라, 내가 이 도성을 배블런왕의
손에 넘기면, 그는 그것을 불태울
것이다.
3 너는 그의 손에서 달아나지 못하
고, 반드시 그의 손에 붙잡혀 끌려
간다. 네 눈은 배블런왕을 직접 보
게 되고, 그는 너와 입과 입으로 말
하며, 너는 배블런으로 가야 한다.
4 하지만 주인의 말을 들어봐라. 오
쥬다왕 제드카야! 주인이 너에 관
해 말하는데, 너는 칼로 죽게 하지
않겠다.
5 대신 평화롭게 죽는다. 네 조상과
너보다 먼저 간 여러 왕의 화장처
럼, 사람들은 향불로 너를 명예롭
게 애도하며, '아, 주인님!' 이라고
말할 것이다. 이 말은 이미 내가 선
언한 것"이라고 주님이 말한다.
6 그래서 예언자 제러마야가 이 말
을 저루살럼의 쥬다왕 제드카야에
게 전했다.
7 그때 배블런왕의 군대가 저루살럼
을 상대로 싸웠고, 또 남아 있는 쥬
다도성, 래키쉬와 애저카와 싸우
고 있을 때였다. 쥬다의 도성 가운
데 두 도성만 방어하여 남아 있었
다.
8 다음은 주님으로부터 제러마야에
게 들려온 말인데, 제드카야왕이
저루살럼에 있던 모든 백성에게
약속하며, 그들에게 자유를 선포
한 이후였다.
9 "모두는 자기의 남종과 여종을 가
게 하여, 히브리 남자든 여자든 자
유를 주어야 하며, 어떤 사람도 스
스로 쥬다인 동족의 노예가 되면
안 된다."
10 그리고 계약을 맺으러 들어갔던
모든 대군왕자와 백성이 들었다.

'모든 사람은 자신의 남종과 여종
을 자유롭게 하여, 누구도 더이상
그들을 노예로 삼아서는 안 된다'
는 말을 듣고, 따르며 종을 풀어주
었다.
11 그러나 그들이 남종과 여종을 풀
어준 다음, 마음이 변하여, 다시 그
들을 남종과 여종으로 종속시켰
다.
12 그래서 **주님**의 말이 제러마야에게
와서 들려준 말은,
13 "이즈리얼의 **주인 하나님**이 말한
다. 내가 그날 너희 조상과 계약을
맺었다. 당시 이집트땅 노예의 집
에서 그들을 데려오며 말했다.
14 모든 사람은 7년째가 되면, 동족
히브루인을 보내주어라. 그들이
팔려 와, 6년간 네게 봉사했을 때,
네가 종에게 자유를 주어야 한다
고 했다. 그러나 네 조상은 내 말을
듣지 않고, 귀도 기울이지 않았다.
15 너희가 돌아가서, 내 눈앞에서 바
른 일을 하며, 곁에 있는 모두에게
자유를 선언하며, 내 이름으로 불
리는 성전 앞에서 나와 맺은 약속
을 실천해야 했다.
16 그런데 너희는 마음을 바꾸어 내
이름을 오염시켰다. 남종과 여종
이 스스로 원하는 대로 자유를 주
었다가, 너희가 돌변하여, 다시 자
신의 남종과 여종으로 종속시켜버
렸다."
17 그래서 **주님**이 말한다. "너희는 형
제와 이웃 모두에게 자유를 선언
하라는 내 말을 듣지 않았다. 두고
봐라, **주인**이 너희를 상대로 칼과,
질병과, 기근에게 자유를 선언한
다. 그리고 나는 너희를 지상의 여
러 왕국으로 뿔뿔이 흩어지게 하
겠다.
18 나는 약속을 어긴 그들을 적에게
주겠다. 그들은 그 약속대로 실천
하지 않았다. 약속은 내 앞에서 송
아지를 둘로 잘라 그 사이를 통과
하며 맺은 것이다.
19 쥬다의 귀족과, 저루살럼의 대군
왕자와, 환관과, 제사장과, 그 땅의
백성 모두, 송아지 두 조각 사이를
지났다.
20 나는 그들을 적과 그들의 목숨을
노리는 저들 손에 주어버리고, 그
들의 죽은 시체는 하늘을 나는 새
와, 땅위 짐승의 먹이가 되게 하겠
다.
21 쥬다왕 제드카야와 그의 대군왕자
도 적에 손에 넘기고, 그들의 목숨
을 노리는 저들 손에 넘기며, 배블
런왕의 군대 손에 넘기면, 그들은
이 땅에서 철수할 것이다.
22 보라, 나는, 그들을 다시 이 도성으
로 돌아오게 명령하겠다고, **주인**이
말한다. 그러나 지금은 저들이 이
도성을 상대로 싸우게 하고, 도성
을 빼앗고, 불태워, 쥬다도성을 사
람이 살 수 없는 불모지로 만들어
버리겠다.

레컵부족의 순종사례

35 **주님**의 말이 제러마야에게
들려온 시기는, 쥬다왕 조사
야 아들 제호야킴 시대였다.
2 너는 레컵사람 집에 가서 그들에
게 말하여, 그들을 **주님** 성전의 방
에 데려와 술을 마시게 주어라.
3 그래서 나는, 해버지나야 아들인,
제러마야의 아들인, 자재나야와
형제와 모든 자손과, 레컵집안 전
체를 데리고,
4 **주님**의 성전 안에 있는 해이넌의
아들 방으로 데려갔다. 그는 **하나님**
의 사람 익달라야의 아들이고, 위
치는 수문장 샬럼의 아들 마세이
야 방 위쪽, 대군왕자의 방 옆이었
다.
5 나는 레컵집안 자손 앞에 술을 채
운 단지와 잔을 놓고 말했다. "와인
을 마셔라."
6 하지만 그들이 말했다. "우리는 어
떤 술도 마시지 않겠어요. 왜냐하
면 우리 조상 레컵의 아들 조내댑
이 우리에게 명령했지요. '너희는
와인을 마시지 말아야 하고, 너와
네 후손 모두 영원히 안 된다.
7 너희는 집도 짓지 말고, 씨도 뿌리
지 말며, 포도원에 어떤 것도 심지
마라. 대신 너희가 일생 동안 천막
에서 살면, 너희가 방랑하던 그 땅
에서 오래 살 수있을 것'이라고 했
어요.
8 따라서 우리는 조상 레컵의 아들
조내댑이 우리에게 명령한 목소리
를 따르며, 우리가 사는 동안 술을
마시지 않고, 아내와 아들딸을 갖
지 않았고,
9 또 우리가 살 집을 짓지 않았고, 포
도원도, 밭도 없이, 씨도 뿌리지 않
았어요.
10 대신 우리는 텐트에서 살며 순종
하고, 우리 조상 조내댑이 우리에
게 명령한 대로 따랐어요.
11 그리고 배블런왕 네부캔네절이 이
땅에 왔을 때 우리가 말했어요. '우
리는 캘디언 군대와 시리안 군대
가 두려우니, 저루살럼으로 가자'
고 해서, 우리가 저루살럼에 살게
되었어요" 라고 했다.
12 그때 **주님**의 말이 제러마야에게 들
려왔다.
13 만인의 **주님**, 이즈리얼의 **하나님**의
말에 의하면, "가서, 쥬다인과 저루
살럼 주민에게 전해라. 너희는 내
말을 들으라는 지시를 받지 못했
나?" 라고 **주님**이 말한다.
14 "레컵 아들 조내댑이 한 말은, 그
의 아들들에게 술을 마시지 말라
고 명령하자, 그들은 이날까지 술
을 마시지 않고 선대의 명령을 지
킨다. 그런데 내가 너희에게 일찍
일어나 말하라고 했는데도 불구하
고, 너희는 내 말에 귀를 기울이지
않았다.
15 나 역시 나의 종 예언자를 보내어,
일찍 일어나 사람에게 이렇게 전

하라고 일렀다. '사람은 제가 가는
잘못된 길에서 돌아오고, 너희 행
동을 개선하며, 다른 신을 따르며
섬기지 말아라. 그러면 너희는 내
가 너와 조상에게 준 그 땅에서 살
게 될 것'이라 했건만, 너희는 귀를
기울이지 않고 듣지도 않았다.
16 한편 레컵의 아들 조내댑의 자손
은 조상의 명령을 따르며 실행했
는데, 이 백성은 내게 귀를 기울이
지 않았기 때문에,
17 그래서 만인의 **주인**, 이즈리얼의 **하
나님**이 말한다. 보라, 나는 쥬다와
저루살럼의 주민 모두에게 불행을
내린다고, 그들에게 선포했다. 내
가 말해도 듣지 않고, 불러도 답하
지 않았기 때문이다."
18 제러마야가 레컵사람에게 말했다.
"만인의 **주님**, 이즈리얼의 **하나님**
의 말에 따르면, 너희가 조상 조내
댑의 명령에 순종하며, 그의 지시
를 지키고, 명령한 말에 따라 행동
했기 때문에,
19 그래서 만인의 **주님**, 이즈리얼의 **하
나님**이 말한다. 레컵의 아들 조내
댑집안은 앞으로 영원히 나를 섬
기는데 사람이 부족하지 않을 것
이다."

제러마야의 두루마리책을 태우다

36 쥬다왕 조사야 아들 제호야
킴 4년에, 이 말이 **주님**으로
부터 제러마야에게 들려왔다.
2 "너는 두루마리를 가져와, 내 말을
기록해라. 그것은 이즈리얼과 쥬
다의 모든 나라에 관해, 내가 조사
야요시야시대부터 이날까지 이른 말
이다.
3 내가 쥬다집안에 내리려는 재난을
그들이 들을 수 있다면, 어쩌면 악
의 길에서 그들이 돌아설 지 모르
고, 그러면 내가 그들의 잘못과 죄
를 용서할 수 있을 것"이라고 했다.
4 그래서 제러마야는 네라야 아들
버룩을 불렀고, 그는 제러마야의
입에서 나오는 **주님**의 말을 두루마
리 책 위에 적었다.
5 또 제러마야가 버룩에게 지시하며
말했다. "나는 갇혀서 **주님**의 성전
으로 갈 수 없다.
6 그러니 네가 가서, 내 입을 통해 전
한 **주님**의 말을 기록한 두루마리를
읽어, 금식일에 **주님**성전에 모인
사람 귀에 들려주어라. 또한 각자
의 도성에서 모여든 쥬다인 모두
에게 읽어 주어야 한다.
7 그러면 그들이 **주님** 앞에 애원하
며, 잘못된 길에서 저마다 돌아설
지 모른다. 백성에게 선언한 **주인**
의 화와 분노가 크기 때문이다.
8 그래서 네라야 아들 버룩은 예언
자 제러마야가 시키는 대로 따르
며, 성전에서 **주님**의 말을 기록한
두루마리를 읽었다.
9 쥬다왕 조사야 아들 제호야킴 5년
이 지난 9개월째 달에, 그들이 **주님**

앞에서 금식할 것을 알리며, 저루
살럼 사람과, 쥬다의 다른 도성에
서 저루살럼으로 온 사람 모두에
게 전했다.
10 그래서 버룩은 **주님**성전에서 제러
마야가 전한 이야기를 적은 두루
마리를 읽었는데, 장소는, 샤펜 서
기관의 아들 거머라야의 방 안이
었고, 그곳은 **주님** 성전의 새 출입
구 쪽 높은 언덕 뜰에 위치했다.
11 샤펜 아들 거머라야의 아들, 미캐
이야가 **주님**의 말을 책을 통해 모
두 듣고,
12 왕의 궁전 서기관의 방으로 가서
보니, 그곳에 모든 대군왕자가 앉
아 있었는데, 서기관 일라이샤마
와, 쉬매이야 아들 들라이야와, 애
크보 아들 일내이썬과, 샤펜 아들
거머라야와, 해내이나 아들 제드
카야까지 모든 귀족이 있었다.
13 그래서 미캐이야가, 버룩이 사람
들 귀에 책을 읽어줄 때 들은 말을,
모두에게 알려주었다.
14 그래서 모든 대군왕자는, 쿠쉬 아
들, 쉘레마야 아들, 네써나야 아들,
제후디를, 버룩에게 보내 말했다.
"네가 사람 귀에 읽어준 두루마리
를 손에 들고 오너라." 그래서 네라
야의 아들 버룩이 그의 손에 두루
마리를 들고 그들에게 왔다.
15 그러자 그들이 그에게 말했다. "이
제 여기 앉아, 우리 귀에도 그것을
다시 읽어 달라." 그래서 버룩은 그
들에게 그것을 읽어주었다.
16 그들이 모든 말을 듣고, 서로 두려
워하며, 버룩에게 말했다. "우리는
왕에게 반시드 이 모든 이야기를
해주어야겠다."
17 또 그들이 버룩에게 물었다. "이제
우리에게 말해달라. 네가 어떻게
제러마야 입에서 나온 말을 다 기
록했나?"
18 버룩이 대답했다. "제러마야가 자
기 입으로 모든 말을 내게 해주어,
내가 이 책에 잉크로 기록했어요."
19 그러자 대군왕자가 버룩에게 말했
다. "어서 가서, 너와 제러마야 둘
다 숨어라. 아무한테도 너희가 있
는 곳을 알리지 마라."
20 그러면서 그들은 정원을 지나 왕
에게 갔지만, 두루마리 책은 일라
이샤마 서기관 방에 두고 가서, 왕
의 귀에 이야기를 전했다.
21 왕이 제후디를 보내 책을 가져오
게 하자, 그가 그것을 일라이샤마
서기관 방에서 가져왔다. 그리고
그는 그것을 왕과, 그 옆에 서 있던
대군왕자의 귀에 읽어주었다.
22 그때 왕은 9번째 달태양력12월 겨울
궁전에 앉아 있었고, 앞에는 벽난
로에 불을 피워놓았다.
23 제후디가 책을 서너 쪽 읽자, 왕은
펜나이프작은 주머니칼로 그것을 잘
라, 난로불에 던지며, 두루마리가
다 없어질 때까지 태웠다.
24 그들은 두려워하지 않았고, 옷도

찢지 않았는데, 왕이나 이 이야기
를 들은 신하도 마찬가지였다.
25 하지만 일내이썬과, 들래이야와,
거머라야가 간청하며, 왕에게 두
루마리 책을 태우지 말아달라고
해도 그는 듣지 않았다.
26 대신 왕은 명령하며, 해멀렉 아들
제라미얼과, 애즈리얼 아들 세라
이야와, 앱디얼 아들 쉘레마야에
게, 서기관 버룩과 예언자 제러마
야를 붙잡게 했지만, **주님**이 그들
을 숨겼다.
27 **주님**의 말이 제러마야에게 들린 때
는, 버룩이 제러마야 입에서 나온
말을 기록한 두루마리를 태운 다
음이었다.
28 "너는 다른 두루마리를 갖다, 쥬다
왕 제호야킴이 태운 첫번 책에 기
록한 이야기를 다시 써라.
29 그리고 너는 쥬다왕 제호야킴에게
말해야 한다. **주님**이 다음을 말했
다고 해라. "왕은 책을 태우며, '왜
너는 책에, 배블런왕이 와서, 반드
시 이 땅을 파괴하고, 그곳 사람도
짐승도 끝내버린다고 썼지?' 라고
했다.
30 그런데 쥬다왕 제호야킴의 **주님**이
말한다. '**주님**은 대이빋왕좌에 아
무도 앉지 못하게 하고, 그의 죽은
시체는 대낮의 뜨거운 열 속에, 한
밤의 서리결빙 속에 던져넣겠다.
31 또 나는 그와, 그의 씨앗과, 그의 종
에게, 제 잘못에 대해 벌을 주어, 그
들에게, 저루살럼 주민에게, 쥬다
인에게 재앙을 내리겠다. 내가 그
들에게 선언했는데도, 그들이 귀
를 기울이지 않았다."
32 그래서 제러마야가 다른 두루마리
를 가져와, 그것을 네라야의 아들
버룩 서기관에게 주었다. 버룩은
그 책 안에 제러마야 입에서 나온
말을 다시 기록했는데, 최초의 책
은 쥬다왕 제호야킴이 불에 태웠
기 때문이었다. 그리고 새 책 안에
는 그 이외 많은 이야기가 추가되
었다.

감옥에서 제드카야에게 경고

37 조사야 아들 제드카야왕이
제호야킴 아들 코나야 대신
다스리게 되었는데, 제호야킴은
배블런왕 네부캔네절이 쥬다땅의
꼭두각시왕으로 만들어 놓았었다.
2 하지만 제호야킴도, 신하도, 백성
도, 예언자 제러마야의 입을 통해
주님이 전하는 말에 귀를 기울이지
않았다.
3 그때 제드카야왕이, 쉘레마야 아
들 제후칼과, 마세이야 아들 제풔
나야를, 제러마야 예언자에게 보
내어 말했다. "우리를 위해 우리 **주**
하나님에게 기도해 달라"고 했다.
4 당시 제러마야는 백성 사이를 오
가며 활동했고, 그들이 아직 제러
마야를 감옥에 넣지 않았다.
5 그때 풰로우 군대가 이집트에서

진군하여 나오자, 당시 저루살럼
을 포위하던 캘디언바빌로니아 사람이
그 소식을 듣고, 저루살럼에서 철
수하여 달아났다.
6 그때 **주님**의 말이 제러마야에게 이
렇게 들려왔다.
7 이즈리얼의 **주 하나님**의 말에 따르
면, "너희는 쥬다왕에게 다음을 전
해야 한다. '너는 사람을 보내어 나
에게 물어봐라. 보라, 풰로우 군대
가 너를 도우러 왔어도, 그들은 이
집트의 제 땅으로 되돌아가게 하
겠다.
8 그러면 캘디언이 다시 와서, 이 도
성을 공격하여 빼앗고 불태우게
될 것이다.
9 그래서 주인이 말하는데, 너희 자
신을 속이지 마라. '캘디언은 반드
시 우리한테서 물러갈 것'이라고.
하지만 그들을 물러나지 않게 하
겠다.
10 비록 너희가 캘디언의 전 군대를
치더라도, 그 가운데 부상병 몇 이
외에, 그들은 그대로 남아 있다. 그
러나 그들이 제 막사에서 모두 일
어나, 이 도성을 태울 것이다.
11 당시 캘디언 군대가 풰로우 군대
때문에 두려워, 저루살럼에서 철
수한 다음,
12 그때 제러마야가 저루살럼에서 나
와 벤저민땅에 들어간 이유는, 그
곳 사람 가운데 있는 자기 땅지분
을 별도로 구분하려고 했다.
13 제러마야가 벤저민 성문에 서 있
었을 때, 한 수문장이 있었는데, 이
름은 해내이냐 아들, 쉴레마야 아
들 아이리자였다. 그가 제러마야
예언자를 붙잡고 말했다. "너는 캘
디언에게 항복하러 가는 사람이
다."
14 그래서 제러마야가 말했다. "잘못
안 거다. 나는 캘디언에게 항복하
지 않는다." 그런데도 수문장은 그
의 말을 듣지 않았다. 그러면서 아
이리자 수문장은 그를 잡아 그곳
대군왕자에게 데려 갔다.
15 그곳 책임자는 제러마야에게 화를
내며, 때리더니, 조너썬 서기관 집
에 있는 감옥에 집어넣었다. 그들
은 그곳을 감옥으로 사용해왔다.
16 제러마야는 지하감옥으로 들어가,
굴 속에서 오랫동안 있게 되었다.
17 그리고 제드카야왕이 사람을 보내
어, 그를 감옥에서 데려와, 왕이 궁
전에서 넌지시 물었다. "**주님**으로
부터 다른 말이 있었나?" 제러마
야가 대답했다. "있었어요. 그의 말
에 의하면, 당신은 배블런왕 손에
넘겨지게 하겠다고 했어요."
18 또 제러마야가 제드카야왕에게 말
했다. "내가 당신이나 신하나 백성
에게 뭘 잘못했다고, 당신이 나를
감옥에 넣어요?
19 당신에게 예언하던 예언자는 지금
어딨죠? 그들은 '배블런왕이 당신
과 이 땅을 치지 않을 것'이라고 말

했죠?
20 그러니 제발 부탁하는데, 나의 왕
주인님 이제 말을 듣고, 내 간청을
받아들여서, 당신이 나를 조너썬
서기관 집 감옥에 돌아가지 않게
해주세요. 내가 거기서 죽지 않게
말이죠."
21 그래서 제드카야왕이 명령하여,
그들이 제러마야를 감옥 뜰에 있
게 하고, 거리의 가게에서 만든 빵
을 매일 주며, 이 도성의 빵이 모두
없어질 때까지 주게 했다. 그래서
제러마야는 감옥의 뜰에서 있게
되었다.

제러마야가 감옥에 갇히다

38 매탠의 아들 쉐퀴타야와, 패
셜의 아들 게덜라야그달야, 그다
랴와, 쉘레마야 아들 쥬컬과, 말카
야 아들 패셜이 들은 소문은, 제러
마야가 여러 사람에게 다음을 말
했다는 것이다.
2 "**주님**의 말에 따르면, 도성에 남아
있는 자는 칼로 죽고, 기근과 질병
으로 죽는다. 대신 캘디언으로 간
사람은 살게 된다. 그는 목숨이 붙
어 있는 약탈물이므로 살 것이다.
3 **주님**이 말한 바에 따르면, 이 도성
은 반드시 배블런왕의 군대 손에
들어가, 빼앗길 것"이라고 했다.
4 그래서 대군왕자들이 왕에게 말했
다. "우리가 간절히 부탁하는데요,
이 예언자를 죽이세요. 그가 이런
식으로 도성에 있는 전사의 손힘
을 약화시키고, 그 이야기를 백성
에게 하여 사기를 떨어뜨리고 있
어요. 이 자는 백성의 행복을 위하
는 게 아니라, 해치고 있기 때문이
에요."
5 그때 제드카야왕이 말했다. "보라,
그는 너희 손 안에 있다. 왕은, 그가
너희에게 하는 어떤 일도 말릴 수
없다."
6 그래서 그들은 제러마야를 잡아
지하감옥에 던져버렸다. 그곳은
해멀렉 아들 말카이야 소속 정원
에 있었고, 밧줄로 내려보냈으므
로, 제러마야는 물도 없는 그곳 구
덩에 내던져졌다.
7 그때 이씨오피아에티오피아 사람 이
벤멜렉은 궁전환관 중 하나였는
데, 그들이 제러마야를 지하감옥
에 가뒀다는 소리를 들었다. 그때
왕은 벤저민 성문에 앉아 있었다.
8 이벤멜렉은 궁전을 나와 왕에게
가서 이렇게 말했다.
9 나의 왕 주인님, 이들이 예언자 제
러마야를 지하감옥에 던지는 나쁜
일을 했어요. 그는 거기서 굶어 죽
어요. 그곳은 이 도성 안에서 빵이
전혀 없는 곳이니까요.
10 그때 왕이 이벤멜렉에게 명령했
다. "너는 여기서 30명을 데려가,
죽기 전에 제러마야 예언자를 지
하감옥에서 꺼내라."
11 그래서 이벤멜렉이 사람을 데리

고, 궁전 창고에서 낡은 옷가지 천
을 가지고, 그것을 제러마야가 있
는 지하감옥에서 밧줄로 내려보냈
다.
12 이씨오피아 출신 이벧멜렉이 제러
마야에게 말했다. "이제, 당신 겨드
랑이 아래 밧줄 밑으로, 던진 낡은
옷가지 천을 대세요." 그래서 제러
마야가 그대로 했다.
13 그리고 그들은 밧줄로 제러마야를
지하감옥에서 끌어올려서, 그는
감옥 뜰에 있게 되었다.
14 그때 제드카야왕이 사람을 보내
어, 예언자 제러마야를 **주님**성전의
세 번째 출입구로 데려왔다. 그리
고 왕이 제러마야에게 물었다. "내
가 당신에게 한 가지 묻겠다. 하나
도 숨기지 마라."
15 제러마야가 제드카야왕에게 말했
다. "내가 만일 그것을 왕에게 알려
도, 당신이 확실히 나를 죽이지 않
을까요? 내가 조언을 해도, 당신은
내 말을 듣지 않았잖아요?
16 그래서 제드카야왕은 제러마야에
게 넌지시 맹세하며 말했다. "우리
의 영혼을 만든 **주님**이 살아 있으
니, 나는 너를 죽이지 않고, 네 목숨
을 노리는 자에게 넘기지도 않겠
다."
17 그때 제러마야가 제드카야왕에게
말했다. "만인의 **주인**, 이즈리얼의
하나님이 말한 바에 의하면, '확실
히 네가 배블런왕의 대군왕자에게
끌려가도, 네 영혼은 살려 두고, 이
도성도 불타지 않게 하겠다. 그러
면 너도 살고, 네 집도 그럴 것이다.
18 그런데 만약 네가 배블런왕의 왕
자에게 끌려가지 않으면, 이 도성
은 캘디언 손에 들어가, 그들이 불
태우므로, 너는 그들 손에서 결코
도망가지 못한다'고 했어요."
19 그때 제드카야왕이 제러마야에게
말했다. "나는 캘디언에게 항복하
는 쥬다인을 두려워한다. 그들이
나를 저들 손에 넘기면, 저들이 나
를 모욕하게 된다."
20 그러자 제러마야가 말했다. "쥬다
인이 당신을 넘기지 않게 해야죠.
제발 부탁인데, **주님**의 목소리에
복종하세요. 그러면 내가 말하는
데, 당신 일이 잘 되고, 당신의 영혼
도 무사할 거예요.
21 그런데 당신이 **주님**이 내게 알려준
말에 따르기를 거절하면,
22 보세요, 쥬다왕 궁전에 있는 여자
모두 배블런왕의 대군왕자에게 끌
려가게 되면, 그녀들이 당신에게
말하겠죠. '당신 친구가 당신을 잘
못 이끌며, 뒤엎어서, 당신의 발은
진흙 속에 빠졌고, 그들은 등을 돌
렸다'고 하겠죠.
23 그래서 저들이 당신 아내와 자녀
를 캘디언한테 데려가면, 당신은
저들 손에서 결코 도망치지 못한
채, 배블런왕에게 붙잡혀, 결국 당
신이 도성을 불태우게 하는 거예

요."
24 그때 제드카야가 제러마야에게 말
했다. "이 말을 아무에게도 알리지
마라. 그러면 너를 죽이지 않겠다.
25 그러나 만일 관리들이 내가 말한
소문을 듣고, 너에게 와서, '네가 왕
에게 말한 내용을 우리에게 숨김
없이 말해라. 또 왕이 네게 무슨 말
을 했는지 솔직하게 말하면, 너를
죽이지 않겠다'고 할 텐데,
26 그때 너는 관리들에게 이렇게 말
해야 한다. '내가 왕 앞에서 청원하
여, 왕이 나를 조너썬 집 감옥에 돌
려보내지 말아서, 내가 거기서 죽
지 않게 해달라고 부탁한 것'이라
고 해야 한다.
27 그런 다음 관리들이 제러마야에게
와서 물었다. 그는 왕이 지시한 대
로 그들에게 말해주었다. 그들이
말을 끝내고 그곳을 떠난 것은, 그
일을 눈치채지 못했기 때문이었
다.
28 그래서 제러마야는 저루살럼이 빼
앗길 때까지, 감옥의 정원에서 살
았다.

저루살럼 붕괴

39 쥬다왕 제드카야치드키야, 시드기
야 9년 10개월째 달에, 배블런
왕 네부캔네절과 그의 군대가 저
루살럼을 향하여 와서, 포위했다.
2 제드카야왕 11년 4월 9일에 그 도
성이 붕괴되었다.
3 배블런왕의 대군왕자 모두 와서,
중앙 성문에 자리를 잡았는데, 삼
가의 네갈샤레저와, 최고관리 네
보사세킴과, 수석관리 네갈샤레저
및 배블런왕의 나머지 여러 신하
들이었다.
4 쥬다왕 제드카야가 그들과 전사를
보자, 도망쳐, 밤에 도성을 빠져나
와, 궁전 정원길로 두 성벽 사이 문
을 통해 평원 방향으로 나갔다.
5 그러나 캘디언 군대가 그들을 추
격하여, 제리코평원에서 제드카야
를 따라잡은 다음, 그들이 그를 붙
잡아 배블런왕 네부캔네절에게 데
려갔고, 해매쓰땅 립라에서 왕이
그를 재판했다.
6 립라 그곳에서 배블런왕은 눈 앞
에서 제드카야왕의 아들들을 죽이
고, 역시 쥬다의 귀족까지 참살했
다.
7 게다가 그는 제드카야의 눈을 뽑
고, 쇠밧줄로 묶어 배블런으로 끌
고 갔다.
8 캘디언은 왕의 궁전을 불태우고,
백성의 가옥도 불태우고, 저루살
럼 성벽도 무너뜨렸다.
9 그때 수비대장 네부재러댄이 포로
를 배블런으로 압송하고, 도성에
있던 나머지도, 항복한 사람도 그
들과 함께 끌고 갔다.
10 하지만 수비대장 네부재러댄이,
당시 쥬다땅에 아무것도 가진 것
없는 가난한 사람에게, 포도밭과

밭을 주었다.
11 그때 배블런왕 내부캔네절이 제러
마야에 대해 책임을 맡기며, 수비
대장 네부제러댄에게 말했다.
12 "이 사람을 데려가 잘 보살피며, 해
를 입히지 말고, 그가 네게 해달라
는 대로 해주어라."
13 그래서 수비대장 네부제러댄이 사
람을 보냈는데, 네부쉐스밴 최고
관리와, 네갈쉐레저 수석관리와,
배블런왕의 대군왕자들과 함께,
14 제러마야를 감옥 정원밖으로 데리
고 나와, 그를 쉐팬의 아들 애히캠
의 아들 게덜라야에게 맡겨, 집에
데려가게 했다. 그래서 그는 백성
과 함께 살게 되었다.
15 당시 **주님**의 말이 제러마야에게 들
려온 것은, 그가 감옥 정원에 갇혀
있을 때였다.
16 "너는 가서 이씨오피아 사람 이벤
멜렉에게 전해라. '만인의 **주인**, 이
즈리얼의 **하나님**에 따르면, 보라,
나는 비행과 만행 탓에 이 도성에
내린다는 나의 말을 실천하겠다.
그 일은 앞으로 너희 눈앞에서 이
루어질 것이다.
17 그러나 내가 그날 너희를 넘겨도,
주인이 말하는데, 너희가 두려워하
는 사람 손에 넘기지 않겠다.
18 내가 반드시 너희를 구원하여, 칼
에 쓰러지지 않게 하는 대신, 너희
생명의 대가를 스스로 받게 하는
이유는, 너희가 나에게 너희 믿음
을 두었기 때문이다.

제러마야가 풀려나다

40 **주님**의 말이 제러마야에게
온 시기는, 수비대장 네부재
러댄이 그를 래마에서 놓아주었을
때였는데, 그는 저루살럼과 쥬다
의 포로가 쇠사슬에 묶인 채 끌려
서 배블런까지 간 사람들 가운데
있었다.
2 수비대장이 제러마야를 데려가서
말했다. "당신의 **주 하나님**이 이곳
에 재앙을 선언했지요.
3 이제 **주님**이 그 재앙을 실행하여,
그가 말한 대로 이루어졌어요. 왜
냐하면 당신들이 **주님**을 거스르는
죄를 짓고, 그의 목소리를 따르지
않아서, 이런 일이 생겼어요.
4 이제 보세요, 나는 이날 당신 손에
묶인 쇠사슬을 풀어줄게요. 만약
당신이 나와 함께 배블런에 가는
쪽이 더 좋다면, 오세요. 그러면 내
가 당신을 잘 보살피겠어요. 그러
나 나와 같이 배블런에 가는 것을
꺼리면, 그만두세요. 보세요, 모든
땅이 당신 앞에 있으니, 당신 마음
에 편하고 좋은 곳으로 가세요."
5 제러마야가 떠나기 전에 수비대장
이 또 말했다. "쉐팬사판, 사반 아들,
애히캠 아들, 게덜라야그달야, 그다랴
한테 가세요. 배블런왕은 그를 쥬
다도성을 관리하는 총독으로 삼았
으니, 사람들 사이에서 그와 함께

살거나, 아니면 당신이 편한 곳이
면 어디든 가세요." 그렇게 수비대
장이 그에게 식량과 보상을 주며
풀어주었다.
6 그래서 제러마야는 애히캠 아들
게덜라야가 있는 미즈파로 가서,
그 땅에 남아 있는 사람 사이에서
살았다.
7 군대의 여러 대장이 병사와 함께
벌판에 있었을 때, 배블런왕이 애
히캠 아들 게덜라야를 그 땅의 총
독으로 임명했다는 소식을 들었
고, 그에게 위임된 사람은, 남자와
여자, 어린이와 가난한 사람 및 배
블런에 포로로 끌려가지 않은 모
두를 맡게 되었다.
8 그래서 사람들이 미즈파의 게덜라
야한테 왔는데, 네써나야 아들 이
쉬매얼과, 커리아 아들형제 조해
넌과 조너썬과, 탠후메쓰 아들 세
래이야와, 내토퉤쓰부족 이퐈이
아들들과, 마캐쓰부족 아들 제재
나아까지 와서, 함께 갔다.
9 쉐펀 아들, 애히캠 아들, 게덜라야
는, 그들과, 또 함께 있는 사람에게
맹세하며 말했다. "캘디언 사람을
섬기는 것을 두려워말고, 이 땅에
서 살며 배블런왕을 섬기면, 당신
모두 잘 살게 될 것이다.
10 나로 말할 것 같으면, 보라, 미즈파
에 살며, 우리에게 오는 캘디언을
섬길 것이다. 대신 너희는 술과, 여
름작물과, 기름을 수확하여, 너희
그릇 속에 담으며, 너희가 빼앗은
도성에서 살아라."
11 마찬가지로 모앱에 있던 쥬다인과
애먼이나, 이듬 및 다른 나라에 있
던 모든 쥬다인이 다음 소식을 듣
게 되었다. 배블런왕이 쥬다인 일
부를 남겼고, 그들을 다스리도록
쉐팬의 아들, 애히캠 아들, 게덜라
야를 세웠다는 것이다.
12 그래서 모든 쥬다인이 내쫓겼던
쥬다땅 미즈파로 되돌아와, 게덜
라야가 있는 장소에 왔고, 와인과
여름작물을 풍성하게 수확했다.
13 또한 커리아의 아들 조해넌과, 여
러 야전 군대지휘관도 미즈파의
게덜라야한테 와서,
14 그에게 말했다. "당신은, 애먼왕 배
이얼리스가, 네써나야 아들 이쉬
매엘을 보내, 당신을 죽이려는 것
을 분명히 알고 있나요?" 그러나
애히캠 아들 게덜라야는 그들을
믿지 않았다.
15 그때 커리아 아들 조해넌이 미즈
파에서 조용히 게덜라야에게 말했
다. "내가 부탁하는데요, 나를 보내
주면, 네써나야 아들 이쉬매얼을
아무도 모르게 죽이겠어요. 왜냐
하면 그가 당신을 살해할 수도 있
고, 당신에게 모여든 쥬다인이 흩
어지게 되면, 쥬다의 나머지는 모
두 망하겠지요?"
16 그러나 애히캠 아들 게덜라야는
커리아 아들 조해넌에게 말했다.

"너는 그렇게 하면 안 된다. 그 이
유는 네가 이쉬매엘에 대해 거짓
을 말하기 때문이다."

총독 게덜라야 살해

41 그리고 7개월이 지나, 왕손이
며 왕의 군왕자인 일라이샤
마의 아들, 네써나야 아들, 이쉬매
얼이, 같이 있던 열 사람과 함께, 애
히캠 아들 게덜라야가 있는 미즈
파에 와서, 그들과 함께 빵을 나눠
먹었다.
2 그때 네써나야 아들 이쉬매얼이
같이 있던 열 사람과 자리에서 일
어나더니, 쉐팬 아들, 애히캠 아들,
게덜라야를 칼로 살해했다. 그는
배블런왕이 그 지역을 관리하는
총독으로 임명한 사람이었다.
3 이쉬매얼은 또 미즈파에서 게덜라
야와 함께 있던 쥬다인도 모두 죽
이고, 그곳에 있던 캘디언과 전사
까지 살해했다.
4 그가 게덜라야를 살해한 후 이틀
이 지나도 그 사실을 아무도 알지
못했다.
5 어떤 사람들이 쉬컴과, 샤일로와,
스매리아에서 80여명이 왔는데,
수염을 깎고, 옷을 찢고, 몸을 자해
하고, 제단에 올릴 제물과 향을 손
에 들고 **주님**성전으로 가져왔다.
6 네써나야 아들 이쉬매얼이 미즈파
에서 그들을 만나러 가는 내내 울
더니, 그들을 만나자 말했다. "애히
캠 아들 게덜라야에게 와보세요."
7 그래서 그들이 도성 안으로 가서
보니, 네써나야 아들 이쉬매얼이
그들을 살해하고, 같이 있던 사람들
까지 죽여, 구덩이에 던졌던 것이
다.
8 단지 그들 중 열 사람은 이쉬매얼
에게 말했다. "우리를 죽이지 말아
달라. 우리는 들에 재물이 있는데,
밀과 보리와 기름과 꿀이 있다." 그
래서 그는 그들을 죽이지 않고 내
버려 두었다.
9 당시 이쉬매얼이, 게덜라야 때문
에 죽인 사람의 시체를 던져 넣은
구덩이는, 애이사왕이 이즈리얼왕
바아샤가 두려워 만들어 두었던
것인데, 네써나야 아들 이쉬매얼
이 자기가 살해한 사람으로 채웠
다.
10 그리고 이쉬매얼은 미즈파에 있던
나머지 사람을 모두 포로로 끌고
갔는데, 거기에는 왕의 딸들도 있
었고, 미즈파에 남아 있던 주민에
대해 수비대장 네부재러댄이, 애
히캠 아들, 게덜라야에게 맡겼던
사람까지 포로로 끌고 떠나서, 애
먼지역으로 넘어갔다.
11 그러나 커리아 아들 조해넌과 같
이 있던 군대지휘관 여럿이, 네써
나야 아들 이쉬매얼이 저지른 몹
쓸 행위를 듣고,
12 그들은 모두를 데리고, 네써나야
아들 이쉬매얼과 싸우려고 나가,

기비언의 큰 강가에서 그들 발견
했다.
13 이쉬매얼과 같이 있던 사람들은,
커리아 아들 조해넌과, 그와 같이
있는 군대지휘관들을 보자 기뻐했
다.
14 그래서 이쉬매얼이 미즈파에서 포
로로 끌고 가던 사람이 풀려나, 커
리아 아들 조해넌에게 갔다.
15 그러나 네써나야 아들 이쉬매얼
과, 한패 8명은 조해넌한테서 도망
쳐, 애먼지역으로 갔다.
16 그래서 커리아 아들 조해넌과, 그
와 같이 있던 군대지휘관들이, 살
아남은 사람들을 이끌었는데, 그
들은 네써나야 아들 이쉬매얼이
미즈파에서 애히캠 아들 게덜라야
를 살해한 후, 풀려난 사람들로, 그
안에는 전쟁용사, 여자, 아이들, 환
관들까지 조해넌이 기비언에서 다
시 데려갔고,
17 그들은 떠나서 침햄 거주지역에서
살았는데, 이곳이 배썰레헴 옆이
면서, 이집트로 들어가는 입구다.
18 그들은 캘디언을 몹시 두려워했
고, 또 네써나야 아들 이쉬매얼이,
배블런왕이 총독으로 임명한 애히
캠 아들 게덜라야를 살해했기 때
문에 대단히 두려워했다.

이집트 행 경고

42 그때 군대지휘관과, 커리아
아들 조해넌과, 호쉐이야 아
들 제저나야와, 심지어 크고 작은
나라로부터 온 모든 사람이 가까
이 와서,
2 제러마야 예언자에게 말했다. "우
리가 부탁하는데요, 당신이 우리
의 청원을 받아들여, 당신의 **주 하
나님**에게 우리와 여기 남아 있는
모두를 위해 기도해주세요. [왜냐
하면 당신의 눈이 보다시피, 남은
사람이 몇 안 되기 때문이에요.]
3 당신의 **주 하나님**은, 우리가 걸어야
할 길과 해야할 일을 보여줄 지도
몰라요."
4 그러자 제러마야 예언자가 그들에
게 말했다. "내가 당신들의 뜻을 들
었어요. 보세요, 나는, 당신들이 말
한 대로, 여러분의 **주 하나님**에게
기도하여, **주님**이 대답하는 바가
있으면, 그것을 당신들에게 전하
며, 하나도 숨기지 않겠어요."
5 그러자 그들이 제러마야에게 말했
다. "**주님**이 우리 사이에 진실한 믿
을 수 있는 증인이 되는 경우는, 만
일 우리가 당신의 **주 하나님**이 당신
을 우리에게 보낸 모든 일을 따르
지 않을 때일 거예요.
6 그 일이 좋든 나쁘든, 우리에게 당
신을 보낸 **주 하나님** 말에 순종할
겁니다. 앞으로 우리의 일이 잘 풀
리면, 우리가 **주 하나님**의 목소리에
복종하는 때일 거예요."
7 그리고 열흘이 지나, **주님**의 말이
제러마야한테 들려왔다.

8 그래서 그는 커리아 아들 조해넌
과, 같이 있던 군대지휘관과, 크고
작은 나라에서 온 사람까지 모두
불렀다.
9 그리고 그들에게 말했다. 이즈리
얼의 **주 하나님**이 말한 바에 따르
면, "너를 나에게 보내어 청원을 보
낸그들에 대하여,
10 만약 너희가 이 땅에서 여전히 살
고자 한다면, 너희를 몰아내는 대
신, 살도록 심고 뽑히지 않게 하겠
다. 이는 너희에게 불행을 내린 것
을, 내가 후회하고 있기 때문이다.
11 이제 너희가 두려워하는 배블런왕
을 겁내지도, 무서워하지도 말라
고, **주인**이 말한다. 왜냐하면 나는
너희와 함께 있으면서, 너희를 구
하고, 배블런의 손에서 너희를 구
해내기 때문이다.
12 또 내가 너희에게 관대한 사랑을
내려, 배블런왕이 너희에게 동정
심을 품게 하여, 너희가 제 나라로
되돌아가게 만들겠다.
13 그러나 만약 너희가, '우리는 그 땅
에서 살고 싶지 않고, 당신의 **주 하
나님** 목소리에 복종하지도 않겠다'
며,
14 하는 말이, '천만에! 우리는 이집트
로 가겠다. 그곳은 전쟁도 없고, 트
럼필소리도 들리지 않고, 빵에 배
고파하지도 않는, 그곳에서 살겠
다'고 하면,
15 그렇다면, 이제 **주 하나님**의 말을
들어봐라. 너희 쥬다의 남아 있는
사람들아! 만인의 **주님**, 이즈리얼
의 **하나님**이 말하는 바는, '만약 너
희 전부 이집트 방향으로 얼굴을
정하고 그곳에 가려 한다면,
16 그때는 너희가 두려워하는 칼이,
이집트땅에 있는 너희를 압도하
고, 너희가 두려워하는 기근이, 이
집트에 들어간 너희를 바짝 따라
붙어, 결국 너희는 거기서 죽는다.
17 이집트로 가서 살려고 제 얼굴 방
향을 정한 사람은, 모두 그렇게 될
것이다. 그들은 칼과, 기근과, 전염
병에 죽고, 그 중 누구도, 내가 그들
에게 내리는 재앙에서 살아남거나
피할 수 있는 자는 없다'고 했어요.
18 그리고 다음과 같이 만인의 **주님**,
이즈리얼의 **하나님**의 말에 따르면,
'나의 분노가 저루살럼 모든 주민
위에 내려진 것처럼, 그렇게 나의
화는, 너희가 이집트로 들어갈 때,
너희에게 미칠 것이다. 그러면 너
희는 혐오의 대상, 경악의 대상, 저
주의 대상, 비난의 대상이 되어, 더
이상 이곳을 보지 못할 것'이라고
했어요.
19 **주님**이 쥬다에 남아 있는 당신들에
게 말하며, '너희는 이집트로 가지
마라'고 한 것을 분명히 알라고, 이
날 내가 당신들에게 경고합니다.
20 당신들은 마음을 숨기며, 나를 당
신의 **주 하나님**에게 보내며 말했
죠. '우리를 위해 우리 **주 하나님**에

게 기도해 달라. 그리고 우리의 **주**
하나님이 말하는 모든 것을 말해주
면, 우리가 그대로 하겠다'고 했어
요.
21 그래서 내가 이날 당신들에게 그
것을 알렸는데도, 당신들은 **주 하나**
님의 말을 따르지도 않고, **주님**이
나를 당신에게 보내어 하고자 한
어떤 일도 하지 않았어요.
22 따라서 이제 당신들은, 칼에 죽고,
기근에 죽고, 질병에 죽고, 당신이
가서 살려는 그 땅에서 죽을 겁니
다."

제러마야가 이집트로

43 제러마야예레미야가 그들의 **주**
하나님이 사람들에게 전하는
말을 마쳤을 때, 이는 **주 하나님**이
그를 그들에게 보내어, 이 모든 말
을 전하게 했는데,
2 호쉐이야 아들 애저라야와, 커리
아 아들 조해넌과, 자부심이 강한
모두가 제러마야에게 말했다. "당
신은 거짓을 말하고 있어요. 우리
주 하나님이 당신을 보내어, 이집트
로 살러가지 말라고 말한 게 아니
예요.
3 대신 네라야 아들 버룩이, 우리를
대응하도록 당신을 세워, 우리를
캘디언 손에 넘겨서, 그들이 우리
를 죽게 하고, 배블런으로 포로로
끌고가려는 것일지 모르죠."
4 그렇게 커리아 아들 조해넌과, 군
대지휘관과, 사람들 모두, 쥬다땅
에서 살라는 **주님** 말에 순종하지
않았다.
5 대신 커리아 아들 조해넌과, 군대
지휘관은, 그들이 가있던 모든 나
라로부터 되돌아온 쥬다의 나머지
사람들을 붙들었고,
6 심지어 남자, 여자, 아이, 왕의 딸
들 및 수비대장 네부제러댄이 쉐
팬 아들, 애히캠 아들, 게덜라야에
게 맡겼던 모두와, 예언자 제러마
야와, 네라야 아들 버룩까지 붙들
었다.
7 그렇게 그들은 이집트땅으로 들어
가며, **주님** 말에 따르지 않고, 타팬
히스까지 갔다.
8 그때 **주님**의 말이 타팬히스에 있던
제러마야에게 들려왔다.
9 "네 손에 큰 돌을 주워, 벽돌가마
안의 진흙 속에 숨겨라. 그것은 타
팬히스의 풰로우 궁전 입구에 있
는데, 쥬다인이 보는 앞에서 해라.
10 그리고 그들에게 다음을 전해라.
만인의 **주님**, 이즈리얼의 **하나님**의
말에 의하면, '보라, 내가 나의 종
배블런왕 네부캗네절을 보내어,
그의 왕관을 내가 숨기는 그 돌 위
에 세우게 하고, 또 이집트인 위에
그 왕의 파빌리언 별장을 펼치게
하겠다.
11 그가 오면, 이집트땅을 쳐서, 죽을
자는 시체로, 포획자는 포로로, 칼
맞을 자는 칼에 끝내버리게 하겠

다.
12 또 나는 이집트신전이 불타도록,
그가 그곳을 태우게 하고, 그들을
약탈물로 끌고가게 하며, 그의 옷
위에 목자의 옷을 덧입은 듯, 이집
트땅을 제멋대로 정렬시킨 다음,
평정 속에서 그곳을 떠나게 하겠
다.
13 그리고 그가 이집트땅의 벳쉬메쉬
형상들도 부수고, 이집트신전을
불로 태우게 하겠다."

우상숭배에 대한 벌

44 제러마야에게 들려온 말은,
이집트땅 믹덜과, 타팬히스
와, 노프와, 패쓰로스지방에 사는
쥬다인에 관한 것이었다.
2 만인의 **주님**, 이즈리얼의 **하나님**이
다음을 말한다. "너희는 내가 저루
살럼과 쥬다도성에 내리는 재난을
보았다. 보라, 이날 그들이 파멸되
어, 그 안에 사는 자가 하나도 없다.
3 그들의 잘못된 행동으로 나의 화
를 자극하면서, 향을 태우고, 다른
신을 섬겼는데, 그들은 너희도 조
상도 알지 못하는 신이다.
4 그래서 내가 너에게 나의 종 예언
자를 보내어, 일찍 일어나라며, 일
렀고, 또 내가 싫어하는 이런 혐오
행동을 하지 말라고 했다.
5 그러나 그들은 듣지 않고, 그들의
잘못에서 돌아서라는 말에 귀도
기울이지 않으며, 다른 신에게 향
을 피웠다.
6 그래서 나의 화와 분노를 쏟아, 쥬
다의 도성과 저루살럼 거리에 불
타게 하여, 그곳은 오늘날 같이 불
모지로 버려졌다.
7 따라서 이제, **주인** 만인의 유일신,
이즈리얼의 **하나님**이 다음을 말한
다. 너희 영혼에 대해 큰 잘못을 저
질렀으므로, 너희, 남자와 여자, 아
이와 젖먹이를 쥬다에서 제거하
여, 아무도 남지 않게 한다.
8 그것으로 너희는 나를 자극하며,
너희 손으로 만든 공예물로 화를
일으켰고, 이집트땅에 가서 살며
다른 신에게 분향하며, 나의 분노
를 건드렸다. 그것은 너희 스스로
자신을 제거하고, 저주받고, 땅위
모든 민족 가운데 비난받게 되는
일이 아닌가?
9 너희는 조상의 잘못을 잊었나? 또
쥬다왕과 그들 아내의 잘못과, 너
희 백성과 아내들 스스로 쥬다땅
과 저루살럼 거리에서 자행한 잘
못을 잊었나?
10 그들은 이날까지 겸손하지 못하
고, 두려움도 없이, 나의 법과 규정
대로 걷지도 않는다. 그것은 내가
너희와 조상 앞에서 정했던 것인
데.
11 그래서 만인의 주인, 이즈리얼의
하나님이 말한다. 보라, 나는 너희
에게 재난을 주어 쥬다를 모조리
잘라내려는, 내 얼굴의 방향을 정

했다.
12 나는 쥬다의 나머지도 제거하겠
다. 그들은 이집트땅에 들어가 살
겠다고 그들의 방향을 정했는데,
모두 파멸시켜, 이집트땅에서 쓰
러지게 하겠다. 게다가 그들을 칼
과 기아에 먹혀 죽게 하면, 아이부
터 어른까지 전쟁과 배고픔으로
죽게 된다. 그러면 그들은 혐오와
경악의 대상이 되고, 저주와 비난
의 대상이 될 것이다.
13 이는 이집트땅에서 사는 그들도
벌을 주며, 내가 저루살럼을 칼과
배고픔과 전염병으로 혼내주듯,
똑같이 하기 때문에,
14 쥬다의 나머지가 이집트로 가서
살아도, 아무도 피하거나 살아 남
지 못한다. 그래서 그들이 쥬다땅
으로 돌아오도록, 돌아와서 살고
싶어하도록 만들겠다. 그들이 피
할뿐, 하나도 돌아오지 못하기 때
문'이다."
15 그때 자기 아내가 다른 신에게 분
향한 것을 아는 여러 남자와, 그 옆
에 서 있던 많은 여자 무리와, 심지
어 이집트땅 패쓰로스에서 사는
모두가 제러마야에게 대답하며 말
했다.
16 "당신은 우리에게 **주님**의 이름으
로 말하기는 해도, 우리는 당신 말
을 듣지 않겠어요.
17 대신 우리는 반드시 우리 자신 입
에서 나온 말은 무엇이든 하며, 하
늘여왕에게 분향하고, 그녀에게
음료제물을 부어, 우리가 하던대
로, 우리 조상과, 우리 왕과, 우리
대군왕자가, 쥬다도성과 저루살럼
거리에서 하던대로 하겠어요. 왜
냐하면 그때 우리는 식량도 풍부
하여 잘 살았고, 재난을 보지도 않
았으니까요.
18 그런데 우리가 하늘여왕에게 분향
하고, 그녀에게 술을 붓는 일을 중
단한 이래, 우리는 모든 것이 부족
했고, 칼과 기아에 망했지요.
19 우리가 하늘여왕에게 향을 피우
고, 그녀에게 음료제물을 부을 때,
그녀의 케익을 빚어 여왕을 섬기
고, 술을 붓기를, 우리의 남편없이
그렇게 했을까요?"
20 그때 제러마야가 남자와 여자 모
두와, 자기에게 대답해준 모두에
게 이렇게 말했다.
21 "너희가 쥬다도성과 저루살럼 거
리에서 태운 향은, 너와, 조상과, 왕
과, 대군왕자와, 그곳 사람이, 자신
들을 **주님**이 기억하게 하고, **주님**의
마음 속으로 불러들이게 하지 않
았나?
22 그런데 **주님**이 너의 비행 탓에 더
이상 참지 못하고, 너희가 저지른
혐오행위 때문에 참지 못해서, 너
희 땅을 불모의 대상, 경악의 대상,
저주의 대상으로 이날처럼 아무도
살 수 없게 만들어버렸다.
23 너희가 다른 신에게 분향하며, **주**

님을 거스리는 죄를 지었으므로,
또 그의 목소리를 따르지 않고, 그
의 법과 규정과 그의 증거에 따라
길을 걷지 않아서, 이런 불행이 이
날 너희에게 일어났다."
24 제러마야는 이어서 백성과 여자에
게 말했다. "**주님**의 말을 들어라, 이
집트땅에 있는 모든 쥬다인아!
25 만인의 **주님**, 이즈리얼의 **하나님**이
말한다. 너와 네 아내는 제 입으로
말하고, 제 손으로 실행하며 하는
말이, '우리는 맹세한 바를 반드시
지키는데, 하늘여왕에게 분향하며
음료제물을 부을 것'이라고 한다.
너희는 반드시 너희 맹세를 실천
하고 지켜라.
26 그리고 **주님**의 말을 들어라. 이집
트땅에 사는 모든 쥬다인아! 보라,
나는 위대한 나의 이름을 걸고 맹
세하며 말한다. 내 이름은 이집트
땅에 사는 어떤 쥬다인 입에서도
더 이상, '**주 하나님**이 살아 있으니,'
라는 말이 나오지 않게 하겠다.
27 보라, 나는 행운이 아닌 불행한 그
들을 지켜보겠다. 이집트땅의 쥬
다인은 칼과 배고픔으로 소멸되
어, 마지막 하나까지 파멸하게 될
것이다.
28 하지만 그 칼을 피한 소수만이 이
집트땅에서 쥬다땅으로 돌아오게
된다. 이집트로 살러 들어간 쥬다
의 나머지 모두는, 내 말과 그들 말
중 누구의 말이 현실이 될 지 두고
보면 알 것이다.
29 이것이 바로 너희에게 증거의 표
시가 될 것'이라고 **주인**이 말한다.
내가 이곳의 너희에게 벌을 주면,
너희 비행에 대해 내 말이 틀림없
이 이루어진다는 것을 너희가 알
게 하는 것이다.
30 **주인**은 이와 같이 말한다. '보라, 나
는 이집트왕 퐤로우 호프라를 적
과 그의 목숨을 노리는 자의 손에
넘겨주겠다. 이는 내가 쥬다왕 제
드카야를 그의 적이자 생명을 노
리던 배블러왕 네부캔네절에게 준
것과 마찬가지다."

버룩에게 전한 말

45 제러마야 예언자가 네라야
아들 버룩바룩에게 이야기한
시기는, 그가 자기 입으로 한 말을
책에 써넣은 당시로, 쥬다왕 조사
야 아들 제호야킴 4년째 해였다.
2 "오 버룩, 이즈리얼의 **주 하나님**이
너에게 다음을 말한다.
3 너는 이렇게 말했지. '이제, 내게 재
앙이다! **주님**이 나에게 깊은 슬픔
을 더해주니, 나는 한숨 속에 힘이
빠져, 더 이상의 편안은 없다'고.
4 하지만 **주님**은 나에게, 네게 전하
라며, 이렇게 말한다. '보라, 내가
건설한 것을 무너뜨리고, 내가 심
은 것을 뽑아버리며, 심지어 온 땅
을 제거하겠다.
5 그런데 너는 자신을 위해 큰 것을

찾는가? 찾지 마라. 보라, 내가 모
든 육체에 재앙을 내리기는 해도,
주인이 말하는데, 나는 네가 가는
곳이 어디든 네게 생명을 주어 포
로가 되게 하겠다."

이집트에 대한 벌

46 다음에 예언자 제러마야에게
들려온 **주님**의 말은, 이민족
에 관한 것으로,
2 이집트와, 이집트왕 퀘로우네코
군대에 대해 말한다. 그들은 칼케
미쉬의 유프래이티스강 옆에서 배
블런왕 네부캔네절에게 패했는데,
쥬다왕 조사야 아들 제호야킴 4년
째 해였다.
3 "너희는 소형방패와 큰 방패를 준
비하여 전쟁터로 나가라.
4 말에 안장을 채우고, 기병대는 일
어나라. 헬멭투구를 쓰고 창을 갈
고 갑옷을 입고 나서라.
5 왜 내가 본 그들이 당황하며 뒤로
물러서나? 그들의 힘센 용사는 패
하여 쓰러지고, 급하게 달아나며,
뒤도 돌아보지 않는다. 주변이 두
렵기 때문"이라고 **주님**이 말한다.
6 "날쌘 자가 달아나지 않게 하고, 힘
센자가 피하지 못하게 해라. 그들
을 비틀거리게 하여, 유프래이티
스강 북쪽에 쓰러지게 하겠다.
7 홍수처럼 몰려와, 그의 물줄기를
강같이 움직이는 자는 누군가?
8 이집트에 홍수를 일으키고 그의
물줄기를 강같이 움직이며 그가
말한다. '내가 올라가, 땅을 뒤덮고,
도성과 그곳 주민을 없애겠다'고.
9 어서 오너라, 너희 말들아! 분노해
라, 너희 전차들아! 용사도 오게 하
고 방패든 이씨오피아인과 리비안
및 활시위를 들고 당기는 리디아
인도 나오게 해라.
10 이날은 바로 만인의 **주 하나님**이 보
복하는 날이므로, 그의 적에게 복
수하며, 칼로 삼키면, 물리도록 먹
고, 피를 들이켜면 취하여 만족할
것이다. 그리고 만인의 **주 하나님**은
유프래이티스강 북쪽지방에서 희
생제물을 챙길 것이다.
11 오, 이집트의 딸 소녀는, 길리얻으
로 가서 방향연고를 구해라. 약품
을 많이 써봐도 듣지 않는 것은 절
대 너희가 치료되지 않기 때문이
다.
12 여러 나라가 너희 수모를 듣게 되
고, 너희 비명이 그 땅을 채우는 까
닭은, 용사가 용사에게 휘청거리
다, 서로 함께 쓰러지기 때문"이라
고 했다.
13 **주님**이 예언자 제러마야에게 한 말
은, 어떻게 배블런왕 네부켄네절
이 와서 이집트땅을 쳤는지에 관
한 것이었다.
14 "너희는 이집트에 선언하여, 믹돌
에도 알리고, 노프에도 알리고, 타
펜히스당시 수도에도 알리며 전해라.
'빨리 일어나, 도망갈 준비를 해라.

왜냐하면 칼이 삼키려 너희 주변
에 있다'고 해라.
15 왜 너희 용사가 저렇게 휩쓸려버
렸을까? 그들이 일어서지도 못하
는 이유는, **주님**이 그들을 내몰았
기 때문이다.
16 그는 다수가 쓰러지게 했다. 맞다,
하나 위에 다른 하나가 쓰러지자,
그들이 말한다. '일어나라. 다시 가
서 우리 민족한테 가고, 억압하는
칼로부터 우리 본토로 도망가자.'
17 그들이 이집트왕 풰로우에게 와서
외쳐도, 소음뿐, 그의 임기는 지나
갔다.
18 내가 살아 있다고, **왕**이 말하는데,
그의 이름은 만인의 **주인**이다. 틀
림없이 태이보산이 산 가운데 산
이듯, 카멀이 바다 옆에 있듯, 그렇
게 그가 올 것이다.
19 오, 이집트에 사는 딸들아, 너희는
스스로 포로로 갈 채비를 해라. 노
프지역이 불모로 버려져 아무도
살지 못하기 때문이다.
20 이집트는 그저 예쁜 암소와 같지
만, 파괴가 시작되면, 북쪽으로부
터 온다.
21 그녀를 고용한 남자도 살찐 수소
같이 이집트땅 가운데에 있지만,
그들 역시 등을 돌려 모두 도망가
버린다. 그들이 서 있지 못하는 이
유는, 재난의 날이 닥쳐, 그들의 죄
를 묻는 방문의 시기가 왔기 때문
이다.
22 이집트가 달아나는 독사처럼 쉿소
리를 내는 것은, 적의 군대가 진격
해 들어와서, 그녀를 향해 도끼를
가지고 나무꾼이 나무를 내리치듯
할 것이다.
23 그들은 이집트 숲을 잘라 쓰러뜨
릴 것"이라고 **주님**이 말한다. "그것
이 비록 빼곡히 들어차 있어도, 메
뚜기떼보다 많아, 수를 셀 수 없어
도, 잘라낼 것이다.
24 이집트의 딸이 당황하는 이유는,
그들이 북쪽 사람 손에 넘겨지기
때문이다."
25 만인의 **주님**, 이즈리얼의 **하나님**이
말한다. "보라, 나는 노부족과, 풰
로우와, 이집트 다수에게 벌을 주
는데, 그들의 신과 왕과 풰로우 및
그에게 의지하는 모두와 함께 처
벌할 것이다.
26 또 나는 그들을 그 목숨을 노리는
사람 손에 넘기고, 배블런왕 네부
캔네절과 신하 손에 넘기겠다. 그
런 다음 그 땅에 예전처럼 다시 사
람이 살게 하겠다"고 **주님**이 말한
다.
27 "그러나 오, 나의 종 재이컵, 너희
는 두려워 마라. 오, 이즈리얼아, 실
망하지 마라. 왜냐하면, 보다시피,
내가 먼곳에서 너를 구하고, 너희
후손이 포로로 간 그 땅에서 그들
도 구할 것이다. 그러면 재이컵은
돌아와, 편히 쉬게 되고, 아무도 그
를 두렵게 만들지 못하게 하겠다.

28 오, 나의 종 재이컵아, 두려워 말라
고 주인이 말한다. 내가 너와 같이
있어, 내가 너희를 쫓아보냈던 그
곳 민족을 완전히 끝장내버리기
때문이다. 하지만 나는 너희를 끝
내는 대신, 너희를 적절히 개선하
여 바로잡을 것이다. 그렇기는 해
도 너희를 전혀 벌주지 않은 채 내
버려두지는 않겠다."

필리스틴에 대한 벌

47 **주님**의 말이 예언자 제러마
야한테 필리스틴 민족에 대
해 들려온 시기는, 풰로우왕이 가
자지역을 공격하기 전이었다.
2 **주님**은 이렇게 말한다. "보라, 수면
이 북쪽에서 높아져 물이 범람하
면, 홍수가 땅을 덮고 도성과 그 안
에 사는 사람까지 덮친다. 그때 사
람이 소리치고 주민이 크게 울부
짖을 것이다.
3 말이 질주하며 내는 요란한 발굽
소리에, 전차가 달리며 바퀴가 덜
컹거리는 소리에, 아버지는 무력
한 손조차 자녀를 위해 내밀려고
뒤를 돌아보지 못한다.
4 그날은 필리스틴인을 약탈하고,
나머지 타이러스와 사이든에게 협
력할 자까지 제거하는 날이기 때
문이다. **주님**은 필리스틴과 캡톨지
방의 나머지 사람을 파멸시킬 것
이다.
5 가자는 아무것도 없는 대머리처럼
깍이고, 애쉬켈런계곡의 나머지
사람도 없어질 텐데, 네 차례는 얼
마나 기다려야 할까?
6 오 주인의 칼 네가 조용해지려면
얼마나 더 오래 있어야 하나? 네
스스로 칼집에 들어가 쉬고 잠자
코 있거라.
7 어떻게 칼이 가만히 있을 수 있나?
주님이 애쉬켈런과 그 해안에 대해
처벌책임을 주며 지켜보는데? 그
는 그 일을 정해놓았다."

모앱에 대한 벌

48 모앱에 대해서 만인의 주인
님, 이즈리얼의 **하나님**이 말
한다. "니보에게 재앙이다! 그곳은
파멸된다. 키리아쌔임은 혼란 중
에 빼앗기고, 미스갭요새도 당황
하여 무너진다.
2 모앱에 더 이상 자랑이 없으니, 해
쉬번 사람은 모앱에 대해 음모를
계획했다. '어서, 우리가 가서 그 민
족을 없애버리자'고. 그러나 너희
도 제거된다. 오 매드맨 사람아, 칼
이 너희를 뒤쫓는다.
3 울부짖는 목소리가 호러내임에서
나더니, 약탈과 대파괴의 소리가
들린다.
4 모앱이 패망하니 그 땅 어린이의
울음소리가 울려퍼진다.
5 이것은 루히쓰언덕으로 오르는 길
에 울음이 끊임없고, 적의 파괴로
호러내임으로 내려가는 길에 비명

이 들렸기 때문이다.
6 도망쳐, 네 목숨을 구하지 않으면,
황무지의 관목이 되고 만다.
7 이는 너희가 우상조각과 보물을
믿다가, 빼앗겼기 때문이다. 키머
쉬는 그들의 제사장과 대군왕자와
함께 포로로 끌려간다.
8 약탈자가 도성마다 들이닥치니,
이를 피할 곳은 없다. 계곡도 파멸
하고, 주인이 말한 대로 평원 역시
파괴된다.
9 모앱에게 날개를 달아주면, 그들
이 도망쳐 달아날 수 있을 텐데. 모
앱도성이 무너져내리므로 그 안에
살 자가 없다.
10 **주님**의 위업실천에 태만한 자는 저
주받고, 피를 보고도 제 칼로 막지
않는 자도 저주받는다.
11 모앱인은 예전부터 편히 지내왔는
데, 하찮은 찌꺼기에 안주하며, 그
릇마다 빈 적이 없었고 포로로 가
본 적도 없었다. 그래서 그의 맛은
그대로인 채, 향이 변하지 않았다.
12 따라서 보라, 그날이 오면, **주인**이
말하는데, 나는 모앱을 나그네로
떠돌게 하여, 그의 그릇을 비우고
물병과 술병을 깨뜨려버리겠다.
13 또 모앱은 키머쉬신 탓에 수모를
당하게 하겠다. 이는 이즈리얼 집
안이 믿은 베썰신 탓에 그들이 창
피당한 것과 같다.
14 너희가 어떻게, '우리는 싸울 수 있
는 강하고 용맹한 전사'라고 말할
수 있나?
15 모앱이 패하여 여러 도성이 무너
져버렸고, 그들이 선발한 청년도
학살되어 버렸다"고 **왕**이 말하는
데, 그의 이름은 만인의 **주님**이다.
16 "모앱에게 재난이 가까이 다가오
면서, 그들의 고통도 머지 않았다.
17 그 주위 사람은 모앱을 가엽게 여
길 것이고, 그의 이름을 아는 모두
는 말할 것이다. '어떻게 그토록 강
했던 지팡이와 아름답던 막대가
부러진단 말인가!'라고.
18 디번에 살던 딸들이 너희의 영광
에서 내려와, 갈망의 자리에 앉게
되는 이유는, 모앱의 침입자가 너
를 덮쳐, 너의 강한 요새를 무너뜨
리기 때문이다.
19 오 애로어 주민아, 길에 서서 살피
며 도망간 그와, 피신한 그녀에게
물어봐라. '어떻게 된 일이냐?'고.
20 모앱이 붕괴되어 혼란에 빠지자,
울며 소리친다. '너희가 아넌에 가
거든 소식을 전해라. 모앱이 패망
했다'고.
21 평원지역 홀런, 재이해자, 메퐈쓰
에 판결이 내려지고,
22 디번과 니보와 베쓰디블레쌔임도,
23 키리애쌔임, 베쓰개뮤, 베쓰미언
도,
24 커리오쓰, 보즈라 및 모앱땅 모든
도성마다, 가깝거나 먼곳까지 판
결이 내린다.
25 모앱의 뿔이 잘리고 팔이 부러진

다"고 **주님**이 말한다.
26 "너희는 모앱을 취하게 해라. 그가
주인에 맞서 스스로 자신을 너무
높였기 때문에, 그 역시 제 토사물
에 뒹굴며 멸시당하게 될 것이다.
27 이즈리얼이 너희에게 조롱감이 아
니었냐? 이즈리얼이 도둑에게 붙
잡히자, 너희는 비웃고 재밌어 하
며 깡충거렸다.
28 오 모앱에 사는 너희는 그 도성을
떠나, 바위 사이에 살며, 동굴 입구
쪽에 둥지를 트는 비둘기처럼 되
어라.
29 우리는 모앱의 자만을 들어왔는
데, [그들은 지나치게 거만하여,]
무례하고, 불손하며, 제 오만과 마
음 속 우쭐함이 지나쳤다.
30 나는 그들의 무례함을 안다"고 **주
님**이 말한다. "하지만 그것은 아무
소용이 없고, 그의 거짓 역시 효과
가 없을 것이다.
31 그래서 나는 모앱을 위해 슬퍼하
고, 그를 위해 울며, 내 마음 속에서
킬헤레스 사람을 위해 애도할 것
이다.
32 오, 십마의 포도나무야, 나는 너와
더불어 재저 사람을 위해 울 것이
다. 너희 포도나무는 바다를 건너,
재저 바다까지 닿지만, 침략자는
너희 여름과일과 너희 포도주를
휩쓸 것이다.
33 즐거움도 기쁨도 풍성한 들로부터
빼앗겨, 모앱땅에서 없어졌다. 그
래서 내가 포도압착기에서 와인이
흐르지 않게 하면, 소리치며 그 틀
을 밟는 사람이 아무도 없고, 그 외
침은 더 이상 즐거운 소리가 아닐
것이다.
34 헤쉬번의 외침부터 일릴레와 재이
해스까지 전해지고, 조알에서 호
러내임까지 그들의 목소리를 내
고, 마치 세 살 먹은 암소처럼 제
소리를 내는 것은, 님림의 물이 없
어지기 때문이다.
35 또 나는 모앱을 중단시킬 것"이라
고 **주님**이 말한다. "높은 신당에서
제사하고 그의 신에게 분향하는
사람을 제거하겠다.
36 그러면 나의 마음은 모앱을 위해
피리와 같은 소리를 내고, 킬헤레
스 사람을 위해 파이프 같은 소리
를 내며 슬퍼할 것이다. 이는 그들
이 모은 재물이 사라졌기 때문이
다.
37 그래서 모두가 머리를 밀고 수염
을 깎고, 그들 손 위에 상처를 내고
허리에 베옷을 둘렀다.
38 모앱의 옥상마다 거리마다 슬퍼하
는 것은, 내가 아무 즐거움이 없는
빈 그릇처럼 모앱을 부수었기 때
문"이라고 **주님**이 말한다.
39 "그들은 울며 말한다. '어떻게 이곳
이 이렇게 무너졌나! 어떻게 모앱
이 이런 수치를 되돌릴까!' 그렇게
모앱은 놀림감이 되어 주위 모두
를 경악시킬 것이다."

40 **주님**의 말에 의하면, "보라, 그는 독
수리처럼 날아 그의 날개를 모앱
위에 펼칠 것이다.
41 커리오쓰가 빼앗기자, 요새가 놀
란다. 그날 모앱용사의 가슴은 산
통 중인 여자의 가슴처럼 아플 것
이다.
42 모앱은 한 민족으로 존재하지 못
할 정도로 파괴된다. 왜냐하면 모
앱은 **주님**에 맞서 스스로 너무 드
높였기 때문이다.
43 오 모앱의 주민아, 너희는 놀라서
도망가다 구덩이에 빠져 덫에 걸
릴 것"이라고 **주님**이 말한다.
44 "두려워 달아나는 자는 구덩이에
빠지고, 그곳을 기어나와도 덫에
걸린다. 이는 내가 모앱에게 죄를
물으러 방문하는 해에 그렇게 만
들어주겠다"고 **주님**이 말한다.
45 "달아나는 그들이 해쉬번의 힘을
믿고 그 그림자 아래 섰어도, 그곳
에서 불이 나와, 시혼 가운데서 불
꽃이 일어, 모앱의 구석구석을 삼
키며, 동요하는 사람의 머리에 크
라운관이 되어줄 것이다.
46 너희에게 재앙이다! 오 모앱아! 키
머쉬신을 믿는 사람은 사라진다.
왜냐하면 너희 아들과 딸이 포로
로 잡혀가기 때문이다.
47 하지만 나는, 훗날 모앱의 포로를
다시 데려오겠다"고 **주님**이 말한
다. 모앱의 판결은 여기까지다.

이민족에 대한 벌

49 애먼에 대하여 **주님**이 다음
을 말한다. "이즈리얼에 아들
이 없나? 상속자가 없나? 그런데
왜 그들 왕이 개드를 유산으로 받
고, 그 사람들이 그 도성에서 사
나?
2 그러니 보라, 그날이 오면 **주인**이
말하는데, 나는 애먼민족의 래바
가 전쟁경고를 듣게 하겠다. 그곳
을 잔해더미로 만들면, 그곳의 딸
이 불에 타면, 본래 상속자였던 이
즈리얼이 상속자가 될 것"이라고
주님이 말한다.
3 "오 헤쉬번아 슬퍼해라. 애이아이
가 침략당했다. 래바의 딸 너희는
울고, 허리에 베옷을 두르고 슬퍼
하며, 성벽 옆 이리 저리 뛰어다녀
라. 그들 왕이 포로로 끌려가고 제
사장과 대군왕자도 함께 잡혀가기
때문이다.
4 왜 네가 계곡을 자랑하고 풍요를
누리나? 오 부정한 딸아! 너희는
제 땅의 보물을 믿고 '누가 우리를
공격하러 올까?' 라고 말했지.
5 보라, 내가, 만인의 **주인 하나님**이
말하는데, 네 주변 모두로부터 오
는 공포를 네게 주겠다. 그러면 너
희 모두가 내쫓겨 아무도 한 자리
에 함께 있을 수 없는 유랑자가 된
다.
6 그런 다음 나는 다시 애먼자손의
포로를 데려오겠다"고 **주님**이 말

한다.
7 이듬에 관하여 만인의 **주님**이 다음
을 말한다. "테먼에는 지혜가 더 이
상 없나? 분별력 있는 자의 충고도
없나? 그들의 지혜는 사라졌나?
8 너희는 달아나라. 등을 돌리고 가
서 깊은 곳에 숨어 살아라. 오 디댄
의 주민아! 왜냐하면 내가 이소에
게 재난을 주고자, 그를 방문하기
때문이다.
9 만일 포도원 농부가 너희에게 들
이닥치면, 그들은 작은 포도이삭
도 남기려 하지 않겠지? 만약 밤에
도둑이 들면, 만족할 때까지 모조
리 휩쓸어갈 것이다.
10 그러나 나는 이소가 맨몸에, 그의
은밀한 부분까지 드러나도록 만들
겠다. 그러면 그는 더 이상 자신을
감출 수 없어 씨앗마저 약탈당한
나머지, 형제도 이웃도 아무것도
없게 된다.
11 고아를 내버려둬라. 내가 그들을
보호하여 살리겠다. 과부도 나를
의지하게 해라."
12 **주님**의 말에 따르면, "보라, 죽음
의 잔을 마시지 않아도 되는 판결
을 받은 사람을 억지로 마시게 하
면서, 너희는 벌받지 않아야 할까?
너희가 처벌없이 무사할 수는 없
다. 너희가 반드시 그 잔을 마시게
하겠다.
13 나 스스로 맹세했다고, **주인**이 말
하는 바는, 보즈라를 붕괴시켜 치
욕을 당하고 버려지는 저주를 받
게하며, 그곳 도성을 영원한 불모
지로 만들어버리겠다는 것이다."
14 내가 **주님**으로부터 그 이야기를 듣
고, 한 사람 사절을 그 이민족에게
보내어 다음과 같이, '너희 모두 한
데 모여 그 땅을 공격하는 전쟁에
대비해라'고 전했다.
15 "보라, 내가 너를 이민족 가운데 하
찮은 작은 것으로 만들어 사람들
이 경멸하게 하겠다.
16 너희 끔찍한 행태가 자신을 현혹
시키고, 제 마음에 자만심을 주었
다. 바위틈에 사는 너희는 높은 언
덕에 자리잡아, 너희 둥지를 독수
리만큼 높이 만들고 싶겠지만, 내
가 그곳에서 너를 아래로 끌어내
리겠다"고 **주님**이 말한다.
17 "이듬민족 역시 무너뜨려, 옆을 지
나는 모두가 보고 놀라며, 그곳의
불행에 '쉿'소리를 내게 하겠다.
18 소듬소돔과 거머라고모라와 여러 이
웃 도성이 쓰러질 때, 주인이 한 말
은, 그곳에 아무도 인간의 자손이
살지 못하게 하겠다고 했다.
19 보라, 조든의 깊은 숲속에서 자란
사자와 같은 그가 나타나면, 내가
그를 시켜, 이듬을 그땅에서 쫓아
내겠다. 누구를 선택하여 그곳 관
리를 맡길까? 누가 나처럼 할까?
누가 제 때에 지명을 할까? 누가
내 앞에 설 목자인가?
20 그러니 그가 이듬에 대해 설계한

주인의 계획과, 테먼주민에 대해
의도한 계획을 들어봐라. 반드시
작은 양떼 무리도 내쫓고, 그와 함
께 그들의 주거지를 확실히 파멸
시키겠다.
21 그 땅은 그들이 쓰러지는 소란에
흔들리고, 그곳 비명소리는 홍해
바다까지 들린다.
22 보라, 그는 독수리처럼 날아와서,
보즈라 위에 날개를 펴면, 그날 이
듬 용사의 가슴은 산통을 겪는 여
자의 모습과 같을 것이다.
23 드매스커스에 관한 언급에서, 해
매쓰와 알패드가 혼란에 빠진 것
은, 그들이 나쁜 소식을 들었기 때
문이다. 그들의 기운이 빠지자, 바
다도 슬퍼 진정할 수 없다.
24 드매스커스가 힘이 빠져 제 스스
로 등을 돌려 달아나자, 그곳은 두
려움에 사로잡히고, 고통과 슬픔
이 엄습하여 마치 산통 중인 산모
와 같다.
25 나의 기쁨의 도성 칭찬받던 그곳
이 어떻게 아무것도 남지 않았나!
26 드매스커스의 청년은 거리에서 쓰
러져, 그날 전사는 모두 제거된다"
고 만인의 **주님**이 말한다.
27 "내가 드매스커스다메섹 성벽에 불
을 지르면, 그것이 벤해댄의 궁전
을 전소시킬 것이다.
28 케달과 해이조왕국으로 말하자면,
배블런왕 네부캔네절이 물리쳤던
곳인데, **주인**이 말한 바는, '너희는
일어나서 케달로 가서, 그곳 동쪽
사람을 약탈하라'는 것이다.
29 저들이 천막과 양떼를 빼앗고, 그
들의 휘장도 그릇도 낙타까지 빼
앗으면, 그들이 소리쳐도 도처에
공포만 있을 것이다."
30 "너희는 멀리 도망가서, 깊이 숨
어 살아라. 오 해이조 주민아!" 라
고 **주님**이 말한다. "왜냐하면 배블
런왕 네부캔네절이 마음에 악의를
품고 너희를 공격할 계획을 꾸몄
다.
31 너희가 일어나 풍요로운 곳을 공
격하면, 주의하지 않고 살 수 있다"
고 **주인**이 말한다. "그곳은 성문과
빗장이 없어도 독립적으로 살 수
있다.
32 그곳의 낙타도 전리품이고, 많은
소떼도 약탈물이다. 나는 그들을
바람에 흩어, 구석으로 몰고, 사방
으로부터 재난을 내릴 것"이라고
주님이 말한다.
33 "해이조가 용의 서식처가 되면 영
원히 버려져, 거기에 사람이 살 수
없고, 인간의 자식도 살지 못한다."
34 **주님**의 말이 예언자 제러마야에게
일램에 관하여 들려온 시기는, 쥬
다왕 제드카야 집권 초기였는데,
35 **주님**의 말에 따르면, "보라, 나는 그
들의 힘센 대장 일램의 화살을 부
러뜨리겠다.
35 또 일램에게 하늘의 네 방향에서
오는 네 개의 바람을 가져와, 그 바

람의 방향으로 그들을 흩어버리
면, 일램의 추방자가 가지 않을 나
라가 없을 것이다.
37 내가 일램을 적과 그들의 목숨을
노리는 저들 앞에서 모욕을 당하
게 하는 이유는, 그들에게 재난과
성난 분노를 주겠다고 주인이 말
하기 때문이다. 나는 그들을 완전
히 삼킬 때까지 칼을 보낼 것이다.
38 나는 일램에 나의 왕위를 세우며,
그곳의 왕과 대군왕자를 파멸시킬
것"이라고 **주님**이 말한다.
39 "대신 나는 일램의 포로를 먼훗날
다시 데려올 것"이라고 **주님**이 말
한다.

배블런에 대한 벌

50 다음은 **주님**이 배블런바빌론과
캘디언땅에 관하여 제러마야
예언자를 통해 전한 말이다.
2 "너는 그 민족들에게 선언하고 알
려라. 깃발을 세워 알리며 감추지
말고 말해라. 배블런이 빼앗기고,
벨도 치욕을 당한다. 메로댁도 무
너져 조각나고, 그의 우상은 수모
를 당하고, 조각형상은 산산이 부
서진다.
3 북쪽에서 그 땅을 향해 한 민족이
오게 하여, 그곳을 폐허로 만들어,
아무도 살 수 없게 하겠다. 그러면
그들은 옮겨야 하고 사람과 짐승
모두 떠나야 한다."
4 그때 그날에, **주인**이 말하는데, 이
즈리얼 자손이 쥬다자손과 함께
올 때, 울면서 그들의 **주 하나님**을
찾게 하겠다.
5 그들이 제 얼굴을 그 방향으로 돌
리며 자이언으로 가는 길을 묻게
하겠다. 또 이와 같이, '어서, 우리
함께 영원한 약속을 한 **주님**에게
가서, 절대 잊지 말자' 라고 말하게
하겠다.
6 나의 백성은 그동안 길 잃은 양떼
였다. 그들의 목자가 그들이 멀리
떠나 산에서 방황해도 돌보지 않
자, 그들은 산과 언덕으로 헤메며
제 안식처를 잊게 되었다.
7 그들을 발견하자, 적이 집어삼키
며 말한다. '우리가 죄를 지은 게 아
니고, 그들이 **주님**을 거스르는 죄
를 지었기 때문이다. 정의의 산실
이고 그들 조상의 희망인 **주님**에게
잘못한 탓'이라고 하겠지.
8 배블런에서 벗어나고 캘디언땅에
서 빠져나가, 양떼 앞에 선 염소가
되어라.
9 보라, 나는 배블런을 공격할 연합
세력을 일으켜, 북쪽의 여러 나라
가 오게 하겠다. 그들이 그 땅을 치
도록 전열을 갖추면, 배블런은 함
락된다. 그들의 화살은 강력한 전
사가 되고, 헛되이 돌아오는 것은
없을 것이다.
10 그러면 캘디아는 침략당하고, 약
탈자 모두는 만족하게 될 것"이라
고 **주님**이 말한다.

11 "너희가 기쁘고 즐거운 까닭은, 오
나의 유산물을 파괴하는 자들아,
암소가 초원의 풀로 살이 쪄, 수소
처럼 울기 때문이겠지.
12 네 어미는 몹시 당황하고, 너를 밴
어미는 수모를 겪는다. 보라, 그 나
라의 가장 안쪽조차 말라 건조한
사막이 될 것이다.
13 **주님**의 분노로 인해 그곳은 사람이
살 수 없고, 대신 철저히 폐허가 된
다. 배블런 옆을 지나는 사람마다
경악하며, 그 땅의 재앙에 '쉿'소리
를 낼 것이다.
14 배블런 일대를 공격하기 위해 너
희는 전열을 갖춰라. 일제히 활시
위를 당겨 그곳을 향해 쏘되, 화살
을 아끼지 말아라. 왜냐하면 배블
런이 **주님**에게 죄를 지었기 때문이
다.
15 배블런을 향해 소리치면, 손을 들
어 항복하고, 그 땅의 기반과 성벽
이 무너진다. 이것이 바로 **주님**의
보복이다. 그들이 한 대로 그곳에
복수해주어라.
16 배블런에 씨뿌리는 자와, 낫으로
베어 거둬들이는 자를 제거해라.
그 이유는 억압하는 자의 공포의
칼로부터 그들을 제 민족에게 돌
아가게 하고, 모두를 자기 땅으로
돌아가게 하려는 것이다.
17 이즈리얼은 사자에게 쫓겨 흩어진
양떼로, 처음에는 엇시리아왕이
그들을 삼켰고, 나중에는 배블런
왕 네부캔내절이 뼈까지 부러뜨렸
다."
18 그래서 만인의 **주님**, 이즈리얼의 **하
나님**의 말에 따르면, "보라, 나는 배
블런왕과 그의 땅을 혼내며, 엇시
리아왕에게 벌을 준다.
19 그리고 이즈리얼을 다시 그의 터
전으로 데려와, 카멀과 바샨에서
풀을 먹여, 그의 영혼이 이프리엄
과 길리얻산에서 만족하게 하겠
다.
20 그때 그날에는, 주인이 말하는데,
이즈리얼의 죄를 찾아도 없고, 쥬
다의 죄도 발견되지 않는다. 왜냐
하면 내가 보유한 그들의 죄를 용
서하기 때문이다.
21 메러쌔임땅을 향해 가서 공격하
고, 피콛의 주민을 쳐서, 철저히 그
들을 쫓아 파멸시켜 불모지가 되
게 해라. **주님**이 말하는데, 내가 네
게 명령한 대로 따라라.
22 그 땅에 전쟁소리가 들리게 하며
대파괴 소리를 내라.
23 온 땅을 내려치던 망치가 이렇게
산산이 부러져버렸다! 어떻게 배
블런이 여러 나라 가운데 이렇게
파멸되어버렸단 말인가!
24 내가 놓은 덫에 네가 걸려들었다.
오 배블런아, 네가 눈치 채지 못했
지만, 알게 되었을 때는 걸려든 거
다. 네가 **주님**에게 대항해온 탓이
다.
25 주인은 그의 무기고를 열어 그의

분노의 무기를 가져온다. 이것이
만인의 **주 하나님**이 캘디언땅에서
하려는 일이다.
26 국경 끝에서 그 땅을 향해 와서, 그
창고를 열어젖히고, 그를 쓰레기
더미에 던지며, 철저히 파괴하고,
그 땅에 하나도 남기지 마라.
27 그곳 수소를 도살장으로 끌어내
모조리 죽여라. 그들에게 재앙이
다! 그들의 죄를 물으러 방문할 날
이 왔기 때문이다.
28 도망가고 달아나는 목소리가 배블
런땅에서 들리는 것은, 우리의 **주**
하나님의 복수가 그의 성소 자이언
에서 선포된 것이다.
29 사수를 불러 모아 배블런을 공격
해라. 너희 모두 활시위를 당기고,
그 주위에 포진하여, 하나도 피하
지 못하게 해라. 그들 행위에 대한
대가로, 그들이 해온 대로 갚아주
어라. **주님**에 대한 자만의 대가이
고, 이즈리얼의 신성한 유일신 **하**
나님에 대항한 대가다.
30 그래서 그 땅의 젊은이는 거리에
서 쓰러지고, 전사는 그날 모두 제
거된다"고 **주님**이 말한다.
31 "두고봐라, 내가 너를 공격한다. 오
가장 자만한 너희들아!" 라고 만인
의 **주 하나님**이 말한다. "너희 차례
의 날이 오면, 내가 너희를 방문할
것이다.
32 가장 자만하는 자가 비틀대다 쓰
러지면, 누구도 일으켜줄 자가 없
다. 또 내가 그의 도성에 불을 붙이
면, 그 일대를 모두 삼킬 것이다."
33 만인의 **주님**의 말에 따르면, "이즈
리얼과 쥬다자손이 모두 억압을
당했다. 침략자들은 포로를 재빨
리 붙잡고, 보내주기를 거절했다.
34 그들의 구원자는 막강하다. 만인
의 **주님**이 그의 이름이다. 그는 철
저히 그들의 사정을 변호할 것이
다. 그래서 그는 그 땅이 쉴 수 있
도록, 배블런 주민을 동요하여 불
안을 줄 것이다.
35 캘디언 위에 칼이 와 있다고 **주님**
이 말하는데, 배블런 주민과, 대군
왕자와 그 땅의 현자 위에도 칼이
와 있다.
36 거짓을 말하는 자 위에도 칼이 있
어, 그는 멍청해지고, 힘센자에게
도 칼이 있어, 그들은 모욕을 당한
다.
37 그들의 말과 마차에도 칼이 있고,
그 땅 가운데 있는 외국민족에게
도 칼이 와 있다. 그러면 그들은 여
자처럼 연약해질 것이다. 또 칼은
그 땅의 재물에도 와서, 강탈당하
게 될 것이다.
38 기근은 그 땅의 물에도 와서, 말릴
것이다. 이는 그 땅이 조각형상으
로 가득 차서, 그들이 우상에 미쳐
있기 때문이다.
39 따라서 사막의 야생짐승도, 섬의
짐승과 함께 그곳에 살게 되고, 올
빼미도 살며, 앞으로 영원히 그곳

에 사람이 살지 못하고, 대대로 살
수 없을 것이다.
40 **하나님**이 소듬과 거머라와 이웃 도
성을 파멸한 것처럼, **주님**이 말하
는데, 그곳에는 사람이 살지 못하
고, 어떤 인간의 자식도 살 수 없게
하겠다.
41 두고봐라, 북쪽의 큰 민족을 오게
하고, 많은 왕들이 땅의 곳곳에서
일어나게 하겠다.
42 그들은 활과 창을 들고 오며, 무자
비하고, 자비를 보이지 않고, 그들
의 목소리는 거친 파도처럼 포효
한다. 그들은 말에 올라타 전사와
도 같이 전열을 갖추어, 너를 공격
할 것이다. 오, 배블런의 딸아!
43 배블런왕이 그 소문을 듣고, 손이
몹시 떨리며 공포에 사로잡혀 해
산하는 여자처럼 괴로워한다.
44 보라, 그는 조든의 거친 서식처에
서 자란 사자처럼 올 것이다. 그러
나 나는 그들을 그 땅에서 재빨리
달아나게 하겠다. 내가 그 땅의 관
리를 맡도록 선택한 자는 누구인
가? 그는 나와 같은 사람인가? 내
가 시간을 정해 줄 자가 누구인가?
내 앞에 서서 목자가 될 자는 누구
인가?
45 따라서 너희는 **주님**의 계획을 들어
라. 그는 배블런을 빼앗고, 캘디언
땅을 빼앗을 계획이다. 틀림없이
적은 양떼까지 그들을 이끌어낼
것이다. 반드시 그는 저들의 터전
을 그들과 함께 파멸시킬 것이다.
46 배블런이 무너지는 소란에 땅이
흔들리고, 거기서 들리는 아우성
이 온 나라에 들린다."

배블런 파멸언급

51 **주님**이 말한다. "보라, 나는
배블런을 공격할 세력을 불
러일으키고, 나를 반대하며 사는
무리에 대항하는 바람을 일으켜
파괴하겠다.
2 그래서 배블런을 키질할 자를 보
내어 그 땅을 키질한 다음, 그곳을
비우기 위해 재난의 날 적을 배블
런 일대에 주둔시키겠다.
3 궁수는 제 활시위를 당겨 배블런
을 공격하고, 전사는 제 갑옷을 입
고 일어나 그들을 공격해라. 너희
는 그 땅의 청년을 살리지 말고, 그
곳 군대를 철저히 파괴해라.
4 그러면 칼에 배인 자는 캘디언 전
역에 널리고, 창에 찔린 자는 거리
에 쌓인다.
5 이즈리얼은 그의 **하나님**을 외면하
지 않았고, 쥬다도 만인의 **주님**을
버리지 않았다. 비록 저희 땅을 이
즈리얼의 신성한 유일신을 거스르
며 죄로 채우기는 했어도 말이다.
6 배블런 가운데서 달아나라. 사람
마다 제 영혼을 구하며, 배블런의
죄로 잘려나가지 않게 해라. 이때
는 **주님**의 보복기이므로, 배블런에
게 대가를 갚아주게 된다.

7 배블런은 **주님** 손 안의 금잔이 되
어, 그가 그 땅의 모든 것을 취하게
만들고, 민족이 그곳 와인으로 취
하게 하자, 민족마다 미쳐버린다.
8 배블런은 갑자기 몰락해 파멸한
다. 그 땅을 위해 울어주고, 그곳 상
처에 방향연고를 발라주면, 어쩌
면 나을 지도 모르지.
9 우리가 배블런을 치료해도, 그곳
은 치유되지 않는다. 그러니 배블
런을 잊고, 모두 제 고향으로 가자.
왜냐하면 그곳의 판결이 하늘에
이르도록 공중까지 들어올려졌기
때문이다.
10 **주님**은 우리의 정의를 이룩했다.
우리는 어서, 자이언에서 우리의
주 하나님의 업적을 선포하자.
11 화살촉에 광을 내고, 방패를 모아
라. **주님**이 메데스 여러 왕의 영혼
을 불러일으켰다. 그의 계획이 배
블런을 공격하여 파괴하는 데 있
다. 이는 **주님**의 복수이고 그의 성
전의 보복이기 때문이다.
12 배블런 성벽 위에 깃발을 세우며,
요새를 지키도록 파수병을 두고
복병을 대기시켜라. 이는 **주님**의
계획이므로, 그가 배블런 주민을
공격하겠다고 말한 바를 실행하는
것이다.
13 오, 큰물 바닷가지중해에 살며 자원
이 풍부한 너희들아, 네 마지막이
다가오니, 너희 탐욕의 대가를 측
정한다.
14 만인의 **주님**이 자기 이름으로 맹세
하며 말한다. '분명히 나는 너를 애
벌레로 채우듯, 사람으로 채우겠
다. 그러면 그들이 이 땅에 대고 소
리를 높일 것이다.
15 **주님**은 그의 힘으로 땅을 만들고,
그의 지혜로 세상을 세웠으며, 그
의 이해로 하늘을 펼쳤다.
16 그가 자기 목소리를 내어, 하늘에
많은 물이 있게 하자며, 땅끝에서
수증기를 위로 오르게 했고, 비로
번개를 만들고, 그의 보물창고에
서 바람도 가져왔다.
17 인간은 지식이 없어 분별력도 없
고, 대장장이는 조각형상을 만들
어 혼란을 주는데, 주물우상은 허
상이며 그 안에 호흡이 없다.
18 그것은 쓸데없는 잘못의 결과물이
므로, 그들의 죄를 물으러 방문할
때 그것을 없애겠다.
19 재이컵의 몫이 그들과 다른 이유
는, **주님**이 모든 것을 형성하면서,
이즈리얼은 그의 유산의 지팡이가
되겠했던 것이다. 만인의 **주인**이
바로 그의 이름이다.
20 너는 나의 전투용 도끼이자 전쟁
의 무기다. 내가 너 때문에 모든 민
족을 무너뜨리고, 너로 인해 왕국
을 파괴하기 때문이다.
22 너를 가지고 나는 그들의 말과 기
수를 산산이 흩어버리고, 너와 함
께 마차와 기병을 박살내겠다.
22 나는 또 너와 더불어 남녀를 파멸

하고, 늙으나 젊으나 쓰러뜨리고,
너와 함께 청년과 소녀까지 없애
겠다.
23 또한 너와 함께 목자와 양떼를 박
살내고, 농부와 그의 멍에를 맨 소
까지 부수고, 대장과 통치자를 조
각내겠다.
24 내가 배블런과 캘디언 민족에게
갚아줄 대가는, 그들이 자이언의
너희 눈 앞에서 저지른 악행에 대
한 것"이라고 **주님**이 말한다.
25 "보라, 나는 무너져내리는 산 너를
공격한다"고 **주인**이 말한다. "너는
온 땅을 파괴했다. 나는 손을 네게
뻗어, 바위를 너에게 굴리고 불이
붙게 하겠다.
26 또 그들은 너한테서 돌 한조각 빼
내지 못하게 하여, 주춧돌용이나
초석용으로도 쓰지 못하게 하고,
대신 영원히 폐허가 되게 하겠다"
고 **주님**이 말한다.
27 "너희는 그 땅에 깃발을 세우고, 여
러 나라 가운데서 나팔을 불며, 그
땅을 칠 준비를 해라. 애러랫과 미
니와, 애쉬케네즈왕국을 그 땅을
공격하기 위해 한데 불러모아, 공
격대장을 지명하고, 거친 애벌레
가 습격하듯 말들이 오르게 해라.
28 메데스왕과 함께 대장들도 그 땅
을 공격하도록 준비하고, 그곳 통
치자와 그가 지배하는 모든 지역
의 지도자도 대비해라.
29 그 땅이 떨며 슬퍼할 것이다. 왜냐
하면 주인의 모든 목적이 배블런
을 공격하여 폐허로 만들어 아무
도 살지 못하게 만드는데 있기 때
문이다.
30 배블런의 강자가 싸움을 포기하고
그들의 요새에서 나오지 못한다.
그들의 힘이 빠져 여자 같이 연약
해졌다. 그들은 배블런의 주거지
를 불태우고 빗장도 부셨다.
31 초소의 병사가 뛰어가 전하고, 한
전령이 또 다른 자를 만나, 배블런
왕에게 그의 도성이 끝났음을 알
리게 될 것이다.
32 길이 막히고 갈대가 불에 타자, 전
사가 공포에 사로잡혔다."
33 만인의 **주님** 이즈리얼의 **하나님**이
다음을 말한다. "배블런의 딸은 타
작마당이어서 지금이 바로 두드릴
때다. 추수기가 오려면 얼마간 더
있어야 하지만 말이다.
34 배블런왕 네부캔네절은 나를 으깨
부수어 텅비게 만들고 용처럼 삼
켰다. 그는 나의 연한 부위로 배를
채우더니 나를 버렸다.
35 나와 내 신체에 가해진 폭력은 배
블런에게 돌아간다고 자이언주민
이 말하고, 나의 피는 캘디아주민
에게 내린다고, 저루살럼이 말할
것이다."
36 그래서 **주님**이 이렇게 말한다. "보
라, 나는 너희 사정을 항변하고, 너
를 위해 복수하며, 내가 그곳 바다
를 말리고 그 땅의 샘까지 말리겠

다.
37 그러면 배블런은 잔해더미가 되
고, 용들의 서식처가 되어, 사람이
경악하고 '쉿'소리를 내며, 아무도
살지 않을 것이다.
38 그들은 사자처럼 서로 으르렁거리
고, 사자의 새끼인 양 울어댈 것이
다.
39 그들이 더울 때 나는 그들에게 축
제를 열어주고 취하게 만들면, 그
들은 즐거워 영원한 잠을 자며 깨
지 않을 것"이라고 **주님**이 말한다.
40 "그들을 어린양처럼 도살장으로
끌고 가고, 숫염소와 함께 숫양처
럼 끌고갈 것이다.
41 쉬쉑배블런이 이렇게 무너지다니!
온 땅의 자랑이던 그곳이 이토록
놀랍다니! 배블런이 모든 민족 가
운데 경악하는 존재가 되다니!
42 바다가 올라와 배블런을 덮치자,
그 땅이 엄청난 파도에 덮혔다.
43 배블런 도성이 폐허가 되고, 물없
이 말라버린 황무지가 되었다. 그
곳은 아무도 살지 못하고, 인간의
자식도 옆을 지나가지 않는다.
44 또 나는 배블런의 벨을 처벌하여,
그가 삼킨 것을 그의 입 밖으로 끌
어내겠다. 여러 민족도 더 이상 그
에게 유입되지 않는 것은, 그렇다,
배블런의 성벽이 무너져내리기 때
문이다.
45 나의 백성 너희는 거기서 나와, 너
희 모두 **주님**의 무서운 격노로부터
자신의 영혼을 구해라.
46 너희 마음이 약해지지 말고, 그 땅
에 들리는 소문에 두려워하지 마
라. 어떤 한 소문은 1년만에 들리
고, 다른 해에 다른 소문이 들리는
데, 이는 그 땅에 전쟁이 생겨, 통치
가 다른 통치자를 공격한다는 것
이다.
47 그러니 보라, 그날이 오면, 나는 배
블런의 조각형상에 판정을 내리겠
다. 그러면 그곳의 온 땅이 혼란에
빠지고, 칼에 배인 시체는 그곳 한
가운데 쓰러질 것이다.
48 그때 하늘과 땅과 그 안의 모든 것
은 배블런을 위해 노래한다. 침략
자가, 북쪽에서 그곳에 쳐들어오
기 때문'이라고 **주님**이 말한다.
49 "배블런이 이즈리얼을 살해하여
쓰러지게 하듯, 배블런도 모든 땅
에서 똑같이 쓰러지게 하겠다.
50 칼을 피한 너희는 가만히 서 있지
말고 도망쳐, 멀리서 **주님**을 기억
하고, 저루살럼을 너희 마음에 품
어라.
51 우리는 비난을 들었기 때문에 당
황하고, 우리 얼굴은 치욕으로 덮
혔다. 외국인이 **주님**의 성전 성소
안에 들어오기 때문이다.
52 그러니 보라, 그날이 오면, **주님**이
말하는데, 내가 그 땅의 조각형상
에게 판정을 내릴 것이다. 그 땅 도
처에 상처입은 자가 신음하게 된
다.

53 배블런이 하늘까지 쌓아올린다 해
도, 요새를 높이며 강화시켜도, 내
가 약탈자를 그곳에 보내겠다"고
주님이 말한다.
54 울음소리가 배블런에서 들리고,
캘디언땅에서 대파괴의 소리가 들
린다.
55 **주님**이 배블런을 침략하고, 또 배
블런 밖에서 큰 함성으로 파괴하
기 때문에, 그 땅의 파장이 거대한
바다같이 포효할때, 그들의 목소
리가 다음을 말한다.
56 '침략자가 그곳에 오고 심지어 배
블런까지 오기 때문에, 그곳 용사
는 붙잡히고, 그들의 활은 부러진
다. 그리고 **주 하나님**의 보복이 확
실히 갚아지는 것이다.
57 나는 그곳 대군왕자를 취하게 하
고, 또 현명한 사람과, 지휘관과, 지
배자와 용사를 취하게 하면, 그들
은 영원한 잠을 자고 깨어나지 못
한다'고 왕이 말하는데, 그의 이름
은 만인의 **주님**이다."
58 만인의 **주님**의 말에 따르면, "배블
런의 두꺼운 성벽은 완전히 무너
지고, 높은 성문은 불에 타며, 백성
은 보람없이 노동하고, 그 민족은
열기 속에서 약화될 것이다."
59 이 말은 예언자 제러마야가 마세
이야 아들, 내라야 아들, 세래이야
에게 명령한 것으로, 시기는 그가
쥬다왕 제드카야 집권 4년에 왕과
함께 배블런으로 끌려간 때였다.
그리고 세래이야는 차분한 왕자였
다.
60 그렇게 제러마야는 배블런으로 가
게 되는 모든 재난을 책에 기록했
고, 심지어 이 이야기에는 배블런
에 관한 것도 기록했다.
61 제러마야는 세래이야에게 말했다.
"네가 배블런에 가면, 네가 읽은 모
든 말을 보게 된다.
62 그때 너는 말할 것이다. '오 **주님**,
당신은 이곳에 대해 말하며, 이곳
은 제거되어, 그 안에 남은 것은 사
람도 짐승도 하나도 없다. 대신 이
땅은 영원히 버려질 것이다.
63 그리고 네가 이 책을 다 읽으면, 너
는 책에 돌을 매어, 유프레이티스
강 가운데로 던져라.
64 그리고 너는 다음을 말해야 한다.
'배블런은 이렇게 침몰하고, 내가
그 땅에 보낸 재앙에서 결코 일어
서지 못한 채 약해진다' 라고." 여
기까지가 제러마야의 이야기다.

저루살럼 몰락

52 제드카야가 통치를 시작한
나이는 21세였고, 저루살럼
에서 11년간 다스렸다. 그의 어머
니 이름은 립나의 제러마야의 딸
해뮤털이었다.
2 **주님**의 눈에 그는 제호야킴이 한
비행을 그대로 따라 하고 있었다.
3 그래서 **주님**의 분노가 저루살럼과
쥬다에게 내려, 그의 눈앞에서 그

들을 쫓아낼 때까지 했고, 그때 제
드카야가 배블런왕에게 반발했다.
4 배블런왕 네부캔네절이 집권 9년
열 번째 달 10일에 저루살럼을 공
격하려고 군대를 데려와, 맞은편
에 진지를 구축하고 주위에 요새
를 지었다.
5 그래서 저루살럼은 제드카야왕 11
년까지 포위되어 있었다.
6 그때부터 4개월이 지난 그 달 9일
에 도성에 기근이 심하여, 그곳 사
람이 먹을 빵이 없었다.
7 그때 도성은 무너지고 전사는 모
두 달아났는데, 밤에 도성 내 왕의
정원 옆의 두 성벽 사이에 있는 성
문통로로 나갔다. [그때 캘디언은
도성 주위를 포위하고 있었다.] 그
리고 그들은 평원 길로 빠져나갔
다.
8 그러나 캘디언 군대가 왕의 뒤를
추적하여 제리코평야에서 제드카
야왕을 따라잡자, 그의 군대가 왕
으로부터 모두 흩어졌다.
9 그리고 그들은 왕을 붙잡아 해매
쓰에서 배블런왕이 있는 립라까지
끌고간 다음, 그곳에서 배블런왕
이 그를 재판했다.
10 배블런왕은 자기 눈 앞에서 제드
카야 아들들을 베어죽이고, 그는
또 립라에서 쥬다의 대군왕자까지
죽였다.
11 그때 그는 제드카야왕의 두 눈알
을 빼고 쇠사슬에 묶어 배블런까
지 끌고 가서, 그가 죽는 날까지 감
옥에 두었다.
12 배블런왕 네부캔내절 19년 다섯
번째 달 19일에, 경호대장 네부재
러댄이 저루살럼에 왔는데, 그는
배블런왕을 섬기는 사람이었다.
13 그리고 그는 **주님**성전과 왕의 궁전
을 불태우고, 저루살럼의 집과 귀
족의 집을 모두 불태웠다.
14 경호대장과 같이 있던 캘디언군대
는 저루살럼 주위 성벽을 허물었
다.
15 그때 경호대장 네부재러댄은 사람
들을 포로로 끌고 갔는데, 백성 중
가난한 사람과 도성에 남은 나머
지와 배블런왕 앞에 항복한 자까
지 다수를 데려갔다.
16 그러나 경호대장 네부재러댄은 그
곳 가난한 자 일부를 포도원관리
자와 농부로 남겼다.
17 또 **주님**성전의 황동기둥과 받침대
와, 황동대야는, 캘디언이 떼내어
배블런으로 황동을 가져갔다.
18 큰 솥, 삽, 초심지용 가위, 대접, 숟
가락, 제사용 황동그릇을 가져갔
다.
19 대야, 불판, 대접, 솥, 촛대, 숟가락,
컵까지 금과 은으로 제작된 모든
것을 경호대장이 가져갔다.
20 기둥 두 개, 큰 수조 하나, 배이스
받침대를 바치고 있는 황동황소
12마리는, 솔로먼왕이 **주님**성전에
서 만든 것으로, 이들의 청동무게

는 무게를 측정하지 못했다.
21 기둥 하나의 높이는 18큐빝약 8.1m
이고, 둘레가 12큐빝5.4m이었고, 손
가락 4개 두께이며 속은 비어 있었
다.
22 황동 기둥머리의 기둥 높이는 5큐
빝2.3m이고, 주위에 그물망과 석류
열매가 있었다. 모두가 황동으로
되어 있었고, 둘째 기둥도 첫째와
같았다.
23 한편에 석류가 96개 있고 그물망
위에 석류 수가 주위 전체에 100개
있었다.
24 경호대장이 제사장 세래이야와 부
제사장 제풰나야와 문지기 세 사
람을 붙잡았다.
25 그는 또 그 도성에서 환관 하나를
붙잡았는데, 그는 참전용사에 대
한 책임을 지고 있었고, 그 중 7은
왕의 측근이었으며, 이들은 도성
에서 발견되었다. 군대 수석서기
관은 그곳 백성의 징집을 담당했
고, 백성 60명이 도성 안에서 발견
되었다.
26 그래서 네부재러댄은 그들을 사로
잡아 배블런왕이 있는 립라로 데
려갔다.
27 배블런왕은 그들을 해매쓰땅 립라
에서 죽였다. 그렇게 쥬다인은 자
기 땅에서 포로로 끌려갔다.
28 네부캔네절이 포로로 잡아간 사람
은 이와 같다. 집권 7년에 쥬다인
3,023명을 잡아갔다.
29 네부캔네절 18년에는 저루살럼에
서 832명을 포로로 끌고 갔다.
30 통치 23년에 네부재러댄 경호대장
은 쥬다인 745명을 포로로 끌고 가
서, 포로로 끌려간 사람은 총 4,600
명이었다.
31 쥬다왕 제호야친이 포로로 간지
37년 되던 12월 25일, 배블런왕 이
블메러댁 통치 1년에, 쥬다왕 제호
야친의 머리를 들어 감옥에서 끌
어올렸다.
32 그에게 친절하게 말하며 배블런왕
은 함께 있는 다른 왕보다 높은 자
리에 앉혀주었다.
33 그리고 그의 죄수복을 바꿔주었
고, 그는 살아 있는 동안 계속 그
앞에서 음식을 먹었다.
34 그의 음식은 배블런왕이 직접 계
속 주었고, 사는 동안 매일의 분량
을 주었다.

제러마야의 슬픈 노래

외로운 도성

1 사람으로 북적이던 도성이 이토
록 고독하게 자리하다니! 어떻
게 미망인이 되어버렸나! 그녀는
민족 가운데 위대했고, 지역 중에
서도 공주였는데, 어떻게 노예가
되었나!
2 그녀는 밤에도 심하게 울어, 눈물
이 뺨에 얹혀 있다. 그녀를 사랑했
던 여러 연인조차 아무도 위로해
주지 않고, 친구도 모두 딴 마음을
먹으며 적이 되었다. 포로로 끌려
가, 고통 속에 강제노동하고, 이민
족 가운데 살며, 쉴 곳도 없다. 박해
자는 그녀를 곤경에 빠뜨리며 억
압한다.
4 자이언 길이 한탄하는 까닭은, 신
성한 축제에 오는 이가 없기 때문
이다. 그녀의 성문이 무너져, 제사
장이 탄식하고, 그곳 소녀도 괴로
워하자, 자이언은 속이 쓰리다.
5 그녀의 적은 최고가 되어 번영한
다. 이는 그녀의 잘못이 하도 많아
주님이 그녀에게 고통을 주고, 자
녀는 적에게 포로로 끌려가게 했
기 때문이다.
6 자이언의 딸한테서 아름다움이 떠
나고, 그곳 왕자는 초원을 찾지 못
한 수사슴이 되어, 추격자 앞에서
힘이 빠져버린다.
7 저루살럼은 고통의 비참한 나날
속에 지난 날 즐거웠던 모든 것을
기억한다. 그러다 그녀의 백성이
적의 손에 쓰러지는 날, 아무도 돕
지 않고, 오히려 적마다 바라보며,
그녀의 사배쓰휴일을 경멸한다.
8 저루살럼은 무거운 죄를 지어서
제거되었다. 그녀에게 예우하던
모두가 이제 무시하는 이유는, 그
들이 그녀의 맨몸의 실체를 보았
기 때문이다. 그래서 한숨쉬며 뒤
로 물러난다.
9 이제 그녀의 치마는 오물이 묻고,
마지막을 알 수 없다. 그래서 그녀
가 당황하며 주저앉아도, 위로하
는 자도 없다. "오 **주님**, 나의 고통
을 봐주세요. 적이 강하게 압도해
버렸어요."
10 적이 그녀의 좋은 것마다 손을 뻗
었다. 그녀는 이민족이 성소로 들
어가는 것을 보았는데, 그곳은 당
신이 명령을 하며, 그들이 너희 집
회에 들어오면 안 된다고 명령했
던 곳이다.

11 그녀의 백성이 한탄하며 빵을 찾
는다. 예전에 그들은 그들의 영혼
을 살릴 음식으로 좋은 것이 주어
졌다. "오 **주님**, 보고 또 생각해주세
요. 이제 나는 최악이 되었어요.
12 옆을 지나는 모두가 당신에게는
아무 일도 아니겠지요? 보세요, 혹
시 내가 겪는 슬픔과 같은 안타까
움이 있는지 말이죠. 그것은 **주님**
이 그의 불 같은 분노의 날 나에게
내린 고통이지요.
13 그는 위에서 내 뼈 속에 불을 내려
보내 공격하여 이기고, 내 발에 그
물을 쳐놓고 뒤로 잡아당겨, 나를
쓰러뜨리고 오랫동안 기절시켰죠.
14 그의 손이 내 잘못에 대해 멍에를
씌어 묶고, 내 목까지 올라오게 했
고, 내 힘을 무력화하여, 나를 저들
손에 넘겨, 나는 더 이상 일어설 수
없어요.
15 주인은 그곳 한가운데 있는 나의
용사를 발로 밟고, 나를 공격하도
록 무리를 불러, 나의 젊은이를 짓
밟게 했어요. 주인은 쥬다의 딸 소
녀도 포도압착기인듯 밟았죠.
16 이렇게 되어 내가 울자, 내 눈에는
눈물이 흘러내리는데, 내 영혼을
구할 위로자가 내게서 너무 멀리
떨어져 있기 때문이고, 나의 자손
까지 쓰러진 것은 적이 승리했기
때문이죠."
17 자이언이 그녀의 손을 내밀어도,
그녀를 위로할 자가 없다. **주님**이
재이컵에 관하여 명령한 것은, '적
이 주위를 둘러싸면, 저루살럼은
적 가운데 월경주기에 있는 여자
와 같다'고 했다.
18 **주님**이 옳다. 그런데 내가 그의 명
령을 거역했다. 내가 부탁하는데,
들어보라, 모든 백성아, 나의 슬픔
을 봐라. 나의 소녀도 나의 청년도
포로가 되어 가버렸다.
19 나를 사랑해주던 연인을 불러도,
배신했고, 나의 제사장과 원로는
도성에서 죽었는데, 그들이 살려
고 음식을 찾는 동안이었다.
20 "보세요, 오 **주님**, 나는 고통 속에
있어요. 나의 내장이 뒤틀리고, 나
의 심장은 내 안에서 등을 돌려요.
내가 최고로 거부했기 때문이지
요. 밖에서는 칼이 목숨을 빼앗고,
안에서는 죽음만 있어요.
21 사람들이 나의 신음을 들었지만,
나를 위로해줄 사람은 아무도 없
다. 나의 적이 나의 고통소리를 듣
더니, 주인이 그렇게 했다는 것을
알고 기뻐한다. 당신이 언급한 날
이 오게 하면, 어쩌면 저들도 나와
같은 신세가 되겠지요.
22 그들의 악행을 당신 앞에서 실행
하게 하면, 당신이 나에게 죄의 대
가를 갚게 한 대로 그들에게 해주
세요. 나의 한탄이 너무 커서 나의
가슴이 기력을 잃었어요."

주인의 연민없는 파괴

2 어떻게 주님이 자이언의 딸을
분노의 구름으로 덮고, 이즈리
얼의 아름다움을 하늘에서 땅으로
내던지며, 격노의 날 스스로 자기
발판을 망각할 수가!
2 주님은 재이컵의 터전을 집어삼키
고 연민도 없다. 그의 분노로 쥬다
딸의 요새지를 던져 바닥에 동댕
이치고, 쥬다왕국과 대군왕자에게
모욕을 주었다.
3 그의 화가 불 같이 일자, 이즈리얼
의 뿔을 자르고, 적 앞에서 내밀었
던 그의 오른손을 뒤로 당기더니,
불꽃처럼 타오르는 불로 재이컵을
태우자, 불길이 주위를 삼켰다.
4 그는 적인듯 활을 당겼고, 적인양
오른손에 칼을 들고 서서 살해했
다. 모두 자이언 딸의 성막에서 그
의 눈에 만족하던 이들이었는데,
그의 분노를 불처럼 퍼부었다.
5 주인은 마치 적이었다. 그는 이즈
리얼을 전부 삼키고, 그녀의 궁전
도 모조리 먹어치웠다. 그가 자신
의 본거지를 파괴하자, 쥬다 딸의
슬픔과 한탄이 커졌다.
6 그는 무참히 자신의 성막을 없앴
다. 그곳은 마치 정원과 같아서, 그
를 위해 모이는 장소였건만, 스스
로 부셨다. 주님은 신성한 축제와
사배쓰휴일을 자이언에서 잊도록,
분개 속에 왕과 제사장을 경멸했
다.
7 주인은 제단을 허물고, 자기 성소
조차 증오하며, 그곳 궁전의 성벽
을 적의 손에 주어버리자, 저들이
주님성전에서 소란을 피우는 모습
이, 마치 대단한 축제일인 듯하다.
8 주님은 의도적으로 자이언 딸의 성
벽을 무너뜨렸다. 줄을 그으며 파
괴에서 손을 떼지 않았다. 그러면
서 그가 반성의 벽과 후회의 벽을
만들자, 그들은 한결같이 비참해
졌다.
9 그곳 성문을 땅 속에 주저앉히며,
문과 빗장을 부수고, 왕과 대군왕
자는 이민족한테 보냈다. 법은 더
이상 존재하지 않고, 그곳 예언자
역시 주님의 환상을 발견하지 못한
다.
10 자이언 딸의 원로들이 땅바닥에
주저앉아 말이 없다. 그들은 머리
에 먼지를 쓴 채, 허리에 베옷을 두
르고, 저루살럼의 소녀는 제 머리
를 땅쪽에 떨군다.
11 나제러마야의 눈에 눈물이 그치지 않
고, 내장이 뒤틀리고 간장이 땅에
쏟아져나오는 이유는, 내 민족의
딸이 파멸되었기 때문이고, 도성
거리에 아이와 젖먹이가 넋을 잃
었기 때문이다.
12 그들이 제 어머니에게 '곡식과 와
인이 어디 있냐?' 고 묻을 때는, 도
성 거리에서 상처받고 기운이 빠
져, 그들의 정신이 어머니 가슴 밖
을 헤맬 때다.

13 내가 너를 위해 무슨 말을 할 수 있
나? 어떤 것이 너와 비슷하다 말해
줘야 하나, 오 저루살럼 딸아? 무
엇이 너와 똑같다며, 내가 너를 위
로할 수 있나, 오 자이언의 소녀
야? 너의 잘못이 바다처럼 큰데,
누가 너를 고칠 수 있나?
14 여러 예언자가 지금까지 너를 위
해 본 것은 쓸데없는 어리석은 것
들이었다. 그들이 너희 죄를 밝히
지 못해서, 포로를 떠나보냈다. 대
신 그들이 너를 위해 본 것으로 혼
돈만 주고, 추방만 초래했다.
15 이즈리얼 옆을 지나는 모두는 너
에게 손뼉치고, 쉿소리를 내며 저
루살럼의 딸에게 머리를 저으며
말한다. "사람들이 이 도성을 '완벽
한 아름다움,' '온 땅의 기쁨'이라
불렀다고요?"
16 너희 적이 너를 향해 입을 벌리고,
씩씩대며 이를 갈고 말한다. "우리
가 그곳을 집어삼켰다. 확실히 이
날은 우리가 고대했던 날이다. 우
리가 찾았고 이제 보게 되었다"고.
17 **주님**은 그가 계획한 일을 하여, 그
가 예전에 명령한 말을 이룩했다.
그는 무너뜨리며 후회도 없다. 그
는 적이 만족하여 즐겁도록 너에
대해 적의 뿔을 세워주었다.
18 그들의 심장이 주인에게 소리친
다. "오 자이언 딸의 성벽아, 밤이
나 낮이나 강처럼 눈물을 흘리고,
네 눈동자도 끊임없이 살피며 안
도하지 말라"고.
19 밤에 일어나서 외치고, 보초병이
지키기 시작할 때 주인 앞에서 너
희 마음을 강물처럼 쏟아라. 그를
향해 네 손을 들어 올려 너희 어린
자녀의 생명을 위해 기도해라. 거
리의 높은 곳마다 기아로 희미하
다.
20 "보세요, 오 **주님**, 당신이 한 일을
생각해주세요. 여자가 제 열매인
한뼘 길이의 아이를 먹어야 하나
요? 제사장과 예언자가 주인의 성
소에서 살해되어야 하나요?
21 청년도 장년도 길바닥에 누웠고,
나의 소녀도 소년도 칼에 쓰러졌
어요. 당신은 분노의 날 이들을 죽
이고도 연민이 없어요.
22 당신은 신성한 축제날 나의 두려
움을 주위에 불러서, **주님**의 분노
의 날, 아무도 피하지 못하게 하고
남기지도 않았어요. 내가 포대기
에 싸서 키운 이들을 적이 집어삼
키게 했어요."

당신의 신념은 위대하다

3 나 제러마야예레미야는 **주님**이 내
리는 분노의 지팡이의 고통을
지켜본 사람이다.
2 그는 빛이 아닌 어둠 속으로 나를
데려갔다.
3 확실히 그는 나로부터 마음이 돌
아서 자기 손을 언제나 거둬버린
다.

4 내 신체를 더 늙게 하고 뼈도 망가
뜨렸다.
5 그는 나에 대해 쓰라린 고통을 둘
러씌웠다.
6 늙어 죽은 사람인양 나를 어두운
곳에 갖다놓았다.
7 내 주위에 울타리를 쳐 빠져나가
지 못하게 하고, 무거운 쇠사슬을
채웠다.
8 내가 소리치지만 그는 나의 기도
를 차단했다.
9 그는 돌을 쌓아 내 길을 막고, 내
길을 휘어버렸다.
10 그는 나를 숨어서 기다리는 곰이
고, 은밀한 곳에서 웅크린 사자와
같다.
11 그는 길 옆에서 나를 잡아당겨 나
를 조각내버렸다.
12 그는 활을 당겨 나를 화살의 과녁
으로 삼았다.
13 그러자 화살통의 활이 나의 내장
을 꿰뚫었다.
14 나는 내 민족의 놀림감이 되어 온
종일 그들의 노래가 이어진다.
15 그는 나를 담즙으로 채우게 하고,
쑥을 마시게 했다.
16 그는 또 자갈돌을 씹게 하여 내 이
를 부러뜨렸고, 나를 재로 덮었다.
17 당신은 나의 영혼을 안정에서 멀
리 옮기고, 번영을 잊게 했다.
18 그래서 내가 이렇게 말했다. "나의
힘과 희망이 **주님**한테서 소멸되었
어요" 라고.
19 나는 고통과 비참함과 쑥과 쓴물
을 기억한다.
20 내 정신은 그것을 잘 기억하여 스
스로 겸손해졌다.
21 내가 마음 속에 이것을 늘 기억하
므로, 나는 희망이 있다.
22 **주님**의 관대한 사랑으로 우리는 완
전히 소멸되지 않고, 그의 연민으
로 결코 쓰러지지 않는다.
23 그의 사랑과 연민은 아침마다 새
로워지고, **주님**의 신념은 위대하
다.
24 "**주님**은 나의 유산"이라고 나의 정
신이 말하므로, 나는 그에게 희망
을 건다.
25 **주님**은, 그를 기다리며 희망을 거
는 자와 그를 찾는 이에게 선이 되
어준다.
26 선한 사람은 **주님**의 구원을 조용히
기다리며 희망을 갖는다.
27 사람이 젊어서 멍에를 지는 것은
좋은 일이다.
28 인간이 홀로 앉아 침묵하는 것은,
주님이 그에게 그렇게 하라는 것이
다.
29 혹시 거기에 희망이 있다면, 사람
은 제 입을 흙먼지 속에 넣는다.
30 인간이 자기를 친 자에게 제 뺨을
주는 것은, 자신을 후회로 채운 것
이다.
31 **주인**은 영원히 그들을 버리지 않는
대신,
32 슬픔을 주기는 해도, 그는 무한한

사랑에 따르는 연민의 마음을 갖
고 있다.
33 그 이유는 그가 의도적으로 사람
을 괴롭히지 않고, 그 자손을 슬프
게 만들지 않기 때문이다.
34 그 땅의 죄수를 발로 밟아버리고,
35 가장 높은 존재 앞에서 사람의 권
리를 무시하고,
36 그의 소송사건에서 남을 불리하게
해를 입히는 행위는 주인이 허락
하지 않는다.
37 **주인**이 그것을 명령하지 않아서 그
렇게 한다고, 말하는 자는 누구인
가?
38 가장 높은 존재의 입에서 선악행복
과 불행이 나오지 않았다고, 누가 말
할 수 있나?
39 왜 살아있는 존재가 제 잘못으로
벌을 받는데 불만하나?
40 우리 스스로 가야 할 길을 찾으며,
주님에게 다시 돌아가자.
41 하늘의 **하나님**에게 우리의 마음을
손과 함께 들어올려 기도하자.
42 우리가 법을 위반하고 거부했기
때문에, 당신이 용서하지 않았다
고 말이다.
43 당신은 분노로 덮여 우리를 처벌
하고 죽이며 동정하지 않았다.
44 당신이 구름으로 자신을 가리자,
우리의 기도가 통하지 않았다.
45 당신은 우리를 폐기물로 만들고,
타 민족들이 거부하게 만들었다.
46 그러자 적마다 입을 벌려 비난했
다.
47 그래서 우리는 공포와 곤경에 빠
져, 파괴와 폐허만 남았다.
48 나의 눈은 내 민족 딸의 파멸로 인
해 물이 강처럼 흐른다.
49 내 눈물 방울이 쉬지 않고 떨어지
며, 중단없이 흘러내린다.
50 **주님**이 하늘에서 아래로 내려다볼
때까지.
51 내 눈이 나의 도성 딸의 처지로 인
해 내 마음을 아프게 한다.
52 적이 이유없이 무섭게 나의 뒤를
쫓는 것이, 마치 새와 같다.
53 저들은 지하감옥에서 내 목숨을
빼앗고, 내 위에 돌까지 얹어 두었
다.
54 물이 내 머리 위까지 넘치자, 나는
제거당했다고 말했다.
55 나는 당신의 이름, "오 **주님**"이라고
지하감옥 아래에서 불렀다.
56 당신이 내 목소리를 들었는데, 나
의 숨소리와 외침에 당신의 귀를
가리지 말아주세요.
57 내가 당신을 부르는 날 당신이 가
까이 와서 말했다. "두려워하지 말
라"고.
58 오 **주님**, 당신은 나의 사정을 변호
해주며, 나의 목숨을 구해주었어
요.
59 오 **주님**, 당신은 나의 잘못을 아니
까, 나의 사건을 판정해주세요.
60 당신은 저들의 보복과, 나를 공격
하려는 저들의 계획을 보았어요.

61 오 **주님**, 당신은 나를 욕하는 그들
의 소리와 나에 대한 계획도 들었
고,
62 나를 공격하려고 일어난 그들의
말과 계획도 늘 들었지요.
63 보다시피 나는 그들이 앉으나 서
나, 그들의 조소의 노래감이에요.
64 오 **주님**, 그들에게 제 손의 행위대
로 보복해 주세요.
65 그들에게 마음의 슬픔도 주고, 당
신의 저주도 내려주세요.
66 **주님**의 분노를 가지고 하늘로부터
저들을 처벌하고 파괴해주세요.

황금이 빛을 잃었다

4 황금이 빛을 잃다니! 최고의 순
금이 이토록 변하다니! 성소의
돌이 거리마다 버려졌다.
2 자이언의 소중한 자손은 순금에
비교되는데, 어떻게 도공의 손이
빚은 흙주전자 취급인가!
3 심지어 바다괴물도 젖을 꺼내 새
끼에 물리건만, 내 민족의 딸은 야
생의 타조처럼 비참하게 되었다.
4 젖먹이의 혀는 목이 말라 입천장
에 붙었고, 어린이가 빵을 달라는
데 아무도 떼어주지 않는다.
5 맛있게 먹던 빵은 거리에 버려지
고, 주홍으로 입던 옷은 거름을 껴
안았다.
6 내 민족 딸이 저지른 잘못에 대한
벌이 더 커서, 소듬의 죄에 대한 처
벌 이상인데, 그들은 도움의 손길
이 닿기도 전에 뒤엎어졌었다.
7 그곳 내저랠 사람은 눈보다 더 순
결했고, 우유보다 희며, 신체는 루
비보다 더 붉은 혈색에 새파이어
같은 품위가 있었다.
8 이제 그들의 얼굴은 숯보다 검어,
거리에서 알아보는 이가 없으며,
그들의 피부는 뼈에 붙어 시들어
막대기처럼 되었다.
9 칼에 베어죽은 자가 굶주려 살해
당한 이보다 더 나은 이유는, 들의
곡식이 모자라 몹시 갈망하다 떠
났기 때문이다.
10 참다 못한 여자의 손이 제 자식을
삶아, 내 민족의 터전이 파멸할 때,
제 아이가 그들의 먹이가 되었다.
11 **주님**은 그의 분노를 이렇게 달성했
다. 자기 격노를 쏟아 자이언에 불
을 붙이자, 그곳 기반을 삼켰다.
12 땅위의 왕도 세상의 주민도 모두
믿으려 하지 않았다. 적과 원수가
저루살럼 성문으로 들어온다는 것
을.
13 그곳 예언자의 죄와 제사장의 잘
못 탓에, 그 땅 한가운데서 정의의
피를 흘린다.
14 그들은 거리에서 앞을 못보는 사
람처럼 방황하며 스스로 피를 묻
혀, 사람들이 그들의 옷에 손을 댈
수 없었다.
15 사람들이 고함치며 그들에게 "더
러운 너희는 나가라! 떠나라, 손도
대지 말고 가라!"고 하자, 그들이

달아나 방랑하다, 이민족 사이에
서 말한다. "사람들이 더 이상 그곳
에 머물지 말라" 했다고.
16 **주님**의 분노가 그들을 분열시키고,
그는 더 이상 백성을 배려하지 않
을 것이다. 그들은 제사장을 존경
하지 않고, 원로에게 호의를 갖지
도 않을 것이다.
17 우리에 대해 말하자면, 우리 눈은
제대로 보지 못하고, 부질없이 우
리를 구해줄 수 없는 민족만 바라
보았다.
18 그들이 우리 발자국을 추적하자,
우리는 거리조차 나갈 수 없다. 우
리 시대의 운명이 다하여 마지막
이 가까이 다가오고 있다.
19 우리의 핍박자는 하늘의 독수리보
다 더 빠르게 산 위까지 우리를 뒤
쫓고, 황야에서 우리를 기다린다.
20 **주님**이 기름을 바르고 콧구멍에 호
흡을 불어넣어준 우리가 저들의
구덩이에 걸려들었을 때, 우리는
이렇게 말했다. "그의 그늘 아래에
서 우리가 이민족 가운데 살게 될
것"이라고.
21 즐거워하고 기뻐해라. 우즈땅에
사는 애덤의 딸아! 그리고 잔이 너
희에게 돌아가면, 취하여 맨몸이
드러나게 될 것이다.
22 너희 죄는 대가를 치르게 된다. 오
자이언시온의 딸아! 너를 더 이상 포
로로 끌고가지 않고, 죄를 물으러
방문하게 될 것이다. 오 이듬의 딸
아! 그는 네 죄를 드러낼 것이다.

새롭게 해주세요

5 오 **주님**, 우리에게 다가올 일을
생각하고, 우리의 반성을 살펴
주세요.
2 우리의 유산이 낯선자에게 돌아가
고, 우리 집은 외지인에게 가고 있
어요.
3 우리는 고아와 아버지 없는 자이
고, 우리의 어머니는 과부가 되었
어요.
4 우리는 돈을 주고 물을 마셔야 하
고, 우리의 나무도 돈으로 사야하
지요.
5 우리의 목은 박해 속에 놓여져, 우
리는 노동하며 쉴 수 없어요.
6 우리는 이집트인과 엇시리아인을
도우며 빵을 얻어먹어요.
7 우리 조상이 죄를 짓고, 그것이 없
어지지 않아서, 우리가 그 죄를 짊
어지고 있어요.
8 종들이 우리를 지배해도, 그들 손
에서 우리를 구해낼 자가 없어요.
9 우리가 빵을 얻기 위해 생명을 위
험에 맡기는 이유는, 황야의 칼 때
문이지요.
10 우리의 피부는 무서운 기근에 화
덕의 숯이 되었어요.
11 저들은 자이언의 여자와 쥬다도성
의 소녀를 강간했어요.
12 대군왕자는 손이 묶이고, 원로의
얼굴은 초라해졌어요.

13 저들은 젊은이를 데려가 곡식을
갈게 하고, 아이는 나무 밑에 쓰러
졌어요.
14 장년은 성문에서 쫓겨나고, 청년
의 노래는 중단되었어요.
15 우리 마음의 기쁨도 멈췄고, 우리
의 춤도 슬픔으로 변했지요.
16 크라운관이 우리 머리에서 떨어지
며, 우리에게 재앙이 닥쳤어요. 우
리의 죄 때문에!
17 이로 인해 우리 마음에 기운이 빠
지자, 우리의 눈도 침침해졌어요.
18 자이언산이 무너졌기 때문에, 여
우가 그곳에서 걸어나왔어요.
19 오 **주님**, 당신은 영원히 남아 있고,
당신의 왕관도 세대에서 대대로
이어지지요.
20 그런데 왜 당신은 영원히 그토록
오래 우리를 버리죠?
21 오 **주님**, 우리를 당신에게 돌아가
게 하여, 예전처럼 우리의 날을 새
롭게 해주세요.
22 그런데 당신이 우리를 완전히 거
절하는 것은, 우리에게 대단히 화
가 난 것이겠지요.

예언자 이지키얼

배블런에서 본 환상 묘사

1 이지키얼, 내 나이 30년 넷째 달
5일에, 커바강 옆에서 포로 가운
데 살고 있을 때, 하늘이 열려 **하나
님**의 환상을 보았다.
2 제호야킴왕이 포로로 끌려간지 5
년째 되던 달 5일에,
3 **주님**의 말이, 부지 아들 제사장 이
지키얼에게 또렷하게 들리며, 캘
디언배블런땅 커바강 옆에서 **주님**의
손힘이 그에게 닿았다.
4 내가 바라보자, 북쪽에서 돌풍이
불어오면서 큰구름이 불을 감싸며
주위가 밝아지더니, 그 가운데에
서 황색 불이 나왔다.
5 또 그 가운데에서 네 개의 생물 같
은 것이 나타났는데, 그 모습은 사
람과 닮아 있었다.
6 넷 모두 4개의 얼굴과 4개의 날개
가 각각 달려 있었다.
7 그들의 다리는 곧게 뻗었고, 발바
닥은 송아지와 같았으며, 윤이 나
는 황동색이 번쩍였다.
8 그들은 인간의 손을 가졌는데, 4군
데 날개 아래 있었다. 그들 넷은 얼
굴과 날개가 여러 개씩 달려 있었
다.
9 그들의 날개는 서로 연결되어 있
었고, 각각은 곧장 앞으로 나가면
서 방향을 바꾸지 않았다.
10 그들 넷의 모습 중에는 사람의 얼
굴과, 오른쪽에 사자, 왼쪽에 소의
모습이 있고, 독수리 모습도 각각
있었다.
11 그것이 그들의 얼굴모습이었고,
그들의 두 날개는 위로 뻗었고, 두
개는 서로 붙어 있었고, 두 날개는
신체를 덮고 있었다.
12 그들은 각각 똑바로 앞을 향하며,
가려는 곳을 가지만, 전진할 때는
방향을 바꾸지 않았다.
13 그 생물의 모습은 불타는 숯이나
횃불 같았고, 서로 위아래로 움직
이며, 밝은 번개가 그 안에서 튀어
나왔다.
14 그들은 섬광을 번쩍일 때마다 이
리 저리 돌았다.
15 내가 그 생물을 바라보자, 4개 얼
굴을 가진 생물 옆으로 땅에 닿은
바퀴가 하나씩 있었다.
16 바퀴의 외관은 연청록색이고 그들
넷의 모양은 같았고, 바퀴 안에 또
하나의 바퀴가 있었다.
17 그들이 전진할 때는 사방에서 함

께 가면서 방향을 바꾸지 않았다.
18 그 바퀴는 너무 높아서 두려웠다.
바퀴는 4개 주위에 눈으로 가득찼
다.
19 살아 움직이는 생물이 가면 그 옆
에서 바퀴도 갔고, 생물이 땅에서
올라가면 바퀴도 같이 들렸다.
20 그들의 영혼이 가고자 하는 곳이
어디든 그곳으로 가면, 바퀴도 그
에 따라 움직였다. 이는 생물의 영
혼이 바퀴 안에 있었기 때문이었
다.
21 저들이 갈 때 이들이 가고, 저들이
설 때 이들도 섰으며, 저들이 땅에
서 들리면, 바퀴도 그들에 맞춰 들
렸다. 왜냐하면 생물의 영혼이 바
퀴 안에 있었기 때문이었다.
22 그 생물의 머리 위 창공같은 것은,
두려운 크리스털 색으로 그들의
머리 위에서 펼쳐졌다.
23 창공 아래에서 그들은 하나가 다
른 하나를 향하여 날개를 곧게 펴
서, 두 날개는 이쪽을 덮고, 다른 두
날개는 저쪽을 덮어서 신체를 모
두 덮었다.
24 그들이 지나갈 때, 내가 날개소리
를 들어보니, 큰 파도소리 같은 것
이, 절대 존재의 목소리 같았고, 군
대의 움직임 같은 말소리였다. 제
자리에 서면, 그들이 날개를 아래
로 접었다.
25 그들 머리 위 창공에서 어떤 음성
이 들리자, 그들은 서서 제 날개를
접었다.
26 머리 위 창공에 왕좌 같은 것이 있
었고, 그것은 새파이어 원석인 것
같았고, 거기에 사람의 모습 하나
가 보였다.
27 내가 황색 같은 것을 본 모습은, 그
의 허리 위쪽과 아래쪽이 나타날
때 주위에서 불을 보았고, 불이 나
타나면서 주위가 밝아졌다.
28 그리고 비오는 날 구름 속 무지개
같은 모습이 주위의 빛 속에서 나
타났다. 이것은 **주님**의 후광 같아
보이는 것의 출현이었다. 내가 그
것을 보고, 땅에 얼굴을 숙였더니,
한 목소리가 들렸다.

내 말을 전해야 한다

2 그가 내게 말했다. "사람의 아들
아, 네 발로 일어서라. 내가 네게
말한다."
2 그러자 어떤 영혼이 그가 내게 말
하는 사이 나에게 들어와, 내 발을
일으켜 세웠고, 나는 말하는 그의
음성을 들었다.
3 그는 내게 말했다. "사람의 아들아,
내가 너를 이즈리얼 자손, 나를 거
부하는 민족에게 보내겠다. 그들
과 그 조상은 나를 이날까지 거스
르기만 했다.
4 이는 그들이 창피를 모르는 자손
으로, 무식한 고집에 집착하기 때
문이다. 내가 너를 그들에게 보낼
테니, 너는 그들에게 이렇게 말해

야 한다. '**주인 하나님**이 다음과 같
이 말했다.
5 그들이 네 말을 듣거나 말거나 [그
들은 거부만 잘하기는 해도], 네가
그들 가운데 한 예언자라는 것을
알게 될 것이다.
6 그러니 사람의 아들, 너는 그들을
두려워말고 그들의 말도 겁먹지
마라. 비록 찔레가시와 가시나무
에 찔린다 해도, 네가 전갈 가운데
산다 하더라도, 그들 말에 불안해
하지 말고, 비록 거부만 하더라도
그들 모습에 실망하지 마라.
7 그리고 너는 그들이 듣던 말던 내
말을 전해야 한다. 그들은 최고로
고집이 세니까.
8 대신 사람의 아들 너는, 내가 네게
하는 말을 잘 듣고, 최강고집의 인
간처럼 굴지 마라. 네 입을 열어 내
가 주는 것을 먹어라."
9 그래서 내가 보고 있었는데, 내게
전달하는 손 하나가 있었고, 거기
에 두루마리 책자 한 권이 있었다.
10 그리고 그가 내 앞에 그것을 폈는
데, 안팎에 글이 적혀 있었다. 거기
에는 슬픔과 한탄과 재난이 쓰여
있었다.

창피를 모르고 고집이 세다

3 그리고 그가 내게 말했다. "사람
의 아들아, 네가 발견한 것을 먹
고 이 두루마리를 먹은 다음, 이즈
리얼 집안으로 가서 말해주어라."
2 그래서 나 이지키얼이 입을 열자,
그가 내게 책자를 먹여주었다.
3 그가 내게 또 말했다. "사람의 아들
아, 네가 먹고, 내가 주는 두루마리
로 배와 창자를 채워라." 그래서 내
가 먹었더니, 그것이 입 안에서 꿀
처럼 달았다.
4 또 그가 내게 말했다. "사람의 아들
아, 너는 이즈리얼 집안에 가서, 그
들에게 내 이야기를 전해줘라.
5 너는 다른 언어를 말하는 사람이
나, 어려운 말을 사용하는 사람에
게 보내지는 게 아니라, 이즈리얼
집안으로 가는 것이다.
6 낯선 언어나, 네가 이해 못할 어려
운 말을 쓰는 사람이 많은 것도 아
니다. 내가 너를 그들에게 보내면,
틀림없이 그들이 네 말을 알아들
을 수 있을 것이다.
7 그런데 이즈리얼 집안은 네게 귀
를 기울이지 않을 것이다. 그들은
내 말도 듣지 않았으니, 그들이 창
피를 모를 정도로 고집이 세다는
것이다.
8 보라, 나는 네 얼굴을 그들의 얼굴
에 대항하도록 강하게 만들고, 네
이마도 그들 이마에 맞서도록 단
단하게 만들었다.
9 부싯돌보다 더 단단하게 내가 네
앞이마를 만들었으니, 그들을 두
려워말고, 그들의 모습에 기죽지
마라. 설사 그들이 강하게 거부하
는 민족이라도 말이다."

10 또 나에게 말했다. "사람의 아들아,
이제부터 내가 네게 하는 말을 네
가슴에 전부 받아들이고 네 귀로
들어라.
11 그리고 가서, 포로된 그들에게, 네
민족의 자손에게 말해주어라. 그
들이 듣던 말던 '**주 하나님**이 이렇
게 말했다'고 해라."
12 그때 그 영혼이 나를 데려갔는데,
나는 내 뒤에서 나는 이런 큰소리
를 들었다. "**주님**으로부터 내리는
찬란한 축복을 받아라."
13 나는 또 살아 있는 생물의 날개가
서로 부딪히는 소리를 들었고, 그
에 맞춰 대응하는 바퀴소리와, 급
히 달려가며 움직이는 소리를 들
었다.
14 그렇게 그 영혼이 나를 일으켜 멀
리 데려갔는데, 내 영혼은 열기로
인해 몹시 괴로웠지만, **주님**의 손
힘이 내 위에 강하게 미치고 있었
다.
15 그때 나는 커바강 옆 텔러비브에
서 살고 있던 포로에게 가서, 그들
이 있는 곳에 머물며 7일간 있었더
니, 그들이 몹시 놀랐다.
16 일곱째 날 끝에 **주님**의 말이 내게
와서 일렀다.
17 "사람의 아들아, 나는 너를 이즈리
얼 집안을 지키는 수호자가 되게
했다. 그러니, 내 입에서 나오는 말
을 잘 듣고, 내가 그들에게 하는 경
고를 전해라.
18 내가 악한에게 '너는 반드시 죽는
다'고 말하거든, 너는 그에게 더 이
상 경고도 하지 말고, 그릇된 길에
서 목숨을 구하라고 설득하지도
말아라. 악한은 제 잘못으로 죽게
하고, 그의 피는 네 손을 통해 빼앗
겠다.
19 네가 악한에게 아무리 경고해도,
그들이 악행에서 돌아서지 않고,
비행의 길에서 돌아서지 않으므
로, 그들은 반드시 자기 죄로 죽게
되고, 네 영혼은 구제받는다.
20 그런데 올바른 자가 정의감이 변
하여 죄를 지으면, 나는 그 앞에 장
애물을 놓아 죽게 하겠다. 네가 그
에게 제 잘못으로 죽을 것이라고
경고하지 않았으므로, 나는 그가
실천한 정의를 기억하지 않고, 네
손을 빌려 그의 피를 요구할 것이
다.
21 반면 네가 바른 사람에게 죄를 짓
지 않도록 경고하여, 그가 죄를 짓
지 않게 되면, 경고받은 덕에 그는
틀림없이 목숨을 건진다. 그리고
너 역시 네 영혼을 구하게 된다.
22 **주님**의 손힘이 나에게 미치면서 내
게 말했다. "일어나서 평원으로 가
거라. 그러면 내가 거기서 너와 이
야기하겠다" 라고 했다.
23 그래서 내가 일어나 평원으로 가
서 보니, **주님**의 찬란한 빛이 그곳
에 있었는데, 커바강가에서 본 빛
과 같았다. 그리고 나는 내 얼굴을

숙였다.
24 그리고 그 영혼이 나에게 들어와
내 다리를 일으켜 세우며 내게 말
했다. "가서, 네 집문을 닫고 나오
지 말아라.
25 그런데 사람의 아들, 네가 두고보
면, 그들이 너를 밧줄로 묶어서, 너
는 그들로부터 빠져나올 수 없다.
26 나는 네 혀를 입천장에 달라붙게
하여, 말을 못하게 만들면, 그들이
너를 책망하지 못할 것이다. 이는
그들이 강하게 거부하는 민족이기
때문이다.
27 그러나 너와 대화할 때, 내가 네 입
을 열어주거든 그들에게 말해야
한다. **주님**의 말에 따르면, '듣는자
는 듣게 하고, 듣지 않는 자는 듣지
않게 해라. 이는 그들이 강하게 거
부하는 민족이기 때문이다.' 라고.

저루살럼 포위 묘사

4 또한 사람의 아들, 너는 타일 하
나를 갖다 네 앞에 놓고, 거기에
저루살럼도성을 그려라.
2 그것을 애워싸도록, 주위에 요새
를 세우고, 맞은편 산을 허물어 진
지를 구축하고 주위에 살상무기를
쌓아라.
3 또 너는 철강판으로, 너와 도성 사
이에 철벽을 세우고, 네가 바라볼
때, 도성이 포위되는 모습으로 그
려라. 이것이 앞으로 저루살럼 집
안의 모습이다.
4 다음 왼쪽으로 누워 네 위에 저루
살럼의 죄를 올려놓아라. 너는 그
들의 죄를 짊어지고 죄의 날자수
만큼 누워있어야 한다.
5 내가 너에게 죄의 연수를 두자면
날자를 헤아려, 390일이다. 그렇게
너는 이즈리얼 집안의 죄를 짊어
져야 한다.
6 네가 그 기간을 채우면 다시 오른
쪽으로 누워, 쥬다집안의 죄 40일
을 견뎌야 한다. 나는 너에게 1년
을 1일로 정해주었다.
7 그러니 너는 포위된 저루살럼을
향해 얼굴을 고정한 채, 팔을 벌려
그곳에 대해 예언해야 한다.
8 보라, 내가 너를 묶어두면, 너는 이
쪽에서 저쪽으로 몸을 돌리지 못
하는데, 네 포로기간이 끝날 때까
지다.
9 또 너는 밀, 보리, 콩, 렌틸콩, 기장,
귀리를 갖다, 한 그릇에 담고, 그
것으로 빵을 만들어 네곁에 두고,
390일간 먹어야 한다.
10 네가 먹을 음식은 무게를 달아, 하
루에 20쉐클약 230g씩 끼니마다 먹
어야 한다.
11 너는 물도 재어서 마시되, 1/6힌약
0.6L씩 끼니마다 마셔라.
12 너는 그것을 보리케잌처럼 먹어야
하고, 또 인간이 배설한 똥으로 그
들이 보는 앞에서 그것을 구어야
한다."
13 그리고 **주님**이 말을 이었다. "이와

같이 이즈리얼 자손은 앞으로 내
가 쫓아낸 이민족 사이에서 깨끗
하지 못한 빵을 먹게 하겠다."
14 그때 내가 말했다. "아, **주 하나님**!
보세요, 내 영혼은 오염되지 않았
어요. 어려서부터 지금까지도 나
는 스스로 죽거나 찢긴 고기를 먹
지 않았고, 내 입에 혐오물도 넣지
않았어요."
15 그러자 그가 내게 말했다. "보라,
나는 너에게 사람똥 대신 소똥을
줄 테니, 너는 그것으로 네 빵을 준
비해라."
16 또 그가 내게 말했다. "사람의 아들
아, 보라, 나는 저루살럼에 식량공
급원을 끊어놓겠다. 그러면 그들
이 빵 무게를 달아 조심해서 먹고,
물을 재서 마시며 놀랄 것이다.
17 그들에게 빵과 물이 부족해져서
서로 놀라게 되는 일은, 그들의 죄
때문이다."

정의의 칼날

5 또한 사람의 아들, 너는 이발사
의 예리한 면도칼을 가져와, 네
머리와 턱수염을 깎은 다음, 천칭
저울에 달아 머리카락을 나눠라.
2 그 중 1/3을 도성 중심에서 태우는
데, 포위기간이 끝날 무렵이다. 1/3
은 칼로 자르고, 1/3을 바람에 흩어
버리면, 내가 칼을 뽑고 그 뒤를 쫓
겠다.
3 그 중 몇 가락을 집어, 그것으로 네
옷자락을 묶어라.
4 다음에 그것을 불 속에 던져 태워
라. 그것이 앞으로 이즈리얼 집안
을 태우게 된다."
5 **주 하나님**의 말에 의하면, "이것이
저루살럼이다. 나는 그 민족과 그
땅 주변 여러 나라를 불태운다.
6 그 땅은 나의 법을 다른 나라 이상
으로 최악으로 바꿨고, 주위 어떤
나라보다 내 규정을 변질시켰다.
이는 그들이 나의 법과 규정을 거
부하며 그 길대로 살지 않았기 때
문이다."
7 그래서 **주 하나님**의 말은 다음과 같
다. "너희는 주위 나라보다 민족수
가 많아졌는데도, 내 규정을 따르
지 않고, 내 법도 지키지 않았고, 주
변 나라를 따라 하지 말라는 내 말
도 듣지 않았다."
8 그리고 **주 하나님**의 말에 의하면,
"보라, 나는, 나조차 너를 공격하
여, 여러 민족이 보는 앞에서 너희
에게 정의를 실행한다.
9 나는 지금까지 너희에게 하지 않
은 일을 가하고, 그 비슷한 일도 하
지 않았던 일을 하겠다. 왜냐하면
너희 모두의 혐오행위 때문이다.
10 따라서 아버지는 아들을 먹고, 아
들은 제 아버지를 먹게 된다. 내가
너희에게 정의를 실현하며, 너희
나머지를 바람에 흩어버리겠다.
11 내가 살아 있으므로, **주 하나님**이
말하는데, 너희가 끔찍한 혐오행

동으로 나의 성소를 더럽혔기 때
문에, 반드시 내가 너희를 소멸시
켜도, 내 눈이 너희를 가여워하지
않고, 어떤 동정도 없을 것이다.
12 너희 가운데 1/3은 전염병에 죽고
기아에 잡아먹히고, 1/3은 네 주위
칼에 쓰러지고, 1/3은 바람에 흩어
버린 다음, 내가 칼을 뽑아 그 뒤를
추격하겠다.
13 이와 같이 나의 화를 풀어야, 내 분
노를 삭일 수 있고, 마음을 달랠 수
있다. 그래서 내가 **주인**임을 알게
하겠다. **주인**은 지금까지 그들에게
분노를 결행할 때 나타날 질투에
관해 말해왔다.
14 또 나는 너를 불모로 만들어, 주변
민족이 옆을 지나다 보고 경멸하
게 하겠다.
15 그렇게 그곳이 비난받고 놀림감이
되고, 주변 민족에게 교훈과 놀라
움이 되는 시기는, 내가 화와 분개
와 무서운 질타로 너에게 정의를
집행할 때다. 이것을 나 주인이 지
금까지 말해왔다.
16 내가 그들에게 배고픈 악의 화살
을 보내면, 그들은 파멸된다. 내가
멸망시키려고 너희에게 기근을 증
가하며, 빵의 공급원을 제거하겠
다.
17 그렇게 내가 너희에게 배고픔과
맹수를 보내면, 그들이 너희 목숨
을 빼앗고, 질병과 피가 너를 관통
하고, 또 내가 너희에게 칼을 보낼
것이다. 나 주인이 그것을 말해 왔
다.

정의가 우상숭배에 대항

6 **주님**의 말이 다음과 같이 내게
들려왔다.
2 "사람의 아들아, 네 얼굴을 이즈리
얼산을 향해 고정하고, 그들에 대
해 예언해라.
3 그리고 말해라. '너희 이즈리얼산
은 **주 하나님**의 말을 들어라. **주 하
나님**의 말은, 산, 언덕, 강, 계곡에
게 하는 것이다. 보라, 나, 심지어
나조차 너희에게 칼을 가져와 너
희의 높은 장소 신당마다 파괴하
겠다.
4 너희 제단을 무너뜨리고, 우상을
부수어, 우상 앞에 너희 시체를 던
지겠다.
5 나는 이즈리얼 자손의 시체를 그
들의 우상 앞에 갖다 놓고, 너희 제
단 주위에 네 뼈를 뿌리겠다.
6 너희가 사는 도성 곳곳을 폐허로
만들고, 높은 장소 신당도 무너뜨
리면, 너희 제단은 파괴되어 버려
진다. 너희 우상도 부러져 제거되
고, 형상도 잘려, 너희 공예품은 없
어질 것이다.
7 칼에 베인 자가 너희 가운데 쓰러
지면, 그때 내가 **주인**임을 너희가
알게 하겠다.
8 하지만 내가 너희 일부를 남기는
것은, 너희가 다른 나라의 칼을 피

해 달아날 때이고, 여러 나라로 흩
어질 때 남겨놓겠다.
9 너희 중 도망친 자는 포로로 끌려
간 다른 나라에서 나를 기억할 것
이다. 왜냐하면 내가 그들의 매춘
하는 마음에 대단히 실망했기 때
문이다. 그들은 나를 떠났고, 그들
눈은 언제나 우상을 따르며 매춘
했다. 그들은 혐오행동 가운데 저
지른 악행으로 자기 스스로 미워
하게 될 것이다.
10 그들에게 내가 주인임을 알게 하
고, 이 재난을 내린다는 말이 헛소
리가 아님을 알게 하겠다."
11 **주님**의 말에 의하면, "네 손을 치
고, 발로 땅을 치며 말해라. '아, 이
즈리얼 집안에 최악의 재난이 닥
치다니! 우리가 칼과 기아와 전염
병에 쓰러지게 되다니' 라고.
12 멀리 있는 자는 전염병에 죽고, 가
까이 있는 자는 칼에 죽고, 남은 자
는 포위당하여 배고파 죽는다. 이
와 같이 그들에게 나의 분노를 내
려주겠다.
13 그때 너희가 내가 **주인**이라는 것을
알게 될 때, 칼에 베인 자는 그들
제단 주위 우상 사이에 끼어, 높은
언덕마다, 산정상마다, 푸른나무
아래마다, 굵은 참나무 밑, 그들 우
상에게 달콤한 향기를 피웠던 장
소마다 널려 있을 것이다.
14 그렇게 나는 내 손을 그들에게 뻗
어, 그 땅을 폐허로 만들겠다. 그렇
다, 디블라의 황무지보다 더 처참
하게 만들어, 그들의 삶의 터전마
다, 내가 **주인**이라는 것을 그들이
알게 하겠다."

끝이 왔다

7 또 **주님**의 말이 나에게 들려왔
다.
2 "사람의 아들아, 너는 또 **주 하나님**
이 말한 바를 이즈리얼땅에 전해
라. 끝이다! 끝이 그 땅 사방에 왔
다.
3 이제 그 끝은 네 위에 있어, 내가
네게 나의 분노를 전하면, 살아온
길에 따라 너희를 재판한 다음, 너
희 혐오행동만큼 대가를 치르게
하겠다.
4 이제 내 눈은 너를 아끼지 않고 동
정하지도 않겠다. 대신 네가 살아
온 길만큼 대가를 치르게 하여, 너
의 혐오가 너희한테 있게 하면,
그때 너희는 내가 **주인**임을 알게
될 것이다."
5 **주 하나님**이 말한 바에 따르면, "재
앙, 오직 재난만 올 테니, 두고봐라.
6 끝이 왔다! 끝이 와서, 너를 지켜본
다. 두고봐라, 끝이 왔다.
7 운명의 아침이 네게 와있다. 오 그
땅에 사는 너희는 때가 되었다. 고
통의 날이 가까이 있으니, 이는 공
황이지, 산에서 다시 울리는 기쁨
의 소리가 아니다.
8 이제 나는 한동안 내 분노를 너희

에게 퍼부으며 나의 화를 결행하
겠다. 너희가 살아온 길에 따라 재
판하여, 너희의 혐오행위만큼 갚
아주겠다.
9 그때 내 눈이 봐주지 않고, 동정도
없다. 나는 너희 길에 따라 갚아주
고, 혐오도만큼 대가를 치르게 하
겠다. 그래서 처단한 존재가 **주인**
바로 나라는 것을 너희가 알게 하
겠다.
10 두고보라, 그날이다! 봐라, 그 날이
왔다. 아침은 지나고, 지팡이에 꽃
이 피고, 자존심은 싹이 돋았다.
11 폭력이 일어나, 악의 지팡이로 옮
겼으니, 그 중 누구도 살아남지 못
하고, 군중도 없고, 재물도 없고, 울
부짖음도 없을 것이다.
12 그때가 왔다. 그날이 다가온다. 구
매자는 즐거움이 없고, 판매자는
슬퍼하지 않게 해라. 분노가 그들
모두에게 왔기 때문이다.
13 판매자는 팔린 물건으로 돌아가지
못한다. 비록 그들이 살아 있다해
도 말이다. 그들 전체에 관한 환상
은 바뀌지 않기 때문이다. 어떤 힘
도 스스로 제 인생의 잘못을 돌이
키지 못한다.
14 그들이 트럼핕을 불어 모두 준비
시켜도, 아무도 전쟁에 나가는 자
가 없다. 나의 분노가 그들 모두에
게 있기 때문이다.
15 칼은 밖에 있고, 전염병과 배고픔
은 안에는 있다. 들에 있는 자는 칼
에 죽고, 도성에 있는 자는 기근과
전염병이 모두를 집어 삼키게 하
겠다.
16 그러나 그 중 피신하는 자는 달아
나게 두어, 산 위에서, 계곡의 비둘
기처럼 모두 슬피 울게 하겠다. 모
두가 제 잘못 때문이다.
17 그들 손은 모두 연약해지고 무릎
은 물처럼 물러질 것이다.
18 또한 스스로 베옷을 걸치게 하고,
공포가 엄습하게 하며, 얼굴마다
창피만 있고, 머리마다 맨머리가
드러난다.
19 그들이 제 은을 길에 내던지고, 제
금을 다 소모해도, **주님**이 분노하
는 날 자기 금은이 그들을 구제하
지 못할 것이다. 금은은 자기 영혼
도 만족시키지 못하고 그들의 배
도 채우지 못한다. 이 장애는 그들
의 죄에서 비롯되었기 때문이다.
20 제 몸에 걸친 장식의 아름다움으
로 위엄을 갖추었어도, 그들은 혐
오스럽고 끔직한 형상을 만들었으
니, 내가 그들로부터 혐오물을 멀
리 떼놓는 것이다.
21 나는 그것을 이민족의 손에 먹이
감으로 주어, 그 땅의 악한에게 약
탈물로 주겠다. 저들이 혐오물을
더럽히게 하겠다.
22 저들한테서 내 얼굴을 돌리면, 저
들이 나의 비밀장소를 오염시킬
것이다. 그러면 강도들이 그곳에
들어와 더럽힐 것이다.

23 쇠밧줄을 만들어라. 이 땅이 피의
범죄로 차고, 이 도성이 폭력으로
가득하기 때문이다.
24 그래서 내가 이민족 중 최고 악한
을 데려와, 백성의 집을 차지하게
하겠다. 또 그들의 강한 자존심을
끝장내고, 그들의 신성한 장소를
더럽히겠다.
25 대파괴가 오면, 그들이 평화를 찾
아도 더 이상 아무것도 없을 것이
다.
26 비행은 비행을 부르고, 소문이 소
문을 부르게 하면, 그들이 예언자
의 환상을 찾겠지만, 법은 제사장
한테서 사라지고 현자로부터 오는
충고도 없어질 것이다.
27 왕은 슬퍼하고 대군왕자는 황폐를
입고, 그곳 백성의 손은 마비될 것
이다. 나는 그들의 행위대로 그들
에게 갚아주고, 그들 행적의 결과
에 따라 내가 재판하면, 그들은 내
가 **주인**임을 알게 될 것이다.

신전 안 우상숭배의 모습

8 여섯째 해 여섯째 달 5일 내가
나의 집에 앉아 있었고, 쥬다의
원로가 내 앞에 앉아 있을 때, **주 하
나님**의 손힘이 나에게 내려왔다.
2 그래서 내가 보니, 그의 허리 아래
쪽은 불의 모습이었고, 위쪽은 밝
게 빛나는 황색이었다.
3 그는 손같은 형태를 내밀더니 내
머리다발을 잡았다. 그리고 그 영
혼이 나를 땅과 하늘 사이로 들어
올려 저루살럼의 **하나님** 환상으로
데려갔는데, 그곳은 안쪽 정원 북
문 출입구였다. 거기에 질투를 유
발하는 질투의 형상이 자리하고
있었다.
4 보니, 이즈리얼 **하나님**의 찬란한
빛이 그곳에 있었는데, 내가 평원
에서 본 환상 그대로였다.
5 그때 그가 나에게 말했다. "사람의
아들아, 이제 네 눈을 들어 북쪽을
보아라." 그래서 내가 눈을 북쪽으
로 들어올려 제단 북문 출입구의
질투의 형상을 보았다.
6 그는 계속 말했다. "사람의 아들아,
그들이 하는 일을 보고 있지? 여기
서 이즈리얼 집안이 행하는 혐오
행위가 얼마나 대단한지, 내가 나
의 성소에서 멀리 떠나야 하지 않
겠니? 네가 다시 돌아간다 해도,
너는 더 심한 혐오를 보게 될 것이
다."
7 그리고 그는 나를 정원문에 데려
갔는데, 벽에 구멍이 보였다.
8 그때 그가 내게 말했다. "사람의 아
들아, 저 벽을 뚫어라." 그래서 내
가 벽에 구멍을 뚫고 문을 보았다.
9 그가 나에게 말했다. "안으로 들어
가, 그들이 여기서 벌이는 악의적
혐오행동을 봐라."
10 그래서 내가 들어가 보니, 모든 종
류의 기는 것과 혐오스러운 짐승
과, 이즈리얼 집안의 온갖 우상이

벽 주위에 그려져 있었다.
11 그들 앞에 이즈리얼 집안의 현자
70명이 서 있었는데, 그 중에는 쉐
펜의 아들 자재나야가, 각자 손에
향로를 든 남자들과 함께 짙은 향
료의 연기구름을 피우고 있었다.
12 그때 그가 내게 말했다. "사람의 아
들아, 너는 보았을 거다. 이즈리얼
집안의 현자들이 어두운 곳에서
무엇을 하는지, 각자 자기 상상의
방 속에서 하는 일을 보았지? 그들
이 말하며, '**주님**은 우리를 보지 않
고, 이 땅을 버렸다'고 한다.
13 그는 또 내게 말했다. "네가 다시
돌아가도, 너는 그들이 저지르는
더 큰 혐오행동을 보게 될 것이다."
14 그리고 그는 나를 주님성전 출입
문으로 데려갔고, 그 문은 북쪽을
향하고 있었는데, 내가 보니, 여자
들이 태이머즈다산 의미의 배블런신에
게 울며 앉아 있었다.
15 그때 그가 내게 말했다. "오, 사람
의 아들아, 이것도 보았지? 네가
다시 돌아가도, 너는 이보다 더 큰
혐오를 보게 될 것이다."
16 그런 다음 그는 나를 주님성전의
안뜰로 데려갔고, **주님**성소의 현관
과 제단 사이에 문을 바라보니, 그
곳에 약 25명 남자가 주님성전에
등을 돌린 채, 얼굴은 동쪽을 향해
태양을 보며 예배하고 있었다.
17 그러자 그가 내게 말했다. "사람의
아들아, 이것도 보았지? 이곳에서
자행하는 이런 쥬다집안의 혐오행
위가 가벼운 것일까? 그들이 이 땅
을 반발로 채우며, 내게 분노를 불
러일으키고 있다. 보라, 그들은 제
코를 나뭇가지에 대고 있다.
18 따라서 내가 또 화를 뿜어내겠다.
내 눈은 그들을 아끼지 않고 동정
도 없다. 그들이 내 귀에 대고 큰
소리로 울어도, 이제 나는 그들의
말을 듣지 않겠다."

성소부터 집행 시작

9 그는 또 내 귀에 대고 큰 소리로
말했다. "이 도성을 처벌할 사람
에게 파괴무기를 들고 가까이 오
게 해라."
2 그래서 내가 보니, 여섯 사람이 북
문 쪽 높은 성문 길로부터 왔는데,
각자 손에 살상무기를 들었고, 그
중 하나는 리넨옷을 입고 옆에 필
기용 잉크뿔통을 갖고 있었다. 그
들이 가서 청동제단 옆에 섰다.
3 이즈리얼 **하나님**의 찬란한 빛이 체
럽천사로부터 나와 성전 문턱까지
닿았다. 그는 리넨옷의 필기구를
든 사람을 불렀다.
4 **주님**이 그에게 말했다. "이 도성 안
저루살럼 중심을 두루 돌며, 앞 이
마에 표시해 둘 사람은, 그 안에서
벌어지는 혐오행동에 한숨 쉬며
우는 자다."
5 또 그가 다른 이들에게 이야기하
는 것을 내가 들은 바는, "너희는

도성 곳곳에서 사람을 뒤쫓아 치
는데, 너희 눈이 가여워하지도 동
정하지도 마라.
6 장년이나 청년이나 소녀나 어린이
나 여자나 모두 철저히 죽이고, 단
지 이마에 표시해 둔 사람은 가까
이 가지 마라. 집행은 나의 성소부
터 시작해라." 그래서 그들이 성전
앞의 현자부터 시작했다.
7 그리고 그가 그들에게 말했다. "너
희는 성전을 쳐부셔, 정원을 시체
로 채우도록, 지금 가라." 그러자
그들은 나가서 도성 안을 다 죽였
다.
8 그들이 사람을 죽이는 동안 홀로
남겨지게 되자, 나는 얼굴을 숙이
고 울며 말했다. "아, **주 하나님**! 당
신의 분노를 저루살럼에 퍼부어
이즈리얼의 나머지 모두를 다 없
애려 하나요?"
9 그러자 그가 내게 말했다. "이즈리
얼 집안의 죄와 쥬다집안의 잘못
이 너무나 커서, 그 땅이 피로 차고,
도성이 왜곡으로 변질되어버렸다.
저들은 '**주님**이 이 땅을 버리고, 더
이상 보지 않는다'고 말하고 있다.
10 이제 나 역시 내 눈을 참지 않고 동
정도 하지 않겠다. 대신 그들 행위
에 대한 대가를 그들의 머리 위에
갚아주겠다."
11 그때 내가 보니, 리넨옷을 입고 옆
에 잉크뿔통을 든 사람이 상황을
보고하며 말했다. "내가 당신이 내
게 명령한 대로 했어요."

체럽에서 나오는 찬란한 빛

10 그때 내가 바라보니, 체럽천
사 머리 위 창공에, 새파이어
하늘색 원석 같은 것으로 만든 왕
좌위의 어떤 모습이 나타났다.
2 그가 리넨옷을 입은 사람에게 말
했다. "체럽천사 아래쪽 바퀴 사이
로 가서, 체럽한테서 나오는 불의
석탄을 네 손에 쥐고, 도성 위에 뿌
려라." 그러자 내 눈앞에서 그가 갔
다.
3 그때 여러 체럽은 그가 성전으로
들어갈 때, 집 오른쪽에 섰고, 내부
정원에는 구름이 가득 찼다.
4 그때 **주님**의 찬란한 빛이 체럽으로
부터 나가, 성전 문지방까지 닿았
고, 성전은 구름이 가득 찼는데, 안
뜰은 **주님**의 빛으로 밝게 빛났다.
5 체럽의 날개소리가 정원 밖까지
들리면서, 그것은 마치 절대자 **하
나님**이 말하는 음성 같았다.
6 그가 리넨옷을 입은 자에게 명령
했다. "여러 체럽 사이의 바퀴에서
불을 가져와라." 그러자 그가 들어
가서 바퀴 옆에 섰다.
7 체럽천사 가운데 한 체럽이 손을
내밀어 여러 체럽 가운데 있는 불
을 잡은 다음, 그 불을 리넨옷을 입
은 자의 손에 놓자, 그가 그것을 가
져갔다.
8 체럽 날개 아래서 사람 손 형태가

체럽 사이에서 나타났고,
9 내가 봤을 때, 바퀴 네 개는 체럽천
사들 옆에 있었는데, 바퀴 한 개 옆
에 한 체럽, 다른 바퀴 옆에 다른
체럽이 각각 있었고, 바퀴 모양은
베럴 원석 청록색 같았다.
10 또한 그들의 모습은 넷 모두 똑 같
은 모양이어서, 마치 한 바퀴가 한
바퀴와 교차되어 있는 듯했다.
11 그들이 전진하면 네 방향의 바퀴
도 같이 움직였고, 그들이 갈 때는
바퀴가 회전하지 않고, 그들 머리
를 둔 방향만 보며 따라가면서 방
향을 돌리지 않았다.
12 체럽의 신체와 등과 손과 날개와
바퀴는, 전부 주위에 눈으로 가득
찼고, 네 바퀴도 그랬다.
13 바퀴에 대해 말하자면, 내가 들은
바는, "오 바퀴야" 라고 불렸다.
14 모두는 한결같이 네 종류의 얼굴
이 있었는데, 첫째는 체럽모습, 둘
째는 인간모습, 셋째는 사자모습,
넷째는 독수리모습이었다.
15 체럽이 날아오를 때는, 내가 커바
강가에서 본 바로 그 생물 모습이
었다.
16 체럽이 가면, 바퀴도 옆에서 갔고,
체럽이 땅에서 움직이도록 날개를
들어 올리면, 바퀴도 똑같이 그들
옆에서 방향을 바꾸지 않았다.
17 체럽이 서면, 바퀴도 섰고, 그들이
올라가면, 바퀴도 스스로 들어올
렸다. 이는 그 생물의 영혼이 바퀴
안에 있기 때문이었다.
18 그때 **하나님**의 찬란한 빛이 퍼져,
집 문턱까지 갔고, 거기에 체럽이
서 있었다.
19 여러 체럽은 날개를 들어올려, 내
눈에, 땅에서부터 높이 날아갔고,
그들이 떠나자, 바퀴도 그 옆을 따
랐다. 그리고 모두가 주님성전의
동쪽 출입문에 서자, 이즈리얼의
하나님의 찬란한 빛이 그들 위에
퍼졌다.
20 이것은 커바강가에서 이즈리얼의
하나님 아래에서 내가 보았던 생물
이었는데, 나는 그들이 체럽천사
라는 것을 알았다.
21 모두는 각각 네 가지 얼굴모습을
하고, 날개는 네개씩 있었고, 인간
의 손 비슷한 것이 날개 밑에 있었
다.
24 그들의 얼굴은 커바강가에서 본
것과 동일하고, 외모는 각자 똑바
로 정면을 향하여 나가는 모습이
었다.

악의적 조언자 재판

11 게다가 그 영혼은 나도 들어
올려, 주님성전 동쪽의 동문
으로 데려갔는데, 그 문을 보니, 25
명의 남자 가운데 대군왕자 애쥬
어 아들 재재나야와 베내이야의
아들 펠래타야가 있었다.
2 그때 그가 내게 말했다. "사람의 아
들아, 이들은 나쁜 일을 계획하며

이 도성에 잘못된 조언을 한다.
3 그들은, '우리가 재건할 때 잖아?
이 도성은 거대한 가마솥이고, 우
리는 그 안에 든 고기'라고 말한다.
4 그러니 사람의 아들아, 그들에게
예언해줘라."
5 그러면서 **주님**의 영혼이 나에게 내
려와 말했다. "**주님**의 말에 따라 다
음과 같이 전해라. '오 이즈리얼 집
안아, 나는 너희 마음 속에 생각하
는 모든 것을 잘 알고 있다.
6 너희는 이 도성을 수없이 학살해
서, 거리를 시체로 채웠다.
7 따라서 **주 하나님**은 이렇게 말한다.
'너희가 내다버린 살육이 고기고,
이 도성은 거대한 가마솥이기 때
문에, 내가 여기서 너희를 몰아내
겠다.
8 너희가 무서워한 칼을, 내가 너희
에게 가져가겠다'고 **주님**이 말한
다.
9 또 나는 도성에서 너희를 끌어내
이민족의 손에 넘겨서, 처벌을 가
할 것이다.
10 너희를 칼에 쓰러뜨려, 이즈리얼
의 경계선에서 내가 너희에게 정
의를 실현하겠다. 그래서 내가 **주
인**이라는 것을 알게 하겠다.
11 나는 이 도성을 거대한 가마솥으
로, 너희를 그 안에 든 고기로 만들
지 않겠다. 대신 나는 이즈리얼 경
계에서 처벌하겠다.
12 그래서 내가 **주인**임을 너희가 알게
하겠다. 이는 너희가 내 법을 따르
지 않고, 나의 정의를 실행하지 않
기 때문이다. 대신 너희 주변 이민
족이 하는 대로 따라 했다."
13 그리고 내가 예언하자, 베내이야
아들 펠래타야가 죽었다. 그때 나
는 얼굴을 숙이고 큰 소리로 울며
말했다. "아, **주 하나님**! 당신은 이
즈리얼의 나머지마저 끝장내려 하
나요?"
14 그러자 다시 **주님**의 말이 내게 들
려왔다.
15 "사람의 아들아, 네 형제, 친척, 이
즈리얼의 전 집안, 저루살럼 주민
에게 전해라. '이 땅이 우리 소유가
되었다고 말한, 너희는 **주님**한테서
멀리 떠나라'고.
16 그러니 **주 하나님**의 말을 이렇게 전
해라. '비록 내가 그들을 이민족 가
운데 멀리 던져, 여러 나라로 흩어
버렸지만, 나는 외국에서 그들이
찾을 작은 성소로 있을 것'이라고
해라.
17 따라서 **주 하나님**의 말을 전해라.
'나는 너희를 모으고, 흩어진 나라
로부터 백성을 모아, 너희에게 이
즈리얼땅을 다시 줄 것'이라고 해
라.
18 그래서 그들이 그곳에 오면, 그들
이 가진 끔찍한 혐오물을 그 땅에
서 모두 제거하게 하겠다.
19 또 나는 그들에게 동일한 마음을
주며, 너희 안에 새 영혼을 넣어주

겠다. 그리고 너희 살로부터 돌 같
이 딱딱한 마음을 없애고, 살처럼
부드러운 마음을 줄 것이다.
20 그러면 그들이 나의 법 안에서 살
지 모르고, 내 명령대로 지킬지 모
르겠다. 그때 그들은 나의 백성이
되고, 나는 그들의 **하나님**이 될 것
이다.
21 그러나 증오물이나 혐오물을 좇아
다니는 마음을 가진 사람에 대해
서는, 내가 그 머리에 그들의 행위
만큼 갚아주겠다'고 **주인 하나님**이
말한다."
22 그때 체럽천사가 그들의 날개를
들어올렸고, 그 옆에 바퀴가 있었
는데, 이즈리얼 **하나님**의 찬란한
빛이 그들 위를 덮었다.
23 그리고 **주님**의 찬란한 빛이 뻗어나
가며, 도성 가운데 동쪽 산 위까지
비췄다.
24 그리고 나서 그 영혼이 나를 집어
올려, **하나님**의 영혼에서 나온 환
상 속에서 캘디아배블런의 포로에게
데려다주었다. 그리고 그때까지
내가 보았던 환상은 사라졌다.
25 그래서 나는 포로에게 **주님**이 나에
게 보여준 모든 것을 말해주었다.

거부하는 집단에게 환상실현

12 **주님**의 말이 내게 들려왔다.
2 "사람의 아들아, 너는 반항하는 기
질이 있는 집안 가운데서 산다. 그
들은 보는 눈을 갖고 보지 못하고,
듣는 귀가 있어도 듣지 않는, 주로
거부만 하는 집단이다.
3 그러니, 너는 이사짐을 싸고, 그들
이 보는 낮에 짐을 옮겨라. 너는 이
곳에서 다른 장소로 그들 눈앞에
서 옮겨야 한다. 그러면 그들이 네
모습을 보고 생각할지 모르겠다.
비록 그들이 거부를 잘하기는 해
도 말이다.
4 낮에 그들이 볼 때, 추방당한 듯이
네 짐을 꾸리고, 밤에도 그들이 볼
때 마치 포로로 끌려가는 모습처
럼 해야 한다.
5 그들의 눈앞에서 벽을 뚫어 그곳
으로 짐을 내보내라.
6 그들이 볼 때 짐을 네 어깨에 지고
나르고, 해질 때까지 옮겨라. 네가
얼굴을 가리게 되는 것은, 그 땅을
보지 못하기 때문이다. 이것이 내
가 이즈리얼 집안에 보여줄 경고
표시다."
7 그래서 나는 **주님**이 내게 명령하는
대로 따랐다. 나는 낮에 포로처럼
짐을 싸고, 저녁에 손으로 성벽을
뚫어, 해질녘 그곳으로 짐을 내보
낸 다음, 그들이 보는 가운데 내 어
깨에 져날랐다.
8 아침에 **주님**의 말이 나에게 들려왔
다.
9 "사람의 아들아, 거부만 하는 이즈
리얼 집안이 너에게 물었겠지. '당
신이 뭐하는 거냐? 라고'

10 그러면 그들에게 대답해라. **주 하나
님**의 말에 의하면, 이 경고는 저루
살럼의 대군왕자와, 저루살럼 집
안 모두가 대상이다.
11 '지금까지 실행해 보인대로 내가
바로 증거표시다. 그와 같이 너희
에게 앞으로 일어날 것이다. 그들
은 쫓겨나 포로로 끌려갈 것'이라
고 말해주어라.
12 그들 가운데 대군왕자도 해질 무
렵 제 어깨에 짐을 지고, 나가려면,
우선 옆의 벽을 뚫어야 할 거다. 또
그가 제 얼굴을 가리는 이유는, 제
눈으로 그 땅을 보지 못하기 때문
이다.
13 또 나의 그물을 펼쳐놓으면, 그가
내 덫에 걸려들 때, 나는 그를 배블
런의 캘디언 땅으로 보내겠다. 그
러면 그는 다시 그 땅을 보지 못하
고 거기서 죽을 것이다.
14 그리고 나는 그를 도울 자와 그의
군대를 사방으로 바람 속에 흩어
버리겠다. 그런 다음 내가 칼을 꺼
내 들고 뒤를 추격하겠다.
13 그들이 내가 주인임을 알도록, 나
는 민족 가운데 그들을 흩어버리
고, 나라 사이에 분산시킬 것이다.
16 하지만 나는 그들 중 소수는 칼과,
기아와 전염병으로부터 남겨두겠
다. 이는 그들이 앞으로 이민족이
혐오하는 처지가 되는 것을 알게
하고, 또 내가 **주인**이라는 것을 알
게 하는 것이다.

17 또 **주님**의 말이 내게 들려왔다.
18 "사람의 아들아, 너는 떨며 빵을 먹
고, 물도 조심스럽게 마셔라.
19 그리고 그 땅에 사는 사람에게 전
해라. 저루살럼과 이즈리얼땅에
사는 주민의 **주 하나님**의 말에 따르
면, '그들은 조심해서 빵을 먹게 되
고, 물도 당황하며 마시게 된다. 그
곳 땅 일대가 폐허될 수 있는 까닭
은, 그곳에 사는 그들이 반발한 탓
이다.
20 사람이 사는 도성은 무너져, 그 땅
은 폐허가 되기 때문이다. 그러면
너희는 내가 **주인**이라는 것을 알게
될 것이다.
21 또 **주님**의 말이 나에게 들렸다.
22 "사람의 아들아, 이즈리얼땅에서
너희에게 전해지는 속담 가운데,
'날이 길어지는데, 아무런 환상도
못 볼까?' 라는 말이 있다.
23 그들에게 말해줘라. **주 하나님**의 말
에 의하면, '이 속담을 끝내버리겠
다. 그들은 이즈리얼에서 이 말을
더 이상 속담으로 이용하지 못한
다. 대신 그들에게 전해라. '그 날은
곧 다가오고, 모든 환상은 실현된
다' 라고.
24 그곳에 헛된 환상은 더 이상 없고,
이즈리얼 집안에서 우쭐해 할만한
점도 없을 것이다.
23 내가 **주인**이므로 내가 말한다. '내
가 하는 말은 앞으로 실현될 것이
다. 그것은 연기되지 않을 것이다.

따라서 오, 반발만 하는 집안, 너희
시절에 대해 말하는데, 그 일은 이
루어질 것'이라고 **주 하나님**이 말한
다."
26 다시 **주님**의 말이 내게 들렸다.
27 "사람의 아들아, 두고봐라. 이즈리
얼 집안은 말한다. '그가 본 환상이
이루어지려면 오래 지나야 하고,
그가 예언한 시기도 아직 멀었다'
라고.
28 그리고 그들에게 전해라. **주 하나님**
의 말에 따르면, '내 말이 연기되는
일은 어떤 경우에도 없고, 대신 내
가 한 이야기는 곧 실현된다'고 **주
하나님**이 말한다.

거짓예언자 비난

13 **주님**의 말이 내게 들려왔다.
2 "사람의 아들아, 예언하는 이즈리
얼 예언자에게 예언해줘라. 제 마
음에 떠오르는 대로 예언하는 그
들에게, '**주님**의 말을 들으라' 해
라."
3 **주님**의 말에 의하면, "거짓예언하
는 자에게 재앙이다! 그들은 제 자
신의 영혼을 따랐으므로, 본 게 아
무것도 없다.
4 오 이즈리얼아, 너희 예언자는 사
막의 여우와 같다.
5 너희는 들어갈 구멍도 없고, 이즈
리얼 집안을 위한 울타리도 만들
지 못하여, **주님**의 그날 싸움에 나
서지도 못한다.
6 그들은 무모한 거짓점술에 의존하
며, '주가 전한다'고 말하는데, **주인**
은 그들을 보내지 않았다. 그러면
서 그들은 일반인이, 그 말이 틀림
없기를 바라도록 만들었다.
7 너희는 허상이나 보며, 거짓점술
을 말해오지 않았나? 그러면서 '주
가 이렇게 전한다'고 말하는데, 그
러나 내가 말하지 않았지?
8 그래서 **주 하나님**이 이렇게 말한다.
'너희가 헛소리만 하며 거짓만 보
기 때문에, 두고봐라, 내가 너희를
혼내주겠다'고 **주 하나님**이 말한다.
9 나는 허상을 보거나 거짓점을 치
는 예언자에게 손을 대어, 그들이
내 백성의 모임에 참석하지 못하
게 하고, 이즈리얼 집안 역사물을
기록하지 못하게 하며, 이즈리얼
땅 안에 들어서지 못하게 하겠다.
그래서 너희가, 내가 **주 하나님**이라
는 것을 알게 하겠다.
10 심지어 그들이 나의 백성을 부추
기며 '평화'를 말하지만, 거기에 평
화란 없다. 누구는 벽 하나를 쌓았
고, 다른 이는 거기에 제대로 섞이
지도 않은 모터석회를 발랐을 뿐
이다.
11 그곳에 제대로 섞이지도 않은 모
터석회를 바른 자에게 전해라. '성
벽은 곧 무너진다. 거기에 소나기
를 퍼붓게 하고, 너희에게 큰 우박
이 떨어지게 하며, 광풍이 그것을

갈기갈기 찢게 하겠다.
12 보라, 벽이 무너질 때면, 아무도 너
에게 묻지 않을 것이다. '너희가 발
랐던 회칠이 어디갔지?' 라고."
13 그래서 **주 하나님**이 말한다. "나는
나의 분노의 광풍으로 성벽을 찢
어놓고, 거기에 마음의 격노의 소
나기를 쏟은 다음, 내 성난 화의 우
박덩이를 퍼부어 섬멸하겠다.
14 그렇게 나는 성벽을 부셔버리겠
다. 너희가 불량 석회로 발라놓은
것을 바닥까지 끌어내려 기반이
드러나도록 허물어, 그 가운데 너
희를 소멸시키겠다. 그때 너희가,
내가 **주인**이라는 것을 알게 하는
것이다.
15 이와 같이 나는 내 분노를 성벽에
풀겠다. 그리고 제대로 섞이지도
않은 불량 모터석회를 바른 너희
에게 말해주겠다. '성벽은 더 이상
없고, 그것을 칠한 자도 더 이상 없
다'고.
16 저루살럼을 예언하는 이즈리얼 예
언자에 관하여, 그들이 그땅에서
평화의 환상을 보는지 몰라도, '거
기에 평화는 없다'고 **주 하나님**이
말한다.
17 또한 사람의 아들아, 네 얼굴을 똑
바로 들고, 제 마음대로 예언하는
자의 딸들을 향하여 네가 예언해
주어라.
18 그리고 이렇게 말해라. **주 하나님**이
말한 바에 따르면, '이런 여자에게
재앙이다! 그녀는 팔 안쪽에 부적
을 꿰매 붙이고, 영혼을 사냥하려
고 전신용 머리스카프를 만든다.
너희가 나의 백성의 영혼을 사냥
하나? 그런다고 너희를 찾는 영혼
을 살려내나?
19 너희는 백성 가운데 나를 오염시
키고, 보리 한 줌과 빵 한 조각을
얻고자, 죽지 말아야 할 영혼을 살
해하고, 살아서는 안 될 영혼을 살
리며, 네 거짓을 듣는 백성에게 거
짓말로 속이나?"
20 따라서 **주 하나님** 말에 의하면, "두
고봐라, 나는 네 부적을 상대한다.
너희는 그것으로 영혼을 날게 만
들어 사냥하므로, 나는 네 손에서
그것을 떼내어, 일반영혼과, 네가
날게 하여 사냥한 영혼까지 풀어
주겠다.
21 너희 스카프도 찢고, 너희 손에서
내 백성을 구하여, 그들이 더 이상
네 손에서 사냥당하지 않게 하겠
다. 그러면 너희는 내가 **주님**이라
는 것을 알게 될 것이다.
22 너의 거짓으로 정의의 가슴을 슬
프게 만들었기 때문에, 내가 그들
을 슬프게 만든 적이 없었는데, 악
의 세력으로 강화된 그들은 악행
의 길로부터 생명이 보장되는 길
로 돌아서지 못한다.
23 그래서 너희가 더 이상 허상을 보
지 못하고, 점도 치지 못하도록, 내
가 네 손에서 나의 백성을 구하면,

너희는 내가 **주님**임을 알게 될 것
이다.

우상숭배 비난

14 이즈리얼 원로 일부가 내 앞
에 앉아 있었다.
2 그때 **주님**의 말이 내게 들려왔다.
3 "사람의 아들아, 이들은 마음 속에
우상을 심어두고 얼굴에 드러나는
제 잘못을 가린다. 그런데 내가 그
들의 물음에 모두 대답해야 하나?
4 따라서 그들에게 일러라. '**주 하나
님**의 말에 의하면, 이즈리얼 집안
모두 제 마음 속에 우상을 심어두
고 얼굴에 드러나는 잘못을 가린
채, 예언자에게 온다. 나 주인이 각
자의 우상 수에 따라 대답해주겠
다' 라고.
5 그러면 내가 이즈리얼 집안 마음
을 도로 빼앗을 수 있을지 모르겠
다. 왜나하면 그들이 제 우상 탓에
나로부터 멀어졌기 때문이다.
6 그러니 이즈리얼 집안에게 전해
라. **주 하나님**이 말한 바는, '반성하
고, 제 우상한테서 돌아서라. 너희
얼굴을 혐오물에서 돌리라'는 것
이다.
7 이즈리얼 집안 혹은 그곳에 있는
외국인 모두, 그들 스스로 나를 멀
리하며, 제 마음에 우상을 심어두
고, 얼굴에 드러나는 제 잘못을 가
린 채, 나에 관해 물으러 예언자에
게 온다. 그러니 나 주인이 직접 그
들에게 대답하겠다.
8 나는 사람을 향해 내 얼굴을 똑바
로 들고, 인간을 증거표시와 격언
으로 만들어 놓겠다. 또 내 백성 가
운데서 그들을 제거하겠다. 그러
면 너희는 내가 **주님**임을 알 것이
다.
9 만약 나 **주인**이 속이기라도 한듯,
예언자가 자신도 속았다고 말할
경우, 나는 그들에게 손을 뻗어, 내
백성 이즈리얼 가운데서 없애버리
겠다.
10 그들은 제 잘못에 대한 벌을 받아
야 마땅한데, 예언자에 대한 벌은
그를 찾는 사람에 대한 처벌과 똑
같다.
11 그러면 이즈리얼 집안이 더 이상
내게서 멀어져 방황하지 않고, 더
이상 법위반으로 오염되지 않을
지 모르겠다. 게다가 그들이 나의
백성이 되고, 나는 그들의 **하나님**
이 될 수 있을 지 모른다"고 **주 하나
님**이 말한다.
12 **주님**의 말이 내게 다시 들려왔다.
13 "사람의 아들아, 그 땅이 나에게 심
하게 위반하는 죄를 지으면, 내가
그곳에 손을 뻗어, 빵의 공급원을
막고, 그 위에 기근을 내려, 그곳 사
람과 짐승을 제거할 것이다.
14 비록 세 사람, 노아, 대니얼, 조브가
그 안에 있다 해도, 그들조차 자기
정의로 제 자신을 구해야 한다"고
주 하나님이 말한다.

15 만약 내가 그 땅에 해로운 짐승을
보내 훼손하여 파괴하면, 사람은
유해짐승 탓에 그곳을 지나지 못
할 것이다.
16 그 세 사람이 그곳에 있을 경우, 살
아 있는 나 **주 하나님**이 말하는데,
그들은 제 아들딸을 구하지 못하
고, 단지 자신을 구할 수 있을 뿐,
그 땅은 폐허가 될 것이다.
17 혹은 만약 내가 그 땅에 칼을 보낼
경우, '칼아! 그 땅을 두루 다니거
라'고 이르며, 그곳 사람과 짐승을
모조리 없애겠다.
18 비록 그곳에 세 사람이 있다 해도,
살아있는 나 **주 하나님**이 말하는데,
그들은 제 아들딸을 구하지 못하
고, 단지 자신을 구할 수 있을 뿐이
다.
19 또는 만일 내가 그 땅에 전염병을
보낼 경우, 그곳에 내 분노를 피로
쏟아부어 사람과 짐승을 모조리
제거하겠다.
20 심지어 노아와 대니얼과 조브가
그 안에 있어도, 내가 살아 있어 **주**
하나님이 맹세하지만, 그들은 제
아들딸을 구하지 못하고, 단지 자
신을 구할 수 있을 뿐"이라고 했다.
21 **주 하나님**의 말에 따르면, "내가 저
루살럼을 처벌하려고 다음 4가지
고통을 보내는데, 얼마나 더 많이
보내야 하나? 칼과, 기아와, 유해
짐승과 전염병을 보내, 사람과 짐
승을 모조리 제거할 텐데 말이다.
22 그러나 보라, 그 가운데 아들과 딸
을 남겨, 네게 보내어, 그들이 지금
까지 살아온 행적과 행동을 보게
하겠다. 그러면 너희는 내가 저루
살럼에 실행한 일이 그냥 한 것이
아님을 이해하고 위안받게 될 것
이다.
23 그들이 지금까지 살아온 행적과
행동을 볼 때 너희를 위로하게 하
겠다. 또 너희는, 내가 까닭없이 그
렇게 하지 않았다는 것을 알게 된
다"고 **주 하나님**이 말한다.

땔깜용 포도나무처럼

15 **주님**의 말이 내게 들려왔다.
2 "사람의 아들아, 포도나무가 다른
나무보다 더 나은 점은 무엇이고,
숲속 어느 나뭇가지 이상인 면은
무언가?
3 그것을 어디다 쓰려고 가져갈까?
아니면 남들이 그릇따위를 걸어둘
나무못용으로 집어갈까?
4 보라, 그 나무를 연료로 불속에 던
지면, 불이 양끝을 삼키고 중간을
태울 거다. 그렇게 되면 그 나무를
어디에나 쓸까?
5 보라, 온전할 때도 아무짝에 쓸모
가 없었는데, 하물며 불이 삼켜 태
우고 나면, 어느 용도에 맞을지, 휠
씬 형편없지 않을까?
6 **주 하나님**이 말한다. 숲속 나무 가
운데 땔감으로 불에 넣는 포도나

무처럼, 나는 그렇게 저루살럼 주
민을 불에 넣어버리겠다.
7 그리고 내가 그들한테서 얼굴을
외면하겠다. 그들이 한쪽 불에서
튀어나오면, 다른 불이 삼키게 하
겠다. 그래서 너희가, 내가 **주인**이
라는 것을 알도록, 그때 내가 너희
로부터 내 얼굴을 돌릴 것이다.
8 그 땅을 불모지로 만드는 이유는,
그들이 법을 위반했기 때문"이라
고, **주 하나님**이 말한다.

매춘하는 저루살럼

16 다시 **주님**의 말이 내게 들려
왔다.
2 "사람의 아들아, 저루살럼이 제 허
물을 깨닫게 해라.
3 그리고 **주 하나님**이 저루살럼에 이
와 같이 말했다고 전해라. 네가 태
어난 곳은 캐이넌땅이고, 네 아버
지는 애머리, 네 어머니는 힡부족
이다.
4 네 출생에 대해 말하자면, 태어나
던 날 너는 배꼽도 자르지 않았고,
너를 부드럽게 물로 씻기지도 않
았고, 소금도 씻기지 않았으며, 포
대기조차 감싸지 않았다.
5 너를 가엽게 여기는 눈도 없어, 너
를 돌보거나, 동정하지 않은 채, 벌
판에 버려져, 태어나던 날 사람의
증오를 받았다.
6 곁을 지나며, 제 피가 엉겨붙은 모
습을 보고 말해주었다. '살아라!' 그
렇다, 나는 아직 제 피속에 있던 네
게 말했다. '죽지 말고 살아라.'
7 내가 너를 들에서 싹이 트게 하자,
엄청나게 번성하더니, 화려한 장
식을 달고, 가슴을 형성하고, 머리
카락이 자라났는데, 너는 여전히
맨몸이었다.
8 내가 또 네 옆을 지나며 살폈더니,
사랑받을 때가 되었더라. 그래서
나는 내 스커트를 덮어 너의 맨몸
을 감싸주었다. 그렇게, 나는 너에
게 맹세로 계약을 맺었고, **주 하나
님**이 말하는데, 너는 나의 것이 되
었다.
9 그리고 나는 너를 물로 씻겼다. 맞
다, 네 몸 곳곳에 묻은 피를 깨끗이
닦아내고 기름을 발라주었다.
10 또한 자수옷을 입히고, 오소리가
죽 신을 신기고, 고운 리넨 허리띠
를 두르고, 비단으로 감싸주었다.
11 나는 또 너에게 장식을 달아주었
고, 네 손에 팔찌를, 네 목에 목걸이
를 걸었다.
12 또 앞이마에 보석을 붙이고, 귀에
는 귀걸이를 달고, 머리에는 아름
다운 크라운관을 씌웠다.
13 이렇게 너는 금은으로 치장되고,
의복은 고운 리넨과 실크와 자수
로 만들어졌다. 네가 고운 밀가루
와 꿀과 기름을 먹더니, 우아한 아
름다움으로 변모하여, 번영된 왕
국이 되었다.
14 그러자 이민족 사이에 네 아름다

운 명성이 알려졌는데, 이는 내가
너에게 완벽하게 정성을 들인 덕
이었다고 **주 하나님**이 말한다.
15 그러나 너는 제 아름다움만 믿고,
제 명성으로 매춘놀이를 하더라.
그리고 지나가는 남자마다 네 호
의를 아낌없이 퍼부었지.
16 너는 제 옷을 가지고, 네가 매춘하
는 장소마다 형형색색으로 현란하
게 장식했다. 그런 일은 해서도 안
되고, 그렇게 되어서도 안 될 일이
다.
17 너는 내가 준 금은으로 제작한 아
름다운 보석을 가지고, 스스로 남
자형상을 만든 다음, 그들과 간음
하더라.
18 네 자수옷을 가지고 그들을 덮어
주고, 그들 앞에 나의 기름과 향을
놓더라.
19 너에게 준 나의 음식, 고운 밀가루,
기름, 꿀로 내가 너를 먹였는데, 심
지어 그것도 그들 앞에 갖다놓고
구수한 향기를 피우며, 그렇게 해
왔다고, **주 하나님**이 말한다.
20 게다가 네가 나에게 낳아준 아들
딸마저 데려다, 그들이 먹어치우
도록 희생시켰다. 이런 너의 매춘
행위가 작은 일인가?
21 네가 나의 자녀를 살해하고, 불속
에 넣어 그들이 먹어치우게 했지?
22 이 모든 혐오행동과 매춘행위 속
에서, 네 어린시절을 잊어버렸다.
당시 너는 드러난 맨몸에 제 피가
엉겨붙어 더러웠다.
23 이 모든 것이 네 비행으로 일어났
다. [재앙, 너에게 재앙이다! 라고
주 하나님이 말한다.]
24 또한 네가 눈에 띄는 건물을 짓고,
거리마다 높은 신당을 지은 탓이
다.
25 너는 높은 신당을 도로입구마다
짓고, 네 아름다움을 보기 흉하게
만들며, 지나가는 모두에게 다리
를 벌려 네 매춘의도를 강조했다.
26 너는 또 대단히 탐욕스러운 네 이
웃 이집트인과 간음하며, 매춘만
하여, 나의 화를 돋우었다.
27 보라, 그래서 내가 네게 손을 뻗어,
네 영토를 줄이고, 너를 증오하는
저들의 뜻에 너희를 넘긴다. 필리
스틴 딸은 네 음란행동에 충격을
받았다.
28 또 엇시리아인과도 매춘놀이를 한
것은 네가 만족하지 못했기 때문
이다. 그렇다, 너는 그들과 매춘했
어도 만족할 수 없었다.
29 게다가 그런 매춘행위를 캐이넌땅
의 캘디아에게 했는데도, 너는 여
전히 만족하지 못했다.
30 네 마음이 얼마나 뻔뻔한지, **주 하
나님**이 말하는데, 이 모든 일은 용
서받을 수 없는 매춘녀의 행위임
을 알면서도 너는 저질렀다.
31 너는 길목마다 눈에 띄게 집을 짓
고, 거리마다 높은 신당을 지었지
만, 매춘부 같지 않았던 것은 네가

화대를 받지 않았기 때문이다.
32 그러나 남편 대신 다른 남자와 간
음하는 아내가 되다니!
33 대개 매춘녀에게 대가를 주지만,
너는 연인에게 선물을 주며, 그들
을 고용한 다음, 그들이 도처에서
네 매춘소까지 너를 찾아올 수 있
게 한다.
34 너의 경우는 네 매춘소에 있는 다
른 여자와 정반대다. 그래서 아무
도 네가 하는 매춘행위를 따라하
지 않는다. 또 네가 대가를 주어도,
너에게 화대를 주지 않으므로, 너
는 정반대다.
35 그러니 매춘녀야, **주님**의 말을 들
어라.
36 **주 하나님**의 말은 이와 같다. 너의
추잡함이 넘쳐흘러, 연인과 매춘
하는 맨몸이 드러났고, 혐오스러
운 우상과 같이 놀며, 네 자녀의 피
까지 그들에게 주었다.
37 보라, 그래서 나는 네 연인을 모두
불러 모을 것이다. 네가 사랑하며
즐겼던 자도, 네가 증오했던 자도
네 주위 모두를 모아, 저들에게 네
맨몸을 드러내면, 저들 모두 네 맨
몸을 볼 수 있을 것이다.
38 나는 너를 재판하여, 혼인계약을
깨뜨리고, 피를 흘린 여자로 판정
하고, 분노와 질투의 피를 벌로 내
릴 것이다.
39 나는 또 저들 손에 너를 주어, 저들
이 너의 눈에 띄는 장소를 허물게
하고, 높은 신당도 무너뜨리게 하
겠다. 저들은 네 옷을 벗기고, 네 아
름다운 보석까지 빼앗아, 너의 맨
몸이 드러나게 할 것이다.
40 저들은 또 너를 상대할 무리를 데
려와, 너를 돌로 치고, 저들 칼로 찌
를 것이다.
41 또 저들은 불로 네 집을 태우고, 많
은 여자가 보는 앞에서 너에 대한
처벌을 집행할 것이다. 그리고 나
는 너의 매춘놀이를 중단시켜, 네
가 더 이상 간음에 대한 품삯을 주
지 않게 하겠다.
42 그렇게 너에 대한 분노를 진정시
키고, 나의 질투도 사라지게 하면,
나는 침착해져, 더 이상 화를 내지
않을 것이다.
43 너는 제 어린시절을 생각하지 못
하고, 이 일로 나를 불쾌하게 만들
었다. 따라서 보라, 나 또한 네 머리
위에 네 행위대로 갚아주겠다고 **주**
하나님이 말한다. 너는 네 모든 혐
오행동 이상의 이런 음란행위를
하지 말았어야 한다.
44 보라, 속담을 말하는 사람마다 너
에 대해 이렇게 이야기한다. '그 어
머니에 그 딸이다.'
45 너는 네 어머니의 딸로서 남편과
자녀를 싫어한다. 또 너는 자매의
여형제로서 남편과 자식을 싫어한
다. 네 어머니는 힡부족이고, 아버
지는 애머리부족이다.
46 너의 언니는 스매리아로 딸들과

함께 북쪽에 살고, 네 여동생은 딸
들과 함께 남쪽에 사는 소듬이다.
47 너는 그들이 하는 행동대로 따르
지 않고, 그들의 혐오행동을 따라
하지 않는 대신, 오히려 그것이 별
것 아닌듯, 너는 그들의 행동 이상
으로 더욱 부정부패했다.
48 내가 살아 있는 **주 하나님**으로서 말
하는데, 네 여동생 소듬과 그녀의
딸들도, 너와 네 딸들이 한 대로 행
동하지 않았다.
49 보라, 다음은 네 여동생 소듬의 죄
인데, 그녀와 딸들이 자만과 풍부
한 빵과, 지나친 게으름 속에서 살
면서, 가난한 자나 어려운 약자에
게 도움의 손길을 주지 않았다.
50 그들은 거만했고, 내 눈앞에서 혐
오행동을 했기 때문에, 내가 충분
히 본 끝에 그들을 제거했다.
51 스매리아 역시 네 잘못의 절반도
하지 않았지만, 너는 그들 이상으
로 혐오행동을 늘리며, 네가 저지
른 잘못으로 네 여형제를 정당화
시켰다.
52 네가 자매의 죄를 정당하게 만들
었으므로, 너는 스스로 네 죄에 대
한 창피를 감당해야 한다. 너는 그
들보다 민망한 행동을 더 많이 저
질렀는데, 그들은 너보다 더 바르
다. 그렇다, 너는 당황할지 모르지
만, 네가 여형제를 정당화시켰으
니, 자기 부끄러움에 대한 책임을
져라.
53 내가 포로로 끌려간 사람을 다시
데려올 때, 소듬의 포로와 그녀 딸
의 포로와 스매리아 포로와 그 딸
들을 데려오는 날, 그들과 함께 너
희 포로도 다시 데려오겠다.
54 그러면 너는 스스로 제 수치에 대
한 책임을 질 수 있고, 네 행동으로
인해 곤혹스러웠던 사람들에게 위
로가 될 수 있을지 모르겠다.
55 네 자매 소듬과 그녀 딸들은 이전
자기 소유지로 다시 돌아오고, 스
매리아와 그 딸들도 이전 소유지
로 돌아오면, 그때 너와 네 딸들도
이전 소유지로 돌아오게 하겠다.
56 네가 거만하던 시절, 여형제 소듬
에 대해, 네가 언급하지 않았는데,
57 그때는 너의 비행이 드러나기 전
이었다. 당시 너는 시리아 딸들과
그 주변을 비난했고, 필리스틴 딸
들과 그 주위를 경멸했던 것처럼
네가 비난을 받게 된다.
58 너는 더러움과 민망함을 몸에 지
녔다고 **주님**이 말한다.
59 그래서 **주 하나님**의 말은 이렇다.
나는 네가 한 대로 갚아준다. 너는
약속을 어기며 맹세를 무시했다.
60 그래도 나는 네 어린시절 너와 맺
은 나의 약속을 기억하고, 너에게
영원한 약속을 구축할 것이다.
61 그러면 너는 네 길을 기억하며 부
끄러워해야 하고, 네가 네 자매 및
손위아래를 받아들일 때, 내가 그
들을 네 딸로 주겠다. 하지만 이것

은 너와 맺은 약속에 따른 것은 아
니다.
62 내가 너와 약속을 맺으면, 너는 내
가 **주님**이라는 것을 알아야 한다.
63 그러면 네가 부끄러웠던 때를 기
억할 수 있고, 네가 저지른 수치로
인해 더 이상 네 입을 절대 열지 않
게 되면, 그때 나는 너에 대해 마음
을 진정시킬 수 있다고 **주 하나님**이
말한다."

두 독수리와 포도나무

17 **주님**의 말이 나에게 다음과
같이 들렸다.
2 "사람의 아들아, 수수께끼를 내며,
이즈리얼 집안에게 우화를 전해
라.
3 이렇게 **주 하나님**의 말이라고 전해
줘라. 어떤 큰 독수리 한 마리가, 날
개는 크고 깃털은 길고 색이 갖가
지였는데, 레바넌에 와서 시더나
무 중 가장 높은 가지를 차지하더
니,
4 여린가지를 잘라, 왕래가 활발한
곳으로 옮겨, 상업도시 안에 두었
다.
5 그는 또 그곳 씨앗도 가져와, 비옥
한 강가에 버드나무처럼 심었다.
6 그것은 싹이 돋고 낮게 자라며 포
도덩굴을 뻗었는데, 가지는 휘어
져 독수리를 향했고, 뿌리는 그의
아래쪽에 있었다. 그렇게 그것은
포도나무가 되어 크고 작은 가지
를 뻗게 되었다.
7 거기에 큰 날개와 많은 깃털이 달
린 또 다른 큰 독수리가 있었는데,
보니, 이 포도나무 뿌리가 자신을
향해 구부러지고, 가지도 뻗어왔
으므로, 그는 그 고랑 옆에서 물을
마실 수 있었을 것이다.
8 그것은 강가의 비옥한 땅에 심어
졌으므로, 가지를 뻗어 열매를 맺
고, 좋은 포도가 될 수 있었을 것이
다.
9 너는 **주 하나님**의 말을 이렇게 전해
라. 그 포도나무가 잘 자랄까? 독
수리가 뿌리를 뽑지 않을까? 또 열
매를 따서, 그 나무가 시들지 않을
까? 심지어 외부의 큰 힘이나 많은
사람이 그것을 뿌리째 뽑으면, 달
린 잎이 모두 시들어버릴 텐데.
10 그렇다, 보라, 나무가 심겨졌다고,
잘 자랄까? 동풍이 불어와도 절대
마르지 않아야겠지? 그렇지 않으
면 자라는 도랑에서 말라버릴 것
이다."
11 **주님**의 말이 또 나에게 들렸다.
12 "이제 반발만 하는 집안에게 전해
주어라. '너희는 이 이야기가 무슨
의미인지 모르나? 보라, 배블런왕
이 저루살럼에 와서, 그곳 왕과 대
군왕자를 잡아 배블런으로 끌고가
게 하는 것'이라고 말해줘라.
13 또 그는 왕의 자손을 잡아, 그가 조
약을 맺게 하여, 그에게 맹세를 지
키게 하는 것이다. 또한 그곳 세력

자도 모조리 잡아가면,
14 그 왕국의 힘은 바닥에 주저앉아,
스스로 일어날 힘도 없으나, 그의
약속을 지킬 때 어쩌면 다시 설 수
도 있을 것이다.
15 그러나 그는 제 사절을 이집트로
보내며 반항만 했다. 그들이 말과
많은 인력을 줄 것을 바라며. 과연
그가 성공할까? 그가 그렇게 하여
위기를 피할까? 아니면 그가 약속
을 어기고도 구제받을까?
16 내가 살아 있는 **주 하나님**으로서 말
하는데, 그를 왕으로 만든 만물의
왕이 있는 곳에서, 명백하게 그가
그와 맺은 맹세를 폐기하고, 그의
약속을 깨뜨렸으니, 배블런에 있
다 해도 그는 죽을 것이다.
17 막강한 군대와 병력을 가진 이집
트 풰로우왕이, 그를 도와 전쟁에
서 보루를 쌓고 요새를 구축하여
많은 사람을 죽이려 해도,
18 그가 도움을 주며 모든 것을 실행
했는데, 약속을 깨뜨리며 맹세를
무시했다는 것을 알면, 보라, 그는
절대 피하지 못할 것이다.
19 그래서 **주 하나님**이 말한다. 내가
살아있으므로, 그가 무시한 나의
맹세와 그가 깨뜨린 나와의 약속
에 대해, 내가 반드시 그의 머리에
갚아주겠다.
20 나는 그에게 나의 그물을 쳐놓아,
그가 내 올가미에 걸려들게 하겠
다. 나는 그를 배블런으로 끌고가,
거기서 그가 내게 저지른 법위반
에 대해 반박하겠다.
21 모든 군대를 데리고 탈출한 모두
는 칼에 죽고 남아 있는 사람도 바
람결에 흩어지게 하면, 그때서야
너희가 나 **주인**이 그것을 말했다는
것을 알게 될 것이다.
22 **주 하나님**의 말에 의하면, 나는 역
시 저 높은 시더나무의 가장 높은
가지를 잘라서 그것을 심고 그 나
무의 가장 꼭대기의 여린가지를
잘라 높은 산의 잘 보이는 곳에 심
겠다.
23 이즈리얼의 높은 산에 그것을 심
고, 그것이 가지를 뻗게하고 열매
를 맺게 하면, 참 보기 좋은 시더나
무가 될 것이다. 그 아래는 여러 날
개를 가진 나는 짐승이 그곳에 머
물고, 그 가지 그늘에서 나는 새들
이 살게 될 것이다.
24 들판의 모든 나무도, 나 주가 가장
높은 나무를 쓰러뜨리고 낮은 나
무를 높이고, 푸른나무를 마르게
하고 마른나무를 가지가 많은 나
무로 번성하게 했음을 알 것이다.
나 주가 말했고, 또 그 일을 했다."

죄를 짓는 영혼은 죽는다

18 **주님**의 말이 내게 다음과 같
이 들렸다.
2 "너희가 이즈리얼땅에 관한 속담
을 말하는데 무슨 의미일까? '아버
지가 신 포도를 먹었으니, 아이가

뻐드렁니가 되었다?'
3 내가 살아 있는 주인 **하나님**으로
말하는데, 너희는 이즈리얼에서
더 이상 이 속담을 사용할 기회가
없을 것이다.
4 보라, 모든 영혼은 나의 것이다. 아
버지의 영혼도 자식의 영혼도 내
것이므로, 죄를 짓는 영혼은 죽는
다.
5 그러나 올바른 사람은, 법을 지키
며 정직하게 행동하고,
6 높은 장소의 우상신전에서 음식을
먹지 않고, 이즈리얼의 우상에 눈
을 돌리지 않고, 이웃 아내에게 추
행하지 않고, 월경하는 여자에게
가까이 가지 않는다.
7 또 누구도 억압하지 않고, 빚진자
에게 담보물을 돌려주고, 폭력으
로 아무거나 빼앗지 않고, 배고픈
자에게 빵을 나눠주고, 헐벗은 자
는 옷으로 덮어준다.
8 또한 고리高利로 돈을 빌려주지 않
고, 죄에서 빠져나온 자에게 이자
를 받지 않고, 사람 간에 사실을 근
거로 판정을 집행하고,
9 나의 규정을 따르고, 나의 정의를
지키며, 진실하게 처신하는 자는
올바른 사람이다. 그는 반드시 산
다고, **주 하나님**이 말한다.
10 도둑질을 하거나 남의 피를 흘리
게 하거나, 이런 일 중 어떤 것이라
도 하는 자식을 낳은 사람,
11 그리고 이런 일은 아니더라도, 높
은 우상신전에서 음식을 먹고, 이
웃 아내를 추행하는 사람,
12 가난한 약자를 핍박하며, 강제로
물건을 빼앗고, 담보물을 돌려주
지 않고, 우상에게 제 눈을 돌리며
혐오행동을 하는 사람,
13 고리대금을 받고, 이자를 뺏어내
는 사람, 그런 자가 살아야 할까?
그를 살게 내버려두지 않겠다. 그
는 이 모든 혐오행동을 저지른 자
여서, 반드시 죽는다. 자기 피의 값
을 스스로 갚게 하겠다.
14 한편, 사람이 자식을 낳았는데, 아
버지가 저지른 죄와 생각을 알지
만, 그런 일을 하지 않고,
15 높은 우상신당에서 음식을 먹지
않고, 이즈리얼 집안의 우상에 눈
을 돌리지 않고, 이웃 아내에게 추
행하지 않고,
16 누구도 학대하지 않고, 담보물을
빼앗지 않고, 폭력으로 남의 물건
을 강탈하지 않고, 대신 배고픈 자
에게 빵을 주고, 헐벗은 자를 옷으
로 덮어주고,
17 가난한 자의 힘을 덜어주고, 고리
도 이자도 받지 않고, 나의 판결을
집행하고, 나의 규정대로 행동하
는 자는, 아버지 죄로 죽지 않게 하
고, 틀림없이 살게 하겠다.
18 그 아버지에 대해 말하자면, 그는
무자비하게 사람을 핍박하고, 폭
력으로 제 형제를 갈취하며, 사람
사이에 좋지 못한 행동을 했다. 그

러니, 그는 제 잘못 탓에 죽어야 마
땅하다.
19 그런데 너희는 묻겠지. '왜, 아버지
의 잘못을 자식이 짊어지지 않지?'
라고. 자식이 법과 정의를 지키고,
나의 모든 규정을 따르며 실천하
면, 그는 확실히 살게 하겠다.
20 죄를 짓는 영혼은 죽어야 한다. 자
식은 아버지의 죄를 짊어지면 안
되고, 아버지가 자식의 죄를 져도
안 된다. 정직한 자의 정의는 자기
자신에게 있고, 악한의 악행은 제
자신에게 있다.
21 그러나 악한이 저지른 죄로부터
돌아서, 나의 규정을 따르며 법과
정의 대로 행동하면, 그는 확실히
살고 죽지 않게 하겠다.
22 그가 저지른 모든 위반에 대해, 누
구도 그에게 말로 비난하지 말아
야 하며, 그가 실천한 정의로 인해,
그는 살게 된다.
23 모든 악한이 죽는다고 내가 기쁠
까? **주 하나님**이 말하는데, 그러면,
그가 제 악행에서 돌아오지 않는
데, 그를 살게 할까?
24 그러나 정직한 자가 올바른 길에
서 이탈하여, 잘못을 저지르며, 악
한이 하는 혐오행동을 따라하는
경우, 그를 살려야 할까? 그가 해
왔던 올바른 행위는 인정되지 않
는다. 그가 어긴 위반과 잘못을 저
지른 죄로 인해, 그는 죽게 된다.
25 그러면 너희가 말하겠지. '주인님
의 길은 공평하지 않다'고. 이즈리
얼 사람아, 이제 들어봐라. 나의 길
이 다른지? 너희 길이 불공정한 것
은 아닌지?
26 정직한 자가 정의감에서 돌아서
잘못을 저지르면, 그로 인해 죽는
다. 왜냐하면 그의 비행이 그를 죽
인다.
27 그리고 악한이 지금까지 저지른
악행에서 돌아서, 법대로 바른 일
을 하면, 그는 제 영혼을 구할 수
있다.
28 그가 생각해보고, 자행하던 모든
과오로부터 돌아섰기 때문에, 그
는 확실히 살 수 있고, 죽지 않는다.
29 그래도 이즈리얼 집안은 말한다.
'**주님**의 방법은 공평하지 않다'고.
오, 이즈리얼 집안아, 나의 방법이
같지 않다고? 너희 길이 불공평하
지 않다고?
30 그래서 나는 너희를 재판하겠다.
오, 이즈리얼 집안아, 제 길대로 걸
어가는 모든 사람아, **주 하나님**이
말한다. 반성해라. 그리고 너의 위
반에서 스스로 돌아서라. 그래서
잘못이 너를 망치지 못하게 해야
한다.
31 너의 모든 위반을 중단해라. 그것
으로 너희가 잘못을 저질렀다. 새
마음과 새 정신을 다짐해라. 오, 이
즈리얼아, 왜 너희가 죽으려 하나?
32 죽을 자가 죽는다고 나는 기쁘지
않다고 **주 하나님**이 말한다. 그러니

스스로 바른 길로 마음을 돌려, 살
아가라."

이즈리얼 왕자에 대한 안타까움

19 "더욱이, 너는 이즈리얼의 대
군왕자를 위해 한층 더 슬퍼
해라.
2 그리고 이렇게 전해라. '너의 어머
니는 대체 뭐하나? 단지 암사자일
뿐.' 그녀는 그저 사자새끼 사이에
누워, 어린 것을 양육한다.
3 암사자가 새끼 중 하나를 데려다
키워 청년사자가 되자, 먹이사냥
법을 배워, 인간을 잡아먹었다.
4 모든 민족 역시 그에 대한 이야기
를 들었는데, 그들이 파놓은 구덩
이에 빠진 그를 끌어내어 밧줄로
묶어 이집트로 끌고 갔다.
5 한편 기다려왔던 것에 대한 사실
을 알고 희망이 사라진 암사자는,
다른 새끼를 데려다 청년사자로
키웠다.
6 그가 이리저리 사자 사이를 누비
며 청년사자가 되자, 먹이사냥법
을 배워, 인간을 잡아먹었다.
7 그리고 그들의 궁전이 무너진 것
을 알자, 그는 저들의 도성을 무너
뜨리고, 땅도 폐허로 만들며, 자기
가 울부짖는 포효소리로 그곳을
채웠다.
8 그때 모든 민족이 지역마다 사방
에서 일어나 그에게 대항했다. 그
리고 그물을 펼쳐놓아서, 결국 그
는 그들의 구덩이에 걸려들었다.
9 그들은 그를 가두었다가, 쇠사슬
로 묶어 배블런왕에게 끌고 가자,
저들이 그를 구속했으므로, 그의
목소리는 이즈리얼산 위에서 더
이상 들리지 않게 되었다.
10 네 어머니는 물가에 심겨진 네 피
의 포도나무로서, 물이 풍부했으
므로, 그녀는 열매와 가지가 가득
했다.
11 그래서 그녀는 통치를 짊어질 그
들의 왕위를 위한 강한 지팡이를
갖게 되었는데, 그녀의 모습은 굵
은 가지로 드높여졌고, 수많은 가
지로 높이 우뚝솟았다.
12 그런데 그녀는 분노로 인해 뽑혀,
땅에 동댕이쳐져, 동풍에 열매가
마르자, 강한 그녀의 지팡이는 부
러져 시들었고, 마침내 불이 삼켜
버렸다.
13 이제 그녀는 불모지에 심겨졌는
데, 물도 없는 매마른 땅이다.
14 화염이 그녀 가지의 지팡이를 지
나며, 그녀의 열매를 태워버려서,
이제 통치할 왕위의 홀이 될 강한
지팡이는 없다. 이것이 슬픔이고,
앞으로 슬픔으로 있을 것이다."

이즈리얼의 지속적 반발

20 그리고 7년째 다섯번째 달
10일에, 이즈리얼 원로 몇 명
이 **주님**에게 묻기 위해 내 앞에 앉
아 있었다.

2 그때 **주님**의 말이 내게 와서 말했
다.
3 "사람의 아들아, 이즈리얼 원로에
게 **주 하나님**이 이렇게 말했다고 전
해라. '너희는 나에게 물으러 온 것
인가? 내가 살아 있는 **주 하나님**으
로서 말하는데, 나는 너희 질문을
받지 않겠다.'
4 대신, 네가 그들을 재판하겠느냐,
사람의 아들아? 그들에게 제 조상
의 허물을 깨우쳐줘라.
5 그리고 그들에게 말해라. **주 하나님**
의 말에 의하면, '내가 이즈리얼을
선택한 그날, 내 손을 들어 재이컵
집안의 후손의 편이 되어주고, 이
집트땅에 나를 알리고, 또 내 손을
들며 내가 너희 **주 하나님**이라고 말
했다.
6 내가 그들에게 손을 들던 날, 그들
을 이집트땅에서 어느 곳으로 데
려왔다. 그 땅은 그들을 위해 찾아
낸, 젖과 꿀이 흐르는, 모든 땅 가운
데 찬란한 빛이 나는 곳이다.
7 그때 내가 그들에게 말했다. '너희
모두는 제 눈에 보이는 혐오물을
버리고, 이집트 우상으로 자신을
오염시키지 마라. 내가 너희 **주인
하나님**이다' 라고 했다.
8 그러나 그들은 내게 반발하며, 내
말에 귀를 기울이려 하지 않았다.
그들은 한결같이 제 눈앞에서 혐
오물을 버리지 않았고, 이집트 우
상도 멀리하지 않았다. 그래서 내
가 말했다. '나는 그들에게 나의 분
노를 퍼부어, 이집트땅 한가운데
그들에 대한 나의 분노를 실행하
겠다'고 했다.
9 대신 나의 이름을 위하여 노력하
며, 내 이름이 그들과 같이 사는 이
민족 앞에서 오염되지 않도록, 저
들이 보는 앞 이집트땅에서 그들
을 데려와, 그들에게 나 스스로를
알렸다.
10 그렇게 나는 그들을 이집트땅에서
나오게 하여 황야로 데려갔다.
11 그리고 그들에게 나의 규정을 주
며, 나의 정의도 보였는데, 인간이
그대로 하면, 그 가운데 살아남을
것이다.
12 또 그들에게 나의 사배쓰휴일도
주어, 나와 그들 사이에 증거표시
가 되게 했는데, 이는 내가 그들을
신성하게 만드는 **주인**임을 알 수
있게 하는 것이다.
13 그런데 이즈리얼집안은 황야에서
도 나에게 반항하고, 나의 규정대
로 걷지 않고, 나의 정의를 무시했
다. 인간이 그대로 지키면, 살아남
을 것이라고 했었는데. 또 나의 사
배쓰휴일도 크게 오염시켜버렸다.
그래서 내가, '황야에서 그들에게
나의 분통을 퍼부어 모조리 소멸
시키겠다'고 했다.
14 대신 나의 이름을 위하는 노력하
며, 내 이름이 그들을 끌어낸 그곳
이민족의 눈앞에서 오염되지 않게

했다.
15 한편으로, 내 손을 그들에게 들어
올려, 황야에서 내가 주려는 땅으
로 데려가지 않으려고 생각했었는
데, 그곳은 젖과 꿀이 흐르고, 모든
땅 가운데 찬란하게 빛이 나는 땅
이다.
16 그들이 나의 정의를 무시하고, 나
의 규정대로 걷지 않고, 나의 사배
쓰휴일마저 더럽혔는데, 이는 그
들의 마음이 우상만 쫓았기 때문
이었다.
17 그런데도 나의 눈은 그들을 파괴
시키기보다 아끼며, 황야에서 끝
장내지도 않았다.
18 대신 나는 황야에서 그 자손에게
말했다. '너희는 아버지처럼 규정
을 어기며 인생길을 걷지 말고, 그
들의 판결을 따라하지 말고, 그들
의 우상으로 자신을 더럽히지 마
라.
19 나는 너희 **주 하나님**이다. 나의 규
정대로 인생을 살고, 나의 정의를
지키며 실행해라.
20 나의 사배쓰휴일을 신성하게 만들
어라. 그것은 나와 너 사이의 증거
표시다. 그러면 너희는 내가 너희
주 하나님이라고 알 지 모른다'고
했다.
21 그러나 그 자손은 내게 반발하며,
내 규정을 따르지 않았고, 그들이
지켜야 할 나의 정의를 지키지 않
았다. 인간이 그렇게 하는데도, 여
전히 살게 했더니, 그들은 나의 사
배쓰휴일을 더럽히더라. 그래서
내가 말했다. '나는 그들에게 나의
분개를 쏟아, 그들에게 황야에서
분노의 목적을 달성하겠다'고 했
다.
22 그러나 나는 내 손을 거둬들이고,
나의 이름을 위하여, 이민족이 보
는 앞에서 내 이름이 오염되지 않
도록 하기 위하여, 저들 눈앞에서
그들을 데려왔다.
23 나는 황야에서 내 손을 들어, 그들
을 이민족 가운데 뿔뿔이, 모든 나
라에 흩어버리려고 했다.
24 왜냐하면 그들이 나의 정의를 실
행하지 않았고, 대신 그들은 나의
규정을 무시하고, 나의 휴일도 더
럽히며, 그들 눈은 조상의 우상만
쫓아다녔기 때문이다.
25 그래서 나는 그들에게 또 다른 규
정을 주었는데, 그것은 좋지 못한
규정이고, 또 그들이 살아남을 수
없는 처벌을 주었다.
26 그리고 나는 그들의 예물로 제 스
스로 오염되게 하고, 자궁을 열고
나온 모두를 불에 통과하게 하며,
파멸시키려고 했다. 그러면 마침
내 그들이 내가 **주님**이라는 것을
알 수 있을지 모르겠다.
27 따라서 사람의 아들아, 이즈리얼
집안에게 **주 하나님**이 이렇게 말했
다고 전해라. '너희 조상은 이와 같
이 나를 모독했고, 나를 거스르는

위반을 자행해왔다.'
28 내가 그들을 그 땅으로 데려와서,
내 손을 그들에게 들어 그곳을 주
었는데, 그들을 보니, 높은 언덕마
다, 두꺼운 나무 전부, 희생물을 바
치며, 그들의 제물로 도발을 드러
냈다. 또한 거기에 구수한 향기도
피우고, 음료제물도 붓더라.
29 그때 내가 그들에게, '너희가 가는
높은 장소는 대체 무엇인가?' 라고
말했다. 그것의 이름은 이날까지
바마높은 장소라고 불린다.
30 그러니 이즈리얼 집안에 **주 하나님**
이 이렇게 말한다고 전해라. '조상
이 하던 식을 따라 너희도 오염되
나? 또 그들의 혐오행동을 따르며
너희도 매춘을 하는가?'
31 너희가 예물을 올리고, 아들을 불
에 집어넣으며, 이날까지 제 자신
을 우상으로 더럽혔는데, 오 이즈
리얼 집안아, 내가 너희 질문에 대
답해야 할까? 나는 살아 있는 **주 하**
나님으로 말하는데, 너희 물음에
답하지 않겠다.
32 너희 마음 속에 떠오르는 것은 조
금도 이루어지지 않는다. 그러면
너희가 말하겠지. '우리는 여러 나
라의 집안처럼, 이교도가 되어, 나
무와 돌을 섬기겠다'고.
33 내가 살아 있는 **주 하나님**으로 말하
는데, 반드시 강한 손힘으로, 팔을
뻗고, 분노를 쏟아부어, 너희를 지
배할 것이다.
34 그리고 나는 너를 백성으로부터
끌어내어, 나라마다 흩어진 너희
를 강한 손으로 한데 모아, 힘센 팔
을 뻗어 분노를 퍼붓겠다.
35 또 나는 너희를 황야로 데려가, 너
희를 일일이 대면하여 따질 것이
다.
36 이집트땅의 황야에서 너희 조상을
따졌을 때처럼, 그렇게 내가 너희
잘못을 따져 묻겠다'고 **주 하나님**이
말한다.
37 또한 나는 너희가 지팡이 아래를
통과시켜, 너희를 약속으로 결속
시키겠다.
38 그리고 너희 가운데 반발하는 자
를 축출하고, 나를 위반하는 자도
쫓아내겠다. 나는 그들을 제자리
에서 끌어내, 이즈리얼땅에 도로
들어가지 못하게 하겠다. 그래서
너희가 내가 **주인**임을 알게 하겠
다.
39 오, 이즈리얼 집안아, 너희에 대해
말하자면, **주 하나님**이 이렇게 말한
다. '너희는 가서, 각자 제 우상이나
섬겨라. 그러나 이후에도 만일 너
희가 내 말에 귀를 기울이지 않는
다면, 너희 예물과 우상으로 더 이
상 나의 신성한 이름을 더럽히지
말아라.'
40 나의 신성한 산과 이즈리얼 가장
높은 산에서 **주 하나님**이 말한다.
'그곳 땅에 있는 모든 이즈리얼 집
안은 나를 섬겨야 한다. 그러면 내

가 그들을 받아들이고, 너희 제물
중 봉헌물의 첫 열매를 요구하며,
너희 신성한 예물과 함께 가져오
게 하겠다.
41 내가 너희가 올리는 맛있는 냄새
를 받아들이는 시기는, 내가 사람
가운데 너희를 데려오고, 흩어진
나라에서 너희를 한자리에 모을
때다. 그러면 나는 이교도 앞에서
너희를 정화할 것이다.
42 그래서 너희가 내가 **주님**임을 알게
하는 것이다. 그때는 내가 너희를
이즈리얼에 데려올 때이고, 그곳
은 내 손을 들어 너희 조상에게 준
땅이다.
43 너희는 걸어온 길과 오염되었던
행동 모두를 기억해야 한다. 그리
고 제 눈에도 스스로 저질렀던 모
든 비행을 끔찍하게 생각해야 한
다.
44 너희는 내가 **주님**이라는 것을 알게
될 것이다. 내가 나의 이름을 위하
여 너희를 대할 때, 너희가 비행을
따르지 않고, 부패행동을 하지 않
을 때 말이다. 오, 너희 이즈리얼 집
안아!" 라고 **주 하나님**이 말한다.
45 더욱이, **주님**의 말이 나에게 들려
왔다.
46 "사람의 아들아, 네 얼굴을 남쪽으
로 향하여, 네 말이 그쪽에 전달되
게 하고, 남쪽 평원의 숲에 대고 예
언해라.
47 그쪽에 이렇게 말해라. '**주님**의 말
을 들어라. **주 하나님**의 말에 의하
면, 보라, 내가 너희 숲속에 불을 붙
이면, 너희 푸른 것은 모조리 삼켜
져, 나무를 말리고, 타오르는 화염
은 누구도 끄지 못하며, 남쪽에서
북쪽까지 모든 면이 불에 탈 것이
다.
48 모든 육체는 나 **주인**이 불을 붙혔
다는 것을 알게 될 텐데, 그것은 결
코 꺼지지 않는다."
49 그때 내가 말했다. "아, **주 하나님**!
그들이 내게, '그가 괜한 속담 따위
를 늘어놓는 게 아니야?' 라고 말
하겠죠."

칼을 빼어들다

21 **주님**의 말이 나에게 와서 말
했다.
2 "사람의 아들아, 저루살럼을 향해
얼굴을 고정하고, 네 말이 그 신성
한 장소에 닿도록 하여, 이즈리얼
땅에 관해 예언해주어라.
3 이즈리얼땅에게 **주님**의 다음 말을
전해라. '보라, 내가 너를 상대한다.
그래서 칼집에서 나의 칼을 빼어,
그곳에 있는 바른자와 그른자 모
두 쳐버리겠다.'
4 내가 그곳의 바른자와 그른자 모
두 쳐버릴 것을 알면, 나의 칼이 남
쪽에서 북쪽까지 모든 육체를 향
하여 칼집 밖으로 나올 것이다.
5 모든 육체가 **주님**이 칼집에서 칼을
빼냈다는 것을 알게 될 때, 그것이

제자리로 돌아가지 않는다는 것을
알지 모르겠다.
6 그러니 사람의 아들, 네가 한숨 쉴
때, 허리에서부터 깊이 들이켰다
가, 그들 눈앞에서 비통하게 쉬어
라.
7 그들이 네게, '왜 그렇게 한숨을 쉬
냐?'고 묻거든, 대답해주어야 한
다. '소문을 들으니, 올 것이 오기
때문이다. 모든 가슴은 녹아 사라
지고, 손은 힘이 빠지고, 영혼이 기
절하며, 무릎마다 물처럼 물러진
다. 보라, 올 것이 온다. 그것은 곧
이루어진다'고 **주 하나님**이 말한다
고 전해라.
8 다시 **주님**의 말이 나에게 왔다.
9 "사람의 아들아, **주님**이 말한 예언
을 전해줘라. '칼을 다시 갈아 날을
세웠다'고 해라.
10 그것은 예리하여 베인자가 괴롭
고, 번쩍일 정도로 날이 섰다. 그러
면 우리가 즐거울까? 칼은 내 아들
의 지휘봉도 일반나무처럼 무시할
거다.
11 칼이 예리해져, 다루기 쉬워지면,
살인자의 손에 쥐어질 것이다.
12 그러면 사람의 아들아, 큰 소리로
울어라. 왜냐하면 칼이 나의 백성
과, 이즈리얼 대군왕자 위에 있기
때문이다. 이 칼로 인한 공포가 나
의 백성 위에 있으니, 네 허벅지를
쳐라.
13 이것이 시험삼아 하는 것이라며,
칼이 지휘봉인들 봐줄 것 같나? 그
지휘봉은 더 이상 없을 것이라고
주 하나님이 말한다.
14 그러니 너는 예언을 말하며, 두 손
으로 칼을 꽉잡고, 살육의 칼로 세
차례 쳐라. 이것이 바로 대학살의
칼인데, 그것은 밀실까지 들어간
다.
15 내가 성문마다 칼이 닿을 지점을
정하면, 그들이 겁에 질려, 그 파멸
이 증폭된다. 아! 번쩍하며, 파괴가
감싼다.
16 너는 이길 아니면 저길로 가라. 오
른쪽이든 왼쪽이든 네 얼굴이 향
하는 곳으로 가거라.
17 나는 계속 내 양손을 모아 치며, 내
분노를 풀겠다고, 나 주인이 그렇
게 선언했다."
18 **주님**의 말이 나에게 다시 들렸다.
19 "사람의 아들아, 너는 배블런왕의
칼이 올 가능성이 있는 길 두곳을
표시해라. 한 지방에서 나오는 두
길 중, 네가 한 곳을 골라, 그것을
저루살럼 도성으로 가는 길목으로
표시해라.
20 그 길을 지정하여, 칼이 애먼부족
의 래배쓰와, 요새도성 저루살럼
의 쥬다로 가는 길로 표시해라.
21 왜냐하면 배블런왕이 두 길이 갈
라지는 길목에 서서, 점을 치기 때
문이다. 그는 화살에 광을 내고, 형
상에게 물어보고, 염소 간을 살필
것이다.

22 점괘가 오른쪽이면, 저루살럼에
지휘관을 임명하여, 살육의 입을
벌려 전쟁소리를 드높이며, 성문
을 향한 공격결정을 내리고, 보루
를 세우고 요새를 구축할 것이다.
23 그것은 충성맹세하는 사람 눈에
거짓점괘가 될 수도 있지만, 주인
은 모든 죄를 기억해내어, 그들을
잡혀 가게 하겠다."
24 따라서 **주 하나님**이 다음을 말한다.
"너희가 지은 죄를 기억나게 하여,
너희 위반이 드러나고, 저지른 죄
가 모두 나타났기 때문에 내가 말
한다. '너희는 포로가 된다는 것을
기억해야 한다'고.
25 그리고 이즈리얼의 비열한 행동이
나 하는 대군왕자, 너희가 죄를 끝
낼 날이 다가온다.
26 **주 하나님**이 이와 같이 말한다. 너
희는 왕관을 벗고 두건도 내려라.
이번은 예전과 같지 않을 것이다.
낮은 자는 높아지고, 높은 자는 낮
아진다.
27 나는 그것을 엎어치고, 메치고, 뒤
집어 놓겠다. 바르게 실행하는 자
가 올 때까지 너희에게 더 이상 권
리는 없다. 내가 그것을 바른자에
게 주겠다.
28 사람의 아들아, 너는 예언하며 말
해줘라. **주 하나님**이 애먼에 관해
이렇게 비난했다고 전해라. '그 칼
이다. 칼을 뽑았다. 살해자가 날을
갈아 그것이 번쩍이므로, 먹어치
울 것이다.'
29 그들이 허상을 알려주고, 거짓점
을 쳐주며, 너희에게 죽은 악한의
목을 데려오는 동안, 그들의 죄를
끝낼 날이 다가온다.
30 내가 칼을 칼집에 도로 넣어야 할
까? 나는 네가 창조되어, 탄생된
땅으로 너를 되돌리는 판정을 내
리겠다.
31 또 나는 너에게 나의 분개를 퍼붓
고, 분노의 불을 날리며, 파괴를 일
삼는 야만인의 손에 넘기겠다.
32 그러면 너는 불속 땔감이 되고, 네
피는 땅 한가운데 뿌려져, 더 이상
기억되지 못할 것이라고, 나, **주인**
이 그렇게 선언한다."

이즈리얼 유죄판결

22 또 **주님**의 말이 내게 들렸다.
2 "사람의 아들아, 이제부터 네가 판
정하고, 저 피흘리는 도성에 유죄
판결을 내려줄래? 그래, 네가 그
땅에게 모든 혐오행위를 알려야
한다.
3 네가 말해주라고, **주 하나님**이 말한
다. '도성이 피를 흘리며, 집행의 시
간을 부르고, 우상을 만들어 스스
로 더럽힌다.
4 너는 네가 뿌린 피로 유죄가 되었
고, 네가 만든 우상으로 스스로 타
락했다. 그래서 제 처벌의 날을 가
까이 끌어당기자, 몇 년 앞서 다가

온다. 그래서 내가 너를 이민족 가
운데 비난거리로 만들고, 모든 나
라가 조롱하게 만들었다.
5 네게서 가까이 있든 멀리 있든, 악
명이 높아진 너를 조롱하게 만들
것'이라고 전해라.
6 보라, 이즈리얼의 대군왕자는 한
결같이 그들의 힘으로 네 피를 흘
리게 했다.
7 그들은 네 부모를 무시하고, 네게
온 외국인을 핍박하고, 또 아버지
없는 고아와 과부를 구박했다.
8 너는 나의 성물을 가벼이 여기며,
나의 사배쓰휴일을 무시했다.
9 너희 땅 안에는 피흘리는 이야기
를 전하는 자뿐이고, 산의 신당에
올라 먹으며 추잡행동만 한다.
10 그곳에서 그들은 제 아버지의 맨
몸을 드러내고, 생리로 인해 멀리
해야 하는데도 굴복시켰다.
11 어떤 자는 이웃 아내와 추행하고,
다른 이는 제 며느리와 추행하고,
또 다른 사람은 여동생이나 제 아
버지 딸을 굴복시켰다.
12 그곳에서 그들은 피를 흘려준 대
가를 챙기고, 고리대금 이자를 받
고, 이웃을 갈취하여 욕심스럽게
긁어모으더니, 나를 잊었다고 **주
하나님**이 말한다.
13 그러니 보라, 나는 네가 만든 부당
한 이익을 거머쥔 네 손을 치고, 네
안에 들은 피를 처단해 주겠다.
14 그러면 네 마음이 견딜까, 아니면
내가 너를 처리하는 날 네 손이 버
텨낼까? 내가 **주인**으로 말하는데,
나는 그렇게 하겠다.
15 나는 이민족 가운데 너희를 흩어
나라마다 뿔뿔이 퍼뜨려서, 너희
오물을 치워버리겠다.
16 또 이민족의 눈앞에서 너희 유산
을 빼앗게 하여, 내가 **주인**이라는
것을 너희가 알게 하겠다."
17 그리고 **주님**의 말이 나에게 들렸
다.
18 "사람의 아들아, 이즈리얼 집안은
내게 찌꺼기다. 그들은 모두 화덕
안의 동, 주석, 쇠, 납이고, 심지어
은의 불순물이다.
19 따라서 **주 하나님**이 이와 같이 말한
다. '너희는 불순물이 되었으므로,
내가 너희를 저루살럼 가운데 모
을 것이다.
20 그들이 은, 동, 쇠, 납, 주석처럼 용
광로 안에 모이면, 그 위에 불을 지
펴 녹여버리겠다. 그렇게 나의 성
난 분노 안에 너희를 집어넣어 녹
일 거다.
21 맞다, 내가 너희를 모아 나의 분노
의 화염 속으로 불어버리면, 너희
는 그 속에서 녹는 거다.
22 도가니 안에서 녹는 은처럼, 그렇
게 너희도 안에서 녹으면, 내가 분
노를 너희에게 퍼부은 **주님**이라는
것을 알 것이다."
23 그리고 **주님**의 말이 나에게 들렸
다.

22 "사람의 아들아, 그 땅에게 말해주
어라. '너희는 불결한 땅이어서, 참
을 수 없는 분개의 날, 비도 내려주
지 않겠다'고.
25 그곳 예언자의 음모는 마치 먹이
에 달려드는 사자의 으르렁거림
같다. 그들은 사람의 영혼을 사로
잡아 재물과 귀중품을 빼앗고, 그
곳에 많은 미망인을 만들었다.
26 그곳 제사장은 나의 법을 어기고,
나의 성물을 모독하고, 신성과 세
속을 구분하지 않고, 청결과 불결
의 차이도 알지 못하고, 나의 사배
쓰휴일을 모른 채하여, 내가 그들
가운데서 더러운 수모를 당했다.
27 그 가운데 그곳 대군왕자는 먹이
를 사냥하는 늑대처럼 남의 피를
흘리고, 영혼을 파괴하며, 부당한
이익을 얻는다.
28 그곳 예언자는 불량한 석회반죽을
그들에게 발라주고, 허상을 보고
거짓점을 치며, '**주님**이 이렇게 말
한다'고 하는데, **주인**은 말하지 않
았다.
29 그 땅 사람은 억압을 사용하고, 물
건을 강탈하고 가난한 약자를 괴
롭혀 왔다. 그렇다, 그들은 부당하
게 외국인을 학대했다.
30 그래서 나는 그들 가운데 사람을
찾았다. 그래서 내가 파괴하지 않
도록, 그 땅을 위해 울타리를 만들
어, 내 앞에서 간격을 두고자 했지
만, 아무도 찾지 못했다.
31 따라서 나는 그들에게 나의 참을
수 없는 분노를 퍼부어, 내 분개의
화염 속에서 소멸시켜, 그들이 제
멋대로 행동한 결과를 그들 머리
에 갚겠다"고 **주 하나님**이 말한다.

매춘하는 자매

23 **주님**의 말이 내게 와서 말한
다.
2 "사람의 아들아, 두 여자가 있었는
데, 한 어머니의 딸들이었다.
3 그들은 이집트의 젊은 시절부터
매춘을 하다보니, 가슴은 찌그러
지고, 여성의 젖꼭지가 상처났다.
4 그 중 언니 이름은 어홀라였고, 동
생은 어홀리바였다. 그들은 나와
사이에 아들딸도 낳았다. 바로 스
매리아가 어홀라고, 저루살럼이
어홀리바다.
5 어홀라는 내 것이었을 때도 매춘
하며, 이웃 연인 엇시리안에게 빠
졌다.
6 그들은 푸른 군복을 입은 지휘관
과 통치자로, 모두 잘 생긴 젊은이
고, 말을 타는 기병이었다.
7 그렇게 그녀의 매춘은 그들이나,
엇시리아에서 선발된 자와 이루어
졌고, 그녀는 그들에게 맹목적으
로 집착하며, 그들의 우상으로 자
신을 오염시켰다.
8 그녀가 이집트에서 해오던 매춘행
위를 버리지 못한 이유는, 젊어서
부터 그들과 누웠기 때문이고, 그

래서 그들은 여성의 젖가슴을 상
처내며 그녀에게 매춘을 퍼부었
다.
9 그래서 나는 그녀를 제 연인, 그녀
가 맹종하는 엇시리안 손에 넘겼
다.
10 그들이 그녀의 맨몸을 드러내고,
그녀의 아들딸을 붙잡고, 칼로 살
해하자, 그녀는 여자 사이에 널리
알려지게 되었다. 그들이 그녀에
게 처벌을 집행했기 때문이었다.
11 그리고 그녀의 동생 어홀리바는
이를 보더니, 언니보다 더 지나치
게 사랑으로 타락했고, 언니 이상
으로 매춘했다.
12 그녀도 이웃 엇시리안에게 빠졌는
데, 그들은 최고로 화려한 복장의
지휘관 및 통치자와, 말을 타는 기
마병 및 멋있는 젊은이였다.
13 나는 그때 그녀의 타락을 보고, 자
매 모두 같은 길을 택하는 것을 알
게 되었다.
14 매춘이 증가하게 된 것은, 벽에 그
려진 남자와 주홍색으로 표현한
캘디언 모습을 그녀가 보았기 때
문이었다.
15 허리에 장식혁대를 두르고, 머리
에 대담하게 염색한 터번을 두른
대군왕자 모두, 태어난 캘디언의
배블런 관습을 따른 모습이었다.
16 그녀가 제 눈으로 보자마자, 그들
에게 반하여, 캘디아로 사람을 보
냈다.
17 그리고 배블런인이 와서, 그녀와
사랑의 침대로 들어가, 그들이 매
춘으로 그녀를 더럽혀 오염되자,
그녀 마음은 그들로부터 멀어지게
되었다.
18 그렇게 그녀가 자신의 매춘행위와
자기 맨몸이 드러났다는 알았을
무렵, 나의 마음도 그녀로부터 멀
어지게 되었는데, 그녀의 언니한
테서 소원해졌을 때와 똑같았다.
19 그런데도 그녀는 매춘을 늘려, 이
집트땅에서 매춘을 일삼던 예전의
기억을 상기한다.
20 그녀가 빠져든 정부의 신체는 당
나귀를 닮았고, 그들의 남근은 말
의 것과 같았다.
21 그와 같이 너는 젊은시절의 음란
을 회상하는데, 당시 이집트인은
여린 꼭지에 빠져들어 헤어나지
못하더니 네 젖꼭지에 상처를 냈
다.
22 오, 어홀리바야, 그래서 **주 하나님**
이 말한다. '보라, 나는 네 마음이
멀어진 연인에게 일어나도록 부추
겨, 사방에서 너를 공격하게 하겠
다.
23 배블런인, 캘디언, 페콛, 쇼아, 코아
그리고 엇시리아인 모두가, 잘 생
긴 젊은이로, 지휘관, 통치자, 지방
제후, 유명명사들이며, 모두 말을
타고 다닌다.
24 그들이 너를 향해 쳐들어올 때, 전
차, 마차, 수레를 끌고, 많은 무리와

함께, 창과 크고 작은 방패와, 투구
를 갖출 것이다. 그리고 내가 그들
앞에서 재판을 벌이면, 그들의 판
결에 따라 너를 처벌할 것이다.
25 내가 너에 대한 나의 질투의 분노
를 정하면, 그들이 너에게 맹렬하
게 덤벼들어, 네 코와 귀를 떼어내
고, 남은 것은 칼로 배고, 네 아들딸
은 잡아가고, 너희 나머지는 불이
잡아먹을 것이다.
26 그들은 네 옷을 벗기고, 네 장신구
를 빼앗을 것이다.
27 이렇게 나는 너의 음란을 중단시
키고, 이집트땅에서 가져온 매춘
버릇을 멈추겠다. 그러면 너는 그
들에게 눈을 들지 못하고, 더 이상
이집트의 추억을 기억하지 못한
다."
28 **주 하나님**이 이렇게 말한다. "보라,
나는 네가 싫어한 그들에게 너를
넘기고, 또 네 마음이 멀어진 그들
손에 넘길 것이다.
29 그들은 너를 증오로 대하고, 네 노
동력을 착취하고, 너를 발가벗겨,
매춘과 음란의 맨몸이 드러나게
할 것이다.
30 내가 너에게 이렇게 하는 이유는,
네가 이민족을 따라 하고, 그들의
우상으로 자신을 오염시켰기 때문
이다.
31 너는 네 언니의 길을 걸었으므로,
그녀의 잔을 네 손에도 주겠다."
32 그리고 **주 하나님**이 말한다. "너는
네 언니의 크고 깊은 잔을 마시게
하겠다. 그러면 너는 경멸과 조롱
의 비웃음을 받을 텐데, 잔은 그것
을 무척 많이 담고 있을 거다.
33 너를 취기와 슬픔으로 채워놓겠
다. 그것은 경악과 파멸의 잔으로,
네 언니 스매리아가 마셨던 잔이
다.
34 네가 그것을 마시고, 바닥까지 핥
고, 잔의 조각마져 씹게 하여, 네 가
슴이 뽑히게 하겠다. 나 주인 **하나
님**이 그렇게 선언했다."
35 그리고 **주 하나님**이 말한다. "네가
나를 잊고, 등 뒤로 내던졌으므로,
너 역시 네 음란과 매춘의 대가를
짊어져야 한다."
36 **주님**이 또 나에게 말했다. "사람의
아들아, 네가 어홀라와 어홀리바
를 재판할래? 그래, 그들에게 제
허물에 대해 선고해줘라.
37 그들은 간음하며, 제 손에 피를 묻
혔고, 저들의 우상과 간음하며, 저
들의 자식을 나에게 낳아주더니,
저들을 위해 자식을 불속에 넣어
삼키게 했다.
38 게다가 그들이 나에게 저지른 소
행은, 바로 그날 내 성소를 더럽히
고, 나의 사배쓰휴일까지 무시했
다.
39 그들이 제 자식을 그들 우상에게
바칠 때, 같은 날 나의 성소로 와서
모독했다. 보라, 그들은 내 집 한가
운데서 그렇게 했다.

40 더욱이 너희는 먼곳에서 사람이
오도록, 전령을 보냈다. 그리고 그
들이 오자, 그들을 위해 몸을 씻고,
눈화장을 하고, 장신구로 몸치장
을 했다.
41 그리고 우아한 침대에 앉아, 앞에
테이블을 마련하여, 나의 향료와
기름을 차렸다.
42 그리고 그녀 주위에는 흥청거리는
다수의 소음과 함께, 사막 남쪽 서
비언쉬바나라에서 온 일반사람들이
있었는데, 그들의 양손은 팔찌를
끼고, 머리는 아름다운 크라운왕
관을 쓰고 있었다.
43 그때 나는 늙은 매춘녀에게 말했
다. '저들이 이제 그녀와, 그녀는 저
들과 매춘하는가?' 라고.
44 마침내 그들은 여자와 간음놀이를
하러 들어갔다. 그렇게 그들은 음
란한 여자 어홀라와 어홀리바한테
들어갔다.
45 따라서 올바른 사람이 매춘행위에
따라 그들을 판결하고, 피를 흘린
그녀의 행위대로 선고를 내릴 것
이다. 왜냐하면 그녀는 매춘부로
손에 피를 묻혔기 때문이다."
46 **주 하나님**의 말에 의하면, "내가 그
들에게 한 무리를 오게 하여, 그들
을 약탈하고 제거하게 할 것이다.
47 그 무리는 그들에게 돌을 던지고,
칼을 보내어, 그들의 아들딸을 살
해한 다음, 집을 불태울 것이다.
48 그래서 내가 이 땅의 추잡한 행동
을 중단시키면, 그것으로 여자마
다 추행을 따르지 않는 교훈이 될
수 있을 것이다.
49 그래서 추행의 대가는 네 자신에
게 돌아가게 하고, 우상에 대한 죄
는 너희 스스로 책임을 짊어지게
하면, 너희는 내가 주인 **하나님**이
라는 것을 알게 될 것이다."

저루살럼 가마솥의 찌꺼기

24 또 다시 9년째 해 10번째 달
10일에, **주님**의 말이 내게 들
렸다.
2 "사람의 아들아, 네가 오늘이 무슨
날인지 기록하거라. 바로 이날 배
블런왕이 저루살럼을 포위한다.
3 그리고 반발을 일삼는 집안에게
이런 우화를 전해줘라. **주님**의 말
은 이렇다. '가마솥을 앉히고, 그 안
에 물을 부어라.
4 거기에 고기토막을 가려, 좋은 것
으로 넓적다리와 어깨살을 넣고,
선별한 뼈를 채워라.
5 양은 무리 가운데 고르고, 뼈는 아
래에서 태우고, 잘 끓게 만들어, 솥
안의 뼈를 삶아라."
6 이와 같이 **주 하나님**이 말한다. "피
흘리는 도성은 재앙이다! 가마솥
의 찌꺼기가 그 안에서 없어지지
않다니! 솥에서 한 토막씩 꺼낼 때
제비뽑기는 필요없다.
7 그녀가 흘린 피는 그녀한테 있으
므로, 그녀는 피를 바위정상에 붓

고, 흙먼지가 덮이는 땅위에 쏟지
않게 해라.
8 그 까닭은 피를 보고 복수가 치밀
어 분노를 일으킬지 모르기 때문
이다. 그래서 나는 바위정상에 그
녀의 피를 붓고 덮지 못하게 했다."
9 그래서 **주 하나님**은 말한다. "피가
흐르는 도성에 재앙이다! 나는 큰
화염덩이를 만들겠다.
10 나무를 쌓아 불을 질러라. 고기를
삼키도록 양념을 잘하고, 뼈는 태
워라.
11 그리고 솥을 비워 숯 위에 얹어두
면, 솥의 황동이 달궈져 태울 수 있
을 것이다. 그러면 솥에 붙은 오물
도 녹고, 그 안의 찌꺼기조차 사라
질 것이다.
12 그런데도 그 땅이 허약해지는 이
유는, 그녀로부터 큰 찌꺼기가 나
오지 않고, 불속에 언제까지나 있
기 때문이다.
13 너의 허물 속에 추행이 있어, 내가
너를 정화해도 깨끗해지지 않고,
너에 대해 나의 분노가 진정될 때
까지 씻어도, 더 이상 너의 더러움
이 제거되지 않을 것이다.
14 나, 주인이 이렇게 선언했다. '그것
은 이루어지고, 내가 그렇게 하겠
다. 나는 물러서지 않고, 동정하지
않고, 후회하지 않는다. 너희가 걸
은 길대로, 너희 행위에 따라, 그들
이 너를 유죄판결할 것"이라고 **주
하나님**이 말한다.
15 또 **주님**의 말이 내게 들렸다.
16 "사람의 아들아, 보라, 내가 한 대
쳐서, 네 눈의 즐거움을 빼앗으려
한다. 그래도 너는 슬퍼하거나, 울
지 말고, 네 눈물을 거둬라.
17 통곡도 참고, 죽은 자를 위해 애통
해하지 마라. 네 머리를 매고, 신도
신고, 네 입술은 가리지 말고, 사람
의 빵은 먹지마라."
18 그래서 내가 아침에 사람들에게
말했는데, 저녁에 나의 아내가 죽
었다. 그래서 나는 명령대로 애도
했다.
19 그러자 사람들이 나에게 물었다.
"당신은 우리에게 말하지 않을 건
가요? 우리에게 무슨 일이 닥치길
래, 당신이 이렇게 하죠?"
20 그래서 내가 그들에게 대답했다.
"**주님**의 말이 나에게 일렀어요.
21 '이즈리얼 집안에 전해라. **주 하나
님**의 말은, 보라, 내가 나의 성소를
모독하겠다. 너희가 자만하는 요
새, 눈의 즐거움, 너희가 아끼는 대
상, 그리고 너희 자녀를 칼에 쓰러
지게 하겠다.
22 너희는 내가 시킨 대로 해야 한다.
입술은 가리지 말고, 사람의 빵을
먹지 마라.
23 네 머리를 묶고, 신을 신고, 슬퍼하
거나 울지 마라. 그래도 너희는 제
잘못을 떨어내지 못할 것이다. 그
러니 서로를 향해 한탄해라.
24 이지키얼이 너희 본보기다. 그는

너희가 해야할 일을 그대로 보여
준다. 이 일이 발생하면, 너희는 내
가 **주인 하나님**이라는 것을 알게 된
다.
25 또한 사람의 아들, 너는, 내가 그들
의 요새를 박탈하는 그날 거기 있
지 말아야 한다. 그들의 찬란한 즐
거움, 눈의 바람, 그들 마음에 간직
한 대상, 그들의 자녀를 빼앗을 때,
26 그날 죽지 않고 피신한 모두가 너
에게 오게 하여, 네 귀로 그 이야기
를 들어줘야 하지 않나?
27 그날 피신한 자에게 네 입을 열어,
말하며, 더 이상 벙어리가 되지 말
아라. 네가 그들에게 본보기가 되
면, 그들도 내가 **주인**이라는 것을
알게 될 것이다.

애먼에 대한 예언

25 **주님**의 말이 내게 들렸다.
2 "사람의 아들아, 애먼사람에게 얼
굴을 향하고 예언해라.
3 그들에게 **주 하나님**의 말을 들으라
고 전해라. **주 하나님**의 말에 의하
면, 나의 성소가 오염됐을 때, 너희
가, '아!' 라고 말했고, 또 이즈리얼
땅이 파괴되고, 쥬다집안이 포로
가 됐을 때도 그랬다.
4 그래서 보라, 내가 너희를 동쪽 사
람에게 넘겨 소유하게 하면, 너희
땅에 그들이 궁전과 집을 짓고, 너
희 곡식을 먹고, 네 우유를 마시게
된다.
5 래바지역을 낙타우리로 만들고,
애먼지역을 양떼쉼터로 만들면,
너희는 내가 **주님**이라는 것을 알게
될 것이다.
6 **주 하나님**이 이런 말을 하는 것은,
너희가 손뼉을 치고 발을 구르며,
이즈리얼땅의 불행을 경멸하고,
마음으로 기뻐했기 때문이다.
7 보라, 그래서 나는 너에게 손을 뻗
어, 너를 이민족의 전리품으로 넘
기고, 사람들로부터 제거하고, 여
러 나라로부터 퇴출시켜 파멸하겠
다. 그러면 너는 내가 **주인**이라는
것을 알게 된다.
8 **주 하나님**이 이렇게 말하는 이유는,
모앱과 시어사람이 하는 얘기가,
'보라, 쥬다집안이 이민족 같다고
말하기 때문이다.
9 그러니 두고봐라, 내가 여러 도성
에서 모앱방향 문을 열고, 또 변방
의 여러 도성문도 열어 둘 텐데, 그
곳은 그 나라의 영광 베쓰제쉬모
쓰, 배이얼미언, 키리어쌔임이다.
10 애먼을 동쪽사람에게 소유로 주
면, 애먼부족은 나라 가운데 기억
되지 못할 것이다.
11 또 내가 모앱에 대해 처벌을 집행
하면, 그들이 내가 주인임을 알게
될 것이다.
12 **주 하나님**이 이렇게 말한 것은, 이
듬이 쥬다집안에 복수하고 학대하
며 대다히 괴롭혔기 때문이다.'

13 따라서 **주 하나님**이 말한다. '나는
또한 이듬에게 내 손을 뻗어, 그곳
사람과 짐승을 모두 제거하고, 테
먼지역도 파멸시키고, 디댄사람도
칼에 쓰러지게 하겠다.
14 그때 나는 이듬에 대하여 나의 이
즈리얼의 손으로 빌려 복수하는
데, 그들은 나의 분노에 따라 이듬
을 처단할 것이다. 그러면 그들이
나의 복수를 알 수 있을 것"이라고
주 하나님이 말한다.
15 **주 하나님**의 말에 의하면, "필리스
틴인이 보복하고, 악의적 경멸을
해왔고, 또 오랜 적대감으로 쥬다
를 파괴하려고 해왔기 때문에,
16 **주 하나님**이 말하는데, 보라, 내 손
을 필리스틴에게 뻗어, 케러싸임
스를 제거하고, 바다연안 나머지
도 파괴하겠다.
17 나는 격렬한 분노심으로 그들에게
복수를 집행하여, 그때 그들에게
내가 **주인**이라는 것을 알게 하겠
다.

타이러에 대한 예언

26 열한 번째 해 그달 초하루, **주**
님의 말이 내게 들려왔다.
2 "사람의 아들아, 타이러타이러스가
저루살럼에 대해 말하며, '하, 사람
들이 다니던 그 성문이 무너졌으
니, 그 땅을 내게 돌려, 버려진 그곳
을 내가 새로 채우겠다'고 했다.
3 그래서 **주 하나님**이 말한다. 보라,
오 타이러, 내가 너를 상대한다. 여
러 나라를 부추겨 너를 공격하겠
다. 마치 바다가 제 파도를 일으키
듯 말이다.
4 그들이 타이러 성벽을 부수고, 망
루도 부수면, 나는 거기서 이는 흙
먼지까지 긁어내어, 바위정상처럼
매끈하게 만들겠다.
5 타이러는 바다 가운데서 어망을
던지는 장소가 될 것이다. 이것을
내가 **주 하나님**의 말이라고 선언했
으므로, 그곳은 모든 나라에게 약
탈물이 될 것이다.
6 들에 있는 딸이 칼에 베이면, 그들
도 내가 **주님**이라는 것을 알게 될
것이다.
7 **주 하나님**이 이렇게 말한 바와 같
이, 보라, 나는 타이러에 배블런왕
네부캔네절을 데려오겠다. 그는
북쪽의 왕 중 왕인데, 말과, 마차와,
기병과 많은 병력과 함께 온다.
8 그가 들의 네 딸을 살해하게 하겠
다. 그리고 너를 공격할 요새를 만
들며, 너에 대해 보루를 쌓고, 둥근
창을 들어올릴 것이다.
9 그는 네 성벽에 전쟁무기를 설치
하고, 도끼로 너희 탑을 무너뜨릴
것이다.
10 그의 말은 숫자가 하도 많아, 그들
이 일으키는 먼지는 너를 덮고, 네
성벽은 기병과, 바퀴와, 전차소리
에 흔들릴 것이다. 그가 너희 성문
으로 들어오고, 사람이 무너진 도

성 안으로 들어올 때 말이다.
11 그의 말발굽은 너희 길거리를 짓
밟고, 칼로 너희를 죽이면, 너희 막
강 기지는 바닥에 무너져 내릴 것
이다.
12 그들이 너희 재물을 약탈하면, 너
희 물건은 먹잇감이 되고, 성벽은
허물고, 좋은 집은 파괴되고, 돌과
목재와 흙은 바다 가운데 던져 진
다.
13 또 나는 너희 노래소리를 중단시
키고, 하프소리도 더 이상 들리지
않게 하겠다.
14 나는 너희를 바위정상처럼 쓸어버
리겠다. 그러면 너는 어망이나 던
지는 장소가 되고, 더 이상 건물이
세워지지 않게 될 것이다. 나, **주인**
이 그렇게 하겠다고, **주 하나님**이
선언한다.
15 이렇게 **주 하나님**이 타이러에게 말
한다. '네가 무너지는 소리에 섬이
흔들리지 않을까?' 상처의 비명과,
살육이 너희 가운데서 일어날 때
말이다.
16 그때 바다의 대군왕자는 모두 그
들의 왕좌에서 내려와, 그들의 로
브옷을 벗어놓고, 그들의 자수옷
도 벗으면, 무서운 떨림이 제 몸을
감쌀 것이다. 그들은 바닥에 주저
앉아, 너를 보고 경악하며 언제까
지나 떨 것이다.
17 그들은 타이러 너를 위해 애석해
하며 말한다. '어떻게 네가 파멸될
수가! 한때 해상여행자가 사는 곳
으로, 바다에서 유명한 요새지였
고, 그곳과 그 주민이 나타나는 곳
마다 두려움을 야기할 정도였는
데.
18 이제 네가 쓰러지는 날 섬이 전율
한다. 그렇다, 바다에 있는 섬마다
네가 붕괴될 때 같이 괴로워할 것
이다.'
19 **주 하나님**이 말한 바에 의하면, '내
가 너를 아무도 살지 않는 폐허도
성으로 만들고, 깊은 대양으로 데
려가 큰 파도로 너를 덮치고,
20 내가 너를 선조가 있는 무덤 아래
로 끌어내려 땅바닥에 갖다놓겠
다. 오래 전에 폐허가 된 그곳 무덤
으로 내려간 사람과 함께 두면, 너
는 살지 못한다. 그런 다음 나는 살
아 있는 땅에 찬란한 빛을 둘 것이
다.
21 나는 너에게 공포를 주고, 더 이상
존재하지 못하게 하겠다. 사람이
너를 찾는다 해도, 너는 결코 발견
되지 못할 것'이라고 **주 하나님**이
말한다.

타이러를 위한 애도

27 **주님**의 말이 또 내게 들렸다.
2 "사람의 아들아, 타이러를 위해 애
도해라.
3 그리고 타이러에게 말해줘라. 바
다 입구에 자리한 너는, 여러 섬사

람을 위한 상업지역으로, **주 하나님**
은 이렇게 말한다. '오 타이러, 내가
너를 최고의 아름다움' 이라고 말
했다.
4 네 무대는 바다 한가운데로, 너를
형성하는 자들이 네 아름다움을
완성시켰다.
5 그들은 세니어허먼산의 전나무로 너
희 배 갑판을 만들었고, 너를 위한
돛을 만들려고 레바넌에서 시더나
무를 가져왔다.
6 너의 노를 만들려고 배이션의 오
크참나무를 가져왔고, 애셔리부족
은 너희 의자를 만들 때, 치팀 섬에
서 상아를 가져왔다.
7 이집트의 수공예용 고운리넨은 너
의 항해를 위해 전면에 펼쳤고, 일
라이샤섬에서 가져온 푸른 자색의
비단은 너를 감쌌다.
8 당시 사이든과 알배드 출신이 너
희 뱃사람이었다. 오 타이러, 솜씨
좋은 너희가 거기 있던 선장들이
었다.
9 게벌의 원로장인과 선상 목공장인
은 너희 배에 징을 박아주는 사람
들이었고, 선원을 실은 바닷배는
너희 상품으로 채웠다.
10 펄자페르시아와 리디아루드와 퓨트지
역 사람은 너희 군대의 용병이었
고, 그들은 방패와 투구를 너에게
걸어놓고, 네 아름다움을 보여주
었다.
11 너희 군대와 함께 알배드 사람은
성벽 주위에 있었고, 개머딤 출신
은 망루에 있으면서, 그들도 성벽
주위에 방패와 투구를 걸어, 너희
아름다움을 한층 더 완벽하게 만
들어주었다.
12 탈쉬시인은 다수가 값비싼 상품을
취급하는 상인으로, 은, 철강, 주석,
납을 너희 시장에서 거래했다.
13 재번그리스, 투벌, 메쉑도 너의 상인
이었는데, 그들은 너희 시장에서
사람과 황동그릇을 거래했다.
14 토가마집안은 너희 시장에서 말과
기병과 노새를 거래했다.
15 디댄 출신도 너희 상인이었고, 여
러 섬의 상품도 네 손을 거치며, 상
아뿔과 검은뿔을 가져왔다.
16 시리아도 너희 지역에서 만든 많
은 물건을 거래하는 상인이면서,
너희 시장에서 에머랄드, 자색비
단, 자수공예, 고운리넨, 산호, 애거
트원석을 독점했다.
17 쥬다와 이즈리얼땅 출신도 너의
상인으로, 너희 시장에서 미니쓰
지역 밀과 사료, 꿀, 기름, 방향연고
를 사고팔았다.
18 드매스커스도 너희가 제조한 물건
대부분을 거래하는 상인이었고,
주로 부유층을 위해 헬번의 와인
과 흰양털을 취급했다.
19 댄과 재번은 네 시장 이곳저곳을
두루다니며, 밝은 철, 캐셔계피, 캘
러머스창포가 네 시장의 상품이었
다.

20 디댄은 전차용 고급천이 너희 상
품이었다.
21 어래이비아아라비아와, 케다지역 대
군왕자 모두 어린양, 숫양, 염소를
독점하는 너희 상인이었다.
22 쉬바와 래아마 상인도 너희 상인
으로, 시장에서 향신료 중 일등품
과 고급원석과 금 거래를 독점했
다.
23 해랜, 커네, 이든, 쉬바상인, 애셜,
킬맫도 너희 상인이었다.
24 이들은 모든 종류의 물건을 취급
했는데, 푸른옷, 자수천, 서랍장, 카
펫과 러그, 시더나무로 만든 제품
이 있었다.
25 탈쉬시 선박은 시장에서 찬양하는
노래를 부르며, 너를 채우고, 바다
가운데서 너를 찬란한 빛으로 만
들었다.
26 노를 젓는 사람이 너를 큰 바다로
데려갔는데, 바다 가운데서 동풍
이 너와 배를 부셨다.
27 네 재물, 상품과 용품, 뱃사람, 선장
과 선원, 상품 관리자, 해적을 상대
하는 병사, 너와 함께 있는 무리 모
두, 너희 파괴의 날, 바다 가운데 빠
질 것이다.
28 그러면 그 일대가 선장의 아우성
소리로 흔들릴 것이다.
29 노를 젓는 사람과, 선원과, 바다의
선장들이 모두 배에서 내려, 육지
로 올라오게 될 것이다.
30 그들의 목소리가 네게 들릴 때, 그
들은 비통하게 소리치고, 제 머리
에 흙을 뿌리고, 재 속에 뒹굴 것이
다.
31 너 때문에 그들은 머리를 완전히
밀고, 거친 베를 두르며, 너에 대해
괴로워서 가슴이 쓰리도록 울 것
이다.
32 그들은 통곡하며 너를 안타까워하
며 말한다. 어떤 도성이 타이러와
같을까? 그렇게 바다 한가운데서
폐망하는 곳이 있을까?
33 너희 물건이 바다로 나가, 다수의
마음을 흡족하게 채우면, 너는 너
희 땅의 여러 왕을 풍부한 재물과
상품으로 부유하게 만들었었다.
34 네가 깊은 바다에서 부서질 때, 너
희 상품과 너희 무리는 그 가운데
빠질 것이다.
35 그때 여러 섬주민 모두 너를 보고
경악하고, 그곳 왕도 대단히 두려
워져, 그들 얼굴모습이 괴로울 것
이다.
36 사람 가운데 상인은 너를 보고, 쉿
소리를 내면, 너는 겁에 질리고, 공
포에 질려, 더 이상 존재하지 않게
된다.

타이러왕자에 대한 예언

28 **주님**의 말이 다시 나에게 들
렸다.
2 "사람의 아들아, 타이러 대군왕자
에게 전해라. 주인의 말은 이렇다.
네 마음이 우쭐해지더니 하는 말

이, '나는 신이다. 나는바다 가운데
신의 자리에 앉아 있다'고 하는데,
네 마음이 신 같더라도, 너는 신이
아닌 인간이다.
3 보라, 너는 대니얼보다 더 영리해
서, 남이 너를 속일 수 있는 비밀이
란 없다.
4 너는 자기 지혜와 이해로 재물을
얻고, 금과 은을 네 보물창고에 채
웠다.
5 지혜와 무역수완으로 재산이 불어
나니, 자신의 부로 인해 네 마음이
우쭐해졌다.
6 그래서 **주 하나님**이 말하는데, 네가
신이라도 된 듯한 마음을 갖기 때
문에,
7 보라, 내가 너에게 이민족 중 가장
무서운 나라를 데려오겠다. 그들
은 네 지혜의 아름다움을 향해 칼
을 빼어들고, 네 영리함의 광채를
더렵힐 것이다.
8 그들이 너를 구덩이로 끌어내리게
한 다음, 바다 가운데서 죽은 사람
처럼 너를 죽게 하겠다.
9 그때도 네가, 너를 살해하는 자 앞
에서, '나는 신'이라 말할까? 대신
너는 자신을 죽이는 손앞에서 신
이 아닌 인간일 수밖에 없을 거다.
10 너는 이민족 손에 할례받지 못한
자가 죽는 죽임을 당해야 한다. 내
가 그렇게 선언했기 때문"이라고,
주 하나님이 말한다.
11 또 **주님**의 말이 내게 와서 말한다.
12 "사람의 아들아, 타이러왕을 애석
해하며, 그에게 말해줘라. **주 하나
님**의 말에 의하면, '네 지혜와 완벽
한 아름다움은 수명이 다되었다'
고 해라.
13 너는 **하나님**의 정원 이든에덴동산
에서 살아왔다. 너를 덮은 갖가지
보석은, 사디어스홍옥, 토패즈황수정,
다이먼드, 베럴담녹석, 오닉스검은원
석, 재스퍼, 새파이어청옥, 애머럴드,
카벙클적갈색석, 금이었다. 너희 타
악기 태브릿소북과 관악기의 세공
솜씨는 네가 형성되던 그날 너를
위해 마련되었다.
14 그곳의 체럽 수호천사가 너에게
기름을 붓게 하여, 내가 너를 그 운
명의 자리에 앉혀주어서, 네가 **하
나님**의 신성한 산에 있게 되었고,
불타는 돌 사이를 오르내리며 걸
어다녔다.
15 창조되던 날부터 죄가 나타날 때
까지, 너는 너의 길에서 나무랄데
없었다.
16 상업이 많아지면서, 너희 한가운
데에서 사람들은 폭력을 채우고,
너는 죄를 지었다. 그래서 **하나님**
산을 오염시킨 너를 없애고, 오 체
럽 수호천사 너도 불타는 돌 가운
데서 내쫓을 것이다.
17 네 마음은 아름다움 때문에 우쭐
해졌고, 영리한 광채로 인해 네 지
혜가 타락해버렸다. 그래서 내가
너를 여러 왕 앞의 바닥에 동댕이

치면, 그들이 너를 볼 수 있을 것이
다.
18 네가 성소를 훼손한 것은, 무수히
많은 너의 죄 및 교역하며 지은 잘
못탓이다. 그래서 내가 너희 한가
운데에 불을 놓아, 너를 집어삼키
게 하겠다. 또 그들이 보는 앞에서
땅의 재로 너를 덮어버리겠다.
19 그 중 너를 알아보는 사람들이 네
모습에 경악하는 까닭은, 네가 끔
찍해져서, 결코 더 이상 네 모습이
아니기 때문일 것이다."
20 다시 **주님**의 말이 내게 들려왔다.
21 "사람의 아들아, 네 얼굴을 사이든
을 향해들고 예언해라.
22 **주 하나님**의 말을 이렇게 전해라.
보라, 오 사이든, 내가 너를 상대하
여, 너희 한가운데서 영광을 이룩
할 것이다. 그래서 그들이 내가 주
인임을 알도록, 정의를 집행하여,
그곳을 정화시키겠다.
23 내가 그 땅에 전염병을 보내, 거리
를 피로 물들이겠다. 사방에서 칼
에 찔리고 베인자가 쓰러지면, 그
들도 내가 주인임을 알게 될 것이
다.
24 그러면 이즈리얼 집안에서 가시나
무에 찔리는 자는 더 이상 없고, 그
주위에 어떤 심한 모욕적 괴로움
도 없을 것이다. 그때 그들이 내가
주 하나님이라는 것을 알게 된다."
25 **주 하나님**이 말한다. "내가 이즈리
얼 집안을 한자리에 모을 때, 흩어
졌던 사람들이 오면, 이민족 눈앞
에서 그들을 정화시킨 다음, 내가
나의 종 재이컵에게 준 땅에서 그
들이 살게 하겠다.
26 그러면 그들은 그 안에서 편하게
살며, 집도 짓고, 포도나무도 심고,
그렇지, 그들이 자신감을 갖고 살
게 하겠다. 그때 나는 주변에서 그
들을 무시하던 자를 모두 처벌할
것이다. 그러면 내가 그들의 주인
하나님이라는 것을 저들도 알게 될
것이다.

이집트에 관한 예언

29 열번째 해 열번째 달 12일, **주
님**의 말이 나에게 들렸다.
2 "사람의 아들아, 네 얼굴을 이집트
왕 풰로우에게 향하고, 이집트에
관해 예언해주어라.
3 큰 소리로 **주 하나님**의 말을 전해
라. '보라, 내가 이집트 풰로우왕 너
를 상대하겠다. 어느 강 안에 큰 용
한 마리가 살았는데, 하는 말이, '이
강은 내가 만든 나의 것'이라고 한
다.
4 그러나 나는 네 턱에 고리를 걸고,
네 강 물고기가 네 비늘에 달라붙
게 한 다음, 너를 강에서 들어올리
면, 네 강의 물고기 모두 너의 비늘
에 걸린 채 밖으로 나오게 된다.
5 그리고 내가 너를 황야에 내던지
면, 너와 네 물고기 모두 벌판에 나
가떨어지고, 너희는 다시 모이지

못하기 때문에, 나는 너희를 들짐
승과 공중의 새에게 먹이로 준다.
6 모든 이집트인이 내가 주인임을
알게 되는 것은, 그들이 이즈리얼
에게 갈대지팡이 신세가 되기 때
문이다.
7 그들이 너에게 매달릴 때, 너는 손
을 부러뜨리고 어깨도 그렇게 했
고, 그들이 너에게 기댈 때, 서 있을
수 없도록 그들의 허리를 꺾어버
렸다.
8 그래서 **주 하나님**이 말한다. 보라,
내가 칼을 가져와, 너희 사람과 짐
승을 제게 하겠다.
9 이집트땅이 파괴되어 버려지면,
내가 **주 하나님**이라는 것을 알게 될
것이다. 왜냐하면 그들이, '이 강은
내가 만든 나의 것'이라고 말했기
때문이다.
10 따라서 보라, 내가 너와 네 강을 상
대하여, 이집트땅을 철저히 파괴
하여, 믹돌부터 사이니까지, 심지
어 이씨오피아 국경 나일지역쿠쉬
까지 황무지로 만들겠다.
11 어떤 사람도 그 땅을 지나지 못하
고, 짐승의 발조차 통과하지 못한
채, 그곳은 40년간 인적이 없을 것
이다.
12 나는 이집트를 폐허 가운데 가장
버려진 땅으로 만들고, 그 도성은
불모지 중 가장 버려진 곳으로 40
년간 황폐화시키겠다. 또 나는 이
집트인을 민족 가운데 분산시키
고, 나라마다 흩어놓겠다."
13 그래도 **주 하나님**은 이와 같이 말한
다. "40년이 끝나면, 내가 흩어진
사람을 이집트로 한데 모을 것이
다.
14 이집트 출신 포로를 다시 데려와,
조상의 땅 패쓰로스로 돌아오게
하여, 그곳에 기초왕국을 세우게
하겠다.
15 그것은 왕국 가운데 가장 빈약한
왕국이 되고, 다른 나라보다 더 자
신을 높이지 못하게 하겠다. 내가
그들을 줄여서, 그들이 더 이상 다
른 나라를 지배하지 못하게 된다.
16 그래서 결코 이즈리얼 집안에 자
신감이 되어주지 못하도록, 이집
트의 죄를 기억하게 하여, 본보기
가 되게 하겠다. 대신 그들은 내가
주 하나님임을 알게 될 것이다.
17 그리고 27년째 해 첫달 첫날, **주님**
의 말이 내게 들려왔다.
18 "사람의 아들아, 배블런왕 네부캔
네절이, 그의 군대에게 타이러를
공격할 막중한 임무를 맡겼다. 모
두는 머리를 밀고, 어깨를 드러냈
어도, 그는 보상도 없고 군대도 마
찬가지로, 타이러에 대한 전쟁에
서 대가는 없다.
19 그래서 **주 하나님**이 말한다. 보라,
나는 이집트땅을 배블런왕 네부캔
네절한테 주면, 그가 그곳의 많은
것을 전리품과 먹이로 빼앗아, 그
것으로 그의 군대의 임금을 줄 수

있게 하겠다.
20 나는 그에게 전쟁하느라 수고한
대가로 이집트땅을 주었다고 **주 하
나님**이 말한다.
21 그날 나는 이즈리얼 집안의 뿔이
다시 나오게 하고, 그들 앞에서 네
입도 열어주어, 그들이 내가 **주님**
임을 알게 하겠다."

이집트에 대한 슬픔

30 **주님**의 말이 다시 내게 들려
왔다.
2 "사람의 아들아, **주인 하나님**의 말
은 이렇다고 예언을 전해라. '너희
는 외쳐라. 그날은 재앙의 날이다!'
3 그 날이 다가오고, 바로 **주님**의 날
이 가까워지기 때문에, 구름으로
날이 흐려진다. 그때는 이민족에
관한 시기가 될 것이다.
4 칼이 이집트 위에 내려, 그들이 쓰
러질 때면, 이씨오피아에 엄청난
고통이 있어, 대부분이 제거되고,
그들의 기반이 붕괴된다.
5 이씨오피아, 리비야, 리디아와 모
든 혼합민족과 츄브쿠브와, 연합지
역 사람 모두가, 칼에 쓰러진다.
6 주인이 이와 같이 말한다. 이집트
를 떠받들던 그들도 쓰러져, 그 힘
에 자만하던 나라가 망한다. 믹돌
부터 사이니까지 칼에 쓰러질 것"
이라고 **주 하나님**이 말한다.
7 "또 그들은 망한 나라 가운데 가장
황폐화되고, 버려진 도성 중 첫 째
가 된다.
8 그들이, 내가 **주인**임을 알도록, 나
는 이집트에 불을 지르고, 협력한
나라도 파멸시킬 것이다.
9 그날 나의 전령이 배를 타고 가서,
태평하게 방심하는 이씨오피아나일
지역인을 놀라게 하고, 이집트의 그
날처럼 큰 고통을 내린다. 보라, 그
날이 온다."
10 **주 하나님**이 말한다. "나는 또 이집
트의 대부분을 배블런왕 네부캔네
절 손으로 끝내버리겠다.
11 그와 그의 사람과 여러 무서운 나
라가 함께 그 땅에 파멸을 가져올
것이다. 그들은 칼을 빼어 이집트
를 공격하며, 그곳을 죽은 자로 채
울 것이다.
12 나는 그곳 나일강을 말린 다음, 그
땅을 악한에게 팔아, 이민족의 손
으로 그 안을 모조리 황무지로 만
들어버리겠다. 나 **주인**이 그렇게
선언했다."
13 **주 하나님**이 이렇게 말한다. "나는
우상 역시 파괴하여, 그 형상이 노
프멤퓌스에서 끊어지게 하겠다. 또
이집트땅의 왕자는 더 이상 존재
하지 못하도록, 그 땅에 두려움을
심겠다.
14 그리고 이집트 위쪽 패쓰로스를
파멸하고, 조앤에는 불을 놓고, 더
비스에서는 정의를 집행하겠다.
15 또 나의 분노를 이집트의 요새 신
지역에 퍼붓고, 더비스 대부분을

제거해버리겠다.
16 이집트에 불을 놓고, 신지역에 큰
고통을 주고, 더비스지역은 산산
조각을 내고, 노프멤퓌스는 매일 괴
로움을 겪게 한다.
17 애이븐과 파이비세쓰 젊은이도 칼
에 쓰러지고, 도성사람은 포로로
끌려갈 것이다.
18 타팬헤스 역시 어두워지는 그날,
내가 이집트의 멍에를 부셔, 그곳
힘의 허세를 끝내겠다. 똑같이 그
땅에도 구름이 덮이고, 그곳 딸은
포로로 끌려간다.
19 이렇게 이집트를 처벌하면, 그들
이 내가 **주님**이라는 것을 알게 될
것이다."
20 열한 번째 해 첫 달 일곱번째 날, **주
님**의 말이 내게 들렸다.
21 "사람의 아들아, 내가 이집트 풰로
우왕의 팔을 부러뜨리면, 보라, 그
것을 접합해도 치료하지 못하고,
칼을 잡을 수 있도록 말아서 묶어
도 안 된다."
22 그래서 **주 하나님**이 말한다. "보라,
내가 이집트왕 풰로우를 상대하겠
다. 그래서 튼튼했던 그의 팔을 부
러뜨리고, 칼이 그의 손을 자르게
하겠다.
23 그리고 모든 나라에 이집트인을
흩어, 곳곳에 분산시키겠다.
24 배블런왕의 팔을 더욱 강화시켜,
나의 칼을 그의 손에 쥐어주고, 대
신 풰로우 팔을 부러뜨리면, 치명
적 부상으로 고통당하는 신음을
내며 배블런왕 앞에서 괴로워할
것이다.
25 배블런왕의 팔은 강화시키고, 풰
로우의 무기는 땅에 떨어뜨리겠
다. 그래서 그들이 내가 **주님**임을
알게 하겠다. 그때 내 칼을 배블런
왕의 손에 주면, 그것으로 이집트
전역을 휘두를 것이다.
26 나는 나라마다 이집트인을 흩어버
리고, 그들 가운데 뿔뿔히 퍼뜨리
겠다. 그러면 그들이 내가 **주님**이
라는 것을 알게 될 것이다."

풰로우가 쓰러지다

31 열한 번째 해 세 번째 달 첫
날, **주님**의 말이 내게 이렇게
들렸다.
2 "사람의 아들아, 이집트왕 풰로우
와 그에게 속한 많은 사람에게 전
해라. '너의 위대함에 비할자가 누
군가?
3 보라, 엇시리아인은 아름다운 가
지와 그림자 가지를 가진 키 큰 레
바넌의 시더나무였다. 그의 정상
은 두꺼운 가지 사이에 있었다.
4 물이 나무를 크게 자라게 하는데,
식물 주위를 흐르는 강은 깊은 곳
에서 그의 키를 높여주고, 작은 시
내는 벌판의 모든 나무에게 물을
보낸다.
5 그래서 강가에 있는 나무의 높이
가 들 나무보다 높고, 굵은 가지가

많고, 잔가지가 길게 뻗는 이유는,
물이 풍부하기 때문이다.
6 하늘을 나는 새 모두가 굵은 가지
에 둥지를 틀고, 들의 모든 짐승이
잔가지 아래로 제 새끼를 데려가
며, 나무그늘 아래서 모든 민족이
살고 있다.
7 따라서 나무의 아름다움은 무성함
과, 가지 길이 덕이고, 그 이유는 뿌
리가 큰 물가에 있기 때문이다.
8 **하나님** 정원의 시더나무는 경쟁할
수 없다. 전나무도 그 가지와 같은
것은 없고, 밤나무의 잔가지도 그
와 같은 것이 없으며, **하나님** 정원
의 나무 같은 아름다움은 어떤 나
무에도 없다.
9 나는 잔가지가 많이 뻗게 하여 나
무를 보기 좋게 만들었다. 그래서
이든동산의 모든 나무가 **하나님** 정
원의 나무를 부러워했다.
10 그래서 **주 하나님**이 이렇게 말한다.
네가 자기 키를 높이고, 굵은 가지
가운데서 나무정상까지 잎이 나게
한 탓에, 그의 마음이 그의 키만큼
높아졌다.
11 그래서 내가 그를 힘센 이민족 손
에 넘겼으니, 그를 확실하게 다룰
것이다. 나는 그의 악행 때문에 그
를 내쫓았다.
12 낯설고 무서운 민족들이 그를 내
쫓아, 산과 계곡에 버리면, 잔가지
가 떨어지고, 큰가지는 강옆 땅으
로 꺾여, 땅에 사는 사람도 그 그늘
에서 떠나가서,
13 나무가 버려진 땅위에는 하늘의
새만 있고, 들짐승은 가지 위를 거
닐 것이다.
14 마침내 물가의 나무 중 스스로 높
이 자라기를 할 수 있는 것은 없고,
굵은가지는 정상까지 잎이 나게
하지 못하고, 나무도 물을 못마셔
제 높이를 지탱하지 못하게 될 것
이다. 왜냐하면 그들이 죽음에 넘
겨져, 인간 자손이 사는 땅도 갈라
지고, 모든 것이 죽음의 구덩이로
내려가기 때문이다."
15 **주 하나님**이 이와 같이 말한다. "내
가 슬픔을 일으켜 그를 무덤으로
내려가게 하는 날, 나는 그에게 깊
은 샘을 막고, 범람을 자제시키고,
큰물은 흐르지 못하게 멈춘다. 또
나는 그를 위해 레바넌이 슬퍼하
게 하고, 들의 나무도 그를 위해 시
들게 한다.
16 나는 그가 쓰러지는 소리에 모든
나라가 흔들리게 한다. 그때는 그
를 지옥에 내던져 구덩로 내려가
게 하는 때이고, 이든의 모든 나무
는 레바넌에서 가장 좋은 것으로
선택된, 물을 잔뜩 먹은 것인데, 땅
이 갈라진 아래에서 위안을 받게
될 것이다.
17 나무는 칼에 베어 죽은 자와 함께
지옥으로 가고, 이민족 가운데 나
무그늘 아래서 살던 무기를 든 자
도 함께 내려간다.

18 네가 이든동산의 나무 중 찬란하
고 위대한 것처럼 일컬어지던 나
무라고? 하지만 너는 이든의 나무
와 함께 땅 밑으로 끌려가, 칼로 살
해당한 자와 함께 할례받지 못한
자 가운데 놓이게 될 것이다. 이것
이 풰로우와 그 무리의 모습"이라
고 **주 하나님**이 말한다.

이집트와 풰로우에 대한 슬픔

32 열두 번째 해, 열두 번째 달
첫날, **주님**의 말이 내게 들렸
다.
2 "사람의 아들아, 이집트왕 풰로우
를 위한 안타까운 마음으로 그에
게 전해라. '너는 여러 나라 가운데
젊은 사자다. 그리고 바다의 고래
와 같이 물에서 나왔는데, 네 발로
물을 더럽혀 강을 오염시켰다.
3 **주 하나님**이 말하는 바, 내가 너에
게 나의 그물을 칠 때, 많은 사람과
함께 펼치면, 그들이 그물에서 너
를 낚아올릴 것이다.
4 그때 나는 너를 땅에 버리고, 텅빈
들에 동댕이쳐, 하늘 나는 새가 네
게 내려앉게 하고, 땅의 모든 짐승
이 너로 배를 불리게 하겠다.
5 그리고 산 이곳저곳에 네 살점을
흩어놓고, 나머지는 계곡 여기저
기를 채우겠다.
6 나는 네 피로 땅을 적시고, 산조차
흥건히 고이게 하며, 또 강을 채우
겠다.
7 너를 제거할 때, 나는 하늘을 가리
고, 별을 어둡게 만들고, 태양을 구
름으로 가리며, 달도 빛을 잃게 하
겠다.
8 하늘의 밝은 빛이 네 위에서 어두
워지면, 네 땅위는 컴컴하게 된다'
고 **주 하나님**이 말한다.
9 내가 많은 사람의 마음을 괴롭힐
때, 여러 나라 가운데 너희를 파멸
시켜, 알아보지 못하는 나라로 만
들어버리겠다.
10 그렇다, 나는 너에 대해 많은 사람
이 놀라게 하고, 여러 왕도 너를 보
고 공포에 질리게 하겠다. 그들 앞
에서 나의 칼을 휘두르면, 그들이
순간마다 떨고, 목숨이 있는 모두
는 네가 쓰러지는 그날까지 떨게
될 것이다.
11 **주 하나님**이 이와 같이 말하는 것
은, 배블런왕의 칼이 네게 다가오
고 있기 때문이다.
12 나는 힘센 용사의 칼로 네 백성을
쓰러뜨리고, 무서운 나라가 이집
트의 허영을 약탈하게 하여, 이집
트 대부분이 사멸하게 하겠다.
13 또한 그곳 큰 물가의 짐승을 모두
파멸하고, 더 이상 인간의 발이 그
곳을 디디지 못하게 하며, 짐승의
발굽도 그 땅을 괴롭히지 못하게
하겠다.
14 그때 나는 그들의 바다를 깊게 만
들고, 강을 기름처럼 흐르게 하겠
다고 **주 하나님**이 말한다.

15 내가 이집트땅을 불모지로 만들
어, 풍요로웠던 그 나라가 가난해
지도록, 그곳에 살던 모두를 치면,
그때 그들은 내가 **주님**이라는 것을
알게 될 것이다.
16 이것이 바로 사람들이 그 땅을 슬
퍼하게 될 안타까움이다. 그 나라
의 딸이 그 땅을 애도하게 하겠다.
그들은 그 땅 이집트 및 그곳 대부
분을 위해 한탄하게 만들겠다"고,
주 하나님이 말한다.
17 열두 번째 해 열두 번째 달 15일에,
주님의 말이 내게 들려왔다.
18 "사람의 아들아, 이집트인을 위해
소리내어 울며, 그들을 땅에 내던
지고, 그곳과 명성있는 나라의 딸
들까지 구덩이로 내려가는 사람과
더불어 땅 밑으로 내던져라.
19 아름다움에 있어 누가 너를 능가
할까? 하지만 아래로 내려가, 할례
되지 못한 자와 함께 누워라.
20 그들을 칼에 죽은 사람 가운데 쓰
러지도록, 그 땅을 칼에 넘긴다. 그
러니 그 땅과 그 무리를 받아들여
라.
21 최고 힘센자가 지옥 가운데서 그
를 돕는 자에게 말해줄 것이다. '그
들은 내려가서, 칼에 베이고 할례
되지 못한 채 드러눕게 된다'고.
22 엇시리아가 군대무리와 함께 있는
곳은, 칼에 베어 쓰러지고 살해당
한 자의 무덤으로 둘러싸인다.
23 그들의 묘지는 구덩이 한쪽에 자
리하고, 군대는 그곳 묘지 주위를
감싼다. 칼에 베어 쓰러지고 살해
당한 자는 살아 있는 그 땅에 두려
움을 야기했었다.
24 일램은 군대와 함께 무덤 주위에
있고, 그들은 모두 칼에 베어 쓰러
지고 살해당한 자로, 할례받지 못
한 채 땅 밑으로 내려간다. 한때 그
들은 살아 있으면서 땅에서 공포
를 자아내었다. 하지만 그들은 구
덩이로 내려간 자와 함께 굴욕을
짊어지게 된다.
25 그들은 군대와 더불어 죽은 자 가
운데 침대를 마련한다. 그 땅의 무
덤은 그 주위에 있고, 그들은 모두
할례받지 않았고, 칼에 살해된다.
비록 그들이 살아 있는 땅에 공포
를 주었어도 말이다. 하지만 이제
그들은 구덩이에 내려가는 자와
함께 굴욕을 진 채, 죽은 자 가운데
눕는다.
26 그곳에 매쉬크와 투벌과 군대무리
도 있다. 그곳 묘지는 그 주위를 감
싸고 있는데, 그들은 모두 할례되
지 못한 채, 칼에 베어 죽는다. 비록
한때 살아 있는 땅에 공포를 주었
지만 말이다.
27 그들은 오래 전에 할례되지 못한
채 쓰러진 전사와 함께 눕지는 않
을 것이다. 그들은 무기를 들고 지
옥으로 갔고, 머리 맡에 칼을 두었
다. 그러나 그들의 죄는 뼈에 새겨
있다. 비록 그들이 살아있는 땅에

서 막강한 공포를 주었다 하더라
도 그렇다.
28 그렇다, 너는 할례되지 못한 자 가
운데서 패하여, 칼에 죽은 자와 함
께 누울 것이다.
29 이듬도 있고, 이듬왕도 있고, 대군
왕자도 있는데, 그들의 힘과 더불
어, 칼에 베어 죽은 자 옆에 같이
누워있다. 그들은 할례받지 않은
채, 구덩이 밑에 내려간 자와 함께
누울 것이다.
30 북쪽의 대군왕자도 있는데, 그들
은 사이든 출신이고 죽어서 내려
간다. 그들의 무서웠던 힘이 그들
을 부끄럽게 하며, 칼에 죽은 자와
함께 할례받지 못하고 눕는다. 그
들의 굴욕을 지고, 구덩이로 내려
간 자와 함께 한다.
31 풰로우도 그들을 보며, 모든 군대
무리에 대해 위안을 얻을 것이다.
풰로우와 그의 군대도 칼에 죽는
다"고 **주 하나님**이 말한다.
32 "내가 살아 있는 이 땅에 나의 공포
를 일으켰으므로, 그는 칼에 죽은
자와 더불어 할례받지 못한 자와
함께 누워 있게 된다. 심지어 풰로
우와 그의 군대무리도 그렇다"고
주 하나님이 말한다.

수호자로 이지키얼 임명

33 다시 **주님**의 말이 들려왔다.
2 "사람의 아들아, 너희 민족에게 전
해라. 내가 어떤 땅에 전쟁을 일으
키거든, 그곳 백성이 한 사람을 뽑
게 하여 그들의 수호자로 세워라.
3 그는 그 땅에 칼이 다가오는 것을
보고, 트럼핕을 불어 사람에게 경
고해야 한다.
4 나팔소리를 듣는 사람 중, 전쟁이
나서 사람 목숨을 빼앗는다는 경
고를 받아들이지 않는 사람은 누
구나, 그의 피가 제 머리에서 제거
된다.
5 그가 트럼핕소리를 듣고 경고를
받아들이지 않으면, 제 피의 책임
은 자신한테 있다. 그러나 경고를
받아들이는 사람은 자기 영혼을
구한다.
6 그런데 수호자가 칼이 오는 것을
보고도 나팔을 불지 않고, 백성에
게 경고하지 않아서, 전쟁이 나고
사람의 목숨을 잃으면, 그의 잘못
으로 생명을 빼앗긴 것이다. 따라
서 그 피에 대하여 수호자에게 책
임을 묻겠다.
7 그래서 너, 사람의 아들아, 내가 너
를 이즈리얼 집안의 수호자로 임
명한다. 그러니 내 말을 듣고 그들
에게 경고해줘야 한다.
8 내가 악한에게 말하며, '오 악한아,
너는 반드시 죽는다'고 말할 때, 만
약 네가 악한에게 제 앞날을 경고
하지 않아서, 악한이 제 죄로 인해
죽는 경우, 하지만 그의 피에 대한
책임은 네 손에 묻겠다.

11 그들에게 또 말해라. '내가 살아 있
는 **주 하나님**으로 말하는데, 나는
악한의 죽음이 즐겁지 않다. 그러
니 악한이 악행길에서 돌아서면
살 수 있다. 마음을 돌려라. 좋지 않
은 길에서 돌아서라. 왜 너희가 죽
어야 하나? 오 이즈리얼 백성아!'
라고 해라.
12 그러니 사람의 아들아, 네 민족에
게 전해주어라. '올바른 자의 정직
한 행동은 위반에서 그를 구하지
못한다. 하지만 악한의 악행은 죄
에서 마음을 돌리는 날, 그로 인해
죽지 않게 한다. 정의는 사람이 죄
를 지을 때, 과거의 올바른 행동만
큼 그의 목숨을 구할 수 없다.
13 내가 올바른 사람에게, '확실히 산
다'고 말해도, 만약 그가 자신의 올
바른 행동을 믿고 죄를 지으면, 쌓
았던 그의 정의행동은 기억되지
않고, 대신 저지른 죄로 인해 그는
죽게 된다.
14 그리고 내가 악한에게, '너는 확실
히 죽는다'고 말해도, 만약 그가 죄
에서 마음을 돌려, 법을 지키고 올
바르게 행동하면,
15 또 만약 악한이 빼앗은 담보물을
돌려주며, 죄를 짓지 않고, 규정에
따라 살아가면, 확실히 그는 죽지
않고, 살 것이다.
16 그가 잘못한 죄 중 어떤 것도 그에
게 언급하면 안 된다. 그가 법에 충
실하며 바르게 행동하면, 그는 반
드시 살게 된다.
17 하지만 인간의 자손은, '**주님**의 길
이 똑같지 않다'고 말하는데, 사람
에 따라 각자의 길은 동일하지 않
다.
18 올바른 사람이 정직한 행동에서
돌아서 죄를 지으면, 그로 인해 죽
기까지 한다.
19 하지만 악한이 악행에서 마음을
돌려, 법에 충실하며 바르게 행동
하면, 그는 그로 인해 살게 된다.
20 여전히 너희는, '**주님**의 길은 같지
않다'고 말한다. 오 너희 이즈리얼
집안아, 내가 너희 모두 각자의 길
에 따라 판단하겠다."
21 그런 다음, 우리가 포로가 된 지 12
년째 10개월 5일에, 저루살럼에서
피신한 어떤 사람이 내게 와서, '그
도성이 무너졌다'고 했다.
22 한편 **주님**의 손힘이 내게 미친 것
은, 피신한 자가 내게 오기 전날, 저
녁 무렵이었는데, 아침에 그가 나
에게 오자, 나의 입이 열려, 나는 더
이상 벙어리가 아니었다.
23 그때 **주님**의 말이 나에게 들려왔
다.
24 "사람의 아들아, 불모지 이즈리얼
땅에 사는 사람이 이렇게 말하며,
'애이브러햄이라는 사람이 그 땅
을 차지했는데, 우리는 수가 많으
니, 그 땅은 우리에게 유산으로 주
어져야 한다'고 할 것이다.
25 그때 그들에게 전해라. '**주 하나님**

의 말에 따르면, 너희는 피가 들은
채 먹고, 너희 눈을 우상을 향해 들
어올리며, 사람의 피를 흘리게 하
는데, 너희가 그 땅을 차지해야 할
까?
26 너희는 칼을 들고 서서, 혐오행위
를 하며, 이웃 아내를 추행했는데,
너희가 그 땅을 소유해야 하나?'
27 네가 그들에게 전해라. '**주 하나님**
의 말에 의하면, 내가 살아 있으므
로, 그 불모지 안에 사는 사람은 반
드시 칼에 쓰러지게 하겠다. 황야
에 있는 자는 짐승이 잡아먹게 주
고, 도성과 동굴에 있는 사람은 전
염병으로 죽게 하겠다.
28 내가 그곳을 최고 불모지로 만들
어, 제 힘을 과시하던 시절을 끝내
고, 이즈리얼산도 파멸시키므로,
아무도 지나가지 못한다.
29 그때 그들은 내가 **주님**이라는 것을
알게 될 것이다. 내가 그 땅을 최고
불모지로 만드는 이유는, 그들이
모든 혐오행동을 자행했기 때문이
다.
30 또한 사람의 아들아, 너희 민족이
성벽 옆이나 대문 안에서 여전히
너에 대해 수근거리고, 저마다 형
제에게 하는 말이, '자, **주님**한테서
무슨 말이 나오는 지 들어보자'고
한다.
31 그리고 그들은 민족이 올 때처럼
와서, 앞에 앉아, 네 말을 듣는데,
그들의 입으로는 사랑을 많이 말
해도, 제 마음은 탐욕을 따른다.
32 보라, 너의 목소리는 그들에게 마
치 어떤 사람이 아름답게 부르는
사랑의 노래처럼 들리고, 잘 타는
악기의 연주소리로 들릴 뿐이다.
왜냐하면 그들은 네 말을 듣고도
실천하지 않기 때문이다.
33 이 일이 발생하면, [보라, 틀림없이
이루어질 텐데,] 그때 그들은 그 가
운데 한 예언자가 있었음을 알게
될 것이다."

이즈리얼의 목자

34

주님의 말이 나에게 들려왔
다.
2 "사람의 아들아, 이즈리얼 목자에
대하여 예언을 말해주어라. **주 하나
님**이 목자에게 이렇게 말한다. '자
기 배만 불리는 이즈리얼 목자에
게 재앙이다! 목자는 양떼를 먹여
야 마땅하지 않나?
3 너희는 기름진 음식을 먹고, 양털
옷을 입으면서, 먹여야 할 양떼를
먹이지 않고, 오히려 죽이다니!
4 아픈자를 회복시키지 않았고, 치
료해주지 않았고, 부러진 곳을 감
싸주지 않았고, 내쫓긴 자를 다시
데려오지 않았고, 잃어버린 자를
찾지 않았고, 대신 힘으로 그들을
거칠게 지배해왔다.
5 그들이 흩어지게 된 까닭은 목자
가 없었기 때문이었다. 그들은 흩
어져, 야생짐승의 먹이가 되어버

렸다.
6 그래서 나의 양은 산마다 높은 언
덕마다 방황했다. 그렇다, 나의 양
떼가 땅 곳곳에 흩어졌는데도, 아
무도 그들을 찾아 돌보지 않았다.
7 그러니, 너희 목자는 **주인**의 말을
들어라.
8 내가 살아 있는 **주 하나님**으로 말하
는데, 확실히 나의 양떼가 희생물
이 되었고, 들짐승의 먹이가 되었
고, 목자가 없기 때문에 나의 양떼
를 찾지도 않는다. 대신 목자가 제
배만 불리고 나의 양떼를 먹이지
않고 있다.
9 따라서 오, 너희 목자는 주인의 말
을 들어라.
10 **주 하나님**이 말하는데, 보라, 내가
목자를 상대하겠다. 그들 손에서
나의 양을 빼앗아, 양떼를 먹이는
일을 중단시킨 다음, 목자가 더 이
상 제 배를 불리지 못하게 하겠다.
내가 그들 입에서 내 양을 구하면,
그들이 더 이상 목자의 먹이가 되
지 않을 것이다."
11 **주 하나님**이 이와 같이 말한다. "보
라, 바로 내가 나의 양을 찾아 돌보
겠다.
12 어느날 양떼 가운데 흩어진 양을
찾는 목자처럼, 그렇게 나도 나의
양을 찾아, 구름이 끼고 어두운 날
흩어져버린 곳곳으로부터 그들을
찾아 구하겠다.
13 나는 그들을 사람들로부터 데려오
고, 여러 나라에서 모아, 그들의 땅
으로 데려와, 강엮 이즈리얼산에
서 먹이고, 그 나라의 서식지에서
먹일 것이다.
14 나는 풍성한 초원에서 그들을 먹
이고, 이즈리얼의 높은 산이 양떼
우리가 되게 하겠다. 누울 수 있는
좋은 우리와, 기름진 초원이 있는
그곳, 이즈리얼산 위에서 그들이
풀을 뜯게 하겠다.
15 나는 나의 양떼를 먹이고, 그들이
누울 수있게 하겠다"고 **주 하나님**
이 말한다.
16 "길 잃은 양을 찾고, 내쫓긴 양을
다시 데려오고, 부러진 양을 묶어
주고, 병든 양을 회복시키는 대신,
살찐 강한 자가 파멸하도록, 나는
그들에게 유죄의 벌을 내릴 것이
다.
17 오 나의 양떼야, 너희에 대해 **주 하
나님**이 말한다. '보라, 나는 수소를,
숫양을, 수컷염소 사이를 판단하
겠다.
18 좋은 초원에서 풀을 뜯는 것이 너
희에게 사소한 일로 보이겠지만,
먹고난 초원의 나머지를 제 발로
짓밟아야 할까? 샘물을 마신 다음,
그 나머지를 제 발로 오염시켜야
할까?
19 나의 양떼로 말하자면, 네 발로 짓
밟은 것을 먹고, 네 발로 오염시킨
물을 마신다.'
20 그래서 **주 하나님**이 그들에게 이런

말을 한다. '두고봐라, 나, 바로 나
는 살찐 양과 마른 양을 심판하겠
다.
21 너희는 옆구리와 어깨로 밀어제치
고, 병든 것을 제 뿔로 밀어, 멀리
흩어지게 했기 때문에,
22 그래서 내가 나의 양떼를 구할 것
이다. 그들이 더 이상 먹이가 되지
않도록, 양떼 사이를 판정하겠다.
23 그리고 그들을 돌볼 목자 하나를
세워, 그들을 먹일 때, 나의 종 대이
빋을 세워, 그들을 먹이는 목자가
되게 하겠다.
24 나 **주인**은 그들의 **하나님**이 되고,
나의 종 대이빋은 그들을 다스리
는 왕이 된다'고 나 **주인**이 그렇게
선언했다.
25 또 나는 그들과 평화약속을 맺고,
악한 짐승을 그 땅에서 멸종시키
면, 그들은 황야에서 안전하게 살
고, 숲에서 잠을 자게 될 것이다.
26 나는 그들과 나의 언덕 주변을 축
복의 장소로 만들어, 제철에 소나
기를 내리면, 그곳은 소나기의 축
복을 받게 될 것이다.
27 들의 나무는 열매를 맺고, 땅은 그
의 농산물을 생산하며, 그들의 땅
에서 편히 살게 되면, 내가 **주인**임
을 알게 될 것이다. 그때 나는 그들
의 멍에를 묶은 밧줄을 끊고, 노예
로 부리는 사람 손에서 그들을 구
해낼 것이다.
28 그들은 더 이상 이민족의 먹이가
되지 않고, 그곳 짐승도 잡아먹지
못하게 하여, 그들이 안전하게 살
도록, 아무도 겁주지 못하게 하겠
다.
29 내가 그들을 위해 먹을 수 있는 식
물을 키우면, 그들은 그 땅에서 더
이상 배고픔에 사로잡히지 않고,
더 이상 이민족의 경멸을 당하지
않을 것이다.
30 그러면 그들이, 내가 그들과 함께
있는 그들의 **주 하나님**이라는 것을
알 것이고, 이즈리얼 집안 나의 백
성도 알 것이라고 **주 하나님**이 말한
다.
31 내 초원의 나의 양떼란 인간이고,
나는 너희 **하나님**"이라고 **주 하나님**
이 말한다.

시어산에 대한 예언

35 또 **주님**의 말이 내게 들려왔
다.
2 "사람의 아들아, 시어산을 향하여
네 얼굴을 들고, 그 산에 대해 예언
하며,
3 이렇게 전해라. '**주 하나님**이 하는
말이, 보라, 오 시어산아, 내가 너를
상대하겠다. 내 손을 네게 뻗어 가
장 참혹하게 파괴하겠다.
4 네 도성을 부셔 파괴하면, 너는 내
가 **주님**이라는 것을 알 것이다.
5 너는 예전부터 집요하게 증오하
며, 칼힘으로 이즈리얼 자손의 피
를 흘리게 한 탓에, 당시 그들은 재

난시기 가운데 그들 죄가 끝나는
때였는데 그렇게 했기 때문에,
6 따라서 내가 살아 있는 **주 하나님**이
말하는데, 네 피를 볼 준비를 하여,
그것이 너를 뒤쫓게 하고, 네가 증
오의 피를 보지 않을 때까지, 피의
추격은 계속된다.
7 그래서 내가 시어산을 가장 처참
하게 파괴하여, 그 산을 지나가거
나, 돌아오는 자 모두 제거하겠다.
8 나는 그 산을 베인 자로 채우고, 언
덕, 계곡, 강을 칼에 쓰러진 자로 채
우겠다.
9 내가 너를 영원한 황무지로 만들
어, 그곳 도성이 예전으로 돌아가
지 못하게 만들면, 너희는 내가 주
인이라는 것을 알 것이다.
10 네가 두 나라를 두고, '그 두 나라가
나의 것이 되도록, 우리가 차지하
겠다'고 말하는데, 그곳은 **주인**이
있는 산인데도 그랬으므로,
11 내가 살아 있는 **주인 하나님**으로서
말한다. 네 분노만큼 갚아주고, 그
들에 대한 증오로 악용한 너의 질
투만큼 갚아주면서, 내가 너를 처
벌할 때, 그들에게 스스로 나를 알
리겠다.
12 그러면 너는 내가 **주인**임을 알게
될 것이다. 네가 이즈리얼산을 모
독하는 말을 들었는데, '저 산이 황
무지가 되었으니, 우리에게 굴러
들어온 것'이라고 말했지.
13 네 입으로 나에 맞서 뽐내며, 나를
대항하는 말을 수없이 하는 것을
내가 들었다.
14 그래서 **주 하나님**이 말하는데, 온
땅이 즐거워할 때, 내가 너를 비참
하게 만들겠다.
15 이즈리얼의 유산물이 황무지가 되
자, 네가 기뻐한만큼, 너에게 그렇
게 갚아주겠다. 네가 파멸할 때, 오
시어산아, 이두미아의 모든 것들
아, 내가 **주님**이라는 것을 알게 하
겠다."

이즈리얼산에 대한 예언

36 "또한 사람의 아들 너는, 이
즈리얼산에 대해 예언해주어
라. 너희 이즈리얼산아, 주인의 말
을 들어라.
2 **주 하나님**이 말한다. 적이 너희에
대해, '아하, 예전부터 높던 저곳이,
이제 우리 차지다' 라고 말하는 까
닭은',
3 **주 하나님**의 말은 이렇다고 예언으
로 전해라. '저들이 너희를 무너뜨
려 사방을 집어삼키기 때문이다.
그러면 너희는 이교도에게 소속될
지 모르고, 또 이야기꾼의 입에 오
르내리는 불명예를 얻을 지 모른
다.
4 그러니 너 이즈리얼산아, 주인 **하
나님**의 말을 들어봐라. **주 하나님**이
여러 산과, 언덕과, 강과, 계곡과,
황무지와, 버려진 도성에게 말하
는 바는, 모든 것이 네 주위 이교도

의 먹잇감과 웃음거리가 되는 것
이다.
5 따라서 **주 하나님**이 이렇게 말한다.
'나의 질투의 열기 속에서 주위 이
교도와 이두미아 모두에게 선언한
다. 그들은 나의 땅을 소유하겠다
고 작정하고, 마음이 들떠, 경멸하
며, 먹잇감에 덤벼들려고 한다.
6 이즈리얼땅에 대해 예언하고, 그
산과 언덕과 계곡에게 말해주어
라. **주 하나님**의 말은, 두고봐라, 내
가 질투와 분노 속에 선언하는데,
너희는 이교도의 수모를 감당해야
할 것이다.
7 그리고 **주 하나님**, 나는 내 손을 들
어 올려, 반드시 네 주위 이교도의
모욕을 감당하게 하겠다.
8 대신 오 이즈리얼산, 너희는 가지
를 뻗어 나의 이즈리얼 백성에게
열매를 제공해주어라. 그들이 곧
오기 때문이다.
9 보라, 나는 너를 위해 너희 편이 되
어주겠다. 그러면 너희는 밭을 갈
고 씨를 뿌리게 된다.
10 또 나는 너희에게 이즈리얼 집안
사람을 많이 늘려, 여러 도성에서
살도록 황무지를 재건할 것이다.
11 너희 사람과 짐승의 수가 많아지
게 하고, 농산물도 많이 늘려 주고,
예전의 땅에 정착하게 하며, 처음
보다 더 잘 살게 하면, 너희는 내가
주님이라는 것을 알 것이다.
12 그렇다, 나는 이즈리얼 나의 백성
이 그 땅에서 걷게 하고, 소유하여
유산이 되게 하며, 앞으로 더 이상
네가 남에게 빼앗기지 않게 하겠
다."
13 **주 하나님**이 이렇게 말한다. "그들
이 너에게 말하며, '너희 땅은 남이
차지하고, 네 민족도 빼앗긴다'고
말하지만,
14 너는 더 이상 남이 집어삼키지 않
고, 네 민족도 더 이상 죽지 않을
것'이라고 **주 하나님**이 말한다.
15 사람들이 더 이상 너희 창피를 듣
지 않게 하고, 더 이상 남의 비난을
감당하지 않게 하며, 또 네 민족이
더 이상 쓰러지지 않게 할 것"이라
고 **주 하나님**이 말한다.
16 더욱이 **주님**의 말이 내게 들려왔
다.
17 "사람의 아들아, 이즈리얼 집안이
제 땅에 살았을 때, 제멋대로 행동
하며, 그곳을 더럽힌 결과, 나한테
는 마치 불결하여 격리된 여자 같
았다.
18 그래서 내가 피값으로 그들에게
나의 분노를 퍼부었고, 그들이 피
를 흘려, 스스로 오염시킨 우상의
대가를 치르게 했다.
19 그래서 내가 그들을 이교도 가운
데 흩어버리고, 각 나라에 퍼뜨려,
제 마음대로 행동한 결과에 따라
심판했다.
20 그들이 이교도에게 가게 되었을
때, 나의 신성한 이름을 더럽힌 그

들이 도착한 곳의 저들이 말하길,
'이들이 제 땅에서 쫓겨난 **주님**의
백성이다' 라고 하더라.
21 그래서 나는 나의 신성한 이름이
불쌍했다. 그 이유는 이즈리얼 집
안이 도착한 이교도인 가운데서
더럽혀졌기 때문이었다.
22 그러니 이즈리얼 집안에게 전해
라. **주 하나님**의 말은, '내가 이즈리
얼 너희를 위하여 이렇게 하는 게
아니라, 나의 신성한 이름을 위한
것이다. 그것은 너희가 간 그곳 이
교도인 사이에서 나의 이름을 더
렵혔던 것이다.
23 그래서 내가 나의 위대한 이름을
신성하게 정화하겠다. 그 이름이
이교도 가운데 모욕당하도록, 너
희가 저들 가운데 더렵혔으므로,
이교도 역시 내가 **주인**이라는 것을
알게 만들겠다고, **주인 하나님**이 말
한다. 그때 그들 눈앞에서 너희를
통해 내가 나를 신성하게 정화하
겠다.
24 내가 이교도 가운데 너희를 모으
고, 모든 나라에서 너희를 모아, 너
희를 제 땅으로 데려오겠다.
25 그때 나는 너희에게 깨끗한 물을
뿌려, 말끔하게 만들겠다. 너희 오
물 및 너희 우상으로부터 깨끗이
씻어주겠다.
26 그리고 너에게 새로운 마음도 주
고, 새 영혼도 집어넣겠다. 또 네 몸
가운데 돌처럼 굳은 마음을 제거
하고, 연한 살 같은 부드러운 마음
을 주겠다.
27 나는 네 안에 나의 영혼을 집어넣
어, 네가 나의 규정대로 걸어가게
하여, 나의 정의를 지키며 실천하
게 하겠다.
28 그리고 너희들이 내가 너희 조상
에게 준 땅에서 살면서, 나의 백성
이 되면, 나는 너희 **하나님**이 될 것
이다.
29 나는 또 너희를 불결한 모든 것으
로부터 구하고, 곡식에게 재촉하
여 생산을 늘게 하여, 너에게 배고
픔을 없애겠다.
30 또한 나무열매를 많이 맺게 하고,
들의 농산물을 늘려서, 너희가 이
교도한테서 받는 기근의 경멸을
더 이상 받지 않게 하겠다.
31 다음으로 너희는 자신의 그릇된
여러 행동과 좋지 않은 행위를 기
억해야 하고, 그동안 자기자신의
죄와 혐오행동에 대해 제 눈으로
봐도 스스로를 끔찍하다고, 반성
해야 한다.
32 내가 이렇게 **주 하나님**이 말하는
바, 너희가 깨닫게 하려는 것은, 너
희가 지내온 길이 부끄럽고 혼란
스러운 길이었다는 것이다. 오 이
즈리얼 집안아!
33 **주 하나님**이 이와 같이 말한다. 내
가 너희 잘못을 깨끗이 씻는 날, 나
역시 너희를 그 도성에 살게 하고,
불모지를 재건할 것이다.

34 지나가는 사람의 눈에 방치된 폐
허지 대신, 그 황무지는 다시 경작
될 것이다.
35 그러면 사람들이 말할 것이다. '황
무지였던 이 땅이 이든동산이 되
었다. 버려지고 망가지고 파괴된
도성이 요새가 되어 사람이 살게
되었다' 라고 하겠지.
36 그러면 너희 주위에 남아 있는 이
교도 역시, 내가 폐허지를 건설하
고, 버려진 땅을 가꾼 **주인**이라는
것을 알게 될 것이다. 나 **주인**이 선
언했고, 그렇게 하겠다.
37 **주 하나님**이 말한다. 나는 여전히
이와 같은 이즈리얼의 청원에 따
라 그들을 위해 그렇게 하는 것이
다. 나는 양떼처럼 그들 숫자가 늘
어나게 할 것이다.
38 신성한 양떼와 같이, 그곳 저루살
럼의 진지한 축제에 모여드는 무
리처럼, 불모지 도성이 사람떼로
넘치면, 그들은 내가 **주인**이라는
것을 깨닫게 될 것이다."

마른 뼈 계곡

37 **주님**의 손힘이 나에게 미치
면서, **주님**의 영혼 안에 나를
이끌어, 뼈가 쌓인 계곡으로 데려
갔다.
2 그리고 주위를 돌게 하여, 바라보
니, 넓은 계곡에 너무도 많은 뼈가
있었고, 모두 바짝 말라 있었다.
3 그는 내게 물었다. "사람의 아들
아, 이 뼈가 살아날 수 있을까?" 그
래서 내가 대답했다. "오 **주 하나님**,
당신이 알아요."
4 또 그가 내게 말했다. "이 뼈에게
예언을 말해주어라. 오 마른 뼈, 너
희는 **주님**의 말을 들어라.
5 **주 하나님**이 이들 뼈에게 말한다.
'보라, 내가 너희에게 호흡을 불어
넣으면, 너희가 살아날 것이다.
6 또 너희에게 힘줄도 주고, 살이 붙
게 한 다음, 피부로 덮고, 숨을 불어
넣어, 살아나게 하면, 너희는 내가
주인이라는 것을 알게 될 것'이라
고 해라."
7 그래서 나는 명령받은 대로 예언
을 했는데, 그러는 동안 시끄러운
소리도 나고, 흔들림도 있더니, 뼈
가 모여 서로 붙었다.
8 또 내가 보자, 거기에 힘줄과 살이
붙고, 그 위에 피부가 덮였지만, 아
직 숨은 없었다.
9 그때 그가 나에게 말했다. "사람의
아들아, 바람에게 예언을 말해주
어라. **주 하나님**의 말에 따라, '오 숨
결아, 사방의 바람으로부터 와서,
죽은 자에게 호흡을 불어넣으면,
그들이 살아날 수 있을 것이다."
10 그래서 내가 명령받은 대로 예언
하자, 호흡이 그들 안으로 들어가
더니, 살아서 제 발로 일어섰는데,
대단히 엄청난 군대였다.
11 그때 그가 내게 말했다. "사람의 아
들아, 이들 뼈는 이즈리얼 집안 전

체다. 보라, 그들이 말하며, '우리
뼈는 말랐고, 희망도 사라졌고, 우
리 신체부분도 잘렸다'고 한다.
12 그러니 그들에게 예언해주어라. **주
하나님**의 말은, '보라, 오 나의 백성
아, 내가 너희 무덤을 열어, 네가 나
오게 하여, 너를 이즈리얼땅에 데
려가겠다.
13 그러면 너희는 내가 **주인**임을 알
것이다. 바로 내가 너희 무덤을 열
때, 오 나의 백성아, 너희를 무덤에
서 데려올 때 말이다.
14 다음 나는 네게 나의 영혼을 집어
넣어 살리고, 네 고향땅에 데려다
주겠다. 그러면 너희는, '나, **주인**이
선언하고, 그것을 실행했음을 알
게 될 것'이라고, **주님**이 말한다."
15 **주님**의 말이 다시 나에게 들렸다.
16 "더욱이, 사람의 아들아, 막대 하나
를 가져와, 그 위에, '쥬다 및 이즈
리얼 관련인에게' 라고 적고, 다른
막대를 갖다, 거기에, '이프리엄의
막대 곧, 조셒 및 이즈리얼 집안 관
련인에게' 라고 써라.
17 다음 두 막대를 하나로 합쳐, 네 한
쪽 손 안에 쥐어라.
18 그러면 너희 자손이 너에게 말하
며, '대체, 이것이 무슨 의미인가?'
라고 물으면,
19 그들에게 말해라. '**주 하나님**의 말
에 의하면, 보라, 내가 조셒 막대를
집는다. 그것은 이프리엄의 손힘
및 이즈리얼부족 관련인의 힘인
데, 그것을 쥬다의 막대에 얹으면,
내 손 안에서 막대 하나가 된다'고
해라.
20 그러면서 네가 적은 두 막대를 그
들 눈앞에서 네 손으로 들어올려
라.
21 그리고 그들에게 말해라. '**주 하나
님**의 말에 따르면, 보라, 이제 나는
이교도 사이에 있는 이즈리얼 자
손을 그곳 사방에서 모아, 제 고향
땅으로 데려오겠다'고 해라.
22 나는 그곳 이즈리얼산 위에서 그
들에게 한 나라를 만들어주고, 그
들을 다스릴 왕 하나를 임명하면,
그들은 더 이상 두 나라가 아니며,
두 왕국으로 나뉘지지도 않을 것
이다.
23 그들은 더 이상 스스로 우상으로
더럽히지 않고, 끔찍한 것을 갖지
않고, 어떤 것도 위반하지 않고, 그
대신 나는, 죄를 짓고 살게 된 곳에
서 그들을 구해내어, 깨끗하게 정
화하면, 그들은 나의 백성이 되고,
나는 그들의 **하나님**이 될 것이다.
24 또 나의 종 대이빋이 그들을 다스
리는 왕이 되면, 그들은 한 목자를
갖게 되어, 나의 정의대로 걸으며,
나의 규정을 지키고, 실천하게 될
것이다.
25 그들은 나의 종 재이컵에게 준 땅
에서 살게 되는데, 그곳은 그 조상
이 살았던 땅으로, 그들도 살고, 그
자식도, 자식의 자손까지 영원히

살게 된다. 나의 종 대이빋은 영원
히 그들의 통치자가 된다.
26 게다가 나는 그들과 평화약속을
맺는다. 그것은 그들과 맺는 영원
한 계약이 되어, 그들이 자리잡게
하고, 수를 늘리게 하는 것이다. 그
리고 그들 가운데 나의 성소를 영
원히 정착하겠다.
27 나의 성전도 그들과 함께 한다. 그
렇다, 나는 그들의 **하나님**이 되고,
그들은 나의 백성이 되는 것이다.
28 그러면 이교도 역시, 나 **주인**이 바
로 이즈리얼을 신성하게 정화한다
는 것을 알게 될 것이다. 바로 나의
성소가 영원히 그들 가운데 세워
질 때 말이다."

고그나라에 대한 예언

38 **주님**의 말이 내게 들려왔다.
2 "사람의 아들아, 네 얼굴을 매이곡
땅 고그를 향해 들어라. 그는 메쉑
과 투벌의 제일인자인데, 그에게
예언하며,
3 이렇게 말해라. '**주인 하나님**의 말
은, 보라, 내가 너를 상대한다. 오
고그, 메쉑과 투벌의 제1인자야,
4 나는 네 등을 돌려, 네 턱에 고리를
걸어, 너와, 네 군대와, 말과 기병을
데려오겠다. 그들은 모두 갑옷을
갖춰 입고, 크고 작은 방패를 들고,
칼을 다루는 큰 무리다.
5 펄쟈페르시아, 이씨오피아, 리비야도
그들과 함께 모두 방패와 투구를
썼고,
6 고우머와 그의 무리도 있고, 북부
지역 토가마 집안과 그의 무리까
지, 많은 사람이 너와 함께 한다.
7 너는 준비하고, 자기자신과 네게
몰려드는 무리를 위해 대비하여,
그들의 수호자가 되어주어라.
8 오래 지나 네가 군대를 소집하고,
더 몇 년 뒤에 너는 그 땅을 침입해
들어가야 한다. 그곳은 전쟁에서
돌아와, 많은 사람이 모여있다. 이
즈리얼 산지는 오랫동안 버려졌던
곳이지만, 이제 그들은 여러 나라
로부터 다시 돌아와 편안하게 살
게 된다.
9 너는 산으로 올라가, 폭풍처럼 달
려들어, 너와 네 무리와 많은 사람
이 함께 그 땅을 구름같이 덮치게
하겠다."
10 **주 하나님**은 이와 같이 될 것이라고
말한다. "그때 네 마음 속 여러 생
각 중 나쁜 생각이 들게 하겠다.
11 그러면 너는 이렇게 말한다. '나는
그 땅에서 벽이 없는 마을로 가겠
다. 울타리도, 빗장도 대문도 없이
편안하게 사는 그들을 공격하러
들어가겠다.
12 전리품과 약탈물을 빼앗도록 너희
손을 돌려서, 지금 사람이 살게된
그곳을 파괴시키겠다. 그들은 여
러 나라에서 다시 모였는데, 가축
과 재물을 모아 그곳에서 살고 있

다.
13 그러면 쉬바와, 디댄과, 탈쉬시의
상인들이, 그 땅에 사는 사람들과
함께 너희에게 물을 것이다. '너희
는 약탈하러 오나? 너희 무리가 모
여 먹잇감을 빼앗나? 금과 은을 가
져가고, 가축과 재물을 갈취하며,
많은 전리품을 약탈하러 오는가?'
라고.
14 그러니 사람의 아들아, 고그에게
예언을 전해라. **주 하나님**의 말에
따라, '그때는 이즈리얼 나의 백성
이 방심하며 편안하게 사는 시기
인데, 너희는 그것을 모르나?' 라
고.
15 너희는 제자리 북쪽에서 오게 하
겠다. 너와 함께 많은 사람이 오고,
모두 말을 타는 강한 거대 군대가
와야 한다.
16 그래서 나의 이즈리얼 백성에 대
해 마치 구름처럼 땅을 덮쳐야 한
다. 그런 뒤에 내가 너희를 나의 땅
으로 데려가면, 이교도 역시 나를
알 수 있을지 모르겠다. 그때 나는
오 고그, 너희를 그들이 보는 앞에
서 정화시켜 주겠다."
17 **주 하나님**은 이렇게 말한다. "너희
가 바로, 내가 나의 종 이즈리얼 예
언자를 통해 오래 전에 말해왔던
그들이 아닌가? 당시 몇 년간 '내
가 너희를 데려와, 그들을 공격하
겠다'고 예언했었다."
18 고그가 이즈리얼땅을 공격하는 날
이 오면, 그때 '나의 분노가 내 얼
굴에 나타날 것'이라고 **주 하나님**이
말한다.
19 "내가 선언한 나의 질투와 분노의
열기로 인해, 틀림없이 이즈리얼
땅이 그날 거대하게 흔들리게 될
것이다.
20 그래서 바다의 물고기, 하늘의 조
류, 들의 짐승, 땅위를 기는 것, 땅
에 사는 인간 모두, 내 앞에서 흔들
리고, 산은 무너지고, 절벽은 부서
져내리며, 모든 성벽이 바닥으로
붕괴될 것이다.
21 그리고 나는 칼을 불러, 나의 산 곳
곳에서 인간을 상대하여, 사람의
칼이 제 형제를 공격하게 하겠다"
고, **주 하나님**이 말한다.
22 "또 나는 전염병과 피로 사람에게
벌을 주고, 그와, 무리와, 많은 사람
위에 범람하도록 비를 내리고, 큰
우박돌과 불과 유황덩이를 내리겠
다.
23 그래서 나 자신을 위대하게 하고,
스스로 신성하게 만들겠다. 그러
면 내가, 많은 나라 사람의 눈앞에
서 알려지게 되어, 내가 **주인**이라
는 것을 그들이 알게 하겠다.

해몬고그 계곡 및 이즈리얼 회복

39 "따라서, 사람의 아들아, 고그
에 대해 예언을 말해주어라.
주 하나님의 말은, 보라, 나는, 오 고
그, 메쉑과 투벌의 제일인자, 너를

상대한다.
2 내가 너의 방향을 돌릴 터이니, 너
희 중 1/6을 남겨라. 그리고 북쪽에
서 나오게 하여, 이즈리얼산으로
데려오겠다.
3 그리고 나는 네 왼손의 화살을 꺾
고, 오른손의 화살을 떨어뜨리겠
다.
4 너를 이즈리얼 산위에서 쓰러지게
할 텐데, 너와, 네 무리와, 같이 있
는 사람 모두 말이다. 다음 너를 모
든 종류의 굶주린 새떼에게 주고,
들짐승이 먹게 하겠다.
5 '너를 허허벌판에 쓰러지게 하는
이유는, 내가 그렇게 선언했기 때
문'이라고 **주 하나님**이 말한다.
6 내가 매이곡에게 불을 보내고, 또
방심하며 살아가는 해안가에도 보
내면, 그들이, 내가 **주인**이라는 것
을 알게 될 것이다.
7 나는, 이즈리얼 사람 가운데 나의
신성한 이름을 알리겠다. 더 이상
그들이 나의 신성한 이름을 더럽
히지 않게 하고, 이교도 역시, 내가
이즈리얼의 신성한 유일신, **주인**임
을 알도록 하겠다.
8 '보라, 이 일은 이루어진다'고 주인
하나님이 말한다. 그날은 바로, 내
가 언급한 날이 될 것이다.
9 그리고 이즈리얼 도성사람이 나와
불을 지르면, 무기와, 크고 작은 방
패와, 활과 화살과, 곤봉과 창에 불
이 붙어, 7년간 타게 된다.
10 그들이 벌판에서 나무를 가져오지
않아도 되고, 숲속에서 자르지 않
아도 되는 이유는, 무기가 불에 타
고 있기 때문이다. 그리고 사람들
은 그들의 약탈물을 약탈하고, 그
들이 강탈한 물건을 강탈해오게
될 것"이라고 **주 하나님**이 말한다.
11 "그날 나는 이즈리얼 묘지 중, 바다
동쪽을 지나가는 사람의 계곡에
있는 한 곳을 고그에게 준다. 그러
면 그곳은 아무도 지나가지 못하
고, 그곳에 고그와 그의 무리 다수
가 묻히게 되어, 그들은 그곳을 해
몬고그 계곡이라고 부르게 된다.
12 일곱달 걸려, 이즈리얼 집이 타고
나면, 그 땅이 깨끗하게 정화될 지
모르겠다.
13 그렇다, 그 땅의 모든 사람이 그들
을 파묻고 나면, 내가 찬란한 영광
을 얻게 되는 그날, 이즈리얼도 명
성을 얻게 될 것이라고, **주 하나님**
이 말한다.
14 그들은 그 땅을 정화하는데 계속
고용되어 그곳을 두루 돌고, 남아
있는 사람과 함께 매장하고 다니
며, 깨끗하게 치울 것이다. 7개월
이 지나야, 그들이 찾을 수 있을 것
이다.
15 그 땅을 지나는 여행자 중 사람의
뼈를 보는 사람은 누구나, 묘비를
세워주게 되는데, 이는 매장하는
사람이 해몬고그 계곡에서 뼈를
묻어주는 한 계속될 것이다.

16 그 도성의 이름 역시 '해모나'로 불
리며, 그렇게 그들은 그곳을 청소
하게 될 것이다.
17 사람의 아들아, **주 하나님**은 이와
같이 말한다. 깃털을 가진 모든 날
짐승과, 들판의 짐승 모두 모이라
고 전해라. 사방에서 와서, 너희를
위해 내가 준비하는 제사인, 이즈
리얼산 위의 큰 희생제사에 모이
면, 너희는 고기를 먹고 피도 마실
수 있을 것이다.
18 너희 짐승들은 용사의 살도 먹고,
땅위 대군왕자의 피도 마시고, 숫
양과, 새끼암양과 염소와, 수소의
피 및 배이샨의 기름기를 먹게 된
다.
19 너희는 배가 부르도록 먹고, 내가
너희를 위해 마련한 희생제물의
피를 취할 때까지 싫컷 마시게 하
겠다.
20 그러면 너희는 나의 식탁에서 배
가 부르게 먹는다. 말과, 전차와, 용
사와, 전사와 함께 먹는다고, **주 하
나님**이 말한다.
21 그래서 내가 모든 이교도 가운데
나의 찬란한 빛을 세우면, 모든 이
교도가 내가 집행하는 나의 판정
을 보게 되고, 내가 그들 위에 얹은
나의 손도 보게 될 것이다.
22 그래서 이즈리얼 집안은 내가 그
날부터 그후 계속 그들의 주인 **하
나님**이라는 것을 알게 된다.
23 이교도 역시 이즈리얼 집안이 제
잘못으로 포로가 되었음을 알게
된다. 왜냐하면 그들은 나에게 반
발하는 위반을 저질렀기 때문이
고, 그래서 내가 그들로부터 내 얼
굴을 돌려, 그들이 적에게 넘겨져,
칼에 죽었다는 것도 알게 된다.
24 그들은 깨끗하지 못하고, 내가 그
들에게 지시한 법을 위반함에 따
라, 그들한테서 나의 얼굴을 돌렸
다.
25 그리고 이와 같이 **주 하나님**이 말한
다. 이제 나는 다시 재이컵의 포로
를 데려오고, 이즈리얼 집안 전체
에게 관대한 사랑을 주어, 나의 신
성한 이름을 위한 열정이 되게 한
다.
26 그들이 제 수모를 감당하고, 나에
게 반발하며 위반한 죄의 대가를
치른 후, 그들이 자기 땅에서 편안
하게 살면, 아무도 그들을 위협하
지 못할 것이다.
27 내가 남한테서 그들을 다시 데려
오고, 적의 땅에서 그들을 모아, 많
은 민족이 보는 앞에서 그들을 통
해, 내 자신을 정화하게 될 것이다.
28 그러면 그들이 내가 바로 그들의
주인 하나님이라는 것을 알게 되고,
그가 그들을 이교도 가운데 포로
가 되게 했음을 알게 된다. 그러나
나는 그들을 제 땅에 다시 모아, 그
중 누구도 더 이상 포로로 남겨두
지 않게 한다.
29 이제 내가 더 이상 그들한테서 내

얼굴을 돌리지 않는 이유는, 내가
이즈리얼 집안에 나의 영혼을 부
어주었기 때문"이라고, **주 하나님**
이 말한다.

새 성전에 대한 예시

40 우리가 포로된 지 25년 초, 그
달 10일, 도성함락 14년 되던
해, 바로 그날, **주님**의 손힘이 내게
미치더니, 그곳에 데려갔다.
2 **하나님**은 환상 속에서, 나를 이즈
리얼땅으로 데려가, 대단히 높은
산에 세웠는데, 그 옆에 남쪽의 어
느 도성구조 같은 것이 있었다.
3 나를 데려간 곳에서 바라보니, 그
곳에 청동인간처럼 보이는 사람이
손에 리넨아마 끈과 측량용 막대자
리드를 들고 성문에 서 있었다.
4 그리고 그가 내게 말했다. "사람의
아들아, 네 눈으로 보고, 귀로 들은
다음, 내가 네게 보여주는 모든 것
을 마음에 새겨라. 내가 이것을 보
여주려고, 너를 여기 데려왔다. 그
러니, 이즈리얼 집안에 대해 네가
본 것을 모두 알려라."
5 바깥벽: 그래서 내가 쳐다보자, 성
벽이 건물 바깥쪽 주위를 둘러쌌
고, 그 사람은 손에 6큐빝길이의
막대자리드를 들고, 건물벽을 재었
는데, 여기서 큐빝길이약 53cm는 1
큐빝45cm에 손폭7.5cm길이를 더한
만큼이었고, 그 건물의 넓이가 한
장대리드에, 높이가 한 장대였다.
6 동문: 그때 그는 동쪽 대문으로 가
서, 계단을 올라, 문지방을 재었더
니, 넓이가 한 장대였고, 다른 문지
방 넓이도 한 장대만큼이었다.
7 작은 방은 모두 길이와 넓이가 각
각 한 장대였고, 방 사이 간격은 5
큐빝2.7m이었고, 정면현관 옆방 문
지방이 한 장대였다.
8 그는 또 정문현관을 재었더니 한
장대였다.
9 다음, 현관문을 재었더니 8큐빝
4.2m, 현관기둥은 2큐빝1m이었으
며, 정문현관은 성전을 마주보고
있었다.
10 동쪽 대문의 작은 방은, 이쪽에 3
개, 저쪽에 3개가 있었고, 그것은
크기가 같았고, 기둥도 이쪽과 저
쪽의 높이가 같았다.
11 그가 출입문의 넓이를 재었더니,
10큐빝약 5.3m, 길이는 13큐빝약 6.9m
이었다.
12 작은 방 앞의 통로공간은 이쪽도 1
큐빝약 53cm, 저쪽에도 1큐빝 공간
이 있었으며, 작은 방은 가로 세로
각각 6큐빝씩이었다.
13 또 그는 작은 방의 한쪽 지붕에서
다른 지붕까지 재었는데, 넓이가
25큐빝 문과 문은 서로 마주보고
있었다.
14 그는 또 내부 정원 주위의 벽을 따
라 길이를 재었는데, 60큐빝약 32m
이었고, 그것은 정원을 마주한 현
관에 이른다.

15 출입문 정면에서 마주하는 내부
현관문까지 길이는 50큐빝약 27m이
었다.
16 작은 방은 좁은 창문이 있었고, 안
쪽 벽 통로에도 있었고, 마찬가지
로 둥근 아치문에도 있었고, 각 기
둥에는 야자나무가 그려져 있었
다.
17 바깥 정원: 다음에 그는 나를 외부
뜰로 데려갔는데, 바라보니, 거기
여러 방이 있었고, 정원 주위에 도
로를 따라, 방이 30개 있었다.
18 문쪽으로 접한 도로는 문길이에
맞춘 넓이로, 문보다 도로의 위치
가 더 낮았다.
19 다음 그는 아래쪽 문앞부터 내부
정원의 바깥쪽까지 길이를 측량했
는데, 동쪽과 북쪽이 각각 100큐빝
약 53m이었다.
20 북문: 북쪽을 향한 바깥뜰의 문 길
이와 넓이를 재었더니,
21 그것의 작은 방은 이쪽 저쪽 각각
3개씩 있었고, 그 기둥과 아치문은
각각 첫 번째 문 길이와 같은, 50큐
빝이었고, 넓이는 25큐빝이었다.
22 그곳 창문과 아치문과 야자나무는
마주보는 동쪽 문 길이를 따랐다.
일곱 계단을 올라가면, 아치문이
바로 앞에 있었다.
23 안쪽 정원 문은 북쪽과 동쪽 문을
마주 바라보았고, 문과 문 사이 길
이는 100큐빝약 53m이었다.
24 남문: 그가 나를 남쪽으로 데려간
다음, 내가 바라보니, 남쪽에 문이
하나 있었고, 그는 문 기둥도 재고,
아치문도 치수대로 측량했다.
25 그곳에도 창문이 있고, 창문과 마
찬가지로 주위에 아치문이 있었는
데, 길이는 50큐빝, 넓이는 25큐빝
이었다.
26 위로 7계단을 오르면, 아치문이 앞
에 있었고, 거기에 야자나무가 이
쪽에 하나, 다른 쪽에 하나, 기둥에
도 각각 있었다.
27 남쪽을 향한 내부 정원에 문이 있
었는데, 그가 남쪽을 향한 문을 이
쪽에서 저쪽까지 재었더니, 길이
가 100큐빝이었다.
28 정원 남문: 그는 나를 남쪽 문옆 내
부 정원으로 데려갔다. 그리고 그
는 이런 식으로 남쪽 문도 재었다.
29 그곳 작은 방, 기둥, 아치문도 이런
측량으로 재었는데, 그곳 창문은
아치문을 따라 있었고, 길이는 50
큐빝, 넓이는 25큐빝이었다.
30 아치문 주위 길이는 25큐빝, 넓이
는 5큐빝이었다.
31 그 아치문은 바깥뜰로 나가게 되
고, 야자나무는 아치문의 기둥에
새겨져 있으며, 올라가는 계단은 8
개였다.
32 정원 동문: 그는 나를 동쪽 내부 뜰
로 데려갔고, 같은 방식으로 그곳
문을 재었다.
33 그곳 작은 방과, 기둥과, 아치문도
같은 방법으로 측정했고, 그곳에

도 창문과 주위에 아치문이 있었
다. 그 길이는 50큐빝, 넓이가 25큐
빝이었다.
34 그곳 아치문을 통해 외부 뜰로 나
가고, 야자나무는 이쪽과 저쪽 기
둥에 그려져 있었으며, 올라가는
계단이 8개 있었다.
35 정원 북문: 또 그는 나를 북문으로
데려가서, 그 벙법대로 치수를 재
었다.
36 그곳 작은 방과, 기둥과, 창문 주위
아치문이 있었고, 길이가 50 큐빝,
넓이가 25 큐빝이었다.
37 그곳 기둥은 외부 뜰로 향했고, 기
둥 위에 야자나무가 이쪽과 저쪽
에 있었으며, 위로 올라가는 계단
이 8개있었다.
38 내부 정원 북문: 방과 출입문은 기
둥 옆에 있었고, 그곳에서 사람들
이 번제제물을 씻었다.
39 문 현관에는 이쪽과 저쪽에 각각
탁자가 2개씩 있어, 거기서 번제물
과, 속죄물과, 보상제물을 잡았다.
40 북문 출입구로 가는 길의 외부에
도 탁자 2개가 있었고, 다른쪽 문
현관에도 탁자 2 개가 있었다.
41 이쪽 탁자 4개와, 저쪽 탁자 4개는
문 옆에 있어, 그곳 8개 탁자에서
사람들이 희생물을 죽였다.
42 탁자 4개는 번제 희생물용으로 다
듬은 돌로 만들었고, 길이가 1.5큐
빝약 80cm, 넓이와 높이는 각각 1큐
빝약 53cm이었다. 그곳 역시 도구를
얹어두고, 사람이 번제물이나 희
생물을 잡았다.
43 그 방안에는 갈고리가 손 한뼘 간
격으로 사방에 단단히 고정되어
있었고, 탁자 위에는 희생물의 고
기가 있었다.
44 내부 문 바깥쪽, 안쪽 뜰에 음악인
의 방이 있었는데, 그것은 북문쪽
에 위치하며 남쪽을 바라보고 있
다. 동문쪽의 방 하나는 북쪽을 바
라보고 있었다.
45 그는 나에게 말하며, '남향은 사제
의 방으로, 그들이 **주님**의 성전관
리 책임을 맡고 있다.
46 북향은 제단관리 책임을 맡는 사
제용으로, 이들은 리바이자손 중
재이독의 자손들이다. 그들은 **주님**
가까이 가서 제사한다고 했다.
47 내부 정원: 그렇게 그는 정원을 측
정했는데, 길이와 넓이가 각각 100
큐빝의 정사각형이고, 제단은 성
전 앞에 있었다.
48 성전현관: 그는 나를 성전 현관으
로 데려가서, 현관기둥을 재었더
니, 양쪽 모두 길이가 5큐빝씩이었
고, 대문의 넓이는 양쪽 다 3큐빝
씩이었다.
49 출입현관 길이는 20큐빝약 11m이
고, 넓이는 11큐빝6.4m이었고, 그는
나를 그들이 올라가는 계단으로
데려갔는데, 그곳 기둥 옆에 큰 기
둥이 이쪽에 하나, 저쪽에 하나씩
있었다.

성소구역

41 그는 나를 성소로 데려온 다
음, 문기둥을 재었는데, 넓
이가 이쪽도 저쪽도 6큐빝약 3.2m이
었다.
2 정문 넓이는 10큐빝약 5.3m으로, 한
쪽 문폭은 각각 5큐빝약 2.7m씩이
었다. 그가 성소 내부를 재니, 길이
40큐빝약 21m, 넓이는 20큐빝약 11m
이었다.
3 최고성소: 그가 안쪽 최고성소로
들어가 재니, 문기둥은 2큐빝약 1.1m
씩이고, 문입구 폭은 6큐빝이고,
옆벽의 깊이는 7큐빝3.7m이었다.
4 그곳을 재보니, 실내의 길이와 넓
이가 각각 20큐빝110m씩이었다. 그
가 내게 말했다. "이곳이 최고성소
다."
5 다음에 그가 건물 벽두께를 재었
더니, 6큐빝이고, 측면 방은 가로
세로 넓이가 각 4큐빝2.1m씩이며,
성소의 사방 주위에 있었다.
6 측면 방은 하나 위에 하나를 얹는
식으로 3층씩이며, 한층에 각방이
30개씩 있었다. 측면 방건물은 성
소 구역 벽쪽까지 들어가 있어서,
벽공간을 차지하기는 해도, 성소
구역 벽 안쪽까지 침범하지는 않
았다.
7 성소를 감싸고 있는 측면 방은 위
층으로 가면서 계속 넓어지는데,
이는 성소를 감싸는 구조로 무대
형태로 건설되어, 위층으로 올라
가면서 넓어졌다. 계단은 저층부
터 중간층을 경유하여 고층까지
올라간다.
8 내가 또 보니, 성소건물 기반전체
가 높이 올려져 있었고, 그 높이는
측면 방건물 바닥부터 한 장대 6큐
빝 정도가 되었다.
9 측면 방건물 외벽두께는 5큐빝이
었고, 그 건물 안쪽에 빈 공간을 남
겨두었다.
10 측면 방건물은 성소 주위에 20큐
빝의 간격을 두었다.
11 측면 방건물 출입문은, 외부에서
들어갈 때, 하나는 북쪽과 다른 하
나는 남쪽에 있었고, 건물주위 공
간은 5큐빝 남겨두었다.
12 안마당의 서쪽 끝에 성소와 마주
하고 있는 건물은 70큐빝약 37m 넓
이에, 5 큐빝 두께에, 길이가 90큐
빝48m이었다.
13 그가 성소를 쟀더니, 길이 100큐빝
약 53m이었고, 떨어진 간격과 서쪽
건물 벽까지 길이가 100큐빝이었
다.
14 또 성소 전면넓이와 동쪽의 떨어
져 있는 공간의 넓이도 100큐빝이
었다.
15 다음 그는 뒤뜰의 별도 공간에 마
주보는 건물길이를 재고, 한쪽에
서 다른쪽까지 통로를 재었더니,
100큐빝이었다.
성소건물은 성소내부와 안뜰 현관
과,

16 문기둥과, 좁은 창문과, 문을 마주
하고 밖에서 들어오는 3층 통로 모
두, 바닥부터 창문과 창문 주위까
지 나무로 마감되었고,
17 성소의 내부와 외부의 문과, 측정
된 외벽과 내벽 모두 나무로 이루
어졌다.
18 거기에는 체럽천사와 야자나무가
새겨져 있었는데, 야자나무는 체
럽과 체럽 사이에 하나씩 있었고,
체럽마다 얼굴이 둘씩이었다.
19 그리고 사람의 얼굴이 한쪽에서
야자나무를 향하고, 젊은 사자의
얼굴은 다른쪽에서 야자나무를 바
라보고 있었다. 성소 주위가 전부
이렇게 만들어졌다.
20 바닥에서 문 위쪽까지 성소벽 위
에 체럽과 야자나무가 새겨졌다.
21 본관 성소기둥은 사각형이었고,
최고성소의 정면도 다른 것과 같
았다.
22 나무제단은 높이가 3큐빝약 1.5m, 가
로세로 길이가 2큐빝씩이고, 모서
리까지 4면벽은 모두 나무로 만들
어졌다. 그는 내게 말했다. "이것은
주님 앞의 탁자다."
23 성소와 최고성소는 문이 2개씩 더
블도어였다.
24 그 문은 각각 두 짝이 한쌍이 되어
경첩으로 회전하고, 문틀 하나에
문짝 한쌍이, 또 다른 문틀에도 한
쌍씩 있었다.
25 성소의 나무문 위에도 체럽과 야
자나무가 있어, 벽 위에 새겨넣은
것과 같았고, 바깥 현관정면 위에
는 두꺼운 널판 차양이 있었다.
26 현관의 측면벽 위에는 야자나무가
조각된 좁은 창이, 이쪽과 저쪽 양
쪽에 있고, 방건물 위에도 두꺼운
널판 차양이 있었다.

제사장의 방

42 다음으로 그는 나를 북쪽의
바깥뜰로 데리고, 방건물로
갔는데, 그곳은 성소 안뜰과 성소
외벽의 북쪽 맞은편에 있었다.
2 성소 북문을 바라보는 방건물은
길이가 100큐빝약 53m, 넓이가 50
큐빝약 27m이었다.
3 안뜰에서 20큐빝약 11m 맞은편과,
바깥뜰로 가는 통로 맞은편 구역
에, 3층의 긴 건물이 맞주하고 있
었다.
4 숙소건물 앞에 넓이 10큐빝, 길이
100큐빝의 내부통로가 있었고, 이
문들은 북향이었다.
5 위층 방이 더 좁은 이유는, 건물의
저층과 중간층보다 위쪽 복도가
더 넓었기 때문이었다.
6 이 건물은 3층이었지만, 안뜰의 큰
기둥 같은 기둥이 없었던 것은, 그
건물이 바닥의 저층과 중간층보다
더 좁았기 때문이었다.
7 숙소의 외벽은 방 전면에서 바깥
뜰을 향하고 있었고, 길이는 50큐
빝이었다.

8 바깥뜰에 접해 있는 숙소 방건물
전체 길이는 50큐빝이고, 성전 앞
에 있는 방건물은 100큐빝이었다.
9 숙소 방건물은 동쪽 출입구가 있
었는데, 이것은 바깥뜰에서 안으
로 들어갈 때 사용했다.
10 방건물은 동쪽을 향한 안뜰의 벽
두께 안에 있었고, 간격을 두고 맞
은편에도 건물이 있었다.
11 그 건물 앞길은 북향의 숙소방 건
물과 모습이 같고, 길이와 넓이도
같았으며, 또 출구도 그 방법을 따
랐고, 문도 그랬다.
12 남향의 숙소방 건물 문으로 나가
면, 사람이 들어올 때처럼, 동쪽 벽
바로 앞길이 되었다.
13 그때 그가 나에게 말했다. "성소 안
뜰과 마주하고 있는 북쪽과 남쪽
숙소는 신성한 방이다. 그곳에서
주님 앞에 나오는 제사장이 가장
신성한 음식을 먹어야 하고, 가장
신성한 성물을 놓아야 하며, 곡식
제물과 속죄제물과 보상제물을 두
어야 한다. 그 장소는 신성한 곳이
기 때문이다.
14 제사장이 그 안으로 들어가면, 신
성한 장소에서 바깥뜰로 나가면
안 된다. 대신 그들의 제례복은 신
성하기 때문에 벗어두어야 하고,
다른 옷을 입으면, 일반사람을 위
한 그곳에 갈 수 있다.
15 그가 성소 구역 측량을 끝내자, 나
를 동문으로 데려간 다음 그 둘레
를 재었다.
16 그가 막대자 리드로 동쪽과 주변
을 재었더니, 500 장대약 265m 였다.
17 북쪽도 재어보니, 주위와 함께 500
장대였다.
18 남쪽도 막대자로 재보니, 500 장대
길이였다.
19 또 서쪽으로 돌아서, 막대자로 재
었더니, 500 장대 길이였다.
20 그가 네 방향 주변 벽까지를 재었
더니, 길이와 넓이가 각각 500장대
였는데, 이것이 성소와 일반장소
를 구분하는 간격이었다.

성소의 빛

43

그가 나를 동문 맞은편으로
데려갔다.
2 그래서 바라보니, 이즈리얼 **하나님**
의 찬란한 빛이 동쪽 길에서 오면
서, 그의 목소리가 마치 큰 파도소
리 같이 들리며, 땅이 그의 빛으로
빛났다.
3 그것은 내가 본 환상과 같았고, 도
성이 파괴될 때 커바강 옆에서 보
았던 것과 같은 모습이어서, 나는
얼굴을 숙였다.
4 **하나님**의 찬란한 빛은 동문을 통해
성소로 들어왔다.
5 그리고 그 영혼이 나를 일으켜, 안
뜰로 데려갔는데, 거기서 보니, **주
님**의 찬란한 빛이 성소를 가득 채
웠다.
6 성소에서 나에게 말하는 소리를

들었을 때, 그 사람이 내 옆에 서
있었다.
7 그가 나에게 말했다. "사람의 아들
아, 내 왕위와 내 발바닥이 서 있는
이 자리는, 앞으로 영원히 이즈리
얼 자손 가운데 내가 머물게 될 장
소이므로, 이즈리얼 집안이 더 이
상 더럽히지 않게 하고, 그들도 왕
도 우상으로 오염시키지 않게 하
며, 높은 신당에서 그들 왕의 시체
로 더럽혀지지 않게 하겠다.
8 그들은, 나의 문턱 곁에 그들의 문
턱을 놓고, 나의 기둥 곁에 그들의
기둥을 세워, 나와 그들 사이에 벽
을 세운 다음, 그들이 저지른 혐오
행위로 나의 신성한 이름을 더럽
혔으므로, 나의 분노가 그들을 삼
켰다.
9 이제 그들의 매춘을 제거하고, 그
들 왕의 시체를 나로부터 멀리하
면, 나는 영원히 그들 가운데 있을
것이다.
10 너 사람의 아들아, 이 성소를 이즈
리얼 자손에게 보여주면, 그들이
잘못을 부끄럽게 여길지 모르겠
다. 그들에게 측정한 도면을 설명
해주어라.
11 만약 그들이 지금까지의 모든 잘
못을 부끄러워한다면, 그들에게
이 성전의 형태와 모습을 보이며,
그 배열과 위치와 출입구를 알리
고, 규정과 명령과 방법을 그들 눈
앞에서 기록해라. 그러면 어쩌면
그들이 도면대로 지켜, 명령을 실
천할지 모르겠다.
12 다음은 성전건립 방법이다. 산주
변은 물론 산정상은 가장 신성해
야 한다. 보라, 이것이 바로 성전건
축 방법이다.
13 제단: 이것은 큐빝단위의 제단치
수로, 여기서 기본큐빝약 53cm은, 1
큐빝약 45cm에 손폭넓이약 7.5cm를 더
하여 사용한다. 제단 아래 도랑 깊
이는 1큐빝, 도랑바닥 넓이도 1큐
빝씩이고, 사면에 손 한뼘넓이약
27cm로 턱을 둘러라. 다음은 제단의
높이에 관한 것이다.
14 땅바닥부터 제단 아래단까지는 2
큐빝약 90cm이고, 아래단부터 윗단
까지는 4큐빝이고, 넓이는 1큐빝
이다.
15 제단의 화덕은 4큐빝이고, 제단 위
쪽에 뿔이 4개 있어야 한다.
16 제단화덕의 길이는 12큐빝약 6.4m,
넓이도 12큐빝의 정사각형이다.
17 제단의 아래단 크기는, 길이 14큐
빝약 7.4m 넓이가 14큐빝의 정사각
형이고, 사방 주위에 1/2큐빝약 27cm
턱을 두고, 바닥도랑은 1큐빝을 파
고, 계단이 동향이다."
18 제단봉헌: 그가 나에게 말했다. "사
람의 아들아, **주 하나님**이 말하는
데, 다음은 제사날 규정으로, 제단
위에 번제물을 올리고, 피는 뿌려
야 한다.
19 너희는 재이독 후손 가운데 리바

이 출신 제사장을 임명하여, 그가
나에게 가까이 와서, 속죄제물용
어린 수소 한마리로, 내게 제사를
지내게 해라"고, **주 하나님**이 말한
다.
20 "너희는 수소피를 받아, 네곳 뿔에
바르고, 제단 아래단 네 모서리에
도 바르고, 주위 땅바닥에도 뿌려
라. 그러면 너희가 제단을 깨끗이
정화할 수 있을 것이다.
21 너는 속죄제물용 수소를 잡아, 성
소 밖 성전 내 지정 장소에서 구워
라.
22 이튿날 너희는 속죄제물용으로 결
함이 없는 깨끗한 새끼염소 한마
리를 잡아, 제단을 깨끗하게 정화
해야 하는데, 그것은 소로 정화한
방법대로 한다.
23 너는 그것을 깨끗하게 씻은 다음,
흠없는 어린수소와, 흠없는 가축
중 숫양을 제단에 올려라.
24 그것을 **주님** 앞에 올리는데, 제사
장이 그 위에 소금을 뿌리고, 번제
로 구워서 **주님**에게 올려야 한다.
25 너는 7일간 속죄제물용 염소 한 마
리를 매일 준비하고, 또 소 한 마리
와 숫양도 매일 흠없는 것으로 마
련해야 한다.
26 이와 같이 제단을 위한 정화의식
을 7일간 계속하여, 제단 자체를
신성하게 만들어야 한다.
27 이 기간이 끝나면, 8일째 날부터,
제사장이 제단 위에서 너희가 올
리는 번제제사와 평화제사를 지내
면, 그 다음 내가 너희를 받아들일
것"이라고 **주님**이 말한다.

왕의 문

44 다음 그는 나를 데리고, 성소
의 동문 앞까지 왔는데, 그곳
은 닫혀있었다.
2 **주님**이 나에게 말했다. "이 문은 닫
힌 채, 절대 열리지 않고, 누구도 이
곳으로 들어가지 못한다. 왜냐하
면 이즈리얼의 **주 하나님**이 이 문을
통해 들어갔기 때문에, 이곳은 영
원히 닫힌다.
3 이곳은 왕을 위한 문이다. 바로 그
왕만이, 그 안에 앉아, **주님** 앞에서
빵을 먹을 수 있다. 그는 그 문의
현관을 통한 길로 들어오고, 같은
길로 나가게 된다."
4 그런 다음, 그는 나를 성전의 북문
으로 데려갔다. 내가 보니, **주님**의
찬란한 빛이 주님성전을 가득 채
워서, 내가 고개를 숙였다.
5 **주님**이 내게 말했다. "사람의 아들
아, 네 눈으로 잘 살피고, 네게 일러
주는 주님성전의 규정과 법을 귀
로 잘 듣고, 성소로 들어가는 성전
출입구를 잘 표시해 두거라.
6 너는 반발을 잘하는 이즈리얼 집
안에게 **주 하나님**의 말을 전해라.
'오 너희 이즈리얼 집안아, 너희 혐
오행동은 그 정도로 족하다.
7 너희는 내 성소에 몸과 마음이 할

례되지 않은 외지인을 데려와 오
염시키고, 나의 빵과 기름과 피를
올리는 나의 성전에서, 너희 혐오
행동 때문에 나의 약속을 깨뜨렸
다.
8 또 너희는 나의 신성한 성물에 대
한 관리를 다하지 않으면서, 스스
로 내 성소를 감독하는 책임자로
자신을 정해버렸다."
9 **주 하나님**은 이렇게 말한다. "몸과
마음에 할례를 받지 않은 낯선자
가 내 성소에 들어와서는 안 되고,
그들이 이즈리얼 자손 사이에 있
어도 안 된다.
10 리바이 사람은 나로부터 멀어지더
니, 이즈리얼이 길을 잃게 하고, 나
를 떠나 우상을 쫓게 했다. 그들은
제 잘못에 대한 책임을 져야 할 것
이다.
11 그들은 내 성소에서 봉사하며, 성
전 대문과 제사일을 맡고 있다. 그
들은 백성을 위해 번제물과 제물
을 잡고, 그들이 제사를 지내도록
백성 앞에 서야 한다.
12 그런데, 그들은 우상에게 제사하
며, 이즈리얼 집안을 죄를 짓게 했
기 때문에, 그래서 나는 그들에 대
해 내 손을 들어올렸다고, **주 하나
님**이 말한다. 그들은 제 잘못의 대
가를 치러야 할 것이다.
13 또 그들은 사제의 의무를 다하려
고 내게 가까이 와도 안 되고, 최고
성소에서 나의 신성한 성물 어떤
것에 접근해도 안 된다. 대신 그들
이 저지른 혐오행위에 대한 수치
를 감당해야 한다.
14 대신 나는 그들을 성전의 모든 봉
사와 관리를 위하여 책임지는 사
람으로 만들겠다.
15 그러나 재이독의 자손, 리바이 출
신 사제들은, 나의 성소에서 의무
를 다했고, 이즈리얼 자손이 나로
부터 멀어져 방황할 때, 나에게 봉
사하려고 가까이 다가오며, 내 앞
에 지방과 피를 올리기 위해 마땅
히 서 있었다"고, **주 하나님**이 말한
다.
16 "그들은 나의 성소로 들어오게 하
고, 내 탁자에 가까이 오게 하여, 나
에게 제사하게 해야 한다. 그러면
그들은 나에 대한 의무를 지킬 것
이다.
17 그들이 안뜰에서 성소문으로 들어
올 때, 그들은 리넨옷을 입어야 하
고, 성소구역 안뜰이나 내실 문에
서 봉사할 때 양털옷을 걸치면 안
된다.
18 머리에 리넨 보닐모자를 써야 하
고, 허리까지 리넨 속반바지를 입
어야 하며, 땀이 나게 하는 어떤 것
으로 제 허리를 둘러도 안 된다.
19 그들이 바깥뜰로 나와, 사람이 있
는 곳으로 가면, 그들이 제사하며
입은 옷을 벗어, 신성한 방안에 둔
다음, 다른 옷을 걸쳐야 한다. 또 그
들은 제 옷으로 사람들을 정화하

면 안 된다.
20 그들은 제 머리를 면도하면 안 되
고, 머리다발을 자라게 두어도 안
되며, 머리를 단정하게 잘라야 한
다.
21 그들이 안뜰로 들어갈 때는, 어떤
제사장도 술을 마시면 안 되고,
22 아내를 맞이할 때, 과부나 쫓겨난
여자를 데려오면 안 된다. 대신 그
들은 이즈리얼 가문의 여자나, 전
제사장의 미망인을 맞이해야 한
다.
23 그들은 나의 백성에게 신성함과
일반의 차이를 가르쳐, 사람이 불
결과 정결을 구분할 수 있게 해야
한다.
24 논쟁이 일어나면, 그들은 정의의
입장에 서야 한다. 그들은 나의 정
의대로 판정을 내려야 하고, 나의
집회에서 나의 법과 규정을 지켜
야 하며, 나의 사배쓰휴일을 신성
하게 지내야 한다.
25 그들은 죽은 사람에게 다가가서
자신을 오염시키지 말아야 한다.
그러나 아버지, 어머니, 아들딸, 형
제, 남편이 없는 여형제로 인해 스
스로 오염될 수도 있다.
26 그가 정화된 다음에도, 스스로 생
각할 수 있도록 7일간의 여유를 주
어야 한다.
27 그리고 안뜰의 성소로 들어가서
봉사하는 날, 그는 자신의 속죄제
물을 올려야 한다"고 **주 하나님**이
말한다.
28 이것은 그들에게 유산으로 어어져
야 한다. 내가 바로 그들의 유산이
고, 너희는 그들에게 이즈리얼에
서 어떤 소유도 주면 안 된다. 내가
그들의 지분이다.
29 그들은 곡식제물, 속죄제물, 보상
제물을 먹을 수 있고, 이즈리얼의
모든 봉헌물은 그들 것이다.
30 모든 농산물의 첫 열매와, 모든 봉
헌물과 너희 기부 전부는 제사장
것이다. 너희가 밀반죽 중 첫째를
제사장에게 주면, 그는 네 집안이
편안하도록 축복할 수 있을 것이
다.
31 제사장은 새든 짐승이든 스스로
죽거나, 찢긴 것은, 어떤 것도 먹으
면 안 된다."

성소부지

45 더욱이, 유산땅을 제비뽑기
로 나눌 때, 너희는 **주님**에게
신성한 땅 일부를 봉헌해야 한다.
그 길이는 25,000장대리드: 약 13Km,
넓이는 20,000장대약 11km가 되어
야 하고, 그 경계의 주위 땅은 신성
해야 한다.
2 그 중 성소는 길이 500장대약 265m,
넓이 500 장대 크기의 정사각형이
고, 부지주변에 50큐빝약 27m의 간
격을 두어야 한다.
3 너는 이와 같이 25,000장대 길이
와 10,000장대약 5.3Km 넓이를 측량

해야 한다. 그 안에 성소와 최고성
소가 있다.
4 그 땅 중 신성한 일부는 성소를 관
리하는 제사장을 위한 장소로 사
용하는 것은, 그들이 **주님**에게 가
까이 가서 제사하기 때문이다. 그
들의 숙소용 집을 짓는 곳 역시, 성
소를 위한 신성한 장소다.
5 그리고 25,000장대 길이와 10,000
장대 넓이의 땅은, 성전관리자 리
바이부족이 소유할 장소로, 방 20
개용 부지다.
6 너희는 그 도시를 소유부지로 지
정하는데, 5,000장대약 2.7m 넓이,
25,000장대 길이 규모의 인접한
신성한 일부를 봉헌해야 한다. 그
곳은 전 이즈리얼 모두에게 속하
는 장소다.
7 통치자를 위한 장소는, 신성한 구
역과 사유지로 구성되는 지역의
한쪽에서 다른쪽까지 경계면 일대
봉헌부지로, 이곳은 서쪽과 동쪽
이 각각 확장되어, 그 길이는 부지
를 넘어 서쪽에서 동쪽 경계까지
이르게 될 것이다.
8 그가 소유하는 땅은 이즈리얼 안
에 있다. 나의 왕들은 나의 백성을
억압하면 안 되고, 그 땅 나머지는
부족 별로 이즈리얼 집안에 주어
야 한다."
9 **주 하나님**이 이렇게 말한다. "너희
는 그것으로 족하다, 오 이즈리얼
의 왕들아. 폭력과 착취를 없애고,
올바르게 정의를 실천하며, 나의
백성한테 강제징수를 하지마라"
며, **주 하나님**이 말한다.
10 "너희는 정확한 저울과, 정확한 이
퐈약 22L 마른 무게단위와, 정확한
배쓰약 22L 액체단위를 사용해야 한
다.
11 이퐈와 배쓰는 같은 크기이며, 1배
쓰는 1/10호머이고, 1이퐈도 1/10
호머로, 둘 다 호머가 기준이다.
12 그리고 쉐켈약 12g은 20게라이고, 1
마이나690g는 60쉐클이다. [기준 마
이나는 50쉐클]
13 다음은 너희가 올리는 봉헌물에
관한 것이다. 밀 1호머의 1/6이퐈
2.7Kg와, 보리 1호머의 1/6이퐈만큼
올린다.
14 기름 규정은 배쓰로 측정하는데,
너희는 코르단위로 1/10배스2.2L를
올려야 한다. 코르는 10배스 또는
1호머와 같고, 10배스가 1호머다.
15 이즈리얼에서 방목하는 살찐 양떼
200마리 당 새끼양 한마리가, 곡식
제물, 번제제물, 평화제물용으로
쓰여, 사람들을 화합하는데 사용
된다"고 **주 하나님**이 말한다.
16 "그곳 백성은 모두 이즈리얼 왕을
위해 이와 같은 봉헌물을 제공해
야 한다.
17 다음은 통치자의 몫으로, 번제물,
곡식제물, 음료제물은, 축일과, 매
월 첫날, 사배쓰휴일, 이즈리얼 집
안의 진지한 집회에 제공하는데,

그는 속제제물, 곡식제물, 번제제
물, 평화제물을 준비하여, 이즈리
얼 집안의 단합을 만들어야 한다."
18 **주 하나님**이 말한다. "첫 달 1일에
너는, 결함이 없는 송아지를 잡아,
성소를 정화해야 한다.
19 제사장은 속제물의 피를 받아, 성
전기둥과 제단받침대의 네 모서리
에 뿌리고, 안뜰 문기둥에도 뿌려
라.
20 그리고 너는 그달 7일 날에 같은
제사를 하는데, 의도하지 않거나
무지로 인한 잘못을 저지른 사람
을 위해 지내, 이즈리얼 집안을 화
합해야 한다.
21 첫 달 14일에는, 통과축일을 7일간
기념하며, 무효모빵을 먹어야 한
다.
22 그날 통치자는 자기와 백성을 위
해 속죄제사용 송아지 한 마리를
준비해야 한다.
23 통과절 7일간 그는 **주님**에게 번제
물을 마련하는데, 흠없는 송아지 7
마리, 숫양 7마리를 7일간 매일 잡
고, 속죄물용 새끼염소를 매일 잡
아야 한다.
24 그는 또 송아지 한마리에 1이파의
곡식제물을 마련하고, 숫양 한마
리에 1이파 및 1이파 곡물에 기름
1힌씩 준비해야 한다.
25 그리고 7번째 달 15일에 그는, 똑
같은 7일 축제를 하는데, 속죄물,
번제물, 곡식제물, 기름을 그대로
해야한다."

사배쓰휴일 및 매월1일

46 **주 하나님**이 말한다. "안뜰의
동쪽문은 일하는 6일간 닫아
두고, 사배쓰휴일 및 매월1일에는
열어야 한다.
2 통치자는 바깥쪽 문현관을 통해
안으로 들어와, 문기둥 옆에 서야
하고, 제사장은 그의 번제물과 평
화제물을 준비하여, 대문입구에서
예배한 다음, 왕이 돌아갈 때도, 그
문을 저녁까지 닫지 말아야 한다.
3 마찬가지로 그곳 백성은, 대문 앞
에서 **주님**에게 사배쓰휴일 및 매월
1일에 경배한다.
4 통치자가 휴일에 **주님**에게 올리는
번제제물은, 흠이 없는 새끼양 6마
리와, 결함없는 숫양 한 마리다.
5 곡식제물은 숫양 한 마리에 1이파
16Kg만큼, 새끼양의 곡식제물은 하
고 싶은 만큼 하고, 각 이파마다 올
리브기름 1힌3.8L씩 첨가한다.
6 매월 1일에 흠이 없는 송아지 한마
리와, 새끼양 6마리, 숫양 한마리
를 준비하는데, 모두 결점이 없어
야 한다.
7 곡식제물의 준비는, 송아지 한마
리 당 1이파, 숫양 한마리 당 1이파
씩이고, 새끼양은 손에 쥐는 만큼
하며, 1이파에 올리브기름 1힌씩
넣는다.
8 통치자는 문현관 길을 통해 들어

가고, 나올 때도 그곳으로 나와야
한다.
9 하지만 그곳 백성이 진지한 축일
에 **주님** 앞으로 나올 때는, 북문으
로 들어가 예배하고, 남문으로 나
가야 하고, 남문으로 들어온 자는
북문으로 나가야 한다. 자기가 들
어온 문으로 다시 나가면 안 되고,
반드시 반대편으로 나가야 한다.
10 백성 가운데서 왕은 들어온 길로
들어오고, 나가는 문으로 나간다.
11 축일과 진지한 모임의 곡식제물
은, 송아지 한마리에 1이퐈, 숫양
한마리에 1이퐈이고, 새끼양은 하
고 싶은 만큼하며, 각 1이퐈에 올
리브기름 1힌씩 넣는다.
12 통치자가 자유의지로 번제물이나
평화제물을 **주님**에게 제공할 경우,
그에게 동문을 열어준다. 그때 번
제나 평화제사는 사배쓰휴일에 한
대로 하고, 그가 나간 뒤에 문을 닫
아야 한다.
13 너희는 매일 **주님**에게 흠이 없는 1
년된 새끼양을 번제물로 준비하는
데, 매일 아침마다 마련해야 한다.
14 또 매일 아침 곡식제물을 1/6이퐈
2.7Kg만큼 준비하는데, 올리브기름
1/3힌1.3L을 고운 밀가루와 섞어 만
든 것으로, 이것을 **주님**에게 영원
한 규정으로 계속해서 제공해야
한다.
15 이와 같이 그들은 새끼양, 곡식제
물, 올리브기름을 준비하여, 매일
아침 연속번제를 지낸다."
16 **주님**이 이렇게 말한다. "만약 통치
자가 자기 아들 중 누군가에게 선
물을 주면, 그것은 받은 아들의 소
유물로 상속된다.
17 그러나 만약 자기 종 가운데 하나
에게 그의 유산을 선물로 주면, 종
은 그것을 자유가 되는 해까지 보
유할 수 있고, 그런 다음 그것은 통
치자에게 되돌려져, 그의 아들 것
이 된다.
18 게다가 통치자는 백성의 유산을
강제로 빼앗아, 그곳에서 소유자
를 내쫓으면 안 된다. 대신 왕이 자
신이 소유물 가운데서 아들에게
유산을 주면, 나의 백성은 제 소유
지에서 뿔뿔이 흩어지지 않을 것
이다."
19 그런 다음 그는 나를 데리고, 대문
입구로 가서, 제사장의 신성한 방
건물의 북문으로 들어갔는데, 내
가 보니, 그곳은 서쪽 끝에 있는 어
떤 장소였다.
20 그때 그가 나에게 말했다. "이곳은
제사장이 면죄제물 및 속죄제물을
끓이는 장소인데, 거기서 곡식제
물을 굽게 된다. 그때 제사장은 제
물을 들고 바깥뜰로 나가, 백성을
정화하면 안 된다."
21 다음 그는 나를 바깥뜰로 데려가,
정원의 네 모퉁이를 지나게 했는
데, 그때 보니, 모서리마다 각각 뜰
이 있었다.

22 바깥뜰의 네 모서리에는 각각 뜰
이 있었는데, 40큐빌약 21m 길이에,
30큐빌약 16m 넓이였고, 4개 뜰은
크기가 동일했다.
23 모서리의 4개 뜰 안에는 한 줄로
돌턱이 둥그렇게 있어, 돌턱 아래
가 끓이는 화덕장소가 되었다.
24 그때 그는 내게 말했다. "이곳은 끓
이는 장소다. 거기서 성전 관리자
가 백성의 제물을 끓여야 한다."

성전의 샘과 경계선

47 그가 나를 다시 성전문에 데
려갔을 때, 보니, 물이 성전문
턱 앞 동쪽 밑에서 흘러나왔다. 성
전전면이 동향이어서, 물은 제단
의 남쪽, 성전 오른쪽 아래에서부
터 나왔다.
2 그리고 그가 나를 데리고 북문 길
로 가더니, 나를 동쪽 길옆의 문밖
에 데려갔을 때, 보니, 그곳 오른쪽
에서 물이 흐르고 있었다.
3 그때 손에 줄자를 든 그 사람이 동
쪽으로 가서, 1,000큐빌530m을 잰
다음, 나를 물로 데려가자, 물이 내
발목까지 찼다.
4 또 그는 1,000큐빌을 재고, 나를 더
안으로 데려가자, 물이 무릎까지
올라왔다.
다시 1,000큐빌을 재며, 더 안쪽으
로 데려가자, 물이 허리까지 차올
랐다.
5 그가 1,000큐빌을 또 쟀을 때, 강을
건널 수 없었던 이유는, 헤엄을 쳐
야할 정도로 강물이 높아, 건널 수
없었기 때문이었다.
6 그는 내게 말했다. "사람의 아들아,
이것을 잘 보아두었지?" 그러면서
나를 강둑으로 되돌아가게 했다.
7 그래서 내가 강둑에 돌아와서 보
니, 그곳 이곳 저곳에 나무가 많이
있었다.
8 그가 내게 말했다. "이 물이 동쪽
지방으로 흘러, 조든계곡 아라바
사막을 거친 다음 바다에 이르면,
거기서 정화될 것이다.
9 살아 움직이는 모든 생물이 강이
있는 곳으로 오면 살 것이다. 강에
무수히 많은 물고기가 있는 이유
는, 그곳에 물이 있기 때문이다. 거
기서 그들이 정화되므로, 강에 오
기만 하면, 모든 생물은 살게 될 것
이다.
10 그곳은 어부들이 엔게디에서 엔에
글라임까지 늘어서 어망을 던지는
장소가 될 것이다. 그들이 잡는 물
고기는, 큰바다와 같이 종류 별로
엄청 많을 것이다.
11 그런데 그곳 습지와 늪지는 정화
되지 않고, 소금이 될 것이다.
12 또 강둑 옆 이곳 저곳에, 식용 열매
나무가 자라는데, 그 나뭇잎은 시
들지 않고, 열매는 없어지지 않는
다. 제철마다 새 열매를 내는 이유
는, 그 물이 성소에서 나오기 때문
이다. 그곳 열매는 음식이 되고, 잎

은 치료용 약이 될 것이다."
13 또 **주 하나님**이 말한다. "이것은 너
희가 상속받을 땅의 경계선으로,
이즈리얼 12부족 별 유산이고, 조
셉은 두 몫을 가져야 한다.
14 그것을 다른 사람만큼 똑같이 나
누어 받아야 한다. 그 땅은 내가 너
희 조상에게 주겠다고 손을 들고
맹세했으므로, 너희 유산이 되는
것이다.
15 북쪽 땅의 경계는, 큰바다 지중해
부터 헤쓰런을 지나, 제댈,
16 해매쓰, 베로싸, 시브라임까지로
그곳은 드매스커스와 해매쓰 경계
에 접해있고, 멀리 떨어진 해우랜
지역 근처 해재래티컨까지다.
17 또 경계는 바다부터 해저레넌으로
확장되고, 드매스커스와 해매쓰
북쪽이 북쪽의 경계다.
18 동쪽은 해우랜과, 드매스커스와,
길리얻과, 조든에 접한 이즈리얼
땅과, 사해와 멀리 태이마까지가
동쪽 경계다.
19 남쪽은 태이마에서 커데쉬의 싸움
의 우물까지, 그리고 이집트 와디
를 따라 큰바다 지중해까지가 남
쪽 경계다.
20 또 서쪽은 큰바다 지중해에서 해
매쓰 맞은편에 닿는 지점이 서쪽
경계다.
21 이렇게 너희는 이 땅을 이즈리얼
부족대로 나누어야 한다.
22 너희는 그것을 너희 유산으로 제
비뽑기로 나누고, 너희와 함께 살
며 너희 자녀를 낳는 이민족에게
도 나누어야 한다. 너희는 그들을
이즈리얼 지방의 자손처럼 여겨야
하고, 그들은 이즈리얼부족 사이
에서 너희처럼 상속받아야 한다.
23 이민족이 어느 부족 안에서 살든,
너희는 그들에게 제 지분을 주어
야 한다"고 **주 하나님**이 말한다.

지분 및 부족이름 대문

48 다음은 부족이름에 따른 지
분목록이다. 북쪽 경계 끝에
서, 해매쓰로 가는 길을 따라 헤쓰
런 일대와, 드매스커스 북쪽 접경
에서 해매쓰의 동쪽과 서쪽이 댄
의 몫이다.
2 댄의 경계 옆으로 동에서 서쪽까
지 애셜의 몫이다.
3 애셜 경계 옆쪽 동에서 서쪽이 냎
털라이 지분이다.
4 냎털라이 경계 옆의 동쪽과 서쪽
은 머나서의 몫이다.
5 머나서 경계 옆의 동쪽과 서쪽이
이프리엄의 몫이다.
6 이프리엄 경계 옆 동쪽과 서쪽이
루번의 몫이다.
7 루번 경계 옆의 동쪽과 서쪽이 쥬
다의 몫이다.
8 쥬다 경계선 옆 동쪽부터 서쪽까
지, 너희가 봉헌할 지분은, 25,000
장대리드: 약 13Km넓이이고, 길이는
동쪽부터 서쪽까지 다른 부분과

동일하며, 성소는 그곳 한가운데
있어야 한다.
9 너희가 **주님**에게 제공할 봉헌물은,
길이 25,000장대와 넓이 20,000장
대 크기이다.
10 또 제사장을 위한 신성한 봉헌지
역은, 북쪽 길이가 25,000장대, 서
쪽 넓이가 10,000장대약 5.3Km, 동쪽
넓이가 10,000장대, 남쪽 길이가
25,000장대이고, **주님**의 성소는 그
곳 가운데 있어야 한다.
11 다음은 마음이 깨끗한 재이독 자
손 제사장의 몫이다. 그들은 이즈
리얼 자손이 뿔뿔이 흩어지고, 리
바이조차 길을 잃었을 때, 나의 의
무를 지켰다.
12 봉헌된 땅 가운데, 그들은 리바이
경계선 옆으로 가장 신성한 곳에
있어야 한다.
13 제사장의 지분 경계선 맞은편으
로, 리바이가, 길이 25,000장대, 넓
이 10,000장대 규모를 갖게 하면,
전체 길이는 25,000장대, 넓이는
20,000장대 크기가 된다.
14 그들은 이곳 부지를 팔아도, 교환
해도 안 되고, 그 땅의 첫 농산물을
남에게 양도해도 안 된다. 그것은
주님에게 신성한 성물이기 때문이
다.
15 그리고 25,000장대 땅 맞은편의
남겨진 5,000장대 부지는, 일반을
위한 도성과 주민과 주변마을을
위한 장소로, 도성은 그 한가운데
자리하게 된다.
16 다음은 도성의 크기인데, 북쪽
4,500장대약 2.5Km, 남쪽 4,500, 동
쪽 4,500, 서쪽 4,500 규모다.
17 도성의 외곽은, 북쪽 250장대약
135m, 남쪽 250, 동쪽 250, 서쪽 250
크기다.
18 신성한 봉헌부지 맞은편에 남은
땅은, 동쪽으로 10,000장대 길이
와, 서쪽으로 10,000장대 크기의,
신성한 봉헌부지와 마주보는 곳으
로, 이곳 생산물은 도성에 봉사하
는 사람의 식량이다.
19 도성을 위해 봉사하는 사람은, 이
즈리얼의 각 부족에서 나와서 봉
사해야 한다.
20 전체 봉헌부지는 가로세로 각각
25,000장대약 13Km인데, 너희는 이
곳 정사각형의 신성한 부지를 도
성소유로 제공해야 한다.
21 나머지 땅은 통치자의 몫으로, 신
성한 봉헌부지의 양쪽과 도성의
소유부지인데, 그곳은 봉헌부지
25,000장대거리 지점에서 동쪽
으로 확장하여 동쪽경계까지, 또
25,000장대거리 지점에서 서쪽으
로 확장하여 서쪽경계까지이고,
왕의 지분 맞은편에 신성한 부지
가 있어야 하며, 성전의 성소는 한
가운데 자리잡아야 한다.
22 또 리바이 소유지와 도성 소유지
는 왕의 사유지의 가운데 위치하
고, 쥬다와 벤저민 경계 사이에 왕

의 지분이 있게 된다.
23 이즈리얼의 나머지 부족의 지분에
대하여, 동쪽에서 서쪽까지 벤저
민의 지분이다.
24 벤저민의 경계 옆 동쪽에서 서쪽
은 시미언의 몫이다.
25 시미언의 경계 옆 동쪽에서 서쪽
까지 접한 부분은 이써칼의 몫이
다.
26 이써칼의 경계 옆 동쪽에서 서쪽
은 제뷸런의 몫이다.
27 제뷸런의 경계 옆 동쪽에서 서쪽
은 개드의 몫이다.
28 개드의 경계선 옆 남쪽 경계는 태
이마에서 커데쉬의 싸움의 우물까
지이고, 큰바다 지중해로 나가는
강까지이다.
29 이 땅은 너희가 제비뽑기로 이즈
리얼부족에게 나누어줄 유산이며,
그들의 몫"이라고 **주 하나님**이 말
한다.
30 "이 도성의 북쪽 출입구는 4,500큐
빝장대 거리에 있다.
31 도성의 대문은 이즈리얼부족이름
을 따라 불러야 한다. 북쪽의 3개
대문은, 루번대문, 쥬다대문, 리바
이대문이다.
32 동쪽 4,500큐빝장대 거리에 있는
대문 3개는, 조셒대문, 벤저민대문,
댄대문이다.
33 남쪽 4,500큐빝장대 거리에 있는
대문 3개는, 시미언대문, 이써칼대
문, 제뷸런대문이다.
34 서쪽 4,500큐빝장대 거리에 있는
대문 3개는, 개드대문, 애셜대문,
냎털라이대문이다.
35 이 주위 둘레는 18,000큐빝장대
9.5Km의 거리이고, 그날부터 도성
이름은, '주인님이 그곳에 있다'로
불리게 된다."

예언자 대니얼

대니얼이 배블런으로 잡혀가다

1 쥬다왕 제호야킴 집권 3년, 배블
런왕 네부캔네절이 저루살럼에
와서 포위했다.
2 **주님**이 쥬다왕을 그의 손에 넘기
고, 주님성전의 제기 일부도 넘겼
다. 배블런왕은 그것을 샤이너땅
그의 신전으로 옮겨 보물창고에
두었다.
3 그리고 그 왕은 수석환관 애쉬페
내즈한테 말하며, 그는 이즈리얼
자손 중 왕가와 귀족들을 데려와
야 겠다고 했다.
4 신체적으로 나무랄데 없는 젊은이
로, 인기있고, 지혜가 뛰어나고, 지
식이 탁월하며, 학문적 이해력이
있는 사람을, 왕의 궁전에 세워, 그
들에게 지식과 캘디언언어를 가르
치고자 했다.
5 그 왕은 그들에게 매일 왕의 식탁
에서 음식과 와인을 제공하며, 3년
간 훈련한 끝에 왕 앞에 세워 돕게
했다.
6 쥬다의 젊은이 가운데, 대니얼, 해
너나야, 미쉐얼, 애저라야가 있었
다.
7 수석환관은 그들에게 새 이름을
주었는데, 대니얼은 벨터샤자로,
해너나야는 쉐드랙으로, 미쉐얼은
메샤크로, 애저라야는 애벤네고로
불렀다.
8 그러나 대니얼은 마음속으로 결심
하고, 그 왕의 음식으로 자신을 더
럽히지 않겠다며, 술도 마시지 않
았다. 그리고 그는 수석환관에게
자신을 오염시키지 않게 허락해줄
것을 요청했다.
9 한편 **하나님**은 대니얼이 수석환관
의 호의와 온화한 사랑을 받게 해
주었다.
10 수석환관이 대니얼에게 말했다.
"나는 나의 주인님 왕을 두려워한
다. 그가 너에게 음식과 술을 내리
게 했는데, 어떻게 그가 동료보다
네 안색이 나빠지는 것을 보게 해
야 하나? 그러면 너희가 왕에게 내
머리를 위험하게 만드는 것이다."
11 그때 대니얼이 수석환관에게 이야
기했다. 그는 대니얼, 해너나야, 미
쉐얼, 애저라야를 담당하는 멜자
였다.
12 "내가 부탁하는데요, 당신의 종에
게 10일간 기회를 주어, 우리에게
콩죽과 물을 먹여 증명하게 해주

세요.
13 다음 우리 얼굴을 당신 앞에 보이
게 하여, 왕의 음식을 먹은 얼굴을
당신 눈으로, 당신의 종들과 비교
해주세요.
14 그래서 그는 이 문제에 대해 대니
얼에게 동의하고 열흘간 시험했
다.
15 열흘이 지나, 그들 얼굴은 왕의 음
식을 먹은 젊은이보다 더 좋게 살
쪄보였다.
16 그래서 멜자는 그들이 먹을 왕의
음식과 술을 치우고 콩죽을 주었
다.
17 이들 네 젊은이로 말하자면, **하나
님**이 그들에게 지혜와 학문을 아는
재주를 주어서, 대니얼은 환상과
꿈을 이해하는 능력이 있었다.
18 훈련이 끝날 무렵, 왕이 명령하여
그들을 데려오게 하자, 수석환관
이 네부캔네절왕 앞에 데려갔다.
19 왕은 이들과 대화하는 가운데, 대
니얼, 해너나야, 미쉐얼, 애저라야
와 같은 젊은이를 쉽게 찾을수 없
다는 것을 알았다.
20 그리고 지혜와 이해에 관해 왕이
그들에게 질문하면서, 그 왕국의
여러 마법사, 점성술사보다 열배
나 더 훌륭하다는 것을 알도 되었
다.
21 그래서 대니얼은 사이러스왕 첫
해까지 계속 궁전에 있었다.

네부캔네절의 꿈

2 네부캔네절 통치 2년에 꿈을 꾸
었는데, 거기서 그의 영혼이 괴
로워하다 깨어났다.
2 그래서 왕이 명령하여, 마법사와,
점성술사와, 무당과, 캘디언을 불
러, 꿈의 의미를 알고자 했으므로,
그들이 왕 앞에 섰다.
3 왕이 그들에게 말했다. "내가 꿈을
꾸었을 때, 내 영혼을 괴롭힌 꿈의
의미를 알고 싶다."
4 그때 여러 캘디언이 사이러스 말
로 왕에게 말했다. "오, 영원한 왕
이여! 당신의 신하에게 그 꿈을 말
해주면, 우리가 해석을 하지요."
5 왕이 캘디언에게 대답했다. "어떤
것이 나로부터 없어졌다. 만약 너
희가 내게 이 꿈을 풀어주지 않으
면, 너희를 없애버리고, 네 집은 오
물더미가 될 것이다.
6 대신 너희가 꿈을 해설하면, 나의
선물과 포상과 큰 명예를 받게 된
다. 그러니 나에게 꿈의 의미를 알
려 달라."
7 그들이 다시 대답했다. "우리에게
꿈을 말하면, 해설을 하겠어요."
8 왕이 말했다. "나는 너희가 그 기회
를 얻을 것으로 확신하고, 내게서
사라진 그것을 알 것으로 믿는다.
9 대신 너희가 내게 그 의미를 알려
주지 않으면, 너희에게 단 한가지
명령만 있을 뿐이다. 왜냐하면 너
희는 내 앞에서 좋은 기회가 올 때

까지 거짓과 부정한 말만 해왔기
때문이다. 그러니 그 꿈을 풀어서,
너희가 해석할 수 있음을 보여라."
10 캘디언이 왕 앞에서 대답했다. "이
땅위에 왕의 꿈을 알 수 있는 자는
아무도 없어요. 왕도, 성주도, 총리
도 아니고, 그런 질문을 받은 마술
사, 점성술사, 캘디언도 대답을 못
해요.
11 또 왕이 요구하는 그런 경우란 매
우 드물고, 왕 앞에서 그것을 풀어
줄 수 있는 사람은 아무도 없으며,
아마 형체없는 신만이 알 수 있을
거예요."
12 이 말이 왕의 화를 자극하여 분노
가 치밀어 오르자, 배블런의 현자
를 없애라고 명령했다.
13 현자를 모조리 죽이라고 명령하
자, 그들이 대니얼과 동료마저 죽
이려고 했다.
14 그때 대니얼은 조언과 지혜로 왕
의 경호대장 애리옥에게 말했는
데, 그는 배블런의 현자를 죽이려
고 이미 나섰다.
15 대니얼이 왕의 경호대장 애리옥에
게 물었다. "어째서 왕이 서둘러 그
렇게 명령하죠? 그러자 애리옥이
대니얼에게 알려주었다.
16 그래서 대니얼이 들어와, 왕에게
시간을 요청하며, 자신이 풀이를
해보겠다고 했다.
17 그리고 대니얼이 집으로 돌아가,
그 일을 해너나야, 미쉐얼, 애저라
야 동료에게 알렸다.
18 그들은 그 비밀에 대해 하늘의 **하
나님**에게 자비를 간절히 기원했다.
그러면서 대니얼과 동료는 배블런
의 현자와 더불어 모두 죽지 않기
를 바랐다.
19 그 비밀이 어느날 밤 환상으로 대
니얼에게 보였다. 그러자 대니얼
은 하늘의 **하나님**에게 감사했다.
20 대니얼은 이렇게 말했다. "**하나님**
의 이름이 영원히 축복되기를 바
랍니다. 왜냐하면 지혜와 힘은 그
의 것이기 때문이죠.
21 그는 시간과 계절을 바꾸고, 왕을
제거하고, 새 왕을 세우고, 현자에
게 지혜를 주고, 이해할 수 있는 지
식을 주지요.
22 그는 깊이 숨어있는 비밀도 드러
내고, 어둠 속에 있는 것도 알며, 빛
이 그와 함께 있기 때문이에요.
23 나는 당신에게 감사하며, 당신을
높이 자랑합니다. 오 나의 조상의
하나님! 당신은 나에게 지혜와 힘
을 주고, 지금 당신에게 바라던 바
를 알게 해주었어요. 그래서 우리
가 왕의 꿈을 알게 해주었어요."
24 그런 다음 대니얼은 배블런의 현
자를 죽이라는 왕명을 받은 에리
옥에게 가서 말했다. 배블런의 현
자를 죽이지 말고, 나를 왕 앞에 데
려가주세요. 그러면 내가 왕에게
해설을 하겠어요."
25 그래서 애리옥이 급히 왕 앞에 대

니얼을 데려가서 말했다. "쥬다포
로 중 한 사람을 발견했는데, 그가
왕에게 꿈풀이를 해준다고 했어
요."
26 왕이 대니얼에게 물었다. "네 이름
은 벨터샤자가 아닌가? 네가 내가
꾼 꿈을 해석할 수 있나?
27 대니얼이 왕 앞에서 대답했다. "왕
이 요구한 꿈의 비밀은, 현자나, 점
성술사나, 마술사나, 점쟁이는 왕
에게 알려줄 수 없는 일이에요.
28 오직 하늘의 **하나님**만이 그 비밀을
드러내어, 네부캔네절왕에게 다음
에 일어날 일을 알게 하지요. 침대
에서 본 꿈과 머리속 환상은,
29 왕 당신의 생각들이 침대에 누웠
을 때, 마음속으로 들어왔는데, 그
것은 앞으로 반드시 일어납니다.
그래서 그가 비밀을 드러내어, 앞
날을 알리고 있어요.
30 그러나 나로 말하자면, 살아 있는
다른 사람 이상으로 더 현명해서,
비밀이 나에게 보인다기 보다, 왕
에게 꿈의 의미를 알도록 도와, 당
신 스스로 마음속 생각을 알 수 있
게 하는 거예요.
31 보세요, 오, 왕 당신은 거대한 형상
을 보았지요. 눈이 부실 정도로 밝
은 그 형상이 당신 앞에 서 있었는
데, 형태가 굉장했어요.
32 그 머리는 순금이고, 가슴과 팔은
은, 배와 넓접다리는 황동,
33 다리는 철이며, 발은 부분부분 철
과 진흙으로 만들어졌고요.
34 그러다 당신이 보는 사이, 인간의
손 이상의 힘으로 빚어진 돌 하나
가, 철과 흙으로 된 발 위에 떨어져,
형상이 산산이 부서지게 되었어
요.
35 그때 철과, 진흙과, 황동과, 은과 금
도 조각나, 여름철 타작마당의 겨
껍찔처럼 되버리자, 바람이 그것
을 날려, 흔적도 찾을 수 없었던 거
예요. 그리고 형상을 친 돌은 거대
한 산이 되어, 땅을 가득 채우게 되
었어요.
36 이것이 바로 그 꿈인데, 우리는 왕
앞에서 그 해석을 이렇게 말할 수
있어요.
37 오, 왕 당신은 왕중의 왕입니다. 하
늘의 **하나님**이 당신에게 왕국과,
권력과, 힘과, 영광을 주었어요.
38 사람의 자손과, 들의 짐승과, 하늘
의 새들이 사는 곳이 어디든, 그가
그 모든 것을 당신의 손에 주어, 당
신을 그들의 지배자로 만들었어
요. 당신이 바로 순금의 머리죠.
39 그리고 당신 이후에는, 당신보다
못한 왕국이 일어나고, 황동의 세
번째 왕국이 일어나 모든 땅을 지
배하게 됩니다.
40 그리고 네 번째 왕국은 쇠처럼 강
하여, 강철이 모든 것을 조각내 제
압할 정도로 부수지만, 마침내 이
역시 붕괴되어 갈라집니다.
41 그래서 당신은 발과 발가락의 부

분부분 토기용 흙과 철을 보았어
요. 그 왕국이 나뉘어져도, 당신이
본대로, 진흙이 혼합된 철만큼 강
인함이 남아 있게 되지요.
42 발가락이 쇠부분과 흙부분인 것처
럼, 왕국은 그렇게 부분적으로 강
하지만, 한편 부분적으로 붕괴됩
니다.
43 따라서 당신이 쇠와 흙이 섞인 것
을 본대로, 여러 민족이 섞이지만,
그들이 서로 뭉치지 못하는 것은,
쇠가 진흙과 섞이지 못하는 것과
같아요.
44 이들 왕의 시대에, 하늘의 **하나님**
이 어떤 왕국을 세우는데, 그것은
결코 무너지지 않고, 다른 민족에
게 종속되지도 않고, 대신 다른 민
족을 치고, 모든 왕국을 삼킨 다음
영원히 이어지게 됩니다.
45 당신이 본대로 그 돌은 사람 손 이
상의 힘으로 산을 빚어 만들며, 철
과, 황동과 진흙과 은과 금을 조각
내었죠. 위대한 **하나님**이 앞으로
일어날 일을 왕에게 알렸던 것이
죠. 그 꿈은 분명하고, 해석도 확실
합니다."
46 그러자 네부캔네절왕은 얼굴을 숙
이고, 대니얼에게 존경을 표하며,
명령하여, 그에게 예물과 고급향
수를 주었다.
47 왕이 대니얼에게 대답했다. "진실
가운데 진실이란, 바로 너희 **하나님**
이 신 중의 신이고, 왕 중의 왕이며,
비밀을 보여주는 존재가 맞다는
것이다. 그래서 그 비밀을 알 수 있
도록 너에게 보여준 것이다."
48 그러면서 왕은 대니얼을 큰인물로
만들어, 많은 선물을 주었다. 그를
배블런 전지역을 다스리는 총리로
만들고, 총독들의 대표로서 배블
런의 현자를 다스리게 했다.
49 그런데 대니얼은 왕에게 요청하
여, 쉐드락, 메샤크, 애벧네고 동료
들을, 배블런 주 지역업무를 관장
하게 하면서, 자신은 왕의 궁전에
남아있었다.

타는 화로

3 네부캔네절왕이 황금신상을 만
들었는데, 높이는 60큐빝27m, 넓
이는 6큐빝2.7m이었다. 그는 그것
을 배블런 지역 두라평원에 세웠
다.
2 왕은 사람을 보내어, 대군왕자, 총
리, 지휘관, 판관, 재무관, 자문관,
집정관, 지역총독을 모아, 그 왕이
세운 신상의 봉헌식에 참석하게
했다.
3 그래서 대군왕자, 총리, 지휘관, 판
관, 재무관, 자문관, 집정관, 지역총
독은, 네부캔네절왕이 세운 신상
봉헌식에 참석하여, 그 신상 앞에
섰다.
4 그때 큰 소리가 들렸다. "각 언어
별 백성과 민족에게 명령한다.
5 너희가, 관악기 코넽과 플루트, 색

버트트롬본형, 현악기 하프와, 썰터
리, 타현악기 덜써머 등, 각종 악기
소리를 들으면, 바닥에 엎드려, 네
부캔내절왕이 세운 황금신상에 경
배해라.
6 누구든지 엎드려 경배하지 않는
자는, 그 순간 불타는 화로속으로
집어넣는다."
7 그래서 모든 백성이 모든 종류의
악기소리를 듣자, 모두가 엎드려
황금신상을 경배했다.
8 그때 몇몇 캘디언이 가까이 오더
니, 쥬다인을 비난했다.
9 그들이 왕에게 와서 말했다. "오,
영원한 왕이여!
10 당신은 모두에게 선포하여, 각종
악기소리를 들으면, 땅에 엎드려
황금신상에 경배하라고 했어요.
11 그리고 엎드려 경배하지 않는 자
는, 불타는 화덕에 집어넣는다고
했지요.
12 그런데 당신이 배블런의 지역업무
를 맡긴 일부 쥬다인이 있는데, 쉐
드락, 메샤크, 애벤네고 이들은, 왕
당신을 개의치 않고, 왕의 신에게
제사하지 않고, 당신이 세운 신상
에 경배도 하지 않고 있어요."
13 그러자 네부캔네절왕이 화가 나
고 괘씸해서, 쉐드락과 메샤크와
애벤네고를 데려오라고 명령했다.
그래서 이들을 왕 앞에 데려왔다.
14 왕이 그들에게 말했다. "그게 사실
인가? 쉐드락, 메샤크, 애벤네고,
너희가 나의 신을 섬기지 않고, 내
가 세운 황금신상에 경배도 하지
않았나?
15 만약 너희가 악기소리를 듣고 엎
드려, 내가 만든 신상에 경배했다
면, 좋지만, 경배하지 않았다면, 불
타는 화덕속으로 지금 던져야 한
다. 내 손에서 너희를 구할 **하나님**
이 누구일까?"
16 쉐드락과, 메샤크와, 애벤네고가
대답했다. "오, 네부캔네절왕이여!
우리는 이 문제에 관해, 우리를 변
호할 필요가 없어요.
17 만약 그러면, 우리가 섬기는 **하나
님**이 불타는 화덕에서 우리를 구할
수 있고, 또 왕 당신의 손에서도 구
할 거예요.
18 하지만 그렇지 않더라도, 왕 당신
은 알게 됩니다. 우리는 당신의 신
을 섬기지 않고, 당신이 세운 황금
신상에 경배하지도 않을 것임을
말이죠."
19 그러자 네부캔네절왕이 격노하며,
그의 얼굴이 쉐드락, 메샤크, 애벤
네고에게 일그러졌다. 그래서 그
가 명령하여, 화덕에 불을 7배 이
상 달구라고 했다.
20 또 그의 군인 중 최고용사에게 명
령하여, 쉐드락, 메샤크, 애벤네고
를 묶어, 불타는 화덕에 던지게 했
다.
21 이들은 겉옷에, 속옷, 모자 및 다른
옷을 입은 채 묶여, 불타는 화덕속

에 던져졌다.
22 왕의 명령이 너무 엄중해서, 화덕
의 열기가 과도하게 올랐기 때문
에, 화염의 불길이 오히려 그들을
붙잡은 용사들을 태웠다.
23 그리고 세 사람 쉐드락, 메샤크, 애
벧네고는 묶인 채, 뜨겁게 불타는
화덕속에 떨어졌다.
24 그때 네부캔네절왕은 너무 놀라,
급히 일어나 자문관에게 말했다.
"우리가 세 사람을 묶어 불 가운데
던지지 않았나?" 그들이 왕에게
답했다. "맞아요. 오, 왕이여!"
25 그가 대답했다. "보라, 내가 본 네
사람이 결박이 풀린 채, 불속에서
걷고 있는데, 다치지도 않았고, 네
번 째는 **하나님**의 아들 같은 모습
이다."
26 그러면서 네부캔네절왕은 불타는
화덕입구로 다가가서 말했다. "쉐
드락, 메샤크, 애벧네고, 너희 가장
높은 **하나님**의 종들아, 어서 이곳
으로 나와라." 그러자 세 사람이 불
한가운데서 나왔다.
27 그때 대군왕자, 총리, 대장, 왕의 자
문관들이 모여, 이들을 지켜보았
는데, 그들의 신체에 불의 흔적이
없고, 머리카락 한올조차 그을리
지 않았으며, 입은 옷도 변하지 않
았고, 타는 냄새도 스미지 않았다.
28 그때 네부캔네절왕이 말했다. "쉐
드락, 메샤크, 애벧네고의 **하나님**
을 찬양해라. 그는 자기의 천사를
보내어, 그를 믿는 종을 구했다. 그
들은 왕의 말을 어기고, 몸까지 바
치며, 그들의 **하나님** 이외, 어떤 신
도 섬기지 않고 경배하지 않았다.
29 그러므로 내가 선포한다. 각자의
언어를 사용하는 백성과 민족 모
두, 쉐드락, 메샤크, 애벧네고의 **하
나님**에 대해 부적절한 말을 하는
자는, 조각나고, 그들의 집은 쓰레
기더미가 될 것이다. 왜냐하면 이
와 같이 구할 수 있는 신은 **하나님**
이외는 아무도 없기 때문이다.
30 당시 그 왕은 쉐드락, 메샤크, 애벧
네고를 배블런 지역에서 높이 승
진시켜주었다.

네부캔네절의 감사

4 네부캔네절왕이, 그 땅위에 사
는 각자 같은 언어를 사용하는
모든 민족과 나라에게 말했다. "여
러분에게 끝없는 평화가 있기를
바란다.
2 나는, 고귀한 **하나님**이 나를 향해
보인 신호와 기적을 알려야 마땅
하다고 생각한다.
3 그의 사인이 얼마나 위대한가! 또
그의 경이는 얼마나 강력한가! 그
의 왕국은 영원하고, 그의 지배는
세대에서 세대로 이어진다.
4 나 네부캔네절이 내집에서 편히
지내고, 내궁전에서 모든 행운을
누리고 있을 때,
5 어느날 나를 두렵게 하는 꿈을 꾸

게 되었다. 내가 침대에 누워 생각
하다 떠오른 머리속 환상이 나를
괴롭혔다.
6 그래서 내 앞에 배블런의 현자를
데려오도록 선포하여, 그들이 내
꿈의 의미를 알려주게 했다.
7 마법사, 점성술사, 캘대언, 점쟁이
가 왔을 때, 내가 그들에게 꿈을 말
해주었는데, 그들은 풀지 못했다.
8 마침내 대니얼이 내 앞에 왔다. 그
의 이름은 나의 신의 이름을 본떠
벨터샤자로 지어주었는데, 그에게
는 신성한 여러 신의 영혼이 있었
다. 나는 그에게 꿈이야기를 하며,
9 '마법사들의 수장, 오 벨터샤자야,
나는 신성한 여러 신의 영혼이 네
안에 들어있다고 알기 때문에, 너
에게는 비밀이 어렵지 않을 것이
다. 내가 본 꿈의 환상이 무엇인지
말해달라.
10 침대에서 내 머리에 떠오른 환상
은 이랬다. 내가 보니, 땅 가운데 있
는 한 나무가 대단히 높았다.
11 그 나무는 튼튼하게 자라, 높이가
하늘까지 닿게 되자, 온 지구의 끝
까지 다 보이게 되었다.
12 그 나뭇잎은 아름다웠고, 열매는
풍성하여 모두를 위한 양식이 되
었다. 야생짐승은 그 아래 그늘을
차지하고, 하늘의 새는 가지에서
살고, 모든 육체가 그것을 먹으며
살았다.
13 내가 누워 머릿속 환상을 보니, 신
성한 전령 하나가 하늘에서 내려
왔다.
14 그가 크게 소리치며 말했다. '저 나
무를 쳐서 쓰러뜨리고, 가지를 자
르고, 나뭇잎을 흔들고, 열매도 떨
어버려라. 그 아래에서 짐승을 쫓
아내고, 가지의 새도 쫓아라.
15 그렇지만 땅속 뿌리의 그루터기는
남겨, 쇠줄과 동줄로 묶어서, 들의
여린 풀속에 두어라. 그래서 그것
을 하늘의 이슬에 젖게 하고, 땅의
풀속 사이에 짐승과 함께 있게 해
라.
16 그리고 그의 마음을 다르게 변화
시키고, 짐승의 마음을 그에게 주
도록 하며, 일곱 번을 지나게 해라.'
17 이것이 전령이 전한 명령이고, 신
성한 자의 요청인데, 살아 있는 사
람에게 다음을 알리는 의도였다.
곧, 인간왕국을 지배하는 가장 높
은 존재가, 그가 의도하는 상대에
게 왕국을 주어, 가장 낮은 사람 위
에서 다시 세우려는 것이다.
18 이 꿈을, 나 네부캔네절왕이 꾸었
다. 오 벨터샤자, 너는 그것을 풀이
해서 알려달라. 내 왕국의 현자 모
두 해몽할 수 없어도, 너는 할 수
있을 것이다. 왜냐하면 네 안에는
신성한 여러 신의 영혼이 있기 때
문이다."
19 그러자 벨터샤자로 불리는 대니얼
이 한 시간 동안 당황하며 고민했
다. 왕이 말했다. "벨터샤자야, 그

꿈을 풀려고 고민하지 마라." 그리
고 벨터샤자가 대답했다. "나의 주
인님, 이 꿈이 당신을 싫어하는 자
에 대한 꿈이고, 해석도 당신 적에
관한 것이면 좋았을 텐데요.
20 당신이 보았던 그 나무는 튼튼하
게 자라, 하늘까지 닿자, 땅 어디에
서나 보게 되었고,
21 나뭇잎은 아름답고 열매가 많아,
모두의 양식이 되었으며, 야생짐
승은 그 아래에 살고, 가지는 하늘
을 나는 새에게 둥지가 되었어요.
22 나무는 바로 당신, 강하게 커진 왕
이에요. 당신의 위대함이 높아져,
하늘까지 닿자, 땅 곳곳마다 당신
의 지배가 미치고 있지요.
23 거기서 왕이 본, 신성한 전령이 하
늘에서 내려와 하는 말이, '저 나무
를 쳐서 쓰러뜨리지만, 땅속 뿌리
의 그루터기는 남겨, 쇠줄과 동줄
로 묶어서, 들의 여린 풀속에 둔 다
음, 그것을 하늘의 이슬에 젖게 하
고, 그의 마음이 야생짐승이 되기
를, 일곱 번까지 하라'고 했지요.
24 다음은 해석인데요, 오, 왕이여! 이
것은 나의 주인님 당신에게 내리
는 가장 높은 존재의 명령이에요.
25 사람들이 당신을 몰아내고, 당신
의 거처는 야생짐승이 살게 하고,
당신이 소처럼 풀을 먹게 하고, 당
신이 하늘의 이슬을 맞게 하며, 일
곱 차례가 지나면, 그때서야 당신
은 가장 높은 존재가 인간왕국을
지배하여, 그의 뜻에 맞는 상대에
게 왕국을 준다는 것을 알게 되는
것이죠.
26 거기서 그들이 나무뿌리의 그루터
기를 남기라고 명령한 것은, 당신
의 왕국이 다시 당신에게 오게 되
지만, 그 시기는, 당신이 하늘의 지
배를 알게 된 다음이에요.
27 따라서, 오 왕이여, 나의 조언을 받
아들이고, 정의를 실천하여 당신
의 잘못을 없애고, 불쌍한 사람에
게 자선을 보여 당신의 죄에서 벗
어나세요. 그러면 당신의 평정이
길어질 겁니다."
28 이 모든 일이 네부캔네절왕에게
이루어졌다.
29 그리고 12월이 끝날 무렵, 왕은 배
블런왕국의 궁전으로 걸어들어오
게 되었다.
30 왕이 말했다. "이 왕국은 내가 나의
힘과 위대한 명예로 건설한 위대
한 배블런이 아닌가?"
31 왕의 입에서 그 말을 하는 사이, 하
늘에서 어떤 목소리가 내려오며
말했다. "이것은 네부캔네절왕에
게 하는 말이다. 그 왕국은 너를 떠
났다.
32 사람들이 너를 내쫓아, 네 거처에
들짐승이 살게 되고, 그들이 너에
게 소처럼 풀을 먹이기를, 일곱 번
이 지나면, 가장 높은 존재가 인간
왕국을 지배하여, 그의 의지의 상
대에게 왕국을 준다는 것을, 네가

알게 된다" 라고 했다.
33 동시에 그 일이 네부캔네절에게
그대로 이루어졌다. 그는 사람한
테 쫓겨나, 소처럼 풀을 먹고, 몸은
하늘의 이슬에 젖었고, 머리카락
은 독수리 깃털같이, 손톱은 새발
톱처럼 자랐다.
34 그날이 다 지나, 나 네부캔네절이,
내 눈을 하늘로 들어올리자, 내게
이해력이 돌아왔다. 그래서 나는
가장 높은 존재에게 감사하고, 영
원히 살아 있는 그를 찬양하며 명
예를 그에게 돌렸다. 그의 지배는
영원하고, 그의 왕국은 세대에서
세대로 이어진다.
35 땅위에 사는 모두는 아무것도 아
니라고 생각한다. **하나님**은 하늘
군대와 땅에 사는 인간 가운데, 자
기 의지대로 하기 때문에, 아무도
그의 손안에 머물 수 없고, 또 그에
게 '대체 당신이 왜 이러냐?'고 말
할 수 없다.
36 그때 나의 이성이 나에게 돌아왔
다. 내 왕국의 영광과, 나의 명예와
현명함이 내게 들어왔다. 나의 자
문관과 나의 제후가 나를 찾아, 나
의 왕국을 구축하게 되었고, 나의
탁월한 위용도 더 추가하게 되었
다.
37 이제 나 네부캔네절은 하늘의 왕
을 찬양하고, 그의 명예를 드높인
다. 모든 그의 작업은 진실이고, 그
의 길은 정의이다. 자만하며 인생
을 걷는 자는 품격이 떨어질 수 있
다."

성벽의 글

5 벨샤자왕은 그의 천여명 제후에
게 큰 축제를 열고, 그 앞에서 술
을 마셨다.
2 벨샤자가 와인을 음미하며, 아버
지 네부캔네절이 저루살럼 성전에
서 빼앗은 금은그릇을 가져오라고
명령하여, 왕과 대군왕자와 아내
와 첩이 그것으로 마시고자 했다.
3 그래서 그들은 저루살럼 주님성전
에서 가져온 황금잔을 갖다, 왕과
대군왕자와 아내와 첩이 거기에
술을 마셨다.
4 그들은 와인을 마시며, 금과 은과
동과 쇠와 나무와 돌로 만든 여러
신을 칭찬했다.
5 그때 사람의 손가락들이 나타나더
니, 촛불 맞은편 궁전벽의 플래이
스터 회칠 위에 글을 쓰자, 왕이 글
을 쓰는 손 부분을 보았다.
6 그때 왕의 얼굴빛이 변하며, 불안
한 생각이 들더니, 그의 허리 관절
이 풀리고, 그의 양 무릎이 후들거
렸다.
7 왕이 크게 소리쳐, 점성술사 캘디
언 점쟁이를 데려오게 하여, 왕이
배블런의 현자에게 말했다. "누구
든 이 글을 읽고, 그 의미를 풀어주
는 사람은, 주홍옷을 입히고, 목에
금줄을 걸어주고, 왕국에서 세 번

째 통치자가 되게 하겠다."
8 그래서 왕의 현자가 들어왔지만,
글을 읽을 수 없어, 왕에게 해설도
하지 못했다.
9 당시 벨샤자왕은 몹시 두려워, 얼
굴색이 변하자, 그의 제후도 당황
했다.
10 한편 왕비가 왕과 제후의 이야기
를 듣고 연회장으로 들어와서 말
했다. "오 왕이여, 영원하세요. 그
생각으로 자신을 괴롭히지 말고,
안색도 변하지 마세요.
11 당신의 왕국에 있는 한 사람은, 신
성한 여러 신의 영혼이 있어, 당신
아버지 시대에 밝은 이해와 신들
과 같은 지혜가 그에게서 발견되
었어요. 당신 아버지 네부캔네절
왕은 그를 두고, '마술사, 점성술사,
캘디언, 점쟁이의 수장'이라고 말
했어요.
12 탁월한 영혼과 지식과 이해와 꿈
해설과 어려운 문장해석 및 의혹
풀이 능력이 대니얼한테서 발견되
어서, 왕이 벨터샤자라고 이름 붙
여준 대니얼을, 이제 불러오면, 그
가 해석해줄 거예요."
13 그래서 대니얼이 불려오자, 왕이
말했다. "너는 쥬다자손 포로 대니
얼로, 내 아버지가 쥬다민족 가운
데 데려온 바로 그 자인가?
14 내가 듣기로, 너는 여러 신의 영혼
이 들어있어, 밝은 이해력과 탁월
한 지혜가 나타난다고 한다.
15 지금 현자와 점성술사가 내 앞에
와서, 이 문장을 읽고 뜻을 알려줘
야 하는데, 그것을 풀이할 수 없다.
16 그런데 네가 해석하여, 의혹을 풀
수 있다고 들었다. 만약 그 글을 읽
을 수 있어, 내게 의미를 알려주면,
네게 주홍옷을 입히고, 목에 금줄
을 걸어, 이 왕국의 통치자 서열 제
3인자가 되게 하겠다."
17 그때 대니얼이 왕에게 대답했다.
"선물은 당신이 갖고, 포상은 다른
사람에게 주세요. 단지, 나는 글을
읽어 왕에게 해설을 하지요.
18 오 왕이여, 가장 높은 **하나님**이, 당
신 아버지 네부캔네절에게 왕국과
위용과 영광과 명예를 주었어요.
19 **하나님**이 그에게 준 위용으로 인
해, 각자 같은 언어를 사용하는 모
든 사람과 나라가, 사람을 죽이고
살리는 그 왕 앞에서 떨며 두려워
했어요. 그는 높이 세우기도 하고,
제거할 수도 있었으니까요.
20 그런데 그의 마음이 들떠, 자만심
이 강해졌을 때, 그가 왕좌에서 그
를 퇴위시키고, 그의 영광을 빼앗
았어요.
21 그리고 그는 사람한테 내쫓겼는
데, 그의 마음은 짐승 같이 되어, 야
생나귀처럼 살며, 소처럼 풀을 먹
게 했고, 몸은 하늘의 이슬에 젖은
채, 가장 높은 **하나님**이 인간왕국
을 지배하여, 그의 뜻이 있는 자를
지정하는 것을 알 때까지 그랬어

요.
22 그리고 그의 아들, 오 벨샤자왕이
여, 당신은 이 모든 사실을 알면서,
자기 마음이 겸손하지 못했어요.
23 대신 하늘의 **주인**님에 맞서며 자신
을 들어올려, 당신 앞에 그의 성전
그릇을 가져오게 하여, 당신의 제
후와 아내와 첩과 함께 거기에 와
인을 마시고, 은금동철과 나무와
돌로 만든 여러 신을 자랑했지만,
그것은 보지도 듣지도 알지도 못
하는 신이죠. 당신의 숨이 **하나님**
의 손안에 있고, 당신의 앞길이 그
의 것인데도, 당신은 그의 명예를
존중하지 않았어요.
24 그때 그로부터 온 손의 일부가 이
글을 썼어요.
25 여기에 쓰인 글은, '메네, 메네, 테
켈, 펄신' 이라고 적혀있어요.
26 다음은 이 글의 해석인데, 메네는,
하나님이 당신 왕국의 수명을 헤아
려, 이미 끝냈다.
27 테켈은, 당신을 저울에 달아보니,
함량미달이 드러났다.
28 펄신은, 당신 왕국이 분열되어, 메
데스와 펄션페르시아인에게 주어진
다는 뜻입니다."
29 그때 벨샤자가 명령하여, 대니얼
에게 주홍옷을 입히고, 목걸이를
걸어, 그가 왕국의 서열 3위 통치
자라고 선포하게 되었다.
30 바로 그날 저녁, 벨샤자가 캘디언
왕에게 살해되었다.
31 그리고 미디안 출신 드라이어스가
왕국을 물려받았는데, 62세 나이
였다.

대니얼과 사자동굴

6 드라이어스는, 왕국을 세워 제
후120명이 전국을 관리하게 되
자 흡족했다.
2 이들을 관리하는 세 총리 가운데
수석이 대니얼이었고, 제후가 총
리들에게 회계를 보고하여, 왕에
게 손해가 없도록 했다.
3 당시 대니얼이 다른 총리와 제후
보다 더 신임을 받은 것은, 그에게
탁월한 영혼이 있다고 생각했기
때문이어서, 그에게 전국관리를
맡겼다.
4 그때 다른 총리와 제후는 국정에
관해 대니얼에 맞설 기회를 찾으
려고 했지만, 그들은 기회도 찾지
못했고, 실수도 나타나지 않았다.
그는 성실했으므로 실수도 없었
고, 잘못이 발견되지도 않았다.
5 그래서 그들이 말했다. "대니얼에
대해 어떤 트집도 찾을 수 없는데,
차라리 그의 **하나님**의 법에서 찾는
편이 낫겠다."
6 그리고 다른 총리와 제후가 모여
왕에게 말했다. "드라이어스왕이
여, 영원하세요!
7 왕국의 모든 총리와, 총독과, 제후
와, 자문관과, 군지휘관이 함께 의
논하여, 왕국의 법안을 세우고 엄

격한 명령을 만들었어요. 어떤 신
이나 사람에게 호소하는 자는 누
구든지, 왕을 제외하고, 30일간 사
자동굴에 던져넣게 됩니다.
8 이제 법률이 정해지도록 왕이, 성
문에 서명하면, 그것은 바꾸지 못
하고, 메데스와 펄션페르시아 법에
따라 개정도 안 됩니다."
9 그래서 드라이어스왕은 그 성문과
명령에 서명했다.
10 한편, 대니얼은 성문이 서명되었
다는 것을 알았는데도, 집으로 가
서 창을 열고, 저루살럼을 향해 하
루에 세번 무릎을 꿇고 기도하며,
하던대로 그의 **하나님**에게 감사했
다.
11 그때 그들이 모여, 대니얼이 기도
하며, 그의 **하나님** 앞에서 간청하
는 것을 알았다.
12 그들이 왕에게 가까이 가서 왕의
법령에 관하여 말했다. "당신은 성
문에 서명하지 않았나요? 누구든
지 **하나님**이나 사람에게 호소하는
자는, 왕 당신만 제하고, 30일간 사
자동굴에 던져진다고 했지요? 왕
이 대답했다. "그것은 사실이다. 메
데스와 펄션 법에 따라 변경불가
다."
13 그들이 왕에게 대답했다. "대니얼
은 쥬다자손 포로 중 하나인데, 왕
당신을 개의치 않고, 당신이 서명
한 성문법도 무시하며, 대신 하루
에 세번씩 기원하고 있어요."
14 왕이 이 말을 듣고, 마음이 몹시 불
편해서, 대니얼을 구하기로 작정
했다. 그리고 해가 질 때까지 그를
구할 방법을 궁리했다.
15 그들이 다시 모여, 왕에게 말했다.
"오 왕 당신은 메데스와 펄션 법을
기억하세요. 왕이 세운 명령과 법
령은 절대 바꾸지 못해요."
16 그때 왕이 명령하자, 그들은 대니
얼을 데려다 사자동굴에 던졌다.
그리고 왕이 대니얼에게 말했다.
"네가 언제나 섬기는 **하나님**이 너
를 구할 것이다."
17 그리고 돌 하나를 갖다, 굴입구를
막고, 왕 자신의 인장으로 봉인하
고, 제후의 인장도 함께 찍어 폐쇄
했다. 그 의도는 대니얼에 관하여
절대 변경불가의 의미였는지 모른
다.
18 왕은 궁전으로 돌아가, 그날 저녁
을 굶으며, 악기연주도 사양했는
데, 잠이 오지 않았다.
19 다음날 아침 일찍 일어나, 왕이 급
히 사자동굴로 갔다.
20 굴에 와서, 그는 슬픈 목소리로 대
니얼을 불렀다. "오 대니얼, 살아있
는 **하나님**의 종, 네가 계속 간청하
면, **하나님**이 사자로부터 너를 구
할 수 있을까?"
21 그때 대니얼이 왕에게 대답했다.
"오 왕이여, 영원하세요!
22 나의 **하나님**이 천사를 보내, 사자
의 입을 다물게 하여, 나를 헤치지

않았어요. 내가 **하나님** 앞에서 결
백한 만큼, 왕 당신 앞에서 역시 그
래서, 나는 다치지 않았어요."
23 그러자 왕은 몹시 기뻐하며, 대니
얼을 끌어내라고 명령했고, 굴밖
으로 나온 대니얼은 다친 곳이 없
었다. 그 이유는 그가 자기의 **하나
님**을 믿었기 때문이었다.
24 왕은 명령하여, 대니얼을 고소한
그들을 사자동굴에 집어넣었을 뿐
아니라, 자녀와 아내까지 집어넣
었더니, 사자가 능숙하게 해치워,
뼈조각 같은 것만이 동굴바닥에
남겨졌다.
25 그때 드라이어스왕이 그 땅에 사
는 모든 민족 별, 나라 별, 언어 별
각 사람들에게 글을 썼다. "여러분
에게 평화가 있기를 바란다.
26 나는 선언한다. 내가 지배하는 전
왕국에 있는 사람은, 대니얼의 **하
나님** 앞에서 떨며 두려워해야 한
다. 그는 살아있는 유일한 신이므
로 영원히 이어지고, 그의 왕국은
무너지지 않고, 그의 지배는 영원
할 것이다.
27 그는 구원하고 구제하며, 하늘과
땅에 표시와 경이를 만든다. 그가
바로 사자의 힘에서 대니얼을 구
했다."
28 그래서 대니얼은 드라이어스의 통
치시대와 펄션의 사이러스 통치시
기에 편안하게 살았다.

대니얼 환상의 네 짐승

7 배블런왕 벨샤자 첫해에, 대니
얼이 잠자리에서 꿈과 환상을
보고, 그것을 적어 요점을 전했
다.
2 대니얼이 말했다. "내가 밤에 환상
을 보니, 하늘에서 네 방향의 바람
이 큰바다를 강타했다.
3 또 큰짐승 네마리가 바다에서 올
라왔는데, 모습이 서로 달랐다.
4 첫째는 사자 모습에, 독수리 날개
가 달렸는데, 내가 보니, 날개가 뽑
히도록, 땅에서 일어나, 인간처럼
발로 서자, 그에게 사람의 마음이
부여되었다.
5 두 번째 짐승은 곰 같은데, 몸 한쪽
을 일으켰을 때, 입안의 이 사이에
갈비 3대가 보이자, 그에게, '일어
나, 고기를 충분히 먹어라'고 말했
다.
6 다음 내가 또 다른 것을 보니, 표범
을 닮았는데, 등에 새의 날개 4개
가 있었다. 이 짐승은 머리도 4개
를 갖고, 지배력이 있었다.
7 그후, 나는 밤의 환상에서 네 번째
짐승을 보았다. 그것은 두려울 정
도로 무섭고 강한 힘이 넘쳤고, 커
다란 강철 이빨로 조각내 먹어치
우고, 나머지는 발로 짓뭉개버렸
다. 그것은 앞의 짐승들과 달리, 뿔
이 10개나 달렸다.
8 내가 뿔을 살펴봤더니, 여럿 뿔 가
운데 작은 뿔이 나오면서, 첫 뿔 중

3개가 뿌리째 뽑혔는데, 보니, 뿔
안에 사람 같은 눈이 있고, 떠벌리
는 입이 있었다.
9 나는 왕좌가 부숴지는 것을 보았
다. 옛시대인이 거기에 앉아, 눈처
럼 하얀 옷을 입었고, 머리카락은
고급양모 같았고, 왕좌는 격렬한
불꽃과 같았고, 바퀴는 불이 타오
르는 듯했었다.
10 격렬한 불줄기 하나가 그 앞에서
흘러나오더니, 수십만이 그를 따
르며, 수만씩 수만번 그 앞에 섰다.
재판정이 자리를 잡자, 책이 열리
며, 재판이 시작되었다.
11 그때 내가 쳐다보게 된 것은, 그 뿔
이 큰소리로 말했기 때문이다. 나
는 그 짐승이 몸이 파괴되고, 살해
되어, 불타는 화염 속에 던져지는
것을 보았다.
12 나머지 짐승들은 지배력을 빼앗겼
지만, 생명은 한동안 연장되었다.
13 내가 밤에 환상을 보니, 사람의 아
들 같은 자가 하늘의 구름에서 나
왔는데, 옛시대로부터 나온 것 같
았고, 그를 그 앞에 가까이 데려갔
다.
14 그러자 그에게 지배력과 영광과,
왕국이 주어지고, 모든 백성과, 나
라와, 같은 언어 사용자들이 마땅
히 그를 섬기게 했다. 그의 지배는
영원한 지배가 되어, 사라지지 않
고, 그의 왕국은 파멸되지 않게 된
다.
15 나 대니얼 몸안의 영혼이 슬펐고,
내 머리 속 환상이 나를 괴롭혔다.
16 나는 옆에 선 그들 중 하나에게 가
까이 가서, 이 일의 진실을 묻자, 그
가 내게 말하며, 이 상황을 알려주
었다.
17 '이들 큰짐승 넷은 앞으로 그 땅에
세워질 네 왕이다.
18 그러나 가장 높은 존재의 성도들
이, 그 왕국을 빼앗아, 영원히 언제
까지나 소유하게 될 것이다.'
19 그때 나는 네 번째 짐승에 대한 진
실을 알고 싶었다. 그것은 다른 것
과 달리 모습이 두려울 정도로 무
섭고, 강철 이빨과 황동 손톱으로
먹어치우며, 조각내고, 나머지는
발로 밟았다.
20 그의 머리에 난 뿔10개 중 3개가
떨어져 나가면서 다른 뿔이 솟아
났는데, 그 뿔은 눈도 달리고, 과시
하며 말하는 입을 가져서, 다른 동
료보다 더 굵어보였다.
21 내가 또 보니, 그 뿔은 믿는 사람들
과 싸워, 그들을 물리쳐버렸다.
22 옛시대인이 와서, 가장 높은 존재
를 믿는 사람에게 정의를 실현해
줄 때, 그들은 왕국을 소유하는 날
이 온다.
23 그가 다음을 말했다. '넷째 짐승은
땅위에 네 번째 왕국이 되는데, 그
것은 다른 왕국과 달리, 땅 전체를
집어삼키고, 밟아 부술 것이다.
24 이 왕국에서 나오는 뿔 10개는, 앞

으로 왕 열 사람이 일어나는 뜻이
고, 첫번에 난 그룹과 다른 모습의
왕은, 왕 셋을 굴복시킬 것이다.
25 그런 다음 그는 가장 높은 존재에
맞서 큰소리로 대들고, 가장 높은
존재를 따르는 사람을 점차 기운
을 약화시키며, 시대와 법을 변화
시킬 생각을 한다. 그러면 사람들
은 한 시대와, 여러 시대와 절반 시
대가 될 때까지 그의 손에 주어질
것이다.
26 그러나 재판정이 자리하면, 그들
이 그의 지배를 박탈하여, 삼키고,
파멸시켜 끝낼 것이다.
27 다음 왕국과 지배 및 하늘 아래 왕
국의 위대함은 가장 높은 존재를
믿고 따르는 사람에게 주어지고,
왕국은 영원한 왕국이 되고, 모든
주권은 그를 예배하고 복종할 것
이다.'
28 여기가 환상의 끝이다. 나 대니얼
은, 너무 많은 고민으로 마음이 괴
로웠고, 얼굴빛이 변했지만, 모든
것을 마음에 간직했다."

대니얼 환상의 숫양과 염소

8 벨샤자왕 집권 3년에, 나 대니얼
에게 환상이 나타났다. 처음에
나타난 다음 번이었다.
2 환상에서 보니, 나는 일램지방의
슈샨궁전에 있었는데, 울라이 강
옆이었다.
3 그때 눈을 들어보니, 강앞에 뿔이
두 개 달린 숫양 한 마리가 서 있었
고, 큰뿔 둘 중, 하나는 다른 뿔보다
더 높았고, 높은 것이 나중에 나왔
다.
4 내가 보니, 숫양이 서쪽으로, 북쪽
으로, 남쪽으로 밀어붙이자, 어떤
짐승도 그 앞에 맞설 수 없었고, 아
무도 숫양 손에서 구해낼 수도 없
었다. 그리고 그는 제 마음대로 하
며 크게 자랐다.
5 내가 이것을 생각하는 사이, 숫염
소 하나가 땅 서쪽에서 왔는데, 땅
을 디디지도 않았고, 눈 사이에 특
이한 뿔 하나가 있었다.
6 숫염소는, 내가 보았던, 강앞에 서
있는 뿔이 둘 달린 숫양한테, 거센
힘으로 달려갔다.
7 그리고 숫염소가 숫양에게 가까이
다가가는 모습을 보았는데, 화가
나서 숫양에게 덤벼, 뿔 두개를 부
러뜨렸다. 숫양은 힘없이 땅에 쓰
러졌고, 발로 짓밟는데도, 아무도
숫양을 구할 수 없었다.
8 그리고 크게 자라면서, 힘이 점점
강해졌을 때, 숫염소의 큰 뿔이 부
러지더니, 그 자리에 더욱 두드러
진 뿔 4개가 하늘 바람의 네 방향
으로 돋아났다.
9 그 중 하나에서 작은 뿔이 나와, 점
점 커져서, 남쪽 방향과 동쪽 방향
의 아름다운 땅으로 커졌다.
10 그것은 점점 커져, 하늘 군대에 이
르자, 일부군대와 별을 땅에 떨어

뜨려, 발로 밟았다.
11 그렇다, 숫염소는 군지휘관까지
자신을 높이더니, 마침내 매일의
제물로 희생되어, 성소에 던져졌
다.
12 하늘의 군대는 위반 때문에 그를
매일의 제물로 바쳤는데, 잘못은
진실을 바닥에 던지고, 실행하며
번성시켰기 때문이었다.
13 그때 나는 한 성도의 말소리와, 다
른 성도가 어떤 성도에게 하는 말
을 들었는데, '얼마나 오랫동안 매
일의 제물과 파멸의 죄에 대한 환
상이 계속되어, 성소와 군대가 그
의 발 아래에서 밟혀야 할까?' 라
고 했다.
14 그러자 그가 나에게 말해주었다.
'2,300일이 될 때까지 계속하면, 성
소가 정화될 것이다.'
15 환상을 본, 나 대니얼이 뜻을 찾으
려고 보니, 내 앞에 사람의 모습 같
은 것이 서 있었다.
16 나는 울라이강둑 사이에서 사람의
음성이 부르는 소리를 들었다. '개
이브리얼, 이 사람이 환상을 이해
하게 해줘라.'
17 그리고 그가 내가 선 곳으로 가까
이 다가올 때, 내가 두려워, 얼굴을
숙였더니, 그가 내게 말했다. '오 사
람의 아들아, 이해해봐라. 그 환상
은 마지막 시대에 관한 것이다.'
18 그가 이야기하는 사이, 나는 얼굴
을 땅에 대고 깊은 잠에 빠져 있었
더니, 그가 나를 건드려서 내가 똑
바로 섰다.
19 또 그가 말했다. '보라, 나는 분개의
끝이 어떻게 되는 지 너에게 알려
주겠다. 정해진 시간에 마지막이
올 것이다.
20 네가 본, 뿔 두 개 달린 숫양은 미
디어와 펄쟈의 왕들이다.
21 거칠은 숫염소는 그리스왕이고,
눈 사이에 난 큰 뿔은 첫 번째 왕이
다.
22 한편, 뿔이 부러진 곳에 뿔 4개가
서게 되는 것은, 그 나라에 4개 왕
국이 생기지만, 힘은 없다.
23 그들의 왕국 마지막 시대에, 죄가
가득 차면, 험악한 얼굴에 수수께
끼를 이해하는 왕이 나타날 것이
다.
24 그의 힘은 강하지만, 자기 힘이 아
니기 때문에, 이상하게 파멸하는
까닭은, 그가 실행한 것이 번성한
탓에, 힘센자와 성도가 파멸을 맞
이하게 될 것이다.
25 그는 또한 속여서 번영을 만들며,
마음에서 스스로 우월해질 것이
다. 그들이 음모를 느낄 때, 그는 대
부분 파괴되고, 그가 통치자 중 통
치자에 대항하지만, 그의 입지는
무너질 것이다.
26 너에게 보여준 저녁 환상과, 아침
환상은, 진실이다. 그러니 너는 환
상을 간직해라. 그것은 많은 세월
이 지난 후 이루어질 것이다.'

27 그리고 나 대니얼은 기력을 잃고,
며칠 간 아팠다. 그리고 일어난 다
음, 왕과 관련된 일을 있었다. 그것
은 내가 환상속에서 놀랐던 일이
었지만, 아무도 이해하지 못했다.

대니얼의 기원

9 미디언 후손 애슈어러스 아들
드라이어스가, 캘디언배블런을
다스리는 왕이 된 첫해,
2 그의 집권 해에 나 대니얼은 오래
된 책의 내용을 이해하게 되었다.
거기서 **주님**의 말이 예언자 제러마
야에게 내려왔는데, 그는 저루살
럼 붕괴를 70년 동안 이룩한다고
했다.
3 그래서 나는 **주 하나님**에게 얼굴을
들고, 금식과 베옷과 재를 가지고
기도와 청원을 했다.
4 나는 **주 하나님**에게 기도로 고백했
다. "오 **주님**, 위대하고 두려운 **하나
님**은 약속을 지키며, 당신이 사랑
하는 그들 및 당신의 명령을 지키
는 자에게 자비를 베푸는 **주인**님이
지요.
5 우리는 죄를 짓고 위반하고 잘못
하고 반발하며, 심지어 당신의 가
르침과 정의에서 벗어났어요.
6 또 당신의 종 예언자에게 귀를 기
울이지 않았는데, 그들은 우리의
왕, 통치자, 조상, 그 땅의 모든 백
성에게, 당신 이름의 말을 전했는
데 말이죠.
7 오 **주님**, 당신의 속성은 정의인 반
면, 이날까지 수치로 얼굴을 덮은
자는, 쥬다인, 저루살럼 주민, 머나
가까우나 이즈리얼 모두, 당신에
게 내쫓겨 여러 나라에 흩어진 사
람들이었고, 그 원인은 그들이 당
신을 거스르며 위반하는 죄를 지
은 탓이었지요.
8 오 **주님**, 따라서 수치는 우리의 속
성으로, 우리 왕, 통치자, 조상의 것
이며, 우리가 당신에 반하는 잘못
을 했기 때문이에요.
9 우리의 **주 하나님**의 속성에 따라 자
비와 용서를 바랍니다. 우리가 당
신에게 반발하고,
10 **주 하나님**의 말을 따르지 않자, 그
때 당신의 법을 따르도록, 당신의
종 예언자를 우리 앞에 세워주었
는데도, 말을 듣지 않았지만, 우리
를 용서해주세요.
11 그래요, 모든 이즈리얼이 당신 법
을 위반하고, 심지어 그들이 당신
목소리를 따르지 않으려고 이탈했
어요. 그래서 저주가 우리에게 내
려왔는데도, 당신의 종 모지스의
법에 적힌 맹세도 지키지 않으면
서, 우리는 당신에게 죄를 지었어
요.
12 당신은 자기 말을 확실히 굳히고,
우리와 우리의 통치자에게 큰 재
앙을 내린다고 말했지요. 저루살
럼에 내린 재난 같은 것은 하늘 아
래 없었던 것이었어요.

13 모지스 법에 기록된대로, 모든 재
난이 우리에게 내렸는데도, 우리
는 여전히 **주 하나님**에게 기도하지
않고, 잘못에서 돌아서 당신의 진
실을 이해하려고 하지 않았어요.
14 그래서 비행을 지켜보던 **주님**이 우
리에게 재앙을 가져왔고요. 우리
의 **주 하나님**이 이룬 모든 일은 올
바른데, 우리는 그의 말을 따르지
않았기 때문이에요.
15 오 **주 하나님**, 이제 당신은, 이집트
땅에서 강력한 힘을 가진 당신 사
람을 데려와, 이날처럼 당신의 명
성을 알렸는데도, 우리는 죄를 짓
고, 비행을 저질렀어요.
16 오 **주님**, 당신의 모든 정의에 따라,
내가 당신에게 간청하는데요, 당
신의 분노와 화를 저루살럼의 당
신의 신성한 동산에서 되돌려주세
요. 우리의 죄와 조상의 잘못으로
저루살럼과 당신의 백성이 주위
모두로부터 비난을 받았어요.
17 그러니 이제, 오 우리의 **하나님**, 당
신 종의 기도와 청원을 듣고, 당신
을 위해, 파괴된 성소 위에 당신의
얼굴빛을 내려주세요.
18 오 나의 **하나님**, 당신의 귀로 듣고,
눈을 들어 우리의 폐허를 봐주세
요. 그 도성은 당신의 이름으로 불
리던 곳이죠. 우리가 당신 앞에서
올바르기 때문에 청원하는 게 아
니라, 당신의 위대한 자비를 바라
기 때문이에요.
19 오 **주님**, 들어주세요. 오 **주님**, 용서
해주세요. 오 **주님**, 귀를 기울여 듣
고 실천해주세요. 오 나의 **하나님**,
당신 자신을 위해 단념하지 말아
주세요. 당신의 도성과 백성이 당
신의 이름으로 불리기 때문이에
요."
20 그렇게 내가 말하고, 기도하며, 나
의 죄 및 내 민족 이즈리얼의 죄를
고백하면서, **주 하나님** 앞에 나의
하나님의 신성한 동산을 위한 청원
을 하고 있었는데,
21 그렇다, 내가 기도하는 사이, 내가
처음 환상에서 보았던 개이브리얼
이, 가볍게 날더니, 저녁 봉헌시간
에 나를 살짝 쳤다.
22 그리고 나에게 알려주었다. "오 대
니얼, 나는 지금 너에게 통찰력과
이해력을 주려고 왔다.
23 너의 청원이 시작될 때부터, 나에
게 명령이 내려서, 너에게 알리러
왔다. 너는 몹시 **주님**의 사랑을 받
는 사람이므로, 앞날을 이해하고,
환상을 깊이 생각해야 한다.
24 너희 민족과 신성한 도성에 대하
여 70주 기간이 결정되어 있으니,
위반을 끝내고, 죄를 마치며, 잘못
에 대한 화해를 만들어, 영원한 정
의를 실천하고, 환상과 예언을 봉
인하여 간직하고, 최고성소에 기
름을 부어야 한다.
25 그래서 앞으로 올 명령을 잘 알도
록 이해하여, 머사야메시아로 오는

지도자를 위해 간직하고 저루살럼
을 재건해라. 그것은 7주에 62주까
지 걸릴 것이다. 거리는 다시 짓고,
성벽도 새로 짓고, 심지어 어려운
시대도 개선된다.
26 그리고 62주가 지나면, 머사야가
제거되어 죽어도, 그것은 자신을
위한 것이 아니다. 미래 지도자의
백성이 도성과 성소를 파괴하는
데, 그 끝은 홍수가 되고, 전쟁으로
파멸되는 끝이 정해져 있다.
27 그는 1주일 동안 많은 사람과 굳게
약속하고, 그 주중에 그가 희생제
와 봉헌제를 중단시키는 것은, 혐
오가 만연하기 때문인데, 그가 그
것을 모두 삼킬 때까지 파괴하면,
정해진 모든 것은 무너져 내릴 것
이다."

대니얼 환상 속 사람

10 펄자페르시아왕 사이러스 3년
에, 어떤 알림이 벨터샤자로
불리는 대니얼에게 나타났는데,
그 일은 사실이었지만, 정해진 시
기는 멀었다. 그는 환상을 통해 그
것을 이해할 수 있었다.
2 당시 나 대니얼은 3주간 애도 중이
었다.
3 나는 빵도 제대로 먹지 않고, 고기
나 술도 입에 대지 않고, 3주가 끝
날 때까지 몸에 기름도 바르지 않
았다.
4 그 해 첫 달 24일, 나는 큰강 히데
켈티그리스강 옆에 서 있었다.
5 그때 내 눈을 들어, 리넨옷을 입은
사람을 보게 되었는데, 그는 허리
에 우퐈즈산 순금 벨트를 찼다.
6 그의 몸은 베럴녹주석원석 같고, 얼
굴은 번개 같고, 눈은 등불 같고, 팔
과 다리는 형광 황동색 비슷했고,
그의 음성은 여러 음성소리가 울
리는 것 같았다.
7 나 대니얼 혼자만 그 환상을 보았
고, 함께 있던 사람들이 그 환상을
보지 못한 이유는, 그들이 공포로
떨다가, 모두 도망가 숨었기 때문
이었다.
8 그래서 혼자 남아 놀라운 환상을
보다, 기운이 빠져버렸다. 나의 침
착함이 창백하게 변하여, 힘이 하
나도 없었기 때문이었다.
9 그런데 그의 음성을 들었다. 그 음
성을 들었을 때, 나는 땅에 얼굴을
대고, 깊은 잠에 빠져 있었다.
10 그리고 어떤 손이 나에게 닿아, 내
무릎과 손바닥으로 나를 일으켜
세웠다.
11 그가 내게 말했다. "오 대니얼, 큰
사랑을 받는 사람아, 똑바로 서서,
내가 하는 말을 들어라. 나는 말을
전하려고 너에게 온 것이다." 그가
이렇게 말했으므로, 나는 떨며 서
있었다.
12 그때 그가 내게 말했다. "대니얼,
두려워마라. 네가 마음을 이해해
달라고 고백한 첫날부터, **하나님**

앞에서 스스로 반성하는 네 말을
들었기 때문에 내가 왔다.
13 그러나 펄쟈왕국 왕이 21일간 나
를 막았는데, 수석 제후 중 마이클
이 나를 도우러 왔다. 그때 나는 여
러 펄쟈왕과 함께 있었다.
14 이제 나는 너에게 마지막 시대에
사람에게 생길 일을 알리려고 한
다. 단지 이 환상은 오랜 세월이 걸
린다."
15 그가 내게 이런 말을 하자, 나는 고
개를 숙이고 벙어리가 되었다.
16 그때 보니, 사람자손과 비슷하게
생긴자가 내 입을 만지자, 나의 입
이 열려서, 내 앞에 선 그에게 말했
다. "오 **주인**님, 환상 때문에 슬퍼
져, 내게 기운이 남아 있지 않아요.
17 나는 **주인**님의 종인데 어떻게 **주인**
님과 대화할 수 있나요? 나로서는,
기운이 빠져, 숨쉴 기력조차 남아
있지 않아요."
18 그때 사람의 모습을 한 자가 나를
어루만지며, 힘을 주었다.
19 그리고 말했다. "오 대단히 사랑받
는 사람아, 두려워마라. 네게 평화
가 있으니, 강인해야 한다. 그렇다,
강해져라." 그가 내게 말하자, 나는
힘이 생겨서, 말했다. "나의 **주인**님
이 말할 수 있도록, 내게 힘을 주었
어요."
20 그때 그가 말했다. "내가 너에게 온
이유를 알겠니? 이제 나는 돌아가,
펄쟈왕과 싸울 것이다. 내가 가면,
보라, 그리스왕이 올 것이다.
21 그러나 나는 너에게 진실의 증거
책속 기록을 알려주겠다. 이런 일
에서 나를 도울 사람은 아무도 없
고, 오직 너희 왕 마이클이 있을 뿐
이다."

남쪽과 북쪽의 왕들

11 또한 나는, 미디언 출신 드라
이어스 첫해, 그가 입지를 구
축하고 강해지도록 도왔다.
2 "이제 나는 너에게 진실을 알려주
겠다. 보라, 펄쟈페르시아에 세 왕이
일어난 다음, 네 번째 왕은 셋보다
훨씬 부강해지는데, 그의 부에 따
르는 힘을 가지고, 그리스 왕국을
공격하도록 선동할 것이다.
3 또 힘센 왕이 일어나면, 엄청난 지
배력으로 자기 뜻대로 다스리게
된다.
4 한편 그가 일어나면서, 그의 왕국
은 무너져, 하늘 바람의 4방향으로
분열된다. 그리고 그의 후손에게
이어지지도 않고, 그가 다스리던
지배력에 따르지도 않게 된다. 왜
냐하면 그의 왕국은 뿌리째 뽑혀,
다른 나라에 속하기 때문이다.
5 남쪽 왕은 강해지지만, 그의 사령
관 중 하나가 그를 능가하여, 자신
의 왕국을 갖게 된 다음, 막강한 지
배력을 갖게 될 것이다.
6 몇 해가 지나 그들은 서로 연합하
게 된다. 남쪽 왕의 딸들이 북쪽 왕

에게 가서 동맹을 맺지만, 딸은 군
사력을 갖지 못하고, 왕도 세우지
못하고, 세력도 없다. 대신 딸은 그
녀를 데려온 사람들과, 그녀를 낳
은 사람과, 당시 그녀를 지지해 준
사람과 함께 물러난다.
7 그러나 그녀의 가계에서 나온 한
사람이 자기 영토에서 일어나, 군
대를 몰고와, 북쪽 왕의 요새로 쳐
들어간 다음 이기게 된다.
8 그리고 그는 포로를 잡아 이집트
로 데려갈 때, 그들의 신과, 대군왕
자와, 값비싼 금은 그릇도 함께 가
져간다. 그리고 그는 북쪽 왕보다
몇 년간 더 권력을 유지한다.
9 그래서 북쪽 왕이 남쪽 왕국으로
쳐들어가지만, 자기 땅으로 되돌
아가게 될 것이다.
10 대신 그의 아들들이 선동하여, 엄
청난 세력를 모으고, 그중 하나가
확실하게 나와, 전역을 휩쓸고 간
다음, 다시 그의 요새에서 멀리까
지 가서 싸운다.
11 그러자 남쪽 왕은 분개하여 싸우
러 나가서, 북쪽 왕과 전쟁을 벌이
고, 큰 군대를 배치하여, 많은 수를
수중에 넣게 된다.
12 다수를 빼앗게 되자, 그의 마음이
우쭐해져, 수만명을 살육하지만,
그는 그것으로 승리하지 못한다.
13 북쪽 왕이 다시 올 때, 이전보다 훨
씬 더 많은 군대를 갖추게 되는데,
몇 년 후 엄청난 군대와 재산으로
확실하게 쳐들어올 것이다.
14 그때 많은 숫자가 남쪽 왕에 대항
하여 일어나고, 또 너희 백성 중 반
발자들이 환상에 따라 스스로 들
고 일어나지만, 그들은 쓰러진다.
15 그래서 북쪽 왕은 다시 와서, 보루
를 세우고, 강한 요새도성을 빼앗
기 때문에, 남쪽 군대가 버티지 못
하고, 그의 정예군도 방어하지 못
하고, 대항할 힘도 없어진다.
16 그러나 그에게 맞서려고 오는 사
람은, 자기 의지에 따라 실행하기
때문에, 아무도 그 앞에 나서는 자
가 없고, 마침내 그는 자기 손으로
무너뜨릴 그 땅에 명예롭게 설 것
이다.
17 그는 그의 전 왕국에 힘을 강화시
켜 똑바로 세울 결심을 하고, 실행
할 것이다. 그리고 그는 자기 딸을
그에게 주어 그들을 타락시키려고
하지만, 그녀는 그의 편이 되어주
지 않고, 그를 위해 애써주지도 않
는다.
18 그런 다음, 그는 관심을 해안지대
로 돌려, 많은 포로를 잡는데, 자신
을 위해 일했던 한 사령관이 그의
오만을 끝내어, 자신에게 돌아올
비난을 제거하게 될 것이다.
19 다음 그는 자기 땅의 요새지로 관
심을 돌리지만, 흔들리다 쓰러져
존재를 잃게 된다.
20 그때 그의 왕국의 영광 속에서 세
금징수관이 일어나지만, 며칠 못

가서 분노도 싸움도 없이 파멸한
다.
21 그리고 악한 하나가 일어나는데,
사람들한테 왕국의 명예를 부여받
지 못했는데도, 조용히 들어와, 달
콤한 말로 왕국을 차지한다.
22 막강한 군대가, 그 앞에서 전역을
휩쓸지만, 그렇다, 그 계약의 지도
자 역시 파멸한다.
23 다른 나라와 동맹관계를 맺은 이
후에 그는 계속 속이며, 적은 사람
으로 강한 듯 꾸밀 것이다.
24 그는 가장 비옥한 지역으로 가만
히 들어가, 그의 조상도 하지 않고,
조상의 조상도 하지 않는 일을 할
것이다. 그는 사람에게 전리품과,
약탈물과 재물을 나눠주며, 맞다,
얼마간 강한 요새를 상대로 여러
궁리를 세워도 한동안뿐이다.
25 그가 큰 군대를 가진 남쪽 왕을 상
대로, 자기 힘과 용기를 북돋도록
선동할 때, 남쪽의 왕은 더 크고 힘
센 군대로 전쟁하려고 준비하게
된다. 그러나 그가 맞서지 못하는
이유는, 저들이 그를 공격하려고,
많은 계획을 세우기 때문이다.
26 그렇다, 그의 양식 일부를 먹었던
사람들이 그를 파멸시키고, 그의
군대를 전복시켜, 많은 사람이 쓰
러져서 죽게 된다.
27 그리고 이런 왕의 마음은 비행을
저지르려는 의도로 협상테이블에
서 거짓을 말하지만, 성공하지 못
하고 결국 지정된 시기가 오게 된
다.
28 그때 그는 큰 재물을 가지고 제 나
라로 돌아가게 되는데, 그의 마음
이 신성한 약속을 깨뜨리며, 약탈
하여 자기 나라로 돌아가는 것이
다.
29 그는 정해진 시기에 돌아서, 남쪽
을 향해 오지만, 그 때는 이전이나
이후만큼 되지 못할 것이다.
30 키팀의 배가 그를 향해 오면, 그는
불안하여 되돌아가며, 분개하여,
신성한 약속을 깨뜨릴 것이다. 그
렇게 행동하며, 돌아가서 신성한
약속을 버린 사람과 관계를 맺게
된다.
31 그러면 군대가 그의 편에 서고, 그
들은 힘의 성소를 오염시키고, 매
일의 희생제사를 폐지하고, 대신
그곳을 망치는 혐오물을 두게 된
다.
32 그는 약속에 반하는 비행을 저지
르는 자를 꾀어 부패하게 만들지
만, 그들의 **하나님**을 아는 사람의
힘이 강해져, 행동에 나설 것이다.
33 사람 가운데 이해력이 있는 사람
이 많은 사람을 가르치지만, 그들
은 칼에 쓰러지고, 화염에 타죽고,
포로가 되어, 오랫동안 빼앗기게
된다.
34 그들이 쓰러지면 하찮은 도움만
받을 뿐, 대신 대부분은 아첨에 이
끌리게 된다.

35 이해력을 가진 일부가 쓰러지면,
그들은 노력하고, 정화하여 사람
이 순수해지는데, 마지막 시기가
올 때까지 그렇다. 하지만 그것은
때가 정해져 있기 때문이다.
36 그리고 왕은 제맘대로 행동하고,
자신을 높이고, 모든 신 이상으로
자신을 치켜세우고, 신들의 신 **하**
나님을 상대로 놀라운 이야기를 함
부로 하며, 분노가 채워질 때까지
번성할 것이다. 이는 이루어지도
록 결정되어 있다.
37 그는 조상의 **하나님**도 생각하지 않
고, 여자의 바람이나 어떤 신도 아
랑곳하지 않을 것이다. 왜냐하면
그는 모든 것 이상으로 스스로를
크게 생각하기 때문이다.
38 대신 그는 그의 왕국에서 요새의
신을 존중하고, 그의 조상이 모르
는 어떤 신을 금과 은과 보석으로
만족하는 모양을 만들어 예배할
것이다.
39 그렇게 그는 가장 강한 요새지에
서 다른 신을 섬기면서, 그것을 인
정하고, 영광을 높여, 여러 신이 많
은 사람을 지배하게 하고, 땅의 농
산물을 나누게 될 것이다.
40 마지막 시기가 오면 남쪽의 왕이
그를 공격하고, 북쪽의 왕도 그에
게 돌풍처럼 공격하고, 마차와 기
병과 다수의 배로 그의 나라로 진
격하여 들어가, 휩쓸어버릴 것이
다.
41 그는 또 영광의 땅으로 진격하고,
많은 나라가 그로 인해 쓰러지지
만, 이들은 그의 손에서, 또 이듬,
모앱, 애먼자손의 대표 손에서 도
망치게 될 것이다.
42 그가 그의 손을 여러 나라로 뻗으
면, 이집트땅도 피하지 못할 것이
다.
43 대신 그는 금은의 재물로 인해 힘
을 갖게 되고, 이집트의 귀중한 재
물을 관리하게 되며, 리비안과 이
씨오피아인도 그의 발아래 놓일
것이다.
44 그러나 동쪽과 북쪽에서 전해지는
소문이 그를 두렵게 한다. 그래서
그가 나가서 격노하며 파괴하고,
많은 사람을 철저히 파멸시킬 것
이다.
45 그는 바다 사이에 있는 찬란하게
빛나는 신성한 동산에 그의 궁전
의 성소를 세울 것이다. 그래도 그
의 마지막이 다가오면, 아무도 그
를 돕지 못한다."

마지막 시기

12 "그때 마이클이 일어난다. 그
위대한 왕은 너희 민족자손
의 보호자가 된다. 어려운 시기가
올 텐데, 그런 것은 나라가 생긴 이
후 어떤 나라도 겪어보지 못한 것
이다. 그때 너희 백성이 구원을 받
고, 이 책에 쓰여진 모두가 구원받
는다.

2 그리고 땅속에서 잠자던 대부분이
깨어나, 일부는 영원한 생명을 얻
고, 일부는 수치와 영원한 모욕을
당할 것이다.
3 또 현명한 자는 창공의 빛처럼 밝
게 빛나고, 마음이 돌아선 많은 사
람은 영원한 별처럼 정의가 반짝
일 것이다.
4 그러나 너 대니엘은 말하지 말고,
책을 봉인하여 마지막 시기까지
간직해라. 대부분은 이리저리 뛰
며, 지식을 늘릴 것이다."
5 그때 나 대니얼이 보니, 거기 다른
두 사람이 서 있었는데, 하나는 강
둑 이쪽에, 다른 하나는 저쪽에 있
었다.
6 한 사람이 리넨옷을 입고 강가에
서 있는 사람에게 말했다. '이런 기
적이 끝나려면, 얼마나 오래 있어
야 하나요?'
7 그리고 나는, 리넨옷을 입고 강가
에 서 있는 사람의 말을 들었다. 그
는 오른손과 왼손을 하늘로 들어
올려, 영원히 살아 있는 존재의 이
름으로 맹세했다. '그것은 한 시대
와, 여러 시대와, 절반 시대 동안이
될 것이다. 그가 신성한 백성의 힘
을 완전히 흩어놓게 될 때, 이 모든
것이 끝난다."
8 내가 그것을 들었지만, 이해하지
못했다. 그래서 내가 말했다. "오
나의 **주인**님, 이 모든 것의 끝은 어
떻게 되나요?"
9 그러자 그가 말했다. "대니얼, 네
길을 가거라. 말을 하지 말고, 마지
막 시기까지 봉인하여 간직해라.
10 대부분이 정화되고, 순화되도록
노력할 것이다. 대신 악한은 옳지
않은 행동을 하므로, 그중 아무도
이해하는 자가 없지만, 현명한 사
람은 이해하게 된다.
11 매일의 희생제사가 없어진 때부
터, 파멸에 이르는 혐오가 자리잡
아, 1,290일 계속될 것이다.
12 기다리는 자는 축복받고, 1,335일
에 이르는 자는 복이 있을 것이다.
13 그러나 너는 이것이 끝날 때까지,
네 길을 가거라. 그러면 너는 쉴 수
있고, 마지막이 끝날 때, 네 유산의
땅을 받을 것이다."

예언자 호제아

호제아의 아내와 자녀

1 주님의 말이 비라이 아들 호제
아호세아에게 들려왔는데, 쥬다
왕 우자야, 조쌤, 애이해즈 헤저키
아 시대와, 이즈리얼왕 조애쉬 아
들 제러범 시대였다.
2 주님이 호제아에게 이렇게 말을 시
작했다. "가서, 생활이 문란한 여자
와 결혼하고, 자식도 낳아라. 왜냐
하면 그 땅이 대단히 문란해져, 주
인을 벗어났기 때문이다."
3 그래서 그는 가서 디블리엄의 딸
거머를 맞이하자, 그녀가 임신하
여 아들을 낳았다.
4 주님이 그에게 또 말했다. "그의 이
름을 제즈리얼씨뿌리다이라고 불러
라. 왜냐하면 얼마 안 되어, 내가 제
후집안에게 제즈리얼의 피를 복수
하고, 이즈리얼 왕국을 끝내기 때
문이다.
5 그날 나는 이즈리얼의 화살을 제
즈리얼 계곡에서 부러뜨릴 것이다.
6 그녀가 다시 임신하여 딸을 낳았
다. 그러자 하나님이 그에게 말했
다. "딸의 이름을 로루하마사랑받지
못하는 자라고 불러라. 이는 내가 이
즈리얼 집안을 더 이상 사랑하지
않기 때문이다. 철저히 그들을 없
애버리겠다.
7 대신 나는 쥬다가문을 사랑해주
고, 그들의 주 하나님을 통해 그들
을 구하지만, 화살, 칼, 전쟁, 말, 기
병으로 구하는 것은 아니다."
8 그래서 로루하마가 젖을 뗀 다음,
임신하여 아들을 낳았다.
9 그때 하나님이 말했다. "그의 이름
을 로아미라고 불러라. 이는 너희
가 나의 백성이 아니고, 나는 너희
하나님이 아니기 때문이다.
10 그래도 이즈리얼 자손은 바다의
모래처럼 많아져, 수를 셀 수도 없
을 것이다. 그리고 너희는 '나의 백
성이 아니다'라고 말한 그 장소에
서, '너희는 살아 있는 하나님의 자
손'으로 불리게 될 것이다.
11 그때 쥬다유다자손과 이즈리얼 자
손이 한데 모여, 스스로 대표 하나
를 임명하면, 그 땅에서 나가게 되
는 것이다. 이는 제즈리얼의 날이
엄청난 처벌이기 때문이다."

이즈리얼 부정에 대한 벌

2 "네 형제 민족아미에게 말해주
고, 네 여형제 연인루하마에게 전

해라.
2 '너희 어머니에게 항의해라. 그녀
는 내 아내도 아니고, 나는 그녀 남
편도 아니다. 그러니 그녀를 눈앞
의 매춘소에서 내쫓고, 그녀 가슴
사이의 부정을 제거해라.
3 그렇지 않으면, 내가, 그녀를 맨몸
이 드러나게 벗겨, 태어나던 때의
황무지 같이, 불모지처럼 만들어,
목이 말라 죽게 하겠다.
4 또 나는, 그녀 자식도 사랑하지 않
겠다. 그들은 매춘의 자손이기 때
문이다.
5 그들 엄마가 매춘하여 임신하는
부끄러운 여자이기 때문이다. 그
녀가 말했다. '나는 내 연인을 따를
것이다. 그는 나에게 빵과 물을 주
고, 내게 양모옷과, 면옷과, 기름과,
마실 것을 주었다' 라고.
6 따라서 보라, 나는 가시덩굴로 네
가 가는 길에 울타리를 치고, 벽을
세우면, 그녀는 제 길을 찾지 못할
것이다.
7 그녀는 제 연인을 쫓아가겠지만,
연인을 따라잡지 못하고, 찾지도
못한다. 그러면 이렇게 말하겠지.
'나는 이제 돌아가, 첫 남편한테 가
야겠다. 그쪽이 지금보다 낫겠다'
라고.
8 그녀는 내가 그녀에게 곡식, 술, 기
름을 준 것을 알지 못하고, 또 그들
이 배이얼을 위해 준비한 엄청난
은과 금을 준 것도 몰랐다.
9 그래서 내가 돌아가면, 제때에 나
의 콩도 가져오고, 제철의 나의 와
인도 가져오고, 그녀의 맨몸을 덮
으라고 준 내 양털과 아마포를 도
로 찾아오겠다.
10 앞으로 내가 그녀 연인이 보는 앞
에서 그녀의 추잡함을 보이면, 그
누구도 내 손에서 그녀를 구하지
않을 것이다.
11 나는 또 그녀가 기뻐하는 날을 중
단시킬 것이다. 그녀의 축제일, 새
달, 사배쓰휴일, 신성한 축일은 없
다.
12 또 나는 그녀의 포도나무와 무화
과나무를 못쓰게 만들겠다. 그녀
는 다음을 말해왔다. '이것은 나의
연인이 내게 준 선물'이라고. 그래
서 나는 그것을 수풀로 만들어 야
생짐승이 먹게 할 것이다.
13 그리고 나는 배이얼림 축일에 그
녀를 방문하겠다. 거기서 그녀는
그에게 향을 피우고, 귀걸이와 보
석으로 자신을 꾸미고, 연인을 따
라가면서, 나를 잊었다고 **주님**이
말한다.
14 그러니 보라, 나는 그녀를 꾀내어,
황야로 데려가, 부드럽게 말할 것
이다.
15 나는 그녀에게 그곳 포도원을 주
고, '희망의 문' 애콜고통계곡을 주
겠다. 그래서 그곳에서 그녀가 젊
은시절처럼 노래하게 하고, 또 이
집트에서 나왔을 때 했던대로 해

주겠다.
16 그날이 오면, **주인**이 말하는데, 네
가 나를 이쉬남편라고 부르게 하면
서, 더 이상 나를 배이얼라이주인라
고 부르지 않게 하겠다.
17 내가 그녀 입에서 배이얼림 이름
을 없애기 때문에, 그들은 더 이상
그 이름을 기억하지 않을 것이다.
18 그리고 그날 나는 그들을 위해 계
약을 맺을 것이다. 야생짐승과, 하
늘을 나는 새와, 땅을 기는 것과 함
께 약속하며, 이 땅에 활과 칼을 부
러뜨려 전쟁을 없애고, 그들이 편
안하게 눕게 하겠다.
19 나는 너를 영원히 나와 약혼하게
하겠다. 그렇다, 나는 너를 올바른
정의와, 사랑과 자비로 나와 결혼
약속을 하는 것이다.
20 나는 약혼까지 하며 너를 나에게
충실하게 만들 것이다. 그러면 너
는 **주인**을 알게 될 것이다.
21 그날에, **주인**이 말하는데, 나는 하
늘에서 듣고, 그들은 땅에서 듣게
하겠다.
22 땅은 곡식의 소리와, 와인의 소리
와, 올리브오일의 소리를 듣고, 그
들은 제즈리얼의 소리를 듣게 될
것이다.
23 그때 나는 이 땅에서 그녀를 나에
게 심을 것이다. 또 나는 그녀가 받
아보지 못한 관대한 사랑을 주며
나의 백성이 아닌 사람들에게 말
하겠다. '너희는 나의 백성이다' 라
고 말하면, 그들도 말할 것이다. '당
신은 나의 **하나님**'이라고."

아내와 화해

3 그때 **주님**이 나에게 말했다. "다
시 가서, 다른 남자를 사랑하며
간통한 아내를 사랑해주어라. 마
치 **주님**이 이즈리얼 자손을 사랑하
듯 그대로 해라. 그들이 비록 다른
신을 바라보고, 또 술고래를 사랑
했어도 말이다.
2 그래서 나는 그녀에 대한 대가로
은 15쉐클170g과, 보리 1.5호머195Kg
를 주고 다시 데려와,
3 그녀에게 말했다. "너는 오래도록
나를 위해 살아야 한다. 또 매춘하
지 말고, 다른 남자와 있어도 안 된
다. 나 역시 너를 위해 그렇게 하겠
다" 라고 했다.
4 이즈리얼 자손은 오랫동안 왕없이
지내야 하고, 또 대군왕자도 없고,
희생제사도 없고, 형상도 없고, 에
퐈드제례복도 없고, 테라핌가신도 없
이 살아야 하는 것이다.
5 그 후 이즈리얼 자손은 다시 돌아
와, 그들의 **주인 하나님**과 그들의
왕 대이빋을 찾게 된다. 그리고 나
중에는 **주인**과 그의 선의를 경외하
게 될 것이다.

이즈리얼 책망

4 "너희 이즈리얼 자손은, 주인의
말을 들어봐라. 주인이 그 땅의

주민과 논쟁하는 이유는, 그곳에
진실도 없고, 사랑도 없으며, **하나
님**에 대한 지식도 없기 때문이다.
2 맹세와, 거짓과, 살인과, 도둑질과,
매춘을 자행하며, 피가 피를 부른
다.
3 따라서 그 땅이 슬퍼하고, 그곳에
사는 모두가 비참해지고, 들짐승
과, 하늘의 새와, 그렇지, 바다의 물
고기조차 없어질 거다.
4 그래도 아무도 싸우지 말고, 서로
남을 비난하지 말아라. 그러면 너
희 민족은 사제 탓으로 돌리는 자
와 똑같아지기 때문이다.
5 너는 낮에 쓰러지게 하고, 예언자
는 너를 따라 밤에 쓰러지게 하고,
네 어머니도 제거할 것이다.
6 나의 백성은 지식이 모자라 망하
는 거다. 왜냐하면 너희가 지식을
거부했기 때문에, 나도 너희를 거
부하여, 나에게 제사하지 못하면,
너희가 **하나님**의 법을 잊었다는 것
을 깨닫게 될 테고, 나 역시 너희
자손을 잊어버리겠다.
7 제사장이 늘수록, 나에 대하여 더
죄를 짓기 때문에, 그래서 내가 그
들의 명예를 수모로 바꿔주겠다.
8 그들은 내 백성의 죄를 먹으며, 마
음에 죄지을 궁리만 한다.
9 그래서 나는 백성도 제사장도 다
음과 같이, 그들이 한 대로 벌을 주
고, 행위에 따라 갚아주겠다."
10 그들이 먹어도 충분하지 않고, 매
춘해도 생산이 늘지 않는 까닭은,
그들이 **주인**에게 귀를 기울이지 않
고 무시하기 때문이다.
11 우상숭배와 술 그리고 새술이 그
들 마음을 앗아갔다.
12 나의 백성은 그들의 나무우상에
게 자문을 구하면, 점쟁이의 막대
가 그들에게 선언한다. 우상숭배
정신이 그들을 잘못하게 만드는데
도, 그들의 **하나님** 아래에서 매춘
하러 가더라.
13 그들은 산정상에서 제사지내고,
언덕 위에서 향을 피우는데, 오크
참나무, 파플러나무, 느릅나무 그
늘 아래가 적당히 좋기 때문이다.
그래서 너희 딸이 매춘하고, 네 배
우자도 외도한다.
14 나는, 네 딸이 매춘해도 벌주지 않
고, 네 배우자가 간음해도 혼내지
않겠다. 그들 자신이 외도의 짝이
되고, 스스로 매춘의 제물이므로,
이해가 없는 백성은 망한다.
15 비록 이즈리얼 네가 외도해도, 쥬
다인 만은 위반하지 않게 해라. 그
러면 쥬다인은 길갤로 가지 말아
야 하고, 베썌븐하나님의 집까지 가
서, '**주님**은 살아 있다'고 맹세도 하
지 말아야 한다.
16 고집센 암소가 뒷걸음질 치다 뒤
로 넘어지듯, 이즈리얼이 뒤로 넘
어지면, 이제 **주님**은 넓은 초원에
서 그들을 새끼양처럼 먹일 것이
다.

17 이프리엄은 우상과 결합했으니,
그들은 내버려두어라.
18 그들의 술은 시어진다. 그들이 매
춘을 계속하며, 그곳 통치자는 창
피한 방법으로 사랑할 테니, 술이
시도록 놔둬라.
19 바람이 날개로 그곳을 말아올리
면, 그들의 제사 때문에 부끄러워
질 거다."

이즈리얼과 쥬다에게 벌

5 "오 제사장, 너희는 귀기울여 잘
듣고, 이즈리얼 집안도 왕가도
귀를 기울여라. 정의의 판정이 너
희를 향해 온다. 왜냐하면 너희가
미즈파의 덫에 걸렸고, 태이버에
쳐놓은 그물에 걸렸기 때문이다.
2 비록 내가 공격자를 꾸짖어도, 그
들 모두 살육에 깊이 빠졌다.
3 이프리엄과 이즈리얼이 나한테서
숨을 수 없다는 것을 안다. 이프리
엄 너는 외도하고, 이즈리얼은 오
염되었다.
4 그들이 그들 **하나님**에게 돌아오려
고 행동을 바꾸지 않는 것은, 우상
을 섬기는 숭배정신이 마음 가운
데 자리하여, **주인**을 모르기 때문
이다.
5 이즈리얼의 오만이 그 얼굴에서
입증되었는데, 그래서 이즈리얼과
이프리엄은 자기 죄로 쓰러지고,
쥬다 역시 그들과 함께 쓰러진다.
6 그러면 그들이 양떼와 소떼를 끌
고 **주님**을 찾아나서도, 찾지 못한
다. 왜냐하면 그 스스로 그들을 떠
났기 때문이다.
7 그들이 **주님**에 대한 신의를 저버리
고 사생아를 낳았기 때문에, 새달
축일에 그들의 들과 함께 소멸시
킬 것이다.
8 너희는 기비아에서 금관악기 코넽
을 불고, 라마에서 트럼필을 불어
라. 그리고 베쌔븐베썰의 하나님 집에
서 크게 전쟁을 소리치면, 벤저민
이 너희를 이끌 것이다.
9 비난의 날 이프리엄을 파괴하여,
이즈리얼 민족에게 확실하게 알리
겠다.
10 쥬다의 왕도 그 일대에서 돌을 옮
기는 자와 똑같이 만들어, 그들에
게 나의 분노를 물처럼 쏟아버리
겠다.
11 이프리엄은 억압받고 정의의 심판
이 내려진다. 왜냐하면 그는 자진
해서 우상의 명령을 따랐기 때문
이다.
12 따라서 나는 이프리엄과 쥬다집안
을 좀벌레로 썩힐 것이다."
13 이프리엄이 제 아픔을 느끼고, 쥬
다에게 제 상처가 생기면, 이프리
엄은 엇시리아 재렙왕에게 전령을
보낸다. 하지만 그는 너희를 위로
하지 못하고, 상처도 치료하지 못
한다.
14 왜냐하면 내가 이프리엄에게 사자
가 되고, 쥬다집안에게 맹수가 되

어주기 때문이다. 게다가 내가 찢
어버리고, 물어뜯으면, 아무도 그
들을 구하지 못한다.
15 그 다음 나는 나의 장소로 돌아가
겠다. 그들이 잘못을 깨닫고, 나의
얼굴을 찾고, 고통 속에서 일찍부
터 나를 찾을 때까지.

우상과 오염

6 "어서, 우리 **주님**에게 돌아가자!
그가 찢었으니, 우리를 위로해
주고, 그가 내리쳤으니 싸매줄 거
다.
2 이틀이 지나면 그가 우리를 회복
시키고, 삼일째 날 일으키면, 우리
는 그의 눈앞에서 살아나게 된다.
3 그때 깨닫는 것은, 우리가 **주님**을
알려고 따르면, 그의 앞길이 아침
처럼 나타나고, 또 비처럼 전이나
후에 땅에 내릴 것이다."
4 "오 이프리엄아, 내가 너에게 뭘 할
수 있지? 오 쥬다야, 내가 너를 위
해 어떻게 해줄까? 너의 행운이란
곧 사라질 아침 구름이나, 이슬에
불과하기 때문이다.
5 그래서 나는 예언자를 통해 그들
을 베고, 내 말로 그들을 죽인다. 이
제 너희 처벌은 지나가는 빛과 같
다.
6 내가 바라는 것은 사랑이지, 희생
이 아니고, **하나님**을 아는 것이 번
제 이상이다.
7 그런데 인간 모습의 저들이 약속
을 어기고, 나에 대해딴 마음을 먹
는다.
8 길리얻도성은 그들이 죄만 지어내
어, 피로 오염되었다.
9 도적떼가 사람을 기다리듯, 제사
장무리가 한결같이 길에서 악날한
짓을 하며 살인한다.
10 내가 이즈리얼 집안에서 보게된
참담한 사실은, 이프리엄의 우상
과 이즈리얼의 오염이었다.
11 또한 오 쥬다, 너를 위하여 추수할
날을 정해두었다. 내가 먼훗날 나
의 백성 포로들을 다시 돌아오게
할 때 말이다."

거부와 오해

7 "내가 이즈리얼을 위로하려 했
는데, 이프리엄의 죄가 드러나
고, 스매리아의 부정이 나타났다.
그들이 뻔뻔하게 속이자, 도둑이
안으로 들어오고, 밖에서는 강도
집단이 강탈을 하더라.
2 그들의 마음 속에는, 내가 그들의
비행을 기억한다는 것을 생각하지
않는 모양이다. 그들 행위는 자신
들에게 채워져, 내 눈앞에 있다.
3 그들은 속여서 왕을 기쁘게 하고,
거짓으로 대군왕자를 즐겁게 한
다.
4 그들은, 달궈놓은 오븐처럼, 열내
며 외도하는 자들이다. 제빵사는
반죽이 부풀어 오를 때까지 열을
올리지 않지만 말이다.

5 왕이 다스리는 시대에, 통치자는
술로 병들어, 비난자에게 제 손을
뻗는다.
6 그들은 화덕처럼 제 마음을 달구
어 기다리는 한편, 제빵사는 밤새
잠을 자고, 아침에 불이 달궈지면,
빵을 굽는다.
7 그들은 화덕처럼 뜨거워지자, 판
관을 삼키고, 그들의 왕도 쓰러뜨
린다. 거기서 나를 부르는 자는 아
무도 없다.
8 이프리엄이 스스로 사람 가운데
섞여 살아도, 그는 케익을 뒤집어
구울줄 모른다.
9 외국인이 그의 힘을 좀먹어도, 이
프리엄은 그것을 모른다. 그렇다,
흰머리가 군데군데 나도 여전히
알지 못한다.
10 이즈리얼의 오만이 제 얼굴에서
증명하는데도, 그들은 **주 하나님**에
게 돌아가지 않고, 모든 것에 대해
서도 그를 찾지 않는다.
11 이프리엄도 속없이 어리석은 비둘
기처럼, 이집트를 부르고, 엇시리
아로 가더라.
12 그들이 갈때, 그들에게 나의 그물
을 펼쳐놓고, 내가 하늘의 새를 떨
어뜨리듯, 그들 공동체가 듣는 앞
에서 혼내주겠다.
13 그들에게 재앙이다! 왜냐하면 그
들이 내게서 달아났기 때문이다.
그들은 파멸이다! 그것은 그들이
나를 위반했기 때문이다. 내가 구
했는데도 불구하고, 그들은 여전
히 나에 대해 거짓을 말해왔다.
14 또 그들은 나를 진심으로 부르지
않고, 침대에서 소리쳐 울 뿐이고,
낟알과 술을 거둬들여도, 나를 거
부할 뿐이다.
15 비록 내가 그들을 단결하고 팔힘
을 강화시켜주었지만, 그들은 나
에 대해 오해만 하더라.
16 그들이 마음을 돌린다 하지만, 가
장 높은 존재한테가 아니더라. 그
들은 온전하지 못한 화살과 같아
서, 그들의 대군왕자는 제 말이 화
가 되어 결국 칼에 쓰러진다. 이것
이 이집트에서 그들이 받을 비웃
음이다."

폭풍 속 수확

8 "너희 입에 트럼펱을 불어라. 그
는 주님성전을 향해 독수리처럼
올 것이다. 왜냐하면 그들이 나의
약속을 위반하고, 나의 법을 어겼
기 때문이다.
2 그러면 이즈리얼이 나에게 외치
며, '나의 **하나님**, 우리는 당신을 알
아요' 라고 하겠지.
3 이즈리얼이 '올바른 좋은 기준'을
버렸으니, 적이 너희를 뒤쫓게 하
겠다.
4 그들은 왕을 세웠지만, 나를 통하
지 않았고, 지도자를 정했지만, 나
는 알지 못했으며, 은과 금으로 우
상을 만들어서, 내쫓겼을 지 모른

다.
5 오, 스매리아, 네 송아지를 버려라!
나의 분노가 그들에게 치밀었다.
얼마나 더 오래 있어야, 그들이 순
수해지나?
6 이즈리얼에서 생겨난 그것은 장인
이 만든 것이지, 신이 아니기 때문
에, 스매리아의 송아지는 산산이
조각날 것이다.
7 그들이 바람을 심었으니, 돌풍을
수확할 것이다. 거기에 줄기는 없
고, 싹은 낱알을 맺지 못하며, 생산
물이 있다 해도 외국인이 삼켜버
릴 것이다.
8 이즈리얼은 휩쓸려, 앞으로 이교
도 가운데 만족되지 않는 빈그릇
신세가 될 것이다.
9 그들이 엇시리아로 가버리니, 홀
로 떨어진 야생 당나귀가 된 이프
리엄은 연인에게 팔린다.
10 맞다, 비록 그들이 나라 사이에 팔
려도, 내가 그들을 모을 텐데, 그때
는 왕의 억압 때문에 어려움을 겪
는 때가 될 것이다.
11 이프리엄이 제단을 많이 지어 죄
를 지었기 때문에, 그 제단들이 그
에게 죄가 되는 것이다.
12 나는 그들에게 나의 법을 많이 써
주었지만, 그들은 낯선 것으로 취
급했다.
13 그들이 나에게 제물을 희생시켜
도, **주인**은 그것을 받아들이지 않
겠다. 이제 **주인**은 그들의 죄를 기
억하고, 이집트로 되돌아가는 그
들의 죄를 물으러 방문할 것이다.
14 이즈리얼이 그들의 창조주를 잊
고, 우상신당을 여럿 짓고, 쥬다는
요새도성을 배로 늘려도, 내가 거
기에 불을 보내면, 그곳 궁전을 삼
킬 것이다.

이즈리얼 혼내기

9 오 이즈리얼아, 기쁨에 대해서
라면, 너는 남처럼 환호하지 마
라. 네가 **하나님**을 떠나 매춘하며
타작마당마다 생기는 품삯만 좋아
했기 때문이다.
2 타작마당과 포도압착은 그들을 먹
이지 못하고, 새와인은 그곳에서
나지 않게 될 것이다.
3 너희는 **주님**땅에서 살지 못하고,
이프리엄은 이집트로 되돌아가며,
그들은 엇시리아에서 불결한 것을
먹게 된다.
4 **주님**에게 포도주도 붓지 않고, 제
물로 즐겁게 해주지도 않기 때문
에, 그들의 제물은 자기장례를 위
한 접대용빵이 되고, 또 그것을 먹
는 모두는 오염될 것이다. 따라서
그 빵을 먹는 영혼은 주님성전에
들어오면 안 된다.
5 너희는 신성한 **주님**의 축일에 무엇
을 하며 지내나?
6 보라, 그들은 파멸되어 버렸으므
로, 이집트가 잔해를 끌어모으고,
멤퓌스가 묻을 것이다. 은으로 장

식된 좋은 장소는 쐐기풀이 차지
하고, 그들의 성전막사 안에는 가
시가 돋을 것이다.
7 방문의 날이 오고, 대가를 치를 날
이 다가온다는 것을, 이즈리얼은
알아야 한다. 예언자는 속이고, 종
교인은 미쳤다. 왜냐하면 그들에
게는 죄가 너무 많고, 증오가 너무
크기 때문이다.
8 나의 **하나님**을 따르는 예언자는 이
프리엄의 수호자이지만, 다니는
길목마다 들새 사냥용 덫을 쳐놓
은 예언자는, 주님성전 안에서 증
오를 받는다.
9 그들은 기비아시대처럼 스스로 심
하게 부패했다. 따라서 **주님**은 그
들의 죄를 기억하고, 죄를 물으러
방문할 것이다.
10 "내가 이즈리얼을 처음 발견했을
때는 야생포도 같았고, 너희 선조
를 처음 보았을 때는, 무화과나무
의 첫열매 같았다. 그런데 그들이
배이얼피오한테 가더니, 부끄러운
우상에게 자신을 바치고, 그것을
사랑하는 만큼 스스로 혐오스러워
지더라.
11 이프리엄에 대해 말하자면, 그들
의 영광은 새처럼 하늘로 달아날
텐데, 태어나도, 자궁 속에서도, 임
신 때부터 사라진다.
12 그들이 자식을 낳아도 빼앗을 테
니, 남는 자식 하나 없을 것이다. 그
렇다, 내가 그들을 떠나면, 그들에
게 재앙이다!
13 내가 타이러스를 보는듯, 이프리
엄은 좋은 장소에 자리잡았다. 하
지만 이프리엄의 자식을 살인자에
게 끌려가게 하겠다."
14 오 **주님**, 저들에게 준다면, 당신은
무엇을 주나요? 유산하는 자궁과
마른 가슴만 주세요.
15 "그들이 길갤에서 잘못해서, 내가
미워했다. 악행을 저질렀기 때문
에, 그들을 내 집에서 쫓아내고, 더
이상 사랑해주지 않겠다. 그들의
왕이 모두 반항자다.
16 이프리엄이 가격을 당하면, 뿌리
가 말라, 더 이상 열매를 맺지 못할
것이다. 그렇다, 그들이 아이를 낳
더라도, 나는 그들이 사랑하는 자
궁의 열매를 죽여버리겠다."
17 나의 **하나님**이 그들을 쫓아낸다.
사람들이 그에게 귀를 기울이지
않은 탓에, 그들은 민족 사이에 흩
어지게 될 것이다.

이즈리얼의 잘못

10 이즈리얼은 빈 포도나무라
서, 제가 먹을 열매만 달린다.
열매가 많이 나면, 제단을 늘리고,
제 땅이 비옥해지니, 그럴듯한 형
상을 만들더라.
2 그들의 마음은 나뉘어져, 결함만
보인다. 따라서 **주님**은 그들의 제
단을 무너뜨리고, 형상을 부술 것
이다.

3 앞으로 그들이 말하는 것은, “우리
는 왕이 없다. 왜냐하면 우리가 **주
님**을 두려워하지 않았기 때문이다.
왕이 있어도, 우리에게 무엇을 해
줄 수 있을까?” 라고 하겠지.
4 그들은 거짓을 맹세하며 말로만
한다. 그래서 벌판의 도랑에 독미
나리가 피면 정의가 솟아난다.
5 스매리아사마리아 주민은 베쌔븐베썰
하나님의 집의 송아지우상을 두려워
하여, 거기에 대고 울면, 우상숭배
의 제사장은 그로 인해 흐뭇하다.
따라서 그들은 그곳에서 쫓겨나,
6 엇시리아의 재렙왕의 선물이 될
것이다. 이프리엄은 수모를 당하
고, 이즈리얼은 외국동맹으로 수
치를 당한다.
7 스매리아에 대해 말하자면, 그곳
왕은 물거품과 같이 꺼질 것이다.
8 이즈리얼의 죄로 애이븐베썰의 높
은 우상신당이 무너지고, 가시와
엉겅퀴가 제단 위까지 올라오면,
제단이 산에게, ‘차라리 우리를 덮
쳐라’고 말하고, 언덕에게, ‘차라리
우리한테 쓰러져라’고 할 것이다.
9 오 이즈리얼, 너는 기비아 시절부
터 죄를 지으며, 여전히 거기에 서
있었고, 죄의 자손을 상대하는 기
비아 전투에서 그들을 제압하지
못했다.
10 나의 바람은, 그들이 두번이나 도
랑에 빠져 꼼짝 못할 때, 한자리에
모으겠다는 것이다.
11 이프리엄은 잘 훈련된 암소같아
서, 곡식 밟기를 좋아한다. 그러나
나는 암소의 아름다운 목에 멍에
를 씌워, 이프리엄이 올라타게 하
고, 쥬다는 쟁기로 밭을 갈고, 재이
컵은 흙덩이를 으깨게 하겠다.
12 네 스스로 정의의 씨를 뿌리고, 자
비를 거둬라. 쉬는 밭을 갈아라. 이
제 **주님**을 찾을 시간이다. 그가 네
게 와서, 정의의 비를 내릴 때까지.
13 너희는 악을 쟁기로 갈아, 죄를 거
둬들인 다음, 거짓의 열매를 먹었
다. 이는 힘센 용사가 많다는 것을
믿고, 제멋대로 했기 때문이다.
14 따라서 백성 가운데 동요가 일어,
너희 요새가 파괴된다. 이는 쉘먼
이 전쟁시대에 베쌔블을 무너뜨렸
을 때와 같은데, 그때 어머니는 아
이가 쓰러지는 것을 보고 달려들
었었다.
15 베썰이 그렇게 되는 것은, 너희 비
행이 너무 크기 때문이다. 아침에
이즈리얼왕이 일어나면 철저히 없
애주겠다.

갈등하며 후회

11 이즈리얼이 아이였을 때, 내
가 그를 사랑하여, 이집트에
서 나의 아들을 불러냈다.
2 그런데 그들이 불릴 수록, 더 달아
나더니, 배이얼림에게 제사하고,
조각형상에 향을 피우더라.
3 나는 이프리엄을 가르쳐, 무장하

여 저들을 붙잡게 했어도, 그들은
내가 회복시켜준 사실을 알지 못
했다.
4 나는 사람의 관계를 이끌어 사랑
으로 묶어주고, 그들의 턱에서 멍
에를 벗겨주는 존재도 되어주며,
그들에게 빵을 주었다.
5 그들이 이집트로 되돌아가지 않는
대신, 반성을 거절하므로, 엇시리
아인이 그들의 왕이 될 것이다.
6 또 칼이 그 도성에서 번득이며, 그
들의 가지를 먹어치우게 하는 까
닭은, 그들이 제마음대로 한 탓이
다.
7 나의 백성은 몸을 웅크리고 나로
부터 물러선다. 그들이 높은 성소
에서 부른다해도, 아무도 높아지
지 않을 것이다.
8 내가 어떻게 이프리엄 너를 포기
하겠나? 어떻게 이즈리얼 너를 구
할까? 어떻게 너를 애드마처럼 만
들어줄까? 어떻게 너를 지보임처
럼 대해야 할까? 내 마음이 내 안
에서 갈등하며, 후회가 함께 일어
난다.
9 나는 타오르는 나의 화를 실천하
지 않고, 이프리엄을 파괴하러 나
서지 않겠다. 왜냐하면 나는 **하나님**
이지, 인간이 아니기 때문이다. 너
희 가운데 존해하는 신성한 유일
신, 나는 그 도성에 들어가지 않겠
다.
10 그래서 그들이 주인을 따르게 하
겠다. 그가 사자처럼 으르렁거릴
때, 그 자손이 서쪽부터 떨게 하겠
다.
11 그들이 이집트에서 나온 참새처럼
떨고, 엇시리아에서 나온 비둘기
처럼 떨면, 나는 그들을 제집에 데
려가주겠다고 **주인**이 말한다.
12 이프리엄이 나를 거짓으로 둘러싸
고, 이즈리얼 집안을 속임수로 둘
러싸도, 쥬다는 여전히 **하나님**을
따르고, 성도와 함께 충실히 신의
를 지킨다.

이즈리얼과 쥬다 비난

12 이프리엄은 바람을 삼키며,
동풍을 따라간다. 그리고 매
일 거짓과 폭력을 늘리며, 엇시리
언과 계약을 맺는가 하면, 이집트
로 올리브오일을 보낸다.
2 **주님**은 또 쥬다에게 책임을 묻고,
제 행위에 따라 재이컵을 벌하며,
제 행동대로 갚아줄 것이다.
3 그는 자궁에서부터 자기 형의 발
뒤꿈치를 잡았고, 제 힘으로 **하나님**
과 싸웠다.
4 맞다, 그가 천사를 힘으로 눌러 이
기자, 그가 울며 보내달라고 애원
했다. 재이컵은 또 베썰에서 그를
발견하고 다음과 같이 말했다. "**주
님**은 우리와 함께 있다.
5 게다가 만인의 **주 하나님**, **주님**이
바로 그를 기억하는 이름이다.
6 그래서 너희는, **하나님**에게 돌아

가, 사랑과 정의를 지키고, 늘 **하나**
님을 기다리라"고 했다.
7 부정한 저울을 손에 쥔 상인은, 억
압하기를 좋아한다.
8 이프리엄이 말했다. "이제 나는, 재
물을 쌓아 부자가 되었으니, 나의
부로 인해 누구도 나한테서 잘못
이나 죄를 찾지 못할 것이다."
9 "이집트땅에서부터 너의 **주인 하나**
님 나는, 앞으로 너를 예정된 축제
일에 텐트에서 살게 하겠다.
10 나는 또 예언자를 통해 여러 환상
을 전했고, 비슷한 우화를 이용하
여 말했다."
11 길리얻에 잘못이 있나? 분명히 그
들은 쓸데없는 짓을 한다. 그들은
길갤에서 거세한 황소를 잡고, 그
렇다, 그들의 제단은 벌판 고랑에
돌더미를 쌓은 듯하다.
12 재이컵은 시리아메소포태미아 지방으
로 달아난 다음, 이즈리얼은 아내
를 얻기 위해 일했고, 또 아내를 얻
는 대가로 양을 쳤다.
13 예언자를 통하여, **주님**은 이즈리얼
을 이집트에서 데려왔고, 예언자
를 통해 그들은 보호받았다.
14 이프리엄이 반발하여 **주님**을 몹시
화나게 했기 때문에, 그에게 피의
대가를 내리고, 그의 **주인**이 그에
게 보복할 것이다.

가혹한 처벌

13 이프리엄이 흥분하며, 이즈
리얼에서 자신을 한껏 높이
고 말하더니, 배이얼숭배로 인해
유죄가 되어 죽었다.
2 이제 그들은 점점 더 죄를 지으며,
은제 주물형상도 만들고, 상상대
로 우상도 만들었다. 그것 모두 장
인의 공예품인데, 그들의 말은, '인
간제물을 희생하고, 송아지우상에
게 입맞춤하자'고 한다.
3 따라서 그들을 아침 구름이나, 이
른 아침 이슬처럼 사라지게 하고,
또 타작마당의 돌풍에 날리는 겨
껍찔이나, 굴뚝의 연기처럼 날려
버리겠다.
4 그래도 나는 이집트땅에서부터 너
희 **주 하나님**이다. 너희는 나 이외
다른 신이 없다는 것을 알아야 한
다. 나 이외 구원하는 존재란 없기
때문이다.
5 나는 불모지에서도, 가뭄이 심한
땅에서도 너를 알았다.
6 푸른 초원에서 배가 부르자, 그들
의 가슴이 우쭐해지더니, 나를 잊
었다.
7 그렇기 때문에 내가 사자나 표범
이 되어, 그들이 가는 길에서 지켜
보겠다.
8 나는 그들을 만나, 새끼 잃은 곰처
럼 그들 가슴을 갈갈이 찢어, 사자
처럼 삼켜버리면, 들짐승도 그들
을 찢어버릴 것이다.

9 오 이즈리얼, 너는 스스로 파멸했
지만, 도움의 손길은 나에게 있다.
10 나는 너희 왕이 될 텐데, 그 도성에
있는 너희를 구할 자가 어디 또 있
을까? 그런데도 그곳 판관이 너희
에게 '우리에게 왕과 지도자를 달
라'고 말하나?
11 내가 화가나서, 너희에게 왕을 주
었다가, 내 분노 때문에 다시 빼앗
았다.
12 이프리엄의 죄가 쌓여, 이제 끝이
보이지 않는다.
13 해산하는 여자의 고통이 와도, 그
는 현명하지 못한 자식이다. 왜냐
하면 자식을 낳은 곳에서 오래 머
물지 못하기 때문이다.
14 나는 무덤에게 몸값을 주고, 죽음
에서 그들을 데려오겠다. 오 죽음
아, 내가 너를 죽이는 질병이 되어
주고, 오 무덤아, 내가 너의 파괴자
가 되어주겠다. 왜냐하면 내 눈에
여전히 후회가 서려있기 때문이
다.
15 비록 그가 형제 가운데 열매를 많
이 맺어도, **주님**의 바람, 동풍을 황
야에서 불러, 샘과 우물을 말리고,
가득찬 보물함을 빼앗아 갈 것이
다.
16 그때 스매리아사마리아가 폐허가 되
는 이유는, 그곳이 **하나님**에게 반
발했기 때문이다. 그래서 그들은
칼에 쓰러지고, 그들의 아이는 던
져서 조각나며, 아이를 밴 여자는
찢길 것이다.

축복을 청원해라

14 오 이즈리얼, 너희 **주 하나님**
에게 돌아오렴. 네 죄로 네가
몰락했기 때문이다.
2 말을 받아들이고, **주님**에게 돌아와
청원해라. '모든 죄를 없애주고, 우
리를 관대하게 받아주면, 우리 입
술의 열매를 바칠 수 있어요.
3 엇시리아는 우리를 구하지 못해
요. 우리는 말에 오르지 않고, 더 이
상 우리 수공예물에게 말도 하지
않겠어요. 당신이 우리의 신이므
로, 고아에게 주는 사랑을 당신한
테서 찾겠어요' 라고 해라.
4 그러면 나는 움츠러든 그들을 위
로하고, 마음껏 사랑하겠다. 나의
분노도 그들한테서 거둘 것이다.
5 내가 이즈리얼에게 이슬이 되어
주면, 그들은 백합처럼 자라고, 레
바넌과 같이 뿌리를 내릴 것이다.
6 가지를 뻗으면, 그 아름다움이 올
리브나무가 되고, 그의 향기는 레
바넌이 된다.
7 그늘 아래에서 살던 그들이 돌아
오면, 곡식처럼 되살아나고, 포도
나무처럼 자라며, 그 향기는 레바
넌의 포도주가 된다.
8 그때 프리엄이 말한다. '내가 우상
으로 뭘하지? 나는 그의 말을 듣
고, 그에게 복종했는데. 이제 나는
푸른 전나무를 좋아한다. 내가 너

의 열매를 발견했다'라고.
9 현명한 자는 이것을 이해할까? 분
별을 잘하는 자라면 알까? **주님**의
길은 올바르고, 정의는 올바른 길
을 따르는 것이다. 대신 위반자는
그 길에서 쓰러진다.

예언자 조얼

파멸을 한탄해라

1 페쑤얼 아들 조얼에게 **하나님**의
말이 들려왔다.
2 "나이든 자 너희는 들어봐라. 그 땅
의 주민 모두 귀를 기울여라. 네가
사는 동안이나 네 조상이 살던 시
대에 이와 같은 것이 있었나?
3 너희는 자손에게 이 이야기를 해
주어야 한다. 네 자녀는 그들의 자
손에게, 그들의 자손은 다음 세대
에게 전해라.
4 유충이 먹고 남긴 것을 메뚜기가
먹고, 메뚜기가 남긴 것을 자벌레
가 먹고, 그가 남긴 것을 애벌레가
먹는다.
5 너희 술꾼은 깨어나 울고, 술고래
모두 새술을 달라고 소리쳐라. 네
입에 술이 떨어졌으니까.
6 한 나라가 나의 땅에서 일어나는
데, 강하다. 수를 셀 수 없이 많은
그들의 이는, 사자의 이빨과 같은
큰 어금니를 가졌다.
7 그는 내 포도밭을 못쓰게 만들고,
내 무화과를 뭉개, 속속들이 망가
뜨려, 나뭇가지조차 허옇게 말랐
다.
8 아직 어린데 남편을 잃고 베옷을
걸치게 된 여자인듯 한탄해라.
9 곡식제물과 음료제물은 벌써부터
주님성전에 끊긴지 오래라며, 제
사장과 **주님**의 일꾼이 탄식한다.
10 들이 버려지자, 땅이 슬퍼한다. 왜
냐하면 농사는 망치고 새술은 말
랐으며, 기름은 시들었으니까.
11 오 농부들아, 부끄러해라. 오 포도
짜는 자들은 크게 소리쳐라. 들의
밀보리 추수를 망쳤으니까.
12 포도가 마르고, 무화과는 시들고,
석류와 야자와 사과 역시 그렇고,
들의 모든 나무조차 시들어버린
이유는, 인간자손한테서 즐거움이
시들었기 때문이다.
13 너희 제사장은, 스스로 허리를 묶
고 한탄하고, 제단 종사자는 울부
짖고, 나의 **하나님**의 성직자는 밤
에도 베옷을 입고 누워라. 곡식제
물과 음료제물이 너희 주님성전에
서 사라졌기 때문이다.
14 너희는 금식하며 정화하고, 진지
한 집회를 열어, 원로와 주민을 너
희 **주 하나님**성전으로 모이게 한 다
음, **주님**에게 간청해라."
15 아아, 불행한 날이다! **주님**의 날이
임박했다. 전능한 **주님**의 파괴가

곧 온다.
16 곡식이 우리 눈 앞에서 없어질까?
그렇지, 우리 주님성전에서 기쁨
과 즐거움도 그럴까?
17 씨앗은 흙속에서 썩고, 수확은 망
치고, 저장고는 부서지고, 곡물은
시든다.
18 짐승이 얼마나 신음하는지! 가축
떼가 당혹스러워하는 것은 초원이
없어서다. 맞다, 양떼도 파멸이다.
19 "오 **주님**, 내가 당신에게 간청합니
다. 불이 야생의 초원을 삼키고, 화
염이 들의 나무를 태웠어요.
20 들판에서 짐승이 당신에게 도움을
요청하고 있어요. 강물이 마르고,
불이 야생초원을 삼켰으니까요."

아무도 피하지 못한다

2 너희는 자이언에서 나팔을 불
고, 나의 신성한 산의 경고음을
내어, 그곳 주민이 떨게 만들어라.
주님의 날이 다가와, 곧 임박했기
때문이다.
2 어두운 불행의 날, 시커먼 먹구름
의 날, 산 위에서 동이 트듯, 크고
힘센 군대가 몰려온다. 그와 같은
것은 전에도 없었고, 이후에도 없
으며, 많은 세대가 지난다 해도 없
을 것이다.
3 화염이, 그들 이전부터 타기 시작
하여, 그들 이후에도 불꽃이 이글
거리면, 그땅은 그들 이전에는 이
든동산 같았어도, 그들 이후에는
버려진 벌판이 된다. 그렇다, 아무
것도 피하지 못하게 하겠다.
4 저들 모습은 기병과 같아, 기마병
처럼 달릴 것이다.
5 저들은 전차의 소란 가운데 산정
상을 뛰어오르고, 불꽃이 타들어
가는 사나운 기세로 벌판의 그루
터기를 삼키며, 강한 군대가 전투
대열을 갖춘다.
6 저들 앞에서 그 민족은 파랗게 질
려, 마침내 온 얼굴이 검게 변할 것
이다.
7 저들은 용사가 되어 달리고, 전사
처럼 성벽을 기어오르며, 각자 자
기 위치에서 행진하고, 자기 대열
을 흐트리지 않는다.
8 서로 밀쳐내지 않고, 제자리에서
걷고, 칼에 쓰러져도 상처입지 않
을 것이다.
9 저들은 도성 이곳저곳을 달리고,
성벽위를 달리고, 가옥도 올라, 도
적처럼 창문으로 들어갈 것이다.
10 그땅이 저들 앞에서 진동하면, 하
늘이 흔들리고, 해와 달이 어두워
지고, 별이 빛을 잃는다.
11 **주님**이 그의 군대 앞에서 목소리를
높이는 것은, 그의 진영이 어마어
마하게 크게 때문이고, 그의 말대
로 집행할 의지가 강하기 때문이
고, **주님**의 날이 대단히 무섭기 때
문인데, 누가 견딜 수 있을까?
12 그래서 **주님**이 말한다. "그러니 이
제 너희는 진정한 마음으로 나에

게 돌아오너라. 금식하고, 울며, 반
성해라.
13 옷을 갈아입는 대신 마음을 바꾸
어, 너희 주인 **하나님**에게 돌려라.
그는 우아하고 관대하며, 화를 늦
추고, 애정이 많고, 자기의 재앙을
후회한다."
14 누가 알까? 어쩌면 사람이 마음을
돌려 반성하면 축복을 남길지 모
른다. 너희 **주 하나님**에게 곡식제물
과 음료제물을 올리는 것에도 복
을 줄지 모른다.
15 자이언에서 트럼펱을 불어, 금식
으로 정화하며, 진지한 집회를 열
어라.
16 사람을 모아, 공동체를 정화해라.
원로와 자손과 젖을 물리는 이까
지 불러라. 신랑은 신혼방으로부
터 나오고, 신부는 제 방에서 나오
게 해라.
17 **주님**을 섬기는 제사장은 성전현관
과 제단 사이에서 울며, 다음을 말
하게 해라. '오 **주님**, 당신의 백성을
구해주고, 당신의 유산이 비난의
대상이 되지 않게 해주세요.' 이교
도가 지배하면, 백성에게 반드시
이렇게 말할 겁니다. '너희 **하나님**
이 어디 있어?' 라고.
18 그러면 **주님**은 자기 땅에 대해 마
음이 없짢아져, 자기 백성에게 연
민이 생길 것이다.
19 맞다, **주님**은 대답하고, 백성에게
말할 것이다. '보라, 내가 너희에게
곡식과, 술과 기름을 보내면, 너희
는 그것으로 만족할 것이다. 너희
를 더 이상 이교도에게 비난받지
않게 하겠다.
20 대신 나는 북방군대를 너희한테
서 멀리 쫓아내, 불모지와 폐허지
로 몰아내겠다. 그곳은 동쪽바다
사해를 향하고, 그의 뒷부분은 서쪽
먼 지중해를 향한 곳으로, 거기서
악취와 오물냄새가 올라오는 이유
는, 그들이 몹시 나쁜 일을 했기 때
문이다.
21 쥬다땅은 두려워 마라. 기뻐하며
즐거워해라. **주님**이 위대한 일을
하기 때문이다.
22 들짐승 너희는 두려워하지 마라.
야생목초가 돋아나고, 나무가 열
매를 맺어, 무화과와 포도가 제힘
으로 나올 것이다.
23 그러니 기뻐해라. 자이언의 자손
아, 너희 **주 하나님** 안에서 환호해
라. 왜냐하면 너를 위해 이른 비를
적당히 내려주기 때문이다. 이른
비와 늦은비는 첫달에 내리게 한
다.
24 또 타작마당이 밀로 가득차고, 통
마다 와인과 올리브기름으로 흘러
넘치기 때문이다.
25 나는 매년 메뚜기가 먹어치운 만
큼 네게 갚아주겠다. 자벌레, 애벌
레, 유충의 나의 군대를 너에게 보
냈었다.
26 네가 싫컷 먹고, 배가 부르면, 너희

주 하나님의 이름을 찬양해라. 그는
너희에게 기적을 이루어주었다.
이제 나의 백성은 수모를 당하지
않게 될 것이다.
27 또 너희는 다음을 알게 된다. 내가
이즈리얼 가운데 있고, 나는 너희
주인 **하나님**이며, 그 이외 다른 것
은 없고, 나의 백성은 절대 부끄럽
지 않을 것임을 알게 될 것이다.
28 그런 다음, 내가 모든 육체에 나의
영혼을 부어주면, 너희 아들딸은
예언하고, 연장자는 꿈을 꾸며, 젊
은이는 환상을 보게 된다.
29 남종과 여종에게도 그날에 내가
나의 영혼을 부어주겠다.
30 그리고 나는 하늘과 땅에서 피와,
불과, 연기기둥의 경이를 보여주
겠다.
31 태양이 검게 변하고, 달이 핏빛으
로 변하는 것은, 엄청나게 무서운
주님의 날이 오는 전조다.
32 이제 누구나 **주님**의 이름을 부르
면, 구원받는다. 자이언언덕과 저
루살럼에서 구원을 받게 되므로,
주님의 말에 따르면, '살아 있는 모
두를 **주님**이 부를 것'이라고 했다.

이민족을 재판

3 "보라, 그날 내가 쥬다와 저루살
럼 포로를 다시 데려오면,
2 나는 모든 민족을 모아, 제호쉐팻
주님의 판정 계곡으로 데려가, 그곳에
서 나의 백성과 나의 유산 이즈리
얼을 망친 그들을 재판하겠다. 그
들은 내 백성을 다른 나라에 흩어
버렸고, 내 땅을 분열시켰다.
3 또 그들은 나의 백성을 제비뽑아,
소년을 주고 매춘하고, 소녀를 팔
아 술을 사 마셨다.
4 그렇지, 오 타이러와 자이언과, 팰
레스틴 지역 너희 모두, 나한테 어
떻게 하려고 했지? 내게 보복하려
고? 만약 너희가 나에게 갚아주겠
다면, 내가 재빨리 그것을 너희 머
리 위에 내려주겠다.
5 그 이유는, 너희가 나의 은과 금을
빼앗아, 상당한 내 귀중품을 너희
신전으로 가져갔기 때문이다.
6 쥬다와 저루살럼 자손 역시 너희
가 그리스인에게 팔아서, 그들을
경계선에서 멀리 떨어진 곳으로
옮겼기 때문이다.
7 보라, 나는, 너희가 팔았던 그곳에
서 그들을 일으켜, 너희 머리 위에
보복을 되돌려주겠다.
8 그리고 나는 너희 아들딸을 쥬다
자손에게 팔고, 서비언남아라비아 쉬바
왕국사람 및 더 먼곳 사람에게 팔아
넘기겠다"고 **주님**이 말했다.
9 너희는 이 이야기를 비쥬다인에게
알리고, 전쟁을 준비하며, 용사를
일깨워, 전쟁용사 모두 끌여들여
소집해라.
10 쟁기를 부수어 칼을 만들고, 낫을
창으로 만들고, 약자를 강자로 정
신무장을 시켜라.

11 모여들어라! 이민족아, 스스로 너
희 주위를 에워싸라. 오 **주님**, 그곳
에 저들의 강한 용사를 내려주세
요.
12 "이민족을 일깨워, 주님판정의 제
호쉐퍳 계곡으로 오게 해라. 왜냐
하면 내가 그곳에 앉아 주위 이민
족을 재판하기 때문이다.
13 너희는 손에 낫을 들어라. 추수철
이다. 와서 밟아라. 압착틀에 포도
가 차고, 통이 넘쳐흐른다. 그들의
악행이 대단히 크기 때문이다.
14 주님판정의 계곡이 차고 차고 넘
친다. 판정의 계곡에 **주님**의 날이
다가온다.
15 해와 달은 어두워지고, 별은 제빛
을 잃는다.
16 **주님** 역시 자이언에서 포효하여,
저루살럼에 그의 소리가 울려, 하
늘과 땅이 흔들려도, 그는 백성의
희망이 되고, 이즈리얼 자손의 힘
이 될 것이다.
17 그리고 너희는, 내가 나의 신성한
산 자이언에 사는 너희 주인 **하나
님**이라는 것을 알게 될 것이다. 그
러면 저루살럼은 신성한 장소가
되어, 더 이상 낯선자가 통과하지
못한다.
18 그날 여러 산은 새술을 붓고, 언덕
마다 젖이 흐르고, 쥬다계곡은 물
이 흐르고, 주님성전에서 샘이 흘
러나오며, 싯팀계곡은 물이 고인
다.
19 이집트는 파괴되고, 이덤은 불모
지가 되는 까닭은, 쥬다자손을 공
격한 탓에, 그들 땅에서 순수한 피
를 많이 흘렸기 때문이다.
20 그러나 쥬다는 영원히 살고, 저루
살럼도 대와 대를 이을 것이다.
21 왜냐하면 내가 용서하지 않은 그
들의 피를 깨끗하게 씻어주기 때
문이고, 주인이 자이언에 살기 때
문이다."

예언자 애이머스

위반자와 죄인에게 벌

1 테코아의 양치기 애이머스가,
쥬다왕 우자야 시대에 이즈리얼
에 관한 환상을 보고 전한 말이다.
당시는 이즈리얼왕 조애쉬 아들
제로범 시대로, 지진이 나기 2년
전이었다.
2 그는 말했다. "**주님**이 자이언에서
포효하고, 저루살럼에서 목소리를
높이면, 목자의 거처에서 한탄이
나오고, 카멀산 정상이 활기를 잃
게 된다."
3 **주님**이 이렇게 말한다. "드매스커
스의 위반자 세 사람과, 죄인 넷에
대하여, 나는 처벌의 마음을 바꾸
지 않겠다. 왜냐하면 그들은 철제
타작기를 가지고 길리얻 사람을
심하게 타작했기 때문이다.
4 그래서 나는 해재얼집안에 불을
보내, 벤해댇궁전을 삼켜버리겠다.
5 나는 드매스커스의 빗장을 부수
고, 애이븐악행평원의 주민을 제거
하고, 이든집안의 왕의 지팡이를
가진 자도 없앤다. 그러면 시리아
사람은 컬지역의 포로로 추방된
다"고 **주님**이 말한다.
6 **주님**이 이와 같이 말한다. "가자의
법위반자 세 사람과, 죄인 넷에 대
하여, 처벌하려는 마음을 풀지 않
겠다. 왜냐하면 그들은 포로 전체
를 끌고 가서, 이덤에게 팔아넘겼
기 때문이다.
7 대신 나는 가자성벽에 불을 보내,
가자궁전을 삼켜버리겠다.
8 또 애쉬닫 주민을 없애고, 애쉬켈
런의 왕의 홀을 쥔 자를 제거하며,
애크런을 상대로 내 손을 뻗고, 필
리스틴의 나머지를 파멸시키겠다"
고 **주님**이 말한다.
9 **주님**은 다음과 같이 전한다. "타이
러스의 위반자 세 사람과, 죄인 넷
에 대하여, 처벌을 돌이키지 않을
것이다. 왜냐하면 그들은 포로 전
체를 이덤한테 넘기고, 형제의 약
속조차 기억하지 않았기 때문이
다.
10 대신 나는 타이러스 성벽에 불을
질러, 그곳 궁전을 태워버리겠다."
11 **주님**이 이렇게 말한다. "이덤의 법
위반자 세 사람과, 죄인 넷에 대하
여, 처벌을 철회하지 않겠다. 왜냐
하면 이덤은 칼로 형제를 뒤쫓고,
연민도 없이, 그의 분노로 늘 찢어
버리며, 언제나 원한만 품기 때문

이다.
12 대신 나는 테먼에게 화염을 보내,
보즈라궁전이 불에 타오르게 하겠
다."
13 **주님**이 말한다. "애먼자손의 위반
자 세 사람과, 죄인 넷에 대하여, 혼
내줄 마음을 바꾸지 않겠다. 왜나
하면 그들은 길리언에서 아기 가
진 여자를 찢으며, 그들의 국경선
을 확장시키고자 했기 때문이다.
14 대신 나는 래바성벽에 불을 질러,
그곳 궁전을 태우며, 전쟁을 외치
고, 폭풍의 날 돌풍으로 휩쓸어버
리겠다.
15 그러면 그들의 왕이 포로로 끌려
가고, 그의 대군왕자도 같이 잡혀
간다"고 **주님**이 말한다.

강해도 자신을 구하지 못한다

2 **주님**이 다음과 같이 말한다. "모
앱의 법위반자 세 사람과, 죄인
넷에 대하여, 처벌을 변경하지 않
겠다. 왜냐하면 그들이 이덤왕의
뼈를 태워 석회가루로 만들었다.
2 대신 나는 모앱에게 불을 보내, 그
것이 케리오쓰 궁전을 집어삼켜,
모앱이 혼란 속에 죽고, 고함과 트
럼핕 소리에 죽게 하겠다.
3 그래서 나는 그 가운데 판관을 죽
이고, 더불어 그곳 대군왕자까지
살해하겠다"고 **주님**이 말한다.
4 **주님**이 이와 같이 말한다. "쥬다의
위반자 세 사람과, 죄인 넷에 대하
여, 나는 처벌을 바꾸지 않겠다. 왜
냐하면 그들은 **주님**의 법을 무시하
고, 명령을 지키지 않고, 거짓으로
사람이 잘못을 저지르게 하며, 그
들 조상이 걷던 길을 따라갔다.
5 대신 나는 쥬다에 불을 보내, 저루
살럼 궁전을 집어삼키게 하겠다."
6 **주님**이 다음을 말한다. "이즈리얼
의 위반자 세 사람과, 죄인 넷에 대
하여, 나는 처벌의 방향을 돌리지
않겠다. 왜냐하면 그들은 은에 정
직한 자를 팔고, 신발 한 켤레에 가
난한 자를 팔아넘겼으니까.
7 약자의 머리에 흙먼지를 씌워 고
통을 주고, 온순한 자가 하는 일을
제쳐놓고, 남자가 제 아버지와 한
소녀에게 들어가며, 나의 신성한
이름을 더럽혔다.
8 그러면서 그들은 제단 옆에서 저
당잡힌 옷 위에 누워, 그들의 신당
안에서 저주의 술을 마신다.
9 그래서 나는 그들보다 먼저 애머
리를 파멸시켰다. 그들의 키는 시
더나무만큼 컸고, 참나무만큼 강
했지만, 나는 위쪽 열매를 망치고,
아래 뿌리도 뽑았다.
10 나는 이집트에서 너희를 데려와,
40년간 황야를 지나게 한 다음, 애
머리땅을 소유하게 했다.
11 또 너희 아들을 예언자로 키우고,
또 너희 청년을 내저린 사람으로
키웠다. 그렇지 않는가, 오 이즈리
얼 자손아?" 라고 **주님**이 말한다.

12 "그런데 너희는, 내저린에게 술을
마시게 하고, 예언자에게 명령하
여 예언을 금지했다.
13 보라, 내가 너희를 누르도록 압박
을 받고 있다. 마치 수레가 볏단으
로 가득 차 밑으로 눌리듯.
14 그렇게 되면 잽싸도 도망치지 못
하고, 강해도 자신을 구하지 못한
다.
15 활 든 자는 제대로 서지 못하고, 발
빠른 자도 자기를 구제하지 못하
며, 말 탄 자도 스스로 살아남지 못
할 것이다.
16 용맹한 강자도 그날에는 맨몸으로
도망가기 바쁠 것"이라고 **주님**이
말한다.

이즈리얼에 대한 증인소환

3 "오 이즈리얼 자손아, 너에 대해
주님이 전한 메시지를 들어봐라.
내가 이집트에서 데려온 집안 전
체에 대한 말이다.
2 지구가족 중 유일하게 선택한 너
에 대해, 내가 잘못에 대한 벌을 주
려는 것이다.
3 둘이서 합의없이 함께 걸을 수 있
나?
4 사자가 먹이 없는 숲에서 으르렁
거릴 수 있나? 잡아먹을 게 없는
데, 어린 사자가 굴속에서 소리칠
까?
5 새가 유인용 먹이도 없는데 땅의
덫으로 걸려들까? 전혀 걸린 게 없
다고, 덫이 땅에서 튀어오를까?
6 도성에 트럼펱이 울리면, 주민이
두려워하지 않겠나? 도시에 재난
이 있으면, **주님**이 그렇게 한 게 아
닐까?
7 확실히 **주 하나님**이 아무것도 하지
않아도, 자기 비밀을 그의 종 예언
자에게 드러낸다.
8 사자가 으르렁대는데, 누가 두렵
지 않을까? **주 하나님**이 말하는데,
예언이 아니라면 누가 전할 수 있
나?
9 애쉬닫의 궁전에 알리고, 이집트
의 궁전에도 전해라. '너희 스스로
스매리아 산 위에 모여, 그 가운데
벌어지는 대혼란을 보고, 억압받
는 자의 모습을 봐라.
10 이는 그들이 정의실천을 모르기
때문'이라고 **주님**이 말하며, '인간
은 그들 궁전에서 폭력과 강탈만
쌓았다'고 한다.
11 그래서 **주 하나님**이 이렇게 말한다.
"적이 그곳 사방에 우글거리게 하
여, 너희 힘을 빼앗고, 궁전을 약탈
하게 하겠다."
12 **주님**이 말한다. "목자가, 사자 입에
서 양의 다리 두 개나 한쪽 귀를 꺼
집어내듯, 스매리아에 사는 이즈
리얼 자손을 침대 구석이나 드매
스커스의 카우치소파에서 꺼집어
내겠다.
13 너희는 듣고, 재이컵집안에 증언
하라"고, 만인의 **주 하나님**이 말한

다.
14 그때 내가, 이즈리얼의 위반죄를
묻고저 그들을 방문하는 그날, 베
썰의 제단에 들리면, 제단뿔이 잘
려, 땅에 떨어질 것이다.
15 또 나는 겨울궁과 여름궁을 치고,
상아궁전을 무너뜨리고, 큰집도
끝장내겠다"고, **주님**이 말한다.

돌아오지 않는 이즈리얼

4 "이 말을 들어봐라. 스매리아 산
지 배이샨의 젖소야! 그들은 약
자를 억압하고, 가난한 자를 으스
러뜨리고, 남편에게 마실 것을 가
져오게 한다."
2 **주 하나님**은 그의 신성함으로 이렇
게 맹세했다. "보라, 너희에게 그날
이 온다. 그날 주인은 너희를 갈고
리에 꿰고, 너희 후손은 낚시바늘
에 꿰어 끌고 가겠다.
3 너희 젖소가 벽이 허물어진 곳마
다 뛰쳐나오면, 너희는 궁전 속으
로 내던져진다"고 **주님**이 말한다.
4 "베썰로 와서 위반하고, 길갤에 죄
가 많이 쌓이면, 아침마다 희생제
물을 올리고, 3년마다 십일조를 가
져오너라.
5 또 효모누룩로 감사의 희생제사를
지내고, 자유의사로 올리는 제물
을 선언하고 알려라. 왜냐하면 너
희 이즈리얼 자손이 이런 것을 좋
아하기 때문"이라고 **주님**이 말한
다.
6 "나는 또 너희 모든 도성에서 치아
가 청결해지도록, 곳곳마다 빵을
빼앗아 버렸다. 그런데도 너희는
나에게 돌아오지 않더라"고 **주님**
이 말한다.
7 그리고 또 나는, 추수까지 아직 3
개월이 남았는데도, 너희에게 내
리는 비를 막아, 어떤 곳은 내리게
하고, 다른 곳은 내리지 않게 하여,
한쪽은 비가 와도, 비가 없는 쪽은
시들게 했다.
8 그래서 두세 도시가 한 곳으로 헤
매며, 물을 마셔도, 만족하지 못했
는데도 불구하고, 너희는 여전히
내게 돌아오지 않았다"고 **주님**이
말한다.
9 "내가 너희를 해충과 곰팡이로 친
시기는, 너희 정원과 포도와 무화
과와 올리브나무가 한창 자랄 때
였는데, 유충이 그것을 집어삼켜
도, 너희는 나에게 돌아오지 않았
다"고 **주님**이 말한다.
10 "나는 너희에게 이집트에서 한 대
로 전염병을 퍼뜨렸고, 청년을 칼
로 치고, 너희 말을 빼앗아, 너희 천
막에서 악취가 코를 찌르게 했는
데도, 여전히 너희는 나에게 돌아
오지 않았다"고 **주님**이 말한다.
11 "나는, **하나님**이 소듬과 거머라를
전복시켰을 때처럼, 너희 일부를
뒤집어엎었고, 횃불처럼 타다 심
지가 꺾이게 했는데도, 너희는 여
전히 내게 오지 않았다"고 **주님**이

말한다.
12 그래서 내가 너희에게 앞으로 다
음과 같이 하겠다. 오 이즈리얼아,
내가 너희에게 이렇게 하려고 하
니, 이즈리얼은 **하나님**을 만날 준
비를 해라.
13 보라, 주인은 산을 만들고, 바람을
일으키며, 주인의 생각을 인간에
게 알린다. 그것은 아침이 어두워
지고, 땅위의 높은 곳을 짓밟아 버
리는 것이다. 인간의 주인, 만인의
하나님이 바로 그의 이름이다."

선을 찾고 악하지 마라

5 "오 이즈리얼 민족아! 내가 너희
를 두고 하는 말을 듣고 한탄해
라.
2 이즈리얼 소녀가 쓰러져, 다시 일
어나지 못한다. 제 땅에서 버림받
아도, 그녀를 일으키는 자가 아무
도 없다.
3 **주 하나님**이 말하는데, 그 도성은
천이 가면 백이 남고, 백이 가면 열
이 남을 것이다. 오 이즈리얼 집안
아!
4 **주님**이 이즈리얼에게 말한다. 너희
는 나를 찾아라. 그러면 살 것이다.
5 그러나 베썰을 찾지 말고, 길갤에
가지 말며, 비어쉬바를 지나지 마
라. 왜냐하면 길갤은 반드시 포로
로 끌려가고, 베썰은 앞으로 아무
것도 없기 때문이다.
6 주인을 찾으면 네가 산다. 그가 조
셒 집안에 불 같은 것을 일으켜 삼
키지 않도록 말이다. 베썰의 불은
아무도 끄지 못한다.
7 공정을 굴욕으로 바꾼 너희가, 그
곳 정의를 내던졌다.
8 북두칠성과 오리온성좌를 만든 그
를 찾아라. 죽음의 그림자를 아침
으로 바꾸고, 낮을 어두운 밤으로
만드는 그는, 바닷물을 불러 땅 표
면에 붓는다. **주님**이 바로 그의 이
름이다.
9 그는 강자를 무력화하는 힘으로,
요새를 파괴하러 온다.
10 그들은, 성문에서 야단치는 그를
싫어하고, 올바름을 이야기하는
그를 증오한다.
11 그러면서 약자를 짓밟아, 그들의
곡식꾸러미를 빼앗고, 돌로 다듬
어 집을 지어도, 너희는 그 안에서
살지 못한다. 포도나무를 충분히
심어도, 거기서 와인을 마시지 못
할 것이다.
12 나는 너희의 온갖 위반과 수없이
많은 죄를 알고 있다. 그들은 바른
자를 괴롭히고, 뇌물을 받고, 정의
의 입구에서 약자에게 등을 돌린
다.
13 그래서 분별이 있는 자는 그럴 때
침묵한다. 악의 시대이기 때문이
다.
14 선을 찾고 악하지 않으면, 너희는
살지 모른다. 그러면 만인의 **주 하
나님**이, 너희가 말해온 대로, 너와

함께 있는다.
15 악을 미워하고, 선을 사랑하며, 성
문에 정의를 세워라. 그러면 **주 하
나님**이 조셒 후손에게 관대할 지
모른다.
16 따라서 만인의 주인 **하나님**이 말한
다. 거리마다 울부짖고 큰길마다
외친다. '아아! 어쩌나!' 농부는 통
곡하며, 전문 애도자처럼 솜씨있
게, 구슬픈 소리를 낼 것이다.
17 또 포도원마다 울음소리가 울려퍼
진다. 왜냐하면 내가 너를 치고 지
나기 때문"이라고 **주님**이 말한다.
18 **주님**의 날을 기다리는 너희는 재앙
이다! 너희에게 그 끝은 무엇일까?
주님의 날은 어둡지, 빛이 없다.
19 사람이 사자를 피해 달아나다, 곰
을 만나듯, 아니면 집에 들어가, 벽
에 손을 기댔는데, 뱀에 물리듯 할
것이다.
20 **주님**의 날은 당연히 어둡지, 빛은
없지 않겠나? 너무 어두워 그 안에
밝음이란 없지 않을까?
21 "나는 너희 축일을 미워하고 무시
하며, 진지한 집회에서 나는 냄새
도 맡지 않겠다.
22 비록 너희가 나에게 번제물과 곡
식제물을 올려도 받지 않고, 살찐
짐승으로 올리는 평화제물도 인정
하지 않겠다.
23 나한테 있는 너희 노랫가락을 도
로 가져가라. 나는 너희의 바이올6
현악기의 멜로디도 듣고싶지 않다.
24 대신 공정을 바다처럼 흐르게 하
고, 정의를 막강한 기세로 흘려보
내라.
25 너희는 나에게 황야에서 40년간
희생제물을 바쳤지 않니? 오 이즈
리얼 자손아!
26 한편 너희는 모렉신과 차이운형상
의 너희 별신을 스스로 만들어 그
천막도 지고다녔다.
27 따라서 내가 너희를 드매스커스
너머 포로로 끌려가게 하겠다"고
주인이 말하는데, 그의 이름이 바
로, 만인의 **하나님**이다.

자이언의 안주에 재앙

6 자이언에서 편히 지내는 자와,
스매리아산을 믿는 자에게 재앙
이다! 그들이 민족대표로 불려, 이
즈리얼 집안이 그들에게 왔다.
2 너희는 칼네로 가서, 거기서 큰도
시 해매쓰로 가봐라. 다음 필리스
틴의 개쓰도성으로 가봐라. 그들
이 이 왕국보다 훨씬 잘 살지? 혹
은 그들의 국경이 너희보다 더 크
지?
3 너희가 재앙의 날을 멀리 쫓아내
지 않으면, 다가오는 재난이 자리
잡게 된다. 4상아침대에 눕고, 카
우치소파에서 기지개를 켜며, 가
축 중 으뜸 어린양을 먹고, 소우리
중 송아지만 먹고,
5 바이올6현악기 장단에 노래하고, 대
이빋처럼 스스로 악기를 고안하

며,
6 포도주를 대접에 마시고, 대표의
향료를 스스로 바르면서도, 조셒
이 겪는 고통에 슬퍼하지 않는다.
7 따라서 앞으로 그들은 제일 먼저
붙잡혀 포로로 끌려가고, 기지개
만 펴던 그들의 향연도 사라지게
된다.
8 **주님**은 스스로 맹세하며, 만인의 **하
나님**이 말한다. 나는 재이컵의 오
만을 증오하고, 그의 궁전을 싫어
한다. 그래서 나는 궁전 안 모든 것
과 함께 도성을 적에게 넘기려 한
다.
9 만약 한 집에 열명이 남으면, 수가
많으니 죽는다.
10 어떤 사람의 친척이 죽은자를 거
두어 화장하고, 그 집에서 뼈를 가
져나오며, 그 집에 있는 사람에게
묻는다. "누구 없어요?" 그러면 그
가 대답한다. "아무도 없어요." 그
러면서 하는 말이, "잠자코 있어요.
우리는 **주님**의 이름을 거론해서는
안 되기 때문이에요" 라고 한다.
11 보라, **주님**이 명령하여, 큰집을 쳐
서 무너뜨리고, 작은 집도 조각낸
다.
12 말이 바위 위로 뛰어오를까? 사람
이 소로 바위를 갈까? 너희가 옳은
판단을 담즙으로 바꾸고, 정의의
열매를 독미나리로 바꾸었기 때문
이다.
13 아무것도 아닌 것으로 즐거워하는
너희는 말한다. '우리 힘으로 저 뿔
을 뽑지 않을래?' 라고 하겠지.
14 그러나 두고봐라. 나는 너를 상대
로 한 나라를 일으킬 것이다. 오 이
즈리얼 집안아! 라고 만인의 **주 하
나님**이 말한다. 그러면 그들이 해
매쓰 입구부터 황야의 강까지 너
희를 괴롭힐 것이다.

환상속 경고

7 **주 하나님**이 나에게 다음과 같이
보여주었다. 그래서 보니, 그가
메뚜기떼를 마련해두었는데, 시기
는 왕의 지분을 베어 수확한 다음,
바로 늦은 작물이 움트기 시작할
무렵이었다.
2 그들이 땅에서 풀을 모조리 먹어
치웠을 때, 내가 말했다. "오 **주 하
나님**, 용서해주세요. 제발 당신에
게 간청하는데요, 그럼, 어떻게 재
이컵이 살아남나요? 그는 아직 어
린데!"
3 그러자 **주님**이 마음을 누그러뜨렸
다. "그렇게 하지 않겠다"고 **주님**이
말한다.
4 또 **주 하나님**이 다음을 나에게 보여
주었다. 그래서 보니, **주 하나님**이
불의 심판을 부르자, 화염이 크고
깊게 삼켜, 일부를 먹어치웠다.
5 그래서 내가 또 말했다. "오 **주 하나
님**, 멈춰주세요. 제발 당신에게 간
청합니다. 그럼, 어떻게 재이컵이
살아남나요? 그는 아직 어린데!"

6 그래서 **주님**이 마음을 자제하며,
"이 역시 하지 않겠다"고 말한다.
7 그가 다음을 내게 보여주어서, 바
라보니, **주님**이 다림추수직추로 곧
게 만들어진 성벽 위에 섰는데, 손
에 수직추가 들려 있었다.
8 **주님**이 내게 말했다. "애이머스, 뭐
가 보이지?" 그래서 내가 대답했
다. "다림추가 보여요." 그때 **주님**
이 말했다. "두고봐라, 나는 내 백
성 이즈리얼 사이에 수직추를 늘
어뜨릴 것이다. 나는 앞으로 더 이
상 너희 사이를 통과하며 구하지
않겠다.
9 아이직의 높은 장소를 파괴하면,
이즈리얼 성소는 폐허가 된다. 그
리고 칼로 제러범 집안을 공격하
겠다"고 했다.
10 그때 베썰의 어매이쟈 제사장이
이즈리얼 제러범왕에게 사람을 보
내 다음을 말했다. "애이머스가 왕
을 상대로 음모를 꾸며, 이즈리얼
백성을 선동했다"는 것이다. 그러
자 그곳은 그 말을 참을 수 없게 되
었다.
11 애이머스는, "제러범은 칼에 죽고,
이즈리얼은 반드시 제땅에서 추방
되어 포로로 끌려간다"고 말했었
다.
12 그러자 어매이쟈가 애이머스에게
말했다. "오 선견자, 너는 나가서,
쥬다땅으로 멀리 달아나라. 거기
서 빵이나 먹으며 예언해라. 13대
신 베썰에서 더 이상 예언하지 마
라. 왜냐하면 이곳은 왕의 성역이
고, 왕의 정원이다" 라고 했다.
14 그때 애이머스가 어매이쟈에게 대
답했다. "나는 예언자도 아니고, 그
아들도 아니고, 그저 양치기일 뿐
이고, 시커모어 무화과열매나 주
워모으는 사람이다.
15 그런데 **주님**이, 양떼를 따르는 나
를 붙잡고 말했다. '가서 나의 백성
이즈리얼에게 예언해주어라.
16 그리고 너는 주인의 말을 듣고 다
음을 전해라. '이즈리얼에게 말하
지 말고, 아이직 집안에 네 말을 흘
리지 마라.'
17 주인이 이와 같이 말한다. '네 아내
는 도성 안에서 창녀가 될 것이다.
네 아들딸도 칼에 쓰러지고, 네 땅
도 갈갈이 찢겨 나뉜다. 너는 오염
된 땅에서 죽고, 이즈리얼도 반드
시 제땅에서 포로로 끌려갈 것이
다' 라고 했다."

여름과일 바구니 다음엔

8 **주 하나님**이 다음으로 나에게 보
여준 것은, 여름과일 바구니였
다.
2 그가 말했다. "애이머스, 너는 무엇
을 보나?" 내가 대답했다. "여름과
일 바구니요." **주님**이 말했다. "나
의 이즈리얼 백성에게 끝이 오고
있다. 나는 더 이상 그들 사이를 지
나며 구하지 않겠다.

3 그날 성전의 노래소리는 울부짖음
으로 바뀐다"고 **주 하나님**이 말한
다. "곳곳마다 죽은 시신이 너무 많
아, 사람들은 말없이 그것을 내다
버린다.
4 오 가난한 자를 삼키는 너희는 들
어라. 그땅의 약자까지 망하게 만
드는, 너희는
5 이렇게 말한다. '우리가 곡식을 내
다 팔 새달은 언제 올까? 사배쓰휴
일이 지나, 곡물시장이 서면, 이퐈
저울을 줄이고, 쉐클값은 늘려, 눈
금을 속여 달 수 있을 텐데?
6 우리는 은을 주고 가난한자를 사
고, 약자는 신발 한 켤레면 될 텐데.
그렇지, 밀 찌꺼기까지 팔 수 있을
걸?' 이라고 하겠지."
7 **주님**이 재이컵의 자만을 두고 맹세
했다. "나는 그들의 이런 태도를 결
코 잊지 않겠다.
8 그곳이 그들 때문에 떨지 말아야
하고, 그곳 모두가 슬프지 말아야
하겠지? 그곳 모두가 강물처럼 일
어나면, 그들은 이집트 나일강에
서처럼 던져져 잠길 것이다."
9 **주 하나님**이 말하는데, "그날이 오
면, 나는 대낮에 태양을 지게 하여,
밝은 날 그 땅을 어둡게 하겠다.
10 또 너희 축제를 장례로 바꾸고, 너
희 노래소리를 한탄소리로 바꿔놓
겠다. 나는 허리마다 베옷을 두르
게 하고, 머리마다 대머리로 밀게
하며, 외아들의 추도식처럼 만들
어, 그 끝을 쓰디쓰게 하겠다.
11 보라, 그 날이 오면, **주 하나님**이 말
하는데, 나는 그땅에 기근을 보낼
것이다. 그것은 빵의 부족도 아니
고, 물의 부족도 아닌, 주인의 말이
없어지는 기근이다.
12 그러면 그들은 이 바다에서 저 바
다로 유랑하고, 북에서 동으로 이
리저리 주인의 말을 찾아 달려도,
발견하지 못한다.
13 그날, 예쁜 소녀와 청년은 갈증으
로 거의 실신할 것이다.
14 그들은 스매리아가 죄를 짓는 맹
세를 말한다. '오 댄부족, 너희 신은
살아 있다. 마찬가지로 비어쉬바,
너희 신도 살아 있다'고 하며, 심지
어 그들이 쓰러져, 다시 일어나지
못하는데도, 그렇다고 하겠지.

이즈리얼 파멸

9 나는 제단 위에 선 **주님**을 보았
는데, 그가 말했다. "문의 상인방
을 쳐라. 그러면 기둥이 흔들릴 테
니, 그것으로 그들 머리를 모두 잘
라버려라. 그들 나머지는 내가 칼
로 죽인다. 도망가는 자는 달아나
지 못하고, 피해도 구제받지 못한
다.
2 그들이 지옥으로 파들어가도, 내
손이 그곳까지 잡으러 간다. 그들
이 하늘로 기어올라도, 내가 그곳
에서 끌어내린다.
3 그들이 카멀산 꼭대기에 숨어도,

내가 찾아 거기서 끌어오고, 내 눈
을 피해 바다 밑바닥에 숨어도, 내
가 그곳 뱀에게 명령하여, 그들을
물어버릴 것이다.
4 그들이 적에게 포로로 잡혀가도,
거기서 내가 칼에게 명령하여, 그
들을 살해하겠다. 또 나는 선한 눈
이 아닌 악의를 그들 위에 내릴 것
이다.
5 만인의 **주 하나님**이 땅에 손을 대
면, 땅이 녹아, 그곳에 사는 모두가
슬퍼지게 될 것이다. 마찬가지로
강도 전체가 일어나면, 이집트 강
에서처럼 물에 잠길 것이다.
6 그는 하늘에 그의 건물을 세우고,
땅에 그의 군대를 구축했다. 그는
바다에서 물을 불러내어, 땅표면
에 붓는다. 그 이름이 바로 **주님**이
다."
7 "오 이즈리얼 자손아, 너희는 나에
게 이씨오피아 자손 같지 않니?"
라고 **주님**이 말한다. 내가 이집트
땅에서 이즈리얼을 데려오지 않았
니? 그리고 캡털에서 필리스틴을,
키르에서 시리안을 데려오지 않았
니?
8 보라, **주 하나님**의 눈은 죄가 가득
찬 왕국 위에 있다. 그래서 나는 이
땅에서 그것을 제거하지만, 재이
컵 집안은 완전히 파괴하지 않을
것"이라고, **주님**이 말한다.
9 보라, 나는 명령하여, 낱알을 까불
듯 이즈리얼을 체질한 다음, 나머
지를 모든 나라 사이에 흩어버리
겠다. 그래도 땅에 떨어지는 낱알
은 적지 않을 것이다.
10 나의 백성 중 죄인 모두 칼에 죽게
하면, 칼이 말한다. '악은 우리를 이
길 수 없고, 막을 수도 없다'고 할
것이다.
11 그날에, 나는 쓰러진 대이빋 천막
을 다시 일으켜, 폐허를 재건하고,
예전처럼 건설하겠다.
12 그러면 그들이 이덤의 나머지를
소유하고, 이교도의 나머지도 차
지할 수 있을 것이다. 그곳은 나의
이름으로 불렸던 장소"라고 이 일
을 주관하는 **주님**이 말한다.
13 "보라, 그날이 온다"고, **주님**이 말
하는데, 그 쟁기쟁이가 추수자를
거두고, 또 씨를 뿌리고 포도를 밟
는자를 거둬들인다. 산마다 향기
로운 와인을 떨어뜨리면, 언덕마
다 스밀 것이다.
14 그러면 나는 나의 백성 이즈리얼
포로를 다시 데려와, 불모지에 도
성을 건설하게 하여, 살게 하겠다.
그들은 포도나무를 심어, 그 포도
주를 마시게 하고, 또 정원도 가꾸
고, 열매도 먹게 하겠다.
15 내가 그 땅에 그들을 심으면, 그들
은 내가 준 그곳에서 더 이상 뽑히
지 않을 것"이라고 너희 **주 하나님**
이 말한다.

예언자 오바다야

오바다야의 환상

1 **주 하나님**이 이덤에 관하여 다음
과 같이 말한다. 우리는 **주님**한
테서 전언을 듣고, 대사 한 사람을
이교도에게 보내어, "우리가 일어
나, 그땅을 상대로 전쟁하자!" 라고
전했다.
2 "보라, 내가 너희를 이교도 가운데
소국으로 만들면, 너희는 대단히
무시당하게 된다.
3 너희는 마음의 자만으로 스스로
속이고, 높은 바위 틈속에 살며, 다
음을 생각하겠지. '누가 나를 땅바
닥에 끌어내릴까?' 라고.
4 스스로 독수리처럼 의기양양해도,
제 둥지를 별 사이에 둔다해도, 내
가 거기서 너를 끌어내리겠다"고
주님이 말한다.
5 "도둑이 네게 들어온다 해도, 밤에
강도가 와도, 그들은 만족할 만큼
만 훔치지 않을까? 또 포도 따는
자가 너에게 오면, 몇 알쯤은 남기
지 않을까? [너희가 어떻게 철저히
제거될지, 짐작이 안 된다!]
6 그러나 이소의 것은 얼마나 샅샅
이 뒤져낼지! 그가 숨겨놓은 보물
을 얼마나 약탈할 지!
7 너희 동맹 모두가 너를 국경으로
내몰고, 평화를 유지하던 네 우방
은 너를 속여 지배한다. 네 빵을 얻
어먹던 그들은 네게 상처를 주는
데도, 아무도 그것을 알지 못한다."
8 **주님**이 말한다. "그날 내가, 이덤의
현자 및 이소 산지출신의 지성을
제거하지 않을 것 같니?
9 그러면 너희 용사 테먼은 겁에 질
려, 결국 이소 산지의 모두는 살육
으로 제거될 것이다.
10 네가 형제 재이컵에게 폭력을 휘
둘렀기 때문에, 너는 치욕을 당하
고 영원히 사라진다.
11 네가 다른편에 서는 날, 이방인이
포로를 제 군대로 끌고 가는 날, 외
국인이 성문안에 들어와서, 저루
살럼에 대한 지분을 뽑기 하는 날,
너희도 그 중 하나로 뽑힐 것이다.
12 너는, 네 형제가 이방인이 되던 불
행한 날, 네 형제를 고소해하지 말
았어야 했다. 또 그들이 파멸하던
날, 쥬다자손에 대해 기뻐하지 말
았어야 했다. 그들이 고통받는 날,
자랑하며 떠벌리지 않았어야 했
다.
13 너는 그들이 재난을 당하던 날, 내

백성의 성문 안으로 들어가지 않
았어야 했다. 그렇다, 너희는 재난
으로 인한 그들의 고통을 못본 채
하지 말았어야 했고, 또 그들의 재
물을 손대지 말았어야 했다.
14 너희는 교차로에 서서, 피신하는
사람을 죽이지 말았어야 했고, 고
통의 날 살아남은 자를 끌고가지
말았어야 했다.
15 모든 이교도에게 **주님**의 날이 가까
워지므로, 너희가 한 그대로 너희
에게 일어나고, 그 대가가 너희 머
리로 돌아갈 것이다.
16 너희가 나의 신성한 산에서 술을
마시자, 모든 이교도가 따라서 계
속했다. 맞다, 그들이 술을 마시고
삼켰는데, 그렇게 하지 말았어야
했다.
17 그러나 자이언산이 구원되어, 신
성해지면, 재이컵 집안이 자기들
유산으로 소유하게 될 것이다.
18 재이컵 집안은 불이 되고, 조셉 집
안은 화염이 되는 반면, 이소 집안
은 그루터기가 된다. 그들이 그루
터기에 불을 붙이면 삼켜져, 이소
후손은 남은 자가 하나도 없을 것
이다. 이는 **주님**이 그것을 말했기
때문이다.
19 남쪽 사람은 이소산을 소유하고,
평원의 사람은 필리스틴을 차지하
고, 그들은 이프리엄과 스매리아
들판을 소유하고, 벤저민은 길리
얼을 갖게 될 것이다.
20 캐이넌을 차지하고 살던 이즈리얼
의 수많은 추방자들은 멀리 재레
풰쓰까지 소유하고, 세풰래드에서
살다 추방된 저루살럼은 남쪽 도
성을 차지할 것이다.
21 구원받은자는 자이언산까지 올라
와, 이소 산지를 지배하는데, 그 왕
국은 **주님**의 왕국이 될 것이다."

예언자 조나

조나가 달아나다

1 **주님**의 말이 애머타이 아들 조
나에게 들리더니, 다음과 같이
말했다.
2 "일어나, 큰도성 니네버로 가서, 그
들의 악행이 내 앞까지 차올라 왔
다고 전해라."
3 그러나 조나는 **주님** 앞에서 달아나
탈쉬시로 가려고 조파로 갔고, 탈
쉬시행 배를 발견하고 요금을 낸
다음, 배안으로 들어갔는데, 그가
주님의 존재 앞에서 탈쉬시로 도망
치려는 것이었다.
4 그런데 **주님**이 큰 바람을 바다로
보내자, 바다에 엄청난 폭풍이 몰
아쳐, 배가 난파할 것 같았다.
5 당시 선원들은 두려웠고, 승선한
사람은 모두 각자의 신에게 외치
며, 물건을 바다로 던져 배를 가볍
게 하고자 했다. 그러나 조나는 배
안쪽으로 내려가 눕자, 곧 잠이 들
었다.
6 그때 선장이 조나에게 와서 말했
다. "뭐하는 거야? 이 잠보야! 일어
나, 네 **하나님**을 불러봐라. 혹시 네
하나님이 우리를 생각하여, 죽지
않게 해줄 지 모르니까."
7 사람들이 동료에게 말했다. "와서,
제비를 뽑아보면, 우리가 누구 탓
에 재난을 당했는지 알지 모른다."
그래서 그들이 제비를 뽑자, 조나
한테 떨어졌다.
8 그래서 그들이 그에게 말했다. "부
탁하는데, 우리에게 말해달라. 너
로 인해 우리에게 재난이 닥쳤는
데, 너는 무슨 일을 하며, 어디서 왔
고, 어느 나라의 어떤 민족 출신이
지?
9 조나는 그들에게 대답했다. "나는
히브리쥬다인 사람인데, 하늘의 **주인**
님 하나님을 두려워한다. 그는 바다
와 마른 땅을 만들었다."
10 그러자 사람들이 무척 두려워져서
물었다. "도대체 왜 그랬지?" 조나
가 그들에게 말해서, 사람들이, 그
가 **하나님**한테서 달아났다는 것을
알게 되었다.
11 그때 그들이 말했다. "우리가 네게
어떻게 하면 되지? 바다가 너무 사
납게 몰아치고 있기 때문이다."
12 그가 그들에게 말했다. "나를 붙잡
아 바다에 던져라. 그러면 너희한
테는 바다가 잠잠해질 것이다. 나
로 인해 거친 폭풍이 온 것을, 나는

안다.”
13 그래도 뱃사람들이 열심히 노를
저어 육지까지 갔는데, 파도가 거
세어, 내릴 수 없었다.
14 그래서 그들이 **주님**에게 소리쳤다.
“오 **주님**, 제발 우리가 간절히 부탁
하는데요, 우리가 이 사람 목숨을
빼앗지 않게 해주세요. 그래서 우
리가 순수한 피를 뿌리지 않게 해
주세요. 오 **주님**, 당신은 원하는 대
로 할 수 있잖아요.”
15 그런 다음, 그들은 조나를 붙잡아,
바다로 던졌더니, 맹렬한 기세가
멈췄다.
16 그러자 사람들은 **주님**이 대단히 두
려워져, 그에게 희생제사를 지내
며 맹세했다.
17 한편 **주님**은 큰 물고기를 준비하고
조나를 삼켰다. 그래서 조나는 물
고기 배 안에서 3일 낮과 밤 동안
있었다.

조나의 기도

2 그리고 조나는 물고기 배에서
주 하나님에게 기도하며,
2 이렇게 말했다. “나의 고통 때문에,
주님에게 호소하니, 내 기도를 들
어주세요. 깊은 뱃속에서 외치는
나의 목소리를, 당신은 듣고 있겠
죠.
3 당신이 깊은 바다 가운데 나를 던
지자, 물이 내 주위를 에워싸고, 당
신이 일으킨 거대한 파도가 나를
덮쳤어요.
4 그 순간 내가, ‘비록 당신 눈 밖으로
던져졌지만, 나는 당신의 신성한
성전을 바라볼 거예요’ 라고 말했
죠.
5 바닷물이 나를 둘러싸, 내 영혼마
저 깊은 바다 속에 갇히자, 해초들
이 내 머리를 휘감았어요.
6 나는 산밑 뿌리까지 가라앉았고,
땅의 빗장들이 내 주위를 영원히
막아버렸어요. 그런데, 오 나의 **주**
하나님, 당신이 부패의 구덩이로부
터 내 목숨을 살려주었어요.
7 내 영혼이 기절한 사이, 나는 **주님**
을 떠올리고 기도하며, 당신의 신
성한 성전으로 들어갔어요.
8 쓸데없는 거짓우상을 따르는 자들
은 자신에게 오는 **주님**의 자비마저
외면했어요.
9 하지만 나는 감사하는 마음으로
당신에게 희생제사를 하며, 약속
한 것을 지키겠어요. 구원은 **주님**
한테서 이루어지는 것이죠.”
10 그리고 **주님**이 명령하자, 물고기가
조나를 마른땅으로 토해냈다.

조나가 니네버로 가다

3 **주님**의 말이 두 번째로 조나에
게 왔다.
2 “일어나 큰도성 니네버로 가서, 네
게 이르는 명령을 그들에게 전해
라.”
3 그래서 조나가 일어나, **주님**의 말

에 따라 니네버로 갔다. 그곳은 3
일 여행거리의 대단히 큰도성이었
다.
4 조나는 거기서 도성 안으로 하룻
길을 더 들어간 다음, 크게 외쳤다.
"앞으로 40일이 지나면, 니네버가
파멸한다."
5 그래서 니네버 사람은 **하나님**을 믿
었다. 그래서 금식을 선포하고, 큰
사람부터 작은사람까지 베옷을 걸
쳤다.
6 그 소문이 니네버왕에게 전해지
자, 그는 왕좌에서 일어나, 왕의 로
브옷을 벗고, 베옷을 두르고, 재 위
에 앉았다.
7 그리고 칙령을 선포하고, 니네버
전역의 왕과 귀족에게 다음과 같
이 알렸다. "사람도 짐승도, 소떼나
양떼나 어떤 것도 입에 대지 말고,
먹지도 마시지도 말아라.
8 대신 사람도 짐승도 베옷을 걸치
고, **하나님**에게 있는 힘을 다해 호
소해라. 맞다, 모두가 지금까지 걸
어온 나쁜 길에서 방향을 바꾸고,
제손에서 저질러온 폭력으로부터
돌아서라.
9 그러면 누가 알까? 어쩌면 **하나님**
이 후회하며, 격노한 마음을 돌려,
우리를 파멸시키지 않을지."
10 그때 **하나님**이 그들의 행동을 보
니, 그릇된 길에서 돌아서고 있었
다. 그래서 **하나님**은 그들에게 내
리려던 재앙을 후회하며, 실행하
지 않았다.

조나의 불편한 마음

4 그러나 조나는 이런 연민이 불
쾌하여, 몹시 화가났다.
2 그래서 **주님**에게 기도했다. "오 **주
님**, 고향에 있을 때 말한 것은 이게
아니었죠? 그래서 내가 탈쉬시로
달아났고요. 나는 당신이 관대하
고, 사랑해주고, 화를 늦추고, 다정
하며, 재앙을 내려도 후회한다고
알고 있었어요.
3 그러니 오 **주님**, 내가 제발 부탁하
는데, 내 생명을 빼앗아가주세요.
사느니 죽는 게 더 나아요.
4 그러자 **주님**이 말했다. "네가 화내
는 게 잘하는 일이냐?"
5 그래서 조나는 밖으로 나가, 도성
동쪽에 초막을 지어 그 그늘 아래
앉아, 도성이 어떻게 될지 두고봤
다.
6 한편 **주 하나님**은 박덩굴식물을 준
비하고, 그것이 조나한테 넘어가
게 하여, 그의 머리 위로 그림자가
되게 한 다음, 실망에서 그를 위로
하고자 했다. 그래서 조나는 그 박
덩굴에 대단히 기뻐했다.
7 그런데 **하나님**은 다음날 아침이 되
자, 벌레를 준비하여, 박덩굴을 갈
아서 시들게 했다.
8 그리고 해가 떠올랐을 때, **하나님**
은 거센 동풍을 마련했고, 태양이
조나 머리 위를 내리쬐게 했다. 그

래서 그가 기력을 잃게 되자, 죽기
를 바라며 말했다. "차라리 사느니
죽는 게 낫겠다."
9 그때 **하나님**이 조나에게 말했다.
"네가 박덩굴 때문에 화를 내는 게,
잘하는 거냐?" 그래서 조나가 대
답했다. "화가 나니, 나는 차라리
죽는 게 나아요."
10 그때 **주님**이 말했다. "너는 박덩굴
에도 연민을 가졌구나. 그것은 네
가 수고하지도 않았고, 키우지도
않았으며, 밤사이 나왔다, 밤에 사
라졌는데, 말이다.
11 그러면서 나는 니네버를 구하면
안 되나? 그 큰도성 안에는 12만명
이상이 사는데, 그들은 오른쪽도
왼쪽도 구분하지 못할 뿐만아니
라, 가축도 많이 있잖니?"

예언자 마이카

상처는 치료될 수 없다

1 **주님**의 말이 모래스 사람 마이
카에게 들려온 때는, 쥬다왕 조
쌤, 애이해즈, 헤저카야 시대로, 그
는 스매리아와 저루살럼에 관한
환상을 보았다.
2 "너희 모든 백성은 들어라. 그곳 땅
도 귀를 기울여라. **주 하나님**이 신
성한 성전에서 너희에게 증인이
되게 하자.
3 보라, **주님**이 그의 장소로부터 땅
에 내려와, 그곳에 있는 높은 신당
을 밟을 것이다.
4 그러면 여러 산이 **주님** 아래에서
녹고, 계곡은 불앞의 밀납처럼 엉
겨붙은 다음, 물처럼 가파른 절벽
밑으로 쏟아져내릴 것이다.
5 이 모든 것은 재이컵의 법위반과
그 집안의 죄 때문이다. 재이컵의
위반이 무엇인가? 스매리아는 거
기에 해당되지 않는가? 또 쥬다의
높은 장소 신당은 무엇인가? 저루
살럼은 무관한가?
6 그래서 나는 스매리아를 벌판의
돌무덤으로 만들고, 포도나 심을
곳으로 만든 다음, 돌을 계곡으로
퍼붓고, 거기서 다시 기반을 찾겠
다.
7 그곳 조각형상은 두드려 조각내
고, 예물은 불에 태우고, 우상은 파
괴하겠다. 그곳은 매춘의 화대를
쌓는 곳이므로, 우상을 다시 외도
의 대가로 돌아가게 하겠다."
8 이로 인해 나는 울부짖으며, 맨몸
에 맨발로 나갈 것이다. 나는 짐승
처럼 소리치고, 올빼미처럼 슬퍼
할 것이다.
9 스매리아의 상처는 치료될 수 없
고, 그것은 쥬다에게도 나타나고,
나의 백성의 성문에도 나타나고,
저루살럼도 영향이 미친다.
10 너희는 개쓰에서 말도 하지 말고,
울지도 마라. 베쓰오프라먼지 집에
서 너희 스스로 먼지 속에 뒹굴어
라.
11 새피어명랑한 사람 너희는 맨몸에
수모를 당하며 가고, 재이넌 주민
은 밖으로 나올 수 없고, 베쎄젤은
애도 중이니, 더 이상 너희를 보호
할 수 없다.
12 머로쓰고통의 사람은 괴로움에 몸부
림치며, 행운을 기다려도, **주님**이
내리는 재난이 저루살럼 성문에
이른다.

13 래키쉬 주민아, 너희는 전차를 날
쌘 말에 묶어라. 그땅은 자이언 딸
이 죄를 시작하는 근원장소다. 왜
냐하면 이즈리얼의 위반이 그곳에
서 발생했기 때문이다.
14 그러므로 너는 모레쉿개쓰에게 선
물을 나눠주게 되고, 애크짚거짓 집
안은 이즈리얼왕에게 거짓을 말하
게 될 것이다.
15 하지만 내가 머레샤정복 주민에게
정복을 안기면, 이즈리얼의 축복
은 애덜램으로 갈 것이다.
16 네 머리를 밀고, 연약한 자녀를 위
해 네 털을 깎아라. 스스로 독수리
처럼 대머리를 만들어라. 왜냐하
면 그들이 그땅에서 포로로 끌려
가기 때문이다."

학대자에게 재앙

2 "음모를 꾸미는 자와, 침대에서
도 악행을 저지르는 자는 재앙
이다! 아침이 밝자, 실행에 옮기는
이유는, 밤사이 손 안에 힘이 생겼
기 때문이다.
2 그들은 탐이나는 밭을 폭력으로
빼앗고, 집까지 빼앗아, 사람과 그
집안을 학대하며, 심지어 남의 유
산까지 빼앗는다.
3 그래서 **주님**이 말한다. "보라, 내가
이런 집안에 내릴 재앙을 궁리하
여, 너희가 목도 가누지 못하고, 거
만하게 굴지도 못하게 하는 것이
다. 이는 악이 판치기 때문이다.
4 나중에 사람들이 너를 두고 슬픈
우화로 이렇게 말한다. '우리는 완
전히 망했다. 그가 내 백성의 지분
을 바꿔버렸다. 어떻게 그가 내게
서 그 지분을 박탈한단 말인가! 나
눠주었던 우리 밭을 그가 떼어내
고 있다.'
5 따라서 너희는, **주님**의 집회에서
제비뽑기로 땅을 분할받을 사람은
하나도 없을 것이다.
6 '너희는 예언하지 말라'고, 가짜에
게 예언을 말해줘라. 가짜가 사람
들에게 예언하지 않아야, 그들이
수모를 겪지 않을 것이다.
7 오, 재이컵 집안이라고 불리는 너
희가, **주님**의 영혼이 모자라나? 이
런 것이 **주님**의 일이란 말인가? 내
말은, 바르게 살며 사람에게 좋은
일을 하라고 하지 않았나?
8 최근에는 나의 백성이 마치 적인
듯 일어나, 사람한테서 로브옷을
겉옷과 함께 빼앗았는데, 전쟁을
싫어하는 사람들이 방심하며 지나
가고 있을 때였다.
9 너희는, 내 백성 여자들을 그녀가
만족하는 집에서 내쫓고, 그 자녀
에게 내리는 나의 축복을 영원히
제거했다.
10 일어나 떠나라. 이곳은 너희가 쉴
곳이 아니다. 이곳이 오염되었으
므로, 땅이 너희를 파괴하면, 무서
운 파멸이 있게 된다.
11 영혼에 악의를 품은 사람이 거짓

을 말하며, '내가 너에게 포도주와
독주에 관해 예언하겠다'며, 백성
에게 거짓예언을 한다.
12 나는 반드시 재이컵 너희 모두를
끌어 모으겠다. 이즈리얼의 나머
지를 보즈라의 우리속 양떼처럼
모을 텐데, 다수가 모이면, 시끌벅
쩍할 것이다.
13 그때 그들 앞에 해결사가 나타나,
그들은 성문을 부수고 통과해 들
어간다. 그리고 왕이 그들 앞에 서
고, **주님**은 그들의 머리 위에 있을
것이다."

관리와 예언자를 비난

3 "또 내가 말했다. 오 재이컵 대
표들아, 제발 너희에게 바라는
바를 듣고, 이즈리얼의 대군왕자
도 들으라 했다. 너희가 정의를 알
아야 하지 않겠니?
2 너희는 선을 싫어하고, 악을 사랑
하고, 남의 가죽을 벗기고, 뼈에 붙
은 살을 발린다.
3 그리고 내 백성의 살을 먹고, 가죽
을 벗기고, 뼈를 부러뜨려, 가마솥
에 들은 고기인 양, 그것을 조각내
잘게 다진다.
4 그때 그들이 주인에게 외쳐도, 듣
지 않겠다. 오히려 그순간 그들한
테서 얼굴을 가리겠다. 왜냐하면
그들이 스스로 잘못된 행동을 했
기 때문이다."
5 다음과 같이 **주님**이 예언자에게 말
한다. "그들은 나의 백성을 잘못하
게 만들고, 서로 제 이로 물어뜯게
하며, 평화를 외치게 하지만, 그들
입에 넣어주는 것은 없이, 싸울 준
비만 한다.
6 그래서 밤이 와도, 너희는 환상을
보지 못한다. 그들에게 어둠만 있
어, 점도 치지 못하고, 예언자에게
는 해가 떨어져, 대낮은 암흑이 된
다.
7 그때 앞을 내다보는 선견자는 수
모를 당하고, 점쟁이는 당황한다.
그렇다, 그들이 제 입술을 가려야
하는 까닭은, **하나님**의 답이 없기
때문이다."
8 그러나 나로 말하자면, 진실로 **주**
님 영혼의 힘으로 가득찬 예언자
다. 정의의 힘으로 재이컵에게 위
반을 알리고, 이즈리얼에게 죄를
깨닫게 한다.
9 제발 부탁하니, 재이컵 집안대표
와 이즈리얼의 대군왕자는 이 말
을 들어봐라. 너희는 정의를 거부
하고, 공정을 변질시켰다.
10 또 자이언을 피로 세우고, 저루살
럼을 비행으로 쌓았다.
11 그곳 지도자는 뇌물을 받고 재판
하고, 제사장은 임금을 받고 가르
치며, 예언자는 돈으로 점을 친다.
그런데 그들도 **주님**에게 기대며 말
한다. "우리 가운데 **주님**이 있지 않
나? 어떤 재앙도 우리에게 오지 않
는다"고.

12 따라서 자이언은 너희로 인해, 그
밭이 쟁기질되고, 저루살럼은 흙
무덤이 쌓이며, 그곳 산은 숲속 높
은 신당처럼 될 것이다.

주인의 산정상

4 마지막 날에 일어날 일은, 주님
성전이 산정상에 세워져, 언덕
위에 드높여지면, 백성이 그곳으
로 모일 것이다.
2 많은 나라가 일어나 말한다. "우리
어서, **주님**의 산에 올라, 재이컵의
하나님성전으로 가자. 그러면 그가
우리의 길을 가르쳐주어, 그의 길
을 따를 수 있을 것이다." 왜냐하면
법이 자이언에서 나오고, **주님**의
말이 저루살럼에서 나오기 때문이
다.
3 그가 많은 사람을 재판하고, 멀리
떨어진 크고 강한 나라의 갈등을
해결한다. 그러면 그들은 칼을 두
드려 쟁기를 만들고, 창을 전지용
가위로 만들 것이다. 나라가 나라
에 칼을 들어올리지 못하고, 더 이
상 전쟁을 배우지 않게 된다.
4 사람마다 자기 포도나무와 무화과
아래 앉으면, 아무도 그들을 두렵
게 하지 못한다. 이는 만인의 **주님**
이 그렇게 말했기 때문이다.
5 모두가 **하나님**의 이름으로 인생길
을 걷기 때문에, 우리는 영원히 우
리 **주 하나님**의 이름으로 살아갈 것
이다.
6 **주님**의 말에 의하면, "그날 나는 다
리를 절고, 쫓겨나고, 고통받는 사
람을 한자리에 모을 것이다.
7 그래서 저는자를 살아남게 하고,
내쫓긴 자를 강한 민족으로 만들
어, 그날부터 영원까지 자이언산
에서 **주님**이 그들을 다스릴 것이
다.
8 양떼를 지키는 탑으로, 자이언 딸
의 요새로서, 너희는 최초의 땅으
로 들어가게 되고, 왕국은 저루살
럼의 딸에게 주어진다."
9 그런데 왜 너희는 큰소리로 외치
나? 너희에게 왕이 없나? 너희 지
도자가 없나? 너희는 마치 산통 중
인 여자같은 고통에 사로잡혀 있
다니.
10 괴로움에 몸부림치며, 출산하는
산모의 고통을 겪게 될, 자이언의
딸아, 이제 너희는 도성 밖으로 나
가, 벌판에서 살거나, 배블런으로
끌려간다. 너희는 그곳에서 구제
받게 된다. **주님**은 너희를 적의 손
에서 되찾아올 것이다.
11 그러나 많은 나라가 너희를 공격
하려고 모여 말한다. "저 땅을 훼손
하고, 자이언을 경멸하며 두고보
자" 라고.
12 그러나 그들은 **주님**의 생각을 알지
못하고, 그의 계획도 이해하지 못
한다. **주님**은 타작마당의 곡식단처
럼 그들을 모으는 것이다.
13 "일어나, 타작을 시작해라! 오 자이

언의 딸아! 내가 네 뿔을 쇠로 만들
고, 네 발굽을 황동으로 제작하겠
다. 그리고 너희가 여러 민족을 쳐
서 박살내게 해주겠다. 그래서 나
는 너희가 얻은 포획물을 **주님**에게
봉헌하게 하고, 재물을 온 땅의 **주**
님에게 바치게 하겠다.

베썰레헴에 태어날 지도자

5 앞으로 너희는 군대로 모여라.
오 군대의 딸들아! 그가 우리를
포위하면, 그들은 이즈리얼 지도
자의 빰을 몽둥이로 내리칠 것이
다.
2 그러나 베쓸레헴 이프래타는, 수
천 쥬다가문 중 작기는 해도, 내가
보내는 이즈리얼 지도자가 너희
가운데서 나올 것이다. 그의 출현
은 예전부터 언제까지나 늘 있던
일이다."
3 그리고 이즈리얼은 그녀가 해산할
때까지 내버려두고, 그의 형제 나
머지도 이즈리얼 자손으로 돌아올
것이다.
4 그가 일어나, **주님**의 힘과 **주 하나님**
이름의 위용으로 이끌면, 그들은
살게 되고, 그의 위대함은 땅끝까
지 닿을 것이다.
5 이 사람은 엇시리안이 우리 땅에
들어와, 우리 궁전에 발을 들여놓
아도 조용히 있을 것이다. 그때 우
리는 일곱 목자와 여덟 현자가 적
을 상대로 일어날 것이다.
6 그들은 엇시리아땅을 칼로 파괴하
고, 그곳 입구의 님로드땅도 폐허
로 만든다. 그리고 그가 우리를 엇
시리안한테서 구해내는 것은, 그
들이 우리 땅 국경선 안을 밟을 때
이다.
7 재이컵의 나머지는 많은 사람 가
운데 있게 될 텐데, **주님**으로부터
내린 이슬처럼, 풀 위에 떨어지는
소나기처럼, 그들은 사람에게 기
댈 희망도 없고, 인간의 자손도 기
다리지 않는다.
8 재이컵의 나머지 사람은 수많은
비쥬다인 가운데 있게 되는데, 야
생짐승 가운데 사자처럼, 양떼 사
이의 어린 사자처럼 존재하며, 그
들이 밟히고 찢겨 조각나도, 아무
도 구해낼 자가 없다.
9 너희 손이 적 위에 들어올려질 때,
모든 너희 적이 제거될 것이다.
10 그날이 오면, **주님**이 말한다. "나는
너희 말을 제거하고, 너희 전차도
파괴할 것이다.
11 나는 너희 땅에 있는 도성들을 파
괴하고, 요새마다 부수고,
12 또 네 손에서 마술을 도려내면, 너
희는 더 이상 점을 칠 수 없을 것이
다.
13 너희가 조각한 형상은 내가 잘라
내고, 너희 가운데 세워둔 형상도
부수면, 너희는 더 이상 수공예품
에 경배하지 못할 것이다.
14 그리고 나는 너희 가운데 있는 수

풀신을 뽑아내고, 너희 도성도 파
괴하겠다.
15 나는 이교도 위에 분노와 격노의
복수를 해주겠다. 그들은 말해도
듣지 않았다.

주인의 고발

6 너희는 이제, **주님**이 말하는 것
을 들어라. "일어나, 언덕이 듣도
록 산 앞에서 주장해라.
2 너희 산은 들어봐라. 영원한 기반
인 땅은 주인의 고발을 들어라. 주
인이 자기 백성을 고소하며, 이즈
리얼에게 불만을 따질 것이다.
3 오 나의 백성아, 내가 너희에게 어
떻게 했는데? 내가 너희에게 뭘 힘
들게 했지? 나에게 입증해봐라.
4 나는 너희를 이집트에서 데려와,
노예의 집에서 구했다. 그리고 너
희에게 모지스와 애런과 미리엄도
보냈다.
5 나의 백성아, 모앱왕 배이럭이 말
한 것을 상기하고, 비오의 아들 배
일럼이 쉩팀에서 길갤까지 그에게
대답한 것을 기억해라. 그러면 너
희는 주인의 정의를 알 수 있을 것
이다.
6 '내가 **주님** 앞에 무엇을 가져와야
하지? 높은 **하나님** 앞에 어떻게 경
배할까? 그에게 번제물로 1년생
송아지를 내놓을까?
7 숫양 1,000 마리나, 강처럼 흐르는
올리브기름 만통이면 **주님**이 즐거
워할까? 위반의 대가로 나의 첫째
를 내놓고, 내 영혼이 지은 죄 대신
내몸의 첫열매를 올릴까?' 라고 하
는 것인가?
8 오 인간아, 주인이 너희에게 무엇
이 선인지 보여준 것은, 또 주인이
바라는 것은, 단지 올바르게 행동
하고, 관대하게 사랑하며, 겸손하
게 **하나님**을 따라 인생길을 걸으라
는 것이었다.
9 주인의 목소리가 도성에 대고 부
르면, 현자는 너희 이름을 알 것이
다. 너희는 누구의 지팡이를 지명
했는지 들어봐라.
10 악한의 집안에 여전히 악행을 쌓
는 창고가 있고, 또 눈금을 줄이는
역겨운 저울이 있나?
11 내가 속이는 저울과 거짓무게를
다는 자루를 순수하게 생각해야
하나?
12 부자는 그것을 폭력으로 채우고,
주민은 그것을 거짓말로 채우며,
그들의 혀는 제 입안에서 속이기
만 한다.
13 그래서 나 역시 너희를 쳐서 병들
게 하고, 저지른 죄 때문에 너희를
파멸시킨다.
14 너희는 먹어도 배부르지 않고, 내
동댕이 쳐질 때, 무엇을 잡아도, 너
희는 구제되지 못하고, 칼도 너희
를 포기할 것이다.
15 씨를 뿌려도, 거두지 못하고, 올리
브를 밟아 짜도, 너희는 기름을 바

르지 못하며, 달콤한 와인도 마시
지 못할 것이다.
16 [스매리아 왕] 옴리의 규정이 지켜
지고, 애이햅 집안의 공예품들과
그들의 주술에 따라 너희가 걸어
가기 때문에, 내가 너희를 파멸시
키면, 그곳 주민은 경멸할 것이다.
따라서 너희는 내 백성의 비난을
견뎌야 할 것이다."

이즈리얼의 비참

7 "나에게 재앙이다! 나는, 여름과
일 수확철에 포도알을 주워모으
는 사람 같은 신세다. 거기에 먹을
만한 송이는 없다. 내 마음은 처음
수확하는 송이를 바랐건만.
2 선한자가 땅에서 망해도, 그들 중
올바른 자는 아무도 없다. 그들 모
두 피를 기다린다. 그들은 그물로
형제마다 사냥한다.
3 그래서 그들은 열심히 두 손으로
비행을 하며, 관리는 예물을 요구
하고, 판관은 뇌물을 바라고, 큰인
물은 불의를 주장하며 모두 관철
시킨다.
4 그중 최고는 가시나무 같은 것이
고, 가장 바르다 해도, 가시울타리
보다 더 날카롭다. 파수꾼이 지키
는 날, 너희 죄를 묻는 방문의 날이
다가온다. 앞으로 그들에게 혼란
만 있을 것이다.
5 너희는 친구를 믿지 말고, 안내자
를 신뢰하지 마라. 네 가슴에 안긴
그녀에게도 네 입을 닫아라.
6 아들이 아버지를 존경하지 않고,
딸이 어머니를 기어오르며, 며느
리가 시어머니한테 대들기 때문
에, 사람의 적은 바로 제 집안에 있
는 사람이다.
7 그래서 나는 **주님**을 바라본다. 나
는 나의 구원의 **하나님**을 기다린
다. 나의 **하나님**은 내 기도를 들을
것이다.
8 오 나의 적들아, 나를 공격하고 기
뻐하지 마라. 내가 쓰러지면, 다시
일어난다. 내가 어둠에 주저앉으
면, **주님**이 나에게 빛을 비춰줄 것
이다.
9 **주님**의 분노를 견디는 것은, 내가
그에 대해 죄를 지었기 때문이다.
그가 나의 잘못을 따져, 나에 대한
처벌을 집행할 때까지 참겠다. 다
음 그가 빛으로 데려가면, 나는 그
의 정의를 바라보게 된다.
10 그때 나의 적이 있는 그땅도 그것
을 보고, 창피가 그곳을 덮으며, 내
게, '너희 **주 하나님**이 어딨나?' 라
고 물으면, 내 눈이 그땅을 바라볼
것이다. 앞으로 그곳은 거리의 진
흙처럼 밟힐 것이다.
11 성벽이 다시 건설되는 날, 너희 경
계선은 멀리 확장될 것이다.
12 그날 너에게 사람들이 올 텐데, 엇
시리아와 이집트에서 오고, 심지
어 이집트에서 유프래이티스강,
바다에서 바다, 산에서 산에 걸쳐

서 몰려온다.
13 그런데도, 그땅은 거기 사는 사람
탓에 파괴되고, 그들 행위의 결과
때문에 파멸한다.
14 네 지팡이로 너희 백성을 먹이고,
네 유산의 양떼를 이끌어라. 그들
은 카멀 숲속에 외롭게 산다. 그들
을 배이샨과 길리얻에서 예전처럼
먹고 살게 해라.
15 "너희가 이집트땅에서 나오던 날
과 같이, 나는 너희에게 경이를 보
여주겠다."
16 민족들이 그것을 보면, 기가 꺾여
당황할 것이다. 그들은 제 입에 손
을 대며 말을 못하고, 귀도 먹게 될
것이다.
17 그들은 뱀처럼 먼지를 핥고, 땅바
닥 벌레처럼 구멍에서 기어나온
다음, 우리의 **주 하나님**을 두려워하
고, 너희 때문에 겁을 먹을 것이다.
18 누가 너에게 잘못을 용서하는 **하나
님** 같을까? 그의 유산의 나머지 사
람이 저지른 위반을 그처럼 지나
칠까? 그가 자기 분노를 영원히 지
속하지 않는 이유는, 관대한 사랑
을 좋아하기 때문이다.
19 그는 다시 돌아서, 우리에게 연민
을 주고, 마음을 가라앉히며, 우리
죄를 깊은 바다로 던질 것이다.
20 당신은 재이컵에게 진리를 실행하
고, 애이브러햄에게 자비를 베푸
는데, 그것은 당신이 오래전부터
우리 조상에게 맹세한 사랑이었다.

예언자 내이험

니네바에 대해 분노

1 다음은 니네바엇시리아 수도 모술의
경고에 관하여, 엘커쉬 사람 내
이험의 환상을 기록한 내용이다.
2 **하나님**은 질투가 많아, 복수한다.
주님의 보복은 격렬하고, 적에게
복수하며, 분노를 터뜨린다.
3 **주님**은 화를 늦추는 대신 화력이
세어지므로, 악한은 벗어나지 못
한다. 그는 돌풍과 폭풍속에서 전
진하기 때문에, 구름이 그의 발아
래에서 먼지를 일으킨다.
4 그가 바다를 꾸짖어, 물을 말리고,
강물도 증발시키면, 배이샨이 활
기를 잃고, 카멀과 레바넌의 꽃도
시든다.
5 그 앞에서 산이 흔들리고, 언덕이
녹아내리자, 땅이 **주님**이 보는데서
타들어간다. 맞다, 세상도, 또 그 안
에 사는 전부도 그렇다.
6 누가 그의 분개 앞에서 견뎌낼까?
누가 그의 격렬한 분노 속에서 살
아남을까? 그의 화는 불이 되어 퍼
붓고, 바위덩이를 내던진다.
7 **주님**의 선이, 재난시기에 일종의
위안처가 되어주는 이유는, 자기
가 신뢰하는 자를 알기 때문이다.
8 그러나 강을 범람시켜, 니네바 일
대를 끝장내고, 어둠이 그의 적을
뒤쫓게 한다.
9 너희가 **주님**에 맞서 무엇을 생각하
나? 그가 철저히 끝내면, 두 번째
괴로움은 오지 않을 텐데.
10 그들이 가시 사이에 얽히고, 와인
에 취하는 동안, 그들은 완전히 말
라버린 그루터기가 되어 없어질
것이다.
11 거기에 너희 중 한 사람이 나오는
데, 그는 **주님**에 대해 악을 구상하
는 나쁜 전략가다.
12 그래서 **주님**이 말한다. "비록 그들
이 동맹이고 다수라 해도, 그들은
파괴되어 제거된다. 비록 내가 너
희에게 재난을 주어도, 나는 더 이
상 너희를 괴롭히지 않을 것이다.
13 앞으로 나는 너희의 멍에를 풀고,
너희를 묶은 족쇄를 떼어낼 것이
다."
14 **주님**은 너희 니네바에 관하여 명령
했다. "너희는 더 이상 이름을 물려
받는 후손이 없을 것이다. 나는 너
희 신당에서 조각우상과 주물형상
을 제거하여, 너희 무덤을 만들겠
다. 너희는 악이기 때문이다."

15 보라, 산 위에서 그의 발길이 좋은
소식을 전한다. 오 쥬다, 너희는 평
화를 알려라! 신성한 축일을 지키
고, 너희의 맹세를 실천해라. 이제
악한은 더 이상 너희 가운데 지나
가지 못한다. 그것은 완전히 제거
된다.

니네바 파멸경고

2 돌진하여 조각낼 파괴자가 니네
바 네 앞에 나타날 것이다. 무기
를 점검하고, 길을 지켜라. 무장을
강화하고, 힘을 집결해라.
2 이는 **주님**이 재이컵의 우수성과 이
즈리얼의 탁월성을 외면했듯, 약
탈자가 그들을 약탈하고, 그들의
포도가지를 훼손하기 때문이다.
3 그곳 전사의 방패는 붉게 물들고,
용사는 선홍을 입는다. 그가 준비
한 날 전차는 타오르는 횃불이 되
며, 전나무는 무섭게 떨 것이다.
4 전차가 거리로 돌진하면, 사방에
서 서로 밀치며 싸우게 된다. 그들
의 모습은 타는 횃불같아 보이고,
또 달리는 번개와도 같다.
5 니네바가 자기 군대를 재집결하
면, 그들은 비틀거리며, 그곳 성벽
으로 달려들어 방어에 대비할 것
이다.
6 그러나 강의 문이 열려, 궁전은 붕
괴된다.
7 그리고 허잽왕이 포로로 잡히고,
그곳 여자가 끌려가면, 그녀의 여
종은 비둘기 우는소리로 가슴을
치며 그녀를 따른다.
8 그러면 니네바는 옛 연못의 물과
같이, 그곳 사람들이 사라진다. '멈
춰서라'고 외쳐도, 아무도 돌아보
지 않는다.
9 너희는 은을 약탈하고, 금을 빼앗
아라! 창고는 끝없이 쌓였고, 재물
은 번쩍인다.
10 그 땅을 비우고, 없애고, 불모지로
만들어라! 그러면 그들의 가슴이
녹아내리고, 무릎이 서로 부딪치
며, 큰고통이 허리로 올라온 다음,
그들의 얼굴은 새까맣게 된다.
11 어디가 사자가 살던 곳이고, 새끼
를 먹이던 장소는 어디며, 젊은 사
자나 늙은 사자가 새끼와 함께 어
디를 걸었는지, 아무도 그들을 두
렵게 하지 않나?
12 사자는 새끼를 위해 먹이를 제대
로 찢었고, 암사자를 위해 먹이를
질식시켰으며, 먹이로 그의 굴을
채웠고, 포획물을 쌓았다.
13 보라, "나는 너니네바를 공격한다"
고, 만인의 **주님**이 말한다. "나는 그
땅의 전차를 태워 연기로 만들고,
칼은 젊은 사자를 잡아먹을 것이
다. 또 나는 땅으로부터 네 먹이를
없애겠다. 그러면 너희 전령의 목
소리는 더 이상 들리지 않게 될 것
이다.

니네바에게 재앙

3 피흘리는 도성에 재앙이다! 그
곳은 거짓과 약탈로 가득 차, 죽
음이 끊이지 않는다.
2 채찍을 휘두르는 소리, 바퀴가 덜
그럭거리는 소리, 뛰어오르는 말
소리, 동요하는 전차소리 등.
3 기수가 번쩍이는 칼과 예리한 창
을 들어올리면, 수많은 사람이 잘
려, 시체가 대다수며, 송장이 끝이
없다. 그들은 허겁지겁 뛰어가다,
시체 위에 쓰러진다.
4 미모의 매춘부와 매력적인 매춘녀
가 무수히 많기 때문에, 여자마술
사는 매춘으로 나라를 팔고, 그녀
의 마법으로 가족도 판다.
5 보라, "나는 너니네바를 공격한다"
고, 만인의 **주님**이 말한다. "나는 네
치마를 네 얼굴까지 들춰, 민족마
다 제 맨몸을 보이고, 왕국마다 네
수치를 알릴 것이다.
6 또 나는 너에게 역겨운 거름을 끼
얹어, 너한테서 지독한 냄새를 풍
기게 하면, 너는 볼거리가 될 것이
다.
7 그러면 너를 보던 모두가 멀리 달
아나며, 말한다. '니네바가 버려졌
는데, 누가 그땅을 애도할까? 어디
서 너의 위안자를 찾을까?'
8 네가 씨브스고대이집트 수도도시보다
나을까? 그곳은 나일강 사이에 위
치하여, 주위에 물이 있었고, 그곳
성벽은 바다였고, 바다는 성벽이
되어 주었다.
9 이씨오씨아쿠쉬와 이집트는 니네바
의 무한한 힘이 되어 주었다. 퓨트
와 루빔도 너를 도왔다.
10 하지만 그들은 포로로 끌려갔고,
어린 자식은 길목마다 내던져졌
다. 저들이 그땅의 귀인을 제비뽑
아 데려가고, 큰인물은 쇠줄에 묶
어 끌고갔다.
11 너도 술에 취해 숨어서, 적으로부
터 피할 도움을 찾게 될 것이다.
12 무화과나무의 첫 수확 때처럼, 저
들이 너희 요새를 흔들면, 저들 입
속으로 떨어져내리는 먹거리가 될
것이다.
13 보라, 너희 가운데 있는 사람은 여
자뿐이고, 성문은 적에게 활짝 열
려서, 불이 빗장을 태워버릴 것이
다.
14 포위에 대비하여 물을 끌어들이
고, 너희 요새를 튼튼하게 만들며,
진흙을 넣고 모터석회를 짓이겨
강한 벽돌을 만들어라.
15 불이 너희를 태우고, 칼이 너희를
베면서, 자벌레처럼 너희를 먹어
치우게 될 것이다. 따라서 너희는
유충처럼 수를 많이 만들고, 또 메
뚜기처럼 숫자를 늘려라.
16 너희는 상인의 숫자도 하늘의 별
이상으로 많이 만들어, 자벌레가
약탈하면, 날아가버려야 한다.
17 너희 크라운왕관을 쓴 자는 메뚜
기처럼 되고, 너희 대장은 큰 메뚜

기가 되어라. 그들은 추운날 담장
에 진을 치지만, 해가 따오르면, 멀
리 달아난다. 그리고 그들의 장소
가 어딘지 알리지 마라.
18 선잠이 든 목자, 오 엇시리아왕들
아, 너희 귀족은 흙먼지 속에서 살
게 되고, 너희 백성은 산위에서 흩
어져, 아무도 그들을 모으지 않는
다.
19 너희 상처는 심한데, 치료할 곳은
없고, 소문을 들은 모두는, 너를 향
해 박수친다. 너희 악행이 끊임없
으니, 재앙을 피할 자가 누굴까?

예언자 허배컥

허배컥의 불만

1 다음은 예언자 허배컥이 알게
된 경고다.
2 "오 **주님**, 내가 아무리 외쳐도, 당신
은 듣지 않는군요! 심하게 외쳐도,
당신이 구해주지 않다니요!
3 어째서 당신은 내게 죄를 보여주
며, 불만을 깨닫게 하죠? 갈취와
폭력만이 내 앞에 있고, 투쟁과 말
다툼만 일어나고 있어요.
4 법이 느슨해지고, 재판이 제대로
되지 않는 이유는, 악한이 정의를
꼼짝 못하게 에워싸고, 잘못된 판
결만 내리기 때문이에요."
5 **주인**의 대답: "너희는 이교도를 보
고, 생각하며, 이상하게 여겨라. 앞
으로 내가 너희 시대에 어떤 일을
할 것이다. 그것은 네게 일러주어
도, 믿지 않을 일이다.
6 내가, 모질고 성미급한 캘디언배블
런인을 부추겨 일으키면, 그들은 그
땅 곳곳에 행진하여 들어와, 제것
아닌 주거지를 모조리 차지할 것
이다.
7 그들은 포악하고 잔인하기 때문
에, 그들의 정의와 체면은 그 수준
에서 나올 것이다.
8 그들의 말조차 표범보다 빠르고,
저녁시간 늑대보다 더욱 거칠다.
그들의 기마병이 도처에 퍼져, 먼
곳에서 다가오면, 독수리처럼 날
아, 순식간에 먹어치울 것이다.
9 그들은 온갖 폭력을 다 휘두르며,
그들의 얼굴을 동풍처럼 휩쓸면,
모래처럼 포로를 끌어모을 것이
다.
10 그들이 왕을 비웃어주면, 대군관
리는 멸시감이다. 요새마다 조소
하는 까닭은, 그들에게 그곳은 흙
더미를 빼앗을 뿐이니까.
11 그때 휩쓸며, 사람을 해치다가, 그
들 마음이 바뀌면, 그들의 힘을 신
의 덕이라고 돌린다."
12 "나의 **주인**님 당신은 영원히 계속
되는 존재가 아닌가요? 오 신성한
유일신, 나의 **하나님**, 우리를 죽지
않게 하는 **주님**, 당신이 우리를 처
벌하는 임무를 그들에게 맡겼죠.
오 전능한 **하나님**, 당신은 그들을
개선하려고 각오했고요.
13 당신의 눈은, 악을 보기에는 너무
나 맑아, 죄를 바라볼 수 없어서, 믿
을 수 없는 행동을 그저 지켜보고,
악한이 의인을 해칠 때도 그냥 혀

를 멈추는 건가요?
14 사람을 만들 때, 바다의 물고기나
땅위를 기는 것처럼, 그들을 지배
할 자는 없는 거죠?
15 저들이 낚시로 사람을 낚고, 어망
으로 끌어올려, 그물망에 모으면,
대단히 기쁘겠죠.
16 그리고 저들은 그물망으로 희생제
사를 지내고, 어망에 향을 피우겠
지요. 왜냐하면 이로써 그들 몫이
두둑해져 먹을 게 많아지니까요.
17 그런데, 저들의 망이 비지 않도록,
계속 살해하도록, 민족을 구하지
않나요?"

정의는 신념 속에서 산다

2 내가 서서 지켜봐야겠다. 망루
에 올라, **주님**이 무슨 말을 하는
지 알아봐야겠다. 그러면 나를 꾸
짖는 그의 대답을 들을 수 있을 것
이다.
2 그때 **주님**이 나에게 대답했다. "네
가 환상으로 보는 계시를 석판 위
에 쉽게 써라. 그러면 사람이 달리
면서도 읽을 수 있을 것이다.
3 계시란, 정해진 시기에 관한 것이
므로, 마침내 실현되어 이야기하
게 되며, 거짓이 아니다. 비록 더디
지만 시기를 기다려봐라. 때가 되
면, 그것은 반드시 이루어진다.
4 보라, 우쭐한 영혼은 바르지 않지
만, 정의는 사람의 신념 속에서 산
다.
5 그렇다, 또한 술로 자만하는 자는
죄를 짓기 때문에, 욕심이 지옥만
큼 커지면, 제 집을 지키지 못하고,
만족할 수 없으면, 죽음과 같다. 대
신 나라마다 끌어들이고, 사람마
다 포로로 잡아 쌓아올리며,
6 오히려 이들이 남을 향해 악담을
퍼붓지 않을까? 또 속담을 비유하
며 남에게 말한다. '제것이 아닌 것
을 늘리는 자에게 재앙이다! 라고.
그런데 그것이 얼마나 갈까? 결국
스스로 쌓는 것은 두터운 진흙뿐!
7 그들이 너를 물자고 갑자기 일어
나지 않고, 너를 괴롭히려고 눈을
뜨는 것도 아니며, 그들에게 너는
털신같이 가볍고 힘없는 먹이감이
될까?
8 그러나 너는 많은 나라를 약탈해
왔으므로, 나머지 모두가 너를 약
탈할 것이다. 그 이유는 사람이 피
를 흘렸기 때문이고, 땅과, 도성과,
그 안에 사는 사람에 대한 폭력 탓
이다.
9 부정한 재물을 탐내어, 집안에 끌
어들이는 자는 재앙이다! 그런 식
으로 제 둥지를 높여, 재난에서 구
원받으려 하다니!
10 너는 다수에게 피해를 입히는 음
모를 꾸며, 네 집안을 부끄럽게 했
고, 그래서 제 영혼에 죄를 지었다.
11 성벽의 돌이 소리치면, 목재 들보
가 그에 응답할 거다.
12 피로 마을을 세운자는 재앙이다!

부정으로 도성을 건설한자 역시
그렇다!
13 보라, 이것은 만인의 **주님**한테서
나온 게 아닐까? 사람은 불쏘시개
감에 수고하고, 나라는 허상을 쫓
다 스스로 지친다.
14 물이 바다를 채우듯, 땅은 **주님**의
빛나는 지식을 채운다.
15 이웃에게 술을 권하는 자는 재앙
이다! 자기 술병을 주어, 그 역시
취하게 하면, 아마 네가 그들의 맨
몸을 볼 수 있겠지!
16 너는 명예를 창피로 채우고, 또 술
을 마셔, 포피마저 드러낸다. 이것
은 **주님** 오른손에 든 잔이 너로부
터 등을 돌리게 하고, 네 명예에 수
치가 토해진다.
17 레바넌의 폭력이 너를 덮치고, 네
짐승을 무섭게 약탈할 것이다. 그
이유는 네가 사람의 피를 흘렸기
때문이고, 땅과, 도성과, 그 안에 사
는 사람에 대한 폭력 탓이다.
18 수공예자가 조각한 우상이 무슨
가치가 있을까? 주물형상도 거짓
의 스승으로서, 말할 수 없는 우상
을 제조자가 만들어 믿게 한다.
19 나무토막에게 '일어나라' 말하는
자는 재앙이다! 말 못하는 돌에게
'일어나라' 하면 가르쳐 주겠다. 봐
라, 그것은 금과 은으로 도금되어,
그 안에 숨결이 없다.
20 한편 **주인**은 그의 신성한 성전에
있어, 땅위 모두가 그 앞에서 침묵
하게 한다."

재난의 날에 대한 기도

3 다음은 예언자 허배컥이 쉬기노
쓰 현악기에 맞춰 노래한 기도
다.
2 "오 **주님**, 나는 당신의 말을 듣고,
두려워졌어요. **주님**, 오랜 당신의
위업을 되살리고, 앞으로 오래도
록 그것을 알려주세요. 분노 속에
서 관대한 사랑을 기억해주세요.
3 **하나님**은 테먼에서 왔고, 패런산에
서 나온 신성한 유일신이다. 셀라잠
시멈춤. 그의 빛이 하늘을 덮으면, 땅
은 그에 대한 칭송으로 가득찼다.
4 그의 빛은 찬란했고, 그가 가진 뿔
은 힘을 숨겨둔 손에서 나왔다.
5 그가 오기 전 전염병이 먼저 왔고,
불타는 석탄은 그의 발에서 나왔
다.
6 그가 서서 땅을 재며 살폈더니, 민
족들은 갈라지고, 변함없는 산들
은 흩어졌으며, 영원한 언덕들은
무너져내렸다. 그러나 그의 길은
영원히 이어진다.
7 내가 보니, 쿠샨의 천막은 괴로워
했고, 미디언땅의 휘장은 떨었다.
8 **주님**은 강에 대해 언짢았나요? 당
신은 강에 대해 화를 냈죠? 당신은
바다에 대해서도 분노했죠? 그곳
은 당신이 구원의 말과 마차를 탔
던 곳인데.
9 당신의 활은, 당신의 말에 따라 부

족이 맹세하며, 확실하게 던져졌
다. 셀라잠시멈춤. 당신은 땅을 강으
로 나누었다.
10 산들도 당신을 보자 떨었다. 물이
넘쳐흐르며 지나가고, 깊은 바다
는 목소리를 내며, 그의 손을 높이
들어올렸다.
11 해와 달이 그들의 처소에 멈춰섰
는데, 그곳에서 그들의 광선이 나
왔고, 당신 창의 번쩍이는 빛도 나
왔다.
12 당신은 분개하여 땅을 두루 행진
했고, 화가 나서 이교도를 밟아버
렸다.
13 당신은 자기 백성을 구원하려고
나섰고, 당신이 기름을 바른자를
구하기 위해 왔다. 그리고 당신은
악한 집안의 대표를 바닥부터 목
까지 드러나도록 상처냈다. 셀라잠
시멈춤.
14 당신이 자기 지팡이로 그 마을입
구를 치자, 그들이 돌풍처럼 나와
나를 쫓아내려고 했다. 그러나 그
들의 기쁨은 약자를 몰래 없애는
정도였다.
15 당신은 말을 타고 바다를 가로질
러 왔고, 큰파도의 언덕을 뚫고 왔
다.
16 내가 그 소리를 듣고, 배가 떨렸고,
나의 입술은 그 목소리에 진동했
다. 뼈가 녹아들듯, 나 스스로 떨었
다. 어쩌면 나는 재난의 날에 쉴 수
있을지 모른다. 그때 그는 백성에
게 와서, 그의 군대로 공격할 것이
다.
17 무화과 꽃이 피지 않고, 포도는 열
매를 맺지 않고, 올리브 농사는 흉
작이고, 들은 곡식을 산출하지 않
았어도, 양떼는 우리에서 쓰러지
고, 축사에는 가축이 없다 하더라
도,
18 그래도 나는 **주님** 안에서 기뻐하
고, 나를 구원하는 **하나님**에 대해
즐거워할 것이다.
19 **주 하나님**은 나의 힘이다. 그는 내
발을 암사슴의 발처럼 만들어, 내
가 걸어서 높은 곳으로 오르게 할
것이다. 나의 현악기 장단에 맞추
어, 대표가수가 노래했다.

예언자 제퍼냐야

온땅을 처벌

1 주님의 말이 쿠쉬 아들 제퍼나
야에게 들려왔다. 쿠쉬의 선대
는 게덜라야, 그의 선대는 애머라
야, 그의 선대는 히즈카야였고, 당
시는 쥬다왕 애먼 아들 조시아 시
대였다.
2 "나는 그땅에서 모든 것을 완전히
없애버리겠다"고 주님이 말한다.
3 "사람과 짐승을 파멸시키고, 하늘
의 새도, 바다의 물고기도, 악한이
꾸미는 정의의 방해물을 제거하
며, 땅에서 인간을 없애는 것"이라
고 주님이 말한다.
4 나는 쥬다에게도 손을 뻗고, 저루
살럼 사람에게도 손을 대어, 거기
서 배얼을 믿는 나머지 및 케머림
이름의 우상을 맹신하는 제사장까
지 제거하며,
5 지붕꼭대기에서 하늘의 군상을 받
드는 자, 주님 이름으로 맹세한다
며 말컴우상의 이름으로 서약하는
자,
6 주님한테 등을 돌린 자와, 주님을
찾지 않고, 그에게 물어보지 않는
자까지 없앤다.
7 주 하나님 앞에서 침묵해라. 왜냐
하면 주님의 날이 가까웠기 때문이
다. 그때 주님은 제물을 준비해놓
고 손님을 초대한다.
8 주님의 제사날이 오면, 나는 왕과
그 자녀를 처벌하고, 외국 복장을
한 모두를 처벌한다.
9 그날 나는 문턱을 뛰어 달아난 모
두를 처단하는데, 그들은 저희 주
인의 집을 폭력과 속임수로 채웠
다.
10 그날이 오면, 주님이 말하는 바는,
물고기문에서 고통의 외침이 있
고, 그 다음 언덕이 붕괴하며, 거대
한 울부짖음이 있을 것이다.
11 상업지역의 주민 너희는 큰소리로
울부짖어라. 상인이 모조리 없어
지고, 그들이 지닌 은도 모두 사라
지기 때문이다.
12 그때가 되면, 나는 촛불을 들고 저
루살럼을 뒤져, 마음에 찌꺼기를
쌓은 인간을 응징하겠다. 그들은
속으로, '주님은 선행도 악행도 안
한다'고 말한다.
13 그러면 그들 재산은 전리품이 되
고, 그들 집은 폐허가 된다. 그들이
집을 지어도 거기서 살지 못하고,
포도를 심어도 포도주를 마시지

못할 것이다.
14 주님이 큰일을 치를 날이 다가온
다. 그것이 가까이 오면, 주님 날의
소리조차 서두르기 때문에, 영향
력 있는 자도 그곳에서 비참하게
울 것이다.
15 그날은 분노의 날이고, 고통과 괴
로움의 날이며, 재난의 날이다. 암
흑과 침울의 날이며, 깜깜한 먹구
름의 날이다.
16 트럼펱과 경종이 요새도성과 높은
망루를 향해 울리는 날이다.
17 내가 인간에게 재난을 가져와, 그
들이 앞을 보지 못하는 사람처럼
걸어야 하는 이유는, 그들이 주님
에게 죄를 지었기 때문이다. 따라
서 그들의 피는 흙먼지처럼 쏟아
져 나오고, 그들의 살은 거름처럼
떨어져 내릴 것이다.
18 주님이 분노하는 날에는, 그들의
은도 금도 그들을 구할 수 없고, 온
땅이 그의 질투의 화염에 삼켜지
게 된다. 왜냐하면 그가 그땅에 사
는 모두를 날쌔게 속시원히 제거
하니까.

쥬다 적에게 벌

2 "너희 함께 모여라! 그래, 바람
직하지 못한 수치스러운 민족
아,
2 선언이 나오기 전에, 겨껍질이 날
리듯 그날이 지나기 전에, 주님의
무서운 분노가 내리기 전에, 주인
의 분노의 날이 닿기 전에,
3 너희는 주님을 찾고, 그땅에 대해
겸손해라. 그곳은 그의 판결이 집
행된다. 너희가 정의를 찾고 순종
하면, 주님 분노의 날을 피할 수 있
을지도 모른다.
4 가자지역이 버려지고, 애쉬케런은
파괴되기 때문에, 그들은 대낮에
에쉬닫에서 쫓겨나고, 애크런은
뿌리째 뽑힌다.
5 해안가 주민은 재앙이다! 케레스
민족아! 오 캐이넌아, 주님의 말은
너를 향한다. 필리스틴아, 내가 그
땅까지 파괴하면, 그곳에 살아남
는 자가 없을 것이다.
6 그러면 해안지대는 목자가 사는
보금자리가 되고, 양떼의 우리가
된다.
7 또 그 일대는 쥬다집안의 나머지
를 위한 곳이 되어, 거기서 먹고, 저
녁이면 애쉬케런의 집에서 드러누
울 것이다. 왜냐하면 주 하나님이
그들을 방문하여, 그들의 재산을
돌려주기 때문이다.
8 내가 모앱인의 욕도 들었고, 애먼
자손이 퍼붓는 악담도 들어보니,
그들은 나의 백성을 모욕하며 경
계선을 넘어 공격을 확대하더라.
9 따라서 살아 있는 나, 만인의 주인,
이즈리얼의 하나님이 말하는데, 확
실히 모앱은 소듬처럼 되고, 애먼
자손은 거머라 같이 된다. 게다가
쐐기풀이 자라고 소금밭이 되어

영원한 폐허가 될 것이다. 또 내 백
성 나머지가 그들을 약탈한 다음,
그곳을 차지하게 될 것이다.
10 이렇게 그들이 자기자만에 대한
대가를 받게 되는 까닭은, 그들이
만인의 **주님** 백성을 모욕하며, 스
스로 도를 지나쳤기 때문이다.
11 **주님**이 그들에게 두려운 존재가 되
는 이유는, 땅위의 모든 잡신을 굶
겨 없애기 때문이다. 그러면 모든
사람이 자기 장소에서, 심지어 이
교도조차 모두 **주님**을 경배하게 될
것이다.
12 너희 이씨오피아안나일 역시 내 칼
에 쓰러진다.
13 또 북쪽으로 그 손을 뻗으면, 엇시
리아가 파멸하고, 니네바이라크 모술
는 파괴되어 사막으로 버려질 것
이다.
14 그러면 양떼가 그 가운데 눕고, 모
든 종류의 짐승도 드러눕는다. 사
막 부엉이도, 올빼미도 모두 그곳
기둥 위에 머물면, 그들이 우는 소
리가 창에서 들리고, 문턱에는 잔
해만이 널린다. 이는 **주님**이 시더
나무의 건축물을 파괴하여 드러내
기 때문이다.
15 부주의하게 살며, 즐기던 도성이
이렇게 되자, 그땅이 마음 속으로
말한다. '나는 여기 있는데, 내 주위
에는 아무도 없다'고. 이렇게 파멸
되어, 짐승이나 드러눕는 장소가
되다니! 옆을 지나는 모두가 손을
저으며 쉿소리를 낸다."

쥬다와 다른 나라에게 벌

3 추악하게 오염되어 더럽워진 억
압자의 도성은 재앙이다!
2 그곳은 목소리에 순종하지 않고,
개선을 받아들이지 않고, **주님**를
믿고 따르지 않으며, **하나님**에게
가까이 다가가려고 하지 않았다.
3 도성 내 관리는 으르렁거리는 사
자고, 판관은 저녁거리를 찾는 늑
대로, 뼈를 갉아먹기를 다음날까
지 두지 않는다.
4 그곳 예언자는 가벼이 마음이 달
라지는 사람이고, 제사장은 성소
를 오염시키며 법을 위반했다.
5 그곳 한가운데 있는 **주님**은 올바르
고, 그르지 않고, 매일 아침 그의 정
의실현에 실패가 없는 반면, 부정
한 자는 창피를 모른다.
6 나는 여러 나라를 제거해버렸다.
망루를 무너뜨리고, 거리를 훼손
하여, 아무도 지나지 못하게 그 도
시를 파괴했으므로, 그곳에 누구
도 사는 사람이 없다.
7 내가 말하는데, 확실히 너희는 나
를 두려워하게 될 것이다. 그래서
나의 가르침을 받아들이면, 삶의
터전이 없어지지 않는다. 그러나
내가 그들을 처벌하는 것은, 그들
이 아침부터 일어나 하는 일마다
부패했기 때문이다.
8 따라서 너희는, '내가 먹이 위로 오

르는 날까지 기다려라'고 **주인**이
말한다. 왜냐하면 나의 결심은 모
든 민족을 한자리에 모으는 것으
로, 왕국이 모이면, 나의 분노를 그
들 위에 붓고, 나의 격노조차 퍼붓
고자 한다. 그러면 모든 땅이 내 질
투의 불에 소멸될 것이다.
9 그때 나는 정화된 백성에게 돌아
가겠다. 그들은 순수한 언어로 **주
님**의 이름을 부를 수 있고, 한마음
으로 섬기게 된다.
10 나에게 탄원하기 위하여, 이씨오
피아 강 저편부터 멀리 흩어진 나
의 딸까지, 내게 예물을 가져올 것
이다.
11 그날 너희는 자신을 부끄럽게 여
기지 않게 된다. 나를 위반한 모든
행위를 너희로부터 모두 없애기
때문에, 너희는 나의 신성한 산에
대해 더 이상 오만해지지 않으며,
즐거워지는 것이다.
12 또 내가 너희 가운데 고통받는 약
자를 남겨두면, 그들도 **주님**의 이
름을 믿고 의지하게 될 것이다.
13 이즈리얼의 나머지는 더 이상 죄
를 짓지 않고 거짓말을 하지 않으
며, 그들 입에서 속이는 혀를 발견
하지 않게 된다. 왜냐하면 그들은
먹고 편히 누울 수 있고, 그들을 두
렵게 하는 자가 없기 때문이다.
14 오, 자이언의 딸은 노래하고, 이즈
리얼은 외쳐라. 마음 가득 기뻐하
고 즐거워해라. 오 저루살럼의 딸
들아!
15 **주님**은 너에 대한 벌을 없애고, 너
희 적을 내던졌다. 이즈리얼의 왕,
바로 **주님**은, 너희 가운데 있고, 너
희는 더 이상 악을 보지 않게 될 것
이다.
16 그날 저루살럼에게 다음 말이 전
해진다. '자이언, 너희는 두려워 마
라. 너희 손이 게으르게 두지 마라'
라고.
17 너희 가운데 있는 **주 하나님**은 전능
하다. 그는 기쁜 마음으로 너희를
구하고 즐거워한다. 그러면 너희
는 그의 사랑 안에서 쉬게 되고, 그
는 노래하는 너희에 대해 흐뭇해
할 것이다.
18 내가 축제를 위하여 슬퍼하는 사
람을 모으면, 너희는 더 이상 비난
의 부담을 지지 않을 것이다.
19 보라, 그때 나는 너희를 억압하는
자를 처리한 다음, 다리 저는 자를
구하고, 추방당한 자를 불러들이
며, 그들의 수모를 찬양과 명예로
바꿔놓을 것이다.
20 그때 나는 너희를 모아 다시 데려
온다. 그래서 다른 민족 가운데 너
희에게 명성과 칭송을 만들어줄
것이다. 그때 눈앞에서 너희 재산
을 되돌려줄 것"이라고 **주님**이 말
한다.

예언자 해가이

성전재건 명령

1 대리어스왕 2년 6째 달 첫 날, **주
님**의 말이 예언자 해가이를 통
하여 제러배블한테 전해졌는데,
그는 당시 쥬다총독 쉴티얼의 아
들이었고, 또 대제사장 자세덱의
아들 자슈아에게도 전해졌다.
2 만인의 **주님**이 말한 바에 의하면,
"이 백성은, '**주님**의 성전을 지을 때
가 아직 아니다' 라고 말하고 있다.
3 그래서 **주인**의 말을 예언자 해가이
를 통해 전하면,
4 '너희에게 지금이 바로 그때가 아
닌가?' 오 너희는, 나무널판을 댄
집에서 사는 반면, 이 집은 버려져
있다.
5 그러니 이제 만인의 **주인**이 말하는
데, 너희가 하는 일을 깊이 생각해
봐라.
6 너희는 씨를 많이 뿌리고도, 적게
거두어, 너희가 먹어도, 충분하지
못하고, 마셔도, 채워지지 않았으
며, 옷을 입어도, 하나도 따뜻하지
않고, 사람이 임금을 벌고 벌어도,
구멍난 지갑에 넣을 뿐이다.
7 만인의 **주인**은, '너희가 살길을 곰
곰이 생각해보라'는 것이다.
8 '산으로 가서 나무를 날라, 성전을
지으면, 내가 그 안을 차지하고 즐
거워서, 빛을 발할 것'이라고 **주인**
이 말한다.
9 '너희가 본 것은 많았는데, 막상 집
으로 가져가서 살피니, 적었던 까
닭은, 내가 그것을 날려버렸다. 왜
냐고?' 만인의 **주인**이 말하는데,
'그것은 나의 집을 방치해놓고, 모
두 제집으로 가버렸기 때문'이었
다.
10 그런 너희에 대하여, 하늘이 이슬
을 막고, 땅이 열매생산을 말린다.
11 그리고 나는 땅에 가뭄을 부르고,
산에도, 곡식에도, 새포도주에도,
올리브기름 등, 땅이 생산하는 모
든 것과, 인간과 가축 등 손으로 일
하는 노동 모든 것에 가뭄을 불렀
던 것이다."
12 그때 쉴티얼 아들 제러배블 총독
과, 대제사장 자세덱 아들 자슈아
가, 백성 나머지와 함께, 그들 **주 하
나님**의 목소리에 복종하며, **주 하나
님**이 보낸, 예언자 해가이의 전언
을 따랐다. 그리고 백성은 **주님**을
경외했다.
13 그러자 전령 해가이가 **주님**의 메시

지를 백성에게 말했다. "'나는 너희
와 함께 있다'고 **주님**이 전하라 했
다."
14 **주님**은 쥬다총독 쉴티얼 아들 제러
배블의 영혼을 일깨우고, 대제사
장 자세덱 아들 자슈아의 영혼을
움직이며, 백성 나머지의 영혼을
일으켰다. 그래서 그들이 가서 만
인의 주님성전을 건설했다.
15 그때가 대리어스왕 2년 6월 24일
이었다.

성전에 찬란한 빛

2 일곱 번째 달 21일에 **주님**의 말
이 예언자 해가이에게 들려왔
다.
2 "너는, 쥬다총독 쉴티얼 아들 제러
배블한테 가서 전하고, 대제사장
자세덱 아들 자슈아와, 백성 나머
지 사람에게 말해라.
3 너희 중 남아 있는 자가 있나? 주
님성전의 최최의 빛을 본 사람이.
그렇다면 너희는 지금 이것을 어
떻게 생각하나? 설마, 너희 눈에는
아무것도 아닌 것처럼 비교되는
것은 아니겠지?
4 하지만 이제부터 '강해져야 한다.
오 제러배블아,' **주인**이 말한다. '대
제사장 자세덱 아들 오 자슈아, 너
도 강인해져라. 또한 이땅의 너희
모든 백성도 강해야 한다'고, **주인**
이 말하고 있다. '건설해라! 내가 너
와 함께 있기 때문이다' 라고 만인
의 **주인**이 말한다.
5 '내가, 너희가 이집트에서 나올 때
약속한 대로, 그렇게 나의 영혼이
너희 가운데 있으니, 두려워 마라.'
6 **주인**이 다음을 말하는데, '하지만
한 번 더, 잠시 동안, 내가 하늘과,
땅과, 바다와, 육지를 흔들 것이다.
7 또 내가 모든 민족을 흔들어, 나라
마다 바라는 대로 이루어지면, 나
는 이 집을 찬란한 빛으로 채울 것'
이라고, 만인의 **주인**이 말한다.
8 '은도 내 것이고, 금도 내 것'이라
고, 만인의 **주인**이 말한다.
9 '이번에 짓는 나중 집의 빛은, 이전
집보다 더 찬란할 것'이라고, 만인
의 **주인**이 말한다. '이곳에 나는 평
화를 주겠다'고 만인의 **주인**이 말
한다."
10 대리어스왕 2년 아홉 번째 달 24일
에, **주님**의 말이 예언자 해가이에
게 이렇게 들려왔다.
11 다음과 같이 만인의 **주인**의 말에
의하면, "이제 제사장에게 법에 관
하여 물어봐라.
12 '만약 어떤 사람이 제 스커트 옷자
락에 신선한 고기를 싸가져 오다
가, 옷자락이 빵이나, 죽이나, 포
도주나, 올리브기름이나, 다른 고
기에 닿으면, 그것이 계속 신선할
까?" 그래서 제사장들이 "아니"라
고 대답했다.
13 그때 해가이가 말했다. "만약 시체
가 닿아서 불결해진 사람이 어떤

것과 접촉하면, 이것이 오염됐을
까?" 제사장들이 대답했다. "그것
은 오염되었어요."
14 그러자 예언자 해가이가 대답했
다. "'이 백성도 그렇고, **주인** 내 앞
에서는 이 민족도 그렇다'고 **주님**
이 말하고 있다. '또 그들의 손으로
한 모든 작업도 마찬가지이고, 그
들이 거기에 제공하는 것도 불결
하다.'
15 '이제 나는 너희에게 간절히 부탁
하는데, 이날부터 앞으로 주님성
전에 놓인 돌 하나 앞에서도 주의
해라.'
16 '그날 이래, 어떤 사람이 곡식 20말
을 쌓으려고 했지만, 10말밖에 되
지 않았다. 또 어떤 사람은 와인을
50통을 짜려고 했는데, 20통밖에
없었다.
17 그렇게 내가 마름병과 곰팡이로
너희 노동을 훼손하고, 너희 손이
한 수고를 우박으로 쳤는데도, 너
희는 나에게 돌아오지 않았다'고
주님이 말한다.
18 '이제부터 주의할 것은, 이날 아홉
째 달 24일, 주님성전의 기초가 놓
인 날부터, 앞으로 내가 말하는 것
을 주의해라.'
19 '창고에 아직 씨앗이 있나? 그렇
지, 포도나무, 무화과나무, 석류나
무, 올리브나무 등 아직 생산이 없
다면, 이날부터 내가 너희에게 축
복을 주겠다."
20 그렇게 다시 **주님**의 말이 해가이에
게 들려온 것은, 그달 24일이었다.
21 "쥬다총독 제러배블에게 가서 말
해라. 나는 하늘과 땅을 흔들어버
린다.
22 그리고 왕국의 왕좌를 전복시키
고, 이교도 왕국의 힘을 꺾고, 전차
와 거기에 오른 자도 뒤엎고, 말과
기병까지 끌어내려, 모조리 그의
형제 칼로 쓰러뜨리겠다.
23 그날, 만인의 **주인**이 말하는데, 나
는 너를 데려간다. 오 제러배블, 나
의 종, 쉘티얼의 아들아, **주인**이 말
하는데, 나는 너를 나의 인장반지
로 만들 것이다. 왜냐하면 내가 너
를 선택했기 때문이라고, 만인의
주인이 말한다."

예언자 제커라야

주인에게 돌아오라

1 대리어스 2년 8월, **주님**의 말이
제커라야에게 들려왔는데, 그의
선대는 베러카야, 그의 선대는 예
언자 이도였다.
2 "**주인**은 너희 조상에게 몹시 불쾌
했다.
3 그러니 너 제커라야는 그들에게
다음을 전해라. '만인의 **주님** 말에
따라, 너희 모두 나에게 돌아오너
라. 그러면 나도 너희에게 돌아간
다'고, 만인의 **주님** 말을 전해라.
4 너희는 조상처럼 행동하지 마라.
예전의 예언자는 만인의 **주님**이 이
렇게 말했다고 호소했다. '너희 악
행과 비행에서 마음을 돌리라'고.
그러나 그들은 듣지 않고, 나에게
귀를 기울이지 않았다고, **주인**이
말하고 있다.
5 너희 조상은 지금 어디 있지? 또
그 예언자는 늘 살아 있나?
6 그러나 내 말과 선언을, 내가 나의
종 예언자에게 명령했던 그것을,
너희 조상이 벌을 받게 된다는 것
을 받아들이지 않았지?" 그런 다
음 그들이 후회하며 말하더라. 만
인의 **주님**이 우리에 대해 생각한
대로, 우리가 간대로, 또 행동한 대
로, 그가 우리에게 처벌했던 것"이
라고 하더라.
7 대리어스 2년 11월 24일은, 히브리
력 쉬뱉월태양력 1월말-2월초이었는데,
주님의 말이 제커라야에게 들려왔
고, 그의 선대는 베러카야, 그의 선
대는 예언자 이도였다. 다음은 그
가 전한 말이다.
8 내가 밤에 보니, 붉은 말을 탄 사람
이, 골짜기의 머들관목나무 사이
에 서 있었고, 그 뒤로 붉은말, 점박
이말, 흰말이 있었다.
9 그때 내가 말했다. "오 나의 **주님**,
이것들이 뭐죠?" 나와 말하던 천
사가 말하며, "내가 이것들이 무엇
인지 알려주겠다"고 했다.
10 그리고 머들관목나무 사이에 서
있던 사람이 대답했다. "이것들은
주님이 이곳 땅을 두루 걸어보라고
보낸 것"이라고 했다.
11 다음 그들이 머들관목나무 사이에
선 **주님**의 천사에게 대답했다. "우
리는 이곳 땅을 두루 걸어보았는
데, 전지역 모두 조용히 자리잡고
편히 살고 있어요" 라고 했다.
12 **주님**의 천사가 대답했다. "오 만인

의 **주님**, 당신은 언제까지 저루살
럼과 쥬다도성에 자비를 내리지
않으렵니까? 당신은 지난 70년간
그곳에 분개만 했어요.
13 그러자 **주님**이, 나와 대화하던 천
사에게 좋은 말로 위로하며 대답
해주었다.
14 그리고 그 천사가 나에게 말했다.
"네가 주장하며 말해봐라. **주님**의
말은, '내가 경계하는 것은, 저루살
렘과 자이언이 적대감을 많이 갖
고 있기 때문'다.
15 나는 꺼리낌없이 편히 지내는 이
교도가 대단히 몹시 괘씸하다. 왜
냐하면 전에는 내가 조금 불쾌했
는데, 그들은 매를 더 벌었기 때문
이다.
16 그래서 **주인**이 말하는 바는, '나는
관대한 사랑을 가지고 저루살럼으
로 돌아간다. 내집은 그곳에 건설
되고, 저루살럼 위에 측정선이 그
어지게 될 것이다.
17 하지만 너희는 외쳐라. 만인의 **주
인**은 다음을 말한다. 번영으로 이
어지는 나의 여러 도시는 널리 뻗
어나갈 것'이라고. **주인**은 여전히
자이언을 위로하고, 저루살럼을
선택한다."
18 그때 나, 제커라야는 눈을 들어, 네
가지 뿔을 보았다.
19 그리고 나와 대화하던 천사에게
물었다. "이 뿔은 뭐죠?" 그가 대답
했다. "이것은 흩어진 쥬다, 이즈리
얼, 저루살럼의 뿔이다."
20 다음 **주님**은 나에게 목공 네 사람
을 보여주었다.
21 그래서 내가 물었다. "이들은 무엇
을 하러 오죠?" 그가 대답했다. "쥬
다의 뿔이 흩어지면, 아무도 그 머
리를 들어올리지 못한다. 하지만
이들이 와서 저들을 두렵게 하고,
이교도의 뿔을 내던져버리고, 그
들의 뿔을 들어올려 쥬다땅에 뿌
리게 된다."

줄자를 든 사람

2 내가 다시 눈을 들자, 손에 줄자
를 든 사람이 보였다.
2 그때 내가 말했다. "당신은 어디로
가나요?" 그가 내게 말했다. "저루
살럼을 측정하고, 넓이와 길이를
재보러 간다."
3 그리고 또 보니, 나와 대화하던 천
사와, 다른 천사가 가서,
4 그에게 말했다. "뛰어가서, 젊은이
에게 전해라. '저루살럼은 사람과
가축이 많아서, 성벽없는 마을로
살아가게 될 것'이라고 해라.
5 **주인**이 말하는데, 나는 그땅 주위
가 불의 성벽이 되어, 그곳 가운데
서 찬란한 빛이 될 것이다.
6 '아, 아, 어서, 북쪽땅에서 도망가
라.' **주인**이 말한다. 왜냐하면 내가
하늘의 네 바람방향으로 멀리 너
희를 흩어놓기 때문이다.
7 '오 자이언, 배블런의 딸과 함께 사

는 네 자신을 구해라.'
8 만인의 **주인**이 말하는데, '내가 빛
을 보낸 다음, 너희를 약탈한 나라
로 나를 보낸 것은, 너에게 손댄 자
가 누구든지, 그의 눈동자를 손댄
것과 같기 때문에,
9 보라, 내 손으로 그들을 흔들면, 그
들은 그의 종에게 먹잇감이 될 것
이다. 그때 너희는 만인의 **주님**이
나를 보냈다는 것'을 알게 될 것이
다.
10 '오 자이언의 딸들아, 노래하며 기
뻐해라. 왜냐하면 내가 와서, 너희
가운데 살기 때문'이라고 **주님**이
말한다.
11 그날 많은 민족이 **주인**에게 와서,
나의 백성이 될 때, 나도 너희 가운
데서 살 것이다. 그러면 너희는 만
인의 **주인**이 나를 너희에게 보냈다
는 것을 알게 될 것이다.
12 그리고 **주님**은 쥬다가 신성한 땅에
서 자기 지분을 받게 하고, 또 저루
살럼도 다시 선택하겠다.
13 오 모든 인간아, **주님** 앞에서 조용
히 있어라. 그가 자기 신성한 집에
서 일어나기 때문이다."

대제사장 자슈아의 환상

3 그는 나에게, 대제사장 자슈아
를 보여주었는데, 그는 **하나님**의
천사 앞에 서 있었고, 새이튼악의를
가진 사자은 그의 오른쪽에 서서 자
슈아를 방해하고 있었다.
2 그때 **주 하나님**이 새이튼에게 말했
다. "**주님**이 너 새이튼을 꾸짖고, 저
루살럼을 선택한 **주님**이 너를 야단
친다. 이것은 불에서 갓 뽑아낸 작
품이 아닌가?"
3 그때 자슈아는 더러운 옷을 입고,
천사 앞에 서 있었다.
4 천사가 앞에 선 사람들에게 다음
과 같이 말했다. "그가 입은 더러운
옷을 벗겨라." 천사가 그에게 말했
다. "보라, 나는 너의 죄를 없애고
새 옷으로 바꿔 입혀주겠다."
5 그때 내가 말했다. "그들이 그의 머
리에 멋진 모자마이터를 씌워주게
하세요." 그러자 그들이 그의 머리
에 마이터를 씌우고 옷을 입혔다.
주님의 천사는 옆에 서 있었다.
6 그리고 **주님**의 천사가 자슈아에게
임무를 주며 말했다.
7 "만인의 **주님**의 말에 의하면, '만약
네가 나의 길을 따라 걸으며, 내가
맡긴 책임을 다하면, 너 역시 나의
집을 관리하고, 내 정원을 돌볼 수
있다. 그러면 내가 너에게 옆에 선
이들과 함께 걸을 수 있는 장소를
줄 것이다.'
8 오 대제사장 자슈아, 너는 내 말을
들어라. 네 앞에 앉아 너를 따르는
자들도 들어봐라. 그들은 다가올
경이를 보게 될 텐데, 보라, '나는
나의 종, **나뭇가지**를 데려올 것이
다.
9 내가 자슈아 앞에 놓아둔 돌을 바

라보면, 돌 하나에 7개 눈이 있다.
보라, 나는 거기에 글을 새겨넣을
것'이라고 만인의 **주인**이 말한다.
'그리고 나는 단 하루에 그 땅의 죄
를 지워버릴 것이다.'
10 만인의 **주님**이 말하는데, '그날 너
희는 이웃 모두를 포도와 무화과
아래로 불러야 할 것이다.'"

황금촛대의 환상

4 나와 대화하던 천사가 다시 와
서, 잠자는 사람을 깨우듯, 나를
깨우더니,
2 물었다. "너는 무엇을 보지?" 내가
말했다. 내가 본 것은, 황금촛대 하
나였는데, 꼭대기에 대접이 하나
있고, 등잔 7개가 7 파이프관으로
꼭대기의 대접에 연결되어 있어
요.
3 그리고 그 옆으로 올리브나무 두
그루가, 대접 오른쪽에 하나, 다른
것은 왼쪽에 각각 있어요."
4 그렇게 나와 대화하던 천사에게
대답하며 물었다. "나의 주인님, 이
것이 뭐죠?"
5 그러자 나와 대화하던 천사가 대
답했다. "너는 이것이 무엇인지 모
르나?" 내가 말했다. "몰라요."
6 그때 그가 나에게 대답했다. "이것
은 **주님**이 제러배블 총독에게 전한
말인데, '힘도 아니고, 권력도 아니
고, 단지 나의 영혼에 의한 말'이라
고, 만인의 **주님**이 말한다.
7 '오, 큰 산, 너는 누구냐? 제러배블
앞에서 너는 평지가 된다. 그는 머
릿돌을 가져오며, 거기에 '명예가
있어라'며 크게 외칠 것'이다."
8 또한 **주님**의 말이 나에게 들려왔
다.
9 "제러배블 총독의 손길이 성전 초
석에 깃들고, 그의 양손이 그것을
마무리할 것이다. 그러면 너는, 만
인의 **주님**이 나를 너에게 보냈음을
알아야 한다.
10 그런데 사소한 일이라며 그 날을
무시하는 자가 누구냐? 사람들은
기뻐하며, 제러배블의 손에 든 수
직추를 보게 된다. **주님**의 7개 눈
도, 온땅의 이곳저곳을 둘러보며
지켜본다.
11 그때 내가 그에게 말했다. "올리브
나무 두 그루는 무엇인가요? 하나
는 촛대 오른쪽, 다른 하나는 왼쪽
에 있는데요.
12 내가 또 물었다. "두 올리브가지는
뭐죠? 그 옆으로 금제 파이프관을
통해 저절로 황금 기름을 빈관으
로 보내나요?"
13 그가 나에게 대답했다. "너는 이것
이 뭔지 모르나?" 나는 말했다. "몰
라요. 나의 주인님."
14 그러자 그가 말했다. "이들은 올리
브기름이 부여된 두 사람으로, 온
세상의 **주님** 옆에 서 있게 된다."

날으는 두루마리 환상

5 그때 내가 몸을 돌려, 눈을 올려
다보니, 날아가고는 두루마리
책 하나가 보였다.
2 천사가 나에게 말했다. "뭐가 보이
지?" 내가 대답했다. "날으는 책이
보이는데, 길이 20큐빝약 9m, 넓이
10큐빝약 4.5m이었어요."
3 그러자 그가 나에게 말했다. "이것
은 온땅을 뒤덮는 저주다. 물건을
훔치는 도둑은 책 이쪽 페이지에
따라 쫓아내고, 거짓으로 맹세하
는 자는 책자의 저쪽에 쓰인 대로
제거될 것이다.
4 '내가 그 재앙을 내릴 것'이라고, 만
인의 **주님**이 말한다. 재앙은 도둑
의 집에도 들어가고, 내 이름으로
거짓 맹세하는 자의 집에도 가서,
그 집 가운데 자리잡고, 목재와 돌
을 모조리 삼켜버리게 된다."
5 그때 나와 대화하던 천사가 나에
게 와서 말했다. "네 눈을 들어올
려, 지금 무엇이 지나가고 있는지
봐라."
6 그래서 내가 말했다. "이게 뭐죠?"
그러자 그가 말했다. "이것은 앞으
로 진행될 이퐈바구니다." 그는 계
속 말했다. "이는 온땅에 두루 퍼진
죄와 같은 것이다."
7 또 보니, 1탤런트 납뚜껑이 들어
올려졌는데, 이퐈바구니 가운데
한 여자가 앉아 있었다.
8 그가 말했다. "이것은 부정이다."
그러면서 그는 그녀를 다시 이퐈
바구니 안으로 집어넣고, 입구를
무거운 납뚜껑으로 막았다.
9 그때 내가 눈을 들어 보니, 내 앞에
두 여자가 날개 안에 바람을 품고
있었다. 그녀들은 황새의 날개 같
은 것을 달고 있으면서, 이퐈바구
니를 하늘과 땅 가운데로 들어올
렸다.
10 그때 내가 천사에게 말했다. "왜 이
퐈바구니를 들어올리나요?"
11 그가 나에게 대답했다. "샤이나땅
배블로니아에 집을 지으려는 것이고,
그것을 세우면, 그 바구니는 그곳
안에 놓이게 될 것이다."

네 전차, 크라운관, 성전

6 내가 방향을 돌리고 눈을 들어
보니, 마차 네대가 두 산 사이에
서 나왔는데, 그것은 황동산이었
다
2 첫째 마차는 적색말, 두 번째 마차
는 검정말이었고,
3 셋째는 백색말, 넷째 마차는 적갈
색에 거의 갈색반점이 있는 얼룩
말이 끌었다.
4 그때 나와 대화하던 천사에게 물
었다. "이게 뭐죠, 나의 주인님?"
5 그 천사가 대답했다. "이들은 하늘
의 네 가지 영혼으로, 온땅의 **주님**
앞에 서 있다가 오고 있다.
6 거기서 오는 검정말은 북쪽 나라
로 들어가고, 흰말은 뒤를 따르고,

적갈색말은 남쪽 나라로 향한다.
7 갈색말은 나와서 갈곳을 찾으며,
땅 곳곳을 이리저리 돌아다니려
할 것이다." 그가 말했다. "너희는
여기서 출발하여, 땅 이곳저곳을
두루 걸어라." 그러자 그들은 땅 이
곳저곳을 돌아다녔다.
8 다음 그가 나에게 큰소리로 말했
다. "보라, 북쪽으로 향하는 말들
은, 북쪽 나라에 나의 영혼을 쉬게
해준다."
9 그리고 **주님**의 말이 나에게 들려왔
다.
10 "포로를 데려와라. 헬다이, 토비자,
제다야를 배블런에서 데려와, 같
은 날, 너희는 그들을 제퐈나야 아
들 조사야 집으로 들여보내라.
11 다음 은과 금을 가져와, 크라운관
을 만들어, 대제사장 조세덱의 아
들 자슈아의 머리에 씌워라.
12 그리고 그에게 다음을 말해라. 만
인의 **주님**의 말에 따라, '모두, **나뭇
가지**라는 이름을 가진 이 사람을
보라!' 그는 그의 장소에서 자라서,
주님성전을 짓게 될 것이다.
13 그가 주님성전까지 짓게 되면, 찬
란한 빛을 띠며, 최고자리에 앉아
다스리게 될 것이다. 그래서 그는
최고자리 제사장에 즉위하여, 평
화의 고문으로 양쪽 사이에 있을
것이다.
14 크라운관은 헬다이헬렘, 토비자, 제
다야에게도 주어지고, 또 제퐈나
야 아들 헨에게도 가서, 주님성전
을 기념하게 된다.
15 멀리 떨어진 자도 와서, 주님성전
을 짓기 때문에, 너희는 만인의 **주
님**이 나를 너희에게 보냈음을 알게
된다. 만일 너희가 너희 **주 하나님**
의 말을 성실히 따르면, 이 일은 반
드시 이루어질 것이다."

정의와 자비 요청

7 대리어스왕 4년, **주님**의 말이 예
언자 제커라야에게 들렸는데,
때는 9번째달 칠루 월태양력 11-12 4
일이었다.
2 베썰 사람들이 **하나님**성전으로 쉬
레저와 레게멜렉 및 그의 소속 사
람들을 보내어, **주님**에게 기도하게
했다.
3 또 만인의 주님성전에 있던 여러
제사장과 예언자에게 다음과 같
이 기원하게 했다. "귀환했는데도,
다섯 번째 달에 울고 금식으로 스
스로 구분하며, 그토록 오랫동안
예전에 해오던 대로 해야만 하나
요?" 라고.
4 그때 만인의 **주님**의 말이 제커라야
나에게 들렸다.
5 "그곳의 모든 백성과 제사장에게
전해라. '다섯 번째와 일곱 번째 달
을 지난 70년간 금식하며 슬퍼했
을 때, 너희가 나를 위해 나에게 금
식했던가?
6 너희가 먹고 마실 때는, 너희 자신

을 위해 먹고 마시지 않았나?
7 너희는, **주님**이 이전 예언자에게
호소하라던 말을 들었어야 하지
않았을까? 당시는, 저루살럼에 사
람이 살며 번성했고, 주변도시도
사람이 살고, 남쪽과 평원까지 들
어찼을 때였었지?"
8 그리고 **주님**의 말이 제커라야에게
와서 일렀다.
9 "만인의 **주님**이 말한 바에 의하면,
'참된 정의를 실행하고, 사람마다
남에게 관대한 사랑과 연민을 내
보여라.
10 미망인을 억압하지 말고, 아버지
가 없거나, 외지인이거나, 가난한
자를 억압하지 마라. 또 너희 중 누
구도 마음 속으로 자기 형제를 상
대로 악의를 품지 않게 하라'는 것
이었다.
11 그런데 그들은 듣기를 거부하고,
어깨를 뒤로 빼며, 귀를 닫고 듣지
않더라.
12 그렇지, 그들은 제마음을 깨지지
않는 돌덩어리로 만들어, 법을 듣
지 않으려고 했다. 만인의 **주님**의
말을 이전 예언자의 영혼을 통하
여 보냈어도 그랬다. 그래서 만인
의 **주님**으로부터 큰 분노가 닥쳤
다.
13 따라서 그가 외쳐도, 그들이 들으
려 하지 않아서 닥쳤기 때문에, 마
찬가지로 그들이 호소해도, 나는
듣지 않을 것'이라고 만인의 **주님**
이 말하고 있는 거다.
14 대신 나는 그들을 전혀 알지도 못
하는 다른 모든 민족의 돌풍 가운
데 흩어놓았다. 그래서 그땅은 사
람이 떠나 버려지고, 아무도 지나
가지도 돌아오지도 않게 되었다.
그들이 풍요로웠던 그땅을 폐허로
만들었던 것이다."

자이언에 평화와 번영 실현

8 다시 만인의 **주님**의 말이 내게
들렸다.
2 만인의 **주님**의 말은 이와 같다. "나
는 굉장한 질투심으로 자이언을
시기했고, 또 엄청난 분노로 괘씸
하게 여겼다.
3 **주인**이 말하는 바는, 나는 자이언
으로 돌아와, 저루살럼 가운데서
살 것이다. 그러면 저루살럼은 진
리의 도시로 불리고, 만인의 **주님**
의 산은 신성한 산으로 불릴 것이
다."
4 만인의 **주님**은 다음을 말한다. "저
루살럼 거리에는 여전히 나이든
남자와 여자들이 살게 되고, 사람
의 손마다 자기 지팡이를 늙도록
들게 될 것이다.
5 도성거리마다 놀이하는 소년소녀
가 가득 차게 된다."
6 만인의 **주님**의 말에 의하면, "그
날 백성의 나머지 살아남은 사람
눈에 경이로운 일이 된다면, 마찬
가지로 내 눈에도 멋진 일이 아닐

까?" 라고 만인의 **주님**이 말한다.
7 만인의 **주님** 말은, "보라, 나는, 동
쪽 나라로부터 내 백성을 구하고,
서쪽 지방에서도 구한다.
8 그리고 그들을 데려와, 저루살럼
가운데 살게 하면, 그들은 나의 백
성이 되고, 나는 그들의 진리와 정
의의 **하나님**이 될 것이다."
9 만인의 **주님**의 말에 의하면, "너희
손힘을 강하게 만들어, 이날 예언
자의 입으로 전하는 이런 말을 들
어라. 그것은 그날 너희가, 만인의
주님성전의 기초를 놓는 일이 되
고, 따라서 성전은 건설될 수 있을
것이다.
10 예전에는 사람을 고용할 임금도
없었고, 짐승용 품삯도 없었으며,
고통 때문에 나가고 들어오는 사
람에게 평온함도 없었다. 왜냐하
면 내가 모두를 이웃과 반목하며
서로 대립하게 했기 때문이다.
11 하지만 이제 나는 이 백성의 나머
지에게 예전에 하던 대로 하지 않
겠다"고 만인의 **주님**이 말한다.
12 "씨앗이 잘 자라게 하고, 포도나무
가 제열매를 맺게 하고, 땅은 제농
산물을 늘리도록, 하늘이 제이슬
을 내리게 하면서, 나도 이 백성의
나머지가 모든 것을 소유하게 만
들 것이다.
13 만약 너희가 이교도 사이에 저주
받는 일이 생기면, 오 쥬다집안아,
이즈리얼 집안아, 그러면 내가 너
희를 구하여, 복을 받게 하겠다. 두
려워 말고, 대신 너희 손힘을 강하
게 만들어라."
14 만인의 **주님** 말에 의하면, "내가 너
희를 처벌하려고 생각했던 이유
는, 너희 조상이 내게 분노를 일으
켰기 때문이고, 그래서 나는 후회
도 하지 않았다" 라고 만인의 **주님**
이 말한다.
15 "그런데 나는 이날 저루살럼과 쥬
다집안에 잘 해주어야겠다고 다시
생각했다. 그러니 너희는 두려워
마라.
16 다음은 너희가 해야할 일이다. 너
희 모두 이웃에게 진실을 말해라.
진정한 정의를 집행하고, 너희 대
문에서는 평화를 실천해라.
17 너희 중 누구도 이웃을 상대로 마
음 속에 악의를 품지 말고, 거짓맹
세를 즐기지 마라. 왜냐하면 이런
모든 것은 내가 증오하는 것이다"
라고 **주님**이 말한다.
18 만인의 **주님**의 메시지가 나에게 들
렸다.
19 만인의 **주님**의 말에 의하면, "네 번
째 달 금식과, 다섯 번째 달 금식과,
일곱 번째 달 금식과, 열 번째 달
금식은, 쥬다집안의 기쁨과 즐거
움이 되어야 하고, 명쾌한 축제가
되어야 한다. 그리고 진실과 평화
를 사랑해라."
20 만인의 **주님**의 말은, "앞으로 사람
이 그곳에 오게 되고, 도시마다 많

은 사람이 살게 될 것이다.
21 어떤 도시에 사는 사람이 다른 곳
에 가서 이런 말을 한다. '우리가 빨
리 **주님** 앞에 가서 기도하며, 만인
의 **주님**을 찾자'고 하면, '나도 가겠
다'고 할 것이다.
22 맞다, 많은 사람과 강한 나라들이,
만인의 **주님**을 찾으러 저루살럼으
로 와서, **주님** 앞에서 기도하게 될
것이다."
23 만인의 **주님**이 말한 바에 의하면,
"그날이 오면, 열 사람이 제나라의
각자 언어를 쓰면서, 쥬다인의 옷
자락을 붙잡고 말하길, '우리도 당
신과 같이 가겠다. 왜냐하면, 우리
가 듣기로, **하나님**이 당신과 함께
있다고 했기 때문이다' 라고 할 것
이다."

정의가 나귀타고 구원하러 온다

9 **주님**이 경고한 해이드랙과 드매
스커스 땅은 휴지기에 놓일 것
이다. 그때 사람의 눈은 이즈리얼
부족의 눈과 마찬가지로 **주님**을 향
하게 될 것이다.
2 또 해매쓰는 그것의 경계가 되고,
자기들이 현명하다고 해도, 타이
러스와 사이든도 쉬게 될 것이다.
3 타이러스는 스스로 요새를 구축했
고, 은을 흙먼지인듯 쌓았고, 순금
을 거리 진흙처럼 쌓았었다.
4 보라, **주님**은 그땅을 내던지고, 바
다를 지배하는 그곳 힘을 쳐서 불
에 태운다.
5 지중해연안 도시들, 애쉬켈런이
그를 보고 두려워하고, 가자도 보
며 몹시 슬퍼할 것이다. 에크런 역
시 기대가 무너져 좌절하고, 가자
는 왕을 잃고, 애쉬켈런은 아무도
살지 않게 된다.
6 그리고 애쉬닫에는 잡인이 살게
하여, 내가 필리스틴의 자존심을
꺾어버릴 것이다.
7 또 나는 그의 입을 통해 피를 쏟게
하고, 그의 이 사이에 낀 깨끗하지
못한 음식을 빼내겠다. 하지만 살
아남은 자는 **하나님**에 속하는 사람
이 되고, 쥬다인에 속하게 되며, 애
크런은 제뷰스인처럼 남게 될 것
이다.
8 다음 내 성전 주위에 담을 두르는
이유는, 적군 때문이고, 지나치거
나, 되돌아가는 사람 때문이다. 그
래서 억압하는 자는 더 이상 그곳
을 지나가지 못하게 하겠다. 앞으
로 내 눈으로 지켜볼 것이다.
9 크게 기뻐해라, 자이언의 딸아! 크
게 외쳐라, 저루살럼의 딸아! 보라,
왕이 너에게 올텐데, 그는 정의이
므로 구원을 가지고 온다. 겸손하
게 나귀를 타고 오고, 나귀새끼 숫
망아지에 올라타고 올 것이다.
10 그리고 나는 이프리엄 전차를 뒤
엎고, 저루살럼의 말을 없애며, 전
쟁의 화살을 꺾으며, 다른 민족에
게 평화를 말하게 하겠다. 그러면

그의 지배가 바다에서 바다로, 강
에서 땅끝까지 이르게 하겠다.
11 또한 너에 대해서라면, 너와 맺은
약속의 피에 의해서, 나는 물도 없
는 구덩이에서 너희 포로를 내보
낸다.
12 너희는 희망을 갖고 요새로 돌아
가라. 오늘 나는, 너에게 두 배로 갚
아줄 것을 선언한다.
13 내가 쥬다를 굽어볼 때가 되면, 이
프리엄에게 화살을 채우게 하고,
너희 자이언의 자손을 일으켜 그
리스의 자손을 상대하게 하며, 너
희를 용사의 칼로 만들 것이다.
14 **주님**은 그들을 살펴보면서, 그의
화살을 번개처럼 내보내고, **주 하나
님**은 트럼핕을 불며, 남쪽 돌풍을
날려보낼 것이다.
15 만인의 **주님**은 그들을 방어해줄 것
이다. 그러면 그들은 물리치고, 돌
투석으로 굴복시킨다. 그런 다음
그들은 마시고, 와인에 취하여 떠
들며, 대접 가득 채워, 제단 모퉁이
마다 흠뻑 적실 것이다.
16 그들의 **주 하나님**은 그날, 그의 백
성을 양떼처럼 구한다. 그들이 크
라운관의 원석이 되도록, 그의 땅
의 깃발로 높이 들어올려지게 되
는 것이다.
17 그의 선이 얼마나 크고, 그의 아름
다움이 얼마나 위대한가! 풍성한
곡식이 청년을 기쁘게 하고, 새술
이 소녀를 즐겁게 한다.

쥬다와 이즈리얼 구원

10 "너희는 늦은 비가 와야 할
때, **주님**에게 비를 내려달라
고 요청해라. 그러면 **주님**이 밝은
구름을 만들어, 벌판의 풀마다 비
를 쏟아줄 것이다.
2 우상이라는 쓸데없는 소리를 하거
나, 점쟁이가 거짓꿈을 보았다는
거짓말을 하며, 그들이 무가치한
말로 백성을 위로한다. 그래서 양
떼가 제멋대로 흩어지게 하는데,
이는 진정한 목자가 없기 때문이
다.
3 **나**의 분노가 그 목자들에게 치밀어
올라, 염소를 처벌했던 것이다. 만
인의 **주님**이 쥬다집안의 양떼를 방
문하면, 그들을 전쟁터의 좋은 말
처럼 강하게 만들어주겠다.
4 쥬다로부터 초석이 나오고, 그로
부터 고정못이 나오고, 그로부터
전투화살이 나오며, 그로부터 모
든 지도자가 나온다.
5 그들은 용사가 되어 적을 밟아, 전
쟁터의 진흙 속에 처넣을 것이다.
주님이 함께 있기 때문에 그들이
싸우게 되고, 말탄 적의 기병이 당
황하게 되는 것이다.
6 **나**는 쥬다집안을 강하게 만들고,
조셒집안을 구원하겠다. 그래서
그들을 다시 제자리로 데려오겠
다. **내**가 관대한 사랑을 주어, 그들
을 내쫓기 전처럼 되게 하겠다. **나**
는 그들의 **주인 하나님**이므로, 그들

의 소리를 들어줄 것이다.
7 이프리엄이 용사처럼 되면, 그들
마음은 와인에 취한 듯 즐거워질
것이다. 맞다, 그들 자녀도 이를 보
고 좋아하기 때문에, 아이들 마음
까지 **주님** 안에서 명랑해질 것이
다.
8 휘파람을 불어 그들을 모으는 이
유는, 내가 그들을 되찾아오기 때
문이다. 그러면 이전에 그랬던 것
처럼 그들이 크게 늘어날 것이다.
9 내가 사람 가운데 그들을 심으면,
그들이 먼 나라에서도 나를 기억
하게 만들 것이다. 그런 다음 그들
은 자녀와 함께 다시 돌아와 살게
된다.
10 이집트땅에서도 그들을 다시 데려
오고, 엇시리아에서도 불러모아,
길리얻과 레바넌땅으로 데려오면,
그들을 발견하지 못하는 곳이 없
을 것이다.
11 그들이 고통의 바다를 건너고, 그
바다의 파도를 물리치고 나면, 나
일강은 깊숙이 말라버리고, 엇시
리아의 자존심은 떨어지며, 이집
트왕의 지휘봉은 사라지게 된다.
12 그리고 **내가 주인**의 이름으로 그들
을 강화시키면, 그들은 **주님**의 이
름으로 전진하게 될 것"이라고 **주**
님이 말한다.

양떼가 없어지는 운명

11 오 레바넌아, 대문을 활짝 열
어라! 그래야 불이 너희 자랑,
시더나무를 삼킬 수 있겠지.
2 전나무야, 크게 소리내어 울어라!
힘을 빼앗긴 탓에 시더나무가 쓰
러지니까. 오 배이샨의 오크 참나
무, 너도 크게 울어라! 포도원이 망
가졌으니까.
3 목자의 울음소리는 그들의 찬란한
명예가 사라진 탓이고, 젊은 사자
의 으르렁거림은 조든의 자존심이
짓밟혔기 때문이다.
4 나의 **주 하나님**의 말에 의하면 이렇
다. "도살되는 양떼를 돌봐라.
5 양떼 주인은 양을 도살해도 유죄
가 아니다. 양을 판 자는, '감사합니
다. **주님**의 축복으로, 나는 부자가
되었어요' 라고 말한다. 따라서 그
들을 돌보는 목자도 양에게 연민
이 없다.
6 나도 이땅 주민에게 더 이상 연민
을 느끼지 않겠다"고 **주님**이 말한
다. "대신 보라, 나는 그들을 이웃
과 그 국왕의 손에 넘겨, 저들이 이
땅을 치게 한 다음, 저들 손에서 그
들을 구하지 않겠다.
7 그리고 나는, 도살되는 양떼 너희
를 먹이겠다. 오 불쌍한 양떼야! 다
음 나는 두 지팡이를 들고, 하나는
'호의', 다른 하나는 '유대'라고 부
르며, 양떼를 먹이겠다.
8 그리고 한달 내, 세 목자를 없애겠

다. 내 영혼은 그들이 지긋지긋하
고, 그들은 나를 싫어한다.
9 그때 **내**가 한 말은, '**나**는 너희를 돌
보지 않겠다. 죽을 것은 죽게 내버
려두고, 잘릴 것은 잘리게 놔두어,
나머지가 다른 살을 모조리 먹어
치우게 하라'고 했다.
10 그리고 내 지팡이, '호의'를 들어 조
각냈는데, 그러면 내가 백성과 맺
은 나의 약속이 깨질 수 있다.
11 그날 약속이 깨어졌다. 그래서 나
를 기다리던 불쌍한 양은, 약속이
주님의 말이었다는 것을 깨달았을
것이다.
12 그리고 내가 그들에게 말했다. '만
약 이것이 너희에게 좋다고 생각
하면, 나에게 나의 대가를 주고, 그
렇지 않다면, 그만 두라'고. 그랬더
니, 그들이 나에게 대가로 은 30조
각을 달아주었다.
13 그러자 **주님**이 나에게 말했다. "은
전은 도공에게나 던져줘라. **내**가
그들한테 칭찬된 평가가 겨우 그
정도라니!" 그래서 나는 은 30조각
을 갖다, 주님성전의 도공에게 주
었다.
14 다음 나는 다른 지팡이, '유대'를 잘
라 토막내버렸다. 그것은 내가 쥬
다와 이즈리얼 사이에 맺은 형제
의 유대관계를 끊어버리게 될 수
있는 것이었다.
15 그러자 **주님**이 나에게 말했다. "너
는 어리석은 목자의 장비를 가져
와라.
16 보라, 내가 이땅에 한 목자를 일으
킬 텐데, 그는 제거될 자를 찾지도
않고, 청년도 찾지 않고, 몸이 망가
진 자를 치료하지 않으며, 움직이
지 못하는 자를 먹이지도 않고, 대
신 기름진 고기를 먹으며, 제발톱
으로 잘게 찢을 것이다.
17 제 양떼를 방치하는 가짜 목자는
재앙이다! 칼이 그의 팔과 오른눈
위에 닿을 것이다. 그러면 그의 팔
은 깨끗하게 힘을 잃고, 그의 오른
쪽 눈도 완전히 어두워질 것이다.

반성으로 슬퍼하게 만든다

12 다음은 이즈리얼에 대한 **주님**
의 경고다. 하늘을 펼치고, 땅
의 기반를 놓으며, 인간에게 영혼
을 만들어준 존재의 선언이다.
2 "보라, **나**는 저루살럼을 주위 사람
으로 인해 떠는 잔으로 만들 것이
다. 그때 저들이 쥬다와 저루살럼
을 공격하여 둘 다 장악하게 만들
겠다.
3 그날 **나**는 저루살럼을 모두에게 걸
림돌로 만들어, 저들을 걸려넘어
지게 하는 돌을 조각내 제거하게
만들겠다. 비록 그땅 사람이 모두
모여 대항하더라도 없애버리겠다.
4 그날, **주인**이 말하는데, 나는 놀란
말을 치고, 정신나간 기병을 치겠
다. 또 내 눈을 부릅뜨고 쥬다집안
을 지켜보고, 그들이 몰던 말을 쳐

서 눈이 멀게 하겠다.
5 쥬다의 지배자는 마음 속으로 말
하며, '저루살럼 주민은 만인의 **주**
님 안에서 나의 힘이 될 것'이라고
하겠지.
6 그날 **나**는, 쥬다의 지배자를 숲속
의 불화로로, 곡식단 속에서 불타
는 횃불로 만들겠다. 그러면 그들
주위의 오른쪽도 왼쪽도 전부 소
멸되고, 단지 저루살럼은 제자리
에서 본래대로 다시 살아남게 된
다.
7 우선 **주인**은 쥬다집안을 구하겠다.
그러면 대이빋가문의 찬란한 빛
과, 저루살럼 주민의 명예가 쥬다
보다 확대되지 못할 것이다.
8 그날 **주인**이 저루살럼 주민을 보호
해주면, 그들 가운데 약자는 대이
빋처럼 강해지고, 대이빋집안은 **하**
나님 같이, 또 그들 앞에 나타난 **주**
님의 천사 같이 될 것이다.
9 그날이 오면 나는, 저루살럼을 공
격하러 오는 나라마다 찾아 파멸
시키겠다.
10 또 나는 대이빋집안과 저루살럼
주민에게 관대한 구원의 영혼을
내려주어, 그들이 째려보던 나를
우러러보게 하고, **나**에 대한 반성
으로 슬퍼하게 하겠다. 마치 자기
외아들에 대해 슬퍼하듯, **주인**을
위해 괴로워하고, 자신의 맏아들
에게 하듯, 애끓는 마음으로 슬퍼
하게 하겠다.
11 그날 저루살럼의 큰 슬픔은, 마치
매기든 계곡의 해댈리먼의 울음처
럼 될 것이다.
12 그 땅은 가족마다 슬퍼하고, 대이
빋집안의 가문과 그들의 아내마
다, 내이썬 집안과 그들의 아내마
다 각각 슬프게 울 것이다.
13 리바이 집안과 그들의 아내도, 쉬
메이 집안과 그들의 아내도 각자
별도로 울고,
14 나머지 모든 가족도 가족끼리 그
들의 아내도 슬퍼할 것이다.

죄와 불결을 씻는다

13 "그날 대이빋집안과 저루살
럼 주민에게 샘이 열리게 하
여, 그들의 죄와 불결을 씻게 한다.
2 또 그날이 오면, 만인의 **주님**이 말
하는데, 내가 그땅에서 우상이라
는 이름을 제거하여, 더 이상 기억
되지 않게 하며, 마찬가지로 예언
자와 불결한 영혼을 그곳에서 사
라지게 하겠다.
3 어떤 자식이 계속 예언을 할 때, 그
를 낳은 아버지나 어머니가 아들
에게, '그러면 너는 살지 못한다고
말하며, 왜냐하면 네가 **주님**의 이
름으로 거짓을 말하기 때문'이라
고 하는 일이 발생하면, 그를 낳은
아버지와 어머니가 예언하는 자식
을 칼로 찌르게 하겠다.
4 또 예언자들이 자기 거짓환상 탓
에 모두에게 창피를 당하는 일이

발생하는 날이 있으면, 그들은 남
을 속일 의도이므로 예언자의 털
옷도 입지 못하게 될 것이다.
5 하지만 그는 이렇게 말하겠지. '나
는 예언자가 아닌 농부다. 나는 어
려서부터 가축을 돌보는 일만 배
웠다' 라고.
6 그러면 어떤 사람이 그에게, '네 손
에 난 상처는 뭐지?' 라고 물으면,
그는 대답하며, '이것은 내 친구 집
에서 입은 상처'라고 하겠지.
7 '오 칼아, 나의 목자를 상대로 깨어
나라. 나의 친구라고 하는 그자를
공격하라'고, 만인의 **주인**이 말한
다. '양을 흩어버리는 목자를 쳐라.'
그러면 내 손을 어린양떼에게 돌
릴 것이다.
8 그때 모든 땅은, **주인**이 말하는데,
2/3가 제거되어 죽고, 1/3은 남게
될 것이다.
9 나는 1/3을 불로 데려가, 은을 제련
하듯 정화하고, 금을 제련하듯 그
들을 다룰 것이다. 그리고 그들이
나의 이름을 찾으면, 나는 그들의
소리를 들을 것이다. 내가, '이들이
나의 백성'이라고 말하면, 그들은
'**주님**이 나의 **하나님**'이라고 말하게
될 것이다.

주인의 날이 온다

14 "보라, **주님**의 날이 다가온다.
그러면 너희 가운데서 약탈
한 전리품이 나눠어질 것이다.
2 내가 모든 민족을 모아, 저루살럼
을 향해 공격하겠다. 그러면 도성
은 빼앗기고, 가옥은 뒤져지며, 여
자는 강간당한다. 그래서 도시 절
반이 포로로 끌려가면, 나머지만
도성에 남는다.
3 그런 다음 **주님**이 나서서, 쳐들어
온 나라를 상대해 전쟁시기에 싸
웠던 대로 싸울 것이다.
4 다음 그의 발은 그날 저루살럼 동
쪽 앞의 올리브산 위에 서 있을 것
이다. 그리고 올리브산은 동쪽과
서쪽으로 가운데가 갈라져, 거기
에 깊은 계곡이 생기고, 산 절반은
북쪽으로 옮겨지고, 절반은 남쪽
으로 이동한다.
5 그러면 너희는 산골짜기로 도망가
게 되는데, 그 산골짜기가 애이절
지역까지 닿기 때문이다. 그렇다,
너희는 달아난다. 마치 너희가 쥬
다의 유지아왕 시대에 일어난 지
진으로 도망쳤던 것과 똑같다. 그
런 다음 나의 **주 하나님**이 오고, 너
희와 함께 **주님**을 따르는 성도가
온다.
6 그날의 빛은 밝지도 않고 어둡지
도 않을 것이다.
7 대신 그날은 단지 **주님**만 알며, 낮
도 아니고 밤도 아닌 날이 되고, 저
녁이지만 빛이 있을 것이다.
8 그날은 물이 저루살럼에서 흘러나
가면서, 절반은 앞쪽 바다사해로 향
하고, 나머지 절반은 뒤쪽 바다지중

해로 향하며, 그것은 여름에도 겨울
에도 흐를 것이다.
9 그리고 **주님**은 모든 땅위를 다스리
는 왕이 될 것이다. 그날에는 단 하
나의 **주인**이 있고, 그의 이름도 하
나뿐이다.
10 모든 땅은 변하여, 게바에서 저루
살럼 남부 리먼지역까지 평원이
되어, 들어올려지며 사람이 살게
된다. 그곳은 '벤저민대문'부터 '첫
대문'과 '모퉁이대문'까지, 또 해내
니얼탑에서 왕실 포도압착지까지
이다.
11 사람이 그 안에서 살며, 더 이상 철
저한 파괴는 없고, 대신 저루살럼
도 편안하게 사람이 살 수 있게 된
다.
12 그 다음 전염병이 있게 된다. 그것
으로 **주님**은 저루살럼을 공격하는
민족마다 치게 될 것이다. 그들의
살은 발로 서 있는 동안 떨어져 나
가고, 그들의 눈은 제구멍 안에서
사라지고, 그들의 혀는 입안에서
없어지게 된다.
13 그날 **주님**이 사람 사이에 대혼란을
일으키면, 그들은 이웃의 손을 붙
잡는가하면, 그의 손은 이웃의 손
을 향해 올라가며 서로 공격할 것
이다.
14 또 쥬다 역시 저루살럼에서 싸울
것이다. 그래서 주변 이교도의 제
물을 한데 모으는데, 금과 은과 의
복이 풍성하게 쌓일 것이다.
15 그리고 유사한 전염병은 말과, 노
새와, 낙타와, 당나귀에 생기고, 짐
승우리 안에 있는 가축도 걸리게
된다.
16 저루살럼을 공격하러 왔던 민족
가운데 살아남은 사람은, 해마다
만인의 **주님**, 왕에게 가서 경배하
고, 태버내클 이동성막축일초막절을
지키게 될 것이다.
17 그런데 누구라도, 땅위에 있는 모
든 사람이 저루살럼까지, 왕을 경
배하기 위해 오지 않는 경우가 있
으면, 그들에게는 비가 내리지 않
을 것이다.
18 만약 이집트 사람이 경배하러 오
지 않으면, 그들에게 비는 없다. 그
곳에는 전염병만 있어, 그것으로
주님은 이동성막 축일을 지키러 오
지 않는 이교도를 공격한다.
19 이것이 이집트에 대한 벌이 되고,
태버내클 축일을 지키지 않는 모
든 민족에 대한 처벌이다.
20 그날, 말의 종 요령 위에, "**신성한
주인님**"이라고 새겨지고, 주님성전
의 솥은 제단 앞에 놓인 대접과 똑
같아질 것이다.
21 그렇다, 저루살럼과 쥬다의 솥마
다 만인의 **주님**에 대한 신성함이
부여되어, 희생물마다 신성하게
잡고, 신성하게 삶아진다. 그날 만
인의 주님성전 안에는 캐이넌 사
람이 더 이상 존재하지 않을 것이
다.

예언자 말러카이

오염된 제물

1 다음은 예언자 말러카이전령를
통하여, **주님**이 이즈리얼에게 전
하는 경고다.
2 "나는 너를 사랑했다"고, **주님**이 말
한다. 그런데 너희는, '당신이 우리
를 어떻게 사랑했다는 거죠?' 라고
한다. 이소는 재이컵의 형제가 아
닌가? 나는 재이컵을 사랑했다.
3 그리고 이소를 싫어해서, 그의 산
과 유산을 황야의 맹수를 위한 불
모지로 버렸다.
4 그랬더니, 이듬의 말은, '우리는 저
주받았지만, 가서 폐허지를 건설
하겠어요'고 하더라. 그래서 만인
의 **주인**은, '그들이 건설한다 해도,
내가 무너뜨린 다음, 그곳을 '악의
지대'라고 부르게 하고, **주인**을 거
부하는 사람에 대해 영원히 분개
할 것'이라고 했다.
5 또 너희는 눈으로 보고, 말하게 될
것이다. '**주님**은 이즈리얼 경계를
크게 늘일 것'이라고.
6 아들이 아버지를 공경하고, 종은
주인을 존경한다. 그런데 내가 아
버지라면, 나의 공경은 어디 있지?
내가 **주인**이라면, 나의 경외는 어
디 있는데?' 라고 만인의 주인이
묻는다. 오 제사장, 너희가 내 이름
을 더럽히다니! 그래도 너희는, '우
리가 당신 이름을 어떻게 더럽혔
는데요?' 라고 말한다.
7 너희는 나의 제단에 오염된 빵을
올리며, 말한다. '우리가 당신을 오
염시켰다고요?' 그러면서 너희는,
'**주님**의 탁자는 그럴 만하니까요'
라고 말한다.
8 만약 너희가 눈먼 희생물을 올리
면, 악행이 아닌가? 또 절룩거리거
나 아픈 제물을 올리면, 나쁘지 않
나? 이런 것을 너희 총독에게 내놔
봐라. 그가 너를 좋아하거나, 네 민
족을 받아들일까?' 라고 만인의 **주**
님이 말한다.
9 '앞으로 제발, **하나님**에게 간절히
부탁하는데요, 우리에게 관대한
사랑을 내려주세요,' 너희는 이런
식이었다. 그런데 너희 민족을 생
각해줄까?' 라고 만인의 **주님**이 말
한다.
10 '너희 가운데, 아무것도 없는 것을
지키고자 문을 잠그는 자가 있나?
너희는 무無를 나의 제단에 올려
불을 켜지 말아야 한다. 나는 너희

가 마음에 들지 않는다'고 만인의
주님이 말하며, 나는 너희 손에 든
제물도 받아들이지 않겠다.
11 해가 떠서 지는 것과 마찬가지로,
나의 이름은 비쥬다인 가운데서
위대해지고, 향료가 있는 곳마다
나의 이름으로 순수한 제물이 올
라갈 것이다. 나의 이름은 이민족
사이에 크게 알려지게 된다'고 만
인의 **주님**이 말한다.
12 그러나 너희는 제단을 오염시켰
다. 그것을 너희는, '**주님**의 탁자는
오염되어 있어서, 그 열매도, 고기
도 그럴 만하다'고 말한다.
13 또 너희는, '봐라, 정말 싫증난다!'
고 말하며, 완전히 무시했다고, 만
인의 **주인**이 말한다. 또 너희는 찢
긴 것, 저는 것, 아픈 것을 가져오더
라. 너희가 그런 제물을 가져오는
데, '내가 네 손에서 그것을 받아들
여야 할까?' 라고 **주인**이 말한다.
14 대신, 속이는 자는 재앙이다! 이들
은 저희 양떼의 수컷이라고, 맹세
한다며, **주님**의 제물로 부정한 것
만 가져온다. 나는 위대한 왕이므
로, 만인의 **주인**이 말하는데, 나의
이름은 이민족 가운데서 두려움이
될 것이다."

제사장 비난

2 "오 너희 제사장아, 이 명령은
너희에게 해당된다.
2 만약 너희가 듣지 않거나, 가슴에
간직하지 않아, 나의 이름에 명예
를 더하지 못하면, 만인의 **주인**이
말하는데, 내가 너희에게 저주를
보내어, 너희 축복에 재앙을 내린
다. 맞다, 내가 이미 그들을 저주한
이유는, 너희가 그것을 가슴에 간
직하지 않기 때문이었다.
3 보라, 나는 네 후손을 망쳐놓고, 네
얼굴에 오물을 뿌리며, 너희 진지
한 축제조차 거름을 끼얹겠다. 그
러면 사람이 너희를 똥과 함께 치
워버릴 것이다.
4 그때 너희는, 내가 너에게 보낸 이
명령을 알게되고, 또 리바이가 되
라는 나의 약속을 깨닫게 될 것이
라고 만인의 **주님**이 말한다.
5 나의 약속은 생명과 평화가 그들
과 함께 있으면서, 리바이가 나를
경외하고, 내 이름 앞에서 두려워
하라는 것이었다.
6 리바이의 입에는 진리의 법이 있
고, 입술에는 죄가 없었다. 그는 평
화와 공정속에서 나와 함께 길을
걸으며, 많은 사람을 죄에서 돌아
서게 했다.
7 제사장의 입술은 지식을 갖추어야
하고, 입에는 법을 추구해야 하는
이유는, 그가 만인의 **주인**의 말을
전하는 전령이기 때문이다.
8 그런데 너희는 그 길을 벗어나, 많
은 사람을 법에서 비틀거리게 만
들며, 리바이의 약속을 더렵혔다'
고 만인의 **주인**이 말한다.

9 너희를 다수 앞에서 바닥까지 모
욕을 주는 이유는, 나의 길을 지키
지 않고, 너희가 법의 일부만 적용
해왔기 때문이다."
10 우리 모두 한 아버지만 있지 않은
가? 유일신 **하나님**이 우리를 창조
하지 않았나? 왜 우리는 제 형제를
속여서, 우리 아버지의 약속을 모
독하나?
11 쥬다는 이즈리얼과 저루살럼을 배
신하는, 혐오행위를 자행했다. 왜
냐하면 쥬다를 사랑하는 **주님**의 신
성함을 더럽히며, 다른 신을 따르
는 딸과 결혼했기 때문이다.
12 **주님**은 그와 같은 자라면, 주인도
학자도 제거하고, 재이컵의 성막
에서 만인의 **주님**에게 제물을 올리
는 자도 없앨 것이다.
13 그러면 너희가 다시, **주님**의 제단
을 눈물로 채우고, 울며 소리치겠
지만, 그런다 해도, **주님**은 더 이상
제물을 받지 않고, 너희 손이 선의
로 제공해도 받지 않겠다.
14 그때 너희가, '왜요?' 라고 묻겠지.
그 이유는, **주님**이 너와 네 이전 아
내 사이의 증인이기 때문이다. 그
녀는 네 동반자며, 네가 약속한 아
내인데도 그녀에게 충실하지 않더
라.
15 **주님**은 너희를 하나로 만들지 않았
나? 그러면 그가 결합된 영혼을 얻
게 된다. 어째서 하나일까? 그것은
그가 신에 가까운 씨앗을 얻고자
했을지 모른다. 따라서 너희는 영
혼을 조심하며, 네가 예전에 만난
아내에게 조금도 소홀하지 말아야
한다.
16 이즈리얼의 **주 하나님**은 '아내를 미
워하며 이혼한 자를 쫓아내버렸
다'고 말한다. 왜냐하면 '이들은 폭
력의 옷을 둘렀기 때문'이라고 **주**
님이 말한다. 그러니 네 영혼을 잘
관리하고 거짓으로 행동하지 마
라.
17 너희는 너희 말로 **주님**을 실망시켜
왔다. 그런데도 너희는, "우리가 어
떻게 **주님**을 실망시켰나?"고 말한
다. 그것은 너희가, "그는 우리 때
문에 기뻐하므로, 비행하는 모두
가 **주님** 눈에 좋은 것"이라고 말할
때 실망하고, 아니면, **하나님**의 처
벌이 어디 있어?' 라고 물을 때 실
망하는 것이다.

약속 파기

3 "보라, 나는 전령을 보낸다. 그가
내 앞에 길을 마련하게 하겠다.
너희가 찾는 **주인**은 갑자기 그의
성전에 나타나고, 너희가 바라는
약속의 전령도 나타날 것"이라고,
만인의 **주님**이 말한다.
2 그러나 그가 오는 날, 누가 살아남
을 수 있을까? 그가 나타날 때 누
가 서 있을 수 있을까? 그는 화덕
의 불이고, 세탁자의 비누와 같기
때문이다.

3 그는 은의 순도를 높이는 제련사
로 자리잡고, 리바이 자손을 깨끗
하게 정화할 것이다. 금과 은처럼
불순물을 빼내면, 그들은 **주님**에게
올바른 제물을 올릴 수 있을 것이
다.
4 그때 쥬다와 저루살럼이 올리는
제물은, 이전 여러 해 동안, 또 조상
시대에 그랬던 것처럼, **주님**이 만
족하게 될 것이다.
5 "그래서 나는 너희 가까이 가서 재
판하겠다. 내가 순간 목격할 자는
무당, 매춘자, 거짓 맹세자, 임금으
로 고용자를 억압하는 자, 과부, 고
아이고, 타지인의 권리를 무시하
는 자, 나를 두려워하지 않는 자를
지켜볼 것"이라고, 만인의 **주님**이
말한다.
6 "내가 **주인**임이 변하지 않기 때문
에, 너희가 재이컵의 자손임도 절
대 지워지지 않는다.
7 심지어 너희 조상시대부터 너희
는, 나의 명령을 멀리하며 지키지
않았다. 나에게 돌아오너라. 그러
면 나도 너희에게 돌아간다"고 만
인의 **주님**이 말한다. "그런데 너희
는, '우리가 어디로 돌아가야죠?'
라고 말했다.
8 사람이 **하나님**을 훔치냐고? 하지
만 너희는 내 것을 훔쳤다. 그러나
너희가, '우리가 당신한테서 훔쳤
다고요?' 라고 하겠지. 너희는 십
일조와 제물에서 훔쳤다.
9 너희는 저주를 받는다. 너희가 내
것을 훔쳤을 뿐아니라, 나라 전체
가 그런 탓이다.
10 너희가 십일조 전부를 창고에 가
져오면, 내 집에 식량이 있게 된다.
지금 그것으로 나를 시험해보라
고, 만인의 **주님**이 말하는데, 만약
내가 하늘의 창을 열지 않아, 복을
내리지 않으면, 너희는 축복을 제
대로 받을 여지가 없는 것이다.
11 그리고 나는 너희를 위하여 침략
자를 꾸짖으면, 저들은 너희 땅의
열매를 들의 추수전에 망쳐놓지
못할 것이라고 **주님**이 말한다.
12 또 모든 민족이 너희에게 축복을
주게 하겠다. 왜냐하면 너희는 기
쁨의 땅이 되기 때문"이라고 만인
의 **주님**이 말한다.
13 "너희 말은 나에게 완강했었다"고
주님이 말한다. 그런데 너희는, '우
리가 당신에게 그토록 심하게 한
말이 뭐냐'고 말했지?
14 너희는, '**하나님**을 섬기는 것은 아
무 소용이 없다. 우리가 그의 명령
을 지켜 무슨 이익이 있고, 만인의
주님 앞에서 반성하며 걸어도 뭐가
좋은데?
15 앞으로 우리는 스스로 행복하다고
자부하겠다. 그렇지, 악행을 하는
자가 번영하고, 맞다, **하나님**을 시
험해도, 구원만 잘받더라'고 너희
가 말했다.
16 그때 **주님**을 두려워하는 자가 서로

에게 말한다. '**주님**은 우리에게 귀
를 기울이고 들어주었다. 기억의
두루말이 책자는 **주님** 앞에서, 그
를 경외하고, 또 그의 이름으로 생
각하는 자를 위하여 기록되어 있
다'고 했다.
17 만인의 **주님**이 말하는데, 그들은
나의 백성이 된다. 그날 나는 그들
을 나의 보석이 되게 하고, 나를 섬
기는 내 자신의 아들처럼 특별히
아낄 것이다.
18 그때 너희가 돌아오면, 바른자와
그른자가 어떻게 다른지, **하나님**을
따르는 자와 섬기지 않는 자를 구
분할 수 있을 것이다.

처벌과 새약속

4 보라, 그날이 오면, 화덕처럼 불
타오를 것이다. 모든 자만과 그
렇지, 모든 악행은 밑둥만 있을 것
이다. 또 그날이 오면, 모든 것이 타
버려서, 만인의 **주님**이 말하는데,
가지도 뿌리도 남아 있지 않을 것
이다.
2 하지만 나의 이름을 존중하는 자
는, 정의의 태양이 떠올라, 그의 날
개 안에서 고통이 치유될 것이다.
또 너희는 잘 먹인 송아지처럼 명
랑하게 번성할 것이다.
3 또 너희가 악한을 밟게 되면, 악한
은 네 발 아래에서 재가 되도록, 그
날 내가 그렇게 만들어주겠다고,
만인의 **주님**이 말한다.
4 너희는 나의 종 모지스의 법을 기
억해라. 그것은 내가 호렙에서 모
지스에게 명령한 것으로, 이즈리
얼을 위한 규정과 정의이다.
5 보라, 내가 예언자 일라이자를 너
희에게 보내는 시기는, 엄청나고
무서운 **주님**의 날이 오기 전이다.
6 그는 조상의 마음을 돌려 자손에
게 향하게 하고, 자손의 마음은 조
상에게 돌리게 할 것이다. 내가 가
서 저주로 그땅을 치지 않게 하는
것이다.

2

새증거

제자 맽쓔

지저스 크라이스트의 족보

1 다음은 지저스 크라이스트 세대
의 족보로, 그는 대이빋의 자손
이며, 애이브러햄 자손이다.
2 애이브러햄은 아이직을 낳고, 아
이직은 재이컵을, 재이컵은 쥬다
와 그의 형제를 낳고,
3 쥬다는 태이머와 페레즈와 제라를
낳았고, 페레즈는 헤즈런을, 헤즈
런은 램을 낳고,
4 램은 애미내댑을, 애미내댑은 내
이션을, 내이션은 새먼을 낳고,
5 새먼은 래이햅과 보애즈를 낳았
고, 보애즈는 루쓰와 오벧을, 오벧
은 제시를 낳았고,
6 제시는 대이빋왕을, 대이빋왕은
유라야의 아내와 솔로먼을 낳았
고,
7 솔로먼은 리호범을, 리호범은 어
비자를, 어비자는 애이사를 낳았
고,
8 애이사는 제호샤퓉을, 제호샤퓉은
제호램을, 제호램은 우자야를 낳
았고,
9 우자야는 조썜을, 조쌤은 애이해
즈를, 애이해즈는 헤저카야를 낳
았고,
10 헤저카야는 머나서를, 머나서는
애먼을, 애먼은 조사야를 낳았고,
11 조사야는 제커나야제호야친와 그 형
제를 낳았는데, 그 당시 그들은 배
블런으로 끌려갔다.
12 그들이 배블런으로 끌려간 다음,
제커나야는 샐티얼을, 샐티얼은
제러배블을 낳았고,
13 제러배블은 애비훋을, 애비훋은
일리아킴을, 일리아킴은 애이졸을
낳았고,
14 애이졸은 재이덕을, 재이덕은 애
이킴을, 애이킴은 일리훋을 낳았
고,
15 일리훋은 일리애저를, 일리애저는
매이쌘을, 매이쌘은 재이컵을 낳
았고,
16 재이컵은 조셒을 낳았는데, 그는
매리의 남편으로, 그들이 지저스
를 낳아, 크라이스트머사야라고 불
렀다.
17 이와 같이 애이브러햄부터 대이빋
까지 모두 14세대이고, 대이빋부
터 이즈리얼이 배블런으로 끌려갈
때까지 14세대이며, 배블런 시대
부터 크라이스트까지 14세대이다.
18 다음 지저스 크라이스트의 출생은

이와 같다. 어머니 매리는 조셒과
약혼한 다음, 둘이 함께 있기 전, 신
성한 영혼성령으로 아기를 가졌다
는 것을 알게 되었다.
19 남편 조셒은 바른 사람으로, 그녀
가 공개적 사례가 되지 않도록, 남
모르게 그녀를 외면하려고 맘먹었
다.
20 그런데 그가 이런 생각을 하고 있
는데 보니, **주님**의 천사가 꿈에 나
타나 말했다. "조셒, 대이빋의 자손
아, 매리를 네 아내로 맞이하기를
두려워 하지마라. 그녀 안에 잉태
된 아기는 성령에 의한 것이다.
21 그녀가 아들을 낳게 되면, 너는 그
의 이름을 **지저스**라고 불러라. 그
는 죄로부터 사람을 구하게 될 것
이다."
22 앞으로 이 모든 일은 이루어진다.
다음과 같이 예언자가 전하는 **주님**
의 말은, 그대로 실행될 것이다.
23 "보라, 소녀가 아기를 가져, 아들
하나를 낳으면, 사람들이 그를 **이
매뉴얼**이라고 부르게 된다. 그 뜻
은 '[신] **하나님은 우리와 함께 있다**'
는 의미다."
24 조셒은 잠에서 깨어나, **주님**의 천
사가 그에게 명령한 대로, 매리를
아내로 맞이했다.
25 그리고 그녀가 첫 아들을 출산할
때까지, 조셒은 그녀 가까이 가지
않았고, 그 다음 아들의 이름을 지
저스라고 불렀다.

현자의 방문

2 지저스가 헤롣왕 시대에 쥬다의
베쓸레헴에서 태어났을 때, 동
쪽의 현자들이 저루살럼으로 와
서,
2 다음과 같이 말했다. "쥬다의 왕으
로 태어난 그는 어디 있죠? 우리는
동쪽에서 그의 별을 보았기 때문
에, 그에게 경배하러 왔어요."
3 헤롣왕이 이 소리를 듣자, 몹시 두
려웠고, 저루살럼 역시 마찬가지
였다.
4 그는 대제사장 및 법학자 여럿을
불러모아, 크라이스트 구원자가
태어난 곳을 물었다.
5 그들이 왕에게 다음과 같이 대답
했다. "쥬다의 베쓸레헴이에요. 예
언자가 기록한 바에 의하면,
6 '쥬다땅 베쓸레헴 너는, 쥬다의 관
리들 사이에서 결코 사소한 존재
가 아니다. 왜냐하면 너희 가운데
서 나온 한 지도자가, 이즈리얼 나
의 백성을 다스리게 될 것'이라고
써 있어요."
7 그러자 헤롣은 비밀리에 현자들에
게, 그 별이 나타난 시간을 알아보
게 했다.
8 그는 현자를 베쓸레헴으로 보내며
일렀다. "가서 그 아이가 어디 있는
지 찾으면, 내게 알려라. 그러면 나
도 가서 그 아이에게 경배할 지도
모른다."
9 그들이 왕의 말을 들은 뒤 가다보

니, 동쪽 사람들이 봤다는 별이 그
들 앞에 나타났고, 그것을 따라갔
더니, 아이가 있는 곳에 섰다.
10 그들은 별을 보고 너무 좋아서, 대
단히 흥분했다.
11 그리고 집안으로 들어가, 아기가
그의 엄마 매리와 함께 있는 모습
을 보자, 엎드려 경배했다. 그들은
가져온 보물함을 열어, 아기에게
금과, 향료와, 방부용 방향수지몰약
를 선물했다.
12 꿈에서 헤롣에게 돌아가지 말라는
하나님의 경고를 받은 그들은, 다
른 길을 통해 제나라로 돌아갔다.
13 그들이 떠난 다음, **주님**의 천사가
조셒의 꿈에 나타나 말했다. "일어
나, 아기와 엄마를 데리고 이집트
로 달아나라. 거기서 내가 말할 때
까지 있어라. 왜냐하면 헤롣왕이
아이를 찾아내 죽이려 하기 때문
이다."
14 그래서 그는 일어나, 아기와 엄마
를 데리고, 밤에 이집트로 떠났고,
15 거기서 헤롣이 죽을 때까지 있었
다. 이는 다음과 같이 예언자가 전
한, **주님** 말의 실행이었는지도 모
른다. "나는 이집트에서 나의 아들
을 부를 것"이라고 했던 것이다.
16 그리고 헤롣은 현자에게 무시당했
다는 것을 알고, 몹시 화를 내며, 사
람을 보내 베쓸레헴과 그 일대에
서 두 살부터 그 이하 아이를 살해
했다. 이는 그가 현자로부터 자세
히 파악한 때를 고려하여 따랐던
것이다.
17 그래서 예언자 제러마야가 전한
다음 말이 이루어졌던 것이다.
18 "라마에 슬피 우는 큰 애도의 소리
가 들리고, 래이철이 아이 때문에
울어도 위로받지 못하는 까닭은,
아이가 없기 때문이다."
19 한편 헤롣이 죽자, **주님**의 천사가
이집트에 있는 조셒의 꿈에 나타
나,
20 이와 같이 말했다. "일어나, 아기와
엄마를 데리고, 이즈리얼 땅으로
가라. 아이의 생명을 노리는 자들
이 죽었다."
21 그래서 조셒이 일어나, 아이와 엄
마를 데리고, 이즈리얼로 돌아왔
다.
22 그런데, 알컬래어스가 아버지 헤
롣 대신 쥬다를 통치한다는 말을
듣고, 그곳으로 가기가 두려웠다.
그러나 꿈에 **하나님**의 명령을 듣
고, 그는 갤럴리지역으로 방향을
돌렸다.
23 그리고 가서, 내저레쓰라고 불리
는 도성에서 살았다. 이는 예언자
들이 전한 다음 말대로 실행되었
는지 모른다. "그는 내저린 사람이
될 것이다."

존이 길을 마련하다

3 그때 세례자 존이 쥬다벌판에서
강연하며,

2 이렇게 말했다. "너희는 잘못을 후
회하고, 새로운 마음으로 살아가
도록 노력해라. 하늘왕국이 곧 오
기 때문이다."
3 이 말을 예언자 아이재야가 이와
같이 말했다. "벌판의 한 목소리가
외친 바에 의하면, '너희가 **주님**의
길을 마련할 때는, 똑바로 곧게 펴
서 만들라"고 전했다.
4 당시 존은 낙타털옷을 입고, 가죽
띠를 허리에 두르고, 메뚜기와 야
생꿀을 먹었다.
5 그러자 저루살럼인과, 쥬다인과,
조든강 주변 모든 지역인이 그에
게 가서,
6 조든강에서 존에게 세례를 받고,
자기 죄를 고백하며 반성했다.
7 그런데 존이 퀘러시엄격한 법규정파와,
새저시완고한 쥬다인파들이 그에게 세
례를 받으러 오는 것을 보고, 그들
에게 말했다. "오 독사의 세대들아,
누가 너희에게 닥칠 분노로부터
도망치라 했나?
8 따라서 너희는 반성에 해당하는
열매를 가져와야 한다.
9 스스로, '우리의 조상도 애이브러
햄'이라고 말할 생각도 하지마라.
내가 너희에게 경고하는데, **하나님**
은 애이브러햄의 자손 위에 이 돌
을 올려놓을 수도 있다.
10 심지어 도끼까지 그 나무뿌리에
놓여 있으니, 나무는 좋은 열매를
맺지 못하고, 모조리 잘려 불속에
던져질 것이다.
11 나는 너희가 반성하도록 물로 정
화하는 세례를 준다. 그러나 내 뒤
에 오는 그는, 나보다 훨씬 강하여,
나는 그의 신발을 들 가치도 못된
다. 그는 너희를 신성한 영혼성령과
불로 세례를 줄 것이다.
12 그는 손에 부채를 들고, 타작마당
을 깨끗이 쓸어 청소한 다음, 그의
밀을 곳간에 저장할 것이다. 하지
만 겨껍찔은 꺼지지 않는 불로 태
울 것이다."
13 그때 지저스가 갤릴리에서 와서,
조든에 있는 존에게 세례를 받으
려고 했다.
14 그러나 존은 그를 말리며 말했다.
"내가 당신한테 세례를 받아야 마
땅한데, 당신이 내게 오다니요?"
15 지저스가 존에게 대답했다. "지금
은 그렇게 허락해주세요. 이는 우
리가 모든 정의를 실현하기 위한
일이죠." 그러자 존이 그에게 동의
했다.
16 지저스가 세례를 받은 다음, 물밖
으로 나오자, 그에게 하늘문이 열
리더니, **하나님**의 영혼이 비둘기처
럼, 또 번개와도 같이 내려오는 것
을 보았다.
17 또 보니, 하늘에서 한 목소리가 말
했다. "이는 사랑하는 나의 아들이
다. 그는 나를 대단히 기쁘게 해준
다."

사막에서 지저스를 시험

4 그때 지저스는 신성한 영혼성령
에 이끌려 사막으로 들어갔는
데, 악의 전령에게 시험받게 되었
다.
2 그가 40일 낮과 40일 밤을 굶자, 결
국 배가 고팠다.
3 그때 유혹자가 그에게 말했다. "네
가 **하나님의 아들**이라면, 이 바위가
빵이 되라고 명령해봐라."
4 그러자 지저스가 대답했다. "기록
된 대로, 인간이 사는 것은 오직 빵
만으로 되는 게 아니라, **하나님** 입
에서 나온 말에 따른다."
5 다음, 악령이 그를 신성한 도성으
로 데려가, 성전옥상에 세워두고,
6 그에게 말했다. "네가 **하나님의 아
들**이면 스스로 뛰어내려봐라. 기록
대로 라면, 그는 자기 천사에게 너
에 관한 책임을 주어, 그들 손으로
너를 떠받쳐 네 발이 바위에 부딪
히지 않게 하겠지."
7 지저스가 그에게 말했다. "또한 기
록된 대로, 너의 주인 **하나님**을 시
험하지 마라."
8 그러자 다시 악령이 그를 가장 높
은 산으로 데려가, 그에게 세상의
모든 왕국과 재물을 보여주면서,
9 그에게 말했다. "이 모든 것을 내가
네게 주겠다. 만약 네가 머리를 숙
여 나를 경배하면 말이다."
10 그때 지저스가 그에게 말했다. "꺼
져라, 새이튼악의 영혼아! 기록된 대
로, 너는 마땅히 너의 주인 **하나님**
을 경배하고, 오직 그만을 섬겨야
한다."
11 악령이 그를 떠난 다음 보니, 여러
천사가 와서 그를 보살폈다.
12 한편 지저스는 존이 감옥에 들어
갔다는 소식을 듣고, 갤럴리로 갔
다.
13 그는 내저레쓰를 떠나, 커퍼내엄
에 와서 머물렀는데, 그곳은 제뷸
런과 냎털라이 경계 해안가 지역
이었다.
14 이것은 예언자 아이재야가 전한
다음 말이 이루어졌는지도 모른
다.
15 "제뷸런과 냎털라이땅 바닷길 옆
조든 맞은편 갤럴리 비쥬다인 지
역에서,
16 어둠속에 앉아 있던 사람들이 큰
빛을 보았다. 그리고 죽음의 그림
자 속에서 살던 그들에게 빛의 새
벽동이 트기 시작했다."
17 그때부터 지저스는 사람에게 가르
침을 전하기 시작하며 이렇게 말
했다. "반성해라. 하늘왕국이 가까
이 있다."
18 그리고 갤럴리 해안가를 걷던 지
저스는, 두 형제를 보았다. 핕어라
고 부르는 사이먼과, 그의 형제 앤
드루가 바다에서 그물을 던지는
중이었고, 둘은 어부였다.
19 그가 그들에게 말했다. "나를 따라
라. 그러면 내가 너희를 사람 낚는

어부로 만들겠다."
20 그러자 그들은 바로 그들의 어망
을 두고, 그를 따라갔다.
21 그곳에서 옮겨가면서 그가 또 다
른 형제를 보았고, 제베디 아들 재
임스와 존 두 형제가, 아버지 제베
디와 함께 배안에서 어망을 수선
하고 있었는데, 그들도 불렀다.
22 그들도 즉시 배와 아버지를 떠나
그를 따랐다.
23 지저스는 갤럴리 주위를 다니며,
그들의 시너가그쥬다집회교회에서
가르쳤다. 또 왕국의 메시지가스펄:
하나님의 마음를 전하며, 아픈자와 병
든자를 모두 낫게 해주었다.
24 그의 명성이 시리아 전역에 퍼지
자, 사람들이 아픈자를 모두 그에
게 데려오게 되었다. 그들은 여러
가지 질환자, 악령에 사로잡힌자,
정신이상자, 신체마비자였는데, 그
가 그들을 고쳐주었다.
25 그래서 엄청난 무리가 그를 따르
러, 갤럴리, 드카펄리스, 저루살럼,
쥬다땅과, 조든강 넘어 지역에서
왔다.

산 위의 가르침

5 많은 무리를 본 지저스가 산에
올라가 앉았더니, 제자들이 그
에게 왔다.
2 그는 말문을 열어 그들을 가르치
며 다음을 말했다.
3 "정신이 겸손한 자는 축복을 받아,
하늘왕국이 그들 것이 된다.
4 슬퍼하는 자는 축복을 받아, 위로받
게 된다.
5 온화한 사람은 축복을 받아, 땅을 물
려받게 된다.
6 정의를 실천한 다음 배고프고 목마
른자는 축복을 받아, 도로 채워지게
된다.
7 관대한 사랑을 베푸는 자는 축복을
받아, 사랑을 얻는다.
8 마음이 순수한 자는 축복을 받아, **하
나님**을 알게 된다.
9 평화를 만드는 자는 축복을 받아, **하
나님**의 자손으로 불린다.
10 정의를 위하여 처벌받는 자는 축복
을 받아, 하늘왕국이 그들 차지가 된
다.
11 남의 욕을 먹고, 처벌을 받고, 잘못
된 악담을 듣는 것이, 나로 인한 것
이라면, 너희는 축복을 받게 된다.
12 너희가 즐겁고 대단히 기뻐해야 할
이유는, 하늘에서 받는 보상이 크기
때문이다. 너희보다 앞서 처벌받았
던 예언자도 마찬가지였다.
13 너희는 땅의 소금이다. 그런데 소금
이 본래 맛을 잃으면 무엇으로 간을
하나? 그러면 좋은 것도 아무 소용
이 없고, 대신 내던저져 남에게 짓밟
힐 뿐이다.
14 너희는 세상의 빛이다. 언덕 위에 세
운 도성은 숨길 수 없다.
15 사람은 촛불을 켜서 버킽bucket 아래
두어서는 안 되고, 대신 촛대 위에

두어, 그것으로 집안을 밝혀야 한다.
16 그렇게 너의 빛을 남 앞에 비추어,
사람이 너의 선행을 볼 수 있게 하
고, 하늘아버지를 명예롭게 해라.
17 내가 법이나 예언자를 파괴하러 왔
다고 생각하지 마라. 나는 파괴가 아
니라, **하나님** 말을 실행하러 온 것이
다.
18 내가 진실로 너희에게 말하는데, 하
늘과 땅이 사라진다 해도, 모든 아버
지의 말이 이루어질 때까지, 법에서
한 점도 한 줄도 없어지지 않는다.
19 따라서 누구든지 명령 어느 하나라
도 위반하거나, 잘못을 가르치는 자
는, 하늘왕국에서 하찮은 자로 불리
고, 대신 법대로 실행하고 가르치는
자는, 하늘왕국에서 위대한 자로 불
릴 것이다.
20 내가 말하지만, 너희 정의가 법학자
서기관나 풰러시엄격한 법규정파 정의를
이겨내지 못하면, 너희가 하늘왕국
에 들어가는 경우는 없을 것이다.
21 너희가 옛 사람한테 전해들은 말이
있다. '너희는 살인하지 마라. 누구
든지 살인하는 자는 엄중한 처벌을
받게 될 것'이라고 했다.
22 그런데 나는 너희에게 이렇게 말한
다. 누구든지 이유없이 형제에게 화
내는 자는 엄중한 처벌을 받고, 형제
에게 '쓸모없는 인간'이라고 말하면,
그도 엄중한 처벌을 받게 된다. 또
'너는 바보'라고 말하는 자 역시 지
옥의 불속 위험에 놓일 것이다.

23 만약 네가 제단에 예물을 가져오는
데 있어서, 혹시 형제가 너에 대해
불만을 품으면,
24 네 예물을 제단 앞에 두고 가서, 먼
저 네 형제와 화해하고, 다시 와서
예물을 올려라.
25 네가 길위에 적과 함께 있다면, 그
사이 서둘러 그와 문제를 해결해라.
그렇지 않으면 적이 너를 판관에게
넘기고, 판관이 너를 관리에게 넘기
면, 너는 감옥에 들어가게 된다.
26 진실로 내가 말하는데, 그런 경우 심
한 대가를 지불하지 않으면, 너희는
절대 빠져나오지 못한다.
27 옛 조상으로부터 말을 들은 대로, 너
희는 매춘을 해서는 안 되고,
28 나도 너희에게 말하는데, 여자를 음
흉한 눈으로 쳐다보는 자는 누구나
마음 속에서 이미 간음을 한 것이다.
29 너의 오른눈이 죄를 짓게 하거든, 뽑
아서 내던져라. 신체 일부가 없는 편
이 너에게 더 낫고, 또 전신이 지옥
에 던져지지 않게 하는 방법이다.
30 오른손이 잘못하거든, 잘라서 내던
져라. 신체 일부가 없는 것이 낫고,
전신이 지옥에 던져지지 않게 하는
것이다.
31 전해진 대로, 아내를 멀리하는 자는
누구든지, 그녀에게 이혼증명서를
써줘라.
32 내가 너희에게 말하는데, 아내가 남
편에게 버림받게 되는 경우, 그 이유
가 우상숭배나 간음 탓이 아니라면,

누구나 마땅히 그녀와 결혼해줘야
한다. 그것은 그녀가 간음으로 이혼
당한 것이 아니기 때문이다.
33 또 너희가 예전에 들은 대로, 스스로
거짓 맹세를 하면 안 되고, 대신 **주님**
에게 너의 서약을 반드시 실천해야
한다.
34 내가 너희에게 말하는데, 절대 하늘
을 두고 맹세하지 마라. 왜냐하면 하
늘은 **하나님**의 왕위이기 때문이다.
35 역시 땅을 두고도 하지 마라. 왜냐하
면 땅은 **하나님**의 발판이기 때문이
다. 저루살럼을 두고도 안 된다. 왜
나하면 그곳은 위대한 왕의 도성이
기 때문이다.
36 그리고 자기 머리를 두고 맹세해서
도 안 되는 이유는, 인간이 머리털을
희거나 검게 만들 수 없기 때문이다.
37 너희는 그저, '맞다! 아니다!'라고 간
단히 말할 필요가 있다. 이보다 많아
지면, 악담을 부른다.
38 너희는 지금까지, '눈에는 눈, 이에
는 이'라고 들었겠지만,
39 내가 말하는데, 악에 맞서지 말고,
대신 누구라도 네 오른빰을 때리거
든, 다른쪽도 내밀어라.
40 만약 누가 너를 법에 고소하면, 네
옷을 벗어 그에게 주고, 네 겉옷까지
입혀주어라.
41 누가 너더러 1마일을 가자고 강요하
면, 그와 함께 두 배로 가줘라.
42 너에게 요구하는 자에게 원하는 것
을 주며, 빌리고자 하는 자가 있으면
외면하지 마라.
43 너희가 들어왔던 대로, 이웃을 사랑
하고, 적을 미워해라.
44 내가 너희에게 말하는데, 적을 사랑
하고, 너를 저주하는 자를 축복해줘
라. 너를 미워하는 자에게 좋은 일을
해주고, 너를 거짓으로 이용하거나
벌받게 하는 자를 위해 기도해줘라.
45 그러면 너희는 하늘아버지의 자녀
가 될 수 있을 것이다. 왜냐하면 그
는 해를 만들어 선에도 악에도 떠오
르게 하고, 정의와 불의에게도 똑같
이 비를 내리기 때문이다.
46 만약 너희가 자기를 사랑해주는 자
만 사랑한다면, 무슨 보상이 있을
까? 세금징수인과 같지 않을까?
47 너희가 자기 형제만 인사하면, 다른
사람보다 나은 것이 무엇인가? 세금
징수인이 하는 정도가 아닌가?
48 그러므로 너희는, 하늘아버지가 완
벽한 것처럼 완벽해져라."

이런 식으로 기도해라

6 "너희는 남에게 보이려고 구호
물품을 내밀지 않도록 조심해
라. 그렇지 않으면 하늘의 네 아버
지로부터 상을 받지 못한다.
2 따라서 네가 자선할 때, 네 앞에서
트럼핕 소리를 내면 안 된다. 위선
자가 시너가그 교회나 거리에서
하는 것처럼 하면, 인간의 명예를
얻을지 모른다. 진실로 내가 말하
는데, 그들은 그 보상뿐이다.

3 대신 자선할 때, 너의 왼손이 오른
손이 한 일을 알지 못하면,
4 네 자선은 감춰질 수 있지만, 몰래
지켜보는 하늘아버지가 너에게 공
개적으로 상을 준다.
5 네가 기도할 때, 위선자가 하듯 해
서는 안 된다. 그들은 시너가그쥬다
집회나 길 한쪽에 서서 기도하길 좋
아하는데, 그러면 남의 눈에 띌 수
있을 지 모른다. 진정으로 내가 말
하는데, 그들이 받는 것은 그게 전
부다.
6 대신 네가 기도할 때, 골방에 들어
가 문을 닫고, 숨어 있는 하늘아버
지에게 혼자 기도해라. 그러면 몰
래 지켜보는 아버지가 네에게 공
개적으로 보상해줄 것이다.
7 하지만 네가 기도하면서, 이교도
가 하듯, 쓸데없는 것을 되풀이하
지 말아야 한다. 그들은 말을 자꾸
많이 하면, 들릴 것으로 생각한다.
8 너희가 그들처럼 되지 말아야 하
는 이유는, 하늘아버지는 네가 필
요한 것을 요청하기 전에 알고 있
기 때문이다.
9 따라서 너희는 이런 식으로 기도
해라. '하늘의 우리 아버지, 당신의
이름은 신성합니다.
10 당신의 왕국이 오면, 당신이 하늘
에서 한 대로, 똑같이 땅에서도 이
루어질 겁니다.
11 날마다 우리에게 음식을 내려주세
요.
12 우리가 채무자의 빚을 탕감해주듯
이, 우리 죄의 빚을 용서해주세요.
13 우리를 시험에 끌리지 않게 하며,
악의 영혼에서 구해주세요. 이는
당신이 왕국이고, 힘이며, 영원히
찬란한 빛이라고 동의하기 때문이
에요. 애이멘 [한마음이다.]'
14 만일 너희가 잘못한 사람을 용서
하면, 너희 하늘아버지도 너를 용
서한다.
15 그런데 너희가 남의 잘못을 용서
하지 않으면, 하늘아버지도 네 잘
못을 용서하지 않는다.
16 게다가 너희가 금식할 때, 배고픈
모습의 위선자처럼 가장하지 마
라. 얼굴을 일그러뜨리면, 남에게
배고파 보일 수 있다. 정말로 너희
에게 말하는데, 그들은 그게 다다.
17 대신 너희가 금식하며, 머리에 기
름을 바르고, 얼굴을 씻으면,
18 남에게 배고파 보이지 않지만, 보
이지 않는 하늘아버지는 몰래 지
켜보면서, 너에게 드러내서 대가
를 줄 것이다.
19 스스로 땅위에 재물을 쌓아올리지
마라. 그곳은 좀이 갉아먹고, 녹이
스는 곳이며, 도둑이 들어 훔쳐 가
는 곳이다.
20 대신 하늘에 보물을 쌓아라. 그곳
은 좀과 녹이 손상시키지 않고, 도
둑이 훔쳐가지 못한다.
21 너희 재물이 있는 곳에, 네 마음 역
시 있을 것이다.

22 신체의 빛은 바로 눈에서 난다. 만
약 네 눈이 단순하면, 전신이 빛으
로 가득 찬다.
23 그런데 네 눈에 악의가 있으면, 너
의 전신은 어둠이 그득해질 것이
다. 그러면 네 빛이 어두워져, 얼마
나 컴컴해질지!
24 인간은 두 주인을 섬기지 못한다.
왜냐하면 사람은 하나를 미워하
면, 다른 하나를 사랑하고, 또는 한
쪽에 마음이 끌리면, 다른쪽은 무
시하기 때문이다. 너희는 **하나님**과
매먼mammon 재물신을 같이 섬길 수
없다.
25 그래서 내가 말하는데, 생활에 집
착하지 말고, 먹을 것과 마실 것을
걱정하지 말며, 몸에 걸칠 것을 염
려하지 마라. 생명은 음식 이상이
고, 신체는 의복 이상이 아닌가?
26 하늘의 새를 봐라. 저들은 심지도,
거두지도, 광에 쌓지도 않지만, 하
늘아버지가 그들을 먹인다. 너희
는 저들보다 훨씬 귀하지 않은가?
27 너희가 생각한들, 누가 자기 키를
1큐빝0.45m 늘릴 수 있을까?
28 왜 너희가 옷에 대해 신경쓰나? 들
의 백합이 어떻게 자라는지 생각
해봐라. 그들은 수고도 하지 않고,
길쌈도 하지 않는다.
29 내가 말하는데, 최고로 찬란했던
솔로먼조차, 백합 같이 단정하지
못했다.
30 **하나님**은 풀도 그렇게 옷을 입히는
데, 풀이란 오늘 들에 나왔다, 내일
난로속에 던져지는데도 그런데,
하물며 너는 더 잘 입히지 않을까?
오 너희 믿음이 약한 자들아!
31 그러니 '우리가 무엇을 먹고, 무엇
을 마시며, 무엇을 입을까?' 라고
걱정하지 마라.
32 [이런 것은 이교도가 찾을 따름이
다.] 너희 하늘아버지는, 너희가 이
것이 필요하다는 것을 안다.
33 따라서 너는 먼저 **하나님** 왕국과
그의 정의를 찾으려고 노력해라.
그러면 이 모든 것이 너에게 더해
질 것이다.
34 그리고 내일에 대해 걱정하지 마
라. 내일 일은 내일 생각할 몫이다.
나쁜 일에 대한 생각 역시 그날만
으로 충분하다.

남을 처벌하지 마라

7 남을 처벌하지 말아야, 너희가 처
벌받지 않는다.
2 너희가 판정하는 기준으로, 너도 처
벌받게 되고, 너희가 재는 분량만큼,
너도 적용받게 될 것이다.
3 왜 네 형제 눈의 티끌은 보면서, 제
눈에 걸린 막대는 생각하지 않나?
4 또 어떻게 형제에게 네 눈에서 티끌
을 빼내 주겠다고 말하나? 보면, 막
대가 제 눈에 있는데?
5 너희 위선자는 먼저 제 눈에 걸린 막
대부터 빼내어 맑게 볼 수 있어야,
형제 눈의 티끌을 빼낼 수 있을 것이다.

6 개에게 신성한 성물을 주지 말고, 돼
지 앞에 진주를 던지지 마라. 짐승이
그것을 발로 밟은 다음, 방향을 돌려
너를 물지 않게 해야 한다.
7 달라면 얻고, 찾으면 발견하며, 두드
리면 열린다.
8 이것은 구하는 자가 받고, 찾는 자가
발견하며, 두드리는 자에게 열릴 것
이다.
9 너희 가운데, 아들이 빵을 달라는데,
돌을 줄 자가 있겠나?
10 또 물고기를 달라는데, 누가 그에게
독사를 줄까?
11 자신은 나빠도, 제 자녀에게는 좋은
것을 줄줄 안다. 하물며 하늘아버지
는 자기에게 요청하는 인간에게 얼
마나 더 좋은 것을 주려고 할까?
12 그러니 남이 너에게 바라는 바가 있
으면, 그것이 무엇이든 그들의 요구
대로 해주어라. 그것이 바로 법과 예
언이다.
13 너희는 좁은 문으로 들어가라. 문이
넓으면, 파멸에 이르는 방법이 다양
한데도, 대부분이 그 길로 가려고 한
다.
14 반면 작은 문은 좁지만, 생명으로 이
어지는데도, 그곳을 찾는 이가 거의
없다.
15 거짓 예언자를 조심해라. 그는 양털
을 입고 너에게 오지만, 속은 먹이
찾는 늑대다.
16 너희는 맺은 열매로 그들을 알아보
아야 한다. 가시나무에서 포도를 따
고, 엉겅퀴에서 무화과를 얻을까?
17 좋은 나무는 좋은 열매를 맺고, 썩은
나무는 나쁜 열매를 맺는다.
18 좋은 나무가 나쁜 열매를 맺지 않고,
썩은 나무가 좋은 열매를 맺지 않는
다.
19 좋은 열매를 맺지 못하는 나무는, 잘
라내어 불속에 던져라.
20 그래서 그들이 맺는 열매를 보면, 그
들을 알아볼 수 있다.
21 나에게 '**주님**' '**주님**' 한다고, 누구나
하늘왕국에 가는 것은 아니고, 하늘
아버지 뜻을 따라 행동하는 자가 갈
수 있다.
22 대부분이 그날 나에게 '**주님! 주님!**
우리가 당신의 이름으로 예언하지
않았나요? 당신 이름으로 악마도 쫓
았고, 또 당신 이름으로 기적도 많이
했잖아요?' 하겠지.
23 그런데 내가 그들에게 솔직하게 잘
라 말하는데, '나는 너희를 모르니,
내게서 떠나라. 너희 잘못을 저지르
는 자들아!'
24 따라서 내 말을 듣고 실천하는 자라
면 누구나, 나는 그를 바위에 집을
짓는 현명한 자라며 좋아할 것이다.
25 비가 오고, 홍수가 지고, 바람이 불
며, 그 집을 쳐도 그것은 쓰러지지
않는다. 왜냐하면 그것은 바위위에
지었기 때문이다.
26 내가 하는 말을 듣고도 실행하지 않
는 자는, 모래위에 집을 짓는 어리석
은 자와 같다.

27 그래서 비가 내리고, 홍수가 지고,
바람이 불며, 모래위에 지은 집을 치
면, 그것은 크게 무너져 내릴 것이
다."
28 지저스가 말을 마치자, 사람들은
그의 가르침에 무척 감동했다.
29 이와 같이 그는, 법만 매달리는 법
학자서기관들과 달리, 확실한 믿음
을 가지고 사람들을 가르쳤다.

피부감염을 치료하다

8 지저스가 산에서 내려가자, 많
은 무리가 그를 뒤따랐다.
2 그때 피부감염자가 와서, 그에게
경배하며 말했다. "주인님, 당신이
바라기만 하면, 나를 깨끗하게 만
들 수 있을 텐데요" 라고 했다.
3 지저스는 손을 내밀어 그를 만지
며 말했다. "나는 네가 깨끗해지기
를 바란다!" 그러자 바로 그의 피부
병이 나았다.
4 지저스가 그에게 말했다. "네가 아
는 것을 아무한테도 말하지 마라. 대
신 어서 가서, 네 몸을 제사장에게
보이고, 모지스가 그들에게 증언대
로 명령한 제물을 올려라."
5 한편 지저스가 커퍼내엄으로 들어
가자, 백명 지휘관이 그를 찾아와
간청했다.
6 "주인님, 나의 종이 중풍으로 집에
누웠는데, 몹시 괴로워하고 있어
요."
7 그러자 지저스가 말했다. "내가 가
서 그를 낫게 하겠다."
8 백명 지휘관이 이렇게 대답했다.
"주인님, 나는, 당신이 내 지붕 아
래까지 와줄 정도의 사람은 못됩
니다. 다만 말만이라도, 나의 종이
나을 수 있을 겁니다.
9 나는, 나를 지휘하는 군인들을 보
유한 군권력에 속하는 사람이에
요. 내가 이 병사에게, '가라'면 그
가 가고, 또 다른 병사에게 '오라'면
그가 오는 정도이지요. 나의 종에
게도 이렇게 하라면, 그는 합니다."
10 지저스는 그 말에 놀라며, 다음과
같은 말을 했다. "내가 진실로 말하
는데, 나는 이런 강한 신념을 본 적
이 없고, 이즈리얼에서 만난 적도 없
었다.
11 내가 말하는데, 많은 사람이 동쪽과
서쪽에서 와서, 애이브러햄, 아이직,
재이컵과 함께 하늘왕국에 앉게 될
것이다.
12 그러나 이곳 왕국의 자손은 어둠속
에 던져져, 거기서 울며 이를 갈게
될 것이다."
13 그리고 지저스는 백명 지휘관에게
일렀다. "네 길로 가거라. 믿는 대로
따르면, 너에게 그대로 이루어질 것
이다." 그리고 그의 종은 같은 시각
에 낫게 되었다.
14 어느날 지저스가 핕어 집에 갔는
데, 그 아내의 어머니가 누워있었
고, 아파서 열이 나는 모습을 보게
되었다.

15 그래서 그가 그녀 손을 만지자, 열
이 내려 일어나, 그들을 대접하게
되었다.
16 저녁 때가 되어, 사람들이 그에게
악한 영혼에 사로잡힌 사람을 많
이 데려오자, 그는 말로 악령을 쫓
아내고, 병자를 모두 고쳤다.
17 어쩌면 이것은 예언자 아이재야가
전한 말이 실현된 것이었는지 모
른다. 그의 말은, "그는 우리의 병
을 끄집어내어, 그 아픔을 스스로
품었다" 라고 했다.
18 그때 지저스는 주위의 많은 무리
를 보며, 다른 데로 가도록 명령했
다.
19 어떤 법학자서기관 한 사람이 오더
니, 지저스에게 말했다. "주인님 나
는 당신이 가는 곳이면, 어디든지
따르겠어요."
20 지저스가 그에게 말했다. "여우는
굴이 있고, 새는 둥지가 있지만, 사
람의 아들은 머리를 둘 곳이 없다."
21 다른 제자가 그에게 말했다. "주인
님, 우선 나를 보내어, 내 아버지를
장사 지내게 해주세요."
22 그런데 지저스는 그에게 이렇게
말했다. "우선 나를 따라라. 그리고
죽은 자는 스스로 죽음속에 묻히게
두어라."
23 그가 어떤 배위에 오르자, 제자가
뒤를 따랐다.
24 그때 보니, 바다에 심한 태풍이 일
어나더니, 그로 인해 파도가 배를
덮쳤는데도, 그는 졸고 있었다.
25 그래서 제자들이 가서, 그를 깨우
며 말했다. "주인님, 우리가 죽게
되었어요. 우리를 구해주세요" 라
고 했다.
26 그러자 그가 제자에게 말했다. "어
째서 너희는 그렇게 두려워하나? 오
너희들, 믿음이 약한 자들아!" 그런
다음, 일어나 바람과 바다를 꾸짖
자, 바다가 잠잠해졌다.
27 사람들이 그것을 보고 말했다. "이
사람은 대체 어떤 사람이길래, 심
지어 바람과 바다조차 그에게 복
종할까!"
28 다음 그가 건너편 개더린스 마을
에 들어왔을 때, 그곳에서 악한 영
혼에 사로잡혀 무덤에서 나오고
있는 두 사람을 만났는데, 너무 무
서워 사람들은 아무도 옆을 지날
수 없었다.
29 그래서 보니, 그들이 소리치며 말
하고 있었다. "**하나님의 아들** 지저
스야, 네가 우리에게 무슨 볼일이
있나? 여기까지 와서, 때가 되기도
전에 우리를 괴롭히다니?"
30 그곳에서 꽤 떨어진 곳에, 많은 돼
지를 먹이는 우리가 있었다.
31 그러자 악령들이 이렇게 말했다.
"당신이 우리를 내쫓으면, 우리가
돼지무리에게 가도록 허락해줘
라."
32 지저스가 그들에게 말했다. "가라!"
그래서 그들이 나와서 돼지무리에

게 들어갔는데, 보니, 돼지떼 전체
가 미친듯이 가파른 아래쪽 바다
속으로 달려서, 빠져 죽었다.
33 돼지를 관리하던 사람들이 도성으
로 뛰어가 모두에게, 악한 영혼에
게 사로잡혔던 사람에게 일어난
일을 전했다.
34 그리고 도성 사람은 지저스를 만
나러 왔고, 그를 보자, 제발 이 지역
을 떠나 달라고 애걸했다.

지저스의 치료

9 지저스가 배를 타고, 강을 건너,
그의 고향도성에 왔다.
2 그리고 사람들이 중풍으로 마비된
사람을 들것에 뉘어 그에게 데려
왔다. 그래서 지저스가 그들의 믿
음을 알아보며, 마비된 자에게 말
했다. "아들아, 힘내라. 네 죄가 용서
되었다."
3 그러자 그것을 본 일부 법학자서기
관이, 그들끼리 말했다. "이 사람은
신성을 모독한다."
4 지저스가 그들의 생각을 알아보고
다음과 같이 말했다. "어째서 너희
마음안에 악의만 생각하나?
5 어느 것이 더 쉬울까? '네 죄가 용서
되었다'고 말하기일까, 아니면 '일어
나 걸어라'고 말하기일까?
6 하지만 너희는 사람의 아들이 땅위
의 죄를 용서할 능력이 있다는 것을
알게 될 것이다. [그때 그가 마비된
자에게 말하며,] 일어나, 네 들것을
들고, 집으로 돌아가라"고 했다.
7 그래서 그가 일어나, 집으로 갔다.
8 이를 본 대부분이 경이에 놀라서,
그 능력을 그에게 부여한 **하나님**을
찬양했다.
9 지저스가 그곳을 떠나, 길을 가다,
맽쓔라는 사람이 세관입구에 앉은
것을 보고 말했다. "나를 따라라."
그러자 그가 일어나 뒤를 따랐다.
10 지저스가 어떤 집에서 식사자리에
앉아있었는데, 세금징수인과 죄인
들이 여럿 오더니, 그가 제자와 있
는 자리에 함께 앉았다.
11 풰러시엄격한 법규정파가 그 모습을 보
고, 그의 제자에게 따졌다. "왜 너
희 주인선생은 세금징수인들이나
죄인들과 같이 밥을 먹나?"
12 그때 지저스가 이 말을 듣고 말했
다. "그들은 의사가 불필요할 정도
로 건강하지 못하고, 아프다.
13 그러니 너희는 가서, 다음 말이 무슨
뜻인지 곰곰이 생각해봐라. '나는 관
대한 사랑을 바라지, 희생을 원치 않
는다.' 왜냐하면 나는 정의를 이루기
위하여 온 것이 아니라, 죄인을 후
회시켜 마음을 돌리게 하려는 것이
다."
14 그때 존의 제자들이 지저스에게
와서 물었다. "우리와 풰러시엄격한
법규정파는 자주 금식하는데, 왜 당
신 제자는 금식하지 않나요?"
15 지저스가 그들에게 말했다. "신랑
이 같이 있는데 신부방에서 아이들

이 울까? 하지만 그날이 오고, 그들
가운데 신랑이 없어지면, 그들도 금
식하게 된다.
16 아무도 헌옷에 새천조각을 덧대어
꿰매지 않는다. 덧댄 새천이 헌옷을
잡아당기면, 찢어져 못쓰게 된다.
17 또 누구도 새술을 낡은 병에 넣지 않
는다. 그러면 낡은 술부대가 갈라져
술이 새니, 결국 버려야 한다. 따라
서 새술은 새부대에 넣어야, 둘 다
안전하다."
18 지저스가 그들에게 이 말을 하고
있는데, 어떤 지도자가 오더니, 그
에게 예의를 갖춰 말했다. "나의 딸
이 지금 죽어가고 있어요. 하지만
당신이 가서 딸에게 손을 얹어주
면, 다시 살 수 있을 거예요."
19 지저스가 일어나, 그를 뒤따라 갔
고, 제자도 그랬다.
20 그런데, 12년째 피가 흐르는 혈우
병을 앓고 있는 어떤 여자가, 지저
스 뒤로 가더니, 그의 옷자락을 만
졌다.
21 왜냐하면 그녀는 마음 속으로, "그
의 옷을 만지기만 해도, 내가 나을
지 모른다"고 말했기 때문이었다.
22 그리고 지저스가 뒤돌아 그녀를
보며 말했다. "딸아, 마음을 놓아
라. 네 믿음이 너를 건강하게 만들었
다." 그 순간 그녀는 완치되었다.
23 그런 다음 지저스가 지도자의 집
에 들어갔을 때, 장송악단과 사람
들로 떠들썩한 모습을 보며,
24 그가 그들에게 말했다. "물러서라!
소녀는 죽은 게 아니라, 잠자고 있을
뿐이다." 그러자 사람들은 그를 비
웃었다.
25 사람들이 비켜서자, 그가 안으로
들어가 손으로 소녀를 잡았더니,
그녀가 일어났다.
26 이 명성이 그곳 전역으로 널리 퍼
졌다.
27 그런 다음 지저스가 그곳을 떠났
는데, 앞을 보지 못하는 두 사람이
그를 뒤따르며, 울면서 말했다. "대
이빋 자손, 당신이 우리에게 자비
를 베풀어주세요."
28 그가 그 집에 들어가니, 앞 못보는
자들이 그에게 왔다. 지저스가 말
했다. "당신들은 내가 그것을 할 수
있다고 믿나?" 그들이 대답했다.
"그래요, 주인님."
29 그래서 그가 그들 눈을 만지며 말
했다. "네 믿음대로 이루어질 것이
다."
30 그러자 그들 눈이 떠졌다. 지저스
는 그들에게 진지하게 당부했다.
"아무한테도 이것을 알리지 마라."
31 그러나 그들은 그곳을 떠나면서,
나라 곳곳에 그의 명성을 널리 퍼
뜨렸다.
32 그들이 가자, 사람들이 악한 영혼
에 사로잡혀 말을 할 수 없는 사람
하나를 그에게 데려왔다.
33 그리고 악령이 쫓겨나자, 벙어리
가 말을 했다. 수많은 사람이 경이

에 놀라며 말했다. "이것은 이즈리
얼에서 전에 한 번도 본적이 없던
일이다."
34 그러나 풰러시엄격한 법규정파가 말했
다. "그는 악마대왕과 짜고 악령을
쫓아내는 것이다."
35 다음 지저스가 도성과 마을을 돌
며, 그들의 시너가그쥬다집회교회에
서 가르치고, 왕국의 가스펄가르침
을 전파하며, 아프고 병든자를 고
쳐주었다.
36 지저스가 많은 사람을 보자, 그들
에 대한 연민으로 마음이 움직였
던 것이다. 그들이 힘을 잃고 멀리
흩어지게 된 것은, 양을 돌볼 목자
가 없었기 때문이었다.
37 그때 그가 제자에게 말했다. "수확
할 농산물이 너무 많은데, 거둘 농부
가 거의 없다.
38 그러니 너희는 추수에 대해 **주님**에
게 기도해라. 그러면 그가 추수밭에
일꾼을 보내줄 것이다."

새증언 전령 12명

10 지저스가 12제자를 불러, 깨
끗하지 못한 영혼에 대항할
힘을 주어서, 아픈자와 질환자 모
두를 치료할 수 있게 했다.
2 다음은 12 제자의 이름이다. 우선,
'핕어'라 불리는 사이먼과, 그의 동
생 앤드루가 있고, 제베디 아들 재
임스야곱와, 그의 동생 존요한이다.
3 필맆, 발쌀러뮤, 토마스, 세금징수
인 멭쓔마태, 알퓌우스의 아들 재임
스, 성씨가 쌔디어스인 르뷔어스,
4 캐이넌 출신 사이먼과, 쥬더스 이
스캐리얼가롯 유다, 바로 그가 지저
스를 배신했다.
5 지저스는 12제자를 보내며 명령했
다. "비쥬다인 쪽은 가지 말고, 스매
리아인 도성에도 가지 마라.
6 대신 이즈리얼 가운데 길 잃은 양을
찾아가라.
7 너희는 가서, '하늘왕국이 곧 온다'
고, 선언해라.
8 아픈자를 고치고, 피부감염자를 낫
게 하고, 죽은자를 살려 일으키고,
악령을 쫓아내라. 너희는 대가없는
것을 받고, 무료로 주어라.
9 금은동을 남에게 주지도 말고, 제지
갑에 넣지도 말며,
10 여행비용 꾸러미도 필요없고, 옷 두
벌도, 여분 신발도, 심지어 여러 지
팡이도 필요없다. 왜냐하면 일꾼에
게는 음식이 대가다.
11 너희가 어느 도성이나 마을에 들어
가든, 명성과 신뢰를 쌓은 사람을 찾
아, 그곳을 떠날 때까지 머물러라.
12 그리고 너희가 어떤 집에 들어갈 때
는, 예의를 갖추어라.
13 그 집에 만족하면, 네가 먼저 그 집
에 평화를 기원하지만, 만약 그렇지
않으면, 평화의 기원을 자신에게 되
돌려라.
14 누구든 너희를 받아들이지 않거나,
말을 들으려 하지 않아서, 어쩔 수

없이 떠나야 할 경우에는, 네 발의
먼지까지 털어버려라.
15 진정으로 너희에게 말하는데, 그런
집은 정의의 날, 소듬이나 거머라땅
이상으로 훨씬 더 견뎌내야 할 것이
다.
16 보라, 내가 너희를 양으로서 이리무
리 가운데 보낸다. 따라서 뱀처럼 슬
기롭게 행동하고, 비둘기처럼 남에
게 해가 행동을 하지 마라.
17 그러나 사람을 조심해라. 왜냐하면
그들이 너희를 위원회에 넘겨, 그들
의 시너가그 집회에서 괴롭히기 때
문이다.
18 그러면 너희는 총독이나 왕 앞에 끌
려가, 그들과 비쥬다인에게, 나와 관
련된 증언을 해야 한다.
19 대신 그들이 너희를 위원회에 회부
할 때, 너희가 어떻게 무엇을 말할
지 고민하지 마라. 왜냐하면 그 순간
너희가 해야 할 말이 부여되기 때문
이다.
20 그것은 너희가 말하는 게 아니라, 네
안에서 하늘아버지의 영혼이 말하
는 것이다.
21 형제가 형제를 죽이고, 아버지가 자
식을 그렇게 하고, 자식이 부모에 맞
서 들고 일어나, 마침내 죽음에 이르
게 한다.
22 너희가 나의 이름으로 인해 사람에
게 미움받는다 해도, 끝까지 참는 자
는 구원받게 될 것이다.
23 그들이 이 도시에서 너를 박해하면,
다른 곳으로 달아나라. 진심으로 내
가 너희에게 말하는데, 그 사람의 아
들이 올 때까지, 이즈리얼 마을을 다
니는 것으로 그쳐서는 안 된다.
24 제자가 선생 위에 있지 않고, 종이
그의 주인 위에 있지 않다.
25 제자가 그의 선생처럼 되고, 종이 그
의 주인만큼 되면 충분하다. 만약 그
들이 베얼제법 집안대표처럼 악마
로 불리게 될 경우, 그 집안사람은
얼마나 더 많은 악담을 듣게 될까?
26 따라서 그들을 두려워 마라. 가려지
기만 하는 것은 없기 때문에, 드러나
지 않을 게 없고, 감춰진 것이라 해
도, 알려지지 않는 것은 없다.
27 내가 어두울 때 말해도, 너희는 밝은
대낮에 이야기하고, 네 귀에 속삭인
것도, 옥상위에서 큰 소리로 가르침
을 전파해라.
28 신체를 죽이는 자를 두려워 마라. 그
런다 해도 영혼을 죽일 수 없다. 대
신 지옥속에서 신체와 영혼을 모두
파괴할 수 있는 존재를 두려워해라.
29 참새 두 마리를 1전에 팔지 않나? 그
중 하나도 네 하늘아버지 의지없이
땅에 떨어지지 않는다.
30 게다가 네 머리의 머리털조차 모두
센다.
31 그러니 너희는 두려워 마라. 너희는
참새떼 이상으로 더 가치가 있다.
32 누구든지 남 앞에서 나를 인정하면,
나도 나의 하늘아버지 앞에서 그를
안다고 시인하겠다.

33 하지만 남 앞에서 나를 부정하는 자
는 누구나, 나 역시 나의 하늘아버지
앞에서 그를 부정하겠다.
34 내가 이 땅에 평화를 주러 왔다고 생
각하지 마라. 나는 평화가 아니라,
칼을 들고 왔다.
35 그래서 나는 아버지와 갈등하는 사
람의 마음을 돌리러 왔고, 어머니에
게 대드는 딸과, 시어머니와 싸우는
며느리를 변화시키려고 왔다.
36 사람의 적이란, 제집안 가족이기 때
문이다.
37 나보다 아버지나 어머니를 사랑하
는 자는, 나에 대하여 가치를 두지
않는 사람이고, 아들이나 딸을 나보
다 더 사랑하는 사람은, 나에 대한
가치가 없는 사람이다.
38 자기 십자가를 지지 않고 나를 따르
는 자도 나에게 가치를 두지 않는 사
람이다.
39 그의 생명을 중히 여기는 자는 그것
을 잃고, 나로 인해 그의 생명을 버
리는 자는 생명을 찾게 된다.
40 너희를 받아들이는 자는 나를 받아
들이는 자들이고, 나를 받아들이는
자는 바로, 나를 보낸 그 **하나님**을 받
아들이는 것이다.
41 예언자의 이름으로 다른 예언자를
받아들이는 자는 예언자의 상을 받
을 것이고, 의로운 자로 받아들이는
자는 의로운 자의 상을 받을 것이다.
42 나의 제자 한 사람의 이름으로 이들
어린 자에게 마실 냉수 한 컵을 마시
라고 주는 자는, 절대 **하나님**의 보상
을 잃지 않을 것이다."

지저스의 가르침

11 지저스가 12제자에게 지도를
끝내고, 그곳을 떠나, 그들의
도성갤럴리 사람에게 가르침을 전파
하러 갔다.
2 한편 존은 감옥에서 지저스의 놀
라운 위업을 듣고, 자기 제자 둘을
지저스에게 보내어,
3 질문했다. "당신은, 오기로 되어 있
는 사람인가요, 아니면 우리가 다
른 사람을 찾아야 하나요?"
4 지저스가 그들에게 대답해주었다.
"존에게 다시 가서, 너희가 보고 들
은 것을 전해라.
5 맹인이 시력을 얻고, 다리를 저는 자
가 걷고, 피부감염자가 낫고, 청각장
애자가 듣고, 죽은자가 일어났으며,
가난한 자가 그들에게 전파되는 가
르침[가스펄]을 받아들였다.
6 내가 불쾌하지 않는 사람은, 누구든
지 축복을 받을 것이다."
7 존의 제자가 떠나자, 지저스는 존
에 관하여 많은 사람에게 말하기
시작했다. "너희가 광야로 가면 무
엇을 보나? 바람에 흔들리는 갈대인
가?
8 아니면, 너희가 무엇을 보려고 가
나? 좋은 옷을 입은 사람을 보나?
보라, 좋은 옷을 입은 자는 왕의 궁
전 안에 있다.

9 아니라면, 너희는 무엇을 보려 하
나? 예언자인가? 그렇다면, 나는 너
희에게 예언자 이상을 말해준다.
10 이 사람은 다음과 같이 기록된, 바로
그다. '보라, 나는 너희 앞에 나의 사
자를 보내는데, 그가 너희 앞에서 길
을 마련해줄 것'이라고 했다.
11 진실로 내가 너희에게 말하는데, 여
자의 몸에서 태어난 사람 중 세례자
존보다 더 위대한 자는 나타나지 않
았다. 하지만 하늘왕국에서 가장 낮
은 자라도, 세례자 존 보다 위대하
다.
12 세례자 존의 시대부터 지금까지, 하
늘왕국은 모독으로 시달렸고, 모독
하는 자들이 강제로 그렇게 해버렸
다.
13 예언자와 법학자마다 존이 나타날
때까지, 모든 것을 예언해왔다.
14 만약 너희가 예언을 받아들이면, 바
로 그가 앞으로 오기로 된 일라이자
일라야스, 일리야다.
15 그는 귀가 있어 들을 수 있으므로,
그가 들을 수 있게 해라.
16 그런데 내가 이날 이 세대를 어디에
비교해야 할까? 이 세대는 시장에
앉아, 친구나 부르는 아이와 같다.
17 또 말하자면, 우리가 너희에게 피리
를 불어 주었는데도, 너희는 춤추지
않았고, 우리가 안타까이 애도해 주
는데도, 너희는 슬퍼하지 않더라.
18 존이 먹지도 마시지도 않자, 그들이
말하며, '존은 귀신이 들었다'고 했
다.
19 그러다 사람의 아들이 나타나, 먹고
마시자, 그들이 말하며, '보라, 저 자
는 대식가이자 술고래일 뿐만아니
라, 세금징수인과 죄인들의 친구'라
고 하더라. 그러나 가르침은 그땅의
후손에 의해 올바른 것으로 입증되
었다."
20 **그런 다음, 지저스는 여러 도성을
꾸짖기 시작했다. 그곳은 자기의
위업 대부분을 이룬 곳이었는데,
여전히 그들은 반성하지 않았기
때문이었다.**
21 "너희, 코러진에게 재앙이다! 너희,
베싸이다는 재앙이다! 왜냐하면 너
희에게 이루어진 기적의 위업이 타
이러와 사이든에서 일어났더라면,
그들은 오래 전에 베옷을 입고 재속
에서 반성했을 텐데.
22 내가 너희에게 말하는데, 정의의 날
이 오면, 너희보다 타이러와 사이든
에게 훨씬 더 관대할 것이다.
23 너희 캐퍼내엄 도시는 하늘까지 높
이 기세를 뽐내고 있으니, 지옥까지
떨어질 것이다. 왜냐하면 너희에게
이뤄진 기적의 위업이, 만약 소듬에
있었더라면, 이날까지 남아 있었을
것이다.
24 그러나 내가 너희에게 말한다. 정의
가 집행되는 날 너희보다 소듬땅이
훨씬 더 관대할 것이 틀림없다."
25 **그때 지저스가 이렇게 말했다.** "오,
하늘과 땅의 주인 아버지 감사해요.

왜냐하면 당신은 현자와 분별력이
있는 자에게는 감추어도, 어린아이
에게 그것은 드러내보였기 때문이
에요.
26 그래요, 아버지, 이 일은 당신이 좋
아서 실행했던 것이겠죠.
27 모든 것은 나의 아버지가 나에게 부
여한 것으로, 그런 아들에 대해 아버
지 이외 인간은 아무도 모르지요. 역
시 아들을 제외하고 아버지를 어떤
사람도 알지 못해요. 그는 아들을 선
택하여 자신을 드러내보인 것이죠."
28 "힘든 일에 지치고, 무거운 짐을 든
자 모두 내게 오너라. 내가 너를 쉬
게 하겠다.
29 나의 멍에를 너에게 본보기로 걸며,
나로부터 배워라. 나의 마음은 온화
하고 겸손하므로, 너희 영혼을 편히
쉬게 할 수 있을 것이다.
30 나의 멍에는 편하고, 나의 짐은 가볍
다."

지저스의 가르침

12 그때 지저스가 사배쓰휴일날
곡물밭 사이를 지나갔는데,
제자가 배가 고파, 곡물이삭을 따
먹기 시작했다.
2 풰러시엄격한 법규정파가 그것을 보고,
지저스에게 말했다. "보라, 당신 제
자는 사배쓰휴일날 법을 위반하는
일을 한다."
3 그러자 그가 그들에게 말했다. "너
희는 대이빋과 수행자가 배가 고팠
을 때, 행적을 읽어보지 않았나?
4 그는 **하나님** 성전에 들어가, 신성한
전시용 빵을 먹었는데, 그들이 먹은
것은, 제사장뿐만아니라 그들에게
도 불법이 아니었다.
5 또 너희는 법에서 읽지 않았나? 사
배쓰휴일날 성전에서 제사장이 사
배쓰 의무를 무시하고도 어떻게 죄
가 되지 않았을까?
6 내가 너희에게 말하는데, 이곳은 성
전보다 더 큰 의미가 있다.
7 대신 너희는 이 뜻이 무엇인지 알아
야 한다. '나는 사랑을 베풀지, 희생
을 바라지 않기 때문에, 너희는 죄없
는 자를 비난하면 안 된다.
8 사람의 아들이 바로 사배쓰휴일의
주인이다."
9 그리고 지저스는 그곳을 떠나, 시
너가그 집회로 갔다.
10 보니, 그곳에 손이 말라 무력해진
사람이 있었다. 그들이 그에게 물
었다. "사배쓰휴일에 치료가 적법
한가요?" 그러면서 그들이 지저스
를 고발하려고 했다.
11 그러자 그가 그들에게 대답했다.
"너희 중 어떤 사람이, 양 한마리를
갖고 있는데, 사배쓰휴일에 그것이
깊은 구덩이에 빠졌다면, 그것을 끌
어올리지 않을까?
12 인간은 양보다 얼마나 더 귀중한가?
따라서 사배쓰휴일에 좋은 일은 법
에도 합당하다."
13 다음 그가 그 사람에게 말했다. "네

손을 뻗어라." 그가 손을 뻗자, 다른
손처럼 깨끗하게 나았다.
14 당시 퀘러시엄격한 법규정파는, 그에
대해 위원회를 열고, 어떻게 그를
파멸시킬지 모의했다.
15 이를 알고 지저스는 그곳을 떠났
다. 많은 무리가 그를 뒤따랐고, 그
는 그들을 모두 고쳐주었다.
16 지저스는 그들에게 절대 자신을
남에게 알리지 말아달라고 당부했
다.
17 이것은 어쩌면 예언자 아이재야의
말이 실현된 것인지도 모른다.
18 "보라, 내가 선택한 나의 종, 나의
영혼을 기쁘게 하는 그를 내가 사
랑한다. 나는 그에게 나의 영혼을
집어넣겠다. 그러면 그는 이민족
에게도 정의를 보여줄 것이다.
19 그는 싸우지도 고함치지도 않으므
로, 거리에서 아무도 그의 목소리
를 들을 수 없을 것이다.
20 상한 갈대를 꺾지 않고, 연기나는
심지를 끄지 않기를, 그는 정의가
승리할 때까지 그렇게 할 것이다.
21 그러면 모든 나라가 그의 이름에
의지하며 믿게 될 것"이라고 했다.
22 그때 그에게 한 사람을 데려왔다.
그는 악마에 사로잡혀, 보지 못하
고 말도 못했는데, 그가 고쳐주자,
바로 말도 하고 볼 수도 있게 되었
다.
23 그러자 모두가 감탄하며, "이 사람
은 대이빋 자손이 아닌가?" 라고
말했다.
24 하지만 퀘러시엄격한 법규정파는 이 말
을 듣더니 말했다. "이 사람은 악마
를 내쫓은 게 아니다. 단지 악마대
왕 베얼제법과 짠 것이다."
25 그러자 지저스는 그들의 생각을
알고 말했다. "서로 갈등하여 분열
되는 왕국은 파멸하고, 서로 갈라서
는 도시나 집안도 제대로 서지 못한
다.
26 만약 악의 영혼 새이튼이 스스로 분
열하여, 다른 새이튼을 내쫓으면, 어
떻게 그의 왕국이 바로 설까?
27 만약 내가 악마대왕 베얼제법의 힘
으로 악마를 내쫓으면, 너희 자손은
누구를 통해 악을 내쫓을까? 아마
그것은 너희 판관이 하게 될 것이다.
28 그런데 만약 내가 **하나님** 영혼의 힘
으로 악마를 내쫓으면, **하나님** 왕국
이 너희에게 오게 될 것이다.
29 아니면, 사람이 힘센자의 집에 어떻
게 들어가서 그의 재물을 빼앗을까?
먼저 힘센자를 묶은 다음, 그의 집을
털 수 있을 것이다.
30 나와 함께 하지 않는 사람은 나에게
맞서는 자이고, 나에게 모이지 않는
자는 멀리 흩어지게 된다.
31 그래서 내가 너희에게 말하는데, 모
든 종류의 죄와 모욕은, 인간에게 용
서되어도, 신성한 성령에 대한 인간
의 모독은 절대 용서될 수 없다.
32 사람의 아들에게 반발하는 말을 하
는 자도 용서되지만, 신성한 영혼에

맞서는 말을 하는 자는, 누구라도 이
세상이나 다음 세상이나 결코 용서
받지 못한다.
33 좋은 나무는 좋은 열매를 만들지만,
썩은 나무는 나쁜 열매를 만든다. 그
래서 나무는 열매를 보고 알 수 있
다.
34 오 독사의 세대들아! 악한 너희가 어
떻게 좋은 것을 말할 수 있나? 입은
마음에 가득찬 것을 말로 한다.
35 마음에 좋은 보물이 있는 선한 사람
은, 선을 실현하고, 마음에 나쁜 것
이 있는 악한은 불행을 만들어낸다.
36 그래서 내가 너희에게 말하는데, 사
람이 헛된 말을 하면, 정의의 날 그
에 대한 책임을 져야 한다.
37 너희가 하는 말에 따라, 정당화되어
무죄가 되거나, 또는 유죄판결이 내
려진다."
38 **그때 일부 법학자**서기관**와 퀘러시**엄
격한 법규정파**가 다음을 말했다. "선생
님, 우리는 당신한테서 기적의 표
시를 보고자 해요."**
39 **그는 이렇게 대답했다.** "악한 및 매
춘하는 세대가 표시를 찾는다. 그러
나 예언자 조나의 표시 이외, 어떤
표시도 부여된 것은 없다.
40 조나는 3일 낮과 밤을 고래 배속에
있었는데, 그렇게 사람의 아들도 땅
밑에서 3일 낮과 밤 동안 있게 될 것
이다.
41 니너바 사람이 일어나, 정의의 날에
이 세대를 처벌할 것이다. 왜냐하면
그들은 조나의 가르침을 듣고 반성
했기 때문이다. 그러니 두고봐라, 이
곳에 조나보다 더 위대한 존재가 있
다.
42 정의의 날, 남쪽 나라 여왕이 들고
일어나, 이 세대를 처벌하게 된다.
그녀는 그땅으로부터 멀리 떨어진
곳에서 솔로먼의 지혜를 들으러 왔
었다. 이제 여기서 솔로먼 이상으로
위대한 존재를 본다.
43 불결한 영혼이 인간한테서 떠나면,
쉴곳을 찾아 건조한 곳을 헤매며 걸
어도, 발견하지 못한다.
44 그러면 그것이 이렇게 말한다. '내가
와있는 곳에서 집으로 가야겠다' 라
며, 돌아오면, 집은 비어있고, 깨끗
하게 정리되어 있다는 것을 알게 된
다.
45 다음 그는 나가서 자기보다 더 악한
다른 영혼7을 데려와, 그 안으로 들
어가 살게 된다. 그리고 그 인간의
마지막 모습은 처음보다 더 나빠진
다. 이 악한 세대 역시 앞으로 그렇
게 될 것이다."
46 **지저스가 사람에게 말하는 동안,
보니, 그의 어머니와 형제가 밖에
서서, 그와 대화하고 싶어했다.**
47 **그때 어떤 사람이 그에게 말했다.
"보세요, 당신 어머니와 형제가 밖
에 서서 선생님과 이야기하고 싶
어해요."**
48 **하지만 그는 말해준 사람에게 이
렇게 말했다.** "누가 나의 어머니인

가? 누가 나의 형제인가?"
49 그는 손을 제자를 향해 가리키며
말했다. "나의 어머니와 나의 형제
를 보라!
50 누구나 나의 하늘아버지의 뜻을 실
행하면, 그가 바로 나의 형제, 자매,
어머니다."

하늘왕국의 비유

13 그날 지저스가 집을 나와 해
변가에 앉았다.
2 많은 사람이 그에게 모여들자, 그
는 배로 가서 앉았고, 전군중은 해
안가에 서 있었다.
3 지저스는 그들에게 비유를 들어
많은 이야기를 해주었다. "보라, 농
부가 씨를 뿌리러 나갔는데,
4 씨를 뿌리고 보니, 씨앗 일부가 길옆
에 떨어졌고, 그것을 새가 와서 쪼아
먹었다.
5 어떤 씨앗은 돌밭에 떨어졌는데, 그
곳에는 흙이 많지 않아, 싹을 틔워도
흙의 깊이가 없었다.
6 해가 뜨자, 그것이 말랐고, 뿌리가
없어 시들어 죽었다.
7 어떤 것은 가시밭에 떨어졌는데, 가
시덩굴이 싹이 나와, 씨앗을 죽였다.
8 그러나 나머지는 좋은 땅에 떨어져,
열매를 맺었는데, 어떤 것은 100배,
60배, 30배로 달렸다.
9 귀가 있어 들을 수 있는 자는 들어
라."
10 그러자 제자가 와서, 지저스에게
물었다. "왜 선생님은 그들에게 말
할 때 비유를 들어 이야기하죠?"
11 그가 대답했다. "그 이유는, 하늘왕
국의 신비에 대하여, 너희는 이해한
다 해도, 저들은 그렇지 못하기 때문
이다.
12 가진 사람은 누구나 가능성이 더 많
아서, 풍요를 더 누리게 되지만, 갖
지 못한 사람은, 그가 가진 것마저
빼앗기게 된다.
13 그래서 내가 그들에게 비유를 들어
말한다. 그들은 보고도 알지 못하고,
들어도 듣지 못하고, 이해도 못하기
때문이다.
14 아이재야의 예언 가운데 다음과 같
은 말이 있다. '너희는 들어도 이해
못하고, 보고도 알지 못해, 인지하지
못할 것'이라는 말에 해당된다.
15 인간의 가슴은 기름이 쌓이고, 귀는
멀어지고, 눈은 감겨서, 언제나 눈으
로 못보고, 귀로 듣지 못하고, 가슴
으로 이해하지 못하기 때문에, 개선
이 되도록 내가 그들을 낫게 해주어
야 한다.
16 대신 너희 눈은 축복을 받아, 볼 수
있고, 귀는 들을 수 있다.
17 진정으로 내가 너희에게 말하는데,
많은 예언자나 정직한 자는, 너희가
보지만 알 수 없는 것들을 알고 싶어
하고, 또 너희가 듣지만 모르는 것들
을 들으려고 애쓴다.
18 그러니 너희는 씨뿌리는 자의 비유
를 잘 들어봐라.

19 어떤 사람이 하늘왕국의 말을 듣고
도 이해하지 못하면, 악한이 와서 그
의 마음에 심어진 말을 빼내 간다.
이것이 바로 길가에 뿌려진 씨앗에
해당한다.
20 대신 돌밭에 뿌려진 씨앗에 해당하
는 경우는, 가르침을 듣고 곧 기쁘게
받아들이는데,
21 그런데 그 안에 뿌리가 없어, 한동안
견뎌도, 그 말로 인해 재난이나 처벌
을 받게 되면, 머지않아 불만이 나온
다.
22 가시밭에 떨어진 씨앗에 해당하는
경우에는, 가르침을 들었는데, 세상
의 걱정과 재물의 부정으로 인해 가
르침을 묵살하고, 열매를 맺지 못하
게 된다.
23 좋은 땅에 떨어진 씨앗에 해당하는
경우는, 가르침을 듣고 이해하여, 그
것으로 열매를 맺고, 100배, 60배, 30
배의 열매를 얻는다."
24 **지저스는 또 다른 비유로 그들에**
게 이야기했다. "하늘왕국이란 자
기 밭에 좋은 씨앗을 뿌리는 사람에
비유할 수 있다.
25 그런데 모두가 자는 사이, 그의 원수
가 와서, 밀밭에 잡초를 심어 놓고
가버렸다.
26 그래서 잎이 나고 열매를 맺을 때,
잡초 역시 나타났다.
27 그래서 주인의 종이 와서 이렇게 말
한다. '주인님, 당신 밭에 좋은 씨를
뿌리지 않았나요? 그런데 잡초는 어
디서 왔죠?'
28 주인이 그들에게 말했다. '원수가 한
짓이다.' 종이 주인에게 물었다. '그
럼, 우리가 가서 잡초를 뽑을까요?'
29 그러나 주인은 말했다. '아니다. 너
희가 잡초를 뽑는 동안, 밀마저 뽑히
면 안 된다.
30 추수기까지 둘 다 함께 자라게 둬라.
수확할 때가 되면, 나는 추수꾼에게
일러, 먼저 잡초를 뽑아 한데 묶어
태우게 하고, 밀은 나의 창고에 두게
하겠다'고 했다."
31 **그는 또 다른 비유를 들어 그들에**
게 말했다. "하늘왕국은 사람이 겨
자씨를 갖다 자기 밭에 뿌린 경우와
같다.
32 그것은 사실 모든 씨앗 중 가장 작지
만, 일단 자라면, 풀 가운데 가장 커
서 나무가 된다. 그래서 공중의 새도
날아와, 그 가지에 머문다."
33 **또 다른 비유로 그들에게 말했다.**
"하늘왕국은 효모와 같다. 여자는
그것을 밀가루 세되약 27Kg에 섞
어, 완전히 발효되어 부풀 때까지 둔
다."
34 **이와 같이 지저스가 말하는 모든**
것은 다양한 비유를 들었고, 비유
없이 그들에게 말하지 않았다.
35 **바로 이것은 예언자가 다음과 같**
이 한 말이 실현된 것인지도 모른
다. "나는 내 입에 비유를 들어 말을
시작할 것이다. 내가 말하는 것은,
세상의 기초를 세울 때부터 비밀이

었던 것들이다."
36 다음 지저스가 군중을 보내며, 집
으로 돌아가게 하자, 제자가 그에
게 물었다. "우리에게 밭의 잡초에
관한 비유를 설명해주세요."
37 지저스는 그들에게 대답했다. "좋
은 씨를 뿌리는 자는 사람의 아들이
고,
38 들은 세상이며, 좋은 씨앗은 왕국의
자손이다. 그러나 잡초는 악한의 자
손이다.
39 잡초를 뿌린 원수는 악마고, 추수는
세상의 끝이며, 추수꾼은 천사다.
40 따라서 잡초를 한데 모아 불에 태우
면, 이 세상이 끝나게 된다.
41 사람의 아들이 그의 천사를 보내면,
천사가 그의 왕국에서 위반하며 죄
를 짓는 모든 것을 한데 모으게 될
것이다.
42 그리고 그들을 화덕의 불속에 던지
면, 거기에 이를 가는 울부짖음이 있
을 것이다.
43 그때 의인은 아버지 왕국에서 태양
처럼 빛을 발하게 된다. 귀가 있는
자는 들어라.
44 또 하늘왕국은 들에 감춰진 보물과
도 같다. 인간은 그것을 발견하고,
숨긴 다음, 그로 인해 기뻐서, 가진
모든 것을 팔아, 들을 사게 된다.
45 또 하늘왕국은 좋은 진주를 찾는 상
인에 비유할 수 있다.
46 상인은 고가의 진주를 발견하면, 당
장 가서, 가진 것을 모두 팔아, 그것
을 산다.
47 다시, 하늘왕국은 그물과도 같아서,
그것을 바다에 던지면, 모든 종류의
물고기를 끌어 모을 수 있다.
48 그물이 가득차면, 사람이 해안으로
끌어올린 다음 앉아서, 좋은 것은 그
릇에 담고, 나쁜 것은 버린다.
49 그래서 세상의 끝이 오면, 천사가 와
서, 정직한 자 가운데 악한을 분리한
다.
50 그리고 악한을 화덕의 불속에 던지
면, 그곳에 이 가는 소리와 통곡만
있을 뿐이다."
51 그런 다음 지저스가 그들에게 물
었다. "너희는 이 모든 것을 이해하
는가?" 그들이 대답했다. "네, 주인
님."
52 그때 지저스가 그들에게 말했다.
"따라서 하늘왕국에 관하여 가르침
을 받은 법학자서기관은, 집주인과 같
아서, 새것과 오래된 보물을 모두 꺼
내 오게 된다."
53 지저스는 비유 이야기를 마치고,
그곳을 떠났다.
54 그가 자기 고향으로 돌아온 뒤, 고
향의 시너가그 집회교회에서 사람
들을 가르쳤다. 그러자 그들이 놀
라며 말했다. "이 사람은 어디서 이
런 지식과 놀라운 능력을 가져왔
을까?
55 이 자는 목수 아들이 아닌가? 그
의 어머니는 매리이고, 형제는 재
임스, 조셒, 사이먼, 쥬더스가 아닌

가?
56 또 그의 여형제는 지금까지 우리
와 함께 있지 않았나? 그런데 대체
이 사람이 이런 모든 능력이 어디
서 났을까?"
57 그들은 그가 몹시 불쾌했다. 하지
만 지저스는 그들에게 다음을 말
했다. "예언자는 자기 나라나 자기
고향집만 제외하고, 명예가 없는
것이 아니다."
58 그래서 그가 놀라운 능력을 그다
지 실행하지 못한 것은, 고향사람
의 불신 때문이었다.

빵 다섯, 물고기 둘

14 당시 헤롣 영주가 지저스 명
성을 듣고,
2 그의 신하에게 말했다. "그는 세례
자 존인데, 죽었다 살아났다. 그래
서 그의 놀라운 능력을 사람에게
보이고 있다."
3 헤롣이 존을 붙잡아 묶은 다음, 감
옥에 넣은 이유는, 그의 동생 필립
의 아내 헤로다야스 때문이었다.
4 존이 왕에게 말했다. "당신이 그녀
를 차지하는 일은 불법이다."
5 헤롣이 존을 죽이려고 했지만, 다
수를 두려워한 까닭은, 사람들이
그를 예언자로 생각했기 때문이었
다.
6 그러다 헤롣의 생일날이 되어, 헤
로다야스의 딸이 그들 앞에서 춤
을 추며, 헤롣을 즐겁게 해주었다.
7 그래서 헤롣은 그녀가 요구하는
것은 무엇이든 들어주겠다고 맹세
하며 약속했다.
8 딸은 자기 엄마의 사전 지시대로
말했다. "세례자 존의 머리를 접시
에 담아, 나에게 갖다 주세요."
9 그러자 왕은 염려했지만, 그와 함
께 식사자리에 앉은 사람에게 약
속한 맹세 때문에, 그것을 그녀에
게 주라고 명령했다.
10 그래서 그는 사람을 보내, 감옥에
서 존의 목을 잘랐다.
11 그의 목을 쟁반에 담아 가져온 다
음, 소녀에게 주자, 그녀는 그것을
엄마에게 가져갔다.
12 그때 존의 제자가 와서, 시신을 거
두어 묻고, 지저스에게 가서 전했
다.
13 지저스가 그 소식을 듣고, 그곳을
떠나, 배를 타고 멀리 떨어진 사막
으로 갔다. 사람들도 이 이야기를
듣더니, 도성을 나와 걸어서 그를
따라갔다.
14 지저스가 나가서 많은 군중을 보
자, 그들을 향한 연민으로 마음이
움직여, 그들의 아픔을 낫게 해주
었다.
15 저녁 때가 되자, 제자가 그에게 말
했다. "이곳은 사막이고 시간도 늦
었으니, 군중을 보내야, 그들이 마
을로 가서, 스스로 음식을 살 수 있
어요."
16 그러자 지저스가 제자에게 말했

다. "그들이 굳이 갈 필요없이, 너희
가 그들에게 먹을 것을 주어라."
17 그들이 그에게 말했다. "여기서 우
리가 가진 것은, 빵 다섯 덩이와 물
고기 두 마리뿐이에요."
18 그가 말했다. "그것을 나에게 가져
오너라."
19 다음 그는 군중에게 풀밭에 앉도
록 명령하고, 다섯 빵 덩이와 두 물
고기를 들더니, 하늘을 바라보며
축복한 다음, 빵을 뜯어 조각을 제
자에게 주자, 제자가 다수에게 주
었다.
20 그들이 모두 먹고 배가 부른 다음,
남은 조각을 모으자, 12바구니를
채웠다.
21 거기서 먹은 사람은 여자와 어린
이를 제하고, 약 5,000명이었다.
22 곧바로 지저스는 제자에게 배를
타라고 재촉하여, 자기가 다른 곳
으로 가기 전에 그들을 보내는 한
편, 군중도 떠나보냈다.
23 무리를 보낸 다음, 그는 멀리 떨어
진 산으로 기도하러 갔고, 저녁 때
가 되자, 혼자 있게 되었다.
24 그때 배가 바다 가운데 있었는데,
거센 바람 탓에 파도에 휩쓸리고
있었다.
25 한밤 4시경, 지저스가 바다 위를
걸어서 그들에게 갔다.
26 제자가 바다 위를 걷는 그를 보자,
몹시 곤혹스러워하며 말했다. "저
것은 유령이다!"며, 두려움에 소리
쳤다.
27 하지만 지저스는 똑바로 그들에
게 말했다. "힘내라. 나다, 두려워 마
라."
28 그때 필어가 그에게 대답했다. "선
생님, 당신이라면, 나한테 물위를
걸어 당신 가까이 오라고 명령하
세요."
29 그가 말했다. "오너라." 그러자 필
어가 배에서 나와 물위를 걸어, 지
저스한테 갔다.
30 하지만 그가 바람이 격심하게 부
는 것을 보고 무서워했더니, 가라
앉기 시작하자, 크게 소리치며, "주
인님 나를 구해주세요!" 라고 말했
다.
31 즉시 지저스가 팔을 뻗어 그를 잡
고, 말했다. "오 믿는 마음이 약한
자, 너는 어째서 의심하나?"
32 그리고 그들이 배에 오르자, 바람
도 그쳤다.
33 그때 배에 있던 그들이 그를 경배
하며 말했다. "정말로, 당신은 **하나
님 아들**이에요."
34 그들이 건넌 다음, 거네서렅땅으
로 들어갔다.
35 그곳 사람도 지저스에 관해 알게
되자, 그들은 곳곳마다 사람을 보
내고, 병든 자를 그에게 데려왔다.
36 또 지저스에게 그의 옷자락 끝이
라도 만지게 해달라고 간청했다.
그리고 손을 댄 다수가 건강하게
나았다.

신체장애를 고치다

15 그때 저루살럼의 법학자서기
관와 풰러시엄격한 법규정파가 지
저스에게 와서 물었다.
2 "왜 당신 제자는 원로의 전통을 지
키지 않나? 그들은 빵을 먹을 때,
손도 씻지 않는다."
3 지저스가 대답했다. "왜 당신들 역
시 전통을 내세우며 **하나님**의 가르
침을 어기나?
4 **하나님**은 명령하며, '네 아버지와 어
머니를 공경해라. 부모에게 불손한
자는 죽여야 한다'고 말했다.
5 그런데 너희는, '나로 인해 이익이
되는 것은 무엇이든 그것이 바로 부
모에게 선물이다' 라고 말하는 사람
은 누구나,
6 자기 부모를 공경하지 않아도, 그는
죄가 없다'고 말한다. 이처럼 너희는
전통을 핑계로 **하나님**의 명령을 무
효화시켰다.
7 너희 위선자들한테, 예언자 아이재
야가 다음과 같이 예언을 제대로 잘
말했다.
8 '이 민족은 입만 가지고 나에게 다
가와, 입술만 나를 존중하고, 마음은
딴데 있더라.
9 그들이 나를 경배하는 것은 거짓이
고, 인간의 계명원칙을 가르치는 것
도 그렇더라'고 했다."
10 다음 그는 군중을 불러 말했다. "듣
고, 이해하여 깨닫아라.
11 입으로 들어가는 것은 인간을 더럽
히지 않지만, 입에서 나오는 것은 사
람을 더럽힌다."
12 그러자 제자가 오더니 말했다. "선
생님은 풰러시엄격한 법규정파가 이 말
을 듣고, 몹시 화를 냈다는 것을 아
세요?"
13 그러자 지저스가 대답했다. "나의
하늘아버지가 심지 않은 나무는, 모
조리 뿌리가 뽑힐 것이다.
14 그들을 내버려 둬라. 그들은 맹인을
이끄는 눈먼 지도자일 뿐이다. 눈먼
자가 눈먼자를 이끌면, 둘 다 구덩이
에 빠진다."
15 그때 핕어가 말했다. "우리에게 이
것을 비유로 설명해주세요."
16 지저스가 말했다. "너희는 여전히
이해가 안 되나?
17 입안으로 들어간 것은 배로 간 다음,
밖으로 나가는 것을 모르나?
18 그러나 입밖으로 나온 것이란, 마음
에서 나온 것으로, 그것이 인간을 오
염시킨다.
19 마음으로부터 악한 생각, 살인, 매
춘, 우상숭배, 절도, 허위증언, 모독
이 나오는데,
20 이것이 사람을 더럽히지, 손을 씻지
않고 먹는다고 인간이 더러워지지
않는다."
21 다음 지저스는 그곳을 떠나, 타이
러와 사이든 해안으로 갔다.
22 그곳에서 보니, 어떤 캐이넌 여자
가 해안으로 나왔고, 그를 보자 호
소했다. "오 주인님, 나에게 관대한

사랑을 베풀어주세요. 당신, 대이
빋의 자손님! 내 딸이 악마로 인해
몹시 고통을 당하고 있어요."
23 그런데 그는 한 마디도 대답하지
않았다. 그래서 제자가 간청하며
말했다. "저 여자를 보내주세요. 우
리를 따라오며 계속 호소하고 있
어요."
24 하지만 그는 다음과 같이 대답했
다. "나는 이즈리얼 집안의 길 잃은
양에게 보내졌다."
25 그러자 캐이넌 여자가 와서, 그를
경배하며 말했다. "주인님, 도와주
세요!"
26 그가 대답했다. "자녀의 빵을 가져
가려는 것은 마땅하지 않다. 차라리
개에게 던져라."
27 그러자 그녀가 말했다. "그래요, 주
인님. 하지만 개도 주인의 식탁에
서 떨어지는 부스러기를 받아먹지
않나요?"
28 지저스가 그녀에게 대답했다. "오,
너의 신념이 대단하다. 네가 원하는
그대로 될 것이다." 그리고 바로 그
시각, 그녀의 딸은 건강을 회복했
다.
29 다음 지저스는 그곳을 떠나 갤럴
리 바다 근처에 와서, 어느 산에 올
라가 앉았다.
30 큰무리가 그에게 왔는데, 그들은
다리를 절거나, 눈이 멀거나, 들리
지 않거나, 신체가 손상된 사람이
었고, 다른 많은 사람도 오더니, 지
저스 발 아래 자신들을 던지자, 그
가 고쳐주었다.
31 그것을 본, 많은 사람이 크게 놀랐
다. 벙어리가 말을 하고, 불구가 낫
고, 다리 저는 자가 걷고, 맹인이 보
다니! 그들은 이즈리얼 **하나님**의
놀라운 기적에 경배했다.
32 그때 지저스가 제자를 불러 말했
다. "나는 저 대부분을 사랑하는 마
음이 있다. 저들은 나와 함께 있은
지 3일이 되었는데, 아무것도 먹
지 못했다. 그래서 저들을 굶겨 보
낼 수 없다. 가다가 쓰러질 수도 있
다."
33 제자가 말했다. "우리가 광야에서
저렇게 많은 무리를 배불릴 빵을
어디서 구하죠?"
34 지저스가 물었다. "너희가 가진 빵
은 몇 덩이지?" 그들이 대답했다.
"7덩이와 작은 물고기 몇 마리예
요."
35 그는 큰무리에게 바닥에 앉도록
명령했다.
36 그리고 그는 7덩이와 물고기를 받
아, 감사한 다음, 조각을 떼어, 제자
에게 주자, 그들이 무리에게 나눠
주었다.
37 그들 모두가 먹고, 배가 불렀다. 그
리고 떼어낸 음식을 모으자, 7바구
니를 채울 정도로 남았다.
38 그것을 먹은 사람은 여자와 어린
이를 제하고, 4,000명이었다.
39 그리고 그는 군중을 보낸 다음, 배

를 타고 맥덜러 해안으로 갔다.

훼러시와 새저시 경계

16 훼러시엄격한 법규정파가 새저시
부활부정의 쥬다인파와 함께 오더
니, 지저스가 하늘의 기적을 보여
주는지 시험하려고 했다.
2 그가 그들에게 말했다. "너희는, '저
녁에 하늘이 붉게 보이니, 날씨가 좋
을 것'이라고 말한다.
3 또 '아침에, 오늘 날씨가 나쁠 것'이
라고 말하는 이유는, 하늘이 붉고 낮
게 떴기 때문이다. 오 너희 위선자들
아, 너희는 하늘 모습은 구분하면서,
시대의 징조는 분간하지 못하나?
4 악하고 음흉한 세대가 표시를 찾는
다. 그러나 예언자 조나에게 주어진
표시 이외, 다른 표시는 없다." 그러
면서 그는 그들을 남겨둔 채 떠났
다.
5 제자가 다른 곳으로 왔는데, 빵을
가져오는 일을 잊었다.
6 그러자 지저스가 제자에게 말했
다. "조심해라. 특히 훼러시와 새저
시의 효모를 경계해라."
7 그들끼리 그 뜻을 이렇게 말했다.
"아마 우리가 빵을 가져오지 않았
기 때문인 것 같다."
8 지저스가 그것을 눈치채고 말했
다. "믿음이 약한 너희는, 왜 그 이유
가, 빵을 가져오지 않았기 때문이라
고 생각하나?
9 너희는 아직도 이해 못하나? 내 말
은, 빵 다섯 덩이로 5천명이 먹고, 너
희가 얼마나 많은 나머지를 바구니
에 거뒀는지가 아니다.
10 또 일곱 덩이로 4천명이 먹고, 많은
바구니에 나머지를 거둔 것도 아니
다.
11 어떻게 너희는, 나의 말이, 빵 이야
기가 아님을 알지 못하나? 단지 너
희는 훼러시와 새저시완고한 쥬다
인파의 효모빵을 경계해야 한다는
의미다."
12 그래서 그들은, 지저스가 그들에
게 명령한 의미를 이해하게 되었
는데, 효모빵에 대한 경계가 아니
라, 훼러시와 새저시의 원칙에 관
한 것임을 알게 되었다.
13 지저스가 시저리아 필리피 지역
에 들어갔을 때, 제자에게 물었다.
"나, 사람의 아들을 남들이 누구라
고 말하지?"
14 제자가 대답했다. "어떤 사람은 당
신을 '세례자 존'이라고 하고, 어떤
이는 당신을 '일라이자일라야스'라
하고, 다른 사람은 '제러마야스' 혹
은 '예언자 중 하나'라고 말해요."
15 지저스가 말했다. "그럼 너희는, 나
를 누구라고 말하나?"
16 그러자 사이먼 필어가 대답했다.
"당신은 크라이스트, 살아있는 **하
나님 아들** 구세주입니다."
17 그때 지저스가 그에게 말했다. "조
나 아들 사이먼아, 너에게 축복이 있
다. 왜냐하면 너는 살과 피로 나타난

것이 아니라, 나의 하늘아버지가 너
를 통해 나타난 것이다.
18 나 역시 네게 말해준다. 너, 핕어라
는 바위위에, 내가 나의 교회를 짓겠
다. 그러면 지옥대문도 그것을 이기
지 못한다.
19 나는 너에게 하늘왕국의 열쇠를 준
다. 네가 땅에서 잠그면, 그것이 무
엇이든 하늘에서도 잠기고, 땅에서
열면, 그것은 하늘에서도 열릴 것이
다."
20 **그런 다음 그는 제자에게 당부하
며, 아무한테도 자기가 '지저스 크
라이스트'** 구원자**라고 말하지 말라
고 했다.**
21 **그때부터 지저스는 제자에게 다음
을 알리기 시작했다. 왜 그가 저루
살럼으로 가야 하는지, 어떻게 원
로와 대제사장과 법학자**서기관**로부
터 많은 일을 겪은 다음 죽어야 하
는지, 그리고 사흘만에 다시 살아
나는지를 이야기했다.**
22 그러자 핕어가 그를 붙들고 그에
게 반발하기 시작했다. "그것은 당
신과 거리가 멀어요. 주인님! 그런
일은 당신에게 절대 있을 수 없어
요!"
23 대신 그는 몸을 돌려 핕어에게 말
했다. "새이튼악의 영혼, 너는 내게서
뒤로 물러나라! 너는 나를 걸려 넘어
지게 한다. 너는 **하나님**을 마음에 두
는 게 아니라, 사람한테만 관심이 있
다."
24 **그러면서 지저스가 제자에게 말했
다.** "만약 어떤 사람이 나를 따르고
자 하면, 우선 자신을 부인하고, 자기
십자가를 매고, 나를 뒤따라야 한다.
25 누구나 제 목숨을 구하고자 하면, 생
명을 잃고, 나로 인해 생명을 잃는
사람은 누구나 목숨을 얻을 것이다.
26 사람이 전세상을 얻어도, 제 영혼을
잃으면, 무슨 이로움이 있나? 또 인
간이 제 영혼 대신 무엇과 바꿀까?
27 사람의 아들은, 아버지의 찬란한 빛
속에서 천사와 함께 와서, 사람마다
제 행위대로 보상을 줄 것이다.
28 진실로 내가 너희에게 말하는데, 여
기 서 있는 몇 사람은, 죽어서야, 그
의 왕국에 있는 사람의 아들을 보게
될 것이다."

너희에게 불가능이란 없다

17 그리고 지저스가 핕어와 재
임스와 동생 존을 데리고, 멀
리 떨어진 높은 산으로 올라가서,
6일 뒤,
2 그들 앞에서 그의 모습이 달라졌
다. 그의 얼굴은 태양처럼 빛났고,
옷은 눈부시게 하얗게 변했다.
3 그때 보니, 그들 앞에 모지스와 일
라이자일라야스가 나타나 그와 함께
대화하고 있었다.
4 그때 핕어가 지저스에게 말했다.
"주인님, 우리가 여기 있게 된 것은
행운이예요. 만약 당신이 원하면,
우리에게 이곳에 신성한 성막 셋

을 짓게 하세요. 하나는 주인님 것,
하나는 모지스 것, 하나는 일라이
자일라야스 것이죠.
5 그가 제안하는 동안, 밝은 구름이
그들 위를 감쌌다. 그래서 바라보
니, 구름속에서 한 음성이 말했다.
"이는 나의 사랑하는 아들인데, 그
가 나를 몹시 즐겁게 한다. 그러니
너희는 그의 말을 잘 들어라."
6 제자가 그 소리를 듣더니, 얼굴을
땅에 숙이고 몹시 무서워했다.
7 그때 지저스가 와서, 그들을 다독
이며 말했다. "일어나라. 그리고 두
려워 마라."
8 그들이 눈을 들어 쳐다보니, 아무
도 없이 지저스뿐이었다.
9 그들이 산에서 내려왔을 때, 지저
스가 그들에게 당부했다. "너희가
본 것을 아무한테도 이야기하지 마
라. 사람의 아들이 죽음에서 부활할
때까지 하지 말아라."
10 그의 제자가 질문했다. "왜 법학자
서기관들은 일라이자일라야스가 제일
먼저 와야 한다고 하죠?"
11 지저스가 그들에게 대답했다. "사
실, 일라이자일라야스가 먼저 오는데,
그러면 모든 것이 회복된다.
12 하지만 내가 너희에게 말하는데, 일
라이자는 이미 와 있다. 그런데 사람
이 그를 알아보지 못하고, 자기들이
생각한 범위에 그를 맞춘다. 사람의
아들이 그들에게 시달리는 것도 마
찬가지다."
13 그때서야 제자들은, 지저스가 세
례자 존에 관하여 말한 것을 이해
하게 되었다.
14 다음 그들이 많은 군중에게 왔을
때, 어떤 사람이 그에게 오더니, 무
릎을 꿇으며 말했다.
15 "주인님, 나의 아들에게 큰사랑을
내려주세요. 정신병이 들어 몹시
고통당하고 있어요. 때때로 불이
나 물속에 뛰어들어요.
16 그래서 내가 아들을 당신 제자에
게 데려갔는데, 낫지 않았어요."
17 지저스가 대답했다. "오 신념이 없
고 올바르지 못한 세대들아! 내가 얼
마나 더 오래 너희와 있어야 하나?
내가 얼마나 오래 너희를 참아야 하
나? 내게 아들을 데려오너라."
18 지저스가 악마를 꾸짖자, 그것이
아이를 떠났고, 아이는 그 순간 치
료되었다.
19 그때 제자가 저마다 지저스에게
와서 물었다. "왜 우리는 악마를 내
쫓지 못하죠?"
20 지저스는 말했다. "왜냐하면 너희
신념이 없기 때문이다. 진실로 내가
너희에게 말하는데, 만약 너희가 겨
자씨 한알만큼이라도 믿는 마음이
있으면, 산더러 '여기서 저기로 가
라' 해도 옮길 것이다. 너희에게 불
가능이란 없다.
21 하지만 이런 일은 그냥 되는 게 아
니고, 단지 기도와 금식으로 가능하
다."

22 그들이 갤럴리에 머무는 동안, 지
저스가 말했다. “사람의 아들은 배
신을 당해 사람 손에 넘겨진다.
23 그들이 그를 죽이고 셋째날, 그는 다
시 살아난다.” 그러자 그들은 대단
히 슬펐다.
24 그들이 커퍼내엄에 왔을 때, 세금
징수인이 핕어에게 와서 말했다.
“당신 선생은 세금을 내지 않고 있
지?”
25 핕어가 대답했다. “내고 있다.” 그
순간 지저스가 집안으로 들어서
며, 핕어의 말을 가로막으며 물었
다. “사이먼핕어 너는 어떻게 생각하
나? 이 땅의 왕이 거둬들이는 관세
나 세금은 누구로부터 나온 거지?
자기 자녀한테서, 아니면 외지인한
테서 나오나?”
26 핕어가 그에게 말했다. “외지인한
테서 나와요.” 지저스는 그에게 말
했다. “그렇다면 자녀는 세금면제
다.
27 그렇기는 해도, 우리가 그들을 위반
하지 않기 위해서, 네가 바다로 가
서, 낚시대를 던져 잡히는 첫번째 물
고기의 입을 열어봐라. 네가 거기서
동전 한 닢을 찾거든, 그것을 갖다,
나와 너의 세금으로 그들에게 주어
라.”

하늘왕국이란

18 그때 제자가 지저스에게 와
서 물었다. “하늘왕국에서 제
일 위대한 존재는 누구죠?”
2 그러자 지저스는 한 어린이를 불
러, 그들 가운데 두고 말했다.
3 “내가 진실로 너희에게 말하는데,
너희 마음을 바꿔어, 마치 어린 아이
처럼 되지 않으면, 너희는 결코 하늘
왕국에 들어가지 못한다.
4 따라서 누구든지 어린이처럼 스스
로 겸손하면, 바로 그가 하늘왕국의
위대한 자다.
5 또 나의 이름으로 그런 어린이를 받
아들이는 자는 누구나, 나를 받아들
이는 것이다.
6 대신 나를 믿는 약자 중 하나라도 괴
롭히는 자가 있으면, 그는 차라리 맷
돌을 목에 걸고, 깊은 바다에 빠지는
게 더 나을 것이다.
7 이런 괴롭힘으로 인해 세상에 재앙
이 온다! 그런 위반이 필요했다 하더
라도, 억압을 가한 자에게는 재앙이
미친다!
8 그러므로 만약 네 손이나 발이 너를
잘못하게 하거든, 잘라 버려라. 그래
서 차라리 네가 불구로 사는 것이,
두손 두발을 영원한 불속에 넣는 것
보다 낫다.
9 만약 네 눈이 너를 잘못하게 하면,
차라리 뽑아서 버려라. 두 눈을 가진
채 지옥 불속에 던져지기보다 한쪽
눈으로 사는 게 더 낫다.
10 너희는 이런 약자 중 어느 하나라도
무시하지 않도록 조심해라. 내가 너
희에게 말하는데, 하늘의 천사는 언

제나 하늘에 있는 내 아버지 앞에서
명령을 살피고 있다.
11 그리고 사람의 아들이 수모당한자
를 구하러 와있다.
12 너희는 다음을 어떻게 생각하나? 만
약 어떤 사람이 100마리 양을 가지
고 있었는데, 그 중 하나가 사라졌다
면, 그는 99마리를 두고, 산으로 가
서 길 잃은 양을 찾지 않을까?
13 그러다 그가 양을 찾으면, 내가 진심
으로 말하는데, 그는 길을 잃지 않은
99보다, 그 하나가 더 기쁜 것이다.
14 그러나 그것이 하늘아버지의 의도
는 아니다. 그의 뜻은 약자 중 하나
도 낙오되지 않게 하는 것이다.
15 만약 네 형제가 너에게 잘못하면, 가
서 둘만 있을 때 그에게 잘못을 말해
라. 그가 네 말을 들으면 너는 네 형
제를 얻는 것이다.
16 만약 듣지 않으면, 두세 사람을 더
데려가서, 두세 증인의 입에서 나오
는 말로 입증할 수 있을 것이다.
17 그래도 그가 증언을 무시하면, 그 일
을 교회에 전하는데, 그가 그것조차
듣기를 거부하면, 너는 그를 이교도
나 세금징수인쯤으로 취급해라.
18 진실로 내가 말하는데, 네가 땅에서
매듭을 지으면, 하늘에서도 묶이고,
땅에서 풀면 하늘도 풀린다.
19 또 다시 너희에게 말하는데, 너희 양
쪽의 요구사항을 다루면서 땅에서
동의하면, 나의 하늘아버지가 그들
을 위해 이루어줄 것이다.
20 나의 이름으로 두세 사람이 모이면,
내가 그 가운데 있는 것이다."
21 그때 필어가 그에게 와서 말했다.
"선생님, 형제가 나에게 잘못하면,
내가 그를 용서해주어야 하나요?
일곱번이라도요?"
22 지저스가 그에게 말했다. "나는 너
에게 일곱번이라 말하는 대신, 70번
씩 7차례라고 말한다.
23 그래서 하늘왕국은, 빚을 진 채무자
를 다루는, 돈을 받아야 하는 채권자
인 어떤 왕에 비유할 수 있다.
24 그가 돈계산을 시작했을 때, 빚이
10,000 탤런트인 종이 불려왔다.
25 하지만 갚을 돈이 없자, 주인은 명령
하며, 그의 아내와 자식과, 그가 가
진 모든 것을 팔아, 갚을 돈을 만들
라고 했다.
26 그러자 종은 엎드려 경배하며 말했
다. '주인님, 조금만 더 참아주세요.
전부 갚을게요' 라고 했다.
27 주인은 딱한 마음이 들어, 그를 풀어
주고 빚을 탕감해주었다.
28 그런데 그 종이 밖으로 나갔는데, 자
신에게 100펜스 빚을 진 동료 하나
를 만나게 되자, 양손으로 그의 멱살
까지 잡고, '네가 진 빚을 갚아라'고
했다.
29 동료가 그의 발밑에 엎드려 간청하
며, '조금만 더 참아주면, 전부 갚겠
다'고 했다.
30 그러나 그는 듣지 않고, 빚을 갚을
때까지 동료를 감옥에 집어넣었다.

31 그때 상황을 지켜보던 다른 동료들
이, 안쓰러워 그들 주인에게 상황을
전했다.
32 그래서 주인은 그 종을 불러 말했다.
'나쁜놈아, 내가 네 빚을 면제시켜준
것은, 네가 나에게 사정했기 때문이
었다.
33 너 역시 동료에게, 내가 네 사정을
가엽게 생각한 것처럼 대할 수 없었
나?'
34 주인은 몹시 괘씸해서, 그가 빚을 전
부 갚을 때까지 고문자에게 넘겼다.
35 마찬가지로 나의 하늘아버지 역시
너희에게 이와 같이 한다. 만약 너희
형제의 잘못을 진심으로 용서하지
않으면, 너도 똑같이 당한다."

처음이 끝이고, 끝이 처음

19 지저스가 말을 마치고 갤럴
리를 떠나, 조든 건너편 쥬디
아남부지역로 갔다.
2 많은 무리가 따르자, 그는 그곳에
서도 사람들을 고쳐주었다.
3 풰러시엄격한 법규정파도 오더니, 그를
시험하며 물었다. "아무리 사정이
있다해도, 사람이 제 아내를 내쫓
는 게 합당해요?"
4 그가 그들에게 대답했다. "너희는
읽어보지 않았나? 처음에 인간을 만
든 그가 사람을 남자와 여자로 만들
고 이렇게 말했다.
5 '그래서 남자는 아버지와 어머니를
떠나 아내와 결합하여, 둘은 한몸이
된다'고 했다.
6 그래서 그들은 둘이 아닌 하나다. 따
라서 **하나님**이 합쳐 놓은 것을, 인간
이 떼어내지 못한다."
7 그들이 말했다. "그러면 왜 모지스
가 이혼증명서를 주라고 명령하여
아내를 내보냈죠?"
8 그가 그들에게 대답했다. "모지스
는, 너희 마음이 완강하기 때문에,
너희가 아내를 내보내는 것을 참아
준 것이다. 하지만 처음부터 그렇게
한 것은 아니었다.
9 내가 너희에게 말하는데, 자기 아내
와 이혼하는 자는 누구나, 아내가 부
정한 까닭이 아닌데 또다른 여자와
결혼하면, 그것이 바로 부정을 저지
르는 일이다. 그래서 앞으로 이혼할
여자와 결혼하는 자는 부정이다."
10 그의 제자가 그에게 물었다. "만약
남편과 아내의 관계가 그렇다면,
결혼하지 않는 것이 더 낫겠어요."
11 그러나 지저스는 이렇게 말했다.
"모든 사람이 이 말을 받아들일 수
있는 것이 아니고, 단지 그런 일이
있는 사람에게 해당된다.
12 어떤 고자는 어머니 자궁에서 태어
날 때부터 그렇고, 어떤 경우는 사람
에 의해 만들어진 고자도 있다. 또
하늘왕국을 위하여 스스로 고자가
되기도 한다. 그것을 받아들일 수 있
는 자는, 받아들이게 두어라."
13 그때 사람들이 어린이들을 지저스
에게 데려와, 아이들에게 손을 얹

고 기도해주기를 바라자, 제자가
그들을 나무랐다.
14 지저스가 말했다. "아이들을 받아
들여야지, 나에게 왔는데, 막으면 안
된다. 하늘왕국은 바로 그런 사람을
위한 곳이다."
15 그러면서 그는 아이에게 손을 얹
은 다음, 그곳을 떠났다.
16 그런데, 어떤 사람이 지저스에게
와서 말했다. "선한 선생님, 나는
어떤 선한 일을 해야, 영원히 살 수
있나요?"
17 그러자 그에게 말했다. "왜 너는 나
를 선하다고 말하나? 오직 **하나님** 이
외 아무도 선은 없다. 대신 네가 생
명을 얻으려면, 그 계명들을 지켜
라."
18 그가 그에게 물었다. "그게 뭐죠?"
지저스가 대답했다. "살인하지 마
라. 간음하지 마라. 훔치지 마라. 거
짓증언을 하지 마라.
19 너의 아버지와 어머니를 공경해라.
그리고 너는 이웃을 자신처럼 사랑
해야 한다."
20 그 젊은이가 그에게 말했다. "그 모
든 것은, 내가 어려서부터 지켜온
것인데, 아직 부족한가요?"
21 지저스가 말했다. "네가 완전해지
고 싶다면, 가서 네가 가진 것을 팔
아, 가난한 자에게 주어라. 그러면
너는 하늘의 보물을 갖게 된다. 그리
고 와서 나를 따라라."
22 젊은이가 그 말을 듣더니, 우울해
하며 떠난 이유는, 재물을 많이 가
졌기 때문이었다.
23 그리고 지저스가 제자에게 말했
다. "진실로 내가 너희에게 말하는
데, 부자는 하늘왕국에 들어가기가
어려울 것이다.
24 너희에게 다시 말하지만, 부자가 **하
나님**의 왕국에 들어가기보다, 차라
리 낙타가 바늘 구멍을 지나가는 것
이 더 쉽다."
25 제자가 그 말에 몹시 놀라며 물었
다. "그러면 누가 구원받을 수 있
죠?"
26 지저스가 그들을 바라보며 말했
다. "이것은 인간에게 불가능하다.
하지만 **하나님**과 함께 하면 모두가
가능하다."
27 그때 핕어가 그에게 대답했다. "보
세요, 우리는 모든 것을 버리고 당
신을 따랐어요. 그러면 우리는 어
떻게 해야죠?"
28 지저스가 제자에게 말했다. "진실
로 내가 말하는데, 나를 따르는 너
희는, 새세상이 되어, 사람의 아들이
빛나는 왕좌에 앉을 때, 너희 역시
12왕좌에 앉아, 이즈리얼의 12부족
을 판단하게 된다.
29 집을 버리고, 형제, 자매, 아버지, 어
머니, 아내, 자식이나 땅 등을 나의
이름을 위하여 버리는 사람은 모두,
백배의 보상을 받고, 영원한 생명을
부여받게 된다.
30 처음의 대부분은 끝이 되고, 마지막

은 처음이 될 것이다."

죽음 세번째 예고

20 "하늘왕국은 포도원 주인과
같아서, 아침 일찍부터 밖으
로 나가, 자기 포도밭에서 일할 일꾼
을 구한다.
2 그는 노동자와 1페니에 1당을 합의
하고, 그들을 자기 포도밭으로 보낸
다.
3 그리고 제3오전9시 무렵 밖으로 가서,
시장에 아직 일없이 서있는 일꾼을
본다.
4 그래서 그들에게 말한다. '너희도 가
서 포도밭에서 일해라. 적당하면 내
가 너희에게 품삯을 주겠다.' 그러자
그들이 가버렸다.
5 다시 그는 제6낮12시와 제9오후3시쯤
가서, 똑같이 제안했다.
6 또 제11오후5시경 나갔는데, 여전히
일없이 서있는 사람이 보이자, 이렇
게 말했다. '너희는 왜 이곳에 하루
종일 일없이 서있나?'
7 그들이 그에게 말했다. '우리를 고
용하는 사람이 아무도 없어요.' 그가
말했다. '너희 역시 포도밭으로 가
라. 적당하면 너희는 대가를 받게 될
것이다.'
8 그리고 저녁이 되자, 포도밭주인이
감독관에게 말했다. '일꾼을 불러,
품삯을 주는데, 제일 나중에 온 사람
부터 시작해서 최초에 온 사람까지
주어라.'
9 그리고 제11시에 고용된 사람이 와
서, 저마다 1 페니씩 받았다.
10 다음 최초에 온 자들이 왔는데, 그들
은 더 많이 받게 될 것으로 생각했지
만, 모두 똑같이 1페니씩 받았다.
11 그들이 대가를 받더니, 포도밭주인
에게 다음과 같이 불평했다.
12 '마지막에 온 자는 한 시간만 일했을
뿐인데, 당신은 우리와 똑같이 취급
했어요. 우리는 종일 더위속에서 짐
을 졌는데요.'
13 그는 그 중 하나에게 대답했다. '이
봐, 친구, 내가 너에게 잘못한 건 없
어. 너는 나와 1페니 품삯에 동의했
잖아?
14 네 몫을 받아가라. 나는 마지막에 온
사람에게도 너에게 주는 만큼 주겠다.
15 내가 내것으로 내 마음대로 하는데,
이것이 불법인가? 나의 선행이 네
눈에는 악행인가?' 라고 했다.
16 따라서 끝이 처음이고, 처음이 마지
막이라고 하는 거다. 다수가 와도,
선택되는 경우는 거의 없다."
17 **다음 지저스는 저루살럼으로 12제
자를 데려가면서 말했다.**
18 "보라, 우리는 저루살럼으로 간다.
사람의 아들은 대제사장과 법학자서
기관들에게 밀고당한다. 그러면 그들
이 그에게 사형을 선고한다.
19 또 그를 이민족에게 넘겨, 모욕과 채
찍을 당하게 한 다음, 십자가에 못
박는다. 그리고 사흘째날 그는 다시
일어날 것이다."

20 그때 제베디의 어머니가 두 아들
을 데리고 와서, 지저스에게 예의
를 갖추며, 무엇인가를 바라고 있
었다.
21 그가 그녀에게 물었다. "당신은 무
엇을 바라나?" 그녀가 대답했다.
"나의 두 아들에게 보증해주세요.
당신의 하늘왕국에서 하나는 당신
오른쪽에, 다른 하나는 왼쪽에 앉
을 수 있다고 확신을 주세요."
22 그러나 지저스는 이렇게 대답했
다. "너희는 자기가 바라는 것이 무
엇인지 알지 못한다. 내가 마시게
될 잔을 너희도 마실 수 있나? 또 내
가 정화될 세례를 너희도 받을 수 있
나?" 그들이 말했다. "우리도 할 수
있어요."
23 지저스가 그들에게 말했다. "너희
는 실제로 나의 잔을 마시게 되고,
내가 정화되는 세례를 너희도 받게
될 것이다. 그러나 나의 오른쪽이나
왼쪽에 앉는 일이란, 내가 부여하는
것이 아니고, 나의 아버지가 의도한
자에게 주게 된다."
24 열 제자가 이 말을 듣더니, 두 형제
가 괘씸했다.
25 하지만 지저스는 그들에게 말했
다. "너희가 알다시피, 이민족 통치
자가 백성을 지배하고, 최고위자들
이 그들에게 권한을 행사한다.
26 그러나 너희 가운데는 그러면 안 된
다. 대신 너희 중 누구나 고위직이
되고, 그 사람이 너희 관리자가 되게
해라.
27 너희 중 누구든 대표가 될 수 있고,
그가 너희 종으로 봉사하게 해라.
28 사람의 아들조차 대접받기 위해 온
것이 아니라, 인간에게 봉사하며, 다
수의 몸값으로 제 생명을 바치러 온
것이다."
29 그들이 제리코를 떠날 무렵, 엄청
난 무리가 그의 뒤를 따랐다.
30 어느날, 앞을 보지 못하는 두 사람
이 길 옆에 앉아 있었는데, 지저스
가 지나간다는 소문을 듣고, 크게
외쳤다. "오 주인님, 우리에게 큰
사랑을 내려주세요. 당신은 대이
빋의 자손이지요."
31 그러자 여럿이 그들을 야단치게
된 까닭은, 조용히 해야만 하는 상
황이었다. 그런데도 그들은 더 크
게 소리쳤다. "우리에게 자비를 주
세요. 대이빋 자손, 주인님!"
32 지저스는 가만히 서서 그들을 불
러 말했다. "내가 너희에게 어떻게
할까?"
33 그들이 말했다. "주인님, 우리 눈을
뜨게 해주세요."
34 지저스는 애처로운 마음에 그들의
눈을 어루만졌다. 그러자 곧 그들
은 시력을 얻게 되어, 함께 뒤를 따
랐다.

지저스가 왕으로 저루살럼에 오다

21 그들이 저루살럼 근처 올리
브스산이 있는 벧세쥐로 왔

을 때, 지저스는 제자 둘을 보내며,
2 이렇게 말했다. "너희는 맞은편 마
을로 곧장 들어가, 새끼와 함께 있는
묶인 나귀를 찾거든, 풀어서 데려와
라.
3 만약 누가 묻거든, '주인님이 필요로
한다'고 말하면, 바로 보내줄 것이
다."
4 이것은, 예언자가 전한 다음 말이 실
현된 것이었는지 모른다.
5 "너희는 자이언의 딸에게 말해라.
'너희는 왕이 너희에게 온다는 것을
알아라. 온화한 그는 새끼와 함께 있
는 나귀에 앉아서 온다"고 했다.
6 그래서 제자가 가서, 지저스가 명
령한 대로 했다.
7 나귀와 새끼를 데려와서, 그들의
옷을 얹은 다음, 지저스를 태웠다.
8 대단히 많은 무리가 길에 자신들
의 옷을 펴서 깔았고, 다른 사람은
나뭇가지를 잘라, 길위에 펼쳤다.
9 그리고 앞서 가는 무리와 뒤를 따
르는 군중이 큰소리로 외쳤다. "호
재나! [구원해주세요!] 대이빋 자
손, **주님**의 이름으로 오는 그에게
축복을 내려주세요! 호재나! 가장
높은 존재의 이름으로 구원해주세
요!"
10 그가 저루살럼에 오자, 도시 전체
가 술렁이며 말했다. "이 자가 누구
지?"
11 군중이 다음과 같이 말했다. "이 사
람은 갤럴리지방 내저레쓰의 예언
자 지저스다."
12 그때 지저스는 **하나님** 성전으로 가
서, 성전 안에서 사고파는 사람을
내쫓고, 환전상인의 탁자를 뒤엎
었으며, 비둘기를 팔던 자리도 치
워버렸다.
13 그리고 그들에게 말하며, "기록된
대로, 나의 집은 기도자의 집이라고
불려야 하는데, 너희는 이곳을 도적
의 소굴로 만들었다"고 했다.
14 그때 앞을 보지 못하는 사람과 다
리는 저는 사람이 성전에 있는 그
에게 오자, 그가 그들을 고쳐주었
다.
15 대제사장과 법학자서기관는, 지저스
가 하는 놀라운 기적을 보았고, 성
전에서 아이들이 대이빋 자손에
게, "호재나! 구원해주세요!" 라며,
외치는 소리를 듣자, 몹시 불쾌했
다.
16 그때 지저스에게 말했다. "당신도
아이들이 말하는 소리를 들었나?"
지저스가 그들에게 말했다. "나도
들었다. 당신들은 읽어보지도 않았
나? '아기와 젖먹이의 입에서 나오
는 찬양은 완벽하다' 라고."
17 그리고 그는 그들을 떠나, 베써니
로 가서 머물렀다.
18 아침에 도성으로 돌아왔는데, 그
는 배가 고팠다.
19 그리고 길에 무화과나무 한 그루
를 보고 다가갔는데, 열매는 없이
나뭇잎만 무성하자, 그가 말했다.

"앞으로 이 나무는 영원히 열매를
맺지 못한다." 그러자 곧 무화과나
무가 시들었다.
20 이것을 본 제자가 놀라서 말했다.
"무화과나무가 저렇게 빨리 시들
어버리다니!"
21 지저스가 말했다. "내가 진실로 너
희에게 말하는데, 만약 너희가 믿으
며 의심하지 않으면, 너희도 무화과
에 일어난 일을 할 수 있을 뿐만아니
라, 이 산에게 '저리 가라' 하면, 옮겨
지고, 너희가 바다로 던지면, 그대로
이루어질 것이다.
22 기도로 무엇을 구하든, 너희가 믿는
것은 모두 받아들여져 이루어질 것
이다."
23 그가 성전에서 가르치고 있을 때,
여러 대제사장과 백성의 원로가
와서 말했다. "당신은 이런 일을 무
슨 권한으로 하나? 누가 당신에게
이 권한을 주었나?"
24 지저스가 대답했다. "나도 당신에
게 한가지를 물을 테니, 만약 대답해
주면, 나 역시 당신에게 무슨 권한으
로 이렇게 하는지 말해주겠다.
25 세례자 존은 어디서 왔을까? 하늘인
가, 아니면 인간한테서 왔나?" 그들
이 자기들끼리 서로 의논하며, "만
약 우리가 '하늘'이라고 말하면, 그
는 우리에게 '그런데 당신들은 왜
존을 믿지 않는가?' 라고 말할 것
이다.
26 그러나 우리가 '인간'이라고 하면,
모두가 존을 예언자로 보기 때문
에, 우리는 백성이 두렵다"며 의논
했다.
27 드디어 그들이 지저스에게 대답했
다. "우리는 대답할 수 없다." 그러
자 그가 그들에게 말했다. "그럼, 나
도 무슨 권한으로 이 일을 하는지 말
하지 않겠다.
28 그 대신 너희는 다음에 대해 어떻게
생각하나? 두 아들을 가진 어떤 사
람이, 첫째에게 가서 말했다. '아들
아, 오늘은 내 포도밭에서 일해라.'
29 그러자 첫째가, '나는 안 하겠어요.'
그런 다음 곧 후회하더니, 일하러 갔
다.
30 그리고 둘째에게 같은 말을 했는데,
'네, 갈게요' 하더니, 결국 가지 않았
다.
31 둘 중 누가 아버지의 뜻을 따랐나?"
그들이 대답했다. "첫째다." 그러
자 지저스가 그들에게 말했다. "진
실로 내가 너희에게 말하는데, 세금
징수인과 창녀도 너희보다 앞서 하
늘왕국에 들어간다.
32 존은 정의의 길을 보여주러 너희에
게 왔지만, 너희는 그를 믿지 않았
다. 대신 무시당하는 세금징수인과
창녀는 존을 믿었다. 너희는, 눈으로
보고도 나중에 반성하지 않았고, 또
그를 믿지도 않았다.
33 다른 비유도 들어봐라. 어떤 포도원
주인이 있는데, 포도를 심고, 주위에
울타리를 치고, 포도짜는 장소를 파

고, 망루를 세워, 소작인에게 맡겨
두고, 먼 지방으로 떠났다.
34 그리고 수확철이 다가오자, 그는 자
기 종을 소작인에게 보내, 종이 그곳
열매를 거두게 했다.
35 그런데 소작인은 주인의 종을 붙잡
아 매질도 하고, 죽이기도 하고, 다
른 종은 돌로 죽였다.
36 다시 주인은 처음보다 더 많은 종을
보냈지만, 소작인은 마찬가지였다.
37 마지막으로 자기 아들을 그들에게
보내며 말했다. '그들이 나의 아들은
존중할 것이다.'
38 그러나 소작인이 아들을 보더니, 자
기들끼리 말하며, '그는 후계자니,
우리가 그를 죽여, 그의 상속분을 우
리가 차지하자'고 했다.
39 그리고 그들은 아들을 붙잡아, 포도
밭 밖으로 내던져 살해했다.
40 그러면 주인이 포도밭에 와서, 소작
인을 어떻게 처리할까?"
41 **그들이 그에게 말했다. "주인은 악**
한을 무자비하게 죽이고, 포도밭
을 다른 소작인에게 맡길 것이다.
그래서 제때에 주인에게 농산물을
가져오게 할 것이다."
42 **지저스가 그들에게 말했다.** "너희
는 바이블의 다음 말을 읽지 못했
나? '건축자가 버린 돌이 그곳 주춧
돌이 된다.' 이것은 **하나님**이 하는 일
인데, 우리 눈에는 그것이 기적으로
보인다.
43 그래서 내가 너희에게 말하는데, **하**
나님 왕국을 너희한테서 빼앗아, 열
매를 가져오는 나라에 줄 것이다.
44 이 돌에 쓰러지는 자가 누구든 부러
지고, 돌에 맞는 자는 누구든지 갈려
서 가루가 될 것이다."
45 **여러 대제사장과 풰러시**엄격한 법규
정파**가 비유 이야기를 듣더니, 그가**
자신들에 대한 말을 하는 것이라
고 눈치챘다.
46 **그들이 지저스를 체포하려고 해**
도, 군중을 두려워했던 이유는, 사
람들이 그를 예언자로 여겼기 때
문이었다.

질문에 대한 지저스 대답

22 **그리고 지저스는 그들에게**
비유를 들면서 이야기해주었
다.
2 "하늘왕국은 자기 아들을 결혼시키
려는 어떤 왕에 비유할 수 있다.
3 왕은 신하를 보내어 결혼식에 초청
할 사람을 불렀는데, 그들이 오려 하
지 않았다.
4 다시 왕은 다른 신하를 보내며 말했
다. 초청받는 사람에게 전해라. '보
라, 내가 만찬을 준비하여, 소도 잡
고, 살찐 짐승을 잡아, 모든 것을 마
련하니, 결혼식에 와 달라.'
5 그런데도 그들은 초청을 가볍게 여
기며, 제 길로 하나는 농장으로, 다
른 사람은 물건을 팔러 가버렸고,
6 다른 나머지는 왕의 종을 붙잡아, 애
걸하는 그들을 깔보며 살해했다.

7 왕은 이 소식을 듣고 몹시 화가 나
서, 군대를 보내어, 살인자를 죽이고
그들 도성을 불태웠다.
8 그때 왕이 신하에게 이렇게 말한다.
'결혼식 준비는 되었는데, 초청받은
하객이 마땅하지 않구나.
9 그러니, 너희는 큰길로 가서, 눈에
띄는 대로 결혼식에 초대해라.'
10 그래서 왕의 신하는 큰길로 가서, 눈
에 띄는 대로 좋든 나쁘든 모았다.
그리고 결혼식에 손님을 갖췄다.
11 왕이 손님을 보려고 갔는데, 결혼식
예복을 입지 않은 한 사람을 보게 되
었다.
12 왕이 그에게 말했다. '이봐, 당신은
이곳에 오면서 어떻게 결혼예복도
입지 않고 왔나?" 그런데 그는 아무
말이 없었다.
13 그러자 왕은 신하에게 말했다. '저놈
의 손발을 묶어 끌고 가서, 밖의 어
두운 곳에 쳐넣어라. 그곳에는 울음
과 이를 가는 소리만 들릴 것이다.'
14 많은 사람을 불러봐도, 선택할 수 있
는 사람은 거의 없다."
15 그러자 풰러시엄격한 법규정파가 가서,
어떻게 그의 말로 그를 옭아맬 수
있는지 의논했다.
16 그리고 그들은 자기들 제자를 헤
롣왕 사람과 함께 보내어 지저스
에게 말했다. "주인선생님, 우리는
당신이 진실하다는 것과, **하나님**의
진실한 길을 가르친다는 것을 알
고 있어요. 또 다른 사람을 상관하
지 않는 이유는, 당신이 남과 관련
을 맺지 않기 때문이지요.
17 그런데 우리에게, 당신의 의견이
무엇인지, 말해주세요. 시저에게
세금을 바치는 것이 합법인가요,
아닌가요?"
18 그러나 지저스는 그들의 악의를
눈치 채고 말했다. "너희 위선자들
아, 왜 나를 시험하나?
19 나에게 세금낼 돈을 보여라." 그러
자 그들은 그에게 1페니를 주었다.
20 그가 그들에게 물었다. "동전위의
초상화와 문구는 누구의 것이지?"
21 그들이 그에게 대답했다. "시저황
제의 것이죠." 그러자 그가 그들에
게 말했다. "그러면 시저한테는 시
저 것을 주고, **하나님**한테는 **하나님**
것을 주어라."
22 그들이 이 말을 듣더니, 놀라서 그
를 떠나 가버렸다.
23 그날 새저시완고한 쥬다인파 사람이 그
에게 왔고, 그들은 부활이 없다고
말하는 사람들인데, 다음을 질문
했다.
24 "주인선생님, 모지스가 다음과 같
이 말했어요. '남자가 죽었는데 자
식이 없으면, 형제가 그의 아내와
결혼하여, 그 남자의 자손을 이어
서 세워줘야 한다'고 했어요.
25 지금 우리는 7형제가 있었는데, 첫
째가 결혼했는데 자식없이 죽고,
그 아내를 형제에게 남겼어요.
26 마찬가지로 둘째도, 셋째도, 일곱

째까지 그렇게 되었어요.
27 마침내 그 여자도 죽었어요.
28 그런데 부활하면, 그 아내는 일곱
형제 중 누구의 아내가 되죠? 형제
모두 그녀를 가졌잖아요."
29 지저스가 그들에게 대답했다. "너
희가 잘못하는 것은, 그 글을 제대로
알지 못하고, **하나님**의 능력도 모른
다는데 있다.
30 부활에서는 장가도 시집도 가지 않
고, 하늘에서 **하나님**의 천사와 같은
모습이 된다.
31 너희는 죽은 자의 부활에 관하여, **하**
나님이 너희에게 다음과 같이 말한
것을 읽어보지 않았나?
32 '나는 애이브러햄의 **하나님**, 아이직
의 **하나님**, 재이컵의 **하나님**'이라고
했다. 다시 말하면, **하나님**은 죽은 자
의 **하나님**이 아니고, 살아 있는 자의
하나님이다."
33 무리가 이 이야기를 듣더니, 지저
스의 가르침에 상당히 놀랐다.
34 그러나 풰러시엄격한 법규정파는, 지저
스가 새저시완고한 쥬다인파들을 침묵
시켰다는 이야기를 듣고, 함께 모
여들었다.
35 그 중 법학자 한 사람이 지저스에
게 시험하며 질문했다.
36 "주인선생님, 법에서 최고의 명령
은 무엇이죠?"
37 지저스가 그들에게 말했다. "너희
는 마음과 영혼, 정신과 가슴을 다하
여, 네 주인 **하나님**을 사랑해야 한다.
38 이것이 우선이고 가장 큰 명령이다.
39 두번째는 다음과 같다. 너는 이웃을
자신처럼 사랑해야 한다.
40 두 가지 명령에 관하여 모든 법과 예
언서가 다루고 있다."
41 풰러시엄격한 법규정파가 모두 모여 있
는 동안, 지저스가 다음 질문을 했
다.
42 "너희는 크라이스트구원자: 머사야를 어
떻게 생각하나? 그는 누구 아들인
가?" 그들이 그에게 말했다. "대이
빋의 자손이에요."
43 그가 그들에게 말했다. "당시 어떻
게 대이빋이 영혼을 받아, 지저스를
주인님이라고 부르며, 다음과 같이
말했을까?
44 **주님**이 나의 주인님에게 말했다. '너
는 나의 오른쪽에 앉아라. 내가 적으
로 네 발판을 만들어줄 때까지' 라고
했을까?
45 만약 대이빋이 그를 주인님이라고
불렀다면, 어떻게 지저스가 그의 자
손이 되나?"
46 어떤 사람도 지저스 말에 대답할
수 없었고, 그날부터 감히 아무도
지저스에게 더 이상의 질문을 하
지 않았다.

풰러시 및 위선자에게 재앙

23 그때 지저스가 군중과 제자에
게 말했다.
2 "법학자서기관와 풰러시엄격한 법규정파
가 모지스의 자리에 앉아 있다.

3 그래서 그들이 명령하는 것은 무엇
이든, 너희가 지키고 따라야 한다고
하는데, 너희는 그들이 하는 일을 따
르지 마라. 왜냐하면 그들은 말뿐이
고, 행동하지 않기 때문이다.
4 그들은 무겁고 감당하기 어려운 것
을 엮어서 사람의 어깨위에 올려놓
지만, 자신들은 손가락 하나 까딱하
지 않는다.
5 대신 그들이 하는 일은 한결같이 남
의 눈에 보이기 위한 것이고, 이마에
얹는 성구상자만 크게 만들며, 옷자
락만 넓힌다.
6 또 축제 때 가장 높은 자리만 사랑하
여, 시너가그 집회에서 최고 자리를
차지한다.
7 그리고 시장에서 인사받기나, 뢔바
이랍비! 뢔바이Rabbi! 라고 불리길 좋
아한다.
8 하지만 너희는 뢔바이쥬다인 법학자로
불리면 안 된다. 왜냐하면 뢔바이는
너희 주인선생 크라이스트뿐이며,
너희 모두는 형제이기 때문이다.
9 또 땅위에서 아무도 인간을 너희 아
버지라 부르지 마라. 유일한 존재가
너희 아버지이고, 그는 하늘에 있다.
10 너희는 아무나 주인님이라 부르지
마라. 너희 주인선생은 오직 크라이
스트뿐이다.
11 대신 너희 가운데 가장 큰인물이 너
희 종이 되어야 한다.
12 누구나 자신을 높이면 낮아지고, 스
스로 겸손하면 드높여진다.
13 그러나 법학자서기관와 풰러시, 위선
자 너희는 재앙이다! 그 이유는 인간
에 대하여 하늘왕국을 너희가 닫았
기 때문이다. 너희 자신도 못 들어갈
뿐아니라, 그곳에 들어가려는 사람
조차 막았다.
14 너희에게 재앙이 미친다! 법학자서기
관, 풰러시, 위선자들아! 왜냐하면 너
희는 과부의 집을 차지하는가 하면,
젠체하며 기도를 일부러 길게 끈다.
따라서 너희는 지옥행 최고 티켓을
받는다.
15 너희에게 재앙이다! 법학자서기관, 풰
러시엄격한 법규정파, 위선자들아! 그 까
닭은, 새전향자를 만들려고 바다로
육지로 두루 다니다, 사람이 전향하
면, 그들을 너희 자신보다 두 배 이
상으로 지옥의 자손으로 만들어버
리더라.
16 너희 눈먼 안내자는 재앙이다! 너희
는 말한다. '누구나 성전에서 맹세하
면 별 의미가 없지만, 성전에 황금을
두고 맹세하는 자는 반드시 지켜야
하는 채무자가 된다'고.
17 너희는 어리석은 맹인이다. 어느 것
이 더 큰가? 금인가, 아니면 금을 신
성시하는 성전일까?
18 제단에서 서약하는 사람은 의미가
없다해도, 제단위에 올린 예물로 서
약하는 자는 유죄다.
19 너희는 어리석어 눈이 멀었다. 어느
것이 더 큰가? 예물인가, 아니면 예
물을 신성시하는 제단인가?

20 따라서 제단에서 맹세하는 자는 제
단으로 맹세하는 것이고, 또 그 위에
놓인 물건으로 서약하는 것이다.
21 또 성전이기 때문에 맹세하는 자는,
성전자체로 인해 맹세하거나, 성전
안에 있는 사람 때문에 맹세하고 있
다.
22 그리고 하늘에 맹세하는 자는, **하나
님**의 왕좌나 거기 앉은 **주님**에게 맹
세하는 것이다.
23 법학자서기관, 퀘러시엄격한 법규정파, 위
선자, 너희는 재앙이다! 너희가 민트
박하, 애니스향료, 커민향신료의 십일조
를 내기는 하지만, 법, 정의, 자비, 믿
음이라는 더 무겁고 중요한 것은 빠
뜨렸다. 이것은 너희가 당연히 지켜
야 하고, 다른 것도 불이행하며 남겨
두지 말아야 하는 것이다.
24 눈먼 안내자 너희는, 사소한 모기는
때려잡고, 낙타는 집어삼킨다.
25 법학자서기관, 퀘러시엄격한 법규정파, 위
선자 너희에게 재앙이 미친다! 너희
는 잔과 접시의 바깥쪽은 깨끗하게
닦으면서, 안쪽은 착취와 탐욕을 채
운다.
26 너희 앞 못보는 퀘러시야, 먼저 잔과
접시의 내부를 씻어야, 외부도 깨끗
하게 닦을 수 있다.
27 너희 법학자서기관, 퀘러시엄격한 법규정
파, 위선자에게 재앙이다! 너희는 마
치 흰색으로 도색한 묘지와 같아, 실
제로 외부가 아름답게 보여도, 내부
는 죽은 자의 뼈와 더러움이 가득하
다.
28 마찬가지로 너희 역시 겉으로 보기
에 남에게 바르게 보여도, 너희 안에
는 위선과 죄로 가득 차 있다.
29 법학자서기관, 퀘러시엄격한 법규정파, 위
선자, 너희는 재앙이다! 그 이유는
너희가 예언자의 무덤을 만들고, 바
른 자의 묘지를 장식하며,
30 다음과 같이 말한다. '만약 우리가
조상시대에 살았더라면, 예언자를
피 흘리는 일에 참여시키지 않았을
텐데' 라고.
31 그래서 너희는, 예언자를 죽인 자손
임을 스스로 입증하고 있다.
32 그렇다면 너희가 조상의 몫을 채워
넣어야 할 것이다.
33 너희는 뱀이자 독사의 세대다. 어떻
게 너희가 지옥행을 피할 수 있을
까?
34 앞으로 두고 봐라, 내가 너희에게 예
언자, 현자, 법학자서기관를 보내면,
너희는 그 중 일부를 죽이거나, 십자
가에 못박고, 그 중 일부는 시너가그
집회에서 채찍질하며, 도시에서 도
시까지 그들을 처벌할 것이다.
35 땅위에 흘린 정직한 피가 너희에게
되돌아오게 되면, 올바른 애이블의
피로부터, 너희가 성전과 제단 사이
에서 살해한 배러카야 아들 재커라
야의 피에 이르기까지 너희에게 온
다.
36 진실로 내가 너희에게 말하는데, 이
모든 일은 이 세대에게 나타난다.

37 오 저루살럼, 저루살럼아! 너희는 예
언자를 죽이고, 너희에게 보낸 자도
돌로 쳤다. 내가 얼마나 여러 차례
너희 자손을 한자리에 모으려 하고,
심지어 암탉이 제 병아리를 날개 아
래 품듯 모으려고 해도, 너희는 하지
않는다.
38 보라, 너희 집안은 파멸할 것이다.
39 그래서 내가 너희에게 말한다. 너희
는 앞으로 나를 보지 못한다. 너희가
'**주님**의 이름으로 오는 자가 축복이
있다'고 말할 때까지 못 본다."

조심하며 대비해라

24 지저스가 밖으로 나가 성전
을 떠나자, 제자가 그에게 와
서 성전건물을 보여주려고 했다.
2 그러자 그가 제자에게 말했다. "너
희는 이 모든 것이 보이지 않나? 내
가 진실로 너희에게 말하는데, 앞으
로 이곳은 돌 하나 남지 않고, 쓰러
지지 않는 것은 아무것도 없을 것이
다."
3 그리고 그가 올리브스산에 앉자,
제자가 저마다 와서 말했다. "말
해보세요. 그런 일이 언제 일어나
죠?" "당신이 오는 표시나, 세상이
끝나는 표시는 무엇이죠?"
4 지저스가 제자에게 대답했다. "인
간이 너희를 속이지 않도록 조심해
라.
5 다수가 내 이름으로 와서 하는 말이,
'나는 크라이스트머사야: 구원자다' 라
며, 많은 사람을 속일 것이다.
6 그래서 너희는 전쟁이나 전쟁소문
을 듣게 되어도, 걱정하지 않는 모습
을 보게 된다. 이 모든 것은 반드시
일어나고, 여전히 끝이 아니다.
7 나라가 나라를 쳐들어가고, 왕국이
왕국을 공격하며, 기아와 전염병과
지진이 여러 곳에서 일어날 것이다.
8 이 모든 것이 슬픔의 시작이다.
9 그때 사람들이 너희를 괴롭히고, 살
해까지 한다. 너희가 모든 민족에게
미움받는 까닭은, 나의 이름 때문이
다.
10 또 대부분이 화를 내고, 서로를 배신
하고, 남을 증오하게 될 것이다.
11 거짓 예언자가 많이 나타나, 대부분
을 속인다.
12 죄가 넘쳐나고, 사랑은 대부분 식어
버린다.
13 하지만 끝까지 참고 견디는 자가 구
원받게 된다.
14 그리고 하늘왕국의 가르침가스펄이
전세계에 증거로 전해지면, 그때 세
상의 끝이 나타난다.
15 예언자 대니얼이 전한 대로, '파괴되
는 처참한 광경을 보게 된다'는 때가
되면, 너희는 신성한 장소에 서있어
라. [읽는 자는, 이해하고 알 것이다.]
16 그리고 쥬디아쥬다남부 사람은 달아나
산으로 가게 하고,
17 옥상위에 있는 자는 제집에서 무엇
을 들고 내려오게 하지 말고,
18 들에 있는 자는 제옷을 가지러 집으

로 되돌아가지 않게 해라.
19 어린이가 있는 사람이나 젖을 주는
사람은 그런 날 재앙이다!
20 대신 너희는 달아날 시기가 겨울이
아니길, 사배쓰휴일이 아니길 기도
해라.
21 그때는 엄청난 재난이 발생하기 때
문이다. 그런 일은 세상이 시작된 이
래 없었고, 앞으로도 영원히 없을 것
이다.
22 그런 날이 줄지 않는 한, 아무도 살
아남지 못한다. 하지만 그가 선택한
자로 인해, 재난시기가 줄게 될 것이
다.
23 그때 누군가 너희에게 말한다. '보
라, 여기 크라이스트구원자가 있다' 하
고, 저기서는, '그것을 믿지 마라' 할
것이다.
24 그것은 거짓 구원자와 거짓 예언자
가 나타나, 놀라운 표시와 이상한 일
을 보여주기 때문인데, 가능하다면,
그들은 심지어 선택된 존재마저 속
이려 할 것이다.
25 잘 생각해봐라, 내가 전에도 말했다.
26 따라서 그들은 너희에게 다음을 말
할 것이다. '보라, 그가 사막에 있다
해도, 가지 말고' '보라, 그가 밀실에
있다 해도, 믿지 마라'고 하겠지.
27 마치 번개가 동쪽에서 일어나면, 서
쪽까지 비추듯, 사람의 아들 출현 역
시 그럴 것이다.
28 사체가 있는 곳에 독수리떼가 모여
든다.
29 이런 재난의 날이 닥친 다음, 바로
해는 어두워지고, 달도 빛을 잃는다.
별은 하늘에서 떨어지고, 하늘의 힘
도 흔들린다.
30 그때 하늘에서 사람의 아들 징조가
나타나면, 땅위 민족 모두가 슬퍼하
는 가운데, 그들은 하늘의 구름속에
서 힘과 찬란한 빛을 가지고 나타나
는 사람의 아들을 보게 될 것이다.
31 **주 하나님**이 여러 천사를 큰 트럼핕
소리와 함께 보내면, 그들이 하늘 이
쪽에서 저쪽까지 그의 선택을 사방
에서 모을 것이다.
32 무화과나무의 교훈을 배워라. 가지
가 아직 부드럽고, 잎이 나오면, 여
름이 가까웠음을 너희도 알다시피,
33 이와 마찬가지로 너희가 이런 일을
보게 되면, 때가 문 가까이 왔음을
알게 된다.
34 진실로 내가 너희에게 말하는데, 이
세대는 이런 일이 이루어질 때까지,
그냥 지나가지 못할 것이다.
35 하늘과 땅이 사라져도, 나의 말은 없
어지지 않는다.
36 그러나 그날이나 시간은 아무도 모
르고, 하늘의 천사도 모르며, 오직
나의 아버지만 알뿐이다.
37 노아의 시대처럼, 사람의 아들이 오
는 날도 그렇다.
38 홍수 이전시대에는 사람이 그저 먹
고 마시고 장가들고 시집가기를, 노
아가 방주로 들어갈 때까지 계속했
고,

39 홍수가 나서, 인간을 모조리 쓸어갈
때까지 아무도 몰랐던 것처럼, 사람
의 아들이 오는 것 역시 그렇다.
40 그때 들판에 있는 두 남자 중, 하나
는 데려가고 하나는 남겨둔다.
41 두 여자가 맷돌을 가는 도중, 하나는
데려가고 하나는 남긴다.
42 따라서 조심해라. 너희는 너희 주인
선생이 오는 시간을 모르기 때문이
다.
43 대신 알아 둘 것은, 집주인의 경우
에, 도둑이 올 것을 알았다면, 집을
지켜내어, 제집이 털리도록 당하지
않게 한다.
44 그러니 너희 역시 대비해라. 너희가
생각하는 시간에 사람의 아들이 오
는 게 아니다.
45 누가 신념이 있고 현명한 종인가?
주인은 그런 종에게 자기 집관리를
맡기고, 제때에 음식을 내어줄 텐데.
46 그 종은 축복을 받는다. 주인이 오
면, 그렇게 행동한 자를 찾아 복을
준다.
47 내가 진실로 너희에게 말하지만, 그
는 그를 자기의 모든 재물을 관리하
는 감독으로 만들 것이다.
48 한편 악한 종은 마음속으로, '내 주
인이 집에 오려면 아직 멀었다'고 말
하며,
49 동료종을 때리고, 술꾼들과 먹고 마
신다면,
50 주인이 오는 날이란, 종이 예상하지
못한 날이고, 미처 알지 못하는 시간
이다.
51 그리고 그가 종을 제거해서, 위선자
들과 함께 행위의 대가를 받게 하면,
울음과 이 가는 소리만 있을 뿐이
다."

약자에게 한 일로 축복받는다

25 "하늘왕국은 등잔을 들고 신
랑을 맞이하러 가는 10명의
소녀에 비유할 수 있다.
2 그 중 5은 지혜가 있고, 나머지는 어
리석었다.
3 어리석은 소녀는 등잔을 들고 가면
서, 기름을 가져가지 않았고,
4 지혜가 있는 소녀는 등잔과 함께 그
릇에 기름을 담아 갔다.
5 신랑이 늦어지자, 그들은 꾸벅거리
다 잠이 들었다.
6 한밤중에 소란스러워 쳐다보니, '신
랑이 온다. 너희는 그를 맞이하러 가
라'고 했다.
7 그래서 소녀들이 모두 일어나, 심지
를 잘라 정리했다.
8 어리석은 소녀가 지혜있는 소녀에
게 말했다. '우리에게 너희 기름을
좀 줘. 우리 등잔불이 꺼졌어.'
9 그러나 지혜있는 자들이 말한다. '그
렇게 할 수 없어. 우리도 충분하지
않아. 차라리 직접 장사에게 가서 사
는 게 낫겠다'고 했다.
10 그들이 사러간 사이, 신랑이 왔고,
준비된 소녀들이 신랑과 함께 결혼
식장으로 들어가자, 문이 닫혔다.

11 그런 다음 다른 소녀들이 와서 말한
다. '주인님, 우리에게 문을 열어주
세요.'
12 그런데 그는 대답한다. '진실로 내가
너희에게 말하는데, 나는 너희를 모
른다'고 했다.
13 그러니 조심해라. 너희는 사람의 아
들이 오는 날짜도 시간도 알지 못하
기 때문이다.
14 하늘왕국은, 먼나라로 여행하는 사
람이 자기 종을 불러, 그들에게 재물
을 맡기는 경우와 같다.
15 주인은 한 사람에게 5탤런트를 주
고, 다른 사람에게 2탤런트, 세번째
종에게 1탤런트를, 각자 능력에 따
라 주고, 여행을 떠났다.
16 그때 5탤런트를 받은 종은 나가서,
그 돈으로 장사하여 5탤런트를 벌었
다.
17 마찬가지로 2 탤런트를 받은 종도, 2
탤런트를 벌었다.
18 그러나 1탤런트를 받은 사람은, 땅
을 파고 주인의 돈을 묻었다.
19 오랜 시간이 지난 다음, 주인이 돌아
와, 그들과 돈계산을 했다.
20 그래서 5탤런트를 받은 종이, 벌은 5
탤런트를 가져와서 말한다. '주인님,
당신이 5탤런트를 주어서, 다른 다
섯개를 벌었어요.'
21 그의 주인이 말했다. '참 잘했다. 너
는 성실한 좋은 종이다. 너는 작은
일에도 성실하니, 큰일을 관리하는
책임자로 만들겠다. 그래서 네 주인
의 기쁨을 함께 누리자!'
22 다음 2탤런트를 받은 종이 와서 말
했다. '주인님, 당신이 내게 2탤런트
를 주어서, 다른 두개를 벌었어요.'
23 주인이 말했다. '참 잘했다. 성실하
고 좋은 종이구나. 너는 작은 일에도
성실하니, 큰일을 관리하는 책임자
로 만들겠다. 그래서 네 주인의 기쁨
을 함께 누리자!'
24 다음 1탤런트를 받은 종이 와서 말
했다. '주인님, 나는, 당신이 강한 사
람이므로, 심지 않은 것도 추수하고,
뿌리지 않은 것도 거둔다고 알고 있
어요.
25 그래서 두려워서, 당신이 준 돈을 땅
에 감춰두었어요. 여기 당신의 돈이
있어요.'
26 주인이 그에게 말했다. '너는 잘못되
고, 나태한 종이다. 내가 심지 않은
것도 추수하고, 뿌리지 않은 것까지
거두는 걸 알고 있다면서,
27 너는 마땅히 내 돈을 환전상에게 맡
겨, 그 돈을 이자와 함께 받아왔어야
했다.'
28 그리고 그로부터 1탤런트를 빼앗아,
10탤런트를 가진 종에게 주었다.
29 이와 같이 가진자는 더 주어져 풍족
해지고, 갖지 못한자는 있는 것마저
빼앗기게 되는 경우도 있다.
30 너희가 이익을 내지 못하는 종을 암
흑속에 던지면, 그곳에는 울음과 이
가는 소리만 있을 것이다.
31 사람의 아들이 그의 찬란한 빛속에

서 올 때는, 신성한 모든 천사와 함
께 온 다음, 그는 위대한 왕좌에 앉
게 될 것이다.
32 그래서 그 앞에 모든 민족이 모인 다
음, 그가 서로 구분하게 될 때는, 목
자가 그의 양을 염소와 분리하는 것
처럼 할 것이다.
33 그는 양을 자기 오른쪽에 두고, 염소
는 왼쪽에 둔다.
34 그 다음 왕이 오른쪽에게 말한다.
'자, 너희는 나의 아버지의 축복을
받았으니, 온세상이 창조될 때부터
너희를 위해 마련된 왕국을 유산으
로 물려받아라.
35 내가 배고플 때, 너희가 나에게 먹
을 것을 주었고, 내가 목마를 때, 너
희가 내게 마실 것을 주었으며, 내가
떠돌 때, 너희가 나를 맞이해주었다.
36 헐벗었을 때 너희가 나를 입혔고, 아
플 때 나를 찾아주었고, 감옥에 있을
때 나에게 와주었다.'
37 그때 정직한 자가 그에게 묻는다.
'주인님, 우리가 언제 당신이 배고
픈 것을 알고, 음식을 주었나요? 아
니면 목마를 때 당신에게 물을 주었
죠?
38 언제 우리가 당신이 떠돌 때 안으로
맞이했죠? 헐벗었을 때 입혔나요?
39 또 우리가 당신이 언제 아플 때라
고 알아봤고, 감옥속 당신을 방문했
죠?'
40 그러자 왕이 그들에게 대답한다. '내
가 너에게 진심으로 말한다. 너희 형
제 중 가장 약자 중 하나에게 그렇게
한 일이, 바로 너희가 나에게 한 것
이다.'
41 다음 그는 왼쪽에게도 역시 말한다.
'너희는 나를 떠나라. 너희는 영원히
타는 불속으로 던져지는 저주를 받
았다. 그 불은 악마와 그의 사자를
위해 마련된 것이다.
42 내가 배고파도 너희는 음식을 주지
않았고, 내가 목이 말라도 마실 것을
주지 않았다.
43 내가 떠돌 때 너희는 나를 맞이하지
않았고, 헐벗어도 입히지 않았으며,
아파도, 수감되어도, 너희는 나를 방
문하지 않았다.'
44 그러자 그들이 대답한다. '주인님,
우리가 언제 당신이 배고프고, 목마
르고, 떠돌고, 헐벗고, 아프고, 수감
되었는지 알아보고, 당신을 돕지 않
았다는 거죠?'
45 그때 그가 그들에게 말한다. '내가
진심으로 너희에게 말한다. 너희가
이들 중 가장 약자에게 하지 않은 만
큼, 너희가 나에게 하지 않은 것이
다.
46 그리고 이들은 영원한 형벌속에서
사라지지만, 바른 자는 영원한 생명
을 얻게 된다.'"

지저스 유죄판결

26 지저스는 이런 말을 마친 다
음, 제자에게 이야기했다.
2 "너희도 알지만, 이틀 후면 통과축

일유월절이다. 사람의 아들은 배반
으로 십자가에 못박힌다."
3 그때 여러 선임제사장과, 법학자서
기관과, 백성의 원로가 모여, 대제사
장 카야풔스의 관저로 함께 가서,
4 지저스를 모함하여 붙잡아 죽이려
고 의논했다.
5 그런데 그들은 다음을 말했다. "축
제일은 안 된다. 사람들이 소동을
일으키지 않게 해야 한다"고 했다.
6 그때 지저스는 베써니지역의 피부
감염자 사이먼의 집에 와 있었다.
7 그곳으로 한 여자가 최고가의 향
유연고가 든 앨러배스터 대리석함
을 가지고 지저스에게 와서, 그것
을 식사자리에 앉아 있는 그의 머
리에 발랐다.
8 제자가 그것을 보더니, 화를 내며
말했다. "대체 무슨 의도로 이런 낭
비를 하나?
9 그 향유연고는 비싸게 팔아 가난
한 자를 도와줄 수 있을 텐데."
10 지저스가 이 상황을 알게 되자, 제
자에게 말했다. "왜 너희는 그녀를
불편하게 하나? 그녀는 나에게 좋
게 해주려고 그랬다.
11 너희는 늘 가난한 사람을 접할 수
있지만, 나와는 항상 그럴 수 없다.
12 그녀가 이 향유연고를 내 몸에 부
어서 바른 것은, 나의 장례를 위하
여 그녀가 그렇게 한 것이었다.
13 내가 진심으로 너희에게 말한다.
앞으로 전세계에 이 가스펄가르침이
전파되는 곳마다, 이날 그녀가 한
일과 함께 그녀를 기억하며 이야
기하게 될 것이다."
14 그때 12제자 가운데 한 사람 쥬더
스 이스캐리얼이 선임제사장에게
가서,
15 그들에게 말했다. "내가 지저스를
넘기면 당신들은 나에게 무얼 주
죠?" 그러자 그들은 그에게 대가
로 은 30조각을 주겠다고 약속했
다.
16 그때부터 그는 그를 배신할 기회
를 찾았다.
17 무효모빵 축일 첫날에 제자가 지
저스에게 와서 말했다. "주인선생
님, 어느 곳에 당신의 식사를 마련
할까요?
18 그가 말했다. "도성안의 한 사람에
게 가서 전해라. '우리 선생님이 그
러는데, 나의 시간이 다가왔으니, 내
가 제자와 함께 당신 집에서 통과축
일을 보내겠다'고 해라."
19 그래서 제자는 지저스가 시킨대로
하여, 통과축일유월절을 준비했다.
20 저녁 때가 되어, 그는 12제자와 함
께 자리에 앉았다.
21 그들이 식사하는 동안, 지저스가
말했다. "진실로 내가 말하는데, 너
희 중 하나가 나를 배반한다."
22 그러자 그들은 너무 놀라 비참해
져서, 그 중 하나가 물었다. "선생
님, 그것이 나예요?"
23 그가 대답했다. "나와 같이 접시에

손을 담그는 자가 나를 배신한다.
24 사람의 아들은 자신에 관해 적힌대
로 된다. 하지만 사람의 아들을 배신
한 자는 재앙이다! 그런 자는 차라리
태어나지 말았더라면 좋았을 텐데."
25 그때 그를 배신하는 쥬더스가 말
했다. "주인님, 그것이 납니까?" 그
가 그에게 말했다. "네가 그렇다고
했다."
26 그들이 음식을 먹는 동안, 지저스
는 빵을 들고 축복한 다음, 제자에
게 조각을 떼어주며 말했다. "받아
서 먹어라. 이것은 나의 몸이다."
27 그리고 잔을 들고 감사한 다음, 그
들에게 주며 말했다. "너희 모두 이
것을 마셔라.
28 이것은 새증언에 대한 나의 피다. 그
것은 많은 사람의 죄를 면제하기 위
해 흘리는 것이다.
29 그러나 내가 너희에게 말하는데, 나
는 이제부터 포도주를 마시지 않을
것이다. 나의 아버지 왕국에서 내가
너희와 다시 이 잔을 마시게 되는 그
날까지다."
30 그들은 **하나님**을 칭송하는 노래를
부르며, 올리브스산으로 올라갔다.
31 다음 지저스가 그들에게 말했다.
"너희 모두 오늘밤, 나 때문에 미움
을 받게 된다. 기록대로, '나는 그 목
자를 쳐서, 양떼를 멀리 흩어버릴
것'이라는 말이, 이루어지는 것이다.
32 하지만 내가 다시 일어나서, 갤럴리
의 너희한테 간다."
33 핕어가 그에게 말했다. "선생님 때
문에 모두 미움받는다 해도, 여전
히 나는 절대 당신에게 등을 돌리
지 않겠어요."
34 지저스가 그에게 말했다. "솔직하
게 내가 말하는데, 오늘밤 수탉이 울
기 전, 너는 나를 세번 부정한다."
35 핕어가 말했다. "내가 당신과 같이
죽는다 해도, 나는 당신을 거부하
지 않겠어요." 그러자 제자 모두 똑
같이 말했다.
36 그리고 지저스가 그들과 같이 겟
세머니라고 불리는 장소로 간 다
음, 제자에게 말했다. "너희는 여기
앉아 있어라. 그동안 나는 저쪽에서
기도할 것이다."
37 그는 핕어와 제베디의 두 아들을
데려 갔는데, 마음이 몹시 무겁고
비통해지기 시작했다.
38 그가 그들에게 말했다. "내 영혼이
죽을 것 같이 몹시 괴롭고 슬프다.
너희는 여기서 기다리며, 나를 잘 지
켜봐라."
39 그가 좀 떨어진 곳으로 가서, 얼굴
을 숙이고 기도하며 말했다. "오 나
의 아버지, 가능하다면, 이 잔이 나
를 그냥 지나치게 해주세요. 하지만
내 뜻이 아닌, 당신 뜻대로 하세요."
40 그리고 그가 제자에게 왔더니, 그
들이 조는 모습을 보고, 핕어에게
말했다. "어떻게 너희는 단 한시간
조차 나를 지켜볼 수 없나?
41 정신차리고 기도해라. 그래야 너희

가 시험에 들지 않는다. 실제로 영혼
은 하려 해도, 신체가 약하구나."
42 그는 두 번째로 다시 가서, 기도하
며 말했다. "오 나의 아버지, 만약 이
잔이 나를 비켜가지 못하고, 내가 마
셔야만 한다면, 당신의 의지대로 이
루어주세요."
43 그리고 그가 돌아왔는데, 그들이
다시 자고 있었다. 그들의 눈은 대
단히 무거웠기 때문이었다.
44 그래서 그는 그들을 두고 다시 가
서, 세번째로 기도하며 똑같은 말
을 했다.
45 그런 다음 그가 제자에게 와서 말
했다. "이제 너희는 쉬며 자거라. 이
제, 시간이 다 되었다. 사람의 아들
은 배신당하여, 죄인들의 손안에 들
어간다.
46 일어나거든, 같이 가자. 보라, 그가
나를 배신하러 곧 온다."
47 그가 말하는 사이, 바라보니, 12제
자 중 하나 쥬더스가 왔는데, 칼과
몽둥이를 든 많은 군중과 함께, 여
러 선임제사장과 백성의 원로까지
왔다.
48 그리고 그를 배반한 쥬더스가 그
들에게 신호하며 말했다. "내가 입
맞추는 자가 바로 그다. 그를 재빨
리 잡아라."
49 그러면서 그가 지저스에게 와서
말했다. "아, 선생님!" 하며 그에게
입을 맞췄다.
50 그러자 지저스가 그에게 말했다.
"이봐, 친구, 무슨 일로 왔지?" 그 순
간, 그들이 오더니, 지저스에게 손
을 대어 붙잡았다.
51 그런데 보니, 지저스와 함께 있던
사람 중 하나가 손을 내밀어 칼을
뽑아, 대제사장의 종 한 사람을 쳐
서, 귀를 베었다.
52 그러자 지저스가 그에게 말했다.
"네 칼을 제자리에 다시 넣어라. 칼
을 잡는 자는 칼로 파멸한다.
53 너희는, 내가 나의 아버지에게 기도
하여, 곧 나에게 천사 12군단 이상
을 보내 달라고 할 수 없다고 생각하
나?
54 그러면 어떻게 바이블 책에서 '그것
은 반드시 이루어진다'는 말이 실행
될 수 있을까?"
55 그러면서 지저스는 많은 군중에게
말했다. "너희가 도둑을 상대하듯
칼과 몽둥이를 들고, 나를 잡으러 온
것인가? 내가 매일 너희를 가르치며
성전에 앉아 있을 때는, 너희가 나를
잡지 않더라.
56 하지만 이 모든 것은 반드시 이루어
진다는, 예언자의 기록이 이루어지
는 것인지 모른다." 그때 모든 제자
들이 그를 버리고 달아났다.
57 그들은 지저스를 붙잡아, 대제사
장 카야풔스한테 끌고 갔는데, 거
기에 법학자서기관와 원로까지 모여
있었다.
58 그러나 필어는 그를 뒤따라가며,
좀 떨어져서 대제사장 관저로 들

어간 다음, 결과를 알려고, 종들과
함께 앉아 있었다.
59 한편 선임제사장과 원로와 위원회
모두가, 지저스를 반박할 거짓증
인을 찾아, 사형으로 처벌하고자
했다.
60 그러나 아무것도 찾지 못했다. 그
랬다. 많은 거짓증인이 왔어도, 증
거를 발견하지 못했다. 마침내 거
짓증인 두 사람이 와서,
61 다음과 같이 말했다. "이 사람 말
은, '내가 **하나님** 성전을 3일만에
허물고, 3일만에 새로 지을 수 있
다'고 했어요."
62 그러자 대제사장이 일어나더니,
그에게 말했다. "너는 대답할 말이
없나? 너에 대한 이 증인들 주장은
무엇인가?"
63 하지만 지저스가 침묵하자, 대제
사장이 말했다. "나는 살아 있는 **하
나님** 이름으로 너에게 엄숙하게 명
령한다. 네가 구원자 크라이스트: 머사
야고, **하나님의 아들**인지, 우리에게
말해라."
64 지저스가 그에게 말했다. "네가 그
렇다고 했다. 그렇지만 네게 말하는
데, 앞으로 너희는 권위의 오른쪽에
앉아서, 하늘의 구름속에서 나타나
는 사람의 아들을 보게 될 것이다."
65 그 순간 대제사장이 그의 옷을 찢
으며 말했다. "그는 [신을] 모독하
는 말을 했다. 우리에게 증인이 더
필요한가? 보라, 지금 너희도 그의
모독을 들었다.
66 당신들은 어떻게 생각하나?" 그
들이 대답했다. "그는 사형할 유죄
다."
67 그러자 그들이 그의 얼굴에 침을
뱉고, 주먹으로 치고, 다른 이는 손
바닥으로 때리면서,
68 이렇게 말했다. "네가 크라이스트
면, 예감으로 맞춰봐라. 누가 널 때
렸지?"
69 한편 핕어는 대제사장 관저밖에
앉아 있었는데, 한 소녀가 그에게
와서 말했다. "당신도 갤럴리에서
지저스와 함께 있었어요."
70 그러나 그는 모두 앞에서 부인했
다. "나는 네가 무슨 말을 하는지
모른다."
71 그러면서 그가 현관안으로 들어가
자, 다른 하녀가 그를 보며, 그곳 사
람에게 말했다. "이 자 역시 내저레
쓰 출신 지저스와 함께 있었어요."
72 그래서 그는 다시 맹세하며 부인
했다. "나는 그를 알지 못한다."
73 잠시 후, 옆에 서있던 사람들이 와
서 핕어에게 말했다. "확실히 너도
저들 중 하나다. 네 말투에서 드러
난다."
74 그때 그는 맹세하며 저주하기 시
작했다. "나는 그를 모른다." 바로
그때, 수탉이 울었다.
75 그러자 핕어는 지저스가 해준 말
이 떠올랐다. '수탉이 울기 전, 너는
나를 세번 부정한다.' 그래서 그는

밖으로 나가 슬프게 울었다.

지저스의 십자가형

27 아침이 되자, 여러 선임제사
장과 백성의 원로가 지저스
를 죽일 계략을 세웠다.
2 그들은 그를 묶어 끌고 가서, 당시
로마총독 폰티우스 파일렅에게 넘
겼다.
3 한편 그를 배신한 쥬더스는, 그가
유죄판결을 받았다는 것을 알고
후회하며, 은 30조각을 다시 선임
제사장과 원로에게 가져가서
4 말했다. "내가 그의 순수한 피를 배
반하는 죄를 지었다." 그러자 그들
이 말했다. "그것이 우리와 무슨 상
관이 있나? 너나 그것을 알아라"
고 했다.
5 그러자 그는 은을 성전바닥에 던
지고 나가, 스스로 목을 맸다.
6 선임제사장은 은조각을 집어들고
말했다. "이것을 다시 금고에 넣는
것은 합당하지 않다. 왜냐하면 그
것은 피의 대가이기 때문이다."
7 그리고 그들이 의논하여, 그 돈으
로 도공의 벌판을 매입하여, 외지
인의 무덤으로 사용했다.
8 그래서 그 벌판을 이날에 이르기
까지 피의 벌판이라고 부른다.
9 그래서 예언자 제러마야가 전한
다음 말이 이루어졌다. "그들은 그
의 몸값, 은 30조각을 들고 갔는데,
그것은 이즈리얼 자손이 그에 대
해 매긴 가치였고,
10 그것을 도공의 벌판에 대한 대가
로 주었다. 이는 주님이 나에게 언
급해준 대로였다"고 했다.
11 그리고 지저스가 로마총독 앞에
서자, 총독이 물었다. "네가 쥬다인
의 왕인가?" 지저스가 그에게 말
했다. "당신이 그렇다고 말한다."
12 지저스가 선임제사장과 원로에게
고소당했을 때, 그는 아무 대답도
하지 않았다.
13 그래서 로마총독 파일렅이 그에게
물었다. "저들이 당신에 대해 얼마
나 많은 증언을 했는지 듣지 못했
나?"
14 그가 그에게 단 한마디도 대답하
지 않자, 총독이 대단히 놀랐다.
15 당시 축제 때, 총독은 백성이 원하
는 죄수 하나를 풀어주게 되어 있
었다.
16 그때 거기에 버라버스라는 악명
높은 죄수가 있었다.
17 그래서 그들이 모였을 때 파일렅
물었다. "내가 너희에게 누구를 풀
어줄까? 버라버스인가, 아니면 크
라이스트라고 불리는 지저스인
가?"
18 그가 알았던 것은, 저들이 시기로
인해 그를 넘겼다는 것이었다.
19 로마총독이 재판석을 맡게 되자,
그의 아내가 말했다. "당신은 저 정
직한 사람과 아무 상관이 없어요.
나는 저 사람 때문에 어제밤 꿈에

많이 시달렸어요."
20 그러나 선임제사장과 원로는 군중
을 설득하여, 버라버스 석방을 요
구하고 지저스를 죽여야 한다고
했다.
21 총독이 그들에게 말했다. "당신들
은 둘 가운데 내가 누구를 풀어주
길 원하나?" 그들이 말했다. "버라
버스다."
22 파일렅이 그들에게 물었다. "그럼
내가, 구원자크라이스트라고 불리는
지저스를 어떻게 해야 하나? 모두
가 일제히 말했다. "그를 십자가에
못박아야 한다."
23 총독이 말했다. "왜, 그가 무슨 나
쁜 일을 저질렀나?" 그러나 군중
은 더 크게 외쳤다. "그를 십자가에
못박아라!"
24 파일렅은 군중을 이길 수 없다는
것을 알았고, 오히려 소동이 발생
할 수 있었으므로, 그는 물을 가져
오게 하여, 군중 앞에서 손을 씻으
며 말했다. "나는 이 정직한 사람의
피에 대해 잘못이 없다. 너희도 그
것을 알아야 한다."
25 그러자 모든 백성이 대답했다. "그
의 피는 우리와 우리 자손에게 있
다."
26 그래서 총독은 버라버스를 그들에
게 풀어주고, 지저스에게 매질을
시킨 다음, 십자가형에 처하게 했
다.
27 다음 총독의 병사들이 지저스를
일반광장으로 데려가자, 군대가
그에게 집결했다.
28 그리고 지저스의 옷을 벗기고, 주
홍색 로브옷을 입혔다.
29 또 가시로 크라운관을 엮어 그의
머리에 얹고, 오른손에 막대기를
쥐게 한 다음, 그들이 그 앞에서 무
릎을 꿇고 절을 하며 그를 조롱했
다. "만세! 쥬다의 왕이다!"
30 그들은 그에게 침을 뱉고, 막대기
를 빼앗아, 그의 머리를 내려쳤다.
31 그들이 그를 놀리며 모욕한 다음,
로브옷을 벗기고, 그의 옷을 입혀,
못을 박으러 끌고 갔다.
32 그들이 그곳 밖으로 나와, 사이린
출신 사이먼을 발견하자, 그에게
지저스의 십자가를 메고 가게 시
켰다.
33 그리고 그들은 갈거싸Golotha 라는
지역까지 왔는데, 그곳은 '해골'을
뜻하는 장소였다.
34 그들은 그에게 쓴 담즙을 섞은 식
초를 주어 마시게 하자, 그가 맛을
보더니, 마시려 하지 않았다.
35 그들은 그를 십자가에 못박고, 제
비뽑기로 그의 옷을 찢었다. 그것
은 예언자가 전한 다음 말이 이루
어진 것이었는지 모른다. "그들이
내옷을 찢었는데, 내옷을 두고 서
로 제비뽑기했다"고 전한다.
36 또 그들이 앉아서, 지저스를 쳐다
보았는데,
37 그의 머리에, "이 자는 쥬다왕 지저

스다"라는 비난글을 얹어두고 보
았다.
38 그곳에 그와 함께 두 도둑이 십자
가에 못박혔는데, 하나는 오른쪽
에, 다른 하나는 왼쪽에 있었다.
39 지나던 사람이 그에게 욕을 퍼붓
고, 머리를 흔들며,
40 말했다. "네가 성전을 부수고, 3일
만에 짓는다더니, 네 자신이나 구
해라. 네가 **하나님의 아들**이라면,
십자가에서 내려와라."
41 마찬가지로 선임제사장도 그를 빈
정거렸고, 법학자서기관과 원로들도
함께 그랬다.
42 "그는 다른 사람을 구했다며, 스스
로는 구제할 수 없나보다. 그가 이
즈리얼왕이면, 지금 십자가에서
내려와봐라. 그러면 우리가 그를
믿겠다.
43 그가 **하나님**을 믿는다면, 지금 그
에게 구원해달라 해라. 그가, '나는
하나님의 아들'이라 말했으니, 그가
그를 구하겠지.
44 그와 함께 못박힌 도둑도 같은 식
으로 그에게 욕설했다.
45 그때 제6시정오부터 제9오후3시 사
이에 땅 전체가 어둠에 뒤덮였다.
46 그러다 제9시 무렵, 지저스가 큰
목소리로 호소했다. "일라이, 일라
이, 라마, 사밧싸나이? 그 말의 의미
는 이렇다. [나의 하나님, 나의 하나
님, 왜 당신은 나를 버리죠?]"
47 그곳에 서있던 사람 일부가, 이 말
을 듣더니, "이 사람이 일라이자일
라야스를 불렀다"고 했다.
48 그 중 한 사람은 곧장 뛰어가서, 스
펀지를 가져와, 식초에 적셔, 막대
기에 꽂은 다음, 그에게 주어 마시
게 했다.
49 나머지는 이렇게 말했다. "그냥 두
고, 일라이자일라야스가 그를 구하러
오는지 두고보자."
50 지저스가 다시 큰소리로 외쳤을
때, 숨을 거두었다.
51 그런데 보니, 성전의 휘장이 위에
서 아래로 둘로 찢어졌고, 땅은 지
진이 일었으며, 바위가 갈라졌다.
52 또 무덤이 열려, 잠자던 많은 성도
의 시체가 일어나더니,
53 그의 부활에 뒤이어, 무덤에서 나
와, 신성한 도시로 가는 것이, 여러
사람 눈에 띄었다.
54 그때 백명 지휘관과 지저스를 지
켜보며 함께 있던 군대가, 지진을
보고, 벌어진 모든 상황을 보자, 대
단히 무서워하며 말했다. "이 사람
은 정말 **하나님의 아들**이었다."
55 또 많은 여자가 멀리 떨어져서 지
켜보고 있었는데, 그들은 갤럴리
부터 지저스를 따라오며 그에게
시중을 들어주었다.
56 그 가운데, 매리 맥덜런, 재임스와
조지스의 어머니 매리와, 제베디
아들의 어머니도 있었다.
57 저녁이 되자, 조셉이라는 이름의
애러매씨아 출신 부자 한 사람이

왔는데, 그 역시 지저스의 제자였
다.
58 그가 파일렅 총독에게 가서, 지저
스 시신을 달라고 사정하자, 파일
렅이 시신을 내주라고 명령했다.
59 그래서 조셒이 시신을 받아, 깨끗
한 리넨 천에 싸서,
60 그것을 자기 소유의 새무덤에 안
치했는데, 그것은 바위를 깎아 만
든 것이었다. 그리고 그는 묘입구
에 큰 바위를 굴려 막은 후 떠났다.
61 그때 매리 맥덜런과 다른 매리가
묘지 맞은편에 앉아 있었다.
62 다음날은 사배쓰휴일 전 준비일이
었는데, 선임제사장과 풰러시엄격한
법규정파들이 함께 파일렅 총독에게
오더니,
63 다음과 같이 말했다. "각하, 우리는
그 사기꾼이 살아 있었을 때 한 말
을 기억하고 있어요. '3일 후, 나는
다시 일어날 것'이라고요.
64 그러니 3일째 날까지, 무덤을 철저
히 지키라고 명령하여, 그의 제자
가 밤에 와서 시체를 훔쳐가지 못
하게 해주세요. 사람들에게 그가
죽음에서 일어났다고 말하면, 마
지막 실수가 처음보다 더 나빠질
수 있어요."
65 그래서 파일렅이 일렀다. "너희는
잘 지켜야 한다. 각자의 위치로 가
서, 가능한 철저히 지켜라."
66 그래서 그들이 가서, 무덤을 확인
하고 돌로 막고 보초를 세웠다.

지저스가 일어나 함께 한다

28 사배쓰휴일이 끝난 다음주
첫날 새벽에 날이 밝기 시작
하자, 매리와 다른 매리가 묘지를
보러 왔다.
2 와서 보니, 그곳에 큰지진이 있었
다. 왜냐하면 **주님**의 천사가 하늘
에서 내려와, 무덤입구의 돌을 뒤
로 밀고, 그곳 위에 앉아 있었기 때
문이었다.
3 그의 얼굴은 빛과 같았고, 옷은 눈
처럼 하얬다.
4 그에 대한 두려움에 묘지기는 거
의 죽다시피 되어 있었다.
5 천사가 두 여자에게 말했다. "너희
는 두려워 마라. 나는, 너희가 십자
가형을 당한 지저스를 찾는다는
것을 안다.
6 그는 올라가서 여기 없다"고 말했
다. "와서, **주님**이 누웠던 곳을 확인
해봐라.
7 그리고 빨리 가서, 그의 제자에게
전해라. '그가 죽음에서 일어났다.
그는 너희보다 먼저 갤럴리로 간
다. 거기서 너희는 그를 보게 된다.'
이것이 내가 너희에게 전달할 말
이다."
8 그들은 즉시 무덤을 떠났고, 두려
우면서도 크게 기뻐하며, 제자에
게 이 소식을 전하려고 뛰었다.
9 그들이 제자에게 말하려고 가서
보니, 지저스가 그들을 만나 다음
을 말하는 중이었다. "모두 잘 있었

나.” 그러자 그들이 와서, 그의 발
을 만져보고 경배했다.
10 지저스가 그들에게 말했다. “너희
는 두려워 말고 가서 나의 형제에게
전해라. ‘그들이 갤랠리로 가면, 거
기서 나를 보게 된다’고 해라.”
11 한편 여자들이 가는 사이, 묘를 지
켜보던 몇 사람이 도성안에 들어
와, 선임제사장에게 벌어진 사건
을 전부 보고했다.
12 그들은 원로와 함께 모여 의논한
다음, 무덤을 지킨 군인에게 큰돈
을 주며,
13 말했다. “너희는 이렇게 말해야 한
다. ‘그의 제자들이 밤에 와서, 우리
가 자는 동안 그를 훔쳐갔다’고 해
라.
14 만약 이 소식이 총독의 귀에 들어
가면, 우리가 그에게 잘 이야기하
여, 너희를 지켜주겠다.”
15 그래서 그들은 돈을 받고, 그들이
시키는 대로 했다. 이 말은 쥬다인
가운데 이날까지 일반적으로 전해
지고 있다.
16 그때 열한 제자는 갤럴리로 간 다
음, 지저스가 그들에게 지정해준
산으로 갔다.
17 그들은 그를 보고 경배했지만, 일
부는 의심했다.
18 그러자 지저스가 오더니, 그들에
게 말했다. “하늘과 땅에서 모든 능
력이 나에게 부여되었다.
19 그러므로 너희는 가서, 모든 민족을
가르치고, 그들을 세례하여, 아버지
와 그 아들과 신성한 영혼의 이름으
로 정화해라.
20 그들을 가르쳐, 내가 너희에게 명령
한 모든 것을 지키게 해라. 보라, 나
는 언제나 너와 함께 있다. 심지어
세상이 끝날 때까지 같이 한다. 애이
멘 [한마음이다.]”

제자 말크

세례자 존이 길을 마련하다

1 하나님 아들, 지저스 크라이스
트 가르침가스펄의 시작은,
2 예언서의 다음 기록에 따른다. "보
라, 나는 너보다 먼저 나의 사자를
보내는데, 그는 너의 앞길을 마련
하게 된다."
3 "황야에서 한 목소리가 외친다. '너
희는 주인의 길을 준비하여, 바르
게 만들어라.'"
4 그리고 세례자 존은 황야에서 물
로 씻기며, 죄 면제에 필요한 반성
과정의 정화의식을 실행하며 가르
쳤다.
5 그래서 쥬디아쥬다땅 전역에서, 또
저루살럼 모두가 그에게 간 다음,
조든강에서 자기 죄를 고백하며,
그에게 세례를 받았다.
6 존은 낙타털옷을 입고, 가죽끈으
로 허리를 묶고, 메뚜기와 야생꿀
을 먹으며,
7 가르침을 전파하며 말한다. "앞으
로 나보다 더 강한자가 오는데, 나
는 몸을 구부려 그의 신발끈을 풀
정도의 가치도 없다.
8 나는 실제 물로 너희를 씻어주지
만, 그는 신성한 영혼성령으로 너희
를 정화할 것"이라고 했다.
9 그날이 되어, 지저스가 갤럴리의
내저레쓰에서 와서, 조든강에서
존에게 세례를 받았다.
10 그리고 물에서 바로 나온 그가 하
늘이 열리는 모습을 보자, 성령이
비둘기처럼 그에게 내려앉았다.
11 그런 다음 하늘에서 한 목소리가
말한다. "너는 내가 사랑하는 아들
이다. 그는 나를 대단히 기쁘게 한
다!"
12 그러면서 성령은 그를 황야로 이
끌었다.
13 그래서 그는 사막에서 40일간 있
으면서, [악의 전령] 새이튼의 시험
을 받았고, 야생짐승과 함께 지내
는 동안, 천사가 그를 보살폈다.
14 그리고 존이 감옥에 들어간 다음,
지저스는 갤럴리로 가서, 하나님
왕국의 가스펄gospel을 가르치며,
15 말한다. "때가 되었다. 하나님 왕국
이 가까이 와있다. 너희는 반성하며
가스펄하나님의 마음을 믿어라"고 했
다.
16 그가 갤럴리바다 옆을 지날 때, 사
이먼과 앤드루 형제가 바다에 그
물을 던지는 것을 보게 되었다. 그

들은 어부였다.
17 지저스는 그들에게 말했다. "너희
는 나를 따라라. 내가 너희를 사람
잡는 어부로 만들겠다"고 했다.
18 그러자 곧 그들은 그물을 버리고,
그를 따랐다.
19 그가 그곳에서 좀 더 갔을 때, 제베
디 아들 재임스와 동생 존을 보게
되었고, 그들도 배에서 그물을 수
리하는 중이었다.
20 그리고 그가 그들을 부르자마자,
배안의 아버지 제베디와 고용한
일꾼을 남겨둔 채, 그를 따라 나섰
다.
21 그들이 커퍼내음에 들어갔을 때,
곧 사베쓰휴일이 되어, 그는 시너
가그유다인집회에 들어가 가르쳤다.
22 그러자 사람들은 그의 교훈이야기
에 감탄하며 놀랐다. 왜냐하면 그
는 권위를 가진 자처럼 사람을 가
르쳤고, 법학자서기관 같지 않았다.
23 시너가그 안에서 어떤 깨끗하지
못한 영혼을 가진 사람이 소리치
며,
24 말했다. "우리를 내버려 둬라. 우리
한테 네가 무슨 상관이 있나? 너는
내저레쓰의 지저스이면서, 우리를
망치려 하나? 나는, 네가 신성한
유일신 하나님이 되려는 것을 알
고 있다."
25 그러자 지저스가 그를 나무라며
말했다. "잠자코, 그한테서 나와라."
26 그때 악령이 큰 소리를 외치며 그
로부터 튀어나왔다.
27 그러자 사람들이 모두 놀라, 서로
물으며, "도대체 이게 무슨 일이
지? 이런 새가르침은 뭐야? 그가
가진 권한으로 명령하자, 악령조
차 그에게 복종하다니!" 라고 했다.
28 그리고 곧바로 그의 명성이 널리
퍼져, 갤럴리 일대에 곳곳을 돌았
다.
29 그리고 그들은 시너가그에서 나
와, 사이먼과 앤드루 집으로 재임
스와 존을 데리고 들어갔다.
30 그런데 사이먼 아내의 어머니가
열이 나고 아파서 누워 있었고, 그
들이 그에게 어머니에 대해 말해
주었다.
31 그가 다가가서 손으로 그녀를 붙
잡아 일으키자, 바로 열이 내려서,
그녀는 그들을 대접하게 되었다.
32 저녁에 해가 졌는데, 사람들이 그
에게 질환자와, 악마에 사로잡힌
자를 데려왔다.
33 또 도시 곳곳에서 문앞으로 모여
들었다.
34 그리고 그가 여러 질병으로 아픈
자를 고치며, 악마를 모조리 내쫓
자, 악마들이 한마디도 못한 까닭
은, 그들이 그를 알아보았기 때문
이었다.
35 아침에 해가 떠 날이 밝기 전, 그는
그곳을 나서, 조용한 곳으로 가서
기도했다.
36 사이먼 및 함께 있던 사람도 그를

뒤따라 갔다.
37 그들이 그를 발견하고 말했다. "모
두가 당신을 찾아요."
38 그가 그들에게 말했다. "우리가 다
음 마을로 가자. 그러면 거기서도 가
르칠 수 있다. 나는 그 때문에 왔으
니까."
39 그리고 그는 갤럴리를 돌며 그들
의 시너가그집회에 가서 가르치며
악을 쫓았다.
40 그에게 어떤 피부감염자가 오더
니, 무릎을 꿇고 호소했다. "당신이
하고자하면, 나를 깨끗하게 만들
수 있어요."
41 지저스는 가여움에 마음이 흔들
려, 손을 내밀어 그를 어루만지며
말했다. "나는 네가 깨끗해지기를
바란다."
42 그가 말한 즉시, 감염증이 사라져,
그가 깨끗해졌다.
43 지저스는 그를 보내면서 단단히
당부하며,
44 다음과 같이 일렀다. "네가 사람을
봐도, 아무한테도 말하지 말고, 네
길만 가다가, 제사장을 만나면, 자신
을 보이고, 신체가 깨끗해졌을 때 제
공하는 제물을 올려라. 그것은 모지
스가 그들에게 증언에 대해 명령했
던 것이다."
45 하지만 그는 가면서, 많은 사람에
게 공개하기 시작하여, 순식간에
멀리 퍼졌다. 그래서 지저스는 그
도성에 들어가 더 남의 눈에 띄게
할 수 없었고, 대신 도시밖 사막에
있었다. 그런데도 사람들은 도처
에서 그에게 왔다.

사람의 아들은 사베쓰휴일의 주인

2 다시 그가 커퍼내음으로 들어간
것은, 며칠이 지나서 였는데, 그
집에 그가 있다는 소문이 돌았다.
2 그러자 곧 많은 사람이 모여들어,
그들을 받아들일 여지가 없을 정
도였고, 문 주변도 자리가 없는 가
운데, 그는 그들에게 가르침을 전
했다.
3 사람들이 그에게 중풍에 걸린 한
사람을 넷이서 메고 데려왔다.
4 그들은 꽉 들어찬 사람 때문에 그
에게 다가갈 수 없자, 그가 있는 곳
지붕을 걷어내더니, 그곳이 뚫리
자, 마비된 자를 누인 매트를 아래
로 내렸다.
5 지저스가 그들의 신념을 보고, 중
풍환자에게 말했다. "아들아, 네 죄
가 용서되었다."
6 그러나 일부 법학자서기관가 그곳에
앉아 있다가, 마음속으로 이유를
따지고 있었다.
7 "왜 이 사람이 이렇게 [신을] 모독
하는 말을 하는가? 하나님 이외 누
가 죄를 용서할 수 있나?"
8 순간 지저스는, 저들이 시비를 생
각하고 있다는 것을 눈치채고 말
했다. "어째서 너희는 마음속에서
이유만 따지나?"

9 신체마비로 괴로워하는 사람에게
무슨 말을 하는 쪽이 더 쉬울까? '너
의 죄는 용서되었다' 말하기일까, 아
니면 '일어나 네 침대를 들고 걸어
나가라'고 말하는 것일까?
10 하지만 너희는, 사람의 아들이 땅위
의 죄를 용서할 수 있는 능력이 있
음을 알게 될 것이다." [그는 마비된
자에게 말했다.]
11 "내가 네게 말하는데, 일어나서, 네
침대를 들고, 집으로 돌아가라."
12 그러자 그가 일어나 침대를 들더
니, 모두 앞에서 걸어 나갔고, 그를
본 사람들이 모두 놀라, 하나님을
칭찬하며 말했다. "우리는 이런 경
우를 한 번도 본 적이 없었다"고 했
다.
13 다음 그가 다시 바닷가로 갔는데,
많은 무리가 지저스에게 몰려들어
서, 그들을 가르쳤다.
14 또 그가 길을 가다, 세관에 앉아 있
는 알퓌어스 아들 리바이를 보며
말했다. "나를 따라라." 그래서 그
가 일어나 그를 따랐다.
15 그리고 지저스가 리바이 집에 앉
아 식사할 때, 세금징수인 및 죄인
들 역시 지저스와 제자와 함께 앉
아 있었다. 그곳에도 많은 사람이
그를 따르고 있었기 때문이었다.
16 그때 법학자서기관와 풰러시엄격한 법
규정파들이, 그가 세금징수인 및 죄
인과 함께 식사하는 것을 보고, 제
자에게 따졌다. "어떻게 그가 세금
징수인 및 죄인과 같이 먹고 마실
수 있나?"
17 지저스는 그 말을 듣고 그들에게
말했다. "몸이 건강하면 의사가 필
요없지만, 아픈자는 그렇지 않다. 나
는 바른자를 부르러 온 게 아니라,
죄인의 마음을 돌리려는 것이다" 라
고 했다.
18 당시 존의 제자와 풰러시엄격한 법규
정파의 제자는 자주 금식을 했으므
로, 그들이 그에게 물었다. "존과
풰러시 제자는 금식하는데, 왜 당
신 제자는 금식하지 않나?"
19 지저스가 그들에게 대답했다. "신
랑이 같이 있는 동안, 아이들이 신부
방에서 금식 하겠나? 신랑과 함께
있는 한, 그들은 금식할 수 없다.
20 그러나 그날이 와서, 신랑이 그들한
테서 빼앗겨지면, 그때 그들은 금식
하게 된다.
21 아무도 낡은옷에 새천조각을 깁지
않는다. 그렇지 않으면, 그곳을 메운
새천이 낡은옷을 잡아당겨 찢어져
더 나빠진다.
22 또 누구도 새술을 낡은 부대에 담지
않는다. 그렇지 않으면 새술이 낡은
부대를 뚫고 나와 술이 새고, 술부대
도 망가진다. 따라서 새술은 새부대
에 넣어야 한다"고 했다.
23 어느 사베쓰휴일날 그가 옥수수밭
을 지나가는데, 제자가 따라가며,
곡식이삭을 따기 시작했다.
24 그러자 풰러시엄격한 법규정파가 그에

게 말했다. "보라, 사베쓰휴일에 어
째서 저들이 법을 위반하나?"
25 그러자 그가 그들에게 말했다. "너
희는 대이빋이 배가 고팠을 때 그들
이 어떻게 했는지 읽어보지도 못했
나?
26 그는, 대제사장 애비애싸 시절에 하
나님 성전에 들어가, 전시용빵을 먹
었다. 그것은 제사장 이외에는 불법
인데, 자기와 함께 있던 사람까지 주
었는데, 모르나?
27 그리고 그가 그들에게 말했다. 사베
쓰휴일이란 인간을 위해 만들어졌
지, 휴일을 위해 사람이 만들어진 게
아니다.
28 따라서 사람의 아들 역시 사베쓰휴
일의 주인이다."

지명한 12제자에게 능력을 주다

3 그리고 또 지저스가 어느 시너
가그쥬다집회로 들어갔더니, 그곳
에 손이 말라 오그라든 사람이 있
었다.
2 사람들이 그를 주시한 까닭은, 사
베쓰휴일에 사람을 고치면, 고소
할 수 있었기 때문이었다.
3 지저스는 손이 오그라든 자에게
말했다. "일어서라!"
4 그리고 사람들에게 말했다. "사베
쓰휴일에 좋은 일이면 합법인가?
아니면 생명이 살고 죽는데, 위법인
가?" 그들은 조용했다.
5 주위를 둘러보니, 그들은 화가 나
서, 마음을 굳히고 불만스러워하
는 사이, 그가 그 사람에게 말했다.
"손을 내밀어봐라." 그가 손을 내밀
었더니, 그의 손은 다른 사람처럼
온전하게 회복되어 있었다.
6 풰러시엄격한 법규정파는 밖으로 나가,
곧바로 해롣왕 사람들과 그를 어
떻게 꺾을지 의논했다.
7 한편 지저스는 제자와 함께 해변
으로 갔다. 그곳의 수많은 무리는
갤럴리에서부터 그를 따라온 사람
들이었다. 또 쥬디아쥬다땅에서도
왔고,
8 저루살럼, 이두미아, 조든강 건너,
타이러와 사이든 사람까지, 엄청
난 무리가 그가 실행한 놀라운 소
문을 듣고 그에게 와있었다.
9 그가 제자에게 작은 배를 준비하
라고 말한 이유는, 군중이 서로 밀
치지 않게 하기 위한 것이었다.
10 그가 많은 사람을 고쳐주자, 사람
들이 밀고 들어와 그를 만지려고
했다. 대부분 전염병에 걸려 있었
다.
11 깨끗지 못한 악의 영혼들이 그를
보더니, 앞에 엎드려 소리쳐 말했
다. "당신은 **하나님 아들**이에요."
12 그러자 그는 그들에게 단단히 일
러, 자신을 알리지 말라고 했다.
13 그리고 산에 올라, 지정하는 몇 사
람을 부르자, 그들이 왔다.
14 지저스는 12사람을 임명하여, 곁
에 있게 한 다음, 그들이 나가서 가

르칠 수 있게 만들고,
15 또 질병을 치료하고, 악령을 쫓는
능력도 부여해주었다.
16 다음은 그들의 명단이다. 사이먼,
그는 그의 이름을 필어로 불렀다.
17 그리고 제베디 아들 재임스, 재임
스 동생 존, 그는 그들을 보우너쥐
스로 불렀는데, 그것은 천둥의 아
들이라는 의미다.
18 그리고 앤드루, 필립, 바쏠로뮤, 맽
쓔, 토마스, 알퓌어스 아들 재임스,
쌔디어스, 캐이넌 출신 사이먼,
19 끝으로 쥬더스 이스캐리엍인데,
이 사람은 그를 배반했다. 그들은
한 집에서 같이 있었다.
20 또 다시 수많은 무리가 모여들었
기 때문에, 그들은 빵도 제대로 먹
을 수 없었다.
21 지저스 지인들이 그 이야기를 듣
고, 그를 말리려고 하면서, "그는
제정신이 아니다"라고 말했다.
22 저루살럼에서 온 법학자서기관도 다
음과 같이 말했다. "그는 악마대장
베얼제법과 짜고 악령을 내쫓는
다."
23 그러자 그는 그들을 불러 비유의
이야기를 했다. "어떻게 [악의 영혼]
새이튼이 새이튼을 내쫓을까?
24 한 왕국이 분열하면, 존립할 수 없
다.
25 한 집안도 안에서 나누어지면, 제대
로 서 있을 수 없다.
26 만약 새이튼이 서로를 향해 분개해
서 갈라지면 유지하지 못하고 결국
망한다.
27 아무도 강자의 집에 들어가 물건을
빼앗을 수 없고, 단지 강자를 묶어
야, 그 집을 약탈할 수 있다.
28 진실로 내가 너희에게 말하는데, 모
든 죄는 사람끼리 용서할 수 있고,
모욕해도 그렇다.
29 그러나 신성한 영혼을 모독하는 자
는, 절대 용서받을 수 없고, 영원한
저주속에 빠진다."
30 그가 이와 같은 이야기를 한 이유
는, 남들이, "그에게 불결한 영혼이
있다"고 말했기 때문이었다.
31 그때 그의 형제와 어머니가 와, 밖
에 서서, 그를 부르러 사람을 보냈
다.
32 많은 무리가 주위에 앉아 있었는
데, 그에게 말을 전했다. "보세요,
당신 어머니와 형제가 밖에서 당
신을 찾아요."
33 그러자 그가 대답했다. "누가 나의
어머니고, 또 형제인가?"
34 그러면서 그는 주위에 앉은 사람
을 둘러보며 말했다. "나의 어머니,
나의 형제들을 보라!
35 하나님의 뜻을 실천하는 자는 누구
나, 나의 형제, 나의 자매, 나의 어머
니다."

일화속 사례를 든 비유이야기

4 지저스가 또 해변가에서 가르치
기 시작하자, 엄청난 군중이 모

였으므로, 그는 배에 올라, 바다 가
운데 앉았고, 무리는 땅위 물가에
있었다.
2 그는 비유를 들어 사람에게 많은
것을 가르치며, 교훈이야기를 해
주었다.
3 "들어보라, 씨를 뿌리는 자가 씨를
뿌리러 밖으로 나갔다.
4 그가 씨를 뿌릴 때, 일부가 길옆에
떨어지자, 공중을 나는 새가 와서 먹
었다.
5 일부는 돌밭에 떨어졌는데, 그곳은
흙이 많지 않아, 바로 싹이 나왔다.
왜냐하면 땅의 깊이가 없었기 때문
이다.
6 그런데 해가 뜨자 시들어버렸고, 뿌
리가 없었으므로 말라죽었다.
7 일부는 가시밭에 떨어졌는데, 가시
가 자라면서, 그것을 눌러 열매를 맺
지 못했다.
8 다른 씨는 좋은 흙에 떨어져, 싹이
나오고, 열매를 맺어, 점점 자라, 30
배, 60배, 100배를 산출했다."
9 그가 말했다. "듣는 귀가 있는 사람
은 들어라."
10 어느날 그가 혼자 있는데, 함께 있
는 12제자가 비유에 대해 물었다.
11 그가 말했다. "너희에게는 하나님
왕국의 비밀을 알 수 있는 능력이 주
어졌다. 하지만 그밖의 사람은 모든
것을 도덕적 일화속에서 일어난 예
를 들어 비교해야 이해할 수 있다.
12 그들은 본다 해도 알지 못하고, 들어
도 이해하지 못한다. 어느 때고 그들
의 마음이 변하지 않도록, 그들의 죄
가 용서되어야 한다."
13 또 그들에게 말했다. "너희는 이 비
유의 일화를 모르나? 그러면 어떻게
모든 비유이야기를 이해할까?
14 씨뿌리는 자는 말을 뿌린 것이다.
15 뿌리는 자가 말을 길옆에 뿌렸으므
로, 사람이 말을 들었다 해도, 곧 새
이튼이 와서, 그들 마음에 심어진 말
을 없애버린다.
16 마찬가지로 돌밭에 뿌려진 말은, 사
람이 들은 즉시 기쁘게 받아들인다.
17 하지만 마음속에 뿌리가 없기 때문
에 한동안 견디다, 그후 그 말로 인
해 고통이나 처벌을 받게 되면, 바로
위반해버린다.
18 가시밭에 뿌려진 말은 다음과 같이,
19 세상관심이나, 재물사기나, 마음에
생기는 다른 욕망들이 그 말을 눌러,
열매를 맺지 못하게 된다.
20 좋은 땅에 뿌려진 말은, 그것을 듣고
받아들여 열매를 맺는데, 일부는 30
배, 일부는 60배, 일부는 100배를 생
산해내는 것이다."
21 그가 그들에게 말했다. "촛불을 버
킷양동이아래 둘까, 아니면 침대밑에
둘까? 그것은 촛대위에 올려놓아야
하지 않을까?
22 숨겨지는 것은 없고, 드러나지 않는
것도 없으며, 어떤 것도 비밀이 유지
되지 않고, 오히려 널리 알려지고 만
다.

23 듣는 귀를 가진 사람이라면, 듣도록
노력해라."
24 그가 말했다. "너희가 들을 수 있다
면, 귀담아 들어라. 네가 재는 가늠
자로, 자신이 측정된다. 그리고 듣는
자에게 더 많이 주어질 것이다.
25 가진 자에게 더 주어지고, 갖지 못한
자는 가진 것마저 빼앗긴다."
26 그러면서 말했다. "그와 같이 하나
님 왕국도, 마치 인간이 땅에 씨를
뿌리는 것과 같다.
27 밤낮으로 자고 일어나면, 씨앗은 싹
을 내서 자라는데, 사람은 어떻게 그
렇게 되는지 알지 못한다.
28 땅에서 열매가 나오게 하려면, 먼저
잎이 나와 이삭을 맺은 다음, 그 안
에 곡식을 채운다.
29 그리고 열매가 익자마자, 사람은 낫
을 댄다. 왜냐하면 수확기가 됐으니
까."
30 그가 말했다. "따라서 우리가 하나
님 왕국을 어디에 비유하면 좋을까?
또는 무엇과 비교해야 할까?
31 이는 겨자씨와 같다. 그것이 땅에 뿌
려질 때는 땅의 씨앗 중 가장 작다.
32 그러나 그것이 뿌려져 자라면, 모든
풀 이상 가장 커진다. 또 큰 가지를
내면, 공중의 새도 그 그늘 아래 머
물 수 있다."
33 그와 같은 여러 가지 교훈이 되는
사례를 그가 제자에게 이야기해주
어, 그 해설을 듣고 그들이 이해할
수 있었다.
34 그는 비유없는 이야기는 하지 않
았고, 제자만 남아 있을 때마다 모
든 것을 자세히 설명해주었다.
35 그날 저녁 그가 제자에게 말했다.
"우리가 다른쪽으로 건너가자."
36 그래서 제자가 군중을 보낸 다음,
그를 배에 태워, 다른 여러 작은 배
와 함께 갔다.
37 그런데 큰 폭풍이 일자, 파도가 배
를 덮쳐, 배에 물이 찼다.
38 그는 배 뒤쪽에서 베개를 베고 잠
이 들었다. 그래서 그를 깨우며 말
했다. "주인선생님, 우리가 죽게 되
었는데, 걱정도 안 돼요?"
39 그러자 그가 일어나, 바람을 꾸짖
고, 바다에게 말했다. "가만히 있어
라!" 그랬더니, 조용해졌다.
40 그런 다음 그가 말했다. "너희는 왜
그렇게 걱정이 많나? 어떻게 그토록
믿음이 없나?"
41 제자는 너무나 두렵고 놀라 서로
말했다. "이 사람은 대체 어떤 사람
이길래, 바람이나 바다조차 복종
할까?"

오직 믿어라

5 그들은 바다 건너편으로 와서,
개더린스 지방으로 갔다.
2 그가 배에서 내리자마자, 묘지구
역에서 나오는 사람을 만나게 되
었는데, 그에게 불결한 악령이 들
어 있었다.
3 아무도, 무덤 가운데 사는 그를 구

속하거나, 쇠줄로 묶을 수도 없었
다.
4 왜냐하면 그를 족쇄와 쇠줄로 묶
어도, 부수거나 끊어 조각내기 때
문에, 누구도 그를 말을 듣게 길들
이지 못했다.
5 항상 밤이나 낮이나 산속 무덤 가
운데 있으면서, 소리를 지르고, 돌
로 제몸을 자르며 자해하기도 했
다.
6 그가 멀리서 지저스를 보고 달려
와, 예를 갖춰 인사하며,
7 크게 소리치며 말했다. "당신이 나
와 무슨 상관이 있나, 지저스, 당신
은 가장 높은 하느님 아들이 맞지?
내가 하나님의 이름으로 간청하는
데, 제발 나를 괴롭히지 마라."
8 지저스는 그에게 말했다. "불결한
악령, 너는 그 사람한테서 나와라!"
9 그리고 그에게 물었다. "네 이름이
뭐지?" 악령이 대답했다. "내 이름
은 군단이다. 우리는 수가 많기 때
문이다."
10 그러면서 그는 지저스에게 자기들
을 그 지방에서 내쫓지 말아달라
고 간청했다.
11 그곳 산 근처에 큰 돼지무리를 먹
이는 우리가 있었다.
12 악령 모두 그에게 애걸했다. "우리
를 저 돼지에게 보내달라. 그러면
우리가 돼지 속으로 들어갈 수 있
다."
13 지저스가 그들에게 떠나라고 했
다. 그래서 불결한 악령이 나와 돼
지에게 들어가자, 돼지떼가 격렬
하게 아래쪽 가파른 지대를 달려
내려가더니, 숫자가 2,000이었는
데, 모두 바다에 빠졌다.
14 그러자 돼지를 먹이던 사람들이
놀라 달려가, 도시와 지방에 이 이
야기를 전하자, 그들도 벌어진 일
을 알아보려고 왔다.
15 사람들이 지저스에게 와서, 군단
악령에 사로잡혔던 사람을 바라보
고, 제정신으로 옷을 입은 모습을
보자, 무척 놀랐다.
16 그것을 본 사람이 마을사람에게
무슨 일이 벌어졌는지, 악령에 사
로잡혔던 사람과, 돼지에 관해서
전해주었다.
17 마을사람은 그에게 제발 그들 땅
에서 떠나달라고 애걸했다.
18 그래서 그가 배에 오르자, 악령에
사로잡혔던 사람이 함께 가게 해
달라고 부탁했다.
19 하지만 지저스는 그를 받아들이지
않고, 대신 그에게 말했다. "집으로
돌아가, 친구에게, **주인**이 너를 위해,
연민의 마음으로 실행한 큰일을 전
해라"고 했다.
20 그래서 그가 가서 디캐폴리스에서
다음을 알리기 시작했다. '지저스
가 자신을 위해 얼마나 큰기적을
실행했는지!' 그러자 모두가 놀랐
다.
21 지저스는 다시 배를 타고 다른쪽

으로 갔는데, 많은 사람이 모여들
었고, 그는 바다 가까이 있었다.
22 그때 보니, 시너가그 집회지도자
중 자이러스라는 사람이 왔는데,
그를 보더니, 발앞에 쓰러졌다.
23 그에게 애타게 간청하며 말했다.
"나의 어린 딸이 죽어가고 있어요.
제발 부탁하는데요, 당신이 딸에
게 손을 얹어주면, 그 아이가 나아
서 살아날 수 있어요."
24 그래서 지저스가 그와 함께 갔는
데, 많은 사람이 뒤따르며, 그에게
밀려왔다.
25 그런데 12년째 피가 흐르는 병을
앓고 있는 어떤 여자가,
26 지금까지 고생하며, 여러 의사의
처치를 받았지만, 아무것도 나아
지지 않고, 오히려 점점 나빠졌다.
27 그녀는 지저스 소문을 듣고, 무리
속에 끼어, 뒤에서 그의 옷자락을
만졌다.
28 그러면서 그녀는 생각했다. "내가
그의 옷이라도 만지면, 나아질 것
이다."
29 그 순간 흐르던 피가 멈추면서, 그
녀 몸안의 질환이 깨끗해지는 기
분을 느꼈다.
30 동시에 지저스는 자신의 힘이 몸
밖으로 나가는 느낌이 들어, 군중
에게 몸을 돌리며 물었다. "누가 나
의 옷을 만졌나?"
31 그러자 제자가, "선생님은 몰려드
는 군중을 보며, '누가 나를 만졌
나?'고 말했어요"라고 대답할 뿐이
었다.
32 그래서 그는 주위를 둘러보며, 그
렇게 한 자를 보려고 했다.
33 하지만 그녀는 자기가 한 일이 들
킨 것을 알고, 두려워 떨며 그 앞에
엎드려, 사실을 고백했다.
34 그러자 그가 그녀에게 말했다. "딸
아, 네 믿음이 너를 건강하게 만들었
다. 편안한 마음으로 가거라. 네 질
환은 다 나았다."
35 그가 말하고 있는 사이, 시너가그쥬
다집회 지도자의 집에서 온 어떤 사
람이 말했다. "당신 딸은 이미 죽었
는데, 왜 그 이상 선생님을 번거롭
게 하죠?"
36 지저스가 그 이야기를 듣더니, 바
로 시너가그 지도자에게 말했다.
"두려워 말고, 오직 믿어라."
37 그리고 그는 아무도 따라오지 못
하게 한 다음, 핕어와, 재임스와, 그
의 형 존만 데리고 갔다.
38 그가 그의 집에 도착하자, 소동이
일어나 울며, 크게 부르짖는 사람
들을 보았다.
39 그가 집안으로 들어가 그들에게
말했다. "당신들은 왜 이렇게 소란
을 피우며 우나? 소녀는 죽지 않았
다. 잠자고 있을 뿐이다."
40 그러자 사람들이 그를 비웃었다.
하지만 모두를 밖으로 내보낸 뒤,
그는 딸의 아버지, 어머니를 데리
고, 함께 온 제자와 소녀가 누워있

는 곳으로 들어갔다.
41 그리고 소녀의 손을 잡고 말했다.
"탤리싸 쿠미!" "내가 네게 말하는
데, 일어나, 소녀야!" 라고 했다.
42 그러자 곧 소녀가 일어나 걸었다.
왜냐하면 그녀는 12살이었으니까.
그때 사람들은 이 엄청난 일로 인
해 매우 놀랐다.
43 한편 그는 그들에게 단단히 이르
며, 아무한테도 이것을 알리지 말
라고 당부했고, 또 소녀에게 무엇
인가 먹을 것을 주라고 명령했다.

그에게 손댄 다수가 건강해지다

6 지저스가 그곳에서 자기 고향으
로 가자, 제자도 따라갔다.
2 사베쓰휴일이 되어, 그가 시너가
그쥬다집회에서 가르치기 시작하자,
많은 사람이 그의 가르침을 듣고
놀라 말했다. "이 사람은 어디서 이
이야기를 가져왔을까?" "그에게
부여된 이 지혜는 무엇이며, 심지
어 그의 손으로 이루는 놀라운 능
력은 대체 뭐지?" 라며 물었다.
3 "이 사람 목수아냐? 매리의 아들
이고, 형제가 재임스, 조지스조셉,
쥬다, 사이먼이잖아? 그의 여형제
는 우리와 같이 있고?" 그들은 지
저스가 못마땅했다.
4 그러자 지저스가 그들에게 말했
다. "예언자에게 존경을 안하는 것
은 아니지만, 고향이나, 친척이나,
자기 집만은 그렇지 않다."
5 그는 거기서 기적을 실행할 수 없
었고, 단지 아픈 몇 사람에게 손을
얹어주어, 낫게 해주었을 뿐이었
다.
6 그가 놀란 것은 고향의 불신이었
다. 그래서 마을 근교로 가서 가르
쳤다.
7 그는 12제자를 불러, 둘씩 짝을 지
어 보내면서, 불결한 악령을 이길
수 있는 능력도 주었다.
8 또 그들이 여행하는 동안 아무것
도 가져가지 말라고 명령하며, 지
팡이 하나 이외, 자루도, 빵도, 지갑
속 돈도 금지했다.
9 대신 신발은 여럿을 신어도, 여벌
의 겉옷은 안 된다고 했다.
10 또 제자에게 말했다. "너희가 어떤
집으로 들어가면, 떠날 때까지 그곳
에 머물러라.
11 누구든 너희를 받아주지 않거나, 너
희 말을 듣지 않으면, 그곳을 떠나면
서, 그들에 대한 증거로 발밑의 먼지
까지 떨어버리고 가라. 진실로 내가
너희에게 말하는데, 정의의 날에는
그런 도성보다 소듬과 거머라에게
훨씬 더 관대할 것이다."
12 그래서 그들이 떠나, 사람들이 반
성하도록 가르침을 전했다.
13 그들은 악한 영혼을 많이 쫓아내
고, 아픈 사람 다수에게 기름을 바
르며 고쳐주었다.
14 헤롣왕이 그의 소문을 듣더니, [지
저스의 이름이 널리 퍼졌기 때문

에] 다음과 같이 말했다. "세례자
존이 죽은자 가운데 부활했으므
로, 스스로 그런 기적이 생긴 것이
다"라고 했다.
15 다른 사람은, "그는 일라이자일라야
스다" 라고 말하고, 또 다른 사람은
"그는 예언자나, 여러 예언자 중 하
나"라고 했다.
16 그러나 헤롣왕은 그런 소문에 대
해, "그는 내가 목을 벤 존인데, 죽
었다 살아났다"고 주장했다.
17 예전에 헤롣이 사람을 보내, 존을
잡아 감옥에 감금했던 까닭은 히
로디아스 때문이었는데, 그녀는
그의 형제 필립과 결혼한 아내였
다.
18 당시 존이 헤롣왕에게 말하며, "당
신이 당신 동생 아내를 맞이하는
것은 불법"이라고 했던 것이다.
19 그래서 히로디아스가 존과 싸우
며, 그를 죽이려 해도, 죽일 수 없었
던 것은,
20 헤롣이 존을 정직하고 신성한 사
람으로 알고, 두려워하면서, 지켜
주었기 때문이었다. 그런데 헤롣
왕이 그가 많은 일을 했다는 소문
을 듣더니, 당황하는 한편 반가웠
다.
21 당시 히로디아스에게 마침내 기회
가 왔다. 헤롣은 그의 생일날 연회
를 열고, 고위 지역관리, 군대지휘
관, 갤럴리의 대표들을 대접했다.
22 그때 히로디아스가 미리 말해둔
자신의 딸이 들어와 춤을 추게 하
여, 헤롣과 함께 자리한 사람을 기
쁘게 해주었다. 그래서 왕이 그 소
녀에게 말하여, "무엇이든 원하는
것을 요구하면, 들어주겠다"고 했
다.
23 그러면서 왕은 소녀에게 맹세했
다. "네가 나에게 원하는 것은 무엇
이든 주고, 왕국의 절반까지도 주
겠다"고 했다.
24 그러자 딸이 가서, 자기 엄마에게
물었다. "내가 무엇을 요구하죠?"
엄마가 말했다. "세례자 존의 목이
라고 해라."
25 소녀는 곧 서둘러 왕에게 가서 요
구했다. "나는 당신이, 세례자 존의
목을 접시에 얹어 내게 갖다주기
를 바랍니다"라고 했다.
26 왕은 몹시 곤란했지만, 자기의 맹
세와 함께 자리한 사람을 위해 그
녀의 요구를 거절할 수 없었다.
27 즉시 왕은 집행관을 보내어, 그의
목을 가져오도록 명령했고, 그는
감옥에 있는 그의 목을 벤 다음,
28 접시에 담아 소녀에게 주자, 그녀
는 엄마에게 그것을 갖다주었다.
29 그의 제자가 이 이야기를 듣고, 존
의 시신을 거두어 묻어주었던 일
이 있었다.
30 한편 12제자가 함께 지저스에게
와서, 그들이 한 일과, 무엇을 가르
쳤는지 모두 보고했다.
31 지저스가 말했다. "이제, 너희는 나

와 함께 사막의 외딴 곳으로 가서 한
동안 쉬자." 왜냐하면 그곳에 많은
사람이 오갔기 때문에, 그들은 밥
먹을 여유도 없었다.
32 그들은 각자 배를 타고 한적한 곳
으로 갔다.
33 사람들이 그들이 떠나는 것을 보
았는데, 다수가 그를 알아보더니,
마을에서부터 한걸음에 달려와,
그에게 모였다.
34 지저스는 모여든 많은 사람을 보
고, 애처로운 생각에 마음이 흔들
렸다. 그들은 목자없는 양과 같았
기 때문이었다. 그래서 또 그들에
게 여러 가지를 가르치기 시작했
다.
35 낮에 꽤 시간이 지났을 때, 제자가
그에게 와서 말했다. "이곳은 외딴
곳이고, 시간도 상당히 지났으니,
36 저들을 가게 해주세요. 외곽지역
이나, 마을로 들어가면 스스로 먹
을 것을 살 수 있어요. 여기는 먹을
것이 아무것도 없어요."
37 그가 그들에게 말했다. "너희가 그
들에게 먹을 것을 주어라." 그들
이 대답했다. "우리가 200페니어
치 빵을 사들, 저들을 먹일 수 있나
요?"
38 그가 말했다. "너희가 가진 음식이
얼마나 되지? 가서 알아봐라." 그들
이 확인하고 대답했다. "빵 다섯덩
이에, 물고기 두마리요."
39 그러자 그들에게 지시하여, 모두
무리별로 풀밭에 앉게 했다.
40 그들이 줄지어 앉았는데, 100씩 50
줄이었다.
41 그는 빵 다섯덩이와 물고기 두마
리를 높이 들어, 하늘을 바라보며
축복에 감사한 다음, 빵을 뜯어 제
자에게 주면서, 사람들 앞에 놓게
했고, 두 물고기도 모두에게 나눠
줬다.
42 그들이 먹고 모두 배가 불렀다.
43 그리고 남은 것을 모았더니, 빵조
각과 물고기가 12 바구니를 채웠
다.
44 그때 빵을 먹은 사람은 약 5,000명
이었다.
45 다음 그는 곧 제자에게 재촉하여,
먼저 배를 타고 벳새이다로 가게
하는 한편, 자신은 사람을 돌려보
냈다.
46 그는 모두 돌려보내고 나서, 기도
하러 산으로 갔다.
47 저녁무렵, 배는 바다 가운데 있었
고, 그는 육지에 홀로 있었다.
48 그는, 노를 젓느라 애쓰는 제자를
보았는데, 바람이 반대쪽에서 불
어왔기 때문이었다. 밤 제4시경 새
벽이 오기 전, 그가 제자에게 오면
서, 바다위를 걸어 그들 가까이 왔
다.
49 하지만 제자는 바다위를 걷는 그
를 보며, 귀신이라는 생각에 소리
를 질렀다.
50 그를 본 모두가 겁에 질렸다. 그러

자 곧바로 그가 제자에게 말했다.
"힘내라! 나다, 두려워 마라."
51 그가 그들이 있는 배로 오르자, 바
람이 그쳤다. 그들은 너무 놀랐고,
이해할 수 없을 정도로 이상하기
만했다.
52 제자는 빵에 대한 기적도 이해할
수 없었기 때문에, 그들 마음은 굳
어버렸다. 53그들은 건너가서, 거
네서릴 땅에 온 다음, 해안에 배를
댔다.
54 그리고 그들이 배에서 내렸는데,
사람들이 그를 알아보자마자,
55 주변 전지역에서 달려왔고, 또 아
픈 사람을 침대로 옮기기 시작한
것은, 사람들이 그가 왔다는 소문
을 들었기 때문이었다.
56 그리고 그가 가는 곳마다, 마을이
나, 도시나, 시골이나, 사람들이 거
리에 아픈자를 뉘어놓고, 가능한
손길을 받거나, 옷자락만이라도
만질 수 있기를 간절히 애원했다.
그리고 그에게 손을 댄 다수가 건
강해졌다.

금지할수록 기적을 퍼뜨린다

7 당시 그에게 저루살럼에서 풰러
시엄격한 법규정파와, 몇몇 법학자
서기관가 와있었다.
2 그들이 보더니, 그의 제자가 더러
운 채 손도 씻지 않고 빵을 먹는 잘
못을 발견했다.
3 풰러시와 모든 쥬다인의 경우, 손
을 씻지 않고는 음식을 먹지 않는,
원로의 전통의식을 지키고 있었
다.
4 또 그들은 시장에서 일하고 돌아
와도, 손을 씻지 않고는 먹지 않는
다. 또 다른 여러 전통도 받아들이
며 지켰는데, 잔, 단지, 황동그릇,
식탁을 닦는 것도 그랬다.
5 그래서 풰러시와 서기관이 그에게
물었다. "왜 당신 제자는 원로의 전
통대로 따르지 않고, 손을 씻지 않
고 빵을 먹죠?"
6 그가 그들에게 대답했다. "예언자
아이재야가 너희 위선자에 관해 예
언을 제대로 말했다. 쓰인 그대로,
'이 백성은 그들 입술만 나를 존중할
뿐, 마음은 나로부터 멀리 있더라. 아
이재야 29:13 ○"
7 그들이 나를 경배해도 겉치레이고,
그들이 가르치는 교훈도 인간의 규
정일 뿐'이라고 썼다.
8 하나님의 명령은 옆으로 제쳐놓은
채, 너희는 사람이 만든 단지나 잔을
씻는 전통이나 지키고, 다른 많은 경
우에도 그와 같이 한다."
9 그는 계속 말했다. "너희는 하나님
가르침을 거부할 좋은 구실을 찾아
내어, 너희 전통을 지킬 수 있게 한
다.
10 모지스의 말에 의하면, '네 아버지와
어머니를 공경해라. 아버지나 어머
니를 저주하는 자는 죽음에 처해야
한다'고 했다.

11 그런데 너희는 다음을 말한다. '사람
이 자기 아버지나 어머니에게, 나로
인해 부모에게 도움이 되면, 그것이
바로 선물이므로 부모공경에서 면
제된다'고 주장한다.
12 따라서 부모를 더 이상 공경하지 않
아도 된다며,
13 너희 전통 탓에 하나님 말을 쓸데없
는 소리로 만들어버린다. 너희는 그
런 식으로 대부분의 일을 한다."
14 그는 사람들에게 말했다. "너희 모
두는 나의 말을 귀기울여 듣고 이해
해야 한다.
15 몸밖에서 안으로 들어가는 것은 사
람을 더럽히지 않지만, 몸안에서 나
오는 것은 인간을 더럽힌다.
16 듣는 귀를 가진 사람은 듣도록 노력
해라."
17 그가 무리로부터 나와 집으로 들
어가자, 제자가 그에게 비유에 관
하여 질문했다.
18 그가 말했다. "너희 역시 이해가 가
지 않나? 외부에서 신체안으로 들어
가는 것은 무엇이든 사람을 더럽히
지 않는다는 것을 모르나?
19 왜냐하면 그것은 마음속으로 들어
가지 않고 배로 가서, 아래로 빠져나
가면서, 모든 음식은 깨끗이 정화되
지 않나?"
20 또 이어 말했다. "사람한테서 나오
는 것은 인간을 오염시킨다.
21 사람의 마음안에서 나오는, 악의, 간
음, 우상숭배, 살인,
22 도둑질, 욕망, 악행, 사기, 음탕, 악의
적 시선, 모욕, 자만, 어리석음 등,
23 이 모든 악행은 몸안에서 나와, 인간
을 더럽힌다."
24 다음 그는, 그곳을 떠나 타이러와
사이든 지역의 어느 집에 들어갔
는데, 아무도 자기가 온줄 모르는
줄 알았는데, 숨겨질 수 없었다.
25 어떤 여자가, 어린 딸이 불결한 악
령에 걸려 있었는데, 그의 소문을
듣고 와서, 발아래 엎드렸다.
26 그녀는 그리스인, 사이로퓌니시언
민족이었는데, 그에게 애원하며,
자기 딸한테서 악령을 쫓아달라고
부탁했다.
27 그러나 지저스는 그녀에게 이렇게
말했다. "먼저 [스스로] 네 아이를
배불리 먹여라. 그 아이 빵을 가져가
는 것은 합당하지 않고, 차라리 그것
을 개에게나 던져줘라."
28 그러자 그녀가 대답했다. "그래요,
주인님. 하지만 식탁아래 개도 아
이가 흘린 부스러기를 먹지요."
29 그가 그녀에게 말했다. "그 대답이
네 길을 가게 하는구나. 악령이 네
딸을 이미 떠났다."
30 그녀가 집에 돌아왔을 때, 악령은
없어졌고, 딸은 침대에 누워 있었
다.
31 그리고 다시 그는 타이러와 사이
든을 떠나, 디캐폴리스 일대를 경
유하여, 갤럴리 바다로 왔다.
32 그때 사람들이, 듣지 못하고 언어

장애가 있는 사람을 데려와, 그에
게 손을 얹어 주기를 간절히 애원
했다.
33 그러자 그는, 무리에서 그를 따로
데려와, 손가락을 장애인 귓속에
집어넣었다. 그런 다음 침을 뱉은
손으로 그의 혀를 만졌다.
34 그리고 하늘을 바라보며, 크게 숨
을 쉬더니, 그에게 말했다. "엡퐈
싸!" "열려라!"
35 곧바로 그의 귀가 열리고, 혀를 묶
은 장애가 풀리면서, 그는 말을 또
렷하게 했다.
36 그리고 그는 그들에게 남에게 말
하지 말라고 일렀지만, 그가 당부
할수록, 사람들은 더욱 더 이 놀라
운 기적을 퍼뜨리며 알렸다.
37 그리고 헤아릴 수 없을 정도로 엄
청나게 놀라서 말한다. "그는 모든
것을 너무나 잘한다. 그는 듣지 못
하면 듣게 하고, 말 못하면, 말하게
만든다."

자기 십자가를 메고 따라라

8 어느날 군중이 무척 많았는데,
먹을 것이 없자, 지저스가 제자
를 불러 말했다.
2 "내가 저 군중에게 안쓰러운 생각이
드는 이유는, 나와 3일간 있어도, 먹
을 것이 먹기 때문이다.
3 만약 저들을 굶긴 채 제집으로 가게
하면, 도중에 허기져 쓰러질 것이다.
대부분 멀리서 왔으니까."
4 제자가 그에게 말했다. "이 황야 가
운데 어디 가서 이들에게 충분한
빵을 구해요?"
5 그가 물었다. "너희는 빵 몇덩이를
갖고 있지?" 그들이 말했다. "7덩이
요."
6 그러자 그는 사람에게 땅에 앉도
록 지시하고, 빵 7덩이를 들어올려
감사한 뒤, 조각을 떼어 제자에게
각자 앞에 놓으라고 하자, 그들이
사람 앞에 조각을 갖다 놓았다.
7 또 그들은 작은 물고기도 몇 마리
있었는데, 역시 축복하며 감사하
고, 그들 앞에 놓아주게 했다.
8 그래서 그들이 먹고 배가 불렀다.
제자가 먹고 남은 빵조각을 모았
더니, 7바구니만큼 남았다.
9 그것을 먹은 사람수는 약 4,000명
이었다. 그런 다음 그들을 돌려보
냈다.
10 다음 그는 배로 가서 제자와 함께
타고, 달마누싸의 어느 지역에 왔
다.
11 그러자 풰러시엄격한 법규정파 여럿이
오더니, 그에게 질문하기 시작했
고, 하늘의 표시를 보이라며 그를
시험했다.
12 그는 영혼속에서 깊은 한숨을 쉬
며 말했다. "어째서 이 세대는 표시
나 뒤쫓나? 내가 진정으로 너희에게
말하는데, 이 세대에게 보일 증거표
시는 없다"
13 그러면서 그들을 떠나, 다시 배로

가서 다른쪽으로 갔다.
14 그런데 제자가 빵을 가져오는 것
을 잊어서, 배에 있는 그들에게 빵
한덩이밖에 없었다.
15 그는 그들에게 이와 같이 말했다.
"너희는 풔러시와 헤롣왕 사람의 효
모빵을 특히 조심해라."
16 그러자 그들은 자기들끼리 그 말
의 이유에 대해 말했다. "우리가 빵
이 없어서 그런 말을 하는가보다."
17 그는 그것을 눈치채고 말했다. "왜
너희는, 그 말의 이유를 빵이 없기
때문이라고 생각하나? 여전히 깨닫
지 못하고, 이해도 못하나? 너희 마
음은 아직도 굳어 있나?
18 너희는 눈이 있어도 보지 못하고, 귀
가 있어도 듣지 못하나? 기억을 못
하는가?
19 내가 빵 5덩이를 5,000명에게 떼어
준 다음, 너희가 남은 것으로 몇바
구니를 채웠나?" 제자가 대답했다.
"12 바구니요."
20 "일곱덩이로 4,000명이 먹었을 때,
남은 바구니가 몇개였지?" 제자가
대답했다. "7바구니요."
21 그가 제자에게 말했다. "왜 너희는
그 경험을 이해하지 못하나?"
22 그리고 그가 벳새이다에 왔는데,
사람들이 눈먼 사람 하나를 데려
와, 그에게 손을 대주도록 간청했
다.
23 그래서 그는 눈먼 사람 손을 잡고,
마을밖으로 데려가, 그의 눈에 침
을 바르고, 그에게 손을 얹은 다음,
지저스는 그가 보이는지 물었다.
24 그러자 그는 위를 보며 말했다. "사
람이 걸어다니는 나무같이 보여
요."
25 그는 손을 다시 그의 눈에 갖다 댄
다음, 위를 바라보게 하자, 그가 회
복되어 모두를 정확하게 보았다.
26 그래서 그를 제집으로 보내며 말
했다. "마을로 가지 말고, 마을의 아
무한테도 이것을 이야기하지 마라."
27 그런 다음 지저스는 제자와 그곳
을 떠나, 시저리아 필립파이 마을
로 갔다. 가는 길에 제자에게 물었
다. "사람들은 내가 누구라고 말하
나?"
28 제자가 대답했다. "세례자 존이요.
하지만 일부는 일라이자일라야스라
하고, 다른 사람은 예언자 중 하나
라고 해요."
29 또 그들에게 물었다. "그럼 너희는,
내가 누구라고 생각하지?" 필어가
대답했다. "당신은 크라이스트입
니다."
30 그때 그는 자신에 대해 남에게 말
하지 말 것을 제자에게 당부했다.
31 그리고 그는 제자를 가르치기 시
작했다. "사람의 아들은 고통을 많
이 겪으며, 원로와, 대제사장과, 서
기관한테 배척을 받아, 죽임을 당하
고, 3일 후 다시 일어나게 된다."
32 그가 이것을 확실하게 밝히자, 필
어가 그를 붙들고, 비난하기 시작

했다.
33 하지만 그는 주위의 제자를 돌아
보며, 필어를 야단쳤다. "새이튼악의
영혼, 너는 내 뒤에서 물러서라. 너는
하나님의 것이 아닌, 인간의 것만 탐
하고 있구나."
34 그는 제자와 함께 또 사람들을 불
러 말했다. "누구든지 나를 따르고
자 하면, 자신을 부인하고, 자기 십
자가를 메고, 나를 따라라.
35 누구나 생명을 얻고자 하면 잃고, 나
를 위하고, 가르침가스펄을 위하여 살
아가면, 생명을 얻을 것이다.
36 만약 사람이 전세계를 다 얻는다 해
도, 자기 영혼을 잃으면 무슨 이익이
될까?
37 아니면 자기 정신을 무엇과 바꿀까?
38 따라서 사람이 매음과 죄로 가득찬
세대속에서 나를 부끄러워하고, 나
의 말을 창피해하면, 사람의 아들이
아버지의 빛으로 신성한 사자와 함
께 오는 날, 나도 그를 수치로 여길
것이다."

마음 안에 소금을 지녀라

9 지저스가 제자에게 말했다. "진
실로 내가 너희에게 말하는데,
이곳에 있는 몇 사람만, 죽음을 맛보
지 않고, 하나님 왕국이 힘과 함께
오는 것을 볼 때까지 서 있을 것이
다."
2 그가 필어, 재임스, 존을 데리고 간
지 6일 후, 외딴 높은 산에 이르렀
는데, 그는 그들 앞에서 모습이 달
라졌다.
3 그의 옷은 빛이 나면서, 눈처럼 대
단히 하얘졌는데, 세상의 어느 누
구도 그와 같은 흰표백을 만들 수
없을 정도였다.
4 그들에게 일라이자일라야스가 모지
스와 함께 나타나 지저스와 이야
기하고 있었다.
5 필어가 지즈스에게 말했다. "주인
선생님, 우리가 여기 있게 된 것은
행운이므로, 이곳에 신성한 막사 3
개를 만들게 해주세요. 하나는 당
신, 하나는 모지스, 하나는 일라이
자를 위한 것이죠."
6 그들은 너무 두려워서 무슨 말을
해야 할지 몰랐기 때문에 필어가
그렇게 말했던 것이다.
7 그때 구름이 그들을 감싸며, 그속
에서 한 목소리가 말했다. "이는 내
가 사랑하는 아들이다. 그의 말을
들어라"고 했다.
8 그 순간 그들이 주위를 둘러보니,
지저스와 자기들 이외 아무도 보
이지 않았다.
9 산에서 내려오면서, 그는 그들이
본 것을 아무한테도 말하지 말라
고 당부했고, 사람의 아들이 죽음
에서 일어날 때까지 하지 말라고
했다.
10 그들은 이 말을 마음 속에 간직했
지만, 죽음에서 일어난다는 것이
무슨 뜻인지 서로 궁금했다.

11 그래서 그들이 그에게 물었다. "어
째서 서기관들은 일라이자일라야
스가 제일 먼저 와야 한다고 말하
죠?"
12 지저스가 그들에게 말했다. "실제
로 일라이자가 먼저 와서, 모든 것을
회복시킬 것이다. 사람의 아들에 관
해 기록된 방법대로, 틀림없이 그는
많은 괴로움을 겪고 무시당하게 된
다.
13 하지만 내가 너희에게 말하는데, 일
라이자는 실제 와있고, 그에 관해 기
록된 사항 그대로, 그들은 사사건건
그를 냉대해 왔다."
14 어느날, 그가 제자에게 와서 보니,
주위에 많은 군중과, 여러 법학자서
기관가 제자에게 질문하고 있었다.
15 모두가 지저스를 보자마자, 대단
히 흥분하며 달려가 예의를 갖춰
인사했다.
16 그는 법학자에게 물었다. "너희는
제자에게 무엇을 묻고 있나?"
17 군중 가운데 한 사람이 대답했다.
"주인선생님, 말 못하는 영혼을 가
진 내 아들을 당신에게 데려왔어
요.
18 그것이 붙잡기만 하면, 아들은 정
신이 분열되어, 거품을 물고, 이를
갈며, 제정신을 잃어요. 그래서 내
가 당신 제자에게 이야기해도, 내
쫓지 못해요. 그들은 할 수 없어
요."
19 그가 대답했다. "오 신념이 약한 세
대야, 내가 언제까지 너희와 같이 있
어야 하나? 얼마나 더 너희를 참고
기다려야 하나? 그 아이를 내게 데
려와라."
20 제자가 아이를 그에게 데려왔다.
아이를 보면서, 악의 영혼을 떼어
내려 하자, 아이가 땅에 쓰러져, 거
품을 물며 뒹굴었다.
21 그가 아이 아버지에게 물었다. "이
렇게 된지 얼마나 되었나?" 그가 말
했다. "어릴 때부터요.
22 때때로 그것이 불이나 물속에 아
들을 던져 죽이려고 했어요. 하지
만 당신은 어떤 것도 할 수 있으니,
우리를 가엽게 여겨 도와주세요."
23 지저스가 그에게 말했다. "네가 믿
을 수 있다면, 모든 것은 믿는 그에
게 가능해진다."
24 그러자 아이 아버지가 눈물을 흘
리며 큰소리로 호소했다. "주인님,
나는 믿어요. 당신이 내 불신마저
극복하도록 도와주세요."
25 지저스는 몰려드는 군중을 보며,
불결한 영혼을 나무랐다. "말하기
듣기를 방해하는 영혼 너는, 내가 경
고하는데, 아이의 몸밖으로 나와, 다
시는 아이한테 들어가지 마라."
26 그때 불결한 영혼이 비명을 지르
더니, 아이에게 심한 경련을 일으
키면서, 밖으로 나왔는데, 아이는
죽은 것 같았다. 그래서 대부분이,
"아이는 죽었다"고 말했다.
27 하지만 지저스가 아이 손을 잡고

일으키자, 아이가 일어났다.
28 그런 다음 그가 집안으로 들어갔
을 때, 제자가 각각 물었다. "왜 우
리는 그것을 내쫓을 수 없을까
요?"
29 그가 대답했다. "이런 일은 그냥 되
는 게 아니다. 기도와 금식으로 이루
는 것이다."
30 다음 그들은 그곳을 떠나 갤럴리
를 지나갔다. 그는 어떤 사람도 다
음을 알지 않기를 바랐다.
31 그리고 그는 제자를 가르쳤다. "사
람의 아들이 인간손에 넘겨지면, 그
들은 그를 죽인다. 그리고 죽은 뒤 3
일이 지나면, 그가 일어난다."
32 그러나 제자는 그 말을 이해하지
못했고, 묻기도 두려웠다.
33 그가 커퍼내움에 와서 어느 집에
있을 때, 제자에게 물었다. "오는 길
에 너희 가운데 논쟁한 게 뭐지?"
34 하지만 제자는 잠자코 있었다. 오
면서 그들이 문제삼은 것은, "누가
최고가 되어야 하는가"를 두고 논
란을 벌였던 것이다.
35 지저스는 앉아, 12제자를 불러놓
고 말했다. "사람이 첫째가 되고자
하면, 모두의 마지막, 곧 만인의 종
이 되어야 한다."
36 그리고 아이 하나를 데려와, 그들
가운데 두더니, 양팔로 아이를 안
으며 말했다.
37 "누구든 나의 이름으로 이와 같은
아이를 받아들이면, 나를 받아들이
는 것이다. 누구나 나를 받아들이는
사람이라면, 내가 아니라, 내가 보낸
그를 받아들여야 하는 것이다."
38 존이 그에게 대답했다. "주인선생
님, 우리가 당신의 이름으로 악마
를 내쫓는 자를 보았는데, 그가 우
리를 따라오지 않아서, 그를 못하
게 금지했어요. 우리를 따라오지
않으니까요."
39 하지만 지저스는 말했다. "그를 막
지 마라. 왜냐하면 나의 이름으로 기
적을 실행하는 사람치고, 나를 나쁘
게 말하는 사람은 없다.
40 또 우리를 적대시하지 않으면 우리
편이다.
41 나의 이름으로 너에게 물을 마시도
록 잔을 주는 자는 누구나, 너에게
크라이스트이다. 진실로 내가 너에
게 말하는데, 그는 절대 자기 보상을
잃지 않는다.
42 누구든지 나를 믿는 이런 어린이 중
하나한테 화를 내는 사람이 있으면,
그는 차라리 목에 맷돌을 메고, 바다
에 빠지는 게 더 낫다.
43 만약 네손이 너를 실망시키면, 그것
을 잘라버려라. 차라리 불구로 사는
것이 더 낫다. 두손으로 지옥에 들어
가면, 그 불은 영원히 꺼지지 않고,
44 그곳의 벌레도 죽지 않고, 불은 절대
꺼지지 않는다.
45 만약 네 발이 너를 잘못 이끌면, 그
것도 잘라라. 반쪽으로 사는 게 더
좋다. 아니면 두발로 지옥에 던져지

는데, 그곳 불은 영원히 꺼지지 않기
때문이다.
46 그곳 벌레는 죽지도 않고, 불도 꺼지
지 않는다.
47 만약 네 눈이 너를 해치거든, 뽑아버
려라. 한눈으로 하나님 왕국에 들어
가는 게 훨씬 더 좋다. 아니면 두눈
으로 지옥불에 던져진다.
48 그곳 벌레는 죽지 않고, 불도 꺼지지
않는다.
49 사람은 불로 절여지고, 제물은 소금
으로 절여진다.
50 소금은 좋은 것이다. 그런데 소금이
짠맛을 잃으면, 어떻게 간을 할까?
너희 마음안에 소금을 지니고, 서로
평화를 유지해라."

최고는 종이 되어야 한다

10 지저스가 그곳에서 일어나,
조든강에서 훨씬 떨어진 [남
부] 쥬디아지역으로 갔다. 사람들
이 다시 그에게 의지하러 오자, 그
는 하던 대로 그들을 가르쳤다.
2 그리고 풰러시엄격한 법규정파도 와서
물었다. "남자가 아내를 내보내는
것이 합법인가요?" 그를 시험하고
있었다.
3 그가 대답했다. "모지스는 너희에
게 뭐라고 했나?"
4 그들이 말했다. "모지스는 이혼증
서를 써주면, 아내를 보내도 된다
고 했어요."
5 지저스가 말했다. "너희 마음이 완
강하기 때문에, 모지스가 너희에게
그 지침을 써준 것뿐이다.
6 그러나 창조시기 처음에 하나님은
인간을 남자와 여자로 만들었다.
7 이 원리를 근거로, 남자가 아버지 어
머니를 떠나, 아내와 합치면,
8 그들 둘은 한몸이 되므로, 더 이상
둘이 아니고 하나다.
9 따라서 하나님이 합쳐 놓은 것을, 사
람이 떼어놓을 수 없다."
10 그리고 집에 있을 때, 제자도 같은
문제를 다시 질문했다.
11 그래서 그가 제자에게 말했다. "누
구라도 아내를 내쫓고, 다른 여자와
결혼하면, 새여자와 매춘하는 것이
다.
12 여자가 남편을 버리고, 다른 남자에
게 시집가도, 그녀는 새남자와 매춘
하는 것이다."
13 다음 사람들이 여러 어린이를 그
에게 데려와, 손을 얹어주기를 바
랐는데, 제자가 데려온 사람을 나
무랐다.
14 하지만 이를 본 지저스는 마음이
몹시 불편해서 제자에게 말했다.
"어린이를 나에게 데려오면 가만히
내버려두고, 금지하지 마라. 하나님
왕국이 바로 이들과 같다.
15 진정으로 내가 너희에게 말하는데,
하나님 왕국을 어린아이처럼 받아
들이지 않는 자는 누구라도, 그 안에
들어가지 못한다."
16 그는 양팔로 아이들을 안아주고,

손도 얹어주며, 축복해주었다.
17 그가 밖으로 나가 길을 가는데, 어
떤 사람이 뛰어와, 그에게 무릎을
꿇고 물었다. "선한 선생님, 내가
영원한 생명을 유산으로 받으려면
어떻게 해야죠?"
18 지저스가 그에게 말했다. "너는 왜
나를 선하다 말하나? 선한 존재는
단 하나, 하나님이다.
19 너도 십계명을 안다. '간음하지 마
라. 살인하지 마라. 훔치지 마라. 거
짓증언을 하지 마라. 속이지 마라.
네 아버지 어머니를 공경해라'고 했
다."
20 그러자 그가 말했다. "선생님, 나는
이 모든 것을 어릴 때부터 지켰어
요."
21 그러자 지저스는 그를 사랑스럽게
바라보며 말했다. "한가지 부족한
게 있다. 돌아가서, 네가 가진 것을
팔아 가난한 자에게 주어라. 그러면
너는 하늘의 재물을 갖게 된다. 그런
다음 와서, 십자가를 메고 나를 따라
라."
22 그는 그 말에 우울해져 마음이 무
거운 채 떠났는데, 가진 게 많았기
때문이었다.
23 그러자 지저스가 주위 제자를 둘
러보며 말했다. "재물이 많은 자가
하나님 왕국에 들어가기란 얼마나
어려울까!"
24 제자가 그의 말에 놀라서 당황했
다. 하지만 지저스는 또 말했다.
"자녀들아, 재물을 의지하고 믿는
사람이 하나님 왕국에 들어가기는
무척 어렵겠다!
25 차라리 낙타가 바늘구멍 지나기가
더 쉽다. 부자가 하나님 왕국에 들어
가기보다 말이다."
26 그들은 이해가 안 되어, 어리둥절
해하며, 서로 말했다. "그럼, 누가
구원받을 수 있지?"
27 지저스가 그들을 바라보며 말했
다. "사람에게는 불가능하지만, 하
나님한테는 그렇지 않다. 그래서 모
든 것을 하나님과 함께 하면 가능해
진다."
28 그때 핕어가 그에게 말을 시작했
다. "보세요, 우리는 모든 것을 버
리고, 당신을 따라왔어요."
29 지저스가 말했다. "솔직하게 내가
너에게 말한다. 나를 위해 집을 떠
나는 자는 아무도 없고, 또 형제, 자
매, 아버지, 어머니, 아내, 자녀나 땅
까지, 나를 위하고, 가르침을 위하여
버리는 사람은 아무도 없다.
30 하지만 현 세대의 백배를 받게 되는
경우는, 집과, 형제, 자매, 어머니, 자
녀, 땅을 버리고, 가혹한 벌을 받은
사람으로, 앞으로 올 세상에서 영원
한 생명을 얻는다.
31 결국 첫번의 대부분은 끝이고, 마지
막이 곧 처음이다."
32 저루살럼으로 가면서, 지저스가
그들보다 앞에 서자, 제자가 뒤를
따르면서 상당히 놀라 겁이났다.

그리고 지저스는 12제자에게 다시
말을 꺼내며, 앞으로 자신에게 일
어날 일을 말하기 시작했다.
33 이렇게 말했다. "보라, 우리가 저루
살럼에 가면, 사람의 아들은 대제사
장과 법학자서기관에게 끌려간다. 그
들은 그를 사형의 유죄판결을 내려,
비쥬다인이민족에게 넘긴다.
34 그들은 그를 조롱하고, 매질하고, 침
을 뱉은 다음 죽인다. 그리고 3일 지
나 그는 다시 일어난다."
35 그러자 제베디 아들 재임스와, 존
이 그에게 다가와 말했다. "주인선
생님, 우리는 당신이 우리를 위해
무엇인가 해주기를 바라고 있어
요."
36 그가 그들에게 물었다. "내가 너희
를 위해 무엇을 할까?"
37 제자가 그에게 말했다. "우리가 앉
을 자리를 보증해주세요. 높은 경
지의 당신의 빛 가운데, 하나는 오
른쪽, 다른 하나는 왼쪽 자리를 말
이죠."
38 그러나 지저스는 그들에게 말했
다. "너희는, 나에게 요구하는 것이
무엇인지 모른 채 말한다. 내가 마시
는 잔을 너희가 마실 수 있나? 내가
물로 씻은 세례의식으로 너희도 정
화될 수 있나?"
39 그들이 그에게 말했다. "우리도 할
수 있어요." 그러자 지저스가 제자
에게 말했다. "실제로 너희도, 내가
마실 잔으로 마시게 되고, 내가 씻은
세례로 너희도 정화될 것이다.
40 하지만 나의 좌우에 앉는 일은 내가
부여하는 게 아니다. 그것은 준비된
자에게 주어지는 것이 마땅하다."
41 제자 열 사람이 그 말을 듣더니, 재
임스와 존에 대해 무척 불쾌해졌
다.
42 하지만 지저스는 그들을 불러 말
했다. "너희는 다음을 잘 안다. [하나
님을 믿지 않는 이민족] 비쥬다인이
점령하여 차지한 지역에서는, 이민
족이 주민에게 통치권을 행사하고,
또 고위관리는 권위를 행사한다.
43 그러나 너희는 그러면 안 된다. 너희
중 큰인물이 될 자는 사람의 봉사자
가 되어야 한다.
44 너희 가운데 최고가 되려면, 모두의
종이 되어야 한다.
45 심지어 사람의 아들도 관리하러 온
게 아니라, 봉사하러 왔고, 또 자기
생명을 다수를 위한 몸값으로 지불
하려는 것이다."
46 그런 다음 그들은 제리코에 도착
했다. 그가 제자와 군중과 함께 도
성안으로 들어갔을 때, 티미우스
아들, 앞을 보지 못하는 발티미우
스가, 큰길가에 앉아 구걸하고 있
었다.
47 그는, 내저레쓰 출신 지저스의 소
문을 듣고, 외치기 시작했다. "지저
스, 당신은 대이빋 자손이죠. 나에
게 자비를 주세요."
48 여럿이 그를 꾸짖으며 조용하라고

했는데도, 그는 점점 더 큰소리로
호소했다. "대이빋 자손님, 나에게
관대한 사랑을 내려주세요!"
49 그러자 지저스는 멈춰 서서, 그를
부르도록 지시했다. 그래서 제자
가 그를 부르며, "편안한 마음으로
일어나라. 그가 너를 부르고 있다"
고, 말했다.
50 곧바로 그는 옷도 내던지고, 일어
나, 지저스에게 왔다.
51 그래서 지저스가 물었다. "너는, 내
가 너에게 어떻게 해주면 좋을까?"
눈먼자가 말했다. 주인님, 내가 볼
수 있으면 좋겠어요."
52 그가 그에게 말했다. "가거라, 네 믿
음이 너를 완전하게 했다." 그가 시
력을 찾자마자, 그 길로 지저스를
따르게 되었다.

믿으면 이루어진다

11 그들이 저루살럼 가까운 올
리브스산의 베쓰퀘이지와 베
써니지역에 왔을 때, 그는 두 제자
를 보내며,
2 이렇게 말했다. "너희가 맞은편 마
을로 들어가면, 그곳 입구에 묶여 있
는 망아지를 발견하게 된다. 그것은
사람이 한 번도 탄적없는 것인데, 그
것을 풀어 데려와라.
3 만약 누군가 너희에게, '왜 그러냐?'
고 묻거든, '**주인**이 그것을 필요로 한
다'고 대답해라. 그러면 그가 바로
보내줄 것이다."
4 그래서 제자가 가서, 묶인 망아지
를 찾았는데, 그곳은 두 길이 만나
는 바깥쪽 문옆이었고, 거기 있는
망아지를 풀었다.
5 그러자 그곳에 서있던 어떤 사람
이 물었다. "당신들은 왜 그 망아지
끈을 푸는가?"
6 그래서 그들은 지저스가 지시한대
로 대답했더니, 보내주었다.
7 그들이 망아지를 지저스에게 데려
와서, 그 위에 그들 옷을 얹자, 지저
스가 올라앉았다.
8 한편 많은 사람이 자기옷을 길위
에 깔았고, 다른 이는 나뭇가지를
잘라 길에 펼쳐두었다.
9 앞에 가는 사람이나 뒤를 따라 가
는 사람 모두 외쳤다. "호재나! 구
원해주세요!" "주님의 이름으로 오
는 그에게 축복이 있기를!"
10 "우리 선조 대이빋의 왕국을 축복
해주세요!" "그는 가장 높은 곳에
있는 주님의 이름으로 온다!" "호
재나! 구원해주세요!" 11그리고 지
저스가 저루살럼에 와서, 성전으
로 들어갔다. 주위를 둘러보았을
때는, 이미 날이 저물어서, 12제자
와 함께 베써니로 돌아갔다.
12 다음 날 그들이 베써니에서 나왔
는데, 배가 고팠다.
13 좀 떨어져 무화과나무에 잎이 달
린 것을 보고, 그가 가까이 왔다. 어
쩌면 무언가 찾을지 몰라, 와보니,
나뭇잎만 있고 아무것도 없었다.

아직 무화과 철이 아니기 때문이
었다.
14 그러자 지저스는 거기대고 말했
다. "앞으로 네 열매를 먹는 자는 아
무도 없을 것이다." 그리고 제자도
그 말을 들었다.
15 그리고 그들은 저루살럼으로 왔는
데, 지저스가 성전으로 들어가더
니, 안에서 사고파는 사람을 내쫓
고, 환전상 탁자를 뒤엎은 다음, 비
둘기상인의 의자도 부수었다.
16 그는 성전 안으로 그릇을 가져오
는 자가 있으면, 어떤 사람도 참지
않았다.
17 그런 다음 그는 가르치며 그들에
게 말했다. "다음과 같이 기록되어
있지 않나? '나의 집은 만인이 기도
하는 집으로 불려야 한다'고 했는데,
대신 너희는 이곳을 도둑 소굴로 만
들었다."
18 법학자서기관와 대제사장이 소문을
듣고, 어떻게 그를 죽일지 방법을
찾았다. 그들은 그를 두려워한 이
유는, 모두가 지저스의 가르침에
감탄하며 놀라고 있기 때문이었
다.
19 저녁때가 되어, 그는 도시밖으로
나갔다.
20 다음날 아침에도 그들이 그곳을
지나가면서, 무화과나무가 뿌리부
터 말라버린 것을 보았다.
21 그러자 핕어는 그가 한 말을 기억
하고, 그에게 말했다. "주인선생님,
보세요. 당신이 저주한 무화과나
무가 말라버렸어요."
22 지저스가 그들에게 말했다. "하나
님을 믿어라.
23 진실로 내가 너희에게 말한다. 누구
든지 이 산에게, '너는 사라져, 바다
속에나 던져져라'고 말하며, 자기 마
음속으로 의심하지 않으면서, 말한
모든 것을 믿으면, 그대로 이루어져,
자신이 말한 것은 무엇이나 다 갖게
될 것이다.
24 따라서 내가 너희에게 말하는데, 너
희가 바라는 것이 무엇이든, 기도하
면서 그것을 받는다고 믿어라. 그러
면 그것을 갖게 된다.
25 만약 어떤 사람에게 반감이 있다면,
너희가 기도할 때마다, 그를 용서해
라. 그러면 하늘아버지 역시 너의 위
반을 용서할 수 있을 것이다.
26 대신 네가 용서하지 않으면, 하늘에
있는 아버지도 네 잘못을 용서하지
않는다."
27 그들이 또 저루살럼에 와서, 그가
성전으로 걸어가고 있었는데, 대
제사장, 법학자서기관, 원로 여럿이
그에게 왔다.
28 그리고 그에게 물었다. "당신은 무
슨 권리로 이런 일을 하는가? 누가
당신에게 권한을 주어 이런 일을
하나?"
29 지저스가 그들에게 대답했다. "나
역시 당신들에게 한가지 물을 테니,
대답해주면, 나도 무슨 권한으로 이

런 일을 하는지 말하겠다.
30 존의 세례의식은 하늘에서 왔나, 아
니면 사람한테서 나온 것인가? 내게
대답해달라."
31 그러자 그들이 의논하며 자기들끼
리 말했다. "만약 우리가, '그것이
하늘에서 왔다'고 하면, 그가, '그
런데 왜 당신들은 그를 믿지 않나?'
라고 할 것이고,
32 대신 우리가, '그것이 사람한테서
왔다'고 대답하면, 사람들이 두려
워진다. 왜냐하면 모두가 존을 실
제로 예언자라고 믿었기 때문이
다"라며 대답할 말을 궁리했다.
33 마침내 그들이 지저스에게 대답했
다. "우리는 말할 수 없다." 그러자
지저스도 그들에게, "그럼 나도 무
슨 권한으로 이렇게 하는지 말하지
않겠다"고 했다.

위선자를 조심해라

12 지저스는 제자에게 비유하며
이야기하기 시작했다. "어떤
사람이 포도나무를 심고, 주위에 울
타리를 치고, 포도압착 장소를 파고,
탑을 세우고, 소작인에게 맡긴 다음,
먼지방으로 갔다.
2 수확기가 되자, 그는 소작인에게 종
을 보내어 포도 생산물을 받아오게
했다.
3 그런데 소작인은 종을 붙잡아 때린
다음, 빈손으로 내쫓았다.
4 다시 주인은 다른 종을 보냈는데, 소
작인이 돌을 던져 그의 머리에 상처
내고, 수모를 주어 내쫓았다.
5 그래서 주인이 또 사람을 보냈는데
도 죽여버렸고, 다수를 보내도 일부
는 매질하고 일부는 죽였다.
6 마침내 주인은 자기가 사랑하는 아
들을 마지막으로 그들에게 보내며
말했다. '저들이 내 아들은 존중할
것이다.'
7 하지만 소작인은 자기들끼리 다음
과 같이 말했다. '이 사람은 후계자
다. 우리가 저자를 죽이면, 그의 유
산이 우리 것이 될 것이다.'
8 그리고 아들을 붙잡아 죽인 다음, 포
도원 밖에 내다버렸다.
9 이때 포도원 주인은 어떻게 해야 마
땅할까? 그는 와서 그 소작인을 없
애고, 포도밭을 다른 이들에게 주게
된다.
10 너희는 바이블의 다음 구절을 읽어
보지 않았나? '건축자가 버린 돌이
주춧돌이 된다'고 했다.
11 주님의 일은 이와 같아서, 우리 눈에
그것이 경이로 보이지 않을까?'"
12 그러자 그들은 지저스를 붙잡으려
고 해도, 대중을 두려워하고 있었
는데, 그 순간 눈치챈 것은, 자기들
에 관한 비유 이야기를 꺼냈다는
것을 알자, 나가버렸다.
13 그리고 그들은 풰러시엄격한 법규정파
와, 헤롣왕 사람 몇명을 보내어, 지
저스의 말을 구실삼아 그를 잡으
려고 했다.

14 그들이 와서 물었다. "주인선생
님, 우리는, 당신이 진실하기 때문
에, 남을 두려워하지 않는다는 것
을 알고 있어요. 대신 진리의 하나
님 도리를 가르치고 있지요. 그런
데 시저황제에게 세금을 내는 일
이 합법인가요, 아닌가요?
15 우리가 내야 해요, 내지 말아야 해
요?" 하지만 그는 저들의 위선적
의미를 눈치채고 그들에게 말했
다. "왜 너희는 나를 시험하나? 내가
볼 수 있도록, 동전 하나를 보여라."
16 그들이 그것을 꺼내자, 그가 물었
다. "그 위의 이미지와 문구는 누구
것인가?" 그들이 대답했다. "시저
예요."
17 지저스가 말했다. "시저 것은 시저
에게 내고, 하나님 것은 하나님에게
내라." 그러자 그들은 그에게 경탄
했다.
18 다음 그에게 새저시완고한 쥬다인가
왔는데, 부활은 없다고 말하는 그
들이 질문했다.
19 "주인선생님, 모지스가 우리에게
써준 글에 의하면, '어떤 사람이 죽
고 아내가 남았는데, 자식이 없으
면, 그의 형제가 아내를 맞이하여,
죽은 자에게 자손을 이어줘야 한
다'고 했어요.
20 그런데 일곱형제가 있었고, 첫째
가 아내를 얻고 죽었는데 자식이
없었어요.
21 둘째가 그녀를 맞이한 다음, 죽어
자식이 없었고, 셋째도 마찬가지
였지요.
22 그렇게 일곱번째까지 그녀를 맞이
했지만, 자식이 없다가, 마침내 그
녀도 죽었어요.
23 그러면 부활이 되어, 그들이 모두
살아날 경우, 그녀는 그들 가운데
누구의 아내가 되죠? 형제마다 그
녀를 아내로 맞이했는데요."
24 지저스가 대답했다. "그러니까 너
희가 잘못하고 있는 거다. 왜냐하면
너희는 바이블을 알지 못하고, 하나
님의 능력도 모르는 게 아닌가?
25 사람이 죽었다 살아나면, 장가도 시
집도 가는 게 아니고, 하늘에 있는
천사와 같아진다.
26 죽은자가 일어나는 부활을 다룰 때,
너희는 모지스의 책을 읽어보지도
않았나? 덩굴속에서 하나님이 모지
스에게 어떻게 말했지? '나는 애이
브러햄의 하나님, 아이직의 하나님,
재이컵의 하나님'이라고 말하지 않
았나?
27 그는 죽은자의 하나님이 아니고, 산
자의 하나님이므로, 너희는 크게 잘
못하는 것이다."
28 서기관 가운데 한 사람이 와 있었
는데, 그들이 모여 의논하는 소리
를 들은 다음, 지저스가 대답을 잘
한다고 느껴지자, 그에게 질문했
다. "모든 계명 중 첫 번째는 무엇
이죠?"
29 지저스가 대답했다. "모든 가르침

중 제일이란, 오 이즈리얼아, 들어
라! '우리 **주인** 하나님이 유일한 **주인**'
이라는 것이다.
30 너희는 너희 **주인** 하나님을 사랑해
야 한다. 너희 마음과 영혼을 다하
여, 너희 정신과 힘을 다하여 그를
사랑하는 것이, 첫 명령이다.
31 두번째는 다음과 같이, '너희는 네
이웃을 자신처럼 사랑해야 한다'는
것이다. 이 두가지보다 더 중요한 명
령은 없다."
32 그 서기관이 말했다. "맞아요. 주인
선생님, 당신은 진리를 말했어요.
하나님은 유일한 신이고, 그 이외
다른 것은 없으니까요.
33 그를 사랑할 때, 마음을 다하여, 이
해와 정신을 다하여, 있는 힘을 다
하여 사랑하고, 또 이웃을 자신처
럼 사랑하는 것이야말로, 번제제
사나 희생물 제공 이상이지요."
34 지저스는 그 서기관이 분별력을
가지고 말하는 것을 보고, 그에게
말했다. "너는 하나님 왕국에서 멀
리 있지 않다." 그러자 그후 감히 아
무도 그에게 질문하지 않았다.
35 지저스는 성전에서 가르치면서 다
음을 말했다. "어째서 법학자서기관
가 '크라이스트는 대이빋 자손'이라
말할까?
36 대이빋 자신조차 신성한 영혼의 이
름으로, '**주님**을 '나의 **주인님**'이라고
언급하며, '네가 나의 오른쪽에 앉아
있으면, 내가 너희 적을 네 발판으로
만들어주겠다'고 주님이 내게 말했
죠" 라고 했다.
37 대이빋 스스로 그를 '**주인님**'이라고
불렀는데, 어떻게 그가 대이빋 자손
이 될까?" 일반사람은 그의 설명을
듣고, 만족했다.
38 또 그는 자신의 교훈이 되는 주장
을 가지고 사람들에게 이렇게 말
했다. "법학자서기관를 조심해라. 그
들은 긴옷을 입고 다니기나 좋아하
고, 시장에서 인사받기나 사랑한다.
39 또 시너가그 집회의 최고자리나, 축
일 때 상석이나 좋아하는 자를 경계
해라.
40 이들은 과부의 집을 집어삼키고, 가
식적으로 길게 기도하는 척하는데,
이들 모두 최우선 지옥행이다."
41 그때 지저스는 헌금함 건너편에
앉아, 사람들이 헌금함에 돈을 어
떻게 집어넣는지 보았는데, 부자
는 대부분 돈을 많이 넣었다.
42 그리고 한 가난한 과부가 오더니,
몇푼 안되는 엽전 두개를 넣었다.
43 그러자 그는 제자를 불러 말했다.
"진정으로 내가 너희에게 말한다.
가난한 미망인은, 가진자가 헌금함
에 넣은 모든 돈보다 더 많이 넣은
것이다.
44 왜나하면 그들은 많은 가운데서 넣
었지만, 그녀는 부족한 가운데 가진
전부를, 심지어 살아가야 할 모든 것
을 넣은 것이다."

깨어 있어라

13 그가 성전 밖으로 나갔을 때,
제자 하나가 말했다. "주인선
생님, 저 엄청난 돌과, 이곳의 대단
한 여러 건물 좀 보세요!"
2 지저스가 그에게 말했다. "너는, 이
거대한 건물들을 잘 보았지? 앞으
로 여기 있는 돌, 어느 하나도 남아
있지 않고, 모조리 무너져 내릴 것이
다."
3 그가 성전 맞은편 올리브스 산위
에 앉아 있을 때, 핕어와, 재임스와,
존과, 앤드루가 개별로 와서 물었
다.
4 "무너지는 일이 언제 있죠? 말해
주세요. 그런 일이 이루어질 때, 나
타나는 표시는 뭐죠?"
5 지저스가 대답했다. "어느 누구도
너희를 속이지 않도록 조심해야 한
다.
6 대부분 나의 이름을 대며, '나는 크
라이스트머사야다' 라며 나타나, 다수
를 속일 것이다.
7 너희가 전쟁이야기를 듣거나, 전쟁
소문을 듣더라도 두려워하지 마라.
그런 일은 반드시 있어도, 아직 세상
끝은 아니다.
8 민족이 민족을 상대로 일어나고, 왕
국이 왕국을 공격하러 일어나기 때
문에, 도처에 땅이 흔들리고, 기근과
괴로움이 있을 것이다. 이들은 재난
의 시작일뿐이다.
9 하지만 자기 스스로 조심해야 한다.
저들이 너희를 위원회에 넘기면, 시
너가그 집회에서 매질한 다음, 총독
이나 왕 앞에 끌고가는데, 이유는 나
때문이고, 또 그들에게 반대하는 증
언을 했다는 이유 때문이다.
10 그래서 그 가르침가스펄은 무엇보다
먼저 모든 나라 사이에 알려져야 한
다.
11 하지만 그들이 너희를 끌고가 넘기
거든, 말할 것을 미리 생각하지 말
고, 사전에 계획도 하지 마라. 대신
그 시각이 되어 네 마음 속에 주어지
는 생각대로 이야기하면 된다. 그것
을 말하는 이는 너희가 아니고, 신성
한 영혼이 하는 것이다.
12 앞으로 형제가 형제를 배신하여 죽
이고, 아버지가 자식을 죽이며, 자식
이 부모에 맞서 들고 일어나, 모두
죽는 일이 일어날 것이다.
13 너희는 내 이름 탓에 모두에게 미움
을 받지만, 끝까지 견디는 자는 구원
받는다.
14 그러나 너희가 죽을 정도의 혐오를
당하게 될 경우에는, 예언자 대니얼
이 말한 바와 같이, 그곳에 서있지
않도록 해야 한다. [읽는 사람은 이
해하겠지만], 쥬디아쥬다남부에 있
는 사람은 산으로 도망가게 하고,
15 옥상에 있는 자는 집안으로 내려오
지 말고, 집에 있는 물건을 꺼내려고
안에 들어가지도 마라.
16 또 들에 있는 자가 제옷을 가지러 다
시 집으로 돌아가지 않게 해라.

17 그러나 아기를 밴 자와 젖을 주는 자
는 그날이 재앙이다!
18 너희가 달아나는 날이 겨울이 아니
길 기원해라.
19 그날은 불행한 날이 된다. 그와 같은
일은 하나님이 모든 것을 창조하던
시작부터 지금까지 없었고, 앞으로
도 없을 것이다.
20 주님이 그날을 줄이지 않는 한, 아무
도 살아남지 못한다. 다만, 그가 가
려내어 선택한 자를 위하여 고통의
날을 줄이게 될 것이다.
21 그래도, 어떤 사람이 너희에게 말하
며, '이봐, 여기 크라이스트가 있다'
거나, '봐라 머사야가 저기 있다'고
해도 믿지 마라.
22 거짓 크라이스트나 가짜 예언자들
이 나타나, 표시와 기적 같은 것을
보이며, 마치 그런 능력이 있는 것처
럼 선택한 사람마저 유혹하려 할 것
이다.
23 하지만 너희는 조심해야 한다. 보라,
이전에 내가 너희에게 이 모든 것에
대해 말해 두었다.
24 그날에는 재난이 뒤따른다. 해가 어
두워져, 달은 빛을 잃게 되고,
25 하늘의 별은 떨어져 내리고, 하늘의
힘도 흔들린다.
26 그때 인간은, 사람의 아들이 구름속
에서 강한 힘과 빛과 함께 오는 모습
을 보게 될 것이다.
27 다음 그는 자기 천사를 보내어, 그가
선택한 자를 모을 때, 동서남북 사방
으로부터, 땅끝에서 하늘까지 부른
다.
28 이제 무화과나무에 비유한 교훈을
배워라. 가지가 아직 연하고 잎이 나
오면, 여름이 가까워졌음을 너희가
안다.
29 마찬가지로, 일이 이루어지는 것을
보면, 때가 가까워져, 바로 문앞에
있다는 것도 알게 될 것이다.
30 내가 진실로 너희에게 말하는데, 이
세대는 이 모든 일이 벌어지지 않고
는, 절대 그냥 지나가지 않는다.
31 하늘과 땅이 사라진다 해도, 내 말은
결코 없어지지 않는다.
32 그러나 그날 그 시간을 아는 사람은
아무도 없고, 심지어 하늘의 천사조
차 알지 못하고, 그 아들도 모르며,
단지 아버지만 안다.
33 따라서 너희는 조심하고, 경계하며,
기도해라. 왜냐하면 너희가 그때를
알지 못하기 때문이다.
34 사람의 아들은 자기 집을 떠나 멀리
여행 가는 사람과 같아서, 그의 종에
게 권한을 주어, 저마다 자기 할일을
할 수 있게 하고, 문지기에게 잘 지
키라고 명령한다.
35 그러므로 너희는 잘 지켜보며 경계
해라. 주인이 오는 때를 알지 못하
기 때문이다. 그것이 저녁인지, 한밤
인지, 닭이 우는 새벽인지, 아침인지
너희는 알 수 없다.
36 그가 갑자기 나타나, 네가 졸고 있는
모습을 들키지 않게 해라.

37 내가 너와 모두에게 말하는 것은,
'깨어 있으라'는 것이다."

지저스가 체포되다

14 이틀이 지나면, 통과축일 및
무효모빵 축일이기 때문에,
대제사장과 법학자서기관는 꾀를 내
어 지저스를 잡아 죽일 방법을 궁
리했다.
2 하지만 그들은, "축일은 안 된다.
사람이 소요를 일으키지 않게 해
야 한다"고 말했다.
3 베써니에서 그가 피부감염자 사이
먼 집에서 있던 어느날이었다. 음
식을 먹으려고 자리에 앉아 있는
데, 어떤 여자가 고가의 스파이크
널드 방향연고통증완화가 든 앨러배
스터 대리석 소형함을 들고 들어
오더니, 함을 열어 그것을 그의 머
리에 부어 발랐다.
4 그러자 제자 중 일부가 화를 내며
말했다. "왜 귀한 방향기름을 그렇
게 낭비하나?
5 그것은 300 펜스1년급료 이상을 받
고 팔 수 있으니, 가난한 자에게 나
눠줄 수 있을 텐데." 그들은 그녀를
나무랐다.
6 그때 지저스가 말했다. "그녀를 내
버려 둬라. 왜 너희는 그녀를 불편하
게 하나? 그녀는 나에게 좋게 해주
려 한 것이다.
7 너희가 늘 가난한 자와 있기만 하면,
언제나 그들에게 좋은 일을 할 수 있
다. 하지만 나는 항상 너희와 함께
하는 것이 아니다.
8 그녀는 자기가 할 수 있는 일을 했
다. 그녀는 미리 와서, 나의 몸에 장
례용 기름을 바른 것이다.
9 진실로 내가 너희에게 말한다. 이 가
르침이 전해지는 곳마다 전세계 도
처에서, 그녀가 한 행동 역시 그에
대한 기념으로 이야기하게 될 것이
다."
10 쥬더스 이즈캐리엍은 12제자 중
하나인데, 대제사장에게 가서, 그
들에게 그를 배신하는 이야기를
했다.
11 그들은 그 소리를 듣자 기뻐하며,
돈을 주겠다고 약속했다. 그리고
그는 어떻게 간단하게 그를 배신
할지 궁리했다.
12 당시는 무효모빵 축일 첫날이므
로, 통과의식 제물을 잡아 음식을
마련해야 하기 때문에, 제자가 와
서 물었다. "우리가 어디로 가서 통
과축일 음식을 먹도록 준비하면
돼죠?"
13 그러자 그는 두 제자를 보내며 말
했다. "너희가 도성으로 가서, 물항
아리를 지고가는 사람을 만나거든,
그를 따라가라.
14 그가 가는 곳으로 들어가서, 집주인
에게 전해라. '선생님 말이라며, 손
님방이 있으면, 그곳에서 내가 제자
와 같이 통과축일 음식을 먹을 수 있
는지 알아보러 왔다'고 해라.

15 그래서 주인이 너희에게 가구가 딸
린 윗층방을 보여주면, 거기에 우리
를 위한 식탁을 마련해라."
16 그래서 제자가 나가 도성으로 가
서, 그가 말한 장소를 찾은 다음, 그
곳에서 통과축일 준비를 했다.
17 저녁때 그는 12제자와 같이 왔다.
18 그들이 앉아 음식을 먹으면서, 지
저스가 말했다. "솔직하게 내가 너
희에게 말하는데, 나와 함께 먹는 너
희는 중 하나가 나를 배신한다."
19 그들이 몹시 걱정이 되어 하나씩
말했다. "그게 나예요?" 다른 하나
가 또 말했다. "그럼, 나예요?"
20 그가 그들에게 대답했다. "그는 12
제자 중 하나로, 접시에 나와 같이
손을 담근다.
21 사람의 아들은 실제로 간다. 그에 관
해 기록된 그대로 진행되는 거다. 하
지만 사람의 아들을 배신한 자는 재
앙이다! 그는 차라리 태어나지 않았
다면 좋았을 것이다."
22 그들이 먹고 있을 때, 저저스는 빵
을 들고 축복한 다음, 조각을 떼어
그들에게 주며 말했다. "받아먹어
라. 이것은 나의 몸이다."
23 또 잔을 들고 감사한 다음, 그것을
제자에게 주자, 그들 모두 마셨다.
24 그가 그들에게 말했다. "이것은 다
수를 위해 흘리는 새증언의 피다.
25 내가 진실로 너희에게 말한다. 앞으
로 나는 더 이상 포도즙은 마시지 않
는다. 하나님 왕국에서 새잔을 마시
는 그날까지다."
26 그런 다음 그들은 칭송의 노래를
부르며, 올리브스산으로 갔다.
27 지저스가 그들에게 말했다. "너희
모두는 오늘밤에 나로 인해 봉변을
당하게 된다. 기록대로, '나는 목자
를 쳐서, 양을 흩어놓겠다'는 예언대
로 될 것이다.
28 하지만 내가 다시 살아난 뒤, 나는
갤럴리의 너희에게 가겠다."
29 그런데 필어가 그에게 말했다. "모
두가 화를 당한다 해도, 나는 그렇
게 하지 않아요."
30 지저스가 그에게 말했다. "솔직하
게 너에게 말하는데, 오늘밤 수탉이
두번 울기 전, 너는 나를 세번 부인
할 것이다."
31 하지만 그는 더욱 강력하게 말했
다. "그러면 나는 죽어요. 나는 절
대로 그런 식으로 당신을 부정하
지 않을 거예요." 다른 제자 모두
똑같이 말했다.
32 그들이 겟세머니라는 곳으로 오
자, 그가 제자에게 말했다. "너희는
여기 앉아 있어라. 그동안 나는 기도
하겠다."
33 그는 필어와, 재임스와 존을 데리
고 가면서, 어쩔 줄 몰라, 마음이 몹
시 무거워지기 시작했다.
34 그러면서 그들에게 말했다. "나의
영혼이 너무나 슬퍼 죽을 것 같다.
너희는 여기서 기다리며 깨어 있어
라."

35 그는 좀 더 앞으로 나가 땅에 엎드
려서, 만약 가능하다면, 그 시간이
나를 지나칠 수 있기를 기도했다.
36 그가 말했다. "아바, 아버지, 당신은
모든 것이 가능하지요. 내게서 이 잔
을 치워주세요. 하지만 내 뜻이 아
닌, 당신 뜻대로 하세요."
37 그가 돌아와서, 잠든 그들을 보더
니 필어에게 말했다. "사이먼, 네가
자고 있나? 너는 단 한 시간조차 깨
어 있을 수 없나?
38 깨어나 기도해라. 그래야 너희가 시
험에 빠지지 않는다. 영혼은 진심으
로 준비가 되어도, 신체가 약하구
나!"
39 또 지저스가 가서, 같은 말로 기원
했다.
40 그리고 돌아왔는데, 제자가 다시
자고 있는 모습을 보게 되었다. [왜
냐하면 그들의 눈이 무거웠기 때
문이었다.] 그들은 그에게 할 말이
없었다.
42 그가 세번째 다시 왔을 때, 그들에
게 말했다. "이제, 편히 자며 쉬어라.
시간은 다 채웠고, 때가 왔다. 보라,
사람의 아들은 배신당하여 죄인들
의 손안에 들어간다.
42 자, 일어나서 가자! 봐라, 나를 배신
한 그가 와 있구나!"
43 바로, 그가 말한 그 순간, 12제자
중 하나 쥬더스가, 칼과 몽둥이를
든 군중과 함께 왔는데, 그들은 대
제사장과, 법학자서기관와 원로가
보냈다.
44 그를 배신한 그가 저들에게 표시
를 미리 정해주었다. "내가 키스하
는 자가 바로 그다. 그를 붙잡아 실
수없이 끌고가라."
45 그가 오면서 곧바로 그에게 다가
가, "선생님, 선생님!" 말하며 입을
맞추었다.
46 그러자 저들이 그에게 손을 대고
붙잡았다.
47 순간 옆에 서 있던 제자 중 하나가,
칼을 빼내어, 대제사장의 종을 치
자 그의 귀가 잘렸다.
48 그때 지저스가 저들에게 말했다.
"너희는 도적을 상대하러 왔나? 칼
과 몽둥이를 들고 나를 잡으려 하
게?
49 내가 매일 성전에서 가르치며 너희
와 함께 있어도, 나를 잡지 않았다.
다만, 바이블대로 이루어지는 것이
틀림없구나!"
50 그 사이 제자는 그를 버리고 모두
달아났다.
51 그리고 그를 따르던 어떤 청년이,
리넨아마옷을 입고 있었는데, 젊은
사람들이 그를 잡으려고 손을 대
자, 리넨옷을 벗은 다음,
52 그는 리넨옷을 내버려둔 채, 맨몸
으로 그들로부터 도망쳤다.
53 한편 그들은 지저스를 대제사장에
게 데려갔는데, 거기에 전체 대제
사장과 원로와 법학자서기관가 함께
모여 있었다.

54 필어는 멀리 떨어져 그를 따라가
면서, 대제사장 관저안까지 들어
가, 여러 종과 같이 앉아 불을 쬐고
있었다.
55 그때 대제사장과 위원회 모두, 지
저스를 사형시킬 증인을 찾아도,
아무도 없었다.
56 여럿이 그에 대해 거짓증언을 내
놓아도, 증언이 서로 일치하지 않
았다.
57 그러다 어떤 자가 나서서, 그에 대
한 거짓을 증언했다.
58 "우리는 저 사람이 하는 소리를 들
었는데요, '나는, 여러 일손이 만든
이 성전을 부수고, 3일 내 일손없
이 다른 성전을 지을 수 있다'고 했
어요."
59 하지만 그들 증언 역시 서로 맞지
않았다.
60 마침내 대제사장이 일어나 가운데
서 지저스에게 물었다. "왜 당신은
아무 대답을 하지 않나? 당신에 대
한 이 증언들은 대체 뭐냐?"
61 그러나 그는 침묵하며 대답하지
않았다. 다시 대제사장이 그에게
질문하며 다그쳤다. "당신이 크라
이스트인가? 축복받은 아들이 맞
나?"
62 지저스가 말했다. "그렇다. 너희는
위대한 힘의 오른쪽에 앉아 있는 사
람의 아들을 보게 되고, 또 하늘의
구름속에서 오는 그를 보게 될 것이
다."
63 순간 대제사장이 그의 옷을 찢으
며 말했다. "우리가 더 이상 증언이
필요한가?
64 당신들 모두 신성모독을 들었다.
여러분은 어떻게 생각하나? 그러
자 모두 그를 사형에 처해야 한다
고 유죄를 판결했다.
65 일부는 그에게 침을 뱉더니, 얼굴
을 가리고 빰을 때리며 말했다. "예
언해봐라." 그러자 여러 종이 손바
닥으로 그를 때렸다.
66 그때 필어는 대제사장 관저 아래
쪽에 있었는데, 대제사장의 여종
하나가 가까이 오더니,
67 필어가 몸을 데우는 모습을 보고,
필어를 보며 말했다. "당신도 내저
레쓰 출신 지저스와 같이 있었다."
68 그러자 그가 부인하며 말했다. "나
는 그를 모르고, 당신이 무슨 말을
하는 지도 모르겠다." 그러면서 현
관쪽으로 가는데, 수탉이 울었다.
69 또 어떤 여종이 그를 보더니, 옆 사
람들에게 말했다. "이 자는 저들 중
하나다."
70 그러자 필어는 또 부정했다. 잠시
뒤 옆에 선 사람들이, 필어에게 다
시 말했다. "틀림없이 너는 그들 중
하나다. 네 말투가 당신이 갤럴리
출신임을 증명하고 있다."
71 하지만 그는 벌을 받는다고, 맹세
까지 하며, "나는, 당신이 말하는
자를 모른다"고 했다.
72 그때 두 번째 수탉이 울었다. 그리

고 필어는 지저스가 자기에게 한
말을 떠올렸다. "수탉이 두번 울기
전, 너는 나를 세번 부정한다." 그 말
을 생각하며 그는 울었다.

지저스가 죽었다

15 이른 아침부터 대제사장은,
원로와, 법학자서기관와, 전 위
원회와 함께 심의회를 개최한 다
음, 그를 구속시켜 끌고가 파일럳
에게 넘겼다.
2 파일럳이 그에게 물었다. "당신은
쥬다인의 왕인가?" 그가 대답했다.
"당신이 그렇다고 말한다."
3 그러자 대제사장들은 여러 가지
이유로 그를 고소했다. 하지만 그
는 아무것도 대답하지 않았다.
4 파일럳은 다시 그에게 물었다. "당
신은 대답을 하지 않는가? 보다시
피 저들이 너에 대해 이렇게 많은
것을 증언하고 있다."
5 그래도 지저스가 여전히 대답하지
않자, 파일럳가 당황했다.
6 당시 축제 때, 그는 사람들이 바라
는 죄수 하나를 석방시키고 있었
다.
7 그리고 버래버스라는, 반란을 일
으켜 구속된 자가 있었는데, 폭동
중 살인까지 저질렀다.
8 군중이 크게 소리치며, '파일럳이
지금까지 해온대로 한다면, 그를
바란다'고 말하기 시작했다.
9 하지만 파일럳은 그들에게 말하
며, "너희는, 내가 쥬다왕을 너희에
게 넘겨주길 바라나?" 라고 또 물
었다.
10 그 이유는 그가, 대제사장이 질투
심 때문에 그를 넘겼다는 것을 잘
알고 있었기 때문이었다.
11 그러나 대제사장은 대중을 선동하
여, 그가 사람들에게 버래버스를
풀어줘야 한다고 말하게 했다.
12 파일럳이 재차 그들에게 물었다.
"그러면, 너희가 쥬다왕이라고 부
르는 자를, 내가 어떻게 처리하길
바라나?"
13 그들이 다시 외쳤다. "그를 십자가
에 못박아라!"
14 그래서 파일럳이 그들에게 물었
다. "그가 무슨 나쁜 짓을 저질렀
나?" 그러자 대중은 더 크게 소리
를 지르며, "그를 십자가에 박아라!
고 했다"
15 그래서 파일럳은 대중의 마음을
만족시키기 위해, 버래버스를 그
들에게 풀어주고, 지저스를 넘겨,
매질한 다음 십자가형을 받게 했
다.
16 그러자 군인들이 그를 끌고, 프리
토리움이라는 관청으로 가면서,
군대를 집결시켰다.
17 그들은 지저스에게 보라색옷을 입
히고, 가시로 만든 관을 머리에 씌
웠다.
18 그리고 그에게 경례했다. "쥬다왕
만세!"

19 그런 다음 그들은 리드막대로 그
의 머리를 가격하고, 침을 뱉더니,
다시 그들 무릎을 꿇고 그에게 경
의를 표했다.
20 그를 갖고 놀린 다음, 그들은 그에
게 입혔던 보라색 옷을 벗기고, 본
래 옷을 입혀, 십자가형을 집행하
러 데려갔다.
21 그리고 그들은 사이린 출신 사이
먼에게 일을 시켰다. 그는 자기 나
라에서 와서 당시 옆을 지나가던
알렉잰더와 루프스 아버지로, 그
에게 십자가를 메고 가게 했다.
22 그들은 그를 걸거싸로 데려갔는
데, 그 지명의 의미는 '해골의 장소'
였다.
23 그들은 그에게 방향성 멀허브몰약
를 섞은 포도주를 마시라고 주었
지만, 그는 받지 않았다.
24 그리고 그를 십자가에 못박은 다
음, 그들은 제비뽑기로 그의 옷조
각 따먹기 놀이를 하며, 저마다 가
져가겠다고 했다.
25 제3오전 9시에 십자가형이 집행되
었다.
26 그의 죄명은 이렇게 쓰였다. **"쥬다
인의 왕"**
27 그들은 그와 함께 도적 둘을 십자
가에 박아, 하나는 오른쪽, 다른 하
나는 왼쪽에 두었다.
28 이것은 바이블의 다음과 같은 문
구가 그대로 이루진 것이다. "그는
죄인들과 같이 수가 헤아려졌다."
29 근처를 지나가던 사람은 그를 욕
하며 머리를 흔들었다. "아! 성전을
부수고 3일만에 짓는다던 놈!
30 네 자신이나 구하고, 십자가에서
내려와봐라!"
31 똑같이 대제사장도 비아냥거리며
법학자서기관들과 함께 말했다. "그
는 다른 자는 구했는데, 자신은 할
수 없나보다.
32 자, 이즈리얼왕 크라이스트라는
구원자는, 십자가에서 내려와 봐
라, 그러면 우리가 알아보고 믿을
게"라고 했고, 또 함께 십자가형을
당했던 자들도 그에게 욕설을 퍼
부었다.
33 제6시정오가 되어, 온통 어두워지더
니 제9오후3시까지 그랬다.
34 제9시가 되자 지저스는 큰 목소리
로 부르짖었다. "일로아이, 일로아
이, 래마 새바써나이?" "나의 하나
님, 나의 하나님, 왜 당신은 나를 버
리나요?"라는 의미의 말을 했다.
35 옆에 서 있던 몇몇 사람이 그 소리
를 듣고 말했다. "보라, 그가 일라
이자 일라야스를 부른다"고 했다.
36 어떤 자가 달려가 해면해초스펀지
에 비니거를 흠뻑 적셔, 그것을 리
드막대에 매어 그가 마시도록 주
며 말했다. "이제 그를 놔두자! 그
리고 일라이자가 그를 내려주러
오는지 보자"고 했다.
37 그리고 지저스는 부르짖음과 함께
숨을 거뒀다.

38 그 순간 성전휘장이 위에서 아래
로 둘로 찢어졌다.
39 그때 그의 맞은편에 백명지휘관이
서있다, 그가 지르는 소리에 쳐다
본 순간, 그가 죽자 말했다. "이 사
람은 진짜 **하나님의 아들**이었다."
40 여자들도 떨어져 지켜보았는데,
그들 가운데 매리 맥덜린과, 동생
재임스와 조셒조지스의 어머니 매리
와, 설로미가 있었고,
41 [이들은 그가 갤럴리에 있었을 때
함께 하며, 그를 따르고 섬겼던 사
람들이었다.] 또 그와 함께 저루살
럼으로 왔던 다른 여자도 많았다.
42 그리고 저녁때가 되었는데, 그날
은 사베쓰휴일 전날로 음식준비를
해야 했다.
43 그때 아리매씨아의 조셒은, 존경
받는 참사관으로, 그 역시 **하나님**
왕국을 기다려온 사람인데, 그가
와 있다가, 대담하게 파일럳에게
가더니, 지저스 시신을 달라고 간
청했다.
44 그리고 파일럳은 지저스가 이미
죽었는지 궁금해져, 백명지휘관을
불러, 사망여부를 물었다.
45 그는 그 지휘관한테 확인을 받은
다음, 조셒에게 시신을 내주었다.
46 그는 고급 리넨아마을 구입해서, 그
를 내려 감싼 다음, 바위를 깍아 만
든 묘안에 두고, 입구에 큰 돌을 굴
려 막았다.
47 그리고 매리 맥덜린과 조지스조셒
의 어머니 매리는 그가 안치된 곳
을 지켜봤다.

다시 살아났다

16 사베쓰휴일이 지나, 매리 맥
덜린과, 재임스 어머니 매리
와, 설로미가, 좋은 향료를 구입해
서 그에게 와서 발라주려고 했다.
2 그 주 첫날 이른 아침, 그들은 해가
뜰 무렵 묘지에 왔다.
3 그들은 서로 말했다. "누가 우리에
게 묘지입구의 돌을 밀어줄까?"
4 그런데 그들이 바라보니, 엄청나
게 큰 그 돌은 이미 굴려져 있었다.
5 묘지 안으로 들어간 그들은, 한 젊
은이를 보았는데, 길고 흰옷을 입
고서, 오른쪽에 앉아 있어서, 그들
이 너무 놀랐다.
6 젊은이가 그들에게 말했다. "두려
워 마라. 너희는 십자가에 못박힌
내저레쓰의 지저스를 찾고 있다.
그는 살아났고, 여기 없다." 그들이
그를 안치한 곳을 바라보았다.
7 "그러니 너희는 가서, 제자와 필어
에게 전해라. 그는 너희보다 먼저
갤럴리로 가고 있다. 그곳에서 그
가 너희에게 말할 때, 그를 보게 될
것이다."
8 그들은 급히 그곳을 뛰쳐나가, 묘
지에서 도망쳤는데, 떨릴 정도로
놀랐기 때문이었다. 그들이 누구
한테도 아무 말도 하지 않은 것은
너무 무서웠기 때문이었다.

9 그때 지저스는 그 주 첫날 일찍 살
아났다. 그가 최초로 모습을 보인
사람은, 자기가 일곱 악령을 내쫓
아주었던 매리 맥덜린이었다.
10 그녀는 가서, 그와 있던 제자들이
슬퍼하며 울고 있는 가운데 말을
전했다.
11 그들은, 그가 살아났다는 소리를
듣더니, 그녀가 본 것을 믿지 않았
다.
12 다음, 그가 제자 두 사람에게 다른
형태로 나타났는데, 그들이 걸어
서 어느 지방으로 가던 때였다.
13 그래서 그들이 가서, 그것을 나머
지에게 이야기했는데, 그들은 그
것을 믿지 않았다.
14 그런 다음, 그는 11제자가 식사하
며 앉아있을 때 나타나, 불신과 마
음의 고집을 꾸짖었다. 왜냐하면
제자는 그가 살아난 뒤, 자신을 보
였는데도 믿지 않았기 때문이었
다.
15 그러자 그가 제자에게 말했다. "너
희는 전세계로 들어가서, 모든 피조
물에게 이 가스펄 메시지를 알려라.
16 믿고 세례받은 자는 구원되고, 믿지
않는 자는 죄의 대가를 피할 수 없
다.
17 그 표시는 믿는 자에게 뒤따른다. 그
들은 나의 이름으로 악의 영혼을 내
쫓고, 또 새언어로 말하게 될 것이
다.
18 그들은 뱀도 집어 올리고, 어떤 맹독
약을 마셔도 그들을 해치지 못하며,
아픈 자에게 그들의 손을 얹어주면
회복될 것이다."
19 **주님**이 그들에게 그런 말을 한 다
음, 그는 하늘로 올라가, **하나님**의
오른쪽에 앉았다.
20 그래서 그들이 밖으로 나가, 가는
곳마다 **주님**이 그들과 함께 실행한
일을 널리 알리며, 표시가 뒤따른
다는 말을 확인했다. 애이멘 [한마
음이다.]

제자 루크

앞길을 준비하는 존

1 가능한 대부분을 다루어, 가르
침을 알리는 일을 진행하고자
한다. 이것은 우리가 믿는 가장 확
실한 것이다.
2 우리에게 이것을 알려준 사람들은
처음부터 목격자이면서, 가르침을
전달한 사람들이었다.
3 물론, 나에게도 좋게 보였으므로,
처음 시작부터 가르침을 완벽하게
이해한 다음, 훌륭한 씨아필러스
님을 위하여 글로 정리하면,
4 그것으로 당신은 지금까지 지도하
던 그 일에 관한 확신을 분명하게
확인할 수 있을 것이다.
5 당시 쥬디아쥬다남부의 해롣왕 시절
에, 어바이자 가문의 제사장 재커
라야가 있었는데, 그의 아내는 애런
의 딸로서, 이름이 일리저버쓰였다.
6 그들은 둘 다 **하나님** 앞에 올바르
며, 명령대로 따르고, **주님**의 규정
에 결함이 없었다.
7 그런데 그들은 일리저버쓰의 불임
으로 자녀가 없었고, 이제 나이가
들어 몸이 굳었다.
8 한편 그는 **하나님** 앞에서 제사장 임
무를 절차대로 수행하고 있었는데,
9 제사장 임무에 관한 관습에 따른
그의 일은, **주님**의 성전에 들어가
향을 피우는 것이었다.
10 사람들 전체는 향을 피우는 시간
에 밖에서 기도하고 있었다.
11 거기에 **하나님**의 천사가 그에게 나
타나, 분향제단 오른쪽에 섰다.
12 재커라야가 그를 보자, 너무 놀라
두려움에 빠졌다.
13 천사가 그에게 말했다. "두려워 마
라 재커라야, 네 기도를 하늘에서
들었기 때문에, 네 아내 일리저버쓰
는 너에게 아들을 낳아줄 터이니,
너는 그의 이름을 존이라고 불러라.
14 아들의 출생으로 네가 기쁘고 즐
겁고, 또 많은 사람도 그럴 것이다.
15 그는 **주님**의 눈에 큰인물이다. 앞
으로 그는 술이나 독주를 마시지
않고, 대신 신성한 영혼성령으로 채
워진다. 이는 어머니 자궁에 있을
때부터 그런 것이다.
16 또 그는 이즈리얼 자손 다수를 **주**
하나님에게 돌아오게 만들 것이다.
17 그래서 일라야스일라이자의 영혼과
힘을 가진 존재보다 먼저 나타나,
아버지 마음을 자식에게 되돌리
고, 반항하는 자에게 정의의 지혜

를 전하여, **주님**을 위한 인간을 미
리 준비시키게 된다."
18 그러자 재커라야가 천사에게 물었
다. "내가 그것을 어떻게 알 수 있
죠? 나는 늙었고, 아내도 몸이 꽤
굳었는데요."
19 천사가 그에게 대답했다. "나는 개
이브리얼인데, **하나님** 앞에 서있다
가, 말을 전하러 너에게 보내져, 좋
은 소식을 알리는 것이다.
20 보라, 너는 앞으로 벙어리가 되어
말을 할 수 없다. 이 일이 실현되는
날까지 그렇다. 그 이유는 네가 믿
지 않기 때문인데, 내 말은 때가 되
면 이루어진다.
21 밖에서 재커라야를 기다리는 사람
들은, 그가 성전에서 너무 오래 지
체해서 이상했다.
22 밖으로 나왔지만, 그가 그들에게
말을 하지 않자, 그들은 그가 성전
에서 환상을 보았을 것이라고 생
각했다. 그가 사람에게 손짓하며
여전히 말이 없었기 때문이었다.
23 재커라야는 일을 완수한 다음, 자
기 집으로 돌아갔다.
24 그리고 며칠 지나, 아내 일리저버
쓰는 임신을 하고도, 다섯달 동안
몸을 가리며 이렇게 말했다.
25 "**주님**이 요즘 나를 지켜보며 돌보
아, 남에게 듣는 수모를 없애주었다."
26 그리고 6개월만에 천사 개이브리
얼은 **하나님**의 전령으로, 갤럴리
도시 내저레쓰로 왔다.
27 어떤 처녀가 대이빋 집안 조셒과
약혼했는데, 그녀 이름은 매리였다.
28 천사가 그녀에게 와서 말했다. "기
뻐해라. 너는 대단한 호의를 받아
서, **주님**이 너와 함께 한다. 너는 여
자 가운데 특별한 복을 받았다.
29 그녀가 그를 보고, 또 그의 말을 듣
더니, 불안해하며 마음 속으로, 이
런 식의 인사는 무슨 뜻인지 생각
해보았다.
30 그때 천사가 그녀에게 말했다. "두
려워 마라, 매리야. 너는 **하나님**의
호의를 받았다.
31 보라, 네 자궁에 임신이 되어, 아들
을 낳으면, 그의 이름은 **지저스**로
불러야 한다.
32 그는 위대한 가장 높은 존재의 아
들로 불릴 것이다. **주 하나님**이 그
에게 그의 선조 대이빋의 왕관을
부여한다.
33 그는 재이컵 집안을 영원히 다스
리며, 그의 왕국이 끝이 없도록 만
들 것이다."
34 그러자 매리가 천사에게 물었다.
"어떻게 그렇게 되죠? 나는 아직
남자를 알지 못하는데요."
35 천사가 그녀에게 대답했다. "신성한 영혼성령
이 너에게 내려와, 가장 높은 존재
의 능력이 너를 감싸게 된다. 그로
인해 너한테서 태어나는 신성한 존
재는 **하나님**의 아들로 불리게 된다.
36 보라, 네 친척 일리저버쓰 그녀 역
시 나이가 많아도 임신하여, 벌써 6

개월이 되었는데, 본래 불임이었다.
37 **하나님**한테는 불가능이 없다."
38 매리가 말했다. "보세요, **주님**의 여
종 내게, 당신의 말대로 실현될 것
으로 믿어요." 그리고 천사는 그녀
를 떠났다.
39 그때 매리는 일어나, 급히 산간지
방 쥬다도시로 갔다.
40 그리고 재커라야 집에 가서, 일리
저버쓰에게 인사했다.
41 그녀가 매리의 인사를 듣더니, 아
기가 그녀 뱃속에서 뛰면서, 일리
저버쓰는 신성한 영혼성령으로 가
득 채워졌다.
42 그녀는 큰소리로 말했다. "너는 여
성 가운데 축복을 받았고, 네 자궁
의 열매도 그렇다!
43 이와 같이 나에게, **주님**의 어머니
가 온 것은 어떤 일일까?
44 보라, 당신의 인사 목소리가 내 귀
에 들리자, 뱃속 아기도 기뻐 뛰었다.
45 믿는 그녀는 축복받는다. **주님**이
그녀에게 전한 일은 실현되기 때
문이다."
46 그러자 매리가 말했다. "나의 정신
은 **주님**을 향해 점점 커지고 있어요.
47 내 영혼도 **하나님** 나의 구세주 안
에서 몹시 즐거워졌어요.
48 그가 미천한 신분의 여종을 생각
해준 거예요. 보세요, 지금부터 전
세대가 나에게 축복을 기원해줄
거예요.
49 강한 그가 나에게 위대한 일을 해
주었는데, 신성 자체가 바로 그의
이름이지요.
50 그의 관대한 사랑은 세대에서 세
대에 이르기까지 그를 경외하는
사람에게 내릴 거예요.
51 자기 팔로 힘을 보여주는 그는, 사
람 마음 속에서 그리는 우쭐한 자
만을 흩어버렸어요.
52 힘센자를 제자리에서 끌어내리고,
낮은자를 높이 올려주었어요.
53 배고픈 자에게 좋은 것을 먹여주
고, 부자는 빈손으로 보내버렸고요.
54 그의 큰사랑을 기억하는 자기 종
이즈리얼을 도왔어요.
55 그가 우리 조상 애이브러햄과, 그
의 이어지는 후손에게 말한 그대
로였어요."
56 그리고 매리는 3개월 동안 그녀와
같이 있다가 자기 집으로 돌아갔다.
57 그런 다음 일리저버쓰가 달을 채
우고, 아들을 낳았다.
58 그녀 이웃과 친척은, **주님**이 그녀
에게 큰사랑을 어떻게 보여주었는
지 듣더니, 함께 기뻐했다.
59 그리고 8일째 날이 되어 사람들이
아이 할례식에 와서, 아버지 이름
을 본떠 그를 재커라야라고 불렀다.
60 그런데 아이 어머니가 말했다. "그
렇게 하지 말고, 이 아이는 존이라
고 불러야 해요."
61 그들은 그녀에게 말했다. "친척 중
에 그 이름으로 불리는 자는 아무
도 없다."

62 사람들은 아버지에게 아들을 부르
는 방법에 대해 눈치를 주었다.
63 아버지는 테이블을 가져오게 하여
기록했다. "그의 이름은 존이다."
그러자 모두가 이상하게 생각했다.
64 그 순간 그의 입이 열려, 혀가 부드
러워지면서, **하나님**에게 감사하는
말을 했다.
65 그러자 주위에 있던 모든 이에게
경외하는 마음이 생기면서, 이 이
야기가 떠들썩하게 쥬디아남부 산
지에 널리 퍼졌다.
66 소문을 들은 사람들은 마음속으로
말했다. "이 아이의 경우는 대체 무
엇인가!" 그리고 **주님**의 힘이 그와
함께 있었다.
67 그의 아버지 재커라야는 신성한
영혼으로 채워지며 다음의 예언을
말했다.
68 "이즈리얼의 **주 하나님**의 축복이
내렸다. 왜냐하면 그가 자기 백성
을 찾아와 보상해주었기 때문이다.
69 또 우리를 위해 자기 종 대이빋 집
안에 구원의 뿔을 세웠다.
70 그는 지금까지, 자기의 신성한 예
언자의 입을 통해, 세상이 시작된
때부터 말을 전해온 그대로,
71 우리는, 우리 적과 우리를 미워하는
세력으로부터 구원을 받아왔는데,
72 이는 우리 조상에게 한 약속을 실
행하기 위한 것이고, 그의 신성한
약속을 기억하기 위한 것이었다
73 그가 우리 조상 애이브러햄에게
맹세한 약속이란,
74 그가, 적의 세력을 몰아내도록 우
리에게 확신을 보증하여, 두려움
없이 그를 따르를 수 있게 하며,
75 그 앞에 있는 신상함과 정의 가운
데서, 우리의 모든 날을 살아가게
하는 것이다.
76 너와 아이는, 가장 높은 존재의 예
언자라 불리게 된다. 이는 너희가
주님을 마주하기 전, 그의 길을 미
리 준비해야하기 때문이다.
77 그는 백성에게 구원의 가르침을
줄 때, 그들의 죄를 용서하는 방법
으로 실행한다.
78 온화하고 관대한 우리 **하나님**의 사
랑은, 새벽 동이 트듯 높은 곳에서
우리에게 내려와,
79 어둠속 죽음의 그림자에 앉아 있
는 그들에게 빛을 주며, 우리 발걸
음을 평화의 길로 안내하기 위한
것이다."
80 그리고 그 아이는 자라, 영혼이 굳
건해져, 황야에서 지내면서, 그의
모습이 이즈리얼에게 나타나는 날
까지 있었다.

지저스의 출생과 성장

2 당시 시저 어거스터스가 칙령을
선포하여, 모든 나라에 세금을
부과했다.
2 [세금부과는 시리니우스가 시리아
총독으로 있을 때 처음 만들어졌다.]
3 그래서 모든 사람은 세금을 신고

하러 고향으로 갔다.
4 조셉도 갤럴리 내저레쓰 도시에서
쥬디아남부의 대이빋 도성으로 갔
는데, 그곳은 베썰레헴으로 불린
다. [왜냐하면 그는 대이빋 혈통의
집안이었기 때문이다.]
5 신고를 하기 위해, 임신으로 배가
부른 그의 약혼녀 매리와 함께 갔다.
6 그들이 그곳에 있는 동안, 출산일
이 닥쳤다.
7 그래서 그녀는 첫 아들을 낳아, 포
대기에 감싸, 여물통 안에 뉘었다.
그곳 여관에 그들을 위한 빈방이
없었기 때문이었다.
8 그 지방에 몇몇 목자가 체류하며,
벌판에서 밤새 그들의 양떼를 지
키고 있었다.
9 그런데 보니, **주님**의 천사가 그들
에게 오더니, **주님**의 찬란한 빛으
로 주위를 밝게 비췄다. 그래서 그
들은 대단히 무서웠다.
10 천사가 그들에게 말했다. "두려워
마라. 보다시피, 나는 너희에게 대
단히 기쁜 좋은 소식을 가져왔는데,
이는 모든 백성에게도 마찬가지다."
11 대이빋 도성에 오늘 너희에게 구
원자가 태어났는데, 그는 **주인** 크
라이스트다.
12 너희에게 제시하는 표시는, 포대
기에 싸여 여물통 안에 누워있는
아기를 찾아라."
13 그때 갑자기 그 천사와 함께 하늘
의 수많은 군단이 **하나님**을 칭송하
며 말했다.
14 "그것은 가장 높은 **하나님**에게는
찬란한 빛이고, 땅위에는 모두를
향한 평화가 된다."
15 천사가 하늘로 사라지자, 목자가
서로 이야기했다. "그럼, 우리가 베
썰레헴으로 가서, **주님**이 우리에게
알린 일이 일어났는지 확인해보자."
16 그리고 그들은 서둘러 가서, 매리
와 조셉과 여물통 안에 누운 아기
를 찾았다.
17 그들이 보고 확인하자, 널리 전하
며, 아이에 관해 들은 이야기를 해
주었다.
18 그리고 사람들은 목자가 전한 사
건에 놀랐다.
19 그러나 매리는 모든 것을 침묵하
며, 마음 깊이 속으로만 생각했다.
20 목자가 다시 돌아와, **하나님**에게
영예를 돌리며 찬양한 것은, 그들
이 전해들은 것을 가서 듣고 확인
해보았기 때문이었다.
21 그리고 8일째 날, 아이의 할례식에
서 그의 이름은 지저스가 되었다.
그것은 자궁에서 잉태하기도 전부
터 천사가 이름 지어준 그대로였다.
22 모지스 법에 따른 그녀의 정화기
간을 끝내고, 그들은 그를 저루살
럼으로 데려와, **주님**에게 보였다.
23 [**주님**의 법에 쓰인 바, 자궁에서 나
온 모든 수컷은 **주님**에게 불려가
정화되어야 한다고 했다.]
24 그리고 **주님**의 법에서 말하는 대로

제물을 올리는데, 산비둘기 한쌍
이나, 두 마리 어린 비둘기다.
25 그런데 저루살럼에 사이먼이라는
사람이 있었는데, 그는 정직하고
주님에게 헌신적인 사람으로 이즈
리얼에 위안을 주기 위한 기회를
기다리고 있던 중, 신성한 영혼성령
이 그에게 내려왔다.
26 그리고 성령이 알려준 것은, 그는 **주
님**의 구원자 크라이스트를 보기 전
에는 죽음을 맞지 않는다는 것이다.
27 그래서 그가 성령에 이끌려 성전
에 왔더니, 부모가 아기 지저스를
데려와, 법의 관습에 따라 진행하
고 있었다.
28 그때 그는 팔에 아기를 안고, **하나
님**의 축복을 기원하며 말했다.
29 "**주님**, 이제 당신의 종을, 당신 말에
따라 편히 가게 해주세요.
30 나의 두 눈이 당신의 구원을 직접
보았으니까요.
31 그것은 당신이 모든 민족 앞에 준
비한 것이죠.
32 이민족을 비추는 빛과 당신의 이즈
리얼 백성에 명예가 되는 빛이지요."
33 조셒과 아이 어머니는, 그가 한 말
이 이상했다.
34 사이먼은 그들을 축복하고, 아이
어머니 매리에게 말했다. "보세요.
이 아이의 정해진 운명은 죽었다
가, 이즈리얼의 대부분을 살리기
위하여, 다시 살아나게 됩니다. 그
것을 두고 전해지는 표시가 있는데,
35 [그렇다, 칼이 네 영혼을 찌를 것이
다.] 그것은 많은 사람의 마음의 생
각이 드러난 것일지 모른다"고 했다.
36 또 애나라는 여예언자가 있었는
데, 애셜 부족의 퀘뉴얼의 딸로, 나
이가 많았다. 그녀는 결혼하여 7년
간 남편과 같이 살았고,
37 그후 미망인으로 84세가 되도록
성전을 떠나지 않고, **하나님**에게
예배하며, 밤낮으로 금식과 기도
를 했다.
38 그녀가 오더니, 곧바로 똑같이 **주
님**에게 감사한 다음, 저루살럼에서
구원을 기대하는 모두에게 그에
대해 이야기했다.
39 그들은 **주님** 법대로 모든 의식을
끝낸 다음, 갤럴리의 내저레쓰 고
향으로 돌아갔다.
40 아이가 자라가며 지혜가 채워지
자, 영혼이 확고해지면서 **하나님**의
신성함이 그에게 내려왔다.
41 그리고 그의 부모는 매년 통과축
일에 저루살럼으로 갔다.
42 그가 12살 때, 그들은 축일관습대
로 저루살럼에 갔다.
43 축일이 끝나 돌아가게 되었는데,
어린 지저스가 저루살럼에 남아
있었지만, 조셒과 어머니는 그 사
실을 몰랐다.
44 대신 그들은 아이가 무리에 있을
것으로 짐작하여, 하루동안 여행
길을 가던 중, 친척과 지인 사이에
서 그를 찾았다.

45 그런데 찾지 못하자, 그들은 다시
저루살럼으로 돌아가서 찾았다.
46 그리고 3일이 지나, 그들은 성전에
서 발견했는데, 그는 법학자 가운
데 앉아, 그들 이야기를 들으며 질
문하고 있었다.
47 그의 말을 들은 모두가 그의 이해
력과 대답에 대해 깜짝 놀랐다.
48 그들이 그를 알아보고 무척 놀랐
을 때, 어머니가 그에게 말했다.
"아들아, 왜 너는 이렇게 우리를 힘
들게 하니? 보라, 네 아버지와 내
가 너를 걱정하며 찾았다."
49 그러자 그가 부모에게 말했다. "어
째서 당신들이 나를 찾나요? 내가
나의 아버지의 임무를 해야 한다는
것을 모르나요?"
50 그때 그들은 그가 자신들에게 한
말을 이해하지 못했다.
51 그는 부모와 함께 내저레쓰로 온
다음, 그들의 말을 잘 듣기는 했지
만, 어머니는 그의 말을 마음속에
간직해 두었다.
52 지저스가 점점 지혜가 늘고 키도
커지면서, **하나님**과 사람들의 사랑
을 받았다.

지저스가 세례받다

3 티베리우스 시저의 집권 15년
에, 폰티우스 파일렅이 쥬디아쥬
다남부의 총독이 되었다. 해롣은 갤
럴리의 영주였고, 그의 동생 필립
은 이투리아와 트라코니티스 지역
영주였고, 리새나야는 애빌린의
영주였다.
2 애너스와 카야풔스가 대제사장이
었을 때, **하나님**의 말이 황야에 있
던 재커라야 아들 존에게 들려왔다.
3 그래서 그는 조든의 모든 지방을
다니며, 죄를 용서받기 위한, 반성
의 마음을 물로 씻으라며, 다음을
알렸다.
4 "예언자 아이재야의 책에 기록된 바
에 의하면, 황야에서 외치는 목소리
가 말하며, '너희는 **주님**의 길을 준
비해라. 그의 길을 똑바로 만들어라.
5 계곡은 채워지고, 산과 언덕은 낮
아지며, 구부러진 것은 곧게 펴지
고, 거친 것은 매끄러워질 것이다.
6 모든 사람은 **하나님**의 구원을 보게
될 것이다'라고 했다."
7 그때 그는 세례 받기 위해 온 수많
은 군중에게 말했다. "오 독사의 세
대, 너희에게, 누가 앞으로 닥칠 분
노로부터 도망치라고 일렀나?
8 가치있는 반성의 결과를 만들어야
지, 마음속으로, '우리의 조상은 애
이브러햄'이라고 말도 하지 마라.
왜냐하면 너희에게 말하는데, **하나
님**은 돌을 가지고 애이브러햄의 자
손을 만들 수도 있기 때문이다.
9 이제 도끼가 나무뿌리에 놓였으
니, 좋은 열매를 맺지 못하는 나무
는 잘려, 불속에 던져진다."
10 그러자 사람들이 질문했다. "그럼,
우리는 어떻게 해야죠?"

11 그가 대답했다. "옷이 두벌이면, 없
는 자에게 나눠주고, 음식을 가진
자도 똑같이 해라."
12 그때 세금징수인이 세례를 받으러
와서 말했다. "선생님, 우리는 어떻
게 해야 하나요?"
13 그가 그들에게 말했다. "너에게 지
정된 이상을 받지 마라."
14 군인도 마찬가지로 그에게 물었
다. "우리는 어떻게 해야 할까요?"
그러자 그들에게 말했다. "사람에게
폭력을 행사하지 말고, 거짓 소송
을 하지 말며, 네 임금에 만족해라."
15 기대속에서, 모두가 마음속으로
'존이 크라이스트머사야가 아닐까'
라고 생각했다.
16 존이 모두에게 대답했다. "솔직히
나는 너희를 물로 세례하지만, 나
보다 훨씬 강한 존재가 오는데, 나
는 그의 신발끈을 풀 가치도 못된
다. 그는 너희를 신성한 영혼성령과
불로 씻어줄 것이다.
17 그는 손에 키질용 도구를 들고, 타
작마당을 철저히 쓸어내 정화한
다음, 낱알을 창고에 모을 것이다.
대신 겨껍찔은 꺼지지 않는 불로
태울 것이다."
18 그렇게 존은 권유하며, 많은 것을
사람들에게 알려주었다.
19 그러나 해롣 영주는, 동생 필립의
아내 허로디아스 때문에 존한테서
비난을 받고 있었는데, 그것은 해
롣이 저지른 모든 악행 탓이었다.
20 거기다 마침내, 존을 감옥에 집어
넣기까지 했다.
21 당시 많은 사람이 세례를 받았는
데, 지저스 역시 세례를 받고 기도
하자, 하늘 문이 열리면서,
22 신성한 영혼성령이 비둘기같은 모
습으로 그에게 내려온 다음, 하늘
에서 어떤 목소리가 말했다. "너는
나의 사랑하는 아들이다. 너로 인
해 내가 몹시 기쁘다"라고 했다.
23 그때 지저스는 곧 30세가 되는 나
이로, [추측대로] 조셒의 아들이 되어
있었고, 그는 힐라이의 아들이고,
24 그는 매쌭의 아들이고, 그는 리바
이의 아들이고, 그는 멜카이의 아
들이고, 그는 재나의 아들이고, 그
는 조셒의 아들이고,
25 그는 매쌔싸야의 아들이고, 그는
애이머스의 아들이고, 그는 내이엄
의 아들이고, 그는 이슬라이의 아들
이고, 그는 내가이의 아들이고,
26 그는 마쓰의 아들이고, 그는 매쌔
싸야의 아들이고, 그는 시메이의
아들이고, 그는 조셒의 아들이고,
그는 쥬다의 아들이고,
27 그는 조애나의 아들이고, 그는 뤼
사의 아들이고, 그는 제러배블의
아들이고, 그는 샐라씨얼의 아들
이고, 그는 네리의 아들이고,
28 그는 멜카이의 아들이고, 그는 애
디의 아들이고, 그는 코샘의 아들
이고, 그는 일머댐의 아들이고, 그
는 이어의 아들이고,

29 그는 조시아의 아들이고, 그는 일
리에저의 아들이고, 그는 조림의
아들이고, 그는 매쌭의 아들이고,
그는 리바이의 아들이고,
30 그는 사이먼의 아들이고, 그는 쥬
다의 아들이고, 그는 조셒의 아들
이고, 그는 조넌의 아들이고, 그는
일리아킴의 아들이고,
31 그는 멜리아의 아들이고, 그는 메
넌의 아들이고, 그는 매쌔싸의 아
들이고, 그는 내이썬의 아들이고,
그는 대이빋의 아들이고,
32 그는 제시의 아들이고, 그는 오벧
의 아들이고, 그는 보애즈의 아들
이고, 그는 샐먼의 아들이고, 그는
내션의 아들이고,
33 그는 애미내댑의 아들이고, 그는
애럼의 아들이고, 그는 이즈럼의
아들이고, 그는 풰레스의 아들이
고, 그는 쥬다의 아들이고,
34 그는 재이컵의 아들이고, 그는 아
이직의 아들이고, 그는 애이브러
햄의 아들이고, 그는 태라의 아들
이고, 그는 내이홀의 아들이고,
35 그는 새루크의 아들이고, 그는 래
개우의 아들이고, 그는 풸렉의 아
들이고, 그는 이버의 아들이고, 그
는 샐라의 아들이고,
36 그는 캐이넌의 아들이고, 그는 알
풰샌의 아들이고, 그는 셈의 아들
이고, 그는 노아의 아들이고, 그는
라멕의 아들이고,
37 그는 매쑤샐라의 아들이고, 그는
이녹의 아들이고, 그는 재레드의
아들이고, 그는 맬레리얼의 아들
이고, 그는 캐이넌의 아들이고,
38 그는 이노스의 아들이고, 그는 세
쓰의 아들이고, 그는 애덤의 아들
이고, 그는 **하나님**의 아들이었다.

고향에서 내쫓기다

4 신성한 영혼성령으로 채워진 지
저스는 조든에서 돌아온 다음, 그
영혼이 이끄는 대로 황야로 갔는데,
2 악의 영혼에게 40일간 시험을 받
았다. 그동안 그는 아무것도 먹지
않았으므로, 시험이 끝날 무렵, 배
가 고팠다.
3 악령이 그에게 말했다. "만약 네가
하나님 아들이면, 이 돌에게 명령
하여 빵으로 만들어봐라."
4 지저스가 대답했다. "기록에 의하
면, 사람은 빵만으로 사는 게 아니
라, 하나님의 말로 사는 것이다."
5 다음 악령이 그를 높은 산으로 데
려가, 즉석에서 그에게 세상의 모
든 왕국을 보여주었다.
6 그러면서 말했다. "이 모든 권한과
명예를 내가 너에게 주겠다. 그것
은 내가 장악할 수 있으니, 원하는
자에게 줄 수 있다.
7 따라서 네가 나를 숭배하면, 모두
가 네 것이 된다."
8 지저스가 대답했다. "물러서라. 악
의 영혼 새이튼아. 기록에 의하면,
너는, 너의 **주인** 하나님에게 경배해

야 하고, 오직 그만 섬겨야 한다."
9 그러자 그가, 그를 저루살럼으로
데려가 성전옥상에 세워두고 말했
다. "네가 **하나님** 아들이면, 여기서
뛰어내려 봐라.
10 기록대로라면, 그가 자기 천사를
보내, 너를 지킨다며?
11 그들이 손으로 너를 받들어, 떨어
져도 네 발이 바위에 부딪히지 않
게 하겠지."
12 지저스가 그에게 대답했다. "너는
너의 **주인** 하나님을 시험하면 안 된다."
13 악의 영혼이 시험을 그만두고, 한
동안 그한테서 떠났다.
14 지저스는 성령의 힘으로 갤럴리에
돌아왔는데, 그 일대에 그에 대한
명성이 널리 퍼져있었다.
15 그때부터 그는 시너가그 집회에서
가르치며, 모두의 존경을 받았다.
16 다음 그는 자신이 자란 내저레쓰
로 와서, 평소 하던대로 사배쓰휴
일에 시너가그로 가서 글을 읽으
려고 섰다.
17 그리고 예언자 아이재야의 책을
받아 펼치고, 다음 문장을 찾았다.
18 "**주님**의 영혼이 나에게 내려왔다. 그
이유는 그가 나에게 기름을 부어 약
자에게 가르침가스펄을 전달하게
하려는 것이다. 그는 나를 보내어,
아픈 마음을 치유하고, 포로에게 해
방을 알리고, 앞을 보지 못하는 자의
시력을 회복시키고, 탄압받는 자를
풀어주며,
19 **주님**이 포용하는 해를 알리기 위한
것이다."
20 그는 책을 덮고, 그것을 다시 집사
에게 주고 앉았다. 시너가그에 있
던 모든 눈이 그에게 고정되었다.
21 다시 그들에게 말하기 시작했다. "이
날 이 구절이 너희 귀에서 실현된다."
22 그를 지켜보던 모두가, 그의 입에
서 나오는 감동이 전해지는 말에
놀라며, 말했다. "이 사람, 조셒 아
들 아냐?"
23 그는 말을 이었다. "너희는 나한테
서 전해지는 다음 말을 확인할 것이
다. '의사라면 네 자신을 치료해봐
라. 우리가 커퍼내움에서 들어왔던
뭐든지, 네 고향 여기서도 해보라'고
하겠지."
24 그가 또 말했다. "진심으로 내가 너
희에게 말한다. 제고향에서 환영받
는 예언자는 없더라.
25 하지만 내가 진실을 말하는데, 일라
야스일라이자 시대에 이즈리얼에 과부
가 많았다. 당시 하늘이 3년 6개월간
닫혀, 극심한 가뭄이 온땅을 휩쓸었다.
26 그래도 아무한테도 일라이자를 보
내주지 않고, 오직 사이던 도시에 사
는 과부 새레풰쓰한테만 보냈다.
27 또 이즈리얼에 예언자 일라이샤 시
절에 피부감염자가 많았지만, 아무
도 낫게 하지 않고, 시리언 출신 내
이먼만 나았다."
28 시너가그 안에 있던 모두가 이 이
야기를 듣더니, 화가 치밀어,

29 들고일어나, 그를 도성밖 언덕으
로 내몰아, 앞을 다투어 아래로 밀
치려고 했다.
30 그러나 그는 사람들 한가운데를
지나 제길을 갔다.
31 그런 다음 갤럴리 도시 커퍼내움
에 가서, 사배쓰휴일마다 그들을
가르쳤다.
32 사람들은 그의 가르침에 상당히
놀랐는데, 그의 말에는 힘이 있었
기 때문이었다.
33 시너가그 집회에 어떤 남자가 깨
끗지 못한 악의 영혼에 사로잡혀
큰소리로 떠들며,
34 말했다. "우리를 그냥 내버려두라.
내저레쓰 출신 지저스 당신이 우
리에게 무슨 상관이 있나? 우리를
죽이려 하나? 나는 당신이 누구인
지, 신성한 존재 **하나님**이라는 것
을 잘 안다."
35 그러자 지저스는 그를 꾸짖으며
말했다. "잠자코, 그 사람한테서 나와
라." 그러자 악령이 그로부터 빠져
나왔지만, 그를 다치게 하지 않았다.
36 모두가 크게 놀라 수근거렸다. 이
말이 대체 뭐지! 그가 가진 권한과
힘으로 명령하자, 더러운 악령이
튀어나오다니!"
37 그의 명성이 그 지방 곳곳에 퍼졌다.
38 다음 그가 시너가그 집회에서 일
어나, 사이먼의 집으로 들어갔는
데, 그의 아내의 어머니가 열이 높
이 오르자, 그녀를 위해 그들이 그
에게 매달렸다.
39 그래서 그가 그녀 앞에서 열을 나
무라자, 열이 살라져, 그녀는 바로
일어나 그들을 대접했다.
40 그리고 해가 질무렵, 사람들이 여
러 가지 질병을 앓고 있는 사람을
그에게 데려왔다. 그래서 그가 사
람마다 자기 손을 얹었더니, 그들
이 나았다.
41 그리고 악의 영혼도 여럿 밖으로
나오더니, 크게 소리쳤다. "당신은
크라이스트 **하나님**의 아들이다."
그러자 그는 그들을 꾸짖으며, 말
하지 못하게 막았다. 왜냐하면 그
들은 그가 크라이스트임을 알았기
때문이었다.
42 그리고 그는 날이 밝자, 그곳을 떠
나 황야로 들어갔는데, 사람들이
그를 찾아와서, 자기들을 떠나지
말고 있어 달라고 했다.
42 그가 그들에게 말했다. "나는 다른
도시에도 **하나님** 왕국을 알려야 한
다. 그렇게 하기 위해 내가 보내졌다."
44 그리고 그는 갤럴리의 시너가그
집회마다 가르침을 전했다.

제자를 부르다

5 어느날 지저스에게 **하나님**의 가
르침을 들으려고 사람들이 몰려
들었을 때, 그는 기네서렡 호수옆
에 서 있었다.
2 그때 그가 호숫가에 서 있는 배 두
척을 보았는데, 어부가 남아, 그들

의 어망을 씻고 있었다.
3 그는 둘 중, 사이먼의 배에 올라, 그
에게 육지에서 좀 더 띄워달라고
부탁한 다음, 배에 앉아서 해안에
있는 사람을 가르쳤다.
4 그가 말을 마치자, 사이먼에게 말
했다. "깊은 곳으로 가서, 네 그물을
던져라."
5 그러자 사이먼이 대답했다. "주인
선생님, 우리는 밤새 수고해도 아
무것도 못잡아요. 하지만 당신 말
대로 그물을 던져보지요."
6 그들이 그대로 했더니, 물고기가
엄청나게 잡혀, 그물이 찢어졌다.
7 그들이 다른 배에 있는 동료에게
손짓하여 도와달라 하자, 그들이
왔는데, 두 척에 가득차서, 가라앉
을 정도였다.
8 그때 사이먼 필어가 그것을 보더
니, 지저스 무릎앞에 엎드려 말했
다. "오 주인님. 내게서 떠나주세
요. 나는 죄인입니다."
9 왜냐하면 그와 또 같이 있던 모두
가, 자기들이 잡아올린 물고기 분
량에 너무 놀랐기 때문이었다.
10 또 제베디 아들 재임스와 존은 사
이먼의 동업자로 역시 그랬다. 그
래서 지저스가 사이먼에게 말했
다. "두려워 마라. 이제부터 너희는
사람을 잡으면 된다."
11 그들이 배를 육지에 댄 다음, 모든
것을 버리고 그를 따랐다.
12 그가 어떤 도시에 있었을 때, 피부
감염이 전신에 퍼진 한 사람을 보
게 되었다. 그가 지저스를 알아보
더니, 얼굴을 숙이고, 그에게 간청
했다. "주인님, 당신이 하고자 하면,
나를 깨끗이 낫게 해줄 수 있어요."
13 그래서 그가 손을 그에게 갖다대
며 말했다. "나는 네가 깨끗해지기
를 바란다." 그러자 곧바로 피부병
이 없어졌다.
14 그는 그에게 아무한테도 말하지
말라고 당부했다. "그대신 가서, 제
사장에게 자신을 보이며, 너의 청결
에 대해 모지스가 명령한 대로 제사
해라. 이는 사람들에게 증언이 된다."
15 그런데 그에 대한 명성이 점점 넓
게 퍼지면서, 다수가 그의 말을 듣
고자 모여들었고, 또 병을 치료받
고자 했다.
16 그는 스스로 물러나 황야에서 기
도했다.
17 어느날 그가 가르치고 있는 곳에,
엄격한 법규정파 풰러시와 법학자
들도 옆에 앉아 있었다. 그들이 갤
럴리, 쥬다남부 쥬디아, 저루살럼
곳곳에서 와있는 가운데, **주님**의
힘이 어떻게 사람을 고쳐주는지
보이게 되었다.
18 그때 사람들이 신체가 마비된 한
사람을 들것으로 데려와, 지저스
앞에 데려갈 방법을 찾으려고 애
쓰고 있었다.
19 그들이 환자를 데려갈 방법을 찾
을 수 없었던 이유는, 사람이 너무

많았기 때문이었다. 그래서 그들
은 옥상으로 가서, 천장의 타일을
뜯어 들것으로 한가운데의 지저스
앞에 내려놓았다.
20 그가 그들의 믿음을 보고 말했다.
"이봐, 네 죄가 용서되었다."
21 그때 서기관과 풰러시가 따지기
시작했다. "모독의 말을 하고 있는
이 자는 대체 누구란 말인가? 누가
죄를 용서할 수 있나, **하나님**만 가
능한데?"
22 그때 지저스는 그들의 생각을 눈
치채고 대답했다. "너희는 마음 속
에서 무슨 근거를 대나?
23 어느쪽이 더 쉬운가, 너의 죄가 용서
되었다고 말하기일까? 아니면, 일어
나 걸으라고 말하기일까?
24 어쩌면 너희가, 사람의 아들이 땅위
에서 죄를 용서할 힘을 가졌다는 것
을 알게 될지 모르겠다. [그가 마비
된 자에게 말하며,] 내가 너에게 말
하는데, 일어나 네 들것을 들고 집으
로 가거라."
25 그 즉시, 그가 사람 앞에서 일어나,
들것을 들고, 집으로 가면서, **하나
님**에게 감사했다.
26 그들 모두가 너무 놀라, **하나님**을
찬양하며, 두려움이 가득찬 채, "우
리는 오늘 이상한 것을 보았다"고
말했다.
27 그일 이후, 그가 밖으로 나갔는데,
리바이라는 이름의 세금징수인이,
세관접수대에 앉아 있는 것을 보
고, 그에게 말했다. "나를 따라라."
28 그러자 그는 모든 것을 남겨두고
일어나 그를 따랐다.
29 그리고 리바이는 자기집에서 지저
스에게 만찬을 크게 열자, 그곳에
많은 세관원과 다른 무리도 그들
과 함께 자리했다.
30 그런데 법학자서기관와 풰러시는 제
자에게 불만을 드러냈다. "왜 너희
는 세금징수인과 죄인과 같이 앉
아 먹고 마시나?"
31 그때 지저스가 대답했다. "온전한
자는 의사가 필요없지만, 병든자는
필요하다.
32 나는 바른 사람을 부르러 온 게 아니
고, 죄인을 후회시키려고 왔다."
33 그들이 또 그에게 말했다. "어째
서, 존의 제자는 금식을 자주하며
기도하고, 또 풰러시 제자도 그러
는데, 당신들은 먹고 마시기만 하
나?"
34 지저스가 그들에게 말했다. "너희
는 신부방의 아이를 굶길 수 있나? 신
랑이 그들과 함께 있는 동안 말이다.
35 하지만 신랑이 그들한테서 없어지
는 날이 오면, 그들도 금식하게 된다."
36 지저스는 그들에게 또 비유를 들
어 말했다. "아무도 새옷 조각을 낡
은 옷에 대어 깁지 않는다. 그러면,
새천조각이 낡은 것을 찢게 되므로,
새천에서 잘라낸 조각은 낡은옷에
맞지 않다.
37 또 아무도 새술을 낡은 병에 넣지 않

는다. 그러면 새술이 병에 금을 만들
어, 새어버리니, 그 병은 못쓰게 된다.
38 그래서 새술은 새부대에 넣어야, 둘
다 안전하다.
39 어떤 사람도 오래된 술은 마시며 곧
바로 새것을 원하지 않는다. 왜냐하
면 '묵은 것이 더 낫다'고 말하기 때
문이다."

사배쓰휴일의 주인

6 첫 사배쓰휴일이 지나고, 두번
째 휴일에, 그가 옥수수밭을 지
나가는데, 제자가 이삭을 따서, 손
으로 비벼 먹었다.
2 일부 풰러시가 제자에게 말했다.
"왜 너희는 사배쓰휴일에 해서는
안 되는 불법을 저지르나?
3 그러자 지저스가 대답했다. "너희
는, 대이빋이 다음과 같이 한 일을
제대로 읽지 않았나? 그가 함께 있
던 사람 모두 배가 고팠을 때,
4 하나님 집에 들어가 어떻게 전시용
빵을 갖다 함께 있던 사람에게 주었
나? 그것은 제사장이 아니면, 먹는
것이 위법이지 않나?"
5 그는 말을 계속했다. "사람의 아들
그가 바로 사배쓰휴일의 주인인 것
이다."
6 다음 또 다른 사배쓰날 그는 시너
가그 집회에 들어가서 가르쳤다.
그곳에 오른손이 말라 오그라진
어떤 사람이 있었다.
7 그때 법학자서기관와 풰러시가 그를
지켜보았다. 사배쓰휴일인데 그가
치료를 하는지 살펴서, 그에 대한
고소거리를 찾고자 했다.
8 하지만 그는 저들의 생각을 알아
차리고, 손이 오그라든 사람에게
말했다. "일어나, 가운데에 서봐라."
그러자 그가 일어섰다.
9 지저스가 그들에게 말했다. "내가
너희에게 한가지 묻겠다. 사배쓰휴
일이라도 선행이든 악행이든, 생명
이 살고 죽는 일은, 실행하는 것이
합당하지 않나?"
10 그리고 주위를 둘러보며, 그가 그
사람에게 말했다. "네 손을 뻗어봐
라." 그래서 그가 그렇게 하자, 그
의 손이 다른 것처럼 회복되었다.
11 그들은 미칠듯이 흥분하여, 지저
스에게 무엇을 할 수 있는지 서로
수근거렸다.
12 다음 며칠간 지저스는 산으로 가
서, 밤을 새며 하나님에게 기도했다.
13 날이 밝자, 지저스는 제자를 부른
다음, 그중 12명을 골라, 첫 제자로
임명했다.
14 사이먼과 [지저스는 그를 핕어라
고 불렀다] 그의 동생 앤드루, 재임
스와 존, 필립과 바써로뮤,
15 맽쥬와 토마스, 알퓌우스 아들 재
임스와 젤로티스라고 부르는 사이먼,
16 그리고 재임스 동생 쥬더스는, 배
신자가 된 쥬더스 이스캐리엍이었다.
17 그리고 그는 그들과 함께 내려와
평야에 있었더니, 엄청난 사람들

이 남부 쥬디아와, 중부 저루살럼
에서 왔고, 또 터이러와 사이든 해
안으로부터 와서, 그의 가르침을
듣고, 또 병을 고치고자 했다.
18 그리고 그들은 깨끗지 못한 악의 영
혼으로 괴로워했지만, 모두 나았다.
19 엄청난 무리가 그의 손길을 찾았
는데, 그로부터 나오는 힘이 그들
을 모두 낫게 해주었던 것이다.
20 그는 눈을 들어 제자를 바라보며
말했다. "너희 가난한자는 축복을
받는다. **하나님** 왕국이 너희 것이기
때문이다.
21 지금 배고픈자는 축복받는다. 모두
채워지기 때문이다. 지금 슬픈자는
축복받아, 웃게 될 것이다.
22 너희가 복을 받는 때는, 남이 너를 증
오하고, 너를 무리에서 따돌리며, 너
를 욕할 때이고, 사람의 아들로 인하
여 너희 이름이 악으로 매도당할 때다.
23 그날, 너희는 기쁘고 즐거워 뛴다.
보라, 너희 보상이 하늘에서 크기 때
문이다. 너희 조상이 예언대로 되었
던 것과 마찬가지다.
24 하지만 부자는 불행이다! 그래서 너
희는 위안을 받는다.
25 지금 배부른 자는 불행이다! 너희 모
두 배고파질 테니. 지금 웃는자는 불
행이다! 너희가 슬피 울 테니까.
26 모두가 너를 좋게 말하면 불행이다!
너희 조상도 거짓 예언자에게 그렇
게 했다.
27 대신 나는 듣는 이에게 말한다. 적을
사랑하고, 너를 미워하는 자에게 좋
은 일을 해주어라.
28 너를 저주하는 사람을 축복하며, 너를
악용하는 모두를 위해 기도해주어라.
29 네 뺨을 때리는 자에게 다른쪽도 내
밀고, 네 겉옷을 빼앗는 자에게, 네
웃옷 역시 빼앗기길 막지 마라.
30 너에게 요구하는 사람마다 주고, 네
물건을 빼앗는 자에게 다시 돌려달
라 하지 마라.
31 남이 너에게 해주기를 원하는 대로,
똑같이 네가 그들에게 해줘라.
32 너를 사랑하는 사람을 사랑하면, 너
희가 감사할 게 뭔가? 죄인도 자기
를 사랑하는 사람을 사랑할 줄 안다.
33 너에게 좋은 일을 해준 사람에게 좋
은 일을 하면, 감사할 필요가 있나?
죄인도 그 정도는 똑같이 할 줄 안다.
34 만약 너희가 돌려받기를 바라며 빌
려주면, 감사가 왜 필요한가? 죄인
역시 그만큼 돌아오기 때문에 빌려
준다.
35 대신 너희가 적을 사랑하고, 선행하
며, 빌려주어도, 아무것도 바라지 않
으면, 너희 보상이 늘고, 귀한 자손
을 얻을 것이다. 그 자손은 몰염치한
이나 악한조차 친절할 것이다.
36 너희가 관대해지면, 너희 하늘아버
지 역시 관대한 사랑을 내려준다.
37 남을 판단하지 말아야, 너희도 판단
받지 않는다. 남을 비난하지 말아야,
너희도 비난받지 않는다. 용서해주
면, 너희도 용서받는다.

38 남에게 주면 너도 받는다. 넉넉한 되
로 꾹꾹 눌러, 흔들어 채우고, 넘치
도록 담아주면, 남이 네 가슴에 한아
름 부어줄 것이다. 왜냐하면 너희가
잰 같은 되가 너에게 다시 측정되어
돌아오기 때문이다.
39 또 그는 그들에게 비유를 들어 말
했다. "앞이 안보이는데, 장님을 이
끌 수 있나? 둘 다 구덩이에 빠지지
않을까?
40 제자는 그 스승 이상은 아니지만, 완
벽해지면 스승만큼 된다.
41 왜 너는 형제의 눈안 티끌을 보면서,
제눈의 막대는 느끼지 못하나?
42 네 형제에게, '네눈에 있는 티끌을
빼주겠다' 말하면서도, 너는 제눈에
있는 막대는 보지 못하나? 너희 위
선자들아. 먼저 제눈의 막대를 뽑아
서, 맑게 보이거든, 형제 눈의 티끌
을 빼주어라.
43 좋은 나무는 썩은 열매를 맺지 않고,
썩은 나무는 좋은 열매를 맺지 않는다.
44 모든 나무는 열매로 드러난다. 사람
은 가시나무에서 무화과를 따지 못하
고, 가시덤불에서 포도를 얻지 못한다.
45 마음에 좋은 보물을 간직한 자는 좋
은 것을 내놓고, 마음에 악의 재물을
가진 악한은 나쁜 것을 내놓는다. 왜
냐하면 사람의 마음에 넘치는 것을,
입이 말하기 때문이다.
46 어째서 너희는 나를, '**주님**, 주인님'
이라 부르면서, 내가 말하는 것을 실
천하지 않지?
47 나에게 오는 사람마다, 내 말을 듣고
실천하면, 내가 그에게 똑같이 보여
줄 것이다.
48 이는 집을 짓는 사람에 비유할 수 있
다. 땅을 깊이 파고, 기초를 바위에
얹으면, 홍수가 일어나, 물결이 격렬
하게 때려도, 그 집을 흔들 수 없다.
그 이유는 집을 바위위에 세웠기 때
문이다.
49 그런데 와서 듣고도 실천하지 않은
자는, 집을 세울 때 기초없이 맨땅에
지은 것과 같아서, 홍수의 물결이 거
세게 때리면, 즉시 쓰러져, 집이 크
게 붕괴하고 만다.

존을 말하다

7 지저스는 청중에게 강연을 끝내
고, 커퍼내움으로 갔다.
2 당시 어떤 백명지휘관이 있었는
데, 그에게 충성하는 종이 아파서
거의 죽어가고 있었다.
3 그러다 지저스의 소문을 듣더니,
그는 종을 고쳐달라는 부탁을 하
러, 쥬다원로 몇 사람을 보냈다.
4 그들은 지저스에게 오자마자 사정
하며 말했다. "그는 원하는 바를 들
어줘야 할만큼 가치있는 지휘관이
에요.
5 그는 나라를 사랑하고, 또 우리에게
시너가그 교회까지 지어주었어요."
6 그래서 지저스가 그들과 함께 나
서, 그의 집에서 멀지 않는 곳까지
왔을 때, 백명지휘관은 친구들을

보내 말했다. "주인님, 여기까지 수
고로 충분합니다. 나는 당신을 나
의 지붕 아래 모실 정도로 가치있
는 사람이 못돼요.
7 또 나 스스로 생각해도 당신 앞에
나설 정도가 아니므로, 다만 한마디
말만 해주어도, 종이 나을 거예요.
8 나 역시 군당국에 소속된 사람으
로서, 부하를 거느리고 있는데, 내
가 병사에게 '가라'면 가고, 다른 병
사에게도 '오라'면 오니까, 나의 종
에게 '이렇게 하라'면, 그가 그대로
합니다."
9 지저스가 이 말을 듣고 놀라, 주위
를 둘러보며 따라온 사람에게 말
했다. "내가 너희에게 말하는데, 나
는 이렇게 믿음이 강한자를 본 적이
없고, 이즈리얼에는 없다."
10 그리고 친구들이 다시 집으로 돌
아갔더니, 아팠던 종이 나아졌다.
11 그런 다음 며칠 지나 내인이라 부
르는 도성으로 갔는데, 그에게 제
자도 많이 왔고 사람도 많이 왔다.
12 그가 도성문 가까이 와보니, 어느
과부의 외아들이 죽어 그곳에 있
었고, 도성 사람 다수가 그녀와 함
께 있어주었다.
13 지저스가 그녀를 보고 가여운 마
음으로 말했다. "울지 마라."
14 그러면서 다가와, 관에 손을 대자,
메고 가던 사람도 그곳에 섰다. 그
가 또 말했다. "내가 너에게 말하는
데, 청년은 일어나라."
15 그러자 죽었던 자가 일어나 앉아,
말을 하는 것을 보고, 그는 청년을
어머니에게 넘겨주었다.
16 순간 모두가 경외하는 마음으로 **하
나님**에게 감사하며 말했다. "위대
한 예언자가 우리 가운데 나타났
다. 이는 **하나님**이 자기 백성을 찾
아온 것이다" 라고 했다.
17 그리고 그에 대한 소문은 남부지
역 쥬디아 곳곳에 두루 퍼졌다.
18 존의 제자가 이런 모든 일을 스승
에게 알려주었다.
19 존은 제자 둘을 불러 지저스에게
보내며, "당신이 오기로 된 사람인
가? 아니면 우리가 다른 이를 기대
해야 하나?" 라고 묻게 했다.
20 그들이 그에게 와서 말했다. "세례
자 존이 우리를 보내며, '당신이 오
기로 된 사람인가? 아니면 우리가
다른 이를 기대해야 하나?' 라고
물어보라 했어요."
21 그 시각에 그는 허약하고 전염병
에 걸린 많은 사람을 치료해주었
고, 악의 영혼이 들은 자를 낫게 해
주고, 보이지 않는 자에게 시력을
주고 있었다.
22 그때 지저스는 그들에게 대답했
다. "가서 존에게, 너희가 보고 들은
것은 전해라. 어떻게 장님이 보고,
절름발이가 걷고, 피부감염이 낫는
지, 못듣는자가 듣고, 죽은자가 살아
나고, 어떻게 가난한자에게 가르침
가스펄을 알리는지 말해줘라.

23 축복받는 사람이란, 내가 불쾌하지
않은 사람이다."
24 존의 전령이 떠나자, 그가 사람들
에게 존에 대해 말하기 시작했다.
"너희는 황야에서 무엇을 보나? 바
람에 흔들리는 갈대인가?
25 너희는 밖으로 나가 무엇을 보나?
부드러운 옷을 입은 사람인가? 보
라, 화려하게 차려 입고 우아하게 사
는 자는 왕의 궁전안에 있다.
26 아니면 너희가 무엇을 보러가나? 예
언자인가? 그렇다, 내가 너희에게 말
하는데, 예언자보다 훨씬 그 이상이다.
27 그가 바로 기록된 그다. '보라, 내가 너
희 앞에 나의 사자를 보내면, 그가 너희
앞에서 갈길을 준비할 것'이라고 했다.
28 내가 너희에게 말하는데, 여자 몸에
서 태어난 자 가운데, 세례자 존보다
더 위대한 인물은 없다. 하지만 **하나
님** 왕국에서 최소라 해도, 그보다는
더 크다."
29 그러자 그의 말을 들은 모두와, 세
금징수인은, **하나님**의 길이 옳다고
생각했는데, 지금까지 존한테서
세례를 받고 정화해왔기 때문이었다.
30 그런데 풰러시와 법학자는 **하나님**
의 가르침도 스스로 거부하며, 존
한테 세례도 받지 않았다.
31 그때 지저스가 말했다. "이런 부류
의 사람을 내가 어디에 비교해야 하
나? 대체 그들은 어떤 사람들인가?
32 그들은 시장바닥에 앉은 어린이처
럼, 서로를 부르며 말한다. '우리가
파이프로 연주해주어도, 너희는 춤을
추지 않고, 너희에게 애도해주는데
도, 너희는 울지도 않는다'고 한다.
33 세례자 존은 지금까지 빵도 먹지 않
고, 술도 마시지 않았는데, 너희는,
'그가 악령에 걸렸다'고 말한다.
34 사람의 아들이 먹고 마시자, 너희는,
'보라, 저자는 대식가에, 술고래에다,
세금징수인과 죄인의 친구'라고 말
하고 있구나!
35 하지만 지혜는 옳은 것이라고, 모든
그녀의 자손이 입증하고 있다."
36 한편 풰러시 중 한 사람이 그와 함
께 식사하고 싶다고 초대해서, 그가
그 풰러시 집에 식사하러 가 앉았다.
37 그런데 보니, 도성안의 어떤 여자
가 죄인이었는데, 지저스가 풰러
시 집에서 식사하러 자리했다는
것을 알고, 고급 향유가 든 앨래배
스터 대리석 소형함을 들고 왔다.
38 그리고 그의 뒤에 선 뒤, 발뒤꿈치
에서 울며, 눈물로 발을 씻겨주기
시작하더니, 자기 머리털로 발을
닦고, 입맞춤한 다음, 향유기름을
발라주었다.
39 초대한 풰러시가 그 모습을 보고
속으로 말했다. "이 사람이 예언자
라면, 자기한테 손을 댄 여자가 어
떤 사람인지 당연히 알 것"이라고
했다. 왜냐하면 그녀는 죄인이었
기 때문이다.
40 그때 지저스가 풰러시에게 말했
다. "사이먼, 내가 너에게 할 말이 있

다." 그러자 그가 말했다. "주인선
생님, 말해보세요."
41 "어떤 채권자에게 돈을 빌려간 두
채무자가 있었는데, 하나는 500펜
스, 다른 사람은 50펜스였다.
42 그들이 갚을 돈이 없자, 채권자가 둘
다 빚을 탕감해주었다. 그러면 말해
보라, 누가 채권자를 더 좋아할까?"
43 사이먼이 대답했다. "내 생각에, 더
많이 탕감해준 사람이지요." 그러자
그가 말했다. "너는 바르게 판단했다."
44 그는 몸을 그녀에게 돌리며, 사이
먼에게 말했다. "너는, 이 여자를 보
고 있나? 내가 너희 집에 들어가도,
너는 내게 발 씻을 물도 주지 않았지
만, 그녀는 눈물로 내 발을 씻겨, 자
기 머리카락으로 닦아주었다.
45 너는 내게 입맞춤도 하지 않았지만, 이
여자는 내가 집에 들어간 때부터 계속,
내 발에 입맞추기를 그치지 않았다.
46 너는 내 머리에 기름을 발라주지 않
았지만, 이 여자는 기름으로 내 발까
지 발라주었다.
47 그래서 내가 네게 말하는데, 그녀의
죄는 많지만 용서된다. 왜냐하면 그
녀는 사랑을 많이 주었기 때문이다.
그러나 거의 용서받지 못하는 자는,
사랑이 똑같이 적은 자다."
48 그러면서 그는 그녀에게 말했다.
"네 죄는 용서되었다."
49 함께 앉아 식사하던 그들이 속으
로 말하기 시작했다. "죄도 용서하
다니, 대체 이 사람 뭐지?"
50 그리고 그는 그녀에게 말했다. "네
믿음이 너를 구했다. 편히 가거라."

가르침을 듣고 실행

8 그후 그는 모든 도시와 마을 곳
곳에서 가르치며, 하느님 왕국
의 좋은 소식을 알렸다. 여기에 12
제자도 함께 했고,
2 또 악의 영혼이나 병에 걸렸다 치
유된 몇 여자들도 같이 했다. 맥덜
린이라고 불리는 매리의 몸에서는
7악령이 나왔다.
3 조애나는 해롣의 관리인 츄자의
아내였고, 수재나와 또 다른 많은
여자들이 수단껏 일용품을 지원하
며 그에게 봉사했다.
4 가는 도시마다 많은 사람이 모여
들면, 그가 비유를 들어 이야기했다.
5 "농부가 밖으로 나가 씨를 뿌렸는
데, 일부는 길옆에 떨어져 밟히거나
공중의 새가 먹어버렸다.
6 바위에 떨어진 것은, 바로 싹이 나자
마자 바로 시들어 버렸는데, 이는 물
기가 없었기 때문이다.
7 어떤 씨앗은 가시덩굴 사이에 떨어
졌고, 가시가 같이 자라면서, 그것을
짓눌러버렸다.
8 다른 것은 비옥한 땅에 떨어져 싹을
내고, 백배의 열매를 맺었다." 그러
더니 다음과 같이 큰소리로 말했
다. "듣는 귀를 가진 자는 들어라."
9 그러자 제자가 물었다. "이 비유는
무슨 의미죠?"

10 그가 말했다. "너희는 **하나님** 왕국의
신비를 이해할 수 있는 능력이 있다.
그러나 다른 사람에게는 비유를 들
어서, 그들이 보지 못하는 것을 보게
하고, 이해하지 못하는 부분을 듣게
하는 것이다.
11 따라서 그 비유이야기에서, 씨앗은
하나님의 가르침이다.
12 길옆에 떨어진 씨앗의 뜻은, 사람이
가르침을 들었는데, 악령이 와서 마
음속에 든 가르침을 빼앗아버려, 그
들이 따르며 구원받지 못한다.
13 바위에 떨어진 씨앗은, 사람이 가르
침을 듣고 기쁘게 받아들여도 뿌리
가 없는 경우다. 그래서 얼마동안 믿
다가, 유혹을 받으면 금방 달아난다."
14 가시덩굴 사이에 떨어진 경우는, 그
들이 가르침을 듣고 싹을 내지만, 걱
정과 부와 인생의 즐거움에 짓눌려
완전한 열매를 맺지 못하는 의미다.
15 그러나 좋은 땅에 떨어진 씨앗이란,
정직하고 선한 마음으로 가르침을
받아들여 간직하며, 마침내 인내로
열매를 맺는다.
16 사람이 양초에 불을 붙여, 그릇으로
덮어 두거나, 침대밑에 두지 않는다.
대신 그것을 촛대에 꽂아, 안에 들어
오는 사람이 볼 수 있게 밝힌다.
17 비밀이란 없고, 드러나지 않는 일도 없
으며, 숨겨진 것조차 밝혀져 퍼진다.
18 따라서 너희가 듣는 가르침을 깊이
생각해야 한다. 가진자에게 더 주어
지고, 갖지 못한자는 가졌다고 생각
한 것마저 빼앗긴다."
19 그때 그의 어머니와 형제가 왔는데,
혼잡하여 그에게 다가설 수 없었다.
20 그래서 어떤 사람이 그에게 말을
전했다. "당신 어머니와 형제가 밖
에 서서, 당신을 보고싶어 해요."
21 그러자 그가 그들에게 대답했다. "나
의 어머니와 형제란, **하나님**의 말을
듣고 실행하는 사람이다" 라고 했다.
22 어느날 지저스가 제자와 배를 타
고 말했다. "호수 건너편으로 가자."
그래서 그쪽을 향했다.
23 그들이 배를 모는 사이, 그가 잠이
들었는데, 호수에 강풍이 불어오
더니, 배에 물이 차 위험에 빠졌다.
24 그들은 그를 깨우며 말했다. "주인
선생님, 우리가 죽게 됐어요." 그러
자 그가 일어나, 바람과 거센 파도
를 나무라자, 바람이 그치고 물이
잠잠해졌다.
25 그가 제자에게 말했다. "너희 믿음
은 어디 갔나?" 그들은 두렵고도
놀라워서 서로 말했다. "대체 이런
사람이 있다니! 그가 바람과 물에
게 명령하자, 그들조차 복종한다."
26 그들은 갤럴리 맞은편 개더린스
지방에 도착했다.
27 그가 육지로 내려와, 도성안에서 어
떤 사람을 만났는데, 그는 오래 전
에 악의 영혼에 사로잡혀, 옷도 입
지 않은 채, 집없이 무덤에서 살았다.
28 그가 지저스를 보더니 소리지르
며, 그 앞에 쓰러져 큰소리로 말했

다. "내가 당신과 무슨 상관이 있
나, 지저스? 당신은 가장 높은 존
재 **하나님**의 아들이 맞지? 제발 부
탁하는데, 나를 괴롭히지 마라."
29 [왜냐하면 그때 지저스가 깨끗지
못한 악령에게 명령하여, 그 사람
한테서 나오라고 했기 때문이었
다. 악령이 수시로 그를 사로잡았
기 때문에, 그는, 쇠줄과 족쇄로 묶
어도 구속을 끊고, 악령이 이끄는
대로 황야를 떠돌았다.]
30 지저스가 그에게 물었다. "네 이름
은 뭐지?" 그가 대답했다. "군단이
다. 왜냐하면 많은 악령이 그안에
있기 때문이다."
31 악령이 지저스에게 사정하며, 제
발, 깊은 곳으로 가라고 명령하지
말아달라고 했다.
32 그곳 산에는 돼지무리를 먹이는
곳이 있었다. 악령이 그에게 돼지
에게 들어가게 해달라고 부탁했
고, 그는 가만히 있었다.
33 그리고 악령이 그 사람한테서 나
와, 돼지에게 들어가자, 돼지떼가
거칠게 가파른 곳을 내달리더니,
아래쪽 호수에 빠져죽었다.
34 돼지를 먹이는 사람이 그 모습을
보더니, 도성과 마을로 가서 전했다.
35 그리고 마을사람이 상황을 보러
지저스에게 왔다가 그를 발견했
다. 악령이 떠난 그가 지저스 발앞
에 앉아 바른 정신으로 옷을 입고 있
는 것을 보고, 그들은 두려워졌다.
36 그를 지켜본 사람들이 마을사람에
게 말해주며, 어떻게 악령에 사로
잡혔던 그가 치유되었는지 전했다.
37 그러자 개더린스 지방 전체가 지
저스에게 떠나줄 것을 사정했다.
왜냐하면 그들은 너무 무서웠기
때문이었다. 그래서 지저스는 배
로 가서 다시 돌아왔다.
38 악령이 나간 그 사람은 지저스에
게 자기도 따라가고 싶다고 애원
했지만, 그를 보내며 말했다.
39 "너는 집에 돌아가, 하나님이 놀라
운 일을 어떻게 네게 해주었는지 알
려라"고 했다. 그래서 그는 가서 도
성을 돌아다니며, 지저스가 자기
에게 해준 놀라운 일을 전했다.
40 그후 지저스가 다시 오자, 그 마을
사람은 그를 기쁘게 맞이하며, 모
두 그를 기다리게 되었다.
41 다음 어느날, 자이러스라는 사람
이 찾아왔는데, 그는 시너가그 집
회지도자 중 하나였다. 그는 지저
스 발아래 엎드려 자기 집에 같이
가달라고 간청했다.
42 그의 외동딸이 12살쯤 되었는데,
누워서 죽어가고 있었던 것이다.
그래서 지저스가 길을 나섰더니,
사람들이 몰려들었다.
43 그런데 어떤 여자가 12년째 피가
계속 나오는 있었고, 그동안 많은
의사에게 의지하며 지냈지만, 조
금도 나아지지 않았다.
44 그녀가 지저스 뒤로 가서, 그의 옷

자락을 만졌더니, 그 순간 출혈이
멈췄다.
45 동시에 지저스가 말했다. "누군가
나에게 손을 댔나?" 그러자 필어
와 같이 있던 제자가 모두 부정하
며 말했다. "주인선생님, 군중이 몰
려와, 당신을 밀자, 당신이, '누군가
나에게 손을 댔나?' 라고 했어요."
46 지저스가 말했다. "누군가 내게 손
을 댔다. 나로부터 기운이 빠져나간
것을 느꼈다."
47 그러자 그녀는 숨길 수 없음을 알
고, 떨며 그 앞에 엎드린 다음, 모든
사람 앞에 밝히며, 그녀가 그를 만
진 이유와 함께, 그 순간 어떻게 치
료되었는지도 말했다.
48 그가 그녀에게 말했다. "딸아, 마음
을 편히 놓아라. 네 믿음이 너를 온
전하게 만들었다. 편히 가거라."
49 지저스가 여전히 말하고 있는 사
이, 시너가그 지도자 집에서 나온
사람이 그에게 와서 말했다. "당신
딸이 죽었어요. 주인선생님을 번
거롭게 하지 마세요."
50 그러자 지저스가 그 이야기를 듣
고 말했다. "두려워 말고, 믿기만 해
라. 그러면 딸이 온전해질 것이다."
51 그리고 그 집에 들어간 다음, 그는
아무도 들어가지 못하게 하고, 단
지 필어, 재임스, 존만, 소녀의 아버
지와 어머니와 함께 들어오게 했다.
52 모두가 울며 소녀를 슬퍼하는 가
운데 그가 말했다. "울지 마라, 소녀
는 죽지 않았다. 단지 잠자고 있을
뿐이다."
53 그들은 그를 비웃었다. 소녀가 죽었
다는 것을 다 알고 있었기 때문이다.
54 그는 그들을 밖으로 내보내고, 소
녀의 손을 잡고 불렀다. "일어나, 소
녀야!"
55 그러자 소녀의 영혼이 다시 돌아
와, 곧바로 일어나자, 그는 소녀에
게 먹을 것을 주라고 일렀다.
56 소녀의 부모는 너무나 놀랐지만,
그는 부모에게 당부하며, 이 일을
남에게 말하지 말라고 했다.

지저스의 가르침

9 그때 지저스는 12제자를 불러,
그들에게 모든 악의 영혼을 다
스릴 힘과 능력을 주어 질환을 치
료할 수 있게 했다.
2 그리고 그는 제자를 파견하여, **하
나님** 왕국을 알리고, 아픈 사람을
고치게 했다.
3 그가 그들에게 말했다. "여행갈 때
너희는, 아무것도 가져가지 마라. 지
팡이도, 전대대체화폐도, 빵도, 돈은 물
론, 겉옷 두 벌도 안 된다.
4 너희가 들어가는 집에 머물다, 거기
서 떠나라.
5 그리고 너희를 받아들이지 않거든,
그곳을 떠나면서, 너희 발밑 먼지까
지 털어서, 그들에게 증거가 되게 해라."
6 그래서 제자가 출발하여 마을을
돌며, 가스펄가르침을 알리며, 가는

곳마다 사람을 치료해주었다.
7 당시 해롣 영주가 지저스가 한 일
을 전해듣고, 몹시 당황했는데, 어
떤 사람의 말로는, 그가 존이 죽었
다 살아난 자라고 했기 때문이었다.
8 일부는, 그는 일라야스일라이자가 나
타난 것이라 하고, 또 다른 사람은
예전 예언자 중 하나가 다시 살아
났다고도 했다.
9 그때 해롣이 말했다. "존은 내가
목을 베었는데, 내가 지금 그런 일
을 한다고 듣는, 그는 대체 누구인
가?" 라며, 그를 알고 싶어 했다.
10 제자가 돌아와 지저스에게 실행
한 일을 보고했다. 그는 그들을 데
리고 아무도 모르게, 벳새이다라는
도성에 소속된 한적한 곳으로 갔다.
11 그러자 사람들이 이를 알고 뒤따
라왔기 때문에, 그는 그들을 받아
들이고, **하나님** 왕국에 관해 이야
기해주고, 힐링이 필요한 사람에
게는 치료도 해주었다.
12 그때 날이 저물어 가자, 12제자가 그
에게 말했다. "군중을 보내주세요.
그래야 저들이 마을이나 시골로 가
서, 묵으며 식량을 얻을 수 있어요.
우리는 지금 황야에 있으니까요."
13 그런데 그는 그들에게 말했다. "너
희가 그들에게 먹을 것을 주어라."
제자가 말했다. "우리는 빵 다섯덩
이와 물고기 두마리밖에 없어요.
그렇지 않으면, 우리가 가서 모두
가 먹을 음식을 사와야 해요."
14 그들은 약 5천명 정도였기 때문이
다. 그는 제자에게 말했다. "그들을
50명씩 무리지어 앉게 해라."
15 그들은 그가 하라는 대로 모두 앉혔다.
16 그때 그는 빵5덩이와 물고기 두마
리를 들고, 하늘을 바라보며 축복
한 다음, 조각을 떼어 제자에게 주
며, 무리 앞에 놓게 했다.
17 그들은 먹고 배가 불렀다. 그리고
남은 조각을 모으자 12바구니가
되었다.
18 다음 언젠가, 그가 혼자 기도하다,
같이 있는 제자에게 물었다. "사람
들이 나를 누구라고 말하지?"
19 그들이 대답했다. "세례자 존이라
고 말하기도 하고, 일부는 일라야
스라 하고, 또 다른 이는 옛 예언자
중 하나가 다시 살아났다 해요."
20 그가 제자에게도 물었다. "그럼, 너
희는 내가 누구라고 말하나?" 필어
가 대답했다. "**하나님**이 보낸 크라
이스트 구원자입니다."
21 그는 곧바로 그들에게 당부하고,
아무한테도 그렇게 말하지 말라고
명령하며,
22 말했다. "사람의 아들은 앞으로 많
은 괴로움을 겪어야 하고, 원로와 대
제사장과 서기관법학자한테 배척당하
고, 살해당한 다음, 3일만에 다시 살
아나게 된다."
23 그가 그들에게 말했다. "만약, 나를
따르고자 하면, 자신을 부정하고, 매
일 자기 십자가를 짊어진 채 나를 따

라야 한다.
24 자기 생명을 살리고자 하면 잃고, 나
를 위해 자기 생명을 잃는 자는 구원
받게 된다.
25 전세상을 얻는다 해도, 자기자신을 잃
거나 버림받으면, 무엇이 이로울까?
26 나와 나의 말을 부끄럽게 여기는 자
는 누구든지, 사람의 아들이 자신의
찬란한 빛으로 오고, 또 아버지와 신
성한 천사의 빛 가운데 오는 날, 그
런 자를 부끄럽게 여길 것이다.
27 내가 너희에게 진실로 말하는데, 여
기 선 몇 사람은 **하나님** 왕국을 볼 때까
지, 죽음의 맛을 보지 않게 될 것이다.
28 이 말을 한지 약 8일이 지나, 그는
필어와 존과 재임스을 데리고 기
도하러 산으로 갔다.
29 그가 기도하는 동안, 그의 얼굴 모
습이 변했고, 옷은 하얗게 번쩍였다.
30 그때 보니, 그가 두 사람과 이야기했
는데, 둘은 모지스와 일라야스였다.
31 둘은 빛 가운데 나타나서, 저루살
럼에서 완수해야 할 지저스의 죽
음에 대해 말했다.
32 그런데 필어와 동료들은 깊은 잠
을 자다 깨어난 다음, 지저스의 찬
란한 빛을 보았고, 또 함께 서 있는
두 사람도 보게 되었다.
33 그들이 지저스를 떠나려 할 때, 필
어가 지저스에게 말했다. "주인선
생님, 우리가 여기 있게 된 것은 행
운이에요. 우리가 세 성전을 짓게
해주세요. 하나는 당신, 하나는 모
지스, 하나는 일라야스일라이자를 위
해서요." 그는 제말의 의미도 모른
채 그렇게 말했다.
34 그가 그 말을 하는 동안, 구름이 와
서 덮어, 그들이 구름에 휩싸이자
두려워졌다.
35 그리고 구름속에서 어떤 목소리가
다음과 같이 말했다. "이는 나의 사
랑하는 아들이다. 그의 말을 들어라."
36 목소리가 지나갔을 때, 지저스는
혼자만 있었다. 당시 그들은 이 모
습을 마음속에 간직만 하고, 아무
한테도 말하지 않았다.
37 다음 날, 그들이 산에서 내려왔더
니, 많은 사람이 그를 만나러 왔다.
38 무리 중 한 남자가 호소하며 말했
다. "주인선생님, 제발 당신에게 부
탁하는데요, 내 아들을 살펴봐주
세요. 외아들이에요.
39 보다시피, 어떤 악령이 아들을 사
로잡으면, 애가 갑자기 소리지르
고, 경련을 일으키다, 입에 거품을
무는데, 그가 좀처럼 아들을 떠나
지 않고 상처를 입히고 있어요.
40 그래서 내가 당신 제자에게 간청
하며, 악령을 쫓아달라 했지만, 그
들은 하지 못했어요."
41 그러자 지저스가 말했다. "오 신념
없이 휘어지는 세대들아, 내가 얼마
나 더 너희를 참으며 같이 있어야 하
나? 아들을 여기로 데려오너라."
42 아들을 데려오는 도중, 악령이 그
를 쓰러뜨려 경련을 일으키게 하

자, 지저스가 깨끗지 못한 영혼을
꾸짖어, 아이를 치료한 다음, 아버
지에게 넘겨주었다.
43 그들은 **하나님**의 놀라운 힘에, 대
단히 감탄하는 반면, 사람마다 지
저스가 한 일들을 의심하자, 그가
제자에게 말했다.
44 "너희는 이 말을 귀에 깊이 간직해
라. 사람의 아들은 인간 손에 넘겨질
것이다."
45 하지만 제자는 이 말을 이해하지 못
한 채, 무심코 지나쳐 깨닫지도 못했
고, 그 말에 대해 묻기조차 두려웠다.
46 그리고 어느날, 제자 사이에 '누가
최고가 되어야 하는지'를 두고, 논
쟁이 붙었다.
47 지저스가 그들 마음속 생각을 감
지하고, 아이를 데려와 옆에 두고,
48 그들에게 말했다. "누구든 이 아이
를 나의 이름으로 받아들이면, 나를
받아들이는 것이고, 나를 받아들이
는 자는 누구나, 내가 보낸 사람도
받아들인다. 따라서 너희 최소가 최
고가 된다."
49 그러자 존이 말했다. "주인선생님,
우리가, 당신 이름으로 악령을 내
쫓는 어떤 사람을 보고, 못하게 했
어요. 왜냐하면 그가 우리를 따라
오지 않았으니까요."
50 지저스가 그에게 말했다. "그를 막
지 마라. 우리를 반대하지 않는 자
는, 우리편이다."
51 그가 바쳐져야 할 시간이 다가오
자, 얼굴을 저루살럼 가는 길에 고
정하며,
52 자기보다 앞서 사자를 보내어, 그
들이 스매리아 사람마을로 들어
가, 자신을 위한 준비를 하게 했다.
53 그런데 사람들이 지저스를 받아들
이지 않은 이유는, 그가 저루살럼
으로 가려 하기 때문이었다.
54 제자 재임스와 존이 이를 알고, 말
했다. "**주인님**, 당신이 우리에게 하
늘의 불을 내리라고 명령하면, 일
라야스일라이자가 했던대로 저들을
태워버릴 텐데요?"
55 그는 오히려 그들을 나무라며 말
했다. "너희는, 안에 들은 영혼이 무
슨 종류인지 모른다.
56 사람의 아들은 인간생명을 죽이러
온 게 아니고, 구하려는 것이다." 그
러면서 그들은 다른 마을로 갔다.
57 그들이 길을 가는데, 어떤 남자가
지저스에게 말했다. "주인님, 당신
이 어디를 가든, 나도 당신을 따라
가겠어요."
58 지저스가 그에게 말했다. "여우도
굴이 있고, 하늘의 새도 둥지가 있는
데, 사람의 아들은 머리를 뉠 곳이
없다."
59 그러면서 다른 이에게는, "나를 따
르라"고 말한데 대해, 그 사람이,
"주인님, 먼저 나를 아버지 장례에
가게 해주세요" 라고 말하자,
60 지저스는 그에게, "죽은자는 스스
로 묻히게 두고, 대신 너는 가서 **하나**

님 왕국을 알리라"고 했다.
61 또 다른 사람이 말하며, "주인님,
나는 당신을 따르겠어요. 그런데
먼저 내 집에 있는 가족에게 작별인
사부터 하게 해주세요" 라고 했다.
62 그러자 지저스가 그에게 말했다.
"쟁기에 손을 얹고 뒤를 돌아보지
않는 자가, **하나님** 왕국에 적합하다."

제자파견

10 이후, 지저스는 다른 70명을
또 지명하고, 두 사람씩 짝을
지어, 도시와 마을로 먼저 파견했
는데, 그곳은 앞으로 자신이 가고
자 하는 곳이었다.
2 그러면서 그들에게 말했다. "추수
할 곳이 너무 많은데, 일할자가 별로
없다. 그러니 너희는 **주님**에게, 수확
할 노동력을 보내주도록 기도해라.
3 이제 떠나라. 내가, 이리무리 가운데
로 어린양인 너희를 보낸다.
4 돈지갑도, 전대대체화폐도, 신발도 가
져가지 말고, 가는 길에 아무한테도
인사조차 하지 마라.
5 어느 집으로 가든, 먼저 '이 집에 평
화가 있기를 바란다'고 말해야 한다.
6 만약 그곳에 평온한 자손이 있으면,
너희는 거기서 편히 쉴 것이고, 그렇
지 않으면, 너희는 다시 돌아와야 한다.
7 같은 집에 체류하며, 그들이 제공하
는 것을 먹고 마셔라. 노동자가 자기
품삯을 받는 것은 당연하다. 이집 저
집 옮겨다니지 마라.
8 들어간 도시에서 그들이 너희를 받
아들이면, 차려주는 것을 먹어라.
9 그곳에서 아픈자를 고쳐주며, 그들
에게, '**하나님** 왕국이 당신에게 가까
이 와있다'고 말해줘라.
10 하지만 너희가 간 도시에서 너희를
받아주지 않으면, 그곳 거리로 나와
다음을 말해라.
11 '이곳에서 우리에게 붙은 먼지조차, 당
신들에게 다 털어놓는다. 하지만 너희
는 분명히 알아야 한다. **하나님**왕국이
너희 가까이 와있다' 라고 해야 한다.
12 그러나 내가 너희에게 말하는데, 정
의의 날에는 그런 도시보다 차라리
소듬에게 더 관대할 것이다.
13 코러즌, 너희에게 재앙이다! 벳새이
다, 너희에게 재앙이다! 만약 너희에
게 이루어진 경이로운 위업이 타이
러와 사이든에 발생했더다면, 그들
은 벌써 옛날에 반성하며, 베옷에 재
를 뒤집어쓰고 앉아 있었을 것이다.
14 그러니 정의의 날에는 너희보다 타
이러와 사이든에게 훨씬 더 관대할
것이다.
15 너희는 커퍼내움 하늘까지 우쭐해
져 있으므로, 지옥에 내던져질 것이다.
16 너희 말을 듣는 자가 나의 말을 듣
고, 너희를 무시하는 자가 나를 무시
하는 셈인데, 나를 무시하는 그들은,
나를 보낸 그를 무시하는 것이다."
17 그리고 70명은 즐거운 마음으로
돌아와 보고했다. "주인님, 악령조
차 당신의 이름을 통하여 우리에

게 복종했어요."
18 그러자 그가 그들에게 말했다. "나
는, [악의 영혼] 새이튼이 하늘에서
번개처럼 떨어지는 것을 보았다.
19 보라, 내가 너희에게 독사와 전갈을
짓밟을 능력을 준다. 그래서 적의 힘
을 꺾으면, 어떤 것도 너희를 헤치지
는 못할 것이다.
20 그러나 사람의 영혼이 너희를 따른
다고 기뻐하지 마라. 대신 너희 이름
이 하늘에서 기록되고 있는 것을 기
뻐해라."
21 그 순간, 지저스의 영혼은 즐거워져
말했다. "나는 아버지 당신에게 감사
합니다. 오 하늘과 땅의 주인 당신은,
이런 일을 지혜와 판단 아래 감춰두
었다, 어린이에게 드러내고 있어요.
그래요, 아버지, 그렇게 하는 것이 당
신 눈에 좋게 보였기 때문이죠.
22 모든 일을 아버지가 나에게 넘겨주
었는데, 사람은 그 아들이 누군지 알
지 못하고, 오직 아버지 당신만 알고
있지요. 하지만 그 아들이, 아버지가
누구인지 드러내 보일 겁니다."
23 그런 다음 그는 제자 한 사람씩 돌
아보며 조용히 말했다. "너희 눈은
축복받아, 보는 것을 이해할 수 있다.
24 내가 너희에게 말하는데, 많은 예언
자와 왕들이, 너희가 이해하듯 모든
것을 알고 싶어했는데도, 보이지 않
았고, 너희가 듣는 것도 그들은 들리
지 않았다.
25 그때 보니, 어떤 법학자가 일어나
그를 시험하며 물었다. "주인선생
님, 내가 어떻게 하면 영원한 생명
을 부여받을 수 있죠?"
26 그가 그 사람에게 말했다. "법에 적
힌 바는 무엇인가? 너는 그것을 어
떻게 알고 있나?"
27 그가 대답했다. "'너희는, **주인 하나
님**을 사랑해야 한다. 마음과 정신
을 다하고, 힘과 정성을 다하여 사
랑하고, 또 네 이웃을 자신처럼 사
랑하라'고 했어요."
28 그가 말했다. "너의 대답이 옳다. 그
렇게 하면, 너는 가능하다."
29 그런데 그는 자기 주장을 내세울
의도로 지저스에게 물었다. "그럼,
나의 이웃이 누구죠?"
30 지저스가 대답했다. "어떤 사람이
저루살럼에서 제리코로 가다, 도둑
에게 걸려들자, 그들은 그의 옷을 빼
앗고, 다치게 하고, 반쯤 죽여 놓은
채 가버렸다.
31 무심코 거기에 어떤 제사장이 지나
가다, 그를 보더니, 다른 길로 지나
쳐버렸다.
32 리바이 사람도 똑같이 그곳에 와서
그를 보자, 다른 길로 가버렸다.
33 그런데 어떤 스매리안이 여행중에
그가 있는 곳까지 와서 보고, 가여운
마음이 들었다.
34 그래서 그에게 다가가, 상처에 기름과
와인을 부어 싸맨 다음, 자기 나귀에
태워, 여관에 데려가 그를 보살폈다.
35 다음날, 그가 떠나면서, 동전 2개를

꺼내, 집주인에게 주며 말했다. '그
를 잘 보살펴주세요. 당신이 돈을 더
쓰면, 내가 다시 와서 갚겠어요' 라
고 했다.
36 네가 생각할 때, 도둑에게 당한자에
게 셋 중 이웃은 누구지?"
37 그가 대답했다. "그에게 관대한 사
랑을 보여준 사람이에요." 그때 지
저스가 그에게 말했다. "가서, 너도
그처럼 해라."
38 어느날 그들이 가다가, 어떤 마을
로 들어갔는데, 말싸라는 여자가
그를 자기 집에 받아들였다.
39 그녀에게 매리라는 여동생이 있었
는데, 그녀도 지저스 발앞에 앉아
가르침을 들었다.
40 그런데 말싸는 접대일이 많아 힘
들어지자, 지저스에게 와서 말했
다. "주인님, 나의 동생이, 일을 나
혼자 하라고 내버려두는데, 당신
은 아무 신경도 안 쓰이나요? 그러
니 동생이 나를 좀 돕게 해주세요."
41 지저스가 그녀에게 말했다. "말싸
야, 너는 일이 많아 무척 애를 쓰며,
힘들어 하는구나.
42 그렇지만 한가지 꼭 필요한 것이 있
는데, 매리에게 더 좋은 것을 선택하
게 해야 한다. 그것을 동생한테서 빼
앗으면 안 된다."

믿으면 이루어진다

11 지저스가 기도를 마치자 제
자 하나가 말했다. "주인님
우리에게 기도하는 방법을 가르쳐
주세요. 존John이 자기 제자에게 가
르쳐준 것처럼 말이죠."
2 그러자 그가 그들에게 말했다. "너
희가 기도할 때는 이렇게 해라. 하늘
에 존재하는 우리 아버지, 당신의 이름
은 신성합니다. 당신의 왕국이 하늘에
서 이룬 그대로, 땅에서도 실현됩니다.
3 우리에게 매일 먹을 음식을 주세요.
4 그리고 우리 죄를 용서해주세요. 우리
도 우리에게 빚진자를 용서하고 있으
니까요. 또 우리가 시험에 빠지지 않게
하여, 악의 영혼한테서 구해주세요."
5 또 그가 제자에게 다음과 같이 말
했다. "너희 가운데 친구 하나가, 한
밤에 와서 말하며, '친구야, 빵 세덩
이를 빌려달라.
6 왜냐하면 여행중인 친구 하나가 나
에게 왔는데, 그에게 차려줄 것이 없
어서 그렇다'고 할 경우,
7 그가 집안에서 대답하며, '나를 귀찮
게 하지 마라. 문은 닫혔고, 아이들
도 이미 침대에 들었으니, 일어나 빵
을 줄 수 없다'고 할 것이다.
8 내가 너희에게 말하는데, 비록 가가
일어나 주고 싶지 않더라도, 친구가
끈질기게 요구하기 때문에, 할 수 없
이 일어나 필요한만큼 주게 된다.
9 내가 너희에게 말한다. 요구하면 주
어지고, 찾으면 발견하고, 두드려라.
그러면 열린다.
10 왜냐하면 요구하는 사람이 받고, 찾
는 자가 발견하며, 두드리는 자에게

열리기 때문이다.
11 아들이 빵을 달라는데, 돌을 줄 아버
지가 있을까? 아니면 물고기를 달라
는데, 대신 뱀을 줄까?
12 아니면 계란을 달라는데, 전갈을 주
겠나?
13 자신은 나빠도 자식에게 좋은 것을
줄줄 안다. 하물며 하늘아버지의 경
우, 자기에게 요구하는 인간에게 얼마
나 더 많은 신성한 영혼을 주겠는가?"
14 한편 그는 말을 못하게 하는 악령
하나를 쫓아내고 있었다. 악령이
떠나버려, 그가 말을 하게 되자, 사
람들이 놀랐다.
15 그러나 그들 일부가 말했다. "저 사
람은 악령대장 베얼제법과 짜고
악령을 쫓아낸다."
16 다른 사람은 지저스를 시험하며
하늘의 표시를 내보이라고 했다.
17 그러나 지저스는 저들의 생각을
알아채고 말했다. "스스로 분열하
는 왕국은 파멸하고, 집안이 나뉘면
쓰러진다.
18 [악의 영혼] 새이튼 역시 내부에서
갈등하면, 어떻게 왕의 왕국이 서있
을 수 있을까? 이는 너희가 말하며,
내가 '베얼제법의 힘을 빌려 악령을
쫓아낸다'고 말하기 때문이다.
19 만약 내가 베얼제법의 힘으로 악령
을 내쫓으면, 너희 자손은 누구 힘으
로 악령을 내쫓지? 그러면 그들이
너희 판관이 되어야 할 것이다.
20 대신 내가 **하나님**의 손가락으로 악
령을 내쫓으면, 하나님왕국은 틀림
없이 너희에게 나타나게 된다.
21 강한자가 무장하고 자기 궁전을 지
키면, 그의 것은 안전하다.
22 그런데 그보다 더 강한자가 와서 그
를 제압하면, 그가 믿는 무기까지 모
조리 빼앗아, 전리품으로 나눠가질
것이다.
23 나와 함께 하지 않는 자는 나를 거부
하는 자이므로, 나에게 모이지 않으
면 흩어진다.
24 사람한테서 나온 깨끗하지 못한 영
혼이, 여러 곳을 다녀도 쉴 곳을 찾
지 못할 때 하는 말이, '내가 나왔던
나의 집으로 돌아가야겠다'고 한다.
25 그리고 집으로 돌아봐보니, 집이 깨
끗하게 청소되고, 꾸며져 있는 것을
발견한다.
26 그래서 그는 밖으로 나가 자기보다
더 악한 일곱영혼을 데려와 살게 되
었는데, 그의 마지막 상태는 처음보
다 더 나빠졌다."
27 그가 이런 이야기를 하자, 무리 가
운데 여자대표 한 사람이 큰목소
리로 그에게 말했다. "당신을 낳은
자궁도 복을 받았고, 당신을 먹인
젖도 축복받았어요" 라고 말했다.
28 하지만 그가 말했다. "그렇기는 해
도, **하나님**의 말을 듣는 사람이 더 축복
받았으니, 그것을 간직해라"고 했다.
29 사람이 점점 더 밀집한 가운데, 그는
다음을 말하기 시작했다. "오늘날
세대는 표시나 찾는 악한 세대다. 하

지만 예언자 조나에게 부여된 표시
이외, 내보인 것은 없다.
30 조나가 니네브인Ninevites에게 증거표
시가 되었던 것과 마찬가지로, 사람
의 아들은 이 세대에게 증거표시가
될 것이다.
31 남쪽 여왕이 이 세대에게 유죄판결
을 내린 다음, 처벌하러 들고 일어날
것이다. 예전 그녀는 땅끝으로부터
솔로먼의 지혜를 들으러 왔었는데,
보라, 여기 솔로먼 이상으로 더 위대
한 자가 있다.
32 니네브 사람도, 이 세대에게 유죄판
결을 내린 다음, 들고 일어나, 처벌
을 집행한다. 예전에 그들도, 조나의
가르침을 듣고 반성했다. 보라, 여기
조나 이상의 더 큰자가 있다.
33 아무도 양초에 불을 붙여 비밀장소
나, 양동이 아래에 두지 않고, 대신
그것을 촛대에 꽂아 둔다. 그래서 안
으로 들어오는 사람에게 밝혀 잘 볼
수 있게 한다.
34 신체의 빛은 눈이기 때문에, 네 눈의
초점을 하나로 맞추면, 전신도 밝게
빛을 낸다. 하지만 눈이 악하면, 너
희 몸 역시 암흑으로 찰 것이다.
35 따라서 네 안에 있는 빛을 신중하게
다루어, 어두워지지 않게 해야 한다.
36 그래서 너희 전신이 빛으로 가득차,
어두운 부분이 없으면, 몸에 가득찬
빛이 마치 촛불이 너희를 비추듯, 주
위전체를 환하게 밝힐 것이다."
37 그가 이렇게 말하자, 어떤 풰러시
가 그에게 식사초대를 했다. 그가
가서 음식을 먹으려고 앉았다.
38 풰러시가 보더니, 그가 식사 전에
씻지 않는 것을 보고 놀랐다.
39 그러자 **주님**이 그에게 말했다. "너
희 풰러시는 잔과 접시의 겉은 깨끗
하게 닦으면서, 너희 내면은 탐욕과
악으로 가득찼다.
40 어리석은 너희는 겉을 그렇게 하면
서, 내면을 씻지도 않았지?
41 그러는 대신 너희가 가진 것을 빈민
에게 나눠주어라. 그런 다음 자신을
보면 깨끗해질 것이다.
42 그러나 풰러시 너희는 재앙이다! 왜
냐하면 너희 십일조로 박하와 약초
및 각종 허브식물을 올리면서, 하나
님의 사랑과 정의는 모른척한다. 이
것은 너희가 마땅히 해야 하고, 다른
사람에게 미루면 안 되는 일이다.
43 풰러시 너희에게 불행이다. 너희는
시너가그 집회에서 최고자리만 좋아
하고, 시장에서 인사받기만 좋아한다.
44 너희 법학자 서기관 풰러시 위선자
에게 재앙이다! 너희는 드러나지 않
는 무덤과 같아, 사람위를 걸으며 그
들이 눈치채지 못하게 한다."
45 그때 법학자 한 사람이 대꾸했다.
"주인선생님, 당신이 그렇게 말하
면 우리를 모욕하는 것입니다."
46 그가 말했다. "너희 법학자 모두 재
앙이다! 너희는 사람에게 무거운 짐
을 지우고, 너희는 손가락조차 건드
리려 하지 않는다.

47 너희는 재앙이다! 너희 선대는 예언
자를 죽이고, 너희는 그들의 무덤을
짓는다.
48 그래서 너희는 조상의 행위를 승인
하는 실제증거가 된다. 왜냐하면 조
상은 예언자를 죽였고, 너희는 그들
의 무덤을 건설했기 때문이다.
50 그것에 대해 **하나님**의 지혜도 말해
준다. '내가 예언자와 제자를 보내는
데, 그들 일부를 저들이 죽이고 처형
할 것'이라고 했다. 예언자의 피는 세
상초기부터 뿌려졌기 때문에 오늘날
세대에게 그 대가가 요구될 것이다.
51 애이블의 피에서부터 제단과 성전
사이에서 죽은 제커라야의 피에 이
르기까지, 내가 진실로 너희에게 말
하는데, 그것은 이 세대가 책임져야
할 것이다.
52 법학자 너희는 재앙이다! 너희는 지
식의 열쇠를 빼앗아, 스스로 들어가
지도 않고, 그곳에 들어가려는 사람
조차 방해했기 때문이다."
53 그가 그들에게 이런 말을 하자, 서
기관과 풰러시는 그에게 거세게
항의하며, 그 말 대부분에 반발했다.
54 그래서 그에 대해 기회를 기다리
며, 그의 입에서 나오는 빌미를 잡
아 그를 고소하려고 했던 것이다.

책임에 구속되어 있다

12 한동안 수를 셀 수 없이 많은
사람이 몇 천명씩 몰려드는
탓에 서로를 밟게 되자, 지저스는
처음으로 제자에게 이렇게 말했
다. "너희는 위선자 풰러시의 효모
를 경계해야 한다.
2 덮혀서 드러나지 않은 것이란 아무
것도 없고, 숨겨져 알려지지 않는 것
이란 없다.
3 따라서 너희가 어둠속에서 말해도 밝
은 곳에서 듣고, 벽장속에서 귀에 대
고 소곤거려도 옥상위에서 공표된다.
4 내가, 나의 친구인 너희에게 말한다.
신체를 죽인자를 두려워 마라. 그 다음
그들이 할 수 있는 일은 더 이상 없다.
5 대신 내가 너희에게 누구를 두려워
해야 하는지 미리 주의를 주자면, 죽
인 다음 그를 지옥에 던질 힘이 있는
존재를 두려워해야 한다. 그렇다, 또
말하지만, 그를 두려워해라.
6 참새 다섯 마리를 팔아도 2푼도 안
된다 해서, 그중 하나라도 **하나님** 앞
에서 잊히겠는가?
7 대신 그는 네 머리카락조차 다 헤아
린다. 그러니 두려워 마라. 너희는
참새떼 이상으로 더 귀하다.
8 또 내가 말하는데, 남앞에서 나를 시
인하는 자는 누구나, **하나님** 천사 앞에
서 사람의 아들 역시 시인할 것이다.
9 그러나 남앞에서 나를 부인하는 자는,
하나님천사 앞에서도 부인할 것이다.
10 사람의 아들에게 대드는 자는 용서
받아도, 신성한 영혼성령에 대들며
모독하는 자는 용서받지 못한다.
11 그들이 너희를 시너가그집회의 판
사나 권력자에게 데려갈 경우, 무슨

대답을 어떻게 할까 걱정하지 마라.
12 신성한 영혼성령이 그 순간 너희가
무슨 말을 해야 할지 가르쳐준다."
13 무리 가운데 한 사람이 그에게 말
했다. "주인선생님, 내 형제보고,
나에게 유산을 나눠주라고 말 좀
해주세요" 라고 했다.
14 그가 그에게 말했다. "이 사람아, 누
가 나를 판관이나 너희의 분열자로
만드나?"
15 이어서 그가 그들에게 말했다. "신
중하게 주의하며 욕심을 경계해라.
인간생명은 소유물이 풍부하다고
계속 만들어지지 않는다."
16 그러면서 그들에게 비유를 들어
말했다. "어떤 부자의 땅이 곡식을
많이 산출해냈다.
17 그는 마음속으로 이렇게 생각했다.
'이제 나의 곡식을 저장할 장소도 없
는데, 어떻게 해야 하나?'
18 그리고 말했다. '이렇게 해야겠다.
나의 창고를 허물고, 더 크게 지으
면, 나의 곡식과 생산물을 저장할 수
있을 것이다.
19 그때 내가 나의 영혼에게 말한다.
'영혼아, 너는 오랫동안 많은 것을
쌓았다. 그러니, 이제 편히 쉬며, 먹
고 마시고 즐겨라.'
20 하지만 **하나님**은 그에게 말한다. '너
는 바보다. 오늘밤 네 영혼이 너를 떠
나면, 네가 쌓은 것은 누구 것이 되지?'
21 그렇게 자신을 위해 보물을 쌓은 자
는, **하나님**쪽에서는 부자가 못된다."
22 그리고 제자에게 말했다. "그러니
내가 너희에게 말하는데, 너희 생명
에 관해 무엇을 먹을지 생각하지 말
고, 신체에 대해 무엇을 입을지 걱정
하지 마라.
23 생명은 음식 이상이고, 신체는 의복
이상이다.
24 까마귀를 생각해봐라. 그들은 뿌리
거나 거두지도 않고, 창고나 헛간이
없어도, **하나님**이 그들을 먹여준다.
너희는 새보다 얼마나 더 귀한가?
25 너희가 고민한다고, 제 키를 1큐빝
0.45m더 늘일 수 있나?
26 너희는 최소조차 할 수 없으면서, 왜
그 나머지를 생각하나?
27 백합이 어떻게 자라는지 생각해봐
라. 그들은 수고도 길쌈도 하지 않는
다. 하지만 내가 너희에게 말하는데,
찬란한 명성속에 있던 솔로먼도, 백
합 하나만큼도 화려하지 못했다.
28 **하나님**은 그렇게 풀도 옷을 입히는
데, 들풀이란, 오늘 들에 있다 내일
화덕속에 던져진다. 그가 너를 입히
는 것은 얼마나 더 많이 생각할까?
오 너희 신념없는 자들아!
29 너희는 무엇을 먹고, 무엇을 마실지
찾지 말고, 마음의 의심도 품지 마라.
30 이런 것은 세상의 민족마다 찾는 것이
기 때문에, 너희 아버지는, 인간이 그것
을 필요로 한다는 것을 잘 알고 있다.
31 대신 너희가 **하나님** 왕국을 찾으면,
이 모든 것을 얻게 된다.
32 어린 양떼야, 두려워 마라. 너희에게

그 왕국을 주는 것은, 하늘아버지의
큰 기쁨이기 때문이다.
33 가진 것을 팔아 빈민에게 주고, 자신
은 하늘의 보물을 위하여, 낡지 않은
가방을 마련해라. 그곳 재물은 없어
지지 않고, 도둑이 접근하지 못하며,
좀이 먹지도 못한다.
34 너의 보물이 있는 곳에 네 마음도 있
을 것이다.
35 허리띠를 단단히 묶고, 너희 빛을 밝
히고,
36 신혼여행에서 돌아올 주인님을 기다
리듯, 자신을 준비하여, 그가 와서 문
을 두드릴 때, 곧 열 수 있게 해야 한다.
37 축복받는 종이란, 지켜보다가 주인
이 온 것을 발견하는 자다. 내가 재
차 너희에게 말하는데, 제 허리를 흐
트러지지 않게 묶은 다음, 그들을 맞
이하여 식사자리에 앉히고, 음식을
내놓으며 봉사하는 자가 축복받는다.
38 주인이 두번째 와서 보고, 세번째 와
서 봐도, 그들이 그렇다는 것을 발견하
면, 축복은 바로 그런 종에게 내린다.
39 또 다음과 같은 경우도 알아두어라.
만약 집주인이 도둑이 올 시각을 안
다면, 지켜서, 집을 털리는 일을 당
하지 않을 것이다.
40 따라서 너희는 준비해야 한다. 사람
의 아들은 너희가 생각하지 못하는
시각에 오기 때문이다.
41 **그때 필어가 그에게 말했다.** "주인
님, 당신은 이런 비유를 우리에게
만 하나요, 모두에게 말하나요?"
42 **그가 말했다.** "누가 신념이 강하고
현명한 집사인가? 집주인은, 그를
집관리인으로 만들어, 제때에 먹을
분량을 나눠주게 한다.
43 축복받을 종은, 주인이 돌아왔을 때,
그렇게 일하는 대상이다.
44 진실로 너희에게 말하고 싶은 것은,
주인은 그에게 자신이 가진 모든 것
을 관리하게 한다는 것이다.
45 그런데, 어떤 종이 마음속으로, '내
주인이 오는 시간이 더 늦어진다'며,
남녀 종을 때리면서도, 자기는 먹고
마셔 취한 경우,
46 종의 주인이, 기대하지 못한 날, 예
상치 못한 시각에 오게 될 때, 그에
게는 불신자들과 함께 작은 할당분
만 지정하게 될 것이다.
47 그와 같은 종은, 주인의 뜻을 알고
도, 스스로 준비하지 않았고, 주인
의도대로 일도 하지 않았으므로, 매
를 흠씬 맞는다.
48 하지만 무지해서, 매맞을 짓을 저지
른 자는, 매를 훨씬 적게 맞는다. 왜
나하면 많은 것이 주어진 자에게는,
요구되는 책임이 크기 때문에, 큰 일
을 시킨 자에게 더 많은 것을 바라는
것이다.
49 나는 이 땅에 불을 보내러 왔는데,
이미 불붙었다면, 내가 할 일이 무엇
이 있겠나?
50 그러나 나는 세례를 받고 세상을 정
화하는 중이므로, 그 일을 완수할 때
까지, 나의 책임에 구속되어 있어야

만 하지 않겠나!
51 너희는 내가 이곳에 평화를 주러 왔
다고 생각하겠지? 내가 말하는데,
그렇지 않다. 오히려 세상을 분열시
키려는 것이다.
52 앞으로 한 집안은 다섯으로 나뉘어, 셋
이 둘에게, 또 둘이 셋에게 반발한다.
53 아버지는 아들을 공격하고, 아들은
아버지에 맞서고, 어머니는 딸과 대
립하고, 딸은 어머니에게 대들고, 시
어머니가 며느리와 갈등하고, 며느
리는 시어머니와 싸운다.
54 그가 사람들에게 계속 말했다. "서
쪽에서 구름이 일어나는 것을 보면,
너희가 말하며, '소나기가 올 것 같
다'고 하면, 그렇게 된다.
55 또 남풍이 부는 것을 보고, '더워질
것 같다' 말하면, 그렇게 된다.
56 너희 위선자들아, 하늘과 땅의 모습
은 분간하면서, 어떻게 이 시대의 상
황은 식별하지 못하나?
57 맞다, 어째서 너희는, 무엇이 옳은지
스스로 판단하지 못하나?
58 너희가 적을 재판관에게 데려가는
길이라면, 네가 적을 넘길 수 있도록
마땅한 주의를 기울여야 한다. 그렇
지 않으면, 죄가 없는 그가 너를 유죄
로 만들어, 판관이 너를 관리에게 넘
기면, 관리가 너를 감옥에 넣게 된다.
59 내가 너에게 말하는데, 너는 거기서
떠나지 못한다. 네가 마지막 조각을
지불할 때까지 그곳에 갇힌다."

떠나지 않으면 죽는다

13 그때 몇 사람이 지저스에게
나타나 갤럴리 사람에 대해
말하며, 로마총독 파일럿이 갤럴
리인 피를 희생제물에 섞었다고
했다.
2 지저스가 그들에게 말했다. "너희
는, 그 갤럴리인들이 그 일을 당했으
므로, 전체 갤럴리보다 훨씬 중죄인
이라 생각하나?
3 너희에게 말하는데, 그렇지 않다. 너
희가 반성하지 않는 한, 모두 그처럼
죽는다.
4 혹은 탑에서 실로엄샘에 떨어져 18
명이 죽은 경우도, 너희는 저루살럼
에 사는 전체보다 훨씬 더 죄를 많이
지었다고 생각하나?
5 내가 말하는데, 아니다. 너희가 후회하
지 않는 한, 마찬가지로 모두 죽는다."
6 그는 또 비유를 들어 말했다. "어떤
사람이 자기 포도원에 무화과나무
를 심은 다음, 무화과를 보려고 왔더
니 아무것도 없었다.
7 그래서 포도원관리자에게 말했다.
'보라, 내가 3년간 무화과나무의 열
매를 기대했는데, 없으니, 잘라버려
라. 그것은 쓸모없이 땅만 방해하고
있지 않나?
8 그러자 그가 주인에게 말했다. '주인
님, 올해만 그대로 두면, 내가 주위
땅을 파, 거름을 주겠어요.
9 만약 열매를 맺으면 좋고, 그렇지 않
으면, 그때 잘라도 되죠'라고 했다."

10 다음 그가 사배쓰휴일에 시너가그
집회에서 가르치고 있었다.
11 그런데 보니, 그곳에 18년간 질환
으로 영혼이 허약해진 어떤 여자
가, 엎드린 채, 몸을 제대로 가누지
못하고 있었다.
12 지저스가 그녀를 보더니, 불러 말했
다. "여자야, 너는, 네 병에서 벗어난다."
13 그러면서 그가 그녀에게 손을 얹
자마자, 그녀가 몸이 곧게 펴고, **하
나님**을 칭송했다.
14 그러자 시너가그 지도자가 화를
낸 이유는, 지저스가 사배쓰휴일
에 치료를 했다는 것이다. 그리고
사람들에게 말했다. "사람은 6일간
일해야 하므로, 그때 치료를 받아
야 하고, 사배쓰휴일에는 안된다."
15 그때 **주님**이 그에게 말했다. "위선
자 너는, 사배쓰휴일에 저마다 축사
에서 소나 당나귀를 풀어, 물을 먹이
러 데려가지 않나?
16 애이브러햄의 딸, 이 여자는 새이튼
에게 18년간 사로잡혀 있었는데, 사
배쓰휴일에 구속에서 풀려나게 해
주어야 하지 않겠나?"
17 그가 이렇게 말하자, 그의 적들은
민망해졌고, 사람들은 그가 실행
한 놀라운 일에 모두 기뻐했다.
18 그런 다음 그가 말했다. "**하나님** 왕
국은 무엇과 같을까? 내가 그곳을
어디와 같다 하면 좋을까?
19 그것은 겨자씨와 같다고 할 수 있다.
사람이 그것을 밭에 뿌리면, 큰나무
처럼 자라서, 그 가지 위에 공중의
새도 머문다."
20 또 그가 말했다. "**하나님** 왕국을 어
디에 비유하면 좋을까?
21 그것은 효모와 같다. 여자는 그것을
가져와, 곡물 세되에 섞어, 완전히
발효될 때까지 둔다."
22 그는 도시와 마을 곳곳을 가서 가
르치며, 저루살럼까지 여행했다.
23 그때 한 사람이 그에게 물었다. "주
인님, 거의 구원받을 수 없지요?"
그가 그들에게 대답했다.
24 "좁은 문으로 들어가려고 노력해라.
내가 너희에게 말하는데, 대부분 들
어가려고 애써도, 갈 수 없다.
25 일단 집주인이 일어나 문을 닫으면,
너희는 밖에 서있게 된다. 그리고 문
을 두드려 말한다. '주인님, 우리에
게 문을 열어주세요.' 그러면 그가
대답하며, '나는 네가 어디서 왔는지
모른다'고 대답할 것이다.
26 그때 너희가, '우리는 당신 앞에서
먹고 마셨고, 길에서 우리를 가르쳐
주었어요' 라고 말한다.
27 그런데 그는 이렇게 말하며, '내가
말하는데, 나는 네가 어디서 왔는지
모르니, 나한테서 떠나라. 너희는 죄
만 짓는 자다' 라고 할 것이다.
28 그러면 그곳에는 울음소리와 이가
는 소리만 있을 것이다. 그때 너희는
애이브러햄, 아이직, 재이컵 및 모든
예언자를 **하나님** 왕국에서 보게 되지
만, 너희 자신은 쫓겨나기 때문이다.

29 그들은 동서남북 사방에서 와서, **하**
나님 왕국에 앉게 된다.
30 그러면 보라, 마지막이 첫째가 되고,
첫째가 마지막이 될 것이다.
31 **그날 그곳에 왔던 풰러시 대표가 그**
에게 말했다. "이곳을 떠나라. 왜냐
하면 헤롣이 당신을 죽일 것이다."
32 **그러자 그가 그들에게 말했다.** "너
희가 가서, 여우에게 말해라. 보라,
나는 악령을 내쫓으며, 오늘도 내일
도 치료하여 고치고 나면, 3일째 나
는 완전해지게 된다.
33 하지만 나는 오늘도 걸어야 하고, 내
일도, 다음날도 내 길을 가야 한다. 왜
냐하면 이는 저루살럼의 한 예언자
는 죽은 것이 될 수 없기 때문이다.
34 오 저루살럼, 여러 예언자를 죽인 저
루살럼은, 너희에게 보낸 그들을 돌
로 죽였다. 내가 얼마나 더 너희 자
녀를 모아야 할까? 마치 암탉이 병
아리를 제 날개안에 모으듯 말이다.
그런데 너희는 바라지 않다니!
35 보라, 너희 집은 폐허가 된다. 내가
너희에게 진실로 말하는데, 너희는
그때가 올 때까지 나를 보지 못한다.
그때 너희는 다음을 말하게 될 것이
다. '**주님**의 이름으로 오는 사람은 축
복을 받는다'고."

제자조건

14 **어느날 지저스가 풰러시대표**
한 사람의 집으로, 사배쓰휴
일 식사를 하러 들어가자, 그들이
그를 유심히 지켜보았다.
2 **그런데 보니, 그 앞에 어떤 사람이**
있었는데, 수종에 걸려 몸이 부풀
어 있었다.
3 **그때 지저스가 법학자와 풰러시에**
게 질문했다. "사배쓰휴일에 치료행
위는 합법인가?"
4 **그들은 가만히 있었다. 그리고 그는**
환자를 잡고 치료한 다음, 보냈다.
5 **그런 다음 그들에게 말했다.** "너희
중 누군가의 당나귀나 소가 구덩이
에 빠지면, 사배쓰휴일에도 곧바로
가축을 꺼내지 않겠나?"
6 **그들은 그에게 대답하지 못했다.**
7 **그리고 그가 초대받은 사람에 대**
한 비유를 꺼낸 것은, 그들이 유난
히 상석을 고르는 모습이 보였기
때문에, 다음과 같이 말했다.
8 "너희가 어떤 사람의 결혼식에 초대
받았을 때, 최고 좋은 자리에 앉지 마
라. 어쩌면 너보다 더 존경받는 사람
이 초대받았을지 모르기 때문이다.
9 너를 초대한 사람이 그를 모셔와, 네
게 말한다. '이 사람에게 그 자리를 내
주라'고. 그러면 너는 보다 낮은 자리
로 내몰리는 무안함을 당하게 된다.
10 대신 초대받아 가서 가장 낮은 자리
에 앉으면, 너를 초대한 주인이 너에게
이렇게 말할지 모른다. '친구야, 더 높
은 자리에 앉아라.' 그러면 함께 자리
한 사람 앞에서 네가 존중받게 된다.
11 누구든지 자신을 높이면 낮아지고,
스스로 겸손하면 높여진다.

12 **다음 그는 초청해준 사람에 대해
서도 말했다.** "너희가 만찬이나 일
반식사를 준비할 때, 친구도 부르지
말고, 형제도, 친척도, 부자이웃도
부르지 마라. 이는 그들이 너를 답례
초대하는 부담을 만들지 않게 하는
것이다.
13 대신 너희가 만찬을 준비하거든, 가
난한자, 장애자, 신체부자유자, 앞못
보는 자를 불러라.
14 그러면 축복받는다. 왜냐하면 그들
은 보상할 수 없고, 너희는 정의가
살아날 때 보답받게 되기 때문이다.
15 **함께 식사자리한 사람 하나가 이
말을 듣고, 그에게 말했다.** "'축복
받은 자는 **하나님** 왕국에서 빵을
먹게 된다'는 말이죠."
16 **그러자 그가 그 사람에게 말했다.**
"어떤 사람이 저녁만찬을 준비하고,
많은 사람을 초대했다.
17 저녁때가 되어 초대받은 자에게 종
을 보내 전했다. "어서 오세요. 모두
준비가 되었어요."
18 그러자 그들은 한결같이 핑계를 대
기 시작했다. 첫째가 말한다. '땅 한
필지를 사서 가봐야 하니, 나를 좀
이해해달라.'
19 다른 사람은 말한다. '황소 5쌍을 샀
는데, 확인하러 가야 해서, 당신이
나를 봐달라.'
20 또 다른 사람이 말한다. '나는 아내
를 맞이했으니 갈 수 없다.'
21 종이 돌아와 주인에게 전했다. 그러
자 화가 난 주인이 종에게 말했다.
'빨리 가서, 거리나 도로에서, 가난
한자, 장애자, 신체부자유자, 앞못보
는 자를 데려와라.'
22 그런 다음 종이 또 말했다. '주인님,
시키는 대로 했는데, 아직 자리가 비
었어요.'
23 또 주인이 종에게 말했다. '큰길과,
담장이 있는 곳까지 가서, 강제로 데
려와 나의 집을 채워라.
24 내가 말하는데, 초대받은 자는 아무
도 나의 저녁만찬을 맛보지 못할 것
이다' 라고 했다."
25 **한편 수많은 사람이 지저스에게 오
자, 오히려 그는 그들에게 말했다.**
26 "만약 어떤자가 나에게 왔는데, 그 사
람이 아버지, 어머니, 아내, 자식, 형제,
자매 및 심지어 자기자신마저 내려
놓지 않으면, 나의 제자가 될 수 없다.
27 자신의 십자가를 메지 않고, 나를 따
르면, 나의 제자가 될 수 없다.
28 너희 가운데 탑을 짓고자 하는 사람
은, 우선 앉아서, 그것을 끝낼 비용
이 충분한지 계산하지 않나?
29 만에 하나, 기초를 놓았는데 끝내지
못하면, 남의 조롱을 받기 시작한다.
30 이와 같이, '이 자는 건설을 시작해
놓고, 끝낼 수 없다고 한다'며 비웃
을 것이다.
31 아니면 어떤 왕이, 다른 왕과 싸우고
자 할 경우, 우선 앉아서, 만으로 2만명
을 대적할 수 있는지 계산하지 않나?
32 그렇지 않으면, 상대편이 아직 멀리

떨어져 있을 때, 왕은 사절을 보내,
평화를 바란다고 전한다.
33 마찬가지로 너희가 가진 것을 버리지
않는 자는, 나의 제자가 될 수 없다.
34 소금은 좋지만, 제맛을 잃으면, 어떻
게 간을 하겠나?
35 땅에도 적합하지 않고, 거름도 안 되
기 때문에, 사람은 그것을 버린다. 들
을 수 있는 귀를 가진 자는, 들어라."

반성하는 죄인이 큰기쁨

15 당시 세금징수인도 죄인도 그
의 말을 들으려고 다가왔다.
2 그러자 풰러시와 법학자서기관이 불
평을 중얼거렸다. "이 사람은 죄인
도 받아들여 함께 음식까지 먹는다."
3 그때 그는 그들에게 이런 비유를
말해주었다.
4 "100마리 양을 가진 어떤 사람이, 그
중 하나를 잃어버리면, 99을 황야에
남겨둔 채, 잃어버린 하나를 발견할
때까지 뒤쫓지 않을까?
5 드디어 그것을 찾으면, 어깨에 올려
놓고 즐거워한다.
6 그리고 집에 돌아와, 친구와 이웃을
모두 불러 말한다. '기쁨을 함께 나
누자. 내가 잃었던 양을 찾았다'고
할 것이다.
7 내가 너희에게 말하는데, 하늘에서
이와 같은 기쁨은, 바로 죄인 하나가
반성하는 경우로, 이는 후회가 필요
없는 정직한 99명의 즐거움 훨씬 그
이상이다.
8 또한 은 10조각을 가진 어떤 여자가
한조각을 잃어버리면, 촛불을 켜고
집안을 쓸며, 발견할 때까지 열심히
찾지 않나?
9 그런 다음 그것을 찾으면, 친구와 이
웃을 불러 전한다. '같이 기뻐해달라.
내가 잃어버린 은을 찾았다' 하겠지.
10 마찬가지로 나도 너희에게 말한다.
'**하나님** 천사 앞의 즐거움은, 반성하
는 죄인 한 사람에게 있다."
11 그가 계속 말했다. "어떤 사람이 두
아들을 두었다.
12 둘째가 아버지에게 말한다. '아버지,
재산 중 나에게 해당하는 몫을 주세
요.' 그래서 아버지가 작은 아들에게
제몫을 주었다.
13 그런지 얼마 안 되어, 동생은 가진
것을 모두 모아서, 먼 지방으로 떠났
다. 그리고 방탕한 생활로 가진 것을
낭비해버렸다.
14 가졌던 것을 모두 다 써버렸을 때,
그 땅에 큰가뭄이 일어, 궁색해졌다.
15 그래서 그가 가서, 그 지방시민의 고
용인으로 자신을 맡기자, 자기 돼지
를 사육하도록 그를 벌판으로 보냈다.
16 그는 돼지가 먹는 곡물껍질이라도
먹고 싶었지만, 아무도 주지 않았다.
17 그러다 스스로 다음을 생각하게 되
었다. '아버지 고용인은 먹을 것이
너무 많아, 남길 정도인데, 내가 굶
어죽다니!
18 일어나, 어버지에게 가서, 말해야겠
다. '아버지, 나는 하늘과 아버지 앞

에서 죄를 지었어요.
19 이제 나는 더 이상 당신 아들이라 불
릴 자격도 없어요. 그러니 나를 당신
의 고용인 중 하나로 만들어주세요'
라고 해야겠다.'
20 그리고 일어나, 아버지에게 갔다. 아
들이 아직 멀리 떨어져 있었지만, 아
버지가 그를 보자, 너무 그리워 달려
가, 목을 껴앉고 입을 맞추었다.
21 아들이 아버지에게 말했다. '아버지,
나는 하늘과 당신 눈앞에서 죄를 지
어서, 더 이상 아들 자격이 없어요.'
22 그러나 아버지는 종에게 말했다. '가
장 좋은 로브옷을 가져와서 아들에
게 입히고, 그의 손에 반지를 끼우
고, 신도 신겨줘라.
23 또 가장 살찐 송아지를 끌어다 잡아
서 먹으며, 즐겁게 잔치를 벌이자.
24 왜냐하면 내 아들이 죽었는데, 다시
살아났고, 잃었었는데 다시 찾았다'
며, 그들은 즐거워하기 시작했다.
25 그런데 큰 아들이 들에 있다, 집에
가까이 다가섰을 때, 음악과 춤추는
소리를 듣게 되었다.
26 그래서 종을 불러, 무슨 일인지 물었다.
27 종이 그에게 대답해주었다. '당신 동
생이 돌아와서, 아버지가 살찐 송아지
를 잡았어요. 아버지는 동생이 무사
히 온전한 것을 환영했기 때문이죠.'
28 그러자 화가 나서, 집안으로 들어가
려 하지 않았더니, 아버지가 밖으로
나와, 큰아들을 달랬다.
29 그가 아버지에게 말했다. '보세요,
나는 지난 수년간 당신에게 일을 해
오면서, 한 번도 당신 명령을 어긴
적도 없었지만, 내 친구와 즐기도록
새끼 하나 주지 않았죠.
30 그런데 둘째가 가져간 생활비를 매
춘부와 다 써버리고 돌아오자마자,
당신은 그를 위해 살찐 송아지까지
잡았어요.'
31 아버지가 그에게 말했다. '아들아,
너는 언제나 나와 함께 있으니, 나의
것은 곧 네 것이다.
32 지금 우리가 당연히 기쁘고 즐거운
것은, 네 동생이 죽었다 다시 살아
났고, 잃었는데, 다시 찾았기 때문이
다'라고 했다."

부정직 및 욕심의 대가

16 지저스가 제자에게 또 말했
다. "어떤 부자가 재산관리인
을 두었는데, 그가 주인의 재산을 낭
비한다는 비난을 받았다.
2 그래서 부자가 그를 불러 말했다.
'내가 너에 대해 듣는 소문이 뭐지?
네 업무의 회계를 보고해라. 너는 더
이상 관리를 못할 수도 있다.'
3 그러자 관리인은 마음속으로 생각
했다. '어떻게 해야 하나? 주인이 나
한테서 관리자리를 빼앗기면, 땅을
팔 수도 없고, 구걸도 창피한데.
4 어떻게 할지 이제 생각났다. 그렇게 하
면, 관리직에서 쫓겨나도, 사람들이 나
를 그들 집으로 받아들일지 모른다.'
5 관리인은 주인의 채무자를 모두 불

러, 첫 번째 사람에게 말했다. '당신
은 우리 주인에게 얼마를 빚졌죠?'
6 그러자 그가 말했다. '기름 100통약 3,000L
이에요.' 관리인이 말했다. '당신 청
구서를 들고 앉아, 빨리 50이라 써요.'
7 다음에 다른 사람에게 말했다. '당신
은 빚이 얼마죠?' 그가 대답했다. '나
는 밀 100말약 30톤이에요.' 또 그가 그
에게 말했다. '당신 서류를 갖다, 80
이라 써요.'
8 그런데 주인은 부정직한 관리인을
칭찬하며, 그가 약삭빠르게 일처리를
잘했다는 것이다. 이 세상 자손은 약
은 정도가 빛의 자손보다 더 빠르다.
9 그래서 내가 너희에게 말하는데, 부
정직한 재물신을 친구로 여럿 만들
어 두면, 네가 어려울 때, 그들이 여
전히 살 만한 곳으로 너를 받아들여
줄지 모르겠다.
10 작은일에 진실한 자는 큰일도 그렇
고, 작은것에 부정직하면, 큰일도 정
직하지 못하다.
11 그런데 너희가 그른 재물에 진실하
지 못하면, 누가 너를 믿고 참된 재
물을 맡길까?
12 너희가 다른 사람의 재물에 진실하
지 못하면, 누가 너에게 네 몫을 제
대로 줄까?
13 어떤 종도 두 주인을 섬길 수 없다.
그가 하나를 미워하면, 다른 이를 사
랑하고, 또 한 쪽을 편들면, 다른 사람
을 무시하기 마련이다. 인간은 **하나
님**과 재물신을 동시에 섬길 수 없다."
14 **풰러시도 욕심이 많았으므로, 이 이
야기를 듣더니, 지저스를 조소했다.**
15 **그러자 그가 그들에게도 말했다.**
"너희는 사람 앞에서 자기 정직성을
입증하지만, **하나님**은 네 마음을 다
알고 있다. 따라서 인간에게 높이 존
경을 받을지 모르지만, 하나님 눈에
는 거슬린다.
16 법과 예언서는 존까지를 의미한다.
그 이후부터 **하나님** 왕국에 대한 가
르침이 전파되면서, 사람마다 그 길
로 가도록 권유되고 있다.
17 하늘과 땅이 사라지는 것이, 법의 한
획이 지워지는 것보다 더 쉽다.
18 누구든지 아내와 이혼하고, 다른 사
람과 결혼하면 부정한 일이고, 남편
과 이혼한 여자와 결혼한 남자도 부
정을 저지르는 것이다.
19 어떤 부자가 자색의 고급 리넨옷을
입고 매일 사치를 즐기고 있었다.
20 그런데 래저러스라는 이름의 구걸
하는 사람이, 온몸에 종기가 돋은
채, 부자의 대문앞에 있으면서,
21 부자의 식탁에서 떨어지는 부스러
기라도 먹기를 바랐지만, 개가 오더
니 종기마저 핥았다.
22 세월이 지나 거지가 죽자, 천사가 애
이브러햄의 품으로 데려갔고, 부자
도 죽어 묻혔다.
23 그가 지옥에서 괴로워하다 눈을 들
어보니, 저 멀리 애이브러햄이 보였
고, 그의 품에 래저러스가 있었다.
24 그러자 부자가 소리쳐 말했다. '애이

브러햄 조상님, 내게 자비를 주세요.
래저러스를 보내서, 손가락 끝을 물
에 담그게 한 다음, 내 혀를 축이게
해주세요. 내가 불속에서 고통당하
고 있어요.'
25 하지만 애이브러햄이 말했다. '아들
아, 기억해봐라. 너는 생애동안 좋은
것을 받았고, 그만큼 래저러스는 나
빴다. 그러니 이제 그는 편안하고,
너는 괴로운 것이다.
26 이것 이외, 우리와 너 사이에 놓인
큰 구멍이, 네가 여기까지 오지 못하
게 하고, 또 우리가 그곳으로 갈 수
없게 한다.'
27 그러자 부자가 말했다. '그래서 내가
바라는데요, 조상님, 당신이 래저러스
를 내 아버지 집안으로 보내주세요.
28 나는 다섯 형제가 있는데, 그가 그들
에게 증언해주면, 그들이 고통의 장
소로 오지 않게 할 수 있을 거예요.'
29 애이브러햄이 그에게 말했다. '그들
한테는 모지스와 예언자가 있으니, 네
형제에게 그들 말을 듣게 하면 된다.'
30 그러자 부자가 또 말했다. '그렇지
않아요. 애이브러햄 조상님, 죽은자
중 하나가 그들에게 가야, 그들이 반
성할 거예요.'
31 그러자 애이브러햄이 그에게 말했
다. '살아 있는 그들이 모지스와 예
언자의 말을 듣지 않으므로, 비록 죽
음에서 살아난 자라 하더라도, 그들
을 설득할 수 없다.'"

반성하면 용서해라

17 **그때 지저스가 제자에게 말
했다.** "위반을 막지는 못하지
만, 그런 일을 한 사람은 재앙이다!
2 위반자는, 목에 맷돌을 걸어 바다에
던지는 것이, 하찮은 한가지라도 저
지르게 하는 것보다 낫다.
3 제 스스로 조심해야 하는 것은 물론,
만약 네 형제가 너에게 잘못하거든,
그를 꾸짖고, 반성하거든 용서해줘라.
4 그런데 그가 너에게 하루에 7번 잘
못하는 경우, 또 다시 하루 7번 후회
한다 말하거든, 너는 그를 용서해주
어야 한다."
5 **그러자 제자가 지저스에게, "우리
의 믿음을 키워주세요" 라고 말했다.**
6 **그가 말했다.** "너희가, 겨자씨 한 알
만큼의 믿음만 가졌어도, 뽕나무더
러 '뿌리째 옮겨 바다에 심겨져라'
하면, 너희를 따를 것이다.
7 너희에게 밭을 갈고 가축을 먹이는
종이 있다고 하자. 밭에서 돌아오는
그에게, '어서 가서 앉아 밥을 먹어
라' 할 자가 있나?
8 오히려 종에게 말하며, 내가 저녁을
먹도록 준비해라. 허리를 묶고, 내가
먹고 마실 때까지 나의 시중을 들어
라. 그런 다음 네가 먹고 마셔라' 말
할 것이다.
9 종이 명령받은 대로 일을 했다고 주
인이 그에게감사할까? 나는 그렇게
생각하지 않는다.
10 너희도 그와 같다. 너희도 명령받은

일을 다하고 하는 말이, '우리는 가
치없는 종이므로, 해야 할 임무를 다
할뿐이다' 라고 하겠지."
11 그런 다음 그가 저루살럼으로 가
면서, 스매리아와 갤럴리 중간길
을 지나갔다.
12 어떤 마을에 들어섰을 때, 10 사람
을 만났는데, 피부감염자여서, 멀
리 떨어져 서있었다.
13 그리고 그들은 소리 높여 말했다.
"지저스, 주인선생님, 우리에게 자
비를 주세요."
14 그가 그들을 보며 말했다. "너희는
가서, 제사장에게 너희 모습을 보여
라." 그래서 그들이 갔는데, 모두
씻은듯이 나았다.
15 그 중 한 사람이 치료됐다는 것을
알고, 다시 돌아와, 큰소리로 **하나
님**에게 감사했다.
16 그리고 그의 발앞에 얼굴을 숙이
고 감사했는데, 그는 스매리아 사
람이었다.
17 지저스가 말했다. "나은자가 10명
이 아니었나? 그런데 9은 어딨지?
18 이 외지인 이외, **하나님**에게 감사하
러 되돌아온 자는 아무도 없다."
19 그가 그 자에게 말했다. "일어나, 네
길을 가거라. 네 믿음이 너를 건강하
게 만든 것이다."
20 어느날 풰러시가, "**하나님** 왕국은
언제 오나" 라고 질문하자, 그가 대
답했다. "**하나님** 왕국이 온다고 관찰
할 수 있는 게 아니다.
21 사람이, '보라, 여기다!' 혹은, '저기
다!' 라며 말할 수도 없다. 왜냐하면
하나님 왕국은 네 자신안에 있기 때
문이다.
22 제자에게 또 말했다. "그날이 오는
것을, 사람의 아들이 살아 있는 동안,
보고 싶겠지만, 너희는 보지 못한다.
23 사람들이 말하며, 너희에게 '여기를
봐라' '저기를 봐라' 하더라도, 그들
을 뒤쫓지도 따라가지도 마라.
24 하늘 아래 한쪽에서 번쩍하는 번개
가 다른쪽까지 밝히는 것과 같이, 사
람의 아들도 그렇게 존재하게 된다.
25 그러나 그는 먼저 많은 것을 겪으며,
이 세대에게 거부당하게 된다.
26 노아 시대처럼 사람의 아들의 날 역
시 그렇다.
27 사람들은 먹고 마시고, 시집가고 장
가들기를, 노아가 방주로 들어갈 때
까지 하다가, 홍수가 나자 그들 모두
가 사라졌다.
28 그와 같은 것이 롵 시대에도 있었다.
그때도 사람이 먹고 마시고, 사고 팔
고, 심고 집을 지었는데,
29 하지만 롵이 소듬에서 빠져나간 그
날, 하늘에서 불비와 유황이 내려와,
그들 모두가 없어졌다.
30 사람의 아들이 모습을 보이는 날도
이와 같다.
31 그날은 옥상에 올라간 사람이, 집안
에 있는 물건을 가지러 땅으로 내려
오지 않게 하고, 들에 있는 자도 마
찬가지로 집에 돌아오지 않게 해라.

32 롤의 아내를 기억해야 한다.
33 누구든지 제 생명을 구하면 잃고, 목
숨을 버리고자 하면, 보존할 것이다.
34 내가 너희에게 말하는데, 그날 밤 한
침대의 두 사람 중, 하나는 사라지
고, 하나는 남는다.
35 두 여자가 함께 맷돌을 갈다, 하나는
사라지고, 하나는 남는다.
36 벌판에 있던 둘 중, 하나는 사라지
고, 하나는 남는다."
37 그들이 그에게 말했다. "주인님, 그
곳이 어디죠?" 그가 그들에게 말
했다. "시체가 있는 곳에 독수리가
모인다."

믿음이 자신을 구한다

18 지저스는 제자에게 비유를
들어 설명하고, 그들이 늘 기
도하며 용기를 잃지 말라며,
2 다음과 같은 이야기를 했다. "어느
도시에 판관이 있었는데, 그는 **하나님**
을 두려워하지 않고, 사람도 무시했다.
3 그곳에 사는 어떤 미망인이 그에게 와
서, 자기 적에게 복수해달라고 했다.
4 판관은 한동안 듣지 않다가, 속으로
말했다. '내가 비록 **하나님**도 두려워
하지 않고, 남을 무시하기는 해도,
5 과부가 나를 찾아와 신경쓰이게 하
니, 내가 그녀의 복수를 갚아주어야,
그녀가 계속 와서 나를 피곤하게 하
지 않을 것이다.'"
6 이어 **주님**이 말했다. "이 바르지 못
한 판관의 말을 들어보면 알 수 있다.
7 따라서 **하나님**도 그처럼 자기 의지
를 불러일으키지 않겠나? 사람이 밤
낮으로 그에게 호소하면, 어떻게 더
오래 견딜까?
8 내가 너희에게 말하는데, 그는 빨리
그들의 부당함을 해결해줄 것이다.
그렇기는 해도 사람의 아들이 올 때,
그는 이 땅에서 믿음을 찾지 않을까?
9 그리고 그는 다음의 비유를 말했
는데, 스스로 옳다고 믿으며, 남을
무시하는 경우의 사례였다.
10 "두 사람이 기도하러 성전에 갔는
데, 하나는 풰러시이고 다른 사람은
세금징수인이었다.
11 풰러시가 서서 기도했다. '**하나님**, 나
는 당신에게, 나를 다른 사람처럼 하
지 않게 해준데 감사해요. 그들은 착
취하고, 부정직하고, 매춘하거나, 심
지어 철저히 세금을 징수하고 있어요.
12 나는 1주일에 두번 금식하고, 내가
가진 재산의 1/10 곧 십일조를 내고
있어요'라고 했다.
13 한편 멀리 떨어져 서있던 세금징수
인은, 가능한 자기 눈을 하늘로 들어
올리지 않고, 가슴을 치며, '**하나님**,
이 죄인을 관대하게 사랑해주세요'
라고 했다.
14 내가 너희에게 말하는데, 그 사람은
다른 자보다 더 정직한 것으로 인정
받고 집으로 갔다. 왜냐하면 자신을
높이면 낮아지고, 스스로 겸손하면
높여지기 때문이다."
15 다음 사람들이 그에게 영아를 데

려와, 그가 아기에게 손을 얹어주
기를 바랐다. 하지만 그것을 본 제
자가 그들을 꾸짖었다.
16 그러나 지저스는 제자를 불러 말
했다. "어린이가 내게 오도록 놔두
고, 막지 마라. 그들 같은 모습이 **하
나님** 왕국이다.
17 진실로 내가 너희에게 말하는데, 어
린이처럼 **하나님** 왕국을 받아들이지
못하면, 절대 그곳에 들어가지 못한다.
18 어떤 관리가 그에게 물었다. "선한
선생님, 내가 어떻게 해야 영원한
생명을 내려받을 수 있나요?"
19 지저스가 그에게 말했다. "왜 너는
나를 선이라고 부르나? 선은 아무도
없고, 오직 유일한 존재 **하나님**뿐이다.
20 너는 계명을 알아야 한다. 부정하지
마라. 살인하지 마라. 훔치지 마라.
거짓증언을 하지 마라. 네 아버지와
어머니를 공경하라고 했다."
21 그러자 그가, "이것은 모두 내가 어
려서부터 지켰어요" 라고 말했다.
22 지저스가 그 말을 듣고 말했다. "여
전히 한가지가 부족하다. 네가 가진
것을 팔아, 가난한 사람에게 나눠주
어라. 그러면 네가 하늘에 보물을 갖
게 되니, 그때 와서, 나를 따라라."
23 그가 이 말을 듣더니 몹시 우울해
졌다. 왜나하면 그는 큰부자였기
때문이다.
24 지저스는 그가 대단히 우울해하는
모습을 보고 말했다. "재물을 가진
자가 **하나님** 왕국에 들어가기란 상
당히 어렵구나!"
25 차라리 낙타가 바늘구멍을 통과하
는 것이, 부자가 **하나님** 왕국으로 들
어가기보다 더 쉽겠다."
26 이 이야기를 들은 제자가 말했다.
"그럼, 누가 구원받을 수 있죠?"
27 그가 말했다. "사람에게 불가능한
일이, 하나님에게 가능한 것이다."
28 그때 필어가 말했다. "보다시피, 우
리는 모든 것을 남겨둔 채, 당신을
따랐어요."
29 그가 제자에게 말했다. "진심으로
내가 말한다. 자기 집을 버리고, 부
모, 형제, 아내, 자식까지 **하나님** 왕
국을 위해 버리는 사람이 없지만,
30 만약 그렇게 하는 사람은 현재나 앞
으로 올 영원한 세상에서 훨씬 몇배
로 더 많이 받아들여지지 않겠나."
31 다음 그는 12제자를 모아놓고 말했
다. "보라, 우리는 저루살럼으로 간다.
그러면, 예언자가 사람의 아들에 관
해 기록한 모든 일이 실현될 것이다.
32 그는 비쥬다인에게 넘겨져 조롱받
고, 악의적 수모를 당하며 침까지 내
뱉아진다.
33 또 그들이 매질하여 죽이면, 3일이
지나, 그는 다시 일어나게 된다."
34 제자가 이 말을 전혀 이해하지 못
하면서, 관심에서 가려졌고, 또 말
한 내용을 알려고도 하지 않았다.
35 그가 제리코 부근까지 왔을 때, 어
떤 앞을 보지 못하는 사람이 길옆
에 앉아 구걸하고 있었다.

36 그가 많은 무리가 지나가는 소리
를 듣더니, 무슨 일인지 물었다.
37 그래서 사람들이 그에게 내저레쓰
사람 지저스가 옆을 지나간다고
말해주었다.
38 그러자 그가 큰소리로 말했다. "대
이빋 아들, 지저스님, 내게 자비를
주세요."
39 앞에 가던 사람이 그를 야단치며,
조용히 하라고 했지만, 그는 더 크
게 소리치며 호소했다. "대이빋 자
손아, 나를 불쌍히 여겨주세요."
40 그러자 지저스가 서서, 그를 가까
이 데려오라고 지시한 다음, 그가
다가오자,
41 다음과 같이 물었다. "내가 너에게
어떻게 해주길 바라나?" 그러자 그
가 말했다. "주인님, 내 시력을 회
복하면 좋겠어요."
42 지저스가 그에게 말했다. "네 시력
을 받아라. 네 믿음이 너를 구했다."
43 그가 시력을 회복하자마자 그를 따
르며, **하나님**에게 감사했고, 그 모습
을 본 모두가 **하나님**을 칭송했다.

사람들이 가르침을 열심히 들었다

19 그리고 지저스는 제리코를
통해 지나가게 되었다.
2 그곳에 이름이 재키어스라는 사람
이 있었는데, 수석 세금징수인으
로 부자였다.
3 그는 지저스가 어떤 사람인지 알
고 싶었지만, 혼잡한 무리속에서
키가 작아서, 볼 수 없었다.
4 그래서 그를 보려고 앞으로 가서
뽕나무로 올라갔는데, 지저스가
그길을 지나기 때문이었다.
5 지저스가 그곳에 와서, 위를 쳐다
보고 그에게 말했다. "재키어스야,
어서 내려와라. 내가 오늘은, 너희
집에서 묵어야겠다."
6 그는 급히 내려와, 즐겁게 맞이했다.
7 그들이 그 모습을 보더니, 불만을
중얼거렸다. "그가 죄인의 손님이
되어 들어가다니."
8 그리고 재키어스는 서서 그에게
말했다. "**주인**님 보세요. 앞으로 나
는 재산의 절반을 가난한 사람에
게 나눠주고, 혹시 내가 잘못된 기
소로 어떤 사람의 물건을 빼앗으
면, 그에게 4배로 갚겠어요."
9 그러자 그에게 말했다. "오늘 구원
이 이 집에 내려왔다. 역시 그와 같
은 사람이 애이브러햄의 자손이다.
10 사람의 아들은 잃은 자에게 찾아주
고, 또 구원해주기 위해 온 것이다."
11 제자가 듣는 가운데, 그는 비유를
들어 덧붙였다. 왜냐하면 저루살
럼이 가까워졌고, 또 그들이 **하나님**
왕국이 곧 나타날 것이라고 생각
했기 때문이었다.
12 그가 이런 이야기를 했다. "어떤 귀
족이 먼 지방으로 자기 왕국을 받으
러 갔다가 돌아올 예정이었다.
13 그래서 종 10명을 불러, 10파운드씩
주고 일렀다. '내가 돌아올 때까지

맡아 있어라.'
14 그러나 시민이 그를 거부하여, 사절을
보내 그에 대해 말했다. '이 사람이 우
리를 통치하는 것을 바라지 않아요.'
15 그래서 그는 왕국을 받은 채, 다시
돌아오게 되었다. 그리고 지시하여,
돈을 맡겼던 종을 자기 앞으로 불렀
다. 그는 종들이 장사로 각각 얼마나
벌었는지 알고 싶었다.
16 첫째가 말했다. '주인님, 당신이 준
돈으로 10파운드를 벌었어요.'
17 주인이 그에게 말했다. '잘했다. 너
는 좋은 종이다. 아주 작은 일도 충
실했기 때문에, 너는 10개 도시의 통
치를 맡아라.'
18 둘째가 말했다. '주인님, 당신이 준
돈으로 5파운드를 벌었어요.'
19 주인은 그에게도 똑같이 말했다. '너
도 5개 도시를 다스려라.'
20 다른 종이 와서 말했다. '주인님, 이
것이 당신 돈이에요. 나는 그것을 보
자기에 잘 싸서 보관했어요.
21 왜냐하면 나는, 당신이 엄격하다는
것을 알기 때문에, 두려워하고 있어요.
당신은 저장하지 않은 것도 빼앗고,
뿌리지 않은 것도 거둬들이니까요.'
22 그러자 주인이 그에게 말했다. '네
입에서 나온 말대로, 너를 평가해주
겠다. 너는 나쁜 종이다. 내가 지독
하다는 것을 잘 알고, 모아두지 않은
것도 빼앗고, 뿌리지 않은 것도 추수
하는 사람이라고 알면서,
23 어째서 너는 내가 준 돈을 은행에 맡
기지 않았지? 그러면 내가 돌아왔을
때, 내 돈에 당연히 이자까지 생기지
않았을까?'
24 주인은 옆에 서 있던 종에게 말했다.
'그의 돈을 빼앗아, 10파운드를 맡긴
자에게 주어라.'
25 [그러자 종이 그에게 말했다. '주인
님, 그는 이미 10개를 갖고 있어요.]'
26 그 이유는, 너희에게 말하는데, 가진
자는 더 주어지고, 갖지 못한자는 가
진 것마저 빼앗긴다.
27 대신 나의 적들은, 내가 마땅히 지배
해야 하는데, 거부하고 있으니, 여기
데려와, 내 앞에서 죽여라'고 했다."
28 그는 여기까지 말한 다음, 앞장서
서 저루살럼으로 올라갔다.
29 올리브스산이라고 불리는 베쓰풰
이지와 베싸니에 가까워지자, 그
가 제자 둘을 보내며,
30 이와 같이 말했다. "너희가 맞은편에
있는 마을로 가면, 그곳 입구에 묶인
망아지 한 마리를 발견할 것이다. 그것
은 한 번도 사람이 앉아보지 않은 것
인데, 끈을 풀어 이곳으로 데려와라.
31 만약 누가 너희에게, 왜 망아지 끈을
푸는가 묻거든, '**주인**이 필요로 하기
때문'이라고 대답해주어라."
32 그들이 가서, 그가 말한 대로 찾았다.
33 그리고 망아지를 푸는데, 그 주인이 물
었다. "왜 너희가 망아지 끈을 푸나?"
34 제자가 대답했다. "**주인**님이 필요
해요."
35 제자는 망아지를 지저스에게 데려

온 다음, 자기들의 겉옷을 망아지
위에 깔아, 지저스를 그 위에 앉게
했다.
36 그리고 그가 가는 동안, 사람들이
자기 옷을 길위에 펼쳤다.
37 지저스가 올리브스산에서 내려와,
가까이 다가섰을 때, 제자 전체가
기뻐하며, 큰소리로 **하나님**에게 감
사했는데, 그들이 보아왔던 놀라
운 위업에 대한 찬사였다.
38 이렇게 말했다. "**주인**님의 이름으
로 오는 왕은 축복이다. 하늘에는
평화가 있고, 최고 높은 곳에는 찬
란한 빛이 있다."
39 군중 가운데 풰러시 일부가 그에
게 말했다. "주인선생님, 당신 제자
를 야단치세요."
40 그가 대답했다. "내가 너희에게 말
하는데, 만약 이들이 조용해지면, 돌
들이 즉시 외칠 것이다."
41 그가 가까이 와서, 도시를 바라보
며, 생각하다 울면서,
42 다음을 말했다. "너희까지, 적어도
너희 시대에, 이것이 곧 평화였다는
것을 깨닫게 되겠지! 그러나 앞으로
이 도시는 너희 눈에서 사라진다.
43 그날은 반드시 너희에게 닥친다. 적
이 너희 주위에 참호를 파고, 에워싼
다음, 사방에서 너희를 가두게 될 것
이다.
44 그러면 너희는, 품은 아이까지 바닥
에 내던져지고, 저들은, 돌 하나조차
남겨두지 않을 텐데, 이 모든 것은
너희가 방문받는 시기를 알지 못하
기 때문이다."
45 다음 그는 성전으로 들어가, 그 안
에서 팔던자와 사던자를 내쫓기
시작하며,
46 그들에게 말했다. "적힌대로, 나의
집은 기도하는 곳이다. 그런데 너희
가 이곳을 도둑 소굴로 만들었다."
47 그리고 그는 매일 성전에서 가르
쳤다. 하지만 대제사장과, 법학자서
기관과, 사람들 대표는 그를 죽일 궁
리를 했다.

풰러시와 새저시의 질문

20 어느날 그가 성전에서 사람
을 가르치며, 가스펄가르침을
알리고 있는데, 수석제사장과, 법
학자서기관과 원로가 다가오더니,
2 다음과 같이 물었다. "우리에게 말
해달라. 당신이 무슨 권한으로 이
일을 하지? 아니면 누가 당신에게
이 권한을 주었나?"
3 그가 그들에게 대답했다. "나 역시
너희에게 한 가지 물을 테니, 대답해
달라.
4 존의 세례는 하늘에서 왔나, 아니면
사람한테서 나온 것인가?"
5 그러자 그들끼리 의논하며 말했
다. "우리가 하늘에서 왔다 하면,
저 사람은, 왜 당신들은 존을 믿지
않나? 라고 말할 것이고,
6 우리가 사람한테서 나왔다 하면,
사람들이 우리에게 돌을 던질 것

이다. 왜냐하면 사람들은 존이 **하
나님**의 예언자로 확신하고 있기 때
문이었다.
7 그래서 그들은, 그에 대해 말할 수
없다고 대답했다.
8 그러자 지저스가 그들에게 말했
다. "나도 무슨 권한으로 내가 이렇
게 하는지 말하지 않겠다."
9 그러면서 그는 사람들에게 이런
비유를 말하기 시작했다. "어떤 사
람이 포도를 심고, 소작인에게 맡기
고, 오랫동안 먼 지방으로 갔다.
10 제철이 되어, 주인이 종을 소작인에
게 보냈는데, 그들이 포도 농산물을
그에게 주어야 했지만, 소작인은 종
을 때려, 빈손으로 내쫓았다.
11 다시 그가 다른 종을 보내도, 역시
매질하고, 창피를 주어 빈손으로 쫓
아냈다.
12 또 다시 세번째로 보내도, 그도 다치
게 하여 내던졌다.
13 그래서 포도원 주인이 말했다. '이제
어떻게 해야 하지? 내가 사랑하는
아들을 보내면, 저들이 그를 보고,
아들을 존중해줄 지도 모른다.'
14 그러나 소작인이 아들을 보더니, 모
여 의논하며 말했다. '이는 상속자
다. 어서, 우리가 그를 죽여, 상속이
우리에게 오게 하자.'
15 그리고 그들은 그를 포도밭 밖으로
끌어내 죽였다. 그때 포도원 주인은
그들에게 어떻게 해야 할까?
16 그가 와서, 소작인을 죽이고, 포도원
을 다른 사람에게 줄 것이다." 그들
이 이 이야기를 듣더니 말했다. "**하
나님**은 용납하지 않는다."
17 그리고 그가 그들을 바라보며 물
었다. "기록에 의하면, 건축자가 버
린 돌이 초석이 된다고 하지 않았
나?
18 돌위에 떨어진 자는 부서지지만, 그
를 쓰러뜨린 자는 갈려서 가루가 될
것이다."
19 그때 대제사장과 서기관이 그를
잡을 기회를 노렸지만, 사람들이
두려웠다. 왜냐하면 그가 말하는
비유가 자기들이 대상이라는 것
을, 사람들이 확신하고 있었기 때
문이었다.
20 그들은 그를 감시하러 스파이를
보내면서, 올바른 사람인체하여,
사람들이 그의 말에서 트집을 잡
게 하려는 것이었다. 그러면 그들
이 지저스를 총독의 권력과 권한
앞에 넘길 수 있었던 것이다.
21 그래서 첩자가 그에게 질문했다.
"주인선생님, 우리는 당신이 정의
를 말하고 가르친다고 알고 있어
요. 또 당신은 일부 사람만 받아들
이지 않고, 진실한 **하나님**의 길을
가르치고 있지요.
22 그런데 우리가 시저에게 세금을
내는 것이 합법인가요, 아닌가요?"
23 하지만 그는 그들의 교활함을 감
지하고 물었다. "너는 왜 나를 시험
하지?

24 나에게 동전을 내보여라. 거기 새긴
모습과 문구는 누구 것인가?" 그들
이 대답했다. "시저요."
25 그가 말했다. "시저 것은 시저에게
주고, **하나님** 것은 **하나님**에게 내라."
26 그래서 그들은 사람이 보는 앞에
서 그의 말에서 빌미를 잡을 수 없
었다. 오히려 그의 대답에 놀라며,
아무 말도 못했다.
27 그리고 새저시 중 일부 사람이 그
에게 왔는데, 그들은 부활을 부정
하는 자들로, 그에게 질문하며,
28 이렇게 물었다. "주인선생님, 모지
스가 우리에게 써준 글에서, 만약
형제가 죽었는데, 자식없이 아내
만 있을 때, 형제가 그 아내를 맞이
하여, 형의 자손을 일으켜 세우라
고 했어요.
29 그런데 7형제가 있었는데, 첫째가
아내를 맞이하고 자식없이 죽었어
요.
30 그래서 둘째가 그녀를 아내로 맞
이했는데, 또 자식없이 죽었어요.
31 셋째도 그녀를 맞이하며, 같은 식
으로 일곱 모두 그랬지만, 자식없
이 죽었어요.
32 마침내 그녀도 죽었어요.
33 그러면 부활했을 때, 그녀는 누구
의 아내가 되죠? 일곱 모두 그녀를
아내로 삼았는데요.
34 그때 지저스가 대답했다. "이 세상
자손은 결혼도 하고 장가도 간다.
35 그러나 저 세상에서 받아들일 가치
가 있는 자와, 죽음에서 부활한 자는
결혼도 없고, 장가도 안 간다.
36 그들이 더 이상 죽지 않는 이유는,
천사와 동등하기 때문이고, 그들은
부활의 자손이 되어, 하나님의 자녀
가 되는 것이다.
37 죽음에서 일어나는 자에 대해, 모지
스조차 불타는 수풀에서 나타난 **주**
님을 부르며, 애이브러햄의 **하나님**,
아이직의 **하나님**, 재이컵의 **하나님**이
라고 했다.
38 따라서 그는 죽은자의 하나님이 아
니고, 산자의 **하나님**이다. 그에게는
모두 살아 있다.
39 그때 법학자 대표가 말했다. "주인
선생님, 당신은 말을 아주 잘했어
요."
40 그후 그들은 그에게 감히 더 이상
어떤 질문도 묻지 않았다.
41 그가 그들에게 말했다. "어째서 사
람들이 크라이스트가 대이빋의 자
손이라 말하나?
42 시가psalms의 책에서 대이빋 스스로
다음과 같이 말했다. '**주님**이 나의 주
인님에게 말했다, 너는 내 오른쪽에
앉아라.
43 내가 네 적으로 너의 발판을 만들 때까
지다.'
44 그렇게 대이빋이 그를 주님라고 불
렀는데, 어떻게 그가 그의 자손인
가?"
45 그리고 그는 모든 사람이 듣는 가
운데, 제자에게 말했다.

46 법학자서기관을 경계해라. 그들은 로
브 긴옷을 입고 걷고 싶어하고, 시장
에서 인사받기나 좋아하며, 시너가
그집회에서 제일 높은 자리나, 축제
의 상석에 앉기만 원한다.
47 그들은 과부의 집을 집어삼키고, 기
도를 보여주기용으로 길게 끌기 때
문에, 그들은 가장 큰 지옥행 판결을
받을 것이다.

그날이 오면

21 지저스가 바라보니, 부자가
헌금함에 예물을 집어넣는
것이 보였다.
2 또 어떤 가난한 미망인이 동전 2마
이트개를 넣는 것도 보았다.
3 그가 말했다. "진실로 내가 너희에
게 말하는데, 가난한 과부는 그들 모
두가 내놓은 이상을 넣은 것이다.
4 부자는 넉넉한 가운데 하나님의 제
물을 내놓았고, 그녀는 궁핍한 가운
데 살아가야 할 생활비를 넣었다."
5 어떤 사람들이 성전에 대해, "성전
이 고급 원석과 예물로 얼마나 아
름답게 꾸며졌는지!" 라고 감탄하
자, 그가 말했다.
6 "너희가 보고 있는 이것은, 그날이
오면, 돌 하나조차 남겨지지 않고,
또 붕괴되지 않는 것은 없을 것이
다."
7 그때 제자가 물었다. "주인선생님,
그런 일은 언제 오나요? 그런 일이
벌어질 때 조짐은 뭐죠?"
8 그가 말했다. "너희는 속지 않도록
조심해라. 다수가 내 이름으로 나타
나 말한다. '내가 크라이스트다. 때
가 가까워졌다' 라고 하더라도, 그들
을 좇아가면 안 된다.
9 게다가 너희가 전쟁과 폭동에 대한
소문을 듣더라도, 두려워 마라. 우
선 이런 일들이 일어나겠지만, 곧 끝
으로 이어지는 것은 아니기 때문이
다."
10 계속 그가 제자에게 말했다. "민족
이 민족을 상대로 일어나고, 왕국이
왕국을 공격한다.
11 큰지진이 곳곳마다 일어나고, 기근
과 전염병이 퍼지며, 무서운 광경과
큰조짐이 하늘로부터 있을 것이다.
12 그러나 이런 일이 일어나기 전, 저들
은 너희를 붙잡아, 박해한 다음, 시
너가그집회로 넘겨 감옥으로 보낸
다. 그리고 내 이름 탓에 너희는 왕
과 관리 앞에 끌려간다.
13 그리고 앞으로 너희는 나에 대한 증
언을 하게 될 것이다.
14 따라서 너희 마음에 굳은 결심을 하
되, 무엇을 대답할지 미리 생각해두
지 마라.
15 내가 너희에게 할말과 지혜를 주겠
다. 그것은 너희 적이 반박하거나 부
정할 수 없는 것이다.
16 너희는 부모, 형제, 친척, 친구한테
배반당하고, 너희 일부는 죽임까지
당한다.
17 또 너희는 모두한테서 내 이름으로

인해 증오를 받을 것이다.
18 하지만 너희 머리털 한올도 상하지
않을 것이다.
19 굳세게 견디면 너희 생명을 얻는다.
20 너희가 적에 포위된 저루살럼을 볼
때, 파멸이 가까웠음을 알게 된다.
21 그때 쥬디아남부 사람은 산으로 달아
나게 하고, 안에 있으면 밖으로 피하
게 하며, 그 지방 사람은 안으로 들
어가지 않게 해라.
22 그때는 복수의 날이므로, 기록된 모
든 일이 실현된다.
23 그런데 이들에게 재앙이다! 그날 아
기를 임신한 자와 젖을 물리는 자는,
그 땅의 백성에게 분노가 떨어질 때,
더 큰 괴로움을 당하기 때문이다.
24 그들은 칼끝에 쓰러지고, 나라마다
포로로 끌려가며, 저루살럼은 비쥬
다인에게 짓밟히길, 이민족들로 가
득찰 때까지 겪는다.
25 그때 나타나는 표시는, 해도, 달도,
별에도 있고, 지구위 모든 나라가 혼
란속에 고통당하고, 바다와 파도까
지 격렬해질 것이다.
26 인간의 가슴은 공포로 기력을 잃고,
또 땅위에서 벌어지는 일을 지켜보
며, 하늘이 흔들리는 위력에 떨게 된
다.
27 그때 그들은, 구름속에서 힘과 찬란
한 빛과 함께 내려오는 사람의 아들
을 보게 될 것이다.
28 이런 일이 이루어지기 시작할 때, 눈
을 들어 머리 위를 바라보면, 너희
구원이 가까이 다가올 것이다."
29 그리고 그는 그들에게 비유를 또
말했다. "무화과나무와 모든 나무를
볼 때,
30 거기서 잎이 나오면, 너희는 여름이
곧 가까웠다는 것을 스스로 안다.
31 그와 마찬가지로, 너희도 이런 일이
발생하거든, **하나님** 왕국이 바로 가
까이 와있다는 것을 알아라.
32 진실로 너희에게 말한다. 이 세대에
게 모든 일이 실현될 때까지 그냥 지
나치지 않는다.
33 하늘과 땅은 사라져도, 내 말은 사라
지지 않는다.
34 너희 스스로 특별히 주의해야 한다.
그렇지 않으면 언제든 너희 마음은
과도하게 흥청거리고, 취하고, 사는
걱정이 지나쳐, 너희에게 다가오는
그날을 알지 못한다.
35 그것은 이 땅위에 사는 모두에게
덫으로 나타난다.
36 그러니 깨어 있으면서 언제나 기도
해라. 그러면 너희는, 앞으로 다가올
모든 일을 피할 수 있는 사람으로 인
정받고, 또 사람의 아들 앞에 나설
수도 있을 것이다."
37 그는 당시 낮에는 성전에서 가르
치고, 밤에는 나가서, 올리브스라
고 불리는 산에 있었다.
38 그리고 많은 사람이 저마다 아침
일찍부터 성전에 와서, 그의 가르
침을 들었다.

통과축일날 체포

22 이제 곧 무효모빵 축제가 다
가오는데, 이를 통과축일유월
절이라고도 불렀다.
2 수석제사장과, 법학자서기관는 어떻
게든 그를 죽일 방법을 찾았는데,
단지 사람들이 두려워했다.
3 그때 [악의 영혼] 새이튼이, 성씨가
이스캐리엍인 쥬더스에게 들어갔
고, 그는 12 제자 중 하나였다.
4 그가 가서, 수석제사장과 지휘관
들과 대화하며, 그를 배신할 가능
성을 제시했다.
5 그들은 기뻐서, 그에게 돈을 주겠
다고 약속했다.
6 그가 약속을 받은 다음, 배신의 기
회를 찾아, 사람무리가 없을 때 그
를 저들에게 넘기고자 했다.
7 그때 무효모빵 축일이 와서, 통과
축일용 제물을 잡아야 했다.
8 그래서 그는 필어와 존을 보내며
말했다. "너희가 가서, 우리가 통과
축일날 먹을 수 있도록 준비해라."
9 두 사람이 그에게 물었다. "우리가
어디서 그것을 마련할까요?"
10 그들에게 말했다. "보라, 너희가 그
도시로 들어가, 물항아리를 지고 가
는 사람을 만나거든, 그를 따라 그
집으로 들어가라.
11 그리고 집주인에게 말해라. 우리 주
인선생님이 전하라며, '내가 제자와
통과축일 음식을 먹을 객실이 있는
지?' 물어보라 했다고 해라.
12 그러면 그가 너희에게, 가구가 딸린
윗층 큰방을 보여줄 것이다. 거기서
준비해라."
13 그래서 그들이 가서, 그가 말한 곳
을 찾아, 통과축일을 준비했다.
14 식사시간이 되어, 그는 12제자와
함께 앉았다.
15 그리고 제자에게 말했다. "나의 희
망은, 수난을 겪기 전 너희와 함께,
통과축일을 같이 먹고 싶었다.
16 너희에게 말하는데, 내가 더 이상 통
과음식을 먹지 않는데, 이는 **하나님**
왕국 일이 실현될 때까지다.
17 그리고 그는 잔을 들어 감사하며
말했다. "이 잔을 들어, 서로 나누어
라.
18 다시 말하지만, 나는 **하나님** 왕국이
나타날 때까지, 포도열매즙을 마시
지 않겠다.
19 다음 그는 빵을 들어 감사하고, 조
각을 떼어, 제자에게 주며 말했다.
"이것은 너희를 위해 주는 나의 몸
이다. 이것으로 나를 기억해라."
20 저녁식사 후 잔을 들어 똑같이 한
다음, 말했다. "이 잔은 새증언으로,
너희를 위해 흘리는 나의 피다.
21 그런데 보라, 나를 배신하는 그의 손
이 태이블에 나와 함께 있다.
22 실제로 사람의 아들은 간다. 정해진
그대로다. 그러나 그를 배신한 그는
재앙이다!
23 그러자 제자끼리 서로 묻기 시작
했다. '대체 그중 누가 그렇게 하냐'

며.
24 게다가 그들 사이에 갈등도 있었
는데, '그중 누가 대표로 인정되야
하냐'는 것이었다.
25 그가 그들에게 말했다. "여러 이민
족 왕이 그들에게 주권을 행사하게
되면, 자기들에게 권한을 행사하는
자를 은인이라 불러준다.
26 하지만 너희는 그렇게 되어서는 안
된다. 대신 너희 가운데 가장 큰인물
은 어린이 같은 마음이 되어야 한다.
또 대표자는 봉사하는 자로 행동해
야 한다.
27 더 위대한 자는, 식사에 앉아 있는
자일까, 아니면 봉사하는 자일까?
식사 때 앉은 자가 아닐까? 하지만
나는 봉사하는 자로 너희 가운데 존
재한다.
28 너희는, 내가 유혹에 빠질 때마다 늘
나와 함께 있어주었다.
29 나는 너희에게 왕국을 맡긴다. 나의
하늘아버지가 내게 맡긴 것과 같다.
30 그러면 너희는 앞으로 올 나의 왕국
의 나의 식탁에 앉아, 먹고 마실 수
있을 것이고, 또 이즈리얼 12부족을
재판하는 왕좌에도 앉을 수 있을 것
이다."
31 그러면서 **주님**이 이와 같이 말했
다. "사이먼아, 보라, [악의 영혼] 새
이튼이 너를 유인하여, 밀을 체로 치
듯 너를 걸러내려 한다.
32 하지만 내가 너를 위해 기도하여, 믿
음을 잃지 않게 했다. 네 마음이 확
고히 바뀌거든, 네 형제도 강화시켜
주어라."
33 그러자 필어가 말했다. "주인님, 나
는 당신을 따를 준비가 되어, 감옥
이나 죽음이나 함께 갑니다."
34 그때 그가 말했다. "내가 필어 네
게 말하는데, 오늘 수탉이 울기
전, 너는 나를 모른다고 세번 부인
한다."
35 그가 그들에게 또 말했다. "내가 너
희를 보낼 때, 지갑도, 전대대체화폐도,
신발도 없었는데, 너희에게 부족한
것이 있었나?" 그들이 말했다. "아무
것도 없었어요."
36 이어 그들에게 말했다. "그러나 이
제부터, 지갑이 있으면 지갑을 들게
하고, 전대도 마찬가지이며, 칼이 없
는 자는 옷을 팔아 하나를 사게 해
라.
37 내가 너희에게 말하지만, 기록된 이
것은 나한테서 반드시 이루어져야
한다. 그래서 그가 위반자를 시켜,
나에 관해 기획한 일을, 마무리하여
끝내야 하는 것이다."
38 그들이 말했다. "주인님, 보세요,
여기 칼이 두개 있어요." 그가 말했
다. "그것으로 충분하다."
39 그리고 그가 밖으로 나와 습관대
로 올리브스산으로 가자, 제자도
뒤를 따랐다.
40 그가 어느 지점에 와서, 제자에게
말했다. "너희는 유혹에 빠지지 않
도록 기도해라."

41 그리고 그는 제자한테서 떨어져,
돌을 던지면 닿을 곳에서 무릎을
꿇고 기도하며,
42 다음을 말했다. "아버지, 당신의 뜻
이라 해도, 내게서 이 잔을 치워주세
요. 그렇지만, 내 뜻이 아닌, 당신 뜻
대로 하세요."
43 거기에 하늘에서 온 천사가 그에
게 나타나서, 그의 마음을 북돋아
주었다.
44 괴로움 속에서 그가 더욱 간절히
기도하는 동안, 그의 땀이 마치 굵
은 핏방울처럼 땅에 떨어져내렸
다.
45 그가 기도를 마치고 일어나, 제자
에게 왔더니, 그들도 슬퍼하다 잠
든 모습을 보았다.
46 그래서 그들에게 말했다. "왜 너희
는 잠을 자나? 일어나 기도해라. 그
렇지 않으면, 너희가 유혹에 빠진
다."
47 그가 말하는 동안, 큰무리가 보였
고, 쥬더스라는, 12제자 중 하나가
제자 앞으로 오더니, 지저스에게
다가가 입을 맞추었다.
48 그러자 지저스는 그에게 말했다.
"쥬더스, 너는, 사람의 아들에게 입
맞춤으로 배신하나?"
49 그 주위에 있던 제자가 뒤따를 상
황을 알고, 그에게 말했다. "주인
님, 우리가 칼로 칠까요?"
50 그러면서 그중 하나가 대제사장의
종을 치자, 그의 오른쪽 귀가 잘렸다.
51 그러자 지저스가 말했다. "너희는
지금, 참아야 한다." 그러면서 그의
귀를 만져, 낫게 해주었다.
52 지저스가 수석제사장과, 성전을
지키는 지휘관 및 자기에게 온 원
로에게 말했다. "너희는 도둑을 대
하듯 칼과 몽둥이를 들고 왔나?
53 내가 성전에서 매일 너희와 함께 있
어도 나에게 손을 뻗지 않더니, 이는
어두운 힘이 지배하는 너희의 시간
이 되었다."
54 그때 그들은 그를 체포하여, 대제
사장 관저로 데려갔다. 핕어는 멀
리 떨어져 따라갔다.
55 사람들이 대제사장 안뜰 한가운데
불을 피우고, 함께 앉아 있을 때, 핕
어도 그들 사이에 앉았다.
56 그런데 어떤 여종이 불옆에 앉은
핕어를 보자, 세심하게 살피며 말
했다. "이 사람도 그와 같이 있었
다."
57 그때 핕어는 부인하며 말했다. "보
라, 나는 그를 모른다."
58 잠시 후 다른 사람이 그를 보며 말
했다. "당신도 그중 하나다." 그리
고 핕어가 말했다. "이봐, 나는 아
니다."
59 약 한시간쯤 지나, 또 다른 사람이
확실히 단언하며 말했다. "진짜, 이
사람 역시 그와 있었다. 그는 갤럴
리 사람이기 때문이다."
60 그러자 핕어가 말했다. "이 사람아,
나는 당신이 무슨 말을 하는지 모

른다." 그가 그 말을 하는 순간, 수
탉이 울었다.
61 그때 주인님이 몸을 돌려 필어를
바라보았다. 그리고 필어는 주인
님이 자기에게 했던 다음 말을 기
억했다. "수탉이 울기 전, 너는 나를
세번 부인할 것이다."
62 그래서 필어는 나가, 슬프게 울었다.
63 지저스를 붙잡은 사람들이 그를
놀리며 때렸다.
64 그들이 그의 눈을 가린 다음, 얼굴
을 가격하며 말했다. "예언해봐라,
너를 때린 자가 누구지?
65 그들은 그에게 다른 많은 모욕적
인 말을 했다.
66 날이 밝자, 백성의 원로와, 수석제
사장과, 법학자서기관이 다시 모여,
그를 위원회로 데려가며 말했다.
67 "당신은 크라이스트가 맞나? 우리
에게 말해달라." 그가 그들에게 말
했다. "내가 말해도, 너희는 믿지 않
는다.
68 또 내가 너희에게 물어도, 너희는 내
게 답하지도 않고, 보내주지도 않을
것이다.
69 이후 사람의 아들은 **하나님** 권력의
오른쪽에 앉을 것이다."
70 그들 모두가 또 물었다. "그럼, 당
신이 **하나님**의 아들인가?" 그가 말
했다. "너희가, 내가 그렇다고 말한
다."
71 그러자 그들이 말했다. "우리가 더
이상의 증인이 왜 필요한가? 우리
가 저 사람 입에서 나오는 말을 직
접 들었는데."

사형집행

23 전체가 일어나 지저스를 끌
고, 파일럿한테 갔다.
2 그들이 그를 고소하며 말하기 시
작했다. "이 자가 민족을 잘못이끌
고, 시저에게 세금내기를 못하게
하며, 스스로 크라이스트 왕이라
고 말해요."
3 파일럿이 그에게 물었다. "당신은
쥬다인의 왕이 맞나?" 그가 대답
했다. "당신이 그렇다고 말한다."
4 파일럿이 수석제사장과 백성에게
말했다. "나는 이 사람에게 잘못을
찾을 수 없다."
5 그러자 그들은 더욱 강하게 주장
했다. "그는 사람을 선동하고, 쥬다
인 전체사회에 가르치기를, 갤럴
리부터 여기까지 했어요."
6 파일럿이 갤럴리라는 소리에, 그
가 갤럴리 사람인지 물었다.
7 그가 해롣왕 관할구역에 속하는
사람임을 알게 된 즉시, 파일럿이
그를 저루살럼에 와 있던 해롣에
게 보냈다.
8 해롣은 지저스를 보고, 대단히 기
뻤다. 그가 오랫동안 그를 만나보
고 싶어했던 까닭은, 그가 실행한
여러 소문을 듣고, 기적을 직접 볼
수 있기를 바라고 있었기 때문이
었다.

9 해롣이 그에게 여러가지를 물었
다. 그러나 그는 아무 대답도 하지
않았다.
10 수석제사장과, 법학자서기관이 옆에
서서 격렬하게 그를 고발했다.
11 그러자 해롣은 자기 군인과 함께
그를 경멸하며 조롱했고, 멋진 로
브옷으로 꾸며, 다시 파일럳에게
보냈다.
12 그날 파일럳과 해롣왕은 친구가
되었는데, 이전까지 서로 적대관
계였다.
13 파일럳은 수석제사장과 관리들과
백성을 함께 불러,
14 그들에게 말했다. "너희는 이 사람
을 내게 데려와, 사람들을 잘못 이
끈다고 했다. 그런데, 내가 너희 앞
에서 심사했어도, 또 너희의 고발
건을 다루어봐도, 이 사람에게 잘
못을 찾지 못했다.
15 게다가 해롣조차 그랬다. 그래서
나는 너희에게 그를 돌려보낸다.
보라, 그는 사형당할만한 일을 하
지 않았다.
16 따라서 나는 그를 체벌한 다음, 풀
어주겠다.
17 [당시 축제 때마다 사람들에게 한
사람을 방면하는 관례가 있었다.]
18 사람들은 한꺼번에 외쳤다. "이 사
람은 보내고, 버래버스를 우리에
게 풀어줘라."
19 [그 자는 도시 내 폭동과 살인죄로
감옥에 있었던 사람이었다.]
20 그렇지만 파일럳은 지저스를 풀어
줄 의도로, 다시 그들에게 물었다.
21 그래도 그들은 소리질렀다. "그를
박아라, 십자가에 못박아야 한다!"
22 그가 세번째 물었다. "그가 저지른
악행이 무엇인가? 나는 그에게 사
형 근거를 찾지 못했다. 그래서 그
를 체벌하여 내보내려 한다. 23즉
각 그들은 더 크게 외치며, 그를 십
자가에 박아달라고 주장했고, 그
들과 수석제사장의 목소리가 압도
적으로 휩쓸었다.
24 그래서 파일럳은 그들의 요구대로
유죄판결을 내려야만 했다.
25 그러면서 폭동과 살인죄 때문에
감옥에 들어간 자를 그들이 원했
으므로 풀어주었다. 대신 지저스
는 그들의 뜻대로 형을 집행했다.
26 그들은 그를 끌고 가는 도중에, 사
이먼에게 메는 일을 시켰는데, 그
는 사이린 지방에서 온 사람으로,
십자가를 지고 가게 하고, 지저스
는 뒤에서 따라가게 했다.
27 그 뒤를 군중이 따랐고, 여자들은
비탄속에 그를 위해 슬퍼했다.
28 하지만 지저스는 그들을 돌아보며
말했다. "저루살럼의 딸들아, 나를
위해 울지 마라. 대신 자신과 자녀를
위해 울어라.
29 보라, 그날이 오고 있다. 그때 사람
은 이렇게 말할 것이다. '불임자는
축복받고, 착상이 안되는 자궁도 축
복받고, 빨 수 없는 젖꼭지도 축복을

받는다'고.
30 그때 그들은 산에게도 말할 것이다.
'우리 위에 쓰러져라. 언덕아, 우리
를 덮어라' 라고.
31 만약 사람이, 나무가 푸를 때 이렇게
하면, 마른나무에는 무슨 일을 하게
될까?"
32 당시 그곳에 다른 두 죄인도 있어,
그와 함께 사형을 집행하게 했다.
33 그들이 도착한 곳은 해골이라는
의미의 캘버리라고 불리는 곳이었
다. 거기서 그들은 그를 십자가에
못박고, 죄수도 못을 박아, 하나는
오른쪽에, 다른 하나는 왼쪽에 두
었다.
34 그때 지저스가 말했다. "아버지, 저
들을 용서해주세요. 왜냐하면 자기
들이 무슨 일을 하는지 모르니까
요." 그들은 그의 옷을 찢어 제비뽑
기를 했다.
35 사람은 서서 지켜보았고, 관리도
그들과 함께 그를 비웃으며 말했
다. "그가 다른 자를 구한다 하니,
자신도 구해봐라. 그가 **하나님**이
선택한 크라이스트 구원자면 말이
다."
36 호송군인도 그를 놀리며 다가와,
신 포도주를 주고,
37 말했다. "네가 쥬다인 왕이면 자신
을 구해봐라."
38 그러면서 그위에 그리스어, 라틴
어, 히브리어 문구를 이와 같이 써
놓았다. **"이는 쥬다인의 왕이다."**
39 함께 매달린 죄수 하나가 욕을 했
다. "네가 크라이스트머사야라면 너
와 우리를 구해봐라."
40 하지만 다른 죄수는 그의 비난에
대꾸했다. "**하나님**이 두렵지 않나,
네가 유죄판결을 받고도?
41 사실 우리는 정당하게, 우리 행위
에 대한 마땅한 대가를 받는 것이
다. 그러나 이 사람은 잘못이 없
다."
42 그러면서 그는 지저스에게 말했
다. "주인님, 당신의 왕국으로 들어
가거든, 나를 기억해주세요."
43 그때 지저스가 그에게 말했다. "진
실로 내가 너에게 말한다. 오늘 너는
나와 함께 행복의 나라로 간다."
44 제6시정오쯤, 온땅이 어둡더니, 제9
오후3시까지 이어졌다.
45 해도 어두워졌고, 성전의 휘장 가
운데가 찢어졌다.
46 그때 지저스가 큰 목소리로 울부
짖었다. "아버지, 당신 손에 내 영혼
을 맡깁니다." 라고 말하며, 숨을 거
뒀다.
47 그 상황을 지켜보던 백명지휘관
이, **하나님**을 찬양하며 말했다. "확
실히 이 사람은 바른 사람이었습
니다."
48 그곳에 모여든 사람이, 진행을 지
켜보면서, 가슴을 치며 돌아갔다.
49 그를 아는 사람과 갤럴리에서 줄
곳 그를 따라온 여자들은, 멀리 서
서 이 모습을 보았다.

50 또 그곳에 조셉이라는 위원회 일
원이 있었는데, 그는 정직하고 좋
은 사람이었다.
51 [그는 위원회나 그들의 행동에 찬
성하지 않았다.] 그는 쥬다의 아리
매씨아 도시 출신으로, 그 역시 **하
나님** 왕국을 기다리고 있었다.
52 그가 파일럳에게 가서, 지저스의
시신을 거두겠다고 애원했다.
53 그리고 시신을 내려, 리넨아마포으
로 감싼 다음, 묘지에 안치했는데,
그곳은 돌을 다듬어 만든 뒤, 사람
을 뉘어 본 적이 없었다.
54 그날은 사배쓰휴일이 다가와서,
음식준비를 하는 날이었다.
55 갤럴리에서 같이 온 여자들도 뒤
에서, 그의 시신이 놓이는 과정을
보았다.
56 그들은 돌아와서, 향수와 향유를
준비해놓고, 명령대로 사배쓰휴일
에 쉬었다.

일어난 다음 올라갔다

24 그주 첫날 아침 일찍, 그들이
묘지에 오면서, 준비한 향료
를 가져왔고, 다른 몇 사람도 함께
왔다.
2 그런데 돌이 옆으로 굴려져 무덤
에서 치워져 있는 것을 발견했다.
3 그래서 들어갔더니, 주인님 지저
스의 시신이 보이지 않았다.
4 그들이 너무 놀라 당황하며 주위
를 둘러보는데, 두 사람이 빛나는
옷을 입고 옆에 서있었다.
5 무서워서 땅에 얼굴을 숙이자, 그
들이 말했다. "너희는 죽음에서 살
아난 자를 찾나?
6 그는 여기 없다. 그는 일어났다. 그
가 갤럴리에 있었을 때, 너희에게
말한 것을 기억해라.
7 이와 같이 말했다. '사람의 아들은
죄인 손에 넘겨지고, 십자가에 못박
힌 다음, 3일째날 다시 일어난다'고
했다."
8 그제야 그들은 그의 말을 기억했
다.
9 그리고 무덤에서 돌아와, 모든 일
을 11제자와 나머지 사람에게 전
했다.
10 여자들은, 매리 맥덜린, 조애나, 재
임스의 어머니 매리 및 함께 있던
다른 사람들인데, 그들이 제자에
게 이것을 이야기했다.
11 그녀들의 말은 헛소리로 들려서,
아무도 믿지 않았다.
12 그때 피터가 일어나서, 묘지로 달
려가, 몸을 굽혀 살피다, 자기들이
감쌌던 리넨수의를 발견하자, 어
떻게 된 일인지 이상하게 생각하
며 그곳을 떠났다.
13 그리고 제자 두 사람은 같은 날 이
매이어스라는 마을로 갔는데, 그
곳은 저루살럼에서 약 60펄롱11Km
정도 떨어져 있는곳이었다.
14 그들은 일어난 일에 대해 이야기
하고 있었다.

15 그들이 대화하며 이유를 찾고 있
는 사이, 지저스가 다가와 함께 걸
었다.
16 그러나 그들의 눈에 띄지 않아, 전
혀 그를 인식하지 못했다.
17 그러자 그가 그들에게 말했다. "너
희가 슬픈 표정으로 걸으며, 서로 주
고받는 대화는 무엇인가?"
18 둘 중 클리오퍼스라는 사람이 그
에게 대답했다. "당신은 외지인인
가요? 요사이 며칠 동안 저루살럼
에서 일어난 일을 모르다니 말이
죠?
19 그가 그들에게 물었다. "무슨 일인
데?" 그래서 그들이 그에게 말해주
었다. "내저레쓰의 지저스에 관해
서라면, 그는 예언자인데요, **하나님**
과 모든 인간 앞에서 말과 행동에
큰능력이 있었어요.
20 수석제사장과, 우리 통치자들이
그를 유죄판결하는 방법으로 사형
을 집행하여, 십자가에 박았어요.
21 그러나 우리는, 틀림없이 이즈리
얼의 구원을 위해 그에게 일어난
일이라고 믿고 있어요. 게다가 오
늘은 그렇게 된지 3일째 날이고요.
22 그래요, 우리 일행 중 여자 몇 사람
이 우리를 놀라게 했어요. 그들은
아침 일찍 무덤에 갔다가,
23 시신을 못보고 돌아와서 하는 말
이, '천사의 환상을 보았는데, 그들
말이 지저스가 살아났다'고 했다
는 거예요.
24 그래서 우리 중 일부가 무덤으로
가서, 여자들이 말한 것을 확인했
지만, 그를 보지는 못했다고 했어
요."
25 그때 그가 그들에게 말했다. "오 어
리석은 자들아, 여러 예언자가 말한
것을 믿는 마음이 그토록 더디다니,
26 크라이스트가 이런 일을 겪지 않고
는, 그의 찬란한 빛으로 들어갈 수
없단 말인가?"
27 그러면서 그는 모지스와 모든 예
언자가 언급한 처음부터 그들에게
자세히 설명하며, 바이블 안에 있
는 자신에 대한 내용을 말해주었
다.
28 그들이 가려던 마을에 이르렀을
때, 지저스는 헤어지려고 했다.
29 하지만 제자가 만류하며 말했다.
"우리와 같이 있어주세요. 이제 날
이 저물어 저녁이 다 되었어요." 그
래서 그는 그들과 함께 머물려고
같이 갔다.
30 그가 그들과 함께 식사자리에 앉
아서, 빵을 들어 축복한 다음, 떼어
그들에게 주었다.
31 그때 그들의 눈이 뜨여 그를 알아
보게 되자, 그는 그들의 시야에서
사라졌다.
32 그들은 서로 말했다. "우리 가슴이
불타지 않았어? 오는 도중 그가 우
리에게 말하며, 바이블을 펼쳐 보
여주었을 때?"
33 그들은 곧바로 일어나 저루살럼에

되돌아와서, 11제자를 찾고, 또 함
께 있었던 사람도 모은 다음,
34 이렇게 말했다. "**주님**이 실제로 일
어나, 사이먼에게 나타났다."
35 또 두 사람도, 오는 도중 길에서 일
어난 일을 말했고, 또 그가 빵을 떼
며 그들에게 어떻게 알렸는지 이
야기했다.
36 그들이 이와 같이 말하는 동안, 지
저스는 스스로 그들 가운데 서서
말했다. "너희에게 평화가 있어라."
37 그러나 그들은 공포에 질려 무서
워하며, 유령을 본 것으로 착각했
다.
38 그가 그들에게 말했다. "왜 너희가
당황하지? 어째서 마음속에 온갖 생
각을 떠올릴까?
39 여기, 내 손과 발을 봐라. 이는 바
로 나다. 만져봐라. 영혼은 살과 뼈
가 없지만, 나는 너희가 보는 그대로
다."
40 그가 말하며, 그들에게 자기 손과
발을 내보였다.
41 그들이 기쁨을 믿지 못해, 어리둥
절하는 사이, 그가 그들에게 말했
다. "여기, 먹을 게 좀 있나?"
42 그들이 그에게 구은 생선 토막과
벌집꿀을 주었다.
43 그는 그것을 받아 그들 앞에서 먹
었다.
44 그가 그들에게 또 말했다. "내가 너
희와 함께 하며 들려준 말은, 모든
것이 반드시 실현된다고 했다. 그것
은 모지스법에도 적혀있고, 예언서
에도, 시가서에도 나에 관한 기록이
있는데, 틀림없이 이루어진다고 했
다."
45 동시에 그들이 바이블을 이해할
수 있도록, 그들의 이해력을 열어
주었다.
46 다시 그들에게 말했다. "적힌 바와
같이, 크라이스트는 고통을 겪어야
할 의무가 있었다. 그리고 죽음에서
3일만에 일어나게 되어 있었던 것이
다.
47 그래서 반성과 죄에 대한 용서가, 그
의 이름으로 알려지면서, 저루살럼
을 시작으로 전세계에 전파된다.
48 너희는 이 일의 증인이다.
49 보라, 나는, 나의 아버지가 너희에게
한 약속을 실행했다. 그러니 너희는
저루살럼 도시에 머물며, 높은 곳에
서 오는 능력이 너희에게 부여될 때
까지 기다려라."
50 다음 그는 그들을 이끌고 베싸니
까지 데려가, 손을 들어 축복했다.
51 축복하는 동안, 그는 그들을 떠나
하늘로 올라갔다.
52 그들은 그를 경배하며, 더할 나위
없는 기쁜 마음으로, 저루살럼에
돌아왔다.
53 그리고 언제나 성전에 가서 찬양
하고, **하나님**에게 감사했다. 애이
멘. 믿고 있어요.

제자 존

찬란한 빛의 증인 존

1 최초에 말이 있었다. 그것은 하
나님과 함께 있었으므로, 그 말
이 곧 **하나님**이었다.
2 그 말은 처음부터 **하나님**과 같이
있었던 것이다.
3 모든 것은 그가 만들었고, 그가 만
들지 않은 것은 아무것도 없었다.
4 **하나님** 안에 있던 생명, 바로 그것
이 인간의 불을 켜는 빛이었다.
5 그 빛은 어둠을 밝혀도, 어둠은 빛
을 이해하지 못했다.
6 **하나님**이 보낸 사람이 있었는데,
그의 이름이 존이었다.
7 그는 그 빛을 증언하는 증인으로
와서, 모든 사람이 자신을 통해 믿
을 수 있게 했다.
8 그는 그 빛은 아니었지만, 그 빛의
증인이 되는 임무를 띠고 파견되
었다.
9 그것은 진실의 빛으로, 세상에 태
어나는 모든 사람을 비춰준다.
10 그는 자신이 만든 세상안에 존재
하지만, 세상은 그를 알지 못했다.
11 그가 자기자신에게 와도, 자기자
신이 그를 받아들이지 않았다.
12 그래서 그를 가능한 많이 받아들
일 수 있는 자에게 **하나님**의 자손
이 되는 권리를 주었고, 또 그의 이
름을 믿는 사람도 같은 권리를 주
었는데,
13 그는 피로 태어나지도 않았고, 신
체의 욕구도 없었으며, 인간의 바
람이 아닌, 오직 **하나님**의 의지로
나왔다.
14 바로 그 말이, 살로 만들어져, 우리
가운데 살게 되면서, [우리는 그의
찬란한 빛을 보게 되었다. 또 그것
은 아버지의 유일한 아들을 의미
하는 빛으로], 감사와 진리로 채워
졌다.
15 존은 그의 증인이 되어, 다음과 같
이 외쳤다. "이는 내가 말하던 사람
으로, 나보다 뒤에 오지만, 나보다
앞에 있는 사람이므로, 훨씬 탁월
하다.
16 그의 완전함으로 인해, 우리가 정
화되는 보상을 받았다.
17 법은 모지스에 의해 작성되었고,
정화와 진실과 보상은 지저스 크
라이스트를 통해 이루어진다.
18 누구도 어느 때에도 **하나님**을 본
적이 없지만, 아버지 가슴안에 있
는 유일한 아들이 **하나님**을 알렸다.

19 다음은 존에 관한 기록이다. 쥬다
인이 제사장과 리바이를 저루살럼
으로부터 존에게 보내, 물었다. "당
신은 누군가?"
20 그러자 그는 거부하지 않고, 솔직
하게 고백했다. "나는 크라이스트
구원자: 머사야가 아니다."
21 그들이 또 물었다. "그럼, 당신은
누군가? 일라야스일라이자인가?" 존
이 대답했다. "나는 아니다." "그러
면, 당신은 예언자인가?" 그가 대
답했다. "아니다."
22 그때 그들이 존에게 말했다. "당신
은 누구인가? 우리를 보낸 사람에
게 대답해주어야 한다. 당신은 자
신이 누구라고 생각하나?"
23 존이 말했다. "나는, 황야에서 외치
는 한 목소리로, 예언자 아이재야
가 말한대로 '**주님**의 길을 바르게
만들라'고 말할 뿐이다."
24 또한 [엄격한 법규정파] 풰러시가
보낸 사람도 있었다.
25 그들도 물었다. "그럼, 왜 당신이
세례하나, 크라이스트머사야도 아니
고, 일라야스일라이자도 아니고, 예
언자도 아니라면서?"
26 존이 그들에게 대답했다. "나는 물
로 씻어주지만, 너희 가운데, 너희
도 모르는 어떤 사람이 나타나게
된다.
27 그는 내 뒤에 오지만, 나보다 훨씬
앞서는 우월한 사람이어서, 나는
그의 신발끈을 풀 가치도 못된다.
28 이 일은 베쌔버라에서 있었던 일
인데, 그곳은 존이 세례를 주던 조
든강 건너편이었다.
29 다음날, 존은 지저스가 오는 것을
보며 말했다. "보라, **하나님**의 어린
양, 그가 세상의 죄를 없앤다.
30 이는 내가 말한 그다. 내 뒤에 오지
만 나보다 앞서는 훨씬 탁월한 사
람이다.
31 나는 그를 모르지만, 그가 이즈리
얼에 모습을 드러내도록 만들기
위해, 내가 물로 세례한다."
32 그리고 존은 기록으로 이렇게 증
언했다. "내가 보니, 하늘에서 신성
한 영혼성령이 비둘기처럼 내려와,
그 위에 내려앉았다.
33 나는 그를 알지 못한다. 하지만 나
에게 물로 세례를 주라고 보낸 **주**
님이 나에게 말했다. '너는 신성한
영혼이 내려와 머무는 자를 보게
된다. 바로 그는 성령으로 세례를
준다'고 했다.
34 그래서 내가 본 것을, 기록하여 증
언한다. 이 사람은 **하나님**의 아들
이다."
35 다음날 존이 두 제자와 서 있는데,
36 지저스가 지나가는 모습을 보고,
또 말했다. "보라, **하나님**의 어린양
이다!"
37 존의 두 제자가 그 말을 듣더니, 지
저스 뒤를 따라갔다.
38 그러자 지저스가 몸을 돌려, 따라
오는 두 사람을 보며, 물었다. "너

희는 무엇을 원하나?" 그들이 그에
게 대답했다. "쾌바이선생님, [이것
은 '매스터'로 해석된다] 당신은 어
디서 지내죠?"
39 그가 그들에게 말했다. "와서 보
라." 그들이 와서 그의 거처를 보
고, 그날 그와 같이 있었다. 왜냐하
면 시간이 약 제10오후4시가 되었기
때문이었다.
40 존의 말을 들어왔던 두 사람이 지
저스를 따르게 되었고, 그중 하나
가 앤드루인데, 그는 사이먼 필어
의 동생이었다.
41 그는 먼저 형 사이먼필어을 보자마
자 말했다. "우리가 구원자 머사야
를 찾았어요." [이것은 크라이스트
로 해석된다.]
42 그래서 형이 동생을 지저스에게
데려왔더니, 그를 보고 말했다. "너
는 조나의 아들 사이먼이지만, 앞으
로 시퓌스라고 불러라." [이는 돌이
라는 의미다.]
43 다음날 지저스가 갤럴리로 가려고
하다가, 퓔립을 보자 그에게 말했
다. "나를 따라라."
44 그런데 퓔립은 뱃새이다 출신으
로, 그 도성 사람이 앤드루와 필어
형제였다.
45 퓔립이 내쌔니얼을 보자, 그에게
말했다. "우리가, 모지스법과 예언
자가 쓴 책에 나오는, 그를 보았다.
내저레쓰 사람 지저스, 조셉의 아
들 말이다."
46 그러자 내쌔니얼이 그에게 물었
다. "내저레쓰에서 나오는 좋은 이
야기를 들을 수 있나요?" 퓔립이
말했다. "어서, 가보자."
47 지저스는 자기에게 오고 있는 내
쌔니얼을 보고 말했다. "보라, 진짜
이즈리얼 사람이다. 그는 간사한 마
음이 없다!"
48 내쌔니얼이 그에게 말했다. "당신
이 나를 본 적이 있나요?" 지저스
가 그에게 말했다. "퓔립이 너를 부
르기 전, 네가 무화과나무 아래 있을
때, 내가 보았다."
49 내쌔니얼이 그에게 대답했다. "쾌
바이 선생님, 당신은 **하나님** 아들
이고, 이즈리얼의 왕이에요."
50 지저스가 그에게 말했다. "내가 너
를 무화과나무 아래에서 보았다고
말한 것을, 너는 믿나? 앞으로 너는
이보다 더 큰것을 보게 될 것이다."
51 그가 계속 말했다. "정말, 진실로 내
가 너에게 말한다. 이후 너희는 하늘
이 열리는 것을 보고, **하나님** 천사가
사람의 아들 위에서 오르내리는 모
습도 보게 된다."

기적의 시작

2 그리고 세번째 날, 갤럴리의 캐
이너에서 결혼식이 있어, 지저
스 어머니가 참석했고,
2 지저스도 제자도 초대되어, 모두
결혼식에 갔다.
3 그들에게 포도주가 모자라자, 지

저스 어머니가 그에게 말했다. "저
들이 와인이 없다."
4 지저스가 그녀에게 말했다. "내가
당신이 하는 일에 무슨 관계가 있나
요? 나의 시간은 아직 오지 않았어
요."
5 그의 어머니가 종에게 말했다. "그
가 너희에게 무슨 말을 하든 그대
로 해라."
6 그곳에는 돌로 만든 물항아리 6개
있었는데, 그것은 쥬다인의 정화
의식에 사용되었고, 각각 나무통
으로 물 두셋75-115L 정도가 들어갔
다.
7 지저스가 그들에게 말했다. "항아
리에 물을 채워라." 그래서 그들은
입구까지 물을 채웠다.
8 그가 그들에게 말했다. "이제 그것
을 퍼서, 축제 주관자에게 갖다줘
라." 그리고 그들은 그것을 날랐다.
9 축제 관리자가 포도주가 된 물맛
을 보더니, 그것이 어디서 나왔는
지 알지 못했다. [하지만 물을 퍼낸
종들은 알고 있었다.] 축제 관리자
가 신랑을 부른 다음,
10 그에게 말했다. "사람들은 대부분
축제 처음에 좋은 포도주를 내다
가, 취하면 하등품을 내는데, 당신
은 지금까지 계속 상등품 와인을
유지했어요."
11 이것이 기적의 시작으로 지저스
는, 갤럴리 캐이너의 실행과 더불
어, 자신의 찬란한 빛을 드러내게
되었고, 제자도 그를 믿게 되었다.
12 그후 지저스가 커퍼내엄으로 가는
데, 그와 함께 어머니, 형제, 제자가
같이 갔고, 그곳에서는 계속 머물
지 않았다.
13 당시 쥬다인의 통과축일이 다가오
고 있는 가운데, 지저스는 저루살
럼으로 갔다.
14 그리고 성전에서 사람들이 소와,
양과, 비둘기를 팔고, 환전상이 앉
아 있는 것을 발견하고,
15 그는 짧은 끈으로 채찍을 만들어,
그들을 양과 소와 함께 성전밖으
로 내쫓고, 환전상의 돈을 뿌리고
테이블도 엎었다.
16 또 비둘기를 파는 사람에게 말했
다. "여기서 그것들을 집어치워라.
나의 아버지 집을 시장바닥으로 만
들지 마라."
17 제자도 기록된 바를 기억했다. "당
신 집에 대한 열망이 나를 집어삼
켰다."
18 그러자 그 쥬다인들이 그에게 말
했다. "당신이 우리에게 보일 표시
라도 있나? 이렇게 하는 것을 이해
시켜라."
19 지저스가 그들에게 말했다. "성전
을 허물면, 내가 3일안에 다시 지어
보이겠다."
20 쥬다인이 말했다. "성전건설에 46
년이 걸렸는데, 당신이 3일만에 다
시 세운다고?"
21 그러나 그가 말한 성전은 곧 자기

몸이었다.
22 그가 죽음에서 일어났을 때, 비로
소 제자는 저지스가 자기들에게
한 그 말을 기억하며, 바이블 및 그
가 했던 말을 믿게 되었다.
23 지저스가 통과축일 기간에 저루살
럼에 있는 동안, 많은 사람이 지저
스가 실행한 기적을 보고, 그의 이
름을 믿게 되었다.
24 대신 지저스가 자신을 사람에게
맡기지 않은 이유는, 인간에 대해
모두 알게 되었기 때문이었다.
25 또 사람을 입증할 어떤 것도 필요
하지 않았다. 왜냐하면 그는 인간
안에 무엇이 있는지 잘 알고 있었
기 때문이었다.

풰러시를 가르치다

3 어떤 [엄격한 법규정파] 풰러시
가 있었는데, 이름은 니커디머
스로, 쥬다인의 고급관리였다.
2 그가 밤에 지저스에게 와서 말했
다. "뢔바이 선생님, 우리는 당신이
하나님이 보낸 선생님이라고 알고
있어요. 왜냐하면 **하나님**이 함께
하지 않고는, 당신이 하는 기적을
실행할 수 없지요."
3 지저스가 그에게 말했다. "진실로
내가 너에게 말하는데, 사람이 새롭
게 태어나지 않으면, **하나님** 왕국을
볼 수 없다."
4 니커디머스가 그에게 물었다. "몸
이 늙었는데, 어떻게 다시 태어나
죠? 두번째로 엄마 자궁속으로 들
어갔다 다시 나와요?"
5 지저스가 대답했다. "정말, 진정으
로 너에게 말한다. 사람이 물과 신성
한 영혼성령으로 태어나지 않는 한,
하나님 왕국으로 들어갈 수 없다.
6 신체에서 태어난 것은 몸이고, 성령
으로 태어난 것은 영혼이다.
7 내가 말하는 것을 이상하게 생각하
지 마라. 너희는 다시 태어나야 한
다.
8 바람이 불며 흘러가면, 너는 그 소리
를 들을 수 있어도, 그것이 어디서
와서, 어디로 가는지 알 수 없다. 성
령으로 태어나는 사람도 그렇다."
9 니커디머스가 그에게 또 물었다.
"그런 일은 어떻게 가능한가요?
10 지저스가 대답했다. "너는 이즈리
얼 선생인데, 그것을 모르나?
11 정말, 진실로 네게 말한다. 우리는,
아는 것을 말하고, 본 것을 증언한
다. 그런데 너희는 우리 증언을 받아
들이지 않는다.
12 내가 땅위 이야기를 해도, 네가 믿지
않는데, 하늘 이야기를 하면, 어떻게
믿을 수 있나?
13 하늘로 올라간 사람은 없지만, 하늘
에서 내려온 자는, 바로 하늘에 있던
사람의 아들이다.
14 모지스가 황야에서 뱀을 들어올리
듯, 사람의 아들도 반드시 그렇게 들
어올려질 것이다.
15 그를 믿으면 누구나 죽지 않고, 영원

히 살게 된다.
16 왜냐하면 **하나님**이 그토록 이 세상
을 사랑하므로, 자기의 유일한 아들
을 보내주었다. 그래서 그를 믿는 자
는 누구나 죽지 않고, 영원히 사는
것이다.
17 **하나님**이 세상을 처벌하기 위해 아
들을 보낸 것이 아니고, 그를 통해
구하려는 것이다.
18 그를 믿는 자는 죽지 않고, 그를 믿
지 않는 자는, 이미 형을 선고받은
것이다. 그 이유는, 그가 **하나님**의 유
일한 아들인데도 그 이름을 믿지 않
았기 때문이다.
19 따라서 유죄가 되는 것은, 빛이 세상
에 나타났는데도, 인간이 빛보다 어
둠을 사랑했던 탓이고, 그들의 행위
가 악이었기 때문이었다.
20 악을 실천하는 모두는 빛을 증오한
다. 그들이 빛으로 나오는 것조차 싫
어하는 까닭은, 자기 행위를 후회하
지 않으려 하기 때문이다.
21 하지만 진실하게 행동하며 빛으로
나오면, 그의 행위는 바로 **하나님**
이 주관하는 일을 나타내는 것이 된
다."
22 그런 다음 지저스와 제자가 [남부]
쥬디아 땅으로 와서 지내며, 사람
들에게 세례해주었다.
23 존 역시 새일림 근처 애이넌에서
세례를 해주고 있었는데, 그곳은
물이 많아서, 사람들이 계속 세례
를 받으러 왔다.
24 당시는 아직 존이 감옥에 들어가
지 않고 있었던 시기였다.
25 그때 존의 제자 일부와 쥬다인 사
이에 정화의식을 두고 논쟁이 일
어났다.
26 그들이 존에게 와서 말했다. "뢔바
이 선생님, 조든강 건너편에서 당
신과 같이 있던 사람이, 당신이 그
를 증명해주기도 했는데, 보니, 그
가 세례를 해주자, 모두가 그에게
가고 있어요."
27 존이 대답했다. "개인 한 사람은 하
늘에서 부여되지 않는 한, 받을 수
있는 것이 아무것도 없다.
28 너희 스스로 나의 증인이므로 내
가 말하는데, 나는 크라이스트머사
야가 아니다. 단지, 나는 그보다 먼
저 파견되었을 뿐이다.
29 그는 신부를 맞이하는 신랑이다.
신랑의 친구가 서서 신랑의 말을
듣더니, 신랑의 말 때문에 몹시 기
뻐진다. 이것으로 나의 기쁨이 만
족된다.
30 그는 틀림없이 점점 커지지만, 나
는 반드시 쇠퇴한다."
31 위에서 내려온 자는 모두보다 그
이상의 존재다. 땅에서 나온 자는
땅에 소속되어, 땅의 입장에서 말
한다. 하늘에서 온 자는 모든 것 이
상이다.
32 그는 직접 보고 들은 것을 증언하
는데, 아무도 그의 증언을 받아들
이지 않는다.

33 그의 증언을 받아들이는 자는, '**하
나님**이 진리'라는 그의 봉인이 찍
힌 증서를 받는 것이다.
34 **하나님**이 파견한 자가, **하나님**의 가
르침을 전한다. **하나님**은 그에게
무한의 신성한 영혼성령을 주었기
때문이다.
35 하늘아버지 는 아들을 사랑하여,
모든 것을 그의 손에 넣어주었다.
36 그 아들을 믿는 자는 영원히 산다.
그리고 그 아들을 믿지 않는 자는,
생명을 보지 못하므로, **하나님**의
분노가 언제나 그에게 머문다.

두번째 기적

4 당시 주인님은 훼러시가 듣고
있는 소문이 무엇인지 알게 되
었다. 지저스가 존보다 더 세례해
주고, 제자를 많이 만들고 있다는
것이었다.
2 [비록 지저스가 직접 세례하지 않
고, 제자가 하기는 했어도,]
3 그는 쥬디아남부를 떠나, 다시 갤럴
리북부를 향해 출발했다.
4 그러려면 반드시 스매리아중부를
지나야 했다.
5 그래서 스매리아의 어느 도시로
왔는데, 시카라고 불리는 그곳은,
재이컵이 아들 조셉에게 준 부지
땅 근처였다.
6 그곳에 재이컵의 우물이 있었다.
그래서 여행에 지친 지저스는 우
물 옆에 앉았고, 때는 제6 정오시쯤
이었다.
7 그때 스매리아 여자 하나가 물을
길러 와서, 지저스가 그녀에게 말
했다. "물 좀 마시게 해달라."
8 [왜냐하면 제자가 도시안으로 먹
을 것을 사러 갔기 때문이었다.]
9 그러자 스매리아 여자가 그에게
말했다. "쥬다인 당신이 어떻게, 스
매리안 여자에게 물을 마시게 해
달라 하죠?" 왜냐하면 쥬다인은
스매리아 사람과 교류하지 않기
때문이었다.
10 지저스가 그녀에게 말했다. "네가
하나님의 선물을 알고, 너에게 마실
물을 달라고 하는 사람이 누구인지
알았다면, 너는 그의 요구를 들어주
었겠지. 그는 너에게 생명의 물을 주
게 되니까."
11 그녀가 그에게 말했다. "선생님, 당
신은 물퍼낼 도구도 없고, 우물도
깊은데, 어디서 생명의 물을 얻지
요?
12 당신은 우리 조상 재이콥보다 더
위대한가요?" 그는 우리에게 이
우물을 주어, 자신과 자손과 가축
까지 마시게 했는데요?"
13 지저스가 그녀에게 대답했다. "이
물을 마시는 자는 누구나, 다시 목이
마르게 된다.
14 하지만 내가 주는 물을 마시는 자는
결코 목마르지 않을 것이다. 곧 내가
주는 물은, 신체안에서 물의 원천이
되어 샘솟으며, 영원히 살게 된다."

15 그녀가 그에게 말했다. "선생님, 내
게 그 물을 주세요. 그럼, 나도 목마
르지 않고, 물길러 여기까지 오지
않을 테니까요."
16 지저스가 그녀에게 말했다. "가서,
네 남편을 불러 이곳으로 오너라."
17 그녀가 대답했다. "나는 남편이 없
어요." 지저스가 말했다. "네가, '남
편이 없다'고 한 말은 잘했다.
18 왜냐하면 너는 지금까지 다섯 남편
을 가졌고, 지금 있는 자도 네 남편
이 아니므로, 너는 진실을 말한 것이
다."
19 그녀가 그에게 말했다. "선생님, 나
는 당신이 예언자처럼 느껴져요.
20 우리 조상은 이 산에서 예배했는
데, 당신의 말에서, 저루살럼은 사
람이 당연히 예배해야 하는 장소
라고 말하는 듯해요."
21 지저스가 그녀에게 말했다. "너는
나를 믿어라. 때가 오면, 그때 너희
는 이 산도 아니고, 저루살럼도 아니
고, 오직 하늘아버지 에게 경배해야
한다.
22 너희는, 자신도 모르는 것을 숭배하
는데, 우리가 무엇을 경배해야 하는
지 알아야 한다. 구원은 쥬다인으로
부터 나오기 때문이다.
23 때가 오고 있으므로, 지금 시기는,
진지한 기도자들이 영혼과 진실로
하늘아버지 에게 경배해야 할 때다.
왜냐하면 하늘아버지 는 자기를 경
배하는 자를 찾기 때문이다.
24 **하나님**은 신성한 영혼성령이다. 따
라서 그를 경배하려면, 영혼과 진실
로 경배해야 한다."
25 그녀가 그에게 말했다. "나는 크라
이스트라고 부르는 구원자 머사야
가 온다고 알고 있어요. 그가 오면,
우리에게 모든 것을 말해주겠죠."
26 지저스가 그녀에게 말했다. "너에
게 말하는 내가, 바로 그다."
27 바로 그때 제자가 돌아와서, 그가
그녀와 대화하는 것을 보고 이상
하게 생각했지만, 아무도, "당신
은 대체 뭐하냐?" "왜 그녀와 말하
냐?"고 묻지 않았다.
28 그녀는 물항아리를 들고 마을로
가서, 사람들에게 말했다.
29 "가서, 어떤 사람을 좀 살펴보세요.
그는 내가 이제까지 살아온 모든
것을 말해주었는데, 그가 구원자
크라이스트가 아닐까요?"
30 그래서 사람들이 마을로부터 그에
게 왔다.
31 그동안 제자가 그에게 권했다. "선
생님, 어서 드세요."
32 하지만 그는 그들에게 다음을 말
했다. "나는, 너희가 알지 못하는 양
식이 있다."
33 그러자 제가가 서로 말했다. "누
군가 그에게 먹을 것을 갖다주었
나?"
34 지저스가 그들에게 말했다. "나의
음식은, 나를 보낸 그의 뜻을 실행하
여, 그 일을 완수하는 것이다.

35 너희가 말하지 않았나? 아직 추수기
가 오려면, 4개월이나 남았다고? 내
가 너희에게 말하지만, 눈을 들어 들
을 봐라. 이미 추수할 정도로 하얗게
되었다.
36 추수하는 자는 대가도 받고, 영원히
사는 열매도 모은다. 뿌리는 자와 거
두는 자 모두 즐거워할 수 있을 것이
다.
37 이와 같이, '하나는 뿌리고, 다른 하
나가 거둔다'는 말은 사실이다.
38 나는, 너희를 거두라고 보내는데, 그
곳은 너희가 노동하지 않았고, 다른
사람이 수고한 곳에, 너희가 그들 노
동에 참여하는 것이다."
39 그리고 스매리아 도시에 사는 대
부분이 그를 믿게 된 이유는, 그녀
가 말하며, 다음과 같이 증언했기
때문이었다. "그는 내가 이제까지
살아온 모든 것을 내게 말해주었
어요."
40 그래서 스매리안은 그에게 와서,
그들과 함께 있어달라고 간절히
부탁했고, 그는 이틀간 그곳에 있
었다.
41 그리고 많은 사람이 그가 하는 말
을 직접 듣더니, 더욱 그를 믿게 되
면서,
42 그녀에게 이렇게 말해주었다. "이
제 우리도 믿게 되었는데, 당신 말
때문이 아니라, 그가 우리에게 들
려준 말 때문이고, 또 크라이스트
가 진짜 이 세상을 구원할 머사야
라는 것을 알게 되었기 때문이다."
43 그리고 이틀 후, 그는 그곳에서 갤
럴리로 갔다.
44 지저스 스스로 증언했듯이, 예언
자는 자기 고향에서는 존중받지
못한다고 했다.
45 그때 그가 갤럴리에 도착하자, 그
곳 사람이 그를 환영했다. 그가 저
루살럼의 통과축일 축제에서 실행
한 일을 보았고, 또 그들 역시 축제
에 있었던 것이다.
46 그래서 지저스가 갤럴리의 캐이너
로 다시 왔는데, 그곳은 그가 물을
포도주로 만들었던 곳이다. 그리
고 커퍼내엄의 어떤 귀족의 아들
이 병에 걸려 있었다.
47 그 귀족은 지저스가 남부 쥬디아
에서 북부 갤럴리로 갔다는 소문
을 듣고, 그에게 가서, 자기 아들을
고치러 와줄 것을 간청했다. 아들
은 거의 죽어가고 있었다.
48 그러자 지저스가 말했다. "너희는
표시나 기적을 보지 않고는, 믿지 않
는다."
49 귀족이 그에게 말했다. "선생님, 내
아이가 죽기 전에 어서 와주세요."
50지저스가 그에게 말했다. "어서
가봐라. 네 아들은 산다." 그러자 그
사람은 지저스가 자기에게 해준말
을 믿고, 돌아갔다.
51 그가 돌아가는 길에, 종들이 그를
만나 전했다. "당신 아들이 살아났
어요."

52 귀족은 종에게 아들이 낫기 시작
한 때를 물었다. 종이 그에게 대답
했다. 어제 제7오후1시쯤 아들의 열
이 내렸다고 했다.
53 그래서 그 아버지는 그때가 바로
지저스가 자기에게, "당신 아들은
산다"고 말해준 같은 시간이었다
는 것을 알았다. 그리고 자신은 물
론 집안 전체가 믿게 되었다.
54 이것이 지저스가 실행한 두번째
기적이었는데, 그때는 쥬디아에서
갤럴리로 갔을 때였다.

아버지가 허락한 일을 아들이 한다

5 얼마 지나, 쥬다인 축제가 있어,
지저스는 저루살럼으로 갔다.
2 저루살럼의 양시장 근처에 못이
하나 있는데, 히브리말로 베쎄스
다라고 부르며, 지붕이 있는 통로
가 다섯 있었다.
3 그곳에 무력한 사람들이 무척 많
이 누워있었는데, 앞못보는자, 저
는자, 마비된자가 물이 움직이길
기다리고 있었다.
4 왜냐하면 어느 때 천사 하나가 못
으로 내려와 물을 휘저을 때, 누구
든 첫번으로 움직이는 물에 발을
담그면, 어떤 질환이든 건강하게
나았기 때문이었다.
5 그곳에 38년 동안 몸이 허약했던
사람이 있었다.
6 지저스가 누워 있는 그를 보고, 그
의 질환이 오래 되었다는 것을 알
았다. 그가 그에게 물었다. "몸이 낫
기를 바라나?"
7 그 병자가 대답했다. "선생님, 나
는, 물이 움직일 때, 나를 못속에 넣
어줄 사람이 아무도 없어요. 내가
가는 사이 다른 이가 나보다 먼저
발을 담가요."
8 지저스가 그에게 말했다. "일어나,
네 매트를 들고 걸어라."
9 그 순간 그의 몸이 온전해져서, 자
기 매트를 들고 걸어갔다. 그날은
사배쓰휴일이었다.
10 그러자 쥬다인이 치료된 사람에게
말했다. "사배쓰휴일날인데, 당신
이 매트를 옮긴 일은 불법이다."
11 그가 사람들에게 대답했다. "나를
고쳐준 그가, 나에게, '네 매트를 들
고 걸어라'고 말했어요."
12 그러자 그들이 그에게 물었다. "누
구냐, 너에게, '네 매트를 들고 걸어
라' 말한 자가?"
13 몸이 나은 그도, 그가 누군지 몰랐
다. 왜냐하면 지저스는 사람이 많
은 그곳으로부터 자신을 옮겼기
때문이었다.
14 그런 다음 지저스가 성전에서 그
를 보자, 말했다. "보라, 너는 건강
해졌으니, 더 이상 죄를 짓지 말아
야, 나쁜 일이 너에게 생기지 않는
다."
15 그래서 그가 가서 쥬다인에게 말
하며, 자기를 낫게 해준 이가 지저
스라고 했다.

16 그러자 쥬다인이 지저스를 처벌하
고, 또 죽이려고 했다. 왜냐하면 사
배쓰휴일에 그런 일을 했기 때문
이었다.
17 그러나 지저스가 그들에게 말했
다. "나의 하늘아버지 가 지금까지
일한 대로, 나도 그렇게 하는 거다."
18 그렇게 할수록 쥬다인은 더욱 지
저스를 죽이려고 했다. 왜냐하면
그는 사배쓰휴일을 위반했을 뿐아
니라, **하나님**이 자기 아버지라며,
자신을 **하나님**과 동급으로 만들었
기 때문이었다.
19 그래서 지저스가 그들에게 말했
다. "진실로 진정으로 내가 너희에
게 말한다. 사람의 아들은, 스스로
할 수 있는 일이 없다. 대신 아버지
가 한 것을 보고 할 뿐이다. 따라서
아버지가 지금까지 한 일들을 그 아
들도 비슷하게 하는 것이다.
20 하늘아버지 가 그 아들을 사랑하여,
자기가 한 모든 일을 보여주었기 때
문에, 아들은 이런 일보다 더 위대한
그를 보여주고자 한다. 그러면 너희
가 경이에 감탄하게 될 것이다.
21 하늘아버지 는 죽은자를 일으켜 그
들을 살아 있게 하므로, 그 아들도
자기 의지로 사람을 살린다.
22 이제 아버지가 인간을 재판하는 대
신, 모든 판단을 그 아들에게 맡겼
다.
23 사람이 하늘아버지 를 존경하듯, 모
두 그 아들을 존중하는 것이 마땅하
다. 그 아들을 존중하지 않는 사람
은, 그를 보낸 하늘아버지 도 존경하
지 않는 것이다.
24 진심을 다하여 내가 너희에게 말하
는데, 나의 말을 듣는 자는, 나를 보
낸 그를 믿어, 영원히 살게 되므로,
처벌당하지 않고, 오히려 죽음으로
부터 생명으로 이어진다.
25 진실로 내가 너희에게 말한다. 앞으
로 그때가 되어, 죽은자가 **하나님** 아
들의 목소리를 듣게 될 때, 들은 자
는 살게 된다.
26 하늘아버지 자신안에 있는 생명을,
그 아들 역시 갖도록 부여했기 때문
에,
27 동시에 사람의 아들이기도 한 그에
게 판결을 집행할 권한을 주었던 것
이다.
28 이 말을 이상하게 생각하지 마라. 그
때가 오면, 무덤속 모두조차 그 목소
리를 들을 수 있게 되어,
29 좋은 일을 한 자는 나와서, 부활하여
살아가게 되고, 나쁜 일을 한 자는
부활하여 지옥행이다.
30 내 마음대로 할 수 있는 일은 아무
것도 없다. 그래서 내가 듣고 판정할
때 나의 판단기준은 정의다. 내 의
지대로 하는 것이 아니라, 나를 보낸
하늘아버지 의 뜻에 따르기 때문이
다.
31 만약 나 스스로 자신을 증언하면, 내
증언이 진실한지 알 수 없다.
32 다른 사람이 나를 증언해야, 그가 말

한 나에 대한 증언이 사실임을 알게
된다.
33 너희가 존에게 사람을 보내면, 그는
진리를 증언한다.
34 나는 사람의 증언은 원하지 않고, 다
만, 내가 하는 이런 말로, 너희가 구
원받을 수 있게 되는 것이다.
35 존은 반짝이며 타는 빛이었다. 너희
는 한동안 그의 빛속에서 즐거움을
누렸다.
36 그러나 나는 존의 것보다, 더 위대한
증언을 갖고 있다. 그것은 내가 완수
하도록 하늘아버지 가 부여한 위업
이므로, 그 임무는 하늘아버지 가 파
견한 나를 증언한다.
37 그래서 나를 보낸 하늘아버지 자신
이 나의 증인이 된다. 그런데 너희는
어느 순간도 그의 목소리를 들은 적
이 없고, 그의 모습을 본 적도 없다.
38 또 너희는 그의 말을 마음에 간직하
지도 않았다. 그래서 그가 보낸 아들
을, 너희가 믿지 않는 것이다.
39 바이블을 찾아봐라. 그것에 의하면,
너희가 생각한대로, 너희는 영원히
살 수 있다는 그 내용이, 바로 나를
증언하는 것이다.
40 너희는, 생명을 얻을 수 있는 나에게
오려 하지 않는다.
41 또 나는 사람한테서 존중받지도 못
한다.
42 그래서 나는, 너희가 **하나님**과 같은
사랑을 갖고 있지 않다는 것을 알고
있다.
43 나는 하늘아버지 의 이름으로 왔는
데, 너희는 나를 받아들이지 않는다.
어쩌면 다른자가 그의 이름으로 왔
다면, 너희는 환영할 것이다.
44 너희는 서로의 명예를 받는자만 믿
을 수 있지, 어떻게 **하나님**한테서 왔
다는 말만으로 존중받겠나?
45 내가 너희를 하늘아버지 에게 고발
할 것으로 생각하지 마라. 너희를 고
발한 한 사람이 있는데, 그는 너희가
믿는 모지스다.
46 너희가 모지스를 믿었다면, 나도 믿
을 수 있다. 왜냐하면 그도 나에 관
해 기록했으니까.
47 너희가 모지스의 기록을 믿지 않는
다면, 어떻게 나의 말을 믿겠나?"

하늘의 빵이 세상에 주는 생명

6 이 일 이후 지저스는, 타이비리
어스 바다라고 부르는 갤럴리
바다를 건너갔다.
2 많은 무리가 그를 뒤따르게 되었
던 이유는, 그가 아픈자에게 실행
한 기적을 사람들이 보았기 때문
이었다.
3 지저스는 산으로 올라 제자와 함
께 앉았다.
4 그때 쥬다인의 명절, 통과축일이
가까웠다.
5 지저스가 눈을 들어, 그에게 몰려
오는 다수를 보며, 퓔립에게 물었
다. "우리가, 이들이 먹을 빵을 살 곳
이 있나?"

6 이는 자신을 증명하려고 꺼낸 말
이었다. 무엇을 하려는지 스스로
알고 물었던 것이다.
7 필립이 대답했다. "200페니반년 품삯
이상어치 빵도 충분치 않아요. 모두
조금씩 먹는다 해도 말이죠."
8 제자 가운데 앤드류, 사이먼 필어
의 동생이 그에게 말했다.
9 여기 있는 소년은 보리빵 5덩이와
작은 물고기 두마리를 갖고 있지
만, 이토록 많은 사람 대부분은 어
떻하죠?
10 지저스는 말했다. "사람을 앉게 해
라." 그래서 사람들이 그곳 풀밭에
앉았더니, 대략 5,000명이었다.
11 그리고 지저스가 빵을 들어 감사
한 다음, 제자에게 주자, 제자가 앉
아 있는 사람에게 나눠주었다. 마
찬가지로 물고기도 그들이 원하는
만큼 주었다.
12 모두 배가 부르자, 그가 제자에게
말했다. "남은 조각을 남김없이 모
아라."
13 그래서 그들이 모두 모았더니, 보
리빵 5덩이에서 나온 조각이 12 바
구니를 채웠고, 사람이 먹고도 그
만큼 남았다.
14 그때 지저스가 실행한 기적을 본
사람들이 말했다. "세상에 온다는
예언자가 바로 이 사람이 맞다."
15 그런데 지저스는 그들이 자기를
억지로 데려가 왕으로 만들 가능
성을 느끼자, 다시 홀로 산으로 들
어갔다.
16 그리고 저녁 무렵 제자가 바다로
내려가,
17 어떤 배를 타고, 바다를 건너 커퍼
내엄 쪽으로 갔다. 그러다 날이 어
두워졌고, 지저스는 그들에게 가
지 않고 있었다.
18 바다에 강한 폭풍이 불자, 큰파도
가 일었다.
19 그 가운데 제자가 25-30펄렁5-6Km
정도 노를 저어 가는데, 지저스가
바다위를 걸어서 배에 다가오는
모습을 보고, 무서웠다.
20 하지만 그가 말했다. "나다, 두려워
마라."
21 그제야 그들이 기꺼이 그를 배안
으로 받아들이자, 그 순간 배가 그
들이 가려던 육지에 닿았다.
22 다음날 군중은 그곳에 있던 유일
한 배가 건너편에 서 있는 것을 보
게 되었다. 유일한 배에는 제자만
탔고, 지저스는 제자와 함께 배에
오르지 않았고, 제자들만 건너갔
다고 알고 있었다.
23 [한편 타이비리어스에서 다른 배
들이 와서, 주인님이 감사한 다음
그들에게 빵을 먹게 해주었던 곳
으로 다가갔다.]
24 그런데 군중이 그곳에 지저스도,
제자도 없다는 것을 알게 되자, 그
들도 배를 타고 커퍼내엄으로 지
저스를 찾아왔다.
25 그들이 바다 건너편에서 그를 발

견하자, 물었다. "뢔바이 선생님,
언제 이곳에 왔죠?"
26 지저스가 그들에게 대답했다. "진
실로 내가 너희에게 말한다. 너희는
기적을 봤기 때문이 아니라, 빵을 먹
고 배가 불렀기 때문에 나를 찾고 있
다.
27 사라질 양식 때문에 애쓰지 말고, 영
원히 살게 하는 양식을 찾는 수고를
해라. 이는 사람의 아들이 너희에게
줄 것이다. 왜냐하면 하늘아버지, **하
나님**이 봉인하여, 그 권리를 그에게
주었기 때문이다."
28 그러자 그들이 그에게 물었다. "우
리가 **하나님**이 원하는 일을 하려
면, 어떻게 해야 하죠?"
29 지저스가 그들에게 말했다. "**하나
님**이 원하는 일은, 너희가, 그가 보낸
자를 믿는 것이다."
30 그들이 그에게 또 질문했다. "우리
가 볼 수 있도록 당신이 무엇인가
보여주면, 당신을 믿지 않을까요?
앞으로 당신은 무슨 일을 하게 되
죠?
31 우리 조상은 사막에서 매나를 먹
었어요. 기록된 그대로, '그가 조상
이 먹도록 하늘에서 내린 빵을 주
었다' 라고요."
32 그때 지저스가 그들에게 대답했
다. "진실로 내가 말하는데, 모지스
가 너희에게 하늘의 빵을 준 게 아니
고, 대신 나의 하늘아버지 가 하늘에
서 빵을 내려 너희에게 준 것이다.
33 **하나님**이 하늘에서 보내준 빵이, 세
상에게 생명을 준다."
34 그때 그들이 말했다. "주인님, 앞으
로 계속 이 빵을 우리에게 주세요."
35 지저스가 이어 말했다. "나는 생명
의 빵이다. 나에게 오는 자는 결코
배고프지 않고, 나를 믿는 자는 절대
목마르지 않을 것이다.
36 하지만 내가 너희에게 말했듯이, 너
희는 나를 보고도, 믿지 않는다.
37 하늘아버지 가 나에게 모든 것을 주
었으므로, 나는 내게 오는 자를 뿌리
치지 않을 것이다.
38 내가 하늘에서 내려온 것은, 나의 의
지가 아니고, 나를 보낸 그의 뜻이
다.
39 다음도 나를 보내는 하늘아버지 의
뜻으로, 그가 나에게 부여한 모든 일
을, 내가 빠짐없이 수행하면, 마지막
날 다시 들어올려지게 된다.
40 이것도 나를 보낸 그의 의도인데, 그
아들을 보는 사람마다, 그를 믿으면,
영원히 살 수 있도록, 마지막날 내가
그를 들어올리겠다."
41 그때 쥬다인이 그를 보고 수근거
린 이유는, 그가 '나는 하늘에서 내
려온 빵'이라고 말했기 때문이다.
42 그들이 말했다. "이 자는 조셒 아들
이 아닌가? 그의 아버지 어머니를
우리가 아는데? 그런데 어떻게 그
가, '나는 하늘에서 내려왔다는 말
을 하나?'
43 그러자 지저스가 그들에게 대답했

다. “너희끼리 수근거리지 마라.
44 나를 보낸 하늘아버지 가 끌어주지
않는 한, 아무도 나에게 올 수 없다.
그러면 나는 마지막날 그를 끌어올
리는 것이다.
45 예언서에 기록되어 있듯이, 사람은
하나님에 대해 배우게 된다. 그래서
그에 대해 듣고 알게 된 모두가 나에
게 올 것이다.
46 어떤 사람도 하늘아버지 를 본 적이
없고, 단지 **하나님**으로부터 온 자만
이 그를 본다.
47 진실로 내가 말하는데, 나를 믿는 자
는 영원히 산다.
48 나는 생명의 빵이다.
49 너희 조상이 황야에서 매나를 먹었
지만, 죽었다.
50 그런데 그는 하늘에서 내려온 빵이
므로, 사람이 그것을 먹으면 죽지 않
는다.
51 나는 하늘에서 내려온 살아 있는 빵
이다. 어떤 자가 이 빵을 먹으면 영
원히 산다. 내가 주는 빵은 나의 살
인데, 이것을 세상의 생명으로 주는
것이다.”
52 그러자 쥬다인이 서로 다투며 말
했다. ‘이자가 어떻게 우리에게 자
기 살을 먹으라고 줄 수 있나?’
53 그때 지저스가 그들에게 말했다.
“진실로 너희에게 말하는데, 너희가
사람의 아들의 살을 먹지 않고, 그의
피를 마시지 않고는, 너희 안에 생명
을 가질 수 없다.
54 누구나 나의 살을 먹고, 나의 피를
마시면 영원히 산다. 그러면 내가 마
지막날 그를 들어올릴 것이다.
55 나의 살은 실제 음식이고, 나의 피도
실제 음료다.
56 나의 살을 먹고, 나의 피를 마시면,
그는 내 안에 있고, 나는 그 안에 있
다.
57 살아 있는 아버지가 나를 보내어, 내
가 그에 의해 사는 것처럼, 나를 먹
는 자도 마찬가지로 나에 의해 산다.
58 하늘에서 내려온 이 빵을 먹지 않은
너희 조상은, 매나를 먹었고 죽었지
만, 이 빵을 먹는 자는 영원히 산다.”
59 이런 말은 그가 시너가그 집회에
서도 말했고, 커퍼내엄에서도 같
은 것을 가르쳤다.
60 그래서 이 말을 들은 제자 대부분
이 말했다. ‘그 말은 너무 어려운데,
누가 이해할 수 있나?’ 라고.
61 지저스는 제자가 이에 대해 거북
해하는 것을 알아차리고 물었다.
“너희는 이 말이 불편한가?
62 그렇다면 사람의 아들이, 전에 있던
곳으로 오르는 모습을 본다면, 어떨
까?
63 영혼은 생명을 살리지만 신체는 그
렇지 않다. 내가 너희에게 하는 말
이, 곧 영혼이며 생명이다.
64 그런데 너희 중 일부는 믿지 않는
다.” 지저스는 처음부터 그들이 자
기를 믿지 않는 다는 것을 알았고,
누가 자기를 배신하게 될지 알았

다.
65 또 그가 말했다. "그리고 내가 너희
에게 말하는데, 나의 아버지가 그 아
들에게 허락하지 않는 한, 누구도 나
에게 올 수 없다."
66 제자 대부분이 그때부터 등지고,
더 이상 그와 함께 걸어가지 않았
다.
67 그때 지저스가 12제자에게 말했
다. "너희도 떠나겠지?"
68 그때 사이먼 필어가 대답했다. "주
인님, 우리가 누구에게 가라고요?
당신은 영원한 생명의 말을 하고
있어요.
69 우리는 믿고 확신하고 있어요. 당
신은 크라이스트, 살아있는 **하나님**
의 아들이에요."
70 지저스가 대답했다. "그래서 내가
너희 12명을 고른게 아닌가? 그런데
너희 중 하나는 악마다."
71 그는 사이먼 아들, 쥬더스 이스캐
리엍에 대해 말했다. 바로 그는 12
제자의 하나로, 그를 배신하고 말
았다.

지저스에 대한 의견이 갈라지다

7 이런 일 이후 지저스는 갤럴리
를 돌아다녔다. 그가 쥬다땅 남
부 쥬디아를 가고 싶지 않았던 이
유는, 쥬다인이 자기를 죽이려 하
기 때문이었다.
2 이제 쥬다의 이동성전장막절 축일이
곧 돌아온다.
3 그의 형제가 그에게 말했다. "이곳
을 떠나 남부 쥬디아로 가세요. 그
러면 그곳의 당신 제자도 당신이
하는 일을 볼 수 있어요.
4 어떤 일을 숨어서 하는 사람은 아
무도 없고, 저절로 공개되어 알려
지게 되지요. 만약 당신이 이 일을
하려면, 자신을 세상에 내보이세
요."
5 그의 형제조차 그를 믿지 않고 있
었던 것이다.
6 그때 지저스가 그들에게 말했다.
"나의 시간은 아직 오지 않았지만,
너희는 아무 때나 할 수 있다.
7 세상이 너희는 미워하지 않아도, 나
를 미워하는 까닭은, 내가 세상에 악
이 작용한다고 증언하기 때문이다.
8 이번 축제에 너희만 가라. 나는 가지
않겠다. 아직 내 시간이 되지 않았
다."
9 그는 그들에게 이렇게 말하며, 여
전히 갤럴리에 남아 있었다.
10 그러다 형제가 떠난 다음, 그 역시
축제에 갔지만, 드러내지 않고 남
모르게 가 있었다.
11 그때 쥬다인이 축제에서 그를 찾
으며 말했다. "그는 어딨지?"
12 사람들이 그에 관해 많이 수군거
렸다. 일부는 그가 좋은 사람이라
하고, 다른 사람은, "아니다, 그는
사람을 속이는 자"라고 했다.
13 하지만 쥬다인이 두려워, 아무도
그에 대해 공개적으로 말하지 않

았다.
14 이제 축제가 한창인 가운데, 지저
스가 성전으로 들어가 가르쳤다.
15 그러자 쥬다인이 놀라며 말했다.
"이 사람이 글을 어떻게 알지? 글
을 배운 적도 없으면서?"
16 지저스가 그들에게 대답했다. "내
가르침은 내것이 아니고, 나를 보낸
그의 것이다.
17 어떤 사람이 그의 뜻을 실행하려면,
그 가르침이 **하나님**한테서 나온 것
인지, 자기 스스로 하는 말인지 구분
해야 한다."
18 자기 말을 하는 자는, 자신의 명예를
찾는 것이고, 하지만 그자를 보낸 그
의 빛을 추구하는 자는 진실하다. 그
자 안에는 불의가 없다.
19 모지스가 너희에게 법을 주어도, 누
구도 지키는 자가 없지 않나? 그런
데 왜 너희는 나를 죽이려 하나?"
20 사람들이 대답했다. "당신한테 악
령이 들어, 그것이 당신을 죽이려
하지 않을까요?"
21 지저스가 그들에게 말했다. "내가
하는 일은, 너희 모두가 놀라는 일이
다.
22 모지스는 너희에게 할례를 가르쳤
다. [그것도 모지스가 한 일이 아닌,
조상의 관습이었다.] 그리고 너희는
사배쓰휴일에 사람에게 할례해준
다.
23 사람이 사배쓰휴일에 할례받아도,
모지스 법을 어기는 게 아니다. 그
런데 너희가 나에게 화를 내는 것이,
내가 사배쓰휴일에 아픈자 몇을 낫
게 해주었기 때문인가?
24 보이는 대로 판결하지 말고, 올바른
판단을 내려라."
25 그때 저루살럼 사람이 묻기 시작
했다. "이 사람이, 그들이 죽이려고
찾는 자가 아닌가?"
26 그런데 보니, 그가 대담하게 말해
도, 저들은 그에게 아무 말도 못한
다. 성전관리는 이 사람이 바로 크
라이스트라는 사실을 아는가?
27 하지만 우리는 이 사람이 어디서
왔는지 안다. 크라이스트가 올 때
는, 그가 어디서 오는지 아무도 모
른다고 했다."
28 그때 지저스는 성전에서 큰소리로
이렇게 가르쳤다. "너희는 나를 알
고, 어디서 왔는지도 안다. 나는 스
스로 온 게 아닌, 그가 보낸 것이 진
실인데, 너희는 그를 모른다.
29 하지만 나는 그를 안다. 왜냐하면 나
는 그로부터 왔고, 그는 나를 보냈기
때문이다."
30 그때 그들이 그를 붙잡으려 했지
만, 손대지 않았던 이유는, 그의 때
가 아직 아니었기 때문이었다.
31 사람 대부분이 그를 믿으며 이렇
게 말했다. "크라이스트가 오면, 그
는 이 사람이 한 일보다 더 많은 기
적을 보이지 않을까?
32 풰러시는 사람들이 그에 관해 그
런 말을 중얼거리는 소리를 듣고,

퀘러시와 대제사장이 그를 잡도록
성전관리를 보냈다.
33 그때 지저스가 그들에게 말했다.
"나는 잠시만 너희와 같이 있다가,
다음에 나를 보낸 그에게 돌아간다.
34 그때는 너희가 나를 찾아도, 찾지 못
하고, 내가 있는 곳으로 너희가 올
수도 없다."
35 그때 군중 가운데 쥬다인이 말했
다. "그가 어디로 가는데, 우리가
그를 찾는 못하지? 그가 흩어진 이
민족 사이에 가서 그들을 가르치
나?
36 대체 이 사람이 무슨 말을 하는 거
지? '그때는 너희가 나를 찾아도,
찾지 못하고, 내가 있는 곳으로 너
희가 올 수도 없다'고 하게?"
37 마지막 날은 축제 중 가장 큰 행사
날이다. 지저스가 서서 크게 외쳤
다. "누구라도 목이 마르면, 나에게
와서 마셔라.
38 나를 믿는 자는, 바이블에서 말한 대
로, 그의 배에서 생명수의 강이 흐를
것이다."
39 [하지만 이 의미는 신성한 영혼성령
을 두고 말한 것으로, 사람이 그를
믿으면 받게 되는 것이다. 성령이
아직 부여되지 않는 이유는, 지저
스가 여전히 빛으로 정화되지 않
았기 때문이다.]
40 대부분의 사람이 이 이야기를 듣
고 말했다. "이 사람은 진짜 예언자
다."
41 다른 사람은 말했다. "이는 크라이
스트다." 그러나 일부는 이와 같이
말했다. "크라이스트가 갤럴리에
서 나오겠나?
42 바이블에서 말한 바는, '크라이스
트는 대이빋 자손에서 나오고, 대
이빋이 있던 베썰레햄에서 나온
다'고 하지 않았나?"
43 그렇게 그로 인해 사람의 의견이
갈라졌다.
44 그중 몇몇은 그를 붙잡으려고 했
지만, 아무도 그에게 손대지 않았
다.
45 마침내 성전 관리들이 대제사장과
퀘러시에게 돌아오자, 그들이 다
그쳤다. "어째서 너희는 그를 데려
오지 못했나?"
46 관리들이 대답했다. "지금까지 누
구도, 그 사람이 하는 그런 말을 한
적이 없었어요."
47 그러자 퀘러시가 물었다. "너희도
그한테 속아넘어갔나?
48 관리나 퀘러시 가운데 누가 그를
믿나?
49 그러나 법을 모르는 사람은 저주
받는다."
50 니커디머스가 그들에게 말했다.
[그는 밤에 지저스에게 간 적이 있
는 퀘러시 중 하나였다.]
51 "우리 법은 어떤 사람한테 이야기
를 들어보거나, 그가 하는 행위도
모른 채 판결하고 있지 않나?"
52 그들이 그에게 대답했다. "당신 역

시 갤럴리 출신인가? 자세히 살펴
봐라. 갤럴리에서 나온 예언자가
없다."
53 그러면서 모두 제각각 집으로 돌
아갔다.

하늘아버지 와 함께 한다

8 지저스는 올리브스산으로 갔다.
2 그리고 아침 일찍 다시 성전으로
갔더니, 모두 그에게 왔다. 그래서
그는 자리에 앉아 그들을 가르쳤
다.
3 그런데 서기관법학자과 풰러시엄격
한 법규정파가, 매춘하다 붙잡힌 어떤
여자를 데려와, 군중 가운데 세웠
다.
4 그들이 지저스에게 말했다. "**주인**
선생님, 이 여자는 부정행위로 바
로 붙잡혔어요.
5 모지스는 법에서 우리에게 명령하
며, '그런 자는 돌로 치라'는데, 당
신의 의견은 뭐죠?"
6 그들은 이와 같은 말로, 그를 시험
하여 고발하고자 했다. 하지만 지
저스가 몸을 구부려 손가락으로
땅에 끄적이는 모습이, 마치 그들
의 말을 못들은 듯했다.
7 그들이 자꾸 묻자, 그는 몸을 일으
키고 말했다. "너희 가운데 죄가 없
는 자가 있으면, 그녀에게 먼저 돌을
던지라고 해라."
8 그리고 그는 다시 몸을 구부려 땅
에 무언가를 썼다.
9 그말을 들은 사람은 제자신의 양
심에 걸려, 원로를 시작으로 마지
막까지 하나씩 자리를 떠났다. 그
래서 지저스 혼자 남았고, 그녀는
가운데 서있었다.
10 지저스가 몸을 일으키고 보니, 그
녀 이외 아무도 없어, 그녀에게 말
했다. "여자야, 너를 고발하던 자가
다 어디갔지? 아무도 너를 단죄하지
않고?"
11 그녀가 말했다. "아무도 없어요. 주
인님." 그러자 지저스가 그녀에게
말했다. "나 역시 너를 비난하지 않
을 테니, 가서, 더 이상 죄를 짓지 마
라."
12 그후 지저스가 그들에게 또 말했
다. "나는 세상의 빛이다. 나를 따르
는 자는 어둠속을 걷지 않고, 생명의
빛을 얻는다."
13 그러자 풰러시가 그에게 말했다.
"당신 자신이 드러나는 기록이 증
명하듯이, 당신 말은 사실이 아니
죠."
14 지저스가 그들에게 말했다. "내가
직접 스스로를 기록했더라도, 내 말
은 진실이다. 이는 내가 어디서 와
서, 어디로 갈지 알기 때문이다. 하
지만 너희는 내가 온 곳도, 갈 곳도
알지 못하니, 말할 수 없다.
15 너희는 신체를 처벌하지만, 나는 아
무도 벌주지 않는다.
16 하지만 내가 평가한다 해도, 나의 판

결은 진실이다. 왜냐하면 나는 단독
이 아닌, 나를 보낸 하늘아버지 와
함께하기 때문이다.
17 너희 법에 쓰여 있듯이, 두 사람의
증언이 진실이다.
18 나는 스스로의 증언을 품고 있는 자
이고, 나를 보낸 하늘아버지 도 나의
증인이 된다."
19 그러자 그들이 그에게 물었다. "당
신의 아버지는 어디 있죠?" 지저
스가 대답했다. "너희는 나도 모르
고, 나의 아버지도 모른다. 만일 너
희가 나를 알았다면, 당연히 나의 아
버지도 알았을 것이다."
20 이 말은 지저스가 성전에서 가르
치며, 헌금함이 있는 곳에서 말했
는데, 아무도 그에게 손을 대지 않
은 것은, 그의 시간이 아직 오지 않
았기 때문이었다.
21 또 지저스는 그들에게 이렇게 말
했다. "내가 나의 길을 가면, 나를 찾
더라도, 너희는 죄를 지어 죽기 때문
에, 내가 가는 곳으로 너희가 올 수
없다."
22 그러자 쥬다인이 말했다. "혹시 그
가 자살하려나? '내가 가는 곳으로
너희가 올 수 없다'고 말하게?"
23 지저스는 말을 이었다. "너희는 아
래에서 나왔고, 나는 위에서 내려왔
다. 너희는 이 세상 소속이지만, 나
는 그렇지 않다.
24 그래서 말하는데, 너희는 자기죄 때
문에 죽는다. 너희가 '내가 바로 그'
임을 믿지 않은 탓에, 자기죄로 죽게
되는 것이다."
25 그러자 그들이 말했다. "도대체 당
신은 누구죠?" 지저스가 대답했다.
"처음부터 내가 너희에게 말한 바로
그다.
26 나는 너희에 대해 해줘야 할 말과,
평가해야 할 일이 많지만, 그중 '나
를 보낸 그는 진리'라고 말해주고 싶
다. 내가 세상에 하는 말은, 그에게
들은 것이다."
27 사람은 그가 전하는 하늘아버지
의 말을 이해하지 못했다.
28 또 지저스가 그들에게 말했다. "너
희가 사람의 아들을 존중할 때, 비로
소 '내가 바로 그'임을 알게 되고, 또
한 내 스스로에게는 아무것도 한 것
이 없고, 내 아버지가 가르친대로 말
하고 있다는 것도 알게 된다.
29 나를 보낸 그는 나와 함께 하며, 하
늘아버지 는 나를 혼자 내버려두지
않는다. 왜냐하면 내가 하는 이런 일
에 그는 언제나 흐뭇하게 만족하기
때문이다."
30 그가 이런 말을 하면, 다수가 그를
믿었다.
31 당시 지저스는 자기를 믿는 쥬다
인에게 말했다. "만약 너희가 나의
말을 계속 믿으면, 너희는 나의 진정
한 제자다."
32 너희는 진리가 무엇인지 알게 되면
서, 그것이 너희를 자유롭게 만들어
주게 된다."

33 그들이 그에게 물었다. "우리는 애
이브러햄의 자손으로, 절대 누구
에게도 속박당하지 않는데, 왜 당
신은, 자유가 된다고 말하죠?"
34 지저스가 그들에게 대답했다. "진
심으로 내가 너희에게 말하는데, 죄
를 짓는 자는 누구나 죄의 노예다.
35 종은 언제까지나 그 집에 살 수 없지
만, 그 아들은 언제나 산다.
36 따라서 그 아들이 너희를 자유롭게
만들어주면, 너희는 실제로 자유롭
게 된다.
37 나는 너희가 애이브러햄의 자손임
을 아는데도, 너희가 나를 죽일 궁리
를 하는 이유는, 내 말이 너희 안에
자리잡지 못하기 때문이다.
38 나는 나의 아버지와 함께 본 것을 말
하고, 너희는 너희 조상과 함께 본
것을 이야기한다."
39 그들이 '애이브러햄이 우리 조상'
이라고 말하자, 지저스가 그들에
게 말했다. "만약 너희가 애이브러
햄의 자손이라면, 너희도 그가 한 일
을 해야 한다.
40 그러나 이제 너희는, **하나님**에게 들
은 진리를 말해주는 나를 죽이려 하
는데, 이는 애이브러햄이 하지 않았
던 일이다.
41 너희는 너희 조상이 한 행동을 한
다." 그때 그들이 그에게 말했다.
"우리는 부정하게 태어나지 않았
어요. 우리는 아버지가 하나고, **하
나님**도 그렇죠."
42 지저스가 그들에게 말했다. "만약
하나님이 당신의 아버지였다면, 너
희가 나를 사랑했을 것이다. 왜냐하
면 나는 **하나님**으로부터 나왔지, 스
스로 나타난 게 아니고, 그가 보내서
왔던 것이다.
43 어째서 너희는 내 말을 이해하지 못
하나? 이는 너희가 내 말을 들을 수
없기 때문이다.
44 너희는 악령 조상으로부터 나와서,
그 조상의 욕망을 그대로 실행할 것
이다. 그는 처음부터 살인자였고, 진
실속에 살지 않았는데, 그안에 진실
이 없기 때문이다. 그가 거짓을 말하
는 것은, 본래의 자신을 말하는 것이
다. 그는 거짓말쟁이고, 거짓의 조상
이기 때문이다.
45 그래서 내가 너희에게 진실을 말하
는데도, 나를 믿지 않는 까닭이 거기
있다.
46 너희 가운데 내가 유죄라고 단언할
자가 있나? 내가 진실을 말하는데,
왜 너희가 나를 믿지 않나?
47 **하나님**한테서 온 자는, **하나님** 말을
듣는다. 따라서 그 말을 듣지 않는
것은, 너희가 **하나님**으로부터 나오
지 않았기 때문이다."
48 그때 쥬다인이 그에게 말했다. "우
리는, 당신이 스매리안이며, 악령
이 들었다고 하는데, 제대로 한 말
이 아닐까요?"
49 지저스가 대답했다. "나는 악령에
사로잡히지 않았고, 단지, 나는 아버

지를 존경할 뿐인데, 너희가 나를 모
욕하고 있다.
50 나는 자신의 명예를 쫓지 않고, 오직
내가 찾는 하나는 정의다.
51 진실로 내가 너희에게 말한다. 내 말
을 따르는 자는 결코 죽음을 맞지 않
을 것이다."
52 그때 쥬다인이 그에게 말했다. "이
제 우리는, 당신이 악령에 사로잡
혔다는 것을 알았어요. 애이브러
햄도, 예언자도 죽었는데, 당신은,
'내 말을 따르면 결코 죽음을 맛보
지 않는다'고 하니, 알았죠.
53 그럼 당신은, 죽은 우리 조상 애이
브러햄보다 더 위대한가요? 예언
자도 죽었는데, 누가, 당신 자신을
그렇게 만들라고 했죠?"
54 지저스가 대답했다. "내가 자신에
게 명예를 주면, 그것은 아무것도 아
니다. 이것은 명예를 갖도록 나의 아
버지가 나에게 부여했다. 너희가 말
하는 누구란 바로 너희 **하나님**이다.
55 그런데 너희는 그를 모르지만, 나는
그를 안다. 내가 그를 모른다 말하
면, 나도 너희 같은 거짓말쟁이가 된
다. 하지만 나는 그를 알고, 그의 말
을 따른다.
56 너희 조상 애이브러햄도, 나의 날을
기대하며 즐거워했을 터이고, 보았
더라면, 기뻐했을 것이다.
57 그러자 쥬다인이 말했다. "당신은
아직 50세도 아닌데, 당신이 애이
브러햄을 본적 있어요?"
58 지저스가 그들에게 말했다. "진실
로 내가 말한다. 나는 애이브러햄 이
전부터 있었다."
59 그 순간 그들은 돌을 들어 그에게
던지려 했다. 그러나 지저스는 몸
을 가려, 성전에서 나간 다음, 그들
한가운데를 가로질러 빠져나가버
렸다.

풰러시는 그의 능력자체를 불신

9 그리고 지저스가 길을 가다, 태
어날 때부터 앞을 못보는 블라
인드 한 사람을 보게 되었다.
2 그의 제자가 그에게 물었다. "**주인**
선생님, 이 사람은 자기죄 탓일까
요, 아니면 부모탓에 태어날 때부
터 장님인가요?"
3 지저스가 대답했다. "이 사람이 죄
를 지은 것도, 부모탓도 아니다. 단
지, **하나님**의 계획을 그에게 드러나
도록 만든 것이다.
4 나는 나를 보낸 그의 계획을 낮 동안
수행해야 한다. 밤이 오면 아무도 일
할 수 없다.
5 나는, 세상에 있는 한, 세상을 밝히
는 빛이 된다.
6 그렇게 말한 다음, 그는 땅에 침을
뱉고, 침을 섞어 만든 흙을 맹인의
눈에 바르며,
7 그에게 말했다. "가서, 실로앰못에
씻어라." [그 의미는 '보내졌다'는
뜻이다.] 그대로 그가 가서 씻자,
보이게 되었다.

8 그러자 이웃 및 전에 그가 맹인이
었음을 알고 있던 자가 말했다. "이
사람은 앉아 구걸하던 맹인 아니
었어?"
9 어떤 사람은 "이자가 바로 그다"
라고 말하고, 다른 사람은 "그와 닮
았다"고 했지만, 본인이 말했다.
"내가 바로 그다."
10 그래서 그들이 물었다. "어떻게 네
눈이 떠졌지?"
11 그가 대답했다. "지저스라고 부르
는 사람이, 진흙을 만들어 내 눈에
바른 다음, 이르길, '실로앰못으로
가서 씻어라'고 해서, 내가 가서 씻
자, 시력을 회복했다."
12 그들이 그에게 말했다. "그는 어
딨지?" 그가 대답했다. "나는 모른
다."
13 사람들이 전에 보지 못하던 그를
풰러시에게 데려갔다.
14 그날은 사배쓰휴일이었는데, 휴일
날 지저스가 진흙을 이겨, 그의 눈
을 뜨게 했던 것이다.
15 또다시 풰러시가 그에게, 어떻게
시력을 회복했는지 물었다. 그는
그들에게 말해주었다. "그가 내 눈
에 진흙을 발랐고, 내가 씻자 보였
어요."
16 그러자 풰러시 일부가 말했다. "이
자는 **하나님** 사람이 아니다. 왜냐
하면 그는 사배쓰휴일을 지키지
않기 때문이다." 다른 일부가 말했
다. "어떻게 그런 죄인이 여러 기적
을 이룰 수 있나?" 그들 사이에 의
견이 갈라졌다.
17 그들이 맹인이었던 사람에게 다시
물었다. "너는, 네 눈을 뜨게 한 그
를 어떻게 생각하나?" 그가 말했
다. "그는 예언자예요."
18 그러나 쥬다인은 그에 관해 전혀
믿지 않았는데, 장님에서 시력을
회복했다는 자체를 불신하며, 부
모를 불러 그의 시력이 돌아왔는
지 확인했다.
19 쥬다인이 부모에게 물었다. "이 자
가 당신 아들로, 태생부터 장님이
었다고 하는 아들인가? 그런데 지
금 어떻게 보나?"
20 부모가 그들에게 대답했다. "이는
우리 아들이 맞고, 장님으로 태어
났어요.
21 그렇지만 어떻게 그가 이제 볼 수
있는지, 우리는 몰라요. 아니면 누
가 그의 눈을 뜨게 해주었는지도
모르고요. 그는 나이가 들어 성년
이니, 아들에게 물으면, 자신에 관
해 직접 말할 수 있을 거예요."
22 부모가 이렇게 이야기한 까닭은,
쥬다인이 두려웠기 때문이었다.
쥬다인은 이미 합의해 놓고, 만약
어떤 자가 크라이스트라고 주장
하면, 시너가그집회에서 내쫓기로
했다.
23 그래서 부모는, "아들이 나이가 들
었으니, 그에게 물으라'고 대답했
던 것이다.

24 그래서 장님이었던 자를 다시 소
환하고 물었다. "**하나님**을 찬양하
며, 진실을 말한다고 맹세해라. 우
리는, 그가 죄인이라는 것을 알고
있다."
25 그가 대답했다. "그가 죄인인지 아
닌지, 나는 모르지만, 오직 내가 아
는 단 한가지는, 나는 못보다가 이
제 볼 수 있다는 거예요."
26 그러자 그들이 다시 그에게 말했
다. "그가 너에게 어떻게 했지? 어
떻게 네 눈을 뜨게 해줬지?"
27 그가 대답했다. "내가 이미 당신들
에게 말했는데, 못들었어요? 왜 당
신들은 그것을 다시 들으려 하죠?
당신들 역시 그의 제자가 되려는
건가요?"
28 그때 그들이 욕설을 퍼부었다. "너
는 그의 제자다. 하지만 우리는 모
지스의 제자다.
29 우리는, **하나님**이 모지스에게 말한
것을 알고 있는데, 이 자에 관해서
라면, 그가 어디서 왔는지 모른다."
30 그 사람이 그들에게 대답했다. "여
기서 따지는 이유가, 당신들이 그
가 어디서 왔는지 몰라 당황해서
그러나 본데, 그가 내 눈을 뜨게 해
주었을 뿐이에요.
31 이제 우리는 다음을 알게 되었어
요. **하나님**은 죄인의 말은 듣지 않
지만, 자신을 경배하는 어떤 사람
의 경우, **하나님**의 뜻에 따라 행동
하는 자의 말은 들어준다는 거예
요.
32 세상이 시작된 이래, 어떤 사람이
장님으로 태어난 자의 눈을 뜨게
했다는 말은 들어본 적이 없지요.
33 이 사람이 **하나님**한테서 온 사람이
아니고는, 아무것도 할 수 없을 거
예요."
34 그들이 그에게 말했다. "너희 모두
죄속에서 태어났다. 그런데 네가
우리를 가르치려 해?" 그러면서
그들이 그를 내쫓았다.
35 지저스는, 그들이 그를 내쫓았다
는 소문을 들은 뒤, 그를 발견하자
말했다. "너는 **하나님**의 아들에 대해
믿나?"
36 그가 대답했다. "주인님, 그는 누구
죠? 나는 그를 믿을 수 있을 것 같
은데요?"
37 지저스가 그에게 말했다. "너는 그
를 직접 보았고, 또 너와 대화하는
자가 바로 그다."
38 그때 그가 말했다. "주인님, 나는
믿어요." 그러면서 그가 그에게 경
배했다.
39 그러자 지저스가 말했다. "정의를
위해, 내가 이 세상에 왔다. 나를 알
아보지 못하는 자는, 지금 볼 수 있
어도 맹인이 될 것이다."
40 풰러시 몇몇이 그와 함께 있다가,
이 말을 듣더니, 그에게 물었다.
"우리 역시 장님이 되나요?"
41 지저스가 그들에게 말했다. "너희
가 앞을 못보면 틀림없이 죄를 짓지

않는다. 하지만 방금 말하듯, '우리
는 본다'고 하니, 너희 죄는 남아 있
다."

풰러시의 혼란

10 "진실로, 진정으로 내가 너희
에게 말한다. 양우리에 들어갈
때, 문을 통하지 않고 다른 곳으로
넘어가는 자는, 도둑이며 강도다.
2 문으로 들어가는 자는 양을 돌보는
목자다.
3 문지기가 그에게 문을 열어주면, 양
도 그의 목소리를 귀기울여 듣는다.
그는 자기 양의 이름을 부르며, 그들
을 이끈다.
4 그가 앞장서서 나아갈 때, 양이 뒤를
따르게 되는 것은, 그들이 그 목소리
를 알기 때문이다.
5 그들이 낯선자를 따르지 않고 달아
나는 이유는, 낯선 목소리를 모르기
때문이다.
6 **지저스는 이런 비유를 들며 그들
에게 말했지만, 그들은 그가 하는
이야기가 무슨 뜻인지 이해하지
못했다.**
7 **그래서 지저스가 그들에게 다시
말했다.** "진실로 내가 말하는데, 나
는 양우리의 문이다.
8 지금까지 나보다 앞서 왔던 모두는
도둑이며 강도다. 그래서 양은 그들
의 소리를 따르지 않았던 것이다.
9 나는 양우리의 문이므로, 어떤 사람
이 나를 통해 들어가면, 그는 구원받
아, 안과 밖을 오가며, 푸른 초원을
찾을 수 있다.
10 도둑은 그곳에 훔치러 왔기 때문에,
들어오지 못한 채, 죽어 파멸한다.
내가 왔으니, 그들은 생명을 얻을 수
있고, 또 그것도 더욱 풍부하게 얻을
수 있을 것이다.
11 좋은 목자는 양에게 그의 생명을 주
는데, 내가 바로 그런 좋은 목자다.
12 그러나 채용된 자는 그런 목자가 못
된다. 자기가 소유하는 양이 없으므
로, 늑대가 다가오는 것을 보면, 양
을 남겨둔 채 달아나버린다. 그리고
늑대가 잡으려 하기 때문에, 양은 흩
어진다.
13 품삯 때문에 일하는 고용인은 양을
돌보지 않는다.
14 나는 좋은 목자다. 나는 양을 알고,
나의 양도 나를 안다.
15 하늘아버지 가 나를 알고, 나도 아버
지를 알기 때문에, 나는 양을 위해
내 생명을 내려놓는다.
16 우리에 들어 있지 않은 나의 다른 양
도, 나의 목소리를 들을 수 있도록
내가 데려와야 한다. 그러면 그곳에
한 우리가 있고, 한 목자가 있게 될
것이다.
17 따라서 나의 아버지가 나를 사랑하
는 이유는, 내가 희생하며 나의 생명
을 내려놓기 때문이고, 그러면 나는
그것을 다시 찾을 수 있을 것이다.
18 나의 생명을 빼앗는 사람은 아무도
없고, 스스로 나의 생명을 내려놓는

것이다. 나는 생명을 내려놓을 힘도
있고, 그것을 다시 찾을 능력도 있
다. 나는 이 명령을 나의 하늘아버지
로부터 받았다."
19 이런 말 때문에 쥬다인 사이에 다
시 의견이 분열되었다.
20 그들 대다수의 말은, 그가 악령에
사로잡혀 미쳤다며, "왜 너희는 그
의 말을 듣나?" 라고 했다.
21 다른 사람은 말했다. "그의 말에 악
령이 차지한 것은 없다. 악령이 앞
못보는 자의 눈을 뜨게 할 수 있
나?" 라고 했다.
22 저루살럼에 봉헌축일이 있었고,
그것은 겨울이었다.
23 지저스는 성전의 솔로먼의 현관입
구로 걸어 들어갔다.
24 그때 쥬다인이 오더니 주위를 둘
러싸고 말했다. "당신은 얼마나 더
오랫동안 우리를 혼란스럽게 하
나? 당신이 크라이스트라면 우리
에게 분명하게 말해달라."
25 지저스가 그들에게 말했다. "내가
말해도, 너희는 믿지 않는다. 나의
하늘아버지 의 이름으로 이 일은 하
고, 그 일이 나의 증인이다.
26 그러나 너희가 믿지 않는 이유는, 내
가 말한 그대로, 너희는 나의 양이
아니기 때문이다.
27 나의 양은 내 목소리를 듣기 때문에,
나는 그들을 알고, 그들은 나를 따른
다.
28 그래서 내가 그들에게 영원한 생명
을 주면, 그들은 결코 죽지 않고, 어
떤 자도 내 손에서 그들을 빼앗지 못
하게 된다.
29 나를 그들에게 내려준 하늘아버지
는 모든 것 이상으로 위대하다. 그래
서 아무도 하늘아버지 의 손에서 그
들을 빼앗을 수 없다.
30 나와 하늘아버지 는 하나다."
31 그 순간 쥬다인은 다시 그를 치려
고 돌을 집어들었다.
32 지저스가 그들에게 말했다. "나는
지금까지 하늘아버지 가 전하는 여
러가지 좋은 일을 너희에게 많이 보
여주었다. 그런데 그일 때문에 너희
가 나에게 돌을 던지려 하나?"
33 쥬다인이 그에게 대답했다. "우리
가 좋은 일을 가지고 당신에게 돌
을 던지는 게 아니다. **하나님**을 모
독했기 때문이다. 당신은 사람이
면서, 자신을 **하나님**으로 만든다."
34 지저스가 말했다. "너희 법에도 다
음과 같이 기록되어 있지 않나? '[주
인] 내가 말하는데, "[파견되는] 너
희는 신들gods"이라고?
35 만약 여기서 **하나님**이 자기 말을 전
하러 내려오는 자를 신들이라 불렀
다면, 바이블을 무시할 수 없다.
36 너희가 그에 대해 말해봐라. 하늘아
버지 가 그를 신성하게 만들어, 이
세상에 보냈는데, 내가 **하나님**의 아
들이라 말했다고, 왜 너희가 나를 비
난하나?
37 만일 내가 하늘아버지 의 계획을 실

행하지 않거든, 나를 믿지 마라.
38 그대신 내가 수행하면, 비록 너희가
나를 믿지 않더라도 알게 되어, 다음
을 믿을 수 있을 것이다. 하늘아버지
가 내속에 있고, 내가 바로 그안에
있다는 것을."
39 그때도 그들이 다시 그를 잡으려
했지만, 그는 그들 손에서 달아나,
40 다시 조든강 건너편으로 간 다음,
존이 처음 세례해주던 곳에 있었
다.
41 그에게 의존하던 대다수가 말했
다. "존은 기적을 실행하지 않았어
도, 존이 이 사람에 대해 말한 것은
모두 사실이었다"고 했다.
42 많은 사람이 그곳에서도 지저스를
믿었다.

그는 기적을 많이 보여준다

11 그때 어떤 사람이 아팠는데,
베써니 출신으로 이름은 래
저러스였고, 그 마을은 매리와 여
형제 말싸의 고향이었다.
2 [매리는, 주인님에게 향유연고를
바르고, 그녀 머리카락으로 그의
발을 닦아주었던 사람인데, 그녀
형제 래저러스가 아팠다.]
3 그래서 그의 여형제가 사람을 보
내어 말했다. "주인님, 당신이 사랑
하는 사람이 아파요."
4 지저스가 이 말을 듣고 말했다. "이
아픔은 죽음으로 가는 게 아니라, **하
나님** 후광의 빛을 받기 위한 것이다.
그러면 **하나님** 아들이 그것을 빛나
게 할 수 있을 것이다."
5 당시 지저스는 말싸와 그녀 여형
제와 래저러스에게 사랑을 주었
다.
6 주인님은 그가 아프다는 소리를
듣고, 머물던 곳에서 이틀간 더 있
었다.
7 다음 그가 제자에게 말했다. "우리
가 [남부] 쥬디아로 다시 가자."
8 제자가 그에게 말했다. "**주인**선
생님, 최근 쥬다인이 당신에게 돌
을 던지려 했는데, 다시 그곳에 가
요?"
9 지저스가 대답했다. "낮은 12시간
이 있지 않나? 사람이 낮 동안 걸어
도 넘어지지 않는 이유는, 세상을 비
추는 빛을 보기 때문이다.
10 그런데, 밤에 걸으면 넘어지는 것은,
그를 비춰주는 빛이 없기 때문이다.
11 이렇게 말한 다음, 제자에게 말했
다. "우리 친구 래저러스가 잠이 들
었지만, 내가 가면, 그를 잠에서 깨
울 수 있을 거다."
12 그때 제자가 말했다. "주인님, 그가
잠을 자고 있다면, 좋아질 겁니다."
13 지저스는 그의 죽음을 말했지만,
제자는 그가 잠자며 쉬는 것으로
생각했다.
14 그때 지저스가 더 솔직하게 말했
다. "래저러스는 죽었다.
15 내가 너희를 위해 그곳에 없었던 것
이 다행이다. 어쩌면 너희가 믿을 수

있게 될지 모른다는 뜻이다. 그렇지 만 우리가 그에게 가자."

16 그때 디더머스라고 부르는 토마스가, 자기 동료제자에게 말했다. "우리도 가자고 하면, 우리도 그와 함께 죽을지 모른다."

17 지저스가 갔을 때, 그는 이미 죽어서 무덤에 누운지 4일이 지났다는 것을 알았다.

18 베써니 마을은 저루살럼에서 가까운 곳으로, 15펄롱약3Km 정도 떨어져 있었다.

19 쥬다인 다수가 말싸와 매리에게 와서, 그들 형제에 대해 위로해주고 있었다.

20 그때 말싸가 지저스가 와있다는 소리를 듣자마자 나가, 그를 만났지만, 매리는 여전히 집에 있었다.

21 말싸가 지저스에게 말했다. "주인님, 당신이 여기 있었더라면, 형제가 죽지 않았을 텐데요.

22 하지만 나는 알아요. 지금이라도 당신의 바람을 **하나님**에게 요구하면, 무엇이든 **하나님**이 그것을 당신에게 줄 거예요."

23 지저스가 그녀에게 말했다. "너희 형제는 다시 일어날 것이다."

24 말싸가 그에게 말했다. "나는 마지막날 그가 부활하여 다시 일어난다고 알고 있어요."

25 지저스가 그녀에게 말했다. "나는 부활이고, 또 생명이다. 나를 믿는 자는, 비록 죽었어도, 살아날 것이다.

26 누구든지 내 안에서 살며 나를 믿으면, 죽지 않는다. 너는 이것을 믿나?"

27 그녀가 그에게 말했다. "그래요, 주인님, 나는 당신이 크라이스트라고 믿어요. 세상에 나타나는 **하나님**의 아들이지요."

28 그녀는 그렇게 말하고 나가, 여형제 매리를 불러, 넌지시 말했다. "**주인**선생님이 왔는데, 너를 부른다."

29 그녀는 그 소식을 듣자마자, 급히 일어나 그에게 갔다.

30 그때 지저스는 아직 마을로 들어오지 않은 채, 말싸가 만났던 곳에 있었다.

31 그때 쥬다인이 그녀 집에 함께 있으면서 그녀를 위로하고 있었는데, 매리가 일어나 급히 나가는 모습을 보더니, 그녀를 따라가며 말했다. "그녀가 무덤으로 울려고 간다."

32 그때 매리는 지저스가 있는 곳까지 와서, 그를 보더니, 발앞에 엎드려 말했다. "주인님, 당신이 여기 있었더라면, 나의 형제가 죽지 않았을 텐데요."

33 그래서 지저스가 그녀의 우는 모습을 보게 되었는데, 그녀와 함께 온 쥬다인도 울자, 그의 영혼이 괴로워 신음하며,

34 이렇게 물었다. "너희가 그를 어디

에 뉘었나? 그들이 대답했다. "주
인님, 이쪽에 와서 보세요."
35 지저스도 울었다.
36 그러자 쥬다인이 말했다. "보라, 그
가 그를 얼마나 사랑했으면!"
37 그중 몇 사람이 말했다. "이 사람은
할 수 없단 말이야? 장님눈도 뜨게
하면서, 이 자를 죽지 않게 하면 되
잖아?"
38 다시 지저스가 괴로워하며, 무덤
으로 왔는데, 그곳은 동굴이었고,
거기에 돌이 놓여 있었다.
39 지저스가 말했다. "돌을 치워라."
죽은자의 여형제 말싸가 그에게
말했다. "주인님, 지금쯤 그에게 냄
새가 날 텐데요, 죽은지 4일이 되
었거든요."
40 지저스가 그녀에게 말했다. "내가
말하지 않았나? 믿기만 하면, 너희
는 **하나님**의 감사를 볼 수 있을 것이
라고 했다."
41 그래서 그들은 죽은자를 뉘어놓은
곳의 돌을 치웠다. 그리고 지저스
는 눈을 들어 올려다보며 말했다.
"하늘아버지, 당신이 내 기도를 들
어준 것에 대해 감사하고 있어요.
42 또 나는 당신이 늘 나의 기도를 들
어주었다는 것도 알아요. 하지만 옆
에 서있는 사람들을 위해서, 당신이
나를 파견했다는 것을 그들이 믿을
수 있게 하려고 내가 이렇게 말합니
다."
43 그렇게 말하고, 그는 큰소리로 불
렀다. "래저러스야, 앞으로 나와라!"
44 그러자 죽었던 그가 나왔는데, 손
발이 수의로 묶인 채였고, 그의 얼
굴도 천으로 감겨 있었다. 지저스
가 그들에게 말했다. "그를 풀어주
어, 걷게 해라."
45 그러자 매리에게 왔던 쥬다인 다
수가, 지저스가 한 일을 보고, 그를
믿었다.
46 반면 그중 일부는 풰러시한테 가
서, 지저스가 한 일을 전했다.
47 그때 수석제사장과 풰러시가 회의
를 열어 말했다. "우리가 어떻게 해
야지? 이 사람은 기적을 많이 보여
준다.
48 우리가 이런 그를 내버려두면, 모
두가 그를 믿게 되고, 그러면 로마
인이 와서, 우리 터전과 민족을 모
조리 빼앗을 것이다."
49 그중 카야풔스라는 사람이 그해
대제사장으로 있었는데, 그들에게
말했다. "당신들은 전혀 아무것도
알지도 못하고,
50 우리를 위한 더 나은 방법을 생각
하지도 못한다. 한 사람이 죽어야,
전민족이 죽지 않는다."
51 이 말은 자신의 말이 아니고, 그해
의 대제사장으로서, 지저스는 민
족을 위하여 죽어야 한다는 예언
을 했던 것이다.
52 또 그 민족뿐만 아니라, 그는 사방
으로 흩어진 **하나님** 자손을 하나로
모으기 위해서도 그렇게 되야 한

다는 것이었다.
53 그날부터 그들은 회의를 소집하여
모두 그를 죽일 궁리를 했다.
54 그래서 지저스는 더 이상 쥬다인
에 드러나게 다니지 않으면서, 황
야에 가까운 지방으로 간 다음, 이
프리엄 도시에 제자와 함께 계속
있었다.
55 쥬다인의 통과축일이 가까워졌다.
많은 사람이 고향을 떠나, 통과절
전에 저루살럼에 와서, 마음을 정
화하려고 했다.
56 그때 사람들이 지저스를 찾으며,
성전에 서서 물었다. "너희는 어떻
게 생각하나? 그는 이번 축제에 오
지 않으려나?"
57 그때 수석제사장과 풰러시 모두
명령을 내려, 누구든지 그가 있는
곳을 알면, 그들이 잡을 수 있도록
반드시 알려야 한다고 했다.

베써니에서 기름이 발라지다

12 통과축일 6일 전, 지저스는
베써니에 왔다. 그곳은 죽었
던 래저러스를 죽음에서 살린 곳
이다.
2 그들이 그에게 저녁을 만들어주었
고, 말싸는 시중을 들었다. 한편 그
중 래저러스는 그와 함께 식탁에
앉았다.
3 매리가 최고급 스파이크널드 허브
향유 1파운드약 0.5L를 가져와, 지저
스 발에 바른 다음 그녀 머리카락
으로 훔쳐내자, 집안에 향내가 가
득찼다.
4 그러자 제자 하나가 말했는데, 그
는 사이먼의 아들 쥬더스 이스캐
리엍으로, 나중에 그를 배신하고
만다.
5 "이 향유를 300펜스1년급여쯤 받고
팔아, 가난한 사람에게 주지 않고,
어째서?"
6 그가 이렇게 말한 것은, 가난한 사
람을 생각해서가 아니라, 그는 도
둑이었으므로, 무엇이든 넣어 다
니는 전대를 지닌 사람의 발언이
었을 뿐이었다.
7 그때 지저스가 말했다. "그녀를 내
버려 둬라. 나의 장례일을 대비하여
그녀가 이렇게 한 거다.
8 가난한 자는 늘 너희와 함께 있어도,
너희는 나와 항상 같이 있지 못한
다."
9 쥬다인 다수가 그가 거기 있다는
것을 알자, 그들이 찾아온 것은, 지
저스뿐만아니라, 그가 죽음에서
살렸다는 래저러스를 보고자 했던
것이다.
10 그리고 수석제사장들이 의논하여
래저러스 역시 죽이려고 했다.
11 왜냐하면 래저러스 사건으로 인
해, 쥬다인 다수가 가서, 지저스를
믿었기 때문이었다.
12 다음날 많은 사람이 축제와 왔다,
지저스가 저루살럼으로 오고 있다
는 소식을 듣더니,

13 야자나무 가지를 들고, 지저스를
맞이하러 가서, 소리쳤다. "호재나!
주님의 이름으로 오는 이즈리얼의
왕은 축복받으세요!"
14 지저스는 어린 나귀를 찾아 올라
탔는데, 이는 기록된 다음 그대로
였다.
15 "두려워 마라. 자이언의 딸아! 보
라, 너희 왕이 어린나귀 위에 앉아
온다."
16 처음에 그의 제자는 이런 일을 이
해하지 못했지만, 지저스가 존중
받자, 그제야 그들은 그에 대해 기
록된 이런 일을 떠올렸다. 거기서
사람들이 지저스에게 이런 존중을
했다고 적혀있다.
17 그리고 사람들은, 지저스가 래저
러스를 무덤에서 불러, 죽음에서
살렸을 때, 함께 있었기 때문에, 증
인이 되었다.
18 이런 까닭에, 그를 만나러 온 사람
중에는, 그가 기적을 보였다는 소
문을 듣고 오기도 했다.
19 그때 풰러시는 자기들끼리 서로
말했다. "당신들은 이제 지배력이
없다는 것을 아나? 보라, 세상이
그를 따른다."
20 군중 가운데 몇몇 그리스인이 있
었는데, 축일을 경배하기 위해 와
있었다.
21 그들은, 갤럴리 벳새이다 출신 퓔
립에게 와서 애원하며 말했다. "선
생님, 우리가 지저스를 만나보고
싶어요."
22 그래서 퓔립이 가서 앤드류에게
말하고, 앤드류와 퓔립이 다시 지
저스에게 전했다.
23 지저스가 그들에게 대답했다. "시
간이 왔다. 사람의 아들이 빛이 되어
야 할 때다.
24 진실로 내가 너희에게 말한다. 밀 한
알이 땅에 떨어져 죽지 않으면, 그것
은 그 자체에 불과하다. 그러나 그것
이 죽으면, 많은 열매를 맺을 것이
다.
25 자기 생명을 사랑하는 자는 그것을
잃고, 세상에 제 생명을 버리면, 영
원히 산다.
26 사람이 나를 섬기고자 하면, 나를 따
르게 해라. 내가 있는 곳에, 나의 종
역시 있을 것이다. 나에게 헌신하는
자는 나의 하늘아버지 가 그에게 명
예를 줄 것이다.
27 지금 내 영혼이 괴로운데, 내가 무슨
말을 하겠나? 아버지, 이 시간에서
나를 구해주세요. 하지만 바로 이것
때문에 내가 이 순간까지 왔지요.
28 아버지, 당신의 이름을 칭송합니다."
그때 하늘에서 한 목소리가 말한
다. "나는 내 이름을 드높여왔고,
앞으로 계속 빛낼 것이다."
29 한편, 옆에 선 사람은 그 소리를 듣
더니, "천둥이 친다" 거나, 다른 사
람은, "천사가 그에게 말한다"고
했다.
30 지저스가 대답했다. "이 목소리는

내가 아닌, 너희를 위해 왔다.
31 앞으로 이곳은 정의의 세상이 된다.
이제 세상의 지배자는 내쫓긴다.
32 만약 내가 땅에서 들어올려지면, 나
에게 모두를 끌어올리겠다."
33 그가 한 이 말은, 자기가 맞이할 죽
음을 의미하는 것이었다.
34 사람들이 그에게 말했다. "우리가
법을 통해 들은 바에 의하면, '크라
이스트는 영원히 산다'고 했는데,
왜 당신은, 사람의 아들이 들어올
려져야 한다고 말하죠? 사람의 아
들이란 대체 누구죠?"
35 지저스가 그들에게 대답했다. "잠
시만 너희와 함께 한 빛이다. 너희는
빛이 있는 동안 걸어라. 그래서 너희
에게 어둠이 오지 않게 해라. 어둠속
에 걷는 자는 가는 길을 알지 못하기
때문이다.
36 너희는 빛이 있을 때 그 빛을 믿어
라. 그러면 너희는 빛의 자녀가 될
수 있다." 지저스는 이 말을 하고
자리를 떠나, 그들에게 자신을 드
러내지 않았다.
37 그가 사람 앞에서 기적을 많이 보
였는데도 불구하고, 그들은 그를
믿지 않았다.
38 이는 예언자 아이재야 말대로 이
루어지게 하는 것이었는지 모른
다. 그는 말하며, "**주님**, 누가 우리
의 전언을 믿죠? 또 **주님**의 팔을 누
구에게 내밀죠?" 라고 했다.
39 사람들이 믿지 않으려 했기 때문
에, 아이재야가 다시 말하며,
40 "눈이 가려진 자, 마음이 굳은자는,
제눈으로 보지 못하고, 제마음으
로 이해하지 못하기 때문에, 전향
하도록 내가 그들을 고쳐주어야야
한다"고 했다.
41 아이재야가 이렇게 말한 것은, 그
가 지저스의 빛을 보고, 그에 대해
언급했던 것이다.
42 그러나 수석 관리 사이에서도 대
부분 그를 믿기는 했어도, 풰러시
탓에 지저스를 믿는다고 고백하지
못했다. 그들은 시너가그 집회에
서 쫓겨나지 않기 위해서였다.
43 사람은 **하나님**에 대한 찬양 이전에
인간에 대한 칭찬을 더 좋아했기
때문이었다.
44 지저스는 큰소리로 말했다. "나를
믿는 자는, 내가 아닌, 나를 보낸 그
를 믿는 것이다.
45 나를 보는 자는, 나를 보낸 그를 보
는 것이다.
46 나는 세상에 빛으로 왔으므로, 나를
믿는 자는 누구나, 어둠속에서 살지
않는다.
47 나의 말을 듣고도 믿지 않는 경우,
나는 그를 처벌하지 않는다. 왜냐하
면 나는 벌주러 온 게 아니고, 세상
을 구하러 왔기 때문이다.
48 나를 거부하고 나의 말을 받아들이
지 않는 자에게는, 그를 재판하는 유
일한 존재가 있다. 내가 지금까지 말
해왔던 바로 그가, 마지막날 그들을

판정하게 될 것이다.
49 이는 나 스스로 한 말이 아니고, 나
를 보낸 하늘아버지 가, 내가 할 말
과 연설에 대해 명령을 내려주었던
것이다.
50 나는 그의 명령이 곧 영원히 사는 생
명이라는 것을 안다. 따라서 내가 말
하는 것은 무엇이든, 그것은 하늘아
버지 가 내게 말한 것이므로, 나는
그것을 말한다."

내가 빵조각을 건네는 자

13 통과축일 축제 전에 지저스
는 자기의 시간이 온다는 것
을 알고 있었다. 그러면 그는 세상
을 떠나 하늘아버지에게 가야 하
므로, 이 세상에 몸담으며 애착을
가졌었지만, 이제 그는 사람에 대
한 사랑을 끝내야 했던 것이다.
2 저녁식사를 하는 동안, 악의 영혼악
령이 사이먼 아들 쥬더스 이스캐리
엍의 마음에 그에 대한 배신을 집
어넣었다.
3 지저스가 아는 것은, 하늘아버지
가 그의 손에 모든 권한을 부여해
주어서, 그가 **하나님**한테서 내려왔
다는 것과, 이제 그에게 돌아가야
한다는 것이었다.
4 그는 식사자리에서 일어나더니,
자기 옷을 옆에 벗어두고, 수건을
들어, 허리를 묶었다.
5 그런 다음 대야에 물을 부어, 제자
발을 씻긴 다음, 허리에 묶은 수건
으로 발을 닦아주었다.
6 그때 그가 사이먼 핕어에게 다가
가자, 핕어가 그에게 말했다. "주인
님, 내 발을 닦아주려고요?"
7 지저스가 대답했다. "너는, 내가 앞
으로 무엇을 할지 모르겠지만, 나중
에 알게 된다."
8 핕어가 그에게 말했다. "당신은 결
코 내 발을 씻기면 안 돼요." 지저
스가 대답했다. "내가 너를 씻기지
않으면, 너는 나와 아무 상관이 없는
거다."
9 사이먼 핕어가 말했다. "주인님, 그
럼, 내 발뿐만 아니라, 손과 머리도
닦아주세요."
10 지저스가 말했다. "목욕을 한 자는
그의 발을 제외하고 온몸을 씻을 필
요가 없다. 너희는 깨끗하지만, 전부
는 아니다."
11 누가 자신을 배신할지 알고 있었
기 때문에, 그는, '너희는 깨끗하지
만, 전부는 아니'라고 말했던 것이
다.
12 그렇게 그가 제자의 발을 씻기고
나서, 그는 옷을 입고 다시 앉아, 제
자에게 말했다. "너희는, 내가 너희
에게 한 일이 무엇인지 아니?
13 너희는 나를 **주인**선생님, 또는 주인
님이라고 부른다. 너희가 말을 제대
로 잘했다. 왜냐하면 '내가 바로 그'
이기 때문이다.
14 너희 주인이자 선생으로서, 내가 너
희 발을 씻어주었다면, 너희 역시 다

른 사람의 발을 닦아주어야 한다.
15 내가 너희에게 모범을 보였으니, 너
희도 내가 한 대로 남에게 해주어야
한다."
16 진실로 내가 너희에게 말하는데, 종
은 주인보다 크지 않고, 파견자는 보
낸자보다 더 위대하지 않다.
17 이런 것을 알고 일을 하면, 너희는
행복해진다.
18 나는 너희 모두에 대해 말하는 것이
아니다. 나는 내가 선택한 사람을 안
다. 하지만 이것은 어쩌면 바이블의
다음 문장을 충족시키는 일인지 모
른다. "나와 같이 빵을 먹는 자가 그
를 상대로 제 발뒤꿈치를 들어올렸
다"고 했다.
19 이제 그 일이 닥치기 전에, 내가 너
희에게 말하는데, 그 일이 생기면,
너희는 '내가 바로 그'임을 믿을 수
있을 것이다.
20 진실로 내가 말한다. 내가 보내는 자
가 누구든, 그를 받아들이면, 나를
받아들이는 것이고, 나를 받아들이
면, 나를 보낸 그를 받아들이는 것이
다."
21 이와 같은 말을 하면서, 지저스는
영혼속에서 괴로워하며, 증언했다.
"정말, 진실로 너희에게 말하는데,
너희 중 하나가 나를 배반한다."
22 그때 제자는 서로를 바라보며, 그
가 말한 자가 누군지 의심했다.
23 그때 지저스가 사랑하는 제자 하
나가 그의 품에 기대고 있었다.
24 사이먼 필어가 그에게 손짓하며,
그가 말한 자가 그인지 물으려고
했다.
25 그때 지저스 품에 기댄 그가 물었
다. "주인님, 그가 누구예요?"
26 지저스가 대답했다. "그는, 내가 빵
조각을 적셔 주는 자다." 그러면서
그는 빵을 적셔 사이먼 아들 쥬더
스 이스캐리얼한테 건넸다.
27 빵조각을 건네자마자, [악의 영혼]
새이튼이 그에게 들어갔다. 그때
지저스가 그에게 말했다. "네가 하
려는 것을 빨리 해라."
28 그런데 식탁의 그 누구도, 지저스
가 그에게 한 말이 어떤 의도인지
알지 못했다.
29 그중 몇몇의 생각은, 쥬더스가 전
대를 맡고 있기 때문에, 지저스가,
그에게 '축제에 필요 물품을 사라'
거나, 아니면 '없는자에게 무언가
를 주라'는 뜻으로 짐작했다.
30 빵조각을 받은 그는 바로 밖으로
나갔는데, 때는 밤이었다.
31 그가 밖으로 나가자, 지저스가 말
했다. "이제 사람의 아들이 빛이 되
도록, **하나님**이 빛을 부여하게 된다."
32 만약 **하나님**이 그에게 빛을 내리면,
하나님은 아들 자체를 빛으로 만들
어, 즉시 그를 승격시킨다.
33 어린 자손아, 내가 너희와 함께 있는
것도 잠시뿐이다. 앞으로 너희가 나
를 찾아도, 내가 쥬다인에게 말한 대
로, 내가 가는 곳으로, 너희는 올 수

없다. 그래서 지금 내가 너희에게 말
한다.
34 내가 너희에게 '너희는 서로 사랑하
라'는 새명령을 내린다. 내가 너희를
사랑하듯, 너희 역시 서로 사랑해야
한다.
35 사랑하면 너희가 나의 제자가 된다
는 것을 인류가 알게 된다. 너희가
서로를 사랑하면 말이다."
36 사이먼 핕어가 그에게 말했다. "주
인님, 당신은 어디로 가지요?" 지
저스가 대답했다. "내가 가는 곳으
로, 너희는 이제 나를 따라올 수 없
다. 하지만 너는 나중에 나를 뒤따른
다."
37 핕어가 그에게 말했다. "주인님, 왜
내가 지금 당신을 뒤따를 수 없나
요? 나는 당신을 위해, 나의 생명
도 내려놓겠어요."
38 지저스가 대답했다. "네가 나를 위
해, 네 생명을 내려놓을까? 진실로
내가 말하는데, 수탉은 울지 않는다.
네가 나를 세번 부인할 때까지."

하늘아버지 말을 전했다

14 "네 마음을 괴롭히지 마라. 너
희는 **하나님**을 믿고, 또 나를
믿어라.
2 나의 하늘아버지 집에는 저택이 많
다. 그렇지 않다 해도, 내가 너희에
게 말해두는데, 내가 가서 너희를 위
한 자리를 마련하겠다.
3 내가 가서 너희를 위한 자리를 마련
한 다음, 다시 와서, 너희를 내 안에
받아들이겠다. 그러면 그때 너희도
내가 있는 곳에 있을 수 있다.
4 그러면 내가 가는 장소를 너희가 알
게 되고, 길도 알게 된다."
5 토마스가 그에게 물었다. "주인님,
우리는 당신이 가는 곳을 모르는
데, 어떻게 그 길을 알 수 있을까
요?"
6 지저스가 그에게 말한다. "나는 길
이고 진리며 생명이다. 아무도 나를
통하지 않으면, 하늘아버지에게 닿
을 수 없다.
7 만약 너희가 나를 알았다면, 나의 아
버지도 당연히 알았을 것이다. 그러
니 이제부터라도 너희가 그를 알고
자 하면, 눈에 보이게 된다."
8 필립이 그에게 말했다. "주인님, 우
리에게 하늘아버지를 보여주세요.
그러면 우리가 제대로 알게 됩니
다."
9 지저스가 말했다. "내가 꽤 오랫동
안 너희와 함께 있었는데, 너희는 여
전히 나를 모르지, 필립? 나를 본 자
는 하늘아버지도 이미 보았는데, 어
떻게, '우리에게 그 아버지를 보이
라'고 말하나?
10 너희는, 내가 아버지 안에 있고, 하
늘아버지가 내안에 있다는 말을 믿
지 않지? 지금까지 내가 너희에게
한 말은, 나 스스로 한 말이 아닌, 내
안에 사는 아버지가 하는 일을 전해
왔던 것이다.

11 내가 아버지 안에 있고 내안에 아버
지가 있다고 하는 나를 믿어라. 아니
면, 나의 행적을 두고 나를 믿어라.
12 진실로 내가 너희에게 말한다. 나를
믿는 자는, 그도 내가 하는 일을 할
수 있게 된다. 그 사람은 이보다 더
큰일도 할 수 있는데, 이는 내가 하
늘아버지에게 돌아가기 때문이다.
13 너희가 나의 이름으로 바라면, 그것
이 무엇이든, 내가 이루게 하겠다.
그것은 하늘아버지가 아들을 빛으
로 승화시키므로 가능할 것이다.
14 너희가 나의 이름으로 어떤 것을 요
구하면, 내가 그것을 한다.
15 너희가 나를 사랑하고, 나의 명령을
지키면 내가 한다.
16 내가 아버지에게 기원하면, 너희에
게 다른 위로자를 보내어, 너희와 함
께 영원히 살수 있게 한다.
17 진리의 영혼조차 세상이 받아들이
지 못하는 이유는, 사람이 보지 못해
서 알지 못하기 때문이다. 하지만 그
는 너희와 함께 살며, 너희 안에 있
으므로, 너희도 그를 알게 된다.
18 나는 너희 불안을 내버려두지 않고,
너희에게 돌아오겠다.
19 하지만 잠시, 세상에서 나를 더 이상
보지 못한다 해도, 너희는 나를 볼
수 있는 것은, 내가 살아 있고, 너희
역시 살아가기 때문이다.
20 내가 하늘아버지 안에 있음을 알게
되는 그날, 너희는 내 안에, 나는 너
희 안에 있는 거다.
21 나의 명령을 간직하며, 지키는 자가,
바로 나를 사랑하는 사람이다. 나를
사랑하는 자는, 나의 아버지의 사랑
도 받게 되고, 나도 그 사람을 사랑
하여, 그에게 내 자신까지 드러내겠
다."
22 **이스캐리엍이 아닌, 다른 쥬더스
가 그에게 물었다. "주인님, 당신
은, 어떻게 세상에 없이 우리에게
자기 모습을 드러내 보이죠?"**
23 **지저스가 그에게 대답했다.** "사람
이 나를 사랑하며, 내 말을 지키면,
나의 하늘아버지도 그를 사랑하게
되어, 우리가 함께 아버지에게 가서,
우리의 거처를 그에게 만들 수 있다.
24 나를 사랑하지 않는 자는, 내 말도
지키지 않는다. 너희가 듣는 말은 내
가 한 말이 아니라, 나를 보낸 하늘
아버지의 말이다.
25 이런 것을 내가 너희에게 말해오며,
지금까지 너희에게 제시하고 있다.
26 게다가 신성한 영혼성령의 위로자
를, 하늘아버지가 나의 이름으로 보
내어, 너희를 가르치고, 또 내가 너
희에게 전한 모든 것을 기억나게 해
줄 것이다.
27 내가 너희에게 평화를 남기고, 나의
평화를 너희에게 준다. 세상이 주지
않는 평화를, 내가 너희에게 준다.
너희는 마음을 괴롭히지 말고, 두려
워하지도 마라.
28 너희는 내가 전하는 모든 말을 들었
다. 나는 가도, 너희에게 다시 온다.

너희가 나를 사랑할 때, 너희도 같이
즐거워지는 이유는, 내가 언급했지
만, 내가, 나보다 더 위대한 나의 아
버지한테 가기 때문이다.
29 지금, 일이 일어나기 전에 내가 너희
에게 말했으므로, 그 일이 발생했을
때, 너희가 믿을 수 있을 것이다.
30 지금부터 내가 너희와 더 많은 이야
기를 하지 않는 것은, 이 세상을 지
배하는 자가 오면, 나는 그와 아무
상관이 없기 때문이다.
31 그러나 세상은 내가 하늘아버지를
사랑한다는 것을 알고, 그래서 아버
지가 나에게 명령한 대로, 내가 그렇
게 한다는 것도 알 것이다. 일어나,
여기를 떠나자."

아버지는 농부, 나는 포도나무, 너희는 가지

15 "나는 바른 포도나무고, 나의
하늘아버지는 농부다.
2 그는 나의 가지 중 열매를 맺지 못한
것은 잘라내고, 열매달린 가지는 손
질하여 더 많이 맺게 한다.
3 이제 너희는 내가 전한 말로 인해 깨
끗하게 정화되었다.
4 내 안에 있으면, 나도 너희 안에 머
문다. 가지가 나무에 있지 않는 한,
열매를 맺을 수 없듯, 너희가 내 안
에 있지 않으면, 더 이상 존재는 없
다.
5 나는 포도나무고, 너희는 가지다. 너
희가 내 안에 있고, 내가 그 안에 있
으면, 그 사람은 열매를 많이 맺을
것이다. 내가 없으면, 너희는 아무것
도 할 수 없다.
6 사람이 내 안에 머물지 않으면, 가지
가 마르고 꺾여, 사람이 한데 모아
불속에 던지면 타서 사라진다.
7 만약 너희가 내 안에 있고, 내 말이
너희 안에 머물 때, 너희가 희망을
바라면, 그것이 이루어진다.
8 거기에 나의 아버지가 빛을 내려주
면, 너희가 풍성한 열매를 맺게 되
고, 그래서 너희는 나의 제자가 된
다.
9 아버지가 나를 사랑하듯, 그렇게 나
도 너희를 사랑했다. 너희는 계속해
서 나의 사랑안에 있어라.
10 너희가 나의 명령을 지키는 것이, 나
의 사랑 안에 머무는 방법이다. 이는
내가 아버지 명령을 지키며, 그의 사
랑 안에 머무는 것과 같다.
11 내가 너희에게 이 말을 전하는 이유
는, 나의 기쁨이 너희 안에 남아 있
을 수 있고, 그러면 너희 즐거움도
가득차기 때문이다.
12 다음은 나의 명령이다. 너희는, 내가
너희를 사랑했듯, 서로 사랑해라.
13 사람이 친구를 위해 자기 목숨을 내
놓는 것보다, 더 큰 사랑은 없다.
14 너희는 나의 친구다. 내가 너희에게
명령한 것을 실천하는 한, 친구다.
15 지금부터 나는 너희를 종이라 부르
지 않는다. 종은 주인이 무엇을 하는
지 모른다. 대신, 내가 너희를 친구
라고 부르는 것은, 아버지로부터 들

은 모든 것을, 너희에게 알려주기 때
문이다.
16 너희가 나를 선택한 게 아니고, 내가
너희를 택한 다음, 너희가 가서 열매
를 맺도록 명령했으므로, 너희 열매
는 남아 있을 것이다. 따라서 너희가
나의 이름으로 하늘아버지에게 요
구하는 것은 무엇이든, 그가 너희에
게 줄 것이다.
17 내가 너희에게 명령하는 것은, 너희
가 서로 사랑하라는 것이다.
18 만약 세상이 너를 미워하거든, 너희
를 미워하기 전에 나를 싫어했다는
것을 알아라.
19 너희가 세상에 속했다면, 세상이 너
희를 사랑했겠지만, 너희가 세상에
속하지 않았고, 그래서 내가 너희를
선택하자, 세상이 너희를 미워하는
것이다.
20 내가 너희에게 전한 말을 기억해라.
종은 주인보다 크지 않다. 만약 그들
이 나를 처벌하면, 너희도 처벌할 것
이다. 만일 그들이 나의 말을 지키
면, 그들도 너희 말을 지키게 될 것
이다.
21 하지만 그들이 너희에게 하게 될 모
든 것은 나의 이름 탓이다. 왜냐하면
그들은 나를 보낸 존재를 모르기 때
문이다.
22 만약 내가 나타나서 그들에게 말을
전하지 않았다면, 그들에게 죄가 되
지 않았겠지만, 이제 그들의 죄는 가
려지지 않는다.
23 나를 미워하는 자는, 나의 아버지도
싫어한다.
24 만일 내가 그들 앞에서 인간이 하지
않은 기적을 실행하지 않았다면, 그
들은 죄를 짓지 않았을 거다. 그런데
이제 그들은 나와 아버지를 보고도
미워했다.
25 대신 이런 일이 일어나는 것은, 그들
법에 기록된 다음 말이 이루어지게
한 것인지 모른다. '그들은 이유없이
나를 미워했다'고.
26 이제 내가 아버지로부터 너희에게
보낼 위로하는 자가 오면, 그는 진실
한 영혼인데, 그가 아버지로부터 파
견된 다음, 나에 대해 증언하게 될
것이다.
27 그러면 너희 역시 증언하게 된다. 왜
냐하면 너희는 처음부터 나와 함께
있었기 때문이다."

너희에게 보여줄 빛

16 "내가 이런 말을 당부하는 것
은, 너희가 마음에 상처를 입
지 말아야 하기 때문이다.
2 저들은 너희를 시너가그 집회에서
내쫓는다. 맞다, 때가 와서, 너희가
그를 **하나님**에게 올려진 제물이었다
고 생각하기만 하면, 가리지 않고 죽
일 것이다.
3 저들이 너희에게 저지르는 그와 같
은 일은, 하늘아버지도 모르고, 나도
모르기 때문이다.
4 내가 너희에게 일러 두는 일은, 때가

되면 벌어질 텐데, 그때 너희는 내가
저들에 대해 언급한 말을 기억할 수
있을 것이다. 그런데 그것을 처음부
터 말하지 않았던 까닭은, 내가 너희
와 함께 있었으니까.
5 이제 나는, 나를 보낸 그에게 돌아가
는데, 너희 중 아무도 내게, '당신은
어디로 가나?'를 묻지 마라.
6 내가 말한 것으로 인해, 너희 마음에
슬픔이 가득찰 테니까.
7 그러나 내가 진실을 말하자면, 내가
가는 것이 너희를 위하여 더 나은 방
법이다. 만약 내가 떠나지 않고 있으
면, 너희를 위로하는 자가 오지 않는
다. 그래서 내가 간 다음, 너희에게
그를 보내겠다.
8 그가 오면, 세상의 죄와, 정의와 재
판에 대한 잘잘못을 따질 것이다.
9 죄라면, 사람들이 나에 대한 불신 탓
이고,
10 정의라면, 내가 하늘아버지에게 돌
아가기 때문에, [정의 자체인] 나를
너희가 더 이상 보지 못하는 데서 비
롯되며,
11 재판이라면, 세상 지배자의 유죄에
관한 것이다.
12 내가 많은 것을 이야기했어도, 지금
너희는 그것을 감당하지 못한다.
13 하지만 진리의 영혼이 내려오면, 그
가 너희를 진리로 이끌 것이다. 그는
자기 말을 하지 않고, 자기가 들은
것을 말하며, 앞으로 너희에게 다가
올 일을 보여 알려주게 된다.
14 그는 나를 찬란한 빛으로 만들 것이
다. 이는 그가 나를 거둔 다음, 너희
에게 빛을 보여주려는 것이다.
15 하늘아버지가 소유한 모든 것이 바
로 나의 것이므로, 내가 말했듯이,
그가 나를 불러들여, 너희에게 빛으
로 보여준다.
16 잠시 너희는 나를 보지 못하다, 잠시
후 내가 아버지에게 도착한 다음, 너
희가 나를 보게 된다."
17 그때 사람들 가운데 제자 일부가
말했다. "당신이 우리에게 한 말은
무슨 뜻인가요? '잠시 너희는 나를
보지 못하다, 잠시 후 내가 아버지
에게 도착한 다음, 너희가 나를 보
게 된다'는 뭐죠?"
18 다시 말해 그들은, 그가 말한, '잠
시'의 의미가 무엇인지, 우리가 이
해할 수 없다고 말했던 것이다.
19 그때 지저스는 제자가 자기에게
묻고 싶어 한다는 것을 알고, 그들
에게 말했다. "너희는 내가 말한 것
에 관해 서로 묻고 있나? 내가 '잠시,
너희는 나를 보지 못하다, 잠시 후
너희가 나를 보게 된다'고 한 것을
질문하나?
20 진실로 내가 너희에게 말한다. 너희
는 울고 슬퍼하겠지만, 세상은 기뻐
한다. 그런데 너희가 슬픈 괴로움에
빠진다 해도, 너희 슬픔은 곧 기쁨으
로 바뀔 것이다.
21 여자가 출산할 때, 분만시간이 다가
오면서 괴로워 울어도, 아기를 낳자

마자, 그녀에게 괴로운 기억은 더 이
상 없다. 이는 인간이 세상에 태어난
기쁨 때문이다.
22 따라서 지금 너희가 슬퍼도, 내가 너
희를 다시 보면, 너희 마음이 기뻐지
고, 너희 기쁨은 아무도 너희한테서
빼앗지 못한다.
23 그때 너희는 나에게 물어볼 것이 없
어질 것이다. 내가 너희에게 진정으
로 말하는데, 너희가 나의 이름으로
하늘아버지에게 원하는 것은 무엇
이든, 그가 너희에게 줄 것이다.
24 지금까지 너희는 내 이름으로 아무
것도 요구하지 않았지만, 바라면 얻
게 되어, 너희 즐거움이 가득 차게
될 것이다.
25 나는 지금까지 너희에게 비유를 들
어 그 일을 말해왔지만, 때가 닥치
면, 더 이상 비유를 말하지 않고, 대
신 나는 너희에게 아버지의 일을 실
제로 확실하게 보여주게 된다.
26 그러면 그날부터 너희가 나의 이름
으로 요청하면, 너희에게 말하지 않
고, 내가 너희를 위해 아버지에게 기
도하겠다.
27 아버지 스스로 너희를 사랑하는 것
은, 너희가 나를 사랑하며, 내가 **하나
님**한테서 내려왔다는 것을 믿는 너
희를 사랑하는 것이다.
28 나는 아버지가 파견하여, 세상에 내
려왔다. 그리고 다시 나는 세상을 떠
나, 하늘아버지에게 간다."
29 제자가 그에게 말했다. "보세요, 지
금 당신은 분명하게 말해주며, 비
유를 들지 않고 있어요.
30 이제 우리는, 당신이 모든 것을 알
고 있다고 확신해요. 그래서 남에
게 당신에 대해 물을 필요도 없고
요. 이로써 우리는, 당신이 **하나님**
한테서 왔다는 것을 믿어요."
31 그때 지저스가 그들에게 말했다.
"너희가 나를 믿나?
32 보라, 시간이 다 되었다. 그렇다, 바
로 지금이다. 그래서 너희는 저마다
흩어져, 나를 버려둔 채 떠날 것이
다. 하지만 나는 혼자가 아니고, 하
늘아버지와 함께 한다.
33 이와 같이 내가 너희에게 해준 말은,
내 안에서 너희가 평화롭게 있기를
바라는 것이다. 세상에서 너희가 고
통을 겪더라도, '나는 세상을 극복하
겠다'며, 힘내야 한다."

마지막 기도: 우리는 하나

17 지저스는 이런 말을 한 다음,
눈을 들어올려 하늘을 보며
말했다. "아버지, 시간이 되었으니,
당신 아들에게 명예를 주면, 그 아들
역시 빛날 수 있을 거예요.
2 당신이 그에게 모든 신체에 대한 권
한을 주었던 것처럼, 아들에게 부여
한만큼, 당신이 맡긴 그들도 영원히
살 수 있게 해주세요.
3 영원히 사는 방법으로, 당신이 진실
한 유일의 **하나님**이라는 것과, 지저
스 크라이스트를 당신이 보냈다는

것을 알게 해주세요.
4 나는, 이 땅에서 당신을 칭송하며,
나에게 맡긴 임무를 완수했어요.
5 이제, 오 하늘아버지, 이 세상이 있
기 전부터 내가 당신과 함께 했던 빛
으로 나를 승화시켜주세요.
6 나는 당신이 나에게 맡긴 이 세상 사
람에게 당신 이름을 드러냈어요. 당
신은 나를 당신 소유의 그들에게 파
견하여, 당신의 가르침을 지키게 했
어요.
7 이제 그들은, 당신이 나를 파견했다
는 것을 잘 알고 있어요.
8 나는, 당신이 나에게 준 말을 그들에
게 전했고, 그들은 가르침을 받아들
였으므로, 이제 내가 당신이 파견했
음을 분명히 알게 되어, 나를 보낸
당신을 믿게 되었어요.
9 지금 나는 그들을 위해 기도해요. 세
상을 위한 기도가 아니라, 당신이 내
게 맡긴 사람을 위한 기도죠. 그들은
당신의 창조물이기 때문이니까요.
10 나의 모든 것은 당신 것이고, 당신
것이 곧 내 것이므로, 그 안에서 나
는 빛으로 승화되지요.
11 더 이상 내가 없는 세상에 그들을 남
긴 채, 나는 당신에게 돌아갑니다.
신성한 하늘아버지, 당신이 내게 맡
긴 그들을 당신 이름으로 지켜주세
요. 그러면 우리가 그렇듯, 그들도
하나가 될 수 있어요.
12 세상에서 그들과 같이 있는 동안, 나
는 당신 이름으로 그들을 지켰어요.
그래서 당신이 내게 지키라는 임무
를 준 사람들을 잃지 않았지만, 아들
이 죽어야, 바이블의 말이 이루어지
겠죠.
13 이제 나는 당신에게 돌아갑니다. 내
가 세상에 전한 이런 말로 인해, 나
의 기쁨은 그들 안에서 충족될 것입
니다.
14 내가 사람에게 당신 말을 전했을 때,
세상이 그들을 미워한 이유는, 내가
세상 소속이 아니듯, 그들도 세상 소
속이 아니기 때문이에요.
15 나는, 당신이 저들을 세상에서 제거
해야 된다고 기도하지 않고, 대신 저
들도 악의 영혼으로부터 지켜주도
록 기도합니다.
16 저들이 이 세상 소속이 아닌 것은,
내가 이 세상 사람이 아닌 것과 같아
요.
17 당신의 진리로 저들을 정화해주세
요. 당신의 가르침은 진리이니까요.
18 당신이 나를 세상에 보낸 것처럼, 나
도 저들을 세상으로 보냈어요.
19 내가 저들을 위해 자신을 희생하여
정화하므로, 그들도 진리를 통해 정
화될 수 있을 거예요.
20 또 저들만을 위한 기도가 아니라, 당
신의 가르침을 통해 나를 믿는 자를
위해서도 기도해요.
21 그러면 그들이 모두 하나가 될 수 있
는데, 이는 하늘아버지 당신이 내 안
에 있고, 내가 당신 안에 있는 것처
럼, 그들 역시 우리 안에 하나가 되

면서, 세상은 나를 파견한 당신을 믿
게 됩니다.
22 당신이 나에게 준 빛을, 내가 그들
에게 주기 때문에, 우리가 하나이듯,
그들도 하나가 될 수 있어요.
23 내가 그들 안에 있고, 그들이 내 안
에 있으면, 완전한 하나가 만들어지
면서, 세상은 나를 보낸 당신을 알게
되고, 당신이 나를 사랑하듯, 세상도
그들을 사랑하게 되지요.
24 하늘아버지, 내가 바라는 것은, 당신
이 내게 맡긴 사람 역시 내가 있는
곳에 나와 함께 있는 것이에요. 당신
이 나에게 부여한 나의 찬란한 빛을
그들이 볼 수 있게 해주세요. 왜냐하
면 세상의 기초가 세워지기 전부터,
당신은 나를 사랑했으니까요.
25 오 정의의 아버지, 세상이 당신을 몰
라도, 나를 알게 되었고, 그래서 당
신이 파견한 나를 사람들이 알게 되
었어요.
26 그래서 나는 그들에게 당신 이름을
널리 알렸고, 또 앞으로도 선포할 겁
니다. 그러면 당신이 나를 사랑해준
바로 그 사랑이, 그들 안에 있게 되
고, 또 나는 사람 안에 있을 겁니다."

지저스 체포

18 지저스는 이렇게 말한 다음,
제자와 함께 키드런 시내를
건너, 건너편 정원으로 갔다.
2 지저스를 배반한 쥬더스도 그 장
소를 알고 있었는데, 지저스가 제
자와 함께 자주 찾던 곳이었다.
3 그때 쥬더스는 수석제사장과 퀘러
시가 보낸 관리무리를 몰고 정원
에 왔는데, 그들은 등불과 횃불과
무기를 들고 그곳에 나타났다.
4 지저스는 앞으로 자신에게 일어날
일을 알고, 앞으로 나와 그들에게
말했다. "누구를 찾나?"
5 그들이 대답했다. "내저러쓰 출신
지저스다." 지저스가 그들에게 말
했다. "내가 그다." 그를 배신한 쥬
더스도 무리와 함께 서있었다.
6 그가, "내가 그다"라고 말하자, 그
들이 물러서며 땅에 엎드렸다.
7 그때 그가 다시 물었다. "너희는 누
구를 찾나?" 그들이 대답했다. "내
저러쓰의 지저스다."
8 지저스가 대답했다. "내가 너희에
게, '내가 그'라고 말했다. 그리고 너
희가 나를 찾는다면, 이들은 보내줘
라."
9 이것은 그가 말했던 다음을 실행
하는 것이었다. "당신이 나에게 맡
긴 그들 가운데 하나도 잃어버리지
않았다"고.
10 그 순간 사이먼 핕어가 칼을 꺼내,
대제사장의 종을 쳐서, 그의 오른
쪽 귀를 잘랐는데, 그의 이름은 말
커스였다.
11 그때 저저스가 핕어에게 말했다.
"네 칼을 칼집에 집어넣어라. 나의
아버지가 내게 준 잔을 받아 마셔야
하지 않겠나?"

12 그러자 무리와 지휘관과 쥬다인 관리가 지저스를 붙잡아 묶은 다음,

13 그를 먼저 애너스한테 끌고 갔는데, 그는 그해 대제사장이었던 카야풔스의 장인이었기 때문이다.

14 당시 카야풔스는 쥬다인에게 조언하며, 한 사람이 민족을 위해 죽는 것이 더 나은 방법이라고 했다.

15 사이먼 필어와 다른 제자가 지저스를 따라갔는데, 제자는 대제사장과 아는 사이였으므로, 지저스와 함께 대제사장 관저로 들어갔다.

16 하지만 필어는 문밖에 서 있었다. 그때 대제사장을 잘 아는 다른 제자가 도로 나오더니, 문을 지키던 여자에게 말한 다음, 필어를 데리고 들어갔다.

17 그때 문을 지키던 여자가 필어에게 말했다. "이 사람은 제자 중 하나가 아닌가요?" 필어가, "나는 아니다"라고 대답했다.

18 그리고 여러 종과 관리가 그곳에 서서, 석탄을 피워놓고, 날이 추워 몸을 녹이고 있어서, 필어도 그들 사이에 서서 몸을 쪼이고 있었다.

19 한편 대제사장은 지저스에게 그의 제자와 교리에 대해 질문했다.

20 지저스가 그에게 대답했다. "나는 세상에 공개적으로 말했다. 지금까지 시너가그 집회나 성전에서도 가르쳤고, 그곳에 늘 쥬다인도 참석해서, 내가 비밀로 말한 것은 아무것도 없었다.

21 그런데 왜 당신이 이제 와서 묻나? 내 말을 들었던 사람에게 직접 물어봐라. 내가 그들에게 무슨 이야기를 했는지, 그들은 다 안다."

22 그가 그렇게 말하자, 옆에 섰던 관리 하나가 손바닥으로 지저스를 때리며 말했다. "너는 대제사장한테도 그런 식으로 답하나?" 라고 했다.

23 지저스가 말했다. "내가 나쁜 이야기를 했다면, 증거를 대보라. 대신 좋은 말을 했다면, 왜 네가 나를 치나?"

24 그리고 애너스는 묶인 그를 대제사장 카야풔스에게 보냈다.

25 한편 사이먼 필어는 서서 불을 쬐고 있었다. 사람들이 그에게 물었다. "당신도 제자 중 하나가 아닌가?" 그는 부인하며, "나는 아니다" 라고 했다.

26 대제사장의 종 가운데, 필어가 귀를 자른 자의 친척이 있었는데, 그가 물었다. "내가, 당신이 정원에서 그와 함께 있는 것을 보지 않았어요?"

27 필어가 다시 부인하는 순간, 수탉이 울었다.

28 그리고 그들은 지저스를 카야풔스한테서 재판정으로 데려갔는데, 아직 날이 일러, 재판정 안으로 들어가지 못했다. 그때까지 오염되

지 않게 하여, 통과축일 제물을 먹
을 수 있도록 한 것이었다.
29 그때 파일럴이 그들에게 와서 말
했다. "너희는 이 사람에 대해 무슨
고소를 하나?"
30 그들이 파일럴에게 대답했다. "만
약 그가 죄인이 아니었다면, 우리
가 그를 당신에게 끌고 오지 않았
을 거예요."
31 파일럴이 말했다. "너희는 그를 데
려가, 너희 법에 따라 재판해라."
쥬다인이 그에게 말했다. "우리가
사람을 사형하는 것은 불법이에
요."
32 그것은 지저스의 말이 이루어지게
한 것이었던 같고, 자신의 처벌을
의미하는 말을 했었다.
33 그리고 파일럴이 재판정에 다시
들어와 지저스를 불러 물었다. "당
신은 쥬다인의 왕인가?"
34 지저스가 그에게 대답했다. "당신
은 이 말을 자신의 말로 하는가, 아
니면 나에 대해 남이 하는 말을 당신
이 하나?"
35 파일럴이 대답했다. "내가 쥬다인
인가? 당신 민족과 그 수석제사장
들이 당신을 내게 넘겼는데, 당신
은 무슨 말을 하나?"
36 지저스가 대답했다. "나의 왕국은
이 세상에 속하지 않는다. 만약 나의
왕국이 이 세상이라면, 나의 종이 맞
서 싸웠을 테고, 그러면 내가 쥬다
인에게 넘겨지지도 않았을 것이다.
하지만 나의 왕국은 아직 오지 않았
다."
37 파일럴이 그에게 물었다. "그럼, 당
신은 왕인가?" 지저스가 대답했다.
"당신이, '내가 왕'이라고 말한다. 나
는 이 목적을 위해 태어났고, 그 이
유로 내가 세상에 나타났으며, 이제
나는 진리의 증인이 되어야 한다. 모
든 진실한 사람이 나의 목소리를 듣
는다."
38 파일럴이 그에게, "진리란 무엇인
가?" 라고 대꾸하며, 다시 쥬다인
에게 나가서, 그들에게 말했다. "나
는 그에게 전혀 잘못을 찾을 수 없
다.
39 그러나 너희 관습이 있으니, 나는
통과축일에 너희에게 죄수 하나를
풀어줘야 한다. 너희는, 내가 쥬다
인의 왕을 풀어주기를 바라나?"
40 그러자 그들 모두가 큰소리로 외
쳤다. "이 자는 아니다. 대신 버래
버스다." 당시 버래버스는 강도였
다.

쥬다왕 재판

19 그래서 파일럴은 지저스를
데려가, 채찍으로 매질했다.
2 병사는 가시로 크라운관을 만들
어, 그의 머리에 씌운 다음, 자색 로
브옷을 입히고,
3 말했다. "쥬다인의 왕, 만세! 라며,
그들의 손으로 지저스를 때렸다.
4 그리고 파일럴은 다시 나와 사람

들에게 말했다. "보라, 내가 그를
너희에게 보내는 것은, 내가 그의
잘못을 찾지 못하기 때문이라는
것을, 너희도 알 수 있을 것이다."
5 그때 지저스가 나왔는데, 가시관
을 쓰고, 자색 로브를 입은 채였다.
파일럳이 그들에게 말했다. "이 사
람을 보라!"
6 수석제사장과 관리가 그를 보자
소리를 질렀다. "그를 십자가에 박
아라, 십자가에 못박아라!" 파일럳
이 그들에게 말했다. "너희가 그를
데려가, 십자가에 못박아라. 왜냐
하면 나는 그의 잘못을 찾지 못한
다."
7 쥬다인이 그에게 말했다. "우리는
법이 있는데, 우리 법에 따라서도
그는 죽어야 마땅하다. 왜냐하면
그는 자신을 **하나님**의 아들로 만들
었기 때문이다."
8 그때 파일럳이 그 말을 듣더니, 더
욱 두려웠다.
9 다시 재판정으로 들어가 지저스에
게 말했다. "당신은 어디서 왔나?"
하지만 지저스는 아무 대답도 하
지 않았다.
10 그러자 파일럳이 그에게 물었다.
"당신은 나에게 대답하지 않을 건
가? 내가 십자가형을 내리거나, 풀
어줄 권한을 가졌다는 것을 모르
나?"
11 지저스가 대답했다. "당신은, 하늘
에서 주어진 그것 이외, 나에게 무엇
을 할 수 있는 권한은 전혀 없다. 따
라서 나를 당신에게 넘긴 자는 더 큰
죄를 지은 것이다."
12 그때부터 파일럳은 그를 풀어주려
고 했지만, 쥬다인이 아우성치며
말했다. "만약 당신이 이자를 놓아
주면, 당신은 시저의 친구도 못된
다. 스스로 왕이라고 주장하는 자
는 로마황제 시저에 대한 반역이
다."
13 파일럳이 이 말을 듣자, 지저스를
데려오게 하여, 재판석에 앉았는
데, 그 장소는 돌로 포장된 석재광
장이라고 부르며, 히부리 말로 개
배싸라고 한다.
14 이때는 통과축일을 준비하고 있
던, 약 제6시정오쯤이었는데, 그가
쥬다인에게 말했다. "보라! 너희 왕
이다!"
15 그러나 그들은 소리쳤다. "그를 없
애라! 제거해라! 십자가에 못박아
라!" 파일럳이 그들에게 말했다.
"내가 너희 왕을 십자가에 처형해
야 하나?" 수석제사장들이 대답했
다. "우리는 로마황제 시저 이외 다
른 왕은 없다."
16 마침내 파일럳은 그를 그들에게
넘겨 십자가형을 집행하게 했고,
그들은 지저스를 끌고 데려갔다.
17 그는 십자가를 지고, 해골이라 불
리는 장소로 갔고, 이는 히브리 말
로 걸거싸라고 한다.
18 그들이 지저스를 십자가에 못박은

곳에, 함께 있던 다른 두 사람을, 양
쪽에 하나씩, 그리고 지저스를 중
간에 두었다.
19 그리고 파일렅은 죄목을 다음과
같이 써서 십자가 위에 붙였다. "내
저러쓰 출신 지저스 쥬다인의 왕"
20 당시 많은 쥬다인이 죄목을 읽었
다. 지저스가 십자가형을 당한 장
소 가까이 도시가 있었고, 그 죄목
은 히브리어, 그리스어, 래튼Latin어
로, 각각 써졌다.
21 그때 쥬다인 수석제사장이 파일렅
에게 부탁했다. "'쥬다인의 왕'이라
고 쓰지 말고, '나는 쥬다왕'이라고
해주세요."
22 파일렅이 말했다. "나는, 내가 써야
할 것을 썼다."
23 그리고 병사는 지저스를 십자가에
박은 다음, 그의 옷을 벗겨 네 부분
으로 나누어, 각자 한 부분씩 가졌
고, 그의 겉옷도 그렇게 했다. 그 겉
옷은 솔기없이 위에서부터 통으로
짠 것이었다.
24 그러더니 그들이 말했다. "우리, 이
것을 찢지 말고, 제비뽑기로 누가
가질지 정하자." 그것은 바이블의
다음 말을 실행한 것이었는지 모
른다. "그들은 나의 옷을 찢고, 겉
옷은 제비뽑기했다." 이 말대로 군
인이 했다.
25 한편 지저스의 십자가 옆에 서 있
었던 사람은, 그의 어머니와, 그녀
여동생이자 클레오풔스 아내 매리
와, 매리 맥덜린이었다.
26 그때 지저스는, 자기가 사랑했던
어머니와 제자가 옆에 서있는 모
습을 보고, 어머니에게 말했다. "어
머니, 당신 아들을 보세요!"
27 그 다음 제자에게 말했다. "보라, 너
희 어머니다!" 그러자 제자는 그녀
를 자기들집으로 데려갔다.
28 그 뒤부터 지저스는 모든 것이 실
행된다는 것을 알고 있었는데, 바
이블의 말이 이루어지도록, 그가,
"내가 목이 마르다"고 말했다.
29 그리고 식초가 가득 든 그릇이 있
었고, 그들은 식초를 해면 스펀지
에 적셔, 히숖풀우슬초 위에 얹은 다
음, 그의 입에 대어주었다.
30 지저스가 식초를 받고 말했다. "[할
일을] 다했다"며, 고개를 숙이고 숨
을 거뒀다.
31 그때 쥬다인은 통과축일을 준비하
고 있었으므로, 사배쓰휴일에 시
신을 십자가에 그대로 둘 수 없었
다. [사배쓰휴일은 신성한 날이기
때문이다.] 그래서 그들은 로마총
독 파일렅에게 죄수의 다리를 부
러뜨려, 그들을 다른 곳으로 옮길
수 있도록 부탁했다.
32 그래서 병사가 와서, 첫 번째 죄수
의 다리를 부러뜨리고, 그와 함께
십자가에 못박혔던 두 번째 죄수
도 부러뜨렸다.
33 그런데 그들이 지저스에게 와서
보더니, 이미 죽어 있어서, 그의 다

리를 부러뜨리지 않았다.
34 병사 하나가 창으로 그의 옆구리
를 찌르자, 핏물이 흘러나왔다.
35 그것을 본 사람이 증언했는데, 그
의 증언은 사실이었다. 그는 사실
을 말해야 다른 여러 사람이 믿을
수 있다고 알고 있었다.
36 이런 말이 있었던 것도, 바이블의
다음 말이 이루어지게 한 것이었
다. "그의 뼈는 부러지지 않을 것이
다."
37 또 다른 바이블 말에 의하면, "그들
은 창에 찔린 그를 바라볼 것"이라
고 했다.
38 이 일이 있고 난 다음, 지저스의 제
자 한 사람, 애러매씨아의 조셒이,
쥬다인을 겁내며, 가만히 파일렅
에게, 자기가 지저스 시신을 거두
게 해달라고 애원하자, 파일렅이
그에게 내주었다. 그래서 그가 가
서 지저스 시신을 가져갔다.
39 또한 어느 밤에 지저스에게 처음
왔던 니커디머스도 오면서, 방향
수지몰약와 앨로알로에 혼합물을 100
파운드약 34Kg 정도 가져왔다.
40 그리고 그들은 지저스 시신을 받
아, 향료를 바르고, 리넨아마포으로
감싸, 쥬다인의 장례의식대로 했
다.
41 그가 십자가에 처형된 곳은 동산
이었고, 그곳에 사람을 뉘어 본 적
이 없는 새묘지가 있었다.
42 그들이 그곳에 지저스를 뉘어 놓
았던 이유는, 쥬다인의 통과축일
준비를 해야 하는데, 그 묘지가 가
까이 있었기 때문이었다.

안보고 믿으면 축복

20 그주 첫날, 아직 날이 어두웠
지만, 매리 맥덜린이 아침 일
찍 와보니, 무덤을 막았던 큰돌이
치워져 있었다.
2 그녀는 달려가, 사이먼 핕어 및 지
저스가 사랑했던 다른 제자에게
전했다. "저들이 주인님을 무덤에
서 치웠는데, 우리는 그들이 그를
어디에 두었는지 몰라요."
3 그래서 핕어가 갔고, 다른 제자도
같이 묘지로 갔다.
4 그렇게 둘이 함께 달렸는데, 다른
제자가 핕어보다 빨리 뛰어 무덤
에 먼저 왔다.
5 그가 몸을 구부려 안을 살피다, 리
넨 수의가 놓인 것을 보았지만, 그
는 없었다.
6 그리고 사이먼 핕어가 그보다 뒤
에 와서, 무덤안으로 들어간 다음,
리넨 수의가 놓인 것을 보았고,
7 그의 머리를 감았던 수건은, 리넨
수의와 같이 있지 않고, 옆에 개어
져 있었다.
8 그리고 무덤에 먼저 왔던 제자도,
들어가 보고 믿게 되었다.
9 그때까지 그들은, 그가 죽음에서
반드시 다시 살아난다는 바이블의
말을 이해하지 못했기 때문이었다.

10 그런 다음 제자들은 집으로 돌아
갔다.
11 그러나 매리는 무덤밖에 선 채 울
다, 몸을 구부려 무덤 내부를 살폈
다.
12 그때 흰옷을 입은 두 천사가 앉아
있는 것을 보았는데, 하나는 머리
쪽, 다른 하나는 발쪽에, 지저스 시
신을 뉘었던 곳에 있었다.
13 그들이 그녀에게 말했다. "여자야,
너는 왜 우니?" 그녀가 천사에게
대답했다. "저들이 나의 주인님을
치웠는데, 그를 둔 곳을 모르기 때
문이에요."
14 그녀가 말하며, 몸을 돌린 순간, 지
저스가 서있는 것을 보고도, 그가
지저스라고 알아보지 못했다.
15 지저스가 그녀에게 말했다. "여자
야, 너는 왜 울며, 누구를 찾니?" 그
녀는 그가 동산지기라고 생각하고
말했다. "선생님, 혹시 당신이 그를
여기서 옮겼다면, 어디에 두었는
지 말해주면, 내게 그를 거둬가겠
어요."
16 지저스가 그녀에게 말했다. "매리
야." 그녀는 돌아서 그에게 말했다.
"랩보나이." 이 말은 '선생님'이라
는 뜻이다.
17 지저스가 그녀에게 말했다. "나를
만지지 마라. 내가 아직 하늘아버지
에게 올라가지 않았기 때문이다. 대
신 나의 형제에게 가서 다음을 전해
라. '나는 나의 아버지이자, 너희 하
늘아버지에게 올라간다. 그는 나의
하나님이며, 너희 **하나님**이다."
18 매리 맥덜린이 돌아와서, 제자에
게 자기가 주인님을 보았다고 말
하며, 그가 자기에게 한 말을 전했
다.
19 그날 저녁은 그주 첫날이었고, 제
자가 모인 장소에서 쥬다인이 두
려워 문을 닫았을 때였는데, 지저
스가 와서 가운데 서서 그들에게
말했다. "너희에게 평화가 있어라."
20 그는 그렇게 말하며, 제자에게 자
기 손과 옆구리를 보여주었다. 그
러자 제자가 주인님을 알아보고
너무 기뻤다.
21 지저스가 그들에게 다시 말했다.
"너희에게 평화가 있어라. 나의 아
버지가 나를 보낸 그대로, 나를 너희
에게 보인다."
22 그가 이렇게 말한 다음, 숨을 깊이
들이쉬며 말했다. "너희는 신성한
영혼성령을 받아라.
23 너희가 남의 죄를 용서하면, 그 죄는
면제되어 없어지고, 남의 잘못을 간
직하면, 계속 네 마음에 남는다."
24 그런데 토마스는, 12제자 중 하나
로, 디디머스라고도 불렀는데, 지
저스가 왔을 때 그들과 함께 있지
않았다.
25 그래서 다른 제자가 그에게, "우리
가 주인님을 보았다"고 말해 주었
지만, 그는 그들에게 이렇게 말했
다. "내가 직접 그의 손의 못자국을

보지 않는 한, 내 손가락을 못자국
에 넣어보지 않는 한, 내 손을 그의
옆구리에 넣어보지 않는 한, 나는
믿지 못하겠다"고 했다.
26 그리고 8일이 지난 다음, 제자가
실내에서, 토마스와 함께 있었을
때, 지저스가 왔다. 문이 닫혀 있었
는데, 가운데 서서 말했다. "너희에
게 평화가 있어라."
27 그때 그가 토마스에게 말했다. "네
손가락으로 여기를 대보고, 나의 양
손을 만져봐라. 네 손을 이곳에 대보
며, 내 옆구리에 넣어 본 다음, 신념
을 버리지 말고, 믿어라."
28 그러자 토마스가 그에게 이렇게
대답했다. "나의 주인님, 나의 **하나
님**."
29 지저스가 그에게 말했다. "토마스
야, 너는 나를 보고서야, 믿었다. 보
지 않고도 믿는 자는 축복받는다."
30 다음 지저스는 제자 앞에서, 여러
다른 표시를 실제로 많이 보여주
었는데, 그것은 이 책에 적히지 않
았다.
31 그러나 이 기록은, 너희가, 지저스
가 크라이스트 **하나님**의 아들임을
믿을 수 있는 것이다. 또한 너희는,
그 이름을 통해 살아갈 수 있다는
것도 믿을 수 있다.

주인님이다!

21 이일 이후 지저스는 제자에
게 다시 자신을 보이며, 타이
비리어스 해안가에서 이런 식으로
알렸다.
2 거기에 사이먼 필어가 함께 있었
고, 또 디디머스라 부르는 토마스
와, 갤럴리 캐이너 사람 내쌔니얼
과, 제베디의 아들들과, 다른 제자
두 사람도 함께 있었다.
3 사이먼 필어가 그들에게 말했다.
"나는 낚시하러 간다." 그러자 그
들이 그에게 말했다. "우리도 너와
함께 가겠다." 그리고 그들이 바로
가서 한 배에 올라탔는데, 밤이 되
도록 아무것도 잡지 못했다.
4 그런데 아침이 되어 지저스가 해
변가에 서 있었지만, 제자는 그것
이 지저스인지 몰랐다.
5 그리고 지저스가 그들에게 말했
다. "얘들아, 먹을 게 좀 있나?" 그들
이 대답했다. "아뇨."
6 그러자 그가 그들에게 말했다. "어
망을 배 오른쪽에서 던지면, 잡을 거
다." 그래서 그들이 그렇게 던졌더
니, 그들은 물고기가 너무 많아, 어
망을 끌어올릴 수 없을 정도였다.
7 지저스가 사랑하는 제자들이 필
어에게 말했다. "이것은 주인님이
다." 그러자 사이먼 필어가 '주인
님'이라는 말을 듣더니, [맨몸이었
다가] 어부옷을 걸치고, 바다로 뛰
어들었다.
8 다른 제자는 작은 배로 왔는데, [그
곳은 육지에서 멀지 않은, 200큐빝
약 90m정도 거리였으므로,] 물고기

로 가득찬 그물을 끌어당겼다.
9 그들이 육지에 닿자, 석탄에 불이
켜진 것을 보았고, 그 위에 물고기
와 빵이 얹혀 있었다.
10 지저스가 그들에게 말했다. "너희
가 방금 잡은 물고기도 가져와라."
11 사이먼 핕어가 가서, 엄청난 물고
기로 가득찬 어망을 뭍까지 끌고
왔더니, 153마리였고, 그렇게 많았
는데도, 그물이 찢어지지 않았다.
12 지저스가 그들에게 말했다. "와서
먹자." 그리고 제자 중 아무도 그에
게 감히, "당신은 누구죠?"라고 묻
지 않았지만, 그가 주인님이라는
것을 알고 있었다.
13 그때 지저스가 와서, 빵을 집어 그
들에게 주었고, 생선도 그랬다.
14 이번은 지저스가 죽음에서 살아난
다음, 제자에게 모습을 보인 세번
째였다.
15 그렇게 그들이 식사하는 동안, 지
저스가 사이먼 핕어에게 물었다.
"사이먼 조너쓰존 아들아, 너는 이들
보다 나를 더 사랑하나?" 그가 대답
했다. "그럼요, 주인님, 당신은, 내
가 당신을 사랑한다는 것을 알거
예요." 그가 말했다. "나의 양을 먹
여라."
16 그가 그에게 다시 두번째로 물었
다. "사이먼 조너스 아들아, 너는 나
를 사랑하나?" 그가 그에게 말했다.
"맞아요, 주인님, 당신은 내가 당신
을 사랑하는 것을 알아요." 그가 그
에게 일렀다. "나의 양을 먹여라."
17 그가 그에게 세번째로 질문했다.
"사이먼 조너스 아들아, 너는 나를
사랑하나?" 핕어는 그가 세번씩이
나 '너는 나를 사랑하나?' 라고 물
어서 슬펐다. 그래서 그가 그에게
말했다. "주인님, 당신은 모든 것을
알잖아요. 내가 당신을 사랑하는
것도 알고요." 그가 그에게 말했다.
"나의 양을 먹여라.
18 진실로 내가 너희에게 말한다. 너희
가 젊으면, 스스로 허리띠를 매고,
가고 싶은 곳으로 걷지만, 나이가 들
면, 자기 손을 뻗어야 하는데, 남이
매어주고, 네가 가고 싶지 않은 곳으
로 너를 데려간다."
19 그가 이런 말을 하는 것은, **하나님**
을 빛내는 죽음에 관한 의미였다.
이 말을 한 다음, 이어 그에게 말했
다. "나를 따라라."
20 그때 핕어가 주위를 돌아보다, 지
저스의 사랑을 받던 그 제자를 보
았는데, 그는, 저녁식사 때 그의 가
슴에 기대고 있다가, "주인님, 당신
을 배반하는 자가 누구죠?" 라고
물었었다.
21 핕어가 그를 보며, 지저스에게 물
었다. "주인님, 이 사람이 무엇을
하려는 걸까요?"
22 지저스가 그에게 대답했다. "내가
바라는 것이, 내가 다시 올 때까지
그가 살아 있는 것이라 해도, 그것이
너와 무슨 상관인가? 너는 나를 따

라라."
23 당시 형제 사이에 멀리 들리는 소
문이 있었는데, '제자는 죽지 않을
것'이라고 했다. 그러나 지저스는,
'그가 죽지 않는다'고 말하지 않았
다. 대신, "내가 바라는 것이, 내가
다시 올 때까지 그가 살아 있는 것
이라 해도, 그것이 너와 무슨 상관인
가?" 라고 말했을 뿐이다.
24 이런 이야기로 그 제자를 시험했
고, 또 그것을 기록했는데, 우리는
그의 증언이 진실이라는 것을 알
고 있다.
25 또한 지저스가 실행한 다른 일도
대단히 많이 있다. 만일 그것을 일
일이 적는다면, 내 짐작에, 세상 자
체가 될 정도여서, 책안에 모두 담
을 수 없을 정도로 적어야 할 것이
다. 애이멘. [동의하며 믿어요.]

선교실행

필어가 12제자 채우기 제안

1 오 [대제사장] 씨아퓔러스! 나
Luke루크는 전에 만든 책에서, 주
로 지저스가 실행하고 가르친 내
용을 대부분 다루었고,
2 그가 택한 제자에게 신성한 영혼성
령을 내려주며 명령한 다음, 하늘로
올라갈 때까지 행적을 적었다.
3 수난 이후 그는, 살아 있음을 부정
못할 많은 증거를 통해 제자에게
자신의 존재를 보이며, 40일 동안
나타나, **하나님** 왕국에 관하여 말
해주었다.
4 그리고 그들과 함께 지내며, 저루
살럼을 떠나지 말 것을 지시하고,
"대신 하늘아버지의 약속을 기다리
라고 명령했는데, 약속이란, 나지저스
로부터 전해들은 아버지의 말이다.
5 존은 실제로 물로 세례해주었지만,
너희는 이제부터 머지않아 신성한
영혼으로 세례받게 된다" 고 했다.
6 그들은 모두 모여 그에게 질문했
다. "**주님**, 이제 당신은 이즈리얼 왕
국을 재건하나요?"
7 그가 그들에게 말했다. "너희는 그
때와 시기를 알지 못한다. 그것은 하
늘아버지가 자기 힘을 쏟아야 한다.
8 하지만 너희가 힘을 부여받는 것은,
신성한 영혼이 너희에게 내려온 다
음이다. 그러면 너희는 나에 대한 증
인이 되어, 저루살럼, 남부 쥬디아,
중부 스매리아 및 지구 끝까지 증언
하게 된다."
9 그가 이런 이야기를 했을 때, 제자
가 바라보는 사이, 그가 들어올려
지더니, 구름이 그를 받아들이자,
그들 시야를 가렸다.
10 제자가 하늘을 보는 동안, 그가 사
라졌는데도 계속 쳐다보았더니,
흰옷을 입은 두 사람이 그들 옆에
서 있었다.
11 그들이 물었다. "갤럴리 사람아, 너
희는 왜 하늘을 뚫어지게 보며 서
있나? 지저스는 하늘로 돌아갔다,
다시 온다. 너희가 하늘로 올라가
는 모습을 본 것과 같은 식이다.
12 그런 다음 그들은 올리브스산에서
저루살럼으로 돌아갔다. 저루살럼
에서 그 산까지 거리는 사배쓰휴
일 1일 여행길이다.
13 그들은 돌아와, 윗층방으로 올라
가, 필어, 재임스, 존, 엔드루, 필립,
토마스, 바썰러뮤, 맽쓔, 알퓌어스
의 아들 재임스, 사이먼 젤럳스, 재

임스 동생 쥬더스까지 같이 있었
다.
14 이들 모두 한마음으로 기도와 소
원을 계속 바랐고, 여자들과, 지저
스 어머니 매리와, 그의 형제가 함
께 있었다.
15 며칠만에 핕어가 제자 가운데 서
서 말했다. [모인 사람은 이름숫자
로 약 120명 정도였다.]
16 "형제들아, 바이블 말은 이루어질
수밖에 없었다. 거기서 나오는 신
성한 영혼성령은, 대이빋 입으로 전
해진 것으로, 이는 쥬더스가 저들
을 안내하여 지저스를 잡아가게
한 사건 이전에 언급되었던 것이
다.
17 그 역시 우리처럼 일원으로 헤아
려지며, 봉사의 일부역할을 담당
했던 것이다."
18 [한편 쥬더스 이 사람은 죄의 대가
로 밭을 매입했지만, 견딜 수 없어,
머리를 박고 떨어져, 몸이 조각나,
내장이 터져 나왔다.]
19 이 이야기가 저루살럼에 사는 사
람에게 알려져, 그 밭은 그들 모국
어로 아켈더마로 불렸고, 의미는
'피의 밭'이다.]
20 "이 내용은 시가기도Psalm 책에 적
힌대로, '그의 거처는 파괴되어 아
무도 살지 못하고, 그의 직위는 남
이 차지한다'고 되어 있다.
21 따라서 우리와 동반했던 사람 중
에서, **주님** 지저스가 우리와 있었
던 시기 동안,
22 다시 말해, 지저스에게 존이 세례
를 주기 시작한 날부터, 우리한테
서 올라간 날까지 함께 한 사람으
로서, 그의 부활을 우리처럼 증언
할 한 사람을 임명해야 한다."
23 그래서 그들은 두 사람을 지명했
는데, 하나는 발사바스라는 불리
는 조셒으로, 그의 성은 저스터스
였고, 다른 하나는 맽싸야스였다.
24 그들은 기도하며 이렇게 말했다.
"**주님**, 당신에 대해, 모두가 마음으
로부터 알고 있어요. 두 사람 중 당
신의 선택을 보여주세요.
25 그래서 그가 봉사를 맡을 수 있게
하여, 쥬더스의 위반으로 생긴 제
자 본분의 공백을 그가 맡을 수 있
게 해주세요."
26 그리고 그들이 제비뽑기하자, 맽
싸야스가 뽑혔다. 그래서 그는 11
제자에 추가로 가입되었다.

가르침을 듣고 기도하며 빵을 나누다

2 [부활 이후 7번째 일요일에 제
자에게 신성한 영혼이 내린 날]
펜테코스트Pentecost 기념일이 거의
다 되자, 사람들은 모두 한마음으
로 한곳에 모였다.
2 그런데 갑자기 하늘에서 거센 바
람같은 소리가 들리더니, 그들이
앉아 있는 집을 가득 채웠다.
3 그리고 그들에게 마치 불이 혀를
가르는 것 같은 느낌으로 나타나,

그들 각각에게 내려앉았다.
4 그러자 그들은 신성한 영혼으로
채워지더니, 다른 언어로 말하기
시작했는데, 마치 성령이 그들에
게 할 말을 넣어준 것 같았다.
5 당시 저루살럼에는 **하나님**에게 경
건한 헌신적인 마음을 가진 쥬다
인이 있었고, 그들은 하늘 아래 전
세계에서 와있었다.
6 이 소식이 널리 전해지자, 더 많은
사람이 몰려들어 혼잡했다. 왜냐
하면 외국인이 자기네 언어로 말
한다고 사람마다 들었기 때문이
다.
7 그들이 너무 놀라 이상해서 서로
말했다. "보라, 이들이 모두 갤럴리
말을 하고 있잖아?
8 어떻게 우리가 태어난 곳의 모국
어를 알아듣지?
9 팔씨안스, 미디스, 일러마잍츠, 매
소포태이미아 거주민, 쥬디아, 캐
퍼도시아, 폰터스, 애이쟈Asia: 당시
롬Rome식민지,
10 프리지아, 팸퓔리아, 이집트, 사이
린 부근 리비아 지역민, [쥬다인 및
개종자] 롬Rome 출신 방문객,
11 크리트, 어래이비아 사람까지, 그
들이, **하나님**의 놀라운 위업을 우
리말로 하는 이야기가 우리에게
들린다."
12 그들 모두 놀라 이상하게 생각하
며, 서로 물었다. "대체 이게 무슨
일이지?"
13 하지만, 일부는 농담하며, "이 사람
들이 새술에 잔뜩 취했나보다" 라
고 했다.
14 그러나 필어는, 11사람과 함께 서
서, 큰소리로 그들에게 말했다. "너
희 쥬디아 사람과 저루살럼 주민
모두는, 너희에게 알리는 내 말을
들어라.
15 이들은, 너희가 짐작하듯, 술에 취
한 게 아니다. 알다시피 지금은 제
3오전 9시 아침이다.
16 단지 이것은 예언자 조얼이 다음
과 같이 말한 것이다.
17 "마지막날에 일어날 일을 **하나님**이
이렇게 말했다. '나는 내 영혼을 모
든 신체에 내릴 것이다. 너희 아들
과 딸은 예언하고, 너희 청년은 환
상을 보며, 나이든 자는 꿈을 꾼다.
18 나의 남녀종에게도 그날 나의 영
혼을 부으면, 그들도 예언하게 된
다.
19 내가 하늘위에서 경이를 보이면,
땅밑에서 피와 불과 연기의 표시
가 날 것이다.
20 해는 어둡게 변하고, 달은 핏빛으
로 붉어지는데, 이는 크게 빛나는
주님의 날이 오기 전에 나타난다.
21 그날 누구나 **주님**의 이름을 부르면
구제받을 것'이라고 했다.
22 이즈리얼 사람아, 이 말을 들어라.
내저러쓰의 지저스는 **하나님**의 승
인을 받고 너희에게 기적과 경이
와 표시를 보였는데, 이는 너희가

자신을 아는 것처럼, **하나님**이 너
희 가운데서 그를 통해 실행한 일
이다.
23 그를 **하나님**의 의도된 계획과 예지
에 따라 넘기자, 너희가 붙잡아 악
의 손길로 십자가에 못박아 살해
했다.
24 **하나님**이 그를 일으켜 세워, 죽음
의 고통에서 풀어주었던 이유는,
그를 가둬둘 수 없었기 때문이었
다.
25 대이빋이 그에 관해 말한 바에 의
하면, '나는 언제나 내 앞에 있는 **주
님**을 본다. 그는 내 오른쪽에 있으
므로, 나의 마음이 흔들리지 않는
다.
26 그래서 내 가슴은 벅차고, 혀는 즐
거지면서, 신체는 희망속에 편히
쉰다.
27 당신이 내 영혼을 지옥에 내버려
두지 않고, 신성한 유일신의 존재
로서 내 몸이 부패하는 것도 참지
않기 때문이다.
28 당신이 나에게 생명의 길을 가르
쳐 주어서, 당신의 모습을 그리는
나에게 완전한 기쁨을 만들어주었
다'고 했다.
29 사람들아, 형제들아, 나는 너희에
게 위대한 대부 대이빋에 대해 마
음껏 말하고 싶다. 그는 죽어 묻혔
어도, 그 묘지는 이날까지 우리와
함께 있다.
30 또한 그는 예언자로서, **하나님**이
자기에게 약속한 맹세를 알고 있
었다. 곧 그 뒤를 잇는 후손 가운데,
주님이 크라이스트를 세워 자기 왕
좌에 앉힐 것도 알았다.
31 그는 이렇게 크라이스트의 부활을
언급하기도 전에 미리 알고, 그 영
혼이 지옥에 남겨지지 않고, 신체
의 부패도 보지 않게 한다고 말했
던 것이다.
32 **하나님**이 지저스를 일으켜 살린 이
일에 대하여, 우리 모두가 증인이
다.
33 그래서 **하나님**의 오른편에 있도록
높여졌고, 또 아버지로부터 신성
한 영혼에 대한 약속도 받게 되어,
그가 발산하는 이런 빛을, 지금 너
희가 보고 듣고 있다.
34 대이빋은 하늘로 오르지 않았지
만, 자신에게 말했다. '**주님**하나님이
나의 주인님지저스에게 말했다. "너
는 나의 오른쪽에 앉아라.
35 내가, 네 적으로 너의 발판을 만들
어 줄 때까지"'라고 했다.
36 그러므로 이즈리얼 집안 모두 확
실하게 알아야 한다. **하나님**이 지
저스를 만들었고, 너희가 그를 십
자가에 못 박게 했는데, 그는 바로
주인님이자 크라이스트머사야였던
것이다."
37 그들이 이 연설을 듣더니, 각자 마
음이 찔려, 피어와 나머지 제자에
게 물었다. "형제님, 이제 우리는
어떻게 해야 하나요?"

38 필어가 그들에게 말했다. "너희 모
두 반성하고, 깨끗하게 정화되는
세례를 받으면, 지저스 크라이스
트 이름으로 죄가 사면된다. 게다
가 너희는 신성한 영혼이라는 선
물을 받게 된다.
39 이 약속은 너희와, 자손과, 멀리 있
는 모두와, 심지어 우리의 주인 **하**
나님이 부르는 한 다수에게 해당된
다."
40 또 그는 여러 다른 말로 증언하고
권고하며 말했다. "이런 부패부정
의 세대에서 스스로 자신을 구해
라."
41 그때 그의 말을 기꺼이 받아들인
사람들이 세례를 받았는데, 당시 3
천명 정도가 그들에게 합류했다.
42 그들은 계속 제자의 가르침을 듣
고, 동료의식 속에서 교류하며, 빵
도 나누고, 기도도 꾸준히 했다.
43 모두에게 경외심이 가득차게 된
것은, 제자들이 경이와 두드러진
표시를 실행했기 때문이었다.
44 그것을 믿는 모두가 함께 자리하
며, 모든 것을 같이 공유했다.
45 사람들은 재산과 물건을 팔아, 필
요한 사람에게 나누어주었다.
46 그들은 지속적으로 매일 한마음으
로 성전에서 모이거나, 이집 저집
으로 다니며 빵을 나누고 식제자
하고, 즐겁고 편하고 단순한 마음
으로 지내면서,
47 **하나님**을 찬양하고, 모두가 호의를
누렸다. 그리고 **하나님**은 구원받을
사람을 매일 교회에 추가로 보내
주었다.

지저스 크라이스트 이름으로 걸어라

3 그때 필어와 존이 함께 성전으
로 올라간 시간은, 기도시간 제9
오후 3시였다.
2 그때 어떤 사람이 어머니 자궁에
서부터 다리가 불구였는데, 그를
사람들이 매일 옮겨서, 성전의 아
름다운대문 출입구에 두고, 그곳
에 들어가는 사람에게 자선을 요
구하게 했다.
3 그가 필어와 존이 성전에 들어가
려는 것을 보더니, 구걸했다.
4 필어가 존과 함께 그를 주목하며
말했다. "우리를 봐라."
5 그는 그들을 주시하며, 그들한테
무언가 받을 것을 기대했다.
6 그때 필어가 말했다. "은도 금도 나
는 가진 게 없다. 하지만 내가 가진
것을 네게 주겠다. 내저러쓰의 지
저스 크라이스트 이름으로, 일어
나 걸어라!"
7 그러면서 그는 오른손으로 그를
붙잡아 일으키자, 그 순간 그의 발
과 발목뼈가 힘을 받았다.
8 그가 벌떡 서더니 걸어, 그들과 함
께 성전안으로 들어간 다음, 걷고
뛰며 **하나님**을 칭찬하는 노래를 불
렀다.
9 그때 사람들이 그가 걸으며 **하나님**

을 칭송하는 모습을 보았다.
10 그들은 그가 성전의 아름다운대문
에서 구걸하며 앉아 있던 자라는
것을 알고서, 그에게 일어난 경이
에 너무 놀랐다.
11 필어와 존이 절름발이를 고쳐 놓
자, 모두가 한꺼번에 달려왔는데,
그들은 솔로먼의 현관이라 부르는
곳에 있었고, 사람들은 대단히 이
상하게 여겼다.
12 필어가 이를 보고, 사람들에게 말
했다. "이즈리얼 사람아, 너희는 왜
이 일에 놀라나? 아니면 우리를 그
토록 진지하게 바라보나, 마치 우
리 자신의 능력이나 신성함으로,
이 사람을 걷게 만들기라도 한 듯
한 표정으로?
13 애이브러햄의 **하나님**이, 아이직과
재이컵과 우리 조상의 **하나님**이,
그 아들 지저스에게 신성한 권한
을 주었다. 너희는 죄가 없는 그를
파일럴 앞에 넘겨, 처형을 집행하
게 했다.
14 그러나 너희는 신성한 존재와 정
의를 부정했던 것이고, 살인자를
인정하고 받아들이는데 더 간절했
다.
15 그래서 생명의 왕을 죽이자, **하나님**
은 그를 죽음에서 일으켰고, 우리
는 그에 대한 증인이 되었다.
16 지저스라는 이름을 통한 믿음은,
너희가 보고 알다시피, 불완전했
던 이 사람을 강하게 만들었다. 그
렇다, 그를 통한 믿음은, 모두가 보
는 앞에서 완벽한 건강을 그에게
주었다.
17 형제들아, 나는 너희가 무지로 인
해 그렇게 했다는 것을 알고, 너희
지배자 역시 그랬다는 것을 잘 안
다.
18 하지만 그 일은, **하나님**이 이전에
도 자기 예언자의 입을 통해 알리
며, 크라이스트가 수난을 겪을 것
이라고 했던 말을 그대로 실현한
것이다.
19 그러니 너희는 잘못을 후회하며
마음을 돌려라. 그러면 너희는 죄
에서 벗어나게 되고, 새로워질 때
주님의 존재 앞에 나올 수 있다.
20 **하나님**이 지저스 크라이스트를 파
견한다고, 이전부터 너희에게 알
렸다.
21 모든 것을 재건할 때까지 하늘의
그를 받아들여야 한다. 그것은 **하
나님**이 그의 신성한 예언자의 입으
로 이 세상이 시작될 때부터 말했
다.
22 모지스는 실제로 조상에게 말하
며, '주 **하나님**이 한 예언자를 너희
형제 가운데 일으키는데, 나와 같
은 그는, 너희가 하는 말은 무엇이
나 듣고, 또 너희에게 무엇이든 말
해줄 것이다.
23 그리고 누구든 그 예언자의 말을
듣지 않는 자는, 사람 가운데 파멸
할 것이다' 라고 했다.

24 그렇다, 새뮤얼부터 그 이후의 모
든 예언자들이 아주 많이 말해왔
던 것처럼, 이날까지 한결 같은 이
야기를 해왔다.
25 너희는 예언자의 자손이며, **하나님**
이 우리 조상과 약속한 후손이다.
그는 애이브러햄에게 이렇게 말했
다. '너희 후손으로 인해, 이 땅의
모두가 축복을 받을 것'이라고 했
다.
26 그리고 우선 **하나님**이 너희에게,
자기 아들 지저스를 파견하여, 너
희를 축복하게 하고, 모든 사람이
죄에서 벗어나게 했다."

지저스 이름탓에 구금되다

4 그들이 사람들에게 이와 같이
말하고 있을 때, 제사장, 성전 경
호대장, 새저시가 왔는데,
2 그들은, 제자가 사람에게 가르치
며, 지저스가 죽음에서 부활했다
고 말하는 것이, 몹시 불쾌했다.
3 그들이 제자를 붙잡아 다음날까지
구금한 까닭은, 이미 저녁때가 되
었기 때문이었다.
4 하지만 이야기를 들은 사람들 대
부분은 그 말을 믿었는데, 그 수가
대략 5천명 정도였다.
5 다음날이 되어, 최고 관리들, 원로,
서기관법학자,
6 그리고 애너스 대제사장, 카야퐈
스, 존, 알렉잰더 및 여러 대제사장
의 친족들이 저루살럼에 모였다.
7 그들은 제자를 가운데 앉혀놓고
물었다. "너희는 무슨 권한이며, 누
구 이름으로 이렇게 가르치나?
8 그때 신성한 영혼으로 채워진 핕
어가 그들에게 말했다. "통치자 및
이즈리얼 원로 당신들은,
9 만약 이날 불구자에게 해준 선행
탓에, 우리가 조사받는다면, 무슨
방법으로 그를 건강하게 만들 수
있지요?
10 이것은 당신들한테도 이즈리얼 모
두에게도 알려진, 내저러쓰의 지
저스, 다시말해, 당신들이 십자가
에 못박은 지저스의 이름으로 실
행하며, **하나님**이 죽음에서 살린
바로 그로 인해, 이 사람이 여러분
앞에 온전하게 서있게 되었어요.
11 이것은 '건축자에게 쓸모없이 버
려졌던 돌이, 바로 모퉁이의 주춧
돌'이 된 경우죠.
12 이외 다른 이름으로 구원은 없어
요. 왜냐하면 하늘 아래 나타난 사
람의 이름으로 우리가 구원받았던
경우는 없기 때문이지요."
13 이제 그들이 핕어와 존의 과감한
용기를 알아보자, 자신들이 배우
지 못해 무지했다는 것을 깨닫고
놀랐다. 또 그들의 지식에 지저스
가 함께 한다는 것도 주목했다.
14 또 회복된 사람이 그들과 함께 서
있는 것을 보면서, 그들은 아무 할
말이 없었다.
15 대신 그들이 명령하여, 사람들을

위원회장 밖으로 나가게 한 다음,
그들끼리 의논했다.
16 "우리가 이들을 어떻게 해야 하
나? 이들은 실제로 눈에 띄는 기적
을 보였고, 그것은 저루살럼 주민
전체에게 알려졌으며, 우리도 이
것을 부인할 수 없다.
17 다만, 이 소문이 사람에게 더 퍼지
지 않도록, 우리가 저들에게 경고
하여, 앞으로 아무도 그 이름을 말
하지 못하게 해야 한다."
18 그리고 그들을 불러 명령하며, 지
저스 이름을 절대 말하거나, 가르
치지 말라고 했다.
19 하지만 핕어와 존이 말했다. "**하나
님** 눈에 옳은 일이란, **하나님**보다
당신들 말을 듣는 쪽이 더 바를까
요? 당신들이 판단하세요.
20 우리는 보고 들은 것만 말할 수밖
에 없기 때문이에요."
21 그러자 그들은 더욱 위협적으로
경고한 다음, 그들을 보냈다. 그들
이 처벌할 구실을 찾지 못한 이유
는, 사람들이 이 일로 모두 **하나님**
에게 감사했기 때문이었다.
22 그 사람은 40해가 넘어서, 치료되
는 기적이 나타났다.
23 풀려난 그들은 동료에게 돌아가,
수석제사장과 원로가 자기들에게
한 말을 모두 보고했다.
24 그들이 듣더니, **하나님**을 향해 한
결같이 목소리 높여 말했다. "**주님**,
당신은 **하나님**이에요. 그래서 하늘
을 만들고, 땅과 바다와 그 안의 모
든 것을 만들었어요.
25 당신의 종 대이빋의 입을 통해 이
렇게 말했죠. '왜 이민족이 들고 일
어나고, 백성이 헛것을 상상하나?
26 땅에서 여러 왕이 일어나고, 지배
자가 무리지어 주인님과 크라이스
트를 상대로 대항한다' 라고 했지
요.
27 실제로 당신이 기름을 부여한 당
신의 아들 지저스에 맞서, 해롣과
폰티우스 파일렅이 이민족과 이즈
리얼 백성과 힘을 결집했어요.
28 이는 당신이 미리 사전에 결정한
힘과 계획대로 이루는 것뿐이지
요.
29 이제 **주님**, 저들의 위협을 좀 보세
요. 당신이 종에게 허락하여, 대담
한 용기로 당신의 가르침을 전할
수 있게 해주세요.
30 치료할 수 있도록 당신의 손을 내
밀어, 구별되는 표시와 경이가 실
행되게 하며, 당신의 신성한 자녀
지저스의 이름으로 이루어지게 해
주세요."
31 그들이 기도하자, 집회에 모인 사
람의 마음이 감동으로 흔들리며,
신성한 영혼성령으로 채워졌고, 제
자는 **하나님**의 가르침을 용감하게
알렸다.
32 믿고 있는 그들 다수가 한마음과
한 영혼이 되었고, 그 중 누구도 자
기 소유물을 자기 것이라고 말하

는 자가 없이, 모든 것을 같이 공유
했다.
33 위대한 힘을 받은 제자는 주인님
지저스에 대한 부활의 증인이 되
었고, 큰 호의가 그들 모두에게 내
렸다.
34 그중 누구도 부족하지 않았다. 땅
이나 집을 가진 사람마다, 그것을
판 돈을 가져와,
35 제자의 발아래 내려놓았다. 그래
서 모두에게 필요에 따라 나누었
다.
36 또 조지스조셉는 성이 버내이버스
라는 제자인데, [의미는 위로의 아
들로], 사이프러스 지방의 리바이
출신이었다.
37 그는 소유 땅을 팔아 그 돈을 가져
와서, 제자들 앞에 내놓았다.

지저스 이름탓에 겪는 수난의 가치

5 그런데 애너나이어스라는 어떤
사람이, 아내 새퓌라와 함께 재
산을 팔아서,
2 돈의 일부를 뒤로 돌렸는데, 아내
도 그것을 숨기며, 일부만 제자 발
아래 내놓았다.
3 그때 필어가 말했다. "애너나이어
스, 어째서 [악의 영혼] 새이튼이
네 마음을 차지하여, 신성한 영혼성
령에게 거짓말을 하게 하나?
4 그것이 그대로 있어도 네 소유가
아니고, 판 이후도 네 권한밖에 있
지 않나? 왜 네 마음에 이런 일을
품나? 너는 사람한테 거짓을 말하
는 게 아니고, **하나님**에게 한다."
5 애너나이어스가 이 말을 듣더니,
쓰러져 영혼이 떠나버렸다. 이 소
문을 들은 모두가 너무 두려웠다.
6 젊은 사람들이 일어나, 늘어진 그
를 옮겨 묻었다.
7 그리고 약 세시간쯤 지나, 아내가
무슨 일이 일어났는지 모른 채 왔
다.
8 필어가 그녀에게 물었다. "너희가
그 땅을 얼마에 팔았는지 말해봐
라. 그녀가, "네, 이만큼이에요" 라
고 대답했다.
9 필어가 그녀에게 말했다. "어떻게
너희는 서로 짜고 **주님**의 영혼을
시험하나? 보라, 네 남편을 묻고
돌아온 그들의 발걸음이 문앞에
있는데, 너도 끌고갈 것이다."
10 그 순간 그녀도 곧바로 발아래 쓰
러져 숨을 거뒀다. 그리고 젊은이
가 들어와, 그녀의 시신을 발견하
고, 끌어다 남편 옆에 매장했다.
11 그러자 엄청난 두려움이 교회마다
덮쳤고, 이야기를 들은 많은 사람
도 그랬다.
12 제자의 손으로 많은 특이한 표시
와 경이를 사람에게 이루어주었
다. [믿고 있던 사람들은 모두 한마
음으로 솔로먼의 현관 콜로네이드
통로에서 모였다.
13 나머지 사람은 아무도 그들에게
합류하지 않았지만, 그들을 대단

히 여겼다.
14 믿는자는 점점 더 **주님**에게 추가되
며, 남녀 다수가 왔다.]
15 많은 사람들이 아픈 사람을 거리
로 데려와, 들것이나 자리위에 올
려놓고, 적어도 필어의 그림자라
도 스치기를 바랐다.
16 또 저루살럼 주변 여러 도시에서
조차 많은 사람이 아픈 사람을 데
려왔고, 깨끗하지 못한 악령에 사
로잡힌 사람도 왔는데, 모두 깨끗
하게 나았다.
17 그때 대제사장이 일어나자, 여러
사람이 같이 일어났는데, [이들은
부활을 부정하는 새저시파로] 분
노가 차오르자,
18 제자를 잡아, 일반 공동감옥에 가
뒀다.
19 하지만 밤에 **주님**의 천사가 감옥문
을 열어, 그들을 데리고 나오며, 말
했다.
20 "성전에 가서, 사람들에게 새생명
에 대한 말을 전해라."
21 그들은 이 말을 듣고, 아침 일찍 성
전에서 가르쳤다. 한편 대제사장
이 다른 사람과 위원회를 소집하
여, 이즈리얼의 상원원로가 다 모
여, 감옥에서 제자를 데려오도록
사람을 보냈다.
22 하지만 관리가 와보니, 감옥안에
제자가 없어서, 그들이 돌아와 전
했다.
23 "감옥은 실제로 안전하게 보안이
차단되어 있었고, 교도관은 감옥
밖 문앞에 서서 지키고 있었는데,
우리가 문을 여니, 안에 아무도 없
었어요."
24 대제사장과, 성전 경비대장과, 수
석제사장이 보고를 듣고, 이런 일
이 어떻게 일어날 수 있는지, 의심
했다.
25 그때 어떤 사람이 와서 말했다. "보
세요, 감옥에 갇혔던 자들이 성전
에서 사람을 가르치고 있어요."
26 그래서 성전 경비대장이 관리와
함께 가서, 폭력없이 제자를 데려
왔다. 이것은 사람들이 두려워, 그
들에게 자기들한데 돌을 던지지
않게 피한 것이다.
27 그들이 제자를 데려와, 위원회 앞
에 세우자, 대제사장이 다음을 물
었다.
28 "우리가 엄중하게 명령하지 않았
나? 너희는 그 이름으로 가르치면
안 된다고? 보라, 너희는 저루살럼
을 너희 교리로 채우며, 그 사람 피
의 대가를 우리에게 씌우려 한다."
29 그때 필어와 다른 제자가 대답했
다. "우리는 사람보다 **하나님** 말에
복종한다고 말했어요.
30 당신들이 나무에 매달아 죽인, 지
저스를 우리 조상의 **하나님**이 일으
켜 살렸지요.
31 **하나님**은 그를 자기 오른편으로 높
여주고, 구원의 왕이 되게 했어요.
그래서 이즈리얼을 반성시켜, 죄

를 사면해주려는 것이죠.
32 우리는 이 일에 대한 그의 증인이
에요. 그리고 **하나님**은 그를 따르
는 사람에게 신성한 영혼성령을 내
려주어요."
33 그들은 이 말에 가슴이 뜨끔해져,
의논하여 그들을 죽이려 했다.
34 그때 위원회의 어떤 사람이 일어
났는데, [엄격한 법규정파] 풰러시
로, 이름은 거맬리얼이고, 법학박
사이며, 사람 가운데 명성도 높았
다. 그가 명령하여 제자를 잠시 밖
에 두게 했다.
35 그리고 그들에게 말했다. "너희 이
즈리얼 사람아, 이들에게 손대려
는 일을 조심해야 한다.
36 얼마 전 씨우더스라는 사람이 나
타났다. 그 스스로 대단한 사람인
양 뽐내자, 약 400명 정도가 자진
해서 합세했는데, 그가 살해당한
다음, 복종하던 모두가 흩어져, 없
던 일로 끝났다.
37 이 사람 다음으로, 세금의 날 갤럴
리에서 쥬더스라는 사람이 나타
나, 많은 사람을 이끌었지만, 역시
소멸하자, 그에게 복종하던 대부
분도 흩어져버렸다.
38 그러니, 내가 너희에게 말하는데,
이들에 대해 자제하고, 그들을 내
버려두면, 이런 위원회나 사람들
이 하는 일은 아무것도 아니라고
드러날 것이다.
39 하지만 이것이 **하나님**한테서 나온
것이라면, 너희가 그것을 없을 수
없다. 혹시라도 너희는 **하나님**을
상대로 싸우지 말아야 한다."
40 그래서 그들은 그의 말에 동의하
고, 제자를 불러 매질한 다음, 지저
스 이름을 말하지 않도록 명령하
여, 보냈다.
41 그들은 위원회를 떠나면서, 자기
들이 지저스의 이름으로 수난을
겪을만한 가치로 취급되었다는 점
을 기쁘게 생각했다.
42 그래서 그들은 매일 성전에서도,
또 집집마다 다니며, 끊임없이 가
르치며, 지저스 크라이스트메사야를
알렸다.

정직하고 신념이 강하며 능력 있는 스티븐

6 당시 제자수가 크게 늘자, [그리
스어를 사용하는 쥬다인] 그리
션들의 불만이, [히브리어를 사용
하는 쥬다인] 히브루를 상대로 높
아졌다. 왜냐하면 그들의 미망인
이 일일 급식배급에서 차별을 받
았기 때문이었다.
2 그때 12제자가 수행제자 대부분을
불러 말했다. "우리가 **하나님** 가르
침을 제쳐놓고, 급식만 하면 도리
에 어긋난다.
3 그러니, 형제들아, 너희 가운데 7
인을 뽑아라. 정직하다고 평가받
고, 신성한 영혼성령이 가득찬 사람
이면, 우리가 그를 배급담당으로
지명할 것이다.

4 대신 우리는 계속해서 기도에 전
념하며, 가르침에 대한 봉사를 할
수 있다."
5 그러자 모두 이 제안을 기쁘게 받
아들여, 스티븐을 선발했는데, 그
는 믿음과 신성한 영혼이 가득찬
사람이었고, 그외 필립, 프롸커러
스, 니내놀, 타이먼, 팔머너스와,
[고대 시리아 수도] 앤티악 출신자
개종인 니콜라스였다.
6 그들은 7인을 수행제자 앞에 세워
놓고, 그들에게 손을 얹고 기도해
주었다.
7 그렇게 하면서, **하나님** 가르침은
더 널리 퍼졌고, 저루살럼의 제자
수가 크게 증가되면서, 거대한 제
사장 단체가 믿음에 철저히 순종
했다.
8 신념이 강하고 능력있는 스티븐은
사람에게 경이와 기적을 많이 이
루었다.
9 당시 시너가그 집회 가운데 리벌
틴자유민 시너가그파가 생겼다. 그
들은 주로 사이린쥬다인, 알렉잰
더쥬다인, 실리시아쥬다인, 애이쟈
쥬다인으로 스티븐과 논쟁을 시작
했다.
10 하지만 그들은, 지혜와 영혼으로
말하는 스티븐을 반박할 수 없었
다.
11 그러자 사람을 매수하여, 악성소
문을 퍼뜨리도록 다음을 시켰다.
"우리가 듣자니, 그가 모지스와 **하
나님** 가르침을 모독하더라." 12뿐
만아니라, 사람들을 선동하고, 원
로와 서기관법학자를 움직여, 스티
븐을 위원회로 붙잡아 갔다.
13 그리고 거짓증인을 세워 증언하게
했다. "이 사람은 신성한 장소와 법
에 대해 끊임없이 모독하는 말을
한다.
14 우리가 그의 말을 들었는데, 내저
러쓰 출신 지저스가 이 성전을 허
물고, 모지스가 우리에게 준 관례
를 바꾸겠다고 했다."
15 위원회에 앉은 모두가 스티븐을
줄곧 바라보았는데, 그의 얼굴은
마치 천사 같은 모습으로 보였다.

스티븐이 연설 후 돌에 맞다

7 그때 대제사장이 물었다. "이것
이 사실 그대로인가?"
2 스티븐이 대답했다. "어르신 및 형
제 여러분, 들어보세요. **하나님**의
빛이 우리 조상 애이브러햄에게
나타났을 때, 그는 해랜에 살기 이
전, 메소포태미아에 있었어요.
3 **하나님**이 그에게 말하며, '너는, 네
고향과 친척을 떠나, 내가 네게 보
여줄 땅으로 가라'고 했지요.
4 그래서 그는, 캘디언을 떠나 해랜
에서 살다가, 아버지가 죽자, **하나
님**은 그를 여러분이 사는 이 땅으
로 옮기게 했어요.
5 **하나님**은 그에게 그곳을 유산으로
주지 않았고, 그가 발을 올려놓을

만큼도 주지 않았어요. 대신 그 땅
을 자손이 소유하도록 주겠다고
약속했는데, 당시 그는 자식이 없
었는데 말이죠.
6 그리고 **하나님**은 이런 식으로 말했
어요. '네 후손은 외지로 가야 하는
데, 거기서 저들이 후손을 노예로
만들어 400년간 학대하게 된다.
7 그러면 후손을 노예로 삼은 그 민
족을 내가 처벌하겠다'고, **하나님**
이 말했어요. 그후 후손이 외지로
부터 나와서, 이 장소에서 나를 섬
기게 될 것이다' 라고 했지요.
8 다음 **하나님**은 그에게 할례약속을
내려서, 애이브러햄이 아이직을
낳은지, 8일만에 할례를 받게 했
고, 그후 아이직은 재이컵을 낳았
고, 재이컵은 12부족장을 낳았어
요.
9 그 부족장들이 심하게 질투한 나
머지, 조셒을 이집트에 팔았지만,
하나님이 그와 함께 있으면서,
10 그를 고통에서 구해주고, 이집트
풰로우왕 앞에서 호의와 지혜도
집어넣어 주었죠. 그래서 풰로우
는 조셒을 이집트와 그 집안을 관
리하는 총독으로 만들었고요.
11 그때 이집트와 캐이넌 전역에 심
한 가뭄이 닥쳤는데, 큰 재난이어
서, 우리 조상은 양식을 구하지 못
했어요.
12 그러나 재이컵이, 이집트에 곡식
이 있다는 소문을 듣고, 우선 우리
조상을 그곳에 보내게 되었죠.
13 두 번째로 왔을 때, 조셒은 형제에
게 자신을 밝힌 다음, 친족을 풰로
우왕에게 소개했고요.
14 다음 조셒은 사람을 보내어, 아버
지 재이컵과 친족을 자신에게 불
러들여, 모두 75명이 들어오게 되
었습니다.
15 그리고 재이컵이 이집트에서 죽
고, 또 우리 조상도 죽자,
16 그들을 쉬컴으로 옮겨, 애이브
러햄이 매입한 묘지에 안장했는
데, 그 장소는 쉬컴의 아버지 이머
Hamor의 아들들한테 돈을 주고 사
두었던 곳이고요.
17 하지만 **하나님**이 애이브러햄에게
약속한 일을 실현할 시기가 다가
왔을 때, 이집트에 들어왔던 그의
백성수가 크게 늘었었죠.
18 조셒을 알지 못하는 다른 왕이 나
타날 때까지 있었던 거예요.
19 새로운 풰로우왕은 우리 친족을
거칠게 다루며, 우리 조상을 학대
했어요. 그래서 그들이 조상의 자
녀를 내버리게 강요하자, 마침내
살 수 없게 되었지요.
20 그때 모지스가 태어났는데, 모습
이 준수했고, 아버지 집에서 3개월
간 자랐지만,
21 그가 버려졌을 때, 풰로우 딸이 데
려가, 그를 그녀의 아들로 키우게
되었어요.
22 그래서 모지스는 이집트인의 지혜

를 모두 배우게 되어, 말과 행동이
강해졌어요.
23 그가 40세가 되었을 때, 이즈리얼
자손형제를 방문하고 싶은 마음이
생겼죠.
24 그런데 그들 중 하나가 부당하게
고통받는 모습을 보고, 그를 지키
기 위해, 학대한 이집트인을 죽여
복수해버렸고,
25 그 일로 그는, 민족의 형제가 인식
하는 바를 짐작하게 되었는데, 그
들은 몰랐지만, **하나님**이 자신을
이용하여 형제를 구원하는 일을
깨닫게 되었습니다.
26 다음날 그는 형제가 싸우는 모습
을 보고, 다시 그들을 화해시키려
고, '이봐, 너희는 형제인데, 왜 서
로 다투나?' 라고 말했더니,
27 오히려 한 사람이 상대를 거칠게
밀치며, '누가 너를 우리를 지배하
는 관리나 판관으로 삼았나?
28 나도 죽일 거냐, 어제 이집트인을
죽이듯?' 이라고 말했어요.
29 이 말에 모지스는 달아나, 미디안
땅에서 외지인으로 있으면서 두
아들을 낳게 되었고요.
30 그렇게 40년이 흐른 다음, 황야의
사이나이산 불타는 덤불속에서 **주**
님의 천사가 그에게 나타났어요.
31 모지스가 보고, 너무 이상한 광경
에, 그것을 보려고 가까이 다가서
자, **주님**의 목소리가 들리며 다음
을 말했죠.
32 '나는 네 조상의 **하나님**이고, 애이
브러햄의 **하나님**, 아이직의 **하나님**,
재이컵의 **하나님**이다.' 그 순간 모
지스는 몸이 떨려, 감히 바라보지
못했어요.
33 그러자 **주님**이 그에게 이렇게 말했
어요. '네 발에서 신을 벗어라. 왜냐
하면 네가 서있는 이곳은 신성한
땅이기 때문이다.
34 나는, 이집트에 있는 나의 백성이
고통당하는 모습을 보았고, 또 그
들의 신음소리도 들었기 때문에,
그들을 구하러 내려왔다. 그래서
이제 나는 너를 이집트로 보낸다'
라고 했어요.
35 이 사람 모지스는 형제가 거부하
며, '누가 너를 관리나 판관으로 삼
았냐?'고 했는데, **하나님**이 그를 지
도자로 파견하고, 또 덤불속에 나
타난 천사를 통한 구원자로 보내
게 되었던 것이죠.
36 그는, 이집트 땅에 경이와 특이한
현상을 보인 다음, 형제를 데리고
나와, 홍해를 지나, 40년간 황야에
있었어요.
37 모지스는 이즈리얼 자손에게 다음
과 같이 말했어요. '주 **하나님**이 어
떤 예언자를 너희에게 보내는데,
나와 같은 그가 너희 말을 듣게 될
것'이라고 했어요.
38 모지스가 황야에서 기도할 때마
다, 사이나이산에서 말해주던 천
사와, 우리 조상이 같이 있어주었

으므로, 그들의 살아 있는 가르침
을 받아 우리에게 전해주었지요.
39 그런데 우리 조상은 그에게 복종
하기를 거절하고, 마음을 돌려 다
시 이집트로 가겠다며,
40 애런에게 다음을 말했죠. '앞에서
우리를 데려갈 신을 만들어 달라.
이집트 땅에서 우리를 데려왔다는
모지스가 어떻게 되었는지 우리는
모르겠다'고 말했어요.
41 그래서 당시 그들은 송아지를 만
들어 우상에게 희생제사를 올리
고, 그들 손으로 만든 작품에 기뻐
했죠.
42 그러자 **하나님**은 등을 돌려, 그들
이 하늘의 군상을 받들도록 내버
려두었어요. 이것을 예언자 책에
서 이렇게 기록했어요. '오 이즈리
얼 집안아, 너희가 40년간 황야에
있으면서, 짐승을 잡아 나에게 희
생제사를 올린적이 있었나?
43 그렇다, 너희가 몰렉신의 신전을
세우고, 너희 신 레풘의 별을 받들
었으므로, 내가 너희를 배블런으
로 끌려가게 하겠다'고 했죠.
44 그런 다음 우리 조상은 황야에서
증거가 되는 이동성전을 갖게 되
었는데, 이는 **하나님**이 모지스에게
지정하여 이르자, 그가 알려준대
로 만들게 되었던 거예요.
45 그 성막은 우리 조상이 자슈아와
더불어, **하나님**이 조상보다 앞서
몰아낸 이민족 땅에 들어갈 때, 가
지고 들어간 다음, 대이빋 시대까
지 있었어요.
46 대이빋은 **하나님** 눈에 호의를 받
아, 재이컵의 **하나님**을 위한 성전
을 짓고 싶었지만,
47 솔로먼이 그 성전을 지었어요.
48 하지만 최고 높은 존재는 손으로
만든 성전안에 살지 않았는데, 예
언자의 말대로,
49 "'하늘은 나의 왕좌, 땅은 나의 발
판인데, 너희가 나를 위해 어떤 집
을 지으려 하나? 아니면 주인이 말
하는데, 내가 쉴 장소가 어딘가?
50 내 손이 모든 것을 다 만들지 않았
나?
51 너희는 목이 뻣뻣하고, 마음과 귀
가 할레로 열리지 못하여, 언제나
신성한 영혼성령을 거부했는데, 조
상이 하더니, 너희도 그대로 똑같
다.
52 조상이 처벌하지 않은 예언자가
있었나? 그들은 정의의 존재가 나
타나기 전 미리 알리는 그들을 살
해했고, 너희는 그를 배신자와 살
인자로 취급했다.
53 그는 천사의 자질로 법을 받아들
였는데, 너희는 따르지 않았다"고
했다'고 했어요."
54 여기까지 이야기를 듣고, 마음이
찔리자, 그들은 스티븐에 대해 더
욱 이를 갈았다.
55 하지만 그는 신성한 영혼성령으로
가득차 여전히 하늘을 바라보며,

하나님의 찬란한 빛을 보았고, 또
하나님의 오른쪽에 선 지저스를 보
았다.
56 그래서 말했다. "보세요, 하늘문이
열려 내가 바라보니, 하나님의 아
들이 그의 오른쪽에 서 있어요."
57 그러자 그들은 큰소리로 소리치
며, 자신의 귀를 막고, 똑같이 그에
게 달려들더니,
58 그를 도시밖으로 내던져, 돌로 쳤
다. 증인들이 자기들의 옷을 어떤
청년의 발앞에 깔아놓았는데, 그
의 이름은 쏠이었다.
59 그들이 스티븐에게 돌을 던지자,
그가 하나님을 부르며 말했다. "지
저스 주인님, 나의 영혼을 받아주
세요."
60 다음 무릎을 꿇고, 큰소리로 호소
했다. "주님, 이 죄를 저들의 책임으
로 돌리지 말아주세요." 그는 이렇
게 말하면서, 쓰러져 잠들었다.

세례 및 신성한 영혼

8 쏠은 스티븐의 죽음을 당연히
여겼다. 그때 저루살럼의 교회
에 큰박해가 일어나자, 12제자를
제외한 나머지는 쥬디아남부, 스매
리아중부 곳곳으로 흩어졌다.
2 그리고 헌신적인 사람들이 스티븐
을 거두어 장례하고, 그에 대해 대
단히 슬퍼했다.
3 그러나 쏠이 교회를 파괴하면서,
집집마다 들어가, 기도하는 남녀
를 감옥에 넣었다.
4 한편 멀리 흩어진 제자는 가는 곳
마다 하나님의 가르침을 알렸다.
5 그리고 필립은 스매리아 도시로
가서, 사람들에게 크라이스트를
알렸다.
6 그러자 한마음이 된 사람들은 필
립의 강연을 진지하게 들으며, 그
가 실현하는 기적을 지켜보았다.
7 불결한 악령이 크게 소리지르며,
스며들었던 신체에서 다수가 밖으
로 뛰어나오면서, 신체장애자와,
신체 부자유자들이 대부분 나았
다.
8 그래서 그 도시는 크게 기뻐했다.
9 그런데 그 도시에 사이먼이라는
사람이 있었는데, 이전부터 마법
을 쓰며, 스매리아 사람을 현혹하
여, 스스로 큰인물이 되었다.
10 그래서 사람들은 그를 믿어주며,
낮은 사람에서 높은 사람까지, "이
사람은 하나님의 큰능력을 가진 사
람"이라며 따랐다.
11 그들이 그를 그렇게 생각하는 이
유는, 오랫동안 그가 마술로 사람
을 유혹했기 때문이었다.
12 하지만 사람들이 하나님 왕국에 관
하여 강연하는 필립을 믿고, 지저
스 크라이스트 이름으로, 남녀 모
두 세례를 받게 되었다.
13 그때 마법사 사이먼도 스스로 믿
게 되어 세례를 받은 다음, 필립을
계속 따라다니면서, 이루어지는

기적과 경이를 바라보고 몹시 놀
랐다.
14 그때 저루살럼에 있던 12제자단이
스매리아가 **하나님** 가르침을 받아
들였다는 소식을 듣고, 그들에게
필어와 존을 보냈다.
15 그들이 스매리아인을 위해 기도하
며, 신성한 영혼성령을 받을 수 있게
했다.
16 [왜냐하면 그때까지 아무도 성령
이 내려오지 않았고, 단지 주인님
지저스의 이름으로 세례를 받았을
뿐이었다.]
17 그들이 스매리아인에게 손을 얹
자, 그들도 신성한 영혼을 받았다.
18 마법사 출신 사이먼이 살펴보니,
제자들이 손을 얹어 성령을 주는
것을 알자, 그는 그들에게 돈을 제
안하며,
19 다음을 말했다. "내게도 이 능력을
주어, 내가 손을 얹는 자마다 성령
을 받게 해주세요."
20 그러나 필어가 그에게 말했다. "네
돈이 너를 망칠 것이다. 너는 **하나
님**의 선물을 돈으로 살 수 있다고
생각하기 때문이다.
21 너는 이 일의 일부가 못되고, 역할
을 맡아서도 안 된다.
22 따라서 네 악의를 반성해라. 그리
고 **하나님**에게 기도하면, 네 마음
속의 그런 생각을 용서받을 수 있
을지 모른다.
23 왜냐하면 내가 느끼기에, 너는 죄
의 덩어리 속에 쓴 담즙이 고여 있
다는 생각이 들기 때문이다."
24 그러자 사이먼이 말했다. "당신이
나를 위해 **주님**에게 기도해주세요.
그래서 당신이 말하는 것이 나에
게 나타나지 않게 해주세요."
25 그렇게 그들은 **주님**의 말을 증언하
며 알린 다음, 저루살럼에 돌아왔
고, 또 스매리아 마을마다 가르침가
스펄을 강연했다.
26 **주님**의 천사가 필립에게 말했다.
"일어나, 남쪽길을 향해 가면서, 저
루살럼에서 가자 사막까지 가라."
27 그래서 필립이 길을 떠나 가다가,
어떤 이씨오피아 사람을 만났다.
그는 내시이며, [이씨오피아 여왕
이라는 의미의] 캔대이크Kandake의
재무를 총괄하는 고급관리로, 저
루살럼까지 예배하러 왔다가,
28 돌아가는 길에, 마차에 앉아, 예언
자 아이재야를 읽고 있었다.
29 그때 성령이 필립에게 말했다. "가
까이 가서, 그 마차에 올라타라."
30 그래서 필립은 그에게 달려간 다
음, 그가 예언자 아이재야를 읽고
있다는 말을 듣고, 물었다. "당신이
읽는 것을 이해하나?"
31 그가 대답했다. "내가 어떻게 이해
해요, 내게 가르쳐줄 사람이 없는
데요?" 그러면서 그는, 필립이 올
라와 같이 앉기를 청했다.
32 그가 읽던 바이블 대목은 다음과
같다. "그는 도살하러 끌려가는 양

처럼, 털을 깎는자 앞에 있는 벙어
리 새끼양과 같이, 그렇게 그는 입
을 열지 않았다.
33 그의 올바른 정의가 강제로 빼앗
기는 수모속에서, 누가 그의 세대
를 가르칠까? 그의 생명이 땅에서
제거된다."
34 그러자 내시가 필립에게 말했다.
"내가, 당신에게 부탁하는데요, 이
예언자가 말하는 그가 누구지요?
자신인가요, 아니면 다른 사람인
가요?"
35 그러자 필립이 입을 열어, 그 바이
블 구절을 시작하여, 그에게 지저
스에 관하여 설명해주었다.
36 그러면서 그들이 계속 가다가, 어
느 물이 있는 곳까지 오자, 내시가
말했다. "보세요, 여기 물이 있는데
요, 여기서 내가 세례를 받으면 안
될까요?"
37 필립이 말했다. "당신이 진심으로
믿기만 하면 가능하다." 그가 말했
다. "나는 지저스 크라이스트가 **하**
나님 아들이라고 믿어요."
38 그가 명령하여, 마차를 세우게 한
다음, 두 사람 필립과 내시가 물로
들어갔고, 필립이 그에게 세례해
주었다.
39 그들이 물밖으로 나왔을 때, **주님**
의 성령이 필립을 데려가버려서,
내시는 더 이상 필립을 보지 못했
지만, 그는 기뻐하며, 제 갈길을 갔
다.
40 한편 필립은 애조터스에서 눈에
띄었고, 또 그가 지나가는 도시 곳
곳마다 강연하며 시저리아까지 갔
다.

쏠의 개종과정

9 여전히 쏠은 열심히 위협을 가
하고, **주님**의 제자를 학살하며,
대제사장에게 가서,
2 드매스커스의 시너가그 교회에 편
지를 써주면, 이번 출장길에 발견
되는 남녀를 묶어서 저루살럼까지
끌고 오겠다고 했다.
3 그는 여행하며 드매스커스 가까이
왔는데, 그 주위에 갑자기 하늘에
서 한 줄기 빛이 비추었다.
4 그 순간 땅에 쓰러지며, 그를 부
르는 어떤 목소리를 듣게 되었다.
"쏠, 쏠아, 너는 왜 나를 괴롭히지?"
5 그가 말했다. "당신은 누구죠, 주인
님?" **주님**이 말했다. "나는, 네가 박
해하는 지저스다. 가시를 발로 차면,
네가 아프다."
6 그는 놀라 몸을 떨며 말했다. "**주**
님, 당신은 내가 어떻게 하길 바라
죠?" **주님**이 대답했다. "일어나, 그
도시로 가면, 네가 해야 할 일을 알
게 될거다."
7 그와 같이 여행중인 사람은 말없
이 서 있었고, 음성은 들리는데, 아
무도 보지 못했다.
8 그리고 쏠이 땅에서 일어나, 눈은
떴는데, 아무것도 보이지 않았다.

그래서 사람들이 그의 손을 잡아
이끌어, 드매스커스까지 데려갔다.
9 그는 앞이 안보이는 채, 3일간 지
내면서, 먹지도 마시지도 않았다.
10 한편 드매스커스에 어떤 제자가
있었고, 이름은 애너나이어스였는
데, **주님**이 환상으 로 그에게 말했
다. "애너나이어스야!" 그가 대답했
다. "보세요, 나는 여기 있어요. **주
님**."
11 **주님**이 그에게 말했다. "일어나, 스
트래이트똑바른 거리라고 부르는 곳
으로 가서, 쥬더스의 집에서, 탈서
스 출신 쏠이라는 사람을 찾아라.
그러면 그가 기도하고 있을 텐데,
12 그도 환상으로 애너나이어스라는
이름의 어떤 사람이 온다는 것을
알고 있을 거다. 그에게 손을 얹으
면, 시력을 회복할 수 있을 것이다.
13 그러자 애너나이어스가 대답했다.
"**주님**, 나는 이 사람에 대해 여러
사람한테 들었는데요, 저루살럼에
있는 당신 성도에게 얼마나 나쁜
짓을 많이 했는데요.
14 그는 이곳 수석제사장한테 권한을
받아, 당신 이름을 부르는 자를 모
조리 체포할 거예요."
15 하지만 **주님**이 그에게 일렀다. "어
서 가거라. 그는, 내가 선택한 배인
데, 앞으로 내 이름을 증언하는 임무
를 띠고, 이민족과, 여러 왕과 이즈
리얼 자손 앞에 서게 된다.
16 내가 앞으로 그에게 보여줄 일은, 내
이름을 위하여 그가 겪어야 할 큰일
들이다."
17 그래서 애너나이어스는 길을 떠
나, 그 집으로 가서, 그에게 손을 얹
고 말했다. "쏠 형제야, 네가 오는
길에 나타난 **주님** 지저스가, 나를
보냈는데, 시력을 회복하면, 너는
신성한 영혼성령이 가득차게 될 것
이다.
18 그 순간 그의 눈에 붙어 있던 비늘
같은 것이 떨어지면서, 시력을 되
찾자, 일어나 세례를 받았다.
19 그리고 음식을 먹고 힘을 내게 되
었다. 그런 다음 쏠은 며칠간 드매
스커스에 있는 제자와 함께 있었
다.
20 그리고 곧바로 그는 시너가그 집
회에서 크라이스트메사야를 알리며,
그가 **하나님**의 아들이라고 했다.
21 하지만 그의 소문을 들은 모두가
깜짝 놀라며 물었다. "그 사람은 저
루살럼에서 지저스 이름을 부르기
만 하면 죽이던 자가 아닌가? 그
때문에 여기 와서, 사람을 잡아 수
석제사장한테 끌고 가려는 거잖
아?"
22 하지만 쏠은 더욱 강도를 높여 가
며, 드매스커스에 사는 쥬다인이
혼란스러워하는데도, 그가 바로
크라이스구원자임을 증언하고 다녔
다.
23 며칠 지나, 쥬다인은 의논하여 그
를 죽이려고 했는데,

24 그들이 노리는 바가 쏠에게 알려
졌는데도, 밤낮으로 그를 죽이려
고 성문을 지켰다.
25 그래서 제자는 밤에 쏠을 데려와,
바구니를 이용하여 성벽 아래로
내려보냈다.
26 쏠이 저루살럼까지 와서, 스스로
평가받고 제자단에 입단하겠다고
했지만, 그를 두려워한 제자는, 그
가 제자가 된 것을 믿지 않았다.
27 그러나 바너버스가 그를 제자에게
데려가, 어떻게 된 상황인지 알려
주었다. 쏠이 길에서 **주님**을 만난
일, 그가 쏠에게 해준 말, 그가 어떻
게 드매스커스에서 지저스의 이름
으로 대담하게 가르침을 전하는지
설명했다.
28 그래서 그는 제자와 함께 저루살
럼을 오갈 수 있게 되었다.
29 그는 대담하게 **주님** 지저스의 이름
으로 말했고, [그리스어를 사용하
는 쥬다인] 그리션과 논쟁하게 되
자, 그들도 쏠을 죽이려고 했다.
30 형제들이 이를 알고, 쏠을 시저리
아에 보내, [그의 고향] 탈서스로
가게 했다.
31 그때 교회는 쥬디아남부와 갤럴리
북부 스매리아중부 전역에서 안정되
어, 자리를 잡아갔고, **주님**에 대한
경외감에 뒤를 따르고, 신성한 영
혼성령의 위안을 바라는 사람이 크
게 늘었다.
32 그때 필어가 모든 구역을 두루 돌
아, 리다에 사는 지저스의 성도를
찾아왔다.
33 그곳에서 그는, 어니어스라는 이
름의 남자가, 8년째 몸이 마비되는
중풍으로 침대에 누워 있었다는
것을 알게 되었다.
34 필어가 그에게 말했다. "어니어스
야, 지저스 크라이스트가 너를 건
강하게 만들어줄 것이다. 일어나
네 자리를 정돈해라." 그러자 그가
바로 일어났다.
35 리다 및 쉐론에 사는 사람들이 그
를 보며, 마음이 **주님**에게 돌아섰
다.
36 한편 자파지역에 태버싸라는 이름
의 어떤 여제자가 있었는데, [그리
스어 발음은 돌카스였다.] 그녀는
좋은 일을 하며, 빈민을 위한 자선
활동을 많이 했다.
37 그런데 그녀가 아파서 죽자, 사람
들이 몸을 씻겨 윗층에 안치해두
었다.
38 리다는 자파 근처였으므로, 제자
는 필어가 그곳에 와있다는 소식
을 듣고, 그에게 두 사람을 보내어,
자기들에게 지체없이 와줄 것을
부탁했다.
39 그래서 필어가 일어나 그들과 같
이 갔다. 그가 도착하자, 그들이 윗
층으로 데려갔다. 미망인들이 모
두 그 옆에 서서 울며, 돌카스가 생
전에 만들었던 웃옷과 겉옷을 보
여주었다.

40 필어가 모두를 내보낸 다음, 무릎
을 꿇고 기도하며, 몸을 돌려 시
신에게 말했다. "태버싸야 일어나
라." 그러자 그녀가 눈을 뜨더니,
필어를 보며 일어나 앉았다.
41 그래서 그는 손으로 그녀를 일으
킨 다음, 성도와 미망인들을 불러,
그녀가 살아난 모습을 보여주었
다.
42 이것이 자파 전역에 알려져, 많은
사람이 **주님**을 믿게 되었다.
43 그리고 그는 자파에서 가죽장인
사이먼한테 여러 날 머물렀다.

시저리아에서 이민족에게 신성한 영혼 선물

10 시저리아지역 [남부 쥬디아
에 세워진 롬Rome자치구] 안
에 코닐리어스라는 사람이 있었는
데, 그는 이틀리군대 백명지휘관
이었다.
2 헌신적인 마음을 가진 그는, 집안
모두 **하나님**을 경외하고, 남에게
자선을 많이 하며, 늘 기도했다.
3 그는 그날 제9오후3시경 환상속에
서 생생하게 보았는데, **하나님**의
천사가 오더니, 자신에게 "코닐리
어스!" 라고 불렀다.
4 그가 바라보며, 두려워서 물었다.
"**주님**, 무슨 일이죠?" 천사가 그에
게 말했다. "너의 기도와 자선이 **하**
나님 앞에서 기억되도록 올라왔다.
5 지금 자파에 사람을 보내어, 성이
필어인 사이먼을 불러와라.
6 그는 가죽장인 사이먼 집에 묵고
있고, 그 집은 해변가다. 그는 네가
무엇을 해야 할지 말해줄 것이다."
7 코닐리어스에게 말한 천사가 떠나
자, 그는 자기 종 두 사람과, 충실한
경비병 하나를 함께 불렀다.
8 그는 그들에게 모든 것을 알린 다
음, 자파로 보냈다.
9 다음날, 그들이 길을 떠나, 그 도
시에 다다랐을 때, 필어는 제6시정
오쯤 기도하려고 옥상으로 올라갔
다.
10 그런데 그는 배가 몹시 고팠고, 무
언가 먹기 위해, 사람들이 준비하
는 사이, 비몽사몽한 상태에 빠지
게 되었다.
11 그래서 보니, 하늘문이 열려, 어떤
배 같은 것이 그에게 내려오더니,
네 귀퉁이가 묶인 커다란 보자기
가 땅으로 내려왔다.
12 그 안에 온갖 종류의 네 발 달린 땅
위 짐승이 있었고, 또 야생동물, 기
는 짐승, 공중의 새까지 있었다.
13 그리고 한 목소리가 들렸다. "필어
야, 일어나, 잡아먹어라."
14 하지만 필어가 말했다. "**주님**, 그렇
게 안 되요. 나는 지금까지 아무거
나 불결한 것은 절대 먹지 않았어
요."
15 그 목소리가 다시 두 번째로 말했
다. "**하나님**이 깨끗하게 만든 것을,
네가 아무거나 라고 말하지 마라."
16 이렇게 세번 말한 다음, 그 배가 다

시 하늘로 돌아갔다.
17 핕어는 자기가 본 환상이 무슨 뜻
인지 곰곰이 생각하고 있었는데,
그 사이 코닐리어스가 보낸 사람
들이 사이먼 집을 찾아와, 대문 앞
에 섰다.
18 그리고 사람을 불러, 성이 핕어인
사이먼이 그곳에 묶고 있는지 물
었다.
19 핕어가 그 환상에 대해 생각하는
사이, 성령이 그에게 말했다. "보
라, 세 사람이 너를 찾고 있다.
20 그러니 일어나 내려가서, 아무 걱
정 말고 그들과 함께 가라. 내가 그
들을 보냈다."
21 그래서 핕어가 그들에게 내려갔더
니, 그들은 코닐리어스가 보낸 사
람들이었다. 그래서 말했다. "보라,
나는 너희가 찾는 사람인데, 무슨
일 때문에 왔나?"
22 그들이 말했다. "백명지휘관 코닐
리어스는 올바른 사람으로, **하나님**
을 두려워하며, 쥬다민족 사이에
도 평판이 좋은데, 그가 **하나님**이
보낸 신성한 천사가 전하는 말을
들었는데, 당신을 그의 집으로 초
대하여, 당신한테서 가르침을 들
으라는 것이었어요."
23 그러자 핕어는 그들을 안으로 들
여 재운 다음날, 그들과 함께 떠나
면서, 자파 출신 형제도 같이 따라
갔다.
24 그 다음날 그들은 시저리아에 들
어갔다. 코닐리어스는 그들을 기
다리며, 자기 친척과 가까운 친구
를 함께 불렀다.
25 핕어가 도착했을 때, 코닐리어스
는 그를 맞이하며, 그의 발아래 엎
드려 존경하며 예의를 갖추었다.
26 하지만 핕어는 그를 잡아 일으키
며 말했다. "일어서라. 나 역시 사
람이다."
27 핕어가 그와 대화하며 안으로 들
어갔더니, 거기에 많은 사람이 모
여 있는 것을 보았다.
28 그가 그들에게 말했다. "여러분이
알다시피, 쥬다인이 친구를 사귀
거나 이민족과 서로 오가는 것은
불법이다. 그러나 **하나님**이 나에게
보여준 것은, 내가 누구를 불결하
다거나 일반적인 아무라고 부르면
안 된다는 것이었다.
29 그래서 내가 초대된 순간 주저없
이 당신들에게 왔다. 내가 묻는데,
당신들이 나를 부른 의도는 무엇
인가?
30 그러자 코닐리어스가 대답했다. 4
일 전 이 시간 제9오후3시에 금식하
며 내 집에서 기도하는데, 보니, 빛
나는 옷을 입은 어떤 사람이 내 앞
에 서 있었어요.
31 그리고 말하며, '코닐리어스야, 네
기도가 하늘에 들렸고, 또 너의 자
선이 **하나님** 눈에 기억되었다.
32 그러니 자파로 사람을 보내, 성이
핕어인 사이먼을 이곳으로 불러

라. 그는 해변가의 가죽장인 사이
면 집에 묶고 있다. 그가 와서, 너에
게 이야기를 해줄 것이다' 라고 했
어요.
33 그래서 나는 곧바로 당신에게 사
람을 보냈는데, 잘 와주었어요. 이
제 우리 모두 **하나님** 앞에 나와 있
으니, **하나님**이 당신에게 명령한
것을 모두 들려주세요."
34 그러자 필어가 입을 열어 말했다.
"정말, 내가 느낀 점은, **하나님**은 사
람에 대해 편견을 보이지 않는다
는 것이다.
35 대신 어느 민족이든 **하나님**을 두려
워하는 사람과, 정의를 실천하는
사람을 받아들인다는 점이다.
36 **하나님**이 이즈리얼 자손에게 전한
말은, 지저스 크라이스트구원자가
이루는 평화를 알리라는 것이다.
[그는 모두의 **주님**이다.]
37 내가 말하는데, 여러분이 알아야
할 이 말은, 쥬디아 전역에 퍼지기
전, 갤럴리에서 존이 물로 씻는 세
례를 시작하며 다음과 같이 가르
쳤다.
38 **하나님**이 어떻게 내저러쓰 출신 지
저스에게 신성한 영혼성령과 힘으
로 기름을 발라주었는지, 그가 주
위에 선행을 실천하며 악의 영혼악
령에 짓눌린 사람을 어떻게 치유했
는지 알려주었는데, 이것은 **하나님**
이 그와 함께 있었기 때문에 가능
했다.
39 따라서 우리는 이 모든 일의 증인
으로, 쥬다땅과 저루살럼에서 좋
은 일을 실천한 그를, 저들이 죽여
나무에 매달았다는 것을 우리가
안다.
40 **하나님**은 3일째날, 그를 일으켜 드
러내 보였다.
41 모든 사람뿐아니라, **하나님**이 이전
부터 선택했던 여러 증인에게 보
여주었고, 심지어 우리는, 죽음에
서 일어난 그와 함께 먹고 마시기
까지 했다.
42 그는 우리에게 명령하여 사람에게
이를 알리고, 그는 **하나님**이 직접
임명한 생명과 죽음의 판정자라는
것을 증언하게 했다.
43 모든 예언자가 증언한 그에 관한
내용은, 누구나 그를 믿으면, 그 이
름을 통하여 죄를 사면받는다고
했던 것이다."
44 필어가 이렇게 강연하는 동안, 신
성한 영혼성령이 그 말을 듣는 모두
에게 내렸다.
45 이것을 믿고 할례받은 사람이 감
격하여 놀란만큼, 필어 및 함께 왔
던 사람들도 놀란 까닭은, 신성한
영혼이라는 선물이 이민족에게도
역시 내려왔기 때문이다.
46 그들은 이들이 모국어로 말하는
강연을 들을 수 있었으므로, **하나님**
을 드높이며 찬양했다. 그러자 필
어가 다음을 말했다.
47 "누가 물로 씻어 세례받으면 안 된

다고 할 수 있나? 그것은 우리와
마찬가지로 신성한 영혼을 선물받
게 되는 과정이다."
48 그러면서 그는 **주님**의 이름으로 세
례받을 것을 권했다. 그리고 그들
은 핕어에게 며칠 더 있어 달라고
부탁했다.

앤티악에서 최초로 크리스천이라 불림

11 [남부] 쥬디아에 있는 제자
및 형제가, 이민족 역시 **하나
님**을 받아들였다는 소식을 들었다.
2 핕어가 저루살럼에 돌아오자, 할
례한 사람들이 핕어를 비난하며,
3 다음을 말했다. "당신은 비할례자
한테 가서, 그들과 함께 밥까지 먹
었다."
4 하지만 핕어는 이 문제에 대해 처
음부터 시연하듯, 순서대로 설명
하며 자세히 말했다.
5 "내가 자파도시에서 기도하는데,
환각상태에서 배가 내려오는 환상
이 보였는데, 그것은 마치 네 귀퉁
이가 있는 큰 보자기 같은 것이었
는데, 하늘에서 나에게 내려왔다.
6 거기에 내 눈을 고정하여 살펴보
니, 내 생각에 내가 본 것은, 네발
달린 땅위 짐승이었고, 또 야생동
물, 기는 짐승, 공중의 새까지 있었
다.
7 그리고 한 음성이 내게 들렸다. "핕
어야, 일어나, 잡아먹어라."
8 하지만 내가 말했다. "**주님**, 그렇게
할 수 없어요. 깨끗하지 못한 아무
것이나 내 입에 들어간 적이 없어
요."
9 그러나 그 목소리가 하늘에서 나
에게 다시 들렸다. "**하나님**이 깨끗
하게 만든 것을 네가 아무것이라
고 말하지 마라."
10 그렇게 말이 세번 들리더니, 모두
다시 하늘로 끌어올려졌다.
11 그런데, 그때 이미 세 사람이 내가
있던 집까지 왔고, 그들은 시저리
아에서 보내졌더라.
12 성령이 내게 지시하며, 아무 의심
없이 그들과 같이 가라고 했다. 게
다가 이들 여섯형제도 나와 동반
하여 그 집으로 갔다.
13 그런데 그가 우리에게, 자기 집에
서 천사를 본 과정을 말해주었다.
천사가 서서 말하며, '자파로 사람
을 보내, 성이 핕어인 사이먼을 불
러라.
14 그가 너희에게 가르침을 전하면,
그로 인해 너와 집안이 구원을 받
을 것'이라고 했다더라.
15 그래서 내가 강연하는 사이, 그들
에게 신성한 영혼이 내려왔다. 우
리에게 처음 그랬던 것과 같다.
16 그때 나는 주인님 말을 기억했는
데, 그는 다음을 말했다. '존은 실제
로 물로 세례해주지만, 너희는 신성
한 영혼성령으로 세례를 받게 된다.'
17 **하나님**은, 우리에게 한 것과 같은
선물을 그들에게도 주었는데, 이

는 우리가 주인님 지저스 크라이
스트를 믿었기 때문이었는데, 내
가 뭐라고, **하나님**에게 맞설까?"
18 그들이 이 말을 듣더니, 잠자코 있
다가, **하나님**에게 감사하며 말했
다. "그러면 **하나님**은, 이민족에게
도 생명으로 이어지는 반성을 허
락해준 것이다."
19 한편 스티븐 주변에 있던 사람은,
박해 때문에 흩어져, 멀리 퓌니시
아, 사이프러스, 앤티악까지 여행
하며, 가르침을 아무한테나 알리
지 못하고, 오직 쥬다인에게만 전
했다.
20 그중 몇몇은 사이프러스와 사이린
출신이었고, 그들이 앤티악에 도
착해서, [그리스어를 사용하는 쥬
다인] 그리션에게 **주님** 지저스를
가르쳐주었다.
21 그리고 **주님**의 손이 그들과 함께
있었으므로, 엄청난 숫자가 믿으
며, **주님**에게 돌아섰다.
22 이런 소식이 저루살럼 교회의 귀
에 들리자, 그들은 바너버스를 앤
티악까지 파견했다.
23 그가 도착했을 때, **하나님**의 배려
를 알고 기뻐하며, 그들 모두에게
마음의 결심을 하고 **주님**에게 매달
리도록 권유했다.
24 그는 좋은 사람으로 신념이 강하
고 신성한 영혼으로 가득찼으므
로, 더 많은 사람이 **주님**에게 더해
졌다.
25 그때 바너버스는 쏠을 찾기 위해
탈서스로 가서,
26 쏠을 찾아 앤티악으로 데려왔다.
그리고 한 해 동안 그들은 교회에
서 사람을 많이 모아 가르쳤다. 제
자는 앤티악에서 최초로 크리스천
이라고 불렸다.
27 그 즈음 여러 예언자가 저루살럼
에서 앤티악으로 왔다.
28 그중 애거버스라는 사람이 나서,
성령을 통해 일어나, 의미있는 예
언을 다음과 같이 말했다. "전세계
에 극심한 가뭄이 있는데, 그것은
클로디어스 시저 시대에 나타난
다"고 했다.
29 그후 제자는 저마다 능력껏 쥬디
아에 사는 형제에게 구호품을 보
내기로 결정하면서,
30 그것을 바너버스와 쏠 편에 원로
에게 보내기로 했다.

핕어를 가둔 헤롣의 최후

12 당시 헤롣왕은 손을 뻗어, 어
떤 교회를 괴롭히려고 했다.
2 그리고 존의 형제 재임스를 칼로
죽여버렸다.
3 또 쥬다인이 기뻐할 것을 알았기
때문에, 더 나아가 핕어까지 잡으
려고 추진했다. [그때 무효모빵 축
일이 되었다.]
4 헤롣은 핕어를 잡아 감옥에 넣고,
병사4인1조 4개팀을 풀어 지키게
하여, 부활절 이후 그를 사람들 앞

에 끌어내려고 계획했다.
5 필어는 감옥에 갇혀 있었지만, 교
회가 필어를 위해 **하나님**에게 끊임
없이 기도했다.
6 헤롣이 필어를 끌어내기 전날 밤,
필어는 쇠사슬 두개에 묶여, 병사
둘 사이에서 잠자고 있었고, 감옥
문 앞에는 교도관이 지켰다.
7 그때 보니, **주님**의 천사가 그에게
나타나, 한 줄기 빛을 감옥안에 비
췄다. 천사는 필어의 한쪽을 친 다
음, 그를 일으키며 말했다. "빨리
일어나라. 양손의 쇠사슬이 풀렸
다."
8 천사가 필어에게 말했다. "허리띠
를 매고, 신발끈도 묶어라." 그는
시키는 대로 했다. 천사가 또 말했
다. "네 겉옷을 걸친 다음, 나를 따
라와라."
9 그래서 그가 천사를 따라갔는데,
천사에 의해 이런 일이 이루어진
다는 사실을 인식하지 못하고, 환
상을 보는 것으로 생각했다.
10 그들이 첫번과 두번째 초소를 지
나, 도시로 나가는 철문까지 왔을
때, 철문이 저절로 열렸다. 그들이
문을 나와 거리를 지나자, 천사가
필어로부터 떠났다.
11 그때 필어가 정신을 차리고 말했
다. "이제 나는 확실히 알게 되었
다. **주님**이 자기 천사를 보내, 나를
헤롣의 손에서 구하고, 쥬다 사람
의 기대를 꺾었다는 것을 알았다."
12 그가 이 일을 생각하며, 성이 말크
인 존의 어머니 집까지 왔는데, 그
곳에 많은 사람이 모여 기도중이
었다.
13 필어가 대문을 두드리자, 로다라
는 이름의 소녀가 듣고 나왔다.
14 그녀가 필어의 목소리를 알아보
고, 기쁜 나머지 문도 열지 않은 채,
안으로 달려가, 필어가 문앞에 있
다고 전했다.
15 그런데 사람들이 소녀에게, "너, 미
쳤니?" 라고 하자, 그녀는 줄곧 같
은 소리로 확신했다. 그러자 그들
은, "그것은 그의 천사다" 라고 말
했다.
16 하지만 필어가 계속 문을 두드렸
더니, 그들이 문을 열어, 필어를 보
더니 깜짝 놀랐다.
17 하지만 필어가 손짓으로 조용하라
며, **주님**이 자기를 어떻게 감옥에
서 데려왔는지 말해주었다. 또 그
가 말했다. "가서 재임스한테 이 일
을 알리고, 형제한테도 말해주어
라." 그리고 그는 다른 곳으로 갔
다.
18 한편 날이 밝자마자, 병사 사이에
필어가 어떻게 되었는지를 두고
적지 않은 소란이 일었다.
19 헤롣왕이 찾아도 그를 발견하지
못하자, 교도관을 심문하더니, 죽
이라고 명령했다. 그때 필어는 쥬
디아남부에서 시저리아로 가서 머
물렀다.

20 헤롣은 타이러와 사이든 사람도
대단히 못마땅했지만, 그들이 한
마음으로 그에게 와서, 왕의 시종
이자 친구인 블래스터스에게 평화
를 간절히 바랐는데, 그 이유는 그
들의 지역이 왕의 나라에 의해 도
움받고 있었기 때문이었다.
21 어느날 헤롣은 왕의를 차려입고,
왕좌에 앉아, 훈계하던 중이었다.
22 그때 사람들이 소리치며 말했다.
"이것은 신의 목소리지, 사람 소리
가 아니다."
23 순간 **주님**의 천사가 그를 쳤다. 왜
냐하면 그는 **하나님**에게 감사하지
않았던 탓에, 벌레에 먹혀 숨을 거
뒀다.
24 반면 **하나님** 말은 점점 더 커져, 사
람수가 늘어갔다.
25 그때 바너버스와 쏠이 저루살럼에
서 그들의 봉사임무를 완수하고
돌아오면서, 성이 말크인 존을 데
려왔다.

앤티앜에서 쥬다인이 폴에게 반박

13 앤티앜 교회에는 예언자 및
선생들이 있었는데, 바너버
스와, 나이거라고 부르는 시미언
과, 사이린 출신 루시어스와, [헤롣
영주와 같이 자란] 미니언과, 쏠이
있었다.
2 그들이 **주님**에게 예배하며 금식하
자, 성령이 이르길, "바너버스와 쏠
을 별도로 분리해라. 내가 그들을
불러 맡길 임무가 있다"고 했다.
3 금식기도를 끝낸 뒤, 그들에게 손
이 얹어지면서, 그들은 임무를 받
고, 파견되었다.
4 그렇게 성령으로 파견된 그들은,
설루시아로 간 다음, 그곳에서 배
로 사이프러스로 갔다.
5 그들은 살러머스에 있으면서, 쥬
다인 시너가그 집회에서, **하나님**
가르침을 알렸고, 존도 그들의 봉
사를 도왔다.
6 그들이 섬을 거쳐 패이풔스로 갔
을 때, 어떤 거짓 예언자이자 마법
사를 만났는데, 이름은 발지저스
로 쥬다인이었고,
7 그는 그 지방 총독 수행원과 같이
있었는데, 수행원 이름은 설지어
스 폴러스로 분별력이 있는 사람
이었다. 그가 바너버스와 쏠을 불
러, **하나님**의 말을 듣고자 했다.
8 그러나 마법사 일라이머스는 [이
름 자체 의미가 마술사였는데,] 그
들에 맞서, 그 수행원의 믿고 싶은
마음을 막으려고 애썼다.
9 그때 쏠은, [폴이라고도 불렀는데,]
신성한 영혼성령으로 가득차서, 그
에게 눈을 고정하며,
10 이렇게 말했다. "오 교활하게 악의
씨만 뿌리는 너는, 악의 영혼악령의
자손으로, 정의의 적이다. 올바른
주님의 길을 방해하려는 너희는,
그만 멈추지 못할까?
11 앞으로 두고 봐라. **주님**의 손이 너

희에게 있기 때문에, 너는 곧 눈이
멀어, 한동안 해를 보지 못할 것이
다." 그 순간 안개와 어둠이 감싸
자, 그는 손을 잡아 이끌어줄 사람
을 찾아 더듬었다.
12 그때 그 상황을 지켜본 수행원은,
주님의 가르침에 놀라며 믿게 되었
다.
13 그때 폴과 동료는 패이풔스를 떠
나 팸필리아의 펄가로 왔고, 존은
그들과 헤어져 저루살럼로 돌아갔
다.
14 그들은 다시 펄가를 떠나, 피시디
아의 앤티악으로 가서, 사배쓰휴
일에 시너가그 집회에 참석했다.
15 거기서 법과 예언서를 읽고 난 뒤,
시너가그 여러 지도자가 그들에게
말을 건넸다. "형제들, 당신들이 사
람들을 위해 권하고 싶은 말이 있
으면 해보세요."
16 그러자 폴이 일어나, 손짓을 곁들
여 말했다. "이즈리얼 사람, **하나님**
을 경외하는 여러분, 들어보라.
17 이즈리얼 사람의 **하나님**은 그 조상
을 선택하여, 이집트땅에서 외지
인으로 사는 그들을 들어올려, 하
늘 높은 곳에 있는 팔로 이끌어냈
다.
18 그리고 약 40년간 황야생활로 여
러 어려움을 겪었다.
19 그가 캐이넌땅에 살던 7민족을 파
멸한 다음, 그들에게 제비뽑기로
그땅을 나누어주었다.
20 다음 **하나님**은 새뮤얼 예언자까지
450년 동안, 이즈리얼 사람에게 판
관을 세워주었다.
21 그후 그들이 왕을 원하자, **하나님**
은 그들에게 시스 아들 쏠을 세워
주었는데, 벤저민 출신인 그는 40
년간 집권했다.
22 **하나님**이 그를 제거할 무렵, 그들
에게 대이빋을 왕으로 세워주면
서, 역시 증거를 주며, 사람들에게
다음을 말했다. '나는 제시 아들 대
이빋을 발견했는데, 그는 내 마음
에 맞도록 나의 뜻을 이루어줄 것'
이라고 했다.
23 그래서 그의 후손 가운데, **하나님**
의 약속대로 이즈리얼의 구원자,
지저스를 내세웠던 것이다.
24 우선, 존은 그가 나타나기 전, 모든
이즈리얼 사람에게 물로 씻는 반
성의 세례를 알렸다.
25 존은 그의 임무를 수행하면서 말
했다. '너희는 나를 누구라고 생각
하나? 나는 그가 아니다. 보라, 내
뒤에 한 사람이 나타나는데, 나는
그의 신발끈을 풀 가치도 못된다'
고 했다.
26 형제들아, 애이브러햄 혈통의 자
손이라면 누구나, **하나님**을 경외하
는 당신들에게 이 구원의 말이 전
해졌던 것이다.
27 그런데 저루살럼에 사는 사람과
지배자들이, 그를 알아보지 못했
고, 사배쓰휴일마다 읽는 예언서

도 이해하지 못한 탓에, 결국 그에
게 유죄를 판결하고 말았다.
28 그들은 죽일 명분이 없었는데도
불구하고, 파일럴 총독에게 그를
처벌해줄 것을 간청했다.
29 그들이 그에 대한 기록 그대로 실
행했을 때, 사람들이 나무에서 그
를 내려, 돌무덤에 안장했다.
30 그리고 **하나님**이 죽음에서 그를 일
으키자,
31 한동안 모습을 보이며, 갤럴리부
터 저루살럼까지 같이 있던 사람
에게 나타났는데, 제자가 바로 사
람들에게 그의 증인이 된다.
32 이제 우리가 여러분에게 알리는
기쁜 소식은, 조상에게 한 약속을
어떻게 이루었는가에 관한 것으
로,
33 **하나님**은 그들의 자손 우리에게 한
약속을 실천하기 위해, 지저스를
다시 살렸던 것이다. 이는 두번째
시가기도에 기록되어 있는 것과
같이, '너는 나의 아들이다, 이날 내
가 너를 낳았다'고 했다.
34 **하나님**이 그를 죽음에서 살린 일에
관하여, '이제 더 이상 부패하지 않
을 것'이라고 말하며, '내가 대이빋
에게 보인 관대한 사랑을 너희에
게도 반드시 주겠다'고 했다.
35 그리고 **하나님**은 또 다른 시가기도
에서도 언급한다. '너희에게, 너희
의 신성한 존재가 부패하는 것을
보지 않게 하겠다'고 했다.
36 대이빋은 **하나님**의 뜻에 따라 그의
세대에게 봉사한 다음 잠들어, 조
상과 함께 누운 뒤 부패를 보였다.
37 하지만 그는, **하나님**이 다시 일으
켰으므로 부패를 보이지 않았다.
38 따라서 형제들아, 여러분에게 알
아야 할 것은, 지저스를 통해서 죄
가 용서되었음이 선포되었다는 점
이다.
39 그리고 믿는 사람이라면, 그를 통
하여 정당화된다. 이는 모지스 법
으로 정당화되지 못한 것도 가능
하다.
40 그리고 조심하여, 예언서에서 언
급된 다음 일이 당신에게 일어나
지 않게 해야 한다.
41 '보라, 비웃는 자 너희는, 당황하다
사멸한다. 왜냐하면, 내가 너희 일
생동안 믿음을 이해하지 못하도록
작업하고, 또 남이 너희에게 알려
도, 안 될 것이다' 라고 했다."
42 그리고 쥬다인이 시너가그 밖으
로 나가자, 이민족은 다음 사배쓰
휴일에도 이런 강연을 들려주기를
간절히 희망했다.
43 그리고 모임이 끝나자, 많은 쥬다
인과, 종교 전향자들이, 폴쏠과 바
너바스를 따랐다. 두 사람은 그들
에게 말하며, **하나님**의 배려의 마
음을 이해하도록 계속 설명해주었
다.
44 그리고 다음 사배쓰휴일이 되자,
하나님 말을 들으려고 도시 전체가

거의 다 모였다.
45 하지만 쥬다인은 많은 사람을 보
더니, 질투심이 차오르면서, 폴의
이야기를 두고, 반박하며 모독적
이라고 했다.
46 그래서 폴과 바너버스는 더욱 단
호하게 말했다. "이것은 어쩔 수 없
는 일로, **하나님** 말은 먼저 쥬다인
당신들에게 전해져야 마땅하지만,
그것을 멀리하거나, 영원히 사는
것을 스스로 무가치하게 판단하
면, 우리는 할 수 없이 이민족에게
방향을 돌리게 된다.
47 그래서 **주님**이 우리에게 이렇게 명
령했다. '내가 너를 지명하여, 이민
족의 빛이 되게 한다. 너는 구원을
위하여 지구끝까지 가야 한다'고
했다."
48 이민족은 이 말을 듣고 기뻐하며,
주님의 말에 대단히 감사했다. 그
리고 영원한 생명을 받을 수 있도
록 대다수가 믿었다.
49 그리고 **주님**의 가르침은 전지역으
로 퍼져나갔다.
50 하지만 쥬다인은 헌신적이고 존경
받는 부인들과 도시대표들을 선동
하여, 폴과 바너버스에 대한 처벌
을 제기하여, 자기들 영역 밖으로
쫓아냈다.
51 그래서 그들은 쥬다인에 대해 신
발에 붙은 먼지까지 떨어버리고,
아이코니엄으로 갔다.
52 그 제자들의 마음은 기쁨과 신성
한 영혼성령이 가득찼다.

폴이 이민족에게 마음의 문을 열어주다

14 아이코니엄에서 그들은 같이
쥬다인 시너가그 집회에 가
서 강연하자, 쥬다인과 그리스인
다수가 믿게 되었다.
2 그러나 믿지 않는 쥬다인은 이민
족을 선동하여, 그들 마음에 폴쏠과
바너버스에 대해 반감을 품도록
만들었다.
3 그래도 그들은 오랫동안 체류하
며, **주님**에 대해 더욱 대담하게 연
설했고, **주님**의 배려에 관한 증거
를 대며, 그들 손으로 실행하는 기
적과 경이로 그것을 입증했다.
4 그러나 도시의 대부분은 의견이
나뉘어, 쥬다인파와 지저스 제자
파로 갈라졌다.
5 그때 이민족과 쥬다인이 그들의
지도자까지 동원하여 공격하며,
두 사람에게 악담하며 돌까지 던
지려고 했다.
6 그들은 이 상황을 알아차리고, 라
이코니아 도시의 리스트라와 덜비
로 달아나, 주변 지역에 있었다.
7 그곳에서 그들은 가르침가스펄을 전
했다.
8 그곳 리스트라에 어떤 사람이 앉
아 있었는데, 어머니 자궁에서 나
올 때부터 발이 기능을 못해 절룩
이며, 제대로 걸어보지 못했다.
9 그가 폴의 이야기를 들었다. 폴은

꾸준히 그를 지켜보며, 치유될 만
한 믿음을 가진 사람이라고 느끼
져,
10 큰소리로 말했다. "네 발로 똑바로
서라." 그러자 그가 벌떡 일어나 걸
었다.
11 그때 폴이 이룬 경이를 보자, 사람
들이 목소리 높여 라이코니아 언
어로 말했다. "신들이 사람 같은 모
습으로 우리에게 내려왔다."
12 그러면서 바너버스를 쥬필어라고,
또 폴은 멀큐리라고 불렀는데, 이
는 최고 연설가를 일컬었던 것이
다.
13 당시 도시 앞에 쥬필어 제사장이
살고 있었는데, 그가 소와 화환을
문앞까지 끌고와, 사람들과 함께
희생제사를 지내려 했다.
14 지저스의 제자 바너버스와 폴이
이 말을 듣고, 옷을 찢으며 사람 가
운데 달려가 소리쳤다.
15 "여러분, 당신들이 왜 이러나? 우
리 역시 당신과 똑같은 열정을 가
진 인간일 뿐이다. 당신들에게 알
려서, 허상으로부터 살아 있는 **하
나님**에게 마음을 돌리도록 연설했
다. 그는 하늘과 땅과 바다 및 그
안의 모든 것을 만들었다.
16 과거의 **하나님**은 민족이 저마다 제
방식대로 하는 것을 참았다.
17 하지만 그는 스스로 증거의 흔적
없이 가만히 내버려두지 않게 되
었다. 그래서 선행하며, 하늘에서
비를 내려주고, 철마다 식량이 되
는 열매를 주며, 우리 마음에 기쁨
을 채워주게 되었던 것이다."
18 이렇게 말하고서야 간신히 그들을
자제시키게 되어, 사람들은 제자
를 위한 제사을 지내지 않게 되었
다.
19 그때 그곳으로 앤티악과 아이코니
엄에서 쥬다인 일부가 들어왔는
데, 그들이 사람들을 설득하여, 폴
쏠에게 돌을 던져, 죽일 작정으로
도시밖으로 끌어냈다.
20 하지만 여러 제자가 폴 주위를 감
싸, 그를 일으켜 도시안으로 데려
왔고, 다음날 그는 바너버스와 함
께 덜비로 떠났다.
21 그들은 그 도시에도 가르침가스펄을
알리며, 다수를 가르친 다음, 리스
트라와 아이코니엄과 앤티악으로
되돌아왔다.
22 제자는 확고한 정신을 가지고, 사
람들에게 지속적으로 믿기를 권유
하면서, 우리는 **하나님** 왕국에 들
어가기 위해 많은 시련을 겪어야
만 한다고 했다.
23 그리고 두 제자는 교회마다 원로
를 지명한 다음, 금식기도를 마치
고, 믿고 따르는 사람을 **주님**에게
맡겼다.
24 그리고 그들은 피시디아를 두루
돌아, 팸필리아에 왔다.
25 또 그들은 펄가에서 가르침을 전
한 다음, 얼탤리아로 갔다.

26 그곳에서 배를 타고 앤티악으로
돌아왔는데, 그곳은 그때까지 그
들이 임무를 실행하도록 **하나님**의
큰배려가 맡겨졌던 곳이었다.
27 그들이 도착하자, 함께 교회에 모
여, **하나님**이 그들에게 맡긴 일을
자세히 이야기하면서, 그가 어떻
게 이민족에게 믿음의 문을 열어
주었는지 설명했다.
28 그리고 그곳에서 두 사람은 여러
제자와 함께 오래 머물렀다.

논쟁해결 및 폴과 말다툼

15 쥬디아남부에서 온 몇 사람이
형제를 가르치며 말했다. "너
희가 모지스 법에 따라 할례받지
않는 한 구원받지 못한다."
2 그 때문에 폴쏠과 바너버스가 그들
과 적지 않은 의견충돌과 논쟁을
일으키자, 폴과 바너버스를 몇 사
람과 함께 저루살럼에 보내어, 다
른 제자단과 원로에게 이 문제를
의논하기로 결정했다.
3 그들이 가는 길에, 풰니스와 스매
리아 지역을 지나다, 어떤 교회에
서 이민족의 개종을 전하자, 그로
인해 그곳 형제 모두 크게 기뻐했
다.
4 그들이 저루살럼에 도착하여, 교
회와 제자단과 원로에게 환영을
받은 다음, **하나님**이 자기들에게
맡긴 모든 임무를 보고했다.
5 그런데 [엄격한 법규정파] 풰러시
중 일부가 일어나, 그들이 믿는 바
를 다음과 같이 말했다. "이민족도
반드시 할례해야 하고, 모지스 법
을 지켜야 한다"고 했다.
6 제자단과 원로가 함께 이 문제를
의논했다.
7 논쟁이 심해지자, 핕어가 일어나
그들에게 말했다. "형제 여러분, 당
신들도 알다시피 얼마 전, **하나님**
이 우리 가운데 좋은 결정을 내려
주었는데, 이민족도 내 입을 통해
가르침을 듣고 또 믿을 수 있다는
것이다.
8 **하나님**은 증인이 되는 사람의 마음
을 알아보고, 그들에게 신성한 영
혼성령을 주었는데, 우리에게 준 것
과 똑같다.
9 또한 우리와 그들 사이에 어떤 차
이도 두지 않고, 믿음으로 그들의
마음을 정화하게 했다.
10 그런데 왜 너희가 **하나님**을 시험
하며, 제자의 목에 멍에를 씌우나?
그것은 우리 조상도 우리도 책임
져 본 적이 없던 일인데?
11 단지 우리가, **주님** 지저스 크라이
스트의 배려를 통해 믿으면, 구원
받게 되고, 그들도 마찬가지다."
12 그래서 모두가 침묵하다, 바너버
스와 폴이 전하는 말에 귀를 기울
이게 되었는데, **하나님**이 두 사람
을 통해 만든 기적과 경이에 관한
보고였다.
13 그들이 침묵한 뒤 재임스가 말했

다. "여러 형제들, 내 말을 들어주
세요.
14 사이먼필어의 설명에 의하면, **하나**
님이 처음 이민족을 방문하여, 그
의 이름을 위해 그들 중 한 사람을
어떻게 선택했는가였죠.
15 그것은 예언자의 말에 일치하고,
그것이 기록된 바는 다음과 같아
요.
16 '내가 다시 돌아오면, 대이빋의 무
너진 막사를 다시 세워, 폐허를 복
구하여 재건하겠다.
17 그러면 나머지 사람은 **주님**을 뒤따
를 수 있고, 심지어 내 이름을 부르
는 이민족 모두 따를 수 있다고, 이
모든 일을 한 **주님**이 말했다.
18 이 세상 처음부터 생긴 일은 모두
하나님이 알고 있다'고 했어요.
19 따라서 나의 판단은, **주님**에게 마
음을 돌리는 일로, 우리가 이민족
을 곤란하게 만들지 말자는 것이
죠.
20 대신 그들에게 편지하여, 그들이
우상에 오염되지 않게 하고, 매춘
을 삼가며, 식육동물을 목졸라 죽
이지 말고, 피가 들은 것을 먹지 않
도록 자제시키는 것입니다.
21 왜냐하면 예전의 모지스 법은 도
시마다 전해지고, 사배쓰휴일마다
시너가그 집회에서 읽고 있기 때
문이지요."
22 그러자 이 제안이 제자단과, 원로
는 물론, 교회 전체를 기쁘게 했으
므로, 그들은 동료를 뽑아 앤티악
으로 파견하여, 폴과 바너버스와
함께 가게 했는데, 선발된 사람은
성이 바서버스인 쥬더스와, 형제
가운데 대표인 사일러스였다.
23 그들이 인편으로 보낼 편지에 쓴
내용은 다음과 같다. "이곳 제자단
과 원로와 형제단은, 앤티악과 시
리아와 실리시아의 이민족 형제에
게 안부인사를 전한다.
24 우리가 들은 바에 의하면, 우리한
테서 파견된 일부가 그곳에서 당
신들의 정신을 혼란시키며, 곤혹
스러운 말고, 다음과 같이, '당신들
이 할례를 받아야, 법을 지키는 것'
이라고 했다더라. 하지만 우리는
그들에게 그런 지시를 내린 적이
없다.
25 우리에게 좋은 일로 생각된 점은,
한마음으로 모여, 선발자와 더불
어 우리가 사랑하는 폴과 바너버
스를 당신들에게 파견하는 일이
고,
26 이들은 우리의 **주님** 지저스 크라이
스트의 이름을 위하여 자기 목숨
에 대한 위험을 무릅쓰는 사람들
이다.
27 우리가 보내는 쥬더스와 사일러스
역시, 입으로 똑같은 이야기를 전
할 것이다.
28 신성한 영혼성령에게도 우리에게도
좋은 일은, 여러분이 필요 이상의
부담을 지지 않는 것이다.

29 필요한 것은, 우상에 대한 제사를
자제하고, 피가 들어 있는 것과 식
육동물을 목졸라 죽이는 일과 매
춘을 삼가며, 스스로 하지 않도록
지키면, 여러분의 일이 잘될 것이
다. 행운을 빈다."
30 그렇게 해서 그들이 파견되어 앤
티악으로 들어갔다. 그들 대다수
가 함께 모였을 때, 서신을 전달했
다.
31 그들은 편지를 읽더니, 마음에 위
안을 받으며, 몹시 기뻐했다.
32 쥬더스와 사일러스는 예언자로서,
자진해서 여러 말로 그곳 형제를
존중해주며, 그들에게 확신을 주
었다.
33 그들은 한동안 머물다, 그곳 형제
들의 편안한 인사를 받고 제자단
한테 돌아갔다.
34 하지만 사일러스는 그곳에 계속
있는 것이 즐거웠다.
35 폴과 바너버스는 계속 앤티악에
남아, **주님**의 말을 가르쳤고, 또 다
른 사람 역시 알리는 일을 함께 했
다.
36 며칠 후 폴이 바너버스에게 제안
했다. "우리, 다시 가서, 우리가 **주**
님의 말을 전한 도시마다 형제를
방문하고, 그들이 어떻게 하는지
보자."
37 그때 바너버스는 가는 길에 성이
말크인 존을 함께 데려갈 결심을
했다.
38 하지만 폴은, 데려가는 것이 내키
지 않았는데, 그는 팸필리아에서
올 때, 그들을 떠나, 그들의 봉사에
동참하지 않았기 때문이다.
39 두 사람 사이에 말다툼이 심해지
자, 그들은 각자 헤어져 떠났다. 그
래서 바너버스는 말크를 데리고
배로 사이프러스로 갔고,
40 폴은 사일러스를 택하여 떠나면
서, **주님**의 배려를 기원하는 그곳
형제의 격려를 받았다.
41 그리고 그는 시리아와 실리시아를
경유하며, 여러 교회를 점검했다.

폴을 묶은 밧줄이 풀어지다

16 그때 폴쏠이 덜비와 리스트라
에 가서 보니, 그곳에 어떤 제
자가 있었고, 이름은 티모씨어스
로, 믿음을 가진 여자 쥬다인 아들
인데, 아버지는 그리스인이었다.
2 그는 리스트라와 아이코니엄의 형
제한테 평판이 좋았다.
3 폴은 그를 데려가고 싶어서, 그에
게 할례 해주었는데, 이유는 지역
쥬다인 모두 그 아버지가 그리스
인이라고 알고 있었기 때문이었
다.
4 그들은 여러 도시를 경유하며, 사
람들에게 지침을 지키도록 전달했
는데, 그것은 저루살럼의 제자단
과 원로가 규정한 것이었다.
5 그리고 교회가 믿음으로 설립되면
서, 매일 사람수가 늘었다.

6 폴과 동료가 프리지아와 갤래이샤
전역을 돌았을 때, 신성한 영혼성령
이 [롬Rome 자치구] 애이쟈Asia에서
강연을 못하게 거의 막았으므로,
7 그들은 미시아에 간 다음, 버씨니
아로 가려고 조사해도, 성령이 그
것도 허락하지 않았다.
8 그래서 미시아를 지나쳐, 트로아
스로 갔다.
9 밤에 폴에게 환상이 보이더니, 어
떤 [고대 북그리스 지역] 매서도니
아마케도니아 사람이 서서 그에게 간
절히 말했다. "매서도니아로 와서,
우리를 도와주세요."
10 그 환상을 보자마자, 곧바로 우리
는 매서도니아로 들어가려고 시도
했는데, **주님**이 우리를 불러 모아,
그들에게 가르침gospel을 알리게 하
는 것이라고 확신했다.
11 그래서 트로아스에서 나온 다음,
우리는 곧장 새머쓰라스로 가서,
다음날 니아폴러스로 갔다.
12 그곳에서 퓔러파이로 갔는데, 그
곳은 롬Rome 식민지 매서도니아 도
시 중 하나였다. 우리는 그곳에서
며칠 있었다.
13 사배쓰휴일에 우리는 도시밖 강으
로 가서, 그곳을 기도장소로 삼고
앉아서, 그곳에 의지하러 오는 부
인들에게 이야기를 전했다.
14 싸이어타이라 도시 출신의 자색옷
감을 파는 리디아라는 여자가, **하
나님**을 경외하고 있었는데, 우리
이야기를 듣는 사이, **주님**이 그녀
마음을 열어주어, 폴이 전하는 것
에 주의를 기울였다.
15 그리고 그녀는 자신과 집안이 세
례를 받고 난 뒤, 우리에게 간청하
며 말했다. "당신이, **주님**에게 향하
는 나의 믿음을 제대로 평가해준
다면, 우리 집에 와 머물러주세요"
라고 말하며, 우리를 붙잡았다.
16 어느날 우리가 기도하러 가는데,
악의 영혼악령에 사로잡힌 소녀를
만나게 되었는데, 그녀는 점을 쳐
서, 주인에게 돈을 많이 벌어주고
있었다.
17 그 소녀가 폴과 우리를 따라오며
큰소리로 말했다. "이들은 가장 높
은 **하나님**의 종이다. 그들이 우리
에게 구원의 길을 보여준다"고 했
다.
18 그녀가 꽤 여러날 그렇게 하는 동
안, 폴은 가여운 마음에 몸을 돌려
소녀의 영혼에게 말했다. "내가 지
저스 크라이스트 이름으로 명령하
는데, 그녀한테서 밖으로 나와라."
그 순간 악의 영혼이 나왔다.
19 그러자 소녀의 주인은 돈 벌 희망
이 사라진 것을 알고, 폴과 사일러
스를 붙잡아, 번화가의 관청으로
끌고 갔다.
20 그리고 행정관에게 말했다. "이들
은 쥬다인으로, 우리 도시를 몹시
어렵게 만들고 있어요.
21 또 관습을 가르치고 있는데, 그것

은 우리가 받아들일 수 없는 부당
한 것이고, 롬Rome인으로서도 지킬
수 없어요."
22 그러자 많은 무리가 제자에게 대
들며 들고 일어났다. 행정관은 그
들의 옷을 찢고 체벌하라고 명령
했다.
23 그들은 폴과 사일러스를 무수히
때려 감옥에 집어넣은 다음, 교도
관에게 이들을 지키라는 책임을
주었다.
24 교도관은 책임지고, 그들을 교도
소 깊숙이 처넣은 뒤, 발에 족쇄를
단단히 채웠다.
25 그날 밤중에 폴과 사일러스는 기
도하며, **하나님**에게 감사하는 노래
를 부르자, 죄수들이 노래를 들었
다.
26 그런데 갑자기 큰지진이 일면서,
교도소 기반이 흔들리자마자 문이
모두 열리고, 사람마다 묶인 밧줄
이 풀렸다.
27 감옥의 교도관이 잠에서 깨어보
니, 감옥 문이 열려 있어 칼을 빼들
었는데, 죄수가 도망갔다고 짐작
하고 자살하려고 했다.
28 그때 폴이 크게 소리쳤다. "자신을
해치지 마라. 우리는 모두 여기 있
다."
29 그러자 그는 횃불을 들고 달려가,
몸을 떨며, 폴과 사일러스 앞에 엎
드렸다.
30 그리고 그들을 밖으로 데리고 나
와 말했다. "선생님, 내가 구원받으
려면 어떻게 하죠?"
31 그들이 대답했다. "**주님** 지저스 크
라이스트머사야를 믿으면, 너와 집
안이 구제받는다."
32 그리고 그들은 교도관과 그 집안
의 모두에게 **주님**의 말을 해주었
다.
33 그러자 그는 그밤에 매질로 인한
그들의 상처를 씻어준 다음, 곧바
로 가족 모두와 세례를 받았다.
34 그는 두 사람을 자기 집에 데려와,
음식을 차려놓고 기뻐하며, 집안
모두와 함께 **하나님**을 믿게 되었
다.
35 날이 밝자, 행정관이 부관을 보내
며, "이들을 풀어주라"고 했다.
36 그때 교도관이 폴에게 전했다. "행
정관이 당신들을 풀어주라고 사람
을 보냈어요. 그러니 편히 가세요."
37 그런데 폴이 그들에게 말했다. "저
들이 롬Rome인 우리를 유죄선고도
없이, 공개적으로 매질하여 감옥
에 넣었다. 그리고 이제 우리를 몰
래 풀어준다고? 그건 정말 안된다.
그들에게 직접 와서 우리를 내보
내게 해라."
38 부관들이 이 말을 행정관에게 전
했더니, 그들이 롬Rome인이란 걸
알자, 겁이 났다.
39 그리고 그들이 오더니, 제자들에
게 사정하며, 데리고 나와, 그 도시
를 떠나달라고 부탁했다.

40 그래서 그들은 감옥을 나와, 리디
아의 집으로 가서, 그 형제들의 마
음을 안심시키고 떠나갔다.

폴이 그리스 말스언덕에서 지저스를 알리다

17 이제 그들은 앰퓌폴러스와
애폴로니아를 지나, 드쌔로
니카까지 와서, 그곳 쥬다인 시너
가그 집회교회로 들어갔다.
2 폴쏠은, 전에 하던 대로 그곳에서,
사배쓰휴일마다 세차례 그들과 바
이블에 대해 토론했다.
3 크라이스트가 고통을 겪어야 했
고, 죽음에서 다시 일어나게 된 경
위를 설명하고 입증하며, "나는, 지
저스가 바로 크라이스트머사야, 구원
자라고 당신들에게 알린다"고 했
다.
4 그중 일부는 믿고, 폴과 사일러스
편이 되었고, 헌신적인 마음을 가
진 그리스인 다수와, 적지 않은 여
자대표들도 그랬다.
5 그러나 불신하는 쥬다인은 질투로
기울더니, 폭도무리를 끌어들여
온 도시에 소란을 피우며, 재이슨
집을 공격하여, 그들을 여러 사람
앞에 끌어내려고 했다.
6 그래도 그들을 찾을 수 없자, 재이
슨과 형제 몇몇을 도시당국자에게
끌고가서 소리쳤다. "그들은 세상
을 뒤엎어버리려고 여기 왔는데,
7 재이슨이 그들을 받아들여, 시저
의 칙령을 거부하며, '여기 다른 왕,
지저스가 있다'고 말한다."
8 저들은 사람들과 도시당국자를 이
런 소문으로 괴롭혔다.
9 그래서 그들은 재이슨과 다른 이
들을 구속하고, 그들을 돌려보냈
다.
10 그리고 형제가 즉시 폴과 사일러
스를 밤 사이 버뤼아 도시로 보내
자, 바로 그곳 쥬다인 시너가그 집
회소로 들어갔다.
11 버뤼아 사람은 드쌜로나이카 사람
보다 더 상류층으로, 그 가르침을
받아들이려고 마음의 준비를 하
며, 그 구절이 진짜 그런지 매일 바
이블에서 찾아보았다.
12 그래서 그 대다수가 믿게 되었고,
그리스인 귀족부인과 적지 않은
남자도 믿게 되었다.
13 그런데 드쌜로나이카의 쥬다인은,
폴이 버뤼아에서 **하나님** 가르침을
알린다는 소문을 알게 되자, 즉시
그곳에 와서 사람을 선동했던 것
이다.
14 그 즉시 형제들이 폴을 바다로 내
보냈지만, 사일러스와 티모씨어스
는 여전히 그곳에 있었다.
15 폴을 수행한 사람들은 그를 그리
스 애쓴즈Athems아테네까지 데려간
다음, 폴의 지시를 받았는데, 사일
러스와 티모씨어스에게 가능한 빨
리 자기에게 오라는 부탁을 받고
돌아갔다.
16 그런데 폴이 그리스 애쓴즈에서

두 사람을 기다리는 동안, 그의 영
혼이 혼란스러웠던 점은, 도시 전
체가 우상에 사로잡힌 모습을 보
았기 때문이었다.
17 그래서 그는 시너가그 집회에서
쥬다인과 논쟁하고, 또 헌신적인
마음의 그리스인 및 매일 상점가
에서 만나는 사람들과 대화를 나
눴다.
18 그때 어떤 철학자, [쾌락주의] 이피
큐리안파와, [금욕주의] 스토익파
가 폴과 만나게 되었다. 그중 일부
는, "이런 헛소리를 해서 뭐하나?"
라고 말하고, 다른 이는, "이 사람
은 이상한 신들을 구축하려는 것
같다" 라고 했다. 왜냐하면 폴이 그
들에게 지저스와 부활을 알렸기
때문이었다.
19 그래서 그들은 폴을 붙잡아, 애리
아퍼거스 광장에 데려가 말했다.
"우리도, 당신이 말하는 새로운 주
장을 알았으면 하는데?
20 당신이 이상한 것들을 우리 귀에
들려주기 때문에, 우리도 그 의미
를 알고 싶다."
21 [그곳의 애쓴즈인아테네 사람 및 외국
인은 모두, 시간 대부분을 새로운
것을 말하거나 듣는 것 이외 다른
것은 하지 않고 지내는 사람들이
었다.]
22 그때 폴은 [애리아퍼거스 광장에
있는] 말스언덕Mars' Hill전쟁신의 언덕
한가운데 서서 말했다. "애쓴즈인
여러분, 나는, 당신들이 이것 역시
미신이야기로 여길 것으로 안다.
23 내가 돌아다니며, 당신들의 정성
을 보면서, 나는, 심지어 "알지 못
하는 신에게" 라는 문구가 적힌 제
단도 발견했다. 따라서 당신들이
모른 채 경배하는 그를, 내가 알린
다.
24 세상과 그 안의 모든 것을 만든 **하**
나님은, 하늘과 땅의 주인으로, 손
으로 만든 신전에 살지 않는다는
것을 알아야 한다.
25 또 그가 무엇이 필요하더라도, 인
간의 손으로 하는 숭배는 불필요
하며, 그가 모두에게 생명과 호흡
및 필요한 모든 것을 준다는 것을
알아야 한다.
26 그리고 한 사람으로부터 모든 민
족을 만들어, 땅위에 살게 했고, 또
예전부터 시대를 지정하고, 삶의
터전의 경계를 세웠다.
27 따라서 인간은 주인님을 알기 위
해 노력해야 하고, 비록 그가 우리
로부터 멀리 있지 않다 해도, 느낄
수 있도록 뒤를 따르며, 그를 찾아
야 한다.
28 우리는 그 안에서 살며 움직이며,
존재하기 때문에, 어떤 면으로 시
인이 말하듯, '우리는 또 그의 자식'
이기도 하다.
29 우리가 **하나님**의 자식인만큼, **하나**
님의 머리를 금이나 은이나 돌로
만든 인간의 조각품과 공예품처럼

생각해서는 안 된다.
30 그토록 무지했으므로, **하나님**이 모
른 척 눈감아 주었지만, 이제는 그
가 모든 사람에게 명령하여, 모든
곳에서 반성하게 하는 것이다.
31 왜냐하면 그가 지정한 날, 정의로
세상을 처벌할 때, 자기가 임명한
자를 통해, 모든 사람에게 확실한
보호를 보장하기 위해서, **하나님**이
그를 죽음에서 일으켜 세웠던 것
이다."
32 여기까지 사람들이, '죽음에서 부
활'이라는 이야기를 듣더니, 일부
는 비웃고, 다른 이는, "우리가 이
문제에 대해 당신 이야기를 다시
들어보겠다"고도 했다.
33 그런 다음 폴은 그들로부터 떠나
갔다.
34 하지만 어떤 사람들은 폴을 따르
며 믿게 되었다. 그 가운데 다이어
니시어스는 애리아퍼거스파이고,
대멀스라는 여자 및 다른 이들도
있었다.

두려움없이 전하며 침묵하지 마라

18 이 일 이후 폴은 애쓴즈Athens
아테네를 떠나 커린쓰에 왔다.
2 거기서 폰터스 출신 어퀼라라는
쥬다인을 만났는데, 최근 아내 프
리실라와 같이 이틀리Italy이틀리에
서 왔다. [당시 클라우디어스 황제
가 쥬다인 모두 롬Rome롬Rome을 떠
나라고 명령했기 때문이었다.]
3 폴은 거기서 지내며, 어퀼라와 프
리실라와 같이 작업했는데, 당시
그들은 천막을 제조하고 있었다.
4 폴은 사배쓰휴일마다 시너가그 집
회에서 토론하며, 쥬다인과 그리
스인을 설득했다.
5 그때 사일러스와 티모씨어스가 매
서도니아에서 왔다. 폴은 영혼이
무장되어, 쥬다인에게 지저스가
크라이스트머사야: 구원자라며 증언했
다.
6 그들이 **하나님**을 모독했다고 반박
하자, 폴은 자기 옷의 먼지를 털어
내며 말했다. "너희 피의 대가는 자
신의 머리에 내릴 것이다. 나는 모
독하지 않았고, 깨끗하다. 이제부
터 나는 이곳을 떠나 이민족에게
간다."
7 그래서 그는 그곳을 떠나, 저스터
스라는 사람의 집으로 들어갔는
데, 그는 **하나님**을 경외했고, 그의
집은 시너가그에서 가까웠다.
8 그때 시너가그 수석관리자 크리스
퍼스는 **주님**을 믿는 일에, 그의 집
안과 함께 했고, 커린씨안 다수가
듣고 믿으며, 세례를 받았다.
9 그때 **주님**이 밤에 환상으로 나타나
폴에게 말했다. "두려움없이 전하
며, 침묵하지 마라.
10 내가 너와 함께 있으므로, 누구도 너
를 헤치도록 놔두지 않겠다. 나는 이
도시에서 사람을 많이 얻게 되었기
때문이다."

11 그래서 폴은 커린쓰에 1년 6개월
간 머물며, 그들에게 **하나님** 말을
가르쳤다.
12 그때 갤리오는 어카야의 부총독이
었는데, 커린쓰의 쥬다인이 폴을
상대로 한마음으로 반발하며, 그
를 재판정에 데려가서,
13 다음과 같이 주장했다. "이 자는 사
람을 유혹하여, **하나님**을 위반하는
법을 숭배하게 하고 있어요."
14 이에 대해 폴이 입을 열려고 하는
데, 부총독 갤리오가 쥬다인에게
말했다. "만약 그것이 잘못되었거
나 나쁜 일이라면, 오 쥬다인아, 내
가 너희와 함께 이를 따져봐야 한
다.
15 그런데 이것이 너희 법에 나오는
말과 이름에 관한 문제라면, 너희
가 그것을 검토해라. 나는 그런 것
을 재판하지 않는다."
16 그러면서 그는 재판정에서 그들을
내보냈다.
17 그러자 그리스인 모두 시너가그
수석관리였던 솟써니스를 붙잡아,
재판정 앞에서 때렸다. 그래도 갤
리오는 그에 대해 조금도 신경쓰
지 않았다.
18 그 사건 이후에도 폴은 상당기간
그곳에 있다가, 형제들을 떠나, 배
를 타고 시리아로 가면서, 프리실
라와 어퀼라도 함께 데려갔다. 그
리고 센크리아에서 그의 머리를
깎은 이유는, 어퀼라가 자신의 봉
헌맹세를 했기 때문이다.
19 폴은 에풔서스에 도착하여, 그곳
에 두 사람을 남겨 두고, 자신은 시
너가그 집회소에 들어가 쥬다인과
토론했다.
20 그들은 폴이 좀 더 있기를 바랐지
만, 사양하며,
21 그들에게 작별인사를 했다. "나는
무슨 일이 있어도, 다가오는 축일
을 저루살럼에서 지켜야 한다. 대
신 나는, **하나님**의 뜻이 있으면, 여
러분에게 다시 돌아온다." 그리고
그는 에풔서스에서 배를 탔다.
22 그가 시저리아에 도착하자마자,
교회로 가서 인사한 다음, 앤티악
으로 갔다.
23 그는 그곳에서 얼마간 지낸 다음
떠나, 갤래이샤와 프리지아를 차
례로 방문하며, 모든 제자의 마음
을 굳게 다져주었다.
24 어떤 어폴러스라는 쥬다인이 있
었는데, 앨렉잰드리아에서 태어난
웅변가로, 바이블 지식이 강한 그
가 에풰서스에 왔다.
25 그는 **주님**의 길에 관해 교육받아,
그의 영혼이 투철했지만, 단지 **주**
님에 관한 것을 성실하게 전하며
가르쳤고, 존의 세례에 관해 알뿐
이었다.
26 그런데 그가 시너가그에서 대담하
게 강연을 시작했고, 그것을 아퀼
라와 아내 프리실라가 듣더니, 그
사람을 데려다, **하나님**의 길에 관

해 더욱 완전하도록, 자세히 설명
해주었다.
27 그리고 그가 어카야로 파견되자,
그곳 형제가 편지를 써주며, 맞이
할 제자들이 그를 존중해달라고
부탁했다. 그리고 그가 온 다음, 그
들을 돕게 되자, 많은 사람이 **주님**
의 배려로 믿게 되었다.
28 그는 쥬다인을 강하게 설득하며,
공개적으로 지저스가 크라이스트
머사야: 구원자라고 바이블을 내보이
며 알려주었다.

훠서스에서 공예장인 반발

19 어폴러스가 커린쓰에 있었을
때, 폴은 위쪽 해안을 거쳐,
에훠서스로 몇몇 제자를 찾아와,
2 그들에게 말했다. "너희가 믿은 이
후, 신성한 영혼성령을 받았나?" 그
들이 그에게 말했다. "우리는 어떤
신성한 영혼이 있는지 없는지, 들
어본 적이 없어요."
3 폴이 그들에게 말했다. "그럼, 누구
에게 세례를 받았나?" 그들이 대
답했다. "존의 세례를 받았어요."
4 폴이 말했다. "존이, 반성으로 정화
되는 진실한 세례를 해주며, 사람
들에게 한 말은, '자기 뒤에 나타나
는 사람을 믿어야 하는데, 그가 바
로 지저스 크라이스트머사야 구원자'
라고 했다."
5 이 말을 듣자, 그들이 모두 **주님** 지
저스의 이름으로 세례를 받았다.
6 폴이 자기 손을 그들에게 얹자, 신
성한 영혼성령이 내려왔다. 그러더
니 그들은 외국어로 예언을 말했
다.
7 그들은 모두 12명이었다.
8 그리고 폴은 시너가그 집회에 들
어가, 3개월 동안 과감하게 강연하
면서, **하나님** 왕국에 관한 여러 일
을 토론하며 설득했다.
9 그러나 많은 사람은, 마음이 강경
하여 믿지도 않으면서, 오히려 대
중 앞에서 **하나님** 길에 대해 악담
하자, 폴은 그들을 떠나 제자를 따
로 분리해서, 티래너스의 어느 학
교에서 매일 강연했다.
10 이것은 2년동안 계속되었기 때문
에, 애이쟈Asia에 사는 사람 모두 **주**
님 지저스의 가르침을 들었고, 쥬
다인도 그리스인도 듣게 되었다.
11 그때 **하나님**은, 폴의 손을 통하여
특별한 기적을 만들어 보였다.
12 폴의 몸에서 나온 손수건이나 앞
치마를 아픈사람에게 가져가만해
도, 질병이 나았고, 악의 영혼악령도
사라졌다.
13 그때 어떤 악령을 내쫓는 쥬다인
방랑자들이, 그들도 **주님** 지저스의
이름으로 악령을 내쫓는 시도를
하며 말했다. "우리는, 폴이 알려
준, 지저스의 이름으로 너에게 명
령한다"고 했다.
14 그리고 수석제사장 쥬다인 시바의
7아들도 그렇게 했다.

15 그러자 악령이 한마디 했다. "나는,
지저스도 폴도 아는데, 너희는 대
체 누구지?"
16 그러면서, 악령이 들어 있던 사람
이 흉내내는 자들 위로 뛰어오르
며, 눌러 제압하자, 그들이 그 집에
서 달아났는데, 맨몸에 상처까지
입었다.
17 이 일이 에풔서스에 사는 쥬다인
과 그리스인에게 알려지자, 모두
두려워하며, **주님** 지저스 이름의
힘이 더욱 커졌다.
18 그래서 많은 사람이 믿게 되어, 자
신의 행동을 고백하고 드러내 보
여주었다.
19 이상한 기법을 사용하던 대다수
역시, 읽던 마술책을 가져와, 여럿
이 보는 앞에서 불태웠는데, 그것
을 돈으로 계산할 때, 1일품삯을
은 한조각으로 치면, 은 5만조각어
치다.
20 그렇게 **하나님** 말의 위력이 크게
퍼져나갔다.
21 이런 일이 지난 뒤, 폴이 영혼속에
서, 매서도니아와 어카야를 경유
하여 저루살럼으로 갈 계획을 세
우고 말했다. "내가 그곳에 간 다
음, 롬Rome를 보러 가야겠같다"고
했다.
22 그래서 그는 자신을 돕던 두 사람
티모씨어스와 이래스터스를 매서
도니아로 보냈지만, 자신은 한동
안 애이쟈Asia에 머물렀다.
23 그때 믿음에 대해 적지 않은 소란
이 벌어졌다.
24 어떤 은세공업자 드미트리어스는
은으로 다이애나 신전을 만들어,
여러 장인에게 적지 않은 수입을
안겨주고 있었다.
25 그는 같은 직업의 노동자를 모아
놓고 말했다. "여러분도 알다시피,
이 공예기술로 우리의 부를 쌓았
다.
26 그런데 들어 알지만, 에풔서스뿐
아니고 애이쟈 거의 곳곳까지, 폴,
이 자가 설득하여, 많은 사람의 마
음을 돌리며, 손으로 만든 것들은
신이 아니라고 한다.
27 그러면 우리 공예업이 쓸데없는
일에 처하는 위험은 물론이고, 위
대한 다이애나 여신의 신전도 마
찬가지다. 또 그녀의 위엄은, 숭배
하던 애이쟈 [롬 식민지역] 전역과
세상에서 파멸된다." [Diana다이
애나는 그리스어로 Artemis알더
머스이다.]
28 그들이 이 말을 듣자 분노하여, 소
리쳤다. "에풔서스인의 다이애나
는 위대하다!"
29 그리고 온 도시가 혼란에 빠져들
면서, 폴의 선교여행에 동행한 매
서도니아인 가이어스와 아리스타
커스를 붙잡아, 극장으로 한데 몰
려갔다.
30 그때 폴이 사람들에게 들어가려
하자, 제자가 그를 말렸다.

31 [Rome 식민지구] 애이쟈의 대표
들도 폴의 친구였는데, 그에게 사
람을 보내어, 극장안에 직접 들어
가는 모험을 하지 않기를 바란다
고 했다.
32 극장안의 일부는 이렇게, 일부는
다르게 주장하면서, 모인 사람이
혼란스러운가 하면, 심지어 어떤
이들은 왜 거기 왔는지 알지도 못
했다.
33 쥬다인이 앨렉잰더를 앞으로 내밀
자, 사람들이 그를 대중 앞에 끌어
냈다. 그래서 앨렉잰더는 손짓으
로 사람 앞에서 자신을 방어하고
싶었다.
34 그런데 그가 쥬다인인 것을 알자,
모두 한 목소리로 두 시간쯤 소리
쳤다. "에풔서스의 다이애나는 위
대하다!"
35 그때 마을서기장이 사람을 진정시
키고 말했다. "에풔서스 여러분, 그
것을 모르는 사람도 있을까? 에풔
서스 도시 사람은 위대한 다이애
나 여신을 숭배한 다는 것을, 또한
쥬필어의 딸 그녀 신상에게 제사
한다는 것을 누가 모르나?
36 그것은 말할 필요도 없다는 것을
여러분이 다 아니까, 조용히 있어
야 하고, 분별없이 행동하면 안 된
다.
37 당신들이 여기 데려온 사람은 교
회의 도둑도 아니고, 여신에게 모
욕을 준 적도 없다.
38 따라서 드미트리어스와 그와 같이
온 세공사가 어떤자에 대해 문제
가 있으면, 법정도 열려 있고, 대리
인도 있으니, 그들이 서로 기소하
게 하면 된다.
39 대신 당신들이 다른 것에 관해 소
송하려면, 정당한 집회에서 결정
해야 한다.
40 우리가 오늘처럼 소란을 일으키면
위험해지는 까닭은, 대중이 동의
할 명분이 없기 때문이다.
41 그가 이와 같이 말한 다음, 군중을
해산시켰다.

에풔서스를 떠나기 전 마지막 강연

20 이 소란이 진정되고 나서, 폴
은 **주님**의 제자를 불러 껴
안아준 다음, 매서도니아 [Rome
식민지]로 떠났다.
2 폴은 그 일대 여러 지역에 들러, 사
람들의 마음을 북돋아주고, 그리
스에 왔다.
3 거기서 3개월간 있었는데, 쥬다인
이 노리며, 폴이 시리아행 배를 타
기를 기다리고 있었으므로, 그는
매서도니아로 되돌아 가기로 결심
했다.
4 폴이 애이쟈Asia로 가면서 동행한
사람은, 버뤄아 출신 소패터, 드쌜
로니아 사람 애러스탈커스와 세쿤
더스, 덜비 출신 가이어스와 티모
씨어스, 애이쟈 출신 티키커스와
트로퓌머스였다.

5 이들은 먼저 출발해서, 우리를 위
해 트로아스에서 기다렸다.
6 우리는 펄러파이에서 배를 타기
전, 무효모빵 축일을 보낸 후 떠나,
5일만에 트로아스에 도착한 다음
7일간 지냈다.
7 그주 첫날 빵을 나누러 제자가 모
이자, 폴은 다음날 떠날 준비를 해
야 하는 그들에게 강연을 시작하
여, 한밤중까지 계속했다.
8 윗층방에 불을 모두 켜 두고, 제자
가 모여 있었다.
9 창문 옆에 앉은 청년의 이름은 유
티커스로, 잠이 오는데, 폴의 강연
이 너무 길어지자, 깊이 잠든 다음,
3층에서 떨어져 죽었다.
10 폴이 내려가, 그에게 엎드려 끌어
안으며 말했다. "너희는 걱정 마라.
아직 살아있다."
11 그러자 그가 다시 일어나, 빵을 떼
어먹었고, 오래 이야기하다, 날이
밝자, 그곳을 출발했다.
12 그들은 청년이 다시 살아나자, 적
지 않게 안심이 되었다.
13 그리고 우리는 미리 배로 애이쏘
스로 가서, 그곳에서 폴을 태우고
자 했다. 왜냐하면 그가 걸어갈 작
정을 했기 때문이었다.
14 우리는 애이쏘스에서 폴을 만나,
배에 태워, 미틸리니로 갔다.
15 우리는 거기서 배를 타고, 다음날
카이어스에 가서, 다음날 사모스
에 도착하여, 트로길리엄에서 머
물고, 다음날 멀레터스에 왔다.
16 폴이 에풔서스로 항해를 결심한
것은, 애이자에서 시간을 낭비하
고 싶지 않았기 때문이다. 그가 서
두른 이유는, [성령이 내리는] 펜터
코스트일Pentecost에 가능한 저루살
럼에 있고 싶었던 것이다.
17 폴은 멀레터스에서 에풔서스로 사
람을 보내, 교회 원로를 불렀다.
18 그들이 오자, 폴이 말했다. "여러분
이 알다시피, 나는 애이자에 온 첫
날부터 당신들과 늘 함께 지내왔
다.
19 나는 **주님**을 위해 겸손과 수많은
눈물로 봉사했고, 쥬다인이 꾸미
는 거짓말로 인해 나는 여러 시험
을 당했다.
20 여러분에게 유익하다면 미루지 않
았고, 대신 너희에게 알려주고, 공
개적으로 가르치며, 이집에서 저
집으로 다녔다.
21 쥬다인과 그리스인 모두에게 증언
하며, **하나님**을 향하여 반성하고,
또 우리의 **주님** 지저스 크라이스트
구원자를 믿게 했다.
22 그리고 이제, 나는 성령의 지시대
로 저루살럼으로 가지만, 거기서
나에게 무슨 일이 생길지 알지 못
한다.
23 오직 신성한 영혼성령만이, 도시마
다 감금과 고통이 나와 함께 있을
것이라며 증언한다.
24 하지만 어떤 것도 나를 흔들지 못

하고, 스스로 내 생명의 가치를 헤
아려보지도 않는다. 그렇게 나는
기쁘게 나의 여정을 마치려고 한
다. 내가 **주님** 지저스로부터 받은
임무는, **하나님**이 배려한 가르침을
증명하는 것이다.
25 나는 앞으로, **하나님** 왕국을 알려
왔던 너희 모두가 나의 얼굴을 더
이상 보지 못한 다는 것을 안다.
26 따라서 여러분에게 부탁하는 것
은, 이날 모든 사람의 피에 대한 책
임에서, 내가 깨끗하다는 것을 기
록해주길 바란다.
27 왜냐하면 나는 너희에게 **하나님** 가
르침을 알리는데 꺼리지 않았기
때문이다.
28 그리고 자기 스스로 조심하고, 또
신성한 영혼성령이 너희에게 관리
를 맡긴 양떼를 잘 돌보며, **하나님**
이 자기 피로 사들인 그의 교회가
성장하도록 지원해야 한다.
29 내가 떠나면, 잔인한 늑대가 너희
가운데 끼어들어, 양떼를 아끼거
나 돌보지 않을 것을 알고 있다.
30 또 여러분 중에서도 남 앞에 자신
을 내세워, 기대에 어긋난 말을 하
며, 따르도록 제자를 끌고갈 것이
다.
31 그러니 깨어나서 기억해야 한다.
내가 3년 내내 밤낮을 눈물로 모든
사람을 각성시키는 일을 멈추지
않았다는 것을 알아야 한다.
32 형제 여러분, 내가 지시하는 것은,
자기 자신을 **하나님** 앞에 세울 수
있도록, 그의 배려의 가르침을, 신
성하게 정화된 모두에게 상속해주
기를 바란다.
33 나는 남의 은이나 금이나 옷을 탐
내지 않았다.
34 그렇다, 너희도 알겠지만, 양손이
내가 필요할 때 도왔고, 나와 함께
있는 사람에게도 마찬가지였다.
35 내가 너희에게 모든 것을 보였으
므로, 너희도 노동으로 약자를 지
원해주어야 한다. 또 **주님** 지저스
의 다음 말을 기억해야 하는데, 그
의 말은, '받기보다 주면 축복이 더
크다'고 했다."
36 그는 이렇게 말하고, 무릎을 꿇고,
제자와 함께 기도했다.
37 그들 모두 너무 심하게 울며, 폴의
목을 껴안고 입을 맞췄다.
38 그의 말 가운데 가장 슬픈 것은, 그
의 얼굴을 더 이상 보지 못할 것이
란 말이었다. 그리고 그들은 배까
지 그를 배웅했다.

폴이 저루살럼에 도착하자 반발

21 그쪽 제자들과 헤어진 뒤, 우
리는 배로 곧장 코스Kos로 가
서, 다음날 로즈스Rhodes를 거쳐, 퍼태
라Patara로 갔다.
2 또 퓌니시아Phenicia행 배를 찾아, 승
선 후 출발했다.
3 우리는 사이프러스Cyprus를 마주하
고, 왼쪽으로 방향을 돌려 시리아

Syria로 항해한 다음, 타이러Tyre에
착륙한 이유는, 우리 배가 그곳에
짐을 내렸기 때문이었다.
4 그래서 거기서 제자를 만나 7일간
있었는데, 그 제자는 성령을 통해
말한다며, 폴이 저루살럼으로 가
서는 안 된다고 했다.
5 그곳에서 며칠을 보내다, 다시 떠
나게 되자, 그곳 사람은 아내와 아
이까지 데리고 나와, 그 도시를 떠
나는 우리를 배웅하러 나와주어
서, 우리는 해안가에서 무릎을 끓
고 기도했다.
6 그리고 서로 작별인사를 한 다음,
우리는 배를 탔고, 그들은 집으로
되돌아갔다.
7 우리는 타이러 여정을 끝내고, 프
톨러매Ptolemais로 가서, 그곳 형제
에게 인사한 뒤, 그들과 하루를 보
냈다.
8 다음날 폴 일행 우리는 그곳을
떠나, 시저리아에 와서, 전언자
evangelist알리는자, 전도사 필립의 집에
들어갔는데, 그는 배급담당으로
선발된 7인 중 하나로, 그집에서
묶었다.
9 그는 네 딸을 두었는데, 그 소녀들
은 예언을 말했다.
10 우리가 여러 날 머무는 동안, 쥬디
아 출신 예언자 애거버스를 만나
게 되었다.
11 그가 우리에게 와서, 폴의 허리띠
를 들더니, 제 손발을 묶고 말했다.
"신성한 영혼성령의 말에 의하면,
'저루살럼의 쥬다인이 이 허리띠
의 주인을 묶어, 이민족 손에 넘길
것'이라고 했어요."
12 이 말을 들은 우리와 그곳 사람 모
두, 폴에게 저루살럼으로 가지 말
라고 애원했다.
13 그때 폴이 대답했다. "왜 너희가 울
며, 내 마음을 흔드나? 나는, 구속
은 물론이고, **주님** 지저스 이름으
로 저루살럼에서 죽을 각오가 되
어 있다."
14 그가 전혀 설득되려 하지 않아, 우
리가 단념하며 말했다. "**주님**의 뜻
이 실현되겠죠."
15 며칠후 우리는 짐을 꾸려 저루살
럼으로 갔다.
16 우리와 동반한 시저리아 출신 몇
몇 제자가, 내이슨의 집으로 데려
갔는데, 그는 사이프러스 출신의
나이든 제자로, 우리를 묶게 해주
었다.
17 우리가 저루살럼에 오자, 그곳 형
제가 우리를 반갑게 맞이했다.
18 다음날 폴이 우리와 함께 재임스
에게 가자, 원로 모두 같이 자리했
다.
19 폴은 그들에게 인사한 다음, **하나**
님의 특별한 일이 무엇이었는지 전
했다. 그것은 자기에게 임무를 주
어 이민족 사이에 봉사하게 한 것
이었다.
20 그 강연을 듣더니, 그들은 **주님**에

게 감사하며 폴에게 말했다. "형제
님, 당신이 보듯, 믿는 쥬다인이 얼
마나 많은지, 수천이 넘는 그들은
모두 법에 열정적이에요.
21 그런데 당신에 대해 그들에게 알
려진 것은, 당신이 이민족 사이에
사는 쥬다인에게 가르쳐, 모지스
를 저버리게 하고, 그들이 자녀의
할례를 지키지 않게 하며, 관례를
따를 필요도 없다고 했다는 거예
요.
22 그런데 어쩌죠? 군중이 한데 몰려
올 텐데요. 그들도 당신이 왔다는
소문을 들었겠죠.
23 따라서 당신이 우리말을 들어주세
요. 우리에게 자신을 봉헌하겠다
고 맹세한 네 사람이 있는데,
24 그들을 데려가서, 본인과 함께 직
접 그들을 정화시키고, 제사의무
를 지워주면, 그들이 머리를 깎을
수 있게 됩니다. 그렇게 되면 그들
이 당신에 관해 들은 소문이 다르
다는 것을 알뿐아니라, 당신도 법
을 지키고 수행한다는 것을 알 수
있을 겁니다.
25 믿는 이민족에 대해 언급하자면,
우리는 편지로 전하며, 외국인이
그런 것을 지키지 않아도 된다고
결론을 내리면서, 오직 지켜야 할
것은, 우상에게 제사하지 말고, 피
가 들은 것을 먹지 말고, 목을 졸라
질식시키지 말며, 매춘하지 말아
야 한다는 것이었어요."
26 그러자 폴이 그들을 데려가, 다음
날 자신도 그들과 함께 정화하려
고 성전으로 들어갔고, 정화의식
의 완료를 알리는 날까지, 사람마
다 자기 제물로 제사를 지냈다.
27 일곱째 날이 거의 끝나가는데, 애
이쟈Asia에서 온 쥬다인이 성전에
서 폴을 보더니, 사람을 선동하고
그를 손으로 치며,
28 소리쳤다. "이즈리얼 사람아, 도와
달라. 이 자는 모두에게 사람의 도
리를 지키지 말라고 가르쳤고, 법
과 장소도 위반하게 했다. 게다가
그리스인까지 성전으로 데려와,
신성한 장소를 오염시켰다."
29 [왜냐하면 그들은 에풔서스 도시
에서 그리스인 트로퓌머스와 함께
있는 폴을 본적이 있는데, 폴이 그
를 성전으로 데려온 것으로 생각
했다.]
30 그러자 도시 전체가 움직여, 사람
들이 한꺼번에 달려와, 폴을 붙잡
아, 성전 밖으로 끌어낸 다음, 문을
잠궜다.
31 사람들이 폴을 죽이려 한다는 소
문이, 군사령관한테 들리면서, 전
저루살럼이 혼란상태라고 전했다.
32 그는 즉시 군대와 백명지휘관을
데리고, 그들에게 뛰어갔다. 사람
들이 사령관과 군대를 보자, 폴을
때리다 멈췄다.
33 그때 사령관이 다가와, 그를 잡으
라고 명령하며, 두 쇠밧줄로 묶고,

그가 누구며, 무슨짓을 했는지 물
었다.
34 그런데 이쪽은 이렇게, 저쪽은 다
르게 사람들이 말하자, 사령관은
소요상황을 알 수 없어, 그를 병영
안으로 끌고가라고 명령했다.
35 폴이 계단까지 왔는데, 사람의 폭
동으로 인해, 군대가 그를 둘러메
야 했다.
36 군중떼가 뒤를 따르며 아우성쳤
다. "그를 없애라!"
37 폴이 병영안으로 끌려간 다음, 사
령관에게 말했다. "당신에게 이야
기 좀 해도 될까요?" 사령관이 말
했다. "당신, 그리스어 할 줄 아나?
38 당신은 이집트인으로, 며칠 전 광
란의 소란을 피우며, 살인자 4천명
을 황야로 이끈 자가 아닌가?
39 폴이 말했다. "나는 탈서스에 사는
쥬다인 중 하나다. 그곳 실리시아
에 있는 평범하지 않은 도시의 시
민인, 내가 당신에게 부탁하는데,
사람들에게 직접 말하도록 허락해
달라."
40 그가 허락하자, 폴은 계단에서, 대
중에게 손짓하며 섰다. 그리고 진
지한 침묵의 분위기가 형성된 가
운데, 폴은 히브리어로 사람들에
게 말을 시작했다.

저루살럼에서 히브리어로 연설했지만

22 "형제 여러분, 내가 지금부터
말하는 나의 변명을 들어달
라.
2 [그때 폴이 히브리어로 말하는 소
리를 듣고, 조용히 하자, 폴이 말했
다.]
3 나는 실리시아 도시 탈서스에서
태어난 쥬다인이다. 하지만 이 도
시로 와서 자라, 거맬리얼 선생님
의 발밑에서 조상의 법을 철저하
게 따르도록 배웠고, 역시 **하나님**
을 향하여 열정적이며, 이날까지
당신들이 하는 그대로다.
4 나는 이 길을 추구하면서, 사형에
이르도록 남녀 모두 묶어 감옥에
넣었다.
5 또 대제사장 역시 나에 대한 증인
이고, 원로급 전체도 그렇다. 내가
그들한테서 편지를 받아 드매스커
스에 간 것은, 형제를 묶어 저루살
럼까지 끌고와, 처벌할 목적이었
다.
6 내가 여행하여 드매스커스 가까이
가자, 정오쯤 갑자기 하늘에서 내
주위로 밝은 빛이 비췄다.
7 그때 나는 땅에 쓰러졌고, 어떤 목
소리가 들리더니, 나에게 말했다.
'쏠, 쏠아, 왜 너는 나를 괴롭히나?'
8 그래서 내가 물었다. '주인님 당신
은 누구죠?' 그가 나에게 말했다.
'나는, 네가 박해하는 내저러쓰의 지
저스다.'
9 나와 함께 있던 사람도 실제로 그
빛을 보고 두려워했지만, 내게 말
하는 그의 목소리는 듣지 못했다.

10 그때 내가 말했다. '주인님, 내가 어
떻게 해야죠?' 그러자 주인님이 나
에게 말했다. '일어나, 드매스커스
로 가라. 그곳에 가면, 네가 해야 할
모든 것을 듣게 될 것이다' 라고 했
다.
11 그런데 내가 찬란한 그 빛을 더 이
상 볼 수 없었기 때문에, 사람들이
나를 이끌어 드매스커스로 갔다.
12 그때 법을 따르는 헌신적인 애너
나이어스라는 사람이, 그곳에 사
는 쥬다인으로부터 좋은 평판을
듣고 있었는데,
13 그가 오더니 내게 말했다. '쏠 형제
님, 당신 시력을 회복하세요.' 그 순
간 내가 그를 보게 되었다.
14 그는 다음을 말했다. '우리 조상의
하나님이 당신을 선택하고, **하나님**
뜻을 알게 한 다음, 정의의 유일한
존재를 보게 했고, 또 그의 입에서
나온 말을 들을 수 있게 했어요. 15
그는 당신을 자기 증인으로 삼아,
모두에게 보고 들은 것을 증언하
게 하는 것이죠.
16 이제 뭘 망설이죠? 일어나, 세례받
고 당신의 죄를 씻어 정화한 다음,
주님의 이름을 부르세요' 라고 했
다.
17 내가 저루살럼으로 다시 돌아와,
성전에서 기도하는 중에 비몽사몽
의 환각상태에 있었는데,
18 그가 보이더니, 나에게 말했다. '서
둘러서, 빨리 저루살럼을 빠져나가
라. 저들이 나의 관한 너의 증언을
거부하기 때문이다.'
19 그때 내가 말했다. '**주님**, 그들은 다
알고 있죠. 나는 시너가그 집회마
다 가서, 당신을 믿는 자를 매질해
서 감옥에 넣었다는 것을.
20 당신의 순교자 스티븐이 피를 흘
릴 때, 나는 그 옆에 서서, 그 죽음
이 당연하다고 생각했고, 살해된
자의 옷도 가졌어요.'
21 그러자 그가 내게 말하며, '떠나라,
내가 너를 여기서 먼 이민족한테 보
내겠다'고 했다."
22 그런데 그들이 여기까지 폴의 말
을 듣고는, 목소리를 높여 소리질
렀다. "어쨌든, 저런 놈을 땅위에서
없애라! 저놈이 사는 것은 부당하
다!"
23 그들은 아우성치며, 자기 옷을 던
지고, 공중으로 흙을 뿌렸다.
24 사령관이 폴을 병영안으로 데려가
라고 명령한 다음, 채찍질로 심문
을 지시한 이유는, 그들이 폴에 대
해 소리치는 이유를 알려는 것이
었다.
25 그들이 가시덩굴로 묶자, 폴이 옆
에 서있는 백명지휘관에게 말했
다. "당신은, 유죄판결도 받지 않은
롬Rome인을 때리는 것이 합법적인
가?"
26 백명지휘관이 그 말을 듣더니, 가
서 사령관에게 전했다. "당신이 하
는 일을 조심하세요. 이 사람은 롬

Rome인이에요."
27 그러자 사령관이 와서 폴에게 말
했다. "내게 말해보라. 당신은 롬
Rome인인가?" 폴이 대답했다. "그
렇다."
28 사령관이 말했다. "나는 엄청난 돈
을 지불하고 내 시민권을 얻었다."
폴이 대답했다. "하지만 나는 시민
으로 태어났다."
29 그러자 그들은 즉시 조사하려던
그로부터 물러났다. 사령관은 그
가 롬Rome인이라는 것을 알고 두려
웠고, 또 그를 구속했기 때문에 겁
이 났다.
30 다음날 사령관은 쥬다인이 그를
고발한 이유를 확실히 알고 싶었
기 때문에, 폴을 풀어주고, 수석제
사장과 위원회를 소집한 다음, 폴
을 데려가 그들 앞에 앉혀 놓았다.

폴에 대한 반발과 살해음모

23 폴은 진지하게 위원회를 바
라보다가 말했다. "형제 여러
분, 나는 이날까지 **하나님** 앞에 정
직하게 양심적으로 살아왔어요."
2 그러자 대제사장 애너나이어스가
옆에 선 사람들에게 그의 입을 내
리치라고 명령했다.
3 그때 폴이 그에게 말했다. "**하나님**
이 당신을 치면, 당신은 회반죽벽
이 될 겁니다. 왜냐하면 당신은 법
에 따라 나를 재판하려고 앉아서,
법과 달리 나를 때리라고 명령하
다니요?"
4 옆에 선 사람들이 말했다. "당신은
하나님의 대제사장을 모욕하나?"
5 그러자 폴이 말했다. "형제야, 나는
그가 대제사장인지 모르지만, 기
록에 의하면, '너는 너희 백성의 지
도자에게 악담하지 말아야 한다'
고 했다."
6 그런데 폴은 눈치챈 것은, 한쪽은
[부활을 부정하는] 새저시이고, 다
른 쪽은 [엄격한 법규정파] 풰러시
였으므로, 위원회에서 큰소리로
말했다. "형제 여러분, 나는 풰러시
이자, 풰러시의 후손으로, 죽음에
서 부활하는 희망을 말하다, 심문
받게 되었어요."
7 그가 그말을 하자, 풰러시와 새저
시 사이에 의견충돌이 벌어졌고,
대중도 나뉘었다.
8 새저시는 부활은 없고, 천사도 영
혼도 부정하지만, 풰러시는 둘 다
인정하기 때문이었다.
9 그때 소란이 커지자, 풰러시쪽 서
기관법학자이 일어나 강하게 주장했
다. "우리는 이 사람한테 잘못을 찾
지 못했다. 대신 어떤 영혼이나 천
사가 이 사람에게 말했다면, 우리
가 **하나님**을 상대로 싸워서는 안
된다."
10 의견충돌이 심해지자, 사령관은
폴이 그들의 편싸움에 말려들까
걱정이 되어, 군인에게 가라고 명
령하여, 그들한테서 무력으로 폴

을 끌어내, 병영으로 데려오게 했
다.
11 그날 밤에 **주님**이 폴 옆에 서서 말
했다. "힘을 내라! 폴아, 너는 저루살
럼에서 나를 증언한 것처럼, 그렇게
롬Rome에서도 나를 증언해야 한다."
12 낡이 밝자, 쥬다인 몇명이 단합하
여, 자신들이 저주를 내리기로 결
의하며 말했다. "폴을 죽일 때까지,
먹지도 마시지도 않겠다."
13 이 모의에 가담한 자가 40명 이상
이었다.
14 그들이 수석제사장과 원로에게 와
서 말했다. "우리는 스스로 큰 저주
를 내리기로 결의했는데, 폴을 죽
일 때까지, 아무것도 먹지 않을 겁
니다.
15 그러니, 당신들은 위원회와 함께,
사령관에게 전하여, 내일까지 폴
을 당신들에게 데려오게 하세요.
마치 당신들이 폴에 관해 좀 더 확
실하게 질문할 것이 있는 것처럼
해주면, 그가 여기로 오는 동안, 우
리가 준비하여 그를 죽일 겁니다."
16 폴의 여동생 아들이 그들의 음모
를 듣고, 병영으로 들어가 폴에게
말했다.
17 그러자 폴은 백명지휘관 하나를
불러 말했다. "이 청년을 사령관에
게 데려가라. 그에게 할 이야기가
있다고 한다."
18 그래서 그가 청년을 사령관에게
데려가서 말했다. "죄수 폴이 나를
불러, 이 청년을 당신에게 데려가
라고 하면서, 그가 당신에게 무언
가 할 얘기가 있다고 했어요."
19 그때 사령관은 그를 손으로 이끌
며, 옆방으로 데려가 물었다. "내게
할 말이 뭐지?"
20 그가 말했다. "쥬다인이 당신에게
부탁하기로 합의했는데, 내일 폴
을 위원회로 데려오게 하는 것은,
그들이 폴에게 더 확실하게 질문
할 것이 있는 것처럼 하는 거예요.
21 하지만 당신은 그들에게 속지 말
아주세요. 그들은 폴을 노리려고
속이는 거예요. 그들은 40인 이상
스스로 맹세하며, 폴을 죽일 때까
지 먹지도 마시지도 않기로 결의
했기 때문에, 그들은 대기하면서,
데려간다는 당신의 약속을 기다리
는 중이에요."
22 그때 사령관은 청년을 보내며, 당
부했다. "네가 나에게 이런 말을 전
했다는 것을 아무에게도 말하지
말아라."
23 그리고 그는 백명지휘관 둘을 불
러 명령했다. "군인 200명을 선발
하여 시저리아로 보내고, 기병 70
명, 창잡이 200명을 제3밤9시 밤에
파병해라.
24 또 그들에게 폴을 태울 수 있도록
나귀를 제공하여, 그를 펠릭스 총
독에게 안전하게 데려가라"고 했
다.
25 그리고 다음과 같이 편지를 써주

었다.
26 "클라우디어스 리시어스, 가장 탁
월한 펠릭스 총독에게 안부 전합
니다.
27 이 사람은 쥬다인에게 잡혀, 그들
에게 죽을뻔 했는데, 내가 군대로
그를 구하고 나서, 그가 롬Rome 사
람인 것을 알게 되었어요.
28 내가 쥬다인이 그를 고소한 이유
를 알고자, 그들의 재판위원회에
데려간 다음,
29 그들의 법 문제 때문에 고소된 것
을 알았어요. 하지만 그에게 사형
이나 구속할 혐의가 아무것도 없
어요.
30 또한 쥬다인이 그를 노리고 있다
는 이야기를 듣고, 내가 곧바로 이
사람을 당신에게 보내면서, 그의
고소인들에게 할 말이 있으면, 당
신 앞에서 말하라고 명령합니다.
안녕히 계세요."
31 그래서 군대는 명령받은 대로 폴
을 데리고 밤에 앤티퍼트리스로
갔다.
32 다음날 그들은 기병대를 폴과 함
께 떠나보낸 다음, 병영으로 돌아
왔다.
33 기병대가 시저리아에 와서, 총독
에게 서신을 전달하며, 폴을 앞에
세웠다.
34 총독이 편지를 읽고나서, 그의 출
신을 묻고서, 폴이 실리시아 사람
임을 알자,
35 "당신을 고소한 자가 오면, 내가 당
신 이야기를 듣겠다"고 그가 말했
다. 그리고 그는 명령하여 폴을 헤
롣 재판정에 붙잡아 두게 했다.

시저리아에서 폴의 첫재판

24 그리고 5일 지나, 애너나이어
스 대제사장이, 여러 원로와
터털러스라는 변호사와 같이 내려
가서, 총독에게 폴의 잘못을 알렸
다.
2 그가 불려나오자, 터털러스 변호
사가 폴을 고발하기 시작했다. "총
독 당신의 통치로 우리가 크게 안
정을 누리게 되었고, 또 당신의 대
단히 탁월한 능력이 이 민족에게
실천되었다는 것도 잘 알고 있어
요.
3 우리는 언제 어디서나 가장 고귀
한 펠릭스 총독님을 환영하며 깊
이 감사하고 있어요.
4 지만 내가 당신에게 더 이상 지루
하게 늘어놓지 않고 간청하니, 당
신의 너그러운 관용으로 몇 마디
들어주기 바랍니다.
5 우리에게 꽤 성가신 사람이 나타
나게 되었는데, 그는 세상 곳곳을
돌아다니며 쥬다인의 마음을 흔드
는 선동가이자, 내저린파의 주모
자라는 것을 알게 되었어요.
6 그가 성전을 거의 더럽히려고 해
서, 우리가 그를 잡아, 우리 법에 따
라 재판하고자 했어요.

7 그런데 리시어스의 군대사령관이
우리를 덮쳐, 과도한 폭력으로 우
리 손에서 그를 빼내갔어요.
8 그의 고소인의 명령으로 당신에게
와서, 당신이 직접 조사할 때, 이 사
건의 모든 지식이 반영되도록 우
리가 그를 고소합니다."
9 쥬다인 역시 동의하며, 이 모든 것
이 사실이라고 말했다.
10 그리고 총독이 그에게 의사를 표
하도록 손짓하자, 폴이 말했다. "내
가 아는 한, 당신은 여러 해 동안
이 민족의 재판관이었으므로, 내
자신에 대해 더욱 기꺼이 말하지
요.
11 내가 예배하기 위해 저루살럼에
온지, 불과 12일이라는 것을 당신
들도 알고 있겠죠.
12 사람들은, 내가 성전에서 누구와
언쟁하는 것을 본적 없고, 시너가
그 집회나 도시안에서 사람을 선
동하는 것을 보지 못했어요.
13 그들은 그런 사실을 입증할 수 없
는데도, 지금 나를 고소하고 있어
요.
14 하지만 당신들에게 나를 고백하자
면, 당신들이 이단heresy이라고 부
르는 방법으로, 내 조상의 **하나님**
을 경배했고, 또 법과 예언서에 기
록된 모든 것을 믿어왔어요.
15 그들 스스로 인정하는, 곧 **하나님**
에게 기대하는 희망이란, 정의와
불의 모두 죽음에서 부활하는 것
이죠.
16 이것을 나 스스로 실천하여, 언제
나 **하나님**을 향하여 양심에 불편함
을 피하고, 남에 대해서도 불쾌하
지 않도록 노력했어요. 17몇년이
지나 이제 나는 저루살럼에 와서,
내 민족에게 선물과 봉헌물을 나
누려고 해요.
18 애이쟈에서 온 쥬다인도, 성전에
서 깨끗하게 정화하는 나를 보았
으므로, 반발하는 군중도 소란도
없었다는 것을 알지요.
19 만약 그들이 본적있다면, 당신들
앞에 나와서 나에 대한 반박을 제
시해보세요.
20 아니면, 여기서 말하지 않은 것이
나, 나에 대한 악행을 발견했다면,
내가 법정 앞에 서 있는 동안 제시
해주세요.
21 오직 나는 한 목소리로 남 앞에 서
서 이렇게 외쳤을 뿐이에요. '죽음
에서 부활이 있다'고 그런 나를 이
날 당신들이 의심하며 소환했을
뿐이죠."
22 펠릭스가 이 이야기를 듣고 좀 더
확실하게 그 길에 대해 이해하게
되자, 재판을 휴회하며 말했다. "리
시어스 지역 군사령관이 이곳에
오면, 당신 사건에 대해 더 철저히
알게 될 것이다."
23 그러면서 그는 백명지휘관에게 폴
을 지키라고 명령하며, 자유를 허
락하고, 그의 지인이 그를 돌보거

나 면회오는 것을 막지 말라고 했
다.
24 며칠 후 펠릭스 총독은 자기 쥬다
인 아내 드루실라와 함께 와서, 폴
을 데려오게 한 다음, 크라이스트
믿음에 관하여 폴의 이야기를 들
었다.
25 폴이 정의, 자제, 미래 심판에 대
해 설명하자, 펠릭스가 떨며 말했
다. "이번에는 여기까지 하고, 돌아
가라. 편할 때, 다시 당신을 부르겠
다."
26 그는 한편 폴이 돈을 주면 풀어주
려고 생각했다. 그래서 그는 자주
폴을 부르러 사람을 보냈다.
27 그러나 2년 뒤 펠릭스 자리에 폴시
어스 풰스터스가 왔다. 전임 펠릭
스는 쥬다인의 환심을 보이며, 폴
을 감옥에 내버려 두었다.

아그리파왕 앞에서 폴재판 재개

25 풰스터스가 그 지역에 온지 3
일이 지나, 시저리아에서 저
루살럼으로 갔다.
2 거기서 대제사장과 쥬다인대표가,
폴의 혐의를 알리며, 그에게 다음
을 부탁했다.
3 자기들에게 호의를 보여, 폴을 저
루살럼으로 보내주기를 바란다고
했지만, 도중에 숨어서 기다리다
폴을 죽이려는 것이었다.
4 그러나 풰스터스 총독은 이렇게
대답했다. "폴은 시저리아에 수감
되어야 하고, 나도 직접 그곳으로
곧 떠난다.
5 그러니 당신들 가운데 가능한 사
람이 있으면, 나와 함께 가서, 이 사
람에게 잘못이 있으면 거기서 고
소하게 해라."
6 그리고 그는 그들과 10여일을 머
물다, 시저리아로 가서, 다음날 재
판석에 앉아 폴을 소환했다.
7 폴이 재판정에 나오자, 저루살럼
에서 온 쥬다인이 폴을 둘러싼 중
대한 죄목을 여러가지 늘어놓았지
만, 입증할 수 없었다.
8 한편 폴은 스스로 자신을 변호했
다. "나는 쥬다인 법을 어기지 않았
고, 성전에서 잘못한 적도 없고, 시
저황제에게 죄지은 것도 없이, 어
떤 것도 조금도 위반하지 않았다."
9 그러나 풰스터스 총독은 쥬다인의
환심을 사려고, 폴에게 말했다. "당
신은 저루살럼에 가서, 내 앞에서
언급된 사건에 대해 재판을 받겠
는가?"
10 그때 폴이 말했다. "나는 시저황제
의 법정에 있으므로, 마땅히 여기
서 재판받아야 한다. 총독 당신도
잘 알겠지만, 나는 쥬다인에게 잘
못이 없다.
11 내가 위반자이거나, 죽을 정도의
잘못을 했다면, 죽기를 마다하지
않는다. 하지만 이들이 고발한 일
을 내가 하지 않았다면, 누구도 나
를 저들에게 넘기지 못한다. 나는

시저에게 항소한다.”
12 그러자 풰스터스는 위원회와 의논
한 다음 대답했다. “당신은 시저에
게 항소할 것인가? 그러면 황제에
게 보내겠다.”
13 그리고 며칠 후 아그리파왕과 버
니스가 시저리아에 와서 풰스터스
총독에게 인사했다.
14 그들이 그곳에 여러 날 머물자, 풰
스터스 총독이 아그리파왕에게 폴
사건을 설명했다. “펠릭스 전 총독
이 구속한 채 남겨둔 어떤 사람이
있어요.
15 내가 저루살럼에 갔더니, 대제사
장과 쥬다원로가 이 사람에 관해
나에게 알리며, 그들이 그의 재판
을 희망했어요.
16 그래서 내가 그들에게 이렇게 대
답했어요. ‘롬Rome법은 사람을 사
형하도록 넘기지 못한다. 그 전에
고발된자피고와 고발한자원고를 1:1
대면시켜야 하고, 혐의를 받은 자
는 범죄에 관하여 자신변론 기회
를 가져야 한다’고 했지요.
17 그리고 그들이 이곳까지 왔으므
로, 지체없이 다음날, 내가 재판석
에 앉아, 그 사람을 재판에 소환했
어요.
18 고발자들이 그에 대해 주장했지
만, 내가 짐작한 대로, 고소에 대해
비난할 것이 아무것도 없었죠.
19 그런데 그에 대한 어떤 질문은, 그
들 자신의 미신이었는데, 지저스
라는 죽은자를, 폴은 살아 있다고
확신하고 있었어요.
20 나는 그 문제에 대하여 이해할 수
없었으므로, 폴에게 저루살럼으로
가서, 재판받을지 의향을 물었어
요.
21 그러나 폴은 항소하여, 어거스터
스 황제의 청문회 심리를 받고자
예약했으므로, 폴을 시저에게 보
낼 때까지 감호를 명령했어요.”
22 그러자 아그리파왕이 풰스터스에
게 말했다. “나도 이 사람의 이야기
를 직접 듣고 싶어요.” 그러자 풰스
터스가, 내일 폴의 말을 듣게 해주
겠다고 했다.
23 다음날 아그리파왕과 베니스가 화
려한 의상을 입고 나타나, 심리 장
소로 들어갔고, 여러 군사령관과,
도시대표들도 들어갔다. 그리고
풰스터스의 명령에 폴이 소환되었
다.
24 풰스터스가 말했다. “아그리파왕
과 우리와 함께 있는 여러분, 당신
들도 이 사람을 보라. 그에 관하여,
대다수 쥬다인 및 저루살럼 모두
나에게 처리하라며, 그는 더 이상
살려두어서는 안 된다고 외쳤다.
25 그런데 내가 보니, 그는 죽을 정도
의 잘못을 저지르지 않았고, 그 스
스로 어거스터스 황제에게 항소했
으니, 내가 그를 보내기로 결정했
다.
26 하지만 그에 대해, 나의 군주에게

써보낼 말이 없다. 따라서 내가 여
러분 앞에 그를 데려왔고, 특별히
아그리파왕 당신 앞에서 심문하
면, 적을만한 것이 나올 수 있을지
모른다.
27 죄수를 보내며, 그의 범죄를 알리
지 않는 것은, 내 생각에 합당하지
않기 때문이다."

폴의 자기변론

26 그때 아그리파가 폴에게 말
했다. "당신은 스스로 변론할
수 있는 권리가 허락되었다." 그러
자 폴은 손을 뻗어 손짓해가며 자
신을 변론했다.
2 "나는, 이날 아그리파왕 앞에서, 나
를 위해 답변을 할 수 있게 되어 기
쁘게 생각합니다. 우선, 내가 쥬다
인에게 고소당한 원인을 언급하고
자 합니다.
3 특히 당신은 쥬다인의 여러 관습
과 논쟁에 전문가라고 알고 있어
요. 그래서 내 이야기를 끝까지 들
어주기를 부탁해요.
4 내가 어릴 때부터 살아온 방식은,
처음부터 쥬다인이라고 알려져 있
는 저루살럼에서 사는 나의 민족
이 하던 그대로였어요.
5 쥬다인은 처음부터 나를 알았고,
혹시 그들이 증명한다 해도, 내가
우리 종교의 가장 엄격한 법규정
파 퀘러시로 살아왔음은 다 아는
사실이지요.
6 지금 내가 법정에 나와 재판받고
있는 것은, 우리 조상의 **하나님**이
맺은 약속에 대한 희망 때문이에
요.
7 이 약속 때문에, 우리 12부족은 밤
낮으로 **하나님**에게 제사하며, 그것
이 이루어지기를 희망했어요. 쥬
다인이 나를 고소한 이유도, 그 희
망 때문이었다는 것을, 아그리파
왕도 알아주세요.
8 **하나님**이 죽은자를 살렸다는 것이
왜 당신에게 믿을 수 없는 일로, 여
겨질까요?
9 한때 스스로 깊이 생각하며, 내저
러쓰의 지저스 이름을 부정하기
위해 많은 일을 해야 한다고 결심
했죠.
10 그래서 나는 저루살럼에서도 그런
일을 하며, 수석제사장으로부터
권한을 위임받아, 많은 성도를 감
옥에 감금했고, 또 그들을 사형에
처하도록 나의 목소리를 냈어요.
11 나는 시너가그 집회마다 자주 그
들을 처벌했고, 그들이 **하나님**을
모독한다고 몰아붙였고, 그들이
미친 것으로 과도하게 취급하며,
외국까지 가서 박해했죠.
12 이런 일로 나는 수석제사장의 권
한을 위임받아 드매스커스로 가던
중,
13 오 왕도 들어보세요, 한낮인데, 나
는 하늘에서 내려오는 한줄기 빛
을 보았고, 태양보다 밝은 빛이 내

주위와 함께 여행하던 동료 주위
를 비췄어요.
14 그리고 우리가 땅에 쓰러진 가운
데, 나는, 내게 말하는 어떤 목소리
가 히브리어로 들렸어요. '쏠, 쏠아,
왜 너는 나를 괴롭히지? 가시를 차
면, 네가 아프다.'
15 그래서 내가 말했어요. '주인님, 당
신은 누구죠?' 그러자 그가 말하
며, '나는 네가 박해하는 지저스다.
16 하지만 일어나, 네 발로 걸어라. 나
는 목적이 있어 네 앞에 나타났다.
너를 봉사자와 증인으로 만들어, 네
가 본 것 및 내가 너에게 나타난 것
을 증언하게 하려는 것이다.
17 네 민족과 이민족 가운데 너를 구하
여, 너를 다시 그들에게 보내,
18 그들의 눈을 뜨게 하고, 어둠속 그들
을 빛으로 향하게 하며, [악의 영혼]
새이튼의 힘조차 하나님에게 돌아
서게 하면, 그들은 죄를 용서받을 수
있고, 나를 믿으며 신성하게 정화된
사람은 유산을 받을 것'이라고 했어
요.
19 이에 대해, 아그리파왕은 생각해
주세요. 나는 하늘이 보인 환상을
거부하지 못했어요.
20 오히려, 우선 드매스커스로 가서
알린 뒤, 저루살럼과, 쥬디아 전역
을 돌아다니고 나서, 이민족까지
반성하게 하고, **하나님**에게 마음을
돌리게 하며, 후회에 따르는 행동
을 실행해야 한다고 했어요.
21 이것 때문에 쥬다인이 성전에서,
나를 붙잡아 죽이려 했던 것이죠.
22 그런데 **하나님**의 도움을 받아, 나
는 이날까지 계속 크고 작은 증언
을 하고 있어요. 그것은 예언자와
모지스가 반드시 이루어진다고 했
던 다음 이야기와 다르지 않아요.
23 '크라이스트구원자는 고통을 받아야
만 하고, 죽음에서 최초로 일어난
다음, 우리 민족과 이민족에게 빛
을 보여주게 될 것'이라고 했어요."
24 이렇게 자신을 변론하자, 풰스터
스 총독이 큰소리를 질렀다. "폴,
너는 정신이 나갔다. 너무 많이 알
아 돌아버렸다."
25 폴이 말했다. "나는 미치지 않았어
요. 고귀한 풰스터스님, 단지 냉정
한 진리의 참말을 했을 뿐이죠.
26 아그리파왕은 이런 일을 잘 이해
하기 때문에, 그 앞에서 마음껏 이
야기하며, 내가 확신하는 것은, 이
이야기중 어느것도 그에 대해 몰
래 꾸며진 것이 없고, 한쪽 구석에
서 이루어진 것도 아니기 때문이
지요.
27 아그리파왕, 당신은 예언자를 믿
나요? 당신도 믿을 것으로 압니
다."
28 그때 아그리파가 폴에게 말했다.
"너는 나를 거의 설득해서 크리스
천이 되게 한다."
29 그러자 폴이 말했다. "나는 **하나님**
에게 바라고 있어요. 당신뿐아니

라, 오늘 내 말을 듣는 청중 모두가,
묶인 내가 아닌, 나와 같은 사람이
되기를 기원합니다."
30 그가 여기까지 말하자, 왕이 일어
났고, 총독도 버니스도 함께 앉았
던 사람들이 일어났다.
31 그들이 자리를 뜨자, 사람들이 서
로 말했다. "이 사람은 처형이나 구
속될만한 일은 하지 않았다."
32 다음 아그리파가 풰스터스 총독에
게 말했다. "이 사람은 자유로 풀려
날 수 있었다. 황제에게 항소하지
않았더라면."

항소를 위한 롬Rome행 항해

27 우리가 이틀리Italy이틀리행 배
를 타는 것이 결정되자, 그들
은 폴과 몇몇 다른 죄수를, 어거스
터스 황제 연대소속 백명지휘관
쥴리어스에게 인계했다.
2 우리는 앨래미티엄호의 배안에 들
어가서, 애이자Asia 해안을 따라 항
해를 시작했다. 드쌜로나이카에서
온 매서도니아 사람 아리스타커스
가 우리와 함께 있었다.
3 다음날 우리는 사이든에 닿았고,
쥴리어스는 폴을 정중하게 대하
며, 그의 친구들에게 가서 쉴 수 있
는 자유를 주었다.
4 그곳에서 다시 출항하여, 우리가
사이프러스의 바람부는 방향으로
항해하게 된 이유는, 역풍 때문이
었다.
5 우리는 실리시아와 팸퓔리아 대해
를 지나, 리시아 도시 마이라에 왔
다.
6 거기서 백명지휘관은 이틀리행 앨
렉잰드리아호를 발견하고, 우리를
태웠다.
7 우리는 느린 속도로 여러날을 항
해하여, 스나이더스 맞은편에 가
까스로 닿았고, 여전히 바람이 항
해를 허락하지 않았기 때문에, 살
모니 반대편 크리트섬으로 항해했
다.
8 힘들게 그곳을 지나, '아름다운 항
구'라고 불리는 곳까지 왔고, 그 부
근에 래시 도시가 있었다.
9 그때까지 시간이 너무 많이 걸렸
고, 이미 금식기간도 끝나서 항해
가 위험했기 때문에, 폴이 그들에
게 경고하며,
10 이렇게 말했다. "여러분, 내 생각에
이 항해는 피해와 손상이 커질 것
같고, 화물과 배뿐만아니라 우리
목숨도 그렇다."
11 그런데도 백명지휘관은 배선장과
선주만 믿고, 폴이 제시한 경고를
무시했다.
12 그 항구는 겨울나기가 불편했으므
로, 대다수는 그곳을 떠나기를 조
언하며, 가능하면 풰니스에 닿아,
거기서 겨울을 보내기를 바랐다.
그곳은 크리트섬의 항구로, 남서
쪽과 북서쪽을 향하여 위치한 곳
이었다.

13 남풍이 가볍게 불고 있어, 사람들
은 희망 진로가 순조로울 것으로
짐작하여, 그곳을 나와 크리트섬
가까이 항해했다.
14 그런데 머지 않아, 유롸크리단이
라고 불리는 거센 폭풍우가 몰아
쳤다.
15 배가 그 속에 갇혀, 바람을 뚫고 나
가지 못한 채, 배가 표류하는 대로
두었다.
16 그리고 클라다Clauda; Cauda로 부르
는 어떤 작은섬 근처로 흘러가면
서, 우리는 소형보트를 관리하느
라 무척 애를 먹었다.
17 사람들이 보트를 끌어올려 큰배를
떠받치는데 도움이 되도록 이용하
여, 위험에 빠지지 않도록 배전판
으로 배가 나아가게 했다.
18 우리는 엄청난 폭풍에 내동댕이쳐
지면서, 다음날에는 배무게를 가
볍게 줄이기 시작했다.
19 그리고 3일째 우리는 제손으로 배
안 장비까지 내던졌다.
20 당시 해도 별도 여러 날 동안 나타
나지 않았고, 적지 않은 태풍만이
우리를 강타했기 때문에, 구조될
희망은 모두 사라졌다.
21 오랫동안 아무것도 먹지 못한 채,
폴은 사람 가운데 서서 말했다. "여
러분은 내 말을 들었어야 했다. 또
크리트섬에서 빠져나오지 말았어
야, 이런 피해와 손실을 겪지 않았
을 것이다.
22 이제 여러분은 힘을 내야 한다. 왜
냐하면 여러분중 누구도 목숨을
잃지 않았고, 단지 배 피해만 있었
을 뿐이기 때문이다.
23 밤에 **하나님**의 천사가 내 옆에 서
있었다. 나는 그의 것이고, 그는 내
가 섬기는 존재인데,
24 이렇게 말했다. '폴아, 두려워 마라.
너는 틀림없이 시저황제 앞에 가
게 된다. 보라, **하나님**이 너에게 함
께 항해하는 모든 사람을 맡겼다'
고 했다.
25 따라서 여러분은 충분히 기운을
차려라. 나는 **하나님**을 믿기 때문
에, 내가 들은 그대로 될 것이다.
26 하지만 우리는 반드시 어떤 섬이
고 닿아야 한다."
27 그런데 14일째 밤에, 우리가 애드
리아 바다를 표류하던 중, 한밤이
었는데 선원들은 어떤 육지로 다
가가고 있다고 생각하게 되었다.
28 그래서 수심을 재니, 20뤠덤약 37m
정도가 되었고, 조금 더 전진해서
다시 재보니, 수심이 15뤠덤약 27m
이 되었다.
29 그때 우리가 바위암초에 부딪힐까
염려하는 동안, 뱃사람은 닻 네개
를 배뒤쪽 선미에 던져 놓고, 날이
밝기를 바랐다.
30 그런데 뱃사람들이 배에서 탈출하
려고, 뱃머리에서 닻을 내리는 척
하며, 소형보트를 바다로 내렸을
때,

31 폴이 백명지휘관과 군인에게 말했다. "배안에 이들이 없으면, 당신들도 살아날 수 없다."

32 그러자 군인이 밧줄을 끊어 거룻배를 떼어내버렸다.

33 그 사이 날이 밝아서, 폴은 사람들에게 음식을 권하며 말했다. "오늘로 14일째, 여러분은 아무것도 먹지 않고, 여기서 계속 굶었다.

34 그러니 내가 부탁하는데, 음식을 좀 먹고 기운을 차리기를 바란다. 그래야 여러분중 누구도, 머리카락 한올조차 떨어지지 않는다."

35 그가 이렇게 말하고, 빵을 들어, 모두가 보는 앞에서 **하나님**에게 감사한 다음, 떼어먹기 시작했다.

36 그러자 그들 모두 용기를 얻고, 역시 음식을 먹었다.

37 우리가 배에 같이 있던 사람은, 모두 276명이었다.

38 그들이 충분히 먹고 나서, 배를 가볍게 하고자, 배 안의 곡식마저 바다로 던졌다.

39 낮이 되도록, 육지를 보지 못하다, 어느 해안의 작은 만을 발견하자, 그들은 가능한 그곳에 들어가도록 배를 대려고 애썼다.

40 그리고 그들은 닻을 끌어올리고, 바다로 나가, 배선수의 키줄을 풀고, 바람을 향해 돛을 위로 올려, 해안가로 나아가게 했다.

41 그러다 두 물살이 마주치는 모래톱 지역에 배가 빠져 꼼작 못하게 되었는데, 배앞쪽이 단단히 틀어 박혀 움직이지 않았고, 배뒤쪽은 격렬한 파도에 부서졌다.

42 그러자 군인의 계획은 죄수를 죽여, 어느 누구도 헤엄쳐 달아나지 못하게 하려는 것이었다.

43 그러나 백명지휘관은 폴을 구하고 싶어서, 그들의 계획을 막고, 명령하여 수영이 가능한 자는 바다로 뛰어들어 육지로 가게 했다.

44 나머지는 널판지 위에서, 일부는 부서진 배조각 위에 의지하여, 모두 육지까지 무사히 탈출하게 되었다.

폴이 롬Rome의 쥬다인 형제에게 강연

28 무사히 뭍에 도착한 뒤, 그들은 섬을 몰타라고 부르는 것을 알게 되었다.

2 섬원주민은 우리에게 적지 않은 친절을 보였는데, 불을 피워 우리 모두 따뜻하게 맞이한 것은, 비가 와서 추웠기 때문이었다.

3 폴이 나뭇가지를 모아 한단을 불속에 넣었는데, 열기에 독사가 튀어나와 폴의 손에 달러붙었다.

4 현지인은 독이든 짐승이 그의 손에 붙어 있는 것을 보더니, 서로 말했다. "틀림없이 저 사람은 살인자다. 바다에서는 살아났어도, 복수는 여전히 그가 사는 것을 막는다"고 했다.

5 폴은 독사를 털어 불속에 던져넣

었고, 상처도 없었다.
6 그렇지만 그들은 폴이 붓거나 곧
쓰러져 죽을 것을 기대하며, 상당
히 지켜보아도, 그에게 아무런 상
해도 없는 것을 알고서, 마음을 바
꾸어, 그는 신이라고 말했다.
7 그 일대는 섬 추장의 소유지였고,
그의 이름은 퍼블리어스였는데,
그가 우리를 정중하게 받아들여, 3
일간 머물게 해주었다.
8 그때 퍼블리어스 아버지가 열과
이질로 앓아 누워 있었다. 그래서
폴이 그에게 가서 기도하며, 그에
게 손을 얹자 나았다.
9 그렇게 되자, 병에 걸려 있던 다른
섬사람도 치료를 받았다.
10 퍼블리우스 역시 대단히 존중해주
었고, 우리가 떠날 때, 그들은 필요
한 물건을 우리 배에 실어주었다.
11 우리는 몰타섬에서 겨울을 지난,
앨렉잰드리아호 배로 출항한 다
음, 3개월이 지났는데, 그 배앞쪽
에는 [쌍둥이 신] 캐스톨과 폴럭스
형상이 조각되어 있었다.
12 그리고 시라커스에 착륙하여, 3일
간 묶었다.
13 우리는 그곳에서 나침반을 가져왔
고, 뤼기엄에 와서 하루를 지내는
데, 남풍이 불어와, 다음날 푸티올
리에 도착했다.
14 그곳에서 우리가 형제를 찾자, 그
들이 함께 머물기를 희망하여 7일
이 지나서, 우리는 롬Rome으로 향
했다.
15 롬에 있는 형제는 우리 소식을 듣
고, 우리를 만나러 애피어스Appii포
럼광장 및 '세 여관' 지점까지 왔다.
폴이 그들을 보자 **하나님**에게 감사
하며 용기를 얻었다.
16 우리가 롬에 오자, 백명지휘관은
죄수를 왕실경호대장에게 인계하
면서, 폴은 자신을 지키는 군인 한
사람과 혼자 지내도록 허락되었
다.
17 롬에 온 지 3일 후, 폴은 쥬다인 대
표를 부르고 나서, 그들이 모이자,
이야기했다. "형제 여러분, 비록 내
가 우리 민족이나 조상의 관습에
반하는 행동을 하지 않았지만, 나
는 저루살럼에서 죄수로 넘겨져,
롬 사람 손에 인계되었다.
18 그들이 심문하고 나서, 나를 풀어
주려고 했던 이유는, 내게 사형의
명분이 없기 때문이었다.
19 그러나 쥬다인의 반발에, 나는 어
쩔 수 없이 시저에게 항소하게 되
었지, 나의 민족을 고소하려는 것
은 아니었다.
20 그래서 나는 여러분을 불러, 당신
들을 보며 이야기하고 싶었다. 이
즈리얼의 희망을 위하여, 내가 쇠
줄에 묶였기 때문이다."
21 그들이 폴에게 말했다. "우리는 당
신에 관한 쥬디아의 편지를 받은
것이 없고, 우리 중 누구도 당신을
해치거나 반박하러 여기 온 사람

은 없어요.
22 단지 우리가 듣고 싶은 것은 당신
의 생각이에요. 어느 곳이나 이 파
벌에 대하여 반발하고 있다는 것
을, 우리는 알고 있어요."
23 그들이 폴과 날을 정하자, 많은 사
람이 그의 숙소로 찾아왔다. 폴은
그들에게 **하나님**의 왕국을 자세히
설명하며 증언했고, 모지스 법과
예언서에 나오는 지저스에 관하여
아침부터 저녁때까지 이해시켜주
었다.
24 일부는 폴의 말을 믿었고, 다른 사
람은 믿지 않았다.
25 그들 사이에 의견일치가 못된 채,
그들이 돌아가기 전 폴이 마지막
으로 한마디 했다. "신성한 영혼성
령은 진리의 말을 했다. 그는 예언
자 아이재야를 통해 우리 조상에
게,
26 이렇게 말했다. '너는 이 백성에게
가서 전해라. 너희는 들어도 이해
하지 못하고, 보고도 인지하지 못
한다.
27 이 민족의 마음은 점점 굳어지고,
그들의 귀는 듣기가 둔해지며, 눈
은 닫혔다. 그들의 눈으로 보고, 귀
로 듣고, 마음으로 이해할 수 있도
록, 그들을 개종하고, 치료해야만
한다'고 했다.
28 따라서 너희가 다음을 알기를 바
란다. **하나님**의 구원은 이민족까지
보내져, 그들조차 치유하게 될 것
이다."
29 그가 말을 마치자, 쥬다인이 떠났
는데, 그들끼리 논의가 크게 벌어
졌다.
30 그리고 폴은 빌린 집에서 만2년간
살며, 그에게 오는 모두를 받아들
였다.
31 또 **하나님** 왕국을 알리고, **주님** 지
저스 크라이스트에 관하여 가르쳤
는데, 확실한 신념으로 전하는 그
를 아무도 막지 못했다.

로먼제자에게 폴의 편지

롬에 가기를 바라다

1 폴은, 지저스 크라이스트의 종,
곧 제자로 지명되어, **하나님**의
메시지gospel를 전하는 사람으로 별
도로 구분되었다.
2 [가스펄은, **하나님**이 예전부터 신
성한 바이블안의 여러 예언자를
통해 전한 약속의 말이다.]
3 그의 아들 지저스 크라이스트구원자
에 관하여 말하자면, 우리의 주인
님으로서, 지상의 신체는 대이빋
의 후손이 되었다.
4 그는 신성한 영혼성령의 힘을 받아
하나님의 아들로 선포되었는데, 죽
음에서 부활할 때까지였다.
5 그리고 죽음에서 부활한 그를 통
해, 우리는 **하나님**의 큰배려와, 제
자자질도 받게 되었는데, 이는 인
류 모든 민족이 그의 이름을 믿고
따르게 하기 위한 것이다.
6 너희 역시 지저스 크라이스트구원자
가 부르는 이민족으로,
7 롬Rome에 있는 모두, **하나님**의 사랑
을 받아 성도Saint로 불리는 너희에
게, 우리의 하늘아버지 **하나님** 및
주님 지저스 구원자로부터 큰배려
와 평화가 내리기를 바란다.
8 우선, 내가 나의 **하나님**에게 지저
스 크라이스트를 통해 감사하는
것은, 너희 모두가 전세계를 다니
며 알리는 신념믿는 마음에 대한 것
이다.
9 **하나님**이 나의 증인인데, 그 아들
의 가스펄gospel 안에서 내 영혼으
로 **하나님**을 섬기며, 나의 기도에
언제나 너희를 언급하며 끊임없이
감사했고,
10 또 요청한 것은, 어떻게 하든, **하나
님**의 뜻으로 너희에게 가는 여행의
행운이 오기를 몹시 바랐다.
11 너희를 대단히 그리워한 것은, 정
신적 선물을 전하면, 마침내 너희
가 강해질 수 있기 때문이다.
12 그러면, 너희와 내가 함께 있으면
서 서로 믿음으로 위안을 받을 수
있기 때문이다.
13 형제들아, 너희를 알지 못하는 상
태로 그냥 놔두고 싶지 않아서, 수
시로 갈 계획을 세웠다. [지금까지
는 그랬지만,] 앞으로 나는 다른 이
민족에게 한 것과 똑같이, 너희 가
운데서 결실을 맺고 싶다.
14 나는 그리스인이나 비그리스 원주
민 모두에게 마음의 빚이 있고, 아

는자나 어리석은자 모두에게 정신
적 책임이 있다.
15 그렇기 때문에, 나는 이곳 롬Rome
에 있는 너희에게 가르침을 전할
준비가 되어 있다.
16 이는 내가 크라이스트구원자의 가르
침이 부끄럽지 않고, 또 **하나님**의
힘은 쥬다인을 비롯한, 그리스인
모두 믿는자를 구원하기 때문이
다.
17 메시지gospel 안에는 믿음부터 믿음
까지 보여주는 **하나님**의 정의가 이
렇게 기록되어 있다. "정의는 믿음
으로 산다"고.
18 **하나님**이 하늘에서 폭발시킨 분노
는, 그 존재를 거부하며 부도덕하
고 부패하여, 진리를 불의로 덮는
자를 향하게 되는데,
19 그 이유는, 이들이 깨달을 수 있도
록, 그들에게 **하나님**의 모습을 드
러내기 때문이다.
20 세상이 창조될 때부터 그의 모습
은 눈에 보이지 않았어도, 분명하
게 알 수 있는 것은, 만들어진 것은
물론, 심지어 그의 영원한 힘과 신
본연의 특성을 이해할 때다. 그러
면 인간이 그를 부정할 도리가 없
다.
21 **하나님**을 알았다 해도, 그를 유일
신으로 존중하지 않고, 감사할 줄
모르면, 그들의 생각은 텅비어, 마
음조차 캄캄해진다.
22 스스로 똑똑하다고 공언해도, 결
국 무지한 바보가 되어,
23 부패하지 않는 **하나님**의 빛을, 썩
는 신체를 가진 인간이나 새나, 네
발 짐승이나, 기는 파충류 같은 모
습으로 바꿔버린다.
24 그러면 **하나님**은, 탐욕으로 더러워
진 인간을 포기하여, 그들끼리 신
체가 오염되도록 내버려둔다.
25 사람은 **하나님**의 진리를 거짓으로
바꾸고, 영원히 경배받아야 할 창
조주보다 제작물을 더 숭배하는
데, **하나님**은 영원한 축복이다. 애
이멘[한마음이다.]
26 이런 이유로 인해, **하나님**이 인간
에 대한 애정도 포기하고, 여자의
본성을 본래와 다르게 바꾼다.
27 마찬가지로 남자도 여자에 대한
본래의 역할을 떠나, 서로를 향한
탐욕을 태운다. 남자가 남자와 수
치심없이 행동하면, 스스로 잘못
에 따른 대가를 받게 된다.
28 심지어 그들은 **하나님**에 대한 지
식을 잘못 받아들이므로, **하나님**
은 그들을 비난하는 마음이나, 그
들의 행동을 불편해하는 생각조차
포기했다.
29 그들은 불의, 매춘, 악의, 탐욕, 원
한으로 채우고, 또 질투, 살인, 싸
움, 기만, 증오, 뒷말만 하고,
30 남을 헐뜯고, **하나님**을 싫어하고,
잔혹하고, 오만하고, 우쭐대고, 모
의하고, 부모에게 불량하며,
31 약속위반에 너그럽지 못하고, 인

정사정도 없고, 무자비하고, 관대
하지도 않다.
32 비록 그들이 **하나님**의 정의를 안다
해도, 그런 일을 저지른 자는, 죽어
마땅할 뿐아니라, 그런 일에 동의
하는 자도 그렇다.

왜 자신은 가르치지 못하나

2 오 사람아, 그러니 너희가 남을
처벌하는 것은 용서받을 수 없
고, 남을 처벌하는 자체로 스스로
벌받아야 한다. 왜냐하면 너희가
처벌하는 것으로 같은 잘못을 저
지르기 때문이다.
2 하지만 **하나님**의 재판은 진리에 대
해 잘못한 사람에게 내려진다는
것을 우리는 확실히 안다.
3 오 사람아, 생각해봐라, 저들이 그
런 식으로 처벌하는 잘못을 똑같
이 하는데, 너희가 **하나님**의 처벌
을 피할 수 있을까?
4 아니면, 너희가 무시해도, 그의 넉
넉한 호의로 참고 자제하여, 마침
내 **하나님**의 관용이 너희를 반성에
이르게 하는 것을 모르나?
5 그러나 너희는 딱딱하고 완고한
마음을 따르기 때문에, **하나님**이
정의를 실현하는 날, 자신이 받게
될 분노를 스스로 쌓는 중이다.
6 그는 사람마다 제 행위에 따라 대
가를 갚아준다.
7 바람직한 행동을 하며 꾸준히 견
디는 사람한테는, 호의와 명예를
주며, 영원히 살게 한다.
8 대신 싸워서 차지하고, 진리에 순
종하지 않으면서, 불의를 따르며
분노하며 복수하는 자는,
9 고통과 괴로움이 악행을 저지르는
모두에게 내려오는데, 쥬다인을
비롯하여 이민족에게도 각각 똑같
이 내린다.
10 하지만 호의와 명예와 평화는, 선
행하는 사람, 곧 쥬다인을 비롯하
여 이민족까지 받게 된다.
11 왜냐하면 **하나님**은 사람에 대한 편
애나 불공평이 없기 때문이다.
12 누구든지 법밖에서 죄를 짓는 사
람은 법밖에서 망하고, 법안에서
죄를 짓는 자는 법에 따라 처벌받
게 된다.
13 [왜냐하면 법을 귀로 듣는다고 **하
나님** 앞에서 정직한 게 아니고, 법
을 수행하는 자만이 정당성을 인
정받기 때문이다.
14 법이 없는 이민족의 경우, 법이 포
함하는 본질에 따라 판결하는데,
법이 없으므로 그들 스스로의 본
성이 법이다.
15 그것은 마음안에 새겨진 법의 원
리를 보여주는 것으로, 그들의 양
심은 증인이 되고, 대립하는 생각
은 서로에 대한 고발이나 변론을
뜻한다.]
16 이것은 **하나님**이 인간의 감춰진 비
밀을 판단하는 날 일어날 일로, 내
가 전하는 지저스 크라이스트의

가스펄gospel대로 따를 것이다.
17 보라, 너희는 쥬다인이라 불리며,
법속에 안주하여, **하나님**을 제 자
랑으로 삼는다.
18 또 그의 뜻을 알고, 법으로 교육받
아 무엇보다 훌륭하다고 인정한
다.
19 그리고 앞못보는 자를 안내하여,
암흑속에 있는 자에게 빛이 되어
준다고 자신하는데,
20 어리석은 자의 스승, 어린이의 선
생인, 이들은 법안에서 지식과 진
리를 만든다.
21 그렇게 너희는 사람을 가르치면
서, 왜 자기자신은 가르치지 못하
나? 사람에게 도둑질하지 말라고
교육하면서, 왜 너희는 훔치나?
22 사람이 매춘하면 안 된다고 말하
면서, 왜 너희는 매춘하나? 우상을
혐오하는 너희가, 왜 자신은 신성
을 모독하나?
23 법을 자랑으로 삼는 너희가, 왜 법
을 어겨, **하나님**에게 치욕을 안기
나?
24 **하나님**의 이름은, 너희탓에 이민족
사이에 모욕을 당하고 더럽혀진다
는 기록 그대로다.
25 할례는 법을 지킬 때 유익하지만,
너희가 법의 파괴자가 되어 실행
할 때, 열리는 할례는, 비할례가 되
어 닫혀버린다.
26 그렇기 때문에 비할례자가 법의
정의를 바르게 지키면, 그의 비할
례는 할례로 인정되지 않을까?
27 인간본성을 따르는 비할례자가 법
을 지키는데, 법을 위반하는데도
법문이나 들고 할례나 받은 너희
가, 그들을 처벌하지 말아야 하지
않을까?
28 겉으로만 쥬다인이 되어서는 안
되고, 신체외부의 할례만으로도
안 된다.
29 대신 내면이 쥬다인이어야 하고,
법조문이 아닌 마음과 정신이 열
리도록 할례된 자야말로, 인간 아
닌 **하나님**의 칭찬을 받는다.

믿음으로 면죄의 정당성 부여

3 쥬다인은 무슨 장점이 있을까?
또는, 할례의 가치는 무엇일까?
2 여러가지 면에서 많다. 우선 쥬다
인은 **하나님** 말을 위임받았다.
3 그런데 일부가 이를 믿지 않으면
어떻게 되나? 그들의 불신이 **하나
님**의 신념을 무효화시킬까?
4 **하나님**은 전혀 그렇지 않다. 맞다,
하나님은 진실하지만, 인간은 거짓
말쟁이다. 기록된 바에 의하면, "그
래서 너희는 제말이 옳다고 입증
해야 하고, 재판에서 이겨야 한다"
고 했다.
5 그러나 만약 우리의 불의가 **하나님**
의 정의를 더욱 돋보이게 한다면,
우리는 무슨 말을 해야 할까? **하나
님**의 분노를 우리에게 퍼붓는 것은
부당하다고? [나는 인간으로서 말

한다.]
6 하나님은 그렇지 않다. 만약 그렇
다면, 하나님이 어떻게 세상을 처
벌할 수 있겠는가? 7만일 하나님의
진리가 나의 거짓말 때문에 더욱
빛이 난다면, 왜 내가 여전히 죄인
으로 재판받아야 하나?
8 그렇지 않다. [어떤 사람이 우리가
말한 것을 모함이라고 주장하면,]
우리가 나쁜짓을 하면 행운이 오
지 않을까? 라고 하면 그들의 비난
은 정당하다.
9 그럼, 우리는 어떻게 해야 하나?
우리가 저들보다 나을까? 결코 그
렇지 않다. 왜냐하면 우리는 이전
에 쥬다인이나 이민족 모두 죄의
대가를 치르며 입증했다.
10 기록에 적혀 있는 대로, "정의로운
자는 없는데, 단 하나도 없다"고 했
다.
11 이해할 수 있는 사람도 없고, 하나
님을 찾는 자도 아무도 없다.
12 그들 모두 딴 길로 가버려서, 쓸모
없는 사람이 되어, 아무도 선행하
지 않는데, 단 하나도 안 한다.
13 그들의 목은 열린 무덤이고, 혀는
속이기만 하며, 입술 아래의 독사
의 독을 뿜는다.
14 그들의 입은 저주와 독설로 채우
고,
15 그들의 발은 피를 뿌리기 바쁘다.
16 그래서 그들의 길은 파멸되어 비
참하다.
17 그들은 평화의 길을 알지 못하기
때문에,
18 그들 눈에는 하나님에 대한 두려움
도 없다.
19 이제 우리는, 법이 그것을 따르는
사람에게 무엇을 전하려 하는지
안다. 하나님 앞에서 죄가 되는 세
상의 모든 입은 다물어야 한다는
것을.
20 따라서 법 테두리안에서 하나님의
시각으로 볼 때, 정의라고 말할 인
간은 아무도 없다. 오히려 법을 통
해 자기 죄를 깨달을 수 있다.
21 한편 법의 테두리밖에서도 하나님
의 정의가 실현된 경우는, 법과 예
언자의 증언에서 드러났고,
22 심지어 하나님의 정의는, 지저스
크라이스트를 믿는 모두에게 이루
어졌는데, 거기에 [하나님과 크라
이스트의] 차이는 없다.
23 사람은 죄를 짓기 때문에, 하나님
의 찬란한 빛이 미치지 못하므로,
24 지저스 크라이스트에 기대어 반성
하면, 그의 배려의 선물로 정당화
시켜줄 때,
25 하나님은 그의 피를 위안의 제물
삼아, 관용을 통하여 지난 죄를 사
면하여, 자신의 정의를 알리는 것
이다.
26 내가 말하고 싶은 것은, 바로 그때
자신의 정의를 알려서, 지저스를
믿는 사람을 바르게 만들고 또 행
위를 정당화시킨다는 것이다.

27 그렇다면, 우리는 무엇으로 뽐내
지? 그것은 금지다. 법으로 자랑
하고, 행동으로 자랑하나? 아니다.
오직 **하나님** 법을 믿는다는 것만이
자랑이다.
28 따라서 우리의 결론으로, 법밖의
사람의 행위는 믿음으로 합법성을
인정받는 것이다.
29 그리고 그는 쥬다인만의 **하나님**인
가? 이민족 역시 마찬가지 아닐
까? 그렇다, 이민족에게도 똑같이
하나님이다.
30 유일한 신 **하나님**을 알면, 법을 믿
는 할례자나, 지저스를 믿으며 사
는 비할례자나 모두 합법성을 인
정받게 된다.
31 그러면 우리는 믿고 있는 법을 폐
지해야 하나? **하나님**은 그것을 금
지한다. 오히려 우리는 법을 강하
게 구축해야 한다.

애이브러햄은 할례자와 비할례자의 조상

4 그럼, 선조 애이브러햄은 이 문
제에 대해 후손에게 무엇을 전
했을까?
2 만약 애이브러햄이 노동으로 정당
화되었다면, **하나님** 앞에서 노동이
아닌 명예를 받은 것이다.
3 바이블 이야기는 무엇인가? "애이
브러햄은 **하나님**을 믿어서 그는 바
르다"고 인정을 받았던 것이었다.
4 노동자는 명예를 보수로 여기지
않고, 임금을 받는다.
5 하지만 일하지 않는 자가 죄를 용
서받고자 **하나님**을 믿으면, 그의
믿음은 정의로 인정받는다.
6 심지어 대이빋도 **하나님**의 축복을
묘사한 덕에, 행동하지 않았어도,
그의 정의를 이렇게 인정해주었
다.
7 "그들이 축복을 받으면 부당한 행
위가 용서되고, 죄도 덮어진다.
8 축복받은 자는 **주님**이 그에게 죄를
부여하지 않는다"고 했다.
9 이런 축복이 할례자한테만 올까,
아니면 비할례자도 같을까? 말하
자면, 믿음이 애이브러햄을 정의
로운 사람으로 인정했다는 것이
다.
10 그럼, 할례는 그에게 어떻게 생각
되나? 그때 애이브러햄은 할례였
나, 비할례였나? 할례가 아니고,
당시 그는 비할례 상태였다.
11 그가 받은 할례는, 정의의 표시로
믿음을 인정받았다. 당시 그는 여
전히 비할례 상태로, 모든 이의 조
상이 되었는데, 믿으면 비록 비할
례자라 해도, 똑같이 정당성이 주
어지게 된 것이다.
12 그래서 그는 할례자와 비할례자의
조상이 되었을 뿐만아니라, 비할
례자로서 믿음으로 따르는 사람의
조상도 되었다.
13 세상의 상속자가 되게 하겠다는 **하
나님**의 약속은, 애이브러햄이나 법
을 따르는 그의 후손이 아니라, 믿

음으로 정의를 실천하는 자에게
한 약속이다.
14 만약 법적 상속인에게 믿는 마음
이 없으면, 그 약속은 무효다.
15 법은 분노를 일으키지만, 법이 없
으면 위반도 없다.
16 그러므로 감사에서 나오는 믿음
은, 마침내 모든 후손에게 반드시
약속을 실현시킬 것이다. 법을 따
르는 자만이 아니라, 우리 모두의
선조 애이브러햄과 같은 믿음이
있는 후손에게 이루어진다.
17 [기록에 따라, "내가 너를 많은 민
족의 조상으로 만든다"는 그대로
되었다.] **하나님**은 눈앞에서 자신
을 믿는 그를 죽음에서 살리듯, 비
록 실체는 없어도, 그를 여전히 소
환하고 있다.
18 가능성이 없었지만, 애이브러햄은
희망을 갖고 믿은 덕에, 네 후손이
많은 민족의 조상이 된다는, 언급
대로 이루어졌다.
19 믿음이 약하지 않았던 애이브러햄
은, 100세가 되어도 자기 신체가
죽지 않았다고 생각했고, 아내 새
라의 자궁도 여전히 죽지 않았다
고 믿었다.
20 애이브러햄은 **하나님**의 약속을 불
신하며 흔들리지도 않았고, 오히
려 강한 믿음으로, **하나님**에게 감
사했다.
21 그는, **하나님**이 약속한 것을 완벽
하게 이해하면서, 수행까지 할 수
있었던 것이다.
22 그래서 그는 이로 인해 정의를 인
정받은 것이다.
23 그리고 "그는 정의를 인정받았다"
는 말은, 그 자신만을 위해 기록된
것이 아니고,
24 대신 우리 역시 인정받는 경우라
면, 만약 죽음에서 우리의 주인님
지저스를 일으킨 **하나님**을 우리가
믿으면, 똑같이 인정된다.
25 그는 우리의 잘못을 떠안은 다음,
우리 죄를 사면하는 정당성을 위
하여, 다시 일어났던 것이다.

무료선물은 면죄의 정당성

5 그래서 우리는 믿음으로 정당해
진 다음, 우리의 주인님 지저스
크라이스트를 통해, **하나님**과 평화
를 유지한다.
2 또 그를 통하여, 우리가 서있는 곳
에서 믿음의 혜택을 얻고, **하나님**
의 빛을 희망하며 기뻐한다.
3 그뿐만 아니라, 고통속에서도 빛
을 기대하며, 어려움을 참아낼 줄
알고,
4 인내는 경험이 되고, 경험은 희망
이 되면서,
5 희망은 우리를 부끄럽지 않게 만
들어준다. 왜냐하면 **하나님**의 사랑
이, 우리에게 신성한 영혼성령을 내
려주어, 우리 마음에 골고루 미치
기 때문이다.
6 우리가 아직 힘이 없었을 때, 크라

이스트는 지정된 시기에 죄를 짓
는 자를 위해 죽었다. 7정의로운
사람을 위해 죽는 경우도 드물고,
어쩌다 좋은 사람을 위하여 용감
하게 죽을 수는 있다.
8 그러나 **하나님**은 우리를 향한 그의
사랑을 보이며, 우리가 여전히 죄
인인데도 우리를 위해 크라이스트
를 죽게 했다.
9 그때부터 그의 피로 죄를 용서받
는 정당성을 부여받은 우리는, 지
저스를 통해 분노에서 구원받게
된 것이다.
10 우리가 예전에 **하나님**과 반감이 있
었던 것도, 그 아들의 죽음으로 화
해되었고, 앞으로 더 많은 화해가
필요하더라도, 우리는 그의 생명
의 대가로 구원을 받게 될 것이다.
11 그뿐만 아니라, 우리는 주인님 지
저스 크라이스트를 통해 **하나님** 안
에서 기뻐하고, 또 그를 화해의 제
물로 받아들이게 되었다.
12 죄가 한 인간을 통해 세상으로 들
어갔을 때, 죄가 죽음을 만들었으
므로, 모든 사람이 죽는 것은, 죄를
지었기 때문이다.
13 [실제로 죄는 세상에 법이 존재하
기 전에도 있기는 했지만, 법이 없
었을 때는 죄가 부과되지 않았다.
14 그렇지만 죽음은 애덤부터 모지스
까지 지배했고, 애덤의 위반과 비
슷한 죄를 짓지 않은 사람까지도
지배하면서, 애덤은 앞으로 나타
날 존재의 한 모습이 되었던 것이
다.
15 그러나 무료선물은 위반 같은 것
이 아니다. 대부분 잘못으로 죽지
만, 훨씬 더 크고 많은 **하나님**의 배
려나 혜택을 선물로 주는 단 한 사
람은, 바로 지저스 크라이스트로
많은 사람에게 풍부하게 선물을
준다.
16 인간이 죄를 지어 죽듯, **하나님**의
선물을 비교하면 안 된다. 왜냐하
면 처벌은 위반자를 유죄판결하지
만, 무료선물은 위반한 다수에게
면죄의 정당성을 주기 때문이다.
17 한 사람의 죄탓에 죽음이 인간을
지배했다면, 훨씬 더 많은 사람이
풍부한 배려와 정당한 면죄의 선
물을 받도록, 생명을 통치하는 유
일한 존재는 지저스 크라이스트
다.]
18 따라서 단 하나의 위반이 모두를
죽음의 유죄로 판결했다면, 같은
방법으로 유일한 정의가 내려주는
무료선물은 모든 사람에게 생명의
정당성을 준다.
19 단 한 번의 불복종으로 다수가 죄
인이 되었다면, 그렇게 단 한 번의
복종은 대다수를 정직하게 만든
다.
20 앞으로 법은 위반을 점점 더 늘린
다. 하지만 죄가 늘어나는 곳마다
배려는 훨씬 더 많이 늘어나서,
21 죄가 죽음을 지배하듯, 똑같이 배

려는 정의를 지배한 다음, 우리의
주인님 지저스 크라이스트가 이끄
는 영원한 생명에 이르게 한다.

죄에서 해방되면 정의의 종이 된다

6 그러면 우리가 어떻게 말해야
할까? 우리가 계속 죄를 지어도,
큰배려가 많을까?
2 **하나님**은 그것을 금지한다. 우리는
죄로 죽어야만 하는데, 어떻게 더
오래 사나?
3 너희는 잘 알지 못하나? 지저스 크
라이스트에게 세례받고 정화된 우
리 대부분이, 그를 죽음으로 정화
시켰다는 것을.
4 따라서 우리가 그를 죽음으로 세
례하여 묻어버리자, 지저스가 죽
음에서 하늘아버지의 빛으로 일어
났던 것처럼, 우리도 그와 같이 새
삶을 살아가게 된다.
5 만약 우리가, 그의 죽음과 같은 모
습속에 같이 합칠 수 있다면, 우리
역시 그 부활과 비슷하게 될 것이
다.
6 지저스와 함께 십자가형을 받은
사람이 알려주듯, 죄를 지은 신체
는 사라져도, 그때부터 우리는 죄
의 구속을 받지 않는다.
7 그래서 죽은자는 죄로부터 해방된
다.
8 이제 우리가 크라이스트처럼 죽는
다면, 그와 같이 살 수 있다는 것을
믿을 수 있다.
9 죽음에서 일어난 크라이스트는 더
이상 죽지 않고, 죽음이 더 이상 그
를 지배하지 못한다는 것도 알 수
있다.
10 그가 죽을 때는, 단 한 번의 죄로
죽었지만, 그가 살 때는, **하나님**한
테서 산다.
11 마찬가지로 너희도 생각해봐라.
자신이 죽을 때는, 실제 죄속에서
죽지만, 우리 주인님 지저스 크라
이스트를 통해 **하나님**한테서 살아
나는 거다.
12 따라서 죄가, 죽게 될 너희 신체를
지배하여, 육체적 정욕에 복종하
게 놔두지 말아야 한다.
13 또 너희 사지가 죄를 짓는 불의의
도구로 쓰이기를 거부하고, 대신
스스로 죽음에서 살아나도록, **하나
님**에게 복종하며, 너희 사지를 **하나
님**이 정의의 도구로 사용하게 해야
한다.
14 죄가 지배하지 못하도록, 너희는
법에 구속되지 말고, 대신 **하나님**
의 큰배려 아래 있어야 한다.
15 그럼 우리는 어떻게 하지? 우리가
하나님의 배려를 받으려고, 법을
따르지 않는 죄를 지어야 하나? 절
대 그렇지 않다.
16 너희는 다음을 모르나? 누군가에
게 자신을 굴복시켜 종으로 맡기
면, 너희는 복종받는 자의 노예가
된다. 그것이 죽음으로 이어지는
죄의 노예든, 정의로 이어지는 복

종이든, 너희는 종이다.
17 하지만 **하나님**에게 감사하면, 비록
너희가 죄의 종이 된다 해도, 마음
에서는 너희에게 전달된 가르침의
형태를 따르게 된다.
18 그리고 죄에서 자유로워진 너희는
정의의 종이 될 것이다.
19 신체는 허약하기 때문에, 인간기
준으로 말하면, 너희가 신체를 굴
복시켜 깨끗하지 못한 죄의 노예
가 되는 것처럼, 이제부터 신체를
정의와 신성의 종이 되게 해야 한
다.
20 너희는 죄의 종이었으므로, 정의
에 대해 신경쓰지 않았다.
21 그래서 부끄러운 여러 가지에서
너희가 얻은 결과는 무엇인가? 그
런 일의 끝은 죽음뿐이다.
23 그러나 죄에서 해방되어, **하나님**의
종이 된 지금, 너희의 열매는 신성
해져, 마침내 영원히 살게 된다.
23 죄의 대가는 죽음이지만, **하나님**의
선물은 우리 주인님 지저스 크라
이스트를 통한 영원한 생명이다.

새영혼을 섬기면 법에서 자유

7 형제 여러분은 알지 못하나?
[왜냐하면 내가 법을 아는 그들
에게 말하고 있으므로,] 법은 살아
있는 한 사람을 지배한다는 것을?
2 남편있는 여자는 남편이 살아 있
는 한, 법으로 남편에게 구속되고,
남편이 죽은 다음, 남편 관련 법에
서 풀린다.
3 그렇다면, 남편이 살아 있는 동안
그녀가 다른 사람과 결혼하면, 그
녀는 불법 성관계녀로 불린다. 하
지만 남편이 죽었으면, 그녀는 그
법에서 자유다. 그리고 그녀는 비
록 다른 남자와 결혼해도 불법이
아니다.
4 따라서 나의 형제들아, 크라이스
트의 신체가 법으로 죽었으니, 너
희도 또다른 존재, 즉 죽음에서 일
어난 그와 결혼하여, **하나님**에게
믿음의 결과를 갖다줘야 한다.
5 우리가 신체안에 있을 때는, 법에
적용되는 죄가 작동하여, 그 결과
죽음에 이른다.
6 하지만 이제 우리는 구속되어 죽
음에 이르게 하는 법으로부터 구
원되었으므로, 스스로 새로운 영
혼을 섬겨야 하고, 낡은 법문안에
갇혀 있으면 안 된다.
7 그러면 우리는 어떻게 말해야 할
까? 법이 곧 죄일까? **하나님**은 그
렇지 않다고 한다. 확실히 아닌데
도, 나는 죄를 알지 못한 채, 법만
따랐다. 왜냐하면 법에서 "너희는
탐내지 마라"고 한 것 이외, 정욕을
알지 못했기 때문이다.
8 하지만 죄는, 십계명 가운데 기회
를 잡아, 나에게 수없는 색욕을 자
아냈다. 법밖에서 죄가 죽어 있었
기 때문이었다.
9 나는 한때 법밖에서도 살아 있었

지만, 모지스 십계명을 깨달은 뒤,
죄가 살아나자, 나는 죽었다.
10 그리고 생명을 이어가도록 규정한
십계명 역시 죽음이 된다는 것을
발견하게 되었다.
11 그래서 죄는, 십계명 가운데 기회
를 잡아, 나를 속인 다음, 그것이 나
를 살해했다.
12 그래서 법은 신성한데, 십계명은
신성하면서, 정의이고, 선이다.
13 그러면 죄가 나를 죽게 만들었나?
그렇지 않다. 그러나 눈에 보이는
죄는, 충분히 무르익을 때까지 나
의 내면에서 죽어 있었다. 그래서
십계명 가운데 나의 죄는 빠져나
갈 수 없는 완전한 죄가 되었다.
14 우리는 법이 정신적이라고 알고
있다. 하지만 나는 신체만 있었으
므로, 죄에게 내몸을 팔았다.
15 나는, 내가 할일을 이해하지 못해
서, 하고 싶은 것을 하지 않고, 증오
할 일을 했다.
16 이제 내가 원하지 않는 일을 하면,
나는 법이 선하다는데 동의하는
것이다.
17 따라서 그것은 더 이상 내가 하는
것이 아니라, 내의 내면에 들은 죄
가 하는 것이다.
18 나는 나의 내면을 알고 있는데, [즉
내 신체안에] 좋지 못한 것이 들어
앉아, 나의 의지로 드러내지만, 그
것은 선행을 어떻게 실행하는지
방법을 모른다.
19 내가 선행을 하고 싶어도 할 수 없
는 대신, 하고 싶지 않은 악행을 하
는 것이다.
20 만약 하고 싶지 않은 일을, 더 이상
하지 않으면, 대신 내면에 들은 죄
가 한다.
21 그래서 나는 여기에 법이 작용한
다는 것을 알게 되었다. 내가 선행
하고 싶어도, 악이 나와 함께 있기
때문이었다.
22 내가 기쁜 것은, 나의 내면이 **하나
님**의 법을 따르는 것이고,
23 대신 나의 사지가 다른 법을 보게
되면, 내 마음의 법과 싸우며, 사지
가 죄를 짓는 법의 포로로 나를 끌
고 간다.
24 오 나는 얼마나 비참한 자인가! 누
가 이런 죽음에서 나의 신체를 구
해줄 수 있을까?
25 나는 우리 주인님 지저스 크라이
스트를 통해서 **하나님**에게 감사한
다. 그래서 이제 나 스스로 마음에
서 **하나님**의 법에 헌신하면서, 한
편 신체는 죄의 법을 지킨다.

신성한 영혼의 생애

8 그래서 지저스 크라이스트 안에
서 살 때 죄가 없는 이유는, 그들
이 신체가 아닌 신성한 영혼을 따
라 인생길을 걷기 때문이다.
2 지저스 크라이스트의 생애인 영혼
의 법이, 죄와 죽음의 법으로부터
나를 자유롭게 해방시켜주었다.

3 영혼의 법은 신체가 약해서 따를
수 없기 때문에, **하나님**은 자기 아
들을 죄짓는 인체의 모습으로 땅
에 내려 보낸 다음, 사람의 죄를 위
한 면죄제물이 되게 했다.
4 그 정의의 법이 우리 인간에게 이
루어질 수 있다는 것을 보여주기
위하여, 그는 육체가 아닌 신성한
영혼을 따르며 살았다.
5 신체를 따르는 자는 신체의 욕구
대로 마음을 정하지만, 영혼을 따
르는 자의 마음은 신성한 영혼을
따른다.
6 육체가 지배하는 마음은 죽음이
되지만, 영혼이 관리하는 마음은
생명과 평화가 된다.
7 육체가 지배하는 마음은 **하나님**에
게 적개심을 품기 때문에, **하나님**
법을 따르지도 않고, 진실하게 지
킬 수도 없다.
8 그래서 육체를 따르는 사람은 **하나
님**을 기쁘게 해줄 수 없다.
9 하지만 너희가 육체가 아닌 영혼
에 마음을 두면, **하나님**의 영혼이
너희 안에도 살게 된다. 따라서 구
원자 크라이스트의 영혼을 갖지
못한 사람은, 크라이스트의 사람
이 아니다.
10 만약 크라이스트가 너희 안에 존
재하면, 신체는 죄 탓에 죽어도, 영
혼은 정의 덕에 생명이 된다.
11 만약 죽은 지저스를 내세운 신성
한 영혼이 너희 안에 있으면, 크라
이스트를 죽음에서 일으켜 세우
듯, 죽을 운명의 너희 신체에 생명
을 불어넣을 것이다. 이는 너희 안
에 살아 있는 신성한 영혼이 있을
때 가능하다.
12 형제들아, 우리는 채무자이다. 신
체에 대해서가 아니라, 신체를 살
게 하는 생명에 대한 빚을 갚을 의
무가 있다.
13 신체를 따르며 살다보면 죽는다.
대신 신성한 영혼을 따르며, 신체
행동을 자제하면 생명을 얻게 될
것이다.
14 수없이 많더라도 **하나님**의 영혼이
이끄는 대로 따르면, 그들은 **하나님**
의 자손이다.
15 그러면 두려운 종의 영혼을 다시
받아들이지 않아도 되고, 대신 **하
나님** 양자의 영혼을 받아들여, 우
리는 그를 "아바구히브리어 아람문자 아
버지"라고 부르게 될 것이다.
16 신성한 영혼 자체가 우리 영혼의
증인이므로, 우리는 **하나님**의 자손
이 된다.
17 그래서 우리가 자손이 되고 난 다
음에, **하나님**의 상속자가 되면, 공
동상속자로서 크라이스트와 함께
고통을 나누어, 우리도 같이 빛이
날 수 있다.
18 지금 현재의 고통은, 앞으로 우리
에게 나타날 빛에 감히 비교할 가
치도 없다고 생각한다.
19 창조물이 간절히 바라며 기다리는

것은, **하나님** 자손이 빨리 나타나
는 일이다.
20 왜냐하면 창조물은 아무것도 아닌
것에 복종하며, 의지도 없고, 대신
복종한다는 구실로 그것에 희망을
걸면서,
21 창조물 자체는 파멸의 구속에서
구원되어, **하나님**의 자손이라는 빛
나는 자유를 얻고 싶어하기 때문
이다.
22 우리는 모든 창조물이 지금까지
신음하며 출산과 같은 고통을 함
께 겪는 것을 안다.
23 단지 그들뿐아니라, 신성한 영혼
의 첫 열매인 우리 자신 역시, 마음
속으로 신음하는 것은, 우리도 **하
나님** 자손으로 입양되어 육체가 거
두어지기를 기다리고 있기 때문이
다.
24 이런 희망에 따라 우리가 구원된
다면, 보여지는 희망은 희망이 아
니다. 사람이 눈으로 보는 것을, 왜
굳이 희망하겠나?
25 대신 우리가 얻지 못하는 것을 희
망하면, 참고 기다리게 된다.
26 마찬가지로 신성한 영혼이 우리의
나약함을 돕는 경우는, 우리가 기
원할 것을 알지 못할 때, 신성한 영
혼이 말못하는 우리의 신음을 중
재한다.
27 우리의 마음을 찾는 그가 신성한
영혼의 마음이 무엇인지 알게 되
는 이유는, 그가 **하나님**의 뜻에 따
라 성도를 위해 중재하기 때문이
다.
28 우리는 모든 것이 함께 역할하고
있다는 것을 안다. **하나님**을 사랑
하는 인간에게 선이 되도록, **하나
님**이 호출한 그들이 그의 목적대로
따른다.
29 **하나님**이 그를 미리 제시하면, 그
는 그 아들의 모습에 맞추어 운명
이 지어진 뒤, 많은 형제 가운데 첫
째로 태어난다.
30 또 그는 미리 운명을 정한 그들을
부른 다음, 그들을 정당화시키면,
정당해진 그들에게 **하나님**이 찬란
한 빛을 부여한다.
31 이런 것에 대해 우리는 어떻게 말
해야 할까? 만약 **하나님**이 우리편
이라면, 누가 우리에게 맞설 수 있
을까?
32 그는 자기 아들도 아끼지 않고, 대
신 우리 모두를 위해 그를 희생했
는데, **하나님**이 그와 함께 있지 않
다면, 어떻게 아낌없이 이 모든 것
을 우리에게 줄까?
33 누가 감히 **하나님**이 뽑은 그들에게
조금이라도 탓을 할 수 있을까? 그
것은 **하나님**이 승인한 일이다.
34 누가 그에게 유죄판결을 내리나?
크라이스트는 죽었다가, 오히려
다시 일어나, **하나님**의 오른쪽에
서, 우리를 위한 중재를 하고 있다.
35 누가 우리를 크라이스트의 사랑에
서 떼어놓나? 그것이 고통, 괴로

움, 박해, 기근, 헐벗음, 위험, 칼인
가?
36 기록에 쓰인 대로, "너희를 위해 우
리가 온종일 죽음을 맞이하며, 우
리는 도살용 양으로 취급된다"고
했다.
37 아니다, 이 모든 것에서 우리는, 우
리를 사랑하는 그를 통해, 우리는
정복자 이상이 라고 자부한다.
38 나는 확신하기 때문에, 죽음도, 생
명도, 천사도, 주권도, 권력도, 현재
도, 미래도 아니고,
39 높이도, 깊이도, 다른 어떤 창조물
도, **하나님**의 사랑으로부터 우리를
갈라놓을 수 없다. 그 사랑은 우리
의 주인님 지저스 크라이스트 안
에 있다.

이즈리얼은 정의의 법을 얻지 못했다

9 나는, 크라이스트 안에서 진실
만 말하고, 거짓을 말하지 않는
나의 양심 역시, 신성한 영혼을 나
의 증인삼아 말하는데,
2 내 가슴에는 큰압박과 계속되는
슬픔이 있다.
3 내가 바라는 것은, 크라이스트에
게 스스로 저주받는 것인데, 이는
형제와 혈육의 동포를 위한 것이
다.
4 이들은 이즈리얼 민족으로, 양자
로 입양된 다음, 명예와 계약과 함
께 법도 주고, **하나님**에게 제사하
는 여러 약속을 했다.
5 이들의 조상이고, 그들의 가계와
관련된 육신 크라이스트가 나타나
자, 모두 이상의 존재인 그를 **하나
님**이 영원히 축복했다. 애이멘. [한
마음이다.]
6 아무리 **하나님** 말을 무시한다 해도
어쩔 수 없다. 왜냐하면 이즈리얼
출신이라 해도, 그들 전부는 이즈
리얼이 아니고,
7 그들이 애이브러햄의 후손이라 해
서 그들 모두 **하나님**의 자손도 아
니기 때문이다. 대신 "아이직의 자
손이 너희 후손으로 불린다"고. 했
다.
8 다시 말해, 육신의 자손인 이들은
하나님의 자손이 아니고, 약속된
자식이 **하나님**의 씨앗에 해당된다.
9 약속의 말이란, "이번에 내가 올
때, 새라가 아들을 낳게 된다"고 한
것이다.
10 그뿐만 아니라, 리베카 역시 우리
조상 이이직에 의해 단 한 번 임신
했다.
11 [그 자식은 아직 태어나지 않았고,
선행이나 악행도 하지 않았지만,
하나님의 목적대로 선택하여 내세
웠고, 만든 것이 아니라, 호출했던
것이다.]
12 그리고 그녀에게 들려주었다. "연
장자가 젊은이를 섬기게 된다."
13 쓰여진 대로, "재이컵은 내가 사랑
했고, 이소는 미워했다"고 했다.
14 그러면 우리는 어떻게 말해야 할

까? **하나님**은 올바르지 않다고? **하
나님**은 그렇지 않다.
15 그가 모지스에게 말한 바에 의하
면, "내가 사랑하고 싶은 자에게 큰
사랑을 주고, 동정해주고 싶은 자
를 가엽게 여긴다"고 했다.
16 그래서 이것은 사람의 의지도 아
니고, 노력도 아닌, 관대한 사랑을
보이는 **하나님**에 따르는 것이다.
17 바이블은 이집트왕 풰로우에게 말
하며, 같은 의도로, "내가 너를 일
으켜 세워서, 너에게 나의 힘을 보
이고, 또 나의 이름을 지구 곳곳에
알려지게 하겠다"고 했다.
18 그래서 그는 자비를 주고 싶은 자
에게 주면서, 의도한 자는 마음을
굳혔다.
19 그러면 너희는 내게 물을 것이다.
"왜 그는 여전히 사람의 잘못만 찾
나? 누가 그의 의지를 꺾을 수 있
다고?"
20 그러면 안 된다. 오, 인간아, 네가
누구라고 **하나님**에게 대꾸하나?
만들어진 창조물이 창조한 그에
게, '왜 나를 이렇게 만들었나' 라고
할 수 있나?
21 도공은 진흙을 다룰 힘을 갖고 있
지 않나? 같은 흙덩이로 하나는 공
들여, 다른 것은 보통으로 만들 수
있잖아?
22 비록 그가 분노를 드러내고, 권한
을 알리려고, 분노의 대상을 오래
참고 견디며 만든 파괴용도 있고,
23 또 그는 빛나도록 미리 준비해둔
사랑하는 대상에게 그의 빛을 듬
뿍 실어 알리려고 만든 것도 있다.
24 그는 우리 쥬다인뿐아니라 이민족
까지 부르지 않았나?
25 그는 호제아에서 다음과 같이 말
했다. "이제 나는, 이전에 나의 백
성이 아니었던 그들을 나의 백성
으로 부르고, 이전에 사랑받지 못
했던 그녀를 사랑할 것이다.
26 앞으로, '너희는 나의 백성이 아니
다' 라고 말했던 장소에서, 그들은
살아있는 **하나님**의 자녀로 불릴
것"이라고 했다.
27 아이제야도 이즈리얼에 대해 외쳤
다. "비록 이즈리얼 자손이 바다의
모래처럼 많아도, 후손은 구원받
게 된다.
28 그는 정의로 그 일을 빨리 끝낼 것
이다. 왜냐하면 **주님**이 땅위에서
만드는 일을 빨리 끝냈기 때문이
다".
29 또 전에 아이제야가 말한 것처럼,
"만인의 **주님**이 우리에게 후손을
남겨놓지 않았더라면, 우리는 소
듬이 되었고, 또 거머라처럼 되었
을 것"이라 했다.
30 그러면 우리는 어떻게 말해야 할
까? 정의를 따르지 않던 이민족이,
정의를 받아들이더니, 심지어 믿
음의 정의까지 이르렀다.
31 하지만 정의의 법을 따르던 이즈
리얼은 여전히 정의의 법을 얻지

못했다.
32 왜 그럴까? 왜냐하면, 이즈리얼은
믿지 못한 채, 법으로 일하기 때문
이다. 따라서 그들은 걸림돌이 있
으면, 걸려 넘어지는 것이다.
33 기록은 이렇게 적혀 있다. "보라,
내가 자이언에 돌을 놓아 걸려 넘
어지게 하고, 범죄의 바위를 두어
그들을 괴롭히겠다. 그리고 그를
믿는 자는 누구나 수모를 당하게
않게 하겠다."

정의를 믿으면 구원을 만든다

10 형제들아, 내가 이즈리얼을
위하여 **하나님**에게 마음으로
기도하는 것은, 그들이 구원되기
를 바라는 것이다.
2 내가 증언하자면, 그들은 **하나님**에
게 열의가 있지만, 지식이 없을 뿐
이다.
3 그들은 **하나님**의 정의를 모른 채,
자신들의 정의를 세우려 하기 때
문에, **하나님**의 정의에 그들 스스
로 복종하지 않는 것이다.
4 그래서 크라이스트는 정의를 위한
법을 완결하여, 모두가 믿게 하려
는 것이다.
5 모지스는 정의를 법에서 이렇게
설명했다. "정의를 실행하는 사람
은 그것으로 살 것이다."
6 그러나 믿음 가운데 정의는 이런
식으로 말한다. "네 마음속으로 다
음 말을 하지 마라. '누가 [크라이
스트를 데리고 내려오려고,] 하늘
로 올라가나'
7 아니면, '누가 [크라이스트를 죽음
에서 다시 살리려고,] 깊은 곳으로
내려가나?' 하지 마라.
8 대신 이것을 어떻게 말해야 할까?
그 말은 네 근처에 있고, 심지어 네
입과 마음에 있는 것으로, 곧 우리
가 알리는 믿음에 관한 이야기다.
9 만일 네 입으로 주인님 지저스를
인정하고, 마음으로 믿으며 **하나님**
이 그를 죽음에서 일으켜 세웠다
고 말하면, 너는 구원받는다.
10 사람이 마음으로 정의를 믿고, 입
으로 고백하면서, 구원을 만들게
된다.
11 바이블은 이렇게 전한다. "그를 믿
는 자는 누구든지 부끄럽지 않을
것이다."
12 믿음은 쥬다인이나 이민족이나 차
이가 없는데, 그는 모두의 주인님
으로, 자기를 부르는 모든 이에게
넉넉한 축복을 주기 때문이다.
13 따라서 누구나 주인님의 이름을
부르면, 구원을 얻을 것이다.
14 그러면 그를 믿지 않는 저들이 그
를 부르면 어떻게 될까? 또 들어본
적도 없는 저들이 그를 믿으면 어
떻게 되며? 전언자도 없는데 저들
이 어떻게 들을까?
15 그들에게 보낸 파견자가 없는데,
그들은 어떻게 알게 되나? 기록에
의하면, "평화의 가르침과, 기쁜 좋

은 소식을 전하는 이의 발걸음이
얼마나 아름다운가!" 라고 했다.
16 그러나 이즈리얼은 가르침gospel을
따르지 않았다. 아이제야가 말한
바에 의하면, "**주님**, 누가 우리의 전
언을 믿을까요?" 라고 한탄했다.
17 따라서 믿음은 전언을 들어서 생
기는데, 그 전언이란 **하나님** 말의
전달이다.
18 그런데 내가 말하지만, 저들은 듣
지도 않았나? 물론, 저들도 들었
다. 그들의 목소리는 지구를 돌았
고, 그들이 전하는 전언은 세상 끝
까지 갔다.
19 하지만 내가 말하는데, 이즈리얼
만 모르나? 먼저, 모지스가 말한
것은, "내가 너희를 **하나님** 백성도
아닌 사람을 질투하게 만들고, 몰
이해의 어리석은 민족 때문에 화
나게 만들겠다"고 했다.
20 한편, 아이제야는 더욱 대담하게
말하며, "나는, **하나님** 말을 전하는
저들에게 발견되었을 때, 나를 찾
지 않는 저들에게 내 자신을 분명
히 알렸다"고 했다.
21 그러나 아이제야는 이즈리얼 백성
에게 말하며, "하루 종일 나는 내
손을 뻗어, 반항하며 거부하는 백
성에게 내밀었다"고 했다.

믿음이 없던 이전부터 사랑을 받았다

11 그래서 내가 묻는데, **하나님**
은 그의 백성을 버렸을까? **하
나님**은 절대 그렇지 않다. 나 역시
이즈리얼인으로, 애이브러햄의 후
손이자, 벤저민부족 출신이다.
2 **하나님**은 자기 본래의 백성을 내버
리지 않는다. 너희는, 일라이자Elias
일라야스가 바이블에서 말한 것을 모
르나? 그는 이즈리얼에 대해 **하나
님**에게 다음과 같이 중재했다.
3 "**주님**, 저들이 당신의 예언자를 죽
여, 제단 아래 묻고, 홀로 남은 내
목숨마저 노리고 있어요" 라고 했
다.
4 하지만 **하나님**이 그에게 뭐라고 대
답했을까? "내가 보유해둔 7,000
명은 배얼의 형상에 무릎을 꿇지
않는다.
5 지금 이 순간에도 배려로 선정된
자들이 남아 있다.
6 내가 배려한다 해도, 그런 인간행
위는 더 이상 없을 것이다. 그렇지
않으면 배려는 더 이상 배려가 아
니다. 그런데도 그런 [예언자를 없
애는] 행위가 계속되면, 그 이상 배
려는 없다. 그 이상 행위는 용납이
안 된다.
7 그런데 어떻게 되었지? 이즈리얼
은 **하나님**의 계획을 받아들이지 않
았고, 선택적으로 받아들였거나,
나머지는 눈을 감고 보지 않는다.
8 [기록에 따르자면, **하나님**이 그들
에게 준 것은, 조는 영혼과, 볼 수
없는 눈과, 듣지 못하는 귀만 주어]
오늘에 이른다.

서 너희는, 이민족이 완전하게 믿
음속으로 들어올 때까지, 이즈리
얼 일부에서 벌어지는 맹목적 자
만에 빠지지 않아야 한다.
26 그러면 이즈리얼 모두 구원받을
수 있게 될 것이다. 기록된 대로,
"자이언에 구원자가 나타나, 재이
컵 출신자의 불신을 돌려놓게 될
것이다.
27 내가 그들에게 한 약속은, 그때 그
들의 죄를 없애겠다"고 **하나님**이
말했다.
28 가스펄gospel 때문에, 저들은 너희
적이 되었지만, 선택된 자체가 조
상을 위해 그들이 **하나님**의 사랑을
받게 되는 것이다.
29 **하나님**의 선물과 호출은 없어지지
않는다.
30 전에 너희는 **하나님**을 믿지 않았지
만, 믿음 없이도 관대한 사랑을 받
았고,
31 그와 마찬가지로 지금 그들이 믿
고 따르지 않아도, 너희에게 주는
관대한 사랑을 통해, 그들 또한 자
비를 얻을 수 있을 것이다.
32 왜냐하면 **하나님**은 복종하지 않는
모두까지, 폭넓게 아우르는 관대
한 사랑을 내려주기 때문이다.
33 오 **하나님**의 지혜와 지식의 깊이가
얼마나 풍부한지! 그의 정의는 얼
마나 넓은지 찾을 수 없어, 지나간
길만 더듬을 뿐이다!
34 누가 **주님**의 마음을 알까? 아니면
누가 그의 조언자였던 적이 있었
나?
35 혹은 최초에 누군가 그에게 준 다
음, 그것을 그에게 다시 되갚게 하
는 것일까?
36 그에 의해, 그를 통해, 또 그에게
서 이루어진 모든 것은, 전인류에
게 영원한 빛이 되게 한다. 애이멘.
[한마음이다.]

몸안 각부분처럼 각자 역할한다

12 따라서 형제들아, 나는 **하나
님**의 관대한 사랑을 통하여
너희에게 다음을 바란다. 너희 신
체를 **하나님**이 받아들일 수 있는
신성한 살아있는 제물로 제시하
여, 그것으로 의미있는 너희 예물
이 되게 하는 것이다.
2 또 세상에 맞추지 말고, 대신 마음
을 새롭게 변화시키게 되면, 무엇
이 선이고, 받아들여지며, 완벽한
하나님의 의지인지를 입증할 수 있
을 것이다.
3 그래서 내가 말하는데, 나에게 주
어진 **주님**의 배려를 통하여, 너희
와 함께 있는 모두가, 생각해야 하
는 것보다 높이 자신을 생각할 게
아니라, 냉정하게 생각하고, **하나님**
이 인간의 믿음에 대하는 대로 따
라 생각해야 한다.
4 우리의 몸안에는 많은 부분을 갖
고 있는데, 모두 똑같은 역할을 하
지 않는다.

9 또 대이빋은 이렇게 말한다. "저들
의 식탁은 함정과, 덫과, 걸림돌이
되어, 대가를 치르게 하고,
10 저들의 눈은 침침해져 볼 수 없게
하며, 저들의 등은 언제나 굽게 해
주세요" 라고 했다.
11 그럼, 내가 물어보자. 그들이 비틀
대다 넘어진 것뿐이었을까? **하나
님**은 그렇게 하지 않는다. 오히려
그들의 잘못을 통해, 이민족을 구
제하여, 이즈리얼의 질투를 자극
했던 것이다.
12 그들이 쓰러져, 세상이 풍요로워
지고, 그들의 위상이 줄어, 이민족
이 풍성해지면, 인류의 완성도가
얼마나 더 성숙해질까!
13 이민족 너희에게 말하는데, 나는
이민족에게 알리는 지저스의 제자
인만큼, 내 임무에 대한 자부심이
대단히 크다.
14 어떻게든, 내 동포의 시샘을 자극
하면, 그중 일부를 구원할 수 있을
것이다.
15 그들의 거부가 세상에 화해를 가
져온 결과, 그들이 얻게 되는 것은,
죽음에서 생명이 아니고 뭐가 있
을까?
16 만일 첫곡물이 신성하면 빵덩이도
신성하고, 뿌리가 신성하다면, 가
지도 그럴 것이다.
17 만약 나뭇가지 몇개가 꺾여 있을
때, 야생올리브가지인 너희가 꺾
인 가지 대신 접붙여지면, 뿌리와
올리브나무의 자양분을 받아들이
게 된다.
18 그때 너희가 가지를 상대로 뽐내
면 안 된다. 너희가 우쭐거려도, 너
희가 뿌리를 갖고 있는 것이 아니
라, 뿌리가 너희도 유지한다는 것
을 알아야 한다.
19 그러면 너희는, "몇몇 가지가 꺾였
으니까, 내가 접붙여졌다"고 하겠
지.
20 그렇다. 그들은 믿지 않아서 잘렸
고, 너희는 믿어서 그 자리에 있는
거다. 따라서 우쭐대는 마음 대신,
두려운 마음으로 경외해야 한다.
21 왜냐하면 **하나님**이 본래 가지를 존
중하는 마음이 없었더라면, 너희
도 아끼지 않았을 거다.
22 그러니 **하나님**의 온화함과 엄격함
도 같이 알아야 한다. 이탈하면 엄
격해지지만, 너희를 향하여 관대
한 아량도 보인다. 계속 **하나님**의
온화함 속에 있지 않으면, 너희도
잘린다.
23 그들 역시, 불신에 머무르지 않는
한, 접목될 수 있다. 왜냐하면 **하나
님**은 잘린 그들조차 다시 접목시킬
수 있기 때문이다.
24 만약 야생올리브나무 출신으로,
좋은 올리브나무에 접목이 잘 되
었다면, 본래부터 좋은 나무 출신
이야, 얼마나 더 잘 접목될까?
25 형제들아, 나는 너희가 이 신비를
알지 못한 채 두고 싶지 않다. 그래

5 그처럼 우리는, 크라이스트라는
한 몸안에 서로 다른 각각의 부분
이다.
6 그래서 우리에게 주어진 배려에
따른 다른 선물을 받아, 예언대로
믿는 만큼 예언이 이루어지게 해
야 한다.
7 혹은 우리의 봉사가 필요한 곳에
대기하며 봉사하고, 가르쳐야 할
곳은 가르치고,
8 타일러야 할 곳은 타이르고, 격려
가 필요한 곳에는 격려를 주고, 관
리가 필요한 곳은 성실하게 관리
하며, 관대함을 보일 때는 기쁜 마
음으로 실행하자.
9 또 사랑은 거짓이 없어야 하고, 악
행을 증오하고, 선행은 매달려야
한다.
10 다정하고 친절하게 형제를 사랑하
고, 서로 좋아하며 존중해야 한다.
11 일에 나태하지 말고, 강렬한 영혼
으로 **주님**에게 봉사하고,
12 희망에 기뻐하고, 괴로움을 참고
수시로 꾸준히 기도하자.
13 성도의 생활이 어려울 때 나누며
따뜻하게 대접하자.
14 너희를 박해하는 자를 축복하며,
저주하지 마라.
15 기뻐하는 자와 함께 기뻐하고, 우
는 자는 같이 울어주자.
16 서로를 향해 한결같은 마음이 되
어야 한다. 높은 곳에 마음을 두지
말고, 보다 낮은 사람에게 자신을
낮추며, 자만하며 아는 체하지 마
라.
17 나쁜사람에게 악행으로 갚지 말
고, 모두가 보는 앞에서 정직한 것
을 나누어야 한다.
18 만약 가능하다면, 할 수 있는 만큼,
모두와 평화롭게 살아라.
19 사랑하는 사람아, 스스로 복수하
는 대신, **하나님**의 분노에 여지를
남겨라. 왜냐하면 이렇게 기록되
어 있다. "복수는 나의 일이므로,
내가 갚아줄 것"이라고 **주님**이 말
한다.
20 그러니 너희 적이 배고플 때, 먹여
주고, 목말라하면, 그에게 마실 것
을 주어라. 그러면 너희는 원수의
머리에 석탄불을 올려, 스스로 부
끄럽게 만드는 것이다.
21 악행에 이기려고 하지 말고 대신,
선행으로 악행을 극복해라.

사랑이 하나님 법을 완성

13 인간보다 높은 힘에게 자신
을 복종시키자. **하나님**한테서
나오지 않는 힘이란 없고, 그런 힘
도 **하나님**이 규정했기 때문이다.
2 따라서 그 힘에 저항하는 것은 **하**
나님 명령에 대한 거부이므로, 그
런 반발자는 스스로 저주를 받게
된다.
3 통치는 선행을 몰아내는 것이 아
니고, 악행을 위협하는 것이다. 그
런데도 너희가 그 힘을 두려워하

지 않을 것인가? 선행을 하여 칭찬
을 받게 될 경우,
4 **하나님**의 대리인이 와서, 너의 선
한 행위를 칭찬한다. 대신 네가 악
행을 하면 두려워해야 하는 이유
는, 대리인이 지닌 칼은 무디지 않
기 때문이다. **하나님**을 대행하는
자는 복수자로서, 악의 행위자에
대한 분노를 집행한다.
5 그러므로 너희는 스스로 권한에
복종하는 것은 물론, 처벌뿐아니
라 양심을 위해서도 그렇다.
6 이로 인해 너희가 대가세금를 지불
하게 되는데, **하나님**의 권한대행자
가 항상 대기하며, 바로 이런 일들
을 관리하기 때문이다.
7 저마다 임무를 수행하도록 일을
시켜야 한다. 세금담당자에게 세
금을 내고, 관세담당자에게 관세
를 내며, 두려움을 담당하는 자는
두려워하고, 명예를 담당하는 자
는 존경해야 한다.
8 누구한테도 빚지지 말고, 대신 서
로 사랑해야 한다. 남을 사랑하는
것이 법에 충실한 일이기 때문이
다.
9 또 너희는 부정하게 외도하지 말
고, 살인하지 말고, 훔치지 말고, 거
짓증언을 하지 말며, 남의 것을 탐
내면 안 된다. 여기에 다른 명령이
있다해도, 한마디로 요약하자면,
"너희는 이웃을 자신처럼 사랑해
야 한다"는 것이다.
10 사랑은 이웃에게 해를 주지 않기
때문에, 사랑이 **하나님** 법을 완성
한다.
11 그리고 시간을 알아야 한다. 지금
은 잠에서 깨어나야 할 때가 다되
어, 우리가 믿었던 구원에 더 가까
워졌다.
12 밤이 거의 지나, 날이 곧 밝는다. 그
러니 암흑속 행동을 내려놓고, 빛
으로 무장하자.
13 그리고 대낮에 정정당당하게 걷
자. 비틀대며 난동을 부리지 말고,
구석에서 방탕하지 말고, 시기질
투하며 싸우지 말자.
14 대신 너희는 주인님 지저스 크라
이스트의 옷을 걸쳐서, 정욕을 채
우며 신체를 만족시키지 않도록
해야 한다.

각자 마음속 확신대로 믿게 하자

14 너희는 믿음이 약해도 포용
하며, 논쟁을 일으키거나 의
심하지 마라.
2 모든 것을 다 먹을 수 있다고 믿는
자가 있는 반면, 믿음이 약하면 채
소만 먹는다.
3 모두 먹는자가 그렇지 못한자를
무시하지 말고, 가려 먹는 자가 그
렇지 않은 자를 향해 비난해도 안
된다. 왜냐하면 **하나님**은 그들 모
두 포용하기 때문이다.
4 너희가 누구라고 다른 이의 종을
평가하나? 그의 주인이 종을 세우

거나 쓰러뜨리는 거다. 맞다, 붙잡
고자 하면, **하나님**은 그를 서있게
할 수 있는 것이다.
5 어떤 사람은 오늘이 다른날 이상
으로 소중하고, 다른 이는 매일 똑
같이 좋다. 사람마다 각자 마음속
확신대로 믿게 하자.
6 어느날을 특별하게 생각하는 사람
은, 그날을 **하나님**을 위해 그렇게
생각하고, 그날이 특별하지 않으
면, **하나님**을 위해 그렇지 않다고
생각하는 것이다. 다 먹는 사람은
하나님을 위해 다 먹으며 감사하
고, 가려 먹는 사람은 **하나님**을 위
해 가려 먹으며 **하나님**에게 감사한
다.
7 우리 중 누구도 자신을 위해 살지
않고, 어떤 사람도 자신을 위해 죽
지 않는다.
8 우리가 살아도 **주님**을 위해 살고,
죽어도 **주님**을 위해 죽기 때문에,
살든 죽든 우리는 **주님**의 것이다.
9 그결과 크라이스트가 죽었다 일어
난 다음, 부활하여, 죽음과 삶 모두
를 위한 주인님이 될 수 있었던 것
이다.
10 그런데 왜 너희가 형제를 비난하
나? 아니면 왜 형제를 무시하나?
우리 모두 크라이스트의 재판석에
서게 될 것이다.
11 기록에 의하면, "**주님**이 말한다. '내
가 살아 있으므로, 모든 무릎은 나
에게 꿇고, 모든 혀는 **하나님**에게
고백할 것'이다" 라고 했다.
12 그래서 우리 모두는 **하나님**에게 자
신을 설명해야 한다.
13 그러니 더 이상 서로를 비난하지
말고, 대신 더 이상 걸림돌을 놓거
나, 형제의 길을 방해하지 않겠다
고 결심하자.
14 내가 깨달은 뒤, 주인님 지저스에
의해 확신하게 된 것은, 어느 것도
그 자체가 불결한 것은 없다는 것
이다. 단지 어떤 것을 불결하다고
생각하는 자에게, 그것이 불결할
뿐이다.
15 그런데 만일 형제가 네가 먹는 음
식종류를 두고 우려하면, 너는 남
을 배려하지 않는 사람이다. 네 음
식으로 형제를 걱정시키지 마라.
왜냐하면 걱정하는 사람을 위해
크라이스트가 죽었던 것이다.
16 다음 너의 선행이 악담이 되게 하
지 마라.
17 왜냐하면 **하나님** 왕국은 [현실적]
음식이나 물마시는 일이 아니고,
[추상적] 정의와 평화와 신성한 영
혼성령속 기쁨이기 때문이다.
18 이런 일을 하며 크라이스트를 따
르는 자는, **하나님**이 받아들이므
로, 모두에게 인정받게 된다.
19 그러므로 우리가 평화를 만드는
이런 일을 따르면, 그로 인해 서로
바람직한 교훈이 될 수 있을 것이
다.
20 음식 때문에 **하나님**의 일을 망치지

말자. 실제로 모든 음식은 깨끗하
지만, 불쾌감을 갖고 먹는 사람한
테는 나쁜 것이다.
21 고기를 먹지 않고, 포도주를 마시
지 않아서, 그런 일로 형제를 불편
하게 하거나 꺼리지 않게 되면, 그
것도 좋은 일이다.
22 너희는 믿음이 있는가? **하나님** 앞
에서 스스로 믿음을 가져라. 하고
싶은 일을 하는 자신을 비난하지
않는 자는 행복하다.
23 먹는 것을 의심하는 자는, 믿음없
이 먹기 때문에 불행하다. 믿음이
없는 행위는 죄가 된다.

폴은 크라이스트의 대리인

15 그래서 우리는 강한 의무감
으로, 스스로 만족할 게 아니
라, 남의 약점을 극복시켜야 한다.
2 우리 모두, 이웃이 자신의 선을 계
발하는 것을 기쁘게 생각하자.
3 크라이스트조차, 자신에 대해서는
기쁘지 않았어도, 기록대로, "너희
에 대한 그들의 비난이 나에게 쏟
아졌다"고 했다.
4 이전 기록을 보더라도, 우리에게
전하는 교훈은, 바이블이 제시하
는 인내와 위로로 우리는 희망을
가질 수 있다고 했다.
5 이제 **하나님**은, 너희에게 인내와
위로를 주어, 한결같은 마음으로
남을 향하여 지저스 크라이스트를
따르게 하고,
6 너희가 한마음 한입으로 **하나님**을
받들 수 있게 한다. 그는 바로 우리
의 주인님 지저스 크라이스트의
하늘아버지다.
7 따라서 너희가 서로를 포용하는
것은, 크라이스트가 **하나님**의 찬
란한 빛속으로 우리를 받아들이는
것과 같은 것이다.
8 지금 내가 말하지만, 지저스 크라
이스트는, **하나님**의 진실의 [문을
여는] 할례 대행자로, 조상과 맺은
약속을 확인했고,
9 또 이민족한테도 **하나님**의 너그러
운 사랑으로 그의 빛을 받을 수 있
다고 말한 것이, 기록에 있다. "그
래서 나 지저스는 이민족 너희한
테도 솔직하게 말하며, 너희 이름
을 칭찬하는 노래를 부른다"고 했
다.
10 그리고 다시 지저스가 한 말은, "너
희 이민족아, **주님**의 백성과 함께
기뻐하라"고 했고,
11 또 다시, "모든 이민족 너희는, **주님**
을 드높이는 노래를 해라. 너희 모
든 백성도, **주님**을 크게 외쳐라"고
했다.
12 그리고 또다시 예언자 아이제야가
한 말은, "제시의 뿌리 하나가 나타
나, 이민족을 다스려, 그를 믿고 따
르게 만들 것"이라고 했다.
13 이제 희망의 **하나님**은, 믿는 너희
를 기쁨과 평화로 채워, 신성한 영
혼의 힘으로 너희 희망을 이루어

줄 것이다.
14 나 스스로 너희에 대해 확신하는
것은, 나의 형제 너희도 선과 지식
이 가득차서, 서로를 지도할 능력
이 있다고 생각한다.
15 하지만 형제들아, 내가 너희에게
더욱 대담하게 이런 식으로 너희
마음에 새기도록 편지를 쓰는 이
유는, **하나님**이 나에게 준 배려 때
문이다.
16 그것은 내가 이민족한테 지저스
크라이스트의 대리인이 되어, **하나
님**의 가스펄 메시지를 실천하는 것
이다. 그러면 이민족의 제물도 받
아들여져, 신성한 영혼성령으로 깨
끗하게 정화될 수 있다.
17 그러면 나는, 지저스 크라이스트
를 통하여 **하나님**에게 속하는 일
가운데 감사를 표할 명분을 갖게
된다.
18 나는, 크라이스트가 나에게 시키
지 않은 일은 감히 말하지 않는다.
오직 말과 행동으로 이민족을 따
르게 만들뿐이다.
19 **하나님** 영혼의 힘으로 이루는 특별
한 표시와 기적을 보이며, 저루살
럼부터 일리리컴 일대를 두루 돌
며, 나는 크라이스트의 가스펄gospel
을 충실히 알렸다.
20 맞다, 그렇게 나는, 크라이스트 이
름이 없는 곳에 가스펄을 전하려
무척 애썼는데, 그곳은 다른 사람
의 기초가 세워진 적이 없던 곳이
었다.
21 그러나 기록처럼, "일컬어진 적 없
던 크라이스트를 이민족이 알게
되고, 들은 적 없던 그들도 이해하
게 된다"는 그대로였다.
22 이런 이유 때문에 나 역시, 로먼제
자 너희에게 가는 계획에 큰차질
이 생기게 되었다.
23 하지만 이제 이 지역에서의 역할
은 더 이상 없고, 너희에게 가려는
오랜 세월의 희망이 무척 간절하
여,
24 내가 스페인으로 가는 길에 그곳
으로 가서, 너희를 본 다음, 너희 도
움으로 나의 길을 갈 수 있기를 바
라지만, 무엇보다 얼마라도 내가
너희와 우애를 나눌 수 있을 것이
다.
25 그런데 지금 나는 저루살럼의 성
도에게 봉사하러 간다.
26 왜냐하면 매서도니아와 어카야 사
람이 기꺼이, 저루살럼의 가난한
성도를 위해 특별기부를 만들었기
때문이다.
27 그들이 기부를 기꺼이 받아들인
이유는, 저루살럼에 빚이 있었기
때문이었다. 왜냐하면 이민족이
저루살럼의 영혼적 부분을 공유했
다면, 이민족도 마땅히 그들에게
물질로 봉사할 의무가 있는 것이
다.
28 그래서 내가 이 일을 마쳐, 그들에
게 이 결실을 전달한 다음, 너희에

게 들러, 스페인으로 간다.
29 너희한테 가게 될 때 나는, 크라이
스트의 메시지gospel의 축복을 가득
안고 갈 것으로 확신한다.
30 앞으로 내가 로먼형제에게 바라는
것은, 주인님 지저스 크라이스트
를 위하여, 신성한 영혼의 사랑을
위하여, 나와 함께 노력해주는 것
이고, 너희가 **하나님**에게 기도하면
서도, 내편이 되어주기를 부탁한
다.
31 그래서 내가 쥬디아지역의 지저스
를 믿지 않은 저들로부터 구원받
기를 바라는 것이고, 저루살럼을
위해 계획한 나의 봉사가 성도에
게 받아들여 질 수 있도록 함께 응
원해주길 바란다.
32 또 **하나님**의 뜻에 따라 기쁜 마음
으로 너희에게 갈 수 있기를 바라
며, 너희와 함께 피곤을 회복할 수
있기를 바란다.
33 앞으로 평화의 **하나님**이 여러분 모
두와 함께 하기를 바란다. 애이멘.
[한마음이다.]

모두에게 안부인사

16 나는 너희에게 우리의 여형
제 퀴비를 추천하는데, 그녀
는 샌크리아 교회의 헌신적 봉사
자다.
2 그래서 너희가 **주님** 안에서 그녀를
성도로 받아주어, 그녀가 도움을
필요로 할 때, 너희가 돕기를 바란
다. 그녀는, 나에게는 물론, 많은 사
람의 조력자 역할을 해왔다.
3 프리슬라와 아퀼라에게 안부 전해
달라. 이들은 크라이스트 지저스
를 위한 일에서 나의 조력자였다.
4 그들은 내 생명을 위해 자기 목까
지 내려놓은 사람들로, 나뿐아니
라, 이민족 모든 교회 역시 그들에
게 감사를 전한다.
5 마찬가지로 그들 집에서 예배하는
교회한테도 나의 안부를 전해주
고, 내가 몹시 사랑하는 이피너터
스한테도 인사한다. 그는 크라이
스트로 개종한 어카야지방 첫결실
이다.
6 우리에게 많은 수고를 해준 매리
한테도 인사해달라.
7 나의 동포 앤로니커스와 쥬니아에
게 인사 전하는데, 이들은 제자 가
운데 주목을 받던 동료수감자이
며, 나보다 먼저 크라이스트 안에
있었다.
8 **주님** 안에서 내가 사랑한 앰플리어
스한테 인사 전해달라.
9 얼배인도, 크라이스트 안에서 우
리의 조력자였고, 내가 사랑하는
스타커스한테도 인사 전해달라.
10 크라이스트 안에서 인정받은 어펠
러스에게 인사하고, 애리스타불러
스 집안한테도 전해달라.
11 나의 친척 히로디언한테도 인사하
고, **주님** 안에 함께 하는 날시서스
집안에게도 전해달라.

12 **주님** 안에서 같이 일한 트라이풔나
와 트라이포사에게 인사하고, **주님**
안에서 무척 고생한 사랑하는 펄
시스에게도 전해달라.
13 **주님**이 선택한 루풔스와 그의 어머
니이면서 나에게도 어머니에게 안
부 전해달라.
14 어신크리터스, 플레건, 헐머스, 패
트로버스, 헐미스, 그리고 그들 형
제들에게도 인사한다.
15 퓔올러거스, 쥴리아, 너러스와 그
의 여동생, 올림퍼스, 및 그들와 함
께 한 모든 성도에게 인사한다.
16 서로 모두에게 신성한 키스로 안
부를 전하고, 크라이스트 교회 여
러분에게 인사한다.
17 이제 내가 형제에게 바라는 것은,
내분을 일으키거나 너희가 배운
가르침을 반박하며 위반하는 사람
을 주의하며 피하길 바란다.
18 그들은 우리 주인님 지저스 크라
이스트를 따르는 자가 아닌, 자기
배만 불리기 위해, 좋은 말로 부드
럽게 순진한 마음을 속이는 자다.
19 너희 순종은 모든 사람에게 폭넓
게 전해지고 있어서, 너희 지원에
대해 내가 기쁘다. 하지만 여전히
나는 여러분이 선에 대한 지혜를
갖고, 악에 대해 둔감하기를 바란
다.
20 평화의 **하나님**이 이제 곧 너희 발
아래서 [악의 영혼] 새이튼을 해
칠 것이다. 우리 주인님 지저스 크
라이스트의 큰배려가 너희와 함께
하기를 바란다! 애이멘. [한마음이
다.]
21 나의 동료 티머씨어스, 루시어스,
재이슨, 소시팰어, 나의 동포 여러
분에게 안부 전한다.
22 이 서신을 받아쓰는 나 털티어스
도 **주님** 안에서 여러분에게 인사한
다.
23 나의 집주인이고 교회 전체를 돌
보는 가이어스도 여러분에게 안
부 전한다. 이 도시의 재무담당 이
래스터스도 여러분에게 인사하고,
콸터스 형제도 안부를 전한다.
24 우리 주인님 지저스 크라이스트
의 큰배려가 여러분 모두와 함께
하기를 바란다. 애이멘. [한마음이
다.]
25 이제 **하나님**은, 나의 전언대로 여
러분이 확립할 수 있게 해주었다.
나는 지저스 크라이스트가 신비에
대한 증언을 했다고 전했다. 신비
란 세상이 시작될 때부터 유지되
어 왔던 것이다.
26 그런데 지금은 드러났고, 또 예언
자의 기록에서도, 영원한 **하나님**의
명령에 따라, 믿음에 순종하는 모
든 민족에게 알려지게 되었다고
했다.
27 단 하나의 지혜 **하나님**에게, 영원
한 지저스 크라이스트를 통하여
감사합니다. 애이멘. [한마음이다.]
[이 편지는 코린써스지역에서 로

먼제자에게 써서, 센크리아 교회
봉사자 뤼비가 전달했다.]

코린쓰에게 폴1편지

분열하지 말고 일치 단결

1 폴은 **하나님** 뜻에 따라 지저스
크라이스트의 제자로 호명되었
다. 그런 나와 우리 형제 소쓴니즈
가,
2 코린쓰의 **하나님** 교회에 있는 크
라이스트 지저스 안에서 정화되어
성도로 불리는 사람에게, 또 그들
과 우리 모두의 주인님 지저스 크
라이스트의 이름을 부르는 모든
지역의 모두와 더불어,
3 여러분에게 큰배려와 평화가, 우
리의 하늘아버지 **하나님**과 우리 주
인님 지저스 크라이스트로부터 내
리기를 바란다.
4 내가 나의 **하나님**에게 언제나 너
희에 대해 감사하는 이유는, **하나
님**의 배려가 지저스 크라이스트를
통하여 너희에게 내렸기 때문이
다.
5 너희가 지저스 크라이스트 덕택에
말과 지식 모든 면에서 풍요롭게
된 점도 감사한다.
6 심지어 크라이스트에 관한 증언조
차 너희 가운데 확고해졌다.
7 그래서 이후 너희에게 아무 선물
이 없어도, 우리 주인님 지저스 크
라이스트가 나타나기를 기다리는
것이다.
8 그 역시 너희를 끝까지 굳건하게
지켜주면, 우리 주인님 지저스 크
라이스트가 오는 날, 너희도 아무
탈이 없을 것이다.
9 **하나님**은 헌신적이므로, 자기 아
들, 우리 주인님 지저스 크라이스
트의 친구로 너희를 불러들였다.
10 이제 내가, 우리 주인님 지저스 크
라이스트 이름으로 형제에게 바란
다. 너희 모두 같은 말을 하며, 분열
하지 말고, 한마음 한뜻으로 일치
단결하라는 것이다.
11 나의 형제들아, 내가 클로에 집안
을 통해 듣기로, 너희 사이에 불화
가 있다더라.
12 그래서 내가 말하는데, 너희가 저
마다 말하며, "나는 폴 편이다" "나
는 아폴러스 편이다" "나는 세퀴스
Peter필어 편이다" "나는 크라이스트
편이다" 라고 한다.
13 크라이스트가 나눠졌나? 폴이 너
희를 위해 십자가에서 죽었나? 아
니면 폴의 이름으로 너희가 세례
를 받았나?
14 내가 **하나님**에게 감사하는 것은,

크리스퍼스와 가이어스 이외, 아
무도 세례해주지 않았다는 것이
다.
15 따라서 어느 누구도 내 이름으로
세례받았다고 말하면 안 된다.
16 나는 또 스테퐈너스 집안을 세례
한 것 이외, 어떤 다른 세례는 모른
다.
17 크라이스트가 나를 보내며, 세례
가 아니고, 가르침을 알리라고 했
다. 말재주를 부리지 말아야, 크라
이스트의 십자가가 헛되지 않을
것이다.
18 십자가의 메시지는, 파멸하는 자
에게 어리석게 보여도, 구원받는
우리에게는 **하나님**의 힘으로 보인
다.
19 기록에서도, "나는 현자의 지혜를
없애고, 똑똑하다는 자의 이해를
무로 돌려놓겠다"고 했다.
20 지혜로운 자가 어디 있는데? 법학
자가 어디 있고? 세상의 논쟁자가
어디 있다고? **하나님**이 세상의 잘
난자를 바보로 만들지 않았나?
21 **하나님**의 지혜를 따른다 해도, 지
혜의 세상이 **하나님**을 모르기 때문
에, **하나님**은 알리는 어리석은 노
력을 기쁘게 생각하며, 믿는자를
구하려는 것이다.
22 쥬다인은 증거를 요구하고, 그리
스인은 지혜를 찾길래,
23 대신 우리가 십자가에 못박힌 크
라이스트를 알렸더니, 그것이 쥬
다인에게는 걸림돌이 되고, 그리
스인한테는 어리석음이 되었다.
24 하지만 호출된 쥬다인과 그리스인
에게, 크라이스트는 **하나님**의 힘과
지혜였다.
25 **하나님**의 어리석음은 인간보다 더
현명하고, **하나님**의 약점은 인간
이상으로 강하기 때문이다.
26 형제들아, 너희의 지명을 살펴보
면, 지혜가 많지 않아 육체나 따르
고, 힘도 강하지 않고, 귀족도 아닌
데 호출되었다.
27 그런데 **하나님**은 세상의 어리석은
자를 뽑았으니, 현자가 혼란스러
웠고, 또 세상의 약자를 택했으니,
강자가 당황했다.
28 세상의 바닥에서 무시당하는 자를
하나님이 선택했던 것이다. 맞다,
아무것도 없는것으로, 있는것을
무가치한 것으로 만들어버렸다.
29 육체는 그 앞에서 빛을 발하지 못
한다.
30 그러나 그는 크라이스트 안에 있
는 너희에게, **하나님**한테서 나온
그를, 우리의 지혜와, 정의와, 정화
와, 반성의 대가로 만들어주었다.
31 그것은 기록에 이렇게 쓰였다. "찬
란하게 빛나는 그를, **주님** 안에서
빛나게 하자."

신성한 영혼이 하나님의 지혜

2 코런쓰 형제들아, 내가 너희에
게 갔을 때, 언변이나 지혜가 우

월해서 간 게 아니라, **하나님**에 대
한 증언을 너희에게 알리려 했다.
2 그래서 나는 지저스 크라이스트의
십자가형 이외, 너희에게 어떤 것
도 알리지 않겠다고 결심했다.
3 나는 약하고 두려워 너희와 함께
있으면서 무척 떨렸다.
4 나의 말재주와 전달력은 남의 관
심을 끌어들일 정도는 못되고, 단
지 신성한 영혼과 무한의 힘을 나
타내 보일뿐이었다.
5 그래서 너희 믿음은 사람의 지혜
로 세워진 게 아닌, **하나님**의 힘에
의한 것이었다.
6 때때로 우리는 지혜가 완벽하다는
말을 하는데, 그것은 세상의 지혜
도 아니고, 무無가 되는 세상의 지
배자 왕의 지혜도 아니다.
7 대신 **하나님**의 지혜를 신비라고 말
하거나, 심지어 숨겨진 지혜라고
이야기하며, 그것은 **하나님**이 세상
이 있기 전부터 우리에게 빛이 되
도록 정해둔 것이라고 했다.
8 그것을 세상의 지배자 중 누구도
알지 못했다. 알았더다면, 그들은
찬란한 빛의 주인님을 십자가로
처형하지 않았을 것이다.
9 기록도 다음과 같다. "눈이 본적 없
고, 귀가 들은적이 없으며, 인간 마
음안에 들어온 적도 없는 것을, **하
나님**이 자기를 사랑하는 자를 위해
마련해 놓았다"고 했다.
10 하지만 **하나님**은 우리에게 자신을
신성한 영혼으로 드러냈다. 왜냐
하면 신성한 영혼은 모든 것을 찾
아낼 수 있기 때문이다. 맞다, **하나
님**의 깊은 지혜까지 알아낼 수 있
다.
11 어떤 사람이 남의 지혜를 알까? 제
안에 들은 사람의 영혼도 모르면
서. 따라서 **하나님**의 지혜를 아는
자는 아무도 없고, 오직 **하나님**의
신성한 영혼만이 모든 것을 안다.
12 이제 우리가 받아들여야 할 것은,
세상영혼이 아니라, **하나님**의 신성
한 영혼이다. 그러면 우리는 **하나
님**이 우리에게 무료선물한 지혜를
알 수 있을 것이다.
13 그 지혜란, 인간지혜를 가르치는
말이 아니라, 신성한 영혼성령의 가
르침이다.
14 그러나 본래 인간은 **하나님** 영혼의
지혜를 받아들이지 못한다. 왜냐
하면 인간은 그것을 어리석음으로
생각하는 탓에, 영혼속에서 분별
력을 가지고 파악해야 할 지혜를,
도저히 알아낼 수 없는 것이다.
15 그러나 모든 것을 신성한 영혼으
로 판단할 수 있는 자를 평가할 인
간은 아무도 없다.
16 누가 **주님**의 마음을 알고, 그가 사
람을 가르칠 수 있다는 것을 알아
보았까? [아무도 없지만] 이제 우
리는 크라이스트의 마음을 지니고
있다.

너희가 하나님 성전

3 형제들아, 나는 너희에게 영혼
적으로 말할 수 없어, 대신 육신
의 인간으로서, 심지어 크라이스
트의 아기수준으로 말할뿐이다.
2 나는 너희에게 젖을 주었지, 육신
을 주지 않았다. 이제까지 너희는
그것을 받을 수 없었고, 지금도 받
지 못하고 있다.
3 여전히 너희는 육신상태에 있다.
그래서 질투와, 싸움과, 분열이 있
는 너희는, 사람으로 걸어다니는
육신이 아닌가?
4 한쪽에서는, "나는 폴 편"이라 하
고, 다른 쪽은, "나는 아폴러스 편"
이라고 하는데, 너희 모두 육체를
가진 인간 아닌가?
5 대체 폴은 누구고, 아폴러스는 누
구지? 너희가 믿는 **주님**이 모두에
게 파견한 일꾼 아닌가?
6 내가 심고, 아폴러스가 물을 주었
더니, **하나님**이 키워주었다.
7 심은 그가 아무것도 안하고, 물준
그도 아무것도 안했지만, 키워준
것은 **하나님**이었다.
8 심은 그나 물준 그나 마찬가지로,
모든 사람은 자기 수고에 따라 대
가를 받게 된다.
9 우리는 **하나님**의 협력자이고, 너희
는 **하나님**의 경작지이자, 건축물이
다.
10 **하나님** 나에게 준 배려에 따라, 나
는 현명한 건축자로서 기초를 깔
았고, 다른 사람은 그위에서 짓는
다. 하지만 **하나님**이 어떻게 그위
를 쌓아올릴지, 모두 조심해야 한
다.
11 아무도 지저스 크라이스트가 기틀
을 잡아놓은 이상의 다른 기초를
놓을 수 없다.
12 만약 사람이 그 기초 위에 금은, 값
진 보석, 나무, 건초, 짚을 세워도,
13 때가 되면 사람의 작업은 모두 드
러나 알려지게 된다. 그날은 불의
역할로, 누가 무슨 일을 했는지 일
일이 밝혀 드러날 것이다.
14 그때 건축물이 건재하면, 지은 자
는 보상을 받고,
15 불에 타면 손해를 입는다. 자신은
구제를 받는다 해도, 불길을 피할
정도일 것이다.
16 너희가 **하나님**의 성전이고, 너희안
에 **하나님**의 신성한 영혼이 있는
것을 모르나?
17 만일 사람이 **하나님** 성전을 더럽히
면, 그는 파멸된다. **하나님**의 성전
은 신성하므로, 네안에 있는 성전
도 그렇다.
18 사람은 자신을 속이면 안 된다. 너
희 중 누군가 이 세상에서 지혜롭
게 보이고 싶을 때, 스스로 바보가
되면, 현명해질 것이다.
19 세상의 지혜란 **하나님**의 눈에 어리
석기 때문이다. 기록에서도, "사람
은 지혜를 제 꾀로 생각한다"고 했
다.

20 그리고 또, "**주님**은 현자의 생각이
텅비어 있다는 것을 안다"고 했다.
21 따라서 사람은, 우쭐거리지 말아
야 한다. 모든 것이 너희 것이다.
22 폴이든, 아폴러스든, 세풔스Pater필어
든, 세상이든, 생명이든, 죽음이든,
현재든, 미래든, 모든 것도 너희 것
이며,
23 너희는 크라이스트 것이고, 크라
이스트는 **하나님**의 것이다.

집사역할의 필수조건은 성실

4 사람은 크라이스트의 일꾼이자,
하나님의 신비를 관리하는 집사
라고 말할 수 있다.
2 집사의 필수조건은 성실함이 있어
야 한다.
3 하지만 나의 성실도는, 너희가 판
단하거나 일반의 평가를 받아도
적을 것이다. 사실, 나 자신은 스스
로 판단할 수 없다.
4 나는 스스로 잘못이 없다고 알지
만, 아마 그런 면에서 적합하지 않
을 수도 있으므로, 나를 평가할 존
재는 **주님**이다.
5 따라서 **주님**이 올 때까지 아무것
도 평가하지 말아야 한다. 그가 어
둠에 숨겨진 일에 빛을 밝히고, 마
음에 품은 일을 드러나게 만들면,
그때 모두가 **하나님**의 칭찬을 받게
될 것이다.
6 형제들아, 내가 너희를 위해 이 문
제를 나와 아폴러스에게 적용해보
았다. 너희가 기록 이상으로 사람
을 생각하지 않으면, 우리에게 배
울 수 있고, 너희 중 아무도 남보다
우월하다고 뽐내지 않을 것이다.
7 대체 누가 너희를 남과 다르게 만
드나? 너희가 부여받지 않은 것이
있나? 너희도 똑같이 받았다면, 어
째서 마치 그것을 받지 않은 듯, 자
랑하나?
8 이제 너희는 배부르고, 부자가 되
어, 우리가 없어도 왕처럼 지배한
다. 그래서 나도 **하나님**에게 기원
하며, 너희가 지배했으니, 우리도
너희처럼 지배할 수 있기를 바랐
다.
9 나는 이렇게 생각한다. **하나님**이
우리 제자를 죽음이 정해진 사람
처럼 마지막에 놓아둔 것같고, 또
우리를 세상과 천사와 사람의 구
경거리로 만들어 놓은 것 같다.
10 우리는 크라이스트를 위해 바보가
되었어도, 너희는 크라이스트 안
에서 현명하다. 우리는 약해도 너
희는 강하고, 너희는 명예를 받아
도, 우리는 무시된다.
11 지금 이 순간에도 우리는 배고프
고, 목마르고, 헐벗고, 시달리며, 잘
곳도 없다.
12 제손으로 힘들여 일하고, 욕먹으
면 축복해주고, 박해를 받으면 견
뎌낸다.
13 명예가 훼손되면 우리는 애걸하
며, 세상의 쓰레기 취급을 받고,

이날까지 모든 것의 오물이 되고
있다.
14 나는 너희에게 수치심을 주려고
이 글을 쓰는 게 아니고, 나의 사랑
하는 아들로 생각하여 너희에게
주의를 준다.
15 너희에게 크라이스트 안으로 이끄
는 교사가 만명 있다해도, 아버지
의 역할자는 많지 않다. 나는 지저
스 크라이스트 안에서 가스펄gospel
을 통해 너희를 낳았다.
16 그래서 내가 부탁하는 것은, 너희
가 나를 따르라는 것이다.
17 이런 이유로, 내가 너희에게 티머
씨를 보내는데, 그는 나의 사랑하
는 아들이자 **주님**에 성실한 사람
인, 그가 크라이스트 안에 있는 나
의 방향을 기억나게 하고, 내가 교
회마다 가르친대로 이끌어줄 것이
다.
18 일부는 내가 너희에게 가기를 꺼
리는 것처럼 부풀릴 것이다.
19 하지만 나도, 만약 **주님**의 뜻이 있
다면, 곧 너희에게 갈 텐데, 그것은
과장하는 자의 말 때문이 아닌, **하
나님**의 능력으로 간다는 것을 알게
될 것이다.
20 **하나님**왕국은 말이 아닌, **하나님**의
힘으로 움직이기 때문이다.
21 너희는 어떤 것이 좋은가? 내가 너
희에게 가면서, 몽둥이를 들고 갈
까, 아니면 사랑과 온화한 마음으
로 가면 좋을까?

작은 효모가 빵을 부풀린다

5 너희 가운데 신체적 부정이 일
반적이라는 보고가 있는데, 그
런 간음은 이민족간에도 흔하지
않은 것으로, 어떤 경우는 아버지
아내와 잔다더라.
2 그런데 너희는 오히려 뻐기며, 개
탄하지도 않는다고 하는데, 그런
자를 마땅히 내쫓아야 한다.
3 나는 진실로, 몸은 그곳에 없어도,
영혼은 있기 때문에, 그런 행동을
한 사람에 관하여 이미 판결을 내
렸다.
4 우리 주인님 지저스 크라이스트의
이름으로, 너희가 모두 모였을 때,
나의 영혼과, 우리 주인님 지저스
크라이스트의 힘과 더불어,
5 그자를 [악의 영혼] 새이튼에게 넘
겨, 신체를 파멸시키면, 그 영혼은
주인님 지저스가 오는 날 구원받
게 될 것이다.
6 자만은 좋은 게 아니다. 너희는 아
주 작은 효모가 빵반죽 전체를 부
풀리는 것을 모르나?
7 그러니 묵은 발효제를 제거하여,
너희는 새로운 무효모반죽이 되어
라. 그로 인해 통과축일의 제물 크
라이스트가 우리를 위해 희생되었
다.
8 그래서 우리가 축일을 지킬 때, 묵
은 효모제는 물론 악의와 부정의
발효제가 없는, 성실과 진실의 청
정 무효모빵으로 축제를 보내자.

9 나는 너희에게 성비행자와 사귀지
말라고 편지를 쓴다.
10 함께 어울리지 말아야 할 대상은
성비행자나, 탐욕자나, 착취자나,
우상숭배자로, 만약 너희가 그렇
다면 세상을 떠나야 마땅하다.
11 뿐만아니라, 내가 너희에게 편지
를 쓰는 지금 다음의 경우는 동료
가 아니다. 만약 형제로 불리는 자
가, 성비행자나, 탐욕자나, 우상숭
배자나, 비방자나, 술취한자나, 착
취자면, 그중 하나와 식사도 안 된
다.
12 내가 외부에 있으면서 그들에게
판정을 내려야 할까? 너희가 내부
에 있는 그들을 재판해야 하지 않
을까?
13 외부자는 **하나님**이 벌을 내리므로,
바르지 못해 부정한 자는 너희 스
스로 제거해야 한다.

너는 하나님 것이다

6 너희 중 누가, 서로의 문제를 들
고, 성도 앞이 아닌, 부당한 불법
앞으로 감히 가져가나?
2 너희는 성도가 세상을 재판해야
한다는 것을 모르나? 세상이 성도
에 의해 판단되어야 하는데도, 너
희는 작은일조차 판단할 정도가
못되나?
3 우리는 천사도 재판할 수 있다는
것을 모르나? 하물며 우리의 일상
생활에 관한 것은 더 말할 것도 없
지 않을까?
4 그런데 너희는 생활에 관한 일을
재판할 때, 교회에서 최소평가를
내리는 자에게 맡긴다.
5 나는 너희의 창피를 지적한다. 그
렇다면, 너희 가운데는 지혜가 없
는 것인가? 아니, 형제를 판정해줄
자가 아무도 없단 말인가?
6 그래서 대신 형제를 고소하러 믿
지 않는자 앞으로 간다는 말이구
나.
7 너희 가운데 큰잘못은 서로를 고
소하러 가는데 있다. 왜 너희는 각
자 잘못을 차라리 받아들이지 않
나? 왜 너희는 당한 것을 오히려
스스로 참아내지 못하나?
8 아니다, 너희가 잘못하는 거다. 사
기도 너희 형제가 한 일이다.
9 불의는 **하나님**왕국을 유산받지 못
한다는 것을 모르나? 그들에게 속
지 마라. 성비행자, 우상숭배자, 매
춘자, 양성자, 남을 시켜 학대를 가
하는자,
10 훔친자, 탐욕자, 술취한자, 언어폭
행자, 착취자 등 누구도 **하나님**왕
국을 상속받지 못한다.
11 너희 가운데 이런 자가 있다. 자신
은 세례를 받고, 정화되어, 주인님
지저스의 이름으로 죄에 대해 정
당화되었고, 또 **하나님**의 신성한
영혼으로 인정받았다고 자부하는
경우가 있다.
12 "모든 것이 나에게 합법"이라해도,

모든 것이 편리한 수단이 되는 것
은 아니다. "모든 것이 나를 위해
합당하다해도, 어떤 힘에 못미치
는 경우도 있다.
13 음식은 배를 만족시키고, 배는 음
식으로 가득차도, **하나님**은 이것
도 저것도 모두 제거해버린다. 신
체는 성비행을 만족시키려고 있는
것이 아니라, **주님** 때문에 있는 것
이고, **주님**은 신체가 존재하게 하
는 것이다.
14 **하나님**은 지저스를 일으켜 세웠고,
또 그 능력으로 우리도 일으킬 것
이다.
15 너희 신체는 크라이스트의 팔다리
라는 것을 모르나? 그런데 내가 크
라이스트의 팔다리를 가지고, 매
춘부의 팔다리를 떠받쳐야 할까?
하나님은 금지한다.
16 어째서일까? 매춘부와 함께 있으
면, 그는 그녀와 한몸이 되는 것을
모르나? **하나님**이 말한다. "둘은
한몸이 된다"고.
17 대신 **주님**과 함께 하는 자는, 그와
한 영혼이다.
18 성비행을 멀리해라. 사람이 저지
른 죄는 모두 신체밖에 있지만, 성
비행은 행위자가 제몸에 죄를 짓
는 것이다.
19 어떻게 해야 하나? 너희 신체는,
네안에 들어 있는 신성한 영혼성령
의 성전이라는 것을 모르나? 그래
서 너희는 **하나님**을 품고 있기 때
문에, 너는 네 자신이 아니다.
20 너희는 대가를 주고 사왔기 때문
에, 네 몸과 영혼 안에서 **하나님**을
받들어야 하는, 너는 **하나님** 것이
다.

남자와 여자에 대하여

7 이 문제에 관해 너희가 내게 편
지했는데, 남자는 여자에 대해
관여하지 않는 것이 낫다.
2 그렇지만 성비행을 피하기 위해,
남자는 아내를 갖고, 여자는 남편
이 있어야 한다.
3 남편은 아내에게 다정하게 사랑할
의무가 있고, 똑같이 아내도 남편
에게 그래야 한다.
4 아내는 자기 신체에 대한 권한이
없고, 남편에게 있다. 똑같이 남편
도 자기 신체에 대한 권한은 아내
에게 있다.
5 서로 합의한 일정 시간만 제외하
고, 서로의 시간을 빼앗지 말아야,
너희 스스로 금식기도에 전념할
수 있다. 그리고 다시 모이면, [악
의 영혼] 새이튼이 너희 자제력을
시험하지 못할 것이다.
6 하지만 내 말은 이것을 명령이 아
닌, 동의로 하라는 것이다.
7 모든 사람이 나와 같기를 바라지
만, 사람은 저마다 **하나님**에게 바
라는 선물이 있어, 이 사람은 이렇
게, 저 사람은 저렇게 받고 싶을 것
이다.

8 그래서 내가 비혼자와 미망인에게
말하는데, 그들이 나처럼 살아도
괜찮다는 것이다.
9 하지만 그들이 자제할 수 없으면,
결혼을 시켜야 한다. 타들어가기
보다 결혼이 더 좋다.
10 결혼자에게 명령하는데, 이는 내
가 아닌 **주님**의 명령이다. 아내가
남편을 떠나면 안 되고,
11 그래도 아내가 떠나면, 비혼으로
남아 있거나, 남편과 화해하거나,
남편이 아내를 떼어내지 말아야
한다.
12 하지만 그 나머지에게는 **주님**의 금
지를 전한다. 형제가 믿지 않는 아
내를 얻은 경우, 그녀가 남편과 사
는 것을 좋아하면, 남편은 아내를
버리면 안 된다.
13 믿지 않는 남편을 가진 여자에 대
해, 남편이 그녀와 사는 것이 좋다
면, 그녀가 남편을 떠나게 하지 마
라.
14 믿지 않는 남편은 아내에 의해 정
화되고, 믿지 않는 아내도 남편에
인해 정화된다. 그 이외 너희 자녀
가 깨끗하지 못해도, 앞으로 그들
도 신성하게 된다.
15 만일 믿지 않는자가 떠나면, 그를
떠나게 놔둬라. 그런 경우 형제나
자매를 구속하지 마라. **하나님**은
우리가 평화롭기를 바란다.
16 오 아내들아, 누가 알까, 혹시 너희
가 남편을 구할지? 오 남편아, 누
가 알까, 혹시 네가 아내를 구해줄
지?
17 하지만 **하나님**이 사람마다 나눠준
대로, **주님**이 각자에게 바라는대
로, 그렇게 각각 인생길을 걸어가
자. 또한 나도 그렇게 모든 교회에
규정한다.
18 누가 할례된 채 호출되었나? 그를
비할례자가 되게 하지 말자. 비할
례인 채 호명된 자가 있나? 그를
[억지로] 할례시키지 말자.
19 할례도 아무것도 아니고, 비할례
도 아무것도 아니니, 오직 **하나님**
의 명령만 지키자.
20 저마다 호명된 당시와 동일하게
살게 하자.
21 네가 종이었을 때 불렸던가? 그런
것은 신경쓰지 말고, 네가 자유가
될 수 있다면, 차라리 그 선택을 활
용해라.
22 **주님**이 부를 때 종이었던 사람은,
주님의 자유인이다. 마찬가지로 자
유인인 채 소명된 자는 크라이스
트의 종이다.
23 너희는 값을 내고 사왔으므로, 더
이상 인간의 종이 아니다.
24 형제들아, 저마다 호출되었을 당
시 모습대로 **하나님**과 살아라.
25 그리고 처녀성에 대해, 나는 **주님**
의 명령을 받지 않았다. 하지만 내
가 생각하고, 주인님의 큰사랑을
경험하고 성실해진 한 사람으로서
판단을 내려본다.

26 그래서 이 문제는 현재의 고민에
맞추는 것이 좋을 것 같다. 다시 말
해, 남자라면 현재 상태대로 있어
도 괜찮은 것 같다.
27 너는 아내에게 묶여 있나? 풀려나
려고 하지 마라. 현재 네가 아내한
테서 벗어났나? 그러면 아내를 구
하지 마라.
28 한편 네가 결혼해도 죄는 아니고,
처녀가 결혼해도 죄짓는 게 아니
다. 그렇지만 결혼은 신체에 어려
움이 따르기 때문에, 단지 내가 너
희를 아끼고 싶을뿐이다.
29 형제들아, 단지 내가 말하고 싶은
것은, 남겨진 시간이 짧다는 것이
다. 아내를 가져도 마치 없는 듯하
고,
30 그들이 우는데 마치 운적이 없었
던 것 같고, 즐거운데도 즐겁지 않
은 듯하며, 물건을 사도 갖지 않은
사람 같더라.
31 그리고 이 세상을 이용하면서, 마
치 그것을 남용하거나 악용하지
않은듯 살더라. 그런 식으로 세상
을 지나가더라.
32 나는 너희가 걱정이 없기를 바란
다. 비혼자는 **주님**에 속하는 일을
신경쓰며, **주님**을 즐겁게 할 방법
을 생각한다.
33 대신 결혼자는 세상일에 신경쓰
며, 아내를 만족시킬 방법을 생각
한다.
34 아내와 처녀는 차이가 있다. 비혼
녀는 **주님**일에 신경쓰며, 신체와
영혼을 신성하게 유지할 수 있지
만, 결혼녀는 세상일에 신경쓰며,
남편을 즐겁게 만들 방법을 생각
한다.
35 내가 이 말을 하는 이유는 너희 자
신에게 도움이 되기를 바라는 것
이지, 덫을 씌우려는 게 아니다. 대
신 너희가 품위있게 불편한 고민
없이 마음껏 **주님**을 위한 모임에
참석할 수 있도록 하려는 것이다.
36 그런데 어떤 남자가 자기 여자가
처녀인데 아무렇게나 대해도 된다
고 생각하는 경우, 그녀는 꽃같은
나이가 지나, 그럴 필요가 있다고
생각하면, 남자의 의지대로 하게
내버려 두어도, 그는 죄를 짓는 게
아니며, 그들을 결혼시키면 된다.
37 그렇지만 그가 확고한 마음으로
결혼할 필요가 없다며, 자기 의지
를 극복할 힘을 가지고, 자기의 처
녀를 마음에 간직하겠다고 결정하
면, 그것도 잘하는 일이다.
38 그래서 그녀와 혼인을 맺어도 잘
하는 일이고, 그녀와 결혼관계를
맺지 않아도 좋은 일이다.
39 아내는 남편이 살아 있는 한, 법에
묶이고, 남편이 죽으면, 그녀 의지
대로 결혼할 자유가 생기는데, 오
직 **주님** 안에서 가능하다.
40 하지만 그녀가, 내 생각대로, 그대
로 살아도 더 행복하다. 나 역시, 그
것은 **하나님** 영혼을 갖는 것이라고

생각한다.

우상제사에 대하여

8 이제, 우상의 제사문제를 생각
해보면, 우리는 그에 대한 지식
을 많이 갖고 있다. 지식이 부풀어
오르면, 사랑을 자아내게 된다.
2 어떤 사람이 무엇을 안다고 생각
해도, 당연히 알아야 할 것을 모르
는 경우가 있다.
3 어떤 사람이 **하나님**을 사랑하면,
그는 그 사람을 알아준다.
4 우리는, 우상제사에 올리는 제물
을 먹을 때, 세상에서 우상은 아무
것도 아니라는 것과, 유일한 **하나님**
이외 다른 것은 없다는 것을 안다.
5 하늘이든 땅이든, 신이라고 불리
는 것이 있는데, [신도 많고, 주인
도 그만큼 널렸지만,]
6 우리에게는 유일한 **하나님**, 하늘아
버지만 있다. 우리는 모든 것 가운
데 그만 있고, 우리는 그안에 있다.
또 유일한 지저스 크라이스트를
통해서 모든 것이 있고, 우리도 그
를 통하여 존재한다.
7 그렇지만 누구나 그와 같은 지식
이 있는 것은 아니다. 이 순간에도
우상에게 의지하는 사람은, 우상
에게 제사했기 때문에 음식을 먹
지만 그들의 허약한 양심은 오염
될뿐이다.
8 반면에 음식은 우리를 **하나님**에게
잘보이게 하는 것이 아니기 때문
에, 우리가 그것을 먹는다고 더 좋
아지지 않고, 먹지 않는다고 더 나
빠지지 않는다.
9 하지만 어떤 경우에는 너희의 자
유가 의지가 약한 저들에게 걸림
돌이 되지 않도록 조심해야 한다.
10 믿음에 대한 지식이 있는 너를 잘
아는 어떤 사람이, 우상신전의 고
기 앞에 앉았다가, 너를 보더니, 우
상에게 올린 음식을 덥썩 먹으려
는 마음이 약해져, 의지력이 사라
질 수도 있다.
11 네 믿음탓에 마음이 약한 형제가
죽어야 하나, 그들을 위해 크라이
스트가 죽었는데?
12 하지만 너희가 형제의 약한 양심
에 상처를 입히면, 그것이 죄가 되
어, 크라이스트에게 죄를 짓는 것
이다.
13 따라서 음식이 형제를 불쾌하게
만들면, 세상에 서있는 동안, 나는
고기를 먹지 않겠다. 이는 형제를
불편하게 만들지 않으려는 것이
다.

가르침을 전하고 마음을 얻다

9 나는 제자가 아닌가? 또 자유인
이 아닌가? 우리 주인님 지저스
크라이스트를 보지 않았나? 그리
고 너희는 내가 **주님** 안에서 일한
결과가 아닌가?
2 내가 다른 사람한테는 제자가 아
닐지 몰라도, 너희에게는 의심할

바없이 그렇다. 그것은 **주님** 안에
서 너희가 나의 제자자격을 인정
해준 덕분이다.
3 나를 시험하는 저들에게 나의 대
답은 다음과 같다.
4 우리는 먹고 마실 권리가 있지 않
나?
5 우리는 자매나 아내를 이끌 권리
도 있고, 다른 제자나 **주님**의 형제
는 물론이고, 또 세풔스Pater필어가
한 것처럼 이끌 권리가 있지 않나?
6 아니면 나와 바너버스만 일을 하
지 않아도 될 정도의 능력은 있지
않나?
7 전투에 나갈 때, 누가 자기 비용으
로 가나? 포도나무를 심었는데, 거
기서 나온 열매를 먹지 않는 자가
있나? 아니면 양치기가 양젖을 먹
지 않은 경우가 있나?
8 나는 한 인간의 권리로 이런 말을
하는데, 법도 같은 말을 하고 있지
않나?
9 모지스의 법 기록에도, "너희는 곡
식을 타작하는 소에게 입마개를
물리지 말라"고 했다. 확실히 **하나
님**이 소를 보살피는 게 맞지?
10 또한 그는, 마찬가지로 우리를 위
해서도 말하고 있지 않나? 틀림없
이 우리를 위해 쓴 내용은, 밭을 가
는 사람은 쟁기에 희망을 걸고, 타
작하는 사람은 받을 자기몫에 희
망을 건다고 했다.
11 만약 우리가 너희에게 영혼을 심
었다면, 너희로부터 거둬들일 물
질은 대단히 크겠지?
12 그런데 너희에 대한 이런 권한을
우리가 아닌 남이 받으면 어떨까?
아무래도 우리는 이 권한을 사용
하지 않고, 대신 모든 것을 참는 것
은, 우리가 크라이스트의 가르침
을 막지 않으려는 것이다.
13 너희는 다음을 모르나? 신성한 성
물을 관리하는 자는 성전에서 나
오는 것으로 살고, 제단을 관리하
는 자는 제단에서 몫을 받는다.
14 그처럼 **주님**은 규정을 정하여, 가
르침을 전하는 자는 가르침으로
살아가게 했다.
15 하지만 나는 그중 어느 권리도 사
용하지 않았고, 나도 행사할 수 있
게 해달라고 글쓴 적도 없다. 왜냐
하면 나의 명예를 남이 헛되게 만
드는 것보다, 차라리 내가 죽는 편
이 낫기 때문이었다.
16 내가 가스펄 메시지를 알리기는
해도, 자랑할 게 없고, 필요 때문에
했다. 그렇다, 가르침을 전하지 않
았다면, 나에게 재앙이 내렸을 것
이다.
17 이것을 기꺼이 알린 덕에, 나는 보
상을 받았다. 그렇지만 거부했어
도, 가르침전파는 나에게 맡겨졌
을 것이다.
18 그렇다면 나의 보상은 무엇이었을
까? 진실로 내가 그것을 전할 때,
크라이스트의 가르침을 대가없이

전파할 수 있었고, 그래서 가스펄
안에서 나의 능력을 함부로 쓰지
않을 수 있었다.
19 비록 나는 자유인이기는 하지만,
스스로 모두를 섬기는 종이 되었
더니, 얻는 게 훨씬 더 많았다.
20 쥬다인에게 내가 쥬다인이 되어주
자, 쥬다인을 더 많이 얻었고, 법을
따르는 사람들에게 나도 법을 따
라 주었더니, 법을 지키는 사람의
마음을 얻을 수 있었다.
21 법밖에 있는 사람에게는, 법없이
행동하고, [그렇다고 **하나님** 법을
무시한 게 아니라, 그때는 크라이
스트의 법을 따랐다.] 그러자 나는
법밖의 그들의 마음도 얻게 되었
다.
22 약자에게 나도 약자가 되어주자,
약자의 마음까지 얻을 수 있었다.
나는 모두에게 모든 것이 되어주
면서, 어떻게 하든 그중 일부라도
구원하고 싶었다.
23 이렇게 가르침을 위하여 노력하
여, 너희와 함께 이 일의 공동참여
자가 될 수 있었다.
24 경주에서 모두 달려도, 상은 한 사
람이 받는 것을 모르나? 그러니 뛰
어서, 너희도 받을 수 있도록 노력
해라.
25 승리를 위해 노력하려면, 모든 일
에 절제가 있어야 한다. 저들은 부
패할 크라운왕관을 얻으려고 애쓰
지만, 우리는 썩지 않는 왕관을 위
한 것이다.
26 따라서 내가 그렇게 뛰는 것은, 불
확실하지 않기 때문이고, 내가 그
토록 싸우는 것은, 내가 허공을 내
리치는 사람이 아니기 때문이다.
27 대신 내가 육체를 관리하여 따르
게 하는 이유는, 남에게 가르침을
전하는 어떤 경우에도, 스스로 좌
절하지 않으려는 것이다.

크라이스트 공유

10 형제들아, 게다가 나는 너희
가 모르는 것을 바라지 않는
다. 우리 조상이 어떻게 구름을 따
르고, 바다를 건넜는지,
2 또 구름속에서 바다안에서 모지스
에게 어떻게 세례를 받았는지,
3 그리고 모두 똑같은 영혼의 음식
을 먹었고,
4 똑같은 영혼의 물을 마셨는지, 조
상은 뒤를 따르던 영혼의 바위에
서 나온 것을 마셨는데, 그 바위가
바로 크라이스트였다는 것을 알아
야 한다.
5 하지만 **하나님**은 그중 다수가 언짢
아서, 그들을 황야에 쓰러뜨렸다.
6 그것은 우리에게 본보기가 되었는
데, 그들이 갈망한대로 우리도 악
행을 따르지 말라는 의도였다.
7 너희는, 조상일부처럼 우상숭배자
가 되거나, 또는 기록의, "앉아서,
먹고 마시고 일어나 노는 백성"처
럼 되지 말아야 한다.

8 우리는, 그들 일부가 저지른 성비
행을 하지 말아야 하는데, 그로 인
해 하루에도 23,000명이나 쓰러졌
다.
9 우리는, 그들 일부가 한 대로, 크라
이스트를 시험하지 말자. 그래서
그들은 뱀에게 물렸다.
10 너희는 불평하지 마라. 그중 일부
가 그래서 파괴자에게 당했다.
11 그들에게 일어났던 모든 것을 본
보기로 삼도록, 조상이 기록하여,
앞으로 올 세상 끝에 있는 우리에
게 교훈이 되게 했다.
12 그러므로 서있다고 생각하는 사람
도 쓰러지지 않게 조심해야 한다.
13 인간에게 흔한 시험이 아니라 해
도, 사람이 극복하지 못할 시험은
없다. 하지만 **하나님**은 헌신적이므
로, 너희가 할 수 없는 시험은 주지
않는다. 대신 시험으로 너희가 빠
져나갈 길을 만들어주기 때문에,
너희는 견뎌낼 수 있을 것이다.
14 그러니 나의 사랑하는 사람들아,
우상에서 달아나라.
15 나는 슬기로운 여러분에게 말하는
데, 내가 말하는 것을 잘 판단해라.
16 우리가 마시는 축복의 잔은, 크라
이스트의 피를 통해 함께 교류하
는 게 아닐까? 우리가 나누는 빵
은, 크라이스트의 몸의 공유가 아
닌가?
17 우리가 다수라 해도 하나의 빵으
로 한몸이 되는 것은, 우리 모두가
같은 빵을 공유하기 때문이다.
18 신체를 따르는 이즈리얼 사람아,
보라, 희생제물을 먹는 사람은 제
단에 함께 있는 공동참여자가 아
닌가?
19 이것을 어떻게 말해야할까? 우상
은 어떤 것이고, 우상에게 제물로
바쳐진 것은 어떤 것인가?
20 내가 말하는데, 비교도는 악의 영
혼에게 제물을 바치고, **하나님**에게
제사하는 게 아니다. 그래서 나는
너희가 악령과 친하지 않기를 바
란다.
21 **주님**의 잔을 악령의 잔과 함께 마
실 수 없고, **주님**식탁의 공동참여
자가 악령 식탁에도 함께 있을 수
없다.
22 우리가 **주님**의 질투를 자극하려
고? 그러면 우리가 그보다 더 센
가?
23 모든 것이 나에게 합당해도, 모두
다 편리한 수단은 아니고, 모든 것
이 나에게 합법적이라 해도, 모두
교훈이 되지는 못한다.
24 사람마다 제것을 찾기 이전에, 남
에게 유익한 것을 생각하자.
25 식품점에서 파는 것은 무엇이나,
의심을 품지 말고 먹어라. 이를 양
심적인 마음으로 생각해야 하는
이유는,
26 땅이 **주님**의 것이고, 모든 것이 그
안에 있기 때문이다.
27 만약 믿지 않는 어떤 사람이 축제

에 초대하면, 너희는 즐거운 마음
으로 가서, 앞에 놓인 것을 의심없
이 먹어라. 이를 양심적인 마음으
로 생각해야 한다.
28 하지만 어떤 사람이 너에게, "이것
은 우상의 제사음식"이라고 말해
주면, 그것을 알려준 자를 위하여
먹지 말아라. 이를 양심적인 마음
으로 생각해야 하는 이유는, 땅이
주님의 것이고, 모든 것이 그안에
있기 때문이다.
29 여기서 말하는 양심이란, 너희가
아닌, 남의 양심이다. 왜 나의 자유
의지가 남의 양심 때문에 벌받아
야 하나?
30 내가 배려하여 같이 참여했는데,
왜 감사한 음식탓에 내가 비난받
아야 하나?
31 따라서 너희가 먹든, 마시든, 무슨
일을 하든, 모두 **하나님**에게 감사
해라.
32 남에게 불쾌감을 주지 마라. 쥬다
인에게도, 이민족에게도, **하나님**
교회에게도 안 된다.
33 비록 모두가 좋아할 일을 한다 하
더라도, 나만이 아닌, 다수에게 이
익이 돌아갈 일을 찾아야, 사람이
구원받을 수 있을 것이다.

크라이스트 의미를 생각하자

11 내가 크라이스트를 따르듯,
너희는 나를 따라라.
2 형제들아, 내가 너희를 칭찬하는
이유는, 모든 일에 나를 기억하며,
너희에게 전한대로 규정을 지키기
때문이다.
3 너희가 더욱 다음을 알기를 바란
다. 사람의 머리는 크라이스트, 여
자의 머리는 남자, 크라이스트의
머리는 **하나님**이라는 것을.
4 기도하거나 예언하는 사람의 머리
를 가리면, 그것은 그의 머리에 대
한 수치다.
5 그런데 여자가 기도하거나 예언하
며 머리를 가리지 않으면, 그녀의
머리에 대한 수치다. 그것은 여자
가 머리를 밀어버린 것과 같은 것
이다.
6 여자가 머리를 가리지 않으려면
밀어라. 그러니 여자가 머리를 깍
거나 밀기가 창피하면, 가려라.
7 남자가 절대 머리를 가리면 안 되
는 이유는, 남자는 **하나님** 모습이
자, 후광이며, 명예이기 때문이다.
하지만 여자는 남자의 후광이다.
8 남자가 여자한테서 생긴 것이 아
니고, 여자가 남자로부터 생겼기
때문이다.
9 남자를 여자로 만든 것이 아니라,
여자를 남자로 만들었다.
10 이런 이유 때문에 여자는 천사로
서의 권한을 머리에 표시해야 한
다.
11 그럼에도 불구하고 남자는 여자없
이 있을 수 없고, 여자는 **주님** 안에
서 남자없이 있을 수 없다.

12 여자가 남자한테서 나온 것처럼,
남자 역시 여자를 통해 나오지만,
모두 **하나님** 한테서 나온 것이다.
13 스스로 판단해라. 여자가 머리를
가리지 않고 **하나님**에게 기도하는
것이 아름다울까?
14 심지어 본성조차 너희에게 이를
가르치고 있지 않나? 남자머리가
길면, 창피하지 않나?
15 그런데 여자의 긴머리는 그녀에게
후광이다. 왜냐하면 머리털이 그
녀를 덮어주기 때문이다.
16 어떤 남자의 얼굴이 우리가 익숙
한 모습과 다르게 보이면, **하나님**
의 교회도 다를 것이다.
17 여기서 내가 전하는 것은, 내가 너
희를 칭찬하지 못한다는 것이다.
너희가 함께 모여, 좋아지는 게 아
니라, 더 나빠지고 있기 때문이다.
18 무엇보다 너희가 교회에 모이면,
너희 사이에 분열이 생긴다고 들
었는데, 나는 부분적으로 그 말을
믿고 있다.
19 그 가운데 이교도 역시 있어야, 승
인받은 자도 드러나게 될 것이다.
20 너희가 한자리에 모이는 것은, **주
님**의 식사를 먹기 위한 것이 아니
다.
21 식사에서 저마다 남보다 먼저 제
음식을 먹기 때문에, 한 사람은 아
직 배가 고픈가 하면, 다른 이는 취
해버린다.
22 어떻게 그렇게 하나? 너희는 집에
서 먹고 마시지 않나? 아니면 **하나
님** 교회를 무시하고, 없는 자에게
수모를 주는 것인가? 너희에게 무
슨 말을 해야 하나? 이래도 너희를
칭찬해야 하나? 칭찬을 못하겠다.
23 너희에게 전한 것은, 내가 주인님
한테서 받은 것이다. 주인님 지저
스는 배신당하던 날 밤에 빵을 들
었다.
24 그리고 감사한 다음, 빵을 나누며
말했다. "받아먹어라. 이것은 나의
몸으로, 너희를 위해 떼어내었으니,
이것으로 나를 기억해라"고 했다.
25 그리고 식사를 한 그는, 같은 식으
로 잔을 들고 말했다. "이 잔은 내
피의 새증거다. 너희는 이것을 마실
때마다, 나를 기억해라"고 했다.
26 그러니 너희가 빵을 먹고, 잔을 마
실 때마다, 주인님이 다시 올 때까
지 그의 죽음을 알려야 한라.
27 따라서 빵을 먹고 잔을 마시면서,
아무런 의미도 없이 식사하는 자
는, 주인님의 몸과 피에 죄를 짓는
것이다.
28 대신 스스로 그의 의미를 생각하
고 난 다음, 빵을 먹고 잔을 마셔야
한다.
29 아무 의미없이 먹고 마시는 사람
은, 스스로 죄를 먹고 마시게 하는
것이지, 주인님 신체의 의미를 음
미하지 않는 것이다.
30 그래서 대부분 약해져 병들면 잠
든다.

31 만약 우리가 스스로 단죄하면, 처
벌받지 않을 것이다.
32 대신 우리가 재판을 받게 되어도,
주인님의 벌을 받으면, 이 세상에
서 비난받지 않을 것이다.
33 형제들아, 너희가 함께 모여 식사
할 때는, 다른 사람을 위해 기다려
주어라.
34 만약 배가 고프거든, 집에서 먹어
라. 그리고 모이면 너희가 비난받
지 않을 것이다. 나머지 일은 내가
갈 때 바로잡을 것이다.

너희는 한몸이면서 각부분

12 형제들아, 이제 영혼의 선물
에 관하여, 내가 너희에게 알
려주려고 한다.
2 너희가 이교도였을 때, 말못하는
우상에게 이끌려 다녔다는 것을
알거다.
3 그래서 내가 너희를 깨닫게 하려
는 것이다. **하나님**의 영혼으로 말
하지 않는 자는, "지저스가 저주받
았다!"고 말하고, "지저스는 주인
님으로, 신성한 영혼성령을 대신한
다"고 말하지 않는다.
4 그런데 선물이 여러가지라 해도,
똑같은 신성한 영혼으로부터 온
다.
5 관리가 달라도, 똑같은 **주인**이 한
다.
6 운영방식이 다양해도, 모든 것을
주관하는 똑같은 **하나님**이다.
7 대신 신성한 영혼을 드러내보여주
는 경우는, 그것으로 모든 사람이
이익을 얻을 때다.
8 어떤 사람에게는 신성한 영혼이
지혜의 말로 나타나고, 다른 이에
게는 지식의 말로 나타난다.
9 또 다른 자에게는 믿음으로 나타
나고, 다른 사람에게는 치료의 선
물로 나타난다.
10 어떤 사람에게는 기적으로 나타나
고, 이 사람에게는 예언으로, 저 사
람에게는 영혼의 분별력으로, 그
사람에게는 여러 종류의 다른 언
어로, 또 다른이에게는 언어해설
능력으로 나타난다.
11 하지만 이 모든 것은 동일한 그 자
체, 신성한 영혼이 실행하며, 그의
의지대로 각각에게 선물을 나눠주
는 것이다.
12 하나의 신체는 많은 부분을 가지
고 있고, 많은 부분들이 모여 한몸
을 구성하듯, 많지만 한몸이 바로
크라이스트이다.
13 하나의 신성한 영혼을 통하여, 우
리 모두가 세례를 받고 한몸이 되
었으므로, 쥬다인이든, 이민족이
든, 노예든, 자유인이든, 우리가 마
시면, 하나의 신성한 영혼으로 만
들어진다.
14 신체는 하나가 아닌 많은 부분으
로 구성되어 있다.
15 발이 이렇게, "나는 손이 아니기 때
문에, 신체와 관계가 없다"고 말한

다고 해서, 발이 신체의 부분이 아닐까?
16 또 귀가 말하는데, "나는 눈이 아니니, 신체와 상관없다"고 말하면, 귀가 신체 부분이 아닐까?
17 만일 몸전체가 눈 하나만 있다면, 어떻게 듣나? 전신이 들을 수 있다면, 냄새는 어디서 맡나?
18 **하나님**은 신체안에 모든 것을 집어 넣었기 때문에, 그것이 인간을 만족시키는 것이다.
19 만약 그 모든 것이 하나뿐이었다면, 신체는 어떻게 되었을까?
20 그것은 많은 부분으로 구성되어 있지만, 한몸일뿐이다.
21 그래서 눈은 손에게, "나는 네가 필요없다"고 말할 수 없고, 머리가 발에게, "나는 네가 필요없다"고 할 수 없다.
22 절대 안 된다. 신체의 훨씬 더 많은 부분들도 필요하고, 훨신 더 연약해 보이는 부분들도 반드시 필요하다.
23 우리는 신체의 각부분들을 덜 중요하다고 생각하는데, 그것이 우리에게 훨씬 더 중요하다. 못마땅한 부분이라도 훨씬 더 적합한 장점을 갖고 있다.
24 우리는 부분이 필요없다고 해도, **하나님**은 신체를 한데 모아 적절하게 형성하여, 부족한 부분에 더 중요한 기능을 주었다.
25 그래서 신체안에는 분열이 있으면 안 되고, 각부분은 똑같이 상호보호가 있어야 한다.
26 신체의 어느 부분이 아프면, 나머지도 같이 겪게 되고, 한 부분이 명예를 받으면, 전체가 그와 함께 즐겁다.
27 이제 너희는 크라이스트의 몸이면서, 특별한 각부분이다.
28 **하나님**은 교회에도 같은 것을 정해 놓았다. 첫째 제자, 둘째 예언자, 셋째 선생을 두고, 기적의 종류에 따른 선물로, 치유, 도움, 관리, 다른 언어별 능력을 주었다.
29 모두 다 제자인가? 모두가 예언자인가? 모두 선생인가? 모두 기적을 만드는 자인가?
30 모두가 치유의 선물을 갖고 있나? 모두가 다른 언어를 말하나? 모두 통역을 하나?
31 그러나 간절히 최고의 선물을 부러워해라. 나는 너희에게 이보다 훨씬 우월한 가장 좋은 길을 알려주겠다.

믿음 희망 사랑 중 사랑이 가장 크다

13 비록 내가 사람이나 천사의 언어를 말할 능력이 있다 해도, 사랑이 없으면, 쇠 두드리기나 심벌 울리기가 될 것이다.
2 또 내가 예언의 능력을 선물받고, 신비를 이해하며 모든 지식을 갖췄다 해도, 또 믿음이 강해 산을 옮긴다 해도, 사랑없이는 아무것도

아니다.
3 그리고 내가 온갖 좋은 것을 다 내
주어 가난한 자를 먹이고, 내 몸마
저 불태워 준다 해도, 사랑이 없으
면 나에게 아무 소용이 없다.
4 사랑은 오래 참고 온유하며, 사랑
은 질투가 없고, 자랑이 없으며, 자
만이 없다.
5 거슬리는 행동이 없고, 자기만 생
각하지 않고, 쉽게 화내지 않고, 악
의가 없다.
6 죄에 우울해도, 진리가 기쁘고,
7 모든 것을 참고, 믿고, 희망하며, 견
딘다.
8 사랑은 절대 실망하지 않는다. 예
언이 빛나가도, 성령의 언어가 멈
춰도, 지식이 사라져도 좌절이 없
다.
9 우리가 안다 해도 부분이고, 예언
도 일부다.
10 그래서 완전체가 나타나면, 부분
은 끝이다.
11 어린이는 아이처럼 말하고, 아이
처럼 이해하며, 아이처럼 생각한
다. 내가 어른이 되자, 어린시절 유
치한 것이 사라졌다.
12 지금 우리는 유리를 통해 들여다
보아도 희미하지만, 그때가 되면
얼굴을 마주하게 된다. 지금 내가
아는 것이 부분이지만, 그때는 이
해하는 대로 알게 된다.
13 그래서 지금 믿음과 희망과 사랑
으로 살아가는데, 세가지중 가장
큰것은 사랑이다.

이해하기 쉬운말로 개선한다

14 사랑을 따르며, 영혼의 선물
을 갈망하다보면, 오히려 너
희가 예언이 가능해진다.
2 누가 모르는 언어를 말한다면, 그
는 **하나님**에게 전하고 있는 것이
다. 사람이 그것을 이해하지 못하
는 이유는, 그가 영혼속에서 신비
를 말하고 있기 때문이다.
3 그런데 그가 예언을 말하면, 사람
에게 교훈을 주고, 충고하여, 마음
을 편하게 위로해주는 것이다.
4 모르는 언어를 말하면 자신을 개
선하고, 예언을 말하는 사람은 교
회를 개선한다.
5 나는 너희가 신성한 언어보다, 예
언하기를 더 바라는데, 이는 언어
보다 예언이 더 훌륭하기 때문이
다. 단지 통역만은 예외로, 교회가
교훈을 듣고, 교화를 받아들일 수
있기 때문에 통역은 반드시 필요
하다.
6 형제들아, 내가 신성한 언어로 말
하면, 너희에게 무슨 도움이 될까?
그보다 나는 미래증언이나, 지식
이나, 예언이나, 기쁜 소식을 너희
에게 전하려고 한다.
7 생명이 없는 [관악기] 파이프나,
[현악기] 하프가 소리를 낼 때, 멀
지 않은 거리에서, 각각의 소리를
어떻게 구별하여 알아낼 수 있을

까?
8 만약 트럼펕소리가 분명하지 못하
면, 누가 스스로 전투준비를 할 수
있을까?
9 마찬가지로 너희가, 이해하기 쉬
운 말을 하지 않으면, 어떻게 무슨
말인지 알겠는가? 그것은 허공에
대고 말하는 것과 같다.
10 세상에는 수많은 말이 있는데, 그
중 의미없는 말은 하나도 없다.
11 그래서 어떤 사람의 말뜻을 모르
면, 내가 그를 야만인이라 부를 것
이고, 또 말한 사람은 나를 야만인
이라고 부르게 된다.
12 하지만 너희는 영혼의 선물을 갈
망하고 있는만큼, 교회를 개선하
는 일에 더욱 열심히 노력해야 한
다.
13 따라서, 모르는 언어를 말하는 자
는, 스스로 해설하며 기도하게 내
버려둬라.
14 내가 모르는 언어로 기도하면, 내
영혼이 아무것도 이해하지 못한
다.
15 그럼 어떻게 해야 하나? 내가 영혼
으로 기도하면, 이해한 것을 내가
기도하고, 내가 영혼으로 노래하
면, 이해한 것을 내가 노래한다.
16 그렇지 않으면, 너희가 영혼속에
서 축복할 때, 참석했지만 배우지
못한 사람이, 어떻게 애이멘 [한마
음]이라고 말하며, 너의 축복기도
에 감사하고, 또 네가 무슨 말을 했
는지 이해하며 알 수 있을까?
17 진실로, 너희의 감사기도는 좋지
만, 다른 사람은 교훈을 받지 못해
교화가 안 된다.
18 나도 **하나님**에게 감사할 때, 다른
언어를 너희 모두보다 더 많이 쓴
다.
19 그런데도 교회에서는, 내가 잘 아
는 단어 5개를 주로 말하는데, 그
이유는, 모르는 수만개 단어보다,
내 말로 남을 가르칠 수 있기를 바
라는 것이다.
20 형제들아, 이해에 유치하지 말자.
대신 악담에 어린이가 되고, **하나님**
가르침의 이해에는 어른이 되자.
21 법의 기록에, "다른 언어나 다른 말
을 하는 입술을 가진 이들에게 내
가 말하는데, 듣지 못하는 그들도
내 말을 듣는다고 **주님**이 말한다"
고 했다.
22 그래서 다른 언어란, 믿는 사람이
아닌, 믿지 않는 사람을 위한 도구
의 표시이고, 예언은 믿지 않는 자
가 아닌, 믿는 자를 위한 용도다.
23 따라서 전교회가 한자리에 함께
모일 때, 저마다 다른 언어를 말하
는 경우, 거기에 배워야 할 사람이
나, 믿지 않는 자까지 모두 와서, 너
희가 미쳤다고 말하지 않을까?
24 한편 예언을 말하는 경우, 거기에
믿지 않는 사람이나 배워야 할 자
까지 함께 와서, 모두가 그를 유죄
로 판결하여 처벌하게 된다.

25 그때 그가 마음속 비밀을 드러내
면서, 쓰러져 땅에 얼굴을 대고, **하
나님**을 경외하며, **하나님**은 너희 마
음속 진리라고 외친다.
26 형제들아, 그때 어떻게 해야 하나?
너희가 함께 모이면, 저마다 시가
기도, 가르침, 자기언어, 미래증언,
통역해설을 갖고 있을 것이다. 이
모든 것이 교훈이 되어 교화될 수
있게 하자.
27 만약에 모르는 언어로 말하는 사
람이, 둘이나 많아야 셋 정도가 있
다면, 예의상 한 사람이 통역해설
을 하게 하자.
28 그런데 통역사가 없으면, 그를 교
회안에서 머물며, 조용히 스스로
에게 말하게 하고, 또 **하나님**에게
말하게 하자.
29 또 두세 사람이 예언을 말하는 경
우에는, 신중하게 다른 사람이 심
의해야 한다.
30 어떤 경우 미래증언이 옆사람에게
나타나면, 먼저 하던 사람은 중단
한다.
31 너희가 한 사람씩 모두 예언을 말
하는 경우에는, 그것을 듣고 배우
면, 모두가 편안한 마음의 위로를
받을 수 있다.
32 예언자의 영혼은 스스로 관리하며
따른다.
33 **하나님**은 혼란이 아닌, 평화를 만
든다. 똑같이 성도의 교회 전체도
그렇게 해야 한다.
34 여자는 교회에서 침묵을 지키게
해라. 왜냐하면 거기서 말하도록
허락되지 않으며, 명령에 순종하
도록 되어 있다고, 법이 전한다.
35 그들이 무엇을 배우고자 하면, 집
에서 남편에게 물어보게 해라. 여
자가 교회에서 말하는 것은 부끄
러운 일이다.
36 이것은 무슨 의미인가? **하나님** 말
이 너희한테서 나왔나? 아니면 그
말이 오직 너희에게만 왔나?
37 만약 어떤 자가 자신을 영혼적인
예언자라고 생각하면, 내가 너희
편지에 쓴 내용이 **주님**의 명령임을
그가 알게 해주어라.
38 그런데 어떤 사람이 무시하면, 무
지한 채 내버려 두어라.
39 형제들아, 그러니 예언할 수 있기
를 바라며, 다른 언어로 말하지 않
게 해라.
40 모든 일은 품위있게 순리대로 진
행해라.

죽은 다음 모습이 바뀐다

15 형제들아, 내가 가르침gospel
을 전하니, 너희가 받아들여,
그것을 지키기를 바란다.
2 내가 전하는 가르침을 기억하며,
믿음이 헛되지 않도록 지키면, 그
것으로 너희는 구원받게 된다.
3 내가 받은 모든 것을 너희에게 전
하는 것은, 크라이스트가 우리 죄
를 위해 어떻게 죽었는지, 바이블

에 있는 그대로다.
4 그리고 매장되고 사흘만에 다시
일어난 것도, 바이블대로 따랐고,
5 다음 그는 세퀘스Pater필어에게 나타
나며, 12제자한테 모습을 보였고,
6 한차례 500명 이상되는 형제 앞에
나타난 이후, 지금까지 그를 본 더
많은 사람들이 남아 있고, 일부는
잠이 들었다.
7 또 그는 재임스에게 나타난 다음,
모든 제자에게도 보였다.
8 마지막으로 그가 나에게도 모습을
보여서, 나는 뒤늦게 태어난 자가
되었다.
9 나는 제자중 가장 초라한 자로, 제
자로 호명되기에도 못미친다. 그
이유는 내가 **하나님** 교회를 박해했
기 때문이다.
10 그러나 **하나님**의 큰배려로, 오늘의
내가 되었다. 나에게 내려준 그의
배려가 헛되지 않도록, 나는 그들
이상으로 더 열심히 노력했다. 하
지만 그것은 내가 아니라, 나와 함
께 있는 **하나님**의 배려로 수행되었
다.
11 그리고 나든 그들이든, 우리가 그
와 같이 알리자, 너희가 믿게 되었
다.
12 크라이스트가 죽음에서 일어났다
고 알리면, 너희 일부는 죽은 뒤 어
떻게 부활이 되는지 물었지?
13 하지만 죽음에서 부활이 없다면,
크라이스트는 일어나지 못했고,
14 크라이스트가 일어나지 못했다면,
우리의 전달은 헛수고이며, 너희
믿음 역시 아무것도 아니다.
15 그렇다면, 우리는 **하나님**에 대한
거짓증언자로 알려졌을 거다. 왜
나하면 크라이스트를 일으켜 세운
하나님을 우리가 증언했기 때문이
다. 죽음에서 다시 **하나님**이 크라
이스트를 일으키지 않았다면 죽은
자도 역시 그럴 것이다.
16 죽은자가 일어나지 않았으므로,
크라이스트도 일어나지 않았을 거
다.
17 만약 크라이스트가 일어나지 않았
다면, 믿음은 아무것도 아니어서,
너희는 여전히 죄안에 있는 거다.
18 그럼 크라이스트 안에서 잠든 자
도 파멸된 것이다.
19 만약 지금의 생명만으로 크라이스
트 안에 희망을 품으면, 모든 사람
은 가장 비참해진다.
20 그러나 이제 크라이스트는 죽음에
서 일어나, 잠든 자 가운데 첫 결실
이 되었다.
21 사람은 죽은 다음, 죽음에서 부활
하기 때문이다.
22 애덤 안에서 모든 사람이 죽은 것
처럼, 크라이스트 안에서 모두가
살아난다.
23 그러나 모든 사람은 자기 순서가
있는데, 첫번째가 크라이스트였고,
그후 사람은 그의 뒤를 따른다.
24 그리고 마지막이 되면, 그때 크라

이스트는 왕국을 **하나님** 하늘아버
지에게 넘기게 된다. 그때 그는 지
배와 권한과 능력으로 모든 것을
파괴한다.
25 크라이스트는 반드시 모든 적을
그의 발아래 지배할 것이다.
26 파괴될 적의 최후는 죽음이다.
27 그는 모든 것을 자기 발아래 굴복
시킨 다음, 그가 굴복을 말할 때, 파
멸에서 제외한 나머지는 모습을
드러내게 된다.
28 모든 것이 그에게 복종한 다음, 그
아들 역시 모든 것이 있게 한 존재
에게 복종하면, **하나님**이 모든 것
안에 있게 된다.
29 그렇지 않고, 죽음을 위해 세례받
은 자가 일어나지 못하면, 어떻게
되겠나? 그럼 왜 죽음을 위해 세례
받나?
30 그리고 왜 우리는 매시간 이런 위
험속에 사나?
31 여러분의 기쁨을 보호하려고, 우
리 주인님 크라이스트 지저스 안
에 사는 내가 매일 죽어야 할 거다.
32 내가 에풔서스에 있을 때, 이런 식
으로 짐승과 싸웠다면, 나한테 뭐
가 좋았을까, 죽은자가 일어나지
도 못하는데? 그럼 우리는 내일 죽
을 테니, 먹고 마시자.
33 그러나 속지 마라. 악령의 대화는
좋은 것을 부패시킨다.
34 정의를 위해 깨어 있고, 죄짓지 마
라. **하나님**에 대해 깨닫지 못한 일
부를 위해, 부끄러움을 느끼도록
내가 이 말을 한다.
35 그런데도 어떤 사람은 말하겠지.
"어떻게 죽음에서 일어나며? 어떤
신체로 나타나지?"
36 어리석은 자, 너희가 뿌린 씨가 죽
지 않으면, 태동도 없다.
37 너희가 뿌리는 씨앗의 미래 모습
은, 신체가 아닌, 밀이나 다른 곡식
이 되는 낱알을 맺게 한다.
38 그런데 **하나님**이 그것을 기쁘게 해
주려고 신체를 주면, 씨앗마다 자
체의 형태를 갖춘다.
39 형태는 똑같지 않다. 사람의 몸은
그중 하나이고, 다른 짐승이나, 물
고기나, 새의 신체도 있다.
40 천체형태도 있고, 대륙형태도 있
지만, 천체와 대륙의 빛깔은 서로
다르다.
41 해와 달의 빛속성이 서로 다르고,
별도 다르기 때문에, 이 별이 저별
과 빛으로 구분된다.
42 죽음의 부활도 역시 그렇다. 부패
속에 묻힌 다음, 온전하게 일어난
다.
43 수치가 뿌려져, 명예로 일어나고,
허약함이 묻혀, 강인함으로 일어
난다.
44 천연체가 묻혀, 영혼체로 일어난
다. 우리는, 본래부터 타고난 몸인
천연체와 영혼의 모습인 영혼체가
있는 것이다.
45 기록에 따르면, "최초인간 애덤은

생명의 영혼으로 만들어졌고, 최
후 애덤은 태동胎動하는 영혼으로
만들어졌다"고 했다.
46 그렇기는 해도 영혼이 첫째가 아
니고, 자연발생이 먼저 존재한 뒤
영혼이 따른다.
47 최초인간은 땅에서 흙으로 빚었
고, 두번째는 하늘에서 온 주인인
것이다.
48 땅 출신은 흙속성이고, 하늘 출신
은 하늘속성이다.
49 그래서 우리가 땅의 모습으로 태
어나듯, 우리도 하늘의 모습을 갖
게 될 것이다.
50 형제들아, 내가 말하려는 것은, 육
체와 피는 **하나님**왕국을 유산받을
수 없고, 부패하는 것으로 온전한
것을 상속받지 못한다는 것이다.
51 보라, 내가 너희에게 신비를 보여
주자면, 우리는 죽어 잠드는 게 아
니라, 우리 모습이 바뀌는 것이다.
52 마지막을 알리며 눈이 깜박하는
순간, 트럼펕이 울리는 동안에, 죽
음은 부패되지 않는 온전함으로
일어나면서, 우리 모습이 바뀐다.
53 이렇게 부패는 온전으로 올라타
고, 죽음의 인간은 불멸에 오른다.
54 그래서 부패되는 신체가 온전에
올라탈 때, 죽음의 인간은 불멸에
오르게 된다. 그때 기록의 다음 말
이 실현된다. "죽음을 성취가 삼켰
다!"
55 오 죽음아, 네 독침은 어디 있나?
오 무덤아, 네 성취는 무엇인가?
56 죽음의 침은 죄이고, 죄의 크기는
법이다.
57 하지만 내가 **하나님**에게 감사하는
이유는, 그는 우리를 주인님 지저
스 크라이스트를 통해, 성취에 이
르게 해주었기 때문이다.
58 그러므로, 내가 사랑하는 형제들
아, 너희는 굳건해야 한다. 흔들리
지 말고, 언제나 **주님**의 일을 열심
히 해라. 여러분이 알아야 할 것은,
너희 수고는 주인님 안에서 헛되
지 않는다는 것이다.

모금과 안부인사

16 이제 성도를 위한 모금에 관
하여 말하는데, 걸래이샤 교
회에게 내가 명령한대로, 너희도
해라.
2 매주 첫날 저마다 **하나님**이 만들어
준 대로 집에 따로 떼어두면, 내가
갈 때 별도 모금이 필요하지 않다.
3 내가 도착할 때 나는, 너희가 인정
하는 몇사람에게 추천서를 주어,
너희 관대한 후원금을 저루살럼에
전하도록 보내겠다.
4 가는 것이 허락되면, 나도 함께 갈
것이다.
5 내가 너희에게 가기 전에, 매서도
니아를 둘러서 가려고 한다. 그래
야,
6 내가 거기서 한동안 머물며, 너희
와 겨울을 함께 보내면, 그곳에서

가려는 나의 여정을, 너희가 보내
줄 수 있을 것이다.
7 이번길에는 내가 너희를 보지 못
해도, **주님**이 허락하면, 그때 너희
와 한동안 지낼 것으로 확신한다.
8 하지만 나는 에풔서스에서 [성령
이 내리는] 펜테코스트오순절까지
있으려고 한다.
9 거기에 효과적으로 전달사업을 수
행할 큰대문이 나를 위해 열려 있
기 때문이지만, 나의 적도 많이 있
다.
10 티머씨가 그곳에 가면, 두려움 없
이 너희와 지내도록 살펴주어라.
그도 내가 하는 것처럼 **주님**의 일
을 실행하기 때문이다.
11 누구도 그를 무시하지 말고, 그가
탈없이 일을 수행한 다음, 나에게
돌아올 수 있게 해라. 그가 그곳 형
제와 잘 지내기를 기대한다.
12 우리 형제 아폴러스에 관해서라
면, 나는 그가 너희 형제에게 가기
를 무척 바랐지만, 그의 뜻은 이번
에 가지 않고, 편한 시간이 되면 가
겠다고 한다.
13 너희는 깨어 있으면서, 믿음안에
굳건히 서있어라. 용기를 내며 강
해져라.
14 너희가 하는 모든 일이 사랑으로
이루어지게 해라.
15 형제들아, 내가 너희에게 간절히
바란다. [너희도 스테풔너스 집안
을 잘 알다시피, 그는 어카야애이쟈
지역의 첫결실인데, 그들은 자진
해서 성도의 봉사에 헌신하는 중
이다.]
16 너희는, 그런 식으로 우리를 도우
며, 수고하는 모두에게 신경써줄
것을 부탁한다.
17 나는 스테풔너스와 폴터너터스와
어카야커스가 온다니, 기쁘다. 너
희가 부족한 부분을 그들이 메워
주었기 때문이다.
18 또 그들은 나와 너희 영혼을 새롭
게 충전해주었으므로, 너희도 그
것을 인정해주어야 한다.
19 애이쟈의 모든 교회가 너희에게
안부인사 한다. 어퀼라와 프리슬
라도 **주님** 안에서 너희에게 크게
인사하고, 그들 집에서 예배하는
교회도 함께 인사한다.
20 모든 형제가 너희에게 인사하며,
신성한 입맞춤으로 서로의 안부를
전한다.
21 나, 폴은 다음 인사를 내 손으로 직
접 쓴다.
22 어떤 사람이 주인님 지저스 크라
이스트를 사랑하지 않으면, 그를
저주받게 해라! [어내써마 마라나
타!]
23 우리 주인님 지저스 크라이스트의
큰배려가 너희와 함께 하기를 바
란다.
24 나의 사랑 역시 지저스 크라이스
안에서 너희와 함께 하기를 바란
다. 애이멘 [한마음이다.] [코린쓰

제자에게 보내는 첫편지는, 필리
피에서 스테풔너스와, 폴터너터스
와, 어카야커스와 티머씨에 의해
작성되었다.]

코런쓰에게 폴2편지

코런쓰교회에 가지 못한다

1 폴은 **하나님** 뜻으로 지저스 크
라이스트의 제자가 되었다. 그
런 나와 형제 티머씨는, 코린쓰의
하나님 교회에게, 어카야에 있는
모든 성도와 더불어 편지로 인사
한다.
2 너희에게, 우리 하늘아버지 **하나님**
이 내려서, 주인님 지저스 크라이
스트가 전하는, 큰배려와 평화가
있기를 바란다.
3 **하나님**에게 감사한다. 그는 우리
주인님 지저스 크라이스트의 사랑
의 아버지이며, 구원의 **하나님**으로
서,
4 그가 우리의 어려움을 위로할 때,
우리가 괴로운 사람을 위로할 수
있고, 그 **하나님**의 위로 덕분에 우
리 스스로 마음이 편안해진다.
5 우리탓에 짊어진 크라이스트의 고
통이 너무 커서, 그 덕택에 우리가
크라이스트로부터 받은 위안 역시
넘친다.
6 그래서 그것은 사람이 어려울 때
마다 너희에게 위로와 구원이 되
어, 똑같은 고통을 견뎌내는데, 효
과적인 위로제가 되었다. 그렇지
않고 마음이 편안할 때에도, 그것
은 너희에게 위로와 구원이 되어
주었다.
7 우리의 희망이 확고한 것도, 너희
가 괴로움의 동반자가 되어, 역시
남을 위로한다는 것을 잘 알기 때
문이다.
8 형제들아, 너희가 애이쟈Asia에서
겪은 어려움을 잊지 않기를 바란
다. 우리는 거기서 견딜 수 없는 억
압을 받았고, 목숨마저 잃을 정도
로 상당했다.
9 하지만 사형선고가 내려져을 때,
우리 자신은 믿지 않아도, 죽음을
일으켜 세우는 **하나님**을 믿고 있었
더니,
10 그가 우리를 죽음이라는 절망에서
구해냈다. 구원하는 그를 우리가
믿으면 앞으로도 계속 우리를 구
해줄 것이다.
11 너희도 우리를 위해 기도로 도움
을 주면, 그 선물이 우리에게 부여
되는 것을 본받아, 많은 사람의 감
사 역시 우리를 대신하여, 대다수
에게 기부될 수 있을 것이다.
12 우리의 기쁨은, 자기 양심의 증거
인 순수함과, **주님**에 대해 성실한

태도이다. 이는 인간의 지혜가 아
닌, **하나님**의 큰배려를 따르는 것
으로, 우리를 세상과 대화하고, 타
인을 향하여 더욱 노력하게 한다.
13 우리가 여기서 너희가 읽고 이해
하는 이상으로 쓰지 않아도, 너희
가 끝까지 이해할 줄 믿는다.
14 너희가 우리의 부분만 이해해도,
그것으로 너희 기쁨이 되는 것처
럼, 너희 역시 주인님 지저스 크라
이스트가 오는 날, 우리의 기쁨이
될 것이다.
15 이런 확신으로, 전에 내가 너희에
게 가려고 결심하며, 너희를 두번
기쁘게 해주려고 했다.
16 그래서 너희를 경유하여 매서도니
아로 갔다가, 거기서 떠나 다시 너
희에게 가면, 내가 쥬디아로 갈 때
너희가 보내줄 수 있기를 바랐다.
17 그런데 이 결심은, 경솔함이었을
까? 아니면 세상 하는대로 '네'에
는 '네' '아니오'에는 '아니오'를 따
르는 나의 계획탓이었을까?
18 그러나 **하나님**은 진실이므로, 우리
가 너희에게 전하는 말은, 긍정이
아닌 부정이 되었다.
19 **하나님** 아들 지저스 크라이스트를
너희에게 알린 우리들 나, 사일러
스, 티머씨는, 당시 '이다' '아니다'
가 아닌, 지저스 안에서 '이다'뿐이
었다.
20 **주님** 안에서 **하나님**의 약속은 모두
가능이었고, **하나님**의 명예에 대한
우리의 대답은 **주님** 안에서 애이멘
한마음이었다.
21 너희와 우리를 크라이스트 안에서
구축해주고, 우리에게 기름을 발
라 임무를 맡긴 존재는 **하나님**이
다.
22 그는 우리를 인정하여, 우리 마음
속에 진실한 영혼을 부여해주었
다.
23 더욱 나는, 나의 영혼의 증인으로
하나님을 불러 말하는데, 너희를
아끼지만, 내가 코런쓰 교회에 가
지 못하게 되었다.
24 이는 우리가 너희 믿음을 관리하
는 것이 아니고, 너희가 지키는 믿
음을 위하여, 너희 기쁨에 도움이
되는 사람이 되고자 하는 것이다.

만나지 못하는 아쉬움을 위로

2 그러나 나는 스스로 결심하고,
무거운 마음으로 너희에게 가지
않으려 한다.
2 내가 너희를 우울하게 만들면, 나
로 인해 언짢아졌는데, 누가 나를
기쁘게 맞이해줄까?
3 내가 너희에게 이 편지를 쓰는 이
유는, 내가 그곳에 가서, 만남이 즐
거워야 하는데 그들로부터 섭섭함
을 받지 않으려는 것이고, 또 나의
기쁨이 너희 모두에게 기쁨이라고
확신하기 때문이다.
4 많은 고민과 마음의 괴로움 속에
서 눈물을 흘리며 너희에게 편지

한 것은, 너희를 슬프게 하려는 게
아니고, 너희에게 더 많이 느끼는
나의 사랑을 알아주기를 바라는
것이다.
5 그런데도 아쉬워하는 사람은, 나
에게 유감이 되기보다는 일부이므
로, 내가 너희 모두에게는 마음의
부담을 덜 수 있다.
6 그가 대다수의 조언을 받게 되면,
그것으로 벌은 충분하다.
7 오히려 너희는 반대로 그를 용서
하고, 위로하여, 만에 하나 그 사람
의 슬픔이 지나치게 부풀지 않게
해야 한다.
8 그래서 내가 너희에게 바라는 것
은, 그를 향한 너희 사랑도 재확인
해주기를 부탁한다.
9 내가 편지를 쓴 데에는 이런 의도
도 있기 때문에, 너희가 모든 일을
그대로 따르는지 알면 좋겠다.
10 너희가 어떤 일에 대해 누군가를
용서하면, 나도 용서한다. 내가 어
떤 사람을 용서해주는 일은, 너희
를 위하여 크라이스트의 사람을
용서하는 것이다.
11 [악의 영혼] 새이튼이 우리를 이용
하지 않도록, 우리는 그의 음모를
간과해서는 안 된다.
12 더욱 내가 트로애스에 가서, 크라
이스트의 가스펄 메시지를 알렸을
때, 주인님 덕에 나에게 문이 활짝
열렸었다.
13 그런데 내 영혼이 불안했던 이유
는, 내가 나의 형제 타읱어스를 찾
으려 했는데, 그들에게 맡겨놓은
채, 매서도니아로 떠나게 되었던
일 때문이었다.
14 **하나님**에게 감사한다. 그는 언제나
우리가 크라이스트 안에서 목적을
달성하게 하고, 또 곳곳마다 우리
가 그의 지식을 냄새 맡도록 드러
내준다.
15 **하나님**에게 우리는, 구원받은 자와
파멸한 자 가운데에서 크라이스트
의 향긋한 냄새가 된다.
16 우리중 하나는 죽음으로 가는 죽
음의 향기이고, 다른 이는 생명으
로 이어지는 생명의 향기다. 그럼
누가 여기에 해당될까?
17 우리는 **하나님** 말을 더럽힐 사람
은 많지 않고, 대신 성실하므로, **하
나님** 앞에서 그를 대신하는 지저스
안에서 가르침을 전한다.

영혼의 추천서

3 우리는 다시 스스로 자만하는
걸까? 아니면 다른 사람이 하는
대로, 너희에게 또는 너희로부터
오는 추천서가 필요한 걸가?
2 너희 자체가 우리 마음에 새겨진
추천서로, 모두 읽어서 이미 잘 안
다.
3 그래서 너희는 우리에게 봉사하는
크라이스트의 추천서로 공포되어
있다. 그것은 잉크가 아닌, 살아 있
는 **하나님** 영혼으로 쓰여, 석판이

아닌, 가슴판에 새겨넣었다.
4 그 믿음은 크라이스트를 통한 **하나**
님을 향한 믿음으로,
5 인간은 아무리 생각해도 못미더워
하는데, **하나님**의 입장에서는 충분
히 만족한다.
6 게다가 그는, 우리가 새증언을 전
할 수 있게 만들었다. 글이 아닌 영
혼으로 전달을 맡긴 이유는, 법은
죽게 되는 유한한 사람이 대상이
지만, 영혼은 생명을 주어 이어지
게 하는 무한이기 때문이다.
7 그런데 죽는 인간에 대한 임무가
돌에 새겨 기록되었을 때 빛이 나
자, 이즈리얼 자손은 모지스 얼굴
에서 나오는 빛 때문에 그를 계속
바라볼 수 없었다. 그리고 빛은 없
어졌다.
8 한편 영혼에 대한 임무는 더욱 찬
란한 빛이 아닐까?
9 유죄판결을 당하는 임무가 빛으로
승화되었다면, 원대한 정의의 임
무는 빛을 능가한다.
10 과거에 형성된 명예에 대한 존중
이 빛을 잃는 것은, 보다 우수한 명
예 때문이다.
11 높은 업적을 달성하면, 다음에 오
는 것은 훨씬 더 빛을 내기 때문이
다.
12 우리는 그런 기대를 알기 때문에,
솔직하게 대담한 말을 할 수 있다.
13 우리는 모지스와 다르다. 그는 베
일로 얼굴을 가려, 빛이 사라질 때
까지, 이즈리얼 자손이 쳐다보지
않게 했다.
14 그러자 그들 마음이 보지 못하게
되었다. 그래서 이날까지 그 베일
을 치우지 않고 남겨둔 채, 옛 증언
을 읽는다. 그 베일은 크라이스트
가 완결하여 걷어치웠는데 말이
다.
15 이날까지 여전히 모지스글을 읽
을 때, 그 베일로 그들의 마음을 덮
는다.
16 하지만 주인님에게 돌아서면, 그
베일은 걷힐 것이다.
17 주인님은 영혼이고, 주인님의 영
혼이 있는 곳에 자유가 있다.
18 대신 우리 모두는, 맨얼굴로 유리
로 보듯 **주님**의 빛을 바라보며, 빛
에서 빛으로 승화한 모습을 닮아
변해가고, 주인님의 영혼처럼 따
라간다.

보이지 않는 것은 영원하다

4 우리는 관대한 사랑을 받아, 이
임무를 맡았으므로, 실망하지
않는다.
2 부정직하게 감춘 것은 버리고, 조
작의 길로 들어서지 않고, **하나님**
의 말을 잘못 다루지 않으며, 진리
를 밝힐 수 있도록 스스로 북돋아,
각자의 양심을 **하나님** 시각에 맞춘
다.
3 우리의 가르침이 전달되지 않는
것은, 마음의 길을 잃은 사람의 경

우로,
4 세상의 신이 믿지 않는 자의 마음
을 덮어, 크라이스트 가르침의 밝
은 빛을 보지 못하게 하는 것이다.
하나님의 모습인 그는 늘 사람에게
빛을 비춰준다.
5 우리는 자신이 아닌, 주인님 크라
이스트 지저스를 알리는 것이고,
또 지저스를 위하여 스스로 너희
종이 되는 것이다.
6 **하나님**이, 빛에게 어둠을 밝히라고
명령하였으므로, 우리 마음도 밝
혀, 지저스 크라이스트 앞에 있는
하나님의 빛을 깨닫게 했다.
7 다만 우리는 이 보물을 토기에 담
아, 탁월한 힘은 **하나님**한테서 나
오지, 우리가 아니라는 것을 보이
고자 한다.
8 우리는 모든 방면에서 어려움을
겪어도, 당황하가니 괴로워하거나
좌절하지 않는다.
9 처벌받아도 버림받지 않고, 부딪
혀도 파괴되지 않는다.
10 우리가 늘 주인님 지저스의 죽음
을 제몸안에 간직하면, 지저스의
생명도 우리 신체안에 드러나게
만들 수 있을 것이다.
11 살아 있는 우리가 지저스를 위하
여 언제나 죽음을 무릅쓰면, 지저
스의 생명도 죽게 될 우리 몸안에
서 나타낼 수 있을 것이다.
12 그래서 죽음이 우리 안에서 작용
한다면, 생명도 너희 안에서 작용
한다.
13 우리는 믿는 영혼을 갖고 있는데,
기록에 따르면, "내가 믿기 때문에
말한다"고 했으므로, 우리도 믿기
때문에 말할 수 있는 것이다.
14 우리는 그가 주인님 지저스를 죽
음에서 일으켜 세웠다는 것을 알
기 때문에, 지저스를 통해서 우리
도 일으켜 세우고, 너희와 같이 우
리도 나타날 것이다.
15 모든 것이 너희의 유익을 위한 것
이므로, 풍부한 큰배려가 **하나님**
빛 주위에 있는 대다수의 감사를
통하여 내릴 것이다.
16 따라서 우리는 실망하지 않고, 우
리 겉은 죽어도, 인간 내면은 매일
새로워진다.
17 우리의 빛은, 괴로움을 한순간에
지나게 하고, 우리를 훨씬 더 크고
영원한 빛에 이르게 한다.
18 우리가 보이는 것이 아닌, 보이지
않는 것을 찾아야 하는 이유는, 보
이는 것은 일시적이고, 보이지 않
는 것은 영원하기 때문이다.

지저스를 통해 화해

5 우리는 다음을 안다. 흙으로 지
은 태버네클 성전이 무너져도,
우리는 **하나님**의 성전을 갖고 있다
는 것을. 그것은 사람의 손이 만든
것이 아닌, 하늘에 있는 영원의 집
이다.
2 우리는 여기서 신음하기 때문에,

하늘에 있는 우리집에서 살 수 있
기를 간절히 바란다.
3 우리가 거기서 입혀지면, 맨몸이
되지 않을 것이다.
4 우리가 이곳 성전 안에서 무거운
짐을 지고 신음하는 이유는, 죽음
을 벗어놓지 못하고, 걸치고 있는
탓에, 죽음이 생명을 삼켜버릴 두
려움 때문이다.
5 **하나님**은, 이 일을 위하여 우리를
만든 다음, 우리에게 진실한 영혼
을주었다.
6 그래서 언제나 확실하게 알아야
할 것은, 우리가 육체라는 집에 머
무는 한, **주님**으로부터 멀리 떨어
져 있는 것이다.
7 [우리는 믿음으로 살아가는 것이
지, 보이기 때문에 사는 게 아니
다.]
8 내가 말하는데, 우리가 신체를 멀
리할수록, **주님**의 집에 있게 될 것
으로 확신한다.
9 **주님**과 가깝든 멀든 우리가 목표를
달성하면, 우리는 그에게 받아들
여질 것이다.
10 우리는 크라이스트의 재판석에 나
와야 하므로, 각자 좋든 나쁘든 자
기신체가 완수한 일이 받아들여질
수 있게 해야 한다.
11 **주님**의 두려움을 알고 있는 우리
가, 다른 사람에게 설명해주어야
한다. 그때 우리의 내면은 **하나님**
에게 드러나고, 너희 양심도 드러
나게 될 것으로 믿는다.
12 우리가 너희에게 또 제자랑을 하
는 게 아니고, 우리를 대신하여 너
희가 자부심을 가질 기회를 주는
것이다. 그러면 너희는 마음만이
아닌, 외부적으로도 어느 정도 대
답의 명분이 서게 될 것이다.
13 정신이 나가면, 우리는 **하나님**에게
가 있는 것이고, 정신을 차리는 때
는, 자기 존재의 명분이 된다.
14 우리에게 크라이스트의 사랑실천
을 압박하는 이유는, 하나가 죽어
모두를 살린다는 우리의 생각탓
에, 모두를 위해 죽어보이라는 압
박이다.
15 모두를 살리기 위해 죽은 그는, 앞
으로 그들을 살릴 필요가 없으니,
모두를 위해 죽은 자신이나 다시
살려 일어나라는 것이다.
16 앞으로 우리가 알아둘 것은, 사람
은 신체를 따라 살지 말아야 한다
는 것이다. 그렇다, 비록 우리가 신
체를 가진 크라이스트를 알았다
해도, 앞으로 그를 더 이상 그렇게
인식하지 말아야 한다.
17 만약 어떤 사람이 크라이스트 안
에 있으면, 그는 새로운 창조물이
다. 옛것은 죽었다. 보라, 모든 것이
새로워졌다.
18 모든 일은 **하나님**한테서 나온다.
그는 지저스 크라이스트를 통해서
우리와 화해하고자, 크라이스트에
게 중재의 임무를 주었다.

19 더욱 **하나님**은 크라이스트를 세상
과 화해하는 중재자로 삼아, 사람
에게 죄를 돌리지 않고, 우리에게
화해의 말을 전하게 했다.
20 그리고 이제 우리는 크라이스트를
위한 대사가 되었다. **하나님**이 우
리를 통해 너희에게 부탁한 것은,
크라이스트를 대신하여 기도하면,
너희는 **하나님**과 화해하는 것이다.
21 **하나님**은 우리를 위해 지저스 크라
이스를 죄를 짓게 만들었지만, 그
는 죄를 짓지 않았다. 그래서 우리
는 지저스 안에서 **하나님**의 정의를
만들 수 있는 것이다.

제자는 크라이스트의 협력자

6 앞으로 우리는 지저스의 협력자
로 일하기 때문에, 너희 역시 하
나님에게 받은 배려가 헛되지 않
기를 바란다.
2 그가 말한 것은, "나의 시간이 다
되었을 때, 너희 목소리를 들었으
므로, 구원의 날 내가 너희를 돕는
다. 보라, 가능한 때가 되면, 보라,
그날이 구원의 날"이라고 했다.
3 어떤 경우에도 남에게 불편을 주
지 말아야, 전달임무가 비난받지
않는다.
4 대신 스스로 **하나님**의 봉사자로 자
처하면, 대부분의 상황이 참아야
하고, 고통이고, 궁핍하고, 괴롭고,
5 매질에, 투옥에, 혼란에, 노동에, 감
시에, 굶주림속에 있다 해도,
6 순수함과, 지식과, 긴 참을성과, 친
절과, 신성한 영혼성령과, 꾸밈없는
사랑으로,
7 진리의 말과, **하나님**의 힘과, 좌우
양쪽에 정의로 무장한 다음,
8 명예로 불명예를, 칭찬으로 악담
을, 진실로 거짓을 바꾸며,
9 무명을 유명으로, 죽어가지만 결
국 살도록, 쫓겨도 죽지 않게 돕고,
10 슬픔을 즐겁게, 가난을 부유하게,
없지만 모두를 소유하도록 협력해
야 한다.
11 오 너희 코런씨언들아, 우리의 입
은 너희를 향해 열려 있고, 우리 마
음은 넓어져 있다.
12 우리의 애정은 줄지 않았는데, 오
히려 너희 스스로 제한한다.
13 이제부터 이에 대한 보답으로, [내
아이에게 타이르듯 말하자면,] 너
희도 마음을 활짝 열어라.
14 너희는 믿지 않는 자와 함께 불공
평한 멍에를 지지 마라. 정의가 부
정과 어울릴 수 있을까? 빛이 어둠
과 무슨 교류를 할까?
15 지저스가 [악마] 빌리얼과 무슨 조
화를 이룰까? 아니면 믿는 자가 믿
지 않는 이교도와 어떤 부분을 공
유할까?
16 **하나님** 성전이 우상과 무슨 합의를
할까? 너희는 살아있는 **하나님** 성
전이므로, **하나님**이 말한 것은, "내
가 그들 안에 머물고, 그들과 함께
살아가면, 나는 그들의 **하나님**이

되고, 그들은 나의 백성이 된다"고
했다.
17 따라서 너희는 우상에서 나와, 자
신을 구별해라. 또 불결한 것에 손
을 대지 마라. 그러면 너희를 받아
준다"고 **주님**이 말한다.
18 또 "나는 너희 하늘아버지가 되고,
너희는 나의 아들딸이 된다"고 절
대 **주님**이 말한다.

유감을 반성으로 대처

7 이런 약속을 맺은 너희는, 사랑
받는 사람이다. 그러니 우리는
신체와 영혼 모두 오물을 깨끗하
게 씻고, **하나님**을 경외하며 완전
무결한 신성함을 따르자.
2 그래서 우리를 받아들이게 하자.
우리는 사람을 잘못되게 한 적 없
고, 아무도 부패시키지 않았으며,
누구도 속이지 않았다.
3 이로서 너희를 비난하는 게 아니
고, 내가 이전에도 말했듯이, 너희
는 죽어도 살아도 우리 마음 안에
함께 있다는 것을 말하고 싶다.
4 내가 너희를 향해 대단히 솔직하
고, 또 너희에 대한 자부심이 대단
히 크기 때문에 말하는데, 나는 전
적으로 안심이 되어, 우리의 어려
움 속에서도 기쁨이 넘친다.
5 우리가 매서도니아에 가자, 몸을
쉴 수 없을 정도로 모든 면이 어려
웠다. 밖에서는 싸우는데, 안에서
는 겁을 먹더라.
6 그런데 **하나님**이 버림받은 자를 위
로하고, 또 우리도 위로하도록, 타
일어스Titus를 보내주었다.
7 그가 오기만 한 게 아니라, 너희를
위로했던 위안까지 가져와서, 너
희의 간절한 바람과 슬픔을 우리
에게 말하고, 나를 향한 너희의 열
렬한 마음을 전해주어서, 더욱 기
뻤다.
8 비록 너희에게 편지만 보내는 미
안함이 있어도, 자책은 하지 않는
다. 지금 자책한다 해도, 이는 너희
를 유감으로 만든 편지탓일 것으
로 알지만, 그렇더라도 이것은 시
절 때문이다.
9 지금 내가 기쁜 것은, 너희가 편지
로 인해 슬퍼하기보다, 너희 슬픔
이 자기반성으로 이어지기 때문이
다. 왜냐하면 너희는 믿음에 순종
하는 방식으로 유감에 대처하기
때문에, 우리로 인한 마음의 상처
가 아무것도 아님을 인정하는 것
이다.
10 믿음을 따르는 슬픔은 반성을 후
회가 필요없는 구원으로 만들지,
세상의 슬픔으로 죽음에 이르게
하지 않는다.
11 이것으로 미루어볼 때, 너희는 믿
음을 따르는 방식으로 유감에 대
처하고 있다. 그것은 너희 마음안
에서 만들어지는데, 조심할 것도
그렇고, 스스로 깨끗할 것도, 분노
할 것도, 두려워할 것도, 격렬한 욕

구도, 열정도, 복수조차 그렇다! 이
런 모든 면에서 스스로 인정하도
록, 믿음을 따르는 방식이 분명하
다.
12 그래서 내가 너희에게 편지를 쓰
기는 해도, 이는 잘못을 따지는 것
도 아니고, 잘못으로 어려워진 원
인에 대한 것도 아니고, 단지 **하나
님** 앞에 있는 너희를 위한 우리의
염려를, 보여주고 싶은 것이다.
13 따라서 우리는 너희의 편안함 속
에서 위안을 받는다. 그렇다, 타잍
어스Titus에 대한 즐거움 덕분에, 우
리의 기쁨은 훨씬 차고 넘쳤다. 왜
냐하면 그의 영혼이 너희 모두를
새롭게 환기시켜주었기 때문이다.
14 그에게 너희에 대한 부분을 자랑
한다 해도, 부끄럽지 않도록, 우리
가 너희에게 진실로 모든 것을 말
해주었다. 심지어 내가 타잍어스
앞에서 말하는 자랑조차, 진실로
나타날 것이다.
15 너희를 향한 타잍어스의 마음속
애정은 더욱 풍부하여, 너희가 어
떻게 **하나님** 말을 두렵고 떨리는
마음으로 순종했는지를 기억할 것
이다.
16 그래서 모든 일에 있어서, 나는 너
희에 대한 자부심을 갖기 때문에
몹시 기쁘다.

많아도 없고 적어도 부족하지 않다

8 형제들아, 더욱 우리는, **하나님**
이 매서도니아 교회에 부여한
큰배려를 너희가 알기 바란다.
2 대불행속에서도 그들의 기쁨이 얼
마나 컸던지, 또 극심한 가난속에
서도 그들의 인심이 얼마나 넉넉
했는지 잊지 말아야 한다.
3 그들의 힘은, 내가 증언하는데, 그
렇다, 스스로 발휘할 수 있는 능력
이상이었다.
4 그들은 애원하며, 사람들에게 봉
사하는 **하나님**의 선물을, 함께 공
유하게 해달라고 호소했다.
5 그들은 그런 식으로, 우리가 원해
서가 아닌, 스스로 **주님**에게 자기
들 마음을 바쳐서, **하나님**의 뜻에
따라 우리에게 봉사했다.
6 그래서 우리는 이미 일을 시작한
타잍어스Titus에게 전하여, 그가 너
희편의 봉사일을 완수하게 했다.
7 너희도 모든 면이 강하여, 믿음, 강
연, 지식은 물론, 세심한 마음씨와,
우리에 대한 사랑까지 풍부하지
만, 이런 헌신의 나눔 역시 알고 있
어야 한다.
8 나는 너희에게 명령하려는 의도가
아니고, 다른 적극적인 경우를 기
회삼아, 너희 사랑의 진지함도 입
증하고 싶다.
9 너희는 우리 주인님 지저스 크라
이스트의 배려를 알다시피, 그는
부유했어도 너희를 위해 가난한

자가 되었으므로, 그의 가난을 통
하여, 너희는 앞으로 부유해질 수
있다.
10 바로 이 점에 대한 나의 의견으로,
너희를 위한 최선의 방법을 제시
한다. 너희는 이미 일을 시작하여,
1년이 되었다.
11 이제 일을 완수하게 되면, 의지의
정도에 따라, 수행의 결과가 있을
것이다.
12 초심대로 진행되었으면, 사람이
한 결과가 받아들여지고, 아니었
다면, 아닐 것이다.
13 내가, 남의 마음은 편하게 하면서,
너희에게는 부담을 줄 뜻은 없다.
14 단지 형평성을 고려하여, 이번에
너희의 넉넉함으로 저들의 부족을
채우면, 저들이 많은 것으로 너희
의 필요를 메우게 된다. 그러면 공
정한 나눔이 될 수 있다.
15 기록에 의하면, "많이 모은 자도 아
무것도 없고, 적게 모아도 부족하
지 않다"고 했다.
16 단지 **하나님**에게 감사하자. 그는
내가 너희에게 기울인 똑같은 애
정을 타잍어스Titus 마음속에 넣어
주었다.
17 실제로 그는 권유를 받아들였을
뿐만아니라, 더욱 적극적으로 자
기 의지에 따라 너희에게 갔다.
18 그래서 우리는 그와 함께 형제단
을 파견했는데, 그들은 교회 곳곳
에서 가르침에 대한 칭찬을 듣는
다.
19 그뿐만 아니라, 봉사사업을 하는
우리와 함께 여행하도록 교회에서
선정된 사람이다. 우리가 운영하
는 이 나눔으로 **주님**의 명예를 드
높이고, 너희의 배려의 마음도 알
리게 된다.
20 어떤 사람도 우리가 운영하는 관
대한 기부로 인해 비난받는 일이
없도록 피해야 한다.
21 **하나님** 앞이나 사람 앞에 정직한
것을 제공해야 한다.
22 또 우리는 그들과 함께 우리 형제
도 추가로 보내는데, 그들은 때때
로 여러가지 일에 대한 성실을 입
증한 다음, 지금은 내가 너희한테
서 확신하는 자심감보다 더욱 성
실해졌다.
23 타잍어스Titus에 대해 말하자면, 그
는 나의 협력 파트너이고, 너희에
관하여 의논하는 동료이며, 반드
시 필요한 우리 형제인가 하면, 교
회와 **주님**의 명예의 사자다.
24 따라서 너희는 파견자들을 사람과
교회 앞에서 알리고, 너희 사랑을
증명해보이며, 너희를 위한 우리
의 자랑임을 그들에게 전해야 한
다.

적게 뿌리면 적게 넉넉히 뿌리면 크게 거둔다

9 사람에게 봉사하는 일에 대해,
내가 너희에게 편지로 더 언급
할 것은 없다.

2 내가 너희 열의를 잘 알고 있고, 매
서도니아 사람에게도 자랑하고,
어카야에서는 한 해 전부터 일해
와서, 너희 열정은 많은 사람에게
자극이 되었다.
3 하지만 내가 형제를 파견한 것은,
우리가 하는 너희에 대한 칭찬이
헛되지 않게 하는 한편, 내가 말한
대로, 너희가 준비를 갖추기를 바
라기 때문이다.
4 혹시 매서도니아에 있는 성도가
나와 함께 그곳에 갔는데, 준비되
지 않은 너희를 보게 될 경우, [우
리가 말한 것과 다르면,] 자신하던
칭찬이 부끄러워질 것이다.
5 그래서 내가 형제에게 권할 필요
가 있다고 생각했다. 그들이 너희
에게 먼저 가서, 이전에 너희가 통
지했던 기부금을 마련하게 하면,
그것은 강요가 아닌, 관대한 자선
금이 될 것이다.
6 내가 말하지만, 적게 뿌리는 자는
적게 거두고, 넉넉히 뿌리면 크게
거둬들인다.
7 사람마다 마음 속에 계획한 대로
기부하게 해야지, 마지못해하거나,
억지로는 안 된다. **하나님**은 즐거
운 기부자를 사랑한다.
8 **하나님**은 너희에게 풍부한 배려를
내려줄 수 있다. 그러면 너희는 언
제나 모든 것을 충분히 얻게 되므
로, 얼마든지 선행을 할 수 있다.
9 [기록에 의하면, "사람이 널리 퍼뜨
리면, 가난한 자까지 미치므로, 그
의 정의는 영원히 남을 것"이라고
했다.
10 그러면 그가 씨뿌리는 자를 위해
씨를 관리하고, 너희가 먹을 곡식
도 관리하면, 너희가 뿌린 씨는 배
가되어 넘치고, 너희 정의의 결실
은 크게 불어나게 할 것"이라고 했
다.]
11 그래서 너희에게 모든 것이 풍부
해지면, 우리를 통하여 **하나님**에게
감사의 표시를 하고 싶어질 것이
다.
12 너희 봉사에 의한 이런 기부금은,
취약한 성도에게 제공할뿐아니라,
하나님에게 올리는 감사 역시 풍부
해질 것이다.
13 너희 임무를 실천하는 것은, 크라
이스트의 메시지에 순종할 것을
고백하는 일이고, 또 너희의 관대
함을 그들과 나머지 모든 사람에
게 나누어주는 것이다.
14 그러면 너희를 위한 그들의 기도
는 너희를 따르고, **하나님**의 배려
는 너희에게 넘치게 된다.
15 **하나님**이 주는 말없는 선물에 대해
그에게 감사하자.

숫자로 자랑하며 비교하지 마라

10 이제 나 폴은, 크라이스트 같
은 온화함과 친절함으로 너
희에게 바란다. 지저스는 너희와
같이 있을 때 자신을 낮췄고, 함께

있지 못할 때는 너희를 향해 과감
하게 나섰다.
2 너희에게 부탁하는 것은, 내가 함
께 하며 적극적이지 못하거든, 스
스로 자신감을 가지라는 것이다.
그래서 우리를 마치 육체를 따르
는 사람처럼 생각하는 일부를 상
대로, 용감하게 나서주기를 바란
다.
3 비록 남이 하는 대로 인생길을 걷
는다 해도, 우리는 그들을 따라 싸
우지 않기를 바란다.
4 [왜냐하면 우리의 전투무기는 신
체가 아닌, **하나님**을 통한 절대힘
으로 요새를 무너뜨리기 때문이
다.]
5 또 허상과 높은 것을 버리기 바란
다. 그들은 **하나님** 지식에 맞서 자
체를 높이며, 한결같은 생각으로
크라이스트를 포로로 잡아, 굴복
시키려고 했다.
6 너희는 그를 따르지 않는 자에게
복수하기 위해, 완전한 충성심으
로 준비태세를 갖추기 바란다.
7 너희는 사물의 겉모습을 바라보
나? 만약 어떤 사람이 크라이스트
편이라고 믿으면, 우리가 진정으
로 그렇게 말할 수 있는지, 다시 그
것을 생각해보게 해야 한다.
8 비록 우리가 권한을 다소 자랑하
더라도, 그것은 주인님이 우리를
개선하기 위해 준 것이지, 파멸을
위한 것이 아니기 때문에, 부끄럽
게 생각하지 말아야 한다.
9 이 편지가 너희에게 겁을 주려는
듯이 보이지 않기를 바란다.
10 사람들의 말은, "그의 편지는 상당
히 무게가 있고, 힘이 있다고 하는
데, 실제 그를 대하면 나약하고, 그
의 강연은 한심하다"고 하더라.
11 우리가 없을 때 편지로 우리를 평
가하며, 그렇게 생각하는 사람은
내버려둬라. 그런 사람은 우리가
실제로 있어도 마찬가지일 것이
다.
12 우리는 감히 자신을 숫자화하거
나, 몇 가지 자랑거리로 비교하지
않지만, 저들은 스스로 재며, 자기
들끼리 비교하는데, 그것은 현명
하지 못하다.
13 대신 우리는 재지 않으므로 자랑
도 하지 않고, 그저 **주님**이 나눠준
법에 따르고, 너희에게 해당되는
규정대로 평가할뿐이다.
14 우리가 우리의 한계를 극복하지
못해 너희에게 도달하지 못하는
경우라도, 우리는 마침내 멀리 있
는 너희에게 크라이스트 가르침을
전하러 간다.
15 우리의 한계를 넘어설 경우, 다른
사람의 수고를 가지고 자랑하지
말고, 다만 믿음이 커지도록 희망
을 갖고, 그래서 우리의 규정에 따
라 능력을 충분히 확대시켜라.
16 너희 영역이 아닌 곳에서 가르침
을 알리려면, 다른 사람의 관계를

내세우지 말고, 제손으로 결과를
만들어야 한다.
17 하지만 뽐내려는 자는, **주님** 안에
서 하게 해라.
18 스스로 칭찬하지 않는 자는, **주님**
이 인정하며 칭찬해준다.

나약함을 견딘 자랑을 들어달라

11 내가 다소 어리석더라도, **하
나님**에게 의지하며 너희가
참아주길 바란다. 진정으로 참고
들어달라.
2 나는 믿음에 대한 질투심에 너희
를 시기한다. 또 나는 너희를 같은
남편과 결혼시켰으므로, 너희의
순결한 처녀성을 크라이스트에게
선물하고 싶다.
3 하지만 내가 두려운 것은, 어떻게
해서라도 뱀이 이브를 교활하게
속이면, 크라이스트를 향한 너희
마음속 순수성 오염이 염려된다.
4 누가 다른 지저스를 전파하러 나
타날 경우, 그것을 전파하거나, 변
질된 영혼을 받아들이지 말아야
한다. 받아들일 수 없어 거부해야
할 변질된 말을 잘 견뎌내야 한다.
5 나는, 내가 주인님의 최고 제자단
보다 조금도 뒤쳐지지 않는다고
생각한다.
6 비록 내 말이 거칠어도, 지식은 전
혀 그렇지 않다는 것을, 우리가 지
금까지 모든 일에 대해 너희에게
철저히 내보였다.
7 너희를 높여주려고 자신을 낮춘
행동이 죄가 될까? 왜냐하면 내가
하나님의 전언을 너희에게 무료로
알리려 했기 때문에?
8 나는, 다른 교회가 받은 돈을 빼앗
아, 너희에게 봉사했다.
9 내가 나타났을 때 너희가 취약하
여, 아무한테도 청구할 수 없었다.
따라서 나의 부족분을 매서도니아
의 형제들이 공급해주었다. 모든
것을 너희에게 부담시키지 않고
스스로 짊어지며, 그렇게 버텼다.
10 크라이스트의 진실이 내 안에 있
기 때문에, 어카야지역 선교실행
에 대한 나의 자랑을 누구도 말릴
수 없었다.
11 왜냐고? 내가 너희를 사랑하지 않
았기 때문이었을까? **하나님**은 안
다.
12 대신 내가 한 것은, 나의 일을 계속
하는 것이었다. 그래서 우리 일과
같아 보이는, 저들의 자랑이 발견
되는 곳마다 나타날 수 있는 기회
를 없애고자 했다.
13 저들은 가짜 제자로, 사기꾼인데,
마치 크라이스트 제자인듯 스스로
위장하더라.
14 놀랄 일도 아니다. [악의 영혼] 새
이튼이 스스로 빛의 사자인양 변
모했으니까.
15 그러니 지저스의 봉사자가 정의의
관리자로 변신해도 대단하지 않은
이유는, 그들의 최후는 자기 업적

에 따르기 때문이다.
16 내가 다시 말하지만, 아무도 나를
바보로 생각하지 마라. 그렇지 않
고 나를 바보로 여기면, 나도 자신
을 좀 자랑하고 싶어질지 모르니
까.
17 이런 말은, 내가 주인님을 좇아 하
는 게 아니고, 뽐내는 자신감이 바
보 같아서 하는 말이다.
18 대부분 육신을 좇으며 뽐내는 것
을 아는데, 나도 좀 뽐내볼까.
19 어리석음을 품고도, 제 스스로 현
명한 줄 알더라.
20 실제로 너희가 당하도록, 누군가
너희를 노예로 만들고, 착취하고,
가진 것을 뺏고, 한편 자기는 스스
로 높여, 네 뺨을 내려친다.
21 내가 반성하며 말하자면, 창피하
게도 우리는 그에 대해 나약하다.
하지만 누군가 대담하다면, [나도
바보처럼 말해서,] 나도 대담하다.
22 대담한 자가 히브리인 인가? 나도
그렇다. 그 자가 이즈리얼인 인가?
나도 그렇다. 그 자가 애이브러햄
후손인가? 나도 그렇다.
23 그 자가 크라이스트의 봉사자인
가? [내가 바보라서 말하는데,] 나
는 그 이상이다. 수고도 더 많이 하
고, 매를 수없이 맞고, 감옥은 수시
로 가고, 몇번이나 죽을 뻔했다.
24 쥬다인으로부터 다섯차례에 걸쳐
40-1=39번씩 채찍을 당했다.
25 몽둥이로 맞은 것은 세체례이고,
한 번은 돌에 맞고, 세번 난파당하
고, 밤낮 꼬박 물속에 빠져 있기도
했다.
26 잦은 여행으로, 물에 빠져 죽을 뻔
하고, 도둑에게 죽을 뻔하고, 고향
사람에게 죽을 뻔하고, 이도교에
게 죽을 뻔하고, 도시에서도 죽을
뻔하고, 황야에서 죽을 뻔하고, 바
다에서 죽을 뻔하고, 거짓 형제들
에게 죽을 뻔했다.
27 몸이 지쳐 괴로웠고, 잠도 못자고
자주 지켜보았고, 배고프고 목이
말랐고, 금식도 잦았고, 추위속에
헐벗었다.
28 그 밖에도, 모든 교회에 대한 걱정
이 매일 나를 짓눌렀다.
29 누가 약한가, 내가 약한 자가 아닌
가? 누가 당했나, 내가 타버리지
않았나?
30 내가 드러낼 필요가 있다면, 나의
나약함이나 자랑할뿐이다.
31 **하나님**이자 주인님 지저스 크라이
스트의 아버지이며, 영원히 축복
받는 그는, 내가 거짓을 말하지 않
는다는 것을 안다.
32 알터스왕 밑에 있는 드매스커스의
총독은, 그곳 도시를 수비대로 지
키며 나를 체포하려 했지만,
33 나는 창을 통해 광주리속에 담겨,
벽을 타고 내려져, 그들 손에서 벗
어났다.

약할 때 강해진다

12 제자랑이 나에게 유리한지
모르지만, 환상과 **주님**이 내
게 보여준 미래를 전한다.
2 나는 14년 이상 전에 크라이스트
안에 있는 어떤 사람을 알았다. [신
체안에 있는지, 신체밖에 있는지
말할 수 없지만, **하나님**은 안다.] 그
사람이 세번째 하늘로 들어갔다.
3 내가 아는 그 사람, [신체안에 있는
지, 신체밖에 있는지 말할 수 없지
만, **하나님**이 아는],
4 그가 낙원으로 들어가, 말로 표현
할 수 없는 말을 들었다. 그 말은
인간이 말하지 못하게 금지되어
있는 것이었다.
5 나는 그를 자랑하지, 자신에 대해
서는 칭찬 대신 약점만 드러내려
고 한다.
6 내가 뽐내고 싶은 마음에, 바보가
될 수는 없다. 나는 진실을 말해야
하기 때문에, 지금은 자제하여, 누
구라도 나를, 보고 들은 이상으로
생각하지 않게 해야 한다.
7 또 계시가 엄청난 탓에 나를 정도
이상으로 높이지 않도록, 가시로
신체를 찌르며 나의 자만을 자제
했고, [악의 영혼] 새이튼의 사자가
괴롭혀도, 지나치게 자신을 치켜
세우지 말아야 했다.
8 그래서 나는 주인님에게 세번이나
간청하여, 나한테서 모든 괴로움
을 제거해 달라고 했다.
9 그런데 그가 내게 말했다. "나는 너
를 넉넉히 배려해주었다. 그래서 나
의 힘으로 약점을 완전하게 만들었
다"고 했다. 따라서 차라리 나의 약
점을 떳떳하게 드러내면, 크라이
스트 힘이 나를 편히 쉬게 할 것이
다.
10 그러자 나는 나약함 속에서 즐거
웠고, 비난속에서, 결핍속에서, 박
해속에서도, 크라이스트로 인한
괴로움 속에서도 기뻤다. 왜냐하
면 내가 약할 때 강해지기 때문이
었다.
11 내가 자랑하는 바보가 된 것은, 너
희가 나를 부추긴 탓이다. 그래서
남이 나를 칭찬해야 마땅하지만,
아무것도 아니라 해도, 나는 최고
제자단보다 뒤지지 않기 때문에
자랑한다.
12 진정한 제자의 특징은 너희 마음
속에서 형성되어, 인내, 특별한 표
시, 기적, 강한 행동으로 나타난다.
13 너희가 다른 교회보다 열등한 점
이 뭐지? 내가 너희에게 짐이 되지
않으려고 한 것 이외 말이다. 그것
이 잘못이면 나를 용서해라.
14 보라, 나는 세번이나 너희에게 가
려고 준비했지만, 부담이 되지 않
으려고, 너희를 방문하지 않았다.
내가 찾고 싶은 것은 너희가 가진
것이 아닌, 너희 자신이었다. 자식
이 부모를 위해 재산을 모으지 않
고, 부모가 자식을 위해 그렇게 한다.

15 내가 기쁜 마음으로 돈을 쓸 때는,
너희를 위한 지출이다. 내가 너희
를 너무 사랑한다 해도, 내가 사랑
받는 것보다 못하다.
16 그래서 내가 너희 짐이 되지 않았
는데도 불구하고, 내가 간사한 사
기꾼으로 너희에게 취급당하다니!
17 너희에게 보낸 사람을 시켜 나의
이익을 불렸나?
18 내가 부탁하여 타읻어스Titus와 형
제 하나를 보냈다. 타읻어스가 너
희로부터 이익을 챙겼던가? 우리
가 똑같은 영혼으로 협력한 게 아
니며? 동일한 보조를 맞춘 게 아니
었을까?
19 다시 말해, 우리가 너희에게 사과
한다고 생각하나? 크라이스트를
통해 **하나님** 앞에 말하지만, 몹시
사랑받는 너희들아, 우리는 너희
의 교화를 위해 무슨 일이든 하는
거다.
20 나는 걱정이 되어, 내가 그곳에 가
서, 내가 바라는 너희 모습을 보지
못하고, 또 너희 자신도 바라지 않
는 모습을 내가 발견하지 않기를
바란다. 그래서 논쟁과, 시기와, 분
노와, 싸움과, 헐뜯기와, 수근거림
과, 부풀리기와, 혼란이 없기를 바
라고 있다.
21 그리고 내가 다시 갈 때, 나의 **하나
님**이 너희를 보는 나를 초라하게
만들지 않고, 이미 죄를 지은 대다
수에 대해 슬퍼하지 않고, 그들이
저지른 부정과 비성행위와, 선정
행위 탓에 후회하지 않기를 바란
다.

내면이 강해야 한다

13 이번은 내가 너희에게 가는
세번째다. "모든 일에는 두세
증인의 증언을 세워야 한다"고 했
다.
2 내가 전에도 말했고, 그곳에 두번
째 방문 때에도, 내가 같이 있는듯
행동하라고 경고했다. 또 내가 부
재중에 다시 반복하는데, 지금까
지 죄를 지은 사람과, 다른 사람도
마찬가지로 다시 가면 봐주는 일
은 없다.
3 왜냐하면 너희는, 내가 전한 크라
이스트 가르침을 증명해야 하므
로, 그는 너희 내면이 약하지 않고
강하길 바라기 때문이다.
4 십자가형은 약해서 당했다 해도,
그는 **하나님**의 힘으로 여전히 살아
있다. 우리 역시 그 안에서는 약해
도, 너희를 향한 **하나님**의 힘으로
크라이스트와 함께 살게 된다.
5 너희가 그 믿음안에 있는지 살펴,
자신을 증명해야 한다. 스스로 나
빠지지 않는 한, 너희 안에는 지저
스 크라이스트가 자리하고 있음을
알지 않나?
6 그러나 나는, 너희가 비난받지 않
아야 한다는 것을 알 것으로 믿는
다.

7 이제 나는 너희가 실수하지 않도
록 **하나님**에게 기도한다. 겉으로
보이기 위해서가 아니라, 실수를
하더라도 정직해져야 한다.
8 우리가 진리에 맞서 할 수 있는 일
이 아무것도 없으니, 진리를 따라
야 한다.
9 우리는 약하더라도, 너희의 강인
함이, 우리의 기쁨이 되기 때문에,
너희가 한층 더 완전해지기를 바
라고 있다.
10 그래서 부재중에도 이 편지를 쓰
는 것은, 내가 가서 엄격해지지 않
고, 주인님이 나에게 준 힘을 처벌
대신 너희를 개선하는데 사용하려
는 것이다.
11 마지막으로 형제들아, 잘 있어라.
완전을 추구하여 편안함을 유지하
고, 한마음으로 평화롭게 지내라.
그러면 사랑과 평화의 **하나님**이 너
희와 함께 한다.
12 신성한 입맞춤과 더불어 서로에게
안부를 전해라.
13 이곳 성도 모두 너희에게 인사한
다.
14 주인님 지저스 크라이스트의 큰배
려와, **하나님**의 사랑과, 신성한 영
혼성령의 교류가 너희와 같이 있기
를 바란다. 애이멘한마음이다. [코런
쓰 제자에게 보낸 두번째 편지는,
매서도니아의 필리피 도시에서,
타잍어스와 루카스가 받아적었
다.]

걸래이션에게 폴의 편지

지저스가 이교도에게 전하라고 했다

1 폴은, [사람이 파견하지 않았고,
인간이 아닌 크라이스트Messiah구
원자와, **하나님**이 보냈는데, 바로 그
하늘아버지가 죽음에서 일으켜 세
운] 지저스의 제자로,
2 함께 있는 형제 모두와 걸래이샤구
Rome 관할, 현 터키 앙카라 지역의 여러 교
회에 안부를 전한다.
3 하늘아버지 **하나님**과 우리 주인님
지저스 크라이스가 내리는 큰배려
와 평화가 너희에게 있기를 바란
다.
4 그는 우리 죄를 스스로 짊어져, 현
재의 악의 세상에서 우리를 구원
하고자 했다. 그것은 우리의 하늘
아버지 **하나님** 뜻에 따른 것이다.
5 그를 영원히 빛나게 하자. 애이멘
[한마음이다.]
6 나는, 너희가 그토록 빨리 옮겨간
데 놀랐다. 너희를 불러 배려안에
있게 했던 크라이스트한테서, 다
른 교리로 이탈했다는데,
7 그것은 가르침이 아니므로, 너희
에게 혼란을 주어, 크라이스트의
말을 왜곡시킬 것이다.
8 혹시 우리나 하늘의 사자가, 너희
에게 변질된 가르침을 전했다면,
그는 저주받는다.
9 전에 우리가 말한 것을 다시 말하
지만, 만약 누가 너희가 받아왔던
것이 아닌, 다른 가르침을 가르쳤
다면, 그는 저주받는다.
10 지금 내가 사람을 설득하고 있는
것인가, 아니면 **하나님**을 설득하고
있나? 아니면 사람을 즐겁게 하려
고 이런 말을 할까? 만약 내가 그
러는 중이라면, 나는 크라이스트
의 종이 되지 말았어야 한다.
11 대신 형제들아, 보증하는데, 내가
전한 가스펄은 인간을 따르는 이
야기가 아니다.
12 나는 사람한테서 그것을 얻지도
않았고, 배우지도 않았다. 오직 지
저스 크라이스트가 나타나서 알게
되었다.
13 너희가 과거 쥬다인 종교, 쥬대이
점Judaism에 관한 나의 이야기에서
들은 그대로, 내가 어떻게 수없이
하나님 교회를 처벌하여 파괴했는
지 알고 있을 것이다.
14 내가 쥬대이점에서 누린 혜택은,
내 민족 대부분의 동포보다 훨씬
컸고, 그래서 나는 더욱 조상의 전

통을 열심히 따랐다.
15 그런데 기쁘게도, **하나님**은 내 어
머니 자궁에서 나를 별도로 구분
한 다음, 그의 배려로 나를 불렀다.
16 나에게 자기 아들을 내보인 다음,
내가 이교도에게 지저스를 가르치
게 했으므로, 나는 다른 사람과 직
접 이야기하지 않았다.
17 나는 저루살럼으로 가서, 나보다
먼저 제자가 된 사람을 보지 않고,
대신 어래이비아로 갔다가, 드매
스커스로 다시 돌아왔다.
18 그리고 3년이 지난 뒤, 핕어Peter를
만나러 저루살럼에 가서, 15일간
그와 함께 지냈다.
19 다른 제자는 아무도 본적 없고, 단
지 주인님의 형제 재임스만 만났
다.
20 이제 내가 너희에게 쓴 이 편지 내
용을 보면, **하나님** 앞에서 내가 거
짓을 말하지 않는다는 것을 알 것
이다.
21 그후 나는 시리아와 실리시아로
갔다.
22 그래서 내 얼굴은 크라이스트 안
에 있는 쥬디아 교회에 알려지지
않았다.
23 단지 그들은 다음 소문만 들었다.
"그는 과거 한때 우리를 박해하더
니, 이제 그가 파괴하던 믿음을 전
파하며 다닌다."
24 그리고 그들은 나에 대해 **하나님**에
게 감사했다.

비할례에 대한 거부반응

2 그리고 14년이 지나, 나는 바너
버스와 다시 저루살럼으로 갈
때, 타잍어스Titus도 같이 데려갔다.
2 나는 지저스의 계시에 따라 가서,
그들과 이교도에게 전하는 가르침
에 대해 대화했다. 하지만 명성이
있는 그들에게, 개인적으로 어떤
면에서도, 나의 현재나 과거의 일
로 폐가 되지 않게 했다.
3 그런데 그때까지 하지 않았던 그
리스인 타잍어스Titus는 나와 함께
있었으므로, 어쩔 수 없이 할례를
받아야 했다.
4 이런 일은 잘못된 신념을 가진 형
제 때문에 발생하게 되었다. 그들
은 모르는 사이에 슬그머니 끼어
들어, 우리가 크라이스트 안에서
누리는 자유를 감시한 다음, 우리
를 구속시키려고 했다.
5 그들에게 우리가 순종할 여지가
없고, 단 한 시간도 아니었다. 그러
므로 가스펄의 진실은 너희와 함
께 계속 유지되어야 하는 것이다.
6 하지만 다소 직위가 높아 보이는
사람 가운데, [그들이 누구든 나에
게 중요한 것이 없었고, **하나님**이
받아들이는 사람이 아닌 경우,] 영
향력이 있어 보이는 그들은 대화
에서 나에게 주는 게 없었다.
7 반대로 그들이 알게 된 것은, 비할
례자의 가르침은 내가 담당하고,
할례자는 핕어Peter가 맡는다는 것

이었다.
8 [그들은 필어에게 할례자에 대한
제자능력을 효과적으로 인정했고,
같은 것에 대해 이교도를 향한 나
한테는 마음이 강경했다.]
9 재임스, 세퍼스Peter필어, 존은 교회
의 기둥으로 보였으므로, 나에게
내린 배려를 그들에게도 인정했
고, 나와 바너버스에게도 동료로
서 오른손을 들어주기는 했는데,
어디까지나 우리가 이교도에게 할
례받게 해야 한다고 했다.
10 단지 그들은 우리가 가난한 사람
을 기억해주기를 바랐고, 그래서
나도 그런 일을 열심히 진행했다.
11 그러나 필어가 앤티악에 왔을 때,
내가 그에게 정면으로 맞선 일은,
그의 잘못탓이었다.
12 재임스가 보낸 몇 사람이 앤티악
에 오기 전까지 필어는 이교도와
같이 식사를 해왔지만, 그들이 오
자, 물러나서 거리를 두었던 것은,
할례자들을 두려워했기 때문이었
다.
13 그리고 다른 쥬다인도 필어와 마
찬가지로 이교도를 모른체했고,
바너버스까지 외면했다.
14 하지만 그들이 가르침의 진실대로
올바르게 행동하지 않는다는 것을
알게 되자, 내가 그들 앞에서 필어
에게 말했다. "당신은 쥬다인이면
서, 이민족이 하는 대로 살며, 마치
쥬다인이 아닌 것 같이 한다. 그런
데 왜 이민족에게는 쥬다인이 하
는 대로 살도록 강요하나?
15 본래 쥬다인인 우리는 이민족의
죄와 다르다.
16 사람이 법을 따른다고, 죄가 정당
화되는 것이 아니고, 단지 지저스
를 믿어서 가능하다는 것을 우리
는 안다. 또 우리는 지저스 크라이
스트를 믿어서, 법이 아닌 그의 믿
음으로 정당화될 수 있다. 법을 지
킨다고 신체가 정당화되지 않는
다.
17 그러나 우리가 크라이스트를 통해
정당화되도록 노력하는데도, 스스
로 죄에서 벗어날 수 없는데, 그러
면 크라이스트가 죄를 관리할까?
하나님은 금지한다.
18 만약 내가 파괴한 것을 다시 지으
면, 나 스스로 위반하는 것이다.
19 법을 따르던 내가 법에서 죽어서,
나는 **하나님**에게 살아날 수 있었
다.
20 나는 크라이스트와 함께 십자가형
을 당했다. 그런데도 내가 살아 있
는 것은, 내가 아니고, 크라이스트
가 내 안에 살아 있는 것이다. 지금
신체안에서 살고 있는 나는, 나를
사랑하여, 나에게 자신을 내준 **하
나님** 아들을 믿는 신념에 의해 살
고 있다.
21 나는 **하나님**의 배려를 실망시키지
않는다. 만약 정의가 법에서 왔다
면, 크라이스트의 죽음은 아무것

도 아닌 것이다.

약속과 법

3 오 어리석은 걸래이션아, 누가
진실을 거절하라고 너희를 현혹
했나? 바로 눈 앞에서 지저스가 십
자가형으로 명백한 증거가 되어주
었는데.
2 너희한테 단 한가지만 알고 싶다.
너희는 법을 지키려고 신성한 영
혼the Spirit성령을 받았나? 아니면 믿
으라는 말을 듣느라 그 영혼을 받
아들였나?
3 너희가 그토록 어리석은가? 신성
한 영혼을 가지고 시작하여 완전
한 육체를 만드나?
4 너희가 견뎌낸 그 많은 일을 헛되
이 하려는가? 그것이 쓸모없는 일
이라서.
5 그가 너희에게 영혼을 주고, 기적
을 이루어준 일도, 법을 지키는 것
이었을까? 아니면 믿으라는 말을
듣고 따랐을까?
6 애이브러햄조차, "**하나님**을 믿는
것이 정의"라고 스스로 생각했다.
7 너희는, 믿는자가 애이브러햄의
자손이란 것을 알아야 한다.
8 또 바이블은 미래를 내다보며, **하
나님**은 이교도 역시 믿음을 통하여
죄를 정당화해줄 것을 알고, 가스
펄 메시지가 있기 전, 애이브러햄
에게 알리며 말했다. "너로 인해 모
든 민족이 축복받는다"고.
9 그래서 믿는 사람은 믿음이 충실
했던 애이브러햄 덕택에 축복을
받는 것이다.
10 법에 의존하는 다수가 저주받는
까닭은, 기록에 따르면, "저주는,
사람이 책에 적은 것을 법대로 지
키지 않을 때 받는다"고 했다.
11 **하나님**의 시각안에서, 법으로 죄가
정당화될 인간은 없다. 이것이 명
확하기 때문에, 믿음으로 사는 것
이 정의다.
12 법은 믿음에서 나온 것이 아니고,
"사람은 나의 규정을 지키며, 그 안
에서 살아야 한다"입법 18:5는 기준
에서 시작되었다.
13 크라이스트Messiah구원자는, 법의 저
주에 대한 보상으로 자신을 대가
로 바쳐 우리를 구했다. 법은 우리
때문에 저주가 되어버렸던 것이
다. 기록 그대로, "나무에 매달린
모두가 저주받은 모습"이라 했다.
14 애이브러햄의 축복은 지저스 구원
자를 통해 이민족한테도 내릴 수
있고, 또 믿음을 통하여 신성한 영
혼의 약속을 우리도 받을 수 있는
것이다.
15 형제들아, 나는 인간방식으로 말
하는데, 사람의 계약이라도 확정
이후에는, 취소나 추가가 안 된다.
16 약속이 애이브러햄과 그 후손에게
정해지면서, 자손 다수 가운데라
고 말하지 않고, 너의 씨앗 중 하나
라고 지정했다. 그것이 바로 크라

이스트다.
17 내 말은, 약속이 **하나님** 앞에서 크
라이스로 확정되었으므로, 430년
뒤에 도입된 법이, 약속을 폐기할
수도 없고, 무효화시킬 수도 없는
것이다.
18 유산은 법에 따르기 때문에, 더 이
상 약속에 좌우되지 않아도, **하나님**
은 그것을 애이브러햄에게 약속으
로 정해주었다.
19 그러면 왜 법을 따르나? 그 이유는
규정을 어기기 때문에 추가되어,
지정된 후손이 나타나 약속을 이
행할 때까지 있다가, 천사를 통해
운명이 정해진 중재자의 손에 넘
어간 것이다.
20 중재자는 하나만이 아니지만, **하나
님**은 단 하나다.
21 그럼 법이 **하나님**의 약속에 맞서
나? 확실히 아니다. 법이 생명을
줄 수 있었다면, 틀림없이 정의도
법으로 확립시켰을 것이다.
22 그러나 바이블은 모든 것이 죄의
관리 아래 있다고 결론지은 다음,
지저스 구원자의 믿음을 통해 믿
는자에게 약속이 이루어질 수 있
게 했다.
23 하지만 믿음 이전에는 우리가 법
아래 구속되어, 나중에 드러나도
록 믿는 마음을 닫아 두었던 것이
다.
24 따라서 법은 학교선생님으로, 우
리를 크라이스트Messiah구원자한테
데려가면, 믿음으로 죄의 정당화
를 인정받게 된다.
25 그리고 믿음이 생기면, 우리는 더
이상 선생님을 따르지 않는다.
26 그래서 너희는 모두 지저스 구원
자의 믿음을 통해 **하나님**의 자녀가
된다.
27 구원자에게 세례받은 너희 대부분
은 크라이스트의 옷을 입게 되었
다.
28 여기에는 쥬다인Jew이나 그리스인
의 구분이 없고, 노예나 자유인이
다르지 않고, 남녀가 다르지 않다.
왜냐하면 크라이스 지저스 안에서
모두 하나이기 때문이다.
29 만약 너희가 크라이스트편이라면,
애이브러햄의 후손이기 때문에,
약속에 따른 상속인이 된다.

우리는 자유의 자녀로 상속인이다

4

지금 내 말은, 상속인이 어리다
면 종과 다르지 않고, 모든 것의
주인이라 해도,
2 그의 아버지가 정한 시기까지는,
대신 후견인이나 재산관리인 아래
에 있다.
3 마찬가지로 우리가 미숙하면, 세
상 힘의 논리 아래에 구속될 수밖
에 없다.
4 그러나 정해진 때가 다 되자, **하나
님**은 그의 아들을 보내면서, 여자
로부터 태어나게 하고, 법제도 아
래에 놓이게 만든 다음,

5 법 아래 구속된 인간의 대가로 상
환하면, 우리는 입양아들이 되어
상속받을 수 있다.
6 그래서 너희도 아들이므로, **하나님**
은 자기 아들의 영혼을 너희 마음
속에 보내어, 너희도 아바, 아버지
라고 부를 수 있게 했다.
7 따라서 너희는 더 이상 종이 아니
라, 아들이다. 아들은, 크라이스트
를 통해서 **하나님**의 상속인이다.
8 너희가 **하나님**을 알지 못할 때는,
본성이 신이 아닌 저들을 섬겼다.
9 하지만 이제 너희가 **하나님**을 알게
되었거나, **하나님**이 깨우쳐 주었는
데, 어떻게 너희가 다시 마음을 돌
려 나약하게 애걸하며 비는 노예
로 있으려 하는가?
10 너희는 특정일과, 달과, 해를 잘 지
키고 있다.
11 나는 너희를 염려하며, 너희에게
쏟은 수고가 헛되지 않을까 걱정
한다.
12 형제들아, 나의 바람은, 내가 너희
를 내 자신처럼 생각하고 있으니,
너희도 나처럼 생각해주었으면 한
다. 너희는 나에게 전혀 해를 주지
않았다.
13 너희가 알다시피, 처음 너희에게
가르침을 전할 때 나의 신체는 허
약했다.
14 내가 아팠는데도, 너희는 무시하
지도, 거부하지도 않았고, 대신 **하**
나님의 천사인양 심지어 지저스 구
원자인양 나를 받아주었다.
15 당시 축복을 말해주던 너희는 어
디 있나? 내가 증언하는데, 가능하
다면 너희 눈이라도 뽑아 나에게
주고 싶어 했다.
16 그런데 내가 너희에게 진실을 말
한탓에 너희 적이 되었나?
17 저들은 너희에게 열심히 영향을
미치려고 하는데, 잘하는 일이 아
니다. 그렇다, 우리로부터 떼어내
면, 저들이 너희를 쉽게 움직일 수
있다.
18 늘 선행을 열심히 하는 것은 좋지
만, 내가 있을 때뿐이면 안 된다.
19 나의 어린 자녀를 출산하려고, 나
는 구원자가 너희 마음에 자리잡
을 때까지, 다시 산통을 겪어야 하
나보다.
20 나의 바람은, 지금 너희와 같이 있
을 수 있어서, 나의 말씨를 바꾸고
싶은데, 그것은 너희에 대해 의심
이 들기 때문이다.
21 나에게 말해보라. 너희 희망이 법
아래 구속되기라면, 여전히 법의
의미를 깨닫지 못한 것인가?
22 기록에 의하면, 애이브러햄은 두
아들을 두었는데, 하나는 여종에
게서 나왔고, 하나는 자유인의 아
들이었다.
23 여종 출신은 육신으로 태어났고,
자유인한테서 나온 아들은 약속에
의한 경우였다.
24 그것은 비유 이야기로, 두 여자는

두가지 약속을 나타낸다. 한 약속
은 사이나이산에서 있었고, 노예
가 될 아이를 밴 해이거다.
25 해이거는 어래이비아의 사이나이
산이므로, 지금 저루살럼에 해당
되고, 그녀 자손과 더불어 노예다.
26 하지만 하늘의 저루살럼은 자유
다. 자유로운 고곳은 우리 모두의
어머니다.
27 기록에 의하면, "불임의 너희는 기
뻐해라! 출산의 고통이 없는 너희
는 크게 소리쳐라! 왜냐하면 불모
지가, 남편있는 자보다 자녀가 더
많기 때문"이라고 했다.
28 그러니 형제들아, 너희는 아이직
처럼 약속의 자녀다.
29 육신으로 태어난 자가, 영혼으로
태어난 자를 박해하는데, 심지어
지금도 그렇다.
30 하지만 바이블은 무엇이라 말하
나? "여종과 그 아들을 내쫓아라.
왜냐하면 종의 자식은 자유인 아
들과 함께 상속자가 될 수 없기 때
문"이라고 했다.
31 그렇다, 형제들아, 우리는 여종의
자식이 아닌, 자유인 자녀가 되었
다.

이웃을 자신처럼 사랑하는 것이 법이다

5 그러니 어서, 자유속에 서자. 그
것은 구원자Christ가 우리에게 만
들어준 자유이므로, 다시는 노예
의 멍에를 지지 않는다.
2 보라, 나 폴이 너희에게 말하는데,
할례받은자라고 크라이스트가 더
잘해주는 것은 없다.
3 또 할례받은 모두에 대해 증언하
는데, 그들은 온갖 법을 지킬 의무
를 진 빚쟁이다.
4 구원자가 무력해질 때는, 너희가
법의 정당성을 인정받아, 그의 배
려에서 빠져나가는 경우다.
5 우리가 신성한 영혼성령을 받으면,
그 믿음으로 정의에 대한 희망을
가질 수 있다.
6 지저스 크라이스트 안에서는 할례
와 비할례를 구분하지 않는 대신,
믿음만은 사랑을 통해 효력을 발
휘한다.
7 인생길을 잘 달리려고 하는데, 누
가 너희를 막아, 진리를 따르지 못
하게 한단 말인가?
8 진리를 막는 설득은 너희를 부른
그가 하는 일이 아니다.
9 작은 효모가 반죽 전체를 부풀린
다.
10 나의 확신은, **주님** 안에 있는 너희
마음이 변하지 않았다는 것이지
만, 너희에게 혼란을 주는 자는 누
구라도 그의 벌을 받게 된다.
11 형제들아, 내가 여전히 할례를 주
장하고 있다면, 왜 내가 계속 박해
를 받겠나? 그럼 십자가에 매달릴
위반도 없는 것이다.
12 나는 너희를 괴롭히는 저들이 힘
을 못쓰도록 거세되기 바란다.

13 형제들아, 너희는 자유속으로 불
려 들어갔으므로, 그 자유를 신체
가 사용하는데 만족하지 말고, 서
로 사랑하는데 이용해라.
14 모든 법을 한마디로 말하면 이렇
다. "이웃을 자신처럼 사랑해라."
15 하지만 너희가 서로를 물어뜯고
삼키면, 자신도 잡아먹히지 않게
조심해야 할 거다.
16 그래서 내가 말하는데, 신성한 영
혼 안에서 행동하면, 신체적 욕망
이 즐겁지 않다.
17 신체는 신성한 영혼에 대들기를
갈망하고, 신성한 영혼은 신체를
막는다. 이들은 서로 반대이므로,
너희가 하고 싶은 대로 할 수 없다.
18 만약 너희가 신성한 영혼에 이끌
리면, 법에서 벗어난다.
19 한편 신체가 하는 일을 나열하면,
매춘, 비성행위, 불결, 선정행위,
20 우상숭배, 마법, 증오, 의견충돌, 경
쟁, 분노, 싸움, 선동, 이단,
21 시기, 살인, 음주, 흥청거림 같은 것
이다. 내가 전에도 말한 적이 있는
데, 그런 일을 하는 자는 **하나님**왕
국을 유산받지 못한다.
22 신성한 영혼의 열매는 사랑과, 기
쁨과, 평화와, 참을성과, 친절함과,
선행과, 믿음과,
23 온화함과, 자제인데, 이것을 막을
법은 없다.
24 구원자Christ편에 선 사람은, 애정과
정욕의 신체를 십자가에 못박았
다.
25 만약 우리가 신성한 영혼 안에서
살기로 결심하면, 행동 역시 신성
한 영혼을 따르자.
26 헛된 명예를 바라지 말고, 서로 자
극하지 말고, 서로 시기하지 말자.

새로 태어나자

6 형제들아, 어떤 사람이 잘못하
면, 영혼의 너는 온화한 마음으
로 그를 달래며 격려한 다음, 같은
실수를 하지 않도록 자신도 반성
해야 한다.
2 너희는 서로의 짐을 같이 져서, 크
라이스트Messiah구원자의 법을 실천
해라.
3 어떤 사람이 그렇지 않은데, 자신
을 중요한듯 생각하면, 그는 스스
로 속이는 자기기만 자다.
4 하지만 각자 제일을 스스로 증명
하면, 자기가 만족하지, 남이 기쁜
것이 아니다.
5 사람마다 제짐을 스스로 질 수 있
어야 한다.
6 가르침을 받은 자는 선행을 지도
해준 사람과 마음을 나누자.
7 속지 마라. **하나님**은 흉내내며 놀
릴 수 있는 존재가 아니다. 사람은
심은 것을 거둔다.
8 신체에 심은 자는 부패한 신체를
거두고, 영혼에 심은 자는 영원한
생명으로 이어지는 영혼을 얻는
다.

9 좋은 일에 나약하지 말고, 제때에
수확하면 실망하지 않는다.
10 그리고 우리는 모두에게 기회가
있을 때마다 좋은 일을 하고, 특히
믿는 집안에게 선행하자.
11 너희는, 이 편지를 얼마나 길게 직
접 내 손으로 썼는지 알거다.
12 대부분 신체를 좋게 보이고 싶어
하는 자는, 너희에게 할례를 강요
하지만, 그것은 크라이스트를 십
자가에 처형한 괴로움에서 벗어나
려는 것뿐이다.
13 할례받은 그들 자신은 법을 지키
지 않으면서, 너희의 할례를 바라
는 것은, 너희 신체에서 명예를 얻
으려 하기 때문이다.
14 그러나 **하나님**은 내가 그런 명예로
뽐내는 것을 금지한다. 단지 우리
주인님 지저스 크라이스트의 십자
가만 예외다. 십자가에 세상이 나
를 못박았고, 나는 세상을 박았다.
15 지저스 구원자Christ 안에서는, 할례
나 비할례보다, 오직 새로 태어나
는 것이 의미가 있다.
16 이 규정을 따르는 대다수에게 평
화가 있고, **하나님**의 이즈리얼에게
관대한 사랑이 있기를 바란다.
17 이제부터 나를 괴롭히는 사람은
없다. 왜냐하면 나는 주인님 지저
스의 흔적을 내 신체안에 품었기
때문이다.
18 형제들아, 우리 주인님 지저스 크
라이스트의 큰배려가 너희 영혼과
함께 있기를 바란다. 애이멘 [한마
음이다.]

[롬Rome에서 걸래이션 교회에 보낸 편지]

이퓌전에게 폴의 편지

자신을 기쁘게 하는 파견계획

1 폴Paul은, **하나님**의 뜻에 따라 지
저스 크라이스트의 제자로, 에
퓌서스소아시아 지역사람에게, 또 크
라이스트를 믿는 사람에게 안부를
전하며,
2 너희에게 **하나님**과, 주인님 지저스
의 평화와 큰배려가 있기를 바란
다.
3 **하나님**이자, 지저스 크라이스트의
아버지의 축복을 받은 지저스는,
그가 있는 하늘로부터 모든 영혼
의 복으로 우리를 축복해주었다.
4 **하나님**은 세상의 기초를 세우기 전
에 우리를 선택한 다음, 그의 사랑
으로 우리가 신성하고 결함이 없
게 했다.
5 **하나님**은 크라이스트를 통하여 우
리를 입양자녀로 미리 정했는데,
자신을 대단히 기쁘게 하는 그의
의지에 따라,
6 그의 큰배려가 더욱 빛나도록, 자
기 사랑하는 아들 안에서 우리를
받아들였다.
7 우리의 상환조건으로, 그의 피를
우리 죄의 대가로 바치게 한 것은,
그의 넘치는 큰배려 덕택이었다.
8 그리고 그는 우리를 향해 지혜와
분별력을 아낌없이 주어,
9 그의 의지의 신비를 우리가 깨우
치게 했다. 그리고 자신을 대단히
기쁘게 하는 그의 의도에 따라,
10 예정 시기에 크라이스트를 파견하
면, **하나님**은 하늘에 있는 것이나,
땅에 있는 것까지 모든 것을 하나
로 모을 수 있는 것이다.
11 그래서 크라이스트 안에서 우리도
그의 의도에 따라 예정된 유산을
받게 되었다. 그는 모든 일을 자기
계획에 따라 이루어지게 했다.
12 따라서 우리가 먼저 크라이스트에
게 희망을 두면, 그의 후광의 빛을
받을 수 있게 했다.
13 그의 안에 있는 너희 역시, 진리의
말이 구원의 가르침이라고 듣는
것을 믿으면, 너희가 신성한 영혼
의 약속대로 인정받게 되는 것이
다.
14 이것이 우리 상속분의 보증인데,
하나님이 매입한 소유물에 대한 보
상을 갚으면, 그때 그의 후광이 제
대로 빛을 발하게 된다.
15 그래서 나도, 너희가 주인님 지저
스를 믿는다는 소식을 들었으므

로, 성도 모두를 사랑하며,
16 나의 기도에서 멈추지 않고 너희
에 대한 감사를 이야기한다.
17 그러면 **하나님**이자 우리 주인님 지
저스 크라이스트의 빛나는 하늘아
버지가, 너희에게도 지혜의 영혼
을 주어, **하나님**의 지식으로 미래
를 이해할 수 있게 된다.
18 이해하는 시야가 더욱 밝아지면,
너희가 **하나님**이 너희를 부른 기대
가 무엇인지 알 수 있고, 성도에게
주는 그의 유산의 빛이 얼마나 풍
부한지도 깨닫게 되며,
19 또 믿는 우리를 향한 넘치는 그의
절대능력의 위대한 힘이 무엇인지
알게 된다.
20 그 계획은 **하나님**이 구원자Christ를
만들어, 죽음에서 일으켜 세워, 하
늘의 자기 오른쪽 자리에 둘 때 이
루어진다.
21 권한, 힘, 강인함, 지배력은 모든 지
배를 훨씬 능가하고, 명성을 얻은
모든 이름보다 높은 이름은, 세상
뿐아니라 미래까지 이어진다.
22 그때 모든 것을 그의 발아래 두고,
크라이스트를 모든 교회의 머리로
임명한 다음,
23 그의 몸으로 만들어진 교회마다,
모든 것을 대상으로 **하나님**의 완전
함을 채우는 것이다.

구원자가 우리를 하나로 만들었다

2 그리고 **하나님**은 위반과 죄로 죽
는 너희를 살아나게 했다.
2 이전에 너희는 세상의 순리대로,
권력자의 힘을 따르고 살면서, 지
금까지 영혼은 순종을 거부하는
자손 가운데서 작동하고 있었다.
3 그들 사이에서 과거에 우리는 신
체의 갈망을 우선하는 대화에 맞
추어, 마음과 신체의 욕구를 채우
며 살았다. 그것은 분노를 일으키
는 후손의 본성에 따른 것으로 다
른 사람도 마찬가지였다.
4 그런데 관대한 사랑이 풍부한 **하나
님**은, 우리를 사랑하는 마음이 넘
치기 때문에,
5 심지어 죄로 인해 죽는 우리조차,
지저스와 같이 살아나게 했다. [너
희가 구원받는 일은 이 배려 덕분
이다.]
6 그는 우리를 구원자와 함께 일으
켜 세운 다음, 하늘의 지저스 구원
자가 있는 자리에 함께 앉게 만들
었다.
7 그는 미래세대에게도 그의 배려가
얼마나 풍부하게 넘치는지 보이
며, 구원자 지저스를 통하여 우리
를 향한 그의 다정한 호의를 알리
게 된다.
8 너희가 구원받는 배려는 믿음으로
가능하고, 자기 스스로 되는 것이
아닌, **하나님**의 선물이다.
9 이것은 노력으로 되지 않기 때문

에, 어떤 인간도 뽐내며 자랑해서
는 안 된다.
10 우리는 그의 작품인데, 지저스 구
원자Christ의 도움으로 제대로 작동
하도록 만들어졌다. 이것은 우리
가 그렇게 살아가도록 **하나님**이 이
전부터 운명을 규정해놓은 것이
다.
11 따라서 너희는 기억해야 한다. 이
전 이교도인은 신체만으로 살았으
므로, 직접 신체를 할례한 자가 너
희를 비할례자라고 불렀다는 것
을.
12 그때 너희는 구원자가 없어, 이즈
리얼 공동체에서 따돌려지고, **하나
님**의 약속에서 제외된 이민족이었
기 때문에, 세상속에서 **하나님** 존
재밖에서 희망조차 없었다는 것
을.
13 한때 멀리 떨어져 있던 너희는, 크
라이스트Messiah구원자 지저스의 피
덕택으로, 지금 그안에 가까이 있
게 되었다.
14 구원자는 우리의 평화를 위하여
하나가 되도록, 우리 사이를 구분
한 중간벽을 허물었다.
15 자기 신체의 원한을 없애고, 규정
속에 제한하는 명령의 법조차 폐
지했다. 그 목적은 둘인 자신을 하
나로 만들어, 새사람으로 태어난
다음, 평화를 만들고자 했던 것이
다.
16 또 그는 **하나님**과 화해할 수 있도
록, 모두를 한몸으로 만들기 위해,
증오를 십자가에 못박아 죽였다.
17 그런 다음 그가 와서, 멀리 떨어진
너희와 가까이 있는 자에게도 평
화를 전했다.
18 그래서 그를 통하여, 우리 모두 단
일의 신성한 영혼으로 하늘아버지
에게 다가갈 수 있는 것이다.
19 앞으로 너희는 더 이상 낯선자도
외국인도 아니고, 성도라는 동료
권한으로 **하나님** 집안 일원이 되었
다.
20 그리고 제자와 예언자라는 기반
위에, 지저스 크라이스트 자신이
중심 초석으로 서있다.
21 전체건물인 그안에 모두 잘 짜맞
추어, **주님**의 신성한 성전으로 오
른다.
22 그리고 너희 역시 그 안에서 함께
신성한 영혼을 통해 **하나님**이 사는
그곳의 구성원이 되는 거다.

크라이스트는 교회안의 빛이 되었다

3 그래서 나 폴은 너희 이교도에
게, 지저스 크라이스트를 위한
죄인이 되어 말한다.
2 확실히 너희는 나로부터 **하나님**이
배려하는 분배이야기를 들었을 것
이다.
3 다시 말해, **하나님**이 나에게 그의
신비를 게시로 알려주었는데, [이
전에 내가 몇개 단어로 쓴 것처럼,
4 그것을 읽으면, 내가 아는 구원자

의 신비를 너희도 이해하게 된다.]
5 구원자의 신비는 다른 시대에 사
람의 아들에 대해 알려지지 않았
고, 이제 그의 신성한 제자와 성령
을 받은 예언자들에게 모습을 드
러냈던 것이다.
6 그 신비는 이교도가 동료상속인으
로서, 한몸이 되고, 가르침에 따르
면, 크라이스트를 통하여, **하나님**
약속의 공동참여 회원이 되는 것
이다.
7 내가 대행인이 된 것은, **하나님**이
배려해서 내게 준 선물 덕택으로,
그의 능력덕에 효과적으로 일할
수 있는 것이다.
8 모두 가운데 가장 낮은 성도에도
못미치는 나에게, 이런 배려를 주
었으므로, 구원자를 전혀 모르는
이교도에게 알리는 것이 마땅하
다.
9 그래서 동료회원 모두에게 신비를
알리려고 한다. 그것은 세상이 처
음 시작할 때부터 **하나님**이 숨겨둔
다음, 구원자에 의해 드러나도록
만들었다.
10 이제 그와 같은 **하나님**의 복합적
지혜는, 교회를 통하여 하늘아래
있는 지배자와 권력자에게 알려지
게 되었다.
11 우리 주인님 지저스 구원자Christ 안
에서 이루려고 의도한 영원의 목
적에 따라,
12 우리가 지저스 크라이스트를 믿으
면, 두려움 없는 자신감을 갖게 된
다.
13 그러니 너희를 위한 나의 고생을
봐서라도, 너희가 실망하지 않기
를 바란다. 그러면 그것이 너희를
밝히는 빛이 되어 줄 것이다.
14 이런 이유로 나는 우리 주인님 지
저스 크라이스트의 하늘아버지에
게 무릎을 꿇고 머리를 숙여,
15 하늘과 땅의 이름이 명명된 전가
족을 대신하여 기도한다.
16 그가 빛으로 충분히 너희를 비출
수 있도록 보증하면, 그의 영혼의
절대힘이 인간내면으로 들어가게
만들 것이다.
17 그러면 크라이스트가 믿음을 통해
너희 마음 안에 살 수 있다. 그래서
나는 너희 믿음이 뿌리를 내려, 사
랑으로 자리잡을 수 있도록 기도
한다.
18 구원자Christ는 넓고, 길고, 깊고, 높
은 사랑으로 모든 성도를 이해할
수 있고,
19 또 그의 사랑은 지식을 능가한다
는 것을 알기 때문에, 너희는 **하나**
님의 완전으로 채워진다.
20 그에게는 모든 것을 훨씬 뛰어넘
는 능력이 부여되었다. 우리가 일
할 때 요구되거나 생각하는 수준
이상이다.
21 크라이스트는, 세상 끝까지 모든
시대를 통하여, 교회안에서 빛이
되었다. 애이멘 [한마음이다.]

각각의 호명은 한몸이 되기 위한 것이다

4 내가 **주님**을 위한 죄인이 되어
바라는 것은, 너희가 호명되어
특별히 받게 된 인생을 가치있게
살아가라는 것이다.
2 자세를 낮추며 온화하게 오래 참
고, 사랑으로 서로에게 관대해라.
3 평화를 이루기 위하여 신성한 영
혼성령으로 하나가 되도록 노력해
라.
4 하나의 신체에 하나의 신성한 영
혼이 있다. 심지어 너희조차 하나
가 되는 희망으로 불렀고,
5 하나의 **주님**, 하나의 믿음 하나의
세례가 있고,
6 유일 **하나님**이자 모든 것의 하늘아
버지는, 모든 것 위에 있고, 모든 것
을 통하여, 너희 모두의 마음 안에
있다.
7 하지만 우리 각자에게 주어진 배
려는 구원자Christ의 선물기준에 따
른 것이다.
8 그래서 그는 말한다. "그는 높이 올
라가, 포로를 잡아 사람에게 선물
로 주었다"고 했다.
9 [여기서, 그가 올랐다는 의미는, 우
선 그가 땅의 낮은 곳에 내려왔다
는 의미가 아닌가?
10 내려온 그가 다시 저 높은 하늘로
올라가서, 모든 일을 이를 수 있었
을 것이다.]
11 그는, 일부는 제자, 일부는 예언자,
일부는 전언자evangelist, 일부는 목
사와 선생의 신분을 주었다.
12 사람을 성도가 되도록 준비하기
위해, 예배에 봉사하게 하여, 구원
자의 원대한 신체가 구축되게 했
다.
13 이는 우리가 믿음으로 하나가 되
고, **하나님** 아들에 관한 지식으로
하나가 되며, 성숙한 사람이 될 때
까지 노력하여, 구원자의 완전한
모습을 갖추어 가는 것이다.
14 그러면 앞으로 우리는 더 이상 미
숙하지 않고, 이리저리 흔들리지
않고, 능숙한 말솜씨나 교활한 조
작으로 늘 속이려고 기다리는 자
에게 바람부는 대로 끌려다지 않
게 된다.
15 대신 사랑으로 진리를 말하면, 모
든 면에서 머리인 크라이스트처럼
개선되고 성장하게 된다.
16 그의 전신은 적절하게 서로 결합
하여, 관절마다 공급이 긴밀하게
채워져, 각부분의 역할대로 효과
적인 협력이 따르면, 신체성장에
따라 사랑으로 개선될 수 있을 것
이다.
17 내가 이렇게 **주님**을 증언하는 이유
는, 너희가 앞으로 다른 이교도처
럼 행동하거나, 헛된 마음이 되지
않게 하는 것이다.
18 그들은 이해가 둔하고, 무지로 인
해 **하나님**의 생명으로부터 점점
멀어지게 되는데 이는 그들의 마
음이 닫혀 앞을 보지 못하기 때문

이다.
19 무감각한 그들은 스스로 유혹에
관심을 쏟아, 탐욕으로 부정만 몰
두한다.
20 그러나 너희는 그렇게 크라이스트
를 배우지 않았다.
21 너희가 그의 말을 듣고, 그에게 배
웠다면, 지저스의 진리에 따라,
22 나이든 사람한테서 듣는 구전이야
기를 버리게 된다. 그것은 욕망에
따라 속이는 부정한 것뿐이다.
23 그러니 너희 마음속 영혼을 새롭
게 해라.
24 그리고 새사람으로 옷을 입어라.
이는 **하나님**이 만든 정의와 신성한
진리를 따르는 것이다.
25 또 거짓을 멀리하고, 이웃과 진실
로 대화해라. 왜냐하면 우리는 한
몸안에 있는 각부분이기 때문이
다.
26 화를 내는 것은 죄가 아니다. 하지
만 너희 분노는 해지기 전에 풀어
라.
27 악마에게 빈틈을 주면 안 된다.
28 훔치는 자는 더 이상 훔치지 않게
하고, 대신 일을 시켜라. 제손으로
일하는 것이 좋은 일이다. 그러면
그가 가난한 자에게 나눠줄 수 있
을 것이다.
29 제입에서 나오는 대화로 오염되지
않게 하고, 좋은 이야기는 개선하
는데 쓰일 수 있다. 그러면 듣는 사
람에게 우아한 모습이 될 것이다.
30 **하나님**의 신성한 영혼을 슬퍼하지
않게 해야, 너희가 보상을 갚게 되
는 날, 죄의 정당성을 인정받을 수
있다.
31 모든 괴로움, 분노, 화, 아우성, 악
담을 네 입에서 악의와 함께 버려
라.
32 너희가 서로에게 친절하고, 다정
하게 대하고, 남을 용서하면, **하나
님**이 크라이스트를 보내어, 너희를
용서한 것처럼 된다.

하나님을 따르는 방법

5 사랑하는 자녀들아, 너희는 **하나
님**을 따르는 자가 되어라.
2 구원자Christ가 우리를 사랑하듯, 사
랑을 실천해라. 그는 우리를 위해
자신을 바쳐, **하나님**에게 좋은 향
기를 풍기는 희생제물이 되었다.
3 하지만 외도, 불결, 탐욕행위는, 성
도로서 단 한 번도 지적되지 말아
야 한다.
4 추악한 행위도 안 되고, 어리석은
말도 안 되며, 불편하게 놀리는 대
신, 오히려 감사의 말을 해주자.
5 너희가 아다시피, 호색가나, 불결
한 자나, 탐욕자나, 우상숭배자는,
크라이스트와 **하나님**의 왕국을 상
속받지 못한다.
6 누구도 너를 헛된말로 속이지 않
게 해라. 이런 일 때문에 순종하지
않는 자녀에게 **하나님**의 분노가 닥
친다.

7 그러니 그들과 어울리지 말아야
한다.
8 너희는 한때 암흑속에 있었지만,
지금은 **주님**의 빛을 받고 있으므
로, 빛의 자녀답게 행동해야 한다.
9 [신성한 영혼의 열매는 선과 정의
와 진리이므로,]
10 **주님**이 받아들일 수 있는 행동으로
증명해라.
11 바람직하지 못하고 열매도 없는
일을 하는 동료와 협력하는 대신,
오히려 꾸짖어라.
12 그들이 하는 일을 모른 체하며 침
묵하는 자체가 부끄러운 일이다.
13 그러나 반성하는 모든 일은 밝혀
지도록 드러내라. 드러난 것은 무
엇이나 빛이 된다.
14 그래서 **주님**이 말한다. "잠자는 자
가 깨어나, 죽음에서 일어나면, 구
원자가 빛을 줄 것"이라고 했다.
15 너희가 신중하게 행동해야 바보가
아닌 현자가 된다는 것을 알아라.
16 악의 시기에 대한 보상은 시간이
한다.
17 따라서 어리석지 않도록, **주님**의
뜻이 무엇인지 이해해야 한다.
18 술에 과도하게 취하지 말고, 대신
신성한 영혼을 채워라.
19 스스로 시가와 찬가와 영혼속 이
야기를 말하고, **주님**에게 마음의
선율을 만들어 노래해라.
20 우리 주인님 지저스 크라이스트의
이름으로, **하나님**이자 하늘아버지
에게 모든 것에 대해 언제나 감사
하자.
21 너희는 **하나님**을 경외하며 스스로
복종해야 한다.
22 아내는 **주님**을 따르듯 남편에게 순
종해라.
23 남편이 아내의 머리가 되는 이유
는, 구원자가 교회의 머리로, 우리
몸을 구원하는 것과 같다.
24 따라서 교회가 구원자에게 복종하
는 것처럼, 아내도 모든 것을 남편
에게 그렇게 해라.
25 남편이 아내를 사랑하는 것은, 크
라이스트가 교회를 사랑하고 자신
을 바치듯, 아내를 위해 그렇게 해
라.
26 그는 아내가 정화되도록, 말의 물
로 씻어주며 그녀를 깨끗하게 만
들어주고,
27 또 아내를 자기에게 바치려면, 빛
나는 교회처럼, 그녀의 흠이나 주
름이나 다른 상처가 없도록, 나무
랄데 없이 신성하게 만들어주어야
한다.
28 그렇게 남자는 아내를 제몸처럼
사랑해야 한다. 아내를 사랑하는
자가 자신을 사랑하는 사람이다.
29 아무도 자기신체를 미워하는 사람
은 없지만, 그래도 주인님이 교회
를 대하듯, 제몸에 영양을 주고 보
살펴야 한다.
30 왜냐하면 우리 각자가 그의 살과
뼈를 형성하는 부분이기 때문이

다.
31 남자는 부모를 떠나 아내와 결합
하여 둘이 한몸을 이루어야 한다.
32 이것이 위대한 신비인데, 나는 크
라이스트와 교회에 관하여 말하고
자 한다.
33 먼저 아내를 특별히 제몸처럼 사
랑하면, 아내도 남편을 존중할 줄
알게 된다.

가스펄로 무장해라

6 자녀들아, **주님** 안에서 부모에게
복종하는 것이 바른 일이다.
2 아버지와 어머니를 존중해라. [이
것은 약속과 함께 첫번째 명령이
다.]
3 그러면 너희 일이 잘 되고, 그곳 땅
에서 오래 살 수 있을 것이다.
4 아버지들아, 자녀가 화나도록 자
극하지 말고, **주님**의 훈계대로 잘
양육하여 키워야 한다.
5 종은, 주인이 시키는 대로 복종해
야 하는데, 마치 너희가 크라이스
트를 두려워하며 떨듯, 전념해야
한다.
6 사람을 기쁘게 할 때는 눈 서비스
를 삼가고, 구원자Christ의 종처럼
마음으로부터 **하나님**의 뜻에 따라
행동해야 한다.
7 선의로 봉사하고, 사람이 아닌, **주
님**에게 대하듯 해야 한다.
8 사람에게 좋은 일을 하면, 그가 종
이든 자유인이든 **주님**한테서 보상
받는다는 것을 알아야 한다.
9 주인, 너희도 그들에게 똑같이 대
하며, 위협을 자제해야 한다. 하늘
에 있는 너희 주인 역시 사람을 존
중하지 않는 것을 알아보기 때문
이다.
10 마지막으로 나의 형제들아, **주님**의
절대힘에 의지하여 강해져야 한
다.
11 **하나님**의 완전무장 갑옷을 입으면,
너희가 악마의 책략에 대항할 수
있을 것이다.
12 우리는 몸과 피에 맞서 싸름하는
게 아니고, 지배자와 권력에 맞서
고, 암흑세계의 힘에 대항하며, 높
은 곳에 자리잡은 악의 영혼을 상
대하는 것이다.
13 따라서 너희가 **하나님**의 완전무장
갑옷을 걸치면, 악이 설치는 날에
맞서서 물리칠 수 있을 것이다.
14 그러므로 너희는 진리의 허리띠를
두르고, 정의의 가슴 흉판을 달고
맞서라.
15 또 너희 발에 평화의 가르침을 신
고 대비해라.
16 무엇보다 믿음의 방패를 들면, 그
것으로 악이 쏘는 불화살을 꺼버
릴 수 있을 것이다.
17 구원의 투구를 써라. 그리고 너희
가 손에 들, 신성한 영혼의 칼은 **하
나님**의 말이다.
18 언제나 신성한 영혼으로 희망과
청원을 기도하고, 끈기를 가지고

지켜보며, 성도의 간청을 살펴라.
19 나는, 말할 기회가 주어지면, 과감
하게 내 입을 열어, 가스펄gospel의
신비를 알릴 것이다.
20 나는 지금 가택연금된 **주님**의 대사
지만, 당연히 해야할 말은 대담하
게 이야기할 수 있다.
21 하지만 내가 하는 일과 어떻게 일
을 하는지에 관하여, 나의 사랑하
는 형제이자 **주님**의 헌신적 봉사자
티키커스Tychicus가, 너희에게 알려
줄 수 있을 것이다.
22 내가 이 목적으로 그를 너희에게
보내므로, 우리 일을 알게 되면, 너
희 마음도 편안해질 것이다.
23 형제에게 평화가 있기를 바라고,
하나님 하늘아버지와 주인님 지저
스 크라이스트으로부터 내려오는
믿음과 사랑이 있기를 바란다.
24 진심으로 우리 주인님 지저스 크
라이스트의 사랑이 모두와 함께
있도록 큰배려를 기원한다. 애이
멘 [한마음이다.]

[롬Rome에서 티키커스가 이퓌전 사람
에게 전한 폴의 편지]

필립피언에게 폴의 편지

크라이스트 전파는 계속된다

1 나 폴Paul과 티머씨Timothy는, 지
저스 크라이스트구원자의 종으로,
퓔러파이에 있는 구원자 지저스를
믿는 모든 성도와 감독과 보조자
에게 편지를 쓴다.
2 하나님 하늘아버지와 주인님 지저
스 크라이스트로부터 오는 배려와
평화가 여러분에게 깃들기를 바란
다.
3 나는 너희를 기억하게 하는 **하나님**
에게 감사하고,
4 언제나 너희를 위한 나의 기도가
기쁘게 이루어지기를 바란다.
5 너희는 첫날부터 지금까지 가스펄
gospel 안에서 동료가 되었다.
6 그래서 자신감을 갖고 선행을 시
작한 사람은, 지저스 크라이스트
가 다시 오는 날, 그 일을 다 끝낼
수 있을 것이다.
7 내가 당연히, 여러분 모두에 대해
이런 식으로 생각하는 것이 이유
는, 너희를 내 가슴속에 품고 있기
때문인데, 내가 연금상태든 재판
때든, 또 가르침을 입증할 때든, 너
희는 내가 받은 배려의 공동참여
자이기 때문이다.
8 **하나님**이 나의 증인인데, 내가, 지
저스 구원자 같은 연민으로, 너희
를 얼마나 보고 싶어 했는지 모른
다.
9 이런 기도는, 너희에게 지식과 판
단력이 늘어날수록 너희 사랑도
더욱 풍부해지기를 바라기 때문이
다.
10 그것으로 너희는 대단함을 인정받
을 수 있고, 크라이스트가 오는 날
까지 성실하게 아무 탈없이 지낼
수 있다.
11 그러면 지저스 크라이스트가 만든
정의의 열매가 가득차서, **하나님**의
빛이 찬란하게 빛을 발하게 된다.
12 그런데 너희가 알아주길 바라는
바는, 나의 상황은 갇혀있어도, 메
시지의 전파는 더욱 진전되고 있
다는 것이다.
13 그래서 크라이스트로 인한 감금은
궁전 안에서도, 밖에서도 드러나
고 있다.
14 **주님** 안에 있는 수많은 형제가, 나
의 감금으로 자신감을 북돋아, 더
욱 대담하게 두려움도 없이 **주님**의
말을 전하고 있다.
15 실제로, 일부는 시기와 싸움거리

로 크라이스트를 전하는가 하면,
다른 일부는 선의도 있고,
16 어떤이는 크라이스트를 알리는데,
진실없는 말싸움을 하는 것으로
보아, 앞으로 나의 가택연금에 괴
로움이 더 추가될 것 같다.
17 하지만 사랑하는 입장의 또 다른
사람은, 내가 가스펄을 보호하기
위해 나선 사람이라는 것을 알 것
이다.
18 그 다음엔? 그럼에도 불구하고, 가
식이든 진실이든 사방으로 크라이
스트는 전파된다. 그래서 나는 기
쁘다. 그렇다, 늘 즐겁다.
19 나는, 너희 기도를 통하여, 지저스
크라이스트의 영혼이 공급되어,
나의 구원으로 바뀔 것으로 안다.
20 나의 간절한 기대와 희망을 따랐
으므로, 내가 부끄러운 것은 전혀
없고, 오히려 언제나 대담하게 행
동했다. 그래서 지금 크라이스트구
원자가 내몸 전신으로 퍼졌으므로,
살든 죽든 내게 마찬가지다.
21 나한테 크라이스트는 생명이 되
고, 죽음은 이익이다.
22 나의 신체가 살게 되면, 이는 내 수
고의 결실이 되겠지만, 그래도 어
느쪽을 선택해야 좋은지 모르겠
다.
23 둘 사이에 끼어 있는 나로서는, 이
곳을 떠나 크라이스트와 함께 있
으면 더 좋을 것 같다.
24 그렇기는 해도 신체가 살아 있는
쪽이 너희를 위해 더 필요하겠지.
25 이런 확신에서, 내가 앞으로 너희
와 계속 살면, 너희 믿음의 기쁨이
더 커진다는 것을 내가 안다.
26 게다가 내가 너희에게 다시 가게
되면, 너희 즐거움은 지저스 크라
이스트 안에서 더욱 넘칠 것이다.
27 오직 크라이스트의 전언이 너희
대화가 되면, 내가 너희를 만날 때
나, 또는 못 만나도 너희 소식을 듣
게 되면, 너희가 한영혼의 한마음
속에 굳건히 서서 가르침을 믿기
위해 노력할 수 있을 것이다.
28 또 너희 적을 두려워할 필요가 없
다. 그들은 파멸에 이르는 증거가
분명하지만, 너희는 **하나님**의 구원
이 분명하기 때문이다.
29 이는 크라이스트를 대신하여, 너
희에게 주는 구원으로, 그를 믿는
마음뿐 아니라, 그로 인해 겪는 고
통에 대한 것이다.
30 전에 나한테서 보았고, 지금 내가
겪고 있는 똑같은 갈등을, 너희도
갖고 있기 때문이다.

남을 더 존중해야 한다

2 그러므로 너희가 크라이스트와
일체가 되어, 위로받고, 사랑으
로 편안한 마음이 되고, 영혼을 교
류하며, 애정과 관대한 배려를 받
게 되면,
2 그 마음과 사랑으로 나의 기쁨을
채워주고, 한마음 한뜻이 되기를

바란다.
3 싸우거나 자만하지 말고, 대신 겸
손한 마음으로, 자기보다 남을 더
존중해야 한다.
4 자기 이익만 보려하지 말고, 다른
사람도 살펴야 한다.
5 이것을 너희 마음에 두면, 그것이
바로 지저스 크라이스트의 마음이
다.
6 **하나님**의 모습인 그는, 제마음대로
하나님과 동일하다고 생각하지 않
고,
7 스스로 명예를 버리고, 종의 형태
를 골라, 사람 모습으로 태어났다.
8 그는 사람과 같은 외모로 자신을
낮추며, 죽음에 굴복하여, 십자가
에서 죽었다.
9 그러자 **하나님**은 그를 최고 높이로
끌어올려, 모든 명성 이상으로 높
은 명예를 주었다.
10 지저스 이름 앞에 모든 무릎을 꿇
게 했고, 하늘에 있든, 땅에 있든,
땅밑에 있든 모든 것이 머리를 숙
이게 되었다.
11 그리고 모든 언어는 지저스 크라
이스트가 주인님이며, 하늘아버지
하나님의 빛이라고 고백했다.
12 따라서 나의 사랑하는 너희는, 언
제나 순종해온 그대로, 내가 있을
때만이 아니고, 나의 부재중에도
두려움과 떨림으로 자신의 구원을
위해 더욱 노력해야 한다.
13 왜냐하면 **하나님**은 자기 의지를 실
천하여 너희를 위하는 일이 그의
기쁨이기 때문이다.
14 모든 일에 불평불만을 하지 마라.
15 그래야 너희가 나무랄데 없이 순
수해지고, **하나님**의 자녀로, 삐뚤
어지고 심술궂은 민족 속에서 비
난받지 않고, 세상의 빛처럼 빛날
것이다.
16 생명의 말을 가슴에 지니면, 나도
크라이스트가 오는 날이 기쁠 것
이고, 나의 노력과 수고가 헛되지
않을 것이다.
17 그렇다, 내가 너희의 믿음을 위한
희생제물로 바쳐진다 해도, 너희
모두와 더불어 기뻐할 것이다.
18 그래서 너희도 나와 함께 즐거울
것이다.
19 대신 내가 주인님 지저스 안에서
믿고 있는 티머씨를 곧 너희에게
파견하면, 나도 너희 상황을 알게
되어, 마음이 편안할 것이다.
20 마음에서 우러나서 너희 상황을
살펴줄 사람이 그 이외 없기 때문
이다.
21 모두가 지저스 크라이스트의 일이
아닌, 자신의 일만 돌보고 있다.
22 하지만 너희도 알겠지만, 티머씨
는, 아버지와 아들처럼, 나와 함께
가르침을 전하며 자신을 증명했
다.
23 그래서 나는 그를 지금 곧 보내어,
내가 진행한 일이 어떻게 되어가
는지 알고 싶다.

24 그러나 나 자신도 곧 그곳에 갈 수
있기를 **주님**에게 의지하며 믿고 있
다.
25 하지만 이파프로다이터스를 너희
에게 보낼 필요가 있다고 생각하
는데, 그는 나의 형제이자, 수고의
동반자이며, 전우이지만, 또 너희
전령으로서, 나의 부족을 대신 돌
보았다.
26 그는 너희를 몹시 그리워했지만,
너희가 자신이 아팠다는 것을 알
았으므로 걱정하고 있다.
27 실제 그는 거의 죽을 정도로 아팠
다. 하지만 **하나님**은 그뿐만아니라
나까지 호의를 베풀어, 내가 슬픈
중에 더 슬퍼하지 않게 해주었다.
28 그래서 내가 조심스레 그를 보내
니, 너희가 그를 다시 보고 반기면,
내가 슬픔을 덜 수 있을 것이다.
29 그러니 **주님** 안에서 명성에 맞게,
그를 기쁘게 맞이하기 바란다.
30 그는, 크라이스트에 대해 헌신하
다 거의 죽을뻔했고, 자기 목숨도
개의치 않으면서, 너희에게 내가
해야 할 임무의 부족분을 메워준
사람이기 때문이다.

법은 정의가 아니다

3 마지막으로 내 형제들아, **주님**
안에서 기뻐하자! 너희에게 다
시 편지를 써도, 그것은 내게 힘든
일이 아니고, 너희를 실제로 보호
할 수 있다.
2 개처럼 짖는 자를 조심하고, 나쁜
일을 하는 자를 조심하고, 할례만
주장하는 자를 조심해야 한다.
3 우리는 **하나님**을 경배하는 영혼의
할례자이므로, 크라이스트 안에서
즐거워하며 신체를 신뢰하지 마
라.
4 한때 나도 신체를 자신했다. 신체
를 믿는다고 생각하는 사람이 있
다면, 나는 더 심했다.
5 출생 8일째에 할례받은 나는, 이
즈리얼의 벤저민부족으로, 히브리
중 히브리인이면서, [엄격한 법규
정파] 풰러시Pharisee 법을 익혔다.
6 그 열정으로 교회를 박해했고, 법
이 곧 정의라는 생각이 부끄럽지
않았다.
7 대신 나에게 이로운 것은, 크라이
스트 추종자에 대한 타도라고 생
각했다.
8 게다가 의심없이, 나의 주인님 구
원자Christ 지저스의 탁월한 지식조
차 지워야 한다고 믿은 까닭은, 그
로 인해 나의 모든 것을 잃기 때문
에, 크라이스트를 이길 수 있도록,
저들을 쓰레기로 만들어야 했다.
9 그런데 그한테서 발견한 것은, 법
이 곧 정의라는 나의 관념이 아닌,
하나님한테서 나온, 크라이스트를
믿으면서 이루어지는 것이 진짜
정의였다.
10 그래서 나는 그와 부활의 힘을 알
려고 했고, 죽음까지 맞추어 그의

고통에 동참해보려고 했다.
11 어떤 의미에서, 나는 죽음에서 부
활을 달성했는지 모른다.
12 내가 달성했다 해도, 그것은 얻은
것이 아니고, 완전하지도 않아서,
대신 나는 그의 뒤를 따르려고 노
력한다. 어쩌면 나는 크라이스트
에게 체포당하기 위해, 그를 체포
하려 했는지 모른다.
13 형제들아, 나 스스로 붙잡혔다고
생각하지 않는다. 다만, 내가 해야
할 한가지는, 지난 것을 잊고, 앞으
로 올 미래에 닿으려고 노력할 일
이다.
14 내가 나아갈 목표는, 지저스 크라
이스트 안에서 **하나님**이 우리를 크
게 불러주는 호출의 상장을 받는
것이다.
15 따라서 우리는 그와 같은 마음으
로 가능한 인간의 완성도를 채워
나가야 한다. 그렇지 않으면 **하나님**
이 너에게 드러내보일 것이다.
16 하지만 우리가 이미 목표에 닿았
다 해도, 같은 식으로 같은 마음으
로 노력하자.
17 형제들아, 함께 나를 따라라. 우리
를 본보기 삼아 인생길의 목표를
표시하자.
18 [내가 너희에게 자주 말했지만, 이
제 다시 눈물로 호소하는 까닭은,
여전히 많은 사람이 지저스 십자
가의 적이기 때문이다.
19 그들의 최후는 파멸이고, 그들의
신은 배에 있으며, 그들의 빛은 마
음을 땅에 둔 수치뿐이다.]
20 대신 우리는 시민권을 하늘에 두
고, 거기서 오는 구원자, 주인님 지
저스 크라이스트를 간절히 기다린
다.
21 그는, 지배하는 모든 것을 변화시
킬 수 있는 능력으로, 우리의 오염
된 신체를 바꾸어, 찬란하게 빛나
는 그의 신체처럼 만들 수 있다.

평화의 하나님이 너희와 함께 한다

4 그러므로 형제들아, 나의 기쁨
이자 왕관의 명예이며, 내가 사
랑하고, 그리워하는 너희는, 내가
사랑하는 **주님** 안에서 굳건히 서
라.
2 나는 유오디어스와 신티키에게, **주**
님 안에서 한마음이 되어주기를 부
탁한다.
3 또 나의 진정한 동료로서 너희에
게 부탁하는데, 여자들을 도와주
길 바란다. 그들은 가스펄을 전하
느라, 나와 함께 수고해주었고, 클
레멘트도 다른 봉사자들과 같이
일해주었다. 그들 이름은 생명의
책에 나온다.
4 언제나 **주님** 안에서 기뻐해라. 다
시 말하지만, 또 기뻐해라!
5 너희 중용과 절제를 모두에게 알
려라. **주님**이 가까이 있다.
6 아무것도 걱정하지 마라. 모든 것
을 기도하고, 감사로 간청하며, 요

구를 **하나님**에게 알려라.
7 모든 이해를 초월하는 **하나님**의 평
화는, 구원자 지저스를 통해 너희
마음과 정신을 지켜줄 것이다.
8 끝으로 형제들아, 무엇이든 진실
한 것, 고귀한 것, 바른 것, 순수한
것, 사랑스러운 것, 훌륭한 것, 이외
도덕과 좋은 품성에 관한 일을 생
각해라.
9 너희가 배우고, 받아들이고, 들으
며, 내게서 본 이들을 실행하면, 평
화의 **하나님**이 너희와 함께 있을
것이다.
10 그런데 내가 **주님** 안에서 몹시 기
뻤던 것은, 마침 너희가 나를 염려
하고 있다는 생각이 다시 떠올랐
기 때문이다. 너희는 전에 기회가
없는데도, 나를 신경써주었다는
것을 알고 있다.
11 내가 바라기 때문에 이런 말을 하
는 게 아니고, 나는 어떤 상황속에
서도 만족하는 법을 배웠기 때문
이다.
12 나는 바닥에 처해도, 풍요속에 있
어도 어떻게 처신할 줄 알고, 가는
곳마다 어떤 일에 대해서도, 배부
르거나 배고파도, 많아도 부족해
도, 여러가지를 배웠다.
13 나를 강인하게 만든 크라이스트를
통해 나는 어떤 일이든 할 수 있다.
14 하지만 너희가 잘한 일은, 나의 어
려움에 마음을 기울여주었다는 것
이다.
15 이제 너희 퓔맆피언 사람도 다음
을 알고 있다. 가르침을 전하기 시
작할 무렵, 내가 매서도니아를 떠
났을 때는, 나와 주고받으며 교류
하는 교회가 없었고, 오직 너희 교
회뿐이었다.
16 내가 데썰로니카에 있었을 때에
도, 너희는 한두 차례 내가 필요한
물품을 보내주었다.
17 이는 내가 선물을 바라기 때문이
아니고, 너희가 많은 결실을 맺기
를 바라는 것이다.
18 이제 내가 모든 것을 충분히 풍부
하게 갖게 된 것은, 너희가 보낸 물
건을 에파프로다이터스로부터 잘
받았기 때문이다. 그것은 향긋한
예물로, **하나님**이 만족하며 받아들
일 제물이다.
19 하지만 나의 **하나님**은 너희가 필요
한 것을 내려줄 때, 지저스 크라이
스트를 통해 찬란한 빛을 넉넉하
게 비춰줄 것이다.
20 이제 **하나님**이자 우리 하늘아버지
에게 영원한 명예가 있을 것이다.
애이멘 [한마음이다.]
21 크라이스트 지저스를 믿는 모든
성도에게 안부를 전하고, 나와 함
께 있는 형제도 너희에게 인사를
전한다.
22 모든 성도가 너희에게 인사하고,
특히 시저 궁전에 있는 사람들 역
시 너희에게 안부를 전한다.
23 우리 주인님 지저스 크라이스트의

배려가 너희와 함께 하기를 바란
다. 애이멘 [한마음이다.]

[이것은 롬Rome에서 폴이 쓴 편지를
에파프로다이터스가 필맆피언에게
전했다.]

콜라션에게 폴의 편지

가스펄은 하나님의 배려

1 **하나님**의 뜻으로 지저스 크라이
스트의 제자가 된 나 폴과, 우리
형제 티머씨Timotheus가,
2 콜라시Colosse에 있는 크라이스트를
믿는 성도와 형제에게 편지로 안
부를 전하며, **하나님**이자 하늘아버
지와 지저스 크라이스트의 평화가
있기를 바란다.
3 우리는 **하나님**과 우리의 주인님 지
저스 크라이스트의 하늘아버지에
게 감사하고, 너희를 위해 기도한
다.
4 우리는 구원자Christ 지저스를 믿는
너희 소식과, 믿는 사람마다 어떻
게 사랑을 나누는지 들었다.
5 너희가 믿음과 사랑으로 하늘에
쌓는 희망은, 이미 메시지gospel의
진실에서 들어 알겠지만,
6 그것은 너희에게 이루어진다. 그
래서 가스펄이 전세계에 퍼져 열
매를 맺을 것이고, 너희도 마찬가
지이다. 너희가 듣게 된 그때부터,
그것이 진실한 **하나님**의 배려라는
것을 모두 알게 되었다.
7 한편 우리가 사랑하는 동료 이파
프러스는 너희를 위하여 봉사한다
는 것을 잘 알겠지만, 그는 충실한
크라이스트의 대리인인데,
8 그가 우리에게 신성한 영혼성령 안
에서 실천하는 너희 사랑을 전했
다.
9 그래서 우리가 소식을 듣고, 너희
를 위하여 중단없이 기도한다. 그
래서 너희가 **하나님**의 뜻과 영혼을
이해하는 지혜까지 모든 지식을
동원하여, 실천해가기를 바란다.
10 그러면 너희가 모두를 기쁘게 하
고, 또 선행의 열매를 맺는 **주님**의
기준으로 살아가면, **하나님**을 아는
지식도 점점 늘게 된다.
11 그러면 그의 빛에서 나오는 절대
힘으로 너희가 강화되어, 즐겁게
참으며 오래 견딜 수 있다.
12 또 하늘아버지에게 감사하는 것
은, 우리를 만나게 하여, 빛아래에
서 성도가 받는 유산의 공동참여
자가 되게 해준 점이다.
13 그는 우리를 암흑의 힘속에서 구
하여, 그의 사랑하는 아들의 왕국
으로 옮겨주었다.
14 우리의 죄는 그의 피로 보상한 뒤,
용서받아, 우리가 상환될 수 있게
되었다.

15 보이지 않는 **하나님**의 모습을 한
그는, 창조물 가운데 첫째로 태어
났다.
16 따라서 그로부터 모두가 만들어졌
고, 하늘도 땅도, 보이는 것이나 안
보이는 것이나, 가시가 있거나, 지
배하거나, 주권이나, 권력까지, 모
든 것이 그에 의해 그를 위해 창조
되었다.
17 그는 모든 것 이전부터 있었고, 그
에 의해 모든 것이 존재한다.
18 교회라는 신체의 머리인 그가 최
초로 죽음에서 태어났으므로, 그
는 모든 것 가운데 으뜸권한을 가
질 수 있었다.
19 하늘아버지는, 자기 안에서 모두
가 완전하게 살 수 있게 하는 것이
기뻤으므로,
20 아들의 십자가의 피를 가지고 평
화를 만들어, 그를 통해 모두를 자
신과 화해하게 했고, 내가 말하자
면, 그를 통해 땅과 하늘의 모든 것
까지 화해했던 것이다.
21 너희는 이전에 멀리 떨어져 있었
고, 너희 잘못으로 인해 마음속에
적으로 있었지만, 이제 그가 화해
해주었다.
22 육체를 죽인 몸안에서, 너희는 신
성하고, 무결점으로 나타나기 때
문에, 그의 시각에서도 나무랄데
가 없다.
23 너희 믿음이 계속되어 기반을 다
져 안정되면, 가스펄gospel이 전하
는 희망을 포기하지 않는다. 그 메
시지는 너희가 들었고, 또 하늘아
래의 창조물마다 전해지게 되었으
므로, 나 폴도 그것을 전달하는 대
리인이 되었다.
24 너희 덕택에 나의 괴로움은 기쁨
이 되었고, 구원자Christ의 고통에
대한 이해부족을 체험해가며 마음
을 채우고 있다. 이는 교회자체인
그의 몸을 위한 일이다.
25 따라서 내가 대리인이 된 것은, **하**
나님이 부여한 임무에 따라, 너희
를 위하여 **하나님**의 말을 실행하는
것이다.
26 **하나님**의 신비는 세대마다 전연령
층에 가려져 있었는데, 이제 **주님**
의 사람에게 밝혀졌다.
27 **하나님**은 이교도 역시 넘치는 신비
의 빛을 알리고자 했다. 빛의 희망
이 바로 너희 마음 안에 있는 크라
이스트구원자다.
28 우리는 그를 알리며, 사람을 일깨
우고, 지혜를 가르친다. 그러면 사
람마다 크라이스트 지저스를 믿게
되어, 완전하게 있을 수 있게 될 것
이다.
29 따라서 나도, 온힘을 다하여 그의
계획에 따라 열심히 노력하며 일
하고 있다.

크라이스트의 신비를 알자

2 그래서 내가 너희에게 알리고
싶은 것은, 너희와 래오디시아

지역에 있는 사람과, 또 내 얼굴을
직접 보지 못한 대부분에게 어떻
게 전할지 내 고민이 크다는 것이
다.
2 그들이 마음의 위로를 받을 수 있
도록, 사랑으로 연대하여, 모두를
확실하게 이해시키면, **하나님**이자
하늘아버지 및 크라이스트에 대한
신비를 깨닫게 될 것이다.
3 크라이스트 안에 지혜와 지식의
보물이 모두 숨어있다.
4 내가 이렇게 말하는 것은, 어떤 사
람도 그럴듯한 말로 너희를 속이
지 못하게 하려는 것이다.
5 나의 신체는 그곳에 없지만, 영혼
속에서 너희와 함께 하며, 질서정
연하고 굳건히 크라이스트를 믿는
너희에 대해 기뻐한다.
6 너희가 주인님 지저스 크라이스트
를 받아들였으므로, 그 안에서 살
아가라.
7 그 안에 믿음의 뿌리를 내리고 자
라면, 너희가 배운대로 믿음이 확
립되어, 감사하는 마음이 풍만해
질 것이다.
8 누구도 철학같은 괴변이나 헛소리
로 너희를 속이지 않도록 조심해
라. 그들은 하던 그대로 관습 또는
세상의 근본을 따를 테지만, 구원
자Christ를 따르지는 않는다.
9 크라이스트 안에서는 인간신체에
하나님의 신성한 머리를 채우며 살
아가는 것이다.
10 너희가 그 안에서 완전해지는 이
유는, 그가 모든 힘과 권한의 머리
이기 때문이다.
11 또 크라이스트 안에서 너희는 인
간손을 대지 않은 채 할례되어, 그
로 인해 육신의 죄를 짊어진 신체
에서 벗어나,
12 그것을 그와 함께 세례로 묻어버
린 다음, 너희는 믿음을 통해 그와
함께 다시 살아난다. 죽음에서 그
를 일으켜 세운 **하나님**이 믿음을
그렇게 작용하도록 만든다.
13 죄를 짊어지고 비할례된 육신을
죽인 너희는, 그와 함께 살아나면
서 모든 죄를 용서받았다.
14 또 우리를 상대로 손으로 쓴 법의
명령을 지워버린다. 우리와 맞지
않는 손으로 쓴 법을 지우고, 그길
에서 끌고 나와, 그것을 그의 십자
가에 박아버렸다.
15 그리고 그는 세상의 힘과 권한을
부수어, 많은 사람 앞에 공개하여,
승리를 보여주었다.
16 그러니 누구도 먹고 마시는 너희
를 재판하지 못하게 하고, 신성한
축일이나, 월초나, 사배쓰휴일을
존중하는 너희를 처벌하지 못하게
해라.
17 특정일은 앞으로 일어날 일의 그
림자이고, 그 실체는 구원자로부
터 나온다.
18 아무도 너희를 거짓 겸손으로 기
쁘게 해주거나, 무자격 천사를 숭

배하도록 속이지 못하게 해라. 저
들은 본적 없는 것으로 신체의 마
음을 헛되이 부풀리며 침입해 들
어온다.
19 그것은 신성한 영혼의 머리에 의
지하지 않고, 관절과 힘줄로 이루
어진 신체에 영양을 공급하고 관
리하여, **하나님**이 키우는 대로 성
장한다.
20 그래서 너희가 크라이스트와 함께
죽으면, 세상의 근본이라는 것에
서 벗어나는데, 왜 세상속에서 규
정의 명령에 굴복해야 하나?
21 [그러면서, 감당이 안 된다! 느낄
수 없다! 손댈 수 없다! 라고 하나?
22 사용한 뒤 폐기되는 것을.] 여전히
인간이 내린 명령과 주장을 따라
야 하나?
23 실제로 숭배강요, 거짓겸손, 신체
학대가 지혜처럼 보이기도 하지
만, 그런 것은 신체의 감각적 만족
을 자제하기에는 무가치하다.

자기에게 새사람을 입히자

3 그리고 너희가 크라이스트와 같
이 다시 살아나면, 마음을 위로
향해라. 그곳에 구원자Christ가 **하나
님** 오른쪽에 앉아 있다.
2 너희 마음을 위에 두고, 땅에 두지
마라.
3 너희가 죽으면, 너희 생명은 **하나
님**이 있는 곳에 크라이스트와 같이
숨어 있다.
4 우리 생명인 구원자가 이 땅에 나타
나면, 너희도 빛 가운데 그와 함께
나타나게 된다.
5 따라서 땅위의 신체본성인 비성행
위, 불결, 과욕, 과도색욕, 욕심을
억제하고, 우상도 죽여야 한다.
6 이런 것 때문에 **하나님**의 분노가
복종하지 않는 자손에게 나타난
다.
7 너희도 때때로 그속에서 같이 살
았다.
8 그러나 이제 너희는 이와 같은 분
노, 격정, 원한, 모욕, 제입의 악담
을 버려라.
9 서로 거짓을 말하지 마라. 너희는
예전 버릇을 버렸다는 것을 깨달
아야 한다.
10 그리고 자기에게 새사람을 입혀야
한다. 그것은 그를 창조한 존재의
모습을 본떴으므로, 지식마저 새
로워진 사람이다.
11 여기에는 그리스인이나 쥬다인Jew
차이도 없고, 할례나 비할례 구분
도 없고, 야만인도 싯디안 사람도
없으며, 종도 자유인도 없이, 크라
이스트가 전체이고, 전체 안에 그
가 있을뿐이다.
12 따라서 너희는 **하나님**에게 선택받
은 자로서 다음과 같은 옷을 입어
라. 신성하고, 사랑을 담아, 우러나
오는 연민으로, 친절하고, 겸손한
마음으로, 다정하고, 오래 견디는
옷,

13 서로 참아주고, 서로 용서해주는 옷을 입자. 상대와 싸우는 자는, 크라이스트가 너희를 용서하듯, 너희도 똑같이 해라.

14 이 모든 것 가운데 사랑을 입어야, 완전하게 묶을 수 있다.

15 **하나님**의 평화가 너희 마음을 지배하게 되면, 신체의 각부분이 불려가 평화의 한몸안에 모여, 감사가 넘치게 될 것이다.

16 크라이스트의 말이 너희에게 풍부한 지혜로 자리잡게 하고, 서로에게 시와 찬가와 영혼의 노래를 가르치고 권하며, 너희 마음에서 우러나는 감사로 **주님**에게 노래해라.

17 너희가 하는 말이나 행동은, 주인님 지저스의 이름으로 하고, **하나님**이자 그의 하늘아버지에게 감사해야 한다.

18 아내들은, 남편에게 자신을 복종시키는 것이, **주님**안에 알맞은 일이다.

19 남편들은, 아내를 사랑하고, 그들을 슬프게 하면 안 된다.

20 아이들은, 모든 일에 부모에게 복종하면, 이것이 **주님**을 기쁘게 하는 일이다.

21 아버지들아, 자녀에게 화를 자극하지 마라. 그들이 의욕을 잃게 하면 안 된다.

22 종들은, 모든 일에 주인이 시키는 대로 복종하고, 사람을 기쁘게 하는데 눈서비스를 하지 마라. 대신 **하나님**을 경외하는 마음으로 일에 전념해야 한다.

23 너희가 무엇을 하든, 사람이 아닌, **주님**에게 하듯 진심을 다해라.

24 너희는 **주님**으로부터 유산의 보상을 받는다는 것을 잊지 말고, 주인님 크라이스트를 위해 봉사해야 한다.

25 하지만 잘못하는 자는, 자기 잘못에 대한 대가를 받게 되는데, 이때 존중받는 사람은 없다.

안부를 전한다

4 주인들아, 너희 종에게 정당하고 공평하게 대하며, 자신 역시 하늘에 주인이 있음을 알아야 한다.

2 기도를 계속하며 감사에 눈을 떠라.

3 또 우리를 위해서도 기도해주면, **하나님**이 우리에게 기회의 문을 열어주어, 계속 크라이스트구원자의 신비를 전할 수 있다. 내가 감금상태에 있어도,

4 밝힐 수 있는 것을, 내가 말로 전해야 하기 때문이다.

5 교회밖 사람을 향하여 지혜롭게 행동하고, 모든 기회를 최대로 활용해라.

6 너희 말에 언제나 배려의 소금간을 하면, 모두에게 어떻게 대답할지 요령을 알게 된다.

7 나의 상황은 티키커스가 너희에게

전할 것이다. 그는 내가 사랑하는
형제로, **주님**의 헌신적인 동료대리
인이다.
8 내가 너희에게 그를 보내는 목적
은, 그가 너희 형편을 보살펴서, 너
희 마음을 편안하게 위로해주려는
것이다.
9 그리고 함께 가는 오니서머스는
사랑받는 성실한 형제로, 그는 너
희 지역 출신이다. 파견자들이 가
면, 여기서 하는 일들을 너희에게
알릴 것이다.
10 나의 동료수감자 아리스타커스가
인사하며, 너희와 바너버스 여형
제 아들 말크Marcus한테 안부를 전
한다. [너희에게 부탁하는데, 그가
너희에게 가면 잘 대해 주어라.]
11 저스터스라고 불리는 지저스는 할
례파인데, 이들만이 **하나님**왕국에
함께 갈 동료일꾼이며, 나에게 위
로가 된다.
12 너희 출신 중 하나 이파프러스가
크라이스트의 종으로 너희에게 인
사한다. 그는 항상 열심히 일하고,
너희를 위해 기도하며, 너희가 **하
나님** 뜻대로 완전하게 임무를 완수
할 수 있기를 바라더라.
13 내가 그를 보증하자면, 너희에 대
해 열정이 대단하고, 래오디시아
지역 사람과 하이어래폴리스 사람
에게도 그렇다.
14 사랑받는 의사 루크Luke와 디머스
Demas도 너희에게 인사한다.
15 래오디시아와 님퐈 지역 형제 및
그의 집안 교회에게도 인사 전해
주어라.
16 이 편지를 너희가 읽게 되면, 그것
을 래오디시아 교회도 읽게 하고,
또 너희도 마찬가지로 래오디시아
에서 온 편지도 읽기 바란다.
17 알키퍼스한테 말하여, 너희가 **주님**
한테 받은 일을 잘 수행하여, 완수
하기를 바란다고 전해라.
18 나 폴이 자필로 안부를 보낸다. 나
의 가택연금을 기억해달라. 너희
에게 **주님**의 배려가 함께 있기를
바란다. 애이멘 [한마음이다.]

[롬Rome에서 폴Paul이 콜라션 교회에
게 쓴 편지를 티키커스와 오니서머
스가 전했다.]

데썰론에게 폴1편지

주님을 받아들인 것이 모두에게 표본

1 나 폴Paul과, 사일러스Silvanus와,
티머씨Timotheus는, **하나님** 하늘
아버지 및 주인님 지저스 크라이
스트 안에서 인사하며, 너희에게
우리 하늘아버지 **하나님**과 주인님
지저스 크라이스트로부터 큰배려
와 평화가 있기를 바란다.
2 우리는 너희 모두를 위하여 언제
나 **하나님**에게 감사하며, 기도중에
너희를 이야기한다.
3 믿음을 위해 끊임없이 기도하고,
사랑을 위해 노력하며, 우리 주인
님 지저스 크라이스트에게 희망을
걸며, **하나님**이자 우리 하늘아버지
의 시각으로 살아야 한다는 것을
기억하자.
4 사랑받는 형제, 너희는 **하나님**이
선택했다는 것을 알아야 한다.
5 우리가 비록 말로 너희에게 가스
펄gospel 메시지를 전달하지만, 거
기에는 힘과 신성한 영혼성령과 확
신이 있으므로, 너희가 알아둘 것
은, 이것이 너희를 위하여 너희 가
운데에서 가능한 방식이라는 것이
다.
6 너희가 우리를 따르게 되면서, 심
한 괴로움 속에서도 **주님**을 받아들
여 신성한 영혼의 기쁨을 갖게 되
었다.
7 그래서 너희는 매서도니아와 어카
야 지역에서 믿는 모두에게 표본
이 되었다.
8 너희한테서 비롯된 **주님**을 믿는 이
야기는, 매서도니아와 어카야 뿐
만아니라, **하나님**을 믿게 된 너희
사례가 곳곳마다 퍼져서, 우리의
말이 필요없을 정도가 되었다.
9 오히려 그들 자신이 우리에게 말
해주며, 우리가 너희에게 들어간
방법과, 너희가 어떻게 우상에서
마음을 돌려, 살아 있는 진실의 **하
나님**한테 가게 되었는지, 전하더
라.
10 그리고 하늘에서 내려온 그의 아
들을 기다린다고 했다. **하나님**이
지저스를 죽음에서 일어나게 하
여, 다가올 분노로부터 우리를 구
한다고 말이다.

하나님의 진리이므로 믿는 효과가 있다

2 형제들아, 우리가 너희에게 간
것이 헛일이 아니었다는 것을
안다.

2 너희도 알다시피, 전에 필렆파이
에서 민망한 취급을 당했는데도
불구하고, 우리는 **하나님** 안에서
격렬한 논쟁에 과감하게 맞서며,
너희에게 **하나님**의 가스펄 메시지
를 전하러 갔다.
3 우리가 너희에게 메시지를 권한
것은, 속이는 것도, 악의도, 다른 뜻
이 있어서도 아니고,
4 오직 **하나님**의 허락으로 가스펄의
진실을 전할뿐이었고, 그 메시지
는 사람을 기쁘게 하는 게 아니라,
우리 마음을 시험하는 **하나님**을 기
쁘게 하는 것이다.
5 너희도 알지만, 한 번도 아부한 적
없고, 욕심을 가린 적도 없이, 그저
하나님을 증언한다.
6 우리가 명예를 얻으려는 대상은
인간이 아니고, 너희나, 다른 사람
도 아니다. 우리가 짐을 맡아지고
싶은 것은, 크라이스트의 제자이
기 때문에 하고 싶은 것이다.
7 그런데 우리가 자녀를 키우듯 다
정하게 대하면서,
8 너희에 대한 애정때문에, 전하고
싶은 의욕이 강해졌다. **하나님**의
메시지만이 아닌, 우리 마음까지
주고 싶었던 이유는, 너희가 우리
에게 그만큼 소중했기 때문이었
다.
9 형제들아, 너희는 우리의 수고와
어려움을 기억할 거다. 밤낮으로
힘들지만, 너희 누구에게도 부담
이 되지 않으려고 애쓰며, **하나님**
의 가스펄 메시지를 전해주었다.
10 너희가 증인이고, **하나님**도 그렇
다. 우리가 얼마나 신성하고, 바르
게, 비난받지 않도록 행동하며, 너
희가 믿을 수 있도록 애썼는지 말
이다.
11 너희가 알지만, 우리가 너희 각각
에게 권하고, 마음을 위로하고, 책
임을 줄 때도, 아버지가 자녀에게
하듯 대했다.
12 그것은 너희가 **하나님**의 가치에 따
라 행동하기 바라기 때문이었다.
그가 너희를 그의 왕국과 빛으로
불렀으니까 말이다.
13 따라서 우리는 **하나님**에게 끊임없
이 감사해야 한다. 너희가 우리로
부터 들은 **하나님**의 가스펄은, 인
간의 말이 아닌, **하나님**의 진리를
받았으므로, 너희가 믿는데 효과
가 있는 것이다.
14 형제들아, 너희는 구원자 지저스
가 있는 쥬디아의 **하나님** 교회를
따르게 되었다. 왜냐하면 너희가
제나라에서 시달린 것과 같은 식
으로, 쥬다인Jews로부터 사람들이
괴로움을 겪었기 때문이다.
15 쥬다인은 주인님 지저스를 죽이
고, 그의 예언자도 살해하며, 우리
를 처벌했다. 저들은 **하나님**을 기
쁘게 하기는커녕, 오히려 모두에
게 반대였다.
16 우리가 이민족이 구원받을 수 있

도록 메시지를 전하는 것도 못하
게 막으면서, 언제나 자신들의 죄
를 채웠다. 따라서 분노가 결국 그
들 위에 내릴 것이다.
17 그러나 형제들아, 우리가 너희와
한동안 떨어져 있는데, 마음은 아
니어도 현실이 그렇기 때문에, 너
희 얼굴을 보고 싶은 욕구가 너무
나 간절하다.
18 그래서 우리가 너희에게 가려했
고, 나 폴조차 다시 또다시 시도해
도, [악의 영혼] 새이튼이 우리를
방해했다.
19 우리의 희망이나 기쁨이나 환호의
크라운관이란 무엇인가? 그것을
받으러, 지저스 크라이스가 올 때,
우리 주인님 앞에 서 있을 자는 너
희가 아닌가?
20 너희는 우리의 명예이자 기쁨이
다.

마음을 신성하게 나무랄데 없이 만들자

3 더 이상 이대로 있을 수 없어, 우
리는 애쓴즈Athens, Greece에 남아
있는 것이 낫다고 생각한 끝에,
2 대신 우리 형제 티머씨와, **하나님**
의 봉사자이며 크라이스트의 가스
펄 전달자를 보내어, 너희 믿음을
다져주고 믿음에 대한 걱정을 위
로하기로 했다.
3 어떤 사람도 이런 괴로움에 마음
이 흔들려서는 안 된다. 왜냐하면
우리가 이런 일을 하고자 지명받
았음을 너희도 잘 알기 때문이다.
4 사실, 전에도 너희와 같이 있었을
때, 우리는 어려움을 겪어야 한다
고 말했는데, 그때가 왔다는 것을
너희도 안다.
5 그래서 나는 더 이상 견딜 수 없어,
너희 믿음을 살피려고, 사람을 파
견했다. 한편으로 너희가 시험에
들어서, 우리 노력이 헛되지 않게
하는 것이다.
6 그런데 티머씨가 너희에게 다녀와
서, 우리에게 너희 믿음과 사랑에
관한 좋은 소식을 전했다. 너희가
항상 우리의 추억을 좋게 간직하
며, 우리를 몹시 보고 싶어한다고
했는데, 우리 역시 너희가 보고 싶
다.
7 그러니 형제들아, 우리의 어려움
과 고통 속에서도, 너희 믿음에서
위안을 얻는다.
8 만약 너희가 **주님** 안에서 굳건히
설 수 있다면, 우리도 살게 될 것이
다.
9 우리가 너희를 위해 **하나님**에게 다
시 어떻게 감사해야 할까? 우리는
너희 덕택에 기쁘기 때문이다.
10 우리는 밤낮으로 몹시 기도하며,
너희 얼굴을 볼 수 있기를 바라고,
또 너희 믿음의 부족이 완전해지
기를 바란다.
11 이제 **하나님** 우리의 하늘아버지 자
신과, 우리 주인님 지저스 크라이
스트가, 너희에게 가려는 우리의

길을 이끌어주길 기도한다.
12 **주님**은 서로와 남을 향하는 너희
사랑이 크게 넘치게 만들어주었는
데, 그것은 우리가 너희를 사랑하
는 것도 같다.
13 끝으로 **하나님** 우리 하늘아버지 앞
에서 너희 마음이 신성하게 나무
랄데 없이 만들어지기를 우리 주
인님 지저스 크라이스트가 그의
성도와 함께 다시 오는 그날까지
바란다.

죽음에 대한 슬픔 대신 안심하자

4 형제들아, 무엇보다 주인님 지
저스가 너희에게 가르치는 바를
권하자면, 너희가 우리를 받아들
인 대로, **하나님**이 만족할 행동을
하면, 너희가 더 풍족해진다.
2 왜냐하면 너희도 우리가 전한 주
인님 지저스의 가르침을 알기 때
문이다.
3 **하나님**의 뜻은 너희가 깨끗하게 정
화되는 것이므로, 부정외도를 삼
가며,
4 사람마다 자기신체를 정화하여 명
예롭게 관리하는 방법을 알아야
한다.
5 정욕을 갈망하지 말고, **하나님**이
모르는 이교도 행동도 안 된다.
6 누구도 정도를 벗어나지 말고, 어
떤 일도 남을 속이지 마라. **주님**은
그런 행위에 대한 어벤저avenger복수
자이므로, 이를 너희에게도 미리 증
언하며 경고해 두었다.
7 **하나님**이 우리를 부르는 것은, 불
결이 아니라, 신성을 유지하라는
것이다.
8 또 남을 무시하는 자는, 인간이 아
니라, 신성한 영혼을 우리에게 준
하나님에 대한 무시다.
9 내가 형제의 사랑을 다시 적을 필
요가 없는 이유는, 너희도 서로 사
랑하라는 **하나님**의 가르침을 배웠
기 때문이다.
10 실제로 너희는 매서도니아 전역의
형제에게 사랑을 실천하고 있지
만, 너희에게 바라는 것은, 선행을
더 확대하라는 것이다.
11 그러면서 너희는 차분하게 믿음을
생각하고, 제일을 제손으로 하며,
우리의 권고를 따라주기 바란다.
12 너희가 외부를 향해 정직하게 행
동하면, 지적받을 일이 없을 것이
다.
13 한편 내가 형제에게 지나치고 싶
지 않은 점은, 깊게 잠드는 죽음에
관한 것이다. 너희는 그것을 슬퍼
하지 말고, 희망이 없는 죽음조차
애도하지 마라.
14 왜냐하면 우리는, 지저스가 죽었
다 다시 일어난 것을 믿고, 지저스
의 죽음 역시 **하나님** 의도대로 실
현된 것을 믿기 때문이다.
15 우리가 너희에게 **주님**의 말을 전하
자면, 지저스가 다시 나타날 때까
지 여전히 살아 있는 우리는, 이미

잠든자보다 우선 순위가 아니라는
것이다.
16 왜냐하면 주인님 자신이 크게 외
치며 하늘에서 내려올 때, 대천사
목소리도 나고, **하나님**의 트럼핕도
울리면서, 크라이스트 안에서 죽
은 순서대로 먼저 일어나야 하기
때문이다.
17 그때 여전히 살아 있는 우리는, 잠
든자와 함께 구름 속으로 들어올
려져, 공중에서 주인님을 만나게
된다. 그 다음 우리는 영원히 주인
님과 함께 있는 것이다.
18 따라서 이 말에 따라 서로 마음을
편하게 갖자.

맑은 정신으로 지켜보자

5 형제들아, 내가 시간과 시기에
관한 것까지 너희에게 써줄 필
요는 없을 것이다.
2 하지만 너희도 잘 아는 바와 같이,
주님의 날은 밤에 도둑이 들듯, 그
것이 언제일지 모른다.
3 평화와 안정을 말하는 저들에게,
여자가 해산의 통증이 나타나듯,
갑자기 파멸이 시작되면, 아무도
피하지 못한다.
4 그렇지만 형제 너희는 어두운 곳
에 있지 말아야, 그날이 도둑처럼
너희를 덮치지 않는다.
5 너희는 빛의 자녀이자 밝은 날의
자손이다. 우리는 밤의 자녀가 아
니므로 어둠이 아니다.
6 그러니 우리는 남이 하듯, 잠들지
말고, 대신 맑은 정신으로 지켜봐
야 한다.
7 잠자는 사람도 밤에 자고, 술마시
는 자도 밤에 취하기 때문이다.
8 그러나 낮의 자녀인 우리는, 냉정
한 정신으로 믿음과 사랑을 가슴
에 얹고, 구원을 희망하는 헬멭을
머리에 쓰자.
9 **하나님**은 화를 내라고 우리를 임명
하지 않았고, 우리 주인님 지저스
크라이스트를 통하여 구원을 얻게
하려고 지명한 것이다.
10 그는 우리를 위해 죽었으므로, 우
리가 깨어 있든 잠자든 그와 함께
살아야 한다.
11 따라서 너희는 서로 위로하고, 자
기자신에게 하듯, 서로 개선을 위
해 격려해야 한다.
12 우리가 너희에게 바라는 것은, 형
제가 함께 힘을 다하여 노력하며
격려하면, **주님** 안에서 극복할 수
있음을 알라는 것이다.
13 또 맡은 일을 봉사하는 사람을 위
해 사랑으로 존중해주고, 평화롭
게 지내라.
14 형제들아, 이제 너희에게 권하고
싶은 말은, 나태한 자는 경고하고,
의지가 약한 자는 용기를 주고, 신
체가 허약한 자는 부축해주며, 모
두에게 바람직하도록 참아보라는
것이다.
15 그러면 누구나 악으로 악을 만들

지 않고, 나와 너희 모두에게 항상
좋은 일이 따르게 된다.
16 언제나 기뻐하자.
17 끊임없이 기도하자.
18 모든 일에 감사해야 하는 이유는,
너희를 염려하여 지저스 크라이스
트가 구해내도록 계획한 **하나님**의
의도에 대한 것이다.
19 신성한 영혼을 잃지 마라.
20 예언의 말을 무시하지 마라.
21 [바이블에서] 그것을 확인하고, 좋
은 일은 단단히 잡아라.
22 악의 출현을 미리 막아야 한다.
23 평화의 **하나님**은 너희를 깨끗하게
정화시켜줄 것이다. 그래서 나는
하나님에게 기도하여, 너희 영혼
과 정신과 신체가 우리 주인님 지
저스 크라이스트가 올 때까지 결
함없이 깨끗하게 유지하도록 바란
다.
24 너희를 부른 존재 역시 신념을 갖
고 그렇게 할 것이다.
25 형제들아, 우리를 위해서도 기도
해주기 바란다.
26 신성한 입맞춤으로 형제 모두에게
안부를 전한다.
27 나는 **주님**의 이름으로, 이 편지가
신성한 모든 형제가 읽을 수 있게
해주기를 너희에게 부탁한다.
28 우리 주인님 지저스 크라이스트의
큰배려가 너희와 함께 하기를 바
란다. 애이멘 [한마음이다.]

[데썰로니언 사람에게 보낸 폴의 첫
편지는 애쓴즈Athens, Greece에서 썼다.]

데썰론에게 폴2편지

너희는 우리의 자랑이다

1 나 폴Paul과, 사일러스Silvanus와,
티머씨Timotheus는, **하나님** 우리
하늘아버지와, 주인님 지저스 크
라이스트 안에 있는 데썰로니안
교회에 안부를 전한다.
2 너희에게 **하나님** 우리 하늘아버지
와, 주인님 지저스 크라이스트의
배려와 평화가 있기를 바란다.
3 우리는 언제나 의무적으로 너희
형제를 위해 **하나님**에게 감사한다.
이는 너희 믿음이 놀랍게 성장하
여, 각자의 사랑이 다른 사람을 향
해 널리 퍼지고 있기 때문에,
4 그래서 너희는 우리의 자랑이다.
하나님 교회에서 끈기있는 믿음으
로 박해와 고통을 견뎌내고 있으
니까.
5 그것은 **하나님**의 정의의 재판 때,
증거가 된다. 그러면 너희가 겪은
고통으로 인해 **하나님**왕국을 물려
받을 수 있을 것이다.
6 **하나님**이 너희를 괴롭힌 그들을 고
통으로 보복해주는 것이 정의라는
것을 알고 있으므로,
7 고통받은 너희를 우리와 함께 편
히 쉬게 할 것이다. 그 시기는 주인
님 지저스가 그의 힘센 천사와 함
께 하늘에서 나타날 때이다.
8 한편 **하나님**은 타오르는 횃불을 들
고, 자기를 모르는 자에게 복수해
주고, 우리 주인님 지저스 크라이
스트의 가스펄gospel 메시지를 따르
지 않는 자도 대신 갚아준다.
9 저들은 주인님의 빛나는 힘 앞에
서 처벌받고 영원히 사라질 것이
다.
10 그가 성도 가운데 찬란한 빛으로
나타나면, 믿는 모두가 그를 경외
하게 된다. [이때 우리가 증언을 전
달하여, 너희가 믿게 되었으므로,
너희도 그 가운데 있을 것이다.]
11 그래서 우리는 언제나 너희를 위
해 기도로, **하나님**이 너희까지 생
각하여 함께 부를 수 있게 하면, 그
의 선의에 대한 기쁜 만족으로, 너
희가 바라는 일마다 그의 능력으
로 결실을 맺게 해줄 것이다.
12 그때 우리 주인님 지저스 크라이
스트의 명성이 너희에게 밝은 빛
을 비춰주면, 그 안에서 너희는 우
리 **하나님**과 주인님 지저스 크라이
스트의 배려에 받게 될 것이다.

속지 말고 마음 편히 선행하자

2 앞으로 우리 주인님 지저스 크
라이스트가 올 때, 우리의 모임
에 관해 형제에게 바라고 싶은 것
은 다음과 같다.
2 너희는 어떤 말이나 다른 영혼으
로 인해, 마음이 흔들리지 말고, 또
크라이스트 날이 곧 온다는 우리
의 편지로 인해서도 불안해하지
말아라.
3 그날은 아직 오지 않았으므로 어
떤 경우에도, 남이 너희를 속이지
못하게 해야 한다. 단지 그전에 우
선 반란이 일어나고, 죄를 짓는 자
도 나타나고, 악마의 자식도 나타
날 것이다.
4 이들은 반발하면서, **하나님**이 자기
를 불렀다고 앞으로 나서고, 숭배
를 받게다고 할 것이다. 그리고 성
전의 **하나님** 자리에 앉아, 스스로
신이라고 할 것이다.
5 내가 너희와 함께 있을 때, 이것을
말했는데, 기억하지 못하나?
6 너희가 알아야 할 것은, 그는 정체
가 드러날 때까지 자신을 감춘다
는 것이다.
7 죄의 음모는 이미 작동하기 시작
했으므로, 제마음대로 하다가, 결
국 악의 길에서 제거된다.
8 그때 악의가 밝혀진 그에 영혼을,
주님의 입으로 집어삼키고, **주님**의
빛으로 파멸시킬 것이다.
9 그와 같은 무법자의 출현은, [악의
영혼] 새이튼이 힘과, 이상한 징조
와, 거짓표시로 활개치는 시기와
때를 같이 한다.
10 온갖 속임수로 불의를 저지르는
저들은 파멸한다. 왜냐하면 그들
은 구원받을 수 있는 진실한 사랑
을 거절하기 때문이다.
11 이런 이유 때문에 **하나님**이 강력한
환상을 보내, 그들이 거짓을 믿게
하여,
12 마침내 진실을 믿지 않고 불의를
좋아하는 자를, 제대로 파멸시킬
수 있게 할 것이다.
13 대신 우리는 언제나 **하나님**에게 감
사해야 한다. **주님**의 사랑을 받는
너희 형제는 처음부터 선택되었으
므로, 진실을 믿는 신성한 영혼을
통하여 구원받게 된다.
14 우리가 전한 가스펄 메시지를 통
해 **주님**이 부르면, 너희는 우리 주
인님 지저스 크라이스트의 빛을
받게 될 것이다.
15 그러므로 형제들아, 흔들리지 않
도록 우리가 말이나 편지로 전한
가르침을 단단히 익혀서 굳건히
서있어야 한다.
16 이제 우리 주인님 지저스 크라이
스트 자신과, 우리 하늘아버지는
우리를 사랑하여, 큰배려를 통하
여 영원한 위안과 행운을 내려줄
것이다.
17 너희 마음을 편히 갖고, 좋은 말을
하고, 선행을 하며, 자신을 다져야

한다.

우리가 보인 본보기를 따라라

3 마지막으로 형제들아, 우리를
위해 기도해주기 바란다. 그래
서 **주님**의 말이 빠르게 퍼지면, 너
희와 함께 더욱 빛을 발하게 될 것
이다.
2 우리는 부당하고 악의적인 자에게
넘겨질 수도 있는데, 그들은 믿지
않는 사람들이기 때문이다.
3 하지만 **주님**을 믿으면, 그가 너희
를 세워주고, 악에서 지켜줄 것이
다.
4 우리는 **주님**이 너희를 보살핀다는
것을 확신한다. 그래서 너희는 우
리가 지시한 일을 계속 실천해 나
가야 한다.
5 **주님**은 너희 마음을 **하나님** 사랑에
이르게 하고, 또 크라이스트를 참
고 기다릴 수 있게 안내한다.
6 이제 우리는 너희에게 우리 주인
님 지저스 크라이스트의 이름으로
명령한다. 아무렇게나 행동하는
자와 거리를 두고, 우리한테서 받
은 가르침을 따르지 않는 자와 같
이 있지 말아라.
7 어떻게 우리의 본보기를 따라해야
하는지 너희도 알 것이다.
8 우리는 남의 빵을 대가없이 먹지
않았고, 밤낮으로 수고와 고생을
기울였다. 또 우리는 너희에게 어
떤 부담도 주지 않으려고 애썼다.
9 우리가 권한이 없어서가 아니라,
우리를 따르도록 너희에게 본보기
가 되고자 했다.
10 너희와 같이 있었을 때조차, 우리
는, "일 하지 않는 사람은 먹지도
말라"고 명령했다.
11 우리가 들은 소문에, 그곳에 너희
중 일부가 생활이 무질서하거나
전혀 일하지 않은 채, 몸만 바쁜 사
람들이 있다고 하더라.
12 그런 사람에게 우리가 권고하고,
우리 주인님 지저스 크라이스트의
이름으로 명령하는데, 차분한 마
음으로 제일을 하고, 제손으로 만
든 빵을 먹게 해라.
13 하지만 형제들 너희는 잘 지내며
약해지지 말아야 한다.
14 어떤 사람이 이 편지에 적힌 우리
말을 순종하지 않으면, 이름을 적
고 동료에 끼어주지 않으면, 창피
를 느낄지도 모른다.
15 하지만 그를 너희 적으로 생각하
지 말고, 형제로서 훈계해주어야
한다.
16 평화의 **주님**은 어느 경우에나 너희
에게 평화를 주며, 항상 너희 모두
와 함께 한다.
17 폴의 인사는 직접 자필로 쓴다. 편
지마다 이것이 바로 내가 썼다는
표시이다.
18 우리 주인님 지저스 크라이스트의
배려가 너희 모두와 함께 있기를
바란다. 애이멘 [한마음이다.]

[데썰로니안 사람에게 보낸 폴의 두 번째 편지는 애쓴즈Athens, Greece에서 썼다.]

티머씨에게 폴1편지

하나님 명령을 제대로 관리해라

1 우리 구원자 **하나님**의 명령을 받
은, 우리의 희망이자 주인님 지
저스 크라이스트의 제자 폴 나는,
2 나의 믿음의 아들 티머씨Timothy에
게 편지한다. **하나님** 우리 하늘아
버지와 주인님 지저스 크라이스트
로부터 큰배려와 큰사랑과 평화가
있기를 바란다.
3 내가 매서도니아로 가면서, 에풔
서스에 네가 남기를 바란 이유는,
그곳 일부가 다른 주장을 가르치
지 않도록 관리를 맡긴 것이다.
4 그래서 끝없이 지어내는 조상이야
기에 귀기울이지 않게 해야 한다.
그것은 믿음으로 교훈을 주는 신
이라기보다, 오히려 의혹만 불러
일으킨다.
5 **하나님** 명령의 목적은 순수한 마음
에서 우러나오는 사랑과, 선한 양
심과, 꾸밈없는 믿음이다.
6 일부는 여기에서 정도를 벗어나,
쓸데없는 말다툼에 빠지기도 하
고,
7 법학자를 자처해도, 자기가 무슨
말을 하는지 이해하지 못하기 때
문에, 확신도 없다.
8 하지만 우리는 사람이 법을 합당
하게 이용해야, 좋은법이 된다는
것을 알고 있다.
9 이것을 알면서도, 법은 정의를 위
해 만들어지지 않고, 대신 무법자,
폭도, 믿음이 없는자, 죄를 짓는자,
신성하지 못한자, 저속한자, 부모
살해자, 사람을 죽이는자,
10 호색자, 동성애자, 납치자, 거짓말
쟁이, 위증자, 및 건전하지 않은 주
장을 하는 자를 위한 법이 되어버
렸다.
11 그래서 이 일에 대해 내가, 축복의
하나님의 찬란한 가스펄 메시지에
맞추도록 위임받았다.
12 나는 우리 주인님 크라이스트 지
저스에게 감사한다. 그는 나를 믿
고 권한을 주어, 일을 대행하도록
맡겼다.
13 나는 전에 모독자였고, 박해자였
으며, 가해자였지만, 믿음없이 무
지 때문에 저지른 잘못에 대해, 관
대한 사랑을 받게 되었다.
14 우리 **주님**의 큰배려가, 지저스 크
라이스트 안에 있는 믿음과 사랑
으로, 크게 넘쳐흐른 것이다.
15 이것은 전부 받아들일만한 가치가

있는 믿음이야기다. 지저스 크라
이스트는 죄를 짓는 자를 구하려
고 세상에 왔는데, 나는 죄인의 대
표였다.
16 그런데 이로 인해 내가 관대한 사
랑을 얻게 되었다. 나에게 지저스
크라이스트가 맨 처음 보여준 모
습은 오래 참는 것으로, 이는 그를
믿고 영원한 생명을 얻는 사람에
게 표본이었다.
17 영원한, 불멸의 왕이면서, 눈에 보
이지 않지만, 유일한 지혜의 **하나
님**에게, 존경과 명예가 영원하기를
바란다. 애이멘 [한마음이다.]
18 나는 이 명령을 아들 티머씨, 너에
게 위임하는데, 너에 대한 이전 예
언에 의하면, 여럿 중 너는 선한 싸
움을 할 수 있다고 했다.
19 믿음과 선한 양심을 지녀라. 어떤
사람은 그것을 제쳐놓아서, 결국
배가 난파되었다.
20 그 가운데는 하이메니어스와 앨렉
샌더가 있다. 내가 그들을 [악의 영
혼] 새이튼에게 넘겼는데, 어쩌면
그들은 모독하지 않는 법을 배우
게 될지 모른다.

지저스는 중재자 역할을 한다

2 그러므로 무엇보다 먼저 내가
너희에게 권하고 싶은 것은, 모
든 사람을 위한 간청과 중재와 감
사의 기도를 하고,
2 왕과, 권력의 자리에 있는 모두를
위해서도 기도하라는 것이다. 그
러면 우리는 정직하게 모든 것을
하나님 뜻에 따르는 차분한 평화의
생활을 할 수 있을 것이다.
3 이것이 우리 구원자 **하나님**의 눈에
도 바람직한 일로 받아들일 수 있
는 일이다.
4 그는 모두를 구원하고, 또 진리의
지식을 깨우치기를 바랄 것이다.
5 **하나님**은 단 하나의 유일한 신이
고, **하나님**과 사람의 중재자는 인
간 구원자Christ 지저스다.
6 그는 인류의 몸값 대신 자신을 바
쳐, 약속된 기한완수를 증명했다.
7 나는 이 일을 알리는 임무를 서품敍
品운명받고, 제자이자 프리처preacher
전언자가 되었다. [나는 크라이스트
의 진실을 말하지, 거짓은 말하지
않는다.] 그리고 믿음과 진실을 전
달하는 이교도의 선생이 되었다.
8 그래서 나는 곳곳의 사람마다 분
노와 의심없는 신성한 손을 들어
올려 기도하게 한다.
9 이와 같은 방식으로 여자도 수수
한 옷으로 자신을 꾸미며, 단정하게
절제하며, 금이나 진주나 값비싼
장식으로 머리를 땋지 않기를 권
한다.
10 대신 [**하나님**의 뜻임을 고백하는
여자로서] 바람직한 좋은 일을 하
도록 한다.
11 여자는 침묵을 배우고 복종하는
태도를 배우게 해라.

12 하지만 나는 가르치거나, 지배권
을 빼앗는 여자를 원하지 않고, 대
신 조용하기를 바란다.
13 왜냐하면 애덤이 먼저 만들어진
다음, 이브가 나왔기 때문이다.
14 애덤은 속지 않았지만, 속임수에
넘어간 여자 때문에 위반하게 되
었다.
15 그렇지만 여자는 아기를 낳으면
구원받게 된다. 단 그들이 믿음속
에서 절제하며 사랑과 신성을 유
지할 때 말이다.

주교직의 자격

3 만약 어떤 사람이 주교직을 원
할 때, 그 말이 진실이면 그의 바
람은 좋은일이다.
2 주교로서 감독을 하려면, 한 아내
의 남편으로서도 결함이 없어야
한다. 신중하고, 정신이 맑고, 좋은
태도로 모두에게 친절해야 하며,
가르치는 일에 재능이 있어야 한
다.
3 술꾼은 안 되고, 남을 때리지 말고,
부정소득에 욕심내지 말며, 참을
줄 알아야 한다.
4 자기 집을 잘 관리하고, 위엄으로
자녀가 따르게 한다.
5 [그가 자기 집을 관리하지 못하는
데, 어떻게 **하나님**의 교회를 관리
할까?]
6 초보자가 자격이 안 되는 까닭은,
악의 비난에 빠질 경우, 자부심으
로 자신을 제대로 세우지 못한다.
7 또한 외부로부터 좋은 평판을 들
어야, 악마의 덫이나 비난을 피할
수 있다.
8 마찬가지로 보조인을 배려하고,
한입으로 두말하지 말고, 술을 많
이 마시지 말고, 부당이익을 욕심
내지 말아라.
9 순수한 양심으로, 믿음의 신비를
품어라.
10 우선 이들에게 자신을 입증하게
한 다음, 문제가 없으면 보조업무
에 활용해라.
11 그들의 아내조차 행동을 신중히
하며, 남을 욕하지 말고, 맑은 정신
으로 모든 일에 성실해야 한다.
12 보조관리자는 자녀와 집을 관리해
본적 있는 아내있는 남편이 되어
야 한다.
13 보조관리를 맡을 사람은 스스로
좋은 평판을 얻어야 하고, 크라이
스트 믿음 안에서 과감성을 발휘
해야 한다.
14 내가 이 편지를 쓰는 것은, 너희에
게 곧 가고 싶은 희망 때문이다.
15 그런데 내가 오래 걸리더라도, 너
희는 **하나님** 교회에서 어떻게 행동
해야 할지 알 수 있을 것이다. 그곳
은 살아 있는 **하나님** 집으로, 진리
의 기초위에 기둥이 서있다.
16 **하나님** 뜻의 신비는 말할 필요도
없이 위대한 것이다. **하나님**은 정
당성을 인정받은 신성한 영혼을

가진 신체로 모습을 드러냈다. 그
리고 천사들이 그것을 이교도에게
알리자, 세상이 믿으며, 그 찬란한
빛을 받아들이게 되었다.

크라이스트의 좋은 대리인이 되라

4 이제 신성한 영혼성령이 드러내
어 전하는 바는, 앞으로 일부는
믿음을 떠나, 유혹하는 영혼과 악
의 주장에 귀를 기울인다고 했다.
2 위선자는 거짓을 말하며, 그들의
양심을 뜨겁게 불에 달궈,
3 결혼을 못하게 금지하고, 고기를
먹지 못하게 명령한다. 그것은 **하**
나님이 창조할 때부터, 믿는자가
감사하며 받아들이게 한 것이고,
진리를 알게 한 것이었다.
4 **하나님**이 창조한 것은 모두 좋은
것이므로, 그것을 감사하며 받아
들이기만 하면, 거부할 게 아무것
도 없다.
5 그것은 **하나님**의 말과 너희 기도로
정화된 것이기 때문이다.
6 만약 네가 그곳 형제에게 이런 것
을 잘 기억하게 하면, 너는 지저스
크라이스트의 좋은 대리인으로서,
믿음의 말과 좋은 가르침을 잘 받
아들이고 잘 성장했다는 증거다.
7 하지만 모욕적인 늙은 부인이 지
어내는 이야기는 사양하고, **하나님**
뜻에 맞게 자신을 단련해라.
8 신체적 단련은 도움이 적지만, **하**
나님의 뜻을 따르면 모든 것이 유
익한 것은, 현재의 생명도 약속되
어 있고, 또 앞으로 올 영원한 생명
도 그렇기 때문이다.
9 이것은 모두가 받아들이기에 믿을
수 있는 가치가 있는 말이다.
10 그래서 우리는 수고하고도, 살아
있는 **하나님**을 믿는 이유로 남의
비난을 견뎌내야 한다. 그는 인류
의 구원자이고, 특히 믿는 자에게
그렇다.
11 이런 이야기를 성도에게 가르치고
권해라.
12 아무도 네가 젊다고 무시하지 못
하게 하면서, 말과, 대화와, 사랑과,
영혼과, 믿음과, 순수성에 있어서,
믿는자에게 모범이 되어라.
13 내가 그곳에 갈 때까지 바이블 읽
기 및 가르침 알리기에 전념해라.
14 네가 받은 선물을 가벼이 여기지
마라. 그것은 예언에 의해 원로단
이 손을 얹어 너에게 내려준 것이
다.
15 이런 일을 깊이 생각하고, 스스로
그들에게 헌신하면, 네 도움이 모
두에게 이익으로 나타날 것이다.
16 네 스스로 가르침에 끊임없이 귀
를 기울여라. 그러면 너는 자신도
구원하고, 네 말을 듣는 사람도 구
원할 수 있을 것이다.

믿는자에 대한 지침

5 연장자에게 비난하는 대신, 아
버지로 대하고, 젊은이는 형제

로 대해라.
2 나이든 여자는 어머니처럼, 소녀
는 순수한 마음으로 여형제로 대
해라.
3 진실로 미망인을 존중해주어야 한
다.
4 그런데 어떤 미망인에게 자녀나
조카가 있는 경우, 먼저 그들에게
가정의 질서를 배우게 하고, 부모
에게 보답하는 것도 알려라. 그러
면 이것은 **하나님** 앞에 받아들여질
수 있는 선한 일이될 것이다.
5 미망인인 여자가 진실로 고독하
면, **하나님**을 믿으면서 밤낮으로
계속 간청의 기도를 한다.
6 그러나 쾌락 속에서 사는 여자는,
살아도 죽은 자와 같다.
7 그들에게 일을 맡기면, 비난받지
않을 것이다.
8 어떤 사람이 자신과, 집안사람을
그다지 돌보지 않으면, 그는 믿음
을 거절하는 이교도보다 더 좋지
않다.
9 한 사람의 아내로 살았던 60세 미
만 미망인은 명단에 올리지 마라.
10 명단에 오를 미망인은 선행의 평
판이 좋아야 한다. 자녀를 키웠거
나, 낯선자를 재워주었거나, 성도
의 발을 씻겨주었거나, 어려운 사
람을 도왔거나, 선한 일마다 따라
다니며 부지런히 일한 사람들이
그렇다.
11 그러나 젊은 미망인을 거절하는
이유는, 크라이스트 가르침에 반
발하며 바람기가 커지기 시작하
면, 그들은 결혼해야 하기 때문이
다.
12 그들은 첫번 약속을 버렸으므로,
벌을 받는다.
13 그들은 게으름을 배우고 이집저집
으로 도는데, 게으름만이 아닌, 수
다를 하느라 몸이 바쁘고, 하지 말
아야 할 말까지 떠벌린다.
14 그러므로, 나는 젊은 여자라면 결
혼하여, 자녀를 낳고, 집을 관리하
기 바란다. 어떤 경우에도 적이 비
난하는 기회를 주지 않기 위한 것
이다.
15 일부는 이미 마음을 돌려 [악의 영
혼] 새이튼을 따르고 있기 때문이
다.
16 만약 믿는 사람 가운데 미망인이
있으면, 그들을 도와, 교회에 부담
이 되지 않게 해라. 그러면 이 일이
실제로 미망인을 돕는 일이 될 것
이다.
17 관리를 잘하는 원로는 명예의 가
치를 두배로 생각해주어야 한다.
특히 가르침과 바이블에 수고하는
사람이 그렇다.
18 바이블의 말 가운데, "너는 곡식밭
을 가는 소에게 재갈을 물리지 말
라"고 했고, 또 노동은 당연히 대가
를 받아야 한다"고 했다.
19 원로를 상대로 소송을 받을 경우,
두세 사람의 증인이 있을 때 받아

야 한다.
20 모두가 있는 앞에서 죄지은 사람
을 나무라야, 다른 사람 역시 두려
워할 수 있다.
21 나는 너에게 책임을 맡기며, **하나님**
과, 주인님 지저스 크라이스트와,
지정된 천사 앞에서 명령한다. 남
을 편애하지 말고, 불공평한 일이
없도록 살펴야 한다.
22 갑자기 아무에게나 손을 얹어 기
도하지 말고, 남의 죄에 참여하지
말고, 네 자신을 깨끗하게 지켜라.
23 물만 마시지 말고, 네 배를 위하여,
자주 허약해지는 것을 방지하도
록, 포도주 조금을 사용해라.
24 어떤 사람의 죄는 재판 전에 미리
드러나고, 어떤 사람은 판결 뒤에
나온다.
25 이와 마찬가지로 일부의 선행은
미리 나타나고, 다른 경우는 숨길
수도 없이 드러난다.

티머씨에게 믿음을 당부

6 멍에 아래 있는 종은, 주인의 명
예를 가치있게 생각해야, **하나
님**의 이름과 가르침을 더럽히지 않
는다.
2 주인이 믿는 사람인 경우, 종을 무
시하지 않는 것은, 형제로 여기기
때문이고, 오히려 마음으로 사랑
하며 혜택에 동참하도록 종을 도
울 것이다. 이런 것을 가르치고 권
장해라.
3 그런데 어떤 사람이 다른 것을 가
르치고, 대부분의 말에 동의하지
않고, 심지어 우리 주인님 지저스
크라이스트의 말은 **하나님**의 뜻에
따른 가르침인데, 이것을 반박하
면,
4 그는 확실한 신념이 전혀 없으므
로, 질문이나 던지고, 말싸움을 벌
이면서, 시기와 싸움과 폭언 같은
좋지 못한 상황으로 내몬다.
5 또 부패한 사람의 마음에 삐뚤어
진 갈등을 일으키는데, 진실이 결
여되어 있는 사람이나, 금전적 이
익을 **하나님**의 뜻이라고 짐작하는
사람한테서 자신을 멀리해라.
6 대신 **하나님**의 뜻을 충족시키는 것
이 최대의 이익이다.
7 우리는 이 세상에 가져온 게 아무
것도 없으므로, 떠날 때도 가져갈
게 없다는 것이 분명하다.
8 그러니 음식과 의복만 있다면 만
족하자.
9 그런데 부자가 되려는 자는 유혹
과 덫에 걸려, 어리석은 짓을 많이
하는가 하면, 욕심으로 자신을 해
치다가, 마침내 파괴와 파멸에 이
른다.
10 돈을 사랑하는 자체가 악의 근원
이므로, 그것을 갈망하다보면, 믿
음에서 벗어나서, 슬픔으로 자신
을 찌르게 된다.
11 하지만 너는, **하나님**의 사람으로
서, 이런 일을 피하고, 정의와, **하나**

님의 뜻과, 믿음과, 사랑과, 인내와,
온화함을 따라야 한다.
12 믿음을 위하여 선한 싸움을 하고,
영원한 생명을 잡아라. 그것을 위
해 너 역시 불렸기 때문에, 여러 증
인 앞에서 그것이 좋은일임을 고
백해야 한다.
13 나는 너에게 책임을 주면서, 모든
것을 일으키는 **하나님** 눈앞에서 주
고, 또 폰티우스 파일렅에게 선한
고백으로 증언했던 지저스 크라이
스트 앞에서, 맡긴다.
14 너는 이 명령을 흠집내지 말고 지
키고, 우리 주인님 지저스 크라이
스트가 나타날 때까지 비난받지
않도록 유지해야 한다.
15 정해진 시기에 그를 보내는, **하나님**
은, 축복의 존재이자, 유일한 통치
자로서, 왕중 왕이고 주인중 주인
이면서,
16 유일한 불멸의 존재이고, 아무도
가까이 다가갈 수 없고, 아무도 본
적 없고, 볼 수도 없는, 그에게 명예
와 영원한 힘이 있기를 바란다. 애
이멘 [한마음이다.]
17 이 세상 부자에게 다음을 깨우쳐
주어라. 그들은 마음을 높이 두지
말고, 불확실한 재산에 의지하지
말라고. 대신 **하나님** 안에서 살아
야 한다고. 그는 우리에게 모든 것
을 넉넉히 주며, 즐기라고 했다.
18 좋은 일을 하는 자는 선행으로 부
자가 되어, 나누며 대화하려고 한
다.
19 선행을 저축하는 그들은 스스로
미래를 대비하여 좋은 기초를 다
지므로, 영원한 생명에 닿게 될 것
이다.
20 오 티머씨야, 너의 믿음에 맡겨진
일을 끝까지 지키고, 저속한 헛소
리를 피하고, 소위 말하는 거짓 학
문을 거부해야 한다.
21 일부는 신념에 관해 잘못된 고백
을 하는 사람도 있다. 너에게 큰배
려가 함께 있기를 바란다. 애이멘
[한마음이다.]

[이것은 폴이 티머씨에게 보낸 첫편
지로, 프리지아 패캐쉬애나 제일 도
시 래오디시아에서 썼다.]

티머씨에게 폴2편지

티머씨는 나의 기쁨이다

1 폴은 **하나님**의 뜻으로 크라이스
트 지저스의 제자가 되었는데,
이는 구원자Christ 지저스가 실행하
는 생명의 약속에 따른 것이었다.
그런 내가,
2 나의 가장 사랑하는 믿음의 아들
티머씨Timothy에게, **하나님** 하늘아
버지와 우리 주인님 지저스 크라
이스트가 내려주는 배려와 사랑과
평화가 있기를 바란다.
3 조상 때부터 섬기는 **하나님**에게,
내가 순수한 양심으로 감사하는
것은, 밤낮으로 하는 내 기도에서,
끊임없이 너를 기억하는 일이다.
4 너를 보고 싶은 마음이 너무 간절
해질 때, 너의 눈물을 회상하면, 그
것이 내게 기쁨으로 다가온다.
5 나는 너의 꾸밈없는 믿음을 기억
하는데, 그것은 먼저 네 할머니 루
이스에서 시작하여, 어머니 유니
스까지 계속되다, 네 안에까지 있
게 된 것이라고 확신한다.
6 그래서 나는 너의 기억을 살려서,
내 손을 너에게 얹으며, 너에게 준
하나님의 선물을 다시 상기시킨다.
7 **하나님**은 우리에게 두려움의 영혼
을 준 게 아니고, 능력의 영혼과, 사
랑의 영혼과, 건전한 마음의 영혼
을 주었다.
8 그러니 너는 우리 주인님에 대한
증언을 부끄럽게 여기지 말고, 내
가 **주님**으로 인해 수감된 것을 개
의치 마라. 대신 너는 가스펄 메시
지 때문에 겪는 고통의 참여자가
되어라. 이는 **하나님**의 힘에 따른
것이다.
9 그는 우리를 구한 다음, 신성한 영
혼으로 불렀는데, 이는 우리가 노
력한 것이 아닌, 그의 목적과 배려
에 따른 것이다. 또 이것은 세상이
시작되기 전부터 구원자 지저스를
통하여 우리에게 부여되었던 일이
다.
10 하지만 이제 우리 구원자 지저스
크라이스트 출현으로 분명히 드러
났다. 그는 죽음을 없애고, 가스펄
메시지를 통해 영원한 생명과 불
멸로 이어지게 했다.
11 그래서 나는 전언preacher하는 제자
로 지명되었고, 이교도의 선생이
되었다.
12 나는 이런 일을 견뎌낼 수 있으므
로, 부끄럽지 않다. 나는 내가 믿는

그를 알고 있으므로, 그날을 대비
하여, 내가 맡은 일을 유지하도록
만들어줄 것으로 확신한다.
13 너는 믿음속에서 나로부터 들은
건전한 말을 단단히 붙잡고, 크라
이스트 지저스 안에 있는 사랑을
실천해라.
14 네가 실행하는 선행은 우리 안에
살고 있는 신성한 영혼으로 유지
된다.
15 네가 알듯이, 애이져Asia에 있는 모
두가 나한테서 등을 돌렸고, 그들
중에는 퐈이절러스나 허마저너스
가 있다.
16 **주님**이 오니서풔러스 집안에 관대
한 사랑을 주길 바란다. 그는 나에
게 자주 용기를 주었고, 나의 가택
연금을 부끄러워하지 않았다.
17 대신 그가 롬Rome에 있을 때, 매우
열심히 나를 찾아주었다.
18 **주님**이 오는 날, 그가 **주님**의 사랑
을 받을 수 있기를 바란다. 에풔서
스에 있을 때, 그는 나에게 얼마나
많은 일을 도왔는지, 너도 잘 알고
있을 것이다.

크라이스트의 훌륭한 군인이 되어라

2 그러므로 나의 아들아, 너는 크
라이스트 지저스의 배려를 받았
으니 강해져야 한다.
2 네가 여러 증인 가운데 특히 나로
부터 들은 것을, 성실하게 믿는 사
람에게 전해서, 또 그들이 다른 사
람을 가르칠 수 있게 해라.
3 그러니 너에게 어려움이 있어도,
지저스 크라이스트의 훌륭한 군인
으로서 견뎌내야 한다.
4 전투하면서 세상 일에 신경쓰는
사람은 아무도 없고, 또 얽매이지
말아야 군인이 되도록 선택해준
그를 기쁘게 할 수 있다.
5 그리고 운동경기에서 이기려고 한
다면, 그가 정당하게 노력하지 않
는 한, 결코 크라운관을 쓰지 못한
다.
6 밭에서 일하는 농부는 결실을 얻
는 첫번째 참여자가 되어야 한다.
7 나의 말을 깊이 생각하면, **주님**이
너에게 모든 것을 깨닫는 이해력
을 줄 것이다.
8 대이빋 후손 지저스 크라이스트
가, 내가 전하는 가스펄 메시지대
로, 죽음에서 다시 일어났다는 것
을 기억해라.
9 그것 때문에 내가 어려움을 겪고,
악을 행하는 자들에게 심지어 구
속까지 되었지만, **하나님**의 말은
구속이 없다.
10 그러므로 나는 선택해준 그를 위
해 모든 것을 참는다. 견뎌내면 구
원을 얻을 수 있을 것이고, 구원은
영원한 빛으로 구원자Christ 지저스
안에 있는 것이다.
11 다음은 확실한 신념에서 나온 말
이다. "만약 우리가 그처럼 죽으면,
우리는 그처럼 살아나게 된다.

12 만약 우리가 참으면, 우리는 그와
함께 지배하지만, 그를 부정하면,
그도 우리를 거부할 것이다.
13 믿지 않더라도, 그가 말한 신념대
로 살면, 스스로 믿음을 부정할 수
없다."
14 이 말을 사람들에게 기억하게 하
고, **주님** 앞에서 그들에게 경고하
며, 무익한 말로 싸우면, 듣는자가
해를 당한다고 주의를 주어야 한
다.
15 스스로 알도록 공부하면 **하나님**에
게 인정받기 때문에, 어떤 일에도
부끄러움 없이, 진실의 말을 올바
르게 전하는 사람이 될 수 있다.
16 세속적이고, 무익한 말장난은 피
해라. 그들은 **하나님** 뜻이 아닌 것
을 더 확대하기 때문이다.
17 그들의 말은 궤양처럼 몸에 퍼지
는데, 히머내어스와 필렡어스가
그에 속한다.
18 이들은 진실을 왜곡하고, 부활은
지나간 일이라며, 일부의 믿음마
저 끌어내리려고 한다.
19 그럼에도 불구하고 **하나님**의 기반
은 확고히 구축되었으므로, 다음
문구로 인장을 찍어 승인했다. "**주**
님은 자기 사람을 알아본다." 그러
니 "크라이스트의 이름을 부르며
고백하는 사람한테서 죄가 떠나게
된다"고 했다.
20 큰집에는 금그릇 은그릇만 있는
게 아니고, 나무나 토기도 있어, 어
떤 것은 귀하게, 다른 것은 아무렇
게나 사용한다.
21 그래서 스스로 이런 일에서 자신
을 깨끗하게 하면, 그는 귀한 그릇
으로 정화되어, 주인의 용도에 맞
춰져, 선행할 준비를 갖추게 된다.
22 또한 젊음의 욕망을 피하고, 정의
와, 믿음과, 사랑과, 평화를 따르며,
순수한 마음으로 **주님**의 이름을 불
러라.
23 하지만 어리석은 논쟁이나 지식이
없는 질문은 피해라. 그들은 싸움
만 일으킨다는 것을 알아두어라.
24 **주님**의 종은 싸워서는 안 되고, 모
두에게 친절하고, 가르치기와 참
기를 잘 해야 한다.
25 반박하는 사람도 온화하게 대하다
보면, 어쩌면 **하나님**이 그들에게
후회하는 마음을 주어, 진리를 깨
닫게 할지도 모른다.
26 그러면 악의 의지로 붙잡힌 그들
은 스스로 악의 덫에서 벗어나 회
복할 수 있을 것이다.

사람은 완전하게 될 수 있다

3 이것도 알아 두어야 한다. 마지
막 날 위험한 시기가 닥칠 것이
다.
2 왜냐하면 인간은 스스로 탐욕을
사랑하는 자가 되어, 뽐내고 자랑
하며, 남에게 모욕을 주고, 부모에
게 불손하고, 감사도 모르고, 신성
하지도 않고,

3 애정도 없고, 용서도 모르고, 거짓
모략으로 내몰고, 무절제하고, 난
폭하고, 좋은 사람을 하찮게 여기
고,
4 배신하고, 무분별하고, 자만하고,
하나님보다 쾌락을 더 좋아하며,
5 겉으로 **하나님** 뜻을 따르는 척하지
만, 그 힘을 부정하는데, 이런 자를
멀리해야 한다.
6 이런 자들은 남의 집에 몰래 기어
들어가, 어리석은 여자를 사로잡
아, 죄를 짓게 하고, 그들을 여러 욕
망으로 끌어들인다.
7 그들은 늘 배운다 해도, 결코 진리
의 지식에 도달할 수 없다.
8 재니스와 잼브리스가 모지스에 저
항하듯, 이들도 진리에 저항하며,
사람의 마음을 부패시키고, 믿음
에 관해 비난한다.
9 그러나 그들은 더 이상 앞으로 나
가지 못한다. 그들의 어리석음은
예전에도 드러났듯이, 모두에게
뻔히 밝혀지기 때문이다.
10 그러나 너는 다음 나의 가르침을
충분히 알 것이다. 나의 생활방식
은, 목적이 있고, 믿고, 오래 견디
고, 사랑하며, 인내하는 것이다.
11 박해와 고통은 앤티악과, 아이코
니엄과, 리스트라에 있을 때 왔는
데, 내가 그것을 견뎌낸 것은, **주님**
이 거기서 나를 구해주었기 때문
이었다.
12 그렇다, **하나님** 뜻으로 구원자Christ
지저스 안에서 사는 우리는 박해
를 견뎌내야 한다.
13 그러나 악한과 사기꾼은 점점 더
나빠지며, 더욱 속이기만 한다.
14 하지만 너는 끊임없이 배워서 확
신하며, 그것으로부터 깨달아야
한다.
15 너는 어릴 때부터 신성한 바이블
을 알았으므로, 그것이 너를 현명
하게 만들어, 지저스 크라이스트
의 믿음을 통해 구원에 이르게 될
것이다.
16 바이블은 **하나님**에 대한 깊은 생각
에서 나왔으므로, 가르침에도, 비
난에도, 수정에도, 정의교육에도
유익하다.
17 **하나님** 사람은, 그의 모든 위업을
철저히 맞추어 살아가다보면, 완
전하게 될 수 있다.

대리임무를 충실히 실천해라

4 그래서 내가 너에게, **하나님**과
주인님 지저스 크라이스트 앞에
서 당부한다. 그는 그의 왕국에서
나타나 산자와 죽은자를 재판하게
될 것이다.
2 다음 말을 알려야 한다. 제때든 아
니든 항상 준비하며, 고치고, 꾸짖
고, 오래 참기와 가르침을 권해라.
3 건전한 가르침을 견디지 못하는
시기가 되면, 그들은 욕망을 따르
며, 편드는 선생을 모아, 가려운 귀
를 긁듯, 듣고 싶은 이야기만 하게

될 것이다.
4 그들은 진리에서 귀를 돌려, 사람
이 지어낸 이야기를 향하게 될 것
이다.
5 그래도 너는 모든 것을 조심하고,
어려움을 견뎌라. 전언evangelist사업
에 힘쓰고, 너의 대리임무를 충실
히 실천해야 한다.
6 나는 이제 제물이 될 준비가 되어
있고, 떠날 시간도 다 되었다.
7 나는 선한 싸움을 하며, 나의 여정
을 마쳤고, 나의 믿음도 지켰다.
8 지금부터 나에게는 정의의 왕관이
씌어진다. 그것은 정의를 판단하
는 **주님**이 그날 나에게 줄 것이다.
나뿐아니라 그의 출현을 사랑하는
모두에게 주게 된다.
9 네 노력을 다하여 가능한 빨리 나
에게 오기 바란다.
10 디마스Demas는 현 세상을 사랑하더
니, 나를 버리고 데썰로니카로 갔
다. 크레슨스는 걸래이샤로 갔고,
타잍어스는 달매이샤 교회로 갔
다.
11 오직 루크Luke만이 나와 함께 있다.
말크Mark를 잘 돌보다, 너와 함께
데려오너라. 그는 대행임무를 위
해 나에게 도움이 되는 사람이다.
12 또 티키커스는 에풔서스 교회로
보냈다.
13 네가 올 때, 내 옷을 갖다주기 바란
다. 그것은 내가 트로애스의 칼퍼
스 집에 두었는데, 그것과 함께, 책
중에서도, 특히 양피지책을 가져
오너라.
14 알렉잰더 구리세공자는 나에게 해
를 많이 주었는데, **주님**이 그에게
도 자기가 한 대로 보상해줄 것이
다.
15 너도 그를 조심해라. 그는 우리가
전하는 가르침에 강력히 반발했
다.
16 한편, 나의 첫변론에 아무도 내편
에 서준 사람이 없이, 모두 나를 외
면했다. 그래도 나는 **하나님**에게
그들 책임이 되지 않도록 기도했
다.
17 그렇지만 **주님**이 나와 함께 있어주
어서, 나를 강하게 만들어주었다.
그래서 내가 전하는 가르침을 제
대로 이해한 다음, 이교도 모두에
게 들려주게 되었다. 이는 내가 사
자의 입에서 구원받은 것이었다.
18 **주님**은 나를 모든 악의 작업으로부
터 구하고 보호하여, 하늘왕국으
로 안내할 것이다. 그에게 영원한
명예가 있기를 기도한다. 애이멘
[한마음이다.]
19 프리스카와 어퀼라에게 안부전하
고, 오니서풔러스 집안에도 인사
해라.
20 이래스터스는 코린쓰에 있지만,
트로풔머스는 아파서 내가 밀레터
스에 남겨두었다.
21 겨울이 되기 전에 가능한 빨리 오
기 바란다. 유블러스가 너에게 인

사하고, 푸든스와 라이너스와 클
라우디아와 모든 형제가 인사한
다.
22 주인님 지저스 크라이스트가 너의
영혼과 함께 있고, 너에게 큰배려
가 내리기를 바란다. 애이멘 [한마
음이다.]

[티머씨에게 보낸 두번째 편지는, 그가 이퓌션 교회의 첫주교로 임명되었을 때, 폴이 롬Rome에서 보냈다. 당시 폴은 네로 앞에 두 번째로 끌려나 갔다.]

타읻어스에게 폴의 편지

주교직 조건

1 폴Paul이 **하나님**의 종이자, 지저
스 크라이스트의 제자가 된 일
은, **하나님**의 선택에 덕에, **하나님**
의 뜻에 따른 진리였음을 깨닫게
되었다.
2 영원한 생명에 대한 희망은, 거짓
을 말하지 않는 **하나님**이, 세상이
시작되기 전부터 약속했다.
3 하지만 그것은 제때가 되면, 가르
침의 메시지가 알려지면서 나타나
게 된다. 알리는 임무는 우리의 구
원자 **하나님**의 명령에 따라 나에게
맡겨졌다.
4 공통의 믿음을 따라 나의 아들이
된 타읻어스Titus에게, **하나님** 하늘
아버지와 주인님 지저스 크라이스
트 우리 구원자가 주는 배려와 사
랑과 평화가 있기를 바란다.
5 그래서 나는 너를 크리트섬에 남
겨, 네가 필요한 것을 정리하고, 내
가 너를 임명하듯, 도시마다 원로
에게 서품을 줄 수 있게 한 것이다.
6 대상은 흠이 없고, 한 아내의 남편
이며, 믿는 자녀를 두었지만, 폭동
이나 불법으로 고소된 적이 없는
사람이어야 한다.
7 주교직은 **하나님**의 집사처럼 결점
이 없어야 하고, 자기 고집이 없이,
쉽게 화내지 않고, 술고래는 안 되
고, 남을 때리지 않아야 하고, 부정
소득을 챙겨도 안 된다.
8 대신 사람 대하기를 좋아하고, 좋
은 사람을 사랑하고, 맑은 정신으
로, 정의가 있고, 신성하고, 절제있
는 사람이어야 한다.
9 배운대로 강한 믿음을 굳게 지니
면, 그는 건전한 가르침으로 권할
수도 있고, 또 군말하는 자를 확신
킬 수도 있다.
10 제멋대로 구는자, 헛소리하는자,
속이는자가 많은데, 특히 할례자
가 그렇다.
11 온집안을 파멸시키므로, 저들 입
부터 멈춰야 한다. 저들은 하지 말
아야 할 일까지 가르치며, 대가로
부정이익을 챙기기 때문이다.
12 저들 중 하나로, 같은 편의 어떤 예
언자조차 이런 말을 한다. "크리션
사람은 늘 거짓말에, 악한 짐승으
로, 느린 밥보더라."
13 그런데 이 증언은 사실이다. 따라
서 그들을 세심하게 나무라면, 믿
음이 건전해질 수 있다.

14 쥬다인이 지어낸 이야기에 주의를
기울이지 말고, 진실을 외면한 사
람의 명령을 조심해라.
15 순수한 곳에서 나온 것은 모두 순
수하고, 믿지 않고 오염된 것은 순
수하지 않다. 이는 양심마저 오염
된 탓이다.
16 **하나님**을 안다고 고백하고도, 그들
이 하는 일은, 그를 거부하고, 진저
리를 치고, 복종하지 않기 때문에,
좋은 것과 맞지 않다.

권위있게 잘못을 꾸짖어라

2 그러나 너는 가르침을 바람직하
게 전해야 한다.
2 나이든 남자는 맑은 정신으로 신
중하게 자제하여, 믿음과 사랑과
인내력을 건전하게 갖추게 한다.
3 나이 먹은 여자도 같은 식으로 신
성하게 행동하고, 잘못된 비난을
하지 말고, 술을 지나치게 마시지
말며, 좋은 행동의 본보기가 되게
한다.
4 그들은 소녀에게 맑은 정신을 가
르쳐, 남편과 자녀를 사랑하게 만
들어야 한다.
5 또한 분별력과 정숙함을 익혀, 가
정을 잘 지키게 하고, 남편에게 순
종하게 하면, **하나님** 가르침이 헛
되지 않을 것이다.
6 소년도 똑같이 늘 정신이 깨어 있
도록 권해야 한다.
7 모든 면에서 스스로 좋은 행동의
모범을 보이며, 가르침이 바르고
신중하며 진정한 진리임을 알려
라.
8 건전하면서도 비난받지 않을 말을
해야, 상대편이 부끄러워지고, 너
에 대한 악담을 하지 않게 된다.
9 좋은 주인에게 복종하도록 권하
고, 온힘을 다하여 그들을 만족하
게 해주고, 말대꾸하지 말기를 권
해라.
10 훔치기 대신, 일마다 충성을 보이
게 해라. 그러면 모든 일에 우리 구
원자 **하나님**의 가르침을 아름답게
돋보여주는 일이 된다.
11 구원하려는 **하나님**의 배려는 모두
에게 나타나기 때문에,
12 **하나님** 뜻을 거스르거나, 세상의
욕망을 쫓는 자신을 물리치도록
배우면, 우리는 바른 정신으로 정
의롭고, **하나님** 뜻대로, 현 세상에
서 살 수 있고,
13 축복받은 희망과 위대한 **하나님**과,
우리 구원자 지저스 크라이스트의
찬란한 빛이 나타나기를 기다릴
수 있다.
14 그는 우리를 위해 자신을 주고, 죄
로부터 우리를 되찾을 수 있게 만
들었고, 또 선행에 열정적인 특별
한 사람을 자신을 위해 깨끗하게
정화시켰다.
15 이런 이야기를 말하고, 권하며, 권
위있게 잘못을 꾸짖어라. 그래서
아무도 너를 가볍게 여기지 않게

해라.

어리석은 것을 피해라

3 이것을 마음에 두고, 원칙주의
와 권력자도 대상에 넣고, 행정
관을 복종시켜, 좋은 일을 할 각오
를 다지게 해라.
2 아무도 악담하지 않고, 싸움하지
않는 대신, 모두에게 부드럽게 친
절함을 보이게 해라.
3 우리 자신도 가끔 어리석게, 반발
하며, 속이고, 여러 욕망과 쾌락에
빠지기도 하고, 악의, 시기, 증오속
에서 살며, 서로 미워한다.
4 그러나 우리 구원자 **하나님**은 인간
을 향해 사랑과 친절을 보인 다음,
5 사람이 실천한 정의가 아닌, 그가
우리를 아끼면서 보여주는 큰사랑
에 따라, 재건을 위해 다시 씻기고,
신성한 영혼성령을 새롭게 만들어
주었다.
6 그가 우리에게 성령을, 우리 구원
자 지저스 크라이스트를 통하여
풍부하게 비춰주자,
7 그것은 그의 배려 덕택으로 면죄
를 정당하게 인정해주어서, 우리
를 영원한 생명의 희망대로 상속
자로 만들게 되었다.
8 이것은 확신할 수 있는 진리의 말
이다. 그래서 나는 네가 이 말을 언
제나 강조하길 바란다. 그러면 **하
나님**을 믿는 그들이 더욱 진지하게
좋은 일을 계속 해나갈 것이다. 이
런 일은 인류를 돕는 좋은 일이다.
9 어리석은 것을 피해라. 질문도, 혈
통도, 논쟁도, 법다툼조차 어리석
은 것은 안 된다. 그것은 무익한 헛
수고일뿐이다.
10 한두번 타이른 뒤에도, 여전히 듣
지 않는 사람은 피해라.
11 그런 파멸적인 사람은 죄를 지어,
스스로 유죄를 증명한다는 것을
알아두어라.
12 내가 알더머스를 너 또는 티키커
스에게 보내거든, 너는 즉시 내가
있는 니코폴리스로 오너라. 내가
겨울에 그곳에 있기로 정했다.
13 지너스 법학자와 어폴러스도 데려
와라. 그들 여행에, 가능한 부족한
것이 없게 해라.
14 우리 성도 역시 좋은 일을 계속하
도록 가르쳐 요긴하게 쓰이면, 그
들도 결실이 없지 않다는 것을 배
우게 된다.
15 나와 함께 있는 모두가 너에게 안
부 전하고, 믿음 속에서 우리를 사
랑하는 사람에게도 인사한다. **주님**
의 배려가 너와 모두에게 있기를
바란다. 애이멘 [한마음이다.]

[이것은 크리시션 교회의 첫주교로 임명된 타일어스에게, 매서도니아의 니코폴리에서 폴이 쓴 편지이다.]

퀼리먼에게 폴의 편지

잘못을 사랑으로 선처바란다

1 지저스 크라이스트로 인해 수감
자가 된 나 폴Paul과, 우리 형제
티머씨가, 우리가 사랑하는 동료
퀼리먼Philemon에게 편지하며,
2 또 사랑하는 에퓌아와, **주님**의 전
사 알키퍼스와 당신 집안에 모인
교인 모두에게 인사하고,
3 우리 **하나님** 하늘아버지와 주인님
지저스 크라이스트로부터 오는 배
려와 평화가 당신에게 있기를 바
란다.
4 나는 기도마다 언제나 당신의 이
름을 말하며 **하나님**에게 감사한다.
5 당신이 주인님 지저스와 모든 성
도에게 보여주는 사랑과 믿음을
전해 들었기 때문이다.
6 당신 믿음의 교류는 효과적으로
발휘될 수 있을 것이다. 크라이스
트 지저스 안에서 당신이 실천하
는 선행은 무엇이나, 우리에게 잘
알려져 있기 때문이다.
7 그래서 우리는 당신의 사랑으로
인해 큰기쁨과 위로를 얻었고, 모
든 성도의 마음속까지 형제인 당
신 덕택으로 더욱 새로워지게 되
었다.
8 비록 내가 편한대로 당신을 크라
이스트 안으로 강하게 끌어들일
수 있다 하더라도,
9 오히려 당신에게 사랑을 위한 일
을 하기를 바라는 것은, 폴은 나이
도 들었고, 지저스 크라이스트로
인해 구속되어 있으므로 부탁하고
싶다.
10 나의 부탁은 나의 아들이 된 오니
서머스를 위한 것으로, 내 수감생
활 중에 그를 얻었다.
11 그는 과거에 당신에게 불이익을
주기는 했어도, 이제는 당신과 나
에게 유익한 사람이 되었다.
12 내가 이 사람을 당신에게 다시 보
내니, 당신은 그를 나의 마음이라
생각하고 받아주기 바란다.
13 내 곁에 그를 붙잡아두고, 당신대
신 가스펄 메시지 때문에 감금된
나를 시중들게 하고 싶은 마음도
있었다.
14 그러나 당신 승낙없이 나는 아무
것도 하고 싶지 않다. 그래서 당신
이 필요 때문에 마지못해하는 게
아니라, 자신해서 기꺼이 선처해
주길 부탁한다.
15 그가 한동안 당신을 떠나 있었지

만, 당신이 그를 영원히 받아줄 때
는,
16 이제 종으로서가 아니라, 종 이상
의 사랑하는 형제로, 나에게도 특
별하지만, 인간적 면이나, **주님** 입
장이나, 당신에게도 얼마나 훨씬
더 소중한 형제인가?
17 만약 당신이 나를 지저스 임무의
동료로 여긴다면, 내게 하듯, 그를
받아주길 부탁한다.
18 그가 당신에게 잘못했거나, 당신
에게 갚을 빚이 있으면, 내 앞으로
달아놓기 바란다.
19 나 폴은 여기에, '그 빚을 내가 갚겠
다'고, 자필로 쓴다. 그러나 당신이
내게 얼마나 빚을 지며 지금에 이
르렀는지 말하려는 것은 아니다.
20 맞다, **주님** 안에서 형제 당신의 기
쁨을 내게도 나눠주기 바란다. 그
럼 **주님** 안에 있는 나의 마음속 깊
이까지 새로워진다.
21 내가 쓰는 편지에 당신이 따라줄
것을 확신하고, 또 당신은 나의 말
이상도 할 것이라고 안다.
22 그와 함께 내가 거처할 방도 마련
해준다면, 당신의 기도를 통하여,
나도 당신에게 갈 수 있을 것으로
믿는다.
23 구원자Christ 지저스 안에서 같이 있
는 동료수감자 이파프러스가 당신
에게 인사하고,
24 말크Marcus, 아리스탈커스Aristarchus,
디머스Demas, 루크Lucas 나의 동료
도 안부전한다.
25 우리 주인님 지저스 크라이스트의
큰배려가 당신의 영혼과 함께 하
기를 바란다. 애이멘 [한마음이다.]

[롬Rome에서 퀼리먼에게 쓴 폴의 편
지를 노예 오니서머스가 전달했다.]

히브루에게 폴의 편지

하나님의 아들

1 과거에 **하나님**이 여러 차례에 걸
쳐 다양한 방법으로 예언자를
통하여 수시로 우리 조상에게 전
해온 것은,
2 마침내 그의 아들이 우리에게 온
다는 말이었다. 그는 그를 후계자
로 지정하여, 자기가 만든 세상의
모든 것을 상속한다고 했다.
3 아들은 자기의 밝은 빛을 주고, 자
기가 만든 인간 모습으로 표현했
으며, 그의 말의 힘으로 모든 것을
바로 세우게 한 다음, 우리 죄의 대
가로 스스로 숙청되면, 가장 높은
곳의 위대한 존재 오른쪽에 앉힌
다.
4 그가 천사보다 더 좋게 만들어져,
유산을 받게 되면, 그들 이상으로
훨씬 더 탁월한 이름을 상속받는
다.
5 그가 언제 어느 천사에게 말한 적
이 있었나? "너는 나의 아들이다.
이날 내가 너를 낳았다" 라고? 또
"나는 그에게 아버지가 되고, 그는
나의 아들이 된다"고 했던가?
6 다시, 그가 세상에 첫아들을 데려
오면서 한 말이, "**하나님**의 천사는
그를 경외해야 한다"고 했다.
7 그가 천사에게 또 말한다. "그는 영
혼으로 천사를 만들고, 타는 불꽃
으로 자기 종을 만들었다"고 했다.
8 그런데 아들에게는 이렇게 말한
다. "오 하늘의 신이 말하는데, 네
왕좌는 영원하다. 정의의 홀은 네
왕국의 지휘봉이 된다.
9 너는 정의를 사랑하고, 죄를 미워
했으므로, 너의 **하나님**은 너를 기
쁨의 오일로 기름발라서, 네 동료
이상으로 높일 것"이라고 했다.
10 또 **주님**은 말한다. "처음에 너는 이
땅의 기반이었고, 하늘은 네 손이
만든 작품이다.
11 그들은 소멸해도, 너는 남는다. 또
그들이 오래되면 옷처럼 낡는다.
12 네가 의복을 접어두면 그것은 변
한다. 하지만 너는 언제나 똑같고,
너의 해도 지나지 않는다"고 했다.
13 그가 언제 어느 천사에게 다음을
말한 적이 있었나? "내 오른쪽에
앉아라. 내가 네 적으로 너의 발판
을 만들어줄 때까지" 라고 했나?"
14 천사란, 모두 봉사하는 영혼들로,
아들이 구원 상속자가 될 때, 그를
돕기 위해 파견되지 않나?

몸과 피의 공유자 역할

2 그래서 우리는 들어야 할 이야
기에 더 열심히 귀를 기울여, 언
제라도 그것을 놓치지 말아야 한
다.
2 천사가 전한 **하나님** 말은 확고하기
때문에, 모든 위반과 반발은 그에
맞는 대가를 받는다.
3 우리가 그토록 위대한 구원을 무
시하고 어떻게 벌을 피할 수 있나?
그것은 처음에 **주님**이 전했을 때,
그것을 들은 자가 우리에게 증언
해주었다.
4 **하나님**도 그것에 대해 표시와 기적
으로 증거가 되게 했고, 다양한 경
이 및 자신의 의지에 따라 신성한
영혼의 선물까지 주었지 않았나?
5 그는 앞으로 올 세상을, 천사들에
게 복종시키게 하지 않았다는 것
을, 우리가 말하고 있다.
6 대신 어떤 존재가 있는 한 장소에
대해 증언하자면, "그 존재란, 당신
이 보살피는 사람인가? 아니면 당
신이 그를 만나러 방문하게 될 사
람의 아들인가?
7 당신은 그를 천사보다 좀 더 낮게
만들어, 당신이 그에게 빛과 명예
의 크라운관을 씌운 다음, 당신 손
으로 만든 세상 위에 자리잡게 했
다.
8 당신은 그의 발아래 모든 것을 복
종시켰다. 그래서 그는 자기 아래
모든 것을 복종시켰고, 발아래 두
지 않는 것은 아무것도 없었다. 그
런데도 우리는 모든 것이 그 아래
놓여 있다는 것을 여전히 알지 못
한다.
9 대신 우리는 지저스를 이렇게 안
다. 그는 천사보다 다소 낮은 단계
로 만들어져, 죽음의 고통을 당한
다음, 빛과 명예의 크라운관을 쓴
다. 그렇게 그는 **하나님**의 배려로,
모든 사람을 위해 죽음을 맛보게
되었다.
10 그래서 그는 모든 것을 위한 존재
이자, 모든 것 때문에 희생되는 존
재가 되어, 많은 아들을 명예의 빛
속으로 이끌며, 고통을 지나, 완전
한 구원의 지휘관을 만들려는 것
이다.
11 정화한 그와 정화된 사람 모두 유
일한 존재로부터 나왔고, 그래서
그가 그들을 형제라고 불러도 부
끄럽지 않았기 때문에,
12 이렇게 말한다. "나는 너희 이름을
나의 형제와, 교회 가운데 알리며,
너희를 자랑하는 노래를 부르겠
다."
13 또, "나는 그에게 의지한다." 또 다
시 말하며, "나와 자손을 보라, **하나**
님이 내게 맡겼다"고 했다.
14 자손은 몸과 피가 같은 공유자이
므로, 그 역시 마찬가지로 똑같은
공유자로 참여했고, 죽음을 통하
여 그는, 죽음의 힘을 발휘하는 악
마를 지닌 자신을 파멸시킬 수 있

었다."
15 그리고 죽음 때문에 인생전체가
노예처럼 종속되는 사람이 갖는,
두려움을 극복하도록 그들을 구원
했다.
16 실제로 천사의 본성을 몸에 걸치
지 않고, 대신 그는 애이브러햄 자
손의 옷을 입었다.
17 그래서 모든 면에 있어서, 그는 사
랑받는 형제와 똑같은 모습이 되
어, **하나님** 관련 일을 하며 큰사랑
으로 헌신하는 대제사장이 되었으
며, 또한 사람의 죄를 대신 갚아 화
해를 이룰 수 있게 했다.
18 자신이 시험을 겪으면서도, 그는
시험당한 자를 구원할 수 있었다.

지저스는 모지스 이상이다

3 그래서 하늘에서 호출하여 공동
참여자가 된 신성한 형제는, 우
리가 제자나 대제사장이라고 생각
하는 구원자Christ 지저스에 대해 깊
이 생각해야 한다.
2 지저스는 자기를 지정한 존재에게
헌신했다. 마치 모지스가 **하나님**집
안 전체에 충실했던 것과 같다.
3 이 사람은 모지스 이상으로 더 찬
란하게 빛나는 가치로 여겨졌으므
로, **하나님**집안의 명예보다 더 훌
륭한 명성을 세웠다.
4 모든 집안은 일부에 의해 명예가
구축되지만, 그는 모든 것이 곧, **하
나님**이라고 못박았다.
5 사실 모지스는 **하나님**집안에서 종
으로 최선을 다하며, 말한 모든 것
을 그대로 증언하는 노력을 기울
였다.
6 하지만 크라이스트는 **하나님**집안
을 관리하는 아들이었는데, **하나님**
집안이 바로 우리들이다. 단 우리
가 강한 신념으로 끝까지 확신과
기쁨을 굳게 갖고 있을 경우를 말
한다.
7 따라서, [신성한 영혼聖靈성령이 말
하듯, "오늘 너희가 그의 목소리를
듣고,
8 너희 마음을 단단하게 굳히지 않
으면, 황야의 사막에서 시험받던
동안 반발할 때,
9 또 40년간 내가 하는 일을 보고도,
너희 조상이 나를 시험하며, 입증
하게 했다.
10 그래서 나는 그 세대에 몹시 실망
하며 말했다. 그들은 늘 마음의 길
을 잃고, 나의 길을 알지 못했다"고
했다.
11 그래서 분노속에서 내가 다음을
맹세했다. "그들은 나의 쉼터로 들
어오지 못한다"고.]
12 형제들아, 조심해라. 너희 중 누구
라도, 믿지 못하는 악한 마음 때문
에, 살아있는 **하나님**으로부터 이탈
하는 자가 없게 해라.
13 대신 오늘이라고 불리는 동안마다
서로에게 권하며, 누구라도 부정
한 죄속에서 마음을 딱딱하게 굳

히지 않도록 해라.
14 우리가 구원자Christ의 공동참여자
로 만들어지려면, 처음부터 끝까
지 흔들리지 않는 확신을 가져야
한다.
15 오늘 너희가 그의 목소리를 들으
려면, 반발로 마음을 굳히지 말라
고 전해진다.
16 그들은 말을 듣고도 반발했는데,
모두 모지스가 이집트에서 데리고
나온 사람이 아니었나?
17 그래서 그는 그들에게 40년간 화
가 나지 않았나? 죄를 지었으므로,
그들이 황야의 시체가 되지 않았
나?
18 그가, '자기 쉼터로 들어와서는 안
된다'고 맹세한 대상은, 믿지 않는
자가 아니었나?
19 그래서 우리가 알아야 할 점은, 불
신 때문에 그들이 약속의 땅에 들
어갈 수 없었다는 것이다.

지저스는 대제사장

4 따라서 그의 쉼터로 들어가는
약속은 여전히 유효하기 때문
에, 너희 중 부주의로 인해, 낙오되
는 사람이 없도록 조심해야 한다.
2 우리에게 가스펄gospel의 행운이 전
해졌고, 물론 그들에게도 마찬가
지이지만, 전달된 메시지는 그들
에게 이익이 없는 것처럼, 듣고도
믿음을 받아들이지 않고 있다.
3 믿고 있는 우리는 그의 쉼터로 들
어가지만, 그의 말대로, "내가 화
가 나서 맹세하는데, 그들은 내 쉼
터에 결코 들어올 수 없다"고 했다.
하나님의 세상 기반구성 작업은 끝
났다 하더라도 말이다.
4 그는 이 문제에 대해 언젠가, 7일
째 날에 대해 말한 것은, "**하나님**은
그가 만드는 작업으로부터 7일째
날 쉬었다"고 했다.
5 그 문구를 다시 말하며, "그들이 절
대 내 쉼터에 들어오지 못한다"고
했다.
6 따라서 일부는 먼저 쉼터로 들어
가야 하는 문제가 남아 있는데, 우
선 행운의 가스펄 메시지를 들은
그들이 믿지 않아서 못들어갔다.
7 다시 그는 언젠가 대이빋 시절에
제한을 말했다. "오랜 세월이 지난
다음, 이날, 말한 그대로, 이날 너희
가 그의 목소리를 듣게 되면, 마음
을 굳히지 말아라.
8 만약 지저스가 그들에게 위안을
주었더라면, 다음에 다른 날이라
고 말하지 않았을 것이다.
9 그래서 **하나님**의 백성에게 위안이
라는 것이 남아 있다.
10 그의 쉼터로 들어오는 사람은, **하
나님**이 자기 일을 마친것처럼, 그
역시 자기 일을 멈춰야 한다.
11 다같이 일하다, 그의 휴식으로 들
어가고, 아무도 불신의 표본을 따
르지 말자.
12 **하나님**의 말은 살아서 힘이 있고,

양날의 칼보다 더욱 예리해서, 영
혼과 관절과 골수까지 꿰뚫고, 생
각과 마음속 의도까지 분간한다.
13 그의 시야에 보이지 않는 창조물
은 없으므로, 모든 것이 숨김없이
그대로 드러나고, 우리가 하는 일
까지 그의 눈이 열어 보고 있다.
14 우리는 하늘로 올라간 대제사장을
아는데, 그는 죽어서 하늘로 간 **하
나님**의 아들 지저스라고 우리가 알
고 있으니, 우리 믿음에 대한 고백
을 확실히 해두자.
15 우리가 연약한 감정을 살피는 대
제사장을 두었다고 말하는 게 아
니라, 모든 면에서 우리가 받은 것
과 똑같은 시험을 그도 받았지만,
단지 그는 죄가 하나도 없다는 것
이다.
16 따라서 우리가 명예의 왕관에 당
당하게 다가서자. 그러면 우리는
큰사랑을 받고, 필요할 때는 도움
의 배려도 발견할 수 있을 것이다.

그는 멜키제덱 계열의 대제사장

5 대제사장은, **하나님** 관련업무를
위해 임명된 사람 가운데 선택
한다. 그러면 그는 예물과 함께 죄
의 대가로 희생제물을 올린다.
2 그가 무지하거나, 바른길을 벗어
나는 자에게 연민을 느껴야 하는
이유는, 자신도 인간의 약점에 둘
러싸여 있기 때문이다.
3 그런 이유에서 그는 사람과 자신
을 위해 죄에 대한 제물을 올려야
한다.
4 어느 누구도 이 명예를 얻고자 자
신을 선택하지 못하고, 애런Aaron
처럼, **하나님**의 소명이 있어야 한
다.
5 그리고 구원자Christ도 스스로 대제
사장이 되어, 명예를 얻은 것이 아
니고, **주님**이 그에게, "너는 나의 아
들이다. 오늘 내가 너를 낳았다"고
말해주었다.
6 그는 바이블의 다른 부분에서도,
"너는 멜키제덱Melchisedec 계열을
따르는 영원한 제사장"이라고 말
하고 있다.
7 지저스가 신체로 살던 시대에, 그
는 눈물로 크게 울부짖으며, 그에
게 기도와 탄원을 했다. **주님**만이
죽음에서 자신을 구할 수 있었고,
그래서 두려움속에서 그의 음성을
들었다.
8 비록 자신이 아들이기는 해도, 그
가 겪어야 할 일에 순종하는 방법
을 배웠던 것이다.
9 그리고 완전해지자, 그는 자기에
게 복종하는 모두를 영원히 구원
하는 주인님이 되었다.
10 그리고 **하나님**은 그를 멜키제덱 계
열의 대제사장이라고 불렀다.
11 멜키제덱은 우리가 말할 것이 많
아도, 설명이 어렵기 때문에, 너희
가 이해가 힘들 것이다.
12 시기로 보면, 너희는 당연히 선생

이 되었어야 하는데, 여전히 너희
는 가르침을 받을 선생이 필요하
다. 우선 **하나님** 가르침의 원리부
터 다시 배워야 하는 것처럼, 질긴
고기가 아니라, 젖이 더 필요한 경
우이다.
13 젖을 먹는 사람은 정의의 **하나님**
가르침 전달에 능숙하지 못한, 아
기와 같다.
14 그러나 질긴 고기는 성년에 속하
는 사람으로, 그들의 경험감각을
활용하면, 선악을 구별할 수 있다.

약속을 위해 믿고 참는 사람을 따르자

6 그러므로 크라이스트의 가르침
원칙을 배운 우리는, 인성의 완
성도를 높여 나가자. 죽음에 이르
러 후회하는 똑같은 일을 반복하
지 말고, **하나님**을 향하며,
2 세례의식의 원리를 믿고, 대상에
손을 얹는 행위에 신념을 두고, 죽
음에서 일어나는 부활을 믿으며,
영원한 불변의 정의를 믿자.
3 우리가 이렇게 하면, **하나님**이 인
정한다.
4 이것이 불가능한 경우는, 한때만
반짝 하늘의 선물을 맛보았거나,
과거에 신성한 영혼성령을 공유한
적이 있는 사람이다.
5 또 **하나님**의 좋은 가르침을 맛보
고, 세상권력에 오를 자가,
6 그의 길에서 멀어지면, 나중에 후
회하게 되는 까닭은, 그들이 **하나
님**의 아들을 다시 십자가형을 시켰
다는 사실을 깨달을 때면, 본인의
수치가 드러나기 때문이다.
7 가끔씩 내리는 비를 마시는 땅은,
가꾸는 사람에 맞춰 농산물을 생
산해주는데, 이것이 바로 **하나님**의
축복을 받는 일이다.
8 하지만 흙이 가시와 브라이어들장미
를 맺으며 씨앗을 거부하면, 이는
거의 저주에 가까워 결국 타버린
다.
9 그러나 사랑받는 우리에게 더 분
명하게 좋은 것은, 이미 말했듯이,
구원을 따르는 일이다.
10 **하나님**은 너희 일과 사랑의 노력을
잊을 정도로 정의를 무시하지 않
는다. 사랑은 너희가 그의 이름으
로 성도에게 실천하며 보여야 할
임무다.
11 우리가 바라는 바는, 너희 모두가
똑같이 열심히 노력하면, 마침내
희망을 이룬다는 확신을 가지라는
것이다.
12 그리고 너희는 게으름없이, 약속
을 물려받으려고 믿고 참는 사람
을 따라야 한다.
13 **하나님**이 애이브러햄에게 약속했
을 때, 자기보다 더 위대한 존재가
없었기 때문에, 자기 이름으로 맹
세하며,
14 이렇게 말했다. "나는 너에게 확실
한 축복을 주어, 너를 크게 번성시
키겠다"고 했다.

15 그리고 그가 참고 견딘 뒤에 약속
이 이루어졌다.
16 사람은 실제로 자신보다 더 큰인
물을 보증삼아 맹세하기 때문에,
모든 싸움의 끝은 맹세 확인이다.
17 그런데 더 엄청난 의도를 가진 **하**
나님은, 불변의 약속을 상속자에게
보여주려고, 맹세로 계획을 확실
하게 했던 것이다.
18 이 '약속'과 '**하나님**은 거짓을 말하
지 않는다'는 두 가지 변하지 않는
진리에 따라, 우리는 강한 위로를
받을 수 있다. 그래서 우리 앞에 놓
인 희망을 잡으려고 피난처로 달
려가는 것이다.
19 우리가 잡는 희망은 영혼의 닻으
로, 확실하고 굳건하기 때문에, 그
것으로 가림막 안으로 들어갈 수
있다.
20 우리보다 앞서 그 안에 들어간 사
람은 지저스인데, 그는 멜키제덱
계열에 따라 영원한 대제사장이
되었다.

대제사장 멜키제덱 해설

7 멜키제덱은 새일럼캐이넌도시의
왕이자 가장 높은 **하나님**의 제사
장으로, 여러 왕을 죽이고, 돌아온
애이브러햄을 만나, 축복해주었다.
2 애이브러햄은 그에게 포획물 1/10
을 주었다. 그는 처음에 정의의 왕
으로 시작한 다음, 나중에는 평화
를 의미하는 새일럼왕이 되었다.
3 그는 아버지도, 어머니도, 가계도
없고, 출생일도, 사망일도 없지만,
하나님의 아들처럼 만들어져, 계속
제사장으로 살았다.
4 이제 그가 얼마나 큰인물지 생각
해보면, 심지어 족장 애이브러햄
조차 전리품의 1/10을 주었다.
5 실제 리바이Levi부족이 제사장직
을 물려받으면, 법에 따라 사람으
로부터 십일조를 받으라는 명령이
있다. 다시 말해, 그들이 애이브러
햄 가문이라 해도, 이즈리얼의 자
손만이 가능하다.
6 그런데 애이브러햄 가문도 아닌
그가, 그로부터 십일조를 받고, **주**
님의 약속을 받은 애이브러햄에게
축복해주었던 것이다.
7 그리고 말할 필요없이 축복이란,
나은쪽이 덜한쪽에게 주는 게 당
연하다.
8 이쪽에는 "죽을 사람들이" 십일조
를 받는다" 하고, 저쪽에는 "그가
사람들로부터 받는다" 하는데, 그
야말로 그는 산증인이다.
9 내가 말하려는 것은, 십일조를 받
는 리바이 역시 애이브러햄을 통
해 십일조를 주었다는 것이다.
10 멜키제덱이 애이브러햄을 만났을
당시, 리바이는 조상의 몸속에 있
었다.
11 리바이부족의 제사장직은 완전성
에 있어서, [사람들이 법을 인정하
는 경우에,] 더 필요한 부분이 있기

때문에, 멜키제덱의 계열을 따르
는 별도의 제사장이 있어야 했고,
애런가문을 따라 호출되지 않았던
게 아닐까?
12 제사장직을 변경하려면, 법을 바
꿔야 할 필요가 있다.
13 그래서 그는 제단에 봉사해본적이
없는 다른 부족소속을 언급했던
것이다.
14 우리 주인님은 쥬다부족 출신이
분명한데, 모지스는 쥬다부족에
대해 제사장직을 말한 적이 없다.
15 훨씬 더 명백한 증거도 있다. 멜키
제덱의 사촌집안에서 다른 제사장
이 나오면,
16 그는 신체관련 세상의 법에 따르
지 않고, 영원히 사는 힘의 법칙을
따라야 한다.
17 그의 증언에 의하면, "너는 멜키제
덱 계열을 따르는 영원한 제사장
이다" 라고 했다.
18 실제 이전 규정을 무시한 이유는,
약하고 도움이 되지 않았기 때문
이다.
19 법이 완전하게 만들어지지 않았으
므로, **하나님**에게 좀 더 가까이 갈
수 있는 더 좋은 희망을 도입한 것
이다.
20 그리고 어디까지나 그가 제사장이
된 것은 맹세없이 된 게 아니다.
21 [일반 제사장은 맹세없이 되지만,
이 경우에는 **하나님**이 맹세하며 그
에게 이렇게 말했다. "주인은 맹세
하며 영원히 후회하지 않을 것이
다. 너는 멜키제덱 계열에 따라 영
원한 제사장이 된다"고 했다.]
22 이로서, 지저스는 확실하고 더 나
은 약속의 증거가 되었다.
23 사실 제사장이 많았던 까닭은, 그
들은 죽음 때문에 업무를 계속 할
수 없었던 것이다.
24 그러나 이 사람은 영원히 계속할
수 있으므로, 불변의 제사장직을
갖는다.
25 그래서 그는 그들을 구하여, 영원
히 사는 자기가 이끌며, 마침내 **하
나님**에게 데려갈 수 있고, 사람을
위해 중재역할이 가능하다.
26 우리는 그와 같은 대제사장이 필
요하다. 그는 신성하고, 흠이 없고,
오염이 없고, 죄도 없이, 하늘보다
더 높게 만들어졌다.
27 그는 매일 제사할 필요가 없다. 대
제사장은 우선 자기죄를 위해 희
생제물을 올리는 제사를 하고 나
서, 사람을 위해 제사한다. 그는 자
신을 받치면서 단 한 번으로 끝냈
다.
28 법은 결점이 있는 사람 가운데 대
제사장을 지정하게 만들지만, 법
이후에 나온 **하나님**의 맹세는 아들
을 영원히 봉헌하도록 만들었다.

낡은 것 대신 새계약

8 우리가 말하는 요점은, 우리에
게 그런 훌륭한 대제사장이 있

는데, 그는 하늘의 주인 왕좌의 오
른쪽에 앉아 있다는 것이다.
2 그는 성소의 관리자다. 사람이 아
닌 **하나님**이 세운 진리의 성막을
그가 지킨다.
3 모든 대제사장은 예물과 희생제물
을 올리기 위해 임명되었으므로,
그도 무엇인가 마땅히 제물을 올
릴 필요가 있다.
4 그가 지상에 있었다면, 제사장이
되지 못하는데 그 이유는, 제사장
은 법에 규정된 예물을 올려야 하
지만, 그는 하지 않았음을 알기 때
문이다.
5 제사장은 성소에서 일하는데, 그
곳은 하늘에 있는 본체의 복사본
이자 그림자 형태다. 모지스가 성
막을 지으려고 했을 때, **하나님**이
권하는 지시를 받았다. 그때 **하나님**
이 말했다. "보라, 너는 모든 것을
산에서 너에게 보인 모양에 따라
지어야 한다"고 했다.
6 그런데 지저스는 훨씬 더 우월한
임무를 받았다. 그것은 얼마나 더
하나님 사이를 중재했는지에 관한
것으로, 새 약속은 더 나은 약속을
맺는 일이었기 때문이었다.
7 만약 첫계약에 결점이 없다면, 두
번째를 생각할 필요가 없다.
8 거기서 잘못을 발견하고, 그는 이
렇게 말한다. "보라, 앞으로 나는
이즈리얼 사람이면서 쥬다집안과
새계약을 맺을 것이다.
9 나는 그들 조상과 맺은 계약을 따
르지 않겠다. 당시 이집트 땅에서
나는 손으로 그들을 이끌고 데려
오기는 했지만 말이다. 그 이유는
그들이 나의 계약을 계속 지키지
않아서, 그들을 생각하지 않기로
했다고 **주님**이 말한다.
10 그리고 이것이 그날 이후 내가 이
즈리얼집안과 맺은 새계약이라며
주님이 다음을 말한다. '나는 내법
을 그들 마음속에 집어넣고, 그것
을 그들의 가슴속에 새겨넣을 것
이다. 그래서 나는 그들에게 **하나님**
이 되고, 그들은 나의 백성이 될 것'
이라고 했다.
11 그들은 더 이상 이웃을 가르칠 필
요가 없이, 사람마다 형제에게, '**주**
님을 알아라'고 말하기만 하면 된
다. 낮은자부터 높은자까지 모두
나를 알 테니까 말이다.
12 그래서 나는 그들의 정의에 관대
한 사랑을 주고, 그들의 죄와 잘못
도 내가 더 이상 기억하지 않을 것
이다."
13 그가 말한, 새계약은 있던 것이 낡
아서 대신 만들었다고 했다. 이제
오래 된 것은, 낡아서 사라질 차례
다.

피로 맺은 두번째 계약

9 다음, 사실 첫계약은 신성한 제
사법과, 세상에 있는 성소에 관
한 법이었다.

2 그래서 성막이 만들어지자, 우선
거기에 촛대와 탁자와 전시용빵을
놓고, 그것을 성소라고 불렀다.
3 두 번째로 가림막을 두르고, 그곳
을 성막의 최고성소라고 불렀다.
4 그곳에는 금제향로가 있고, 주위
를 금으로 도금한 약속의 상자가
있고, 그 안에 매나가 들은 금제단
지가 있고, 싹이 돋은 애런의 지팡
이가 있고, 약속의 탁자가 있다.
5 자비의 자리 위에는 신성한 두 체
럽천사가 날개를 펴서 덮는데, 지
금은 이에 관해 구체적으로 말할
수 없다.
6 그리고 이런 것이 준비되면, 제사
장은 언제나 규칙적으로 첫째 성
소에 들어가 **하나님**에게 예배했다.
7 하지만 둘째 최고성소는 오직 대
제사장만 매년 한 번씩 피를 가지
고 안으로 들어가, 자신을 위해 제
사하고, 또 사람이 무지해서 지은
죄를 위해 제사한다.
8 신성한 영혼성령의 의미는, 아직 드
러나지 않은 최고성소의 신성함속
으로 들어가는 길을 보여주는 것
이다. 한편 첫성소는 여전히 제기
능이 있다.
9 첫성소는 현재의 모습을 보여준
다. 그 안에서 예물과 희생제물을
올리지만, 그것이 예배자의 양심
을 깨끗하게 정화하지는 못한다.
10 그것은 오직 먹고 마시고, 여러가
지 씻는 정화의식, 신체규정과 관
련되고, 재설정의 시기가 될 때까
지 그런 형태도 부과되었을 뿐이
다.
11 그러나 구원자Christ가 좋은 소식을
전할 대제사장으로 나타나면, 그
는 더 웅장하고, 훨씬 더 완벽한 성
소로 오는데, 그곳은 사람의 손이
만들지 않은, 곧 건물이 아닌 곳으
로 오게 된다.
12 그는 염소나 송아지의 피가 아닌,
자신의 피를 통하여 단번에, 신성
한 장소에 들어가, 우리를 위해 영
원한 구원이 될 것을 받아들였다.
13 만약 황소나 염소 피와, 암소의 재
를 불결한 사람에게 뿌려, 신체가
깨끗하게 정화된다면,
14 크라이스트의 피는 얼마나 더 위
대한가? 영원한 성령으로 통하는
그는, 결함도 없는데 자신을 **하나님**
에게 바쳐, 죽음이 작용하는 너희
양심을 정화시키고, 이제 우리가
살아있는 **하나님**을 섬길 수 있게
하다니!
15 이런 이유에서 지저스는 새약속의
중재자다. 죽음을 이용하여 첫계
약의 위반을 상환하여, 호출된 그
들이 영원한 약속의 유산을 받을
수 있게 되었다.
16 유언이 있는 곳에는 반드시 유언
자가 죽어야만 한다.
17 유언은 사람이 사망한 다음 효력
이 있다. 그렇지 않고, 유언자가 살
아있는 동안에는, 아무 효력이 없

다.
18 따라서 첫계약은 피가 없어 효력
이 없었다.
19 모지스가 법대로 모두에게 계명
을 이야기하면서, 그는 송아지피
와, 염소피와, 물과, 주홍색 양털과,
히숍풀우슬초을 가지고, 바이블책과
사람에게 뿌렸다.
20 그러면서 말했다. "이것은 계약의
피로, **하나님**이 너희에게 지키라고
명령한 것"이라고 했다.
21 또 그는 피를 성소와 모든 제기에
뿌렸다.
22 사실 법은 거의 모든 것을 피로 정
화되게 만들어졌고, 피를 뿌리지
않으면 죄가 사면되지 않는다.
23 그래서 하늘의 유사형태는 이런
피로 정화할 필요가 있었지만, 하
늘에 속하는 것은 이보다 더 나은
희생으로 정화되어야 했다.
24 크라이스트가 손으로 만든 신성
한 장소로 들어가지 않은 것은, 그
곳이 진짜의 유사물이기 때문이었
다. 대신 하늘 자체로 들어가, 앞으
로 우리를 위해 **하나님** 앞에 나타
날 것이다.
25 그는 자주 자신을 제물로 바치고
않았고, 대제사장이 매년 남의 피
를 가지고 들어가듯이 하지 않았
다.
26 그렇지 않으면 그는 세상기반이
형성된 이래 여러 차례 고통을 겪
어야 했을 것이지만, 세상 마지막
시기에, 그는 한 번 자신을 희생하
여 죄를 제거하러 나타났다. 27 인
간은 한 번 죽도록 정해져 있고, 그
다음 판결이 있다.
28 그래서 크라이스트는 다수의 죄를
지기 위해, 한 번 자신을 제물로 바
쳤다. 그래서 그는 두번째로 나타
나, 자기를 찾는 사람을 위하여 죄
와 상관없이 구원하게 될 것이다.

나의 몸으로 제사를 준비해라

10 앞으로 있을 좋은 일의 그림
자에 지나지 않는 제사법은,
그것의 실모습은 아니므로, 매년
제물을 계속 올린다고 해서, 그들
을 완전하게 만들 수 없다.
2 완전해졌다면, 그들이 제사를 중
단하지 않았을까? 예배자가 일단
깨끗하게 정화되면, 죄의식을 더
이상 갖지 않아도 된다.
3 그런데 그들의 제사는 해마다 만
들어지는 죄를 떠오르게 할뿐이
다.
4 황소와 염소 피로 죄를 없애기는
불가능하다.
5 그래서 구원자Christ가 세상에 와서,
이렇게 말한다. "제사와 제물을 올
리는 대신, 너희는 나의 몸을 가지
고 제물을 준비해라.
6 번제제물과 희생제물은, 너희 죄
의 대가로, 충당이 안 된다.
7 그래서 내가, '보세요, 내가 [나에
대해 책에 적혀 있는 대로] 가서, **하**

나님 당신 뜻을 실행하겠어요' 라
고 말했다"고 되어 있다.
8 위에서 그의 말은, "희생제물과 번
제제물과 속죄제물을 준비하려고
하지 마라. 그것으로 만족되지 않
는다"며, 법대로 준비하는 제사를
그렇게 말했다.
9 또 그가, "보세요, 나는 당신의 뜻
을 이루려고 왔어요. 오 **하나님**!"이
라고 말했다. 그는 첫번을 폐지하
고 두번째를 세우고자 했다.
10 그 뜻대로 우리는 정화되었는데,
지저스 크라이스트가 단 한 번 몸
을 제물로 바쳐, 모두를 신성하게
한 것이다.
11 모든 제사장은 매일 제사하며, 때
때로 일정한 제물을 올리는데, 그
것으로는 절대 죄를 없앨 수 없다.
12 그러나 이 사람은, 단 하나의 영원
한 속죄용 제물을 바친 다음, **하나
님** 오른쪽에 앉았다.
13 그때부터 그는 그의 적으로 자신
의 발판이 만들어질 날을 기대하
고 있다.
14 그가 바친 단 한 번의 제물로, 그는
죄를 씻은 사람을 영원히 완전하
게 만들었다.
15 신성한 영혼성령 역시 우리에게 이
에 관해 증언한다. 그가 전에도 말
한 바과 같이,
16 "이것은, 그날 이후 그들과 내가 맺
을 계약이라고 **주님**이 말한다. 나
는 나의 법을 그들 마음속에 넣어,
그들 가슴속에 새기겠다"고 했다.
17 또 "그들의 죄와 위반을 나는 더 이
상 기억하지 않는다"고 했다.
18 앞으로 죄에 대한 용서가 있는 곳
이면, 더 이상 속죄용 제물은 불필
요하다.
19 그러니 형제들아, 우리는 지저스
의 피덕분에 대담하게 성소로 들
어갈 수 있게 되었다.
20 그가 우리를 위해 봉헌한, 살아있
는 새법에 의해, 가림막을 통하여,
말하자면, 그의 몸과 함께 들어간
다.
21 또 **하나님**의 집을 관리하는 대제사
장을 아니까 통과할 수 있다.
22 우리가 확실하게 믿는 진실한 마
음으로 가까이 다가가자. 가슴속
악한 양심을 떨어내고, 우리 몸을
깨끗한 물로 씻자.
23 주저없이 우리 믿음을 공공연하게
확실하게 밝히자. [왜냐하면 그는
약속을 실행하는 자이니까.]
24 우리 서로를 생각해주며, 사랑을
자극하여, 좋은 일을 실천하게 하
자.
25 언제나 그렇듯, 같이 모여도 모른
척하지 말고, 서로를 격려하자. 그
렇게 할수록, 그날에 다가간다는
것을 너희가 알고 있다.
26 만약 진리의 지식을 받아들인 다
음, 속죄용 제물이 필요없게 되었
으니까, 우리가 의도적으로 죄를
짓는 경우가 있으면,

27 판결과 격렬한 분노가 따르는 확
실한 두려움이 대상을 쓸어버리게
될 것이다.
28 모지스 법을 무시한 사람은, 두셋
증인만 있으면 자비를 받지 못하
고 죽었다.
29 그렇다면 그 경우에, 얼마나 더 큰
처벌을 받아야 할 것 같은지 짐작
할 수 있지 않을까? **하나님** 아들을
발아래서 짓밟은 자의 가치를 생
각해야 하나? 계약을 피로 체결하
여, 그로 인해 오염을 정화되었는
데도, 신성한 영혼의 큰배려를 가
벼이 여기는데?
30 우리는 그가 말한 다음을 알고 있
다. "분노는 나에게 속하는 일이므
로, 내가 복수하겠다"고 **주님**이 말
하며, 다시, "**주님**이 자기 백성을 처
벌하겠다"고 했다.
31 살아있는 **하나님** 손에 떨어지는 일
은, 공포다.
32 이전을 기억해봐라. 너희가 빛을
받은 뒤, 큰고통과 싸우며 견뎌야
했고,
33 때때로 모욕과 핍박을 받았으며,
다른 때는 가해자의 동료도 되었
다.
34 너희는 감금된 나를 동정해주고,
너희 재산을 압수당해도 편하게
받아들였다. 그래서 스스로 알아
야 할일은, 너희는 하늘에 더 좋고
영원히 견디는 재물을 쌓았다는
점이다.
35 그러므로 너희 자신감을 버리지
마라. 그것은 엄청난 보상의 가치
를 지닌다.
36 따라서 너희가 참고, **하나님** 뜻을
실천하며 따르면, 너희는 그 약속
을 받을 수 있을 것이다.
37 얼마 있으면, 그는 다시 올 것이고,
오래 걸리지 않을 것이다.
38 이제 정의는 믿음으로 살게 되지
만, 뒤로 처지는 사람은, 나의 영혼
이 그를 즐겁게 대하지 못한다.
39 우리는 뒤로 쳐져 파멸되는 사람
이 아니고, 믿는 가운데 영혼을 구
원받는 사람이다.

믿음이란

11 믿음이란, 우리가 희망하는
것에 대한 자신감이고, 우리
가 보지 못하는 것에 대한 확신이
다.
2 믿었기 때문에 조상은, 좋은 평가
를 받았다.
3 믿음을 통해 우리는 세상을 이해
한다. 세상은 **하나님** 명령으로 만
들어졌으므로, 우리가 보는 것은,
보이는 것으로부터 만들어진 게
아니라는 것을 알았다.
4 믿었으므로 애이블Abel은, **하나님**
에게 캐인Cain보다 더 좋은 제물을
올렸고, 그로 인해 그는 바른 사람
의 증거가 되었다. 왜냐하면 그는
죽었어도, **하나님**이 그의 예물을
인정한다고 말하고 있기 때문이

다.
5 믿었으므로 이녹Enoch은, 죽음을
경험하지 않은 채 사라졌는데, "그
를 찾을 수 없는 것은, **하나님**이 그
를 데려갔기 때문"이라고 했다. 이
는 그가 데려가지기 전까지, **하나님**
을 즐겁게 했다는 증거다.
6 그러나 믿음없이 **하나님**을 만족시
키는 것은 불가능하다. 그를 믿어
야 **하나님**에게 갈 수 있으므로, 그
자체가 **하나님**을 열심히 찾는 자에
게 보상이 되는 것이다.
7 믿었으므로 노아는, 아직 보지 못
한 것에 대해 **하나님**의 경고를 받
고, 경외하는 마음으로 두려워하
며, 방주를 준비하여 집안을 구했
다. 그래서 **주님**이 세상에 벌을 주
어도, 그는 믿음을 지켜 정의의 상
속자가 되었다.
8 믿었으므로 애이브러햄은, 나중에
유산을 받게 될 어떤 곳으로 가라
는 부름을 받고, 순종하며 갔는데,
심지어 그는 가는 곳이 어딘지 알
지도 못했다.
9 믿었기 때문에 그는, 약속의 땅으
로 여행하여, 마치 낯선 지방의 외
국인처럼 이동천막에서, 공통약속
의 상속자 아이직과 재이컵과 함
께 살았다.
10 그는 기반이 잡힌 어떤 도성을 찾
았는데, 그곳을 건설하고 만든 존
재는 **하나님**이었다.
11 믿었으므로 새라 역시, 임신할 능
력을 받아, 다 지난 나이에 아이를
낳았다. 이는 그녀의 생각에 그는
약속을 반드시 실행한다고 판단했
기 때문이었다.
12 그래서 죽어도 아쉽지 않을 그와
같은 한 사람으로부터 나오기 시
작하여, 하늘의 별처럼 엄청나고,
해안의 모래처럼 셀 수 없이 많은
후손이 생겨났다.
13 이들 모두 믿음속에 살다 죽었어
도, 약속을 받은 것은 없었다. 단지
멀리 떨어져 후손을 바라보며, 확
신으로 받아들였고, 자신들은 낯
선자이자 땅위의 순례자라고 고백
했다.
14 그런 것을 말한 사람은 분명히 그
들이 어떤 나라를 찾고 있음을 드
러내보인 것이다.
15 진실로 그들이 떠나온 지방을 그
리워했다면, 그들은 돌아갈 기회
를 찾았을 것이다.
16 하지만 그들은 더 좋은 나라를 원
했고, 곧 하늘과 같은 나라를 기대
했으므로, **하나님**을 그들의 신으로
부르는 것을 수치로 여기지 않았
다. 그래서 **하나님**은 그들을 위해
도성을 마련해주었다.
17 믿었기 때문에 애이브러햄은, 아
이직을 바치라는 시험을 받고, 약
속으로 받은 외아들을 제물로 바
쳤다.
18 그에 대해 다음 이야기가 전해진
다. "아이직한테서 너의 후손이라

불리는 자가 나온다.
19 애이브러햄은, **하나님**은 그를 죽음
에서 다시 일으켜 세울 능력이 있
기 때문에 그런 말을 하는 것이며,
따라서 아들을 산 모습으로 돌려
받을 것도 생각했다.
20 믿었으므로 아이직은, 죽을 때가
되어, 재이컵Jacob과 이소Esau에게
앞일에 관하여 축복해주었다.
21 믿었으므로 재이컵은, 그가 죽을
때, 조셒의 두 아들을 축복한 다음,
그의 지팡이 끝에 기대어 **하나님**에
게 경배했다.
22 믿었으므로 조셒은, 그가 죽으면
서, 이즈리얼 자손에게 이집트를
떠나는 것에 대해 언급하며, 자신
의 뼈에 대한 명령을 내렸다.
23 믿었기 때문에 모지스를, 태어났
어도 3개월간 그의 부모가 숨겨주
었다. 왜냐하면 그들은 아이가 바
르다는 것을 알아본 뒤, 왕의 명령
을 두려워하지 않았던 것이다.
24 믿었으므로 모지스는 성장 이후,
풰로우 딸의 아들로 불리기를 거
절했다.
25 오히려, 한동안 누렸던 죄의 즐거
움을 유지하기보다, **하나님** 백성과
함께 겪는 고통을 선택했고,
26 구원자Christ를 위하여 당하는 불명
예를 존중했기 때문에, 그 고통을
이집트의 보물보다 더 큰재물로
평가했다. 그래서 그는 보상할 수
있는 기회를 더 귀중하게 생각했
다.
27 믿었으므로 그는, 이집트를 떠나
며 왕의 분노를 두려워하지 않았
고, 보이지 않는 그를 알았기 때문
에 모든 것을 참았다.
28 믿음을 통해 그는 통과의식Passover
유월절을 지켜 피를 뿌려서, 저들이
첫아들에게 손을 대어 죽이지 못
하게 막았다.
29 믿었기 때문에 그들은, 마른바닥
의 홍해를 통과했고, 그곳에 있던
이집트인은 물에 빠져죽었다.
30 믿었기 때문에 제리코성이 무너져
내리게 되었는데, 주위를 7번 포위
한 다음이었다.
31 믿었으므로 매춘부 래이햅Rahab은,
믿지 않은 사람이 죽을 때, 그녀가
죽지 않았던 까닭은, 정탐꾼을 조
용히 받아들였기 때문이었다.
32 내가 더 말해야 할까? 나에게 시간
이 허락지 않아, 기드언, 배럭, 샘
슨, 판관 젶싸, 대이빋은 물론이고,
새뮤얼과 여러 예언자까지 일일이
말할 수 없다.
33 이들은 믿음으로 많은 왕국을 정
복하고, 정의를 실천했고, **하나님**
약속을 얻었으며, 사자의 입마저
막았다.
34 격렬한 불길을 끄고, 칼날을 피했
고, 약한 가운데 강해져, 용맹하게
싸워, 외국적군과 싸워 물리쳤다.
35 여자들은 죽음에서 일어나 다시
산다는 말을 받아들였고, 다른이

는 고문에 시달려도, 구제를 거부
한 이유는, 그보다 더 좋은 부활을
얻고 싶었는지도 모른다.
36 다른 사람은 잔인한 비웃음에 채
찍질까지 당했고, 맞다, 감금되고
투옥되었다.
37 그들은 돌에 맞고, 톱에 잘리고, 시
달리고, 칼에 찔렸으므로, 사람들
이 양가죽이나 염소가죽을 쓴 채,
주위를 방랑하며, 가난하고 비참
한 고통을 겪었다.
38 [그들에게 이 세상은 살만한 곳이
아니었으므로,] 그들은 사막과, 산
과, 짐승굴과, 땅굴을 떠돌았다.
39 이들 대부분 믿음을 통하여 좋은
평판을 얻기는 했어도, 그 약속은
여전히 받지 못했으므로,
40 **하나님**은 우리를 위해 좀더 좋은
것을 준비하기에 이르게 된 것은,
우리의 참여가 없는 저들만으로는
완전하게 만들어지지 않기 때문이
었다.

지저스를 본받자

12 그래서 알다시피, 우리 역시
구름 같이 엄청난 증언에 둘
러싸여 있으므로, 우리를 쉽게 괴
롭히는 죄의 무게를 옆에 내려놓
고, 참고 견디며, 우리 앞에 놓인 경
쟁에 뛰어들자.
2 우리의 믿음을 만들기 시작하여
완성시킨 지저스를 바라보자. 그
는 자기 앞에 놓인 기쁨을 위해 수
모를 무릎쓰고 십자가를 견뎌, **하
나님**의 왕좌 오른쪽에 앉게 되었
다.
3 그를 반박하며 대드는 죄인들을
참아낸 그를 생각하면서, 너희가
지치거나 마음이 약해지지 않도록
하자.
4 너희가 죄에 저항하려고 애써도,
아직 피를 견뎌낼 정도에 이르지
않았다.
5 너희는, 자녀에게 타이르듯 그가
이렇게 말한 권고를 잊었다. "나의
아들아, **주님**이 꾸짖을 때 가벼이
생각지 말고, 그가 나무랄 때 실망
하지 마라.
6 **주님**은 혼낸 자를 사랑하고, 그가
매를 든 자마다 받아들인다"고 했
다.
7 너희가 그 책망을 견디면, **하나님**
은 너희를 자손으로 대할 것이다.
아버지가 어느 아들을 야단치지
않나?
8 그런데 너희가 공동참여자로서 꾸
짖음을 받지 않았다면, 사생아지,
아들이 아니다.
9 우리는 야단치며 개선시키는 신체
의 아버지를 존경하는데, 하물며
우리 영혼과 생명의 하늘아버지에
게 더욱 복종해야 하지 않을까?
10 사실 신체의 아버지는 단 며칠 하
고 싶은대로 우리를 꾸짖지만, 그
는 우리에게 이익이 되게 하여, 그
의 신성함에 우리를 참여할 수 있

게 하려는 것이다.
11 비난을 받으면 당장 즐겁지 않고
침울해질 수 있지만, 그렇기는 해
도 나중에는 그것으로 단련받는
자에게 정의로운 평화의 결과를
만들어준다.
12 따라서 쳐진 손을 들어올리고, 무
른 무릎을 단단히 세우자.
13 그리고 네 발자국이 바른길을 만
들게 하자. 절룩거려도 길을 벗어
나지 않도록, 오히려 치유하려는
것이다.
14 모두가 평화를 따르고, **주님**을 보
지 못하는 사람이 없도록 신성함
을 유지하자.
15 부지런히 찾고 또 찾아, 누구도 **하
나님**의 배려를 놓치지 말고, 어떤
쓴뿌리가 자라 너를 괴롭히지 않
게 하고, 또 그것으로 대부분을 오
염시키지 않게 해야 한다.
16 성적인 외도자나 부정행위자가 되
지 말자. 이소처럼 죽한그릇에 자
기 장자권까지 팔아도 안 된다.
17 너희도 그 다음을 잘 알지만, 그는
축복의 상속을 받고 싶었지만 거
부되었고, 눈물로 후회하며 애써
도 만회할 기회를 찾을수 없었다.
18 너희가 가는 곳은 손으로 만지거
나 불이타는 산이 아니고, 캄캄하
고, 어둡고, 폭풍이 부는 곳도 아니
며,
19 트럼핕이 울리고, 말소리가 들리
는 곳이 아니다. 당시 목소리를 들
은 그들은 간청하며, 더 이상 듣지
않게 해달라고 했었다.
20 [왜냐하면 그들은 명령을 견뎌낼
수 없었다. "어떤 짐승이라도 산에
접근하면, 돌에 맞거나 화살이 관
통한다"고 했기 때문에,
21 너무나 두려운 광경에 모지스도,
"나는 너무 무서워 몸이 떨린다"고
말했다.]
22 하지만 너희는 자이언산으로 올라
갔다. 그곳은 살아있는 **하나님**의
도성, 하늘의 저루살럼으로, 수많
은 천사무리가 있는 곳인데,
23 그곳에서 총집회를 하고, 하늘에
등록된 첫아들의 교회가 있고, 모
두의 재판관 **하나님**이 있고, 정의
로 완전해진 사람의 영혼도 있다.
24 새계약의 중재자 지저스는, 애이
블보다 더 가치있는 피를 뿌리며,
더 좋은 말을 남겼는데 그도 있다.
25 너희는 그가 한 말을 거부하지 말
아야 한다는 것을 잘 알아야 한다.
땅위에서 말하는 사람 말을 안들
어도 보복을 피할 수 없는데, 만약
우리가 하늘의 말을 소홀히 하면,
과연 얼마나 피할까?
26 당시 그의 목소리는 땅을 흔들었
지만, 이제 그의 약속에 의하면,
"하지만 한 번 더 흔들면, 땅만아니
라 하늘마저 흔든다"고 말했다.
27 그리고, "하지만 한 번 더"라는 말
은, 흔들리는 것은 무엇이나 제거
하고, 흔들리지 않는 것은 그대로

둔다는 의미다.
28 따라서 흔들리지 않는 왕국을 물
려받기 때문에, 우리는 **하나님**의
배려에 감사하자. 그리고 **하나님**을
존경하며, 그의 뜻을 경건하게 받
아들이자.
29 우리 **하나님**은 모든 것을 삼키는
불이다.

피로 지키는 목자

13 형제자매인 우리 서로 사랑
하자.
2 낯선자에게 친절하게 대하기를 잊
지 말자. 어쩌면 그는 자기도 모르
게 천사를 대접하는 경우도 있다.
3 함께 하는 마음으로 구속된 자를
기억하자. 그들이 겪는 불행을 자
신의 경우처럼 느끼자.
4 결혼은 모두에게 존중되어야 하
고, 침대를 오염시키지 마라. 매춘
에 빠지거나 불륜자는 **하나님**의 판
결을 받는다.
5 욕심없는 생활을 유지하고, 너희
가 가진 것에 만족하자. **하나님** 말
에 의하면, "그러면, 내가 너를 떠
나지 않고, 모른 채 하지 않을 것"
이라고 했다.
6 그래서 우리는 더욱 확신을 갖고
다음과 같이, "**주님**이 나를 돕기 때
문에, 남이 나에게 무슨 짓을 하더
라도, 두렵지 않다"고 말할 수 있
다.
7 너를 지배하는 사람을 기억해라.
그는 **하나님**의 말을 너에게 전하고
있다. 그들의 신념을 본받고, 그들
이 어떻게 살다 갔는지 깊이 생각
해보자.
8 지저스 크라이스트는 어제도 오늘
도 미래도 영원히 같다.
9 다양하고 이상한 교리에 끌려다니
면 안 된다. 좋은 것이란 배려가 강
한 마음을 말한다. 의식용 제물을
먹고 좋아하면, 그것을 차지한 사
람에게 별 도움이 안 된다.
10 제단이 있다해서, 성막에서 봉사
하는 자에게 그곳 음식을 먹을 권
리는 없다.
11 짐승의 피는 대제사장이 속죄용으
로 성소로 가져오지만, 짐승의 몸
은 진영밖에서 태운다.
12 그래서 지저스 역시 성문밖에서
고통을 겪은 다음, 그의 피로 백성
을 정화했던 것이다.
13 그러므로 우리는 그의 고통을 짊
어지러 진영밖으로 나가자.
14 여기 우리가 살만한 도시가 없다
면, 앞으로 나타날 곳을 기대하자.
15 그를 통해 우리는 계속해서 **하나님**
에게 감사의 제사를 올리자. 그것
은 바로, 그의 이름에 감사하는 우
리 입에서 나오는 말의 열매이다.
16 한편 선행과 서로 나눔을 잊지 말
자. **하나님**은 그와 같은 희생제물
을 대단히 만족한다.
17 너희를 지배하는 지도자를 따르
며, 자신을 그들의 권위에 복종시

켜라. 왜냐하면 그들은 너희 회계
를 책임지듯, 너희를 보살펴주기
때문이다. 그러면 그들이 걱정없
이 일을 즐겁게 할 수 있다. 그들의
마음이 무거우면 너희에게도 이익
이 없다.
18 우리를 위해서도 기도하자. 우리
는 좋은 양심을 갖고 있다고 믿으
며, 모든 일에 정직하게 살려고 노
력하기 때문이다.
19 대신 나의 상황이 회복되어 너희
에게 빨리 갈 수 있도록 기도해주
기 바란다.
20 평화의 **하나님**은, 우리의 주인님
지저스를 죽음에서 다시 데려왔
다. 그는 영원한 계약의 피를 통하
여 양을 지키는 위대한 목자이다.
21 따라서 너희는 그의 뜻대로 여러
선행을 완수하고, 지저스 크라이
스트를 통하여 **하나님**이 보기에 만
족하는 일을 하도록 노력해라. 그
러면 그에게 영원히 빛나는 빛이
있을 것이다. 애이멘 [한마음이다.]
22 형제들아, 내가 몇마디 말을 편지
로 보내니, 너희가 이 권고의 말을
기억해주기를 부탁한다.
23 너희도 우리 형제 티머씨Timothy가
석방되었음을 알아주길 바란다.
그가 곧 도착하면, 그와 함께 나도
너희를 보게 될 것이다.
24 너희와 성도를 관리하는 교회 지
도자에게 안부를 전해달라. 이태
리 교우도 너희에게 인사한다.
25 너희 모두에게 큰배려가 있기를
바란다. 애이멘 [한마음이다.]

[이태리에서 히브루에게 쓴 폴의 편지를 티머씨가 전달했다.]

재임스의 편지

어려움을 참으면 축복받는다

1 나 재임스James: 지저스 동생는 **하나**
님과 주인님 지저스 크라이스트
의 종으로, 외국에 흩어져 있는 12
부족에게 안부를 전한다.
2 형제들아, 너희에게 여러가지 어
려움이 생기면, 그때마다 그것을
기꺼이 받아들여라.
3 그것이 너희 믿음을 단련시켜 참
는 힘이 된다는 것을 알아라.
4 그래서 인내가 제대로 작동되면,
너희가 완전해지므로, 아무것도
바랄 것이 없을 것이다.
5 너희 중 지혜가 부족한 사람이 있
는 경우, **하나님**에게 물으면, 모두
에게 아낌없이 문제해결의 실마리
를 준다.
6 사람은 주저하지 말고, 믿음으로
물어야, 바람에 흔들리는 파도처
럼 이리저리 밀려 내던져지지 않
는다.
7 사람이 **주님**한테서 어떤 것을 받는
다고 생각하지 마라.
8 마음이 두 갈래로 나뉜 사람은 그
의 앞길이 불안정하다.
9 낮은 위치의 형제를 칭찬으로 기
쁘게 해주자.
10 대신 부자는 자신을 낮출줄 아야
한다. 왜냐하면 **주님**이 들꽃도 시
들게 만들었기 때문이다.
11 뜨거운 열을 가진 태양이 뜨자마
자 풀을 말리면, 꽃이 떨어지고, 우
아한 자태는 사라진다. 그와 마찬
가지로 부자도 그의 인생길에서
사라진다.
12 어려움을 참는 사람이 축복을 받
는다. 그가 단련을 받고 나면 인생
의 크라운관을 받는다. **주님**은 그
것을 자기를 사랑하는 자에게 약
속했다.
13 사람이 힘들 때 아무도, "나는 **하나**
님한테 시험받는다"고 말하지 말
자. 왜냐하면 **하나님**은 어떤 사람
도 악으로 유혹하지도 않고, 어렵
게 만들지도 않기 때문이다.
14 어려워진 사람은 대부분 제욕심에
내몰려 빠져든 것이다.
15 욕심이 생기면 죄를 부르고, 죄가
마무리되면 죽음이 찾아온다.
16 나의 사랑하는 형제들아, 실망하
지 마라.
17 훌륭하고 완전한 선물은 위에서부
터 하늘아버지의 빛이 내려오는
것이다. 그 빛은 변함이 없어, 그림

자처럼 달라지지 않는다.
18 그는 자기 의지대로, 진리의 말을
가지고, 우리를 낳았다. 그래서 우
리는 그의 창조물 중 첫열매가 될
수 있었다.
19 그리고 나의 사랑하는 형제들아,
사람은 빨리 알아듣고, 천천히 말
하며, 화를 느리게 내야 한다.
20 왜냐하면 인간의 분노로 **하나님**의
정의를 이룰 수 없기 때문이다.
21 그러니 더러운 것과 지나친 무례
는 거리를 두고, 다정한 권유를 받
아들이면, 너희 영혼을 구할 수 있
을 것이다.
22 하지만 너희가 듣지 않고 오직 말
만 하는 사람이라면, 네 자신을 속
이지 말아야 한다.
23 만약 누가 행동하지 않고 듣기만
하는 자라면, 그는 거울에 맨얼굴
을 비춰보는 것과 같다.
24 앞길을 가면서 자신을 봐도, 자신
이 어떻게 보여지는 가에 대한 관
심은 곧바로 잊어버린다.
25 그러나 자유를 주는 완전한 법을
의미있게 들여다보는 사람은, 그
가운데서 들은 것을 잊지 않고 실
행하는데, 그는 자기 행동에 축복
을 받게 된다.
26 너희 중 종교인으로 보이는 어떤
사람이, 제말을 자제하지 못하면,
그는 자신을 속이는 것과 같고, 그
의 종교는 쓸데없는 것이다.
27 **하나님** 앞에서 순수하고 오염되지
않은 종교란, 하늘아버지가 고아
와 고통받는 미망인을 방문할 때,
세상의 떼가 묻지 않게 자신을 지
키는 것이다.

믿음에는 실행이 따라야 한다

2 나의 형제들아, 우리 주인님 지
저스 크라이스트를 믿으면서 사
람을 차별하면 안 된다.
2 너희가 금반지에 좋은 옷을 입은
사람이 모이는 곳에, 남루한 옷을
입은 가난한 사람이 나타나는 경
우,
3 화려한 옷을 입은 사람을 존중하
며, 이곳 좋은 자리를 앉기를 권하
고, 가난한 사람에게는 저곳 발판
아래에 앉으라고 한다면,
4 너희는 차별하며, 상대를 악의적
으로 판단하는 것이 아닐까?
5 들어봐라, 나의 사랑하는 형제들
아, **하나님**은 세상의 가난한 자를
골라, 믿음으로 부자가 되게 하여,
자기를 사랑하는 그들에게 약속한
왕국의 상속자로 만들지 않겠나?
6 그런데 너희는 가난한 자를 무시
하고 있다. 너희를 압박하며 재판
석까지 끌고 나오는 쪽은 부자들
이 아닌가?
7 너희가 부르는 고귀한 이름을 모
욕하는 자도 그들이 아닌가?
8 너희가, "네 이웃을 자신처럼 사랑
하라"는 바이블대로 왕국의 법을
실행하면, 아주 잘 하는 일이다.

9 만약 사람을 차별하면, 너희는 죄
를 짓게 되므로, 법위반이 확실하
다.
10 법전체를 지켰어도, 그 중 하나라
도 위반하면, 그는 모든 것에 유죄
가 된다.
11 "매춘하지 말라"고 말하는 그가,
"사람도 죽이지 말라"고 했다. 그
런데 네가 매춘하지 않았지만, 사
람을 죽였다면, 너는 법위반자가
되는 것이다.
12 따라서 너희는 자유가 보장되는
법 안에서, 정당한 사람이 되도록
말하며 행동해야 한다.
13 너그럽지 못한 자는 관대하지 않
은 탓에 벌을 받아야 하고, 하지만
관대한 사랑은 처벌까지 품어준
다.
14 나의 형제들아, 사람이 믿는다고
말하면서 아무것도 하지 않으면,
믿음이 무슨 소용이 있나? 또 그
믿음이 그를 구할 수 있을까?
15 형제자매가 헐벗고 매일 먹을 것
이 없다면,
16 너희 중 누군가 그들에게, "마음 편
히, 따뜻하게 입고, 배불리 먹어라"
고 말해야 한다. 그렇지 않고, 그들
신체에 필요한 것을 주지 않는다
면, 믿음이 무슨 소용이 있나?
17 아무리 믿음이라 해도 실행이 없
으면, 그 믿음은 고독사한다.
18 그렇다, 어떤 사람은 이렇게 말한
다. "너는 믿기만 하는데, 나는 실
행을 한다. 네가 실행없는 믿음을
나에게 증명해보이면, 나는 너에
게 실행으로 나의 믿음을 보여주
겠다" 라고.
19 너희가 유일신 **하나님**을 믿고 있으
면, 그것은 잘하는 것이다. 악마조
차 그를 믿고 전율한다.
20 그런데 너희는, 실행없이 믿기만
하는 어리석은 자는 죽음과 같다
는 것을 아는가?
21 우리 조상 애이브러햄도 실행으로
정당하다고 인정받지 않았나? 당
시 그는 제단위에 자기 아들 아이
직을 제물로 올렸다.
22 믿음이 어떻게 그를 실행하게 만
들었고, 실행이 어떻게 믿음을 완
전하게 만들었는지 너희는 알아야
한다.
23 바이블의 말은 이렇게 이루어졌
다. 애이브러햄이 **하나님**을 믿자,
그 믿음은 그에게 정의를 심어주
었다. 그래서 그는 **하나님**의 친구
로 불리게 되었던 것이다.
24 그래서 사람은 실행을 통해 정당
하다고 인정받게 되고, 믿음만으
로 되지 않는다는 것을 알아야 한
다.
25 마찬가지로 매춘부 래이햅도 실행
으로 정당하다고 인정되게 되었
다. 당시 그녀는 정탐꾼을 받아들
여, 다른 길로 보내주지 않았나?
26 영혼없는 신체는 죽음과 같듯, 실
행없는 믿음 역시 죽은 것이다.

혀는 불씨이자 세상죄의 진원지

3 형제들아, 너도나도 선생이 되
려 하지 마라. 가르치는 자는 더
엄격한 평가를 받는다는 것을 알
아야 한다.
2 일이 많으면 위반도 많아지기 때
문이다. 말로 남을 불쾌하게 만들
지 않는 사람은, 인격이 완전해서,
신체의 자제도 가능하다.
3 보라, 말입에 재갈을 물려야, 말을
복종시켜서, 우리가 그 짐승의 신
체를 마음대로 다룰 수 있는 것이
다.
4 배를 보더라도, 그토록 큰 선체가
사나운 바람에 떠밀릴 때, 사람은
작은 조타장치의 키손잡이 하나로
조정이 가능하다.
5 마찬가지로 혀는 신체의 작은 부
분인데, 자랑이 엄청 크다. 보라, 작
은 불씨 하나가 얼마나 엄청난 불
을 일으키나!
6 혀는 불씨이자 세상죄의 진원지
다. 신체의 한부분에 불과한 혀가
몸 전체를 오염시킨 다음, 인성에
불을 질러 지옥불까지 일으킨다.
7 온갖 종류의 짐승도, 새, 뱀, 바다생
물조차, 인류가 길들일 수 있고, 지
금까지 길들여 왔는데,
8 그러나 혀는 사람이 길들일 수 없
다. 그것은 관리가 안되는 악이자,
죽음의 맹독이다.
9 우리는 혀로 **하나님** 하늘아버지를
찬양한다. 그리고 그 혀로 **하나님**
을 닮은 인간을 저주하고 있다.
10 같은 혀에서 축복과 저주가 나오
다니, 나의 형제들아, 그렇게 하면
안 되는 것이다.
11 같은 샘 한곳에서 단물과 쓴물이
같이 나올 수 있나?
12 형제들아, 무화과나무가, 올리브열
매도 맺을 수 있나? 포도까지, 무
화과가? 어떤 샘도 소금물과 담수
를 모두 낼 수 없다.
13 너희 가운데 지식을 다져 현명해
진 자는 누군가? 그에게 유연한 지
혜로 일상생활의 좋은 본보기를
보여달라고 해라.
14 하지만 씁쓸한 질투나 가슴속 갈
등이 일어나면, 제빛을 잃어버릴
수 있으니, 조심하며, 진리에 반하
는 거짓말을 하지 말아야 한다.
15 그와 같은 지혜는 위에서 내려오
지 않고, 땅에서 나오는 감각적이
면서 악의적이며 잔인한 것이다.
16 질투와 싸움이 있는 곳마다, 혼란
과 악마의 작업이 같이 자리한다.
17 이에 비해 위에서 내려오는 지혜
는, 무엇보다 순수하고, 다음은 평
화롭고, 부드럽고, 간청하기 쉬우
면서, 너그러운 사랑으로 가득하
여, 편견과 위선이 없는 좋은 결과
를 맺는다.
18 평화을 만드는 사람이 심은 평화
가, 정의의 결실이다.

선행을 실행하지 않으면 죄가 된다

4 너희 가운데 왜 전쟁과 싸움이
일어나나? 신체내부의 욕망이
싸움과 전쟁을 일으키지 않나?
2 너희가 욕심을 부려도 갖지 못하
고, 남을 죽여도 바라는 것을 얻지
못한다. 투쟁해도 여전히 얻지 못
하는 것은, 간청하지 않기 때문이
다.
3 너희가 간청해도 이루지 못하는
이유는, 간청이 불충분하기 때문
이다. 어쩌면 너희가 원하는 것을
이루어야 하는 노력을, 갈망을 채
우는데 소모했는지 모른다.
4 매춘하는 남녀들아, 너희는 세상
과 친할 수록, **하나님**에게 적대감
이 생긴다는 것을 모르나? 그래서
누구든지 세상과 친하면, **하나님**의
적이 된다.
5 너희는 바이블에서, "우리 내부에
서 사는 영혼은 질투를 갈망한다"
는 말이 헛소리라고 생각하나?
6 하지만 **하나님**은 더 많이 배려해주
며 이렇게 말한다. "그는 뽐내는 자
를 자제시키고, 겸손한 자에게 호
의를 준다"고 했다.
7 따라서 자신을 **하나님**에게 굴복시
키고, 악에 저항해라. 그러면 악이
네게서 달아난다.
8 네가 **하나님**에게 가까이 다가가면,
그도 너에게 다가온다. 너희 죄인
들아, 손을 깨끗하게 닦아라. 두가
지 마음으로 갈등하는 자들아, 너
희 마음을 순수하게 정화해라.
9 괴로워하고 슬퍼하며 눈물도 흘려
라. 너희 웃음을 슬픔으로 돌리고,
즐거움도 우울하게 바꿔라.
10 **주님** 시야에서 자신을 겸손하게 낮
추면, 그가 너를 높이 올려줄 것이
다.
11 서로 형제를 욕하지 말자. 형제나
자기 형제를 평가하는 판관을 욕
하면, 그는 법을 욕하고, 법을 집행
하는 자를 욕하는 것이다. 그렇게
너희가 법을 평가하면, 너희는 법
을 집행하는 자가 아닌 재판관을
욕하는 것이다.
12 법을 준 유일한 존재는, 너를 구할
수도 없앨 수도 있다. 네가 누구라
고, 남을 판단하나?
13 너희는 이런 말도 한다. "오늘이나
내일 우리는 그 도시로 가서 1년간
계속 지내며, 물건을 사고 팔아 돈
을 벌 것이다" 라고.
14 하지만 너희는 내일 있을 일을 알
지 못한다. 인생이 무엇이라 생각
하나? 그것은 수증기처럼 잠시 나
타났다 곧 사라져버린다.
15 그래서 너희는 이렇게 말해야 한
다. "만약 이것이 **주님**의 뜻이라면,
우리는 살아야 하고, 이것도 저것
도 해야 한다" 라고.
16 너희가 자랑을 즐겼다면, 그것은
좋은 태도가 아니라는 것을 알아
야 한다.
17 그리고 선행을 알기만 하고, 실행

하지 않으면, 그것이 그에게 죄가
된다는 것도 알아야 한다.

믿고 기도하면 그가 일으킨다

5 이제 부자들, 너희는 앞으로 올
비참함 때문에, 울며 소리친다.
2 너희 재물은 줄고, 너희 옷은 좀이
먹는다.
3 너희 금은에 녹이 쓸면, 그것이 바
로 너희에게 나타나는 증거다. 그
것은 불에 구워진 네 살도 먹을 것
이다. 너희는 마지막 날을 위하여
보물을 쌓아놓았다.
4 그런데 보라, 네 밭을 추수한 노동
자의 임금을, 네가 사기치며 뒤로
빼돌렸기 때문에 그들이 울고 있
다. 곡식을 거둔 그들의 외침이 절
대 **주님**의 귀까지 들어간다.
5 너희는 땅위에서 특권을 누리며
즐겁게 살았다. 너희는 살육의 날
을 대비해 뱃속에 기름을 채웠다.
6 너희가 정의를 욕하고 죽여도, **하
나님**은 너희를 말리지 않고 내버려
둔다.
7 그러니 **주님**이 오기까지 참아라.
보라, 농부는 땅위의 귀한 결실을
기다리며, 이른 비와 늦은 비를 맞
을 때까지 오래 견딘다.
8 너희도 견디며 마음을 굳게 세워
라. **주님**이 오는 날이 가까워졌다.
9 형제는 서로 남을 탓하지 말아야,
자기가 비난받지 않는다. 보라, 판
관이 문앞에 서있다.
10 나의 형제들아, **주님**의 이름으로
말을 전하는 예언자는 고통을 참
고 견디는 사람들이므로 이들을
본보기로 삼아라.
11 보라, 우리는 참을 수 있는 사람을
행복하다고 생각한다. 너희는 조
브Job의 인내를 들어보았고, 마침
내 **주님**이 어떻게 했는지 알고 있
다. **주님**은 연민을 가득 담아, 부드
럽고 관대한 사랑을 주었다.
12 그 이외에 나의 형제들아, 너희는
맹세하지 마라. 하늘과 땅을 두고
하지 말고, 다른 서약도 하지 말아
라. 단지 너희가 말한 "네"가 긍정
이 되게 하고, "아니오"가 부정이
되게 해야, 너희가 유죄속에 빠지
지 않는다.
13 너희 중 고통을 당하는 자가 있나?
그를 기도하게 해라. 즐거운 자가
있나? 그를 시가기도Psalms를 노래
하게 해라.
14 너희 중 아픈자가 있나? 그가 교회
원로를 찾게 해라. 그래서 그들이
그를 위해 기도하고, **하나님**의 이
름으로 기름을 바르게 해주어라.
15 믿고 기도하면 아픔이 낫고, 마침
내 **주님**은 그를 일으켜준다. 사람
이 죄를 지으면, 그가 용서한다.
16 너희 잘못을 서로에게 고백하고,
서로를 위해 기도하면, 너희는 나
을 수 있을 것이다. 올바른 사람이
열심히 기도하면 훨씬 더 많은 효
과가 있을 것이다.

17 일라이자Elijah, 일라야스Elias는 우리와
같은 정열을 가진 사람이었다. 그
는 비가 오지 않아 열심히 기도했
는데, 당시 3년반동안 땅에 비가
내리지 않았다.
18 그래서 그가 또다시 기도하자, 하
늘에서 비를 내려주어서, 땅에서
농산물이 나오게 되었다.
19 형제들아, 너희 중 누가 진리를 벗
어나면, 그의 마음을 바꾸어 돌아
오게 해라.
20 그래서 죄를 짓는 길에서 개선하
도록 깨닫게 하면, 죽음에서 영혼
을 구할 수 있고, 많은 죄도 덮을
수 있을 것이다."

필어의 1편지

내가 신성하므로 너희도 신성을 유지해라

1 나 필어Peter는, 지저스 크라이스
트의 [12제자 가운데] 한 제자
로, [현 터키 위치] 폰터스, 걸래이
샤, 캐퍼도시아, 애이쟈, 비씨니아
전역으로 흩어져 이방인이 된 너
희에게 편지로 인사한다.
2 하나님 하늘아버지의 예지로 뽑힌
다음, 신성한 영혼으로 정화되어,
지저스 크라이스트를 따른 다음,
그의 피가 뿌려지게 되었다. 너희
에게 큰배려와 평화가 있기를 바
란다.
3 또 **하나님**과 우리 주인님 지저스
크라이스트 아버지의 축복이 있기
를 바란다. 그는 넘치는 큰사랑에
의해 태어나서, 죽음의 부활을 보
이며, 우리에게 다시 살아나는 희
망을 주었다.
4 그래서 썩지 않고, 오염되지 않고,
사라지지 않는 유산을 자신을 위
해 하늘에 보관해야 한다.
5 너희는 믿음을 통하여 **하나님**의 힘
으로 보호받는데, 이는 마침내 준
비되 구원이 나타나는 그날까지
계속된다.
6 그렇게 되면 너희는 크게 즐거워
할 것이다. 비록 필요하다면 이제
부터 한동안 수많은 시험과 어려
움을 겪을 수도 있지만 말이다.
7 너희 믿음을 시험하는 것은, 불로
제련하면 사라질 금보다 훨씬 더
큰 가치가 있는데, 그것은 지저스
가 나타날 때, 찬양과 명예와 찬란
한 빛속에서 그 가치를 발견하게
된다.
8 그를 볼 수 없어도 사랑하고, 보이
지 않더라도 믿으면, 너희는 말할
수 없는 기쁨과 찬란한 명예의 빛
을 누리게 될 것이다.
9 믿음의 목적은 너희 영혼을 구원
받아 기쁨으로 환호하게 만드는데
있다.
10 예언자는 구원을 열심히 간청하
여, 너희에게 나타날 배려를 예언
한 사람이다.
11 그들은 구원자Christ의 영혼에 대한
시기와 상황을 찾으려고 노력한
다음, 크라이스트의 고통이 있기
전에 우리에게 증언했고, 명예는
그 다음 이루어진다고 전했다.
12 그들에게 밝혀진 것은, 자신들을
위한 것이 아니었고, 우리에게 이
루어지도록 그들이 봉사했다. 그

리고 이제 너희에게 하늘에서 신
성한 영혼이 내려온다는 가스펄
메시지가 전달되었고, 심지어 천
사가 하는 일도 몹시 바라게 되었
다.
13 그러니 마음을 무장하고, 깨어 있
어라. 또 지저스 크라이스트가 올
때 너희에게 가져올 배려에 희망
을 갖자.
14 순종하는 어린이처럼 따르고, 이
전 무지함 속에서 욕망을 쫓던 자
신처럼 행동하지 말자.
15 너를 부른 그는 신성한 존재이므
로, 너희도 모든 생활방식에 신성
을 유지하자.
16 왜냐하면 바이블에도, "내가 신성
하므로, 너희도 신성을 유지해라"
고 기록되어 있기 때문이다.
17 만약 너희가 하늘아버지를 부를
경우, 그는 사람을 존중하기 보다,
그의 행적에 따라 공정하게 판단
하므로, 추방으로 떠돌아도 늘 두
려운 마음으로 지내야 한다.
18 너희는 썩는 것으로 보상되지 않
았다는 것을 알아야 한다. 은과 금
처럼 너희 선조의 전통으로 물려
받은 것과는 다르다.
19 하지만 귀중한 크라이스트의 피
는, 흠이 없고 결점이 없는 양과 같
다.
20 실제로 그는 세상이 형성되기 전
에 이미 임명되어 있었지만, 너희
를 위해 마침내 이렇게 모습을 드
러냈다.
21 **하나님**은 믿고 있는 그를 죽음에서
일으켜 빛을 주었다. 너희의 믿음
과 희망도 **하나님** 안에서 있을 수
있다.
22 따라서 너희 영혼을 정화할 때, 신
성한 영혼을 통하여 진리를 따르
고, 또 꾸밈없이 형제를 사랑하고,
순수하고 따뜻한 마음으로 서로를
사랑해야 한다는 것을 알아라.
23 우리가 다시 태어나면, 썩지 않고,
영원히 사는 **하나님** 말에 의해 부
패하지 않는다.
24 모든 신체는 풀과 같고, 인간의 명
예는 들꽃과 같다. 그리고 풀은 시
들고 꽃은 진다.
25 그러나 **주님**의 말은 영원히 지속된
다. 이것은 너희에게 전해진 가스
펄 메시지에도 들어 있는 말이다.

하나님을 경외하고 왕을 존중해라

2 그러므로 모든 원한을 물리치
고, 사기와 위선과 질투와 악담
을 그만두자.
2 새로 태어난 아기로서 진심에서
우러나오는 말의 젖을 원하면, 그
것으로 잘 자랄 수 있을 것이다.
3 그러면 주인님의 관대한 큰배려를
맛볼 수 있게 된다.
4 그는 살아 있는 바위다. 인간행위
를 거부하면서도 **하나님**의 선택을
귀하게 여기는 그가 올때,
5 너희 역시 살아 있는 돌로써 영혼

의 집을 짓고, 신성한 제사를 위해
영혼의 희생제사를 올리면, 지저
스 크라이스트를 통하여 **하나님**이
받아들일 수 있다.
6 또 다음 말도 바이블책 안에 들어
있다. "보라, 나는 자이언에 가장
중요한 머릿돌을 둔다. 내가 선택
한 귀중한 그가 나를 믿으므로, 그
를 그곳에 놓아두면 절대 흔들리
지 않는다.
7 따라서 그를 믿는 너희가 소중하
다해도, 복종하지 않는 경우, 건축
자가 돌을 쓸 때, 머릿돌을 만들기
에 부적합하다"고 했다.
8 또 "남을 흔드는 돌, 남을 위반하는
돌도 안 된다"고 했다. 그들은 가르
침을 거부하라고 선동하는 탓에,
그들 앞날은 이미 정해져 있다.
9 하지만 너희는 선택받은 세대로,
왕의 성직을 수행하는 신성한 나
라이자 특별한 민족이다. 그래서
너희는 그를 높이 받들며 노래해
야 한다. 그는 너희를 어둠에서 불
러내어, 놀라운 밝은 빛으로 나오
게 했다.
10 과거 너희는 **주님**의 백성이 아니었
지만, 이제는 **하나님**의 백성이다.
전에 사랑받지 못했어도, 지금은
큰사랑을 얻게 되었다.
11 사랑받는 사람아, 나는 너희가 외
국을 돌아다니는 여행자가 되고,
또 영혼과 싸우며 신체의 욕망을
자제하는 순례자가 되길 바란다.
12 이교도인 사이에서 너희가 정직한
행동을 보이면, 너희를 나쁜놈이
라고 욕하던 그들조차, 너희의 선
행을 알게 되면서, 방문의 날에 **하
나님**을 높이 받들게 된다.
13 **주님**을 위하여 인간규정에 자신을
복종시켜라. 그것이 왕권이든 최
고권력이든 따라라.
14 혹은 총독도 마찬가지다. 파견된
그들은 법위반자를 처벌하고, 좋
은일을 하는 자를 칭찬하는 일을
한다.
15 그렇게 하는 것이 **하나님**의 뜻이기
때문이다. 너희가 그런 식으로 일
을 하면, 어리석은 자의 무지를 가
라앉힐 수 있다.
16 악의를 가리려고 너의 자유를 제
멋대로 사용하지 말고, 그 대신 **하
나님**의 종으로 자유를 사용해라.
17 모든 사람을 존중하고, 형제를 사
랑하며, **하나님**을 경외하고, 왕을
존중해주어라.
18 종은 두려운 마음으로 제 주인에
게 복종하는데, 좋은 성품을 가진
사람뿐아니라, 심성이 뒤틀린 사
람한테도 그렇다.
19 **하나님**을 향한 양심을 가진 사람
이, 부당한 고통을 당해도 괴로움
을 참으면, 이것도 감사를 아는 가
치있는 행동이다.
20 제 잘못탓에 맞을 경우, 매질을 참
고 받아들인다고 무슨 칭찬을 받
겠나? 그런데 선행을 했는데 부당

하게 당하면서, 참고 견디면, **하나**
님이 그것을 받아들여줄 것이다.
21 바로 그런 이유로 너희가 호출되
었다. 구원자Christ 역시 우리를 위
해 고통을 겪으면서, 우리에게 표
본을 남겼다. 따라서 너희가 그의
발걸음을 뒤쫓는 것은 당연하다.
22 그는 죄를 짓지 않았고, 그의 입으
로 속인 것을 발견할 수 없었다.
23 그는 욕을 먹어도 대꾸하지 않았
고, 고통을 당해도 위협조차 하지
않으면서, 대신 정의가 자신을 판
정하도록 맡겼다.
24 오히려 우리죄에 대한 책임을 스
스로 지려고 나무에 자기신체를
매달리게 하여, 죄탓에 죽는 우리
를 정의로 살아나게 했다. 그의 상
처로 너희 죄를 치료했다.
25 너희는 길을 잃은 양이었지만, 이
제 목자에게 돌아왔으므로, 주교
가 너희 영혼을 관리해준다.

악과 욕을 축복으로 갚자

3 마찬가지로 아내들아, 남편에게
자신을 굴복시켜라. 말없이 복
종하는 아내의 태도로 남편의 마
음을 얻게 될 것이다.
2 그들은 아내의 품위있는 행동을
바라보는 동안, 존중을 생각하게
된다.
3 꾸밈은 지나치지 말아야 한다. 머
리를 땋아 금장식을 달거나 좋은
옷으로 드러내기 보다,
4 대신 인간의 가려진 마음이 티없
이 맑고, 온화하며 조용한 영혼으
로 장식되면, 그것이 **하나님** 시야
에 큰가치가 있다.
5 옛날 **하나님**에게 의지한 신성한 여
자는, 이런 방법에 따라 남편에게
자신을 복종했다.
6 심지어 새라Sara도 애이브러햄에게
복종하며 그를 주인이라고 불렀
다. 너희는 그녀의 딸로서, 가능한
행동을 잘하고, 어떤 두려운 일이
있어도 놀라지 말아야 한다.
7 똑같이 남편은 지식과 더불어 살
면서, 아내를 존중하기를, 마치 깨
지기 쉬운 그릇처럼 대하고, 생명
의 선물에 대한 공동 상속자로 대
하면, 너희 기도는 막힘이 없을 것
이다.
8 끝으로 너희 모두 한마음이 되어,
서로 동정하고, 형제처럼 사랑하
고 아끼며, 예의있게 대해야 한다.
9 악에는 악으로, 욕에는 욕으로 갚
는 대신, 반대로 축복해주어라. 그
런 일을 하기 위해 너희가 소명되
었음을 알고, 축복을 물려주어야
한다.
10 생명을 사랑하며 행운의 날을 맞
이하고자 하는 사람은, 혀에서 나
오는 악담을 자제하고, 남을 속이
는 말을 하는 입술을 억제해야 한
다.
11 사람은 악을 피하고 좋은 일을 하
고, 평화를 찾도록 노력해야 한다.

12 **주님**의 눈은 정의를 살펴보고, 그
의 귀는 기도에 열리지만, **주님**의
얼굴은 악한에 맞선다.
13 너희가 좋은 일을 따르려고 하는
데, 너를 해치는 자는 누군가?
14 너희가 정의를 위해 고통받으면
행복한 사람이므로, 그런 공포에
두려워 말고, 괴로워하지도 마라.
15 대신 깨끗한 마음으로 주 **하나님**
을 경외해라. 또 네가 가진 온화함
과 경외심에 희망을 걸고, 너에게
묻는 사람이 있으면, 그들에게 대
답할 근거를 언제나 마련해두어야
한다.
16 깨끗한 양심을 가지면, 남이 너를
악한이라고 욕해도, 결국 네가 크
라이스트 안에서 바른 행동을 했
으므로, 잘못 비난한 탓에, 그들은
오히려 창피를 당하게 된다.
17 **하나님**의 뜻으로 그렇게 되더라도,
너희가 선행을 하고 괴로운 편이,
악행을 하고 겪는 것보다 더 낫다.
18 구원자Christ 역시 인간죄 때문에 고
통을 겪었고, 정의를 실행하고도
불의에게 당했다. 이는 **하나님**에게
우리를 데려가기 위하여, 신체의
죽여, 신성한 영혼성령으로 되살아
나기 위한 것이었다.
19 그래서 그가 가서, 갇힌 영혼에게
도 알렸다.
20 그래도 그들은 때때로 말을 듣지
않았다. 한동안 오래 참던 **하나님**
은, 노아 시대에 이르러, 방주를 만
드는 동안 기다렸는데도, 불과 8
사람만 물에서 구제되었다.
21 이 물은 세례를 통해 우리를 구하
는 상징적 모습이다. [신체의 오물
을 제거하는 것이 아니라, **하나님**
에게 깨끗한 양심을 맹세하는 방
법이,] 지저스 크라이스트의 부활
을 통해서 가능하다.
22 그는 하늘로 올라, **하나님** 오른쪽
에 앉은 다음, 천사와 권위와 힘이
그에게 복종하게 되었다.

선물받았으므로 봉사하자

4 크라이스트Christ가 우리를 위하
여 신체에 고통을 겪었던만큼,
너희도 한마음으로 무장해야 한
다. 왜냐하면 그가 받은 신체고통
이 죄가 만든 죽음을 중단시켰기
때문이다.
2 그래서 사람은 남은 시간을 더 이
상 자기신체의 욕망을 채우며 살
지 말고, **하나님** 뜻에 따라야 한다.
3 과거에 우리는 이교도의 뜻대로
생활하며, 선정적 욕망과, 과도한
술과, 흥청대는 잔치와, 혐오적 우
상숭배를 해왔다.
4 그들은 너희가 자기들과 똑같이
방탕하고, 제멋대로 날뛰며 살지
않는 것을 이상하게 생각하며, 너
희를 욕했다.
5 그들은 살 자와 죽을 자를 평가하
러 오는 그에게 설명해야 할 것이
다.

6 그래서 가스펄 메시지를 그들에게
도 알렸다. 인간 신체에 따라 판결
을 받으면 죽고, **하나님**의 영혼을
따르면 살 것이다.
7 하지만 모든 것의 끝이 다 되었으
니, 맑은 정신으로 깨어나 기도해
라.
8 무엇보다 너희는 서로 열심히 사
랑해주어야 한다. 사랑은 죄를 많
이 감춰주기 때문이다.
9 불평하지 말고, 서로 마음으로 대
접해주어야 한다.
10 모두가 **하나님**한테 선물받았으므
로, 그대로 서로에게 봉사하자. **하
나님**의 엄청난 배려에 감사하는 마
음으로 좋은 집사가 되어 봉사해
라.
11 만약 누가, 자기는 **하나님**의 법에
대해 말하겠다 하고, 어떤 이는 봉
사하겠다고 하면, **하나님**이 준 능
력대로 일하게 해라. **하나님**이 모
든 면에서 혜택을 줄 때, 지저스를
통하면, 그는 찬양되며 영원히 지
배한다. 애이멘 [한마음이다.]
12 사랑받는 사람아, 너에게 일어나
는 알 수 없는 혹독한 시험을 이상
하게 생각하지 마라.
13 대신 받아들여라. 너희는 크라이
스트 고통의 공동참여자이기 때문
이다. 그래서 그의 빛이 밝게 빛나
는 때가 되면, 너희 역시 넘치는 기
쁨으로 즐거워한다.
14 또 너희가 크라이스트의 이름 때
문에 비난받으면, 그 역시 기뻐해
라. 이는 그 빛과 **하나님**의 영혼이
너에게 와있는 것이다. 비난하는
편에서 보면 네가 욕먹는 자가 되
지만, 네쪽에서는 그가 명예를 받
는 자다.
15 대신 너희 중 누구도 살인자가 되
면 안 되고, 도둑이나, 악한이나, 남
의 일로 분주한 자가 되지 마라.
16 크라이스트를 믿는 자로서, 부끄
러운 일을 하면 안 되고, 오히려 믿
음으로 **하나님**을 빛나게 해야 한
다.
17 **하나님** 집에서 평가시기가 되어,
우선 우리부터 시작될 때, 기쁜 소
식을 알리는 **하나님**의 가스펄 메시
지를 따르지 않는 그들의 결과는
무엇일까?
18 바른 사람이 구원받지 못하면, **하
나님**을 따르지 않는 죄인은 어떻게
될까?
19 따라서 **하나님** 뜻을 따르는 자는,
그들의 영혼을 창조주에게 두면
서, 끊임없이 좋은 일을 해야 한다.

원로는 양떼에게 본보기가 되라

5 나는 너희 가운데 원로에게 권
하고 싶다. 그들은 원로이자 크
라이스트 고통의 증인이면서, 또
세상을 밝힐 빛의 공동참여자다.
2 너희가 **하나님**의 양떼인 군중를 먹
일 때, 마지못해하지 말고 기꺼이
보살피고, 부정이익을 모르는 깨

끗한 마음을 준비해라.
3 **하나님**의 유산관리자로서 주인이
되지 말고, 양떼에게 본보기가 되
어야 한다.
4 최고 목자가 나타나면, 너희는 사
라지지 않는 찬란한 빛의 크라운
관을 받게 된다.
5 마찬가지로 청년은, 자신을 원로
에게 굴복시켜라. 그렇다, 너희 모
두 서로에게 복종하며, 겸손의 옷
을 입어라. **하나님**은 자만을 거부
하고, 겸손에게 배려의 선물을 주
기 때문이다.
6 그러므로 절대 강자 **하나님** 아래에
서 스스로 겸손하면, 그가 제때에
너를 높여줄 수 있을 것이다.
7 너희 걱정을 그에게 맡기면, 그가
너를 위해 보살펴준다.
8 맑은 정신으로 방심하지 말고 깨
어 있어라. 왜냐하면 너의 적 악마
가, 으르렁거리는 사자처럼 주위
를 돌며, 먹이를 찾기 때문이다.
9 너희는 믿음으로 굳세게 그들을
막아내야 한다. 또한 세상의 다른
형제도 같은 어려움을 당한다는
것도 알아라.
10 하지만 모든 것을 배려하는 **하나님**
은, 지저스 크라이스트를 통하여
우리를 불러 영원한 빛에 이르게
한다. 이것은 너희가 한동안 어려
움을 겪어서, 완전하고 확고한 힘
이 생긴 다음, 그가 너희를 정착시
키는 것이다.
11 구원자Christ에게 찬란한 빛과 영원
한 지배가 있을 것이다. 애이멘 [한
마음이다.]
12 내가 생각하는 너희의 충실한 형
제 사일러스Silvanus 편에, **하나님**의
진정한 배려가 너희에게 있다고
증언하며 격려하는 간단한 편지를
보낸다.
13 배블런 교회에 있는, 너희처럼 선
택받은 그녀가 너희에게 안부를
전하고, 나의 믿음의 아들 말크
Marcus 역시 인사한다.
14 너희 모두와 서로 사랑의 키스로
인사하자. 지저스 크라이스트 안
에 있는 모두에게 평화가 있어라.
애이멘 [한마음이다.]

필어의 2편지

우리는 목격한 이야기를 전했다

1 나 사이먼 필어는, 지저스 크라
이스트의 종이자 제자로, 우리
와 함께 귀중한 믿음을 받아들이
고 있는 다른 제자에게 **하나님** 및
우리 구원자 지저스 크라이스트의
정의를 통하여, 편지로 인사한다.
2 그의 큰배려와 평화가 **하나님**을 아
는 우리 주인님 지저스를 통하여
너희에게 있기를 바란다.
3 그는 신성한 능력으로, 우리에게
생명에 속하는 모든 것을 주었고,
또 그의 지식으로 우리를 불러내
어 신과 같은 빛과 품위를 주었다.
4 그를 통해 우리에게 위대하고 소
중하며 과도한 약속을 해주었다.
이로써 너희는 신의 본성에 공동
참여하게 되어, 부패하는 욕망의
세상을 피할 수 있게 되었다.
5 그와 성실하게 너희 믿음에 도덕
성을, 도덕성에 지식을 더하고,
6 지식에 절제를, 절제에 인내를, 인
내에 신의 경건함을,
7 경건함에 형제의 친절을, 형제의
친절에 사랑을 더해라.
8 이런 것이 너희에게 풍부하게 갖
춰지면, 그것으로 너희는 우리 주
인님 지저스 크라이스트의 지식을
따르는데 결코 무지하지도 결실이
없지도 않을 것이다.
9 하지만 이런 지식이 부족하면 장
님과 같아, 멀리 볼 수 없고, 이전
죄에서 정화된 사실마저 잊는다.
10 그러니 형제들아, 오히려 성실하
게 노력하여, 너희 호출과 선택을
확고하게 하며, 그 지식은 절대 실
패하지 않는다는 것을 증명해야
한다.
11 그러면 너희에게 충분한 입구가
마련되어, 우리 **주님**의 영원한 왕
국이자 구원자 지저스 크라이스트
안으로 들어갈 수 있다.
12 그래서 내가 언제나 너희에게 게
을리하고 싶지 않은 점은, 이 지식
을 안다해도, 너희가 현재의 진리
를 확고하게 기억하는 것이다.
13 그렇다, 내가 성막에 있는 한, 나는
너희가 이 지식을 상기하는 일을
실천할 것으로 생각한다.
14 나는 곧 우리 주인님 지저스 크라
이스트가 내게 보여준 대로 이 성
막에서 떠나야 한다는 것을 안다.
15 그래서 내가 떠난 이후에도, 너희
가 이것을 기억할 수 있도록 노력

을 기울인다.
16 우리는 너희에게 절대힘과 앞으로
올 주인님 지저스 크라이스트를
알리면서, 교묘한 거짓이야기가
아닌, 그의 위엄을 직접 눈으로 목
격했던 것을 따랐다.
17 그는 **하나님** 하늘아버지의 명예와
빛을 받았는데, 당시 놀라운 빛속
에서 그를 부르는 목소리가 들렸
다. "이는 나의 사랑하는 아들이다.
그는 나를 몹시 기쁘게 했다"고 했
다.
18 하늘에서 내려온 그 목소리를 들
었을 때 우리는, 신성한 산에서 지
저스와 함께 있었다.
19 또 우리는 믿을 수 있는 예언자의
말도 있으므로, 이것으로 너희는
주의하여, 어두운 곳에서 밝게 비
치는 빛으로 새벽이 올 때까지, 네
마음에 환한 별을 떠올려야 한다.
20 우선 이를 알아라. 바이블의 예언
은 개인의 해설에서 나오지 않았
다는 것을 알아 두어라.
21 그 예언은 옛날에 사람의 의지로
나온 것이 아니고, **하나님**의 신성
한 사람들이 성령의 지시에 따라
이야기한 것이다.

개는 구토물로, 돼지는 진흙으로 다시 간다

2 그런데 사람 가운데에는 거짓예
언자도 있고, 거짓선생도 있다.
그들은 은근히 어처구니없는 이단
을 끌어들인 다음, 심지어 그들을
사온 **주님**을 부정하더니, 스스로
빠르게 파멸하더라.
2 대부분 유해한 길을 따르기 때문
에, 진리의 길은 나쁘게 평가한다.
3 그들은 탐욕 때문에 꾸민 이야기
로 너희를 이용한다. 이제 그들에
대한 재판은 꾸물거리며 오래 끌
지 않고, 그들에 대한 저주도 졸지
않고 하게 될 것이다.
4 만약 **하나님**이 죄지은 천사를 아끼
지 않는다면, 그들을 지옥에 던져,
어둠속 족쇄에 묶어서, 재판 때까
지 잡아둘 것이다.
5 지난 세상을 아끼지 않고, 노아시
대에 8인만 구했다. 그들이 신의
뜻을 따르지 않는 세상에 홍수를
가져오게 된 정의를 알렸다.
6 소듬과 거머라 도시를 재로 만들
어, 신의 뜻을 따르지 않고 사는 사
람에게 본보기로 만들었다.
7 당시 더럽게 사는 악의 생활에 분
노하는 가운데, 올바른 롵Lot은 구
해냈다.
8 [그들 가운데 살았던 올바른 사람
은 날마다 바른 정신으로 보고 들
으며, 그들의 불법행동에 대해 괴
로워했기 때문이었다.]
9 **주님**은 방법을 알고 있었다. 자신
을 따르는 사람을 시험에서 구하
기 위해, 정의를 집행하는 날 부정
한 그들을 붙잡고 있었다.
10 하지만 특히 신체의 부정한 욕망
을 따르는 그들은 권위를 무시했

다. 어쩌면 그들은 제멋대로 행동
하며, 존엄에 대한 악담조차 두려
워하지 않았다.
11 그리고 힘과 능력이 더 강한 천사
들도 그들의 폭언을 **주님** 앞에 고
소하지 않았다.
12 하지만 이들의 본성은 붙잡혀 죽
는 잔인한 짐승과 같아서, 그런 식
으로 욕을 해도 잘못이라고 깨닫
지 못했기 때문에, 자기 부패로 철
저히 파멸되었고,
13 또 불의에 대한 대가를 받게 되었
다. 그들의 쾌락은 대낮부터 흥청
거리고, 죄만 지은 채, 축제 동안에
도 그들 머릿속에 너희를 속일 생
각에 재미있어 한다.
14 음흉한 생각으로 가득한 그들의
눈길은, 불안한 영혼을 속이는 죄
를 끊을 수 없고, 탐욕을 관행으로
일삼아온 가슴을 가진 그들은 저
주받은 자손이다.
15 그들은 바른길을 버리고 잘못된
길로 들어, 베저Bezer; Bosor의 아들
배일럼Balaam을 추종했는데, 그는
불의의 대가를 사랑했던 자다.
16 하지만 자기 죄로 비난받을 때, 말
못하는 나귀가 인간 목소리를 내
어, 예언자의 미친짓을 금지시켰
다.
17 물없는 우물에, 구름이 폭풍을 몰
고오지만, 암흑의 이슬이 그들을
영원히 가둬버린다.
18 그들은 알맹이 없는 말을 몹시 부
풀려서 하기 때문에, 바람기가 많
은 신체의 욕망을 가진 자를 쉽게
유혹한다. 깨끗했던 이들은 실수
탓에 살던 곳에서 달아난 사람들
이다.
19 그들은 이들에게 자유를 약속하지
만, 그들 스스로 부패의 종이므로,
부패한 자에게 지배당하면, 부패
의 노예가 된다.
20 만약 그들이 **주님**과 구원자 지저스
크라이스트를 알게 되어, 세상의
오염을 피한 다음, 다시 그속에 말
려들어 굴복하면, 결국 그 끝은 처
음보다 더 비참해진다.
21 구원자Christ를 알았다가 전달된 신
성한 명령으로부터 돌아선다면,
처음부터 정의의 길을 몰랐던 것
이 훨씬 더 나았을 것이다.
22 그러나 진리의 격언대로, "개는 구
토물을 다시 먹고, 목욕한 돼지는
진흙에 다시 뒹군다"는 일이 이들
에게 벌어진다.

주님의 인내가 구원이다

3 나는 사랑하는 너희에게 두번째
편지를 쓴다. 두 편지 모두 너희
마음속 순수한 기억을 불러일으키
고자 한다.
2 그러면 너희가 마음 가득 이 말들
을 간직할 수 있을 것이다. 그것은
전에 신성한 예언자가 말했고, **주
님**과 구원자의 제자인 우리가 명령
한 다음과 같은 말이었다.

3 첫째로 알아둘 것은, 마지막 날을
비웃는 자와, 제 욕망대로 사는 자
가 나타난다.
4 그리고 말한다. "'그가 온다는 약속
이 어딨어?' 조상이 잠든 이래, 세
상창조 처음에 있던 그대로 모든
것이 계속되는데" 라고.
5 그러면서 사람은 **하나님**이 말했다
는 것을 무시해버리려고 한다. "하
늘이 오래 전에 있게 되었고, 땅은
물과 물 사이에서 솟아났다"고 했
는데.
6 그래서 전에 있던 세상이 물에 휩
쓸려 사라졌는데.
7 하지만 지금 하늘과 땅은, 그의 말
로 보존되어, 정의의 날 불에 태워
지고, 신을 따르지 않는 사람이 파
멸할 때까지 유지한다.
8 그러나 사랑받는 사람아, 한가지
만은 잊지 말자. **주님**의 하루는 천
년이고, 천년은 하루와 같다는 것
을.
9 **주님**은 약속에 부주의하지 않다.
일부는 그가 약속을 잘 지키지 않
는다고 생각하지만, 누구도 파멸
시키지 않으려고, 우리를 오랫동
안 참아주며, 모두 반성하기를 바
라는 것이다.
10 그런데 **주님**의 날은 밤의 도둑처럼
온다. 그때 하늘이 큰소리와 함께
사라지면, 구성요소는 강렬한 열
에 녹고, 땅과 그 안에서 일하던 자
역시 불타버린다.
11 모든 것이 녹아버린다는 것을 알
때, 사람은 어떤 태도를 가져야 하
나? 너희는 신성한 생활속에 신의
뜻을 따르는 사람이 되어야 하지
않을까?
12 또 **주님**의 날이 오기를 기다리며
서둘러 맞이해야 하지 않나? 그렇
지 않으면 하늘이 불로 사라질 때,
그안에 있는 구성요소도 격렬한
열기에 녹지 않겠나?
13 그렇지만 우리는 그의 약속대로
새하늘과 새땅을 기다리며, 그안
에서 올바르게 살아야 한다.
14 그러니 사랑하는 사람아, 그것을
기다려야 한다는 것을 알고, 너희
는 열심히 잘못도 없고 죄도 없이
평화로운 그를 찾으려고 노력해야
한다.
15 우리 **주님**이 오랫동안 참은 인내가
구원이었다는 것을 생각해라. 심
지어 우리의 사랑하는 형제 폴Paul
역시, 그에게 주어진 지혜로 너희
에게 글을 썼다.
16 그의 편지 안에도 이런 말을 언급
하며, 어떤 것은 이해를 못해서, 어
떤 사람은 배우지 못하거나, 마음
이 불안했기 때문에, 바이블의 다
른 문구처럼, 스스로 파멸한다고
했다.
17 그러므로 사랑받는 너희는, 이전
에도 그랬다는 사실을 알고, 악한
의 실수에 이끌리거나, 자신의 굳
은 마음을 잃지 않도록 주의해야

한다.
18 대신 감사하는 마음을 높이고, 우
리 주님과 구원자 지저스 크라이스
트를 알려고 노력하자. 그에게는
현재와 미래의 영원한 평화가 있
다. 애이멘 [한마음이다.]

존의 1편지

우라가 보고 들은 것은 생명의 말이었다

1 처음부터 있었던 것을, 우리가
들었고, 눈으로 보았고, 손으로
만지며 살펴왔는데, 그것은 바로
생명의 말이었다.
2 [생명이 나타났으므로, 우리가 보
고, 그것을 증언한 다음, 너희에게
영원한 생명을 알렸다. 그 생명은
하늘아버지와 함께 있다가, 우리
에게 모습을 드러냈다.]
3 우리가 보고 들은 것을, 너희에게
알린다. 그러면 너희도 우리와 함
께 있을 수 있는 조건을 얻는다. 그
리고 우리는 하늘아버지와 그의
아들 지저스 크라이스트의 진정한
일원이 된다.
4 그리고 우리가 이것을 너희에게
글로 써주면, 너희 기쁨이 더 커질
것이다.
5 우리가 그에게 들은 메시지를 너
희에게 전하면, "**하나님**은 빛이므
로, 그 안에는 전혀 어둠이 없다"고
했다.
6 그의 일원이라고 말하면서, 어둠
속을 걸으면, 우리는 거짓말을 하
고, 진실이 아닌 행동을 하는 것이
다.
7 그는 빛이므로, 그 빛속을 걸으려
면, 우리가 서로 그의 일원이 되어
야 하고, 그 조건은 그의 아들 지저
스 크라이스트의 피로 모든 죄를
씻어야 한다.
8 만약 죄가 없다고 말하면, 그것은
스스로 자신을 속이는 일이며, 우
리에게 진실이 없다는 뜻이다.
9 우리가 죄를 고백하면, 그는 믿음
과 정의로 우리 죄를 용서하고, 모
든 잘못을 씻어준다.
10 우리가 죄를 짓지 않았다고 주장
하면, 그를 거짓말쟁이로 만드는
것이고, 그의 말도 우리 안에 없는
것이다.

지저스 크라이스트 안에서 살자

2 나의 자녀들아, 내가 너희에게
글을 쓰는 것은, 너희가 죄를 짓
지 않게 하려는 것이다. 만약 누가
죄를 짓는다 해도, 우리는 변호사
가 있어, 하늘아버지에게 우리 대
신 그가 변론해줄 것이다. 그가 바
로 정의의 지저스 크라이스트다.
2 그는 우리 죄를 위한 용서의 제물
인데, 우리뿐아니라 전세계를 위
한 위로의 제물이다.

3 그래서 우리가 그를 안다면, 그의
명령을 지켜야 하는 것이다.
4 어떤 사람이, "나는 그를 안다"고
말하면서, 그의 명령을 지키지 않
으면, 그는 거짓을 말하는, 진실이
없는 사람이다.
5 누구든지 그의 말을 지키면, 실제
로 그 사람 안에 완전한 **하나님**의
사랑이 있는 것이다. 그리고 우리
는 그의 내면을 알게 된다.
6 그가 자기 마음안에 있다고 말하
는 자는, 스스로 그를 따르며 그의
길을 걸어야 한다.
7 형제들아, 내가 지금 쓰는 것은 새
명령에 관한 것이 아니고, 처음부
터 있었던 옛계명에 관한 것이다.
너희가 처음부터 들었던 것이다.
8 그런 다음 다시 너희에게 새명령
을 적는다. 그것이 그의 안에 있는
진실이므로 너희에게 알리는 것이
다. 너희 안에는 어둠이 지나갔기
때문에, 이제 진리의 빛이 비치는
것을 말한다.
9 빛속에 있다고 말하는 자가, 자기
형제를 미워하면, 그는 여전히 어
둠속에 있는 것이다.
10 형제를 사랑하는 자는 빛속에 살
기 때문에, 그는 어떤 경우에도 흔
들림이 없다.
11 하지만 제 형제를 미워하는 자는,
어둠속에서 걸어가기 때문에, 가
는 방향을 알지 못하는데, 이는 눈
을 가린 것과 같다.
12 내가 어린 자녀인 너희에게 편지
쓰는 것은, 그의 이름으로 너희 죄
가 용서되었기 때문이다.
13 내가 아버지로서 너희에게 편지를
쓰는 것은, 너희가 처음부터 그를
알았기 때문이다. 내가 청년인 너
희에게 편지하는 것은, 너희가 악
한을 물리치기 때문이다. 내가 어
린이 너희에게 편지하는 것은, 너
희가 하늘아버지를 알기 때문이
다.
14 내가 아버지들에게 편지를 쓰는
것은, 너희도 처음부터 그를 알았
기 때문이다. 내가 청년인 너희에
게 편지하는 것은, 너희 마음 안에
하나님 말을 간직하면 강해져서,
악한을 물리칠 수 있기 때문이다.
15 세상을 사랑하지 마라. 세상안에
있는 것도 안 된다. 세상을 사랑하
면, 그 사람 내면에 하늘아버지의
사랑은 없는 것이다.
16 세상에 있는 것이란, 신체의 욕망
과, 눈의 욕망과, 생활의 자랑으로,
이는 하늘아버지가 아닌, 세상에
서 나온 것이다.
17 세상은 없어지고, 그속에 있는 욕
망도 사라지지만, **하나님** 뜻을 따
르는 자는 영원히 산다.
18 사랑하는 자녀들아, 지금은 마지
막 시기다. 너희가 크라이스트 적
이 온다고 들은 대로, 이제 그 적들
이 많이 있기 때문에, 이것으로 우
리는 지금이 마지막 때라는 것을

알 수 있다.
19 적들은 우리를 떠났으므로, 더 이
상 우리와 같이 있지 않다. 그렇지
않았다면 의심없이 그들은 우리와
계속 함께 했을 테지만, 그들이 나
갔으므로, 우리와 함께 하지 않는
다는 사실이 드러날 것이다.
20 하지만 너희는 신성한 유일신의
기름이 발라졌으므로, 너희는 모
든 것을 안다.
21 나는 너희에게 글을 쓰는 이유가,
너희가 진실을 모르기 때문이 아
니고, 너희가 진실을 알기 때문이
며, 거짓이 아닌 진실을 쓴다.
22 지저스가 구원자Christ 머사야라는 것
을 부정하는 거짓말쟁이는 누구인
가? 그가 크라이스트의 적이며, 하
늘아버지와 그 아들을 부인하는
자다.
23 누구든지 그 아들을 부정하는 자
는, 하늘아버지가 마음 안에 없는
자다. [하지만 그 아들을 인정하는
자는 하늘아버지가 있다.]
24 그러므로 처음부터 들은 것을 그
대로 너희 안에 간직해라. 너희가
처음부터 들은 그것을 너희 안에
남기면, 너희도 그 아들과 하늘아
버지와 언제나 함께 하는 것이다.
25 이것이 바로 그가 우리에게 해준
약속이고, 영원한 생명이다.
26 다음은 너희를 유혹하는 저들에
관하여, 내가 너희에게 글을 쓴다.
27 너희 내면에 사는 그로부터 기름
을 받아 바르게 되면, 어떤 사람도
너희를 가르칠 필요가 없다. 그리
고 너희에게 무엇을 가르치려면,
기름을 부여받고, 진실하고 거짓
이 없어야 한다. 그런 사람이 너희
를 가르치면, 너희는 그 안에 자리
잡게 된다.
28 이제 어린 자녀들아, 너희가 그 안
에서 살다가, 그가 나타나면, 우리
는 확신을 가질 수 있고, 그 앞에서
부끄럽지 않을 것이다.
29 그가 정의라는 것을 알면, 모두가
그로부터 태어난 정의를 실행해야
한다는 것도 알아야 한다.

순수하게 정화하고 정의를 실행하자

3 보라, 하늘아버지가 우리에게
큰사랑을 아낌없이 주었으므로,
하나님의 아들이 우리를 부르게 되
었다. 그런데 세상이 우리를 모른
다면, 세상이 그를 알지 못하기 때
문이다.
2 사랑하는 사람아, 이제 우리는 **하
나님**의 자녀가 되었다. 아직 우리
가 어떻게 될지 알지 못하지만, 그
가 오면, 우리도 그처럼 될 것이다.
그때 우리는 그의 모습 그대로 보
게 될 것이다.
3 구원자Christ 안에 희망을 두는 사람
은, 그가 깨끗한 것과 같이 자신을
순수하게 정화해야 한다.
4 누구든지 죄를 짓는 것은 법도 위
반하는 것이다. 죄가 곧 법위반이

기 때문이다.
5 그래서 그가 출현하여 우리 죄를
없애면, 우리는 그 안에서 더 이상
죄는 없다는 것을 알아야 한다.
6 그 안에 사는 자는 죄를 짓지 않지
만, 그를 보지도 못하고 알지도 못
하는 자는 죄를 짓는다.
7 너희 자녀들아, 아무도 너를 속이
지 못하게 해라. 바른 일을 하는 자
는, 구원자가 곧 정의인 것처럼 그
도 정의실행자다.
8 죄를 짓는 자는 악마 계열이다. 왜
냐하면 악마는 처음부터 죄를 지
었다. **하나님**의 아들이 이 땅에 온
목적은, 악마의 작업을 파괴하려
는 것이다.
9 **하나님**으로부터 태어난 자는 죄를
짓지 않는다. **주님**의 씨앗이 그 사
람에게 남아 있기 때문에, 그로부
터 태어난 사람은 죄를 짓지 않는
다.
10 여기서 **하나님**의 자녀가 밝혀지고,
악마의 자녀도 드러난다. 정의를
실행하지 않는 자는 **하나님** 계열이
아니고, 형제를 사랑하지도 않는
다.
11 너희가 처음부터 들은 메시지는,
우리가 서로 사랑해야 된다는 말
이다.
12 악의 계열인 캐인Cain처럼, 형제를
살해하면 안 된다. 그는 왜 형제를
죽였나? 왜냐하면 그가 하는 일이
악행이었기 때문이다. 반면 그 형
제가 한 일은 정의였다.
13 나의 형제들아, 세상이 너를 미워
해도 당황하지 마라.
14 우리는 죽어서 생명을 살리므로
서로를 사랑해야 한다는 것을 알
아라. 형제를 사랑하지 않는 자는
죽음속에 남게 된다.
15 남을 미워하는 자는 살인자와 같
고, 살인자는 영원히 살지 못한다
는 것도 알아라.
16 우리가 **하나님**의 사랑을 느낄 수
있는 것은, 그가 우리를 위해 생명
을 내려놓았다는 것이다. 따라서
우리도 형제를 사랑하여, 자기 생
명까지 내려놓을 수 있어야 한다.
17 그런데 세상재물을 가진 자가, 가
난한 형제를 보고도 동정의 문을
닫으면, 어떻게 그를 **하나님** 사랑
속에 사는 사람이라 할까?
18 너희 자녀들아, 서로 말만 사랑하
고, 혀를 가지고 사랑하는 대신 행
동과 진실로 사랑하자.
19 그러면 우리가 보다 더 진실해져
서, 그 앞에서 우리 마음은 더욱 당
당해질 것이다.
20 우리가 제 양심을 비난할 때, 우리
보다 더 폭넓은 시야를 가진 **하나
님** 역시 모든 것을 파악한다.
21 사랑하는 사람아, 만약 스스로 우
리 가슴에 비난할 게 없으면, **하나
님**을 향하여 자부심을 가질 수 있
다.
22 그래서 우리가 요구하는 것이 무

엇이든, 그로부터 받을 수 있게 하
려면, 그의 명령을 지키고, 그가 보
기에 좋은 일을 해야 한다.
23 다음이 바로 그의 명령이다. 우리
는 그의 아들 지저스 크라이스트
의 이름으로 믿어야 하고, 그의 명
령에 따라 서로 사랑해야 한다.
24 그의 명령을 지키는 자는 그 안에
서 살게 된다. 따라서 그는, 우리에
게 준 신성한 영혼성령으로, 우리 안
에 살고 있다는 것을 알아야 한다.

사랑하는 자는 하나님을 안다

4 사랑하는 사람아, 영혼을 다 믿
지 마라. 대신 그것이 **하나님**으
로부터 나왔는지 시험해야 한다.
세상에 거짓예언자가 많이 나타났
기 때문이다.
2 너희가 **하나님** 영혼이라고 판단할
수 있는 경우란, 지저스 크라이스
트가 **하나님**으로부터 나온 인간임
을 인정하는 영혼은 모두 맞다.
3 구원자 지저스의 신체가 **하나님**한
테서 나왔다고 인정하지 못하는
영혼은, 크라이스트 적의 영혼이
다. 너희는 그가 곧 나타나고, 어쩌
면 이미 세상에 와있는지 모른다
고 들었다.
4 자녀들아, 물론 너희는 **하나님**한테
서 나왔으니, 저들을 이겨내야 한
다. 네 마음에 있는 그는 세상의 어
느 영혼보다 더 위대하기 때문이
다.
5 저들은 세상출신의 영혼이어서,
세상 이야기를 하고, 세상의 말을
듣는다.
6 우리의 영혼은 **하나님**한테서 나왔
으므로, 우리 말을 **하나님**이 들어
준다는 것을 안다. 그렇지 않은 영
혼은, **하나님**이 우리말을 듣지 않
는다고 한다. 그러니 우리는 진실
의 영혼과 세상영혼을 판별할 줄
알아야 한다.
7 사랑하는 사람아, 서로 사랑하자.
사랑은 **하나님**에게서 나왔으므로,
서로 사랑하는 사람은 **하나님**한테
서 태어나 그를 안다.
8 사랑하지 않는 자는 **하나님**을 모르
기 때문에, **하나님**이 곧 사랑이라
는 것도 모른다.
9 **하나님**은 우리에 대한 사랑을 다음
과 같이 드러냈다. **하나님**은 그의
외아들을 세상에 파견하여, 그를
통해 우리가 살 수 있게 했다.
10 그 사랑은, 우리는 **하나님**을 사랑
하지 않았는데도, 그가 우리를 사
랑하여, 아들을 보내, 우리 죄를 갚
게 하여 용서받게 했다.
11 사랑받는 너희는, **하나님**이 우리를
그토록 사랑하므로, 우리도 서로
사랑해야 마땅하다.
12 지금까지 **하나님**을 본 자는 없다.
우리가 서로 사랑하면, **하나님**이
우리 안에 살게 되면서, 그의 사랑
은 우리 안에서 완전해진다.
13 우리는 그 안에 있고, 그는 우리 내

면에 있다는 주장은, 그가 우리에
게 자신의 영혼을 주었기 때문이
다.
14 우리가 목격한 다음에 관하여 증
언한다. 하늘아버지가 아들을 세
상의 구원자가 되게 했다.
15 누구나 지저스가 **하나님** 아들이라
고 인정하며 고백하면, **하나님**이
그 사람안에 살고, 그도 **하나님** 안
에 있게 된다.
16 우리는 **하나님**이 우리에게 준 사랑
을 안다. **하나님**은 사랑이어서, 사
랑으로 사는 자는 **하나님**이 그의
마음안에 있고, 그도 **하나님** 안에
서 산다.
17 그러면 우리의 사랑은 완전하게
만들어지고, 정의의 날 우리는 당
당해질 수 있다. 그가 그렇듯, 우리
도 세상에서 그렇다.
18 사랑은 두려움이 없고, 오히려 완
전한 사랑이 두려움을 물리친다.
두려움은 고통을 동반하기 때문
에, 두려워하면 고통이 무서워 사
랑을 완전하게 만들지 못한다.
19 지저스가 먼저 우리를 사랑해서,
우리도 그를 사랑하게 되었다.
20 어떤 사람이, '나는 **하나님**을 사랑
한다'고 말하면서, 형제를 증오하
면, 그는 거짓을 말하는 자다. 형제
를 보고도 사랑하지 않는데, 어떻
게 보이지 않는 **하나님**을 사랑한다
말할 수 있나?
21 이런 명령은 **하나님**으로부터 우리
가 받았다. **하나님**을 사랑하는 자
는, 형제 역시 사랑한다.

하나님의 증거는 신성한 영혼이다

5 지저스가 **하나님**의 아들로 태어
난 구원자Christ라고 믿는 자는
누구든지, 아들을 대단히 사랑하
는 **하나님**을 사랑한다.
2 그래서 우리가 **하나님**을 사랑하며,
하나님의 자녀를 사랑할 줄 알아
야, 그의 명령을 지킬 수 있다.
3 이와 같은 **하나님**의 사랑은 그의
명령으로 지키지만, 그것은 무거
운 부담이 아니다.
4 **하나님**한테서 태어난 영혼은 세상
에 굴복하지 말고, 승리할 때까지
견뎌내는 것이 우리의 믿음이다.
5 세상을 이겨낸 자는 누군가? 지저
스가 **하나님**의 아들이라고 믿는 자
가 아닌가?
6 그가 바로 물과 피로 나타난, 구원
자Christ 지저스다. 그는 물만이 아
닌, 물과 피를 가지고 왔다. 이렇게
증언하는 신성한 영혼은 모두 진
실이다.
7 하늘에 이를 증명할 세가지 기록
이 있는데, 그것은 하늘아버지, 말,
신성한 영혼이고, 이 세가지는 하
나다.
8 땅에서 이를 증명하는 세가지 증
거는, 신성한 영혼과, 물과, 피다.
이 세가지도 동일한 하나다.
9 인간의 증거도 받아들이는데, **하나**

님의 증거는 훨씬 더 엄청난 것이
다. **하나님**의 증거는 그의 아들로
증명했다.
10 **하나님** 아들을 믿는 자는 스스로
증인이 되고, **하나님**을 믿지 않는
자는 **하나님**을 거짓말쟁이로 만드
는 것이다. 왜냐하면 그는 **하나님**
이 그의 아들에게 준 증거를 믿지
않기 때문이다.
11 증거란, **하나님**이 우리에게 준 영
원한 생명으로, 그 생명은 그의 아
들 안에 있다.
12 **하나님**의 아들을 믿는 자는 생명을
얻고, **하나님**의 아들을 거부하는
자는 생명이 없다.
13 이것을 너희에게 글로 쓰는 것은,
하나님 아들의 이름을 믿으면, 너
희가 영원한 생명을 얻는다는 것
을 알아야 하기 때문이다. 그러면
너희는 **하나님** 아들의 이름으로 믿
을 수 있게 된다.
14 그러면 우리가 그 안에서 자신감
을 갖을 수 있으므로, 우리가 **하나
님** 뜻에 따라 무엇을 요구하면, 그
가 우리 요청에 귀를 기울일 것이
다.
15 그가 우리말과 우리의 요청을 들
으면, 우리는 그로부터 바라는 희
망을 청원하게 된다.
16 어떤 사람이 그의 형제가 남을 죽
이지 않았어도 죄를 짓는 것을 알
고, 그가 요청하면, **하나님**은 그를
위해 죽음이 되지 않는 죄를 짓게
하여 목숨을 살려준다. 죽을 정도
의 죄가 있다면, 나는 그를 위해 기
도하라고 말하지 않겠다.
17 바르지 않은 것은 죄로써, 죽이지
않아도 죄가 된다.
18 **하나님**한테서 태어난 우리는 누구
나 죄를 짓지 말아야 한다는 것을
안다. 게다가 **하나님**의 자녀로 태
어난 자는 자신을 지키고, 악한이
손을 대지 못하게 해야 한다.
19 우리는 **하나님**한테서 태어났지만,
세상은 악행속에 놓였있다는 것을
잘 안다.
20 우리는 **하나님** 아들이 와서 우리에
게 이해할 수 있는 지혜를 준다는
것을 안다. 그리고 그는 진실이고,
그 진실안에 우리가 있다는 것을
아는데, 그 진실은 바로 그의 아들
지저스 크라이스트이다. 이것이 **하
나님**의 진리이자 영원한 생명이다.
21 너희 자녀들아, 우상에서 자신을
멀리해라. 애이멘 [한마음이다.]

존의 2편지

서로 사랑하라는 명령을 강조한다

1 원로인 나, 존은, **하나님**의 선택
을 받은 부인과 그 자녀에게 편
지를 쓴다. 내가 진실로 사랑하는
이들은, 나뿐아니라 진리를 아는
모두가 사랑하는 사람들이다.
2 우리 내면에 사는 그 진리는 언제
까지나 우리와 함께 한다.
3 당신들에게, **하나님** 하늘아버지와
그 아들 진리와 사랑의 주인님 지
저스 크라이스트의 큰배려와 큰사
랑과 평화가 함께 하기를 바란다.
4 내가 대단히 기뻤던 것은, 당신의
자녀가 우리처럼 하늘아버지가 명
령한 진리안에서 살아가고 있다는
것을 알게 된 점이다.
5 지금 나는 당신에게, 새명령을 적
는 것이 아니라, 우리가 처음부터
알고 있는 "서로를 사랑하라"는 명
령을 강조한다.
6 이것은 우리가 그의 명령을 지키
는 일이기도 하기 때문에, 당신들
이 처음부터 들은 그대로 사랑하
며 살아야 한다.
7 많은 기만자가 세상에 생겨나, 구
원자Christ 지저스가 인간으로 이땅
에 왔다는 것을 인정하지 않고 있
다. 이들은 사람을 속이는 크라이
스트의 적이다.
8 스스로 조심하여, 우리가 실행해
온 일에 대해 실수없이, 완전한 보
상을 받게 하자.
9 누구라도 위반이나 하며 크라이스
트의 가르침 안에서 살지 않으면,
그는 **하나님**과 함께 있지 못한다.
반면 구원자의 가르침 안에서 사
는 사람은 하늘아버지와 그 아들
이 함께 있어준다.
10 당신에게 가까이 오는 사람이, 이
가르침을 실행하지 않으면, 그를
환영도 하지 말고, 당신집에 받아
들이지도 말아야 한다.
11 그를 환영하는 자는 그의 악행에
동참하는 자가 된다.
12 당신들에게 해줄 이야기가 너무
많아서, 이것을 종이와 잉크로 다
적을 수 없다. 그래서 내가 당신에
게 가서 얼굴을 마주하고 이야기
하면, 우리의 기쁨이 넘칠 것이라
고 믿는다.
13 또 **하나님**의 선택을 받은 자매의
자녀에게도 대신 인사를 전해주기
바란다. 애이멘 [한마음이다.]

존의 3편지

개이어스 당신의 자선은 좋은 일이다

1 원로인 나 존은, 가장 존경받는
사람이자 내가 의지하며 사랑하
는 개이어스Gaius에게 안부편지를
쓴다.
2 사랑하는 사람아, 나는 무엇보다
당신의 사업이 잘되고, 건강하며,
특히 당신의 영혼이 건전하기를
바란다.
3 내가 대단히 기뻤던 이유는, 형제
들이 와서 당신안에 있는 진실을
증언했고, 게다가 진실을 따르며
산다고 전했기 때문이다.
4 나는, 나의 자손이 진실하게 사는
소식을 듣는 것보다 더 큰 기쁨은
없다.
5 사랑하는 사람아, 당신은, 형제에
게 또 낯선 이민족에게 무엇이나
충실하게 성의를 다하고 있다고
하더라.
6 그들이 교회 앞에서 당신의 자선
을 증언했다. 그들이 순조롭게 여
행하도록, 당신이 **하나님**의 뜻에
따라, 그들을 잘 대접하는 것은 정
말 좋은 일이다.
7 **주님**의 이름을 위하여 여행하는 형
제는, 이교도로부터 아무것도 받
은 것이 없기 때문이다.
8 마땅히 그들을 환영하면, 우리도
진리에 동참하는 협력자가 될 수
있을 것이다.
9 내가 교회에 편지했는데도, 그들
가운데 앞장서기를 좋아하는 디아
트러풔스는 우리를 환영하지 않았
다.
10 그래서 앞으로 내가 가면, 그의 행
위를 기억해야겠다. 그는 우리를
악담으로 따돌렸는데 그것으로 싸
우지는 않았다. 게다가 형제를 받
아들이기는커녕, 환영을 못하게
방해하는가 하면, 그렇게 하고 싶
은 사람조차 교회에서 내쫓았다.
11 사랑하는 사람아, 이런 악행이 아
닌 선행을 따르기를 바란다. 좋은
일을 하는 자는 **하나님**이 함께 있
지만, 악을 행하는 자는 **하나님**을
알지 못하는 자다.
12 드미트리어스는 모두에게 좋은 평
판을 듣는 진실 자체인 사람이다.
맞다, 우리도 똑 같은 마음이라고
동의하는데, 너희가 알다시피, 우
리는 사실을 증언하고 있다.
13 나는 쓸 것이 많지만, 당신에게 잉
크와 펜만으로 다 적을 수 없다.

14 대신 곧 당신을 만날 것이라고 믿
기 때문에, 그때 우리가 얼굴을 보
고 이야기할 수 있다. 당신에게 평
화가 있기를 바라고, 우리 믿음의
친구에게도 일일이 이름을 불러주
며 대신 인사를 전해주길 바란다.

쥬드의 편지

악행은 주님이 꾸짖는다

1 나 쥬드Jude는, 지저스 크라이스
트의 종이자, 재임스James: 지저스
첫동생의 동생지저스의 둘째동생으로, **하
나님** 하늘아버지의 이름으로 그들
로부터 정화된 다음, 지저스 크라
이스트 안에서 보호받으며 호출되
었다.
2 너희에게 관대한 배려와 평화와
사랑의 기회가 많이 있기를 바란
다.
3 사랑하는 사람아, 공동의 구원에
대해, 내가 너희에게 열심히 편지
를 쓰기는 하지만, 한때 성도에게
전해졌던 믿음을 더욱 강하게 촉
구할 필요성을 느끼게 되어 권한
다.
4 오래 전에 유죄로 규정된 일부 사
람은 알지 못하는 사이에 사라졌
다. 그들은 신의 뜻을 따르지 않는
자로서, **하나님**의 큰배려를 부정한
탐욕으로 돌리거나, 유일한 **주 하나
님**과, 우리 주인님 지저스 크라이
스트를 부정했다.
5 그래서 나는 너희가 이미 알고 있
다 해도, 다시 다음을 상기시키고
싶다. **주님**이 이집트땅에서 백성을
어떻게 구했고, 믿지 않는 사람을
어떻게 제거했는지 알리고자 한
다.
6 그들의 본래 권한을 유지하지 못
한 천사는, 그들의 거처에서 떠나,
위대한 정의의 날까지 어둠속 영
원한 쇠줄속에 갇히게 되었다.
7 소듬Sodom과 거머라Gomorrha와 같
은 도시가 이런 경우인데, 스스로
매춘을 자행하고, 신체적으로 부
정한 성행위를 따르다, 영원한 불
속에서 보복당하는 본보기가 되었
다.
8 마찬가지로 추잡한 꿈을 꾸는 자
도 신체를 오염시켰고, 존엄한 존
재의 지배를 욕하며 무시했다.
9 그런데도 대천사 마이클Michael이,
모지스Moses의 시체를 두고 악마와
싸웠을 때에도, 그는 악마에게 악
담하지 않고, 단지, "**주님**이 너희를
꾸짖는다"고 말했을 뿐이다.
10 그런데 이들은 자기가 알지 못하
는 것이면 무엇이나 나쁘게 말한
다. 단지 그들의 본성은 잔인한 짐
승의 태도만 알고 있었으므로, 스
스로 자신을 부패시킨 것이다.
11 그들은 재앙이다! 왜나하면 그들

은 캐인Cain의 길을 걸었고, 배일럼
의 잘못된 탐욕을 뒤따랐으며, 코
라Korah처럼 반발하다 파멸했기 때
문이다.
12 이들은 조금도 마음을 꺼리지 않
고, 너희를 먹여야 할 때, 부정한 축
제를 벌리며, 양떼를 돌보지 않았
다. 그들은 물기없는 구름이 되어,
바람이 부는 대로 돌아다니다, 열
매도 맺지 못하게 나무를 죽이더
니, 뿌리째 뽑아버려 두번 죽이더
라.
13 바다의 격렬한 파도가 그들의 창
피를 거품으로 드러냈고, 떠도는
별은 영원한 어둠속 암흑에 그들
을 가둬버렸다.
14 애덤Adam의 일곱번째 자손 이녹
Enoch도 이들을 예언하며 말했다.
"보라, **주님**이 수만의 그의 성도와
같이 온다.
15 이들 모두에게 정의를 집행하기
위해, 그들 가운데 신의 뜻을 따르
지 않는 자와 신의 뜻을 거부하는
그들의 행위 및 **하나님**에게 죄가
되는 도발적 언급에 대해 기소한
다음, 그들을 상대로 판결이 내려
졌다"라고 했다.
16 이들은 불평을 중얼거리고, 자신
의 욕망을 따르며, 그들의 입은 크
게 부풀린 말만 하고, 유리한 사람
에게 아부한다.
17 하지만 사랑하는 사람아, 전에 우
리 주인님 지저스 크라이스트의
제자단이 한 말을 기억해보자.
18 그들이 너희에게 한 말은, "마지막
에 조소하고, **하나님**의 뜻을 따르
지 않고 제멋대로 행동하는 자는
마지막에 비웃음을 당하게 된다"
고 했다.
19 이들은 너희와 다르다고 스스로
구분하며, 오직 신체적 본성만 따
르고, 신성한 영혼을 갖지 못했다.
20 그러나 사랑하는 너희는, 너희 마
음안에 가장 신성한 믿음을 세우
고, 신성한 영혼에게 기도해라.
21 또 **하나님**의 사랑으로 자신을 지키
고, 우리 주인님 지저스 크라이스
트의 관대한 사랑으로 영원히 이
어지는 생명을 찾아라.
22 너희는 의심하는 다른 사람에게도
연민을 갖어야 한다.
23 두려워하는 다른 사람을 불속에서
끌어당겨 구해내고, 신체로 오염
된 옷은 멀리해야 한다.
24 너희가 쓰러져도 지켜줄 수 있도
록, 실수 없이 기쁜 마음으로 그 앞
에 나갈 수 있게 해야 한다.
25 **하나님**의 지혜만이 우리의 구원자
가 되도록, 빛과 존엄과 재배와 능
력이 지금과 영원 모두 있게 하자.
애이멘 [한마음이다.]

미래증언

예언자 존이 환상속에서 구원자 지저스를 보다

1 지저스 크라이스트 출현이 곧
반드시 이루어진다는 **하나님**의
지시를, 그의 여러 종에게 알리기
위하여, 그는 천사를 파견하여, 자
기 종 예언자 존John에게 알렸다.
2 존은 **하나님**의 말을 기록하여, 구
원자Christ 지저스의 증언 및 자기가
환상으로 본 모든 것을 전했다.
3 이 기록을 읽는 자는 축복받는다.
이 예언을 듣는 자와, 여기 적힌 일
을 지키는 자에게 복이 있는 것은,
그때가 가까웠기 때문이다.
4 존은 애이쟈Asia 현 터키지역에 있는
일곱교회에게 이 글을 쓴다. 너희
에게 지금도 있고, 과거에도 있었
고, 미래에도 있는 그의 배려와 평
화가 있기를 바라고, 또 그 왕좌 앞
에 있는 신성한 일곱영혼과,
5 지저스 크라이스트로부터 오는 축
복도 있기를 바란다. 그는 믿을 수
있는 증언자로, 죽음에서 최초로
태어나, 이땅의 왕을 지배하는 왕
이 되었다. 우리를 사랑하는 그가,
자기 피로 우리 죄를 씻어주었다.
6 또 그는 우리를 **하나님**이자 그의
아버지에게 예배하는 왕국과 제사
장으로 만들어, 그에게 영원한 빛
과 힘이 되게 했다. 애이멘 [그 말
에 동의한다. 한마음이다.]
7 보라, 그가 구름을 타고 오면, 모든
눈이 그를 뚫어지게 보고, 땅위 인
류도 그로 인해 소리쳐 울게 된다.
당연히 그렇게 된다. 애이멘 [그렇
다고 동의하는데 한마음이다.]
8 "나는 알파이자 오메가인, 세상의
시작과 끝이다." 라고 **주님**이 말했
는데, 그는 지금도 있고, 과거에도
있었고, 미래에도 있는 절대자다.
9 나 존은, 너희 형제로, 어려운 시기
를 견디며 지저스 크라이스트의
왕국을 기다리는 동료인데, 팰머
스Patmos라는 섬에서, **하나님** 말과
지저스 크라이스트의 증언을 듣게
되었다.
10 나는 **주님**의 날, 신성한 영혼성령 안
에서, 내 뒤쪽 트럼핕에서 나는 큰
목소리를 들었다.
11 이렇게 말했다. "나는 알파이자 오
메가인, 세상의 시작과 끝이다. 지금
네가 보는 것을 책에 써서, 애이쟈지
역 일곱교회에 보내라. 그곳은 에풔
서스, 스머너, 펄거머스 싸이어티라,
살디스, 퓔라델퓌아, 래오디시아다"

라고 했다.
12 내가 몸을 돌려, 나에게 말하는 목
소리를 보려고 돌아서자, 황금촛
대 일곱을 보았다.
13 일곱촛대 중 하나가 사람의 아들
과 같은 모습을 하고, 발까지 내려
오는 옷을 입고, 황금장식 허리띠
를 가슴까지 두르고 있었다.
14 그의 머리와 머리털은 눈처럼 하
얀 양털 같았고, 눈은 이글거리는
불꽃 같았다.
15 그의 발은 화로에서 달궈진 황동
같았으며, 목소리는 물기많은 소
리로 들렸다.
16 그는 오른손에 별 일곱개를 들었
고, 입밖으로 예리한 양날의 칼을
물고 있었으며, 얼굴은 태양 같은
밝은 빛을 비추고 있었다.
17 나는 그를 보자마자, 죽은 사람처
럼 그의 발아래 쓰러졌더니, 그가
오른손을 나에게 얹으며 말했다.
"두려워마라. 나는 처음이자 끝이다.
18 나는 죽었지만 살아있다. 보라, 나
는 앞으로 언제까지나 살며, 그렇다,
죽음과 죽은자의 나라Hades 해이디스의
열쇠를 쥐고 있다.
19 네가 본 것을 기록해라. 그것은 앞으
로 있을 일이다.
20 네가 내 오른손에서 본, 7개 별 및 7
개 촛대는 비밀이 있다. 일곱별은 7
교회의 천사이고, 일곱촛대도 7교회
를 의미한다"고 했다.

1에풔서스, 2스머나, 3펄거머스,
4싸이어티라 교회에 전해라

2 에풔서스의 교회에 있는 천사에
게 편지써라. 이 말은 오른손에
일곱별을 든 자가, 일곱 황금촛대 가
운데를 걸으며 한 말이다.
2 나는 너희 행동과, 너희 노력과, 너
희 끈기를 안다. 그래서 너희는 악을
참을 수 없었기 때문에, 제자에게는,
악행을 하지 말고, 거짓말도 하지 말
라고 이르며 애썼다.
3 또 너희는 내 이름을 위하여 어려움
을 참고 견디며, 실망하지 않았다.
4 그렇기는 해도, 나는 너희에게 다소
불만이 있는 것은, 너희가 처음에 지
녔던 사랑을 잊어버렸다는 것이다.
5 따라서 너희가 어디서 실수했는지
기억하고 반성하여, 처음에 하던 일
을 다시 해라. 그렇지 않고 반성하지
않으면, 내가 너희에게 곧바로 가서,
그곳에 있는 너희 촛대를 제거해버
리겠다.
6 그런데 너희가 [정도에서 벗어난]
니컬래이어튼스 행동을 하고 있는
데, 그것은 너희가 증오했고, 나 역
시 싫어했었다.
7 귀를 가진 자는 신성한 영혼이 교회
에게 전하는 말을 들어봐라. 나는 어
려움을 견디고 이겨내는 자에게, **하**
나님의 낙원 이든동산 가운데 있는,
생명의 나무를 먹을 권리를 주겠다.
8 스머너교회에 있는 천사에게 편지
써서, 처음이자 끝이며, 죽음에서 살

아난 존재가 이렇게 말했다고 전해
라.
9 나는 너희 노동과, 어려움과, 가난을
알고 있다. [그래도 너희는 부자다.]
또 너희가 자칭 쥬다인Jews이라고 하
지만, 사실은 아닌 저들에게 모욕당
하고 있다는 것도 아는데, 실제 저들
은 [악의 영혼] 새이튼Satan의 시너가
그 집회다.
10 너희가 겪게 될 일을 두려워 마라.
보라, 악마는 일부를 감옥에 보내,
너희를 시험하다가, 열흘간 괴롭혀,
결국 너희 신념을 죽일 수도 있다.
그것을 견디면, 내가 너희에게 생명
의 크라운왕관을 씌워줄 것이다.
11 귀를 가진 자는, 신성한 영혼성령이
교회에게 하는 말을 들어봐라. 어려
움을 극복하고 이겨내는 자는 두번
죽는 해를 당하지 않는다.
12 펄거머스교회의 천사에게 적어줘
라. 예리한 양날의 칼을 가진 자가
다음을 말한다.
13 나는, 너희 일과, 사는 곳과, 심지어
[악의 영혼] 새이튼이 자리잡은 곳
조차 알고 있다. 너희는 내 이름을
단단히 붙들고, 앤터퍼스Antipas처럼
되는 날이 오더라도 나에 대한 신념
을 부인하지 말아라. 그는 나를 믿다
순교한 증인으로, 새이튼이 사는 너
희 도시에서 살해당했다.
14 그래도 나는 너희에게 몇 가지 불만
이 있는데, 너희는 배이럭Balak을 가
르치는 배일럼의 주장을 따르며, 이
즈리얼 자손에게 죄를 짓게 만들어,
우상에게 바친 희생제물을 먹고, 부
도덕한 성행위를 저지르게 했다.
15 마찬가지로 너희는 니컬래이어튼스
주장도 따랐는데, 그것은 내가 싫어
하는 것이었다.
16 그러니 반성해라. 그렇지 않으면, 내
가 너희에게 곧바로 나타나, 내 입에
문 칼로 그들과 싸우겠다.
17 귀가 있으면 들어봐라. 신성한 영혼
이 교회에게 뭐라고 말하는지. 세상
의 어려움을 견뎌내는 자는, 내가 감
춰둔 매나Manna를 먹으라고 줄 것이
다. 또 흰돌도 주어 거기에 새이름을
쓰게 할 텐데, 그것은 받는자 이외는
아무도 그 일을 알지 못한다.
18 싸이어티라 교회에 있는 천사에게
하나님의 아들이 전하는 말을 편지
에 적어줘라. 그는 이글거리는 불꽃
같은 눈을 가졌고, 빛나는 황동과 같
은 발을 가졌다.
19 나는 너희가 한 행동과, 사랑과, 봉
사와, 믿음과, 인내를 알고 있다. 따
라서 너희가 한 일의 끝은 처음 이상
으로 큰 일이 된다.
20 하지만 나는 너희에게 몇몇 불만이
있다. 너희가 고통을 당한 것은, 스
스로 여예언자라고 부르는 제저벨
Jezebel이, 나의 종을 가르치고 유혹하
여, 부정성행위를 하게 하고, 우상에
게 바친 희생물을 먹게 했기 때문이
다.
21 내가 그녀의 매춘행위를 반성할 기

회를 주어도, 그녀는 하지 않았다.
22 보라, 나는 그녀를 침대에 던져, 그
녀와 매춘한 자에게 큰고통을 주겠
다. 자기의 그런 행위를 후회하는 자
는 예외다.
23 또 나는 그녀 자식을 죽인다. 그러면
모든 교회가 내가 마음과 정신을 들
여다본다는 것을 알게 될 것이다. 그
리고 너희 모두에게 각자 행위에 따
라 대가를 주겠다.
24 그러나 내가 너희와 싸이어티라 교
회 나머지에게 말하는데, 너희가 가
능한 이런 주장을 따르지 않고, 새이
튼의 깊이에 빠져들지 않으면, 나는
너희에게 다른 어떤 부담을 지게 하
지 않을 것을 일러둔다.
25 단지 너희가 내가 올때까지 믿음을
굳게 지키는 경우에 그렇다.
26 세상을 이겨내고, 마지막까지 내가
하라는 일을 지키면, 내가 그에게 민
족을 지배할 권한을 줄 것이다.
27 또 그가 철제지휘봉을 들고 통치할
때, 마치 도공이 토기를 조각내 부수
듯, 내가 나의 하늘아버지로부터 받
은 권한으로 저들을 떨게 하겠다.
28 그리고 나는 그에게 아침별을 줄 것
이다.
29 귀를 가진 자는, 신성한 영혼성령이
교회에 전하는 말을 들어라.

5살디스, 6퓔라델퓌아, 7래오디시아 교회에도 전해라

3 "살디스교회의 천사에게, **하나님**
의 신성한 일곱영혼과 일곱별을
가진 자가 다음을 말한다고 써보내
라. 나는, 너희가 살아서 명성을 얻
으려고 한 행위를 아는데, 너희는 죽
는다.
2 깨어 있어라! 남아 있는 너희는 곧
죽을 준비를 하고, 단단히 각오하며
힘을 내라. 왜냐하면 내가 **하나님** 시
각으로 볼때, 너희가 일을 끝내지 못
했기 때문이다.
3 그러니 너희는 받아들이고, 듣고, 철
저히 지키며, 후회해야 한다는 것을
기억해라. 그런데도 너희가 주의하
지 않으면, 나는 도둑처럼 가서, 알
지 못하는 순간에, 너희에게 나타나
겠다.
4 너희가 있는 살디스에도 자신의 옷
을 더럽히지 않는 몇사람이 있는데,
그들은 나와 함께 흰옷을 입고 걷게
된다. 왜냐하면 그들은 보람있는 일
을 했기 때문이다.
5 어려움을 이겨낸 자도 흰옷을 입게
될 것이다. 나는 생명의 책에서 그
이름을 제거하지 않겠다. 대신 나는
나의 하늘아버지와 천사 앞에서 그
들 이름을 인정해줄 것이다.
6 귀가 있는 자는 신성한 영혼이 교회
에게 전하는 말을 들어라.
7 퓔라델퓌아 교회에 있는 천사에게
적어줘라. 신성한 진리인 그가 다음

을 말하는데, 그는 대이빋의 열쇠를
갖고 있으므로, 그가 문을 열면, 닫
을 자가 없고, 그가 닫으면, 열 자가
없다.
8 나는 너희가 한 일을 알고 있다. 보
라, 내가 너희 앞에 문을 열어두면,
아무도 그것을 닫을 수 없다. 그것은
너희 힘이 약하기 때문인데, 내 말을
지키며, 나의 이름을 부정하지 말아
야 한다.
9 보라, 나는 저들을 [악의 영혼] 새이
튼의 시너가그 집회로 만들겠다. 저
들은 쥬다인Jews이라 말하지만, 실
제로 아니면서 거짓말을 한다. 보라,
나는 저들을 너희 발앞에 나와 경배
하게 한 다음, 내가 너희를 사랑하는
것을 알게 하겠다.
10 너희는 내가 참고 견디라는 말을 지
켰으니, 나도 너희를 시련에서 지킬
것이다. 어려운 시기가 세상에 나타
나, 땅위에 사는 모두를 힘들게 할
것이다.
11 보라, 내가 서둘러 와서, 너희가 가
진 것을 단단히 잡아주면, 아무도 너
희 크라운왕관을 빼앗지 못한다.
12 어려움을 견뎌낸 자는, 내가, **하나님**
성전의 기둥으로 삼겠다. 그러면 그
는 더 이상 밖으로 나가지 않게 되므
로, 내가 **하나님** 이름을 그에게 써주
고, 하늘에서 내려오는 **하나님**의 새
로운 저루살럼 도시 이름도 써주겠
다. 그리고 나의 새 이름도 그 사람
위에 써줄 것이다.
13 귀를 가진 자는 신성한 영혼이 여러
교회에 전하는 말을 들으라고 전해
라.
14 래오디시아 교회에 있는 천사에게
편지해라. 다음과 같이, 애이멘 [한
마음]을 말하고, 믿음 자체이며, **하나**
님의 창조 처음부터 진실을 증언하
는 자가 말한다.
15 너희는 차지도 뜨겁지도 않은 일을
하는 것을 아는데, 나는 너희가 둘
중 하나가 되기를 바란다.
16 그런데 너희는 차지도 뜨겁지도 않
고 미지근하기 때문에, 내 입안에서
너희를 뱉어버릴 것이다.
17 너희는, "나는 부자가 되어, 재물이
많아져, 아무것도 필요없다"고 말하
는 탓에, 실제로 너희가 불쌍하고,
비참하고, 가난하고, 앞이 안보이고,
헐벗었음을 알지 못한다.
18 내가 너희에게 권하는 대로, 내가 불
속에서 제련한 황금을 사봐라. 그러
면 너희는 부자가 되고, 흰옷을 입게
되어, 너희 맨몸의 부끄러움이 드러
나지 않으며, 진정연고를 눈에 바르
면, 제대로 볼 수 있다.
19 나는 사랑하는 만큼, 야단치고 벌을
주니까, 너희는 진지하게 반성해라.
20 보라, 내가 문앞에 서서 두드린다.
그때 내 목소리를 듣고, 문을 열어주
는 자가 있을 때, 내가 들어가 그와
함께 먹으면, 그도 나와 같이 먹게
될 것이다.
21 세상을 극복한 그에게, 나는 나의 왕

좌에 함께 앉도록 허가한다. 나 역시
세상을 견뎌낸 다음, 나의 아버지 왕
좌에 같이 앉았다.
22 귀가 있는 자는 신성한 영혼이 교회
에 전하는 말을 들어라."

하늘왕좌와 원로와 짐승을 보다

4 이것을 지켜본 다음 내가 또 보
니, 하늘문이 열렸고, 처음에 말
을 걸었던 트럼펱에서 나오는 목
소리가 나에게 말했다. "어서 올라
오너라. 그러면 내가 너에게 앞으
로 일어날 일을 보여주겠다"고 했
다.
2 그 순간 내가 신성한 영혼속에서
보니, 하늘에 놓인 왕좌에, 누군가
앉아 있었다.
3 앉아 있는 그는 홍옥jasper과 루비
원석 같은 모습이었고, 왕좌주위
에는 에머럴드빛의 무지개가 빛났
다.
4 왕좌주위에는 24개 자리가 있었는
데, 내가 보니, 거기에 원로 24명이
흰옷을 입고 앉아 있었으며, 머리
에 금관을 쓰고 있었다.
5 왕좌로부터 번개와, 천둥과, 목소
리와 나왔고, 왕좌앞에서 일곱등
불이 타오르고 있었는데, 그것은
하나님의 신성한 일곱영혼이었다.
6 왕좌앞에 거대한 크리스탈 유리잔
이 있었고, 왕좌중앙과 주위에는
앞뒤로 눈이 가득 달린 짐승 네마
리가 있었다.
7 첫째 짐승은 사자와 같고, 둘째는
암소 같고, 셋째는 사람얼굴이었
으며, 넷째는 나는 독수리처럼 보
였다.
8 네 짐승은 저마다 몸주위에 여섯
날개가 달려 있었고, 안쪽은 눈으
로 덮여 있었다. 그들은 밤낮 쉬지
않고 말했다. "신성하고 신성하고
신성한 절대 **주 하나님**, 그는 전에
도 있었고, 현재도 있고, 앞으로 올
미래에도 존재한다"고 했다.
9 짐승은, 왕좌에 앉아 있는 영원히
사는 그에게 기쁨과 명예와 감사
를 표했다.
10 그리고 24명의 원로는, 왕좌에 앉
은 그 앞에 엎드려, 영원히 살아있
는 그에게 경배하며, 왕좌앞에 저
마다 왕관을 내려놓으며 다음과
같이 말한다.
11 "오 **주님**, 당신은 기쁨과 명예와 권
한을 갖는 것이 마땅합니다. 왜냐
하면 당신이 모든 것을 창조하였
으므로, 그들이 만들어져 존재하
게 된 것이, 당신의 기쁨이었기 때
문이지요" 라고 했다.

책과 일곱인장과, 어린양을 보다

5 그런 다음 나는, 왕좌에 앉은 그
의 오른손을 보자, 앞뒤로 글이
적힌 책 한권이 들려 있고, 거기에
일곱인장이 봉인되어 있었다.
2 그때 내가 보니, 힘센 천사가 큰소
리로 말하며, "누가 이 책을 펼칠

수 있고, 인장을 풀 수 있나?" 라고
물었다.
3 하늘에도 없고, 땅에도 없고, 땅밑
에도, 그책을 펼칠자가 없고, 그것
을 들여다볼 자도 없었다.
4 그래서 나는, 아무도 그 책을 펼쳐
읽을 수 있는 능력을 가진자가 없
다는 것을 알고, 대단히 슬프게 울
었다.
5 그때 원로 하나가 나에게 말했다.
"울지 말고, 보라. 쥬다부족 중 대
이빋 뿌리에서 나온 사자가 지배
한 다음, 이 책을 열고, 이 일곱봉인
을 풀 것이다.
6 그래서 내가 바라보았더니, 왕좌
중앙의 원로 한가운데 있던 네마
리 짐승 가운데, 희생된 것으로 보
이는 어린양 한마리가 서있었는
데, 그것은 일곱뿔과 일곱눈을 가
졌다. 그것은 땅으로 파견된 **하나님**
의 신성한 일곱영혼이었다.
7 그가 오더니, 왕좌에 앉아 있던 그
의 오른손에서 책을 받았다.
8 그가 책을 받자, 네 짐승과 24원로
가 새끼양 앞에 엎드려, 각자 하프
를 들고, 또 성도의 기도가 담긴 향
기로 가득한 금제 소형약병을 들
고 경배했다.
9 다음 그들은 새노래를 부르며 이
렇게 말한다. "당신은 이 책을 받
아, 봉인을 열기에 합당합니다. 당
신은 자신을 죽여, **하나님**에게 우
리를 보상했지요. 당신의 피로 모
든 인류, 언어, 민족, 나라를 구했어
요.
10 그리고 우리를 **하나님**에게 예배하
는 왕국과 제사장으로 만들어 주
었고, 그래서 우리가 이 땅을 지배
하게 해주었어요" 라고 했다.
11 그때 내가 보니, 왕좌주위에 있는
많은 천사와 짐승과 원로의 목소
리가 들렸다. 그들의 수는 수백만
수억만이었다.
12 그들이 큰소리로 말했다. "희생된
어린양은 마땅히 권력과, 부와, 지
혜와, 힘과, 명예와, 감사로 칭송받
아야 한다" 라고 했다.
13 하늘과 땅과 지하에 있는 모든 창
조물 및 바다생물과 그 안에 있는
모든 것이 하는 말을 내가 들었다.
"그것은 축복을 받아, 명예와 기쁨
과 권한을 갖고, 왕좌에 앉아 있는
그에게 영원히 있고, 언제나 어린
양에게 있게 된다"고 했다.
14 그러자 네 짐승이 말한다. "애이멘
[한마음이다.]" 그 다음 24명의 원
로가, 영원히 살아있는 그에게 경
배했다.

첫째부터 여섯째 봉인을 보다

6 내가 보는 가운데, 어린양이 봉
인 하나를 열자, 천둥 같은 소리
가 들리더니, 네 짐승 중 하나가,
"어서, 와서보라!"고 말했다.
2 그래서 보니, 흰말 한마리가 있었
고, 말에 올라탄 자는 활을 들고 크

라운왕관을 쓰고, 세상을 차지하
러 나가는 정복자였다.
3 그가 둘째 봉인을 뜯었을 때, 나는
두번째 짐승의 소리를 들었다. "어
서, 와서보라!"고 말했다.
4 그러자 다른 붉은말 한마리가 나
타났다. 그위에 앉은 자에게 주어
진 권한은, 땅위 평화를 빼앗기 위
해 서로 죽이는 것이었으므로, 그
는 큰칼을 가지고 있었다.
5 그가 셋째 봉인을 뜯자, 세번째 짐
승이 나에게, "어서, 와서보라!"고
했다. 그래서 내가 보니, 검은말이
나왔고, 말에 앉아 있는 자는 손에
한쌍의 저울을 들고 있었다.
6 그리고 나는 네 짐승 가운데서 나
오는 목소리가 이렇게 말하는 소
리를 들었다. "일일 품삯 1페니는
밀 한자루1Kg, 또는 보리 세자루3Kg
이고, 너희에게 기름과 포도주는
곤란하다"고 했다.
7 그가 넷째 봉인을 뜯었을 때 나는,
네번째 짐승이 말하는 소리를 들
었다. "어서, 와서보라!"고 했다.
8 다시 둘러보니, 창백한 말 한마리
가 있었고, 그위에 앉은 자의 이름
은 죽음이었으며, 지옥이 그뒤를
따랐다. 또 그에게는 땅 1/4을 지배
할 권한이 주어져, 칼과, 기근과, 죽
음과, 짐승으로 세상을 죽이는 일
이었다.
9 그가 다섯째 봉인을 열었을 때, 내
가 본 것은, 제단 아래에 여러 영혼
이 있었다. 그들은 **하나님** 말과 그
들이 전파한 증언 때문에 살해된
자였다.
10 그들이 크게 외쳤다. "오 신성한 진
리의 **주님**, 얼마나 오래 기다려야
하지요? 당신이 와서, 우리 피에
대해, 땅위에 사는 저들을 재판하
고 복수해주지 않나요?" 라고 했
다.
11 그들에게 각각 흰 로브옷이 주어
지자, 다음과 같이, "너희는 한동안
좀더 기다려야 하며, 그들 동료 종
과 형제가 너희처럼 살해되어, 숫
자가 채워질 때까지 기다려야 한
다"는 말이 있었다.
12 또 내가 보니, 그가 여섯째 봉인을
열리자, 큰 지진이 있었다. 해는 머
리털 색깔의 자루처럼 검게 변하
고, 달은 피빛이 되었다.
13 하늘의 별이 땅으로 떨어지는 것
이, 마치 무화과나무가 강풍에 흔
들려, 아직 때이른 무화과를 떨어
뜨리는 것과 같았다.
14 그때 하늘은 두루마리가 말리듯
사라졌고, 제자리에서 움직이지
않던 모든 산도 섬도 없어졌다.
15 땅위에 있던 왕과, 큰인물과, 부자
와, 대장과, 힘센자와, 노예와, 자유
인까지, 굴속이나 산속 바위틈으
로 자취를 감췄다.
16 그러자 그들이 산과 바위에게 말
했다. "우리에게 떨어져라. 왕좌에
앉은 그가 보지 않게, 또 어린양의

분노를 피해, 우리에게 숨어라.
17 하지만 그의 분노가 커지는 날이
오면, 누가 버틸 수 있을까?

어려움을 견딘 다음 봉인받은 숫자

7 이런 일에 뒤이어, 나는 땅의 네
방향에 서 있는 네 천사를 보았
는데, 그들은 각각 네 방향에서 불
어오는 바람을 붙들어, 그것이 땅
이나, 바다나, 나무 어디에도 불지
못하게 했다.
2 또 보니, 다른 천사가 동쪽에서 올
라가면서, 살아있는 **하나님**의 인장
을 들고 있었다. 그리고 **하나님**은
네 천사에게 큰 소리로, 땅과 바다
를 훼손하는 권한을 가진 그들에
게,
3 이렇게 말한다. "땅도, 바다도, 나
무도, 헤치지 마라. 우리가 그들 앞
이마에 **하나님** 종이라는 인장을 찍
을 때까지 훼손하면 안 된다"고 했
다.
4 그리고 나는 인장으로 봉한 사람
수를 듣게 되었는데, 봉인된 수는
모두 144,000 이즈리얼 부족이었
다.
5 쥬다부족은 12,000명이 봉인되었
고, 루번부족은 12,000명, 개드부
족은 12,000명 인장이 찍혔다.
6 애셜부족은 12,000명, 냎털라이
부족은 12,000, 머나서부족은
12,000,
7 시미언부족은 12,000, 리바이부족
은 12,000, 이써칼부족은 12,000,
8 제뷸런부족은 12,000, 조셒부족은
12,000, 벤저민부족은 12,000명이
찍혔다.
9 내가 이들을 바라보니, 사람수를
셀 수 없을 정도로 큰 무리였고, 나
라, 부족, 민족과 언어별로 모두가
왕좌와 어린양 앞에 서서, 흰 로브
옷을 입고, 손에는 야자 나뭇가지
를 들고 있었다.
10 그들이 큰소리로 이렇게 말한다.
"구원은 왕좌에 앉은 우리 **하나님**
과 어린양에게 속하는 일이다."
11 그러자 왕좌주위에 서있던 모든
천사와, 원로와, 네마리 짐승은, 왕
좌앞에 그들의 얼굴을 대고 엎드
려, **하나님**을 경배했다.
12 그리고 말한다. "애이멘 [한마음이
다.] 축복과, 후광과, 지혜와, 감사
와, 명예와 권한과, 힘은, 언제까지
나 우리 **하나님**에게 있다. 애이멘
[한마음이다]" 라고 했다.
13 원로 한 사람이 대답하며 나에게
말한다. "흰 로브옷을 입고 줄선 이
들은 어떤 사람들인가? 또 어디에
서 왔나?"
14 그래서 내가 그에게 말했다. "선생
님, 당신이 알지요." 그가 나에게
말했다. "이들은 큰고통을 겪은 자
인데, 그들의 로브를 깨끗하게 빨
고, 어린양의 피로 하얗게 만들었
다"고 했다.
15 그래서 그들은 **하나님**의 왕좌앞에

있게 되어, 밤낮 그의 성전에서 예
배한다. 그리고 왕좌에 앉아 있는
그는 그들 가운데 함께 한다.
16 그들은 더 이상 배고프지 않고, 목
마르지 않으며, 태양빛이나 열기
도 없을 것이다.
17 왜냐하면 왕좌중앙에 있는 어린양
이 이들을 먹이고, 살아있는 생수
의 샘으로 데려가면, **하나님**이 그
들 눈에서 흐르는 눈물을 닦아주
기 때문이다.

일곱째 봉인을 보다

8 그가 일곱째 봉인을 뜯었을 때,
하늘에는 반시간 정도 침묵이
있었다.
2 그리고 나는, **하나님** 앞에 서있는
일곱천사가 일곱개 트럼필을 각각
들고 있는 것을 보았다.
3 다른 천사는 황금향로를 들고 제
단까지 와서 서 있었다. 그가 향료
를 많이 가지고 있었던 것은, 그것
을 왕좌앞에 있는 황금제단에 올
려, 모든 성도를 위한 기도를 하려
는 것이었다.
4 향료의 연기가 성도 기도와 함께
천사의 손을 통해 **하나님**에게 올라
왔다.
5 그 천사는 향로를 들고, 제단불을
채운 다음, 땅바닥에 던졌다. 그러
자 큰소리와 함께 천둥과, 번개와,
지진이 있었다.
6 그리고 일곱천사는 일곱트럼필을
각각 들고 불 준비를 했다.
7 첫째 천사가 트럼필을 불자, 우박
에 뒤이어 피가 섞인 불이 땅에 떨
어져, 나무 1/3이 불에 탔고, 푸른
풀이 모조리 타버렸다.
8 둘째 천사가 트럼필을 불자, 큰산
이 불에 타다, 바다로 쓰러져서, 바
다 1/3이 피빛으로 변했다.
9 그래서 바다생물 1/3이 떼로 죽었
고, 배 1/3이 난파되었다.
10 셋째 천사가 트럼필을 불자, 하늘
에서 큰별 하나가 떨어져, 등불처
럼 타다, 떨어지더니, 강 1/3과, 샘
물을 덮쳤다.
11 쑥Wormwood쓴맛이라는 이름의 별이
떨어진 곳 물 1/3이 쑥이 되더니,
물이 쓴맛으로 변했기 때문에, 많
은 사람이 그 물을 마시고 죽었다.
12 넷째 천사가 트럼필을 불자, 태양
의 1/3이 빛을 잃었고, 달의 1/3과,
별의 1/3도 똑같이 어두워져, 대낮
인데도 그것의 1/3이 빛을 내지 못
하자, 밤과 마찬가지였다.
13 내가 보니, 한 천사가 하늘 가운데
를 가로질러 날아가면서 크게 말
하는 소리가 들렸다. "재앙, 재앙,
재앙이다! 땅에 사는 사람에게, 여
전히 세 천사가 트럼필을 더 불어
야 하기 때문이다" 라고 했다.

다섯째와 여섯째 트럼필소리가 나다

9 그리고 다섯째 천사가 트럼필을
불었을 때, 나는 하늘에서 별이

땅으로 떨어지는 것을 보았다. 그
에게는 바닥없는 구덩이의 열쇠가
있었다.
2 그것으로 바닥없는 구덩이를 열
자, 그곳에서 연기가 피어올랐는
데, 거대한 화로의 연기 같았다. 그
연기 때문에 해와 공기가 캄캄해
졌다.
3 그 연기속에서 메뚜기가 땅위로
나오더니, 땅에서 기는 전갈과 같
은 센힘이 생겼다.
4 그들이 명령받은 것은, 절대 땅의
풀을 헤치면 안 되고, 푸른 풀도, 나
무도 헤치면 안 되며, 오직 그들 이
마에 **하나님**의 인장이 없는 사람만
을 해치라는 지시였다.
5 또 그들이 받은 임무는, 인장없는
사람을 죽이면 안 되고, 대신 5개
월간 괴롭히는데, 그 고통은 전갈
이 사람을 찌를 때 느끼는 고통을
주어야 한다는 것이다.
6 그러면 인간이 차라리 죽고 싶어
도, 죽지 못하고, 죽으려 해도, 죽음
이 달아나버릴 것이다.
7 메뚜기의 모습은 전쟁에 나갈 준
비를 마친 말과 같았는데, 그들 머
리에는 황금왕관을 썼고, 얼굴은
사람과 같았다.
8 그들은 여자머리 같은 머리털과,
그들의 치아는 사자의 이빨 같았
다.
9 또 그들이 두른 가슴흉판은, 철제
흉판이고, 날개에서 나는 소리는,
여러 말들이 전쟁터로 달려가며
내는 전차소리 같았다.
10 그리고 그들은 전갈 같은 꼬리도
갖고 있었는데, 꼬리에 독침이 달
려 있어, 그것이 5개월 계속 사람
을 해치는 힘이 있었다.
11 그들은 다스리는 왕이 있었고, 그
왕이 바로 바닥없는 구덩이의 천
사였다. 그의 이름은 히브리어로
애버던Abaddon이었고, 그리어는 어
폴리온Apollyon이었다.
12 재앙 하나가 지난 다음 보니, 이후
에도 두 재앙이 남아 있었다.
13 다음 여섯째 천사가 트럼핕을 불
었을 때, 나는, **하나님**앞 황금제단
의 네 뿔에서 나오는 어떤 목소리
를 들었다.
14 그 목소리가 트럼핕을 분 여섯째
천사에게 다음과 같이 말한다. "큰
유프레이터스 강에 묶인 네 천사
가 풀어줘라." 15그래서 네 천사가
풀려나면, 그들은 1시간, 하루, 한
달, 일년간 준비하여, 인간의 1/3을
죽이려는 것이다.
16 기병대의 숫자는 2억명이나 된다
고 들었다.
17 내가 환상속에서 말을 보았는데,
말위에 앉은 사람은 불과, 적색 재
의 신과, 유황으로 만든 가슴흉판
을 매달았고, 말머리는 사자머리
같았으며, 그들의 입에서는 불과,
연기와, 유황이 뿜어나왔다.
18 이 세가지, 불과 연기와 유황으로

죽은 사람수는 1/3이었고, 유황은
그들의 입에서 나왔다.
19 그들의 힘은 입과 꼬리에 있었다.
그들의 꼬리는 뱀과 같았고, 머리
로 사람을 헤쳤다.
20 이 재앙으로 살해당하지 않고 살
아남은 사람은, 여전히 그들의 손
으로 한 행동을 반성하지 않았다.
그들은 마땅히 악마와, 금제은제
우상과, 황동과 돌과 나무로 된 우
상을 숭배하지 말아야 했다. 그것
은 보지도 못하고, 듣지도 못하며,
걷지도 못하는 것이다.
21 또 그들을 죽이고도 반성하지 않
았고, 그들의 무당에 대해서도 후
회하지 않았으며, 매춘과 절도에
대해서도 그랬다.

작은책

10 그때 나는 다른 힘센 천사가
하늘에서 내려오는 것을 보
았다. 그는 구름옷을 입었고, 머리
에 무지개를 썼고, 얼굴은 해와 같
았으며, 그의 발은 불기둥 같았다.
2 손에는 작은책을 펴들었고, 오른
발은 바다를, 왼발은 땅을 디뎠다.
3 그리고 사자가 울부짖듯 크게 소
리치자, 일곱천둥이 저마다 소리
를 냈다.
4 일곱천둥이 각자 소리를 냈기 때
문에, 내가 그것도 기록하려고 했
을 때, 나에게 하는 일곱천둥의 말
을 들었다. "일곱천둥의 말은 비밀
로 봉인되어 있으니, 적지 마라"고
했다.
5 내가 본 그 천사는 바다와 땅에 걸
쳐 서서, 손을 하늘로 들어올리면
서,
6 영원히 사는 그 이름으로 맹세했
다. 그는 하늘과 그안에 있는 것을
처음으로 만들어내고, 땅과 그안
에 있는 것 및, 바다와 그안에 있는
것을 창조했다. "이제 더 이상의 시
간은 없다.
7 대신 일곱째 천사가 트럼펕을 부
는 날이 되면, **하나님**의 신비가 완
성되어, 그의 종 예언자에게 전했
던 그대로 이루어진다"고 했다.
8 내가 하늘로부터 들은 목소리가
나에게 다시 말했다. "가서, 작은책
을 가져와라. 그것은 바다와 땅을
딛고 서있는 천사가 손에 펴들고
있는 것이다"라고 했다.
9 그래서 내가 가서 천사에게 말했
다. "작은책을 내게 달라." 그러자
천사가 "이것을 가져가서, 먹어라.
그것은 써서 네 배를 괴롭혀도, 네
입은 꿀처럼 달 것이다" 라고 했다.
10 그래서 천사의 손에서 작은책을
받아먹었더니, 내 입안은 꿀처럼
단데, 배는 쓰라렸다.
11 그때 그가 나에게 말했다. "너는 다
시 많은 사람, 민족, 언어별 무리와,
왕앞에서 반드시 예언해야 한다"
고 했다.

두 증인과 일곱번째 트럼필

11 거기서 나에게 갈대로 만든
막대자를 주자, 서 있는 천사
가 말했다. "일어나, **하나님** 성전과
제단을 측정하고, 그 안에 있는 경
배용구의 크기도 재어라.
2 하지만 성전 안뜰은 빼놓고 재지
마라. 왜냐하면 그곳은 비쥬다인
Gentile 손에 들어가, 그들이 신성한
도시를 42개월 동안 밟고 다니기
때문이다.
3 그래서 나는 나의 두 증인에게 능
력을 주어, 그들이 1,260일 동안 거
친 베옷을 입고 예언하게 하겠다.
4 두 증인이란, 올리브나무 두그루
및 두 촛대이고, 그것은 땅위의 **하
나님** 앞에 서있다"고 했다.
5 만약 누가 그것을 훼손하면, 그들
입에서 불이 나와, 적을 삼킬 것이
다. 앞으로 그것을 훼손하는 자는,
반드시 이런 식으로 죽는다.
6 그들은 하늘을 닫을 능력이 있어
서, 그들이 예언하는 기간동안 비
가 오지 않고, 물을 지배하여 피로
바꾸며, 땅은 그들 마음대로 아무
때나 전염병으로 친다.
7 그들이 증언을 마치면, 짐승이 바
닥없는 구덩이로부터 올라와, 그
들을 상대로 싸워 이겨, 모조리 죽
인다.
8 죽은 그들의 시체는 대도시 거리
에 뒹굴어, 소듬Sodom과 이집트
Egypt를 연상시키며, 또한 우리 주
인님이 십자가형을 당한 곳을 떠
올리게 할 것이다.
9 사람과, 민족과, 언어별 여러 나라
는, 시체를 3일 반동안 바라봐도,
시체를 무덤안에 넣는 것조차 허
락되지 않는다.
10 땅에 사는 사람은 그들을 보고 고
소하고 만족스러워, 서로 선물을
보낼 텐데, 그 이유는, 두 예언자가
땅에 사는 자를 괴롭혀주었기 때
문이다.
11 그리고 3일 반나절이 지나, **하나님**
으로부터 온 살아있는 신성한 영
혼이 그들한테 들어가면, 그들이
제발로 서게 된다. 그때 그것을 본
사람은 엄청난 두려움에 빠질 것
이다.
12 다음 그들은 하늘의 큰목소리가
그들에게 전하는 말을 듣는다. "어
서 이곳으로 올라와라." 그러면 그
들은 구름을 타고 하늘로 올라올
때, 적이 그들을 바라본다.
13 그순간 큰지진이 일면, 도시의 약
1/10을 쓰러뜨려, 지진으로 사람
7,000명이 죽는다. 살아남은 사람
은 너무 놀라, 하늘의 **하나님**에게
감사한다.
14 두번째 재앙이 지나자, 세번째 재
앙이 빠르게 닥쳤다.
15 일곱째 천사가 트럼필을 불자, 하
늘에서 큰목소리가 다음을 말한
다. "이 세상 왕국은 우리 주인님
크라이스트의 왕국이 된다. 그리

고 그는 영원히 지배한다"고 했다.
16 다음 **하나님** 앞의 제자리에 앉아있
던 원로 24명은 얼굴을 숙이고 **하
나님**에게 경배하며,
17 이렇게 말한다. "우리는 당신에게
감사합니다. 오 **주 하나님**은 전에도
있었고, 지금도 있으며, 앞으로 올
미래에도 절대자이지요. 왜냐하면
당신은 막강한 능력을 갖고, 모든
것을 지배하기 때문이에요.
18 그러면 모든 나라가 화를 내겠지
만, 당신의 분노가 일어나 죽음의
시간이 되면, 당연히 그들은 유죄
판결을 받게 되고, 당신의 종 예언
자와 성도에게는 보상을 주게 되
지요. 그들은 당신의 이름을 두려
워하며, 크든 작든 지구를 파멸하
는 저들과 맞서 싸웠지요" 라고 했
다.
19 그때 하늘에 있는 **하나님** 성전이
열려, 성전안에 있는 그의 증언의
상자가 보였다. 그리고 천둥과, 큰
목소리와, 번개와, 지진과, 큰우박
이 그곳에 있었다.

하늘에서 쫓겨난 용이 여자를 괴롭히다

12 하늘에 이상한 일이 있었는
데, 어떤 여자가 태양옷을 입
고, 달을 발밑에 두고, 머리에 12별
의 크라운왕관을 쓰고 나타났다.
2 그녀는 임신을 했고, 출산의 고통
이 괴로워 소리를 질렀다.
3 또 다른 이상한 일이 하늘에 나타
났는데, 보니, 일곱머리와 뿔 열개
가 달린 붉은 큰용이, 그의 머리에
일곱 크라운왕관을 쓰고 있었다.
4 그의 꼬리가 하늘에 있는 별의 1/3
을 잡아당겨, 땅위로 던졌다. 용은
분만 중인 여자 앞에 서서, 아이가
태어나자마자 집어삼키려고 했다.
5 그녀가 낳은 남자아이는, 철제 지
휘봉으로 모든 나라를 지배할 예
정이었으므로, **하나님**이 그 아이를
그의 왕좌까지 데려갔다.
6 그래서 그녀는 황야로 달아났는
데, 그곳은 **하나님**이 마련해준 장
소였으므로, 그들이 그녀를 거기
서 1,260일간 먹이며 돌봤다.
7 그리고 하늘에 전쟁이 있었다. 마
이클과 여러 천사가 용을 공격하
자, 용이 천사에 맞서 싸웠지만,
8 이기지 못했고, 하늘에 있을 장소
도 찾지 못했다.
9 그래서 큰용은 쫓겨나, 늙은 뱀이
되어, 악마, [악의 영혼] 새이튼이
라고 불리며, 전세상을 속였다. 그
는 땅으로 쫓겨난 자이며, 그의 부
하와 함께 내쫓겼다.
10 그때 나는, 하늘에서 말하는 큰음
성을 들었다. "이제 구원의 시대가
온다. 그것은 우리 **하나님** 왕국의
힘이며, 크라이스트의 권한의 시
대다. 왜냐하면 우리 형제를 비난
하던 저들이 쫓겨났기 때문이다.
저들은 **하나님** 앞에서 밤낮으로 그
들을 비난했었다.

11 사람들은 어린양의 피로 저들을
물리치면서, 지저스에 대한 증언
의 가르침으로 견뎌냈다. 그들은
죽어도 그들 생명을 아끼지 않았
다.
12 그러므로 너희 하늘도 기뻐하고,
그곳에 있는 자도 즐거워해라. 땅
과 바다에 사는 자는 재앙이다! 왜
냐하면 악마가 내려와서, 너희에
게 큰분노를 주었기 때문이고, 제
운명이 얼마 남지 않았다는 것을
알기 때문이다.
13 용은 자신이 땅으로 쫓겨났다는
것을 알고, 남자아이를 낳는 여자
를 괴롭혔다.
14 그녀는 큰독수리의 두 날개를 받
아, 그것으로 황야의 자리까지 날
아갈 수 있게 되었다. 그곳에서 그
녀는 키우는 1년간, 그리고 성장하
는 여러해 동안, 그리고 뱀을 피하
는 반년간 있었다.
15 한편 뱀은 입에서 물을 홍수처럼
그녀에게 뿜어내어, 그녀가 홍수
에 휩쓸려가버리게 하려고 했다.
16 그런데 땅이 그녀를 도왔다. 땅이
입을 열어, 용의 입에서 내뿜는 홍
수물을 모조리 삼켰다.
17 용은 그녀에 대해 몹시 분노하여,
그녀의 자손 나머지를 싸우게 했
는데, 그들은 **하나님**의 명령을 지
키고, 지저스 크라이스트의 증언
을 따르는 사람이었다.

두 괴물과 숫자

13 그때 나는 바다의 모래에 서
서, 바다에서 솟아올라오는
괴물을 보았는데, 그것은 일곱머
리와 뿔 열개가 달려 있었고, 그의
뿔위에 열개의 왕관을 썼으며, 머
리위에는 모독의 이름이 붙어 있
었다.
2 내가 본 괴물은 표범 같았는데, 그
의 발은 곰의 발 같고, 입은 사자입
과 같았다. 용이 그에게 힘과, 직위
와, 큰권한까지 주었다.
3 내가 보니, 그의 머리 하나가 상처
를 입고 거의 죽어가고 있는 것 같
더니, 그 치명적 상처가 어느덧 다
낫자, 온세상이 무서워하며, 그 괴
물을 따랐다.
4 그들은 괴룡에게 능력을 준 용을
숭배했고, 또 괴물도 받들며 이렇
게 말했다. "저 괴물과 같은 자가
누가 있을까? 누가 그와 싸울 수
있나?" 라고 했다.
5 그의 입은 과장하거나 모욕하는
이야기를, 42개월 동안 계속할 수
있는 능력을 가졌다.
6 그는 입만 열면 **하나님**을 모욕하는
이야기를 할 수있는 힘을 받고, **하
나님**의 이름과, 성전과, 하늘에 있
는 모든 것을 더럽혔다.
7 또 그는 성도와 싸워 이길 수 있는
힘이 있었을뿐만 아니라, 모든 민
족과 언어별 나라를 지배할 수 있
는 힘까지 있었다.

8 땅에 사는 모든 것이 그를 숭배했
지만, 그의 이름은, 세상의 형성초
기부터 있던 어린양의 생명의 책
에는 기록이 없었다.
9 누구나 귀를 가진자는 들어봐라.
10 "포로로 끌려가는 자는 포로로 가
고, 칼로 죽을 자는 칼로 살해당한
다. 그리고 **하나님**을 믿는 성도는
참아견디며 믿는다."
11 다음 내가 보니, 다른 괴물이 땅에
서 나왔는데, 그는 어린양처럼 뿔
이 두개 달렸고, 용처럼 말을 했다.
12 그는 자기보다 먼저 나왔던 첫번
째 괴물에 대해 모든 힘을 대결해
보았다. 그것은 땅과 그안에 사는
모두가, 첫번째 나왔던 괴물의 심
한 상처가 다 낫는 것을 보고, 그를
숭배했기 때문이었다.
13 그는 모두가 보는 앞에서 이상한
불을 만들어, 하늘에서 땅으로 끌
어내렸다.
14 그는 땅에 사는 사람에게 마술을
보이며 속였다. 그는 첫번째 괴물
눈앞에서 특별한 능력을 보이며
그들에게 말했다. 그들이 칼에 상
처를 입고도, 살아난 짐승의 형상
을 만들어야 한다고 했다.
15 그는 괴물의 형상에 생명을 주는
능력을 가졌고, 괴물의 형상에게
말을 하게 할 수도 있기 때문에, 괴
물의 형상을 숭배하지 않는 한 죽
임을 당하게 된다고 했다.
16 또 그는 크든 작든, 부자든 가난하
든, 자유인이든 노예든 모두에게
오른손이나 앞이마에 괴물의 인장
을 받게 했다.
17 어떤 사람도 괴물인장을 받았거
나, 괴물의 이름이 있거나, 그의 이
름 숫자가 있지 않는 한, 아무것도
사고팔 수 없다고 했다.
18 지혜가 바로 여기있다. 이해할 수
있는 자는 괴물의 수를 세어보라.
그것은 사람의 숫자로 말하자면
666이다.

어린양과 승인받은 자

14 그때 내가 보니, 어린양이 자
이언산에 서있었고, 그와 함
께 144,000명이 있었는데, 그들의
이마에는 하늘아버지의 이름이 써
있었다.
2 그때 내가 하늘의 음성을 들었다.
그것은 큰물소리 같았고, 큰천둥
소리 같기도 했고, 또 하프의 연주
소리도 들었다.
3 그들은 왕좌와, 네마리 짐승과, 원
로앞에서, 새노래를 부르며 합창
했다. 그 노래는 아무나 배울 수 없
었고, 단지 땅에 값을 치러 보상을
한뒤 데려온, 144,000명만 가능했
다.
4 이들은 여자로 오염되지 않아, 처
녀성을 잃지 않은 남로서, 어린양
을 뒤따라 어디든 갔다. 이들은 사
람한테 대가를 주고 사온 다음, **하
나님**과 어린양에게 올린 첫열매였

다.
5 그들 입에서는 속임수가 발견되지
않았으므로, **하나님** 왕좌앞에서도
실수가 없었다.
6 그때 나는 공중을 나는 다른 천사
가, 영원한 가스펄gospel 메시지를
손에 들고 있는 것을 보았다. 그것
은 땅에 사는 민족과, 부족과, 언어
별 사람에게 전하는 이야기였다.
7 그러면서 큰 소리로 이렇게 말한
다. "**하나님**을 경외해라! 그에게 감
사해라! 그의 정의의 시간이 오기
때문이다. 하늘과, 땅과, 바다와, 샘
물을 만든 그를 경배해라!"
8 뒤이어 다른 천사가 말한다. "배블
런은 패망한다. 대도시가 망한다.
왜냐하면 그 나라가 모든 민족을
부정 성관계탓에 분노의 포도주를
마시게 했기 때문이다."
9 세번째 천사가 다음을 이어 큰소
리로 말한다. "어떤 사람이 괴물과
형상을 숭배하고, 앞이마와 손에
괴물표시를 새기면,
10 그는 **하나님** 분노의 포도주를 마시
게 된다. 그 잔에는 다른 것이 혼합
되지 않고, 그의 분노만 부어질 것
이다. 따라서 그자는 신성한 천사
와 어린양앞에서 불과 유황으로
고통받게 된다.
11 그 고통의 연기는 언제까지나 하
늘로 오르기 때문에, 그들은 쉬지
도 못한 채 밤낮으로, 괴물과 형상
을 숭배하며, 괴물표시를 받는다.
12 그런데 성도가 참고 견디는 인내
는, **하나님**의 명령을 지키며, 지저
스를 믿는 것으로 나타난다.
13 또 나는 하늘이 나에게 말하는 목
소리를 들었다. "기록해라. 앞으로
주님 이름으로 죽는 자는 축복을
받는다!" 맞다, 신성한 영혼성령이
한 말은, "그들은, 뒤따르는 자가
그들의 수고를 이어받기 때문에,
쉴 수 있을 것이다" 라고 했다.
14 내가 바라보니, 흰구름이 보였다.
거기에 사람의 아들 같은 모습이
앉아 있었는데, 머리에 황금왕관
을 쓰고, 손에 날카로운 낫을 들고
있었다.
15 다른 천사가 성전에서 나오더니,
구름위에 앉아 있는 그를 큰소리
로 불렀다. "이제 낫을 대어 거둬들
여라. 땅위 곡식이 여물어, 네가 추
수할 때가 되었다"고 했다.
16 그러자 구름위에 앉은 자가, 땅에
낫을 대고 추수했다.
17 다른 천사도 하늘 성전에서 나왔
는데, 역시 날카로운 낫을 들었다.
18 또 다른 제단에서 나온 천사는 불
을 관리하는 능력이 있었다. 그가
날카로운 낫을 든 자에게 큰소리
로 말했다. "너의 날카로운 낫을 갖
다대어, 포도송이를 거둬라. 그땅
의 포도가 다 익었다" 라고 했다.
19 그래서 천사가 땅에서 낫을 들고
포도를 벤 다음, **하나님** 분노의 거
대한 포도압착기 속에 던져넣었

다.
20 도시밖에서 포도압착기에 들은 그
들이 밟히자, 피가 쏟아져나와, 심
지어 말고삐 높이까지 차올라 넘
쳐흐를 정도였다. 이것은 6십만 휠
렁거리약 300Km 정도였다.

일곱번째 재앙을 채우다

15 나는 하늘에서 또 다른 크고
놀라운 표시를 보았다. 일곱
째 천사가 마지막 일곱가지 재앙
을 가지고 있었는데, 그안에는 **하
나님**의 분노가 채워져 있었다.
2 그것은 내게 불이 섞인 유리바다
같아 보였다. 괴물을 제압하여 승
리한 그들은, 괴물형상과, 괴물표
시와 괴물이름의 숫자까지 지배한
다음, 유리바다위에 서서 **하나님**의
하프를 들고 있었다.
3 그들은 **하나님**의 종 모지스Moses의
노래를 부르고, 어린양의 노래도
부르며, 이렇게 말한다. "당신의 위
업은 위대하고 놀라운 일이다. 절
대 **주 하나님**, 당신의 길은 정의와
진리이며, 당신은 성도의 왕이지
요.
4 오 **주님**, 누가 당신을 두려워하지
않고, 누가 당신 이름에 대한 명예
를 존중하지 않는 자가 있나요? 당
신만이 신성하기 때문에, 모든 민
족이 당신앞에 와서 경배합니다.
당신의 정의가 실현되어 드러나기
때문이지요" 라고 했다.
5 그 다음 또 보니, 하늘성전에 있는
증거의 성막이 열린 것을 보았다.
6 그리고 일곱천사가 성전에서 나왔
는데, 일곱가지 재앙을 들었고, 깨
끗한 흰색 리넨옷을 입고, 가슴에
흉판을 두르고 금제 띠를 허리에
묶고 있었다.
7 네마리 짐승 중 하나가, 영원히 살
아있는 **하나님** 분노를 채운 금제
소형약병 일곱개를 일곱천사에게
건네주었다.
8 그리고 성전은 **하나님**의 찬란한 빛
과 절대힘에서 나오는 연기로 가
득찼기 때문에, 어떤 사람도 성전
안으로 들어갈 수 없었는데, 일곱
천사가 들고 있는 일곱재앙이 채
워질 때까지였다.

분노의 일곱 소형약병

16 나는 성전에서 큰소리로 일
곱천사에게 말하는 소리를
들었다. "너희에게 정해질 길로 가
서, **하나님** 분노의 소형약병을 땅
위에 부어라"고 했다.
2 그리고 첫째 천사가 가서 분노의
소형약병을 땅위에 붓자, 괴물표
시를 달고 있는 사람에게 떨어졌
고, 괴물형상을 숭배하던 사람의
피부가 심하게 헐었다.
3 둘째 천사가 바다에 약병을 붓자,
그곳은 죽은 사람의 피처럼 되어
버려서, 살아있는 영혼이 모조리
바다속에서 죽었다.

4 셋째 천사가 그의 약병을 강과 샘
에 붓자, 온통 피가 되었다.
5 또 나는 물의 천사가 하는 말을 들
었다. "오 **주님**, 당신은 정의로, 지
금도 있고, 과거에도 있었고, 미래
에도 마땅히 있어, 정의를 판단하
는 존재이지요.
6 그들은 성도와 예언자의 피를 흘
리게 했으므로, 당신이 그들에게
피를 주어 마시게 했어요. 왜냐하
면 그들의 행위가 그렇게 받을만
했으니까요" 라고 했다.
7 나는 또 제단에서 나온 다른 천사
가 하는 말을 들었다. "절대 **주 하나
님**, 당신의 재판은 진리와 정의입
니다" 라고 했다.
8 넷째 천사가 자기 약병을 태양위
에 부었는데, 그 힘은 불로 사람을
그을려버릴 위력이었다.
9 그리고 뜨거운 열기에 그을려 말
라죽은 사람은, **하나님**의 이름을
모독한 자였다. **하나님**은 재앙을
다스릴 힘을 갖고 있었지만, 그들
은 **하나님**이 부여한 호의에 대해
반성조차 하지 않았다.
10 다섯째 천사가 괴물의 자리위에
그의 약병을 부었더니, 괴물왕국
이 온통 암흑으로 변하자, 고통에
혀를 깨물었다.
11 하늘의 **하나님**을 모욕했기 때문에,
그들이 통증과 염증이 생겼는데
도, 자신의 행위를 반성하지 않았
다.
12 여섯째 천사가 유프래이터스 큰강
위에 자기의 작은 약병을 붓자, 강
물이 바닥까지 말라, 동쪽에서 오
는 여러 왕의 길이 마련될 수 있었
다.
13 그리고 나는 용의 입에서 튀어나
온 개구리 같은 더러운 세 영혼을
보았고, 괴물입에서도 나오고, 거
짓예언자의 입에서 나오는 것을
보았다.
14 그들은 악의 영혼이므로, 기적을
만들며, 땅과 전세계의 왕에게 가
서, 절대 **하나님**의 위대한 날에 맞
서 싸우기 위해 사람을 한데 모았
다.
15 "보라, 나는 도둑처럼 나타난다. 깨
어서 지켜보는 자는 축복을 받는
다. 또 제옷을 차려입고 지키는 자
는, 맨몸으로 나가지 않아서 부끄
러움을 당하지 않으므로 복을 받
는것이다."
16 다음 그는 그들을 끌어들여, 히브
리어로 아마겟던Armageddon 대결전
의 장소로 한데 모았다.
17 일곱째 천사가 그의 잔을 공중에
뿌리자, 하늘성전의 왕좌로부터
큰소리가 들려오면 이렇게 말한
다. "할일을 다했다!"
18 거기에는 목소리와, 천둥과, 번개
가 있었고, 또한 지진도 있었는데,
땅이 생긴 이래 한 번도 본적없는,
엄청나게 큰지진이 일어났다.
19 큰도시는 셋으로 나뉘었고, 나라

의 도시는 쓰러졌다. 거대한 배블
런도 **하나님**의 기억일뿐, 그의 격
렬한 분노의 포도주잔을 그땅에
주었다.
20 섬은 모두 멀리 흩어지고, 산도 눈
에 보이지 않았다.
21 하늘에서 큰우박이 사람한테 떨어
지고, 1 탤런트약 45Kg무게의 돌도
떨어졌다. 그것은 우박의 재앙을
내렸다고 **하나님**을 원망한 사람에
게 내렸는데, 우박이 지나치게 컸
기 때문이었다.

배블런에 대한 처벌경고

17 일곱개의 소형약병을 받은
일곱천사 가운데 하나가 나
에게 말했다. "이곳으로 오너라. 내
가 너에게, 물이 있는 곳곳마다 앉
아 있는 심한 매춘부를, 어떻게 처
벌하는지 보여주겠다.
2 그녀는 땅의 여러 왕과 부정한 성
관계를 하고, 그녀의 외도를 위하
여 이땅 주민을 포도주로 취하게
했다"고 했다.
3 그리고 천사는 영혼속에서 나를
황야로 데려갔다. 나는 거기서 주
홍색 괴물위에 앉아있는 어떤 여
자를 보았는데, 그 괴물한테는 **하
나님**을 모욕하는 이름이 가득 적혀
있고, 일곱머리와 뿔 열개를 갖고
있었다.
4 그녀는 자주색 주홍색 옷을 차려
입고, 금과 보석과 진주로 장식하
고, 그녀의 손에 든 황금잔에는 그
녀의 부정 성관계탓에 혐오스럽고
더러운 오물로 가득차 있었다.
5 그녀의 앞이마에 쓰여진 이름은
이상하게도, "위대한 배블런" "땅
위의 매춘과 혐오의 어머니" 라고
적혀있었다.
6 또 그녀가 성도의 피로 취하고, 지
저스를 위한 순교자의 피로 취한
모습을 보고, 나는 너무 놀라 이상
할 정도였다.
7 그 천사가 나에게 말했다. "너는 왜
그렇게 놀라나? 내가 너에게 저 여
자의 비밀을 알려주고, 그녀를 태
운 일곱머리와 뿔 열개를 가진 괴
물의 비밀을 말해주겠다.
8 네가 본 저 괴물은 과거 한때 있었
지만, 지금은 없다. 바닥없는 구덩
이에서 나왔지만, 결국 파멸한다.
땅위에 있는 사람도 이상하게 생
각할 것이다. 그들 이름은 세상의
기초가 형성될 때부터, 생명의 책
에 기록이 없었다. 사람이 그 괴물
을 과거에 보았고, 지금은 없지만,
앞으로 나타날 수도 있다.
9 여기에 지혜의 마음이 떠오른다.
일곱머리는 일곱산이고, 그곳에
여자가 앉아있다.
7 일곱왕이 있는 가운데, 다섯왕은
쓰러지고, 하나는 남아있고, 다른
하나는 아직 나타나지 않았다. 그
가 오면, 그는 잠시 동안 여기 있어
야 한다.

11 과거에 있었지만, 지금 없는 괴물
은, 바로 여덟째로, 그것은 일곱째
에서 나왔지만, 이는 파멸할 것이
다.
12 네가 본 뿔 열개는 왕 열사람으로,
그들은 아직 왕국을 받지 못했지
만, 괴물과 함께 한때 왕과 같은 권
한을 받게 된다.
13 이들은 한마음이 되어, 그들의 힘
과 권한을 괴물에게 줄 것이다.
14 이들은 어린양과 싸움을 대결하지
만, 어린양은 그들을 이기게 된다.
왜냐하면 그는 주인 가운데 주인
이고, 왕 가운데 왕이기 때문이다.
그가 호출한 자는 선택된 사람으
로, 신념이 강하다.
15 그리고 천사가 나에게 말한다. "네
가 본, 매춘부가 앉았던 물은, 바로
사람이고, 많은 무리이며, 언어별
나라에 해당한다.
16 네가 본, 괴물의 뿔 열개는, 사람들
이 매춘부를 싫어하게 되어, 그녀
를 맨몸으로 파멸시켜, 살을 먹고,
불로 태우게 된다.
17 **하나님**은 그들 마음속에 그의 의지
를 집어넣어, 그들이 동의하게 하
고, **하나님**의 말이 이루어질 때까
지, 괴물에게 그들의 왕국을 넘겨
주게 된다.
18 네가 본 여자는 대도시이고, 그것
은 이땅의 여러 왕이 지배하게 된
다.

배블런 그녀의 몰락에 슬퍼한다

18 그일 이후 나는 다른 천사가
하늘에서 내려오는 것을 보
았는데, 그는 큰권한을 갖고 있어,
자기의 찬란한 빛을 땅에 비추었
다.
2 그는 크고 강한 음성으로 소리쳤
다. "위대한 배블런Babylon은 몰락
하여 망한다. 그래서 악의 본거지
가 되고, 위반하는 영혼이 모여들
어, 불결하고 혐오스러운 새둥지
가 된다.
3 모든 나라가 그녀의 매춘행위로
인해 분노의 포도주에 취했다. 땅
위 왕도 그녀와 부정성관계를 맺
었고, 땅위 상인은 그녀의 엄청난
사치로 더욱 부자가 되었다.
4 그때 나는 하늘에서 소리나는 다
른 목소리를 들었다. "나의 백성아,
그녀한테서 나와라. 너희가 그녀
죄에 참여하지 않으면, 그녀의 재
앙을 받지 않는다.
5 그녀의 죄가 하늘까지 닿아, **하나님**
이 그죄를 기억하게 되었다.
6 그녀가 너희에게 해준대로 되갚
고, 그녀 행동의 두배로 갚고, 그녀
가 채운 잔에 두배로 채워 되돌려
줘라.
7 그녀가 얼마나 자신을 번쩍이며
달콤하게 살았는지, 그만큼 고통
과 슬픔을 그녀에게 주어라. 그녀
가 마음속으로 말하며, '나는 여왕
자리에 앉아 있고, 과부도 아니므

로, 내생애에서 슬픔을 모르고 살
것'이라고 한다.
8 그래서 그녀의 재앙이 어느날 오
면, 죽음과, 애도와, 기근이 된다.
그리고 그녀는 불에 완전히 연소
된다. 그녀를 재판하는 **주 하나님**은
강하기 때문이다.
9 땅위의 여러 왕은, 그녀와 부정관
계를 맺고, 화려하게 살았으므로,
그녀가 타는 연기를 보게 되면, 비
탄에 잠겨 몹시 슬퍼하겠지.
10 그녀의 고통에 겁이나 멀리 서서
이렇게 말한다. "아, 아, 거대도시
배블런이, 막강했던 도시였는데!
한순간에 너에 대한 처벌이 닥쳤
구나!" 라고 할 것이다.
11 그곳 상인도 그녀 모습에 슬퍼 운
다. 왜냐하면 더 이상 그들 물건을
사주는 사람이 없으니까.
12 금은, 보석, 진주, 고급리넨아마, 자
주와 주홍비단, 붉은 시트런나무,
각종 상아뿔 공예품, 각종 고가그
릇, 나무제품, 황동제품, 철제제품,
대리석제품과,
13 또 계피, 방향제, 연고, 유향수지,
와인, 올리브오일, 고운 밀가루, 밀,
가축, 양, 말, 전차, 노예 그리고 사
람까지 팔았었는데.
14 너의 영혼이 욕망을 따른 결과, 너
를 떠났고, 화려하고 아름다웠던
것도 떠나버려, 너는 더 이상 전혀
아무것도 찾지 못한다.
15 이것을 거래하던 상인은 그녀덕에
부자가 되었지만, 그녀 고통이 무
서워 멀리 떨어져 슬피 운다.
16 그리고 말한다. '아, 아, 거대도시는
고급 리넨을 입었었지. 그리고 자
주와 주홍비단 및 금, 보석, 진주로
장식했었지!' 라며 슬퍼한다.
17 그토록 큰재물도 한순간에 아무것
도 없다. 배 선장도, 배 회사도, 선
원도, 바다에서 무역을 거래하던
사람도 모두 멀리 떨어져 서있다.
18 그리고 그들은 그녀가 타오르는
연기를 보고 울며 말한다. '이와 같
이 위대한 도시가 또 있을까!' 라고
한다.
19 그들은 머리에 먼지를 뿌리고, 소
리치며, 울며 말한다. '아, 아, 위대
한 도시! 그곳은 그녀의 사치덕에
바다를 오가는 배마다 부를 만들
었었지! 그녀가 한순간에 몰락하
다니!' 라며 한탄한다.
20 그녀에 대해, 하늘아, 너도 기뻐하
고, 너희 신성한 제자와 예언자도
즐거워해라. 왜냐하면 **하나님**이 그
녀에 대해 너희 복수를 갚아주었
으니까.
21 힘센 천사가 거대맷돌 같은 바위
를 들어올려, 바다로 던지며 말한
다. '큰도시 배블런은 **주님**의 말을
거부했기 때문에 내던져져서 더
이상 전혀 찾을 수 없다.
22 하프를 켜는 음악인의 목소리도,
파이프와 트럼핕 소리도 이제 더
이상 들리지 않는다. 무엇이든 만

들던 장인도 더 이상 그곳에 없고,
맷돌소리조차 너희한테서 더 이상
들리지 않는다.
23 촛불도 더 이상 빛을 내지 못하고,
신랑신부의 목소리도 그땅에서 전
혀 듣지 못한다. 너희 거상은 땅위
에서 가장 컸던 사람이었는데, 너
희 무당이 나라전체를 속였기 때
문이다.
24 그녀안에서 예언자와 성도의 피가
발견되었고, 또 그땅에서 대부분
이 살해되었다.

하늘용사가 괴물을 물리치다

19 그 다음 나는 하늘에서 큰 사
람무리가 이렇게 말하는 소
리를 들었다. "앨럴루야 [큰기쁨이
다]! 샐배이션구원과, 글로리감사와,
명예와 권한은, 모두 우리 **주 하나
님**에게 있다.
2 그의 판정기준은 진리와 정의이므
로, 그는 큰매춘행위를 처벌했다.
그것은 부정행위로 그땅을 부패시
켰기 때문에, 그녀 손에 있던 자기
[illegible]의 종의 피에 대해 복수해주었다"
[illegible]했다.
[illegible] 그들이 말한다. "앨럴루야,
[illegible]이다!] 그녀의 연기는 영원
[illegible].
[illegible]4원로와 네마리 짐승이
[illegible]좌에 앉은 **하나님**에게 경
[illegible]한다. 애이멘 [한마음이
[illegible]야, [큰기쁨이다!]

5 왕좌에서 어떤 목소리가 나와 말
한다. "우리 **하나님**을 찬양하자. 너
희 모두 그의 종으로, 크나 작으나
그를 두려워하며 경배해야 한다"
고 했다.
6 그때 내가 들은 것은, 엄청난 군중
소리와, 많은 물소리와, 강한 천둥
소리 같은 것이 외쳤다. "앨럴루야,
[큰기쁨이다!] 왜냐하면 절대권한
주 하나님이 통치하기 때문이다.
7 다같이 기뻐하고 즐거워하자. 그
에게 명예를 돌리자. 어린양의 결
혼이 다가와, 그의 아내도 준비를
마쳤다.
8 그녀에게 특권이 주어져, 고급리
넨의 깨끗한 흰옷을 차려입어야
한다. 그옷은 성도의 정의를 의미
하는 것이다" 라고 했다.
9 천사가 나에게 말한다. "받아써라.
어린양의 결혼만찬에 초대된 자는
축복받는다." 그가 또 내게 말한다.
"이들은 **하나님**의 진리를 말한다"
고 했다.
10 그래서 내가 천사 발에 엎드려 경
배하자, 그가 말한다. "그렇게 하지
마라. 나는 너와 같은 동료 종으로,
지저스를 증언하는 형제와 같다.
대신 **하나님**을 경배해야 한다. 예
언자의 영혼은 지저스의 증언에서
나온다"고 했다.
11 그때 나는 하늘이 열리는 것을 보
았다. 거기서 흰말을 보았는데, 신
념과 진리라고 불리고 자가 말위

에 앉아, 정의로 재판하며 논쟁한
다.
12 그의 눈은 불꽃같고, 그의 머리에
는 많은 왕관을 썼고, 그의 이름이
적혀있었지만, 아무도 모르고, 그
는 그 자신일뿐이었다.
13 그는 피에 젖은 옷을 입고 있었는
데, 그의 이름은 "**하나님**의 말"이라
고 불렸다.
14 하늘에 있는 군대가 흰말을 탄 그
를 뒤따랐고, 그는 고급리넨의 희
고 깨끗한 옷을 입고 있었다.
15 그의 입에서는 날카로운 칼이 나
왔는데, 그것으로 여러 나라를 제
압한다. 그는 사람을 철제지휘봉
으로 지배하고, 절대 **하나님**의 격
렬한 분노의 포도압착기를 밟는
다.
16 그가 입은 옷의 넓적다리부분에,
"왕중 왕이고, 주인 중의 주인이
다"라는 이름이 써져있다.
17 또 내가 태양안에 서있는 천사를
보자, 그는 크게 소리쳐 하늘을 나
는 새에게 말한다. "네 스스로 와
서, 위대한 **하나님**의 만찬에 모여
라.
18 그러면 너희는 왕의 살을 먹고, 지
휘관의 살과, 권력자의 살과, 말의
살과, 말탄 기병의 살과, 모든 자유
인이든 노예든, 크든 작든 사람의
살을 먹을 수 있다"고 했다.
19 또 내가 보니, 괴물과, 땅위 왕과,
그의 군대가, 말을 탄 자와 그의 군
대를 상대로 전쟁을 하려고 모였
다.
20 그러다 괴물이 사로잡혔고, 기적
을 만들며 거짓을 예언하던 자와,
사람에게 괴물표시를 받으라고 속
인 자와, 괴물형상을 숭배하던 그
들도 함께 잡혔다. 이들 모두 산 채,
타오르는 유황불 호수에 던져졌
다.
21 나머지는 칼로 살해당했는데, 그
것은 말위에 앉은 자의 입에서 나
온 칼이었다. 그래서 새가 그들의
살로 배를 채웠다.

열쇠를 쥔 천사

20 그리고 내가 보니, 천사 하나
가 하늘에서 내려왔는데, 그
의 손에 바닥없는 구덩이의 열쇠
와 큰사슬을 쥐고 있었다.
2 그가 용은 붙잡았다. 늙은 뱀이자,
악마이자, [악의 영혼] 새이튼이었
던 용을 천년간 구속시킨 다음,
3 용을 바닥없는 구덩이에 던져넣고
가두고 봉해버렸다. 그래서 그는
천년을 채울 때까지 더 이상 여
나라를 속일 수 없게 되었고
잠시 풀리게 된다.
4 또 내가 왕좌를 보니, 그
서, 해당되는 자에게
다. 내가 그들을 바라
지저스를 증언했기
잘린 사람이었다. 또
을 전하거나, 괴물과

거절하거나, 이마와 손에 괴물표
시를 하지 않았던 사람의 죽은 영
혼이었다. 그들은 살아나, 지저스
와 함께 천년간 지배하게 된다.
5 나머지 죽은 자는 천년이 다가도,
살아나지 못한다. 이것이 첫번째
부활이다.
6 첫번째 부활하는 부류는 신성한
축복을 받는 것이다. 여기서 두번
째 죽음은 힘을 쓰지 못한다. 대신
그들은 **하나님**과 구원자Christ에게
제사하는 사제가 되어, 천년간 지
저스와 함께 다스린다.
7 천년의 기간이 만료되면 [악의 영
혼] 새이튼도 구속에서 풀린다.
8 또 여러 민족을 속이는 자도 땅의
네방향 고그Mog와 매이고그Magog
에서 나온 다음, 싸우려고 다시 모
인다. 그들의 숫자는 바다의 모래
와 같을 것이다.
9 그들은 땅으로 나와 넓게 퍼져서,
성도의 진영주위와 사랑받는 도시
주위를 둘러싸면, 하늘에서 **하나님**
의 불이 땅으로 떨어져, 그들을 삼
켜버린다.
10 사람을 속이는 악마는, 불과 유황
의 못으로 던져진다. 괴물과 거짓
예언자가 있는 그곳에서, 그들도
언제까지나 밤낮으로 공통을 당하
게 된다.
11 그리고 나는 백색의 큰왕좌를 보
았고, 그위에 앉은 그도 보았는데,
그의 얼굴을 보면 땅이나 하늘도
달아나, 어디로 갔는지 찾지도 못
한다.
12 또 나는 죽은자를 보았는데, 크나
작으나 그들은 **하나님** 앞에 서 있
었다. 여러 책이 펼쳐져 있고, 다른
책도 펼쳐져 있었는데 그것은 생
명의 책이었다. 죽은자는 책안에
기록된 내용과 자기가 한 행동에
따라 재판을 받는다.
13 바다는 그속에서 죽은자를 내놓
고, 죽음과 지옥도 그속에서 죽은
자를 내놓으면, 그들은 자기가 이
룬 행위대로 판정받는다.
14 그리고 죽음과 지옥은 불의 연못
으로 던져진다. 이것이 두번째 죽
음이다.
15 또 생명의 책에서 기록을 찾을 수
없는 자도 불의 연못으로 던져진
다.

새하늘 새땅 새저루살럼

21 나는 새하늘과 새땅을 보았
다. 처음 하늘과 처음 땅은 사
라지고, 바다도 더 이상 없었다.
2 나 존John은 신성한 새도시 새저루
살럼도 보았다. 그것은 하늘의 **하
나님**으로부터 내려왔는데, 마치 남
편을 맞이하는 신부처럼 준비하고
있었다.
3 또 나는 하늘에서 나는 큰음성이
말하는 소리를 들었다. "보라, 사람
과 같이 있는 **하나님**의 성막이 있
다. **하나님**이 그들과 함께 산다. 그

들은 그의 백성이 되고, 그 자신도
백성과 같이 있는, 그들의 **하나님**
이 된다"고 했다.
4 **하나님**이 그들 눈의 눈물을 닦아주
면, 거기에 더 이상 죽음도 슬픔도
울음도 없고, 고통도 없다. 왜냐하
면 이전 일은 다 없어졌기 때문이
다.
5 왕좌에 앉은 그가 말했다. "보라,
나는 새것을 만든다." 그리고 그가
나에게 말했다. "기록해라. 이 말은
진리와 신념의 말이기 때문이다."
6 그가 나에게 또 말했다. "이것은 다
이루어진다. 나는 알파이자 오메
가로, 세상의 시작과 끝이다. 나는
목마른자에게 생명의 물을 무료로
준다.
7 세상의 어려움을 참고 견딘자는
모든 것을 유산받는다. 그러면 나
는 그의 **하나님**이 되고, 그는 나의
아들이 된다.
8 하지만 두려워 말고, 불신하지 말
고, 혐오스럽지 말고, 살인하지 말
고, 호색자가 되지 말고, 악령관리
자가 되지 말고, 우상숭배자가 되
지 말며, 거짓말을 하지 마라. 그러
면 불과 유황이 타는 연못이 그들
의 몫이다. 이것이 두번째 죽음이
다" 라고 했다.
9 일곱천사 하나가 나에게 왔는데,
그는 일곱가지 중 마지막 재앙을
채운 소형약병 일곱개를 갖고 있
었다. 나에게 말했다. "이곳으로 오
면, 내가 너에게 어린양의 아내가
될 신부를 보여주겠다."
10 그러면서 그는 나를 영혼속에서
높고 큰산으로 데려간 다음, 나에
게 위대한 도시를 보여주었는데,
신성한 저루살럼이 **하나님**이 있는
하늘에서 아래로 내려오고 있었
다.
11 **하나님**의 찬란한 빛을 받아, 그땅
은 마치 보석돌처럼 빛났고, 벽옥
jasper같은 적색빛이며, 수정crystal처
럼 맑았다.
12 그곳에는 크고 높은 벽도 있고, 12
대문마다 12천사가 있고, 그위에
이름이 적혀있었는데, 그것은 이
즈리얼 자손의 12부족이었다.
13 동쪽에 대문 셋과, 북쪽에 대문 셋
과, 남쪽에 대문 셋과, 서쪽에 대문
셋이 있었다.
14 도성벽은 12개 초석이 있는데, 거
기에 어린양의 12제자의 이름이
적혀있었다.
15 나와 대화하던 천사는, 측정용 황
금 막대자reed갈대를 들고, 도시의
크기와 성문과 벽을 재었다.
16 도시의 길이는 정사각형으로, 길
이와 넓이가 같았다. 그가 막대자
로 잰 도시의 치수는 12,000펄렁
2,200Km이었으며, 길이와, 넓이와,
높이가 같았다.
17 다음 성벽을 재보니, 두께가 144큐
빝65m이었는데, 여기서는 천사가
재었지만, 재는 사람에 따른다.

18 성벽축성은 벽옥jasper적색으로 쌓
고, 도시는 순금인데, 마치 투명 유
리 같았다.
19 성벽초석은 여러가지 보석으로 꾸
몄는데, 첫번째 초석은 재스퍼벽옥,
두번째는 새파이어청옥, 세번째는
캘세더니옥수, 네번째는 애머럴드취
옥이었고,
20 다섯째는 살더닉스마노, 여섯째는
사디어스홍옥, 일곱째는 크리설라
이트감람석, 여덟째는 베럴녹주석, 아
홉째는 토패즈황옥, 열째는 크리서
프래이즈녹옥수, 열첫째는 재이슨쓰
히아신스석, 열둘째는 애머씨스트자수
정이었다.
21 열두대문은 12진주로 대문마다 진
주 하나씩 박았다. 도시거리는 순
금인데, 마치 투명유리 같았다.
22 나는 성전안은 들여다보지 못했
다. 왜냐하면 절대 **주 하나님**과 어
린양이 그곳에 있기 때문이었다.
23 도시는 햇빛이 필요없고, 달빛도
비출 필요가 없었다. **하나님**의 찬
란한 빛이 그곳을 비추고, 어린양
이 밝혔기 때문이었다.
24 구원받은 여러 민족은 모두 그빛
속에서 걸었고, 땅의 여러 왕은 그
들의 호의와 명예를 그곳에 가지
고 온다.
25 그곳 문은 하루종일 닫지 않는다.
왜냐하면 그곳은 밤이 없기 때문
이다.
26 그들은 빛과 나라의 명예를 그곳
에 가져오게 된다.
27 오염된 것은 아무리해도 어떤 것
도 그 안에 들어올 수 없고, 혐오스
러운 일을 하거나 거짓말을 하는
자는 못들어 간다. 대신 어린양의
생명의 책에 이름이 적힌 자는 들
어갈 수 있다.

이든동산 복원

22 그리고 그는 나에게, 깨끗한
수정처럼 맑은 생명수 강을
보여주었는데, 그것은 **하나님**과 어
린양의 왕좌에서 흘러나오고 있었
다.
2 거리 한가운데와 강 양쪽에는 생
명의 나무가 있었고, 그것은 12종
류의 매나manner열매를 맺어, 매달
결실을 생산해내고, 나뭇잎은 사
람을 치료하는데 사용한다.
3 그곳에는 더 이상 저주는 없고, **하
나님**과 어린양의 왕좌가 그곳에 있
어, 그의 종이 그를 섬긴다.
4 또 그들은 그의 얼굴을 볼 수 있고,
그의 이름을 앞이마에 새긴다.
5 거기에는 밤이 없으므로, 촛불이
필요없고, 태양빛도 필요없다. **주
하나님**이 그들에게 빛을 주기 때문
이다. 그리고 그들은 영원히 지배
한다.
6 그가 나에게 말했다. "이 말은 신념
과 진리의 말로, **주 하나님**이 전하
는 신성한 예언의 말이다. 그래서
그의 천사를 파견하여 자기 종에

게 모든 것을 보여주는 것이다. 그
일은 곧 이루어진다.
7 보라, 나는 순간 나타난다. 예언의
책에 있는 이 말을 믿고 지키면 축복
을 받는다"고 했다.
8 나 존은 이런 것을 보고 들었다. 내
가 다 듣고 보았을 때, 나는 이일을
보여준 천사의 발앞에 엎드려 절
했다.
9 그때 그가 나에게 말한다. "그러지
마라. 나는 너와 같은 동료 종으로
예언하는 너희 형제이며, 이 책의
말을 지키는 자 가운데 하나일뿐
이다. **하나님**을 경배하자."
10 그러면서 그가 나에게 말한다. "이
책의 예언의 말은 봉하지 마라. 왜
냐하면 이미 때가 되었다.
11 부정한 자는 부정한 대로 두고, 더
러운 자는 더러운 대로 놔둬라. 정
직한 자는 그대로 두고, 신성한 자
는 신성한 그대로 둬라.
12 "보라, 나는 순식간에 나타난다. 나
의 보상은 나와 함께 있으므로, 사람
마다 자기가 한 일에 따라, 그들이
받게 된다.
13 나는 알파이자 오메가로, 처음과 끝
이며, 첫째며 마지막이다.
14 이 명령을 지키는 자는 축복을 받
는다. 그들은 생명의 나무에 대한
권리를 가질 수 있으로, 대문을 통
하여 도시로 들어갈 수 있을 것이
다.
15 그곳은 개도, 마술사도, 호색자도,
살인자도, 우상숭배자도 없고, 거
짓말을 사랑하는 자도 없다.
16 나 지저스는 나의 천사를 파견하여,
너희에게 교회일을 증언하게 한다.
나의 뿌리는 대이빋의 후손으로 밝
게 빛나는 새벽별이다."
17 그러자 신성한 영혼성령과 새색시
신부가 말한다. "어서 오세요." 다
음으로 듣고 있는 자도 말한다. "어
서 오세요." 다음 목마른 자에게
"오라"고 말한다. 누구나 원하면
생명의 물을 무료로 먹게 한다.
18 나는 이 책의 예언의 말을 듣는 모
두에게 다시 말을 하는데, 누구라
도 여기에 추가로 말을 더하면, **하
나님**이 이책에 쓰인 재앙을 그에게
추가할 것이다.
19 누구나 이 예언의 책안에 들어 있
는 말 가운데 하나라도 빼는자가
있으면, **하나님**은 생명의 책에서
그의 몫을 빼앗고, 신성한 도시에
서 쫓아낸다. 이 책에 적힌 것을 제
거하면 안 된다.
20 이런 일을 증언하는 자는, "나는 곧
나타난다."고 전한다. 애이멘 [한마
음이다.] 그렇게 주 지저스는 나타
날 것이다.
21 우리의 주인님 지저스 크라이스트
의 큰배려가 너희 모두에게 있을
것이다. 애이멘 [한마음이다.]

Holy Bible 초판 완역 성경

1611 KJV 바이블

초판 인쇄 2022년 12월 1일
초판 발행 2022년 12월 1일

지은이 | 세니카 B. 정희정
펴낸곳 | 영어로연구소
서울시 종로구 종로18길 37 하이뷰디아트 402
Email | englishlo@naver.com

ISBN 979-11-85345-27-7 (03230)
정가 58,000원